U0896296

中国留学人员创业年鉴

RETURNED CHINESE SCHOLARS PIONEER YEARBOOK

2011

教育部留学服务中心
科学技术部火炬高技术产业开发中心
人力资源和社会保障部留学人员和专家服务中心
北京海外学人科技服务中心
编

中国致公出版社

《中国留学人员创业年鉴》编委会

《中国留学人员创业年鉴》编辑部

编辑说明

一、2010年，我国人才工作开启了新的发展篇章。党中央、国务院召开全国人才工作会议，并颁布了国家中长期人才发展纲要，标志着人才工作在我国经济社会发展全局中有了新的战略定位，标志着我国大力实施人才强国战略跃升到新的层次。其中，统筹国内国际两个大局，大力引进海外高层次人才，对于更好实施人才强国战略、建设创新型国家的重要性愈发凸显。2010年度我国出国留学人员总数达28.47万人，各类留学回国人员总数达13.48万人；中央“千人计划”已分五批次引进海外高层次人才1143人，在推动科技进步、带动战略性新兴产业发展等方面起到了重要作用。为了记录2010年度中国留学人员回国创新创业工作，反映2010年度留学人员回国创新创业的成就，更好地服务于留学人员回国创新创业，教育部留学服务中心、科学技术部火炬高技术产业开发中心、人力资源和社会保障部留学人员和专家服务中心、北京海外学人科技服务中心联合编纂出版《中国留学人员创业年鉴》2011年卷。

二、《中国留学人员创业年鉴》2011年卷是本刊自2007年创刊以来连续出版的第五卷。2011年卷力图全面、准确、客观地反映2010年度中国留学人员回国创新创业工作情况，展现2010年度留学人员创新创业的环境与发展状况，为中央及各地政府有关部门和社会各界了解、研究我国留学人员创业群体和留学人员创办企业在2010年度的发展新情况提供有价值的参考，同时，也为广大留学人员回国创新创业提供服务。2011年卷主要收录的内容为2010年1月1日至12月31日中央有关部门及各地方人民政府出台的吸引海外高层次留学人才及鼓励留学人员回国创办企业的政策法规，中央和地方在搭建留学人员回国创新创业平台方面的工作情况，各地留学人员创业园建设发展情况，以及在留学人员创业园中创新创业的留学人员企业情况。

三、《中国留学人员创业年鉴》2011年卷共设六个部分，分别为综合篇、政策篇、园区篇、人物篇、社团篇、附录篇。其中重点收录了2010年度中央及各部委领导有关留学工作的讲话72篇；国家及各省区直辖市中长期人才发展规划纲要28部，2010年度国家部委及各地颁布的有关人才引进和鼓励创业的政策法规99条；2010年度全国地方各级政府批准的留学人员创业园182家；2010年度入选中央“千人计划”以及获得国家、省部级表彰的留学归国创业人物131人，2010年度全国各地留学人员团体48家，2010年度留学人员创业园在园留学人员企业7009家。同时，也收录了2010年度中央“千人计划”和各地方海外引才计划实施情况，以及全国各地在留学工作、吸引留学人员回国创新创业工作中具有推动作用的重要事件等。

四、在中央有关单位的指导下，在全国各地教育、科技、人社等职能部门以及留学人员回国服务机构、留学人员创业园、留学人员团体的大力支持与协助下，《中国留学人员创业年鉴》2011年卷如期完成。在此，谨向有关单位致以诚挚的感谢！

五、由于《年鉴》编纂工作浩繁，难免会有疏漏和不足之处，希望广大读者给予批评指正。

《中国留学人员创业年鉴》编委会

二〇一一年十一月

目　录

Contents

第一部分　综合篇

2010年度国家及有关部委领导讲话汇编

胡锦涛：培育改革创新意识，增强改革创新勇气 …………（5）
胡锦涛：切实做好人才工作，加快建设人才强国 …………（5）
胡锦涛：为科技进步和创新提供强大人才支持 …………（6）
胡锦涛：以更加开放的姿态面向世界 …………（7）
吴邦国：为各类人才创业创造条件、提供便利 …………（7）
温家宝：努力造就世界一流的科学家和科技领军人才 …………（7）
温家宝：真诚欢迎更多的外国专家来华工作 …………（8）
温家宝：全面实施科教兴国战略和人才强国战略 …………（8）
温家宝：要为人才成长创造良好条件和环境 …………（8）
温家宝：用创新创造财富，用创新赢得尊严 …………（9）
温家宝：把握未来科技趋势，发展战略性新兴产业 …………（9）
温家宝：中国政府将实施更加开放的人才政策 …………（9）
贾庆林：积极引进海外智力，为自主创新提供人才支撑 …………（10）
贾庆林：大力弘扬留学报国优良传统 …………（10）
习近平：使人才工作各项措施真正落到实处 …………（10）
习近平：更好地发挥海外高层次引进人才作用 …………（11）
李克强：发扬报效祖国、服务社会的奉献精神 …………（11）
王兆国：着力在引进海外智力资源上发挥优势 …………（11）
王兆国：要统筹利用国内国际两种人才资源 …………（12）
王兆国：要用好用活创新人才 …………（12）
刘延东：加强科技基础设施建设，聚集培养优秀科技人才 …………（13）
刘延东：激发创新动力，为转变经济发展方式提供重要支撑 …………（13）
李源潮：祖国需要你们、欢迎你们、寄希望于你们 …………（13）
李源潮：把人才作为科学发展第一资源 …………（16）
李源潮：实施国家人才规划要做到“四个落实” …………（16）
李源潮：人才是核心竞争力，各地要有“千人计划” …………（16）
李源潮：抓住祖国发展机遇，实现创业报国理想 …………（17）

李源潮：高层次研究人才是科研机构的灵魂 ……（17）
李源潮：真诚欢迎海外高层次人才回国或来华创新创业 ……（17）
李源潮：营造尊重人才、人尽其才、才尽其用的社会环境 ……（18）
李源潮：积极引进用好海外高层次人才 ……（18）
李源潮：为中华腾飞世界贡献智慧和力量 ……（18）
张德江：继续坚持扩大人才工作对外开放 ……（19）
张德江：全面提升我国引进人才智力水平 ……（19）
路甬祥：不拘一格延揽天下科技英才 ……（19）
路甬祥：坚持以人为本，凝聚造就创新创业人才 ……（20）
路甬祥：以宏伟的事业凝聚造就一流的创新队伍 ……（20）
路甬祥：采取四项措施培养和使用创新人才 ……（20）
韩启德：积极做好引荐海外高层人才工作 ……（21）
韩启德：向海内外留学人员及亲属致以新春的问候 ……（21）
韩启德：广泛团结和凝聚海内外留学人员 ……（22）
韩启德：捐款体现出留学人员对祖国的深情 ……（22）
韩启德：积极培养举荐人才，推动用好用活人才 ……（22）
韩启德：把握报效祖国实现人生价值的重要机遇 ……（23）
韩启德：鼓民力、开民智、新民德 ……（23）
韩启德：鼓励、支持和帮助留学人员归国发展 ……（24）
陈至立：高层次女性人才的发展不尽如人意 ……（24）
杜青林：时代呼唤人才，人才造就伟业 ……（24）
万钢：把握全球产业调整机遇，培育和发展战略性新兴产 ……（25）
万钢：吸引更多优秀国际科技人才投身中国科技事业 ……（26）
万钢：中国的创新与可持续增长 ……（27）
万钢：中国永远是海外人才为国服务的广阔平台 ……（27）
万钢：海外人才是国家建设和发展的宝贵财富 ……（28）
万钢：提高自主创新能力，建设创新型国家 ……（28）
万钢：我国创新能力仍有不足 ……（29）
万钢：希望在海外的学子们能常回来看看 ……（29）
万钢：我国的科技发展要遵循五项原则 ……（29）
袁贵仁：努力把教育系统建设成为“留学人员之家” ……（30）
袁贵仁：海外留学人员回国工作正当其时 ……（30）
尹蔚民：开创留学回国工作的新局面 ……（31）
尹蔚民：切实增强人才工作的责任感、使命感、紧迫感 ……（33）
尹蔚民：高层次创新型专业技术人才是人才队伍的核心 ……（34）
季允石：引智是实践人才优先发展的重要途径 ……（36）
季允石：完善引进海外人才的政策措施和激励保障机制 ……（37）
沈跃跃：创新型人才匮乏制约中国国际竞争力 ……（37）
李学勇：科技人才工作应摆在科技工作突出位置 ……（37）
郝平：要增强做好留学工作的紧迫感 ……（39）
郝平：努力把留学人才的培养和引进工作做好 ……（40）
信长星：形成有利于优秀人才脱颖而出的体制机制 ……（42）
王晓初：推动留学人员回国工作持续发展 ……（42）
王晓初：大力加强留学人员回国服务 ……（42）
任启亮：中国为海外专业人士创业发展提供难得机遇 ……（43）

国家及各地中长期人才发展规划纲要汇编

国家中长期人才发展规划纲要（2010—2020年） …… （47）
首都中长期人才发展规划纲要（2010—2020年） …… （55）
天津市中长期人才发展规划纲要（2010—2020年） …… （59）
河北省中长期人才发展规划纲要（2010—2020年） …… （68）
山西省中长期人才发展规划纲要（2010—2020年） …… （75）
辽宁省中长期人才发展规划纲要（2010—2020年） …… （80）
黑龙江省中长期人才发展规划纲要（2010—2020年） …… （87）
江苏省中长期人才发展规划纲要（2010—2020年） …… （95）
上海市中长期人才发展规划纲要（2010—2020年） …… （100）
浙江省中长期人才发展规划纲要（2010—2020年） …… （104）
福建省中长期人才发展规划纲要（2010—2020年） …… （112）
山东省中长期人才发展规划纲要（2010—2020年） …… （120）
河南省中长期人才发展规划纲要（2010—2020年） …… （126）
湖北省中长期人才发展规划纲要（2010—2020年） …… （133）
湖南省中长期人才发展规划纲要（2010—2020年） …… （141）
广东省中长期人才发展规划纲要（2010—2020年） …… （148）
广西壮族自治区中长期人才发展规划纲要（2010—2020年） …… （154）
海南省中长期人才发展规划纲要（2010—2020年） …… （161）
重庆市中长期人才发展规划纲要（2010—2020年） …… （170）
四川省中长期人才发展规划纲要（2010—2020年） …… （176）
贵州省中长期人才发展规划纲要（2010—2020年） …… （182）
云南省中长期人才发展规划纲要（2010—2020年） …… （189）
西藏自治区中长期人才发展规划纲要（2010—2020年） …… （197）
陕西省中长期人才发展规划纲要（2010—2020年） …… （203）
甘肃省中长期人才发展规划纲要（2010—2020年） …… （209）
青海省中长期人才发展规划纲要（2010—2020年） …… （215）
宁夏回族自治区中长期人才发展规划纲要（2010—2020年） …… （223）
新疆维吾尔自治区中长期人才发展规划纲要（2010—2020年） …… （229）

中央及地方海外引才计划实施情况

中央引进海外高层次人才“千人计划” …… （239）
地方海外高层次人才引进计划 …… （245）

2010年度留学人员创新创业大事记 …… （259）

2010年度留学人员创业园发展报告 …… （269）

第二部分 政策篇

国务院

国务院关于鼓励和引导民间投资健康发展的若干意见（国发〔2010〕13号） …… （277）
国务院关于加快培育和发展战略性新兴产业的决定（国发〔2010〕32号） …… （279）
国务院办公厅关于进一步支持甘肃经济社会发展的若干意见（摘录）（国办发〔2010〕29号） …… （283）

中共中央组织部

青年海外高层次人才引进工作细则（组通字〔2010〕63号） …… (284)

“千人计划”短期项目实施细则（组厅字〔2010〕29号） …… (285)

科技部

国家科技重大专项知识产权管理暂行规定（国科发专〔2010〕264号） …… (285)

国家大学科技园认定和管理办法（国科发高〔2010〕628号） …… (289)

科技企业孵化器认定和管理办法（国科发高〔2010〕680号） …… (291)

促进科技和金融结合试点实施方案（国科发财〔2010〕720号） …… (293)

人力资源和社会保障部

关于增加人口计生委等5部门为留学人员回国服务工作部际联席会议正式成员单位的通知（人社部函〔2010〕102号） …… (295)

财政部

中关村国家自主创新示范区企业股权和分红激励实施办法（财企〔2010〕8号） …… (295)

公安部

关于规范留学回国人员落户工作有关政策的通知（公通字（2010）19号） …… (299)

中国人民银行

关于进一步做好中小企业金融服务工作的若干意见（银发〔2010〕193号） …… (299)

中国科学技术协会

中国科协关于加强人才工作的若干意见（科协发调字〔2010〕17号） …… (301)

北京市

中关村国家自主创新示范区条例（北京市人民代表大会常务委员会公告 第12号） …… (304)

北京市关于进一步加强科技孵化体系建设的若干意见（京科发〔2010〕721号） …… (308)

北京市留学人员创办企业开办费资助资金管理暂行办法（海学通〔2010〕7号） …… (310)

北京市海淀区人民政府关于支持创新型企业做强做大的实施意见（海政发〔2010〕31号） …… (311)

北京市海淀区人民政府关于优化创业环境支持创业型企业创新发展的实施意见（海政发〔2010〕32号） …… (312)

北京市海淀区人民政府关于促进高端创新要素聚集优化产业服务环境的实施意见（海政发〔2010〕33号） …… (314)

北京市海淀区促进重点创新型企业发展支持办法（海行规发〔2010〕2号） …… (315)

北京市海淀区促进重大科技成果转化和产业化支持办法（海行规发〔2010〕3号） …… (316)

北京市海淀区促进创业型企业创新能力提升支持办法（海行规发〔2010〕6号） …… (318)

北京市海淀区促进创业孵化机构和大学科技园发展支持办法（海行规发〔2010〕7号） …… (320)

北京市海淀区高层次人才聚集服务实施办法（试行）（海行规发〔2010〕24号） …… (321)

中关村高端领军人才聚集工程实施细则（中科园发〔2010〕7号） …… (324)

天津市

天津市引进人才服务办法（津政办发〔2010〕96号） …… (326)

内蒙古自治区

内蒙古自治区“草原英才”工程实施方案（内党办发〔2010〕23号） …… (327)

上海市

上海市引进人才申办本市常住户口试行办法（沪府发〔2010〕28号） …… (330)

上海市引进人才申办本市常住户口试行办法实施细则（沪人社力发〔2010〕44号） …… (331)

《上海市居住证》（B证）实施细则（沪人社外发〔2010〕57号） …… (333)

留学回国人员来沪工作申办本市常住户口实施细则（沪人社外发〔2010〕58号） …… (336)

上海市闵行区关于加快引进海外高层次创新创业人才的配套实施意见（试行）（闵委办发〔2010〕8号） …… (338)

江苏省

关于实施江苏省“科技企业家培育工程”的意见（苏组通〔2010〕79号） …… (340)

江苏省省级留学人员创业园认定和管理暂行办法（苏人社发〔2010〕282号） …… (341)

中共大丰市委办公室 大丰市人民政府办公室关于创新创业领军人才引进培育实施办法（大办发〔2010〕87号） ……（342）
扬州市人才工作领导小组关于实施“百名创业创新领军人才引进计划”的意见（扬人才〔2010〕3号） ……（344）
靖江市“高层次人才服务一卡通”暂行办法（靖人才〔2010〕4号） ……（345）
句容市领军人才集聚工程实施办法（句委发〔2010〕43号） ……（346）
常州市新一轮千名海外人才集聚工程实施意见（常发〔2010〕15号） ……（348）
常州市引进领军型创新创业人才实施办法（常办发〔2010〕9号） ……（350）
常州市领军型海归创业人才卡实施办法（常办发〔2010〕22号） ……（351）
常州市领军型创新创业人才专项资金管理办法（常办发〔2010〕32号） ……（353）
中共无锡市委 无锡市人民政府关于建设“人才特区”的意见（锡委发〔2010〕52号） ……（354）
无锡市海外人才居住证管理暂行办法（锡政发〔2010〕171号） ……（358）
无锡市人民政府特聘专家制度暂行办法（锡政发〔2010〕172号） ……（359）
无锡市关于实施“百千万”人才工程三年行动计划（锡委办发〔2010〕102号） ……（360）
无锡市关于更大力度推进政产学研合作三年行动计划（锡委办发〔2010〕103号） ……（361）
无锡市关于更大力度加快“三创”载体建设三年行动计划（锡委办发〔2010〕104号） ……（363）
无锡市关于建设高层次人才公寓三年行动计划（锡委办发〔2010〕106号） ……（366）
中共苏州市委 苏州市人民政府关于进一步推进姑苏人才计划的若干意见（苏发〔2010〕20号） ……（367）
苏州市高层次人才享受生活待遇暂行办法（苏办发〔2010〕58号） ……（369）
苏州市关于加快实施海外高层次人才引进工程（“1010工程”）的意见（苏办发〔2010〕61号） ……（371）
苏州市海外人才居住证管理暂行办法（苏府规字〔2010〕16号） ……（373）
苏州市海外人才居住证管理暂行办法实施细则（苏人保外〔2010〕3号） ……（374）
中共太仓市委 太仓市人民政府关于贯彻落实“姑苏人才计划”实施太仓“522”人才工程的意见（太委发〔2010〕22号） ……（376）

浙江省

杭州市人民政府关于鼓励和吸引海外高层次人才入驻浙江海外高层次人才创新园创新创业的若干意见（试行）（杭政〔2010〕3号） ……（379）
杭州市全球引才“521”计划实施意见（市委办发〔2010〕35号） ……（383）
杭州市余杭区实施高层次人才“千人计划”的若干意见（区委办〔2010〕182号） ……（385）
临安市科技创新人才管理办法（临委办发〔2010〕114号） ……（387）
中共平湖市委 平湖市人民政府关于加快高层次创新型人才引进培养的若干意见（平委发〔2010〕39号） ……（388）
嘉兴市创业创新领军人才队伍和重点创新团队建设专项资金管理暂行办法（嘉创才〔2010〕8号） ……（390）
嘉兴市创业创新领军人才和重点创新团队服务窗口暂行办法（嘉创才〔2010〕9号） ……（392）
中共嘉兴市秀洲区委 嘉兴市秀洲区政府关于加强创业创新领军人才队伍和创新团队建设的实施意见（秀洲委〔2010〕18号） ……（393）
中共嘉兴市南湖区委 嘉兴市南湖区人民政府关于加强创业创新领军人才队伍和创新团队建设的实施意见（南委〔2010〕37号） ……（398）
嘉兴市南湖区“创业南湖·精英引领计划”实施办法（试行）（南委办〔2010〕60号） ……（401）
嘉兴市南湖区重点创新团队遴选办法（试行）（南委办〔2010〕60号） ……（403）
舟山市人才引进实施办法（试行）（舟委办〔2010〕76号） ……（404）
宁波高新区关于加快引进海外人才实施意见（甬高新〔2010〕35号） ……（406）
绍兴市领军人才与创新团队引进培养管理办法（绍市委办发〔2010〕2号） ……（408）
绍兴市“330海外英才计划”实施办法（绍市委办发〔2010〕38号） ……（410）
中共金华市委 金华市人民政府关于实施海内外英才引进计划的意见（市委〔2010〕10号） ……（412）
金华市海内外英才引进计划实施细则（金人才办〔2010〕2号） ……（413）

福建省

福建省引进高层次创业创新人才暂行办法（闽委办〔2010〕2号） ……（414）

海西创业英才培养实施办法（闽委办〔2010〕2号） ……（416）
海西产业人才高地建设实施办法（闽委办〔2010〕2号） ……（418）
泉州市引进高层次创业创新人才若干规定（泉委〔2010〕53号） ……（420）
厦门市引进海外高层次人才暂行办法（厦委办发〔2010〕21号） ……（422）
厦门市关于加快建设海西人才创业港大力引进领军型创业人才的实施意见（厦委办发〔2010〕22号） ……（424）
山东省
济南市人才居住证实施暂行办法（济政发〔2010〕12号） ……（425）
济南市引进海内外高层次人才绿色通道服务暂行办法（济政办发〔2010〕21号） ……（426）
中共济宁市委 济宁市人民政府关于加快高层次创新型人才引进的若干规定（济发〔2010〕4号） ……（427）
中共济宁市委 济宁市人民政府关于实施海外人才引进“511”计划的意见（济发〔2010〕5号） ……（429）
滨州市引进海外高层次人才暂行规定（滨办发〔2010〕7号） ……（431）
威海市引进高层次人才创新创业若干规定（威发〔2010〕16号） ……（433）
许昌留学人员创业园管理暂行办法（许政办〔2010〕143号） ……（435）
湖北省
中共湖北省委 湖北省人民政府关于加快东湖国家自主创新示范区建设的若干意见（鄂发〔2010〕4号） ……（437）
中共武汉市委 武汉市人民政府关于全力推进武汉东湖国家自主创新示范区建设的决定（武发〔2010〕4号） ……（440）
武汉市人民政府关于强化企业技术创新主体地位提升企业自主创新能力的若干意见（武政规〔2010〕13号） ……（443）
鼓励东湖国家自主创新示范区创业投资企业发展的实施办法（武政〔2010〕44号） ……（445）
武汉市实施“黄鹤英才计划”的办法（试行）（武办发〔2010〕22号） ……（447）
湖北省留学人员襄樊创业园鼓励留学人员创新创业办法（襄高管发〔2010〕19号） ……（448）
湖南省
郴州市人才引进暂行办法（郴发〔2010〕12号） ……（450）
广东省
中共广州市委 广州市人民政府关于加快吸引培养高层次人才的意见（穗字〔2010〕11号） ……（451）
中共广州市委 广州市人民政府关于加快吸引培养高层次人才的意见的10个配套实施办法
（穗组字〔2010〕46号） ……（454）
东莞市引进创新创业领军人才暂行办法（东府办〔2010〕16号） ……（469）
东莞市培养科技创新团队和领军人才暂行办法（东府办〔2010〕17号） ……（471）
深圳市引进人才实施办法（深人社规〔2010〕4号） ……（473）
云南省
云南省留学回国人员安置办法（云人社发〔2010〕315号） ……（477）
关于引进海外高层次人才来昆工作及创新创业优惠扶持暂行办法（昆办通〔2010〕108 号） ……（478）

第三部分 园区篇

北京市
北大留学人员创业园 ……（485）
北航留学人员创业园 ……（486）
北邮留学人员创业园 ……（488）
北京化工大学留学人员创业园 ……（490）
北工大留学人员创业园 ……（490）
北京经济技术开发区留学人员（汇龙森）创业园 ……（493）
北京交通大学留学人员创业园 ……（497）
北京科大留学人员创业园 ……（497）

北京理工留学人员创业园 …… (499)
北京市留学人员大兴创业园 …… (504)
北师大留学人员创业园 …… (504)
北京市留学人员海淀创业园 …… (507)
北京望京留学人员创业园 …… (514)
中央财大留学人员创业园 …… (517)
清华留学人员创业园 …… (518)
首都师范大学留学人员创业园 …… (520)
中关村法大科技服务园 …… (521)
中关村国际孵化园 …… (521)
中关村集成电路留学人员创业园 …… (524)
中关村科技园区丰台园留学人员创业园 …… (526)
中关村软件园留学人员创业园 …… (527)
中关村生命科学园留学人员创业园 …… (528)
中关村数字娱乐留学人员创业园 …… (529)
中国矿业大学留学人员创业园 …… (529)
中国农大留学人员现代农业创业基地 …… (531)
中国人民大学留学人员创业园 …… (531)
中科院中自留学人员创业园 …… (535)
华北电力大学留学人员创业园 …… (538)
天津市
天津滨海高新技术产业开发区海外留学生创业园 …… (539)
天津经济技术开发区留学生创业园 …… (540)
河北省
海外留学人员石家庄市创业园 …… (544)
秦皇岛市留学生创业园 …… (544)
唐山市归国留学人员创业园 …… (545)
海外留学人员廊坊燕郊创业园 …… (545)
沧州市海外留学人员创业园 …… (545)
海外留学人员邯郸创业园 …… (546)
山西省
太原高新区留学人员创业园 …… (546)
内蒙古自治区
内蒙古自治区留学人员创业园 …… (546)
呼和浩特留学人员创业园 …… (551)
辽宁省
沈阳海外学子创业园 …… (552)
鞍山海外学子创业园 …… (555)
大连海外学子创业园 …… (556)
吉林省
长春海外学人创业园 …… (560)
吉林高新区留学人员创业园 …… (564)
黑龙江省
哈尔滨海外学人创业园 …… (565)
大庆留学人员创业园 …… (566)

上海市

上海宝山留学人员创业园 ……（566）
上海留学人员漕河泾创业园区 ……（567）
上海留学人员嘉定创业园 ……（570）
上海留学人员张江创业园区 ……（573）
上海普陀留学人员创业园 ……（574）
上海虹桥临空留学人员创业园 ……（574）
上海莘闵回国留学人员科技创业园区 ……（575）
上海徐汇留学人员创业园 ……（580）
上海杨浦知识创新区留学人员创业园 ……（582）
上海杨浦海外高层次人才创新创业基地 ……（582）
上海国际医学园区・留学生创业园 ……（584）

江苏省

南京留学人员创业园 ……（584）
南京海外学人科技创业园 ……（587）
南京归国博士创业园 ……（587）
无锡留学人员创业园 ……（587）
无锡滨湖留学人员创业园 ……（592）
无锡惠山留学人员创业园 ……（593）
无锡崇安区留学生创业创意园 ……（593）
无锡北塘留学人员创业园 ……（593）
无锡南长留学人员创业园 ……（593）
无锡海泰留学人员创业园 ……（594）
锡山留学人员创业园 ……（594）
徐州留学人员创业园 ……（595）
宜兴留学人员创业园 ……（595）
江阴留学人员创业园 ……（595）
泰兴留学人员创业园 ……（597）
常州留学人员创业园 ……（597）
常州钟楼留学人员创业园 ……（598）
武进留学人员创业园 ……（601）
苏州留学人员创业园 ……（601）
苏州国际科技园 ……（603）
苏州吴中留学人员创业园 ……（604）
扬州留学人员创业园 ……（604）
江苏信息服务产业基地（扬州）海外留学人员创业园 ……（604）
张家港留学人员创业园 ……（604）
常熟留学人员创业园 ……（608）
太仓市留学人员创业园 ……（608）
昆山留学人员创业园 ……（608）
吴江市留学人员创业园 ……（610）
南通留学人员创业园 ……（610）
连云港留学人员创业园 ……（611）
淮安留学人员创业园 ……（611）
盐城留学人员创业园 ……（612）

镇江留学生创业园 …… (613)
镇江市句容留学人员创业园 …… (614)
镇江市丹阳留学人员创业园 …… (614)
泰州留学人员创业园 …… (614)

浙江省

杭州高新区留学人员创业园 …… (614)
杭州市经济技术开发区留学人员创业园 …… (618)
杭州市留学人员上城区创业园 …… (618)
杭州市留学人员萧山区创业园 …… (619)
杭州市留学人员拱墅区创业园 …… (619)
杭州市留学人员西湖区创业园 …… (619)
杭州市留学人员余杭区创业园 …… (620)
杭州市留学人员江干区创业园 …… (620)
杭州市留学人员富阳创业园 …… (620)
杭州市下城区留学人员创业园 …… (621)
宁波保税区留学人员创业园 …… (621)
宁波高新区留学人员创业园 …… (623)
宁波经济技术开发区留学人员创业园 …… (624)
宁波江北区留学人员创业园 …… (625)
宁波鄞州区留学人员创业园 …… (625)
宁波镇海区留学人员创业园 …… (626)
宁波（浙江慈溪出口加工区）留学生创业园 …… (626)
金华留学人员创业园 …… (626)
湖州留学人员创业园 …… (627)
吴兴留学人员创业园 …… (628)
温州留学人员创业园 …… (628)
绍兴留学人员创业园 …… (629)
嘉兴留学人员创业园 …… (629)
嘉兴科技城留学人员创业园 …… (629)
嘉善留学人员创业园 …… (630)
浙江海外高层次人才创新园 …… (631)

安徽省

合肥留学人员创业园 …… (631)
留学人员马鞍山创业园 …… (632)
留学人员芜湖创业园 …… (633)
留学人员安庆创业园 …… (633)

福建省

福建留学人员创业园 …… (633)
厦门留学人员创业园 …… (634)

江西省

南昌留学人员创业园 …… (638)

山东省

济南留学人员创业园 …… (639)
山东省医疗卫生行业留学人员创业园 …… (642)
青岛市留学人员创业园 …… (642)

青岛留学人员市南创业园 …… (643)
青岛留学人员市北创业园 …… (645)
青岛留学人员开发区创业园 …… (645)
青岛留学人员四方创业园 …… (645)
青岛留学人员崂山创业园 …… (646)
烟台留学人员创业园区 …… (647)
潍坊留学人员创业园 …… (649)
威海留学人员创业园 …… (650)
威海海外学人高科技创新园 …… (650)
济宁留学人员创业园 …… (650)
淄博留学人员创业园 …… (651)
莱芜市留学人员创业园 …… (653)
临沂留学人员创业园 …… (653)
日照留学人员创业园 …… (654)
泰山留学人员创业园 …… (654)
德州市留学人员创业园 …… (654)

河南省

河南留学人员创业园 …… (655)
郑州留学人员创业园 …… (657)
洛阳留学人员创业园 …… (657)

湖北省

武汉留学生创业园 …… (658)
湖北省留学生襄樊创业园 …… (660)

湖南省

长沙留学人员创业园 …… (660)
长沙经济技术开发区留学人员创业园 …… (663)
湖南生物医药留学人员创业园 …… (663)
株洲留学人园创业园 …… (664)
湘潭留学人员创业园 …… (665)
常德留学人员创业园 …… (666)
岳阳留学人员创业园 …… (666)

广东省

留学人员广州创业园 …… (666)
广州市留学人员创业（海珠）基地 …… (672)
广州市荔湾留学生科技园 …… (673)
深圳市留学生创业园 …… (673)
深圳市留学人员（龙岗）创业园 …… (675)
珠海留学人员创业园 …… (675)
东莞市留学人员创业园 …… (676)
中山市留学人员创业园 …… (676)

广西壮族自治区

南宁留学人员创业园 …… (677)
桂林留学人员创业园 …… (677)
北海留学人员创业园 …… (678)
柳州留学人员创业园 …… (679)

海南省

海口国家高新区留学人员创业园 …… (679)

重庆市

重庆留学人员创业园 …… (679)

四川省

成都留学人员创业园 …… (680)
绵阳留学人员创业园 …… (684)

贵州省

贵阳留学归国人才创业园 …… (684)

云南省

云南留学人员创业园 …… (685)
云南海归创业园 …… (686)

陕西省

西安留学人员创业园 …… (689)
西安经济技术开发区留学人员创业园 …… (694)
杨凌示范区留学人员创业园 …… (694)

甘肃省

兰州留学人员创业园 …… (695)

宁夏回族自治区

宁夏留学人员创业园 …… (697)

新疆维吾尔自治区

乌鲁木齐留学人员创业园 …… (698)

第四部分　人物篇
（按姓氏拼音排序）

鲍海明 …… (703)
蔡　蔚 …… (703)
曾朝煌 …… (703)
常小迦 …… (703)
陈明彻 …… (703)
陈　伟 …… (704)
陈锡源 …… (704)
戴　政 …… (704)
丁辉文 …… (704)
方沛宇 …… (704)
傅登原 …… (704)
高　潮 …… (705)
顾共恩 …… (705)
顾泰来 …… (705)
关鸿亮 …… (705)
郭方准 …… (705)
郭旻彤 …… (706)
韩蓝青 …… (706)

韩小逸 …………(706)
何宏昌 …………(706)
洪耀良 …………(706)
侯东明 …………(707)
黄 岚 …………(707)
黄明贤 …………(707)
黄正宇 …………(707)
蒋亚洪 …………(707)
景建平 …………(708)
居金良 …………(708)
黎志良 …………(708)
李 波 …………(708)
李朝阳 …………(708)
李 革 …………(708)
李光辉 …………(709)
李 华 …………(709)
李 靖 …………(709)
李科奕 …………(709)
李 霖 …………(709)
李 琦 …………(709)
李 沁 …………(710)
李文保 …………(710)
李 溪 …………(710)
李小鹏 …………(710)
李政德 …………(710)
林叶刚 …………(710)
刘敬印 …………(711)
刘 明 …………(711)
刘 箐 …………(711)
刘 圣 …………(711)
刘思健 …………(711)
刘 屹 …………(711)
刘志翔 …………(712)
逯利军 …………(712)
路志坚 …………(712)
穆海东 …………(712)
潘今一 …………(712)
庞 楠 …………(713)
邱 健 …………(713)
沈憧棐 …………(713)
沈 华 …………(713)
沈 思 …………(713)
施向东 …………(713)
孙 刚 …………(714)
孙庚文 …………(714)

孙剑勇 ……………… (714)
孙敬玺 ……………… (714)
孙　韬 ……………… (714)
孙晓东 ……………… (715)
谈学海 ……………… (715)
谭耀龙 ……………… (715)
唐　粮 ……………… (715)
涂志云 ……………… (715)
汪群杰 ……………… (716)
王　波 ……………… (716)
王　飞 ……………… (716)
王飞波 ……………… (716)
王鸿涛 ……………… (716)
王　晖 ……………… (716)
王铁军 ……………… (717)
王　阳 ……………… (717)
王一鸣 ……………… (717)
王　寅 ……………… (717)
王尤崎 ……………… (717)
吴　纯 ……………… (718)
吴　耿 ……………… (718)
吴　越 ……………… (718)
肖长诗 ……………… (718)
熊　鹏 ……………… (718)
徐　飞 ……………… (718)
徐性怡 ……………… (719)
许海华 ……………… (719)
许嘉森 ……………… (719)
许　鲁 ……………… (719)
宣奇武 ……………… (719)
薛　杨 ……………… (720)
杨　刚 ……………… (720)
杨　钢 ……………… (720)
杨浩涌 ……………… (720)
姚　飞 ……………… (720)
叶海涛 ……………… (721)
余国良 ……………… (721)
余晓明 ……………… (721)
俞振华 ……………… (721)
袁于民 ……………… (721)
张必良 ……………… (721)
张　丹 ……………… (722)
张光志 ……………… (722)
张　骥 ……………… (722)
张　雷 ……………… (722)

张佩琢 …… (722)
张鹏飞 …… (723)
张　涛 …… (723)
张晓东 …… (723)
张晓东 …… (723)
张　愚 …… (723)
张中标 …… (723)
赵善麒 …… (724)
赵　炜 …… (724)
赵祖春 …… (724)
郑朝晖 …… (724)
郑群怡 …… (724)
钟路华 …… (725)
钟娅玲 …… (725)
周　骋 …… (725)
周海军 …… (725)
周怀北 …… (725)
周　俭 …… (726)
周　欣 …… (726)
周治明 …… (726)
朱松纯 …… (726)
朱一明 …… (726)

第五部分 社团篇

欧美同学会·中国留学人员联谊会 …… (731)
中华全国青年联合会留学人员联谊会 …… (731)
北京市侨联归国留学人员联合会 …… (731)
天津市留学人员联谊会·天津市欧美同学会 …… (732)
河北留学人员联谊会 …… (732)
石家庄市归国留学人员联谊会 …… (733)
山西欧美同学会·山西留学人员联谊会 …… (733)
大连市归国留学人员联谊会 …… (733)
欧美同学会`中国留学人员联谊会留学报国大连基地 …… (733)
丹东市留学人员联谊会 …… (734)
吉林省留学人员联谊会 …… (734)
长春市留学人员联谊会 …… (734)
黑龙江省欧美同学会·黑龙江省留学人员联谊会 …… (734)
哈尔滨市留学人员联谊会 …… (735)
上海市留学人员联谊会 …… (735)
上海市欧美同学会·上海市留学人员联合会 …… (736)
上海市浦东新区归国留学人员联合会 …… (736)
南京留学人员联谊会 …… (736)
南京留学人员协会 …… (737)

无锡市留学人员联谊会 …… (737)
常州市留学归国人员协会 …… (737)
太仓市留学人才协会 …… (738)
苏州市留学人才协会 …… (738)
福建省留学生同学会·福建留学人员联谊会 …… (739)
福州市留学生同学会 …… (739)
厦门市留学生联谊会 …… (739)
济南留学人员联谊会 …… (739)
青岛市留学人员协会 …… (740)
烟台市留学人员联谊会 …… (740)
河南省留学人员联谊会 …… (740)
湖北省留学人员联谊会 …… (740)
武汉欧美同学会·武汉留学人员联谊会 …… (741)
湖南省留学人员联谊会 …… (741)
湖南欧美同学会·湖南留学人员联谊会 …… (741)
广州欧美同学会 …… (742)
广州留学人员商会 …… (742)
广州留学回国科技工作者协会 …… (743)
中山市留学回国人员联谊会 …… (743)
广西留学人员联谊会（广西欧美同学会） …… (743)
桂林欧美同学会·桂林留学人员联谊会 …… (743)
四川省留学人员联谊会 …… (744)
重庆留学人员联谊会 …… (744)
云南省留学人员联谊会 …… (744)
云南省留学人员创业协会 …… (745)
贵州留学人员联谊会（贵州欧美同学会） …… (745)
陕西省海外联谊会 …… (745)
新疆留学人员联谊会 …… (746)
宁夏留学人员联谊会 …… (746)

第六部分 附录篇

留学人员回国服务机构信息一览 …… (751)
中华人民共和国驻外使（领）馆教育处（组）一览 …… (767)
中华人民共和国驻外使（领）馆科技处（组）一览 …… (775)
引智机构信息一览 …… (781)

第一部分

综合篇

综合篇

2010年度国家及有关部委领导讲话汇编

胡锦涛：培育改革创新意识，增强改革创新勇气

（2010年1月1日）

2010年1月1日，全国政协新年茶话会在北京召开。中共中央总书记、国家主席、中央军委主席胡锦涛在会上发表重要讲话。

胡锦涛指出，刚刚过去的2009年，是中华人民共和国历史上十分重要的一年，也是全国各族人民坚定信心、迎难而上、万众一心、共克时艰，夺取经济社会发展新胜利的一年。面对国际金融危机的严重冲击，我们坚持把保持经济平稳较快发展作为经济工作的首要任务，统筹做好保增长、保民生、保稳定各项工作，实现了经济总体回升向好，重点领域改革取得新进展，人民生活继续改善，社会大局保持稳定，汶川地震灾后恢复重建取得重大阶段性成果，社会主义政治建设、文化建设、社会建设以及生态文明建设和党的建设取得新的重大进展。

胡锦涛强调，以新中国成立60周年为标志，我国发展已经站在新的历史起点上。我们要继续创造伟业，必须顽强拼搏、开拓创新、团结前进。顽强拼搏，就是要树立敢于胜利的信念，以排除万难的勇气、坚忍不拔的斗志、昂扬奋发的干劲，勇敢战胜前进道路上的各种风险挑战，矢志不渝推进改革开放和社会主义现代化建设。开拓创新，就是要继续解放思想，大力培育改革创新意识、增强改革创新勇气，不断推进理论创新、制度创新、科技创新、文化创新以及其他各方面创新，不断开创党和国家各项事业新局面。团结前进，就是要加强全党的团结、全国各族人民的团结、海内外中华儿女的团结，形成共克时艰、共创伟业的强大力量，为祖国发展进步、为中华民族伟大复兴不懈奋斗！

（新华网）

胡锦涛：切实做好人才工作，加快建设人才强国

（2010年5月25日）

2010年5月25日至26日，中共中央、国务院召开的全国人才工作会议在北京举行。中共中央总书记、国家主席、中央军委主席胡锦涛在会上发表重要讲话。

胡锦涛指出，人才资源是第一资源，人才问题是关系党和国家事业发展的关键问题，人才工作在党和国家工作全局中具有十分重要的地位。我们党历来高度重视人才工作，在革命、建设、改革各个历史时期，制定和实施了一系列重大方针政策，为党和人民事业发展培养和集聚了宏大人才队伍。经过新中国成立60多年特别是改革开放30多年的努力，我国已经从人才资源相对匮乏的国家发展成为人才资源大国，各类人才在改革开放和社会主义现代化建设中大显身手。同时，当前我国人才发展总体水平与世界先进水平相比还有较大差距，与我国经济社会发展需要相比还有很多不适应的地方，特别是高层次创新型人才匮乏，人才创新创业能力不强，人才资源开发投入不足。根据新形势新任务和人才工作面临的新情况新问题，党中央、国务院颁布了《国家中长期人才发展规划纲要（2010—2020年）》。贯彻落实好这个纲要，对全面提高人才发展水平、加快建设人才强国，对全面建设小康社会、加快推进社会主义现代化、实现中华民族伟大复兴具有重大而深远的意义。

胡锦涛强调，做好新形势下人才工作，必须高举中国特色社会主义伟大旗帜，以邓小平理论和“三个代表”重要思想为指导，深入贯彻落实科学发展观，尊重劳动、尊重知识、尊重人才、尊重创造，更好实施人才强国战略，坚持党管人才原则，遵循社会主义市场经济规律和人才成长规律，加快人才发展体制机制改革和政策创新，扩大对外开放，开发利用国内国际两种人才资源，以高层次人才、高技能人才为重点统筹推进各类人才队伍建设，为实现全面建设小康社会奋斗目标提供坚强人才保证和广泛智力支持。

胡锦涛强调，到2020年我国人才发展总体目标是：培养造就规模宏大、结构优化、布局合理、素质优良的人才队伍，确立国家人才竞争比较优势，进入世界人才强国行列，为在本世纪中叶基本实现社会主义现代化奠定人才基础。我们要围绕这个总体目标，坚定不移走人才强国之路，科学规划，深化改革，重点突破，整体推进，努力实现人才资源总量稳步增长、队伍规模不断壮大，人才素质大幅度提高、结构进一步优化，人才竞争比较优势明显增强、竞争力不断提升，人才使用效能明显提高、人才发展体制机制创新取得突破性进展，逐步实现由人力资源大国向人才强国转变。

胡锦涛指出，当前和今后一个时期要重点抓好以下工作。一要坚持人才工作指导方针，确立人才优先发展战略布局，坚持服务发展、人才优先、以用为本、创新机制、高端引领、整体开发的指导方针，紧紧围绕党和国家工作大局，把服务科学发展作为人才工作的根本出发点和落脚点，把发挥各类人才作用作为人才工作的根本任务，构建与社会主义市场经济体制相适应、有利于科学发展的人才发展体制机制，发挥高层次人才在经济社会发展和人才队伍建设中的引领作用，支持人人都作贡献、人人都能成才，统筹推进城乡、区域、产业、行业和不同所有制人才资源开发，实现各类人才队伍协调发展，促进人的全面发展。二要坚持突出工作重点，统筹抓好各类人才队伍建设，突出培养创新型科技人才、大力开发经济社会发展重点领域急需紧缺专门人才，统筹抓好党政人才、企业经营管理人才、专业技术人才、高技能人才、农村实用人才、社会工作人才等人才队伍建设，

抓紧培养造就一批复合型、高层次、通晓国际规则的适应对外开放的人才。三要坚持推进改革创新，激发各类人才创造活力，重点围绕用好用活人才、提高人才效能，完善人才工作管理体制，健全人才工作机制，从人才培养开发、评价发现、选拔任用、流动配置、激励保障等方面形成更加科学、更具活力的一整套机制，形成统分结合、上下联动、协调高效、整体推进的人才工作运行机制，建立健全政府宏观管理、市场有效配置、单位自主用人、人才自主择业的人才管理体制，形成有利于人才发展的法制环境，着力解决制约人才工作发展、制约人才发挥作用的突出矛盾和问题，为人才事业发展增添蓬勃活力和强大动力。四要坚持德才兼备原则，全面提高人才队伍素质，把树立正确的世界观、人生观、价值观，弘扬爱国主义、集体主义、社会主义思想融入人才工作全过程，教育和引导各类人才学习践行社会主义核心价值体系，组织和引导各类人才在社会实践中砥砺品质、锤炼作风、提高干事创业的本领，鼓励各类人才坚持求真务实、尊重客观规律，恪守科学精神、大胆探索创造，倾心本职岗位、注重工作实效，淡泊个人名利、无私奉献才能，建设一支饱含爱国热情、勇于追求真理、具有务实作风、善于团结协作、积极改革创新、争创一流业绩的高素质人才队伍。五要坚持扩大人才工作对外开放，做好人才“引进来”和“走出去”工作，坚持人才自主培养开发和引进海外人才相结合，加强人才和人才开发国际交流合作，积极引进海外人才和海外智力。

胡锦涛强调，青年是祖国的未来、事业的希望。要把培养造就青年人才作为人才队伍建设的一项重要战略任务，加大工作力度，完善工作制度，采取及早选苗、重点扶持、跟踪培养等特殊措施，使大批青年人才持续不断涌现出来。要不拘一格、广纳群贤，破除论资排辈、求全责备观念，在实践中发现人才、培育人才、锻炼人才、使用人才、成就人才。要教育和引导青年人才自觉把实现个人人生价值同实现全面建设小康社会和中华民族伟大复兴的奋斗紧密结合起来，牢固树立为祖国、为人民、为民族真诚奉献的人生理想，在投身党和人民伟大事业中建功立业。各级党委和政府要加强对青年的教育和引导，在全社会形成爱护青年、关心青年和鼓励青年成才、支持青年干事业的良好氛围。

胡锦涛指出，切实做好人才工作，加快建设人才强国，加强和改进党对人才工作的领导是根本保证。要坚持党管人才原则，自觉用科学理论指导人才工作、用科学制度保障人才工作、用科学方法推进人才工作，不断提高人才工作水平。各级党委要把人才工作摆在更加突出的位置，善于用战略思维、开放视野、发展观点谋划和推动人才工作，落实人才培养使用重大政策，抓好重大人才工程，统筹经济社会发展和人才发展，履行好管宏观、管政策、管协调、管服务的职责，深入研究人才工作面临的突出矛盾和问题，使人才工作始终体现时代性、把握规律性、富于创造性。各级党委和政府要切实做好人才服务各项工作，努力为人才发展营造良好环境，坚持用事业聚才育才，使各类人才创业有机会、干事有舞台、发展有空间。要鼓励创新、爱护创新，使一切创新想法得到尊重、一切创新举措得到支持、一切创新才能得到发挥、一切创新成果得到肯定。要关心人才学习和生活，千方百计为他们排忧解难。要通过大力表彰和广泛宣传优秀人才的先进事迹，营造尊重科学、鼓励创新、甘于奉献的社会氛围，在全社会形成见贤思齐、奋发努力的良好风尚。

（新华网）

胡锦涛：为科技进步和创新提供强大人才支持

（2010年6月7日）

2010年6月7日，中国科学院第十五次院士大会、中国工程院第十次院士大会在北京隆重开幕。中共中央总书记、国家主席、中央军委主席胡锦涛出席会议并发表重要讲话。

胡锦涛指出，要从国际国内经济、科技发展大势来认识加快转变经济发展方式的重要性和紧迫性。世界范围内生产力、生产方式、生活方式、经济社会发展格局正在发生深刻变革，培育新的经济增长点、抢占国际经济科技制高点已经成为世界发展大趋势，科技竞争在综合国力竞争中的地位更加突出。当今世界，科学技术作为第一生产力的作用日益突出，科学技术作为人类文明进步的基石和原动力的作用日益凸显，科学技术比历史上任何时期都更加深刻地决定着经济发展、社会进步、人民幸福。我们必须把握机遇，审时度势，科学谋划，顺势而为，加快转变经济发展方式，使我国发展质量越来越高、发展空间越来越大、发展道路越走越宽，在激烈的国际竞争中赢得主动。

胡锦涛强调，要充分发挥科学技术在加快转变经济发展方式、推动经济社会又好又快发展中的重要作用。建设创新型国家，加快转变经济发展方式，赢得发展先机和主动权，最根本的是要靠科技的力量，最关键的是要大幅提高自主创新能力。我们要紧紧抓住加快转变经济发展方式这一战略任务，在组织实施好国家中长期科学和技术发展规划纲要、重点产业调整振兴规划、重大科技专项的基础上，前瞻部署，持续攻关，全力建设创新型国家，为加快转变经济发展方式提供强大科技支撑。

胡锦涛指出，要深入实施人才强国战略，确立人才优先发展战略布局，以高层次人才、高技能人才为重点，统筹推进各类人才队伍建设，培养造就规模宏大、结构优化、布局合理、素质优良的人才队伍。要创新人才培养体系，用科学合理的方法评价人才，加强全球范围拔尖人才引进工作，大力培养造就具有世界科研前沿水平的高级专家、高层次科技领军人才，注重培养一线创新人才和青年科技人才，为科技进步和创新提供强大人才支持。

胡锦涛强调，要适应社会主义市场经济发展，建立健全国家科技决策机制和宏观协调机制，促进全社会科技资源高效配置和综合集成，促进科研布局和结构调整。要加快构建以企业为主体、市场为导向、产学研相结合的技术创新体系，使企业真正成为研究开发投入的主体、技术创新活动的主体、创新成果应用的主体，全面提高企业自主创新能力，加快科技成果向现实生产力转化。

（人民网）

胡锦涛：以更加开放的姿态面向世界

（2010年12月27日）

2010年12月27日，中国2010年上海世界博览会总结表彰大会在北京举行。中共中央总书记、国家主席、中央军委主席胡锦涛在会上发表重要讲话。

胡锦涛指出，中国2010年上海世界博览会，是我国首次举办的综合性世界博览会，也是第一次在发展中国家举行的注册类世界博览会，举国关注，举世瞩目。上海世博会围绕“城市，让生活更美好”的主题，秉承和弘扬理解、沟通、欢聚、合作的世博理念，创造和演绎了一场精彩纷呈、美轮美奂的世界文明大展示，以一届成功、精彩、难忘的世博会胜利载入世博会史册，为祖国和人民赢得了荣耀。

胡锦涛强调，要进一步宣传和弘扬上海世博会精神，进一步研究和总结上海世博会所展示的发展理念，认真吸收和应用上海世博会所展示的世界最新科技成果，积极研判世界科技发展趋势，积极培育和发展战略性新兴产业，大力发展清洁生产、循环经济，加快培养创新人才，加快建设创新型国家，更好推动产业结构优化升级和人民生活改善。要进一步树立和增强世界眼光和战略思维。当今世界，世界多极化和经济全球化深入发展，科技进步日新月异，综合国力竞争的广度和深度前所未有。我们要实现我国发展的战略目标，就必须坚持以更加开阔的视野观察世界，正确认识时代特点，全面了解世界经济、政治、文化、社会发展趋势，全面了解当代知识创新、科技发明、人文进步情况，始终站在时代发展前列。要坚持统筹国内国际两个大局，以更加开放的姿态面向世界，以更加虚心的态度借鉴和吸收人类文明成果、研究和学习各国发展有益经验，加强同各国的交流合作，继续同各国人民一道推动建设持久和平、共同繁荣的和谐世界。

（人民网）

吴邦国：为各类人才创业创造条件、提供便利

（2010年1月16日）

2010年1月16日，中共中央政治局常委、全国人大常委会委员长吴邦国视察苏州药明康德公司，看望在这里工作的中外科技人员，了解公司研发情况。

吴邦国指出，无论是传统优势产业向高端调整，还是培育新的经济增长点，关键都在人才。我们一定要牢固树立人才资源是第一资源的观念，坚持尊重劳动、尊重知识、尊重人才的方针，鼓励创造、宽容失败，大力培养和吸引人才，积极引进海内外人才尤其是创新创业领军人才和研发团队，完善技术成果交易等创新载体，加强创新服务平台建设，为各类人才创业创造条件、提供便利。

（新华网）

温家宝：努力造就世界一流的科学家和科技领军人才

（2010年1月11日）

2010年1月11日，中共中央、国务院在北京隆重举行国家科学技术奖励大会。中共中央政治局常委、国务院总理温家宝在讲话中代表党中央、国务院向2009年度国家科学技术奖获得者表示祝贺。

温家宝指出，我们应对国际金融危机的一条重要经验，就是立足当前，着眼长远，把加强科技支撑作为一揽子计划的重要组成部分。在财政极为困难的情况下，大幅度增加科技投入，推动技术改造，加快实施重大科技专项，超前部署、大力培育战略性新兴产业。这些措施对遏制经济下滑势头、培育新的经济增长点发挥了十分重要的作用。2010年是推进经济结构调整，转变发展方式，提高经济增长质量和效益的关键之年。目前，国际金融危机还没有结束，世界经济进入大变革、大调整时期。历史告诉我们，最终战胜危机、实现经济复苏要靠科技的力量。科技创新不仅是应对国际金融危机的强大武器，也是经济持久繁荣的不竭动力。面对新的机遇和挑战，世界主要国家都在抢占经济科技发展的制高点。我们必须因势利导，奋起直追，在世界新科技革命的浪潮中走在前面，推动我国经济发展尽快走上创新驱动、内生增长的轨道。

温家宝强调，我们要始终坚持把自主创新作为经济结构调整和发展方式转变的中心环节，着力突破带动技术革命、促进产业振兴的前沿科学问题，突破提高健康水平、保障改善民生的重大公益性科技问题，突破增强国际竞争力、维护国家安全的战略高技术问题，不断提高国民经济整体素质和公共服务保障水平。我们要紧密跟踪世界经济科技发展趋势，大力发展战略性新兴产业。在新能源、新材料和高端制造、信息网络、生命科学、空天海洋地球科学等领域，推动共性关键技术攻关，加快科研成果向现实生产力转化，逐步使战略性新兴产业成为可持续发展的主导力量。我们要建设一支规模宏大、结构合理、素质优良的科技队伍。坚持从我

国经济社会发展的战略需求出发，尊重科技人才成长和科技人才队伍建设规律，努力造就世界一流的科学家和科技领军人才，注重培养一线创新人才和青年科技人才，为建设创新型国家和实现全面小康提供智力支撑。我们要深化科技体制改革，进一步解放和发展科技生产力，从根本上解决科技与经济脱节的问题。大幅度增加全社会研发投入，加强知识产权保护、科技资源配置、国外智力引进的法制保障、政策体系和市场环境建设，营造科学民主、学术自由、严谨求实、开放包容的气氛，使科技人员的创新智慧竞相迸发、创新成果大量涌现。

（新华社）

温家宝：真诚欢迎更多的外国专家来华工作

（2010年2月9日）

2010年2月9日，新春佳节到来之际，中共中央政治局常委、国务院总理温家宝在人民大会堂会见了长期参与中国革命和建设事业的外国老专家、在华工作的优秀外国专家代表及其亲属，并与他们亲切座谈。

温家宝说，对外开放是中国的基本国策，“引资”和“引智”并重是我们长期坚持的战略方针。我们坚定不移地实施人才强国战略和可持续发展战略，坚持用科技的力量引领中国可持续发展，用科技的力量推动经济发展方式转变，这就必须在努力培养大批国内优秀人才的同时，积极引进国外优秀人才，特别是高层次人才和紧缺人才。真诚欢迎更多的外国专家来华工作，参与中国的现代化建设事业。他要求有关部门加强和改善外国专家工作，落实和完善政策，提高服务水平，使远道而来的外国专家都能够在中国施展才华、开创事业、实现理想。

（中国新闻网）

温家宝：全面实施科教兴国战略和人才强国战略

（2010年3月5日）

2010年3月5日，十一届全国人大三次会议在人民大会堂开幕，中共中央政治局常委、国务院总理温家宝作政府工作报告。

温家宝指出，要全面实施科教兴国战略和人才强国战略。要优先发展教育事业。抓紧启动实施国家中长期教育改革和发展规划纲要。要大力发展科学技术，加快实施科技重大专项。着力突破带动技术革命、促进产业振兴的关键科技问题，突破提高健康水平、保障改善民生的重大公益性科技问题，突破增强国际竞争力、维护国家安全的战略高技术问题。前瞻部署生物、纳米、量子调控、信息网络、气候变化、空天海洋等领域基础研究和前沿技术研究。深化科技体制改革，着力解决科技与经济脱节的问题，推动以企业为主体、市场为导向、产学研相结合的技术创新体系建设，促进科技资源优化配置、开放共享和高效利用。要大力实施知识产权战略，加强知识产权创造、应用和保护。进一步激发广大科技工作者和全社会的创新活力。要加快人才资源开发。突出培养创新型科技人才、经济社会发展重点领域专门人才和高技能人才，积极引进海外高层次人才。充分发挥市场配置人才资源的基础性作用，努力营造人才辈出、人尽其才的制度环境，建设人力资源强国。

（新华网北京）

温家宝：要为人才成长创造良好条件和环境

（2010年5月25日）

2010年5月25日至26日，中共中央、国务院召开的全国人才工作会议在北京举行。中共中央政治局常委、国务院总理温家宝在会上发表重要讲话。

温家宝指出，当今世界，国际竞争日趋激烈，突出表现为科技、教育和人才竞争。科技是关键，教育是基础，人才是根本。《国家中长期人才发展规划纲要》与已经发布实施的《国家中长期科学和技术发展规划纲要》和即将发布实施的《国家中长期教育改革和发展规划纲要》相互支撑、紧密联系又各有侧重，一定意义上讲，属于国家发展的顶层设计和系统规划。

温家宝强调，要为人才成长创造良好条件和环境，不拘一格选拔人才。要善于发现人才，用人所长，不能求全责备，让各类人才和全体劳动者、建设者才尽其用、各得其所。要在实践中锻炼和培养人才，让他们在经济社会发展的实践中增长才干、建功立业。要创新人才发展体制，坚决破除一切不利于人才成长、人才流动、人才使用的思想观念和体制性障碍，构建与社会主义市场经济体制相适应、符合科学发展要求的人才发展体制和机制。

温家宝指出，人才资源是国家的战略资源，各级党委和政府要把人才工作摆在突出位置，为人才的成长服好务。一要大胆使用和吸引人才。加强对拔尖创新人才、急需紧缺人才、战略性后备人才培养的支持力度。大胆引进和使用海外高水平拔尖人才，鼓励海外留学人员回国工作、创业或以多种方式为国家发展服务。充分发挥国内人才的作用，调动他们的积极性。二要加大人才发展资金投入。建立健全政府、用人单位、个人和社会多元化的人才发展投入机制，较大幅度增加人力资本投资比重。三要更加关心和爱护人才。努力营造尊重知识、尊重人才、尊重劳动、尊重创造的氛围。鼓励创新、探索和超越，提倡“百花齐放、百家争鸣”，倡导独立思考、追求真理，宽容失败。关心和改善人才的生活条件，解决好他们在住房、医疗、就业、子女教育、社保等方面的实际问题。

（新华网）

温家宝：用创新创造财富，用创新赢得尊严

（2010年7月19日—20日）

2010年7月19日至20日，中共中央政治局常委、国务院总理温家宝在深圳就经济运行情况开展调研，先后深入到深圳4家企业，与企业员工、科技人员亲切交谈，了解生产、销售和研发情况，并与部分深圳企业家进行座谈，倾听大家的意见。

温家宝指出，一个企业要想成为行业的第一，关键在于研发；要渡过目前经济不景气的难关，也要靠研发。我们要加强研发，不断开发新产品，提高产品的技术含量，打入更多的市场。企业要千方百计在发展上、转型上，在提高企业质量和效益上下功夫。只有这样，企业才能克服困难，立于不败之地。政府部门也要在政策上给予适当的支持。同时，企业也要关心社会，承担必要的社会责任。我们企业家不仅要懂经营、会管理，而且身上还应该流着道德的血液。

温家宝说，我过去常想，一个国家、一个民族靠什么赢得尊严？要靠国家的发展，靠健全的民主法制，靠社会的和谐进步，靠道德的力量，靠人的素质提高。今天，应该再加上这句话，还要靠创新的精神！因为一个国家的发展，一个民族的进步，一个人的成长，都需要有创新的精神。企业在遇到困难时，要克服困难；做到利润不减，也要靠创新的精神。有了创新精神，我们才能够屹立在世界民族之林；同样，企业也才能成为同行业的领军企业。所以，我希望我们的企业尤其是研发人员，要大力发扬创新精神。创新精神从哪里来？根本靠自己，靠我们的大脑和智慧。但是，也要有外部条件。我们要创造一种适宜人们创新的自由环境，让人们善于发现问题，具有批判思维和创造的能力。这才是我们民族最大的骄傲，才是我们的尊严。

（《深圳特区报》）

温家宝：把握未来科技趋势，发展战略性新兴产业

（2010年9月13日）

2010年9月13日，世界经济论坛2010年新领军者年会（夏季达沃斯论坛）在天津开幕。中共中央政治局常委、国务院总理温家宝出席开幕式并致辞。

温家宝指出，当前和今后一个时期，我们要坚持创新驱动，着力推动科技进步和产业结构的优化升级，这是从根本上解决我国资源环境约束、适应国际需求结构调整和国内消费升级的变化，全面提升国民经济发展质量、效益和国家竞争力，促进经济可持续发展的战略重点。我们将把提高科技创新能力与完善现代产业体系有机地统一起来，用先进技术改造传统产业，培育一批有自主知识产权和知名品牌，国际竞争力强的优势企业，建设一批具有国际水平和带动能力的现代产业集群，促进我国由制造大国转变为制造强国。我们将牢牢把握未来科技进步的新趋势，加强政策支持和规划引导，积极培育发展战略性新兴产业，加快形成新的支柱型产业，力争实现跨越式发展。

（人民网）

温家宝：中国政府将实施更加开放的人才政策

（2010年9月30日）

2010年9月30日，中共中央政治局常委、国务院总理温家宝在人民大会堂会见荣获2010年度中国政府“友谊奖”的50名外国专家及眷属，代表中国政府和人民向获奖外国专家表示祝贺，对他们为中国现代化建设做出的突出贡献表示感谢，并向在华工作的所有外国专家和国际友人及其亲属表示问候。

温家宝说，新中国成立以来特别是改革开放以来，现代化建设取得了举世瞩目的成就。在华外国专家是中国改革开放和现代化建设的参与者，也是中国发展和进步的见证者。中国取得的成就，是中国人民坚持不懈奋斗的结果，也凝聚着成千上万名外国专家的智慧和心血。

温家宝指出，中国越发展，越离不开世界，越离不开国际社会的理解和支持。中国将坚定不移地推进改革开放，走和平发展道路。积极引进海外人才和智力，是中国对外开放的重要组成部分。中国正处于加快转变经济发展方式和调整经济结构的关键时期，更加需要有力的人才保障和智力支撑。我们将实施更加开放的人才政策，广泛吸引和使用海外高层次人才，引进各领域的拔尖人才。我们热情欢迎更多的外国专家来华工作创业，为中国经济社会发展发挥聪明才智。有关部门要认真研究新形势下做好外国专家工作的新方法，健全相关法律法规，落实和完善政策措施，努力为来华专家提供良好的工作和生活条件。

（新华网北京）

贾庆林：积极引进海外智力，为自主创新提供人才支撑

（2010年7月8日—12日）

2010年7月8日至12日，中共中央政治局常委、全国政协主席贾庆林在出席第六届两岸经贸文化论坛有关活动期间赴广东考察调研，先后到东莞、江门、广州等地，深入工厂企业、科研院所、市政建设一线，与企业家、科学家、学者和工人一起话创新、议转型，谋发展、促和谐。

贾庆林在调研期间指出，如果企业的装备全靠进口，产品成本就难具国际竞争力，一定要积极研发具有自主知识产权的装备。我国很多装备之所以仍需进口，原因就在于自动化水平不高。装备制造企业要瞄准世界工业和信息化的前沿，努力提升水平，尽快摆脱对外依赖。

贾庆林强调，企业是国民经济的细胞，转变经济发展方式，增强经济发展的效率与活力，最终都要落到企业上。要加快推动企业转型升级，促进企业由量的扩张向质的提升转变，由依靠物质资源消耗向劳动力素质提高、科学化管理转变，由简单的加工制造向拥有核心技术、自主品牌转变，实现专业化、集约化、品牌化、人文化生产，保持持久、高效、可持续发展。

贾庆林指出，要扎实推动企业转型升级，促进经济又好又快发展。进一步强化企业的创新主体地位，引进、培养、用好人才，增强企业的核心竞争力；促进大企业和中小企业共同发展，努力形成大企业顶天立地、小企业铺天盖地，大企业增强实力、小企业充满活力的良好局面；加快企业“走出去”步伐，让企业在国际市场上经风雨、见世面，加速培育知名跨国公司和国际知名品牌，提高企业的国际竞争力。

贾庆林强调，建设创新型国家，科技是关键，教育是基础，人才是根本。前不久《国家中长期人才发展规划纲要》颁布，这是人才强国战略的行动纲领。要认真贯彻全国人才工作会议精神，不断创新人才培养体系，大力培养造就具有世界科研前沿水平的高级专家、高层次科技领军人才，注重培养一线创新人才和青年科技人才，积极引进海外人才和海外智力，为自主创新提供人才支撑。

（《南方日报》）

贾庆林：大力弘扬留学报国优良传统

（2010年12月8日）

2010年12月8日，首届中国留学人才归国创业“腾飞”奖颁奖大会在京举行。中共中央政治局常委、全国政协主席贾庆林致信祝贺。

贾庆林在贺信中说，留学人员是国家的宝贵财富，在革命、建设和改革的各个历史时期都发挥了不可替代的重要作用。特别是改革开放以来，广大归国留学人员满怀报国热情，积极回国工作，发挥自身所长，投身创新创业，为我国改革开放和社会主义现代化建设作出了突出贡献。希望广大留学人员大力弘扬留学报国的优良传统，高举爱国主义和社会主义旗帜，紧跟科技进步和时代前进的步伐，不断提高知识水平和创新能力，努力在回国创业、为国服务中创造新业绩，为全面建成小康社会、实现中华民族伟大复兴作出更大贡献。

（新华网）

习近平：使人才工作各项措施真正落到实处

（2010年5月26日）

2010年5月25日至26日，中共中央、国务院召开的全国人才工作会议在北京举行。中共中央政治局常委、中央书记处书记、国家副主席习近平在会上作总结讲话。

习近平指出，这次全国人才工作会议是我国社会主义现代化建设在新的起点上向前迈进、人才工作面临新形势新任务的大背景下召开的一次重要会议。与会同志认真学习了《国家中长期人才发展规划纲要》和胡锦涛、温家宝同志的重要讲话，交流了做好人才工作的经验，进一步明确了人才工作的总体要求、基本思路、重点任务和重大政策措施，找准了进一步搞好人才工作的着力点和有效抓手，增强了做好人才工作的责任感、紧迫感和自觉性。

习近平强调，各地区各部门要统一思想、提高认识，紧紧围绕建设人才强国这个战略目标，努力使人才工作各项措施真正落到实处；要深刻认识、自觉遵循人才成长规律，注重把握客观性，避免片面性，切实提高人才工作科学化水平；要坚持重在使用，用当适任、用当其时、用当尽才，充分发挥各类人才的作用；要营造尊重人才、见贤思齐的社会环境，鼓励创新、容许失误的工作环境，待遇适当、无后顾之忧的生活环境，公开平等、竞争择优的制度环境，促使优秀人才脱颖而出；要坚持和完善党管人才原则，切实改进党管人才方法，真正做到解放人才、发展人才、用好用活人才。各地区各部门要迅速行动起来，科学制定当前和今后一个时期人才发展规划和具体措施，抓紧实施重大人才政策和重大人才工程，为人才成长和发挥作用创造良好环境。

（新华网）

习近平：更好地发挥海外高层次引进人才作用

（2010年7月29日）

2010年7月29日，中共中央政治局常委、中央书记处书记、国家副主席习近平在北戴河看望了在当地休假的“千人计划”入选专家代表，与他们进行座谈并讲话。

习近平指出，海外高层次引进人才是中国改革开放和社会主义现代化建设不可或缺的重要人才资源。要以更大力度推进“千人计划”，更好地发挥海外高层次引进人才的作用。

习近平强调，实施“千人计划”，加快从海外引进一批能够突破关键技术、发展新兴产业、带动新兴学科、培养创新人才的高层次人才，是顺应世界科技进步、参与国际人才竞争的必然要求，是壮大中国人才队伍、加快建设人才强国的必然要求，是提升中国自主创新能力、建设创新型国家的必然要求。“千人计划”实施近两年来，推动了新兴产业，提升了科研水平，带动了人才回流，促进了人才体制机制创新和人才环境建设，显示出良好的效应。

习近平指出，为了使海外高层次引进人才更好地发挥作用，要坚持充分尊重、积极支持、放手使用的方针。充分尊重，就是要认识和肯定海外高层次引进人才的独特作用，采取有力措施，使他们引得进、留得住、用得好，迸发创新智慧，涌现创业活力。积极支持，就是要充分考虑海外高层次引进人才在国内工作可能遇到的实际困难，在生活上提供更多便利，在工作上提供更多机会和更大舞台，努力营造鼓励成功、宽容失败的氛围。放手使用，就是要努力提供海外高层次引进人才创新创业、发挥作用的政策条件，把他们放到关键岗位，让他们参与专业决策、领衔重大项目，做到人尽其才、才尽其用、用当其时、各展所长。

习近平指出，党的十七大提出了实现全面建设小康社会奋斗目标的新要求，描绘了社会主义现代化建设的宏伟蓝图，我们伟大的祖国正在新的历史起点上向前迈进，海外高层次人才回国工作，共襄盛举，正当其时。在此勉励海外高层次引进人才坚持报国为民的志气，在国家发展的宏图大业中找到位置、作出贡献；坚持不懈进取的勇气，克服工作和生活中遇到的各种困难，奋勇拼搏、勇往直前；坚持勇攀高峰的锐气，以国际一流作为工作目标和奋斗方向，努力创造出一流业绩。

习近平强调，各地区各部门各单位特别是各级党政负责同志要提高认识、明确责任，以推进“千人计划”等人才引进计划为抓手，按需引进、量力而行，努力为海外高层次引进人才提供良好的工作生活条件。

（中国新闻网）

李克强：发扬报效祖国、服务社会的奉献精神

（2010年1月11日）

2010年1月11日，中共中央、国务院在北京隆重举行国家科学技术奖励大会。中共中央政治局常委、国务院副总理李克强主持大会。

李克强指出，提高自主创新能力、建设创新型国家是国家发展战略的核心和提高综合国力的关键。希望广大科技工作者以获奖者为榜样，继续发扬求真务实、勇于创新的科学精神，不畏艰险、勇攀高峰的探索精神，团结协作、淡泊名利的团队精神，报效祖国、服务社会的奉献精神，承担起历史赋予的重任，为推动我国社会主义现代化建设伟大事业作出更大的贡献。

（新华社）

王兆国：着力在引进海外智力资源上发挥优势

（2010年1月20日）

2010年1月20日，中国侨联八届二次全委会议在北京召开。中共中央政治局委员、全国人大常委会副委员长王兆国出席会议并发表讲话。

王兆国指出，中国侨联在下一阶段的工作中，要着力在引进海外智力资源上发挥优势。要坚持把吸引和用好海外人才、智力资源作为战略任务，努力实现从注重引进资金和项目向注重引进技术和人才的转变，在继续做好招商引资的基础上，进一步拓展招才引智的工作。

王兆国强调，要切实发挥人才荟萃、智力密集、联系广泛的优势，围绕国家和地方人才引进计划，拓展与海外高层次人才的联系渠道，宣传国家海外高层次人才引进工作的主要政策、动态和相关信息，引导优秀海外高层次人才回国创业效力，积极开展海外人才回国创业活动。要从工作、生活等方面关心支持海外人才，推动制定和认真落实各项政策措施，维护他们的合法权益，保护他们的创业热情，为他们营造良好的工作环境和社会氛围。

（《上海侨报》）

王兆国：要统筹利用国内国际两种人才资源

（2010年7月8日—12日）

2010年8月24日，“第十届海外高新技术人才为国服务暨第三届新侨创新成果交流会”在北京召开。中共中央政治局委员、全国人大常委会副委员长王兆国会见与会代表。

王兆国指出，中国即将完成“十一五”规划、制定并实施“十二五”规划。要实现科学发展，加快经济结构调整、转变经济发展方式，党和国家比以往任何时候都更加需要科技的支撑，需要包括海外人才在内的广大科技工作者的拼搏奉献。要统筹利用国内国际两种人才资源，吸引更多的海外人才回国创业、为国效力。

王兆国希望，海外高新技术人才继承老一辈华侨的优良传统，弘扬“两弹一星”精神、载人航天精神，准确把握科技发展和创新的方向，紧紧抓住当前制约我国经济社会发展的重大科技问题，发挥专业基础扎实、国际视野开阔、管理观念先进、海外朋友众多的优势，当好国际学术交流的桥梁和使者，推动国内科技界同国际科技界开展多种形式的交流合作，努力为实施人才强国战略、建设创新型国家作出更大的贡献。

王兆国要求，各级侨联组织要在继续做好推动经济社会发展工作的基础上，把招贤引智工作放到更加突出的位置上来。各级侨联要深入海外人才之中，把握海外人才的所思所想、所需所求，进一步扩大侨界成果奖的影响，不断完善联系、沟通、引进、服务海外人才的工作体系。

（中国新闻网）

王兆国：要用好用活创新人才

（2010年11月1日）

2010年11月1日，第十二届中国科协年会在福州召开。中共中央政治局委员、全国人大常委会副委员长王兆国出席开幕式并讲话。

王兆国指出，党中央召开十七届五中全会，提出了我国“十二五”时期发展的主要目标、指导原则和重大部署。“十一五”时期，我国取得了举世瞩目的社会主义现代化建设成就，特别是科技发展的整体水平又迈上了一个新台阶，科技创新人才队伍规模更加宏大、结构更加合理、素质更加优良，科学技术已经成为支撑经济发展、社会进步、民生改善、国家安全和社会稳定的重要力量。站在新的历史起点上，面对“十二五”时期复杂多变的国际形势和改革开放的艰巨任务，我们必须牢牢抓住可以大有作为的重要战略机遇期，以科学发展为主题，以加快转变经济发展方式为主线，最大限度地调动起广大科技工作者的积极性与创造热情，以自主创新为动力，以科技进步为支撑，在促进经济平稳较快发展和社会和谐稳定中充分发挥科学技术的第一生产力作用。

王兆国强调，加快转变经济发展方式是抢占制高点、争创新优势的必由之路。目前我国经济规模虽然已经很大，但经济发展技术含量不高，产业结构不合理，总体上仍处于全球产业链的低端，出口产品技术含量和附加值低，企业技术创新能力不强，很多关键技术和核心技术仍然受制于人，已经成为困扰国民经济运行质量的突出问题。如果这种经济大而不强的局面不能得到及时有效的改变，我们在综合国力竞争中就会处于战略被动地位。面对日趋激烈的关键技术、知识产权、创新人才领域的争夺，面对不断提高的技术和产业化门槛，我们要抢占经济科技制高点，争创经济增长新优势，就必须加快转变经济发展方式，坚定不移调结构，脚踏实地促转变，对我国经济发展进行战略筹划，在完成传统产业调整振兴任务的同时，准确把握和培育发展战略性新兴产业，把发展新能源、新材料、信息网络、生物医药、节能环保、低碳技术、绿色经济等作为新一轮产业发展的重点，加大投入、着力推进，走符合中国国情的科技含量高、经济效益好、资源消耗低、环境污染少、人力资源充分发挥的新型工业化道路，努力实现经济社会的跨越式发展。

王兆国指出，加快转变经济发展方式要发挥科技优势，把增强自主创新能力作为中心环节，把造就数以亿计的高素质劳动者、数以千万计的专门人才和一大批拔尖创新人才作为根本保障，为加快经济发展方式转变提供强大科技支撑。

王兆国强调，要用好用活创新人才，把加快转变经济发展方式建立在充分发挥人才优势的基础之上。加快转变经济发展方式，自主创新是关键，用好人才是根本。要按照科技、人才和教育三个国家中长期发展规划纲要的要求，着力培养创新型科技人才，大力开发经济社会发展重点领域急需紧缺专门人才，推动我国由人口资源大国成为人才资源强国。要切实加强人才服务，坚持以用为本，高度重视并充分发挥好人才在推进经济发展方式转变中的关键性作用，坚持在科研实践中培养人才、举荐人才，在创新实践中发现人才、凝聚人才，在生产实践中锻炼人才、成就人才，让更多的一流人才和领军人才脱颖而出，让更多的年轻人才在创新实践中成长进步。要大力吸引海外人才，认真实施好“千人计划”和“海智计划”，加大吸引海外人才回国创新创业工作的力度，立足国内需求，广泛开展多种形式的国际交流与合作，积极举荐引进各领域拔尖人才，特别是掌握关键技术、带动新兴学科和产业发展急需的战略科学家和领军人物，为海外科技人才报效祖国创造更加有利的条件。

（中国科学技术协会网站）

刘延东：加强科技基础设施建设，聚集培养优秀科技人才

（2010年5月21日）

2010年5月21日，“重大工程材料服役安全研究评价设施”暨国家材料服役安全科学中心奠基仪式在北京举行。中共中央政治局委员、国务委员刘延东出席奠基仪式并发表讲话。

刘延东指出，重大科技基础设施一定程度上代表国家科技水平和综合实力。党和国家高度重视重大科技基础设施建设。新中国成立以来，我国累计建设了40多项重大科技基础设施，对提升我国科技整体水平和促进经济社会发展发挥了重要作用。要加强重大科技基础设施建设，为基础科学前沿领域取得重大进展提供必要条件，为解决经济社会发展中重大科技问题提供有力支撑，为聚集培养优秀科技人才提供重要平台，努力提升我国科技整体水平和国家综合实力。

刘延东强调，项目建设要紧密结合国家重大战略需求，瞄准世界科技发展前沿，掌握一批拥有自主知识产权的高端、核心技术，为重大工程安全设计与安全评价等服务。要发挥项目建设引领带动作用，促进科技资源联合共享和学科交叉融合，提高高校科研能力和水平。要把人才培养作为核心任务，通过项目实施凝聚培养创新人才，通过人才培养支撑项目建设。要紧密结合经济社会发展，充分体现公共性、通用性、开放共享的功能，充分体现对新能源、新材料、节能环保和高端制造等战略性新兴产业的支撑作用。

（《人民日报》）

刘延东：激发创新动力，为转变经济发展方式提供重要支撑

（2010年10月20日）

2010年10月20日，何梁何利基金2010年度颁奖大会在北京举行。中共中央政治局委员、国务委员刘延东出席并发表讲话。

刘延东指出，当今世界，新科技革命突飞猛进，基础研究呈现出前所未有的深度和广度，高新技术领域孕育一系列革命性突破，重大创新引领新兴产业蓬勃发展。党的十七届五中全会明确提出要以科学发展为主题，以转变经济发展方式为主线，坚持把科技进步和创新作为加快转变经济发展方式的重要支撑，进一步指明了当前科技事业发展的前进方向和重要着力点。希望全国广大科技工作者围绕国家战略需求，瞄准世界科技前沿，发扬传统，开拓创新，协作攻关，坚定不移地走中国特色自主创新道路，在科学前沿和产业高端谱写新的卓越篇章，为加快转变经济发展方式、全面建设小康社会作出更大贡献。

（人民网）

李源潮：祖国需要你们、欢迎你们、寄希望于你们

（2010年3月16日—18日）

3月16至18日，国家“千人计划”入选者专题培训班在中央党校举办。中共中央政治局委员、中央书记处书记、中组部部长李源潮与学员座谈并讲话。讲话内容根据记录整理摘编如下：

今天这个班是“千人计划”引进人才的第一次聚会，大家言犹未尽，许多同志还来不及发言。以后我们要创造更多这样的机会，听取大家意见。借这个机会，我想讲三句话：祖国需要你们，祖国欢迎你们，祖国寄希望于你们。

第一，祖国需要你们。

“千人计划”启动于2008年上半年。是党中央、国务院为落实党的十七大提出的更好实施人才强国战略要求作出的重要决策。国家为什么要加快引进海外高层次人才；这是因为：中国的发展需要你们，中国的强大需要你们，中国的安全需要你们。

一是建设现代化国家需要高层次人才。现在我们国家的发展已经遇到一个坎，各种资源包括能源、矿产、土地、水资源、甚至环境资源都不够。我们要保持现在的发展势头，靠什么？要靠高素质的人才。就像刚才大家讲到的，我们国家现在有不少产业规模在世界上数一数二，比如，汽车产业，去年的销售量已超过美国；光伏产业，已经是光伏组件第一生产大国；笔记本电脑，全世界80%以上是在我国江苏生产的。但是，这些产业的主要核心技术不在我们这里，或者说只有部分核心技术在我们这里。除了工业，现代服务业也是这样。我国的金融规模在世界上已相当可观，但高层次金融人才不足。去年10月，我到美国IBM沃森研究中心看“智慧地球”的设计框架，感到我们的通信技术也面临很大挑战。中移动通信已经是世界最大的通讯企业，营销力量很强，但研发力量不强。我们现在要建设资源节约型、环境友好型社会，节能降耗、改善生态，治理工业化带来的污染，像治理太湖、滇池等，靠什么？也得靠技术、靠人才。总之，中国的科学发展，中国的现代化建设，现在最需要的是人才尤其是高层次人才。

二是建设创新型国家需要高层次人才。中央明确提出到2020年中国要进入创新型国家。建设创新型国家，体制机制、资金投入、科研条件都很重要，但最重要的是创新型人才。现在，我们缺国际一流的科学研究成果，缺国际一流的技术创新企业，关键还是缺科技创新领军人才，缺国际一流的研究团队。我国进入世界500强的企业已有20多家，靠的主要是规模，而不是技术。江苏沙钢是我国唯一进入世界500强的民营企业，但也不是技术创新型企业。国际一流的企业我们是有的，但国际一流的技术创新型企业我们缺乏。企业是自主创新的主体，人才是建设创新型企业的关键。

三是建设教育强国需要高层次人才。现在我们国家大学不少，普通高校2000多所，大学招生规模世界最大，但缺少世界公认的一流大学，能够进入世界前200位的大学屈指可数。我们不仅缺少一流的大学，也缺少一流的、享誉世界的大师。像钱学森这样的科学家，当年在世界上是很有影响的，讲流体力学、搞导弹设计都要引用他的研究成果，钱学森不仅是中国的，也是世界的。现在不能说中国没有大师，但在世界上得到承认的大师不多。建设教育强国要靠一流人才，所以我们要把一部分出去留学的优秀人才吸引回来。

四是建设人才强国需要高层次人才。国际上把掌握专门知识或从事专业技术工作的叫人才，按照这个概念，我们国家的人才总量现已和美国旗鼓相当，流量上我们还超过美国。但我国的人才结构有缺陷，特别是高层次人才、领军人才紧缺，不仅不能和美国比，还不能跟俄罗斯、德国、日本比。产生这种情况的一个重要原因，就是改革开放以后，一批又一批最优秀的学生都出国留学去了。鼓励出国留学是改革开放的重要政策，出去的人促进了所在国和我国的科技合作交流，对国内科技发展的贡献也不小。但他们中的多数，尤其是水平最高的一部分人多数没有回来工作。我们要建设人才强国，既要大力培养国内的高层次人才，也要抓紧把留学海外的高层次人才引回来。

留学生出去，不完全是因为中国穷、外面条件好，更重要的是国外有发展空间。中国现在的情况已经大不一样了，中国的发展为高层次人才有所作为创造了新空间。海外留学人才有中国经历、有中国感情、有中国血脉、有中国文化的根。我们创造条件，鼓励他们回来，成为国家创新、创业、改革、发展的一股有生力量，为我们建设现代化国家、建设创新型国家、建设教育强国、建设人才强国发挥特殊作用。我说祖国需要你们，这不是一句大话，而是一句实话。

刚才有位同志问，“千人计划”只管5年，5年以后怎么办；我可以肯定地说，5年以后，国家会有比现在更大的人才计划。中央政治局已经审议通过了《国家中长期人才发展规划纲要》。还有人问怎么合同才定3年；定3年主要是为了方便你们。合同定了，就得守合同、讲信用。合同一定，国家就给你们提供条件，这个信用国家是守得住的。先定3年能使你们更容易下决心，3年以后如果适应，我想你们的单位是不肯放你们的。

祖国的需要是海外留学人才的机遇。没有祖国发展的需要，很多海外人才只能终老异国他乡，尽管有所成就，心里头总还有惆怅，因为叶落归不归根始终是个矛盾。国庆60周年时，中央在人民大会堂召开海外人才观礼团成员座谈会，丁肇中教授说，“中国有句古话‘树高千丈、叶落归根’，我是树高一丈，也要叶落归根。”我觉得，这恐怕是所有出国留学人员的心愿。我看有的报道说，“中国是世界人才的一个机遇”。回到祖国来，有哪些机遇呢？

一是可以有更多的理想实现。按照马斯洛的理论，人生追求有5个层次，一般来讲，文化层次越高追求层次越高。层次低一点的，追求安居乐业、健康安全；层次高的，追求社会价值、理想实现。中国人特别是有文化的中国人，总是希望为国家做点事情的。海外留学人才更是这样，多数人都有一个朴素的理想，总想对祖国有所回报，希望得到故乡人民的承认。这不仅仅是中国现象，也是世界现象。

二是可以有更多的成功机会。当年为什么很多人跑美国去，因为美国是一个成功的国家，跑去后很多人都成功了。现在世界上公认，中国是一个成功的国家。这就像股市，中国是个红筹股，大盘是上升的。股市大盘在上升时，很笨的人买股票也能发财；大盘下降时，很聪明的人也会亏本。中国作为一个比较成功的国家，不是没有问题，但确实有比较多的成功机会。我们希望大家抓住这个机会。

三是可以有更多的社会尊重。你即使在美国哈佛做教授，也未必处处受追捧。但回到国内来，哪个大学不把你们捧着，一会请到这里作报告，一会请到那里作演讲。不论哪个民族，总是更尊敬和他们同根同源的杰出人才。

四是会有更多的人文满足。回国来，亲人在、同学在、乡情在，小学、中学、大学的校长、老师都在。至少你们入选“千人计划”的诸位，回到你们的老师面前，回到你们的校长面前，人家肯定说，这是我们培养的人才，这是我们学校的骄傲。这种氛围能给你在国外得不到的一种人文满足，因为你文化的根在这里。

看到你们回来，我们很高兴。尽管只是一个开端，但“千人计划”终于成为现实，不再是一个纸上的计划。为什么大家已经回来了，还要跟大家说这些，主要是想增强大家参与“千人计划”的责任感，不要只把参与“千人计划”看成是一个个人机会，更要把它看成是一种集体责任。

第二，祖国欢迎你们。

大家在发言中都说，能够参与“千人计划”感到非常光荣。国家赞赏你们的爱国热情，支持你们回来创新创业。祖国欢迎你们回来，不是一句空话，而是实实在在的政策，为你们开展工作提供服务。

一是鼓励政策。“千人计划”文件明确规定，“千人计划”入选者在项目申报、科研基金申请、表彰奖励、院士评选等方面，全面准入、平等参与。个人和家属可以办“中国绿卡”，出入方便、来去自由。

二是优待政策。包括百万安家费、合理薪酬等等。2006年江苏有个“百人计划”，就是省政府每年拿出1亿元支持引进100个海外人才，每人100万。当时高层次人才回国还没形成热潮，第一年1个亿没能花完，但打出了品牌。现在是大家争着回来，江苏的引进人才资金提高到了每年4亿元。现在对“千人计划”引进人才，中央政府直接补助每人100万元，所在省、市还有补助。这就叫优待，主要是帮助你们回国后安家，有个干事创业的立足之地。

三是支持政策。除了优待以外，还给大家搭建创新创业平台。主要有4个平台，包括国家重点创新项目、重点学科和重点实验室、企业和金融机构、以高新技术产业开发区为主的各类园区。刚才大家还提了不少要求。有的我们能办，有的不能办。不是不想给大家办，而是从全局看不宜办。考虑政策要统筹两个方面：一方面要讲效率。国家急需高层次人才，都等国内培养来不及。怎么办；就得把在外面的人才赶快引回来，这就是效率。另一方面还要讲公平。国内受过高等教育的近亿人，高层次人才也不少。对海外回来人才过于特殊，国内的人才就会感到被另眼相看，他们会觉得，我们爱国、在国内奋斗到今天你却看不起。大家希望有更多面向“千人计划”的特殊政策，这种心情我们很理解，但也要请大家务必理解国家的难处和国内人才的情绪。当然，能办的事我们一定办，而且要努力办好。比如回来后给你们补助，国内同事好接受，毕竟你刚从外头回来，应该得到安家资助。但是日常申请科研基金，参与“千人计划”的就一定要比国内教授高一头，那就不好办，因为那就打破了公平竞争规则。中国要实现现代化，建设创新型国家，需要在座的各位发挥聪明才智，但这远远不够，还需要海内海外成千上万的人才共同奋斗才能成功。所以我们制定特殊政策的时候必须统筹兼顾，必须调动大多数人乃至所有人的积极性。

四是服务政策。大家回来不易，国家是把你们作为特殊群体来服务的。除了为你们本人服务，也为你们的太太、孩子服务。与“千人计划”实施意见相配套的“八个办法”，多数是服务性政策。

我们要认真落实这些政策，采取各种措施帮助你们尽快融入祖国、融入事业、融入集体、融入社会。比如办这个班，就是为了帮助你们尽快了解国情、熟悉国情。这件事也是一位“千人计划”参与者给我写信提议的，他说能不能像党校培训干部一样，把“千人计划”参与者也培训培训。我们觉得这个意见很好，就照办了。搞“千人计划”得从善如流，谁提的意见好，我们就照谁的做。大家提出意见和建议，就是主动参与“千人计划”。现在“千人计划”专项办的主任宋永华同志，就是第一批“千人计划”归来者。他了解海外人才，就让他做办公室主任，“以才引才”。大家要想尽快融入祖国，不能仅有我们单方面努力，你们更应该主动。要了解中国的国情，了解中国的发展方向，了解国家的基本方针，了解国家的人才政策。很多道理上对的事情，由于受现实国情的限制，暂时还办不到。

大家回来后，肯定会有很多不适应，很多看不惯的东西，这很正常。从一种制度到另一种制度，都看得惯怎么可能呢；我们到外国去，很多东西也看不惯。但是大家回来了，就是自己人了，就要以主人的态度、以自家人的感情，深刻了解我们的国家，深刻了解我们的社会，既要看到存在的弊病，也要看到我们的优势、看到我们的困难。我们希望大家不仅带回先进的技术和知识，还带回先进的理念和经验；不仅创造科技成果和产品，还要创造更先进、更适合中国的体制机制。不能指望一回来就有现成的先进的成熟的创新创业体制机制，好像盖好了大厦等着大家来住。更不能回来了还是指望国内的人改革体制机制，你们在边上等着。我希望回国人才和国内人才一起来创造先进的创新创业体制机制，做中国特色创新创业体制机制的建设者。

第三，祖国寄希望于你们。

海外回国高层次人才是我们建设创新型国家和人才强国的一支重要力量，祖国和人民对你们寄予厚望。

第一，希望你们保持报国为民的理想。在祖国发展的需要中，选准自己的发展方向，实现自己的报国之梦。

第二，希望你们保持世界眼光，继续站在世界科技发展的前沿。国家希望你们回来工作，但还希望你们能经常出去，了解世界科技发展最前沿的东西。所以“千人计划”文件规定，一年中只要能在国内工作半年，就有资格参与。

第三，希望你们保持艰苦奋斗精神，创造世界一流成果。创新创业必须要艰苦奋斗。比如施正荣，他和我一起到美国访问，我在演讲时讲到施正荣的公司在华尔街上市，当时市值达44亿美元，听众给他的掌声远比给我这个演讲人的掌声高。但这44亿美元背后的辛苦，又有多少人知道。十年磨一剑！去年我到青海湖边的海北州看我国“两弹”试验基地，现在已经是爱国主义教育基地，当年我国那些最有名的科学家，许多是刚从海外回来的，在非常简陋的小平房里，在非常恶劣的自然条件下，创造了令世界震惊的辉煌成果。今天的人可能很难理解，他们就靠手摇计算机，计算出了原子核链式反应的临界条件。我国老一辈科学家就是这样艰苦创业的。现在新一代科学家，许多也是十年磨一剑。你们回来得到的尊敬、获得的掌声肯定多，但需要吃苦的时候会更多，希望大家保持艰苦奋斗精神。

第四，希望你们保持改革创新的锐气。前面我们说了，大家长期在国外，看问题比较敏锐，回来后看不惯的东西会比较多。看不惯有两个好处，一是对现状不满意，会产生改革创新的冲动；二是不容易迁就那些陋习，不会随波逐流。“曾经沧海难为水”，实践经验往往是创新的基础。经历过不同环境，就有许多经验可以借鉴和参照，搞创新就更有条件。所以希望大家保持创新的锐气，共同推动我们国家的科技、教育、人才体制机制改革，共同创造更新更优的体制机制。国内对科研管理体制机制的批评，经常比你们刚才讲得还激烈，但光批评不管用，关键是必须找到一条可行的改革之路。简单把国外的做法搬回来是不行的，改革开放以后我们很多办法是从国外搬来的，搬来后很快就出现许多矛盾与问题，必须解决这些新矛盾新问题，使之符合中国的实际，改革才能前进。就像刚才讲的科研经费分配要搞项目评审，有些人靠打招呼、送礼请客拉关系，让人觉得不公正、不干净评审。但问题在不搞项目评审，你能找到更好的办法吗？靠领导个人“乱点鸳鸯谱”可能更糟糕。所以你要是有更好的办法，我们就来试，试了管用就大面积推广。好办法往往是在实践中试出来的，希望大家在各单位做改革的实践者，在各自的岗位上努力创造好的办法和机制，包括“分钱”的机制和“花钱”的机制。

第五，希望你们保持团结和谐的心态，和国内广大人才携手共进。现代科技创新创业都要靠团队。在一个团队中，保持团结和谐的心态至关重要。刚才有位同志讲到创新文化，创新文化很重要的一个内容是和谐共事。我很坦率地希望，“千人计划”入选者对国内人才要有一种平等的心态，千万不能有高人一等的心态。你们现在回国创业，像刚才有的人所讲，是“插队”，或者叫“入伍”，而不是“垦荒”。这同当年钱学森、李四光回来“垦荒”的情况是不一样的。现在中国的科技、教育、人才队伍都已经有一个很大的家业，大家要融入这个队伍，融入进去才能更好发挥作用。我们希望大家走在最前头成为领军人物，但领军人物不是哪个人封的，封了也不管用。请大家回来，应该给予特殊优待，但回来后就得靠平等竞争，要不然国内人才不会答应，人民群众也不会答应。所以，大家一定要有与国内人才和谐共事、平等竞争的心态。

我今天想讲的就是这三句话：祖国需要你们，祖国欢迎你们，祖国寄希望于你们。我和我的同事们，包括教育部、科技部、人社部、财政部、人民银行、国资委、中科院的领导同志都在这里，我们愿意帮助你们、为你们服务，希望你们中间能出一批国家科技创新的领军人物，出一批科技创业的名企业家，出一批创说立论的科研带头人，出一批识才育才的教育大师。

（《神州学人》杂志）

李源潮：把人才作为科学发展第一资源

（2010年4月8日）

2010年4月8日，中央人才工作协调小组召开第26次会议，讨论研究国家中长期人才发展规划纲要工作实施。中共中央政治局委员、中央书记处书记、中组部部长、中央人才工作协调小组组长李源潮主持会议。

李源潮指出，制定实施国家人才发展规划纲要，是落实党的十七大更好实施人才强国战略要求的重大举措，是我国在激烈的国际竞争中赢得主动的战略选择，对于加快经济发展方式转变，推动科学发展，实现全面建设小康社会奋斗目标具有重要意义。

李源潮强调，人才发展规划纲要是我国第一个中长期人才发展规划，是指导今后一个时期全国人才工作的纲领性文件。各级党委和政府要按照中央要求，把人才作为科学发展第一资源，组织领导好人才发展规划纲要实施工作。各级领导干部特别是组织人事等人才工作部门的同志要认真学习人才发展规划纲要提出的新思想、新理念，深刻理解建设人才强国的战略目标，服务发展、人才优先、以用为本、创新机制、高端引领、整体开发的人才发展指导方针和人才发展的重点任务、重要举措，增强做好人才工作的紧迫感责任感。要结合本地区本部门实际采取有力措施落实人才发展规划纲要提出的各项任务。各省区市和中央有关部门要抓紧编制本地区本领域人才发展规划，形成全国人才发展规划体系。要加强人才工作宣传，充分利用新闻媒体，对人才规划纲要的内容进行系列解读和深度解读，在全社会形成良好舆论氛围。

（新华网北京）

李源潮：实施国家人才规划要做到“四个落实”

（2010年5月27日）

2010年5月27日，中央组织部、人力资源和社会保障部在北京召开贯彻落实《国家中长期人才发展规划纲要（2010－2020年）》座谈会。中共中央政治局委员、中央书记处书记、中组部部长李源潮出席座谈会。

李源潮指出，要认真学习胡锦涛总书记等中央领导同志重要讲话，把贯彻全国人才工作会议精神、实施国家人才规划，作为当前和今后相当一段时期全国人才工作的中心任务，做到思想落实、任务落实、政策落实、项目落实。

李源潮指出，要深刻理解全国人才工作会议和人才规划提出的战略思想，牢固树立人才资源是第一资源的理念，明确建设人才强国的战略目标，把握服务发展、人才优先、以用为本、创新机制、高端引领、整体开发的指导方针，确立人才优先发展的战略布局，把用好用活人才作为人才工作的当务之急，努力形成人尽其才、人才辈出的生动局面。

李源潮强调，要组织好人才工作会议精神和人才规划的学习宣传，重点抓好领导干部的学习，重点培训组织人事、经济发展、科技教育等人才工作部门和单位的负责同志。要对人才规划进行系列深度解读，让广大干部群众能理解，让各类人才都知道，推动全社会进一步解放思想、更新观念。要抓紧制定部署落实人才工作会议精神和人才规划的贯彻意见，做到任务明确、责任落实。

李源潮指出，要突出改革创新，借鉴国际先进经验，抓紧制定出台人才规划提出的各项重大人才政策，以政策突破带动体制机制创新。要加快组织实施人才规划立项的重大人才工程，精心设计工程方案，加强对工程实施的统筹协调，以工程实施带动各领域各层次人才队伍建设。要建立衔接配套的全国人才规划体系，各省市县都应制定本地人才发展规划，中央和国家机关有关部门应编制好本系统本行业人才发展专项规划，各单位要制定人才培养和使用计划。要建立党委、政府抓人才工作目标责任制，建立健全抓落实的工作机制。要形成完善的监测、评估和考核机制，促进人才规划各项任务落到实处。

（新华网）

李源潮：人才是核心竞争力，各地要有“千人计划”

（2010年6月5日—6日）

2010年6月5日至6日，中共中央政治局委员、中央书记处书记、中组部部长李源潮在天津市调研人才工作，深入天津市的高新技术企业和研究院，详细了解人才引进、培养、使用情况并召开座谈会。

李源潮指出，过去是人才跟着项目走，现在是项目随着人才来。一个国家、一个地区、一个企业要提高核心竞争力，关键靠人才特别是拔尖人才。国家要抓紧实施“千人计划”，各地也要有自己的“千人计划”。要创新机制、创造环境，把让人才取得成功作为引才用才的关键。

李源潮强调，人才是科学发展的核心竞争力，各级党委、政府要深入学习宣传全国人才工作会议精神和国家人才发展规划，把人才资源是第一资源、人才优先发展、人才要以用为本等重要思想，化为各行各业都能落实的具体理念。要加快确立人才优先发展战略布局，抓紧编制本地本部门人才发展规划，把人才队伍建设纳入经济社会发展“十二五”规划，把建设人才强国的战略目标和任务变成人才强市、人才强企、人才强校（院）的具体目标和任务。要积极创新人才政策，探索建立有利于培养引进人才、用好用活人才的体制机制，在全社会形成尊重爱护人才、关心支持人才的良好环境

（新华网天津）

李源潮：抓住祖国发展机遇，实现创业报国理想

（2010年6月29日）

2010年6月29日，2010中国海外学子创业周在辽宁大连开幕，同时举行的还有国家“千人计划”网站开通仪式。中共中央政治局委员、中央书记处书记、中组部部长李源潮出席开幕式并讲话。

李源潮指出，要坚定不移地实施人才强国战略，确立人才优先发展战略布局，努力形成人才辈出、人尽其才的生动局面。希望海外留学人员抓住祖国发展机遇，积极回国创新创业，实现人生抱负和报国理想。

李源潮指出，全国人才工作会议和国家人才发展规划确定了人才优先发展战略布局和建设人才强国战略目标，我国人才发展的又一个春天已经到来。各地各部门要抓住人才优先发展的战略机遇，坚定不移地走人才强省、人才强市、人才强企、人才强校、人才强院之路。要坚持人才资源优先开发、人才结构优先调整、人才投资优先保证、人才制度优先创新，使各类人才创业有机会、干事有舞台、发展有空间，充分发挥人才第一资源作用。

李源潮指出，祖国的发展需要人才，祖国的发展成就人才。现在，我国进入了科学发展的新阶段，科技创新创业的机会越来越多、条件越来越好、空间越来越大。海外留学人才是我国现代化建设的特需资源。对引进的海外人才，要充分信任、放手使用。希望海外留学人员抓住祖国发展的大好机遇，积极响应祖国召唤，回国创新创业或以不同方式为祖国服务。

（新华网）

李源潮：高层次研究人才是科研机构的灵魂

（2010年10月26日）

2010年10月26日，中共中央政治局委员、中央书记处书记、中组部部长李源潮亲切会见神华集团北京低碳清洁能源研究所学术顾问、诺贝尔化学奖得主马库斯、研究所所长卡洛斯等海外专家。

李源潮表示，世界科技和产业发展的一条重要经验，就是由世界知名企业建立研究机构，产学研相结合推动科技研发和应用。组建北京低碳清洁能源研究所，是我国发展新能源产业、加快转变经济发展方式、提高自主创新能力的重要举措。希望低碳清洁能源研究所成为我国产学研相结合的新的科技研发体制示范基地、国家高层次人才储备基地、引领新能源发展的世界有名的科研基地。

李源潮强调，高层次研究人才是科研机构的灵魂。要充分发挥国有重点骨干企业优势创办高水平研发机构，积极引进能够突破和引领核心关键技术的海外高层次人才，既要大力引进事业有成的人才，又要大力引进有发展潜力的优秀年轻人才。要进一步解放思想、解放人才、解放科技生产力，借鉴国际先进科研管理经验，建立充满活力和吸引力的科研体制机制，最大限度地激发人才的创新思维和创造才能。

（千人计划网）

李源潮：真诚欢迎海外高层次人才回国或来华创新创业

（2010年10月27日）

2010年10月27日，中共中央政治局委员、中央书记处书记、中央组织部部长李源潮亲切会见美国工程院院士何志明、鲍亦和，感谢他们对中国科技发展的关心。

李源潮说，人才是推动中国科学发展的第一资源。中国现代化建设的快速发展越来越需要人才特别是高层次人才，同时也为各类人才施展才能提供了机会和空间。我们真诚欢迎海外高层次人才回国或来华创新创业。我们将通过实施“千人计划”等工作，加快推进科技、产业、人才工作机制体制创新，为海外高层次人才营造良好的科研环境和生活环境。

（《人民日报》）

李源潮：营造尊重人才、人尽其才、才尽其用的社会环境

（2010年11月4日）

2010年11月4日，中组部召开全国组织部长学习贯彻党的十七届五中全会精神座谈会。中共中央政治局委员、中央书记处书记、中组部部长李源潮在会上发表讲话。

李源潮指出，要抓好国家中长期人才发展规划的实施，为“十二五”时期科学发展提供人才支撑。要坚持服务发展、人才优先、以用为本、创新机制、高端引领、整体开发，加强现代化建设需要的各类人才队伍建设，既充分发挥国内人才作用，又积极引进用好海外高层次人才。要加快推进重大政策和重大人才工程的实施，营造尊重人才、人尽其才、才尽其用的社会环境。

（新华网）

李源潮：积极引进用好海外高层次人才

（2010年12月19日）

2010年12月19日，全国人才工作座谈会当日在北京召开。中共中央政治局委员、中央书记处书记、中组部部长李源潮出席会议并发表讲话。

李源潮指出，要全面落实国家中长期人才发展规划，加大人才政策和体制机制改革创新力度，大力培养引进高层次创新创业人才，为“十二五”科学发展提供人才支撑。

李源潮表示，明年是“十二五”开局之年，推动科学发展、加快转变经济发展方式，最根本要靠科技和人才的力量。各地各部门要把人才资源优先开发、人才结构优先调整、人才投资优先保证、人才制度优先创新，落实到“十二五”规划中去，确立人才优先发展战略布局。要树立人才是科学发展第一资源、人人可以成才、人才发展以用为本、鼓励人才创新创业创优等先进人才理念，不断解放思想、解放人才、解放科技生产力。

李源潮强调，各级领导干部要识才、爱才、用才，促进优秀人才脱颖而出。要加快培养造就科技创新创业人才，支持科技创新人才围绕国家发展急需项目开展科技攻关，鼓励科技人员带成果、带项目进行科技创业。要深入实施“千人计划”，积极引进和用好海外高层次人才。要围绕大家反映强烈的突出问题推进人才政策创新，解人才发展之急。要精心实施重大人才工程，引领和带动各类人才队伍建设。要统筹抓好区域人才资源开发，加大对西部地区、欠发达地区、基层和农村人才队伍建设支持力度。要发现和树立不同领域、行业、层次的优秀人才典型，激励各类人才创先争优。

（新华网）

李源潮：为中华腾飞世界贡献智慧和力量

（2010年12月20日）

2010年12月20日，第十三届中国留学人员广州科技交流会隆重开幕。中共中央政治局委员、中央书记处书记、中组部部长李源潮出席开幕式并致辞。

李源潮说，人才是经济社会发展的第一资源。今年5月，党中央、国务院召开全国人才工作会议，颁布我国第一个中长期人才发展规划，确立了建设人才强国的战略目标和人才优先展战略布局。党的十七届五中全会通过的“十二五”规划建议，把深入实施人才强国战略、加快建设创新型国家，确定为“十二五”时期经济社会发展的十大任务之一。中国人才发展进入了历史上最好的时期。

李源潮说，海外人才是我国现代化建设的特需资源。国家对海外留学人才实行“支持留学、鼓励回国、来去自由”的方针，对回国创新创业的海外人才充分尊重、高度信任、积极支持、放手使用。胡锦涛总书记强调，要完善符合留学人员特点的引才机制，鼓励留学人员以不同方式为祖国服务。2008年，中央出台了“千人计划”，到今年底已有1100多名海外高层次人才入选。从明年1月开始，国家还将实施“青年千人计划”，帮助和支持更多海外人才特别是青年人才回国创新创业。去年以来，许多在美欧日留学的博士和博士后来信，希望在“千人计划”外还有面向年轻高层次人才的引才计划。“青年千人计划”的出台，就是对这些年轻留学博士要求的回应。祖国需要你们，祖国欢迎你们，祖国寄希望于你们！

李源潮说，改革开放以来，我国有160多万人出国留学，已有50多万人回国创新创业，许多人成为各行各业的骨干力量。最近，我国改革开放后出国留学人员中 第1位当选美国科学院院士的王晓东教授，也全职回国工作。一个海外留学人才回国创新创业的热潮已经形成。在北京中关村海外留学人员创业园，一位回国创业的年轻人告诉我：在那边，是好山好水好寂寞；到这边，是好挤好乱好快活。确实，中国现在还不是世界上科研条件、生活条件最好的国家，但中国是现在世界上发展最活跃、人才创新创业机会最多的国家

之一。

李源潮说，上个世纪之初，19岁的周恩来赴日本留学。他临走前与友人相约：“愿相会于中华腾飞世界时！”经过一代又一代中华儿女的不懈奋斗，中华民族实现 现代化的光辉前景已展现在我们面前。希望广大留学人员抓住祖国日新月异发展的历史机遇，回祖国来创新创业，为中华腾飞世界贡献一个爱国之子的智慧和力量！

（千人计划网）

张德江：继续坚持扩大人才工作对外开放

（2010年9月29日）

2010年9月29日，2010年度“友谊奖”颁奖大会在人民大会堂举行。中共中央政治局委员、国务院副总理张德江出席会议并讲话。

张德江指出，中国政府将实施更加开放的人才政策，加强人才和人才开发国际交流合作，积极引进海外人才和海外智力，为实现全面建设小康社会奋斗目标提供坚强的人才保证和广泛的智力支持。

张德江指出，中国现代化建设取得的辉煌成就，中国应对国际金融危机取得的显著成效，饱含着外国专家的智慧和心血，闪耀着外国专家的知识和智力光芒。他代表中国政府，向获奖外国专家表示热烈的祝贺，对所有在华外国专家表示崇高敬意和衷心感谢，向给予外国专家理解和支持的家人表示亲切问候和美好祝愿。

张德江强调，要深入贯彻落实科学发展观，继续坚持扩大人才工作对外开放，积极引进海外人才和海外智力，切实把引进国外智力工作提高到一个新水平。要不断创新体制机制，完善政策法规，提高服务水平，逐步健全顺应全球化大趋势、适应自身国情的开放型人才政策环境，让外国专家在华生活开心、工作舒心、事业顺心。开放的中国敞开怀抱、包容并蓄，发展的中国机遇无限、前程似锦，欢迎更多的外国专家、海外华人华侨专家和国际友人，以各种方式参与中国的现代化建设，以各种途径增进中国人民与世界各国人民的友谊。

（中国新闻网）

张德江：全面提升我国引进人才智力水平

（2010年10月30日）

2010年10月30日，2010中国国际人才交流大会深圳论坛在深圳举行。中共中央政治局委员、国务院副总理张德江发表主旨演讲。

张德江指出，当今世界正在发生广泛而深刻的变化，人类社会既面临着前所未有的重大发展机遇，也面临着前所未有的严峻挑战，必须大力开发培育和充分利用人才智力资源，积极应对各种风险和挑战、提升国家综合实力，必须顺应经济全球化、人才智力资源流动与配置国际化市场化潮流，加强人才智力的开放合作、互利共赢，加强人才智力资源的共同开发、成果共享，促进共同发展、共同繁荣。

张德江强调，坚持扩大对外开放是我国的基本国策，大力引进海外人才智力是对外开放的重要组成部分。要切实做好引进海外人才智力规划，实施引进国外人才智力工程，在更大范围、更广领域和更高层次上开展人才智力引进工作。要进一步扩大国际人才智力交流与合作，通过人才引进、技术交流、联合开发、合作研究和人员培训等多种形式，实现人才智力资源的优势互补、合作共赢。要大力推进人才智力引进体制机制和政策创新，形成政府引导、市场主体和社会力量广泛参与的引进海外人才智力新格局。要努力营造有利于吸引人才、人尽其才的良好社会氛围，充分发挥引进人才的作用，努力为他们创造良好的工作生活条件。

张德江指出，中国政府将一如既往地热忱欢迎更多海外人才来华工作，充分利用中国国际人才交流大会和论坛等各种渠道，不断拓展国际人才智力领域的交流合作，不断增进中国人民与世界各国人民的友谊。

（新华网深圳）

路甬祥：不拘一格延揽天下科技英才

（2010年1月25日）

2010年1月25日，中国科学院2010年度工作会议在北京举行。全国人大常委会副委员长、中国科学院院长路甬祥在会上发表讲话。

路甬祥指出，中科院应该是一块强大的磁石，凝聚最富潜质的创新人才，应该是一个大熔炉，熔铸锻造德才兼备最优秀的创新人才，不断培育造就科学技术的大师巨匠，培育造就创新创业的领军人才和大批青年优秀创新人才。

路甬祥强调，在不拘一格延揽天下科技英才的同时，中科院还要以一流的创新事业与目标、一流的创新环境与氛围以及适当的待遇和灵活多样、科学规范的制度与举措，吸引凝聚、培育造就科技英才与智力，使该院主要研究领域拥有一批德才兼备的科技领军人物和善于攻坚的科技尖子人才；主要研究方向拥有思想与能力领先的学术带头人；拥有结构合理、动态优化、充满活力的高水平科技创新队伍；拥有具有强烈创新开拓意识和竞争合作意识的科技产业化领衔人才群体；拥有一大批充满活力和发展潜力、富有献身精神和自主创新意识与能力的青年创新人才。

（中国新闻网）

路甬祥：坚持以人为本，凝聚造就创新创业人才

（2010年2月26日）

2010年2月26日，十一届全国人大常委会在北京人民大会堂举行第十四讲专题讲座，题目是《迎接新科技革命挑战，引领和支撑中国可持续发展》。全国人大常委会副委员长、中国科学院院长路甬祥主讲。

路甬祥说，全球性经济危机往往催生重大科技创新和革命。当今世界，科技已成为推动引领经济社会发展的主导力量和保障国家安全的核心要素。为新科技革命做好准备，是把握未来的战略选择。面对新形势、新挑战、新机遇，我们必须大力提升科技创新能力，在新科技革命和国际科技经济竞争中，赢得先机、占据主动，实现跨越发展。

路甬祥指出，中国要从经济大国走向经济强国、从制造大国走向制造强国，必须提高自主创新能力，着力突破产业关键核心技术，加快产业结构优化升级，提高产业的国际竞争力。要选择能源、信息、材料、生物等重点领域，制定战略性新兴产业发展规划，组织产学研力量，加强自主创新，前瞻部署关键核心技术攻关，加快使战略性新兴产业发展成为先导支柱产业。

路甬祥认为，能否面向未来，前瞻部署，加速提升自主创新能力、建设创新型国家，引领和支撑经济社会可持续发展，将影响决定中国现代化建设的进程。我们应依靠科技创新，构建支撑持续发展的战略体系；集中力量突破一批影响现代化全局的战略性科学问题与关键核心技术，抢占长远发展和未来产业竞争的制高点，实现创新驱动，支持科学、持续发展。

路甬祥指出，中国正面临从跟踪模仿为主向自主创新的战略转变。由于国情、发展阶段和制度文化不同，我们应当借鉴但决不能简单照搬他国科技发展的体制与模式。既要面向世界、面向未来，更要从中国实际和现代化建设的需求出发，走一条符合规律、符合国情和时代的创新道路。应坚持开放，有效利用全球创新资源；坚持以人为本，凝聚造就创新创业人才；深化改革，解放创新活力，提升国家创新能力；坚持统筹协调，以管理创新促进科技创新；完善法律体系，为创新提供保障。

（新华网）

路甬祥：以宏伟的事业凝聚造就一流的创新队伍

（2010年6月2日）

2010年6月2日，中国科学院人才工作会议在北京召开。全国人大常委会副委员长、中国科学院院长路甬祥出席会议并发表重要讲话。

路甬祥指出，要深刻认识实施人才规划纲要的重大战略意义，准确把握人才规划纲要的主要精神。要充分认识到，实施人才规划纲要是抓住世界新一轮发展战略机遇的迫切需要，是全面建设小康社会和创新型国家的重要保证，是抢占未来科技经济制高点的关键途径。

路甬祥强调，要牢固树立正确的人才观念，深入实施人才系统工程。要始终坚持党管人才，坚持以人为本，坚持德才兼备的人才观，坚持优秀科技人才的价值标准，坚持培养造就与按需引进相结合、立足培养，坚持引进人才与引进智力相结合，着力发挥人才的作用。坚持用正确的价值观引导人才，用共同发展的理念凝聚人才，用创新的事业培养造就人才。要统筹抓好人才队伍建设，更加重视凝聚造就高层次人才，更加重视培养造就优秀青年人才，更加重视引进海外智力、加强人才国际化培养。

路甬祥指出，要遵循人才成长规律，改革创新人才工作机制。要根据不同类型和不同年龄段科技人员的特点和成长规律，有针对性地使用、支持和评价，充分发挥他们各自的积极性和创造性，使各类人才在创新实践中各展所长。要切实加强组织领导，大力营造人才辈出的环境。以“让科技工作者更加自由地讨论、更加专心地研究、更加自主地探索、更加自觉地合作创新”作为工作目标和着力点，制定政策，创新管理，完善制度。

（中国科学院网站）

路甬祥：采取四项措施培养和使用创新人才

（2010年6月23日）

2010年6月23日，在十一届全国人大常委会第十五次会议上，路甬祥代表全国人大常委会执法检查组作关于检查《中华人民共和国科学技术进步法》实施情况的报告。

路甬祥指出，我国创新教育和创新能力培养尚未得到应有重视，人才成长发展的社会环境需进一步优化。一方面高端人才的培养引进机制尚不完善，另一方面中青年人才脱颖而出的科研环境还没有形成。检查组建议采取四项措施，进一步确立人才在推进科技创新中的重要地位并充分发挥其作用，立足创新实践，凝聚与造就创新创业人才。

一要牢固树立以人为本的人才观，统筹“项目、人才、

基地”建设，围绕重要科技领域的战略研究和重大科技创新活动的组织实施，加强对科技基础能力建设持续稳定的支持，培养造就和吸引凝聚优秀人才，建设创新团队。

二要加强创新文化和社会环境建设，完善扶持人才创新创业的政策措施，为人才脱颖而出和人尽其才、才尽其用创造机会，为特殊人才发挥作用提供空间。对优秀人才，特别是高端人才，做到“引得进、用得上、留得住”。坚持培养后备人才与激励科研一线人才相结合，促进学术领军人才成长与培育创新团队相结合，培养、稳定国内人才与吸引海外人才相结合。

三要结合产学研合作，加强企业工程技术人才培养，引导人才向企业集聚。

四要完善科学的人才考核评价体系，健全评审专家资格审查和诚信制度，打破地区、部门、行业人才流动的体制障碍，促进人才有序流动。

（新华网）

韩启德：积极做好引荐海外高层人才工作

（2010年1月5日）

2010年1月5日，欧美同学会·中国留学人员联谊会第六届理事会常务理事会在北京召开。全国人大常委会副委员长、欧美同学会·中国留学人员联谊会会长韩启德出席会议并作工作报告。

韩启德在报告中全面回顾了2009年的主要工作，充分肯定了欧美同学会·中国留学人员联谊会为“千人计划”举荐人才、为党和国家事业的发展献计出力、组织会员活动、开展公众外交等方面取得的成绩，并对2010年全会工作提出总体要求和具体安排。

韩启德要求全会在新的一年里，认真学习贯彻党的十七届四中全会和中央经济工作会议精神，高举留学报国的爱国主义旗帜，深入贯彻落实科学发展观，充分发挥各组织机构和广大会员的积极性，从深入开展建言献策工作、积极做好引荐海外高层次人才工作、继续推进留学报国实践活动、着力强化组织建设和会员发展工作、重点拓宽海外联络工作渠道、进一步搞好宣传工作、注重开展调查研究工作、切实加强队伍建设、努力办好留学人员之家等方面入手，强化重点工作，扎实推进基础工作，不断提高工作能力和水平，使工作迈上一个新台阶。

（新华网北京）

韩启德：向海内外留学人员及亲属致以新春的问候

（2010年2月13日）

2010年2月13日，全国人大常委会副委员长、欧美同学会·中国留学人员联谊会会长韩启德向海外留学人员及亲属发出慰问信，致以新春的问候和祝愿。慰问信全文如下：

留学人员朋友们：

在中国传统节日春节即将来临之际，我谨代表欧美同学会·中国留学人员联谊会，向辛勤工作学习和生活在海外的广大留学人员和你们的亲属，致以诚挚的问候和祝福。祝愿大家在虎年学业有成，事业兴旺，身体健康，阖家幸福。

朋友们，刚刚过去的2009年是非凡的一年。我们隆重庆祝中华人民共和国成立60周年，向全世界展现了一个面向现代化、面向世界、面向未来的社会主义新中国，极大地激发了海内外中华儿女的民族自豪感和强烈的责任感。面对国际金融危机的严重冲击和国内改革发展稳定的艰巨任务，全国各族人民在党和政府的正确领导下，坚定信念，同舟共济，共克时艰，国内生产总值增长8.7%，实现了既定的经济社会发展总体目标。中华民族在国际大家庭中的地位日益提高。

这些成绩的取得是全国各族人民团结奋斗的结果，也有广大海内外留学人员的奉献和功劳。借此机会，我谨向广大留学人员致以崇高的敬意。

朋友们，在我们为取得的伟大成就而自豪的同时，也清醒地看到，当前我国经济社会发展还面临着许多困难和问题，实现经济社会又好又快发展需要人才的有力支撑，需要大批高素质的人才发挥作用，特别是需要广大留学人员作出贡献。当前，党和政府正在大力推进海外高层次人才引进计划，还颁布了《国家中长期人才发展规划纲要》，这为广大留学人员施展才华、创业发展提供了宝贵的机遇和广阔的舞台。留学人员既具有跨越不同文化的全球视野，又蕴含着无法割舍的中国情怀，长期以来，为国家建设发展作出了不可替代的贡献。希望广大留学人员胸怀祖国、放眼世界，把学习到的其他国家的优秀文化、先进技术、科学理念与中国实际需要结合起来，在为祖国服务的过程中，实现自己的人生价值。

欧美同学会自1913年成立以来，始终高举留学报国的爱国主义旗帜，团结和凝聚了一代又一代留学人员，为民族独立、国家富强和人民幸福做了大量有意义的工作。2009年，欧美同学会·中国留学人员联谊会紧密围绕党和国家的工作大局，充分发挥留学人员的独特优势，为国家应对国际金融危机、实现经济平稳较快发展献计出力，为海外留学人才回国创业、为国服务提供帮助、搭建平台。新的一年里，我们将继续围绕制约我国经济社会发展的重点难点问题，深入调研，积极为国家建言献策；发挥我会海外高层次人才联系窗口的作用，大力引荐海外高层次人才；为留学人员以各种形式报效祖国牵线搭桥，提供服务。

留学人员朋友们，每逢佳节倍思亲，千山万水隔不断祖国母亲对海外游子的殷殷牵挂、隔不断华夏子孙对故土家园的深深眷恋。站在新的历史起点上，让我们携手共进，共创中华民族更加美好的未来！

（欧美同学会网站）

韩启德：广泛团结和凝聚海内外留学人员

（2010年2月23日）

2010年2月23日，欧美同学会·中国留学人员联谊会2010年新春酒会晚在人民大会堂举行。全国人大常委会副委员长、欧美同学会·中国留学人员联谊会会长韩启德致新春贺辞，向中外来宾表示衷心的感谢及美好的祝愿。

韩启德说，2009年在党和政府的领导下，在有关部门、各国驻华使馆和海内外留学人员的大力支持和积极配合下，欧美同学会·中国留学人员联谊会工作取得较大发展，开创了新的局面。他表示在新的一年中，欧美同学会·中国留学人员联谊会将一如既往的加强与驻华使馆的沟通与联系，深化与海内外留学人员组织的合作，广泛团结和凝聚海内外留学人员，发挥他们的作用和优势，为彻底战胜国际金融危机，实现中国经济长期平衡较快发展，促进世界经济健康复苏和持续发展，贡献自己的力量。

（欧美同学会网站）

韩启德：捐款体现出留学人员对祖国的深情

（2010年4月19日）

2010年4月19日，欧美同学会·中国留学人员联谊会和中国留学人才发展基金会在北京举办“海归服务中国——情系玉树灾区”赈灾募捐公益活动。全国人大常委会副委员长、欧美同学会·中国留学人员联谊会会长韩启德出席活动并发表讲话。以下为根据录音整理的讲话内容：

各位学长，5天以前玉树发生了特大地震，地动山摇，家园破损，我们又一次体会到人在大自然面前是如此的无奈，如此的脆弱，但是我们也又一次体会到人的精神有多么伟大，人的潜能有多大，我们的爱有多么的无疆。

刚才大家看到了片子里重现的镜头，又有那么多的生命在地震中逝去了，那么多的兄弟姐妹遭受痛苦，那么多的房屋倒塌，我和大家一样无比心痛。片中我们也看到来自祖国四面八方的救援队伍和志愿者，不顾强烈的余震危险和高原反应，昼夜奋战，在废墟下救出一个又一个生命，创造了一个又一个生命奇迹，展现出我们中华民族在灾难面前不屈不挠的伟大精神，我们不能不为之动容。

主持人说让我做抗震救灾的动员，我说根本不需要动员。刚才有记者问我，这活动是怎么组织起来的？我说，我们根本不需要刻意组织，这是我们的学长们发自内心的要求，今天大家自发地聚集在这里，就是要奉献出我们留学回国人员一份特殊的情感和爱心，为玉树的抗震救灾活动贡献出一份力量。玉树人民的灾难就是我们的灾难，玉树人民的所需，就是我们的所急。所以说，我们只是给大家搭建了这个平台，来表达我们的情感，来给大家创造一个为玉树做贡献的机会。

刚才有记者问我：你们募捐有没有目标，会募捐多少钱？我还没来得及回答，我想募捐多少钱并不是最重要的，我们主要是要表达我们对玉树人民的这份感情。现在是救灾的关键时期，虽然离震后救人72小时的黄金时间已过，但是我们不会放弃任何一个救人的希望，我们盼望着不断有奇迹出现。同时，灾后恢复生产，重建家园，将是更艰巨的任务，还会面临着更多的困难和问题。在国家需要我们，玉树人民需要我们的时刻，我们留学回国人员该做些什么呢？一方面，我们要尽我们所能捐款捐物，今天募捐活动只是开始，今后我们还会不断地捐献。另一方面，欧美同学会作为高层次知识分子群体，我们更要为玉树的抗震救灾建言献策，这是非常重要的。如何科学高效地实施救援？如何重建玉树家园？如何让玉树的人民尽快地从灾难当中走出来，并过上更好的生活？这些都既要有政策，也要有具体的措施。为此，广大留学人员应该发挥我们的专长，为国家和政府提出一些切实可行的意见和建议。

同时留学人员有广泛的联系，特别是与海外的联系，我们还有一份责任，就是要做好宣传工作，向海外的留学人员，向海外的国际朋友宣传玉树地震发生以后的一切，宣传我们人民在中国共产党领导下与灾难作斗争的真实情况，向国际社会宣传中国特色社会主义的优越性和中国各族人民之间的大团结。每当灾难发生时，也会有各种各样的误解和一些不正确的说法，我们要以事实做好宣传和解释工作。我想这是我们留学人员一项特殊的任务，也是我们能够做到的事情。衷心感谢今天来参加募捐活动的各位学长，也希望大家在抗震救灾中作出更大的贡献！

（欧美同学会网站）

韩启德：积极培养举荐人才，推动用好用活人才

（2010年6月8日）

2010年6月8日，中国科协人才与调宣工作会议在北京举行。全国人大常委会副委员长、中国科协主席韩启德在会上发表讲话。

韩启德指出，当前，国际环境复杂多变，我国经济社会快速发展，战略机遇期和黄金增长期同时并存，矛盾凸显期和科技跃升期相互交织，新情况新问题层出不穷，迫切需要

不同层次不同类型的人才充分发挥作用，人才作为经济社会发展第一资源的特征和作用更加明显，日益成为可持续发展的关键因素。

韩启德强调，要准确把握中央对科协人才工作的新要求，要更加自觉地把科协人才工作融入国家人才工作全局之中，在育才引才荐才用才中发挥关键独特作用；要更加准确地了解和把握科技工作者总体状况与发展趋势，为党和国家科学制定人才政策服务；要更加积极主动地宣传在创新科学技术和普及科学技术方面作出突出贡献的优秀科技工作者和创新团队，培育有利于创新人才脱颖而出的创新文化。

韩启德要求，各级科协及所属社团要抓住机遇，精心谋划，周密部署，切实把科协系统的政治优势和组织优势充分调动起来，把科技社团的学科优势和人才优势充分发挥出来，自觉肩负起积极培养举荐人才、推动用好用活人才的时代重任，创新工作方法，加大工作力度，把已经开展的各项工作做出影响，做成品牌，进一步开辟科协人才工作新领域、新境界，推动形成人才辈出、人尽其才的生动局面。

（大众科技报）

韩启德：把握报效祖国实现人生价值的重要机遇

（2010年6月27日）

2010年6月27日，欧美同学会2010北京论坛开幕。全国人大常委会副委员长、欧美同学会·全国留学人员联谊会会长韩启德出席开幕式并发表讲话。

韩启德指出，本届论坛是在全国人才工作会议刚刚结束和《国家中长期人才发展规划纲要》刚刚颁布的背景下举行的，是欧美同学会贯彻落实人才工作会议精神的具体行动。全国人才工作会议和国家中长期人才发展纲要把吸引海外人才作为人才工作的一项重要内容，国家也正在大力实施高层次的人才引进计划，留学人才是我国人才资源的重要组成部分，他们不仅是教科文卫领域的中坚力量，也是发展高新技术产业的主力军，东西方文化融合的促进，公共外交的参与，以及跨国公司本土化和中国企业走出去，吸引更多的留学人才回国发展，为留学人才以不同方式投身到我国经济建设中来，对我国人才资源的优势，对国家科学发展战略，建设新兴国家具有重要的战略意义和长远的历史意义。

韩启德强调，经过30多年改革开放，我国已经进入全面建设小康社会发展的新阶段，当前我国正处在金融危机带来的困难，实现经济社会平稳、快速发展的关键阶段，也是广大留学人员报效祖国实现人生价值的重要机遇期。可以说留学人才回国发展从来没有现在这样多的机会，施展才华的舞台也从来没有像今天这样广阔。只有把自己的人生价值与国家、民族的命运结合起来，才能实现我们的理想，而这也是我们广大留学人才的人生追求。

（和讯网）

韩启德：鼓民力、开民智、新民德

（2010年11月1日）

2010年11月1日，第十二届中国科协年会在福州召开。全国人大常委会副委员长、中国科协主席韩启德出席开幕式并致辞。

韩启德说，100多年以来，中国的先进分子，始终致力于引进和传播现代科学，通过他们的努力，科学精神已经成为我们中华民族精神的重要组成部分，科学技术的发展已经与我们国家民族的命运紧密结合在一起。今天的中国正处在100多年来发展最好最快的时期。但是，如果我们真正“开眼看世界”，比较近代以来世界上各个大国兴衰的历史，就会很清醒地认识到，中国仍然处在转型时期，我们要完成现代化的伟业，还需要继续付出艰苦的努力，进行也许充满阵痛的转变。

韩启德指出，过去30年中国经济的高速增长，主要靠的是要素驱动。我国用很短的时间，一跃成为全世界最重要的制造业大国，但由于自主创新的缺乏，在国际产业链中的地位低下。一个不掌握核心技术、缺乏自主知识产权、在关键科技领域整体落后的大国，不可能成为真正的工业强国，也无法应对诡谲多变的国际形势。我们比较看重GDP，现在中国的GDP已经与日本不相上下，但是单位GDP的能耗却远远高于日本，这使得我们所面临的能源问题和生态环境问题十分严重，这种粗放式的发展是难以持续的。针对这样的状况，中共中央提出要加快转变经济发展方式，建设创新型国家，走全面、协调、可持续的科学发展之路。在刚刚闭幕的十七届五中全会上，中共中央对制定“十二五”规划提出了建议，全会指出，加快转变经济发展方式是我国经济社会领域的一场深刻变革，必须贯穿经济社会发展全过程和各领域，而“加快转变经济发展方式，最根本的是要靠科技的力量，最关键的是要大幅度提高自主创新能力”。我们广大科技工作者应该深刻领会精神，肩负起光荣的使命。我们不仅要贡献智慧，进行创造性的科研实践，还要开启民智，进一步提高我国的公民科学素质。

韩启德强调，首先是人才问题。北大老校长蔡元培讲，“人才为国之元气”。经济发展方式的转变与自主创新，需要有一大批世界一流的科技人才和经营管理人才。回望30年改革开放史，我们会发现很多这样的例子：一个具有战略眼光的领军人才，可以振兴一个学科，可以创建一个企业，甚至可以带动一个产业，培育一个市场。国际上对一流人才的竞争是非常激烈的。中央高度重视人才的引进与培养，正在实施“千人计划”等重大人才引进计划。我们一定要抓住机遇，千方百计汇聚人才。但光是“引得进”还不够，更重要的是“留得下”、“用得好”，要建立更加公平、公正的人才竞争机制，创造更加宽松、和谐的人才成长环境，形成人才辈出、生机蓬勃的局面。

韩启德同时认为，中国科研体制的改进完善，需要所有科技工作者共同来努力。作为这个社会的知识精英，我们决不能放弃对自身力量的信仰，如果每一个科技工作者都坚守自己的道德底线，拒绝自欺欺人、麻木迎合，并尽自己的力量去创造性地改变历史轨迹，那么我们当然能够创造历史。中国科协作为我国最主要的科学共同体，应该更加积极地发挥作用，以建设性的态度，大力推动各项改革，使科研资源的配置更加合理，科技成果的评价更加公正，同时严厉打击各种学术不端行为，为那些有真才实学的人才干事业和实现价值提供机会、创造条件，让全社会的创新智慧竞相迸发。

韩启德最后表示，严复曾经说，世界各国均以民力、民智、民德作为发展的根本，“未有三者备而民生不优，亦未有三者备而国威不奋者也”，国家的自强之本是“鼓民力、开民智、新民德”。今天，我们在严复的故乡召开这样一次盛会，在这里重温严复的名言，应该更加深刻地体会到：科技工作者所从事的事业，正是要“鼓民力、开民智、新民德”。希望我们大家团结一心、戮力进取，建设好我们的科学共同体，发展好我们的科学技术事业，为中国自主创新能力的提升、为中国的现代化建设作出更大贡献！

（中国科学技术协会网站）

韩启德：鼓励、支持和帮助留学人员归国发展

（2010年12月8日）

2010年12月8日，首届中国留学人才归国创业“腾飞”奖颁奖大会在京举行。全国人大常委会副委员长、欧美同学会·中国留学人员联谊会会长韩启德发表致辞。

韩启德说，党和国家高度重视人才工作，提出了“服务发展、人才优先、以用为本、创新机制、高端引领、整体开发”的人才发展指导方针，为留学人员创业提供了更好的条件。“腾飞”奖的设立，旨在为留学人才提供一个交流、分享经验和相互激励的舞台，鼓励、支持和帮助留学人员归国发展。希望广大留学人才以报效祖国为己任，抓住目前大好机遇，为祖国的发展贡献力量。同时，希望“腾飞”奖评奖过程坚持公正、公开、公平原则，认真做好“腾飞”奖的总结提高工作，努力使其成为代表中国留学人才归国创业成就的有影响的奖项，形成全社会关注支持留学人才创业立业的良好局面。

（新华网）

陈至立：高层次女性人才的发展不尽如人意

（2010年1月10日）

2010年1月10日，全国妇联十届二次执委会议在北京召开。全国人大常委会副委员长、全国妇联主席陈至立在会上发表重要讲话。

陈至立指出，目前，我国女性人才队伍在不断壮大，但高层次女性人才的发展还不尽如人意。30年来我国人大女代表的比例始终在21%上下波动，与联合国提出的妇女在议会中至少占30%的目标还存在差距；2008年选举产生的省级人大、政府、政协领导班子成员中，正职女干部仅占6.5%；在女性集中的医疗卫生、教育等行业，女院长、女校长的比例偏低；在科技领域，女院士的比例更低。此外，在文化艺术、新闻、体育、企业界女性拔尖人才的培养和使用问题也值得高度关注。

陈至立强调，充分发挥女性人力资源的作用，关系到推动人才强国战略的实施和男女平等基本国策的落实，迫切需要研究有利于女性人才成长的积极政策，为党和政府出台有利于高层次女性人才成长的政策提供依据，为更多妇女拔尖人才脱颖而出，更多妇女参政议政，更多妇女走上各行各业各层次领导岗位创造条件。为此，全国妇联筹划启动项目研究工作，力求边调研、边论证、边争取政策、边推动解决问题。这项工作得到了科技部等十个部委、单位的支持。

（人民网中国妇联新闻）

杜青林：时代呼唤人才，人才造就伟业

（2010年9月28日）

2010年9月28日，由中华海外联谊会与欧美同学会·中国留学人员联谊会举办的“海联论坛——海外高层次人才与国家发展战略研讨会”在北京举行。全国政协副主席、中共中央统战部部长、中华海外联谊会会长杜青林出席论坛并发表了题为《时代呼唤人才，人才造就伟业》的主旨演讲。

杜青林指出，广大海外人才是中国人才队伍的重要方面，是中华民族的宝贵财富。共和国不会忘记，广大海外人才在争取民族独立和解放的革命斗争中，以苟利国家生死以的无畏精神，奋起探寻救国救民道路；在新中国百废待兴、百业待举的建设热潮中，怀着对中华崛起的渴望，冲破重重阻挠，克服种种困难，毅然决然回到祖国怀抱，抛洒满腔热血，奉献青春年华；在改革开放和现代化建设的伟大进程中，在身居海外、艰苦创业的同时，始终情牵祖国、心系家乡，贡献卓著、功不可没。

杜青林强调，当前中国正处于全面建设小康社会的关键时期。广泛参与经济全球化、扩大对外开放，为海外人才创业发展营造了良好环境；着力加快经济发展方式转变、实现科学发展，为海外人才创业发展创造了重要契机；大力建设创新型国家、不断提高自主创新能力，为海外人才创业发展搭建了广阔舞台；积极参与国际人才竞争、实施人才强国战略，为海外人才创业发展提供了特殊政策。

杜青林希望广大海外人才把握机缘、广结善缘、着力修缘，把个人发展与民族振兴联系起来，把事业成功与国家强盛结合起来，发扬报国兴邦传统，致力于加快国家发展的宏伟目标；高举爱国主义旗帜，致力于促进祖国统一的历史使命；弘扬开拓创新精神，致力于推动科学繁荣的战略任务；发挥桥梁纽带作用，致力于传递和平友谊的崇高事业，共同谱写祖国发展、民族振兴的华彩篇章。

（中国新闻网）

万钢：把握全球产业调整机遇，培育和发展战略性新兴产

（2010年1月）

2010年1月，全国政协副主席、科技部部长万钢在《求是》杂志发表“把握全球产业调整机遇，培育和发展战略性新兴产”的署名文章。文章内容如下：

最近召开的中央经济工作会议强调要发展战略性新兴产业，这是中央统筹国内国际两个大局，既着眼于现时应对国际金融危机又着眼于未来可持续发展而作出的重要战略部署。历史经验表明，科学技术在应对经济危机中具有不可替代的关键作用。依靠科技创新培育战略性新兴产业，激发经济增长的内生动力，是走出危机、实现新一轮经济繁荣的根本途径。

一、发展战略性新兴产业已经成为发达国家应对危机、提振经济的战略选择

面对国际金融危机的严重冲击，主要发达国家纷纷加大对科技创新的投入、加快对新兴技术和产业发展的布局，力争通过发展新技术、培育新产业，创造新的经济增长点，率先走出危机，抢占新一轮经济增长的战略制高点。

首先，把绿色能源的研发作为经济复苏的重中之重。美国除了将189亿美元投入能源输配和替代能源研究、218亿美元投入节能产业、200亿美元用于电动汽车的研发和推广外，还将投入7.77亿美元支持建立46个能源前沿研究中心。在欧盟经济复苏计划中，强调“绿化”的创新和投资，加速向低碳经济转型。日本将新能源研发和利用的预算由882亿日元大幅增加到1156亿日元。韩国计划到2012年投资60000亿韩元研发绿色能源新技术。

其次，把加快“三网融合”作为信息产业发展的重要方向。美国提出要在宽带普及率和互联网接入方面重返世界领先地位，加大对信息传感网、公共安全网、智能电网等现代化基础设施的建设。欧盟提出加快建设全民高速互联网，到2010年实现高速网络100%覆盖率。英国、法国相继出台了“数字国家”战略，德国推出“信息与通信技术2020创新研究计划”，倾力增强信息通信领域的国际竞争力。

第三，加大对生物技术和产业发展的支持力度。近年来，全球生物技术产业销售额的年增长率达到25—30%。即使在经济危机的严峻形势下，各国不但没有减少对生物技术研发的资助，反而加强了对这些领域的支持。美国总统奥巴马提出，未来10年间要使国立卫生研究院的经费翻一番。英国计划10年内在癌症和其他疾病领域投入150亿英镑用于相关的生物医学研究，这比英国以往任何时候对生物医学研究的投入都要多。

第四，积极拓展纳米技术和产业的发展空间。目前，纳米技术已拓展到信息、生物、医药、能源、资源、环境、空间等诸多领域，纳米领域继续成为各国创新投资的重点。美国纳米技术计划2010年的研发预算是16亿美元。俄罗斯则在2009年6月宣布将投资2000亿卢布发展纳米技术，使其成为国家“科技战略的火车头”。

二、充分发挥科学技术在应对国际金融危机、促进我国经济平稳较快发展中的重要支撑作用

为应对国际金融危机、促进经济平稳较快发展，党中央、国务院作出一系列重大决策和部署，在一揽子计划中强调要发挥科技的支撑作用。2009年3月，国务院下发了《关于发挥科技支撑作用促进经济平稳较快发展的意见》。按照标本兼治、远近结合的原则，各地、各部门认真落实科技支撑的各项部署和措施，取得了显著成效。

一是加快实施重大专项。调整并加快实施了一批需求迫切、基础较好、有望快速实现产业化的创新项目。在安排重点任务时，充分考虑与国家重大工程、相关科技计划项目相结合，注重发挥行业龙头企业的带动作用，一大批专项成果取得重要进展。

二是为重点产业调整和振兴提供科技支撑。结合十大产业振兴的科技需求，调整科技发展计划，推动产学研用结合，加强了“高速铁路装备技术”、“高品质特殊钢生产技术”、“油气田安全高效开采技术”、“制造业信息化工程”等一批重点产业关键技术和共性技术的研发力度。

三是大力实施自主创新技术和产品示范推广工程。相继实施了节能与新能源汽车、半导体照明、太阳能光伏和并网输配、高性能宽带信息网（3Tnet）的规模化应用或示范工程，加大了自主创新技术和产品的推广应用力度，释放了多年技术创新成果积蓄的能量，对于培育新的经济增长点、形成未来竞争优势，都将产生积极的推动作用。

四是努力提升企业的创新能力。实施技术创新工程，在重点产业领域积极组建一批产业技术创新战略联盟，搭建面向企业的技术创新服务平台，培育创新型企业。广泛组织科技人员深入基层、服务企业，帮助企业破解难题。

五是加大自主创新各项政策的落实力度。国家自主创新产品认定管理办法的实施，将对支持企业自主创新、保护知识产权、提高产品质量发挥重要的推动作用。针对中小企业融资难的问题，积极落实支持科技型中小企业产品创新、信贷担保、集约债券等措施，努力推进创业板等多层次资本市场建设，深入推动创业投资、科技保险、知识产权质押贷款的试点工作。

三、加快培育和发展战略性新兴产业是提升国家竞争力、掌握未来发展主动权的必然要求

科技创新将深刻影响或改变未来的经济发展和竞争格局。依靠科技创新，发展战略性新兴产业，既可以对当前调整产业结构起到重要支撑作用，更可以引领未来经济社会可持续发展的方向。要积极发展具有广阔市场前景、资源消耗低、带动系数大、就业机会多、综合效益好的战略性新兴产业，并在有基础、有条件的领域率先取得突破。

新能源产业。我国幅员辽阔，风能、太阳能和生物质资源比较丰富，核能的关键元素具有一定的储量，新能源产业发展的潜力巨大。要抓住世界范围内产业结构调整的机遇，用节能减排和新能源技术改造传统产业；用生态安全的绿色产品拉动内需；用循环经济的总体思路构筑区域经济结构；用低耗环保的行为构建新的生活模式。

电动汽车产业。电动汽车将成为未来汽车消费市场的引领性产品，发展电动汽车已经在全球范围内演变成一场抢占未来产业制高点的竞争。当前，要努力攻克动力电池、驱动电机、电控系统等关键技术，研究具有商业可行性的电动汽车充电站建设和运营模式，加快实现现有成果的规模化和市场化。

智能网络产业。以网络融合和智能化为特征的下一代网络产业是全球IT产业发展的重要方向之一。以“三网融合”为目标的智能网络技术与产品的研发与应用推广，将形成庞大的产业链和巨大的产业规模。要重点突破下一代网络与通讯、物联网、语义网、云计算等关键技术，促进通信设备制造业、信息安全产业、软件产业、高性能计算产业和空间信息产业的加速发展。

生物技术产业。生物技术为解决粮食、医疗、能源和环境等领域的重大问题奠定了基础，并为现代生物产业发展提供了广阔空间。要大力发展主要农作物转基因新品种，实现规模化种植，大幅度提高农业综合生产能力。通过实施新药创制、传染病防治等重大专项，推动生物医药产业的快速发展。

新材料和先进制造产业。半导体照明、碳纤维和高强钢等新材料研发和产业化进展迅速，纳米技术开始应用于材料和制造领域。加快发展先进制造产业，提升我国关键材料和重大装备的整体水平，对于推动我国从制造大国向制造强国的迈进具有重要意义。

四、把握战略性新兴产业发展的规律

产业技术特征是决定战略性产业成长的关键因素。此外，战略性新兴产业的培育和发展还受到市场前景、成长潜力、资源条件、产业结构等要素影响。因此，在推动战略性新兴产业发展过程中必须认真把握好产业发展规律。

一是把握好科技超前部署的规律。在经济复苏过程中，充分发挥科技支撑作用的关键在于核心技术上要有所积累。因此，一定要把握方向、超前部署、率先投入和引领发展。早在“十五”期间国家就实施了一批重大科技专项，为我国新兴产业发展打下了坚实基础。《国家中长期科学和技术发展规划纲要（2006—2020）》选择了16个重大科技专项作为未来科技发展的战略重点，对于带动新产品开发、产业技术升级、催生和引领产业发展变革都将起到直接的推动作用，对于培育和形成我国具有自主知识产权的战略性产业和增强国家核心竞争力具有重要意义。

二是把握好新兴产业发展的规律。在培育战略性新兴产业过程中，由于投资热情高、配套技术和基础设施发展不同步，往往会出现后续环节阶段性的“阻塞”和前端技术配套性的“过剩”现象。要科学分析新兴产业发展过程中的各种问题，把握好产业发展的规律和节奏，充分发挥科技支撑、政府引导和市场推动的共同作用，从调整产业结构的根本着手，打通新兴产业发展各个环节间的障碍，持之以恒地促进战略性新兴产业发展。

三是把握好政策引领和推动作用的规律。要继续加大对前沿性、关键性、基础性和共性技术研究的支持力度，把自主创新政策的着力点聚焦到支持产品研发的前端和推广应用的后端上来，创新适应新兴产业发展的商业模式，为自主创新产品打开市场做好服务工作。在鼓励大企业开展创新活动的同时，更加关注创新型中小企业的发展，创造宽松的投融资环境，激励民营企业发挥创新的积极性。

四是把握好人才聚集和成长的规律。新一轮人才争夺战已成为新一轮产业结构调整的关键。为此，国家实施了吸引高层次人才的“千人计划”，在重点学科、重大专项、高新技术和金融管理领域加快引进海外高层次人才。在重大专项实施过程和战略性新兴产业的发展中，要大力培养和造就一大批创新型人才，高度重视管理人才和创业型专业人才的培养，给那些勇于创新创业的人才创造良好的环境。

（《求是》杂志）

万钢：吸引更多优秀国际科技人才投身中国科技事业

（2010年5月20日）

2010年5月20日，全国政协副主席、科技部部长万钢在人民网发表署名文章，指出要吸引更多优秀国际科技人才投身中国科技事业。文章内容如下：

人才资源是建设创新型国家最可宝贵的资源，人才交流是国际科技合作的最重要内容。随着科技全球化的深入发展，更加积极主动地开展国际科技交流与合作，吸引急需的尖端人才、创新型人才为我所用，培养造就世界一流科学家和领军人才，已成为推动我国科技事业发展的必然选择。改革开放以来，大批海外留学归国人才和优秀外籍科技专家参与我国的科技工作，为我国科技事业发展做出了重要贡献。截止2009年，已有61位著名外籍专家荣获“中华人民共和国国际科学技术合作奖”。更为可喜的是，一大批海外留学人员学成归国，已成为我国科技领域的重要生力军。据初步统计，我国留学回国人员已占国家重点项目学科带头人的72%，“两院”院士的80.5%。2006年自然科学奖的67%、科学技术发明奖的40%、科技进步奖的30%的第一完成人都是留学回国人员。海外高层次人才的引入，不仅带来了国外先进的科学技术知识，更重要的是拓宽了我们的科研视野，引进来先进的思想方法和管理理念。

科学技术的发展需要不同文化背景、不同文化理念的交

流和碰撞。历史经验表明，频繁的文化交流和激烈的文化碰撞是促进先进思想传播、催生新观念的加速器。美国以多元文化为立国之基，积极吸纳来自世界各地的人才，成为孕育创新的沃土。特别是二次世界大战以来，爱因斯坦、奥本海默等一批世界顶级科学家汇集美国，世界的科技中心转移到美国，大大推动了当代科技的发展。进入新世纪，面对全球气候变化、能源安全、公共健康等人类共同面临的挑战，世界科技界呈现科学研究大合作、多元文化大碰撞和技术创新大发展的趋势。学科交叉和文化融合趋势的深入发展，孕育着新的创新思路和创新火花。我们建设创新型国家必须把自主创新与对外开放紧密结合起来，积极吸收和借鉴各国先进的科学技术知识和文明成果。

在人才交流上，要有长远的眼光。一方面我们要着力创造环境吸引海外优秀人才，另一方面也要推动本国人才到国际大舞台上锻炼成长。青年人才的成长需要接受多元化的文化熏陶。与不同国家、不同文化背景的人才相互共事、共同启发，青年人才将会更快地成长。李四光、钱学森、钱三强等老一辈科学家早年都曾留学海外，回国后为推动中国科技事业发展作出了杰出贡献，成为一代科学大师。随着我国科技实力和国际地位大幅度提升，我国已初步具备与各国在高水平、深层次上平等开展国际科技合作的实力和条件。今后，我们要积极采取措施，拓宽渠道，让更多的青年人走出去，到新天地去学习历练，使他们尽快成长起来。

一个充满创新活力的社会，一定是群英荟萃、百舸争流的社会。我们要以更大的胸怀、更广的视野，进一步优化有利于人才辈出的制度和环境，不拘一格大胆引进和使用优秀科技人才，鼓励人才的双向流动，形成开放条件下人才大循环的良好局面。我们相信，在全社会的共同努力下，我们国家一定会培养和造就一批世界一流科学家和科技领军人才，也会成为一个吸收国际著名科学家和创新创业人才的聚宝盆。

（人民网）

万钢：中国的创新与可持续增长

（2010年9月13日）

2010年9月13至14日，全国政协副主席、科技部部长万钢出席在天津举行的2010年世界经济论坛新领军者年会（夏季达沃斯）“创新与可持续增长”部长会议及相关活动，并发表了题为“中国的创新与可持续增长”的主题演讲。

万钢指出，中国政府充分发挥科技的支持作用，把通过科技来支持重点产业振兴、培育新兴产业作为一揽子计划的重要组成部分，对遏制经济下滑势头、培训新的增长点发挥了重要的作用，中国应对国际金融危机的经验弥足珍贵。面对气候变化、粮食安全、人口健康、能源资源都安全、环境污染等全球挑战，中国需要创新。中国的科技创新依靠全民的努力，中国的科技创新为世界提供了发展舞台。

万钢强调，近年来，中国政府致力于改善创新环境，出台了金融、税收、知识产权保护等一系列政策措施，激励中国境内包括外资企业在内的各类企业开展创新活动，鼓励支持跨国公司在华设立研发中心。中国的科技创新事业使全世界的企业和研发机构获得发展的机遇。当代中国的科技发展与世界的科技发展密不可分，为抓住世界新一轮科技革命的机遇，推进中国经济社会的可持续发展，未来中国将加快实施科技重大专项，积极培育和发展战略性新兴产业；前瞻部署基础科学和前沿技术研究，着力培养青年人才，支持跨学科研究和新兴交叉学科发展；运用高新技术加快提升传统产业，大力发展知识技术密集型产业，促进现代服务业发展。

万钢指出，中国欢迎来自世界各国的科技人才、企业家和跨国公司加入到我们的创新事业中来，与我们一起发展，互惠互利、协作共赢。中国建设创新型国家、走可持续发展道路的进程所积累的经验方法也将为世界各国的发展提供参考，将成为人类知识文明的重要组成部分。

（科技部网站）

万钢：中国永远是海外人才为国服务的广阔平台

（2010年7月26日）

2010年7月26日，由国务院侨办、科技部、中科院与广东省政府共同主办的“第六届世界华人论坛”在广州隆重开幕，这也是世界华人论坛首次在地方举行。全国政协副主席、科技部部长万钢出席开幕式并发表致辞。

万钢说，经过60年，特别是改革开放30年来的不懈努力，中国的经济社会发展取得了举世瞩目的成就。我相信每一位中华儿女无论身处何方，都会对祖国的快速发展和日新月异的新风貌感到自豪。

万钢指出，科技的创新重在人才，党中央、国务院高度重视人才工作，今年发布了《国家中长期人才发展规划纲要》，并且召开全国人才工作会议，胡锦涛总书记在会议讲话中指出“人才资源是第一资源，人才问题是关系到党和国家事业发展的关键问题，人才工作在党和国家工作的全局中具有十分重要的意义”，温家宝总理也强调指出“要创新人才发展的体制，坚决摒除一切不利于人才发展、人才流动的市场观念和体制性的障碍，构建与社会主义市场经济体制相适应、符合科学观发展要求的人才体制和机制。”科技人才是我国的核心竞争力，国内外发展的战略和实践表明创新型科技人才是建设创新型国家的核心要素，是我国核心竞争力的所在，也是我国最可倚重的战略性资源。

万钢表示，2001年我国人力资源总量已经达到2100万人，从事研发的科技人员也近200万人，位居世界第二，但是，我国科技人才建设的现状还不容乐观，还远不是科技人力资源的强国。培养和造就一支宏大的高水平科技队伍，是我国科技发展的重要目标，科技部正牵头实施《中长期科技人才发展规划》，对科技人才工作进行全面规划，我们将探索创新人才创新活力的体制和机制，完善国家科技机制的办法，实现项目实施、基地建设和人才培养一体化，稳定支持一批高层次创新人才领军的优秀科研团队，要有效地发挥政府在科技投入中的引领作用，强化企业研发的主体地位，吸引和造就大批高层次人才引入企业或者从事科技创业。

万钢说，海外华人是我国人才资源的重要组成部分，改革开放以来，大批海外留学回国人才和优秀的外籍科学专家，为我国的科技工作、科技事业的发展作出了重要的贡献。截至2009年已有61位著名的外籍专家荣获中华人民共和国国际科学技术合作奖，一大批海外留学人员学成归国，已成为我国科技领军的重要生力军。据初步统计，我国留学人员已占国家重点项目学科带头人的72%，两院院士的80%。

万钢指出，当前，新一轮人才的争夺战 已经成为新一轮产业结构调整的关键，对于我国来说，这是一场至关长远的重大战略，为此国家实施吸引高层次人才的“千人计划”，在重点学科、重大专项、高新技术和金融管理领域加快引进海外高层次人才，目前已有825人来到中国，今年又将实施创新人才科研计划、千人英才开发计划等一批重大工程。

万钢强调，开放和交流对人才的成长至关重要，在创造环境、吸引海外优秀人才的同时，中国还会推动本国人才到国际锻炼成长，接受多元文化和科学科研环境的熏陶，与不同国家、不同文化背景的人相互共事、共同研发，促进发展。海外人才济济，在许多方面都可以大有作为，中国永远是海外人才为国服务的广阔平台，相信一定会培养和造就一批世界一流的科学家和科技领军人才，也会成为吸收国际著名科学家和创新创业人才的聚宝盆。

（南方网）

万钢：海外人才是国家建设和发展的宝贵财富

（2010年9月28日）

2010年9月28日，“海联论坛——海外高层次人才与国家发展战略研讨会”在北京举办。全国政协副主席、科技部部长万钢出席论坛。

万钢指出，近50年来，中国出国留学人员总数超过160万人，回国人员总数已达49.74万人。许多人学成归国，成为祖国经济、科技和社会发展的中坚力量。中国实施吸引海外高层次人才的政策以来，取得很好进展。新的人才归国潮正在形成，年增长率30%以上，仅去年回国的留学人员就达到10万人

万钢说，2008年，国家实施了吸引海外高层次人才的“千人计划”，在重点学科、重点院所、重大专项、高新技术产业开发区和金融管理领域加快引进海外高层次人才，至今已引进825人。中科院的“百人计划”、教育部的“长江学者奖励计划”、国家自然基金委的“国家杰出青年科学基金”等人才计划，也引进了一批优秀海外人才，为国家建设和发展做出突出贡献。据初步统计，留学回国人员已占国家重点项目学科带头人的72%，“两院”院士的80.5%。

万钢强调，人才兴则民族兴，人才强则国家强。世界范围的新一轮人才争夺战已经开始。海外华人人才济济，是国家建设和发展的宝贵财富。我们将进一步创新人才理念、改进用人方式，重视对人才的投入和激励，实施有利于人才成长的体制和政策，营造良好的创新创业文化氛围，以更好地吸引海外高层次人才参与国家建设和发展。

（新华网）

万钢：提高自主创新能力，建设创新型国家

（2010年11月1日）

2010年11月1日，第十二届中国科协年会在福州召开。全国政协副主席、科技部部长万钢出席会议并做题为《关于提高自主创新能力，建设创新型国家若干问题的思考》的主题报告。

万钢表示，“十一五”起始之年，2006年党中央、国务院颁布了《中长期科技规划纲要》，提出了《关于实施科技规划纲要、增强自主创新能力的决定》。党的十七大明确把提高自主创新能力、建设创新型国家作为国家发展战略的核心和提升综合国力的关键。2009年来，我们对“十一五”以来《科技规划纲要》的实施情况进行了全面评估，其任务部署基本到位，16个科技重大专项全面启动实施，中央财政科技投入保持了年均20%以上的增长，实现了科技进步法的要求。《科技规划纲要》的实施有力推动我们国家创新型国家的建设。2009年，我国中央财政科技投入达到1512亿元，带动全社会研发支出5792亿元，达到了1:3.8左右。全员从事科技研发的人员达到将近230万人。2009年我国国际科技论文总量居世界第2位，发明专利的授权量达到12.8万件，比2005年增长122%，居世界第4。2009年，我国技术交易市场规模达到3039亿元，同比增长15%。2005年我国高技术产业生产总值达到6万亿元，年均增长15%。国家创新体系建设取得明显进展，知识创新与技术创新工程深入推进，企业作为技术创新主体地位，产学研的结合程度不断提高，激励自主创新的政策环境明显改善，全民科学素质不断提升，全社会支持创新的氛围正在形成。

万钢说，1986年邓小平同志提出了发展高科技，促进产业化的过程，90年代开始，我们国家建设国家高新区，到现在2009年我们国家的高新技术的产业总值已经达到6万亿元，年增15.7%。56个国家高新区实现的工业增加值1.54万

亿元，占全国工业增加值的9.8%。出口创汇2007亿美元，占全国外贸出口的16.7%。特别值得一提的，国家高级区已经成为我们国家科技创新的生态组成部分之一，国家高级区每万人拥有的专利达到75件，万元GDP的能耗仅占全国平均水平的41%，已接近先进国家的水平。

万钢表示，目前，我们和世界上比较著名的世界经济论坛、瑞士洛桑国际管理发展学院等国际权威机构的合作，建立了适合中国国情的评价体系，主要从创新资源、知识创造、企业创新、创新绩效、创新环境等30多个指标衡量我们的发展。我们对世界各国的数据进行了以人均GDP和国家创新能力综合指标排名，发现很多国家的科技创新能力是和人均GDP成正比，大多数国家创新能力随着人均GDP的增长而增长，只有美国、日本、韩国的创新是超越了人均GDP所占的情况。而我国从2000年到2008年，呈现出比较明显的发展态势，创新型国家建设取得了长足进步，人均GDP三千美元阶段接近了中等发展国家水平，但距世界主要创新型国家还有很大的差距，其中明显的弱点是企业创新能力比较弱。因此，知识创造能力应更多为企业创新能力的提升作出贡献，我们依然要把增强企业的创新能力作为今后工作的重点。

万钢指出，要加强信息技术、新材料、新能源等高新技术成果转化和推广应用，促进传统产业升级。要加快发展研发设计与服务，现代物流、创意等知识和技术密集型的产业，它能为大学生就业提供充分和他们有兴趣、有能力的创新创业领域。要深化国家高新区的建设和发展，加强中关村等国家自主创新示范区的示范和引领作用，培育一批具有国际竞争力的高新技术企业的龙头。

万钢强调，要加强科技人才队伍建设。注重科技规划纲要落实中实施《国家中长期教育改革和发展规划纲要》、《国家人才发展规划纲要》的衔接。创新型人才已成为各国竞相争夺的资源，日本提出了亚洲人才计划，欧洲建立了蓝卡制度，美国也宽松了对科技人员进入美国的签证优惠条例。我们将按照《国家人才发展规划纲要》的要求，组织开展"创新人才推进计划"，为杰出科学家建立科学家工作室，加大对优秀创新团队的稳定支持。加强面向生产一线的实用工程人才、卓越工程师和技能人才的培养。依托科技重大专项、重大科学工程等项目的组织实施，大力培养和造就一大批创新型领军人才和创新创业科技人才团队。高度重视管理人才以及创新型专业人才的培养，激励全社会创新创业的热情。

（中国科学技术协会网站）

万钢：我国创新能力仍有不足

（2010年11月6日）

2010年11月6日，"2010年浦江创新论坛"在上海举行。全国政协副主席、国家科学技术部部长万钢出席论坛开幕式并作主题报告。

万钢说，我国在2006年提出了建设创新型国家的奋斗目标，经过4年的不懈努力，我国创新型国家建设取得了长足进步。在前沿技术研究、基础研究、能源与环保、生物和医药、农业科技创新体系建设等多个方面都取得了重要进展，攻克了一批核心关键技术，取得了一批具有世界水平的重大成果。

万钢指出，当前，我国创新能力的国际排名仍处于中等偏下位置，距世界最主要创新型国家还有相当大的差距。即将到来的"十二五"时期，是我国创新能力向"中上"位置迈进的关键时期。

（中国经济网）

万钢：希望在海外的学子们能常回来看看

（2010年11月12日）

2010年11月12日，全国政协副主席、科技部部长万钢接受中国之声《新闻纵横》采访，热切希望希望那些在海外的学子们能常回来看看。

万钢说，中国科技发展需要很多人才：科学研究人才、经营管理人才、还需要金融人才等等。热烈欢迎我的那些前期后期的同学们，希望他们能够经常回来看一看。有些人可能是由于家庭等各种情况，不能全职回来，但是我们也希望能够推动与他们所在单位的合作，参与祖国的建设。回来看看，给我们提提建议，提提意见，都是为国服务的形式。欢迎他们，我也很想念他们！

（中国之声《新闻纵横》）

万钢：我国的科技发展要遵循五项原则

（2010年12月9日）

2010年12月9日，由创新方法研究会主办的主题为"方法·创新·转变"的"2010创新方法高层论坛"在北京举办。全国政协副主席、科技部部长万钢出席开幕式并讲话。

万钢指出，"十二五"期间是我国自主创新能力向全球中上位迈进的关键时期，提出了"十二五"科技发展的总体思路。

万钢认为，"十二五"期间，我国的科技发展要遵循五项原则：一，坚持创新导向，把提高自主创新能力摆在全部科技工作的突出位置；二，坚持需求牵引，面向国家的战略需求，集中力量解决我国经济社会发展中的瓶颈问题，培育新的经济增长点；三，坚持统筹兼顾，统筹政府引导和发挥市场机制的作用，统筹国内国外两个科技资源，统筹科技创新和管理创新；四，坚持以人为本，把改善民生作为根本出发点和落脚点，把创新人才的战略建设和创新环境的基础工作作为根本任务；五，坚持跨越发展，努力实现从量的积累到质的提升，推动经济社会发展转向创新驱动和内生增长。

万钢介绍，“十二五”期间，科技工作将围绕八大重点开展：一，加快组织实施科技重大专项；二，积极培育发展性新兴产业；三，前瞻部署基础研究科学和前瞻技术的研究；四，运用高新技术加快提升传统产业；五，大力提升科技改善民生的能力，切实加快农业科技创新，促进城乡统筹；六，加强科技人才队伍的建设；七，加强科学技术的普及，提高全民科学素质；八，进一步扩大和深化科技对外开放和合作。

万钢肯定了创新方法在自主创新实践中的意义，并对创新方法工作提出了希望和要求，同时表示，2008年发布了《关于加强创新方法工作的若干意见》，举办了部际联席会议，成立了专家顾问组。目前，全国19个省市开展了创新方法工作，培养了上千名创新方法的工作人员。

万钢指出，创新方法工作是一项基础性、战略性、长期性、开创性工作，要把创新方法工作作为全国“十二五”科技工作的重要抓手，为科技创新提供方法支撑。

（《科技日报》）

袁贵仁：努力把教育系统建设成为“留学人员之家”

（2010年1月2日）

2010年1月2日，教育部部长袁贵仁向广大海外留学人员发表新年贺辞。贺词全文如下：

每逢佳节倍思亲。在2010年新年到来之际，我谨代表教育部，向远在海外的广大留学人员，并通过你们向你们的家人，致以亲切的问候和良好的祝愿！祝大家新年好！

2009年对中国人民来说是一个具有历史意义的年份，我们共同欢庆了祖国60周年华诞。60年来，我们国家取得了举世瞩目的伟大成就，与祖国共命运、与时代共进步的教育事业也取得了巨大的发展。我们实现了全面普及九年义务教育的历史性跨越和高等教育进入大众化发展阶段的历史性跨越；职业教育不断发展，教育宏观结构调整取得重要突破；教育公平迈出重大步伐；我们确立了中国特色社会主义教育体制的基本框架，走出了一条中国特色的社会主义教育发展道路。

祖国的日益繁荣我们有目共睹，教育事业的发展腾飞我们倍感欢欣。可以说，祖国的每一步发展都凝聚着广大留学人员的智慧和汗水。大家心系祖国，情系中华，自觉地把个人的命运与祖国的命运结合起来，把个人的进步与祖国的发展结合起来，为民族振兴而勤奋学习，为祖国昌盛而艰苦创业，为人民福祉而真情奉献，在实现人生价值的过程中谱写着爱国主义的新篇章。

国运兴盛，人才为本。无论是经济建设还是科技创新，无论是文化繁荣还是社会进步，社会主义的物质文明、政治文明、精神文明建设在各行各业都迫切需要人才。广大留学人员是国家的宝贵财富，是我国人力资源的重要组成部分，肩负着时代赋予的光荣使命和历史重托。2009年国庆前夕，胡锦涛总书记亲切接见了海外人才和优秀留学回国人才代表，发表了重要讲话，充分肯定了广大留学人员在祖国现代化建设中作出的贡献，希望广大海外留学人员胸怀祖国、心系桑梓，继续以各种方式为祖国服务，为中华民族伟大复兴作出重要贡献，希望广大留学回国人员发扬光荣传统，开拓进取、扎实工作，努力创造出无愧于时代的辉煌业绩。

我们要坚定不移地实施科教兴国战略和人才强国战略，认真贯彻党和国家“支持留学，鼓励回国，来去自由”的留学工作方针，支持我国公民多渠道、多层次、多类别出国留学，进一步做好在外留学人员的管理和服务工作，鼓励在外留学人员学成回国工作或以多种形式为国服务，放宽政策确保留学人员来去自由，真正做到用深厚的感情关心人才，用优良的环境吸引人才，用成功的事业凝聚人才，努力把教育系统建设成为“留学人员之家”。

乡心新岁切，天涯共此时。此时此刻，我们格外思念在外的广大留学人员，格外牵挂大家的学习、工作和生活。殷切希望广大海外学子早日完成学业，积极投身到有中国特色的社会主义现代化建设事业中来，为全面建设小康社会、为中华民族的伟大复兴，作出自己应有的贡献。我们将一如既往地重视和关心学成回国的留学人员，为他们在国内发展提供良好的条件。

让我们共同祝愿伟大的祖国繁荣昌盛！祝广大海外学子学业有成，幸福安康！

（教育部网站）

袁贵仁：海外留学人员回国工作正当其时

（2010年12月）

2011年元旦前夕，教育部部长袁贵仁向海外留学人员发表新年贺词，致以良好的祝愿。贺词全文如下：

新年伊始，万象更新。每逢年岁更迭，对远方的亲人都会无尽思念。在2011年新年到来之际，我谨代表教育部，向远在海外求学、工作的广大留学人员，并通过你们向你们的亲人，致以良好的祝愿！祝大家新年好！

2010年，是贯彻落实《国家中长期教育改革和发展规划纲要（2010—2020年）》的第一年。中共中央、国务院召开了新世纪第一次全国教育工作会议，胡锦涛总书记、温家宝总理发表了重要讲话，刘延东国务委员作总结讲话；颁布了《教育规划纲要》，对到2020年我国人才工作和教育事业科学发展作了全面部署，开启了我国由教育大国向教育强国、由人力资源大国向人力资源强国迈进的新征程。

2010年，是我国从“十一五”迈向“十二五”的重要转折点。“十一五”期间，教育改革发展取得了标志性成就：城乡免费九年义务教育全面实现；高等教育大众化水平进一步提高；职业教育取得突破性进展；教育公平迈出重大步伐。集中到一点，就是实现了由人口大国到人力资源大国的历史转变。

2010年，中共中央、国务院还召开了全国人才工作会议，印发了《国家中长期人才发展规划纲要（2010—2020年）》。《教育规划纲要》与《人才规划纲要》、《科学技术规划纲要》相互支撑、紧密联系，对全面提高我国科教水平和人才发展水平、加快建设科技强国和人才强国，对全面建设小康社会、加快推进社会主义现代化、实现中华民族伟大复兴具有重大而深远的意义。

广大留学人员自始至终都是我国人才资源的重要组成部分，在民族复兴、国家发展的各个阶段，以及在增进我国人民同各国人民的了解和友谊等方面，都发挥着不可替代的作用，是国家的宝贵财富。改革开放30多年来，留学人员既是留学政策的受益者，也是国家发展的参与者和建设者。《教育规划纲要》的制定也凝聚了广大留学人员的智慧与心血。

深入实施科教兴国战略和人才强国战略，为广大留学人员实现抱负、展示才华创造了新的机遇，提供了宽阔的舞台。广大留学人员继续发挥着自己的知识优势和专业特长，勤勉治学，脚踏实地，情系华夏，心怀桑梓，在回国工作与为国服务的道路上，在中华民族复兴的道路上贡献自己的学识，奏响生命中最华彩的乐章！

岁月不居，天道酬勤。我们伟大的祖国正在新的历史起点上向前迈进，海外留学人员回国工作，共襄盛举，正当其时。《教育规划纲要》中提出，要适应国家经济社会对外开放的要求，培养大批具有国际视野、通晓国际规则、能够参与国际事务和国际竞争的国际化人才，吸引更多世界一流的专家学者来华从事教学、科研和管理工作，有计划地引进海外高端人才和学术团队，吸引海外优秀留学人员回国服务。希望广大海外留学人员坚持报国为民的志气，坚持不懈进取的勇气，坚持勇攀高峰的锐气，在国家发展的宏图大业中，在为全面建设小康社会、实现中华民族的伟大复兴过程中找到位置、作出贡献。

每逢佳节倍思亲。衷心祝愿广大海外留学人员新年进步、身体健康、阖家幸福、万事如意！祝愿伟大的祖国繁荣昌盛！

（全英学联网）

尹蔚民：开创留学回国工作的新局面

（2010年3月18日）

2010年3月18日，留学人员回国服务工作部际联席会议在北京召开。中组部副部长、人力资源社会保障部部长、联席会议组长尹蔚民在会上发表讲话，对当前我国留学回国工作进行了全面总结和展望。讲话全文如下：

这次留学人员回国服务工作部际联席会议，主要任务是总结交流过去一年留学人员回国服务工作情况，研究审议2010年工作要点，讨论《关于支持留学人员回国创业的意见》稿。刚才，教育部郝平同志、科技部郭向远同志、财政部李勇同志分别做了重要讲话，中组部人才局胡建华同志也讲了很好的意见。联席会议各成员单位和列席单位的有关负责同志，也介绍了本部门留学回国工作开展情况和今年工作打算，并就今年工作要点和《关于支持留学人员回国创业的意见》稿进行了研究讨论，提出了很多很好的意见和建议，留学人员回国服务工作部际联席会议办公室要认真研究吸收，落实到具体工作安排和有关政策文件中去。下面，我讲两点意见。

一、2009年留学回国工作取得新进展

过去的一年，部际联席会议各成员单位和有关部门按照2009年年初召开的联席会议的安排和部署，加强工作协作，加大工作力度，推动全国留学回国服务工作取得了新的进展。

（一）海外高层次人才引进成效显著

按照中央人才工作协调小组的统一部署和安排，各成员单位认真组织实施海外高层次人才引进“千人计划”。在四个平台评审方面，人力资源社会保障部与科技部一起做好千人计划创业平台的评审工作，去年共分两批引进127名创业人才；教育部、科技部分别组织开展了重点学科和重点实验室、国家重点创新项目平台的评审引进工作；人民银行牵头“千人计划”金融平台评审工作，制定了《金融平台引进海外高层次人才工作细则》，组织开展了三次评审；国资委专门印发《关于做好引进海外高层次人才有关工作的通知》，召开了中央企业引进海外高层次人才工作会议，截至去年底，中央企业累计引进了300多名留学回国人才，其中51人已经批准列入“千人计划”。在完善政策方面，中组部、人力资源社会保障部共同印发了《关于转发〈中央人才工作协调小组关于建立“特聘专家”制度的意见〉的通知》，推进国家特聘专家制度建设；各成员单位切实加强人才基地建设，特别是国资委重点推进了中央企业建设“未来科技城”。在服务窗口建设方面，人力资源社会保障部进一步完善服务窗口建设，开展引进人才各项待遇落实工作；公安部积极为千人计划引进人才办理绿卡、长期签证及落户等手续。同时，其他成员单位也都卓有成效地开展了工作，外交部要求使领馆进一步做好海外高层次人才引进工作，加强对有关证件政策的研究；商务部将加大引进留学归国人才作为吸引人才、开拓录用渠道的一个重要方式；团中央开设了“海外高层次人才联系窗口”，积极拓展与海外高层次人才的联系渠道；中科院通过前两批千人计划已引进44人，已有3人作为研究所所长到岗工作，7人作为国家科技重大专项负责人承担了重要研究任务。联席会议各成员单位还指导各地结合实际，上下联动，大力引进海外高层次人才，取得明显成效。

（二）留学人员回国创业支持力度显著加大

人力资源社会保障部印发了《关于实施中国留学人员回国创业启动支持计划的意见》，在财政部的大力支持下，首次实施中国留学人员回国创业启动支持计划，2009年重点资助了37家留学人员企业；与新疆、内蒙、甘肃等西部地区人民政府共建了三家留学人员创业园，支持无锡创建外国专家创新创业园，吸引大批留学人员回国创业；根据中央人才工作协调小组的要求，研究起草了《关于支持留学回国人员创业的意见》。科技部充分利用国家火炬计划的政策体系和网络平台，完善科技企业孵化器各项措施，为留学人员回国创业积极营造环境。人民银行针对归国留学人员创业主要以高新技术企业为主，企业所需资金数额较大、创业人员在国内缺少信用记录，难以获得银行贷款的具体情况，积极配合发改委推出了创业投资企业管理办法，拓宽留学人员创业的融资渠道。各地也纷纷落实完善政策措施，优化创业环境，依托留学人员创业园、高新技术开发区等，大力引进海外留学人才创业，不断掀起吸引留学人才回国创业的热潮。

（三）海外留学人员为国服务活动全面展开

联席会议各成员单位积极拓宽与留学人员的联系渠道，全面开展了吸引、组织留学人员和留学人员团体通过适当形式服务祖国、参与祖国建设活动。人力资源社会保障部印发《关于实施海外赤子为国服务行动计划的通知》，组织赴甘肃、广西、云南、安徽等地留学回国专家服务团，深入开展留学人员和回国专家为国服务活动。教育部继续大力开展“春晖计划”，吸引海外留学人才为国服务。国务院侨办成功召开“2009华侨华人创业发展洽谈会”和第三届“华侨华人专业协会会长联席会”。外专局成功举办“2009年中国国际人才交流大会”，为海外留学人才回国工作提供有效渠道。中国科协“海外智力为国服务行动计划”实施顺利。中国侨联连续举办9届“海外侨界高新技术人才为国服务自愿团”活动，还发起“健康复明行动”，吸引海外高层次医学人才回国开展公益服务，先后帮助465名白内障患者重见光明。外交部驻外使领馆大力加强海外宣传，积极为国内推荐人才。团中央、欧美同学会等部门也通过多种方式加强海外留学人员与国内的沟通。联席会议各成员单位还与有关地方共同开展了一系列留学人员科技交流示范活动，如广州留交会、南京留交会、辽宁海创周等，极大推动了海内外信息、项目、人才交流。

（四）积极创新完善留学人员回国工作政策

联席会议各成员单位根据自身职能，认真研究解决留学人员回国工作中有关问题，积极创新完善有关政策。人力资源社会保障部、公安部、海关总署联合下发了《关于海外高层次留学人才回国工作绿色通道有关入出境及居留便利问题的通知》，进一步落实16家部门下发的《关于建立海外高层次留学人才回国工作绿色通道的意见》中有关入出境和居留方面的政策。人口计生委认真落实《关于出国留学人员生育问题的规定》，在生育程序和政策适用上充分体现了对出国留学人员的照顾，完善了出国留学人员计划生育政策。外交部进一步加强对有关证件政策的研究，探讨为人才设立专门种类签证。公安部完善规范留学人员落户政策，妥善解决以往出国（境）前已注销常住户口、且未在国（境）外入籍、定居的留学人员回国落户问题，同时积极研究创新我国“绿卡”政策。

通过联席会议各成员单位的辛勤努力，留学回国工作取得了显著成绩。截至2009年底，我国留学回国人员总数已达49.74万人，其中，2009年回国人数首次突破10万人，增幅达56.2%。目前，全国已建成各级各类留学人员创业园150余家，其中人力资源社会保障部与地方人民政府共建国家级留学人员创业园36家，全国入园企业超过8000家，2万余位留学人员在园内创业，有效带动了科技创新和产业结构调整，有力推动了地方经济发展。

回顾总结一年来的工作，有这样几个特点，一是实施“千人计划”影响很大，在国内外反响很好，这为我们进一步做好留学回国服务工作营造了良好氛围。二是中央、地方上下联动，横向协作，相互促进，整体推进，全国留学回国工作呈现良好发展态势。三是回国工作、创业和为国服务并举，每个方面都有突出的亮点、焦点，使整个留学回国工作充满勃勃生机。四是积极完善留学回国服务工作政策，各成员单位都高度重视，在推进留学回国服务工作政策体系建设上取得重要进展。

总之，一年来，联席会议工作取得了新的成绩，留学回国工作实现了新的发展，得到了中央人才工作协调小组的肯定。这些成绩的取得，离不开中央人才工作协调小组的正确领导，离不开联席会议各成员单位和相关部门的共同努力和大力支持。在此，我代表部际联席会议，代表人力资源社会保障部，向大家表示衷心的感谢！

二、部际联席会议2010年工作考虑

海外留学人员是我国现代化建设的特需人才资源。党和国家高度重视海外留学人员和留学回国工作，在2009年新中国成立60周年之际，党中央、国务院专门邀请高层次海外人才和留学回国人员代表参加国庆观礼，胡锦涛总书记和温家宝总理等党和国家领导人亲切接见了观礼团全体成员。这充分体现了党和国家对海外留学人员的高度重视，也凸显了留学回国工作的重要性。源潮同志多次对留学回国工作作出重要指示，特别是明确要求充分发挥好留学人员回国服务工作部际联席会议的作用，切实加大留学回国工作力度。

做好2010年部际联席会议的各项工作，必须认真学习贯彻中央的有关精神和要求，继续贯彻支持留学、鼓励回国、来去自由的方针，按照拓宽留学渠道、吸引人才回国、支持创新创业、鼓励为国服务的要求，突出抓好留学人员回国工作政策体系完善、留学回国工作重点项目实施、留学人员回国工作良好环境营造等重点工作，努力开创留学回国工作的新局面。

（一）进一步完善留学人员回国工作政策体系

一是创新完善支持留学人员回国创业政策。进一步修改完善《关于支持留学人员回国创业的意见》，提交中央人才工作协调小组会议审议。创新金融服务方式，完善对留学人员回国创业的金融支持，研究探索留学人员知识产权质押贷款业务，对进入成长期的留学人员企业，进一步研究探索利用银行间债券市场发行短期融资券、中期票据、集合债券等融资，推进留学人员创业信用担保机构的建立。二是完善留学人员入出境、居留、落户等方面政策。完善海外人才回国证件申请绿色通道，认真研究适当降低申请“绿卡”门槛、扩大绿卡适用对象和“绿卡”持有者享有国民待遇问题；进一步推动居住证制度的实施，研究协商《关于修改〈外国人在中国永久居留审批管理办法〉的决定（征求意见稿）》和《外国人在中国永久居留审批管理办法（修正稿）》，报经国务院批准后发布实施；印发《关于规范留学回国人员落户工作有关政策的通知》。三是完善其他有关优惠政策。继续开展高层次留学人才回国工作资助和留学人员科技活动项目择优资助，进一步完善对留学人才回国工作经费资助办法。制定出台内地居民在国外、境外生育子女适用生育政策的有关规定。深入研究并妥善解决已加入外国籍的留学人员在居留和出入境、医疗、保险等方面的问题。

（二）切实组织实施好留学回国工作重点项目

一是以 "千人计划"为重点，切实抓好各类吸引海外留学人才回国工作项目的实施。联席会议各成员单位要按照中央人才协调小组和海外高层次人才引进工作小组的要求，认真做好"千人计划"各有关平台的评审工作，加强引进海外高层次人才服务窗口建设，继续积极落实为"千人计划"外籍引进人才及其亲属办理"绿卡"、长期签证以及国籍变更等相关工作；认真总结"千人计划"实施情况，注意研究跟踪外国引才政策，提出进一步完善"千人计划"的意见和建议。同时，继续开展好"长江学者"、"百人计划"以及"海外高层次留学人才回国资助"等项目。二是大力实施各项为国服务活动，进一步加大吸引留学人员为国服务工作力度。继续实施"海外赤子为国服务行动计划"、"春晖计划"、"海智计划"等专项计划，开展好各项海外留学人员为国服务活动。加强部门合作，与地方共同开展留学人员科技交流示范活动。三是着力实施完善留学人才创业项目，全面推进吸引留学人才回国创业工作。重点实施中国留学人员回国创业启动支持计划，"春晖杯"中国留学人员创新创业大赛，科技型中小企业创新基金、"海外学人创业周"、"海外留学精英创业创新峰会"等专项计划和专项活动，开展对有关留学人员创业培训工作。加强留学人员创业园建设，切实加大对留学人才回国创业的支持力度，进一步掀起留学人员回国创业的热潮。

（三）着力营造吸引留学人员回国工作的良好环境

一是推进留学人员回国服务体系建设。抓紧研究出台《关于构建留学人员回国服务体系的意见》。要按照政府推动、市场运作、资源共享、互惠互利的原则，不断完善服务政策，壮大服务机构，构建服务网络，搭建服务平台，开发服务产品，逐步形成理念先进、信息通畅、功能齐全、质量过硬、环境优良，面向广大留学人员的专门化服务网络，为吸引留学人员提供服务支持。二是畅通海外留学人员回国工作渠道。发挥好侨联、科协、团中央、欧美同学会等部门的独特作用，加强与海外中国留学生组织和留学人员、华人华侨专业团体的联系与沟通，积极为海外广大留学人员提供信息和对接服务，为留学人员回国工作牵线搭桥。三是联席会议各成员单位要充分发挥自身职能作用，为留学人员回国工作、为国服务、回国创业提供支持，特别是在居留、入出境、落户、通关、资助、医疗、保险、住房、税收、计划生育、配偶安置、企业注册、子女入学等方面提供全方位、高质量的服务和支持，为留学人员回国工作排忧解难，解决好后顾之忧，创造良好的生活和工作环境。四是加大宣传力度。要向海外留学人员做好国家留学人员回国服务政策的宣传，及时将国内最新政策和精神传递给他们。要使全社会充分认识到海外留学人员是我国现代化建设的特需人才资源，海外高层次人才是国际竞争中各国重点争夺的重要战略资源，逐步形成吸引海外人才回国工作的社会共识和良好氛围。

同志们，2010年是人才工作，也是留学回国工作实现新发展的机遇之年。联席会议各成员单位和相关部门要进一步提高认识，充分认识做好留学回国工作对于加快建设高素质人才队伍、应对激烈国际人才竞争、促进我国经济社会发展的重要意义，切实增强做好留学回国工作的责任感和紧迫感；要按照各自职责分工，加大工作力度，积极主动地抓好《2010年留学人员回国服务工作部际联席会议工作要点》各项工作的落实；要进一步加强协作配合，共同把联席会议平台建设好，形成做好留学回国工作的强大合力，集中力量研究解决留学回国工作中遇到的重大、突出问题；要突出工作重点，统筹推进各项工作，在积极做好"千人计划"实施工作的同时，推进留学回国各项工作的全面发展。我相信，在中央人才工作协调小组的正确领导下，在我们联席会议各成员单位和相关部门的共同努力下，一定能够开创2010年留学回国工作的新局面！

（人社部网站）

尹蔚民：切实增强人才工作的责任感、使命感、紧迫感

（2010年5月27日）

2010年5月27日，中央组织部、人力资源和社会保障部在北京召开贯彻落实《国家中长期人才发展规划纲要（2010－2020年）》座谈会。中央人才工作协调小组副组长、中组部副部长、人力资源社会保障部部长尹蔚民出席会议并讲话。

尹蔚民指出，这次全国人才工作会议的召开和《人才规划纲要》的实施，对于全面提高我国人才发展水平、加快建设人才强国，具有重大而深远的意义。要全面领会全国人才工作会议和《人才规划纲要》提出的新思想新理念，深刻理解人才资源是经济社会发展的第一资源的重要思想、人才发展的指导方针、建设人才强国的战略目标、人才优先发展的战略布局、人才发展的重点任务和重要举措。通过扎扎实实的学习，把思想和行动统一到中央的决策部署上来。

尹蔚民强调，人力资源社会保障部门要发挥好政府人才工作综合管理部门的职能作用。要按照要求和部署，重点抓好专业技术人才和高技能人才队伍建设。要坚持以用为本，加快推进人才体制机制创新。要完善人才管理政策和运行机制，推动政府管理职能向创造良好发展环境、提供优质公共服务转变。要实施重大人才工程，打造我国人才竞争优势。要强化人才公共服务，推动政府人才工作职能转变。

尹蔚民指出，要以求真务实的精神，切实抓好《人才规划纲要》各项任务的落实。要抓紧做好各项任务的细化分解工作，分类做好各项工作的落实。要坚持党管人才原则，加强与组织部门的密切配合，加强与行业主管部门的沟通配合，共同开创我国人才工作的新局面。

（《中国人事报》）

尹蔚民：高层次创新型专业技术人才是人才队伍的核心

（2010年11月）

2010年11月，人力资源和社会保障部部长尹蔚民在经济日报《经济大讲堂》中发表题为“加快建设人才强国”的主题文章，分析了切实做好人才工作的意义和我国人才队伍建设取得的成绩，并对如何统筹推进各类人才队伍建设进行了深入阐述。文章如下：

人才资源是第一资源，人才问题是关系党和国家事业发展的关键问题。夺取全面建设小康社会新胜利、开创中国特色社会主义事业新局面，迫切要求我们切实做好人才工作、加快建设人才强国。

近年来我国人才工作长足发展，人才队伍建设成绩显著。但当前我国人才发展总体水平与世界先进水平相比还有较大差距，与我国经济社会发展需要相比还有很多不适应的地方，特别是高层次创新型人才匮乏，人才创新创业能力不强，人才资源开发投入不足。

面对新形势新任务，各级人力资源和社会保障部门要抓住人才优先发展的新机遇，全面落实《国家中长期人才发展规划纲要（2010—2020年）》的各项任务，特别是要以高层次人才、高技能人才为重点，统筹推进各类人才队伍建设。做好这方面的工作，首先是要以提高专业水平和创新能力为核心，打造宏大的高素质专业技术人才队伍；其次是要以提升职业素质和职业技能为核心，建设门类齐全、技艺精湛的高技能人才队伍。与此同时，还要加快推进人才体制机制创新，不断提高人才工作管理水平，全面打造我国人才竞争优势。

一、人才资源是第一资源，人才问题是关系党和国家事业发展的关键问题

人才资源是第一资源，人才问题是关系党和国家事业发展的关键问题。夺取全面建设小康社会新胜利、开创中国特色社会主义事业新局面，迫切要求我们切实做好人才工作、加快建设人才强国，努力培养造就数以亿计的高素质劳动者、数以千万计的专门人才和一大批拔尖创新人才，进一步开创我国人才事业新局面，为全面建设小康社会、加快推进社会主义现代化、实现中华民族伟大复兴提供有力人才保证。

人才工作在党和国家工作全局中具有十分重要的地位。我们党和国家历来高度重视人才工作，在革命、建设、改革各个历史时期，制定和实施了一系列重大方针政策，为党和人民事业发展培养和集聚了宏大的人才队伍。经过新中国成立60多年特别是改革开放30多年的努力，我国已经从人才资源相对匮乏的国家发展成为人才资源大国，各类人才在改革开放和社会主义现代化建设中大显身手。进入新世纪新阶段，中央作出实施人才强国战略的重大决策。2003年召开新中国历史上第一次全国人才工作会议，作出《中共中央、国务院关于进一步加强人才工作的决定》。今年，党中央、国务院颁布了《国家中长期人才发展规划纲要（2010—2020年）》，对切实做好新形势下人才工作、加快建设人才强国进行全面部署。这标志着我国进入了加快建设人才强国的新阶段。

切实做好人才工作、加快建设人才强国，是推动经济社会又好又快发展、实现全面建设小康社会奋斗目标的重要保证。人才支撑发展，发展依靠人才。党和国家各项事业的发展，归根结底要靠人才。切实做好人才工作、加快建设人才强国，既是党和国家事业发展的重要内容，又是党和国家事业发展的重要保证。从我国的发展实践看，经济社会的持续快速发展需要大量高素质的人才供给。我们党已经明确了今后几十年的发展目标，并作出了全面的战略部署。要将这些重大战略部署落到实处，必须以人才为基础、靠人才来推动。

切实做好人才工作、加快建设人才强国，是确立我国人才竞争比较优势、增强国家核心竞争力的战略选择。人才数量和质量是衡量一个国家综合国力的重要指标，人才竞争力是国家发展的核心竞争力。世界范围的综合国力竞争，归根到底是人才特别是创新型人才的竞争。要想在日趋激烈的综合国力竞争中掌握主动，必须具有能够实施正确战略策略、胜任参与各领域国际竞争的高素质人才。谁拥有人才和智力资源，谁就能在世界综合国力竞争中赢得主动权。因此，人才资源作为最重要的战略资源，在世界综合国力竞争中具有越来越重要的意义。我国经过30多年的改革开放，国家实力日益增强，但我们的人才竞争力还不够强。由此导致的自主创新能力不强，是制约我国经济社会进一步发展的主要因素。面对日趋激烈的国际人才竞争，我们必须采取有效措施，抓住机遇、应对挑战，立足新起点做好人才工作，形成育才、引才、聚才、用才的良好环境和政策优势，不断增强我国的核心竞争力。

二、我国人才工作长足发展，人才队伍建设成绩显著

进入新世纪新阶段，人才强国战略已成为我国经济社会发展的一项基本战略。各级人力资源社会保障部门解放思想，开拓创新，完善人才公共政策，构建人才服务体系，加快人才资源开发，统筹推进高层次、高技能人才队伍建设，各项人才工作取得了显著成效。

第一，人才公共政策体系逐步完善，人才成长环境不断优化。一是以高层次、高技能人才为重点，人才培养选拔机制逐步健全。初步建立以院士制度、国家有突出贡献中青年专家制度、政府特殊津贴制度为主体的国家级专家选拔体系，实施了高技能人才培训工程、新技师培养带动计划，构建了高技能人才培养选拔体系。二是加大高层次留学人才引进工作力度，人才吸引机制逐步完善。实施海外高层次人才引进计划，完善留学人员回国服务体系，形成了留学人员回国工作、回国创业和以多种形式为国服务的良好局面。三是深化事业单位人事制度改革，人才使用机制逐步转换。四是稳步推进职称制度改革，完善职业资格制度，人才评价机制更加科学。五是健全各项激励政策措施，人才激励机制更加完善。

第二，构建人才服务体系，政府人才服务职能不断增

强。一是人力资源市场建设取得长足进步，多层次、多元化的市场服务体系已基本形成。二是人才流动机制进一步健全。完善流动人员在非户籍地工作的服务保障政策；围绕地方经济社会发展需要，建设多种类型的人才高地；完善人才合理流动的政策体系，引导人才向中西部地区流动。三是人才服务业蓬勃发展。制定并推广人力资源服务业技术标准，积极培育人才服务产业。大力开展各类中介服务活动，加强行业自律，积极引导各类人力资源服务机构健康发展，建立专业化的人力资源服务队伍。四是区域性人才合作方兴未艾。围绕国家区域发展战略，积极引导区域人才合理流动和有效开发，建立区域性人才合作机制，实现人才资源共享，优化人才资源配置，人才服务合作成效显著。

第三，健全人才开发体系，各类人才队伍建设水平不断提高。一是实施专业技术人才知识更新工程，继续教育体系不断完善。大力加强专业技术人才继续教育工作，全面提升专业技术人才队伍的整体素质。大规模培训现代农业、现代制造、现代管理、信息技术、能源技术等重点领域的专业技术人才。二是实施特别职业培训计划，加快技能人才队伍建设。紧密结合经济形势和就业形势的要求，以促进就业和稳定就业为目标，大力实施面向城镇失业人员、困难企业职工、退役士兵等群体的特别职业培训计划。充分发挥高级技工学校、技师学院、高等职业院校、高技能人才公共实训基地和大中型企业（集团）在高技能人才培养中的作用，推进技工院校教学改革，深化校企合作，创新培养模式，加快培养社会紧缺、企业急需的后备技能人才。三是实施高校毕业生“三支一扶”计划，引导专业知识扎实、富有奉献精神的大学生到农村基层服务。以培养新农村建设急需的生产型、经营型、技能带动型人才为重点，大力加强农村实用人才队伍建设。

三、以高层次、高技能人才为重点，统筹推进各类人才队伍建设

近年来，我国人才队伍和人才公共服务体系建设取得了长足发展。但同时也要看到，当前我国人才发展总体水平与世界先进水平相比还有较大差距，与我国经济社会发展需要相比还有很多不适应的地方，特别是高层次创新型人才匮乏，人才创新创业能力不强，人才资源开发投入不足。根据新形势新任务和人才工作面临的新情况新问题，党中央、国务院颁布了《国家中长期人才发展规划纲要（2010—2020年）》。做好新形势下人才工作，必须加快人才发展体制机制改革和政策创新，扩大对外开放，开发利用国内国际两种人才资源，以高层次人才、高技能人才为重点统筹推进各类人才队伍建设，为实现全面建设小康社会奋斗目标提供坚强的人才保证和广泛的智力支持。到2020年我国人才发展总体目标是：培养造就规模宏大、结构优化、布局合理、素质优良的人才队伍，确立国家人才竞争比较优势，进入世界人才强国行列，为在本世纪中叶基本实现社会主义现代化奠定人才基础。为了实现这个目标，我们就要坚定不移地走人才强国之路，科学规划，深化改革，重点突破，整体推进，努力实现人才资源总量稳步增长、队伍规模不断壮大，人才素质大幅度提高、结构进一步优化，人才竞争比较优势明显增强、竞争力不断提升，人才使用效能明显提高、人才发展体制机制创新取得突破性进展，逐步实现由人力资源大国向人才强国转变。各级人力资源和社会保障部门要抓住人才优先发展的新机遇，在构建人才服务体系、完善人才政策、推动人才队伍建设等方面积极发挥职能作用，全面落实《国家中长期人才发展规划纲要（2010—2020年）》的各项任务，特别是要以高层次人才、高技能人才为重点，统筹推进各类人才队伍建设。

第一，以提高专业水平和创新能力为核心，打造宏大的高素质专业技术人才队伍。高层次创新型专业技术人才是我国人才队伍的核心，是促进经济社会发展和科技进步的关键力量。努力造就一大批高层次创新型专业技术人才是提高我国自主创新能力和核心竞争力的关键，对于加强整个人才队伍建设具有重要的引领和带动作用。要突出创新型科技人才培养，加大各重点领域紧缺人才和现代服务业人才培养；完善政府特殊津贴制度，改革完善博士后制度；大力实施海外高层次人才引进计划等，健全政策体系，创新引才机制，完善服务体系，建立统一的海外高层次人才信息库和人才需求信息发布平台，加强留学人员创业园建设，努力掀起留学人员回国工作、创业和为国服务的热潮；积极构建分层分类的继续教育体系，突出创新精神和创新能力培养，大规模开展重点领域专门人才知识更新，大幅度提升专业技术人才队伍的整体素质；加强基层专业技术人才队伍建设，改善基层专业技术人才工作、生活条件，拓展职业发展空间。

第二，以提升职业素质和职业技能为核心，建设门类齐全、技艺精湛的高技能人才队伍。高技能人才是我国人才队伍的重要组成部分，在加快产业优化升级、提高企业竞争力、推动技术创新和科技成果转化等方面具有不可替代的重要作用。要完善以企业为主体、职业院校为基础，学校教育与企业培养紧密联系、政府推动与社会支持相结合的高技能人才培养培训体系；加强职业培训，整合利用现有各类职业教育培训资源，建设一批示范性国家级高技能人才培养基地和公共实训基地；大力推行校企合作；完善国家高技能人才评选表彰制度；广泛开展各种形式的职业技能竞赛和岗位练兵活动。

第三，把深化改革作为推动人才发展的根本动力，加快推进人才体制机制创新。科学培养人才，广泛聚集人才，用好用活人才，都需要体制机制做保障。改革是创新体制机制的关键。要健全人才工作机制，健全科学的职业分类体系，建立各类人才的能力素质标准，在企事业单位建立符合科技人员和管理人员不同特点的职业发展路径，促进科技人员潜心研究和创新；加快职称制度和职业资格制度改革，完善重在业内和社会认可的专业技术人才评价机制，规范专业技术人才职业准入，完善专业技术人才职业水平评价办法和专业技术职务任职评价办法；探索技能人才多元评价机制，逐步完善社会化职业技能鉴定、企业技能人才评价、院校职业资格认证和专项职业能力考核办法，健全举才荐才的社会化机制；健全国有企业人才激励机制，重点向创新创业人才倾斜。

第四，把充分发挥各类人才的作用作为人才工作的根本任务，不断提高人才工作管理水平。要完善人才管理政策和运行机制，建立健全政府宏观管理、市场有效配置、单位自主用人、人才自主择业的人才管理体制，推动政府人才管理职能向创造良好发展环境、提供优质公共服务转变；进一步加强人才法制建设，坚持依法规范、促进和保障人才发展，推进相关法律法规的研究制定；实施更加开放的人才政策，推进专业技术人才职业资格国际、地区间互认，发展国际人才市场，积极支持和推荐优秀人才到国际组织任职。

第五，以实施重大人才工程为龙头，全面打造我国人才竞争优势。实施重大人才工程是做好人才工作、打造人才

竞争优势的重要抓手。要大力实施专业技术人才知识更新工程。围绕我国经济结构调整、高新技术产业发展，在装备制造业、信息、生物技术等经济社会发展的重点领域，开展大规模的知识更新继续教育；依托高等学校、科研院所和大型企业现有施教机构，建设一批国家级继续教育基地；抓紧研究制定专业技术人才知识更新工程实施方案，大力实施国家高技能人才振兴计划；为适应走新型工业化道路、加快产业结构优化升级的需要，培养造就一大批具有精湛技艺的高技能人才；配合有关部门实施好创新人才推进计划、高素质人才培养工程、现代农业支撑计划和高校毕业生基层培养计划等。

第六，以不断强化人才公共服务为抓手，加快推动政府人才工作职能转变。要完善政府人才公共服务体系，建立全国一体化的服务网络，健全企业用工登记、人事档案管理、就业服务等公共服务平台，建立社会化的人才档案公共管理服务系统；不断创新政府人才公共服务方式，加强对人才公共服务产品的标准化管理，大力开发公共服务产品，满足人才多样化需要；推进政府所属人才服务机构管理体制改革，大力发展专业性、行业性人才市场，健全人才市场服务体系，积极培育专业化的人才服务机构，充分发挥市场机制在人力资源配置中的基础性作用；加强产业、行业人才发展统筹规划和分类指导；加强人才创业技能培训和创业服务指导，提高创业成功率。

（《经济日报》）

季允石：引智是实践人才优先发展的重要途径

（2010年9月）

2010年9月，国家外国专家局召开全局人才工作会议，人力资源社会保障部副部长、国家外专局局长季允石在会上发表讲话。

季允石指出，全国人才工作会议的召开和人才规划纲要的颁布，标志着我国进入了经济社会发展人才要优先发展的新时期、建设人才强国的新阶段。引进国外智力作为人才强国战略的重要内容，肩负着新的历史使命。随着国际人才竞争日益激烈，不少国家制定并实施新的人才战略，千方百计吸引人才、延揽人才。引智就是通过准确把握国际人才流动趋势，不断完善法律法规体系，建立保障机制，吸引国际人才向我国流动，逐步形成在国际人才竞争中的比较优势。积极应对日趋激烈的国际人才竞争，要求引智要更进一步发挥资源优势、信息优势、政策优势，促进我国在新一轮国际人才竞争中抢占先机，为早日进入世界人才强国行列做出积极贡献。

季允石强调，引智是实践人才优先发展的重要途径。在人才资源开发上，引智通过积极开拓国际人才资源渠道，发展政府间高层次人才智力合作，加强与国际高水平人才机构的资源共享，有利于逐步形成全方位、多层次、宽领域的国际人才开发的良好局面。在人才结构调整上，引智紧贴经济社会发展的战略需求，通过不断完善人才引进机制，将引进的重点调整到高层次、紧缺型海外人才上来，有利于促进人才结构的不断优化。在人才投资保障上，引智在确保政府资金投入的基础上，积极推动社会、用人单位和个人共同投入人才资源开发和人才队伍建设，有利于形成多元化的人才发展投入机制。在人才制度创新上，引智学习和借鉴国外人力资源开发的先进经验和做法，结合我国人才工作发展的现实需要，不断完善工作体系，创新工作方式，努力营造良好市场环境，有利于制定更加灵活、更加开放、更加有效的人才政策。

季允石指出，引智工作体制机制创新是人才工作体制机制创新的重要方面。探索实行技术移民，制定国外智力资源供给、发现评价、市场准入、使用激励、引智成果共享等办法，必将极大地推动改进完善我国人才工作管理体制，创新人才工作体制机制。

季允石强调，培养造就规模宏大、结构优化、布局合理、素质优良的人才队伍，要求坚持人才自主培养开发和引进海外人才相结合，开发利用好国内国际两种人才资源。引智积极服务于我国人才资源开发，以开发利用国际人才资源为主要方式，通过“请进来”，引进数以万计外国专家来华工作，在探索前沿科技、发展新兴产业、推广管理经验等方面发挥了独特作用，为改革开放和社会主义现代化建设提供了强大的国外人才资源保障。以推动国内人才国际化为着力点，通过“派出去”，组织人员出国（境）培训，为我国党政人才、企业经营管理人才、专业技术人才、高技能人才、农村实用人才、社会工作人才等各类人才队伍建设做出了积极贡献，成为推动我国人才资源开发的重要支撑力量。实施更加开放的人才政策，必将加速建设人才强国的进程。

（《中国人事报》）

季允石：积极为海内外人才智力合作搭建平台

（2010年10月29日）

2010年10月29日，中国国际人才交流大会在深圳隆重开幕。人力资源和社会保障部副部长、国家外国专家局局长季允石致辞并宣布大会开幕。

季允石在致辞中表示，今年中国国际人才交流大会和“深圳论坛”的主题是：贯彻落实党的十七届五中全会和全国人才工作会议精神，服务加快转变经济发展方式大局，积极为海内外人才智力合作搭建平台，大力宣传中国实施更加开放的人才政策，努力提高引进国外智力的质量和水平。我们相信本届大会一定会在更大范围、更广领域和更高层次上，提升中国与世界各国开展人才交流的水平，进一步丰富人才交流的内涵，进一步扩大人才交流的领域，一定会成为人才智力领域友好合作、互利共赢的盛会，为有志于投身中国经济建设和现代化发展的海外各界人士提供良好的服务平台，为加快建设人才强国和全面建设小康社会做出突出的贡献。

（中国政府网）

季允石：完善引进海外人才的政策措施和激励保障机制

（2010年11月24日）

2010年11月24日，中国·山东第六届“海洽会”在济南开幕。人力资源和社会保障部副部长、国家外国专家局局长季允石出席开幕式并致辞。

季允石说，当今世界，综合国力竞争日趋激烈、科学技术发展日新月异，人才资源已成为最重要的战略资源，人才竞争已成为最具全局影响力的竞争，尤其在当前国际金融危机背景下，人才工作已成为党和国家至关重要的工作。在全党深入学习实践科学发展观，全面贯彻党的十七届五中全会精神的新形势下，我们面临着继续解放思想，坚持改革开放，推动科学发展，促进社会和谐，全面建设小康社会的重大战略任务。这既为引智工作提出新的更高的要求，也为引智工作开辟了更为广阔的发展空间。

季允石说，国家外国专家局作为中国政府引进国外智力的主管部门，紧密围绕党和国家的各项重大战略部署，统筹利用国内国外两种资源，坚持自主培养开发和引进海外人才并重，围绕中心、服务大局，改革创新、锐意进取，引进国外智力事业取得长足发展。当前，中国经济平稳健康发展，为外国专家和各类人才充分施展才华提供了广阔的舞台。我们将一如既往地贯彻党和政府的引进国外智力和人才政策，完善引进海外人才的政策措施和激励保障机制，在更大范围、更广领域、更高层次上开展国际人才交流合作，为夺取全面建设小康社会新胜利提供国外智力支持，为建设和谐社会做出新贡献。

（新华网山东频道）

沈跃跃：创新型人才匮乏制约中国国际竞争力

（2010年11月）

2010年11月，中组部常务副部长沈跃跃在《求是》杂志上发表文章指出，创新型人才尤其是高层次创新型科技人才匮乏是人才队伍建设的突出问题，严重制约着中国经济和科技的国际竞争力，影响着国家长远发展。

沈跃跃指出，创新型人才尤其是高层次创新型科技人才匮乏是人才队伍建设的突出问题，严重制约着中国经济和科技的国际竞争力，影响着国家长远发展。

高端人才是推动经济社会发展的关键资源和紧缺资源，对于一个国家的发展常常起到难以估量的作用。20世纪50年代钱学森回国时，美国方面曾这样评价：“一个钱学森，抵得上5个海军陆战师。”事实表明，这个评价一点也不为过。

要突出培养造就创新型科技人才。据有关部门统计，目前中国科技人力资源总量约为4200万人，居世界前列，但高层次创新型科技人才仅1万人左右；在158个国际一级科学组织及其1566个主要二级组织中，参与领导层的中国科学家仅占总数的2.26%。这表明，创新型人才尤其是高层次创新型科技人才匮乏是人才队伍建设的突出问题，严重制约着中国经济和科技的国际竞争力，影响着国家长远发展。

要大力开发重点领域急需紧缺专门人才。在一些经济社会发展的重点领域，人才队伍现状还远不能满足实际需求。比如，新能源、节能环保、新材料、新医药、信息产业等战略性新兴产业是 “十二五”产业发展的重点，但目前这些领域人才的缺口有些达到几倍、几十倍甚至上百倍之多。所以，必须下大力气抓好重点领域专门人才的培养开发。

要积极引进和用好海外高层次人才。2008年以来，有关部门通过组织实施“千人计划”等措施，加大海外高层次人才引进力度，取得了明显成效。目前，已分4批引进了825名海外高层次人才，设立了67家海外高层次人才创新创业基地。“千人计划”也带动了地方、部门引才工作的开展，形成了全方位、多层次的引进海外人才体系。

沈跃跃进一步指出，人才竞争的背后，实际上是人才环境的竞争。良好的社会环境吸引人才、激励人才、造就人才，不好的社会环境压抑人才、埋没人才，甚至摧残人才。要坚持用事业聚才育才，针对各类人才成长特点，提供干事创业、发挥作用的平台，使各类人才创业有机会、干事有舞台、发展有空间。

（《求实》杂志）

李学勇：科技人才工作应摆在科技工作突出位置

（2010年5月27日）

2010年5月27日，中央组织部、人力资源和社会保障部在北京召开贯彻落实《国家中长期人才发展规划纲要（2010—2020年）》座谈会。科技部党组书记、副部长李学勇在会上发表讲话。讲话全文如下：

这次全国人才工作会议是一次具有里程碑意义的重要会议。《人才规划纲要》是我国第一个中长期人才发展规划，描绘了我国人才队伍建设和发展的宏伟蓝图，是指导人才工作发展的纲领性文件。下面，我代表科技部党组就贯彻落实全国人才工作会议精神和《人才规划纲要》谈几点意见。

一、坚持人才优先发展，把科技人才工作贯穿于科技发展、改革和开放的全过程

胡锦涛总书记在全国人才工作会议上强调指出："人才资源是第一资源，人才问题是关系党和国家事业发展的关键问题，人才工作在党和国家工作全局中具有十分重要的地位。"当前，我国正处在深入贯彻落实科学发展观、加快经济发展方式转变、全面建设小康社会的关键时期，也是提高自主创新能力、建设创新型国家的攻坚期。我们要认真贯彻落实中央关于人才工作的战略部署，贯彻落实《人才规划纲要》各项任务，牢固树立人才优先发展的理念，把科技人才工作摆在全部科技工作的突出位置。

要突出培养和造就高层次创新型科技人才，统筹推进各类科技人才队伍建设；加快推进自主创新，以自主创新事业凝聚人才，在建设创新型国家的实践中培养和造就优秀人才；要进一步解放思想，充分发挥市场在配置人才资源中的基础性作用，不断探索在全球化和社会主义市场经济条件下科技人才工作的新思路和新举措；要坚持改革创新，完善体制机制，努力为科技人才创新创业营造良好环境。

二、加强统筹协调，形成科技人才工作的系统布局

按照《人才规划纲要》确定的指导方针和总体部署，科技部将进一步加强与各方面的协同配合，立足当前，谋划长远，形成科技人才工作的系统布局。

一是统筹科技事业发展和科技人才发展。把《人才规划纲要》和《科技规划纲要》的实施紧密结合、有机衔接起来，通过实施《科技规划纲要》凝聚和培养人才，通过《人才规划纲要》的实施为自主创新提供强有力的人才支撑。

二是统筹各类科技人才发展。以高层次创新型科技人才为重点，努力造就一批世界水平的科学家、科技领军人才、工程师和创新团队。同时要注重培养一线创新创业人才特别是青年优秀人才，整体推进各类科技人才发展。

三是统筹区域科技人才发展。根据国家区域发展战略的部署，激励科技人才在区域创新发展中发挥重要作用，并促进科技人才在区域间的优化配置和合理流动。对中西部地区特别是老少边困地区，加大人才工作支持力度，促进区域科技人才的协调发展。

四是统筹国内国际科技人才资源。以更开放的姿态和更开阔的视野做好科技人才工作，进一步扩大科技对外开放，充分利用全球科技人才资源，在更高起点上推进自主创新。

三、创新体制机制，营造科技人才发展的良好环境

建立符合人才成长规律的体制机制，营造有利于创新智慧涌流、创新活力迸发、创新人才辈出的良好环境，是落实《人才规划纲要》、加强科技人才队伍建设的重要任务和有力保障。

一是深化改革，把科技人才队伍建设作为国家创新体系建设的核心任务。在以企业为主体、产学研结合的技术创新体系建设中，引导科技人才向企业集聚，大力提高企业自主创新能力和产业核心竞争力。在科学研究和高等教育紧密结合的知识创新体系建设中，引导和促进科技人员潜心研究，增强原始创新能力。

二是构筑科技人才创新创业的战略高地。以国家高层次人才创新创业基地、国家重点科研基地、国家科技成果转化基地、国家高新区等为依托，突破体制机制障碍，建设人才创新发展平台。

三是加强创新文化建设，在科技人才队伍建设中大力弘扬"两弹一星"精神和"载人航天"精神，引导各类科技人才树立坚定的理想信念，倡导科学求实、敬业奉献精神，加强科研诚信建设，形成崇尚创新，宽容失败的良好环境。

四、抓住机遇，加快推进科技人才重点工作

实施好《人才规划纲要》，是当前和今后一个时期各级科技管理部门的重大任务，责任重大，任务艰巨，使命光荣。我们要认真学习领会胡锦涛总书记、温家宝总理和习近平同志在全国人才工作会议上的重要讲话精神，认真贯彻落实全国人才工作会议精神和《人才规划纲要》的战略部署，把思想和行动统一到中央的精神和《人才规划纲要》的要求上来。

第一，深入学习，深刻理解全国人才工作会议精神。要牢固树立人才资源是第一资源的思想，充分认识加快建设人才强国战略目标的深刻涵义，准确把握人才发展的指导方针，全面贯彻人才优先发展的战略布局，深刻理解人才发展以用为本的理念。把认真学习宣传会议精神和《人才规划纲要》作为今后一个时期的重要任务，制订学习计划，在深刻理解精神实质、主要任务和基本要求上下功夫；加强科技人才工作的培训，各类科技管理干部培训要把学习解读《人才规划纲要》作为重点内容，开展多种形式的培训活动；结合工作实际，开展专题研究，形成贯彻落实《人才规划纲要》的总体部署；加强科技人才工作的宣传，介绍典型经验，在全社会大力营造有利于科技人才发展的良好氛围。

第二，求真务实，大力抓好各项重点任务的落实。按照党中央、国务院的要求，在中央人才工作协调小组的直接领导下，科技部将会同有关部门和地方重点做好以下工作。一是编制《中长期科技人才发展规划》和相关专项规划，抓紧报送中央人才工作协调小组审定。二是组织实施"创新人才推进计划"，会同有关部门制定实施方案，尽快启动实施。三是会同有关部门起草《关于加强高层次创新型科技人才队伍建设的意见》等科技人才政策，抓紧重点政策落实，完善科技人才政策体系。四是依托重大科技项目、国家重点实验室和国家高新区等创新创业平台，继续组织实施好"千人计划"相关工作。加大海外高层次人才引进力度，同时加强后续服务。五是推进科技人员深入一线、服务基层。进一步加强协作，完善政策，形成长效机制，鼓励和引导更多的科技人员服务农村、服务基层、服务企业。六是加强与相关部门合作，积极推进其他科技人才队伍建设和发展工作。

第三，开拓创新，努力提高科技人才工作水平。要坚持当前和长远紧密结合、改革和发展相互促进、高层次人才和其他各类人才统筹发展、部门和地方的分类指导的原则，在各项工作中深入贯彻人才优先发展的战略布局。人才资源优先开发，要求我们在各类资源开发中更加注重科技人才培养，创新科技人才培养模式，提高科技人才培养质量，大幅度提升各类科技人才整体素质和能力；人才结构优先调整，要求我们根据实际需要，充分发挥政府引导和市场机制的作用，超前谋划，及时推动我国科技人才专业素质结构、层级结构、分布结构的合理调整；人才投资优先保证，要求我们推动政府、用人单位和社会各界共同投资，加大对科技人才发展的投入力度；人才制度优先创新，要求我们创新体制机制，不断提高科技人才管理的科学化水平。同时，要结

合“十二五”科技发展规划的编制工作，进一步把推进科技人才队伍建设作为重要任务，把握人才成长规律，统筹推进“项目、基地、人才”工作；根据科技人才发展需要，进一步加强科研条件建设，促进科技资源开放共享，加大对高层次和急需紧缺科技人才的投入力度；进一步发挥科技奖励制度的导向作用，加快实施知识产权战略，促进科技人才合理流动，推进科研诚信建设，建立有利于科技人才潜心研究、脱颖而出的环境。按照落实全国人才工作会议和《人才规划纲要》的要求，努力提高科技部科技人才工作水平。

建设创新型国家呼唤宏大的创新型科技人才队伍，《人才规划纲要》的实施为科技人才队伍建设提供了重大战略机遇。我们要在以胡锦涛同志为总书记的党中央坚强领导下，深入贯彻落实科学发展观，认真学习贯彻全国人才工作会议精神，切实落实《人才规划纲要》确定的各项任务，加快推进创新型科技人才队伍建设，努力开创科技人才工作的新局面，为加快建设人才强国、实现全面建设小康社会的宏伟目标作出切实的贡献。

（《科技日报》）

郝平：要增强做好留学工作的紧迫感

（2010年1月）

2010年春节前夕，教育部副部长郝平接受《神州学人》杂志记者采访，就营造留学人员回国工作、创业、发展的良好环境，加快引进海外高层次留学人才等问题进行了解答。访谈部分整理内容如下：

一、近些年来教育部在留学工作方面的措施

我国的留学工作成绩卓著、成果丰硕。在新中国成立伊始，百废待兴、人才匮乏，党和国家向前苏联等社会主义国家大量派遣留学生，并引进大批的专家，积极促成了海外学有所成的科学家回国，为国家各项建设发挥了重要作用。改革开放以来，教育事业率先开放，向发达国家大规模派遣留学生，开展同世界各国的教育、科技等友好交流，培养急需人才，学习先进技术和经验。可以说，以留学工作为重要组成部分的教育事业的开放为整个国家的改革开放拉开了序幕。从1978年到2008年，各类出国留学人员总数已达到139万多人，其中2008年出国留学人数将近18万人。目前留学回国人员总数达38万多人。

留学回国人员规模的扩大和层次的提高，得益于我国综合实力不断增强和国内科研环境、工作环境的持续改善，也得益于国家鼓励回国和吸引人才的政策不断完善。近年来，教育部积极发展出国留学事业，努力为建设创新型国家提供智力支持，主要表现在：

一是公派留学规模扩大，层次提高。2008年向海外派出公费留学人员近1.3万人，是2002年的4倍。近年来根据国家发展战略以及重大战略的需求，设定了“国家建设高水平大学公派研究生项目”、“青年骨干教师出国研究项目”、“西部地区人才培养特别项目”、“航空工程技术骨干人才培养项目”、“地震科技青年骨干人才培养项目”等一批公派留学项目。此外，国家留学基金委还与国外高水平院校及研究机构建立了77个高素质人才培养合作项目，如“哈佛大学项目”、“耶鲁大学生物医学世界学者项目”等。

二是鼓励支持留学人员回国工作和为国服务。教育部设立了“留学回国人员科研启动基金”、“高等学校优秀青年教师教学科研奖励计划”、“春晖计划”、“长江学者奖励计划”等，与有关部委联合建立21个国家留学人员创业示范基地，与科技部联合举办“春晖杯”中国留学人员创新创业大赛，与地方政府携手搭建北京科博会、中国留学人员广州科技交流会和中国海外学子辽宁创业周等创业科技交流平台，对鼓励和吸引留学人员回国工作和为国服务发挥了重要作用。

三是重视对自费留学人员的服务和培养。自费出国留学人员是我国留学队伍的主体。教育部自2003年起，设立“国家优秀自费留学生奖学金”，其中有1140名自费留学生获奖，体现了国家对自费留学生的关怀，有力地激励他们勤奋学习、报效祖国。

2009年，留学工作还大致呈现出以下几个特点：

第一，留学工作受到中央领导的高度重视。一年来，留学工作越来越受到中央领导的高度重视，并多次得到中央领导在不同场合以不同形式的直接指导。例如温家宝总理与我留德学生举行春节联欢，并同台歌唱。另外还通过手机与在西班牙的留学生对话，激励同学们的报国之志。刘延东国务委员考察美国、新加坡20余所学校，并且与留美的专家学者座谈。2009年，刘延东国务委员还多次在驻外使领馆教育处组报回的有关留学人员问题的材料上作出重要批示。

第二，不断完善和提高在外留学人员的管理和服务工作的水平，切实维护在外留学人员合法权益，始终把加强在外留学人员服务工作和安全保障作为工作重点。坚持以人为本，创新工作方法，提高服务质量。例如深入开展庆祝中华人民共和国成立60周年的主题爱国主义教育活动。各驻外使领馆教育处组积极地宣传、精心地组织，引导广大在外留学人员开展了一系列主题鲜明、内容丰富、形式多样的与国同庆活动，极大地鼓舞了广大留学人员的爱国热情，激发了他们的报国之志，为今后的留学工作，尤其是留学回国工作提供了新动力。另外，面对甲型H1N1流感疫情扩散的情况，各教育处组对留学人员的健康和安全极为关注，体现了党和国家对留学人员的关心和爱护。

第三，积极鼓励和组织在外留学人员回国工作和为国服务，充分发挥人才信息和管理的独特优势，全力配合服务中央实施的海外高层次人才引进计划，在举荐海外高层次留学人才方面取得了较大的进展，并就新形势下做好人才工作提出了许多建设性的意见和建议。例如驻瑞典使馆教育处提交的如何实施好“千人计划”的调研报告，受到了中组部领导的重视，并指示转发有关驻外使领馆参考，另外各教育处组还积极地配合国内开展“春晖计划”实施工作，截止2009年10月底，当年通过“春晖计划”共组织16个留学人员服务团组开展回国服务活动。

二、留学工作面临的新形势和新使命

目前，发达国家在经济、科技领域占据优势地位的事实没有改变，在国际体系中的主导地位也没有根本改变。我国作为国际舞台上一支更有影响的新兴力量，在国际地位上升的过程中，必然面临着更大的压力和制肘。当今中国已经站在一个新的发展起点上，正处于加速发展、由大国向强国迈进的关键性阶段，经济建设、政治建设、文化建设、社会建设以及生态文明建设全面推进，工业化、信息化、城镇化、市场化、国际化深入发展。建设一个现代化强国，既需要经济、政治、军事等硬实力的准备，也需要精神文化软实力的支撑。因此，从国际国内形势发展来看，教育与科技事业在国家发展大格局中承担着更重要的使命，在促进国家现代化建设和改革开放中的作用日益凸显，在增强综合国力中的作用处在更加关键的位置。教育和科技创新越来越成为推动经济发展和人类社会进步的决定性因素。

发展靠科技，科技靠创新，创新靠人才。世界各大国纷纷着眼危机过后的繁荣，强有力地推出引才新政，投入巨资优先发展教育和科技，出台各种优惠政策，吸引优秀的高技术人才和高级管理人才，加紧了对高端人才的争夺，努力占据未来发展的制高点。我国也必须瞄准国际发展前沿，培养和凝聚高端人才，突破核心技术，加快发展新兴战略产业。

如今，广大留学人员已成为我国人才资源的重要组成部分，是国家的宝贵财富。他们的巨大潜力还将得到更大发挥。我们一定要坚决贯彻中央的人才大政方针，统筹国内、国际两个大局，积极发展出国留学事业，为建设创新型国家提供智力支持。

三、我国留学工作在开拓新局面上所需要做的努力

在新的形势下，留学工作在国家建设和社会发展中的地位和作用日益重要。我们必须认清形势、迎接挑战、增强做好留学工作的紧迫感。当前和今后一个时期，要重点抓好以下几项工作。

完善出国留学机制，提高服务和管理水平。坚持“支持留学、鼓励回国，来去自由”的方针。按照拓宽出国留学渠道、吸引人才回国、支持创新创业、鼓励为国服务的要求，切实做好出国留学工作，要制定好国家公派留学中长期发展规划，动员和吸纳各类社会资源，扩大选派规模，形成中央政府为主导，地方政府与行业、企业积极参与的留学事业新格局，实现国家公派留学事业的新发展，力争公派留学规模增加50%。

加强对自费留学政策的引导，加大对自费留学人员择优资助和奖励的力度，加强对留学人员群体特别是自费留学人员的思想教育，积极关心和帮助他们，主动关心港澳台地区和少数民族留学人员的学习和生活。发挥留学生联合会的功能，扩大留学生社团和学者社团的团结面。

充分利用“千人计划”等国家项目和平台，加大引进海外高层次人才的力度，推荐海外留学人员回国工作。要适应国家经济社会发展和对外开放的要求，面向国际国内两个市场，培养和吸引大批具有国际视野、通晓国际规则、能够参与国际事务的国际化人才，瞄准世界教育改革发展前沿，借鉴先进的教育理念和经验，引进优质教育质量，加强和境外知名学校和教育机构合作，来努力满足人民群众高质量、多样化的教育需求。要加强海外学者的联络工作，善于和他们交朋友，疏通他们与国内有关部门的联系，为优秀人才回国创业、为国服务创造条件。为高校引进海外高端人才和学术团队牵线搭桥，推动更多世界一流的领军人物和专家学者来华从事教育、科研和管理工作，提升我国高等教育学科建设和人才培养的水平。

强化留学机构的管理，规范体制机制，全面考核资质。现在留学已经成为一个产业，留学的管理工作总体是好的，但是也存在一些不规范的问题。在自费出国留学中介机构管理方面，推动审批和管理制度的改革，进一步加强教育部和省级教育行政部门对自费出国留学中介机构的管理。同时教育部有关部门还在积极酝酿相关法规的修改，尽早明确跨地区经营等政策性问题，促进自费出国留学中介机构、留学中介服务工作健康发展。

留学工作任务艰巨，责任重大。面对新形势、新任务，我们要全面贯彻党的十七大和十七届四中全会精神，进一步增强责任感、使命感和紧迫感，锐意进取，扎实工作，开创留学工作新局面，为促进我国教育改革发展，建设创新型国家和人力资源强国，构建和谐世界作出新的更大的贡献。

四、对广大海外留学人员的希望和期待

我们所处的时代是一个科技日新月异、经济快速发展的时代，是一个崇尚和鼓励创新创业的时代，祖国现代化建设的各个领域，到处都是成就事业的沃土，到处都是大显身手的舞台。实践证明，只要我们自觉把个人的追求和祖国的发展有机统一起来，脚踏实地，艰苦奋斗，就一定能够取得不凡业绩，实现人生价值。

众多的归国留学人员虽然从不同的国家留学归来，但报国的心愿和行动是一致的。现在大到国家，小到一个单位，各个领域都在创造条件吸引和鼓励海外留学人才回国。在这里，我希望广大的海外留学人员能够珍惜出国留学的机会，充分利用国外的有利条件，在学习和工作实践中加强锻炼，不断用先进的科技文化知识充实和丰富自己，不断提高自己的知识水平、思想水平和创新能力；希望他们继承优良传统，心系祖国，热爱祖国，立足中国国情，融入中国社会，自觉把个人的命运与祖国的命运结合起来，把个人的才智与祖国现代化建设的需要结合起来，把个人的事业追求与亿万人民全面建设小康社会的宏伟事业结合起来，努力学习，立志成才，报效祖国，造福人民，在实现自己人生价值的过程中谱写爱国主义的新篇章；希望他们能够站在国家发展的新起点上，抓住新的发展机遇，思国家之需，展所学之才，努力在回国创业、为国服务和传扬中华文化中开创新事业，在追求个人事业发展中为全面建设小康社会，为中华民族的全面复兴创造新的业绩。

（《神州学人》杂志）

郝平：努力把留学人才的培养和引进工作做好

（2010年3月18日）

2010年3月18日，留学人员回国服务工作部际联席会议在北京召开。教育部副部长郝平在会上讲话，介绍了教育部在促进留学人员工作方面的总体情况，以及在2010年的主要工作展望。讲话全文如下：

留学回国工作是教育部的一项重要工作，因此，对于这次部际联席会议的召开，教育部给予了高度的重视。下面，我简要报告一下在过去的一年中，教育部在促进留学人员工作方面的总体情况，以及在2010年的主要工作展望。

一、2009年主要工作回顾

一是进一步巩固成果，出国留学和留学回国人员规模取得新突破。

出国留学人员是我国人才资源的重要组成部分。2009年，教育部进一步加强与世界各国的教育合作与交流，进一步拓宽出国留学渠道，统筹国家公派出国留学和自费出国留学，注重国家公派出国留学派出与管理体系的创新，加大对自费留学市场的监管力度，提高对留学人员的服务质量。2009年出国留学人员规模实现了新突破，达到22.9万人，同比增长27.5%。留学回国人数也突破10万人，达到10.8万人，同比增长56.2%。

二是利用多种渠道、通过多种方式搭建引才信息平台，努力为留学人员回国工作提供便利。

在留学回国信息平台建设上，2009年，教育部通过多种渠道完善并更新了“海外高层次人才信息库”和“高校引进优秀留学人才岗位需求信息库”，为有意回国创新创业的海外高层次人才牵线搭桥。在留学人员科技项目交流平台的建设上，教育部有关部门联合主办了第十二届中国留学人员广州科技交流会等活动。在留学人员创新创业平台的建设上，教育部与科技部成功举办第四届“春晖杯”中国留学人员创新创业大赛，促成优秀海外留学人员科技项目的对接合作与推广，推动留学人员回国创办高新技术企业，也为留学人员创业园的发展注入了活力。同时，教育部组织了留学人员创业园等单位出国考察国外孵化器，开展国际交流与合作，进一步提高国内留学人员创业园的孵化能力。教育部还与有关部委共同推动成立“中国留学人员创业园联盟”，加强留学人员创业园之间的协调合作和资源共享。

三是积极配合中央实施海外高层次人才引进计划，充分发挥驻外使领馆教育处组在海外高层次人才引进工作中的重要作用。

中央实施的“千人计划”，为高校引进海外高层次人才提供了难得的机遇。教育部对此高度重视，成立了海外高层次人才引进工作小组，制定了《教育部贯彻落实海外高层次人才计划工作方案》，对做好海外高层次人才引进工作进行了统筹安排和部署，全力支持高等学校引进海外高层次人才。教育部还结合工作实际，研究出台了《中共教育部党组关于进一步加强驻外使领馆教育处组海外高层次人才引进工作的意见》。

四是充分利用留学回国专项，支持留学回国人员开展科研创新，推动留学回国人员的事业发展。

在留学人才尤其是年轻留学人才的引进过程中，教育部坚持以用人为主，依托“留学回国人员科研启动基金”、“长江学者奖励计划”、“高等学校优秀青年教师教学科研奖励计划”和“新世纪优秀人才培养计划”等专项用好人才。2009年，教育部对教育部“留学回国人员科研启动基金”的申报、评审、拨付和跟踪等方面工作进行了协调与完善，对共计1226名留学回国人员的科研项目的启动进行资金支持。

五是以新中国成立60周年为重要契机，积极组织在外优秀留学人员以多种方式为国服务。

在2009年国庆60周年庆典期间，教育部开展了留学人员“与国同庆”为国服务活动，推荐组织了一大批优秀留学回国人员代表参加了国庆彩车和观礼等国庆活动，并充分利用教育部“春晖计划”项目，鼓励广大优秀在外留学人员回国开展科研合作和学术交流等为国服务活动。全年通过驻英国、美国、德国、法国、澳大利亚、加拿大、日本、瑞典、葡萄牙等国使领馆教育处（组）组织了18个服务团组回国开展讲学、学术交流与科研合作，带动和促进了地方尤其是西部和东北地区教育、科技、经济和社会事业的发展，也进一步加深了这些优秀留学人员与国内的了解和感情联系，促成留学人员通过“春晖计划”短期回国服务实现长期回国工作的“软着陆”。

二、2010年教育部开展留学回国工作的一些思考和展望

目前我在外各类留学人员已达到112.34万人，其中，82.29万人正在国外进行本科、硕士、博士阶段的学习以及从事博士后研究或学术访问等，改革开放后有30.05万人在学成后选择留在国外发展。这是一笔巨大的财富，其中的高层次留学人员构成了我在外人才的核心资源，是今后教育部和发达国家人才竞争的主要目标。

教育部作为国家人才培养和出国留学工作的主管部门，今年将着重在以下几个方面做工作，并力争有所创新和提高。

一是要继续贯彻落实留学工作方针，做好培养留学人才、吸引留学人才和留住人才的工作。认真落实现有的各项政策措施，创新人才使用机制，进一步扫除影响吸引和使用好留学人员回国创业的各种障碍，配合有关部门解决和落实好关系到留学回国人员切身利益的问题，改善吸引留学人员的大环境和小环境，为党和国家的各项事业引进和汇聚人才。

二是将充分发挥国家教育、科技和人才项目的作用，充分利用我驻外使领馆与高层次留学人才的天然联系，积极配合中央实施“海外高层次人才引进计划”，进一步加大高校引进海外高层次人才的工作力度。

三是将进一步提高服务意识，完善海外高层次人才信息库和高校引进优秀留学人才岗位需求信息库等创新创业平台建设，继续办好“春晖杯”中国留学人员创新创业大赛和中国留学人员广州科技交流会等活动，充分利用“春晖计划”等项目组织优秀留学人员以多种方式为国服务，进一步加强留学人员创业园的建设。

四是将加强对海外留学人员的组织、教育、管理和服务，积极促进在外留学人员的成长和成才，维护在外留学人员的合法权益，介绍吸引留学人员回国创业的各项方针政策，弘扬广大留学人员爱国奉献、拼搏进取的精神风貌，积极引导和保护广大海外留学人员持续高涨的爱国热情，使之转化为报国之志和效国之行。

五是配合有关部门进一步在全社会营造“尊重劳动、尊重知识、尊重人才、尊重创造”的良好氛围，用宽松的政策环境、良好的工作环境、尊重理解的社会环境吸引和感召更多的留学人员回国创业或为国服务。

留学回国服务工作是一项系统工作，需要各个有关部门协调努力，发挥更大的作用。教育部将进一步加强与有关部委的联系和合作，认真贯彻党和国家“支持留学，鼓励回国，来去自由”的留学工作方针，坚定不移地实施科教兴国战略和人才强国战略，努力把留学人才的培养和引进工作做好。

（人社部网站）

信长星：形成有利于优秀人才脱颖而出的体制机制

（2010年11月24日）

2010年11月24日，中国·山东第六届“海洽会”在济南开幕。人力资源和社会保障部副部信长星出席开幕式并致辞。

信长星说，留学回国人员和博士后研究人员是我国人才资源的重要组成部分，是实施人才强国战略的重要力量。30年前，小平同志发表了扩大派遣留学生的重要讲话，翻开了我国留学工作的新篇章。30年后的今天，大批海外高层次留学人才回归故里，报效祖国。据不完全统计，截至2009年底，我国留学回国人员总数达49.74万人，有62.3%的留学人员学成后选择回国发展。我国的博士后制度经过20多年的努力，同样取得了显著成绩。广大留学回国人员和博士后研究人员为促进我国的科技创新和经济社会发展做出了卓越的贡献。

信长星说，党和国家历来高度重视留学人员工作和博士后工作，中央确立了“支持留学，鼓励回国，来去自由”的方针，提出了“拓宽留学渠道，吸引人才回国，支持创新创业，鼓励为国服务”的新要求；对博士后工作发展，胡锦涛总书记多次强调，要改进和完善博士后制度等高层次人才制度，形成有利于优秀人才脱颖而出的体制机制。在党中央、国务院的正确领导下，人力资源和社会保障部作为留学人员回国工作和博士后工作的综合管理部门，会同有关部门积极完善政策措施，健全工作机制，推动留学人员回国工作和博士后工作不断取得新的进展。今后，我们将继续深入贯彻落实科学发展观，更好实施人才强国战略，会同国家有关部门研究采取更加积极有效地措施，创新机制，优化环境，搞好服务，为包括留学人员、博士后研究人员在内的高层次人才施展才华，创造新的机遇，开辟更加广阔的天地。

（新华网山东频道）

王晓初：推动留学人员回国工作持续发展

（2010年6月27日）

2010年6月27日，欧美同学会2010北京论坛开幕，人力资源和社会保障部副部长王晓初出席开幕式并发表讲话。

王晓初指出，在刚刚闭幕的全国人才工作会议上，胡锦涛总书记再次强调人才资源是第一资源，海外留学人员是我国现代化建设的特殊人才资源。不久前，国家颁布的纲要实施扩大开放人才，大力吸引海外高素质人才和紧缺的人才。2008年，专门制订并提出实施了海外高层次人才引进计划，也就是“千年计划”，从国家层面加大了引进海外高层次人才的力度。这些都充分体现了党和国家对海外留学人员的高度重视，也凸显了人才工作的极端重要性。

王晓初强调，近年来，在党和国家国务院的支持下，根据中国人才协调小组的要求，人力资源和社会保障认真贯彻留学回国方针，不断完善政策措施，加大工作力度，推动留学人员回国工作持续发展。完善政策，建立机制，强化服务，进一步加强留学人员回国。一是以高层次的留学人才为重点，全力配合中央组织部实施人才计划；二是积极支持创新创业，着力实施中国留学人才回国创业提供支持；三是搭建交流平台；四是继续出台政策实施；五是共建留学人员回国服务体系，努力吸引更多留学人才回国工作创业，为全力建设小康社会、建设创新型国家提供有力的人才保障。

（和讯网）

王晓初：大力加强留学人员回国服务

（2010年6月29日）

2010年6月29日，2010中国海创周开幕式暨“千人计划”网站开通仪式在大连世界博览广场举行。人力资源和社会保障部副部长王晓初代表海创周主办部委讲话。

王晓初指出，海外留学人员是我国现代化建设的特殊人才资源，党和国家高度重视留学回国工作，确立了支持留学、鼓励回国、来去自由的工作方针，提出了拓宽留学渠道、吸引人才回国、支持创新创业、鼓励为国服务的工作要求。不久前召开的“全国人才工作会议”下发了国家中长期人才发展规划纲要，都专门对做好留学人员回国工作提出了明确要求，强调要坚持自主培养开发与引进开外人才并举，实施更加开放的人才政策，大力吸引海外高层次人才和急需、紧缺专门人才。李源潮同志百忙中亲自出席本次海创会，充分体现了中央对留学人员回国工作的高度重视，对人才工作的高度重视。在党中央国务院的正确领导下，政府各有关部门积极推进留学人员回国工作，不断健全工作机制、完善相关政策、创新引进方式、提高服务水平，推动留学人员回国服务工作持续发展。从1978—2009年各类回国留学人员总数达到49.74万人，2009年当年回国的留学人员首次超过10万人，比2008年增长56.2%。从2008年底开始，中央人才工作协调小组制定和实施了海外高层次人才引进计划，也就是“千人计划”，截至目前已经引进海外高层次创新创业人才800多名，取得显著成效，对我国未来经济社会发展具有重大而深远的历史意义和战略影响。

王晓初强调，广大留学人员发扬爱国奉献、拼搏进取的精神，积极投身改革开放和现代化建设事业，以多种方式热情为国服务，在祖国经济和社会发展中发挥了不可替代的重要作用。今后，政府各有关部门将全面贯彻全国人才工作会议精神，更好地实施人才强国战略，继续贯彻党和国家留学回国工作方针和要求，充分发挥各自职能，进一步完善留学人员回国工作政策体系，切实组织实施好留学回国工作重点项目，大力加强留学人员回国服务，着力营造引进留学人员回国工作的良好环境，努力为广大留学人员回国工作创业和为祖国服务提供更加有力的支持。

（新华网）

任启亮：中国为海外专业人士创业发展提供难得机遇

（2010年7月19日）

2010年7月19日，在第六届“世界华人论坛”召开前夕，国务院侨办副主任任启亮接受中新社记者专访表示，金融危机以来中国经济一枝独秀势头向好，为海外华侨华人专业人士创业发展提供了难得的历史机遇。

任启亮指出，作为国务院侨办精心打造的品牌活动，“世界华人论坛”自2000年起每两年举办一届，联合有关部门就中国经济社会发展的热点议题展开讨论。迄今共有1000多位海外知名华侨华人专家学者、企业家和国内各界精英出席论坛，并分别受到胡锦涛、贾庆林等国家领导人的接见。

任启亮表示，本次论坛参会海外嘉宾层次高，包括丘成桐、卓以和等十位各国科学院、工程院院士及著名院校、国家实验室、企业的优秀中青年科学家、专家、企业家。国务院侨办、科技部、中科院和广东省政府作为主办单位将发挥独特作用，中组部、上海市、湖北省等也积极关注论坛，会后海外嘉宾将赴上海或武汉考察交流。

任启亮指出，海外华侨华人专业人士是推动中国经济社会发展进步，建设创新型国家不可缺少的一支重要力量。改革开放30多年来，中国各类出国留学人员100多万，已学成回国的40余万，其余大部分仍留居海外成为新华侨华人。他们主要分布在发达国家，在当地崭露头角，拥有先进的技术、管理经验和国际化的视野，熟悉国际市场运作和中国文化。金融危机以来，欧美等西方经济社会发展出现了一定的困难和问题，而中国经济一枝独秀势头向好，为海外华侨华人专业人士创业发展提供了难得的历史机遇。新华侨华人“回流”到中国创业发展，既适应了时代发展需要，也符合自身事业发展，是一种双赢。

任启亮指出，目前中国对人才的需求十分迫切，侨务工作从改革初期的重视招商引资，转变为最近几年的将引进华侨华人智力作为重中之重。在引导、鼓励和支持海外华侨华人专业人士为中国服务及来华创业方面，中国侨务系统采取了多种形式的扶持举措，如成立海外专家咨询委员会、召开海外华侨华人专业协会会长联席会议、组织中国创业政策咨询报告团赴国外宣讲、举办华侨华人专业人士回国创业研习班、设立海外专业人士回国创业“杰出创业奖”、遴选华侨华人优秀创业团队等，为引进海外高层次人才发挥了十分重要的作用。

任启亮指出，侨务工作的特点是润物细无声，“虽然‘千人计划’相关人才多数由高校、科研机构、国企等引进，但是侨务系统在前端做了大量工作，通过感情联络、亲情感化等方式，使海外侨胞体会到中国政府的温暖，感受到中华文化的博大精深，从而进一步关注、关心祖（籍）国的发展。”

任启亮特别提醒海外华侨华人专业人士，来华创业有四大问题需要注意：吃准政策法规。包括国家产业发展的各项政策法规，也包括地方积极发展扶持的政策法规；注重知识产权的保护。避免因创业发展对其他公司构成侵权，同时也要保护自己的产品、专利的知识产权，从源头上维护自身权益；鼓励团队创业。统计显示，团队创业比个人单枪匹马来华创业的成功率要高很多；取得家庭的认同和支持。家庭对海外华侨华人专业人士来华创新、创业的大力支持，将是创业发展最坚强的后盾。

（新华网）

综合篇

国家及各地中长期人才发展规划纲要汇编

编前语

2010年4月1日，中共中央、国务院印发《国家中长期人才发展规划纲要（2010—2020年）》（中发〔2010〕6号）。作为我国第一个中长期人才发展规划，《人才规划纲要》提出了到2020年我国人才发展的总体目标，以及“服务发展、人才优先、以用为本、创新机制、高端引领、整体开发”的人才发展指导方针，明确了人才队伍建设的主要任务。同时，围绕人才工作和人才队伍建设的重点领域和关键环节，提出了“实施人才创业扶持政策”、“实施更加开放的人才政策”等10项重大政策，确定了“创新人才推进计划”、“青年英才开发计划”、“海外高层次人才引进计划”等12项重大人才工程。在国家《人才规划纲要》颁布之后，除香港、澳门特别行政区和台湾省外，其他31个省区直辖市都结合本地区实际，编制了地方中长期人才发展规划，形成了自上而下联动的全国人才发展规划体系。作为国家和各地方当前和今后一个时期的人才工作的指导性文件，各规划纲要也为海外留学人员回国创新创业提供了更为完善的政策支撑和更广阔的发展空间。本年鉴汇编了国家及27个省区直辖市的中长期人才发展规划纲要（吉林省、江西省、安徽省、内蒙古自治区有关文件没有全文披露，未能收录），以供参考。

国家中长期人才发展规划纲要
（2010—2020年）

根据党的十七大提出的更好实施人才强国战略的总体要求，着眼于为实现全面建设小康社会奋斗目标提供人才保证，制定《人才规划纲要》。

序言

人才是指具有一定的专业知识或专门技能，进行创造性劳动并对社会作出贡献的人，是人力资源中能力和素质较高的劳动者。人才是我国经济社会发展的第一资源。

在人类社会发展进程中，人才是社会文明进步、人民富裕幸福、国家繁荣昌盛的重要推动力量。当今世界正处在大发展大变革大调整时期。世界多极化、经济全球化深入发展，科技进步日新月异，知识经济方兴未艾，加快人才发展是在激烈的国际竞争中赢得主动的重大战略选择。我国正处在改革发展的关键阶段，深入贯彻落实科学发展观，全面推进经济建设、政治建设、文化建设、社会建设以及生态文明建设，推动工业化、信息化、城镇化、市场化、国际化深入发展，全面建设小康社会，实现中华民族伟大复兴，必须大力提高国民素质，在继续发挥我国人力资源优势的同时，加快形成我国人才竞争比较优势，逐步实现由人力资源大国向人才强国的转变。

党和国家历来高度重视人才工作，新中国成立以来特别是改革开放以来，提出了一系列加强人才工作的政策措施，培养造就了各个领域的大批人才。进入新世纪新阶段，党中央、国务院作出了实施人才强国战略的重大决策，人才强国战略已成为我国经济社会发展的一项基本战略，人才发展取得了显著成就。科学人才观逐步确立，以高层次人才、高技能人才为重点的各类人才队伍不断壮大，有利于人才发展的政策体系进一步完善，市场配置人才资源的基础性作用初步发挥，人才效能明显提高，党管人才工作新格局基本形成。同时必须清醒地看到，当前我国人才发展的总体水平同世界先进国家相比仍存在较大差距，与我国经济社会发展需要相比还有许多不适应的地方，主要是：高层次创新型人才匮乏，人才创新创业能力不强，人才结构和布局不尽合理，人才发展体制机制障碍尚未消除，人才资源开发投入不足，等等。

未来十几年，是我国人才事业发展的重要战略机遇期。我们必须进一步增强责任感、使命感和危机感，积极应对日趋激烈的国际人才竞争，主动适应我国经济社会发展需要，坚定不移地走人才强国之路，科学规划，深化改革，重点突破，整体推进，不断开创人才辈出、人尽其才的新局面。

一、指导方针、战略目标和总体部署

（一）指导方针

高举中国特色社会主义伟大旗帜，以邓小平理论和“三个代表”重要思想为指导，深入贯彻落实科学发展观，尊重劳动、尊重知识、尊重人才、尊重创造，更好实施人才强国战略，坚持党管人才原则，遵循社会主义市场经济规律和人才成长规律，加快人才发展体制机制改革和政策创新，扩大对外开放，开发利用国内国际两种人才资源，以高层次人才、高技能人才为重点统筹推进各类人才队伍建设，为实现全面建设小康社会奋斗目标提供坚强的人才保证和广泛的智力支持。

当前和今后一个时期，我国人才发展的指导方针是：服务发展、人才优先、以用为本、创新机制、高端引领、整体开发。

服务发展。把服务科学发展作为人才工作的根本出发点和落脚点，围绕科学发展目标确定人才队伍建设任务，根据科学发展需要制定人才政策措施，用科学发展成果检验人才工作成效。

人才优先。确立在经济社会发展中人才优先发展的战略布局，充分发挥人才的基础性、战略性作用，做到人才资源优先开发、人才结构优先调整、人才投资优先保证、人才制度优先创新，促进经济发展方式向主要依靠科技进步、劳动者素质提高、管理创新转变。

以用为本。把充分发挥各类人才的作用作为人才工作的根本任务，围绕用好用活人才来培养人才、引进人才，积极为各类人才干事创业和实现价值提供机会和条件，使全社会创新智慧竞相迸发。

创新机制。把深化改革作为推动人才发展的根本动力，坚决破除束缚人才发展的思想观念和制度障碍，构建与社会主义市场经济体制相适应、有利于科学发展的人才发展体制机制，最大限度地激发人才的创造活力。

高端引领。培养造就一批善于治国理政的领导人才，一批经营管理水平高、市场开拓能力强的优秀企业家，一批世界水平的科学家、科技领军人才、工程师和高水平的哲学社会科学专家、文学家、艺术家、教育家，一大批技艺精湛的高技能人才，一大批社会主义新农村建设带头人，一大批职业化、专业化的高级社会工作人才，充分发挥高层次人才在经济社会发展和人才队伍建设中的引领作用。

整体开发。加强人才培养，注重理想信念教育和职业道德建设，培育拼搏奉献、艰苦创业、诚实守信、团结协作精神，促进人的全面发展。关心人才成长，鼓励和支持人人都作贡献、人人都能成才、行行出状元。统筹国内国际两个市场，推进城乡、区域、产业、行业和不同所有制人才资源开发，实现各类人才队伍协调发展。

（二）战略目标

到2020年，我国人才发展的总体目标是：培养和造就规模宏大、结构优化、布局合理、素质优良的人才队伍，确立国家人才竞争比较优势，进入世界人才强国行列，为在本世纪中叶基本实现社会主义现代化奠定人才基础。

——人才资源总量稳步增长，队伍规模不断壮大。人才资源总量从现在的1.14亿人增加到1.8亿人，增长58%，人才资源占人力资源总量的比再提高到16%，基本满足经济社会发展需要。

——人才素质大幅度提高，结构进一步优化。主要劳动年龄人口受过高等教育的比例达到20%，每万劳动力中研发人员达到43人年，高技能人才占技能劳动者的比例达到28%。人才的分布和层次、类型、性别等结构趋于合理。

——人才竞争比较优势明显增强，竞争力不断提升。人才规模效益显著提高。在装备制造、信息、生物技术、新材料、航空航天、海洋、金融财会、生态环境保护、新能源、农业科技、宣传思想文化等经济社会发展重点领域，建成一批人才高地。

——人才使用效能明显提高。人才发展体制机制创新取得突破性进展，人才辈出、人尽其才的环境基本形成。人力资本投资占国内生产总值比例达到15%，人力资本对经济增长贡献率达到33%，人才贡献率达到35%。

（三）总体部署

一是实行人才投资优先，健全政府、社会、用人单位和个人多元人才投入机制，加大对人才发展的投入，提高人才投资效益。二是加强人才资源能力建设，创新人才培养模式，注重思想道德建设，突出创新精神和创新能力培养，大幅度提升各类人才的整体素质。三是推动人才结构战略性调整，充分发挥市场配置人才资源的基础性作用，改善宏观调控，促进人才结构与经济社会发展相协调。四是造就宏大的高素质人才队伍，突出培养创新型科技人才，重视培养领军人才和复合型人才，大力开发经济社会发展重点领域急需紧缺专门人才，统筹抓好党政人才、企业经营管理人才、专业技术人才、高技能人才、农村实用人才以及社会工作人才等人才队伍建设，培养造就数以亿计的各类人才，数以千万计的专门人才和一大批拔尖创新人才。五是改革人才发展体制机制，完善人才管理体制，创新人才培养开发、评价发现、选拔任用、流动配置、激励保障机制，营造充满活力、富有效率、更加开放的人才制度环境。六是大力吸引海外高层次人才和急需紧缺专门人才，坚持自主培养开发与引进海外人才并举，积极利用国（境）外教育培训资源培养人才。七是加快人才工作法制建设，建立健全人才法律法规，坚持依法管理，保护人才合法权益。八是加强和改进党对人才工作的领导，完善党管人才格局，创新党管人才方式方法，为人才发展提供坚强的组织保证。

推进人才发展，要统筹兼顾，分步实施。到2015年，重点在制度建设、机制创新上有较大突破。到2020年，全面落实各项任务，确保人才发展战略目标的实现。

二、人才队伍建设主要任务

（一）突出培养造就创新型科技人才

发展目标：围绕提高自主创新能力、建设创新型国家，以高层次创新型科技人才为重点，努力造就一批世界水平的科学家、科技领军人才、工程师和高水平创新团队，注重培养一线创新人才和青年科技人才，建设宏大的创新型科技人才队伍。到2020年，研发人员总量达到380万人年，高层次创新型科技人才总量达到4万人左右。

主要举措：创新人才培养模式，建立学校教育和实践锻炼相结合、国内培养和国际交流合作相衔接的开放式培养体系。探索并推行创新型教育方式方法，突出培养学生的科学精神、创造性思维和创新能力。加强实践培养，依托国家重大科研项目和重大工程、重点学科和重点科研基地、国际学术交流合作项目，建设一批高层次创新型科技人才培养基地。加强领军人才、核心技术研发人才培养和创新团队建设，形成科研人才和科研辅助人才衔接有序、梯次配备的合理结构，提高自主创新能力。深化科技体制改革，完善权责明确、评价科学、创新引导的科技管理制度，健全有利于科技人才创新创业的评价、使用、激励措施，进一步解放和发展科技生产力。制定加强高层次创新型科技人才队伍建设意见。改进完善院士制度，注重院士称号精神激励作用，规范院士学术兼职。加大海外高层次创新创业人才引进力度。组织实施创新人才推进计划、海外高层次人才引进计划，推进“百人计划”、“长江学者奖励计划”、“国家杰出青年科学基金”等人才项目。注重复合型人才培养，破除论资排辈、求全责备观念，加大对优秀青年科技人才的发现、培养、使用和资助力度。加强产学研合作，重视企业工程技术与管理人才的培养，推动科技人才向企业集聚。发展创新文化，倡导追求真理、勇攀高峰、宽容失败、团结协作的创新精神，营造科学民主、学术自由、严谨求实、开放包容的创新氛围。建立健全科研诚信体系，从严治理学术不端行为。

（二）大力开发经济社会发展重点领域急需紧缺专门人才

发展目标：适应发展现代产业体系和构建社会主义和谐社会的需要，加大重点领域急需紧缺专门人才开发力度。到2020年，在装备制造、信息、生物技术、新材料、航空航天、海洋、金融财会、国际商务、生态环境保护、能源资源、现代交通运输、农业科技等经济重点领域培养开发急需紧缺专门人才500多万人；在教育、政法、宣传思想文化、医药卫生、防灾减灾等社会发展重点领域培养开发急需紧缺专门人才800多万人。经济社会发展重点领域各类专业人才数量充足，整体素质和创新能力显著提升，人才结构趋于合理。

主要举措：加强产业、行业人才发展统筹规划和分类指导，围绕重点领域发展，开展人才需求预测，定期发布急需紧缺人才目录。调整优化高等学校学科专业设置，加大急需研发人才和紧缺技术、管理人才的培养力度。大规模开展重点领域专门人才知识更新培训。建设一批工程创新训练基地，建立和完善与国际接轨的工程师认证认可制度，提高工程技术人才职业化、国际化水平。根据国家规划，制定人才特别是产业领军人才、工程技术人才向重点产业集聚的倾斜政策。继续实施“四个一批”人才培养工程，加强哲学社会科学、新闻、出版、文艺等领域高层次人才队伍建设。注重培养造就一批马克思主义理论家特别是中青年理论家。依托重大哲学社会科学研究项目，大力培养哲学社会科学学术带头人。加强宣传思想文化、医药卫生人才培养。支持重点领域科学家参加国际科研计划、学术交流。完善重点领域科研骨干人才分配激励办法。建立重点领域相关部门人才开发协调机制。

（三）统筹推进各类人才队伍建设

1. 党政人才队伍

发展目标：按照加强党的执政能力建设和先进性建设的要求，以提高领导水平和执政能力为核心，以中高级领导干部为重点，造就一批善于治国理政的领导人才，建设一支政治坚定、勇于创新、勤政廉洁、求真务实、奋发有为、善于推动科学发展的高素质党政人才队伍。到2020年，具有大学本科及以上学历的干部占党政干部队伍的85%，专业化水平明显提高，结构更加合理，总量从严控制。

主要举措：适应科学发展要求和干部成长规律，开展大规模干部教育培训，加强干部自学。实施党政人才素质能力提升工程，构建理论教育、知识教育、党性教育和实践锻炼“四位一体”的干部培养教育体系。坚持德才兼备、以德为先用人标准，坚持民主、公开、竞争、择优改革方针，树立坚定信念、注重品行、科学发展、崇尚实干、重视基层、鼓励创新、群众公认的用人导向。扩大干部工作民主，加大竞争性选拔党政领导干部工作力度，拓宽选人用人渠道，提高干部工作科学化水平，促进优秀人才脱颖而出。实施后备干部队伍建设“百千万工程”。注重从基层和生产一线选拔党政人才。加强女干部、少数民族干部、非中共党员干部培养选拔和教育培训工作。实施促进科学发展的干部综合考核评价办法。建立健全党政干部岗位职责规范及其能力素质评价标准，加强工作业绩考核。完善党政人才分类管理制度。加大领导干部跨地区跨部门交流力度，推进党政机关重要岗位干部定期交流、轮岗。健全权力约束制衡机制，加强干部管理监督。

2. 企业经营管理人才队伍

发展目标：适应产业结构优化升级和实施“走出去”战略的需要，以提高现代经营管理水平和企业国际竞争力为核心，以战略企业家和职业经理人为重点，加快推进企业经营管理人才职业化、市场化、专业化和国际化，培养造就一大批具有全球战略眼光、市场开拓精神、管理创新能力和社会责任感的优秀企业家和一支高水平的企业经营管理人才队伍。到2015年，企业经营管理人才总量达到3500万人。到2020年，企业经营管理人才总量达到4200万人，培养造就100名左右能够引领中国企业跻身世界500强的战略企业家；国有及国有控股企业国际化人才总量达到4万人左右；国有企业领导人员通过竞争性方式选聘比例达到50%。

主要举措：依托知名跨国公司、国内外高水平大学和其他培训机构，加强企业经营管理人才培训，提高战略管理和跨文化经营管理能力。采取组织选拔与市场化选聘相结合的方式选拔国有企业领导人员。健全企业经营管理者聘任制、任期制和任期目标责任制，实行契约化管理。完善以市场和出资人认可为核心的企业经营管理人才评价体系，积极发展企业经营管理人才评价机构，建立社会化的职业经理人资质评价制度，加强规范化管理。健全企业经营管理人才经营业绩评价指标体系。完善年度薪酬管理制度、协议工资制度和股权激励等中长期激励制度。建立企业经营管理人才库。培养和引进一批科技创新创业企业家和企业发展急需的战略规划、资本运作、科技管理、项目管理等方面专门人才。实施企业经营管理人才素质提升工程和国家中小企业银河培训工程。

3. 专业技术人才队伍

发展目标：适应社会主义现代化建设的需要，以提高专业水平和创新能力为核心，以高层次人才和紧缺人才为重点，打造一支宏大的高素质专业技术人才队伍。到2015年，专业技术人才总量达到6800万人。到2020年，专业技术人才总量达到7500万人，占从业人员的10%左右，高级、中级、初级专业技术人才比例为10:40:50。

主要举措：进一步扩大专业技术人才队伍培养规模，提高专业技术人才创新能力。构建分层分类的专业技术人才继续教育体系，加快实施专业技术人才知识更新工程。进一步实施并完善新世纪百千万人才工程。组织实施青年英才开发计划、高素质教育人才培养工程、文化名家工程、全民健康卫生人才保障工程。加大现代物流、电子商务、法律、咨询、会计、工业设计、知识产权、食品安全、旅游等现代服务业人才培养开发力度，重视传统服务业各类技术人才的培养。发挥各类社会组织培养专业技术人才的作用。制定双向挂职、短期工作、项目合作等灵活多样的人才柔性流动政策，引导党政机关、科研院所和高等学校专业技术人才向企业、社会组织和基层一线有序流动，促进专业技术人才合理分布。统筹推进专业技术职称和职业资格制度改革。完善政府特殊津贴制度，强化激励，科学管理。改进专业技术人才收入分配等激励办法。改善基层专业技术人才工作、生活条件，拓展职业发展空间。注重发挥离退休专业技术人才的作用。

4. 高技能人才队伍

发展目标：适应走新型工业化道路和产业结构优化升级的要求，以提升职业素质和职业技能为核心，以技师和高级技师为重点，形成一支门类齐全、技艺精湛的高技能人才队伍。到2015年，高技能人才总量达到3400万人。到2020年，高技能人才总量达到3900万人，其中技师、高级技师达到1000万人左右。

主要举措：完善以企业为主体、职业院校为基础，学校教育与企业培养紧密联系、政府推动与社会支持相结合的高技能人才培养培训体系。加强职业培训，统筹职业教育发展，整合利用现有各类职业教育培训资源，依托大型骨干企业（集团）、重点职业院校和培训机构，建设一批示范性国家级高技能人才培养基地和公共实训基地。改革职业教育办学模式，大力推行校企合作、工学结合和顶岗实习。加强职业教育“双师型”教师队伍建设。在职业教育中推行学历证书和职业资格证书“双证书”制度。逐步实行中等职业教育免费和学生生活补助制度。实施国家高技能人才振兴计划。促进技能人才评价多元化。制定高技能人才与工程技术人才职业发展贯通办法。建立高技能人才绝技绝活代际传承机制。广泛开展各种形式的职业技能竞赛和岗位练兵活动。完善国家高技能人才评选表彰制度，进一步提高高技能人才经济待遇和社会地位。

5. 农村实用人才队伍

发展目标：围绕社会主义新农村建设，以提高科技素质、职业技能和经营能力为核心，以农村实用人才带头人和农村生产经营型人才为重点，着力打造服务农村经济社会发展、数量充足的农村实用人才队伍。到2015年，农村实用人才总量达到1300万人。到2020年，农村实用人才总量达到1800万人，平均受教育年限达到10.2年，每个行政村主要特色产业至少有1—2名示范带动能力强的带头人。

主要举措：大规模开展农村实用人才培训，充分发挥农村现代远程教育网络、全国文化信息资源共享工程网络、各类农民教育培训项目、农业技术推广体系、各类职业学校和培训机构的主渠道作用。整合现有培训项目，健全县域职业教育培训网络，推进农村实用人才带头人素质提升计划和新农村实用人才培训工程，重点实施现代农业人才支撑计划。鼓励和支持农村实用人才带头人牵头建立专业合作组织和专业技术协会，加快培养农业产业化发展急需的企业经营管理人员、农民专业合作组织带头人和农村经纪人。积极扶持农村实用人才创业兴业，在创业培训、项目审批、信贷发放、土地使用等方面给予政策支持。因地制宜，建立健全农村实用人才评价制度。加大对农村实用人才的表彰激励和宣传力度，提高农村实用人才社会地位。加大公共财政对农村发展急需的农业技术人员、教师、医生等方面人才培养的支持力度。继续开展城乡人才对口扶持，推进万名医师支援农村卫生、城镇教师支援农村教育、社会工作者服务社会主义新农村建设、科技人才下乡支农等工作。

6. 社会工作人才队伍

发展目标：适应构建社会主义和谐社会的需要，以人才培养和岗位开发为基础，以中高级社会工作人才为重点，培养造就一支职业化、专业化的社会工作人才队伍。到2015年，社会工作人才总量达到200万人。到2020年，社会工作人才总量达到300万人。

主要举措：建立不同学历层次教育协调配套、专业培训和知识普及有机结合的社会工作人才培养体系。加强社会工作学科专业体系建设。建设一批社会工作培训基地。加强社会工作从业人员专业知识培训，制定社会工作培训质量评估指标体系。建立健全社会工作人才评价制度。加强社会工作者队伍职业化管理。加快制定社会工作岗位开发设置政策措施。推进公益服务类事业单位、城乡社区和公益类社会组织建设，完善培育扶持和依法管理社会组织的政策。组织实施社会工作服务组织标准化建设示范工程。研究制定政府购买社会工作服务政策。建立社会工作人才和志愿者队伍联动机制。制定加强社会工作人才队伍建设意见。

三、体制机制创新

（一）改进完善人才工作管理体制

1. 完善党管人才的领导体制

目标要求：坚持党管人才原则，创新党管人才方式方法，完善党委统一领导，组织部门牵头抓总，有关部门各司其职、密切配合，社会力量广泛参与的人才工作格局。发挥党委领导核心作用，统筹经济社会发展和人才发展，切实履行好管宏观、管政策、管协调、管服务的职责，用事业凝聚人才，用实践造就人才，用机制激励人才，用法制保障人才，提高党管人才工作水平。党政主要负责人要树立强烈的人才意识，善于发现人才、培养人才、团结人才、用好人才、服务人才。

主要任务：制定完善党管人才工作格局的意见。健全各级党委人才工作领导机构，建立科学的决策机制、协调机制和督促落实机制，形成统分结合、上下联动、协调高效、整体推进的人才工作运行机制。建立党委、政府人才工作目标责任制，提高各级党政领导班子综合考核指标体系中人才工作专项考核的权重。建立各级党委常委会听取人才工作专项报告制度。完善党委联系专家制度。实行重大决策专家咨询制度。完善党委组织部门牵头抓总职能，发挥政府人力资源管理部门作用，强化各职能部门人才工作职责，充分调动各人民团体、企事业单位、社会组织的积极性，动员和组织全社会力量，形成人才工作整体合力。

2. 改进人才管理方式

目标要求：围绕用好用活人才，完善政府宏观管理、市场有效配置、单位自主用人、人才自主择业的人才管理体制。改进宏观调控，推动政府人才管理职能向创造良好发展环境、提供优质公共服务转变，运行机制和管理方式向规范有序、公开透明、便捷高效转变。健全人才市场体系，发挥市场配置人才资源的基础性作用。遵循放开搞活、分类指导和科学规范的原则，深化国有企业和事业单位人事制度改革，创新管理体制，转换用人机制，扩大和落实单位用人自主权。发挥用人单位在人才培养、吸引和使用中的主体作用。

主要任务：按照政府行政管理体制改革的总体部署，完善人才管理运行机制。规范行政行为，推动人才管理部门进一步简政放权，减少和规范人才评价、流动等环节中的行政审批和收费事项。分类推进事业单位人事制度改革，逐步建立起权责清晰、分类科学、机制灵活、监管有力的事业单位人事管理制度。克服人才管理中存在的行政化、“官本位”倾向，取消科研院所、学校、医院等事业单位实际存在的行政级别和行政化管理模式。在科研、医疗等事业单位探索建立理事会、董事会等形式的法人治理结构。建立与现代科研院所制度、现代大学制度和公共医疗卫生制度相适应的人才管理制度。完善国有企业领导人员管理体制，健全符合现代企业制度要求的企业人事制度。鼓励地方和行业结合自身实际建立与国际人才管理体系接轨的人才管理改革试验区。

3．加强人才工作法制建设

目标要求：坚持用法制保障人才，推进人才管理工作科学化、制度化、规范化，形成有利于人才发展的法制环境。加强立法工作，建立健全涵盖国家人才安全保障、人才权益保护、人才市场管理和人才培养、吸引、使用等人才资源开发管理各个环节的人才法律法规。

主要任务：研究制定人才开发促进法和终身学习、工资管理、事业单位人事管理、专业技术人才继续教育、职业资格管理、人力资源市场管理、外国专家来华工作等方面的法律法规。完善保护人才和用人主体合法权益的法律法规。

（二）创新人才工作机制

1．人才培养开发机制

目标要求：坚持以国家发展需要和社会需求为导向，以提高思想道德素质和创新能力为核心，完善现代国民教育和终身教育体系，注重在实践中发现、培养、造就人才，构建人人能够成才、人人得到发展的人才培养开发机制。坚持面向现代化、面向世界、面向未来，充分发挥教育在人才培养中的基础性作用，立足培养全面发展的人才，突出培养创新型人才，注重培养应用型人才，深化教育改革，促进教育公平，提高教育质量。统筹规划继续教育，基本形成学习型社会。

主要任务：把社会主义核心价值体系教育贯穿人才培养开发全过程，不断提高各类人才的思想道德水平。建立人才培养结构与经济社会发展需求相适应的动态调控机制，优化教育学科专业、类型、层次结构和区域布局。创新人才培养模式，全面推进素质教育。坚持因材施教，建立高等学校拔尖学生重点培养制度，实行特殊人才特殊培养。改革高等学校招生考试制度，建立健全多元招生录取机制，提高人才培养质量。建立社会参与的人才培养质量评价机制。完善发展职业教育的保障机制，改革职业教育模式。完善在职人员继续教育制度，分类制定在职人员定期培训办法，倡导干中学。构建网络化、开放式、自主性终身教育体系，大力发展现代远程教育，支持发展各类专业化培训机构。支持建立军民结合、寓军于民的军队人才培养体系。

2．人才评价发现机制

目标要求：建立以岗位职责要求为基础，以品德、能力和业绩为导向，科学化、社会化的人才评价发现机制。完善人才评价标准，克服唯学历、唯论文倾向，对人才不求全责备，注重靠实践和贡献评价人才。改进人才评价方式，拓宽人才评价渠道。把评价人才和发现人才结合起来，坚持在实践和群众中识别人才、发现人才。

主要任务：健全科学的职业分类体系，建立各类人才能力素质标准。建立以岗位绩效考核为基础的事业单位人员考核评价制度。分行业制定事业单位领导人员考核评价办法。完善重在业内和社会认可的专业技术人才评价机制。加快推进职称制度改革，规范专业技术人才职业准入，依法严格管理；完善专业技术人才职业水平评价办法，提高社会化程度；完善专业技术职务任职评价办法，落实用人单位在专业技术职务（岗位）聘任中的自主权。完善以任期目标为依据、工作业绩为核心的国有企业领导人员考核评价办法。探索技能人才多元评价机制，逐步完善社会化职业技能鉴定、企业技能人才评价、院校职业资格认证和专项职业能力考核办法。健全完善党政领导干部考核评价机制。建立健全公务员职位分类制度。建立在重大科研、工程项目实施和急难险重工作中发现、识别人才的机制。健全举才荐才的社会化机制。

3．人才选拔任用机制

目标要求：改革各类人才选拔使用方式，科学合理使用人才，促进人岗相适、用当其时、人尽其才，形成有利于各类人才脱颖而出、充分施展才能的选人用人机制。深化党政领导干部选拔任用制度改革，提高选人用人公信度。健全国有企业领导人员选拔制度，加大市场化选聘力度。完善事业单位聘用制度和岗位管理制度，健全事业单位领导人员选拔制度。

主要任务：完善党政领导干部公开选拔、竞争上岗制度，探索公推公选等竞争性选拔干部方式。规范干部选拔任用提名制度。推行和完善地方党委讨论决定任用重要干部票决制。坚持和完善党政领导干部职务任期制。建立聘任制公务员管理制度。建立组织选拔、市场配置和依法管理相结合的国有企业领导人员选拔任用制度，完善国有资产出资人代表派出制和选举制。健全事业单位领导人员委任、聘任、选任等任用方式。全面推行事业单位公开招聘、竞聘上岗和合同管理制度。建立事业单位关键岗位和国家重大项目负责人全球招聘制度。

4．人才流动配置机制

目标要求：根据完善社会主义市场经济体制的要求，推进人才市场体系建设，完善市场服务功能，畅通人才流动渠道，建立政府部门宏观调控、市场主体公平竞争、中介组织提供服务、人才自主择业的人才流动配置机制。健全人才市场供求、价格、竞争机制，进一步促进人才供求主体到位。大力发展人才服务业。加强政府对人才流动的政策引导和监督，推动产业、区域人才协调发展，促进人才资源有效配置。

主要任务：在建立统一规范、更加开放的人力资源市场基础上，发展专业性、行业性人才市场。健全专业化、信息化、产业化、国际化的人才市场服务体系。积极培育专业化人才服务机构，注重发挥人才服务行业协会作用。进一步破除人才流动的体制性障碍，制定发挥市场配置人才资源基础性作用的政策措施。推进政府所属人才服务机构管理体制改革，实现政事分开、管办分离。逐步建立城乡统一的户口登记制度，调整户口迁移政策，使之有利于引进人才。加快建立社会化的人才档案公共管理服务系统。完善社会保险关系转移接续办法。建立人才需求信息定期发布制度。完善劳动合同、人事争议仲裁、人才竞业避止等制度，维护各类人才和用人单位的合法权益。建立完善与西部大开发、东北地区等老工业基地振兴、中部地区崛起、东部地区率先发展战略相配套的区域人才交流合作机制，加快长江三角洲、珠江三角洲、环渤海等区域人才开发一体化进程。根据国家主体功能区布局，引导各类人才合理分布。

5．人才激励保障机制

目标要求：完善分配、激励、保障制度，建立健全与工作业绩紧密联系、充分体现人才价值、有利于激发人才活力和维护人才合法权益的激励保障机制。完善各类人才薪酬制度，加强对收入分配的宏观管理，逐步建立秩序规范、激发活力、注重公平、监管有力的工资制度。坚持精神激励和物质奖励相结合，健全以政府奖励为导向、用人单位和社会力量奖励为主体的人才奖励体系。完善以养老保险和医疗保险为重点的社会保障制度，形成国家、社会和单位相结合的人才保障体系。

主要任务：统筹协调党政机关和国有企事业单位收人分配，稳步推进工资制度改革。建立产权激励制度，制定知识、技术、管理、技能等生产要素按贡献参与分配的办法。健全国有企业人才激励机制，推行股权、期权等中长期激励办法，重点向创新创业人才倾斜。逐步提高企业退休人员基本养老金，对在企业退休的高层次专业技术人员给予重点倾斜。建立完善事业单位岗位绩效工资制度。探索高层次人才、高技能人才协议工资制和项目工资制等多种分配形式。建立国家荣誉制度，表彰在经济社会发展中作出杰出贡献的人才。调整规范各类人才奖项设置。研究制定人才补充保险办法，支持用人单位为各类人才建立补充养老、医疗保险。扩大对农村、非公有制经济组织、新社会组织人才的社会保障覆盖面。

四、重大政策

（一）实施促进人才投资优先保证的财税金融政策

各级政府优先保证对人才发展的投入，确保国家教育、科技支出增长幅度高于财政经常性收入增长幅度，卫生投入增长幅度高于财政经常性支出增长幅度。逐步改善经济社会发展的要素投入结构，较大幅度增加人力资本投资比重，提高投资效益。进一步加大人才发展资金投入力度，保障人才发展重大项目的实施。鼓励和支持企业和社会组织建立人才发展基金。在重大建设和科研项目经费中，应安排部分经费用于人才培训。适当调整财政税收政策，提高企业职工培洲经费的提取比例。通过税收、贴息等优惠政策，鼓励和引导社会、用人单位、个人投资人才资源开发。加大对中西部地区财政转移支付力度，引导中西部地区加大人才投入。利用国际金融组织和外国政府贷款投资人才开发项目。

（二）实施产学研合作培养创新人才政策

建立政府指导下以企业为主体、市场为导向、多种形式的产学研战略联盟，通过共建科技创新平台、开展合作教育、共同实施重大项目等方式，培养高层次人才和创新团队。实施研究生教育创新计划，发展专业学位教育，建立高等学校、科研院所、企业高层次人才双向交流制度，推行产学研联合培养研究生的“双导师制”。改革完善博士后制度，建立多元化的投入渠道，发挥高等学校、科研院所和企业的主体作用，提高博士后培养质量。实行“人才＋项目”的培养模式，依托国家重大人才计划以及重大科研、工程、产业攻关、国际科技合作等项目，重视发挥企业作用，在实践中集聚和培养创新人才。对企业等用人单位接纳高等学校、职业学校学生实习等实行财税优惠政策。

（三）实施引导人才向农村基层和艰苦边远地区流动政策

对在农村基层和艰苦边远地区工作的人才，在工资、职务、职称等方面实行倾斜政策，提高艰苦边远地区津贴标准，改善工作和生活条件。采取政府购买岗位、报考公职人员优先录用等措施，鼓励和引导高校毕业生到农村和中小企业就业。逐步提高省级以上党政机关从基层招录公务员的比例。制定高校毕业生到艰苦边远地区创业就业扶持办法。开发基层社会管理和公共服务岗位。实施公职人员到基层服务和锻炼的派遣和轮调办法。完善科技特派员到农村和企业服务的政策措施。实施东部带西部、城市带农村的人才对口支持政策，引导人才向西部和农村流动。实施高校毕业生基层培养计划，继续做好“三支一扶”、大学生志愿服务西部计划和农村义务教育阶段学校教师特设岗位计划等工作。加强和改进干部援藏援疆、博士服务团、“西部之光”访问学者、少数民族科技骨干和少数民族地区小学“双语”教师特殊培养等工作，为西部地区特别是边疆少数民族地区提供人才和智力支持。实施边远贫困地区、边疆民族地区和革命老区人才支持计划。

（四）实施人才创业扶持政策

促进知识产权质押融资、创业贷款等业务的规范发展，完善支持人才创业的金融政策。完善知识产权、技术等作为资本参股的措施。加大税收优惠、财政贴息力度，扶持创业风险投资基金，支持创办科技型企业，促进科技成果转化和技术转移。加强创业技能培训和创业服务指导，提高创业成功率。继续加大对创业孵化器等基础设施的投入，创建创业服务网络，探索多种组织形式，为人才创业提供服务。制定科研机构、高等学校科技人员创办科技型企业的激励保障办法。

（五）实施有利于科技人员潜心研究和创新政策

在科研院所、高等学校、企业建立符合科技人员和管理人员不同特点的职业发展途径，鼓励和支持科技人员在创新实践中成就事业并享有相应的社会地位和经济待遇。对事业单位管理人员全面推行职员制度。完善科研管理制度，扩大科研机构用人自主权和科研经费使用自主权，健全科研机构内部决策、管理和监督的各项制度。建立以学术和创新绩效为主导的资源配置和学术发展模式。改进科技评价和奖励方式，完善以创新和质量为导向的科研评价办法，克服考核过于频繁、过度量化的倾向。加大对基础研究、前沿技术研究、社会公益类科研机构的投入力度，建立以财政性资金设立的科研机构创新绩效综合评价制度。完善科技经费管理办法和国家科技计划管理办法，对高水平创新团队给予长期稳定支持。健全科研院所分配激励机制，注重向科研关键岗位和优秀拔尖人才倾斜。改善青年科技人才的生活条件，有条件的城市可在国家保障性住房建设中优先解决住房问题。

（六）实施推进党政人才、企业经营管理人才、专业技术人才合理流动政策

完善党政人才、企业经营管理人才、专业技术人才交流和挂职锻炼制度，打破人才身份、单位、部门和所有制限制，营造开放的用人环境。扩大党政机关和国有企事业单位领导人员跨地区跨部门交流任职范围。拓宽党政人才来源渠道，完善从企事业单位和社会组织选拔人才制度。完善党政机关人才向企事业单位流动的社会保险关系转移接续办法。

（七）实施更加开放的人才政策

大力吸引海外高层次人才回国（来华）创新创业，制定完善出入境和长期居留、税收、保险、住房、子女入学、配偶安置，担任领导职务、承担重大科技项目、参与国家标准制定、参加院士评选和政府奖励等方面的特殊政策措施。建立海外高层次人才特聘专家制度。鼓励海外留学人员回国工作、创业或以多种方式为国服务。加强留学人员创业园区建设，提供创业资助和融资服务。建立统一的海外高层次人才信息库和人才需求信息发布平台。完善外国人永久居留权制度，吸引外籍高层次人才来华工作。加大引进国外智力工作力度，探索实行技术移民，制定国外智力资源供给、发现评价、市场准入、使用激励、绩效评估、引智成果共享等办法。扩大国家公派出国留学和来华留学规模。开发国（境）外优质教育培训资源，完善出国（境）培训管理制度和措施。支持高等学校、科研院所与海外高水平教育、科研机构建立联合研发基地。推动我国企业设立海外研发机构。积极支持和推荐优秀人才到国际组织任职。推进专业技术人才职业资格国际、地区间互认。发展国际人才市场，培育一批国际人才中介服务机构。制定维护国家重要人才安全的政策措施。

（八）实施鼓励非公有制经济组织、新社会组织人才发展政策

对社会主义市场经济体制下各种所有制组织中的人才，坚持一视同仁、平等对待。把非公有制经济组织、新社会组织人才开发纳入各级政府人才发展规划。制定加强非公有制经济组织、新社会组织人才队伍建设意见。政府在人才培养、吸引、评价、使用等方面的各项政策，非公有制经济组织、新社会组织人才平等享受。政府支持人才创新创业的资金、项目、信息等公共资源，向非公有制经济组织、新社会组织人才平等开放。政府开展人才宣传、表彰、奖励等方面活动，非公有制经济组织、新社会组织人才平等参与。

（九）实施促进人才发展的公共服务政策

完善政府人才公共服务体系，建立全国一体化的服务网络。健全人事代理、社会保险代理、企业用工登记、劳动人事争议调解仲裁、人事档案管理、就业服务等公共服务平台，满足人才多样化需求。创新政府提供人才公共服务的与方式，建立政府购买公共服务制度，为各类人才平衡工作和家庭责任创造条件。加强对人才公共服务产品的标准化管理，大力开发公共服务产品。

（十）实施知识产权保护政策

实施国家知识产权战略。制定职务技术成果条例，完善科技成果知识产权归属和利益分享机制，保护科技成果创造者的合法权益。明确职务发明人权益，提高主要发明人受益比例。制定职务发明人流动中的利益共享办法。建立非职务发明评价体系，加强对非职务发明创造的支持和管理。制定国家支持个人和中小企业发明创造的资助办法，鼓励创造知识财产。加强专利技术运用转化平台建设。完善非物质文化遗产传承人知识产权保护相关措施。完善知识产权工作体系，加大知识产权宣传普及和执法保护力度。建立健全有利于知识产权保护的社会信用制度。营造保护知识产权的法制、市场和文化氛围，提升知识产权创造、运用、保护和管理能力，推进国际合作交流。

五、重大人才工程

（一）创新人才推进计划

为积极应对国际科技竞争，提高自主创新能力，着眼于培养造就一批世界水平的科学家，在我国具有相对优势的科研领域设立100个科学家工作室；瞄准世界科技前沿和战略性新兴产业，每年重点支持和培养一批具有发展潜力的中青年科技创新领军人才；着眼于推动企业成为技术创新主体，每年重点扶持1000名科技创新创业人才；依托一批国家重大科研项目、国家重点工程和重大建设项目，建设若干重点领域创新团队；以高等学校、科研院所和高新技术产业开发区为依托，建设300个创新人才培养示范基地。

（二）青年英才开发计划

着眼于人才基础性培养和战略性开发，提升我国未来人才竞争力，在自然科学、哲学社会科学和文化艺术等重点学科领域，每年重点培养扶持一批青年拔尖人才；在高水平研究型大学和科研院所的优势基础学科建设一批国家青年英才培养基地，按照严入口、小规模、重特色、高水平的原则，每年选拔一批拔尖大学生进行专门培养；为培养造就未来国家所需的高素质、专业化管理人才，每年从应届高中、大学毕业生中筛选若干优秀人才送到国外一流大学深造，进行定向跟踪培养。

（三）企业经营管理人才素质提升工程

着眼于提高我国企业现代化经营管理水平和国际竞争力，到2020年，培养一批具有世界眼光、战略思维、创新精神和经营能力的企业家；培养1万名精通战略规划、资本运作、人力资源管理、财会、法律等专业知识的企业经营管理人才。

（四）高素质教育人才培养工程

为建设一支高素质、创新型教育人才队伍，通过研修培训、学术交流、项目资助等方式，每年重点培养和支持2万名各类学校教育教学骨干、“双师型”教师、学术带头人和校长，在中小学校、职业院校、高等学校培养造就一批教育家、教学名

师和学科领军人才。

（五）文化名家工程

为更好地推动宣传思想文化丁作，进一步提高国家文化软实力，着眼于培养造就一批造诣高深、成就突出、影响广泛的宣传思想文化领域杰出人才，每年重点扶持、资助一批哲学社会科学、新闻出版、广播影视、文化艺术、文物保护名家承担重大课题、重点项目、重要演出，开展创作研究、展演交流、出版专著等活动。到2020年，由国家资助的宣传思想文化领域文化名家达到2000名。

（六）全民健康卫生人才保障工程

适应深化医药卫生体制改革、保障全民健康需要，加大对卫生人才培养支持力度。到2020年，培养造就一批医学杰出骨干人才，给予科研专项经费支持；开展住院医师规范化培训工作，支持培养5万名住院医师；加强以全科医师为重点的基层卫生人才队伍建设，通过多种途径培训30万名全科医师，提高基层医疗卫牛服务能力。

（七）海外高层次人才引进计划

重点围绕国家发展战略日标，在中央、国家有关部门、地方分层次、有计划引进一批能够突破关键技术、发展高新技术产业、带动新兴学科的战略科学家和创新创业领军人才。其中，中央层面实施“千人计划”，建没一批海外高层次人才创新创业基地，用5—10年时问引进2000名左右海外高层次人才同围（来华）创新创业。

（八）专业技术人才知识更新工程

围绕我国经济结构调整、高新技术产业发展和自主创新能力的提高，存装备制造、信息、牛物技术、新材料、海洋、金融财会、生态环境保护、能源资源、防灾减灾、现代交通运输、农业科技、社会工作等重点领域，开展大规模的知识更新继续教育，每年培训100万名高层次、急需紧缺和骨干专业技术人才，到2020年，累计培训1000万名左右。依托高等学校、科研院所和大型企业现有施教机构，建设一批国家级继续教育基地。

（九）国家高技能人才振兴计划

适应走新型工业化道路、加快产业结构优化升级的需要，加强职业院校和实训基地建设，培养造就一大批具有精湛技艺的高技能人才。到2020年，在全国建成一批技能大师工作室、1200个高技能人才培训基地，培养100万名高级技师。

（十）现代农业人才支撑计划

适应建设社会主义新农村、加快发展现代农业的需要，加大对现代农业的人才支持力度。到2020年，选拔一批农业科研杰出人才，给予科研专项经费支持；支持1万名有突出贡献的农业技术推广人才，开展技术交流、学习研修、观摩展示等活动；选拔3万名农业产业化龙头企业负责人和专业合作组织负责人、10万名生产能手和农村经纪人等优秀生产经营人才，给予重点扶持。

（十一）边远贫困地区、边疆民族地区和革命老区人才支持计划

为促进边远贫困地区、边疆民族地区和革命老区加快发展，实现基本公共服务均等化目标，在职务、职称晋升等方面采取倾斜政策，每年引导10万名优秀教师、医生、科技人员、社会工作者、文化工作者到边远贫困地区、边疆民族地区和革命老区工作或提供服务。每年重点扶持培养1万名边远贫困地区、边疆民族地区和革命老区急需紧缺人才。

（十二）高校毕业生基层培养计划

着眼于解决基层特别是中西部地区基层人才匮乏问题，培养锻炼后备人才，积极引导和鼓励高校毕业生到基层创业就业。实施一村一名大学生计划，用5年时间，先期选派10万名高校毕业生到村任职，到2020年，实现一村一名大学生目标。统筹各类大学生到基层服务创业计划。通过政府购买工作岗位、实施学费和助学贷款代偿、提供创业扶持等方式，引导高校毕业生到农村和社区服务、就业和自主创业。

六、组织实施

（一）加强对《人才规划纲要》实施工作的组织领导

中央人才工作协调小组负责《人才规划纲要》实施的统筹协调和宏观指导。制定各项目标任务的分解落实方案和重大工程实施办法。建立《人才规划纲要》实施情况的监测、评估、考核机制，加强督促检查。

（二）建立健全人才发展规划体系

各省（自治区、直辖市）、中央和国家机关有关部门要以《人才规划纲要》为指导，根据实际，编制地区、行业系统以及重点领域的人才发展规划，形成全国人才发展规划体系。

（三）营造实施《人才规划纲要》的良好社会环境

大力宣传党和国家人才工作的重大战略思想和方针政策，宣传实施《人才规划纲要》的重大意义和《人才规划纲要》的指导方针、目标任务、重大举措，宣传《人才规划纲要》实施中的典型经验、做法和成效，形成全社会关心、支持人才发展的良好社会氛围。

（四）加强人才工作基础性建设

深入开展人才理论研究，积极探索人才资源开发规律。加强人才学科和研究机构建设。建立健全人才资源统计和定期发布制度。推进人才工作信息化建设，建立人才信息刚络和数据库。加强人才工作队伍建没，加大培训力度，提高人才丁作队伍的政治素质和业务水平。

中国人民解放军和中国人民武装警察部队人才发展规划，由中央军委另行制定。

首都中长期人才发展规划纲要
（2010—2020年）

为落实人才强国战略，服务首都经济社会发展，根据《国家中长期人才发展规划纲要（2010—2020年）》、《北京城市总体规划（2004—2020年）》，按照建设“人文北京、科技北京、绿色北京”要求，特制定本纲要。

一、首都人才发展面临的形势

人才是经济社会发展的第一资源。当前世界多极化、经济全球化深入发展，科技进步日新月异，知识经济方兴未艾，人才在经济社会发展中的基础性、战略性、决定性作用更加凸显，人才的竞争已经成为国家与地区间竞争的焦点。北京作为国家首都，是全国政治中心和文化中心，人才发展不仅是北京提高核心竞争力、加快建设“人文北京、科技北京、绿色北京”、推动世界城市建设的关键，而且关系到全国实施人才强国战略、建设创新型国家的大局。

改革开放以来，特别是进入新世纪以来，市委、市政府高度重视人才发展，大力实施以构建现代化人才资源开发与管理体制为核心的首都人才发展战略，取得了显著成效。与首都特点相适应的首都人才发展观初步确立，与社会主义市场经济相适应的人才发展体制机制基本形成，与人才发展需要相适应的引才聚才环境不断优化，与建设现代国际城市需要相适应的人才队伍不断壮大，人才在首都经济和社会发展中的战略支撑和引领作用日益突出，首都对全国人才发展的辐射带动作用显著增强。但必须清醒地认识到，未来十几年，是我国基本建成创新型国家、全面实现小康社会建设目标的重要时期，是北京建成现代化国际城市、全面实现现代化和建设世界城市的重要时期。面对新形势新任务新要求，首都人才发展观念需要进一步更新，人才发展体制机制需要进一步创新，人才发展环境需要进一步优化，人才队伍高端化发展需要进一步推进。我们必须认清形势，提高认识，抢抓机遇，统筹规划，锐意进取，大力开拓首都人才发展的新局面。

二、指导思想、指导方针和战略目标

（一）指导思想

高举中国特色社会主义伟大旗帜，以邓小平理论和“三个代表”重要思想为指导，深入贯彻落实科学发展观，坚持党管人才原则，尊重劳动、尊重知识、尊重人才、尊重创造，遵循人才发展规律，贯彻落实人才强国战略，实施首都人才优先发展战略，更好地服务国家发展和首都发展，充分发挥市场配置人才资源的基础性作用，进一步加强人才发展法制化建设，营造有利于人才成长的良好环境，从建设世界城市的高度，为加快建设“人文北京、科技北京、绿色北京”，全面实现现代化提供坚强的人才保证。

（二）指导方针

创新机制。破除影响人才发展的落后观念，健全有利于人才发展的体制机制，营造人才宽松发展的环境，促进人才全面发展。

服务人才。完善服务内容，丰富服务手段，转变服务方式，拓展人才发展空间，有效满足人才工作和生活的需要。

高端带动。加大高层次人才引进和培养力度，建设一支具有国际竞争力和影响力的顶尖人才队伍，带动全市人才队伍建设大发展、大繁荣。

引领发展。确立人才优先发展战略布局，发挥人才在经济社会发展中的关键作用，引领首都经济社会发展。

（三）战略目标

到2020年，首都人才发展的战略目标是：培养和造就一支数量充足、结构优化、素质一流、富于创新的人才队伍，确立支撑世界城市建设的人才竞争优势，成为世界一流的“人才之都”，为落实人才强国战略发挥示范带动作用。

——世界级人才队伍。主要劳动年龄人口中受过高等教育的比例达到42%。每万劳动力中研发人员达到260人年。百万人年专利授权量达到3000件（其中百万人年发明专利授权量达到800件）。人力资本对经济增长的贡献率达到45%，人才贡献率达到60%。集聚一大批教育、科技、文化、艺术等领域世界级大师。

——世界级人才发展服务体系。以人为本，加快转变政府职能，建立公共服务型人才管理体系。完善人才市场体系，健全人才培养、引进、使用、评价机制，实现有利于首都发展的高度开放的国际国内人才大循环。全面提升社会事业水准，健全人才社会服务体系，努力形成具有国际竞争力的人才环境。

——世界级人才聚集发展平台。拓展人才聚集和辐射的全球化空间，提供人才成长和发挥作用的平台，建设一批世界一流及高水平的高等院校和科研院所，举办一批高层次国际会议和国际赛事节事，大力吸引国际组织落户北京，吸引和聚集500家左右跨国公司在京设立具有总部性质的功能性机构。

三、战略部署

（一）确立向人才发展倾斜的资源配置格局

确立人才发展在全社会资源配置中的重点地位，大力降低人才发展的机会成本，加快形成有利于人才发展的比较利益格局，引导和鼓励全社会资源配置向人才发展倾斜，实现人才、资本、知识等要素的有效融通和结合。

（二）确立人才引领经济社会发展格局

大力营造具有国际竞争力的创意、创新、创业环境，努力聚集人才、解放人才、武装人才，壮大人才队伍，提高人才密度，引领首都经济社会发展转型升级，率先形成人才驱动型经济和社会体系。

（三）确立人才高端高效高辐射发展格局

转变人才发展方式，优化人才结构和布局，走人才高端、高效、高辐射发展之路，加快形成顶尖人才脱颖而出的社会环境和文化氛围，努力建设结构完善、布局合理、具有全球影响力的人才队伍。

（四）确立人才工作综合配套推进格局

转变人才工作方式，创新人才工作体制机制，走综合配套推进之路，加快形成统一有效的人才发展研究、决策、执行、监督长效机制，提高人才工作统筹兼顾、协同推进的能力和水平；大力营造适合人才生活、发展的自然环境、人文环境、社会环境等综合环境，提升引才聚才的地方品质，增强对人才的吸引力，努力在全国率先形成具有全球竞争力的人才服务综合配套体系。

四、重大任务

（一）发挥教育在人才发展中的基础性作用

推进教育人才体制改革。建立教师和教育管理人才职业发展体系，鼓励支持教师在教学科研实践中实现个人价值和成就事业；完善教师治学体制机制，保障教师有效行使科研和学术自主权；完善教师队伍的激励保障机制，进一步提高教师的经济待遇和社会地位。探索校长及其他管理人才科学选用制度，充分引入竞争机制，形成教育家不断涌现的教育环境和社会环境。

构建创新型人才教育培养体系。转变基础教育方式，明确培养目标，改革课程体系、教学内容、教学方法，加快从应试教育向素质教育转型，着力实现学生德智体美全面发展，培育学生观察问题、发现问题、分析问题、解决问题的能力。密切职业教育发展与产业发展的联系，培养一大批创新型高技能人才，满足首都高端产业和新兴支柱产业对创新人才的需求。改革高等教育教学内容，转变教学方式，建立学校教育和社会实践锻炼相结合、国内培养和国际交流合作相衔接的国际一流培养体系，加大创新型人才培养力度。

（二）发挥人才在自主创新中的决定性作用

建立支持人才自主创新的体制机制。改变以行政权力决定资源配置和学术发展的决策方式，尊重研究人员的科研和学术自主权，保障研究人员自主选题、自主使用研究经费、自主控制研究进程。建立有利于人才自主创新的评价、使用、激励制度，健全科研诚信制度，从严治理学术不端行为，加强对创新成果的知识产权保护与创新成果转化应用的支持。鼓励跨国、跨地区、跨行业、跨部门、跨单位的产学研创新团队的发展，推动人才的合理流动和合作共享。建立科学有效的支持办法，加强对高端创新型人才的发现、培养、使用和资助力度。

搭建支持人才自主创新的事业平台。大力推进人才发展综合配套改革，建立健全人才、资本、知识等要素融通结合的体制机制，形成发达的人才金融体系、人才知识体系和人才公共服务体系；积极争取国家重大科研和重大工程项目、重点实验室、重点科研基地落户北京，加快实施北京市重大科技专项，在双管高校、市属高校择优建设一批首都拔尖人才培养基地，大力支持世界一流大学和高水平大学、科研院所以及国外和本土跨国公司研发中心的建设，构建世界一流的产学研用结合的创新研发平台。

建立和完善年轻创新型后备人才的发现培育体系。按照“及早选苗、重点扶持、跟踪培养”的总体要求，加大对年轻创新苗子的发现、教育、培养和跟踪工作力度。整合“雏鹰计划”、“翱翔计划”和“科技新星计划”等后备人才支持计划，进一步完善后备干部管理机制，建立非公有制经济组织、新社会组织年轻创新后备人才联系办法，在全市范围内构建年轻创新英才发现培育体系。建立青年英才培养使用工作责任制，保障青年人才健康成才、持续进步，形成爱护青年、关心青年和鼓励青年成才、支持青年干事创业的良好氛围。

（三）推进人才国际化发展

加大海外高层次人才引进力度。围绕首都发展需要，持续引进一批能突破关键技术、引领新兴学科、带动新兴产业发展的战略科学家和创新创业领军人才。坚持引才与引智并举，建立海外高层次人才特聘专家制度。制定具有国际竞争力的海外人才吸引政策，完善人才薪酬、税收、社会保障、医疗、住房、子女入学等配套政策。

加快本土人才国际化步伐。引导和鼓励高等院校、科研院所、企业跨国跨地区开展学术交流和项目共建，促进各类人才融入国际竞争。加强与海外高水平教育科研机构、知名企业的合作，联合建立一批研发基地，推动首都人才参与国际前沿科学和应用技术研究。建立一批境外培训基地，扩大境外学习培训规模。改进低龄出国留学人员的爱国主义教育、联系和服务方式，引导其学成归国和报效国家。

拓宽人才国际化平台。发挥首都总部经济优势，吸引跨国公司、国际组织总部在京落户，延伸和拓展人才参与国际竞争的渠道。以高端产业功能区为载体，推进人才创新创业基地建设。培育具有品牌效应的国际人才中介服务机构，在全国率先建成比较完善的国际人才市场。

全面建设人才特区。面向以海外高层次人才为代表的国家发展所特需的各类人才，建设“人才智力高度密集、体制机制真正创新、科技创新高度活跃、新兴产业高速发展”的改革示范区。借鉴国外的先进经验，构建国内首创、国际一流水平的创业体系。繁荣区域创业企业，促进战略性新兴产业发展，显著提升经济发展效益。

（四）推进人才集群化发展

发挥大师引领人才集群的作用。实施以领军人才为主导的人才群发展战略，围绕发挥人才领袖在人才群发展中的引领作用，赋予大师以更大的人、财、物自主权，完善大师引领体制机制，确保人才集群不断形成和升级；根据首都经济社会发展需要，通过选送优秀人才、支持合作研究项目、建立共同研究中心等形式，有序地组织本地人才群与本领域海外顶级人才群接轨，建立起国际一流的交流合作网络。

发挥产业集群促进人才集群发展的作用。加大政策支持力度，大力吸引世界500强企业总部、跨国公司、民营企业总部等落户北京，通过产业集群的升级转型带动人才集群的发展。支持本土企业国际化发展步伐，探索建立“中关村—硅谷—班德鲁尔”、“金融街—华尔街”、“北京CBD—曼哈顿”、“中影怀柔—好莱坞”等对口产业集群联盟，推动人才集群参与制定行业国际新标准。

建立健全人才集群发展公共服务平台。扶持和规范产业集群内就业中介机构的运行，整合行业协会在人才集群开发工作中的作用。定期公布产业集群的人才政策、产业发展、科技市场、人才供求信息，通过打造主题会议、俱乐部、知识产权转让网站和交易中心等交流平台，促进产业链各类人才在集群内部流动和成长。

（五）推进人才一体化发展

加快央地人才融合。构建央地共建项目信息平台，实现信息共享。促进中央重大投资项目落地，带动人才在京聚集。不断提高国家人才发展平台和品牌体系中市属成分的比重，在北京大学、清华大学等著名大学中建立市立学院或研究院所。依托在京国家重点实验室、重大科技专项、重点工程项目及其科教资源优势，通过对口学习培训、双向挂职锻炼、课题联合攻关、项目合作等方式，实现和中央单位在人才资源上交流共享，投资建设上合作共赢。

发挥首都人才资源对全国的辐射和带动作用。围绕建设“环渤海经济圈”，成立区域人才资源合作组织，加强人才资源战略合作，加快区域人才资源开发一体化进程。结合首都产业的区域转移，按照“人才+产业”的发展模式输出人才资源，实现人才紧跟产业流动、人才流动带动产业群发展。加大与东部沿海发达地区间的人才交流力度，拓宽锻炼平台。加大对中西部欠发达地区的人才支持力度，通过挂职锻炼、交流任职、支边支教等方式输送人才资源，推动当地发展。

促进城乡人才一体化发展。进一步推动就业、户籍、社会保障等制度的衔接并轨，建立统一开放的城乡人才资源市场。制定城区与郊区结对帮扶政策，通过项目共建、挂职锻炼、支教、助医等形式，促进城区人才智力带动郊区事业发展；通过进修、向上挂职等形式，促进郊区人才素质能力提升，形成城乡人才融合发展的良好局面。

促进非公有制经济组织和新社会组织人才发展。建立和完善促进非公经济组织和新社会组织人才发展的体制机制，将其纳入党和政府人才工作范围，一视同仁，平等对待。有关人才发展的各项政策、支持人才发展的各种公共资源、激励人才成长的各项活动，向各类人才平等开放，实现不同所有制经济组织和不同类型社会组织人才共同发展。

（六）完善人才投入体制机制

建立和完善人才投入增长机制。各级政府优先保障对人才发展的投入，确保教育、科技、卫生支出依法增长。在整合财政性人才投入资金的基础上，重点加大高层次人才培养、紧缺人才引进、杰出人才奖励以及重大人才开发项目的经费保障力度。

改革人才投入管理制度。探索人才价值实现的有效途径，建立财政性人才投入经费用于人才本身的培养和激励制度，逐步提高财政性教育投入和科研投入中直接用于人才培养和激励经费比例。市财政拨付项目经费中，在建立必要的监督约束机制的前提下，为项目科研骨干设立一定比例的自主支配额度。

构建多元化、社会化的人才投入体系。在资金整合的基础上，设立首都人才发展基金。完善财政投入支持、贷款贴息、质押融资、税收优惠等方面的政策措施，引导用人单位、个人和社会组织加大人才投入。探索建立人才投入的激励制度，形成合理的人才投入回报机制，激发用人单位人才投入的主动性和积极性。

（七）完善人才引进和社会保障制度

完善有利于人才引进的政策体系。建立健全以能力业绩为导向的人才引进综合评价体系，畅通高层次人才落户北京的政策渠道，进一步简化工作程序、改进服务方式，充分保障各类用人单位对高级管理人才和高层次专业技术人才的引进落户需求，畅通农村实用人才、高技能人才引进渠道。适应京津冀一体化发展要求，逐步推行京津冀地区互认的高层次人才户籍自由流动制度。

完善有利于人才发展的社会保障制度。探索党政机关和事业单位社会保障制度改革，逐步建立全市统一的社会保障体系。将海外高层次人才纳入全市社会保障体系。适当延长高层次女性专业技术人才工作年限，给予其与现岗位同等水平的待遇。

（八）优化引才聚才的地方品质

提高城市环境对人才的吸引能力。将“人文、科技、绿色”理念更加深入系统地贯穿到城乡规划、设计、建设和运营中，大幅提高城乡自然和人文环境的集约化、精细化水平，提升城市品位，以国际一流水平为人才提供良好的工作和生活条件。

探索跨文化的人才交流机制。以事业单位录用人员为突破口，积极探索实践跨民族、跨国别用人制度，促进跨文化交流合作的深入发展，努力形成多种文化背景人才共存共荣的宽松环境。

营建丰富多彩的活动环境。引进、参与和创建国际赛事、节事、会议、论坛等活动，提高活动效益。鼓励和支持国内外民间艺术团体来京演出和交流，加强非物质文化遗产保护与展示。调动社会力量参与组织创办不同类型的休闲、娱乐和交流活动，形成各类人才间广泛联系的活动网络和体系。

构建广泛参与的社会环境。发挥市场配置人才资源的基础性作用，充分调动用人单位在人才资源开发中的主体作用。加大人才工作宣传力度，创新宣传方式方法，引导社会力量加强人才培养。营造良好的社会环境，提高首都吸引和凝聚各方英才的能力。

（九）建立人才优先发展工作体系

提高人才工作统筹协调力度。进一步完善党管人才工作格局，探索党管人才实现途径，在统筹协调上加大工作力度。

在宏观上，要在全市层面进行统一规划，形成统一完备的人才法规政策体系。在人才发展重大项目和重大工程上，要通盘考虑，科学设计，有效推进。

提高人才工作规范化力度。出台《关于进一步加强党管人才工作的实施意见》，指导各级党委开展人才工作，建立各级党委常委会听取人才工作专项报告制度，把人才工作业绩作为考核领导班子和领导干部职责绩效的重要指标。推动制定《北京市人才发展条例》、《北京市人力资源市场管理条例》等地方性法规，为人才健康发展提供健全的法律保障。

提高人才工作服务水平。建立市区两级人才工作定期例会制度，依据不同区县人才工作特点和需要，制定差异化指导意见，给予有针对性的政策支持。延伸人才工作服务半径，完善对国际人才和非公有制领域人才的服务办法和服务方式。编制开发首都人才地图和人才需求目录，建立首都人才资源年度统计调查和定期发布制度。

五、重点工程

（一）“人文北京”名家大师培养造就工程

服务“人文北京”建设，通过组织、支持和资助课题研究、学术研讨、国际交流、著述创作和舞台表演等手段，有重点地培养扶持和引进聚集一批在人文和社科领域具有较高学术影响和知名度的理论家、作家、艺术家、出版家、名编辑、名记者、名主持人、工艺美术大师，并授予人文社科领域相应荣誉称号，不断丰富北京文化内涵，大幅提升文化软实力和世界影响力。到2020年，得到社会广泛公认的名家大师达到500名左右。

（二）“科技北京”百名领军人才培养工程

服务“科技北京”建设，促进首都高端产业发展，加快推进首都科技现代化，加大对科技人才培养支持力度。到2020年，通过项目带动、产学研用结合、国际合作交流等形式，培养造就不少于100位具有国际水平的科技领军人才，建成一批具有国际水平的实验室和科技人才培养示范基地。

（三）“绿色北京”人才支撑工程

服务“绿色北京”建设，加快推进绿色生产体系、绿色消费体系、绿色环境体系建设，在新能源、节能环保、都市绿色农业等产业中，培养和聚集一批能够持续提供绿色创新产品的高层次人才，打造一支具有世界影响力的绿色产业人才队伍，为北京抢占绿色经济发展制高点提供人才保证。

（四）北京海外人才聚集工程

服务北京世界城市建设，推进海外高层次人才引进工作，加快人才发展国际化步伐。到2020年，聚集10个由战略科学家领衔的研发团队，聚集50个左右由科技领军人才领衔的高科技创业团队，引进并有重点地支持1000名左右海外高层次人才来京创新创业，建立10个海外高层次人才创新创业基地，鼓励和吸引上千名具有真才实学和发展潜力的优秀留学人员来京创新创业。

（五）首都名师教育家发展工程

服务首都教育现代化战略，实施“长城学者计划”，建立多元化投入体系，设立“长城学者”奖励基金，培养和资助一批勇于实践、敢于探索、富有创新精神的优秀青年教育人才；实施“首都教育家发展计划”，通过探索建立教育管理人才职业化发展方式，促进优秀教育管理人才不断涌现，设立“首都教育家”荣誉称号，对为首都教育作出重要贡献的教育工作者进行表彰和奖励。到2020年，“长城学者”达到1000人以上，“首都教育家”达到100名。

（六）首都高层次卫生人才队伍建设工程

服务首都卫生事业发展，加大高层次卫生人才开发力度。以北京市卫生系统高层次卫生人才队伍建设工程为主线，建设一支适应世界城市要求的专业技术水平、创新能力和核心竞争力较高的高层次卫生人才队伍。到2020年，培养、选拔和引进20名领军人才、100名学科带头人、500名学科骨干，建立20个以重点学科为依托、以培养两院院士等拔尖人才为核心的创新平台。

（七）优秀企业家聚集培养工程

服务首都经济发展，围绕提升首都企业国际竞争力，加大优秀企业家聚集培养工作力度。到2020年，聚集培养10—20名世界级产业领袖，100名左右职业素养好、开拓能力强、具有战略思维和全球视野的优秀企业家，1000名左右国际化、专业化、职业化的高级经营管理人才和精通战略管理、财务、法律、金融、人力资源管理、国际贸易或国际项目运作等专业知识的管理人才。

（八）高技能人才培养带动工程

服务首都产业发展布局，大力培养高技能人才。通过建设高技能人才培养基地和研修平台，推广定制化联合培养模式，健全技能人才考核评价、岗位使用和激励机制，全面推行首席技师制度，鼓励企业开展职业培训，促进高技能人才的技术交流和学习，全面提升高技能人才创新创造能力，带动整个技能人才队伍梯次发展。到2020年，实现高技能人才占技能人才比例30%的目标，高技能人才总量达到120万人。

（九）京郊农村实用人才开发培养工程

服务首都新农村建设，完善人才开发培养长效机制，着力开发培养京郊农村实用人才。探索建立农村实用人才等级评价和服务体系，完善农村实用人才激励政策，不断拓宽农村实用人才发挥作用的方式和途径。到2020年，人才总量达到5万名左右，其中高级农村实用人才达到2000名左右。

（十）首善之区社会工作人才发展工程

服务社会主义和谐社会首善之区建设，发展造就一支结构合理、素质优良，专业化、职业化的社会工作人才队伍。健全以培养、评价、使用、激励为主要内容的制度体系，加大教育培训力度，到2020年，社会工作人才总量达到8万人左右，包含社会工作师、助理社会工作师在内的各类社会工作专业人才不少于4万人，高层次社会工作人才达到1000名左右。

（十一）党政人才素质提升工程

服务增强党的执政能力建设和先进性建设，在高级专业性岗位探索职员聘任制度，在街道、乡镇层面探索职业经理人制度；开展大规模干部教育培训，加强理论教育、业务培训、党性教育，有计划地组织境外培训，提高干部综合素质和国际化素养。加大实践锻炼工作力度，坚持把现岗位锻炼、岗位轮换、挂职锻炼、交流任职作为实践锻炼的主要方式，不断探索和拓宽党政机关干部到基层和生产一线锻炼的新方法、新途径，提高干部的实际工作能力。

（十二）首都青年人才开发工程

服务首都经济社会可持续发展，建立多层次、分渠道的青年拔尖人才培养体系，加大对高层次、创新型、国际化青年人才的培养力度。每年在重点学科、重点产业等领域扶持培养1000名左右青年拔尖人才。建设一批优秀青年英才培养基地，每年组织1000名左右青年人才赴基地开展学习实践。提升青年人才队伍国际化素质，每年选派各类青年人才500人赴境外学习交流，每年重点联系100名左右在境外一流教育机构深造的北京地区学校留学生，并进行跟踪培养。

六、实施保障

（一）加强组织领导

《人才规划纲要》由市人才工作领导小组全面负责，市人才工作领导小组办公室具体组织实施，负责研究制定《人才规划纲要》的任务分解方案，建立年度任务检查评估制度和方法，定期跟踪执行情况，提出改进措施。

（二）强化责任落实

各区县、各部门、各单位要按照《人才规划纲要》的总体部署和任务分解方案，结合实际情况，研究制定具体实施方案，明确工作时间进度和责任人。

（三）完善运行保障

加强财政资金支持力度，优先保障规划实施所需配套资金。加强人才工作者队伍建设，加大现有人才开发培养力度，招录高层次专业人才，全面提升人才工作者队伍能力素质。

天津市中长期人才发展规划纲要
（2010—2020年）

为加强人才资源战略开发，服务全市经济社会又好又快发展，根据《国家中长期人才发展规划纲要（2010—2020年）》，结合我市实际，制定本规划。

一、人才发展面临的形势

人才是经济社会发展的第一资源，人才优势是最具潜力、最需开发、最可依靠的优势。随着世界多极化、经济全球化深入发展，科技进步日新月异，人才竞争越来越成为综合实力竞争的关键。加快人才发展是天津抓住前所未有机遇、应对前所未有挑战的重大战略选择。未来十年是天津改革发展的关键时期。深入贯彻落实科学发展观、加快转变经济发展方式、全面推进滨海新区开发开放、努力实现天津科学发展和谐发展率先发展，必须把人才发展摆在更加突出的战略位置，坚定不移地走人才强市之路，着力构建人才竞争比较优势，率先建成人才强市。

市委、市政府历来高度重视人才工作。近年来特别是市第九次党代会以来，对加强全市人才工作作出了一系列部署，制定完善人才政策，推进体制机制创新，不断优化人才服务，努力创造良好环境，培养、引进和用好各类人才，人才队伍建设取得了显著成绩，有力地促进了天津发展。但是，必须清醒地看到，我市人才队伍建设还不适应经济社会发展的需要，高层次创新创业人才、新兴产业人才尤其是领军型人才缺乏，人才结构和布局还不尽合理，人才发展体制机制障碍尚未完全消除，人才资源开发投入不足，人才工作综合配套体系还不健全，等等，我们必须认清形势，进一步增强做好人才工作的责任感和紧迫感，解放思想，改革创新，统筹规划，狠抓落实，加快建设宏大的高素质人才队伍，开创人才辈出、人尽其才的新局面。

二、指导方针、战略目标和总体部署

（一）指导方针

高举中国特色社会主义伟大旗帜，以邓小平理论和“三个代表”重要思想为指导，深入贯彻落实科学发展观，坚持党管人才原则，尊重劳动、尊重知识、尊重人才、尊重创造，遵循人才成长规律，贯彻落实人才强国战略，实施我市人才优先发展战略，以滨海新区人才高地建设为龙头，以高层次创新创业人才和高技能人才为重点，以人才发展体制机制改革创新为动力，以提高自主创新能力和人才竞争力为主线，积极开发用好国内国际两种人才资源，充分发挥市场配置人才资源的基础性作用，加强人才发展法制化建设，为加快推进滨海新区开发开放、实现天津科学发展和谐发展率先发展提供坚强的人才保证。

当前和今后一个时期，我市人才发展的指导方针是：服务发展、人才优先、以用为本、创新机制、高端引领、整体开发、尊重规律、优化环境。

服务发展。把服务天津科学发展和谐发展率先发展作为人才工作的根本出发点和落脚点，围绕发展目标确定人才队伍建设任务，根据发展需要制定人才政策措施，用发展成果检验人才工作成效。

人才优先。确立人才优先发展战略布局，将人才发展纳入我市国民经济和社会发展总体规划，做到人才资源优先开发、人才结构优先调整、人才投资优先保证、人才制度优先创新，切实改变重物质投入轻人才投入、重资源开发轻人才开发、重项目引进轻人才引进的思想观念和做法，促进经济发展方式向主要依靠科技进步、管理创新、劳动者素质提高转变。

以用为本。把充分发挥各类人才的作用作为人才工作的根本任务，围绕用好用活人才来培养人才、引进人才，积极为各类人才干事创业和实现价值提供机会和条件，使全社会创新智慧竞相迸发。

创新机制。把深化改革作为推动人才发展的根本动力，坚决破除束缚人才发展的思想观念和制度障碍，构建与社会主义市场经济体制相适应、有利于科学发展的人才发展体制机制，最大限度地激发人才的创造活力。

高端引领。加大各类高层次人才培养和引进力度，造就一大批在国内国际具有竞争性和影响力的顶尖人才队伍，带动引领全市人才队伍整体提升，全面发展。

整体开发。加强人才培养，注重理想信念教育和职业道德建设，培育拼搏奉献、艰苦创业、诚实守信、团结协作精神，促进人的全面发展。关心人才成长，鼓励和支持人人都作贡献、人人都能成才、行行出状元。统筹国内国际两个市场，推进城乡、区域、产业、行业和不同所有制人才资源开发，实现各类人才队伍协调发展。

尊重规律。坚持解放思想、实事求是、与时俱进，加强对人才工作重点、难点、热点问题的研究，遵循社会主义市场经济规律和人才成长规律，提高人才工作科学化水平，使人才工作体现时代性、把握规律性、富于创造性。

优化环境。坚持以高品位的环境来吸引人、凝聚人、塑造人、成就人，不断优化制度环境、工作环境、生活环境、文化环境和社会环境，注重打造独具魅力的软环境，努力构建各类优秀人才聚集高地。

（二）战略目标

到2020年，我市人才发展的战略目标是：培养造就规模宏大、门类齐全、梯次合理、素质优良、新老衔接、能够适应全市经济社会发展需要的人才队伍，形成人才竞争比较优势，率先建成人才强市，使天津成为高度专业化、现代化、国际化的人才聚集交流、教育培训和创新创业高地，为在本世纪中叶率先实现现代化奠定坚实的人才基础。

——人才总量进一步增长，人才队伍规模不断壮大。人才资源总量翻一番，人才资源占人力资源总量的比重大幅提升。

——人才结构进一步改善，人才素质大幅度提高。人才队伍年龄结构、专业结构、文化层次和产业分布等更为合理，高层次创新创业人才和经济社会发展重点领域急需紧缺专门人才所占比例有较大提高，基本满足未来我市经济社会发展需要。

——人才竞争比较优势进一步增强，人才竞争力显著提升。建成滨海新区人才高地，实现三个层面联动协调发展，在自主创新与研发转化、优势支柱产业和战略性新兴产业、现代服务业等领域造就一大批领军人才和创新团队，使我市人才自主创新能力和国际竞争力显著增强，形成全国开放度最高、吸引力最强、创新创业最活跃的地区之一。

——人才环境进一步优化，人才使用效能明显提高。人才管理体制机制进一步完善，人才培养、引进、评价、选用、流动、激励和保障机制取得新突破，营造鼓励创新、宽容失误、支持人才干事创业的社会环境和文化氛围，形成人才辈出、人尽其才的良好局面。

（三）总体部署

一是实行人才投资优先，健全政府、社会、用人单位和个人多元人才投入机制，加大对人才发展的投入，提高人才投资效益。二是加强人才资源能力建设，创新人才培养模式，注重思想道德建设，突出培养创新精神和创新能力，大幅度提升各类人才的整体素质。三是推动人才结构战略性调整，充分发挥市场在人才资源配置中的基础性作用，改善宏观调控，率先调整人才专业素质结构、层级结构、分布结构，以适应和引领经济发展方式转变、产业结构优化升级、城乡统筹发展、经济社会协调发展。四是造就宏大的高素质人才队伍，突出培养造就创新型科技人才，重视培养领军人才和复合型人才，大力开发经济社会发展重点领域急需紧缺专门人才，统筹抓好党政人才、企业经营管理人才、专业技术人才、高技能人才、农村实用人才和社会工作人才等各类人才队伍建设，培养造就数以百万计的各类人才、数以十万计的专门人才和一大批拔尖创新人才。五是改革人才发展体制机制，完善人才管理体制，创新人才培养开发、评价发现、选拔任用、流动配置、激励保障等机制，营造充满活力、富有效率、更加开放的人才制度环境，最大限度地激发各类人才创新创业创优活力。六是实施重大人才政策和重大人才工程，坚持自主培养与对外引进并重，统筹开发国内国际两种人才资源，大力引进海外高层次人才和急需紧缺专门人才，鼓励和支持人才创新创业创优，在天津改革开放和社会主义现代化建设中锻炼成长、建功立业。七是加快人才工作法制建设，建立和完善全市人才工作法规体系，坚持依法管理，规范人才发展秩序，保护人才合法权益。八是加强和改进党对人才工作的领导，完善党管人才的领导体制和工作格局，发挥组织部门牵头抓总作用和各有关部门职能作用，调动社会各方面力量积极支持、广泛参与人才工作，为人才发展提供坚强的组织保证。

三、人才队伍建设主要任务

（一）突出培养造就创新型科技人才

发展目标：围绕提高自主创新能力、建设创新型城市，以高层次创新型科技人才为重点，努力造就一批国内领先、世界一流的科学家、工程师、科技领军人才和高水平创新团队，注重培养一线创新人才和青年科技人才，建设一支数量充足、结构合理、素质优良的创新型科技人才队伍。

主要措施：创新人才培养模式，建立学校教育和实践锻炼相结合、国内培养和国际交流合作相衔接的开放式培养体系。

探索并推行创新型教育方式方法，突出培养学生的科学精神、创造性思维和创新能力。加强实践培养，依托国家和我市重大科研项目、重大工程、重点学科、重点实验室、重点科研基地、国际学术交流合作项目，建设一批高层次创新型科技人才培养基地。加强领军人才、核心技术研发人才培养和创新团队建设，形成科研人才和科研辅助人才衔接有序、梯次配备的合理结构，提高自主创新能力。深化科技体制改革，完善权责明确、评价科学、创新引导的科技管理制度，健全有利于科技人才创新创业的评价、使用、激励措施，进一步解放和发展科技生产力。制定加强高层次创新型科技人才队伍建设实施意见。加大海外高层次创新创业人才引进力度。注重复合型人才培养，破除论资排辈、求全责备观念，加大对优秀青年科技人才的发现、培养、使用和资助力度。加强产学研合作，重视企业工程技术与管理人才的培养，推动科技人才向企业集聚。发展创新文化，倡导追求真理、勇攀高峰、宽容失败、团结协作的创新精神，营造科学民主、学术自由、严谨求实、开放包容的创新氛围。注重思想道德建设，促进人才健康成长和全面发展。建立健全科研诚信体系，从严治理学术不端行为。

（二）大力开发经济社会发展重点领域急需紧缺专门人才

发展目标：根据我市经济社会发展需要，努力在航空航天、石油化工、装备制造、电子信息、生物制药、新能源新材料、国防科技、金融财会、国际商务、城市规划、现代交通、物流运输、生态环保、现代农业等经济发展重点领域培养和引进一批急需紧缺专门人才，注重引进能够带动新兴产业发展的高端人才；在教育卫生、文化艺术、宣传思想、防灾减灾、政法等社会发展重点领域培养和引进一批急需紧缺专门人才，使我市经济社会发展重点领域各类专业人才数量充足，整体素质和创新能力显著提升，人才结构更趋合理。

主要措施：加强产业、行业人才发展统筹规划和分类指导，围绕重点领域发展，开展人才需求预测，定期发布急需紧缺人才目录。加大急需研发人才和紧缺技术、管理人才的培养力度，大规模开展重点领域专门人才知识更新培训。实行人才特别是产业领军人才、工程技术人才向重点产业集聚的倾斜政策。加快实施海外高层次人才引进计划，2012年前要引进1000名海外高层次人才和高水平紧缺人才。实施经济社会发展重点领域人才培养工程，加强宣传思想文化、医药卫生人才培养。继续实施“五个一批”人才培养工程，加强哲学社会科学、新闻、出版、文艺等领域高层次人才队伍建设。支持重点领域专家学者参与国际科研计划、学术交流。完善重点领域科研骨干人才分配激励办法，建立健全重点领域相关部门人才开发协调机制。

（三）加强党政人才队伍建设

发展目标：按照加强党的执政能力建设和先进性建设的要求，以提高领导水平和执政能力为核心，以局处级领导干部为重点，努力造就一支政治坚定、勇于创新、勤政廉洁、求真务实、奋发有为、善于推动科学发展的高素质党政人才队伍。

主要措施：适应科学发展要求和干部成长规律，开展大规模干部教育培训，加强干部自学。实施党政人才培养工程，完善理论教育、知识教育、党性教育和实践锻炼“四位一体”的干部教育培养体系。坚持德才兼备、以德为先用人标准，坚持民主、公开、竞争、择优改革方针，树立坚定信念、注重品行、科学发展、崇尚实干、重视基层、鼓励创新、群众公认的用人导向。扩大干部工作民主，加大竞争性选拔党政领导干部工作力度，拓宽选人用人渠道，提高干部工作科学化、民主化、制度化水平，促进优秀人才脱颖而出。实施后备干部“1321”培养工程。建立健全干中锻炼、干中考察、干中选人用人机制，注重从基层和生产一线选拔党政人才，形成来自基层和生产一线的党政人才选拔培养链。加强女干部、少数民族干部、非中共党员干部培养选拔和教育培训工作。实施促进科学发展的干部综合考核评价办法。建立健全党政干部岗位职责规范及其能力素质评价标准，加强工作业绩考核。完善党政人才分类管理制度。加大干部交流力度。健全权力约束制衡机制，加强干部管理监督。

（四）加强企业经营管理人才队伍建设

发展目标：适应走新型工业化道路，构筑高端化、高质化、高新化产业结构，发展优势支柱产业和大型企业集团，打造知名品牌的需要，以提高现代经营管理水平和企业国际竞争力为核心，以战略企业家和职业经理人为重点，加快推进企业经营管理人才职业化、市场化、专业化和国际化，培养造就一批具有全球战略眼光、市场开拓精神、管理创新能力、社会责任感的优秀企业家和一支高素质的企业经营管理人才队伍。

主要措施：深入实施企业家培养工程，依托跨国公司、高水平大学和其他培训机构，加强企业经营管理人才培训，提高战略管理和跨文化经营管理能力。实施新型企业家培养工程，培养引进一批科技创新创业企业家和企业发展急需的战略规划、资本运作、科技管理、项目管理等方面的专门人才。采取组织选拔与市场化选聘相结合的方式选拔国有企业领导人员。健全企业经营管理者聘任制、任期制和任期目标责任制，实行契约化管理。完善以市场和出资人认可为核心的企业经营管理人才评价体系，积极发展评价机构，建立社会化的职业经理人资质评价制度，健全经营业绩评价指标体系。完善年度薪酬管理制度、协议工资制度和股权激励等中长期激励制度。完善监督约束机制，形成“职责明确、界面清晰、监督全面、约束有力”的监督体系，规范企业经营管理者行为，提高对企业发展的贡献度。

（五）加强专业技术人才队伍建设

发展目标：适应我市改革开放和社会主义现代化建设的需要，以提高专业水平和创新能力为核心，以高层次人才和紧缺人才为重点，打造一支高素质专业技术人才队伍。

主要措施：加强高层次创新创业人才队伍建设，以我市优势支柱产业和现代服务业、战略性新兴产业为重点，培养引进一批高层次创新创业领军人才和急需紧缺专门人才。继续做好院士人选推荐选拔工作，配合实施“长江学者奖励计划”、“新世纪百千万人才工程”、“国家杰出青年科学基金”等国家重大人才项目工程，鼓励和支持优秀人才特别是中青年人才申请国家各类基金资助、申报“中国青年科技奖”，申请和承担国家级、部市级科研项目（课题）、重点工程，以及在国内外学术团体任职，努力培养国内一流、国际领先的科技领军人才和拔尖创新人才；深入实施院士后备人选资助扶持计划、“131”创新型人才培养工程和企业创新人才工程，大力实施高层次人才聚集工程、青年人才开发工程、金融人才开发工程、高素质教育卫生人才开发工程、宣传文化人才开发工程，开展享受政府特殊津贴专家、天津市授衔专家、天津市特聘教授等的选拔工作，做好天津青年科技奖评选表彰工作，全面构建由国家级和市级顶尖人才以及优秀青年后备人才为主体的高层次人才梯队。实施市政府特聘专家制度。加大现代服务业人才开发力度，重视传统服务业各类技术人才培养。发挥各类社会组织特别是市级综合性人才及学术技术团体培养专业技术人才的作用。制定双向挂职、短期工作、项目合作等灵活多样的人才柔性流动政策，引导党政机关、科研院所和高等学校专业技术人才向企业、社会组织和基层一线有序流动，促进专业技术人才合理分布。统筹推进专业技术职称和职业资格制度改革。改进专业技术人才收入分配等激励办法。改善基层专业技术人才工作、生活条件，拓展职业发展空间。注重发挥离退休专业技术人才的作用。

（六）加强高技能人才队伍建设

发展目标：适应走新型工业化道路和产业结构优化升级的要求，以提升职业素质和职业技能为核心，以技师和高级技师为重点，形成一支门类齐全、技艺精湛的高技能人才队伍。

主要措施：完善以企业为主体、职业院校为基础，学校教育与企业培养紧密联系、政府推动与社会支持相结合的高技能人才教育培养体系。加强职业培训，统筹职业教育发展，整合利用现有各类职业教育培训资源，依托大型骨干企业（集团）、重点职业院校和培训机构，建设一批示范性高技能人才培养基地和公共实训基地，争取列入国家级基地。深入推进与教育部共建职业教育改革创新示范区，创新职业教育体制、改革职业教育培养模式、提升职业教育质量，努力打造职业教育创新示范的标志区、职业教育国际交流基地和全国职业院校技能大赛平台。加强国家示范性高职院校建设和国家级高职高专骨干院校建设，并遴选和建设好国家职业教育改革创新示范区示范校。加强职业教育“双师型”教师队伍建设。在职业教育中推行学历证书和职业资格证书“双证书”制度。建立健全就业准入制度。逐步实行中等职业教育免费和学生生活补助制度。实施高技能人才开发工程。广泛开展各种形式的职业技能竞赛和岗位练兵活动，办好全国职业院校技能大赛。完善政府购买培训成果机制，引导社会培训机构培养市场紧缺高技能人才。以高新技术开发、项目引进、技能人才培养基地建设等为载体，完善高技能人才流动机制。积极探索高技能人才多元评价机制，建立以职业能力为导向、以工作业绩为重点、注重职业道德和职业知识水平的技能人才评价体系。制定高技能人才与工程技术人才职业发展贯通办法。建立高技能人才绝技绝活代际传承机制。完善高技能人才信息发布制度，定期发布高技能人才供求信息和工资指导价位信息，建立技师、高级技师与其贡献相适应的分配激励机制。完善高技能人才评选表彰制度，做好天津市有突出贡献技师、天津市技术能手的评选表彰工作，进一步提高高技能人才经济待遇和社会地位。充分发挥技师、高级技师的岗位关键作用和在解决技术难题、实施精品工程项目等方面的重要作用。

（七）加强农村实用人才队伍建设

发展目标：围绕社会主义新农村建设，按照“激活存量、扩大总量、提高素质、优化结构、完善机制”的工作目标，以提高科技素质、职业技能和经营能力为核心，以农村实用人才带头人和农村生产经营型人才为重点，使我市农村实用人才总量大幅度增加，农村人力资源整体实力不断增强。

主要措施：实施《天津市农民教育培训条例》，通过开展农业实用技术培训、农村劳动力职业技能培训和农民成人学历教育等教育培训活动，培育壮大农村实用人才队伍。对全市广大农民进行形势政策、思想道德、民主法制、科技知识等普及教育，培养文明健康科学的生产生活方式，使全市农民思想道德素质、科学文化素质和法制观念明显提高。鼓励和支持农村实用人才带头人牵头建立专业合作组织和专业技术协会，加快培养农业产业化发展急需的企业经营管理人员、农民专业合作组织带头人和农村经纪人。积极扶持农村实用人才创业兴业，在创业培训、项目审批、信贷发放、土地使用等方面给予政策支持。建立农村实用人才评价制度。加大对农村实用人才的表彰激励和宣传力度，深入开展农村种养状元、能手评选工作，提高农村实用人才的社会地位。加大公共财政对农村发展急需的农业技术人员、教师、医生等方面人才培养的支持力度。继续开展城乡人才对口扶持，加强对技能服务型人才和技能带动型人才的创业扶持，带动更多人就业，促进农业增效、农民增收、农村繁荣。

（八）加强社会工作人才队伍建设

发展目标：适应构建社会主义和谐社会的需要，以人才培养和岗位开发为基础，以中高级社会工作人才为重点，培养造就一支职业化、专业化的社会工作人才队伍。

主要措施：建立不同学历层次教育协调配套、专业培训和知识普及有机结合的社会工作人才培养体系。加强社会工作学科专业体系建设。建设一批社会工作培训基地。加强社会工作从业人员专业知识培训，制定社会工作培训质量评估指标体系。建立健全社会工作人才评价制度。加强社会工作者队伍职业化管理。加快制定社会工作岗位开发设置政策措施。推进公益服务类事业单位、城乡社区和公益类社会组织建设，完善培育扶持和依法管理社会组织的政策。组织实施社会工作服务组织标准化建设示范工程。研究制定政府购买社会工作服务政策。建立社会工作人才和志愿者队伍联动机制。制定加强社会工作人才队伍建设的实施意见。

四、人才工作体制机制创新

（一）创新人才工作管理体制

1．完善党管人才的领导体制

目标要求：坚持党管人才原则，创新党管人才方式方法，完善党委统一领导，组织部门牵头抓总，有关部门各司其职、密切配合，社会力量广泛参与的人才工作格局。发挥党委领导核心作用，统筹经济社会发展和人才发展，切实履行好管宏观、管政策、管协调、管服务的职责，用事业凝聚人才，用实践造就人才，用机制激励人才，用法制保障人才，提高党管人才工作水平。党政主要负责人要树立强烈的人才意识，善于发现人才、培养人才、团结人才、用好人才、服务人才。

主要任务：制定完善党管人才工作格局的实施意见。各级党委要健全人才工作领导机构和工作机构，配备专职工作人员，建立科学的决策机制、协调机制和督促落实机制，形成统分结合、上下联动、协调高效、整体推进的人才工作运行机制。建立党委、政府人才工作目标责任制，提高各级党政领导班子综合考核指标体系中人才工作专项考核的权重。各级党委、政府要加强对人才工作的领导和指导，加快形成党政“一把手”抓“第一资源”的局面。建立各级党委常委会听取人才工作专项报告制度。完善党委联系专家制度。实行重大决策专家咨询制度。完善党委组织部门牵头抓总职能，发挥政府人力资源管理部门作用，强化各职能部门人才工作职责，充分调动各人民团体、企事业单位、社会组织的积极性，动员和组织全社会力量，形成人才工作整体合力。

2．改进人才管理方式

目标要求：围绕用好用活人才，完善政府宏观管理、市场有效配置、单位自主用人、人才自主择业的人才管理体制。改进宏观调控，推动政府人才管理职能向创造良好发展环境、提供优质公共服务转变，运行机制和管理方式向规范有序、公开透明、便捷高效转变。健全人才市场体系，发挥市场配置人才资源的基础性作用。遵循放开搞活、分类指导和科学规范的原则，深化国有企业和事业单位人事制度改革，创新管理体制，转换用人机制，扩大和落实单位用人自主权。充分发挥用人单位在人才培养、引进和使用中的主体作用。

主要任务：按照政府行政管理体制改革的总体部署，完善人才管理运行机制。规范行政行为，推动人力资源管理部门进一步简政放权，减少和规范人才评价、流动等环节中的行政审批和收费事项。分类推进事业单位人事制度改革，逐步建立起权责清晰、分类科学、机制灵活、监管有力的事业单位人事管理制度。克服人才管理中存在的行政化、“官本位”倾向，取消科研院所、学校、医院等事业单位实际存在的行政级别和行政化管理模式。在科研、医疗等事业单位探索建立理事会、董事会等形式的法人治理结构。建立与现代科研院所制度、现代大学制度和公共医疗卫生制度相适应的人才管理制度。完善国有企业领导人员管理体制，健全符合现代企业制度要求的企业人事制度。鼓励有条件的区县、行业和重点领域结合自身实际建立与国际人才管理体系接轨的人才管理改革试验区。

3．加强人才工作法制建设

目标要求：坚持用法制保障人才，推进人才管理工作科学化、制度化、规范化，形成有利于人才发展的法制环境。做好国家相关法律法规的实施工作，加强地方性法规的制定和完善工作，建立健全涵盖人才安全保障、人才权益保护、人才市场管理和人才培养、吸引、使用等人才资源开发管理各个环节的人才法规体系。

主要任务：围绕国家制定的人才开发促进法和终身学习、工资管理、事业单位人事管理、专业技术人才继续教育、职业资格管理、人力资源市场管理、外国专家来华工作等方面的法律法规，研究制定符合我市实际的配套法规；进一步完善人才流动、专业技术人员继续教育、职工教育、农民教育、人事争议仲裁、社会保障等地方性法规，建立健全人才资源开发管理各个环节的法规体系，加强人才执法和执法监督，切实保护人才和用人主体合法权益。

（二）创新人才工作机制

1．人才培养开发机制

目标要求：坚持以国家发展需要和社会需求为导向，以提高思想道德素质和创新能力为核心，完善现代国民教育和终身教育体系，注重在实践中发现、培养、造就人才，构建人人能够成才、人人得到发展的人才培养开发机制。坚持面向现代化、面向世界、面向未来，充分发挥教育在人才培养中的基础性作用，立足培养全面发展的人才，突出培养创新型人才，注重培养应用型人才，深化教育改革，促进教育公平，提高教育质量。统筹规划继续教育，建设学习型城市。

主要任务：坚持把社会主义核心价值体系教育贯穿人才培养开发全过程，不断提高各类人才的思想道德水平。建立人才培养结构与经济社会发展需求相适应的动态调控机制，优化教育学科专业、类型、层次结构和区域布局。创新人才培养模式，全面推进素质教育。坚持因材施教，建立高等学校拔尖学生重点培养制度，实行特殊人才特殊培养。改革高等学校招生考试制度，建立健全多元招生录取机制，提高人才培养质量。建立社会参与的人才培养质量评价机制。积极推进职业教育改革创新示范区建设，完善发展职业教育的保障机制，改革职业教育模式。完善在职人员继续教育制度，分类制定在职人员定期培训办法，倡导干中学。构建网络化、开放式、自主性终身教育体系，大力发展现代远程教育，支持发展各类专业化培训机构。

2．人才评价发现机制

目标要求：建立以岗位职责要求为基础，以品德、能力和业绩为导向，科学化、社会化的人才评价发现机制。完善人才评价标准，克服唯学历、唯论文倾向，对人才不求全责备，注重靠实践和贡献评价人才。改进人才评价方式，拓宽人才评价渠道。把评价人才和发现人才结合起来，坚持在实践和群众中识别人才、发现人才。

主要任务：健全科学的职业分类体系，建立各类人才能力素质标准。建立以岗位绩效考核为基础的事业单位人员考核评价制度。分行业制定事业单位领导人员考核评价办法。完善重在业内和社会认可的专业技术人才评价机制。加快推进职称制度改革，规范专业技术人才职业准入，依法严格管理；完善专业技术人才职业水平评价办法，提高社会化程度；完善专业技术职务任职评价办法，落实用人单位在专业技术职务（岗位）聘任中的自主权。完善以任期目标为依据、工作业绩为核心的国有企业领导人员考核评价办法。探索技能人才多元评价机制，逐步完善社会化职业技能鉴定、企业技能人才评价、院校职业资格认证和专项职业能力考核办法。健全完善党政领导干部考核评价机制。建立健全公务员职位分类制度。建立在重大科研、工程项目实施和急难险重工作中发现、识别人才的机制。健全举才荐才的社会化机制。

3．人才选拔任用机制

目标要求：改革各类人才选拔使用方式，科学合理使用人才，促进人岗相适、用当其时、人尽其才，形成有利于各类人才脱颖而出、充分施展才能的选人用人机制。深化党政领导干部选拔任用制度改革，提高选人用人公信度。健全国有企业领导人员选拔制度，加大市场化选聘力度。完善事业单位聘用制度和岗位管理制度，健全事业单位领导人员选拔制度。

主要任务：完善党政领导干部公开选拔、竞争上岗制度，加大竞争性选拔干部力度。规范干部选拔任用提名制度。完善市委和区县党委讨论决定任用重要干部票决制。坚持和完善党政领导干部职务任期制。探索建立聘任制公务员管理制度。建立健全组织选拔、市场配置和依法管理相结合的国有企业领导人员选拔任用制度，完善国有资产出资人代表派出制和选举制。健全事业单位领导人员委任、聘任、选任等任用方式。全面推行事业单位公开招聘、竞聘上岗和合同管理制度。实行全球招聘制度，择优选聘高等学校、科研院所和市管企业等关键岗位和重大科技项目负责人。

4．人才流动配置机制

目标要求：根据完善社会主义市场经济体制的要求，推进人才市场体系建设，完善市场服务功能，畅通人才流动渠道，建立政府部门宏观调控、市场主体公平竞争、中介组织提供服务、人才自主择业的人才流动配置机制。健全人才市场供求、价格、竞争机制，进一步促进人才供求主体到位。大力发展人才服务业，发挥中国北方人才市场、中国（天津）人力资源开发服务中心等作用，引进国际知名人才中介服务机构，加快培育国际人才市场。加强政府对人才流动的政策引导和监督，推动产业、区域人才协调发展，促进人才资源有效配置。

主要任务：建立统一规范、更加开放的人力资源市场，发展专业性、行业性人才市场。健全专业化、信息化、产业化、国际化的人才市场服务体系。积极培育专业化人才服务机构，注重发挥人才服务行业协会作用。进一步破除人才流动的体制性障碍，研究制定发挥市场配置人才资源基础性作用的政策措施。推进政府所属人才服务机构管理体制改革，实现政事分开、管办分离。逐步建立城乡统一的户口登记制度，调整户口迁移政策，使之有利于引进人才。加快建立社会化的人才档案公共管理服务系统。完善社会保险关系转移接续办法。建立人才需求信息定期发布制度，编制经济社会发展急需紧缺人才目录。完善劳动合同、人事争议仲裁、人才竞业避止等制度，维护各类人才和用人单位的合法权益。深化与中央和国家机关各部委、国家级科研院所、全国知名高等学校的合作，采取多种方式用好高端人才智力资源。完善环渤海区域人才交流合作机制，加快推进区域人才开发一体化。

5．人才激励保障机制

目标要求：完善分配、激励、保障制度，建立健全与工作业绩紧密联系、充分体现人才价值、有利于激发人才活力和维护人才合法权益的激励保障机制。完善各类人才薪酬制度，加强对收入分配的宏观管理，逐步建立秩序规范、激发活力、注重公平、监管有力的工资制度。坚持精神激励和物质奖励相结合，健全以政府奖励为导向、用人单位和社会力量奖励为主体的人才奖励体系。完善以养老保险和医疗保险为重点的社会保障制度，形成国家、社会和单位相结合的人才保障体系。

主要任务：稳步推进工资制度改革。建立产权激励制度，制定知识、技术、管理、技能等生产要素按贡献参与分配的办法。健全国有企业人才激励机制，推行股权、期权等中长期激励办法，重点向创新创业人才倾斜。逐步提高企业退休人员基本养老金，对在企业退休的高层次专业技术人员给予重点倾斜。建立完善事业单位岗位绩效工资制度。探索高层次人才、高技能人才协议工资制和项目工资制等多种分配形式。建立功勋荣誉制度，表彰在经济社会发展中作出杰出贡献的人才。调整规范各类人才奖项设置。研究特殊人才有关税费减免或代偿代缴办法。研究制定人才补充保险办法，支持用人单位为各类人才建立补充养老、医疗保险。

五、实施重大人才政策

（一）实施促进人才投资优先保证的财税金融政策

各级政府要优先保证对人才发展的投入，确保教育、科技支出增长幅度高于财政经常性收入增长幅度，卫生投入增长幅度高于财政经常性支出增长幅度。逐步改善经济社会发展的要素投入结构，较大幅度增加人力资本投资比重，提高投资效益。认真落实市委、市政府关于市人才发展基金的投入政策，进一步扩大市人才发展基金的规模和使用范围，改进和完善市人才发展基金的管理体制和运行机制，设立办公室和专门账户直接负责基金的使用、管理和划拨，注重提高使用效率和投入效益。各区县、行业和重点领域都要建立人才发展基金或专项资金，直接用于人才开发，并纳入财政（或财务）预算，建立人才投入逐年增长机制。鼓励和支持企业、社会组织建立人才发展基金。创新人才发展基金使用方式，深化实施企业人才援助工程，促进企业又好又快发展。在重大建设和科研项目经费中，应安排部分经费直接用于人才开发。按照国家的有关规定，适当调整财政税收政策，提高企业职工培训经费的提取比例。通过税收、贴息等优惠政策，鼓励和引导社会、用人单位、个人投资人才资源开发。积极争取国家人才开发和引智项目，合理利用国际组织和外国政府贷款投资人才开发项目。

（二）实施产学研合作培养创新人才政策

建立政府指导下的以企业为主体、市场为导向、多种形式的产学研战略联盟，通过共建科技创新平台、开展合作教育、共同实施重大项目等方式，培养高层次人才和创新团队。整合利用高等学校、科研院所和大企业集团的优势资源，以国家级和省部级重点学科、重点实验室、工程技术研究中心、企业技术中心等为依托，加快建设一批科研成果产业化示范基地和创新型人才培养基地，促进学科链、产业链和人才链的有机融合，构筑高层次创新型人才的事业平台和服务平台。实行“人才+项目”的培养模式，依托重大人才计划以及重大科研、工程、产业攻关、国际科技合作等项目，在实践中集聚和培养创新人才。建立以人才为核心的产学研合作新机制，完善重大项目与重点人才对接机制，实施优秀人才创新项目择优资助计划，加大对创新型人才和团队的支持力度。实施创新型人才培育计划，加强专业学位教育，建立高等学校、科研院所和企业高层次人才双向交流制度，推行产学研联合培养研究生的“双导师制”。加快实施百名综合配套改革创新人才培养工程，大力开展校企引智合作工程。改革完善博士后制度，加强博士后科研流动站和工作站建设，深化实施博士后赴国际著名高等学校、科研机构培训制度，建设一批博士后创新实践基地，提高博士后培养质量。对企业等用人单位接纳高等学校、职业学校学生实习等实行财税优惠政策。

（三）实施更加开放的人才政策

适应天津在更大范围、更广领域、更高层次上参与国际经济科技文化等方面合作与竞争的需要，进一步扩大人才工作对外开放，推进人才国际化进程，增强我市人才国际竞争力。抓紧培养造就一批复合型、高层次、通晓国际规则的国际化人才。大力引进海外高层次人才，继续完善出入境和长期居留、税收、保险、住房、子女入学、配偶安置，担任领导职务、承担重大科技项目、参与国家标准制定、参加院士评选和政府奖励等方面的特殊政策措施，营造有利于海外高层次人才创新创业的发展环境。实行海外高层次人才特聘专家制度。加强国家和我市引进海内外高层次人才服务窗口建设。实行海内外高层次人才需求公开发布、对接洽谈和留学人员登记推荐就业等制度，加强留学人员创业园建设，充分发挥海外工作站作用，全方位、多渠道吸引海外留学人员。组织开展海外高层次人才津门行、创新创业论坛等活动，搭建用人单位和海外高层次人才之间的对接平台。加大引进国外智力工作力度，完善引智政策，拓宽引智渠道，加强引智基地建设，注重引智成果推广，切实发挥引智工作在我市经济社会发展中的重要作用。开发利用国（境）外优质教育培训资源，加强出国（境）教育培训工作。规范建设天津市优秀人才海外培训基地。支持高等学校、科研院所与海外高水平教育、科研机构开展人才智力交流，建立联合研发基地。支持企业设立海外研发机构。大力引进国际通用的职业资格认证制度，推进专业技术人才职业资格国际、地区间互认。加强与国际著名人力资源中介服务机构合作，培育我市的国际人才中介服务机构。维护重要人才安全。

（四）实施鼓励人才创新创业政策

统筹人才和行业、产业等政策，整合人才发展基金、科技项目资金、成果转化专项资金、中小企业扶持资金等，突出重点，集成优势，大力支持带技术、带资金、带项目来津创新创业的科技型企业家，大力支持科技人才进行原创性研发和科技成果产业化，尽快突破一批关键技术或核心技术，拥有更多的自主知识产权，促进高新技术产业、战略性新兴产业和现代服务业发展。建立符合企事业单位科技人员和管理人员不同特点的职业发展途径，鼓励和支持科技人员在创新实践中成就事业并享有相应的社会地位和经济待遇。对事业单位管理人员全面推行职员制度。完善科研管理制度，扩大科研机构用人自主权和科研经费使用自主权，健全科研机构内部决策、管理和监督的各项制度。建立以学术和创新绩效为主导的资源配置和学术发展模式。改进科技评价和奖励方式，完善以创新和质量为导向的科研评价办法，克服考核过于频繁、过度量化的倾向。完善科技经费、科技计划管理办法，对高水平创新团队给予长期稳定支持。健全科研院所分配激励机制，注重向科研关键岗位和优秀拔尖人才倾斜。采取多种方式，开辟多种渠道，研究解决引进人才住房问题，改善青年科技人才的生活条件，在政府保障性住房建设中优先解决人才住房问题，有条件的地区要专门建设人才周转公寓。

促进知识产权质押融资、创业贷款等业务的规范发展，完善支持人才创业的金融政策。完善知识产权、技术等作为资本参股的措施。加大税收优惠、财政贴息力度，扶持创业风险投资基金，支持创办科技型企业，促进科技成果转化和技术转移。加强创业技能培训和创业服务指导，提高创业成功率。继续加大对创业孵化器等基础设施的投入，创建创业服务网络，探索多种组织形式，为人才创业提供服务。制定科研机构、高等学校科技人员创办科技型企业的激励保障办法。

按照与人力资源和社会保障部共建促进以创业带动就业试验区的要求，制定劳动保障、市场准入、税费优惠、产业引导、户籍制度、土地房屋使用、信息技术支持等政策，形成促进以创业带动就业的政策支撑体系。通过培育创业载体、完善金融支撑体系、创业培训和服务体系，鼓励和支持各类人才自主创业，把我市初步建成人人竞相创业、社会充分就业、发展充满生机活力的创业型示范城市。确立以业绩为取向的人才价值观，实现一流人才享受一流待遇、一流贡献得到一流报酬，充分体现知识价值、劳动价值和人才价值。大力宣传我市人才政策环境、机制环境、生态环境和人文环境及各类人才的创新创业创优活动，动员全社会关心支持人才工作，进一步营造尊重劳动、尊重知识、尊重人才、尊重创造的社会氛围。

（五）实施促进人才向经济建设一线和基层集聚的引导政策

研究制定工资、职务、职称等相关优惠倾斜政策，鼓励人才到重大项目、重点工程和企业、社区、农村工作，促使优秀人才向经济建设主战场和基层一线集聚。在企业建立“院士专家工作站”，引导各种创新与智力要素向企业汇集，促进企业核心竞争力大幅提升。完善科技特派员到农村和企业服务的政策措施。逐步提高市级党政机关从基层招录公务员的比例。鼓励和支持各类人才到区县创新创业，增加区县高层次人才数量，优化区县人才结构，提高区县人才素质。鼓励高校毕业生自主创业和到艰苦地区、农村基层创业就业扶持办法。开发基层社会管理和公共服务岗位，用于吸引城市人才和高校毕业生。实施公职人员到基层服务和锻炼的派遣与轮调办法。深入贯彻落实引导高校毕业生面向基层就业的政策，改进和完善选调生制度，做好选聘高校毕业生到村任职工作，完善实施“三支一扶”计划、大学生志愿服务西部计划和农村义务教育阶段学校教师特设岗位计划等政策，做好选调生、公务员录用、选聘高校毕业生到村任职等工作的政策衔接。做好干部援藏援疆、“博士服务团”成员选派等工作。

（六）实施鼓励非公有制经济组织、新社会组织人才发展政策

将非公有制经济组织、新社会组织人才开发纳入各级政府人才发展规划，研究制定加强非公有制经济组织、新社会组织人才队伍建设的实施意见，促进中小企业和社会中介组织发展。对社会主义市场经济体制下各种所有制组织中的人才，坚持一视同仁、平等对待。政府在人才培养、吸引、评价、使用等方面的各项政策，非公有制经济组织、新社会组织人才平等享受。政府支持人才创新创业的资金、项目、信息等公共资源，向非公有制经济组织、新社会组织人才平等开放。政府开展人才宣传、表彰、奖励等方面活动，非公有制经济组织、新社会组织人才平等参与。

（七）完善人才流动政策

坚持以市场为导向，依法维护人才的合法权益，保证人才流动的规范性和有序性。建立人才业绩档案，发展人才智力租赁业，鼓励人才自主流动。探索建立居住证与户籍对接制度，实行海外高层次人才“绿卡”制度。推进党政人才、企业经营管理人才、专业技术人才“三支队伍”之间人才合理流动，完善“三支队伍”人才交流和挂职锻炼制度，打破身份、单位、部门和所有制，营造开放的用人环境。扩大党政机关和国有企业事业单位领导人员跨地区跨部门交流任职范围。拓宽党政人才来源渠道，完善从企事业单位和社会组织选拔人才制度。完善党政机关人才向企事业单位流动的社会保险关系转移接续办法。实施政府雇员制，完善辞职辞退制度、争议仲裁制度。

（八）完善人才激励政策

根据我市经济社会发展水平，稳步提高各类人才的福利待遇。按照国家规定，逐步建立符合党政机关工作性质和特点的公务员津贴补贴制度，建立与经济发展相适应的公务员收入增长机制。引导企业不断完善与知识经济和现代企业制度相适应的市场化薪酬体系，探索知识、技术、管理、技能等生产要素参与收益分配的方式和途径，建立有利于人才创新创造、潜能发挥和绩效提升的科学激励办法。建立有利于产学研结合，有利于团结协作、联合攻关的分配机制。建立人才资本和科研成果有偿转移制度，实行人才资本产权激励。建立和完善适应不同事业单位特点、以岗位绩效工资为主体、着重发挥绩效工资激励作用的多元化分配机制。重点岗位的特殊人才、技术管理人才和短缺人才实行协议工资。进一步规范和完善全市人才奖励体系，对在我市经济社会发展中作出重大贡献的人才给予重奖。

（九）实施促进人才发展的公共服务政策

完善政府人才公共服务体系，建立全市统一开放、高效便捷的服务网络。健全人事代理、社会保险代理、企业用工登记、劳动人事争议调解仲裁、人事档案管理、就业服务等公共服务平台，满足人才多样化需求。创新政府提供人才公共服务方式，建立政府购买公共服务制度。加强对人才公共服务产品的标准化管理，大力开发公共服务产品。统筹规划人力资源公共服务机构建设，加快人力资源市场服务平台建设。构建服务能力强、监督机制全、体现公平正义的人力资源管理和服务体系。

（十）实施知识产权保护政策

实施《天津市知识产权战略纲要》。坚持“激励创造、有效运用、依法保护、科学管理”的方针，以加快自主知识产权创造为基础，以促进实施转化为重心，以营造优良创新创业环境为保障，以提高区域竞争能力和可持续发展能力为目标，不断提升知识产权科学管理能力和服务水平。制定职务技术成果条例，完善科技成果知识产权归属和利益分享机制，保护科技成果创造者的合法权益。明确职务发明人权益，提高主要发明人受益比例。制定职务发明人流动中的利益共享办法。建立非职务发明评价体系，加强对非职务发明创造的支持和管理。研究制定支持个人和中小企业发明创造的资助办法，鼓励创造知识财产。加强专利技术运用转化平台建设。完善非物质文化遗产传承人知识产权保护相关措施。完善知识产权工作体系，加大知识产权宣传普及和执法保护力度。建立健全有利于知识产权保护的社会信用制度。营造保护知识产权的法制、市场和文化氛围，提升知识产权创造、运用、保护和管理能力，推进国际合作交流。

六、实施重大人才工程

（一）滨海新区人才高地建设工程

紧紧围绕把滨海新区建设成为我国北方对外开放的门户、高水平的现代制造业和研发转化基地、北方国际航运中心和国际物流中心的战略目标，按照综合配套改革试验的总体要求，先行先试一批重大人才政策和工程，创新体制机制，创建“人才特区”。加快建设“中国·滨海科技城”，大力聚集中央企业研发中心、国家级科研院所和跨国公司研发机构，引进更多创新创业领军人才和团队。加快实施海外高层次人才引进计划、创新创业领军人才及团队引进计划、国际顶尖大师进滨海计划、留学回国人员创业启动支持计划、现代服务业高层次人才引进计划和博士后人才引进计划，实施人才国际化培养计划、企业家培育计划、高技能人才素质提升计划，使滨海新区人才自主创新能力和国际竞争力显著提高。加快推进功能区开发，吸引、建设更多高水平大项目好项目，加强各类科技创新平台和研发机构建设，为培养和聚集更多优秀人才提供高水平事业平台。发展中国国际人才市场天津滨海新区分市场。

（二）高层次人才聚集工程

大力实施海外高层次人才引进计划，在“十二五”期间，引进并重点支持1000名左右能够突破关键技术、发展高新技术产业、带动新兴学科和新兴产业的国际一流科学家和科技创新创业领军人才，以及金融、文化、教育、社会工作、社会科学等领域业绩突出、知名度高的人才。各区县、各部门和各单位也要着眼长远发展需要，制定实施高层次人才和急需紧缺人才引进计划，努力使我市成为海内外高层次人才聚集的高地和成就事业的沃土。积极争取我市引进的海外高层次人才更多地进入国家“千人计划”。

（三）新型企业家培养工程

围绕大力发展高新技术产业、积极培育战略性新兴产业和加快发展现代服务业，制定实施高层次创新创业领军人才和团队培养计划。有关部门和用人单位给予扶持，市人才发展基金给予重点资助，采取国（境）内外培训、政策支持、重大项目历练、重点联系服务等方式，用5到10年时间培养1000名科技型、知识型、创新型企业家和创新创业团队。通过实施计划，发挥新型企业家的引领作用，推动高新技术企业和科技型中小企业做大做强，培育一批水平高、规模大、竞争力强的龙头企业和企业集群，形成我市新的经济增长点，为构筑高端产业高地、自主创新高地提供重要支撑。

（四）“131”创新型人才培养工程

加快实施“131”创新型人才培养工程，加强规划，改进方式，完善措施，缩短周期，扩大培养规模，加大资助力度，到2020年，培养1000名在国际上具有一定知名度、进入世界科技前沿领域或具有国内领先水平和创新优势的创新领军人才；培养3000名在全国专业领域内知名、居全市领先地位的学术技术带头人；培养10000名各部门各单位的专业技术骨干和学术技术带头人后备力量。坚持在创新实践中培养创新型人才，用创新成果评价创新型人才，重点资助原创性研发和科研成果转化。瞄准世界科技前沿和战略性新兴产业，选择我市具有相对优势的科研和学术领域，重点支持和培养一批中青年科技创新领军人才和拔尖人才；依托一批国家和我市重大科研项目、重点工程和重大建设项目，建设一批重点领域创新团队；依托高等学校、科研院所和高新技术产业开发区、示范工业园区、现代农业科技园等，建设一批创新型人才培养基地和科技成果转化基地，组织开展人才与企业、人才与项目对接活动，努力使“131”创新型人才培养工程成为我市高层次创新型人才的“孵化器”和推动科技进步、促进经济社会又好又快发展的“加速器”。

（五）青年人才开发工程

着眼于人才基础性培养和战略性开发，提升我市未来人才竞争力，在自然科学、哲学社会科学和文化艺术等重点学科领域，每年重点培养扶持一批青年拔尖人才。在高等学校、科研院所和企业的优势学科、重点实验室、工程技术中心、企业技术中心建设一批青年英才培养基地，按照严入口、小规模、重特色、高水平的原则，每年选拔一批拔尖大学生、青年学术技术骨干进行专门培养。为培养造就未来我市所需的高素质、专业化管理人才，每年从应届高中、大学毕业生中筛选一批优秀人才送到国外一流大学深造，进行定向跟踪培养。实施天津市青少年科技创新人才培养工程，培育青年人才后备军。

（六）经济社会发展重点领域人才培养工程

围绕我市加快转变经济发展方式，构建高端化高质化高新化产业结构，发展优势支柱产业、战略性新兴产业和现代服务业，在经济社会发展的重点领域，开展大规模教育培训。"十二五"期间每年培训1万名高层次人才、急需紧缺专门人才和骨干专业技术人才，到2020年累计培训10万名左右。依托高等学校、科研院所和大型企业现有施教机构，全市建设一批高水平继续教育基地，争取进入国家级基地。大力开发利用国内外高水平教育培训资源，瞄准世界科技前沿和产业发展高端，注重培养世界眼光和战略思维，不断学习新知识、新技术、新经验，提升各类人才的综合素质和业务能力。

（七）高技能人才开发工程

适应走新型工业化道路、加快产业结构优化升级的需要，加强职业院校和实训基地建设，培养造就一大批具有精湛技艺的高技能人才。加快建设国家职业教育改革创新示范区，以海河教育园区为依托，建设国家西部民族地区技能型紧缺人才培养基地、国家职业教育课程资源开发和质量监测评估中心、国家职业教育师资培训中心、国家职业教育研究和成果转化中心、国家职业教育发展博物馆和全国职业教育技能大赛主赛场。通过引进国外优质职教资源和示范校、骨干校建设，推动职业教育人才培养质量的提高。实施高素质技能人才培训计划。通过技师研修、学校教育、名师带徒、技能竞赛、校企合作、技术攻关等多种形式，加快高技能人才培养。创新技能人才培养途径，推进“蓝领双证工程”。加快建设高技能人才培养基地和技师研修站，建设一批技能大师工作室，争取纳入全国技能大师工作室。培养造就一批能够实现由“天津制造”到“天津创造”的能工巧匠和高素质技术工人。

（八）金融人才开发工程

以实施金融人才“百千万工程”为载体，加快金融人才特别是金融高级管理人才培养步伐，积极引进各类金融专业人才、监管人才和复合型人才。用5到10年的时间，引进培养100名左右从业经验丰富的股权投资基金管理人，200名左右熟悉资本市场建设、通晓国际经验、熟悉我国资本市场结构的专业人才，300名左右对金融发展具有深刻洞察力、熟悉国际国内金融市场、具有参与国际金融竞争能力和水平的优秀金融企业家；1000名左右懂得企业管理、银行经营、资本市场等技能的复合型经营管理人才，1000名左右研究分析、产品开发、风险控制、保险精算、外汇管理、信息技术、市场营销等各类高级专业人才；每年培养造就10000名爱岗敬业、诚实守信、具有高水平岗位技能的金融业员工。

（九）高素质教育卫生人才开发工程

实施高素质教育人才引进与培养计划，通过研修培训、学术交流、项目资助等方式，培养一大批各类学校教育教学骨干、“双师型”教师、学术带头人和校长，建设一支高素质创新型教育人才队伍。到2020年，高校中在津两院院士有明显增加，普通高校长江学者数量达到200人、在全国具有影响的普通高等教育教师达200人、职业技术教育专家型教师达到200人、基础教育专家型教师达到200人。加快实施“人才强教”战略，围绕教育事业改革与发展的总体要求，以高水平教育人才队伍建设为核心，发挥政府指导调控作用和市场调节作用，全面加强教育人才培养体系建设。紧紧抓住高水平教育人才的培养、考核评价、岗位聘用、选拔交流、表彰激励、合理流动、社会保障等环节，进一步更新观念，完善政策，创新机制，形成有利于高水平教育人才成长的制度环境和社会氛围。围绕建设我国重要的临床诊治和医学研究中心，适应深化医药卫生体制改革、保障全民健康的需要，实施高层次卫生人才培养和引进计划，培养造就一批医术精湛、全国知名的医学专家，建设一批高水平医学创新团队。加强中青年医学人才梯队建设，开展住院医师规范化培训，抓好以全科医师为重点的基层卫生人才队伍建设。

（十）宣传文化人才开发工程

适应打好文化大发展大繁荣攻坚战、建设文化强市的需要，在“十二五”期间，以建设我国北方文化资源聚集中心、文化创意中心、文化产品生产交易流通中心、新型文化业态培育中心、文化旅游休闲度假中心为目标，确立赶超型人才战略；自2016—2020年实行领先型人才战略，实施天津市宣传文化百家工程、设立“天津市文化名家”荣誉称号，拓展宣传文化“五个一批”工程，深化青年文艺人才工程，制定引进高层次宣传文化人才政策措施，加大人才奖励力度，加大人才梯队建设。到2020年，引进、培养100名左右在全国同行业领域具有引领作用、学术艺术造诣高深、成就突出的理论家、艺术家、文学家、新闻出版家、广播电视名主播、文物保护名家以及技术专家；200名左右既熟悉意识形态工作又精通文化事业文化产业经营管理、经纪代理、会展策划、文化旅游和文化产品策划营销等复合型经营管理人才；500名左右文化创意、立体影视、新兴媒体、数字出版、动漫游戏、文化主题公园、高新技术印刷复制、下一代广播电视网等战略性新兴文化产业高端专门人才；1000名左右从事经济社会发展战略研究、理论宣传、新闻采编与评论、广播电视主播、新媒体开发和应用、文学创作、影视舞台剧编导、戏曲表演、动漫创意、出版物策划编辑和营销发行、网络等新技术的开发与应用等专业门类，富有开拓精神、发挥骨干示范作用的高层次创新型人才；60000名左右结构优化、业务精、纪律严、作风正、适应文化事业文化产业蓬勃发展的宣传文化人才。

七、组织实施

（一）加强对《人才规划》实施工作的组织领导

在市委、市政府的领导下，市人才工作领导小组负责《人才规划》实施的统筹协调和宏观指导，研究制定各项目标任务的分解落实方案，组织实施重大人才政策和重大人才工程。建立全市人才规划实施目标责任制，把《人才规划》的各项目标任务纳入各级党政领导班子工作目标责任制和综合考核评价指标体系，加强人才工作专项考核。各级党委和政府每年至少要听取一次人才工作专项报告，及时研究解决存在的问题，推动人才规划各项任务的落实。市委组织部会同有关部门有计划、分阶段地对本规划实施情况进行督促检查，对党政领导班子和领导干部进行专项考核，并及时研究解决规划实施过程中的新情况和新问题，确保各项目标任务落到实处。建立人才规划评估修订机制，对规划确定的目标、任务及措施等内容，根据未来形势变化和规划实施进度情况适时进行修订调整，确保规划的科学性、指导性和可操作性。

（二）完善全市人才规划体系

将人才发展规划纳入全市经济社会发展总体规划，促进人才发展规划与科技、教育发展规划等各专项规划之间的有机衔接。以国家和我市中长期人才发展规划为指导，结合制定我市国民经济和社会发展“十二五”规划，编制各区县、各行业和重点领域的人才发展规划或专项规划，基层企事业单位要编制人才发展计划，使人才强国、人才强市战略目标和任务，变成人才强区（县）、人才强企、人才强校（院）的具体目标和任务，建立全市人才发展规划体系，形成加快建设人才强市的强大合力。

（三）加强对实施《人才规划》的宣传工作

大力宣传党和国家人才工作的重大战略思想和方针政策，宣传市委、市政府的部署要求，宣传实施《人才规划》的重大意义和《人才规划》的指导方针、目标任务、重大措施，使人才强市战略深入人心。及时宣传人才工作和人才创新创业的典型经验、做法和成效，形成全社会关心、支持人才发展的良好社会氛围。

（四）加强人才工作基础建设

努力建设一支热爱人才工作、专业水平高、服务意识强的高素质人才工作专兼职队伍。开展人才工作基础性、前瞻性研究，加强对重点、难点问题调查研究，探索和总结人才成长规律和人才开发规律。完善全市人才资源统计工作，健全覆盖全市的人才资源基础信息库和人才分类信息库。建立统一联网的人才资源信息系统，完善人才信息预测、发布和共享机制，更好地为全市重大项目、重点工程、重点企业、高等学校和科研院所等各类用人单位提供优质服务。

河北省中长期人才发展规划纲要
（2010—2020年）

序言

当今世界，人才已成为国家和地区发展的首要战略资源，建立发展人才优势已成为国家和地区争强固强的重大战略选择，谁拥有了人才优势，谁就拥有了发展的主导权和竞争的主动权。从现在起到2020年，河北正处于推动科学发展、实现富民强省、全面建设小康社会的关键时期。这一时期河北面临加快经济发展方式转变、构建特色现代产业体系、推进城镇化进程和新农村建设等重大紧迫战略任务，尤其是要实现经济增长方式由过度依赖资源消耗向主要依靠科技创新和提高人力资源质量的根本转变，河北在这一发展时期比以往任何时期都需要人才的支持。在未来11年中，河北能否抓住机遇，应对挑战，如期实现经济社会发展战略目标，关键在人才，根本靠人才。

改革开放特别是全国人才工作会议以来，省委、省政府高度重视人才工作，深入实施人才强省战略，科学人才观不断深入人心，党管人才工作新格局基本形成，人才政策制度体系逐步完善，市场配置人才资源的基础性作用有效发挥，全省人才工作整体水平明显提升，人才队伍整体实力不断增强。实践表明，做好河北人才工作，必须把服务科学发展作为根本任务，把解放思想作为强大动力，把能力建设作为核心目标，把创新体制机制作为基本途径，把党对人才工作的统一领导作为坚强保障。

但也必须清醒地看到，当前河北人才发展中还存在一些突出问题，主要表现为：对人才资源是第一资源的认识还不到位，高层次创新型人才和高技能人才较为短缺，人才结构和布局不尽合理，人才载体承载吸纳人才的功能较弱，影响人才发展的体制机制因素依然存在，良好的人才环境尚未完全形成。这些已成为制约河北科学发展、实现富民强省的突出问题，必须下大力从根本上破解。

今后一个时期，河北发展的机遇和挑战并存，尤其是既拥有京津冀经济一体化进程加快、环渤海地区正崛起成为我国第三增长极的有利条件，又面临发达省份既有综合竞争优势的压力，河北必须抓紧打造人才实力优势，尽快赢得发展与竞争的主动地位和后发优势，才能实现跨越发展。河北必须紧紧抓住“第一资源”，加快人才优先发展，推动河北由人口大省向人才强省转变，不断提升全省人才实力，努力为加快全省科学发展构筑人才之基。

一、指导思想、指导方针和发展目标

（一）指导思想

以邓小平理论和“三个代表”重要思想为指导，全面贯彻落实科学发展观，坚持党管人才原则，紧紧围绕河北经济社会发展大局，扭住破解突出人才制约问题，以高层次创新型科技人才、高技能人才和经济社会发展重点领域人才开发为重点，以创新人才工作体制机制为动力，以优化人才发展环境为保障，着力抓好各方面人才队伍建设的统筹推进，着力抓好重点人才工程的组织实施，着力抓好促进人才发展的配套体系建设，努力为推动河北科学发展、实现富民强省提供有力的人才保证和智力支持。

（二）指导方针

坚持人才优先发展。围绕科学发展，牢固确立人才优先发展的战略地位，做到人才资源优先开发，人才资本优先积累，人才工作优先谋划部署，以人才优先发展保证和促进经济社会科学发展。

坚持服务富民强省。把为富民强省提供有力的人才保证和智力支撑作为人才工作的着力点，紧紧围绕河北经济社会发展对人才的要求，谋划推进人才工作的思路和举措，努力使人才总量与经济社会发展相匹配，人才结构与经济结构调整相协调，人才素质与经济发展方式转变相适应。

坚持以用为本。以促进人的全面发展为根本方针，把充分发挥各类人才的作用作为人才工作的根本任务，坚持“四个尊重”，遵循人才规律，尊重人才价值，保障人才合法权益，鼓励人人成才，为各类人才成长与发挥作用提供良好平台和环境。

坚持统筹推进。以高端人才为引领，以高层次人才为重点，以应用型人才为主体，统筹推进各类各层次人才队伍建设，提升全省人才资源整体开发水平，大力促进人才资源在城乡、区域、产业、行业的合理布局，推动人才结构战略性调整，实现人才开发与经济社会发展的良性互动。

坚持改革创新。围绕解决好发展中的人才制约问题，最大限度地激发人才创造力，努力创新人才发展的理念、思路、举措，系统推进体制机制创新，建立完善有利于人才辈出、人尽其才的体制和机制，增强人才工作的活力与效能。

（三）发展目标

1．总体目标

到2020年，河北人才发展的总体目标是：人才总量稳步增长，人才素质、结构、布局、环境得到明显优化，人才工作体制机制改革取得重点突破，与现代产业体系相适应的人才支撑体系得以建立，支柱产业和一些重点科技领域的人才优势基本形成，人才资源开发能力、人才队伍整体实力、竞争力及人才使用效能大幅度提升，使河北进入人才强省之列。

2．具体目标

（1）人才规模稳步增长。到2020年，人才总量达到1247万人左右，其中，党政人才稳定在35万人左右，国有企业经营管理人才达到9万人左右，非公企业经营管理人才达到180万人左右，专业技术人才达到223万人左右，技能人才达到500万人左右，农村实用人才达到300万人左右。

（2）人才素质普遍提高。到2020年，公务员队伍中大学专科及以上学历人数比例达到95%，高层次企业经营管理人才中大学本科及以上学历人数比例达到90%，专业技术人员中大学专科及以上学历人数比例达到86%。

（3）人才结构明显优化。各类人才队伍的年龄、专业、层次等结构得到优化升级，人才在产业、行业、城乡、地区和不同经济类型的分布基本合理，人才培养与社会需求基本协调，人才结构性矛盾和人才资源浪费的问题得到有效解决。

（4）人才投入体系不断完善。各级政府优先保证对人才发展的投入，确保教育、科技支出增长幅度高于财政经常性收入增长幅度，卫生投入增长幅度高于财政经常性支出增长幅度。2010—2020年在财政收入正常增长的情况下，人才开发专项投入年均增长率为8%左右，到2020年年人才开发专项投入为12亿元左右。人才开发投入效益明显提高，多元化人才投入机制得到健全。

（5）人才工作体制机制创新取得重大进展。到2020年，党管人才的运行机制更加完善，人才资源的市场配置机制基本成熟，人才政策法规体系臻于完备，人才培养、引进、使用、评价、激励等机制基本健全，人才社会环境明显改善，对外来人才智力的吸引力切实增强，人才活力、效率、贡献率大幅度提升。

二、主要任务

（一）统筹推进各类人才队伍建设

1．党政人才队伍建设

按照加强党的执政能力建设和先进性建设的要求，以坚定理想信念、增强执政本领、提高领导科学发展能力为核心，以各级领导班子建设为重点，建设一支与实现富民强省目标相适应的高素质党政人才队伍。完善干部培养教育机制，构建理论教育、知识教育、党性教育和实践锻炼“四位一体”的干部培养教育体系，增强学习培训的系统性、针对性和实效性，全面提高党政干部的思想政治素质和执政行政能力。优化党政人才队伍年龄、知识和专业结构，加大年轻干部选拔工作力度，拓宽党政人才来源渠道，注重从基层和生产一线选拔党政人才，完善从企事业单位和社会组织选拔人才制度，完善选调生制度，做好到村（社区）任职高校毕业生的选聘和管理工作，加强培养、选拔和合理配备妇女、少数民族和非中共党员干部工作。实施好后备干部队伍建设工程，完善党政领导班子后备干部队伍选拔管理工作，实施县委书记队伍建设战略工程。坚持德才兼备、以德为先的用人标准，树立正确的用人导向，深化领导干部选拔任用制度改革，完善公开选拔、竞争上岗制度，探索公推公选等竞争性选拔方式，规范干部选拔任用提名制度，推行和完善地方党委讨论决定重要干部票决制，健全完善促进科学发展的干部考核评价体系。认真落实《公务员法》，全面加强公务员队伍教育培训工作，提高广大公务员的政治素质和公共管理服务能力。加强作风建设和反腐倡廉工作，有效解决党政干部队伍在思想作风、学风、工作作风、领导作风和生活作风上存在的突出问题。全面推进党政干部培养、选拔、任用、交流、考核、监督等制度建设和体制机制创新，努力构建完备的干部制度体系。

2．专业技术人才队伍建设

与转变发展方式、推动河北经济社会科学发展相适应，以提升专业素质和创新能力为核心，以高层次人才队伍建设为重点，努力造就一支数量充足、业务过硬、结构合理的专业技术人才队伍。深入实施专业技术人才知识更新工程，全面抓好新理论、新知识、新技术的培训，着力提升专业技术人才原始创新、集成创新和引进消化吸收再创新能力。根据国家要求制定加强高层次创新型专业技术人才队伍建设的实施意见，依托国家和省重大科研项目、重点学科和重点科研机构，建设一批高层次创新型专业技术人才培养基地，搞好国家重要人才计划和工程在我省的组织实施，努力造就国内国际一流科技领军人才和高水平创新团队。改进完善各类专家人才选拔管理制度，健全各类专家作用发挥机制，激发调动高层次人才的积极性和创造性。实施引进海外高层次人才“百人计划”，加大海外高层次创新创业人才引进力度，实行引进海外高层次人才“省级特聘专家”制度。加大青年人才培养力度，认真实施青年拔尖人才培养工程，形成有利于创新型青年拔尖人才脱颖而出的良性机制。推进专业技术人才在区域、产业、行业、专业和层次上的结构调整与合理分布，有效解决人才培养与社会需求脱节、人才供需结构矛盾突出问题，制定具体政策措施，引导专业技术人才向重点领域、欠发达地区、民营企业、科研和生产一线流动，促进专业技术人才发展与经济社会发展相协调。研究制定倾斜政策措施，加快培养引进经济社会各领域特别是重点产业短缺急需人才，促进人才向重点产业聚集，扩大创新研发、推广应用等人才队伍规模。系统推进专业技术人才培养、选拔、引进、流动、评价、激励、管理等机制创新。实施有利于科研人员潜心研究和创新的政策，改进科技评估和奖励方式，建立以创新与质量为导向的科研评估制度，健全科研诚信制度，加快推进职称制度改革，统筹专业技术职务聘任制度和职业资格制度改革，建立重在业内和社会认可的专业技术人才评价机制，建立业绩贡献与收入分配紧密挂钩并向关键岗位和优秀人才倾斜的分配激励机制，对事业单位管理人员全面推行职员制度。加大知识产权宣传普及和执法保护力度。注重发挥离退休专业技术人员作用。

3．经营管理人才队伍建设

适应做大做强企业产业、提升产业国内国际竞争力、推进企业发展方式转变的需要，以提高现代经营管理水平为核心，努力造就一批具有国际战略眼光、市场开拓精神、管理创新能力和社会责任感的优秀企业家和一支高水平的企业经营管理人才队伍。加大经营管理人才培养力度，在省管国有企业实施“经营管理双百人才工程”，在民营企业实施“百千万民营企业经营管理人才工程”，全面提升经营管理人员的素质和能力。适应国内外竞争的需要，有选择地对大中型企业领导人进行重点培育，加快造就一批熟悉国际惯例、具有战略眼光、开拓创新能力强和现代管理水平高的优秀企业家，培养引进一批高层次创业型和资本运作产业人才。推进与现代企业管理制度相适应的企业选人用人制度改革，加大市场化选聘国有企业领导人员力度，制定实施以公开平等竞争择优为导向、符合市场化配置方向的国有企业选人用人办法，支持企业向国内外公开招聘和引进经营管理人才，引导民营企业转变经营管理人员选用方式，加快企业经营管理人才职业化进程。建立以市场和出资人认可为核心的企业经营管理人才评价机制，健全职业经理人资质评价制度，完善以业绩考核为依据，薪酬与岗位责任、业绩相挂钩的分配激励机制，规范年薪制、协议工资制和股权、期权激励制度，设立省级“优秀企业家奖”，完善优秀企业家评选奖励制度。加大对民营企业经营管理人才队伍建设的支持与服务力度，完善相关配套措施。

4．高技能人才队伍建设

适应加快发展先进制造业和先进服务业、提升产业水平和竞争力的需要，以提高职业素质和职业技能为核心，以技师和高级技师为重点，建立一支门类齐全、技艺精湛的高技能人才队伍。完善技能人才培养体系，构建企业发挥主体作用、职业院校发挥阵地作用，学校和企业紧密结合、政府大力推动和社会积极支持的技能人才培养工作机制。创新优化技能人才培养方法，改革职业教育办学模式，建立完善高技能人才校企合作培养机制，建设好一批技能人才培养示范基地和高技能人才实训基地，加强职业教育“双师型”教师队伍建设，组织开展多种形式的职业技能竞赛及技术练兵、比武、交流活动，建立完善“现代学徒制度”，建立首席技师选用制度，实施高技能人才振兴计划、“新技师培养带动计划”、“燕赵金蓝领培训计划”。组织实施紧缺高技能人才培养工程，加快培养传统产业升级、现代制造业、服务业和高新技术产业等一些新兴产业发展需要的新型技能人才，着力解决一些领域高技能人才紧缺的突出问题。完善政府、企业、社会多渠道多元化的技能人才培养投入保障机制。探索完善技能人才多元化评价机制，健全职业资格认证制度，推行学历证书和职业资格证书“双证书”制度，实现高技能人才与工程技术人才职业发展路径的贯通。健全技能人才分配激励机制，建立以政府奖励为导向、企业奖励为主体的高技能人才表彰奖励机制，组织开展好“燕赵技能大奖”、“燕赵金牌技师”、“河北省技术能手”等评选表彰活动。

5．农村实用人才队伍建设

适应农村科学发展和新农村建设的需要，以提高科学素质和实用技能为核心，以扩大规模、优化结构为着力点，努力造就与新时期农村经济社会发展相适应的实用人才队伍。构建完善多渠道、多层次、多形式的教育培养体系，加强省市县教育培训基地建设，抓好乡镇农业技术推广队伍建设，以农业院校、科研院所、科技推广基地和科技示范大户为依托建立一批培养实训基地。实施现代农业人才支撑计划，整合各种培训资源和力量，围绕农业科技进步、结构调整、产业优化、特色产业发展，组织开展大规模农民培训。大力扶持农村实用人才协会和农民专业组织发展，强化对农村实用人才带头人的培养，组织实施好有关重点培养工程，搞好各类培训项目的整合与衔接，提高“绿色证书培训工程”、“新型农民培训项目”、“农村劳动力转移阳光工程”等工程项目的培养质量与成效。完善农村人才开发服务体系，健全培养、选拔、评价、奖励等配套政策措施，加大表彰工作力度，建立以政府投入为主导的多元化、多形式的农村人才开发投入保障机制。制定落实优惠政策，扶持农村实用人才创业兴业。落实各级工作责任，明确部门职能分工，增强推动农村人才队伍建设的整体合力。

（二）加强重点产业人才队伍建设

1．主导工业产业人才队伍建设

适应加快做强传统优势工业产业、打造强大战略支撑产业的需要，大力加强钢铁、装备制造、石化、医药等工业产业人才队伍建设，有效推进以高层次人才为重点的产业科技人才、经营管理人才和技能人才三支人才队伍建设。着力培养引进创新能力达到国内国际前沿水平、带动产业形成竞争优势的科技创新领军人才，形成一批一流的产业科技创新团队。加紧培养造就一批掌握核心技术和关键技术，带动产业升级的科技创新人才。通过加大培养和公开选聘力度，在战略支撑产业及骨干龙头企业，造就一批能够驾驭现代化大企业集团、引领企业产业成为国内国际优势企业产业的战略型企业家。实施“商业精英培养计划”，以培养职业经理人和高层次经营管理人才为重点，造就一批职业化、专业化、国际化、复合型的高素质经营管理团队。促进大批传统技术人才转化成为高新技术应用型技能人才，培养一大批具备现代制造技能的新型技能人才。分产业制定人才队伍建设指导意见，构建主导工业产业人才培养、引进、激励配套政策体系，打造产业人才聚集区带，构建产业人才优势。完善政府及其部门对产业人才工作的宏观指导和公共服务职能，建立产业人才数据库和信息系统，发展产业专业性人才市场，建立产业人才促进中心，实现人才服务与产业、项目对接。

2．高新技术产业人才队伍建设

适应发展高新技术产业、培育新的战略性经济增长点的需要，大力加强电子信息、生物医药、新能源、新材料、环保等重点高新技术产业领域人才队伍建设。制定关于加强高新技术产业人才队伍建设的指导意见，实施高新技术产业人才队伍建设计划，重点培养引进一批自主创新能力强的高层次高新技术研发创新人才和推广应用人才，一批创新与创业结合的复合型人才，一批富有创新意识和管理能力的企业家。在重点抓好高新技术产业示范工程和重大项目的同时，全力抓好相关高科技人才队伍和创新团队建设。大力推动高新技术产业园区等园区建设，优化基础设施等硬环境和政策服务体系软环境，使其成为人才创新创业最佳基地。建立项目——基地——人才一体化的引才机制，积极引进海内外高层次人才来河北创新创业。完善对高新技术产业化项目的资金、政策支持机制和人才服务机制。

3．现代服务业人才队伍建设

适应加快发展现代服务业、构建河北现代产业体系的需要，有力推进物流、金融、旅游、会展、房地产业及交通运输业、信息服务业等主要现代服务业人才队伍建设。制定实施培养培训计划，重点抓好对现代服务业高层次经营管理人才、专业技术人才和技能人才的培训，全面提高现代服务业人才队伍整体素质。实施现代服务业高层次管理人才培养引进工程，造就一批能够引领带动现代服务业成为国内国际一流服务业的企业家。围绕物流、金融、会计、咨询、法律服务等人才需求，抓紧培养一批熟悉国际规则、具有较强实践能力的现代服务业优秀高层次人才。完善现代服务业人才服务体系和机制，依托职业院校和企业建设一批现代服务业人才培养基地，建立行业人才服务协会，发展现代服务业专业人才市场，强化政府部门的服务职能作用。

（三）搞好主要社会事业人才队伍建设

1．教育人才队伍建设

按照实施“科教兴国”战略、实现教育现代化的要求，努力造就师德高尚、素质优良、业务精湛、分布均衡、结构优化的高素质专业化教师队伍和教育家队伍。创新完善教师教育培养体系，健全教师继续教育制度和知识更新机制，实施农村中小学教师培训计划和教师素质提升工程、高校青年骨干教师培养计划、高层次创新人才培养工程，全面提升教师队伍素质能力，培养造就一大批高水平学科带头人和领军人才、一批学术大师和教育家。实行义务教育学校校长、教师流动制，建立健全城镇中小学教师支援农村教育长效机制，加大欠发达地区教师队伍建设力度，促进教师资源在城乡、区域、各级各类教育和学校之间的合理分布与配置。推进教育人事和分配制度改革，严格实施教师资格准入制度，全面推行选拔新任教师公开招聘制度，推进以岗定薪、优劳优酬、向优秀人才倾斜的分配制度改革，改革校长选拔任用制度，营造教育家办学治校的机制环境。

2．文化人才队伍建设

适应建设文化大省强省、提高河北文化软实力的需要，努力建设一支政治过硬、作风端正、有真才实学的高素质文化人才队伍。制定指导意见，加快推进文化人才队伍建设。加大培训工作力度，全面提升文化人才政治素质和业务水平。强化优秀高层次文化人才培育工作，加强学术带头人和中青年理论人才培养。组织实施文化名人名品工程，推进“四个一批”人才建设工程，着力造就一大批优秀理论研究人才、新闻出版人才、文化艺术人才和文化经营人才，一批能出精品、出效益、出人才的文化领军人才。大力发展短缺文化人才，着力培养区域特色文化人才、新兴文化产业人才，加强哲学社会科学人才队伍建设。深化文化体制机制改革创新，健全体现宣传文化工作特点的人才评价体系，完善文化事业单位全员聘用、竞争上岗、绩效考核、特殊人才引进激励等政策机制，实行文化名人评选奖励制度。

3．医疗卫生、体育人才队伍建设

适应深化医疗体制改革，建设覆盖城乡居民公共卫生服务、医疗服务、医疗保障体系，提高全民健康保障水平的需要，努力建设一支规模适宜、结构合理、素质精良的医疗卫生人才队伍。完善落实继续教育制度，加强新知识、新技术培训，促进医疗卫生人才的知识技术更新和服务水平不断提高。加大高层次人才培育力度，培养引进一批以中青年为主体的学术技术带头人，造就一批具有国内国际医科水平的领军人才。实施全民健康卫生人才保障工程，着力强化短缺人才培养，发展壮大城乡全科医师队伍，加大公共卫生、卫生管理人才培育力度，推进卫生管理人才队伍职业化建设。促进卫生人才资源合理配置，吸引和鼓励医学院校毕业生到社区和农村卫生服务机构就业，有计划地对社区、农村卫生服务人员开展岗位培训，做好资格评价与认证工作，深入实施“万名医师支援农村卫生工程”，引导和鼓励医疗卫生人才资源向农村、向贫困偏远地区、向基层医疗卫生机构流动。深化医疗卫生单位人事和分配制度改革，健全完善与岗位管理相配套的人员培训、考核奖惩和竞聘上岗办法，建立完善以业绩和贡献为导向的收入分配激励机制。按照“全民健身计划”、“建设体育强省”的要求，以高层次人才和短缺人才为重点，建设一支高素质、高水平、高级别的体育教练员、裁判员、运动员队伍。健全培训体系，不断提升各类体育人才的业务能力和实际水平，提高基层体育人才队伍素质。制定优惠政策，大力引进高水平教练员、体育经营管理等紧缺人才。加强运动员综合素质培养，着力提高运动员技术水平。探索完善对各类体育人才的分配激励机制。

4．社会工作人才队伍建设

适应以改善民生为重点社会建设、加快健全社会保障体系的需要，坚持职业化、专业化发展方向，努力建设一支规模宏大、结构合理、素质优良的社会工作人才队伍。制定出台关于加强社会工作人才队伍建设的指导意见，建立完善社会工作人才队伍建设工作机制。主动适应社会服务机构、基层社区、公益类民间组织等对社会工作人才的需要，加快构建完善的社工专业教育体系，增设急需的社会工作专业种类，抓紧培养大批急需的各类专业人才。加强专业化社会工作人才培养，实施社会工作从业人员职业能力提升工程，未来五年对现有社会工作从业人员普遍进行专业轮训。加大高层次社会工作人才培养力度，造就一批高级社会工作师、高级社会工作专业教师。建立公共财政投入机制，鼓励社会、个人投入社会服务领域和社会工作人才队伍建设。实施社会工作岗位开发工程，探索建立社会工作人才职业制度体系。

5．城镇建设人才队伍建设

适应河北城镇化和城镇现代化建设的需要，着力建设一支高水平的城镇建设人才队伍。抓好加强全省城乡规划和勘察设计人才队伍建设实施意见的贯彻落实。有针对性地强化培训教育工作，全面提高城镇建设人才专业素质和业务水平。完善配套政策措施，着力做好城镇规划设计、城镇设施建设、城镇管理和公共服务等领域紧缺人才的培养和引进工作。加大高层次人才培育力度，重点培养引进一批国内国际一流的规划设计、建筑工程等方面的高级专家。

三、重点人才工程

（一）京津冀区域人才合作推进工程

围绕提升京津冀区域人才综合竞争力，以“柔性”引进高层次人才智力、为河北科学发展提供有力支撑为目的，实施京津冀区域人才合作推进工程。构建区域合作协调机制，举办京津冀经济圈发展高层论坛，完善京津冀人才开发一体化联席会议制度，强化对区域内人才合作的统筹协调。重点围绕河北传统优势产业改造升级，培育壮大高新技术产业，发展现代服务业，推进各种形式的人才合作和智力引进，不断扩大合作领域，提升合作层次和水平，建立区域内科技教育项目合作机制和大中专院校毕业生就业信息共享机制，围绕区域共性技术难题开展联合攻关，推动区域内高校、科研单位、工商企业之间在科学研究、人才培养、学术交流和产品研发等方面的合作，着力打造促进科研成果转化的共建共享平台。依托高新技术开发区，打造一批京津人才创新创业基地。积极推进统一开放的京津冀区域性人力资源市场建设，在区域内形成人才工作制度衔接、政策互惠、资证互认、信息互通、优势互补、受益互享的区域人才开发格局，营造有利于引进京津人才智力、推进区域人才合作的良好政策环境。

（二）高层次创新型人才开发工程

围绕建设创新型河北，以造就一支对科学发展具有重要引领、带动和支撑作用的高层次创新型人才队伍为目标，实施高层次创新型人才开发工程。统筹“两院”院士后备人才、省管优秀专家、享受政府特殊津贴人员、燕赵学者、有突出贡献中青年专家等各类专家队伍建设，健全完善目标管理、定期考核、表彰奖励、专项资助等激励机制，充分调动和激发各类专家的积极性、创造性。通过出台配套政策措施，加强载体平台建设，强化科技项目支持，完善产学研合作机制，加大培养引进力度，着力在钢铁、装备制造、石油化工、医药卫生、电子信息等重点领域打造具有国际国内领先水平的创新团队及其领军人才，到2020年，造就一大批自主创新能力强、引领作用显著、能带动河北整体创新能力提升的高层次创新型人才。实施国内一流人才培养计划，采取更加有力措施，在争进“两院”院士、长江学者、“千人计划”、中国青年科技奖等方面不断取得新进展。

（三）重点引智工程

围绕解决高层次人才智力短缺问题，以提升创新能力、加快人才培养、破解科技和社会发展难题为着力点，实施重点引智工程。加强河北省院士联谊会自身建设，办好每两年一次的会员会议，加大科技风险资金投入力度，完善长效合作机制，不断推进与中国科学院、中国工程院及“两院”院士的全方位、深层次、实质性合作，促进更多院士成果在河北转化。实施“海外高层次人才引进计划”，进一步统筹资源、完善政策、健全机制，争取到2020年，引进并重点支持100名左右能够突破关键技术、带动新兴产业和发展高新技术的海外高层次人才。围绕创建全国引侨工作品牌目标，加强河北华侨侨商联合会自身建设，组织好海外华人华侨促进河北发展大会，不断增强河北对海外人才的吸引力和影响力。

（四）临港人才聚集区构建工程

围绕打造河北新的经济增长极，以为秦皇岛、唐山、沧州沿海临港经济发展提供有力人才支撑为目的，实施临港人才聚集区构建工程。通过创新政策、完善机制、优化环境等配套措施，建立人才改革发展试验区（特区），加大人才的引进和培养力度，吸引大批国内外人才到秦皇岛、唐山、沧州沿海经济带创业发展。坚持在用好人才存量的同时，采取超常规的措施扩大人才增量，把围绕临港经济重大产业发展和重大项目建设的实际需要大规模引进人才放在突出位置来抓，形成及时延揽大批高层次人才和急需紧缺人才的有效机制。集中力量在重点产业建设一批人才高地，形成一批高层次科技、管理人才和高技能人才集群，通过人才集群开发促进产业集群的发展，以此带动临港经济区内人才资源整体性开发。力争到2020年，使临港经济区成为高层次人才聚集，集人事制度改革试验区、区域性国际化“人才港”和人才创新创业基地于一体的区域。

（五）“技能大师”培养工程

围绕河北提升产业层次、构建特色现代产业体系，以培养一批技术高超、技艺精湛的高技能人才为目标，实施“技能大师”培养工程。推进技能人才实训基地建设工程、技能人才信息库工程和职业技能标准、教材及题库开发工程，为高技能人才队伍建设和技能大师成长创造良好环境。以河北主导产业和特色产业为主要领域，每年组织一次职业技能竞赛系列活动，为高技能人才脱颖而出搭建平台。健全实施中华技能大奖、全国技术能手后备力量重点培养计划，形成分类别分层次管理培养的机制，引导高技能人才勤学苦练、提高技能。

（六）民营经济组织人才队伍建设提高工程

围绕加快民营经济发展需要，以提高其人才聚集度和支撑力为目标，实施民营经济组织人才队伍建设提高工程。制定实施加强民营经济组织人才队伍建设的意见，完善与河北经济社会发展总体规划相配套的民营经济组织人才队伍建设近期和中长期发展战略规划，大力推进民营经济组织中的经营管理人才、专业技术人才、高技能人才队伍建设，尽快形成多渠道培养、高层次选拔、大容量储备、规模化发展的新格局。加大对民营经济组织人才队伍建设的政策推动力度，在党委、政府各类评选表彰奖励项目、破除人才流动中的体制性障碍、确定政府各类科研资助基金项目、落实社会保险政策等方面，建立同等对待、优先考虑、重点支持机制，政府支持人才创新创业的资金、项目、信息等公共资源向民营经济组织平等开放，推动民营经济与人才队伍的协调发展。力争通过11年努力，使人才总量的增加与民营经济快速发展相适应、人才素质的提升与民营经济发展方式的转变相适应、人力资源管理模式的探索与充分发挥民营经济组织人才的作用相适应，以此支撑民营经济在实现河北经济社会发展目标中发挥更大作用。

（七）人才发展区域城乡统筹促进工程

围绕区域、城乡经济社会协调发展，以促进人力资源整体开发、提高人才效益为目标，实施人才发展区域、城乡统筹促进工程。遵循省、市、县不同层次人力资源开发规律，对人才队伍建设的工作目标、重点任务、机制措施分别提出指导意见，使人才工作更加贴近地方经济社会发展实际，促进区域人才发展与区域经济发展相协调。加大农村人才开发支持力度，逐步建立城乡间人才的养老、医疗、失业、工伤等相配套、相衔接的社会保障制度，推动城乡间人才的合理流动。制定有效政策，促进城市医师、教师、科技人员、文化和社会工作者服务农村。把选派高校毕业生到基层就业作为长期任务，实施高校毕业生基层培养计划，努力推进“三支一扶”计划、“一村一社区一名大学生”工程等各项目之间政策的配套与衔接，促进工作的科学化、规范化。加大省市两级单位人才智力对口支持力度，完善强化欠发达地区人才政策措施，促进人才向欠发达地区和边远艰苦地区流动。实施科技副职、科技特派员选派计划，有效解决人才制约问题。

（八）人才工作信息化建设工程

围绕适应信息化不断发展趋势，以提升人才工作的现代化水平和效能为目标，实施人才工作信息化建设工程。以人才工作公网、内网、专网为基础，加快推进人才电子政务建设，构建互联、高效、安全的人才资源公共信息平台和公共服务平台，在信息发布、政策咨询、业务审批、人才招聘等方面为人才和部门单位提供便捷服务，到2020年，实现省级人才工作职能部门和各省直单位以及各市、县级人才工作职能部门之间人才工作信息交换的自动化、电子化、网络化。整合人才信息资源，健全社会化、开放式的人才资源信息共享机制，建立健全优秀专家、拔尖人才管理信息系统，促进全省重要人才资源充分利用。

四、保障措施

（一）优化人才培养体系

坚持优先发展教育，努力构建河北特色现代教育体系，更好发挥教育对人才培养的基础性作用。切实加强基础教育，促进城乡教育均衡发展，加快普及高中阶段教育，重视加强中小学生英语、信息技术等课程教育。大力发展职业教育，改革职业教育办学模式，实施示范性中等职业学校、县级职教中心等建设计划。积极推进高等教育改革，以社会需求和就业为导向，建立人才培养与经济社会发展需求相适应的动态调控机制，加强特色学科和重点学科建设，调整优化教育培养结构，大力发展与主导产业、新兴产业、现化服务业和新农村建设紧密结合的应用性学科专业。改革高校招生考试制度，建立健全多元化招生录取机制，建立高校拔尖大学生重点培养制度，实行特殊人才特殊培养。创新人才培养模式，建立健全产学研合作培养机制，全面实施素质教育，完善德育工作机制，在实践中培育学生的创新精神和能力，围绕装备制造、医药化工、现代农业、汽车运用与维修、数控技术应用、电子信息等学科，着力建设一批综合性实训基地。完善继续教育制度，构建完备的终身教育体系，建立学习型社会。落实大规模人才培训任务，围绕提高在职人员的岗位适应能力，以党政人才、企业经营管理人才、专业技术人才为重点，制定行业和领域专项人才大规模培训计划，明确培训目标、内容、形式和保障措施，各级各类在职人员中每年至少应有三分之一参加一次继续教育和培训。

（二）健全人力资源市场体系

围绕完善人力资源市场配置机制，推进人力资源市场体系建设。培育壮大各类人力资源市场主体，加快人才市场、劳动力市场、高校毕业生就业市场建设步伐，尽快完善以省人力资源市场为龙头，以区域性人才市场为骨干，行业性、专业性人力资源市场和民营人力资源中介机构共同发展的人力资源市场体系。积极发展县乡人力资源中介服务机构，形成城乡统一、互联互通的人力资源市场服务体系。促进人力资源中介服务主体多元化，鼓励外资和民间资本投资兴办人力资源中介机构，大力发展人才服务业，积极培养专业性、行业性人力资源服务组织，提升人才服务规范化、专业化、信息化、产业化和国际化水平，培育拥有全国性知名品牌的人力资源服务龙头企业。研究制定发挥市场配置人力资源基础性作用的政策措施，加强政府对人力资源流动的政策引导和宏观调控。健全人才流动机制，推进户籍制度改革，破除人才流动障碍，完善党政人才、企业经管管理人才和专业技术人才交流和挂职锻炼制度，打破人才身份、单位、部门和所有制限制，营造开放的用人环境。坚持依法管理市场，建立健全人力资源服务业准入制度和监管制度，制定规范化服务标准，规范人才中介服务关系和招聘应聘行为，加强人事、劳动争议仲裁工作，完善人才竞业禁止制度。按照管办分离、政事分开原则推进政府部门所属人才中介服务机构体制改革。完善人力资源市场服务功能，发挥人力资源市场的调节导向作用，做好人才供求预测、薪酬调查、职位需求和人才价格信息发布等工作，引导人力资源合理流动和优化配置。

（三）构建新型人才公共服务体系

以强化人才公共服务功能为核心，构建与市场经济体制相适应的新型人才公共服务体系。完善政府宏观管理市场有效配置、单位自主用人、人才自主择业的人才管理体制，推动政府人才管理职能向创造良好发展环境、提供优质公共服务转变，管理行为、运行机制向规范有序、公开透明、便捷高效转变。按照建立公共服务型政府的要求，转变政府人才管理职能，完善政府人才公共服务系统，加快推进人力资源行政管理体制改革和人力资源部门人才公共服务职能建设，创新服务方式，完善服务手段，增强公共服务供给能力。完善人才公共服务平台，加快河北省人力资源服务枢纽建设，健全省、市、县、乡四级人才公共服务体系，建立人才资源开发运行监测体系和人才统计指标体系，加强人才资源信息数据库建设，实行人才需求定期预测预报制度，完善贯通全省的人才公共服务信息系统。拓展人才公共服务领域，推进人才公共服务进社区、进农村、进企业，使人才公共服务涵盖各类人才队伍，完善人事档案管理、人事代理、社会保障代办、人才培训与评价、人才招聘与引进等服务措施，针对需求不断丰富人才公共服务的项目和内容，鼓励社会力量投入人才公共服务领域。建立政府购买公共服务制度支持各类人才机构开发公共服务产品。规范公共服务运行机制，制定实施河北省人才公共服务行业标准，建立统一规范的服务标准和服务流程。

（四）完善人才政策法规体系

以形成健全有力的人才开发保障机制为目标，针对人才培养、引进、使用、流动、评价、激励、管理、考核等环节和方面，推进人才政策法规体系建设。完善现有人才政策法规，根据需要定期对人才事业发展相关政策法规进行梳理，及时修改调整不适用的政策规定，提高人才政策法规的时效性和推动效应，对经过实践检验条件成熟的政策制度及时纳入人才法规体系。积极创新人才政策，围绕近期最急需、广大人才最关心的政策，重点推出引进海外高层次人才、扶持人才创新创业、实现人才流动零障碍、建立人才资本优先积累机制、健全人才分配激励机制、完善对突出贡献人才的奖励等政策措施。研究制定人才促进条例及人才权益保护、人才市场管理、人才继续教育和职业资格管理、人才安全保障、事业单位人事管理等方面地方法规。积极推进人才评价制度、职称制度、职业分类和资格制度、职务聘任制度、绩效考评制度、工资等收入分配制度、社会保障制度等相关制度的创新和完善，积极推进事业单位行政级别制度、领导人员委任、聘任、选任等任用方式和岗位绩效工资制度、科研管理制度、科技评价和奖励制度、知识性财产保护制度等相关制度的创新和完善，构建有利于人才开发的完善的制度体系。增强产业、科技、教育等政策法规与人才政策法规的协调性，推进人才政策法规的协同创新、系统创新和集成创新。加快人才工作法制化建设，加强对人才政策法规落实情况的检查督导，严厉查处违反人才政策法规行为，维护人才政策法规的严肃性。

（五）完备人才开发投入保障体系

按照人力资源开发投入优先的方针，健全人才开发投入保障体系与机制。建立完善促进人才资本优先积累的财税政策，各级政府优先保证对人才开发的投入，改善公共财政支出结构，逐步提高发展性投入中人才开发投入的比例，在政府投资的重大建设项目中建立人才投入配套制度。整合各类人才培养和开发资金，提高资金使用效益，突出投入重点，将人才开发资金向高层次创新创业人才、高技能人才和农村实用人才倾斜，向欠发达地区、乡镇农村基层和重点建设项目倾斜，向提高特殊人才待遇、实施重点人才引进、强化政策激励奖励等重点环节倾斜。改进完善科技项目经费管理办法，对高层次创新领军人才和创新团队给予长期稳定支持。制定政府人才投入资金管理办法和绩效考评指标，建立对以财政支持为主的科研机构综合绩效评估制度。通过税收、贴息等优惠政策，鼓励支持用人单位、个人和社会多渠道投入人才开发，认真执行国家关于企业教育经费提取比例，专项用于企业职工后续教育和职业培训，机关、事业单位职工教育培训经费不少于单位职工基本工资总额的1.5%。

（六）强化人才工作体系

围绕提高人才队伍建设工作的整体成效和科学化水平，构建与新时期新任务要求相适应的人才工作体系。全面加强党对人才工作的领导，切实把人才工作和人才队伍建设列入各级党委、政府的重要议程，建立落实各级党委常委会听取人才工作专项报告制度。制定实施意见，完善党委统一领导、组织部门牵头抓总、有关部门各司其职、密切配合、社会力量广泛参与的人才工作新格局，为人才发展提供坚强组织保证。积极推进党管人才体制机制及实现途径和方式的创新，完善人才工作领导协调机制，加强各级人才工作协调（领导）小组和人才工作机构建设，落实人才工作协调（领导）小组、小组成员单位例会和联系制度；规范小组成员单位的职责任务，充分发挥有关部门和单位的职能作用，不断增强工作合力；市县党委组织部门设立专门人才工作机构，选好配强工作力量，做到编制、职责、人员、经费“四到位”，发挥好其在全局性工作的谋划推进、重要政策的制定实施、重大人才项目的组织开展、重点人才的选拔管理方面的作用。完善人才信息反馈机制，实行人才工作情况反馈制度，健全年度人才数据统计制度，设立人才工作信息联系点，畅通广大人才反映意见建议的渠道，及时掌握工作变化动态，增强工作的主动性、针对性和实效性。完善人才工作督查落实机制，建立党委、政府人才工作目标责任制，强化“一把手”抓“第一资源”的责任意识；提高党委、政府领导班子综合考核指标体系中人才工作专项考核权重，明确人才工作的年度考核项目、考核办法和奖惩措施，有效推动工作落实。

（七）建立规划实施推进体系

围绕确保规划各项目标任务的全面落实，建立健全规划实施推进体系。加强组织领导，各地各单位把规划的实施落实摆上重要日程，增强责任感和使命感，对规范落实中涉及本地区、本单位的重点任务和关键问题，“一把手”切实履行好第一责任人的职责；组织部门加强统筹协调工作，有关职能部门认真履行职责，增强规划实施落实的整体合力。全力抓好任务落实，将规划中提出的目标任务特别是重点人才工程分解落实到有关地方和部门单位，承担目标任务特别是重点人才工程的地方和部门单位制定系统的、操作性强的具体实施方案，明确要求和完成时限，落实责任部门和责任人。组织部门牵头对规划实施落实情况实行全程管理，制定落实与规划相配套的日常管理制度，强化对规划执行情况的监督、检查和协调，及时研究规划实施中出现的新情况、新问题并提出切实可行的对策措施，确保人才规划的顺利实施和全面落实。

山西省中长期人才发展规划纲要
（2010—2020年）

为大力实施人才强省战略，为转型跨越发展和实现全面建设小康社会奋斗目标提供人才保证，根据中共中央、国务院印发的《国家中长期人才发展规划纲要（2010—2020年）》（中发〔2010〕6号），结合山西省实际，制定本规划纲要。

一、人才在山西经济社会发展中的重要作用

2003年全国人才工作会议以来，山西省制定实施了《山西省2006—2010年人才开发工作规划》，着力推进人才强省战略，党管人才格局基本形成，人才工作机制初步建立，人才市场体系逐步健全，人才资源规模有所扩大，为"十一五"经济社会发展发挥了重要作用。同时必须清醒地看到，当前山西省人才发展还存在一些突出问题，主要表现为：人才队伍总量不足；高层次创新型科技人才、新兴产业创业型领军人才严重匮乏；人才结构和分布不够合理；人才环境不优，选用人才机制不够健全，人才流失现象仍然存在，引进人才方面仍需加强，等等。

人才是经济社会发展的决定性因素，人才资源是第一资源。当今世界，国家、地区、企业间的竞争实质上都是人才的竞争。未来5—10 年，是山西转型发展、跨越发展的关键时期。加快工业新型化、农业现代化、市域城镇化、城乡生态化，在建设国家新型能源和工业基地的基础上，把山西建设成为全国重要的现代制造业基地、中西部现代物流中心和生产性服务业大省，建设成为中部地区经济强省和文化强省，特别需要各类人才去引领、去支撑、去奋斗。转型发展、跨越发展，是优秀人才发挥作用的主战场，是吸引凝聚人才的大舞台，要求我们必须在人才开发体制、机制上不断创新，在人才政策、环境上不断优化。各级党委、政府要把人才战略放在优先发展的突出位置，科学规划，深化改革，重点突破，整体推进，努力开创山西省人才事业新局面，尽快形成山西省人才竞争比较优势，为实现转型发展、跨越发展提供坚强的人才保证和广泛的智力支撑。

二、人才发展的总体要求

（一）指导思想

以邓小平理论和"三个代表"重要思想为指导，深入贯彻落实科学发展观，按照"服务发展、人才优先、以用为本、创新机制、高端引领、整体开发"的指导方针，坚持党管人才原则，大力实施人才强省战略，遵循社会主义市场经济规律、人才成长规律，以服务转型跨越发展为目标，以人才能力建设为核心，以体制机制创新为动力，以创新型、创业型高层次人才和高技能人才为重点，统筹推进各类人才队伍建设，促进全省经济社会又好又快发展。

（二）基本原则

党管人才原则。加强和改善党对人才工作的领导，充分发挥各级党委统揽全局、协调各方的作用，调动各级、各部门和社会各界发现人才、培养人才、使用人才、保护人才的积极性和创造性，形成加快人才发展的整体合力。

优先发展原则。把服务发展作为人才工作的根本出发点和落脚点，确立人才优先发展的战略地位，在经济社会发展规划和各项工作的部署中，切实做到人才资源优先开发、人才结构优先调整、人才投资优先保证、人才制度优先创新。以人才优先发展促进经济社会又好又快发展和人的全面发展。

统筹协调原则。统筹各类人才队伍建设，统筹开发高、中、初级人才，统筹处理好人才培养和引进的关系，统筹人力资源配置中政府与市场的关系。

改革创新原则。以改革创新为动力，破除人才成长、人才发挥作用的体制、机制障碍，创新人才开发机制，完善人才开发政策措施，促进人才合理有序流动，最大限度地激发各类人才的创新活力、创造智慧和创业激情。

（三）总体目标

到2020年，人才发展的总体目标是:培养和造就与山西省转型跨越发展要求相适应，数量充足、结构优化、布局合理、素质优良的人才队伍，努力形成山西人才竞争的比较优势。

——人才资源总量快速增长。人才资源总量增加到533万人，人才资源占人力资源总量的比重提高到18%，基本满足全省经济社会发展需要。

——人才素质明显提高。主要劳动年龄人口受过高等教育的比例达20%，每万劳动力中研发人员达43人年，高技能人才占技能劳动者比例达28%。

——人才结构和布局趋于合理。人才队伍的年龄、专业、层次等结构得到优化，人才在部门、行业、城乡、地区的分布基本合理，人才培养与社会需求基本协调，人才结构性矛盾得到有效解决。

——人才使用效能明显提高。人才对经济社会发展的支撑作用明显增强，人力资本投资占国内生产总值比例达到12%，人才资本对经济增长贡献率达到36%。

到2015年，在人才体制机制创新、人才政策环境优化、高层次人才引进和培养、重点发展领域紧缺急需人才的引进和培养等四个方面实现重大突破，为转型跨越发展提供有力的人才支撑。到2020年，全面落实各项任务，确保人才发展总体目标的实现。

三、人才队伍建设的主要任务

适应山西转型跨越发展要求，围绕工业新型化、农业现代化、市域城镇化、城乡生态化和十大产业振兴规划对人才的需求，统筹推进六支人才队伍建设，突出抓好三类重点人才的开发，把各类人才聚集到经济社会发展的各项事业中来。

（一）统筹推进六支人才队伍建设

1．党政人才队伍

按照加强党的执政能力建设和先进性建设的要求，以解放思想和提升素质为先导，以加强作风和本领建设为核心，以中高级领导干部为重点，构建理论教育、知识教育、党性教育和实践锻炼″四位一体″的自下而上的党政人才选拔培养教育体系。按照从严控制总量，调整优化结构的要求，坚持德才兼备、以德为先、以绩取人的用人导向，提高选人用人公信度，建设一支政治坚定、勇于创新、勤政廉洁、求真务实、奋发有为、善于推动科学发展的高素质党政人才队伍。到2020年，公务员平均受教育年限超过15年，具有大学本科及以上学历的干部占党政干部队伍的 85%，专业化水平明显提高。

2．企业经营管理人才队伍

适应经济全球化和日趋激烈的市场竞争需要，以提高现代经营管理水平为核心，以培养优秀企业经营管理人才为重点，采取自主培养与外部引进相结合的方式，推进企业经营管理人才职业化、市场化和国际化，打造一支高素质的企业经营管理人才队伍。到2015 年，企业经营管理人才总量达到100万人。到2020年，企业经营管理人才总量达到113万人，培养造就一批能够引领山西省企业进入全国500强的优秀企业家；国际化人才总量达到1000人；国有及国有控股企业领导人员通过竞争性方式选聘的比例达到50%。

3．专业技术人才队伍

围绕经济社会发展的需要，以提高专业水平和创新能力为核心，以培养高层次创新型人才和紧缺人才为重点，建设一支数量充足、结构合理、创新力强、素质优良的专业技术人才队伍。到 2015年，专业技术人才总量达到170万人。到2020年，专业技术人才总量达到207万人，高、中、初级专业技术人才比例为10:40:50。

4．高技能人才队伍

适应工业新型化要求，以提升职业技能为核心，以技师和高级技师为重点，完善高技能人才培养体系，建立技能人才梯次培养结构和绝技绝活代际传承机制，形成一支与山西省转型跨越发展相适应的数量充足、门类齐全、结构合理、技艺精湛的高技能人才队伍。到2015年，高技能人才总量达到70万人，占技能劳动者总量的27%。到2020年，高技能人才总量达到106万人，占技能劳动者总量的28%，其中技师、高级技师达到21万人。

5．农村实用人才队伍

围绕社会主义新农村建设和农业现代化需要，以提高科技素质、职业技能和经营能力为核心，以农村实用人才带头人和农村生产经营型人才为重点，培育一支服务农村经济社会发展、数量充足的农村实用人才队伍。到2015年，农村实用人才总量达到37万人，其中经营型、技能带动型、技术和社会服务型人才占到 30%；到2020年，农村实用人才总量达到71万人，平均受教育年限达到10.2年，每个行政村至少有1—2名示范带动能力强的带头人。

6．社会工作人才队伍

按照构建社会主义和谐社会的需要，以人才培养和岗位开发为基础，以中高级社会工作人才为重点，建立各类学历教育、专业培训和知识普及有机结合的社会工作人才培养体系，培育和发展一批能够承载并促进社会工作发展的公益性民间组织。强化政府购买社会工作服务的措施，建立社会工作人才和志愿者队伍联动机制，培养造就一支职业化、专业化的社会工作人才队伍。到2015年，社会工作人才总量达到3万人。到2020年，社会工作人才总量达到6万人。

（二）突出抓好三类重点人才的开发

1．高层次创新型科技人才

围绕支柱产业、优势产业、新兴产业的发展和重点学科专业建设，培养和引进一批在山西省国民经济重点领域能够突破关键技术、带动产业升级或实现成果转化的高层次创新型科技人才和优秀创新团队。到2015年，高层次创新型科技人才达到2000人，到2020年达到4000人。

2．新兴产业创业型领军人才

以提升产业竞争力为核心，以项目为载体，加快重点领域战略型新兴领军人才的培养和引进，加速壮大新兴产业规模。到2015年，现代煤化工、装备制造、新能源、新材料、文化旅游、物流等新兴产业领军人才达到300人。到2020年，新兴产业领军人才达到1000 人。

3．重点领域急需紧缺人才

针对经济社会发展的重点领域急需紧缺人才，加大力度，引进和培养并举，政府引导和市场配置并重，着力调整人才资源的专业、层级、分布结构。到2015年，在现代煤化工、装备制造、新能源、新材料、文化旅游、交通物流等经济建设重点领域新开发急需紧缺专门人才28万人，到 2020年新开发46万人。到2015年，在宣传教育、政法、医药卫生等社会建设重点领域新开发急需紧缺专门人才14万人，到2020年新开发23万人。

四、创新人才发展的体制机制

加快推进人才工作领导体制和工作机制创新，形成不拘一格选拔人才、鼓励人才脱颖而出、有利于干事创业的人才发展体制机制。

（一）完善党管人才的领导体制

坚持党管人才原则。明确党委、政府“一把手”抓“第一资源”责任，建立各级党委常委会听取人才工作专项报告制度。健全和完善人才工作目标责任制，提高各级领导班子综合考核指标体系中人才发展专项考核的权重。完善党委组织部门牵头抓总职能，发挥各级政府人力资源和社会保障部门的综合管理作用，强化各职能部门人才工作职责，充分调动各人民团体、企事业单位、社会组织的积极性，动员和组织全社会力量，形成人才工作整体合力。建立健全政府宏观调控、市场有效配置、单位自主用人、人才自主择业的人才管理体制。围绕培养引进人才、用好用活人才和提高人才效能，推动政府人才管理职能向创造良好发展环境、提供优质公共服务转变；运行机制和管理方式向规范有序、公开透明、便捷高效转变。制定完善人才服务管理和人才资源开发的地方性法规、规章和政策，推进人才管理工作科学化、制度化、规范化，形成有利于人才发展的法制环境。

（二）创新人才发展的工作机制

1．人才培养开发机制

建立健全以转型跨越发展需要为导向，以提高创新能力为核心，人才结构与产业结构调整相适应的人才培养机制。发挥教育在人才培养中的基础性作用。适应科学发展要求和干部成长规律，开展大规模干部教育培训，大幅度提高干部素质。完善在职在岗人员教育培训制度，分类制定在职人员定期培训办法。构建网络化、开放式、自主性终身教育体系。建立人才与产业互动机制，推动产学研结合。充分利用社会教育培训资源，建立多种形式的合作培养开发机制。

2．人才评价发现机制

建立健全以岗位职责为基础，以品德、能力、业绩为导向，科学化、社会化的人才评价发现机制。针对不同行业特点，不同职位和职业的要求，制定分类分层的考核评价指标体系。建立健全符合科学发展观和正确政绩观要求、体现群众认可的党政人才考核评价机制，市场、出资人和社会认可的企业经营管理人才考核评价机制，社会和业内认可的专业技术人才考核评价机制。探索高技能人才多元化评价机制。建立在转型跨越发展的实践中发现、识别人才的机制。

3．人才选拔任用机制

改革各类人才选拔使用方式，科学合理使用人才，促进人岗相适、用当其时、人尽其才，形成有利于各类人才脱颖而出、充分施展才能的选人用人机制。深化党政人才选拔任用制度改革。完善公务员录用制度，严把公务员队伍"入口"。坚持德才兼备、以德为先用人标准，完善党政领导干部公开选拔、竞争上岗制度，探索公推公选等竞争性选拔干部方式。推行和完善地方党委任用干部票决制。建立并完善领导干部职务任期制。建立组织选拔、市场配置和依法管理相结合的国有企业领导人员选拔任用制度，完善国有资产出资人代表派出制。深化事业单位人事制度改革，健全事业单位领导人员委任、聘任、选任等方式，全面推行事业单位公开招聘、竞争上岗和合同管理制度。建立企事业单位关键岗位和国家重大项目负责人招聘制度。

4．人才流动配置机制

建立健全以政府部门宏观调控、市场主体公平竞争、中介组织提供服务、人才自主择业的人才流动机制。完善党政人才、企业经营管理人才、专业技术人才交流和挂职锻炼制度，打破人才身份、单位、部门和所有制限制，畅通人才流动渠道。加大轮岗交流力度，通过多岗位培养锻炼人才。建立人才引进绿色通道，支持用人单位柔性引进人才。健全人才市场供求、价格、竞争机制。推进政府所属人力资源服务机构管理体制改革，实现政事分开、管办分离。鼓励发展专业性、行业性人力资源市场。完善劳动合同、人事争议仲裁、人才竞业避止等制度，维护各类人才的合法权益。

5．人才激励保障机制

建立健全与工作业绩紧密联系、充分体现人才价值、有利于激发人才活力、鼓励人才创新创业的分配激励机制。进一步深化机关事业单位收入分配制度改革。建立符合事业单位特点、体现岗位绩效的事业单位薪酬制度；探索高层次人才和高技能人才协议工资制和项目工资制等多种分配形式。建立产权激励制度。鼓励知识、技术、管理和技能等生产要素按贡献参与分配，建立符合市场经济法则的人才分配激励机制。完善科技人员分配激励政策，向科研关键岗位和优秀拔尖人才倾斜。完善以养老保险、医疗保险为重点的社会保障制度。加强机关、事业、企业之间流动人才的社会保险衔接工作。研究探索人才补充保险办法，支持用人单位为各类人才建立补充养老和医疗保险。加大对农村、非公有制经济组织和新社会组织的社会保障覆盖面。

五、营造人才充分发挥作用的政策环境

（一）实施人才投资优先保证政策

建立政府、社会、用人单位和个人多元化人才发展投入机制，优先保证对人才发展的资金投入。设立人才发展专项资金，并不断加大投入力度，确保重大人才政策的实施和重大人才工程的推进。确保教育、科技支出增长幅度高于财政经常性收入增长幅度，卫生投入增长幅度高于财政经常性支出增长幅度。在新上重大建设项目和科研项目中，安排一定比例的经费用于人才培训。制定鼓励企业和社会组织建立人才发展专项资金的政策。

（二）实施产学研合作培养创新人才的互动政策

建立政府指导下以企业为主体的产学研战略联盟。制定实施推动企业、高等院校和科研院所合作培养创新人才的激励政策，支持产学研合作。规模以上企业要建立工程技术中心。支持企业、科研院所与高等院校建立研发中心和联合实验室，加速科研成果转化。实施研究生教育创新计划，建立高等院校、科研院所和企业之间高层次人才的流动制度，推行产学研联合培养研究生的"双导师制"。建立"院士专家企业工作站"。加强博士后流动站、工作站建设，提高博士后培养质量。制定重点工程和重大项目人才配置政策，发挥工程和项目带动人才发展的作用。

（三）实施人才创业的扶持政策

加强高新技术开发区、经济技术开发区、工业园区和大学科技园、留学生创业园及海外高层次人才创新创业基地等创业

载体建设，提高创业载体的人才集聚能力。全面落实鼓励创业的税费优惠政策。制定科研机构、高等院校科技人员创办科技型企业的激励保障办法，促进知识产权质押融资、创业贷款业务的规范发展。扶持创业风险投资基金发展。完善知识产权、技术等作为资本参股的措施。促进科技成果转化和技术转移。加强创业技能培训和创业服务指导，创建创业服务网络，简化项目审批程序，激励各类科技人员积极创办科技企业。支持大中专毕业生及其他人员创办各类微型企业。

（四）实施高层次急需紧缺人才的引进政策

重点引进支柱产业、优势产业、新兴产业以及重点学科、重大工程所急需紧缺的高层次人才。完善海内外高层次人才回省（来晋）创新创业政策。制定和实施紧缺急需人才引进计划，建立人才需求信息发布平台。制定"特聘专家"制度。进一步完善人才和智力引进政策，加大柔性引才力度，鼓励国内外高层次人才和留学人员以多种方式来晋工作和创业。完善引进人才长期居留、住房、保险、子女入学、配偶安置、承担重大科技项目等生活和工作政策。

（五）实施有利于优秀人才脱颖而出的选拔政策

完善山西省公务员招录和事业单位工作人员公开招聘办法和具体政策。完善公开选拔、竞争性选拔的程序和办法，提高选人用人公信度。健全从基层及生产一线选拔党政人才的制度，形成自下而上的党政人才选拔培养链。完善以品德、能力和业绩为主的企业经营管理人才评价选拔政策，建立适应现代企业优秀人才的选拔制度。完善以品德、能力和业绩为导向的专业技术人才评价选拔政策。建立健全省、市、县、乡四级党委选拔和联系高级专家、优秀人才的工作制度，加强对高端人才的对口服务和联系，实现选拔优秀人才的重大突破。

（六）实施有利于非公有制经济组织、新社会组织人才发展的鼓励政策

对各种所有制组织中的人才一视同仁，平等对待。把非公有制经济组织、新社会组织人才开发纳入各级政府人才发展规划。制定加强非公有制经济组织、新社会组织人才队伍建设意见。政府在人才培养、吸引、评价、使用等方面的各项政策，非公有制经济组织、新社会组织人才平等享受。政府支持人才创新创业的资金、项目、信息等公共资源，向非公有制经济组织、新社会组织人才平等开放。政府开展人才宣传、表彰、奖励等方面活动，非公有制经济组织、新社会组织人才平等参与。

（七）实施有利于人才到农村和边远贫困地区工作的激励政策

积极制定工资、职务、职称等方面的倾斜政策，提高艰苦边远地区津贴标准，改善基层一线、农村和边远贫困地区人才的工作和生活条件。制定高校毕业生到边远贫困地区创业就业扶持办法。采取政府购买公益性岗位安置、报考公职人员优先录用等措施，鼓励和引导高校毕业生到农村和边远贫困地区工作。提高党政机关从基层招录公务员的比例，实施公职人员到基层服务和锻炼的派遣和轮调办法，完善科技特派员服务农村和边远贫困地区的政策措施。注重发挥老龄人才协会的作用。

（八）实施人才合理流动的配置政策

坚持市场导向，依法维护人才的合法权益，保证人才流动的规范性和有序性。完善人才交流和挂职锻炼制度，推进党政人才、企业经营管理人才、专业技术人才之间合理流动。拓宽党政人才来源渠道，完善从企事业单位和社会组织中选拔人才的制度。完善党政机关人才向企事业单位流动的激励政策。制定有效政策，促进城市医师、教师、科技人员、文化和社会工作者服务农村。健全人才向中小企业、非公有制经济组织流动的保障政策。

（九）实施有利于科研人员潜心研究的保障政策

建立健全科研人员的考核、评价、选拔政策，鼓励和支持科技人员在创新实践中成就事业，保障享有相应的社会地位和经济待遇，创造支持创新、宽容失败的和谐工作环境。完善科研管理制度，扩大科研机构用人自主权和科研经费使用自主权，健全科研机构内部决策、管理和监督的各项制度。改进科技评价和奖励方式，完善以创新和质量为导向的科研评价办法。加大对前沿技术研究、社会公益类科研机构投入的力度，对高水平团队给予长期稳定支持。改善青年科技人才的生活条件，在国家保障性住房建设中优先解决其住房问题。

（十）实施对突出贡献人才的表彰奖励政策

健全以政府奖励为导向、用人单位和社会力量奖励为主体的人才奖励体系，完善表彰奖励制度。研究制定优秀人才奖励办法，定期对作出重大贡献的优秀人才进行奖励。调整规范各类人才奖项设置，建立人才评选表彰奖励制度。对获得重大科技成果，对创造重大经济效益，对转型跨越发展作出突出贡献的个人和团队给予重奖和荣誉。

（十一）实施促进人才发展的公共服务政策

调整和完善人才公共服务政策，充分整合各类人才服务机构，培育规范人才中介服务机构，改进服务功能，拓展服务领域，形成公共服务和市场服务相互补充的人才服务网络体系。健全人事代理、劳动保障事务代理、企业用工登记、劳动人事争议调解仲裁、人事档案管理、就业服务和知识产权保护等公共服务平台，满足人才多样化需求。支持人才服务功能和服务产品的开发，加强对人才公共服务产品的标准化管理，提高公共服务产品的效能。完善政府购买服务制度，提高公共服务产品的社会效益。

六、实施人才开发重大工程

今后5到10年，坚持引进和培养并举的方针，以"三晋英才"培养选拔为抓手，突出重点，统筹推进各类人才队伍建设。

（一）高端创新型人才引进和培养工程

以培育对经济社会发展重要领域具有引领和支撑作用的高端人才为目标，设立专项资金，加大开发力度，到2015年，培养引进（含柔性引进）20名左右"两院"院士，重点选拔培养院士后备人选15名，选拔培养100名国家级学术技术带头人，培养1000名具有省内领先水平，在重点学科和重点产业有较高学术创新水平的专家学者。到2020年，高层次创新型科技人才有较大幅度增加。

（二）海外高层次人才引进工程（简称“百人计划”）

用5年左右时间，重点引进200名左右能够突破关键技术、发展高新技术产业、引领新兴学科的海外高层次人才回省（来晋）创新创业。到2020年，引进500名海外高层次人才。建立30个海外高层次人才创新创业基地。启动“留学人员来晋（回省）支持计划”，选择500项留学人员创新创业和服务项目进行重点扶持。建立20个引智成果示范推广基地，引进先进科技和管理项目500个，集聚一批海外高层次创新创业人才和团队。

（三）新兴产业领军人才培养和引进工程

围绕山西省新兴产业发展规划，制定并实施“新兴产业领军人才引进和培养计划”，“重点实验室、企业研发中心核心技术研发人才引进和培养计划”，“重大产业项目工程技术人才引进和培养计划”，大力培养和引进产业领军人才。到2015年，培养和引进300名引领新兴产业发展的领军人才，2020年达到1000名。

（四）优秀企业家培育工程

遵循市场经济规律和企业家成长规律，完善优秀企业经营管理人才培训制度，拓宽省内外、海内外培训渠道，实施开放式培训，加快培养一批具有地方产业优势、熟悉国际国内两个市场、具有国际竞争力的优秀企业经营管理人才。到2015年，培育企业销售收入超1000亿元的企业家5名、超300亿元的企业家10名、超100亿元的企业家20名。2020年，培育企业销售收入超100亿元的企业家达到200名。

（五）名师名家培育工程

着眼于社会事业发展，推动宣传思想、教育文化、旅游和服务业发展，建设文化强省。实施"三晋学者"计划，在全省高等院校设立特聘教授岗位，选拔、招聘一批学术造诣深、发展潜力大、具有领导本学科保持或赶超国内外先进水平的全职学者。在全省哲学社会科学、新闻出版、广播影视、文学艺术、文物保护等领域，实施“四个一批”计划。到2015年，培育教学名师500名、文化名家500名，到2020年，分别达到1000名。

（六）全民健康卫生人才保障工程

适应深化医药卫生体制改革、保障全民健康需要，加大对卫生人才培养支持力度。到2015年，全省拥有执业医师10万人，中医执业医师1.2万人，执业护士6.6万人，全科医师3200人；到2020年，全省拥有执业医师12万人，中医执业医师1.4万人，执业护士7.5万人，全科医师4100人；社区卫生服务人员、农村乡村医疗卫生机构人员素质大幅提升。在全省各级医疗卫生机构培养名医名师1000人。

（七）人才继续教育培训工程

依托有关高校、科研院所、大型企业现有施教机构，建设一批继续教育基地。实施“党政人才素质提升计划”，大规模、多渠道培训在职在岗干部。实施“企业经营管理人才能力培养计划”，提升职业素养、创新精神和开拓能力。实施"专业技术人才知识更新工程"，提升专业水平和创新能力。到2015年，培训各级党政人才20万人次，培训企业经营管理人才60万人次，培训专业技术人员120万人次。

（八）高技能人才开发工程

以提升职业技能和专业水平为核心，以技师和高级技师为重点，在山西省重点领域和新兴产业，培养造就一批具有精湛技术的高技能人才。到2015年，在全省建成5个高技能人才公共实训基地，20个示范性高技能人才培训基地，30个技能大师工作室，培养技师、高级技师10万名。到2020年，在全省建成10个高技能人才公共实训基地，40个示范性高技能人才培训基地，60个技能大师工作室，培养技师、高级技师20万名。

（九）现代农业人才开发工程

适应社会主义新农村建设、加快发展现代农业的需要，加大对现代农业的人才培养支持力度。到2015年和2020年，农业科研人才总数分别达到3000人和3500人；农业技术推广人才分别达到1.5万人和3万人。建立完善农村实用人才的技能资格认定制度。到2015年和2020年，经过培训和认定的农村经营管理人才（包括专业合作经济组织带头人、龙头企业负责人和农村经纪人）分别达到5000人和10000人，生产型人才分别达到 1.25万人和2.5万人，技能带动型人才分别达到2500人和5000人，服务型人才分别达到2500人和5000人。

（十）贫困地区、革命老区人才支持工程

完善大学生“三支一扶”、全科医生、教师特岗计划和大学生村干部等到农村基层服务的管理办法。引导和支持城镇优秀教师、医生、科技人员、社会工作者、文化工作者、高校毕业生等到晋西北、太行山革命老区和贫困地区工作或提供服务，到2015年达到3万人次，到2020年达到4万人次。

七、组织实施

（一）加强对《人才规划纲要》实施工作的组织领导

省委人才工作领导组负责本规划纲要的统筹协调、宏观指导和组织实施，制定规划纲要落实的实施细则和重大人才工程实施办法，分解细化规划纲要确定的目标任务，切实抓好规划纲要的贯彻落实。各地各部门要按照职责分工，制定具体的贯彻落实措施，确保规划纲要各项任务落到实处。

（二）建立健全人才发展规划体系

各地各部门要根据经济社会发展目标，结合本规划纲要，编制本地本行业人才发展规划，注重与本规划纲要配套衔接，突出本地本行业人才发展重点，形成上下衔接、各方协调的全省人才发展规划体系。

（三）强化监督考核和监控评估

制定规划纲要实施情况的监控指标体系，把人才投入、人才引进、人才培养、人才效能、人才环境作为考核各级党政班子人才工作的主要内容。组织开展中期评估，适时进行动态调整，建立规划纲要实施情况的定期报告制度和考核制度，确保规划纲要有效实施。

（四）加强人才工作基础建设

创新人才工作部门的管理体制，加强人才学科和研究机构建设。建立健全人才资源统计制度和定期发布制度。推进人才工作信息化建设，建立海外、省外、省内高层次人才信息库，创建完备的人才信用档案。加强人才工作队伍建设，提高政治素质和业务水平。

（五）营造实施《人才规划纲要》的良好社会环境

广泛宣传实施本规划纲要的重大意义、目标任务、重大政策和重点工程，宣传各地各行业培养、引进、使用人才的成功经验、典型案例，特别是加大对作出突出贡献人才的宣传力度，形成全社会关心、支持人才发展的良好环境。

辽宁省中长期人才发展规划纲要
（2010—2020年）

为适应辽宁老工业基地全面振兴的需要，加快建设人才强省，培养造就宏大的高素质人才队伍，根据《国家中长期人才发展规划纲要 （2010—2020年）》（中发〔2010〕6号），制定本规划。

一、人才发展面临的形势

人才资源是老工业基地振兴的第一资源。实现辽宁老工业基地全面振兴新跨越，必须确定人才优先发展的战略布局，引领经济社会又好又快发展。省委、省政府始终高度重视人才工作，采取一系列有效措施，推动人才事业不断向前发展。特别是近几年，紧密围绕辽宁老工业基地全面振兴目标，制定了辽宁沿海经济带、沈阳经济区和突破辽西北三大区域人才整体开发的实施意见和一系列配套文件，形成全省人才资源整体开发战略布局，人才发展取得了显著成就。科学人才观逐步确立，以“两高”人才为重点的各类人才队伍不断壮大，有利于人才发展的政策体系进一步完善，市场配置人才资源的基础性作用初步发挥，人才效能明显提高，党管人才工作新格局基本形成。目前，全省人才总量达到457万人，占全省人口总数的10.6%，其中党政人才26.3万人，经营管理人才59.8万人，专业技术人才249.8万人，高技能人才80.3万人，农村实用人才31万人，社会工作人才9.8万人。

未来10年是辽宁老工业基地全面振兴的关键时期，也是建设人才强省的重要战略机遇期。随着世界多极化和经济全球化深入发展，科技进步日新月异，以人才竞争为核心的综合国力竞争日趋激烈。在人才国际国内竞争日益加剧形势下，全国各地都制定并实施新的人才战略，千方百计延揽人才。从我省情况看，随着辽宁沿海经济带开发开放和沈阳经济区新型工业化综合配套改革上升为国家战略，辽宁的振兴发展已经站在一个新的历史起点上，迫切需要培养造就宏大的高素质人才队伍。与新形势新任务新要求相比，我省人才事业发展仍存在较大差距，主要表现在：高层次创新型人才匮乏，人才创新创业能力不强，人才结构和布局不尽合理，人才发展体制机制障碍尚未消除，人才资源开发投入不足，人才的积极性、主动性和创造性还没有得到充分发挥，等等。在新世纪新阶段，我省要抢占人才竞争制高点，掌握加快发展主动权，必须进一步增强责任感、使命感和危机感，坚定不移地走人才强省之路，科学规划，深化改革，重点突破，整体推进，不断开创人才事业发展的新局面，以人才优势构筑振兴发展的优势。

二、指导思想和战略目标

（一）指导思想

以邓小平理论和“三个代表”重要思想为指导，深入贯彻落实科学发展观，坚持党管人才原则，全面贯彻服务发展、人才优先、以用为本、创新机制、高端引领、整体开发的指导方针，遵循社会主义市场经济规律和人才成长规律，紧密围绕辽宁老工业基地全面振兴目标，加快人才发展体制机制改革和政策创新，扩大对外开放，开发利用国内国际两种人才资源，以高层次人才、高技能人才为重点统筹推进各类人才队伍建设，为实现辽宁老工业基地全面振兴新跨越提供坚强的人才保证和广泛的智力支持。

（二）战略目标

到2020年，我省人才发展的总体目标是：人才总量稳步增长，人才素质大幅度提高，人才竞争比较优势明显增强，人才使用效能显著提高，人才发展体制机制创新取得突破性进展，培养和造就规模宏大、结构优化、布局合理、素质优良的人才队伍，进入国内人才强省行列，为把辽宁建设成国家新型产业基地和新的经济增长极奠定坚实的人才基础。

——人才总量目标。到2020年，人才资源总量从现在的457万人增加到720万人，增长58%，其中党政人才26万人、经营管理人才95万人、专业技术人才393万人、高技能人才120万人、农村实用人才60万人、社会工作人才26万人。人才资源占人力资源总量的比重达到20%，基本满足经济社会发展需要。

——人才素质目标。主要劳动年龄人口受过高等教育的比例达到20%，每万劳动力中研发人员达到50人年，高技能人才占技能劳动者的比例达到28%。

——人才结构目标。各类人才队伍年龄、学历、专业结构趋于合理，在产业、行业、区域和不同类型经济组织的分布明显改善。装备制造、高新技术、石油化工、新材料等重点产业集聚人才总量达到330万人，其中企业经营管理人才45万人，专业技术人才220万人，高技能人才65万人。现代农业人才总量达到39万人，其中具有大学本科以上学历的占30%左右。现代服务业人才总量达到36.8万人，其中具有大学本科以上学历的占40%左右。

——人才效益目标。人力资本投资占全省生产总值比例达到17%，人才贡献率达到40%，人才辈出、人尽其才的环境基本形成。

三、人才队伍建设主要任务

（一）突出培养造就创新型科技人才

发展目标：以提高自主创新能力为核心，以高层次创新型科技人才为重点，努力造就一批我省关键领域掌握前沿核心技术、拥有自主知识产权的创新型领军人才和高水平创新团队，注重培养一线创新人才和青年科技人才，造就一支适应辽宁经济社会发展需要的创新型科技人才队伍。到2020年，培养两院院士人选10人，选拔培养行业、学科领军人才1200人、省级优秀专家2000人；培育30个达到国际先进水平、160个具有国内先进水平的自主创新团队；研发人员总量达到24万人年，高层次创新型科技人才总量达到1万人。

主要举措：创新人才培养模式，突出创新精神和创新能力培养，建立学校教育和实践锻炼相结合、国内培养和国际交流合作相衔接的开放式培养体系。加强实践培养，依托国家、省重大科研项目和重大工程、重点学科和重点科研基地、国际学术交流合作项目，建设一批高层次创新型科技人才培养基地。加强领军人才、核心技术研发人才培养和创新团队建设，形成科研人才梯次配备结构，提高自主创新能力。完善人才发展体制机制，出台创新型人才评价、使用、流动、激励办法，制定加强高层次创新型科技人才队伍建设意见，营造充满活力、富有效率、更加开放的人才制度环境。加大海外高层次创新创业人才引进力度，依托国家创新人才推进计划、海外高层次人才引进计划，实施辽宁海外高层次人才引进“千人计划”、“十百千”高端人才引进工程、引进海外研发团队和科技型企业“双百”工程，提高我省自主创新能力。注重复合型人才培养，加大对优秀青年科技人才发现、培养、使用和资助力度。加强产学研合作，积极鼓励和支持建立产业技术创新战略联盟和技术创新服务平台。积极发展创新文化，倡导追求真理、勇攀高峰、宽容失败、团结协作的创新精神，营造科学民主、学术自由、严谨求实、开放包容的创新氛围。

（二）大力开发经济社会发展重点领域急需紧缺专门人才

发展目标：适应辽宁老工业基地全面振兴的需要，加大重点领域急需紧缺专门人才开发力度。到2020年，在先进装备制造、新能源、新材料、电子信息、节能环保、海洋、生物育种、高技术服务业等经济重点领域培养开发急需紧缺专门人才30多万人；在教育、政法、宣传思想文化、新医药等社会发展重点领域培养开发急需紧缺专门人才50多万人。

主要举措：围绕辽宁沿海经济带开发开放、沈阳经济区建设、突破辽西北三大区域发展战略定位与布局，加强产业、行业人才发展统筹规划和分类指导，开展人才需求预测，定期发布急需紧缺人才目录。调整优化高等学校学科专业设置，加大急需研发人才和紧缺技术、管理人才的培养力度。完善重点领域科研骨干人才分配激励办法。建立重点领域人才开发协调机制。组织实施重点产业“两高”人才培养工程，培养造就一批装备制造、冶金、石化、高新技术、农产品深加工等重点产业急需的高级研发人才和高技能人才。组织实施千名优秀企业家培养计划，培养造就一批具有世界眼光、战略思维、创新精神和经营能力的企业家。组织实施县域经济发展人才支撑“151”工程，培养一批本土人才、吸引集聚一批创新创业人才。组织实施高等院校攀登学者支持计划，培养造就一批学术大师和国家重点学科带头人。实施“四个一批”人才培养工程，加强哲学社会科学、新闻、出版、文艺等领域高层次人才队伍建设。加强宣传思想文化、医药卫生方面人才培养。

（三）统筹各类人才协调发展

1．党政人才

发展目标：按照加强党的执政能力建设和先进性建设的要求，以提高领导科学发展、促进全面振兴能力为核心，以县处级以上领导干部为重点，造就一批善于治省理政的领导人才，建设一支政治坚定、勇于创新、勤政为民、求真务实、奋发有为的高素质党政人才队伍。到2020年，全省具有大学本科以上学历的干部占党政干部总数的89%，专业化水平明显提高，结构更加合理，规模更加适度。

主要举措：根据辽宁老工业基地全面振兴需要和干部成长规律，开展新一轮大规模培训干部工作。实施党政人才素质能力提升工程，构建理论武装、知识更新、党性教育和实践锻炼“四位一体”的干部教育体系。依托各级党校、行政学院、省内6所高等院校高层次人才培养基地和省外境外培训机构，综合运用中心组学习、脱产培训和在职自学等多种方式，加快建立开放竞争、充满活力的干部教育培训新格局。加强学习型机关建设，提高干部自学能力。坚持德才兼备、以德为先用人标准，贯彻民主、公开、竞争、择优改革方针，树立坚定信念、注重品行、科学发展、崇尚实干、重视基层、鼓励创新、群众满意的用人导向。扩大干部工作民主，加大党政领导干部公开选拔、竞争上岗、公推直选等竞争性选拔干部工作力度，促进优秀人才脱颖而出。实施全省后备干部队伍建设“211”工程，拓宽视野选拔后备干部，通过理论培训、实践锻炼等方式重点培养后备干部。注重从基层和生产工作一线选拔党政人才。加强女干部、少数民族干部、非中共党员干部培养选拔工作。实施促进科学发展的干部综合考核评价办法。建立健全党政干部岗位职责规范及能力素质评价标准，加强工作业绩考核。推进实施党政人才分类管理制度。加大领导干部跨地区、跨部门交流力度，推进重点岗位干部定期交流、轮岗。健全权力约束机制，建立广泛的干部监督渠道。

2．企业经营管理人才

发展目标：适应我省产业结构优化升级和扩大对外开放的需要，以提高企业现代化管理水平和国际竞争力为核心，以优秀企业家和职业经理人为重点，加快推进企业经营管理人才职业化、市场化、专业化和国际化，培养造就一批具有全球战略眼光、市场开拓精神、管理创新能力和社会责任感的优秀企业家和一支高水平的企业经营管理人才队伍。到2015年，全省企业经营管理人才总量达到74万人。到2020年，全省企业经营管理人才总量达到95万人，具有国际知名企业中高级管理经验和能力的人才达到300人，国有及国有控股企业国际化人才总量达到1000人，国有企业领导人员通过竞争性方式选聘比例达到55%。

主要举措：依托知名跨国公司、国内外高水平大学和其他培训机构，建立一批条件一流、师资力量雄厚、培训效果突出的经营管理人才培训中心。采取“走出去”与“引进来”的方式，加强对企业经营管理人才战略管理和跨文化管理能力的培训。采取组织选拔与市场化选聘相结合方式选拔国有企业领导人员。建立人才全球化配置模式，重点引进新建项目、企业重组和股份制改造急需的国外经营管理人才和管理团队。健全企业经营管理者聘任制、任期制和任期目标责任制。加强以能力和业绩为导向、以岗位为基础、以绩效目标为核心的企业经营管理人才考核评价体系建设。建立社会化的职业经理人资质评价制度。完善考核制度和外部审计制度，健全企业经营管理人才的监督约束体系。完善人才年薪、管理、协议工资制度和期权、股权激励等中长期激励制度。健全完善企业管理者协会，完善企业经营管理人才库。培养引进一批科技创新企业家和企业发展急需的战略规划、资本运作、项目管理等方面专门人才。实施企业经营管理人才素质提升工程和民营企业高端人才继续教育工程。

3. 专业技术人才

发展目标：适应我省经济社会发展的需要，以提高专业水平和创新能力为核心，以高层次创新型和急需紧缺人才为重点，打造一批具有较强自主创新能力的高素质专业技术人才。到2015年，全省专业技术人才总量达到330万人。到2020年，全省专业技术人才总量达到393万人，高级、中级、初级专业技术人才比例为10:40:50，力争使我省每万人中专业技术人才拥有量达到发达国家水平，专业技术队伍创新能力达到国内一流水平。

主要举措：扩大专业技术人才队伍培养规模，提高专业技术人才创新能力。依托高等院校、科研院所，构建分层次、分类别的专业技术人才继续教育体系，加快实施专业技术人才知识更新工程、“百千万人才工程”。加大现代物流、电子商务、法律、咨询、会计、食品安全、旅游等现代服务业人才培养开发力度，重视传统医药、文化、科普等领域技术人才的培养。继续实施“金秋工程”，发挥离退休专业技术人才的作用。进一步完善人才兼职政策。制定双向挂职、项目合作等灵活多样的人才柔性流动政策，引导党政机关、科研院所和高等学校专业技术人才向企业、社会组织和基层一线有序流动。加大各类专业技术人才信息库、人才信息网络建设力度，搭建网络服务平台，实现专业技术人才供求信息共享。统筹推进专业技术职称和职业资格制度改革。改进专业技术人才收入分配等激励办法，改善基层专业技术人才工作生活条件，加强人文关怀，拓展发展空间。

4. 高技能人才

发展目标：适应我省走新型工业化道路和产业结构优化升级的要求，以技师和高级技师为重点，以提升职业素质和职业技能为核心，建设门类齐全、技艺精湛、善于解决技术难题的高技能人才队伍。到2015年，全省高技能人才总量达到100万人。到2020年，全省高技能人才总量达到120万人，其中技师、高级技师分别达到27万人、3万人。高技能人才占技能劳动者比例达到28%。

主要举措：实施辽宁高技能人才振兴计划，巩固和壮大辽宁在全国的产业技能人才优势，构建以行业企业为主体、职业院校为基础，企业与院校合作、政府推动与社会支持相结合的职业教育培训体系，大力培养急需的新型技师。加强职业培训，整合优质资源，依托大型骨干企业、重点职业院校和特色产业基地，结合我省区域经济发展和产业发展趋势，建立50个高技能人才培训基地，重点建设100个与老工业基地振兴相关的培训专业，打造30个精品培训品牌。整合优质资源，在我省中心城市建设1至2个技术含量高、体现科技发展前沿技术的高技能人才公共实训基地，面向全社会搭建高技能人才实训、鉴定、研发和交流平台。完善现代企业职工培训制度，推动企业建立高技能带头人和首席技师制度。在试点基础上，2020年全省建立80个技能大师工作站。完善技工院校高技能人才培训体制，加强技工院校高技能人才培养的基础设施建设和师资队伍建设，改善实习条件，提高培训能力。加强职业教育“双师型”教师队伍建设，在职业教育中推行学历证书和职业资格证书“双证书”制度。继续推行校企合作培养高技能人才制度，制定鼓励校企合作的激励性措施。进一步规范高技能人才评选奖励办法，鼓励企业建立高技能人才激励机制和向一线高技能人才倾斜的分配机制。提高技师、高级技师待遇，制定高技能人才与工程技术人才职业发展贯通办法。广泛开展各种形式的职业技能竞赛和岗位练兵活动。加大企业职工教育培训经费投入和统筹力度，提高经费使用效益，进一步增加高技能人才培养的投入。

5. 农村实用人才

发展目标：围绕农业发展、农民增收和农村和谐的目标，以提高科技素质、职业技能和经营能力为核心，以农村实用人才带头人和农村生产经营型人才为重点，着力建设服务农村经济社会发展、数量充足的农村实用人才队伍，努力把农村人口优势转化为人才资源优势。到2015年，全省农村实用人才总量达到42万人。到2020年，全省农村实用人才总量要超过60万人，平均受教育年限达到11年，每个行政村主要特色产业至少有1至2名示范带动能力强的带头人。

主要举措：实施全省现代农业人才培养计划，选拔农业科研杰出人才，给予科研专项经费支持；组织农业技术推广人才，开展技术交流、学习研修、观摩展示活动；选拔农村优秀生产经营人才，给予重点扶持。充分利用涉农高等院校、农业职业院校、农业广播电视学校、农业成人学校、电视教育、远程教育等载体及各级各类培训资源，建立市、县、乡、村四级教育培训服务体系，大规模开展农村实用人才培训。继续实施“农村实用人才带头人素质提升计划”、“农民技术员培养工程”和“绿色证书培训工程”、“新型农民教育培训”、“星火科技培训”、“科普阳光工程”，培养农民技术员、农民企业家和农村能工巧匠。鼓励和支持农村实用人才带头人牵头建立专业合作组织和专业技术协会，加快培养农业产业化发展急需的企业经营管理人员、农民专业合作组织带头人和农村经纪人。实施高校毕业生基层成长计划，培养新农村建设骨干力量。建立农村实用人才信息库，健全农村实用人才评价制度，推进农村实用人才技术职称评定。加大对农村实用人才的表彰激励和宣传力度，加大对农村发展急需的农业技术人员、教师、医生等方面人才培养的支持力度。开展城乡人才对口扶持，推动科技、教育、医疗、法律、文化人才下乡支农。

6．社会工作人才

发展目标：适应构建和谐辽宁的需要，大力发展有辽宁特色的社会工作事业，以人才培养和岗位开发为基础，以中高级社会工作人才为重点，加快培育一支职业化、专业化的社会工作人才队伍。到2015年，全省社会工作人才总量达到14万人。到2020年，全省社会工作人才总量达到26万人。

主要举措：从辽宁实际出发，建立不同学历层次教育协调配套、专业培训和知识普及有机结合的社会工作人才培养体系。调整高等院校的社会工作类专业设置，适当增设急需的社会工作专业数量，完善社会工作学科专业体系，适度扩大社会工作专业招生规模。建设一批社会工作培训基地，加强社会工作从业人员的专业知识培训和职业训练。推进社会工作人才的规范化管理，制定社会工作培训质量评估指标体系。建立健全社会工作人才评价制度，实施任职资格与执业认证制度。合理设置社会工作人才工作岗位，加强社会工作者队伍职业化管理。组建全省社会工作者协会。推进公益服务类事业单位、城乡社区和公益类社会组织建设。完善政府购买社会工作服务政策。建立社会工作人才和志愿者队伍联动机制。制定进一步加强全省社会工作人才队伍建设意见。

四、体制机制创新

（一）创新人才工作管理体制

1．完善党管人才的领导体制

坚持党管人才原则，完善党委统一领导，组织部门牵头抓总，有关部门各司其职、密切配合，社会力量广泛参与的人才工作格局。发挥党委领导核心作用，履行好管宏观、管政策、管协调、管服务的职责。建立各级党委人才工作领导机构，形成科学的决策机制、协调机制和督促落实机制，构建统分结合、上下联动、协调高效、整体推进的人才工作运行机制。完善党委组织部门牵头抓总职能，重点做好战略研究、总体规划制定、重要政策统筹、创新工程策划、重点人才培养等工作。发挥政府人力资源管理部门作用，强化各职能部门人才工作职责，充分调动工会、共青团、妇联、科协等人民团体和企事业单位、社会组织的积极性，动员和组织全社会力量协调一致做好人才工作。

2．创新人才管理方式

围绕用好用活人才，完善政府宏观管理、市场有效配置、单位自主用人、人才自主择业的人才管理体制。改进宏观调控，推动政府人才管理职能向创造良好发展环境、提供优质公共服务转变，运行机制和管理方式向规范有序、公开透明、便捷高效转变。规范人才管理部门的行政行为，减少和规范人才评价、流动等环节中的行政审批和收费事项。分类推进事业单位人事制度改革。克服人才管理中存在的行政化、“官本位”倾向，取消科研院所、学校、医院等事业单位实际存在的行政级别和行政化管理模式。遵循放开搞活、分类指导和科学规范原则，深化国有企业和事业单位人事制度改革，扩大和落实单位用人自主权。健全符合现代企业制度要求的企业人事制度。选择部分科研、医疗等事业单位探索建立理事会、董事会等形式的法人治理结构，选择部分地区、行业建立与国际人才管理体系接轨的人才管理改革试验区。

3．加强人才工作法制建设

坚持用法制保障人才，推进人才管理工作科学化、制度化、规范化。建立健全涵盖人才安全保障、权益保护、市场管理和人才培养、吸引、使用等人才资源开发管理各个环节的法规。统筹规范现有的各级、各类人才管理法规，强化协调配套、确保务实管用，形成有利于人才发展的法制环境。

（二）创新人才工作机制

1．创新人才培养开发机制

坚持以全省经济社会发展需要为导向，以提高思想道德素质和创新能力为核心，完善现代国民教育和终身教育体系，构建人人能够成才、人人得到发展的人才培养开发机制。发挥我省教育基础雄厚的优势，不断优化教育层次、学科结构、专业设置、地域分布，建立人才培养结构与经济社会发展和产业发展相适应的动态调控机制。坚持面向现代化、面向世界、面向未来，充分发挥教育在人才培养中的基础性作用，立足培养全面发展的人才，突出培养创新型人才，注重培养应用型人才。充分利用现代通讯、网络等信息技术手段，构建网络化、开放化、个性化的终身教育体系，大力发展现代远程教育，鼓励和支持社会力量创建各类专业化培训机构。创新人才培养模式，全面推进素质教育，建立社会参与的人才培养质量评价机制，完善发展职业教育的保障机制。积极拓展出国出境培训渠道，建立国内外联合培养人才新途径。

2．创新人才评价发现机制

建立以岗位职责要求为基础，以品德、能力和业绩为导向，科学化、社会化的人才评价发现机制。完善各类人才评价标准，克服唯学历、唯论文倾向，注重靠实践和贡献评价人才。建立以岗位绩效考核为基础的事业单位人员考核评价制度。完善重在业内和社会认可的专业技术人才评价机制，完善以任期目标为依据、工作业绩为核心的国有企业领导人员考核评价办法，探索技能人才多元评价机制。健全完善党政领导干部考核评价机制。

3．创新人才选拔任用机制

认真贯彻落实中央颁布的《2010—2020年深化干部人事制度改革规划纲要》，积极推进干部人事制度改革，形成有利于各类人才脱颖而出、充分施展才能的选人用人机制。深化党政领导干部选拔任用制度改革，规范干部选拔任用提名制度，大力推行竞争性选拔干部办法，完善地方党委讨论决定任用重要干部票决制，不断提高选人用人公信度。建立市场配置、组织选拔和依法管理相结合的国有企业领导人员选拔任用制度，完善国有资产出资人代表派出制和选举制，推进企业经理人制度。探索建立重点民营企业发展目标考核评价机制，制定民营企业高端管理、专业技术人才晋升办法。引导民营企业更新用人观念，面向社会选聘经营管理人才。全面推行事业单位公开招聘、竞聘上岗和合同管理制度。

4．创新人才市场配置机制

坚持人才资源配置的市场化导向，以中国东北毕业生人才市场、中国沈阳人才市场、中国大连高新技术人才市场和中国国际人才市场等国家级人才市场为龙头，整合全省人才市场资源，逐步建立统一规范、竞争有序、功能完善、覆盖城乡的人力资源市场，提高专业化、信息化、国际化服务水平。建立政府部门宏观调控、市场主体公平竞争、中介组织提供服务、人才自主择业的人才流动配置机制。完善相关行政许可程序，加强对人才市场各种活动的有效监管。加快建立社会化人才档案公共管理系统，完善社会保险关系转移接续办法。健全人才需求信息定期发布制度。完善劳动合同、人事争议仲裁等制度，维护各类人才和用人单位的合法权益。完善有关人事人才公共服务政策，不断推动服务创新。建立完善与辽宁沿海经济带开发开放、沈阳经济区建设和突破辽西北三大战略相配套的人才交流机制，消除区域、部门壁垒，推进全省人才整体开发，实现人才资源有效配置。

5．创新人才激励保障机制

坚持精神激励与物质奖励相结合，健全以政府奖励为导向，以用人单位和社会力量奖励为主体的人才激励体系，建立健全与工作业绩紧密联系、充分体现人才价值、有利于激发活力和维护人才合法权益的激励保障机制。改革分配制度，完善事业单位岗位绩效工资制度，制定知识、技术、管理、技能等生产要素按贡献参与分配的办法。建立市场调节、企业自主分配、政府监控指导的企业薪酬分配机制，推行股权、期权等中长期激励办法，逐步提高企业退休人员基本养老金。探索高层次人才、高技能人才协议工资制和项目工资制等多种分配形式。研究制定人才补充保险办法。扩大对农村、非公有制经济组织和社会组织人才的社会保障覆盖面。整合政府各项人才专项资金，建立以党委组织部门牵头负责，相关部门配合的资金使用管理机制，形成政府、社会和单位相结合的人才保障体系。

五、重大政策

（一）关于人才投资优先保证的财税政策

各级政府优先保证对人才开发的投入，确保全省教育、科技投入增长幅度高于财政经常性收入增长幅度。进一步调整和改善财政支出结构，逐步增加人才发展资金投入，为重大人才工程和项目的实施提供保障。在重大建设和科研项目经费中，应安排部分经费用于人才培训。适当调整财政税收政策，提高企业职工培训经费的提取比例。通过税收、贴息等优惠政策，鼓励和支持企业、社会组织建立人才发展基金，引导社会、用人单位、个人投资人才资源开发。加大对高层次人才和高技能人才开发支持力度。加大对辽西北等经济欠发达地区财政转移支付力度，引导辽西北等地区加大人才投入。

（二）关于产学研合作培养创新人才政策

建立政府指导下以企业为主体、市场为导向、产学研相结合、多种形式的技术创新体系，通过共建科技创新平台、合作开展教育、共同实施重大项目等方式，促进技术与知识向产业和产品转移。制定优惠政策，吸引国家级科研院所、知名企业研发中心在辽宁设立分支机构或联合开展项目攻关，合作开发与培养创新人才。深化研究生培养机制改革，发展专业学位教育，实施高等学校、科研院所、企业高层次人才双向交流制度，推行产学研联合培养研究生的“双导师制”。完善博士后制度，加强博士后科研流动站、科研工作站建设，建立多元化的投入渠道，发挥企业、高等学校、科研院所的主体作用，创新培养模式，加大招收企业项目博士后力度，引导博士后到工农业生产一线从事创新研究。实施“人才＋项目”的培养模式，推动我省重大人才工程与沿海经济带、沈阳经济区开发建设重大项目相结合，在经济发展过程中集聚和培育创新人才。鼓励和支持企业建立大专院校毕业生实习见习基地，提高大学生实践能力，对企业接纳大学生实习实行财税优惠政策，对见习者提供相应补贴。

（三）关于引导人才向农村基层和辽西北等地区流动政策

加大农村基层和辽西北等地区人才开发力度。制定工资、职务、职称等方面的倾斜政策，稳定农村基层和辽西北等地区人才队伍。落实国家艰苦边远地区津贴政策，不断改善工作和生活条件。采取开发基层社会管理和公共服务岗位、报考公职人员优先录用等措施，鼓励和引导高校毕业生到农村和中小企业就业。逐步提高省级党政机关从基层招录公务员的比例。对选聘到农村任职的大学生村官、参加“三支一扶”和志愿服务辽西北计划的高校毕业生实行给予工作生活补贴、报考公务员和研究生加分等优惠政策。制定高校毕业生到农村和经济欠发达地区就业创业扶持政策。实施公职人员到基层服务和锻炼的派遣和轮调办法，增强基层人才实力。完善科技特派员到农村和企业服务的政策措施，不断创新科技特派工作模式。实行以发达地区带动欠发达地区、以城市带动农村的人才对口支持政策，引导人才向农村和辽西北等经济欠发达地区流动，努力缩小地区人才发展差距。

（四）关于人才创业扶持政策

促进知识产权质押融资、创业贷款等业务规范发展，落实支持人才创业的金融政策。加大税收优惠、财政贴息力度，扶持创业风险投资基金，建立风险补偿机制，支持人才创办科技型企业，促进科技成果转化和技术转移。加大高校毕业生创业扶持力度。完善创业实训基地建设，加强创业技能培训和创业服务指导，提高创业成功率。不断加大对创业孵化器等基础设施的投入，建立和完善创业服务网络，着力打造技术公共服务、技术成果交易、创新创业融资服务和社会化人才服务“四大平台”，设立绿色通道，为人才创业提供快捷服务。完善知识产权、技术等作为资本参与分配的具体措施。制定科研机构、高等学校科技人员及高校毕业生创办科技型企业的激励保障办法，不断加大扶持力度，激发人才创新活力。

（五）关于鼓励科技人员钻研和创新政策

建立符合各类科技人员和管理人员不同特点的职业发展途径，鼓励和支持科技人员在创新实践中成就事业并享有相应的社会地位和经济待遇。改革事业单位管理模式，对事业单位管理人员全面推行职员制度。完善科研管理制度，扩大科研机构用人自主权和科研经费使用自主权，健全科研机构内部决策、管理和监督的各项制度。建立以学术和创新绩效为主导的资源配置和学术发展模式。改进科技评价和奖励方式。加大对基础研究、前沿技术研究、社会公益类科研机构的投入力度。完善科技经费和科技计划管理办法，对高水平创新团队给予长期稳定支持。建立和完善向科研关键岗位、优秀拔尖人才倾斜的分配激励机制。注重改善青年科技人才的科研环境和生活条件，为青年科技人才潜心研究和尽快成才创造条件。

（六）关于人才激励奖励政策

支持有条件企业对作出突出贡献的人才实施期权、股权奖励。鼓励企业通过建立补充养老保险和商业保险等方式，提高优秀人才待遇。建立健全知识产权入股制度和技术创新人员持股制度，适度扩大参股比例。制定和规范科技人才兼职办法，鼓励科技人才兼职兼薪。建立和完善有突出贡献高技能人才、农村实用人才表彰奖励制度。

（七）关于人才智力引进政策

采取多种形式，大力吸引海外高层次人才来辽宁工作、创业或开展技术咨询活动，并在税收、保险、住房、子女入学、配偶安置，担任领导职务、承担重大科技项目、参加院士评选和政府奖励等方面给予特殊政策。对入选辽宁省“十百千”高端人才引进工程的海外人才，每人给予20万至500万元项目启动资金。建立海外高层次人才特聘专家制度。加强留学人员创业园区建设，提供创业资助和融资服务。建立统一的海外高层次人才信息库和人才需求信息发布制度。加大引进国外智力工作力度，制定和完善国外智力资源供给、发现评价、使用激励、绩效评估、引智成果共享等办法。大力开发国（境）外优质教育培训资源，支持高等学校、科研院所与海外高水平教育、科研机构建立联合研发基地。推动省内企业并购或设立海外研发机构。积极拓展国际人才市场，培育和吸引国际性人才中介服务机构。

（八）关于鼓励非公有制经济组织、新社会组织人才发展政策

对全省各种所有制组织中的人才，坚持一视同仁、平等对待。把非公有制经济组织、新社会组织人才开发纳入各级政府人才发展规划。制定加强非公有制经济组织、新社会组织人才队伍建设意见。政府在人才培养、吸引、评价、使用等方面的各项政策，非公有制经济组织、新社会组织人才平等享受。政府支持人才创新创业的资金、项目、信息等公共资源，向非公有制经济组织、新社会组织人才平等开放。政府开展人才宣传、表彰、奖励等方面活动，非公有制经济组织、新社会组织人才平等参与。鼓励和支持民营企业与高等学校、科研院所合作开展人才培养。不断扩大民营企业设立博士后科研基地规模，培养高层次创新人才。

（九）关于促进人才开发的公共服务政策

发展政府人才公共服务，构建全省统一开放、运行规范、覆盖城乡的人才公共服务体系。逐步完善人才公共服务功能，健全人事代理、人事档案管理、人才派遣、人才评荐、社会保险代理、劳动用工备案、劳动人事争议调解仲裁、就业服务等公共服务平台，满足人才多样化需求。创新政府提供人才公共服务的方式，建立政府购买公共服务制度，为各类人才平衡工作和家庭责任创造条件。加强对人才公共服务产品的标准化管理，大力发展人才服务业，努力开发公共服务产品。加强人才公共服务信息化建设，发展与全国联网、资源共享的人才服务网络。加强人才服务行业管理和自律。

（十）关于人才发明创造保护政策

实施辽宁省知识产权保护战略，制定和完善技术成果保护的政策法规，完善科技成果知识产权归属和利益分享机制，保护科技成果创造者的合法权益。明确职务发明人权益，制定职务发明人流动中的利益共享办法，提高主要发明人受益比例。建立非职务发明评价和确认体系，加强对非职务发明创造的支持和管理。制定支持个人和中小企业发明创造的资助办法，鼓励创造知识财产，促进知识产权转化。加强专利技术运用转化平台和社会中介机构建设，为知识成果应用提供服务。完善非物质文化遗产传承人知识产权保护相关措施，加强文化和创意产业中知识产权的培育、运用、保护和管理，维护文化和创意产业知识产权所有人的合法权益。完善知识产权工作体系，加大知识产权宣传普及和执法保护力度，提高权利人自我维权的意识和能力。建立健全有利于知识产权保护的社会信用制度，推进知识产权行政执法体系建设，加强知识产权执法保护的统筹协调，提升全省知识产权创造、运用、保护和管理能力。

六、重大人才工程

（一）实施“115”高层次创新型人才培养工程

以提高自主创新能力为核心，以培养我省关键领域掌握前沿核心技术、拥有自主知识产权的创新型领军人才为目标，培养高端创新型科技领军人才。以5年为周期，选拔20名左右中青年首席科学家、200名左右中青年科技创新领军人才、1000名左右中青年学科带头人进行重点培养。到2020年，力争第一层次人选达到世界领先水平，其中有10名左右成为两院院士人选；第二层次人选达到国内一流水平，在我省重点发展领域作出重大贡献，其中有100名左右成为杰出技术型专家；第三层次人选达到省内一流水平，取得显著成果和突出业绩，其中500名左右为所在领域科技创新领军人才，从而以高端人才攻克高端技术、形成高端产品、占领高端市场，提升辽宁核心竞争力，推动由“辽宁制造”向“辽宁创造”转变。

（二）实施“十百千”高端人才引进工程

依托国家“千人计划”，围绕辽宁优先发展的重点产业，用5至10年时间，从海内外引进数十名能够引领重点支柱产业发展的顶尖科技人才；引进数百名在国际科学技术前沿取得重大突破、能够带领国际水准研发团队的科技领军人才；引进数千名拥有自主知识产权、具有较强自主创新能力的学术、技术带头人和熟悉国际惯例、具有国际运作能力的高级经营管理人才，从而促进一批重大科技成果转化和产业化，孵化一批高成长性科技型企业，带动一批高新技术企业进入国内一流或国际先进行列，打造一批竞争优势明显的高新技术企业群和产业群。

（三）实施引进海外研发团队工程

着眼于经济结构调整和经济发展方式转变，围绕新兴产业发展、产业结构升级，每年从海外引进100个研发团队，开发100个达到世界前沿技术水平或填补国内空白，并能够形成产业化的工业新产品。用10年左右的时间，重点引进50个由国际上享有较高声誉的科学家、知名专家或学者担任领军人物的研发团队，引进100个拥有曾在国际知名企业担任过高级职务科研人员的研发团队，引进200个拥有在国外重大科技专项或工程建设中执行过重要任务的高级技术人才的研发团队。每个海外研发团队原则上由不少于3名外国专家组成。到2020年，通过团队形式引进的海外高层次外国专家达到3000人，培养3000名掌握核心技术的高级专业技术人才，逐步确立我省在先进装备制造、新材料、电子信息、生物医药、新能源、节能环保等领域的人才优势地位，力争突破一批关键技术、创造一批自有品牌、制定一批行业标准，全面提升我省的产业核心竞争力。

（四）实施重点产业“两高”人才培养工程

适应我省走新型工业化道路、加快产业结构优化升级的需要，以5年为周期，以提高技术创新能力、产品开发能力、工艺设计能力为目标，在装备制造、冶金、石化、高新技术、农产品深加工等重点产业，通过出国培训、脱产学习、在线学习和远程教育等方式，培养造就10万名高级研发人才；以能够熟练运用新技术、新设备、新工艺为目标，通过技工院校、高技能人才培养基地、公共实训基地培养造就40万名高技能人才。充分发挥“两高”人才创新引领、技术支撑作用，迅速做强做大重点产业，抢占后金融危机时期的竞争制高点，打造辽宁发展新优势。

（五）实施县域经济发展人才支撑“151”工程

适应以工业化为主导、以农业现代化为基础、以城镇化为支撑的县域经济发展的需要，围绕县域工业园区建设和特色产业集群发展，培养一批本土人才、吸引集聚一批创新创业人才。到2020年，为全省44个县域产业集群培养和引进1000名经营管理人才、5000名专业技术人才、10万名高技能人才，从而打造一县一个超百亿元规模的产业集群，推进城乡一体化，实现县域经济倍增目标。

（六）实施千名优秀企业家培养计划

着眼于提高企业现代经营管理水平和国际竞争力，每年选拔1500名企业中高级经营管理人员进行培养，其中择优选拔100名左右有发展潜力的高级经营管理人才，分别安排到国内外知名高校、职业经理学院、国际机构进行教育培训，到沿海发达地区考察学习，到中央国有骨干企业挂职锻炼，更新知识、开阔视野、增强才干，全面提高战略规划、资本运作、人力资源管理、金融、物流、国际贸易、国际法律等专业知识水平和运作能力。到2020年，培养造就1000名左右具有世界眼光、战略思维、创新精神和经营能力的优秀企业家，为打造一批站在世界前沿、具有国际竞争力的企业集团，构建世界级的产业基地提供高端人才保证。

（七）实施智力支持与科技特派行动

着眼充分发挥优秀专家作用、促进科研成果向现实生产力转化，每年组织优秀专家和专业技术人才，采取院士专家行、专家服务团等形式，与100个传统产业优化升级、高新技术和区域协调发展重点项目对接，实施合作攻关、科技服务，形成高层次科技人才与振兴优势产业互动格局。到2015年，在全省先进装备制造、新能源、新材料、新医药、电子信息、高技术服务和现代农业7大领域建立起150个智力支持团队。开展科技特派行动，组织广大科技工作者，采取特派团、特派组、特派员进点帮扶和技术培训方式，为农村科技进步、县域经济快速发展提供技术支撑，用5年时间，组建200个科技特派团、100个科技特派组，选派4000名科技特派员，培养5000名农民技术员，创办农业专业技术合作组织1000个，支持和带动全省县域经济“一县一业”和“一乡一品”的发展。

（八）实施高等院校攀登学者支持计划

着眼于创建具有辽宁特色的强校，通过构建定位明确、层次清晰、衔接紧密的遴选支持体系，培养造就高素质创新型教育人才队伍。每年遴选200名左右高等院校青年骨干教师进行重点培养，遴选50名左右高等院校优秀人才和50个创新团队予以资助。到2020年，从高等院校优秀人才和创新团队中遴选资助30名攀登学者，培养造就学术大师和国家重点学科带头人。以攀登学者为引领，分层次建设一批世界一流、国内一流和优势特色学科，打造若干进入国内一流、具有国际影响力的大学，充分释放高校人才资源效能。

（九）实施专业技术人才知识更新工程

根据我省经济结构调整和增长方式转变的需要，着眼于提高专业技术人才队伍整体素质，以5年为周期，在装备制造、原材料、生物医药、仪器仪表、高新技术产业、现代服务业、现代农业等经济社会重点领域，依托高等院校、科研院所、大型企业集团，建立专业技术人才继续教育基地，采取灵活多样的方式，重点培养30万名中高级创新人才，使200万名专业技术人才接受相关领域知识更新培训，增强自主创新能力，提高专业技术水平。

（十）实施“四个一批”人才培养工程

着眼进一步提升文化软实力，培养造就一批全面掌握中国特色社会主义理论体系、学贯中西、联系实际的理论家，一批坚持正确导向、深入反映生活、受到人民群众喜爱的名记者、名编辑、名评论员、名主持人，一批熟悉党和国家方针政策、社会责任感强、业务精通的出版家，一批紧跟时代步伐、热爱祖国和人民、艺术精湛的作家、艺术家，以及经营管理人才和文化专门技术人才。到2020年，培养600名“四个一批”人才，其中受国家资助的宣传思想文化领域的名家达到100名。

（十一）实施全民健康卫生人才保障工程

适应医药卫生体制改革，保障全民健康需要，进一步加大卫生人才培养力度。到2020年，在全省卫生技术人员中，县级以上医院临床医生均达到大学本科以上学历；省、市级疾病预防控制和卫生监督机构卫生技术人员中，大学本科以上学历达到60%以上；县级疾病预防控制和卫生监督机构卫生技术人员中，大专以上学历达到50%以上，逐步建立起结构合理、素质优良的卫生专业人才队伍。造就一批医术高超、医德高尚、创新意识强、在国内有影响力的医疗学科带头人。加强以全科医生为重点的基层卫生人才队伍建设，通过多种途径培训1万名全科医师，提高基层医疗卫生服务能力，构建城乡均等的医疗服务保障体系。

（十二）实施青年人才振兴计划

着眼人才基础性培养和战略性开发，提升未来人才竞争力，在节能环保、新兴信息产业、新能源、新材料、先进装备制造等新兴战略性产业和文化创意、工业设计等现代服务业，选拔培养一批勇于探索、开拓创新的优秀青年科技拔尖人才。在教育、政法、宣传思想文化、医药卫生等社会发展重点领域，选拔培养一批在国内有影响力的青年拔尖专门人才。依托高等院校、科研院所、骨干企业建立青年人才培养基地。每年从应届高中、大学毕业生中选拔一批优秀学生送到国外一流大学深造，定向跟踪培养，培育一大批辽宁未来发展所需青年骨干人才，为建设人才强省、促进经济社会可持续发展提供人才储备。

（十三）实施高校毕业生基层成长计划

着眼于解决基层特别是辽西北地区基层人才匮乏问题，培养锻炼后备人才，积极引导和鼓励高校毕业生到基层创业就业。扎实推进选拔优秀高校毕业生到基层任职工作，用10年时间选派3500名左右优秀高校毕业生到乡镇（街道）和基层法院、检察院工作，选聘4000名左右优秀高校毕业生到村任职。实施“三支一扶”计划，每年选拔800名左右高校毕业生到农村基层从事服务工作。继续做好大学生志愿服务辽西北计划，每年选拔300名高校毕业生到辽西北基层服务。到2020年，实现全省每个村至少有1名高校毕业生，每个乡镇党政班子中至少选配1名有在村任职经历的优秀高校毕业生。

七、组织实施

（一）加强对《人才发展规划》实施工作的组织领导

省人才工作领导小组负责《人才发展规划》实施的统筹协调和宏观指导，制定各项目标任务的分解落实方案和重大工程实施办法，建立《人才发展规划》实施情况的监测、评估、考核机制，加强督促检查。各地区、各部门要建立落实《人才发展规划》目标责任制，把落实《人才发展规划》纳入各级党政领导班子综合考核评价体系。建立务实高效的工作协调机制，保证规划任务落到实处。

（二）建立健全全省人才发展规划体系

各地区、各部门要以《人才发展规划》为指导，根据实际，抓紧编制本地区、本行业系统以及重点领域的人才发展规划，形成全省人才发展规划体系。把人才发展规划纳入国民经济和社会发展规划体系，重点推进，优先发展。加强各级规划之间及人才发展规划与科技、教育等其他重点领域发展规划的衔接配套，做到相互匹配、相互支撑。

（三）营造实施《人才发展规划》的良好社会环境

大力宣传党中央、国务院和省委、省政府关于人才工作方针政策和战略部署，宣传实施《人才发展规划》的重大意义、指导思想、目标任务、重大举措和规划实施中的典型经验，形成人人关心、支持人才发展的良好社会氛围。

（四）加强人才工作基础性建设

着眼人才长远发展，加强人才研究机构建设，加强人才理论研究，探索人才资源开发规律。加强全省高层次人才资源信息库建设，不断完善人才信息库在人才配置、人才开发上的服务功能。选好配强人才工作力量，加强学习培训和实践锻炼，提高人才工作队伍的政治素质和业务水平。

黑龙江省中长期人才发展规划纲要
（2010—2020年）

为加快实施人才强省战略，根据《国家中长期人才发展规划纲要（2010—2020年）》和黑龙江省经济社会发展对人才的需要，制定本规划纲要。

序言

省委、省政府历来高度重视人才工作，改革开放特别是全省人才工作会议以来我省人才发展取得了显著成绩，各类人才队伍不断壮大，人才成长环境逐步优化，人才发展体制机制不断创新，人才推动经济社会发展的成效日益明显，党管人才工作新格局基本形成。同时必须清醒地看到，当前我省人才发展的总体水平同国内发达地区相比仍存在较大的差距，与我省经济社会发展需要相比还有许多不相适应的地方，主要是：人才结构性矛盾比较突出，高层次人才特别是领军人才紧缺；人才发展体制机制不够健全和灵活，人才创新创业能力不强，人才效能尚未得到充分发挥；人才资源开发投入还远远不够，人才流失比较严重，人才创造活力还没有充分涌流；企业在人才开发中的主体作用发挥明显不够等。

未来十几年，是我省加快经济转型、发展创新型经济，全面建设更高水平小康社会、实现全面振兴的关键时期，也是我省人才事业发展的重要战略机遇期。面对国际和区域竞争日趋激烈、资源和环境制约日益凸显的新挑战，必须紧紧抓住这一重要战略机遇期，坚定不移地实施科教兴省、人才强省战略，把加强人才队伍建设作为强省之基、竞争之本、转型之要、振兴之魂，摆在特别突出的位置，优化发展环境，科学规划、加大投入、重点突破、整体推进，不断开创人才辈出、人尽其才的新局面。

一、指导思想、发展原则和战略目标

（一）指导思想

高举中国特色社会主义伟大旗帜，以邓小平理论和“三个代表”重要思想为指导，深入贯彻落实科学发展观，大力实施人才强省战略，坚持党管人才原则，遵循社会主义市场经济规律和人才成长规律，加快人才发展体制机制改革和政策创新，充分开发利用省内省外及海外人才资源，以高层次人才、高技能人才为重点，统筹推进各类人才队伍建设，推动经济社会发展由物力资本优先积累向人力资本优先积累转变，推动人才发展由政府主导向多元开发转变、总量扩张向素质提升和结构优化转变，确保在人才资源总量、人才素质结构、人才发展环境、人才开发投入和人才使用效能上有重大突破，实现人才大省向人才强省跨越，为加快“八大经济区”、“十大工程”建设进程，推动黑龙江经济社会又好又快发展、构建和谐龙江提供坚强的人才保证和广泛的智力支持。

（二）发展原则

人才优先，引领发展。把服务科学发展作为人才工作的根本出发点和落脚点，确立在经济社会发展中人才优先发展的战略布局，坚持人才资源优先开发、人才结构优先调整、人才投资优先保证、人才制度优先创新，以人才优先发展引领经济社会又好又快发展。

以用为本，优化结构。把用好用活人才、充分发挥人才作用作为人才工作的根本任务，积极为各类人才干事创业和实现价值搭建平台，引导和鼓励各类人才向经济社会发展一线集聚，加快人才结构战略性调整，促进人才结构与经济社会发展相协调。

突出重点，统筹推进。突出培养造就一批高层次创新创业人才，大力开发经济社会重点领域急需紧缺专门人才，充分发挥高层次人才在经济社会发展和人才队伍建设中的引领作用，统筹推进各类人才队伍建设，提升全省人才队伍的整体素质和区域竞争力。

整体开发，多元投入。充分调动全社会人才开发的积极性，推进城乡、区域、产业、行业和不同所有制人才资源开发，鼓励和支持人人都作贡献、人人都能成才、行行出状元，健全政府引导、用人单位主导、社会共同开发的多元投入机制，整合各方面资源和力量，形成推动人才工作的强大合力。

优化环境，激发活力。着力打造有利于人才发挥作用的政策环境、社会环境、工作环境、生活环境、学术环境和文化环境，健全完善人才培养开发、评价发现、选拔任用、流动配置、激励保障机制，最大限度地激发人才的创造活力，吸引更多的人才到黑龙江发展、更多的创新成果到黑龙江转化，使黑龙江成为各类人才创新创业的热土。

（三）战略目标

到2020年，我省人才发展的总体目标是：培养和造就规模宏大、结构优化、布局合理、素质优良、效能明显的人才队伍，形成环境一流、机制灵活的人才工作体制机制，确立我省人才竞争比较优势和对俄罗斯等周边国家人才的地缘优势，进入全国人才强省行列。

——规模不断壮大。人才资源总量540万人，年均增长6.3%左右。

——结构趋于合理。重点发展的新兴产业领域高层次、高技能人才实现倍增目标，产业和区域人才布局趋于优化。

——素质明显提高。主要劳动年龄人口受过高等教育比例达到21.12%，每万劳动力中研发人员达43人年。

——环境更加优化。符合各类人才特点、有利于促进人才全面发展的人才开发制度体系基本建立，创新活力强、创业成本低、服务效能优、人居条件好的人才环境基本形成，鼓励人才创新发展、支持人才干事创业的社会氛围更加浓厚。全省人力资本投资占GDP比例达到13%。

——效能明显增强。人才对经济社会发展的促进作用增强，人才贡献率达到35.5%；自主创新能力显著增强，形成一批具有核心技术和支柱企业的高新技术产业群。

二、人才队伍建设主要任务

（一）突出培养造就高层次科技创新创业人才

围绕提高自主创新能力和建设创新型省份的需要，以高层次科技创新创业领军人才和团队为重点，培养造就一批能够突破关键技术、具有自主知识产权的创新型科技领军人才、工程师、高水平创新团队和依靠核心技术自主创业的科技企业家，注重培养一线创新人才和青年科技人才，建设宏大的创新创业型科技人才队伍。到2020年，研发人员总量达到10万人年，高层次科技创新创业人才总量达到1100人左右，高层次科技创新团队达到50个左右。

主要举措：创新人才培养模式，建立学校教育和实践锻炼相结合、国内培养和国际交流合作相衔接的开放式培养体系。组织实施科技创新创业人才推进计划、高层次学术英才支持计划，推进海内外高层次人才引进工程、院士后备人选支持计划、长江学者支持计划，完善龙江学者计划和科技创新团队建设计划。组织实施科技企业家培育计划、优秀企业家培养工程和高端经营管理人才引进工程。推进产学研合作，重视发挥企业引才用才的主体作用，建设一批高层次人才创新创业基地，引导校企、校地共建各类创新创业载体，推动高层次创新型科技人才向企业集聚或依靠核心技术自主创业。

（二）大力开发经济社会发展重点领域急需紧缺专门人才

适应发展现代产业体系和构建和谐龙江的需要，加大重点领域急需紧缺人才开发力度。到2020年，在装备制造、能源、石油化工、煤化工、信息、生物技术、农林科技、生态环境保护、现代交通运输、国际商务、金融财会、旅游开发与管理等经济重点领域培养开发急需紧缺专门人才15.6万人；在宣传思想文化、政法、教育、医药卫生、防灾减灾等社会发展重点领域培养开发急需紧缺专门人才18.6万人。经济社会发展重点领域各类专业人才数量充足、整体素质和创新能力显著提高、人才结构趋于合理。

主要举措：加强产业、行业人才发展统筹规划和分类指导，开展急需紧缺人才需求预测，定期发布急需紧缺人才目录。调整优化高校学科布局，强化我省经济社会重点领域专业设置，构筑符合我省需要的学科体系。大规模开展重点领域专门人才知识更新培训。制定优惠政策，加大我省急需紧缺人才引进力度，引导和鼓励高校、科研院所和海内外高层次人才向经济重点领域集聚，加强与海内外新兴产业领域的合作开发，建设一批新兴产业基地和创新创业人才基地，引进和培养经济重点领域急需紧缺人才。完善省高等学校人文社会科学重点研究基地、省哲学社会科学重点基地和教育部人文社会科学重点研究基地的功能，加强宣传文化领域高层次人才队伍建设。建立重点领域相关部门人才开发协调机制，加强政法、教育、医药卫生、防灾减灾人才培养。

（三）统筹推进各类人才队伍建设

1．党政人才队伍。按照加强党的执政能力建设和先进性建设的要求，以提高领导水平和执政能力为核心，建设一支眼界宽善谋大势、思路宽善求创新、胸襟宽善聚人心、善于推动科学发展的高素质党政人才队伍。到2020年，总量相对稳定、结构更加合理、专业化水平明显提高，全省党政人才大学本科以上学历达到85%，其中研究生学历达到10%。

主要举措：适应科学发展要求和干部成长规律，组织实施党政人才素质能力提升工程、公务员能力培训计划、公务员公共管理培训工程，构建理论教育、知识教育、党性教育和实践锻炼“四位一体”的干部培养教育体系，开展大规模干部教育培训，加强干部自学。坚持德才兼备、以德为先用人标准，树立坚定信念、注重品行、科学发展、崇尚实干、重视基层、鼓励创新、群众公认的用人导向，加大领导干部跨部门、跨市（地）交流力度，推进党政机关重要岗位干部定期交流、轮岗，完善公开选拔、竞争上岗等选拔任用方式，注重从基层和生产一线选拔党政人才，科学构建党政人才实绩考评体系。加强女干部、少数民族干部、非中共党员干部培养选拔和教育培训工作。健全权力约束制衡机制，加强干部管理监督。

2．企业经营管理人才队伍。适应我省加快新型工业化进程和产业结构优化升级的需要，以提高现代经营管理水平和企业国际竞争力为核心，以战略企业家和职业经理人为重点，加快推进企业经营管理人才职业化、市场化、专业化和国际化，培养造就一大批具有全球眼光、市场开拓精神、管理创新能力和社会责任感的优秀企业家和一支高水平的企业经营管理人才队伍。到2015年，企业经营管理人才总量达到35万人；到2020年，企业经营管理人才总量达到52万人，培养造就50名在全国同行业具有领先地位的优秀企业家，2000名高层、10万名中层企业经营管理人才，国有企业领导人员通过竞争性方式选聘比例达到50%。

主要举措：组织实施优秀企业家培养工程、高端经营管理人才引进工程、企业经营管理人才素质提升工程、经营管理“未来之星”培养工程，依托知名跨国公司、国内外高水平大学和其他培训机构，加强企业经营管理人才培训。采取组织选拔与市场化选聘相结合的方式选拔国有企业领导人员。健全企业经营管理者聘任制、任期制和任期目标责任制，实行契约化管理。完善以市场和出资人认可为核心的企业经营管理人才评价体系，积极发展企业经营管理人才评价机构，建立社会化的职业经理人资质评价制度。健全企业经营管理人才经营业绩评价指标体系，完善年度薪酬管理制度、协议工资制度和股权激励等中长期激励制度。

3．专业技术人才队伍。适应推动经济社会又好又快发展的需要，以提高专业水平和创新能力为核心，以高层次人才和紧缺人才为重点，造就一批位居世界科技前沿、在国内外具有较大影响的高级专家，打造一支规模宏大、素质优良、结构合理的专业技术人才队伍。到2015年，专业技术人才总量达到230万人；到2020年，专业技术人才总量达到255万人，高级、中级、初级专业技术人才比例为10:40:50。

主要举措：深入实施专业技术人才知识更新工程，组织实施学科专业梯队建设“535”工程、青年英才开发计划、高素质教育人才培养工程、宣传文化人才培养工程、全民健康卫生人才保障工程，进一步扩大专业技术人才队伍培养规模，提高专业技术人才创新能力。重视传统产业、主导产业和支柱产业各类技术人才的培养，加大新兴产业、现代服务业、文化、教育、卫生等领域人才培养开发力度。发挥各类社会组织培养专业技术人才的作用。制定双向挂职、短期工作、项目合作等灵活多样的人才柔性流动政策，引导党政机关、科研院所和高等学校专业技术人才向企业、社会组织和基层一线有序流动，促进专业技术人才合理分布。统筹推进专业技术职称和职业资格制度改革，改进专业技术人才收入分配等激励办法。改善基层专业技术人才工作、生活条件，拓展职业发展空间。注重发挥离退休专业技术人才的作用。

4．高技能人才队伍。适应老工业基地振兴、走新型工业化道路和产业结构优化升级的需要，以提升职业素质和职业技能为核心，以中、高等职业院校“双师型”教师队伍为主体，以技师和高级技师为重点，建设一支数量充足、门类齐全、梯次合理、技艺精湛的高技能人才队伍。到2015年，高技能人才总量达到42万人；到2020年，高技能人才总量达到46万人，占技能劳动者的总数的30%，其中技师、高级技师达到20万人。

主要举措：完善以企业为主体、职业院校为基础、学校教育与企业培养紧密联系、政府推动与社会支持相结合的高技能人才培养培训体系。加强职业培训，改革职业教育人才培养模式，大力推行校企合作、工学结合和顶岗实习。加强职业教育“双师型”教师队伍建设。在职业教育中推行学历证书和职业资格证书“双证书”制度。促进技能人才评价多元化。组织实施“55139”高技能人才培养工程。广泛开展各种形式的职业技能竞赛和岗位练兵活动。制定高技能人才与工程技术人才职业发展贯通办法。完善高技能人才评选表彰制度，进一步提高技能人才经济待遇和社会地位。

5．农村实用人才队伍。适应现代农业和社会主义新农村建设的需要，以提高科技素质、职业技能和经营能力为核心，以农村实用人才带头人和农村生产经营型人才为重点，着力打造一支服务农村经济社会发展、数量充足的农村实用人才队伍。到2015年，农村实用人才总量达到75万人；到2020年，农村实用人才总量达到150万人，平均受教育年限达到11年，中专以上学历增加到50万人，每个行政村主要特色产业至少有3至4名示范带动能力强的带头人。

主要举措：深入实施农村实用人才带头人素质提升计划、新农村实用人才培训工程、场县共建人力资源共享工程，重点实施现代农业人才支撑计划、乡村农业技术人员培养计划，充分发挥农村现代远程教育网络、各类农民教育培训项目、农业技术推广体系、各类职业学校和培训机构的主渠道作用，大规模开展农村实用人才培训。鼓励和支持农村实用人才带头人牵头建立专业合作组织、专业技术协会和农业企业，加快培养农业产业化发展急需的企业经营管理人员、农民专业合作组织带头人和农村经纪人。在创业培训、项目审批、信贷发放、土地使用等方面制定优惠政策，积极扶持农村实用人才创业兴业。开展农村实用人才技能职称评定，加大对农村实用人才的表彰激励和宣传力度，提高农村实用人才社会地位。继续开展城乡人才对口扶持，加大公共财政对农村发展急需的农业技术推广、教育、卫生等方面人才培养的支持力度。

6．社会工作人才队伍。适应构建和谐黑龙江的需要，以人才培养和岗位开发为基础，以社会福利性、公益性机构、社会组织和城乡社区社会工作人才建设为重点，培养造就一支以中高级社会工作人才为主体，专业化、职业化服务水平和整体素质较高的社会工作人才队伍。到2015年，社会工作人才总量达到3万人；到2020年，社会工作人才总量达到10万人。

主要举措：健全培育扶持和依法管理社会组织的政策，推进公益服务类事业单位、公益类社会组织和城乡社区组织建设，扶持民办社工机构，加大政府购买服务和岗位开发力度，落实薪酬待遇，完善激励措施，引导以社区工作人员为主体的社会工作人员向有职业资格的社会工作者转变。加快构建不同学历层次教育协调配套、专业培训和知识普及有机结合的社会工作人才培养体系，选送有发展、有潜力的社会工作人才到高校和专业机构深造。建设一批社会工作培训基地，加强社会工作从业人员专业知识培训。加强社会工作者队伍职业化管理，建立社会工作人才和志愿者队伍联动机制。

三、制度创新和重大政策

（一）深化人才工作管理体制改革

1．坚持党管人才的领导体制。建立党委、政府“一把手”抓“第一资源”的目标责任制，把人才发展主要指标纳入经济社会发展规划，把人力资本投资作为经济社会发展的重要考核指标。建立各级党委常委会听取人才工作专项报告制度，实行重大决策专家咨询制度，完善党委联系专家制度。健全各级党委人才工作领导机构，建立科学的决策机制、协调机制和督促落实机制，形成统分结合、上下联动、协调高效、整体推进的人才工作运行机制。完善党委组织部门牵头抓总职能，重点抓好战略研究、总体规划制定、重大政策统筹、重大工程策划、重点人才培养、重大典型宣传。落实各职能部门职责分工，各司其职、协调配合，积极主动开展工作。发挥各人民团体、企事业单位、社会组织的作用，形成全社会推动人才工作的整体合力。

2．改进人才管理方式。围绕用好用活人才，完善政府宏观管理、市场有效配置、单位自主用人、人才自主择业的人才管理体制，逐步建立与国际接轨的人才资源开发机制。加快政府人才管理职能向培育创新创业平台、发挥企业主体作用、创造良好发展环境、提供优质公共服务转变，推动政府人才管理部门进一步简政放权，减少和规范人才评价、流动等环节中的行政审批和收费事项，建成规范有序、公开透明、便捷高效的人才公共服务体系。深化国有企业和事业单位人事制度改革，发挥市场配置人才资源的基础性作用，扩大和落实单位用人自主权，充分发挥用人单位在人才培养、吸引和使用中的主体作用。

3．推进人才工作法制化进程。完善人才法规体系，形成有利于人才发展的法制环境，推动人才工作从行政管理向依法管理转变。重点围绕国家人才开发和终身学习、工资管理、技术移民、事业单位人事管理、专业技术人才继续教育、职业资格管理等方面的法律法规，制定符合我省实际的配套法规，修订完善人才工作相关法规，完善人才引进、培养、使用、评价、激励、保障等人才资源开发管理各个环节的法规体系，切实保护人才和用人主体的合法权益。推行执法责任制、评议考核制，加大人才法规执行力度。

（二）创新人才发展机制

1．人才培养开发机制。坚持以经济社会发展需要和社会需求为导向，优先发展教育事业，不断提高思想道德素质和创新能力，完善现代国民教育和终身教育体系，调整优化高等学校学科专业设置，注重在实践中发现、培养、造就人才，构建人才培养目标同阶段性经济社会发展相适应、人才知识结构同产业结构调整相协调的人才培养开发机制。完善继续教育配套政策，加强继续教育统筹规划，整合各类教育培训资源，改革职业教育模式，分层分类开展人才继续教育。建立以重大人才工程为引领、区域行业人才工程为支撑、社会力量广泛参与的高层次人才培养体系。加大对人才教育培训的投入，健全多元的人才培养开发投入机制。

2．人才评价发现机制。建立以岗位职责为基础，以品德、能力、业绩为导向，科学化、社会化、多元化的人才评价发现机制。健全科学的职业分类体系，完善体现各类人才特点的能力素质指标体系，推行党政人才群众认可、企业经营管理人才市场和出资人认可、专业技术人才和技能人才社会和业内认可的评价方法。发挥用人单位评价的主体作用，发展专业化、社会化的人才评价组织，开发应用现代人才测评技术和评价方法，提高人才评价的科学化水平。建立在重大科研、工程项目实施和急难险重工作中发展、识别人才的机制。健全举才荐才的社会化机制。

3．人才选拔任用机制。坚持以用为本，改革各类人才选拔使用方式，科学合理使用人才，促进人岗相适、用当其时、人尽其才，形成有利于各类人才脱颖而出、充分施展才能的选人用人机制。深化党政人才选拔任用制度改革，采取多种形式扩大党政领导干部选拔范围，推行党政机关专业技术岗位聘任制，建立党政人才正常退出机制。分类推进事业单位人事制度改革，健全事业单位领导人员委任、聘任、选任等任用方式，全面推行事业单位公开招聘、竞聘上岗和合同管理制度。建立市场配置、组织选拔和依法管理相结合的国有企业领导人选拔任用制度，健全企业经营管理人才市场化聘用机制。

4．人才流动配置机制。充分发挥市场在人才资源配置中的基础性作用，推进统一规范的人才资源市场体系建设，建立政府宏观调控、市场主体公平竞争、中介组织提供服务相配套的人才流动配置机制。有效整合各类人才资源，打破人才的地域、部门、行业、所有制界限，完善党政人才、企事业管理人才、专业技术人才交流融通的政策措施。探索以工作内容、工作项目为主导的人才柔性流动机制。健全人才市场供求、价格、竞争机制。积极推进东北区域人才资源一体化进程，实现区域互联、发展互动、证书互认，推动产业区域人才协调发展，促进人才资源有效配置。

5．人才激励保障机制。完善分配、激励、保障制度，建立健全与工作业绩紧密联系、充分体现人才价值、鼓励人才创新创业的激励保障机制。建立完善事业单位岗位绩效工资制度和重实绩、重贡献的国有企业经营管理者薪酬制度，引导企业建立以岗位工资为主的技术工人薪酬分配制度。推行高层次人才、高技能人才年薪制、协议工资制和项目工资制等多种分配形式。建立产权激励制度，制定知识、技术、管理、技能等生产要素按贡献参与分配的办法。加大对人才在科技研发、项目承包、创业、兼职、流动等活动中的法律保护力度，加强对个人权益和单位权益的法律保障。加大知识产权保护力度，健全知识产权保护体系。依法保护承担国家重点工程、涉及国家秘密和企业核心技术或商业秘密的人才及其合法权益。研究制定人才补充保险办法，支持用人单位为各类人才建立补充养老、医疗保险。调整规范各类人才奖项设置，建立黑龙江省荣誉制度，表彰奖励在经济社会发展中作出杰出贡献的人才。

（三）重大政策

1．人才投入优先保证政策。各级政府要加大人才发展投入力度，进一步改善经济社会发展的要素投入结构，不断提高人力资本投资占GDP的比重；要设立人才发展专项资金，纳入财政预算，确保人才发展支出增幅高于经常性财政收入增幅，用于支持人才引进、培养、使用、激励等。鼓励企业和社会组织建立人才发展资金。制定税收优惠政策和金融信贷扶持政策，鼓励和引导社会、用人单位、个人投资人才资源开发。加强人才投入产出效益评估，提高人才资金的使用效率。

2．更加开放的人才政策。立足现有人才培养和使用，坚持人才自主培养开发和引进省外及海外人才相结合，通过制定完善税收、保险、住房、子女入学、配偶安置、担任领导职务、承担重大科技项目和政府奖励等方面的特殊政策措施，开发利用好省内省外及海外人才资源。编制《黑龙江省年度产业发展急需紧缺高层次人才引进目录》，建立统一的海外高层次人才信息库和人才信息发布平台，突出培养引进领军人才和紧缺人才。建立海外高层次人才特聘专家制度，建立突出贡献奖励制度，鼓励各类人才自主创业，促进人才合理流动。

3．产学研合作培养创新人才政策。建立在政府指导下以企业为主体的产学研战略联盟，支持企业与高等院校、科研院所联合培养高层次人才。建立高等学校、科研院所、企业高层次人才相互流动制度，推行产学研联合培养研究生的“双导师制”。加大项目资金支持力度，依托国家、省重大人才计划和科研、工程、产业攻关等项目，在创新实践中培养人才。鼓励支持企业在高校、科研院所设立人才基金，建立研发机构。加大省级重点学科带头人、后备带头人支持力度，对其科研项目研究与开发给予政策优惠。鼓励支持大中型企业设立博士后科研工作站，促进企业技术创新和自主开发能力的提高。

4．引导人才向农村基层和城乡社区流动政策。对在农村基层和城乡社区工作的人才，在工资、职务、职称等方面实行倾斜政策，改善工作和生活条件。采取政府购买岗位、报考公职人员优先录用等措施，鼓励和引导高校毕业生到农村、社区和中小企业就业。制定高校毕业生到农村基层和城乡社区创业就业扶持办法。实施公职人员到基层、社区服务和锻炼的派遣和轮调办法，从省直机关选派处级干部到乡村任职、挂职，从高等院校、科研院所、医疗机构选派高层次人才到农村基层和城乡社区开展科技对接、技术支持。完善科技特派员到农村、社区和企业服务的政策措施。

5．人才创业扶持政策。加大人才创新创业财政投入力度，设立专门创业扶持资金，整合科技项目资金，重点支持拥有符合我省产业发展方向、具有自主知识产权项目和技术的高层次人才创业。完善知识产权、技术等作为资本参股的措施，加大税收优惠、财政贴息力度，支持和鼓励高层次人才领办和创办科技型企业。加快发展各类风险投资基金和创业投资机构。加大创业资金和小额贷款支持力度，优化创业环境，鼓励科技人员、高校毕业生、海外留学归国人员创业，鼓励军队转业干部、机关事业单位人员创业，鼓励农民工返乡创业。

6．有利于科技人员潜心研究和创新政策。加大对基础研究、前沿技术研究、社会公益类科研机构的投入力度。整合省属科研机构，健全科研机构内部决策、管理和监督等各项制度，扩大科研机构人事管理、科研经费使用和内部分配的自主权，重点向优秀人才和关键岗位倾斜。探索科研院所主要领导、科技骨干人员年薪制，推行科研项目课题制，健全科研院所收入分配激励机制。在关键领域、关键岗位建立首席制，给予岗位津贴。加大对中青年骨干科技人员培养和支持力度，在课题研究、项目申报等方面给予优先支持。提高科技人员待遇，改善科技人员的生活条件。

7．推进党政人才、企业经营管理人才、专业技术人才合理流动政策。完善党政人才、企业经营管理人才、专业技术人才交流和挂职锻炼制度，畅通党政机关、国有企业、事业单位之间人才合理流动渠道，打破人才身份、单位、部门和所有制限制，营造开放的用人环境。扩大党政机关和国有企事业单位领导人员跨地区跨部门交流任职范围。拓宽党政人才来源渠道，完善从企事业单位和社会组织选拔党政人才制度。

8．鼓励非公有制经济组织、新社会组织人才发展政策。把非公有制经济组织、新社会组织人才开发纳入各级政府人才发展规划。制定加强非公有制经济组织、新社会组织人才队伍建设意见。完善非公有制经济组织、新社会组织人才发展平等待遇政策，使非公有制经济组织、新社会组织平等享受政府在人才培养、吸引、评价、使用等方面的各项政策，平等使用政府支持人才创新创业的资金、项目、信息等公共资源，平等参与政府开展的人才宣传、表彰、奖励等方面活动。

9．促进人才发展的公共服务政策。健全公共服务平台，整合现有人才公共服务资源，强化政府人才发展公共服务职能，完善政府购买公共服务制度，创新政府与社会组织合作提供公共产品和公共服务的运作模式，建立功能齐全、运转高效、服务便捷的人才公共服务体系。支持人才公共服务产品开发，加强对公共服务产品的标准化管理。鼓励民营资本投入人才公共服务平台建设，实现人才公共服务投入多元化。

10．知识产权保护政策。完善创新成果知识产权归属和利益分享机制，保护科技成果创造者的合法权益，加大职务发明奖励、非职务发明支持力度。建立重大经济活动的知识产权特别审查机制，建设知识产权运用转化交易平台，健全和完善知识产权公共服务体系。加大知识产权执法保护力度，完善知识产权举报投诉和维权援助机制，完善非物质文化遗产传承人的知识产权保护。

四、重点人才工程

（一）“八大经济区”人才集聚工程

适应“八大经济区”和“十大工程”建设对人才的需要，全方位、分区域加快人才结构调整步伐，通过政策倾斜、资金扶持、调整优化产业结构、大力引进海外高层次创新创业人才等措施，引导和鼓励优秀人才跨地区、跨行业、跨单位向“八大经济区”和“十大工程”建设集聚。积极发展“八大经济区”人才交流合作，建立统一政策、统一品牌、统一标准的人才服务平台，构建以经济区项目为牵动的人才柔性流动机制，打造各具特色的人才密集区。

（二）科技创新创业人才推进计划

围绕提高我省自主创新能力和建设创新型省份的现实需求和战略需要，加大人才投入，全面推进以科技领军人才、产业领军人才和优秀创新创业团队为核心的创新创业人才队伍建设。依托科技创新创业人才基地建设工程等载体，加快高层次创新创业人才和优秀创新创业团队培养，加强科技创新创业团队和基地建设，重点支持一批拥有自主创新成果的高层次创新创业人才。到2020年，全省扶持1100人、建设100个创新团队、建设20个省级创新创业人才培养示范基地。

（三）青年英才开发计划

围绕人才基础性培养和战略性开发，以提高创新能力为重点，在自然科学、人文社会科学领域，积极培养、造就一批“德、专、高、精、尖”青年学术拔尖人才，形成适合我省科技发展需要的学科带头人队伍和科研梯队。遴选在我省科学教育领域研究比较深入、已初步取得创新性成果，有望出现重大突破并取得创造性成就和作出重大贡献的青年高级专家，进行重点培养支持。以高校科研院所为载体，以国家一级重点学科为支撑，依托骨干企业，在全省建设一批青年英才培养基地，每年选派一批拔尖大学生进行专门培养。

（四）优秀企业家培养工程

以重点骨干企业经营管理者及优秀后备人才为主要培养对象，继续探索坚持党管干部原则与董事会依法选择经营管理者相结合的新途径，逐步引入职业经理人制度，健全企业经营管理者聘任制、任期制和任期目标责任制，实行契约化管理。有计划地对重要骨干企业的董事长、总经理进行重点培训。到2020年，培养5名在全国具有较高知名度的企业集团“领军人物”、50名在全国同行业具有领先地位的优秀企业家、500名在全省同行业处于领先地位的骨干企业家。

（五）非公有制经济组织优秀企业家、新社会组织高级人才“双千”培养工程

围绕发展具有国际竞争力的非公有制大企业和企业集团，开展“思维创新、能力培养、素质提高”专题培训，组织学习考察、境内外培训，开展交流研讨、挂职锻炼，引导自我提高，鼓励自主培训，进一步加强非公有制经济组织优秀企业家、新社会组织高级人才队伍建设。到2020年，培养非公有制经济组织优秀企业家1000名、新社会组织高级人才1000名。

（六）企业经营管理人才素质提升工程

围绕我省新型工业化道路战略目标要求，通过组织学习研讨、开展交流挂职、加强自学和自主培训等措施，不断提升企业经营管理人才的综合素质和经营能力。到2020年，培养一批具有世界眼光、战略思维、创新精神和经营能力的企业家，培养一大批精通战略规划、资本运作、人力资源管理、财会、法律等专业知识的企业经营管理人才。

（七）“经营管理未来之星”培养工程

以培养和储备后备人才为重点，采取助理制、到发达地区或优秀企业考察学习或挂职锻炼等方式培养优秀青年人才，同时加大人才储备，对有发展潜力的年轻经营管理人才加大选拔使用力度。到2020年，国有骨干企业要配备1至2名40岁左右硕士以上学历的高素质领导人员，科技型企业和知识密集型企业要配备1至2名40岁左右博士以上学位的高素质领导人员。

（八）非公有制经济暨中小企业人才培训工程

以工业和信息化企业经营管理人才、中高级专业技术人才和熟练技术工人以及工信系统管理干部为重点，紧紧把握企业发展需求，活化培训手段，拓宽培训领域，搞好国家“银河培训”工程，全方位开展知识更新培训，有计划地组织赴省外、境外培训，进一步加强校企合作。到2020年，培训1000名非公有制经济暨中小企业领军式人物、3万名企业中高级专业技术人才、10万名企业中高级经营管理人才和工信系统管理干部。

（九）宣传文化人才队伍建设工程

紧紧围绕文化兴省、建设边疆文化大省的战略目标，建立和完善人才选拔机制，以高层次人才选拔培养为重点，带动和引导文化人才队伍全面发展，进一步推行聘用制和岗位管理制度，建立人才破格使用制度，建立以市场配置为主导的人才流动和人才共享机制，培养造就和扶持推介一批造诣高深、成就突出、影响广泛的宣传思想文化领域高层次人才，培养、吸引和引进一大批宣传文化领域急需紧缺人才。到2020年，培养文化名家200名、领军人才350名、优秀青年人才500人、急需紧缺人才平均每年增加14000人。

（十）政法人才素质提升工程

以提升政法队伍整体素质为目标，深入推进政法干警招录培养体制改革试点工作。加大政法人才开发培养力度，通过开展业务知识培训、组织学习考察、引导自主学习等方式，提高现有政法人才学历层次，建立健全科学合理、公正透明的绩效考评体系，开展全方位轮岗、交流、挂职，培养造就一大批实战能力强的应用型、复合型、专家型政法人才，使政法人才队伍力量进一步加强，政法人才分布更加均衡，知识结构趋于优化，政法干警处理疑难复杂问题和做好群众工作的能力不断增强。

（十一）高素质教育人才培养工程

以骨干教师、骨干校长队伍建设为重点，从基础教育、职业教育和高等教育人才队伍的不同特点和发展需要出发，通过“领雁计划”、“砺耕计划”、中职校长能力提升计划、高素质教育家支持计划等一系列载体，培养造就一批教育家、教学名师和学科领军人才，使我省高素质教育人才队伍在国内具有一定的比较优势。到2020年，累计培养各类高素质教育人才超过2万名。

（十二）全民健康卫生人才保障工程

以建设高层次科研、医疗、管理人才为重点，突出农村卫生人才队伍建设，通过完善卫生人才评价体系，全面建立聘任制度和岗位管理制度，实行岗位绩效工资制度，完善卫生人才市场体系，促进人才合理流动等有效措施，整体推进10支卫生专业人才队伍协调发展。到2020年，卫生人才总量达24万人，培训住院医师1万名，培养基层全科医生1万名，培养造就高层次卫生人才200名左右。

（十三）海外高层次人才引进计划

围绕我省经济社会发展影响重大的传统优势产业、高新技术产业、现代服务业和重点建设工程、重点科研项目、重点建设学科需要，重点引进提高我省自主创新能力急需的海外高层次创新创业人才及团队。成立专门办事机构，落实好特殊政策、建立人才信息库、实施跟踪计划，认真贯彻落实国家“千人计划”，加大对俄引才引智力度。到2020年，从海外引进200名左右掌握国际领先技术、引领产业发展、从事科技创新和成果转化的高层次人才，引进20个左右创新创业团队，建立一批海外高层次人才创业基地。

（十四）专业技术人才知识更新工程

通过设立一批省级继续教育基地、建设一套网络平台、提供经费保障、实行统计登记制度等形式，实施专项继续教育，帮助专业技术人员及时更新专业知识，提升原始创新能力、集成创新能力、消化引进吸收再创新能力。以重点行业领域的中高级人才培训为重点，每年培训1.5万名左右高层次、急需紧缺和骨干专业技术人才。到2020年，累计培训20万名左右。

（十五）专业技术人才服务“八大经济区”和“十大工程”建设工程

发挥专业技术人才的科技智力优势，通过成立“八大经济区”人才服务中心、组建行业人才协会、举办高层次人才研讨班、组建人才创新团队、选派专业技术人员深入基层开展科技服务、组织专家解决技术难题、引进“八大经济区”建设急需的高层次人才等有效途径，为我省正在实施的“八大经济区”和“十大工程”建设提供智力支持和科技服务。

（十六）学科（专业）带头人梯队打造工程

以学科（专业）带头人、后备带头人以及第三梯队成员培养为核心，通过给予科研资助、引进海外高层次人才、完善政府特殊津贴制度、推进产学研合作等形式，建立一支综合实力雄厚、门类齐全、自主创新能力更强的学科带头人队伍。到2020年，打造10个在国际上有较大竞争力的前沿学科（专业）带头人梯队、打造60个国内一流的领先学科（专业）带头人梯队、打造1000个全省领军的重点学科（专业）梯队。

（十七）博士后创新工程

通过实施博士后特别资助计划、创建中国龙江博士后创业园、开展博士后创新发展论坛等有效途径，围绕信息、生物、新材料、航空航天等我省高新技术产业，以高层次人才为核心，以博士后科研流动站和工作站为依托，以具有产业基础和应用前景的重大科研项目为载体，组建博士后创新团队，开展创新性研究。到2020年，建设60个左右优秀博士后创新团队。

（十八）高技能人才培养工程

适应走新型工业化道路、加快产业结构优化升级的需要，通过建设一批高技能人才培训基地、技能大师工作室和公共实训鉴定基地、建立高技能人才库等渠道，有针对性培养一大批具有精湛技艺的高技能人才。到2020年，建设50个高技能人才培养基地、50个技能大师工作室、10个公共实训鉴定基地，培养技师、高级技师20万人。

（十九）现代农业人才支撑计划

紧紧围绕现代农业和新农村建设，坚持突出重点与整体推进相结合，加大农业人才资源开发投入力度，通过选拔农业科研杰出人才、有突出贡献的农业技术推广人才、农业产业化龙头企业和专业合作组织负责人等活动，带动农村实用人才队伍建设。到2020年，农村实用人才达到150万人，农业科研人才达到0.6万人，农业技术推广人才达到3万人，农业经营管理人才达到30万人。

（二十）农村实用人才带头人素质提升计划

充分发挥农业技术推广体系、各类职业学校和培训机构的主渠道作用，加大对致富带头人、科技带头人、经营带头人等拔尖农村实用人才的培养力度，重点培养一批长于经营、精于管理、勇于创业、能够带领群众致富的复合型人才。到2020年，培养农村实用人才带头人4万人，力争实现全省每个村都有3至4名高素质的农村实用人才带头人。

（二十一）乡村农业技术人员培养计划

加大专项资金投入力度，以乡村农业技术人员为重点，开展实用技术和新技术培训，扩大培训覆盖面，使农村实用人才都能够掌握1至2门实用技术，兴办一个项目，经营一种产业。到2020年，培训乡村农业技术人员25万人。

（二十二）新农村实用人才培训工程

以农村各类职业学校、成人文化技术学校以及各种农业技术培训机构为依托，大范围开展农村科技、教育、生产、经营等多方面的实用人才培训，努力构建完善开放型、多功能、多元化的农村实用人才教育培训体系。到2020年，每年培训新型农民500万人次，先进实用技术入户率达到98%以上。

（二十三）场县共建人才共享工程

依托我省垦区机械化水平高、科技力量强、现代农业发展快的优势，充分发挥农垦人才作用，大力推进场县共建，实现农村人才资源共育共享，带动地方实用人才队伍建设。到2020年，争取45个涉场县（市）每年都能选派专业技术人员及农民到场方参加农业技术培训，通过双方协商投入，在场县两地交通便利的结合部建立“两地农村实用人才培训基地”100处。

（二十四）社会工作人才培养工程

以人才培训和岗位开发为基础，以培养中高级社会工作人才为重点，培养造就一支职业化、专业化的社会工作人才队伍。加大政府扶持和资金投入力度，支持民办社工机构发展。构建不同学历层次教育协调配套、专业培训和知识普及有机结合的社会工作人才培养体系。建立一批社会工作培训基地，做好社会工作从业人员专业知识培训，制定社会工作培训质量保障制度，使社会工作人才队伍总量不断增长。到2020年，社会工作人才总量达到10万人。

（二十五）农村基层和艰苦边远地区人才支持计划

加强农村基层和艰苦边远地区医生、教师、农村实用人才培养，加强农村基层和艰苦边远地区的基层文化队伍建设。加大对农村基层和艰苦边远地区政策倾斜和资金支持，采取定向招生、少数民族高考生加分等办法，每年重点扶持300名农村基层和艰苦边远地区急需紧缺人才。每年引导3000名优秀教师、医生、科技人员、社会工作者、文化工作者到农村基层和艰苦边远地区工作或提供服务。

（二十六）选聘高校毕业生到村任职工作计划

坚持既注重激励保障又强化竞争择优，通过定期选聘、提高政策待遇、加强管理服务、提高财政补贴，确保高校毕业生下得去、待得住、干得好、流得动，逐步建立一支规模适度、结构合理、素质优良、充满活力的到村任职高校毕业生队伍。到2020年，实现一村至少一名大学生目标。

（二十七）工业领域急需紧缺人才开发工程

围绕工业领域急需紧缺人才开发，大力实施人才强企战略，培养造就宏大的创新型企业人才队伍。通过强化人才交流、加大信息发布力度、创新培训模式、定期召开重点企业人才工作联席会议等措施，切实解决我省装备制造、能源、石油化工、煤化工、信息和生物技术等经济重点领域急紧缺人才短缺问题。到2020年，急需紧缺人才新增43730人。

（二十八）生态环境保护急需紧缺人才开发工程

围绕环境友好型和资源节约型社会建设，通过加强基地建设和重点学科带头人梯队建设、依托省内高校培训、强化人才引进交流等措施，统筹推进环境保护人才队伍建设，培养造就一支高素质的生态环境保护人才队伍。到2020年，生态环境保护急需紧缺人才新增8270人。

（二十九）交通运输急需紧缺人才开发工程

针对交通重点领域专门人才急需紧缺状况，对结构性短缺人才进行重点培养和按需培养，通过选派技术骨干到高等院校进修、参加国内高新技术学术交流或到发达地区考察等方式拓宽培训渠道，开展岗位练兵和岗位技能培训，大力加强急需紧缺管理人才、专业技术人才和高技能人才队伍建设。到2020年，路桥勘测、设计、高等级公路建设与养护、水运工程、汽车维修、物流等急需紧缺人才新增53580人。

（三十）国际商务领域人才开发工程

适应东北亚经济贸易开发区和哈牡绥东对俄贸易加工区的需要，通过自主培养、引进交流、继续教育、建立人才信息库等方式，加大国际商务领域急需紧缺人才开发力度。到2020年，开发国际商务急需紧缺人才7540人。

（三十一）金融财会人才培养工程

以优化金融财会人才队伍结构为基础，以高层次金融财会人才队伍建设为重点，坚持培养与引进相结合，通过自主培养、举办金融论坛、选派干部外出学习、交叉任职挂职等方式，造就一支数量相当、结构合理、素质优良，与全省经济社会发展需要相匹配的金融财会人才队伍。到2020年，高层次金融财会人才达到35530人。

（三十二）北国风光特色旅游人才开发工程

围绕北国风光特色旅游开发区建设需要，通过资金倾斜、政策支持、免费培训、发放津贴、给予物质奖励等形式开发北国风光旅游人才，实现旅游人才合理配置。到2020年，旅游经营开发与管理人才新增3900人。

（三十三）防灾减灾人才开发工程

以整体性开发防灾减灾人才资源为重点，通过建设应急队伍、设立防灾减灾专家委员会、建立灾害评估师职业资格制度、定期培训、建立防灾减灾培训教育基地等形式，着力建设以防灾减灾专业人才队伍为骨干力量，以各类灾害应急救援队伍为突击力量，以防灾减灾社会工作者和志愿者队伍为辅助力量的防灾减灾人才队伍。到2020年，防灾减灾人才达到38410人。

五、组织实施

（一）加强组织领导

省人才工作领导小组负责《省人才规划纲要》的组织实施、统筹协调和宏观指导，制定实施细则和重点人才工程的实施办法，分解细化目标任务，切实抓好《省人才规划纲要》的贯彻落实。建立《省人才规划纲要》实施情况的监测、评估、考核机制，加强督促检查。

（二）建立健全人才发展规划体系

各地各部门要根据经济社会发展目标，结合《省人才规划纲要》，编制本地区、本部门、本行业以及重点领域人才发展规划，突出本地区、本行业人才发展重点，形成上下衔接、左右协调的全省人才发展规划体系。

（三）加强人才工作基础性建设

开展人才工作战略研究，积极探索人才资源开发规律。强化人才统计工作，建立健全人才资源统计和定期发布制度。推进人才工作信息化建设，建立人才信息网络和数据库。加强人才工作队伍建设，加大培训力度，提高人才工作队伍的政治素质和业务水平。

（四）营造良好的社会环境

围绕人才强省战略，采取多种形式和方法，广泛宣传《省人才规划纲要》的重大意义、目标任务、重大举措，宣传各地、各行业培养、使用和引进人才的成功经验、典型案例，加大对作出突出贡献人才的宣传力度，营造全社会关心、支持人才发展的良好舆论氛围，形成人人都作贡献、人人都能成长的社会环境。

江苏省中长期人才发展规划纲要
（2010—2020年）

根据《国家中长期人才发展规划纲要（2010—2020年）》和江苏省经济社会发展实际，制定本规划纲要。

序言

人才是经济社会发展的第一资源。加快人才发展是在激烈的国际竞争中赢得主动的重大战略选择。江苏省委、省政府历来高度重视人才工作，坚定不移地把科教兴省、人才强省作为经济社会发展的主战略。继提出解放思想、解放人才、解放科技生产力后，近几年又进一步提出人才优先发展、优先投入，坚持创新人才发展体制机制，着力培养造就高素质人才队伍，构建创新创业载体，大力引进海内外高层次创新创业人才，积极营造开放的人才国际化环境，推动了人才优势向科技优势、产业优势和竞争优势转化，区域创新能力跃居全国第一。

目前，全省人才资源总量760万人，其中具有高级专业技术职称或研究生学历的高层次人才36万人，两院院士89人，均居全国前列。2009年，全省人才贡献率26.2%，科技进步贡献率52.3%，实现高新技术产业产值2.2万亿元，占规模以上工业总产值比重达30.1%。但是，也必须清醒地看到，我省人才发展与新形势新任务的要求还存在不相适应的地方：高层次人才特别是领军型人才紧缺，人才结构性矛盾较为突出，人才资源开发投入不足，人才发展体制机制还不够完善，企业在人才开发中的主体作用尚未充分发挥，人才国际化步伐还需要进一步加快等。

未来十年，是江苏加快转变发展方式、推动经济转型升级、全面建设更高水平小康社会、向基本现代化迈进的重要时期，也是经济全球化和科技革命、产业革命深入发展的重要时期。面对国际和区域竞争日趋激烈、资源和环境制约日益凸显的新挑战，必须深入实施科教兴省、人才强省战略，把加强人才队伍建设作为强省之基、竞争之本、转型之要，摆到特别突出的位置，科学规划，深化改革，重点突破，整体推进，形成江苏长远发展的新优势，不断开创人才辈出、人尽其才的新局面。

一、指导思想、基本原则和战略目标

（一）指导思想

高举中国特色社会主义伟大旗帜，以邓小平理论和“三个代表”重要思想为指导，深入贯彻落实科学发展观，紧紧围绕“两个率先”，大力实施人才强省战略，坚持党管人才原则，遵循社会主义市场经济规律和人才成长规律，加快人才发展体制机制改革和政策创新，大力推进人才国际化，以高层次领军人才为重点，统筹各类人才队伍建设，促进经济发展方式向主要依靠科技进步和劳动者素质提高、管理创新转变，为推动科学发展、建设美好江苏提供坚强的人才保证和广泛的智力支持。

（二）基本原则

人才优先，引领发展。把服务科学发展作为人才工作的根本出发点和落脚点，确立在经济社会发展中人才优先发展的战略布局，坚持人才资源优先开发、人才结构优先调整、人才投资优先保证、人才制度优先创新，以人才优先发展引领经济社会又好又快发展。

以用为本，优化结构。把用好用活人才、充分发挥人才作用作为人才工作的根本任务，积极为各类人才创新创业搭建平台，引导和鼓励各类人才向经济社会发展一线集聚，加快人才结构调整，促进人才结构与经济社会发展相协调。

突出重点，整体推进。突出培养造就一批高层次创新创业人才，大力开发重点产业和重点领域急需紧缺专门人才，充分发挥高层次人才在经济社会发展和人才队伍建设中的引领作用，统筹推进各类人才队伍建设，提升江苏人才队伍的整体素质和国际竞争力。

多元开发，形成合力。充分调动全社会人才开发的积极性，推进城乡、区域、产业、行业和不同所有制人才资源开发，健全政府引导、用人单位主导、社会共同开发的多元投入机制，整合各方面资源和力量，形成整体推动人才工作的强大合力。

优化环境，激发活力。着力打造有利于人才发挥作用的政策环境、工作环境、学术环境、社会环境、文化环境和生活环境，完善激励机制和保障机制，最大限度地激发人才的创造活力，吸引更多的人才到江苏发展、更多的创新成果到江苏转化，使江苏成为各类人才创新创业的热土。

（三）战略目标

到2015年，区域创新能力继续走在全国前列，率先建成人才强省。到2020年，把江苏建成优秀人才集聚高地，人才发展的主要指标达到国际先进水平，具体指标如下：

——规模不断壮大。人才资源总量1300万人，年均增长5%左右，每万人口拥有人才数1600人，专业技术人才总量超过700万人，高技能人才总量280万人，继续保持在全国领先地位。

——结构趋于合理。重点发展的新兴产业高层次、高技能人才实现“双倍增”目标，高层次人才占人才资源总量比例5.4%，高技能人才占技能劳动者比例32%，区域人才布局趋于优化。

——素质大幅提升。高等教育毛入学率达60%，主要劳动年龄人口受过高等教育比例达26%，每万劳动力中研发人员达55人年。

——环境逐步优化。建立健全符合各类人才特点、有利于促进人才全面发展的人才开发制度体系，营造创新活力最强、创业成本最低、服务效能最优、人居条件最佳的人才环境；全省人力资本投资占GDP比例17%。

——效能明显增强。人才对经济社会发展的促进作用明显增强，人才贡献率达48%；发明专利授权量3万件，专利总量与论文数量继续居全国前列；自主创新能力显著增强，形成一批具有核心技术的高新技术产业群。

二、人才队伍建设重点和主要任务

（一）突出培养造就高层次创新创业人才

围绕发展创新型经济的需要，以高层次创新创业领军人才和团队为重点，培养造就一批能够突破关键技术、具有自主知识产权的创新型科技人才和依靠核心技术自主创业的科技企业家，建设规模宏大的高层次创新创业人才队伍。到2020年，全省高层次创新创业人才总量达10万人，其中高层次科技创业人才总量达4万人。

主要举措：创新人才培养模式，建立学校教育和实践锻炼相结合、国内培养和国际交流合作相衔接的开放式培养体系。组织实施“双创”人才工程，推进高层次创新创业人才引进计划、特聘教授计划、科技企业家培育计划，重点加强“江苏科技创新团队”建设。深化产学研合作，重视发挥企业引才用才的主体作用，建设一批高层次人才创新创业基地，引导高校与企业、地方政府共建各类创新创业载体，推动高层次创新型科技人才向企业集聚和依靠核心技术自主创业。

（二）大力开发重点产业和重点领域急需紧缺人才

适应构建现代产业体系的需要，大力开发重点产业和重点领域急需紧缺专门人才。到2020年，在新能源、新材料、生物技术和新医药、节能环保、软件和服务外包、物联网、电子信息、光电、船舶、工程机械、新能源汽车、轨道交通等重点产业和领域培养引进急需紧缺专门人才100万人。重点产业和领域各类专业人才数量充足，整体素质和创新能力显著提升，人才结构明显优化。

主要举措：加强产业、行业人才发展统筹规划和分类指导，开展人才需求预测，定期发布急需紧缺人才目录。调整优化高校学科专业设置，完善重点产业和领域学科体系。组织实施新兴产业人才工程，推进新一轮六大人才高峰行动计划，加大对新兴产业人才引进和培养力度。制定优惠政策，引导和鼓励高校、科研院所和海外高层次人才向新兴产业集聚。

（三）全面加强人才队伍建设

1．党政人才队伍。按照加强党的执政能力建设和先进性建设的要求，以提高领导水平和执政能力为核心，建设一支眼界宽、思路宽、胸襟宽的高素质党政人才队伍。到2020年，全省党政人才大学本科以上学历达95%，专业化水平明显提高，结构更加合理，总量相对稳定。

主要举措：适应科学发展要求和干部成长规律，组织实施党政人才能力提升计划、公务员能力培训计划，构建理论教育、知识教育、党性教育和实践锻炼“四位一体”的干部培养教育体系，开展大规模干部教育培训。加强女干部、少数民族干部、非中共党员干部的培养选拔和教育培训工作。坚持德才兼备、以德为先用人标准，树立坚定信念、注重品行、科学发展、崇尚实干、重视基层、鼓励创新、群众公认的用人导向。扩大干部工作民主，完善公开选拔、竞争上岗、公推公选等竞争性选拔党政领导干部方式，促进优秀人才脱颖而出。建立健全党政干部岗位职责规范及其能力素质评价标准，加强工作业绩考核。

2．企业经营管理人才队伍。适应经济国际化需要，以提高现代经营管理水平和企业国际竞争力为核心，以战略企业家和职业经理人为重点，加快推进企业经营管理人才职业化、市场化、专业化和国际化，培养造就一大批具有全球战略眼光、市场开拓精神、管理创新能力和社会责任感的优秀企业家。到2015年，企业经营管理人才总量达190万人；到2020年达230万人，培养造就80名左右能够引领江苏企业跻身中国500强的企业家，国有企业领导人员通过市场化方式选聘的比例达到30%。

主要举措：深入实施万名企业家素质提升计划、千名企业家EMBA培养计划、千名苏商海外培训计划，依托知名跨国公司、国内外高水平大学和其他培训机构，加强企业经营管理人才培训。采取组织选拔与市场化选聘相结合的方式选拔国有企业领导人员。完善以市场和出资人认可为核心的企业经营管理人才评价体系，积极发展企业经营管理人才评价机构，建立社会化的职业经理人资质评价制度。

3．专业技术人才队伍。适应推动经济社会又好又快发展的需要，以提高专业水平和创新能力为核心，以高层次人才和紧缺人才为重点，造就一批在国内外具有较大影响的高级专家，打造一支规模宏大、素质优良、结构合理的专业技术人才队伍。到2015年，专业技术人才总量达560万人；到2020年达700万人。

主要举措：组织实施高层次人才引进工程、青年人才工程、高层次文化人才工程、现代服务业人才工程、教育卫生人才工程，深入实施333高层次人才培养工程、专业技术人才知识更新工程，进一步扩大专业技术人才队伍培养规模，提高专业技术人才创新能力。加大新兴产业、现代服务业等领域人才培养开发力度，重视传统产业各类技术人才的培养。发挥各类社会组织培养专业技术人才的作用。统筹推进专业技术职称和职业资格制度改革，改进专业技术人才收入分配等激励办法。

4．高技能人才队伍。适应建设制造业高地的要求，以提升职业素质和职业技能为核心，以技师和高级技师为重点，努力建设一支数量充足、门类齐全、梯次合理、技艺精湛的高技能人才队伍。到2015年，高技能人才总量达180万人；到2020年达280万人，占技能劳动者总数的32%，其中技师、高级技师达50万人。

主要举措：完善以企业为主体、职业院校为基础，学校教育与企业培养紧密联系、政府推动与社会支持相结合的高技能人才培养培训体系。继续加大省重点技师学院建设力度，依托大型骨干企业（集团）、技师学院、高级技工学校，建设一批示范性省级高技能人才培养基地、公共实训基地和技能大师工作室。研究制定高技能人才与工程技术人才职业发展贯通办法。组织实施高技能人才工程，大力推进千名企业首席技师培养计划。完善高技能人才评选表彰制度，进一步提高高技能人才经济待遇和社会地位。

5．农村实用人才队伍。适应社会主义新农村建设需要，以提高科技素质、职业技能、经营能力为核心，以农村实用人才带头人和农村生产经营型人才为重点，培育一支服务农村经济社会发展、数量充足的农村实用人才队伍。到2015年，农村实用人才总量达155万人；到2020年，达180万人，其中，具有中高级技术等级20万人，每个行政村主要特色产业至少有5—10名示范带动能力强的带头人。

主要举措：组织实施现代农业人才工程，推进农村实用人才培育计划，大规模开展农村实用人才培训，充分发挥农村现代远程教育网络、农业广播电视学校、农业技术推广体系、各类职业学校和培训机构的主渠道作用。鼓励和支持农村实用人才带头人牵头建立专业合作组织和农业企业。在创业培训、项目审批、信贷发放、土地使用等方面制定优惠政策，积极扶持农村实用人才创业兴业。加大对农村实用人才的表彰激励和宣传力度，提高农村实用人才社会地位。

6．社会工作人才队伍。适应构建社会主义和谐社会的需要，以人才培养和岗位开发为基础，以中高级社会工作人才为重点，培养造就一支职业化、专业化的社会工作人才队伍。到2015年，社会工作人才总量达20万人；到2020年，达30万人。

主要举措：制定加强社会工作人才队伍建设的意见，设立社会工作人才队伍建设专项资金，加快构建不同学历层次教育协调配套、专业培训和知识普及有机结合的社会工作人才培养体系。建设一批社会工作培训基地，加强社会工作从业人员专业知识培训，制定社会工作培训质量评估指标体系。加大政府购买社会工作服务和岗位开发力度，落实薪酬待遇，完善激励措施。建立社会工作人才和志愿者队伍联动机制。

三、重点人才工程

（一）“双创”人才工程

围绕提升江苏自主创新能力，重点支持一批具有自主创新成果的高层次创新创业人才，到2020年，全省共资助3万人，其中省级资助5000人；全省建设1万个创新团队，其中省级重点资助200个能够突破核心技术、实现产业技术跨越的科技创新团队。

（二）高层次人才引进工程

围绕我省发展战略目标，到2020年，分层次、有计划、大规模引进海外留学回国人员3万名。依托重点学科、重点实验室、重点创新项目，引进能够发展高新技术产业、带动新兴学科发展以及教育、文化、卫生等领域拔尖人才3000名，其中，省级资助引进1000名。

（三）青年人才工程

着眼于提升江苏未来人才竞争力，对我省经济社会各领域具有培养潜质的青年人才进行基础性培养和战略性开发。每年从各行业选拔一批青年拔尖人才，采取境外培训、学术交流、项目资助等举措，进行重点培养扶持。到2020年，培养6000名在各领域具有较高水平、取得显著成果和突出业绩，并能推动地区和行业发展的青年人才。

（四）“三支队伍”培训工程

坚持境内培训与境外培训相结合，在国内知名高校建立培训基地，与境外培训机构合作，开展专业培训。到2020年，培训各级党政领导干部3万人，其中境外培训2000人；培训规模以上企业主要负责人2万人，其中境外培训2000人；培训各类高层次专业技术人才2万人，其中境外培训2000人。

（五）新兴产业人才工程

制定优惠政策，引导和鼓励高校、科研院所和海外高层次人才向新兴产业集聚。加强与海外合作，建设一批新兴产业基地，建立一批企业技术中心、工程中心、工程研究中心，引进和培养新兴产业发展急需紧缺人才。到2020年，我省重点发展的新能源、新材料、生物技术和新医药、节能环保、软件和服务外包、物联网等新兴产业高层次专业人才新增10万名。

（六）高层次文化人才工程

围绕建设文化强省，培养造就一批具有广泛影响和较高造诣的宣传思想领域高层次人才，以及具有丰富文化产业工作经验、熟悉文化产业发展趋势的文化产业领军人才。到2020年，省资助培养、引进的高层次文化人才达2000名，其中，文化艺术名家200名、文化产业领军人物200名。

（七）现代服务业人才工程

围绕促进现代服务业发展，以金融保险、服务外包、软件和信息服务、现代物流和商务服务人才等为重点，大幅度提升现代服务业人才的综合素质和专业水平，构建江苏现代服务业人才高地。到2020年，培养和引进高层次金融保险人才、服务外包人才、软件和信息服务人才、现代物流人才、公共服务人才5万名。

（八）教育卫生人才工程

着眼于推进教育创新，加快建设高素质的教育人才队伍。到2020年，面向海内外选聘400名特聘教授，造就一批教育家、教学名师和学科领军人才，组织3万名各级各类学校校长、教师和学校管理人员赴国外培训。适应深化医药卫生体制改革、保障全民健康需要，加大对卫生人才培养支持力度。到2020年，面向海外引进50名特聘医学专家，建设100个医学创新团队，培养500名医学重点人才，培训2.5万名住院医师、全科医师。

（九）高技能人才工程

建设高技能人才培训基地，在各省辖市和重点行业各建成一所省重点技师学院，建设电子信息、装备制造、生物医药、石油化工、港口物流等专项公共实训基地，加快培养造就一批社会紧缺、企业急需的高技能人才。到2020年，新增高技能人才200万人，其中，紧缺型技师、高级技师10万人。

（十）现代农业人才工程

着眼于提高我省农业科技创新能力，加快发展现代农业，到2020年，引进和培育100个现代农业科技创新团队，培养涉农专业中专毕业生或持有职业资格证书的农民共100万名，培育10万名现代农业技术推广人才，10万名农业产业化龙头企业负责人、农民专业合作组织带头人、农村经纪人等经营服务人才。

四、制度创新和政策取向

（一）深化人才管理体制改革

1. 坚持党管人才的领导体制。建立党委、政府“一把手”抓“第一资源”的目标责任制，把人才发展主要指标纳入经济社会发展规划，把人力资本投资作为经济社会发展的重要考核指标。党委组织部门牵头抓总，重点抓好战略思想研究、总体规划制定、重大政策统筹、重大工程组织、重点人才培养、重大典型宣传。发挥政府人力资源管理部门作用，强化各职能部门人才工作职责，充分调动各人民团体、企事业单位、社会组织的积极性，动员和组织全社会力量，形成人才工作整体合力。

2. 改进人才管理方式。围绕用好用活人才，完善政府宏观管理、市场有效配置、单位自主用人、人才自主择业的人才管理体制，逐步建立与国际接轨的人才资源开发机制。扩大“人才特区”试点区域，推广试点工作经验，加快政府人才管理职能向培育创新创业平台、发挥企业主体作用、营造良好发展环境、提供优质高效服务转变，建成规范有序、公开透明、便捷高效的人才公共服务体系。深化国有企业和事业单位人事制度改革，扩大和落实单位用人自主权。发挥用人单位在人才引进、培养和使用中的主体作用。

3. 推进人才工作法制化进程。完善人才法规体系，重点围绕国家人才开发促进法和终身学习、工资管理、事业单位人事管理、职业资格管理等方面的法律法规，研究制定符合江苏实际的配套法规，修订《江苏省人才流动管理暂行条例》、《江苏省专业技术人员继续教育条例》等法规，完善人才引进、培养、使用、评价、激励、保障等人才资源开发各个环节的法规体系，形成有利于人才全面发展的法制环境，切实保护人才和用人主体的合法权益。推行执法责任制、评议考核制，加大人才法规执行力度。

（二）创新人才发展机制

1. 人才培养开发机制。优先发展教育事业，完善现代国民教育和终身教育体系，调整优化高等学校学科专业设置，注重在实践中培养造就人才，构建人才培养目标与阶段性经济社会发展目标相适应、人才知识结构同产业结构调整相协调的人才培养开发机制。完善继续教育配套政策，加强继续教育统筹规划，整合各类教育培训资源，改革职业教育模式，分层分类开展人才继续教育。建立以重大人才工程为引领、区域行业人才工程为支撑、社会力量广泛参与的人才培养体系。加大政府对人才教育培训的投入，健全政府、单位和个人共担的人才培养开发投入机制。

2. 人才评价发现机制。建立以岗位职责要求为基础，以品德、能力、业绩为导向，科学化、社会化的人才评价发现机制。健全科学的职业分类体系，完善体现各类人才特点的能力素质指标体系，推行党政人才群众认可、企业经营管理人才市场和出资人认可、专业技术人才和技能人才业内和社会认可的评价方法，克服唯学历、唯论文倾向，注重靠实践和贡献评价人才。发挥用人单位评价主体作用，发展专业化、社会化的人才评价组织。开发应用现代人才测评技术，提高人才评价的科学化水平。建立在重大科研、工程项目实施和急难险重工作中发现、识别人才的机制。健全举才荐才的社会化机制。

3. 人才选拔任用机制。改革各类人才选拔使用方式，科学合理使用人才，努力实现人岗相适、用当其时、人尽其才，形成有利于各类人才脱颖而出、充分施展才能的选人用人机制。深化党政人才选拔任用制度改革，提高选人用人公信度。不断完善公开选拔、竞争上岗制度，推进公推公选制度化常态化，积极探索重要岗位领导干部实行差额选拔。规范干部选拔任用提名制度，加大干部交流力度，坚持和完善党政领导干部职务任期制。分类推进事业单位人事制度改革，完善事业单位岗位公开招聘、竞聘上岗和合同管理制度。建立组织选拔、市场配置和依法管理相结合的国有企业领导人员选拔任用制度，健全企业经营管理人才市场化选聘机制。

4. 人才流动配置机制。根据完善社会主义市场经济体制的要求，推进统一规范的人力资源市场体系建设，建立政府部门宏观调控、市场主体公平竞争、中介组织提供服务、人才自主择业相配套的人才流动配置机制。完善党政人才、企业经营管理人才、专业技术人才交流融通的政策措施。健全人才市场供求、价格、竞争机制，进一步促进人才供求主体到位。积极参与长三角人才资源一体化进程，推进城市互联、发展互动、证书互认。推动国内和国际人才市场的融通，促进国内外人才交流与合作。

5. 人才激励保障机制。完善分配、激励、保障制度，建立健全与工作业绩紧密联系、充分体现人才价值、鼓励人才创新创造和维护人才合法权益的激励保障机制。建立产权激励制度，制定知识、技术、管理、技能等生产要素按贡献参与分配的办法。完善事业单位岗位绩效工资制度。探索高层次人才、高技能人才年薪制、协议工资制和项目工资制等多种分配形式，对高端人才按国际标准支付报酬。加大对人才在科技研发、项目承包、创业、兼职、流动等活动中的法律保护力度。依法保护承担国家重点工程、涉及国家秘密和企业核心技术或商业秘密的人才及其合法权益。制定人才补充保险办法，设立人才社会保障基金，建立重要人才政府投保制度。建立江苏荣誉制度。

（三）重大政策

1. 促进人才投入优先保证的财税金融政策。各级政府要大幅度增加人才发展投入，大幅度提高人才投入占财政支出比例，确保教育、科技支出增长幅度高于财政经常性收入增长幅度，卫生投入增长幅度高于财政经常性支出增长幅度。逐步改善经济社会发展的要素投入结构，不断提高人力资本投资占GDP比重，10年提高4个百分点。各级财政设立人才发展专项资金，纳入财政预算，不低于本级财政一般预算收入的3%，用于人才引进、培养、使用、奖励等。制定税收优惠政策和金融信贷扶持政策，鼓励企业和社会组织建立人才发展资金，多形式投资人才资源开发。加强人才投入产出效益评估，提高人才资金的使用效率。

2. 引导和鼓励人才创新创业政策。继续加大人才创新创业财政投入力度，整合科技项目资金，重点支持拥有自主知识产权的高层次人才创新创业。促进知识产权质押融资、创业贷款等业务的规范发展，完善知识产权、技术等作为资本参股的措施，加大税收优惠、财政贴息力度，支持和鼓励高层次人才领办和创办科技型企业。扩大省风险投资基金规模，加快发展各类创投机构，为高层次人才创新创业提供投融资服务。对科技人才创业项目实行税收减免，将科技创新产品优先列入政府采购目录，同等条件下优先获得政府采购合同。

3．人才创新创业服务平台建设政策。依托开发园区和重点企业，普遍建立科技研发机构和科技企业孵化器，着力打造技术公共服务、技术成果交易、创新创业融资服务和社会化人才服务“四大平台”。按照合理布局、错位发展、优势互补的原则，加快现有开发区、高新技术园区、科技园、创业园区的转型升级，依托各类园区建设一批机制灵活、功能齐全、配套完善的创新创业孵化器。围绕我省重点发展的产业和领域，加快企业创新载体建设，建设一批国家级、省级产业示范基地和技术服务示范平台。引导和鼓励企业与高等院校、科研院所共同建立实验室、研发机构等各类研发平台。

4．产学研合作培养人才政策。建立政府指导下以企业为主体的产学研战略联盟，支持企业与高等院校、科研院所联合培养高层次人才和创新团队。依托国家重大人才计划和省重点人才工程以及科研、工程、产业攻关等项目，在创新实践中培养人才。从高等院校、科研院所选派科技人才到县（市、区）、乡镇挂职服务。鼓励支持企业在高校、科研院所设立人才基金，建立研发机构。拓宽高等院校、科研院所、企业高层次人才相互流动渠道，选聘一批科技企业家到高校担任兼职教授，推行产学研联合培养研究生的“双导师制”。

5．引导人才向企业集聚政策。通过财政资金引导、激励政策扶持，激发企业人才开发的内生动力。政府对人才和科技的投入向企业倾斜，支持和鼓励企业大力引进各类人才，加强研发机构建设。实施“企业博士集聚计划”，对到企业工作的博士研究生给予专项奖励。改革高等院校、科研院所人才评价和激励办法，建立科学合理的知识产权权益分配机制，鼓励高等院校、科研院所高层次人才到企业转化科技成果或开展联合攻关。

6．引导人才向沿海、苏北和基层流动政策。围绕沿海开发的重点产业，在创新创业平台建设、各类项目申报等方面制定优惠政策，引导人才向沿海地区流动。积极引导和鼓励高校毕业生到基层创业就业、到村（社区）任职。加大“苏北急需人才引进专项资金”的投入力度，逐年递增。从省级机关、苏南选派领导干部到沿海和苏北地区任职、挂职，从高等院校、科研院所、医疗机构选派高层次人才到沿海和苏北地区开展科技对接、技术支持，不断提升沿海和苏北地区的发展后劲，促进区域共同发展。

7．人才国际化政策。实行海外高层次人才“居住证”制度，在税收、保险、住房、子女入学、配偶安置、承担重大科技项目、参与国家标准制定和政府奖励等方面享受本土人才同等待遇。加大引进国外智力工作力度，完善国外智力资源供给、市场准入、使用激励、成果共享等政策措施，鼓励海外留学人员到江苏工作、创业或以多种方式为江苏服务。支持高等院校、科研院所与海外高水平教育、科研机构建立研发基地。推动企业设立海外研发机构，吸收国际优秀人才为其服务。鼓励和资助优秀科学家参与国际重大科技计划、科技工程、学术研究。逐步扩大公派出国留学和外国学生来江苏留学规模。

8．促进人才发展的公共服务政策。整合现有人才公共服务资源，强化政府人才发展公共服务职能，完善政府购买公共服务制度，创新政府与社会合作提供公共产品和公共服务的运作模式，建立功能齐全、运转高效、服务便捷的人才公共服务体系。完善非公有制经济组织和新社会组织人才发展平等待遇政策。支持人才公共服务产品开发，加强对人才公共服务产品的标准化管理。鼓励民营资本投资人才公共服务平台建设，实现人才公共服务投入多元化。

9．知识产权保护政策。贯彻落实《江苏省知识产权战略纲要》，完善知识产权法律法规，建立健全知识产权有效保护机制。制定促进知识产权转移的政策措施，明确科技成果所有者在知识产权转移中的权利和义务，促进自主创新成果的知识产权化、商品化、产业化。完善政府资助开发的知识产权权利归属和利益分享机制，保护知识产权权利人的合法权益。建立专利技术交易市场和信息平台。加强知识产权行政执法体系建设，坚决查处和制裁恶意侵犯知识产权的不法行为，提高执法效率和水平。加强知识产权保护和管理的国际合作与交流。

10．人才表彰奖励政策。完善各类人才表彰奖励制度，调整规范人才奖项设置，坚持精神奖励和物质奖励相结合，健全以政府奖励为导向、用人单位和社会组织奖励为主体的人才奖励体系。省委、省政府设立“江苏杰出人才奖”、“江苏创新创业人才奖”、“江苏留学回国先进个人奖”，表彰奖励在江苏经济社会发展中作出突出贡献的人才，激发全社会的创造活力，让人才受尊敬、有地位、得利益，进一步在全社会形成尊重劳动、尊重知识、尊重人才、尊重创造的浓厚氛围。

五、组织和实施

（一）加强组织领导。省人才工作领导小组负责本规划纲要的组织实施、统筹协调和宏观指导。制定规划纲要落实的实施细则和重大人才工程的实施办法，分解细化规划纲要确定的目标任务，切实抓好规划纲要的贯彻落实。各地各部门按照责任分工，制定详细的贯彻落实计划，确保规划纲要各项任务落到实处。

（二）建立健全人才发展规划体系。各地各部门要根据经济社会发展目标，结合本规划纲要，编制本地本行业的人才发展规划，注重与本规划纲要的配套衔接，突出本地本行业人才发展重点，形成上下衔接、各方协调的全省人才发展规划体系。

（三）强化督查考核和监控评估。制定规划纲要实施情况的监控指标体系，组织开展中期评估，适时进行动态调整，建立规划纲要实施情况的定期报告制度和考核制度，确保规划纲要有效实施。

（四）加强人才工作基础性建设。开展人才工作战略性研究，积极探索人才资源开发规律。强化人才统计工作，建立健全人才资源统计和定期发布制度。推进人才信息化建设，完善人才信息网络和数据库。加强人才工作队伍建设，加大培训力度，提高人才工作队伍的政治素质和业务水平。

（五）营造良好的舆论氛围。广泛宣传本规划纲要的重大意义、目标任务、重大举措，宣传各地各行业引进、培养和使用人才的成功经验、典型案例，特别是加大对作出突出贡献人才的宣传力度，进一步营造全社会关心、支持人才发展的舆论氛围，形成人人都作贡献、人人都能成才的社会环境。

上海市中长期人才发展规划纲要
（2010—2020年）

为贯彻落实人才强国战略，按照《国家中长期人才发展规划纲要（2010—2020年）》的总体要求，围绕上海率先转变经济发展方式、率先提高自主创新能力、率先推进改革开放、率先构建社会主义和谐社会，建设国际经济、金融、贸易、航运中心和社会主义现代化国际大都市对人才发展的需求，制定本规划纲要。

一、上海人才发展的指导思想、发展目标、总体部署

（一）指导思想

以中国特色社会主义理论体系为指导，深入贯彻落实科学发展观，尊重劳动、尊重知识、尊重人才、尊重创造，坚持党管人才原则，遵循社会主义市场经济规律和人才成长规律，按照人才优先、国际竞争、创新机制、优化环境、以用为本、服务发展的指导方针，更好实施人才强市战略，以提升人才国际竞争力为主线，以开发高层次创新创业人才和经济社会发展重点领域人才为重点，以优化人才发展环境为保障，推进人才队伍整体开发，加快国际人才高地建设，为实现上海创新驱动的转型发展提供坚强的人才保证和智力支撑。

（二）发展目标

到2020年，上海人才发展的总体目标是：培养和集聚一批世界一流人才，充分发挥各类人才在支撑和引领经济社会发展中的关键作用，把上海建设成为集聚能力强、辐射领域广的国际人才高地，建设成为世界创新创业最活跃的地区之一，为落实人才强国战略发挥先导作用。

到 2020年，上海人才资源总量达到640万人。确立人才国际竞争比较优势，海外高层次人才集聚度进一步提高，本土人才国际化素质和参与国际竞争合作的能力显著增强，承载海内外人才发展的平台日益具有国际影响力，引进2000名海外高层次创新创业人才，在沪常住的外国专家达到21万人。增强人才队伍与产业结构融合度，知识型服务业人才占人才总量的比例达到60%，高技能人才占技能劳动者的比例达到35%，主要劳动年龄人口受过高等教育的比例达到53%。提升人才自主创新能力，人才贡献率达到54%，高层次创新型科技人才达到9000人，每万劳动力中研发人员（R&D）达到148人，国内专利授予量达到5万件。优化人才发展环境，人力资本投资占上海市生产总值（GDP）比例达到18%，全面改善居住、医疗、教育、人文环境，提供更好的科研公共服务平台，营造开放、宽容、充满激情的创新创业氛围，把上海打造成为最具创造活力、最富创新精神、最优创业环境的城市之一，使海内外人才近悦远来。

（三）总体部署

在全面把握人才工作目标任务的基础上，结合上海发展特点，突出重点、科学筹划、分步实施、有序推进。

瞄准世界前沿，推进人才国际化。实施海外高层次人才引进计划，推动本土人才参与国际竞争合作，集聚和造就全球杰出人才。

突破发展瓶颈，建设人才试验区。以建设浦东国际人才创新试验区和海外高层次人才创新创业基地为重点，先行先试，大胆创新，在人才薪酬、人才管理、人才激励模式和人才发展制度及机制创新方面有较大突破。

聚集服务经济，实施人才重大工程。在现代服务业、战略性新兴产业和高新技术产业化、社会发展等若干重点领域，启动若干高端人才开发计划。

放眼全球市场，配置人才资源。以建设中国上海人力资源服务产业园区为重点，充分发挥市场配置人才资源的基础性作用，形成国际人才资源配置中心，提升人才服务效能。

二、提升人才国际竞争力的主要任务

探索建立浦东国际人才创新试验区，建设一批海外高层次人才创新创业基地，在人才构成、素质、管理服务等方面形成国际竞争比较优势，依靠人才优势推动国际大都市发展。

（一）建立浦东国际人才创新试验区

抓住浦东综合配套改革试点的契机，探索建立浦东国际人才创新试验区，重点从人才管理体制机制、政策法规、服务体系和综合环境等方面先行先试、创新突破；以创新试验区的经验和成果，示范和推动上海国际人才高地建设。积极争取国家支持，进一步完善永久居留制度，细化申请条件，规范申请程序，积极引进金融、航运及战略性新兴产业和高新技术产业化等领域高层次人才。探索试行技术移民制度。建设知识产权保护体系，率先细化与知识产权保护相关的各类政策，保护人才和用人单位的创新权益。在人力资本较集中、科技含量较高的产业领域，探索人力资本产权激励机制。加强银政合作，创新信贷模式；创新国资投资机制，改革国资投资公司的投资理念、评价方法、决策模式和动力机制，促使国有科技投资公司从以追求项目投资收益为主转变为由财政提供稳定的资金来源，国资以“资本金+利息”的退出模式，支持科技型中小企业发展。建设国际人才市场，建立符合国际惯例的薪酬定价、信息交互机制，加快推进人才与资本、技术、产权等国际要素市场的融合和对接，形成开放度高、竞争力强、流量大的国际人才资源配置中心。积极培育创新文化和氛围，鼓励人才创新。

（二）建设一批海外高层次人才创新创业基地

先期重点建设中国商用飞机有限责任公司、中国科学院上海生命科学研究院、上海交通大学、上海张江高科技园区、复旦大学、宝钢集团有限公司、上海杨浦知识创新基地、上海国际汽车城、上海紫竹科学园区等若干国家级海外高层次人才创新创业基地；依托企业、高校、科研院所、园区，用5—10年时间建立20—30个市级海外高层次人才创新创业基地，争取其中的一批基地建成国家级海外高层次人才创新创业基地。充分发挥基地的主体作用，大力探索灵活的科研机制、成果产业化机制、投融资机制和人才使用机制，实行政策与服务的创新和聚焦。支持基地争取更多国际和国家级创新项目、创新资源落户上海。加强人才基地的合作，推动海外高层次人才创新创业基地联盟建设。

（三）大力集聚海外高层次人才

实施海外高层次人才引进计划（“千人计划”）。用5—10年时间，重点引进2000名能够促进本市重点行业、重点领域发展的海外高层次人才，形成“千人计划”地方队，并争取一批引进人才入选中央“千人计划”。制定中央及上海“千人计划”各项配套政策，实行便利的准入政策、特殊的优待政策、重用政策和来去自由的政策，为海外高层次人才创新创业提供便利。建立以用人单位为主体、市场化运作的海外人才集聚机制，引导用人单位强化主体意识，承担选拔引进人选、搭建工作平台、提供服务保障等主体责任。分别在浦西和浦东建立大型高层次人才居住基地，各区县同时建设一批人才公寓。充分发挥信誉高、有影响力的国际知名人才服务公司在引进海外高层次人才中的有效作用。建设统一的海外高层次人才信息库，完善海外高层次人才联系制度。健全海外高层次人才引进工作体系，充分发挥我国驻外使（领）馆、海外联络办事机构等组织作用，加强沟通、咨询、联络和信息发布功能，提高海外高层次人才集聚的针对性、有效性。发挥上海“千人计划”的辐射和带动效应，分级分类实施海外人才引进计划，继续吸引、集聚一批各行各业需要的海外优秀人才。继续实施“上海高校特聘教授（东方学者）岗位计划”、“浦江人才计划”、“雏鹰归巢计划”等海外人才引进和资助计划，提高投入效益。健全海外人才管理服务政策法规，维护海外人才基本权益。

加大引进外国专家和智力力度。紧贴经济社会发展脉搏，采用多种形式引进高层次外国专家。明确重点支持领域，最大限度发挥引进国外智力的作用。完善外国专家管理服务体制机制，建立外国专家和外籍就业人才分类管理模式。探索建立对外国专家的表彰机制，对贡献突出、对华友好、活跃在相关领域和高端前沿的重点外国专家予以表彰和奖励。建立市、区县两级外国专家管理服务网络，完善引智体系。

实施上海外国留学生支持计划。不断扩大招收外国留学生规模，优化留学生层次结构，增加海外人才储备。创新外国留学生资助政策，完善留学生奖学金制度，探索建立外国留学生勤工助学和医疗保险等制度，支持和鼓励外国留学生学成后在沪工作或创业。发展外国留学生服务体系，建立外国留学生服务中心，为海外学生来华学习提供便捷专业的服务。

（四）提高本土人才国际化程度

构筑人才国际交流和竞争舞台，在与国际一流人才合作中不断提升本土人才国际化水平。进一步加大“请进来”力度，围绕现代服务业、战略性新兴产业和高新技术产业化等重点领域，实施一批国际合作项目。鼓励科研机构和高校设立短期流动岗位，聘用海外高层次创新人才来华开展合作研究、学术交流或讲学。鼓励跨国公司在沪建立地区总部或研发中心，吸引各类国际组织、论坛机制落户上海。进一步加快“走出去”步伐，支持企业在境外投资设厂、并购或建立研发中心，吸纳当地优秀人才为其服务。加大与外国政府、企业、学术团体等各类机构的合作交流力度，鼓励和资助优秀科学家发起、牵头或参与国际重大科技计划、科技工程、学术研究，支持国内人才到国际组织、国际性专业团体担任重要职务。每年资助一批优秀人才参加国际会议。在有关国家、地区建设一批有特色的海外培训基地，加大本土人才出国（境）培训力度。创办高水平中外合作大学和二级学院，鼓励中外学生交流，支持各种形式的出国留学。

三、推进重点领域人才发展的重大工程

聚焦创新驱动的转型发展和形成以服务经济为主的产业结构，实施一批重大人才工程，着力建设具有国际影响力的创新创业人才队伍、具有全球竞争力的现代服务业人才队伍、具有产业引领力的高新技术人才队伍、具有和谐推动力的社会事业领域人才队伍，实现人才结构战略性调整，带动人才队伍整体开发，重塑城市发展动力机制，促进产业结构优化升级，推动国际大都市建设。

（一）造就具有国际影响力的创新创业人才队伍

着眼于推进创新驱动的转型发展，加大高层次创新创业人才引进和培育力度，逐步造就一批具有世界影响力的科技大师、科技领军人才和优秀创新团队，涌现一批掌握核心技术、具有自主知识产权或拥有高成长性项目的高层次创业人才。

实施高层次创新型科技人才开发计划。制定并实施创新型科技人才队伍建设意见，构建定位明确、层次清晰、衔接紧密、促进创新型科技人才可持续发展的政策支持体系。加强部市合作、院市合作，积极争取国家重大专项等各类国家科研计划项目及国家重点实验室和国家工程中心等科研基地落沪，吸引集聚并培养造就一批战略科学家和顶尖学科带头人。围绕本市九大高新技术产业和战略性新兴产业，构建一批以企业为主体、产学研结合的产业技术创新战略联盟。深入实施“杰出青年基金”、“科技精英”、“学科带头人”、“曙光计划”、中科院“百人计划”、“科技启明星”等人才计划，提高相关计划中企业科技人才的入选比例。加大对科技人才培养的投入力度；在任务委托、项目承担、职称评定等环节，向青年科技人才和一线创新工程师倾斜；实施研究生教育创新计划，鼓励实行企业导师和学校导师联合培养研究生的“双导师制”，加强上海市研究生联合培养基地和博士后创新实践基地建设。不断推进创新型科技人才团队建设，努力形成以“两院”院士、“千人计划”专家和国家科技计划项目负责人等为主的科技领军人才国家队，一批创新型科技领军人才地方队。

实施创业人才支持计划。加大符合产业发展导向、具有独立知识产权和自主创新能力的海内外创业领军人才引进力度，带动创业群体发展。制定科研机构、高等院校科技人员创办科技型企业激励保障办法，加快创业型人才培养步伐，有针对性地开展创业培训和创业实习。鼓励有科技成果的科技人员自主创业，鼓励和支持大学生创业。市、区县两级联动，注重发挥区县的区域创新作用，针对创业需求，制定支持人才创业的产业、融资、产权激励与保护政策，加大人才创业成效考核力度。创新高新技术等园区以及科技企业加速器、孵化器、创业苗圃等人才创业基地的管理机制，壮大创业导师、创业辅导员团队，形成一支与创新创业联动发展的现代服务业人才队伍，为人才创业提供坚实保障。大力宣传创业人才，形成支持创业的良好社会舆论氛围。

（二）建设具有全球竞争力的现代服务业人才队伍

着眼于形成以服务经济为主的产业结构，按照建设“四个中心”的总体部署和要求，大力开展以金融、航运、贸易为重点且能有效提升上海比较优势、增强国际竞争力和可持续发展能力的现代服务业人才。

实施国际金融人才开发计划和国际航运人才开发计划。围绕基本建成与我国经济实力及人民币国际地位相适应的国际金融中心和具有全球航运资源配置能力的国际航运中心的目标，分别制定和实施国际金融人才开发计划和国际航运人才开发计划。以陆家嘴、外滩、虹桥、洋山、临港、吴淞等区域为重点，吸引集聚一批金融和航运领域领军人才，培养和造就一批银行、证券、保险、信托、基金、期货、外汇、航运衍生服务、航运技术、航运经营管理、海事、船舶等领域的高素质、专业化、复合型人才和紧缺急需人才。积极发展金融和航运及相关专业教育和培训，加大海外培训力度，提升国际金融、航运人才专业能力。完善金融和航运类人才评价标准，构建与国际接轨的职业能力评价制度，建立金融和航运人才的信誉制度。在金融和航运等企业探索股权、期权等中长期激励办法，积极发展金融专业人才市场和航运专业人才市场，进一步完善金融和航运类人才公共服务平台，强化国际金融人才服务中心综合服务功能，推动航运经纪的发展，加快中国船员评估中心、国家海员招募中心、国际海员救助中心落户上海，逐步加大金融、航运人才政府奖励力度，扩大奖励范围。

实施国际贸易人才开发计划。大力开发商务研究策划、专业服务、高层次商务经营管理人才，积极培育国际贸易研究咨询、商业规划、展览策划、国际商务谈判、涉外律师、审（会）计、专业评估、电子政（商）务、商贸经营管理等国际贸易领域高层次人才，加大国际贸易领域海外人才引进力度，积极开展海外学习和培训，加强与驻外机构商务部门、国际经贸组织和机构的合作交流，打造全球性国际贸易论坛，集聚和培养一批适应国际贸易中心发展要求的专业人才。

统筹各类现代服务业人才开发。分类制定文化服务、会展旅游、信息服务、知识产权服务、生产性服务业等重点领域人才开发政策。围绕打造创意城市、推动创意产业发展成为经济发展新亮点的目标，组织制定和实施创意人才开发计划，激发创意产业巨大发展潜力。发挥后世博效应，使用好各类世博人才。加快现代服务业紧缺急需人才培养和引进步伐，完善现代服务业人才评价标准和方法，不断提升现代服务业人才专业化、职业化、国际化水平。

（三）培育具有产业引领力的高新技术人才队伍

着眼于对接国家战略，加快培育战略性新兴产业，大力推进高新技术产业化，加大培育和引进力度，形成一支能够引领产业发展、代表产业实力、适应产业能级提升的人才梯队。

实施战略性新兴产业及高新技术产业化人才开发计划。同步编制上海战略性新兴产业发展规划和产业人才规划，将产业发展与产业人才培育和引进有机结合。紧紧围绕推进高新技术产业化的主要目标，在新能源、民用航空制造、先进重大装备、生物医药、电子信息制造、新能源汽车、海洋工程装备、新材料、软件和信息服务、智能电网、云计算、物联网等重点领域，大力推进具有国际经验和全球眼光、能抢占国际科技产业创新制高点的高层次、领军型人才队伍建设，充分发挥领军人才在承担国家战略性新兴产业发展任务中的作用。以企业为载体，以重点项目为抓手，培育造就一支具有丰富从业经验，拥有自主创新能力，掌握核心技术、关键技术和共性技术，代表高新技术产业实力的骨干人才队伍。推进产学研融合，建立高校、企业、科研院所人才柔性流动机制，支持院校、企业共同推进高新技术产业化专业人才培养，加强企业经营管理人员、研发人员、技术工人的专业培训，夯实适应产业化发展战略和企业高端生产制造需要的产业化复合型人才基础。

（四）开发具有和谐推动力的社会事业领域人才队伍

适应一流的国际大都市社会建设需要，大力加强社会事业领域人才开发，培养造就一批专业知识扎实、实践经验丰富、具有强烈事业心的文化、教育、卫生等领域人才。

实施文化高层次人才推进计划。着眼于提升城市软实力、建设国际文化大都市的需要，实施一批文化高层次人才开发重点工程，培养和集聚一批德艺双馨、社会公认的文化名家。适应文化产业发展的需要，积极推进文化产业人才的开发、培养，重点培养富有创意、积极创业的文化创意人才，具有国际视野、勇于开拓的文化产业高级经营管理人才，业务精通、视野开阔的文化金融、文化科技、文化贸易人才。抓紧培养外向型理论研究、版权贸易、文艺创作和评论、非物质文化遗产保护、创意策划、公共文化服务等急需人才。构建文化高层次人才全社会开发体系，探索符合文化发展规律、体现文化特点的人才开发、使用、评价、激励、宣传、服务等机制，激发文化人才创新创作活力，让更多优秀文化人才脱颖而出。

实施教育人才开发计划。以人才为本、育人为本，加强教师队伍建设，重视职业道德教育，努力造就一支师德高尚、业务精湛、结构合理、具有国际视野、充满活力的高素质、创新型的专业化教师队伍。坚持培育和引进并重，加强高等教育教师队伍建设，实施境外优秀教师引进战略，完善上海高校特聘教授（东方学者）岗位计划，加大高校优秀中青年骨干教师和学科带头人选拔和培养力度，积极推进高校中青年教师出国（境）进修、国内访学工作。建立校企人才合理流动机制，鼓励教师参与企业创新实践。坚持高端引领与基础提升并重，发挥名校长、名师培养基地的平台作用，选拔培养普教系统优秀青年校长和教师。开展农村教师分层分类培训，提升农村教师专业水平，适应农村基础教育发展需要。

实施卫生人才开发计划。围绕2020年基本建成亚洲医学中心城市之一的战略目标，以提升职业素养和人文精神为重点，以提高综合能力为核心，着重推进卫生领域领军人才培养工程、优秀学科带头人培养工程、优秀青年人才培养工程，引进和培养一批具有国际一流医学水平，具备科技创新和知识创新能力的中、西医临床专业技术人才；建设一支掌握本地区主要传染病及慢性非传染性疾病流行病学特点及防治技术的公共卫生预防医学骨干人才队伍，一支能较好适应社区卫生发展和现代生物—— 心理——社会医学模式的全科医师队伍，一支具有较强护理研究能力、通晓国际护理知识和技能的高级护理队伍及适应专科医疗技术发展需要的专科护理队伍，一支具有良好政治素质、现代管理理念和掌握科学管理技能的高素质职业化的卫生管理人才队伍，使上海成为卫生人才的重要培养基地和集聚城市。

（五）形成具有整体成长力的各类人才队伍

在推进重点领域人才发展的同时，加大对各类人才队伍的统筹开发力度。坚持德才兼备、以德为先，通过思想建设、能力建设、实践磨炼、严格管理，建设一支有理想、讲党性、知民情、有远见、适应国际大都市发展要求的高素质党政人才队伍。实施一流企业家开发计划，引进和培养一批具有世界眼光、战略思维，善于现代经营管理的战略企业家和职业经理人，建设一支具有持续发展能力、丰富实践经验的企业经营管理人才队伍。完善领军人才培养计划，以坚持理想信念和提高职业道德、专业水平、创新能力为核心，选拔、培养1000名领军人才，带动建设一支规模宏大、素质优良、结构合理、经济社会发展急需的高素质专业技术人才队伍。启动首席技师培养计划，推动各行业企业在技师和高级技师中培养、选拔1000名首席技师，充分发挥首席技师领军示范作用，带动中、初级技能劳动者队伍梯次发展，全面提升高技能人才队伍建设水平。以提高科技素质、专业技能和经营能力为核心，建设一支适应现代化国际大都市新农村、新郊区发展的农村实用人才队伍。着眼于创新城市社会管理体制、提高公共服务水平的要求，实施社会工作人才培养计划，大力开发社会工作人才。实施青年英才培养计划，抓紧培养造就青年人才，采取特殊政策措施，使大批青年英才不断脱颖而出。进一步完善有利于女性高层次人才成长的支持环境，加大女性人才培养力度。结合上海非公有制企业、新社会组织不断发展的特点，以民营企业家、技术骨干、社会组织运营管理人才为重点，培育“两新”组织人才队伍。

四、优化人才发展环境的制度保障

加强市场配置人才资源的基础性作用，创新人才体制机制，提升政府人才公共服务效能，发挥用人单位主体作用，优化人才事业环境、生活文化环境和服务环境，不断增强上海的吸引力和凝聚力，充分调动各类人才的积极性和创造性，把上海建设成为海内外各类人才宜居、乐业的城市。

（一）优化人才事业环境

优化人才创新环境。完善科研管理制度，完善院所长负责制，扩大科研机构用人和科研经费使用自主权，建立以学术为主导的资源配置和发展模式。完善科技项目经费管理办法和科技计划管理办法，对高水平人才及创新团队给予长期稳定支持。规范和健全科研项目课题自由申报、专家评估、社会监督制度。按照科学研究的规律，完善以水平和贡献为导向的科技评价和奖励制度，克服考核评价过于频繁、过度量化的倾向。加强科研诚信建设，建立科研诚信档案。健全科研单位分配激励机制，注重向科研关键岗位和优秀拔尖人才倾斜。实施上海知识产权战略，进一步完善知识产权保护、激励政策和知识产权工作体系，加强专利技术运用转化平台建设，提升知识产权创造、运用、保护和管理能力，鼓励自主创新。实施知识、技术、管理、技能等生产要素按照贡献参与收入分配政策。建立以政府奖励为导向、用人单位和社会力量奖励为主体的人才奖励体系。

优化人才创业环境。制定科技型中小企业金融服务和支持政策，鼓励促进知识产权质押融资等科技金融创新，拓宽科技型中小企业融资渠道，充分发挥政府中小企业发展资金、创业投资引导基金、高新技术成果转化资金的作用，吸引和带动社会资本进入创业投资领域，满足科技型中小企业在科技开发、成果转化和产业化等环节的融资需求。建立科技型中小企业信贷风险分担机制，完善科技型中小企业信用评价体系，鼓励担保机构为自主创业企业提供贷款担保。深化科技保险试点，研发科技保险新险种，试点科技型中小企业贷款履约责任保证保险方案，运用科技保险工具，分散风险，放大信贷规模。探索建立公益性组织孵化基地，鼓励和建设创业苗圃，通过资金支持、政策保障等，吸引社会人才创办公益性社会组织。积极打破行政壁垒，规范行政行为，进一步简化创业注册登记、行政审批、办证手续，减少和规范行政收费事项，减少对微观领域的介入，为人才创业发展营造良好环境。全面落实鼓励创业的税收优惠政策。加强创新创业园区和科技创业孵化器、加速器建设。健全人才创业服务体系，加大公共资源统筹协调力度，完善公共创业服务平台建设，设立“一门式” 创业服务窗口，提供政策咨询、信息沟通等“一揽子”创业公共服务，积极培育社会中介服务机构，满足科技型中小企业创业多样化服务需求。

（二）优化人才生活文化环境

优化居住环境。大力实施人才安居工程，多渠道解决各类人才阶段性居住需求问题。积极实施高端人才住房资助计划，对青年人才给予适当倾斜，区县应将青年人才的住房问题纳入本市公共租赁住房建设的统一规划。在产业集聚区、高科技园区、留学人员创业园区、大学园区，集中建设一批人才公寓，以低于市场价格的租金优惠租赁给区域内的引进人才。通过配建、新建和改建，多渠道建设和筹措公共租赁住房，有效解决引进人才阶段性租住需求问题。建设更完善的城市基础设施，在人才密集区域，积极发展公共交通，建设适合人才生活需求的购物、就学、就医、文化及娱乐休闲场所等配套设施，使上海真正成为适宜各类人才创新创业、生活工作的世界著名城市之一。

优化医疗环境。加大公共卫生和医疗服务体系建设力度，提升医疗服务水平，加强人才医疗保障。在基本医疗保险制度的基础上，探索建立适用于引进人才的补充医疗保险，鼓励和支持单位为各类人才建立补充医疗保险。积极发展高端医疗服务，设立引进人才定点医院，发放就医凭证；探索引进优质的外资医疗服务机构落户上海，吸引国外高水平医学专家来沪提供服务。

优化教育环境。积极创造条件，培育优质教育资源，为各类人才特别是海外引进人才的子女就读提供便利，多渠道解决各类人才子女教育问题。

优化文化环境。营造海纳百川、追求卓越、开明睿智、大气谦和的城市文化，加强与世界著名媒体、文化传播机构的交流与合作，适应和满足海内外人才在信息、艺术、文化和宗教信仰等方面的多层次需求。培育鼓励创新、宽容失败的社会风尚。

（三）优化人才服务环境

完善人才资源市场体系。研究制定有关人力资源市场管理的地方性法规，建立统一规范的人力资源市场，更大限度地发挥市场配置人才的基础性作用。

完善上海重点领域人才开发机制，引导人才培养和引进。以中国上海人力资源服务产业园区建设为抓手，发挥园区集聚产业、拓展服务、孵化企业、培育市场的功能，制定促进人力资源服务业发展的优惠政策，大力发展人力资源服务业，为人力资源市场配置创造充分的服务载体和平台。支持并有效发挥人才服务行业协会的引导和自律作用。健全人才资源信息共享机制，完善人才供求信息登记、统计、发布机制，健全人才市场供求、价格、竞争机制。建立新兴职业人才发现和评价机制。完善以市场为基础的区域性人才合作机制，与长江三角洲地区、对口支援地区、中西部地区、东北等老工业基地进一步加强人才和智力合作和交流。

构建人才公共服务体系。创新人才公共政策，深化户籍制度改革，建立居住证、居转户、直接进沪人才引进政策体系，发挥户籍和居住证吸引人才的积极作用。构建统一、标准、规范、高效、优质的人才公共服务体系，建立覆盖区县、街道乡镇的公共服务网络，为各类人才提供政策咨询、就业与创业指导、培训、人事代理、人事档案管理、诚信服务和社会保障服务等多方面服务。积极鼓励人才公共服务创新，建立政府购买公共服务制度，支持企业参与公共服务产品的提供，满足人才服务需求。

五、规划纲要的实施保障

（一）加强组织保障

坚持党管人才原则，完善党委统一领导，组织部门牵头抓总，有关部门各司其职、密切配合，社会力量广泛参与的人才工作格局，形成统分结合、上下联动、协调高效、整体推进的人才工作运行机制。建立党委、政府人才工作目标责任制，加大各级党政领导班子综合考核指标中人才工作的考核权重，建立党委常委会定期听取人才工作专项汇报制度。完善党委及其组织部门直接联系专家制度，建立重大决策专家咨询制度。进一步明确人才工作协调小组工作职责，强化人才工作协调小组办公室功能，不断推进人才工作网络向街道乡镇延伸、向“两新” 组织延伸。围绕激发人才活力、促进人才全面发展，完善政府宏观管理、市场有效配置、单位自主用人、人才自主择业的人才管理体制。进一步发挥政府人力资源管理部门的作用，强化各有关职能部门人才工作职责，建立健全有关部门人才工作落实机制，推动政府人才管理职能向优化发展环境、提供公共服务、加快政策创新的转变，建立规范有序、公开透明、便捷高效的运行机制和管理方式。调动人民团体、社会组织的积极性，充分发挥企事业等用人单位的主体作用，运用全社会力量做好人才工作，形成人才工作的整体合力。

（二）加大人才优先投入力度

优先保证对人才发展的投入，确保教育、科技支出增长幅度高于财政经常性收入增长幅度，卫生投入增长幅度高于财政性支出增长幅度，提高人才投入效益。完善分级分类人才资助体系，有效整合人才资金，保障人才发展重大项目的实施。加强政府引导，鼓励、支持企业和社会组织建立人才发展基金，多渠道吸引和募集社会资金。积极争取国家政策性银行贷款、国际金融组织和外国政府贷款投资人才开发项目。在重大建设和科研项目经费中，安排部分经费用于人才培训。适当调整财政税收政策，采用优惠措施，加大企业研究开发、职工培训投入力度。建立人才资金管理制度，加强人才资金动态管理和审计监督。

（三）完善人才法规体系

全面梳理人才政策法规，重点围绕人才安全、人才市场管理、人才知识产权保护和人才培养、使用、引进、评价、激励、保障等各个环节，研究制定专业技术人才继续教育、人力资源市场管理、外国专家来沪工作管理等法规、规章或市政府其他规范性文件，形成层次分明、覆盖广泛的人才法规体系，依法维护各类人才和用人主体权益，有效推进人才工作制度化、规范化、程序化。

（四）加强人才工作队伍建设

以能力建设为核心，加大培养力度，培育和造就一支适应国际大都市人才资源开发要求的高素质、专业化、复合型人才工作专职干部队伍。加强人才理论研究工作者队伍建设，加强人才学科和研究机构建设，拓宽学术交流、挂职锻炼等培养渠道，不断提高上海人才理论研究水平，指导人才工作的创新和实践。

市人才工作协调小组负责《人才规划纲要》的统筹协调和宏观指导。科学分解《人才规划纲要》确定的任务，制定人才计划和项目实施办法，切实抓好执行。建立《人才规划纲要》实施情况的反馈、评估和调控机制，加快制定人才发展监控指标体系，加强对《人才规划纲要》实施的跟踪监控，加强督促检查，适时进行动态调整。大力宣传党和国家人才工作的方针政策，宣传各行各业培养、引进和使用人才的有效经验、典型案例，进一步营造全社会关心、支持人才发展的氛围。

浙江省中长期人才发展规划纲要
（2010—2020年）

根据《国家中长期人才发展规划纲要（2010—2020年）》和我省经济社会发展的总体战略部署，着眼于加快建设人才强省，为全面建设惠及全省人民的小康社会、提前基本实现现代化提供人才支撑，制定本纲要。

序言

人才是指具有一定的专业知识或专门技能，进行创造性劳动并对社会作出贡献的人，是人力资源中能力和素质较高的劳动者。

省委、省政府历来高度重视人才工作。改革开放特别是2003年全省人才工作会议召开以来，我省大力实施人才强省战略，人才发展取得显著成绩。党管人才工作新格局基本形成，人才工作在经济社会发展中的战略地位明显提升；制定实施“十一五”人才发展规划等重大人才规划和政策，人才工作机制不断创新完善；组织实施重大人才工程，培育引进创业创新载体，各类人才队伍建设不断加强；大力营造重才爱才良好氛围，人才创业创新环境不断改善。全省人才队伍总量较快增加，整体素质逐步提高，在经济社会发展各领域培养造就了大批勇于创新、善于创业、乐于奉献、充满活力的人才。我省改革开放三十多年的历程表明，坚持以人为本、充分激发人的创业创新活力、发挥人才作用是推动发展的重要因素，人才优势是最需培育、最具潜力、最可依靠的优势。

人才是竞争之本、转型之要、活力之源。当今时代，在经济全球化、新科技革命推动下，经济发展模式正在发生深刻变化，人才竞争已成为综合国力竞争的核心。2010年到2020年，是浙江加快推进转型发展，全面提升新型工业化、信息化、城市化、市场化、国际化水平的重要阶段，是全面建设惠及全省人民的小康社会、提前基本实现现代化的重要时期。实现经济社会转型发展，走出一条具有时代特征、浙江特点的科学发展之路，必须大力开发人才资源，加快形成人才竞争比较优势，推动经济增长向主要依靠科技进步、劳动者素质提高、管理创新转变。必须清醒地看到，当前我省人才发展总体水平还不适应经济社会发展要求，同一些经济发达省市相比还有差距，主要表现在：人才优先发展的理念没有完全确立，“重物轻人”现象不同程度存在，全社会人才投入不足；高层次创新型人才、高技能人才比较缺乏，高端人才、领军人才尤其紧缺；人才配置结构和布局不够合理，人才发展体制机制障碍仍然存在，人才创业创新环境有待改善等。面对新形势新任务，必须用战略眼光看待人才工作，牢固确立人才是科学发展的第一资源、第一要素和第一推动力的理念，确立人才优先发展的战略布局，确立党管人才意识，切实增强做好人才工作的责任感、危机感和紧迫感，加快建设人才强省，努力形成人才辈出、人尽其才、才尽其用的生动局面，促进浙江经济社会又好又快发展。

一、指导思想、基本原则和总体目标

（一）指导思想

高举中国特色社会主义伟大旗帜，以邓小平理论和“三个代表”重要思想为指导，深入贯彻落实科学发展观，尊重劳动、尊重知识、尊重人才、尊重创造，深入实施人才强省战略，坚持党管人才原则，遵循社会主义市场经济规律和人才成长规律，以服务科学发展为根本出发点和落脚点，以充分发挥各类人才作用为根本任务，以高层次、高技能人才为重点，以深化体制机制改革为根本动力，充分发挥人才的基础性、战略性作用，为全面实施“八八战略”和“创业富民、创新强省”总战略，全面建设惠及全省人民的小康社会、提前基本实现现代化提供坚强的人才保障。

（二）基本原则

人才优先，服务发展。统筹经济社会发展和人才发展，加快确立人才优先发展的战略布局，做到人才资源优先开发、人才结构优先调整、人才投资优先保证、人才制度优先创新，以人才优先发展更好服务科学发展、促进人的全面发展。

以用为本，创新机制。围绕用好用活人才，在体制机制创新上先行先试，在重点领域和关键环节取得新突破，构建与社会主义市场经济体制相适应、有利于科学发展的人才发展体制机制，充分发挥企业及用人单位在人才开发中的主体作用，培养德才兼备的高素质人才，最大限度地激发各类人才的创业创新活力。

高端引领，统筹推进。充分发挥高端人才在经济社会发展和人才队伍建设中的引领作用，以高层次、高技能人才为重点，统筹推进各类人才队伍建设，统筹推进城乡、区域、产业、行业和不同所有制经济组织人才发展。

优化环境，开放聚才。优化人才发展的经济环境、科技教育环境、法制环境、生活环境和社会环境，努力打造人才发展综合环境优势，以更加开放的视野培养、引进和使用人才，千方百计留住人才，鼓励和支持人人作贡献、人人能成才、行行出状元，大力吸引和集聚海内外优秀人才在浙江创业创新。

（三）总体目标

今后十年，人才发展的总体目标是：培养造就数量充足、素质优良、结构合理、发展协调、实力强劲的创业创新人才队伍，营造更加开放、充满活力的人才发展环境，建立与转型发展相适应的人才资源结构，人才发展总体水平和人才国际化程度位居全国前列，率先建成人才强省。

——人才资源总量持续较快增长。到2015年，人才资源总量达到870万人，到2020年达到1050万人，人才资源占人力资源总量的比重达到24%。

——人才素质大幅度提高。到2015、2020年，主要劳动年龄人口受过高等教育的比例分别达到15.2%、20.6%，每万劳动力中研发人员分别达到63人年、78人年，高技能人才占技能劳动者比例分别达到24%、28.5%。高层次创业创新人才大幅度增加，人才国际化水平明显提升。

——人才布局明显优化。人才的产业分布更趋合理，先进制造业、现代服务业、战略性新兴产业、现代农业等经济社会发展重点领域人才比重明显增加，企业研发人员比重明显提高，在产业集聚区建成一批人才高地。农村、基层和欠发达地区人才队伍得到加强。

——人才使用效能不断提升。人才发展体制机制和环境建设取得实质性突破，人才公共服务能力进一步增强，创业创新文化氛围更加浓厚。到2015、2020年，人力资本投资占生产总值比例分别达到14.1%、16.5%，人才贡献率分别达到36.5%、39.5%。

二、发展重点

（一）培养造就高层次创业创新人才

着眼于提高自主创新能力，适应实施国家技术创新工程试点、加快建设创新型省份需要，以创新型科技人才为重点，努力培养造就一支引领和支撑经济社会发展的创新型人才队伍。统筹抓好科技管理人才、科技型企业家、科技研发人才、科技型技能人才、科技服务人才队伍建设，推动基础研究、应用研究和开发研究人才队伍协调发展。重点培养造就一批能冲击国际科技前沿、处于国内一流水平的科技领军人才、学科带头人，一批科技创新能力和学术技术水平国内领先的创新团队，打造一批吸引和集聚人才的创新平台。注重培养一线创新人才和青年创新人才。

着眼于支持鼓励更多人才创业，提高创业层次和水平，完善创业机制，加强创业培训，优化创业环境，努力培养造就一支引领和带动人才创业的高层次创业人才队伍。重点培养造就一批熟悉国际国内市场、推动产业升级的企业家，一批掌握核心技术、引领新兴产业发展的科技创业领军人才，一批具有先进理念、带动创意产业发展的领军人才，大批敢于创业、善于创新的青年创业人才。

（二）大力开发转型发展重点领域急需紧缺人才

1. 经济发展重点领域专门人才。着眼于推进产业结构调整、促进经济转型升级，大力开发改造提升传统产业和发展先进制造业、现代服务业、战略性新兴产业、现代农业的专门人才，造就一支宏大的高素质现代产业人才队伍。大力开发交通运输设备、大型石化设备、纺织装备、电力设备等装备制造人才，纺织服装、皮革塑件、化学原料及化学制品、通用设备制造、建筑等传统优势产业转型升级需要的人才以及石化、船舶、钢铁等先进临港产业人才。大力开发研发设计、金融财会、现代物流、信息服务、科技服务、商务会展、批发分销等生产性服务业和文化创意、电子商务、数字传媒等新兴服务业人才以及商贸、旅游和房地产等传统优势服务业改造提升需要的人才。大力开发新能源、新材料、物联网、生物、节能环保、先进装备制造、新能源汽车、海洋开发、核电关联等战略性新兴产业人才。大力开发蔬菜、茶叶、果品、畜牧、水产、中药材等农业主导产业提升需要的人才，动植物种子种苗、农业生物技术、设施农业技术、农产品和水产品深加工等农业科技人才以及现代农业创业人才。

2. 社会发展重点领域专门人才。着眼于加快推进社会转型、建设和谐社会，大力开发教育、政法、宣传思想文化、人文社会科学、公共卫生、社区建设、防灾减灾等社会发展领域的专门人才，造就一支专业水平高、职业道德好、服务能力强的社会建设人才队伍。大力开发教育现代化建设需要的基础教育、职业教育、高等教育人才，维护社会公平正义、促进社会和谐稳定需要的政法人才，从事理论研究宣传、发展哲学社会科学需要的人文社会科学人才，新闻、出版、文艺和公共文化服务领域需要的文化人才，公共卫生服务、医疗服务、全民健身需要的医疗卫生人才、体育人才，灾害预报预警、防御调度、抢险救灾、应急救援、灾害信息管理需要的防灾减灾人才。

（三）统筹推进各类人才队伍建设

1. 党政人才队伍。按照加强党的执政能力建设和先进性建设的要求，以提高领导水平和执政能力为核心，以各级领导干部为重点，加强思想政治建设、组织建设、作风建设、制度建设和反腐倡廉建设，努力造就高素质党政人才队伍。坚持德才兼备、以德为先用人标准，树立注重品行、科学发展、崇尚实干、重视基层、鼓励创新、群众公认的用人导向。加强各级党政领导班子和领导干部队伍建设，重点选好配强各级党政主要领导干部，重视选拔培养复合型领导人才。加强后备干部队伍建设，加强女干部、非中共党员干部和少数民族干部的培养选拔工作。注重从具有基层领导工作经历的人员中选拔党政机关领导干部。

2. 企业经营管理人才队伍。适应经济全球化和经济转型升级的需要，以提升创业创新能力、市场竞争能力和现代经营管理能力为核心，以培育现代企业家和职业经理人为重点，推进企业经营管理人才职业化、市场化、专业化、国际化，培养造就大批引领创业创新、具有全球战略眼光和社会责任感的优秀企业家，培养造就高素质企业经营管理人才队伍。到2015年，企业经营管理人才总量达到270万人。到2020年，企业经营管理人才总量达到320万人。

3. 专业技术人才队伍。适应现代化建设的需要，以提高专业水平和创新能力为核心，以高层次人才和紧缺人才为重点，培养造就数量充足、素质优良、结构合理、充满活力的专业技术人才队伍。到2015年，专业技术人才总量达到410万人。到2020年，专业技术人才总量达到480万人，专业技术人才结构性矛盾有效缓解，学科、专业、产业、地区分布趋于合理，企业专业技术人才素质结构明显提升。

4. 高技能人才队伍。适应加快产业结构优化升级的需要，以提升职业素质和职业技能为核心，以技师、高级技师为重点，大力提高技能人才的技术知识和创造性运用新技术、新设备、新工艺的水平，培养造就数量充足、梯次合理、技艺精湛的高技能人才队伍。到2015年，高技能人才总量达到160万人。到2020年，高技能人才总量达到230万人。

5. 农村实用人才队伍。适应推进农村改革发展、建设社会主义新农村的需要，以提高科技素质、职业技能和经营能力为核心，以农村实用人才带头人和农村生产经营型人才为重点，培养造就大批经营能人、生产能手、能工巧匠，努力建设有觉悟、懂科技、善创业、会经营、有特色的农村实用人才队伍。到2015年，农村实用人才总量达到105万人，到2020年，农村实用人才总量达到112万人。

6. 社会工作人才队伍。适应构建社会主义和谐社会的需要，以人才培养和岗位开发为基础，以提高社会工作从业人员专业化、职业化能力为核心，以社会工作专业人才为重点，培养造就一支数量充足、专业化水平较高、结构比较合理的社会工作人才队伍。到2015年，社会工作人才总量达到10万人。到2020年，社会工作人才总量达到15万人。

三、主要举措

（一）发挥教育在培养人才中的基础性作用

1. 强化基础教育，着力培养全面发展的人才。推进基础教育均衡协调发展，全面推进素质教育，提高学生的思想道德素质，注重培养创造性思维和创新能力。高标准高质量普及从学前到高中段15年教育，义务教育入学率和完成率、高中教育入学率居全国省区前列。

2. 提升高等教育质量，创新人才培养模式。调整优化高校布局结构和学科专业结构，促进人才培养结构与经济社会发展需求相适应。支持浙江大学和中国美术学院建设世界一流大学，支持浙江工业大学等若干所高校建设高水平大学。积极鼓励高校加强创业创新人才培养。加强省“重中之重”学科、省人文社科重点研究基地和省级重点学科建设，实施省特色重点学科建设工程、省优势专业群和特色专业建设工程。建立健全多元招生录取机制，探索建立高校拔尖学生重点培养制度。实施“卓越工程类人才培养计划”。创新研究生选拔培养机制。深入开展大学生科技创新活动。

3. 大力发展职业技术教育，加快培养应用型人才。推进职业教育专项项目建设、高等职业教育办学质量与水平行动计划，加强高职高专院校“双师”队伍建设。推行学历证书和职业资格证书“双证书”制度。大力发展技工教育，建设一批符合地方经济发展需要的高级技工学校或技师学院。支持若干高职院校建设国内一流高职院校。

4. 完善终身教育体系，构建学习型社会。大力发展成人教育、社区教育、现代远程教育和在职人员继续教育，形成广覆盖、多层次、开放式的社会教育网络。全面开展成人“双证制”教育培训工作。鼓励全社会成员通过多种形式和渠道参与终身学习。

（二）大规模开展人才培训

1. 加强党政人才培训。构建理论教育、知识教育、党性教育和实践锻炼“四位一体”的干部培养教育体系，按照分级分类的原则，每五年一轮大规模培训干部，大幅度提高各级干部素质。加强干部集中学习、脱产培训和在职自学工作。坚持每年举办若干期县处级以上领导干部专题研讨班。充分发挥党校、行政学院等在干部培训中的主阵地作用。加强公务员培训工作，规范初任培训，突出任职培训，强化在职培训，深化专门业务培训。

2. 加强专业技术人员知识更新培训。完善专业技术人才继续教育体系，加快实施专业技术人员知识更新工程，全面开展专业技术人员公共需求科目轮训。加强现代农业、装备制造、能源、信息技术、现代管理、生物技术、新材料、海洋、生态环保、现代交通运输等重点领域的知识更新培训。每年培训中高级专业技术人才2.5万名，举办专业技术人员高级研修班30期以上。

3. 加强企业经营管理人才培训。建立健全政府引导、市场主导、企业主体的企业经营管理人才培训体系。加强企业管理咨询和培训行业建设，建设一批较高水平的企业经营管理人员培训基地和企业管理咨询机构。依托国内外知名企业和高等院校培训机构、培训基地、网络学院，加强企业经营管理人才的系统培训和国际化培训。加强省属国有企业领导人员、后备人员和经营管理人员教育培训。

4. 加强高技能人才培养培训。深入实施“千万职工技能素质工程”，完善以职业院校为基础、企业为主体、学校教育与企业培养紧密联系、政府推动和社会支持相结合的高技能人才培养培训体系。广泛组织开展各种形式的职业技能竞赛和岗位练兵活动。鼓励和支持企业建立高技能人才创新工作室。开展浙江省“钱江技能大奖”、“首席技师”、杰出青年岗位能手评选活动。建立高技能人才绝技绝活代际传承机制，推行名师带徒制度，培养一批具有绝技绝活的能工巧匠，扶持一批能够继承传统技术工艺的优秀人才。

5. 加强农村实用人才培训。深入实施“千万农民素质提升工程”，依托职业院校、现代远程教育、电大、农广校、农函大、成人文化技术学校（社区学院）、科研技术推广单位等各类培训机构，加强农民转移就业技能培训、农业专业技能培训和农村劳动力“双证制”培训。抓好农村党员、农村青年、退伍军人和选聘到村任职大学生创业就业技能培训。实施百万农村创业创新实用人才培训计划，加强以农村生产能手和乡村科技、文化、服务人员以及能工巧匠为重点的农村实用人才培训，加强以农村专业合作社和农业龙头企业的领办者、行业协会带头人、家庭工业创办人、乡村旅游经营业主、农村经纪人等为重点的农村创业人才培训，每年培训农村创业创新实用人才10万人。

6. 加强社会工作人才培训。建立不同学历层次教育协调配套、专业培训和知识普及有机结合的社会工作人才培养体系。加强社会工作学科专业体系建设。建设一批社会工作培训基地。加强社会工作从业人员专业知识培训和职业道德教育。制定加强社会工作人才队伍建设的意见。

（三）强化高层次人才培养引进

1. 加强高层次创新型人才培养。完善浙江省特级专家制度，加强选拔、资助和管理服务工作。深入实施一批高层次人才培养重大工程，加强创新团队建设。各地、各部门和行业实施相应的高层次创新型人才、优秀拔尖人才培养项目，形成衔接有序、分层分类、梯次配备的全省高层次创新型人才培养体系。进一步破除论资排辈、求全责备观念，加大对青年创新人才的发现、培养、使用和资助力度。支持我省专家学者和各类优秀人才进入国家级人才计划（工程），参与或牵头组织国家大科学工程和国际科学项目（计划）、开展学术交流。健全“两院”院士、省特级专家等高级专家联系管理制度，发挥他们在提携后人、培养高层次人才中的重要作用。重视发挥老专家、老教授和各类离退休高层次人才的作用。

2. 加快引进海内外高层次人才智力。根据经济转型升级重点领域和产业发展需求，以海外优秀留学人才为重点，大力吸引海外高层次人才来浙江创业创新。坚持面向海外高层次人才开展集中招才引智活动。办好浙江•杭州国际人才交流与合作大会、浙江•宁波人才科技周、海外优秀创业创新人才网上交流大会、海外高层次人才浙江行、中国浙江国际科技合作交流大会等大型引才活动。依托企事业等用人主体、驻外机构、海外社团和组织、国际人才中介服务机构，建立海外人才引进联络站。在浙江大学等高校探索建立海外高层次人才引进驿站。加快建立海外高层次人才信息库和需求信息发布平台，加强浙江省留学人员与专家信息网（浙江海外人才网）等网站建设。完善国外智力资源开发利用的政策措施，建设一批引进国外智力成果示范推广基地和示范单位，加大对引进国外智力的资助力度。进一步加强国内高层次人才引进工作，多渠道、多形式吸引国内优秀人才来浙江创业创新。建立健全引进人才的评估机制和跟踪管理服务机制，提高引才质量，充分发挥人才作用。

3．着力打造高层次人才集聚平台。加快引进国内外大院名校大企业，大力建设公共科技基础条件平台、行业创新平台、区域创新平台等“六个一批”创新载体。稳步扩大博士后科研流动站、博士后科研工作站规模。充分发挥浙江大学、杭州高新区（滨江）等国家级海外高层次人才创业创新基地作用，依托高新区、园区、高校、科研院所和大企业集团建立10—20家省级海外高层次人才创业创新基地。加快建设浙江海外高层次人才创新园、浙江省科研机构创新基地、中国海洋科技创新引智园区，努力建成集聚海内外高层次创业创新人才的重要平台。加强留学人员创业园建设，提高吸纳、承载海外留学人才的能力。推动我省企业设立海外研发机构。建立一批院士专家工作站、大师工作室。

4．加强人才国际化交流合作。进一步提高杭州、宁波等中心城市的人才国际化水平。支持高校、科研院所、企业与境内外著名高校、科研机构、大型跨国公司、国际知名培训服务机构开展交流合作，加大国际化人才培养力度。引进国外优质教育资源合作办学。坚持支持留学、鼓励回国、来去自由方针，扩大省内学生出国留学规模，鼓励各级各类学校选送学生赴国外参与短期学习。积极吸引外籍人才、留学生、港澳台学生来浙学习和工作，鼓励各类海外人才为浙江服务。加强国际通行的职业资格证书的培训和测试工作。做好重要人才安全工作。

（四）优先推进企业人才开发

1．加强政策引导。进一步消除企业人才成长、引进和发挥作用的体制机制障碍，引导和推动人才向企业流动和集聚。制定促进企业人才发展的政策，各类企业人才平等享受政府人才培养、吸引、评价、使用等方面的各项政策，平等利用政府支持人才创业创新的资金、项目、信息等公共资源，平等参与政府开展人才宣传、表彰、奖励等方面活动。畅通高等院校、科研机构人才为企业服务的渠道。鼓励龙头企业引进海外一流技术、管理人才。实施青年创业人才培养工程。对企业等用人单位接纳高校毕业生、职业学校学生实习给予政策支持。

2．支持企业建设人才创业创新载体。大力推进校（院）企（地）人才合作，支持企业与高校、科研院所建立产学研战略联盟，共建科技创新平台和基地，合作开展人才培养，推进科研成果转化。支持企业以多种方式参与各类创新载体建设，在大企业集团、行业骨干企业建设一批国家级、省级研发（技术）中心和行业、区域创新平台。支持企业建立研发机构、企业大学或人才培训基地，加大对企业博士后科研工作站的支持力度。

3．创新企业人才发展机制。遵循人才开发规律和市场经济规律，充分发挥企业主体作用，推动企业建立基于自身发展战略和适合企业特点的人力资源管理体系和制度。改进完善财政税收政策，引导和鼓励企业加大对人才开发的投入。指导企业建立健全职工教育培训制度和人才选拔、评价、使用、保障激励制度，加强企业文化建设。组织开展院士专家等高层次人才服务企业活动。探索建立规模以上企业人才联络站、联系点制度。

（五）加快人才发展布局调整

1．优化调整人才的产业和区域布局。围绕建设大平台大产业大项目大企业，建设浙江海洋经济发展带，构筑产业集聚区，有针对性地培养引进紧缺人才和重点人才，引导人才合理配置。发挥中心城市和城市群的辐射带动作用，加快构筑杭州大江东产业集聚区、杭州城西科创产业集聚区、宁波杭州湾产业集聚区、宁波梅山物流产业集聚区、温州瓯江口产业集聚区、湖州南太湖产业集聚区、嘉兴国际商务集聚区、绍兴滨海产业集聚区、金华产业集聚区、衢州产业集聚区、舟山海洋产业集聚区、台州循环经济产业集聚区、丽水生态产业集聚区、义乌商贸服务业集聚区等特色产业人才密集区，打造现代产业人才高地。

2．构建城乡统筹的人才发展格局。加大城区科技、教育、文化、卫生等优质资源对农村的支持力度，加强对农村教师、卫生人才、科技人员的定向免费培训。提高农村基础教育、职业教育办学水平，完善本省籍学生免费就读省内大中专院校、电大、农广校等农业种养专业政策。完善农技推广体系，培养农业科技人才。继续实施百村引智示范项目和师资支持计划、农民大学生培养计划、万名医师支援农村卫生工程、农村文化人才素质提升工程、农村青年人才培养计划和青年农民培训工程。积极扶持农村实用人才创业兴业。加强和改进农村指导员、科技特派员工作。

3．加强区域人才开发合作。加快省内欠发达地区人才开发，完善支持欠发达地区人才发展的政策措施，推动省直单位、发达地区与欠发达地区开展多形式、多渠道的人才智力交流合作，加强对欠发达地区人才开发的投入。积极推进长三角人才开发一体化，加强与珠三角地区、环渤海湾地区、港澳台地区对接，拓宽与国内其他区域的合作领域，构建人才资源开放共享和联动机制。做好对新疆、西藏、四川、青海等西部地区对口援建的人才支持工作。积极开展与中央和国家有关部门、中国科学院、中国工程院、中央企业及国内大院名校的科技人才战略合作，共建科技、人才基地，培养和集聚高层次创新人才和创新团队。

（六）加强人才发展环境建设

1．构建促进人才发展的政策法制环境。坚持用法制保障人才，营造公开平等、竞争择优的制度环境，推进人才发展的科学化、制度化、规范化。在国家法律法规框架下，建立健全人才培养引进、流动配置、权益保护、竞业避止等方面的政策法规，适时修订、废止不适用的人才法规、规章和规范性文件，逐步形成与市场经济体制相适应的人才政策法规体系。强化执法监督，推进人才政策法规落实。进一步加强劳动人事争议处理工作，加大知识产权保护力度，切实保障用人主体和人才的合法权益。

2．建设优质高效的人才服务环境。完善人才公共服务体系，不断拓展服务领域、提升服务能力和水平。进一步整合优化服务资源，建立全省一体化的人才服务网络。构建多层次人才服务平台，加强人事代理、社会保险代理、企业用工登记、就业服务等公共服务，满足人才多样化需求。积极开展人才网上在线服务，提升人才服务信息化水平。推进人才公共服务产品标准化管理，大力开发公共服务产品。建立政府购买公共服务制度。进一步加强人才住房保障、医疗保健、社会保险、子女入学、户籍管理等方面的服务。

3．营造重才爱才的社会环境。大力弘扬以创业创新为核心的浙江精神，培育和发展创业创新文化。营造尊重劳动、尊重知识、尊重人才、尊重创造的社会氛围和诚信、宽松、和谐的学术环境，鼓励创新，宽容失败，发扬学术民主，提倡学术争鸣。教育和引导各类人才学习践行社会主义核心价值体系，把自己的成长发展同国家发展、社会进步、人民幸福紧密联系起来，努力成为德才兼备的高素质人才。大力表彰和广泛宣传人才创业创新先进典型、重才爱才先进单位，使人才的创业创新活动得到鼓励、创业创新才能得到发挥、创业创新成果得到肯定、创业创新愿望得以实现，让各类创业创新人才政治上有荣誉、经济上得实惠、社会上受尊重，调动企事业单位育才引才用才的积极性。

四、重大人才工程

（一）151人才工程

以提升自主创新能力为核心、以培养年轻学术技术带头人为目标，制定实施《浙江省“新世纪151人才工程”（2011—2020年）实施意见》，到2020年，培养6000名左右学术技术带头人及后备人选。其中1300名左右是在国内学术和技术领域具有一定知名度的第一层次高级专家和能代表我省学科优势和学术、技术水平的第二层次高级专家，4700名左右是第三层次年轻优秀学术技术带头人后备人选。

（二）百千万科技创新人才工程

着眼于扩大科技人才规模和提升创新能力，实施“优秀青年科技创新人才培养计划”和“省杰出青年科学基金项目”，在科技创新重点领域培养一批45岁以下、具有较高研发水平和组织管理能力的复合型青年科技领军人才；实施“钱江人才计划”，扶持新近归国留学人员创业创新；实施“院所人才计划”，促进科研院所青年科技人才成长；实施“新苗人才计划”，培养高校本科生和研究生的科技创新能力。到2020年，着力培养和引进百名国内外一流的创新领军人物、千名学术技术带头人、万名研发骨干。

（三）海外高层次人才引进“千人计划”

围绕优先发展的重点产业和科技创新重点领域，省及地方分层次引进一批海外高层次人才。省级层面，力争通过5—10年时间，引进并重点支持1000名左右能够突破关键技术、发展高新技术产业、带动新兴学科的学科带头人、科技领军人才和高层次创业人才，争取其中300名左右入选国家海外高层次人才引进“千人计划”。

（四）重点创新团队推进计划

构建连续稳定的支持机制，集中优势力量，在科技创新重点领域建设一批突破关键共性技术、研发战略产品、推广重大成果的科技创新团队；在重点发展产业、行业龙头骨干企业建设一批以省级以上企业研发机构为主要载体的企业技术创新团队；在人文社会、宣传文化领域建设一批文化创新团队。到2020年，努力建设形成500个左右创新人才集聚、创新机制灵活、持续创新能力强、创新绩效明显，具有国内一流水平的省级创新团队。

（五）现代服务业高端人才培养引进计划

围绕我省现代服务业发展的重点领域、重大项目和产业集聚区建设，用5—10年时间，培养1000名左右了解省情特点、熟悉国际规则的现代服务业国际化高端人才；引进10000名左右现代服务业高端人才和紧缺急需骨干人才，重点引进国际知名服务业企业的高级专业技术人才和经营管理人才、具备海外成功创业经验的现代服务业创业人才和团队。

（六）企业经营管理人才素质提升计划

着眼于提高我省企业现代化经营管理水平和国际竞争力，到2020年，培养200名能够引领行业发展方向、善于开展国际竞争和合作的优秀企业家，2000名具有系统现代经营管理知识和丰富实战经验的创业创新型企业家，20000名具有较高职业素养的职业经理人，基本实现全省规模以上企业中高层经营管理人才和规模以下企业高层管理人才普遍接受经营管理知识学习培训。

（七）高技能人才培养计划

围绕加快产业结构优化升级，建设一批示范性省级高技能人才培养基地和公共实训基地，加强重点行业（领域）急需紧缺高技能人才培养；实施青工技能振兴计划，培养大批技术技能型、知识技能型、复合技能型青年人才；开展高技能人才培养和技术创新活动，培育一批在生产一线善于技术革新的科技型技能人才。到2020年，技师、高级技师力争达到80万人。

（八）宣传文化系统“五个一批”人才工程

着眼于加快文化大省建设，培养造就一批有较高学术造诣、联系实际的人文社科专家，一批受群众喜爱的名记者、名编辑、名主持人，一批精通业务知识的出版专家，一批艺术水平精湛的作家、艺术家，一批既懂宣传文化发展规律、又懂市场运作规律的文化经营管理专家。到2015年，在全省培养选拔300名左右在本行业或本学科领域有较大影响的宣传文化领域的领军人物和学术带头人，到2020年再培养选拔一批优秀宣传文化人才。

（九）高素质教育人才培养工程

深入实施高等学校高层次人才引进与培养工程，引进一批省高校“钱江学者”（省高校特聘教授和讲座教授），遴选一批省高校优秀中青年学科、专业带头人，资助培养一大批优秀青年教师和“双师”素质教师，选送一批优秀青年教师赴海外进行访学、进修，培养造就大批学术名师、教学名师、教学团队和高水平创新团队。

（十）医疗卫生人才工程

实施卫生高层次创新人才培养工程，培养一批医学学科带头人；实施基层卫生人才素质提升工程，建立一支以全科医师为重点的基层医疗卫生人才队伍。推进住院医师规范化培训、继续医学教育、乡村医生教育，建立完善卫生技术人员培训网络和制度，提高各级各类卫生技术人员整体素质。

（十一）现代农业和新农村建设人才支撑计划

结合农业农村重大工程、重大专项、重点项目实施和农业科技创新平台、涉农高校科研院所、特色农业示范基地建设，培养造就一批高水平农业学术技术带头人和优秀农业科技创新人才，一批以科技特派员、基层农技人才为重点的现代农业科技推广人才，大批农业企业、农民专业合作组织负责人等农村创业人才，一批农村社区管理、村庄规划与管理人才。加强知识更新培训，到2020年，重点培训农业中高级专业技术人才1万人次。

（十二）支持欠发达地区人才开发“希望之光”计划

结合山海协作工程、欠发达地区奔小康工程，以欠发达地区人才需求为导向，以人才培养工程、人才支持工程、智力服务工程、人才开发资助工程为载体，深入推进干部挂职锻炼、人才培训工作，加强教育、科技、卫生、文化人才的结对联系帮扶，建立一批高级专家联系服务基地、人才培养基地，定期组织开展专家服务欠发达地区活动，省“人才强省战略”专项资金进一步加大对欠发达地区人才开发的资助。

五、重大政策

（一）实施人才投资优先保证的财政政策

各级政府优先保证对人才发展的投入，确保政府教育、科技支出增长幅度高于财政经常性收入增长幅度，卫生投入增长幅度高于财政经常性支出增长幅度。逐步改善经济社会发展的要素投入结构，较大幅度增加人力资本投资比重，探索建立人才投入绩效评价体系，提高投资效益。各级政府按照经济转型升级和创业创新要求，积极调整财政支出结构，进一步加大人才发展专项资金投入，科学配置政府人才投入资源，满足海外高层次人才引进计划等重大人才项目实施的需求。在重大建设和科研项目经费中，应适当提高用于人才开发的投入比例。贯彻落实企业职工教育经费支出所得税前扣除政策，促进企业加大人才投入。完善财政、税收等优惠激励政策，强化用人单位在人才投入中的主体地位，鼓励和引导社会、用人单位、个人以建立人才发展基金等多种方式加大人才投入，形成多元化的人才投入体系。积极争取中央有关部门加大对我省人才工作的支持力度。

（二）实施加快创新型科技人才发展的政策

研究制定从投入、土地、服务等方面支持科技人才创新平台建设的政策措施。加大知识产权开发、保护力度，奖励发明专利发明人，对授权专利予以财政资助。进一步促进技术要素参与收益分配，对执行政策情况较好、成效突出的科技型企业，在推荐上市、科技信贷、高新技术企业认定、创新型企业认定、省级以上研发（技术）中心审批等方面予以重点支持。对科技人员领办、参办企业且符合我省技术创新或产业政策导向的，在工商注册、科创引导资金投入、科技信贷、孵化器准入、政府采购等方面予以倾斜。改进和优化科技评价制度，把标志性成果的质量、效益作为评价科研绩效和能力水平的主要依据，把人才培育情况纳入各级政府科技计划项目验收的主要内容。研究完善科学不端行为监察制度，进一步加强科研学术诚信体系建设。深化科技管理体制改革，扩大科研机构用人自主权和科研经费使用自主权，促进科技资源配置向科研一线和中青年人才倾斜、向产学研结合倾斜。加大对科技创新团队和高层次科技创新人才的资助力度。完善网上技术市场，大力促进人才与市场的对接。

（三）实施支持人才创业的投融资政策

探索完善多渠道、多元化、多形式的风险投资、创业投资机制，制定优惠政策，积极发展“人才创业+民营资本”模式，鼓励更多的民营企业、社会投资机构投资人才创业创新活动，促进民间资本和人才有机结合。健全政府支持人才创业政策，继续加大对创业孵化器等基础设施的投入，设立创业投资引导基金、创业投资服务中心，为人才创业提供项目启动资助、贴息、融资担保等金融服务。促进知识产权质押融资、创业贷款等业务的规范发展。完善知识产权、技术等作为资本参股的措施。

（四）实施强化产业集聚区人才保障的政策

统筹产业集聚区规划与人才发展规划，建立产业集聚区人才需求信息监测和定期发布制度，形成产业集聚区建设与人才开发相适应的动态调控机制。优化教育、科研院所、科技创新载体布局，在产业集聚区培育和建设一批特色优势的中高等学校、科研院所、公共创新平台，培养引进适应产业发展需要的人才。优先支持产业集聚区用人主体引进海内外高层次人才。深化向块状经济区域派遣科技专家服务组工作。

（五）实施促进非公有制经济组织、新社会组织人才发展的政策

改进政府对非公有制经济组织、新社会组织人才开发的公共服务，加强对非公有制经济组织、新社会组织的人才培训，支持引进高层次人才和高水平创新团队。创新非公有制经济组织、新社会组织人才职称评价机制，畅通评价渠道，完善破格晋升考评办法。大力推进非公有制经济组织与高校、科研院所开展校企产学研合作。在高校、科研院所选择部分重点实验室、工程中心、教学岗位向企业人才开放，并为部分优秀企业人才设置一定数量的特设岗位和客座研究员岗位。支持非公有制经济组织设立研发机构、技术中心、博士后科研工作站。建立健全非公有制经济组织、新社会组织人才开发协调机制。

（六）实施促进人才柔性引进和使用的政策

研究制定薪酬待遇、项目安排、表彰奖励、生活保障等方面政策，吸引国内外各类高层次人才以项目合作、智力入股、兼职兼薪、成果推广转化、特聘岗位等各种形式来我省开展人才智力服务。鼓励高校、科研院所、政府人才交流机构和各类经济开发区、创业园区等探索建立一批高层次人才驿站，重点接纳符合我省产业发展需要、来我省企业创业创新的人才。推进院士专家工作站建设，吸引高层次人才来我省开展技术服务、培养创新人才、创建创新平台。

（七）实施引导和鼓励大学生到基层创业就业的政策

引导和鼓励高校毕业生自主创业，以创业带动就业。制定大学生创业资金资助、创业扶持、职称评定等政策。建立一批大学生创业园、大学生创业实训基地、就业创业实习基地。建立大学生创业服务网络，完善创业服务平台，为大学生提供创业咨询、创业辅导、项目对接等一站式创业服务。继续通过多种途径选聘大学生到农村任职，完善和落实选聘政策，加大培养和管理力度，发挥到村任职大学生的积极作用。制定选聘到村任职大学生服务期满有序流动的政策。继续推进大学生志愿服务省内欠发达地区计划。继续招聘大学生到乡镇卫生院、农村学校工作。

（八）实施优化人才生活保障的政策

各地结合实际需要加强人才保障性住房建设，加大人才住房供应量，优先解决高层次人才、急需紧缺人才住房问题。建立健全优秀人才的疗休养和带薪休假制度。制定和完善引进海外高层次人才的长期居留、出入境、税收、保险、职称评聘、配偶安置、子女入学等具体办法，对特殊人才实行特事特办。创造条件建设若干国际学校、国际医疗服务机构。

六、体制机制创新

（一）改进完善人才工作管理体制

1．完善党管人才工作领导体制。坚持党管人才原则，完善党委统一领导，组织部门牵头抓总，有关部门各司其职、密切配合，社会力量广泛参与的人才工作格局。制定完善党管人才工作格局的意见。完善市县党政领导人才工作目标责任制，提高各级党政领导班子综合考核指标体系中人才工作专项考核的权重。建立各级党委常委会听取人才工作专项报告制度。健全各级党委人才工作领导机构，加强人才工作和人才队伍建设的指导统筹，完善决策机制、协调机制、督促落实机制，形成统分结合、上下联动、协调高效、整体推进的人才工作运行机制。落实党委组织部门人才工作牵头抓总职责，坚持有所为、有所不为，重点做好战略研究、总体规划制定、重要政策统筹、创新工程策划、重点人才培养等工作。政府人力资源和社会保障部门是政府人才工作综合管理部门，要充分发挥在人力资源开发、就业、收入分配制度改革、人力资源市场建设、社会保障等方面的职能作用。各级党政机关和企事业单位要发挥培养、吸引、使用人才的主体作用。同时，发挥工会、共青团、妇联、科协、社联等人民团体和各类社会组织作用，动员全社会力量协调一致做好人才工作。党政主要负责人要树立强烈的人才意识，善于发现人才、培养人才、团结人才、用好人才、服务人才。完善党委联系专家制度，建立健全重大决策专家咨询制度。

2．改进人才管理方式。完善政府宏观管理、市场有效配置、单位自主用人、人才自主择业的人才管理体制。按照政府行政管理体制改革的总体部署，推动政府人才管理职能向创造良好环境、提供优质服务转变，运行机制和管理方式向规范有序、公开透明、便捷高效转变。规范行政行为，进一步简政放权，减少和规范人才评价、流动、使用等环节中的行政审批和收费事项。分类推进事业单位人事制度改革，以建立健全聘用制度和岗位管理制度为重点，建立权责清晰、分类科学、机制灵活、监管有力的事业单位人事管理制度。克服人才管理中存在的行政化、“官本位”倾向，根据国家部署，取消科研院所、学校、医院等事业单位实际存在的行政级别和行政化管理模式。在科研、医疗等事业单位探索建立理事会、董事会等形式的法人治理结构。建立与现代科研院所制度、现代大学制度和公共医疗卫生制度相适应的人才管理制度。按照健全符合中国特色现代国有企业制度要求的企业人事制度目标，构建企业党组织、董事会、经理层和监事会职责明确、有机融合、运转协调的领导体制和运行机制，完善与公司治理结构相适应的企业领导人员管理体制。

（二）创新人才工作机制

1．人才评价发现机制。建立健全以岗位职责要求为基础，以品德、能力和业绩为导向，科学化、社会化的人才评价发现机制。完善人才评价标准，克服唯学历、唯论文倾向，注重靠实践和贡献评价人才。健全科学的职业分类体系，建立各类人才能力素质标准。完善适应各类人才特点的人才评价制度。健全促进科学发展的领导班子和领导干部考核评价机制，完善干部德才考察标准和考察办法。建立以岗位绩效考核为基础的事业单位人员考核评价制度。完善以市场和出资人认可为核心的企业经营管理人才评价机制，建立社会化的职业经理人资质评价制度，建立健全企业经营管理人才经营业绩评价指标体系。完善重在业内和社会认可的专业技术人才评价机制。加快职业资格准入制度建设，全面推行职业资格证书制度。提高专业技术资格评价的科学性、专业性，推进专业技术资格评价社会化进程。完善专业技术职务任职评价办法，落实用人单位专业技术职务（岗位）聘任中的自主权。探索技能人才多元评价机制，逐步完善社会化职业技能鉴定、企业技能人才自行评价、院校职业资格认证和专项职业能力考核办法。因地制宜建立健全农村实用人才评价制度。建立健全社会工作人才评价制度。

2．人才选拔任用机制。改革人才选拔任用方式，科学合理使用人才，促进人岗相适、用当其时、人尽其才，形成有利于各类人才脱颖而出、充分施展才能的选人用人机制。着眼于提高选人用人公信度，坚持民主、公开、竞争、择优方针，规范干部选拔任用提名制度，推行差额选拔干部制度，加大竞争性选拔干部工作力度，深化党政领导干部选拔任用制度改革。完善来自基层和生产一线的党政干部培养选拔机制，有计划地从县、乡党政机关选调优秀干部到省、市党政机关工作。坚持和完善党政领导干部职务任期制。加大重要部门、关键岗位、不同区域干部交流力度。完善公务员录用、调任、聘任、退出等制度。健全事业单位领导人员委任、聘任、选任等任用方式。全面推行事业单位人员聘用制度、岗位管理制度、竞聘上岗制度和公开招聘制度。健全组织选拔与市场化选聘相结合的国有企业领导人员选拔任用机制，进一步提高市场化选聘的比例。

3．人才流动配置机制。完善政府部门宏观调控、市场主体公平竞争、中介组织提供服务、人才自主择业的人才流动配置机制。进一步推进人才市场体系建设，完善人才市场价格、供求、竞争机制，贯通各类人才市场和劳动力市场，发展和规范专业性、行业性人才市场，形成统一规范、信息互通、功能互补、竞争有序的人力资源市场。加快推进政府部门所属人才服务机构体制改革，实现政事分开、管办分离。加大专业化人才服务机构的扶持和培育力度。加大人力资源市场监管和执法力度。制定实施推进党政人才、企业经营管理人才、专业技术人才合理流动政策。加快推进城乡统一的户口登记制度，全面推进居住证制度改革。建立人才开发的宏观监测和预警系统，完善人才供求信息和薪酬行情发布制度，引导各类人才合理有序流动。

4．人才激励保障机制。完善分配、激励、保障制度，建立与工作业绩紧密联系、充分体现人才价值、有利于激发人才活力和维护人才合法权益的分配激励机制。完善各类人才薪酬制度，加强对收入分配的宏观管理，逐步建立秩序规范、激发活力、注重公平、监管有力的工资制度。统筹协调党政机关和国有企事业单位收入分配，稳步推进工资制度改革。完善事业单位岗位绩效工资制度。建立健全国有企业领导人员激励机制，完善国有企业领导人员年薪制、期权期股等薪酬管理办法。建立产权激励制度，鼓励知识、技术、管理、技能等生产要素按贡献参与分配。逐步提高企业退休人员基本养老金，对在企业退休的高层次专业技术人员给予重点倾斜。探索高层次人才、高技能人才协议工资制和项目工资制等多种分配方式。引导各类企业加强对人才的激励保障。健全科研院所分配激励机制，注重向科研关键岗位和优秀拔尖人才倾斜。重视改善青年人才生活待遇。完善政府特殊津贴制度。健全政府奖励为导向、社会力量奖励和用人单位奖励为主体的人才奖励制度，调整规范各类人才奖项设置。政府对有突出贡献的人才实行重奖，设立“浙江省杰出创新人才奖”。扩大社会保险覆盖面，推进事业单位社会保险制度改革，建立事业单位职业年金制度，完善职工在机关事业单位与企业之间和不同地区之间社会保险关系转移接续办法。支持用人单位为各类人才建立补充基本养老、医疗保险。

七、组织实施

（一）加强对规划纲要实施工作的领导

省委人才工作领导小组负责规划纲要实施的统筹协调和宏观指导。制定规划纲要的分解落实方案和重大工程实施办法，明确阶段目标任务和年度实施计划，明确责任单位和进度要求。建立目标责任考核机制，加强督促检查，定期通报情况。建立规划纲要实施的人才投入保障机制，确保人才发展重点工作顺利推进。各级党委、政府要把制定实施人才发展规划纲要纳入经济社会发展总体部署，形成推进规划纲要实施的整体合力。

（二）健全人才发展规划体系

各地各部门要根据本规划纲要，制定实施本区域的重点人才发展专项规划和本行业领域的重点人才发展政策，形成上下衔接、左右协调、责任明确的全省人才发展规划体系。建立规划纲要监测、评估和动态调整机制，根据经济社会发展总体规划对规划纲要内容进行及时、必要调整，对现有人才发展政策和制度进行清理规范。

（三）营造实施规划纲要的良好社会环境

大力宣传党和国家人才工作的重大战略思想和方针政策，宣传加快建设人才强省的重大意义、目标任务、重大举措，宣传规划纲要实施中的典型经验、做法和成效，形成全社会关心、支持人才发展的良好社会氛围。

（四）加强人才工作基础建设

建立和完善人才资源年度调查统计制度、人才预测预警制度、人才资源发展年度报告制度。建立社会化、开放式的人才资源信息共享机制，加快建设各级各类人才信息库。深入开展人才理论研究，积极探索新时期人才资源开发规律。加强人才工作机构和队伍建设。

福建省中长期人才发展规划纲要
（2010—2020年）

为更好实施人才强省战略，推动福建科学发展、跨越发展，根据《国家中长期人才发展规划纲要（2010—2020年）》和《国务院关于支持福建省加快建设海峡西岸经济区的若干意见》，结合福建实际，制定本规划纲要。

序言

人才是指具有一定的专业知识或专门技能，进行创造性劳动并对社会作出贡献的人，是人力资源中能力和素质较高的劳动者。人才是经济社会发展的第一资源，是国家和地区的核心竞争力，是社会文明进步、人民富裕幸福、国家繁荣昌盛的重要推动力量。我国已经进入高度需要人才、高度依赖人才的发展阶段。随着经济全球化、科技和产业革命深入发展，人才在经济社会发展中的基础性、战略性作用更加凸显。

省委、省政府历来高度重视人才工作，改革开放以来，先后制定实施以智取胜、科教兴省、人才强省战略，推动了经济社会持续快速健康发展。2004年全省人才工作会议以来，福建紧紧围绕加快建设海峡西岸经济区，深入实施人才强省战略，科学人才观逐步确立，人才在区域发展中的战略地位不断提高，党管人才工作新格局基本形成，干部人事制度改革不断深化，人才发展的政策体系逐步完善，市场配置人才资源的基础性作用初步发挥，人才发展环境不断优化，人才资源开发取得明显成效，人才队伍实力显著增强，为加快福建发展和海峡西岸经济区建设奠定了良好基础。

同时必须清醒地看到，当前福建人才发展的主要指标与全国平均水平相比有一定差距，与东部发达地区差距较大；人才发展的总体水平与经济社会发展需要还有许多不适应的地方，主要是：人才总量不足，结构不尽合理，区域发展不均衡；高层次创业创新人才和高技能人才短缺，人才创新能力不强；人才发展体制机制障碍尚未消除；人才开发投入不足，人才待遇偏低，发展环境不够优化；人才集聚功能还比较弱，人才竞争力不够强。

未来十年，是福建加快推进改革开放，加快推进新型工业化、城镇化和农业现代化，促进对台交流合作，促进社会和谐稳定，全力推动跨越发展的关键阶段。小康大业，人才为先；跨越发展，关键在人。必须充分认识人才资源是推动福建跨越发展的第一资源，人才优势是最具潜力的优势，人才竞争力是核心竞争力，进一步增强责任感、使命感和危机感，积极应对日趋激烈的国际和区域人才竞争，坚定不移地走人才强省之路，解放思想，先行先试，科学规划，深化改革，重点突破，统筹推进，着力提升人才竞争力，不断开创人才辈出、人尽其才的新局面，以人才优先发展支撑引领福建科学发展、跨越发展。

一、指导思想、战略目标和实施步骤

（一）指导思想

高举中国特色社会主义伟大旗帜，以邓小平理论和“三个代表”重要思想为指导，深入贯彻落实科学发展观，尊重劳动、尊重知识、尊重人才、尊重创造，更好实施人才强省战略，坚持党管人才原则，坚持“服务发展、人才优先、以用为本、创新机制、高端引领、整体开发”的指导方针，坚持人才资源优先开发、人才结构优先调整、人才投资优先保证、人才制度优先创新，确立人才优先发展的战略布局；坚持以用为本，遵循社会主义市场经济规律和人才成长规律，着力创新体制机制，营造良好环境，充分发挥各类人才作用；坚持以高层次创业创新人才和高技能人才为重点，以实施重大人才项目为抓手，统筹推进各类人才队伍建设，开发利用国内国际两种人才资源，促进区域人才协调发展，为推动福建科学发展、跨越发展，提前实现全面建设小康社会目标提供坚强的人才保证和有力的智力支持。

（二）战略目标

到2020年，福建人才发展的总体目标是:培养和造就数量充足、结构优化、布局合理、素质优良的人才队伍，构建人才资源支撑体系，确立人才竞争比较优势，进入全国人才强省行列，为比全国提前三年实现小康社会奋斗目标奠定坚实人才基础。

——人才资源总量稳步增长，队伍规模不断壮大。人才资源总量从2008年的386.7万人增加到641万人，增长66%，人才资源占人力资源总量的比重提高到28%，并力争以更高速度增长，更好适应经济社会发展需要。

——人才素质大幅度提高，结构进一步优化。主要劳动年龄人口受高等教育的比例达到22%，每万劳动力中研发人员达到65人年，高技能人才占技能劳动者的比例达到29%。学术技术带头人、科技领军人才、高层次创业创新人才和复合型人才比重显著提高，人才的学科、产业、行业、城乡、区域分布和层次等结构趋于合理。

——人才集聚能力显著提高，竞争优势明显增强。重点实验室、工程技术研究中心等高层次创新人才载体平台建设取得突破，在信息、机械、石化、海洋、农业、教育、科技、卫生、宣传思想、文化、体育等重点产业和学科领域，建成一批人才高地。

——人才使用效能居全国前列。人才发展的体制机制创新取得突破性进展，与社会主义市场经济体制相适应、与产业结构优化升级相协调、有利于人才创业创新的社会环境基本形成。人力资本投资占国内生产总值比例达到16%，人才贡献率达到37%。

（三）实施步骤

推进人才发展，要统筹兼顾，分步实施：

到2015年，在制度建设、机制创新上有较大突破，人才发展的主要指标超过全国平均水平，两岸人才交流合作成效显著，人才对经济社会发展的支撑作用显著增强，人才竞争力与经济社会发展水平基本适应。

到2020年，人才集聚功能显著增强，确立人才竞争比较优势，人才对经济社会发展的引领作用显著提升，人才资源支撑体系基本建成，进入全国人才强省行列，成为两岸人才交流合作区域中心和引进集聚海内外人才的东南高地。

二、主要任务

（一）加强高层次创业创新人才队伍建设

发展目标：围绕增强自主创新能力，以高层次创新型科技人才为重点，努力造就一批具有世界水平或国内领先水平的科学家、科技领军人才和创新团队，建设一支高素质的创业创新人才队伍。到2015年，全省研发人员总量达到10.16万人年，高层次创新型科技人才总量达到5000人；到2020年，全省研发人员总量达到14.93万人年，高层次创新型科技人才总量达到8000人。

主要措施：深化教育教学改革，创新人才培养模式，突出培养学生的综合素质、创造精神和创新能力。深化科技体制改革，完善权责明确、评价科学、创新引导的科技管理制度，健全有利于科技人才创业创新的评价、使用、激励措施。实施人才创业扶持政策。实施高层次创业创新人才引进计划、海西产业人才高地建设计划和海西创业英才培养计划，推进321高层次创业创新人才引进培养工程，重点培养、引进、集聚一批高层次创业创新人才和创新团队。加强与中国科学院、中国工程院等国家级科研机构合作，积极推进中科院海西研究院和国家级、省级科技创新平台建设，大力培养、吸引、集聚研发人才。深化产学研合作，重视企业工程技术与管理人才培养，推动科技人才向企业集聚。破除论资排辈，加强优秀青年科技人才的培养选拔，加大资助力度，给予重点扶持。建立健全科研诚信体系，从严治理学术不端行为。

（二）大力培养开发重点领域急需紧缺专门人才

发展目标：适应产业振兴和构建和谐社会需要，加大经济社会发展重点领域急需紧缺专门人才培养开发力度。到2015年，信息、机械、石化、海洋、创意、金融财会、旅游、物流、高新技术产业、生态环境保护、农业科技、城乡建设规划等经济重点领域急需紧缺专门人才达到43.43万人，教育、政法、宣传思想、文化、体育、医药卫生、防灾减灾等社会发展重点领域急需紧缺专门人才达到27.9万人；到2020年，上述重点领域急需紧缺专门人才分别达到76.44万人和39.6万人。经济社会发展重点领域各类专业人才数量充足，结构趋于合理，整体素质和创新能力显著提升。

主要措施：加强重点领域急需紧缺人才需求预测，定期发布急需紧缺人才目录，指导人才培养引进。鼓励企业与高校联合办学，培养急需紧缺人才。依托重大科研项目和重大工程、重点学科和重点科研基地，培养造就掌握核心技术、关键技术的工程技术人才。在经济社会重点领域大规模开展专业技术人才知识更新培训。制定实施引导人才向重点产业集聚政策。继续实施宣传文化系统“四个一批”人才培养工程，加强哲学社会科学、新闻、出版、文艺等领域高层次人才队伍建设。依托重大社科研究项目，大力培养哲学社会科学中青年理论家和学术带头人。实施高素质教育人才培养工程、文化名家培养工程、全民健康卫生人才保障工程。完善重点领域科研骨干人才分配激励办法。建立重点领域相关部门人才开发沟通协调机制。

（三）统筹推进各类人才队伍建设

1. 党政人才队伍

发展目标：按照加强党的执政能力建设和先进性建设的要求，以提高领导干部素质和培养选拔优秀年轻干部为重点，努力建设一支政治坚定、勇于创新、勤政廉政、求真务实、奋发有为、善于推动科学发展的高素质党政人才队伍。到2015年，全省党政人才中大学本科及以上学历人员占75%以上，省级机关工作部门领导班子成员中，具有基层领导工作经历的，应达到一半以上；省级机关处级领导干部中，具有两年以上基层工作经历的，应达到三分之二以上。到2020年，全省党政人才中大学本科及以上学历人员占85%以上，结构更加合理，素质能力明显提高。

主要措施：适应推动科学发展、跨越发展要求，深入开展大规模干部教育培训，大幅度提高干部素质。实施党政人才素质能力提升工程，推进理论教育、知识教育、党性教育和实践锻炼有机结合。深化干部人事制度改革，坚持德才兼备、以德为先的用人标准，加大竞争性选拔工作力度，提高选人用人的公信度和科学化水平。研究解决县乡公务员队伍老化问题。注重从基层、生产一线选拔党政人才。加强市、县（区）党政领导班子建设。加强党政后备干部队伍建设，注重培养选拔优秀年轻干部。加强女干部、少数民族干部、非中共党员干部培养选拔和教育培训工作。加大领导干部跨地区跨部门交流力度，推进党政机关干部定期交流、轮岗，选派机关干部挂职锻炼或挂钩联系重点企业。建立完善党政人才分类管理制度。加强干部管理监督，健全权力约束制衡机制。加快推进惩治和预防腐败体系建设，落实党风廉政建设责任制。深化机关效能建设，加大治慵治懒力度，严格落实工作责任制和领导干部问责制。建立体现科学发展观要求的干部综合考核评价制度。开展做“人民满意的公务员”活动。

2．企业经营管理人才队伍

发展目标：适应产业结构优化升级和实施“走出去”战略需要，以提高现代经营管理水平和参与国内国际市场竞争能力为重点，加快建设职业化的企业经营管理人才队伍。到2015年，全省企业经营管理人才总量达到95万人，培养造就一批引领企业创造百亿、千亿产值的优秀企业家；到2020年，全省企业经营管理人才总量达到125万人，培养造就100名左右能够引领企业跻身中国企业行业500强的优秀企业家，国有企业领导人员通过竞争性方式选聘比例达到50%以上。

主要措施：依托高等院校和各类培训机构，加强企业经营管理人才培训，提高战略管理和跨文化经营管理能力，培养引进一批科技创新创业企业家和战略规划、资本运作等方面的紧缺专门人才。深化国有企业人事制度改革，推行竞争上岗、公开招聘和市场选聘等方式选拔任用国有企业领导人员，健全企业经营管理者聘任制、任期制和任期目标责任制，加强监督管理。完善以市场和出资人认可为核心的企业经营管理人才评价体系，建立社会化的职业经理人资质评价制度，壮大职业经理人队伍。完善年度薪酬管理制度、协议工资制度和股权激励等中长期激励制度。定期评选表彰有突出贡献的优秀企业家。实施企业经营管理人才素质提升工程。建立企业经营管理人才库。

3．专业技术人才队伍

发展目标：以提高创新能力和专业水平为核心，以领军人才和高层次创新人才为重点，培养造就一支高素质的专业技术人才队伍。到2015年，全省专业技术人才总量达到234万人；到2020年，全省专业技术人才总量达到280万人，高、中、初级专业技术人才比例为10:40:50。

主要措施：围绕做大做强主导产业和重点产业、提升传统优势产业、发展高新技术产业、建设海洋经济强省、文化强省和先进制造业基地，培养引进经济社会发展急需紧缺专业技术人才，促进优秀人才向产业集聚。加大现代物流、服务外包、电子商务、法律、咨询、会计、知识产权、食品安全、旅游等现代服务业人才培养开发力度，重视传统服务业各类技术人才的培养。构建分层分类的专业技术人员继续教育体系，实施专业技术人才知识更新工程，提高专业技术人才创新能力。加强有突出贡献中青年专家、享受政府特殊津贴专家和省优秀人才选拔与管理，加大“新世纪百千万人才工程”人选选拔、培养力度。加快发展博士后事业，大力引进、培养和集聚优秀博士后人才。完善突出业绩导向的人才评价制度，制定双向挂职、短期工作、项目合作等人才柔性流动政策，促进专业技术人才向企业、社会组织和基层一线流动。推进专业技术职称和职业资格制度改革。改进专业技术人才收入分配等激励办法。定期评选表彰杰出专业技术人才。注重发挥离退休专业技术人才的作用。

4．高技能人才队伍

发展目标：以产业发展需求为导向，以职业能力建设为核心，以技师、高级技师为重点，培养造就一支门类齐全、梯次合理、素质优良的高技能人才队伍。到2015年、2020年，全省高技能人才总量分别达到103万人、120万人。

主要措施：建立以企业为主体、职业院校为基础，学校教育与企业培养紧密联系、政府推动与社会支持相结合的高技能人才培养培训体系，建设一批高技能人才培养基地和实训基地，鼓励有条件的职业院校申报建立高技能人才鉴定机构。大力推行校企合作、工学结合和顶岗实习，加强技能人才培养。加强职业教育“双师型”教师队伍建设。实施高技能人才培养工程。大力开展职业技能竞赛活动，推进岗位比武和行业交流，鼓励企业在关键岗位和工序设立“首席技师”，建立“技能大师工作室”，发挥高技能人才的传、帮、带作用。探索高技能人才与工程技术人才职业发展贯通办法。建立高技能人才绝活代际传承机制。定期发布高技能人才需求信息，鼓励高技能人才开展兼职服务、技术攻关。完善技能人才评价体系，规范职业技能鉴定。定期表彰优秀高技能人才，提高高技能人才经济待遇和社会地位。

5．农村实用人才队伍

发展目标：围绕建设社会主义新农村、发展现代农业、培育新型农民等要求，以提高科技素质、致富本领、经营能力和培养致富带头人、科技带头人为重点，着力培养一支有文化、懂技术、会经营的新型农村实用人才队伍。到2015年，全省农村实用人才总量达到65万人；到2020年，全省农村实用人才总量达到100万人，平均受教育年限达到10.5年，每个建制村至少有3—5名带动能力强的示范带头人。

主要措施：整合农村实用人才培训资源和培训项目，建立农村实用人才培训基地，大力开展农村实用人才培训。加强农村“六大员”队伍建设。实施现代农业人才支撑工程。鼓励、支持农村实用人才创业兴业，在土地流转、技术支持、项目立项、资金投入等方面实行倾斜政策。制定实行以业绩、贡献、技能为重点的农村实用人才认定标准，支持农村实用人才参加专业技术资格评定。加强农村人才公共服务体系建设。改进完善城乡人才对口帮扶。定期表彰优秀农村实用人才，提高农村实用人才社会地位。

6．社会工作人才队伍

发展目标：适应构建和谐社会需要，以人才培养和岗位开发为基础，以中高级社会工作人才为重点，培养造就一支职业化、专业化的社会工作人才队伍。

到2015年、2020年，全省社会工作人才总量分别达到4.5万人、7万人。

主要措施：建立健全社会工作人才培养体系，实施社会工作人才培养工程，发展社会工作专业教育，建设一批社会工作人才培训基地，开展大规模社会工作者培训。推进公益服务类事业单位、城乡社区和公益类社会组织建设，培育发展民办社会工作服务机构，大力开发设置社会工作岗位，为社会工作人才发挥作用提供平台。健全社会工作人才评价制度，推行社会工作职业资格聘任制度。完善社会工作人才薪酬保障机制。推行政府购买服务制度，建立社会工作人才和志愿者队伍联动机制。发挥社会工作社团组织的作用，引导各类人才参与社会工作。

（四）建设两岸人才交流合作区域中心

发展目标：发挥“五缘”优势，抓住两岸经济合作框架协议实施的契机，先行先试，构筑两岸人才交流合作前沿平台，吸引集聚海内外人才，提升区域人才竞争力。到2015年，建成两岸合作办学、联合研发攻关、产业人才对接、人才政策试验的示范基地；到2020年，建成两岸人才交流合作、共同发展示范区。

主要措施：引进台湾优质教育培训资源，合作设立高等学校、职业院校。建立闽台人才合作培训、科研、交流基地。拓宽赴台培训渠道，建立大陆赴台培训便捷通道。以台商投资区、台湾人才创业园等为载体，吸引集聚台湾高层次创业创新人才，推动闽台产业对接。支持台湾居民来闽就业创业、参加职业资格考试和职称评审。探索两岸学历、职业资格等互认办法。支持闽台人力资源服务机构互设分支机构，推进两地人力资源市场合作、信息资源共享。加强闽台人力资源社团交流合作，推动成立两岸人才交流合作组织。举办海峡论坛和两岸智库论坛、两岸高校校长论坛、两岸人才交流合作发展论坛。

按照“共同规划、共同设计、共同投资、共同管理、共同收益”的原则，推进平潭综合实验区先行先试，探索建立与台湾接轨的人才资源管理机制和办法，建设两岸学术交流、人才培训、项目对接、创业创新的人才实验区。

（五）促进区域人才协调发展

发展目标：统筹区域人才发展，建设若干区位特色鲜明、功能定位清晰、比较优势明显、布局相对合理的人才集聚区，发挥人才引进、集聚、辐射、带动作用。加大对欠发达地区人才开发支持力度。到2020年，欠发达地区人才集聚能力有效提升，农村基层人才队伍显著加强，基本实现山海、城乡人才协调发展。

主要措施：建设福州省会中心城市重点产业和学科领域人才高地，打造一流的高校、科研院所、医疗卫生机构和文化团体等人才载体平台，培养引进高层次创业创新人才，提升福建人才集聚能力。建设厦门经济特区人才高地和创业港，吸引集聚有国际影响力的领军人才和创新团队，提升福建人才国际化水平。建设泉州创业型城市人才集聚区，培养吸引创业型企业家、研发团队和高技能人才。发挥武夷山自然、文化“双世遗”品牌优势，打造吸引国内外高端人才的学术度假休养基地和武夷新区人才集聚区，培育柔性引才品牌，提升福建人才吸引力。发挥项目带动作用，加强载体平台建设，增强漳州、三明、莆田、南平、龙岩、宁德等中心城市的人才集聚能力。支持环三都澳、闽江口、湄洲湾（南北岸）、泉州湾、厦门湾、古雷半岛、龙岩产业集中区、三明生态工贸区等重点区域培养引进集聚急需紧缺人才，提升人才对产业发展的支撑能力。

建立对口帮扶制度，扶持欠发达地区人才开发。实施经济强县与财政困难县党政干部对口挂职交流制度。开展公务员、专业技术人才对口培训和对口支援等工作。完善专家服务团、科技特派员制度。实施欠发达地区人才支持工程、高校毕业生基层培养工程。建立区域人才资源共享机制，推进沿海发达地区与欠发达地区在产业、科技、教育、文化、卫生等领域的交流与协作。建立欠发达地区基层工作人员岗位津贴制度，提高欠发达地区人才待遇，稳定当地人才队伍。支持欠发达地区培养引进急需紧缺人才，对财政困难县接收高校毕业生和引进急需紧缺人才给予资金补贴。

三、体制机制创新

（一）改进完善人才工作管理体制

1．完善党管人才的领导体制

目标要求：坚持党管人才原则，完善党委统一领导，组织部门牵头抓总，有关部门各司其职、密切配合，社会力量广泛参与的人才工作格局。发挥党委领导核心作用，履行好管宏观、管政策、管协调、管服务的职责，不断提高党管人才工作水平。实行“一把手”抓“第一资源”，党政主要负责人要善于发现人才、培养人才、用好人才、服务人才。

主要任务：充实加强各级党委人才工作领导机构，建立科学决策机制、协调落实机制和检查督促机制。建立党委、政府人才工作目标责任制，把人才工作纳入各级党政领导班子和主要领导考核内容，提高人才工作专项考核权重。建立各级党委常委会、人大常委会和政府常务会议听取人才工作专项报告制度和人才工作专项督查制度，强化人才工作绩效评估。完善党政领导干部联系优秀人才和重大决策专家咨询制度。完善党委组织部门牵头抓总职能，发挥政府人才工作综合管理部门作用，加强人才工作的队伍力量，强化各职能部门人才工作职责，注重发挥企事业单位的主体作用，调动人民团体、社会组织的积极性，形成人才工作整体合力。

2．改进人才管理方式

目标要求：围绕用好用活人才、提高人才效能，完善政府宏观管理、市场有效配置、单位自主用人、人才自主择业的人才发展管理体制。推动政府人才管理职能向营造良好发展环境、提供优质公共服务转变，管理方式向规范有序、公开透明、便捷高效转变。深化企事业单位人事制度改革，扩大和落实单位用人自主权。

主要任务：发挥政府人才工作综合管理部门在构建人才服务体系、推动人才队伍建设等方面职能作用，提高行政效能。分类推进事业单位人事制度改革，克服人才管理中存在的行政化、“官本位”倾向。探索建立与现代科研院所制度、现代大学制度、公共医疗卫生制度相适应的人事人才管理制度。健全完善符合现代企业制度要求的企业人事制度。发挥用人单位在人才培养、吸引和使用中的主体作用。强化竞争机制，在竞争中识别人才、选拔人才，充分发挥人才作用。鼓励地方和行业结合自身实际建立与国际人才管理体系接轨的人才管理改革实验区，支持人才密集的科技园区、开发区等探索试行特殊政策，建设“人才特区”。

3. 优化人才发展环境

目标要求：加强人才工作法制建设，建立健全符合区域人才发展特点的人才工作政策法规体系，推进人才管理工作科学化、制度化、规范化。营造更加开放、有利于人才发展的社会环境、工作环境、生活环境和制度环境，促进优秀人才脱颖而出，使福建成为各类人才创业创新的热土。

主要任务：制定人才资源开发促进条例等法规，健全人才选拔、培养、吸引、使用相关制度，加强人才法规执行情况监督检查。探索建立人才权益保护救济机制，完善人事争议仲裁制度，构建规范透明的人才法制环境，依法维护各类人才和用人主体的合法权益。强化人才是产业支撑、是投资环境、是核心竞争力、是发展后劲等新理念，营造关爱人才、鼓励创新、宽容失败的社会氛围；完善人才公共服务体系，健全引进人才服务机构，为引进人才提供“保姆式”全过程服务，协调解决引进高层次人才住房、医疗保健、家属就业、子女就学等实际问题；搭建干事创业的舞台，打造宜创、宜业、宜居的社会文化生活环境，鼓励支持人人都能成才，激发人才创新创造活力。

（二）创新人才工作机制

1. 人才培养开发机制

目标要求：以经济社会发展需求为导向、以提高思想道德素质和创新能力为核心，完善现代国民教育和终身教育体系，在实践中发现、培养、造就人才，构建人人能够成才、人人得到发展的人才培养开发机制。发挥教育在人才培养中的基础性作用，完善教育、科研与产业发展的协调合作机制，突出培养创新型、应用型人才，对特殊人才实行特殊培养。构建人才教育培训新格局，基本建成学习型社会。

主要任务：加强社会主义核心价值体系教育，提高各类人才思想道德水平。改革高校和职业院校培养方式，提高教育质量，输送适用人才。加强人才需求预测，建立人才培养结构与经济社会发展需求相适应的动态调控机制，调整优化学科专业设置，提高工科人才培养比重。建立资源共享、功能齐全的工科学生实训基地。深化职业教育改革与创新，大力培养实践技能强的实用人才。强化产学研人才培养制度和产业园区等载体平台建设，支持引导各类人才特别是创新人才和高技能人才向企业集聚。加强院士专家工作站建设。鼓励支持高等学校、科研院所和企业联合设立研发机构。建立培养机构、用人单位共同参与的人才培养质量评价机制。构建网络化、开放式、自主性终身教育体系，完善在职人员教育培训制度，制定分类培训办法。整合教育培训资源，提高培训的针对性和实效性。

2. 人才评价发现机制

目标要求：建立以岗位职责要求为基础，以品德、能力和业绩为导向，科学化、社会化的人才评价发现机制。改进人才评价方式，完善分类别人才评价标准，克服唯学历、唯论文倾向，突出以实践和贡献评价人才。对人才不求全责备。拓宽人才评价渠道，坚持评价人才和发现人才有机结合，在实践和群众中识别人才、发现人才。

主要任务：以岗位职业特性为基础，以业绩贡献为重点，支持高校、科研机构、企业等各类用人单位探索建立各具特色、科学的人才评价制度。对特殊人才采取特殊评价办法。以职业分类为基础，完善重在业内和社会认可的专业技术人才评价机制。加快推进职称制度改革，完善专业技术人才职业水平社会化评价办法和专业技术职务任职资格评价办法，落实用人单位在专业技术职务（岗位）聘任中的自主权。建立完善以岗位绩效考核为基础的事业单位人员考核评价制度和事业单位领导人员考核评价办法。建立健全党政人才岗位职责规范及其能力素质评价标准，完善分级分类的公务员考核评价机制。完善以任期目标为依据、工作业绩为核心的国有企业领导人员考核评价办法。探索技能人才社会化多元评价机制。建立在重大项目、重点工程实施和急难险重工作中发现、识别人才的机制。

3. 人才选拔任用机制

目标要求：坚持民主、公开、竞争、择优原则，改革人才选拔使用方式，促进人岗相适、用当其时、人尽其才，形成有利于各类人才脱颖而出、充分施展才能的选人用人机制。深化党政领导干部选拔任用制度改革。完善事业单位岗位管理制度、聘用制度和领导人员选拔制度。完善国有企业领导人员选拔制度，加大市场化选聘力度。

主要任务：完善党政领导干部选拔方式，健全干部选拔任用提名制、差额选拔干部制、竞争上岗公开选拔制、党委讨论决定任用重要干部票决制、党政领导干部职务任期制等制度。加大领导机关从基层一线选拔干部工作力度，改善队伍结构。建立聘任制公务员管理制度，先行先试聘任台湾人才。完善事业单位公开招聘、竞聘上岗和合同管理制度。健全事业单位领导人员委任、聘任、选任等任用方式。推行关键岗位和重大项目、重点工程负责人面向海内外公开招聘制度，对急需的特殊高层次人才实行特聘管理。建立市场配置、组织选拔和依法管理相结合的国有企业领导人员任用制度，完善国有资产出资人代表派出制和选举制。

4. 人才流动配置机制

目标要求：推进人才市场体系建设，建立政府部门宏观调控、市场主体公平竞争、中介组织提供服务、人才自主择业的人才流动配置机制。健全人才市场供求、价格、竞争机制，促进人才资源有效配置。加强对人才流动的政策引导和监督，促进人才有序流动。

主要任务：构建统一开放的人力资源市场，推进专业化、信息化、产业化、国际化的人才市场服务体系建设。发挥中国海峡人才市场、厦门人才市场的示范和辐射功能，培育壮大专业性、行业性人才市场，加快发展人才服务业，发挥人才服务行业协会作用。建立完善人才供求信息和薪酬水平发布制度。加快建立社会化的人才档案公共管理服务系统。坚持市场配置和政策引导相结合，促进人才向重点领域、重大项目和主导产业集聚。鼓励引导高层次人才通过兼职、项目开发、科技咨询等方式服务企业。完善社会保险关系转移接续办法，消除人才流动的身份、地域、所有制等限制和政策性障碍。完善党政人才、企业经营管理人才、专业技术人才交流和挂职锻炼制度，密切海西20个城市人才交流合作，加快人才开发一体化进程，完善与长三角、珠三角的区域人才交流合作机制。

5．人才激励保障机制

目标要求：健全与工作业绩紧密联系、充分体现人才价值、有利于激发人才活力和维护人才合法权益的激励保障机制。建立与区位特点和经济社会发展水平相适应的工资收入调整制度，提高各类人才待遇。健全以政府奖励为导向、用人单位和社会力量奖励为主体的人才奖励体系。完善以养老保险和医疗保险为重点的社会保障制度，健全国家、社会和单位相结合的人才保障体系。

主要任务：统筹党政机关和企事业单位收入分配，稳步推进工资制度改革，随经济发展逐步提高工作人员收入水平。建立重实绩、重贡献，向优秀人才和关键岗位倾斜的分配制度。探索建立产权激励制度，制定知识、技术、管理、技能等生产要素按贡献参与分配的办法。推行股权、期权等中长期激励办法，重点向创业创新人才倾斜。逐步提高企业退休人员基本养老金，对在企业退休的高层次专业技术人员给予重点倾斜。建立完善事业单位岗位绩效工资制度。探索高层次人才、高技能人才协议工资制和项目工资制、课题工资制等多种分配形式。统筹规范各类人才奖项设置，对作出突出贡献的优秀人才予以重奖。在人才相对集中的地方建设人才公寓、周转房或公共租赁房等保障性住房，优先满足各类人才特别是引进人才的住房需要。研究制定人才补充保险办法，支持用人单位为各类人才建立补充养老、医疗保险。建立重要人才政府投保制度。扩大对农村、非公有制经济组织、新社会组织人才的社会保障覆盖面。

四、重大政策

（一）实施促进人才投资优先保证的财税金融政策

各级政府优先保证对人才发展的投入，把人才投入纳入经济社会发展规划和年度目标，确保教育、科技支出增长幅度高于财政经常性收入增长幅度，卫生投入增长幅度高于财政经常性支出增长幅度。逐步改善经济社会发展的要素投入结构，较大幅度增加人力资本投资比重。加大人才发展资金投入，加强人才载体平台建设，保障人才培养、引进等重大项目的实施。在重大建设和科研项目经费中，安排部分经费用于人才培训。落实国家财政、税收优惠政策，鼓励引导社会、用人单位、个人投资人才资源开发，鼓励支持企业和社会组织建立人才发展基金，提高企业职工培训经费提取比例。继续加大对原中央苏区县、革命老区、少数民族聚居区、偏远山区、海岛等的投入，帮助增强自我发展能力。加强对政府人才发展投入的监管，提高人才发展投资效益。

（二）实施产学研合作培养创新人才政策

建立以企业为主体、市场为导向、多种形式的产学研战略联盟，通过共建科技创新平台、开展合作教育、共同实施重大项目等方式，培养高层次人才和创新团队。改革人才评价模式，鼓励高校科研人员从事应用技术研究，推进高校、科研院所科研成果转化。建立高等学校、科研院所、企业高层次人才双向交流制度，鼓励科研人员、企业家到高校从事教学兼职，推行产学研联合培养研究生的“双导师制”。加强博士后流动（工作）站建设，提高博士后培养质量。实行“人才+项目”的培养模式，发挥企业在研发和生产中集聚和培养创新人才的作用。制定推进高等学校、科研院所、企业合作培养人才的激励政策。对企业等用人单位接收高校、中等职业学校学生实习、见习等给予补贴，对经济发展重点领域企业接收急需紧缺专业高校毕业生和经认定的高新技术企业聘用工科类高校毕业生给予实训补贴。鼓励企业加大研发投入，支持建立以企业为主体的科研课题申报机制，促进科技成果产业化。

（三）实施有利于科技人员潜心研究和创新政策

在高等学校、科研院所、企业建立符合科技人员和管理人员不同特点的职业发展途径，减少科技人员社会兼职，保证科技人员以主要时间和精力从事科技研发，在创新实践中成就事业，并享有相应的社会地位和经济待遇。对事业单位管理人员全面推行职员制度。完善科研管理制度，扩大科研机构用人自主权和科研经费使用自主权，健全科研机构内部决策、管理和监督的各项制度。建立以学术和创新绩效为主导的资源配置和学术发展模式。改进科技评价和奖励方式，完善以创新和质量为导向的科研评价办法，克服考核过于频繁、过度量化的倾向。加大对应用技术研究、前沿技术研究、社会公益类科研机构的投入力度，建立以财政性资金设立的科研机构创新绩效综合评价制度。完善科技经费管理办法，对高水平创新团队给予长期稳定支持。完善科技成果知识产权归属和利益分享机制，保护科技成果创造者的合法利益。制定支持个人和中小企业发明创造的资助办法，鼓励创造知识财产。健全科研院所分配激励机制，完善与科技人员绩效、贡献相适应的收入分配制度，注重向科研关键岗位和拔尖人才倾斜。

（四）实施人才创业扶持政策

完善支持人才创业的金融政策，促进知识产权质押融资、创业贷款等业务规范发展。落实鼓励创业风险投资的财税政策，扶持创业风险投资基金，支持创办科技型企业，促进科技成果转化和技术转移。加强大学生创业教育，开展创业竞赛。强化创业技能培训和创业指导服务，提高创业成功率。加强科技园、创业园等载体建设，举办创业项目对接洽谈活动，提升科技基础设施和公共服务平台建设水平，促进科技成果转化。制定科研院所、高等学校科技人员创办科技型企业的优惠政策。

（五）实施引导人才向农村基层和欠发达地区流动政策

对到农村基层和欠发达地区工作的人才，在工资、职务、职称等方面实行倾斜政策，逐步提高基层工作人员待遇。对长期在欠发达地区工作并作出重要贡献的人才予以表彰。建立对口帮扶机制，实施沿海发达地区帮扶欠发达地区、城市支援农村的人才对口支持政策。加大对原中央苏区县、革命老区和欠发达地区人才工作的支持，在政策、资金、项目、专家选拔、评选表彰等方面予以倾斜。采取政府购买岗位、报考公职人员优先录用、学费和助学贷款代偿等措施，鼓励和引导高校毕业生面向基层和中小企业就业。实施轮调公职人员到基层和欠发达地区服务锻炼的办法，完善省、设区的市党政机关从基层选调和招录公务员制度。

（六）实施推进闽台人才交流合作先行先试政策

制定推进闽台人才交流合作先行先试政策，完善台湾人才来闽通行、居留、就业、创业、参与社会管理等方面政策。实行台湾人才福建居民待遇，对来闽工作、生活、投资和求学的台湾人才，在购房、税收、医疗卫生保障、子女入学、参加社会保险等方面享受当地居民同等待遇，对引进的台湾高层次人才按照有关规定享受优惠政策。支持企事业单位招聘台湾优秀人才。构建更加便捷的两岸直接往来综合枢纽，促进更多大陆居民和台湾民众循福建口岸往返两岸。为来闽开展合作研究的人才赴台提供便利，试点办理高级专业技术人才赴台多次往返签注。在特定区域建设两岸人才交流合作实验区。

（七）实施更加开放的人才智力引进政策

制定实施优惠政策，大力引进海内外高层次创业创新人才和创新团队。完善引进人才来闽居留、住房、子女入学、配偶安置，承担重大科技项目、参加专家评选和政府奖励等方面政策。完善人才柔性引进政策。建立引进高层次人才跟踪服务制度，对政策落实情况进行督促检查。实施项目带动，以项目吸引人才。依托中国国际投资贸易洽谈会、中国•海峡项目成果交易会等平台，促进招商引资、项目引进与集聚人才相结合。重视发挥闽籍院士专家作用，深化院士专家海西行活动，积极吸引在外闽商回乡创业，实现人才、技术、资本、项目回流。完善外籍人员来闽居留和参加社会保险办法，吸引外籍高层次人才来闽工作。加强引进国外智力工作，制定完善引智项目与经费管理、出国（境）培训管理、外国专家来闽工作管理和服务、促进国际人才交流与合作等方面的政策。支持省重点项目单位引进海外人才智力，加快引智成果示范基地建设，促进引智成果转化应用和推广。开发国（境）外优质教育培训资源，拓展开放式人才培养渠道，培训急需骨干人才。支持高等学校、科研院所与海外教育、科研机构建立联合研发基地。支持企业设立海外研发机构。

（八）实施华侨华人和留学人才资源开发政策

完善华侨华人人才引进政策，发挥闽籍华侨华人众多优势，构建政府引导、企事业单位和社会组织广泛参与的多元化引进格局。建立沟通、联谊平台，凝聚闽籍华侨华人，重点促进海外侨领、科学家、企业家以各种形式服务家乡建设。建立海外高层次人才信息库、华侨华人人才库和人才需求信息发布平台。建立海外人才联络站和海外高层次人才特聘专家制度，积极"以才引才"。设立留学回国人员创业启动支持专项资金，对优秀创业项目给予资助。加强留学人员创业园建设，吸引留学人才来闽工作创业。建立海外高层次留学人才来闽工作绿色通道。

（九）实施鼓励非公有制经济组织、新社会组织人才发展政策

坚持一视同仁、平等对待，把非公有制经济组织、新社会组织人才开发纳入各级政府人才发展规划，制定加强非公有制经济组织、新社会组织人才队伍建设意见，提供便捷服务，支持民营企业和民办学校、医院、研究机构等各类非公有制经济组织、新社会组织培养引进集聚人才。政府在人才培养、引进、评价、奖励等方面的各项政策，非公有制经济组织、新社会组织人才平等享受。政府支持人才创业创新的资金、项目、信息等公共资源，向非公有制经济组织、新社会组织人才平等开放。非公有制经济组织、新社会组织人才平等参与政府开展的人才选拔、宣传、表彰等方面工作。

（十）实施促进人才发展的公共服务政策

强化政府公共服务职能，健全人才公共服务体系，建立一体化的服务网络。加强人事代理、社会保险代理、企业用工登记、劳动人事争议调解仲裁、人事档案管理、就业服务等公共服务平台建设，提升公共服务能力。实施人才公共服务平台建设工程。创新政府提供人才公共服务的方式，为国有、公有和非公有制经济组织、新社会组织人才提供同等服务。建立政府购买公共服务制度，为各类人才平衡工作和家庭责任创造条件。加强人才公共服务产品的标准化建设，大力开发公共服务产品。

五、重大工程

（一）321高层次创业创新人才引进培养工程

实施省外、海外高层次创业创新人才引进计划、海西产业人才高地建设计划和海西创业英才培养计划，大力培养引进高层次创业创新人才和领军人才。在我省具有比较优势的科研领域设立30个首席科学家工作室，给予重点扶持，力争若干名人选入选两院院士；瞄准国内外科技前沿和战略性新兴产业，重点支持和培养200名具有国内领先水平的中青年科技领军人才；着眼于推动企业成为技术创新主体，培养1000名具有省内一流水平的科技创业创新人才。

（二）闽台港澳人才交流合作工程

适应提升闽台港澳人才交流合作水平、建设两岸人才交流合作区域中心需要，开展闽台专家两岸行、两岸大学生创业项目对接洽谈等活动；每年组织1000名专业技术、管理人才赴台港澳交流、考察、培训；每年资助100名中青年骨干人才赴台港澳开展项目合作研究；邀请一批台港澳专家带项目、成果参加中国•海峡项目成果交易会，为落地项目提供支持；组织并资助台港澳技术、管理专家来闽开展智力服务。

（三）欠发达地区人才支持工程

为促进原中央苏区县、革命老区、少数民族聚居区、偏远山区、海岛等加快发展，实现基本公共服务均等化，省市每年选派优秀教师、医生、科技人员各1000名，文化工作者500名到欠发达地区定期工作、提供服务；选送欠发达地区同量人员外出培训提高；扶持欠发达地区培养、引进1000名经济社会发展急需紧缺人才。

（四）党政人才素质能力提升工程

以提高领导水平和执政能力为核心，有计划地开展党政人才大规模培训，每5年轮训一遍。以中高级领导干部和中青年领导后备人才为重点，采取在职培训、轮岗交流、基层锻炼、承担急难险重任务等方式，大力提高党政人才队伍的整体素质和能力，培养造就一大批高层次、复合型党政领导人才。拓宽渠道，每年选送100名优秀中青年公务员赴国（境）外培训，到政府部门访问研修。与国家公务员局共建公务员考试录用测评基地。

（五）企业经营管理人才素质提升工程

着眼于提升企业现代化经营管理水平和参与国内国际市场竞争能力，到2020年，培养一批具有世界眼光、战略思维、创新精神和经营能力的优秀企业家；培养1000名精通战略规划、市场营销、人力资源管理、财会或法律等专业知识的高层次企业经营管理人才；培训10000名职业素养好、开拓能力强、在生产经营或资本运作等方面具有较高造诣的职业经理人。

（六）专业技术人才知识更新工程

围绕经济结构调整、高新技术产业发展和自主创新能力提高，在经济社会发展重点领域，开展大规模知识更新继续教育，每年培训3万名，到2020年累计培训30万名左右高层次、急需紧缺和骨干专业技术人才。每年择优资助、选送100名中青年高层次专业技术、管理人才赴国（境）外研修。建设覆盖省市县乡的远程教育培训网络系统，为各类人才提供个性化、全天候的教育培训服务。

（七）高素质教育人才培养工程

大力加强各类学校骨干教师、中青年学科带头人和优秀校长的培养，造就一批教学名师、领军人才和教育家，加快建设一支高素质、创新型教育人才队伍，不断提升教育质量和办学水平。到2020年，在中小学重点培养200名教学名师、200名校长和2000名学科教学带头人、2000名骨干校长；在职业院校培养1100名专业带头人、2000名骨干教师，不断壮大“双师型”教师队伍；在高校重点引进和培养100名领军人才，聘任200名闽江学者特聘教授，形成一批创新团队。

（八）文化名家培养工程

为建设文化强省，提高文化软实力，着眼于打造一批地域特色明显、展现海峡西岸风貌、在国内外具有影响力的文化品牌，培养造就一支造诣高深、成就突出、影响广泛的宣传思想文化领域优秀人才，每年重点扶持、资助一批哲学社会科学、新闻出版、广播影视、文化艺术、文化遗产保护名家承担重大课题、重点项目、重要演出，开展创作研究、展演交流、出版专著等活动。到2020年，由国家和省资助的宣传思想文化领域文化名家达500名左右。

（九）全民健康卫生人才保障工程

适应深化医药卫生体制改革、保障全民健康需要，加大卫生人才培养支持力度。到2020年，加强学科建设，支持建成30个医学重点学科；开展住院医师规范化培训工作，支持培养16000名住院医师；加强以全科医师为重点的基层卫生人才队伍建设，通过多种途径培训6300名全科医师。

（十）旅游人才培养工程

适应建设国际知名的旅游目的地和我国重要的自然文化旅游中心需要，加强旅游人才资源开发，着力建设一支管理能力强、业务水平高的旅游人才队伍。到2020年，培训中高级创新型、复合型、实用型旅游人才5万人左右，其中旅游策划、规划、设计人才1000人，酒店高级经营管理人才8000人，外语导游1000人，中、高级导游2000人。

（十一）高技能人才培养工程

加强产业技工培养基地和高技能人才培训考核基地建设，到2020年，依托技师学院、职业技术学院和高级技工学校建成50个公共实训基地，依托行业、企业和职业院校建设100个省级高技能人才培养示范基地，依托企业设立500个“大师工作室”，达到年培养5万名高技能人才的培训能力。

（十二）现代农业人才支撑工程

适应建设社会主义新农村、加快发展现代农业需要，加大对现代农业的人才支持力度。每年选拔50名农业科研优秀骨干人才，给予科研专项经费支持；支持200名优秀农业技术推广人才，开展技术交流、学习研修、观摩展示等活动；选拔100名农业产业化龙头企业负责人和专业合作组织负责人、500名生产能手和农村经纪人等优秀生产经营人才，给予重点扶持。建设一批农村实用人才培训示范基地，开展岗位培训、技术指导、技术交流、科技示范和成果展示等活动。

（十三）社会工作人才培养工程

适应构建和谐社会需要，通过高校培养、在职专业培训、支持民办社工机构等方式，加强中高级社会工作人才培养，积极开发社工岗位，到2020年，培养高级社会工作人才2000名、中级社会工作人才6000名，带动培养一支职业化、专业化的社会工作人才队伍。

（十四）高校毕业生基层培养工程

着眼于解决基层人才匮乏问题，培养锻炼后备人才，进一步引导鼓励高校毕业生到基层创业就业。组织实施“选调生”计划、“选聘生”计划、“三支一扶”计划、高校毕业生服务社区计划和大学生志愿服务欠发达地区计划等毕业生服务基层项目，到2020年，招募3.5万名高校毕业生到农村基层和城市社区服务；组织实施高校毕业生创业引领计划，建立30个大学生创业孵化基地，扶持1万名高校毕业生实现创业。组织实施高校毕业生就业见习计划，每年组织1万名高校毕业生参加就业见习。

（十五）人才公共服务平台建设工程

加强人才公共服务平台建设，为各类人才提供便捷高效、均等化的公共服务。到2020年，建成覆盖省市县乡的人才公共管理服务平台，实现人才供求信息和公共政策信息共享；建设以高层次创业创新人才、留学回国人才、优秀企业家、高技能人才为重点的人员信息基础数据库，推进全省人事人才综合管理信息系统建设。健全人才市场服务体系，做大做强中国海峡人才市场、厦门人才市场两个综合性人才市场；建设福州地区大学新校区毕业生就业市场；建设福州地区人力资源服务产业园；建立20个海外人才联络站；支持建设15个专业性（行业性）人才市场、10个中心人才市场、15个县级农村人才市场和40个基层人才服务站。

六、组织实施

（一）强化组织领导

省委人才工作领导小组负责《规划纲要》实施的统筹协调和宏观指导。省委组织部履行牵头抓总职责，制定《规划纲要》实施方案，对《规划纲要》确定的各项目标任务进行分解，明确牵头部门、协办部门的职责和任务。省公务员局（省人力资源开发办公室）履行政府人才工作综合管理部门职责，配合抓好《规划纲要》实施的组织、协调、检查、落实等工作。省委人才工作领导小组成员单位共同加强对《规划纲要》实施工作的指导、监督和检查。制定《规划纲要》“十二五”推进计划，建立《规划纲要》实施情况的监测、评估和考核机制，将《规划纲要》实施情况列入各级党政主要领导干部考核的重要内容。

（二）健全规划体系

各市、县（区）和省直有关部门要以《规划纲要》为指导，编制本地区、行业系统以及重点领域的人才发展规划，做好人才发展规划与国民经济和社会发展规划，与科技、教育等专项规划的衔接，形成上下贯通、左右协调的全省人才规划体系。

（三）加强舆论宣传

大力宣传人才工作的重大战略思想和方针政策，宣传《规划纲要》的指导思想、目标任务、政策措施和实施《规划纲要》的重大意义，宣传人才培养、引进、发挥作用的典型经验，宣传优秀人才的先进事迹，形成全社会关心重视人才、支持人才发展的良好社会氛围。

（四）推进基础建设

把人才资源统计纳入地区和部门统计工作体系，健全人才资源统计指标体系，完善人才资源统计调查方法，建立人才资源信息定期发布制度。推进人才工作信息化建设，建立人才信息网络和重点领域人才数据库。加强人才学科、研究机构和队伍建设，加大人才工作队伍培训力度，提升人才工作队伍的政治素质和业务水平。

山东省中长期人才发展规划纲要
（2010—2020年）

根据全国人才工作会议精神和《国家中长期人才发展规划纲要（2010—2020年）》，结合山东实际，着眼于更好地推进人才强省战略，为建设经济文化强省提供坚强人才保证，制定本规划纲要。

序言

当今世界，经济全球化深入发展，科技进步日新月异，人才资源作为经济社会发展的第一资源，愈来愈发挥着不可替代的重要作用，尤其是高层次人才作为最稀缺的战略资源，已成为全球争夺的焦点。在建设创新型国家，特别是建设人才强国的背景下，人才的战略地位日益凸显。各地竞相加大培养引进人才力度，经济发达省份纷纷采取更具竞争力的措施广揽人才。面对激烈的国内外竞争，加快人才发展是我省赢得发展新优势的必然选择。

省委、省政府历来高度重视人才工作，特别是实施科教兴鲁战略和人才强省战略以来，人才发展取得显著成效。各类人才队伍不断壮大，人才培养载体比较完备，科研实力雄厚，海洋、农业等科技人才优势明显，有利于人才发展的政策体系进一步完善，人才效能明显提高，党管人才工作新格局基本形成。同时必须清醒地看到，当前我省人才发展水平同发达地区相比仍有不小差距，还不能满足经济文化强省建设的需求。主要表现在：高层次人才不足，人才结构不尽合理，高位人才平台偏少，人才创新创业能力不够强，半岛蓝色经济区、黄河三角洲高效生态经济区等重点区域发展急需人才短缺，人才发展的体制机制障碍仍然存在，人才资源开发投入相对不足，等等。

未来十年，是我省经济社会和人才事业发展的战略机遇期。面对新形势新任务，我们必须进一步增强责任感、使命感和危机感，牢固确立人才优先发展的战略布局，科学规划，深化改革，重点突破，整体推进，努力开创人才辈出、人尽其才的新局面，全面提升我省人才竞争力。

一、指导思想、战略目标和总体部署

（一）指导思想

以邓小平理论和“三个代表”重要思想为指导，深入贯彻落实科学发展观和科学人才观，更好实施人才强省战略，坚持党管人才原则，遵循社会主义市场经济规律和人才成长规律，按照“服务发展、人才优先、以用为本、创新机制、高端引领、整体开发”的指导方针，解放思想，改革创新，以高层次、高技能人才队伍建设为重点，以提升创新创业能力为关键，以充分发挥人才作用为根本，以体制机制改革和政策创新为动力，广聚人才智力，激发人才活力，提升人才效能，建设高端人才聚集和优质劳动力富集地带，努力打造“人才山东”品牌，为经济文化强省建设提供坚强的人才保证和智力支持。

（二）战略目标

到2020年，我省人才发展的总体目标是：培养造就规模宏大、结构优化、布局合理、素质优良的人才队伍，形成山东人才竞争优势，进入人才强省前列。

——人才资源总量稳步增长，队伍规模不断壮大。全省人才资源总量从现在的 975万人增加到1720万人，增长76% ，人才资源占人力资源总量的比例提高到23% ，基本满足经济社会发展需要。

——人才素质显著提升，结构进一步优化。 主要劳动年龄人口受过高等教育的比例达到22% ，每万劳动力中研发人员达到 55人年，高技能人才占技能劳动者的比例达到32% 。人才的分布和层次、类型等结构更加合理。

——人才竞争比较优势明显增强，竞争力不断提升。人才规模效益显著提高。在装备制造、新能源、新材料、新医药、新信息、海洋科技开发、现代服务业、现代农业，以及教育、宣传文化、卫生等经济社会发展重点领域。高端人才集聚明显，具有较强竞争优势。

——人才发展环境进一步优化，使用效能明显提高。人才发展体制机制创新取得突破性进展，人才辈出、人尽其才的环境基本形成。人才投入有较大增长，人力资本投资占国内生产总值比例达到或超过全国平均水平，人才贡献率达到37% 。

（三）总体部署

一是实行人才投资优先，健全政府、社会、用人单位和个人多元人才投入机制，加大对人才发展的投入，提高人才投资效益。二是加强人才资源能力建设，创新人才培养模式，注重思想道德建设，突出创新创业精神和创新创业能力培养，大幅度提升各类人才的整体素质。三是推进人才结构战略性调整，充分发挥市场配置人才资源的基础性作用，改善宏观调控，促进人才结构与经济社会发展相协调。四是造就宏大的高素质人才队伍，突出培养引进创新型科技人才，大力开发经济社会发展重点领域急需紧缺专门人才，统筹抓好各类人才队伍建设。五是创新人才发展体制机制，完善人才管理体制，创新人才培养开发、评价发现、选拔任用、流动配置、激励保障机制，营造充满活力、富有效率、更加开放的人才制度环境。六是推进人才国际化，坚持自主培养开发与引进并举，大力引进海外高层次人才和团队，积极利用国内外教育培训资源培养人才，提高本土人才国际化水平。七是加强人才平台载体建设，提升各类平台吸引凝聚人才的承载力，支持产学研合作共建一批高位创新平台和成果转化平台。八是推进人才工作法制建设，建立健全人才法规制度，保护人才合法权益。 九是加强和改进党对人才工作的领导，完善党管人才格局，创新党管人才方式方法，为人才发展提供坚强的组织保证。

推进人才发展，要统筹兼顾，分步实施。到 2015年，重点在制度建设、 机制创新上有较大突破。到2020年，全面落实各项任务，确保人才发展战略目标的实现。

二、人才队伍建设主要任务

（一）突出培养引进创新型科技人才

发展目标：围绕提高自主创新能力、建设创新型省份，培养引进一批在国内处于领先地位、在国际上有影响的科学家、科技领军人才、工程师和高水平创新团队，注重培养一线创新人才和青年科技人才，建设一支创新能力强、结构合理的科技人才队伍。到2020年，研发人员总量达到41万人年，高层次创新型科技人才总量达到4000人以上。

主要举措：加强领军人才、核心技术研发人才队伍和创新团队建设，形成科研人才和科研辅助人才衔接有序、梯次配备的合理结构，提高自主创新能力。大力实施引进海外创新创业人才“万人计划”，支持拥有自主知识产权和核心技术的高层次人才来鲁创新创业，通过合作研究、兼职、咨询、讲学等方式柔性引进海内外高端智力。实施创新型科技领军人才培养计划，深化提升泰山学者建设工程，推进创新团队建设。加强实践培养，依托国家、省重大科研项目和重大工程、重点学科和重点科研基地、学术交流合作项目，建设一批高层次创新型科技人才培养基地。完善有利于科技人才创新创业的评价、使用、激励措施，进一步解放和发展科技生产力。注重复合型人才培养，破除论资排辈、求全责备观念，加大对优秀青年科技人才的发现、培养、使用和资助力度。加强高位人才平台载体建设，促进产学研合作，推动科技人才向企业集聚。发展创新文化，营造科学民主、学术自由、严谨求实、开放包容的创新氛围。加强科研诚信与学风建设，从严治理学术不端行为。

（二）大力开发经济社会发展重点领域急需紧缺专门人才

发展目标：适应发展现代产业体系和推进和谐社会建设需要，加大重点领域急需紧缺专门人才开发力度。到2020年，在装备制造、新能源、新材料、新医药、新信息、海洋科技开发、现代服务业、现代农业、生态环保、城市规划建设管理等经济重点领域培养开发急需紧缺专门人才50 万人；在教育、宣传文化、卫生、体育、政法等社会发展重点领域培养开发急需紧缺专门人才80万人。经济社会发展重点领域各类专业人才数量充足，整体素质和创新能力显著提升，人才结构趋于合理。

主要举措：加强产业、行业人才发展统筹规划和分类指导，围绕重点领域发展，开展人才需求预测，定期发布急需紧缺人才目录。调整优化高等学校学科专业设置，加大急需研发人才和紧缺技术、管理人才的培养力度。开展重点领域专门人才知识更新培训。建设一批工程创新训练基地，提高工程技术人才职业化、国际化水平。根据国家和我省重点产业发展规划，制定产业领军人才、工程技术人才向重点产业集聚的倾斜政策。加大现代物流、电子商务、法律、咨询、会计、工业设计、知识产权、食品安全、旅游等现代服务业人才培养开发力度。加强宣传文化、卫生、体育、政法等人才培养。支持重点领域学术带头人参加国家科研计划和学术交流。完善重点领域科研骨干人才分配激励办法。建立重点领域相关部门人才开发协调机制。

（三）统筹推进各类人才队伍建设

1．党政人才队伍

发展目标：按照加强党的执政能力建设和先进性建设的要求，以提高领导水平和执政能力为核心，以县处级以上领导干部为重点，建设一支政治坚定、勇于创新、勤政廉洁、求真务实、奋发有为、善于推动科学发展的高素质党政人才队伍。到2020年，具有大学本科及以上学历的干部占党政干部队伍的90% ，专业化水平明显提高，结构更加合理，能力进一步增强，总量从严控制。

主要举措：适应科学发展要求和干部成长规律，开展大规模干部教育培训，加强干部自学。实施党政人才素质能力提升工程，构建理论教育、知识教育、党性教育和实践锻炼“四位一体”的干部培养教育体系。坚持德才兼备、以德为先用人标准，坚持民主、公开、竞争、择优改革方针，树立坚定信念、注重品行、科学发展、崇尚实干、重视基层、鼓励创新、群众公认的用人导向。扩大干部工作民主，加大竞争性选拔党政领导干部工作力度，拓宽选人用人渠道，提高干部工作科学化水平，促进优秀人才脱颖而出。加强后备干部队伍建设。注重从基层和生产一线选拔党政人才。加强女干部、少数民族干部、非中共党员干部培养选拔和教育培训工作。实施促进科学发展的干部综合考核评价办法。建立健全党政干部岗位职责规范及其能力素质评价标准，加强工作业绩考核。完善党政人才分类管理制度。加大领导干部跨地区、跨部门交流力度，推进党政机关重要岗位干部定期交流、轮岗。健全权力约束制衡机制，加强干部管理监督。

2．企业经营管理人才队伍

发展目标：以提高企业现代经营管理水平和企业竞争力为核心，以培养造就优秀企业家为重点，加快推进企业经营管理人才职业化、市场化、专业化和国际化，培养造就一支高水平的企业经营管理人才队伍。企业经营管理人才总量2015年达到320万人，2020年达到360万人。国有及国有控股企业国际化人才总量达到3000人左右；国有企业领导人员通过竞争性方式选聘比例达到50% 以上。

主要举措：依托国内外知名企业、高校和培训机构，加强企业高级经营管理人才培养。采取组织选拔与市场化选聘相结合的方式选拔国有企业领导人员。健全企业经营管理者聘任制、任期制和任期目标责任制，实行契约化管理。完善以市场和出资人认可为核心的企业经营管理人才评价体系，积极发展企业经营管理人才评价机构，建立社会化的职业经理人资质评价制度，加强规范化管理。健全企业经营管理人才经营业绩评价指标体系。完善年度薪酬管理制度、协议工资制度和股权激励等中长期激励制度。建立企业经营管理人才库。培养引进一批科技创新创业企业家和企业发展急需的战略规划、资本运作、科技管理、项目管理等方面专门人才。实施优秀企业经营管理人才培养造就工程。研究制定积极推进创业人才发展的实施意见。健全政策服务体系，建立完善创业投融资机制，鼓励各类人才自主创业。实施创业人才推进计划。

3．专业技术人才队伍

发展目标：以提高专业水平和创新能力为核心，以高层次人才和紧缺人才为重点，打造一支高素质专业技术人才队伍。专业技术人才总量 2015年达到615万人， 2020年达到755万人，占从业人员的 12% 左右。

主要举措：进一步扩大专业技术人才队伍培养规模，提高专业技术人才创新能力。构建分层分类的专业技术人才继续教育体系，加快专业技术人才知识更新。组织实施齐鲁青年英才成长工程、齐鲁名师培养工程、宣传文化人才培养工程、全民健康卫生人才保障工程等。发挥各类社会组织培养专业技术人才的作用。制定双向挂职、短期工作、项目合作等灵活多样的人才柔性流动政策，引导党政机关、科研院所和高等学校专业技术人才向企业、社会组织和基层一线有序流动，促进专业技术人才合理分布。改进专业技术人才收入分配等激励办法。改善基层专业技术人才工作、 生活条件，拓展职业发展空间。注重发挥离退休专业技术人才的作用。

4．高技能人才队伍

发展目标：以提升职业素质和职业技能为核心，以技师和高级技师为重点，形成一支门类齐全、技艺精湛、适应制造业强省建设和现代服务业发展需要的高技能人才队伍，打造优质劳动力富集地带。高技能人才总量 2015年达到200万人，2020年达到280万人，其中技师、高级技师达到60万人左右。

主要举措：建立完善党委领导、政府推动、企业主体、院校支撑、社会参与“五位一体”的技能人才开发机制。加强职业培训，统筹职业教育发展，整合利用现有各类职业教育培训资源，依托大型骨干企业、重点职业院校和培训机构，建设一批示范性高技能人才培养基地和公共实训基地。创新职业教育模式，大力推行校企合作、工学结合和顶岗实习。加强职业教育“双师型”教师队伍建设。在职业教育中推行学历证书和职业资格证书“双证书”制度。实施高技能人才发展计划。促进技能人才评价多元化。探索高技能人才与工程技术人才职业发展贯通办法。建立高技能人才绝技绝活代际传承机制。广泛开展各种形式的职业技能竞赛和岗位练兵活动。完善高技能人才评选表彰制度，进一步提高高技能人才经济待遇和社会地位。

5．农村实用人才队伍

发展目标：以提高科技素质、职业技能和经营能力为核心，以农村实用人才带头人和农村生产经营型人才为重点，着力打造服务农村经济社会发展、数量充足的农村实用人才队伍，为建设社会主义新农村提供有力人才保证。农村实用人才总量2015年达到 210万人，2020年达到290万人，平均受教育年限达到11年，其中村两委成员高中以上学历的达到75% 以上。

主要举措：深入推进新农村人才资源开发“绿色行动”。大规模开展农村实用人才培训，整合现有培训项目，健全县域职业教育培训网络。实施现代农业人才支撑计划，推进农村实用人才带头人素质提升计划和新农村实用人才培训工程。建立健全农村实用人才评价制度。加大对农村实用人才的表彰激励和宣传力度，提高农村实用人才社会地位。积极扶持农村实用人才发展各类农民专业合作社，引领带动广大农民增强市场竞争能力。大力支持农村实用人才创业兴业，在创业培训、项目审批、信贷发放、税收减免、土地使用等方面给予政策支持。对“新特优”农业、精细农业、精品养殖业和农产品精深加工业等特色农业开发项目予以重点扶持。加大公共财政对农村发展急需的农业技术人员、教师、医生等方面人才培养的支持力度。加强城乡人才对口扶持。

6．社会工作人才队伍

发展目标：以人才培养和岗位开发为基础，以中高级社会工作人才为重点，培养造就一支职业化、专业化的社会工作人才队伍，为社会主义和谐社会建设提供人才支撑。社会工作人才总量 2015年达到15万人，2020年达到20万人。

主要举措：建立健全现有社会工作从业人员专业培训、继续教育制度，不断提高社会工作从业人员的职业能力和专业素质。建设一批社会工作培训基地。引导高校加强社会工作学科建设和师资队伍建设，积极发展社会工作高等职业教育。建立社会工作岗位设置目录，开发各类社会工作岗位。加强社会工作者队伍职业化管理。建立城乡统筹的社会工作体系。研究制定政府购买社会工作服务政策。大力培育直接提供社会工作服务的社会公益性民间组织。建立社会工作人才和志愿者队伍联动机制，积极推行“社工+义工”模式。建立完善社会工作人才评价激励保障机制，建立“和谐使者”表彰奖励制度。制定加强社会工作人才队伍建设意见。

（四）为实施重点区域带动战略和文化强省建设提供人才支撑

加强山东半岛蓝色经济人才建设。建立蓝色经济人才包括高端产业、临港产业人才需求预测和发布制度。大力培养引进海洋生物、海洋装备制造、海洋能源矿产、现代海洋化工业、现代海洋渔业、海洋交通运输物流、海洋文化旅游、海洋工程建筑、海洋生态环保、现代海洋商务服务业等优势产业人才和创新团队。建立一批蓝色经济人才培训基地。大力开展职业技术教育，调整职业教育专业设置，对重点产业、重点项目所需高技能人才实施前置培养。建设一批支撑蓝色经济包括高端产业、临港产业发展的重大创新平台。现有人才政策和人才工程向蓝色经济领域倾斜。促进科技人才、管理人才和产业化人才向山东半岛蓝色经济区集聚，引领和支撑我省蓝色经济快速发展。

加强黄河三角洲高效生态经济人才建设。 围绕高效生态农业、高技术产业特别是生物产业、制造业、盐碱地改良、海洋开发、循环经济、新能源、服务业信息化、金融保险业等重点领域，加快实施一批重大科技研发项目，培养凝聚高效生态经济人才。进一步完善油地校结合“三位一体”的科技创新机制，采取理事会、股份制、会员制等形式，建设开放型区域创新体系。实施黄河三角洲高端智力服务计划，定期组织住鲁院士、泰山学者等高层次人才赴黄河三角洲开展咨询服务活动。从党政机关、高等院校、科研机构、大企业选派具有实际工作经验的博士等专业技术人才和管理人才，到黄河三角洲区域基层单位挂职或作短期指导，为黄河三角洲开发提供科技智力服务。

加强省会济南人才建设。 按照大力发展省会经济，提高省会综合服务功能的要求，发挥济南高校、科研机构和大中型企业密集的优势，大力培养引进高层次人才，建设人才综合试验区，促进国内外科技、教育、文化、金融、管理等各类人才不断向济南集聚。重点围绕发展高层次服务业、高技术产业和技术资金密集型制造业，加快吸引凝聚人才智力，使省会济南成为带动区域整合发展的服务型、创新型增长极和人才聚集区。

加强齐鲁文化人才建设。 深化文化体制改革，加强文化人才培养，做大做强文化产业。依托深厚的齐鲁文化底蕴，建设一批在全国具有较大影响力和竞争力的文化人才集聚基地。推进提升“齐鲁文化英才”工程，培养一批孔子文化、齐文化、泰山文化、海洋文化、泉水文化、黄河文化、红色文化、运河文化、网络文化等优秀文化人才，凝聚一批具有重要引领作用、独特竞争优势、广泛社会影响的文化产业人才，形成特色鲜明、优势突出、布局合理，传统文化与现代文化交相辉映的齐鲁文化人才高地。

三、重要政策措施

（一）实施促进人才投资优先保证的财税政策

逐步建立以政府投入为引导、用人单位投入为主体、社会投入为补充的多元化人才投入机制。各级政府优先保证对人才发展的投入，确保教育、科技支出增长幅度高于财政经常性收入增长幅度。各级财政要积极投入资金，用于人才培养引进、杰出人才奖励和支持保障人才发展重大项目实施。鼓励和支持企业和社会组织建立人才发展基金。在重大建设和科研项目经费中，应安排部分经费用于人才培养。研究制定财税优惠政策，鼓励和支持用人单位增加对人才的投入，企事业单位用于员工的教育培训经费、 科研经费、人才奖励等按规定在税前列支；鼓励社会资金捐赠人才创新活动，企业、社会团体和个人捐赠给科研机构和高校的研发经费，按规定在税前列支。

（二）实施更加开放的人才政策

大力吸引海外高层次人才来鲁创新创业，进一步完善海外人才居留、出入境和落户、医疗保健和保险、住房、薪酬和税收、配偶就业与子女就学，担任领导职务、承担重大科技项目、政府奖励等政策措施。在发达国家设立引进海外人才联络处。建立海外高层次人才信息库和人才需求信息发布平台。定期组团赴海外集中招聘，举办海外人才洽谈会。有条件的城市可统一规划建设引进人才专家公寓。完善出国培训管理制度和措施，提高出国培训的针对性、实效性。支持高校、科研机构与国内外高水平院校、机构建立联合培养基地。推动我省企业设立海外研发机构。加强留学回国人员创业园区建设，提供创业资助和融资服务。

（三）健全人才教育培训体系

建立学校教育和实践锻炼相结合、国内培养和国际交流合作相衔接的开放式培养体系。立足培养全面发展的人才，突出培养创新型人才，注重培养应用型人才，深化教育改革，促进教育公平，提高教育质量。创新人才培养模式，全面推进素质教育。围绕经济结构战略性调整和优势主导产业需求，调整高等院校学科和专业设置，建立与人才需求结构相适应的高等教育培养体制。重点建设若干所国内一流的高水平大学。壮大职业教育规模，提高教育质量，建立政府主导、面向市场、多元办学机制，着力建设一批有市场竞争力的职业技术院校。建立和完善校企合作、工学结合、灵活开放、自主发展的现代职业教育体系，培养大批经济社会发展急需的技能型专门人才。完善继续教育投入机制，积极整合继续教育资源，大力发展成人教育、社区教育、现代远程教育。积极开展创建学习型组织活动，鼓励和支持在职学习、业余进修。

（四）深化有利于人才脱颖而出的竞争激励政策

建立以岗位职责要求为基础，以品德、能力和业绩为导向，科学化、社会化的人才评价发现制度。完善人才评价标准，克服唯学历、唯论文倾向，对人才不求全责备，以业绩和贡献评价人才，坚持在实践中培养锻炼人才，激励人才干事创业。推进干部人事制度改革，加大公开选拔、竞争上岗等竞争性选拔干部力度。推进国有企业经营管理者市场化、职业化，完善国有资产出资人代表派出制和选举制。深化事业单位人事制度改革，分类建立各类事业单位领导人员选拔制度，全面推行事业单位公开招聘、竞聘上岗和合同管理制度。建立完善高端人才选拔使用制度。 构建以绩效考核为核心，充分体现人才价值，鼓励人才创新创造的分配激励机制。鼓励和支持科研人员在创新实践中成就事业并享有相应的社会地位和经济待遇。实行事业单位岗位绩效工资制度。鼓励企业对经营管理人才、专业技术人才和高技能人才实行股权、期权激励。鼓励和规范专业技术人才、高技能人才兼职兼薪。进一步完善人才表彰奖励项目，建立以政府奖励为导向、用人单位和社会力量奖励为主体的人才奖励体系。对为经济社会发展作出杰出贡献的人才给予崇高荣誉并实行重奖。

（五）加快完善人才资源流动配置政策

整合政府各类人才市场和劳动力市场，建设统一开放、面向海内外的人才资源市场。健全完善专业化、信息化、产业化、国际化的人才市场服务体系。进一步破除人才流动的体制性障碍，制定发挥市场配置人才资源基础性作用的政策措施。逐步建立城乡统一的户口登记制度，调整户口迁移政策。支持和鼓励民营资本投资人才资源服务机构，鼓励国内外知名人才服务机构来我省开展经营、合作。将非公有制经济组织和新社会组织人才的开发纳入各级政府人才发展规划。政府的各方面人才政策对非公有制经济组织和新社会组织人才一视同仁，政府的各类人才发展资金、项目、信息等公共资源向非公有制经济组织和新社会组织人才平等开放。完善党政人才、企业经营管理人才、专业技术人才交流和挂职锻炼制度，扩大党政机关和国有企事业单位领导人员跨地区、跨部门交流任职范围，建立完善从企事业单位和社会组织选拔党政人才的制度。对在农村基层和艰苦地区工作的人才，在工资、职务、职称等方面实行倾斜政策，改善工作和生活条件，促进人才向欠发达地区、基层和农村流动。实施积极的大学毕业生就业政策，采取政府购买基层社会管理和公共服务岗位、报考公务员优先录用等措施，鼓励和引导大学毕业生到农村和中小企业就业。逐步提高省市级党政机关从基层招录公务员的比例。实施公职人员到基层服务和锻炼的派遣和轮调办法。完善科技特派员到农村和企业服务的政策措施。实施东部带西部、城市带农村的人才对口支持政策。

（六）实施产学研合作培养创新人才政策

制定推进高校、科研机构、企业合作培养人才的激励政策，支持建立联合实验室、工程技术研究中心、企业技术中心、行业技术中心、产学研合作联盟和企业技术创新战略联盟。对产学研结合的科技成果转化实行财税优惠。畅通高校、科研机构、企业高层次人才双向流动渠道，建立大学教授、科研专家进企业挂职和企业人才进大学、科研院所深造的交流互动机制。推行产学研联合培养研究生的“双导师制”。倡导高校、科研机构和企业联合建设博士后站，提高博士后培养质量。实行人才、项目、基地一体化培养模式，在创新实践中培养急需的高层次人才。

（七）实施人才创业扶持政策

完善支持人才创业的金融服务，健全风险投资体系，形成更有利于人才创业的融资环境。完善知识产权、技术等作为资本参股的措施。制定促进科技成果转化和技术转移的税收、贴息等相关激励政策。鼓励引导高校和科研机构科技人员自带成果创办企业。加强创业技能培训和创业服务指导，建立创业导师制度，提高创业成功率。加大对创业孵化器等基础设施的投入，健全创业服务网络，为人才创业提供专业化服务。

（八）加强人才创新创业平台建设

吸引和支持国内外著名高校、科研机构、企业到我省设立分支机构，合作共建一批对我省经济社会发展有重大影响、起关键作用的高位平台。加大对省内重点高校、科研机构和企业的支持力度，重点建设提升一批重点学科、重点实验室、工程技术研究中心、企业技术中心、博士后站和院士工作站等平台。以各级各类园区为依托，加强创新创业服务平台建设，打造吸纳创新创业人才的载体。充分发挥中科院山东分支机构等国家级科研机构作用，加快科研成果转移转化。

（九）健全人才发展保障政策

完善政府人才公共服务体系，健全人事代理、社会保险代理、企业用工登记、劳动人事争议仲裁、人事档案管理、就业服务等公共服务平台，满足人才多元化需求。研究制定人才补充保险办法，支持用人单位为各类人才建立补充养老、医疗保险。扩大对农村、非公有制经济组织、新社会组织人才的社会保障覆盖面。完善科技成果知识产权归属和利益分享机制，保护科技成果创造者的合法权益。完善知识产权工作体系，加大知识产权宣传普及和执法保护力度，提升知识产权创造、运用和管理能力。建立以学术和创新绩效为主导的资源配置和学术发展模式。改进科技评价和奖励方式，完善以创新和质量为导向的科研评价办法，克服考核过于频繁、过度量化的倾向。对高水平学术带头人和创新团队给予长期稳定支持，保障科技人员潜心研究。

四、重点人才工程

（一）创新型科技领军人才培养计划

依托科技创新平台和重点学科，培养造就一批能够进入世界科技前沿和在国内各学科领域具有领先水平的知名专家。深化提升泰山学者建设工程，2010—2014年实施泰山学者二期建设工程，在重点学科、重大工程、支柱产业、高新技术领域中，设置200个泰山学者岗位，选聘200名泰山学者特聘专家教授。实施“泰山学者攀登计划”，5年内遴选30至40名人选予以重点培养扶持，争取培养成为“两院”院士或相当层次的高端科技创新领军人才。深入推进创新团队建设，努力建设形成30个纳入国家支持计划、达到国际一流水平的创新团队，形成300个左右以住鲁院士、泰山学者等高层次领军人才为核心的创新团队，带动建设1000个左右以各类优秀学术技术带头人为中心、各具特色的创新团队。

（二）引进海外创新创业人才“万人计划”

围绕经济社会发展重点领域，加快引进对我省产业发展有重大推动作用、能带来重大经济效益和社会效益的创新创业人才。以高校、科研院所、企业和各类园区为载体，省市县联动，用5—10年时间引进1万名左右海外创新创业人才，建设100个左右海外人才创新创业基地，争取100名左右海外高层次人才进入国家“千人计划”。

（三）齐鲁青年英才成长工程

充分发挥省杰出青年基金、优秀中青年科学家科研奖励基金、高校青年教师成长计划、省有突出贡献中青年专家和省青年科技奖评选等在培养青年创新人才中的作用，在自然科学、人文社会科学重点学科领域，每年重点培养扶持200名青年拔尖人才。在重点高校建设一批青年英才培养基地，每年选拔一批拔尖学生进行专门培养，造就未来发展需要的高素质、专业化人才。

（四）优秀企业经营管理人才培养造就工程

以造就职业化、市场化、专业化、国际化企业家群体为目标，重点培养100名具有世界眼光、战略思维、创新精神和经营能力的企业家；培养1000名精通战略规划、资本运作、人力资源管理、财会、法律等专业知识的企业经营管理人才。

（五）创业人才推进计划

不断壮大创业人才规模，支持创业企业快速发展。建设100个创业人才培养示范基地。加强孵化器、加速器等各类创业载体建设，建立健全一批创业服务中心，提供良好的创业环境。充分发挥各类创业扶持基金作用，每年重点资助一批具备创业条件的科技人才等创办企业。设立“创业成就奖”，对创造重大经济社会效益并具有良好发展潜力的创业人才给予重点奖励支持。

（六）齐鲁名师培养工程

深入开展教学名师评选活动，大力培养造就一支高素质、创新型教育人才队伍。每年重点培养和支持2000名各类学校教育教学骨干、“双师型” 教师、学术带头人和校长，在中小学校、职业院校、高等学校培养造就一批教育家、教学名师和学科领军人才。

（七）宣传文化人才培养工程

着眼于培养造就宣传思想文化领域杰出人才，重点选拔培养一批全面掌握中国特色社会主义理论体系、有较高学术造诣、联系实际的理论家，一批坚持正确导向、深入反映生活、受到群众喜爱的名记者、名编辑、名主持人，一批熟悉党和国家方针政策、社会责任感强、精通业务的出版家，一批紧跟时代步伐、坚持“二为”方向、艺术水平高超的作家、艺术家，一批通晓宣传文化工作和市场经济知识、懂经营善管理的文化经营管理专家，一批既熟悉宣传文化工作又掌握现代信息技术、精通相关专门技术的文化传播技术专家。每两年评选一批“齐鲁文化英才”，进行重点资助培养。不断涌现更多的全国“文化名家”。

（八）全民健康卫生人才保障工程

大力实施“山东省医学领军人才培养工程”，培养一批具有国内领先水平的医学专家。积极推进住院医师规范化培训制度建设，选择省级医疗机构和部分条件较好的市级医疗机构开展住院医师规范化培训，为县级医疗机构培养高素质的专科医师。实施全科医师培训计划，每年招聘1500名左右自愿到乡镇卫生院工作的临床医学专业本科毕业生，进行全科医师规范化培训，定向为每个重点建设的乡镇卫生院培养3—5名临床医师骨干。

（九）高技能人才发展计划

健全完善“首席技师”和“有突出贡献技师”选拔管理制度，充分发挥高端带动和引领示范作用。大力实施金蓝领培训，加大高技能人才培养工作力度。到 2020年，在全省建成一批技能大师工作室，50个高技能人才重点培训基地，培养10万名高级技师。

（十）现代农业人才支撑计划

适应建设社会主义新农村、加快发展现代农业的需要，加大对现代农业人才支持力度。依托重大农业科研项目、重点学科、科研基地，加强农业科技创新团队建设，培育农业科技高层次人才，特别是领军人才。每年选拔100名农业科研杰出人才，给予科研专项经费支持。支持2000名左右有突出贡献的农业技术推广人才，开展技术交流、学习研修、观摩展示等活动。选拔一批农业产业化龙头企业负责人、专业合作组织负责人和生产能手等优秀生产经营人才，给予重点扶持。健全完善“乡村之星”选拔管理制度，促进农村实用人才队伍不断发展壮大。

（十一）经济欠发达地区人才支持计划

加强对口帮扶，每年引导2000名左右的优秀教师、医生、科技人员、文化工作者、社会工作者到欠发达地区工作或提供服务。实行人才政策和人才项目、科技项目倾斜，带动欠发达地区人才队伍发展。制定基层人才轮训计划，每年选派一批基层人才到省属高校、科研院所深造。

（十二）高校毕业生基层培养计划

着眼于解决基层人才匮乏问题，培养锻炼后备人才，积极引导和鼓励高校毕业生到基层创业就业。继续大力开展好选聘高校毕业生到村任职、“三支一扶”等工作，到2020年实现一村（社区）一名大学生。统筹各类大学生到基层服务创业计划。通过政府购买工作岗位、实施学费和助学贷款代偿、提供创业扶持等方式，引导高校毕业生到农村和社区服务、就业和自主创业。

五、组织实施

（一）加强对规划纲要实施工作的组织领导

坚持党管人才原则，创新党管人才方式方法，完善党委统一领导，组织部门牵头抓总，有关部门各司其职、密切配合，社会力量广泛参与的人才工作格局。健全各级党委人才工作领导机构，建立科学的决策机制、协调机制和督促落实机制，形成统分结合、上下联动、协调高效、整体推进的人才工作运行机制。建立人才工作目标责任制，实施人才工作专项考核，增强各级领导班子的人才观念和责任意识，推动“一把手”抓“第一资源”。开展人才工作创先争优活动，定期表彰奖励人才工作先进单位。制定各项目标任务的分解落实方案和重点工程实施办法。建立各级党委常委会、政府常务会定期听取人才工作专项报告制度。完善党委联系专家制度。实行重大决策专家咨询制度。建立规划纲要实施情况的监测、评估、考核机制，组织开展人才工作满意度调查，加强督促检查。各市、各行业系统要结合实际制定人才发展规划。

（二）营造实施规划纲要的良好社会环境

大力宣传人才工作的重大战略思想和方针政策，宣传实施规划纲要的重大意义和规划纲要的指导方针、目标任务、重大举措，宣传规划纲要实施中的典型经验、做法和成效，形成全社会关心、支持人才发展的良好社会氛围。

（三）加强人才工作的基础性建设

开展人才理论研究，积极探索人才资源开发规律。加强人才研究机构建设。建立健全人才资源统计和定期发布制度。推进人才工作信息化建设，建立人才信息网络和数据库。加强人才工作队伍建设，加大培训力度，提高人才工作队伍的政治素质和业务水平。

河南省中长期人才发展规划纲要
（2010—2020年）

为更好实施人才强省战略，加快人才资源开发，造就宏大的高素质人才队伍，实现中原崛起、河南振兴，根据《国家中长期人才发展规划纲要（2010—2020年）》，结合我省实际，制定本纲要。

序言

具有一定专业知识或专门技能、进行创造性劳动并对社会作出贡献的各类人才，是经济社会发展的第一资源。加快人才发展是把人口大省变为人才大省、实现河南经济发展方式转变、推动经济社会全面协调可持续发展和人的全面发展的必然选择。

实现中原崛起、河南振兴归根到底靠人才。省委省政府历来高度重视人才工作，通过大力实施人才强省战略，人才发展取得了显著成绩。科学人才观初步确立，全社会人才意识明显增强，人才的战略地位更加突出，有利于人才成长的环境不断优化，以高层次人才和高技能人才为重点的各类人才队伍日益壮大，人才市场体系逐步健全，人才对经济社会发展的贡献率逐年提高，党管人才新格局基本形成。同时必须清醒看到：我省人才规模与人口总量不相称，高层次科技领军人才和创新创业人才匮乏，人才结构和布局不尽合理，人才发展的体制机制不够完善，人才资源开发投入不足等。

当前和今后一个时期，是我省经济社会发展的关键时期。面对新形势新任务，必须进一步认识到加快人才发展的极端重要性，坚定不移地走人才强省之路，坚持把人才工作摆在更加突出的位置，用事业凝聚人才，用实践造就人才，用机制激励人才，用法制保障人才，科学规划，开拓创新，重点突破，整体推进，不断开创我省人才发展的新局面。

一、指导思想、工作方针、战略目标和总体部署

（一）指导思想

高举中国特色社会主义伟大旗帜，以邓小平理论和“三个代表”重要思想为指导，深入贯彻落实科学发展观。坚持科学人才观，尊重劳动、尊重知识、尊重人才、尊重创造。坚持党管人才原则，按照重在持续、重在提升、重在统筹、重在为民要求，大力实施人才强省战略。以服务科学发展为宗旨，以建设人才大省为目标，以提升人才能力素质为核心，以高层次人才、高技能人才为重点，以重大人才工程为载体，遵循市场经济规律和人才发展规律，加大人才发展体制机制和政策创新力度，注重在实践中发现、培育、锻炼、成就人才，以贡献和业绩衡量人才。统筹推进各类人才队伍建设，全面提高人才发展水平，为河南经济社会又好又快发展提供坚强有力的人才支撑。

（二）工作方针

1．服务发展，人才优先。紧紧围绕河南经济社会发展大局，把服务科学发展作为人才工作的根本出发点和落脚点，按照科学发展目标确定人才队伍建设任务，根据科学发展需要制定人才政策措施，用科学发展成果检验人才工作成效。确立人才优先发展战略布局，坚持人才资源优先开发，充分发挥人才的基础性、战略性作用；坚持人才结构优先调整，适应和引领经济发展方式转变；坚持人才投资优先保证，实现人才资源持续规模开发；坚持人才制度优先创新，激发各类人才的创新活力和创造智慧。

2．以用为本，创新机制。把充分发挥各类人才作用作为人才工作的根本任务，坚持用其所能、任其所宜、人尽其才、才尽其用，积极为各类人才干事创业创造条件。围绕用好用活人才创新机制，把深化改革作为推动人才发展的根本动力，坚决破除束缚人才发展的思想观念和制度障碍，以实践检验人才，推进能上能下、能进能出，构建有利于科学发展的人才发展体制机制。

3．高端引领，整体开发。大力加强高层次人才队伍建设，充分发挥高端人才在经济社会发展和人才队伍建设中的引领作用。强化企业创新主体建设，强化基层一线人才队伍建设，强化人才高地和人才培养基地建设，统筹推进城乡、区域、产业、行业和不同所有制人才资源开发，扩大人才总量，提高人才质量，实现各类人才队伍协调发展。

4．育引结合，汇聚人才。坚持自主培养和重点引进相结合，立足省内人才资源开发，多措并举培养所需人才。同时，统筹利用国内国际两种人才智力资源，对高层次创新创业人才和急需紧缺人才重点引进、灵活引进，形成人才大批涌现、汇聚中原的良好局面。

（三）战略目标

到2020年，培养造就一支规模宏大、结构优化、布局合理、素质优良的人才队伍，确立我省人才竞争比较优势，努力建成人才大省，为全面建设小康社会，实现中原崛起、河南振兴奠定人才基础。

1．人才队伍规模不断壮大，人才素质大幅度提升。目前，全省党政人才、企业经营管理人才、专业技术人才、高技能人才、农村实用人才总量为606万人，到2015年增加到940万人左右，2020年增加到1160万人左右，增长91.4%，人才资源占人力资源总量的14%。主要劳动年龄人口受高等教育的比例达到20%，每万劳动力中研发人员达到40人年，应用型人才数量显著增加，高技能人才占技能劳动者的比例达到28%。

2．人才结构进一步优化，人才使用效能明显提高。加大战略性新兴产业、工业主导产业、基础产业、现代服务业等重点领域人才开发力度，建设中原城市群和产业集聚区人才高地，促进人才专业素质结构、层级结构、区域分布结构趋于合理。充分发挥人才潜能和价值，人才贡献率到2015年达到32%，到2020年达到35%。

3．人才发展机制不断创新，人才环境进一步改善。创新人才培养开发、评价发现、选拔任用、流动配置、激励保障机制，营造充满活力、富有效率、更加开放的制度环境。健全政府、社会、用人单位和个人多元人才投入机制。到2015年，重点在制度建设、机制创新、人才投入上有较大突破，人力资本投资占国内生产总值比例达到12%。到2020年，全面落实各项任务，确保人才发展战略目标的实现，人力资本投资占国内生产总值比例达到15%。

（四）总体部署

当前和今后一个时期人才工作重点：一是实行人才投资优先，树立人才投入是效益最好的投入的观念，加大对人才发展的投入，提高人才投资效益。二是加强人才资源能力建设，注重思想道德建设，突出创新精神和创新能力培养，大幅度提升各类人才的整体素质，形成人才竞争比较优势。三是推动人才结构战略性调整，充分发挥市场配置人才资源的基础性作用，改善人才发展宏观调控，优化人才专业素质结构、层级结构、分布结构，促进人才结构与产业结构相适应、与经济社会发展相协调。四是建设高素质人才队伍，突出培养创新型科技人才，重视培养领军人才和复合型人才，大力开发经济社会发展重点领域急需紧缺专门人才，统筹抓好党政人才、企业经营管理人才、专业技术人才、高技能人才、农村实用人才、社会工作人才以及宣传思想文化人才等人才队伍建设。五是改革人才发展体制机制，着力解决制约人才工作发展、制约人才发挥作用的突出矛盾和问题，提高人才使用效能。六是积极引进海外人才和智力，形成河南发展新资源。七是创新人才政策，建立人才特区，形成育才、引才、聚才、用才的良好环境和政策优势。八是加强和改进党对人才工作的领导，创新党管人才方式方法，为人才发展提供坚强组织保证。

二、统筹人才队伍建设，服务科学发展需要

（一）以建设创新型河南为目标，加紧培养造就创新型科技人才

科技是经济社会发展的第一生产力。建设一支宏大的创新型科技人才队伍是转变经济发展方式、提高自主创新能力、建设创新型河南的根本要求，是当前和今后一个时期我省人才工作的一项重要任务。加强领军人才、核心技术研发人才以及科技创新团队的培养和引进，造就具有国内外前沿水平的高级专家、高层次科技领军人才和高水平创新团队。注重培养一线创新人才和青年科技人才。坚持以使用为导向，积极创造条件，拓展创新型科技人才事业发展空间，推动他们不断创造新知识、发明新技术、创建新学科，开拓新产业。完善政策机制，引导创新型科技人才投身创新实践，倡导追求真理、勇攀高峰、宽容失败、团结协作的创新精神，营造科学民主、学术自由、严谨求实、开放包容的创新氛围，最大限度地调动创新型科技人才的创新积极性，发挥创新型科技人才的创新潜能。依托国家和省重大科研项目和重大工程、重点学科和重点科研基地、国际学术交流合作项目，建设一批高层次创新型科技人才培养基地。建立健全科研诚信体系，从严治理学术不端行为。制定我省加强高层次创新型科技人才队伍建设意见。

（二）以满足经济社会发展需要为目标，加紧开发重点领域急需紧缺专门人才

大力开发经济社会发展重点领域急需紧缺专门人才，是优化人才队伍结构的迫切需要，是适应现代产业发展和推进社会建设、突破人才制约瓶颈的关键。在实现经济发展方式转变、产业结构升级、社会结构转型的进程中，加大对高端装备制造、信息、生物技术、新材料、金融财会、国际商务、生态环保、能源资源、现代交通运输、城市建设、食品工程、农业科技等经济重点领域急需紧缺专门人才开发力度，加大对教育、政法、宣传思想文化、医药卫生、防灾减灾等社会发展重点领域急需紧缺专门人才开发力度。加强重点规划，开展人才需求预测，定期发布急需紧缺人才目录。调整优化高等学校学科专业设置，培养大批急需紧缺专门人才。创新政策措施，引进各类急需紧缺专门人才。鼓励和引导专业人才、管理人才向重点产业和重点领域集聚。大规模开展重点领域专门人才知识更新培训。建立重点领域相关部门人才开发协调机制，整体推进急需紧缺专门人才开发，盘活存量，扩大增量，满足经济社会发展需求，争取发展主动权。

（三）以提升执政能力为核心，加强党政人才队伍建设

按照加强党的执政能力建设和先进性建设的要求，以提高领导水平和执政能力为核心，以县处级以上领导干部为重点，建设一支政治坚定、执政为民、勇于创新、求真务实、勤政廉洁、善于推动科学发展的高素质党政人才队伍。到2020年，具

有大学本科及从上学历的干部占党政干部队伍的85%，专业化水平明显提高，结构更加合理，总量从严控制。

适应科学发展和干部成长需要，大力实施中原崛起干部素质提升工程，全面构建理论教育、知识教育、党性教育和实践锻炼四位一体的干部培养教育体系。采取组织调训和自主选学相结合方式，加强党政干部教育培训。坚持德才兼备、以德为先用人标准，树立坚定信念、注重品行、科学发展、崇尚实干、重视基层、鼓励创新、群众公认的用人导向。坚持民主、公开、竞争、择优改革方针，进一步深化干部人事制度改革，拓宽选人用人渠道，提高干部工作科学化水平，促进优秀人才脱颖而出。加强对关键岗位干部的重点管理，抓好市、县党政正职队伍建设，着力提高思想政治素质、科学发展本领和驾驭全局能力。大力培养选拔优秀年轻干部，按照重在培养、同样使用，优进绌退、动态管理的要求，扎实抓好后备干部队伍建设，有计划安排后备干部到艰苦环境、关键岗位接受锻炼和考验。加强女干部、少数民族干部、非中共党员干部培养选拔和教育培训工作。完善从基层、企事业单位、社会组织选拔人才制度，建立来自基层一线的党政领导干部培养选拔链。实施促进科学发展的干部综合考核评价办法，建立健全党政干部岗位职责规范及其能力素质评价标准，加强工作业绩考核。推进党政机关重要岗位干部定期交流、轮岗，健全权力约束制衡机制，加强干部管理监督。

（四）以提升市场竞争能力为核心，加强企业经营管理人才队伍建设

适应社会主义市场经济发展需要，以提高现代化经营管理水平和企业市场竞争力为核心，以战略企业家和职业经理人为重点，培养造就一支具有战略眼光、市场开拓精神、管理创新能力、社会责任感的优秀企业家及高水平的经营管理人才队伍。到2015年，企业经营管理人才总量达到200万人，2020年达到250万人。国有企业中高级经营管理人员通过竞争性方式选聘的比例达到70%，能够引领企业进入全国500强和打造行业龙头企业的优秀企业家50名左右。全省企业经营管理人才职业化、市场化、专业化和国际化程度明显提高，企业竞争力显著增强。

加大企业家培养培训力度，每年选派一批优秀企业家赴国（境）外进行工商管理等专业培训，开阔国际视野，提高经营管理能力。采取组织选拔与市场化选聘相结合的方式选拔国有企业领导人员。深化国有企业人事制度改革，坚持党管干部原则和董事会依法选择经营管理者以及经营管理者依法行使用人权相结合，健全企业经营管理者聘任制、任期制和任期目标责任制，实行契约化管理。完善以出资人、市场、职工、社会认可为主要内容的企业经营管理人才评价制度，健全经营业绩评价指标体系。积极发展企业经营管理人才评价机构，建立社会化的职业经理人资质评价制度。完善年度薪酬管理制度、协议工资制度和股权等激励制度。注重培养和引进一批科技创新创业企业家和企业战略规划、资本运作、科技管理、项目管理等方面专门人才。加强中小企业经营管理人才能力建设，继续实施中小企业经营管理人员“银河培训工程”，促进民营企业家成长。

（五）以提升自主创新能力为核心，加强专业技术人才队伍建设

适应建设创新型河南需要，以提高专业水平和自主创新能力为核心，以高层次人才和紧缺人才为重点，大力加强专业技术人才队伍建设。到2015年，专业技术人才总量达到360万人，2020年达到450万人，占从业人员的10%左右，高、中、初级专业技术人才比例为10：40：50。各类专业人才数量充足，门类齐全，人才竞争力和创新力得到全面提升。

围绕经济结构和产业结构调整，不断优化专业技术人才队伍结构。在装备制造、食品、有色冶金、化工、纺织服装等战略支撑产业和信息、生物医药、生物育种、新材料、新能源等战略新兴产业，着力培养和开发能够掌握核心知识、关键技术的工程技术专业人才；加大对金融投资、现代物流、文化旅游、生态环保、现代农业等重点领域人才培养开发力度。突出高层次人才队伍建设重点，依托重点学科、重点实验室、重点创新项目以及高新技术产业等创新创业平台，大力培养和引进高层次创新人才和创新团队，在创新活动中提高创新能力，带动专业技术人才队伍建设和发展。构建专业技术人才继续教育体系，加强继续教育基地建设，实施百万专业技术人才知识更新工程，每年培训10万名专业技术人才。加强国际化人才培养，每年选送800名左右专业技术人员出国（境）学习培训。推进专业技术职称和职业资格制度改革，实现科学管理。落实国家专业技术人才重点工程，培养造就更多的在国内外有影响的高级专家。组织实施好河南省科学技术杰出贡献奖、中原学者、省优秀专家、省杰出专业技术人才、省学术技术带头人等各类优秀专家评审选拔工作，实施省、市、县专家特殊津贴制度，强化激励作用。探索设立省特聘研究员岗位。改进专业技术人才收入分配等激励办法，改善基层专业技术人才工作、生活条件，拓展职业发展空间。鼓励和引导专业技术人才走向企业、农村生产一线，开展科技攻关，推动科技进步和经济发展。注重发挥离退休专业技术人才的作用。

（六）以提升职业技能为核心，加强高技能人才队伍建设

适应走新型工业化道路和产业结构优化升级需要，以提升职业素质和职业技能为核心，以技师和高级技师为重点，加强高技能人才队伍建设。到2015年，高技能人才数量达到160万人，2020年达到210万人，其中，技师、高级技师达到55万人左右，形成一支规模相当、技能精湛、能够满足产业发展需要的高技能人才队伍。

完善以企业为主体、职业院校为基础、学校教育与企业培养紧密联系、政府推动与社会支持相结合的高技能人才培养体系。大力实施职业教育攻坚计划，提高城乡劳动者的职业素养和技能，夯实高技能人才队伍建设基础。通过国家职业教育改革试验区建设、河南全民技能振兴工程等省部共建项目，建设一批高水平职业院校和职业技能实训基地。创新技能人才培养模式，以职业教育集团为骨干，推动职业教育规模化、集约化。加强职业院校“双师型”教师队伍建设，提高高技能人才培养能力，用好生产一线高技能人才资源，补充职业院校师资力量。突出实践能力培养，大力推行工学结合和顶岗实习，推行学历证书和职业资格证书双证书制度。逐步实行中等职业教育免费和学生生活补助制度。发挥企业主体作用，健全企业内部高技能人才培养培训制度。推动高技能人才与工程技术人才职业发展贯通。建立高技能人才绝技绝活代际传承机制。创新高技能人才多元化评价机制，实行积极的政策激励措施，提高高技能人才经济待遇和社会地位，将贡献突出的优秀高技能人才纳入省优秀专家、享受国务院政府特殊津贴等评选推荐范围。

（七）以提升致富创业能力为核心，加强农村实用人才队伍建设

适应社会主义新农村建设需要，以提高科技素质和致富创业能力为核心，以农村实用人才带头人和农村生产经营型人才

为重点，着力建设一支充满活力、示范带动能力强、积极推动农村经济社会发展的农村实用人才队伍。到2015年，农村实用人才总量达到180万人，到2020年达到210万人，平均受教育年限10年以上。农村实用人才队伍不断扩大，农村人力资源整体实力不断增强。

实施中原崛起农村实用人才培训工程，综合运用教育培训和生产实践等方式，突出科技素质、专业技能和创业能力培训。每年面向农村开展实用技术培训100万人次。加强对农村实用人才带头人培养，造就更多的“双强”型党员干部和致富带头人、科技带头人、经营带头人，鼓励和支持农村实用人才牵头建立专业合作组织和专业技术协会。加大政策、技术、资金扶持力度，积极帮助农村实用人才创业兴业，鼓励支持高校毕业生到农村创业兴业，在创业兴业实践活动中壮大农村实用人才队伍。以市、县人力资源市场为依托，以乡镇人力资源服务机构为网点，完善农村人力资源市场建设，发挥市场在农村实用人才资源配置中的基础性作用。加大财政支持力度，重点加强农村发展急需的教师、医生、农业技术人员等方面人才培养与资源配置。建立和完善农村实用人才职业资格评价、职业技能鉴定、专业技术职称评定制度。开展河南省优秀农村实用人才奖评选工作，特别优秀者可推荐参加河南省优秀专家评选。

（八）以提升专业素质为核心，加强社会工作人才队伍建设

适应构建和谐中原需要，以人才培养和岗位开发为基础，以提升专业能力和职业素质为核心，以中高级社会工作人才为重点，着力加强社会工作人才队伍建设。到2015年，社会工作人才总量达到12万人左右，2020年达到20万人左右。扩大社会工作覆盖面，提高社会工作人才专业化、职业化程度，不断满足社会服务需求。

统筹规划社会工作人才培养，加快建立不同学历层次教育协调配套、专业培训和知识普及有机结合的社会工作人才培养体系。重点培养引进一批高层次社会工作人才，发挥示范引领作用。加强培训基地建设，推进社会工作从业人员专业培训和继续教育，不断提高专业能力和素质。将社会工作知识培训纳入党政干部教育培训规划。创新政策措施，加大社会工作岗位开发设置力度，推动社会工作资源向基层倾斜，引导社会工作服务向基层延伸。推进公益服务类事业单位、城乡社区和公益类社会组织建设，完善培育扶持和依法管理社会组织的政策。健全社会工作人才评价制度，加强社会工作者队伍职业化管理。研究制定政府购买社会工作服务政策，推动社会工作人才和志愿者队伍协调联动开展社会服务。出台我省加强社会工作人才队伍建设意见。加强社会工作理论研究和宣传，提升社会工作的认知度。

（九）以提升创意能力为核心，加强宣传思想文化人才队伍建设

适应建设文化大省、服务经济社会发展需要，践行社会主义核心价值体系，以提升创新创意能力为核心，以高水平宣传思想文化专门人才和文化产业紧缺人才为重点，培养造就数以百万计的宣传思想文化人才，大力营造凝心聚力、积极向上主流思想舆论氛围，满足人民群众日益增长的精神文化需求，增强河南文化软实力。

充分发挥“四个一批”人才培养工程示范带动作用，培养选拔大批理论、新闻、出版、文艺和经营管理、文化专门技术等优秀人才。到2020年，培养选拔全国“四个一批”人才30名左右，省级“四个一批”人才500名左右。完善哲学社会科学人才培养选拔和管理机制，造就一批理论功底扎实、勇于开拓创新的学科带头人和一批年富力强、政治业务素质好、锐意进取的青年理论骨干。着眼于出精品、出大作、出大家，实施河南名人大家工程，造就一批造诣高深、德艺双馨的文化领域杰出人才。以文化创意、影视制作、文化会展、数字内容、动漫等文化产业以及移动多媒体广播电视、网络广播影视等新兴文化业态为重点，加大人才培养扶持力度，吸引聚集文化产业优秀人才，推动文化产业升级。加快文化改革试验区建设，形成休闲文化、禅武文化、红色文化、钧瓷文化等特色鲜明的文化人才群。加强城乡基层宣传文化队伍建设，进一步充实力量和优化结构，开展普遍培训。重视民间文化人才和非公有制经济组织及社会组织中的文化人才，注意吸收优秀文化人才参与重要文化项目和工程。对优秀宣传思想文化人才提供政策支持和经费资助。

三、创新人才发展机制，激发人才创造活力

（一）创新人才培养开发机制，构建人力资源优势

以我省经济社会发展需求为导向，以提升素质和创新能力为核心，完善现代国民教育和终身教育体系，提高教育现代化水平，充分发挥教育在人才培养中的基础性作用。深化教育改革，促进教育公平，创新培养模式，强化实践锻炼，形成人人能够成才、人人得到发展的人才培养开发机制。把社会主义核心价值体系教育贯穿人才培养开发全过程，不断提高各类人才思想道德水平。全面推进素质教育，突出培养创新型人才，注重培养应用型人才，把培养对社会有贡献人才作为衡量学校教育水平的重要指标。建立以市场和社会需求为导向的人才培养结构动态调控机制，调整优化教育布局和学科专业结构。完善职业教育保障机制，推进职业教育发展。加强在职人员继续教育，更新知识，提高素质，促进学习型社会建设。支持发展各类专业化培训机构。

（二）创新人才评价发现机制，促使优秀人才脱颖而出

建立以社会从业角色和岗位职责要求为基础，以品德、能力、业绩为导向，科学化、社会化的人才评价发现机制。完善人才评价标准，改进人才评价方式，拓宽人才评价渠道，坚持不唯学历、不唯职称、不唯资历、不唯身份，靠实践和贡献评价人才，在实践和群众中识别人才、发现人才。尊重人才禀赋和个性，对特殊人才应有特殊评价方式和标准。按照职业分类建立相应的能力素质评价标准。建立以岗位绩效考核为基础，包括领导人员在内的事业单位全员考核评价制度。完善以任期目标为依据、工作业绩为核心的国有企业领导人员考核评价办法。实施促进科学发展的党政领导干部综合考核评价办法。完善重在业内和社会认可的专业技术人才评价机制，加快推进职称制度改革，落实用人单位专业技术职务（岗位）聘任自主权。探索技能人才多元评价机制，完善社会化职业技能鉴定、企业技能人才评价、院校职业资格认证和专项职业能力考核办法。建立在重大科研、工程项目和急难险重工作中发现、识别人才机制及举才荐才社会化机制。积极探索建立各类新兴领域人才评价发现机制。

（三）创新人才选拔任用机制，树立正确用人导向

落实“重群众公认、但不简单以票取人，重干部‘四化’德才、但不简单以求全和年龄文凭取人，重干部政绩、但不简单以一时一事的数字取人，重公开选拔、但不简单以笔试和面试取人，重干部资历、但不简单以任职年限取人”要求，改革各类人才选拔使用方式，建立科学合理的选人用人机制，促进人岗相适，用当适任、用当其时、用当尽才。深化党政领导干部选拔任用制度改革，提高选人用人公信度。完善公开选拔、竞争上岗制度，探索公推公选、联合公选等选拔方式，促进竞争性选拔干部工作制度化、科学化。规范干部选拔任用提名制度，推行和完善地方党委讨论决定重要干部票决制。坚持和完善党政领导干部职务任期制。探索试行聘任制公务员管理制度。建立组织选拔、市场配置和依法管理相结合的国有企业领导人员选拔任用制度，完善国有资产出资人代表派出制和选举制。健全事业单位领导人员选拔制度体系，完善事业单位领导人员委任、聘任、选任等方式。全面推行事业单位公开招聘、竞聘上岗，强化岗位管理、合同管理。建立事业单位关键岗位和重大项目负责人国内外公开招聘制度。

（四）创新人才流动机制，促进人才合理配置

推进统一规范、更加开放的人才市场体系建设，完善市场服务功能，畅通人才流动渠道，建立政府宏观调控、市场主体公平竞争、中介组织提供服务、人才自主择业的人才流动配置机制。破除人才流动体制性障碍，着力消除人才身份、单位、部门和所有制限制，发挥市场配置人才资源基础性作用。健全人才市场供求、价格、竞争机制，进一步促进人才供求主体到位。大力发展人才服务业，健全专业化、信息化、产业化、国际化人才市场服务体系。推进政府所属人才服务机构管理体制改革，实现政事分开、管办分离。注重发挥人才服务行业协会作用。改革户籍管理制度，完善社会保险关系转移接续办法，建立社会化的人才档案公共管理服务系统。完善劳动合同、人事争议仲裁、人才竞业避止等制度，维护用人单位和各类人才的合法权益。加强对人才流动的政策引导，建立完善与中原城市群、产业集聚区、粮食生产核心区以及主导产业、新兴产业、高新技术产业相配套的人才开发、流动机制，促进人才资源合理有效配置。

（五）创新人才激励保障机制，激发人才干事创业热情

建立健全与工作业绩紧密联系，充分体现人才价值，鼓励人才创新创造，维护人才合法权益的分配激励保障机制。完善各类人才的薪酬制度，以建立秩序规范、激发活力、注重公平、监管有力的工资制度为目标，加强对收入分配的宏观管理，稳步推进工资制度改革。认真推行事业单位岗位绩效工资制度。健全国有企业人才激励机制，推行股权、期权等中长期激励办法。探索高层次人才、高技能人才协议工资制和项目工资制等多种分配形式。建立产权激励制度，制定知识、技术、管理、技能等要素按贡献参与分配的办法。完善以养老保险和医疗保险为重点的社会保障制度，形成国家、社会和单位相结合的人才保障体系。支持用人单位为各类人才建立补充养老、医疗保险。扩大对农村、非公有制经济组织、社会组织人才的社会保障覆盖面。完善政府公共服务体系，拓展公共服务内容，创新公共服务方式，建立政府购买公共服务制度，为各类人才平衡工作和家庭责任创造条件。坚持精神激励和物质奖励相结合，健全以政府奖励为导向、用人单位和社会力量奖励为主体的人才奖励体系，调整规范各类人才奖项设置，大力表彰在经济社会发展中作出突出贡献的优秀人才。对获得国家重大奖项、作出杰出贡献的特别优秀人才，经省委省政府研究给予重奖，享受特殊医疗待遇，纳入省委联系专家范围。

四、实施重大人才政策，优化人才发展环境

（一）促进人才投资优先保证的财税金融政策

人才投入是赢得未来的战略性投入。各级政府优先保证对人才发展的投入，较大幅度增加人力资本投资比重，确保教育、科技支出增长幅度高于财政经常性收入增长幅度，卫生投入增长幅度高于财政经常性支出增长幅度。将支持人才发展的经费纳入财政预算，保障人才发展重大项目的实施。落实行政事业单位干部培训任务，提高企业职工培训经费的提取比例，在重大建设和科研项目经费中，安排部分经费用于人才培训。鼓励和支持企业和社会组织建立人才发展基金。通过税收、贴息等优惠政策，引导社会、用人单位和个人多元化投资人才资源开发。加大对贫困地区财政转移支付力度，引导贫困地区加大人才投入。利用国际金融组织和外国政府贷款投资人才开发项目。建立政府人才投入使用管理绩效考评制度，提高人才投入资金整体使用效益。

（二）产学研一体化培养创新人才政策

建立政府指导下以企业为主体、市场为导向、多种形式的产学研战略联盟，支持企业、科研院所与高等学校通过共建科技创新平台、开展合作教育、共同实施重大项目等方式，培养高层次人才和创新团队。大力实施研究生教育创新计划，积极发展专业学位教育，建立产学研高层次人才双向交流制度，推行联合培养研究生的双导师制。推进博士后制度改革，加强产学研结合，提高博士后培养质量，增强创新能力。实行“人才+项目”的培养模式，依托国家和省重大人才计划以及重大科研、工程、产业攻关、国际科技合作等项目，在实践中集聚和培养创新人才。重视发挥企业作用，加强企业研发平台和研发队伍建设，对企业等用人单位接纳高等学校、职业学校学生实习等实行财税优惠政策。

（三）引导人才服务和向农村基层及艰苦偏远地区流动政策

积极改善农村基层和艰苦偏远地区人才生活、工作条件，在工资、职务、职称等方面实行倾斜政策。完善高校毕业生创业就业扶持政策，建立下得去、待得住、干得好、流得动的激励机制，采取政府购买岗位、报考公职人员优先录用等措施，鼓励和引导高校毕业生到农村和中小企业服务和就业。实施大学生村干部、高校毕业生“三支一扶”、志愿服务贫困县等计划。继续开展选调生工作，逐步提高面向服务农村基层高校毕业生的考录比例。坚持和完善从基层一线选拔干部制度，省、市机关录用公务员，应注重从具有基层工作经历的人员中考录。开发基层社会管理和公共服务岗位，落实高校毕业生到农村任教、到乡镇卫生院工作特岗计划。实施公职人员到基层服务和锻炼的派遣和轮调办法，从省直等单位选派干部到基层任职、挂职，开展教育、卫生、科技和文化人才下乡支农工作，完善科技副职、博士服务团、科技特派员到基层和农村、企业

服务的政策措施，为基层提供广泛人才和智力支持。

（四）人才创业扶持政策

坚持政府促进、社会支持、市场导向、自主创业的基本原则，放宽创业领域，降低创业门槛，加强创业扶持，大力推动各种形式的创业。推进创业信用担保体系建设，不断扩大对自主创业和中小企业发展的信用担保资本金规模。完善支持人才创业的金融政策，简化贷款手续，创新金融产品，促进知识产权质押融资等业务的规范发展。加大税收优惠、财政贴息力度，扶持创业风险投资基金，支持创办科技型企业，促进科研成果转化和技术转移。加强创业服务指导，提高创业成功率。加大对创业孵化器等基础设施的投入，探索多种组织形式，形成创业服务网络。完善知识产权、技术等作为资本参股的措施。制定科研机构、高等学校科技人员创办科技型企业的激励保障办法。支持鼓励创业企业、创业资本进入资本市场、上市公司。

（五）支持科技人员潜心研究和勇于创新政策

在科研院所、高等学校、企业等探索建立不同于管理人员、符合科技人员特点的职业发展路径，鼓励和支持科技人员潜心研究、创新实践、成就事业并享有相应的社会地位和经济待遇，克服人才管理中存在的行政化、“官本位”倾向。完善科研管理制度，扩大科研机构用人自主权和科研经费使用自主权，健全科研机构内部决策、管理和监督的各项制度。建立以学术成就和创新绩效为主导的资源配置模式和评价奖励机制。有重点地加大对基础研究、前沿技术研究、社会公益类科研的投入力度。完善科技经费管理办法和科技计划管理办法，注重向科研关键岗位、优秀拔尖人才和专职科技人员倾斜，对高水平创新团队给予长期稳定支持。改善青年科技人才的生活条件，积极采取措施解决好住房问题。

（六）更加开放的人才政策

大力吸引海外高层次人才来豫创新创业，认真实施海外人才在出入境和长期居留、税收、保险、住房、子女入学、配偶安置，以及担任领导职务、承担重大科技项目等方面的特殊政策，积极推荐海外人才参加院士和政府奖励项目的评选。建立我省海外高层次人才特聘专家制度，纳入省委联系专家范围。鼓励海外留学人员来豫工作、创业或以多种方式服务我省经济社会发展。加强海外高层次人才创新创业基地、留学人员创业园区等各类引才平台建设，为凝聚和用好人才提供创业资助、融资等服务。加大引进国外智力工作力度，强化措施，改善环境，充分利用国际人才智力资源。开发国（境）外优质教育培训资源，完善出国（境）培训管理制度和措施。积极支持我省高等院校、科研院所和企业与海外高水平教育、科研机构和知名企业开展交流与合作，建立联合研发基地，鼓励我省企业设立海外研发机构，提高科技教育水平和人才国际化水平。积极利用国内人才智力资源，制定更加优惠的政策，以两院院士、学科领军人才、优秀企业家、掌握核心技术的急需紧缺人才为重点，吸引更多的国内高层次人才来豫施展才华。维护国家重要人才安全。

（七）鼓励非公有制经济组织、社会组织人才发展政策

把非公有制经济组织、社会组织人才开发纳入党委政府人才发展规划，作为人才工作重要内容。制定我省加强非公有制经济组织、社会组织人才队伍建设意见。坚持一视同仁、平等对待，在人才培养、吸引、评价、使用等方面的各项政策，非公有制经济组织、社会组织人才平等享受。支持人才创新创业的资金、项目、信息等公共资源，向非公有制经济组织、社会组织人才平等开放。开展人才宣传、表彰、奖励等方面活动，非公有制经济组织、社会组织人才平等参与。政治上给予关心，重视在非公有制经济组织、社会组织的优秀人才中发展党员，为优秀人才提供参政议政渠道和平台。

（八）知识产权保护政策

大力实施知识产权战略，提高我省知识产权的创造、运用、保护和管理水平。制定我省职务技术成果条例实施办法，完善科技成果知识产权归属和利益分享机制，保护科技成果创造者的合法权益。明确职务发明人权益，提高主要发明人受益比例，落实职务发明人奖酬政策。加强对非职务发明创造的支持和管理。资助支持个体和中小企业发明创造，鼓励创造知识财产。完善非物质文化遗产传承人知识产权保护相关措施。建立健全有利于知识产权保护的社会信用制度。完善知识产权工作体系，加强知识产权管理和服务人才的培养，推进专利技术运用和转化平台建设，培育我省知识产权优势，形成自主知识产权核心技术和知名品牌。

五、实施重大人才工程，加快推进河南振兴

（一）高层次创新型科技人才队伍建设工程

把培养造就创新型科技人才作为建设创新型河南的重大举措，加紧建设一支以领军人才、领军后备人才为核心，以创新团队为主体的创新型科技人才队伍。到2020年，实现“三个一”目标：培养造就一批由院士群体、50名左右院士后备人才为主的中原学者、600名左右科技创新杰出人才、1000名左右科技创新杰出青年人才构成的科技领军人才队伍；一批由科技领军人才带领的400个左右创新型科技团队；一支4万人左右的创新型科技人才骨干队伍。以重点学科、重点实验室、工程技术研究中心为载体，加强高水平科研平台建设和创新人才培养基地建设，加大政策、资金支持力度，到2020年，建成50个左右国家级重点学科、重点实验室、工程技术研究中心，集聚高层次科技人才，形成一批具有比较优势的人才高地。

（二）现代工业产业人才支撑工程

发展现代工业，建设工业强省，大力培养造就能够有效推进现代工业向高端化、高质化、高效化发展的产业人才队伍。围绕加快培育节能环保、新能源、新一代信息技术、生物、高端装备制造、新材料、新能源汽车等七大战略性新兴产业，壮大装备制造、有色冶金、化工、食品、纺织服装等五大战略支撑产业，提升煤炭、电力等传统优势产业，着力推进研发平台建设，组建产业创新联盟，规模以上企业建立研发团队，到2020年，形成2万个左右企业研发团队，省级重点支持400个左右掌握产业关键技术的创新团队，集聚大批高端研发技术人才。以产业集聚区、重大产业基地、重点骨干企业、重大科技专项为依托，培养引进数以百万计的产业创业人才、经营人才和技术人才。加强战略性新兴产业和战略支撑产业相关专业学科建设。建立健全科研机构和高校创新人才、智力向企业流动机制、科研成果转化机制，不断提升我省现代工业核心竞争力。

（三）粮食生产核心区建设人才支撑工程

围绕河南粮食生产核心区建设需要，实施人才支撑工程，充分发挥科技和人才在农业增产中的主导作用，为国家粮食安全作出新贡献。突出高层次农业科技人才领军作用，发展优质高效生态安全农业，到2020年，在主要粮食作物转基因和分子设计育种研究、粮食作物简化和高效种植技术、耕地质量保育技术、重大生物灾害预警及防控技术研究应用等方面，培养引进50名左右国家级农业科学家。依托农业科研院所、高等学校和产业化龙头企业，加快良种繁育、作物栽培、储藏加工等方面的人才培养，壮大农业科技研发人才队伍。扩大农业技术推广人才规模，重点围绕中低产田改造、植保防治、农业机械化推进等关键技术及装备的普及应用，形成6万名左右稳定的农业技术推广人才队伍。通过组织专家团、定点联系、在线服务等多种形式，广泛开展农业科技服务。实施“金土地”种粮农民培训工程，以种粮大户为重点，每年培训核心区50万名种粮农民。

（四）城镇化建设人才开发工程

着眼于以城镇化带动“三化”协调发展、提高城市综合承载能力、增强区域综合竞争力，坚持以高水平城建规划人才、城市管理人才为重点，大力加强城乡规划建设管理人才开发培养，为加快城镇化建设提供人才支撑。到2020年，培养城乡规划、建设、管理相关专业学生25万人；培养引进具有高级职称或获得国家资格认证的高级人才3万人。加大对省辖市、县（市、区）党政正职、分管副职城建专业相关知识培训，每3年轮训一遍。优化城建部门干部队伍结构，提高专业化程度，各级城乡规划建设主管部门领导班子成员上岗前必须经过城建专业相关知识培训；领导班子成员中至少配备1名具有规划专业本科以上学历的干部，暂无符合条件人选的由上级业务主管部门通过组织部门选派专业干部挂职。加强城市建设规划设计、项目运作、经营管理等方面人才的培养引进，尽快形成一支适应城镇化快速发展的专业化人才队伍。建立完善引进、留住高水平城建人才相关政策。

（五）中原崛起百千万海外人才引进工程

大力引进海外高层次人才，用5—10年时间，围绕战略支撑产业、战略新兴产业和战略基础产业，依托国家和省重点创新项目、重点学科和重点实验室、重点企业和地方商业金融机构、以高新技术产业开发区为主的各类园区等，引进120名左右海外高层次创新创业人才，引进3500名左右具有全日制博士、硕士学位的海外留学人员，引进5万人次海外专家智力。以国家海外高层次人才创新创业基地为龙头，到2020年建设20个左右省级海外高层次人才创新创业基地。建立完善涵盖各类各层次的海外人才信息库，入库规模6万人左右。加强对海外高层次人才的跟踪联系。建立河南海外人才市场，充分发挥有关社会团体和组织的作用，为海外高层次人才回国服务、来豫工作牵线搭桥。依托党委政府有关职能部门建立海外高层次创新创业人才联系窗口、专门服务窗口，为引进人才提供优质服务。

（六）技能人才振兴工程

紧密结合产业需求发展职业教育，构建以高技能人才培养为重点、覆盖城乡的职业技能培训体系，全面提高劳动者技能素质，促进产业发展和充分就业。按照我省职业教育攻坚计划和河南全民技能振兴工程的任务要求，重点建设1—2所职业教育师范学院，各省辖市重点办好2—3所特色鲜明、优势明显的示范性职业院校，县（市）政府重点办好1所在校生规模达到3000人以上的职教中心或中等职业学校。支持全省5所重点技师学院、30所高级技工学校、50个企业职工培训中心和20个技能大师工作室，建设成高技能人才培养示范基地和研修平台，新培养10万名技师和高级技师。加强农村劳动力转移就业技能培训。坚持培训对象多元化、培训形式多样化、培训等级多层次，开展劳动预备制培训、岗位技能提升培训、就业和再就业培训。开展多层次的职业技能竞赛，健全技能人才选拔激励机制。

（七）创业人才推进工程

以创业带动就业，促进经济发展。到2020年，在全省私营企业数量达到40万户、个体工商户达到300万户基础上，形成一支富有活力、创业有成的人才队伍。在各类大中专院校开设创业培训课程，实施创业教育，引导高校毕业生成为创业生力军；帮助返乡农民工、下岗失业人员自主创业，每年培训10万人左右；对创业有成者进行能力再提升培训，促进创业持续发展。吸引具有知识和技术优势的海外高层次人才来豫创业。开展创业示范市、县创建活动，弘扬创业精神，培育创业文化，表彰创业先进，促进全民创业。

（八）教育名师名家培育工程

坚持教育大计、教师为本，着力培育一批师德高尚、业务精湛的教育名师名家，带动全省教师队伍整体素质和办学水平的提高。到2020年，高等学校面向海内外选拔资助400名特聘教授、1000名创新型学术带头人、200个教学团队。在职业院校培养500名省级职业教育专家，“双师型”教师占专业课教师比例达到70%以上。在中小学校培育2万名省、市级名师和名校长。以更新教育理念、增长专业知识、强化教学技能为重点，每5年对全省中小学校教师轮训一遍。

（九）全民健康卫生人才保障工程

适应不断增长的全民健康保障需求，大力加强卫生人才队伍建设，使我省每千人口拥有卫生技术人员数接近或达到全国平均水平。注重培养和引进卫生领军人才，带动医疗卫生技术突破和提升，到2020年，引进和培养50名左右在全国有学术地位和影响的高层次卫生领军人才、300名中青年卫生科技创新人才。优化卫生人才资源配置，鼓励和引导卫生人才向农村和社区流动，改善基层卫生人才短缺现状，提高基层医疗卫生服务能力。提供政策保障，用5—10年时间，为县、乡医疗卫生机构培养引进1000名硕士研究生、1万名本科生、2万名专科生。加强农村卫生人员培训，每5年将全省注册乡村医生全员轮训一遍。

（十）现代服务业人才培养开发工程

推进高等教育和职业教育服务业相关学科建设，探索完善学校与社会合作培养新机制，加快培养现代服务业人才，到2020年，培养现代服务业相关专业学生150万人。立足我省现代物流、旅游、文化、会展、商贸服务等具有比较优势的服务业，重在提高从业人员能力和水平，提升人才竞争力；围绕金融、信息服务、房地产、商务服务等高成长性服务业，重在集聚具有国际视野、通晓国际规则、熟悉现代管理的现代服务业高端人才；针对农村服务业等薄弱环节，重在拓展服务领域，创新服务产品，扩大从业人员规模。设立河南省优秀服务业人才奖。

六、切实加强组织领导，保证规划贯彻实施

（一）完善人才领导体制和工作机制

坚持党管人才原则，完善党委统一领导，组织部门牵头抓总，有关部门各司其职、密切配合，社会力量广泛参与的人才工作格局。制定完善党管人才工作格局实施意见，发挥党委领导核心作用，统筹经济社会发展和人才发展，切实履行好管宏观、管政策、管协调、管服务的职责，创新党管人才的方式方法，注重运作，有效整合人才工作资源，提高党管人才科学化水平。健全人才工作机构，配强工作力量，更加适应人才发展需要。建立科学的决策机制、协调机制和督导机制，形成统分结合、高效运转的人才工作运行机制。建立党委、政府人才工作目标责任制，坚持一把手抓“第一资源”，提高各级党政领导班子综合考核指标体系中人才工作专项考核的权重。建立各级党委常委会听取人才工作专项报告制度。完善党委联系专家制度。实行重大决策专家咨询制度。推动政府人才管理职能向创造良好发展环境、提供优质公共服务转变，运行机制和管理方式向规范有序、公开透明、便捷高效转变。发挥政府人力资源管理部门作用，强化人才工作相关部门职责，调动各人民团体、企事业单位、社会组织的积极性，形成人才工作整体合力。加强人才统计工作，建立健全规范的人才资源统计制度，为推动人才发展提供科学依据。

（二）营造人才发展良好氛围

大力宣传中央和省委人才工作的重大战略思想和方针政策，宣传人才优先发展的目标任务、重大举措，宣传优秀人才典型事迹和人才工作先进经验，进一步解放思想，更新观念，用战略眼光看待人才工作，立足新的起点做好人才工作，健全育才、引才、聚才、用才工作机制，营造关心人才、爱护人才、支持人才发展的社会氛围，形成人人能成才、人人得发展、人人作贡献的生动局面。

（三）抓好《人才规划纲要》贯彻落实

实施人才强省战略，必须有人才强市、人才强县规划相配套、作支撑。各省辖市、省直有关部门、县（市、区）要以国家和我省《人才规划纲要》为指导，结合实际，编制本地、本行业系统以及重点领域的人才发展规划，形成上下贯通、左右协调的人才发展规划体系。认真抓好《人才规划纲要》的贯彻实施，分解任务，明确责任，加强督查，确保落实，使人才强省战略成为全省所有单位的自觉行动。

湖北省中长期人才发展规划纲要
（2010—2020年）

为更好实施人才强省战略，在中部地区率先建成人才强省，根据全省全面建设小康社会总体部署和《国家中长期人才发展规划纲要（2010－2020年）》（中发〔2010〕6号）精神，制定本纲要。

一、全省人才发展现状及面临的形势

（一）2004年以来人才工作取得的新进展

2004年以来，全省上下认真贯彻党的十六大、十七大精神，按照全国、全省人才工作会议作出的重大部署，大力实施人才强省战略，全面、深入推进人才发展，取得了显著成绩。

1．坚持党管人才原则，人才工作领导体制不断健全。省委、省政府深刻认识人才对推动经济社会发展的关键作用，以科学发展观为指导，牢固树立“人才资源是第一资源”的理念，确立人才强省战略，召开全省人才工作会议，制定《关于贯彻〈中共中央、国务院关于进一步加强人才工作的决定〉的若干意见》。编制实施全省“十一五”人才队伍建设规划，制定出台一系列加强各类人才发展的政策文件。成立省委人才工作领导小组，完善协调运行机制，健全省委领导联系专家制度，加强对全省人才工作的宏观指导，逐步形成党委统一领导，组织部门牵头抓总，有关部门各司其职、密切配合，社会力量广泛参与的人才工作新格局。各地各部门认真贯彻省委、省政府的部署和要求，建立领导机构，强化工作措施，呈现出各级党委、政府高度重视，用人主体工作力度不断加大，社会各界密切关注的新局面。

2．坚持以人才资源能力建设为核心，各类人才队伍建设不断加强。根据全省经济社会发展的需求，遵循人才队伍建设的规律，以高层次和高技能人才为重点，统筹推进各类人才队伍建设。人才总量持续稳步增长。2008年底达到535.5万人，比2003年增长105.8%，其中党政人才29.5万人，企业经营管理人才36.5万人，专业技术人才255万人，高技能人才147.5万人，农村实用人才63.4万人，社会工作人才3.6万人。人才整体素质明显提升，人才结构分布逐步得到改善。各类人才中接受过高等教育的人数达268.4万人，比2003年增加138.6万人。在鄂院士58人、中科院“百人计划”、“长江学者”、“新世纪百千万人才工程”等国家级人才工程人选5564人，较2003年都有不同程度增加。

3．坚持创新体制机制，人才发展环境进一步改善。坚持以解放思想为先导，不断创新人才培养、评价、使用、流动、激励等机制。认真贯彻执行《党政领导干部选拔任用工作条例》，积极深化干部人事制度改革，党政领导干部公开选拔、竞争上岗、任前公示、任职试用、辞职辞退等制度深入推进。《公务员法》全面实施。以聘用制和岗位管理为主要内容的事业单位综合配套改革全面推进。完善公司治理结构，建立现代企业人事管理制度。进一步落实人才自主择业和用人单位自主选人权，健全人才市场体系，市场配置人才资源的基础性作用更加明显。以“湖北省科学技术奖”、“湖北省优秀企业家”、“湖北名师”、“湖北省杰出专业技术人才”、“优秀留学回国人员”、“优秀博士后”、“湖北省技能大师”、“湖北省技术能手”等为代表的全省人才表彰奖励工作制度基本形成。加强人才载体建设，先后建立省级以上工程技术研究中心96个，科技企业孵化器60个，生产力促进中心72个，博士后工作站45个、产业基地60个，人才创业园或创业基地23个。加强人才工作舆论宣传，先后推出了一系列在全国有影响的人才工作典型和人才典型，在全省形成了尊重劳动、尊重知识、尊重人才、尊重创造的社会氛围。

4．坚持服务全省发展大局，人才对经济社会发展的支撑作用逐步增强。始终坚持把围绕中心、服务大局、推动全省经济社会发展作为人才工作的根本出发点和落脚点。全省先后围绕构建促进中部地区崛起重要战略支点、创新型湖北建设、社会主义新农村建设、武汉城市圈“两型”社会建设等全省重大发展战略，及时配套人才发展政策措施，大力开展“高层次创新创业人才551计划”、“湖北省新世纪高层次人才工程”、“楚天学者计划”、“国有企业1315计划”、“湖北省技能大师”、“三支一扶”、“一村一名大学生计划”、“女性成才支持行动”等专项活动，为全省经济社会发展提供了有力的人才支撑。人才对经济社会发展的贡献率逐步提高，2005年以来，全省共取得重大科研成果2099项，创造经济效益502.6亿元。

（二）存在的主要问题

一是“人才资源是第一资源”的理念还不够牢固，“四个尊重”的要求在一些地方只停留在表面，“见物不见人”倾向比较严重，尤其是企业作为用人主体缺乏主动加强人才培养开发的动力。二是人才队伍总量仍显不足，整体素质不高，人才结构和布局也不尽合理，现有人才主要集中在教育、卫生等部门，基层和经济一线人才缺乏，特别是高层次创新创业人才紧缺。三是人才发展体制机制创新力度不大，人才培养、评价、使用、流动、激励政策体系不健全，人才发展环境不优，优秀人才留不住、用不活的现象仍然存在。四是人才对经济社会发展的贡献率不高，科教、人才优势没有充分转化为经济社会发展强势。

（三）未来十年面临的形势

未来十年，是我省经济社会发展的关键时期，也是我省人才事业发展的重要战略机遇期，确立人才优先发展的战略布局将引领人才发展进入素质提升、结构优化、活力增强、竞争更加激烈和作用更加突出的新阶段，机遇与挑战并存。从机遇看，党的十七大将人才强国战略上升为国家发展战略，东部地区产业加快向中西部地区转移，全省加快构建促进中部地区崛起的重要战略支点、推进新农村建设、加强创新型湖北建设、“两圈一带”建设等重大发展战略的深入推进，经济、社会、文化、政治等领域改革不断深化，对外开放不断扩大，这些都为人才工作和人才队伍建设提供了难得的机遇。从挑战看，随着经济全球化的深入发展和科技进步的日新月异，人才竞争将更加激烈；人才的自由流动和市场配置化程度越来越高，我省经济水平对人才的吸引力低于沿海发达地区；我省需要保持经济社会平稳较快发展，更需要加快经济发展方式转变，实现由主要依靠物质资源消耗向主要依靠科技进步、劳动者素质提高和管理创新转变，加快推进以发展电子信息、生物、新能源、消费类电子和环保等战略性新兴产业为重点的产业结构调整任务相当繁重，对人才发展提出了更高更紧迫的要求。面对新形势新任务，我们要进一步增强责任感、使命感和危机感，坚定不移地走人才强省之路，科学规划、深化改革、重点突破、整体推进，不断开创人才资源充分涌流、人才活力竞相迸发的新局面。

二、2010—2020年人才发展的指导思想、基本原则和总体目标

（一）指导思想

高举中国特色社会主义伟大旗帜，以邓小平理论和“三个代表”重要思想为指导，深入贯彻落实科学发展观，尊重劳动、尊重知识、尊重人才、尊重创造，坚持党管人才原则，紧紧围绕全省重大发展战略，立足科教、人才大省的实际，更好实施人才强省战略，确立人才优先发展战略布局，进一步解放思想、解放人才、解放科技生产力，遵循社会主义市场经济规律和人才成长规律，以人才资源能力建设为核心，以人才结构调整为主线，以人才发展体制机制改革和政策创新为动力，以重大人才工程建设为抓手，以高层次和高技能人才为重点统筹推进各类人才队伍建设，促进人才优势充分转化为经济社会发展强势，为全省加快全面建设小康社会、构建促进中部地区崛起重要战略支点提供强有力的人才保证和智力支持。

（二）基本原则

1．服务发展、人才优先。统筹经济社会和人才发展，把服务科学发展作为人才工作的根本出发点和落脚点，根据科学发展需要制定人才政策措施，坚持用科学发展成果检验人才工作成效。确立人才优先发展的战略地位，充分发挥人才的基础性、战略性作用，做到人才资源优先开发、人才结构优先调整、人才投资优先保证、人才制度优先创新，以人才优先发展支撑湖北经济社会科学发展和人的全面发展。

2．创新机制、激发活力。把深化改革作为推动人才发展的根本动力，遵循人才发展规律，紧紧抓住人才培养、引进、评价、使用、激励等环节，加大改革创新力度，努力破除束缚人才发展的思想观念和制度障碍，构建与社会主义市场经济体制相适应、有利于科学发展的人才发展体制机制，充分激发各类人才的创造活力。

3．以用为本、人尽其才。把充分发挥各类人才的作用作为人才工作的根本任务，积极为各类人才干事创业和实现价值提供机会和条件，引导人才向经济社会发展主战场、基层一线集聚，发挥“第一资源”服务“第一要务”的作用，促进人尽其才、才尽其用。

4．突出重点、统筹推进。主动适应加快经济发展方式转变的要求，充分发挥高层次人才在经济社会发展和人才队伍建设中的引领作用，不断强化企业集聚、培养、使用人才的主体地位，统筹国际国内两个市场，推进城乡、区域、产业、行业和

不同所有制人才资源开发，实现各类人才协调发展。

（三）总体目标

到2020年，培养和造就规模宏大、结构合理、素质优良的人才队伍，实现由人才大省向人才强省的转变，在中部地区率先建成人才强省，进入全国人才强省行列。

1. 人才队伍数量、质量进入全国先进行列。人才总量达到949万人，比2008年增长77%，继续保持规模优势地位，基本满足经济社会发展需要。人才素质明显提升，结构进一步优化。主要劳动年龄人口受过高等教育的比例达到21%，每万劳动力中研发人员达到45人年，高技能人才占技能劳动者的比例达到31%，人才的分布和层次、类型、性别等结构趋于合理。

2. 人才创新创业创优环境处于中西部领先地位。人才发展体制机制和政策创新取得突破性进展，人力资本投资占GDP比例达到17%，居中西部地区前列，形成鼓励人才干事业、支持人才干成事业、帮助人才干好事业的社会环境。

3. 人才服务全省重大发展战略的水平大幅提高。人才优势充分转化为经济社会发展强势，人才贡献率达到36%。

三、人才队伍建设主要任务

（一）全面推进各类人才队伍建设

1. 党政人才队伍

发展目标：党政人才队伍总量保持平衡、专业化水平明显提高、结构更加合理，领导水平和执政能力全面提高。到2020年，党政人才规模控制在30万人以内，其中，具有大学本科及以上学历的干部所占比例由44.5%提高到85%；45岁以下中青年干部继续保持主体地位；专业知识结构不断改善，工业经济和信息产业、国土资源管理及环保、城建交通、行政执法等领域的专业人才不足的问题基本解决。

发展思路：按照加强党的执政能力建设和先进性建设的要求，以坚定理想信念、提高领导科学发展能力为核心，以各级领导干部为重点，大力加强党政人才队伍建设。一是科学规划党政人才队伍建设。统筹制定全省党政人才队伍建设、干部教育培训工作中长期规划，提高党政人才队伍建设的制度化和规范化水平。二是坚持不懈地抓好思想政治建设。坚持把用中国特色社会主义理论体系武装头脑作为首要任务，把学习实践科学发展观作为重要主题，构建领导班子思想政治建设长效机制。三是以市、县党政正职为重点，统筹推进党政人才队伍建设。坚持德才兼备、以德为先的用人标准，树立坚定信念、注重品行、科学发展、崇尚实干、重视基层、鼓励创新、群众公认的用人导向，选好配强各级领导干部特别是市、县党政正职，形成合理的年龄、知识和专业结构。探索建立和完善地方党委新的工作机制，增强各级领导班子整体功能。遵循年轻干部成长规律，适当加快培养速度，进一步加大优秀年轻干部选拔任用力度。加强女干部、少数民族干部培养选拔工作，大力推进党外代表人士队伍建设。健全从基层和生产一线选拔党政人才制度，构建来自基层和生产一线的党政人才选拔培养链。坚持集中调整补充和动态调整相结合，做好后备干部调整补充工作，提高党政后备干部队伍建设的质量和水平。四是不断深化干部人事制度改革。完善干部教育培养、选拔任用、考核评价、激励保障和监督管理机制，进一步加大党政人才交流力度，努力提高选人用人公信度，全面激发党政人才队伍活力。

2. 企业经营管理人才队伍

发展目标：企业经营管理人才总量快速增长、素质明显提高、结构趋于合理，现代化经营管理水平基本符合各类企业发展需要。到2015年，企业经营管理人才总量达100万人；到2020年，达127万人，具有大学本科及以上学历的人才占70%。精通财务会计、资本运作、国际惯例和行业规则的经营管理人才满足市场需求。国有企业领导人员通过市场化选用的比例达到50%以上。

发展思路：适应经济全球化和提高企业核心竞争力的需要，以扩大数量、提高现代化经营管理水平为核心，以优秀企业家和职业经理人为重点，大力加强企业经营管理人才队伍建设。一是努力营造“尊重企业家、尊重创业者”的良好氛围。大力实施“人才强企”战略，引导企业将人力资源发展规划纳入企业发展总体规划，重视、加强经营管理人才开发。二是加快培育企业经营管理人才。建立和完善企业经营管理人才培养体系，采取社会培养和企业培养相结合、培养和引进相结合的方式，大力培养一批适应“走出去”战略需要、推动企业参与国际竞争的战略企业家，造就一批精通财务、国际经济、市场营销、金融与法律的经营管理专业人才。有重点地选送一批企业经营管理人才到国内外著名高等学校、培训机构和知名企业培训，选拔一批35岁以下、本科以上学历、有发展潜力的优秀人才作为后备力量进行重点培养。三是构建适应现代企业制度要求的企业经营管理人才成长发展机制。加快现代企业制度建设，完善公司法人治理结构，依法落实董事会和经营管理者的选人用人权，大力推行公开招聘、市场选聘等选拔经营管理人才方式，加快推进企业经营管理人才职业化、市场化和国际化。

3. 专业技术人才队伍

发展目标：专业技术人才总量稳步增长、整体素质进一步提高、结构明显优化，对经济社会发展的贡献率大幅提高。到2015年，专业技术人才总量达到350万人；到2020年，达到400万人，占从业人员的10%以上，高级、中级、初级专业技术人才比例为1:4:5。

发展思路：适应创新型湖北建设的要求，以提高创新能力和优化结构为核心，以高层次人才和紧缺人才为重点，大力加强专业技术人才队伍建设。一是进一步扩大专业技术人才队伍培养规模，提高专业技术人才创新能力。充分利用我省高等学校、科研院所数量众多的优势，着力构建大规模、宽领域、高起点的专业技术人才培养体系。围绕经济社会发展需求，综合运用国家、省各种人才培养项目，大力培养急需紧缺专业技术人才，重点培养一批高层次专业技术人才。健全竞争开发、动态管理的选拔体系，进一步完善专业技术人才的选拔管理。大力引进一批高新技术产业、先进制造业和现代农业等领域急需的高层次专业技术人才。加强专业技术人才职业道德教育，实施专业技术人才知识更新工程，引导他们带头创新创业创优。二是深入推进专业技术人才优化配置。综合运用政策调控和市场配置手段，推进专业技术人才结构战略性调整，引导党政机关、高等学校、科研院所专业技术人才向企业、基层一线流动，服务全省发展。鼓励和支持企业建立专业化研发机构，提高企业聚集人才能力。提高第一、二产业人才数量，优化人才专业、产业分布和高、中、初级比例。三是充分激发专业技术人才创新创业活力。健全专业技术人才管理体制。统筹推进专业技术职务和职业资格制度改革。改进专业技术人才收入分配等激励办法。改善基层专业技术人才工作和生活条件，拓展职业发展空间。注重发挥离退休专业技术人才的作用。

4．高技能人才队伍

发展目标：高技能人才队伍总量大幅增长，职业能力明显提升，产业、行业分布均衡，技术型、复合型和知识型技能人才协调发展。到2015年，高技能人才总量达到200万人；到2020年，达到250万人，占技能劳动者的比例达到31%以上。

发展思路：适应新型工业化和产业结构优化升级的要求，以扩大数量、提升职业素质和能力为核心，以技师和高级技师为重点，大力加强高技能人才队伍建设。一是创新培养方式，大规模培养高技能人才。立足企业需求，完善以企业为主体、职业院校为基础、学校教育与企业培养紧密联系、政府推动与社会支持相结合的高技能人才培养体系。进一步加强国家级和省级示范性高职院校建设，制定校企合作培养高技能人才规划，全面实施高技能人才培养工程。建立一批规模大、实力强、特色鲜明的培养示范基地和公共实训基地，提高培养质量和层次。完善名师带徒、技师研修等制度，强化岗位实践，促进职工岗位成才。二是完善高技能人才发展机制，畅通高技能人才成长渠道。进一步突破年龄、资历、身份和比例限制，建立健全高技能人才评价、使用、激励、流动制度，促进高技能人才更好更快地成长。三是加强宣传表彰，优化高技能人才成长的社会环境。破除重学历轻技能的落后观念，积极营造“尊重劳动、崇尚技能、鼓励创造”的社会氛围。完善技能人才评选表彰制度，广泛开展职业技能竞赛和岗位练兵活动，进一步提高高技能人才的经济待遇和社会地位。

5．农村实用人才队伍

发展目标：农村实用人才队伍总量大幅增加、素质不断提高、结构有效改善、环境不断优化。到2015年，农村实用人才总量达到102万人；到2020年，达到129万人，平均受教育年限为10.5年，每个行政村有3名以上大学生，每个村民小组至少有1名示范带动能力强的带头人。

发展思路：适应建设社会主义新农村的要求，以扩大数量，提高科技素质、经营能力和带动辐射能力为核心，以农村实用人才带头人和农村生产经营型人才为重点，大力加强农村实用人才队伍建设。一是大规模开展农村实用人才培训。充分发挥农村中小学校、职业学校、成人学校、农业广播电视学校、农村现代远程教育网络和各种农业技术培训机构的作用，多渠道、多途径开展农民技能培训。以创建农村实用人才培养示范基地为突破口，加强各类培训项目的整合和衔接，切实提高培训的针对性和实效性。二是大力扶持农村实用人才创业兴业。优化环境，搭建平台，在创业培训、项目审批、信贷发放、土地使用、税费减免等方面给予优惠和支持。鼓励和支持农村实用人才带头人牵头建立专业合作组织和专业技术协会，加快培养农村产业化、规模化发展急需的经营人才。三是大胆推进农村实用人才队伍建设机制创新。探索建立农村实用人才认定制度，建立农民技术职务评审制度。加大对农村实用人才的表彰激励和宣传力度，提高农村实用人才社会地位。继续加大城乡人才对口扶持力度，以建设仙洪新农村试验区、脱贫奔小康试点县、鄂州市统筹经济社会发展推进城乡一体化试点为载体，探索加强农村实用人才队伍建设的新途径。

6．社会工作人才队伍

发展目标：社会工作人才数量大幅增长、专业水平明显提高、职业道德进一步提升。到2015年、2020年，社会工作人才总量分别达到8.6万人、13万人。

发展思路：适应构建社会主义和谐社会的需要，以增加人才总量、推进职业化为核心，以高层次和基层专业人才为重点，培养造就一支职业化、专业化的社会工作人才队伍。一是多渠道培养社会工作人才。加快社会工作学科专业体系建设，大力发展社会工作高等教育和职业教育，建设一批社会工作人才培训基地。深入开展职业技能培训，重点提高现有社会工作人才的专业技术知识水平、专业性方法技巧、调动和整合社会资源的能力。完善继续教育机制，推进社会工作人才知识能力不断更新。二是大力开发、科学设置社会工作岗位。以预防和解决社会问题、促进社会和谐为目标，通过资源整合、优化配置等途径，明确社会工作岗位的设置领域和配备要求，进行社会工作人才身份、资质界定。三是推动社会工作职业化、专业化。制定出台社会工作人才职业规范，建立社会工作人才登记注册制度，建立和完善社会工作人才准入和职称职级管理，加强社会工作人才行业自律。建立合理的社会工作人才职业薪酬制度，提高社会工作人才的地位和待遇。

（二）统筹推进“两圈一带”人才开发

1．统筹武汉城市圈“两型”社会建设人才发展

发展目标：武汉城市圈人才总量稳步增长、素质继续提升、结构分布基本合理，率先实现“1+8”人才一体化。到2015年、2020年，武汉城市圈人才总量分别达到578万人、664万人。

发展思路：适应加强武汉城市圈“两型”社会建设的要求，以提升圈内人才竞争力、推进人才一体化为核心，以高层次、复合型、创新型人才为重点，大力加强圈内人才队伍建设。一是围绕武汉城市圈和各城市功能定位，编制实施城市圈和各城市中长期人才发展规划。二是根据圈内人才需求，加强专项人才开发。推进圈内干部交流挂职，提高圈内领导人才建设“两型”社会的能力。重点实施高层次创新创业人才、现代服务业人才等圈内人才培养计划，大量培养适应城市圈发展要求的各类人才。三是推进圈内人才发展一体化。探索建立统筹推进、政策协调、信息互通、资源共享的合作协调机制，充分发挥武汉市龙头辐射带动作用。四是进一步深化省部合作，开展科技、人才共建。

2．统筹鄂西生态文化旅游圈建设人才发展

发展目标：以生态、文化、旅游人才为重点的圈内人才队伍数量大幅增长、素质明显提升、结构趋于合理。到2015年、2020年，圈内人才总量分别达到212万人、285万人。

发展思路：适应大力发展生态产业、积极发展文化产业、突破性发展旅游业、加快发展相关服务业的要求，以提高开发

创新能力为核心，以生态、旅游、文化人才为重点，大力加强鄂西生态文化旅游圈人才队伍建设。一是制定人才支持政策。根据圈内人才发展实际，加强政策支持和项目扶持，引导圈内各市、县加强人才工作。二是加强生态、文化、旅游人才培养开发。大力培养观光农业、林业等生态产业人才。积极培养民族风俗、民族宗教、民族歌舞、乡土文化等地方特色文化产业人才和影视制作、动漫娱乐、创意设计等现代文化产业人才。注重培养旅游管理、市场营销、导游等旅游产业人才，通过国内外交流合作与培养，引进一批急需的旅游营销和景区管理等旅游短缺人才。三是加强统筹，建立一体化的圈内人力资源市场，充分发挥襄樊、宜昌两个副省域中心城市对圈内人才的辐射带动作用。

3．以湖北长江经济带为主轴，加强全省重点产业领域人才开发

发展目标：湖北长江经济带人才总量、结构与沿江先进制造业、高新技术产业、现代物流业、文化旅游业、现代服务业、现代农业和农产品加工业等“六大产业”的发展保持动态平衡，初步形成沿江产业人才密集带，促进“两圈”人才发展互动，带动全省重点产业人才开发。

发展思路：围绕把湖北长江经济带建设成为引领湖北经济社会发展的现代产业密集带、新型城镇连绵带和生态文明示范带，以提高自主创新能力为核心，以现代产业高层次人才为重点，大力加强重点产业领域人才队伍建设。一是加强宏观指导。分类制定“六大产业”人才发展规划，统筹实施“六大产业”重大人才政策和项目，定期收集、发布产业带人才需求，引导人才流向重点产业。二是加强产业带人才开发。根据全省产业布局和区域功能定位，建设一批特色区域产业人才培训基地。推进产业、项目、人才一体化建设，加强校企合作，依托重大科研项目、建设工程和重点基地，大力培养、引进产业急需人才。三是建立产业带人才开发服务机制。分产业选择若干用人单位作为人才发展环境、需求变化观测点，及时提供有针对性的人才服务。四是发挥“一带”促进“两圈”人才协调发展的作用。着力加强沿江人才市场建设，探索建立“人才柔性流动”机制，消除人才流动的政策性壁垒，促进人才合理流动。

四、人才发展机制创新

（一）改进人才培养开发机制

目标要求：建立健全人才培养统筹管理和宏观调控机制，以全省发展需要和社会需求为导向，以素质提升和创新能力建设为核心，以用人单位为主体，构建学习与实践相结合，培养与使用相结合，基础教育、职业教育、高等教育和继续教育相衔接的终身教育体系和现代人才培养开发机制。

重点任务：按照人才能力系列标准，确定各类人才培养重点和方式，提高人才培养的针对性和实效性。把社会主义核心价值体系教育贯穿人才培养开发全过程，不断提高各类人才的思想道德水平。

围绕全省经济社会发展对人才的需求，加快教育资源市场化配置，调整教育布局和学科专业结构，重点建设一批创新能力强、特色鲜明的学科群，不断优化人才培养结构。加快推进各级各类学校教学方法改革，完善质量评价制度，突出能力培养。坚持基础教育阶段科学教育标准，创新人才培养模式，全面实施素质教育，从源头上培育人才的科学素养和创新精神。加快建立覆盖城乡的职业培训体系，扩大职业教育招生规模，完善职业教育和职业资格证书相衔接、就业前教育和就业后培训相结合的机制。加强继续教育统筹规划，完善开放式、广覆盖、多层次的教育培训网络，根据各类人才的不同特点和需求实施大规模培训，加快构建学习型社会。

（二）创新人才评价发现机制

目标要求：健全科学的职业分类体系，建立各类人才的能力素质标准。改革人才评价方式，创新人才评价手段，建立以岗位职责要求为基础，以品德、能力和业绩为导向，科学化、社会化的人才评价发现机制。调整政府在人才评价中的职能定位，引入第三方评价监督机构，建立社会力量评价监督机制。进一步优化和规范人才评价程序和流程，健全人才评价的规范体系。把评价人才和发现人才结合起来，坚持在实践和群众中识别人才、发现人才。

重点任务：建立完善体现科学发展观要求的党政领导班子和领导干部考核评价体系，探索建立平时考核、年度考核、任前考察、换届考察、延伸考察等制度相结合的实绩考核方法。制定以市场化为基础、任期目标为依据的国有企业领导人综合考核评价办法，推进职业经理人社会化评价。深化职称制度改革，健全专业技术人才评价机制和多元化评价体系。完善社会化职业技能鉴定、企业技能人才评价、院校职业资格认证和专项职业能力考核实施办法。制定农村实用人才认定评价体系和由农民有效参与的考核评定办法，积极开展农村实用人才职称评定工作。开展武汉城市圈人才评价改革试点，进一步完善人才评价的程序设计与考评办法，试行高级人才双聘制度。

（三）改革人才选拔使用机制

目标要求：坚持公开、平等、竞争、择优原则，改革各类人才选拔使用方式和方法，建立有利于优秀人才脱颖而出、充分施展才能的选人用人机制，实现人岗相适、用当其时、人尽其才。

重点任务：完善党政人才公开选拔、竞争上岗、公推公选等办法，推行任期制和聘任制等制度，制定公务员考试录用实施办法。按照现代企业制度要求，建立市场配置、组织选拔和依法管理相结合的国有企业领导人员任用制度，健全国有资产出资人代表派出制和选举制。推行企业经营管理者聘任制、任期制和任期目标责任制，实行契约化管理。深化事业单位人事制度改革，全面推行事业单位聘用制和岗位设置管理制度。深化科技体制改革，推行按岗选人、竞聘上岗，打破科研事业单位职务终身制。坚持培训与使用相统一，完善技能人才聘用、技能人才带头人选拔制度。

（四）建立人才流动配置机制

目标要求：推进人力资源市场体系建设，建立以市场机制为主导，政府部门宏观调控、市场主体公平竞争、行业协会严格自律、中介组织提供服务、人才自主择业的人才流动配置机制，建设统一的人力资源信息公共服务平台。加强宏观引导，建立人才供需预测和调控机制，加大对人力资源市场的监管力度，统筹城乡、行业、产业、区域的人才流动。维护用人单位

自主权和个人择业自主权，逐步消除城乡、区域、部门、行业、所有制和身份等限制。

重点任务：结合政府机构改革，贯通各类人才市场和劳动力市场，建设统一开放的人力资源市场。重点培育专业性、行业性人才市场，推进高级人才的配置由“集市”方式向“猎头”方式转变。构建武汉城市圈、鄂西生态文化旅游圈等区域人力资源市场。推广人才引进工作居住证等制度，畅通人才流动渠道。扶持人才交流协会，建立健全人才市场行业组织，充分发挥行业组织自律协调作用。按照政事分开、管办分离的原则，推进政府部门所属人才服务机构体制改革。建立社会化人才档案公共管理服务系统，推进人才业绩档案制度，逐步实现管理信息化、网络化。建立高层次人才共享机制，鼓励支持高层次人才跨区域开展各种智力服务。

（五）完善人才激励机制

目标要求：完善按劳分配为主体、多种分配方式并存的分配制度，建立健全与社会主义市场经济体制相适应、与工作业绩紧密联系、充分体现人才价值、鼓励人才创新创造的分配激励机制。健全以政府奖励为导向、用人单位奖励为主体和社会力量奖励为补充的人才奖励体系。

重点任务：完善职务与职级相结合、强化级别作用的党政人才激励制度，制定优秀党政人才奖励办法。制定以知识、技术、管理、技能等生产要素作为资本参股和参与分配的办法。建立高层次人才和创新型人才的薪酬制度，缩小与发达地区薪酬水平差距。推进高新技术企业股权多元化，鼓励企业经营管理骨干和技术骨干持股。加大知识产权保护力度，推行人才资本及科研成果有偿转移制度。推行专业技术人才兼职兼薪管理制度。坚持技能水平与待遇标准挂钩，探索技能水平参与分配的技能人才薪酬制度。建立农业科技成果推广奖励专项制度。

（六）健全人才保障机制

目标要求：完善社会保障制度，实现人才个体的社会福利由身份决定的“职位分享型”向社会化保险方向的转变，建立统一的面向各类人才的社会保障体系。积极推进政府机关和事业单位保障制度改革，建立以养老保险、医疗保险为重点的人才保障制度。制定以补充养老保险和补充医疗保险为重点的优秀人才特殊保障政策。

重点任务：落实人才权益保护、人才争议仲裁等法规，切实保护人才的知识产权等权益。根据各类人才特点和需要，探索建立重要人才政府投保制度。鼓励保险机构研究开发符合人才流动需要，集合养老、医疗、健康、财产等多种功能的组合项目。鼓励和支持用人单位按规定为人才提供企业年金。扩大对农村、非公有制经济组织、新社会组织人才的社会保障覆盖面。

五、实施有利于促进科教、人才优势转化的重大政策体系建设

（一）实施促进人才投资优先保证的财税金融政策

（1）各级政府优先保证对人才发展的投入，确保教育、科技支出增长幅度高于财政经常性收入增长幅度，卫生投入增长幅度高于财政经常性支出增长幅度。逐步改善经济社会发展的要素投入结构，较大幅度增加人力资本投资比重。（2）各级政府在整合已有人才发展资金的基础上，建立人才发展专项资金，纳入财政预算体系，专门用于人才培养、吸引、使用和奖励。（3）在重大建设和科研项目经费中，应安排部分经费用于人才培训。（4）积极申请世行贷款支持人才项目。（5）优化公共财政支出结构，优化人才投入在不同环节的比例，通过税收、贴息等优惠政策，鼓励和引导用人单位、个人和社会投资人才资源开发。（6）鼓励和支持企业和社会组织建立人才发展基金。（7）建立完善人才支出效益监管和绩效评价制度，提高人才资金使用效益。

（二）实施产学研合作培养创新人才政策

（1）建立政府指导下以企业为主体、市场为导向，多种形式的产学研战略联盟，引导和鼓励企业与高等学校、科研院所通过共建科技创新平台、合作开展教育、共同实施重大项目等方式，培养高层次人才和创新团队。吸引国家级科研院所、知名企业在鄂设立分支机构或联合开展项目攻关，提高创新人才培养能力。（2）建立高等学校、科研院所、企业高层次人才双向交流制度，推行特聘教授、特聘客座教授和研究生培养的“双导师制”，改革完善博士后制度。（3）制定高等学校、科研院所评聘高级专业技术职务与企业和基层工作经历、科技成果转化挂钩的政策。（4）鼓励和支持企业在高等学校、科研院所设立人才基金，建立研发机构。（5）对企业等用人单位接纳高等学校和职业学校（含技工院校）学生实习等实行财税优惠政策。（6）制定鼓励在鄂“两院”院士与企业联合开展项目攻关、人才培养的支持政策。

（三）实施引导人才向农村基层和艰苦地区流动政策

（1）落实国家艰苦地区津贴政策，制定工资、职务、职称等方面的倾斜政策，不断改善农村基层和艰苦地区人才的工作和生活条件。（2）围绕艰苦地区重点产业，在创新创业平台建设、各类项目申报等方面制定优惠政策，引导人才向艰苦地区流动。（3）完善从基层一线选拔干部制度，逐步提高县级以上党政机关从基层招录公务员的比例，加大从农村、社区优秀基层干部中考录公务员力度，注重从优秀乡镇（街道）领导干部中选拔县级党政领导班子成员。（4）健全干部人才在基层一线培养锻炼制度，建立公职人员到基层服务、锻炼的派遣和轮调制度，制定县级以上机关新录用公务员（含参照管理工作人员）下基层锻炼制度，完善主要面向农村和企业的科技特派员制度。（5）实施城市带农村、武汉支持各地的人才对口支持政策。

（四）实施人才就业创业扶持政策

（1）建立促进各类人才就业创业工作协调机制，研究促进就业创业重大问题。（2）完善创业带动就业的产业、税收、财政、失业保险、信贷等政策体系。（3）建立健全支持大学生就业创业政策。用好各部门支持大学生创业的资金，资助大学生创业。创新高等学校就业指导中心、青年创业就业促进中心、社会专业培训机构、大学生就业实习基地合作方式和途径，发挥人力资源市场和网络载体功能，为大学生提供就业指导和职业发展规划服务。建立大学生未就业登记制度，开展就业培训和推荐。（4）完善复员退伍军人就业安置培训政策。（5）探索建立“创业者协会”和“创业者培训学校”，围绕市场需求，分类培训一批具有创业意识、处于发展阶段的创业者。（6）规范知识产权质押融资、创业贷款等业务发展。（7）制定支持高等学校、科研院所科技人员创办科技型企业、从事科技成果转化和技术转移的激励保障办法。（8）加大税收优惠、财政贴息力度，扶持创业风险投资基金，建立风险补偿机制。（9）以省高新技术产业投资有限公司为基础，设立省级创业投资引导基金，打造科技与金融资本、产业资本结合的平台。

（五）实施有利于科技人员潜心研究和创新的政策

（1）在科研院所、高等学校、企业建立符合科技人员和管理人员不同特点的职业发展途径，鼓励和支持科技人员在创新实践中成就事业，使其享有相应的社会地位和经济待遇。（2）完善科研管理制度，扩大科研机构用人自主权和科研经费使用自主权，健全科研机构内部决策、管理和监督的各项制度。（3）建立以学术和创新绩效为主导的资源配置和学术发展模式。（4）建立和完善科学技术人员分类考核评价体系，完善以创新绩效和质量为导向的科研评价办法。（5）完善科技经费管理办法和科技计划管理办法，对高水平创新团队给予长期稳定支持。（6）健全科研院所分配激励机制，注重向科研关键岗位和优秀拔尖人才倾斜。（7）注重改善青年科技人才、女性科技人才的科研环境和生活条件。

（六）实施推进党政人才、企业经营管理人才、专业技术人才合理流动政策

（1）完善党政人才、企业经营管理人才、专业技术人才交流和挂职锻炼制度，打破人才身份、单位、部门和所有制限制，营造开放的人才环境。（2）扩大党政机关和国有企事业单位领导人员跨地区跨部门交流任职范围。（3）拓宽党政人才来源渠道，完善从企事业单位和社会组织选拔人才制度。（4）建立选聘优秀党政人才和企业家担任高等学校教授的办法。

（七）推行更加开放的人才政策

（1）建立全省各类人才流动导向机制、柔性流动机制、流动激励机制，突破体制性障碍，促进人才合理有序流动。（2）健全引进海内外高层次人才政策，完善出入境和长期居留、税收、保险、住房、子女入学、配偶安置、承担重大科技项目、政府奖励等方面的特殊政策。（3）推进本土人才国际化，加大与外国政府、企业、学术团体的交流与合作，鼓励和资助科学家参与国际重大科技计划、科技工程、学术研究。（4）加强与中部五省的人才交流与合作，实现省际人才政策、制度的对接。（5）制定重要人才安全管理办法，保障重要人才权益，规范重要人才流动。

（八）实施鼓励非公有制经济组织和新社会组织人才发展政策

（1）制定加强非公有制经济组织、新社会组织人才队伍建设的意见。（2）建立非公有制经济组织、新社会组织平等享受有关人才培养、吸引、评价、使用等方面的制度体系。政府支持人才创新创业的资金、项目、信息等公共资源，向非公有制经济组织、新社会组织平等开放。政府开展人才宣传、表彰、奖励等方面活动，把非公有制经济组织、新社会组织人才作为重要对象。（3）把非公有制企业、新社会组织高级经营管理人才纳入党校、行政学院、社会主义学院、高等学校培训计划。

（九）健全引导用人单位加强人才开发的政策

（1）制定引导用人单位加强人才资源开发的财政、税收优惠及金融信贷政策。（2）推进用人单位人才项目扶持政策。确定一批用人单位重大人才项目，作为各级党委、政府重点跟踪扶持项目，从投入、培养、引进等方面提供专门优质服务。（3）建立把人才工作作为对用人单位各种评价、表彰、奖励等工作重要指标的政策。

（十）实施知识产权保护政策

（1）贯彻《湖北省知识产权战略纲要》，完善知识产权保护的政策法规，建立健全知识产权的有效保护机制。（2）制定促进知识产权转移的政策措施，明确科技成果创造者在知识产权转移中的权利和义务，促进自主创新成果的知识产权化、商品化、产业化。（3）完善政府资助开发的科研成果权利归属和利益分享机制，保护科技成果创造者的合理合法权益。（4）建立专利技术交易市场和平台。（5）加强知识产权行政执法体系建设，提高执法效率和水平。

六、重大人才工程建设

（一）创新创业领军人才开发工程

坚持战略性开发与适应性培养相结合，以高层次创新型科技人才和科技型创业人才为重点，造就一批世界水平或国内领先的科学家、科技领军人才、工程师和科技型企业家。按照“国内领先、世界一流”的标准，建设东湖国家自主创新示范区未来科技城，使其成为引领我国应用科技发展方向、代表我国相关产业应用研究技术最高水平的高层次人才创新创业重要基地。每五年选拔一批中青年科学家、科技领军人才、科学技术带头人和拔尖大学生，有针对性采取科研项目资助、建设科学家工作室和创新创业人才培养示范基地、选送海外深造等措施进行专门培养。到2020年，力争培养50名左右具有国际先进水平的科学家，其中10名左右成长为院士，500名左右具有国内一流水平、在相关领域做出重大贡献或科技成果转化并产生较大经济效益的科技领军人才和科技型企业家，10000名左右在省内具有重要影响、取得显著成果并能推动地区和行业发展的学术技术带头人和高素质、专业化管理人才。

（二）高端人才引领培养计划

充分发挥在鄂“两院”院士、中央“千人计划”、“长江学者”、中科院“百人计划”、“新世纪百千万人才工程”等国家级高端人才在培养人才方面的作用，省委人才办会同有关部门通过竞争择优的办法，2010年至2020年每年共遴选不少于20名共200名以上优秀中青年高层次科研人才进入引领培养工程，与在鄂“两院”院士及高端专家进行结对培养。5年为一个周期，每年考核一次，实行淘汰制。在东湖高新未来科技城为院士、专家等高端人才设立研究平台，优先安排科研项目和研发资金。同时，在全省范围内选择100个科技型企业，设立院士专家工作站，通过实施专项科研计划、开展科技创新院士专家地方行活动等措施，结对培养一批有培养潜力的青年拔尖人才和青年科技创新团队，帮助企事业单位提升创新研发能力，推进高端人才研究成果在鄂转化、应用，引领和推动高新技术产业发展。

（三）“123”企业家培育计划

着眼于提高我省企业现代化经营管理水平和国际竞争力，以提高创新能力和经营能力为核心，开展企业中高层管理人员

国际化培训工作，建立多元化风险投资体系，设立全省企业经营管理人才奖励基金，开展企业家杰出贡献奖、重大管理创新奖等评选活动，力争10年内培育1名能够带领企业进入世界500强的卓越企业家，10名能够带领企业进入国内500强的优秀企业家，200名能够带领企业在同行业中处于领先地位的骨干企业家，3000名具有良好发展潜力的成长型企业家。

（四）科技人才向经济发展一线集聚工程

围绕加快产学研结合，进一步整合资源，加大政策引导和待遇激励力度，完善高等学校、科研院所支持创业的考核评价体系，推动高等学校、科研院所的人才和技术成果向企业和经济发展一线集聚。深化科技副职工作，从省内外高等学校、科研院所选派高层次人才到市、县、乡和企业挂职或任职。继续推进“自主创新岗位和创新团队”、“博士后创新岗位”等计划。深化校地（企）合作机制，开展高等学校联系市县、院系结对企业、专家支持项目的对接活动，促进高等学校、科研院所与企业、基层深度合作。加快建设一批企业博士后工作站和产业基地、研究生工作站、工程技术中心等载体，吸引省内外高等学校、科研院所高层次人才到基层发展。

（五）名师、名医和文化名家造就工程

着眼于进一步提高全省发展软实力，大力培养一批教育、卫生、文化等各类社会事业发展领军人才。深入推进名师培养计划，通过研修培训、学术交流、项目资助等方式，在中小学校、职业院校、高等学校培养造就一批教育家、教学名师和学科领军人才。大力推进名医培养计划，通过开展住院医师规范化培训、科研专项经费支持等途径，到2020年，力争培养2名医学类院士，50名左右享受国务院特殊津贴和卫生部有突出贡献的中青年专家，200名左右全省卫生系统高层次学科带头人。继续推进宣传文化系统“五个一批”工程，每年重点扶持500名哲学社会科学、新闻出版、广播影视、文化艺术、文物保护等方面的优秀人才承担重大课题、重点项目、重要演出，开展创作研究、展演交流、出版专著活动，使高级文化人才达到文化工作者的20%，其中青年文艺骨干人才达到2000名。

（六）急需紧缺专业技术人才培养工程

适应发展现代产业体系的需要，加大经济社会发展重点领域急需紧缺专门人才培养开发力度。在装备制造、信息、生物技术、新材料、生态环境保护、能源资源、防灾减灾、现代服务业、资本市场运营、文化动漫等重点领域，依托高等学校、科研院所和大型企业现有施教机构，建设一批省级继续教育基地和工程创新训练基地，开展大规模的知识更新继续教育，每年培训5万名左右高层次、急需紧缺专业技术人才。

（七）“金蓝领”开发工程

围绕现代制造业发展，加快培养一批数量充足、结构合理、技艺精湛的高技能人才。重点建设10所技师学院，提升高技能人才的培养能力和水平。继续开展“首席技师”、“行业状元”、“湖北省技术能手”、“湖北青年岗位能手”、“湖北省巾帼建功岗位能手”等评选表彰活动。加快公共实训基地、技能大师工作室、高技能人才工作站和职业技能鉴定机构建设，到2020年建成100个电子信息、装备制造、生物医药、现代物流、建筑等项目的实训基地、50个技能大师工作室、100个高技能人才工作站、50个高标准职业技能鉴定机构，逐步形成与产业发展相适应的高技能人才培养布局。

（八）现代农业人才支撑计划

围绕全省农业规模化、集约化、产业化、板块化发展趋势，加大对现代农业的人才支持力度。整合农村实用人才培养资源，构建以涉农学校为龙头、全省农村实用人才培养示范基地为主阵地、各种项目培训为补充的农村实用人才培养体系。组织涉农高等学校（高职院校）有计划地定向培养县乡公益性农业技术推广人才，扩展“一村一名大学生计划”。大力开展农村实用人才创业培训，每年重点支持一批农业科技人才、农业产业化龙头企业负责人、专业合作组织负责人、生产能手和农村经纪人等优秀生产经营人才。到2020年，农村实用人才带头人达到10万名，培养百万名持有涉农专业学历教育毕业证书或农业岗位技能鉴定证书的专业农民。

（九）现代服务业人才培养工程

围绕现代服务业发展需要，依托省内外人才培养基地，每年培养1000名以上获得中高级资格证书的财务会计、资本市场、金融证券、法律服务、现代商贸、信息服务、物流运营、人才猎头、公共服务、文化产业经营管理等现代服务业人才；每年培养1000名中高级外语、国际经贸、WTO事务、对外文化交流等涉外人才，提高我省人才跨文化沟通能力、国际交流与合作能力。

（十）海内外人才回归、引进工程

围绕全省优先发展的重点产业，大力实施引进海外高层次人才“百人计划”，重点引进一批能够突破关键技术、发展高新产业、带动新兴学科的高层次人才。定期开展省内高层次人才需求调研，在北京、上海、香港和美英等发达地区和国家建立人才信息工作站，建立海内外高层次人才数据库。以国家、省海外高层次人才创新创业基地为主体，搭建海内外高层次人才创业平台，力争每年留学生动态回归率达到30%以上，10年内引进2000名海内外高层次创新创业人才，形成一批引领我省重点产业发展、具有较强竞争力的创新创业团队。

（十一）贫困地区和革命老区人才支持计划

按照实现基本公共服务均等化的目标要求，推进区域人才协调发展。继续实施贫困地区和少数民族地区干部培训计划、千村书记培训工程、贫困地区劳动力转移培训“雨露计划”等工程，提高贫困地区、少数民族地区人才开发能力。扩大“三支一扶”、“选调高等学校毕业生到村任职”、“万名医师支援农村卫生工程”等项目的范围和规模，每年引导1万名优秀教师、医生、科技人员、社会工作者、文化工作者到贫困地区和革命老区工作或提供服务。

（十二）高等学校毕业生基层创业计划

着眼于解决基层人才缺乏问题和培养锻炼后备人才，积极引导和鼓励高等学校毕业生到基层创业就业。统筹各类大学生到基层服务创业计划，通过政府购买岗位、代偿学费和助学贷款等方式，鼓励和引导高等学校毕业生到城乡基层就业。采取放宽户籍限制、专业技术职务评聘倾斜等政策，鼓励高等学校毕业生到中小企业、非公有制企业就业。通过免费培训、创业补贴、小额担保贷款、放宽出资额、免费登记等措施，鼓励和支持高等学校毕业生自主创业。对困难家庭的高等学校毕业生，采取给予生活补助、社会保险补贴、求职补贴等方式，支持其及时就业。

（十三）人才公共服务平台建设工程

着眼于优化人才工作环境，提升人才公共服务水平，推进人才公共服务平台建设。整合全省人才信息资源，建立社会化、公益性、开放式、覆盖广的人才资源信息共享机制。建立人才资源年度统计调查制度，定期发布人才工作白皮书和人才资源开发指导目录。加强人才信息网和数据库建设，打造互动、高效、便民、安全的人才资源公共信息平台和服务平台，建立上下贯通、左右衔接的各级人才网。统筹建设“湖北省高级专家协会”、“湖北省留学人员联谊会”等各种人才服务机构，建设“湖北人才大厦”，完善人才“一站式”服务体系。

七、组织领导和规划实施

（一）进一步完善党管人才领导体制

坚持党管人才原则，制定完善全省党管人才格局的意见，完善党委统一领导，组织部门牵头抓总，有关部门各司其职、密切配合，社会力量广泛参与的人才工作格局。发挥党委统揽全局、协调各方的领导核心作用，健全党委抓人才工作的领导机构，不断创新党管人才的方式方法，完善重大政策、重要工作部署的决策机制、协调机制和督促落实机制，提高党管人才工作水平。建立健全省委人才工作领导小组成员单位、各级党委政府以及“一把手”抓“第一资源”的目标责任制，提高各级党政领导班子综合考核指标体系中人才工作专项考核的权重，定期严格考核。大力表彰奖励人才工作先进单位和个人。建立各级党委常委会听取人才工作专项报告制度，定期检查评估人才工作成绩，研究分析问题，提出政策措施。完善党委组织部门牵头抓总职责，发挥政府人力资源管理部门作用，理顺各有关职能部门人才工作职责，充分调动各人民团体、企事业单位、社会中介组织的积极性，动员和组织全社会力量，形成人才工作整体合力。

（二）改革人才发展的管理体制

围绕发挥市场配置人才资源的基础性作用和落实用人单位自主权，推动政府人才管理职能向创造良好发展环境、提供优质公共服务转变，运行机制和管理方式向规范有序、公开透明、便捷高效转变，建立健全政府宏观调控、市场有效配置、单位自主用人、人才自主择业的人才管理体制。推动人才管理部门进一步简政放权，清理人才发展的各项政策法规，取消不利于发展的行政性限制和干预，减少人才评价、流动和使用等环节中的行政审批事项。认真贯彻各种人才法律法规，推进人才工作依法管理。

（三）建立健全规划实施督办机制

根据全省中长期人才发展规划纲要，指导编制各地区、部门、行业及重点领域人才发展规划，形成科学完整、互相衔接的人才发展规划体系。各级人才工作领导小组办公室负责对规划纲要进行分解落实，明确工作任务、责任要求和时间进度，并纳入年度工作计划，加强指导、协调、评估和监督检查。制定重大人才工程实施办法，建立问责制，保证人才项目建设的规范运作。建立人才规划实施情况反馈调整和通报制度，有计划、分阶段对规划纲要实施情况进行跟踪督促检查，重点抓好中期评估和阶段性评估，研究分析实施过程中的新情况、新问题，及时进行动态调整，并在一定范围内进行通报，确保人才规划顺利实施。

（四）加强人才工作管理部门自身建设

加强人才发展的基础性研究和应用性研究，积极探索人才资源开发规律。督促各地各部门健全人才工作机构，配齐配强工作人员，落实必要的工作经费。采取境内培训与境外培训、挂职与交流相结合的方式，加大人才工作者的岗位培训力度，提高人才工作队伍的政治素质和业务水平。加大对人才工作者的政治、生活关心力度，充分调动人才工作者的积极性和创造性。

湖南省中长期人才发展规划纲要
（2010—2020年）

人才是指具有一定的专业知识或专门技能，进行创造性劳动并对社会作出贡献的人，是人力资源中能力和素质较高的劳动者。人才是经济社会发展的第一资源，是湖南推进科学发展、富民强省的第一推动力。

省委、省政府历来高度重视人才工作，改革开放30多年来，特别是第一次全国人才工作会议以来，提出了一系列加强人才工作的政策措施，人才工作取得显著成效：人才队伍不断壮大，人才素质明显提高，人才结构得到优化，人才环境逐步改善，党管人才工作新格局基本形成，人才在经济社会发展中的作用日益凸显。但必须清醒地看到，我省人才发展水平与经济社会发展需要相比，还有许多不适应的地方，人才资源开发力度有待进一步加大，人才工作体制机制有待进一步完善，人才队伍整体实力有待进一步增强。未来十年是我省深入实施“一化三基”战略、加快富民强省的关键时期，也是人才发展的关键时期。面对新形势新任务，我们必须进一步增强责任感、使命感和危机感，解放思想，统一认识，加大改革创新力度，加快人才资源开发步伐，大力实施人才强省战略，不断开创人才辈出、人尽其才的繁荣局面。

根据中央提出的更好实施人才强国战略的总体要求和《国家中长期人才发展规划纲要（2010—2020年）》（以下简称《人才规划纲要》），着眼于建设人才强省，为我省经济社会发展提供人才保证，制定《湖南人才规划纲要》。

一、指导方针

高举中国特色社会主义伟大旗帜，以邓小平理论和“三个代表”重要思想为指导，深入贯彻落实科学发展观，尊重劳动、尊重知识、尊重人才、尊重创造，大力实施人才强省战略，坚持党管人才原则，遵循社会主义市场经济规律和人才发展规律，加快人才发展体制机制改革和政策创新，扩大对外开放，开发利用省内外各种人才资源，以高层次人才、高技能人才为重点统筹推进各类人才队伍建设，加强人才资源能力建设，推动人才结构战略性调整，为我省全面建设小康社会提供坚强的人才保证和广泛的智力支持。

当前和今后一个时期，我省人才发展的指导方针是：服务发展、人才优先、以用为本、创新机制、高端引领、整体开发。

服务发展。把服务科学发展作为人才工作的根本出发点和落脚点，围绕科学发展目标确定人才队伍建设任务，根据科学发展需要制定人才政策措施，用科学发展成果检验人才工作成效。

人才优先。确立在经济社会发展中人才优先发展的战略布局，充分发挥人才的基础性、战略性作用，做到人才资源优先开发、人才结构优先调整、人才投资优先保证、人才制度优先创新，促进经济发展方式向主要依靠科技进步、劳动者素质提高和管理创新转变。

以用为本。把充分发挥各类人才的作用作为人才工作的根本任务，围绕用好用活人才来培养、引进人才，积极为各类人才干事创业和实现价值提供机会和条件，引导人才更好地为我省经济社会发展服务。

创新机制。把进一步解放思想、深化改革作为推动人才发展的根本动力，破除一切束缚人才发展的思想观念和体制机制障碍，积极探索人才工作新思路，推出人才发展新举措，构建与社会主义市场经济体制相适应、有利于科学发展的人才发展体制机制，最大限度地激发人才的创造活力。

高端引领。培养造就一批善于领导和推动科学发展的党政领导干部，一批经营管理水平高、市场开拓能力强的优秀企业家，一批国内外知名的专家学者，一大批技艺精湛的高技能人才，一大批农村实用人才带头人，一大批职业化、专业化的高级社会工作人才，充分发挥高层次人才在经济社会发展和人才队伍建设中的引领作用。

整体开发。加强人才培养，注重理想信念教育和职业道德建设，培育拼搏奉献、艰苦创业、诚实守信、团结协作精神，促进人的全面发展。关心人才成长，鼓励和支持人人都作贡献、人人都能成才、行行出状元。统筹省内外人才市场，推进城乡、区域、产业、行业和不同所有制人才资源开发，实现各类人才队伍协调发展。

二、发展目标

（一）人才发展总体目标

根据富民强省和全面建设小康社会目标要求，立足我省人才发展的现实基础，2010—2020年我省人才发展的总体目标是：培养和造就规模宏大、结构优化、布局合理、素质优良的人才队伍，实现人才实力与经济社会发展要求相适应，人才体制机制与人才发展要求相适应，确立我省在中部地区的人才竞争优势，进入全国人才强省行列。到2015年，全省人才总量达到630万人左右；到2020年，达到780万人左右，比2008年增长76%。

（二）人才队伍建设目标

1．党政人才队伍建设目标。按照加强党的执政能力建设和先进性建设的要求，以提高领导水平和执政能力为核心，以厅局级和县处级领导干部为重点，建设一支政治坚定、勇于创新、勤政廉洁、求真务实、奋发有为、善于推动科学发展的高素质党政人才队伍。进一步加大优秀年轻干部、女干部、少数民族干部和非中共党员干部培养选拔力度。到2020年，全省党政人才总量从严控制在33万人左右，具有大学本科及以上学历的干部占党政干部队伍的85%，专业化水平明显提高，结构更加合理。

2．企业经营管理人才队伍建设目标。适应产业结构优化升级和应对市场竞争的需要，以提高现代经营管理水平和企业竞争力为核心，以战略企业家和职业经理人为重点，打造一支职业化、市场化、专业化、国际化的企业经营管理人才队伍。到2015年，全省企业经营管理人才总量达到93万人左右；到2020年，达到117万人左右。

3．专业技术人才队伍建设目标。适应建设创新型湖南的需要，以提高专业水平和创新能力为核心，以高层次人才和紧缺人才为重点，培养一支数量充足、结构合理的高素质专业技术人才队伍。到2015年，全省专业技术人才总量达到282万人左右；到2020年，达到350万人左右，其中高层次人才占10%左右。

4．高技能人才队伍建设目标。适应我省新型工业化发展和产业结构优化升级的要求，以提升职业素质和职业技能为核心，以技师、高级技师为重点，造就一支门类齐全、技艺精湛的高技能人才队伍。到2015年，全省高技能人才总量达到102万人左右；到2020年，达到139万人左右，其中技师、高级技师占20%左右。

5．农村实用人才队伍建设目标。围绕社会主义新农村建设和现代农业发展要求，以提高科技素质、职业技能和经营能力为核心，以农村实用人才带头人和农村生产经营型人才为重点，建设一支适应农村经济社会发展、数量充足的农村实用人才队伍。到2015年，全省农村实用人才总量达到120万人左右；到2020年，达到141万人左右，每个行政村主要特色产业至少有1—2名示范带动能力强的带头人。

6．社会工作人才队伍建设目标。适应构建社会主义和谐社会的需要，以人才培养和岗位开发为基础，以中高级社会工作人才为重点，建设一支能满足人民群众服务需求的职业化、专业化的社会工作人才队伍。到2015年，全省社会工作人才总量达到8万人左右；到2020年，达到13万人左右。

三、重点任务

（一）突出高层次、高技能人才队伍建设

1. 高层次创新型科技人才队伍建设。围绕创新型湖南建设，制定加强高层次创新型科技人才队伍建设的意见。依托重大科研和工程项目、重点学科和重点科研基地、国际学术交流合作项目，建设一批高层次创新型科技人才培养基地。充分发挥“两院”院士的作用，以科技领军人才培养计划、湖南省新世纪121人才工程等为依托，加强领军人才、核心技术研发人才培养和创新团队建设，形成科研人才和科研辅助人才衔接有序、梯次配备的合理结构。加强产学研合作，重视企业工程技术与管理人才培养，推动科技人才向企业集聚。鼓励和支持科技人才创新创业，完善风险投资政策，加大对中试环节的投入力度，促进科技成果向现实生产力转化。注重培养一线创新人才和青年科技人才，加大对优秀青年科技人才的发现、使用和资助力度。深化科技体制改革，完善权责明确、评价科学、创新引导的科技管理制度，健全有利于科技人才创新创业的评价、使用、激励措施。加大对基础研究、前沿技术研究、社会公益类科研机构的投入力度，对高水平创新团队给予长期稳定支持。健全科研院所分配机制，注重向科研关键岗位和优秀拔尖人才倾斜。倡导追求真理、勇攀高峰、宽容失败、团结协作的创新精神，营造科学民主、学术自由、严谨求实、开放包容的创新氛围，促进创新型科技人才潜心研究和创新。

2. 高层次企业经营管理人才队伍建设。围绕发展具有国际竞争力的企业集团，加强高层次企业经营管理人才队伍建设，努力培养造就一批具有战略眼光、市场开拓精神、管理创新能力和社会责任感的优秀企业家。创新评价选用机制，加大面向市场选聘国有企业高层次经营管理人才力度。完善国有企业高层次经营管理人才年薪制度、协议工资制度和股权激励等中长期激励制度。建立企业家人才库，省委直接掌握和联系一批优秀企业家。

3. 高层次党政领导人才队伍建设。坚持德才兼备、以德为先的用人标准和“三个不吃亏”的用人导向，按照政治坚定、具有领导科学发展能力、能够驾驭全局、善于抓班子带队伍、民主作风好、清正廉洁的要求，选好配强厅局级党政正职领导干部，进一步提升厅局级领导干部素质，着力抓好县委书记队伍建设。加强领导干部党校（行政学院）轮训、国（境）外学习培训、实践锻炼，不断改善党政领导人才的素质结构。加大领导干部跨地区跨部门交流力度，推进党政机关重要岗位干部定期交流、轮岗。健全选拔任用机制，推行和完善党委讨论决定任用重要干部票决制，进一步扩大选人用人中的民主。健全权力约束制衡机制，加强对领导干部特别是“一把手”的管理监督。

4. 高技能人才队伍建设。完善以企业为主体、职业院校和技工院校为基础，学校教育与企业培养紧密联系、政府推动与社会支持相结合的高技能人才培养体系。健全以职业能力为核心、以工作业绩为重点、注重职业道德和职业水平的高技能人才评价体系。完善以业绩贡献为导向、与技能等级相联系、能够激发责任感和创造活力的高技能人才激励保障机制。营造尊重劳动创造、崇尚技能成才、鼓励技能创新、有利于高技能人才成长发展的社会环境。制定高技能人才与工程技术人才职业发展贯通办法。建立高技能人才绝技绝活代际传承机制。完善高技能人才评选表彰制度，进一步提高高技能人才的经济待遇和社会地位。

（二）突出重点领域人才开发

1. 新型工业化人才开发。围绕加速推进新型工业化，以提升人才竞争力为核心，以新型工业化“四千工程”人才开发为引领，加强先进装备制造、新材料、文化创意、生物、新能源、信息、节能环保等战略性新兴产业人才开发和轨道交通、钢铁、有色、石化、纺织、轻工、汽车、物流、金融等产业人才开发，调整优化高等院校学科专业设置，重点扶持适应市场需要的跨学科、跨专业复合型新兴专业，加大急需研发人才和紧缺技术、管理人才培养力度。大规模开展新型工业化人才知识更新培训，培养造就一批掌握前沿技术、关键技术和共性技术的工程技术人才。建设一批工程创新训练基地，提高工程技术人才职业化、国际化水平。加大人才引进力度，引进一批急需紧缺专业人才和高端金融专业人才。制定人才向重点产业集聚的倾斜政策，引导和鼓励产业领军人才、工程技术人才和经营管理人才向重点产业流动。依托国家级、省级高新技术开发区和经济开发区以及重大科研项目、建设工程，聚集一批具有国际国内领先水平的产业专家和技术带头人。

2. 宣传文化人才开发。按照建设文化强省要求，结合深化宣传文化领域改革，加强哲学社会科学、新闻出版、广播影视、文化艺术、文物保护等宣传文化人才开发，努力培养一批掌握中国特色社会主义理论、学贯中西、联系实际的理论家，一批坚持正确导向、深入反映生活、受到群众喜爱的名记者、名编辑、名主持人，一批熟悉党和国家方针政策、社会责任感强、精通业务的出版家，一批紧跟时代步伐、热爱祖国和人民、艺术水平精湛的作家、艺术家，一批熟悉意识形态工作、懂经营会管理的复合型人才。整合优势文化资源，建设文化创意产业园、动漫基地、数字出版中心、影视中心等文化产业人才发展平台。建立完善宣传文化人才开发和管理的体制机制，促进优秀人才大量涌现。

3. 社会工作人才开发。完善社会工作人才培养体系，加强社会工作从业人员专业知识培训。制定社会工作培训质量评估指标体系。建立健全社会工作人才评价制度。加强社会工作者队伍职业化管理。加快制定社会工作岗位开发设置政策措施。推进公益服务类事业单位、城乡社区和公益类社会组织建设，完善培育扶持和依法管理社会组织的政策。组织实施社会工作服务组织标准化建设示范工程。探索制定政府购买社会工作服务政策。建立社会工作人才和志愿者队伍联动机制。

4. 知识产权人才开发。统筹规划知识产权人才队伍建设，加强培训基地设施和研究基地建设，大规模培养各类知识产权专业人才，重点培养企事业单位急需的知识产权管理和中介服务人才，完善知识产权人才吸引、培养、评价和管理机制。

（三）突出重点区域人才开发

1. 长株潭区域人才开发。以长株潭城市群“两型社会”建设综合配套改革试验区建设为契机，充分利用先行先试的有利条件和现有科教、产业、人才优势，进一步完善长株潭区域人才发展体系，大力加强长株潭区域人才开发，加快人才资源开发一体化进程，推进区域内人才交流与资源共享，把长株潭城市群打造成为湖南人才高地。在人才发展重点领域和关键环节率先突破，按照先行先试、敢闯敢试、边干边试的原则，建设长沙大河西人才创业示范区，对人才创新创业给予融资、税收、分配等方面的政策支持，通过示范带动全面推进全省人才工作。

2. 湘西地区人才开发。适应加快湘西地区发展要求，充分发挥湘西地区矿产资源、旅游资源和生态农业等方面的优势，加强优势产业和重点项目人才队伍建设。加大对湘西地区人才培养的支持力度，在项目申报、高层次人才培养和评优评奖等方面适当倾斜。完善人才柔性引进机制，帮助湘西地区引进重点学科、重点产业的科技领军人才和急需人才。加大干部挂职交流力度，完善湘西地区特聘专家制度。建立艰苦边远地区津贴制度，提高湘西地区各类人才的待遇。鼓励和引导高校毕业生到湘西地区工作。

四、政策措施

（一）实施人才投入优先保证政策

1. 加大财政投入力度。各级政府优先保证对人才发展的投入，确保教育、科技支出增长幅度高于财政经常性收入增长幅度，卫生投入增长幅度高于财政经常性支出增长幅度，逐步改善经济社会发展的要素投入结构，较大幅度增加人力资本投资比重，提高投资效益。各级政府要建立人才发展专项资金，构建人才投入与科、教、文、卫等社会事业发展资金协调使用机制，加大对科技创新、团队攻关、高层次人才培养的资助力度，保障重大人才项目的实施。在重大建设和科研项目经费中，应安排部分经费用于人才培训。加大税收优惠、财政贴息力度，扶持创业风险投资基金，支持各类人才创办科技型企业。加大对创业孵化器等基础设施投入，提高人才创业成功率。以专项财政补贴、经费资助等形式，加大对高校等人才培养机构的激励力度，增强人才供给能力。加强对湘西地区和其他困难地区的财政转移支付，为人才发展提供有力的财力支持。

2. 建立多元化人才投入机制。探索建立人力资本产权制度，鼓励和引导社会、用人单位、个人投资人才开发，健全以政府投入为导向、用人单位投入为主体、社会和个人投入为补充的多元化人才开发投入机制。突出用人单位的人才开发投入主体地位，规范用人单位职工培训经费来源与支出，鼓励和支持企业和社会组织建立人才发展基金。进一步拓宽人才培养投入渠道，积极引导和鼓励各类社会机构、华人华侨团体、国际金融组织和外国政府贷款投资人才开发项目。

（二）加大人才培养力度

1. 大力发展国民教育。按照建设教育强省要求，加快教育事业发展，形成比较完备的现代国民教育体系。以加强农村义务教育为重点，大力改善农村学校的办学条件和教育环境，推进义务教育均衡发展。着力提高义务教育师资水平，深化基础教育课程改革，全面推行素质教育，逐步缩小城乡教育、区域教育发展差距。拓展优质高中教育资源，加强教育管理人才培养，鼓励普通高中办出特色。大力发展职业教育，重点抓好示范性高职院校、技师学院和示范性中等职业学校建设。深化职业教育改革与创新，坚持以就业为导向，大力推行校企合作、工学结合，积极开展订单式培养。稳步发展高等教育，统筹配置高等教育资源，改善高等教育区域布局，继续完成国家“985工程”和“211工程”建设任务，努力建设若干所高水平大学和一批重点学科。优化高等教育学科专业、类型、层次结构，增强高等教育教学改革与市场需求的适应性。遵循人才成长规律，创新人才培养模式，坚持因材施教，探索实施优才教育。继续深化办学体制改革，引导、支持民办教育持续健康发展。切实加大对民办教育的公共财政和金融支持力度，设立民办教育发展专项资金，并随同级财政收入的增长而逐年增加。积极鼓励企事业单位、社会团体、各类社会组织及公民个人利用非财政性资金依法独资、合资、合作办学，鼓励境外教育机构按照有关法律法规投资民办教育或合作办学。引导民办教育以发展非义务教育为重点，扶持发展一批民办示范性高中和示范性职业院校。依法保障民办学校享受与公办学校同等的税收、基本建设和招生就业等政策，保障民办学校的教职员工和受教育者享有与公办学校同等的权利。

2. 全面推进继续教育。坚持政府引导、单位自主、个人自愿的原则，积极发展各类专业化培训机构和现代远程教育，按照“干什么、学什么”，“缺什么、补什么”的要求，完善在职人员继续教育制度。适应科学发展要求和干部成长规律，强化党政干部能力素质提升，构建理论教育、党性教育、知识教育和实践锻炼"四位一体"的干部培养教育体系。依托国内外知名企业、高水平大学、科研院所和其他培训机构，加强企业经营管理人才培训。构建分层分类的专业技术人才继续教育体系，加快实施专业技术人才知识更新工程。加强职业培训，统筹职业教育发展，整合利用现有各类职业教育培训资源，依托大型骨干企业、重点职业院校、技工院校和培训机构，建设一批示范性高技能人才培养基地和公共实训基地，加快高技能人才培养。加大农村实用人才培训力度，继续实施"绿色证书培训工程"、"农村实用技术培训计划"和"县乡村实用人才工程"等，加强村组种、养、加能手和经营能人培养培训。建设一批社会工作培训基地，加强社会工作从业人员专业知识培训，建立专业培训和知识普及有机结合的社会工作人才培养培训体系。构建终身教育体系，建立覆盖面广、多层次的教育培训网络，推动学习型组织和学习型社区建设，营造"人人崇尚学习、全民参与学习"的良好氛围。

3. 加强产学研合作培养。建立政府指导下的以企业为主体、院校为依托、市场为导向、多种形式的产学研战略联盟，通过共建科技平台、开展合作教育、共同实施重大项目等方式，加大产学研合作培养人才的力度。建立高等院校、科研院所、企业高层次人才双向交流制度，推行联合培养研究生的"双导师制"。改革完善博士后制度，提高博士后培养质量。实行"人才+项目"培养模式，依托重大人才计划和重大科研、工程、产业攻关、国际国内合作等项目，在实践中集聚和培养创新人才。调动用人单位培养人才的积极性，对企业、事业单位接纳高等院校、职业院校和技工院校学生实习给予政策支持。

（三）加强人才引进与交流

1. 加大高层次人才和紧缺人才引进力度。大力开发利用国际国内两个人才市场和两种人才资源，采取行政调配与市场调节相结合的手段，着力引进我省急需的高层次人才和紧缺人才。进一步完善引进人才来湘工作、鼓励留学人员来（回）湘创业的政策措施，制定鼓励引进高层次紧缺人才的奖励资助办法。对引进的国内外人才及项目在用地、资金及税收等方面给予政策优惠。拓宽引才引智渠道，消除各种体制性障碍，为人才引进提供高效便捷的服务，采取灵活多样的人才柔性流动政策，支持猎头公司发展，不拘一格引进人才和智力。鼓励以短期聘用、兼职、合作研究、项目招标、技术指导等方式，大力引进重点产业、重点项目、重点学科、关键技术等紧缺急需的高层次人才和智力，做到引才与引智紧密结合。

2．加大省内外人才交流力度。建立健全省内外人才交流制度，推进人才交流制度化、经常化。加强与沿海发达地区的干部交流挂职，定期选送机关、事业单位的人才和企业经营管理人员到沿海发达地区挂职锻炼。进一步重视和加强基层，加大县乡党政领导干部与省市部门干部的交流力度。建立人才区域交流合作机制，加快长株潭城市群、“3+5”城市群人才开发一体化进程，积极推动与中部地区、泛珠三角地区等区域人才开发的交流与合作。

3．加强引才引智平台建设。充分利用高等院校、科研院所、企业技术中心的有利条件，加快重点学科、重点实验室、博士后工作站和流动站等的发展，推进以市场为基础，以高校、科研院所和企业为主体的创新载体建设，为人才引进与交流创造良好条件。加快高新技术开发区、留学人员创业园等建设，充分发挥各类园区吸引高层次人才、转化科技成果和推进创新创业创优的重要作用。建立与全省优质高效农产品基地建设相适宜的人才发展平台，加强生态农业及旅游产业人才创业载体建设。加大税收、融资、公共服务领域的体制创新力度，优化投资环境，为人才发展平台建设提供支撑。设立人才引进协调机构，加强与国内猎头公司、人才中心以及海外有关人才机构的联系，建立长期稳定的引才渠道。

（四）创新人才工作体制机制

1．完善党管人才的领导体制。坚持党管人才原则，创新党管人才方式方法，完善党委统一领导，组织部门牵头抓总，有关部门各司其职、密切配合，社会力量广泛参与的人才工作格局。健全各级党委人才工作领导机构，建立科学的决策机制、协调机制和督促落实机制，形成统分结合、上下联动、协调高效、整体推进的人才工作运行机制，切实履行好管宏观、管政策、管协调、管服务的职责。建立党委、政府人才工作目标责任制，提高各级党政领导班子综合考核指标体系中人才工作专项考核的权重。建立各级党委常委会听取人才工作专项报告制度、党委联系专家制度、重大决策专家咨询制度。各级党政主要负责人要树立强烈的人才意识，善于发现人才、培养人才、团结人才、用好人才、服务人才。

2．改进人才管理方式。按照政府行政管理体制改革的总体部署，围绕用好用活人才，完善人才管理体制。规范政府行为，推动人才管理部门进一步简政放权，减少和规范人才评价、流动等环节中的行政审批和收费事项。分类推进事业单位人事制度改革，克服人才管理中存在的行政化、“官本位”倾向，取消科研院所、学校、医院等事业单位实际存在的行政级别和行政化管理模式，在科研、医疗等事业单位探索建立理事会、董事会等形式的法人治理结构，建立现代科研院所制度、现代大学制度和公共医疗卫生制度及与其相适应的人才管理制度。完善国有企业领导人员管理体制，健全符合现代企业制度要求的企业人事制度。鼓励各地各行业结合自身实际建立人才管理改革试验区。

3．创新人才评价发现机制。建立以岗位职责要求为基础，以品德、能力和业绩为导向，科学化、社会化的人才评价发现机制，克服人才评价中的唯学历、唯论文和“官本位”倾向。实施促进科学发展的党政干部综合考核评价办法，建立健全党政干部岗位职责规范以及能力素质评价标准，加强业绩考核。完善以市场和出资人认可为核心的企业经营管理人才评价体系，发展企业经营管理人才评价机构，建立社会化的职业经理人经营业绩评价指标体系。完善以任期目标为依据、工作业绩为核心的国有企业领导人员考核办法。加快推进职称制度改革，规范专业技术人才职业准入，完善专业技术人才职业水平评价办法，健全重在业内和社会认可的专业技术人才评价机制，克服考核过于频繁、过度量化的倾向。探索技能人才多元评价机制，逐步完善社会化职业技能鉴定、企业技能人才评价、院校职业资格认证和专项职业能力考核办法。探索建立农村实用人才分类分级评价办法。建立在重大科研、工程项目实施和急难险重工作中发现、识别人才的机制，健全举才荐才的社会化机制。

4．完善人才选拔任用机制。改革各类人才选拔使用方式，科学合理使用人才，促进人岗相适、用当其时、人尽其才，形成有利于各类人才脱颖而出、充分施展才能的选人用人机制。坚持德才兼备、以德为先的用人标准和民主、公开、竞争、择优的改革方针，扩大干部工作的民主，加大竞争性选拔党政领导干部工作力度，提高干部工作科学化水平。规范干部任用提名制度，注重从基层与生产一线选拔党政人才。扩大基层党政领导班子成员公推直选范围，提高选人用人公信度。坚持和完善党政干部任期制和聘任制，健全党政干部退出机制。建立企业经营管理者聘任制、任期制和任期目标责任制，实行契约化管理。规范国有企业经营管理人才选拔任用方式，建立市场配置、组织选拔和依法管理相结合的国有企业领导人员选拔任用制度，完善国有资产出资人代表派出制和选举制。推进事业单位用人制度改革，全面推行事业单位专业技术人员岗位管理制度、管理人员职员制度，健全事业单位领导人员委任、聘任、选任等选用制度。

5．健全人才流动配置机制。建立政府部门宏观调控、市场主体公平竞争、中介组织提供服务、人才自主择业的人才流动配置机制，发挥市场配置人才资源的基础性作用，进一步破除人才流动的体制性障碍。推进政府所属人才、人力资源服务机构管理体制改革，实现政事分开、管办分离。加快建立社会化的人才档案公共管理服务系统，建立人才需求信息定期发布制度，完善劳动合同、人事争议仲裁、人才竞业避止等制度，维护各类人才和用人单位的合法权益。健全专业化、产业化、国际化的人才市场体系，完善市场服务功能，畅通人才流动渠道，推动人才资源有序流动，实现人才资源在产业间、区域间的合理配置。

6．健全人才激励保障机制。建立健全与工作业绩紧密联系、充分体现人才价值、有利于激发人才活力和维护人才合法权益的激励保障机制。完善公务员地方津贴和边远地区艰苦津贴制度，建立符合事业单位特点的岗位绩效工资制度。探索高层次人才、高技能人才协议工资制和项目工资制，丰富收入分配形式。完善市场机制调节、企业自主分配、政府监控指导的企业薪酬制度，鼓励企业对作出突出贡献的人才实施股权、期权激励，完善知识、技术、管理、技能等按贡献参与分配的办法。依法落实职务发明奖励和报酬规定。进一步完善人才奖励制度，坚持奖励向生产一线倾斜、向基层倾斜，形成以政府奖励为导向、用人单位和社会力量奖励为主体的人才奖励体系。完善社会保障制度，支持用人单位为各类人才建立补充养老、医疗保险，扩大对农村、中小企业、非公有制经济组织和新社会组织人才的社会保障覆盖面。

（五）完善人才公共服务体系

1．加快人才公共服务平台建设。加快推进全省统一的人才市场体系建设，促进各类人才市场在城乡之间、区域之间、行业之间协调发展。加强人才（劳动力）市场资源整合，积极探索跨地区、跨行业的参股、重组、兼并等市场资源整合模式，促进各类市场资源贯通、服务贯通，推进人才市场向专业化、规模化、集约化方向发展。加强人才市场信息化建设，整合人才信息资源，构建人才信息资源共享平台，积极发展网络人才市场，形成开放的人才信息和公共政策信息共享机制，实现省、市、县及部分企业、高校的信息联网，与全国及兄弟省市对接，推进人才市场由集市型向信息化转变。

2．强化人才公共服务功能。完善政府人才公共服务体系，进一步增强服务功能，减少服务收费，提高服务质量。大力开发公共服务产品，积极发展人事代理、社会保险代理、企业用工登记、劳动人事争议调解仲裁、人事档案管理、就业服务等业务，满足各类人才的多样化需求。加强创业技能培训和创业服务指导，创建创业服务网络，探索多种组织形式，为人才创业提供服务。加强专利技术运用转化平台建设，加大知识产权的宣传普及和执法保护力度，鼓励创造知识财产，营造保护知识产权的法制、市场和文化氛围。着力转变服务方式，积极推行“网络服务”、“窗口服务”、“一站式服务”等多种服务方式，建立政府购买公共服务制度。加强公共服务人员培训，提升公共服务人才队伍的整体素质和能力，努力提高服务效能。

3．加强人才公共服务机构监管。认真执行各项人才公共服务政策法规，不断健全人才公共服务法规体系。进一步完善人才服务机构准入制度、年审制度以及从业人员资格考试与认证制度，加强行业质量管理。建立健全人才公共服务激励机制，研究制定人才中介机构服务等级标准和评定办法，建立科学的信用质量评价体系。严厉查处人才公共服务中的违规行为，建立人才服务业退出机制。抓紧建立人才服务行业协会组织，充分发挥行业自律和自我管理作用。

（六）促进人才队伍协调发展

1．促进城乡人才队伍协调发展。坚持以城带乡、资源共享、协调发展的原则，统筹城乡人才资源开发。加大城市带动农村的人才对口支持力度，制定和完善农业、科技、教育、文化、卫生等技术人员到农村服务的政策措施，引导人才向农村流动，全面提高农村人才队伍的专业水平和综合素质。采取政府购买岗位、报考公职人员优先录用等措施，鼓励和引导高校毕业生到农村就业创业。加大农村人才开发投入，在工资、职务、职称等方面实行倾斜政策，提高艰苦边远地区农村津贴标准。加大农村人才创业的政策支持，制定实施农村人才奖励政策。建立以新型合作医疗、最低生活保障、基本养老保险为主要内容的农村社会保障制度，逐步推进城乡社会保障制度一体化。推进城乡人才资源市场一体化建设，实现城乡人才资源共享。

2．促进机关、企业、事业单位人才队伍协调发展。打破人才身份、单位、部门和所有制限制，实施开放的人才政策，营造开放的用人环境。扩大党政机关和国有企事业单位领导人员跨地区、跨部门交流任职范围，建立健全党政人才、企业经营管理人才、专业技术人才交流制度。制定鼓励党政机关、事业单位人员向企业流动的政策，畅通人才向企业流动的渠道，积极引导优秀人才向企业流动。鼓励高等院校和科研院所的优秀人才以技术服务、技术入股、成果转让等多种方式为企业服务，支持企业引进高层次科技人才。将中小企业人才发展纳入全省人才发展体系之中，建立人才工作组织体系向中小企业延伸的人才工作新机制，加强中小企业人才公共服务，促进中小企业人才快速发展。

3．促进公有制与非公有制经济组织、新社会组织人才队伍协调发展。坚持对社会主义市场经济体制下各种所有制组织中的人才一视同仁、平等对待。把非公有制经济组织、新社会组织人才纳入各级政府人才发展规划，制定加强非公有制经济组织、新社会组织人才队伍建设意见，完善非公有制经济代表人士综合评价体系。支持鼓励党政机关、国有企事业单位与非公有制经济组织、新社会组织之间的人才交流。完善非公有制经济组织、新社会组织人才发展政策，努力消除各种体制机制障碍，推进非公有制经济组织、新社会组织人才快速发展。政府支持人才创新创业的资金、项目、培训、信息等公共资源，向非公有制经济组织、新社会组织人才平等开放。政府开展人才宣传、表彰、奖励等方面活动，非公有制经济组织、新社会组织人才平等参与。

（七）推进人才工作基础建设

1．完善人才工作政策法规体系。推进人才管理工作科学化、制度化、规范化，建立健全涵盖人才培养、引进、使用和人才市场管理、人才权益保护等人才资源开发管理各个环节的人才政策法规，形成有利于人才发展的政策与法制环境。出台长株潭人才发展改革"试验区"建设、促进人才创业等政策措施，及时清理、废止已经过时的政策法规。

2．建立人才统计制度。研究制定人才统计指标和统计年报制度，将人才统计纳入经济社会发展统计体系，建立人才数据库。按照党政人才、企业经营管理人才、专业技术人才、高技能人才、农村实用人才和社会工作人才六个大类，科学界定每类人才的统计对象、统计范围、统计程序等。统计范围覆盖全省党政机关、事业单位、各种所有制形式的经济组织和社会组织中的所有人才。

3．加强人才工作和人才理论研究队伍建设。加大人才工作队伍培训力度，提高政治素质和业务水平。加强人才学科和人才研究机构建设，加大人才理论研究队伍培养和支持力度，深入开展人才发展重大理论与实际问题的研究，积极探索人才资源开发规律，充分发挥人才理论研究在人才工作中的重要作用。

五、重大项目

（一）科技领军人才培养计划

服务我省优势产业和重点学科发展需要，构建具有湖南特色的科技领军人才培养体系，培养造就一批政治素质过硬、创新能力卓越、引领作用突出、团队效应显著、在国内和国际上处于领先地位的科技领军人才。健全科技领军人才选拔制度，采取由院士直接推荐和各市州、省直及中央在湘单位推荐的办法，由院士专家组成评审委员会投票确定。完善项目支持、经费资助、培训进修、导师带培等措施，加强科技领军人才培养。科技主管部门和科技领军人才所在单位配套安排相应专项经费，用于科技领军人才培养。建立完善目标管理、跟踪管理等制度，加强科技领军人才管理考核。

（二）宣传文化系统“五个一批”人才培养工程

适应“发展文化经济、建设文化强省”需要，遵循宣传文化人才成长规律，结合宣传文化队伍特点，加强理论、新闻、出版、文学艺术、文化产业经营管理优秀人才培养。抓好“五个一批”人才培训工作，着力提高政治素质和业务能力。建立“五个一批”人才通气会制度、休假休养制度，保持与他们的经常性联系。加大对"五个一批"人才的扶持与激励，在项目申报、创作生产、成果推荐、宣传表彰等方面予以倾斜。

（三）高层次企业经营管理人才能力提升计划

按照做强做大高新产业、优势产业和重点产业的要求，实施“高层次企业经营管理人才能力提升计划”，培养造就一批责任心强，具有奉献精神、战略眼光和全球视野，善于驾驭现代大企业集团的战略型企业家；一批既懂高新技术、又精通现代管理的科技创新型企业家；一支职业素养强、熟悉市场运行规则、具有良好市场声誉、在生产经营和资本运作中具有较高造诣的职业经理人队伍。依托国内著名高校举办企业高级经营管理人才研修班，依托跨国公司和境外著名商学院举办企业家境外高级研修班，重点培训重要骨干企业的董事长、总经理。通过举办研修班、专题辅导、到国内外知名企业挂职锻炼等形式，抓好年收入过100亿元的骨干企业和100户左右成长性好的中小企业高级经营管理人才能力建设。完善企业家后备人才培养机制，每年从企业选拔一批优秀青年人才到境内外知名高等院校攻读MBA课程等。建立职业经理人资格认证制度，开展职业经理人培训和资格认证工作。

（四）海外高层次人才引进计划

围绕我省经济社会发展需要，组织实施海外高层次人才引进“百人计划”，在重点创新项目、重点学科和重点实验室、国家级科技合作基地、省属国有企业、以高新技术产业开发区为主的各类园区等，引进一批能够突破关键技术、发展高新产业、带动新兴学科的海外高层次人才来湘创新创业。各级政府和用人单位要为引进的海外高层次人才创造良好的工作环境和生活条件，充分发挥其作用。

（五）高素质教师队伍建设工程

着眼于提高我省培养创新型人才的能力和水平，实施“高素质教师队伍建设工程”。继续抓好特级教师评选工作。克服教师评价中片面追求科研项目和论文的倾向，建立科研和教学并重的评价机制。通过研修培训、学术交流、项目资助等方式，重点培养和支持教育教学骨干、“双师型”教师、学术带头人和校长。到2020年，全省省级骨干教师和市、县级骨干教师分别占中小学教师总数的7%和15%以上，职业院校专业教师中"双师型"教师达到90%以上，技工院校一体化教学教师达到90%以上。进一步加大“芙蓉学者计划”实施力度。力争产生一批国内领先的优秀学科带头人和能领导本学科进入国际先进水平的领军人才。

（六）卫生人才队伍建设工程

适应深化医药卫生体制改革、保障全民健康需要，实施“卫生人才队伍建设工程”。加强以全科医师为重点的基层卫生人才队伍建设，促进乡村医生执业规范化。加强高层次科研、医疗、卫生管理等人才队伍建设，培养造就一批医学杰出骨干人才。推动医务人员的合理流动，促进不同医疗机构之间人才的纵向和横向交流。制定优惠政策，鼓励优秀卫生人才到基层和湘西地区服务。对长期在城乡基层工作的卫生技术人员在职称晋升、业务培训、工作生活待遇等方面适当给予政策倾斜。

（七）高技能人才振兴工程

以提升职业技术能力为重点，组织实施“高技能人才振兴工程”。依托高职院校、技师学院、技工学校和企业职工培训中心，建立健全“培训、练兵、比武、晋级”四位一体的职工技能提升机制，提高企业职工培训经费提取比例，确保所提经费的60%用于一线职工特别是高技能人才的培训。大力实施“百千万高技能人才培训工程”、“百万培训工程”和“技能提升培训计划”。完善政府技能型人才表彰、津贴和奖励制度，完善技能型人才薪酬制度，设立"首席技师"岗位和技能大师工作室，广泛开展职业技能竞赛和岗位练兵活动。大力开展企业职工培训，推行名师带徒制度。加强职业教育科技园、技能人才培养院校和顶岗实习实训基地建设，建成一批国家示范性高职学院、技师学院、重点技工学校、中等职业学校以及省级重点顶岗实习实训基地。通过整合资源，使高职院校、技工院校、中等职业学校的办学水平得到显著提升。

（八）农村实用人才带头人培养计划

按照社会主义新农村建设和现代农业发展要求，实施“农村实用人才带头人培养计划”。加强对农村基层组织负责人、农业专业大户、农民经纪人和农民专业合作社、专业技术协会、产业化龙头企业负责人的培养，使他们成为企业家和本领域、本行业（专业）的专家或技术带头人。选拔一批有发展潜力的农村实用人才，与省、市、县级涉农专家和农技人员结对，有针对性地进行培养。加快农村实用人才带头人培养基地建设，发挥好各类农业科技园区、科技示范场、农业产业化龙头企业、专业合作经济组织和技术协会等的作用，指导和支持农村实用人才开展各种农技服务和经营活动。

（九）科技特派员农村科技创业行动

紧紧围绕农村经济社会发展对科技和人才的多元化需求，实施“科技特派员农村科技创业行动”。扩大科技特派员工作覆盖面，每年选派科技特派员5000人左右，形成稳定的科技特派员队伍。整合利用农村科技信息服务资源，为科技特派员搭建创业服务平台。探索设立科技特派员创业基金，以创业行动贷款担保等支持方式，为科技特派员创业提供良好条件。建立完善科技特派员创业培训网络体系，提升科技特派员创业能力。落实科技特派员创业激励政策，对作出突出贡献的优秀科技特派员和单位予以表彰奖励。

（十）大学生基层培养计划

着眼于解决基层特别是边远落后地区基层人才匮乏的问题，培养锻炼后备人才，积极引导和鼓励大学生到基层、到边远落后地区创业就业。进一步落实一村一名大学生计划，力争五年内实现每个村（社区）都有一名大学生的目标。逐步扩大选调生、选拔生、大学生志愿服务西部计划、“三支一扶”和农村义务教育阶段学校教师特设岗位计划等项目计划，保证这些项目吸纳的大学毕业生人数逐年增加。统筹各类大学生到基层就业创业计划，实施政府购买工作岗位、学费和助学贷款代偿、提供创业扶持等措施。对自愿到农村中小学、乡镇卫生院、文化站、农技推广站等机构工作的大学生，给予一定的经济补助。

六、组织实施

（一）加强组织领导

省委人才工作领导小组负责统筹协调和宏观指导《湖南人才规划纲要》的实施。制定各项目标任务分解落实方案、重大工程实施办法和具体年度实施计划。市州、县市区要健全人才工作机构，做好《湖南人才规划纲要》实施的组织工作。

（二）健全规划体系

各市州、县市区、省直有关部门要以《人才规划纲要》和《湖南人才规划纲要》为指导，结合实际编制本地本行业系统和重点领域人才发展规划，形成全省人才发展规划体系。

（三）加强监督检查

建立《人才规划纲要》和《湖南人才规划纲要》实施目标分级责任制度和评估指标体系，把实施情况作为对各级党政主要领导考核的重要指标。加强对实施情况的督促检查，及时解决出现的问题。

（四）营造良好环境

运用报刊、广播电视、网络等媒体，大力宣传党和国家以及省委、省政府人才工作的重大方针政策，宣传实施《人才规划纲要》和《湖南人才规划纲要》的重大意义、指导方针、目标任务、重大举措，宣传实施中的典型经验、做法和成效，营造人才工作的良好社会氛围。

广东省中长期人才发展规划纲要
（2010—2020年）

根据国家中长期人才发展规划纲要，结合我省经济社会发展和人才工作实际，制定本规划纲要。

一、序言

人才是指具有一定的专业知识或专门技能，进行创造性劳动并作出贡献的人，是人力资源中能力素质较高的劳动者。

人才是强省之基、富民之本、发展之源，是推动科学发展的第一资源。人才问题是关系我省经济社会发展的关键问题。当前，我省正处于加快转变经济发展方式、推动科学发展、促进社会和谐的重要时期，建立现代产业体系、推动产业结构优化升级、提高自主创新能力，在经济全球化激烈的竞争中赢得主动，关键是人才。确立人才优先发展战略，充分发挥人才在经济社会发展中的基础性、先导性、战略性作用，加快建设一支规模大、素质高、结构优、善于科学发展、具有国际竞争力的人才队伍，既是当务之急，又是百年大计。

省委、省政府一直高度重视人才工作。进入新世纪以来特别是近年来，在科学发展观和科学人才观的指引下，全省人才工作取得长足进步，人才强省战略深入人心，党管人才格局基本形成，人才总量大幅增长，人才结构持续改善，人才成为推动我省经济社会发展的强大引擎和重要支撑。但必须清醒地看到，我省人才发展仍面临严峻挑战，主要是人才结构和布局不尽合理，优秀拔尖人才比较匮乏，人才创新创业能力不强，人才工作政策措施不够系统配套，人才发展体制机制障碍依然存在，这些问题亟需解决。

未来十年，是我省人才事业发展的重要战略机遇期。各级党委、政府要统一思想，提高认识，坚持走人才强省之路，把人才工作摆在更加突出的重要位置，进一步增强责任感、使命感和紧迫感，自觉用科学理论指导人才工作、用战略思维谋划人才工作、用科学制度保障人才工作、用科学方法推动人才工作，不断提高人才工作水平，努力把各类人才队伍特别是高层次创新创业人才队伍打造成为我省加快转变经济发展方式的新引擎、提高自主创新能力的主力军、促进战略性新兴产业发展的领头人，打好人才工作主动仗，抢占人才竞争制高点，尽快形成人才竞争比较优势，逐步实现由人力资源大省向人才强省转变，再造人才发展新优势，开创人才工作新局面。

二、人才发展的指导思想、基本原则和战略目标

（一）指导思想

以邓小平理论和“三个代表”重要思想为指导，深入贯彻落实科学发展观，坚持党管人才原则，坚持人才优先发展，紧紧围绕我省加快转变经济发展方式、建设现代产业体系和创新型广东的目标要求，扎实推进人才强省战略，以提高自主创新能力为核心，以加快吸引培养高层次、创新型、急需紧缺人才为重点，综合开发国内国外两种人才资源，统筹推进各类人才队伍建设，全面促进区域人才工作一体化发展，力争培养人才有新成效、引进人才有新举措、发挥人才作用有新进展、创新体制机制有新突破，为我省当好推动科学发展、促进社会和谐的排头兵提供坚强有力的人才保证和智力支持。

（二）基本原则

——人才优先，服务发展。确立人才优先发展战略，做到人才资源优先开发、人才结构优先调整、人才投资优先保证、人才制度优先创新。以服务科学发展作为人才工作的根本出发点和落脚点，围绕科学发展目标确定人才队伍建设任务，根据科学发展需要制定人才政策措施，用科学发展成果检验人才工作成效。

——高端引领，统筹推进。充分发挥高层次人才在经济社会发展和人才队伍建设中的引领作用，进一步加大高端人才引进和培养力度，着力优化人才结构，提升人才竞争力。综合开发利用国内国际两个市场，统筹推进城乡、区域、产业、行业和不同所有制人才资源开发，实现各类人才队伍和区域人才队伍协调发展。

——引育并重，以用为本。坚持培养人才与引进人才相统一，创新人才培养模式，拓宽人才引进渠道。以用好用活人才为根本，积极为各类人才干事创业、实现价值提供机会和条件，最大限度地激发人才的创造热情和创新活力，努力做到人尽其才、才尽其用、各得其所、各展其长。

——创新机制，优化环境。坚持党管人才原则，增强人才工作合力，破除束缚人才发展的思想观念和体制机制障碍，营造以德为先、唯才是举、见贤思齐的人文环境，鼓励创新、容许失误的工作环境，待遇适当、无后顾之忧的生活环境，公开平等、竞争择优的制度环境，逐步形成开放、创业、法治的社会氛围。

（三）战略目标

总体目标：大力培养和造就适应我省经济社会发展需要的规模宏大、素质优良、结构优化、效能显著的各类人才队伍，国内人才强省地位全面确立，国际人才竞争优势充分显现，区域人才发展水平和人才竞争实力基本达到发达国家水平，为我省加快建设小康社会、率先基本实现现代化打下坚实基础。

中期目标：到2015年，全面落实人才培养、吸引、使用、保障、激励等各项措施，人才发展体制机制创新取得重大突破，人才发展政策体系基本建立，人才总量明显增长，人才素质明显提高，人才结构明显改善，人才效能明显增强，区域人才发展水平和人才竞争实力位居全国前列。全省人才总量达到1950万人，主要劳动人口受过高等教育的比例达到19%，每万名劳动力中研发人员超过35人年，高技能人才占技能劳动者比例达到28%，人力资本投资占国内生产总值比例达到13%，人才贡献率达到32%.长期目标：到2020年，全省人才发展跃上新台阶，人才基础更加雄厚，人才结构更加合理，人才发展政策体系更加完善，人才发展环境更加优化，人才强省地位更加巩固，人才竞争比较优势更加突显，争取区域人才发展水平和人才竞争实力基本达到发达国家水平。全省人才总量达到2260万人，主要劳动人口受过高等教育的比例达到25%，每万名劳动力中研发人员超过46人年，高技能人才占技能劳动者比例达到30%，人力资本投资占国内生产总值比例达到15%，人才贡献率达到38%。

三、人才发展的主要任务

（一）优先培养引进高层次创新型科技人才

适应建设创新型广东的需要，以提高自主创新能力为核心，以科技领军人才、创业人才、创新团队为重点，打造一支创新能力强、团队结构优的高层次创新型科技人才队伍。继续办好高新技术园区、工业园区和留学人员创业园区，推进人才、基地、项目一体化建设，依托重大科研项目、重大工程项目、重点学科和重点科研基地，大力培养引进一批掌握核心技术、带动新兴学科、发展高新产业的科技领军人才和高水平创新团队。继续加大我省自然科学基金、科技攻关、火炬计划、星火计划等科技项目对重点学科带头人、优秀创新团队、博士后、海外留学回国人员等高层次人才的扶持力度，建立支持创新型科技人才发展的长效机制，加大优秀青年科技人才的培养力度，造就一批中青年高级专家。通过外聘或兼职、合作与交流、讲学和咨询等方式，柔性引进海内外高端人才。制定个性化培养方案，支持和选派有潜能的专业人才到国内外著名培训机构接受专业教育和实践训练。深化教育科研体制和学术管理体制改革，完善激励保障政策，激发高层次创新型科技人才的创造活力和创业热情。深化省部（院）合作，构建产学研合作体系，推动优秀科技创新人才向企业集聚，促进科技成果转化和产业化。2015年，高层次创新型科技人才总量达到3200人，研发人员总量达到37万人年。2020年，高层次创新型科技人才总量达到5100人，研发人员总量达到52万人年，总体规模居全国前列。

（二）优先开发经济社会发展重点领域专门人才

1．加快推进国民经济重点领域人才开发。适应我省加快转变经济发展方式、建设现代产业体系的需要，围绕着力培育战略性新兴产业、加快发展先进制造业、优先发展现代服务业、改造提升优势传统产业、积极发展现代农业的战略部署，以提升产业竞争力为核心，以促进产业发展集聚化、结构高级化、竞争力高端化为方向，以急需紧缺专门人才为重点，打造一支引领和支撑我省产业结构调整和经济发展方式转变的现代产业人才队伍。结合重点产业调整振兴规划、现代产业500强项目建设和产业发展技术路线图，研制重点产业人才开发路线图，加强产业、行业人才发展统筹规划和分类指导，调整优化高等学校学科专业设置，大规模开展重点领域专门人才知识更新培训，加快培养和引进一批掌握核心技术、关键技术和共性技术的创新型科技人才，依托重大项目、重点工程和产业基地，集聚一批具有国际领先水平的产业专家和技术带头人。到2015年，在高端新型电子信息、新能源汽车、半导体照明、生物医药等战略性新兴产业，装备、汽车、石化、钢铁、船舶等先进制造业，金融、物流、商务会展、文化创意、工业设计和服务外包等现代服务业，家用电器、纺织服装、轻工食品、建材、造纸等传统优势产业，优质粮食、特色园艺、农产品精深加工等现代农业以及其他国民经济重点领域培养开发急需紧缺专门人才39万人。到2020年，新增80万人。

2．加快推进社会发展重点领域人才开发。适应我省教育现代化发展和争创国家教育综合改革示范区的需要，以提高教师能力和素质为核心，以高校教育教学名师、职业技术院校"双师型"教师和农村教师为重点，大力加强师资队伍建设。适应推进依法治省、建设和谐广东、维护社会稳定的要求，以增强战斗力和纪律性为核心，大力加强政法人才队伍建设。适应建设文化强省和建设全国性公共文化建设示范区的要求，以提高思想理论水平和创新能力为核心，以高层次宣传文化领导人才、哲学社会科学人才、宣传文化业务人才、文化产业人才、外向型人才和新媒体人才为重点，大力加强宣传文化人才队伍建设。适应人民群众不断提高生活质量和健康水平的需要，以提升医疗卫生水平、改善医疗卫生服务技能为核心，大力加强医疗卫生人才队伍建设。适应建设和谐社会的要求，以提高应急能力为核心，以培养高层次防灾减灾专业人才为重点，大力加强防灾减灾人才队伍建设。到2015年，教育、政法、宣传思想文化、医药卫生、防灾减灾等社会重点领域人才新增36万人。

到2020年，社会重点领域人才新增54万人，形成一支专业水平高、职业道德好、服务能力强的社会发展专业人才队伍。

（三）统筹推进各类人才队伍建设

1．加强党政人才队伍建设。按照加强党的执政能力建设和先进性建设的要求，以坚定理想信念、增强执政本领、提高领导水平为核心，以各级领导班子和县（处）级以上党政领导干部为重点，建设一支政治坚定、勤政廉洁、求真务实、奋发有为、善于推动科学发展的高素质党政人才队伍。坚持德才兼备、以德为先的用人标准，注重使用贯彻落实科学发展观坚决有力的干部，把具备世界眼光和战略思维、勇于解放思想和先行先试、推动科学发展实绩突出的干部选拔上来。健全适应科学发展观要求的干部考核评价体系，规范干部任用的初始提名，加大竞争性选拔干部的力度，完善差额选拔干部办法以及公开选拔、公开遴选、竞争上岗等制度，提高选人用人公信度。加强干部监督管理，健全权力约束制衡机制，选好配强各级党政正职，着力抓好县委书记队伍建设。加大优秀年轻干部选拔和党政后备干部队伍建设力度，促进优秀人才脱颖而出。加强女干部、少数民族干部、非中共党员干部培养选拔和教育培训。注重选拔有基层工作经验的干部，使基层和生产一线真正成为培养干部的主阵地。

2．加强企业经营管理人才队伍建设。适应经济全球化和率先建立现代产业体系的需要，以提高现代经营管理水平和企业国际竞争力为核心，以优秀企业家和职业经理人为重点，培养造就一大批具有全球战略眼光、市场开拓精神、管理创新能力的企业经营管理人才。采取自主培养与海内外引进相结合的方式，重视在市场竞争中发现和培养人才，加快推进企业经营管理人才职业化、市场化、专业化和国际化，为发展和培育具有国际竞争力的大企业集团提供坚强的人才保证。2015年，企业经营管理人才总量达到360万人，2020年达到430万人，通过市场化方式选用的比例达到80%，国际化人才总量达到3万人。

3．加强专业技术人才队伍建设。适应经济社会发展需要，以高层次专业技术人才和紧缺人才为重点，以提高专业水平和创新能力为核心，统筹推进不同类型、不同层次、不同地区专业技术人才协调发展，培养积聚一大批高水平学科带头人、中青年高级专家和经济社会发展急需紧缺人才，提升专业技术人才队伍建设的整体实力和国际竞争力。构建专业技术人才继续教育和终身教育体系，实施专业技术人才知识更新工程，加强专业技术人才培训。推动专业技术人才向企业、社会组织和基层流动，促进专业技术人才在区域、产业和行业的合理分布。2015年，专业技术人才总量达到550万人，2020年达到700万人，高、中、初级专业技术人才比例为12:42:46。

4．加强高技能人才队伍建设。适应建设现代产业体系和推进产业、劳动力“双转移”的需要，以提升职业技能为核心，以技师和高级技师为重点，打造一支规模宏大、门类齐全、技艺精湛的高技能人才队伍。紧紧抓住技能培养、考核评价、岗位使用、竞赛选拔、技术交流、职业开发、表彰激励、社会保障等环节，完善以企业行业为主体、职业技工院校为基础、学校教育与企业培养紧密联系、政府推动与社会支持相互结合的技能人才培养体系，建设一批高层次、高标准、开放式的高技能人才公共实训基地和技师工作站，着力培养现代产业体系重点领域的高技能人才。加强企业职工在岗和转岗技能提升培训、农村劳动力转移就业培训和失业人员再就业培训，把珠江三角洲地区建设成为中国南方重要的职业技术教育基地和城乡技能提升培训示范区。建设全国示范性师资培训基地，加强技能人才师资队伍建设。全省高技能人才总量2015年达到400万人，2020年达到520万人。

5．加强农村实用人才队伍建设。适应社会主义新农村建设和加快发展现代农业的需要，以提高科技素质、职业技能和经营能力为核心，以农村实用人才带头人和农村生产经营型人才为重点，着力培养一大批服务农村经济社会发展、数量充足的科技、教育、文化、卫生等方面的人才和农村基层管理人才、种养能手、农民企业家。建立健全农民科技教育培训体系，充分发挥地方农校、农民科技教育培训中心、农村现代远程教育网络的作用，推动高等院校、科研院所与市、县共建农科培训和成果推广基地，大规模开展农村实用人才培训。明确各级政府和有关部门加强农村实用人才培养的责任，加大政策扶持和激励力度，完善农村实用人才公共服务体系，发挥农业龙头企业和农村各类经济合作组织的载体作用，鼓励支持建立专业合作组织和专业技术协会，引导扶持农村实用人才创业兴业。建立“三农”科研激励机制，每年选拔10名农业科研杰出人才，给予科研专项经费支持和奖励。鼓励引导高校毕业生到农村就业和发展，加强基层农技推广机构和队伍建设，稳定和用好农村现有人才。2015年，农村实用人才总量达到150万人，2020年达到200万人，其中培养示范带动能力强的农村实用人才10万人，每个行政村至少有3名以上农村实用人才。

6．加强社会工作人才队伍建设。适应率先构建社会主义和谐社会和建设全国高水平、高品质社会事业发展示范区的需要，以人才培养和岗位开发为基础，以中高级社会工作人才为重点，培养造就一大批职业化、专业化的社会工作人才。完善教育培训体系，开展社会工作岗位设置试点，规范社会工作者职业水平考试，完善社会工作者职业水平评价制度，大力提高社会工作人才的职业素质和专业能力。探索政府购买社会服务方式，推进社会服务社会化，逐步形成政府主导、社会参与、民间运作的社会工作运行机制和社会服务体系。推进城乡社区、公益类事业单位、公益类社会组织社会工作人才队伍建设。坚持培育与监管并重，引导公益类社会组织规范运作和健康发展。以基层社区为突破口，改革创新社会管理体制和社会工作运行机制，探索建立“项目参与式”的城乡社区社会工作模式。2015年，专业社会工作者达到5万人，社会工作人才总量达到20万人。2020年，专业社会工作者达到10万人，社会工作人才总量达到30万人。

7．加强非公有制经济组织和新社会组织人才队伍建设。适应非公有制经济组织和新社会组织迅速发展的需要，制定加强非公有制经济组织和新社会组织人才队伍建设意见，健全非公有制经济组织和新社会组织人才管理体制。坚持一视同仁、平等对待，消除体制性障碍，政府在人才培养、引进、评价、使用等方面的各项政策，非公有制经济组织和新社会组织人才平等享受；政府支持人才创新创业的资金、项目信息等公共资源，向非公有制经济组织和新社会组织人才平等开放；政府开展人才宣传、表彰、奖励等方面的活动，非公有制经济组织和新社会组织人才平等参与。加强非公有制经济组织和新社会组织后备人才培养。2015年，非公有制经济组织人才总量达1240万人，新社会组织人才总量达48万人；2020年，非公有制经济组织人才总量达1380万人，新社会组织人才总量达70万人。

（四）统筹推进区域人才协调发展

1．加快构建珠江三角洲创新型人才圈。围绕实施《珠江三角洲地区改革发展规划纲要（2008—2020年）》，在珠江三角洲地区先行先试、深化人才体制机制改革，把珠江三角洲地区打造成为人才培养示范区、人才引进先行区和人才体制机制创新试验区，着力建设以广州和深圳为龙头、以珠江三角洲为核心、承接四海内外、辐射粤东西北的创新型人才圈，形成人才国际竞争优势。结合“广佛肇”、“深莞惠”、“珠中江”三大经济圈的产业布局，引导高端人才向产业带、高新区和专业镇聚集，突破制约自主创新的人才瓶颈。发挥毗邻港澳的地缘优势和华侨众多的人缘优势，完善粤港澳人才多领域合作与交流机制，提高珠江三角洲地区人才国际交流与合作水平。建设珠江三角洲人才工作联盟，推进人才开发一体化。

2．加快推进粤东西北地区人才发展。按照“提升珠三角、带动东西北”的要求，粤东西北地区结合区位特点、功能定位和产业优势，制定人才带动战略和政策，以项目引人才，以人才带项目，大力招揽人才、用好人才、留住人才，加快人才队伍发展。加快人才市场一体化进程，充分发挥政府调控、市场主导的人才资源配置作用，鼓励用人单位以岗位聘用、项目聘用、人才租赁和项目合作等方式招才引智，引导各类人才合理分布。

3．加强珠江三角洲与粤东西北地区人才交流合作。继续实施“科技、教育、卫生人才智力扶持山区计划”、“三支一扶”、“一村一名大学生”计划。围绕产业和劳动力“双转移”战略，发挥珠江三角洲地区产业和人才的幅射带动作用，引导创新要素向产业转移园集聚，带动粤东西北地区加快振兴。对粤东西北地区在人才政策上倾斜，在资金投入上扶持，在岗位津贴、医疗保险、职称晋升等方面实行优惠政策，鼓励引导高校毕业生到基层和欠发达地区服务、就业和自主创业。

四、人才发展重点工程

（一）珠江人才引进计划

结合我省产业发展需要，重点实施”百千万”人才引进项目，用5至10年时间，全省引进100个居国际国内先进水平的创新科研团队和100名带动新兴学科、发展高新产业、引领先进文化的领军人才，1000名掌握核心技术的紧缺人才和战略性新兴产业急需人才，10000名优秀留学人员来粤创新创业。

（二）南粤英才培养工程

重点实施“双百”人才培养项目，每年遴选20至30名优秀人才，以5年为一个培养周期，着力培养100名有实力竞争中国科学院、中国工程院院士的候选人才；依托主体科研机构和高等院校，重点培养100名领军人才。实施青年英才培养工程，着眼于人才基础性培养和战略性开发，在自然科学、工程技术、社会管理、哲学社会科学和文化艺术等领域，每年重点培养扶持一批青年拔尖人才。实施博士后培养工程，5年内新增40个博士后科研流动站、80个工作站，2000名进站博士后。鼓励掌握核心技术、具有自主知识产权或拥有高成长项目的博士后出站后继续留在我省工作。

（三）创新创业载体建设工程

创新科研管理体制和人才工作机制，实行特殊的人才政策和支持措施，依托国家级、省级技术开发区和高新区，建设5个左右“人才特区”；依托产业带和产业集群，加快战略性新兴产业、现代服务业和先进制造业人才集聚，建设10个左右“人才走廊”；在全省有创新创业优势的大型企业、高校、科研机构和高新技术开发区，建设50个左右省级高层次人才创新创业基地。在我省创新型企业和高新技术企业中建立100个左右院士工作站。大力打造创新联盟、博士后工作站和工程（技术）中心等科研成果转化中心，建立一批创新创业公共服务平台。

（四）战略性新兴产业人才开发路线图计划

遵循科技发展规律、产业发展规律和人才成长规律，围绕我省重点发展的高端新型电子信息、半导体照明（LED）、电动汽车、太阳能光伏、核电设备、风电、生物医药、节能环保、新材料、航空航天、海洋等11个战略性新兴产业，结合我省产业技术路线图和创新型企业成长路线图制订工作，制订我省战略性新兴产业人才发展路线图。通过对战略性新兴产业发展不同阶段技术创新与人才需求的关联分析，对创新人才资源在全球分布状况的系统考察，做好战略性新兴产业人才开发的路径设计与制度安排，引导企业有计划、有目标、有步骤、有针对性地引进和培育掌握关键技术、核心技术的高端人才，突破人才瓶颈，攻克技术壁垒，科学配置和有效利用科技创新资源，推动人才链与产业链无缝对接，提升自主创新能力和产业竞争力。

（五）党政人才素质能力提升工程

以县（处）级以上党政领导干部和中青年后备干部为重点，以提高理论思维、战略思维和领导科学发展、促进社会和谐的能力为核心，按照“干什么学什么，缺什么补什么”的原则，实施全覆盖、多手段、高质量的大规模干部培训，构建理论教育、知识教育、党性教育和实践锻炼”四位一体”的干部培养教育体系，全面提高干部队伍的综合素质和领导能力。从2010年开始，适应我省加快转变经济发展方式要求，结合学习型党组织建设活动，在全省开展以新技术、新产业基础知识为重点内容的大规模干部培训，着力推动广大干部特别是各级领导干部知识结构的转型升级，努力打造一支既有加快转变经济发展方式的迫切愿望、又有加快转变经济发展方式高超本领的党政领导人才队伍。

（六）现代企业家和职业经理人培养计划

围绕提升企业整体竞争力，培育具有全球影响力的跨国企业和创新能力强的创新型企业，培养造就一批职业化、现代化、国际化的优秀企业家，打造一支高素质、创新型、复合型的职业经理人队伍。成立省企业经营管理人才评价中心，建立广东企业高级经营管理人才库。完善培训工作机制，对国有大中型企业、民营骨干企业的高层经营管理人才在5年内轮训一遍，培训时间累计不少于3个月；利用国（境）外培训资源，选派优秀年轻企业家到国（境）外培训考察；鼓励企业家参加高级管理人员工商管理硕士（EMBA）教育。

（七）百万技能人才开发计划

扩大职校技校招生规模，实施“校企双制”办学模式和“百校千企”行动计划，加强校企合作和工学结合，对在岗职工、农民工、退役士兵、失业人员、应届大中专毕业生和高中毕生生进行技能培训。构建与现代产业体系相适应的职业教育和技能培训体系，到2020年，建成25所全国示范性高职院校和省级示范性高职院校，40所全国示范性中等职业学校，20所全国示范性技师学院，40所全国示范性高级技工学校，5个职业技能竞赛基地，3—5个全国示范性师资培训基地，100个左右高技能人才实训基地，100个生产性实训基地，20个校企合作示范基地，20个企业技师工作站。通过引进发达国家职业技术教育高端人才和培训专家，选拔省内职校技校骨干教师赴国（境）外学习深造，招揽国内高端技能人才等方法，培养高技能人才师资2000名。到2020年，培养30万名符合我省产业发展方向、行业企业急需的技师和高级技师，培养数百万掌握先进技术、先进工艺的高技能人才。

（八）百万农村实用人才培训计划

对农村"两委"干部进行现代农业知识和乡村管理知识培训。挑选十万名农业合作组织、农业专业协会领导人、乡镇农业企业管理人员和农业技术推广人员进行现代农业知识、农业企业管理知识、农业法律法规知识培训。挑选百万名农业生产第一线的农民进行现代农业知识和科学种养技术培训。重点培养一批农业科技创业人员、现代农业技术推广带头人、农村种养殖大户。建设一批农村实用人才培训基地。

（九）社会工作人才培养工程

制订社会工作人才培养规划，建立完善教育培训体系，加强师资队伍、培训教材、培训基地和实习基地建设，加快高校和职业院校培养专业社会工作人才的步伐，逐步完善与我省社会事业发展相协调的初、中、高级社会工作人才梯次结构。通过进修、实习、短训、函授、交流等多种形式，对现有社会工作从业人员进行大规模培训，鼓励其参加社会工作专业学历教育和社会工作职业水平考试，大力提高社会工作人才的职业素质和专业能力。建立粤港澳教育培训合作机制，聘请港澳专家学者和资深社会工作者来粤讲学和开展专业实习督导，组织社会工作骨干赴港澳地区学习考察和培训。实施社会工作专业学生800小时实习制度，提高社会工作人员实务能力。

（十）教育名师培养工程

继续实施广东省高等学校“珠江学者”岗位计划和“千百十工程”，培养造就一批学术大师、学科带头人和学术骨干。实施高等学校高层次人才引进计划，面向国内外引进学科带头人和杰出教育家。实施高校优秀青年教师培养计划，重点扶持和培养35周岁以下具有博士学位的优秀青年教师，争取有一批高校高层次人才成为“国家杰出青年基金项目”、“国家重点基础研究发展规划”获得者，或列入教育部“长江学者”特聘教授和团队范围。实施高等职业技术院校“珠江学者”岗位计划，吸引、遴选和造就一批职业技术教育专业领军人才。实施职业技术教育“双师”素质提升计划，建设一支专业理论扎实、实践能力强的职业技术教育教师队伍。推进师范教育人才培养模式改革与创新，建立高校、区域教师培训基地、“中小学名校长（名教师）工作室”三位一体的省级中小学骨干教师培训体系，培养造就一批名校长、名教师。

（十一）文化名家培养工程

继续实施宣传思想文化战线十百千人才工程，在社科理论、文学艺术、新闻采编、出版发行等领域，以5年为一个培养周期，到2020年培养造就50名左右居全国领先水平的学科带头人和文化名家，500名左右在某一学科或行业中颇具影响力和知名度的拔尖人才，5000名左右在各专业门类中具有扎实功底和发展潜力的业务骨干，掌握文化发展和文化传播的主动权，大力推动我省先进文化和文化产业的发展。实施哲学社会科学人才培养工程，培养造就一批全面掌握中国特色社会主义理论体系并坚持理论联系实际的理论家。加强对文化企业领导人才的培养和管理，造就一批懂文化、会经营、善管理的文化企业家和文化职业经理人。

（十二）卫生名医培养工程

制订实施顶尖名医培养计划，每年组织实施10个左右重大医学攻关项目，设立名医培养专项经费，遴选一批中青年优秀卫生人才进行重点扶持，大力培养和引进顶尖名医和学术带头人，力争到2020年新增30名左右全国杰出中青年医学专家、120名左右全省著名医学专家。制订实施名中医培养计划，以高等医学院校为依托，建立中医药高级人才研修基地，实施“优秀中医临床人才研修项目”，培养造就10名左右中医药学术领军人物和一批中青年中医药人才。制订实施乡土名医培养计划，建立完善基层医疗卫生人才培训体系，通过大规模培训和大幅度提高待遇，吸引、培养和留住基层卫生人才。

（十三）老龄人才开发利用工程

老龄人才知识积淀深厚、专业造诣精深、实践经验丰富，是人才队伍的重要组成部分，是党和国家的宝贵财富，是“科教兴粤”、“人才强省”需要依靠的一支重要力量。修订完善《关于进一步发挥高级老专家作用的意见》，以社会需求为导向，以高中级职称、低龄老人为重点，通过建立离退休专家顾问团、离退休专家咨询委员会等多种形式，在技术咨询、科技服务、人才培训、智力开发、医疗保健等方面，继续发挥老龄人才的专长和作用。

五、创新人才发展体制机制

（一）健全党管人才领导体制

坚持党管人才原则，完善党委统一领导，组织部门牵头抓总，有关部门各司其职、密切配合，社会力量广泛参与的人才工作格局，增强推动人才工作的合力。各级党委组织部门要按照"管宏观、管政策、管协调、管服务"的要求，重点抓好战略思想研究、总体规划制定、重要政策统筹、重大工程设计、重点人才培养以及先进典型宣传。建立党委、政府“一把手”抓第一资源的目标责任制，把人才发展纳入各级党政领导班子考核内容。健全各级党委抓人才工作的领导机构，建立重大政策、重要工作部署的决策机制、协调机制和督促落实机制。建立各级党委常委会听取人才工作专项报告制度，完善党委直接联系专家、听取专家意见的直通车制度和重大决策专家咨询制度。

（二）健全人才管理服务机制

加快人才立法步伐，及时废除、更新或修改不适应人才发展要求的政策，建立健全符合人才成长规律和有利于人才发展的人才政策法规体系，推进人才管理服务工作制度化、规范化。围绕充分发挥现有人才作用，完善政府宏观管理、市场有效配置、单位自主用人、人才自主择业的人才管理体制，推动政府人才管理职能向创造良好发展环境、提供优质公共服务转变，形成规范有序、公开透明、便捷高效的人才管理运行机制和管理方式。推动人才管理部门进一步简政放权，减少和规范人才评价、流动等环节中的行政审批事项。深化事业单位人事制度改革，坚决克服人才管理中的行政化、“官本位”倾向，逐步取消科研院所、学校、医院等事业单位的行政级别和行政化管理模式。设立创业风险投资基金，落实创业人才税收优惠政策，完善金融信贷优惠政策、政府资助科研项目的成果转化和技术转移政策、高校和科研院所科技人员创办科技企业激励保障政策，加大对各类人才创业的政策扶持。制订政府购买服务政策，发展和规范各类人才社会中介组织，加强人才公共服务产品开发和标准化管理，不断提高人才服务效率和水平。

（三）健全人才优先投入机制

树立人才资本理念，加大人才投入力度，优先保证人才投入，完善以政府投入为引导、用人单位投入为主体、社会投入为补充的多元化投入机制，保持人才投入与经济发展同步增长，到2020年政府物力资本投资和人力资本投资比例达到中等发达国家水平。各级财政建立人才专项资金，纳入财政预算体系，保障引进、培养、激励人才等重大项目的实施，营造鼓励和支持人才干事创业的良好环境。完善专项资金管理办法，确保资金使用效益。加大对欠发达地区财政转移支付力度，积极扶持欠发达地区的人才开发工作。

（四）健全人才培养开发机制

坚持以社会需求为导向，以素质提升和能力建设为核心，深化教育体制改革，完善教育培训体系，全面推进素质教育，发挥教育在人才培养中的重要作用。构建学习型社会，推进公共教育服务均等化，促进教育公平。改革高等院校办学体制和人才培养模式，实现人才培养与使用的统一。鼓励实行校企“双导师”培养研究生模式，鼓励研究生选择企业攻关项目作为研究方向，推进高校人才培养与市场需求对接，大力培养社会急需的紧缺人才和适用人才。大力推进省部院产学研合作，共建科技创新高地。建设创新创业载体，推进校企合作，支持企业与高等院校、科研院所共建高水平的科技成果转化和技术孵化基地，建立创新联盟和企业工程技术中心，共同承担国家重大项目及联合开展科研攻关，推进产学研结合。完善脱产进修、岗位培训、在职学习、出国（境）深造等培训制度，加强职业教育和在职人员继续教育，大力发展现代远程教育，形成开放式、广覆盖、多层次的教育培训网络。放宽与国（境）外机构合作办学权限，到2020年，重点引进3—5所国（境）外知名大学到广州、深圳、珠海等城市合作举办高等教育机构，建成1—2所国内一流、国际先进的高水平大学。拓宽海外培训渠道，建立海外培训基地，推进本土人才国际化和国际人才本土化。

（五）健全人才评价发现机制

以能力和业绩为导向，针对各类人才的不同特点，建立多元化人才评价标准和人才评价指标体系，提高人才评价的科学水平。坚持党政人才评价重在群众认可、能力与业绩并重，完善体现科学发展观要求的领导干部和公务员考核体系。坚持企业经营管理人才评价重在市场和出资人认可，完善以任期目标为依据、业绩为中心的国有企业领导人员考核评价办法，推进职业经理人社会化评价。坚持专业技术人才评价重在社会和业内认可，突出用人单位评价主体作用，形成社会化职业技能鉴定、专项职业能力考核多元评价机制。改革专业技术职称和职业资格制度，完善职业标准和认证体系，引进和推广国际广泛认可的重点领域人才资质认证办法，克服人才评价中唯学历、唯论文倾向，增强专业技术职务资格认定的权威性和公信力。加强职业诚信体系建设，建立人才诚信档案制度。完善以创新和质量为导向的科研评价办法，克服考核过于频繁、过度量化的倾向，实施有利于科技人员潜心研究和创新的政策。完善科研诚信体系，从严治理学术不端行为。把评价人才与发现人才结合起来，重视在重大科研、工程项目实施和急难险重工作中发现、识别人才，健全举才荐才的社会化机制。

（六）健全人才选拔任用机制

按照公开、平等、竞争、择优原则，改革各类人才选拔任用方式，形成有利于优秀人才脱颖而出、充分施展才能的选人用人机制。深化党政人才选拔任用制度改革，坚持德才兼备、以德为先，完善党政人才公开选拔、竞争上岗、公推公选等办法，推行任期制和聘任制等制度。完善公务员招考录用机制，优先录用具有基层和生产一线工作经历的人员。加大市场化选聘力度，建立市场配置、组织选拔和依法管理相结合的国有企业领导人员任用制度。按照现代企业人事制度，对国有资产出资人代表依法实行派出制和选举制，对经理人推行聘任制。深化事业单位人事制度改革，全面推进岗位设置管理和公开招聘制度，实现事业单位人才从固定用人向合同用人、由身份管理向岗位管理转变。

（七）健全人才流动配置机制

推进人才市场体系建设，建立以市场机制为主导、政府部门宏观调控、市场主体公平竞争、行业协会严格自律、中介组织提供服务的人才流动机制，促进人才自由、有序流动。充分发挥企业引才的积极性和主体作用，在创新型企业和高新技术企业建立一批院士工作站和博士后流动站、工作站，鼓励企业、高校和科研机构联合引才。建立人才供需预测和调控机制，定期发布职位供需信息，引导人才与工作岗位准确对接。充分发挥广州“留交会”、深圳“高交会”和“国际人才交流大会”以及各类人才市场等现有平台的引才引智作用。进一步加强海外人才工作站建设，建立“网上留交会”和海外高层次留学人员信息库，培育发展国际人才市场和国际人才中介服务机构，为海内外高层次人才来粤工作打造更加便捷、高效、持久的新平台。开辟“一站式”服务专区和“绿色通道”，对紧缺急需的高层次人才和特殊岗位人才，放宽年龄、学历、资历限制，简化引进程序和手续。改革户籍管理制度和人事档案制度，完善居住证制度，消除人才流动中的区域、城乡、部门、行业、身份、所有制等限制。按照“不求所有，但求所用”、“双向选择，来去自由”的原则，促进人才的柔性流动。完善出国留学、招收国外留学生政策，建立学历、专业技术资格、职业资格国际互认制度，促进国际人才和粤港澳区域人才交流合作。发挥政府宏观调控作用，引导和鼓励各类人才向农村、基层、边远地区和艰苦行业流动。

（八）健全人才激励保障机制

建立健全充分体现人才价值、鼓励人才创新创造的分配激励机制，鼓励技术入股、专利入股，积极探索知识、技术、管理、技能等生产要素按贡献参与分配的有效实现形式和办法。完善薪酬制度，实行收入与工作实绩和科技成果转化效益挂钩，对有特殊贡献的人才试行协议工资和年薪制。建立健全优秀人才表彰奖励制度，认真做好“南粤功勋奖”、“南粤创新奖”、“南粤技术能手奖”、“南粤友谊奖”、“广东省科学技术突出贡献奖”和“广东省哲学社会科学优秀成果奖”等评选表彰工作，重奖有突出贡献的人才。进一步完善有利于人才发展、充分发挥人才作用的社会保障体系。切实为来粤工作的高层次人才解决住房、配偶安置、子女入学等实际困难。各市、用人单位采取以货币补贴（购房补贴、房租补贴）或房屋租住（人才公寓、购买商品房）等方式，妥善解决住房问题，在保障性住房建设中优先解决人才的住房问题。试行政府投保高级专家医疗保险制度，建立高层次人才健康档案，提供个性化医疗服务，落实每年定期体检和带薪休假制度。支持用人单位按规定为各类人才提供补充养老、医疗保险。健全机关、企业、事业单位人才流动社会保险关系衔接办法。加强知识产权保护，完善人才权益保护制度。

六、组织实施

（一）加强组织领导，明确职责分工

贯彻实施本规划纲要，是各级党委、政府的重要职责。省人才工作协调小组负责实施规划纲要的统筹协调和宏观指导。组织部门牵头抓总，制订各项目标任务分解落实方案和重大工程实施办法，明确责任分工。各有关部门积极配合，密切协作，确保各项任务落到实处。各地级以上市要以规划纲要为指导，提出本地区实施的具体方案和措施，创造性地实施规划纲要。

（二）加强宣传督查，营造良好氛围

大力宣传党和国家关于人才工作的战略思想和方针政策，宣传实施规划纲要的重大意义和主要内容，宣传规划纲要实施中的典型经验和做法，为规划纲要的实施创造良好社会环境和舆论氛围。建立规划纲要实施情况的监测、评估、考核机制，强化″一把手″抓第一资源的责任意识，组织开展人才工作目标责任制考核，跟踪分析和研究解决规划纲要实施过程中出现的新情况和新问题，确保规划纲要目标任务落到实处。

（三）加强基础建设，提供有力保障

建立健全人才工作机构，加强人才工作队伍建设，提高人才工作队伍的政治素质和业务水平，做到编制到位、职责到位、人员到位、工作到位。加强人才工作基础理论和发展战略研究，积极探索人才资源开发规律，加强人才资源统计与分析工作，建立健全人才数据库和人才信息网，推动人才工作的科学化发展。

广西壮族自治区中长期人才发展规划纲要
（2010—2020年）

为深入实施人才强桂战略，促进人才资源有效开发，加快转变经济发展方式，推动我区科学发展、和谐发展、跨越发展，实现“富民强桂”奋斗目标，以《国家中长期人才发展规划纲要（2010－2020年）》为指导，制定本规划纲要。

一、序言

人才是具有一定专业知识或专门技能，进行创造性劳动并对社会作出贡献的人，是人力资源中能力和素质较高的劳动者。当今世界，人才资源已成为第一位的战略资源，人才优势是最重要的发展优势。

自治区党委、自治区人民政府历来高度重视人才工作，改革开放以来尤其是第一次全国、全区人才工作会议以来，我区科学人才观逐步确立，人才强桂战略地位不断强化，人才发展取得了长足进步。人才工作领导机制不断完善，形成了党委统一领导，组织部门牵头抓总，有关部门各司其职、密切配合，社会力量广泛参与的人才工作格局。人才队伍规模不断壮大，截至2009年底，全区人才资源总量约为210万人。其中，体制内的党政人才、企业经营管理人才和专业技术人才“三支队伍”总量达到113.5万人。全区每万人中拥有人才410人左右。人才结构进一步优化，教育、卫生、文化等公共服务领域人才持续增长，非公有制经济组织和新社会组织人才逐年增加，工业产业、现代生产性服务业、高新技术领域人才稳步增长。从2003年到2009年，全区体制内“三支队伍”中，具有大学本科以上学历人员从17.6%提高到了36.5%，翻了一番多；拥有中级以上职称的专业技术人才比例提高到了43.6%，高、中、初级专业技术人才比例更趋合理。人才小高地建设取得突破性进展，高层次人才开发迈出新步伐。全区先后建立了32个自治区级人才小高地、96个市级人才小高地，引进和柔性引进了包括“两院”院士在内的一批高层次人才，促进了人才资源整体开发。博士后“两站”总数达到了40个。人才资源市场化配置的基础性作用进一步增强，形成了覆盖自治区、市、县三级的人才市场体系。干部人事制度改革不断深化，各级领导干部竞争性选拔的常态机制基本形成，事业单位人事制度改革取得新进展，国有企业经营管理人员选拔任用、激励保障机制日益完善。人才政策法规体系逐步健全，人才创新创业的环境不断改善。

但是也必须看到，我区人才发展面临严峻的挑战：一是人才竞争更加激烈。人才资源不可避免地向经济实力强、科研基础好、产业集中度高、创新创业条件更成熟的区域集聚，我区在激烈的人才竞争中压力增大。二是人才开发投入不足。全区人力资本投资低于全国平均水平，经济发展主要依靠投资拉动和物质资源消耗，与加快转变经济发展方式的要求相比，人才资源开发投入不足。三是人才发展水平不高。人才资源总量少、规模小，结构性矛盾和人才创新能力不强等问题比较突出，尤其是高层次创新创业人才严重缺乏，已经成为了影响和制约我区加快发展的重要因素。四是人才政策创新相对滞后。人才引进、培养、评价、使用、激励、保障制度还不完善，人才发展的体制机制障碍尚未消除，人才干事创业的环境有待进一步优化。当前，我区正处在加快发展的"黄金期"，面临的发展机遇前所未有，各类人才创新创业的空间前所未有，对优秀人才的需求也前所未有。我们必须进一步增强责任感、使命感和危机感，着眼于应对日益激烈的人才竞争，主动适应经济社会发展需要，坚定不移地走人才强桂之路，科学谋划，大胆探索，锐意创新，扎实工作，不断开创人才辈出、人尽其才的新局面。

二、指导方针、战略目标与总体部署

（一）指导方针

高举中国特色社会主义伟大旗帜，以邓小平理论和"三个代表"重要思想为指导，全面贯彻落实科学发展观，尊重劳动、尊重知识、尊重人才、尊重创造，坚持党管人才原则，更好实施人才强桂战略，遵循社会主义市场经济规律和人才发展规律，以经济社会发展需求为导向，以人才制度改革和政策创新为动力，以高层次人才、高技能人才开发为重点，统筹城乡、区域、产业、行业和不同所有制人才资源开发，进一步解放思想、解放人才、解放生产力，为我区全面建设小康社会、实现"富民强桂"新跨越提供坚强的人才保证和广泛的智力支撑。

当前和今后一个时期，我区人才发展的指导方针是：服务发展，人才优先；制度创新，重在使用；高端引领，全面带动。

服务发展，人才优先。要坚持把服务科学发展、服务党的中心工作作为人才工作的出发点和落脚点，进一步确立人才优先发展的战略布局，充分发挥人才的基础性、战略性和先导性作用，通过人才资源优先开发、人才结构优先调整、人才资本优先积累、人才投入优先保证，促进经济发展方式向主要依靠科技进步、劳动者素质提高、管理创新转变，实现经济社会又好又快发展。

制度创新，重在使用。要坚持解放思想与制度创新相结合，把充分发挥各类人才的作用作为人才工作的根本任务，充分尊重人才的劳动和创造，围绕人才作用的发挥和人才价值的体现，大力推进人才吸引、培养、评价、选拔、流动、激励、保障制度创新，搭建干事创业平台，营造宽松发展环境，提升人才使用效能，形成有利于人的全面发展的体制机制，最大限度地激发人才的创新智慧和创造活力。

高端引领，全面带动。要紧密联系我区实际，积极构建以"八桂学者"为引领，以"特聘专家"为骨干，以人才小高地人才团队为基础，以海外引进人才为补充的高层次人才开发新格局，带动重点产业、重点领域、重点区域的人才开发，促进党政人才、企业经营管理人才、专业技术人才、高技能人才、农村实用人才、社会工作人才等各类人才队伍协调发展，推动人才资源开发与经济社会发展相协调、相适应，实现经济效益、社会效益、科技效益和人才效益的有机统一。

（二）战略目标

到2020年我区人才发展的总体目标是：培养造就数量充足、素质优良、结构合理、富有创新活力的人才队伍，逐步缩小与发达省市的人才差距，初步形成具有自身特点的人才竞争优势，成为西部地区重要的人才聚集区和以面向东盟为重点的区域性国际人才高地。

——人才总量较快增长。全区人才资源总量达到355万人，年均增长4.8%，其中党政人才19.5万人，企业经营管理人才18.5万人，专业技术人才124万人，高技能人才38万人，农村实用人才60万人，非公有制经济组织、新社会组织人才95万人。人才资源占人力资源总量比重提高到12%左右，基本适应经济社会发展的需要。

——人才素质明显提升。主要劳动年龄人口受过高等教育的比例达到16%，每万人中在校大学生数量达到168人，党政人才队伍、企业经营管理人才队伍、专业技术人才队伍中拥有大学本科以上学历的比例分别达到70%、70%和60%。每万劳动力中研发人员达到20人年。高技能人才占技能劳动者的比例达到25%左右。人才的知识水平、创新能力不断提高。

——人才分布日趋合理。第一、二、三产业之间人才比例更加协调，其中第二产业人才总量迅速增长。人才逐步向重点工业产业集聚，向物质生产部门和生产性服务业集聚，向重点发展区域集聚，向非公有制经济组织和新社会组织集聚。

——人才环境不断优化。人才政策法规体系日臻完善，人才体制机制创新取得重大进展，"人人争作贡献、人人都能成才"以及"尊重劳动、尊重知识、尊重人才、尊重创造"的社会导向更加明确，鼓励创新、支持创业、宽容失败的良好社会氛围基本形成。

——人才效能逐步增强。全区人力资本投资占地区生产总值的比例达到14%，人力资本对经济增长贡献率达到29%，人才贡献率达到26%，自主创新能力明显增强，发明专利稳步增长，获国家级科技奖励明显增加，重点产业、重点领域和重点区域在人才、研发、技术创新等方面的引领、辐射和带动作用得到较好发挥。

（三）总体部署

未来10年，我区人才发展的总体部署是：科学规划，分步实施，逐项推进，逐步到位。具体分为两个阶段推进：

1. 重点突破阶段（2010—2015年）。围绕人才发展总体目标，分解任务，落实责任，加强人才发展投入，启动实施一批重大人才工程。加大高层次创新创业人才培养、引进和使用力度，初步构建起高层次创新创业人才开发新格局。突出加强重点工业产业人才培养，为自治区千亿元产业和新兴产业提供人才支撑，实现人才培养与产业发展良性互动。组织实施支持重点区域人才发展创新政策，发挥示范影响效应，鼓励探索、支持创新，初步构建起环境宽松、机制灵活、保障有力的人事改革试验区。

2. 全面推进阶段（2016—2020年）。瞄准国内先进水平，以优化人才结构、提升人才竞争力为重点，通过高层次人才引领带动，促进各类人才队伍协调发展。人才规模明显扩张，人才素质明显提升，人才结构明显优化，人才环境明显改善，人才国际化程度大幅提高，人才法制建设形成体系，人才体制机制富有活力，具有广西特色的人才竞争优势初步显现，人才竞争力进入国内中等行列，基本实现规划总体目标。

三、主要任务

（一）加快吸引和培养高层次创新创业人才

围绕“新高地、新一极”的战略目标，从自治区重点产业、重大项目、重要科研创新平台和优势企事业单位发展建设需要出发，争取用10年时间，累计选聘100名左右“八桂学者”，吸引培养400—600名科研技术骨干；选聘200名左右“特聘专家”，带动培养1000名左右中青年科研技术人才；培育50个左右人才小高地团队，形成一批在国内有影响力的品牌人才团队；引进并有重点地支持100名左右海外引进人才来桂创新创业，构建符合广西实际的高层次人才开发新格局。重点引进和培养掌握我区重点产业相关核心技术，能够解决产业发展重大技术和工艺性难题的高层次专业技术人才及其创新团队；在知名高校、科研院所等机构工作，善于组织科研攻关，具有突出研究成果的学术技术带头人及其科研团队；拥有自主知识产权，研究成果市场前景广阔，产业化条件成熟，有意创办企业的自主创业人才及其创业团队；在知名企业重要岗位任职，具有丰富企业经营管理经验的高层次管理人才及其管理团队。

（二）加强重点领域人才开发

1．工业产业等经济领域重点人才开发。在全区重点发展的食品、汽车、石化、电力、有色金属、冶金、机械、建材、造纸与木材加工、电子信息、医药制造、纺织服装与皮革、生物产业、修造船及海洋工程等14个千亿元产业，以及新材料、新能源、节能与环保、海洋等4个新兴产业当中，突出抓好企业家队伍、专业技术人才队伍、技能人才队伍和后备人才队伍建设。到2015年，培养和引进重点工业产业专门人才75万人，2020年达到100万人，建成一批具有国内先进水平的千亿元产业技术研发中心、100个左右工业产业紧缺高技能人才示范性培养培训基地，培养造就一支熟悉国际国内市场、具有管理创新精神和市场开拓能力的企业家队伍，一支掌握核心技术、擅长技术攻关和技术集成的专业技术人才队伍，一支数量充足、结构合理、素质优良、爱岗敬业的技能人才队伍，促进我区工业产业做大做强做优。

以加快发展现代农业、夯实经济社会发展基础为目标，大力培养粮食产业、优势特色农业、畜牧水产业等高层次农业科研、技术推广和流通经营人才。加大现代物流、金融服务、会展服务、信息服务、会计、审计、法律、咨询、知识产权等现代生产性服务业人才培养和引进力度。积极推进商贸流通、旅游休闲等消费性服务业经营管理人才和技能人才开发。

2．社会发展重点领域人才开发。适应社会事业不断发展的需要，到2015年，在教育、医药卫生、宣传思想文化、政法、社会工作、防灾减灾等社会发展重点领域培养和引进专门人才100万人，2020年达到120万人。以教师队伍建设为核心，大力加强高等院校在国际国内有一定影响力的学科带头人队伍建设，加强职业教育“双师型”教师队伍培养，加强中小学尤其是农村学校薄弱学科教师队伍建设，提高教育教学质量。以加强高层次和基层卫生人才队伍建设为重点，整体推进农村卫生、社区卫生、公共卫生、卫生监督、医疗服务、民族医药和卫生管理人才队伍建设。围绕繁荣社会主义文化，抓紧培养哲学社会科学、文学艺术、新闻出版、对外宣传等领军人才，培养复合型文化产业经营管理人才、新媒体专业技术和管理人才，加强基层宣传文化人才队伍建设。积极发展社会工作人才队伍，大力加强政法系统人才队伍建设，提高管理社会事务、协调利益关系、开展群众工作、维护社会稳定、做好人口计生工作的能力水平。大力加强防灾减灾人才队伍建设，保障人民群众的生命财产安全。

（三）加强区域人才开发与合作

1．北部湾经济区人才开发。制定实施《关于进一步加快广西北部湾经济区人才开发的若干政策措施》，围绕北部湾经济区重点发展的石化、林浆纸、能源、钢铁和铝加工、粮油食品加工、海洋产业、高新技术、物流、现代服务业等九大产业，依托自治区重点扶持的产业园区、重大项目和优势企事业单位，大力引进和培养急需紧缺专门人才。实施北部湾经济区人才优先发展战略，创建经济区人事改革试验区，成立经济区人才工作协调小组，设立经济区人才开发专项资金，推行编制动态管理，逐步统一经济区津贴补贴标准。经济区各市也要进一步解放思想，大胆探索创新，试行政府特聘专业人员、事业单位专才特聘等制度，加大人才挂（任）职交流和中青年人才培养力度，加快培育区域产业人才小高地集群，构建统一规范的区域性人才市场，推进区域人才交流与合作，打造区域人才竞争的新优势。

2．西江经济带人才开发。按照加快西江亿吨“黄金水道”建设，带动西江经济带发展，形成区域协调发展格局的总体目标，在深入调查研究的基础上，制定关于加快西江经济带人才开发的若干政策措施，引导和鼓励沿江各市根据产业发展布局，加大人才资源开发力度。柳州、桂林等市着重围绕产业结构调整和升级换代，大力培养和引进先进装备制造、高新技术、旅游、医药、特色农林产品精深加工等产业发展急需紧缺的专门人才。梧州、贵港、玉林、贺州、来宾等市积极完善综合交通运输体系，主动承接东部产业转移，大力培养和吸引现代农业、交通、物流、能源、建材、修造船、矿产加工等产业发展所需的经营管理、专业技术和高技能人才。

3．桂西资源富集区人才开发。以增强桂西资源富集区自我发展能力为目标，研究制定关于加快桂西资源富集区人才开发的若干政策措施，支持各市根据自身资源和比较优势，加大科技创新力度，加强人才队伍建设。百色市重点培养铝工业、煤炭、电力、农产品加工、旅游等专门人才。河池市重点培养有色金属、水电、桑蚕、旅游等专门人才。崇左市重点培养现代农业、锰深加工、建材等专门人才。沿边地区要充分发挥区位优势，大力培养边境贸易、交通物流、出口加工等发展需要的外向型人才。

4．区内外人才交流与合作。大力破除影响人才进入和作用发挥的政策性障碍，促进人才合理流动、优化配置。全面落实泛珠三角区域合作框架协议和与兄弟省市、国家部委、高校院所的合作协议，推动建立人才对口交流、联合培养、项目合作的长效机制。主动适应中国—东盟自由贸易区发展需要，以中国—东盟人才资源开发合作论坛、泛北部湾经济合作论坛等为载体，构建区域性国际人才交流与合作平台，深化与东盟各国政府部门、企业、学校、科研机构、学术团体等的交流与合作。深入实施国外智力引进计划，扩大引才引智领域，促进引才引智成果的转化应用。

（四）加强少数民族人才开发

按照深入实施西部大开发战略的总体部署，围绕少数民族地区基础设施建设、产业结构调整、生态环境保护、社会事业发展等目标任务，以世居少数民族党政人才、急需紧缺专业技术人才为重点，加强少数民族人才资源开发。继续实施少数民族干部培训工程、少数民族后备干部培养工程、少数民族高层次骨干人才培养计划。依托区内相关高校，办好少数民族人才培训基地，采用多种方式培养民族地区经济社会发展急需的企业经营管理人才、专业技术人才、技能人才和乡土人才。竞争性选拔人才时，按有关规定给予少数民族照顾，促进少数民族人才脱颖而出。大力发展少数民族教育事业，以少数民族人才资源的持续开发，促进少数民族地区经济社会健康发展，巩固和发展民族团结进步事业。

（五）统筹推进各类人才队伍建设

1．党政人才队伍。党政人才队伍专业化水平明显提高，知识结构更加合理，总量从严控制，保持在19．5万人左右。按照加强党的执政能力建设和先进性建设的要求，以县处级以上领导干部为重点，以坚定理想信念、增强执政本领、提高领导科学发展能力为核心，构建理论教育、知识教育、党性教育和实践锻炼“四位一体”的党政干部培养教育体系。坚持德才兼备、以德为先的用人标准，树立注重品行、科学发展、崇尚实干、重视基层、鼓励创新、群众公认的用人导向，进一步加大干部竞争性选拔力度，促进优秀人才脱颖而出。实施促进科学发展的干部综合考核评价办法。建立健全从基层和生产一线选拔党政领导人才制度。加大优秀年轻干部培养选拔力度，积极培养选拔妇女干部、少数民族干部和非中共党员干部。进一步优化党政领导班子知识和专业结构，大力培养选拔适应推进工业化、城镇化需要，熟悉宏观经济管理、财政金融、企业经营、城镇规划、建设管理等方面业务的人才。加大干部交流力度。加强干部监督管理。

2．企业经营管理人才队伍。企业经营管理人才队伍数量稳步增长，引领企业创新发展的能力不断增强，2015年全区体制内企业经营管理人才总量为17．5万人，2020年达到18．5万人。适应提升市场竞争力的要求，以优秀企业家和职业经理人为重点，大力加强企业经营管理人才队伍建设。完善法人治理结构和人才选拔任用制度，探索国有企业坚持党管干部原则与董事会依法选择经营管理者、经营管理者依法行使用人权相结合的有效途径。推进公开招聘、市场选聘等方式选拔经营管理人才。完善以市场和出资人认可为核心的经营管理人才评价体系。每年有重点地选送一批优秀经营管理人才到国内外著名高校、科研机构、大型企业学习培训，不断提高现代经营管理水平。加强中小企业经营管理人才开发。

3．专业技术人才队伍。专业技术人才队伍数量较快增长，素质明显提升，到2015年队伍总量突破100万人，2020年达到124万人，年均增长3.5%左右，地域、行业、专业、年龄、层级梯次分布更加趋于合理。适应加快转变经济发展方式，促进产业结构和产品升级的需要，重点引进和培养大批高素质工程技术人才。以提高专业技术水平和自主创新能力为核心，着力培育教育、科技、文化、卫生、体育等领域高层次人才。构建分层分类的继续教育体系，加强专业技术人才岗位培训和知识更新，每年有计划、有重点地选送一批高层次专业技术人才到国内外著名高校和科研机构进修深造，逐步形成长效机制。发挥各类社会组织培养专业技术人才的作用。制定双向挂职、项目合作等灵活多样的人才柔性流动政策，引导党政机关、科研院所、高等学校的专业技术人才向生产前沿和基层一线流动，改善人才分布结构。深化专业技术职称和职业资格制度改革。改进专业技术人才收入分配等激励办法。改善基层专业技术人才工作、生活条件。注重发挥离退休专业技术人才的作用。

4．高技能人才队伍。高技能人才队伍随着产业发展迅速壮大，到2015年全区高技能人才队伍总量为28万人，2020年达到38万人。其中，新培养和引进工业产业高技能领军人才1万名以上，自治区重点培育的14个千亿元产业和4个新兴产业占80%以上；高技能产业人才占技能劳动者总数比例达到20%以上，高、中、初级技能人才比例接近全国平均水平。适应新型工业化加速发展需要，坚持以企业为主体、以行业为依托、以院校为基础，以提升职业技能和专业化水平为核心，以技师和高级技师为重点，加快培养大批知识技能型、技术技能型和复合技能型人才。加大投入力度，加强职业培训，统筹职业教育发展，依托大型骨干企业、重点职业院校和培训机构，建设一批示范性高技能人才培养基地、公共实训基地。健全职业资格证书制度，完善高技能人才激励保障机制。加大宣传力度，营造全社会重视、关心高技能人才的良好环境。

5．农村实用人才队伍。随着农村人才培训专项计划的深入实施，农村实用人才数量大幅度增加，为社会主义新农村建设增添强大动力。预计到2015年，全区农村实用人才总量为37万人；到2020年，总量达到60万人，每个行政村有若干名示范带动能力强的农村实用带头人才。坚持以农业技术人才为重点，以提高科技素质、实用技能和经营能力为核心，加快培养大批农技推广人才、农村种养人才、农产品加工人才和农村流通经营人才。充分发挥农村党员干部现代远程教育网络、农技推广体系、各类职业学校和培训机构的作用，深入实施“绿色证书”培训、星火科技培训、科普惠农兴村等专项计划，大规模培训农村实用人才，大幅度提高农村人才的“双带”能力。鼓励和支持农村实用人才牵头建立专业合作组织、专业技术协会，积极扶持创业，在技术培训、项目设立、信贷发放、土地使用等方面给予政策倾斜。统筹城乡人才协调发展，推进城镇医师支援农村卫生、城镇教师支援农村教育、社会工作者服务新农村建设、科技人才和文化人才下乡支农。广泛开展各类农村实用人才评选表彰活动。

6．社会工作人才队伍。适应建设社会主义和谐社会建设需要，坚持以人才培养和岗位开发为基础，以初、中级社工人才为重点，培养造就一支职业化、专业化的社工人才队伍。到2015年，全区社工人才总量达到2.8万人。到2020年，总量达到8．5万人，其中，通过社会工作职业水平考试的专业社会工作者2．5万人以上。建立社工人才培养体系，分层次建设一批自治区、市级社工培训基地，大力加强社工人才培养。加快社工岗位开发，推进公益服务类事业单位、城乡社区和公益类社会组织建设，研究制定政府购买社工服务政策。探索建立社工人才和志愿者队伍联动机制，形成以中高级社工专业人才为引领、社工从业人员为骨干、广大志愿者踊跃参与的社工人才开发格局。

四、重点工程

（一）八桂学者工程

着眼于提高我区自主创新能力，为建设创新型广西提供强大动力，根据自治区重点产业、重大项目、重要科研创新平台和优势企事业单位发展需要，设置八桂学者岗位，分期分批面向海内外公开选聘高层次领军人才。八桂学者及其所带科研创新团队、设岗单位实行合同管理、绩效考核、动态调整。通过大力度投入、大力度支持，使八桂学者及其团队保持和赶超国内外先进水平，持续提升本行业本领域在国内外的地位和影响力。到2020年，力争累计选聘100名左右八桂学者，建设100个左右以八桂学者为核心，400—600名中青年科研技术骨干为中坚力量的高水平科研创新团队，建成一批富有广西特色的研发中心、技术创新基地、成果推广基地和优势学科。

（二）特聘专家工程

围绕我区经济社会发展需要的专业技术研究，在自治区重点产业、重大项目、重要科研创新平台和优势企事业单位，设立特聘专家岗位，面向海内外公开选聘高层次拔尖人才。特聘专家实行按需设岗、合同管理、定期考核。对特聘专家及其团队给予重点扶持，支持其组织申报和主持实施自治区重点课题、科技攻关项目、工程技术项目，促进成果转化和产业化，提高所带科研团队的科研技术水平。到2020年，累计选聘200名左右各行业各领域的自治区特聘专家，带动培养1000名左右中青年科研技术人才。

（三）海外高层次创新创业人才引进工程

贯彻落实中央人才工作协调小组《关于进一步实施海外高层次人才引进计划的意见》，结合我区实际，用10年时间，在全区各类科研创新平台、重点产业骨干企业、以高新技术产业开发区为主的各类园区等，引进并有重点地支持100名左右海外高层次人才来桂创新创业。建立一批海外高层次人才创新创业基地，积极申报建立国家级基地。加快留学人才创业园建设。继续开展“海外留学人才八桂创业行”、“海外留学人员创业周”、“外国专家广西行”等活动。

（四）人才小高地建设提升工程

充分发挥人才小高地集聚、培养和承载高层次人才的“特区”功能，打破所有制、部门、地域界限，进一步扩大引领范围。鼓励自治区千亿元产业研发中心设立人才小高地。在自治区千亿元产业、新兴产业中打造一批产业人才小高地。强化人才小高地项目化管理，完善项目资金激励机制、新增效益分配机制、绩效评估与淘汰机制，全面提升人才小高地建设水平。加大专项资金投入力度，建立专项资金随人才小高地数量增长而增加的投入机制。鼓励和支持人才小高地申报设立八桂学者、特聘专家岗位，促进科技与经济结合，实现更好的效益。到2015年，力争自治区级人才小高地达到50个左右，并形成一批国内有影响的品牌人才团队。

（五）北部湾经济区人才集聚工程

鼓励北部湾经济区内各市采取有效措施，大力引进经济社会发展急需紧缺的高层次创新创业人才。推进经济区内新引进急需紧缺人才津贴补贴标准统一工作，建立高层次人才特殊津贴补贴制度。建立“双向选择、先挂后任、留返畅通”的人才挂（任）职交流模式。从2010年起连续5年，每年从上级机关选派100名左右优秀干部到经济区各市任职或挂职锻炼，每年争取为经济区新增50名左右到中央党校、国家行政学院、中国浦东干部学院等学习进修的名额，每年选拔50名左右发展潜力较大的中青年学术技术骨干、高技能人才到国内外有关机构学习培训。积极组织实施经济区内国有大中型企业、民营骨干企业高级经营管理人才全员轮训计划。支持优势企事业单位的中青年学术技术骨干申报各级重大科研项目和课题。

（六）新世纪“十百千”人才培养工程

按照适应经济社会发展、紧贴产业发展规划、具备较大发展潜力、引领学术技术发展方向的总体要求，突出服务优势产业和重点学科，大力加强学术技术人才梯队建设。到2015年，培养选拔50名左右具有国内领先水平的学术技术带头人；500名左右具有区内先进水平、在各自领域具有一定学术造诣、成绩显著的优秀人才；2000名左右在各学科、专业、工程、项目中起到骨干作用，有较好发展前景的学术技术带头人后备人选。

（七）企业高级经营管理人才开发工程

加大企业高级经营管理人才引进力度，到2020年，累计拿出100个左右国有企业领导职位，面向海内外公开招聘高层次创新创业人才，引进一批国内外知名企业高级经营管理人才，担任我区重点骨干企业高级经营管理职务。建立国有企业高管引进资助制度，新引进的国有企业高级经营管理人才，由引进单位与引进对象协商，实行与市场接轨的薪酬制度。支持鼓励企业家积极参与国际合作与竞争，注重在市场竞争中提高经营管理水平。实施中青年企业经营管理人才培养计划，每年举办15—20期专题培训班，选拔200—300名中青年企业经营管理人员进行重点培训或赴国（境）外著名企业、高校、相关机构学习研修、实践锻炼，加快培养造就一批熟悉国际国内市场、具有管理创新精神和市场开拓能力的优秀企业家。

（八）重点工业产业高技能人才开发工程

指导自治区重点产业骨干企业健全全员培训、名师带徒和技师研修等制度，通过在岗培养、选送培训、技术交流等方式，培养大批高技能人才。开展职业技能竞赛，鼓励企业在关键岗位、关键工序设立特聘职位，实行特岗特薪、优劳优酬。重点建设一批高职和中等示范特色职业院校，各市分别建设1—2所面向重点产业发展需要的重点技工学校。到2020年，引进和培养产业发展急需紧缺的高技能领军人才、技师和具有中级以上职业资格的产业工人分别达到1万名、5万名和150万名以上。

（九）外向型人才开发工程

适应中国—东盟自由贸易区建设的需要，建立全区外向型人才库，从2010年起，连续5年、每年选拔100—200名外向型人才入库，加强培训，动态管理，培养一批熟悉国际规则、具备跨文化沟通能力的高层次外向型人才。拓宽国（境）外培训渠道，加强与港澳地区、东盟国家等的合作，分期分批选派涉外岗位公共管理人才、骨干企业经营管理人才、高层次专业技术人才、高技能领军人才等外出培训，提高涉外工作能力和水平。鼓励相关单位参与国际合作和竞争，在实践中培养优秀外向型人才。积极引进国内外知名企业、高等院校、研究机构的人才和智力。吸引和培养一批高层次翻译人才，继续办好面向东盟的非通用语种专门人才培养基地。办好中国—东盟人才资源开发合作论坛，加强后续行动计划的组织实施。

（十）农村农技推广和实用人才开发工程

围绕社会主义新农村建设，加强农技推广人才队伍建设，不断提升农业科技水平。结合“百万农村党员大培训”、村“两委”干部轮训工程，培养造就大批有文化、懂技术、会经营的新型农村实用人才。充分发挥科技在推动农业发展、促进农民增收中的重要作用，大力加强基层农技推广人才队伍建设。整合县乡党校集中培训、涉农部门专题培训、农家课堂自主培训、协会和企业产业培训、现代远程教育系统网络培训的力量，重点培养种养大户、农业机械手、农村经纪人、新经济和社会组织负责人等农村“双带”骨干。加强农村劳动力转移技能培训，每年对70万人次以上的农村富余劳动力、贫困劳动力、被征地农民、库区移民、华侨农林场职工开展免费职业技能培训，资助大石山区贫困家庭子女就读中高职院校，使之掌握一门以上职业技能，成为适应工业产业发展需要的后备力量。积极引导和鼓励大中专毕业生到农村创业就业，到2020年，全面实现“一村一名大学生、多名中专生”的目标。

（十一）宣传文化领军人才开发工程

实施宣传文化领军人才开发计划，积极构建宣传文化人才培养平台，建设社会科学、理论研究、新闻出版、广播影视、文艺以及文化产业经营管理等方面人才的培养基地。继续深入开展理论专家和文艺作家签约培养，大力加强中青年宣传文化人才培养。继续遴选全国宣传文化系统“四个一批”人才的培养对象，重点培养一批高水平的理论专家、名记者、名编辑、名主持人、名出版家、名作家、名艺术家。

五、激活体制机制

（一）改进完善人才工作管理体制

1．完善党管人才的领导体制。发挥党委统揽全局、协调各方的领导核心作用，坚持党管人才原则，创新党管人才方式，提高党管人才水平，把各类人才紧紧集聚到全区改革发展的事业中来。建立各级党委常委会定期听取人才工作报告制度，健全配套的科学决策机制、协调落实机制和督促检查机制，确保党委关于人才工作的决策部署落实到位。建立人才工作目标责任制，提高人才工作在各级党政领导班子综合考核评价中的分量。完善党委组织部门牵头抓总，有关部门各司其职、密切配合，社会力量广泛参与的人才工作格局。坚持各级领导联系关护重点人才制度。

2．改进人才管理方式。围绕用活、用好人才，完善政府宏观管理、市场有效配置、单位自主用人、人才自主择业的人才管理体制。按照行政管理体制改革的部署，健全人才工作相关部门职责体系，完善人才管理运行机制。规范行政行为，推动人才管理部门进一步简政放权，减少和规范人才评价、流动等环节中的审批和收费。分类推进事业单位人事制度改革，完善聘用制度和岗位管理，逐步建立起权责清晰、分类科学、机制灵活、监管有力的事业单位人事管理制度。完善国有企业领导人员管理体制，健全符合现代企业制度要求的企业人事制度。克服人才管理中的行政化、“官本位”倾向，逐步取消科研院所、学校、医院等事业单位实际存在的行政级别和行政化管理模式。建立与现代科研院所制度、现代大学制度和公共医疗卫生制度相适应的人才管理体系。进一步优化发挥市场配置人才资源基础性作用的政策措施。

3．加强人才工作法制建设。根据国家有关人才工作法律法规，结合广西实际，研究制定人才培养、配置、评价、使用、流动、激励、保障等各个方面的规章制度，逐步形成与国家法律法规配套衔接、具有自身特色、相对完善的地方性人才法规体系，不断推进人才管理工作的制度化、规范化和法制化。

（二）创新人才工作机制

1．人才培养开发机制。坚持学习与实践相结合、培养与使用相结合，健全以社会需求为导向、以能力建设为核心的人才培养开发机制。完善国民教育体系，全面推进素质教育，充分发挥教育在人才培养中的基础性作用，立足培养全面发展的人才，突出培养创新型人才，注重培养应用型人才。巩固普及九年义务教育成果，加快普及高中阶段教育，深化高等教育改革，提高办学质量和水平，培养大批经济社会发展急需紧缺的各类人才。完善发展职业教育的保障机制，改革职业教育模式。统筹规划继续教育，鼓励各行业各单位开展多层次、多渠道、大规模的全员培训，逐步构建起网络化、开放式、自主性的终身教育体系。支持发展各类专业化培训机构，根据全区产业布局和区域功能定位，整合资源，建设一批特色鲜明的专门人才培养基地。

2．人才评价发现机制。坚持把评价人才与发现人才结合起来，建立以岗位职责为基础，以品德、能力和业绩为导向，科学化和社会化的人才评价发现机制。健全科学的职业分类体系，明晰各类人才的能力素质要求，分类建立不同职位的绩效考核标准，推行党政人才重在群众认可、企业经营管理人才重在市场和出资人认可、专业技术人才和技能人才重在社会和业内认可的评价方法。建立在艰苦条件、复杂环境、重大项目和急难险重工作中发现、识别人才的机制。健全举才荐才的社会化机制。发挥用人单位评价主体作用，大力发展专业化、社会化的人才评价组织。开发应用现代人才测评技术，提高人才评价的科学化水平。

3．人才选拔任用机制。按照公开、平等、竞争、择优原则，改革人才选拔使用方式，促进人岗相适、用当其时、才尽其用，形成有利于优秀人才脱颖而出、充分施展才能的选人用人机制。完善党政领导干部公开选拔、竞争上岗、公推公选等制度，探索建立竞争性选拔干部的长效机制。规范干部选拔任用提名制度，全面推行地方党委全委会讨论决定重要干部票决制度。坚持和完善党政领导干部职务任期制度。探索建立聘任制公务员管理制度。建立市场配置、组织选拔和依法管理相结合的国有企业领导人员选拔任用制度，完善国有资产出资人代表派出制和选举制。根据事业单位社会功能和行业特点，分类建立事业单位领导人员选拔制度，全面推行事业单位公开招聘、竞聘上岗和合同制管理，试行关键技术岗位、重大科技项目负责人公开招聘制度。

4．人才流动配置机制。推进人才市场体系建设，完善市场服务功能，畅通人才流动渠道，建立政府部门宏观调控、市场主体公平竞争、中介组织提供服务、人才自主择业的人才流动配置机制。大力发展人才服务业，健全人才市场供求、价格、竞争机制，加强政府对人才流动的政策引导和监督，促进人才资源有效配置。推动各类人才市场、劳动力市场、高校毕业生就业市场的统一管理和分类指导，逐步实现人力资源市场一体化。推进户籍管理制度改革，深化“人才居住证”制度改革，逐步实现人才在全区范围内的“无障碍流动”。加快建立社会化的人才公共管理服务系统。建立人才需求信息定期发布制度。完善人事争议仲裁、人才竞业避止制度，维护用人单位和人才的合法权益。

5．人才激励保障机制。完善分配、激励、保障制度，建立健全与工作业绩紧密联系、充分体现人才价值、有利于激发人才活力和保障人才合法权益的激励保障机制。完善各类人才薪酬制度，加强对收入分配的宏观管理，统筹协调党政机关和国有企事业单位收入分配，稳步推进工资制度改革。健全国有企业人才激励机制，推行股权、期权等中长期激励办法，重点向关键岗位和优秀人才倾斜。建立完善事业单位岗位绩效工资制度。探索高层次人才、高技能人才协议工资制和项目工资制等分配形式。健全以政府奖励为导向、用人单位和社会力量奖励为主体的人才奖励体系。完善以养老保险和医疗保险为重点的社会保障制度，形成国家、社会和单位相结合的人才保障体系。制定人才补充保险制度，支持用人单位为各类人才建立补充养老、医疗保险。扩大对农村、非公有制经济组织和新社会组织人才的社会保障覆盖面。

六、创新政策措施

（一）实施促进人才投资优先保证的财税金融政策

优先保证对人才发展的投入，较大幅度增加人力资本投资比重，实现对教育、科技支出增长幅度高于财政经常性收入增长幅度，卫生投入增长幅度高于财政经常性支出增长幅度。各级政府都要根据本地实际情况，安排人才发展专项经费，用于经济社会发展急需紧缺人才的引进、培养和奖励，用于人才发展重大项目的实施。建立人才发展专项经费正常增长的机制。在重大建设和科研项目经费中，应安排部分经费用于人才培养。适当调整财政税收政策，提高企业职工培训经费提取比例。通过税收、贴息等优惠政策，鼓励和引导社会、单位和个人以多种形式投入人才资源开发，构建起政府、用人单位、个人和社会共同参与、合理分担的人才发展投入机制。统筹各类人才经费，加强人才发展资金监管，切实发挥资金效益。

（二）实施高层次人才开发引领政策

坚持从我区经济实力、科研水平和人才基础出发，按照重点突破、辐射带动的思路，加大政策创新力度，集中有限的资金、人力和物力，实施高层次人才引进资助制度和创新创业扶持制度，搭建干事创业平台，形成人才竞争比较优势。加快吸引和培养高层次创新创业人才，面向海内外公开选聘一批高层次领军人才、拔尖人才，支持高层次人才充分发挥领军作用，带动培养大批优秀科研团队、中青年科技人才队伍，提高自主创新能力，促进产业优化升级，加快转变经济发展方式。以自治区层面的示范引导，促成各地各部门积极创新人才制度，加大人才开发投入，带动人才资源整体开发。

（三）实施产学研合作培养人才政策

整合教育、科技、产业资源，建立政府指导下以企业为主体、市场为导向、多种形式的产学研战略联盟，支持重点实验室、工程技术中心、产业研发中心等重大科研创新平台建设，培养高层次人才及其创新团队。实施研究生教育创新计划，发展专业学位教育，建立高校、科研院所、企业高层次人才双向交流制度，推行产学研联合培养研究生的“双导师制”。支持符合条件的单位申请设立博士后“两站”，鼓励暂未设站的企业与高校共建博士后科研基地。实行“人才+项目”的培养模式，在实践中集聚和培养人才。对用人单位接纳大中专院校、职业院校、技工学校学生实习实行财税优惠政策。积极发展产学研成果转化的专业服务机构。

（四）实施鼓励高层次人才创新创业政策

推进各类创新创业基地和平台建设，落实各项优惠政策，提高对高层次创新创业人才的吸纳和承载能力。坚持平等准入、公平对待，支持高层次人才自主创办与自治区重点产业发展配套的各类企业，促进科技成果转化和技术转移。加强创业技能培训和创业服务指导，拓宽投融资渠道，完善信用担保体系，引入创业风险投资基金，完善知识产权、管理技术等作为资本参股的办法，丰富支持人才创业的公共服务，建立高效率、低成本的孵化机制。鼓励高校、科研院所科技人员向科技型企业流动，制定科技人员创办科技型企业的激励保障办法。鼓励创造知识财产。支持科技成果依法取得知识产权，加强对知识产权的保护和运用。

（五）实施鼓励人才向基层和边远地区流动政策

鼓励和引导人才到基层就业、服务或挂职锻炼，对到农村基层和艰苦边远地区工作的人才，在工资、职务、职称等方面实行倾斜政策。采取政府购买岗位、报考公职人员享受优惠政策、完善“五险一金”等措施，鼓励高校毕业生到农村和中小企业就业。逐步提高设区市以上党政机关从基层招录公务员比例。建立公职人员到基层和边远地区服务、锻炼的轮换机制。完善科技特派员制度，鼓励有管理能力和技术专长的科技人才深入基层推广实用技术、带动产业发展。继续做好选聘高校毕业生到村任职、“三支一扶”、“特设岗位教师”、西部志愿者等人才服务基层项目，拓展人才智力服务的范围和方式，为边远艰苦地区充实大批留得住、用得上的急需紧缺人才。

（六）实施鼓励非公有制经济组织和新社会组织人才发展政策

进一步解放思想，开阔视野，破除体制性障碍，统筹推进非公有制经济组织和新社会组织人才发展。在制定人才发展规划时，对各类经济和社会组织人才一视同仁，把非公有制经济组织和新社会组织人才发展纳入总体规划。研究制定加强和改进非公有制经济组织和新社会组织人才队伍建设意见，努力实现政府在人才培养、引进、职称评定等方面政策，非公有制经济组织和新社会组织人才平等享受；政府在支持人才创新创业的资金、项目、信息等公共资源，向非公有制经济组织和新社会组织人才平等开放；政府开展人才宣传、表彰、奖励等方面活动，非公有制经济组织和新社会组织人才平等参与。

（七）实施促进人才发展的公共服务政策

按照建设服务型政府的要求，大力完善政府人才公共服务体系，推进自治区、市、县人力资源市场三级联网运行，构建自治区、市、县、乡、村五级公共就业服务平台。提供高效规范的人事代理、社会保险代理、企业用工登记、劳动人事争议调解仲裁、人事档案管理、就业服务等公共服务，满足人才多样化的需求。推进政府所属人才服务机构管理体制改革，实现政事分开、管办分离。创新政府提供公共服务的方式，建立政府购买公共服务制度，为优秀人才平衡工作和家庭责任创造条件。加强对人才公共服务产品的标准化管理，支持人才中介机构依法依规开发适应人才发展需要的各类公共服务产品。

（八）实施区域性人事人才制度改革试验区政策

适应国务院关于我区发展"两区一带"总体布局要求，先期加快推进北部湾经济区人才资源开发，实施差异化的人才政策，成立北部湾经济区人才协调机构，设立人才发展专项资金，实行经济区编制动态管理，逐步统一津贴补贴标准。鼓励经济区内各市围绕"政策领先、机制灵活、环境优越、保障有力"的要求，从实际需要出发，建立引进急需紧缺高层次人才"绿色通道"，探索试行政府特聘专业人员、事业单位专才特聘制度，加大人才培养和交流锻炼力度，培育重点产业人才小高地，打造吸引优秀人才的比较竞争优势，率先建成人事人才制度改革试验区。抓紧研究支持西江经济带、桂西资源富集区人才发展的专项政策，形成"两区一带"各具特色、优势互补的人才开发格局。

七、组织实施保障

（一）加强组织领导

自治区党委人才工作协调小组负责本规划实施的统筹协调和宏观指导。要制定规划目标任务分解实施方案，明确工作分工、牵头单位、责任单位和进度安排，进一步细化措施、落实责任，做到总体部署、逐年落实，中期调整、逐步推进。要建立规划目标任务实施情况的年度和中期评估督检制度，跟踪分析和研究解决规划实施过程中出现的新情况和新问题，及时研究解决突出问题，适时调整目标任务，确保人才规划各项任务落到实处。

（二）建立规划体系

本规划纲要是统领我区当前和今后一个时期人才发展的总纲，是编制各类人才规划的主要依据。各级各部门要紧密联系实际，确定"人才强市"、"人才强县"、"人才强企"、"人才强校"、"人才强院"发展方针，编制本地区本部门的人才发展专项规划、专项计划，形成上下衔接、左右协调的人才发展规划体系，使人才发展规划及时纳入经济社会发展总体规划，同步规划、重点推进、优先发展。

（三）强化基础建设

深入开展人才工作理论研究，积极探索人才资源开发和人才工作的规律。推进全区人才信息库建设，完善人才资源开发运行监测体系和人才统计指标体系，改善人才管理手段，充分利用现代信息技术，不断提高人才开发和管理的信息化水平。建立健全人才资源统计和定期发布制度，加强和改进人才资源统计分析工作，对现有人才状况进行深入调查统计，全面掌握人才存量、人才结构和分布状况等方面信息，为规划顺利实施提供科学依据。加强人才工作队伍建设，加大培训力度，提高人才工作队伍的政治素质和业务水平。

（四）营造良好环境

坚持正确舆论导向，利用各种媒体，大力宣传人才工作方针政策，宣传规划的重大意义和规划提出的指导方针、目标任务和重点工程，宣传规划纲要实施过程中的典型经验、做法及成效，动员各方面关心和支持人才工作，努力营造公平公正、和谐向上、崇尚创新、宽容失败的人才发展环境，把各类优秀人才集聚到推动广西科学发展、和谐发展、跨越发展的伟大事业中来。

海南省中长期人才发展规划纲要
（2010—2020年）

根据党的十七大提出的更好实施人才强国战略要求和我省实施人才强省战略的实际，适应海南国际旅游岛建设发展对人才发展的需要，特制定本规划纲要。

一、序言

人才是指具有一定的专业知识或专门技能，进行创造性劳动并对社会作出贡献的人，是人力资源中能力和素质较高的劳动者。人才是我国经济社会发展的第一资源。

海南建省办经济特区22年，是经济社会发展最快的时期，也是人才发展最快的时期。特别是进入新世纪以来，省委、省政府坚持不懈地实施人才强省战略，提出了加强人才队伍建设的一系列重要举措，人才工作和人才发展出现了前所未有的新局面。目前，党管人才工作格局基本形成，人才服务体系逐步健全，人才发展环境显著改善，人才资源规模明显扩大，人才结构不断优化，人才素质大幅度提升，人才对经济社会发展的拉动作用进一步增强。

海南现在还是经济欠发达地区，经济发展滞后，人才发展的总体水平在全国排名靠后。据《中国人才发展报告》统计，在2005年全国31个省市区人才竞争力排名中，海南省位居第29位。当前我省人才发展的总体水平与经济发达省份相比还有一定距离，离实现人才强省的目标还有较大差距，主要表现为：人才总量不足，整体素质有待提升；人才分布不够均衡，结构性矛盾仍较突出；人才队伍整体创新能力不强，高层次创新创业人才匮乏；人才发挥作用的舞台和空间不够宽广，吸纳集聚人才的能力较弱；人才发展体制机制障碍仍然存在，人才发展环境还需不断优化；人才资源开发投入不足，人才效能发挥不够，等等。人才队伍建设的总体水平不高已经成为制约海南经济社会发展的直接原因和最大瓶颈。

2009年12月31日，国务院颁布《关于推进海南国际旅游岛建设发展的若干意见》，正式把海南国际旅游岛建设纳入国家发展战略。这是海南建省办经济特区之后，面临的又一次重大机遇和挑战。建设国际旅游岛的目标要求，尤其是国务院提出的“二区三地一平台”的战略定位，决定了国际旅游岛建设是一项紧迫的、全局的、长期的历史任务。建设国际旅游岛，在相当长的一段时期内，是海南经济社会发展的总战略、总目标。它既凸显了海南人才发展严重不适应国际旅游岛建设的矛盾，又强化了海南人才发展对于国际旅游岛建设的重要性，既给人才发展提出了严峻挑战，又给人才发展带来了难得机遇。历史经验和现实情况表明：建设国际旅游岛最紧缺的是人才，人才决定着国际旅游岛建设的成效，决定着强岛富民目标的实现。我们必须进一步增强责任感和使命感，着眼于应对激烈的国内外人才竞争，适应海南经济社会发展和国际旅游岛建设的需要，从战略和全局的高度，把人才作为推动科学发展的第一资源。把人才发展摆上优先发展的战略位置，科学谋划，合理布局，大胆创新，重点突破，整体推进，努力构筑人才高地，壮大人才队伍，让各类人才在推进国际旅游岛建设发展中发挥重要作用。

二、指导思想、发展目标和总体部署

（一）指导思想

以中国特色社会主义理论体系为指导，深入贯彻落实科学发展观，坚持党管人才原则，按照“支撑发展、人才优先，使用为本、创新机制，重点突破、整体开发”的要求，全面实施具有海南特色的人才强省战略，围绕海南国际旅游岛建设的目标、任务，以人才资源能力建设为核心，以优化人才结构为主线，以开发高层次创新创业人才和经济社会发展重点领域人才为重点，以创新人才体制机制为动力，以优化人才发展环境为保障，统筹推进各类人才队伍建设，建设一支规模宏大、结构合理、素质优良的人才队伍，为海南国际旅游岛建设、实现强岛富民的目标提供坚强有力的人才保障。

支撑发展、人才优先。把支撑科学发展、促进科学发展作为人才工作的根本出发点和落脚点，适应发展方式转型的需求，把人才作为实现科学发展的第一资源，围绕科学发展来确立人才工作的目标任务，根据科学发展来制定人才工作的政策措施，通过科学发展来检验人才工作的成效，确立人才优先发展的战略地位，做到优先开发人才资源、优先调整人才结构、优先保证人才投资、优先创新人才制度。

使用为本、创新机制。把用好人才作为人才工作的中心环节，着力破除不利于人才成长和发挥作用的观念和体制机制障碍，努力创新人才发展的体制机制，进一步建立健全“小省份、大网络”的人才使用体系，以更具特色的事业平台吸引人才，以更加开放的政策体系集聚人才，以更富创新活力的体制机制激励人才，以更优越的发展环境服务人才，促进人才各得其所、各展其才、才尽其用，最大限度地激发人才的创造活力和创业激情。

重点突破、整体开发。围绕海南国际旅游岛建设对各类人才的需求，立足省情，以高层次创新创业人才为先导，以实用型人才为主体，大力开发经济社会发展重点领域紧缺急需的专业人才，在重大产业、重点领域集聚和培养一批高层次领军人才和一大批各类优秀人才，统筹推动各类人才发展，促进人才的整体性开发。

（二）发展目标

到2020年，我省人才发展的总体目标是：人才规模持续增长，人才体制机制更加完善，人才发展环境更加优化，人才结构明显改善，人才布局更趋合理，人才作用得到充分发挥，培养和造就一支与我省经济社会发展和国际旅游岛建设要求相适应、具有较强竞争力和较大影响力的人才队伍，在以旅游业为龙头的现代服务业、热带现代农业、新型工业、海洋产业等特色产业方面形成人才发展的明显优势，使人才发展政策和工作体制机制在全国具有较强的竞争优势，人才效能在全国达到中上水平。

到2020年，我省人才发展要实现以下具体目标：

——人才队伍规模不断壮大。人才资源总量从2007年的71.3万人增加到2020年185万人，增加159%，人才资源总量占总人口的比重达到18.6%以上。

——人才结构进一步优化。一、二、三产业人才比例更为合理，到2020年三次产业就业结构比例为15:12:73，包括服务业在内的第三产业就业人员占全社会就业人员比重达到73%，城乡、区域、行业间人才分布趋向合理，高技能人才占技能劳动者的比例达到30%。

——人才素质大幅度提高。15岁以上人口平均受教育年限达到11年以上，每十万人口中接受高等教育人数达到1.5万人，高等教育毛入学率达到40%；在校研究生人数达到2万人，研究与试验发展（R&D）人员总量达到3万人/年以上。

——人才使用效能进一步提高。人才成为推动经济社会快速发展的关键因素。人力资本对经济增长贡献率达到36.5%，百万GDP所占人才数少于4人。

——人才竞争比较优势明显增强。经济社会发展重点领域的人才开发力度不断加大，高层次人才数量和质量显著提高，在旅游、信息、交通运输和物流、金融会展、文化体育、新能源、新材料、生物医药、农业科技与服务、海洋资源开发与服务等重点领域人才集聚程度明显提高。到2020年，旅游人才总量达到41.9万人。

——人才发展环境进一步改善。经济水平显著提高，人均生产总值达到5万元，居全国上等水平，人才发展体制机制进一步创新，取得突破性进展，建立人才投入持续增长机制，完善人才工作体制，健全人才服务体系，改善人才发展的综合环境。到2020年，公共教育经费占国内生产总值比重提高到5%；全社会研究与试验发展开发（R&D）经费支出占国内生产总值比重提高到2.5%。

（三）总体部署

一是实行人才投资优先，健全政府、用人单位、个人和社会合理分担的多元投入机制，实现人才资源向人才资本转化，加大政府投入力度，提高社会资本在人才投入中的比重。二是加强人才资源能力建设，大幅度提高人才整体素质，创新人才培养模式，突出创新精神和创新能力培养。实施科教兴琼战略，着力推进继续教育和终身教育计划，把各类人才培训和继续教育作为提高人才素质的重要途径。三是围绕海南国际旅游岛建设，以满足重点发展行业的人才需求为重点，推动人才结构战略性调整，进一步发挥市场配置人才资源的基础性作用，完善和健全人才服务体系，加强政府宏观调控，优化人才专业、产业、区域、城乡等结构，解决人才分布不合理、人才短缺与过剩并存等结构性问题。四是造就宏大的高素质人才队伍，突出培养创新型科技人才，大力开发国民经济和社会发展重点领域急需紧缺人才，统筹抓好党政人才、企业经营管理人才、专业技术人才、高技能人才、农村实用人才、社会工作人才六支队伍建设。五是改革人才工作体制机制，完善人才管理体制，创新人才培养开发、评价发现、选拔任用、流动配置、激励保障机制，营造更为灵活、开放、高效的人才发展制度环境。六是推进人才国际化，坚持自主培养开发与引进人才并举，大力吸引海外高层次人才和急需紧缺人才，围绕全省发展战略目标，重点引进一批能够突破关键技术、发展高新产业、带动新兴学科的海外科学家和科技领军人才。七是充分利用特区立法权，营造良好的人才法制环境，建立健全人才法律法规，坚持依法管理人才，保护人才合法权益。八是加强和改进党对人才工作的领导，创新党管人才方式方法，为人才发展提供坚强的组织保证。

推进人才发展要分步实施，统筹兼顾。到2015年，重点在制度建设、机制创新上有较大突破；到2020年，全面落实各项任务，确保人才发展战略目标的实现。

三、人才队伍建设主要任务

（一）突出引进培养高层次创新创业型人才

发展目标：围绕增强海南自主创新能力、提高创新水平和推动相关产业发展，促进产业结构调整转型升级、提升经济竞争力，着力建设一支高水平的创新创业人才队伍。到2020年，全省R&D人员总量达到3万人/年以上，R&D科学家工程师总量达到2万人/年以上，高层次创新创业人才规模达到1000人。

主要举措：制定高层次创新创业人才培养计划实施办法。建立学校教育和社会实践锻炼相结合、国内培养和国际交流合作相衔接的开放式培养体系。充分发挥高等院校、科研机构在创新型人才培养中的作用，深化省属科研院校改革，积极探索建立与国际接轨、符合国情的科研和管理机制。健全科研诚信制度，营造和谐竞争、高效、灵活的科研环境。依托重大科研和建设项目、重点学科和科研基地以及国际学术交流与合作项目，建设一批高层次创新型科技人才培养基地，积极推选“新世纪百千万人才工程”国家级人选，加大学术带头人引进和培养力度。积极推进创新团队建设，建立和完善首席专家、首席教授制度。加强产学研合作，支持企业与高等院校和科研院所共同建设重点实验室、产业技术创新战略联盟、工程技术研究中心、博士后流动站（工作站），建设一批国家级工程研究（技术）中心、实验室和企业技术中心，推动科技人才向企业聚集，注重培养一线创新人才。加大优秀青年科技人才的发现、培养、使用和资助力度。推进实施国家引进海外高层次人才“千人计划”和我省高层次创新创业人才引进工程。鼓励海内外著名机构来琼设立集教、研、会、展于一体的研发中心、培训中心。推进创新创业载体建设，完善人才创新创业服务体系，健全有利于人才创新创业的评价、使用、激励制度。积极营造鼓励创新创业、宽容失败的良好社会氛围。设立海南省创业投资引导专项基金和高新技术产业发展专项资金，加大创新创业扶持力度。

（二）着力加强重点产业领域人才开发

发展目标：围绕海南国际旅游岛“二区三地一平台”发展战略需求，加大对重点产业领域的紧缺急需人才开发力度。到2020年，形成以旅游业为龙头的现代服务业、新型工业、热带现代农业和海洋产业等重点优势产业人才集聚，人才素质明显提升，专业人才数量充足，急需紧缺人才基本得到满足的人才发展的良好局面。

主要举措：围绕重点产业发展，加强人才需求预测，发布重点领域急需紧缺人才目录，建立人才结构调整与经济结构调整相协调的动态机制，制定引导人才向重点产业集聚的倾斜政策。实施以旅游业为龙头的现代服务业人才开发工程、热带现代农业人才开发工程、南海资源开发人才集聚工程，加大对产业专家、领军人才和高技能人才的引进和培养力度。优化重点产业领域高等教育、科研院校布局和学科专业结构，加大政府投资引导，整合现有教学资源，创办海南国际旅游职业学院、海南省海洋学院、海南省农业学院、海南省海洋水产科学院、海南省旅游研究院等与海南重点产业相关的高等院校和科研院所。优化重点产业人才发展环境，重点围绕我省产业发展关键技术和核心技术问题，引导骨干企业、科研单位和高校组建产业技术创新战略联盟，搭建公共技术平台，加强省级农业科研创新团队和平台建设，加强海口国家高新开发区、国家（儋州）农业科技园区、海南生态软件园、三亚市创意产业园、农村科技示范基地、优质农产品示范园、南繁科技研究院、桂林洋经济开发区、留学回国人员创业园建设，鼓励企业创建博士后流动站（工作站）。积极建立以企业为科技开发主体的新机制，促进企业和高校、科研机构开展深度产学研合作。完善农垦人才发展体制机制，着力加强农垦实用人才队伍建设。完善并逐步推行旅游人才考评、行业资格认证、职业经理人制度，健全信息产业人才储备机制和高层次人才开发利用机制，深化电子行业职业技能鉴定，建立健全农村金融体系，完善农村技术推广服务体系，依托农业科技110技术平台，加强农业科技人才开发。依托重点海洋产业建设工程，建立海洋科技人才培养基地。制定海洋产业人才队伍建设实施办法，加大南海资源开发和研究国内外合作交流。完善重点产业领域高层次技术和管理人才激励制度，允许高新技术企业对技术骨干和管理骨干实施期权激励措施。

（三）加强社会发展重点领域人才队伍建设

发展目标：围绕全面提升海南国际旅游岛建设软环境实力的主要目标，服务于重点产业发展，着力加强教育、政法、医疗、宣传文化体育、社会工作等社会发展重点领域人才队伍建设。

主要举措：实施高素质教育人才开发工程、高素质医疗卫生人才开发工程、高素质宣传文化人才开发工程、社会工作人才开发工程，进一步加强社会发展重点领域专门人才开发。优化各类人才发展体制机制和政策环境，构建具有海南特色的现代教育人事制度体系，探索实行校长职级制、学校法人制度，改革教师职称制度，全面推行教师公开招聘、全员聘任、岗位绩效工资制度，进一步完善教师医疗、养老、住房等保障制度，健全教育特殊津贴制度。加强卫生人才队伍梯队建设，完善海南省卫生系统高级专家选拔和动态管理体系。加大基层社区和农村紧缺医疗卫生人才培训和支持力度，创新社区和农村卫生人才队伍管理机制，促进城乡区域卫生人才均衡发展，整合全省卫生人才智力资源，挖掘提升中医医疗、保健、康复人才，逐步建立卫生管理职业化人才教育培训体系；制定《海南省宣传思想文化系统“四个一批”人才实施意见》，加大政府对优秀宣传文化体育人才培养的投入力度，加大对市县宣传文化体育设施的投入，以创新能力、创作研究成果和经营管理实绩为主要标准，深化宣传文化体育人才选拔考核机制改革，完善基层宣传文化体育人才培养和管理机制。加强法院、检察院、公安、司法行政系统和政法社会人才队伍建设。加大社会工作人才岗位开发，扩大政府购买社会服务规模，创新购买模式。大力促进民办社会服务机构的发展。

（四）统筹推进各类人才队伍建设

1．党政人才队伍

发展目标：按照加强党的执政能力建设和先进性建设的要求，以坚定理想信念、增强执政本领、提高领导科学发展能力为核心，以加强领导班子建设为重点，建设一支政治坚定、勇于创新、勤政廉洁、求真务实、奋发有为、善于推动海南国际旅游岛建设发展的高素质党政人才队伍。到2020年，党政人才数量严格控制在5.1万人以内，大学本科及以上学历的占85%，综合素质明显提高，结构更加合理。

主要举措：按照适应海南国际旅游岛建设需要和干部成长规律的要求，开展大规模干部教育培训，加强干部自学，建设学习型干部队伍。实施党政人才素质能力提升工程，构建理论教育、知识教育、党性教育和实践锻炼“四位一体”的干部培养教育体系。积极推行干部人事制度改革，坚持德才兼备、以德为先的用人标准，树立注重品行、科学发展、崇尚实干、重视基层、鼓励创新、群众公认的用人导向。扩大干部工作中的民主，加大竞争性选拔党政领导干部工作力度，促进优秀人才脱颖而出。抓好《2009—2020年全国党政领导班子后备干部队伍建设规划》的贯彻落实，实施后备干部素质提升工程，加大干部“双挂”工作力度，继续选送优秀中青年干部赴国外或国内著名院校攻读MPA、MBA硕士学位。完善相关措施，加强女干部、少数民族干部、党外干部的培养选拔工作，推进“三三计划”的落实，做到系统培养、择优使用。制定并实施海南省党政紧缺专业人才招录计划。注重从基层和生产一线选拔党政人才。有计划地从农村、国有企业、高等学校、科研院所及其它经济组织和社会组织中选拔优秀人才进入党政人才队伍。大力推进党外代表人才队伍建设。完善并实施促进科学发展的干部综合考核评价办法， 加强干部的综合考核。加大领导干部跨地区、跨部门交流力度，推进党政机关重要岗位定期交流、轮岗。健全权力约束制衡机制，加强干部监督管理。

2．企业经营管理人才队伍

发展目标：根据产业结构优化升级和实施“走出去战略”的需求，以提高战略发展能力和现代经营管理水平为核心，打造完整的战略化的企业家培养选拔链条，打造优秀企业家团队，建设一支职业化、国际化、具有战略开拓能力、市场驾驭能力强、适应海南跨越式发展需要的企业经营管理人才队伍。到2015年，企业经营管理人才总量达到29.6万人。到2020年，企业经营管理人才总量达到45.5万人；企业经营管理人才职称上岗率达到90%以上，经济类、管理类的中高级职称比例达到50%以上。

主要举措：依托国内外知名企业、高等院校和培训机构，加强企业经营管理人才国际化培训，组织实施优秀企业家培养工程，加强企业经营管理人才继续教育体系建设，重点抓好大中型企业经营管理人才的战略管理、资本运营、金融与贸易、法律法规、信息网络等方面的培训，加速培养一批能取得国际通用执业资格的资产管理、风险投资、财务审计及从事各类经济活动的优秀经营管理人才。健全企业经营管理者聘任制、任期制和任期目标责任制，实行契约化管理。深化企业人事制度改革，推进企业经营管理人员的职业化进程，建立现代企业人事管理制度，形成经营管理人才市场化管理机制和人本化服务体系；建设适应市场竞争需要的企业人才资源开发体系，形成符合现代企业制度的人才培养、选用、评价和激励机制；完善高级经营管理人才监督约束机制，建立经营管理者责任追究制度，积极探索年薪制、股份奖励、股票期权奖励和智力入股等多种报酬形式，短中长期激励相结合，不断完善向关键岗位和有突出贡献人员倾斜的分配激励政策，使企业经营管理者的奋斗目标与企业长远发展目标同向；鼓励机关事业单位、学校和各社会团体中的优秀人才向企业经营管理岗位流动，逐步形成内部取才竞争上岗、外部取才公开招聘的人才资源配置方式。积极推进省属国有企业公司制改革股份制改造，加快完善公司法人治理结构。建立企业经营管理人才库。培养引进一批科技创新型企业家和企业急需的资本运作、科技管理、项目管理方面的专门人才。

3．专业技术人才队伍

发展目标：以提高自主创新能力和科研水平为核心，以高层次人才和紧缺人才为重点，加快建设一支科技水平高、自主创新能力强、分布合理的高素质专业技术人才队伍，到2015年，专业技术人才队伍达到32万人；到2020年，专业技术人才队伍达到37万人，高、中、初级专业技术人才数量达到1:3:6的合理比例，科技进步贡献率达到60%以上。

主要举措：按照经济社会发展需求，扩大专业技术人才培养规模，加快培养急需紧缺专业人才，构建分层分类的专业技术人才继续教育体系，加强专业技术人才岗位培训和在职培训，发挥各类社会组织培养专业技术人才作用，继续加快实施专业技术人才知识更新工程，重点培训13300名中高专业技术人才。加大会计、审计、法律、咨询、评估、物流、金融保险、会展、社会工作等现代服务业人才培养开发力度。实施高素质教育、卫生、文化、农业、海洋人才培养工程。以现有“新世纪百千万人才工程”和“515人才工程”为基础，进一步创新高层次专业技术人才队伍梯队培养机制。加强高层次专业技术人才的引进工作。完善相关措施，推进专业技术人才区域、产业、行业、专业、层次等结构调整，引导专业技术人才向企业、社会组织、基层一线和中西部地区流动，促进专业技术人才队伍合理分布。推进专业技术职称和职业资格制度改革，构建科研成果社会化评价体系。完善省科技进步奖评审办法，制定专业技术人才表彰奖励办法，加大激励力度。采取倾斜政策，支持基层和少数民族与贫困地区专业技术人才，改善生活、工作条件，拓展事业发展空间。注重发挥离退休专业技术人才以及旅居我省高级专家的作用。

4．高技能人才队伍

发展目标：加快形成与海南经济社会发展相适应，与特色产业结构相协调，结构合理、素质优良的高技能人才队伍。到2015年，技能人才总量达到39.2万人，其中高技能人才占25%；到2020年，技能人才总量达到67万人，高、中、初级技能劳动者比例为30:40:30。

主要举措：贯彻实施《海南省人民政府关于加强技能人才工作的暂行规定》。完善以企业为主体、职业院校为基础、学校教育与企业培养紧密联系、政府推动和社会支持相互结合的高技能人才培养培训体系。着重加强与海南现代服务业、海洋产业、高新技术产业、现代农业、加工业相适应的重点中职实训基地建设，到2015年，建设2个技能含量高、体现科技发展前沿技术的省级高技能人才公共实训基地，完成100名骨干教师示范性培训。到2020年，建成3所以上技师学院，5所左右骨干高职院校，在有条件的院校和企业建成8个省级高技能人才培养示范基地，实现规模化培养。促进职业培训与岗位开放相结合，强化高技能人才和复合型技能人才的培养，创新培训形式，开展远程职业培训，推动多媒体、仿真模拟技术的应用。完善职业资格证书制度建设。制定高技能人才与工程技术人才职业发展贯通办法，广泛开展各种形式的职业技能竞赛和岗位练兵活动。实行技能等级与岗位使用、工资待遇挂钩政策。建立健全技能人才表彰奖励制度，继续推进高技能人才参评省优专家工作，进一步提高技能人才经济待遇和社会地位。

5．农村实用人才队伍

发展目标：围绕建设国家热带现代农业基地和社会主义新农村建设，结合海南优势农业区域布局规划，以提高科技素质、职业技能和经营能力为核心，以加快培养一批掌握热带高效农业新技术、具备现代化管理能力、能起示范带动作用的农村经济带头人和农村生产经营型人才为重点，着力打造一支服务于海南农村经济社会发展、特色鲜明、重点突出、数量充足的农村实用人才队伍。到2015年，农村实用人才总量达到26万人（含农垦农村实用人才），到2020年，农村实用人才总量达到30万人（含农垦农村实用人才）。每个行政村主要特色产业平均有3—5名以上生产型人才或经营型人才。

主要举措：制定农村实用人才队伍建设实施办法。大规模开展农村实用人才培训，统筹协调各类农村教育，建立健全县、乡、村三级农村教育培训网络，充分发挥农村现代远程教育网络、全国文化信息资源共享工程网络、各类农民教育培训项目、农业技术推广体系、各类职业学校和培训机构的主渠道作用，在农村广泛开展农村实用技术培训和市场知识培训。继续实施行政村党支书和村委会主任培训工程、百名村官赴境外培训项目。实施农村青年创业致富带头人培养计划、万名中专生培养计划、“一村一名大学生”计划和新型农民技术培训项目。进一步加强农村劳动力转移技能培训。重点加强发展海南热带高效农业农村实用人才的培养。鼓励和支持农村实用人才带头人牵头建立专业合作组织和专业技术协会，加快培养农业产业化发展急需的企业经营人才、农民专业合作组织带头人和农村经纪人。积极扶持农村实用人才创业兴业，在创业培训、项目审批、信贷发放、土地使用方面给予优惠。加强农村科技示范基地、农业良种示范基地、休闲农业示范基地和优质农产品示范园建设，积极引导各类经济组织、农村产业化龙头企业开展岗位培训和技术指导。加大公共财政支持农村实用人才开发力度，重点加强农村发展急需的农业技术人员、宣传文化人才、教师、医生等方面人才的培养。加大农村民间艺人挖掘力度。继续加大城乡人才对口扶持力度，进一步完善和实施“农技110”服务体系，继续组织实施科技特派员制度，采取“专家与农户结对子”帮扶措施，为农民提供技术指导。继续实施“三支一扶”计划、万名医师支援农村卫生、城镇教师支援农村教育和科技人才下乡支农等工作，推动社会公共服务向农村基层拓展延伸。每两年组织开展一次全省性的农村实用人才实用技能竞赛活动，建立健全农村实用人才评价制度。加大对农村实用人才的表彰激励和宣传力度。加大农垦实用人才队伍建设力度，鼓励和支持垦区农村实用人才创办科研和经济实体，领办农业合作经济组织和专业协会，鼓励专业技术人员到垦区创业，带动基层实用人才队伍建设。

6．社会工作人才队伍

发展目标：为适应构建社会主义和谐社会和海南国际旅游岛建设的需要，以人才培养和岗位开发为基础，以中高级社会工作人才为重点，通过培养培训和对外引进相结合的办法，加快推进海南社会工作人才队伍发展，扩大社会工作人才队伍规模，形成与海南经济社会发展相匹配的社会工作人才梯次结构，优化社会工作人才布局，提高社会工作人才的职业技能和专业素质，使社会工作人才队伍的数量、结构、素质能适应和谐海南建设的要求。培养造就一支职业化、专业化的社会工作人才队伍。至2015年，社会工作人才数量达到1.6万人；至2020年，社会工作人才数量达到2.1万人，占人口总数的2%。

主要举措：按照适应海南国际旅游岛建设和构建和谐海南的要求，制定加强海南省社会工作人才队伍建设意见。加大社会工作的宣传力度。充分利用省内高校的办学资源，加强社会工作人才教育培训工作，建立不同学历层次教育协调配套、专业培训和知识普及有机结合的社会工作人才培养体系。加强社会工作学科专业体系建设。建设一批社会工作培训基地。加强社会工作从业人员专业知识培训，制定社会工作培训质量评估指标体系。建立健全社会工作人才评价制度。加强社会工作者队伍职业化管理。加快制定社会工作岗位开发设置政策措施。推进公益服务类事业单位、城乡社区和公益类社会组织建设，完善培育扶持和依法管理社会组织的政策。组织实施社会工作服务组织标准化建设示范工程。研究制定政府购买社会工作服务政策。建立社会工作人才和志愿者队伍联动机制。

四、体制机制创新

（一）完善人才工作管理体制

1．完善党管人才的领导体制

目标要求：坚持党管人才原则，完善党委统一领导，组织部门牵头抓总，有关部门各司其职、密切配合，社会力量广泛参与的人才工作格局。发挥党委统揽全局、协调各方的领导核心作用，统筹人才发展和经济社会发展，切实履行好管宏观、管政策、管协调、管服务的职责，不断创新党管人才的方式方法，提高党管人才工作水平。党政主要负责人要树立强烈的人才意识，善于发现人才、培养人才、团结人才、用好人才、服务人才。

主要任务：建立健全各级人才工作领导（协调）机构和办事机构，适时调整充实省人才工作协调小组成员单位，完善协调小组议事制度和办事制度，完善人才工作联络员制度，建立科学的决策机制、协调机制和督促落实机制，形成统分结合、协调高效的人才工作运行机制。贯彻《关于实行人才工作目标责任制的意见》，制定《人才工作目标责任制考核实施细则》，对省直人才工作重点部门和市县党政领导班子与领导干部实行定期考核。建立各级党委常委会（党组）听取人才工作专项报告制度。建立人才工作重要信息报告制度。建立党委政府直接联系重点专家制度和重大决策专家咨询制度。完善党委组织部门牵头抓总职责，发挥政府人力资源管理部门作用，理顺各有关职能部门人才工作职责，充分发挥各人民团体、企事业单位、社会中介组织的作用，形成人才工作整体合力。

2．改进政府人才管理职能

目标要求：围绕用好用活人才，完善政府宏观管理、市场有效配置、单位自主用人、人才自主择业的人才管理体制，推动政府人才管理职能向创造良好发展环境、提供优质公共服务转变，运行机制和管理方式向规范有序、公开透明、便捷高效转变，完善人才市场体系，发挥市场配置人才资源的基础性作用。遵循放开搞活和科学规范的原则，深化事业单位和国有企业人事制度改革，创新管理体制，转换用人机制，扩大和落实单位用人自主权。

主要任务：健全人才工作相关部门职责体系，完善人才管理运行机制，推动人才管理部门进一步简政放权。规范行政行为，减少和规范人才评价、流动等环节中的行政审批和收费事项。推进各类人事制度改革。以健全聘用制度和岗位管理制度为重点，创新事业单位管理体制，形成权责清晰、分类科学、机制灵活、监管有力，符合事业单位特点的人事管理制度。克服人才管理中存在的行政化和“官本位”倾向，深化国有企业人事制度改革，以改革和完善企业领导人员管理制度为重点，逐步完善与公司治理结构相适应的企业领导人员管理体制，健全符合海南特色的现代企业制度要求的人事制度。探索建立与国际接轨的人才管理、人才创业机制。研究建立人才管理改革实验区。研究制定发挥市场配置人才资源基础性作用的政策措施。

3．完善人才发展的法制环境

目标要求：坚持用法制保障人才，充分利用特区立法权，加强立法工作，营造良好的人才法制环境，到2020年，建立健全基本覆盖人才安全保障、人才权益保护、人才市场管理和人才培养、吸引、使用等人才资源开发管理各个环节的人才法律法规。

主要任务：研究制定一部指导性强、具有海南特色的综合性地方人才发展法规，基本覆盖人才培养、评价、流动、使用、激励和保障等各环节。研究制定人才促进、终身学习、工资管理、技术移民、事业单位人事管理、专业技术人才继续教育、职业资格管理等方面的法律法规，制定人力资源市场条例。研究制定保护人才和用人主体的合法权益的法规政策。

（二）创新人才发展工作机制

1．创新人才培养开发机制

目标要求：适应海南国际旅游岛建设的需求，以素质提升和创新能力建设为核心，完善现代国民教育、继续教育和终身教育体系，强化实践锻炼，构建促使人人能够成才、人人得到发展的现代人才培养开发机制。充分发挥教育在人才培养中的基础性作用，深化教育改革，促进教育公平，创新培养与使用机制，提高各类人才特别是创新型人才和应用型人才的培养水平。

主要任务：推进大教育、大培训，坚持学习与实践相结合，培养与使用相结合，健全以社会需求为导向和能力建设为核心的人才培养机制。围绕培养创新创业人才，加强教育体制创新，全面推进素质教育，建立多元化人才培养模式。发挥用人单位的主体作用，在实践中培养造就人才。加强继续教育统筹规划，完善继续教育配套政策措施。加强在职人员继续教育，倡导干中学，进一步完善脱产学习、外出进修、岗位培训和带薪培训等继续教育制度。建立人才培养和经济社会发展需要相适应的动态调控机制，优化高校布局，加强高等教育和职业教育的重点学科、专业建设。提高高等教育整体办学水平，着重加强海南大学“211工程”建设。深化职业教育改革，推广和完善“三段式”培养模式。推动产学研结合，建立人才与产业互动机制，实现人才培养与使用的统一。建立与我省用人单位签订工作协议的高等学校拔尖学生重点培养制度，实行特殊人才特殊培养。创新合作培养模式，推进省校合作人才培养，建立中外合作办学培养模式，完善国际化人才培养机制。充分利用琼属华人华侨资源，研究制定和琼属华人华侨人才交流与合作办法。拓宽培养渠道，充分利用社会教育培训资源，建立多层次、多形式的合作培养机制，实现人才培养的多元化和社会化。

2．创新人才评价发现机制

目标要求：以实现人尽其才、才尽其用为目标，着力构建以能力和业绩贡献为导向，科学化、社会化的人才评价机制。克服人才评价中的唯学历、唯论文倾向，对人才不求全责备，注重靠实践和贡献评价人才。完善人才评价标准，改进人才评价方式，拓宽人才评价渠道，更加注重实践能力与创新能力。把评价人才和发现人才结合起来，坚持在实践和群众中识别人才、发现人才。

主要任务：建立各类人才的能力素质标准，根据不同的行业特点和职位要求，建立分类分层的考核评价体系。研究推进职称评聘制度改革，建立重在业内和社会认可的专业技术人才评价机制。严格专业技术人员职业准入制度。突出用人单位人才评价的主体作用，落实用人单位专业技术职务聘任中的自主权。完善以任期目标为依据、业绩为中心的国有企业领导人员考核评价办法。建立技能人才多元评价机制。健全完善党政领导干部考核评价机制。研究制定与建设国家热带现代农业基地相适应的农村实用人才评价标准和评价办法。建立在重大科研、工程项目实施和急难险重工作中发现、识别人才的机制。健全举才荐才的社会化机制。

3．创新人才选拔任用机制

目标要求：按照公开、平等、竞争、择优原则，改革各类人才选拔使用方式，科学合理使用人才，以岗择人和因人设岗相结合，促进人岗相适、用当其时、人尽其才，形成有利于各类优秀人才脱颖而出、充分施展才能、更具活力的选人用人机制。

主要任务：深化党政人才选拔任用制度改革，完善党政领导干部公开选拔、竞争上岗制度，提高选人用人公信度。研究制定公推公选等选拔任用办法。规范干部选拔任用提名制度。推行党政人才任期制和聘任制，完善正常退出机制。建立市场配置、组织选拔和依法管理相结合的国有企业领导人员选拔任用机制，加大市场化选聘力度。完善国有资产出资人代表派出制。深化事业单位人事制度改革，健全以合同管理为基础的事业单位用人机制，探索不同行业、不同类型事业单位实行聘用合同制度的具体办法。健全事业单位领导人员委任、聘任、选任等任用方式。完善岗位设置管理制度，全面推行公开招聘和竞聘上岗。建立首席专家、首席教授、首席工程师、首席技师等高端人才选拔使用制度。

4．完善人才流动配置机制

目标要求：推进人才市场体系建设，完善市场服务功能，畅通人才流动渠道，建立政府部门宏观调控、市场主体公平竞争、人才自主择业的人才流动配置机制。大力发展人才服务业。加强政府对人才流动的政策引导和监督，推动区域、城乡人才协调发展，促进人才资源有效配置。

主要任务：以海口市、三亚市等区域中心城市的人才市场为重点，以市县人才市场为中端、以乡镇服务站为网点，推进覆盖全省城乡的人力资源市场网络体系建设。推进本省人才市场与外省人才市场、国际人才市场对接，构建“小省份、大网络”人才流动配置体系。完善人才市场管理政策，规范专业性、区域性人才市场。加快人才服务机构建设，推行人才服务机构准入制度，鼓励境外人才中介机构、高级猎头公司进驻海南。推进政府所属人才服务机构管理体制改革，实现政事分开、管办分离。推行政府购买公共服务制度，加强对人才公共服务产品的标准化管理，支持各类人才机构开发公共服务产品，深化户籍管理制度改革，制定和完善人才柔性流动政策，推行“人才居住证”制度。加快建立社会化的人才档案公共管理服务系统。构建人才需求预测预报体系，定期发布人才需求信息。完善人事争议仲裁、人才竞业避止等制度。建立高层次人才配偶就业和子女就学协调解决机制，为高层次人才来琼创业发展提供服务。建立与国际旅游岛建设相适应的琼粤、琼港、琼台、琼澳、琼岛与东盟的人才交流合作机制，加快人才开发一体化进程。根据我省主体功能区的规划和实施，引导重点产业人才空间合理布局。

5．完善人才激励保障机制

目标要求：完善分配、激励、保障制度，建立健全与工作业绩紧密联系、充分体现人才价值、有利于保障人才合法权益的激励保障机制。完善各类人才薪酬制度，加强对收入分配的宏观管理，逐步建立秩序规范、更具活力、注重公平、监管有力的工资制度。健全以政府奖励为导向，用人单位和社会力量奖励为主体的人才奖励体系。推进国家机关和事业单位社会保障制度改革，形成社会保障、单位保障和个人权利保障相结合的人才保障体系。

主要任务：统筹协调机关和企事业单位收入分配，进一步推进工资制度改革。建立产权激励制度，制定知识、技术、管理、技能等生产要素按贡献参与分配的办法。健全国有企业人才激励机制，推行期权股权等中长期激励办法，重点向创新创业人才倾斜。完善事业单位岗位绩效工资制度。探索事业单位职业年金制度。探索高层次人才、高技能人才年薪制、协议工资制和项目工资制等多种分配形式。调整规范各类人才奖项设置，完善“海南省有突出贡献的技师”的评选办法。研究设置“海南省杰出人才重大贡献奖”、“海南省优秀人才奖”、“海南省创业人才奖”、“海南省外国专家友谊奖”、“海南省琼属华人华侨杰出贡献奖”、“海南省优秀农业实用人才奖”等奖项。研究制定人才补充保险制度，支持用人单位为各类人才建立补充养老、医疗保险。加大对农业、非公经济组织和社会组织人才的社会保障覆盖面。

五、重大政策

（一）实施人才优先发展的政策

确立人才优先发展的战略地位，把人才发展重要指标列入各级政府经济社会发展规划和年度目标，把人才发展建设情况列为各级政府绩效考核的一项重要内容。做到人才资源优先开发，人才结构优先调整，人才资本优先积累，人才投入优先保证。各级政府设立人才资源开发专项资金，纳入财政预算体系，保障人才资源开发重大项目的实施。建立重大项目人才保证制度，提高项目建设中人才开发经费提取比例。鼓励和引导用人单位、社会组织、企业和个人投资人才资源开发，建立政府、社会、用人单位和个人多元化投入机制。加大对少数民族与贫困地区财政转移支付力度，引导少数民族与贫困地区市县加大人才投入。

（二）实施人才创新创业扶持政策

完善创新创业启动经费资助办法，加大创新创业启动的政府投入。设立海南省创业投资引导基金，通过参股、融资担保、跟进投资等措施，完善支持人才创业的金融服务。实施扶持创业风险投资、促进科研成果转化和技术转移的税收、贴息等优惠政策，支持高层次人才创办科技型企业。制定扶持各类人才创业载体建设政策。加强高新技术产业区、经济开发区、软件园区、创意园区、留学回国人员创业园等基础设施建设，健全服务机构、完善管理措施、提高服务水平，增强服务功能，为人才创业提供周到服务。制定高等院校、科研机构科技人才向科技型企业流动的激励保障政策，妥善解决在企业事业单位工作及退休后的待遇差别问题。完善科研管理制度，扩大科研机构用人自主权和科研经费使用自主权。改变以行政权力决定资源配置和学术发展的决策方式。改进科技评价和奖励方式。加大政府对从事基础研究、前沿技术研究、社会公益性技术研究机构的稳定支持力度。完善科研项目管理办法，对高层次创新人才科研团队给予长期稳定支持。

（三）实施鼓励非公经济组织和社会组织人才发展的政策

把非公经济组织和社会组织人才的开发纳入各级政府人才发展规划，制定加强非公经济组织和社会组织人才队伍建设实施办法。政府在人才培养、吸引、评价、使用等方面的各项政策，非公经济组织和社会组织人才平等享受。政府支持人才创业的资金、项目、信息等公共资源，向非公经济组织和社会组织人才平等开放。政府开展人才宣传、表彰、奖励等方面活动，非公经济组织和社会组织人才平等参与。

（四）实施城乡、区域人才流动的引导政策

对到农村基层和少数民族与贫困地区工作的人才，在职务职称晋升和工资待遇方面实行倾斜政策，改善生活和工作条件。采取政府购买岗位、报考公职人员优先录用、建立“五险一金”等措施，鼓励和引导高校毕业生到农村和少数民族与贫困地区就业。逐步提高省级国家机关从基层招录公务员的比例。制定少数民族与贫困地区生源高校毕业生回乡创业就业扶持办法，开发基层社会管理和公共服务岗位，为边远艰苦地区充实大批回得去、用得上、留得住的人才。实施公职人员到基层和少数民族与贫困地区服务和锻炼的派遣和轮调办法。继续实施科技特派员制度。继续实施人才智力扶持少数民族与贫困地区人才项目工程，完善人才对口支援政策措施，引导人才向农村和少数民族与贫困地区流动。继续做好选聘高校毕业生到村任职工作，深入实施志愿者服务中西部计划，制定鼓励城市离退休专业技术人才到农村基层和少数民族与贫困地区服务的政策措施，充分发挥离退休人才的作用。充分开发在琼休闲度假人才资源，探索实施休闲度假人才服务中西部计划。研究制定我省专业技术人才到农村基层、少数民族和贫困地区兼职的政策措施。加强少数民族干部的培养，为少数民族地区提供人才和智力支持。

（五）实施教育先行政策

优先统筹发展教育，为提升人才素质和提高整体人口素质奠定坚实基础。优化教育结构，促进义务教育均衡发展，建立基础教育学校基本办学标准体系。推进普及高中阶段教育，建立高中阶段义务教育发展保障机制。整合职业教育资源，推进职业教育集约办学，加大实训基地建设。进一步加大教育开放，鼓励和扶持社会力量办学，探索制度创新推动民办教育发展，鼓励民办高等教育。完善相关政策，引进国内著名高校在我省创办分校。加快中小学的对外开放，允许设立外商合资或合作创办中小学教育机构，赋予其一定的教育自主权。大力推进职业教育国际化，在重点产业领域与其他知名国际教育集团开展多种形式合作办学或培训。鼓励高等院校与国外知名高等教育机构合作办学，重点面向东南亚国家招收外国留学生。实行自由留学政策，对于在海南的学校学习的外国公民，实行国民待遇政策。争取把在海南的教育机构纳入国家之间互相承认学历、学位的教育机构范围。

（六）实施知识性财产保护政策

制定完善关于鼓励和支持知识产权创造、运用、保护及管理方面的地方性法规，制定完善与职务技术发明相关的法律法规；建立健全鼓励非职务发明体制机制，建立非职务发明评价体系，加强对非职务发明创造的支持和管理；制定政府支持个人和中小企业发明创造的资助办法，鼓励创造知识性财产，鼓励企事业单位科技创新、发明创造和文艺创作活动的开展，大力培育知识产权优势企业；建立健全有利于知识产权保护的社会信用制度，推进知识产权保护和管理的国际合作与交流。

（七）实施更加开放的人才国际化政策

围绕建设国际旅游岛“二区三地一平台”战略，大力吸引海外高层次人才来琼创新创业，进一步完善引进高层次创新创业人才和海外高层次人才配套政策措施。建立海外高层次人才特聘专家制度。加强留学回国人员创业园区建设，依托高校、科研院所和高新技术产业园区、生态软件园区，建设一批海外高层次人才创新创业基地，集聚一批海外高层次创新创业人才和团队，为人才创业提供资助和融资等服务。建立全省统一的海外高层次人才库和海外人才需求信息发布平台。完善海外高层次人才联系窗口，为海外人才来琼创业发展提供政策咨询和接洽服务。推进海外人才工作联络站建设，实现覆盖全球的海外人才联系站点，建立引才引智常态机制。加大引进外国智力工作力度。加强留学生派出工作。鼓励我省高校与国外知名高校联合办学，完善互派教师和学生机制。鼓励各类机构开展经济合作与文化交流活动。支持我省高校、科研院所与海外高水平教育科研机构建立研发基地。建立琼属华人华侨人才库，充分开发琼属华人华侨人才资源，吸引琼属华人华侨人才回乡创业。重点加强与东盟地区琼属华人华侨人才的合作交流与培训。鼓励有条件的企业实施“走出去”战略，设立海外研究中心，吸收更多海外研发人员，提升企业的国际竞争力。

六、重大人才工程

（一）高层次创新创业型人才引进培养工程

着眼于海南国际旅游岛建设，围绕经济结构调整、产业转型升级、推进高新产业发展和增强自主创新能力等目标，着力实施千名高层次创新创业型人才引进培养工程。到2020年，在我省重点领域、优势产业、重点创新项目、重点学科和重点实验、高新技术产业开发园区，重点培养和引进高层次创新创业人才1000名。其中，依托科技重大专项和国家重点实验室、工程技术研究中心等重点科研基地，以及通过到国内外著名高校、研发机构研修等方式，重点培养从事创新活动研究与实验发展的科学家和工程师500名。通过海外高层次人才引进计划，引进150名海外高层次创新创业人才，其中，入选国家“千人计划”人选达15名。通过政府创业投资基金、中小企业创新基金等重点扶持的方式，造就350名拥有自主核心技术的高层次创业领军人才。

（二）以旅游业为龙头的现代服务业人才开发工程

着眼于海南建设我国旅游业改革创新的试验区，成为世界一流的海岛休闲度假旅游目的地，大力开发旅游人才。到2020年，引进和培养高级旅游人才20000名，中级旅游人才80000名，基本满足国际旅游岛建设需求。优化旅游人才结构，实施新业态人才引进和培养计划，到2020年，培养和引进海洋旅游、康体保健、会展节庆等新业态人才4000名。加大旅游业人才培养力度，每年定期开展分别以旅游行政机构领导干部、旅游企业经理为对象的旅游规划管理开发培训项目以及以旅游行业服务人员为对象的职业技能培训项目。加强与旅游相关现代物流业、金融和保险业、信息软件产业、会展、房地产等现代服务业相关服务业人才开发，争取每年开发10个以上服务业紧缺人才培养项目，每年培养各类资格证书的服务人才达2000名以上。

（三）热带现代农业人才开发工程

着眼于热带现代农业基地建设，加大热带现代农业人才开发力度，重点发展农业紧缺急需科研人才和农村实用人才队伍。选拔50名农业科研杰出人才，给予科研专项经费支持，以解决地方性、关键性的重大农业科技课题为主，开展特色产业和优势产业的基础性研究和高新技术开发。重点加强热带水果、瓜菜、畜产品、水产品、花卉等现代特色农业人才的引进和培养。实施农村实用人才带头人素质提升计划，在继续实施好已有的农村实用人才培养工程的基础上，以提高农村实用人才带头人带领群众创业致富的能力为重点，每年培训年产值千万元以上农业龙头企业、农产品加工企业经营管理者50名，农村经纪人和农民专业合作组织带头人200名，种养致富带头人1000名。力争到2020年，农村创业致富带头人达到15000名。

（四）南海资源开发人才集聚工程

服务于南海资源开发和服务基地建设，加大南海开发人才队伍建设。围绕南海开发重点领域，重点引进高层次、国际化海洋科技和南海研究专家以及海洋战略管理人才，加强对海洋经济有重大带动作用的海洋产业紧缺急需人才队伍建设。到2020年，在海洋旅游、海洋油气开发和加工、船舶制造与海洋工程、海洋运输和港口物流、海洋生物技术研究与应用、海洋能源开发和利用、远洋捕捞和水产养殖加工、国内外海洋法研究、海洋地质和资源勘探研究、海洋环境保护、南海问题研究、海洋公益服务等紧缺专业每年各引进和培养1—2名领军人才，即10年间，引进和培养紧缺急需海洋产业高层次人才150名。

（五）优秀企业家培养工程

适应国际旅游岛建设需求，着眼于提高海南企业现代化经营管理水平和国际竞争力，努力造就一支高素质的企业家队伍。实施企业家素质提升计划。到2020年，培养造就50名左右具有世界眼光、战略思维、创新精神和开拓能力的优秀企业家。实施百名未来商业精英培养工程。打造面向企业经营管理第一线的多层次、复合型培养链条，主动参与优秀年轻经营管理人才的职业生涯设计。到2020年，培养选拔100名左右精通战略规划、资本运作、人力资源管理、财务、法律等专业知识的企业家后备人才。

（六）高素质教育人才开发工程

围绕加强各类人才队伍建设和整体提升人口素质，着力提升海南教育教学质量，打造一支高素质、创新型、结构优化的教育人才队伍。继续实施中小学教师全员岗位培训计划，每年完成中小学教师1.5万人次每人240学时的培训任务。实施中小学教学名师培养工程，每年选派50名教师到国家重点师范大学、教科院所或教育发达省市重点中小学校培训学习，争取用5—10年时间培养造就500名中小学教学名师，其中省级名师100名。实施中高等职院校专业带头人培训工程。通过国内外研修相结合的方式，每年重点培训中高等职业院校专业带头人各30名，力争到2020年造就在全省有较高知名度的中高等职业院校专业带头人各200名；实施高校名师梯队工程，到2020年，争取培养造就8—10名大师级高校名师，从中产生2—3名院士或“长江学者”，培养造就50名学术带头人，200名中青年教学科研骨干，每年选派50名高校教师到国外进修，每年培训400名高校青年骨干教师。

（七）高素质医疗卫生人才开发工程

围绕建设国际旅游岛高端医疗保障服务需要和满足全省人民群众日益增长的优质医疗卫生服务需求，着力培养造就一支规模宏大、素质优良、结构合理的医疗卫生人才队伍。实施重点学科（重点实验室）“跃升计划”。择优评选心脑肺血管病、重症医学、急救医学、热带病防控、康复医学、肿瘤等20个学科（实验室）给予重点支持和重点建设，力争到2020年，省级医学重点学科（重点实验室）达到20个，国家级医学重点学科（重点实验室）达到2个。实施名医培养工程，争取到2020年，选拔培养在本省医学学科领域有突出贡献和有较大影响的中青年医疗卫生拔尖人才约150名，其中在全国学科领域有较大影响力的50名。实施医疗卫生人才队伍梯队建设工程。建立高、中、初三级专业人才库，每年以40%初级人才、40%中级人才和20%高级人才的比例进行专业化培训。实施社区和农村卫生人才培训和支持工程。至2015年全省社区卫生服务人员达到6000人，其中，全科医师达到3000人，社区护士及其他卫生技术人员3000人。至2020年，全省社区卫生服务人员达到7000人，其中，全科医师达到3500人，社区护士及其他卫生技术人员3500人。在2015年前完成对15000名乡镇卫生院在职卫生技术人员、10000名在岗乡村医生和村卫生员的在职培训，向农村推广50项卫生部“十年百项”适宜技术。2020年完成全省所有在岗的乡（镇）、村卫生技术员的培训。实施中医医疗、保健、康复人才挖掘提升工程。围绕建设世界一流的海岛休闲度假旅游目的地，积极发展康体保健服务，到2020年，力争有国内知名的中医保健康复人才20名。实施卫生管理人员职业化培养工程，到2020年基本形成我省的卫生管理职业化人才队伍。

（八）高素质宣传文化人才开发工程

着眼于提高海南文化软实力，提升国际旅游岛的文化内涵和人才文化素养，实施选拔培养宣传文化系统“四个一批”人才工程，到2020年，选拔培养我省全国“四个一批”人才约15名，省级“四个一批”人才100名。实施青年文艺人才工程计划，用5—10年的时间，培养造就一批在海内外具有较高影响力和知名度的优秀青年文艺人才。

（九）社会工作人才开发工程

为适应新农村建设，城乡统筹发展，建设和谐海南的要求，满足国际旅游岛建设中各层次社会工作人才的需求，到2015年，培养200名高层次社会工作人才，4000名中级社会工作人才，12100名初级社会工作人才。到2020年，培养造就高层次社会工作人才2100名，中级社会工作人才6300名，初级社会工作人才12600名，实现所有在社会工作岗位的就业人员，都系统接受过专业教育或取得相应社会工作者职业资格证书。

（十）琼属华人华侨人才开发工程

围绕国际旅游岛建设，充分发挥海南侨乡优势，大力开发琼属华人华侨人才资源。创建琼属华人华侨服务中心，依托世界海南乡团联谊大会、世界海南青年大会、世界海南青少年科技文化夏（冬）令营等平台，加强与300多个海外琼属华人华侨社团的联系，开展科技文化交流与合作，宣传推介海南，提供服务，培植乡根情怀，吸引高层次琼属华人华侨人才智力为我省经济社会发展服务。力争到2020年，吸引5000名左右琼属华人华侨人才回琼创业发展。

（十一）少数民族和贫困地区人才支持工程

围绕少数民族和贫困地区经济社会发展、产业结构调整升级，鼓励和引导各类人才为少数民族和贫困地区提供服务。组织实施少数民族和贫困地区人才智力扶持行动计划，继续实施省级重点中学培养少数民族高中生项目、民族地区学校与全省先进学校合作培养人才项目，加大扶持力度、扩大项目覆盖面，建立人才智力扶持的长效机制。采取多种形式，通过多种渠道，大力加强少数民族和贫困地区党政人才、企业经营管理人才、专业技术人才、高技能人才和农村实用人才的培养，提升能力素质。完善少数民族和贫困地区人才市场体系建设，增强人才服务功能，完善服务机制，加大少数民族和贫困地区人才开发投入，设立边远贫困地区津贴制度，逐步改善当地人才的生活条件，提高社会保障水平。设立“少数民族和贫困地区人才贡献奖”，对长期在少数民族和贫困地区工作并做出一定贡献的人才实行奖励，充分调动各类人才的积极性，力争到2020年，使少数民族和贫困地区人才拥有量、整体素质、使用效益等方面有明显提高，人才结构合理，基本适应当地经济社会发展需要。

（十二）打造人才公共信息与公共服务平台

整合人才信息资源，建立社会化、开放式的人才资源信息共享机制；加强人才信息网络和数据库建设，建立健全高层次人才库；加快推进人才电子政务建设，构筑互动、高效、安全的人才资源公共信息平台和人才公共服务平台。

七、组织实施

（一）加强对《人才规划纲要》实施工作的组织领导

省人才工作协调小组负责《人才规划纲要》实施的统筹协调和宏观指导。制定各项目标任务的分解落实方案和重大工程实施办法，建立《人才规划纲要》实施情况的监测、评估、考核机制，加强督促检查。

（二）建立健全人才发展规划体系

各市县和省直有关部门单位要以《人才规划纲要》为指导，根据实际，编制地区、行业系统以及重点领域的人才发展规划，形成全省人才发展规划体系。

（三）营造实施规划纲要的良好社会环境

大力宣传人才工作的重大战略思想和方针政策，宣传实施《人才规划纲要》的重大意义和《人才规划纲要》的指导方针、目标任务、重大举措，宣传《人才规划纲要》实施中的典型经验、做法和成效，形成全社会关心、支持人才发展的良好氛围。

（四）加强人才工作的基础性建设

深入开展人才发展理论研究，积极探索人才资源开发和人才工作规律，加强《人才规划纲要》实施和人才工作实践的指导；加强人才信息统计工作，建立人才资源年度统计调查和定期发布制度，提高人才管理的信息化水平；加强人才工作队伍建设，加大对人才工作队伍的培训力度，提高人才工作队伍的政治素质和业务水平。

重庆市中长期人才发展规划纲要
（2010—2020年）

为更好实施人才强市战略，加快建设内陆开放高地，率先在西部地区全面建成小康社会，依据《国家中长期人才发展规划纲要（2010—2020年）》，结合我市实际，制定本纲要。

一、人才发展现状与面临形势

（一）人才发展取得新进展

直辖以来，特别是2004年全市人才工作会议以来，各级各单位认真贯彻落实科学发展观，大力实施人才强市战略，人才工作和人才队伍建设取得明显成效。坚持党管人才原则，组织部门牵头抓总、有关部门各司其职、社会力量广泛参与的工作格局基本形成。加大人才工作宣传，尊重劳动、尊重知识、尊重人才、尊重创造的社会氛围日益浓厚。深化干部人事制度改革，提高选人用人公信度，民主、公开、竞争、择优的选人用人机制逐步完善。拓宽人才交流渠道，与56个中央国家机关部委、国内知名科研院所、高等院校以及40个国家和地区建立了合作关系。创新人才工作载体，创办“中国重庆•青年人才论坛”，组织千名优秀人才引进活动，推进高层次和基层人才队伍建设两大工程，实施农村乡镇人才队伍建设计划，在市内外引起热烈反响。截至2009年底，全市党政人才14.6万人、企业经营管理人才165.4万人、专业技术人才101.5万人、高技能人才55万人、优秀农村实用人才35万人、社会工作人才8.2万人，比直辖初分别增长15.4%、50.2%、59.8%、64.4%、50.2%、41.4%。“两院”院士、“新世纪百千万人才工程”国家级人选、国家有突出贡献中青年专家、享受国务院政府特殊津贴专家2543人，比直辖初增长40%。人才队伍的发展壮大，有力促进了全市经济社会健康发展。

（二）人才发展面临新挑战

在经济全球化深入发展、科技进步日新月异、知识经济方兴未艾的新形势下，人才资源成为最重要的战略资源，世界范围内的人才争夺进一步加剧。随着国家推进西部大开发、振兴东北地区等老工业基地、促进中部地区崛起和鼓励东部地区率先发展总体战略的深入实施，区域间经济竞争日益激烈，人才竞争压力加大。推进统筹城乡综合配套改革、发展内陆开放型经济、建设“五个重庆”，对人才工作提出新的要求，人才发展任务更加艰巨。面对新形势新任务新要求，全市人才发展的总体水平与经济社会需要存在较大差距，人才资源基础性、战略性地位和作用未能充分体现，人才发展体制机制障碍尚未消除，高层次和高技能人才匮乏，人才产业、行业、区域分布不尽合理，人才创新能力和创业活力不强，人才资源开发投入不足，等等。

（三）人才发展迎来新机遇

未来十几年，是全面建设小康社会的关键时期，也是人才事业发展的重要战略机遇期。经济全球化推动人才国际化，有利于在更大范围、更宽领域、更高层次开展人才交流合作，加快引进各类优秀人才特别是创新创业人才。更好实施人才强国战略，建设创新型国家，推动工业化、信息化、城镇化、市场化、国际化深入发展，为人才发展提供广阔空间。贯彻落实“314”总体部署，加快建设全国统筹城乡综合配套改革试验区和内陆开放高地，有利于争取国家层面的重大政策和重点项目，为集聚优秀人才提供战略平台。全市各级各单位必须高度认识人才是社会文明进步、人民富裕幸福、国家繁荣昌盛的重要推动力量，进一步增强责任感、使命感和危机感，解放思想、科学规划，重点突破、整体推进，努力开创人才强市新局面。

二、人才发展指导思想、工作原则和主要目标

（一）指导思想

高举中国特色社会主义伟大旗帜，以邓小平理论和“三个代表”重要思想为指导，深入贯彻落实科学发展观，围绕贯彻“314”总体部署，建设全国统筹城乡综合配套改革试验区，构筑内陆开放高地，推进“五个重庆”建设，更好实施人才强市战略，按照“重统筹、抓两端、建机制、增投入、筑高地”的总体思路，以统筹城乡人才资源开发为主线，以高层次人才和基层人才队伍建设为重点，以实施重大人才项目为抓手，以体制机制创新为动力，进一步解放思想、解放人才、解放科技生产力，着力构建内陆开放型人才高地，培养造就一大批理想崇高、忠党爱国、服务人民的高素质人才，为实现“加快”和“率先”目标提供坚强的人才保证和广泛的智力支持。

（二）工作原则

——坚持党管人才原则。加强和改进党对人才工作的领导，充分发挥党委统揽全局、协调各方的重要作用，调动各级各部门和社会各界发现人才、培养人才、使用人才、保护人才的积极性，形成加快人才发展的整体合力。

——坚持人才优先原则。牢固树立人才资源是第一资源思想，以人才优先发展引领经济社会又好又快发展，做到人才资源优先开发、人才结构优先调整、人才投资优先保证、人才制度优先创新。

——坚持服务发展原则。把服务科学发展作为人才工作根本出发点和落脚点，围绕经济社会发展需要推进人才资源开发，努力使人才总量、结构、素质与经济结构相协调、与经济增长方式转变相适应。

——坚持以用为本原则。遵循人才成长规律，破除陈腐落后观念，落实“四不唯”、“四尊重”要求，把发挥各类人才作用作为人才工作的根本任务，围绕用好用活人才、提高人才效能，创新人才工作体制机制，促使各类人才用当适任、用当其时、用当尽才。

——坚持统筹兼顾原则。充分利用国际国内市场，以高层次和高技能人才为重点，以应用型人才为主体，因地制宜，分类指导，合理配置城乡、区域、产业、行业和不同所有制人才资源，协调推进各类人才队伍建设。

（三）主要目标

到2015年，建成内陆开放型人才高地总体框架，人才相对拥有量、增长速度、创新能力超过全国平均水平，处于西部地区和长江上游地区前列。到2020年，基本建成内陆开放型人才高地，人才相对拥有量、增长速度、创新能力在西部地区和长江上游地区领先，接近东部沿海发达省市平均水平。

——人才规模不断壮大。到2015年，全市人才资源总量达546.8万人，比2009年增加167.1万人，增长44%；到2020年，全市人才资源总量达673.9万人，比2009年增加294.2万人，增长77.48%，人才资源占人力资源总量的比重提高到28%，各行各业专门人才基本满足全市经济社会发展需要。

——人才素质明显提高。到2015年，主要劳动年龄人口平均受教育年限达到12.0年，每万劳动力中研发人员达到37人年，党政干部具有本科及以上学历达到75%，高级、中级、初级专业技术人才比例达到1 ：3.5 ：5.5。到2020年，主要劳动年龄人口平均受教育年限达到14.0年，每万劳动力研发人员总量达到50人年，党政干部具有本科及以上学历达到85%，高级、中级、初级专业技术人才比例达到1 ：4 ：5。各类人才理想信念坚定，具有丰富实践经验、强烈开放意识和勇于创新精神，层次和类型趋于合理。

——人才投入稳定增长。到2015年，人力资本投资占GDP比例达到15%，全社会教育支出占GDP比例达到7.53%，全社会卫生支出占GDP比例达到5.07%，全社会R&D经费支出占GDP比例达到2.4%。到2020年，人力资本投资占GDP比例达到17%，全社会教育支出占GDP比例达到8.53%，全社会卫生支出占GDP比例达到5.27%，全社会R&D经费支出占GDP比例达到3.2%。

——人才环境持续优化。到2015年，高校毕业生就业率达到85%，年度留学回国人员增长率达16%，引进国（境）外专家数达到1.3万人次。到2020年，高校毕业生就业率达到90%，年度留学回国人员增长率达16.5%，引进国（境）外专家数达到

2.1万人次，人才体制机制更加完善，成为西部地区和长江上游地区最具吸引力的城市。

——人才效能明显增强。到2015年，人才贡献率达到33%，科技进步水平在全国排名列全国前8位，发明专利授权量列全国前12位。到2020年，人才贡献率达到38%，科技进步水平在全国排名列全国前6位，发明专利授权量列全国前10位。在电子信息、装备制造、重化工、生态环境保护、宣传文化等领域建成一批人才高地。

三、人才发展重点项目

（一）高层次人才队伍建设工程

围绕建设创新型城市、长江上游金融中心和内陆开放高地，采取定向培养、重点引进、强化保障等措施，组织实施“六百计划”，造就一批善于推动科学发展、创新创业的高层次人才，增强人才竞争优势，支撑人才高地建设。

实施百名党政一把手培养计划。采取理论培训、挂职锻炼、交流任职等方式，有计划地选派区县、市级部门党政主要负责人和正职后备干部，到中央国家机关、大型国有企业、东部发达地区挂职或交流任职，到中央党校、市委党校等集中学习，到延安、井冈山和浦东干部学院接受党性教育，组织参加“三进三同”、“结穷亲”、“大下访”锤炼党性、历练作风活动，到北美、欧洲等地专题培训，着力提高党政一把手应对复杂局面、推动科学发展、促进社会和谐的执政能力。每年遴选40名市管党政正职和60名正职后备干部进行重点培养。

实施百名优秀企业家培养计划。采取组织培训研修、举办专题讲座、开展顶岗锻炼等方式，有计划地选拔优秀企业经营管理人才，到中央党校、市委党校开展政治理论、法律法规培训，到国内重点高校参加研修学习、EMBA培训，到北美、欧洲、香港等国（境）外知名培训机构参加商务案例培训；定期举办讲坛，邀请国内外知名企业高级管理人才专题讲授战略规划、资本运作、项目管理等知识；选派优秀企业经营管理人才到世界500强或中国500强企业顶岗锻炼。到2020年，造就100名具有全球战略眼光、市场开拓精神、管理创新能力和社会责任感的优秀企业家。

实施百名学术学科领军人才培养计划。采取加强平台建设、开展学术交流、支持访学研修等方式，有计划地资助建设一批国家级科研平台；结合全市重大科技专项建成一批科技创新团队，选派中青年优秀教师和科研骨干到世界一流高等院校、科研机构访学研修；资助举办国际学术会议，邀请国内外知名专家学者来渝开展学术研讨活动，支持学术学科带头人赴国外参加学术研讨活动。到2020年，培养冲击“两院”院士人选的“两江学者”20名，具有领导本学科保持或赶超国内外先进水平的名家名师30名，教育教学、基础研究、高技术研究、社会公益研究领域学术学科带头人50名，建成100个高水平研发团队。

实施百名工程技术高端人才培养计划。采取加强创新创业平台建设、实施创新团队引进、支持核心人才带动等方式，有计划地建设一批国家级工程技术研究平台和高科技、高技术创业平台，引进一批能够提高企业自主创新能力、开展核心技术攻关和关键工艺试验研究的工程技术专家；实施“人才+项目+基地”培养模式，支持围绕信息网络、新能源及装备、新材料等关键技术领域开展科技攻关，主持或承担国家重大任务和工程项目。到2020年，在汽车摩托车、装备制造、化工、材料工业、轻纺等优势产业集群，新一代信息、新材料、高端制造、生物、新能源、新能源汽车、节能环保等战略性新兴产业，培育100名能够引领科技创新、突破关键技术、推动科技成果转化的工程技术带头人。

实施百名金融高端人才培养计划。采取支持平台建设、加大引才力度、开展交流合作等方式，有计划地发展主体金融业，完善金融要素市场体系，支持市内高校建设金融专业重点学科；面向国际金融中心，定期组织高层次人才交流活动，定向引进一批金融紧缺人才；选派优秀金融人才到国际金融组织顶岗锻炼或访学研修；组建金融研究机构，定期举办“两江论坛”，聚集海内外资深专家开展金融研究。到2020年，培育30名具有全球视野、通晓国际惯例，金融管理和资本运作经验丰富，在业界有较大影响的高级管理人才，70名精通现代金融知识、熟悉国际金融业务，能够引领金融创新的高级专业人才。

实施百名宣传文化卫生体育领军人才和党外知名人士培养计划。采取支持平台建设、资助课题研究、组织专门培训等方式，建设一批国家级重点学科、国家级科研平台和一批重大体育基础设施；选派宣传、文化、卫生、体育系统优秀人才到国内重点高校和国（境）外知名培训机构参加专门培训；资助优秀人才承担国家级和市级重大课题、重点项目，以访问研修方式参加国际前沿科技项目和重大课题研究。到2020年，培养引进“国家文化名家工程”人才30名，全国医学领域专家30名，田径、羽毛球等重点体育项目国家级教练员10名，具备冲击奥运奖牌实力运动员10名。采取组织理论培训、开展实践锻炼、畅通交流渠道等方式，在民主党派、工商联、无党派、新社会阶层、民族宗教界、港澳台和海外代表中遴选培育在市内外有影响力的党外知名人士20名。

（二）基层人才队伍建设工程

围绕建设社会主义新农村、振兴老工业基地、推进“五个重庆”建设，按照突出重点、分类指导、稳步推进的思路，实施“六项计划”，选派数以万计大学生到农村乡镇和村工作，培养数以百万计农村实用人才、高技能人才和社会工作人才，夯实基层人才基础，统筹城乡人才发展。

实施农村乡镇人才队伍建设计划。本着加大统筹、建立导向、常态管理原则，到2012年，选派30000余名普通高等院校应届毕业生，到全市乡镇机关和学校、医院、农技服务中心等事业单位及行政村工作，其中，招录10000名大学生“村官”。选送10000名未取得国民教育大专以上学历的乡镇机关事业单位在职人员到高等院校接受系统专业教育，选派10000名中级以上职称教师、农技人员、医生到乡镇支教、支农、支医，组织5000名区县、乡镇机关事业单位优秀年轻干部到市、区县机关顶岗锻炼，为艰苦边远乡镇事业单位定向培养紧缺专业大学生3000名，优化农村乡镇人才队伍结构，提高乡镇人才队伍素质，构建以城带乡人才支援新格局。

实施专业技术人才知识更新计划。围绕全市经济结构调整、高新技术产业发展和提升自主创新能力的战略需要，在汽车摩托车、装备制造、天然气石油化工、材料工业、轻纺等优势产业，新一代信息、新材料、高端制造、生物、新能源汽车、节能环保等战略性新兴产业，生物技术、生态环境保护、防灾减灾、现代交通运输、农业科技等重点领域，建设20个继续教育基地。每年举办10期左右高级研修班。每年培训30000名急需紧缺骨干专业技术人才，到2020年，累计培训30万名左右。

实施高技能人才振兴计划。通过加强培养平台建设，采取技能培训、竞赛选拔、技术交流等方式，在汽车摩托车、电子信息、天然气石油化工、装备制造、材料工业等支柱产业，以及资源加工、高新技术、现代服务业等技能要求较高的行业领域，到2020年，培养115万名高技能人才，推动现代制造业基地建设。其中，重点培养10000名汽车装配、材料检测、设备维修、数控加工等紧缺高级技师。

实施优秀农村实用人才培养计划。采取订单培养、定向培训等方式，围绕巩固提高水稻、玉米、小麦、油菜等粮油传统种植业水平，大规模发展柑橘、中药材、蚕桑、烟叶、蔬菜等优势种植业，生猪、奶牛、山羊、小家禽、生态鱼等特色养殖业，以及竹木加工、苗木花卉、森林食品等林产业，结合推动农村加工、商贸、运输等产业，到2020年，培养优秀农村实用人才50万人，促进现代农业，繁荣现代农村。其中，重点培养10000名农业支撑人才。

实施社会工作人才培养计划。坚持以社会需求为导向，以专业化、职业化、本土化为核心，在全市乡镇、社区、学校、医院等基层单位的社会福利、社会救助、社会慈善、优抚安置、社区建设、司法矫正、信访调处、就业服务、妇女青少年服务等社会管理和公共服务重点领域，到2020年，培养10000名具有助理社会工作师以上职业资格的专业人才。

实施基层文化骨干人才培养计划。依托地方文化馆、图书馆、艺术院团和艺术研究机构，通过集中轮训、选拔培训、下乡送培等方式，大力培育文化中心户、义务文化管理员、民间艺人和文化能人，到2020年，培养输送10000名基层文化工作骨干。

（三）人才创新创业基地建设工程

围绕建设长江上游科技创新中心和科研成果产业化基地，按照增大投入、改善条件、完善机制思路，打造“五大创新创业平台”，引导优秀人才向现代农业、现代制造业和现代服务业领域集聚。

构筑西部领先的科技研发平台。发挥高等院校知识创新和科研院所科技创新重要作用，集中力量形成优势学科领域和研究基地，引导高等院校、科研院所与企业组建产学研战略联盟，引导企业成为技术开发、科技投入、科技成果转化、科技创新团队建设主体，鼓励企业、行业创建工程研究中心、技术创新中心，支持大企业大集团建设“院士专家工作站”和国家级、市级技术中心，加快博士后科研流动（工作）站建设。到2020年，建设200个国家级科技研发平台。其中，50个国家级重点学科、10个国家级重点实验室（工程实验室）、20个国家级工程技术研究中心（工程研究中心）、20个国家级企业技术研究中心、100个博士后科研流动（工作）站。建立20个企业“院士专家工作站”，引进院士专家100人次。

构筑两江新区创业平台。围绕两江新区建成内陆重要的先进制造业和现代服务业基地、长江上游金融中心和创新中心的目标定位，依托“5+3”战略布局，建设轨道交通、电力装备、新能源汽车、国防军工、电子信息制造基地和服务业基地，培育一批国家级研发总部、重大研究成果转化基地、灾备及数据中心等战略性创新平台，引进一批新兴产业、创新型龙头企业和跨国公司研发机构，集聚高新技术人才，集成科技研发资源，提升城市整体服务功能。到2020年，力争两江新区研发设计、服务外包、金融保险、商贸物流、中介会展、文化传媒、战略规划、资本运作、管理咨询、项目策划等领域创新型人才达到30万人。

构筑重点园区创业平台。围绕打造一批千亿级、百亿级产业园，加快建设高新技术产业开发区、经济技术开发区、西永微电子产业园区、万州经济技术开发区、重庆（长寿）化工园区等国家级开发区，以及黔江、涪陵、永川、江津、合川等区域性中心城市工业园区，加快建设区县工业园区。通过重点发展电子信息、生物医药、化工、装备制造、现代物流、新材料、新能源、纺织服装、食品药业、机械制造、冶金建材、印刷包装、汽摩零部件等产业，努力将各类开发区、工业园区打造为全市效能高、活力强、贡献大的人才集聚区，大规模集聚一批相关产业高端人才特别是创业人才。到2020年，全市信息产业人才达到50万人，化工产业人才达到30万人，规模以上装备制造企业人才达到50万人。

构筑海外高层次人才创业平台。坚持统筹规划、突出重点，整合资源、创新机制，引才先行、科研配套，产业导向、重在转化的原则，围绕全市优势产业和战略性新兴产业，建设一批海外高层次人才创业平台，着力推动产学研结合，提高自主创新能力，形成在全国具备竞争力的产业集群。到2020年，在高新技术开发区、经济技术开发区、留学人员创业园等各类园区建设20个海外高层次人才创业基地，使其成为吸引、凝聚和用好海外高层次人才的重要载体，探索实行国际通行科学研究、科技开发和创新创业机制的重要平台，推进人才体制机制创新的人才特区。

构筑大学生创业平台。建立大学生创业项目库，成立“创业培训专家服务团”，提供创业培训、政策咨询、项目推荐、信贷融资、开业指导、政策扶持等服务。在科技智力资源密集的开发区、科技园区和大学城、大型企业、高等院校内建立一批创业培训基地和创业孵化基地，吸引高校毕业生创业企业入驻，并为待孵化企业提供无租金场地、税费减免、创业指导培训等服务。举办创业论坛、创业大赛和创业成果展，营造良好创业氛围。到2020年，高标准建设5个国家级大学生科技园，8个国家级、50个市级大学生就业创业基地，使其成为孵化知识型产业和新经济业态、促进高新技术产业发展、培养引进高素质人才的重要基地。

（四）人才公共服务体系建设工程

围绕全市支柱产业和优势行业，整合人才服务资源和服务功能，建立职业技能培训公共实训平台，完善人才市场体系，提高人才服务信息化、现代化、专业化水平，为各类人才在渝发展提供优质服务。

建设全国知名的人才服务中心。高标准建设“中国重庆人力资源服务中心”，创办重庆人才服务产业园，面向国内外引进一批人才服务机构。用5年时间，将服务中心打造为西部领先、全国一流和国际接轨的人才服务示范平台，引进外资人才服务机构的基地，引进海外高层次人才的窗口，举办国际化和高端化人才交流的场所，促进大学生就业机制与市场对接的载体，产学研用转化的市场，社会化人事服务的阵地。加强人才资源服务机构对外交流与合作。到2020年，引进100家专业服务机构入驻重庆，其中外资机构20家、国际知名“猎头公司”5家。

建设辐射西部的人才信息平台。推动人才资源服务机构管理信息系统建设，架构人才交流、人才信息分析为一体的一点受理、多点服务、联网并行的人才公共服务网络体系。建立全市统一的人才信息资源数据库，完善人才资源统计指标，建立常规统计、抽样调查制度，加强人才资源供求信息归类和分析，形成权威性数据并定期发布，引导人才资源合理有序流动。到2020年，建成西部地区最大的人才信息资源数据库，成为具有全国影响力的人才资源信息交互中心和供求信息发布中心。

建设覆盖城乡的人力资源市场。稳步推进人才市场、劳动力市场整合，建立统一规范、竞争有序的人力资源市场。加快城乡一体化人力资源市场建设，构建市、区县（自治县）、乡镇（街道）、村（社区）四级覆盖的人才公共服务机构，到2015年，基本建成以市级人力资源市场为核心，覆盖城乡、连接市外、配置合理、功能齐全、运行高效的人才公共服务体系。引导经营性人才资源服务机构健康发展，到2020年，全市经营性人才资源服务机构总量达350家，从业资格人员达1万名，收入规模达80亿元。培育10家具有国际竞争力的人才资源服务机构。

建设社会化的公共实训基地。本着统筹规划、合理布局、资源共享的原则，建立覆盖全市、互通协作的职业技能培训公共实作平台和现代农业公共实训基地。到2020年，分别建成现代服务业、汽车摩托车、机电、电子信息、医药化工、现代农业等6个公共实训基地，在有关行业、大型企业和区县各建设5个公共实训基地，其中国家级公共实训基地3个，市级公共实训基地10个。

四、人才发展主要政策

（一）人才培养开发

构建终身教育体系。深化教育改革，突出培养创新型人才和应用型人才。全面推进素质教育，把社会主义核心价值体系教育贯穿人才培养开发全过程，不断提高各类人才思想道德水平。改革高等学校招生考试制度，建立综合评价制度。推动职业教育集团化办学模式改革，大力推行校企合作、工学结合和顶岗实习。统筹规划继续教育，完善在职人员继续教育制度，积极探索培训形式，不断创新培训模式。构建分层分类的专业技术人才继续教育体系，广泛开展各种形式职业技能竞赛和岗位练兵活动，大力发展现代远程教育，开展大规模干部教育培训。制定加强非公有制经济组织和新社会组织人才队伍建设意见。

完善合作培养政策。整合教育、科技、产业培养资源，建立以企业为主体的产学研战略联盟，支持企业、科研院所与高等学校通过联合建立实验室或研发中心等多种方式，培养高层次人才创新团队。建立高等院校、科研院所、企业高层次人才双向交流兼职制度，推行产学研联合培养研究生“双导师制”。改革完善博士后制度，提高博士后培养质量，新增博士后站点向重点学科、重点园区、重点企业倾斜。实行“人才+项目＋基地”培养模式，依托重大人才计划以及重大科研、工程、产业攻关项目，在创新实践中培养一流人才。发挥“两新”组织作用，完善加强非公有制经济组织、新社会组织人才队伍建设政策。

优化教育培训资源。依托国内外知名企业、高等院校和培训机构，加强企业经营管理人才国际化培训。合理利用现有各类职业教育培训资源，依托大型骨干企业（集团）、重点职业院校和培训机构，建设一批示范性高技能人才培养基地和公共实训基地。发挥农村现代远程教育网络、各类农民教育培训项目、农业技术推广体系、各类职业学校和培训机构的主渠道作用，大规模开展农村实用人才培训。围绕支柱产业发展需求，合理布局博士后创新实践基地、研究生联合培养基地、工程师研修基地、高校毕业生见习基地。鼓励培训机构围绕“一圈两翼”不同发展需求开发培训项目。

（二）人才评价发现

完善评价标准。坚持德才兼备、以德为先，围绕政治品德、职业道德、社会公德、家庭美德，分类建立人才“德”的评价标准。建立以岗位职责为基础，以品德、能力和业绩为导向，科学化、社会化的人才评价机制。健全科学的职业分类体系，建立各类人才能力素质标准。完善党政领导干部考核评价机制，实施促进科学发展的干部综合考核评价办法。完善以任期目标为依据、工作业绩为核心的国有企业领导人员考核评价办法。建立以岗位绩效考核为基础的事业单位人员考核评价制度，完善专业技术职务任职评价制度，落实用人单位在专业技术职务（岗位）聘任中的自主权。建立健全社会工作人才评价制度。加快推进职称制度改革，提高单纯凭论文和著作晋升职称门槛，更加注重推动经济社会发展的实绩，引导教师进课堂、医生去临床、演员上舞台、科技人员到厂矿车间和田间地头，激励各类人才到基层一线建功立业。完善中国重庆•青年人才论坛评选办法。

改进评价方式。把评价人才和发现人才结合起来，坚持在实践和群众中识别人才、发现人才，建立在重大科研、工程项目实施和急难险重工作中发现识别人才的机制。建立党政干部岗位职责规范，加强工作业绩考核。完善以市场和出资人认可为核心的企业经营管理人才评价体系，积极发展社会化企业经营管理人才评价机构，加强职业经理人认证工作的规范化管理。统筹专业技术职务聘任制度和职业资格制度，建立重在业内和社会认可的专业技术人才评价机制。改进科技评价方式，完善以水平和贡献为导向的科研评价办法。允许专业技术人员评定“双职称”，允许退休后到非公有制经济组织继续从事专业技术工作的人员继续评定职称。

拓宽评价渠道。党政人才评价坚持群众认可，完善平时考核和年度考核、任前考察与换届考察相结合的评价工作机制，健全党政领导干部问责制。建立和完善企业经营者业绩档案，考核评价结果与经营管理者薪酬直接挂钩，并作为其职务任免的主要依据。探索技能人才多元评价机制，完善社会化技能鉴定、企业技能人才评价、院校职业资格认证和专项职业能力考核办法。健全举才荐才的社会化机制。

（三）人才选拔任用

完善人才选拔政策。完善体现公开、公平、公正相统一，组织意图、群众意见、干部意愿相结合，干部品行、才能、资历和任职岗位相匹配的人才选用办法，完善党政领导干部公开选拔、竞争上岗制度，探索公推公选和“一培二备三考四决”竞争性选拔干部办法。开展乡镇党委领导班子成员公推直选试点。规范干部选拔任用提名制。普遍推行差额推荐、差额考察、差额酝酿、差额票决比选制度，全面实行地方党委讨论决定任用重要干部票决制。建立市场配置、组织选拔和依法管理相结合的国有企业领导人员选拔任用制度，完善国有资产出资人代表派出制和选举制。全面推行事业单位公开招聘、竞争上岗和合同管理制度。试行国家重大项目负责人公开招聘制度。探索建立首席科学家、首席教授、首席工程师、首席技师等高端人才选拔使用制度。制定高技能人才与工程技术人才职业发展贯通办法。

完善人才使用政策。完善党政人才、企业经营管理人才、专业技术人才交流和挂职锻炼制度，打破人才身份、部门和单位限制，营造开放用人环境。扩大党政机关和国有企事业单位领导人员跨地区、跨部门交流任职范围，推进党政机关重要岗位干部定期交流、轮岗。拓宽党政人才来源渠道，出台面向基层遴选公务员政策，党政干部实行逐级遴选，除特殊职位外，区县以上各级党政机关不再从应届大学毕业生中直接招录公务员。

完善人才管理政策。完善政府宏观管理、市场有效配置、单位自主用人、人才自主择业管理体制。健全公务员退出机制，制定回避转任规定，建立聘任制公务员管理制度。推进事业单位分类改革，促进政事分开、事企分开、管办分离，完善聘用制度和岗位管理制度，逐步建立起权责清晰、分类科学、机制灵活、监管有力的事业单位人事管理制度。克服专业技术人才管理行政化、官本位倾向，逐步取消科研院所、学校、医院等事业单位行政级别和行政化管理模式，建立与现代科研院所制度、现代学校制度和公共医疗卫生制度相适应的人才管理制度。完善国有企业领导人员管理制度，健全符合现代企业制度要求的企业人事制度。加强社会工作者队伍职业化管理，制定社会工作岗位开发设置政策措施。研究制定发挥市场配置人才资源基础性作用的政策措施。对引进重点人才进入党政机关和事业单位在编制上予以特殊保障、在职位上可设置特殊岗位，需担任专业技术职务的不受岗位数额限制，有突出贡献的可破格提拔或晋升专业技术职务。

（四）人才激励保障

完善薪酬待遇政策。完善各类人才薪酬制度，加强收入分配宏观管理，逐步建立秩序规范、激发活力、注重公平、监管有力的工资制度。统筹协调党政机关和国有企事业单位收入分配，稳步推进工资制度改革。完善事业单位岗位绩效工资制度，完善专业技术人员兼职试行办法，建立兼职兼薪管理制度。建立高技能人才政府津贴制度。探索事业单位职业年金制度，探索高层次人才、高技能人才协议工资制和项目工资制等多种分配形式。

探索特殊激励政策。健全体现人才创新能力、干事业绩和创造财富的分配机制。建立产权激励制度，制定知识、技术、管理、技能等生产要素按贡献参与分配的办法。健全国有企业人才激励政策，推行股权、期权等中长期激励办法，重点向创新创业人才倾斜。完善科研成果知识权利归属和利益分享机制，保护科技成果创造者合法权益。制定职务技术成果条例，明确职务发明人权益，提高主要发明人受益比例。制定职务发明人流动中的利益共享办法。建立非职务发明评价体系，加强对非职务发明创造的支持和管理。制定支持个人和中小企业发明创造资助办法，鼓励创造知识性财产。建立专利技术运用转化平台。完善非物质文化遗产传承人知识产权保护相关措施。建立健全有利于知识产权保护的社会信用制度。

实施创业扶持政策。制定知识产权质押融资、创业贷款等办法，完善支持人才创业金融服务。实施扶持创业风险投资基金、促进科研成果转化和技术转移的税收、贴息等优惠政策，支持高层次人才创办科技型企业。加强创业技能培训和创业服务指导，提高创业成功率。加大对创业孵化器等基础设施投入，创建创业服务网络。制定高等学校、科研机构科技人员向科技型企业流动的激励保障政策，妥善解决在企事业单位工作及退休后的待遇差别问题。在创业培训、项目审批、信贷发放、土地使用等方面对农村实用人才创业兴业予以支持。

规范表彰奖励政策。研究制定重庆市人才工作条例和终身学习、工资管理、事业单位人员管理、职业资格管理等地方性法规。完善政府津贴评定、劳模评选办法，坚持论能力、凭业绩、比贡献，发挥各种荣誉称号精神激励和示范带动作用。逐步建立以综合人才表彰奖励项目为主导，以专项人才表彰奖励项目为基础的层级分明、分类科学、覆盖全面的人才奖励体系。

完善权益保障政策。推进党政机关和事业单位社会保障制度改革，建立以养老保险和医疗保险为重点的社会保障制度，形成社会保障、单位保障和个人权利保障相结合的人才保障体系。研究制定人才补充保险制度，支持用人单位为各类人才建立补充养老、医疗保险。扩大对农村、非公有制经济组织、新社会组织人才的社会保障覆盖面。制定实施社会保险关系转移接续办法。完善人事劳动争议仲裁制度。加大人才法规执法力度，维护用人单位和各类人才合法权益。

（五）人才流动配置

探索自由流动引导政策。发展专业性、行业性人才市场，健全专业化、信息化、产业化、国际化的人才市场服务体系。探索各类人才在市内不同区域、不同行业、不同所有制之间以及产学研之间自由流动的有效途径。深化户籍管理制度改革，建立城乡统一的户口登记制度。坚持“不求所有，但求所用”，鼓励市外人才通过技术入股、承包经营、合作开发、咨询顾问、技贸结合等多种方式来渝工作或服务。

制定更加开放引才政策。完善税收、保险、住房、子女入学、配偶安置，担任领导职务、承担重大科技项目、参加政府奖励等引进海外高层次人才特殊政策。建立海外高层次人才特聘专家制度，完善“海归”人才职称评审办法。加强留学回国人员创业园区建设，提供创业资助和融资服务。完善国外智力资源开发利用的政策措施，建立国外智力资源供给、发现评价、市场准入、使用激励、绩效评估、引智成果共享等办法。建立人才引进项目库，针对高层次、高素质和实用型人才量身定制优惠政策。加强同周边省市、长江沿线和沿海地区人才合作。争取三峡库区人才支援政策，完善少数民族地区人才发展政策。

健全服务基层导向政策。出台鼓励人才到基层一线创业就业政策，探索“人才到一线去、干部从基层来”的长效机制。对到农村基层和边远艰苦地区工作人才，在职务职称晋升和工资待遇方面实行倾斜。逐步提高市级党政机关从基层招录公务员的比例。制定边远艰苦地区生源高校毕业生回乡创业就业扶持办法。加大城乡人才对口扶持，完善城市专业技术人才到农村支农、支教、支医政策措施，将其业绩作为评先选优、职称晋升、提拔使用的重要条件。

完善人才公共服务政策。健全社会保险代理、企业用工登记、人事档案管理、代办人才引进手续、代办大学生接收手续等公共服务平台，满足人才多样化公共服务需求。推行政府所属人才服务机构管理体制改革，实现政事分开、管办分离。创新政府提供公共服务方式，研究制定政府购买社会工作服务政策。加强公共服务产品标准化管理，支持各类人才机构开发公共服务产品。

五、人才发展保障措施

（一）加强组织领导

健全人才工作格局。贯彻落实党管人才原则，切实加强各级党委对人才工作的统一领导，区县人才工作领导小组组长由党委书记或副书记担任。充分发挥各级组织部门牵头抓总职责，抓好战略思想研究、总体规划制定、重要政策统筹、创新工程策划、重点人才培养和典型案例宣传。发挥政府人力资源和社会保障部门在人力资源开发、就业、收入分配制度改革、人力资源市场建设、社会保障等方面职能作用，为人才发展提供指导和服务。有效发挥教育、科技、文化、卫生、经济等部门职能作用，抓好本领域本系统人才工作，加强相互联系、沟通与合作。积极发挥工会、共青团、妇联、科协等社会团体以及各民主党派和工商联桥梁纽带作用，团结人才、服务人才。引导各类行业协会、人才协会、企业家协会等社会中介组织为各类人才搞好服务。

完善组织协调机制。健全党管人才科学决策机制，完善人才工作领导机构职责和工作规范，建立各级党委常委会听取人才工作专项报告制度。完善党委联系专家制度，实行重大决策专家咨询制度。健全务实高效协调机制，明确各职能部门抓人才工作职责，形成整体合力。健全检查落实机制，加强人才工作重大决策部署督促检查，及时研究解决人才工作中遇到的突出问题。建立党委、政府人才工作目标责任制，提高各级党政领导班子综合考核指标体系中人才工作专项考核权重。

加强人才工作队伍建设。各级党委组织部健全人才工作机构，落实人员编制，配强工作人员。各人才密集单位建立专门人才工作机构，落实专职人员。加大教育培训和交流任职力度，提高人才工作者学习能力、研究能力、创新能力、沟通能力和执行能力，建设一支政治坚定、业务精通、勇于创新、作风过硬的高素质人才工作队伍。建立人才研究机构，加强人才发展战略、人才创新项目、人才政策法规研究和咨询。

（二）加大人才投入

加大财政投入力度。各级政府优先保证对人才发展的投入，教育、科技支出增长幅度高于财政经常性收入增长幅度，卫生投入增长幅度高于财政经常性支出增长幅度。扩大市人才资源开发专项资金规模，用于高层次人才培养、紧缺人才引进、杰出人才奖励和重点人才项目建设。区县设立人才发展专项资金并逐年提高，用于本地人才开发项目和配套全市重点人才项目。研究制定人才投入财政资金管理和绩效考评办法，发挥人才资金使用效益。

确保重点领域人才投入。在全市重大项目、重大工程、重点产业发展建设资金中专列人才开发资金，提高项目建设中人才开发经费提取比例。建立人才发展专项资金与科技、教育、文化、卫生等事业发展专项资金协调使用机制，加大科技创新、团队攻关、高层次人才培养资助力度。加快创新体系建设，引导企业加大研发投入，把研发投入纳入国有企业领导人员考核指标体系。

健全多元化投入机制。建立健全政府适当投入为引导，用人单位和个人投入为主体，社会投入为补充的多元化人才开发投入机制。机关、企事业单位按照一定比例设立专门培训经费，实行专款专用。适当调整财政税收政策，提高企业计税工资标准，增加企业职工培训经费提取规模。通过税收、贴息等优惠政策，鼓励和引导用人单位、个人和社会投资人才资源开发。

（三）营造良好环境

改善工作环境。加快“五个重庆”建设步伐，加强文化教育公共设施、各类教育机构和居民活动场所建设，营造各类人才居住、工作、学习和创业良好环境。鼓励优秀人才开拓创新，形成崇尚实干、鼓励探索、宽容失败学术氛围。营造多元化文化氛围，打造国际化语言环境，提高市民参与国际交往能力和素质，增强重庆对海内外人才吸引力。

优化服务环境。转变政府职能，推行电子政务，提高公共服务效率和质量，为各类人才成长发展、干事创业提供便捷高效服务。探索建立高层次人才社会优待制度，完善专家决策咨询、表彰奖励、理论培训等制度。大力培育人才服务业，使之逐步成为有所作为的朝阳产业。

营造社会环境。树立人人争做贡献、人人立志成才、人人都能成才的社会风尚，倡导学术自由、宽容失败、尊重个性、团结协作的创新文化，培育追求真理、勇攀高峰、敢为人先、敢冒风险的创新精神。充分信任、放手使用人才，促使人尽其才、才尽其用、各得其所、各展所长。加大新闻宣传，进一步营造尊重劳动、尊重知识、尊重人才、尊重创造的社会氛围。

四川省中长期人才发展规划纲要
（2010—2020年）

为深入实施人才强省战略，推进我省加快发展、科学发展、又好又快发展，根据《国家中长期人才发展规划纲要（2010—2020年）》，围绕我省经济社会发展的总体部署，制定《规划纲要》。

序言

人才资源是第一资源，是事业发展最可宝贵的财富。人才优势是最需培育、最有潜力、最可依靠的优势。推动我省发展，必须加快人才发展，依靠人才引领经济社会发展。加快人才发展，重点是加强能力素质建设，完善人才工作机制，搭建创新创业平台，优化人才发展环境，发挥人才资本效能，提高人才竞争力和人才对经济社会发展的贡献率，促进人的全面发展。

省委、省政府历来高度重视人才工作。特别是改革开放以来，从落实知识分子政策到推进人才强省战略、从大力开发人才资源到加快人才资源向人才资本转变、从实施人才开发“双五”工程到建设西部人才高地，全省人才事业蓬勃发展，人才开发取得显著进步。人才总量快速增长，“十一五”以来年均递增5%，到2009年底共有各类人才717.9万人；人才素质逐步提高，人才效能大幅度提升；人才发展环境持续改善，人才服务体系日益完备；体制机制不断完善，党管人才原则得到落实，统分结合、协调高效的人才工作新格局基本形成。但是，我省作为人力资源大省而非人才强省的基本状况没有根本改变，人才发展总体水平与先进地区相比仍有较大差距。人才队伍结构性矛盾突出，高层次、创新型人才比例偏低，整体竞争力还不强；人才体制机制创新滞后，人才开发的市场化水平不高，人才培养、引进、使用、评价体系有待进一步完善；人才开发投入不足，开放合作水平不高，区域发展不平衡，民族地区和盆周山区人才严重不足，等等。对于这些问题，必须高度重视，抓紧解决。

未来10年，我省将处于工业化、城镇化加速期，市场化、国际化提升期，跨越发展、爬坡上坎关键期，人才工作面临新要求。经济全球化和产业转移进程加快，将进一步推动人才交流，必须主动参与国际国内人才竞争与合作，促进人才开发开放。国家全面建设人才强国、转变经济发展方式、推进新一轮西部大开发，将为我省人才发展增添新动力，必须抢抓机遇、乘势而上，进一步加快人才发展步伐。我省加快建设灾后美好新家园、加快建设西部经济发展高地，将赋予人才工作新任务，必须围绕灾区发展振兴，紧扣“一枢纽、三中心、四基地”建设和工业“7+3”产业、战略性新兴产业、现代农业发展等经济社会发展重点，突出人才发展重点，不断开创人才辈出、人尽其才的新局面，为实现全面小康提供更加有力的人才保证。

一、指导思想、发展目标、总体思路和实施步骤

（一）指导思想

高举中国特色社会主义伟大旗帜，以邓小平理论和“三个代表”重要思想为指导，深入贯彻落实科学发展观，尊重劳动、尊重知识、尊重人才、尊重创造，围绕四川经济社会发展战略更好实施人才强省战略，坚持党管人才原则，遵循市场经济规律和人才成长规律，着力创新体制机制，进一步解放思想、解放人才、解放生产力，不断提升人才竞争力，不断开辟人才发展新路径，不断拓展人才发展新境界。

着力服务发展。把服务经济社会发展作为人才工作的根本出发点和落脚点，不断提高人才效能，提高人才对经济社会发展的贡献率，推动经济社会又好又快发展，实现人才发展与经济社会发展协调并进。

坚持人才优先。确立人才优先发展的战略布局，充分发挥人才的基础性、战略性作用，做到人才资源优先开发、人才结构优先调整、人才投资优先保证、人才制度优先创新。

注重以用为本。把用好人才作为促进人才发展的中心环节和人才工作的根本任务，充分发挥企业、高校、科研机构等用人单位的主体作用，深化改革、创新机制，积极为各类人才干事创业、实现价值创造条件，使全社会创新智慧竞相迸发、创富源泉充分涌流。

突出高端引领。始终把高层次人才作为人才队伍建设的战略重点，着力聚集我省发展需要的高端人才和急需人才，以高端人才发展带动各方面人才整体开发，以关键人才突破促进科技创新和产业发展突破，建设规模宏大、结构优化、布局合理、素质优良的人才队伍，提升区域竞争优势。

（二）发展目标

到2020年，我省人才发展的总体目标是建成西部人才高地。西部人才高地，就是“三高、两优、一领先”（人才密度高、人才素质高、人才效能高，人才结构优、人才环境优，人才竞争力在西部领先），能够有效支撑我省经济社会发展，引领西部、紧跟东部、融入世界的人才强省。

建设西部人才高地，重点是构建“一中心、四基地、一格局”。即在队伍建设上，把我省建设成为西部“高端人才汇聚中心”；在平台搭建上，打造“科技创新人才基地、发展创业人才基地、技能创优人才基地、农村创富人才基地”；在总体布局上，以成都平原、川南、攀西和川东北四大城市群为依托，构建“区域人才小高地”，形成西部人才高地的系列支撑节点，以产业发展和科技创新“塔尖”领域为重点，构建“产业人才大集群”，形成人才行业分布新格局，实现人力资源大省向人才强省的转变。

（三）总体思路

紧密围绕省委、省政府中心工作和全省改革发展大局，坚持高层次人才与重点领域、重点学科相结合，科研创新与实用创造相结合，培养、引进与使用相结合，数量与质量相结合，突出“两集聚”（集聚高端人才、集聚重点领域专门人才），推动“三优化”（优化事业环境、优化体制机制和政策环境、优化市场环境），注重“四统筹”（统筹发展公有制与非公有制组织人才、统筹开发城乡各类人才、统筹建设不同类型地区人才、统筹使用省内省外人才资源），促使人才开发由扩张规模向扩张规模与提升能力并重转型，由培养集聚向培养集聚与提高效能并重转型，更好地推动人才发展。

（四）实施步骤

围绕总体目标，分两个阶段建设西部人才高地：

——2010—2015年，“做强做优，支撑发展”。以培养引进重点行业、优势产业特别是战略性新兴产业、“塔尖”产业高层次创新创业人才和地震灾区发展振兴急需紧缺人才为重点，突出人才队伍能力建设，加快人才资源结构调整，加强人才体制机制改革和政策创新，着力构建“一中心、四基地、一格局”，使人才队伍能够适应经济社会发展需要。

——2016—2020年，“建设高地，引领发展”。以进一步提高人才效能为重点，着力优化人才发展环境，提高人才发展的市场化、国际化和法制化程度，完善人才公共服务，构建人才优先发展、人才引领发展的生动格局，全面实现“三高、两优、一领先”的总体目标，建成与西部经济发展高地相适应的西部人才高地。

二、加快重点队伍建设

（一）集聚高端人才

着眼提高人才竞争力，深入实施“天府英才”工程，着力集聚创新人才、造就领军人才、打造高端人才队伍，构建西部“高端人才汇聚中心”。主要实施“四大计划”：

1．天府科技英才计划。围绕提高自主创新能力、建设创新型四川，结合实施国家“创新人才推进计划”、“青年英才开发计划”等项目，以中青年科技拔尖人才为重点，打造高层次创新型科技人才群体。到2020年，培养、引进人才2万名，构建一支能代表我省科技发展水平的核心骨干队伍。其中，能够跟踪世界科技前沿的领军型科学家和推动重点企业、优势产业发展的杰出工程技术专家达到100名；在各学科、专业起骨干作用的省学术和技术带头人、核心技术研发人才达到3000名，在经济社会发展中作出显著成绩的省有突出贡献中青年专家达到3000名；专业基础扎实、学科特色鲜明、创新能力强、发展潜力大的青年后备人才达到4000名，形成领军人才、科研骨干和后备人才衔接有序、梯次配备的合理结构。

2．企业家培育计划。围绕提高企业现代化经营管理水平和国内国际竞争力，结合实施国家“企业经营管理人才素质提升工程”，到2020年，在优势工业、现代农业和现代服务业等领域，培养造就5个具有国际知名度的企业家、100个在国内有影响力的企业家、500个企业年销售额超过10亿元或在国内同行业中处于领先地位的企业家、10万名优秀职业经理人后备人才。

3．高技能人才开发计划。围绕建设现代加工制造业基地、提高现代服务业发展水平，每年培养、引进200名能够有效推动企业工艺改造、技术革新和重大项目实施的技术技能型、复合技能型和知识技能型高技能人才。到2020年，省以上有突出贡献的高技能专家达到100名，建成50个技能大师工作室，集聚、带动一大批高技能人才。

4．海外高层次人才引进“百人计划”。围绕壮大我省高端人才队伍，充分利用国际人才资源，2020年前，以用人单位为主体、以项目为依托，在重点创新研制及成果产业化项目、重点学科和重点实验室、优势企业和金融机构、以高新技术产业开发区为主的各类园区四个领域，支持引进200名左右海外高层次人才，建设10个国家级和50个省级海外高层次人才创新创业基地。

（二）集聚重点领域专门人才

根据“一主、三化、三加强”的总体要求，在各重点产业（行业）分别实施人才队伍建设专项工程，支撑经济社会重点领域发展。

1．实施战略性“塔尖”产业人才聚集工程。围绕发展壮大新能源装备制造、新一代信息技术、新材料、生物医药、油气化工、航空航天产业，持续实施战略性“塔尖”产业人才聚集工程。2020年前，在“塔尖”产业重点集聚100名国内科技领军人才、200名优秀企业家和职业经理人、500名核心技术研发人才和工程技术专家、50名高技能专家、40万名高技能人才，形成综合实力较强、国内领先的产业人才集群，打造产业人才品牌，引领品牌产业发展。

2．实施重点产业（行业）人才支撑工程。围绕“一枢纽、三中心、四基地”建设规划和工业“7＋3”产业发展规划及战略性新兴产业发展规划，在重点产业（行业）、核心领域和关键环节实施人才支撑工程。采取“市场化配置＋行政调配”等措施，推动人才向重点产业集聚。实施“专业技术人才知识更新工程”，开展大规模知识更新继续教育，每年培训4万名左右高层次、急需紧缺人才和骨干人才，到2020年共培训40万人左右。加快行业人才专业结构、层次结构和布局结构调整，围绕产业链构筑人才链，在各大重点产业特别是战略性新兴产业及其主要分布区域，形成集约程度高、规模效益好、专业特色新、辐射带动强的产业人才高地，支撑产业发展。

3．实施社会事业人才提升工程。适应社会事业发展和构建和谐四川的需要，以提升人才能力素质为重点，在公共管理、教育、医疗卫生、文化艺术、体育、哲学社科、社会工作等领域实施社会事业人才提升工程，通过提升人才提高社会事业发展水平。

三、统筹推进人才发展

（一）统筹发展公有制与非公有制组织人才

坚持平等对待、一视同仁的原则，促进公有制组织与非公有制组织人才协调发展。适应非公有制经济快速发展的需要，大力加强非公有制组织人才队伍建设，把非公有制经济组织和社会组织人才开发纳入各级政府人才规划，制定加强非公有制经济组织和社会组织人才队伍建设意见。政府在人才培养、吸引、评价、使用等方面的各项政策和公共服务，非公有制经济组织和社会组织人才平等享受。政府支持人才创新创业的资金、项目、信息等公共资源，向非公有制经济组织和社会组织人才平等开放。政府开展人才宣传、表彰、奖励等活动，非公有制经济组织和社会组织人才平等参与。加强对非公有制经济组织和社会组织人才开发工作的指导，积极引导高校毕业生到非公有制经济组织和社会组织就业，不断壮大“非公”人才队伍。加强党外知识分子和女性人才队伍建设。

（二）统筹开发城乡各类人才

坚持统筹城乡发展的理念，构建人才发展“城乡互动”格局，推动城乡人才一体化。围绕新农村建设总体规划，抓住农村人才发展的薄弱环节，采取“以城带乡”、政府引导、利益联结、政策激励等措施，大力引导城镇人才服务“三农”。深入实施“科技特派员”、“科技进村入户”、“帮扶农民专业合作社”、“万名干部下基层”等项目，大力开展“人才进村行动”，提高科技助农兴农水平。深化农业高校、涉农科研院所与地方的合作，在全省农村建立一大批有特色、有实力的“农业专家大院”。推广“乡土人才超市”，大力整合农村人才资源，采取组织化、专业化、市场化的方式开展惠农助农服务。实施“业主引进计划”，鼓励城镇创业人才携带技术和资本，到农村创业兴业，发展现代、特色农业。实施“万名医师支援农村卫生工程”，推进乡村卫生人才队伍建设。

推动高校毕业生到农村就业服务。统筹选调生工作、“一村（社区）一名大学生干部计划”、“三支一扶”计划、“农村义务教育学校教师特设岗位计划”、“大学生志愿服务西部计划”等各类引导大学生到基层服务、创业的项目和政策，完善大学生服务农村的长效机制。到2020年，实现全省平均每个村有3名以上高校毕业生。

大力发展劳务经济。继续开展大规模劳务培训，加快劳务输出由体力型向技能型智能型转变。持续实施“千万农民工培训工程”、农村劳动力转移“阳光培训”、省内企业在岗农民工培训、劳务扶贫培训等项目，搞好农村“五匠”、“特色工艺人才”培训、认证。健全农民工公共服务体系，大力发展外派劳务基地和专业培训基地，实现农民工的长期稳定输出。全面推进川建工等劳务品牌经营战略，进一步提升我省劳务的市场竞争力。

（三）统筹建设不同类型地区人才

坚持整体推进、差异化发展的思路，大力加强灾区、边远贫困地区、民族地区和革命老区人才建设，推动不同类区人才和谐发展。围绕地震灾区发展振兴的人才需求，实施“灾区急需紧缺人才培训计划”，提高灾区现有人才的能力素质。实行特殊优惠政策，帮助灾区引进一批产业发展和社会管理急需人才，为灾区发展振兴提供人才支撑。坚持培养、引进、稳定并重的思路，以民族文化、旅游和特色产业人才为重点，深入实施“民族地区人才振兴行动”、“藏区急需紧缺专业技术骨干人才培养计划”、“民族地区免费职业教育行动计划”和“民族地区医疗卫生人才队伍建设专项行动”等项目，加快民族地区人才建设。探索建立省内相对发达地区对老、少、边、贫地区的人才定向帮扶长效机制，实施“边远贫困地区人才援助计划”，持续开展干部、人才定点扶贫、援州援藏工作，建立一批专家服务基地，依托技术推广项目培养、集聚人才。逐年加大民族地区、革命老区和边远贫困地区人才开发投入，加强人才培训基地建设，大力开发少数民族人才和革命老区、贫困地区本土人才。

（四）统筹使用省内省外人才资源

坚持开放理念和国际化视野，强化人才区域合作，广泛吸引、整合利用省内外各种人才、智力资源，提高人才开发开放度，推进人才发展国际化。加强与援建省之间的人才开发省际合作，创新合作机制，扩大合作领域，提高合作水平，实现人才和智力资源开放共享，推进区域人才一体化，构建优势互补的区域人才发展格局。根据成渝经济区的总体规划，以“一极一轴一区块”为依托加快人才资源集聚，构建成渝人才富集区。积极争取国家和东部的人才对口支持，以人才支持带动资金、项目支持。

扩大人才发展对外开放。搭建人才发展国际交流合作平台，加大与国外政府、企业、民间组织等机构的合作力度，拓宽参与国际人才交流与合作的渠道。加强与海外著名高校、跨国公司、人才中介机构等在人才培养、引进上的合作，加大优秀人才赴海外培训力度，提高人才培养的国际化水平。鼓励省内优势企业、高校、科研院所与国（境）外高水平的相关机构建立联合研发基地，支持省内优势企业设立海外研发机构。加快培育我省的外向型人才中介服务机构，支持其做大做强，充分发挥其桥梁纽带作用。

四、优化人才发展环境

（一）优化事业环境

紧贴经济建设和社会事业发展，加强基础设施建设，打造四大“人才基地”，搭建人才发展事业平台，拓展人才创新创业空间，释放人才潜能，发挥人才作用，提高人才效能。

1. 打造科技创新人才基地。围绕建设西部最大的高新技术产业密集区、中国特色军民融合示范城市和国家重要的科技自主创新型区域、科技创新产业化基地，加快自主创新基础平台建设，新增一批省部级以上重点学科、重点实验室、博士后科研流动（工作）站、工程技术中心和企业技术中心；加强公共研究实验基地、大型科学仪器设备共享平台、科技数据共享平台、知识产权（专利）信息公共服务平台等科技服务基础平台建设，构建有特色、有实力、充分开放、国内领先、国际先进的科技发展体系。

以自主创新和科技服务平台为依托，组建一批关键技术创新团队，建成一批高水平的科技创新人才基地，取得一批关键技术突破和自主知识产权，创造一批优势产品，壮大一批高新技术产业。到2020年，重点打造科技创新人才基地100个，支持科技创新团队200个。

2. 打造发展创业人才基地。根据建设重要战略资源开发基地、现代加工制造基地、科技创新产业化基地、农产品深加工基地总体规划，充分利用国家、省的产业发展政策，以高新技术开发区、经济技术开发区、留学回国人员创业园、高校创业园、高校毕业生创业园等各类产业园区为重点，建设一批创业人才发展平台。

以创业人才发展平台为依托，加快创业人才集聚。实施“创业能力提升计划”，每年开展创业培训4万人次以上，推动全民创业。实施“人才创业促进计划”，以高校毕业生为重点，遴选一批“创新创业苗子”进行重点帮扶，促使创业人才大量涌现。实施“中小型科技企业扶持计划”，推动科技成果转化，培育一支科技型创业人才队伍，推动企业做强做大。2020年前，重点打造创业人才基地100个，重点支持创业团队1000个。

3. 打造技能创优人才基地。围绕推进新型工业化、发展现代服务业，建设一批企业技能创优中心，完善企业技术创新体系和新技能推广体系，搭建技能人才创优平台。实施“技能人才公共实训和培训基地建设计划”，到2020年，依托大型骨干企业、示范性高等职业院校、技师学院、重点技工学校，建设30个左右公共实训基地、100个高技能人才培训基地，形成覆盖全省的公共培训鉴定服务网络，搭建技能人才成长平台。

依托技能人才创优平台，支持技能革新人才团队开展共性、关键、平台技术联合攻关和技能推广，推动实施一批重大工艺革新和技术改造项目，取得一批突破性技能创优成果。依托技能人才成长平台，深入实施“职业教育攻坚计划”、“新技师培养带动计划”、“国家技能资格导航计划”等，全面推进国家职业教育综合改革试验区建设，加快技能人才开发步伐。到2020年，全省高、中、初级技能劳动者的比例调整为28:40:32。

4．打造农村创富人才基地。根据推进农业现代化、建设西部农产品深加工基地的总体规划，加快现代农业产业基地、新农村建设示范片、优势特色农产品科技示范基地建设，集中力量打造一批农村人才创富平台。加快构建开放型、多功能、多元化的农业职业教育体系，全面整合农村教育培训资源，建设一批国家级和省级星火培训基地。

依托农村人才创富平台，结合实施国家“现代农业人才支撑计划”，实施“农村致富带头人扶持行动”，到2020年，帮扶10万名农村人才和返乡农民工带头致富。持续实施农民专业合作经济组织“千点示范”工程，推动实施一批大型农牧业生产项目和现代农业开发项目，造就3万名农民企业家和龙头企业业主、10万名运销经纪人，推动农村经济发展和新农村建设。实施“现代农业人才支撑计划”，继续开展青年农民科技培训、绿色证书培训、新型农民科技培训等项目，帮助广大农民成才、致富。

（二）优化体制机制和政策环境

紧紧抓住为培养、引进、使用人才创造良好条件和激励现有人才最大限度发挥作用两个关键环节，进一步解放思想，加快人才体制机制改革和政策创新步伐，营造有利于人才成长、干事创业的体制机制和政策环境。

1．完善人才培养政策机制。建立与经济社会发展需求相适应的人才培养结构动态调整机制，优化教育布局和学科专业结构，实现人才培养“供需衔接”。创新人才培养模式，注重思想道德建设，突出创新精神和创新能力培养，建立学校教育与社会实践锻炼相结合、国内培养与国际交流合作相结合的开放式人才培养体系。制定高层次领军型人才培养办法，加快培养高端人才。制定在职人员继续教育培训办法，加强公共职业培训体系建设，构建网络化、开放式、自主性和分类、分层的继续教育体系，倡导用人单位鼓励员工参加提升学历层次的学历教育，实行与职称评聘、职务晋升、职业资格挂钩的人才终身培训制度，建设学习型社会。实行均等的人才培训政策，加强对基层公务员、专业技术人员等基层人才的培训。

2．完善人才引进政策机制。制定高层次领军型人才引进办法，面向国内外大力引进能够突破关键技术、发展尖端产业、推动优势产业做强做大的战略科学家和学术技术带头人、科技领军人才、创业人才及团队，在科研经费、科研项目、创业启动资金、土地、财政金融等方面给予政策优惠和资助。完善“柔性引才”和智力引进促进办法，落实来川工作国内外人才的户籍、出入境、居留、税收、保险、住房、子女入学、申报科技项目和经费资助、参评专家和政府奖励等优惠政策。建立海外高层次人才特聘专家制度，搭建引进省外、国（境）外人才和智力资源信息共享平台。对企业、事业单位引进急需紧缺人才给予政策支持。探索“以才引才”新方式，鼓励支持省内外专家、企业家、留学回国人员及中介机构，向用人单位推荐我省发展急需、紧缺的高层次人才。

完善特聘（设）岗位制度，支持企业、事业单位面向国内外引进高层次人才。拓宽引才留才渠道，积极引进省内外离退休专家、高校优秀毕业生来川工作、服务，营造人才流入的“洼地”。

3．完善人才评价政策机制。紧扣用人单位发展需求，建立以岗位职责为基础，以能力业绩为导向，充分体现人才价值，科学化、社会化的人才评价机制。完善各类人才能力素质评价标准。规范专业技术人员职业资格准入制度，发展专业技术人员职业水平评价制度，完善专业技术职称评价制度。完善以任期目标为依据、业绩为中心的国有企业领导人员考核评价办法。探索建立技能人才多元评价机制，逐步完善社会化职业技能鉴定、企业技能人才评价、院校职业资格认证和专项职业能力考核办法。探索建立体现科学发展观要求的党政领导班子和领导干部考核评价办法。制定以致富能力和带动成效为核心的农村实用人才评价办法。发展人才评价社会中介组织，健全第三方评价机制。

4．完善人才使用政策机制。完善人才选用制度。深化干部人事制度改革，提高选人用人公信度。扩大干部工作中的民主，加大竞争性选拔干部力度，规范干部选拔任用提名制，完善地方党委讨论决定任用重要干部票决制，推进干部任职跨部门、跨地区、跨行业交流。建立健全公务员职位分类制度，建立聘任制公务员管理制度。全面推行事业单位聘用制和岗位设置管理制度，实行事业单位公开招聘制度。在人才选拔使用中加强对实践能力和科研成果转化等方面的考察，克服用人单纯追求学历的倾向。健全国有企业出资人代表选任制度，建立完善职业经理人制度，扩大市场化选拔、契约化管理经营管理人才的范围。采取多种方式引导农村实用人才带头人在带动群众致富、参与基层社会事务管理等方面发挥作用。

鼓励科技人才潜心创新。克服人才管理中存在的行政化、“官本位”倾向。在高校、科研机构中实行符合专业技术人员和管理人员不同特点的职业发展政策，使科研人员在科技创新中成就事业并享有相应社会地位和经济待遇，对管理人员实行职员制度。扩大科研机构用人和科研经费使用自主权，改变以行政权力决定资源配置和学术发展的决策方式。改进科研任务考核评价方式，克服过于频繁、过度量化、项目周期过短等倾向。实施与现代科研院所制度、现代大学制度和公共医疗卫生制度相适应的人才管理制度。完善政府科技计划和科技项目经费管理办法，对长线课题和优秀团队给予长期稳定的支持。注重发挥离退休人才作用。

实行人才创业扶持政策。建立以企业为主体、多种形式的产学研战略联盟，完善人才智力转化促进政策。制定知识产权质押融资、无形资产作价入股、创业贷款等办法，落实扶持创业风险投资基金、促进科技成果转化和技术转移的税收、贴息等优惠政策，加强对创业人才的金融服务。加大对各类创业孵化器的投入，建立创业服务网络，提高服务水平。

5．完善人才流动政策机制。破除人才流动的体制性障碍，建立政府宏观调控、市场主体公平竞争、中介组织提供服务、人才自主择业的人才流动配置机制。建立城乡统一的户口登记制度，完善户口迁移政策。完善落实人才“柔性流动”政策，积极引导军工等中央在川单位人才和智力向地方流动，党政机关、科研院所和高校人才向企业、社会组织和基层一线流动，城市人才向农村、发达地区人才向民族地区和边远贫困地区流动。完善党政人才、企业经营管理人才和专业技术人才交流制度，扩大交流任职范围，促进三支队伍之间的相互融通。加快成德绵、川南、攀西人才开发一体化进程，搭建人才和智力共享平台，促进区域人才和智力融通。完善人才安全制度，对涉及国家安全、商业秘密、核心技术的关键人才，实行重点保护。

6．完善人才激励政策机制。深化收入分配制度改革，建立以业绩为导向的人才激励机制。除对能实现重大产业和重大技术突破的人才根据项目实施需要可给予事先资助外，政府奖励应更多地依据其取得的成果实施事后奖励。推动党政机关和国有企事业单位收入分配的统筹协调，稳步推进工资制度改革。制定高层次领军型人才创新创业激励办法。建立产权激励制度，探索知识、技术、管理等生产要素按贡献参与分配的办法。健全国有企业人才激励机制，推行期权股权等中长期激励办法。贯彻落实事业单位岗位绩效工资制度。探索高层次人才、高技能人才年薪制、协议工资制和项目工资制等多种分配方式。完善优秀人才奖励制度，构建主体多元的人才奖励体系。实施知识性财产保护政策，完善政府资助开发的科研成果权利归属和利益分享机制，提高主要发明人对职务发明的受益比例，制定职务发明人流动中的利益共享办法；加大政府对个人和中小企业进行发明创造的资助力度，建立非职务发明评价体系，鼓励创造知识性财产。完善知识产权工作体系，加大知识产权宣传普及和执法保护力度。

7．完善人才保障政策机制。完善社会养老、医疗保障体系，制定完善不同地区间人员流动中的社会保险关系转移接续办法，完善党政机关人才向企业、事业单位流动的社会保险衔接办法。支持用人单位为有突出贡献的人才建立补充养老、医疗保险，逐步形成社会基本保险和补充保险相结合的人才保障体系。落实农村、非公有制经济组织和社会组织等各方面人才的社会保障。在政府保障性住房建设中，优先解决青年科研人员的住房问题。完善人事劳动争议仲裁制度，依法保障各类人才合法权益。

8．完善人才投入政策机制。逐步调整经济社会发展的要素投入结构，加大人才投入力度，推动人才优先发展。完善政府人才投入管理政策，整合各种人才开发资金，提高人才投资效益。加大对民族地区、边远贫困地区、革命老区人才发展的财政支持力度。创新人才投入机制，鼓励和支持企业、社会组织建立人才发展基金；积极争取用于人才开发的国债资金项目和基础设施投入资金，利用国家政策性银行贷款、国际金融组织和外国政府贷款投资于人才开发项目；落实中央有关财政税收政策，提高企业职工培训经费的提取比例；落实税收、贴息等优惠政策，鼓励用人单位和社会组织投资人才开发；在重大建设和科研项目经费中，应安排部分经费用于人才培训；在各类用人单位普遍实行在职学历教育和知识更新培训单位资助制度，引导个人投资自身发展。

（三）优化市场环境

1．加强人才市场体系建设。大力发展人才中介服务业。整合人才市场和劳动力市场，优化人才市场布局，健全人才市场体系。以政府所属人才服务机构为主体，做大做强综合性人才市场；以高校毕业生就业服务市场、高新技术人才市场、企业经营者人才市场、农村人才市场、劳务市场为重点，积极培育专业性、行业性人才市场；以四川省人才市场、成都市人才市场、宜宾市人才市场、攀西人才市场为龙头，大力发展辐射周边、带动力强的区域中心人才市场和国际人才市场；推进网络人才市场建设。大力吸引民间资金、外资投入人才市场，发展人才中介服务产业。加快与人才市场相关的技术交易、风险投资等市场建设。

完善人才市场管理制度。坚持管办分离、政事分开、公益性职能和经营性职能分开的原则，深化政府所属人才服务机构改革，打造人才交流的公共服务平台。严格人才中介服务机构市场准入制度，规范各类人才中介组织的服务行为，加强人才市场执法监管，加强人才中介行业协会建设，建立统一的行业标准，完善行业自律机制和诚信体系。

2．拓展人才市场服务功能。强化市场的供求、竞争、价格三大机制建设，健全专业化、信息化、产业化、国际化的人才市场服务体系，进一步发挥市场在人才配置中的基础性作用。明确政府所属人才市场和人才中介服务机构的功能定位，使其与民办中介服务机构相互补充。创新人事代理、人才派遣、人才测评、职业规划、猎头等服务内容和服务手段，大力开发人才服务新产品，延伸服务领域，提升人才市场和中介服务机构的服务能力、服务水平和市场竞争力。推行通用服务标准，规范服务流程，实施个性化服务，提高服务质量。推进人才服务业的开放合作，拓展国际人才服务领域。

3．加快人才信息化建设。加快推进人才电子信息平台建设。建立全省统一的人才发展公共信息平台和公共服务网络，并实现与其他公共服务信息平台的对接。建立人才供需信息采集发布制度，加强人才信息供需预测研判，定期发布人才市场信息和重点产业人才需求目录。

完善人才信息服务体系。整合人才信息资源，建立面向社会的人才档案管理及电子查询服务系统等人才信息公共服务平台，向社会组织和用人单位提供及时便捷、内容翔实、准确可靠的人才信息服务，构建多元有序、资源共享的人才信息服务体系。加强人才市场网络信息监管，建立人才信息安全保障制度。

五、强化保障措施

（一）完善领导体制

坚持党管人才原则，完善人才工作领导体制，构建统分结合、协调高效、优势互补、整体联动的人才工作格局，全面落实建设西部人才高地各项任务，推动人才发展规划的深入实施。

发挥各级党委在加快人才发展中的领导核心作用，统筹人才发展与经济社会发展，切实履行管宏观、管政策、管协调、管服务的职责，不断创新党管人才的方式方法，提高党管人才的工作水平，把各类人才集聚到全省改革发展各项事业中来。各级人才工作领导小组要强化工作职能，完善工作管理制度，充分发挥领导作用，建立科学的决策机制、协调机制和督促落实机制，确保人才工作各项部署的顺利推进。各地、各部门党政主要负责人要树立强烈的人才意识，善于发现人才、培养人才、团结人才、用好人才、服务人才。探索建立一批“人才优先发展试验区”，落实党管人才原则，探索创新人才管理和人才队伍建设的新制度、新模式、新经验。

（二）健全运行机制

健全党管人才运行机制，制定完善党管人才工作新格局的实施意见。进一步明确组织部门牵头抓总的职能范围，突出战略研究、总体规划、政策统筹、工程策划、重点人才和典型宣传等工作重点，创新牵头抓总的方式方法。按照权责统一、分类管理的原则，科学划分党政有关部门的人才工作职能，充分发挥其统筹本部门、本行业人才发展的作用，分工负责、协同推进各领域人才发展。

建立人才工作社会协作机制，加强对各类用人单位人才工作的引导，使其与政府总体人才战略相互衔接，形成加快人才发展的合力。充分发挥工、青、妇和科协等群团组织及各类专业社团、行业协会密切联系人才的作用，培养人才、团结人才、服务人才，形成政府引导、用人单位主导、社会广泛参与的人才发展新格局。

加快推进人才工作法制化进程，适时制定《人才开发促进条例》等人才工作地方性法规或政府规章，构建促进和保障人才发展的法规体系。

（三）建立考评体系

研究制定符合科学发展观要求的人才工作考核办法，完善党政“一把手”抓人才工作目标责任制，根据本地经济社会发展水平，合理提高各级党政领导班子综合考核指标体系中人才工作专项考核的权重。实行人才发展状况监测评估制度，建立与我省经济社会发展相适应的人才发展监测指标体系，将人才发展纳入经济社会发展统计体系，逐步开展市（州）和主要行业、系统人才发展状况定期统计、公开发布工作，形成科学化、社会化的人才发展评价机制。

（四）夯实发展基础

加大人才发展专项资金投入力度，保障人才发展重大项目的实施。各级要加强人才工作机构建设，充实人才工作力量，保障人才工作经费。加强人才工作队伍建设，把政治强、业务精、作风实的优秀干部选拔到人才工作岗位上来，开展经常性的业务技能培训，不断提高人才工作者的理论水平和工作能力、创新能力。加强人才工作信息化建设。加强人才发展理论和政策研究。

各市（州）和省直各部门要把加快人才发展、贯彻落实人才发展规划纳入经济社会发展的总体安排，同时谋划、同时部署、同时落实。各市（州）、县（市、区）和有关部门要依据《规划纲要》，制定实施本地区、本系统、本行业人才发展规划，形成上下衔接配套的人才规划体系，并面向社会、面向人才、面向群众，广泛宣传人才发展规划，努力形成推动规划实施的浓厚氛围。研究制定人才规划任务分解方案，分年度制定实施计划，加强督促检查，搞好定期评估，总结推广典型经验，及时发现和解决存在的问题，确保规划各项任务落到实处。

贵州省中长期人才发展规划纲要
（2010—2020年）

按照省第十次党代会关于“大力实施人才强省战略”的总体要求，着眼于为实现全省经济社会又好又快、更好更快发展提供强有力的人才支撑，根据《国家中长期人才发展规划纲要（2010—2020年）》，制定本纲要。

序言

人才是指具有一定的专业知识或专门技能，进行创造性劳动并对社会做出贡献的人，是人力资源中能力和素质较高的劳动者，是经济社会发展的第一资源。

当今世界正处在大发展大变革大调整时期。世界多极化、经济全球化深入发展，科技进步日新月异，知识经济方兴未艾，加快人才发展是在激烈的国际竞争中赢得主动的重大战略选择。我国正处在全面建设小康社会的关键时期，深入贯彻落实科学发展观，全面推进经济建设、政治建设、文化建设、社会建设以及生态文明建设，全面建设小康社会，实现中华民族伟大复兴，人才是关键。一个地区要深化改革开放，推进科学发展，保障和改善民生，实现全面建设小康社会的奋斗目标，必须培养造就宏大的人才队伍，以人才为基础，靠人才来推动。

省委、省政府始终高度重视人才工作，特别是进入新世纪新阶段提出并大力实施人才强省战略，全省人才发展取得了显著成就。科学人才观初步确立，人才政策不断完善，人才在经济社会发展中的战略地位明显提升；各类人才队伍不断壮大，素质明显提高；人才成长环境加快改善，人才工作体制机制不断创新，党管人才工作新格局基本形成。但必须看到，我省人才总量较小，整体素质不高，人才结构不合理，高层次创新型人才紧缺，人才公共服务体系建设滞后，人才资源开发投入不足，人才发展总体水平与全国平均水平相比还有较大差距，与经济社会发展需要还不相适应。

进入“十二五”时期，既是我省可以紧紧抓住并且大有作为的战略机遇期，又是我省实现经济社会发展历史性跨越、全面建设小康社会的加速期，更是我省调整经济结构、转变发展方式的攻坚期。大力实施工业强省战略和城镇化带动战略，加快发展壮大特色优势产业，加快推进交通、水利等基础设施建设，发展科技教育，促进文化繁荣，建设生态文明，加快解决“三农”问题，改善和保障民生，必须大力实施人才强省战略，坚持把人才发展作为经济社会又好又快、更好更快发展的决定性因素和首要推动力，切实增强人才工作的责任感、使命感和紧迫感，坚定不移地走人才强省之路，科学规划，开拓创新，重点突破，整体推进，努力开创人才工作和人才队伍建设的新局面。

一、指导思想、基本原则、战略目标和总体部署

（一）指导思想

以邓小平理论和“三个代表”重要思想为指导，深入贯彻落实科学发展观，坚持“服务发展、人才优先，以用为本、

创新机制，高端引领、整体开发”的指导方针，坚持党管人才原则，围绕加速发展、加快转型、推动跨越的主基调，大力实施人才强省战略。遵循市场经济规律和人才发展规律，尊重劳动、尊重知识、尊重人才、尊重创造，着力抓好人才培养、引进、使用三个关键环节，优化人才发展环境，夯实人才发展基础，完善人才发展政策，创新人才发展体制机制，统筹推进人才队伍建设。进一步解放思想，解放人才，解放科技生产力，激发人才活力，最大限度地鼓励人才干事创业，充分发挥人才的基础性、战略性和决定性作用，为加快推进全面小康社会建设、实现经济社会发展历史性跨越奠定坚实的人才基础。

（二）基本原则

1．坚持党管人才原则。加强党对人才工作的统一领导，充分发挥党委组织部门牵头抓总和政府人力资源管理部门综合管理的作用，整合各种资源，统筹各方力量，调动全社会积极性，聚集人才发展合力，推进人才工作协调发展，形成齐抓共管的人才工作新格局。

2．坚持以用为本原则。把用好人才作为人才工作的中心环节，科学合理配置人才，优先开发人才资源，优先调整人才结构，搭建人才干事创业平台，营造人才成长良好环境，充分发挥人才作用，实现人才价值，以人才优先发展促进经济社会又好又快、更好更快发展和人的全面发展。

3．坚持改革创新原则。以改革创新为动力，破除人才成长、人才发挥作用的体制机制障碍，引入市场竞争理念，创新人才开发机制，完善人才发展政策，促进人才合理流动，最大限度地激发各类人才的创新激情、创造活力和创业动力。

4．坚持重点带动原则。紧紧围绕加快推进工业化和城镇化进程，实现经济社会又好又快、更好更快发展对人才的需求，以高层次人才、高技能人才和农村实用人才为重点，大力开发重点领域、重点产业、重点学科、重点项目急需人才，拓宽人才开发渠道，带动各类人才资源整体开发，不断扩大人才总量，提升人才队伍素质。

（三）战略目标

到2020年，培养和造就数量充足、结构合理、素质优良、富有创新活力，适应经济社会又好又快、更好更快发展需要的人才队伍，力争全省人才发展的各项主要指标接近全国平均水平。

——人才资源总量较快增长。人才资源总量从现在的197.59万人增加到310万人，增长56.9%，人才资源占人力资源总量的比重提高到13%，基本满足全省经济社会发展需要。

——人才素质明显提高。主要劳动年龄人口受过高等教育的比例达到18%；每万劳动力中研发人员达38人年，高技能人才占技能劳动者的比例达到27.78%。

——人才结构逐步趋于合理。全省重点领域、重点产业、重点学科人才，高层次创新型人才和应用开发型人才，少数民族地区、边远地区和农村人才明显增加。人才的分布和层次、类型、性别等结构趋于合理。

——人才竞争优势逐步增强。在交通、水利、农业、能源、原材料及新材料、装备制造、航空航天、电子信息、生物技术、特色食品、城镇发展、金融贸易、旅游、宣传文化、社会发展、生态建设和环境保护等经济社会发展重点领域建成200个左右人才基地，形成150个创新能力较强的人才团队，人才规模效益显著提高。

——人才使用效能显著提高。人才发展体制机制创新取得突破性进展，人才辈出、人尽其才的环境基本形成。人力资本投资占生产总值的比例达到18.5%，人力资本对经济增长贡献率达到30%，人才贡献率达到32%。

（四）战略部署

一是加强和改进党对人才工作的领导，创新党管人才的方式方法，为人才发展提供组织保证。二是人才投入优先保证，人才资本优先积累，建立健全多元化的人才投入机制。三是加强人才资源能力建设，创新人才培养模式，注重思想道德建设，注重创新精神和创新能力培养，大幅度提升人才队伍的整体素质。四是充分发挥市场配置人才资源的基础性作用，改善宏观调控，调整优化人才结构，促进人才结构与经济社会发展相协调。五是坚持突出重点，整体推进，着力加大高层次人才和急需紧缺人才的培养、引进力度，统筹推进各类人才队伍建设，不断扩大人才总量。六是坚持以用为本，充分发挥人才的作用，切实提升人才的使用效率。七是创新人才工作体制机制，完善人才政策措施，加强人才公共服务体系建设，加快人才法制化建设，努力营造充满活力、富有效率、更加开放的制度环境。

加快推进人才发展要科学规划，统筹兼顾，分步实施。到2015年，重点在完善人才发展政策和人才发展体制机制创新上有新突破；到2020年，全面落实各项任务，确保人才发展战略目标的实现。

二、人才队伍建设的主要任务

（一）加快重点领域人才队伍建设

1．加快重点产业人才队伍建设

发展目标：以提升产业竞争力、推进新型工业化为核心，以重点产业急需紧缺专业人才为重点，加快电力、煤炭、冶金、有色、化工、装备制造、烟酒以及食品、药品等优势工业、战略性新兴产业、现代农业、旅游业、金融、物流等现代服务业和文化产业等重点产业人才开发。到2015年，全省重点产业人才达到18万人，并建立一批重点产业人才基地；2020年，重点产业人才达到30万人，人才整体素质显著提升，人才与重点产业发展基本相适应。

主要举措：适应重点产业发展的需要，加大高层次人才和急需紧缺人才的开发力度。整合各种资源，着力打造一批重点产业人才基地。以实施重点产业、重点行业、重点项目人才队伍建设工程为龙头，充分发挥企业集聚人才、培养人才、使用人才的主体地位和积极作用，加快人才集聚，形成一批人才团队。大力推进产学研结合，加大急需紧缺人才培养和引进力度。充分利用高等学校、科研院所培养重点产业急需人才，积极采用岗位培训和实践锻炼等方式，加快重点产业人才成长。研究制定加快重点产业人才发展的政策措施，促进重点产业人才合理分布、优化配置。

2．加快城镇发展领域人才队伍建设

发展目标：适应实施城镇化带动战略、推进城镇化进程的需要，加大城镇规划、城镇建设和城镇管理人才开发力度。到2015年，城镇发展领域人才队伍达到4.2万人；2020年，达到6.2万人，整体素质明显提升。

主要举措：加强省内高等学校城市规划、建设和管理相关学科建设，大力发展研究生教育，夯实城镇发展人才基础，提高城镇发展人才培养水平。加大城镇规划、建设和管理人才培训力度，每年选派一批专业技术人才到国内外知名大学学习和到发达地区城市挂职锻炼，培养造就一批城镇规划、建设和管理专家。坚持引才引智并举，加快引进一批国内外城市规划、建设和管理领域的优秀人才。

3．加快基础设施领域人才队伍建设

发展目标：以提高专业技术水平和经营管理能力为核心，加强交通、水利、通信等基础设施领域人才队伍建设。到2015年，全省基础设施建设领域人才达到3.3万人；2020年，达到5万人，人才的整体素质大幅度提升。

主要举措：坚持培养与引进相结合，加快基础设施领域高层次、急需紧缺人才成长。加强基础设施领域重大项目研究，建立基础设施建设重大项目人才培养机制，安排专项经费用于人才开发培训。建立和完善交流合作研究机制，每年在基础设施领域选派一批人才到国内外知名高等学校和科研院所学习培训。在基础设施领域加强人才基地建设，建立基础设施领域高级人才库。

4．加快生态建设和环境保护领域人才队伍建设

发展目标：适应实施可持续发展战略的需要，加大生态建设、资源综合利用、环保产业发展和节能减排、污染防治等领域人才队伍建设。到2015年，全省生态建设和环境保护人才达到1.5万人；2020年，达到2.1万人，为推进生态文明建设提供有力支撑。

主要举措：加强高等学校生态建设和环境保护相关学科建设，扩大人才培养规模。结合石漠化治理、天然林保护、退耕还林等工程的实施，加强人才培养和实践锻炼。加大生态建设和环境保护规划、建设和管理人才的培训力度，每年选派一批人才到高等学校、科研院所学习培训。加快人才基地建设步伐，积极引进资源综合开发利用、环保、节能减排和城镇污染防治等方面的高层次人才。

5．加快社会发展领域人才队伍建设

发展目标：适应以保障民生为重点的社会发展需要，加大社会发展重点领域专门人才开发力度。在教育、医疗卫生、政法、宣传文化、人口计生、社会保障、防灾减灾等领域建设一批人才基地，大力培养律师、会计师、评估师等社会发展领域专业人才。到2015年，全省社会发展领域人才达到64万人；到2020年，达到80万人，社会发展领域所需各类人才得到基本满足，整体素质明显提升。

主要举措：研究制定社会发展重点领域人才发展规划，在教育、医疗卫生等领域实施一批人才工程，继续抓好我省宣传文化系统“四个一批”人才培养工程，大力加强哲学社会科学、新闻、出版、文艺等领域高层次人才队伍建设。依托重大社会科学理论研究工程，培养哲学社会科学学术带头人和中青年理论人才。制定出台相关政策措施，加快推进教育、卫生人才和金融人才、政法人才的培养，重点引进我省经济社会发展急需的金融管理人才。建立重点领域相关部门人才开发协调机制，完善人才分配激励办法，积极鼓励和吸引各类优秀人才到社会发展重点领域工作。

（二）优先开发创新型科技人才

发展目标：以提高科技自主创新能力为核心，以高层次创新型科技人才和优秀青年科技人才为重点，努力培养一大批创新型科技人才，造就一批在国内外有一定影响的科技领军人才和创新团队。到2015年，全省研发人员达到7万人年，高层次创新型科技人才达到700人左右；到2020年，研发人员总量达到10万人年，高层次创新型科技人才达到1000人左右。

主要举措：研究制定加强创新型科技人才队伍建设的政策措施，完善创新型科技人才和优秀青年科技人才培养体系。依托国家重大科研项目、重大工程项目、重点学科、重点科研基地、重要企业技术中心，建设一批高层次创新型科技人才培养基地。深入实施高层次创新型科技人才培养工程和高层次人才引进工程，加强领军人才、核心技术开发人才培养和创新团队建设。充分利用高新技术开发区、经济技术开发区、留学人员创业园、高等院校、重点企业、重点研究机构、重点实验室吸引和聚集人才，加快培养一批在国内具有领先水平的技术专家，培养一批掌握核心技术、关键技术和共性技术的工程技术人才。完善人才“柔性”引进机制，加大力度引进国内外高端人才和智力。深化科技体制改革，完善权责明确、评价科学、创新引导的科技管理制度，健全有利于科技人才创新创业的评价、使用、激励措施，进一步解放和发展科技生产力。

（三）统筹推进各类人才队伍建设

1．党政人才队伍

发展目标：按照加强党的执政能力建设和先进性建设的要求，以提高领导水平和执政能力为核心，以县处级以上党政领导人才为重点，建设一支政治坚定、勇于创新、勤政廉洁、求真务实、奋发有为、善于推动科学发展、促进社会和谐的高素质党政人才队伍。到2015年，全省党政人才总量达到19万人，力争具有大学本科及以上学历的占70%；到2020年，党政人才总量达到20万人，具有大学本科及以上学历的占85%，专业化水平明显提高，结构更加合理，总量从严控制。

主要举措：按照适应科学发展要求和干部成长规律，开展大规模干部教育培训。实施党政人才素质提升工程，构建理论教育、知识教育、党性教育和实践锻炼“四位一体”的干部培养教育体系，着力建设团结、实干、勤奋、廉洁的领导班子，重点提高各级领导班子和领导干部谋划发展、统筹发展、优化发展、推动发展的本领和抓好群众工作、公共服务、社会管理、维护稳定的能力。坚持德才兼备、以德为先的用人标准，树立坚定信念、注重品行、科学发展、崇尚实干、重视基层、鼓励创新、群众公认的用人导向，扩大选人用人民主，完善公开选拔、竞争上岗等竞争性选拔干部方式，促进优秀人才脱颖而出，把懂发展、会发展、敢发展的优秀干部选拔到各级领导岗位上来。加强后备干部队伍建设，注重从基层一线选拔党政人才。加强女干部、少数民族干部、非中共党员干部培养选拔和教育培训工作。建立和完善推动科学发展的干部综合考核评

价机制，加强工作业绩考核，充分发挥干部考核对促进科学发展的导向作用、评价作用和监督作用。加大干部交流力度，畅通干部交流渠道，完善干部交流的配套政策，形成干部交流的长效机制。加强干部监督管理，促进党政人才健康发展。

2．企业经营管理人才队伍

发展目标：根据大力实施工业强省战略以及推进企业改革发展和产业结构优化升级的需要，以提高现代经营管理水平和企业竞争力为核心，以优秀企业家和职业经理人为重点，加快推进企业经营管理人才职业化、市场化、专业化和国际化，培养造就一支高素质的企业经营管理人才队伍。到2015年，全省企业经营管理人才总量达到25万人，新任职国有企业领导人员通过竞争性方式选聘的比例达到1/3左右。到2020年，企业经营管理人才总量达到35万人，新任职国有企业领导人员通过竞争性方式选聘的比例达到50%以上。

主要举措：积极实施优秀企业家培养工程和国家中小企业银河培训工程，依托国内外知名企业、高等院校和培训机构，加强企业经营管理人才培训。加强党政机关、高等院校、企业合作培养经营管理人才的力度，建设经营管理人才培训基地。采取组织选拔与市场化选聘相结合的方式选拔国有企业领导人员，健全企业经营管理者聘任制、任期制和任期目标责任制，实行契约化管理。完善以市场和出资人认可为核心的企业经营管理人才评价体系，积极发展社会化的企业经营管理人才评价机构，加强职业经理人认证工作的规范化管理。完善年薪制、协议工资制和期权股权激励制度。建立企业经营管理人才库。培育和引进一批科技创新企业家和企业发展急需的战略规划、资本运作、科技管理、项目管理等方面专门人才。

3．专业技术人才队伍

发展目标：以提高专业水平和创新能力为核心，以高层次创新型科技人才和紧缺人才为重点，建设一支素质优良、结构合理的专业技术人才队伍。到2015年，全省专业技术人才总量达到87万人，高级、中级、初级专业技术人才比例达到7:38:55；2020年达到105万人，高级、中级、初级专业技术人才比例达到10:40:50。

主要举措：进一步创新专业技术人才培养模式，扩大专业技术人才培养规模，提高专业技术人才创新能力；构建分层分类的继续教育体系，着力抓好重点产业、重点行业、重点领域和重点学科专业技术人才继续教育。配合实施国家专业技术人才系列培养工程，大力实施我省“四个一”人才工程和高层次创新型科技人才培养工程，加快高层次专业技术人才成长，着眼于发展特色优势产业、现代制造业、现代服务业和战略性新兴产业，加快开发培养高层次专业技术人才和急需紧缺专业人才。综合运用政府宏观调控和市场配置手段，推进专业技术人才结构调整。制定双向挂职、短期工作、项目合作等灵活多样的人才柔性流动政策，鼓励和引导党政机关、科研院所和高等学校专业技术人才向企业、非公经济组织、社会组织和基层一线流动，促进专业技术人才队伍合理分布。统筹推进专业技术职称和职业资格制度改革。进一步完善政府特殊津贴制度，改进专业技术人才收入分配等激励办法。建立和完善人才引进“绿色通道”，重点引进经济社会发展所需的高层次创新型科技人才和其他急需紧缺人才。改善基层专业技术人才工作、生活条件，积极搭建专业技术人才施展才能的平台和载体，拓展发展空间。注重发挥离退休专业技术人才的作用。

4．技能人才队伍

发展目标：适应加快推进新型工业化和产业结构优化升级的需要，以提升职业素质和职业技能为核心，以技师和高级技师为重点，建设一支数量充足、结构合理、技艺较高的技能人才队伍。到2015年，全省技能人才总量达到71万人，其中高技能人才占25.35%；到2020年，技能人才总量达到90万人，其中高技能人才占27.78%。

主要举措：按照“国家技能人才振兴计划”的要求，大力实施好我省高技能人才开发工程。完善以企业为主体、职业技术院校为基础、学校教育与企业培养密切联系、政府推动和社会支持紧密结合的技能人才培养培训体系。依托骨干企业、高等学校、职业院校和其他各类培训机构，建设一批国家级、省级示范性高技能人才培养基地。加强“双师型”教师队伍建设，在职业教育中推行学历证书和职业资格证书“双证书”制度。逐步实行中等职业教育免费和学生生活补贴制度。改革职业教育办学模式，大力推行校企合作、工学结合和顶岗实习等培训方式。制定高技能人才与工程技术人才职业发展衔接办法。建立完善技能人才评价体系和评选表彰制度，开展“贵州省有突出贡献高技能人才”评选，继续推荐有突出贡献的高技能人才参加国务院和省政府特殊津贴评选。建立高技能人才绝技、绝活代际传承机制。广泛开展各种形式的职业技能竞赛和岗位练兵活动。

5．农村实用人才队伍

发展目标：围绕社会主义新农村建设和发展现代农业、繁荣农村经济的需要，以提高科技素质、职业技能和经营能力为核心，以农村实用人才带头人和农村生产经营型人才、技术推广人才为重点，着力建设一支适应农村经济社会发展需要的农村实用人才队伍。到2015年，全省农村实用人才达到48万人，每个行政村主要特色产业有1—2名示范带动能力强的带头人；2020年，达到60万人，每个行政村主要特色产业有2名以上示范带动能力强的带头人。

主要举措：充分发挥农村现代远程教育网络、文化信息资源共享工程网络、各类农民教育培训项目、农业技术推广体系、各类职业学校和培训机构的作用，大规模开展农村实用人才培训。整合现有培训项目，健全职业教育网络，配合国家实施好农村实用人才素质提升计划、新农村实用人才培训工程，重点实施好我省新型农民培养工程。鼓励和支持农村实用人才带头人牵头建立专业合作组织和专业技术协会，加快培养农业产业化发展急需的企业经营管理人才、农民专业合作组织带头人和农村经纪人。积极扶持农村实用人才创业兴业，在创业培训、项目审批、信贷发放、土地使用等方面给予政策支持。加大公共财政对农村实用人才开发的支持，重点加强农村发展急需的教师、医生、农业技术人员等方面人才培养。加大城乡人才对口扶持力度，推进城市医师支援农村卫生、城镇教师支援农村教育、社会工作者服务新农村建设、科技人才和文化人才下乡支农等工作。引导和鼓励高校毕业生到农村到基层就业，鼓励党政机关和企事业单位优秀年轻干部到农村任职。加大对农村实用人才的表彰和宣传力度。

6．社会工作人才队伍

发展目标：适应建设和谐贵州的需要，以中高级社会工作人才为重点，加快培养一支职业化、专业化的社会工作人才队伍。到2015年，全省社会工作人才达到4万人；2020年，达到8万人左右。

主要举措：加强社会工作学科体系建设，建立不同学历层次教育协调配套、专业培训和知识普及有机结合的社会工作人才培养体系，加快社会工作人才开发培养。建设一批社会工作人才培训基地，加强社会工作从业人员专业知识培训。制定社会工作培训质量评估指标体系，建立健全社会工作人才评价制度。制定社会工作者专业技术职务聘任规定，组织开展社会工作职业资格水平考试，推进社会工作者队伍职业化管理。加快制定社会工作岗位设置政策措施，推进公益服务类事业单位、城乡社区和公益类社会组织建设，加快社会工作岗位开发。组织实施社会工作服务组织标准化建设示范工程。研究制定加强社会工作人才队伍建设的意见，为社会工作人才加快成长、发挥作用创造良好环境。

三、人才发展重点工程

在积极配合国家实施创新人才推进计划、企业经营管理人才素质提升工程等人才发展计划、工程的同时，结合我省实际，实施12项人才发展重点工程。

（一）“四个一”人才工程

围绕全省经济社会又好又快、更好更快发展的需要，加快培养一支涵盖面较广、素质较高、层次较多的专家群体。到2020年，在全省培养选拔100名左右国内领先、国际上有一定影响的科学家、工程技术专家和社科专家，组成我省的核心专家群体；培养选拔1000名左右具有省内领先水平，在各学科、各技术领域有较高学术造诣和技术水平的学术、技术带头人，组成我省的省管专家群体；培养选拔一批在各学科和技术领域起骨干作用、具有发展潜力的学术技术人才，组成我省的骨干专家群体；培养选拔一大批适应经济社会发展需要的技能人才和农村实用人才，组成我省的基础人才群体。

（二）党政干部素质提升工程

围绕建设学习型社会的要求，以坚定理想信念、增强执政本领、提高领导科学发展的能力为重点，进一步完善党政干部培养计划及措施，扎实推进党政干部教育培训，扩大培训规模，大幅度提升素质，对全省县处级以上党政干部每5年轮训一遍。采取在职培训、轮岗交流、基层锻炼、承担急难险重任务等多形式、多渠道培训干部，培养造就一支政治坚定、勇于创新、勤政廉洁、求真务实、奋发有为的高素质党政人才队伍。

（三）优秀企业家培养工程

围绕提高我省企业核心竞争力，着力打造大企业大集团重点领军人才。到2020年，培养100名具有世界眼光、战略思维、创新精神和现代经营管理水平、能够引领企业参与国内外竞争的优秀企业家；培养500名熟悉战略规划、资本运作、人力资源管理、财会、法律等专业知识的企业家后备人才；培养1000名有较高专业素质、管理才能的职业经理人才。

（四）高层次创新型科技人才培养工程

围绕加快建设创新型社会的需要，以提高科技自主创新能力为核心，大力实施高层次创新型科技人才培养工程。到2020年，力争院士申报工作取得突破，培养选拔重点产业、重点学科带头人和科技领军人才100名左右、优秀青年科技人才培养对象300名左右，形成150个创新能力较强的人才团队。

（五）高技能人才开发工程

围绕新型工业化发展和产业结构调整的需要，以技师和高级技师为重点，大力实施高技能人才开发工程，建设一批国家级、省级示范性高技能人才培养基地。到2020年，培养选拔500名有突出贡献的高技能人才。

（六）新型农民培养工程

围绕建设社会主义新农村和加快发展现代农业的需要，实施新型农民培养工程，着力提升农村实用人才的素质。每两年选拔表彰100名具有突出贡献的农民企业家、农村特色产业示范带头人、科技种田能手、经纪人和能工巧匠。

（七）优秀教育人才培养工程

适应加快教育改革发展的需要，通过研修培训、学术交流、项目资助等方式，建设一支高素质、创新型教育人才队伍。到2020年重点培养5000名“双师型”教师、学术带头人和校长，在中小学校、职业院校、高等学校培养造就一批教学名师和学科带头人。

（八）全民健康卫生人才保障工程

适应深化医药卫生体制改革、保障全民健康的需要，加大卫生人才培养支持力度。到2020年，培养选拔一批医学学科骨干人才，给予科研专项经费支持；开展住院医师规范化培训工作，支持培养住院医师5000名；加强以全科医师为重点的基层卫生人才队伍建设，通过多种途径培训全科医师1万名，乡村医疗卫生人员1.5万名，提高基层卫生服务能力。统筹抓好城市社区卫生人才、疾病预防控制与妇幼保健人才、卫生监督人才、中医药人才、护理与技能人才、计划生育技能人才、卫生管理人才等各类人才的全面发展。

（九）宣传文化人才培养工程

围绕实现贵州文化大发展、大繁荣的目标，以实施省级宣传文化“四个一批”人才工程为抓手，建立高层次宣传文化人才储备制度和人才交流机制，通过加大宣传文化领域重点学科建设、组织开展重大课题研究、选派到重点院校深造、实施重点项目支持等方式，在理论界、新闻界、出版界、文学艺术界等领域加快培养一批优秀专业技术人才。到2020年，培养和选拔省级宣传文化“四个一批”人才550名。

（十）高层次人才引进工程

着眼增强自主创新能力和建设创新型社会的需要，充分利用国际国内人才资源，实施“特聘专家”制度，大力引进急需紧缺高层次人才。到2020年，全省引进科技领军人才、高层次创新创业人才和学术、技术带头人1000名左右。

（十一）民族地区、边远地区人才支持工程

围绕促进民族地区、边远地区经济社会发展的需要，依托省内外高校、科研院所等教育培训基地，通过挂职锻炼、定期进修、专题学习、出国培训等方式，加快少数民族人才培养；制定和完善政策措施，每年引导2000名优秀教师、医生、科技人员到民族地区、边远地区工作或提供服务。采取政府购买工作岗位、创业扶持等方式，引导高校毕业生到民族地区、边远地区就业和创业。注重培养少数民族高层次人才，加强少数民族优秀人才选拔任用。

（十二）人才基地建设工程

围绕重点领域、重点产业、重点学科建设的需要，进一步完善政策，强化工作措施，积极推进产学研结合，进一步抓好人才基地建设，吸引、聚集一批高层次人才。到2020年，在全省建设200个左右人才基地，为重点领域、重点产业、重点学科发展和重点工程、重点项目建设提供人才支撑。

四、人才发展体制机制建设

（一）完善党管人才领导体制

坚持党管人才原则，不断创新党管人才的方式方法，发挥党委领导核心作用，统筹经济社会发展和人才发展，切实履行好管宏观、管政策、管协调、管服务的职责，提高党管人才工作水平。健全党委、政府人才工作目标责任制，提高各级党政领导班子综合考核指标体系中人才工作专项考核的权重。建立党委常委会定期听取人才工作专项报告制度，进一步完善党委直接联系专家制度，健全重大决策专家咨询制度。推行人才工作情况通报制度，健全人才工作信息报送、重大事项报告和协调沟通制度。理顺各有关职能部门人才工作职责，增强人才工作合力。

（二）改进人才管理方式

围绕用好用活人才，深化人才管理体制改革，完善政府宏观管理、市场有效配置、单位自主用人、人才自主择业的人才管理体制，推动政府人才管理职能向创造良好发展环境、提供优质公共服务转变，运行机制和管理方式向规范有序、公开透明、便捷高效转变。进一步规范行政行为，取消不利于人才发展的行政性限制和干预，减少和规范人才评价、流动、使用等环节中的行政审批、行政准入和收费事项。克服人才管理中存在的行政化、“官本位”倾向，取消科研院所、学校、医院等事业单位实际存在的行政级别和行政化管理模式，建立与现代科研院所制度、现代大学制度和公共医疗卫生制度相适应的人才管理制度。分类推进事业单位人事制度改革，逐步建立权责清晰、分类科学、机制灵活、监管有力的事业单位人事管理制度。完善国有企业领导人员管理体制，健全符合现代企业制度要求的企业人事制度。大力发展人才中介服务组织，充分发挥市场配置人才资源的基础性作用。

（三）创新人才培养开发机制

以素质提升和创新能力建设为核心，完善国民教育和终身教育体系，健全以社会需求为导向和能力建设为核心的人才培养开发机制。巩固“两基”攻坚成果，全面提高义务教育水平。大力发展职业教育和民族教育，加快高等教育发展，切实增强服务经济、服务地方的能力。深化教育改革，提高创新型人才和应用型人才培养水平。加大教学改革力度，完善人才培养模式，全面实施素质教育。建立考试评价监测制度，加强教育督导制度建设。整合各类教育培训资源，开展灵活多样的继续教育和培训，推进学习型社会建设。建立人才培养结构与经济社会发展需求相适应的动态调控机制，优化教育布局和学科专业结构，提高人才培养与经济社会发展的对应度和适应性。建立人才、用人单位和全社会广泛参与的人才培养质量评价机制。

（四）创新人才评价发现机制

建立以岗位职责为基础，以品德、能力和业绩为导向，科学化、社会化的人才评价发现机制。完善人才评价标准，拓宽人才评价渠道，改进人才评价方式，提高人才评价考核的科学化水平。建立健全科学的职业分类体系人才能力素质标准。完善以群众评议为基础、部门领导评鉴为主导的公务员考核制度，建立符合科学发展观和正确政绩观要求的党政人才考核评价体系。分类建立事业单位人员绩效评价制度，建立重在业内和社会认可的专业技术人才评价机制。完善以任期目标为依据、工作业绩为核心的国有企业领导人员考核评价办法。落实用人单位在专业技术职务（岗位）聘任中的自主权，建成科学、分类、动态、面向全社会的专业技术人才职称评价体系。完善职业（执业）资格制度和专业技术职务聘任制度，加强对职业准入资格的规范管理。建立健全技能人才和农村实用人才评价机制，完善相应的考核实施办法。

（五）创新人才选拔任用机制

改革人才选拔使用方式方法，科学合理使用人才，促进人岗相适、用当其时、人尽其才、才尽其用，形成有利于优秀人才脱颖而出、充分施展才能的选拔任用机制。完善党政人才公开选拔、竞争上岗制度，探索公推公选等选拔方式，坚持和完善党政领导干部职务任期制。推行和完善地方党委讨论决定任用重要干部票决制。完善公务员管理制度。建立组织选拔、市场配置和依法管理相结合的国有企业领导人员选拔任用制度，完善国有资产出资人代表派出制和推选聘任制。健全事业单位领导人员委任、聘任、选任等任用方式，建立事业单位关键职位、重点学科、重点实验室等负责人公开选聘制度。

（六）创新人才流动配置机制

建立和完善以政府部门宏观调控、市场主体公平竞争、中介组织提供服务、人才自主择业、单位自主用人的人才流动配置机制。加强政府对人才流动的政策引导和宏观调控，引导人才向艰苦偏远地区和民族地区流动，改善人才区域结构和基层人才匮乏状况，促进人才合理分布、有效配置。建立人才档案公共管理服务系统。大力发展人才服务业，积极培育专业性、行业性人才服务机构，注重发挥行业协会作用。加快人才市场体系建设，完善市场服务功能，畅通人才流动渠道。完善高层次人才、急需紧缺人才引进“绿色通道”机制，大力引进国内外高层次人才。

（七）创新人才激励保障机制

完善分配、激励、保障制度，建立健全与业绩、能力相适应、鼓励人才创新创造、充分体现人才价值、有利于保障人才合法权益的分配激励机制。规范公务员收入分配秩序，完善事业单位岗位绩效工资制度，大胆探索不同类型事业单位收入分配办法，探索建立高层次人才、高技能人才年薪制、协议工资制和项目工资制等多种分配形式，推行企业经营管理人才股权、期权等中长期激励办法，重点向创新创业人才倾斜。稳步提高技能人才待遇。健全以政府奖励为导向、用人单位为主体、社会力量参与的人才奖励体系，加大对关键岗位和有突出贡献人才的奖励力度。研究制定人才补充保险制度，支持用人单位为人才建立补充养老、医疗保险。加大对农村、非公有制经济组织人才的社会保障覆盖面。健全人才政策法规体系，完善人事和劳动争议仲裁制度，依法保护用人单位和各类人才的合法权益，推进人才工作法制化、规范化，逐步形成国家、社会和单位相结合的人才保障体系。

五、人才发展的主要政策措施

（一）坚持人才资本投资优先

各级政府要优先加大对人才发展的投入，将人才发展经费纳入财政预算，确保教育、科技支出增长幅度高于财政经常性收入增长幅度，卫生投入增长幅度高于财政经常性支出增长幅度。进一步加大人才发展资金投入力度，确保人才发展重大项目、重点工程的实施。鼓励和引导用人单位、个人和社会投资人才资源开发，建立多元的人才投入机制。落实好党政机关、企事业单位职工教育培训经费，推动企业加大人才培养、人才资源开发投入。积极争取国家人才项目资金，利用国家政策性银行贷款、国际金融组织和外国政府贷款投资人才开发项目。

（二）大力推动人才创新创业

制定相关政策措施，推动人才创新创业。强化人才创业服务，支持高层次人才创办科技型企业，促进科研成果转化。建立高等学校、科研院所、企业高层次人才双向交流制度，采用“人才+项目”等培养模式，依托重大人才计划、重大科研项目、重点工程和产业开发项目，培养集聚科技创新人才。加强创业信息跟踪分析，实现创业信息资源共享。大力开展创新创业培训，打造创新创业平台，提高创新创业成效。整合教育、科技资源和企业教育培训资源，建立以企业为主体的产学研战略联盟，支持企业与科研院所、高等学校通过联合建立实验室或研发中心等方式，培养高层次人才，培育创新团队。

（三）促进人才向农村基层和民族地区、边远地区流动

充分利用政策导向，推动各类人才向民族地区、边远地区流动，到农村和企业就业创业。对到农村和边远地区工作的人才，在工资待遇和职务、职称晋升等方面实行倾斜政策。采取政府购买岗位、报考公职人员优先录用、建立“五险一金”等措施，鼓励和引导高校毕业生到农村和企业就业。逐步提高市（州、地）级以上党政机关从基层招录公务员的比例。积极实施“三支一扶”和大学生志愿服务西部计划，扎实做好选调高校毕业生到村任职的工作，继续实施科技兴村行动和教授、博士进企业活动，实施公职人员到基层服务和锻炼的派遣和轮调办法。建立人才服务基层和艰苦行业工作表彰奖励制度。

（四）加快建立和完善人才公共服务体系

完善政府人才公共服务系统，形成公共服务、市场服务、社会服务相互衔接、相互补充的人才发展服务体系。建立政府购买公共服务制度，促进服务工作公开、公平、公正。推进政府部门所属人才服务机构管办分离，实现政府公益性服务机构由行政管理向公共服务转变。建立健全人才招聘、人事代理、人才培训、业绩档案、诚信认定、人才智力输出、创业项目推荐等公共服务平台，满足多样化人才公共服务需求。建立健全人才中介服务体系，发挥社会中介机构在人才配置、人才信息服务、人才评价、人才竞争和人才引进中的推动作用。建立健全社会化、开放式人才市场信息和公共政策信息共享机制，提高人才信息化服务水平。

（五）加快非公有制经济组织、新社会组织人才培养

进一步完善非公有制经济组织和新社会组织人才流动、市场配置、职业（执业）资格、职称评定、选拔奖励等方面的政策，制定加强非公有制经济组织、新社会组织人才队伍建设的意见，鼓励和引导人才向非公有制经济组织和新社会组织流动。加大对非公有制经济企业的科研支持力度，通过定期培训、岗位实践、在职进修等多种途径，加强非公有制经济组织和新社会组织人才培养，支持非公企业建设人才基地，促进高层次人才成长。

（六）大力营造人才发展的良好环境

进一步加强人才干事创业平台建设，为人才提供成就事业的良好条件。健全符合人才发展的政策措施，完善吸引人才、留住人才的社会服务机制，不断优化人才政策环境。关心人才生活，积极帮助高层次人才解决子女入托入学、住房和家属就业等方面的实际问题，不断优化人才生活环境。组织开展各类学术活动，创造人才到国内外学习、交流的条件，鼓励人才开展创新研究，支持人才进行关键领域、重要环节和高风险高回报项目的研究开发，奖励成功、宽容失败，不断优化人才创新创业环境。建立重大科研项目选题、立项、评审等专家咨询制度，积极推进人才法制化建设，不断优化人才发展的制度环境。充分发挥报刊杂志、电视广播、网络等媒体的作用，大力宣传优秀人才典型事例和人才工作先进经验，在全社会进一步形成尊重劳动、尊重知识、尊重人才、尊重创造的良好氛围，不断优化人才发展的舆论环境。

六、《规划纲要》的实施

（一）加强《规划纲要》实施工作的组织领导

在省委领导下，由省人才工作领导小组负责《规划纲要》实施的统筹协调和宏观指导，制定目标任务分解落实方案和人才发展重点工程实施办法。建立《规划纲要》实施情况的监测、评估和考核机制，加强督促检查，为《规划纲要》各项措施的落实提供组织保障。

（二）制定和完善人才发展规划体系

各市（州、地）和省直有关部门要以国家和省中长期人才发展规划纲要为依据，编制地区、行业、系统人才发展规划，

形成全省上下贯通、左右衔接的人才发展规划体系。

（三）加强人才工作的基础性建设

深入开展人才理论研究，不断探索和把握人才资源开发和人才工作的新特点、新规律，加强《规划纲要》实施的调查研究和信息反馈，建立定期通报制度，推进《规划纲要》顺利实施。加强人才工作队伍建设，加大培训力度，提高人才工作队伍的政治素质和业务能力。

（四）营造《规划纲要》实施的良好氛围

大力宣传国家和省人才工作的重大战略思路和方针政策，宣传实施《规划纲要》的重要意义、指导方针、目标任务、重大举措，总结宣传全省人才工作中的先进事迹、主要做法和成功经验，在全社会形成关心《规划纲要》实施、支持人才发展的良好氛围。

云南省中长期人才发展规划纲要
（2010—2020年）

为大力推进人才强省战略，加快发展人才事业，着眼于为实现云南全面建设小康社会奋斗目标提供人才保证，根据《国家中长期人才发展规划纲要（2010—2020年）》，结合云南实际，制定本规划。

序言

人才是指具有一定的专业知识或专门技能，进行创造性劳动并对社会作出贡献的人，是人力资源中能力和素质较高的劳动者。人才是经济社会发展的第一资源。

当今世界正处在大发展大变革大调整时期，优秀人才正日益成为国家、地区、组织参与竞争的稀缺性、战略性资源。云南作为一个边疆、民族、山区的欠发达省份，要推进经济建设、政治建设、文化建设、社会建设及生态文明建设，实现城乡、区域统筹协调发展，提高生产力水平和自主创新能力，增强区域竞争力，关键在于培养造就大批高素质的各类优秀人才，保持人才总量的持续增长和质量的有效提升。

省委、省政府历来高度重视人才工作。改革开放后特别是全省人才工作会议以来，制定了一系列加强人才工作的政策措施，培养造就了各个领域的大批人才。进入新世纪，省委、省政府作出了实施人才强省战略的重大决策，人才强省战略已成为我省经济社会发展的基本战略，人才发展取得了明显成效。科学人才观逐步确立，各类人才队伍不断壮大，人才发展的政策环境逐步改善；市场配置人才资源的基础性作用初步发挥；人才效能明显提高；党管人才工作新格局基本形成。同时必须清醒地认识到，当前我省人才发展的总体水平与国内发达省区相比仍有较大差距，与经济社会发展需要还有许多不适应的地方。主要是：高层次创新型人才匮乏，人才创新创业能力不强，人才总量相对不足，结构和分布不尽合理，人才发展的体制机制障碍仍然存在，人才资源开发投入不足等。

未来十几年，是把云南建设成为绿色经济强省、民族文化强省和我国面向西南开放桥头堡的重要战略机遇期，也是人才发展的关键时期。我们必须增强责任感、使命感和危机意识，积极应对日趋激烈的人才竞争，主动适应我省经济社会发展需要，坚定不移地走人才强省之路，科学规划、深化改革、重点突破、整体推进，不断开创人才辈出、人尽其才的新局面。

一、人才发展的指导思想、发展目标

（一）指导思想

高举中国特色社会主义伟大旗帜，以邓小平理论和“三个代表”重要思想为指导，深入贯彻落实科学发展观，尊重劳动、尊重知识、尊重人才、尊重创造，大力推进人才强省战略，坚持党管人才原则，遵循社会主义市场经济规律和人才发展规律，加快人才发展体制机制和政策创新，扩大对外开放，开发利用国内国际人才资源，以高层次创新人才和十大产业急需人才为重点，统筹推进各类人才队伍建设，为实现云南建设绿色经济强省、民族文化强省和中国面向西南开放桥头堡的宏伟目标提供坚强的人才保证和广泛的智力支持。

当前和今后一个时期，我省人才发展的基本原则是：服务发展、人才优先、以用为本、创新机制、高端引领、整体开发。

服务发展。把服务科学发展作为人才工作的根本出发点和落脚点，围绕科学发展目标确定人才队伍建设任务，根据科学发展需要制定人才政策措施，用科学发展成果检验人才工作成效。

人才优先。确立在经济社会发展中人才优先发展的战略布局，充分发挥人才的基础性、战略性作用，做到人才资源优先开发、人才结构优先调整、人才投资优先保证、人才制度优先创新，促进经济发展方式向主要依靠科技进步、劳动者素质提高、管理创新转变。

以用为本。把充分发挥各类人才的作用作为人才工作的根本任务，围绕用好用活人才来培养人才、引进人才，积极为各类人才干事创业和实现价值提供机会和条件，使全社会创新智慧竞相迸发。

创新机制。把深化改革作为推进人才发展的根本动力，坚决破除束缚人才发展的思想观念和制度障碍，构建与社会主义市场经济体制相适应、有利于科学发展的人才发展体制机制，最大限度地激发人才的创造活力。

高端引领。培养造就一批经营管理水平高、市场开拓能力强的优秀企业家，一批高水平的科学家、科技领军人才、工程师和民族文化领军人才，一批技艺精湛的高技能人才，一批社会主义新农村建设带头人，一批职业化、专业化的高级社会工作人才，充分发挥高层次人才在经济社会发展和人才队伍建设中的引领作用。

整体开发。加强人才培养，注重理想信念教育和职业道德建设，弘扬拼搏奉献、艰苦创业、诚实守信、团结协作精神，促进人的全面发展。关心人才成长，鼓励和支持人人都作贡献、人人都能成才、行行出状元。统筹国内国外两个市场，推进城乡、区域、产业、行业和不同所有制人才资源开发，实现各类人才队伍协调发展。

（二）发展目标

到2020年，我省人才发展的总体目标是：培养和造就一支数量充足、结构优化、布局合理、素质优良的人才队伍，建成特色领域和优势产业人才聚集中心，为实现云南建设更高水平小康社会的宏伟目标提供坚强的人才保证和广泛的智力支持。

——人才资源总量持续增长，队伍规模不断壮大。人才资源总量在2009年251万人的基础上达到500万人，增长近一倍，人才资源占人力资源总量的比重提高到13%，基本满足经济社会发展需要。

——人才素质大幅提升，结构进一步优化。人才创新创业能力和综合竞争力显著提高，主要劳动人口受过高等教育的比例达到15%左右，每万劳动力中研发人员达到15人年，高技能人才占技能劳动者的比例达到25%。人才的分布和层次、类型、性别等结构趋于合理。

——人才竞争比较优势明显增强，竞争力不断提升，人才规模效益显著提高。支柱产业和特色优势产业人才开发力度不断加大，在烟草、低碳经济、能源、旅游文化、有色金属、生物技术等经济社会发展重点领域，建成区域性人才高地。

——人才使用效能明显提高。人才发展体制机制创新取得进展，环境进一步优化。人力资本投资占国内生产总值比例达到10%，人才贡献率达到20%。

二、人才队伍建设主要任务

（一）培养造就高层次创新人才

发展目标：围绕建设创新型云南，培养造就一批高水平的科学家、科技领军人才、创新团队。注重培养一线创新人才和青年科技人才。到2020年，研究开发人员总量、高层次创新人才总量有明显增长，优势产业和重大项目高端人才短缺问题得到缓解。

主要举措：创新人才培养发展模式，建立学校教育和实践锻炼相结合、国内培养和国际交流合作相衔接的开放式培养体系。探索并推行创新型教育方式方法，增强学生崇尚科学的意识，突出培养创造性思维和创新能力。加强实践培养，依托重大科研和重大工程项目、重点产业、重点学科和重点科研基地、国际科技合作项目，建设一批高层次创新创业人才培养基地。建立创新人才创业孵化基地，加强产学研合作，推动高层次创新创业人才向企业聚集。通过国际合作、东西部人才交流、省院省校合作等平台，加大对高层次创新人才培养力度。组织实施高端科技人才引进计划、高技能人才振兴计划，积极引进海外高层次人才。加大对中青年学术技术带头人和技术创新人才的培养、使用和资助力度。发展创新文化，倡导追求真理、勇攀高峰、宽容失败、团结协作的创新精神，营造科学民主、学术自由、严谨求实、开放包容的创新氛围。建立健全科研诚信体系，从严治理学术不端行为。

（二）加快培育十大产业急需人才

发展目标：以十大产业急需人才为突破口，加大优势产业人才开发力度。到2020年，在烟草、能源、有色金属、黑色金属、石化、生物技术、旅游文化、商贸流通、装备制造、光电子等优势领域培养一批数量充足的产业急需人才。

主要举措：围绕十大产业，加强产业人才统筹规划和需求预测，调整优化高等学校学科专业设置，加大急需研发人才和紧缺技术、管理人才的培养力度。大规模开展十大产业人才知识更新培训。制定人才特别是产业领军人才、工程技术人才向十大产业聚集的倾斜政策。建立与周边国家专业技术职称地区间互认制度。支持企业、科研院所与高等院校联合建立实验室或研发中心、技术创新中心。加强职业技术教育，培养一批技术应用型人才。

（三）大力开发社会重点领域的专门人才

1．宣传文化人才

发展目标：紧密结合建设云南民族文化强省的需求，以宣传文化系统“四个一批”人才、文化产业经营管理人才、文化创意人才、新兴媒体人才队伍建设和文化专门技术人才为重点，全面加强宣传文化人才队伍建设，到2020年，省级宣传文化系统“四个一批”人才达到500名，民族民间文化人才超过5000名。

主要举措：健全完善分类科学、程序公平、运作规范的宣传文化人才政策体系。继续实施宣传文化系统“四个一批”人才工程，大力培养高层次宣传文化人才。引进、培养造就创新、创意、创业等文化产业急需人才。依托高等学校、社会科学研究机构和研究基地，大力培养哲学社会科学学术带头人和新闻、出版、传媒高层次人才。加大高层次宣传文化人才选拔力度，稳定充实基层宣传文化人才，培养造就一批德艺双馨的艺术家。发现造就民族民间文化人才和非物质文化遗产传承人等特色人才，壮大群众文艺队伍，促进各级各类宣传文化人才协调发展。

2．农村中小学师资人才

发展目标：按照巩固提升农村义务教育水平的要求，以增加总量、提升素质为目标，加大教育培训力度，建设一支扎根农村、爱岗敬业、适应农村中小学教育发展需要的师资队伍。

主要举措：继续扩大实施农村义务教育阶段学校教师特设岗位计划，采取特殊政策措施，建立省级、州市级双语教师培训基地，积极为边疆民族地区培养“双语”教育人才。利用现代远程教育手段，实施大规模农村中小学教师培训计划。进一步加强城乡教育对口支援工作，继续推进高校新任教师支教制度。开展城市优质学校与农村学校“结对子”帮扶活动，双方互派教师进行交流，促进城乡教师资源合理配置。鼓励高等学校师范生到农村中小学实习和支教。以实施义务教育学校绩效工资为契机，建立健全乡镇以下农村边远贫困地区教师特殊津贴补助机制，加大“农村中小学教师安居工程”建设力度，提高乡镇以下学校教师待遇，吸引和稳定优秀人才投身农村教育事业。

3．基层医疗卫生人才

发展目标：按照建立覆盖城乡居民医疗保障体系，促进人人享有基本医疗卫生服务的要求，以全科医师为重点，加强城乡基层医疗卫生人才队伍建设。到2015年基本实现城市社区每万名居民有1—2名全科医师，农村每个乡镇有1名全科医师。到2020年，通过多种途径培养1万名全科医师，基本满足“小病在基层”的需求。

主要举措：制定以全科医师为重点的基层医疗卫生人才队伍建设规划，逐步建立健全基层医疗卫生人才队伍培养制度。以住院医师规范化培训基地为主要平台，大力培养全科医师。积极开展城乡基层医疗卫生人员岗位培训。大力实施城市医疗机构对口支援基层卫生工作。加强边疆地区禁毒和艾滋病防治等特殊医疗人才的培养。建立完善基层卫生机构补偿机制，提高基层卫生人员待遇。逐步建立科学合理的基层卫生人才管理和使用机制。

4．少数民族人才

发展目标：按照各民族“共同团结奋斗，共同繁荣发展”的要求，围绕构建和谐边疆，推动民族地区经济发展和社会稳定，大力培养造就一批少数民族骨干人才，到2015年，全省少数民族人才总量达到50万人。到2020年，达到70万人。

主要举措：改善民族高等院校和民族中小学校办学条件，提高少数民族人才培养质量。加大少数民族干部和通晓本民族语言专业人员的培养力度。根据少数民族和民族地区特殊性，培养少数民族本土人才、民族文化传承人。加大财政投入力度，推动实现各少数民族人才，特别是7个人口较少民族和4个特困民族人才的均衡发展。完善健全少数民族干部选拔培养机制。建立促进少数民族人才合理配置的流动机制，健全完善少数民族人才评价发现政策体系。积极与南亚、东南亚国家开展社会经济文化的交流与合作，培养涉外经济技术合作和跨文化交流外向型少数民族人才。

（四）统筹推进各类人才队伍建设

1．党政人才队伍

发展目标：按照加强党的执政能力建设和先进性建设的要求，以提高领导水平和执政能力为核心，以县处级以上领导干部为重点，着力培养造就一支政治坚定、勇于创新、勤政廉洁、求真务实、奋发有为、善于推动科学发展的高素质党政人才队伍。到2020年，大学本科及以上学历占87%，专业化水平有明显提高，结构更加合理，总量从严控制。

主要举措：适应科学发展要求和干部成长规律，开展大规模干部教育培训，加强干部自学。实施党政人才素质能力提升工程，构建理论教育、知识教育、党性教育和实践锻炼“四位一体”的干部教育培训体系。坚持德才兼备、以德为先标准，坚持民主、公开、竞争、择优改革方针，树立坚定信念、注重品行、科学发展、崇尚实干、重视基层、鼓励创新、群众公认的用人导向，扩大干部工作中的民主，加大竞争性选拔党政领导干部工作力度，拓宽选人用人渠道，提高干部工作科学化水平，促进优秀人才脱颖而出。实施后备干部队伍建设“3852工程”。注重从基层和生产一线选拔党政人才。加强妇女干部、少数民族干部、非中共党员干部培养选拔和教育培训工作。实施促进科学发展的干部综合考核评价办法。建立党政干部岗位职责规范及其能力素质评价标准，加强工作业绩考核。完善党政人才分类管理制度，加大领导干部跨部门、跨地区交流力度，推进党政机关重要岗位干部定期交流轮岗，健全权力约束制衡机制，加强干部管理监督。

2．企业经营管理人才队伍

发展目标：根据产业结构优化升级需要，以提高现代经营管理水平和企业国际竞争力为核心，以优秀企业家和职业经理人培养为重点，加快推进企业经营管理人才职业化、市场化、专业化和国际化，培养造就一支具有战略眼光、市场开拓精神、管理创新能力和社会责任感的优秀企业家和高素质企业经营管理人才队伍。到2015年，企业经营管理人才总量达到57.54万人。2020年，达到72.95万人，国有企业领导人员通过市场化方式选聘的比例达到60%。

主要举措：依托国内外知名企业、高等院校和培训机构，加大企业经营管理人才国际化培训力度，提高战略管理和跨文化经营管理能力。采取组织选拔与市场化选聘相结合的方式选拔省属国有企业领导人员，副职人选一般采取公开选拔的方式产生。健全完善企业经营管理人才聘任制、任期制和任期目标责任制，实行契约化管理。完善以市场和出资人认可为核心的企业经营管理人才评价体系，积极发展企业经营管理人才评价机构，建立社会化的职业经理人资质评价制度，加强规范化管理。健全企业经营管理人才经营业绩评价指标体系。完善年度薪酬管理制度、协议工资制度和股权激励等中长期激励制度。建立企业经营管理人才库。培养和引进一批科技创新企业家和企业发展急需的战略规划、资本运作、科技管理、项目管理等方面专门人才。实施企业经营管理人才培养工程。

3．专业技术人才队伍

发展目标：适应提升开放水平和现代化建设的需要，以提高专业水平和创新能力为核心，以高层次人才和紧缺人才为重点，培养和聚集适应云南经济社会发展需要的高素质专业技术人才。到2015年，专业技术人才总量达到136万人。到2020年，达到158.33万人，高、中、初级专业技术人才比例为10:40:50。

主要举措：进一步扩大专业技术人才队伍培养规模，提高专业技术人才创新能力。构建分层分类的专业技术人才继续教育体系。围绕全省支柱产业、重点行业，实施专业技术人才知识更新工程。加大现代物流、电子商务、法律、咨询、会计、工业设计、知识产权、食品安全、旅游等现代服务业人才培养开发力度。进一步实施并完善省中青年学术技术带头人和技术创新人才计划，组织实施高素质教育卫生人才培养计划。发挥各类社会组织培养专业技术人才作用。制定双向挂职、短期工作、项目合作等灵活多样的人才柔性流动政策，引导党政机关、科研院所和高等学校专业技术人才向企业、社会组织和基层一线流动，促进专业技术人才合理分布。统筹推进专业技术职称制度改革。完善政府特殊津贴制度，强化激励，科学管理。改善基层专业技术人才工作和生活条件，拓展事业发展空间。注重发挥离退休专业技术人才的作用。

4．高技能人才队伍

发展目标：适应走新型工业化道路和产业结构优化升级的要求，以提升职业素质和技能为核心，以技师和高级技师为重点，努力建设一支门类齐全、技术精湛的高技能人才队伍。到2015年，高技能人才总量达到61.39万人，其中技师、高级技师达到7万人。到2020年，达到81.19万人，其中技师、高级技师达到10万人。

主要举措：完善以企业为主体、职业院校为基础，学校教育与企业培养紧密联系、政府推动与社会支持相结合的高技能人才培养培训体系。加强职业培训，统筹职业教育发展，整合利用现有各类职业教育培训资源，依托大型骨干企业（集团）、重点职业院校和培训机构，建设一批示范性高技能人才培养基地和公共实训基地。改革职业教育办学模式，大力推行校企合作、工学结合和顶岗实习。加强职业教育“双师型”教师队伍建设。在职业教育中推行学历证书和职业资格证书“双证书”制度。逐步实行中等职业教育免费和学生生活补助制度。继续实施高技能人才振兴计划，大力培养我省重点行业、产业急需紧缺的高技能人才。促进技能人才评价多元化。制定高技能人才与工程技术人才职业发展贯通办法。建立高技能人才绝技绝活代际传承机制。广泛开展各种形式的职业技能竞赛和岗位练兵活动。建立和完善高技能人才评选表彰制度，进一步提高技能人才经济待遇和社会地位。

5．农村实用人才队伍

发展目标：围绕社会主义新农村建设，以提高科技素质、职业技能和经营能力为核心，以农村实用人才带头人和生产经营型人才为重点，着力打造服务农村经济社会发展、数量充足的农村实用人才队伍。到2015年，农村实用人才总量达到103.19万人。到2020年，达到156.73万人，每个行政村至少有2名示范带动能力强的致富带头人，每个乡（镇）都有一批农村实用人才聚集的专业化农民合作组织。

主要举措：大规模开展农村实用人才培训，充分发挥农村现代远程教育网络、全国文化信息资源共享工程网络、各类农民教育培训项目、农业技术推广体系、各类职业学校和培训机构的主渠道作用。整合现有培训项目，健全县域职业教育培训网络，继续推进新农村实用人才培训工程，重点实施农村实用人才开发工程。鼓励和支持农村实用人才带头人牵头建立专业合作组织和专业技术协会，加快培养农业产业化发展急需的企业经营管理人员、农民专业合作组织带头人和农村经纪人。积极扶持农村实用人才创业兴业，在创业培训、项目审批、信贷发放、土地使用等方面给予政策支持。因地制宜，建立健全农村实用人才评价制度。加大对农村实用人才的表彰激励和宣传力度，提高农村实用人才社会地位。加大公共财政对农村发展急需的农业技术人员、教师、医生等方面人才培养的支持力度。继续开展城乡人才对口扶持，推进城市医师支援农村卫生、城镇教师支援农村教育、社会工作者服务新农村建设、科技人才下乡支农等工作。

6．社会工作人才队伍

发展目标：适应构建和谐云南的需要，以人才培养和岗位开发为基础，以中高级社会工作人才为重点，培养造就一支具有一定规模、结构合理、素质优良的社会工作人才队伍。到2015年，全省社会工作人才队伍总量达到4.7万人。到2020年，达到7万人，力争培养和引进高级社会工作人才700人。

主要举措：建立不同学历层次教育协调配套、专业培训和知识普及有机结合的社会工作人才培养体系。加强社会工作学科专业体系建设。建设一批社会工作培训基地。加强社会工作从业人员专业知识培训，制定社会工作培训质量评估指标体系。建立健全社会工作人才评价制度。加强社会工作者队伍的职业化管理。加快制定社会工作岗位开发设置政策措施。推进公益服务类事业单位、城乡社区和公益类社会组织建设，完善培育扶持和依法管理社会组织的政策。组织实施社会工作服务组织标准化建设示范工程。研究制定政府购买社会工作服务政策。建立社会工作人才和志愿者队伍联动机制。制定出台加强社会工作人才队伍建设的实施意见。

三、体制机制创新

（一）改进完善人才工作管理体制

1．完善党管人才的领导体制

目标要求：坚持党管人才原则，创新党管人才方式方法，完善党委统一领导，组织部门牵头抓总，有关部门各司其职、密切配合，社会力量广泛参与的人才工作格局。发挥党委领导核心作用，统筹人才发展和经济社会发展，切实履行好管宏观、管政策、管协调、管服务的职责，用事业凝聚人才，用实践造就人才，用机制激励人才，用法制保障人才，提高党管人才工作水平。党政主要负责人要树立强烈的人才意识，善于发现人才、培养人才、团结人才、用好人才、服务人才。

主要任务：制定完善党管人才工作格局的实施意见。健全各级党委人才工作领导机构，建立科学的决策机制、协调机制和督促落实机制，形成统分结合、上下联动、协调高效、整体推进的人才工作运行机制。建立党委、政府人才工作目标责任制，提高各级党政领导班子综合考核指标体系中人才工作专项考核的权重。建立各级党委常委会听取人才工作专项报告制度。完善党委联系专家制度。实行重大决策专家咨询制度。完善党委组织部门牵头抓总职能，发挥政府人力资源管理部门作用，强化各职能部门人才工作职责，充分调动各人民团体、企事业单位、社会组织的积极性，动员和组织全社会力量，形成人才工作整体合力。

2．改进人才管理方式

目标要求：围绕用好用活人才，完善政府宏观管理、市场有效配置、单位自主用人、人才自主择业的人才管理体制。改进调控方式，推动政府人才管理职能向创造良好发展环境、提供优质公共服务转变，运行机制和管理方式向规范有序、公开透明、便捷高效转变。健全人才市场体系，发挥市场配置人才资源的基础性作用。遵循放开搞活、分类指导和科学规范的原则，深化国有企业和事业单位人事制度改革，创新管理体制，转换用人机制，扩大和落实单位用人自主权。发挥用人单位在人才培养、吸引和使用中的主体作用。

主要任务：按照国家行政管理体制改革的总体部署，完善人才管理运行机制。规范行政行为，推动人才管理部门进一步简政放权，减少和规范人才评价、流动等环节中的行政审批和收费事项。分类推进事业单位人事制度改革，逐步建立起权责清晰、分类科学、机制灵活、监管有力的事业单位人事管理制度。克服人才管理中存在的行政化、“官本位”倾向，取消科研院所、学校、医院等事业单位实际存在的行政级别和行政化管理模式，在科研、医疗等事业单位探索建立理事会、董事会等形式的法人治理结构。建立与现代科研院所制度、现代大学制度和公共医疗卫生制度相适应的人才管理制度。完善国有企业领导人员管理体制，健全符合现代企业制度要求的企业人事制度。鼓励各地和行业结合自身实际建立与先进省区、境外人才管理体系接轨的人才管理改革试验区。

3．加强人才工作法制建设

目标要求：坚持用法制保障人才，推进人才管理工作科学化、制度化、规范化，形成有利于人才发展的法制环境。加强立法工作，建立健全涵盖人才安全保障、人才权益保护、人才市场管理和人才培养、吸引、使用等人才资源开发管理各个环节的地方性人才法律法规。

主要任务：根据国家人才开发促进法和终身学习、工资管理、事业单位人事管理、专业技术人才继续教育、职业资格管理、人力资源市场管理、外国专家来华工作等方面的法律法规，制定完善我省配套法律法规和政策。

（二）创新人才工作机制

1．人才培养开发机制

目标要求：以促进云南经济社会发展、兴滇富民为导向，以提高思想道德素质和创新能力为核心，完善现代国民教育和终身教育体系，注重在实践中发现、培养、造就人才，构建人人能够成才，人人得到发展的人才培养开发机制。充分发挥教育在人才培养中的基础性作用，深化教育改革，提高教育质量，促进教育公平。统筹规划继续教育，基本建成学习型社会。

主要任务：把社会主义核心价值体系教育贯穿人才培养开发全过程，不断提高各类人才的思想道德水平。建立人才培养结构与经济社会发展需求相适应的动态调控机制，优化教育学科专业、类型、层次结构和区域布局。创新人才培养模式，全面推进素质教育。改革高等学校招生考试制度，建立健全多元招生录取机制，实行特殊人才特殊培养，提高人才培养质量。建立社会参与的人才培养质量评价机制。完善发展职业教育的保障机制，改革职业教育模式。完善在职人员继续教育制度，分类制定在职人员定期培训办法，倡导干中学。构建网络化、开放式、自主性终身教育体系，大力发展现代远程教育，支持发展各类专业化培训机构。

2．人才评价发现机制

目标要求：建立以岗位职责要求为基础，以品德、能力和业绩为导向，科学化、社会化的人才评价发现机制。完善人才评价标准，克服唯学历、唯论文倾向，注重靠实践和贡献评价人才。改进人才评价方式，拓宽人才评价渠道。把评价人才和发现人才结合起来，坚持在实践和群众中识别人才、发现人才。

主要任务：建立以绩效考核为基础的事业单位人员考核评价办法。分行业制定事业单位领导人员考核评价实施办法。完善重在业内和社会认可的专业技术人才评价机制。加快推进职称制度改革，规范专业技术人才职业准入，依法严格管理；完善专业技术人才职业水平评价办法，提高社会化程度；完善专业技术职务任职评价实施办法，落实用人单位在专业技术职务（岗位）聘任中的自主权。完善以任期目标为依据、工作业绩为核心的国有企业领导人员考核评价办法。探索技能人才多元评价机制，逐步完善社会化职业技能鉴定、企业技能人才评价和专项职业能力考核实施办法。健全完善党政领导干部考核评价机制。建立在重大科研、工程项目实施和急难险重中发现、识别人才的机制。建立举才荐才的社会化机制。

3．人才选拔任用机制

目标要求：改革各类人才选拔使用方式，科学合理使用人才，促进人岗相适、用当其时、人尽其才，形成有利于各类人才脱颖而出、充分施展才能的选人用人机制。深化党政领导干部选拔任用制度改革，提高选人用人公信度。健全国有企业领导人员选拔制度，加大市场化选聘力度。完善事业单位聘用制度和岗位管理制度，健全事业单位领导人员选拔制度。

主要任务：完善党政领导干部公开选拔、竞争上岗制度，探索公推公选等竞争性选拔干部方式。规范干部选拔任用提名制度。推行和完善地方党委讨论决定任用重要干部票决制。坚持和完善党政领导干部职务任期制。建立组织选拔、市场配置和依法管理相结合的国有企业领导人员选拔任用制度，完善国有资产出资人代表派出制和选举制。健全事业单位领导人员委任、聘任、选任等任用方式。全面推行事业单位公开招聘、竞聘上岗和合同管理制度。

4．人才流动配置机制

目标要求：推进人才市场体系建设，完善市场服务功能，畅通人才流动渠道，建立政府部门宏观调控、市场主体公平竞争、中介组织提供服务、人才自主择业的人才流动配置机制。健全人才市场供求、价格、竞争机制，进一步促进人才供求主体到位。大力发展人才服务业。加强政府对人才流动的政策引导和监督，推动产业、区域人才协调发展，促进人才资源有效配置。

主要任务：在建立统一规范、更加开放的人力资源市场基础上，发展专业性、行业性人才市场。健全专业化、信息化、产业化、国际化的人才市场服务体系。积极培育专业化人才服务机构，注重发挥人才服务行业协会作用。进一步破除人才流动的体制性障碍，制定发挥市场配置人才资源基础性作用的政策措施。推进政府所属人才服务机构管理体制改革，实现政事分开、管办分离。逐步建立城乡统一的户口登记制度，调整户口迁移政策，使之有利于引进人才。加快建立社会化的人才档案公共管理服务系统。制定实施社会保险关系转移接续实施办法。建立人才需求信息定期发布制度。完善人事争议仲裁，人才竞业避止等制度，维护用人单位和各类人才的合法权益。建立完善与西部大开发、滇沪合作、桥头堡建设相配套的区域人才交流合作机制。根据云南主体功能区布局，引导各类人才合理分布。

5．人才激励保障机制

目标要求：构建物质与精神激励相结合，短期奖励与长效激励相统一，有利于保障人才合法权益的激励保障机制。完善各类人才薪酬制度，加强对收入分配的宏观管理，逐步建立秩序规范、激发活力、注重公平、监管有力的工资制度。健全以政府奖励为导向、用人单位和社会力量奖励为主体的人才奖励体系。完善以养老保险和医疗保险为重点的社会保障制度，形成社会保障、单位保障和个人权利保障相结合的人才保障体系。

主要任务：统筹协调党政机关和国有企事业单位收入分配，稳步推进工资制度改革，制定知识、技术、管理、技能等生产要素按贡献参与分配的办法。继续推进企业分配制度改革，推行期权、股权等中长期激励办法，重点向创新创业人才倾斜。结合事业单位分类改革，实行事业单位岗位绩效工资制度。探索高层次人才、高技能人才协议工资和项目工资制等多种分配形式。整合、调整、规范各类人才奖项设置，健全各类人才荣誉奖励体系。研究制定人才补充保险办法，支持用人单位为各类人才建立补充养老、医疗保险。扩大对农村、非公有制经济组织、新社会组织人才的社会保障覆盖面。

四、重大政策

（一）实施促进人才资本优先积累的财税金融政策

各级政府优先保证对人才发展的投入，确保教育、科技支出增长幅度高于财政经常性收入增长幅度，卫生投入增长幅度高于财政经常性支出增长幅度。逐步改善经济社会发展的要素投入结构，较大幅度提高人才资本投资比重。各级政府应加大资金清理整合，统筹安排建立人才发展专项资金，并视财力情况逐步加大对人才培养的投入，保障人才发展重大项目实施。建立重大项目人才保证制度，提高项目建设中人才开发经费提取比例。切实落实机关、企事业单位职工教育培训经费的提取和使用。通过税收、贴息等优惠政策，鼓励和引导用人单位、个人和社会投资人才资源开发。加大省级财政对边疆民族地区财政转移支付力度，引导贫困地区加大人才资源开发投入力度。利用国家政策性银行贷款、国际金融组织和外国政府贷款优先投资人才开发项目。

（二）实施产学研合作培养创新人才政策

建立政府指导下以企业为主体、市场为导向、多种形式的产学研战略联盟，通过共建科技创新平台、开展合作教育、共同实施重大项目等方式，培养高层次人才和创新团队。实施研究生教育创新计划，发展专业学位教育，建立高等学校、科研院所、企业高层次人才双向交流制度，推行产学研联合培养研究生的“双导师制”。加强博士学位授权点建设，建立多元化的投入渠道，发挥高等院校、科研院所和企业的主体作用，提高博士研究生质量。依托重大项目，在创新实践中集聚和培养一流人才。对企业等用人单位接纳高等学校、职业学校学生实习、见习等实行财税优惠政策。

（三）实施人才向边疆民族地区和农村基层流动的引导政策

对在边疆民族地区和农村基层工作的人才，在工资、职务、职称等方面实行倾斜政策。提高艰苦边远地区津贴标准，改善工作和生活条件。采取政府购买岗位、报考公职人员优先录用等措施，鼓励和引导高校毕业生到边疆民族地区、农村基层和中小企业就业。逐步提高州市以上党政机关从基层招录公务员的比例。制定高校毕业生到边远艰苦地区创业就业扶持办法。开发基层社会管理和公共服务岗位。实施公职人员到基层服务和锻炼的派遣和轮调办法。实施好州市间人才对口帮扶政策。加强博士服务团、“西部之光”访问学者和少数民族科技骨干特殊培养等工作，为边疆少数民族地区经济社会发展提供人才和智力支持。

（四）实施人才创业扶持政策

健全完善知识产权质押融资、创业贷款等政策，加大对人才创业的金融支持力度。完善知识产权、技术发明作为创业资本参股的措施。加大税收优惠、财政贴息力度，扶持创业风险投资基金，支持创办科技型企业，促进科技成果转化和技术转移。建立知识产权交易市场和信息平台，健全完善知识产权利益分配的政策。继续加大对各类创业孵化器等基础设施的投入，创建创业服务网络，探索多种组织形式，加强创业技能培训和创业服务指导，为各类人才创业提供服务，提高创业成功率。建立大学生创业服务体系，鼓励扶持大学生自主创业。制定科研机构、高等学校科技人员创办科技型企业的激励保障办法。

（五）实施有利于科研人员潜心研究和创新政策

在科研机构、高等学校、企业建立符合科技人员和管理人员不同特点的职业发展路径，鼓励和支持科研人员在创新实践中成就事业并享有相应的社会地位和经济待遇，对事业单位管理人员全面推行职员制度。完善科研管理制度，扩大科研机构用人自主权和科研经费使用自主权，健全科研机构内部决策、管理和监督的各项制度。建立以学术和创新绩效为主导的资源配置和学术发展模式。改进科技评价和奖励方式，完善以创新和质量为导向的科研评价办法，克服考核过于频繁、过度量化的倾向。加大对基础研究、前沿技术研究、社会公益类科研机构的投入力度，建立以政府性资金支持为主的高校和科研机构综合绩效评价制度。完善科技项目经费管理办法和科技计划管理办法，对由高层次人才领军的科研团队给予长期稳定支持。健全科研单位分配激励机制，向科研关键岗位和优秀拔尖人才倾斜。改善青年科技人才的生活条件，有条件的城市可在政府保障性住房建设中优先解决住房问题。

（六）实施推进党政人才、企业经营管理人才、专业技术人才合理流动政策

健全和完善党政人才、企业经营管理人才、专业技术人才之间合理流动制度，打破身份、单位、部门和所有制限制，营造开放的用人环境。扩大党政机关和国有企事业单位领导人员跨地区、跨部门交流任职范围。拓宽党政人才来源渠道，完善从企事业单位和社会组织选拔人才制度。完善党政机关人才向企事业单位流动的社会保险关系转移接续办法。

（七）实施更加开放的人才政策

大力吸引海外高层次人才来滇创新创业，制定完善长期居留、税收、保险、住房、子女入学、配偶安置，担任领导职务，承担重大科技项目、参加院士评选和政府奖励等方面的特殊政策措施。大力推进吸引优秀留学人才和海外高层次人才到云南工作和服务计划。加强留学人员创业园区建设，提供创业资助和融资服务。建立统一的海外高层次人才信息库和人才需求信息发布平台。加大引进国外智力工作力度，制定国外智力资源供给、发现评价、市场准入、使用激励、绩效评估、引智

成果共享等办法。扩大公派出国留学和来滇留学规模。开发境外优质教育培训资源，完善出境培训管理制度和措施。支持高等学校、科研院所与海外特别是南亚、东南亚高水平教育、科研机构建立联合研发基地。建立国际人才市场，培育一批国际人才中介服务机构。

（八）实施鼓励非公有制经济组织、新社会组织人才发展政策

对各种所有制组织中的人才，坚持一视同仁、平等对待。把非公有制经济组织、新社会组织人才开发纳入各级政府人才发展规划。制定加强非公有制经济组织、新社会组织人才队伍建设实施意见。人才培养、吸引、评价、使用等方面的各项政策，非公有制经济组织、新社会组织平等享受。人才创新创业的资金、项目、信息等公共资源，向非公有制经济组织、新社会组织人才平等开放。政府开展人才宣传、表彰、奖励等方面的活动，非公有制经济组织、新社会组织人才平等参与。

（九）实施促进人才发展的公共服务政策

完善政府人才公共服务体系，建立全省一体化的服务网络。建立人才资源动态预测控制系统，定期发布人才公共信息。健全人事代理、社会保险代理、企业用工登记、劳动人事争议调解仲裁、人事档案管理、就业服务等公共服务平台，满足人才多样化需求。推进政府所属人才服务机构管理体制改革，实现政事分开、管办分离。创新政府提供公共服务的方式，建立政府购买公共服务制度，为各类人才平衡工作和家庭责任创造条件。加强对公共服务产品的标准化管理，支持各类机构开发人才公共服务产品。

（十）实施知识产权保护政策

实施国家知识产权战略。制定职务技术成果办法，完善科技成果知识产权归属和利益分享机制，保护科技成果创造者的合法权益。明确职务发明人权益，提高主要发明人受益比例。制定云南省专利促进保护条例。制定职务发明人流动中的利益共享办法。建立非职务发明评价体系，加强对非职务发明创造的支持和管理。完善支持个人和中小企业发明创造的资助办法，鼓励创造知识财产。加强专利技术运用转化和维权援助服务平台建设。完善非物质文化遗产传承人知识产权保护相关措施。完善知识产权工作体系，加大知识产权宣传普及和执法力度。建立健全有利于知识产权保护的社会信用制度。营造保护知识产权的法制、市场和文化氛围，提升知识产权创造、运用、保护和管理能力，推进国际合作交流。

五、重大人才工程

（一）创新人才推进计划

实施创新型云南行动计划，围绕世界科技前沿和战略性新兴产业，组织实施“高层次科技人才培引工程”。每年重点支持和培养一批具有发展潜力的中青年科技创新领军人才。着眼于推动企业成为技术创新主体，加大对企业创新创业人才的扶持力度。加强省中青年学术和技术带头人、省技术创新人才的选拔培养力度，着力培养造就高层次创新型科技人才和创新团队。到2020年，培养选拔省中青年学术和技术带头人、省技术创新人才1500名，创新团队100个。

（二）青年英才开发计划

着眼于人才基础性培养和战略性开发，提升我省未来人才竞争力，在自然科学、哲学社会科学和文化艺术等重点学科领域，每年重点培养扶持一批青年拔尖人才。在我省高等院校和科研院所建设一批青年英才培养基地，按照严入口、小规模、重特色、高水平的原则，每年选拔一批拔尖大学生进行专门培养。为培养造就我省所需的高素质青年党政人才，每年从应届大学毕业生中选拔一批优秀人才到乡镇基层岗位锻炼，进行定向跟踪培养。

（三）特色优势产业人才聚集工程

围绕十大产业发展需要，整合省内高等院校重点学科、重点实验室、工程实验室、工程技术（研究）中心、重点社科研究基地等教育资源，加大特色产业急需人才的培养力度。到2020年，建立10个特色产业高层次人才高地，支持100名特色产业领军人才。聚集10个由战略科学家领衔的研发团队，30个由产业领军人才领衔的创业团队。

（四）企业经营管理人才培养工程

围绕实施人才强企战略，以提高省属企业战略开拓能力和现代化经营管理水平为重点，加快培养一批熟悉国际国内市场、具有国际先进水平的企业家队伍。到2020年，在省属国有企业中培养5名国际知名的高级经营管理人才，10名国内知名的经营管理人才，100名省内知名的优秀职业经理人，200名企业“一把手”后备人选和500名优秀年轻企业经营管理人才。

（五）专业技术人才知识更新工程

围绕经济结构调整、高新技术产业发展和自主创新能力的提高，在装备制造、信息、生物技术、新材料、金融财会、生态环境保护、能源资源、防灾减灾、现代交通运输、农业科技、社会工作等重点领域，开展大规模的知识更新继续教育，每年培训3万名高层次、急需紧缺和骨干专业技术人才，到2020年，累计培训30万名左右。依托高等学校、科研院所和大型企业现有施教机构，建设一批继续教育基地。

（六）高技能人才振兴计划

适应走新型工业化道路、加快产业结构优化升级的需要，加强职业院校和实训基地建设，以技师学院和技能大师工作室建设为重点，发挥职业资格证书的技能导航功能，推进技能人才公共实训鉴定基地建设项目和高技能人才培训基地建设项目。到2020年，在全省建成8所技师学院，40个技能大师工作室，20个技能人才公共实训基地，15个高技能人才培训基地。

（七）农村实用人才开发工程

适应社会主义新农村建设的需要，加大对农村基层干部和农村实用技术人才的开发培养力度。依托云南农村干部学院，加强对农村基层干部的教育培训；依托云南农业职业技术学院，加强农业高技能型人才培养；依托全省农业广播电视学校体系，加强中等农业技术人才培养；依托全省农民科技教育培训中心体系，加强农民科技培训。深入实施农村劳动力转移培训“阳光工程”、“绿色证书”培训工程、农村实用人才培养“百万中专生计划”、新型农民科技培训等工程，培养新型务工

农民和产业农民，增强农民转产转岗就业能力。开展农村实用人才创业示范活动，引领农民创业致富。选拔一批农业产业龙头企业负责人和专业合作组织负责人、生产能手和农村经纪人等优秀生产经营人才，给予重点扶持。

（八）高素质教育人才培养工程

为建设一支高素质、创新型教育人才队伍，通过研修培训、引进培养、学术交流、项目资助等方式，在中小学校、职业学校、高等学校培养造就一批教育家、教学名师和学科领军人才。到2020年，重点培养和支持1万名各类学校教育教学骨干、“双师型”教师、学术带头人和校长，20名国家级教学名师，400名省级教学名师，建设20个国家级教学团队，200个省级教学团队。

（九）工业人才开发行动计划

按照走新型工业化道路和实施“工业强省”战略的要求，大力加强工业人才开发和培养力度，到2015年，州市县政府领导班子中至少配备一名熟悉工业、善抓工业的领导干部；到2020年，具有中高级职称或经理人职业资格的工业企业经营管理人才达到60万人，掌握专业技术的中高级科技人才达到93万人，掌握新技术和新工艺的技能人才达到135万人，全省工业人才总量达到290万人，初步形成较为完善的工业人才体系。

（十）文化名家工程

为更好地推动宣传思想文化工作，适应民族文化强省建设需要，着眼于培养造就一批造诣高深、成就突出、影响广泛的宣传思想文化领域杰出人才，每年重点扶助一批哲学社会科学、新闻出版、广播影视、文化艺术、文物保护名家承担重大课题、重点项目、重要演出、开展创作研究、展演交流、出版专著等活动。进一步加大民族文化领军人才的培养力度，多层次多途径培养民族民间文化的传承人。到2020年，国家级民族民间文化传承人达到150名，省级民族民间文化传承人达到1500名。高层次文化产业人才100名，全国知名文化产业企业100家。

（十一）全民健康卫生人才保障工程

适应深化医药卫生体制改革、保障全民健康需要，加大对卫生人才培养支持力度。到2020年，培养造就50名医学杰出骨干人才，给予科研专项经费支持；开展住院医师规范化培训工作，支持培养5000名住院医师；加强以全科医师为重点的基层卫生人才队伍建设，提高基层医疗卫生服务能力。

（十二）边疆民族地区人才支持开发计划

为促进边疆民族地区加快发展，实现基本公共服务均等化目标，在职务、职称晋升等方面采取倾斜政策。加大人才对口帮扶力度，引导优秀教师、医生、科技人员、社会工作者、文化工作者到边境一线和少数民族地区工作或提供服务。继续实施高校毕业生到村任职、“特岗教师”计划、“三支一扶”计划、大学生志愿服务西部计划等服务基层项目，解决边疆民族地区人才匮乏问题，培养锻炼后备人才。

（十三）现代服务业人才培养工程

以全面推进云南旅游“二次创业”为重点，加快餐饮、商贸等传统服务业和金融、保险、房地产、物流、养生养老等现代服务业人才的开发培养。创新现代服务业人才培养模式，调整高校专业设置，推动校企合作，实行“订单教育”。健全完善多渠道的引才政策，搭建高效便捷的引才平台，积极引进我省发展现代服务业急需紧缺的各类管理和专业技术人才。

（十四）人力资源市场建设工程

按照统一规范、竞争有序的人力资源市场建设要求，推动人才市场和劳动力市场整合，实现管理体制统一、法律法规统一、政策制度统一，逐步使公共服务与经营性服务分离，构建完整的公共就业人才服务体系。建设一个符合国际惯例的云南面向西南开放的中国云南国际人力资源市场。

（十五）人才信息化建设工程

整合人才信息资源，建立社会化、开放式的人才资源信息共享机制。加强人才信息网络和数据库建设，建立健全高层次人才库。加快推进人才电子政务建设，构筑互动、高效、安全的人才资源公共信息平台和人才公共服务平台。建设以行业分类为指导，以人才服务为中心，覆盖全社会，连接政府电子政务网络的多层次安全、可靠的人才信息服务支撑体系。

六、规划的组织实施

（一）加强对规划实施工作的领导

各级党委、政府要加强和改进对人才工作的领导，为实施规划提供坚强的组织保障。省人才工作领导小组负责规划实施的统筹协调和宏观指导。制定各项目标任务的分解落实方案和重大工程实施办法。建立规划实施情况的监测、评价、考核机制，加强督促检查，确保规划的顺利实施。

（二）建立健全人才发展规划体系

各州市和省级有关部门要以本规划为指导，结合实际，编制本地区、本行业中长期人才发展规划，使全省的中长期人才发展规划与各地区、各行业和各部门的人才发展规划，形成全省人才发展规划体系。

（三）营造规划实施的良好社会环境

大力宣传中央和省委人才工作的方针、政策，宣传规划实施的重要意义和规划的指导思想、目标任务、重大举措。总结宣传规划实施过程中的典型经验、做法和成效，形成全社会关心人才发展、支持人才发展的良好氛围。

（四）加强人才工作基础建设

加强人才发展理论和实践问题研究，积极探索符合我省发展实际的人才资源开发规律和人才工作规律。推进人才工作信息化建设，建立人才信息网络和数据库。建立人才资源年度统计调查和定期发布制度。加强人才工作队伍建设，加大培训力度，提高人才工作队伍的政治素质和业务水平。

西藏自治区中长期人才发展规划纲要
(2010—2020年)

为全面贯彻落实中央第五次西藏工作座谈会精神，大力实施人才强区战略，着眼于为到2020年同全国一道实现全面建设小康社会目标提供人才保证，根据《国家中长期人才发展规划纲要(2010—2020年)》和全国人才工作会议精神，结合我区实际，制定本规划纲要。

一、人才发展现状与面临的形势

自治区党委、政府历来高度重视人才工作，坚持把人才资源作为第一资源，提出了一系列加强人才工作的政策措施，为我区经济社会发展提供了有力的人才保障。进入新世纪特别是2003年第一次全国人才工作会议以来，自治区党委、政府在推动科教兴藏战略的同时，作出了实施人才强区战略的重大决策，制定出台了《关于贯彻〈中共中央、国务院关于进一步加强人才工作的决定〉的意见》、《西藏自治区2004—2010年人才资源开发规划纲要》和《关于进一步加强人才队伍建设的实施意见》，进一步明确了人才工作的总体要求、方针原则、目标任务和政策措施。各级党委、政府紧紧抓住人才培养、吸引、使用三个关键环节，不断深化干部人事制度改革，积极探索以市场为导向的人才工作新机制，人才工作和人才队伍建设取得明显成效。全区人才总量稳步增长，人才综合素质不断提高，尊重劳动、尊重知识、尊重人才、尊重创造的氛围日益浓厚，党管人才工作格局初步形成。目前，全区人才资源总量26.9万人，占全区总人口的9.3%，其中具有本科以上学历或高级专业技术职称的人才3.8万人，有中国工程院院士和国家杰出专业技术人才3人、国家百千万人才工程人选10人、享受国务院特殊津贴专家230人，享受自治区特殊津贴专家15人和学术技术带头人126人。

同时，必须清醒认识到，当前我区人才发展总体水平与经济社会发展需要还存在较大差距：人才队伍整体素质不高，创新创业能力不强；人才结构和分布不尽合理，服务新农村建设的卫生、农技、畜牧等实用人才严重短缺；经济社会发展需要的应用开发型人才紧缺，高层次创新型人才匮乏；人才培养模式相对滞后，高等教育学科专业设置与跨越式发展和长治久安要求有一定差距；人才优先发展理念还没有普遍确立；人才发展体制机制障碍尚未消除，人才发展环境有待进一步优化；人才资源开发投入力度有待进一步加大，市场配置人力资源的基础性作用有待进一步发挥。

中央第五次西藏工作座谈会的召开，为我区人才工作指明了方向，为人才事业发展带来了宝贵机遇。全国人才工作会议和《国家中长期人才发展规划纲要(2010—2020年)》，明确了从人才大国向人才强国攀登的指导方针、奋斗目标和发展途径，对进一步实施人才强国战略、加快建设人才强国作出了全面部署，必将有力推动我区人才发展和人才队伍建设。面对新形势新任务，我们必须进一步增强责任感和使命感，抢抓机遇，用战略眼光看待人才工作，用创新举措加强人才工作，主动适应跨越式发展和长治久安需要，坚定不移地走人才强区之路，科学规划，深化改革，重点突破，整体推进，不断推动人才工作又好又快发展。

二、人才发展的指导方针、战略目标和总体部署

(一)指导方针

高举中国特色社会主义伟大旗帜，以邓小平理论和“三个代表”重要思想为指导，深入贯彻落实科学发展观，全面贯彻落实党的十七届五中全会和中央第五次西藏工作座谈会精神，坚持中央关于西藏工作指导思想不动摇，坚持党管人才原则，尊重劳动、尊重知识、尊重人才、尊重创造，紧紧围绕全国人才工作会议、国家人才规划确立的战略目标，着眼于走有中国特色、西藏特点的发展路子，着眼于我区跨越式发展和长治久安目标任务，结合我区发展稳定实际，突出政治标准，大力实施人才强区战略，遵循社会主义市场经济规律和人才成长规律，以加快人才工作体制机制改革和政策创新为动力，以加大人才投入为保障，以实施重大人才项目为抓手，立足当前、着眼长远，用好现有人才、稳住关键人才、吸引急需人才、培养未来人才，统筹推进各类人才队伍建设，为到2020年与全国一道实现全面建设小康社会的宏伟目标提供坚强的人才保证和广泛的智力支持。

我区人才发展的指导方针是：服务大局、人才优先、以用为本、创新机制、培引并举、整体开发。

服务大局。把服务跨越式发展和长治久安作为人才工作的根本出发点和落脚点，围绕跨越式发展和长治久安目标推进人才资源开发，根据跨越式发展和长治久安需要制定人才政策措施，用跨越式发展和长治久安成果检验人才工作成效，使人才总量、素质、结构、分布与之相适应、相协调。

人才优先。把人才作为推进跨越式发展和长治久安最宝贵、最可持续的第一资源，确立在经济社会发展中人才优先发展的战略布局，强化人才在跨越式发展和长治久安中的重要地位和作用，做到人才资源优先开发、人才结构优先调整、人才投资优先保证、人才制度优先创新。

以用为本。把促进人才全面发展放在突出位置，围绕用好用活人才，制定有利于人才成长的政策措施，完善能使各类人才充分发挥作用的制度体系，形成用才的良好环境和政策优势，为各类人才干事创业提供机会和条件，使人才价值在使用中得到体现和提升。

创新机制。把深化体制机制改革作为推动人才发展的根本动力，破除各种不利于人才发展的思想观念和制度障碍，按照以人为本的核心理念，构建更加有利于科学发展、更加适合西藏特点的人才发展体制机制，最大限度地激发各类人才的创造活力。

培引并举。人才培养和人才引进并举，立足于培养本地人才，稳定人才和用好人才并重。整合培养教育资源，拓宽培养教育渠道，实施人才培养工程，加强人才资源能力建设。坚持急需紧缺人才面向全国、普通人才立足区内的原则，在用好现有人才、稳住关键人才的同时，不求所有、但求所用，引进急需紧缺人才。

整体开发。以高层次人才为先导，以应用型人才为主体，统筹抓好地域之间、行业之间和不同经济类型之间的人才配置，优化人才队伍的地区结构、行业结构、专业结构和能级结构，整体推进党政人才、企业经营管理人才、专业技术人才、高技能人才、农村实用人才、社会工作人才队伍建设，实现各类人才队伍协调发展。

（二）战略目标

到2020年，我区人才发展的总体目标是：人才总量基本满足跨越式发展和长治久安需要，人才素质大幅度提高，人才结构更加合理，高层次人才紧缺局面明显好转，人才工作体制机制基本完善，人才发展环境更加优化。

——人才总量稳步增长。到2020年，人才资源总量达到48.3万人，增长77%，人才资源占人力资源总量的比重提高到18%，基本满足跨越式发展和长治久安需要。

——人才素质大幅度提高。各类人才坚定不移地贯彻执行党的路线方针政策，坚定不移地维护祖国统一和民族团结，政治立场更加坚定，专业知识和能力更加扎实。到2020年，全区就业人员平均受教育年限提高到10年以上，主要劳动年龄人口受过高等教育的比例达到20%，每万劳动力中研发人员达到30人年，高技能人才占技能劳动者的比例达到27.5%。

——人才结构进一步优化。人才在城乡、区域、产业和行业之间的分布趋于合理，人才的专业、学历、年龄、民族和性别结构明显改善，藏族及其他少数民族人才迅速成长，中青年人才、妇女人才明显增加，专业技术人才门类齐全，高、中、初级比例适当，服务新农村建设的卫生、农技、畜牧等实用人才总量明显增多，人才结构与经济社会发展更加协调。

——人才使用效能明显提高。人才发展体制机制创新取得突破性进展，人才对推进跨越式发展和长治久安的促进作用明显增强。到2020年，人力资本投资占全区国内生产总值比例达到26%，人力资本对经济增长贡献率达到28.6%，人才贡献率达到30.7%。

——人才发展环境明显改善。科学人才观基本确立，党管人才工作格局基本形成，各级党委、政府对人才工作更加重视，人才舆论宣传更加有力，有利于人才创新创造的政策措施更加完善，尊重劳动、尊重知识、尊重人才、尊重创造的观念深入人心，人才辈出、人尽其才的环境基本形成。

（三）总体部署

一是更加注重人才的思想政治建设和能力建设，突出创新精神和创新能力培养，大幅度提升各类人才整体素质。二是大力创新人才培养模式，突出培养创新型科技人才，重视培养领军人才和复合型人才，大力开发经济社会重点领域急需紧缺人才，统筹抓好党政人才、企业经营管理人才、专业技术人才、高技能人才、农村实用人才、社会工作人才队伍建设。三是大力推进人才结构调整，充分发挥市场配置人才资源的基础性作用，改善宏观调控，调整人才素质、层级、分布结构，适应和引领经济社会协调发展。四是加快人才工作体制机制建设，完善人才管理体制，改进人才管理方式，创新人才培养开发、评价发现、选拔任用、流动配置、激励保障、经费投入机制，营造充满活力、富有效率、更加开放的制度环境。五是坚持高层次人才面向全国、海外，普通人才立足区内的原则，大力培养吸引跨越式发展和长治久安急需紧缺人才。六是大力加强和改进党对人才工作的领导，完善党管人才工作格局，创新党管人才方式方法，为人才发展提供坚强的组织保证。

推进人才发展，要统筹兼顾，突出重点，科学谋划，分步实施。到2015年，制定完善有利于人才成长的各项政策措施，并在体制机制创新上有较大突破；到2020年，全面落实各项人才政策措施和工作任务，确保人才发展战略目标实现。

三、人才队伍建设主要任务

（一）大力培养跨越式发展和长治久安急需紧缺人才

发展目标：适应我区跨越式发展和长治久安需要，加大急需紧缺人才培养力度。到2020年，在农业科技、生态环境保护、能源资源、信息、生物技术、新材料、交通运输、旅游、金融财会等经济重点领域培养急需紧缺人才11100人；在政法、宣传思想文化、教育、医药卫生、民族宗教管理、防灾减灾等社会发展重点领域培养急需紧缺人才49240人。经济和社会发展重点领域各类专业人才数量充足，政治过硬，整体素质和创新能力显著提升，人才结构趋于合理。

主要举措：围绕重点领域发展，开展深入细致的人才需求调研，研究制定经济社会发展急需紧缺人才培养政策措施。大规模开展人才知识更新培训，不断提升专业化水平。调整优化高校学科专业设置，加大急需紧缺人才特别是紧缺技术、管理人才培养力度。加强宣传思想文化、民族宗教管理、医药卫生、教育人才培养。围绕优势特色产业、新兴产业和重大项目发展需要，做好急需紧缺人才培养引进工作。支持重点领域高层次人才参加国际国内科研计划、学术交流。研究制定重点领域科研骨干人才分配激励办法。建立重点领域相关部门人才开发协调机制。

（二）统筹推进各类人才队伍建设

1．党政人才队伍

发展目标：按照加强党的执政能力和先进性建设的要求，以坚定理想信念和提高领导科学发展能力为核心，以县（处）级以上领导干部为重点，建设一支政治坚定、作风优良、纪律严明、勤政为民、恪尽职守、清正廉洁、服务跨越式发展和长治久安的高素质党政人才队伍。到2020年，具有大学本科以上学历的干部占党政干部队伍的75%，政治立场更加坚定，结构更加合理，专业化水平明显提高，总量从严控制。

主要举措：实施党政人才素质提升工程，构建理论教育、知识教育、党性教育和实践锻炼“四位一体”的干部培养教育体系，开展大规模干部教育培训，大力提高党政人才服务群众、凝聚人心能力，反对分裂、维护稳定能力，依法办事、应急处置、舆论引导能力，做好民族宗教工作能力。坚持“三个离不开”方针和德才兼备、以德为先的用人标准，坚持“五湖四海”原则，树立坚定信念、注重品行、科学发展、崇尚实干、重视基层、鼓励创新、群众公认的用人导向，注重培养选拔优秀藏族干部和其他少数民族干部，注重培养选拔长期在藏工作的优秀汉族干部，注重培养选拔优秀妇女干部和非中共党员干部。加强干部跨区域、跨部门交流，支持鼓励表现优秀的援藏干部延长援藏期限或调入西藏工作。实施后备干部队伍建设工程，采取轮岗、易地交流任职、挂职锻炼等方式提高后备干部的实际能力。制定科学的党政人才考核评价办法，加强岗位职责、能力素质和工作业绩考核。健全权力约束制衡机制，加强党政干部管理监督。

2．企业经营管理人才队伍

发展目标：以提高市场开拓能力和现代经营管理水平为核心，培养和造就一批具有经营战略眼光、市场开拓精神、管理创新能力和社会责任感的优秀企业家和一支高水平的企业经营管理人才队伍。到2015年，企业经营管理人才总量达到2.5万人；到2020年，企业经营管理人才总量达到3.5万人，培养造就在全国有一定影响力的企业家。

主要举措：实施企业经营管理人才培养工程，依托区内外高等院校和其他培训机构及对口援藏省市、中央重要骨干企业，建立培训基地，加强企业经营管理人才的教育培训和实践锻炼，提高市场开拓能力、竞争能力和现代经营管理水平。抓紧培养一批熟悉企业规划、资本运作、经营管理、市场开发、企业党建等方面的复合型人才；大力培养旅游业、矿产业、建筑建材业、藏医药业、民族手工业、绿色饮食业、高原特色生物产业、农畜产品加工业等支柱产业、特色产业的经营管理人才；重视培养非公有制企业经营管理人才。采取组织选拔与市场化选聘相结合的方式选拔国有企业领导人员，注重在实践中发现、选拔、培养企业经营管理人才。建立健全国有企业经营管理者聘任制、任期制和任期目标责任制，实行契约化管理。建立健全促进企业家成长的政策和机制，完善以市场和出资人认可为核心的企业经营管理人才评价体系，创造有利于企业经营管理人才队伍成长的环境和条件。

3．专业技术人才队伍

发展目标：以提高专业水平和创新能力为核心，以高层次复合型人才和紧缺人才为重点，培养引进一批高水平学科带头人和中青年高级专家，打造一支规模宏大、素质优良、门类齐全、结构合理、具有较强创新能力的专业技术人才队伍。到2015年，专业技术人才总量达到7万人；到2020年，专业技术人才总量达到9万人，其中高、中、初级专业技术人才的比例为1:4:5。

主要举措：研究制定《关于加强专业技术人员继续教育工作的意见》。依托国家重大人才培养计划，以培养特色优势产业、高新技术产业、重点项目急需紧缺人才为重点，加快实施专业技术人才知识更新工程。实施新世纪百千万人才工程，做好“西部之光”访问学者选派工作和少数民族专业技术人员特殊培养工作。举办高级研修班，组织区外专家进藏开展讲学、技术咨询服务。注重专业技术人才的政治素质，加强专业技术人才思想政治教育和职业道德教育。修订完善专业技术职务评审实施细则，统筹推进专业技术职称和职业资格制度改革，形成以能力和业绩为主的用人导向。制定专家培养选拔管理办法，强化激励，科学管理。完善自治区政府特殊津贴制度。积极改善基层专业技术人才工作、生活条件。注重发挥离退休高层次专业技术人才的作用。

4．高技能人才队伍

发展目标：以提升职业素质和职业技能为核心，以技师和高级技师为重点，形成一支门类齐全、技艺精湛、爱岗敬业的高技能人才队伍。到2015年，高技能人才总量达到1.8万人；到2020年，高技能人才总量达到2.2万人。

主要举措：创新培养模式，构建和完善以行业、企业为主体，职业院校为基础，校企合作为纽带，培养和鉴定相结合、政府推动与社会支持相结合的社会化开放式高技能人才培养体系。加强职业培训，整合利用现有各类职业教育培训资源，充分发挥现有技能人才培养基地作用，建立高技能人才公共实训基地和培训基地。搭建面向全社会提高高技能人才实训和鉴定等服务的公共平台。突出高技能人才培养模式、培养内容、培养方式和培养效果等方面的示范性，改革职业教育办学模式，实行中等职业学校免学费政策和学生生活补助制度，逐步推行学历证书和职业资格证书“双证书”制度。实施高技能人才培养工程，针对不同区域、不同行业高技能人才需求特点，有重点组织实施高技能人才培训项目和基础开发项目。加强职业教育“双师型”教师队伍建设，在职业教育中逐步推行学历证书和职业资格证书“双证书”制度。建立健全高技能人才柔性流动和区域合作机制，鼓励高技能人才通过兼职、服务和技术攻关、项目引进等多种方式发挥作用，优化高技能人才成长环境，畅通高技能人才成长渠道。

5．农牧区实用人才队伍

发展目标：以提高科技素质、实用技能和生产经营能力为核心，以实用人才和生产经营型人才为重点，着力打造一支数量充足的服务农牧区经济社会发展需要的实用人才队伍。到2015年，农牧区实用人才总量达到15万人；到2020年，农牧区实用人才总量达到21万人，每个村有1—2名示范带动能力强的带头人。

主要举措：实施农牧区实用人才培养工程，依托农牧区现代远程教育网络、职业学校、高等院校、科研院所、农技推广机构和培训中心，大规模开展农牧区实用人才培训，大力培养致富带头人、农技带头人、经营带头人。实施现代农牧业人才支撑计划，鼓励和引导城镇人才到农牧区创业，支持农牧区实用人才创业兴业。大力扶持农牧民专业合作经济组织和专业技术协会，加快培养农牧区产业化发展急需的企业经营管理人才、农牧民专业合作经济组织带头人、农牧民经纪人和营销队伍。实施农牧业科技入户工程、绿色证书工程、新型农牧民创业培训工程和农牧区劳动力转移培训阳光工程。开展一村一名拔尖实用人才培养活动和机关干部对口扶持工作。坚持科技特派员制度。推进医疗卫生人员支援农牧区卫生、城镇教师支援农牧区教育、科技人才下乡支农等工作。每年从高校毕业生中招募一批“三支一扶”人员，增强对农牧区的智力支持。

6．社会工作人才队伍

发展目标：以人才培养和岗位开发为基础，以提高专业化水平和职业化技能为核心，培养造就一支职业化、专业化的社会工作人才队伍。到2015年，社会工作人才总量达到1.5万人；到2020年，社会工作人才总量达到2万人。

主要举措：制定加强社会工作人才队伍建设规划，建立不同学历层次教育协调配套、专业培训和知识普及有机结合的社会工作人才培养体系。实施社会工作人才素质提升工程，制定社会工作培训质量评估指标体系，分层次开展社会工作人员专业知识培训。确立社会工作职业规范和从业标准，建立健全社会工作人才培养、评价、使用、激励机制。制定社会工作岗位开发、设置政策措施，在社区建设、社会福利、社会救助、生活服务等领域积极开发、合理设置人才岗位。大力发展社会工作公益性民间组织，吸纳专业社会工作人才，加强社会工作者队伍职业化管理。推进公益服务类事业单位、城乡社区和公益类社会组织建设，完善培育扶持和依法管理社会组织的政策。组织实施社会工作服务组织标准化建设示范工程，发现和宣传优秀社会工作人才典型事迹，营造社会工作良好氛围。制定政府购买社会工作服务政策，鼓励社会工作人才协助政府参与社会管理和公共服务。加快发展志愿者服务队伍，建立社会工作人才和志愿者队伍联动机制。加大财政资金向公共服务领域投入力度，创建有利于社会工作发展的财政体制，建立和完善社会工作人才资金保障机制。

四、体制机制创新

（一）改进完善人才工作管理体制

1．完善党管人才的领导体制

目标要求：加强和改进党对人才工作的领导，创新党管人才的方式方法，完善党委统一领导，组织部门牵头抓总，有关部门各司其职、密切配合，社会力量广泛参与的人才工作格局。充分发挥党委领导核心作用，统筹经济社会发展和人才发展，注重在实践中培养造就人才，切实保障人才权益，用事业、待遇、感情吸引人才、留住人才，提高党管人才工作水平。党政主要负责人要树立强烈的人才意识，善于发现人才、培养人才、团结人才、用好人才、服务人才。

主要任务：研究制定党管人才工作的实施意见。健全人才工作领导机构，建立科学的决策机制和督促落实机制，形成统分结合、上下联动、协调高效、整体推进的人才工作运行机制。建立党委、政府人才工作目标责任制，完善党委联系专家制度。完善党委组织部门牵头抓总职能，发挥政府人力资源管理部门作用，强化各职能部门人才工作职责，充分调动各人民团体、企事业单位和社会组织的积极性，动员和组织全社会力量，形成人才工作整体合力。

2．改进人才管理方式

目标要求：围绕用好用活人才，建立完善政府宏观管理、市场有效配置、单位自主用人、人才自主择业的人才管理体制。改进宏观调控，推动政府人才管理职能向创造良好发展环境、提供优质公共服务转变。健全人才市场体系，充分发挥市场配置人才资源的基础性作用。深化国有企业和事业单位人事制度改革，创新管理体制，转换用人机制。落实单位用人自主权，发挥用人单位在人才培养、吸引、使用中的主体作用。

主要任务：规范行政行为，推动人才管理部门进一步简政放权，减少和规范人才评价、流动等环节中的行政审批和收费事项。分类推进事业单位人事制度改革，逐步建立起权责清晰、分类科学、机制灵活、监管有力的事业单位人事管理制度。逐步取消科研院所、学校、医院等事业单位实际存在的行政级别和行政化管理模式，建立与现代科研院所制度、现代大学制度和公共医疗卫生制度相适应的人才管理制度。完善国有企业领导人员管理体制，健全符合现代企业制度要求的企业人事制度。鼓励支持有条件的地区和行业进行人才管理改革试验，探索建立现代先进的人才管理机制。

（二）创新人才工作机制

1．人才培养开发机制

目标要求：以推进跨越式发展和长治久安为导向，以提高思想政治素质、业务能力和创新能力为核心，完善现代国民教育和终身教育体系，注重在实践中发现、培养、造就人才。认真贯彻落实中央第五次西藏工作座谈会优先发展教育事业的政策措施，充分发挥教育在人才培养中的基础性作用，全面发展各级各类教育，立足西藏实际，注重培养应用型人才，突出培养创新型人才，深化教育改革，促进教育公平，提高教育质量。统筹规划继续教育，基本形成学习型社会。

主要任务：把社会主义核心价值体系教育贯穿于人才培养开发全过程，不断提高各类人才的思想道德水平。切实加强义务教育和高中阶段教师队伍建设，改变基础教育薄弱情况。创新人才培养模式，全面推进素质教育。深化高等教育改革，推进高等院校发展，优化高校学科专业、类型和层次结构布局，加强特色学科和优势专业，提高人才培养质量。大力发展职业教育。完善在职人员继续教育制度，分类制定在职人员定期培训办法。大力发展现代远程教育，构建网络化、开放式、自主性终身教育体系。

2．人才评价发现机制

目标要求：建立以岗位职责要求为基础，以品德、能力和业绩为导向，科学化、社会化的人才评价发现机制。完善人才评价标准，改进人才评价方式，拓宽人才评价渠道。把评价人才和发现人才结合起来，注重靠实践和贡献评价人才，坚持在实践和群众中识别人才、发现人才。

主要任务：改进和完善人才考核评价的方式方法，建立各类人才能力素质标准。建立以岗位要求为基础、以能力和业绩为导向的事业单位人员考核评价制度。完善重在业内和社会认可的专业技术人才评价机制。积极探索资格考试、考核和同行评议相结合的专业技术人才评价方法，分类制定人才职业能力评价标准，开展专业技术水平能力认证工作。深化职称制度改革，以打破专业技术职称终身制为重点，制定以能力为导向，体现不同层次、行业、职位特点的专业技术职务评价标准。完善以任期目标责任制为依据，突出对经营业绩和综合素质考核的不同类型企业经营管理人才评价制度。逐步完善以职业能力为导向，以工作业绩为重点，注重职业道德和职业知识水平的技能人才评价考核办法。探索技能人才多元评价新模式。健全党政领导干部重在群众认可的考核评价机制，完善体现科学发展观和正确政绩观的党政领导干部综合考核评价指标体系。研究制定不同类别、层次、岗位公务员的考核指标体系。建立在重大科研、工程项目实施、急难险重工作和应急处理突发事件中发现、识别人才的机制。

3. 人才选拔任用机制

目标要求：适应西藏跨越式发展和长治久安需要，改革各类人才选拔使用方式，科学合理使用人才，形成有利于各类人才脱颖而出、充分施展才能的选人用人机制。深化党政领导干部选拔任用制度改革，提高选人用人公信度。推进事业单位体制改革，建立事业单位聘用制度和领导人员选拔制度。改革和完善国有企业领导人员选拔制度。

主要任务：完善党政领导干部公开选拔、竞争上岗制度，加大竞争性选拔干部工作力度。探索符合西藏实际的干部选拔任用提名办法。探索建立差额推荐干部制度。坚持和完善从基层和反分裂斗争一线选拔干部制度。按照分类指导的原则，进一步深化事业单位人事制度改革，全面推行人员聘用制度、公开招聘制度、内部人员竞聘上岗制度，形成聘用合同规范、人员能进能出、职务能上能下、待遇能高能低的用人机制。建立健全市场配置、组织选拔和依法管理相结合的国有企业经营管理者选拔任用机制，加大市场配置力度。

4. 人才流动配置机制

目标要求：加快人才市场建设，规范人才市场管理，完善市场服务功能，畅通人才流动渠道，建立政府部门宏观调控、市场主体公平竞争、人才自主择业的人才流动配置机制。

主要任务：政府对人才流动进行积极的政策引导和监督，制定和完善市场配置人才资源的政策措施，破除人才流动的体制性障碍，促进人才资源有效配置。制定双向挂职、短期工作、项目合作等灵活多样的人才流动政策，引导党政人才、科研院所和高等院校专业技术人才向企业和基层一线有序流动。对在高低海拔地区的人才有计划地进行交流。逐步建立专业化、信息化的人才市场服务体系，加速人才市场化进程。完善社会保险关系接续办法。完善劳动合同、人事争议仲裁等制度，维护各类人才和用人单位的合法权益。

5. 人才激励保障机制

目标要求：积极协调中央有关部门落实中央第五次西藏工作座谈会赋予我区的各项优惠政策。进一步完善与工作业绩紧密联系、充分体现人才价值、有利于激发人才创新创造活力的激励保障机制。坚持精神奖励和物质奖励相结合，以政府奖励为导向，用人单位和社会力量奖励为主体，建立健全有利于人才成长和发挥作用的分配制度和奖励体系。推进社会保障制度改革，完善以养老保险和医疗保险为重点的社会保障制度，形成社会保障、单位保障和个人保障相结合的人才保障体系。

主要任务：研究探索知识、技术、管理、技能等生产要素按贡献参与分配的办法，创新分配激励机制。完善政府资助开发的科研成果权利归属和利益分享机制，保护科技成果创造者的合法权益。健全人才激励机制，重点向创新创业人才倾斜。建立政府荣誉制度，设立西藏自治区杰出人才奖，表彰奖励在我区经济社会发展中作出突出贡献的各类人才。分期分批地扩大农村、非公有制经济组织、新社会组织人才的社会保障覆盖面。关心爱护长期在基层和艰苦边远地区工作的各类人才，改善他们的工作和生活条件。落实村干部“一定三有”政策，建立村干部基本报酬、业绩考核奖励制度和村党支部书记定期体检制度，提高村党支部书记和其他村干部待遇。

6. 人才经费投入机制

目标要求：建立以政府投入为主体，用人单位和社会投入、个人投入为补充，中央关心和全国支援相结合的多元化人才经费投入机制。

主要任务：改善经济社会发展要素投入结构，逐年增加人力资本投资比重，优先保证对人才发展的投入。用好自治区人才资源开发专项资金。政府鼓励并在资金上对个人和中小企业开展发明创造活动给予资助。制定优惠政策，鼓励和支持企业、社会组织建立人才发展基金，鼓励和引导社会、用人单位加大人才发展投入。

五、重大政策

（一）实施引导人才向农牧区基层流动政策

加强基层基础设施建设，改善农牧区基层人才的工作和生活条件，稳定农牧区基层人才队伍。特别是对在农牧区基层工作的各类人才，在工资待遇、职务晋升、职称评定等方面制定具体办法，给予较大倾斜，确保留住人才。优化农牧区基层党政人才队伍结构，每年选招一批优秀复转军人和考录一批高校毕业生到乡镇和村工作。引导和鼓励高校毕业生到农牧区基层和艰苦边远地区创业就业，并给予一定扶持。做好“三支一扶”和大学生志愿服务西部计划工作。坚持科技特派员制度，每年选派一批科技特派员到农牧区服务，并在职称评定方面给予适当优先照顾。制定机关干部到乡村工作有关制度，鼓励机关干部到农牧区和艰苦边远地区任职或挂职，强化从基层选拔干部的用人导向。

（二）实施推进党政人才、企业经营管理人才、专业技术人才合理流动政策

营造开放的用人环境，打破人才身份、部门和单位限制，鼓励和支持党政人才、企业经营管理人才、专业技术人才相互进行交流和挂职锻炼。扩大党政机关和国有企事业单位领导人员跨地区跨部门交流任职范围。拓宽党政人才来源渠道，完善从企事业单位和社会组织选拔人才制度。完善党政机关人才向企业、事业单位流动的社会保险关系转移接续办法。

（三）实施更加开放的人才政策

建立区外、海外高层次人才特聘专家制度，邀请区外、海外专家进藏开展讲学活动、项目合作和专业技术指导。建立人才引进项目库，针对高层次、高素质和实用型人才量身定制优惠政策。加强同周边省区市人才交流合作。研究制定自治区对口援助人才专项规划，加大人才对口援藏力度。

（四）实施人才创业扶持政策

大力开发利用智力资源，建立科研活动经费资助制度。加强产学研合作，支持科研机构、高等院校科技人员创办科技型企业，赋予优惠政策，推动科技人才向企业集聚，提高自主创新能力，促进科技成果转化和技术转移。鼓励和支持科研院所、高等院校、企业科技人员和管理人员在创新实践中成就事业，并享受相应待遇。鼓励和支持高校毕业生自主创业，鼓励

和支持科研人员到科研一线创业服务。加强科技基础平台和科普基地建设，加强科技推广工作，支持能够带动农牧民致富的科技推广项目。

（五）实施鼓励非公有制经济组织和新社会组织人才发展政策

对社会主义市场经济体制下各种所有制组织中的人才，坚持一视同仁、平等对待。把非公有制经济组织和新社会组织人才开发纳入各级人才发展规划，平等享受政府在人才培养、吸引、评价、使用等方面的各项政策。政府支持人才创新创业的资金、项目、信息等公共资源，向非公有制经济组织和新社会组织人才平等开放；政府开展人才宣传、表彰、奖励等活动，非公有制经济组织和新社会组织人才平等参与。

六、重大人才工程

（一）人才素质提升工程

把提升人才素质作为一项战略性、基础性工程来抓，依托高等院校和各级各类教育培训基地，本着立足需要、着眼发展、重在实用的原则，采取举办培训班、定向培养、国内外研修、项目资助、对口支援等方式，对不同类别、不同层次人才进行大规模培训。每5年对各类人才普遍轮训一次，到2020年人才队伍整体素质大幅度提升。

（二）农牧区急需人才培养工程

适应社会主义新农村建设需要，整合教育培训资源，大力培养农牧区急需的种植养殖业、建筑建材业、旅游服务业、民族手工业、农副产品加工业等各类人才。重点扶持100个有一定基础和特色、示范带动能力较强的农牧民专业合作经济组织。实施农牧区中小学教师培训计划，加大对农牧区中小学骨干教师和“双语”教师的培训力度。加快卫生人才队伍建设，重点抓好县医疗卫生机构和乡镇卫生院卫生专业技术人才培养。加强农牧业科技人才队伍建设和培养。

（三）特色优势产业人才培养工程

围绕“一产上水平、二产抓重点、三产大发展”的经济发展战略，抓住旅游业、绿色食（饮）品业、民族手工业、藏医药业、建材业、矿产业等特色优势产业，大力培养发展高原特色优势产业所需各类人才。每年培养1000名优势特色产业人才，为推动特色产业大发展提供强大的人才支撑。

（四）青年英才培养计划

在经济社会发展重点学科领域，培养和造就一批思想政治素质过硬、专业技术知识精湛、能发挥较好示范引领作用的青年骨干人才。建立青年英才资源库，实现网络化管理。探索建立分类规划、分层施教的青年人才培训机制。建立健全对各类青年人才的跟踪培养机制，拓宽举荐青年人才的有效途径，促进更多的优秀青年人才出成果、担重任。深入推进青年马克思主义者培养工程并不断加大投入，培养一批青年企业经营管理骨干人才、青年技术技能骨干人才、青年农牧民致富带头人和青年社会人才，培养一批青年金融、证券和财经骨干人才。建立完善青年人才表彰奖励机制，形成有利于青年人才成长成才的社会氛围。

（五）艰苦边远地区人才支持计划

着眼于解决基层特别是艰苦边远地区人才匮乏问题，实施一村一名大学生计划，每年考录400名优秀高校毕业生到村任职，到2020年实现一村（社区）一名大学生。每年鼓励和引导1000名教师、医生和科技人员到艰苦边远的县、乡、村工作或提供技术服务。抓好艰苦边远地区所需的卫生、计生、农技、文化服务等人员培训。

（六）高层次急需紧缺人才引进工程

以重大项目、重点学科和重点实验室为依托，以在高校、科研院所、国有企业、经济技术开发区建设高层次人才创新创业基地为平台，引进区外、海外高层次人才和留学回国人才。建立高层次人才社会保障体系，设立政府引才专项资金，完善生产要素按贡献参与分配制度，创造便捷政策，简化引进手续，放宽户口限制，完善工作生活后续服务，畅通人才引进通道。争取中央和国家有关部委支持，从区外引进新能源、电网规划、电源前期规划、油气储运、市场营销、土木工程、信息系统和计算机等急需紧缺专业优秀高学历的应届高校毕业生，从海外引进相关专业的留学生和外国专家到我区短期工作。

（七）宣传文化系统“五个一批”人才培养工程

重点培养一批全面掌握马克思主义立场、观点、方法，联系西藏实际的哲学社会科学工作者，一批高举当代西藏研究和现代藏学研究旗帜、维护祖国统一和民族团结、服务跨越式发展和长治久安的藏学家，一批坚持正确导向、深入反映生活、受到群众喜爱的优秀记者、优秀编辑、优秀主持人，一批熟悉党和国家方针政策、社会责任感强、精通业务知识的出版家和懂经营、会管理的经营管理人才，一批紧跟时代步伐、热爱祖国和西藏人民、艺术水平精湛的作家、艺术家。对承担重大课题、重点项目、重要演出和开展创作研究、展演交流、出版专著等活动的“五个一批”人才给予重点扶持和经费资助。到2020年，由政府资助培养的“五个一批”人才达到100名。

七、组织实施

（一）加强对规划纲要实施工作的组织领导

自治区人才工作协调小组负责规划纲要的统筹协调和宏观指导，制定规划纲要分解落实方案和重大人才工程实施办法，对规划纲要实施情况进行评估、考核和督促检查。

（二）建立健全人才发展规划体系

各地（市）、各有关部门要以规划纲要为指导，根据本地本部门实际，编制本地区、行业系统以及重点领域的人才发展规划，形成全区人才发展规划体系。

（三）营造实施规划纲要的良好社会环境

大力宣传中央和区党委、政府人才工作的重大战略思想和方针政策，宣传实施规划纲要的重大意义和规划纲要的指导方针、目标任务、重大举措，宣传规划纲要实施中的典型经验、做法和成效，形成全社会关心、支持人才发展的良好氛围。

（四）加强人才工作基础性建设

深入开展人才理论研究，积极探索我区人才资源开发规律。建立健全人才资源统计制度，推进人才资源信息库建设，实施好人才资源开发项目，管好用好自治区人才专项资金。加强人才工作队伍建设，提高人才工作队伍政治素质和业务水平。

陕西省中长期人才发展规划纲要
（2010—2020年）

根据党的十七大精神和《国家中长期人才发展规划纲要（2010－2020年）》，结合推动科学发展、富裕三秦百姓、建设西部强省实际，制定本规划。

第一章 发展背景

第一节 发展基础

人才是指具有一定专业知识或专门技能进行创造性劳动并对社会作出贡献的人，是人力资源中能力和素质较高的劳动者，是经济社会发展的第一资源。省委、省政府历来高度重视人才工，大力实施科教兴陕和人才强省战略，不断加强人才教育、培养、使用、激励等工作，为经济社会发展提供了有力的人才保障。

人才总量增加、素质不断提升。到2008年底，全省人才资源总量302.9万人，占全省总人口8%、人力资源9.8%。单位就业人口大专以上学历人员占38.3%，每万劳动力中研发人员的比例达到32人年，主要劳动年龄人口受过高等教育的比例达到11%，高技能人才占技能劳动者的比例达到23%，人才竞争实力进一步增强。

人才创新平台拓展、效能明显提高。到2008年底，各类高等学校107所、在校学生120.9万人，高等教育毛入学率26.3%，国家级重点学科126个，博士点560个、硕士点1414个，博士后流动站109个、工作站59个，保持了全国高等教育大省的优势地位，成为区域性人才培育中心。各类科研机构1094家，国家级重点实验室、工程技术研究中心、专业专项重点实验室155个，省级重点实验室、工程技术研究中心142个，国家级和省级高新技术和经济技术开发区20个，高新技术产业孵化基地5个，大学科技园3个，综合科技实力位居全国前列。县以上人才市场和劳动力市场267个，各类人力资源服务机构4659家，全省人力资源市场服务体系基本形成。

人才政策逐步完善、新的工作格局基本形成。省委、省政府把人才战略确定为建设西部强省的第一战略，加强统筹规划、协调指导，明确规范党管人才的工作职能，按照“管宏观、管政、管协调、管服务”的要求，积极探索实现党管人才的有效途径，初步形成了有陕西特点的人才政策体系。全省基本形成了党委统一领导，组织部门牵头抓总，有关部门各司其职、密切配合，社会力量广泛参与的人才工作格局。

当前，我省人才发展总体水平与发达地区相比仍有较大差距，与经济社会发展和应对人才竞争需要相比还有许多不适应的地方。主要是：人才发展与经济社会发展的结合不够紧密，人才资源优势没有很好地转化为经济优势，高层次创新型人才和高技能人才不足，人才创新创业能力不够强，人才结构不尽合理，人才发展的体制机制障碍尚未根本消除等。

第二节 发展机遇

更好实施人才强国战略机遇。党的十七大强调更好实施人才强国战略，《国家中长期人才发展规划纲要》进一步明确了人才发展的指导方针、战略目标、总体部署、主要任务和政策措施，要求实施一批引领性、示范性的重大人才发展工程，必将为我省人才发展带来更多新的机遇。

深入实施西部大开发战略机遇。中央制定《关于深入实施西部大开发的若干意见》，进一步加大政策支持力度，颁布《关中一天水经济区发展规划》，要求建设全国内陆型经济开发开放战略高地和统筹科技资源改革示范基地、先进制造业重要基地、现代农业高技术产业基地、彰显华夏文明历史文化基地，进一步拓展了我省人才创新创优创业的平台，必将有力地促进我省科技经济一体化。

加快转变经济发展方式机遇。中央把加快经济发展方式转变作为深入贯彻落实科学发展观的重要目标和战略举措，更加注重自主创新，有利于我省发挥科教优势，促进经济增长由主要依靠增加物质资源消耗向主要依靠科技进步、提高劳动者素质和管理创新转变。

第二章 总体要求

第一节 指导方针

高举中国特色社会主义伟大旗帜，以邓小平理论和“三个代表”重要思想为指导，深入贯彻科学发展观，尊重劳动、尊重知识、尊重人才、尊重创造，认真落实《国家中长期人才发展规划纲要》，坚持“服务发展、人才优先、以用为本、创新机制、高端引领、整体开发”的方针，把人才强省作为推动陕西科学发展的第一战略，进一步完善人才优先发展的战略布局，大力加强人力资源能力建设，不断改善和优化人才成长发展环境，统筹推进各类人才队伍建设，有效促进人才资源大省向人才强省的转变，为建设西部强省提供坚强的人才保证和广泛的智力支持。

当前和今后一个时期，我省人才发展要坚持把解放思想、解放人才、解放科技第一生产力贯穿人才发展和人才工作的全过程。

解放思想，就是坚决破除束缚人才发展的思想观念，克服因循守旧、官本位和内陆意识，增强市场意识、开放意识、竞争意识，强化人才优先发展的理念。

解放人才，就是着力解决人才发展的体制机制障碍，最大限度地激发人才的创造活力，使全社会创新智慧竞相迸发，以创新体制机制实现人才大发展。

解放科技第一生产力，就是突出培养造就创新型科技人才，大力开发经济社会发展重点领域急需紧缺专门人才，全面提升人才核心竞争力。

第二节 基本原则

——党管人才。加强党对人才工作的宏观管理，着力解决人才队伍建设中的关键问题，把人才用好用活，努力为各类人才干事创业营造良好社会环境。

——市场配置。重视发挥用人单位和各类人才的市场主体作用，加快建立统一、开放、竞争、有序的人力资源市场，健全人才公共服务体系，促进人力资源合理流动、有效配置。

——统筹兼顾。坚持统筹人才发展与经济社会发展、人才工作和其他工作以及人才工作的各个方面，有效整合人才资源优势，充分调动起各级各类人才的主动性、积极性和创造性。

——以用为本。坚持把推进人的全面发展和最大限度地发挥人才作用贯穿于人才发展始终，不求所有、但求所用，创新体制机制、搭建事业平台，使各类人才各得其所、各尽其才、才尽其用。

第三节 发展目标

总体目标是：到2015年，完善人才优先发展的战略布局，构筑更具竞争实力和创新活力的西部人才高地，使陕西成为我国区域优质人才资源的集聚区。到2020年，确立我省人才竞争的比较优势，进入全国人才强省行列，建成立足西部、服务全国的西部人才强省，为本世纪中叶基本实现现代化奠定人才基础。

——人才总量较快增长。各类人才资源总量2015年达到418万人。2020年各类人才资源总量增加到555万人，人才资源占人力资源总量的比重提高到17%。

——人才素质全面提高。主要劳动年龄人口受过高等教育的比例 2015年达到17%，每万劳动力中研发人员达到52人年，高技能人才占技能劳动者的比例达到25.6%。2020年主要劳动年龄人口受过高等教育的比例达到22%，每万劳动力中研发人员达到69人年，高技能人才占技能劳动者的比例达到29%。

——人才结构进一步优化。2015年一、二、三产业之间人才比例达到35:25:40，关中、陕北、陕南三大区域人才比例为54.49:26.08:19.43。2020年三次产业之间人才比例达到30:27:43，三大区域人才分布比例达到50.98:26.82:22.20。

——人才效能显著提升。2015年人力资本对经济增长贡献率达到28%，人才贡献率达到31.5%。2020年人力资本对经济增长贡献率达到35%，人才贡献率达到37%。

——人才投入保障有力。2015年人力资本投资占生产总值的比例达到14%。2020年人力资本投资占生产总值的比例达到17%，基本建立政府、社会、用人单位和个人多元化的人才投入体系。

——人才环境明显改善。2020年建成以西安为中心的全国统筹科技资源改革示范基地，人才发展体制机制创新取得突破性进展，创新创业宜居的工作生活环境和鼓励创新、追求和谐的社会氛围基本形成，人才创业活动指数和国民幸福指数不断提高。

第四节 实施步骤

一、构筑西部人才高地（2010－2015年）

主要是强化人才发展的基础建设，着力创新人才发展体制机制，积极推进人才结构战略性调整，加快培养高层次人才和高技能人才，大力开发和引进经济社会发展重点领域急需紧缺人才，进一步优化人才发展的环境，为建成西部人才强省奠定坚实基础。

二、建设西部人才强省（2016－2020年）

主要是全面落实人才发展的各项任务，进一步完善人才优先发展的体制机制，促进经济发展方式向主要依靠科技进步、劳动者素质提高和管理创新转变，人才发展的总体水平和综合竞争实力、人才发展的主要指标位居全国前列。

第三章 主要任务

第一节 大力加强人力资源能力建设

到2015年，全省各市辖区和省辖市普及高中阶段教育，就业人员平均受教育年限达到11年，高等教育毛入学率达到35%。到2020年，全省普及高中阶段教育，就业人口平均受教育年限达到13年，高等教育毛入学率达到50%。

巩固提高九年义务教育水平，加大农村寄宿制学校建设力度，加强学校标准化和教育信息化建设。加快普及高中阶段教育，全面提高高中学生综合素质。不断提高高等教育质量，深入推进高水平大学、重点学科和重点专业建设，加快培养经济社会发展需要的重点人才。

大力发展职业教育，建设一批国家级和省级高技能人才培训基地、公共实训基地、新型农民培训示范基地和再就业培训基地。加强“双师型”教师培养，加快学习型社会建设，构建终身教育体系。

第二节 突出培养造就创新型科技人才

以高层次创新型科技人才为重点，培养吸引一批国内一流国际有影响的科技领军人才和青年科技骨干，造就一支创新能力强、团队结构优的科技创新人才队伍。到2015年，全省研发人员总量达到11万人年，直接从事研究开发的科学家与工程师达到9万人年，高层次创新型科技人才达到5000人；到2020年，研发人员总量达到15万人年，直接从事研究开发的科学家与工程师达到12.5万人年，高层次创新型科技人才达到6000人。

创新人才培养模式，建立学校教育和实践锻炼相结合、国内培养和国际交流合作相衔接的开放式培养体系。实施创新人才培养工程，加强领军人才、核心技术研发人才培养和创新团队建设，形成科研人才和科研辅助人才衔接有序、梯次配备的合理结构。注重复合型人才培养，加大对优秀青年科技人才的发现、培养、使用和资助力度。加强产学研合作，重视企业工程技术与管理人才的培养，推动科技人才向企业集聚。

第三节 加快培养引进科学发展急需专门人才

适应转变经济发展方式的需要，围绕优势特色产业、战略新兴产业和重点区域、重大项目，大力促进急需紧缺专门人才队伍发展。到2015年，各重点领域和区域专业人才需求基本得到满足；到2020年，优势特色产业、战略新兴产业、现代服务业和重点区域、重点领域的专业人才数量充足。

加强对产业、行业、区域人才发展的统筹规划和分类指导，开展人才需求预测，定期发布急需紧缺人才目录。调整优化高等学校学科专业设置，组织实施专业技术人才知识更新工程，大规模开展重点领域专门人才知识更新培训。完善重点领域骨干人才分配激励办法，建立重点领域相关部门人才开发协调机制。

第四节 统筹各类人才发展

——党政人才。以加强党性修养、坚定理想信念、增强执政本领、提高领导科学发展能力为核心，以县以上领导干部为重点，建设一支政治坚定、勇于创新、勤政廉洁、求真务实、奋发有为，善于推动科学发展、促进社会和谐的高素质党政人才队伍。到2020年，具有大学本科以上学历的干部占党政干部队伍的85%以上。

开展大规模干部教育培训，认真实施党政人才素质能力提升工程，构建理论教育、知识教育、党性教育和实践锻炼“四位一体”的干部培训教育体系。坚持德才兼备、以德为先用人标准，强化坚定信念、注重品行、科学发展、崇尚实干、重视基层、鼓励创新、群众公认的用人导向。扩大干部工作民主，拓宽选人用人渠道，提高干部工作科学化水平。注重从基层和生产一线选拔党政人才，加强女干部、少数民族干部、非中共党员干部培养选拔工作。继续实施促进科学发展的干部综合考核评价办法，建立健全党政干部岗位职责规范及能力素质评价标准。完善党政人才分类管理制度，加强干部管理监督。加大领导干部交流力度，推进党政机关重要岗位干部定期交流、轮岗。

——企业经营管理人才。以提高现代经营管理水平和市场竞争力为核心，以高素质企业家和职业经理人为重点，发展壮大经营管理人才队伍。2015年企业经营管理人才总量达到75万人，2020年企业经营管理人才总量达到100万人，其中大学本科以上学历占70%以上；国有企业领导人员通过竞争性方式选聘比例达到50%。

加强企业经营管理人才培训，提高战略管理能力和水平。推进大型骨干企业建立研究院（所），健全企业经营管理者聘任制、任期制和任期目标责任制，完善年度薪酬管理制度、协议工资制度和股权激励制度。健全以市场和出资人认可为核心的企业经营管理人才评价体系，建立社会化的职业经理人资质评价制度。培养和引进一批战略企业家、优秀企业家团队和优秀企业家后备人才。

——专业技术人才。以提高专业水平和创新能力为核心，以高层次人才和紧缺人才为重点，建设一支规模合理、素质优良、结构科学的专业技术人才队伍。2015年专业技术人才总量达到173万人，2020年专业技术人才总量达到206万人，占全省从业人员的10%以上。

继续实施专业技术人才知识更新工程，不断完善新世纪“三五人才”工程。加快专业技术人才队伍结构调整，引导党政机关、科研院所和高等学校专业技术人才向企业、社会组织和基层一线有序流动，改善基层专业技术人才工作和生活条件。统筹推进专业技术人才职称和职业资格制度改革，注意发挥离退休专业技术人才的作用。

——高技能人才。以提升职业素质和职业技能为核心，以技师和 高级技师为重点，建设一支门类齐全、技艺精湛的高技能人才队伍。

2015年高技能人才总量达到74万人，2020年高技能人才总量达到115万人、占技能劳动者总量的29%，其中技师、高级技师总量达到40万人左右。

健全以企业为主体、职业院校为基础，学校教育与企业培养紧密联系、政府推动与社会支持紧密结合的高技能人才培训体系。实施高技能人才培养工程，加强职业培训，整合现有职业教育资源，改革职业教育办学模式，推行校企合作、工学结合和定岗实习，实行学历和职业资格“双证书”制度，广泛开展各种形式的职业技能竞赛和岗位练兵活动。

——农村实用人才。以提高科技素质、职业技能和经营能力为核心，以农村实用人才带头人和农村生产经营型人才为重点，推进农村科技、教育、文化、卫生和经营管理等实用人才发展。2015年农村实用人才总量达到90万人，2020年农村实用人才总量达到120万人、平均受教育年限达到11年，使每个行政村主要特色产业至少有1－2名示范带动能力强的技术带头人。

积极开展基层人才援助，加强农村基层政法、教育、卫生、农业科技队伍建设。大规模开展农村实用人才培训，充分发挥农业技术推广体系、现代远程教育网络、各类职业学校、教育培训项目的主渠道作用，加快培养农业产业化急需的管理人员、农民专业合作组织带头人和农村经纪人，注重培养农村女性实用人才。积极扶持农村实用人才创业兴业，在创业培训、项目审批、信贷发放、土地使用等方面给予政策支持。加大对农村实用人才的表彰激励和宣传力度，提高农村实用人才社会地位。

——宣传文化人才。以提升整体素质、优化结构、发挥优势为核心，加强宣传文化人才队伍建设。2015年宣传文化人才总量达到34万人，2020年宣传文化人才总量达到46万人，其中本科以上学历人员占到75%，宣传文化领军、文化产业经营管理和文化专业技术等人才基本满足文化事业和文化产业发展需要，形成若干个文化研究和文化产业开发人才集聚基地。

大力培养哲学社会科学、文化产业经营管理、文化专门技术、新闻出版、文学艺术和文博等人才，保护和培养具有地方特色的传统文化人才队伍，加强基层宣传文化人才队伍建设。建立健全体现宣传文化工作特点的人才评价使用机制，探索建立符合文化产业发展规律、体现文化创作特点的多元化人才激励机制。

——社会工作人才。以提高专业化水平和职业化技能为核心，加快社会工作人才队伍建设。2015年社会工作人才总量达到5万人，2020年社会工作人才总量达到8万人，做到每千人口中拥有2名社会工作者。

加强社会工作学科专业体系建设，加快建立一批社会工作培训基地，加强社会工作从业人员专业知识培训。建立健全社会工作人才评价制度，加强社会工作者队伍职业化管理。推进公益服务类事业单位、城乡社区和公益类社会组织建设，完善培育扶持和依法管理社会组织的政策。

第四章 重点工程

第一节 创新人才培养工程

依托我省科教资源优势，以提高技术创新水平和科技成果转化能力为核心，加快培养引进高层次创新人才，全面提升人才核心竞争力。进一步加强博士后工作站和流动站建设，增强自主培养能力。着眼培养造就国内一流、国际知名的高层次科技创新人才，建设一批院士专家工作站（室）。依托国家重大人才工程和“三秦学者”计划、“百人计划”及相关计划，重点支持培养和引进200名具有发展潜力的高层次科技创新人才和优秀管理人才。依托重大科研项目、重点工程和重大建设项目，支持建设100个重点领域的创新团队。以高新技术产业开发区、大型企业、高校、科研机构为依托，建设一批高层次创新人才培养基地。

第二节 基层人才援助工程

围绕推进城乡一体化和社会主义新农村建设的需要，继续做好选派优秀高校毕业生到村任职、“三支一扶”、大学生志愿服务西部计划和农村义务教育阶段教师特设岗位计划等工作。有计划地选派符合条件、有志服务基层、品学兼优的硕士、博士到县级工业园区和市县部门任（挂）职，鼓励支持大学生到农村和中小企业、非公有制企业创业就业，推进科技特派员服务农村、服务企业。继续实施农村基层人才队伍振兴计划，加强农村教师、乡镇医疗卫生、乡镇（街道办事处）和基层法检、乡镇农技等人才队伍建设，搞好科技、卫生、文化“三下乡”活动。充分发挥院士专家的作用，引导和鼓励各类人才服务基层。

第三节 经营管理人才队伍建设工程

着眼于提升我省企业竞争力和可持续发展能力，培养造就一批具有国际战略眼光、市场开拓创新能力、现代经营管理水平和社会责任感的优秀企业家，能够忠实代表和维护国有资产权益的出资人代表，具有职业素养、创新精神、市场意识和经营管理能力的职业经理人；加快培养一批企业自主创新急需的战略规划、资本运作、科技管理、项目管理等方面的复合型经营管理人才和政治坚定、熟悉企业管理、擅长做思想政治工作的党群工作者。每年选送一批高层次企业经营管理人才到国外著名学校、科研机构和大企业学习培训。到2015年，全省经营管理人才资源增加到75万人；到2020年增加到100万人，培养造就100名左右能够引领陕西和西部企业发展，跻身于中国企业前列的战略企业家和1000名优秀企业家、2000名优秀企业家后备人才。

第四节 高技能人才培养工程

根据我省先进制造业基地建设和现代服务业发展的需要，积极争取国家技能人才振兴计划支持，加快培养造就一支技术技能型、复合技能型和知识技能型的高技能人才队伍。发挥高级技、技师的带动作用，加强高级工的培养，形成与我省经济社会发展相适应的技能人才梯次结构。建立健全以企业为主体，中、高等职业学校为基础，校企合作为纽带，政府推动和社会支持相结合的高技能人才培训体系。

继续实施人人技能工程和高等职业院校建设工程，提升技能劳动者素质，做好高技能人才培养。到2015年，在全省选拔重点培养200名首席技师、1000名省级技术能手，建立50个技能大师工作室，支持一批技工院校建设高技能人才培训基地，使每个县（市、区）都有1－2个高技能人才公益性公共实训基地，全省高技能人才占技能劳动者的比例提高到25.6%。到2020年，全省选拔重点培养的首席技师达到500名，技能大师工作室100个，依托大型骨干企业、重点职业院校和培训机构建成一批国家级和省级高技能人才培训基地，全省高技能人才占技能劳动者的比例提高到29%。

第五节 人才信息化建设工程

整合各类人才信息资源，建立社会化、公益性、开放式、覆盖全的人才资源信息共享机制。健全人才资源年度统计调查和定期发布制度，加强人才信息网和数据库建设，加快推进人才电子政务网络系统建设，构建互动、高效、便民、安全的人才资源公共信息平台和人才公共服务平台。建立和完善上下贯通的各级人才网，大力推进网上人才政务项目开发和应用，最大限度地实现公共人才服务项目上网。

第六节 人才发展社会化工程

大力实施人才发展战略，充分发挥各级工会、共青团、妇联、科协等人民团体作用，大力发展为人才提供服务的社会化组织，加快构建人才社会化服务体系，积极支持各类学会发展，为人才成长提供良好的交流平台。广泛动员社会各界参与人才发展、支持人才发展，形成全社会促进人才发展的工作格局。

第七节 人才理论和管理创新工程

建立陕西人才发展研究院，为人才发展提供理论支撑和技术保障，着力推进理论研究、机制体制研究和对策研究，构建具有地方特点、反映时代要求的人才培养、选拔、管理、使用、激励、保障和评价等理论体系，培养集聚一批高水平的人才发展理论和应用研究人才队伍。

第五章 保障措施

第一节 改进完善人才管理体制

创新党管人才方式方法，进一步健全各级党委人才工作领导机构，建立科学的决策、协调和督促落实等机制，形成统分结合、协调高效的人才工作运行机制，不断提高党管人才工作水平。建立党委、政府人才工作目标责任制，建立各级党委常委会听取人才工作专项报告制度，提高各级领导班子综合考核指标体系中人才发展专项考核的权重。

完善政府宏观管理、市场有效配置、单位自主用人、人才自主择业的管理体制，发挥政府人力资源管理部门作用，强化各职能部门人才工作职责，发挥市场配置人才资源的基础性作用，推动政府人才管理职能向创造良好环境、提供优质公共服务转变，运行机制和管理方式向规范有序、公开透明、便捷高效转变。进一步深化国有企业和事业单位人事制度改革，扩大和落实单位用人自主权，发挥用人单位在人才培养、吸引和使用中的主体作用。取消科研院所、学校、医院等事业单位实际存在的行政级别和行政化管理模式，建立与现代科研院所制度、现代大学制度和公共医疗卫生制度相适应的人才管理制度。完善国有企业领导人员管理体制，健全符合现代企业制度要求的企业人事制度。鼓励支持有条件的地区和行业建立人才发展改革“试验区”，探索建立与国际接轨的人才管理、人才创业机制。加强人才法规建设，推进人才工作依法管理。

第二节 创新人才发展机制

以经济社会又好又快发展需要为导向，构建促使人人能够成才、人人得到发展的现代人才培养开发机制。进一步优化教育布局和学科专业结构，全面推进素质教育，统筹培养与使用，促进教育公平和均衡发展。理顺职业教育管理体制，统筹规划继续教育，大力发展现代远程教育，支持发展各类专业化培训机构。

建立以岗位职责为基础，以品德、能力和业绩为导向，科学化、社会化的人才评价发现机制。健全科学的职业分类体系，建立各类人才能力素质标准。完善重在业内和社会认可的专业技术人才评价机制，加快推进职称制度改革，规范专业技术人才职业准入，完善专业技术职务任职评价办法。落实用人单位在专业技术职务（岗位）聘任中的自主权。完善以任期目标为依据、工作业绩为核心的国有企业领导人员考核评价办法。探索技能人才多元评价机制，逐步完善社会化职业技能鉴定、企业技能人才评价、院校职业资格认证和专项职业能力考核办法。健全完善党政领导干部考核评价机制，建立健全公务员职务分类制度，建立在重大科研、工程项目实施和急难险重工作中发现、识别人才的机制。

按照公开、平等、竞争、择优原则，创新人才选拔任用机制，科学合理使用人才，促进人岗相适、人事两宜、用当其时、人尽其才，形成有利于各类优秀人才脱颖而出、充分施展才能的选人用人机制。

改善党政领导干部公开选拔、竞争上岗和公推公选等制度，规范干部选拔任用提名制度，全面实行各级党委讨论决定重要干部票决制，坚持和完善党政领导干部职务任期制，建立聘任制公务员管理制度。建立组织选拔、市场配置和依法管理相结合的国有企业领导人员选拔任用制度，完善国有资产出资人代表派出制和选举制。健全事业单位领导人员委任、聘任、选任等任用方式，全面推进事业单位公开招聘、竞聘上岗和合同管理制度。健全完善特聘专家、“首席技师”等高层次人才和高技能人才选拔管理使用制度。

推进人才市场体系建设，建立政府部门宏观调控、市场主体公开竞争、人才自主择业的人才资源配置机制。整合政府各类人才市场和劳动力市场，规范专业性、行业性人力资源市场，建立统一开放、面向海内外的陕西人力资源市场。建设陕西人才大厦，做大做强中国西安人才市场。进一步完善人力资源市场建设规划，加快建设以西安为中心的省、市、县（区）不同类别和标准的人力资源市场，实现人力资源信息系统省、市、县（区）、乡镇（街道）、社区五级网络互联、信息共享。健全人才市场供求、价格、竞争机制，大力发展人才服务业，积极培育专业化人才资源服务机构。完善政府人才公共服务系统，建立政府购买公共服务制度。进一步畅通人才流动渠道，加强政府对人才流动的政策引导，促进人才资源有效合理配置。完善人事争议仲裁、人才竞业避止等制度，维护用人单位和各类人才的合法权益。加强对人才公共服务产品的标准化管理，支持各类人才机构开发公共服务产品。

第三节 加大对人才的有效激励保障

完善分配、激励、保障制度，建立健全与工作业绩紧密联系、充分体现人才价值、有利于保障人才合法权益的激励保障机制。统筹协调相关单位和企事业单位收入分配，稳步推进工资制度改革。完善知识、技术、管理、技能等生产要素按贡献参与分配的办法，健全国有企业人才激励机制，推行期权股权等中长期激励办法，重点向创新创业人才倾斜。完善事业单位岗位绩效工资制度，探索事业单位职业年金制、高层次人才和高技能人才年薪制、协议工资制、项目工资制等多种分配方式。

健全以政府奖励为导向、用人单位和社会力量奖励为主体的人才奖励体系，调整规范各类人才奖项设置，重奖为陕西经济建设、科教发展和文化繁荣作出突出贡献的优秀人才。继续做好省有突出贡献专家的选拔管理工作，鼓励支持和重奖在国际国内各项事业中为国家、为陕西获得殊荣的各类人才。

实施知识性财产保护政策，完善国家资助开发的科研成果权利归属和利益分享机制，在科技成果的技术转移和知识型财产的产权交易中保护科研人员和财产所有者的利益。制定支持个人和中小企业发明创造资助办法，鼓励创造知识型财产。建立专利技术交易市场和信息平台，加大知识产权宣传普及和执法保护力度，建立健全有利于知识产权保护的社会信用制度。

推进机关和事业单位社会保障制度改革，以养老保险和医疗保险为重点，形成社会保障、单位保障和个人权利保障相结合的人才保障体系。支持用人单位为各类人才建立补充养老、医疗保险，扩大对农村、非公经济组织和社会组织人才的社会保障覆盖面。

第四节 实施人才发展的若干政策

认真贯彻落实中央促进人才优先发展的财税金融、创业扶持、公共服务等政策，结合实际完善配套措施，加大实施力度，为人才发展提供政策保障。

加大对人才发展的投入。确保教育、科技支出增长幅度高于财政经常性收入增长幅度，卫生投入增长幅度高于财政经常性支出增长幅度，继续加大对文化事业的投入。省、市、县三级财政建立人才发展专项资金，纳入财政预算体系，保障人才发展重大项目实施。进一步整合投入资源，改善经济社会发展的要素投入结构，大幅度提高人力资本投资比重。建立重大项目、重点发展领域（区域）人才保证制度，提高项目建设、重点领域创新和区域发展中人才开发经费比例。继续加大省财政对市县转移支付力度，支持财政困难地方保证人才开发投入。充分发挥财政资金的导向作用，鼓励和引导企业、金融机构和社会加大对人才发展的投入，鼓励和引导用人单位、个人和社会机构投资人才资源开发。积极争取国家对人才发展的资金和政策扶持，争取国际组织、金融机构和外国政府对人才发展的资金支持。

有效整合科技人才资源。研究制定《关中一天水经济区统筹科技资源改革示范基地发展规划》及相关政策，推进统筹科技资源改革，用好先行先试权，加大统筹经济区科技人才资源和体制、机制、政策支撑力度，有效整合中央与地方、军工与民用科技人才资源，加快产学研用一体化，引导科技人才资源向企业和产业聚集，推动科技与经济更紧密结合。加快陕西科技资源中心建设，建立全省智力资源库，为各类人才提供资源共享的信息服务平台。加大对重大科技装备、重点实验室的管理，促进公共科技资源使用的社会化，构建自主创新的服务平台。加强对科技研发、技术创新、产业发展等各项资金的统筹使用。坚持政府引导和市场配置相结合，充分发挥中央在陕单位的科技人才优势。依托高新技术产业开发区、经济技术开发区、高新技术产业基地、大学科技园区，培育和引进海内外高层次创新人才。统筹军民结合、军地结合、寓军于民的国防科技创新体系的协调发展。加强重点试验室、工业研究院、工程研究中心和企业技术开发中心建设。

鼓励各类人才创新创业。建立扶持创业风险投资基金，完善促进科技成果转化和技术转移的税收、贴息等优惠政策，支持以高层次人才为重点的各类人才创办科技企业。鼓励支持高校毕业生自主创业、到基层创业、到中小企业就业，鼓励支持省直单位科研人员到县乡生产、科研一线创业服务，鼓励支持机关和事业单位工作人员经批准辞职创办企业、到基层从事社会服务，鼓励支持和引导海外人才来陕创业。制定知识产权质押融资、创业贷款等办法，支持科研人员在创新实践中成就事业并享有相应的社会地位和经济待遇，实行管理人员职员制度。

促进区域人才协调发展。围绕《关中一天水经济区发展规划》实施和推进西安国际化大都市建设，制定加强人才保障和智力支持方面的措施，支持西安在统筹科技人才资源、提高自主创新能力方面开展综合配套改革试验，建设“人才特区”，提升人才国际化水平，发挥国家级创新型试点城市和统筹科技资源示范基地的作用。围绕陕北能源化工基地建设，充分发挥重大项目对人才的吸附作用，支持急需紧缺人才的引进和本土人才的培养。围绕陕南循环经济发展，充分发挥工业园区和主导产业聚集人才的作用，加大对人才培养、引进的支持力度。

有序推进人才合理流动。完善人才交流和挂职锻炼制度，扩大党政机关和企事业单位领导人员跨地区、跨部门交流任职范围，营造开放的用人环境。完善从企事业单位和社会组织选拔人才的制度，完善党政机关向企事业单位人才流动的社会保险衔接办法。实施人才向农村基层和边远山区流动的引导政策，对到农村基层和边远艰苦地区工作的人才，在职务职称晋升和工资待遇方面实行倾斜政策。采取政府购买岗位、报考公职人员优先录用、建立“五险一金”等措施，鼓励引导高校毕业生到农村和中小企业就业，逐步提高党政机关从基层招录公务员的比例。制定公职人员到基层服务和锻炼的选派办法，建立城乡人才对口服务制度。

大力促进非公有制人才发展。把非公有制经济组织、新社会组织人才的开发纳入各级政府人才发展规划，支持人才创新创业的资金、项目、信息等公共资源向非公有制经济组织和新社会组织人才平等开放，非公有制经济组织和新社会组织人才平等参与人才宣传、表彰、奖励等活动。

全面提高人才国际化水平。坚持人才自主培养开发和引进海外人才相结合，开发利用好国内国际两种人才资源。建立高层次人才引进“绿色通道”。支持高等学校、科研院所、大型企业、留学人员创业园等机构加强国际交流与合作，支持高等学校、科研院所同海外高水平教育、科研机构建立联合研发基地。加强留学回国人员创业园区建设。进一步加强对外引智和外国专家工作，完善国外智力资源开发利用的政策措施。积极开发国（境）外优质教育培训资源，完善出国（境）培训管理制度和措施。建立陕西“一站式”海外人才服务窗口。培育引进一批国际化人才中介服务机构。

第六章 规划实施

第一节 加强对规划实施工作的领导

各级党委、政府是人才发展规划实施的主体，负责规划实施的组织领导。省委人才工作领导小组负责规划实施的统筹协调和宏观指导，制定各项目标任务的分解落实方案和重大工程实施办法，加强监测评估和监督检查，针对实施中出现的新情况新问题及时调整相关内容，确保规划有效实施。

第二节 建立健全人才发展规划体系

各市、县（区）、省委和省级各有关部门、重点行业系统要以本规划为指导，结合职能特点和发展实际，编制地区、行业系统以及重点领域的人才发展规划，形成全省人才发展规划体系。

第三节 加强人才工作基础性建设

加强人才统计工作，建立人才资源统计和定期发布制度。推进人才工作信息化建设，健全人才信息网络和数据库。加强人才理论研究工作。加强人才工作队伍建设，健全人才工作机构，加大培训力度，提高人才工作队伍的政治素质和业务水平。

第四节 营造实施规划良好社会环境

大力宣传中央和省委、省政府关于人才工作的政策措施，宣传实施规划的重大意义和规划的指导思想、基本原则、发展目标、总体部署、主要任务、重大举措，宣传规划实施中的经验、做法和成效，形成全社会关心、支持和推动人才发展的良好局面。

甘肃省中长期人才发展规划纲要
（2010—2020年）

为深入实施人才强省战略，确立人才优先发展战略布局，有效保证和支撑未来全省经济社会又好又快发展，根据《国家中长期人才发展规划纲要（2010—2020年）》的总体部署，结合我省人才发展实际，制定本规划。

序言

人才是经济社会发展的第一资源，人才竞争是最具全局影响力的竞争，人才工作是党和国家至关重要的工作。党的十七大确立了人才强国战略，明确了人才发展在落实科学发展观中的基础性、战略性地位。省第十一次党代会把人力资源开发列为三大支撑之一纳入总体工作布局，进一步凸显了人才在全省经济社会发展中的重要性。面对科学发展、加快发展的新形势新任务，必须坚定不移地走人才强省之路，把人才发展作为推动甘肃发展的首要任务，努力建设一支数量充足、结构合理、素质优良的人才队伍，充分发挥人才在经济社会发展中的战略性、决定性作用，大力提升我省综合实力和核心竞争力，保障和促进经济社会又好又快发展。

省委、省政府历来高度重视人才工作。近年来，坚持以科学发展观为指导，深入实施人才强省战略，认真贯彻党管人才原则，紧密结合全省经济社会发展，作出一系列重大决策部署，制定出台相关政策规定，启动实施重点人才工程，不断加强和改进人才工作，培养造就了一支具有一定规模、门类比较齐全、整体素质不断提高的人才队伍，为加快全省各项事业的发展提供了有力支撑。尽管我省人才队伍建设取得了长足的发展，但与经济社会发展需要相比，还有许多不适应的地方。主要是：一些地方和部门对人才是第一资源的认识还不到位，整体谋划不够，工作力度不大，人才投入滞后于经济社会发展；人才培养、吸引、使用、流动、评价、激励机制不够健全，有利于人才稳定和发挥作用的政策措施落实不到位；人才总量、结构、分布仍不能满足经济社会发展需要，一些重点行业、支柱产业急需的高层次人才紧缺，尤其是创新创业型人才严重匮乏；人才培养不能适应产业发展需求，人才宏观调控的力度不足，市场配置人才资源的基础性作用发挥不充分。

未来十年，是我省全面实现小康社会奋斗目标的关键时期，也是加快发展、缩小区域差距的重要战略机遇期。我们必须深刻认识形势，准确把握机遇，主动适应全省经济社会发展需要，坚定不移地走人才强省之路，确立人才优先发展战略布局，长远规划人才发展，明确奋斗目标，创新体制机制，完善政策措施，实施重点工程，不断提高人才工作的质量和水平，以人才发展来引领、推动、保障经济社会实现跨越式发展。

一、总体思路与战略目标

（一）指导思想

坚持以邓小平理论和“三个代表”重要思想为指导，深入贯彻落实科学发展观，按照“服务发展、人才优先、以用为本、创新机制、高端引领、整体开发”的人才发展指导方针，牢牢把握发展机遇，紧紧围绕全省经济社会发展战略目标，全面落实“四抓三支撑”总体工作思路和“中心带动、两翼齐飞、组团发展、整体推进”区域发展战略，更好地实施人才强省战略，以人才资源能力建设为核心，以高层次和高技能人才队伍建设为重点，以完善机制、鼓励创新、促进创业为突破口，统筹推进各类人才队伍建设，努力营造干事创业、人尽其才、才尽其用的良好环境，为全面建设小康社会提供坚强的人才保障和智力支持。

（二）总体思路

当前和今后一个时期，加快全省人才发展应坚持以下总体思路：

把推进经济社会跨越式发展作为人才工作的根本出发点和落脚点。紧密围绕全省经济社会发展战略目标定位确定人才发展目标，充分发挥人才在经济社会跨越式发展中的基础性、战略性、全局性作用，以加快人才发展引领、带动和保障经济社会科学发展。

把加快形成人才优先发展战略布局作为人才工作的当务之急。牢固树立人才资源是科学发展第一资源的理念，在经济社会发展整体工作布局中，切实做到人才资源优先开发、人才结构优先调整、人才投资优先保证、人才制度优先创新。

把立足自主培养和用好用活现有人才作为人才工作的主要导向。立足省情实际，调整人才培养方向，改进人才培养方式，增强人才培养实效，努力造就大批符合经济社会发展需要的创新型和应用开发型人才。努力搭建干事创业平台，优化政策环境，用好用活现有人才，稳定骨干人才，引进具有真才实学、真正能够解决现实问题的急需人才。

把深化改革、创新机制、激发活力作为人才工作的关键环节。进一步解放思想、开拓思路，深入研究市场经济条件下人才发展规律，下功夫破解影响和制约人才发展的体制性障碍，创新工作机制，完善政策措施，着力营造有利于人才脱颖而出、各尽其才、各得其所的良好环境。

把依托产业、集聚开发作为人才工作的重要途径。依托支撑未来经济社会发展的支柱产业、重点行业、重大项目和重点学科，加强人才资源开发，实施重大人才项目，培养提高现有人才，吸引集聚紧缺人才，全面提升人才发展的实际效益和整体水平。

把充分发挥用人单位的主体作用作为人才工作的基本要求。大力推进政府职能转变，改进人才管理方式，努力形成政府宏观调控、市场有效配置、单位自主用人、人才自主择业的人才管理模式。通过强化考核、督促检查等措施，引导用人单位落实人才政策、重视人才发展、加大人才培养开发力度，为事业长远发展提供保障、积蓄力量。

把突出重点、分类指导、整体推进作为人才工作的主要方法。以高层次创新型人才为先导，以应用型人才为主体，统筹城乡、区域、产业、行业和不同所有制人才发展，整体推进党政人才、企业经营管理人才、专业技术人才、高技能人才、农村实用人才和社会工作人才队伍建设，不断壮大规模、提升素质、改善结构，实现各类人才队伍协调发展。

把坚持党管人才原则、凝聚各方力量作为人才工作的组织保证。加强和改进党对人才工作的领导，充分发挥党委统揽全局、协调各方的作用，落实组织部门牵头抓总职责，调动各级各部门参与人才工作的积极性，形成统分结合、上下联动、左右协调、齐抓共管的工作局面，凝聚推动人才发展的整体合力。

（三）战略目标

到2020年，全省人才发展的总体目标是：培养和造就一支规模不断壮大、结构趋于合理、素质全面提高、能够适应经济社会发展需要的人才队伍，人才工作体制机制更加健全，人才作用有效发挥，人才发展总体达到西部地区平均水平，在重点领域形成比较明显的人才竞争优势。

人才队伍规模不断壮大。人才总量达到248万人，人才资源占人力资源总量比重提高到11%。

人才素质大幅度提高。主要劳动年龄人口受过高等教育的比例达到20%，每万劳动力中研发人员达到22人年，高技能人才占技能劳动者的比例达到28%。

人才结构和分布更加合理。高层次人才、高技能人才、创新创业型人才比例明显提高，在重点领域、重点行业、支柱产业、重点学科形成人才集聚高地，贫困地区、民族地区和革命老区人才紧缺现象得到有效缓解，全省第一、二、三产业人才分布趋于合理。

人才使用效能明显提升。人力资本投资占国内生产总值比例达到12%，人力资本对经济增长贡献率达到30%，人才贡献率达到32%。

二、主要任务

（一）突出培养造就创新型科技人才

深化教育体制改革，遵循创新创业人才成长规律，调整学科和专业结构，学校教育和实践锻炼相结合，人才培养与创新实践相衔接，专业设置与产业发展相协调，大力发展素质教育，着力培养学生的创新精神、创业能力和应用水平。坚持高端引领，依托国家创新人才推进计划、青年英才开发计划、海外高层次人才引进计划等重大人才工程，培养和延揽一批我省建设发展急需、在国际国内有较大影响力的科技领军人才，引导和激励他们立足甘肃，牵头引领重大科研和重大工程项目、重点学科和重点科研基地、重大国际学术交流合作项目，在创新实践中培育一批创新团队，造就一批中青年创新人才，形成衔接有序、梯次合理的创新人才培养链条和成长体系。深化科技体制改革，落实产学研合作培养创新人才政策，建立以产学研结合为导向的科技人才评价、使用、激励机制和科研成果评价制度。加大成果转化扶持力度，完善创业风险投资政策，发挥人才在创新创业中的主导作用，促使一批优秀科研成果转化为现实生产力。围绕全省重点发展的优势产业，加强高新技术产业开发区、科技企业孵化器、大学科技园、留学生创业园等各级各类创新创业载体建设，吸引一大批有转化能力的高新技术企业和高层次科研基础条件平台落户甘肃。强化企业在技术创新中的主体地位，加大对省属高校和科研院所的引导扶持力度，发挥科研院所、高等院校在技术创新中的源头作用，围绕企业技术创新和产业升级，加强校企、研企合作，推动科技人才向企业集聚，促进企业工程技术人才成长，形成一批与重点产业紧密衔接的高水平科研成果转化基地和企业技术研发中心。组织实施高层次人才科技创新创业扶持行动，完善政策措施，创新体制机制，加大扶持力度，集中资源，集聚创新要素，鼓励和支持科研人员面向市场和企业开展成果转化和自主创业，全力催生一批高成长性、竞争力强的科技型企业。大力弘扬创新文化，鼓励创新活动，宽容创新失误，进一步营造创新型人才脱颖而出、发挥才干的良好环境。到2020年，全省研发人员总量达到5万人年，高层次创新型科技人才总量达到1000人。

（二）大力开发经济社会发展重点领域急需紧缺人才

按照我省在全国的战略定位和地域分工，围绕加快实施区域发展、基础设施建设、生态安全、社会发展、产业发展五大战略，进一步组织实施好专业技术人才支撑体系建设，改进培养模式，加大引进力度，提高使用效能，依托重点特色优势产业，推进各领域、各行业急需紧缺高层次专门人才和高端应用人才的开发配置，为建设工业强省、文化大省和生态文明省提供全方位的人才支持。在经济发展重点领域，着力培养开发石油化工、有色冶金、装备制造、航天科技、新材料、新能源、生物医药、资源综合利用等重点产业发展和重大工程建设急需紧缺的各类高层次专门人才和产业专家，着力培养开发基础设施建设急需的现代交通运输、水利设施建设、城乡一体化建设等方面的高级技术和管理人才，着力培养开发保护生态环境、发展现代农业、加快扶贫开发急需的高端科技人才，着力培养开发发展现代服务业急需的金融财会、国际商务、现代物流、知识产权保护等方面的高端专门人才。在社会发展重点领域，着力培养开发特色文化研究、文艺精品创作、文化创意策划、文化产业经营管理等尖端人才，着力培养开发宣传思想、教育、旅游、广播电视、医疗卫生、政法、防灾减灾、养老服务等急需紧缺专门人才。加强对产业和行业人才发展的统筹规划和分类指导，围绕重点发展领域加强人才需求预测，定期发布急需紧缺人才需求目录，有针对性地做好急需紧缺人才的需求预测、重点培养、有序引进、有效使用和知识更新工作，发挥政策调控和引导作用，推进人才在城乡和地区间重点领域的合理分布，逐步培育重点领域高端人才团队的比较竞争优势。到2020年，在石油化工、煤电化工、新能源、新材料、传统装备制造及新能源装备制造、有色冶金、生态环境保护、节水农业、特色优势农业、中医药等重点领域，分别形成与西部乃至国内外同行业相比，人才规模和研发应用水平具有比较竞争优势的人才高地。

（三）加强重点区域人才开发

紧贴国家和全省区域发展战略，按照功能定位、突出重点、优化布局、统筹推进的思路，加强重点区域人才开发。

1．兰白核心经济区人才开发。服从中心带动的总体要求，发挥兰州、白银核心经济区在科教、人才、技术、资金、区位等方面优势，建设人才发展改革“试验区”，在人才工作体制机制、政策制度方面先行先试，在人才发展重点领域和关键环节率先突破，进而形成带动全省、辐射西陇海兰新经济带、在全国有一定影响的区域人才集聚中心和创新创业中心。借助并用好中央在甘教育、科研、企业单位相对集中的优势，加快中央和地方人才资源开发应用一体化进程，推动基础研究、重要共性技术研发、现代服务业等方面人才发展带动全省、辐射西部。发挥兰州高新技术产业开发区、经济技术开发区、留学人员创业园，白银高新技术产业园，国家和省部级重点学科、重点实验室、各类工程技术研究中心等培养和集聚人才的平台作用，把兰白核心经济区建设成为西北地区重要的石油化工、有色冶金、装备制造、新材料、生物医药、生态环境保护、特色农畜产品加工人才集聚中心和技术创新基地。

2、平庆、酒嘉经济区人才开发。围绕加快陇东煤炭、油气资源开发，建设国家级煤电基地的要求，大力培养和引进煤炭、电力、石油化工、资源勘查等方面的各类人才，形成以庆阳、平凉为中心，辐射天水、陇南的传统能源综合利用型人才培养集聚基地。借助天水建设区域中心城市的战略布局，围绕装备制造、电工电器、电子信息、特色农林等重点产业，加大研发应用和实用技能人才开发，推动关中—天水经济区人才开发流动一体化建设，把天水打造成为吸引东部人才向西流动的区域枢纽和人才通道。围绕以酒泉、嘉峪关为中心，辐射河西走廊的国家新能源开发利用示范区建设，加强风电、太阳能发电、核电工程技术及其装备制造业人才的培养开发，使这一区域成为国内重要的风光新能源研发人员集聚中心、技能人才培养和输送中心、装备研发和制造应用技术示范基地。

3、其他经济区人才开发。围绕把武威、张掖建成全国重要的农作物良种繁育基地和国家级沙产业发展示范区的定位，重点开发生态建设、环境保护、节水农业、生态农业、制种业、沙产业等方面的技术研发、产业推广和技能应用人才。加大对甘南、临夏、定西、陇南等“两州两市”人才发展的扶持力度，围绕扶贫攻坚和发展壮大特色优势产业，大力培养特色农产品、生态畜牧业、特色旅游、中（藏）医药产业、民族文化和特色民族用品开发加工等方面的专门人才，形成一支规模较大、相对稳定、对当地脱贫致富具有较强带动作用的特色人才队伍。根据金昌、白银等重点循环经济区建设规划，进一步提高有色冶金、新材料、资源综合利用、清洁能源、环境工程等方面人才的培养开发和使用配置水平，使区域内相关重点企业成为省内和业内应用型高端科技人才培养集聚基地和科技成果转化应用基地。

（四）统筹推进各类人才队伍建设

1．党政人才队伍。按照加强党的执政能力建设和先进性建设的要求，以提高领导水平和执政能力为核心，以县处级以上领导干部为重点，全面加强党政人才队伍建设。深入实施《2010—2020年干部教育培训改革纲要》，全面落实大规模培训干部的各项任务，构建理论教育、知识教育、党性教育和实践锻炼“四位一体”的干部培养教育机制，大力提升党政人才队伍的素质能力。深入实施《2010—2020年深化干部人事制度规划纲要》，坚持德才兼备、以德为先的用人标准，树立坚定信念、注重品行、科学发展、崇尚实干、重视基层、鼓励创新、群众公认的正确用人导向，扩大干部工作中的民主，加大竞争性选拔干部工作力度，坚持和完善从基层一线选拔干部制度，促进各类优秀人才脱颖而出。深入实施《2009—2020年全国党政领导班子后备干部队伍建设规划》，大力加强后备干部队伍建设。加强女干部、少数民族干部和非中共党员干部的培养选拔。强化干部考核管理，不断完善促进科学发展的干部综合考核评价办法。加大干部交流、挂职锻炼力度，推进党政机关重要岗位干部轮岗交流。努力建设一支政治坚定、勇于创新、勤政廉洁、求真务实、奋发有为、善于推动科学发展的高素质党政人才队伍，到2020年，具有大学本科及以上学历的干部占党政人才队伍的85%以上，整体素质明显提高，结构更加合理，总量从严控制。

2．企业经营管理人才队伍。按照实施工业强省战略、走新型工业化道路的要求，以提高素质为重点，以优化结构为主线，以创新机制为动力，建设一支适应全省经济社会发展、职业素养好、市场意识强、熟悉经济运行规则、具有世界眼光的企业经营管理人才队伍。结合实施“工业强省战略人才促进工程”，加大企业经营管理人才培养开发力度，紧紧围绕我省产业结构优化升级和实施“走出去”战略需要，着力培养一批战略企业家和职业化企业经营管理人才。实施企业高级人才国际化培训项目，着力提高省内企业参与国际合作、引进消化先进技术的能力。依托高等院校和大型企业成立企业人才学院和人才培养基地，实施企业经营管理人才素质提升工程，分层次、大规模开展企业经营管理人才培训。大力推进公开招聘、市场选聘等方式选拔企业经营管理人才。健全企业经营管理者聘任制、任期制和任期目标责任制，实行契约化管理。打破部门所有、条块分割、地域界限、身份差别限制，鼓励企业人才合理流动。完善以市场和出资人认可为核心的企业经营管理人才评价体系，加强对企业经营管理者的考核管理。完善与绩效考评挂钩的企业薪酬分配体系，规范企业领导年薪制，探索实行协议工资制和期权、股权激励制度。建立企业人才库。引进一批科技创新型企业家和企业急需的战略规划、资本运营、科技管理、项目管理等方面的专门人才。加强非公有制企业经营管理人才开发，制定出台相关政策措施，加大培养开发和重点扶持力度，不断扩大数量，提高质量。到2015年，全省企业经营管理人才总量达到41万人；到2020年达到52万人，具有大学本科及以上学历的企业经营管理人才达到70%以上。

3．专业技术人才队伍。以提高专业水平和创新创业能力为核心，以高层次人才和紧缺人才为重点，依托全省重点学科和经济社会发展重点产业、重大项目，集聚一批能够进入国内外科技前沿的学术精英，打造一批具有较高知名度的学术技术团队，培养一支数量充足、结构合理、素质优良的专业技术人才队伍。深入实施“领军人才工程”，大力培养在全省产业发展、科技创新、学科建设、成果转化等方面起引领和支撑作用的拔尖专业技术人才，形成领军人才强、骨干力量齐、整体水平高的核心团队。全面落实《甘肃省专业技术人才支撑体系建设纲要》，围绕重点领域、重点产业和重大项目搞好人才开发，吸引和集聚高层次专业技术人才，着重培养应用型工程技术人才。认真贯彻《甘肃省专业技术人才继续教育条例》，深入实施专业技术人才知识更新工程，构建分层分类的专业技术人才继续教育体系，加快培养知识结构和业务能力适合教学科研生产需要的高层次专业技术人才。综合运用国家政策调控和市场配置手段，推进专业技术人才结构调整，引导党政机关、科研院所和高等学校专业技术人才向重点企业、非公有制企业、新社会组织、新兴产业和基层一线流动，促进专业技术人才队伍合理分布。积极推动专业技术职称和职业资格制度改革，形成重业绩、重创造、重贡献的政策导向。进一步做好领导干部联系专家工作，充分发挥专家顾问团作用，落实好专业技术人才管理、服务、激励和保障等方面的政策措施。到2015年，专业技术人才总量达到66万人；到2020年，专业技术人才总量达到80万人。

4．高技能人才队伍。适应工业经济发展、企业技术进步和产业结构优化升级的要求，以提升职业素质和职业技能为核心，以技师和高级技师为重点，形成一支适应我省产业发展需求、门类齐全、技艺精湛、具有较强创新能力的高技能人才队伍。完善以企业为主体、职业院校为基础、学校教育与企业培养紧密联系、政府推动与社会支持相结合的高技能人才培养体系。配合国家实施的高技能人才振兴计划，整合社会优质资源，加强职业院校和实训基地建设，大力提升和推进我省高技能人才培养水平。利用现有各类职业教育培训资源，依托大型骨干企业，创建省级技师学院和高技能人才培养、实训基地。改革职业教育办学模式，大力推行校企合作、工学结合，通过顶岗实习、岗前培训、技术交流、技术攻关、学徒制等多种形式，培养企业急需的高技能人才。在职业教育中大力推行学历证书和职业资格证书“双证书”制度。重视技能人才的使用，及时开展技能鉴定和评价，设立企业首席技师岗位，推广“先进操作法”命名，激励高技能人才更好地发挥作用。健全技能人才考核评价体系，逐步完善技能人才交流引进、表彰激励和社会保障机制，提高技能人才薪酬待遇。加大对高技能人才队伍建设资金投入和政策扶持力度，为技能人才成长创造条件。到2015年，高技能人才总量达到33万人；到2020年，高技能人才总量达到45万人，其中技师、高级技师达到5万人。

5．农村实用人才队伍。紧紧围绕推动社会主义新农村建设和城乡一体化建设，以提高科技素质、生产技能和经营能力为核心，以促进农业增效和农民增收为目标，以培养农村致富带头人为重点，大力推动农村人力资源整体开发。以继续深入实施“新农村建设人才保障工程”为龙头，加强农村人才开发载体建设，整合涉农人才培训项目，着力提高农村人才的生产技能和经营能力。依托各级各类农业技术推广机构和农业院校、农业科研院所、农村人才教育培训基地、农村干部专修学校、农业广播电视学校等各类教育培训机构，广泛开展农村人才培训。依托农业特色产业，深入实施现代农业人才支撑计划，开发和集聚各类农村人才。严格执行农业特有工种准入制，积极发挥农业特有工种职业技能鉴定站作用，大力培养农村农业技能型人才。加大公共财政支出和公共财政支持农村实用人才开发力度，加强农村发展急需人才培养。紧密结合农业生产实际，不断规范和推广农村实用人才职称评定工作。加大对农村实用人才的表彰奖励和宣传力度。继续加大城乡人才对口帮扶力度，推进万名医师支援农村卫生、城镇教师支援农村教育、科技人才和文化人才下乡支农等工作。到2015年，农村实用人才总量达到34万人；到2020年，农村实用人才总量达到47万人，每个行政村都有一定数量的种养能手、能工巧匠和经营能人。

6．社会工作人才队伍。适应构建社会主义和谐社会的需要，以人才培养和岗位开发为重点，以提高服务能力为核心，深入推进社会工作人才队伍建设。加强社会工作学科专业体系建设，探索建立不同学历层次教育协调配套、专业培训和知识普及有机结合的社会工作人才培养体系。注重社会工作人才培训基地建设，选择一批街道社区、公益服务类事业单位和社会组织作为社会工作人才培养实习基地，探索建立社会工作培训质量评估指标体系，加强社会工作人才专业知识培训和岗位实践锻炼。科学开发和设置社会工作岗位，推进政府购买社会工作服务岗位和社会公益服务项目工作，加快社会工作职业化进程。完善培育社会组织和加强队伍管理的配套政策，实施社会工作服务组织标准化建设，促进公益服务类事业单位、城乡社区和公益类社会组织发展，努力建设一支职业化、专业化的社会工作人才队伍。到2020年，全省社会工作人才总量达到10万人，具有职业资格的专业社会工作者达到10000名。

三、政策完善与机制创新

到2020年，建立起规范有序、上下衔接、科学完备的人才培养、评价、使用、流动、激励等方面的政策体系，形成有利于各类优秀人才脱颖而出、创造力竞相迸发的有效机制。

（一）人才培养开发

坚持以经济社会发展需求为导向，以提升综合素质和创新能力为核心，构建促使人人能够成才、人人得到发展的现代人才培养开发机制和政策体系。建立人才培养结构与经济结构调整、优势产业发展相适应的动态调控机制，优化教育布局，调整专业结构，创新培养模式，着力培养留得住、用得上的各类人才。完善在职人员继续教育制度，大力发展现代远程教育。

整合教育、科技、产业培养资源，建立以企业为主体、多种形式的产学研战略联盟，支持企业、科研院所与高等学校通过联合建立实验室或研发中心等方式，培养高层次人才和创新团队。实行“人才+项目”的培养模式，将人才开发与特色支柱产业发展、重点工程和重大科研项目实施有机结合起来，在创新实践中集聚和培养人才。依托国家重大人才计划，搞好衔接协调，大力培养经济社会发展急需高层次人才，加大对优秀青年科技人才的培养力度。制定并落实鼓励非公有制经济组织、新社会组织人才发展政策，加大扶持开发力度，促进非公有制经济组织和新社会组织快速健康发展。

（二）人才评价发现

建立以岗位职责为基础，以能力和业绩为导向，科学化、社会化的人才评价发现机制。积极推进专业技术人员职称制度改革，克服人才评价论资排辈、求全责备观念和唯学历、唯论文倾向，注重靠实践和贡献评价人才，建立重在业内和社会认可的评价机制。规范专业技术人员职业资格准入制度，完善专业技术人员职业水平和任职评价制度，落实用人单位在专业技术职务（岗位）聘任中的自主权，不断强化企业在工程技术人才和高技能人才评价中的主体作用。打破身份界限，把体制外各类人才纳入职称评聘范围，使他们的知识、技能、创造得到认可，充分调动他们为经济社会发展做贡献的积极性。完善以任期目标为依据、业绩为中心的国有企业领导人员考核评价办法。探索技能人才多元评价机制，逐步完善社会化职业技能鉴定、企业技能人才评价、院校职业资格认证和专项职业能力考核办法。完善农村实用人才评价机制，研究制定农村实用人才职称评定办法。健全完善党政领导干部考核评价机制。建立健全公务员职位分类制度。分类建立事业单位人员绩效评价制度。建立在重大科研、工程项目实施和急难险重工作中发现、识别人才的机制。

（三）人才选拔使用

按照民主、公开、竞争、择优原则，改革各类人才选拔使用方式，科学合理使用人才，促进人岗相适、用当其时、人尽其才，形成有利于各类优秀人才脱颖而出、充分施展才能的选人用人机制。深化党政领导干部选拔任用制度改革，完善公开选拔、竞争上岗制度，大力推行差额选任制度，积极探索公推公选，规范干部选拔任用提名制度，全面实行地方党委讨论决定重要干部票决制，坚持和完善党政领导干部职务任期制。建立市场配置、组织选拔和依法管理相结合的国有企业领导人员选拔任用制度，完善国有资产出资人代表派出制和选举制。根据事业单位的社会功能和行业特点，分类建立科研机构、高等学校、医疗卫生机构等事业单位领导人员选拔制度。全面推行事业单位公开招聘、竞聘上岗和合同管理制度。探索建立首席科学家、首席教授、首席工程师、首席技师等高端人才选拔使用制度。

（四）人才流动配置

强化政策引导，完善市场服务功能，畅通流动渠道，建立政府宏观调控、市场公平竞争、人才自主择业的人才流动配置机制。把稳定和充分发挥现有人才的作用作为人才队伍建设的首要任务，通过加强思想教育、搭建事业平台、健全激励机制等，积极营造拴心留人的环境，大力挖掘现有人才的潜力，充分释放人才队伍的活力。落实中央关于引导人才向农村基层和艰苦边远地区流动的政策，实施边远贫困地区、边疆民族地区和革命老区人才支持计划和高校毕业生基层培养计划，鼓励、引导、支持各类人才向重点领域、重点产业、重点行业和农村基层、生产一线、艰苦边远地区和少数民族地区流动，在职务晋升、职称评定、工资待遇、公务员录用等方面，加大对在基层服务的各类人才的倾斜力度。建立省市党政机关和企事业单位从基层选用补充领导干部、工作人员的长效机制。落实推进党政人才、企业经营管理人才、专业技术人才合理流动的政策，制定人才柔性流动、兼职薪酬等配套办法，促进党政机关之间、企业之间、事业单位之间及其相互之间各类人才有序流动、合理配置。综合运用市场手段、行政手段和各种社会化服务手段，采取短期服务、承担项目、业余兼职等柔性引才方式，引导各类人才特别是高层次专业技术人才向重大发展战略、重点建设项目、重要攻关课题流动、转移和集聚。加快推进人才流动载体建设，以省级人才市场为主体，办好基础性人才市场，健全专业性人才市场，完善区域性人才市场，开辟农村人才市场，构建辐射全省的人才市场体系。实施人才市场综合服务能力提升计划，整合各类人才市场和劳动力市场，规范专业性、行业性人才市场，积极培育发展人事代理、人才中介等专业化人才服务机构，完善市场功能，拓展服务领域，提高服务水平。加快人力资源市场信息网络建设工作，建立人才需求预测和信息定期发布制度。建立健全人事争议仲裁制度，妥善解决人才流动争议，保障和维护人才和用人单位的合法权益。

（五）人才激励保障

完善分配、激励、保障制度，建立健全与工作业绩紧密联系、充分体现人才价值、有利于保障人才合法权益的激励保障机制。完善各类人才薪酬制度，加强对收入分配的宏观管理，逐步建立秩序规范、激发活力、注重公平、监管有力的工资制度。推进事业单位工资制度改革，完善岗位绩效工资制度。探索健全有利于科研人员潜心研究和创新的体制机制，改进科技评价和奖励方式，推行科研单位分配向关键岗位和优秀拔尖人才倾斜的政策。探索建立首席科学家、首席教授、首席工程师、首席技师年薪制，大幅度提高科研、生产一线骨干人才的薪酬待遇。规范各类人才奖项设置，形成以政府奖励为导向、用人单位和社会力量奖励为主体的人才奖励体系，对有突出贡献的各类人才进行重奖。建立产权激励制度，全面落实知识产权保护政策，制定知识、技术、管理、技能等生产要素按贡献参与分配的办法。健全企业人才激励机制，推行期权、股权等中长期激励办法，重点向创新创业人才倾斜。落实促进人才发展的公共服务政策，推进机关和事业单位社会保障制度改革，完善以养老保险和医疗保险为重点的社会保障制度，加大对农村、非公经济组织和新社会组织人才的社会保障覆盖面。制定和落实相关政策，激发各类离退休人才为经济社会发展做贡献的积极性。

（六）人才开发投入

落实促进人才投资优先保证的财税金融政策，建立政府投入为主导，用人单位、社会和个人积极参与的多元化人才投入机制。各级政府优先保证对人才发展的投入，确保教育、科技支出增长幅度高于财政经常性收入增长幅度，卫生投入增长幅度高于财政经常性支出增长幅度。逐步改善经济社会发展的要素投入结构，较大幅度提高人力资本投资比重。省、市、县三级设立人才发展专项资金，纳入财政年度预算，保障人才开发项目的实施。建立高层次人才创新创业基金，落实人才创业扶持政策，扶持高层次人才创新创业，推动科技成果转化。建立引进海外人才专项资金，积极引进海外高层次人才，扶持中国兰州留学回国人员创业园建设与发展，帮助留学回国人员创新创业。国有骨干企业要建立人才开发专项资金，每年从税前利润中提取一定比例资金，用于人才开发、职工技能培训和科技人员继续教育。发挥财政资金杠杆作用，利用国家政策性银行贷款、政府担保、财政贴息等手段，吸引各方面资金投资人才开发项目。

四、重点项目

（一）领军人才工程

围绕全省经济社会发展重大战略部署，突出重点领域、重点产业和重点学科，培养选拔1000名领军人才，其中：100名包括两院院士、甘肃省科技功臣、百千万人才工程国家级人选在内、能够进入国内外科技前沿的高级专家；300名在全省产业发展、科技创新、学科建设、成果转化等方面起引领和支撑作用的拔尖人才；600名在各自领域有较高学术造诣、成果显著的专业技术骨干。建立领军人才竞争择优、动态调整和政府科技计划、财政投入稳定支持的长效机制。以领军人才为核心，培育组建高层次人才团队，提升人才发展整体水平。

（二）“科教兴省”人才支撑工程

加大科技、教育领域尖端骨干人才培养开发力度，每年培训1万名专业技术骨干，为更好地实施科教兴省战略源源不断地输送高素质人才。加强重点产业、重点学科创新团队建设，设立100个特聘科技专家岗位，建成200个博士后工作（流动）站，集聚一批具有创新能力和发展潜力的学者、科学家和学科带头人。实施引进海外高层次人才“百人计划”，引进200名能够突破关键技术、发展高新产业、带动新兴学科的高层次人才。实施高素质教育人才培养工程，到2020年，全省高校专任教师达到3万人，具有研究生以上学历的达到70%以上；职业教育“双师型”教师达到50%以上；实现农村专任教师学历全部达标。

（三）工业强省战略人才促进工程

根据全省工业经济发展需要，深入实施工业强省战略人才促进工程。到2020年，培养造就100名引领省内企业参与国内外竞争的优秀企业家；1000名熟悉经济运行、精通资本运作的高级经营管理人才；1万名掌握关键技术、具有自主研发能力的企业高级专业技术人才，以企业为主体形成100个具有较强竞争力的技术创新团队；建成20个省级高技能人才培训基地、10个省级高技能人才公共实训基地，培养高级技师1万名、技师3万名、高级工20万名。

（四）新农村建设人才保障工程

围绕实现社会主义新农村建设阶段任务和战略目标，继续深化新农村建设人才保障工程。依托高等院校、农业科研院所、农业技术推广机构、职业技术学院、农村基层干部专修学校和农业特色产业，建成100个具有一定规模的农村人才培训开发基地，形成覆盖全省、门类齐全、特色鲜明、实效突出的培训网络体系。结合实施国家现代农业人才支撑计划，加大高层次农业科研和农技推广人才培养、扶持力度，每年重点扶持一批优秀农业科技人才和产业经营人才开展科研攻关、技术交流、学习研修、观摩展示等活动。每年组织20万名农村干部和党员骨干参加能力素质提升培训，组织160万人次农民参加实用技术培训，组织2000名基层农业技术推广人员参加知识更新培训。

（五）高层次人才科技创新创业扶持行动

把科技创新与培育高新技术企业有机结合起来，设立高层次人才科技创新创业扶持资金，采用政府拨款、有偿资助和贷款贴息、税收优惠等倾斜性政策，吸引各类社会资本参与，重点扶持高层次科技人才转化具有自主知识产权、能够形成产业规模、市场前景和预期效益好的重大科技创新成果项目，孵化和育成一批高成长性的高新技术企业。到2020年，培养100个在国内同行业中有一定影响力的科技创新创业团队，力争培育10个具有核心技术和明显竞争优势、年产值上亿元的高科技企业。

（六）陇原青年创新人才扶持计划

着眼于解决高层次人才断层问题和为经济社会长远发展储备人才，选拔一批有发展潜力的中青年学术技术骨干，采用重点培养、专项资助、定向跟踪等特殊倾斜扶持政策，培养造就一支与我省经济社会长远发展相适应的优秀后备青年人才队伍。每年遴选100名有发展潜力的青年学术技术骨干进行重点资助，支持他们瞄准国内外科技前沿，围绕重大项目、重点工程和重点产业开展科研攻关，催生一批对经济社会发展有较大影响的实用型科研成果，储备一批支撑全省未来发展的高层次青年科技创新人才和学术技术带头人。

（七）宣传思想文化骨干人才培养计划

立足建设文化大省需要，统筹推进高层次和基层宣传思想文化人才队伍建设。结合国家“四个一批”人才培养工程和文化名家工程，深入推进我省宣传文化系统拔尖创新人才工程，培养一支适应先进文化建设和文化产业发展需要的哲学、社会科学、新闻出版、广播影视、文化艺术、文物保护、文化产业经营管理骨干人才队伍，在重大课题、重点项目、重点学科、重要演出、创作研究、展演交流、出版专著等方面进行重点扶持和资助，对部分高端人才实行全程跟踪培养服务，造就一批在全国有较大影响力的文化名家，着力提高我省文化软实力。进一步培养壮大基层宣传思想文化人才队伍，引领和带动群众文化普及。到2020年，培养宣传思想文化领域文化名家50名，骨干人才1.5万人，全省每万人口拥有宣传思想文化人才15人。

（八）旅游产业人才培养计划

着眼于把旅游业培育成为我省国民经济战略性支柱产业的目标，全方位加强旅游产业人才培养开发。加强省内高等教育旅游专业学科建设，借助省内外高等院校旅游教育资源，加大旅游策划、规划、营销、研究等高端人才培养力度；大力发展旅游职业教育，加强校企合作，建立培训基地，强化从业人员的岗前和岗位培训；有计划选派业务骨干到发达地区和国家学习深造，积极引进高层次旅游经营管理人才和专业领军人才，逐步形成岗位培训、职业教育、学历教育和送出去、引进来相结合的旅游人才队伍建设新格局。到2020年，实现全省旅游行政管理、旅行社管理、星级酒店管理、A级景区管理人员和注册导游的全员培训和有计划轮训；培养、引进旅游策划、规划及旅游企业高级管理人员100名；新认证导游人员1万人。

（九）医疗卫生人才培养计划

以深化医药卫生体制改革为契机，以总体改善农村、城市社区公共卫生和医疗服务人才短缺局面为重点，加大医疗卫生人才培养开发力度，努力造就一支规模适宜、结构合理、技术精湛、服务优良的卫生人才队伍。结合实施国家全民健康卫生人才保障工程，加大各类紧缺实用人才培养力度。以中医师带徒形式培养10000名中医和中西医结合医师；培养2000名住院医师，培训1万名全科医师；继续实施医疗卫生大学毕业生进农村计划，提高基层医疗卫生服务能力。加强高层次医疗卫生领军人才团队建设，每年分层分类选派骨干医疗卫生人才到国（境）外、省内外医疗机构进修。到2020年，卫生人才总量、队伍结构和专业素质基本满足城乡人民群众医疗卫生服务需求，实现每千人口拥有卫生技术人员3.8人、执业医师1.7人、执业护士1.6人的目标。

（十）民族地区人才开发计划

着眼于把我省建设成促进各民族共同团结奋斗、共同繁荣发展示范区的要求，努力造就一支坚定维护国家统一和民族地区团结稳定，乐于为民族地区经济社会发展做贡献，数量充足、素质优良、结构合理，能够留得住、用得上的少数民族地区人才队伍。继续实施“百乡千人”挂职培训计划，分批选派少数民族乡镇党政领导班子成员到省内其他地区挂职培训。每年选拔200名少数民族中青年干部参加中央和省上组织的各类专题培训。每年抽调100名优秀教师到少数民族地区支教，从少数民族地区选派100名骨干教师和教学管理人员到省内其他地区挂职学习，依托省内高校每年培训100名少数民族地区“双语”教师，每年为100名少数民族地区乡镇卫生院人员提供大专以上学历教育。每年培训5000名现代农牧业、农畜产品加工、特色旅游、民族特色用品、民族手工艺品专业人才。

（十一）社会工作人才培养开发计划

坚持职业化、专业化的社会工作人才培养开发方向，专业培训与实践锻炼相结合，岗位设置与人才培养相衔接，全面加大社会工作人才开发力度。采取设置专门专业、加强院地合作、设立培训基地等方式，着力培养中高级社会工作人才，每年培训1000名社会工作管理人才及专业骨干，全面引领和带动基层社会工作人才培养开发。结合社会工作职业化建设和社会工作服务组织标准化建设，建设一批社会工作人才培训和继续教育基地，开发一批社会工作服务和实践岗位，每年对1000名基层社会工作者进行职业化培训，初步形成面向基层、覆盖街道（乡镇）的社会工作人才培养开发链条。

（十二）非公有制经济组织和新社会组织人才提升行动

加大对非公有制经济组织和新社会组织人才发展的扶持力度，制定并落实一视同仁、平等对待的人才开发政策措施，着力提升非公有制经济组织和新社会组织各类人才为社会主义市场经济做贡献的能力和素质。利用省内外高等院校、各类培训基地和国外培训渠道，采取培训、考察和交流等方式，重点培训非公有制经济组织和新社会组织经营管理和应用型人才，每年培训高级经营管理人才100名、技术人才1000名、技能人才1万名。

五、组织领导与保障措施

（一）健全完善人才工作管理体制

坚持党管人才原则，完善党委统一领导，组织部门牵头抓总，有关部门各司其职、密切配合，社会力量广泛参与的人才工作格局。发挥党委领导核心作用，统筹人才发展和经济社会发展，统筹人才工作和其他各项工作，统筹人才工作的各个方面，切实履行好管宏观、管政策、管协调、管服务的职责，提高人才工作的科学化水平。健全各级党委抓人才工作的领导机构，建立重大政策、重要工作的决策机制、监测评估机制和督促落实机制。完善组织部门牵头抓总职能，理顺各有关职能部门工作职责，健全各职能部门协调联系机制。建立党委、政府“一把手”抓“第一资源”的目标责任制，把人才发展列入各级党政领导班子的考核内容，建立各级党委常委会听取人才工作专项报告制度。完善党委联系专家制度，建立重大决策专家咨询制度。

（二）改进人才管理方式

围绕用好用活人才，完善政府宏观管理、市场有效配置、单位自主用人、人才自主择业的人才管理体制。充分发挥政府人力资源和社会保障部门在人才工作综合管理方面的职能作用，改进宏观调控，提高指导和服务水平，推动政府人才管理职能向创造良好发展环境、提供优质公共服务转变，运行机制和管理方式向规范有序、公开透明、便捷高效转变。遵循放开搞活、分类指导和科学规范的原则，深化国有企业和事业单位人事制度改革，创新管理体制，转换用人机制，扩大和落实单位用人自主权。发挥用人单位在人才培养、吸引和使用中的主体作用。

（三）加强人才工作政策体系建设

采取总体规划、分步出台的办法，建立健全涵盖人才培养、吸引、使用、流动、激励、保障等人才资源开发管理各个环节的人才政策，逐步形成完整配套、上下衔接的人才政策法规体系。及时清理、废止已经过时的政策。加强人才政策法规实施的检查评估，保证各项政策的有效实施。

（四）营造良好社会环境

充分发挥报刊、广播、电视、网络等媒体的作用，采取多种形式，宣传党和国家及省委、省政府关于人才发展的方针政策和重大决策部署，宣传各地各单位开展人才工作的典型经验和成效做法，宣传各条战线涌现出来的优秀人才及其先进事迹，并开展有关评选表彰奖励活动。通过广泛宣传，使“尊重劳动、尊重知识、尊重人才、尊重创造”的氛围更加浓厚，努力营造全社会关心、支持人才发展的良好社会环境。

（五）加强人才工作基础建设

深入开展人才发展理论研究，积极探索人才资源开发和人才工作规律，加强对人才工作实践的指导。加强人才信息化建设，建成全省人才信息网络，建立人才信息数据库，形成社会化、开放式的人才资源信息共享系统。改进和加强人才资源统计工作，将人才资源统计纳入地方经济社会发展统计指标体系，建立人才资源年度统计调查和定期发布制度。加强人才工作队伍建设，加大对人才工作队伍培训力度，提高人才工作队伍的政治素质和业务水平。

青海省中长期人才发展规划纲要
（2010—2020年）

为大力实施人才强省战略，加强人才资源开发与建设，培养造就高素质人才，促进富裕文明和谐新青海建设，根据我省未来一个时期经济社会发展对人才的需求和《国家中长期人才发展规划纲要（2010—2020年）》，制定本规划。

一、围绕富裕文明和谐新青海建设，加快推进人才强省战略

改革开放以来，我省坚持以邓小平理论和“三个代表”重要思想为指导，用科学发展观统领人才工作全局，认真贯彻落实中央关于人才工作的一系列方针政策，大力实施人才强省战略，取得了显著成效。人才工作力度进一步加大，全省人才数量持续增长，素质不断提高，结构逐步优化，具有青海特色的学术学科带头人不断涌现；党管人才的新格局基本建立，有利于人才创新创造的政策措施逐步完善，重视和爱护人才、依靠人才求发展的氛围日渐形成；全社会的人才意识进一步增强，经济社会发展进一步向依靠科技进步和提高劳动者素质转轨，各类人才在经济社会发展中的作用愈加明显，全省人才工作进入了一个新的发展阶段。2008年底，全省人才总量达29.99万人。其中，党政人才4.96万人，企业经营管理人才0.81万人，专业技术人才11.68万人，高技能人才5.88万人，农牧区实用人才1.42万人，社会工作人才0.016万人。非公有制企业人才5.22万人。

在实施人才强省战略的进程中，青海形成的人才工作基本经验是：必须坚持以中国特色社会主义理论为指导，全面贯彻落实科学发展观，牢牢把握人才工作的正确方向；坚持围绕经济社会发展需要，依靠和发挥各类人才的作用，为构建富裕文明和谐新青海提供服务；坚持以人才资源能力建设为核心，着力改善人才队伍结构，推进人才队伍全面发展；坚持改革创新，不断完善有利于人才成长的体制机制，营造人才工作的良好环境；坚持党管人才原则，尊重、爱护和使用好人才，不断提高人才工作领导水平；坚持从实际出发，集聚各类优秀人才和智力投身青海建设，积极探索青海特色的人才工作之路。与此同时，也要清醒地认识到，当前我省人才队伍建设与经济社会发展要求相比仍有差距，主要表现在：对人才是“第一资源”的认识还不到位，人才工作“见物不见人”的倾向依然存在；人才队伍结构和素质还不适应发展的要求，特别是高层次、高技能和领军人才短缺，人才队伍整体创新能力不强；人才的地域、行业、产业分布不尽合理，难以适应我省产业结构的优化升级和区域经济的协调发展；人才供求结构性矛盾突出，人才需求旺盛和人才就业形势严峻的现象并存；与社会主义市场经济体制相适应的人才管理体制和运行机制尚不完善，人才环境建设还需要进一步优化，等等。

未来十年，是我省加快经济发展方式转变、建设富裕文明和谐新青海的关键时期。牢牢把握新一轮西部大开发战略、国家支持藏区发展和全面启动玉树灾后重建工作的历史机遇，推动我省跨越发展、绿色发展、和谐发展、统筹发展，完成科学发展、保护生态、改善民生的“三大任务”，实现经济建设由工业化初期向工业化中期、对外开放由较低层次向更高层次、人民生活由总体小康向全面小康、区域经济社会发展由不平衡向共同繁荣进步的“四个转变”，对人才发展提出了更高更迫切的要求。面对新的形势，我们必须与时俱进、锐意进取，不断增强做好人才工作的责任感和使命感，切实加强人才队伍建设，加快推进人才强省战略，努力开创人才辈出、人尽其才的新局面。

二、新时期人才队伍建设的指导方针、战略目标和总体部署

加快推进人才强省战略，必须以邓小平理论和“三个代表”重要思想为指导，深入贯彻落实科学发展观，坚持党管人才原则，不断加强人才资源能力建设，积极推进人才结构调整，大力培养和吸引创新、创业型人才，加快人才工作体制机制和政策创新，加大人才工作投入力度，努力建设数量充足、结构合理、素质优良的人才队伍，为推动“四个发展”、建设富裕文明和谐新青海提供坚强的人才保障和智力支持。

（一）指导方针

青海人才工作的指导方针是：服务发展、人才优先、以用为本、创新机制、开放融入、盘活资源。

——服务发展。要把服务科学发展作为人才工作的根本出发点和落脚点，围绕科学发展目标，确定人才队伍建设和人才工作体制机制创新的任务，开发和配置人才资源，促进人才发展和经济社会发展相协调。

——人才优先。要把人才资源的开发摆在更加突出的位置，在经济社会发展中确立人才优先发展的战略布局，统筹规划经济社会发展和人才发展，做到人才资源优先开发，人才结构优先调整，人才投资优先保证，人才体制优先创新。

——以用为本。要把发挥各类人才的作用作为人才工作的根本任务，积极为人才干事创业和实现价值提供机会和条件，促进人才各得其所、各展其才，使人才价值在使用中得到体现、在使用中得到回报、在使用中得到提升。

——创新机制。要遵循人才资源开发规律，努力破除不利于人才成长和发挥作用的各种思想观念和体制机制性障碍，构建与社会主义经济体制相适应、有利于科学发展的人才发展机制，最大限度地发挥各类人才的创新激情和创造活力。

——开放融入。要紧紧抓住“三大历史”机遇，把扩大人才交流合作作为人才工作的重要内容，以更加开放的心态和宽阔的视野，融入到人才一体化的竞争氛围中来，不断打造吸引各类人才到青海建功立业的事业平台。

——盘活资源。要充分利用省内、省外两种资源，坚持盘活存量和提高增量并举，大力培养开发现有人才，积极引进急需紧缺人才，鼓励和支持人人都作贡献、人人都能成才、行行都出状元，把各类人才凝聚到建设新青海的伟大事业中来。

（二）战略目标

根据建设富裕文明和谐新青海的总体要求，到2020年，我省人才队伍建设的总体目标是：扩大总量、提高素质，改善结构、调整布局，创新机制、优化环境，培养造就一批善于实践科学发展观的骨干人才队伍，基本确立具有青海特色的人才竞争优势。具体目标是：

——人才队伍规模不断壮大。人才总量保持持续增长，达到47.33万人，比2008年增长58%。

——人才素质明显提高。人才中接受过高等教育的人数占总量的60%以上。具有中级以上职称的达到45%以上，科技活动人才总量达到2万人，高技能人才占技能劳动者的比例达到25%以上。

——人才队伍结构趋于合理。人才在城乡、区域、产业间的分布更趋合理，一、二、三产业人才比例为10%：17%：73%，关系经济社会发展重点产业和领域的急需人才基本得到满足，与青海经济结构调整的需求基本适应。

——人才使用效能明显提高。人才贡献率达到30%，科技进步贡献率达到54%。在农牧科技、盐湖化工、藏医药、生物技术、能源资源、新材料、生态环境保护、社会科学等经济社会发展重点领域中，建成一批人才高地。

——人才发展的体制机制进一步创新。与社会主义市场经济体制相适应的人才工作体制机制基本建立，人才培养、评价、选用、激励和保障机制建设取得突破，人才投入占财政支出的比例达到中西部省区平均水平，有利于激发人才创造活力和发挥聪明才智的社会环境基本形成。

（三）总体部署

未来一个时期，我省人才发展的总体思路：一是坚持人才投资优先保证，加大对人才发展的投入，为人才发展提供坚实基础。二是加大人才培养力度，注重思想道德建设，大幅度提升以创新能力为核心的人才队伍整体素质。三是推进人才资源市场配置和政府宏观调控的有机结合，实行人才结构战略性调整，优化人才配置。四是充分发挥高层次人才在人才队伍建设和经济社会发展中的引领作用，突出培养创新型科技人才，以高层次人才带动人才队伍整体建设。五是改革人才发展体制机制，创新人才培养开发、评价发现、选拔任用、流动配置、激励保障机制，激发各类人才创新创造创优活力。六是加大柔性引才引智工作力度，创新引才引智方式，补充经济社会发展急需紧缺的各类人才。七是优化人才发展环境，完善人才发展政策，努力营造有利于人才健康成长和发挥作用的良好氛围。八是加强和改进党对人才工作的领导，完善党管人才格局，为人才发展提供坚强的组织保证。

加快推进人才强省战略，是一个长期的持续不断的奋斗历程，需要循序渐进，科学筹划，分步实施。“十二五”期间，要在落实人才培养、吸引、使用各项措施的同时，重点完善人才队伍建设政策，创新人才发展机制，确保强基础、上台阶；后五年，要加大工作力度，全面推进人才发展各项政策措施的落实，实现提水平、达目标。

三、人才队伍发展目标及措施

（一）党政人才队伍建设

发展目标：按照加强党的执政能力建设和先进性建设的要求，以提高领导水平和执政能力为核心，以处以上领导干部和基层干部为重点，努力建设一支政治坚定、勇于创新、勤政廉洁、求真务实、奋发有为、善于推动科学发展的高素质党政人才队伍。到2020年，大学本科及以上学历的干部占党政干部队伍的80%以上，专业化水平明显提高，结构更加合理，总量从严控制。

主要举措：一是开展大规模培训干部工作。用中国特色社会主义理论体系武装干部头脑，有计划、分层次地组织党政干部进行现代知识和管理经验的学习，深入开展马克思主义民族观、宗教观教育，继续开展党政干部省内双向挂职锻炼和赴省外挂职交流工作，努力构建理论教育、知识教育、党性教育和实践锻炼“四位一体”的党政人才培养教育新体系。二是完善促进优秀人才脱颖而出的选拔任用制度。坚持德才兼备、以德为先的用人标准，坚持民主、公开、竞争、择优改革方针，树立坚定信念、注重品行、科学发展、崇尚实干、重视基层、鼓励创新、群众公认的用人导向。扩大干部工作民主，大力推行党政干部公开选拔、竞争上岗、公推公选等竞争性选拔任用方式，健全干部选拔任用决策机制，努力促进党政人才脱颖而出。注重培养、选拔并合理配备少数民族干部、妇女干部和党外干部，逐步改善民族地区干部队伍结构。三是加大年轻干部选拔和后备干部队伍建设力度。研究制定培养选拔年轻干部工作规划，建立党政后备干部动态补充调整机制。狠抓干部队伍“源头工程”，努力在基层培养一批下得去、待得住、干得好、流得动的党政人才，逐步建立来自基层一线的党政人才选拔培养链。四是加强公务员队伍的建设和管理，不断完善“四级统考”制度，提高考试的科学化水平，严把公务员“入口”关。加强公务员专业培训和素质教育，全面提升公务员依法行政、公共服务、学习创新和处理复杂问题的能力。严格执行《公务员法》规定的辞职辞退制度，进一步完善调整不称职、不胜任现职领导干部政策，逐步健全干部正常退出机制，畅通公务员“出口”。

（二）企业经营管理人才队伍建设

发展目标：适应产业结构优化升级和实施“走出去”战略的需要，努力造就职业素质高、市场意识强、熟悉国际经济运行规则、善于生产经营和资本运作的企业经营管理人才队伍。到2015年，企业经营管理人才总量达到1.62万人；到2020年，企业经营管理人才总量达到2.55万人，其中，大学本科及以上学历的占90%以上。

主要举措：一是大力培养引领企业科学发展的优秀企业家群体。把企业人才队伍建设纳入企业总体发展战略，重点抓好出资人代表、职业经理人、党群工作者和经营管理专业人才队伍建设，着力提高企业家科学决策、跨文化经营管理和多元化团队领导的能力。二是加强企业经营管理人才培训。依托国内外知名企业、高等院校和其他培训机构，分层次、分类别组织各类企业经营管理人才进行学习、培训和研修，着力提高企业战略管理和文化经营管理能力。三是完善企业经营管理人才市场化管理体系。大力推行竞争上岗、公开招聘、市场选聘的企业经营管理人才选用方式，推动优秀企业经营管理人才向优势行业、优势企业汇集。加快现代企业制度建设，完善公司法人治理结构，积极探索社会化的职业经理人资质评价制度。四是为大力发展非公有制经济提供人才支持。加强政策引导，消除不利于非公有制经济组织和社会组织人才成长、引进和发挥作用的体制和政策障碍。加大非公有制企业人才培训力度，建立和完善人才服务体系，营造非公有制经济组织人才科技创新、自主创业、合理流动、自我发展的良好社会环境。

（三）专业技术人才队伍建设

发展目标：以提高专业水平和创新能力为核心，以高层次人才和紧缺人才为重点，大力加强专业技术人才队伍建设。到2015年，专业技术人才总量达到14.37万人；到2020年，专业技术人才总量达到18.33万人，高、中、初级专业技术人才结构趋于11:43:46的比例。大学专科及以上学历的占80%以上。

主要举措：一是加快专业技术人才知识更新步伐。制定继续教育规划，加强以新理论、新技术、新方法、新技能、新知识为主要内容的培训，重点提升在优先发展领域从事应用技术研发工作的专业技术人才的集成创新和引进消化吸收再创新的能力。根据全省科技发展规划和社会发展需要，适时调整高等院校学科及专业设置，提高专业技术人才的培养效益。二是加强基层专业技术人才队伍建设。结合基层事业单位机构和人事制度改革，盘活基层专业技术人才队伍。继续选派高校毕业生到基层开展支教、支农、支医和扶贫活动，实施农牧区义务教育阶段学校教师特设岗位计划、教师见习岗计划，开展科技特派员基层创业行动和农业科技入户工程，引导科技人员深入基层开展科技服务，形成城乡人才资源相互交流的良好局面。三是健全专业技术人才管理制度。建立专业技术人才基础数据库，加强对重点发展领域、重点开发地区、科研和生产一线所需专业技术人才的宏观调控力度。逐步实施双向挂职、短期工作、项目合作等灵活多样的人才柔性流动政策，引导党政机关、科研院所和高等学校专业技术人才向企业、社会组织和基层一线有序流动，促进专业技术人才合理分布。全面推行公开招聘制度，提高专业技术人才配置的社会化程度。改革现行的企事业单位人事档案管理制度，鼓励并规范专业技术人员兼职兼薪。重视少数民族专业技术人才的培养和使用。注重发挥离退休专业技术人才的作用。

（四）高技能人才队伍建设

发展目标：适应走新型工业化道路的要求，以提升职业技能和专业水平为核心，以高级技师和技师为重点，建设门类齐全、技艺精湛的高技能人才队伍。到2015年，高技能人才总量达7.7万人；到2020年，高技能人才总量达8.1万人，高、中、初级技能劳动者比例为28:40:32。

主要举措：一是加大技能人才培养力度。不断完善以企业行业为主体、职业院校为基础、学校教育与企业培养紧密联系、政府推动与社会支持相结合的高技能人才培养体系。充分发挥企业培养高技能人才的主体作用，采取自办培训学校和机构，与职业院校和培训机构联合办学、委托培养等方式，加快培养高技能人才。整合利用现有各类职业教育培训资源，依托大型骨干企业、重点职业院校和培训机构，建设一批示范性省级高技能人才培养基地和公共实训基地，争取使其中部分基地纳入国家级基地行列。二是完善技能人才评价和使用机制。积极推行职业资格证书制度，加快建立以职业能力为导向、以工作业绩为重点，注重职业道德和职业知识水平的高技能人才评价体系。实施科学的职业分类和合理的岗位设置，最大限度的满足技能岗位对技能人才的需求。大力开展各种形式的岗位练兵和职业技能竞赛等活动，为高技能人才参与高新技术开发、同行业技术交流等创造条件。三是健全技能人才分配激励机制。建立职工凭职业技能资格和业绩贡献确定收入分配的机制，建立高技能人才表彰奖励办法。落实高技能人才社会保障权益，完善高技能人才社会保障制度。

（五）农牧区实用人才队伍建设

发展目标：以提高科技素质、专业技能和经营能力为核心，以农牧区实用人才带头人为重点，着力培养一大批推动农牧区经济社会发展、带领农牧民致富增收、数量充足的农牧区实用人才队伍。到2015年，农牧区实用人才总量达到3.71万人，科技特派员达到2000人；到2020年，农牧区实用人才总量达到6万人，科技特派员达到4000人，每个行政村主要特色产业至少有1—2名示范带动能力强的带头人。

主要举措：一是完善农牧区实用人才培训体系。充分发挥农牧业科技服务部门、职业院校、农广校和党员干部现代远程教育网络等在实用人才培训中的主渠道作用，吸引省外和民营教育资源参与农牧民教育培训工作，大规模开展农牧区实用人才培训。二是大力培养农牧区实用人才带头人队伍。因地制宜、分类指导，按照“三区十带”农业和“三大区域”畜牧业发展格局，依托高原绿色牛羊生产、反季节蔬菜、中藏药等特色优势产业，着力培养和吸引一批农牧区实用人才带头人。以农牧区种养业大户、农牧区经纪人、专业合作社负责人、外出务工返乡创业人员为主要对象，以规模化种植养殖、地方特色农产品加工与销售、农牧业信息化、乡村旅游等为主要创业项目，采取传帮带、请进来走出去、顶岗实践等灵活多样方式，通过政策引导、信息服务、资金扶持和技术支持，大力培养农牧区创业人才队伍。三是扩大农牧区劳动力转移培训规模。继续实施“阳光工程”、“雨露计划”，依托各类职业院校和东部发达地区企业的优势培训资源和就业渠道，不断加大企业直培和订单培训力度，努力打造“拉面经济”、土族刺绣、黄南热贡艺术等不同类型特色劳务品牌。四是促进农牧业科技产学研相结合。落实青海省农牧业科技合作协议，大力开展技术应用研究，培育农牧业科技优秀领军人才，带动提高科研人才技术研发水平。充分发挥省级科研部门和院校作用，加快建立科研与生产、科研与推广紧密结合的科技机制，组织实施“产学研联合开发工程”，吸引各类农牧业科技人才以技术入股、成果折股的形式参与、实行技术协作和资本联合的有机结合，实现成果快速转化。五是完善对农牧区实用人才的服务措施。制定以知识、技能、业绩、贡献为主要内容的农牧区实用人才认定标准，扩大职业资格证书制度在农牧区的覆盖面。建立以县为主的农牧业科技人员服务咨询队伍，积极为农牧区实用人才提供科技信息服务。

（六）社会工作人才队伍建设

发展目标：适应构建社会主义和谐社会的需要，以人才培养和岗位开发为基础，加快建设一支能够运用专业知识和方法，进行困难救助、矛盾调处、权益维护、心理辅导、行为矫正等社会服务工作的职业化、专业化社会工作人才队伍。到2015年，社会工作人才总量达到5000人；到2020年，社会工作人才总量达到7500人。

主要举措：一是加大社会工作人才培养力度。根据社会工作的人才需求，逐步建立不同学历层次教育协调配套、专业培训和知识普及有机结合的社会工作人才培养体系，拓宽人才增量来源。鼓励各类社会工作人员参加进修、实习、短训、函授等，大力提高现有社会工作从业人员的职业能力和专业素质。加强社会工作学科专业体系建设。在省属高校和各级各类干部培训机构中设立若干社会工作专业实习和继续教育基地。二是合理设置社会工作岗位。按照“分类指导、分级管理、科学合理、精简效能”的原则，研究提出社会工作岗位设置意见，充实社会管理和公共服务部门，配备社会工作专门人员。加大财政资金向公共服务领域的投入力度，大力发展公益性社会团体和民办社会服务机构，逐步建立政府购买社会服务机制，拓展社会工作人才施展才能的空间和舞台。三是建立社会工作人才评价体系。组织发动各系统内的社会工作人员积极参加助理社会工作师、社会工作师职业水平考试，逐步形成考核认定和考评结合的社会工作者职业水平评价体系。四是完善社会工作人才激励机制。规范社会工作人才的薪酬和保险待遇，逐步提高社会工作人才的地位、职业威望和职业生涯发展空间。维护服务对象和社会工作者的合法权益，加快建立社会工作者与志愿者的联动机制，逐步形成社会工作者引领志愿者共同服务社会的运行体系。

四、加大重点领域人才工作力度，着力优化人才队伍产业结构和区域布局

（一）突出培养高层次创新型科技人才

围绕建设创新型青海的战略目标，按照“突出特色、支持重点，创新机制、提升水平，以点带面、形成富集”的原则，培养造就一批具有青海特色的科技领军人才和科技创业人才。创新人才培养模式，建立学校教育和实践锻炼相结合、省内培养和省内外交流合作相衔接的开放式培养体系。积极探索推行创新型教育方式方法，突出培养学生的科学精神、创造性思维和创新能力。加强实践培养，依托国家重点工程和青海重大科技攻关课题、重大建设项目、重点实验室、博士后站及高新技术产业园区建设，加快培养一批能够主持全省重大科研和重大工程项目的创新型领军人才，带动创新团队建设。

鼓励和引导企业加强对外合作与交流，通过研究开发、智力引进等方式，集聚一批具有国内先进水平的产业专家和科研技术带头人队伍。依托各类科技园区建设，认真落实有关高层次人才在选拔任用、科研项目申报、经费资助、税收等方面的优惠政策，鼓励各类高层次人才在我省创新创业。加快东西部科研合作交流步伐，不断加强与中国科学院、中国工程院、清华大学等高等院校和科研院所的联系，引导、鼓励、支持共建各类研发中心和产学研战略联盟。发展创新文化，倡导追求真理、勇攀高峰、宽容失败、团结协作的创新精神，营造科学民主、学术自由、严谨求实、开放包容的创新氛围。到2020年，全省每万劳动力R&D人员为16人年左右，科技活动人员总量达到20000人，学术学科带头人队伍达到400人。

（二）大力开发国民经济发展重点领域专门人才

根据加快经济发展方式转变的需要，制定国民经济发展重点领域人才需求目录，积极引导各类人才向经济社会发展急需的领域转移，向人才短缺的产业、企业、岗位流动。要围绕加快培育多元化产业集群和产业融合的循环工业体系的要求，大力开发水电、石油天然气、盐湖化工、有色金属等工业优势产业人才，加快建设强大的产业科技创新人才队伍、经营管理人才队伍和技能人才队伍。以西宁经济技术开发区、柴达木循环经济试验区、曹家堡空港综合经济区、县域工业集中区、农牧业科技示范园区为平台，大力开发装备制造、油气化工、煤化工和生物医药等特色产业人才，组织开展多种形式的特色产业人才培训，建设一批特色产业技能人才培养基地，促进特色产业人才队伍经营管理、创新能力和制造水平的普遍提升。着力于培育新的经济增长点，大力开发新能源、新材料、生物产业以及生态保护建设等新兴领域人才，加快培育经济发展方式转变急需的科技人才和高级经营管理人才，形成一批优势明显的新兴人才群体。到2020年，力争使全省专业人才在一、二、三产业中的比例由现在的9%:7%:84%，逐步调整为10%:17%:73%，国民经济发展重点领域企业各类人才比重再提高5个百分点，其中，工程技术人员、农牧业技术人员和从事研究与开发的专业技术人才比重由现在的20%提高到25%。

（三）加快培养社会发展重点领域专门人才

适应现代教育事业发展需要，努力建设一支高素质的教育人才队伍。以高层次创新型教育人才为重点，切实加强学科带头人、校长队伍建设和骨干教师队伍建设。加大在职培训和继续教育力度，提高教育人才队伍整体素质和学历结构层次。到2020年，力争使我省本科高校具有硕士及以上学位的专任教师达到专任教师总数的60%，其中具有博士学位的达到25%。职业学校“双师型”教师占专业课教师和实习指导教师的比例达到50%以上，本科院校教师具有硕士以上学位的教师达到60%。

适应深化医药卫生体制改革的需要，着力培育一批以中青年为主体的卫生医疗学术技术带头人。加快公共卫生人才和卫生管理人才培养。搞好在职卫生人员继续教育，全面提高卫生人才队伍素质。到2020年，全省社区卫生人才全部达到相应岗位职业要求，乡村医生80%达到大专及以上学历水平，80%以上具有执业助理医师及以上资格。

适应全省文化大发展大繁荣的需要，大力培育一批高素质理论研究人才、新闻出版人才、文化艺术人才、文化体育人才和文化经营管理人才，带动宣传文化领域人才队伍建设。积极培养引进新兴文化产业人才，造就一批省内外有影响的服务青海发展的优秀社科专家、决策咨询专家。到2020年，从事宣传文化管理和宣传文化业务的人才具有本科以上学历的达到70%左右，具有中级以上专业技术职务的达到70%以上。

适应加快发展现代服务业的需要，以打造大美青海、生态青海、神奇青海、健康青海等旅游品牌为契机，依托“一圈三线”旅游发展格局和“四大物流园区”建设，积极培育服务业重点企业，着力培养一批善于推介青海、营销青海的旅游经营管理人才。根据建设青藏高原金融发展繁荣区、金融生态环境优质区和金融运行安全区的目标要求，建立健全金融人才教育培养和引进政策，全面加强金融经营人才、监管人才和研究人才队伍建设，努力聚集一批熟悉现代金融制度、善于基本市场操作的优秀金融人才。

（四）进一步优化人才区域布局

统筹区域人才开发，引导区域间人才合理流动，努力构建全方位、多层次、特色鲜明的区域人才开发体系。按照“四区两带一线”的区域发展格局，通过重大项目的布局引导、公共服务领域的吸引和实施积极的援助政策等措施，促进主体功能区域人才资源的战略性配置，逐步形成协调合理的人才区域布局。东部地区要加快构筑以西宁地区为中心的科技创新人才、公共服务人才和管理人才高地及以海东地区为主的现代农业、农畜产品加工业、商贸流通业特色人才带；柴达木地区要努力建成我省资源循环综合利用的人才汇聚区；环湖地区要不断培育现代畜牧业、旅游业亟需的人才队伍；三江源地区要加快生态保护、环境建设工程技术人才和管理人才队伍的建设步伐。到2020年，东部地区、柴达木地区、环湖地区、青南地区专业人才占人才总量的比重分别由现在的68.6:9.1:10.7:11.6，调整为70.0:13.6:8.5:7.9，基本与各地区经济社会发展相适应。

五、完善人才发展的重大政策

（一）实施人才资本优先积累的投入政策

把人才发展主要指标列入各级政府经济社会发展规划和年度目标，实行目标责任管理。改善经济社会发展中资源利用和要素投入的结构，实现人才投入优先。加大公共财政投入力度，建立人才发展财政预决算制度，设立人才发展重大项目专项资金，确保政府教育、科技支出增长幅度高于财政经常性收入增长幅度，卫生投入增长幅度高于财政经常性支出增长幅度，到2020年，人才投入占财政支出的比例达到中西部省份平均水平。

（二）实施产学研合作培养创新人才政策

制定推进高等学校、科研院所、企业合作培养人才的激励政策，对产学研结合的科技成果转化运用、企业等用人单位接纳高等学校和职业院校学生实习等实行财税优惠，支持和鼓励用人主体参与创新人才培养。建立高等学校、科研院所、企业高层次人才双向流动制度，引导、鼓励和规范学术界、产业界优秀人才到高校从事教学兼职。在高等学校、科研院所、企业建立符合科技人员和管理人员不同特点的职业发展途径，鼓励和支持科技人员在创新实践中成就事业并享有相应的社会地位和经济待遇。建立省自然科学基金，加强基础研究、应用基础研究和前沿技术研究。加大对社会公益类科研机构的投入力度。

（三）实施引导人才向农牧区基层和艰苦地区流动政策

完善艰苦边远地区津贴制度，实施积极的大中专毕业生就业政策，完善各项社会保障措施，鼓励和引导人才流向农牧区基层和艰苦地区。做好到村（社区）任职的高校毕业生选聘、培养、管理和使用工作，积极向中央争取行政编制和相应的财政转移支付政策。制定具有普遍约束力的公职人员到基层服务锻炼的派遣和轮调制度，提高省级党政机关从基层招录公务员的比例。积极培养和引进我省基层和农村牧区需要的各类人才和智力，对带有高新技术成果、项目的引进人才，根据项目情况提供相关服务，创造良好的科研环境和工作条件。完善科技特派员制度，推进科技特派员农村科技服务创业行动。

（四）实施人才创业扶持政策

完善鼓励人才创业的政策措施，充分利用藏区建设项目、柴达木经济循环区建设项目以及我省加大生态、旅游、特色产业的机遇，扶持我省各经济开发区和科技园区发展，形成重大科研项目、研究开发、技术创新的科研创业基地。落实国家鼓励创业风险投资的税收、贴息等优惠政策，对高层次人才领办和创办科技型企业提供金融服务。制定政府资助科研项目的成果转化和技术转移制度。继续落实大中专毕业生开展创业培训的有关补贴政策规定，并给予小额担保贷款和贴息的优惠政策。

（五）实施推进党政人才、企业经营管理人才、专业技术人才合理流动政策

拓展党政人才来源渠道，加大党政机关公开选拔人才力度，提供一定比例岗位面向企事业单位选拔人才。完善党政人才、企业经营管理人才、专业技术人才交流和挂职制度，打破身份限制，扩大交流任职范围，鼓励党政机关人员向企事业单位双向流动。加强人才交流中知识产权、企业核心技术和商业秘密的保护，探索建立人才资本及科研成果有偿转移制度，维护人才和用人单位的合法权益。

（六）实施积极的引智引才政策

设立重点项目人才需求信息库，围绕经济社会发展目标，在优势特色产业、重点行业和重大项目上，合理、有效、优先引进各类人才和智力。进一步完善柔性人才引进制度，建立政府引导、市场调节、合同约束、来去自由的人才流动机制。积极引进国外专家和智力，制定和实施吸引优秀留学人才和海外科技人才来青工作服务计划。对我省急需紧缺的各类高层次人才，可不受用人单位编制、工资总额和户籍所在地限制引进。加大招商引才工作力度，对来青投资或向我省生产企业提供新技术、新工艺、新产品和转让科技成果的单位和个人，可优先享受我省引进人才在经费资助、税费减免、医疗保险、配偶就业、子女上学等方面的优惠政策。

（七）实施鼓励非公有制经济组织、新社会组织人才发展政策

制定加强非公有制经济组织、新社会组织人才队伍建设意见，消除不利于非公有制经济组织和新社会组织人才成长、引进和发挥作用的体制和政策障碍，在政府奖励、职称评定、教育培训、成果申报、参与社会管理等方面一视同仁。政府在人才培养、吸引、评价、使用等方面的各项政策，非公有制经济组织、新社会组织人才平等享受。政府支持人才创新创业的资金、项目、信息等公共资源，向非公有制经济组织、新社会组织人才平等开放。建立和完善人才服务体系，为非公有制经济组织、新社会组织人才科技创新、自主创业、合理流动、自我发展创造良好的社会环境，保障个人的合法权益。

（八）实施促进人才发展的公共服务政策

完善人才公共服务政策法规体系，根据工作开展情况，及时向社会发布《人才公共服务指导目录》。依托人才服务、人事考试、人事培训等三大现有服务平台，抓好已有公共服务项目建设，着力打造我省人才公共服务品牌。支持人才公共服务产品开发，加强对公共服务产品的标准化管理，形成融公共服务、市场服务、社会服务为一体、相互补充的人才发展服务体系。建立人才信息统计、发布制度，完善“青海人才市场网”的管理服务，扩大网络招聘人才的规模。发展和规范各类人才社会中介组织，健全专业化、信息化、产业化、社会化的人才服务体系。

（九）实施知识产权保护政策

把创造和应用知识产权作为自主创新的重要目标，制定激励政策，鼓励发明创造。政府科技计划对具有自主知识产权的技术和项目重点支持。加大知识产权保护的执法力度，营造尊重和保护知识产权的法制环境。建立知识产权专项资金，对取得自主知识产权的技术成果予以适当补助。对职务技术成果视成果转化后生产的经济效益给予奖励，依法保护非职务技术成果完成人的合法权益。支持重要技术标准的研究、制定工作，推动我省技术标准成为国家标准和国际标准。

六、实施人才发展的重大工程

（一）人才竞争力提升计划

着眼于人才的战略性开发，依托重大科研项目、重大工程和重点学科、重点科研基地、国际学术交流合作项目，通过“领军人才+创新团队+项目平台”的模式，争取到2020年，以项目形式选拔100名具有国家水平的高层次创新型人才和400名学科带头人，培养造就一批在高原生态农牧业、新能源、新材料、装备制造、生态保护、高原医学、盐湖化工、民族医药学等学科领域具有同行业领先水平的高级专家。依托“西部之光”访问学者、“少数民族高层次骨干人才培养工程”等各类高层次人才培养项目，到2020年，培养1500名中青年高层次人才骨干。

（二）人才“小高地”建设工程

坚持人才与发展相促进、科技与经济相结合、自然科学与社会科学并重的原则，以急需紧缺的高层次创新型人才为重点，依托我省优势项目、优势产业、优势学科、优势企业等载体，通过资金资助和实行更加优惠的人才政策等措施，重点扶持一批层次高、环境好、多样化的人才团队，在我省农牧科技、生物技术、能源资源、新材料、生态环境保护、社会科学等经济社会发展重点领域中搭建一流舞台、创造一流条件、营造一流环境，着力打造具有青海特色的人才“小高地”。

（三）青年科技人才培养计划

为促进青年科学技术人才成长，加速造就一批适应青海社会技术发展和产业发展需要，掌握基本科学理论与研发技能的优秀青年科技骨干和创新团队，依托省自然科学基金，重点支持40岁以下获得博士和硕士学位的优秀青年学者，围绕我省经济建设中存在的关键技术问题的应用研究课题，开展相关具有创新性的科学研究，加大对青年科技人才的培养。

（四）党政人才能力提升工程

以提高执政本领为核心，每5年轮训一遍党政人才，着力提高党政人才队伍的整体素质和能力。依托党政领导培训、后备干部培训和基层干部培训项目，力争每2年对县委书记、县长轮训一遍，选送150名左右干部开展省内双向挂职锻炼和省外交流。每年培训州厅级领导和后备干部200名，培训乡镇党委书记、乡镇长180名。

（五）企业经营管理人才推进计划

着眼于提高企业核心竞争力，依托我省经济发展“双百”计划的实施，到2020年，培养造就100名左右具有战略思维和全球视野、能够引领青海企业科学发展的优秀企业家；培养造就1000名左右职业素养好、在生产经营或资本运作方面具有较高造诣的职业经理人；培养造就2000名左右熟悉市场营销、金融法律等专业的经营管理人才。实施中小企业成长工程，每年培训400名左右中小企业经营管理人员，促进中小企业健康快速发展。

（六）专业技术人才知识更新工程

围绕我省优势特色产业和新兴产业的发展，每年在现代农业、现代制造业、信息技术、能源技术和现代管理等行业领域培训2000名专业技术人才。实施“青海省高层次人才培养工程”，不断扩大专业技术人才高级研修班规模，积极参与国家专业技术人才高级研修班的学术交流和培训。实施“一年一千基层专业技术人才培训工程”，每年培训1000名基层科教文卫、农林牧水等方面的专业技术人才。

（七）“三江源”人才培养使用工程

认真落实《青海省三江源工程管理人才和专业技术人才培养使用工作方案》，每3年轮训一遍三江源自然保护区生态保护和建设工程管理人才及专业技术人才。争取每年各举办1期“三江源工程”东西部公务员对口培训班和专题高级研修班。依托三江源生态环境保护引智项目，选派高层管理人员赴国外培训。积极邀请国内外高级专家赴青开展培训讲座、考察指导、技术攻关和课题研究等活动。

（八）高技能人才培养工程

落实新技师培养带动计划、城镇技能再就业计划、能力促创业计划、国家技能资格导航计划、农村劳动者技能就业计划和技能岗位对接行动。到2020年，通过多渠道投资，在西宁地区建成2—3个水平高、规模大、设施完善、特色鲜明的培训基地，在大型国有企业建成1—2所省级技能人才培训基地，新培养高技能人才2万名，组织20万人（次）参加通用工种鉴定。

（九）万名农牧区实用人才培养计划

围绕建设社会主义新农村新牧区，依托“阳光工程”、“农牧业产业化龙头企业专业人员培训工程”等项目，广泛开展形式多样的实用技术培训，重点培养一大批生产能手、能工巧匠和经营能人，努力造就一支有文化、懂技术、善经营、会管理的农牧区实用人才队伍。到2020年，农牧业科技培训30万人，农牧民二、三产业劳动技能培训20万人，使15000人达到农牧区实用人才标准。

（十）“专家服务团”活动

根据州（市地）、县域经济社会发展需求，每年组织30—50名左右省内外专家学者赴基层开展“专家服务团”活动，协助当地有关部门进行技术力量的组织和培训，提高当地科技人员自身业务水平和组织攻关的能力，并通过专题讲座、技术示范、项目论证、联合攻关、决策咨询等形式，为地方经济社会发展把脉献策。

（十一）高层次人才引进计划

采取“刚柔并举，以柔为主”的多样灵活方式，重点围绕经济社会发展的战略目标，有计划、分层次引进一批能够突破关键技术、发展高新产业、带动新兴学科的领军人才和创新团队。依托重点项目、重点学科、省属国有企业、高校、科研院所及以高新技术产业开发区为主的各类园区，用10年左右时间，引进100名左右海外高层次人才和200名左右国内高层次人才来青创新创业，并通过柔性引进的方式，吸引2000名左右国内外专家来青短期服务。支持高校在“十二五”期间，每年引进50名博士毕业生。

（十二）高校高层次人才培养引进计划

依托“昆仑学者”计划和“135高层次人才培养工程”，以培养和吸引具有国内外领先水平的学科带头人为重点，着力打造一批优秀的教学科研创新团队，取得具有国内领先水平的重大成果，使一批学术领军人才、拔尖学科带头人脱颖而出。力争每年在国内外公开招聘20名特聘教授和讲座教授，特聘教授每人每年享受10万元的“昆仑学者”奖金并提供不低于80万元的教学和科研经费，讲座教授每人每月享受1万元的“昆仑学者”奖金并提供不低于20万元的教学和科研经费。在“十二五”期间，面向省内高校选拔10名学术领军人才，30名拔尖学科带头人和50名创新教学科研骨干进行重点培养。

（十三）动员和组织专业技术人员开展服务基层活动

围绕社会主义新农村新牧区建设，依托科技文化卫生“三下乡”、“万名医师支援农村卫生工程”、“中小学优秀教师送教下乡活动”等，每年选派1000名左右扶贫、教育、卫生、农牧业科技等行业的各类专家通过兼职、讲学、科技合作、技术承包、科学咨询、挂职锻炼等多种形式，进一步动员和组织全省各行各业专业技术人员走出机关、下到基层，以灵活多样的方式、丰富实在的内容，为广大基层单位、专业技术人员和人民群众提供智力支持和技术服务，逐步建立西宁地区对青南、城镇对农牧区的对口支援制度，不断完善扶贫与扶智、人才支持与项目支持相结合的长效机制。

（十四）人才信息化、法制化建设工程

整合人才信息资源，形成全省统一的人才供求信息系统，构建人才资源共享平台，建立社会化、开放式的人才市场信息和公共政策信息共享机制，建立健全高层次人才库，形成高效便捷的人才信息网络和功能强大的人才信息数据库。加快人才工作立法进程，进一步健全涵盖人才安全保障、人才权益保护、人才市场管理、人才中介服务和人才培养、使用、引进、评价、激励、保障等人才资源开发管理各个环节的人才法律法规体系。

七、完善人才发展的体制机制

（一）完善党管人才的领导体制

坚持党管人才原则，创新党管人才方式方法，完善党委统一领导，组织部门牵头抓总，有关部门各司其职、密切配合，社会力量广泛参与的人才工作格局。健全各级党委抓人才工作的领导和办事机构，建立重大政策、重要工作部署的决策机制和督促落实机制，形成统分结合、协调高效、优势互补、整体联动的人才工作运行机制。建立人才工作目标责任制，把人才工作列入各级党政班子的考核内容。建立各级党委常委会听取人才工作专项报告制度。完善党委直接联系专家制度，发挥高层次人才决策咨询的智囊团作用。

（二）改进人才管理方式

建立健全政府宏观调控、市场合理配置、用人单位自主管理的人才发展管理体制，推动人才管理职能向创造良好发展环境、提供优质公共服务转变，运行机制向规范有序、公开透明、便捷高效转变。理清人才工作各项政策法规，推动人才工作职能部门进一步简政放权，取消不利于人才发展的行政限制和干预，减少人才评价、流动和使用等环节中的行政审批事项，落实用人单位自主权。

（三）创新人才培养开发机制

把社会主义价值体系教育贯穿人才培养开发全过程，不断提高各类人才的思想道德水平。充分发挥教育在人才培养中的基础性作用，建立和完善义务教育经费保障机制，积极发展高中阶段教育，探索以就业为导向、以市场为主导的职业教育资源配置模式，深化高校教育体制改革、调整优化学科和专业结构，不断提高教育教学质量，努力构建与社会需求相适应的现代国民教育体系。大力推进教育培训的社会化，积极发展继续教育，充分发挥党校、行政学院、社会主义学院干部教育培训的主渠道作用，有效利用和优化整合高校、职业院校等各种教育培训资源，加快发展远程教育，形成广覆盖、多层次、开放式的终身教育网络，推动学习型组织、学习型社会建设。加强教育培训法规制度建设，强化用人单位在人才教育培训中的主体地位，完善各类人才脱产学习、外出进修、岗位培训和对外交流等继续教育制度，不断增强对用人单位和个人培训学习的激励约束力度。

（四）创新人才评价发现机制

建立以岗位职责要求为基础，以品德、能力和业绩为导向，科学化、社会化的人才评价发现机制。坚持科学发展观和正确政绩观，把重点目标绩效考核和群众认可作为衡量党政领导干部能力水平的主要依据，分类评价党政人才。以市场和出资人认可为依据，以经营业绩为标准，完善企业经营管理人才评价体系，探索社会化的职业经理人资质评价制度。以社会和业内认可为主要标准，完善专业技术人才评价机制，逐步建立量化评价、以考代评、考评结合的人才评价方式。改进和完善科技成果评审制度。完善技能人才职业资格证书制度，建立健全社会化的技能人才评价认定体系。建立在重大科研、工程项目实施和急难险重工作中发现、识别人才的机制。健全举才荐才的社会化机制。

（五）创新人才选拔任用机制

改革各类人才选拔任用方式和方法，形成有利于优秀人才脱颖而出、充分施展才能的选拔任用机制。坚持德才兼备、以德为先，完善党政人才公开选拔、竞争上岗、公推公选等办法。健全国有资产出资人代表派出制和选举制，建立市场配置、组织选拔和依法管理相结合的国有企业领导人员任用制度，加大市场化选聘力度。深化事业单位人事制度改革，全面推行和完善聘用制和岗位管理制度，实现事业单位人才由身份管理向岗位管理的转变。

（六）完善人才流动配置机制

充分发挥市场配置人才的基础性作用，推进人力资源市场体系建设，建立以市场机制为主导，政府部门宏观调控、市场主体公平竞争、行业协会严格自律、中介组织提供服务的人才流动机制。推进引进人才工作居住证制度，逐步消除人才流动中的城乡、区域、所有制等限制。建立人才供需预测和调控机制，定期不定期地向社会发布预测信息。加强政府对人才向重点领域、重点产业、重点区域流动的宏观调控，促进人才的合理流动和配置。根据“四区两带一线”的功能区域布局，引导各类人才合理分布。

（七）完善人才激励保障机制

建立健全与市场经济体制相适应，与工作业绩紧密联系，充分体现人才价值，鼓励人才创新创造的分配激励机制。加强对收入分配的宏观管理，制定知识、资本、技术、管理等生产要素按贡献参与分配的办法，探索专业技术人才按岗定酬、按任务定酬、按业绩定酬的自主灵活分配办法，鼓励有条件的企业实行期权、股权等激励政策。继续完善省级优秀专家和优秀专业技术人才选拔机制，健全以政府奖励为导向、用人单位和社会力量奖励为主体的多元化人才奖励体系。加快完善社会保障制度体系，健全养老保险、医疗保险、工伤保险等社会保障制度。保护各类人才享有创造成果。研究制定人才商业补充保险制度，支持用人单位按规定为各类人才建立商业补充养老、医疗保险。依法保护知识产权，依法调处人事劳动争议。

八、加强对落实《规划纲要》的组织领导

各级党委、政府要进一步解放思想，转变观念，真正把落实《规划纲要》作为人才工作的重中之重，切实摆上日程，教育引导广大干部特别是各级领导干部，充分发挥主观能动性，创造性地做好符合本地实际的人才工作，推动我省人才工作迈上新台阶。

（一）加强落实《规划纲要》的协调指导和监督检查

省人才工作领导小组负责《规划纲要》实施的统筹协调和宏观指导。要根据职能分工，把人才规划目标任务分解到各地区和相关职能部门，确保人才规划的实施。强化人才工作目标责任制，把实施人才规划作为各级党委、政府目标责任考核的重要内容，建立人才工作部门绩效考核管理机制和州（市地）人才工作评估机制，加强《规划纲要》实施过程中的监督检查。

（二）统筹推进各地区和行业人才发展规划的编制

各地区、各部门要按照本《规划纲要》的总体要求，立足“四区两带一线”的区域战略布局和各类人才发展实际，编制本地区、本部门和本行业人才开发的专项规划，形成上下衔接、左右协调的人才发展规划体系。

（三）努力营造良好的舆论环境

注重发挥新闻媒体的作用，大力宣传党的人才工作理论和政策，宣传实施《规划纲要》的重大意义、指导方针、目标任务和重大举措，宣传《规划纲要》实施中的典型经验、做法和成效，进一步营造“尊重知识、尊重人才、尊重劳动、尊重创造”的良好氛围。

（四）扎实推进《规划纲要》各项任务的落实

围绕落实《规划纲要》和人才强省战略的深入实施开展人才理论研究，分析把握人才成长特点和人才工作规律，更好地指导工作。建立信息通报制度，加强各地区、各部门对实施《规划纲要》的信息反馈与交流，及时了解情况，总结好的经验和方法，适时修订调整目标任务，解决实施过程中的困难和问题，切实把《规划纲要》各项的要求落到实处。

宁夏回族自治区中长期人才发展规划纲要
（2010—2020年）

为全面贯彻落实科学发展观，大力推进人才强区战略，更好适应我区经济社会科学发展、跨越式发展的需要，为实现全面建设小康社会奋斗目标提供人才保证，根据《国家中长期人才发展规划纲要（2010—2020年）》，结合我区实际，制定本纲要。

序言

人才是指具有一定的专业知识或专门技能，进行创造性劳动并对社会作出贡献的人，是人力资源中能力和素质较高的劳动者。人才是我国经济社会发展的第一资源。在人类社会发展进程中，人才是社会文明进步、人民富裕幸福、国家繁荣昌盛的重要推动力量。

改革开放特别是进入新世纪新阶段以来，自治区党委、政府高度重视人才工作，实施人才强区战略，党管人才工作新格局基本形成，科学人才观逐步明晰，人才发展的政策体系不断完善，以高层次人才、高技能人才为重点的各类人才队伍不断壮大，人才总量不断增长，人才效能明显提高，尊重劳动、尊重知识、尊重人才、尊重创造的社会氛围日益浓厚。同时也应该看到，当前我区人才发展的总体水平与经济发达省区相比仍存在较大差距，与我区经济社会发展需要相比还存在许多不适应，主要表现在：人才总量偏小，高层次、高技能人才明显不足，产业发展急需的领军人才严重短缺，人才结构和布局不尽合理，人才发展体制机制障碍尚未消除，市场配置人才资源的基础性作用还没有得到充分发挥，人才资源开发投入不足，等等。

未来十年，是我区实现跨越式发展和全面建设小康社会的关键时期，也是我区人才发展的重要机遇期。我们必须增强责任感、使命感和危机感，坚定不移地走人才强区之路，主动适应经济社会发展需要，科学规划、深化改革、重点突破、整体推进，不断开创人才辈出、人尽其才的新局面。

一、指导思想、主要目标和总体部署

（一）指导思想

高举中国特色社会主义伟大旗帜，以邓小平理论和“三个代表”重要思想为指导，深入贯彻落实科学发展观，坚持党管人才原则，牢固树立人才资源是第一资源的理念，大力推进人才强区战略，坚持服务发展、人才优先、以用为本、创新机制、高层次引领、整体开发的方针，遵循社会主义市场经济规律和人才成长规律，创新人才工作体制机制，突出人才资源能力建设，优化人才发展环境，努力建设创新型人才队伍，以高层次人才、高技能人才为重点统筹推进各类人才队伍建设，为我区全面实现小康社会提供坚强的人才保证和广泛的智力支撑。

（二）主要目标

到2020年，我区人才发展的主要目标是：建成数量充足、结构合理、素质优良的人才队伍。人才发展环境得到明显改善。人才贡献率显著提高。全区重点领域的人才特别是高层次人才数量有较大幅度增加，每万人中拥有人才量居西部省区前列。人才对我区经济社会发展的支撑作用明显增强。

——数量充足。人才资源总量增加到61.02万人，增长60%，人才资源占人力资源总量的比重提高到11.4%。能源化工、新材料、装备制造、生物工程、现代交通运输、国际商务、特色农产品种植加工、生态环境、防灾减灾、宣传文化、教育卫生、民族和社会研究、现代社会服务等领域的高层次专业技术人才能够满足我区经济社会发展需求。

——结构合理。党政领导中复合型人才数量明显增多。企业经营管理人才的专业知识不断丰富更新。专业技术人才门类齐全，能够覆盖经济社会发展的主要领域。高技能人才、农村实用人才、社会工作人才的知识结构和专业结构得到优化。人才在地区、行业、产业和不同所有制经济组织中的分布趋于适当。人才的年龄、层次等结构形成梯次。少数民族人才和妇女人才比例明显提高。

——素质优良。主要劳动年龄人口受过高等教育的比例提高到17%左右，人才中接受过高等教育的比例提高到85%左右；每万劳动力中研发人员达到38.6人年，高技能人才占技能劳动者的比例提高到20%左右。人才贡献率提高到26%左右。

——环境优化。引导全社会尊重劳动、尊重知识、尊重人才、尊重创造，建立健全符合各类人才特点、有利于各类人才发展的培养、引进、使用、评价、激励、保障机制。有效发挥市场配置人才的基础性作用，统筹推进各类人才队伍协调发展。加强人才发展“小环境”建设，加强宣传引导和资金投入，努力营造支持创业、激励创新、褒奖成功、宽容失败的良好氛围。

（三）总体部署

一是实行人才投资优先，健全政府、社会、用人单位和个人多元化人才投入机制，加大对人才发展的投入，提高人才投资效益。二是加强人才资源能力建设，注重人才的理想信念教育，突出创新精神和创新能力培养，提升各类人才的整体素质。三是推动人才结构调整，努力发挥市场配置人才资源的基础性作用，促进人才结构与经济社会发展相协调。四是造就高素质人才队伍，突出培养创新型科技人才，重视培养与引进领军人才、复合型人才和重点领域急需紧缺人才，统筹抓好党政人才、企业经营管理人才、专业技术人才、高技能人才、农村实用人才和社会工作人才队伍建设。五是改革人才发展体制机制，不断完善人才发展政策措施。六是加强和改进党对人才工作的领导，完善党管人才格局，为人才发展提供坚强的组织保证。

推进人才发展，要统筹兼顾，分步实施。到2015年，制度建设和机制创新有较大突破，阶段性任务基本完成；到2020年，各项任务得到落实，各项目标全面实现。

二、人才队伍建设主要任务

（一）突出培养造就创新型科技人才

发展目标：围绕提高自主创新能力、建设创新型宁夏，以全区经济社会发展支柱产业、特色产业和重大建设项目为核心，以高层次创新型科技人才队伍建设为重点，努力培养有较大影响力的科技领军人才和创新团队。注重培养一线创新人才和青年科技人才，建设不同学科的创新型科技人才队伍。到2020年，我区科技研发人员总量达到1.9万人，高层次创新型科技人才总量达到1500人左右。

主要举措：探索并推行创新型教育方式，突出培养人才的科学精神、创造性思维和创新能力。创新人才培养模式，建立产学研紧密衔接的开放式培养体系。围绕全区经济社会发展重点领域、优势特色产业对人才的需求，依托重点产业、重大项目、重点学科和有较强研发实力的企业，建设一批高层次创新型人才培养基地，建设一批科技创新团队和人才高地。推进企业、高等院校、科研院所人才合作，建立产学研战略联盟和联合实验室、研发中心，推动科技成果转化。加强领军人才培养，形成创新人才和后备创新人才衔接有序、梯次配备的合理结构。深化科技体制改革，制定加强高层次创新型科技人才队伍建设意见，进一步解放和发展科技生产力，倡导瞄准前沿、追求真理、团结协作、敢为人先、勇攀高峰的创新精神。

（二）大力开发经济社会发展重点领域急需紧缺人才

发展目标：围绕构建现代产业体系和建设内陆开放型经济区，加大急需紧缺人才开发力度。到2020年，在能源化工、新材料、装备制造、信息、生物技术、现代商贸物流、国际商务、现代农业科技、金融财会、生态环境、城市规划等经济领域新开发急需紧缺人才2万人；在宣传文化、政法、教育卫生、防灾减灾等社会领域新开发急需紧缺人才3万人。

主要举措：加强对各领域人才发展的统筹规划和分类指导，开展人才需求预测，定期发布急需紧缺人才目录。调整优化高等院校学科专业设置，加大对经济社会发展急需紧缺人才素质能力的培养力度。建设一批急需紧缺专业技术人才培养基地，多形式地开展重点领域急需紧缺人才知识更新培训。利用国际国内人才资源，实施“百人计划”，争取“千人计划”人才项目，拓展和创新我区急需紧缺人才引进载体。

（三）统筹推进各类人才队伍建设

1. 党政人才队伍

发展目标：以加强党的执政能力建设和先进性建设为目标，以提高领导水平和执政能力为核心，以县处级以上领导干部为重点，努力造就政治坚定、勇于创新、勤政廉洁、求真务实、奋发有为、善于推动科学发展的高素质党政人才队伍。到2020年，党政人才队伍中具有大学本科及以上学历的提高到85%以上，专业化水平明显提高，结构更加合理，总量从严控制。

主要举措：充分发挥党校、行政学院干部培训的主阵地作用，提高干部的综合素质和能力。继续推进和深化干部人事制度改革，坚持德才兼备、以德为先用人标准，不断完善干部选拔任用机制，提高干部工作科学化水平，促进优秀人才脱颖而出。加强党政后备干部队伍建设，注重在基层生产一线和急难险重环境中培养锻炼选拔干部。实行党政领导干部任期制，实施促进科学发展的干部综合考核评价办法。加大领导干部问责力度。继续深化党政干部交流工作，不断扩大聘任制适用范围。促进少数民族干部的健康成长，继续加大培养选拔力度。重视女干部、非中共党员干部的培养选拔工作。推进干部监督工作，建立覆盖全面、渠道畅通、反馈及时的干部监督网络。

2．企业经营管理人才队伍

发展目标：适应我区产业结构优化升级和扩大对外开放的需要，以提高现代经营管理水平和企业竞争力为核心，以大中型骨干企业中层以上管理人才为重点，加快推进企业经营管理人才职业化、市场化和专业化建设，培养造就一批具有战略眼光、市场开拓精神、管理创新能力和社会责任感的优秀企业家和高素质的企业经营管理人才队伍。重视少数民族企业家队伍建设。企业经营管理人才总量到2015年达到3.11万人；到2020年达到3.16万人，努力培养国内同行业知名企业家。

主要举措：制定企业经营管理人才分类培养计划，依托国内外知名企业、高水平大学和其他培训机构，加强对企业经营管理人才的培训。健全企业经营管理者聘任制、任期制和任期目标责任制，逐步实行契约化管理。不断完善以市场和出资人认可为核心的企业经营管理人才评价体系，建立企业经营管理人才评价机构，健全企业经营管理人才经营业绩评价指标体系。建立职业经理人市场。加强非公有制经济组织企业经营管理人才队伍建设。制定少数民族企业家培养计划，发挥他们独特的优势和作用，为经济社会发展服务。

3．专业技术人才队伍

发展目标：适应社会主义现代化建设的需要，以提高专业水平和创新能力为核心，以高层次人才和急需紧缺人才为重点，打造一支高素质专业技术人才队伍。专业技术人才总量到2015年达到21.77万人；到2020年达到25.24万人，高级、中级、初级专业技术人才比例更趋合理。少数民族专业技术人才队伍数量不断增长，素质不断提高。

主要举措：围绕提高专业技术人才创新能力，扩大专业技术人才队伍培养规模，加大培养力度。适应转变经济发展方式的要求，建立和完善分层分类的专业技术人才继续教育体系，实施专业技术人才知识更新工程。制定双向挂职、短期工作、项目合作、国际交流等灵活多样的人才柔性流动政策，引导党政机关、科研院所和高等学校专业技术人才向企业、社会组织和基层一线有序流动，促进专业技术人才合理分布。完善国务院特殊津贴、自治区政府特殊津贴、国家新世纪百千万人才工程、自治区“313”人才工程人选评选制度和管理办法，强化考核激励，实行动态管理。进一步实施自治区新世纪“313”人才工程。大力实施人才素质全面提升工程。改进专业技术人才收入分配等激励办法，不断改善专业技术人才特别是基层专业技术人才的工作和生活条件。鼓励社会力量参与培养专业技术人才。重视少数民族专业技术人才的培养和使用。注重发挥离退休专业技术人才的作用。

4．高技能人才队伍

发展目标：适应走新型工业化道路和产业结构优化升级的要求，以提升职业素质和技能为核心，以技师和高级技师为重点，建设门类齐全、技艺精湛的高技能人才队伍。高技能人才总量到2015年达到6.54万人；到2020年达到8.75万人，其中技师和高级技师达到2万人左右。

主要举措：建立以企业为主体、职业院校为基础、学校教育与企业培养紧密联系、政府推动与社会支持相结合的高技能人才培养体系。统筹职业教育发展，整合利用各类资源，依托大中型骨干企业建设一批专业技能实训基地，依托重点职业院校（职教中心）建成1个自治区职业教育公共实验实训基地、五个市各建成1个综合性职业教育实训基地。改革职业教育办学模式，大力推行校企合作、工学结合、顶岗实习和订单式培养。加强职业教育“双师型”教师队伍建设。在职业教育中推行学历证书和职业资格证书“双证书”制度。加强中等职业教育基础能力建设，办好示范性职业技术学校，免除中等职业学校农村家庭经济困难学生和涉农专业学生学费。推行国家职业资格证书制度。完善企业职工教育培训制度，推广名师带徒制度，强化岗位培训，促进职工岗位成才。建立高技能人才绝技绝活代际传承机制。建立完善高技能人才培养、评价、使用、激励、投入机制，努力提高高技能人才经济待遇和社会地位。

5．农村实用人才队伍

发展目标：围绕社会主义新农村建设，以提高科技素质、职业技能和经营能力为核心，以农村科技致富带头人和生产经营型人才为重点，建设推动农村经济社会发展、带领农民致富增收、数量充足的农村实用人才队伍。农村实用人才总量到2015年达到13.93万人；到2020年达到18.57万人，平均受教育年限达到10.5年，每个行政村主要特色产业要有多名示范带动能力强的致富能手。

主要举措：开展大规模的农村实用人才培训，充分发挥农村现代远程教育网络、全国文化信息资源共享工程网络、各类农民教育培训项目、农业技术推广体系、农村电影放映、农家书屋和各类职业学校主渠道作用，构建和完善开放型、多功能、多元化的农村教育培训体系。鼓励和支持农村实用人才带头人牵头建立专业合作组织和专业技术协会，加快培养农业产业化发展急需的经营管理人员、农民专业合作组织带头人和农村经纪人。积极吸纳社会力量，不断拓宽培训渠道，重点培养一批县级种植养殖和科研开发骨干型实用人才、乡级农村科技推广带头人、村级土专家、田秀才、致富能手、民间艺人和乡村医生。积极扶持农村实用人才创业兴业，在创业培训、项目审批、信贷发放、土地使用等方面给予政策支持。加快推进农村实用人才评价和等级认定制度建设。加大对农村实用人才的表彰奖励和宣传力度，提高农村实用人才的社会地位。

6．社会工作人才队伍

发展目标：适应构建社会主义和谐社会的需要，以人才培养和岗位开发为基础，以中高级社会工作人才为重点，培养造就职业化、专业化的社会工作人才队伍。社会工作人才总量到2015年达到1.5万人，争取有500名左右的社会工作人员取得国家初中高级职业水平资格证书；到2020年达到2万人，争取有3000名左右的社会工作人员取得国家初中高级职业水平资格证书。

主要举措：建立不同学历层次教育协调配套、专业培训和知识普及相结合的社会工作人才培养体系。建设一批社会工作人才培训基地。加强社会工作从业人员专业知识培训，制定社会工作培训质量评估体系和社会工作人才评价制度。突出地方和民族特色，积极探索适合我区和谐发展的社会工作人才培养使用新路子，加快推进载体建设。加强社会工作者队伍职业化管理，加快制定社会工作岗位开发设置政策措施。建立社会工作人才和志愿者队伍联动机制。制定加强社会工作人才队伍建设的实施意见。

三、创新和完善人才发展的体制机制

（一）改革完善人才工作管理体制

1．完善党管人才的领导体制

目标要求：坚持党管人才原则，创新党管人才方式方法，完善党委统一领导，组织部门牵头抓总，有关部门各司其职、密切配合，社会力量广泛参与的人才工作格局。发挥党委领导核心作用，统筹经济社会发展和人才发展，切实履行好管宏观、管政策、管协调、管服务的职责，用事业凝聚人才，用实践造就人才，用机制激励人才，用环境吸引人才，用法制保障人才，提高党管人才工作水平。党政主要负责人要树立强烈的人才意识，高度重视人才开发工作，亲自抓，带头抓，并充分发挥领导班子的集体作用，形成共同抓人才队伍建设的格局，努力发现人才、培养人才、团结人才、用好人才、服务人才。

主要任务：制定完善党管人才工作格局的实施意见。健全各级党委人才工作的领导机构和办事机构，明确各级人才工作领导小组职责，建立科学的决策机制、协调机制和督促落实机制，形成统分结合、上下联动、协调高效、整体推进的人才工作运行机制。建立党委、政府人才工作目标责任制，提高各级党政领导班子综合考核指标体系中人才工作专项考核的权重。建立各级党委常委会听取人才工作专项报告制度。完善党委联系专家制度。实行重大决策专家咨询制度。发挥各级党委组织部门牵头抓总的职能，发挥政府人力资源管理部门作用，强化各职能部门人才工作职责，充分调动各人民团体和社会组织密切联系人才的作用、各民主党派工商联等组织的桥梁纽带作用、广大社会组织直接聚集服务人才的作用和用人单位的主体作用，动员和组织全社会力量，形成人才工作整体合力。

2．改进人才管理方式

目标要求：围绕用好用活人才，完善政府宏观管理、市场有效配置、单位自主用人、人才自主择业的人才管理体制。推动政府人才管理职能向创造良好发展环境、提供优质服务转变，运行机制和管理方式向规范有序、公开透明、便捷高效转变。深化和完善符合经济社会发展要求的企事业单位人事制度改革。

主要任务：健全和完善人才发展政策法规，取消不利于人才发展的体制性障碍，减少和规范人才流动和使用等环节中的行政审批，推动人才管理部门进一步简政放权。克服人才管理中存在的行政化、“官本位”倾向，取消科研院所、学校、医院等事业单位的行政级别和行政化管理模式。建立与现代科研院所制度、现代大学制度和公共医疗卫生制度相适应的人才管理制度，探索建立理事会、董事会等形式的法人治理结构。

（二）创新人才发展的工作机制

1．人才培养开发机制

目标要求：坚持以现代化建设和社会需求为导向，以提高思想道德素质和创新能力为核心，完善现代国民教育体系和终身教育体系，注重在实践中发现、培养、造就人才，构建人人能够成才、人人得到发展的人才培养开发机制。坚持面向现代化、面向世界、面向未来，立足培养全面发展的人才，重点培养创新型人才，注重培养应用型人才，使人才培养开发机制基本适应人才发展的需要。统筹规划继续教育，努力形成学习型社会。

主要任务：坚持把社会主义核心价值体系教育贯穿于人才培养开发全过程，不断提高各类人才的思想道德水平。优先发展教育事业，加强农村义务教育，巩固提高“两基”成果，努力推进县（区）域内义务教育均衡发展；加快普及高中阶段教育，加强南部山区优质高中教育，办好六盘山高级中学、育才中学等优质学校；大力发展职业教育，深化职业教育培养模式改革，支持建设一批高水平示范性职业院校；不断优化高等院校的学科专业设置，支持特色学科和品牌专业建设，全面提高高等教育质量。重点扶持发展民族教育，加强少数民族人才培养，推进实施“百所回民中小学标准化建设工程”和少数民族高层次人才培养计划。继续实施特岗教师计划，每年向南部山区和农村地区招聘一定数量的特岗教师。推进人才终身教育，支持在职人员提升学历层次。充分利用各级各类学校和其他科学文化基地的资源和功能，为不同社会成员提供继续教育机会。有计划地组织各类人才通过进修研修、考察培训、挂职锻炼、出国深造等多种方式提高能力和水平。

2．人才评价发现机制

目标要求：建立以岗位职责要求为基础，以品德、能力和业绩为导向，科学化、社会化的人才评价发现机制。完善人才评价标准，改进人才评价方式，拓宽人才评价渠道，注重靠实践和贡献评价人才。把评价人才和发现人才结合起来，坚持在实践和群众中识别人才、发现人才。

主要任务：建立科学的职业分类体系和各类人才能力素质评价标准。建立以岗位绩效考核为基础的事业单位人员考核评价制度。分行业制定事业单位领导人员考核评价办法。完善重在业内和社会认可的专业技术人才评价机制。加快推进职称制度改革，规范专业技术人才职业准入，依法严格管理；完善专业技术人才职业水平评价办法，提高社会化程度；完善专业技术职务任职资格评审办法，落实用人单位在专业技术职务（岗位）聘任中的自主权。健全党政领导干部考核评价机制。完善以任期目标为依据、工作业绩为核心的国有和国有控股企业领导人员考核评价办法。探索高技能人才多元化评价机制。建立在重大科研、工程项目实施和急难险重工作中发现识别人才机制。健全社会化举才荐才机制。

3．选人用人机制

目标要求：不断探索各类人才选拔的新形式新方法，提高人才选拔民主化程度，最大限度地发挥人才作用，使各类人才用当其时、人尽其才，形成有利于各类人才脱颖而出、人岗相适的选人用人机制。深化党政领导干部选拔任用制度改革，提高选人用人公信度。积极探索事业单位领导人员选拔制度，健全事业单位聘用制度和岗位管理制度。完善国有企业领导人员选拔制度。深化国有企业、事业单位人事制度改革，创新管理体制，扩大和落实单位用人自主权。

主要任务：努力创新党政人才选拔任用机制，加大公开选拔、竞争上岗等竞争性选拔干部工作力度。规范干部选拔任用提名制度，努力扩大干部提名民主化程度。逐步扩大党委（党组）讨论决定任用干部票决制的适用范围。坚持和完善党政领导干部职务任期制，依法实行领导干部自愿辞职、责令辞职和引咎辞职等制度，加快建立干部正常退出机制。健全事业单位领导人员委任、聘任、选任等任用方式。全面推行事业单位公开招聘、竞聘上岗和合同管理制度。建立组织选拔、市场配置和依法管理相结合的国有企业领导人员选拔任用制度，完善国有资产出资人代表派出制和选举制，健全符合现代企业制度要求的企业用人制度。

4．人才合理流动机制

目标要求：适应社会主义市场经济体制的需要，大力推进人才市场体系建设，完善市场服务功能，畅通人才流动渠道，建立政府宏观调控、市场主体公平竞争、人才自主择业的人才流动配置机制。加强政府对人才流动的政策引导和监督，推动产业和区域人才协调发展，促进人才资源有效配置。

主要任务：认真贯彻落实《宁夏回族自治区人才市场条例》，按照构建统一开放的人才市场体系要求，制定发挥市场配置人才资源基础性作用的政策措施，形成公共服务、市场服务、社会服务相结合的多位一体的人才服务平台。整合人才市场资源，积极推进人才市场一体化建设。培育和发展专业性、行业性人才市场。加强对人才配置的宏观调控，制定和完善相关政策，畅通党政人才、企业经营管理人才、专业技术人才相互流动渠道，鼓励引导人才向企业、山区、基层和农村流动，促进科技人才向企业聚集，加强企业博士后科研工作站建设，引导高校毕业生到企业就业。加强人才公共服务体系建设，改进服务方式，丰富服务内容，提高服务质量。加快人才公共信息网络建设，建立社会化的人才档案公共管理服务系统。改革户籍管理制度，建立有利于各类人才合理流动的户籍管理服务机制。

5．人才激励保障机制

目标要求：建立健全与工作业绩紧密结合、充分体现人才价值、有利于激发人才活力和维护人才合法权益的激励保障机制。加强对收入分配的宏观管理，完善各类人才薪酬制度。整合奖励项目，形成以政府奖励为导向、用人单位和社会力量奖励为主体的人才奖励体系。完善以养老保险和医疗保险为重点的社会保障制度，形成国家、社会、单位和个人相结合的人才保障体系。

主要任务：稳步推进企业薪酬制度改革，建立产权激励制度，制定知识、技术、管理、技能等生产要素按贡献参与分配的办法。探索对有特殊贡献的高层次人才试行协议工资和年薪制度，允许对做出突出贡献的企业创新创业人才进行期权、股权等中长期激励。大力推行事业单位岗位绩效工资制度，逐步建立符合各种类型事业单位特点、体现岗位绩效的分级分类管理的事业单位薪酬制度，收入分配政策向创新创业人才倾斜。建立人才资本及科研成果有偿转让制度。进一步完善企业、事业单位人才养老医疗保险制度，鼓励企业、事业单位为其人才建立个人储蓄性保险。加快福利制度改革，不断改善各类人才的生活待遇。建立关键岗位人才和领军人才安全保障制度，探索建立人才安全预警和防范机制。

四、主要政策措施

（一）实施人才发展优先保证的投入政策

各级政府要优先保证对人才发展的投入，确保教育、科技支出增长幅度高于财政经常性收入增长幅度，卫生投入增长幅度高于财政经常性支出增长幅度。逐步改善经济社会发展的要素投入结构，较大幅度增加人力资本投资比重，提高投资效益。自治区本级财政要设立人才发展专项资金和重大人才项目专项资金，各市、县（区）政府也要设立人才发展专项资金，保障人才重大项目的实施。在重大建设和科研项目经费中，应安排部分经费用于人才培训。研究制定财政税收、投融资等方面的优惠政策，鼓励和支持用人单位、个人和社会多渠道进行人才投入。适当调整财政税收政策，提高企业职工培训经费的提取比例。鼓励企业和社会组织设立不同的人才资助或发展基金。到2020年，人力资本的投入占全区生产总值的比例由现在的13.9%提高到16%左右。在重大项目建设上，重视依托项目吸引区外力量进行人才发展投入。

（二）实施人才向重点领域和基层流动的引导政策

对在农村基层和艰苦地区工作的人才，在工资、职务、职称等方面实行倾斜政策，提高艰苦边远地区津贴标准，改善工作和生活条件。围绕我区能源化工、新材料研发、机械制造、农产品加工及现代农业、高新技术产业、现代服务业、特色医药、文化产业、回族特色产业、民族民俗研究、西夏研究等优势特色产业和重点学科，在人才选拔培养、项目实施、职称评定和表彰奖励等政策上予以倾斜。实施具有普遍约束力的公职人员到基层服务和到条件差、困难大、任务重的地方锻炼的派遣和轮调制度。积极组织实施高校毕业生支教、支农、支医和从事扶贫开发的“三支一扶”计划、“一村一名大学生”计划、“大学生志愿服务西部计划”“特岗见习医生计划”“乡镇卫生院招聘职业医师计划”等，不断完善选派机制，健全管理制度，创新培养形式，增强实际效果，逐步扩大选派规模。

（三）实施具有区域特色的人才发展政策

适应沿黄城市带和宁东能源化工基地建设的需要，集中建设以银川市等沿黄城市为中心的人才核心区，增强高层次优秀人才的集聚效应，提升人才环境吸引能力，带动辐射周边地区。支持银川市创新人才政策体系建设，制定出台更具活力的人才政策，鼓励区域中心城市在人事制度改革、稳定及引进人才政策方面大胆创新。支持银川市引进科研成果、专利产业化项目和重点技术项目，加快重点园区建设，构筑人才载体优势，带动国内外高层次优秀人才来银川创业。支持中南部地区制定特殊政策大力培养引进人才。不断加大对中南部地区特别是少数民族聚居区人才工作的政策和资金支持力度，围绕当地现代农业、畜牧业、水资源保护利用、特色旅游、文化艺术等，建立高层次人才优待办法。支持培养本土人才，稳定现有人才，吸引外来人才。制定高层次人才创业优惠政策，在科研项目申报、职称评审等方面给予扶持和倾斜。

（四）实施稳定与用好人才的关爱政策

完善在宁夏工作的两院院士，国家有突出贡献中青年专家，“国家百千万人才工程”人选和自治区“313”人才工程人选津贴发放办法。逐步提高自治区政府特殊津贴标准。建立博士研究生导师、硕士研究生导师学位津贴制度。定期选送优秀人才到区内外开展学术休假和健康疗养。制定和完善自治区高层次人才优待证制度，实行高层次人才就医体检优先安排等优惠政策。建立离退休专家项目咨询论证制度。按照德才兼备、面向山区和基层的原则，对在基层和山区工作一定时间并作出显著成绩的高层次人才、高技能人才给予奖励。

（五）实施人才创业创新的扶持政策

创造宽松的创业环境，推进全民创业。对高层次人才领办和创办科技型企业提供金融服务。制定以知识产权、技术、管理等作为资本参股和参与分配的办法。制定政府资助科研项目的成果转化和技术转让制度。支持专业技术人才创办领办科技型企业，实行科技人员创办领办科技型企业审批、注册优惠政策。支持大中专院校毕业生自主创业，落实各项鼓励毕业生自主创业的优惠政策，畅通自主创业渠道。扩大小额贷款担保范围，将自主创业毕业生纳入小额贷款担保和贴息制度范围。对大学生自主创业提供税收减免等优惠政策。鼓励和支持高校、企业设立博士后科研流动站和工作站。继续加大对创业孵化器的基地建设，创建创业服务网络，探索多种组织形式，为人才创业提供服务。

（六）实施更加开放的人才引进政策

完善海内外高层次人才、高技能人才引进“绿色通道”的配套政策，完善吸引海内外高层次、高技能人才的政策体系，为来宁创业、工作的各类人才提供身份确认、就业推荐、企业注册、人事代理、配偶就业、子女入学等一站式便捷服务。制定引进高层次人才住房、社会保障等优惠政策，为引进的高层次人才和急需紧缺人才提供一定的科研和项目启动经费。建立院士工作站和专家服务基地，积极开展柔性引进工作。实施促进归国留学人员来宁创业发展的办法，支持鼓励留学人员来宁创业服务。完善人才交流合作的政策措施，拓宽合作渠道和范围，加强与周边省区的人才交流，积极发展与发达省区的人才交流和人才合作项目。

（七）实施非公有制经济和新社会组织人才发展政策

把非公有制经济组织和新社会组织的人才培养和引进纳入各级政府的人才工作总体规划。促进非公有制经济和新社会组织人才发展，研究制定加强非公有制经济组织和新社会组织人才队伍建设的意见。政府在实施培养、引进、评价、使用、激励等政策方面，对非公有制经济和新社会组织人才一视同仁，同等对待。完善专业技术资格评审和社会化考评办法。鼓励和引导其参与人才资源开发。促进其与高校、科研院所进行人才和项目合作。引导专业技术人才到非公经济组织和社会组织中创新创业，支持高校毕业生到非公经济组织和社会组织中就业。

五、人才发展重点工程项目

（一）领军人才支撑计划

围绕自治区“五优一新”产业发展，优先支持国家和省部共建重点实验室、国家工程技术研究中心和自治区重大科技攻关项目，努力培养和吸引一批科技领军人才和经济社会发展急需的高层次创新创业人才。在全区相对优势的科研领域设立领军人才实验室，争取到2015年建成10个左右，到2020年建成20个左右。瞄准国际国内科技前沿和战略性新兴产业，重点支持和培养一批具有发展潜力、具有承担国家级重大科研课题能力和水平的青年领军人才。

（二）千名优秀人才引进计划

坚持“不求所在、但求所用”原则，结合自治区重大项目工程、优势特色产业和急需紧缺人才的需要，每年从国内外引进100名左右高层次优秀人才，其中包括“百人计划”，到2020年引进海外高层次人才200名左右。重点引进能源化工、新材料、装备制造业、农产品加工及现代农业、现代商贸物流、人文社科和教育、医疗卫生方面的高层次人才，主要对象为海内外高层次人才、国家科技进步奖一二等奖主持人、“国家百千万人才工程”一二层次人选、“973”“863”项目主持人、博士研究生、高级技师等我区急需的高层次人才，优先考虑带项目、带课题、带实验室的优秀人才。

（三）科技创新团队和人才高地建设计划

依托高校、科研院所、大型企业、医疗机构、经济开发区等优势特色功能区、产业项目和重点学科，确定人才开发重点，建设科技创新团队和人才高地，逐步完善科技创新团队和人才高地的管理办法、强化动态管理和考核机制，整合优化经费资助办法。到2020年建成100个科技创新团队和人才高地，培养造就一批领军人才和后备领军人才，制定和完善高层次人才的资助、培养、激励和保障措施，充分发挥科技创新团队和人才高地凝聚、培养人才的引领示范带动作用。

（四）人才素质全面提升计划

实施高素质教育人才培养工程。通过研修培训、学术交流、项目资助等方式，每年重点培养和支持120名各级各类学校教育教学骨干、“双师型”教师、学术带头人。实施全民健康卫生人才保障工程。适应深化医药卫生体制改革、保障全民健康需要，加大对卫生人才培养支持力度。实施“牵手工程”。努力提高我区中小学管理水平，培养造就一批知名校长；着力培育优势医学特色专业，选派医疗卫生年轻骨干到东部发达省区医疗卫生机构进修学习，努力培养一批我区特色优势专科知名医疗卫生人才，大力提高我区医疗卫生水平。实施“215”企业之星人才培养工程。通过重点支持、资助培养、挂职锻炼、出国深造等方式，着力培育20名左右全国同行业知名的企业家，培育100名全区知名的优秀企业家，培育500名地方年轻企业家。实施“113”高技能人才培育工程。到2020年，新培养1000名高级技师、10000名技师、30000名高级工。实施“412培训带动工程”“农村实用人才十百千工程”和高级农村实用人才培养工程。每年培训不少于400名县一级、1000名乡一级、2000名村一级实用人才，每年培养100名左右高级农村实用人才；到2020年，每个村培养数十名实用人才，每个乡镇培养数百名实用人才，每个县培养千名实用人才。实施社会工作人才职业能力提升工程。通过进修、实习、短训、函授、自学考试等多种形式，对现有社会工作从业人员进行累计不低于3个月时间的专业培训，实现所有在社会工作岗位就业的人员，都系统接受过良好的专业教育或取得相应的社会工作者职业资格证书。实施文化名家培养工程。培养一批文学艺术和哲学社会科学方面知名人才，跟踪培养宣传文化系统“四个一批”人才，使其成为人文社科方面的后备军。实施“基层之光”人才培养工程。每年从各市、县（区）选派一批具有中级以上职称的青年专业技术人才到区直高校、重点科研院所和医疗卫生机构进行研修，其中少数民族研修人员应该占有一定比例，为地方和基层培养一大批素质优良、业务过硬、热爱基层的青年骨干人才。实施"阿语人才"培养工程。立足开发区内资源，依托"中阿经贸论坛"等国际国内人才交流与合作平台，大力培养阿语人才，办好阿语翻译和志愿者培训班，鼓励和支持阿语人才进修研修和学历提升，努力打造"阿语人才"品牌。

（五）"专家服务团"计划和"科技特派员"创业行动计划

制定《关于进一步深化"专家服务团"计划的意见》。自治区每年选派300名左右的高级专家，组建重点行业和市、县（区）专家服务团，到基层进行技术咨询、科技攻关、项目论证、人才培养。不断完善"科技特派员"创业政策，营造有利于科技人才创新创业的环境。在鼓励高层次创新科技人才深入基层一线创业和服务、实现自身价值的同时，创新科技特派员队伍的培训机制和培训模式，充分利用各类培训机构和培训资源开展多种形式的培训工作，提升科技特派员创新能力和创业能力。到2020年，全区科技特派员队伍每年稳定在3000名左右，并在科技特派员队伍中至少培养出50名以上创新能力较强的高层次企业经营管理人才。

（六）未来人才储备计划

以党政人才、企业经营管理人才、专业技术人才队伍为主体，积极创造条件，每年选派100名左右后备人才，其中要有一定比例的少数民族青年后备人才，到国内外重点大学深造、到基层挂职，进行重点培养，使其尽快成长并发挥作用。研究制定未来人才储备管理办法，确保后备人才队伍既有一定规模和数量，又具备相应的思想素质和实际工作能力。

六、《自治区人才规划纲要》的组织实施

自治区人才工作领导小组负责《自治区人才规划纲要》实施的统筹协调和宏观指导，制定各项目标任务的分解落实方案和重大工程实施办法。建立《自治区人才规划纲要》实施情况的监督、检查、指导、考核工作机制。指导各地、各部门（单位）因地制宜编制各地区、各部门、各行业以及重点领域的人才发展规划和任务分工安排，完善人才规划体系，认真组织实施。深入调查研究，及时研究解决实施中出现的新情况新问题。加大人才工作宣传力度，大力宣传自治区党委、政府关于人才发展的重大战略部署，宣传实施人才规划纲要的重大意义、目标任务、政策措施和先进典型。加强人才工作基础性建设，建立人才资源统计和定期发布制度，推进人才工作信息化进程。健全工作机构，强化培训措施，不断提高人才工作者队伍的整体素质和业务水平，确保《自治区人才规划纲要》各项目标和任务的实现。

新疆维吾尔自治区中长期人才发展规划纲要
（2010—2020年）

为贯彻落实全国人才工作会议和中央新疆工作座谈会精神，更好实施人才强区战略，根据推进新疆跨越式发展和长治久安的要求，特编制《新疆维吾尔自治区中长期人才发展规划纲要（2010—2020年）》。

序言

人才是指具有一定的专业知识或专门技能，进行创造性劳动并对社会作出贡献的人，是人力资源中能力和素质较高的劳动者。人才是经济社会发展的第一资源。

未来10年，是推进新疆跨越式发展和长治久安、全面建设小康社会的关键时期。加速新型工业化、农牧业现代化和新型城镇化进程，加快改革开放，打造中国西部区域经济的增长极和向西开放的桥头堡，关键靠人才。必须以高度的责任感、使命感和危机感，把人才作为事业发展的最宝贵财富和支撑科学发展的第一资源，确立人才优先发展的战略布局，以人才强区战略支撑"稳疆兴疆、富民固边"总体战略稳步实施，以人才的跨越式发展支撑新疆跨越式发展，以人才的优先发展促进新疆长治久安。

一、人才发展现状

新世纪以来，新疆人才发展紧紧围绕自治区重大战略部署和经济社会发展大局，深入贯彻中央及自治区关于人才工作的重大方针政策，大力实施人才强区战略，紧紧抓住人才培养、引进、使用三个环节，着力推进人才结构调整，不断提高人才队伍整体素质，努力营造良好的人才发展环境，人才工作取得显著成绩。人才队伍总量增长较快。截止2009年底，新疆地方人才总量为219.3万人，占同期地方人口总量的11.8%。人才队伍素质逐步提高。每万劳动力中研发人员达到11.4人年，主要劳动人口受过高等教育比例达到9%，高技能人才占技能劳动者比例达到18.9%，人才贡献率达到16.8%。高层次专业技术人才不断增加。2009年底，全区共有院士4人，国家级有突出贡献中青年专家44人，"新世纪百千万人才工程"国家级人选27人，享受国务院政府特殊津贴专家1030人，高级职称人员占专业技术人才比重达到9.4%。少数民族人才规模进一步壮大。2009年底，少数民族人才达到98.7万人。人才的城乡、区域、产业和行业布局日趋合理，艰苦边远地区基层人才队伍结构进一步优化。自治区制定出台一系列推进干部人事制度改革、加快人才队伍建设、完善人才市场体系、健全社会保障制度等政策措施。各级党委、政府把人才工作与当地经济社会发展同步谋划，基本形成了党管人才工作新格局。"人才资源是第一资源"

的观念逐步深入人心，尊重劳动、尊重知识、尊重人才、尊重创造的氛围正在形成，培养人才、吸引人才、用好人才的制度环境逐步改善。

实践表明，新疆人才发展必须坚持把全面贯彻党的人才方针政策与新疆实际相结合，坚持把市场配置与政府宏观调控相结合，坚持人才的培养、引进和使用相结合，坚持中央和内地省市的支持与自身努力相结合，坚持加大投入与优化环境相结合，不断促进新疆人才实现跨越式发展。

从自治区经济社会发展的全局和长远看，人才发展与内地先进水平相比还有较大差距，与经济社会跨越式发展的要求还有许多不适应的地方。主要是：人才资源开发投入不足，人才结构和布局有待进一步优化，高层次人才严重匮乏，人才素质需要进一步提升，人才稳定和引进难的问题仍然突出，人才工作体制机制需要进一步创新，人才发展环境需要进一步改善。

二、指导思想、基本要求和发展目标

（一）指导思想

高举中国特色社会主义伟大旗帜，以邓小平理论和“三个代表”重要思想为指导，深入贯彻落实科学发展观，认真贯彻“稳疆兴疆、富民固边”总体战略部署，牢牢把握新疆经济社会跨越式发展的历史机遇，尊重劳动、尊重知识、尊重人才、尊重创造，大力实施人才强区战略，坚持党管人才原则，遵循市场经济规律和人才发展规律，加强政府宏观调控，进一步解放思想、解放人才、解放科技生产力。坚持以提升能力、优化结构为主线，以重点领域人才开发为突破，以加大人才投入和实施重大政策为保障，以重点工程为载体，努力培养人才、吸引人才、用好人才，充分发挥各类人才的积极性和创造性，努力建设西部人才强区，为推进新疆跨越式发展和长治久安提供强大的人才智力支持。

（二）基本要求

跨越发展，人才优先。把服务跨越式发展作为人才工作的根本出发点和落脚点，围绕经济社会跨越式发展目标确定人才跨越式发展任务，充分发挥人才的基础性、战略性、决定性作用。确立人才优先发展的战略布局，做到人才资源优先开发，人才结构优先调整，人才投资优先保证，人才制度优先创新。

加大投入，重点突破。增大人力资本投资比重，建立多元化的人才投入机制，提高投资效益。围绕经济社会重点领域发展，以高层次人才和高技能人才为先导，以应用型人才为主体，大力培养开发重点领域急需紧缺人才，促进重点区域人才协调发展。

以用为本，激发活力。把充分发挥各类人才的积极作用作为人才工作的根本任务，围绕用好用活人才来培养、引进人才。努力破除不利于人才成长和发挥作用的各种思想观念和体制机制性障碍，最大限度地激发人才的创新激情和创造活力，不断提高人才的使用效能。

援疆支持，整体开发。充分发挥援疆省市的帮扶带动作用，不断拓宽人才援疆渠道，创新人才援疆方式，完善人才援疆机制。把人才援疆与加强新疆人才的培养开发相结合，通过各种方式，推进城乡、区域、产业、行业和不同所有制人才资源开发，实现各类人才队伍的全面发展。

（三）发展目标

到2020年，新疆人才发展的总体目标是：培养和造就数量充足、结构优化、布局合理、素质优良的人才队伍，确立新疆人才竞争比较优势，进入西部人才强省（区）行列，为推进新疆跨越式发展和长治久安，实现与全国同步全面建设小康社会奋斗目标奠定人才基础。

——人才资源总量稳步增长，人才队伍规模不断壮大。人才资源总量从现在的219.3万人增加到351万人，年均增长5.5%，基本满足经济社会发展需要。

——人才素质大幅度提高，人才结构进一步优化。主要劳动年龄人口受过高等教育比例达到11%，每万劳动力中研发人员达到21人年，高技能人才占技能劳动者比例达到28%。天山北坡经济带人才高地发挥带动作用，南疆三地州人才大幅集聚，城乡人才协调发展，区域人才优势互补，人才的层次结构趋于合理，少数民族人才和妇女人才比例明显提高。

——人才竞争比较优势进一步增强。人才发展的后发优势、区位优势、援疆优势得到有效发挥，区域人才竞争力不断提升，规模效益显著提高。人力资本投资占地区生产总值比例达到15%，人才贡献率达到35%。

——人才发展环境明显改善。破除束缚人才发展的思想观念和制度性障碍，建立充满生机与活力的人才工作体制机制，构建比较完善的人才公共服务体系和人才政策体系，形成激励人才干事业、支持人才干成事业、帮助人才干好事业的社会环境。

推进人才发展，要统筹兼顾，分步实施。到2015年，重点在制度建设、机制创新上有较大突破，人才贡献率不断提高，人才体制机制比较完善，人才环境得到优化。到2020年，全面落实各项任务，确保人才发展战略目标的实现。

三、主要任务

（一）大力开发经济发展重点领域人才

1．新型工业化人才。围绕做大做强现有优势产业和支柱产业的需要，加快石油石化、天然气、煤炭煤电煤化工产业和其它优势矿产资源勘探开发利用领域人才队伍建设。抓紧培养一批在能源资源开发转换领域的高层次、复合型企业经营管理人才和急需紧缺的专业技术人才、高技能人才。加快新能源、新材料、节能环保、生物制药、电子信息等领域人才开发，推动战略性新兴产业发展。制定人才向重点产业集聚的倾斜政策，为产业集群发展提供人才支撑；依托大企业大集团吸引区内外各类优秀人才，提升企业经营管理水平和核心竞争力。完善促进非公有制经济组织和中小企业人才发展的政策措施，为其发展提供便利、高效的人才服务。

2．农牧业现代化人才。围绕棉花、粮食、特色林果业和畜产品四大基地建设及设施农业和特色农牧业发展需要，大力加强农牧业科技、信息、丰产栽培、科学饲养、保鲜贮运、疫病防治、加工技术、产业化经营及营销、农产品质量安全等人才队伍建设。健全特色农牧业实用技术和经营管理培训体系，加强农村经营管理人才和应用开发型人才培养；积极扶持特色农牧业实用人才自主创业，支持各类特色农牧业产业化企业、农民专业合作组织和专业技术协会发展，为优秀特色农牧业人才脱颖而出优化环境、搭建平台。围绕提高薄弱环节的基础能力，大力加强农田水利基础建设、节水型社会建设、生态和环境保护建设相关领域人才队伍建设。

3．新型城镇化人才。按照统筹城乡、布局合理、突出特色、以城带镇的原则，围绕新型城镇化高起点规划、高水平建设、高效益配套的要求，大力加强具有现代城市理念、能提升城市比较优势的高层次城市规划和管理人才队伍建设，促进新型城镇化发展。着力培养和引进一批具有优良职业操守的经济建设、项目管理、人力资源管理、景观设计、建设监理人才。围绕发挥城镇综合服务功能和承载力的需要，大力培养以城镇交通、供排水、供气、供电、供热、园林绿化、污水垃圾处理和防灾减灾为重点的城镇基础设施和公共服务设施建设人才。着眼形成以服务经济为主的城镇产业结构，大力开发现代物流、金融财会、审计、律师、中介、电子商务、社区等现代服务业人才。围绕做大做强旅游业，重点加强旅游产业开发设计和管理人才队伍建设，着力提高旅游宣传促销、景点设计规划、旅游文化挖掘、民族特色（特种）旅游产品设计、旅游企业经营管理方面的能力。利用独特的区位地缘优势，依托外经贸企业、国际贸易洽谈会、口岸、边贸城市等吸引、集聚一批人才，积极开展国际合作交流活动引进国外智力，建设一支具有现代经营理念，了解周边国家政策和民族民俗习惯、精通国际贸易规则和惯例的高素质、复合型外经贸人才。

（二）大力开发社会发展重点领域人才

1．宣传文化人才。以现代文化为引领，以实施“四个一批”等人才培养工程为依托，大力加强宣传文化领域人才队伍建设，加快打造一批哲学社会科学、广播影视、新闻出版、文学艺术、翻译和文化产业经营等领域领军人才和学术带头人。加大紧缺骨干人才培养力度，以外向型宣传文化人才、新媒体新业态人才和跨语种“双语”人才为重点，推进紧缺人才培养和引进。促进非物质文化遗产保护、民间文化传承人才成长，加强基层宣传文化人才队伍建设，健全基层文化骨干人才培训网络。加快公共文化服务体系建设，营造有利于宣传文化人才成长的政策环境。

2．教育人才。围绕优化教育结构、提升教育质量、促进教育公平，推动高等教育、职业教育和基础教育协调发展的需要，大力加强教育人才队伍建设。加强学科带头人和学术骨干人才培养，积极构建以“天山学者”为领军的高层次学术梯队，打造高水平教学科研团队。加强高等工程教育专业师资队伍建设，造就一支数量充足、结构合理的专业师资队伍。加强职业教育人才队伍建设，加强既能讲授专业知识、又能传授操作技能的“双师型”教师培养培训工作。加强基础教育人才队伍建设，改革师范教育，扩大免费师范教育范围，提高基层教师队伍素质。加强高素质中小学书记、校长队伍建设，不断提高农村、边远地区教育人才素质。加强“双语”教师队伍建设，培育大量结构合理、教学能力强的“双语”骨干教师。

3．科技人才。围绕强化实施“科技兴新”战略的需要，以科技领军人才、创新团队和学科（术）带头人为重点，努力建设一支以高层次科技人才为引领、各层次科技人才梯次配置的创新型科技人才队伍。科学规划高层次创新型科技人才发展，积极构建跨区域、多元化、多领域的高层次创新型科技人才系统，建立以市场为导向、企业为主体、产学研相结合的高层次创新型科技人才培养体系，着力提升现有骨干人才的创新能力。加快形成产业聚才、项目引才、基地育才的发展模式，依托各类产业基地、重大科技项目、重点建设项目，积极吸引国内外各类高层次创新型科技人才来疆进行技术研究和产品开发。鼓励和支持科技人才创新创业，发挥各类高新技术产业基地的科技孵化、示范和推广作用，打造人才高地。

4．卫生人才。围绕提升医疗卫生水平，促进卫生事业又好又快发展的需要，努力建设一支能够适应卫生改革发展和满足各族群众健康需求的高素质卫生人才队伍。进一步加大高层次医疗卫生科技领军人才和学术带头人培训，培养造就一批达到国内先进水平的医疗、预防、保健和科研、教学、卫生管理领域的拔尖人才。进一步提高卫生人才队伍素质，促进卫生人才资源合理配置，重点增加县及以下卫生人才数量。围绕健全基层医疗卫生服务体系和促进公共卫生服务逐步均等化，优化卫生人才队伍结构。

（三）协调发展重点区域人才

适应特色优势产业发展和推进新型城镇化建设的需要，以区域中心城市为重点，打造一批分布合理、特色鲜明、优势互补、辐射带动作用强的人才聚集区，助推产业聚集力和城市竞争力的提升。

围绕以乌昌经济区为中心的天山北坡经济带产业发展，依托一批高新技术企业，在生物制药、新能源、新材料和电子信息等高新技术和新兴产业领域人才开发方面取得重大突破，吸引一批关键技术领域的领军人才，集聚一批有较强竞争力的创新人才，培养一批技艺精湛的高技能人才，打造新疆人才高地。

围绕喀什、霍尔果斯特殊经济开发区建设，适应打造我国向西开放窗口和新的经济增长点的需要，依托国家特殊经济政策支持，探索实施更加优惠、更加灵活的人才政策措施，大幅提升人才开发、吸引的水平。

继续加大对以南疆三地州为重点的边远贫困地区人才开发支持力度，完善政策措施，创新扶持机制，不断改善人才发展环境，促进当地丰富的人力资源向人才资源转化。

统筹各类人才在不同区域及城乡之间的协调发展。

（四）统筹推进各类人才队伍建设

1．党政人才队伍。以提高领导水平和执政能力为核心，以各级领导干部和基层干部为重点，努力建设一支政治坚定、业务精湛、作风过硬、勤政廉洁的高素质党政人才队伍。坚持德才兼备、以德为先的用人标准，大力加强思想政治建设，始终把政治标准作为考核使用各级领导干部的首要条件，进一步健全符合新疆特点的干部选拔任用和考核评价机制，加大竞争性选拔党政领导干部工作力度，拓宽选人用人渠道，提高干部工作科学化水平。加强适应新疆实际的公务员法配套制度建设，加大从基层选拔任用领导干部力度，建立和完善从基层选拔公务员的制度。完善和巩固“4211”工作机制，以进一步提高综合素质和能力为目的，开展大规模干部教育培训，进一步拓宽教育培训渠道，健全激励约束、投入保障等机制。加强女干部、少数民族干部、非中共党员干部选拔培养。加大优秀年轻干部选拔培养和党政后备干部队伍建设力度，每年选派一批优秀中青年干部赴中央和国家机关、内地省市以及县乡、社区挂职锻炼或任职。加大领导干部跨地区、跨行业、跨部门交流力度，推进党政机关重要岗位干部定期交流、轮岗。加强兵地之间的干部交流，有计划、有步骤地选调一批兵团干部到地方工作，选调一批地方干部到兵团工作。

2．企业经营管理人才队伍。以提高现代经营管理水平和企业市场竞争力为核心，以优秀企业家和职业经理人为重点，着力推进企业经营管理人才的职业化、市场化、专业化和国际化程度，加快培养一批具有现代经营管理理念、熟悉国际国内市场及相关法律法规、富有创新精神的优秀企业家和一支高素质的企业经营管理人才队伍。加快建立现代企业制度，加速企业经营管理人才的市场化配置，健全企业经营管理者聘任制、任期制和任期目标责任制，完善以市场和出资人认可为核心的企业经营管理人才评价体系，积极发展企业经营管理人才评价机构，建立社会化的职业经理人资质评价制度，加强规范化管理。健全企业经营管理人才经营业绩评价指标体系。加强企业经营管理人才培养，每年有计划、有重点地选派一批企业经营管理人才到区内外学习培训。围绕做大做强现有优势产业、培育战略性新兴产业的要求，重点引进一批优秀企业家和战略规划、资本运作、管理等方面的专门人才。加强非公有制经济组织和中小企业经营管理人才培养力度。加快企业经营管理后备人才队伍建设。

3．专业技术人才队伍。以提高专业水平和创新能力为核心，以高层次人才和紧缺人才为重点，努力打造一批在国内具有一定影响力的高层次专业技术人才和具有较强竞争力的创新团队，建设一支数量充足、结构合理、整体素质良好的专业技术人才队伍。依托国家和自治区重大项目，加大重点行业和特色优势产业高层次人才选拔培养力度，加大选派中青年骨干人才赴区内外学习培训力度。完善专业技术人员继续教育机制，深度实施专业技术人才知识更新工程，大力支持高等院校、职业学校开展继续教育培训，拓宽学历教育渠道。调整高校学科设置，加强急需紧缺人才培养。推进海外智力援疆工程。发挥各类社会组织培养专业技术人才的作用。统筹推进专业技术职称和职业资格制度改革，完善职称评价体系，着力构建重在社会和业内认可的社会化评价机制。推动专业技术人才资源市场化配置进程，鼓励专业技术人才向经济社会发展重点领域和企业、社会组织、基层一线有序流动。注重发挥离退休专业技术人才的作用。

4．高技能人才队伍。以提升职业素质和职业技能为核心，以技师和高级技师为重点，努力建设一支结构合理、素质优良、技艺精湛的高技能人才队伍。完善以企业为主体、职业院校为基础、学校教育与企业培养紧密联系、政府推动与社会支持相结合的高技能人才培养培训体系。加强职业培训，统筹职业教育发展，大力加强高技能人才培训基地和公共实训基地建设，加快培养紧缺高技能人才。加大对职业院校的投入，改革职业教育办学模式，大力推行校企合作、工学结合和顶岗实习，在职业教育中推行学历证书和职业资格证书“双证书”制度。进一步完善中等职业学校学生各项补助制度，逐步扩大中等职业教育免费范围，加大技能人才培养力度。探索高技能人才与工程技术人才职业发展贯通办法。完善有突出贡献技师政府特殊津贴制度，建立完善有突出贡献高技能人才评选表彰制度。广泛开展各种形式的职业技能竞赛活动和岗位练兵活动。健全有利于高技能人才成长的多元化评价激励机制。进一步提高高技能人才的经济待遇和社会地位。

5．农村实用人才队伍。以提高科技素质、职业技能和经营能力为核心，以农村实用人才带头人和农村生产经营型人才为重点，着力打造服务农村经济社会发展、数量充足的农村实用人才队伍。建立一批农村实用人才培训基地，加快构建和完善开放型、多功能、多元化的农业职业教育体系，充分发挥农业广播电视学校、农村党员干部现代远程教育系统、农业技术推广体系、各类职业院校和培训机构的主渠道作用，积极开展各种形式的科普培训活动，大规模开展农村实用人才培训，重点培养农牧业产业化发展急需的企业经营管理人员、农民专业合作组织带头人和农村经纪人。建立健全农村实用人才评价指标体系，推广和完善农牧业职业技能鉴定和农民技术职称评定工作。继续推进城乡人才对口扶持，切实加强农村引智帮带工作，鼓励和引导农牧业科技等各类人才通过技术开发、承包经营、投资入股、成果转让、提供有偿技术服务等形式到农村从事农技推广和产业化经营活动。加大对农村实用人才的表彰激励和宣传力度，提高农村实用人才的社会地位。

6．社会工作人才队伍。以人才培养和岗位开发为基础，以专业化、职业化为方向，以中高级社会工作人才为重点，努力建设一支符合新疆区情和社会需要、规模相当、训练有素的社会工作人才队伍。建立健全促进社会工作人才发展的政策措施。整合现有培训资源，建设一批社会工作专业培训基地，初步形成覆盖全疆的社会工作培训网络。实施社会工作专业人才培养计划，到2020年，社会工作人才总量达到4万人。着力提高现有从业人员的专业能力和职业素质，重点加强社会救助和福利服务、工会、共青团、妇联、司法、就业和社会保障、治安管理、安全生产等领域社会工作人才的培训。建立社会工作职业标准体系，健全社会工作人才评价制度，有序推进社会工作专业化和职业化建设。加强社会工作岗位开发管理，制定社会工作岗位开发设置政策措施，加快在相关领域设置社会工作岗位。推进公益服务类事业单位、城乡社区和公益类社会组织建设，完善培育扶持和依法管理社会组织的政策。研究制定政府购买社会工作服务政策。建立社会工作人才和志愿者队伍联动机制。激励和引导优秀干部充实社区。

7．少数民族人才。以坚定政治立场、提高综合素质为核心，以少数民族党政领导干部、高层次专业技术人才、优秀企业家和农村实用人才带头人为重点，建设一支政治可靠、数量充足、结构合理，能够适应新时期新阶段自治区改革发展稳定各项事业需要的少数民族人才队伍。重视培养和使用少数民族党政干部，对政治立场坚定、与党同心同德、在维护自治区改革发展稳定大局特别是在反分裂斗争中表现突出的优秀少数民族干部，充分相信、坚定依靠、放手使用。加强少数民族后备干部工作，重视做好人口较少民族干部的培养选拔。着力提高少数民族专业技术人才综合素质，多渠道、宽领域开展培训工作，注重加强岗位业务培训，积极实施专项工程，加大高层次骨干人才培养力度。以民族特色产业开发为重点，加快培养一批具有市场经济知识和现代经营管理理念的少数民族优秀企业家，充分发挥引领示范作用。采取多种形式，加强重点扶持，培养一批具有较强实用技术和劳动技能的少数民族农村实用人才带头人。大力普及国家通用语言文字教育，建立健全“双语”学习激励机制，适度扩大内地高中班规模。加大选派各类少数民族人才到中央和国家机关、内地省市任职挂职、培训考察的力度。

8. 民汉“双语”人才。以政府为主导，以提高“双语”人才会话能力和翻译水平为核心，以高层次和基层人才为重点，大力加强民汉“双语”人才队伍建设。加强组织领导，建立健全有效的选拔、培养、评价、激励等机制，实施专项培养计划，努力建设一支人员稳定、素质较高、业务较强的各领域翻译人才队伍。研究出台推进全疆基层人才学习“双语”的政策措施，制定全疆基层人才“双语”学习的总体规划。加强对医疗卫生、民航、铁路、邮电、公共交通等窗口服务行业和政法、农牧业等重点行业人才“双语”培训。依托区内高校加快培养维吾尔语、哈萨克语等少数民族语言专业人才。

9. 援疆干部人才。根据中央关于加强和推进对口援疆工作的总体要求，做好援疆干部人才选派工作，力争每批选派数量达到3000名左右，到2020年，为全区选派3批9000名以上援疆干部人才，其中以教育、卫生、农牧业等为重点的专业技术人才占到总人数的70%以上。充分发挥援疆干部人才的岗位职能、桥梁纽带和传帮带作用，依托派出省市和单位支持，通过双向挂职、两地培训、支教支医支农等方式，多渠道、多层次、宽领域帮助受援地区培养各类紧缺人才和骨干人才；通过开展与内地的经济技术交流合作，促进项目引才、招商引才和柔性引才。大力支持援疆干部担任县（市）委书记试点县（市）工作，充分发挥示范辐射带动作用。健全援疆干部人才管理机制，加强培训、服务等工作，规范有关待遇，落实保障措施，完善考核奖惩制度，对在疆工作期间实绩突出、群众公认的优秀援疆干部及时提拔使用。研究制定鼓励援疆干部人才长期留疆工作的政策措施。

四、重大政策

（一）人才开发优先投入政策

坚持“全民参与、多元投入”的原则，积极探索建立健全政府、社会、用人单位和个人多元化的人才投入体系。各级政府优先保证对人才发展的投入，建立人才发展专项资金，列入各级政府财政预算，额度不少于上年度地方财政一般预算收入的0.5%，并按0.1%的比例逐年递增，用于人才培养、引进、奖励及重点人才工程的实施等。确保自治区教育、科技支出增长幅度高于财政经常性收入增长幅度，卫生投入增长幅度高于财政经常性支出增长幅度。积极拓宽人才投入渠道，争取中央财政加大转移支付力度，援疆资金中要有一部分用于人才培养开发。在重大建设、技术改造、科研项目经费中安排部分经费用于人才培训，提高企业职工培训经费提取比例，并允许税前扣除。利用国际金融组织、基金组织和外国政府贷款等投资人才发展项目。通过适当的财税优惠政策，鼓励支持有实力的企业、社会组织和个人设立人才发展基金、奖（助）学金，投资人才资源开发。

（二）人才创新创业扶持政策

发挥政府指导作用，以市场为导向，推动企业、科研机构、高等学校共建科技创新平台、开展合作交流、共同实施重大项目，培养高层次人才和创新团队。支持高等学校与科研院所、企业联合设立研究生培养基地，加快专业学位应用型高级人才培养步伐。实行“人才+项目”培养模式，建立重大建设项目和重点科研项目定期发布制度，聚集项目所需优秀人才。加强重点学科、博士点、博士后科研工作（流动）站、留学人员创业园区、高新技术产业园区、重点实验室、工程技术研究中心等创新创业平台建设。对符合产业结构调整升级和重点学科发展方向、具有人才和技术优势的项目免征各项行政性收费，并加大资助力度。鼓励企业、科研院所、个人自主创新，对申请专利费用给予适当资金补贴，对重大知识产权成果产业化项目给予财政资金扶持。鼓励专业技术人才创办科技型创新企业。依法保护知识产权，严格落实国家保护知识产权政策。支持国内外经济组织在疆设立创新风险投资基金。

（三）高层次紧缺人才引进政策

围绕自治区支柱产业、优势特色产业发展和重点学科建设的迫切需要，充分利用国内外教育资源，制定高层次紧缺人才引进政策，以柔性流动为主要方式，建立完善内地专家来疆工作机制，加大高层次紧缺人才引进力度。对引进的高层次紧缺人才，实行“一站式”服务，在其子女就学、配偶就业、购买住房、户口迁移、科研启动经费资助等方面给予优惠。对引进的“两院”院士、享受国务院政府特殊津贴专家、长江学者、国家新世纪百千万人才工程一二层次人选、国家杰出青年科学基金获得者等高层次专业技术人才，提供安家费和科研经费补助，发放政府特殊津贴。支持引进的高层次紧缺人才创新创业。鼓励用人单位对引进人才实行协议工资、奖励股权期权、成果有偿转让、利润分成等多元化分配方式，鼓励引进人才以职务科技成果作价出资、入股。事业单位引进的高层次紧缺人才，可不受编制和岗位职数限制。企业引进高层次创新创业人才的购房补贴、安家费、科研启动经费可列入成本核算。

（四）促进人才合理流动配置政策

坚持稳定、用好本地现有人才，制定发挥市场机制配置人才资源基础性作用的办法措施，积极推进户籍制度改革，完善党政人才、企业经营管理人才、专业技术人才交流制度，破除制约人才流动的身份、单位、部门、地域和所有制界限。鼓励人才向南疆三地州、艰苦边远地区基层一线和经济社会发展重点领域流动。建立统一规范、竞争有序、更加开放的人力资源市场，构建社会化的人才公共服务体系，加强人才公共服务标准化建设，强化信息服务、交流调节、培训开发、人才管理、社会保障等功能，逐步实现人才公共服务一体化。健全人事代理、社会保险代理、企业用工登记、劳动人事争议调解仲裁、就业服务等人才公共服务平台，逐步实现自治区、地州市、县市区、乡镇（街道）和重点行业以及各类产业园区、创业园区全覆盖。开放人才中介服务行业准入，鼓励民间资本投资兴办人才中介服务机构，鼓励中外合资人才中介服务机构发展。改革现行人事调配办法。鼓励区内企业、科研院所在内地、国外设立科研分支机构，利用当地优势资源为自治区培养急需紧缺人才。

（五）促进基层人才发展政策

制定支持基层人才发展的意见。鼓励人才向艰苦边远地区基层流动，对在艰苦边远地区基层工作的人才，在工资、职务、职称等方面给予政策倾斜。鼓励引导高校毕业生到基层就业。完善从基层招录公务员的办法。继续做好“三支一扶”、选拔优秀毕业生到社区和村任职、5%人才储备编制计划、大学生志愿服务西部和“双语”教师特岗计划等工作。制定人才到艰苦边远地区基层就业创业扶持办法。实施机关事业单位干部到基层服务和挂职锻炼的派遣和轮调办法。定期组织优秀专业技术人才、高级专家到基层进行讲学、技术培训等活动。多渠道加强基层人才培养，提高基层人才队伍素质。在实施国家级、自治区级人才选拔培养计划时，加大对基层的倾斜力度。

（六）促进人才管理改革试验区建设政策

在乌鲁木齐高新技术产业开发区（新市区）和喀什、霍尔果斯特殊经济开发区等建立人才管理改革试验区，实行更加灵活的人才机制和更加优惠的人才政策。在试验区全面搞活收入分配，使收入分配向关键岗位和优秀人才倾斜。鼓励用人单位以岗位聘用、项目聘用、任务聘用、项目合作等多种方式引进国内外高层次人才。鼓励各类人才以停薪留职、兼职兼薪、带薪留职等方式到试验区工作。率先在试验区实行优秀人才居住证制度，持居住证人才可不迁户口、不转变工作关系，享受当地市民待遇。在人才选拔、培养、引进、奖励、资助和创新创业平台建设等方面，向试验区倾斜。对拥有独立知识产权和发明专利，且其技术成果能够填补国内空白、具有市场潜力并进行产业化生产的一流创新创业高层次人才和团队，经评审可给予相应的资金支持。建设企业信用体系，实行企业信用贷款、信用保险试点，高层次人才创办科技型企业可无需抵押和担保，优先申请信用贷款。鼓励知名企业、科研院所在试验区设立企业研究院、科研分支机构、人才培训基地。鼓励高层次人才积极参与以创新创业为主要目的的国际性高层次学术、技术交流活动，政府每年择优给予资助或补贴。建立高层次人才职称评定绿色通道，高层次人才申报专业技术职称不受资历、工作年限等条件限制。由政府与企业共同出资高起点、高规格建设或购置一批人才公寓，优惠租赁给引进的优秀人才。设立试验区人才与创业办公室，为海内外人才到试验区创新创业提供全方位服务。

五、重点工程

（一）天山英才工程

适应推进新疆跨越式发展和长治久安的需要，着眼于提升整体竞争力，在自治区具有学科优势、产业优势、资源优势和技术优势的领域，重点支持和培育一批瞄准科技前沿和战略性新兴产业、具有引领作用的科学家和工程师；依托国家和自治区重点学科、重大科研项目、重点工程和重大建设项目，建设若干重点领域创新团队；依托高等学校、科研院所和高新技术产业园区，集中力量建设一批开放式实验室、科技合作示范园、工程技术研究中心和产业技术研发基地。到2020年，培养造就50名国内一流科学家和工程技术专家，300名具有区内领先水平，在各学科、各技术领域有较高学术技术造诣的带头人，1000名在各学科领域成绩显著、起骨干作用的优秀人才。

（二）青年科技创新人才培养工程

着眼人才基础性培养和战略性开发，提高自主创新能力，在现代工业、农牧业、矿产资源勘探开发、生态环境、生物医药、清洁能源、电子信息、装备制造等领域，每年重点支持和培养100名具有发展潜力的青年科技创新骨干人才。积极争取国家和援疆省市的支持，在高等学校、科研院所、国有重要骨干企业建设一批青年科技创新人才培养基地，每年选拔100名优秀青年科技人才和紧缺专业优秀大学生进行定向跟踪培养。

（三）高层次紧缺人才引进工程

围绕自治区经济社会发展战略目标，有计划地引进一批能够突破关键技术、发展重点产业、带动新兴学科的优秀科学家、企业家、创新创业领军人才和各类高层次急需紧缺人才。到2020年，引进100名海外高层次人才、500名国内一流的高层次优秀人才来疆创新创业。建立高层次紧缺人才引进政府投保制度和高层次人才创业基金，支持重大科技项目实施、成果转化和产业孵化。

（四）新型工业化人才保障工程

围绕加快推进新型工业化建设的需要，到2020年，培养造就100名具有战略思维、创新精神和市场开拓能力，能够引领新疆企业发展的优秀企业家，1000名高层次、复合型、创新型企业经营管理人才，5万名煤炭、煤化工、石油开采加工、采矿技术、地质工程、有色金属、建材及无机非金属新材料、化工、电气、机械、新能源和环境保护等急需专业技术人才。实施高技能人才培养计划，培养15万名企业急需的高技能人才。在发展前景广阔、具有人才技术优势的龙头骨干企业优先设立10个博士后科研工作站，促进企业更好更快发展。

（五）现代农牧业人才支撑工程

适应建设社会主义新农村和加快发展现代农牧业的需要，加大对现代农牧业人才开发支持力度。到2020年，每年选拔一批农牧业科研骨干人才并给予科研专项经费支持，支持500名有突出贡献的农牧业技术推广人才，开展技术交流、学习研修、观摩展示等活动，选拔1000名农牧业产业化龙头企业负责人和专业合作组织负责人、1万名优秀生产经营人才、农村实用人才带头人和农村经纪人等拔尖人才，给予重点扶持。

（六）宣传文化重点人才培养工程

立足自治区丰富的文化资源优势，为更好地推动宣传思想文化工作，提升文化软实力，以实施“四个一批”人才培养工程为重点，每年择优扶持、资助一批哲学社会科学、新闻出版、创作翻译、广播影视、文化艺术领域高层次人才，着力培养造就一批造诣深厚、成就突出、在区内外有重大影响的理论家、文化大家、艺术名家和文化企业家。到2020年，培养宣传思想文化领域领军人才和学术带头人500名，紧缺人才5000名。

（七）政法人才队伍建设工程

适应维护自治区社会和谐稳定和长治久安的需要，大力加强政法人才队伍建设，加快政法高端人才培养。通过有计划地培养引进、定向招生等方式，到2020年，充实基层政法人才2万人，培养情报研判分析、刑事科学技术、刑事侦查等高层次、复合型专业人才8000名，引进和招录法学、计算机、心理学、信息工程、司法鉴定等急需紧缺专业人才1万名，培养和引进外语人才800名。

（八）教育人才素质能力提升工程

着眼提升教育教学整体水平，大力强化教育人才素质能力培养。实施普通高校“天山学者”高层次人才特聘计划，加快领军型学科带头人和高水平学术骨干人才培养，到2020年，建设一支5000人的硕士生、博士生导师队伍（含1500名企业和科研机构导师），全区普通本科高等学校专任教师学历学位和职称结构达到全国平均水平，高职高专院校专任教师达到1.1万人，中等职业学校专任教师达到2.2万人，其中“双师型”教师达到70%以上；建立一支数量满足需要、素质优良的“双语”教师队伍；培养造就一批教学名师、学科领军人才和中青年学术骨干；建设10个左右的“双师型”教师职业教育师资培训基地；建设7个学前“双语”教师培养培训基地，6个中小学“双语”教师培养培训基地。

（九）医疗卫生人才推动工程

适应深化医药卫生体制改革、保障全民健康的需要，加大对医疗卫生人才培养支持力度。到2020年，利用国家和援疆省市对口支援，培养100名达到国内先进水平的医疗卫生领域拔尖人才，1000名自治区医疗卫生领域学科带头人；按照每个乡镇卫生院、村卫生室和社区卫生服务机构拥有至少1名实用型人才的标准，定向培养具有相应专业技能的实用型医学人才1万名；通过多种途径培养8000名全科医师，提高基层医疗卫生服务能力。加强基层医疗卫生人才素质和学历教育，开展专科医师规范化工作，到2020年，乡镇、社区卫生机构90%的人员达到大专以上学历，90%的临床医生具备执业助理医师以上资格；村级卫生机构95%以上的医生达到中专以上学历，60%以上的医生具备执业助理医师资格。

（十）少数民族骨干人才培养工程

着眼建设一支数量充足、素质较高的高层次少数民族人才队伍，加大对少数民族骨干人才培养力度。到2020年，培养造就1000名少数民族学术和技术带头人、1万名各行业、领域的中青年少数民族专业技术骨干、500名少数民族优秀经营管理人才。

（十一）艰苦边远地区人才支持工程

为促进艰苦边远地区加快发展，每年招录1100名高校毕业生和优秀退伍军人充实乡镇机关，招聘1万名高校毕业生充实基层学校、医院，扶持培养3000名艰苦边远地区急需紧缺人才，选派和招募1万名优秀教师、医生、科技人员、文化工作者、高校毕业生、青年志愿者到艰苦边远地区基层工作或提供服务。

（十二）对口援疆人才培养工程

充分利用援疆省市、中央和国家机关丰富的教育培训资源，加大各类人才的培养开发力度。实施选派干部赴内地挂职交流计划，分批选派5000名素质好、有培养前途和发展潜力的各级党政干部赴中央和国家机关、援疆省市挂职锻炼。实施新疆高层次人才培养计划，每年选派200名高层次创新型后备人才到中央和国家机关、援疆省市所属高等学校、研究机构攻读博士学位；每年选派1000名重点领域紧缺专门人才，到中央和国家机关、援疆省市所属高等学校、科研机构、卫生机构等单位深造或挂职学习。实施“普通高校毕业生赴援疆省市培养计划”，选派2.2万名未就业普通高校全日制本科毕业生赴内地进行针对性培训和就业见习。

六、保障措施

（一）组织保障

坚持党管人才原则，创新党管人才方式方法，完善党委统一领导，组织部门牵头抓总，有关部门各司其职、密切配合，社会力量广泛参与的人才工作格局。发挥党委领导核心作用，切实履行好管宏观、管政策、管协调、管服务的职责。建立党委、政府人才工作目标责任制，提高各级党政领导班子综合考核指标体系中人才工作专项考核的权重，强化党政主要负责人抓“第一资源”的责任。建立健全各级党委常委会听取人才工作专项报告制度，完善党委联系专家和重大决策咨询等制度。健全人才工作机构，完善人才工作运行机制。自治区党委人才工作领导小组负责《人才规划纲要》实施的统筹协调和宏观指导。党委组织部门做好《人才规划纲要》的协调、实施、评估和监督，实施人才工作的战略管理。人力资源管理部门和各职能部门认真履行职责，各人民团体、企事业单位、社会组织广泛参与，各用人单位切实发挥在人才培养、引进和使用中的主体作用，形成推进人才工作的整体合力。加强人才规划体系建设，研究制定具体实施方案，科学分解工作任务，制定重点人才工程实施办法，确保《人才规划纲要》的贯彻落实。

（二）机制保障

建立人才培养结构与经济社会发展需求相适应的动态调控机制，完善现代国民教育和终身教育体系，发挥教育对人才培养的基础性作用，构建人人能够成才、人人得到发展的人才培养开发机制；完善人才评价标准，对人才不求全责备，注重靠实践和贡献评价人才，改进人才评价方式，拓宽人才评价渠道，坚持在实践和群众中识别人才、发现人才；改革各类人才选拔使用方式，深化党政领导干部选拔任用制度改革，提高选人用人公信度，健全国有企业领导人员选拔制度，完善事业单位聘用制度和岗位管理制度，促进人岗相适、用当其时、人尽其才；推进人力资源市场建设，完善市场服务功能，畅通人才流动渠道，建立政府部门宏观调控、市场主体公平竞争、中介组织提供服务、人才自主择业的人才流动配置机制；完善各类人才薪酬制度，加强对收入分配的宏观管理，健全以政府奖励为导向、用人单位和社会力量奖励为主体的人才奖励体系，研究制定人才补充保险办法，支持用人单位为各类人才建立补充养老、医疗保险。

（三）基础保障

加强人才工作法制建设，推进人才管理工作科学化、制度化、规范化，形成有利于人才发展的法制环境。加强人才发展理论研究，积极探索人才资源开发规律，强化对《人才规划纲要》的指导。推进人才工作信息化建设，加强人才信息统计工作，建立健全各级各类人才库和科学统一的人才资源统计及紧缺人才发布制度。加强人才工作队伍建设，加大培训和实践锻炼力度，努力提高人才工作者的研究能力、创新能力、协调能力和执行能力，不断提升人才公共服务水平，促进人才更好发展。

（四）监督保障

建立规划实施情况的监测、评估、考核机制，切实加强《人才规划纲要》的监督检查，及时发现新情况，解决新问题，组织开展《人才规划纲要》执行情况的考核、评估、监督和检查工作，切实保障《人才规划纲要》的贯彻落实。各级党委、政府要编制本地区人才发展规划，并把人才规划纳入国民经济和社会发展总体规划，分阶段分步骤组织实施。各部门、各行业要结合事业发展需要，科学制定本部门、本行业的人才发展规划，促进人才队伍协调发展。

综合篇

中央及地方海外引才计划实施情况

中央引进海外高层次人才“千人计划”

计划简介

2008年12月，中共中央办公厅转发《中央人才工作协调小组关于实施海外高层次人才引进计划的意见》，启动实施海外高层次人才引进“千人计划”。该计划主要是围绕国家发展战略目标，从2008年开始，用5到10年，在国家重点创新项目、重点学科和重点实验室、中央企业和国有商业金融机构、以高新技术产业开发区为主的各类园区等，引进并有重点地支持一批能够突破关键技术、发展高新产业、带动新兴学科的战略科学家和领军人才回国（来华）创新创业。

组织领导

“千人计划”由海外高层次人才引进工作小组负责组织领导和统筹协调。工作小组由中央组织部、人力资源和社会保障部会同教育部、科技部、中国人民银行、国资委、中国科学院、中央统战部、外交部、发改委、工业和信息化部、公安部、财政部、侨办、中国工程院、自然科学基金委、外专局、共青团中央、中国科协等单位组成。

同时，在中央组织部人才工作局设立海外高层次人才引进工作专项办公室，作为工作小组的日常办事机构，负责“千人计划”的具体实施。

申报条件

引进的海外高层次人才一般应在海外取得博士学位，不超过55岁，引进后每年在京工作不少于6个月，并具备以下条件之一：

（一）在国外著名高校、科研院所担任相当于教授职务的专家学者；

（二）在国际知名企业和金融机构担任高级职务的专业技术人才和经营管理人才；

（三）拥有自主知识产权或掌握核心技术，具有海外自主创业经验，熟悉相关产业领域和国际规则的创业人才；

（四）国家急需紧缺的其他高层次创新创业人才。

申报程序

申报“千人计划”的一般程序包括：申报、评审、审批。

海外高层次人才一般应与国内高校、科研机构、企业、商业金融机构等用人单位达成明确的工作意向，或已在国内开办企业，由用人单位或企业所在开发园区申报千人计划。

（一）用人单位与海外高层次人才达成初步意向后，填写《人才引进申报书》，按程序报四个申报平台牵头组织单位；

（二）牵头组织单位组织专家对申报人选进行评审，提出建议报海外高层次人才引进工作专项办公室；

（三）专项办将人选提交千人计划顾问组审核后，报海外高层次人才引进工作小组审批。

申报平台

“千人计划”设立了四个平台，接受海外高层次人才申报，包括：

（一）国家重点创新项目平台

为《国家中长期科学和技术发展规划纲要（2006—2020年）》所确定的国家科技重大专项或863计划、973计划等引进的海外高层次人才，通过本平台申报。

申报本平台的海外高层次人才除应符合“千人计划”人选的基本要求外，还需具备下列条件之一：

1．在国家重点创新项目涉及的产业领域，能够解决关键技术和工艺的操作性难题，或拥有市场开发前景的自主创新产品；

2．在海外承担过与国家重点创新项目相关的重大项目，具有较强的产品开发能力。

本平台的申报评审工作，由科技部会同国家科技重大专项牵头组织单位实施。

（二）重点学科和重点实验室平台

为高等学校和科研机构引进的海外高层次人才，通过本平台申报。

申报本平台的海外高层次人才除应符合“千人计划”人选的基本要求外，还需具备下列条件：

1．具有世界一流的研究水平，近5年在重要核心刊物上发表具有重要影响的学术论文；

2．获得国际重要科技奖项、掌握重要实验技能或科学工程建设关键技术。

本平台的申报评审工作，分别由教育部、科技部牵头组织实施。

（三）企业和国有商业金融机构平台

为企业和国有商业金融机构引进的海外高层次人才，通过本平台申报。

申报本平台的海外高层次人才除应符合“千人计划”人选的基本要求外，还需具备下列条件之一：

1．拥有能够促进企业自主创新、技术产品升级的重大科研成果；

2．具有丰富的金融管理、资本运作经验，在业界有较大影响。

本平台的申报评审工作分别由国务院国资委、中国人民银行牵头组织实施。

（四）以高新技术产业开发区为主的各类园区平台

回国（来华）后创办、经营企业的海外高层次人才，通过本平台申报。

申报本平台的海外高层次人才除应符合“千人计划”人选基本条件第3条外，还需具备以下条件：

1．拥有的专利或技术成果国际先进，能够填补国内空白，具有市场潜力并进行产业化生产；

2．有海外创业经验或曾在国际知名企业担任中高层管理职位3年以上，熟悉相关领域和国际规则，有经营管理能力；

3．自有资金（含技术入股）或海外跟进的风险投资占创业投资的50％以上；

4．已创办企业1年以上，且其产品正处于中试阶段。

本平台的申报评审工作由人力资源和社会保障部、科技部牵头组织实施。

实施情况

截至2010年底，“千人计划”实施两年多来已分五批次引进海外高层次人才1143人。其中，创新人才880人，约占总人数的77%；创业人才263人，约占总人数的23%。创新人才方面，世界知名高校、科研机构、企业相当于教授职务的有851人，引进的正教授人数超过此前10年引进总和的10倍，其中还包括10位外国国家科学院、工程院的院士。创业人才方面，引进的人才在信息技术、新能源、新材料等领域开疆拓土，已成为我国战略性新兴产业的生力军。

“千人计划”大事记（截至2010年12月31日）

● 2008年12月23日，中共中央办公厅转发《中央人才工作协调小组关于实施海外高层次人才引进计划（即“千人计划”）的意见》，要求各地区各部门进一步解放思想，完善体制机制，健全政策措施，以更宽的眼界、更宽的思路和更宽的胸襟做好海外高层次人才引进工作，“千人计划”正式启动。

● 2008年12月底，中共中央组织部等多个部门联合印发《引进海外高层次人才暂行办法》、《关于为海外高层次人才提供相应工作条件的若干规定》和《关于海外高层次引进人才享受特定生活待遇的若干规定》，明确了“千人计划”实施的基本原则、工作体制、引才标准与程序，以及条件保障与日常服务等方面。

● 2009年1月7日，中组部负责人就《中央人才工作协调小组关于实施海外高层次人才引进计划的意见》答记者问，对中央出台该意见的考虑和意义，近年来各地各部门引进海外人才工作的基本情况，该意见提出实施海外高层次人才引进计划的基本内容，该意见在如何用好人才方面的政策措施，解决海外高层次人才回来后遇到子女入学、住房、医疗等方面问题的具体举措，海外留学人才参与海外高层次人才引进计划的途径等方面进行了详尽解答。

● 2009年3月16日至18日，“国家千人计划”入选专家专题培训班在中央党校举办。中共中央政治局委员、中央书记处书记、中组部部长李源潮与学员座谈，勉励他们尽快融入祖国、融入事业、融入集体、融入社会，争做国家科技创新的领军人才、科技创业的名企业家、创说立论的科研带头人、识才育才的教育名师，在中华民族复兴的创业史上留下自己的贡献。

● 2009年4月，中组部公布首批全国“千人计划”引进名单，有122名海外高层次创新创业人才入选。

● 2009年4月7日，吸引海外高层次人才工作座谈会在上海召开。中共中央政治局委员、书记处书记、中组部部长李源潮在会上指出，推进吸引海外高层次人才“千人计划”，力度要加大、速度要加快、范围要放宽。

● 2009年6月5日，中央企业引进海外高层次人才工作会议在北京召开。中共中央政治局委员、中央书记处书记、中组部部长李源潮指出，要把实施“千人计划”、引进海外高层次人才，作为提升企业核心竞争力的紧迫战略任务来抓，围绕国家科技重大专项等国家重点创新项目，更好更快地引进海外高层次人才。

● 2009年6月15日，教育部召开贯彻落实《中央人才工作协调小组关于实施海外高层次人才引进计划的意见》、实施“千人计划”视频会议，对高等学校加快实施“千人计划”进行了动员部署。中组部副部长、中央人才工作协调小组副组长李智勇，时任教育部部长周济出席会议并讲话。

● 2009年7月12日，欧美同学会建言献策委员会举办“千人计划”建言献策座谈会。欧美同学会会长、全国人大副委员长韩启德，全国政协副主席、九三学社中央副主席王志珍和中组部、国资委、统战部、人社部等有关各部门单位领导，及专家学者、“千人计划”引进者代表等参加了会议，就“千人计划”的实施进行了交流和讨论。

● 2009年7月22日，中组部和科技部召开依托国家科技重大专项引进海外高层次人才工作会议。中共中央政治局委员、中央书记处书记、中组部部长李源潮指出，要抓住当前有利时机，加大力度、加快进度、加紧实施引进海外高层次人才“千人计划”，把引进海外高层次人才摆上突出位置。

● 2009年7月24日，人力资源和社会保障部对外公布2009年二季度人力资源和社会保障工作进展情况，并提出下一步工作部署中重点之一是加强吸引留学人才回国服务工作，配合中组部实施“千人计划”，做好海外高层次人才引进工作。同时，实施“创业支持计划”，支持留学人员回国创业。

● 2009年9月，中组部公布全国第二批批“千人计划”引进名单，有204名海外高层次创新创业人才入选。

● 2009年10月22日，中央人才工作协调小组在第十届中国海外学子辽宁（大连）创业周上举办海外高层次人才创新创业基地发展论坛。中共中央组织部副部长、中央人才工作协调小组副组长李智勇在讲话中指出，要借助人才基地建设，推进“千人计划”实施。

● 2010年3月，中组部公布全国第三批“千人计划”引进人才名单，有366名海外高层次创新创业人才入选。

● 2010年6月，中组部公布全国第四批“千人计划”引进人才名单，有163名海外高层次创新创业人才入选。

● 2010年6月6日，我国第一个中长期人才发展规划——《国家中长期人才发展纲要（2010—2020年）》正式颁布。《纲要》中明确了“千人计划”的实施，提出中国将实施更加开放的人才政策，大力吸引海外高层次人才回国（来华）创新创业，并制定完善一系列相关政策措施。

● 2010年6月29日，在2010中国海外学子创业周开幕式上，“千人计划”网站（www.1000plan.org）正式开通。该网站是应广大海外高层次人才要求，在中共中央组织部海外高层次人才引进工作专项办公室的指导下建立的最权威的针对海外高层次人才回国来华工作网站。千人计划网为广大海外高层次人才回国创新创业和人才引进工作提供各类信息，便于他们了解国内人才引进的状况，同时也为全国各地、各部门做好海外高层次人才引进工作 搭建了一个统一的展示、查询、宣传和交流平台。

● 2010年6月29日，由中央海外高层次人才引进工作专项办公室主办的“千人计划”创业论坛在2010中国海外学子创业周上举行。主办方邀请入选“千人计划”的海外高层次人才，围绕新能源、生物医药和信息技术发展等主题进行互动交流。

● 2010年6月30日，海外高层次人才创新创业基地发展论坛在2010中国海外学子创业周上举行。本次论坛由中央海外高层次人才引进工作专项办公室主办，邀请了来自16个省市的创业基地代表，以“创业基地与人才特区建设”为主题，共同探讨面向海外高层次人才打造“人才特区”的课题。

● 2010年7月28日，受党中央、国务院邀请，70位国家引进海外高层次人才“千人计划”入选专家到北戴河休假。中共中央政治局常委、中央书记处书记、国家副主席习近平，中共中央政治局委员、国务委员刘延东，中共中央政治局委员、中央书记处书记、中组部部长李源潮，前往北戴河看望。2001年以来，中央已邀请9批605名专家携家属到北戴河休假。

● 2010年12月，第六批“千人计划”启动申报，项目由原来的一项扩展成为四项，包括创新人才长期项目、创业人才项目、“青年千人计划”项目和创新人才短期项目。其中，青年千人计划”和短期项目鼓励高校、科研机构将引进人才作为院士、“千人计划”入选者等学术带头人领衔的科技创新团队成员进行申报，引进人才年轻化可兼职，以吸引更多的青年海归和短期回国创新人才。

海外高层次人才创新基地名录

为推动海外高层次人才引进计划顺利实施，加大海外高层次人才引进力度，集中引进一批优秀海外高层次人才和团队，加速重点领域科技突破和促进高新技术产业发展，促进科研管理体制和人才工作机制创新，为海外高层次人才创新创业提供更为优越的环境和条件，2008年，中央人才工作协调小组决定建设“海外高层次人才创新创业基地”。目前，已建成112家。

企业

中国移动通信研究院
东风汽车公司技术中心
中国核工业集团公司
国家电网公司
中国长江三峡集团公司
中国第一重型机械集团公司
武汉钢铁（集团）公司
中国建筑材料集团公司
青岛海尔集团公司
中国石油化工集团公司
中国南方电网有限责任公司
中国化工集团公司
中国航天科技集团公司
中国第一汽车集团公司
中国兵器工业集团公司
中国神华集团有限责任公司
国家核电技术有限公司核电技术研发中心
中国石油天然气集团公司
中国华能集团公司
中国电信集团公司
鞍山钢铁集团公司
中国铝业公司
深圳华为技术有限公司
奇瑞汽车股份有限公司
中投公司
中国联合网络通信集团有限公司
中国华电集团公司
中国航空工业集团公司
中国大唐集团公司
无锡尚德太阳能电力有限公司
北京低碳清洁能源研究所
中国商用飞机有限责任公司
中国海洋石油总公司
中国国电集团公司
中国电子信息产业集团公司
宝钢集团公司
中粮集团有限公司
中兴通讯股份有限公司
中国钢研科技集团公司
中国中化集团公司
国家开发投资公司
广州汽车集团股份有限公司
中国东方电气集团公司
中国兵器装备集团公司
新奥科技发展有限公司

高校

华中科技大学武汉光电国家实验室
北京大学北京分子科学国家实验室
浙江大学
哈尔滨工业大学
苏州大学
吉林大学
中国科技大学合肥微尺度物质科学国家实验室
上海交通大学船舶与海洋工程国家实验室
南京大学
中山大学
四川大学
北京航空航天大学
清华大学工程科学与技术研究中心
复旦大学
西安交通大学
厦门大学
上海财经大学

科研院所

北京生命科学研究所
中国农业科学院
中国医学科学院（北京协和医学院）
中国科学院深圳先进技术研究院
中国气象科学研究院宁夏林业研究所
中科院物理研究所
中科院金属研究所沈阳材料科学国家实验室
中国科学院大连化学物理研究所
中国科学院地质与地球物理研究所
合肥公共安全技术研究院
中科院上海生命科学研究院
天津国际生物医药联合研究院
中国林业科学研究院
中国科学院生物物理所

园区及其他

中关村科技园区
武汉东湖新技术开发区
深圳高新技术产业园区
杭州高新技术产业开发区
大连高新技术产业园区
广州经济技术开发区
重庆北部新区
海漕河泾新兴技术开发区
昆山高新技术产业开发区
哈尔滨高新技术产业开发区
长沙国家高新技术产业开发区
浙江海外高层次人才创新园
西安高新技术产业开发区
无锡高新技术产业开发区
天津滨海高新技术产业开发区
杨凌农业高新技术产业示范区
郑州高新技术产业园区
厦门火炬高技术产业开发区
深圳市前海深港现代服务业合作区
宁波国家高新技术产业开发区
江宁经济技术开发区
广州天河科技园、软件园
北京经济技术开发区
天津经济技术开发区
上海张江高科技园区
成都高新技术产业开发区
苏州工业园区
上海紫竹科学园区
上海杨浦知识创新基地
上海国际汽车城
上海陆家嘴金融贸易区
南昌国家高新技术产业开发区
济南高新技术产业开发区
常州科教城
包头国家稀土高新技术产业开发区
泰州医药高新技术产业开发区

“千人计划”服务窗口

人力资源社会保障部留学人员和专家服务中心服务窗口
地址：北京市海淀区学院路30号博士后公寓办公楼308室
邮编：100083
电话：86-10-82388262，62322968，62330841
传真：86-10-62321842
邮箱：lxck@mohrss.gov.cn
网址：www.chinatalents.gov.cn

北京海外学人中心
地址：北京市海淀区中关村海淀北二街10号泰鹏大厦二层
邮编：100080
电话：86-10-82484512，82484527
传真：86-10-82484513
邮箱：fuwu@8610hr.cn
网址：www.8610hr.cn

天津市外国专家局
地址：天津市和平区解放北路167号
邮编：300040
电话：86-22-23325724
传真：86-22-23124051
邮箱：gaoshouzhen@126.com
网站：tianjin.caiep.org

河北省专家与留学人员服务中心
地址：河北省石家庄市新华区合作路81号
邮编：050051
电话：86-311-87800261
传真：86-311-87909257
邮箱：heblxry@163.com

山西省委组织部人才办
地址：山西太原迎泽大街369号
邮编：030071
电话：86-351-4019948，4019578，4019675，4045801
传真：86-351-4045801
邮箱：sxswrcb@163.com
网址：www.sx-talents.gov.cn

山西省人社厅海外人才服务中心
地址：山西太原迎泽西大街80号希望大厦七层
邮编：030024
电话：86-351-6062588，6178839，6177877
传真：86-351-6177978
邮箱：yuedingan@163.com
网址：sotsc.caiep.org

内蒙古自治区专家服务中心
地址：呼和浩特市新华大街63号6号楼711室
邮编：010055
电话：86-471-6261805，6945448
传真：86-471-6261805
邮箱：wulijimenghe@yahoo.com.cn

辽宁省委组织部人才工作处
地址：沈阳市和平南大街45号辽宁省委组织部
邮编：110006
电话：86-24-23128933，23128870
传真：024-23128987
邮箱：dongyuliang@sohu.com

吉林省人才工作领导小组办公室
地址：长春市人民大街1551A号
邮编：130051
电话：86-431-88906130
传真：86-431-88906136
邮箱：jlyjrc@163.com
网站：www.jlrc.cn

黑龙江省人力资源和社会保障厅引智项目管理处
地址：哈尔滨市南岗区长江路130号乐业大厦702房间
邮编：150001
电话：86-451-86792902
传真：86-451-82632804
邮箱：hlscyang@yahoo.com.cn

上海海外人才服务中心
地址：上海市闸北区梅园路77号上海人才大厦4楼
邮编：200070
电话：86-21-32508010
传真：86-21-32508101
邮箱：shfwck@sotsc.com
网址：www.hwrcw.com

江苏省留学人员创业服务中心
地址：南京市中山北路49号机械大厦17楼
邮编：210008
电话：86-25-83236168
传真：86-25-83236168
邮箱：zhangf098@sohu.com
网址：www.jslxrycy.com.cn

浙江省海外高层次人才引进服务中心窗口
地址：杭州市莫干山路73号金汇大厦1115房间
邮编：310005
电话：86-571-88394838，88394818
传真：86-571-88394838
邮箱：chl@zjlx.gov.cn

安徽省人力资源和社会保障厅专家服务中心
地址：安徽省合肥市花园街4号安徽科技大厦5楼D座
邮编：230001
电话：86-551-2633393、2639175
传真：86-551-2614559
电子邮箱：zjzx@ah.hrss.gov.cn
网站：www.ah.hrss.gov.cn

福建省引进人才服务中心（福建省留学回国人员工作站）
地址：福建省福州市鼓楼区江厝路70号
省公务员局培训中心博士后公寓301室
电话：86-591-87679659，88520071
传真：86-591-88520059
邮箱：gzz@fjrs.gov.cn
网站：www.fjrs.gov.cn/xxgk/cszy/slxhgrygzz

江西省留学人员服务中心
地址：江西省南昌市省府北一路10号
邮编：330046
电话：86-791-6273399
传真：86-791-6273399
邮箱：jiangshup@163.com

山东省留学人员和专家服务中心
地址：济南市燕子山路2号531室
邮编：250014
电话：86-531-88597979
传真：86-531-88597986
邮箱：shandongok@gmail.com
网站：www.sdlx.sdrs.gov.cn

河南省委组织部人才工作处
地址：郑州市金水路18号
邮编：450003
电话：86-371-65902779
传真：86-371-65902779
邮箱：yurencaichu@126.com

湖北省引进海外高层次人才服务窗口（湖北省人才中心）
地址：武汉市武昌区中南路14号发展大厦五楼
省人才中心专家服务处
邮编：430071
电话：86-27-87257932
传真：86-27-87257902，87257917
邮箱：xy9176@qq.com

湖南省人事厅专业技术人员管理处
地址：长沙市韶山路1号省委大院三办公楼336房
邮编：410011
电话：86-731-82217017
传真：86-731-82216512
邮箱：zz820714@126.com

广东省高层次人才服务专区
地址：广州市天河路13号润粤大厦三楼
邮编：510075
电话：86-20-37603176
传真：86-20-37603193
邮箱：gccrcfw@gdrc.com
网站：www.gccrc.cn

海南省人力资源和社会保障厅专业技术人员管理处
地址：海南省海口市国兴大道9号省政府大楼361房
邮编：570203
电话：86-898-65200849
传真：86-898-65200850
邮箱：zhangyun949@126.com

重庆市海外高层次人才引进工作专项办公室
地址：重庆市渝中区人民路252号市级机关
综合办公大楼2001室
邮编：400015
电话：86-23-63897545
传真：86-23-63895979
电子邮箱：cqycbgs@163.com
网站：www.cqdj.cn

四川省专家和留学人员服务中心
地址：四川省成都市东二巷号省人事厅六楼
邮编：610015
电话：86-28-86741860
传真：86-28-86613352
邮箱：sclxfwzx@163.com
网站：www.scrc.gov.cn/zjfwzx

云南省人才工作领导小组办公室
地址：昆明市广福路8号省委办公楼1-547
邮编：650228
电话：86-871-3991619
传真：86-871-3991651
邮箱：ynrcgz@163.com

陕西省 “千人计划”一站式服务窗口
地址：陕西省西安市西二路万景商务中心1105房间
邮编：710004
电话：86-29-87543436
传真：86-29-87543436
电子邮箱：zhaojun71316@163.com

甘肃省人力资源和社会保障厅博士后和留学回国人员工作处
地址：兰州市城关区皋兰路78号兴业大厦
邮编：730000
电话：86-931-8960774
传真：86-931-8826150
邮箱：gsbshc@126.com
网站：www.rst.gansu.gov.cn

地方海外高层次人才引进计划

北京市

北京海外人才聚集工程

2009年4月，中共北京市委办公厅印发《关于实施北京海外人才聚集工程的意见》的通知，启动实施北京海外人才聚集工程（简称“海聚工程”）。“海聚工程”作为北京市聚揽海外高层次人才、打造人才之都的重要措施，从2009年开始实施，将用5至10年时间，在市级重点创新项目、重点学科和重点实验室、市属高等院校、科研院所、医院、国有企业和商业金融机构及中关村科技园区、北京经济技术开发区等高新技术产业开发区，聚集10个由战略科学家领衔的研发团队；聚集50个左右由科技领军人才领衔的高科技创业团队；引进并有重点地支持200名左右海外高层次人才来京创新创业。引进的海外高层次人才需在海外取得博士学位，不超过55岁，引进后每年在京工作不少于6个月，并同时具备其他条件。高层次海归人才可自荐、互荐，或通过驻外使领馆、华人华侨社团、留学生组织、各类园区（包括科技企业孵化器、留学人员创业园、大学科技园和工业园等）等，向北京海外学人中心申报。通过评审的人才，北京市政府将给予一次性奖励100万元人民币资助以及其他扶持政策。

截至2010年底，北京市“海聚工程”已分三批次引进海外高端人才129人。入选的高端人才大都毕业于国外知名院校，拥有自主知识产权，具有很强的科技创新水平。一批掌握新兴行业领域领先技术的高端人才正源源不断被招揽吸纳，这些在关键产业领域掌握核心技术的领军人物，对于促进首都经济结构调整，转变经济增长方式起着至关重要的作用，为首都经济发展做出了积极贡献。

天津市

天津市“千人计划”

2009年12月，天津市委、市政府印发了《天津市实施海外高层次人才引进计划的意见》和《天津市引进创新创业领军人才暂行办法》，启动实施天津市“千人计划”。从2009年起，天津市将用5至10年的时间，在全市重点创新项目、重点学科和重点实验室、企业和商业金融机构、以高新技术产业开发和成果转化为主的各类园区等领域，引进并重点支持1000名左右能够突破关键技术、发展高新技术产业、带动新兴学科和新兴产业的国际一流科学家和科技创新创业领军人才，以及金融、文化、教育、社会工作、社会科学等领域业绩突出、知名度高的人才，并提供相应资金支持政策，包括对海外高层次创新人才资助每人人民币100万元、引进创业人才资助每人人民币300万元等。

截至2010年底，天津市“千人计划”首批引进37名海外高层次人才，并颁发了“天津市特聘专家”证书，其中包括31名创新人才和6名创业人才。

河北省

河北省“百人计划”

2009年11月，根据河北省委办公厅、省政府办公厅印发的《关于实施海外高层次人才引进计划的意见》，河北省计划从2010年起用5—10年时间，支持和引进 100名左右能够突破关键技术、带动新兴产业、发展高新技术的海外高层次人才，同时对引进人才实行“省级特聘专家”制度（简称“百人计划”）。在引进人才的配偶安置、子女就学、解决住房、社会保障等方面，给予最大的便利和支持。

截至2010年底，河北省“百人计划”通过公开申报、部门审核、专家评审等规定程序，首批入选8人，并颁发了“河北省省级特聘专家证书”，每人给予100万元的资助经费。

山西省

山西省“百人计划”

2009年，山西省委出台了《海外高层次人才引进计划实施意见》，相关厅局配套制定了《山西省引进海外高层次人才办法》，启动实施山西省“百人计划”。从2009年开始，将用5年至10年时间，在国家和省重点创新项目、重点学科和重点实验室、省属企业和商业金融机构、以高新技术开发区为主的各类创新创业基地等，引进并有重点地支持100名左右的高层次人才回山西创新创业，并建设10个左右海外高层次人才创新创业基地。其中重点引进两类人才：一类是推动山西产业结构调整和促进发展转型的产业人才；另一类是拥有自主知识产权或掌握核心技术、对山西省实现科技创新特别是生产一线的技术突破发挥重要作用的科技型创新创业人才。这些引进对象，必须是相关重点领域和行业的领军人物。同时，山西省委批准省财政设立“山西省引进海外高层次人才专项资金”，每年拨付5000万元，各用人单位再配套5000万元，用于改善引进人才的工作和生活条件，对纳入“百人计划”的引进人才，给予每人100万元的资助。

截至2010年底，山西省“百人计划”已先后三批引进海外高层次人才57名。其中，7名海外人才入选了中央“千人计划”，对提升山西省学科整体水平、推动产业发展、促进对外交流发挥了重要作用。

内蒙古自治区

内蒙古自治区“草原英才”工程

2010年，内蒙古自治区开始实施“草原英才”工程。该工程由自治区党委组织部组织实施，将紧紧围绕自治区科学发展大局，特别是优势特色产业发展的总体布局和趋势，根据自治区各重点产业、重点行业、重大项目产业升级、科技创新、学科建设、技术开发、自主创业的迫切需求，用5年左右时间有计划、有重点、有针对性地引进一批海内外高层次领军人才和创业团队。同时，通过“以引进带培养，以培养促引进”的方式，加大高层次人才培养力度，全面提升自治区高层次人才队伍的自主创新能力。这一工程将通过“高校重点学科人才引进和培养工程”等10个子项目，加强各类人才创新创业基地和平台建设，建成一批自治区级高层次创新创业基地和高校创业团队，打造以呼和浩特、包头、鄂尔多斯“金三角”为中心区域的“草原硅谷”。其总目标是要通过规划，实现人才素质、结构、布局、使用效能进一步优化，从而使内蒙古人才竞争力进入西部较强省区市行列。

截至2010年第三季度末，按照内蒙古自治区“草原英才”工程的总体部署，自治区科技领军、创新、创业三个子工程在积极地落实当中。按目标引进的5名领军人才、6名创新人才、10名创业人才已落实；培养的75名各类高层次人才中的第一批30名已安排了专项经费。这批人才分布在转基因生物技术、细胞工程、纳米材料、新能源、生物制药、先进制造技术等自治区急需专业技术领域与研究方向上。2010年，内蒙古自治区用于人才的经费占资金总额达到10%，自治区科技计划安排用于引进人才的项目经费达2300万元，用于培养人才的项目经费达2900万元。

辽宁省

辽宁省“十百千高端人才引进工程”

2008年，辽宁省委、省政府出台《关于辽宁省实施“十百千高端人才引进工程”的意见》。重点围绕辽宁优先发展的重点产业，从海内外引进数十名能够引领重点支柱产业发展的顶尖科技人才；引进数百名在国际科学技术前沿取得重大突破，能够带领国际水准研发团队的科技领军人才；引进数千名拥有自主知识产权、具有较强自主创新能力的学术、技术带头人和熟悉国际惯例、具有较强国际运作能力的高级经营管理人才。同时，瞄准国内外产业和技术发展方向，实施海创工程、凤来雁归工程和辽西北引智工程，重点引进新能源、新材料、节能环保等战略性新兴产业急需的创新型科技人才，并通过实施引进海外研发团队和收购国外科技型企业“双百工程”，结合国家和省级重大专项，吸引优秀人才领衔科技攻关，推进生物制药、数字技术、光伏产业等色产业基地建设。

截至2010年底，辽宁省高层次人才队伍建设取得显著成效，全省现有享受国务院特殊津贴专家7846人、百千万人才工程国家级百千层次人选84人、专业技术人才250 万人、高技能人才80万人、农村实用人才31万人，引进海内外高层次人才500人。人才对经济社会发展的支撑和引领作用越来越明显，通过实施引进海外研发团队工程，结项的53个项目产业化预计年销售收入超过600亿元。

沈阳市“凤来雁归”引才工程

自2007年起，沈阳市开始实施“凤来雁归”引才工程。一方面以优惠政策引才，在资金方面给人才提供各项便利。沈阳市财政每年安排3000万元人才资源开发专项资金，对本土培养及人事关系调入沈阳或签订5年以上聘用合同的两院院士，给予500万—1000万元项目资金支持；同时，运用安家补助费、科研、生活补贴等手段，积极留才。另一方面，积极搭建揽才平台，借助与网站合作、举办境外人才招聘会、建立海外人才工作站、组团参加“海创周”等多种渠道，延揽创新人才，拓展引智空间，人才引进工作模式不断得以创新。

截至2010年底，沈阳市通过“凤来雁归”工程已成功引进博士（博士后）6200人次、海外研发团队350余个、海外创新人才万余人次；建立 43家院士工作站，先后有168位院士进站工作；建立海外学子创业园及科技孵化器66个，进园高新技术企业158家，在孵海外学子创办企业近40家，中心城市吸引各类创新人才的“洼地效应”进一步凸显。

大连市“海创工程”

2008年9月，大连市出台了《大连市关于实施海外学子尖端人才归国创业工程的意见》，全面实施以“3231”为主要框架内容的“海创工程”。目标是通过5年努力，吸引50位海外学子尖端人才来大连兴办高新技术企业，从而优化全市产业结构，转变经济发展方式，增强城市核心竞争力。获得“海创工程”创业扶持资金立项的项目，最高可得到200万元创业扶持资金、200万元的创业投资、200万元的资金担保或贷款贴息，对项目承担企业可获得连续三年免租金提供100平方米的办公场地，海外学子尖端人才连续三年免租金提供100平方米的生活公寓，优惠价格租用1000平方米的生产厂房等政策扶持。

截至2010年底，有8个项目入选首批“海创工程”。这些项目都都与大连市重点发展的新兴产业紧密相关，其中3个属于电子信息技术项目，与大连市多年来重点发展电子信息产业息息相关；两项新能源及节能技术入选，体现了大连市大力发展绿色产业、低碳经济的强烈意愿；高科技改造传统产业项目入选，则体现出振兴东北老工业基地的目的。

吉林省

吉林省“高层次创新创业人才引进计划”

2009年，以吉林省长春市、吉林市和图们江地区为核心的“长吉图开发开放先导区”获得国家批准，使这一地区有望成为东北乃至中国新的经济增长极和对外开放平台，吉林省面临着难得的发展机遇，其对高层次人才的需求也变得十分迫切。吉林省随后全面启动了“高层次创新创业人才引进计划”，面向四方面实施重点引才。一是重大战略、重大决策实施、重大项目建设所需的高层次人才；二是汽车、石化、农产品加工、电子信息、医药、新材料等产业从事研发、管理的高层次人才；三是重大科技成果转化和重大科技攻关项目开发所需的高层次人才；四是地方经济社会发展所需的高层次人才。同时为高层次人才来吉林创新创业给予资金资助、政策扶持和生活服务等多方面支持。

截至2010年底，吉林省已引进高层次创新创业人才52名，其中9人入选中央“千人计划”。同时，通过开展“海外会长吉林行”、海外华侨华人专业人士对接会等活动，启动引进高层次人才信息交流平台，聘请28位海外人才为“吉林省推进人才兴业战略咨询专家”。

长春市“百人计划”

2010年，为了进一步引进海外人才智力，加速推进产业升级转型，长春市实施了海外人才引进“百人工程”，准备用5年左右的时间，引进约200名海外高层次人才来长春创新创业。长春市“百人工程”将根据长春产业发展需求和人才的不同特点，依托国家重点创新项目、龙头企业重点研发项目、重点学科和重点实验室、高新技术开发区等平台条件，为引进人才提供创新创业平台。目前长春市启动了“人才改革管理综合试验区”课题研究工作，选择部分产业特征明显、人才基础较好、产业集聚度较高的产业园区建立“人才特区”，在科技评估、创业政策、资本市场建设等方面进行政策突破，建立与国际接轨的科研和管理机制。同时，市委组织部作为人才工作牵头抓总部门，正在会同有关部门，建立网上交流服务平台和日常沟通协调机制，加强与海外人才的联系，推动海外人才与长春市的企事业单位开展人才培养、技术攻关和成果转化等工作。

截至2010年底，长春市全市已吸引了来自美国、日本、英国等23个国家和地区的242位海外优秀人才，领办创办高科技企业184家，为全市经济发展注入了活力。同时，在创造平台、扶持创业、服务人才等方面，进行了一系列积极的探索和有益的尝试，建设了创新创业平台，规划建设了创意与软件产业园和长东北科技创新中心，联合中科院长春分院、吉林大学等建设了知识产权等公共服务平台，加大海外人才创业扶持力度。并规划建设了占地9万平方米的吉林高新创业孵化产业园，助推留学人员企业集群化发展。此外，建立了“集成光电子”、“生物医药”等五个专业技术服务平台，有56个海外项目在平台上与企业对接合作，联合开发出拥有自主知识产权的新产品530多种。长春市还成立了中国留学人员之家和创业服务团队，为留学人员归国创业提供27项专业化服务。

上海市

上海“千人计划”

2010年，上海启动实施本市“千人计划”，力争用5至10年时间，围绕国家重大战略和上海重点发展战略目标的人才需求，引进一批紧缺急需的海外高层次人才，在符合条件的企业、高校、科研院所、园区，建立20至30个市级海外高层次人才创新创业基地，此外，本市及用人单位还为引进人才一次性提供100万元的生活资助。“上海千人计划”引进对象主要有三类：一是依托重大专项、重点创新项目、重点学科和重点实验室、工程（技术）研究中心、工程实验室和创新创业基地等，重点引进并支持一批有重大发明创造或重大技术创新，能够突破关键技术、培育战略性新兴产业、发展高新技术产业、带动新兴学科发展的创新创业人才。二是聚焦高新技术产业化九大领域，重点引进和支持一批掌握核心技术，擅长知识产权战略谋划和知识产权运作，能够提高自主创新能力、形成自主知识产权、实现知识产权价值最大化的海外高层次创新人才、科技创业领军人才和创新团队。三是围绕加快“四个中心”和现代化国际大都市建设的需要，重点引进和支持一批国际金融、航运、贸易、经济领域高端人才以及有一定国际知名度的文化艺术大师和创意人才。

为了营造良好人才发展环境，真正做到引进人才、留住人才、用好人才，“上海千人计划”围绕居留和出入境、落户、社会保险、住房、通关、医疗保障、子女入学、配偶安置等方面，为人才提供更加完善的特定生活待遇；围绕资助、税收、薪酬等方面，构建更加灵活的激励机制；对符合“上海千人计划”引进人才标准条件的先期回国（来华）海外高层次人才以及在沪其他高层次人才，经过相应程序，一并纳入“上海千人计划”，授予“上海特聘专家”称号。“上海千人计划”也同样适用于本土人才，对符合“上海千人计划”引进人才标准条件的先期回沪海外高层次人才以及在沪其他高层次人才，经用人单位申请、主管部门推荐、有关认定评估等程序，纳入“上海千人计划”，授予“上海特聘专家”称号。

为统筹协调“上海千人计划”的实施，上海市专门成立了上海海外高层次人才引进工作小组，并在市委组织部设立上海市引进海外高层次人才工作专项办公室，作为工作小组的日常办事机构，具体负责海外高层次人才的引进工作。目前，上海已经开通了“千人计划”网站，开设网上沙龙、网络服务专窗，搭建网上互动交流平台。

上海“海外人才集聚工程”

2003年8月，上海推出了“万名海外留学人才集聚工程”，计划用3年的时间，集聚1万名海外留学人才。2005年11月底，集聚工程提前9个月超额完成工作目标，集聚了10203名海外留学人员。2005年12月1日始，上海市又实施了第二轮“万名海外人才集聚工程”，计划用2年的时间再集聚1万名高层次外国专家、留学人才和港澳台专才，至2007年2月底，共集聚了海外高层次人才10324名，又提前9个月超额完成了集聚1万名的目标。在2003年8月31日至2007年2月28日的三年半的时间里，两轮集聚工程成功引进了21944名海外人才，其中留学人员15420名、外国专家4791名、港澳台专才1733名。

在前两轮万名海外人才集聚工程的基础上，2007年3月1日，新一轮“海外高层次人才集聚工程”启动，重点是根据“十一五”上海产业结构优化升级的目标，加大引进电子信息、生物医药、新材料、新能源、航天航空、装备制造、金融、航运、会展、创意产业以及文化艺术等领域高层次海外人才的工作力度，帮助解决关键技术难点，提高城市自主创新能力。上海开始实现人才集聚从“量”向“质”的转变。在集聚工程的推动下，上海海外人才总量大幅增加，人才结构进一步优化，有力推动了国际人才高地的建设。

上海“浦江人才计划”

2007年，针对海外留学人员来沪工作创业初期启动资金短缺的瓶颈问题，上海市进一步加大政府扶持力度，设立了“浦江人才计划”，每年出资4000万人民币，按照“雪中送炭”的思路，向近期回国的留学人员提供工作创业启动资金支持。根据实际情况，来沪工作创业的留学人员按照创业项目类别可以获得5至50万元的资助。

截至2010年底，“浦江人才计划”已经吸引了2199名高层次留学人员申报，其中获得博士学位的高达96.5%，他们主要来自美国、日本、英国、德国、加拿大等发达国家和地区，具有多年相关领域的专业经验，专业涉及生命科学、工程与材料、信息科技、金融、经济、管理、法学、文化艺术、历史等诸多领域。经过层层遴选，共有849人（含团队）成功获得资助，资助金额达1.65亿元。这些优秀海外留学人才加盟，已经初步形成了协同放大的效应，积极推进了上海经济社会的综合协调发展。据不完全统计，获得浦江人才计划资助的留学人员承担了国家和本市等各类重大、重点项目230余项，其中国家863项目23项，他们中间有973项目首席科学家2人，有11人获得了国家杰出青年科学基金支持，有29人入选百人计划，长江学者奖励计划特聘教授4人。在浦江人才计划的资助下，留学回国人员实现“软着陆”，很快与国外领先的科研开发工作衔接，并进一步获得了国家和上海市其他部门的资助，有力地推动了上海的科技创新工作。

江苏省

江苏省高层次创新创业人才引进计划

2007年以来，江苏省财政每年拿出2亿元（2010年增至4亿元）专项资金，组织实施“江苏省高层次创新创业人才引进计划”，围绕本省优先发展的重点产业，每年面向海内外引进200名左右高层次创新创业人才或团队，一次性给予每人100万元的资金支持，着力打造一批竞争优势明显的高新技术产品群和企业群。

截至2010年底，通过团队引进、核心人才带动引进、高新技术项目开发引进等方式，“江苏省高层次创新创业人才引进计划”共资助引进916名高层次人才。在省“双创计划”的带动下，全省13个省辖市全部出台引才计划，形成了全方位多层次、上下联动竞相引才的生动局面。省市县三级共资助引进创新创业领军人才5350名，均获得30万元以上资助，有124人入选中央“千人计划”， 其中创业类63人，占全国的23.8%，列全国第一位。仅2010年，全省就重点资助引进了8个创新团队和359名高层次创新创业人才，并资助395名博士到企业创新创业，选聘“江苏特聘教授”20人，有力推动了江苏经济转型升级。

南京市“紫金人才计划”

自2010年起，南京市开始组织实施“紫金人才计划”。“紫金人才计划”紧紧围绕南京转型发展、创新发展、跨越发展需要，紧贴产业发展规划和重大产业项目，大力引进海内外高层次创新创业人才，充分释放区域科教人才优势，3年投入10亿元，重点资助10名顶尖人才（团队）、100名领军人才（团队）、1000 名急需紧缺人才（团队），实现以高端人才推动产业转型升级、引领经济社会发展。“紫金人才计划”将给予顶尖人才最高1000万元资金资助，其中创新创业启动支持资金300至500万元，提供不少于300平米的办公用房和不少于100平米的公寓住房，3年免租金；给予领军人才最高500万元资金资助，其中创新创业启动支持资金100-200万元，提供不少于200平米的办公用房和不少于 90平米的公寓住房，3年免租金；给予急需紧缺人才最高200万元资金资助，其中创新创业启动支持资金50至100万元，提供人才公寓，3年免租金。在此基础上，所有“紫金人才计划”入选者，将被授予“南京特聘专家”称号，享受投融资、子女入园入学、医疗保障、培养选拔、科技资源共享等多项优惠政策。

截至2010年底，《关于实施“紫金人才计划”的意见》及其配套实施办法，正在面向社会公开征求意见，计划在全市人才工作会议后正式推出。

无锡市“530”计划

2006年5月，意识到海归人才在科技创业中的特殊爆发力，同时为放大“尚德”效应，无锡市率先在全国推出了5年引进30名领军型归国创业人才的“530”计划，并在当年5月于北美举行了首次“530”计划推介会，引才入锡。而“530”计划产生的爆发力却让人大为惊叹。

该计划实施4年来，无锡市引进的“530”项目呈几何级数增长。截至2010年底，无锡市累计注册落户的“530”计划项目已达1287个，注册资本总额超过41亿元，集聚各类人才超过11000人。“530”企业的产业化成效日益明显，已有439家“530”企业顺利实现销售，148家企业销售收入过百万元，39家企业销售收入突破1000万元，“530”企业销售总额达29.5亿元，缴纳税收超过1亿元。4年累计引进6000人，其中海外留学归国人才超过3500名，其中不乏“重量级”人物，远远超过了5年引进30名“海归”领军人才的预期。而在2005年之前，无锡引进的海外留学人才总量仅500名左右。人才带来的集聚效应已初步显现。目前，无锡不仅吸引了大量海归人才创业，也招来不少美国、丹麦、日本等国的海外研发团队，形成了海外智力和人才的双重集聚。

为此，于2009年9月，无锡又启动实施了市“千人计划”。作为中央“千人计划”的重要分支，按照该计划，无锡将用5年时间引进并重点支持1000名以上海外高层次人才来无锡创新创业，集聚一批海外高层次创新创业人才和团队，引进1000名以上海外高层次人才落地，再用6年时间引进2000名，力争到2020年左右，把无锡建成集聚高层次人才、培育高新技术产业、发展高端服务业、具有高品质人居环境的“东方硅谷”。

苏州市“姑苏人才计划”

2010年3月，苏州启动实施“姑苏人才计划”。从2010年开始的5年内，苏州将投入30亿元，引进、培育并重点支持1000名科技创新创业领军人才，10000名重点产业紧缺人才，以及一批经济社会领域和支撑行业和产业发展的高层次人才。按照计划，姑苏创新创业领军人才将给予50至250万元的安家补贴；根据创业项目的规模和进度，给予100至400万元的科研经费资助；提供不少于100平方米的免3年租金的工作场所；最高500万元的担保融资贷款、30万元科技保险费补贴、50万元贴息资助等。同时，为鼓励和支持领军人才做强做大企业，苏州还将重点在新能源、生物医药、新材料以及现代服务业等产业领域，每年遴选3—5个成长性好、3年内年销售收入超过5000万元的企业，再给予100万研发经费和1000万担保融资贷款等更大力度的资助和扶持。此外，“姑苏人才计划”还将重点实施9个方面的政策配套，意在优化“生活、创业、学术、融资”四类环境。

2010年，苏州市共引进各类人才11.2万人，其中引进高层次人才6010人，全年共引进海外人才2280名，其中回国留学人员880名，外籍专家1400名。目前，苏州大专以上人才总量已达103.7万，高层次人才已突破6万名。全市已拥有各类留学人员创业园12家，人才工作海外合作组织成员单位21个，苏州工业园区已成为国家海外高层次人才创新创业基地。

常州市“千名海外人才集聚工程”

2007年，为大力引进海内外领军型创新创业人才，常州市出台了一系列优惠政策，大力扶持创新创业。领军型创新人才可享受一次性50万元的奖励，用人单位为其提供不少于100平方米的住房。领军型创业人才可享受100—300万元的创业资金扶持；3年内可免费使用不少于100平方米的创业场地和100平方米的住所；创业项目实施重大科技成果转化及产业化的，给予不低于400万元的科技成果转化资金；创业企业自登记注册次年起，3年内缴纳的企业所得税地方留成部分全部奖励给企业。同时，对领军型创新创业人才家属就业、子女入学、社会保障等方面都出台了一系列的服务举措，为领军型人才全身心投入创新创业解决后顾之忧。

截至2010年底，常州先后实施了两轮“千名海外人才集聚工程”，1802名海外优秀人才加盟常州，开启了创新创业的新征程。三年间，市、区两级财政共为202位领军型海归人才，兑现了2.2亿元扶持资金。同时，先后组织实施了八批领军型创新创业人才引进工作，引进800多名领军型创新创业人才，其中有12人入选中央“千人计划”、83人入选江苏省“双创计划”。

扬州市“绿扬金凤计划”

2009年，扬州去年开始实施“绿扬金凤计划”。该计划包括“百名创业创新领军人才引进计划”和“百名优秀博士人才集中招引活动”两个方面的内容。其中“百名创业创新领军人才引进计划”的目标是3年内引进100名创业创新领军人才，2010年引进30名左右；“百名优秀博士人才集中招引活动”的目标是每年引进100名优秀博士人才。扬州市财政设立了4000万元专项资金，用于引进、培养高层次人才。对于来扬州创业的领军人才，按照重点推荐项目、优先推荐项目、一般推荐项目，分别给予300万元、200万元、100万元资助；对于来扬州创新的领军人才，分别给予150万元、100 万元、50万元资助。此外，对受到资助的创业创新领军人才可同时享受优先推荐申报国家“千人计划”、省“高层次创新创业人才引进计划”、市以上各类科技计划；政府主导的创业风险投资基金优先投资创业领军人才创办的企业；优先为引进人才解决子女入学、配偶就业等实际问题的优惠政策；优秀博士人才来扬州企业工作，市财政给予每人6万元补助；到事业单位工作，除按现行规定执行外，市财政给予每人3万元补助。

截至2010年底，经过前期申报、资格审查、技术评审、实地考察、综合评审和公示环节，扬州已从267名落户人才中遴选出资助对象108名，其中创业创新领军人才 50名，优秀博士人才58名。这些人才主要集中在生物医药、电子信息、软件、智能电网、新材料、节能环保和现代农业领域，符合扬州的产业发展方向。首批“绿扬金凤计划”无偿资助的创业创新领军人才资助金额达5806万元，受这一举措的影响，已有4名全国 “千人计划”、63名江苏省“双创计划”获得者落户扬州。

盐城市“创新创业领军人才引进计划”

2009年，盐城市出台了《关于加强创新创业领军人才队伍建设的意见》，设立创新创业领军人才专项资金，加强创新创业人才队伍建设，以破解高层次创新创业人才紧缺对经济发展的制约，以人才的大集聚抢抓江苏沿海地区发展和长三角一体化两个国家战略带来的新机遇。

2010年，盐城市全市引进创新创业领军人才71名，与14所江苏重点高校和部属科研院所建立新特产业技术创新联盟，还引进国外人才智力合作项目235个，并且新增博士后科研工作站6家、企业院士工作站5家，用于人才引进的投入达2.3亿元。得益于不断加盟的高层次人才，去年盐城新增专利申请 5396项，获得专利授权的达2329项，高层次人才日益成为盐城市创新创业的“主力军”

镇江市“331计划”

2008年8月，镇江市委、市政府正式启动实施《镇江市引进培育创新创业领军人才三年行动计划》（简称“331计划”），计划用3年时间引进培育30个领军人才团队和100名领军人才。市县两级财政共设立1亿元的专项资金，用于为领军人才提供创业扶持、安家资助和学术交流。每个创业项目和创新项目可分别获得最高达300万元，100万元的创业启动资金和创新资助资金。同时，还可享受风险投资、资金担保、技术成果入股、税收优惠等方面的优惠政策。镇江市委专门设立领军人才工作办公室，负责领军人才引进培育的具体工作。

2009年，“331计划”首批吸引182名海内外高层次人才（团队）申报，评审确定34名资助对象，提供资助资金4090万元，带动引进172名高层次人才，其中，3人入选国家“千人计划”，13人入选江苏省“双创人才引进计划”。2010年，又有249名海内外高层次人才（团队）申报第二批“331计划”，目前有51人进入面试，其中，42人具有海外留学或工作背景，“331计划”人才集聚效应正在显现。

南通市“江海英才”计划

2009年，南通市进一步加大人才引进力度，出台《南通市江海英才引进计划实施办法》。办法提出用5年左右的时间，引进100名市外特别是海外高层次创业领军人才、1000名工程技术关键人才、10000名紧缺专业人才；培养100名能驾驭国际化大型企业集团的高层次优秀经营管理人才、1000名高层次紧缺专业技术人才、10000名以上高技能人才；打造200家省级以上各类创新创业载体。同时，配合出台了极具吸引力的“江海英才引进计划”资助政策，全市建立人才专项资金2.5亿元。

截至2010年底，“江海英才”计划已有31名海外高层次人才和团队入围，获得政府资助近3000万元。

浙江省

浙江省海外高层次人才引进计划

2010年，浙江启动海外高层次人才引进计划。从2010年开始，浙江将用5年时间，引进1万名优秀海外创业创新人才和10万人次外籍专家，实施2000个重点国外引智项目。未来5—10年内，浙江将依托重大科技专项、公共创新平台、重大建设工程、重中之重学科和重点学科、重点实验室、高新技术产业开发区和留学人员创业园区，引进并重点支持300名左右的战略科学家、科技领军人才和创业人才等海外高层次人才。

截至2010年底，浙江共有213名海外高层次人才入选该省“千人计划”，其中入选中央“千人计划”的68人，位列全国第四。

杭州高新区（滨江）“5050计划”

“5050计划”是杭州高新区（滨江）深入实施人才强区战略，进一步引进海外高层次留学人才创新创业的一项重要举措。即计划在5年内引进海外高层次留学创业人才50名，年技工贸总收入超千万元的留学人员企业累计达到50家，重点吸引带技术、带项目、带资金的海外高层次领军人才到高新区（滨江）创业创新，并对 “5050计划”的创业项目进行资助。

截至2010年底，在“5050计划”的号召和吸引下，已有37名有着丰富的创业经验和远大的创业梦想的海外人才，来到高新区（滨江）开启新的创业之路。

湖州市“南太湖精英计划”

2008年4月，湖州市着眼提升自主创新能力，转变经济发展方式，着力加快创新团队和领军人才队伍建设，大力集聚海外归国创新型领军人才，培育创业创新主体，启动实施了“南太湖精英计划”。计划提出了5年内选拔50名左右的领军人才、建设50个左右优秀创新团队的目标，重点在生物医药、环保节能、电子信息、新材料、新能源和现代农业等六大产业中引进带项目、带技术、带资金，具有自主创新能力的留学归国科技领军人才及其创新团队。

截至2010年底，“南太湖精英计划”已先后引进27位领军人才及其创新团队，目前已有 11个项目顺利实现了产业化。这些项目的成功引进，不仅推动了南湖市科技创新，也培育了全市新的经济增长点，为湖州加快经济转型升级发挥了积极作用。

衢州市“四个一百”计划

2009年8月，衢州市出台《关于引进海内外领军型创业人才的意见》等政策，面向海内外引进氟硅新材料、装备制造业、生物医药、电子信息等产业领域的领军型创业人才，并给予100万元至300万元的创业启动资金奖励；提供不少于100平方米的创业场所和住房各一处，三年内免费使用；项目投产后，年地方税收首次超过100万元的，一次性奖励100万元。同时，在技术入股、风险投资、资金担保及科技项目申报、子女入学、家属安置等方面给予相应的优惠政策。

实施“四个一百”引才政策以来，截至2010年底，衢州市共吸引101位海内外领军人才申报106个项目。经委托国家科技部组织的专家评审，初步评审认定36个项目具备较高技术含量和良好发展前景，其中海外高层次人才申报的项目有27个，占75%。

嘉兴市"创新嘉兴·精英引领计划"

2009年12月，嘉兴市委、市政府出台了《关于加强创业创新人才队伍和创新团队建设的若干意见》、《"创新嘉兴•精英引领计划"实施办法（试行）》和《嘉兴市重点创新团队遴选办法》，对到嘉兴创业的具有省内、国内领先水平的领军人才，嘉兴市将在创业启动资金资助、子女入学、家属就业等方面给予优惠。

经项目评审，75位海内外高层次人才及项目入选2010年度"创新嘉兴•精英引领计划"嘉兴市创业创新领军人才及项目。

绍兴市"330海外英才计划"

2010年3月，绍兴市启动实施了"330海外英才计划"。计划从2010年开始，用3年时间，引进30名能够突破关键技术、培育高新产业、推动创新发展的海外高层次人才，争取有20名以上进入国家、省"千人计划"。

截至2010年底，有近100个海外高层次人才项目申报参加，31位海外人才入选将获得资助，已有10余位海外高层次人才落户绍兴。

金华市"海内外英才引进计划"

2010年，金华市委、市政府出台《关于实施海内外英才引进计划的意见》，计划用5年引进50名领军型创业人才和50个创新团队，对引进项目给予50—500万元的创业资助，同时还完善其他配套优惠政策，提供100—200平方米的工作场所和住房公寓，3年内免收租金。实施产业化后，年缴纳税收地方留成部分首次超过100万元人民币的，给予其领军型人才或团队100万元人民币的一次性奖励。

截至2010年底，经初步审核确定25个申报项目进入评审，通过技术评审、风投评审和现场答辩等环节严格筛选，其中9个项目确定为金华市海内外英才引进计划首批入选项目。入选项目中有8个项目申请人拥有国外留学经历，其中博士4位、硕士4位；7位项目申请人拥有创办科技型企业的经历，拟创办企业最高投资达1.6亿元，最低500万元。

安徽省

安徽省"百人计划"

2009年，安徽省委、省政府下发《关于加强引进海外高层次人才工作的实施意见》，启动实施安徽省引进海外人才"百人计划"。用5—10年时间，引进并重点支持100名左右能够突破关键技术、发展高新产业、带动新兴学科的科技领军人才来皖创新创业。

2010年，安徽省财政安排了1000万元，对安徽省首批20名海外人才"百人计划"入选者给予了每人50万元的生活补贴，为海外高层次人才创新创业创造良好的条件，带动广大用人单位引进更多人才来皖创新创业，为推进科学发展、加速安徽崛起提供坚强的人才保障。

福建省

福建省引进高层次创业创新人才计划

2010年，福建省启动实施引进高层次创业创新人才计划。计划用5—10年时间，依托企业、园区、高校、科研和其它事业单位，引进300名左右海外（含台港澳地区）高层次创业创新人才，引进一批国内高层次创业创新人才来闽创办企业、受聘工作、开展合作研究等，并重点支持以团队形式来闽创业。省政府给予每位海外引进高层次人才200万元人民币补助；落户到园区创（领）办科技型企业的，由园区提供不少于100平方米的工作场所，5年内免租金；引进人才申购经济租赁房或限价住房，各地各部门给予优先安排。未购买自用住房的，用人单位为其提供不少于120平方米的住房，5年内免租金，或提供相应租房补贴。对承担重大科技项目、重大工程、重点建设项目，能突破产业关键共性技术难题，带来重大经济效益和社会效益的创新团队，省政府给予100-300万元人民币的奖励；对掌握自主知识产权且在我省进行产业化的、有望形成新的经济增长点的创新团队，省政府给予300-500万元人民币的专项工作经费，当地政府给予一定配套经费。此外，对海外引进人才在股权激励、生活待遇等方面给予提供优惠政策。

2010年，有58名"福建省引进高层次创业创新人才"入选，分别获奖200万元；5个"福建省引进高层次人才创新团队"入选，分别获奖300万元。

厦门"双百计划"

2010年，为加快经济发展方式转变，服务产业发展需要，推动创新型城市建设，厦门市制定出台了《厦门市引进海外高层次人才暂行办法》和《关于加快建设海西人才创业港，大力引进领军型创业人才的实施意见》两个政策文件。计划用5—10年引进100名海外高层次人才和300名领军型创业人才（简称"双百计划"），厦门市每年安排1.5亿元用于高层次海外人才和领军型创业人才的引进和聚集。

从2010年12月10日起，共有147人正式申报首批厦门"双百计划"，其中创业型100人，创新型47人，工作研究领域涉及新能源、新材料、生物医药、通讯信息、环境科学等方向。经过第一轮网络评审后，最终进入答辩评审的创业型人才78人，创新型高层次人才24名。

江西省

江西省“赣鄱英才555工程”

2010年，为更好推进人才强省建设，充分发挥海内外高层次创新创业人才在促进江西科学发展、进位赶超、绿色崛起中的作用，江西省委、省政府决定实施“赣鄱英才555工程”。根据江西省重点工程、重大项目、重点产业和创新产业的需求，以鄱阳湖生态经济区建设为重点，围绕光伏、风能核能及节能、新能源汽车及动力电池、航空制造、半导体及绿色照明、金属新材料、非金属新材料、生物和新医药、绿色食品、文化创意等十大战略性新兴产业，从2010年开始，在10年之内，重在前3—5年，面向海内外引进500名急需紧缺的高层次人才来赣创新创业；柔性引进500名具有国际先进水平、国内顶尖水平的高端人才为赣发展服务；立足本省选拔500名高层次创新创业人才进行重点培养。对入选“领军人才培养计划”的人员，自然科学类由江西省分期给予每人100-300万元的项目资助、人文社科类由江西省分期给予每人10—50万元的项目资助；对入选“高端人才柔性特聘计划”的人员，由江西省一次性给予用人单位30—50万元的项目资助。

江西省“赣鄱英才555工程”自2010年8月正式启动实施以来，引起了海内外社会各界的广泛关注，截至2010年底，共收到322名人选的申报材料，遴选产生了144名人选进入复评。

山东省

山东省“万人计划”

2010年，山东省委组织部、省人力资源和社会保障厅等19个部门联合下发有关通知，启动实施引进海外创新创业人才“万人计划”。山东省力争用5至10年时间，引进1万名左右海外创新创业人才，规划建设100个左右海外人才创新创业基地；并力争100名引进人才、10个创新创业基地纳入国家计划。“万人计划”的人选分三层次引进，对第一层次人选给予相关优惠，包括给予每位引进人才100万元的一次性资助；授予引进人才“泰山学者海外特聘专家”称号，享受相关政策；用人单位为引进人才租用100至150平方米的住房，或给予相应租房补贴。还将妥善解决引进人才居留、出入境、落户、医疗保健、保险、住房、税收、配偶安置、子女入学等方面问题。

截至2010年底，已有110人被确定为山东省引进海外创新创业人才“万人计划”第一层次人选，18人进入国家引进海外高层次人才“千人计划”。

济南市“5150计划”

2009年，为助推济南市转变经济发展方式、调整优化经济结构，吸引海内外优秀创新创业人才来济创业发展，济南市启动实施了“5150引才计划”。计划用 5年左右时间，面向海内外引进150名能够提高城市竞争力、推动高新技术产业发展的高层次创新创业人才。济南市政府专门设立了每年规模为1亿元的人才引进专项资金，用于对引进人才的创业资助、科研补助、待遇补贴、住房安置、引进奖励等，其中，对来济创业的高层次领军人才，最高可享受创业启动资金300万元、安家费100 万元；对来济创新发展的高层次优秀人才，可享受科研启动资金最高200万元、工作津贴每月最高1万元。在引才工作中成绩突出的单位和个人可以分别获得最高 50万元和30万元的政府奖励。

截至2010年底，已有3批来自美国、英国、法国、德国、加拿大、日本和中国香港等8个国家和地区以及国内知名高校、科研院所的99名海内外高层次人才入选“5150引才计划”。其中，有4人入选国家“千人计划”、11人入选省“万人计划”第一层面，具有海外工作学习、创业经历的88 人；有73人带成果带资金来济创业，创新创业方向涉及新信息、新能源、新医药及生物产业、高端装备制造业、现代服务业等多个领域，与济南市产业发展紧密融合；有19家企业已经完成注册或正常运营，有的企业预计市场规模达数百亿元，有的企业年销售收入已经过亿元。

河南省

河南省“百人计划”

2009年6月，为进一步推进人才强省战略，河南省委办公厅、省政府办公厅联合下发了《关于引进海外高层次人才的意见》，提出统筹实施海外高层次人才引进“百人计划”。从2009开始，河南省将用5—10年时间实施“海外高层次人才引进百人计划”，即在国家和省重点创新项目、重点学科和重点实验室、重点企业和地方商业 金融机构、以高新技术产业开发区为主的各类园区引进并有重点地支持120名左右能突破关键技术、发展高新产业、带动新兴学科的领军人才来豫创新创业。入选河南省“百人计划”的人选，省政府给予每人120万元的一次性奖金资助；省“百人计划”中入选国家“千人计划”的，同时享受国家100万元一次 性补助。用人单位参照引进人才回国（来华）前的收入水平，协商确定引进人才的合理薪酬。5年内在境内取得的住房补贴、伙食补贴、搬迁费、探亲费、子女教育 费等，按照国家税收法律法规的有关规定，予以税前扣除。引进人才享受医疗照顾人员待遇（入选国家“千人计划”的按国家有关规定办理），由省级卫生行政部门 为其发放医疗证。

截至2010年底，河南省引进海外高层次人才“百人计划”首批人选12人。

湖北省

湖北省“百人计划”

2009年6月，湖北省出台了《湖北省引进海外高层次人才实施办法》等配套人才引进措施，正式拉开“百人计划”的序幕。计划5到10年的时间内，从海外引进200名紧缺的高层次创新创业型人才，其中创业人才不低于50%，为支撑中部崛起战略提供人才保证和智力支持。在资金支持上，湖北省财政将对入选“百人计划”的海外高层人才一次性给予每人100万元或50万元的补助，并对创业人员的部分研发项目和规模生产项目给予贷款贴息政策。在准入政策上，被引进的海外高层次人才可享受永久居留证，并获得相应的国民待遇，具有参加社会基本保障等方面的权利和义务。此外，还可以获还可享受8项税收优惠政策，包括免征某些个人所得税以及减免某些企业所得税和营业税等。

截至2010年底，先后有134名海外高层次人才申报湖北省首批“百人计划”，经过平台初审、终审答辩和实地考察后，最终确定了30名人选，每人将获50万至100万的资金扶持。首批入选的30名专家大都具有核心技术和成果，而且与湖北省重点学科和产业契合度较高。从学历层次看，在海外知名大学获得博士学位的占80%，具有相当于副教授以上职称或企业中层以上管理职务的占67%。

湖南省

湖南省“百人计划”

2009年，湖南省启动实施引进海外高层次人才“百人计划”。湖南省将用5年左右时间，在湖南省重点创新项目、重点学科和重点实验室、国家级科技合作基地、省属国有企业、以高新技术产业开发区为主的各类园区等，引进100名左右能够突破关键技术、发展高新产业、带动新兴学科的海外高层次人才。

截至2010年底，已有46人进入湖南省“百人计划”，其中16人入选中央 “千人计划”。

长沙市“313”计划

2009年，为扩大经济、文化各领域在人才方面实现多样化与高水平发展，提速“两型社会”建设，长沙市开始实施《长沙市引进国际高端人才三年行动计划（2009—2011年）》，规定3年内引进100名国际高端人才，30个国际高端人才团队，简称“313”计划。长沙市重点引进对象为应用型和关键性的高端技术人才、高层管理人才和高级金融人才，重点引进由高端人才率领的创新专业研发和管理团队。引进主体主要是工程机械、汽车及零部件、电子信息等支柱产业的企业；新材料、生物医药、高新技术产业、证券投资、新兴文化等新兴产业领域的产业。为引进高端人才队伍，长沙市制定专门政策，对相关企业和个人给予丰厚奖励。长沙市政府设立每年不少于3000万元的引进国际高端人才专项资金，对于每位入选“313计划”的人才，给予引进单位100万元的专项资助资金，用于引进人才的安家费补助和事业启动经费，并享受个税返还等其他优惠政策；对来长沙创业者还可给予创业贷款贴息支持。同时，凡已入选国家“千人计划”和省“百人计划”的高端人才，可申报直接享受长沙市引进国际高端人才专项资助和税费返还等各项优惠政策。

截至2010年底，长沙已有8个国际高端人才团队和12个国际高端人才入选“313计划”，同时已启动第二批“313计划”入选申报认定工作。

广东省

广州市“创业领军人才百人计划”

2010年9月，广州市启动实施“创业领军人才百人计划”。计划用5到10年时间，面向海内外并重点面向海外，依托我市科技重大专项计划、市级以上重点学科和重点实验室、市属企业和在穗金融机构、以高新技术产业开发区为主的各类园区等平台，引进扶持300名左右创新创业领军人才来穗创业发展；其中创业领军人才200名左右，其他各类创新领军人才100名左右。根据广州市扶持创业领军人才的政策，这些创业领军人才除享受住房补贴、子女入学、配偶就业、医疗保障、休假体检等高层次人才政策外，政府还将给予 300—500万元的创业启动资金；100—500平方米的工作场所，3年内免收场租；市属风险投资公司给予最高500万元的股权投资；产业化项目最高给予100万元的贷款贴息；特别优秀的留学回国创业人员，还将一次性给予30—100万的安家费。

截至2010年底，共有158人进行首批广州市“创业领军人才百人计划”申报，最终有24名高层次人才入选，其中创业领军人才17人、创新领军人才7人，共获得8498万元资助经费。对17名创业领军人才的科技创业项目，分别给予300万至500万元的启动资金资助，合计共7800万元；对7名创新领军人才的科研经费资助和安家补贴合计698万元。创业项目主要分布在生物医药、电子信息、新一代互联网技术、新材料、光机电一体化、制造业、节能环保等领域。

深圳市“孔雀计划”

2010年10月，深圳经济特区推出引进高技术人才“孔雀计划”项目。从2010年开始，深圳经济特区将在未来5年重点引进并支持50个以上海外高层次人才团队和1000名以上海外高层次人才来深创业创新，吸引带动10000名以上各类海外人才来深工作，突出推动支柱产业和战略性新兴产业领域的人才队伍结构优化和自主创新能力提升，力争把深圳经济特区建设成为亚太地区创业创新活动活跃、海外高层次人才向往汇聚的国际人才“宜聚”城市 。纳入“孔雀计划”的海外高层次人才，可享受80万至150万元的奖励补贴，并享受居留和出入境、落户、子女入学、配偶就业、医疗保险等方面的待遇政策。对于引进的世界一流团队给予最高8000万元的专项资助，并在创业启动、项目研发、政策配套、成果转化等方面支持海外高层次人才创新创业。“孔雀计划”重点围绕深圳经济特区发展战略目标，以推动高新技术、金融、物流、文化等支柱产业，培育新能源、互联网、生物、新材料等战略性新兴产业为重点，聚集一大批海外高层次创新创业人才和团队。

广西壮族自治区

广西“八桂学者”计划

“八桂学者”是广西高层次人才开发的塔尖部分，将分期分批向海内外公开选聘，每轮聘期为5年。到2020年，广西将争取累计设置八桂学者岗位100个，引进和培养100名高层次领军人才，培育100个以上以八桂学者为核心、400—600名中青年科研技术骨干为中坚的高水平科研创新团队。自治区财政将每年给予每位全职八桂学者20万元税后岗位津贴，非全职八桂学者按实际工作时间给予1.5万元税后岗位津贴；每年给予八桂学者所带科研创新团队20万元税后岗位津贴；每年给予八桂学者及其科研团队提供科研补助经费，自然科学类60万元，人文社科类20万元。每轮聘期，设岗单位提供的科研配套经费，自然科学类不低于500万元，人文社科类不低于50万元。对于从区外引进的全职八桂学者，一次性给予100万元税后安家费住房补贴，区内受聘的八桂学者，未享受房改优惠政策的，参照执行。按照以上标准，广西从区外引进一位全职的自然科学类八桂学者，每轮聘期累计提供资金不低于1000万元。同时，广西在“三重一优”等领域设置“特聘专家”岗位，面向海内外公开选聘高层次拔尖人才，每轮聘期为3年。在聘期内，广西财政一次性给予每位特聘专家及其科研团队20万元科研补助经费；每年给予每位特聘专家10万元、所带科研团队5万元税后岗位津贴。设岗单位每年为每位特聘专家及其科研团队提供的科研配套经费，自然科学类不低于20万元、人文科学类不低于10万元；给予每位特聘专家所带科研团队不低于5万元的税后岗位津贴。到2020年，广西争取累计选聘200名左右各行业各领域自治区特聘专家，带动培养1000名左右中青年科研技术人才。

2010年，广西第一批八桂学者岗位、特聘专家岗位申报工作开始启动，第一批八桂学者岗位设置25个左右，自治区特聘专家岗位设置30个左右。

海南省

海南省高层次创新创业人才计划

自2009年8月起，为推进海南国际旅游岛建设，海南在全省范围内开展了“海南省高层次创新创业人才”的申报和评审工作，申报评审对象分创业型人才和创新型人才两大类。按照海南省人才发展规划纲要部署，到2020年，海南将在重点领域、优势产业、重点创新项目、重点学科和重点实验、高新技术产业开发园区培养和引进高层次创新创业人才1000名。

截至2010年底，海南全省共有56人申报海南省高层次创新创业人才，涉及生物制药、现代农业、电子信息等14 个领域。根据申报人涉及的专业领域，邀聘了10名省内外学科技术水平高、具有行业代表性的专家组成综合评审委员会。经过近一年的申报、考察和评审，其中3人被海南省委、省人民政府授予首批“海南省高层次创新创业人才”，同时每人还获得由省政府奖励的150万元作为创业启动资金。

重庆市 重庆“百名海外高层次人才集聚计划”

2008年，重庆市制定出台《重庆市百名海外高层次人才集聚计划实施办法》。从2009年起拟用5年时间，采取调入、聘用或柔性引进方式，从海外高校、科研院所和世界500强企业，引进100名海外高层次留学人才，到在渝高校、科研院所、医疗卫生机构、大型企业和留学人员创业园发展。作为重庆市高端人才聚集计划，“百名海外高层次人才集聚计划”入选者将由重庆市委组织部、市人力社保局联合授予“重庆市特聘专家”称号，纳入市委直接联系的高级专家范围，其中优秀者可作为国家“千人计划”优先推荐人选。2009年出台的《重庆市引进高层次人才若干优惠政策规定》文件为人才提供了生活工作条件和事业平台支持。2010年，有19人入选重庆市“百名海外高层次人才集聚计划”。

四川省

四川省“百人计划”

2009年，为大力引进海外高层次人才，强化“两个加快”的人才支撑，四川省全面启动引进海外高层次人才“百人计划”。计划用5—10年时间，在重点创新项目、重点学科和重点实验室、省属企业和在川金融机构、以高新技术产业开发区为主的各类园区等4大领域，分批引进并重点支持200名左右的海外高层次人才来川创新创业。引才对象主要是四个类别：围绕全省发展战略目标，在“7+3”产业、交通、商贸物流、金融等行业，引进一批善于全球营销、国际管理、资本运营的高级经营管理人才，一批能够跟踪甚至超越国际前沿技术、引领产业升级、领衔重大项目的科技创新领军人才，一批承接国际服务外包方面的高层次人才，以及一批金融领军人才和高级金融专业技术人才。

2009年，四川省首批“百人计划”引进海外高层次人才34名，同时有35人入选中央“千人计划”，入选数量居西部第一。2010年3月，41人入选四川省第二批“百人计划”，并获得“四川省特聘专家”称号，同时由省财政给予每人100万元的一次性资助，并享受特定工作和生活待遇。截至2010年底，四川省“百人计划”已资助引进两批共75名海外高层次人才。同时，系列引才措施吸引了大批海外人才来川，全省留学回国人员数量连年高位增长，2010年办理的海外学历学位认证人数达1031人，同比增长52.2%。

云南省

云南省“百名海外高层次人才引进计划”

为大力引进海外高层次科技人才，重点支持海外高层次人才来滇创新创业，2009年，云南省启动实施“百名海外高层次人才引进计划”。云南省将用5年至10年时间，引进100名左右能够突破关键技术、发展高新产业、带动新兴学科的海外高层次人才。截至2010年底，已有54人入选云南省“百名海外高层次人才引进计划”，入选的海外高层次人才，每人获得一次性资助100万元以及多项政策优惠。

陕西省

陕西省“百人计划”

为鼓励和吸引高层次人才到陕西创业、工作、服务，陕西省自2009年组织实施引进高层次人才的“百人计划”。计划从2009年开始用5年到10年时间引进并重点支持200名高层次人才，并由省财政给予每人50万元人民币的一次性资助。陕西将设立陕西省高层次人才引进专项资金，省财政每年安排不少于5000万元专款，用于高层次人才来陕创业、服务的资助和有关补贴。对于进入陕西省“百人计划”的引进人才，由省财政给予每人50万元人民币的一次性资助（视同政府奖金），免征个人所得税。截至2010年底，该计划已有三批海外高层次人才先后入选。

西安“5211计划”

2010年4月，西安市出台《引进海外高层次人才实施办法》，开始实施引进海外高层次人才“5211计划”。从2010年开始，用5—10年时间引进符合国家“千人计划”条件的海外高层次人才20名左右；引进符合陕西省“百人计划”条件的海外高层次人才100名左右；以“五大主导产业”人才需求为重点，在高新技术产业、现代装备制造业、旅游业、现代服务业、文化产业，以及航空航天、生物工程、新能源、新材料、金融、管理、法律等领域，围绕该市重点工程和项目引进1000名左右急需紧缺的海外高层次人才。进入“千人计划”和“百人计划”的引进人才，市财政分别给予每人50万元和30万元的配套资助，“市级引进人才”给予每人10万元的一次性资 助。用人单位和主管部门也将酌情给予资金配套支持，用于改善引进人才的工作生活条件。照这样的资助标准，实施“5211计划”，西安市每年用于引进海外高 层次人才的费用将达到1.5亿元左右。

截至2010年底，通过“5211计划”的实施，已有超过800名海外人才洽谈联系在西安市创新创业，210人已引进到该市，其中有6人入选国家“千人计划”，16人入选陕西省“百人计划”，37人入选“5211计划”市级引进人才。引才数量和质量都在全国副省级城市位居前列。

甘肃省

甘肃省“百人计划”

2009年，受国际金融危机冲击，大量海外高层次人才回国创业，为甘肃省广揽天下英才提供了难得机遇。甘肃省委、省政府瞄准这一契机，结合2008年中央实施的“千人计划”，制定了《关于进一步鼓励和吸引海外高层次人才来甘肃工作的意见》。自2009年起，有重点、有针对性地引进100名左右海外高层次人才，集聚20—30名能够突破关键技术、发展高新产业、带动新兴学科的战略科学家和科技创新创业领军人才，简称“百人计划”。其中，业绩突出的海外领军人才及其团队，在甘肃省可获得10万元的一次性奖励资助。引进后担任博士生导师的，每人每月发放津贴1200元；入选第一、二层次甘肃省领军人才的，每人每月分别发放津贴2000元、1500元。同时，在职称评定、医疗卫生保障、出入境、子女入学、配偶就业等方面将给予照顾、提供方便，优先推荐申报国务院政府特殊津贴、国家有突出贡献中青年专家、甘肃省优秀专家。

截至2010年底，共有有66名海外高层次人才入选甘肃省“百人计划”，入选者大都毕业于国外知名院校，具有博士学位或教授级职称，或是在相关学科和专业领域有所建树的专家学者。

青海省

青海省“百人计划”

2009年，青海出台《青海省引进海外高层次人才暂行办法》，开展了引进海外高层次人才工作。主要围绕全省经济社会发展战略目标，计划从2009年开始，在全省重点创新项目、重点学科和重点实验室、省属国有企业、省属金融机构和中央驻青金融机构、以高新技术产业开发区等为主的各类园区，用5—10年时间，引进水电开发、石油天然气、盐湖化工、有色金属、地质勘探、冶金建材、装备制造、高原医药、高原生物、现代农牧业、新能源和生态保护建设等领域的100名左右海外高层次人才来青海创新创业，力争使其中10名入选国家“千人计划”。为给引进的海外高层次人才提供良好的工作生活条件，青海省对引进的符合条件的海外高层次人才，在3—5年内给予20万元的省人才专项经费资助。同时，给引进的海外高层次人才搭建事业平台、提供补助、医疗、住房、家属子女就业和服务保障等方面作出了相应的政策规定。

青海省引进海外高层次人才工作开展以来，截至2010年底，已引进6名海外高层次人才来青创业和工作，被授予“优秀海外高层次来青人才”称号，并各奖励个人和团队20万元。同时，累计向中组部海外高层次人才引进工作专项办公室推荐“千人计划”人选9人次。

宁夏回族自治区

宁夏“百人计划”

2009年，宁夏出台了《引进海外高层次科技人才创新创业暂行办法》，实施“百人计划”引进海外高层次人才。围绕宁夏“六大基地、六个示范区和一个目的地”的战略定位，从2009年开始，用5年至 10年，在自治区重点创新项目、特色产业、优势学科和重点实验室、工程技术研究中心、大中型企业和国有商业金融机构、以高新技术产业开发区为主的各类创新创业园区等，把招商引资与招才引智结合起来，引进并有重点地支持200名左右海外高层次科技人才来宁创新创业。为了实施好“百人计划”，自治区政府每年专门安排1000万元，作为引进海内外高层次人才创新创业专项扶持资金。列入“百人计划”的引进人才，自治区财政给予引进单位30—50万元的补助，用于改善引进人才的工作和生活条件。同时，对带高新技术成果、项目来宁夏实施转化或从事高新技术项目研究开发的，符合宁夏产业发展方向的，自治区财政给予一定数额的创新创业扶持资金。同时，对引进高层次人才居留和出入境、落户、医疗、保险、住房、职称评审、子女就业、配偶安置等方面给予特殊优惠。

2010年，在首批宁夏“百人计划”评选中，经过推荐、评选、公示，最终有21名海外高层次人才入选。

综合篇

2010年度留学人员创新创业大事记

2010年度中国留学人员创新创业大事记

2010年，伴随着中央“千人计划”深入实施，以及《国家中长期人才发展规划纲要》的颁布和全国人才工作会议的召开，各类创新创业平台建设和会议活动组办百花齐放、蓬勃发展，各地海外人才引进工作更入佳境，成为我国实施人才强国战略的新的突破点。

1月

1月10日

全国科技工作会议，大力加强科技创新和人才引进

1月10日至12日，2010年全国科技工作会议在北京召开。中共中央政治局委员、国务委员刘延东出席会议并作重要讲话，强调要围绕党和国家战略全局，促进科技与经济紧密结合，加快建设创新型国家，推动我国真正走上创新驱动、内生增长的发展轨道。全国政协副主席、科技部部长万钢在会议报告中全面回顾了2009年科技工作，并指出2010年科技工作要重点抓好12个方面，其中包括全面推进技术创新工程，积极引导和支持创新要素向企业集聚，促进产学研用的紧密结合，支撑重点产业振兴，提升企业自主创新能力；加强科技创新基地和平台建设，夯实科技创新基础，大力提高科技持续创新能力；加大人才培养和激励力度，加强高层次创新人才培养，大力吸引海外优秀人才。

1月11日

国家科学技术奖励大会，海归院士双获最高科技奖

1月11日上午，中共中央、国务院在北京隆重举行国家科学技术奖励大会。党和国家领导人胡锦涛、温家宝、李长春、习近平、李克强出席大会并为获奖代表颁奖。中共中央总书记、国家主席、中央军委主席胡锦涛向获得2009年度国家最高科学技术奖的中国科学院院士、复旦大学数学研究所名誉所长谷超豪和中国科学院院士、中国航天科技集团公司高级技术顾问孙家栋颁发奖励证书。两位院士在青年时期均曾留苏学习，回国后分别在数学、空间和航空航天等科研领域作出了突出贡献。会上，还为获得国家自然科学奖、国家技术发明奖、国家科学技术进步奖和中华人民共和国国际科学技术合作奖的代表进行了颁奖。在此次国家科学技术奖励大会上，除了谷超豪、孙家栋两位“海归院士”荣获国家最高科学技术奖外，在国家自然科学奖第一完成人中，留学回国人员比例高达60.7%，他们的研究对我国基础科学、生命科学等多领域的发展起到了引领作用。

1月19日

全国引智工作会议，加大开发优质海外智力资源

1月19日至20日，全国引进国外智力工作会议在北京召开。中共中央政治局委员、国务院副总理张德江对会议作出重要批示，希望全国引智系统深入贯彻落实科学发展观，更好地实施人才强国战略，围绕党和国家中心任务，大力引进海外高层次人才和紧缺人才。国家外国专家局局长季允石在会上布置了2010年引智工作的主要任务，并提出要把握高端和紧缺取向，加大高层次优质海外智力资源开发力度，大力引进海外高层次人才；加强协调配合，主动参与实施“千人计划”；在新能源、信息网络、新材料、生命科学、空间海洋地球等领域重点引进四类国外高层次人才和紧缺人才，为经济发展方式转变和结构调整提供全方位服务。

2月

2月23日

欧美同学会新春酒会，广泛团结和凝聚海内外留学人员

2月23日，欧美同学会·中国留学人员联谊会2010年新春酒会在人民大会堂举行。30多个国家驻华使馆的近百位外交使节，以及来自全国政协、中央组织部、中央统战部、人力资源和社会保障部、中央机构编制委员会办公室、共青团中央、中国科学技术协会、国家外国专家局等有关部委和单位的400余位中外来宾参加酒会。全国人大常委会副委员长、欧美同学会·中国留学人员联谊会会长韩启德在致新春贺辞中表示，在新的一年中，欧美同学会将在党和政府的领导下，争取各有关部门的大力支持，加强与驻华使馆的沟通与联系，深化与海内外留学人员组织的合作，广泛团结和凝聚海内外留学人员，发挥他们的作用和优势，为彻底战胜国际金融危机，实现中国经济长期平衡较快发展，促进世界经济健康复苏和持续发展贡献自己的力量。

2月28日

教育改革发展纲要公开征求意见，提出扩大教育开放

2月28日，国务院新闻办公室举行新闻发布会，正式发布《国家中长期教育改革和发展规划纲要(2010—2020年)》公开征求意见稿。《纲要》工作小组成员单位教育部、国家发展改革委、财政部、科技部、人力资源社会保障部有关负责人介绍了《纲要》公开征求意见工作情况，并回答了记者的提问。《纲要》公开征求意见稿提出，将扩大教育开放，通过“引进来”和“走出去”，适应国家经济社会对外开放的要求，培养大批具有国际视野、通晓国际规则、能够参与国际事务与国际竞争的国际化人才；引进优质教育资源，吸引更多世界一流的专家学者来华从事教学、科研和管理工作，有计划地引进海外高端人才和学术团队，吸引海外优秀留学人员回国服务。

3月

3月5日

2010年“两会”隆重召开，积极引智实施人才强国战略

3月5日至14日，第十一届全国人民代表大会第三次会议、第十一届政协全国委员会第三次会议在北京隆重召开。在此次“两会”上，党和国家领导人高度重视引进海外人才和智力工作。国务院总理温家宝在第十一届全国人大三次会议上作政府工作报告中指出，2010年政府要重点抓好八个方面工作，其中包括全面实施科教兴国战略和人才强国战略，加快人才资源开发，统筹推进各类人才队伍建设，突出培养创新型科技人才、经济社会发展重点领域专门人才和高技能人才，积极引进海外高层次人才；建立健全政府、社会、用人单位和个人等多元化的人才培养投入机制，充分发挥市场配置人才资源的基础性作用，努力营造人才辈出、人尽其才的制度环境，建设人力资源强国。此外，致公党中央在全国政协十一届三次会议上，提交了《大力推进海外高层次人才引进工作，建设创新型国家》的提案，全国工商联也拿出了《关于创新对外投资方式，鼓励对我国海外留学人员科技企业进行创业投资》的提案，吸引海外留学人员回国创新创业再度成为讨论热点。

3月12日

第十五届中国国际教育巡回展，举办中国留学论坛

3月12日，由中国（教育部）留学服务中心主办、教育部国际合作与交流司支持举办的第十五届中国国际教育巡回展在北京开幕。本届巡回展于3月12日至3月28日在北京、上海、重庆、青岛、广州等留学热点城市举办，有来自33个国家和地区的近500所高校和教育机构参展。从1999年开始，中国（教育部）留学服务中心已先后在国内19个大中城市成功举办了14届中国国际教育巡回展，来自世界40多个国家的近1270所高等院校及相关教育机构参展。在本届巡回展上，已经成功举办六届的“留学工作与多元化人才培养论坛”正式更名为“中国留学论坛”，对国际教育领域的趋势、变革进行了全面梳理，就出国留学与中外合作办学、中国与相关国家的教育合作与交流等议题展开了深入研讨和交流。

3月12日

教育部公布留学数据，回国人员总数达49.74万人

3月12日，教育部国际合作与交流司对外公布2009年度我国各类留学人员情况。据数据显示，2009年度我国出国留学人员总数为22.93万人，其中：国家公派1.20万人，单位公派0.72万人，自费留学21.01万人。2009年度各类留学回国人员总数为10.83万人，其中：国家公派0.92万人，单位公派0.73万人，自费留学9.18万人。2009年度与2008年度的数据相比较，出国留学人数和留学回国人数增长态势明显。出国留学人数增加4.95万人，增长了27.5%；留学回国人数增加3.90万人，增长了56.2%。从1978年到2009年底，各类出国留学人员总数达162.07万人，留学回国人员总数达49.74万人，有62.3%的留学人员学成后选择回国发展。截至2009年底，以留学身份出国，在外的留学人员有112.34万人，其中82.29万人正在国外进行专科、本科、硕士、博士等阶段的学习以及从事博士后研究或学术访问等。

3月18日

部际联席会议，共创留学回国服务工作新发展

3月18日，2010年留学人员回国服务工作部际联席会议在北京召开。人力资源和社会保障部部长、联席会议组长尹蔚民在会上发表讲话指出，2009年联席会议作用得到了充分发挥，留学回国工作取得新进展。海外高层次人才引进成效显著，留学人员回国创业支持力度加大，海外留学人员为国服务活动全面展开。从1978年到2009年底，我国留学回国人员总数已达49.74万人，其中，2009年回国人数首次突破10万人，增幅达56.2%。目前，全国已建成各级各类留学人员创业园150余家，其中人力资源社会保障部与地方人民政府共建国家级留学人员创业园36家，全国入园企业超过8000家，20000余位留学人员在园内创业，有效带动了地方经济发展、科技创新和产业结构调整。2011年，要进一步创新完善支持留学人员回国创业政策，加大吸引留学人员为国服务工作力度，掀起留学人员回国创业的热潮。

4月

4月25日

第五届“春晖杯”创业大赛启动，品牌效应愈发凸显

4月25日，由教育部、科技部共同主办的第五届“春晖杯”中国留学人员创新创业大赛在江苏扬州召开新闻发布会，宣布第五届“春晖杯”创业大赛由即日起启动报名工作。本届“春晖杯”中国留学人员创新创业大赛由教育部留学服务中心、科技部火炬高技术产业开发中心、中国留学人员广州科技交流会组委会办公室、中国海外学子创业周组委会办公室、中国留学人员创业园联盟共同承办。自2006年起，“春晖杯”创业大赛已经成功地举办了四届，共有来自美国、德国、法国、加拿大、英国、日本、澳大利亚等20多个国家和地区的中国留学人员的724个项目入围，涉及电子信息、生物医药、新材料、新能源、光机电一体化、资源与环境、科技农业及其它高新技术领域。根据对前三届“春晖杯”创业大赛524个入围项目转化情况的不完全统计，其中已有158个项目在国内正式启动或进一步发展，其中有7个项目获得科技部中小企业创新基金的支持，有23人的项目获得地方政府海外领军人才计划的支持，其社会影响力正在不断扩大，大赛的品牌效应愈发凸显。

5月

5月5日

首届留学人员回国创业培训班，推动海外人才引进

5月5日至7日，由人力资源社会保障部筹办的全国首届留学人员回国创业培训班在江苏省昆山市举办。人力资源和社会保障部副部长、海外高层次人才引进工作小组副组长王晓初出席开班式并以“中国留学人员回国服务工作宏观政策”为题作了第一讲。部分“千人计划”创业人才和2009年度“中国留学人员回国创业启动支持计划”入选者参加了培训，邀请了著名专家、成功创业人士和地方职能部门的领导为学员作了专题辅导。主办方还召开专题座谈会，认真听取留学人员对做好留学回国服务工作的意见和建议，36家省部共建国家级留学人员创业园负责人和各地留学人员回国服务工作负责人跟班学习，上海、江苏、中国海淀留学人员创业园等6家单位介绍了各自在留学人员回国服务及创业园建设方面的做法。

5月21日

“千人计划”入选者座谈会，畅谈归国心路历程

5月21日，“圆梦•中国”——“千人计划”入选者归国心路座谈会在人民日报社举行。清华大学生命科学学院院长、医学院常务副院长施一公，北京大学工业学院院长陈十一，上海交通大学教授蔡申瓯，中国科学院上海生命科学研究院、生物化学与细胞生物学研究所所长林安宁，中国科学院西安光学精密机械研究所研究员李学龙，中国商用飞机有限责任公司型号总设计师助理兼上海飞机设计研究院副院长李东升，中国移动通信研究院院长黄晓庆，神华集团北京低碳能源研究所设备研发中心主任郭屹，中国投资有限责任公司专项投资部总监樊功生等9位在国际上有较大影响力的“千人计划”入选者代表在会上畅谈了归国心路历程和创业创新梦想。此次座谈会为“千人计划”入选者搭建了一个很好的交流平台，让他们抒发了归国心路，并通过各大媒体宣传“千人计划”，将会进一步鼓励国外高层人才回国工作。

5月25日

全国人才工作会议召开，积极引进海外人才智力

5月25日至26日，中共中央、国务院在北京召开全国人才工作会议。胡锦涛、吴邦国、温家宝、贾庆林、李长春、习近平、李克强、贺国强、周永康等党和国家领导人出席会议。中共中央总书记、国家主席、中央军委主席胡锦涛发表重要讲话指出，人才资源是第一资源，人才问题是关系党和国家事业发展的关键问题，人才工作在党和国家工作全局中具有十分重要的地位。要贯彻落实好《国家中长期人才发展规划纲要（2010－2020年）》，坚持扩大人才工作对外开放，做好人才“引进来”和“走出去”工作，坚持人才自主培养开发和引进海外人才相结合，加强人才和人才开发国际交流合作，积极引进海外人才和海外智力。中共中央政治局常委、国务院总理温家宝在讲话中指出，要为人才成长创造良好条件和环境，不拘一格选拔人才。要大胆引进和使用海外高水平拔尖人才，鼓励海外留学人员回国工作、创业或以多种方式为国家发展服务。大会向“千人计划”国家特聘专家代表颁发了证书，北京市、江苏省、山东省、湖北省、国务院国有资产监督管理委员会、中国科学院等单位有关负责人在会上发言。

5月27日

第十三届北京科博会，聚焦战略性新兴产业

5月27日至31日，第十三届中国北京国际科技产业博览会举行。本届科博会围绕“加强自主创新能力，加快发展方式转变”主题，数十场展览、科技经贸项目推介洽谈和论坛活动同时亮相，无论是展会还是论坛，战略性新兴产业都是热门话题。本届科博会5天接待观众20.5万人；10场推介交易洽谈活跃，吸引了国内外8000多客商踊跃参与；8场论坛受到业界热捧，国际组织负责人、政府部门权威人士、国内外知名专家、学者、企业家登台演讲，听众达7000多人次。据不完全统计，共签订招商引资、技术合作、贸易项目568个，合同总金额388.7亿元人民币，比上届增长47.8%，签约项目近七成为战略性新兴产业。同时，本届科博会结合当前世界城市建设过程中的人才发展问题，以及我国加快推进、加大引进海外高层次人才的新要求，举办了首届北京人才发展高端论坛和第九届北京留学人才招聘会。

5月30日

无锡海归创新创业峰会，千名海归纵论发展

5月30日至31日，中国（无锡）海归创新创业峰会在江苏省无锡市举行。中共中央政治局委员、书记处书记、中组部部长李源潮出席峰会并发表重要讲话，希望各类人才特别是海外留学归国人才抓住我国人才发展的重大历史机遇，积极创新创业，实现人生抱负，在中华民族的复兴史上留下为国为民作贡献的足迹。本次峰会以“创业报国，相约无锡；千名海归，纵论发展”为主题，以贯彻国家“千人计划”、集聚海外高层次人才为目标，旨在打造一个海归人才共商创新创业的平台和载体。峰会邀请了来自全国各地的国家“千人计划”代表近百人，吸引了海外留学生、华人华侨、海归创业企业家、创投风投企业家、政府官员、专家学者代表千余人参会。会上，举行了中国侨联“新侨回国创业（无锡）示范基地”授牌和无锡市2010年第一批海归创新创业人才正式入驻签约仪式，并举办了中国海归创业发展战略研讨会、海归创业成果展、创业大讲堂等活动。

6月

6月6日

国家中长期人才规划发布，确立10年人才发展目标

6月6日，《国家中长期人才发展规划纲要(2010—2020年)》经党中央、国务院批准，由新华社受权全文播发。该《纲要》是我国第一个中长期人才发展规划，提出了“服务发展、人才优先、以用为本、创新机制、高端引领、整体开发”的人才发展指导方针，明确了人才队伍建设的主要任务，并确定了到2020年我国人才发展的总体目标。《纲要》中指出，要围绕提高自主创新能力、建设创新型国家，以高层次创新型科技人才为重点，努力造就一批世界水平的科学家、科技领军人才、工程师和高水平创新团队，要突出培养造就创新型科技人才，加大海外高层次创新创业人才引进力度。同时，组织实施创新人才推进计划、海外高层次人才引进计划，推进“百人计划”、“长江学者奖励计划”、“国家杰出青年科学基金”等重大人才工程和项目。

6月29日

2010中国“海创周”，办会层次规模再上新高

6月29日至7月1日， 2010中国海外学子创业周在大连举行。已成功举办10届的“中国海外学子辽宁（大连）创业周”，正式提升为“中国海外学子创业周”，成为服务于全国海外人才引进工作的国家级平台。中共中央政治局委员、中央书记处书记、中组部部长李源潮出席开幕式并参观会展。本届“海创周”充分依托中央海外高层次人才引进工作小组及国家各主办部委的高端资源优势，通过举办“五会”、“七展”、“九论坛”，以及“千人计划”网站开通仪式等活动，吸引了来自世界各地的1600多名海外学子、41个海外华人团体参会参展，7000余家国内企业参与项目对接，全国25个省市提供了8000余个高层次就业岗位，辽宁省14个城市踊跃组团参加，全国63多个高新区、120个创业园搭台设展，20多个省市率团参加海外人才引进洽谈会，戴尔、惠普、辉瑞等国内外知名企业在人才交流会上组织特装展。参加本届海创周的总人数达到23000多人，展览面积3.5万平方米，其规模超过历届。

7月

7月4日

第五届“春晖杯”在线访谈，为留学人员排难解疑

7月4日，由教育部、科技部共同主办的第五届“春晖杯”中国留学人员创新创业大赛举办在线访谈活动。教育部国际司、科技部火炬中心、教育部留学服务中心、中国留学人员创业园联盟，以及来自北京地区的留学人员创业园、投资人、技术交易促进中心等单位的代表出席参加，并介绍了第五届“春晖杯”创业大赛的报名工作情况，回答了海外留学人员提出的关于参加“春晖杯”创业大赛、国家和地方政府支持鼓励留学人员回国创新创业的政策、科技项目入园孵化以及知识产权交易等一系列的问题。同时，大赛的承办和协办单位还在上海、广州、大连、苏州、南京、西安、昆山、包头、东莞、无锡、扬州、湖州等地设立了15个京外分会场，回答留学人员的在线提问，介绍各地关于留学人员回国创业的支持政策和优惠条件。此次在线访谈活动也得到了驻外使（领）馆教育处(组)和在外留学人员社团组织的积极响应。

7月10日

苏州国际精英创业周，打造回国创业天堂

7月10日至13日，以“汇聚全球智慧、打造创业天堂”为主题的2010年苏州国际精英创业周在江苏省苏州市举办。会上宣读了中共中央政治局委员、中央书记处书记、中组部部长李源潮对苏州坚持人才强市和人才优先发展战略的批示，全国政协副主席、全国工商联主席黄孟复发表了讲话。本届苏州创业周由国家科技部、人力资源和社会保障部、国务院侨办、中国科协、中科院和江苏省人民政府联合主办，由1个主体活动和9个分项活动组成。活动期间共有1262位海内外高层次人才来到苏州考察洽谈，两院院士、人才学专家、风险投资专家等共计5432人次参与了各分项活动。苏州12个县级市区、17个省级以上经济开发区、35家科技创新创业孵化机构等和数百家企业，与参会人才有针对性地就技术合作、成果孵化等进行多轮对接洽谈，共签约129个项目，411个项目达成合作意向。

7月26日

世界华人论坛10年，汇聚华侨华人智慧

7月26日至27日，由国务院侨办、科技部、中科院与广东省政府共同主办的第六届世界华人论坛在广州举行。中共中央政治局委员，广东省委书记汪洋，全国政协副主席、科技部部长万钢，国务院侨办主任李海峰、广东省省长黄华华出席开幕式。从2000年到2010年，汇聚华侨华人智慧的“世界华人论坛”已走过十年，共有工商、科技、金融等领域逾1000位海外知名华侨华人代表出席，以高层次的海内外代表和高端的专业视角在全世界产生了广泛影响。本次论坛是首次在地方举办，以“创新中国和谐发展”为主题，有来自美国、加拿大、英国、德国、法国等25个国家和地区的海外代表190人出席，共收到与会代表论文85篇，与会代表在高端论坛和5个专题论坛上的演讲产生很多真知灼见，对中国今后的发展有思想启迪作用。会后，本次论坛海外嘉宾还分赴上海和武汉进行了考察交流。

7月28日

“千人计划”代表北戴河休假，中央领导亲切探望

7月28日，受党中央、国务院邀请，70位国家“千人计划”入选专家到北戴河休假。中共中央政治局常委、中央书记处书记、国家副主席习近平特别看望休假专家代表，并与他们进行座谈。他勉励海外高层次引进人才坚持报国为民的志气，在国家发展的宏图大业中找到位置、作出贡献；坚持不懈进取的勇气，克服工作和生活中遇到的各种困难，奋勇拼搏、勇往直前；坚持勇攀高峰的锐气，以国际一流作为工作目标和奋斗方向，努力创造出一流业绩。中共中央政治局委员、国务委员刘延东，中共中央政治局委员、中央书记处书记、中组部部长李源潮也前往看望。参加这次休假的“千人计划”入选专家来自全国16个省区市和有关部门，最年轻的仅32岁。他们对党中央、国务院邀请他们参加暑期休假活动十分激动、深感荣耀，纷纷表示在国外从未经历过这样的礼遇，这充分说明了党和国家对海外高层次人才的重视，一定要用自己所学的知识、掌握的技术为国家发展多作贡献，以实际行动感谢党和人民的关怀。

8月

8月16日

中国留学人员“西洽会”，多方互动和谐共赢

8月16日至19日，2010年中国留学人员西部科技交流洽谈会在内蒙古自治区包头稀土高新区举行。此次会议是在全国人才工作会议和实施《国家中长期人才发展规划纲要》和国务院召开西部大开发工作会议的新形势下，第一次以引进海外高层次人才为主题的西部区盛会。会议以“汇集全球智力资源，服务西部经济建设”为主题，举办了“西部五省区高新技术项目、技术转移合作专场洽谈会”、“留学人员项目专场对接会”、“内蒙古高等院校、科研院所、大型国企留学人才招聘会”、“西部五省区人民政府和自治区其它城市创新创业环境展览”等活动，并举行了内蒙古留学人员创业园“‘春晖杯’创业大赛创业基地”授牌仪式。同时，会上由中国留学人员创业园联盟举办了“第二届中国内蒙古人才、技术、产业东西部合作创新发展论坛”，深入探索了内蒙古、甘肃、新疆、宁夏、青海等西北五省区引进海外高层次创新创业人才的模式和途径。本次会议共吸引了54名硕士以上学历、在相关领域具有国内外领先技术的海外高层次留学人员、全国近30个省市政府、企事业单位的代表共约300人参加，达到了海内外互动、东西部互动、互惠互利、和谐共赢的发展模式的良好效果。

8月24日

高新区发展战略研讨会，促高新产业跨越发展

8月24日，2010年国家高新区发展战略研讨会暨国家高新区（贵阳）创新发展高层论坛在贵阳举办。科技部党组成员、科技日报社社长、中国高新区协会理事长张景安，贵州省副省长孙国强出席会议，来自国家科技部、火炬中心、中国高新区协会及省、市有关领导、国内知名专家学者、全国各高新开发区代表共120余人参加会议。国家高新区发展战略研讨会每年举办一次，由国家科学技术部火炬中心、中国高新区协会主办并确定年度会议主题，通过战略研究与经验交流，共同探讨高新区在发展过程中遇到的理论性、政策性、法规性等重大问题，携手促进高新技术产业及国家高新区实现跨越式发展。本次会议各参会代表围绕“发展绿色经济，转变增长方式”这一主题，结合国家政策导向和各地实际特点，就如何通过理论创新、体制创新、科技创新为手段建设低碳型园区、生态型园区、创新型园区展开讨论；并就如何以发展绿色经济、生态经济、科技经济为抓手实现经济增长方式的转变进行研讨。

9月

9月8日

推进人才发展政策工程协调会，人才优先发展

9月8日，推进人才发展规划重大政策和重大人才工程协调会在北京召开。中共中央政治局委员、中央书记处书记、中组部部长李源潮指出，要按照胡锦涛总书记要求，抓紧制定和实施有效措施，加大力度、加快推进人才发展规划提出的重大政策和重大人才工程，把人才优先发展落实到各项业务工作中。全国人才工作会议召开和人才发展规划颁布以来，17个省市区召开了人才工作会议，19个省市区完成了人才发展规划编制工作，14个中央和国家机关召开了系统或部门人才工作会议，一些系统行业人才发展规划编制工作基本完成。协调会上，承担10项重大政策和12项重大人才工程的牵头单位和参与单位交流了前段工作进展情况和下一步打算。

9月10日

中国人力资源状况白皮书，实施更加开放的人才政策

9月10日，国务院新闻办公室发表《中国的人力资源状况》白皮书。白皮书表示，实现由人力资源大国向人力资源强国的转变，是中国政府始终面临的重大课题和不懈推进的重大事业。白皮书指出，改革开放以来，中国实施更加开放的人才政策，政府坚持“支持留学、鼓励回国、来去自由”的留学方针，努力拓宽留学渠道，积极吸引人才回国，为留学人员回国工作、为国服务、回国创业提供支持，创造良好的生活和工作环境。白皮书显示，从1978年至2009年底，中国各类出国留学人员总数达162.07万人，留学回国人员总数达49.74万人。通过实施“中国留学人员回国创业启动支持计划”和“海外赤子为国服务行动计划”等，鼓励和吸引海外留学人员回国工作、创业。在未来的岁月里，中国人民的智慧与力量一定会更好地迸发出来，国家的发展与进步一定会有更加坚实的人力与人才资源基础。

9月15日

第十届华创会实现新跨越，签订协议328亿

9月15日至17日，2010华侨华人创业发展洽谈会在湖北武汉国际会展中心举行。本届“华创会”围绕“创业创新、人才引进、中部合作、继往开来”这一主题，紧紧围绕国家“千人计划”和湖北省“百人计划”等人才战略的实施，突出“华创会”以引进海外智力为主的特点。2010年，恰逢“华创会”十周年，中组部以中央海外高层次人才工作小组的名义作为指导单位，全国政协副主席郑万通及20多位省部级以上领导出席了会议；参会的国内外代表达3500多人，其中来自40多个国家和地区的海外华侨华人专业人士和侨商1500多人；25个省区市及8个副省级城市组团参加了会议。本届“华创会”以项目合作洽谈、专场活动、专区展示为主要内容，先后举行了开幕式、武汉论坛、华创会十周年回顾展、项目合作洽谈会、海外高层次人才创业发展论坛等十几个专场活动，签订合作交流项目151个，其中引进海外高层次人才和技术项目89个，引进投资合作项目62个，协议投资总额达328亿元。

9月17日

2010宁波人才科技周，集聚高端人才项目

9月17日至21日，2010中国浙江•宁波人才科技周活动在宁波举行。本届人才科技周以“人才保障转型，科技支撑升级”为主题，以高层次领军和拔尖人才引进、高科技创新创业创意成果转化和高等教育服务经济社会为重点，共举办人才高洽会、高交会暨首届中韩创新型中小企业技术项目展示洽谈会、教育高峰会、国际工业设计博览会、海外留学人才创业行、浙江科协年会暨院士企业行、中国科技创业计划大赛、国际人才高层论坛、人才科技宣传周等9大系列活动、40余项分体活动。活动周期间，共有500多名包括两院院士在内的国内外各类高级专家，180名来自美国等15个国家的海外留学人才携带160余项技术合作和创业项目参会，2000多家企事业单位参加洽谈，共设各类展位1800多个，参会总人数突破4万人，规模和层次进一步提升。

9月19日

中国科技创业计划大赛落幕，385万奖金花落各家

9月19日，由中国科技创业计划大赛是由科技部火炬高技术产业开发中心、国家科技风险开发事业中心、宁波市人民政府共同主办的全国性创业融资服务活动“2010中国科技创业计划大赛”在浙江宁波落下帷幕。经过前期的层层筛选，65个奖项花落各家，颁发奖金共385万元。来自美国的海归人才许海华的《数字中间件系统及互动创作中心平台》项目荣获了大赛组委会颁发的100万元海创精英大奖，并落户宁波高新区。本届大赛共有4000千多家科技企业和创业者接受了大赛组织的创业融资培训，其中有1500多个企业和项目报名参加了大赛，参赛选手遍布中国国34个省市和地区，香港、澳门、台湾、新疆、西藏、海南等地选手也首次加入参赛队伍，海外人才报名达200多项，再创历史新高。参赛项目涉及互联网、节能环保、新材料、现代服务业、新能源等20多个产业领域，涌现出了物联网、创意产业等新兴产业项目。

9月26日

全国留创园网络年会，共建联盟孵化

9月26日至29日，全国留学人员创业园第十一届网络年会暨中国留学人员创业园联盟一届三次会议在新疆维吾尔自治区首府乌鲁木齐市隆重召开。来自科技部、教育部、人力资源和社会保障部、国家外国专家局、中国致公党中央、新疆维吾尔自治区人民政府和全国30多个省、自治区、直辖

市、计划单列市科技厅、教育厅、人社厅等部门的领导以及全国留学人员创业园和孵化器代表参加会议。会议以“促进联盟孵化，服务海归创业”为主题，重点发布了全国留学人员创业园“联盟孵化”宣言和《中国留学人员创业园联盟2011—2015发展规划纲要》。同时，会议确定了全国留学人员创业园第十二届网络年会暨中国留学人员创业园联盟一届四次会议将于明年在长春留学人员创业园举办，并举行了会旗移交仪式。

9月28日

“海联论坛”召开，共商人才战略大计

9月28日，由中华海外联谊会与欧美同学会·中国留学人员联谊会共同举办的“海联论坛·海外高层次人才与国家发展战略研讨会”在北京召开，研讨吸引海外人才、提升核心竞争力等重大问题，共商推进国家人才战略大计。全国政协副主席、中共中央统战部部长、中华海外联谊会会长杜青林出席论坛并发表主旨演讲，希望广大海外人才把握机缘、广结善缘、着力修缘，把个人发展与民族振兴联系起来，把事业成功与国家强盛结合起来，发扬报国兴邦传统，致力于加快国家发展的宏伟目标。论坛由全国人大常委会副委员长、欧美同学会·中国留学人员联谊会会长韩启德主持。全国政协副主席、科技部部长万钢，全国政协副主席何厚铧，中央组织部副部长李智勇作主题发言。中央和国家机关有关部门，各民主党派中央和全国工商联，欧美同学会 中国留学人员联谊会等负责人，以及150多位海联会理事参加论坛。

10月

10月10日

长沙科技成果转化交易会，签署合作项目260个

10月10日至12日，由教育部、科技部、中国科学院、湖南省人民政府共同主办的2010中国（长沙）科技成果转化交易会在长沙国家级高新技术产业开发区举办。全国人大常委会副委员长、民盟中央主席蒋树声出席活动并宣布大会开幕。本届科交会有国内外科技界、教育界、金融界、企业界的5000多名嘉宾，70多家高校和科研院所携带7313项科技成果参会，举办了海外高端人才创新创业论坛暨引进国际先进适用技术和高端人才洽谈会、 高新技术企业大型人才交流会等多场展览洽谈活动，现场解决和协议解决了160余项技术难题，签署各类科技合作项目260个，总金额达252亿元。

10月17日

无锡海智洽谈会，推动新兴产业发展

10月17日至19日，2010年中国（无锡）海智洽谈会在无锡新区创新创意产业园举办。中国科协副主席、书记处书记、党组副书记齐让，江苏省委常委、无锡市委书记杨卫泽出席开幕式并致辞。此次海智洽谈会由中国科学技术协会、无锡市委市政府主办，以“聚智、创新、发展、共赢”为主题，吸引了21个国家的海外科技团体和个人带着302个项目前来与近200家无锡企业开展洽谈合作，涉及物联网、数字文化创意、电子信息、生物制药、新材料、新能源与节能环保等领域，85个现场项目中最终7个项目当场达成意向，69个项目将继续洽谈。此外，会上还举行了海外引才工作站授牌、海外引才顾问受聘仪式。

10月22日

首届中国人才发展论坛，新理论机制加快人才发展

10月22日至23日，首届中国人才发展论坛在北京国际会议中心隆重召开。中央政治局委员、中央书记处书记、中组部部长李源潮出席论坛座谈会并发表重要讲话，中共中央政治局委员、国务院副总理张德江致论坛开幕辞。中组部、人力资源和社会保障部、科技部、教育部等部位有关部门领导出席论坛。本次论坛以“贯彻落实人才发展规划纲要，全面推进人才优先发展”为主题，由一个主论坛、四个分论坛，以及人才发展理论创新座谈会组成。主论坛采取大会发言的形式，四个分论坛包括高层次人才论坛、高技能人才论坛、企业家论坛、海归人才创业论坛，采取专题交流形式进行。围绕人才优先发展战略布局和人才队伍建设目标任务，总结交流人才工作的成功经验，从理论和实践的角度，研究探讨各类人才成长规律和人才资源开发规律，探索以用为本、创新机制和提高人才效能的新方法、新举措。

10月26日

第三届南京留交会，融全球智力促创新发展

10月26日至27日，由国家人力资源和社会保障部、教育部、科技部、国家外国专家局、江苏省人民政府主办的第三届中国留学人员南京国际交流与合作大会在南京召开。会议秉承“融全球智力、促创新发展”的宗旨，以“世界的长三角、开放的新南京”为主题，吸引了300位海外高层次留学人员带来了160多个高端技术项目，来自全国56所重点高校的500多名博士参会，参会设展的国内企事业单位提供项目需求达400多个，提供岗位2000多个，参会博士后站设站单位提供招收博士后进站项目超过400个，提供招聘博士岗位300 多个。自2008年以来，南京“留交会”已经成功举办两届，共吸引海内外高层次人才5000多人参会，引进1698名海内外高层次人才，其中在南京发展的1195名；引进海外留学人员创业项目80个，技术合作项目85个，入选国家“千人计划”的有29人。

10月28日

合肥海智对接会，服务海外创业人才

10月28日至30日，由中国科协海智办、安徽省人才办、安徽省科协和合肥市人民政府联合主办的中国（合肥）海外高层人才创新创业论坛暨海智项目与人才对接会在合肥举行。安徽省省长倪发科出席论坛并宣布开幕。此次海智论坛暨对接会以“承接海智创业项目，服务海智创业人才”为主题，特邀请海智人才携带项目来合肥，重点围绕新能源汽车、家电、电子信息、新能源和节能环保、新材料、节能安全、平板显示产业等战略性新兴产业发展领域，与合肥市开发园区及企业洽谈对接，旨在引进人才和项目，服务经济社会发展和科技创新，探索海智创新创业“人才落户、项目落地”的新路子。论坛上，安徽省人才办和合肥市委组织部分别向海外高层次科技人员解读了安徽省和合肥市的产业和人才策略，省科协通报了中国科协海智计划合肥工作基地的建设情况，海外高层次科技人员还考察了合肥高新技术开发区、经济技术开发区以及新站综合开发试验区。

10月29日

中国国际人才交流大会，面向世界服务全国

10月29至30日，2010年中国国际人才交流大会在深圳会展中心隆重举办。中共中央政治局委员、国务院副总理张德江，中共中央政治局委员、广东省委书记汪洋出席大会。本次大会由国家外国专家局和深圳市人民政府主办，紧紧围绕“融全球智力，促共同发展”的主题和“国际化、专业化、高端化、精品化、市场化”的目标，立足深圳、面向世界、服务全国。与往年相比，本届增添了许多新的亮点，包括“北美留交会”首次植入大会、教育部首次组织部分高校参展、首设“智力西进”和“智力援疆”展区、“精英天下”、“群英会”、“金领世界”等知名品牌集体亮相，首次举办引进国外智力局省合作、省区市国际人才智力对话活动。共有来自50多个国家和地区的2082家机构参展，6200多家单位参会，举办85项签约、推介、研讨和对接活动，召开了15个专题洽谈会和业务会议，展览面积达67500平方米，参加会人数达10万人次，签署人才交流合作协议共计3658项。

11月

11月2日

杭州国际人才交流与合作大会，项目签约10.2亿元

11月2日至4日，由浙江省委人才工作领导小组、杭州市委、市政府主办2010浙江•杭州国际人才交流与合作大会在杭州举办。浙江省委常委、市委书记黄坤明出席大会并宣布开幕。大会坚持“立足杭州、面向海外、服务浙江”的宗旨，围绕创新创业主题，重点开展了“海外创业人才项目及技术合作洽谈会”、“风云浙商对话海外精英”、“硅谷精英沙龙”、“生物医药国际人才交流与合作论坛”、“资智合作对接会和创业环境考察”等富有实效的活动，取得了良好的成效。共有441位海外人才携444个创业项目参加大会，共达成项目合作意向227个，正式签约项目72个，签约总金额达10.2亿元。项目大多涉及节能环保技术、智能信息化系统、新能源、新材料、机电一体化等高新技术领域。

11月19日

致公党中央中国发展论坛，深入探讨发展关键问题

为促进经济发展方式加快转变，党中央、国务院作出加快发展新兴战略性产业的重大决策。致公党中央委员会在宁举办“2010中国发展论坛・南京栖霞论坛”，中国留学人员创业园联盟参与活动承办。来自国家发改委、国家外国专家局、中国人事科学院、中国高新区协会创业中心的多名专家学者围绕“以改革开放为根本动力和关键措施，促进经济发展方式加快转变”、“谋长虑远的新兴产业战略‘十二五’规划研读”、“战略性新兴产业发展中的人才环境”、“现代服务产业与区域经济发展”、“江苏南京新材料产业现状评估及发展方向和设想”、“科技企业孵化器在培育战略性新兴产业中的作用和发展方向”等“十二五”期间中国发展的关键问题进行了深入研讨。

11月22日

山东第六届“海洽会”，铸齐鲁事业辉煌

11月22日至25日，由国家人力资源和社会保障部、国家外国专家局、山东省人民政府共同主办的2010中国•山东第六届海内外高端人才交流暨技术项目洽谈会在济南举行。本届“海洽会”以“聚天下英才，铸齐鲁事业辉煌”为主题，以“交流、合作、创新、发展”为宗旨，举办海外人才交流、国内高端人才招聘、技术项目洽谈、重点区域建设推介与外国专家表彰等多项活动，有来自五大洲25个国家和地区的524名海外留学人员以及55所著名高校和科研院所的215名博士后携带项目参加了洽谈，提交需求项目5600余个。有18名外国专家获评“齐鲁友谊奖”，59名高层次人才获6600万扶持资金。

12月

12月8日

首届国创业“腾飞奖”，表彰十大海归杰出人物

12月8日，首届中国留学人才归国创业“腾飞奖”颁奖大会在人民大会堂举行。中共中央政治局常委、全国政协主席贾庆林致信祝贺，希望广大留学人员大力弘扬留学报国的优良传统，高举爱国主义和社会主义旗帜，紧跟科技进步和时代前进的步伐，不断提高知识水平和创新能力，努力在回国创业、为国服务中创造新业绩，为全面建成小康社会、实现中华民族伟大复兴作出更大贡献。全国人大常委会副委员长、欧美同学会•中国留学人员联谊会会长韩启德，全国政协副主席、中央统战部部长杜青林出席颁奖大会。大会颁发了归国创业“十大杰出人物”奖、“十大潜力企业”奖，以及“50家优秀企业”奖。

12月20日

第十三届广州“留交会”，累计投资总额达11亿元

12月20日至22日，第十三届中国留学人员广州科技交流会在广州白云国际会议中心隆重举办。中共中央政治局委员、中央书记处书记、中组部部长李源潮，中共中央政治局委员、广东省委书记汪洋共同启动开幕式，并与海外留学青年学者座谈。本届“留交会”累计进场交流3万人次，洽谈项目近4000项次，其中有750个项目达成合作意向或签订协议，累计投资总额人民币11亿元。此外，大会期间共有6万人次通过网络进行在线交流，发出合作要约1.2万项次。

12月20日

第五届“春晖杯”创业大赛颁奖，172人参加项目对接

由教育部、科技部联合主办的第五届“春晖杯”中国留学人员创新创业大赛颁奖仪式在第十三届中国留学人员广州科技交流会上举行，共有172名“春晖杯”创业大赛入围者回国参加项目对接并获奖。教育部、科技部及“春晖杯”创业大赛的承办、协办单位领导出席颁奖仪式，并向获奖者颁奖。第五届“春晖杯”创业大赛于2010年4月25日开始报名，至7月25日报名截止。经由来自留学人员创业园、风险投资机构及企业的负责人等组成的评审委员会对符合受理条件的279个参赛项目进行初审、复审、通审和公示，最终确定194个项目入围。入围者来自美国、英国、加拿大、日本、德国、法国、澳大利亚、新加坡、瑞典、瑞士、爱尔兰、比利时、丹麦、芬兰、葡萄牙、奥地利、荷兰等17个国家；项目主要涉及生物医药、电子信息、新能源与高效节能、资源与环境、科技农业、新材料、光机电一体化、现代服务业等多个领域。在教育部“春晖计划”和中国留学人员广州科技交流会的资助下，有172名入围者汇聚广州，与留学人员创业园、风险投资机构和企业等进行了广泛的交流和对接。据统计，在一天多的时间里有近700人次与入围者进行了洽谈。组委会根据洽谈情况评出一等奖65名，二等奖59名，优秀奖48名。中国驻美国使馆教育处等32个驻外使领馆教育处组及27家在外留学人员社团组织对本届大赛的举办给予了大力的支持。

12月20日

创业园百家最具成长性创业企业颁奖，活动圆满收官

12月20日，由中国留学人员创业园联盟、中国高新技术产业开发区协会创业中心专委会、中国留学人员广州科技交流会办公室、《中国留学生创业》杂志共同举办的“中国留学人员创业园百家最具成长性创业企业”评选活动，在第十三届中国留学人员广州科技交流会上隆重举行了颁奖典礼。经各地创业园初审和推荐，以及专家评审，最终有83家企业入选。会上同期并举办了“2010中国留学人员创业高峰会”，以及“2010年度中国留学人员创业园百家最具成长性创业企业”成果展和洽谈活动。

2010年底

出国留学人员总数达28.47万人，留学回国13.48万人

据教育部消息，2010年度中国出国留学人员总数达28.47万人，2010年度各类留学回国人员总数达13.48万人。与2009年度的统计数据相比较，中国出国留学人数和留学回国人数均有进一步增长。其中，出国留学人数增加5.54万人，留学回国人数增加2.65万人。从结构组成来看，出国留学人员和留学回国人员中，自费留学占绝大多数，其次是国家公派人员和单位公派人员。据统计，从1978年到2010年底，中国各类出国留学人员总数达190.54万人，共有63.22万留学人员学成后选择回国发展。截至2010年底，中国以留学身份出国，在外的留学人员有127.32万人，其中94.64万人正在国外进行专科、本科、硕士、博士等阶段的学习以及从事博士后研究或学术访问等。

综合篇

2010年度留学人员创业园发展报告

2010年度中国留学人员创业园发展报告

中国留学人员创业园联盟

前言

改革开放以来，得益于我国综合实力的不断增强，国家鼓励回国服务政策的不断完善，回国创新创业对于广大海外留学人员的吸引力愈发显著，留学归国人员总数呈逐年上升趋势。据统计，从1978年到2010年底，我国留学回国人员总数已达63.2万人，其中，2009年、2010年连续两年回国人数超过10万，占留学回国总人数的38%以上。当前，伴随着国家人才工作会议的召开，《国家中长期人才发展规划纲要（2010－2020）》的颁布，以及“千人计划”的深入实施和各地引才工作力度的不断加大，海归创业高潮正在进一步形成。

作为吸引与支撑海外留学人员归国创新创业的重要载体，作为孵化留学人员企业、汇集创新创业要素与资源的平台，我国留学人员创业园的建设也越来越得到了各方面的重视，形成了全新的发展局面，并取得了一系列丰硕成果。据《中国留学人员创业年鉴》初步统计，目前，全国已建成各级各类留创园180多家，在孵企业1万余家，累计孵化企业超过2万家，有2万余名留学人员在园创业。众多留创园的建立，起到了降低留学人员创业门槛，对接优势资源，搭建融资平台，提供技术保障，营造国际化生活的配套环境，有力地带动留学人员归国创业的作用，并有效地促进了科技创新、产业结构调整和地方经济发展。

一、我国留学人员创业园建设的意义和作用

作为国家火炬计划创业孵化体系的重要组成部分，我国留学人员创业园在促进高新科技成果转化、抚育留学人员企业和企业家等方面都取得了显著成效，目前已经成为我国科技创业、自主创新的重要力量，为国家的经济建设、社会发展注入了新鲜的活力，更为我国建设创新型国家培养了大批的高层次人才。

（一）推进我国科技创新体制的建立和地方产业结构升级

留学人员创业园是实施国家自主创新战略的一个重要载体，其建立与发展对完善国家创新体系具有积极的促进作用。留创园为留学人员创业企业、政府、投资机构、科研机构、大学等不同社会主体之间的相互交流和相互影响搭建一个平台，使不同机构之间的各种信息、人才、技术、资本等资源得到有效地配置。同时，把留学人员拥有的技术资源与其它社会资源有效地结合起来，充分发挥留学人员的特有优势和才能，推动留学人员创新创业，加速国内高新技术产业化，促进地方产业结构升级和经济社会持续的发展。

（二）带动我国科技创业的创新能力，构建有利于高新技术产业发展的环境

留学人员创业园的出现，得以在科研院所、高等院校传统的体制之外，为留学回国人员特别是有志于在经济建设领域施展才华、创业报国的留学人员，搭建了一个新的舞台，提供了科技政策的新机制，使留学人员的个人价值得到充分体现。全国留创园孵化出了一批具有代表性的高新技术企业，培育出了一批具有国际竞争力和知名度的企业家，尤其在电子信息、生物医药、新能源、新材料、光电子一体化等新兴产业领域发挥出了极其重要的作用，为我国科技企业提高自主创新能力起到了示范作用，更推动了我国整体企业的科技创造能力，加速了“中国创造”的进程。

（三）加速我国与国际间的接轨，为吸引和使用海外人才提供了良好的环境

海外高层次人才作为先进技术和经验的传播者，留学人员创业园将他们集合在一起，加速了我国与国际间的接轨，缩短了与国外先进技术和高科技的距离，为我国融入世界，提高现代化水平，增强国际竞争力提供了良好的环境。当前，各留创园在国家有关部门和地方政府的高度关心和支持下，软硬环境建设已全面跃上新的台阶，为留学人员创业提供了日趋完善的创业环境，吸引了大批海外留学人员回国创业，成为引进海外人才的重要高地和促进高技术产业化的生力军。

二、当前我国留学人员创业园发展特点和经验

自1994年首家留学人员创业园——金陵海外学子科技工业园在南京诞生以来，我国留学人员创业园已历经16年的发展。通过多年逐步的摸索与实践，经过政府主导、探索发展阶段和政策引导、快速成长阶段，当前，其发展呈现出了新的特点，已经从过去单纯追求数量的增长，开始向提高服务质量上转变，而且越来越注重交流和合作，并具备了国际化的视野。

（一）政府主导，创建模式和运行机制多元化

我国留学人员创业园的建设一直以来是以政府为主导，但随着发展的不断壮大，成果的不断涌现，已经逐步吸引了各种投资主体的关注。目前，我国留创园的创建模式大致包括以下几种：

1. 由各地政府主导建立。

园区由政府有关部门（多为各地人事部门）牵头或参与创建，如上海市的大多数留创园、海外留学人员石家庄市创业园、内蒙古自治区留学人员创业园、长春海外学人创业园、福建留学人员创业园等等，数量占全国留学人员创业园的绝大部分。

2. 由高校牵头设立。

由大学牵头，依托大学科技园区或高新区建立。以这种形式创建的留创园主要集中在北京地区，如北大留学人员创业园、北航留学人员创业园、北邮留学人员创业园、北工大留学人员创业园、北京科大留学人员创业园、北京理工留学人员创业园、北师大留学人员创业园、清华留学人员创业园、中关村法大科技服务园、中国农大留学人员现代农业创业基地、中国人民大学留学人员创业园、华北电力大学留学

人员创业园等。据统计，北京高校牵头设立的留学人员创业园达到15家，占到总量一半左右。此外，还有由科研院所创办的留创园，如中科院中自留学人员创业园。

3．由各地开发区牵头建立。

由各地高新技术产业开发区、经济技术开发区、保税区发起，与政府有关部门合作或经批准建立。如天津滨海高新技术产业开发区海外留学生创业园、天津经济技术开发区留学生创业园、秦皇岛市留学生创业园、宁波高新区留学人员创业园、宁波经济技术开发区留学人员创业园、宁波保税区留学人员创业园、杭州高新区创业园、烟台留学人员创业园区、西安经济技术开发区留学人员创业园等都是由各高新区、经开区发起经各地人事部门批准设立的；另如北京留学人员大兴创业园、北京望京留学人员创业园、唐山市归国留学人员创业园等则是由地方人事部门与高新区、经开区合作共建的园区。

4、由专业园区牵头建立。

在专业科技园区的基础上，作为其中专门支持留学人员回国创业的载体而创建。如中关村集成电路留学人员创业园是由北京集成电路设计园和中关村科技园区管委会共建，中关村生命科学园留学人员创业园是在中关村生命科学园的基础上设立的。

5、由民营企业创办或联合创办

由民营企业以公司发起形式创办或牵头与有关单位联合创办。如北京经济技术开发区留学人员（汇龙森）创业园，由汇龙森国际企业孵化（北京）有限公司与北京经济技术开发区人才交流服务中心与共同创建，中关村软件园留学人员创业园由北京中关村软件园发展有限责任公司、中关村高科技产业促进中心、北京软件与信息服务业促进中心以及北京赛西电子科技公司联合出资成立。

除了创办形式的多样化外，园区的类型也包括了综合型、专业型和投资型；单位性质包括了国有、民营、联营；管理主体包括了事业单位、民营企业等，总体呈现出多元化。

（二）从追求数量到增速放缓，建设更趋于理性化

我国留创园在发展中曾经历过一个数量激增的时期，从1994年的第一家猛增到2004年的110多家。随着留创园的不断壮大，国家和地方在留学人员回国服务和创业园建设上也更加理性，到目前已经进入增速放缓、质量提升的阶段。自2010年以来，湖北省留学生襄樊创业园、长沙经济技术开发区留学人员创业园、贵阳留学归国人才创业园、杭州余杭区留学人员创业园、杭州留学人员富阳创业园以及青岛市新建的5家留学人员创业园区等新园区相继落成，无一不是进行了完善的筹备，有着良好的软硬件平台，自建设之初就已经有一批企业入园发展。此外，还有包头、兰州、乌鲁木齐、昆山、东莞等留创园经与人社部进行省部共建，以及省市共建的德州留学人员创业园等，则是在原有园区的基础上进行了重新的发展规划，为全国留创园发展又增添了新的力量，注入了新的活力。

据《中国留学人员创业年鉴》收录统计，目前我国共建立留学人员创业园182家，除西藏自治区和青海省外（青海省曾于2006年9月在甘河滩工业园区设立青海省高层次人才暨留学回国人员科技创业园，但目前处于停运状态），全国29个省、自治区、直辖市都目前都建立了留学人员创业园。其中，江苏省、浙江省、北京市、山东省、上海市的留学人员创业园数量位居前列，均超过10家。在区域分布上，主要集中于华东地区和华北地区。按行政区域和省区市总体分布如下：

地区	省区市	数量	总计
华北地区	北京市	28家	总计39家
	天津市	2家	
	河北省	6家	
	山西省	1家	
	内蒙古自治区	2家	
东北地区	辽宁省	3家	总计7家
	吉林省	2家	
	黑龙江省	2家	
华东地区	上海市	11家	总计99家
	江苏省	36家	
	浙江省	26家	
	安徽省	4家	
	福建省	2家	
	江西省	1家	
	山东省	19家	
华中地区	河南省	3家	总计12家
	湖北省	2家	
	湖南省	7家	
华南地区	广东省	8家	总计13家
	广西壮族自治区	4家	
	海南省	1家	
西南地区	重庆市	1家	总计6家
	四川省	2家	
	贵州省	1家	
	云南省	2家	
	西藏自治区	无	
西北地区	陕西省	3家	总计6家
	甘肃省	1家	
	青海省	无	
	宁夏回族自治区	1家	
	新疆自治区	1家	

在留学人员创业园认定方面，经初步统计，目前有经国家科技部、教育部、人社部、外国专家局联合认定的“国家留学人员创业园示范园区”21家；经人力资源和社会保障部进行省部共建的“中国留学人员创业园”38家；各由省区直辖市人事部门认定，或由各地政府和人事部门直接设立或省市共建的省级留学人员创业园92家，其中有：北京市11家，天津市2家，河北省2家，山西省1家，内蒙古自治区1家，吉林省1家，上海市9家，江苏省32家，浙江省9家，安徽省4家，福建省2家，山东省2家，河南省3家，湖北省1家，湖南省5家，广西自治区1家，海南省1家，重庆市1家，云南省1家，甘肃省1家，宁夏自治区1家，新疆自治区1家，占了留学人员创业园总体数量的一半以上。

（三）各地留创园成集群式发展，形成人才和企业聚集效应

经过十几年的努力，各地留学人员创业园蓬勃发展，数量规模大幅提升，成集群式发展态势，在海外高层次人才和高新技术企业方面形成了显著的集聚效应。

例如，北京中关村科技园区先后设立了20多家留创园，孵化企业达3800多家，在中关村创业和从事科学研究的海归人才超过1.5万名，占全国的近1/4；先后有29名人才入选中央“千人计划”，其中创业类人才27名，占全国总数的17.6%，位居全国第一；有69名人才被认定为北京海外高层

次人才，占北京市海外高层次人才总数的78.4%。上海市先后创办了11家留创园，留学人员在沪创办企业超过4000家，截至2010年8月，全市已有130名海外人才入选中央“千人计划”。江苏省通过积极打造留学人员创业带，使各类创业园成为留学人员自主创业、科技创新以及高新技术成果产业化的集散港，到2010年已建成各类留学人员创业园30余家，孵化面积超过180万平方米，在园企业达到1500家左右，累计孵化企业超过2500家，技工贸总收入近1000亿元。

（四）平台建设和孵化服务大幅加强，孵化成效显著

在创业园队伍不断壮大的同时，随着归国留学生创业热潮的形成，目前，各地留创园工作重心更聚焦于平台建设方面，孵化场地面积比初创期平均扩大了约5倍，在园区硬件建设、孵化网络建设、技术孵化能力建设、企业人力资源服务平台建设、知识产权运行机制平台建设等方面都有了很大提升，园区智能化、信息化水平迅速提高，现代化共享设施、配套服务设施逐步完善。同时，各留创园的服务层次、服务能力，以及管理人员水平都有了大幅提升，除了提供孵化场地和商务服务等基础服务项目外，投融资、专业孵化、管理咨询等深层次服务逐步开展，并创立了“创业导师”、“一站式”、“一条龙”、“交钥匙工程”等特色服务模式，取得了显著的孵化成效。

例如，北京市留学人员海淀创业园经过13年的建设发展，目前已经形成了企业孵化平台、科技条件平台、创业导师平台“三大平台”，加之人才引进、创业辅导、企业融资、成果转化、股权投资、产业促进等“六项服务”，构成了完整的孵化体系，先后育出了5家海内外上市公司，2010年毕业企业启明星辰、软通动力相继上市；有10位海外高层次人才入选中央“千人计划”，仅2010年就有4人入选。厦门留学人员创业园孵化面积从1996年始建的4500平方米扩展到目前的32万平方米,在孵企业数达到480家，累计毕业企业数达200多家，园区企业产值从最初的几十万元增加到2010年的20亿元，企业纳税从最初的几万元增加到2010年的2亿元，并培育出了3家上市企业。西安留学人员创业园目前已建立了12个创业孵化基地，聚集了来自20多个国家的700多名留学人员，创办留学人员企业500多家，累计孵化毕业企业300多家，2010年有6人列入中央“千人计划”创业人才，15人列入陕西省“百人计划”。此外，武汉留学生创业园共有12人入选中央“千人计划”，单一园区“千人计划”人才数量名列全国前茅；清华留学人员创业园先后有9人入选中央“千人计划”；　留学人员广州创业园入选中央“千人计划”8人；成都留学人员创业园入选“千人计划”8人。2010年，北师大留学人员创业园企业安博教育成功登陆美国纽交所；厦门创业园企业三维丝环保和乾照光电先后在深交所创业板首发上市。

（五）专业孵化成趋势，行业结构更适宜本地产业经济

近年来，专业留创园迅猛发展。随着软件园、生命园、集成电路园等专业化园区的建立，专业化趋势越来越明显。如中国人民大学留学人员创业园是全国第一家专门服务文化创意企业的留学人员创业园；中关村法大留学人员创业园是全国首家以法律服务为主的留学人员创业园；中关村数字娱乐留学人员创业园是全国第一个专注于数字文化产业的留学人员创业园；山东省医疗卫生行业留学人员创业园是全国第一家医疗卫生行业的专业性留学人员创业园；杨凌示范区留学人员创业园是我国最早设立的农业高科技留学人员创业园。此外，还有如中关村软件园留学人员创业园是以软件外包、信息安全、行业应用软件为主的信息园区；中关村集成电路留学人员创业园，作为集成电路和软件行业为主的专业园区，园内80%以上为集成电路及嵌入式相关企业；中关村生命科学园留学人员创业园是专门为中小生物医药企业和留学人员医药企业提供全方位创业孵化服务的专业创业园；湖南生物医药留学人员创业园是以生物医药领域高科技项目孵化为主的专业园区。相对于综合孵化机构，这些专业孵化园区在专业技术、硬件条件和服务、产业要素聚集能力与资源整合能力等方面，具有明显优势。

而一些传统综合性服务的留学人员创业园也越来越意识到，只有根据当地的地理位置、经济形势、产业发展需求等，找出比较优势，因地制宜，鼓励发展符合该地区实际情况的产业，才能在当地经济发展中起到更大地推动作用，所以，也开始有意识地培育其自身的专业孵化能力。通过专业化细分客户，形成在特定专业领域的优势成为越来越多留学人员创业园发展的重心。例如，北邮留学人员创业园主要面向IT行业，着眼通讯领域，定位于专业的信息科技园；北京科大留学人员创业园围绕新材料、制造业、信息化领域建设专业园区；南京留学人员创业园、苏州留学人员创业园、济南创业园大力发展生物医药产业；厦门创业园、淄博留学人员创业园在光机电一体化、新材料产业方面形成了集聚效应；上海虹桥临空留学人员创业园以现代服务业和服装制造为主；内蒙古留学人员创业园结合本地资源开拓稀土利用领域；无锡留学人员创业园则瞄准新兴产业领域，集聚了一大批物联网领域的高技术企业。

（六）发挥合力，全国留学回国人员创业孵化体系正在形成

当前，各留学人员创业园在借助留学生海外资源的同时，充分发挥合作共建优势，有效利用各有关部门资源，大力引进智力资本，搭建企业对外联络桥梁。例如，乌鲁木齐留学人员创业园通过与人力资源和社会保障部共建，并积极开展“海外赤字为疆服务行动”；内蒙古留学人员创业园组办“中国留学人员西部科技交流洽谈会”，同时启动“内蒙古自治区高层次人才创新创业基地”建设工程和实施“草原英才”工程，在孵留学人员企业已达140家，并有两位创业人才入选中央“千人计划”。还有大连、广州、南京、天津、上海、杭州、无锡等地更多的留学人员创业园，或积极通过中国海创周、广州“留交会”、“春晖杯”创业大赛等活动平台，或采用“走出去，引进来”和国际合作的方式，不断吸引海外人才回国发展。

同时，随着创业园之间的分工协作和交流逐渐频繁，各园区自身的孵化特色和全国性的留学归国人员创业孵化体系正在形成。过去，创业园各自发展，独木成林；而现在，面对新时代的引才和服务要求，需要到充分利用群体力量，发挥各方资源优势。中国留学人员创业园联盟正是在这种时代需求下诞生的全国性组织。联盟目前已经汇聚了76家留学人员创业园和留学人员服务机构，充分发挥资源整合优势，疏通各方对接渠道，构建了人才、技术、资本、市场等方面的资源共享机制，形成了辐射全国留学人员创业园网络，借助指导单位及联盟的政策、活动、宣传、投融资等平台优势，有效地促进了留学人员创业企业在各领域的沟通协作。

在2010年举办的全国留学人员创业园第十一届网络年会上，中国留学人员创业园联盟发布了“联盟孵化”宣言，提出联盟成员单位将共同推进“联盟孵化”，建立全国留学人员创业园之间的资源分享和利益共赢机制，形成留学人

员企业“选土育苗”、加速企业成长、促进企业发展壮大三个阶段的科学发展。目前，联盟已经启动了襄樊产业基地暨襄樊科技城的建设，并计划与地方政府、各类投资主体在全国范围内共同建设10个联盟孵化基地，这也将为迈进全新“十二五”阶段的留学人员创业园建设和发展提供一个新的思路。

三、当前我国留学人员创业园发展机遇和挑战

经过十多年的探索与实践，全国留学人员创业园规模实现了快速发展，相互合作交流机制初步建立，逐步实现了群体发展和推动的功能和作用。目前，我国已经进入“十二五”时期，面对新阶段的新要求，留创园的发展也将面临着更多的机遇和挑战。

（一）加快建设创新型国家所带来的战略机遇

提高自主创新能力，建设创新型国家是我国新时期发展战略的核心，是提高综合国力的关键。党中央高度重视科技进步和创新，明确提出“要坚持把推动自主创新摆在全部科技工作的突出位置”，“将提高科技自主创新能力作为推进结构调整和提高国家竞争力的中心环节”，同时要“通过重点建设创新创业园，继续探索体制创新、机制创新与技术创新的结合”。以加快转变经济发展方式为主线，加快培育和发展战略性新兴产业，加快建设创新型国家，是我国“十二五”时期的重要战略部署，这既为我国留创园的发展提供了明确的指导方针，也带来了更多的机遇。

（二）加大海外高层次人才引进力度所带来的环境机遇

2010年5月，中共中央、国务院在北京召开全国人才工作会议。胡锦涛总书记发表重要讲话时指出，人才资源是第一资源，人才问题是关系党和国家事业发展的关键问题。温家宝总理也强调，要为人才成长创造良好条件和环境，要大胆引进和使用海外高水平拔尖人才，鼓励海外留学人员回国工作、创业或以多种方式为国家发展服务。2010年6月，《国家中长期人才发展规划纲要（2010—2020年）》正式发布，作为实施人才强国战略的总体规划，《纲要》中指出，要围绕提高自主创新能力、建设创新型国家，以高层次创新型科技人才为重点，努力造就一批世界水平的科学家、科技领军人才、工程师和高水平创新团队，要突出培养造就创新型科技人才，加大海外高层次创新创业人才引进力度。

《国家中长期人才发展规划纲要》的颁布以及地方人才发展纲要的出台，正体现了党和国家对人才以及海外留学人员和留学回国工作的高度重视，也是中央和地方上下联动，横向协作，相互促进，整体推进的重要体现，为进一步做好留学回国工作营造了良好的环境氛围，为留学人员回国创业创造了更为有利的政策条件，也为我国留学人员创业园带来了新的发展契机。

（三）国家对留学人员回国创新创业高度重视所带来的政策机遇

当前，国家和各地政府对留学人员创新创业高度重视。2008年底中央实施的“千人计划”成效显著，截至2010年底，已分5批次引进1143名海外高层次人才，其中，创业人才263人，约占总人数的23%。这些高层次人才回国后积极投身教学科研、技术开发和科技创业，在不同领域发挥出了重要作用。

结合《国家中长期科学技术发展规划纲要》和全国人才工作会议对海外引才工作的新要求，为配合中央“千人计划”的深入实施，科技部、教育部、人力资源和社会保障部、国家外专局、中科院等国家部委及有关部门单位也相继制订了专门政策，例如科技部出台了《关于加快国家科技重大专项引进海外高层次人才的通知》、新《科技企业孵化器管理办法》等政策文件；人力资源和社会保障部启动实施了“中国留学人员回国创业启动支持计划”、“海外赤子为国服务行动计划”，并将出台《关于支持留学回国人员回国创业的意见》。此外还有“春晖计划”、“海智计划”等为国服务活动，留学回国政策和平台不断创新完善。

同时，各地各级政府也结合自身特点，出台各项配套政策措施。为海外高层次人才创新创业创造了更为有利的政策环境。例如，2009年北京市启动实施“海聚工程”，截至2010年9月，已引进海外高层次人才119人；中关村实施“高聚工程”，截至2010年底第一批有22人入选。天津市2009年开始实施“天津千人计划”，在2010年上半年出台的名单中有37名海外高层次人才获得“天津市特聘专家”证书，并在2010年11月发布了《滨海新区加快引进海外高层次人才暂行办法》。上海在2010年推出了《上海市实施海外高层次人才引进计划的意见》，并于11月启动实施“上海千人计划”。江苏省自2007年启动“双创人才引进计划”，3年来先后有7296名海内外高层次人才申报该计划，其中557人获得江苏省财政资助，另外全省13个市和大部分县（市、区）积极推出了专项引才计划，如“杭州521计划”、“姑苏人才计划”、“金鸡湖双百人才计划”等。

国家有关部门及地方政府间在国家及地方政策出台和落实方面上协调配合，形成了自上至下的人才战略布局，使鼓励、扶持留学人员回国创业的政策体系得到进一步完善，为海外高层次人才创新创业提供了更为宽松的环境和更为宽广的舞台，也为全国各地留学人员创业园的发展提供了更广阔的空间。

四、当前我国留学人员创业园发展问题和建议

目前，越来越多的留学人员回国创业，归国创业也更加趋于理性和务实，留学人员的发展还将面临着很多问题，如何实施并落实人才成长的各项政策、如何对留学人员创业园全方位进行扶持等已成为“十二五”期间工作的新挑战。在新的时期，我国的留学人员创业园发展还有很多工作要做，还需要与时俱进，不断提升自我，在未来更好地吸引留学人员回国创业。

（一）完善创新创业政策，加强留创园的规范化管理

目前，虽然国家和地方各级政府为留学人员回国创新创业制定出台了各项优惠政策，但“落实难”的问题依旧显著，资金匹配往往不能及时到位，影响了企业的正常运作和发展，这也是留学回国人员们最关心的问题。同时，有些扶持政策已经无法充分适应当前留学人员回国创业的新趋势和新要求，所以，要基于国际和国内环境变化以及海归群体变化的情况，对现行政策及时盘点，借鉴吸收有价值的政策，废除不适用不合理的政策。加强对人才的引进和使用的政府部门意识，在政策的制定和实施投入上，应避免重指标轻实质、重显性轻隐性、重眼前轻长远，要保持人才引进的稳定性，要切实可行，对于承诺的资金和配套服务应及时兑现，确保人才引进以后的作用发挥。同时建议国家各部门及地方各级政府、各个机构的引才政策能够上下协调，统一遴选标准，避免重复引进、重复评估以及造成不必要的重复劳动。

此外，当前留学人员创业园的建设、认定和评估标准仍不统一，盲目兴建、泛滥挂牌，园区空壳现象、发展长期

停滞甚至倒退现象依旧存在，建议国家科技部、教育部、人社部、外国专家局等有关部委部门能结合当前留创园情况协同制定统一的评估认定标准体系，进行规范化管理，去芜存菁，进一步推动我国留创园建设的精品化和做大做强。

（二）继续完善政府管理体制和方式，有效发挥留创园的功能

政府在留学人员创业园发展过程中扮演引导、支持的角色。优惠配套政策的制订、资金的下拨都需要政府协调，国家和地方在留创园管理工作中，在人才、技术引进等方面还需进一步加大投入，扶持建园。同时，孵化服务工作往往涉及众多政府职能部门，其管理的体制和方式有待深化改革与不断完善，需要各方在统一领导下，建立全新的协调沟通与互助机制，避免政企不分、行政干预、责权不清等，并按照现代企业制度原则，改革留学人员创业园内部的治理模式，实现留学人员创业园所有权与经营权的分离问题，以有效发挥留创园的功能。此外，应鼓励社会资本以参股、控股和独资方式经营留学人员创业园，对民营资本进入留创园应在土地、税收和金融上给予支持。

（三）孵化队伍素质尚需提高，要继续加强内部管理队伍建设

留学人员创业园的发展要紧密结合海外归国人才成长规律和孵化工作需求，如今，归国创业逐渐由个人走向团队，愈发专业化的趋势对创业园服务提出了更高的要求，孵化队伍的素质决定了服务能力的高低，个别留学人员创业园仍然处于简单的物业服务、公共孵化服务的水平，如何培养一支高效的专业化地孵化服务队伍，根据企业的具体特点和需要，持续提供管理咨询、技术指导和投融资等深层次服务，对留创园的发展至关重要。要健全留创园内部的管理、激励和监督机制，积极创造条件吸引和留住人才，建立更为完善的用人制度，全面提高孵化队伍的整体素质。

（四）加强配套服务建设，加快改善留学人员创业园核心孵化服务体系

留学人员创业孵化服务体系的构建是一个长期的、动态的过程。留学人员创业园应根据自身的特点和条件，从注重硬环境建设向注重软环境建设发展，从低层次服务向深层次服务发展，建立有特色的创业服务体系，加强综合服务平台和信息服务平台的建设，提升服务覆盖面和效率，并且应根据外界环境的变化，不断地调整和完善，切实解决留学人员在创业中遇到的各种难题。

（五）投融资环境尚不健全，要稳步完善风险投资机制

当前，资金问题仍是阻碍留学人员企业发展的最大瓶颈，国内还缺少能真正扶持留学人员创办企业特别是中小企业的银行、金融机构，还没有形成良好的融资环境。留学人员创业园在服务过程中为留学人员企业解决资金来源的渠道主要还是通过国家及各级政府的科技资金补助，以及园区所提供投资优惠政策，还不能足以解决企业存在的普遍困难。如何引导留创园持股孵化和强化与股权资本相结合，这方面仍需要深入探索和实践。

（六）区域示范性作用尚需显现，要加强园区品牌建设

各地留学人员创业园各具特色，初步显现了样板的作用，但全国示范性、集成性效应尚显不足，在区域中领军园区的放大作用还需要强化和完善。要加强宣传力度，扩大留学人员创业园的知名度，形成品牌效应。同时，应有效利用联盟组织，充分发挥资源平台共享，集成放大效果，在加强交流与合作的同时，进一步树立园区的品牌形象。

结语

当前，海外高层次人才已经成为推动我国创新创业，促进经济发展，提升综合国力的重要力量。全国人才工作会议的召开、《国家中长期人才发展纲要》的颁布，以及国家及各地方人才政策的实施，为海外高层次人才创新创业工作提供了更广阔的平台，也为我国留学人员创业园的发展注入了新的活力，留学人员创业园正在向着向着提升孵化能力、创新园区品牌，实现多元化、网络化、国际化的更高层次目标迈进，其发展也必将成为吸引越来越多的海外学子回国创业的重要环节，成为实现科技进步、人才强国的重要平台。

第二部分

政策篇

国务院关于鼓励和引导民间投资健康发展的若干意见

（国发〔2010〕13号）

改革开放以来，我国民间投资不断发展壮大，已经成为促进经济发展、调整产业结构、繁荣城乡市场、扩大社会就业的重要力量。在毫不动摇地巩固和发展公有制经济的同时，毫不动摇地鼓励、支持和引导非公有制经济发展，进一步鼓励和引导民间投资，有利于坚持和完善我国社会主义初级阶段基本经济制度，以现代产权制度为基础发展混合所有制经济，推动各种所有制经济平等竞争、共同发展；有利于完善社会主义市场经济体制，充分发挥市场配置资源的基础性作用，建立公平竞争的市场环境；有利于激发经济增长的内生动力，稳固可持续发展的基础，促进经济长期平稳较快发展；有利于扩大社会就业，增加居民收入，拉动国内消费，促进社会和谐稳定。为此，提出以下意见：

一、进一步拓宽民间投资的领域和范围

（一）深入贯彻落实《国务院关于鼓励支持和引导个体私营等非公有制经济发展的若干意见》（国发〔2005〕3号）等一系列政策措施，鼓励和引导民间资本进入法律法规未明确禁止准入的行业和领域。规范设置投资准入门槛，创造公平竞争、平等准入的市场环境。市场准入标准和优惠扶持政策要公开透明，对各类投资主体同等对待，不得单对民间资本设置附加条件。

（二）明确界定政府投资范围。政府投资主要用于关系国家安全、市场不能有效配置资源的经济和社会领域。对于可以实行市场化运作的基础设施、市政工程和其他公共服务领域，应鼓励和支持民间资本进入。

（三）进一步调整国有经济布局和结构。国有资本要把投资重点放在不断加强和巩固关系国民经济命脉的重要行业和关键领域，在一般竞争性领域，要为民间资本营造更广阔的市场空间。

（四）积极推进医疗、教育等社会事业领域改革。将民办社会事业作为社会公共事业发展的重要补充，统筹规划，合理布局，加快培育形成政府投入为主、民间投资为辅的公共服务体系。

二、鼓励和引导民间资本进入基础产业和基础设施领域

（五）鼓励民间资本参与交通运输建设。鼓励民间资本以独资、控股、参股等方式投资建设公路、水运、港口码头、民用机场、通用航空设施等项目。抓紧研究制定铁路体制改革方案，引入市场竞争，推进投资主体多元化，鼓励民间资本参与铁路干线、铁路支线、铁路轮渡以及站场设施的建设，允许民间资本参股建设煤运通道、客运专线、城际轨道交通等项目。探索建立铁路产业投资基金，积极支持铁路企业加快股改上市，拓宽民间资本进入铁路建设领域的渠道和途径。

（六）鼓励民间资本参与水利工程建设。建立收费补偿机制，实行政府补贴，通过业主招标、承包租赁等方式，吸引民间资本投资建设农田水利、跨流域调水、水资源综合利用、水土保持等水利项目。

（七）鼓励民间资本参与电力建设。鼓励民间资本参与风能、太阳能、地热能、生物质能等新能源产业建设。支持民间资本以独资、控股或参股形式参与水电站、火电站建设，参股建设核电站。进一步放开电力市场，积极推进电价改革，加快推行竞价上网，推行项目业主招标，完善电力监管制度，为民营发电企业平等参与竞争创造良好环境。

（八）鼓励民间资本参与石油天然气建设。支持民间资本进入油气勘探开发领域，与国有石油企业合作开展油气勘探开发。支持民间资本参股建设原油、天然气、成品油的储运和管道输送设施及网络。

（九）鼓励民间资本参与电信建设。鼓励民间资本以参股方式进入基础电信运营市场。支持民间资本开展增值电信业务。加强对电信领域垄断和不正当竞争行为的监管，促进公平竞争，推动资源共享。

（十）鼓励民间资本参与土地整治和矿产资源勘探开发。积极引导民间资本通过招标投标形式参与土地整理、复垦等工程建设，鼓励和引导民间资本投资矿山地质环境恢复治理，坚持矿业权市场全面向民间资本开放。

三、鼓励和引导民间资本进入市政公用事业和政策性住房建设领域

（十一）鼓励民间资本参与市政公用事业建设。支持民间资本进入城市供水、供气、供热、污水和垃圾处理、公共交通、城市园林绿化等领域。鼓励民间资本积极参与市政公用企事业单位的改组改制，具备条件的市政公用事业项目可以采取市场化的经营方式，向民间资本转让产权或经营权。

（十二）进一步深化市政公用事业体制改革。积极引入市场竞争机制，大力推行市政公用事业的投资主体、运营主体招标制度，建立健全市政公用事业特许经营制度。改进和完善政府采购制度，建立规范的政府监管和财政补贴机制，加快推进市政公用产品价格和收费制度改革，为鼓励和引导民间资本进入市政公用事业领域创造良好的制度环境。

（十三）鼓励民间资本参与政策性住房建设。支持和引导民间资本投资建设经济适用住房、公共租赁住房等政策性住房，参与棚户区改造，享受相应的政策性住房建设政策。

四、鼓励和引导民间资本进入社会事业领域

（十四）鼓励民间资本参与发展医疗事业。支持民间资本兴办各类医院、社区卫生服务机构、疗养院、门诊部、诊所、卫生所（室）等医疗机构，参与公立医院转制改组。支持民营医疗机构承担公共卫生服务、基本医疗服务和医疗保险定点服务。切实落实非营利性医疗机构的税收政策。鼓励医疗人才资源向民营医疗机构合理流动，确保民营医疗机构在人才引进、职称评定、科研课题等方面与公立医院享受平等待遇。从医疗质量、医疗行为、收费标准等方面对各类医疗机构加强监管，促进民营医疗机构健康发展。

（十五）鼓励民间资本参与发展教育和社会培训事业。支持民间资本兴办高等学校、中小学校、幼儿园、职业教育等各类教育和社会培训机构。修改完善《中华人民共和国民办教育促进法实施条例》，落实对民办学校的人才鼓励政策和公共财政资助政策，加快制定和完善促进民办教育发展的金融、产权和社保等政策，研究建立民办学校的退出机制。

（十六）鼓励民间资本参与发展社会福利事业。通过用地保障、信贷支持和政府采购等多种形式，鼓励民间资本投资建设专业化的服务设施，兴办养（托）老服务和残疾人康复、托养服务等各类社会福利机构。

（十七）鼓励民间资本参与发展文化、旅游和体育产业。鼓励民间资本从事广告、印刷、演艺、娱乐、文化创意、文化会展、影视制作、网络文化、动漫游戏、出版物发行、文化产品数字制作与相关服务等活动，建设博物馆、图书馆、文化馆、电影院等文化设施。鼓励民间资本合理开发旅游资源，建设旅游设施，从事各种旅游休闲活动。鼓励民间资本投资生产体育用品，建设各类体育场馆及健身设施，从事体育健身、竞赛表演等活动。

五、鼓励和引导民间资本进入金融服务领域

（十八）允许民间资本兴办金融机构。在加强有效监管、促进规范经营、防范金融风险的前提下，放宽对金融机构的股比限制。支持民间资本以入股方式参与商业银行的增资扩股，参与农村信用社、城市信用社的改制工作。鼓励民间资本发起或参与设立村镇银行、贷款公司、农村资金互助社等金融机构，放宽村镇银行或社区银行中法人银行最低出资比例的限制。落实中小企业贷款税前全额拨备损失准备金政策，简化中小金融机构呆账核销审核程序。适当放宽小额贷款公司单一投资者持股比例限制，对小额贷款公司的涉农业务实行与村镇银行同等的财政补贴政策。支持民间资本发起设立信用担保公司，完善信用担保公司的风险补偿机制和风险分担机制。鼓励民间资本发起设立金融中介服务机构，参与证券、保险等金融机构的改组改制。

六、鼓励和引导民间资本进入商贸流通领域

（十九）鼓励民间资本进入商品批发零售、现代物流领域。支持民营批发、零售企业发展，鼓励民间资本投资连锁经营、电子商务等新型流通业态。引导民间资本投资第三方物流服务领域，为民营物流企业承接传统制造业、商贸业的物流业务外包创造条件，支持中小型民营商贸流通企业协作发展共同配送。加快物流业管理体制改革，鼓励物流基础设施的资源整合和充分利用，促进物流企业网络化经营，搭建便捷高效的融资平台，创造公平、规范的市场竞争环境，推进物流服务的社会化和资源利用的市场化。

七、鼓励和引导民间资本进入国防科技工业领域

（二十）鼓励民间资本进入国防科技工业投资建设领域。引导和支持民营企业有序参与军工企业的改组改制，鼓励民营企业参与军民两用高技术开发和产业化，允许民营企业按有关规定参与承担军工生产和科研任务。

八、鼓励和引导民间资本重组联合和参与国有企业改

（二十一）引导和鼓励民营企业利用产权市场组合民间资本，促进产权合理流动，开展跨地区、跨行业兼并重组。鼓励和支持民间资本在国内合理流动，实现产业有序梯度转移，参与西部大开发、东北地区等老工业基地振兴、中部地区崛起以及新农村建设和扶贫开发。支持有条件的民营企业通过联合重组等方式做大做强，发展成为特色突出、市场竞争力强的集团化公司。

（二十二）鼓励和引导民营企业通过参股、控股、资产收购等多种形式，参与国有企业的改制重组。合理降低国有控股企业中的国有资本比例。民营企业在参与国有企业改制重组过程中，要认真执行国家有关资产处置、债务处理和社会保障等方面的政策要求，依法妥善安置职工，保证企业职工的正当权益。

九、推动民营企业加强自主创新和转型升级

（二十三）贯彻落实鼓励企业增加研发投入的税收优惠政策，鼓励民营企业增加研发投入，提高自主创新能力，掌握拥有自主知识产权的核心技术。帮助民营企业建立工程技术研究中心、技术开发中心，增加技术储备，搞好技术人才培训。支持民营企业参与国家重大科技计划项目和技术攻关，不断提高企业技术水平和研发能力

（二十四）加快实施促进科技成果转化的鼓励政策，积极发展技术市场，完善科技成果登记制度，方便民营企业转让和购买先进技术。加快分析测试、检验检测、创业孵化、科技评估、科技咨询等科技服务机构的建设和机制创新，为民营企业的自主创新提供服务平台。积极推动信息服务外包、知识产权、技术转移和成果转化等高技术服务领域的市场竞争，支持民营企业开展技术服务活动。

（二十五）鼓励民营企业加大新产品开发力度，实现产品更新换代。开发新产品发生的研究开发费用可按规定享受加计扣除优惠政策。鼓励民营企业实施品牌发展战略，争创名牌产品，提高产品质量和服务水平。通过加速固定资产折旧等方式鼓励民营企业进行技术改造，淘汰落后产能，加快技术升级

（二十六）鼓励和引导民营企业发展战略性新兴产业。广泛应用信息技术等高新技术改造提升传统产业，大力发展循环经济、绿色经济，投资建设节能减排、节水降耗、生物医药、信息网络、新能源、新材料、环境保护、资源综合利用等具有发展潜力的新兴产业。

十、鼓励和引导民营企业积极参与国际竞争

（二十七）鼓励民营企业“走出去”，积极参与国际竞争。支持民营企业在研发、生产、营销等方面开展国际化经营，开发战略资源，建立国际销售网络。支持民营企业利用自有品牌、自主知识产权和自主营销，开拓国际市场，加快培育跨国企业和国际知名品牌。支持民营企业之间、民营企业与国有企业之间组成联合体，发挥各自优势，共同开展多种形式的境外

投资。

（二十八）完善境外投资促进和保障体系。与有关国家建立鼓励和促进民间资本国际流动的政策磋商机制，开展多种形式的对话交流，发展长期稳定、互惠互利的合作关系。通过签订双边民间投资合作协定、利用多边协定体系等，为民营企业“走出去”争取有利的投资、贸易环境和更多优惠政策。健全和完善境外投资鼓励政策，在资金支持、金融保险、外汇管理、质检通关等方面，民营企业与其他企业享受同等待遇。

十一、为民间投资创造良好环境

（二十九）清理和修改不利于民间投资发展的法规政策规定，切实保护民间投资的合法权益，培育和维护平等竞争的投资环境。在制订涉及民间投资的法律、法规和政策时，要听取有关商会和民营企业的意见和建议，充分反映民营企业的合理要求。

（三十）各级人民政府有关部门安排的政府性资金，包括财政预算内投资、专项建设资金、创业投资引导资金，以及国际金融组织贷款和外国政府贷款等，要明确规则、统一标准，对包括民间投资在内的各类投资主体同等对待。支持民营企业的产品和服务进入政府采购目录。

（三十一）各类金融机构要在防范风险的基础上，创新和灵活运用多种金融工具，加大对民间投资的融资支持，加强对民间投资的金融服务。各级人民政府及有关监管部门要不断完善民间投资的融资担保制度，健全创业投资机制，发展股权投资基金，继续支持民营企业通过股票、债券市场进行融资。

（三十二）全面清理整合涉及民间投资管理的行政审批事项，简化环节、缩短时限，进一步推动管理内容、标准和程序的公开化、规范化，提高行政服务效率。进一步清理和规范涉企收费，切实减轻民营企业负担。

十二、加强对民间投资的服务、指导和规范管理

（三十三）统计部门要加强对民间投资的统计工作，准确反映民间投资的进展和分布情况。投资主管部门、行业管理部门及行业协会要切实做好民间投资的监测和分析工作，及时把握民间投资动态，合理引导民间投资。要加强投资信息平台建设，及时向社会公开发布国家产业政策、发展建设规划、市场准入标准、国内外行业动态等信息，引导民间投资者正确判断形势，减少盲目投资。

（三十四）建立健全民间投资服务体系。充分发挥商会、行业协会等自律性组织的作用，积极培育和发展为民间投资提供法律、政策、咨询、财务、金融、技术、管理和市场信息等服务的中介组织。

（三十五）在放宽市场准入的同时，切实加强监管。各级人民政府有关部门要依照有关法律法规要求，切实督促民间投资主体履行投资建设手续，严格遵守国家产业政策和环保、用地、节能以及质量、安全等规定。要建立完善企业信用体系，指导民营企业建立规范的产权、财务、用工等制度，依法经营。民间投资主体要不断提高自身素质和能力，树立诚信意识和责任意识，积极创造条件满足市场准入要求，并主动承担相应的社会责任。

（三十六）营造有利于民间投资健康发展的良好舆论氛围。大力宣传党中央、国务院关于鼓励、支持和引导非公有制经济发展的方针、政策和措施。客观、公正宣传报道民间投资在促进经济发展、调整产业结构、繁荣城乡市场和扩大社会就业等方面的积极作用。积极宣传依法经营、诚实守信、认真履行社会责任、积极参与社会公益事业的民营企业家的先进事迹。

各地区、各部门要把鼓励和引导民间投资健康发展工作摆在更加重要的位置，进一步解放思想，转变观念，深化改革，创新求实，根据本意见要求，抓紧研究制定具体实施办法，尽快将有关政策措施落到实处，努力营造有利于民间投资健康发展的政策环境和舆论氛围，切实促进民间投资持续健康发展，促进投资合理增长、结构优化、效益提高和经济社会又好又快发展。

国务院

二〇一〇年五月七日

国务院关于加快培育和发展战略性新兴产业的决定

（国发〔2010〕32号）

战略性新兴产业是引导未来经济社会发展的重要力量。发展战略性新兴产业已成为世界主要国家抢占新一轮经济和科技发展制高点的重大战略。我国正处在全面建设小康社会的关键时期，必须按照科学发展观的要求，抓住机遇，明确方向，突出重点，加快培育和发展战略性新兴产业。现作出如下决定：

一、抓住机遇，加快培育和发展战略性新兴产业

战略性新兴产业是以重大技术突破和重大发展需求为基础，对经济社会全局和长远发展具有重大引领带动作用，知识技术密集、物质资源消耗少、成长潜力大、综合效益好的产业。加快培育和发展战略性新兴产业对推进我国现代化建设具有重要战略意义。

（一）加快培育和发展战略性新兴产业是全面建设小康社会、实现可持续发展的必然选择。我国人口众多、人均资源少、生态环境脆弱，又处在工业化、城镇化快速发展时期，面临改善民生的艰巨任务和资源环境的巨大压力。要全面建设小康社会、实现可持续发展，必须大力发展战略性新兴产业，加快形成新的经济增长点，创造更多的就业岗位，更好地满足人民群众日益增长的物质文化需求，促进资源节约型和环境友好型社会建设。

（二）加快培育和发展战略性新兴产业是推进产业结构升级、加快经济发展方式转变的重大举措。战略性新兴产业以创新为主要驱动力，辐射带动力强，加快培育和发展战略性新兴产业，有利于加快经济发展方式转变，有利于提升产业层次、推动传统产业升级、高起点建设现代产业体系，体现了调整优化产业结构的根本要求。

（三）加快培育和发展战略性新兴产业是构建国际竞争新优势、掌握发展主动权的迫切需要。当前，全球经济竞争格局正在发生深刻变革，科技发展正孕育着新的革命性突破，世界主要国家纷纷加快部署，推动节能环保、新能源、信息、生物等新兴产业快速发展。我国要在未来国际竞争中占据有利地位，必须加快培育和发展战略性新兴产业，掌握关键核心技术及相关知识产权，增强自主发展能力。

加快培育和发展战略性新兴产业具备诸多有利条件，也面临严峻挑战。经过改革开放30多年的快速发展，我国综合国力明显增强，科技水平不断提高，建立了较为完备的产业体系，特别是高技术产业快速发展，规模跻身世界前列，为战略性新兴产业加快发展奠定了较好的基础。同时，也面临着企业技术创新能力不强，掌握的关键核心技术少，有利于新技术新产品进入市场的政策法规体系不健全，支持创新创业的投融资和财税政策、体制机制不完善等突出问题。必须充分认识加快培育和发展战略性新兴产业的重大意义，进一步增强紧迫感和责任感，抓住历史机遇，加大工作力度，加快培育和发展战略性新兴产业。

二、坚持创新发展，将战略性新兴产业加快培育成为先导产业和支柱产业

根据战略性新兴产业的特征，立足我国国情和科技、产业基础，现阶段重点培育和发展节能环保、新一代信息技术、生物、高端装备制造、新能源、新材料、新能源汽车等产业。

（一）指导思想。

以邓小平理论和“三个代表”重要思想为指导，深入贯彻落实科学发展观，把握世界新科技革命和产业革命的历史机遇，面向经济社会发展的重大需求，把加快培育和发展战略性新兴产业放在推进产业结构升级和经济发展方式转变的突出位置。积极探索战略性新兴产业发展规律，发挥企业主体作用，加大政策扶持力度，深化体制机制改革，着力营造良好环境，强化科技创新成果产业化，抢占经济和科技竞争制高点，推动战略性新兴产业快速健康发展，为促进经济社会可持续发展作出贡献。

（二）基本原则。

坚持充分发挥市场的基础性作用与政府引导推动相结合。要充分发挥我国市场需求巨大的优势，创新和转变消费模式，营造良好的市场环境，调动企业主体的积极性，推进产学研用结合。同时，对关系经济社会发展全局的重要领域和关键环节，要发挥政府的规划引导、政策激励和组织协调作用。

坚持科技创新与实现产业化相结合。要切实完善体制机制，大幅度提升自主创新能力，着力推进原始创新，大力增强集成创新和联合攻关，积极参与国际分工合作，加强引进消化吸收再创新，充分利用全球创新资源，突破一批关键核心技术，掌握相关知识产权。同时，要加大政策支持和协调指导力度，造就并充分发挥高素质人才队伍的作用，加速创新成果转化，促进产业化进程。

坚持整体推进与重点领域跨越发展相结合。要对发展战略性新兴产业进行统筹规划、系统布局，明确发展时序，促进协调发展。同时，要选择最有基础和条件的领域作为突破口，重点推进。大力培育产业集群，促进优势区域率先发展。

坚持提升国民经济长远竞争力与支撑当前发展相结合。要着眼长远，把握科技和产业发展新方向，对重大前沿性领域及早部署，积极培育先导产业。同时，要立足当前，推进对缓解经济社会发展瓶颈制约具有重大作用的相关产业较快发展，推动高技术产业健康发展，带动传统产业转型升级，加快形成支柱产业。

（三）发展目标。

到2015年，战略性新兴产业形成健康发展、协调推进的基本格局，对产业结构升级的推动作用显著增强，增加值占国内生产总值的比重力争达到8%左右。

到2020年，战略性新兴产业增加值占国内生产总值的比重力争达到15%左右，吸纳、带动就业能力显著提高。节能环保、新一代信息技术、生物、高端装备制造产业成为国民经济的支柱产业，新能源、新材料、新能源汽车产业成为国民经济的先导产业；创新能力大幅提升，掌握一批关键核心技术，在局部领域达到世界领先水平；形成一批具有国际影响力的大企业和一批创新活力旺盛的中小企业；建成一批产业链完善、创新能力强、特色鲜明的战略性新兴产业集聚区。

再经过十年左右的努力，战略性新兴产业的整体创新能力和产业发展水平达到世界先进水平，为经济社会可持续发展提供强有力的支撑。

三、立足国情，努力实现重点领域快速健康发展

根据战略性新兴产业的发展阶段和特点，要进一步明确发展的重点方向和主要任务，统筹部署，集中力量，加快推进。

（一）节能环保产业。重点开发推广高效节能技术装备及产品，实现重点领域关键技术突破，带动能效整体水平的提高。加快资源循环利用关键共性技术研发和产业化示范，提高资源综合利用水平和再制造产业化水平。示范推广先进环保技术装备及产品，提升污染防治水平。推进市场化节能环保服务体系建设。加快建立以先进技术为支撑的废旧商品回收利用体系，积极推进煤炭清洁利用、海水综合利用。

（二）新一代信息技术产业。加快建设宽带、泛在、融合、安全的信息网络基础设施，推动新一代移动通信、下一代互联网核心设备和智能终端的研发及产业化，加快推进三网融合，促进物联网、云计算的研发和示范应用。着力发展集成电路、新型显示、高端软件、高端服务器等核心基础产业。提升软件服务、网络增值服务等信息服务能力，加快重要基础设施智能化改造。大力发展数字虚拟等技术，促进文化创意产业发展。

（三）生物产业。大力发展用于重大疾病防治的生物技术药物、新型疫苗和诊断试剂、化学药物、现代中药等创新药物大品种，提升生物医药产业水平。加快先进医疗设备、医用材料等生物医学工程产品的研发和产业化，促进规模化发展。着力培育生物育种产业，积极推广绿色农用生物产品，促进生物农业加快发展。推进生物制造关键技术开发、示范与应用。加快海洋生物技术及产品的研发和产业化。

（四）高端装备制造产业。重点发展以干支线飞机和通用飞机为主的航空装备，做大做强航空产业。积极推进空间基础设施建设，促进卫星及其应用产业发展。依托客运专线和城市轨道交通等重点工程建设，大力发展轨道交通装备。面向海洋资源开发，大力发展海洋工程装备。强化基础配套能力，积极发展以数字化、柔性化及系统集成技术为核心的智能制造装备。

（五）新能源产业。积极研发新一代核能技术和先进反应堆，发展核能产业。加快太阳能热利用技术推广应用，开拓多元化的太阳能光伏光热发电市场。提高风电技术装备水平，有序推进风电规模化发展，加快适应新能源发展的智能电网及运行体系建设。因地制宜开发利用生物质能。

（六）新材料产业。大力发展稀土功能材料、高性能膜材料、特种玻璃、功能陶瓷、半导体照明材料等新型功能材料。积极发展高品质特殊钢、新型合金材料、工程塑料等先进结构材料。提升碳纤维、芳纶、超高分子量聚乙烯纤维等高性能纤维及其复合材料发展水平。开展纳米、超导、智能等共性基础材料研究。

（七）新能源汽车产业。着力突破动力电池、驱动电机和电子控制领域关键核心技术，推进插电式混合动力汽车、纯电动汽车推广应用和产业化。同时，开展燃料电池汽车相关前沿技术研发，大力推进高能效、低排放节能汽车发展。

四、强化科技创新，提升产业核心竞争力

增强自主创新能力是培育和发展战略性新兴产业的中心环节，必须完善以企业为主体、市场为导向、产学研相结合的技术创新体系，发挥国家科技重大专项的核心引领作用，结合实施产业发展规划，突破关键核心技术，加强创新成果产业化，提升产业核心竞争力。

（一）加强产业关键核心技术和前沿技术研究。围绕经济社会发展重大需求，结合国家科技计划、知识创新工程和自然科学基金项目等的实施，集中力量突破一批支撑战略性新兴产业发展的关键共性技术。在生物、信息、空天、海洋、地球深部等基础性、前沿性技术领域超前部署，加强交叉领域的技术和产品研发，提高基础技术研究水平。

（二）强化企业技术创新能力建设。加大企业研究开发的投入力度，对面向应用、具有明确市场前景的政府科技计划项目，建立由骨干企业牵头组织、科研机构和高校共同参与实施的有效机制。依托骨干企业，围绕关键核心技术的研发和系统集成，支持建设若干具有世界先进水平的工程化平台，结合技术创新工程的实施，发展一批由企业主导，科研机构、高校积极参与的产业技术创新联盟。加强财税政策引导，激励企业增加研发投入。加强产业集聚区公共技术服务平台建设，促进中小企业创新发展。

（三）加快落实人才强国战略和知识产权战略。建立科研机构、高校创新人才向企业流动的机制，加大高技能人才队伍建设力度。加快完善期权、技术入股、股权、分红权等多种形式的激励机制，鼓励科研机构和高校科技人员积极从事职务发明创造。加大工作力度，吸引全球优秀人才来华创新创业。发挥研究型大学的支撑和引领作用，加强战略性新兴产业相关专业学科建设，增加急需的专业学位类别。改革人才培养模式，制定鼓励企业参与人才培养的政策，建立企校联合培养人才的新机制，促进创新型、应用型、复合型和技能型人才的培养。支持知识产权的创造和运用，强化知识产权的保护和管理，鼓励企业建立专利联盟。完善高校和科研机构知识产权转移转化的利益保障和实现机制，建立高效的知识产权评估交易机制。加大对具有重大社会效益创新成果的奖励力度。

（四）实施重大产业创新发展工程。以加速产业规模化发展为目标，选择具有引领带动作用，并能够实现突破的重点方向，依托优势企业，统筹技术开发、工程化、标准制定、市场应用等环节，组织实施若干重大产业创新发展工程，推动要素整合和技术集成，努力实现重大突破。

（五）建设产业创新支撑体系。发挥知识密集型服务业支撑作用，大力发展研发服务、信息服务、创业服务、技术交易、知识产权和科技成果转化等高技术服务业，着力培育新业态。积极发展人力资源服务、投资和管理咨询等商务服务业，加快发展现代物流和环境服务业。

（六）推进重大科技成果产业化和产业集聚发展。完善科技成果产业化机制，加大实施产业化示范工程力度，积极推进重大装备应用，建立健全科研机构、高校的创新成果发布制度和技术转移机构，促进技术转移和扩散，加速科技成果转化为现实生产力。依托具有优势的产业集聚区，培育一批创新能力强、创业环境好、特色突出、集聚发展的战略性新兴产业示范基地，形成增长极，辐射带动区域经济发展。

五、积极培育市场，营造良好市场环境

要充分发挥市场的基础性作用，充分调动企业积极性，加强基础设施建设，积极培育市场，规范市场秩序，为各类企业健康发展创造公平、良好的环境。

（一）组织实施重大应用示范工程。坚持以应用促发展，围绕提高人民群众健康水平、缓解环境资源制约等紧迫需求，选择处于产业化初期、社会效益显著、市场机制难以有效发挥作用的重大技术和产品，统筹衔接现有试验示范工程，组织实施全民健康、绿色发展、智能制造、材料换代、信息惠民等重大应用示范工程，引导消费模式转变，培育市场，拉动产业发展。

（二）支持市场拓展和商业模式创新。鼓励绿色消费、循环消费、信息消费，创新消费模式，促进消费结构升级。扩大终端用能产品能效标识实施范围。加强新能源并网及储能、支线航空与通用航空、新能源汽车等领域的市场配套基础设施建设。在物联网、节能环保服务、新能源应用、信息服务、新能源汽车推广等领域，支持企业大力发展有利于扩大市场需求的专业服务、增值服务等新业态。积极推行合同能源管理、现代废旧商品回收利用等新型商业模式。

（三）完善标准体系和市场准入制度。加快建立有利于战略性新兴产业发展的行业标准和重要产品技术标准体系，优化市场准入的审批管理程序。进一步健全药品注册管理的体制机制，完善药品集中采购制度，支持临床必需、疗效确切、安全性高、价格合理的创新药物优先进入医保目录。完善新能源汽车的项目和产品准入标准。改善转基因农产品的管理。完善并严格执行节能环保法规标准。

六、深化国际合作，提高国际化发展水平

要通过深化国际合作，尽快掌握关键核心技术，提升我国自主发展能力与核心竞争力。把握经济全球化的新特点，深度开展国际合作与交流，积极探索合作新模式，在更高层次上参与国际合作。

（一）大力推进国际科技合作与交流。发挥各种合作机制的作用，多层次、多渠道、多方式推进国际科技合作与交流。鼓励境外企业和科研机构在我国设立研发机构，支持符合条件的外商投资企业与内资企业、研究机构合作申请国家科研项目。支持我国企业和研发机构积极开展全球研发服务外包，在境外开展联合研发和设立研发机构，在国外申请专利。鼓励我国企业和研发机构参与国际标准的制定，鼓励外商投资企业参与我国技术示范应用项目，共同形成国际标准。

（二）切实提高国际投融资合作的质量和水平。完善外商投资产业指导目录，鼓励外商设立创业投资企业，引导外资投向战略性新兴产业。支持有条件的企业开展境外投资，在境外以发行股票和债券等多种方式融资。扩大企业境外投资自主权，改进审批程序，进一步加大对企业境外投资的外汇支持。积极探索在海外建设科技和产业园区。制定国别产业导向目录，为企业开展跨国投资提供指导。

（三）大力支持企业跨国经营。完善出口信贷、保险等政策，结合对外援助等积极支持战略性新兴产业领域的重点产品、技术和服务开拓国际市场，以及自主知识产权技术标准在海外推广应用。支持企业通过境外注册商标、境外收购等方式，培育国际化品牌。加强企业和产品国际认证合作。

七、加大财税金融政策扶持力度，引导和鼓励社会投入

加快培育和发展战略性新兴产业，必须健全财税金融政策支持体系，加大扶持力度，引导和鼓励社会资金投入。

（一）加大财政支持力度。在整合现有政策资源和资金渠道的基础上，设立战略性新兴产业发展专项资金，建立稳定的财政投入增长机制，增加中央财政投入，创新支持方式，着力支持重大关键技术研发、重大产业创新发展工程、重大创新成果产业化、重大应用示范工程、创新能力建设等。加大政府引导和支持力度，加快高效节能产品、环境标志产品和资源循环利用产品等推广应用。加强财政政策绩效考评，创新财政资金管理机制，提高资金使用效率。

（二）完善税收激励政策。在全面落实现行各项促进科技投入和科技成果转化、支持高技术产业发展等方面的税收政策的基础上，结合税制改革方向和税种特征，针对战略性新兴产业的特点，研究完善鼓励创新、引导投资和消费的税收支持政策。

（三）鼓励金融机构加大信贷支持。引导金融机构建立适应战略性新兴产业特点的信贷管理和贷款评审制度。积极推进知识产权质押融资、产业链融资等金融产品创新。加快建立包括财政出资和社会资金投入在内的多层次担保体系。积极发展中小金融机构和新型金融服务。综合运用风险补偿等财政优惠政策，促进金融机构加大支持战略性新兴产业发展的力度。

（四）积极发挥多层次资本市场的融资功能。进一步完善创业板市场制度，支持符合条件的企业上市融资。推进场外证券交易市场的建设，满足处于不同发展阶段创业企业的需求。完善不同层次市场之间的转板机制，逐步实现各层次市场间有机衔接。大力发展债券市场，扩大中小企业集合债券和集合票据发行规模，积极探索开发低信用等级高收益债券和私募可转债等金融产品，稳步推进企业债券、公司债券、短期融资券和中期票据发展，拓宽企业债务融资渠道。

（五）大力发展创业投资和股权投资基金。建立和完善促进创业投资和股权投资行业健康发展的配套政策体系与监管体系。在风险可控的范围内为保险公司、社保基金、企业年金管理机构和其他机构投资者参与新兴产业创业投资和股权投资基金创造条件。发挥政府新兴产业创业投资资金的引导作用，扩大政府新兴产业创业投资规模，充分运用市场机制，带动社会资金投向战略性新兴产业中处于创业早中期阶段的创新型企业。鼓励民间资本投资战略性新兴产业。

八、推进体制机制创新，加强组织领导

加快培育和发展战略性新兴产业是我国新时期经济社会发展的重大战略任务，必须大力推进改革创新，加强组织领导和统筹协调，为战略性新兴产业发展提供动力和条件。

（一）深化重点领域改革。建立健全创新药物、新能源、资源性产品价格形成机制和税费调节机制。实施新能源配额制，落实新能源发电全额保障性收购制度。加快建立生产者责任延伸制度，建立和完善主要污染物和碳排放交易制度。建立促进三网融合高效有序开展的政策和机制，深化电力体制改革，加快推进空域管理体制改革。

（二）加强宏观规划引导。组织编制国家战略性新兴产业发展规划和相关专项规划，制定战略性新兴产业发展指导目录，开展战略性新兴产业统计监测调查，加强与相关规划和政策的衔接。加强对各地发展战略性新兴产业的引导，优化区域布局、发挥比较优势，形成各具特色、优势互补、结构合理的战略性新兴产业协调发展格局。各地区要根据国家总体部署，从当地实际出发，突出发展重点，避免盲目发展和重复建设。

（三）加强组织协调。成立由发展改革委牵头的战略性新兴产业发展部际协调机制，形成合力，统筹推进。

国务院各有关部门、各省（区、市）人民政府要根据本决定的要求，抓紧制定实施方案和具体落实措施，加大支持力度，加快将战略性新兴产业培育成为先导产业和支柱产业，为我国现代化建设作出新的贡献。

国务院

二〇一〇年十月十日

国务院办公厅关于进一步支持甘肃经济社会发展的若干意见（摘录）

（国办发〔2010〕29号）

甘肃是我国西北地区重要的生态屏障和战略通道，在全国发展稳定大局中具有重要地位。改革开放特别是实施西部大开发战略以来，甘肃经济社会发展取得很大成就，正处在加快发展的重要阶段。由于自然、地理、历史等原因，甘肃经济社会发展还面临许多困难和问题，与全国的差距仍在拉大，需要国家给予支持。为进一步支持甘肃经济社会发展，经国务院同意，现提出以下意见：（以下为文件摘录）

九、大力发展特色优势产业，推进产业结构优化升级

（三十六）全面提升有色冶金产业。鼓励重点骨干企业加快发展，支持白银公司发展铜铅锌生产及加工，金川公司发展镍钴铜与贵金属精深加工，兰铝、连铝、华鹭铝业发展铝型材、铝合金等深加工，酒钢公司发展碳钢镀锌板、不锈钢薄板、中板等深加工，甘肃稀土公司发展稀土新材料及延伸产业链。在不扩大现有产能的前提下，支持钨、钼矿产品深加工，建设张掖钨钼生产基地。将金川公司和白银公司纳入煤电冶联营及大用户直购电政策范围。建设有色金属新材料产业和研发基地。

（三十七）做大做强装备制造业。积极实施技术创新工程，加快调整产品结构，重点发展数控和专用机床、集成电路、中高压电气、石油钻采炼化设备等优势产品，做大做强一批重点企业，形成以兰州石化通用设备、电机制造，天水电工电器、机床制造、电子信息为主的装备制造产业集群。

（三十八）支持老工业基地转型升级。加快重点行业、重点骨干企业的技术改造，支持资源枯竭城市改造传统产业，培育替代产业。积极承接产业转移，建设接续替代产业园区，支持白银公司等开展危机矿山找矿及区域内资源整合。启动实施白银棚户区改造工程。支持解决政策性关闭破产国有企业历史遗留的社会保障问题，积极推进厂办大集体改革试点，逐步增加企业离退休人员的养老金。

（三十九）大力发展循环经济。抓紧启动实施《甘肃省循环经济总体规划》，重点建设七大循环经济基地，努力形成循环经济产业集群。推进石化、有色、化工、建材等传统行业清洁生产，从源头控制污染和保护环境。推动企业向产业园区集中，实现集聚生产、集中治污、集约发展，提高能源、水资源和废弃物的循环利用率。支持和鼓励矿产资源开采加工企业提高采矿回收率、选矿回收率、共伴生矿综合利用率，加强冶炼渣、尾矿等大宗工业固体废弃物综合利用，提升节能降耗和资源综合利用水平。大力实施重点节能工程，通过技术减排、结构减排、管理减排等措施，确保实现节能减排目标。

（四十）积极发展战略性新兴产业。在加快发展风能、太阳能等新能源的同时，积极发展新材料、生物医药、节能环保等新兴战略产业。推进新型有色金属合金材料、稀土材料、新型化工材料、电池材料等新材料产业化发展。加快发展生物制药，建设兰州生物医药产业基地。建设规范化中药材种植、中药饮片加工和特色中藏药生产基地，积极发展特色中成药和藏药，积极推进国家新药和中药保护品种产业化。支持重离子加速器治癌装置等医疗器械产业发展。发展节能环保装备制造业，推广高效节能产品，增强节能环保装备产业竞争力。

（四十一）扶持壮大文化产业和旅游产业。加大对文化产业发展的扶持力度，支持敦煌艺术、麦积山石窟艺术等历史文化遗产的挖掘开发，做大做强以“丝路花雨”、“大梦敦煌”等为代表的歌舞、影视、戏剧、动漫文化品牌，培育《读者》等一批具有较强竞争力的大型文化企业集团。支持建设兰州创意文化产业园、庆阳农耕和民俗文化产业园、临夏民族文化产业园和丝绸之路文化产业带。加大旅游产业投入，加强旅游基础设施建设，完善景区内外交通条件和公共服务设施，重点支持丝绸之路、敦煌莫高窟、甘南香巴拉、黄河风情、麦积山、崆峒山、黄河石林等精品旅游线路和一批精品旅游景区建设，积极推进庆阳、会宁、腊子口、哈达铺等红色旅游基地建设，加快白龙江、小陇山、祁连山林区森林旅游发展。扩大旅游产业经营范围，扶持旅游产品开发。拓宽投融资渠道，积极吸收社会资本参与文化、旅游产业发展。

（四十二）加快发展现代服务业。积极推进兰州商贸物流中心、兰州集装箱节点站、天水现代物流园和武威煤炭集疏运中心等项目建设。大力推进县城超市及配送中心、乡镇超市、村连锁农家店等现代流通网络建设。建立完善农产品市场信息服务体系、物流配送体系及质量安全监管体系。培育和发展金融产业，积极引进金融机构，扶持城市商业银行、农村信用社等地方性金融机构发展。对农村金融机构执行较低的存款准备金率，对符合条件的金融机构，适当加大支农再贷款支持力度。建立健全政府投融资平台。支持有条件的企业发行股票和企业债券，创造条件发行中小企业集合债券。积极稳妥地发展期货市场。大力发展会展业，办好兰州投资贸易洽谈会。积极发展劳动密集型服务业，增加就业岗位。

十、深化体制改革，提高对内对外开放水平

（四十三）加快体制机制创新。大力推进国有企业改革，加强地方企业与中央企业的战略合作，培育具有国际竞争力的大型骨干企业。积极鼓励、支持和引导非公有制经济发展，加大对中小企业发展支持力度，鼓励民间资本参与基础设施、公用事业和社会事业等领域的建设。对从事国家重点扶持和鼓励发展产业项目的企业，按照税收法律法规的规定享受税收优惠政策。积极推进投资体制改革，降低民间资本市场准入门槛，简化项目审批程序，创造良好投资环境。深化行政管理体制改革，加快转变政府职能，加强政务公开。

（四十四）深化水资源管理体制改革。按照地表水、地下水“统一调度、定额管理、有偿使用、市场调节”的原则，逐步建立水权分配体系和配水、用水定额管理制度，支持建立水权转换制度，规范水权交易办法，不断完善水价形成机制。推进工业企业清洁生产和水资源循环利用，鼓励再生水利用，落实水资源费征收使用管理办法。推进城乡水务一体化，统筹水务综合管理，创新基层水利工程管理机制。发挥农民用水协会作用，明晰小型水利工程的产权，调动农民和社会力量参与水利建设和设施管护的积极性。

（四十五）完善土地和矿产资源政策。坚持保护耕地和节约、集约用地，推进土地整治。鼓励对沙地、荒山、荒滩、戈壁等未利用土地开发利用。加快各级土地利用总体规划修编工作，合理确定兰州新区建设用地规模和布局。加大中央地质勘查基金、国土资源大调查资金对甘肃的投入力度。做好陇东地区、中部地区和河西地区能源基地后备资源勘查工作，优先开展陇东、玉门油气资源勘查。

（四十六）加大人才开发力度。坚持人才强省和科技兴省的路线，加大对特色农业、新农村建设、中小企业引智项目的支持力度，积极引进科技、教育、卫生等行业紧缺人才，加大技能人才培养。鼓励发达省（市）高等院校、科研院所、大型企业等单位及社会组织通过合作办学等方式，为甘肃经济社会发展培养培训各类专业技术人才。扶持发展远程教育，大力发展继续教育，建立连通市（州）和县（区）的继续教育培训网络。积极吸引海外高层次留学人才，加强留学人员创业园建设。

（四十七）积极扩大对内对外开放。支持兰州高新技术开发区、经济技术开发区增容扩区，研究推进天水、金昌、酒（泉）嘉（峪关）、张掖经济技术开发区和白银高新技术产业开发区升级为国家级开发区。深化区域协作，全面推进向西开放，积极发展内陆开放型经济，支持兰州等城市作为加工贸易梯度转移重点承接地区，大力发展保税加工和保税物流，支持在甘肃符合条件的地区设立海关特殊监管区域，提升甘肃的对外开放水平。积极推动实施“走出去”战略，支持企业到境外投资办厂，参股、并购境外矿产企业，建立生产加工基地或稳定的原料供应基地。

国务院办公厅
二〇一〇年五月二日

青年海外高层次人才引进工作细则

（组通字〔2010〕63号）

为深入贯彻落实《中央人才工作协调小组关于实施海外高层次人才引进计划的意见》，根据《海外高层次人才引进工作暂行办法》，现就组织实施“青年海外高层次人才引进计划”（简称“青年千人计划”），制定如下工作细则。

一、“青年千人计划”引进对象和条件

申请“青年千人计划”的人选，须具备以下条件：

1、属自然科学或工程技术领域，年龄不超过40周岁；

2、在海外知名高校取得博士学位，并有3年以上的海外科研工作经历；

3、申报时在海外知名高校、科研机构或知名企业研发机构有正式教学或科研职位；

4、引进后全职回国工作；

5、为所从事科研领域同龄人中的拔尖人才，有成为该领域学术或技术带头人的发展潜力。对博士在读期间已取得突出研究成果的应届毕业生，或其他有突出成绩的，可以破格引进。

二、“青年千人计划”申报主体

本项目的申报主体为国内高校、科研机构（含转制科研院所）。鼓励高校、科研机构将引进人才作为院士、“千人计划”入选者等学术带头人领衔的科技创新团队成员进行申报。

三、“青年千人计划”申报评审程序

由教育部、科技部、人力资源和社会保障部、中科院、中国工程院、自然科学基金委联合设立平台，在海外高层次人才引进工作专项办公室指导下，开展“青年千人计划”申报评审工作。

1、用人单位和海外人才达成引进意向后，按申报通知要求向平台提出申请；

2、平台组织专家进行通讯评审后，分批次组织会议评审，以面谈方式议定拟引进人才名单，并进行公示；根据拟引进人才所在学科领域、能力水平等差异，分类分档提出科研经费补助标准（100—300万元）；

3、对公示异议人员，由海外高层次人才引进工作专项办公室组织专家复审；

4、海外高层次人才引进工作小组批准引进人才名单。

四、“青年千人计划”支持措施

1、中央财政给予引进人才每人人民币50万元的一次性补助；

2、中央财政按照批准的引进人才名单和经费补助标准，给予引进人才科研补助经费，一次核定，按进度拨款；

3、引进人才的其他工作条件和生活待遇，参照“千人计划”现有政策执行。

五、其他

本《细则》由海外高层次人才引进工作专项办公室负责解释。

中共中央组织部

二○一○年十一月四日

“千人计划”短期项目实施细则

（组厅字〔2010〕29号）

为支持不能全职回国（来华）工作的海外高层次人才短期为国服务，现就实施“千人计划”短期项目作出如下规定。

一、引进条件

“千人计划”短期项目是“千人计划”的重要补充。在“千人计划”实施过程中，必须坚持长期项目为主、短期项目为辅的原则。申请短期项目，应符合以下条件：

1、系国家科技、产业发展和学科建设急需、紧缺领域的领军人才或学术技术带头人，符合《引进海外高层次人才暂行办法》（中组发〔2008〕28号）规定的引才标准；

2、在国内工作单位固定，有明确具体的工作目标任务，能做出实质性贡献；

3、已与用人单位签订至少连续3年、每年在国内工作不少于2个月的工作合同，并明确合同期内工作成果知识产权的归属。

二、申报程序

1、“千人计划”短期项目的申报主体为高等学校、科研机构、中央企业。

2、用人单位物色人选并签订正式合同后，填写申报书，按照《引进海外高层次人才暂行办法》规定的程序申报。

三、待遇

中央财政给予“千人计划”短期项目引进人才每人人民币50万元的补助；根据引进人才实际需要，可为其办理出入境、医疗、保险等手续。

四、其他

1、“千人计划”短期项目引进人才在合同期满后申请全职回国（来华）工作的，在签订聘用合同后，需由用人单位提出申请，报专项办同意。中央财政再为其发放人民币50万元的补助。

2、本《细则》实施前已进入“千人计划”长期项目，但因特殊原因未能履行原工作协议，自愿转入短期项目的，需商用人单位并报专项办同意，按本《细则》的有关规定执行。

3、本《细则》自发布之日起实施，由海外高层次人才引进工作专项办公室负责解释。

中共中央组织部办公厅

二○一○年八月十九日

国家科技重大专项知识产权管理暂行规定

（国科发专〔2010〕264号）

第一章 总 则

第一条 为了在国家科技重大专项（以下简称“重大专项”）中落实知识产权战略，充分运用知识产权制度提高科技创新层次，保护科技创新成果，促进知识产权转移和运用，为培育和发展战略性新兴产业，解决经济社会发展重大问题提供知识产权保障，根据《科学技术进步法》、《促进科技成果转化法》、《专利法》等法律法规和《国家科技重大专项管理暂行规定》的有关规定，制定本规定。

第二条 本规定适用于《国家中长期科学和技术发展规划纲要（2006—2020年）》所确定的重大专项的知识产权管理。

本规定所称知识产权，是指专利权、计算机软件著作权、集成电路布图设计专有权、植物新品种权、技术秘密。

第三条 组织和参与重大专项实施的部门和单位应将知识产权管理纳入重大专项实施全过程，掌握知识产权动态，保护科技创新成果，明晰知识产权权利和义务，促进知识产权应用和扩散，全面提高知识产权创造、运用、保护和管理能力。

第二章 知识产权管理职责

第四条 科学技术部、国家发展和改革委员会、财政部（以下简称“三部门”）作为重大专项实施的综合管理部门，负责制定重大专项知识产权管理制度和政策，对重大专项实施中的重大知识产权问题进行统筹协调和宏观指导，监督检查各重大专项的知识产权工作落实情况。

国家知识产权局和相关知识产权行政管理部门，有效运用专业人才和信息资源优势，加强对重大专项知识产权工作的业务指导和服务。

第五条 重大专项牵头组织单位在专项领导小组领导下，全面负责本重大专项知识产权工作：

（一）制定符合本重大专项科技创新和产业化特点的知识产权战略；

（二）制定和落实本重大专项知识产权管理措施；

（三）建立知识产权工作体系，落实有关保障条件；

（四）对重大成果的知识产权保护、管理和运用等进行指导和监督；

（五）建立重大专项知识产权专题数据库，推动知识产权信息共享平台建设，建立重大专项知识产权预警机制；

（六）推动和组织实施标准战略，研究提出相关标准中的知识产权政策。

各重大专项实施管理办公室应当设立专门岗位、配备专门人员负责本重大专项知识产权工作。

重大专项领导小组和牵头组织单位可以根据需要，委托知识产权服务机构对本重大专项知识产权战略制定和决策提供咨询和服务。

第六条 重大专项专职技术责任人带领总体组，负责组织开展知识产权战略分析，提出技术方向和集成方案设计中的知识产权策略建议，对成果产业化可能产生的知识产权问题进行预测评估并提出对策建议，对项目（课题）的知识产权工作予以技术指导。

各重大专项总体组应当有知识产权专家或指定专家专门负责知识产权工作。

第七条 项目（课题）责任单位针对项目（课题）任务应履行以下知识产权管理义务：

（一）提出项目（课题）知识产权目标，并纳入项目（课题）合同管理；

（二）制定项目（课题）知识产权管理工作计划与流程，将知识产权工作融入研究开发、产业化的全过程；

（三）指定专人具体负责项目（课题）知识产权工作，根据需要委托知识产权服务机构对项目（课题）知识产权工作提供咨询和服务；

（四）组织项目（课题）参与人员参加知识产权培训，保证相关人员熟练掌握和运用相关的知识产权知识；

（五）履行本规定提出的各项知识产权管理义务，履行信息登记和报告义务，积极推进知识产权的运用。

各项目（课题）知识产权工作实行项目（课题）责任单位法定代表人和项目（课题）组长负责制。因未履行本规定提出的义务，造成知识产权流失或其他损失的，由重大专项领导小组、牵头组织单位根据本规定追究法定代表人和项目（课题）组长的相应责任。

第八条 参与项目（课题）实施的研究和管理人员应当提高知识产权意识，遵守知识产权管理制度，协助做好相关知识产权工作。

因违反相关规定造成损失的，应当承担相应责任。

第九条 重大专项实施过程中，应充分发挥知识产权代理、信息服务、战略咨询、资产评估等中介服务机构的作用，加强重大专项知识产权保护，完善知识产权战略，促进重大专项科技成果及其知识产权的应用和扩散。

知识产权中介服务机构应当恪守职业道德，认真履行职责，最大限度地保护国家利益和委托人利益。

第三章 重大专项实施过程中的知识产权管理

第十条 牵头组织单位在编制五年实施计划时，应当组织开展知识产权战略研究，对本重大专项重点领域的国内外知识产权状况进行分析，分析结果作为制定五年实施计划、年度计划、项目（课题）申报指南等的重要参考。

本条第一款规定的知识产权分析内容包括本重大专项技术领域的知识产权分布和保护态势、主要国家和地区同行业的关键技术及其知识产权保护范围、对我国相关产业研究开发和产业化的影响、本重大专项研究开发和产业化的知识产权对策等。

第十一条 项目（课题）申报单位提交申请材料时，应提交本领域核心技术知识产权状况分析，内容包括分析的目标、检索方式和路径、知识产权现状和主要权利人分布、本单位相关的知识产权状况、项目（课题）的主要知识产权目标和风险应对策略及其对产业的影响等。项目（课题）申报单位拟在研究开发中使用或购买他人的知识产权时，应当在申请材料中作出说明。

牵头组织单位对项目（课题）申报单位的知识产权状况分析内容进行抽查论证。项目（课题）申报单位的知识产权状况分析弄虚作假的，取消其项目（课题）申报资格。

第十二条 牵头组织单位应把知识产权作为立项评审的独立评价指标，合理确定其在整个评价指标体系中的权重。

牵头组织单位应聘请知识产权专家参加评审，并根据需要委托知识产权服务机构对同一项目（课题）申请者的知识产权目标及其可行性进行汇总和评估，评估结果作为项目评审的重要依据。

第十三条 对批准立项的项目（课题），牵头组织单位和项目（课题）责任单位应当在任务合同书中明确约定知识产权任务和目标。

对多个单位共同承担的项目（课题），各参与单位应当就研究开发任务分工和知识产权归属及利益分配签订协议。

第十四条 项目（课题）责任单位在签订子课题或委托协作开发协议时，应当在协议中明确各自的知识产权权利和义务。

第十五条 项目（课题）实施过程中，责任单位应密切跟踪相关技术领域的知识产权及技术标准发展动态，据此按照有关程序对项目（课题）的研究策略及知识产权措施及时进行相应调整。

在项目实施过程中，如发现因知识产权受他人制约等情况而无法实现项目（课题）目标，需对研究方案和技术路线等进行重大调整的，项目（课题）责任单位应及时报牵头组织单位批准。项目（课题）责任单位未进行知识产权跟踪分析或对分析结果故意隐瞒不报造成预期目标无法实现的，由重大专项领导小组、牵头组织单位根据各自职责予以通报批评、限期改正、缓拨项目经费、终止项目合同、追回已拨经费、取消承担重大专项项目（课题）资格等处理。

牵头组织单位发现本重大专项所涉及的领域发生重大知识产权事件，对重大专项实施带来重大风险的，应当及时进行分析评估，制定对策，调整布局，并按规定报批。

第十六条 各重大专项应当建立本领域知识产权专题数据库，作为重大专项管理信息系统的重要组成部分，向项目（课题）责任单位开放使用。鼓励项目（课题）责任单位和其他机构开发的与本领域密切相关的知识产权信息纳入重大专项管理信息系统，按照市场机制向项目（课题）责任单位开放使用。

第十七条 项目（课题）责任单位在提交阶段报告和验收申请报告中应根据要求报送知识产权信息，内容包括知识产权类别、申请号和授权（登记）号、申请日和授权（登记）日、权利人、权利状态等。

第十八条 牵头组织单位应定期对本重大专项申请和获取的知识产权总体情况进行评估分析，跟踪比较国内外发展态势，研究提出下一阶段知识产权策略。

第十九条 在三部门、重大专项领导小组组织开展的监测评估中，应当对各重大专项知识产权战略制定情况、项目（课题）评审知识产权工作落实情况、知识产权工作体系和制度建设情况、项目（课题）责任单位知识产权管理状况、项目（课题）知识产权目标完成情况、所取得知识产权的维护、转化和运用情况进行调查分析，做出评估判断，提出对策建议。

第二十条 知识产权情况是重大专项验收的重要内容之一。

项目（课题）验收报告应包含知识产权任务和目标完成情况、成果再开发和产业化前景预测。未完成任务合同书约定的知识产权目标的，项目（课题）责任单位应当予以说明。

牵头组织单位进行项目（课题）验收评价时，应当以任务合同书所约定的知识产权目标和考核指标为依据，对项目（课题）知识产权任务和目标完成、保护及运用情况做出明确评价。

三部门组织的验收中，各重大专项应当对本重大专项知识产权任务完成情况、对产业发展的影响等予以说明。

第二十一条 参与重大专项实施的各主体在进行知识产权分析、知识产权评估、项目（课题）知识产权验收等环节，应当充分发挥知识产权行政管理部门业务指导作用。

第四章 知识产权的归属和保护

第二十二条 重大专项产生的知识产权，其权利归属按照下列原则分配：

（一）涉及国家安全、国家利益和重大社会公共利益的，属于国家，项目（课题）责任单位有免费使用的权利。

（二）除第（一）项规定的情况外，授权项目（课题）责任单位依法取得，为了国家安全、国家利益和重大社会公共利益的需要，国家可以无偿实施，也可以许可他人有偿实施或者无偿实施。

项目（课题）任务合同书应当根据上述原则对所产生的知识产权归属做出明确约定。

属于国家所有的知识产权的管理办法另行规定。牵头组织单位或其指定机构对属于国家所有的知识产权负有保护、管理和运用的义务。

第二十三条 子课题或协作开发形成的知识产权的归属按照本规定第二十二条第一款的规定执行。项目（课题）责任单位在签订子课题或协作开发任务合同时，应当告知子课题和协作开发任务的承担单位国家对该项目（课题）知识产权所拥有的权利。上述合同内容与国家保留的权利相冲突的，不影响国家行使相关权利。

第二十四条 论文、学术报告等发表、发布前，项目（课题）责任单位要进行审查和登记，涉及到应当申请专利的技术内容，在提出专利申请前不得发表、公布或向他人泄漏。未经批准发表、发布或向他人泄漏，使研究成果无法获得专利保护的，由重大专项领导小组、牵头组织单位根据各自职责追究直接责任人、项目（课题）组长、法定代表人的责任。

第二十五条 对项目（课题）产生的科技成果，项目（课题）责任单位应当根据科技成果特点，按照相关法律法规的规定适时选择申请专利权、申请植物新品种权、进行著作权登记或集成电路布图设计登记、作为技术秘密等适当方式予以保护。

对于应当申请知识产权并有国际市场前景的科技成果，项目（课题）责任单位应当在优先权期限内申请国外专利权或者其他知识产权。

项目（课题）责任单位不申请知识产权保护或者不采取其它保护措施时，牵头组织单位认为有必要采取保护措施的，应书面督促项目（课题）责任单位采取相应的措施，在其仍不采取保护措施的情况下，牵头组织单位可以自行申请知识产权或者采取其他相应的保护措施。

第二十六条 对作为技术秘密予以保护的科技成果，项目（课题）责任单位应当明确界定、标识予以保护的技术信息及其载体，采取保密措施，与可能接触该技术秘密的科技人员和其他人员签订保密协议。涉密人员因调离、退休等原因离开单位的，仍负有协议规定的保密义务，离开单位前应当将实验记录、材料、样品、产品、装备和图纸、计算机软件等全部技术资料交所在单位。

第二十七条 项目（课题）责任单位应当对重大专项知识产权的发明人、设计人或创作者予以奖励。被授予专利权的项目（课题）责任单位应当依照专利法及其实施细则等法律法规的相关规定对职务发明创造的发明人、设计人或创作者予以奖励。

第二十八条 权利人拟放弃重大专项产生或购买的知识产权的，应当进行评估，并报牵头组织单位备案。未经评估放弃知识产权或因其他原因导致权利失效的，由重大专项领导小组、牵头组织单位根据各自职责对项目（课题）责任单位及其责任人予以通报批评，并责令其改进知识产权管理工作。

第二十九条 项目（课题）责任单位可以在项目（课题）知识产权事务经费中列支知识产权保护、维护、维权、评估等事务费。

项目（课题）验收结题后，项目（课题）责任单位应当根据需要对重大专项产生的知识产权的申请、维持等给予必要的经费支持。

第五章 知识产权的转移和运用

第三十条 重大专项牵头组织单位、知识产权权利人应积极推动重大专项产生的知识产权的转移和运用，加快知识产权的商品化、产业化。

第三十一条 重大专项产生的知识产权信息，在不影响知识产权保护、国家秘密和技术秘密保护的前提下，项目（课题）责任单位应当广泛予以传播。

项目（课题）责任单位、被许可人或受让人就项目（课题）产生的科技成果申请知识产权、进行发表或转让的，应当注明“国家科技重大专项资助”。

第三十二条 鼓励项目（课题）责任单位将获得的自主知识产权纳入国家标准，并积极参与国际标准制定。

第三十三条 重大专项产生的知识产权，应当首先在境内实施。许可他人实施的，一般应当采取非独占许可的方式。

知识产权转让、许可出现下列情形之一的，应当报牵头组织单位审批。牵头组织单位为企业的，应报专项领导小组组长单位审批。

（一）向境内机构或个人转让或许可其独占实施；

（二）向境外组织或个人转让或许可的；

（三）因并购等原因致使权利人发生变更的。

向境外组织或个人转让或许可的，经批准后，还应依照《中华人民共和国技术进出口管理条例》执行。

知识产权转让、许可主体为执行事业单位财务和会计制度的事业单位，或执行《民间非盈利组织会计制度》的社会团体及民办非企业单位的，按照《事业单位国有资产管理暂行办法》（财政部令第36号）规定执行。

第三十四条 重大专项产生的知识产权，各项目（课题）责任单位应当首先保证其它项目（课题）责任单位为了重大专项实施目的的使用。

项目（课题）责任单位为了重大专项研究开发目的，需要集成使用其它项目（课题）责任单位实施重大专项产生和购买的知识产权时，相关知识产权权利人应当许可其免费使用；为了重大专项科技成果产业化目的使用时，相关知识产权权利人应当按照平等、合理、无歧视原则许可其实施。

项目（课题）责任单位为了研究开发目的而获得许可使用他人的知识产权时，应当在许可协议中约定许可方有义务按照平等、合理、无歧视原则授予项目（课题）责任单位为了产业化目的的使用。

第三十五条 对重大专项产生和购买的属于项目（课题）责任单位的知识产权，有下列情形之一，牵头组织单位可以依据本规定第二十二条第一款第（二）项的规定，要求项目（课题）责任单位以合理的条件许可他人实施；项目（课题）责任单位无正当理由拒绝许可的，牵头组织单位可以决定在批准的范围内推广使用，允许指定单位一定时期内有偿或者无偿实施：

（一）为了国家重大工程建设需要；

（二）对产业发展具有共性、关键作用需要推广应用；

（三）为了维护公共健康需要推广应用；

（四）对国家利益、重大社会公共利益和国家安全具有重大影响需要推广应用。

获得指定实施的单位不享有独占的实施权。取得有偿实施许可的，应当与知识产权权利人商定合理的使用费。

第三十六条 国家知识产权局可以根据专利法及其实施细则和《集成电路布图设计保护条例》的相关规定，给予实施重大专项产生的发明专利、实用新型专利和集成电路布图设计的强制许可或者非自愿许可。

第三十七条 项目（课题）责任单位许可或转让重大专项产生的知识产权时，应当告知被许可人或受让人国家拥有的权利。许可和转让协议不得影响国家行使相关权利。

第三十八条 鼓励项目（课题）责任单位以科技成果产业化为目标，按照产业链建立产业技术创新战略联盟，通过交叉许可、建立知识产权分享机制等方式，加速科技成果在产业领域应用、转移和扩散，为产业和社会发展提供完整的技术支撑和知识产权保障。

按照产业链不同环节部署项目（课题）的重大专项，牵头组织单位应当推动建立产业技术创新战略联盟。

第三十九条 在项目结束后五年内，项目（课题）责任单位或重大专项知识产权被许可人或受让人应当根据重大专项牵头组织单位的要求，报告知识产权应用、再开发和产业化等情况。

第四十条 项目（课题）责任单位应当依法奖励为完成该项科技成果及转化做出重要贡献的人员。

第六章 附 则

第四十一条 各重大专项可以依据本规定，结合本重大专项特点，制定本重大专项的知识产权管理实施细则。

第四十二条 事业单位转让无形资产取得的收入和取得无形资产所发生的支出，应当按照《事业单位财务规则》和《事业单位国有资产管理暂行办法》（财政部令36号）有关规定执行。

第四十三条 国防科技知识产权管理按有关规定执行。

第四十四条 本办法自2010年8月1日起施行。

科学技术部　国家发展和改革委员会
财政部　国家知识产权局
二〇一〇年七月一日

国家大学科技园认定和管理办法

（国科发高〔2010〕628号）

第一章 总 则

第一条 为贯彻落实《国家中长期科学和技术发展规划纲要（2006—2020年）》、《国家中长期教育改革和发展规划纲要（2010—2020年）》以及《国家中长期人才发展规划纲要（2010—2020年）》，深化科技和教育体制改革，提高自主创新能力，加快科技成果转化和产业化，加强和规范国家大学科技园建设和运行管理，根据《国务院关于实施〈国家中长期科学和技术发展规划纲要（2006—2020年）〉的若干配套政策的通知》（国发[2006]6号），制定本办法。

第二条 国家大学科技园是以具有较强科研实力的大学为依托，将大学的综合智力资源优势与其它社会优势资源相结合，为推动高等学校产学研结合、技术转移和科技成果转化、高新技术企业孵化、战略性新兴产业培育、创新创业人才培养、服务区域经济提供支撑的平台和服务的机构。

第三条 国务院科技和教育行政管理部门负责对国家大学科技园进行宏观管理和指导；各省、自治区、直辖市、计划单列市的科技、教育行政管理部门负责对本地区国家大学科技园进行管理和指导；高校是国家大学科技园建设发展的主要依托单位。

第二章 功能与定位

第四条 国家大学科技园是国家创新体系的重要组成部分，是中国特色高等教育体系的重要组成部分；是自主创新的重要基地、产学研合作的示范基地、高校师生创业的实践基地、战略性新兴产业的培育基地；是高校技术转移和科技成果转化、创业企业孵化、创新创业人才培养的综合性科技创新平台。一流国家大学科技园是一流大学的重要标志之一。

第五条 国家大学科技园是高校实现产学研结合及社会服务功能的重要通道。主要功能是充分利用高校的人才、学科和技术优势，孵化科技型中小企业，加速高校技术转移和科技成果的转化与产业化，开展创业实践，培育高层次的技术、经营和管理人才。

第六条 国家大学科技园是为科技企业创新创业提供条件和增值服务的机构。要大力提高创业辅导、技术平台等孵化条件和技术转移能力，不断完善人力资源、市场开拓、法律财税等专业服务能力，重点改善园区金融投资的环境与能力，拓展大学科技园的融资服务渠道。

第七条 国家大学科技园是支撑战略性新兴产业发展的重要平台。将高校资源优势与地方特色产业相结合，通过与地方共建技术平台和中试基地，面向产业需求开展技术研发与应用转化，为提升产业竞争力、培育战略性新兴产业、发展区域经济提供支撑。

第三章 认定与管理

第八条 各省、自治区、直辖市、计划单列市的大学科技园，由省级科技和教育行政管理部门向国务院科技和教育行政管理部门提出国家大学科技园认定申请，并提交《国家大学科技园认定申请报告》（报告提纲见附件）；国务院科技和教育行政管理部门组织专家组对其进行评估，根据专家组评估意见予以认定。《国家大学科技园认定申请报告》的内容和数据应可核查。

第九条 申请认定国家大学科技园，应具备以下条件：

1. 必须以具有较强科研实力的大学为依托，具有完整的发展规划，发展方向明确。

2. 必须有具备独立法人资格的专业化管理机构，实际运营时间在2年以上，经营状况良好。

3. 有专门的经营管理团队，管理人员中本科以上学历占85%以上。

4. 具有边界清晰、布局相对集中、法律关系明确、固定区域不超过3个、面积达15000平米以上的可自主支配场地；提供给孵化企业使用的场地面积应占科技园可自主支配面积的60%及以上。

5. 园内的在孵企业达50家以上。

6. 为社会提供1000个以上的就业机会。

7. 大学科技园50%以上的企业在技术、成果、技术转移和人才方面与依托高校有实质性关联。

8. 园区内有风险投资、金融机构进驻，园区筹措设立的种子资金不低于500万元，并至少有3个以上投资案例。

9. 园区建有高校学生科技创业实习基地，为大学生创业实习提供场地、资金、服务等方面的支持。

10. 地方政府和依托高校应有支持大学科技园发展的具体政策，依托高校的资源向大学科技园开放。

11. 管理规范，具有严格的财务管理制度，自身及在孵、在园企业的统计数据齐全。

第十条 国家大学科技园在孵企业应具备以下条件：

1. 企业注册地及主要研发、办公场所必须在大学科技园工作场地内。

2. 申请进入大学科技园的企业，成立时间不超过3年。

3. 迁入的企业，上年营业收入不超过500万元。

4. 企业在大学科技园的孵化时间不超过42个月（海外高层次创业人才或从事生物医药、集成电路设计等特殊领域的创业企业，不超过60个月）。

5. 企业成立时注册资金中扣除“知识产权”出资后，现金部分不超过500万元人民币（属海外高层次创业人才或从事生物医药、集成电路设计等特殊领域的创业企业，现金部分不超过1000万元人民币）。

6. 单一在孵企业使用的孵化场地面积不大于1000平方米；从事航空航天、现代农业等特殊领域的单一在孵企业，不大于3000平方米。

7. 企业研发的项目（产品），知识产权界定清晰。

8. 企业团队具有一定的经营管理能力。留学生、大学生企业的团队主要管理者或技术带头人，由其本人担任。

第十一条 国家大学科技园实施统计年报制度。国务院科技和教育行政管理部门委托有关机构负责统计数据的收集和整理，各国家大学科技园应在每年的3月31日前将上年度的建设发展绩效统计报表报送指定的机构，并同时抄报所在省级科技和教育行政管理部门。

第十二条 国务院科技和教育行政管理部门定期对国家大学科技园进行考核，实行动态管理。对达不到考核条件的国家大学科技园，限期整改；在规定期限内整改后仍达不到考核条件的，不再列为国家大学科技园；不再列为国家大学科技园的，待具备条件时，可按照本办法的规定申请认定。

第四章 政策与措施

第十三条 科技部、教育部会同有关部门，进一步研究支持国家大学科技园发展的相关政策、法规，制定科学合理的指标体系和评价办法，继续推进国家大学科技园税收扶持等政策。

第十四条 科技部、教育部负责宏观管理和指导国家大学科技园的建设、运行和发展，组织制定支持国家大学科技园建设与发展的方针、政策，编制国家大学科技园发展规划，把国家大学科技园的工作纳入国家科技和教育发展计划。根据建设发展绩效，对成绩突出的国家大学科技园给予支持。

第十五条 各省、自治区、直辖市和计划单列市人民政府的科技和教育行政部门应贯彻执行支持国家大学科技园建设和发展的各项方针和政策，将国家大学科技园工作纳入当地科技和教育发展规划，为国家大学科技园建设和发展提供必要的支持，并将国家有关优惠政策落实到国家大学科技园管理机构及其在孵、在园企业。

第十六条 高校要将国家大学科技园的建设与发展纳入学校整体建设与发展规划，在大学科技园规划、建设与发展中发挥核心作用。制定和落实相应的激励政策，向国家大学科技园开放学校的各种资源，鼓励师生到园区创业，并在园区内构建学生实习和实践基地，鼓励把国家大学科技园创业教育纳入学校的教学体系，使国家大学科技园成为高校科技成果转化与产业化的重要基地。

第十七条 推动建立大学科技园信息平台，鼓励组建大学科技园协会组织或区域性战略联盟，加强国家大学科技园之间的交流与合作，加强行业自律，促进大学科技园事业规范健康发展。

第五章 附 则

第十八条 各省、自治区、直辖市和计划单列市的科技、教育行政管理部门可参照本办法制定相应的实施办法和细则。

第十九条 本办法由国务院科技和教育行政管理部门负责解释，自发布之日生效，2006年11月24日发布的《国家大学科技园认定和管理办法》同时废止。

科学技术部　教育部

二〇一〇年十月十五日

科技企业孵化器认定和管理办法

（国科发高〔2010〕680号）

第一章 总 则

第一条 为贯彻落实《中华人民共和国中小企业促进法》、《国家中长期科学和技术发展规划纲要（2006—2020年）》、《国家中长期人才发展规划纲要（2010—2020年）》，引导我国科技企业孵化器的健康发展，提升其管理水平与创业孵化能力，进一步营造我国科技型创业企业的成长环境，培养科技创业领军人才，制定本办法。

第二条 科技企业孵化器（以下简称孵化器），是以促进科技成果转化、培养高新技术企业和企业家为宗旨的科技创业服务载体。孵化器是国家创新体系的重要组成部分，是创新创业人才培养基地，是区域创新体系的重要内容。

第三条 国务院和地方各级科技行政主管部门负责对全国及所在地区的孵化器进行宏观管理和业务指导。

第二章 主要功能与目标

第四条 孵化器的主要功能是以科技型创业企业（以下简称在孵企业）为服务对象，通过开展创业培训、辅导、咨询，提供研发、试制、经营的场地和共享设施，以及政策、法律、财务、投融资、企业管理、人力资源、市场推广和加速成长等方面的服务，以降低创业风险和创业成本，提高企业的成活率和成长性，培养成功的科技企业和企业家。

第五条 孵化器的发展目标：

1．落实自主创新战略，营造适合科技创业的局部优化环境，培育高端的、前瞻的和具有带动作用的战略性新兴产业的早期企业，贡献于区域产业升级和经济结构调整，促进经济增长方式转变；

2．落实人才强国战略，以孵化器为载体，以培养科技创业人才为目标，构建并完善创业服务网络，持续培养、造就具有创新精神和创业能力的创业领军人才，吸引海内外科技创业者服务于创新型国家建设。

第六条 鼓励大型企业、科研机构等建立专业孵化器，形成专业技术、项目、人才和服务资源的集聚，促进传统产业的技术升级和经济结构调整，提升行业竞争力。

专业孵化器是指围绕特定技术领域或特殊人群，在孵化对象、服务内容、运行模式和技术平台上实现专业化服务的孵化器。

第三章 国家级孵化器认定

第七条 国务院科技行政主管部门负责国家级孵化器的认定工作。

第八条 各省、自治区、直辖市、计划单列市、新疆生产建设兵团科技行政主管部门（以下简称省级科技行政主管部门）负责各地孵化器的认定工作，并依照本办法申请国家级孵化器认定。

第九条 申请认定国家级孵化器，应具备下列条件：

1．发展方向明确，符合本办法第二条规定条件；

2．领导团队得力，机构设置合理，管理人员中具有大专以上学历的占90%以上，接受孵化器专业培训的人员比例达30%以上；

3．可自主支配的孵化场地使用面积达20000平方米以上（专业孵化器达10000平方米以上）。其中，在孵企业使用的场地（含公共服务场地）占75%以上。孵化场地面积的扩大，依据可自主支配性和在孵企业使用性的原则确定；

公共服务场地是指孵化器提供给在孵企业共享的活动场所，包括公共餐厅和接待室、会议室、展示室、活动室、技术检测室等非盈利性配套服务场地。

4．可自主支配场地内的在孵企业达80家以上（专业孵化器的在孵企业应达50家以上）；

5．累计毕业企业达到25家以上。毕业企业和在孵企业提供的就业岗位超过1200个（专业孵化器的毕业企业15家以上，毕业企业和在孵企业提供的就业岗位超过800个）；

6．孵化器中的在孵企业应有30%以上已申请专利；

7．在孵企业中的大专以上学历人数应占企业总人数的70%以上；

8．孵化器自有种子资金或孵化资金不低于300万元人民币，并至少有 3个以上的资金使用案例；

9．孵化器的运营时间一般达3年以上，并按国务院科技行政主管部门要求，至少连续2年上报相关统计数据，且数据齐全、真实；

10．形成了创业导师工作机制和服务体系，能够提供创业咨询、辅导和技术、金融、管理、商务、市场、国际合作等方面的服务；

11．专业孵化器应具备专业技术领域的公共平台或中试平台，并具有专业化的技术服务能力和管理团队；

12．属经济欠发达地区的孵化器，上述条件可适当放宽。

第十条 在孵企业应具备下列条件：

1．企业注册地和主要研发、办公场所须在本孵化器场地内；

2．申请进入孵化器的企业，成立时间一般不超过24个月；

3．属迁入的企业，其产品（或服务）尚处于研发或试销阶段，上年营业收入不超过200万元人民币；

4．在孵时限一般不超过42个月（纳入“创新人才推进计划”及“海外高层次人才引进计划”的人才或从事生物医药、集成电路设计、现代农业等特殊领域的创业企业，一般不超过60个月）；

5．企业成立时的注册资金，扣除“知识产权出资”后，现金部分一般不超过300万元人民币（纳入“创新人才推进计划”及“海外高层次人才引进计划”的人才或从事现代农业等特殊领域的创业企业，一般不超过500万元人民币；属生物医药、集成电路设计等特殊领域的创业企业，一般不超过1000万元人民币）；

6．单一在孵企业入驻时使用的孵化场地面积，一般不大于1000平方米（从事航空航天等特殊领域的在孵企业，一般不大于3000平方米）；

7．在孵企业从事研发、生产的主营项目（产品），应符合国家战略性新兴产业的发展导向，并符合国家节能减排标准；

8．在孵企业开发的项目（产品），知识产权界定清晰，无纠纷；

9．在孵企业团队具有开拓创新精神，对技术、市场、经营和管理有一定驾驭能力。留学生和大学生企业的团队主要管理者或技术带头人，由其本人担任。

第十一条 毕业企业应具备以下条件中至少二条：

1．有自主知识产权；

2．连续2年营业收入累计超过1000万元；

3．被兼并、收购或在国内外资本市场上市。

第十二条 申报国家级孵化器的基本程序：

1．申报主体向所在地的省级科技行政主管部门提出申请；

2．省级科技行政主管部门初审合格后，于每年11月1日前向国务院科技行政主管部门提出书面推荐意见；

3．国务院科技行政主管部门组织专家评审和会议答辩，并依据专家意见对符合条件的单位，以文件形式确认为国家级科技企业孵化器。

被认定为国家级孵化器的单位，其原产权和隶属关系不变。

第四章 孵化器管理

第十三条 国务院科技行政主管部门将孵化器工作纳入国家高新技术产业化工作体系，依据国家统计局审定的《科技企业孵化器综合情况》报表，对孵化器实行年度统计、审核和动态管理。

第十四条 国家级孵化器按照国家政策和文件规定享受相关优惠政策的扶植。

第十五条 各级地方政府和科技行政主管部门、国家高新技术产业开发区管理机构（简称国家高新区）及其相关部门，要把孵化器发展作为引进高层次科技创业人才、提升区域自主创新能力和产业技术升级的中心环节。坚持正确导向、强化目标管理、推动体制创新、促进健康发展。

第十六条 各级地方政府和科技行政主管部门、国家高新区及其相关部门，应在孵化器的发展规划、用地、财政等方面提供优惠政策支持。

第十七条 国家高新区应把发展孵化器事业作为创新发展和培育战略性新兴产业的重要内容，坚持“专业孵化+创业导师+天使投资”的孵化模式，探索和推动持股孵化及市场化运行机制，引领全国孵化器的创新发展。

第十八条 有条件的县（市、区）应根据本区域经济发展战略和目标，建立适合于自身特点和需求的孵化器，完善国家技术创新工程的地方支撑体系，提升基层科技工作对经济社会发展的贡献力。

第十九条 各类孵化器要建立创业培训、咨询和辅导的预孵化体系，完善企业成长加速机制，推动孵化器由物理空间、战略规划和资金、技术、人才、市场等深层服务构成的企业加速器建设，提高创业企业的存活率，满足毕业企业的高成长发展需求。

第二十条 孵化器应围绕大学生的创业就业工作，创建大学生科技创业见习基地。形成与大学和科研机构的战略合作关系，营造创业环境、完善孵化功能，引导大学生回籍创业就业，缩短区域差异，促进社会和谐发展。

第二十一条 孵化器应加强科技创业服务品牌建设，提升内生发展能力，完善对在孵企业的问诊、巡访和毕业企业的典礼、跟踪制度，延伸服务范围，拓展孵化功能，促进企业的加速成长。

第二十二条 孵化器毕业企业或到期尚未毕业企业，应在规定期限内迁移出孵化器，并办好有关法律和约定手续。

第二十三条 国务院科技行政主管部门依据孵化器评价指标体系，每年对国家级孵化器进行指标审核。对连续2年不合格的，取消其国家级资格。

第五章 附则

第二十四条 省级以下科技行政主管部门可参照本办法制定地方孵化器认定和管理办法。

第二十五条 本办法由国务院科技行政主管部门负责解释，自2011年1月1日生效。

中华人民共和国科学技术部

二〇一〇年十一月二十九日

促进科技和金融结合试点实施方案

（国科发财〔2010〕720号）

为全面贯彻党的十七大和十七届五中全会精神，加快实施《国家中长期科学和技术发展规划纲要（2006—2020年）》及其金融配套政策，促进科技和金融结合，加快科技成果转化，增强自主创新能力，培育发展战略性新兴产业，支撑和引领经济发展方式转变，全面建设创新型国家，科技部会同中国人民银行、中国银监会、中国证监会、中国保监会联合开展“促进科技和金融结合试点”工作，试点实施方案如下。

一、指导思想和基本原则

组织开展“促进科技和金融结合试点”，要深刻把握科技创新和金融创新的客观规律，创新体制机制，突破瓶颈障碍，选择国家高新区、国家自主创新示范区、国家技术创新工程试点省（市）、创新型试点城市等科技金融资源密集的地区先行先试。

（一）指导思想。

深入贯彻落实科学发展观，围绕提高企业自主创新能力、培育发展战略性新兴产业、支撑引领经济发展方式转变的目标，创新财政科技投入方式，探索科技资源与金融资源对接的新机制，引导社会资本积极参与自主创新，提高财政资金使用效益，加快科技成果转化，促进科技型中小企业成长。

（二）基本原则。

1．坚持统筹协调。加强多部门沟通与协调，统筹规划科技与金融资源，突出体制机制创新，优化政策环境，形成合力，实现科技资源与金融资源有效对接。

2．加强协同支持。加强工作指导和政策引导，实现上下联动，充分调动和发挥地方的积极性与创造性，加大资源条件保障和政策扶持力度，以地方为主开展试点工作。

3．实现多方共赢。发挥政府的引导和带动作用，运用市场机制，引导金融机构积极参与科技创新，突破科技型中小企业融资瓶颈，实现多方共赢和长远发展。

4．突出特色优势。根据各地科技发展水平、金融资源聚集程度、产业特征和发展趋势等实际情况，明确地方发展目标和任务，充分发挥自身特色和优势，坚持整体推进与专项突破相结合，开展创新实践。

5．发挥试点效应。试点由地方自愿申报，鼓励、支持和指导地方先行先试，及时总结和推广成功经验，发挥试点的示范效应。

（三）总体目标。

通过开展试点，为全面推进科技金融工作提供实践基础，为地方实施科技金融创新营造政策空间，以试点带动示范，不断完善体制，创新机制模式，加快形成多元化、多层次、多渠道的科技投融资体系。

二、试点内容

针对科技支撑引领经济发展中面临的新形势、新任务，通过创新财政科技投入方式，引导和促进银行业、证券业、保险业金融机构及创业投资等各类资本创新金融产品、改进服务模式、搭建服务平台，实现科技创新链条与金融资本链条的有机结合，为从初创期到成熟期各发展阶段的科技企业提供差异化的金融服务。试点地区可以结合实际，选择具有基础和优势的试点内容，突出特色，大胆探索，先行先试。

（一）优化科技资源配置，创新财政科技投入方式。

综合运用无偿资助、偿还性资助、风险补偿、贷款贴息以及后补助等方式引导金融资本参与实施国家科技重大专项、科技支撑计划、火炬计划等科技计划；进一步发挥科技型中小企业技术创新基金投融资平台的作用， 运用贴息、后补助和股权投资等方式，增强中小企业商业融资能力；建立科技成果转化项目库，运用创业投资机制，吸引社会资本投资科技成果转化项目；扩大创业投资引导基金规模，鼓励和支持地方科技部门、国家高新区建立以支持初创期科技型中小企业为主的创业投资机构；建立贷款风险补偿基金，完善科技型中小企业贷款风险补偿机制，引导和支持银行业金融机构加大科技信贷投入；建立和完善科技保险保费补助机制，重点支持自主创新首台（套）产品的推广应用和科技企业融资类保险；发挥税收政策的引导作用，进一步落实企业研发费用加计扣除政策和创业投资税收优惠政策，研究对金融机构支持自主创新的税收政策。

（二）引导银行业金融机构加大对科技型中小企业的信贷支持。

建立和完善科技专家库，组织开展科技专家参与科技型中小企业贷款项目评审工作，为银行信贷提供专业咨询意见，建立科技专家网上咨询工作平台。

在有效控制风险的基础上，地方科技部门（国家高新区）与银行合作建设一批主要为科技型中小企业提供信贷等金融服务的科技金融合作试点支行；组建为科技型中小企业提供小额、快速信贷服务的科技小额贷款公司，加强与银行、担保机构的合作，创新金融业务和金融产品，为科技型中小企业提供多种金融服务。加强与农村金融系统的合作，创新适应农村科技创新创业特点的科技金融服务方式。推动建立专业化的科技融资租赁公司，支持专业化的科技担保公司发展。

在有条件的地区开展高新技术企业信用贷款试点，推动开展知识产权质押贷款和高新技术企业股权质押贷款业务。

（三）引导和支持企业进入多层次资本市场。

支持和推动科技型中小企业开展股份制改造，完善非上市公司股份公开转让的制度设计，支持具备条件的国家高新区内非上市股份公司进入代办系统进行股份公开转让。

进一步发挥技术产权交易机构的作用，统一交易标准和程序，建立技术产权交易所联盟和报价系统，为科技成果流通和科技型中小企业通过非公开方式进行股权融资提供服务。

培育和支持符合条件的高新技术企业在中小板、创业板及其他板块上市融资。组织符合条件的高新技术企业发行中小企业集合债券和集合票据；探索发行符合战略性新兴产业领域的高新技术企业高收益债券。

（四）进一步加强和完善科技保险服务。

进一步深化科技保险工作，不断丰富科技保险产品，完善保险综合服务，鼓励各地区开展科技保险工作。鼓励保险公司开展科技保险业务，支持保险公司创新科技保险产品，完善出口信用保险功能，提高保险中介服务质量，加大对科技人员保险服务力度，完善科技保险财政支持政策，进一步拓宽保险服务领域。

建立自主创新首台（套）产品风险分散机制，实施科技保险保费补贴政策，支持开展自主创新首台（套）产品的推广应用、科技企业融资以及科技人员保障类保险。探索保险资金参与国家高新技术产业开发区基础设施建设、战略性新兴产业培育和国家重大科技项目投资等支持科技发展的方式方法。

（五）建设科技金融合作平台，培育中介机构发展。

建立和完善科技成果评价和评估体系，培育一批专业化科技成果评估人员和机构。加快发展科技担保机构、创业投资机构和生产力促进中心、科技企业孵化器等机构，为科技型中小企业融资提供服务。推动地方科技部门和国家高新区建立科技金融服务平台，打造市场化运作的科技金融重点企业，集成科技金融资源为企业提供综合服务。

（六）建立和完善科技企业信用体系。

推广中关村科技园区信用体系建设的经验和模式，开展科技企业信用征信和评级，依托试点地区建立科技企业信用体系建设示范区。引入专业信用评级机构，试点开展重点高新技术企业信用评级工作，推动建立高新技术企业信用报告制度。

（七）组织开展多种科技金融专项活动。

组织开展农业科技创新、科技创业计划、大学生科技创新创业大赛等主题活动；实施科技金融专项行动，组织创业投资机构、银行、券商、保险、各类科技金融中介服务机构等的专业人员为科技企业提供全方位投融资和金融服务；举办各种科技金融论坛和对接活动；开展科技金融培训。

三、组织实施

（一）加强试点工作的组织领导。

科技部会同中国人民银行、中国银监会、中国证监会、中国保监会等部门共同推进试点工作，建立与财政部、国家税务总局的沟通协调机制，定期召开部门协调会议，研究决定试点的重大事项，统筹规划科技与金融资源，督促检查试点进展，组织开展调查研究，总结推广试点经验，共同指导地方开展创新实践。

（二）建立部门协同、分工负责机制。

根据实施方案，结合相关部门职能，发挥各自优势，落实相应责任；各部门及其地方分支机构加强对试点地区的对口工作指导和支持。各部门制定的有利于自主创新的政策，可在试点地区先行先试。加强部门间的协调配合，针对试点中出现的新情况、新问题，及时研究采取有效措施。

（三）形成上下联动的试点工作推进机制。

试点地方要成立以主要领导同志为组长，科技、财政、税务、金融部门和机构参加的试点工作领导小组，加强组织保障，创造政策环境，结合试点地方经济社会发展水平，合理确定目标任务，研究制定试点工作实施方案，落实保障措施，充分调动地方有关部门的积极性和创造性，扎实推进试点工作，形成上下联动、协同推进的工作格局。试点实施方案报批后，要积极组织力量加快实施。科技部会同地方政府安排必要的经费，保障试点工作推动和开展。

（四）加强试点工作的研究、交流和经验推广。

加强对试点重大问题的调查研究，为深化试点提供理论指导和政策支持。建立试点工作定期交流研讨制度，及时交流试点进展，研讨重点问题，总结工作经验。加大对试点地方典型经验的宣传和推广，发挥试点地方的示范作用，带动更多地方促进科技和金融结合，加快推进自主创新。

建立实施试点的监督检查机制，对在试点实施过程中表现突出的个人和机构给予表彰及奖励，对工作落实不到位、试点进展缓慢的地区加强督导，直至取消试点资格。

科学技术部
中国人民银行
中国银监会
中国证监会
中国保监会
二〇一〇年十二月十六日

关于增加人口计生委等5部门为留学人员回国服务工作部际联席会议正式成员单位的通知

（人社部函〔2010〕102号）

外交部、发展改革委、教育部、科技部、公安部、财政部、商务部、人口计生委、人民银行、国资委、海关总署、税务总局、工商总局、侨办、中国科学院、外专局、外汇局、中国侨联、中国科协、团中央、欧美同学会：

根据《国务院办公厅关于转发人事部教育部科技部财政部等部门留学人员回国工作部际联席会议制度的通知》（国办发〔2003〕11号）精神，2003年由原人事部、教育部、科技部、财政部等12个成员单位（后增补为13个）共同成立了留学人员回国服务工作部际联席会议。自联席会议成立以来，人口计生委、海关总署、税务总局、工商总局、外汇局作为列席成员单位，对留学人员回国服务工作给予了大力支持。为进一步加强联席会议平台建设，推进留学人员回国服务工作全面发展，报经国务院领导同志同意，现增加人口计生委、海关总署、税务总局、工商总局、外汇局为留学人员回国服务工作部际联席会议正式成员单位。在以后的工作中，希望各成员单位充分发挥好各自职能作用，进一步加强沟通、协调配合、形成合力，共同实现留学人员回国服务工作的新发展。

留学人员回国服务工作部际联席会议
二○一○年四月七日

中关村国家自主创新示范区企业股权和分红激励实施办法

（财企〔2010〕8号）

第一章 总 则

第一条 为建立有利于企业自主创新和科技成果转化的激励分配机制，调动技术和管理人员的积极性和创造性，推动高新技术产业化和科技成果转化，依据《促进科技成果转化法》、《公司法》、《企业国有资产法》及国务院有关规定，制定本办法。

第二条 本办法适用于中关村国家自主创新示范区内的以下企业：

（一）国有及国有控股的院所转制企业、高新技术企业。

（二）示范区内的高等院校和科研院所以科技成果作价入股的企业。

（三）其他科技创新企业。

第三条 股权激励，是指企业以本企业股权为标的，采取以下方式对激励对象实施激励的行为：

（一）股权奖励，即企业无偿授予激励对象一定份额的股权或一定数量的股份。

（二）股权出售，即企业按不低于股权评估价值的价格，以协议方式将企业股权（包括股份，下同）有偿出售给激励对象。

（三）股票期权，即企业授予激励对象在未来一定期限内以预先确定的行权价格购买本企业一定数量股份的权利。

分红激励，是指企业以科技成果实施产业化、对外转让、合作转化、作价入股形成的净收益为标的，采取项目收益分成方式对激励对象实施激励的行为。

第四条 激励对象应当是重要的技术人员和企业经营管理人员，包括以下人员：

（一）对企业科技成果研发和产业化做出突出贡献的技术人员，包括企业内关键职务科技成果的主要完成人、重大开发项目的负责人、对主导产品或者核心技术、工艺流程做出重大创新或者改进的主要技术人员，高等院校和科研院所研究开发和向企业转移转化科技成果的主要技术人员。

（二）对企业发展做出突出贡献的经营管理人员，包括主持企业全面生产经营工作的高级管理人员，负责企业主要产品（服务）生产经营合计占主营业务收入（或者主营业务利润）50%以上的中、高级经营管理人员。

企业不得面向全体员工实施股权或者分红激励。

企业监事、独立董事、企业控股股东单位的经营管理人员不得参与企业股权或者分红激励。

第五条 实施股权和分红激励的企业，应当符合以下要求：

（一）企业发展战略明确，专业特色明显，市场定位清晰。

（二）产权明晰，内部治理结构健全并有效运转。

（三）具有企业发展所需的关键技术、自主知识产权和持续创新能力。

（四）近3年研发费用占企业销售收入2%以上，且研发人员占职工总数10%以上。

（五）建立了规范的内部财务管理制度和员工绩效考核评价制度。

（六）企业财务会计报告经过中介机构依法审计，且近3年没有因财务、税收违法违规行为受到行政、刑事处罚。

第六条 企业实施股权和分红激励，应当符合法律、行政法规和本办法的规定，有利于企业的持续发展，不得损害国家和企业股东的利益，并接受本级财政、科技部门的监督。

激励对象应当诚实守信，勤勉尽责，维护企业和全体股东的利益。

激励对象违反有关法律法规及本办法规定，损害企业合法权益的，应当对企业损失予以一定的赔偿，并追究相应法律责任。

第七条 企业实施股权或者分红激励，应当按照《企业财务通则》和国家统一会计制度的规定，规范财务管理和会计核算。

第二章 股权奖励和股权出售

第八条 企业以股权奖励和股权出售方式实施激励的，除满足本办法第五条规定外，企业近3年税后利润形成的净资产增值额应当占企业近3年年初净资产总额的20%以上，且实施激励当年年初未分配利润没有赤字。

近3年税后利润形成的净资产增值额，是指激励方案获批日上年末账面净资产相对于近3年年初账面净资产的增加值，不包括财政补助直接形成的净资产和已经向股东分配的利润。

第九条 股权奖励和股权出售的激励对象，除满足本办法第四条规定条件外，应当在本企业连续工作3年以上。

股权奖励的激励对象，仅限于技术人员。

企业引进的“千人计划”、“中科院百人计划”、“北京海外高层次人才聚集工程”、“中关村高端领军人才聚集工程”人才，教育部授聘的长江学者，以及高等院校和科研院所研究开发和向企业转移转化科技成果的主要技术人员，其参与企业股权激励不受本条第一款规定的工作年限限制。

第十条 企业用于股权奖励和股权出售的激励总额，不得超过近3年税后利润形成的净资产增值额的35%。其中，激励总额用于股权奖励的部分不得超过50%。

企业用于股权奖励和股权出售的激励总额，应当依据资产评估结果折合股权，并确定向每个激励对象奖励或者出售的股权。其中涉及国有资产的，评估结果应当经代表本级人民政府履行出资人职责的机构、部门（以下统称“履行出资人职责的机构”）核准或者备案。

第十一条 企业用于股权奖励和股权出售的激励总额一般在3到5年内统筹安排使用，并应当在激励方案中与激励对象约定分期实施的业绩考核目标等条件。

第三章 股票期权

第十二条 企业以股票期权方式实施激励的，应当在激励方案中明确规定激励对象的行权价格。

确定行权价格时，应当综合考虑科技成果成熟程度及其转化情况、企业未来至少5年的盈利能力、企业拟授予全部股权数量等因素，且不得低于经履行出资人职责的机构核准或者备案的每股评估价。

第十三条 企业应当与激励对象约定股票期权授予和行权的业绩考核目标等条件。

业绩考核指标可以选取净资产收益率、主营业务收入增长率、现金营运指数等财务指标，但应当不低于企业近3年平均业绩水平及同行业平均业绩水平。

第十四条 企业应当在激励方案中明确股票期权的授权日、可行权日和行权的有效期。

股票期权授权日与获授股票期权首次可行权日之间的间隔不得少于1年。

股票期权行权的有效期不得超过5年。

第十五条 企业应当规定激励对象在股票期权行权的有效期内分期行权。

股票期权行权的有效期过后，激励对象已获授但尚未行权的股票期权自动失效。

第四章 股权管理

第十六条 企业可以通过以下方式解决标的股权来源：

（一）向激励对象增发股份。

（二）向现有股东回购股份。

（三）现有股东依法向激励对象转让其持有的股权。

第十七条 企业不得为激励对象购买股权提供贷款以及其他形式的财务资助，包括为激励对象向其他单位或者个人贷款提供担保。

第十八条 激励对象自取得股权之日起5年内不得转让、捐赠其股权。

激励对象获得股权激励后5年内本人提出离职，或者因个人原因被解聘、解除劳动合同，取得的股权全部退回企业，其个人出资部分由企业按审计后净资产计算退还本人；以股票期权方式实施股权激励的，未行权部分自动失效。

第十九条 企业实施股权激励的标的股权，一般应当由激励对象直接持股。

激励对象通过其他方式间接持股的，直接持股单位不得与企业存在同业竞争关系或者发生关联交易。

第二十条 企业以股权出售或者股票期权方式授予的股权，激励对象在按期足额缴纳相应出资额（股款）前，不得参与企业利润分配。

第二十一条 大型企业用于股权激励的股权总额，不得超过企业实收资本（股本）的10%。

大型企业的划分标准，按照国家统计局印发的《统计上大中小型企业划分办法（暂行）》（国统字〔2003〕17号）等有关规定执行。

第五章 分红激励

第二十二条 企业可以根据以下不同情形，选择不同方式实施分红激励：

（一）由本企业自行投资实施科技成果产业化的，自产业化项目开始盈利的年度起，在3至5年内，每年从当年投资项目净收益中，提取不低于5%但不高于30%用于激励。

投资项目净收益为该项目营业收入扣除相应的营业成本和项目应合理分摊的管理费用、销售费用、财务费用及税费后的金额。

（二）向本企业以外的单位或者个人转让科技成果所有权、使用权（含许可使用）的，从转让净收益中，提取不低于20%但不高于50%用于一次性激励。

转让净收益为企业取得的科技成果转让收入扣除相关税费和企业为该项科技成果投入的全部研发费用及维护、维权费用后的金额。企业将同一项科技成果使用权向多个单位或者个人转让的，转让收入应当合并计算。

（三）以科技成果作为合作条件与其他单位或者个人共同实施转化的，自合作项目开始盈利的年度起，在3至5年内，每年从当年合作净收益中，提取不低于5%但不高于30%用于激励。

合作净收益为企业取得的合作收入扣除相关税费和无形资产摊销费用后的金额。

（四）以科技成果作价入股其他企业的，自入股企业开始分配利润的年度起，在3至5年内，每年从当年投资收益中，提取不低于5%但不高于30%用于激励。

投资收益为企业以科技成果作价入股后，从被投资企业分配的利润扣除相关税费后的金额。

第二十三条 企业实施分红激励，应当按照科技成果投资、对外转让、合作、作价入股的具体项目实施财务管理，进行专户核算。

第二十四条 大中型企业实施重大科技成果产业化，可以探索实施岗位分红激励制度，按照岗位在科技成果产业化中的重要性和贡献，分别确定不同岗位的分红标准。

企业实施岗位分红激励的，除满足本办法第五条规定外，企业近3年税后利润形成的净资产增值额应当占企业近3年年初净资产总额的10%以上，实施当年年初未分配利润没有赤字，且激励对象应当在该岗位上连续工作1年以上。

企业年度岗位分红激励总额不得高于当年税后利润的15%，激励对象个人岗位分红所得不得高于其薪酬总水平（含岗位分红）的40%。

第二十五条 企业实施分红激励所需支出计入工资总额，但不纳入工资总额基数，不作为企业职工教育经费、工会经费、社会保险费、补充养老及补充医疗保险费、住房公积金等的计提依据。

第二十六条 企业对分红激励设定实施条件的，应当在激励方案中与激励对象约定相应条件以及业绩考核办法，并约定分红收益的扣减或者暂缓、停止分红激励的情形及具体办法。

实施岗位分红激励制度的大中型企业，对离开激励岗位的激励对象，即予停止分红激励。

第六章 激励方案的拟订和审批

第二十七条 企业实施股权和分红激励，应当拟订激励方案。激励方案由企业总经理办公会或者董事会（以下统称企业内部管理机构）负责拟订。

第二十八条 激励方案包括但不限于以下内容：

（一）企业发展战略、近3年业务发展和财务状况、股权结构等基本情况。

（二）激励方案拟订和实施的管理机构及其成员。

（三）企业符合本办法规定实施激励条件的情况说明。

（四）激励对象的确定依据、具体名单及其职位和主要贡献。

（五）激励方式的选择及考虑因素。

（六）实施股权激励的，说明所需股权来源、数量及其占企业实收资本（股本）总额的比例，与激励对象约定的业绩条件，拟分次实施的，说明每次拟授予股权的来源、数量及其占比。

（七）实施股权激励的，说明股权出售价格或者股票期权行权价格的确定依据。

（八）实施分红激励的，说明具体激励水平及考虑因素。

（九）每个激励对象预计可获得的股权数量、激励金额。

（十）企业与激励对象各自的权利、义务。

（十一）企业未来3年技术创新规划，包括企业技术创新目标，以及为实现技术创新目标在体制机制、创新人才、创新投入、创新能力、创新管理等方面将采取的措施。

（十二）激励对象通过其他方式间接持股的，说明必要性、直接持股单位的基本情况，必要时应当出具直接持股单位与企业不存在同业竞争关系或者不发生关联交易的书面承诺。

（十三）发生企业控制权变更、合并、分立，激励对象职务变更、离职、被解聘、被解除劳动合同、死亡等特殊情形时的调整性规定。

（十四）激励方案的审批、变更、终止程序。

（十五）其他重要事项。

第二十九条 激励方案涉及的财务数据和资产评估价值，应当分别经国有产权主要持有单位同意的具有资质的会计师事务所审计和资产评估机构评估，并按有关规定办理备案手续。

第三十条 企业内部管理机构拟订激励方案时，应当以职工代表大会或者其他形式充分听取职工的意见和建议。

第三十一条 企业内部管理机构应当将激励方案及听取职工意见情况先行报经履行出资人职责的机构批准。

由国有资产监督管理委员会代表本级人民政府履行出资人职责的企业，相关材料报本级国有资产监督管理委员会批准。

由其他部门、机构代表本级人民政府履行出资人职责的企业，相关材料暂报其主管的部门、机构批准。

第三十二条 履行出资人职责的机构应当严格审核企业申报的激励方案。对于损害国有股东权益或者不利于企业可持续发展的激励方案，应当要求企业进行修改。

第三十三条 履行出资人职责的机构可以要求企业法律事务机构或者外聘律师对激励方案出具法律意见书，对以下事项发表专业意见。

（一）激励方案是否符合有关法律、行政法规和本办法的规定。

（二）激励方案是否存在明显损害企业及现有股东利益。

（三）激励方案对影响激励结果的重大信息，是否充分披露。

（四）激励可能引发的法律纠纷等风险，以及应对风险的法律建议。

（五）其他重要事项。

第三十四条 履行出资人职责的机构批准企业实施股权激励后，企业内部管理机构应当将批准的激励方案提请股东（大）会审议。

在股东（大）会审议激励方案时，国有股东代表应当按照批准文件发表意见。

第三十五条 企业可以在本办法规定范围内选择一种或者多种激励方式，但是对同一激励对象不得就同一职务科技成果或者产业化项目进行重复激励。

对已按照本办法实施股权激励的激励对象，企业在5年内不得再对其实施股权激励。

第七章 激励方案管理

第三十六条 除国家另有规定外，企业应当在激励方案股东（大）会审议通过后5个工作日内，将以下材料报送本级财政、科技部门：

（一）经股东（大）会审议通过的激励方案。

（二）相关批准文件、股东（大）会决议。

（三）审计报告、资产评估报告、法律意见书。

第三十七条 企业股东应当依法行使股东权利，督促企业内部管理机构严格按照激励方案实施激励。

第三十八条 企业应当在经审计的年度财务会计报告中披露以下情况：

（一）实施激励涉及的业绩条件、净收益等财务信息。

（二）激励对象在报告期内各自获得的激励情况。

（三）报告期内的股权激励数量及金额，引起的股本变动情况，以及截至报告期末的累计额。

（四）报告期内的分红激励金额，以及截至报告期末的累计额。

（五）激励支出的列支渠道和会计核算方法。

（六）股东要求披露的其他情况。

第三十九条 企业实施激励导致注册资本规模、股权结构或者组织形式变动的，应当按照有关规定，根据相关批准文件、股东（大）会决议等，及时办理国有资产产权登记和工商变更登记手续。

第四十条 因出现特殊情形需要调整激励方案的，企业内部管理机构应当重新履行内部审议和外部审批的程序。

因出现特殊情形需要终止实施激励的，企业内部管理机构应当向股东（大）会说明情况。

第八章 附 则

第四十一条 对职工个人合法拥有、企业发展需要的知识产权，企业可以按照财政部、国家发展改革委、科技部、原劳动保障部《关于企业实行自主创新激励分配制度的若干意见》（财企〔2006〕383号）第三条的规定实施技术折股。

第四十二条 高等院校和科研院所经批准以科技成果向企业作价入股，可以按科技成果评估作价金额的20%以上但不高于30%的比例折算为股权奖励给有关技术人员，企业应当从高等院校和科研院所作价入股的股权中划出相应份额予以兑现。

第四十三条 企业以科技成果作价入股，没有按照本办法第二十二条规定实施分红激励的，作价入股经过3个会计年度以后，被投资企业符合本办法规定条件的，可以按照本办法的规定，以被投资企业股权为标的，对重要的技术人员实施股权激励。但是企业应当与被投资企业保持人、财、物方面的独立性，不得以关联交易等手段向被投资企业转移利益。

第四十四条 企业不符合本办法规定激励条件而向管理者转让国有产权的，应当通过产权交易市场公开进行，并按照《企业国有产权转让管理暂行办法》（国资委、财政部令第3号）和国资委、财政部印发的《企业国有产权向管理层转让暂行规定》（国资发产权〔2005〕78号）执行。

第四十五条 财政、科技部门对企业股权或者分红激励方案及其实施情况进行监督，发现违反法律、行政法规和本办法规定的，应当责令改正。

第四十六条 本办法中“以上”均含本数。

第四十七条 上市公司股权激励另有规定的，从其规定。

第四十八条 本办法自印发之日起施行。

财政部 科技部

二〇一〇年二月一日

关于规范留学回国人员落户工作有关政策的通知

（公通字〔2010〕19号）

近年来，随着我国经济社会的快速发展，大量留学人员成回国。为切实做好部分人员的落户工作，妥善解决以往出国（境）前已注销常住户口、且未在国（境）处入籍、定居的留学人员回国落户问题，现重申和明确有关政策如下：

一、对于回国后欲在原户口注销地恢复户口的留学人员，辖区派出所可以凭回国留学人员最后一次回国时持用的中国护照，依据原户口注销登记直接办理恢复户口手续；理由正当，需要在本市、县内其他派出所辖区登记户口的，落户地派出所可以凭回国留学人员最后一次回国时持用的中国护照及原户口所在地派出所出具的户口注销证明（证明中应载明户口注销前户口登记的详细内容），办理落户手续。在具体程序上，对于已在当地取得具有产权住房的，可在原住房所在辖区派出所恢复户口；对于没有产权住房的，可以其本人在当地按直系亲属、旁系亲属、朋友以及原工作单位的先后次序，凭有关当事人或单位出具的同意该申请人迁入本户的局面证（声）明材料以及申请人的相关材料恢复户口；对于不具备上述条件的申请人，准予其凭上述证明在当地保存其档案的人才中心落户。

二、对于回国后欲在原籍户口所在地落户的留学人员，各地公安机关应准予其凭最后一次回国时持用的中国护照申报恢复户口，原籍户口所地公安机关经核实后为其办理落户手续。

三、对于回国后欲在就业地落户的留学人员，原则上除北京、上海以外的各地公安机关应准予其凭最后一次回国时持用的中国护照、就业单位以及当地人力资源和社会保障部门出具的证明，办理在当地的落户手续；北京、上海等特大城市也应结合本地经济社会发展和综合承受能力，适应放宽相关政策。

四、公安机关在受理留学人员回国恢复户口或落户申请时，如发现申请人原户口注销记录或申报的户口登记项目的内容与其回国所持护照以及其他相关证件（明）内容不一致、需要进行更正的，应本着便民利民的原则，在调查核实的基础上，依据有关程序规定，及进一并予以办理。

工作中遇有新问题、新情况，请及时报公安部、人力资源和社会部。

公安部　人力资源和社会保障部

二〇一〇年四月十五日

关于进一步做好中小企业金融服务工作的若干意见

（银发〔2010〕193号）

为深入贯彻落实《国务院关于进一步促进中小企业发展的若干意见》（国发〔2009〕36号），进一步改进和完善中小企业金融服务，拓宽融资渠道，着力缓解中小企业（尤其是小企业）的融资困难，支持和促进中小企业发展，现提出如下意见：

一、进一步推动中小企业信贷管理制度的改革创新

（一）深化认识、转变观念，切实提高对中小企业的金融服务水平。金融系统要深入学习贯彻《中华人民共和国中小企业促进法》、《国务院关于进一步促进中小企业发展的若干意见》、《国务院关于鼓励和引导民间投资健康发展的若干意见》（国发〔2010〕13号）等国家法律法规和政策的要求，进一步增强做好中小企业金融服务的责任感和大局意识，切实改变经营和服务理念。要把改进中小企业金融服务、扩大中小企业信贷投放作为各银行业金融机构开展信贷经营业务的重要战略，确保小企业信贷投放的增速要高于全部贷款增速，增量要高于上年。

（二）改造审批流程、提高审批效率，确保符合贷款条件的中小企业获得方便、快捷的信贷服务。各金融机构要对中小企业设立独立的审批和信贷准入标准，压缩中小企业贷款审批流程，切实提升贷款审批效率。鼓励有条件的银行为中小企业开办一站式金融服务。积极推广灵活高效的贷款审批模式。研究推动小企业贷款网络在线审批，建立审批信息网络共享平台。

（三）坚持有保有压、明确支持重点，积极推动符合国家产业政策要求的中小企业健康发展。优先满足中小企业符合国家重点产业调整和振兴规划要求的新技术、新工艺、新设备、新材料、新兴业态项目资金需求，加大对具有自主知识产品、自主品牌和高附加值拳头产品中小企业的支持，提升中小企业自主创新能力和国际竞争力。严格控制过剩产能和“两高一资”行业贷款，鼓励对纳入环境保护、节能节水企业所得税优惠目录投资项目的支持，促进中小企业节能减排和清洁生产。

鼓励金融机构支持东部地区先进中小企业通过收购、兼并、重组、联营等多种形式，加强与中西部地区中小企业的合作，有序实现产业转移。加快推动发展文化创意、服务外包以及其他就业吸纳能力强、市场需求大的服务业中小企业发展。

（四）实施小企业金融服务差异化监管。银监会派出机构要因地制宜制定科学、审慎的小金融机构市场准入细则，实行分类监管、差异化监管，不断提高监管技术和监管有效性。小企业金融服务专营机构要进一步落实小企业金融服务“四单”原则，既单列信贷计划、单独配置人力资源和财务资源、单独客户认定与信贷评审、单独会计核算，构建专业化的经营与考核体系。各金融机构要增强风险管理意识，针对小企业客户风险状况，制定风险管理业务规则，培养熟悉小企业业务的风险管理经理，逐步建立与小企业业务性质、规模和复杂程度相适应、完善、可靠的市场风险管理体系。认真贯彻落实对小企业授信工作的相关规定，制定小企业信贷人员尽职免责机制，切实做到尽职者免责，失职者问责。

（五）推动适合中小企业需求特点的金融产品和信贷模式创新。鼓励银行业金融机构在有效防范风险的基础上，推动动产、知识产权、股权、林权、保函、出口退税池等质押贷款业务，发展保理、福费廷、票据贴现、供应链融资等金融产品。探索开展依托行业协会、农村专业经济组织、社会中介等适合中小企业需求特点的信贷模式创新。加大电子银行业务宣传，引导和督促银行业金融机构提高电子商业汇票在中小企业客户中的使用率。鼓励金融机构依法合规开展同业合作，稳步发展贷款转让业务，合理调剂信贷资源，增加对中小企业的贷款支持。

二、 建立健全中小企业金融服务的多层次金融组织体系

（六）提高大型银行对中小企业的服务意识和能力。国有商业银行和股份制商业银行要继续推进中小企业金融服务专营机构建设。大型银行在已建立中小企业金融服务专营机构基础上，要进一步向下延伸服务网点，切实做到单独统计和调控，完善评审机制，使专营机构充分发挥作用，实现中小企业尤其是小企业金融业务的针对性服务。中国邮政储蓄银行要加快改造机构网点，完善小额贷款功能，创新信贷产品，提升对微小企业、个体工商户等重点客户的金融服务。

（七）积极发挥中小商业银行支持中小企业发展的重要作用。中小商业银行要准确把握“立足地方、服务中小”的市场定位，把支持地方经济发展，支持中小企业、私人企业以及个体工商户作为工作重点，努力打造自身“服务中小企业”品牌。充分发挥中小商业银行的地缘优势，挖掘企业信用信息，为降低中小企业融资门槛创造良好环境。建立稳定的信贷员队伍，以适应中小企业特点为标准，探索提供延伸服务，较好满足中小企业的特殊金融服务需求。取消符合条件的中小商业银行分支机构准入数量限制，鼓励其优先到西部和东北地区等金融机构较少、金融服务相对薄弱地区设立分支机构。

（八）推动服务县域中小企业的新型农村金融机构和小额贷款公司稳步发展。鼓励各银行业金融机构到金融服务空白乡镇开设村镇银行和贷款公司。坚持小额贷款公司风险防范和规范发展并重，支持符合条件的小额贷款公司转为村镇银行。大中型商业银行在防范风险的前提下，为小额贷款公司提供批发资金业务，但小额贷款公司从银行业金融机构可获得融资资金的余额，不得超过资本净额的50%。

三、拓宽符合中小企业资金需求特点的多元化融资渠道

（九）完善中小企业股权融资机制，发挥资本市场支持中小企业融资发展的积极作用。鼓励风险投资和私募股权基金等设立创业投资企业，逐步建立以政府资金为引导、民间资本为主体的创业资本筹集机制和市场化的创业资本运作机制，完善创业投资退出机制，促进风险投资健康发展。加大中小企业上市前期辅导培育力度，支持自主创新和有发展前景的中小企业发行上市。积极发展中小板市场，加快发展创业板市场，努力扩大中小企业上市规模。建立和完善中小板和创业板上市公司再融资及并购制度，完善中小企业上市育成机制。积极推进证券公司代办股份转让系统非上市股份有限公司股份报价转让试点，适时将试点扩大到其他具备条件的国家级高新技术园区，完善监管和交易制度，改善科技型中小企业融资环境。

（十）逐步扩大中小企业债务融资工具发行规模。积极推进完善短期融资券、中小企业集合债券和集合票据的试点工作，适当简化审批手续，对中小企业发行债务融资工具实行绿色通道。对符合国家政策规定的中小企业发行直接债务融资工具的，鼓励中介机构适当降低收费，减轻中小企业的融资成本负担。培育银行间债券市场合格投资者，为中小企业直接融资市场创造条件。进一步完善风险控制、信用增进等相关配套机制，为优质中小企业在债务融资工具发行阶段提供信用增进服务。

（十一）大力发展融资租赁业务。扎实推进扩大商业银行设立金融租赁公司试点工作。支持金融租赁公司按照“商业持续”原则，开展中小企业融资租赁业务创新。完善融资租赁公示登记系统，加强融资租赁公示系统宣传，提高租赁物登记公信力和取回效率，为中小企业融资租赁业务创造良好的外部环境。加强对融资租赁业务的指导监督，促进融资租赁行业规范化，管理统一化，合同统一化，在规避风险的同时保证融资租赁有序、规范发展。

四、大力发展中小企业信用增强体系

（十二）加强对融资性担保公司的日常监管。督促融资性担保公司依法合规审慎经营，严格控制风险集中度和关联方担保。指导融资性担保公司加强资本金管理和内控机制建设，不断提高风险管理水平。将担保机构经营情况纳入人民银行企业征信系统实施统一管理。推动地方政府建立各类小企业贷款风险补偿基金、融资担保基金、非营利性小企业再担保公司、贷款奖励基金，合理分担小企业贷款风险。贯彻落实担保行业各项法规，完善规章制度建设，尽快形成以出资人自我约束为监管基础，以地方政府部门为监管主体，全国统一规范运营的担保体系，提高融资性担保公司资金使用效率。

（十三） 完善创新适合中小企业需求特点的保险产品。继续推动科技保险发展，为高新技术型中小企业提供创新创业风险保障。积极发展信用保险和短期抵押贷款保证保险等新型保险产品，鼓励保险机构积极开发为中小企业服务的保险产品。科学合理地厘定针对中小企业的保险费率，提高保险机构为中小企业提供保险服务的积极性。继续落实对中小商贸企业投保国内贸易信用险给予保费补助政策。

（十四）推进中小企业信用体系建设。加强中小企业信用宣传，增强中小企业信用意识。多渠道采集中小企业信息，扩大、丰富中小企业信用档案信息，结合企业和个人信用信息基础数据库，提高对中小企业的信用信息服务水平。推进中小企业信用制度建设，建立多层次的中小企业信用评估体系，发挥信用担保、信用评级和信用调查等信用中介的作用，增进中小企业信用。开展信用培植、延伸金融服务，提高中小企业融资机会。在有条件的地区开展中小企业信用体系试验区建设，探索建立中小企业征信系统。

（十五）建立健全信息沟通机制，创造良好生态环境。鼓励举办多种银企对接活动，为银行业金融机构和中小企业提供交流合作的机会。向中小企业提供融资辅导和咨询服务，帮助和支持中小企业健全企业制度，强化内部管理，提高生产经营信息的透明度，有效减少借贷双方信息不对称，增强中小企业市场融资能力。建立合作平台，发挥行业协会、民间商会、工商联等在银企对接中的桥梁作用，争取在信息搜集、客户筛选、风险防范等方面取得成效。

五、多举措支持中小企业“走出去”开拓国际市场

（十六）充分发挥中小企业出口信用保险的作用，加大优惠出口信贷对中小企业的支持力度，支持中小企业开拓国际市场。鼓励和支持中小企业在跨境贸易试点地区使用人民币进行计价结算。鼓励金融机构提高服务质量，帮助中小企业降低成本，拓 展业务。

（十七）改进中小企业外汇管理，为中小企业提供便利。减少中资企业和外资企业在借用外债政策方面的差别，允许有借款能力和资金需求的各类中资企业对外借款以满足其境外资金需求。支持中小企业购汇对外投资。

六、加强部门协作和监测评估机制建设

（十八）各级金融管理部门要密切配合，加强协作，督促和指导政策的贯彻落实工作，在政策规划、机构建设、人员培训、宣传服务等方面加强合作交流，建立信息共享和工作协调机制，建立定期通报制度。要建立健全中小企业信贷政策导向效果评估制度，将中小企业贷款纳入信贷政策导向效果评估内容，对中小企业信贷业务设立单独的考核指标，定期公布考核结果并上报人民银行总行，督促金融机构提高对中小企业的信贷支持力度。要加强中小企业信贷统计监测与分析，督促各银行业金融机构认真贯彻落实大中小型企业贷款专项统计制度和国家中小企业划分标准，切实提高数据报送质量，进一步完善中小企业贷款统计制度。

请人民银行上海总部，各分行、营业管理部、省会（首府）城市中心支行会同所在省（区、市）银监局、证监局、保监局将本意见联合转发至辖区内金融机构，并协调做好本意见的贯彻实施工作。

中国人民银行
银监会　证监会　保监会
二〇一〇年六月二十一日

中国科协关于加强人才工作的若干意见

（科协发调字〔2010〕17号）

为全面贯彻落实《国家中长期人才发展规划纲要（2010－2020年）》（简称《人才规划纲要》）和《国家中长期教育改革和发展规划纲要（2010—2020年）》（简称《教育规划纲要》），推动科协人才工作不断迈上新台阶，特提出如下意见。

一、充分认识贯彻落实好《人才规划纲要》和《教育规划纲要》的重要意义

1．深刻理解、准确把握中央对科协人才工作的殷切期待。人才资源是第一资源，人才工作在党和国家工作全局中具有十分重要的地位。各级科协及所属团体要自觉把学习贯彻全国人才和教育工作会议精神与贯彻落实胡锦涛总书记在纪念中国科协成立50周年大会上的重要讲话精神结合起来，深刻理解、准确把握党和人民对科协组织在发现培养举荐人才、推动用好用活人才方面发挥独特作用的新期待，牢固树立正确人才观，按照“服务发展、人才优先、以用为本、创新机制、高端引领、整体开发”的人才工作指导方针，更加自觉地把科协人才工作融入党和国家人才工作全局之中，把加强党和政府同科技工作者的联系作为基本职责，把竭诚为科技工作者服务作为根本任务，把科技工作者是否满意作为衡量科协工作的主要标准，不断增强贯彻落实《人才规划纲要》和《教育规划纲要》的责任感和使命感，开创科协工作新局面。

2．切实把科协组织建设成为育才引才荐才用才的重要通道。科协是科技工作者的群众组织，促进科技人才的成长和提高是科协组织的重要职责。各级科协及所属团体要把贯彻落实国家中长期科技规划纲要、人才规划纲要和教育规划纲要有机结合起来，努力把发现、培养、凝聚、举荐、用好人才贯穿在学术交流、科学普及、决策咨询和组织建设等各个方面。要进一步加大科协人才工作力度，明确《人才规划纲要》和《教育规划纲要》赋予科协的各项工作任务，既要搭建国内外学术交流平台发现人才，打造科协系统优秀奖励品牌举荐人才，拓展海外高层次人才联系渠道吸引人才，建设国家级科技思想库用活人才，举办宣传表彰活动激励人才，当好“科技工作者之家”凝聚人才，也要开展青少年科技教育活动培育人才，组织继续教育和专门培训造就人才，通过开展科普活动提升人力资源素质，努力构建具有科协特色的科技人才成长服务体系，团结带领广大科技工作者更好地为经济社会发展服务、为提高全民科学素质服务，切实把科协建设成为党和政府认可、社会公众支持、科技工作者满意的重要人才工作通道。

二、突出重点，扎实完成中央赋予科协组织的人才工作任务

3．促进产学研用相结合，引导科技人才向企业聚集。创新高校与科研院所、行业企业联合培养人才的有效方式，探索建立高校和院所科技工作者深入企业开展科技服务、进行交流协作、联合培养人才的长效机制，促进科技教育资源共享。大力发展各种形式的院士专家工作站，组织院士专家深入企业参与技术攻关，开展技术咨询、技术诊断和项目合作，加快先进适用技术、成果在企业的推广应用和产业化步伐，吸引更多科技人才为企业发展服务。帮助企业科技工作者加入相关科技团体，加强与各级科协及学会的联系，加强企业博士后科研工作站建设，构建学术技术服务平台，支持优秀科技人才到企业工作。充分发挥科技社团在高技能人才培养中的重要作用，积极参与国家技能型人才培养培训工程，推动建立现代企业职工培训制度和高技能人才校企合作培养制度，加快高技能人才培养步伐。

4. 健全科技人才评价激励机制，推动完善科技管理制度。把进行科技评价、举荐创新人才作为科协所属学会的重要职能，推动建立以创新和质量为导向的科研评价机制，完善以品德、能力和业绩为核心的科技人才评价体系，帮助中青年优秀科技人才脱颖而出。充分发挥科协所属学会在科技人才评价中的基础地位，做好两院院士初遴选工作，努力在更大范围和更高程度上对科学家的学术贡献作出承认和肯定。把发现、凝聚和举荐科技人才特别是尖子人才作为科技奖励的重要内容，继续办好中国青年科技奖、中国青年女科学家奖、求是杰出青年奖等重要奖项，重点把“全国优秀科技工作者”奖培育成为面向全体科技工作者、具有广泛代表性和权威性的品牌奖项。通过评选优秀论文、科技成果、科技工作者等，支持引导全国学会和地方科协办好各种科技奖项，逐步建立面向不同专业、不同领域、不同年龄、不同主体的优秀科技人才表彰奖励体系，举荐优秀科技人才。引导和鼓励用人单位完善培训、考核、使用与待遇相结合的激励机制，完善对高技能人才的激励办法，对作出突出贡献的高技能人才进行表彰和奖励。

5. 建立健全工程师资格认证制度，推动国际互认。积极推进专业技术人员职业资格证书制度，支持学会开展专业技术培训和工程师资格认证工作，努力解决制约人才合理流动的体制性障碍。积极探索高技能人才多元评价机制，改革和完善职称评审制度，推动完善社会化职业技能鉴定、企业技能人才评价、院校职业资格认证和专项职业能力考核的实施办法，建立以职业能力为导向、以工作业绩为重点，注重职业道德和职业知识水平的高技能人才评价体系。配合国家工程师制度改革，推动我国工程教育和专业技术人才职业资格国际互认工作，建立完善与国际接轨的工程师资格认证认可制度，提升我国工程技术人才的国际地位。

6. 支持科学家参加国际科学计划和学术交流，扩大我国科技人才的国际影响。支持全国学会参加国际学术合作组织，积极参与国际科技组织事务，参与国际科学计划、国际学术会议及考察培训活动，承办高端会议，努力为科技工作者开展国际科技合作搭建平台、创造条件。加强国际组织后备人才队伍建设，提高我国科学家参与国际民间科技组织活动和开展国际学术交流的能力，支持和帮助我国科学家进入国际科技组织担任领导职务，提升在国际科技界的专业地位和学术影响。发挥好联合国经社理事会咨商组织地位的作用，围绕全球气候变化等重大问题积极开展民间科技外交，支持我国科学家代表中国在国际上发表意见和建议。

7. 建立海外高层次人才信息库和人才需求信息发布平台，畅通海外科技人才为国服务渠道。建立符合留学人员特点的引才荐才机制，制定实施引进海外高层次优秀科技人才和创新团队为国服务规划，探索引进国内紧缺、企业急需的海外高技能人才。配合实施“千人计划”，把“海外智力为国服务计划”的工作重点转移到荐才、引才、用才上来，发挥海外高层次人才联系窗口作用，办好中国科协海智工作基地，为海外人才回国就业创业、学术交流、项目开发与对接提供服务。加强与海外华人科技社团的联系，深入了解海外华人科技人员工作生活状况和为国服务需求，建立海外高层次科技人才专家库，实现各省（自治区、直辖市）、市、县的人才需求信息共享互联，为海外高层次人才来华工作牵线搭桥。

8. 积极参与创新人才推进计划，支持和帮助更多青年科技工作者成长成才。鼓励支持各级科协及所属学会搭建博士生学术年会、青年科学家论坛和新观点新学说沙龙等不同形式不同层次的学术交流平台，打造学术精品，启迪创新思维。广泛开展青年科技创新活动，建好中国科协青年科学家活动基地，培养、发现、举荐具有发展潜力的中青年科技创新创业领军人才，着力提高青年科技工作者的创新创业能力。积极创建青少年科技教育精品活动，认真举办全国青少年科技创新大赛、中国青少年机器人竞赛、“明天小小科学家”奖励活动、“大手拉小手”等青少年科技教育活动，丰富学生课外及校外活动，指导青少年开展探究式学习，建立青少年科技后备人才跟踪培养机制，选拔培养好青少年科技后备人才。

三、坚持以用为本，切实把科协人才工作融入党和国家人才工作大局之中

9. 动员和组织企业科技工作者立足本职岗位作贡献。广泛开展以技术创新为主要内容的“讲理想、比贡献”活动，深入开展小革新、小发明、小创造等群众性技术创新活动，开展技术创新方法培训，引导企业科技工作者积极参与科技攻关、科技立项，促进科技人才成长。组织科研院所和高等院校科技工作者深入企业开展技术咨询、技术诊断、科技培训等科技服务活动，支持企业科技工作者参加跨部门、跨行业、跨学科、跨领域的学术研讨活动，努力形成以学会、专家和企业科协为依托的科技咨询体系，把学术资源引入企业。举办知识产权巡讲活动，推动企业、科研单位、高校重视和加强知识产权管理，保护好、应用好自己的知识产权，尊重他人的知识产权。推动企业依法建立和完善职工培训制度，积极开展新技术、新工艺、新材料等相关知识和技能培训，组织职业技能竞赛活动，举办高技能人才主题活动，为高技能人才参与高新技术开发、同业技术交流、技能成果展示等创造条件。

10. 依托“科普惠农兴村计划”，引导农村实用人才为建设社会主义新农村服务。引导和支持基层科技工作者通过各种渠道提供科技咨询、科技培训、典型示范和信息服务，不断壮大农村实用技术人才队伍。健全完善以奖代补、奖补结合的科普惠农兴村工作机制，大力表彰奖励在农村科普中作出突出贡献、示范带动作用明显的农村专业技术协会、农村科普示范基地、少数民族科普工作队和农村科普带头人，激发农民依靠科技脱贫致富的积极性主动性。支持农村实用技术人才发挥好带头示范作用，牵头建立各类农村专业技术协会，培养造就一大批扎根基层、素质优良的农技协带头人，引领农民参与市场竞争、应对市场风险。鼓励支持农村科普示范基地、农村科普带头人和少数民族科普工作队广泛开展科普讲座、技术咨询等各类科普服务活动，提高农民科学文化素质。

11．积极开展决策咨询和建言献策活动，努力在服务经济社会发展中用好用活人才。紧紧围绕经济社会发展重大问题以及科技发展和应用中出现的苗头性和倾向性问题，开展决策咨询，积极建言献策，打造培育一批有份量有影响的决策咨询品牌，切实发挥好国家级科技思想库的作用。围绕区域发展、行业科技进步以及与科技发展相关的重大项目和关键问题，积极主动参与国家、地方和行业科技发展规划的研究制定工作，参与重大工程项目、行业技术标准的咨询研究和论证工作，深入开展跨行业、高层次的调查研究活动，举办专家论坛，不断提高建言献策质量和水平。把学术交流与建言献策结合起来，积极探索搭建不同层次、不同形式的决策咨询平台，发挥好专家献策团、决策咨询委员会的重要作用，完善专家月谈会、季谈会机制，建立健全科技工作者建议征集制度和优秀决策咨询专家奖励制度，激励帮助科技工作者通过决策咨询活动展示才华、实现价值。

12．加大科普人才队伍建设力度，全面推进公民科学素质建设。制定发布《中国科协科普人才发展规划纲要（2010—2020年）》，实施科普人才建设工程，按照“面向基层，专兼并重，提升能力，服务全民”的原则，重点培育一批高水平的科普创作与设计、科普研究与开发、科普传媒、科普产业经营、科普活动策划与组织等方面的人才，大力培养面向农村、城镇社区、企业和青少年的基层一线科普人才，大力发展以老科技工作者、在校大学生为骨干，以学会会员为基础的科普志愿者，努力造就一支规模适度、结构优化、素质优良的科普人才队伍。围绕“节约能源资源、保护生态环境、保障安全健康”主题，广泛开展群众性科普活动，鼓励和引导学会会员、特别是获得各种科技奖励的科学家，每年至少要参加一次科普活动，开展科普创作。创新科普人才共建共享、统筹协作、激励保障机制，开展多种形式的培训和进修活动，培养专业化人才，建立志愿者队伍，充分调动在职科技工作者、高校学生以及离退休科技和教育工作者的积极性，对在公民科学素质建设中作出突出贡献的科技工作者给予表彰和奖励。

13．推动形成统分结合、上下联动、协调高效、整体推进的人才工作运行机制。坚持党管人才原则，把联系科技工作者、培育杰出科学家和科技工作团队作为贯彻落实科学发展观的重要内容，把促进造就数以亿计的高素质劳动者、数以千万计的专门人才和一大批拔尖创新人才作为科协工作的重要方面，推动制定有利于科技人才脱颖而出的政策措施。把维护科技工作者合法权益作为科协工作的重要内容，完善科技工作者利益表达机制，尊重科技工作者的个性特点和思维方式，加强对科技工作者的人文关怀和心理疏导，关心一线科技工作者和离退休科技工作者，推动解决他们在工作生活中遇到的实际困难，保证科技人才能够心无旁骛地从事科技创新活动。

四、当好科技工作者之家，千方百计为科技人才提供优质高效服务

14．搭建不同形式不同层次的科技活动平台，为科技工作者成长成才创造条件。积极搭建不同形式不同层次的学术交流平台，每个学会每年下力气办好1—2个高水平学术会议，联合其他学会共同举办跨学科、交叉性学术活动，推进学科交叉融合与相互渗透，促进学科群建设，培育创新人才。把开展学术交流、发挥学术交流对自主创新的重要作用作为学会的基本职责，办好中国科协年会等高端前沿综合学术论坛，积极举办青年学术会议、工程师论坛、产业发展论坛等专题学术论坛，吸引不同年龄、不同部门、不同领域的科技工作者广泛参与，鼓励和支持更多的优秀科技工作者成长成才。举办女科学家高层论坛，支持女科技工作者协会开展工作，推动女性科技人才成长。

15．深入推进继续教育和专门培训工作，帮助科技工作者提高能力水平。把学术交流活动作为科协开展继续教育的重要平台，重点开展小型、前沿、高端、交叉的学术、教育和培训活动，培养高层次高技能创新人才。积极参与实施全国专业技术人才知识更新工程，研究制定中国科协继续教育工作规划和组织实施办法，依托科协系统继续教育机构和学会力量广泛开展培训，推动继续教育与工作考核、岗位聘任（聘用）、职务（职称）评聘、职业注册等人事管理制度相衔接，加强对会员专业发展的指导，促进学会会员的学术成长和职业生涯发展。采取大联合、大协作方式，充分利用现有各类社会教育培训资源，努力构建分层分类的科技人才继续教育体系，大力培养一线急需紧缺实用人才和各类专业技术人才。利用科协系统现有教育设施，广泛开展城乡社区教育，加快各类学习型组织建设，开展劳动技能培训，培养基层实用技术人才，推动构建灵活开放的终身教育体系。实施继续教育引导工程，建立面向全国的继续教育远程工作平台，开展多种形式的网络教育活动，不断满足科技工作者知识和技能更新提高的要求。

16．广泛宣传优秀科技人才，努力营造有利于人才成长的良好社会氛围。大力宣传在创新科学技术和普及科学技术方面作出突出贡献的优秀科技工作者，特别是在企业技术进步、农业科技推广和科普工作方面作出突出贡献的基层一线科技工作者，激发科技人才的创新热情和创造活力。实施老科学家学术成长资料采集工程，系统采集、整理老科学家学术成长历史的重要资料，大力宣传老一辈科学家坚持真理、诚实劳动、亲贤爱才、密切合作的职业道德，努力让科学家受到全社会尊重，让科学家的工作受到全社会支持。把宣传青年科技工作者和科技创新团队放在突出位置，大力弘扬创新团队求真务实、勇于创新的科学精神，团结协作、淡泊名利的团队精神，培育中国特色创新文化。加大科协系统宣传资源整合力度，培育打造一批科技工作者认可、社会广泛关注的重点宣传品牌，塑造良好鲜明的科协社会形象。

17．加强科技工作者状况调查，增强服务能力和水平。加强科技工作者状况调查站点建设，定期进行调整和更新。建立制度化、规范化的科技工作者状况调查制度，准确把握新形势下科技工作者的思想动态、分布状况、流动趋势、价值取向、权益保障等情况，及时反映科技工作者的意见和建议。定期发布《中国科技人力资源发展研究报告》，准确把握新形势下科技人才成长的特点和规律，积极为不同年龄、不同学科、不同行业、不同地区、不同所有制的科技工作者提供科学研究、学术交流、成果转化、信息咨询、专题调查和继续教育等方面的服务。做好为科学家服务的经常性工作，办好中国科协会员日活动，鼓励和支持全国学会、地方科协和科协基层组织集中开展形式多样、内容丰富的会员日活动，支持帮助科技工作者加强体育锻炼，增进科协组织与会员的联系，提高为科技工作者服务的质量和水平。

18．进一步加强科学道德和学风建设，引导科技工作者成长成才。认真贯彻《关于加强我国科研诚信建设的意见》，引导科技工作者自觉遵守《科技工作者科学道德规范（试行）》、《学会科学道德规范（试行）》、《科技期刊出版工作道德规范（试行）》，推动全国学会制定本学科、本领域的科学道德规范实施细则。逐步建立完善学会会员诚信档案，对学会和会员的学术不端行为予以记载、跟踪、披露、谴责和惩戒。推动学会建立学术不端行为查处机制，积极受理对会员学术不端行为的投诉，认真组织调查，对投诉事实成立的予以处理或公布，对事实不成立的予以澄清或公告。进一步加强学术道德委员会建设，编写科学道德教育读本，开展科学道德宣讲活动，举办科学道德建设论坛，推动形成自由平等、求真务实的学术氛围，为科技工作者成长成才营造宽松和谐的环境。

五、加强组织领导，努力为做好科协人才工作提供有力保障

19. 完善人才工作领导体制机制。认真履行中国科协作为“中央人才工作协调小组”、“国家教育体制改革领导小组”和“海外高层次人才引进工作小组”成员单位的重要职责。切实把科协人才工作纳入议事日程，明确责任部门，建立目标责任制，制定人才培养和使用计划。制定发布年度人才工作要点，做好任务分解工作，明确责任和具体措施，形成完善的监测、评估和考核机制，促进人才工作各项任务落到实处。定期召开人才工作协调小组成员单位会议，加强对重大活动和重点工作的研究和指导。全国学会要加强与挂靠单位的沟通联系，争取支持；地方科协要及时研究人才工作安排，加强与地方党委政府人才主管部门的沟通联系，积极承担相关工作任务。

20. 加强人才工作条件保障。加强人才工作资源集成，积极搭建有利于发现人才、培养人才和使用人才的共建共享工作平台。加大国内高层次科技人才库建设力度，争取到2015年入库专家1万名左右，探索形成高层次人才资源信息共享机制。加强科协人才工作理论研究和干部队伍建设，开展学会工作专职干部情况调研等，加强对学会秘书长和专职工作人员的教育培训工作，重点培训县级科协和科协基层组织工作人员，提高广大专兼职干部的能力。结合年度人才工作任务，加大经费投入力度，为做好人才工作提供良好的物质保障。

中国科学技术协会

二〇一〇年七月十九日

中关村国家自主创新示范区条例

（北京市人民代表大会常务委员会公告 第12号）

《中关村国家自主创新示范区条例》已由北京市第十三届人民代表大会常务委员会第二十二次会议于2010年12月23日通过，现予公布施行。

第一章 总 则

第一条 为了促进和保障中关村国家自主创新示范区建设，制定本条例。

第二条 本条例适用于中关村国家自主创新示范区内的组织和个人。

中关村国家自主创新示范区外的组织和个人从事与中关村国家自主创新示范区建设相关的活动，也适用本条例。

第三条 中关村国家自主创新示范区（以下简称“示范区”）由海淀园、丰台园、昌平园、电子城、亦庄园、德胜园、石景山园、雍和园、通州园、大兴生物医药产业基地以及市人民政府根据国务院批准划定的其他区域等多园构成。

第四条 示范区应当以科学发展观为指导，服务国家自主创新战略，坚持首都城市功能定位，推进体制改革与机制创新，建设成为深化改革先行区、开放创新引领区、高端要素聚合区、创新创业集聚地、战略性新兴产业策源地和具有全球影响力的科技创新中心。

第五条 示范区应当以提高自主创新能力为核心，营造创新创业和产业发展环境，创新组织模式，构建和完善以项目为载体、企业为主体、市场为导向、产学研用相结合的技术创新体系。

第六条 示范区建设应当纳入本市国民经济和社会发展规划和计划，统筹示范区与行政区协调发展，统筹各种创新资源配置，统筹示范区研发、生产和生活需要。

第七条 示范区重点发展高新技术产业，加快发展战略性新兴产业，培育发展以各园区特色产业基地为基础的产业链和产业集群。

示范区重点建设中关村科学城、未来科技城等海淀区和昌平区南部平原地区构成的北部研发服务和高新技术产业聚集区，北京经济技术开发区和大兴区整合后空间资源构成的南部高技术制造业和战略性新兴产业聚集区。

第八条 鼓励和支持示范区内的企业制定创新发展战略，提升创新能力和市场竞争力，形成一批具有全球影响力的创新型企业和国际知名品牌。

第九条 鼓励组织和个人在示范区开展创新创业活动，支持有利于自主创新的制度、体制和机制在示范区先行先试，营造鼓励创新创业、宽容失败的文化氛围。

第十条 市人民政府负责统筹、规划、组织、协调、服务示范区的建设与发展。

市人民政府设立示范区管理机构负责具体工作落实。

第二章 创新创业主体

第十一条 任何组织和个人可以依法在示范区设立企业和其他组织，从事创新创业活动。

在示范区申请设立企业，经营范围中有属于法律、行政法规、国务院决定规定在登记前须经批准的项目的，可以申请筹建登记。对符合设立条件的，工商行政管理部门直接办理筹建登记，并将办理筹建登记的情况告知有关审批部门；企业获得批准后，应当申请变更登记。筹建期限为一年，筹建期内企业不得开展与筹建无关的生产经营活动。

在示范区设立企业，除申请的经营范围中有属于法律、行政法规、国务院决定规定在登记前须经批准的项目外，以指定集中办公区作为住所的，工商行政管理部门依法予以登记。

示范区内经工商行政管理部门登记的各类企业，根据发展需要可以向工商行政管理部门申请转换组织形式；企业的分支机构或者分公司可以向工商行政管理部门申请变更隶属关系。

第十二条 鼓励科技人员以知识产权、科技成果等无形资产入股的方式在示范区创办企业。

以知识产权和其他可以用货币估价并可以依法转让的科技成果作价出资占企业注册资本的比例，可以由出资各方协商约定，但是以国有资产出资的，应当符合有关国有资产的管理规定。

投资人可以其所有的可用货币估价并可依法转让的股权和债权作价出资，工商行政管理部门依法办理登记。

中国公民以自然人身份在示范区出资兴办中外合资、合作企业，经审批机关批准后，工商行政管理部门予以登记注册。

创业投资机构的注册资本可以按照出资人的约定分期到位。

第十三条 在示范区设立企业，以货币作为初次出资或者增资的，可以银行出具的企业交存入资资金凭证或者以依法设立的验资机构出具的验资证明作为验资凭证；以非货币作价出资的，可以依法设立的评估机构出具的评估报告或者以依法设立的验资机构出具的验资证明作为验资凭证。

工商行政管理部门对在示范区设立的企业的章程、合伙协议实行备案制。

第十四条 支持企业联合高等院校、科研院所和其他组织组建产业技术联盟。符合条件的，可以申请登记为法人。

第十五条 鼓励在示范区培育科技创新服务体系，支持信用、法律、知识产权、管理和信息咨询、人才服务、资产评估、审计等各类专业服务组织发展。

鼓励企业、高等院校、科研院所以及其他组织和个人，在示范区设立大学科技园、创业园、创业服务中心等各类创业孵化服务机构以及科技中介机构，利用社会资源，提升创新创业服务能力。

第十六条 申请在示范区设立有利于自主创新的社会团体、民办非企业单位、基金会，除法律、行政法规、国务院决定规定登记前须经批准的以外，申请人可以直接向市民政部门申请登记。

按照前款规定申请成立社会团体，可以吸收本市行政区域外的境内组织及个人作为会员，跨行政区域开展活动。

按照本条第一款设立的社会组织，名称应当冠以行政区划名称或者“中关村”字样。

第十七条 支持社会组织参与示范区建设，开展经济技术交流与合作，制定标准，帮助企业开拓国际市场，进行品牌推广，承担法律、法规授权或者政府委托的工作。

政府及有关部门可以通过购买服务等方式，支持服务于示范区的社会组织的发展。

第十八条 示范区应当推进自主创新资源配置方式改革，围绕国家自主创新战略的重大项目和首都经济社会发展的重大需求，在政府引导和支持下，以企业为主体或者采取企业化的运行模式，聚集企业、高等院校、科研院所、社会组织等各类创新创业主体，整合土地、资金、人才、技术、信息等各种创新要素，链接科技研发和科技成果产业化等各个创新环节，形成协同创新、利益共享的自主创新机制。

第三章 科技研发、成果转化和知识产权

第十九条 支持示范区内的企业加大研发投入，利用全球科技资源，提升原始创新、集成创新、引进消化吸收再创新的能力。

鼓励示范区内的企业自行或者联合高等院校、科研院所在境内外设立研发机构和成果转化中心。

鼓励高等院校、科研院所和示范区内的企业联合研发新技术、开发新产品。

鼓励高等院校、科研院所组织科技人员为示范区内的企业创新创业提供服务。

第二十条 支持示范区内的中小企业技术创新，通过资金资助、设立孵化器、搭建公共服务平台等多种方式，引导中小企业向专、新、特、精方向发展，提高市场竞争力。

第二十一条 支持示范区内的企业、产业技术联盟按照规定申报国家或者地方科技型中小企业技术创新基金或者资金项目，参与承担国家和地方人民政府科技重大专项、科技基础设施建设、各类科技计划项目和重大高新技术产业化项目。

市发展改革、科技、经济和信息化等行政管理部门在编制本市重大科技项目规划、计划和实施方案过程中，应当听取示范区内的企业、产业技术联盟的意见。

第二十二条 示范区内的企业、高等院校、科研院所承担国家和本市科技重大专项项目（课题），可以按照一定比例在科技重大专项项目（课题）经费中列支间接费用，用于支付实施项目（课题）过程中发生的管理、协调、监督费用，以及其他无法在直接费用中列支的相关费用。

第二十三条 市科技、教育、经济和信息化、发展改革、质量技术监督等行政管理部门应当整合公共科技资源，采取多种方式为示范区内的企业创新发展提供研发、工业设计、咨询、检测、测试等技术服务，帮助企业研发新产品、调整产品结构、创新管理和开拓市场。

第二十四条 支持示范区内的企业、高等院校、科研院所、产业技术联盟利用各自优势，开放和共享科技资源，共同培养人才，共建国家和本市的工程研究中心、工程技术研究中心、重点实验室、企业技术中心等共性技术研发平台，联合承担科

技项目，开展产学研用交流与合作。

支持战略科学家领衔组建新型科研机构。

第二十五条 鼓励示范区内的企业、高等院校、科研院所依法转让科技成果。高等院校、科研院所按照国家和本市有关规定，可以将科技成果转化收益用于奖励和教学、科研及事业发展。

鼓励高等院校、科研院所的科技人员在示范区创办企业，转化科技成果。

第二十六条 对本市财政资金支持的科技项目，政府有关行政管理部门应当与示范区内承担项目的高等院校、科研院所、企业等组织就项目形成的科技成果约定知识产权目标和实施转化期限，在项目验收时对知识产权目标完成情况进行考核评价。

第二十七条 市人民政府有关部门应当根据国家自主创新战略和首都科学发展需要，定期发布一批关键核心技术研发和重大科技成果产业化与应用示范项目，按照公开、公平、公正原则，组织示范区内的企业、高等院校、科研院所和由其组成的联合体参与招标。

第二十八条 市和区、县人民政府及有关部门运用政府采购政策，支持示范区创新创业主体的自主创新活动；通过首购、订购、首台（套）重大技术装备试验和组织实施示范项目、推广应用等方式，发挥政府采购对社会应用的示范引领作用。

第二十九条 市科技行政管理部门应当将符合条件的示范区创新创业主体的创新产品纳入本市自主创新产品目录，推荐示范区创新创业主体的创新产品纳入国家自主创新产品目录。

市财政等行政管理部门应当建立健全使用首台（套）装备的风险补偿机制。

第三十条 使用市、区两级财政资金的采购以及市、区两级财政资金全额或者部分投资的市政设施、技术改造、医疗卫生、教育科研、节能环保等项目，应当采购、使用示范区创新创业主体的创新产品。

通过招标方式进行政府采购的，评标规则中应当对示范区创新创业主体的创新产品给予一定的价格扣除或者加分。

第三十一条 市人民政府应当不断加大科技资金的投入；建立健全资金统筹机制，统筹各类资金的使用，采取股权投资、贴息、补助等方式，重点支持示范区内的重大科技研发、成果转化项目；逐步提高科技和产业化资金的统筹比例和使用效率。

第三十二条 市人民政府设立示范区发展专项资金，支持在示范区创新创业、建设创新环境和促进产业发展。

市人民政府可以运用科技产业投资基金和绿色产业投资基金等产业投资基金，支持科技成果在示范区转化。

第三十三条 市和区、县人民政府及专利、商标、著作权等行政管理部门通过补贴、奖励等措施，支持示范区内的企业、高等院校、科研院所及相关人员获得专利权、商标注册和著作权登记。

鼓励示范区内的企业成立专利联盟，构建专利池，提高专利创造、运用、保护和管理的能力。

工商行政管理部门应当指导和帮助示范区内的企业制定和实施商标战略，加强商标管理，培育驰名商标、著名商标。

工商行政管理部门可以依据企业申请，对企业的驰名商标、著名商标，在本市企业名称登记中予以保护。

第三十四条 支持示范区内的企业、高等院校、科研院所等创新创业主体开展标准创新，参与创制地方标准、行业标准、国家标准和国际标准，成立标准联盟，加强与国内外标准化组织的战略合作，推动技术标准的产业化应用，促进创新产品开发。

第三十五条 专利、商标、著作权等行政管理部门应当建立健全示范区知识产权保护的举报、投诉、维权、援助平台以及有关案件行政处理的快速通道，完善行政机关之间以及行政机关与司法机关之间的案件移送和线索通报制度。

专利行政管理部门应当鼓励、引导示范区内的企业建立专利预警制度，支持协会、知识产权中介机构为企业提供目标市场的知识产权预警和战略分析服务。

专利行政管理部门应当建立企业专利海外应急援助机制，指导企业、协会制定海外重大突发知识产权案件应对预案，支持协会、知识产权中介机构为企业提供海外知识产权纠纷、争端和突发事件的应急援助。

第四章 人才资源

第三十六条 本市在示范区建设人才特区。

示范区管理机构应当会同市有关部门，制定示范区创新创业型人才发展规划，建立健全人才培养、引进、使用、流动、评价等制度，为示范区内的人才发展提供服务和保障。

第三十七条 支持示范区内的组织根据需要引进高端领军人才和高层次人才。市和区、县人民政府及有关部门应当根据国家和本市的有关规定为高端领军人才和高层次人才在企业设立、项目申报、科研条件保障、户口或者居住证办理、房屋购买和租赁等方面提供便利。

本市在示范区建立与促进科技成果转化相适应的职称评价制度，为工程技术人员提供职称评价服务；对示范区内的企业引进科技研发和成果转化方面的紧缺人才，建立侧重能力、业绩、潜力、贡献等综合素质的人才评价机制和突出贡献人才的直接引进机制。

第三十八条 示范区内的高等院校、科研院所和企业按照国家和本市有关规定，可以采取职务科技成果入股、科技成果折股、股权奖励、股权出售、股票期权、科技成果收益分成等方式，对作出贡献的科技人员和经营管理人员进行股权和分红激励。

示范区内的高等院校、科研院所和企业可以探索符合自身特点和有利于鼓励创新的激励机制。

第三十九条 支持高等院校利用自身优势，结合示范区的发展需求开展新的学科建设，开设创新创业培训课程。支持示范区内的企业接收高等院校学生实习和就业，促进企业与高等院校合作培养创新型人才。

支持企业、高等院校、科研院所的负责人举荐人才在示范区承担重大科技创新和产业化项目。

第四十条 鼓励协会等社会组织在示范区开展人才信用评价和管理，建立人才信用记录，推广使用人才信用报告等信用产品。

第四十一条 市人力资源和社会保障、科技、教育、经济和信息化、发展改革等行政管理部门应当建立健全示范区内的高等院校、科研院所的科技人员与企业的沟通交流机制，促进科技人员与企业的双向选择。

第四十二条 市人民政府应当对在示范区创新创业、为示范区建设做出突出贡献的人员给予表彰和奖励。

第五章 科技金融

第四十三条 市和区、县人民政府及有关部门应当鼓励和支持各类金融机构在示范区开展金融创新，促进技术与资本的对接。

市金融等行政管理部门应当健全企业上市联动机制，为企业上市提供综合协调和指导服务，支持示范区内的企业上市。支持示范区内的企业在证券公司代办股份转让系统挂牌。

支持示范区内的企业运用中期票据、短期融资券、公司债、信托计划等方式筹集资金，拓宽直接融资渠道。

第四十四条 支持商业银行、担保机构、保险机构和小额贷款机构开展针对示范区内企业的知识产权质押、信用贷款等业务。

支持商业银行在示范区内设立专营机构，创新金融产品和服务方式，创新考核奖励、风险管理、授信、贷款审批和发放等机制，为企业融资服务。

支持企业和其他组织在示范区内设立为科技型企业服务的小额贷款机构和担保机构。

本市建立贷款风险补偿机制，为商业银行、担保机构、保险机构和小额贷款机构开展针对示范区内企业的知识产权质押、信用贷款、信用保险、贸易融资、产业链融资等提供风险补偿。

第四十五条 市和区、县人民政府及有关部门设立创业投资引导资金和基金，采取阶段参股、跟进投资、风险补助等多种方式，支持境内外创业投资机构在示范区开展不同阶段的投资业务。

第四十六条 政府有关行政管理部门应当支持商业银行、担保机构、保险机构为示范区内的中小企业投标承担国家和地方人民政府立项的重大建设工程提供优惠、便捷的金融服务，对由此产生的相关费用，给予一定比例的补贴或者其他资金支持。

第四十七条 支持示范区内的企业购买产品研发责任保险、关键研发设备保险、营业中断保险、信用保险、高管人员和关键研发人员团体健康保险、意外保险、补充医疗保险和补充商业养老保险等保险服务。

鼓励保险机构在示范区设立专营机构，创新保险产品，建立保险理赔快速通道，分散企业创业风险。

第四十八条 市和区、县人民政府鼓励和支持示范区内的企业开展并购重组，对符合条件的，按照规定给予政策和资金支持。

第六章 土地利用

第四十九条 市和区、县人民政府应当根据示范区发展规划纲要的要求，统筹示范区与周边地区的基础设施、公共设施以及其他配套设施的开发建设与利用。

第五十条 示范区集中新建区的建设用地应当用于高新技术产业、战略性新兴产业项目和配套设施建设。

鼓励将示范区城市建成区存量土地用于发展高新技术产业、战略性新兴产业。

市国土资源等行政管理部门应当建立示范区土地节约集约利用的评价和动态监测机制，提高建设用地的利用效率。

第五十一条 示范区管理机构应当会同市人民政府有关行政管理部门、有关区县人民政府，建立对企业使用示范区建设用地的联审机制，制定示范区的产业目录和项目入驻标准、程序，统筹企业、项目的进入、调整和迁出。

第五十二条 示范区内高新技术产业、战略性新兴产业的研发和产业化项目用地，经报请市人民政府批准后，可以采取协议出让等方式。

示范区内原以协议出让方式取得的国有土地使用权不得擅自转让、改变用途；确需转让的，须报请市人民政府批准，土地所在地的区人民政府根据国家有关规定享有优先购买权。

示范区探索集体建设用地使用的流转机制，重大科技成果研发和产业化项目可以通过租赁、入股和联营联建等方式使用集体建设用地。

第七章 政府服务和管理

第五十三条 市人民政府会同国务院相关部门建立示范区科技创新和产业化促进中心服务平台，健全跨层级联合工作机制，统筹政府的资金投入和土地、人才、技术等创新资源配置，推进政策先行先试、重大科技成果产业化、科技金融改革、创新型人才服务、新技术应用推广和新产品政府采购等工作。

第五十四条 市人民政府及有关部门根据示范区发展规划纲要和本市国民经济和社会发展规划、城市总体规划、土地利用总体规划，按照生态良好、节能环保、用地集约、产业聚集、设施配套的原则，编制示范区建设的各类规划。

市和区、县人民政府及有关部门在各自职责范围内负责组织实施相关规划。

市人民政府及有关部门应当组织对示范区各类规划的实施情况进行评估，根据评估结果可以依法对规划进行调整。

第五十五条 本市各级人民政府及有关部门对示范区内的组织和个人办理行政许可、审批、年检和其他服务、管理事项，应当简化程序、缩短期限、减少层级、优化流程，提高行政管理效率和服务水平。

市和区、县人民政府及有关部门应当通过多种方式，主动公开对示范区建设所采取的支持措施的适用范围、标准和条件、申请程序以及其他相关信息，方便组织和个人查询。

第五十六条 本市实行示范区重大行政决策公开征求意见制度和科学论证制度。有关示范区建设的重大行政决策事项，决策机关应当采取座谈会、论证会、听证会、媒体公开征集意见等方式广泛听取意见，并组织专家或者研究咨询机构对重大行政决策方案进行论证。

市和区、县人民政府及有关部门应当加强与协会等社会组织的沟通协调，支持社会组织参与相关政策、规划、计划的起草和拟订，归集、反映行业动态或者成员诉求，反馈相关政策实施情况。

第五十七条 市人力资源和社会保障、科技、金融、专利、商标、著作权等行政管理部门应当组织建设人才流动和技术、资本、产权交易的平台，促进创新要素的聚集和高效配置。

第五十八条 市统计行政管理部门应当设立示范区统计机构，建立并完善符合示范区发展特点的统计指标体系，负责组织实施统计调查，对示范区建设情况进行监测、分析、预警和评价，组织编制并定期发布中关村指数。

第五十九条 示范区应当完善企业信用体系，建立健全企业信用信息的数据库和公共服务平台，推广使用企业信用报告等信用产品，培育信用产品的应用市场。

政府有关部门应当在政府采购、财政资助、政府投资项目招标等事项办理中，将企业信用报告作为了解企业信用状况的参考。

鼓励商业银行、担保机构、小额贷款机构在融资服务中使用企业信用报告。

第六十条 市和区、县人民政府及有关部门应当为示范区内的组织和个人开展国际经济技术交流与合作提供便利，支持企业在境外开展生产、研发、服务、投资等跨国经营活动。

示范区管理机构应当组织开展与其他国家或者地区科技园区的合作，推动人才交流、协同创新和产业合作。

第八章 核心区建设

第六十一条 为发挥创新资源优势，推进体制机制创新，集中力量重点突破，带动示范区整体发展，根据自主创新资源分布状况，在示范区设立核心区，具体范围由市人民政府确定。

第六十二条 市人民政府支持产学研用创新体系建设、科技成果研发、转化和股权激励、科技金融改革、科技经费改革、新型产业组织参与国家重大科技项目、政府采购、工商管理、社会组织管理等体制机制创新的政策和措施在核心区先行先试。

第六十三条 市人民政府应当通过划分管理权限、简化管理程序、直接委托等方式，推进核心区行政审批改革。核心区所在地的区人民政府应当采取统一办理、联合办理、集中办理等方式，优化审批流程，减化审批环节。

市人民政府应当按照减少执法层次、适当下移执法重心的原则，推进核心区行政执法体制改革。核心区所在地的区人民政府承担市人民政府及其有关部门下放的行政审批项目的行政执法权。

第六十四条 核心区所在地的区人民政府应当根据示范区发展规划纲要和核心区的实际需要，研究制定和实施有利于组织和个人在核心区创新创业的政策和措施。

第六十五条 核心区所在地的区人民政府应当根据示范区发展规划纲要，通过规划实施、环境建设、业态调整等方式，推动核心区的土地、资金、人才、技术等资源的统筹配置，吸引创新要素在核心区聚集，建设高端产业集群。

第九章 法律责任

第六十六条 对违反本条例规定的行为，法律、法规已规定法律责任的，从其规定。

行政机关未履行本条例规定职责的，由上级机关责令改正；情节严重的，由监察机关或者上级机关追究直接责任人和主要负责人的行政责任。

第十章 附 则

第六十七条 实施本条例需要制定配套规章或者其他具体办法的，由市人民政府或者有关行政管理部门研究制定并发布实施。

第六十八条 本条例自公布之日起施行。2000年12月8日北京市第十一届人民代表大会常务委员会第二十三次会议通过的《中关村科技园区条例》同时废止。

北京市第十三届人民代表大会常务委员会
二〇一〇年十二月二十三日

北京市关于进一步加强科技孵化体系建设的若干意见

（京科发〔2010〕721号）

第一章 总 则

第一条 为贯彻落实《国务院关于进一步促进中小企业发展的若干意见》和《北京市贯彻落实〈国务院关于进一步促进中小企业发展若干意见〉的实施意见》，推进实施"科技北京"行动计划，加快建设中关村国家自主创新示范区，进一步完善创业孵化机制，努力完善对科技型中小企业的服务，活跃首都创新创业氛围，按照国家大学科技园、国家科技企业孵化器发展规划纲要精神，特提出以下意见。

第二条 本意见所称科技孵化体系是首都区域创新体系和科技成果转化与产业化组织体系的有机组成部分；是各类科技企业孵化机构（以下简称：孵化机构），运用市场经济规律，与创业资本市场、中介服务机构及其它创新资源有机组合形成的促进科技创新创业的体系。科技企业孵化机构是指为培育科技型中小企业创新发展提供孵育空间和专业服务，以促进科技成果转化与产业化、培养高新技术企业和企业家为宗旨的各类机构的统称。其主要类型包括：科技企业孵化器、大学科技园、留学人员创业园、科技企业加速器、大学生创业实习基地等。

第三条 按照北京市产业发展定位要求，紧密围绕新一代信息技术、生物、新材料、新能源、新能源汽车、设计创意、节能环保、航空航天、高端装备制造等重点领域以及在北京地区适合发展的其他领域，建设各类孵化机构，形成布局合理的科技孵化体系。坚持激励和约束、竞争与合作及专业化发展的原则，推动龙头企业、高校院所及其他社会力量投资建设孵化机构。

第二章 加强专业能力建设

第四条 鼓励孵化机构提升专业能力。孵化机构要加强科技条件、技术转移、专业投融资、专业咨询、市场推广等方面的专业能力建设，以孵化培育科技型中小企业为目标，培育战略性新兴产业，形成新的经济增长点。

第五条 鼓励孵化机构健全现代企业制度。孵化机构要运用市场化手段，创新各类孵化服务资源的整合机制，服务科技型中小企业发展。

第六条 鼓励孵化机构加强创业投资能力建设。孵化机构应设立孵化种子资金为在孵企业提供投融资服务，鼓励孵化机构联合或与创业投资机构、企业集团及其他社会资本等共同出资成立市场化的创业孵化投资基金，向科技型中小企业进行投资。

第七条 鼓励孵化机构建设开放共享的科技条件平台。孵化机构要通过自建或与高校院所、大型企业等联合共建的方式，搭建科技条件平台及科技成果转化平台，完善技术创新链条，建立开放共享机制，提高产业共性关键技术的集成配套能力和工程化技术服务水平，拓展面向科技项目和科技企业的综合服务能力，为科技型中小企业提供科技条件服务。

第八条 鼓励孵化机构开展创业咨询服务。孵化机构要完善创业导师制度，健全专家委员会职能，为科技型中小企业的技术产品研发、生产运营管理、市场渠道建设及全面发展战略提供专业咨询服务。

第九条 鼓励孵化机构与专业技术转移机构合作。孵化机构要培养专业的技术中介服务人才，与技术市场机构、技术转移中心、技术产权交易所等各类专业机构开展合作，为在孵企业的技术买卖需求提供技术转移服务。

第十条 鼓励孵化机构加强市场推广能力建设。孵化机构要建设专业市场团队，集成有效市场信息，与行业内大企业集团、市场渠道建立合作关系，为在孵企业的技术、产品、服务等市场推广需求提供支撑。

第十一条 鼓励孵化机构加强信息资源网络建设。孵化机构要围绕技术、市场、政策、资金、人才等信息资源，建立信息网络系统，创新信息资源共享机制，实现网络孵化服务。

第三章 开展高新技术产业专业孵化基地认定

第十二条 开展高新技术产业专业孵化基地（以下简称：专业孵化基地）认定工作。重点支持有明确的专业化、市场化发展方向，具备深层次专业服务能力的孵化机构发展，对于聚集一定数量的专业技术领域内在孵企业，孵化场地的设计和使用符合专业要求，拥有科技条件、技术转移、专业投融资、专业咨询、市场推广等方面专业能力，并有优化的收入结构的孵化机构，可向市科委申请认定为专业孵化基地（另行制定认定办法）。

第十三条 市财政资金对专业孵化基地予以支持。统筹各类资源，根据专业孵化基地对地方经济、社会发展的贡献情况，加大对专业孵化基地和在孵企业的支持。

第四章 提高整体服务水平

第十四条 推动落实国家相关政策。积极推荐符合条件的孵化机构申请各类国家支持，推动落实国家有关促进科技企业孵化器、大学科技园发展的金融、税收等各项政策。

第十五条 加强对孵化机构发起设立的创业孵化投资基金的政府引导。基金投资的项目优先列为市科技计划项目重点支持范围。给予基金贷款贴息支持。对参与投资的孵化机构，在专业孵化基地认定、专业能力建设、行业发展研究、国家项目推荐等方面给予优先支持。鼓励区县政府对基金在本区域内投资的项目给予适当财政资金及政策支持。

第十六条 符合条件的孵化机构可认定为高新技术企业。鼓励孵化机构的经营管理公司探索和加强盈利能力建设，形成可持续发展能力。对符合高新技术企业条件的，可认定为高新技术企业，享受高新技术企业的相关政策。

第十七条 支持孵化机构围绕入驻企业需求开展技术创新服务。孵化机构应加强对入驻企业的国家高新技术企业认定、技术先进型服务企业认定等政策的辅导。北京市科技型中小企业技术创新资金对孵化机构内科技型中小企业的技术创新项目给予优先支持，并优先推荐国家科技型中小企业技术创新基金支持。

第十八条 提供科技金融支持。鼓励孵化机构自身或推荐其入驻企业运用科技贷款、科技保险、代办股份转让系统、创业板等科技金融手段，享受相关科技金融政策与服务。

第十九条 支持科技条件资源开放共享。鼓励孵化机构组织入驻企业积极加入首都科技条件平台领域平台或研发实验服务基地，并提供研发实验服务，享受首都科技条件平台相关政策支持。

第二十条 发挥政府采购对自主创新的促进作用。对孵化机构自身或推荐其入驻企业研发、生产的自主创新产品，符合条件的可认定为北京市自主创新产品，并优先推荐参与国家自主创新产品认定。经认定的北京市自主创新产品和国家自主创新产品，可享受政府采购相关政策支持。

第二十一条 支持引进海外高层次人才。对孵化机构引进或为其入驻企业引进的符合条件的海外高层次人才，积极推荐申报“千人计划”、“海聚工程”、“百名科技领军人才工程”、“科技新星计划”等有关人才政策，享受相关政策支持。

第二十二条 支持建立大学生创业就业实习基地。鼓励孵化机构与高校开展合作，建立大学生创业就业实习基地。

第五章 努力营造发展环境

第二十三条 鼓励开展国际交流与合作。鼓励孵化机构与国外相关组织、基金等合作，通过服务科技型中小企业“引进来”、“走出去”，推进企业国际化成长。

第二十四条 鼓励建设各类孵化联盟。鼓励孵化机构根据所在区域、专业领域、产业链条等因素，成立孵化联盟，建立优势互补、资源共享的利益机制，开展实质性业务合作。

第二十五条 鼓励各相关部门支持孵化机构发展。鼓励各相关委办局、各区县政府、中关村国家自主创新示范区各级管理机构推动建设各种类型的孵化机构，研究孵化机构专业化、市场化发展提供政策及资金支持。

第二十六条 鼓励孵化机构与科技中介机构合作。鼓励孵化机构与科技中介机构建立紧密联系，推动各类科技中介服务机构发展，提高中介服务水平，为在孵企业提供科技中介服务。

第二十七条 加大科技孵化体系宣传力度。加大对优秀孵化机构的表彰力度，注重孵化机构的品牌建设和多渠道宣传，提高孵化机构的社会影响力。

第六章 附 则

第二十八条 本意见自发布之日起施行。

北京市科学技术委员会
北京市发展和改革委员会
北京市教育委员会　北京市经济和信息化委员会
北京市财政局　中关村科技园区管理委员会
二〇一〇年十二月二十四日

北京市留学人员创办企业开办费资助资金管理暂行办法

（海学通〔2010〕7号）

第一条 根据《关于实施北京海外人才聚集工程的意见》（京办发〔2009〕11号）和《北京市促进留学人员来京创业和工作暂行办法》（京政发〔2009〕14号）有关规定，本市设立留学人员来京创办企业开办费用专项资助资金（以下简称“企业开办费”），资助留学人员来京创办企业。为做好企业开办费的使用和管理，充分发挥资助资金的作用，特制定本办法。

第二条 企业开办费来源为市财政。北京海外学人中心根据留学人员来京创办企业情况，提出拟资助企业数量，编制年度经费预算，报市财政局批准。

第三条 企业开办费为一次性资助，留学人员只能申报一次。每个企业资助额度为人民币10万元。

第四条 企业开办费用于企业租用办公场所、购买办公设备、支付员工工资以及市场推广所需费用。

第五条 企业开办费的取得须经资助资金评审委员会评审，由北京海外学人中心批准。

第六条 留学人员是指我国公派或自费出国留学一年以上并已于近期回国，具备以下条件之一者：

（一）在国外取得硕士及以上学位或具有国外毕业研究生学历；

（二）出国前已具有中级及以上专业技术职务；

（三）出国前已获得博士学位，出国进行博士后研究或进修。

第七条 申报企业开办费的留学人员（以下简称“申报人”）须具备下列条件：

（一）申报人拥有自主知识产权的技术或发明专利，具有较好的市场开发潜力；

（二）申报人创办的企业符合本市产业发展规划，属于北京市重点发展和重点扶持的行业，有较好的市场前景；

（三）申报人为企业法人代表，企业注册地点在北京市行政区域内；

（四）企业注册资本金现金资产不少于人民币50万元，申报人出资的现金资产额度不少于人民币30万元；

（五）申报人创办的企业，为其在近期内回国，且成立时间在一年内的。

第八条 申报企业开办费的留学人员向所在留学人员创业园、孵化器、科技园等服务机构提出申报，并提交以下材料：

（一）北京市留学人员创办企业开办费资助资金申报表；

（二）《北京市（留学人员）工作居住证》或《北京市留学人员身份认定证明》复印件；未取得《北京市（留学人员）工作居住证》、《北京市留学人员身份认定证明》的，应提交教育部留学服务中心出具的留学人员学历学位认证书或驻外使领馆开具的留学回国人员证明；

（三）护照及出入境记录；

（四）企业营业执照、法人登记证明、税务登记证、组织机构代码证的复印件；

（五）自主技术、知识产权或专利证明；

（六）商业计划书；

（七）公司章程；

（八）验资报告；

（九）其他相关证明材料。

第九条 各留学人员创业园、孵化器、科技园，各分中心作为推荐单位，负责本服务机构内企业开办费的申报工作，解释有关政策、接收申报材料、进行资格审查，组织本领域知名专家学者对申报材料提出书面推荐意见。将申报材料汇总报北京海外学人中心。

第十条 企业开办费的评审工作由北京海外学人中心组织实施。

第十一条 北京海外学人中心组织成立企业开办费资助资金评审委员会。评审委员会成员由相关领域专家学者、相关部门负责人组成。

第十二条 企业开办费资助资金评审工作每季度评审一次。

第十三条 申报人本人需在评审委员会召开评审会时到现场进行陈述和答辩。

第十四条 评审委员会按照“公平、公正”的原则，对申报人提交的材料进行全面审查，结合申报人的现场陈述和答辩情况，重点对申报人创业项目，从技术水平、产品性能、市场前景和项目团队等方面进行综合评议，提出是否予以资助的初步意见。

第十五条 北京海外学人中心召开主任办公会议，结合评审委员会的初步意见，对申报人的情况进行审议，研究确定给予资助的企业名单。

第十六条 北京海外学人中心书面通知受资助企业，与受资助企业签订企业开办费资助协议，明确双方的权利和义务。

第十七条 受资助企业在接到北京海外学人中心通知后，在规定的时间内，携带盖有公章的资助协议到北京海外学人中心领取资助资金。

第十八条 受资助企业在收到资助资金后的30个工作日内，向北京海外学人中心提交企业开办费使用情况报告。

第十九条 北京海外学人中心负责对企业开办费资助资金进行管理和监督，督促受资助企业按规定使用资金。

第二十条 受资助企业出现下列情况，由北京海外学人中心追回资助资金，并根据相应情况，在一定范围内进行通报：

（一）有违法违纪行为，被有关部门追究责任的；

（二）创办企业迁往外地的；

（三）发现申报材料弄虚作假的；

（四）违反企业开办费资助协议的；

（五）恶意骗取资助资金的。

第二十一条 北京海外学人中心每年年底对企业开办费资助资金使用情况进行专项检查，提出检查报告。

第二十二条 本办法由北京海外学人中心负责解释。

第二十三条 本办法自发布之日起施行。

北京海外学人中心

二〇一〇年六月二十二日

北京市海淀区人民政府关于支持创新型企业做强做大的实施意见

（海政发〔2010〕31号）

为全面贯彻国务院《关于同意支持中关村科技园区建设国家自主创新示范区的批复》（国函〔2009〕28号），执行市政府《关于同意加快建设中关村国家自主创新示范区核心区的批复》（京政函〔2009〕24号），根据区委、区政府《关于加快建设中关村国家自主创示范区核心区的若干意见》（京海发〔2009〕24号）的任务要求，现就支持创新型企业做强做大提出如下实施意见。

一、充分认识支持创新型企业做强做大的战略意义

支持创新型企业做强做大是打造具有全球影响力科技创新中心的战略重点，事关核心区建设全局，必须充分认识支持创新型企业做强做大的战略意义，加快推进制度创新，不断完善政策体系，进一步优化发展环境，聚焦优势资源，做强做大一批具有全球竞争力的创新型企业，转化和产业化一批国际领先的科技成果，全面提升核心区自主创新和辐射带动能力，加快实现核心区“四个一批”建设目标。

二、支持范围

（一）支持中关村国家自主创新示范区“十百千工程”重点培育企业；中关村国家自主创新示范区核心区重点创新型企业；总部注册在海淀区的境内外科技型上市公司。

（二）支持实施国家和北京市重大科技成果转化和产业化项目的企业。

（三）支持海淀区认定的重点引进企业。

三、支持措施

（一）制定出台支持创新型企业做强做大的系列政策，包括《海淀区促进重点创新型企业发展支持办法》、《海淀区促进重大科技成果转化和产业化支持办法》、《海淀区重点产业化项目股权投资实施办法》、《海淀区重点引进企业支持办法》、《海淀区为重点企业做好服务的实施办法》，并根据创新型企业的实际发展需要，不断优化完善政策体系，研究并适时发布具体落实办法。

（二）海淀区统筹设立支持自主创新核心区企业发展专项资金，每年安排专项资金，通过补贴、奖励、股权投资等方式支持企业做强做大，加速重大科技成果的转化和产业化，提升企业国际化水平。

四、支持重点

（一）支持创新型企业拓展发展空间。整合并有效利用产业空间资源，协调解决核心区重点企业办公、产业化用地等空间需求，对自用生产用地、经营性用地的购置和建设提供支持。

（二）支持创新型企业实施重大科技成果转化和产业化。对实施和承接国家重大科技成果转化和产业化的的企业进行政策扶持，提供项目相关的贷款贴息、股权投资、财政奖励、人才引进等系列优惠政策。

（三）支持创新型企业提升技术创新能力。鼓励和支持企业加大研发投入；鼓励企业与高等院校、科研院所、研发机构进行产学研用协同创新；支持重点企业建设国家工程中心、国家技术中心、国家重点实验室和重大科研设施等。

（四）支持创新型企业上市和并购，为企业提供综合融资支持。对创新型企业在国内外资本市场上市、并购重组提供费用补贴；支持企业利用各种形式进行融资，为企业提供融资贴息和补助；对重点产业化项目进行政府股权投资，促进企业通过资本市场做强做大。

（五）支持创新型企业市场拓展。优先推荐创新型企业自主创新产品和服务纳入国家及北京市自主创新产品目录和“中关村科技园区首台（套）重大技术装备试验、示范项目”；进一步加大政府采购创新型企业自主创新产品力度；为创新型企业承担国家和地方政府重大项目提供融资补贴等。

（六）支持创新型企业引进和激励人才。对创新型企业提供行政事项快捷办理、人才引进、子女就学、劳动保障、医疗健康、商务信息咨询等方面的综合服务。

（七）支持创新型企业拓展国际市场，提升国际化水平。为创新型企业提供国际市场营销、国际合作研发、人才引进等相关优惠扶持政策，鼓励创新型企业以国际化的视野，利用全球资源，提升自主创新能力。

（八）支持创新型企业实施自主创新品牌战略。为创新型企业提供多种形式的媒体宣传渠道，支持企业进行品牌和商标的申请和注册，对企业参加国内外重要会议和展览，提升自主创新品牌形象提供政策支持和奖励。

（九）支持创新型企业推进知识产权战略和技术标准战略。鼓励创新型企业制定知识产权战略，形成核心技术专利技术，引导优质专利中介机构为创新型企业提供高质量专利服务；支持创新型企业参与和制定国际、国家技术标准，鼓励创新型企业承办大型标准化会议和活动。

北京市海淀区人民政府

二〇一〇年六月二十一日

北京市海淀区人民政府关于优化创业环境支持创业型企业创新发展的实施意见

（海政发〔2010〕32号）

为全面贯彻国务院《关于同意支持中关村科技园区建设国家自主创新示范区的批复》（国函〔2009〕28号），执行市政府《关于同意加快建设中关村国家自主创新示范区核心区的批复》（京政函〔2009〕24号），根据区委、区政府《关于加快建设中关村国家自主创示范区核心区的若干意见》（京海发〔2009〕24号）的任务要求，现就优化创业环境支持创业型企业创新发展提出如下实施意见。

一、充分认识优化创业环境支持创业型企业创新发展的重要意义

进一步优化创业环境，完善政策体系，支持创业创新，推动制度创新，有利于加快培育充满活力、生生不息的创业型企业，为企业做强做大提供充分源泉和强大动力；有利于弘扬勇于创业创新的文化，营造宜于创业创新的氛围，打造企业创业创新的生态系统，使海淀成为创业创新的沃土和高地；有利于提升区域自主创新能力，加快实现"四个一批"总体目标，加快打造具有全球影响力的科技创新中心。

二、支持创业型企业自主创新

（一）支持创业型企业开展技术创新活动。支持创业型企业开展新产品试制、中间试验、应用研究等技术创新活动。鼓励创业型企业加大研发投入，支持创业型企业建设研发中心，引导社会投融资机构支持创业型企业研发。对创业型企业实施科技研发重大项目及科技创新项目，给予立项补助或贷款贴息支持，推动创业型企业实现关键技术突破。

（二）支持创业型企业实施科技成果转化和产业化。对实施科技成果转化和产业化的创业型企业进行政策扶持，提供项目相关的贷款贴息、股权投资、财政奖励等系列优惠政策。

（三）支持创业型企业创造和保护知识产权。鼓励和资助创业型企业实施知识产权战略，支持创业型企业加强知识产权保护，鼓励创业型企业积极主导或参与标准制定工作，支持创业型企业积极采用国际技术标准和国外先进技术标准组织生产。

（四）加大政府采购创业型企业自主创新产品力度。推荐创业型企业具有自主知识产权的创新产品列入自主创新产品目录，推荐符合条件的产品纳入政府采购。

（五）鼓励创业创新人才的引进和培育。对成功推荐、引进"千人计划"、"高聚工程"以及"海聚工程"等高端人才的组织机构给予相应的奖励，对海外留学人才回国创业给予资助，加强企业博士后流动站在促进校企联合、培育优秀青年创业创新人才方面的先锋作用。

三、支持创业型企业加强产学研协同创新

（一）鼓励创业型企业开展多种模式的产学研合作。支持创业型企业接受高校、科研单位的技术转让，委托高校、科研单位进行技术开发或与高校、科研单位合作进行技术开发，促进以企业为主体，市场为导向，产学研相结合的技术创新体系建设。

（二）鼓励高校、科研机构的创新平台向创业型企业开放。鼓励国家工程研究中心、国家重点实验室、部级重点实验室向创业型企业开放大型科学仪器、分析检测设备，提供技术服务、检测等开放性服务，为创业型企业创新发展提供支撑。

（三）鼓励创业型企业与高校、科研单位共建产学研合作示范基地，促进产学研各方的联系和交流，进一步发挥产学研示范基地在加快创业型企业科研成果转化和产业化方面的重要作用。

（四）鼓励产学研创新联盟的发展。鼓励以共性技术和重要技术标准为纽带，建立产业技术联盟，开展技术研究和交流合作，鼓励联盟联合开展核心技术攻关，推广技术成果。

四、建立健全创业创新服务体系

（一）加强创业创新孵化体系建设。鼓励社会资本投资建设孵化器、加速器、大学科技园、产业聚集区、专业园区等孵化机构。支持创业孵化机构优化服务，扩展孵化空间，拓展服务领域，提升增值服务能力。鼓励孵化机构对在孵企业开展创业投资，加速创业型企业成长。

（二）加强创业创新培训体系建设。增加对创业创新培训的投入，加快创业创新培训师资队伍建设，鼓励社会培训机构积极开展创业创新培训活动。

（三）加强创业创新融资体系建设。充分发挥创业投资引导基金作用，积极引导社会资金进入创业投资领域，鼓励发展天使投资、风险投资，加快推进自主创新企业与多层次资本市场的结合，综合运用信贷、保险、信托、租赁、风险管理等多种金融工具，推动创业创新。

（四）加强创业创新公共服务平台建设。建立健全创业服务指导机构，搭建创业咨询信息平台，为创业者和创业企业提供政策法规、投资信息、创业项目、创业培训等方面的辅导和咨询服务，不断提高企业的创业成功率和自主创新能力。

五、加快提升公共服务水平，营造良好的创业创新氛围

（一）加快提升公共服务水平。放宽市场准入，加快精简企业审批服务流程，压缩审批时限。整合政府公共服务资源，加快实现企业相关业务一站式办理。创新政府服务模式，建立健全网上审批系统、电子监察系统，提升信息化办公水平，为创业型企业提供宽松、高效率、低成本的创业创新环境。

（二）努力营造良好的创业创新氛围。鼓励经营管理人员、科技人员、海外归国人员、高校毕业生、中专技校毕业生等各类创业主体创业创新。通过媒体宣传、典型示范、创业创新大赛等多种方式，加强舆论引导，弘扬创业创新精神，培育创业创新文化，努力营造政府鼓励创业创新、社会支持创业创新、民众积极创业创新的良好发展氛围。

六、完善落实扶持政策，加大对创业创新的支持力度

（一）制定出台优化创业环境、支持创业型企业创新发展的系列政策，包括《海淀区促进创业型企业创新能力提升支持办法》、《海淀区促进创业孵化机构和大学科技园发展支持办法》等，并根据创业型企业的实际发展需要，不断优化完善政策体系，研究并适时发布具体落实办法。

（二）海淀区统筹设立支持自主创新核心区企业发展专项资金，每年安排专项资金用于优化创业环境，支持创业型企业创新发展。

北京市海淀区人民政府
二〇一〇年六月二十一日

北京市海淀区人民政府关于促进高端创新要素聚集优化产业服务环境的实施意见

（海政发〔2010〕33号）

为全面落实国务院《关于同意支持中关村科技园区建设国家自主创新示范区的批复》（国函〔2009〕28号），贯彻执行市政府《关于同意加快建设中关村国家自主创新示范区核心区的批复》（京政函〔2009〕24号），按照区委区政府《关于加快建设中关村国家自主创新示范区核心区的若干意见》（京海发〔2009〕24号）的任务要求，制定本实施意见。

一、充分认识促进高端创新要素聚集优化产业服务环境对核心区建设的重要意义

高端创新要素聚集是提高企业资源获取效率，加速核心区企业成长和推动产业突破的必要途径，是区域自主创新体系的重要组成部分；优化产业服务环境，是保持核心区竞争力优势的关键所在，是实现“四个一批”目标的有力支撑。必须充分认识其对核心区建设的重要战略意义，提升区域整合资源能力，汇聚国内国际一流创新要素，形成要素活跃、运转良好和功能完备的优质产业服务环境，全面提升核心区自主创新和辐射带动能力。

二、推进高端创新要素聚集，促进企业成长

（一）支持高端创新创业人才的聚集。吸引国内外知名猎头机构和高端人才服务机构入驻。打造面向国际、国内高端人才绿色通道，对高端人才来海淀区创业和工作，在人才引进、子女入学等方面给予支持。建立各类创新人才培养及管理机制，大力培养高端创新创业人才，特别是创新型企业领军人物。建立企业与大学、科研机构合作培养企业创新人才队伍的共建机制，建设校企联动人才基地，促进大学、科研院所与企业的人才对接和流动。

（二）支持金融资本的聚集。推进首都科技金融综合改革试验区和中关村科技金融创新中心建设，探索金融创新服务的新模式，促进科技与金融的结合。深入建设多层次资本市场体系和企业融资信用体系，加快打造专业型股权投资体系，创新金融工具，加强与金融机构的全面合作。

（三）支持科技中介机构集聚与规范化发展。探索和完善管理体制，引导和聚集律师事务所、会计师事务所、审计机构、评估机构、技术咨询机构、技术代理机构、专利和商标事务所、反盗版机构、标准申请等各类科技中介服务组织。鼓励科技中介机构在各专业领域联合社会专业服务机构建设科技中介服务信息平台。加强各中介机构的协作与服务链衔接，建设首都科技中介中心。

（四）支持产业组织建设与发展。以产业链为基础，引导骨干企业联合高等院校、科研院所等各类创新主体，成立标准联盟、技术联盟和市场联盟。引导行业资源整合聚集，培育、建立、壮大一批创新体系建设发展急需的行业协会。推动产业信息的流动配置，促进行业内企业组织的协同发展。

三、充分发挥要素功能，提升产业服务水平

（一）支持交易平台的建设。重点支持全国技术交易中心、中国技术产权交易所的建设。建立新技术和新产品展示、体验、交易中心，促进自主创新技术、产品的推广和交流，加强信息披露度，提高成果转化率。加快国家版权交易中心配套建设，为全国版权提供交易平台。

（二）支持产业培训机构的聚集。引导技术培训机构、从业资格培训机构等资源集聚，鼓励产业培训机构引进和培育高端创新人才。促进企业加强职工知识和技能培训，提高技术素养和能力。

（三）支持信息服务系统的建设。通过整合资源，建立共建共享机制，建设适应企业创新需求的社会化、网络化和多样化的信息系统，为企业提供新产品发布、知识产权交流、融资、技术转让等信息。

（四）支持企业国际化推广。支持企业参与国际化竞争和合作，推荐核心区企业参加高端国际产业论坛等活动，鼓励核心区企业率先融入国际市场、参与国际标准制定、参与国际并购。积极促进国际研发机构与本地研发组织的合作和技术的转移。

（五）支持配套服务的优化与提升。鼓励各类展览展示中心、会议中心、购物中心、酒店、餐饮服务等机构提高服务标准、提升服务质量，培育一批认证服务机构和信用机构，打造优质商务服务环境。

（六）支持要素市场建设与完善。大力发展资本市场、技术市场、人才市场、生产资料市场、土地市场等要素市场，为各类要素市场建设提供政策和资金扶持，促进各类要素有序流动。

四、强化政府公共服务职能，推动产业发展

（一）加快推进政府服务创新和管理创新。优化政府服务流程，实现优质服务、协调运转，提高服务效率。加快“一站式”政务服务平台建设。进一步探索创新政府管理服务机制的新途径，主动适应企业不断变化和增加的对政府公共服务的需求。

（二）加强知识产权保护和应用。完善知识产权保护工作机制，建立健全知识产权服务体系、专利经营体系和正版产品流通示范体系。完善知识产权执法体系，推进知识产权服务平台建设，提高执行知识产权保护和提供知识产权服务的水平。

（三）加强品牌建设。继续办好中关村论坛等国际化品牌交流活动。支持企业制定实施品牌发展战略，打造自主创新产品品牌和企业品牌，提高企业品牌影响力。支持企业开展品牌宣传，建设品牌展示大厅，充分利用公共广告资源，重点宣传具有自主知识产权的民族品牌。

五、完善政策扶持体系，加大支持力度

（一）制定出台促进高端创新要素聚集、优化产业服务环境的系列政策，并根据实际不断完善政策体系，研究并适时发布具体落实办法。

（二）海淀区统筹设立支持自主创新核心区企业发展专项资金，每年安排专项资金用于促进高端要素聚集和优化产业服务环境。

北京市海淀区人民政府
二〇一〇年六月二十一日

北京市海淀区促进重点创新型企业发展支持办法

（海行规发〔2010〕2号）

第一章 总 则

第一条 为落实中关村国家自主创新示范区“十百千工程”，做强做大一批具有全球影响力的创新型企业，加快推进海淀区高新技术产业发展，特制定本办法。

第二条 海淀区促进重点创新型企业发展资金从支持自主创新核心区企业发展专项资金中安排。

第三条 本办法由海淀园管委会负责组织实施。

第二章 支持范围

第四条 本办法支持的重点创新型企业，须同时符合以下基本条件：

（一）属于以下类型企业之一：中关村国家自主创新示范区“十百千工程”重点培育企业、中关村国家自主创新示范区核心区重点创新型企业、总部注册在海淀区的境内外科技型上市公司；

（二）从事的经营活动符合国家、北京市及海淀区的产业发展导向；

（三）在资产规模、资金实力、科技力量、产业基础、市场能力等方面具备较好的基础，对上下游产业有较强的带动能力；

（四）拥有自主知识产权，掌握行业核心技术，在业内取得显著业绩，为推动行业发展做出较大贡献；

（五）在海淀区办理工商注册并纳税。

第三章 支持措施

第五条 为重点创新型企业优先提供发展空间，协调解决企业办公、产业化用地需求。对在海淀区购置土地自建楼宇、厂房作为自用生产经营场地，或购置已建成楼宇、厂房作为自用生产经营场地，给予一次性资金补贴，最高补贴标准为1000元每平方米，每家企业最高补贴金额500万元。

第六条 对重点创新型企业实施符合产业发展趋势、市场前景广阔、对提升行业技术水平产生重大影响的产业化项目给予资金支持，最高支持金额500万元。重大科技成果转化和产业化项目按照《海淀区重大科技成果转化和产业化支持办法》执行。

第七条 以股权投资方式支持重点创新型企业实施重大产业化项目，具体支持办法按照《海淀区重点产业化项目股权投资实施办法》执行。

第八条 支持重点创新型企业上市和并购。对重点创新型企业在境内外资本市场上市给予补助，具体支持办法按照《海淀区促进企业上市支持办法》执行。对重点创新型企业实施跨地区、跨国并购和联合重组发生的中介费用给予补贴，最高补贴金额200万元。

第九条 对列入中关村国家自主创新示范区“十百千工程”的重点创新型企业实行财政奖励，自本办法实施年度起，以上一年度为基数，3年内按照企业实际上缴税收地方留成的环比增加部分的25%标准奖励企业，每家企业累计最高奖励金额1000万元。享受海淀区重点引进企业财政扶持政策的企业不同时享受本条规定的奖励。

第十条 优先推荐重点创新型企业符合条件的产品和服务列入“中关村科技园区首台（套）重大技术装备试验、示范项目”和国家及北京市政府采购自主创新产品目录。

第十一条 重点创新型企业享受区政府在行政事项快捷办理、人才引进、子女就学、劳动保障、医疗健康、商务信息咨询等方面的协调服务。

第十二条 对核心区建设作出突出贡献的重点创新型企业，按照中关村国家自主创新示范区“十百千工程”要求，可根据实际需求实施“一企一策”，给予特定的支持。

第四章 申报与受理

第十三条 本办法涉及资金的申请、审批和拨付程序，按照《海淀区关于支持自主创新核心区企业发展专项资金管理办法》的相关规定执行。

第十四条 海淀园管委会依据本办法制定相应的实施细则，定期向社会发布申报指南，明确具体支持方向、支持重点以及申报途径、受理部门、受理时间、评审流程等。

第十五条 重点创新型企业按照申报指南要求，在海淀区支持自主创新核心区企业发展专项资金统一申报平台上进行申报，并根据相关要求向海淀园管委会报送材料。海淀园管委会依据有关规定，受理重点创新型企业申请，开展评审工作。

第五章 监督与管理

第十六条 专项资金必须专款专用，接受资助的企业应在项目建设期内积极推动项目实施，项目完成后，应向主管部门报送项目总结报告、项目执行情况和资金使用情况。

第十七条 接受资助的企业必须配合海淀园管委会、区财政局、区审计局对资金使用情况的监督和检查。

第十八条 对于提供虚假材料、骗取财政资金或未按规定使用专项资金的，相关部门有权收回政府支持资金并根据国家相关法律、法规进行处理。

第六章 附 则

第十九条 本办法由海淀园管委会负责解释。

第二十条 本办法自发布之日起三十日后实施。

北京市海淀区人民政府
二〇一〇年六月二十一日

北京市海淀区促进重大科技成果转化和产业化支持办法

（海行规发〔2010〕3号）

第一章 总 则

第一条 为充分发挥海淀区高等院校、科研院所聚集的科技资源优势，推进一批国际领先的重大科技成果在海淀区实现转化和产业化，制定本办法。

第二条 本办法中涉及的重大科技成果转化和产业化支持资金从支持自主创新核心区企业发展专项资金中安排。

第三条 本办法由海淀园管委会负责组织实施。

第二章 支持范围与标准

第四条 本办法所指的重大科技成果包括：

（一）列入国家重大科技专项的科技成果；

（二）列入国家高技术研究发展计划（863计划）或国家重点基础研究发展计划（973计划）的科技成果；

（三）列入国家科技支撑计划的科技成果；

（四）列入北京市重大科技专项的科技成果；

（五）获得国家科学技术进步二等奖以上、北京市科学技术进步一等奖、国家技术发明一等奖的科技成果；

（六）由海淀区政府确定的其他重大科技成果。

第五条 本办法支持的重大科技成果转化和产业化项目须达到以下基本标准：

（一）项目技术含量高、创新性强、成熟度高，具有自主知识产权，处于国内领先或国际先进水平，具备转化和产业化条件；

（二）项目产品附加值高、市场容量大，项目的产业带动性强，经济和社会效益显著；

（三）项目承担单位拥有优秀的管理和研究开发团队，具有较强的成果转化和产业化能力，承担的国家级、市级科技计划项目实施、结题情况良好。

第六条 本办法的支持对象为具备以下条件之一的企业：

（一）持有重大科技成果转化和产业化项目并在海淀区新注册、纳税的企业；

（二）已在海淀区注册、纳税并承接重大科技成果转化和产业化项目的企业。

第三章 支持措施

第七条 对于符合本办法第六条的企业（以下简称企业）一次性奖励100万元。

第八条 以科技成果作为合作条件与其他单位或者个人共同实施转化，或以科技成果作价入股其他企业的，具体支持办法按照《中关村国家自主创新示范区企业股权和分红激励实施办法》的相关条款执行。

第九条 以股权投资方式对重大科技成果产业化项目进行支持，按照《海淀区重点产业化项目股权投资实施办法》执行。

第十条 对实施重大科技成果产业化的企业，由海淀园管委会会同区发展改革委、区科委等相关单位，对符合条件的产业化项目进行综合评定，依据评定结果，择优对入选项目给予最高1000万元直接资助。

第十一条 对利用贷款进行规模化生产的企业，采取连续三年贷款贴息方式予以支持，贴息额度为银行当期基准利率贷款利息的50%，最高补助金额为500万元。

第十二条 为企业优先提供发展空间，协调解决企业办公、产业化用地需求，包括：

（一）在海淀区购置土地自建楼宇、厂房作为自用办公场地，或购置已建成楼宇、厂房作为自用办公场地，给予一次性资金补贴，补贴标准为每平方米不超过1000元，每家企业最高补贴金额为500万元；

（二）在海淀区租用办公楼宇、厂房作为自用办公场地的，可享受自注册年度起连续三年租金补贴，第一年补贴年度租金的50%，第二年补贴年度租金的30%，第三年补贴年度租金的20%，每家企业最高补贴金额为500万元；

（三）本条第（一）款、第（二）款所规定的支持措施，原则上同一企业不得重复享受。

第十三条 优先推荐企业符合条件的产品和服务列入“中关村科技园区首台（套）重大技术装备试验、示范项目”和国家及北京市政府采购自主创新产品目录。

第十四条 企业享受区政府在行政事项快捷办理、人才引进、子女就学、劳动保障、医疗健康、商务信息咨询等方面的协调服务。

第四章 申报与受理

第十五条 本办法涉及资金的申请、审批和拨付程序，按照《海淀区关于支持自主创新核心区企业发展专项资金管理办法》的相关规定执行。

第十六条 海淀园管委会依据本办法制定相应的实施细则，定期向社会发布申报指南，明确具体支持方向、支持重点以及申报途径、受理部门、受理时间、评审流程等。

第十七条 企业按照申报指南要求，在区政府支持自主创新核心区企业发展专项资金统一申报平台上进行申报，并根据相关要求向海淀园管委会报送材料。

第十八条 海淀园管委会依据有关规定，受理项目申请，开展评审工作。

第五章 监督与管理

第十九条 专项资金必须专款专用，接受资助的企业应在项目建设期内积极推动项目实施，项目完成后，应向主管部门报送项目总结报告、项目执行情况和资金使用情况。

第二十条 接受资助的企业必须配合海淀园管委会、区财政局、区审计局对资金使用情况的监督和检查。

第二十一条 对于提供虚假材料、骗取财政资金或未按规定使用专项资金的，相关部门有权收回政府支持资金并根据国家相关法律、法规进行处理。

第六章 附 则

第二十二条 本办法由海淀园管委会负责解释。

第二十三条 本办法自发布之日起三十日后实施。

北京市海淀区人民政府

二〇一〇年六月二十一日

北京市海淀区促进创业型企业创新能力提升支持办法

（海行规发〔2010〕6号）

第一章 总 则

第一条 为支持海淀区科技研发和中小企业科技创新，推动区域产学研合作，促进产业技术联盟、企业研发中心建设，强化知识产权战略和标准化实施，提升创业型企业自主创新能力，根据海淀区实际，制定本办法。

第二条 本办法所涉及资金从支持自主创新核心区企业发展专项资金中安排。

第三条 海淀园管委会负责产学研合作、产业技术联盟、企业研发中心和企业标准化工作的管理与实施，区科委负责海淀区科技研发重大项目、创业型企业科技创新项目和知识产权项目的管理与实施。

第二章 支持范围

第四条 支持海淀区科技研发重大项目。项目应为符合《北京市海淀区科技发展重点领域指南》（以下简称《重点领域指南》）、投资较大、具有重要战略意义的新产品试制、中间试验、应用研究等。通过区政府财政资金的支持，解决区域内有重大社会效益或亟待解决的民生问题、推动区内重点领域的重大技术突破、推动高端技术在海淀区实现产业化。

第五条 支持海淀区创业型企业科技创新项目。项目应为符合《重点领域指南》的科技项目，包括新产品试制、中间试验、应用研究等技术创新活动。

第六条 支持产学研合作创新。本办法所称产学研合作，是指以企业为主体，企业与高校、科研院所在风险共担、互惠互利、优势互补、共同发展的机制下开展的多种形式合作。包括：技术转让、委托开发、合作开发、共建研发机构和研发平台、组建产学研创新联盟、建立产学研示范基地和大学生创业实习基地。

第七条 支持产业技术联盟、企业研发中心建设，支持企业知识产权和标准化工作，提升企业自主创新能力。

第八条 支持创业型企业公共服务平台的建设和运行，为企业提供政策、科技、市场咨询等信息服务。支持非公有制经济及创业型企业发展项目，提高企业竞争能力。

第九条 享受本办法支持的创业型企业，是指在海淀辖区内注册设立的处于创业阶段且具有自主创新核心竞争力的中小企业。

第十条 申请企业应具备的基本条件：

（一）企业从事的创新活动符合国家、北京市及海淀区的产业发展导向，具有合理的组织机构、健全的管理制度，遵纪守法，诚实守信，近3年的经营活动中无违法、违规记录。

（二）申请企业自主知识产权清晰，掌握高新技术领域核心技术，在行业内取得实质成果，为推动行业发展做出较大贡献，同时在资产规模、资金能力、科技力量、产业基础、市场能力等方面具备较好基础，确保项目顺利执行。

（三）申请产学研专项资助的企业还应符合以下条件：

1．申请企业已与合作方签订合作协议，明确界定了各方投入、知识产权以及合作成果的归属、利益分配等各方权利义务；

2．申请企业对项目已有先期投入，有阶段性成果，并有与产学研合作资助资金相配套的跟进资金。

第三章 支持措施

第十一条 海淀区科技研发重大项目资金，对符合《重点领域指南》的科技研发重大项目通过立项补助的方式支持，资金采取分期拨付的方式，单个项目支持资金为100至300万元，实施年限原则上为一至三年。

成果显著的项目应根据《海淀区促进重大科技成果转化和产业化支持办法》等相关政策优先予以进一步支持。

第十二条 海淀区创业型企业科技创新项目资金，对创业型企业进行的新产品试制、中间试验、应用研究等创新活动提供不超过投资总额50%的研发费用补助或贷款贴息，最高100万元。

第十三条 加快以企业为主体的产学研合作创新体系建设，推进产学研合作机制和模式创新。

（一）支持企业接受高校、科研院所的技术转让，委托高校、科研院所进行技术开发或与高校、科研院所合作进行技术开发，项目达到小批量生产阶段，项目年产值达1000万元以上，按企业上年度实际支付的开发、转让金额给予最多20%的资助，最高为100万元。

（二）鼓励企业与高校、科研院所共建产学研合作示范基地，形成技术合作、人才培养、研发平台建设、产业化的长效机制。经海淀园管委会确认为产学研合作示范基地的，给予企业最高100万元的支持；对产学研合作示范基地年度项目产业化投入经费给予不超过30%的支持，最高支持金额200万元。

（三）对产学研合作的高新技术产业化项目贷款，按照同期银行贷款利率计算，最高给予企业50%的贴息，最高补贴200万元。

（四）鼓励高校与企业共建大学生创业实习基地，引导高校学生到企业实习、创业，参与企业创新实践。根据实际效果给予资金支持，每个大学生创业实习基地最高资助标准为50万元。

第十四条 以产学研创新联盟为核心，推动产业技术联盟建设与发展。

（一）支持产学研创新联盟建设，鼓励以共性技术和重要技术标准为纽带，形成产业技术联盟，开展技术研究和交流合作。对符合上述条件的产学研创新联盟或产业技术联盟，在其初创阶段给予资助，最高支持20万元。对其开展的具有行业影响力的活动费用给予补贴，最高支持20万元。

（二）支持产学研创新联盟或产业技术联盟组织企业实施前沿技术的研发，联合开展核心技术攻关，并对引进的国际领先技术进行消化吸收和再创新。对其组织实施的重点项目择优给予支持，最高资助200万元。

第十五条 鼓励企业研发中心建设，提升企业研发能力。

（一）支持企业建设国家重点实验室和国家工程技术研究中心，对于新获批的国家级研发中心，给予最高100万元的补贴。对于新获批的市级研发中心，给予最高50万元的补贴。

（二）鼓励企业不断加大研发投入，对于连续增加研发投入、成果转化效果显著的重点研发中心，按其上年新增研发经费最高30%比例进行补贴，最高补贴100万元。

（三）支持通过贷款融资方式进行企业研发中心建设，按照实付利息最高50%进行补贴，最高100万元。

第十六条 对企业知识产权工作给予支持，包括：

（一）支持企业开展专利成果转化，对于有市场前景的发明专利和实用新型专利实施项目给予最高50万元的资助。

（二）鼓励企业积极开展知识产权战略，重点支持企业实施专利战略，对制定、实施专利战略取得成效的企业的相关费用给予补贴，最高50万元。

（三）支持企业开展知识产权保护体系建设，对开展知识产权保护体系建设的企业给予相关费用补贴，最高10万元。

（四）推荐企业具有自主知识产权的创新产品列入自主创新产品目录，推荐符合条件的产品纳入政府采购。

第十七条 对企业标准化工作予以支持，包括：

（一）鼓励企业积极主导或参与标准制修订工作。给予负责制修订和参与制修订国际标准的单位最高50万元补贴；给予负责制修订和参与制修订国家标准的单位最高20万元补贴；给予负责制修订和参与制修订行业标准或地方标准的单位最高10万元补贴。

（二）支持企业积极采用国际技术标准和国外先进技术标准组织生产，并取得有关部门的采标证书。根据企业采标水平、贯标情况以及采标产品的技术水平、市场容量和产品复杂程度、重要性，每项采标产品最高补贴5万元，单个企业最高补贴30万元。

（三）对获得“中国标准创新贡献奖”的企业给予支持，获得一等奖的企业最高奖励50万元；获得二等奖的企业最高奖励20万元；获得三等奖的企业最高奖励10万元。

第十八条 鼓励创业型企业公共服务平台的建设和运行，支持非公有制经济及创业型企业发展项目。

（一）鼓励创业型企业加大对公共服务平台的建设，按其年度投资金额20%给予支持，最高资助金额100万元。

（二）支持非公有制经济及创业型企业发展项目，根据项目总投资大小给予资助支持，最高支持100万元。

第四章 申报与受理

第十九条 本办法涉及资金的申请、审批和拨付程序，按照《海淀区关于支持自主创新核心区企业发展专项资金管理办法》的相关规定执行。

第二十条 海淀园管委会、区科委依据本办法制定相应的实施细则，定期向社会发布申报指南，明确具体支持方向、支持重点以及申报途径、受理部门、受理时间、评审流程等。

第二十一条 创业型企业按照申报指南要求，在海淀区支持自主创新核心区企业发展专项资金统一申报平台上进行申报，并根据相关要求向海淀园管委会、区科委报送材料。海淀园管委会、区科委依据有关规定，受理申请，开展评审工作。

第五章 监督与管理

第二十二条 专项资金必须专款专用，接受资助的企业应在项目建设期内积极推动项目实施，项目完成后，应向主管部门报送项目总结报告、项目执行情况和资金使用情况。

第二十三条 接受资助的企业必须配合海淀园管委会、区科委、区财政局及其他有关单位对资金使用情况的监督和检查。

第二十四条 对于提供虚假材料、骗取财政资金或未按规定使用专项资金的，相关部门有权收回政府支持资金并根据国家相关法律、法规进行处理。

第六章 附 则

第二十五条 本办法由海淀园管委会、区科委负责解释。

第二十六条 本办法自发布之日起三十日后实施。

北京市海淀区人民政府

二〇一〇年六月二十一日

北京市海淀区促进创业孵化机构和大学科技园发展支持办法

（海行规发〔2010〕7号）

第一章 总 则

第一条 为大力推进海淀区创业孵化机构和大学科技园的建设与发展，提升创业孵化服务能力，营造良好的创新创业环境，根据海淀区实际，制定本办法。

第二条 本办法所涉及资金从支持自主创新核心区企业发展专项资金中安排。

第三条 海淀园管委会作为管理机构，负责本办法的组织实施。

第二章 支持范围

第四条 本办法重点支持创业孵化机构和大学科技园增加基本建设投资，完善创新创业环境；鼓励创业孵化机构和大学科技园加大增值服务投入，不断提升增值服务能力；推动创业孵化机构和大学科技园加强人才引进与培育，吸引更多高层次创新创业人才进入园区创业和工作；引导创业孵化机构和大学科技园增加对在园企业的创业投资，提高融资服务能力。

第五条 本办法所称创业孵化机构，是指负责建设和运营科技企业孵化器、科技企业加速器、公共技术服务平台、产业聚集区及专业园区的企事业单位。

科技企业孵化器（以下简称孵化器），是指以促进科技成果转化、培养高新技术企业和企业家为宗旨的科技创业孵化机构，包括高新技术创业服务中心、留学人员创业园和国际企业孵化器。

科技企业加速器（以下简称加速器），是指以高成长性企业为主要服务对象，通过创新服务模式满足企业对空间、管理、服务、合作等方面个性化需求的一系列建筑产品和服务网络，旨在加速科技成果转化，培育并助推高成长性企业发展的产业服务项目。

公共技术服务平台，是指由行业协会、大专院校、科研院所、企业和其他社会团体兴办的开放式技术支持服务机构，以及孵化器、加速器、大学科技园内的科技条件平台。

产业聚集区及专业园区，是指海淀区行政区域内经政府部门批准设立的以发展高新技术产业、高端服务业、文化创意产业等产业及总部经济为主的各种特色产业空间。

第六条 本办法所称大学科技园，是指经国家科学技术部、教育部认定的“国家级大学科技园”和经过市科委、市教委和中关村科技园区管理委员会认定的“北京市大学科技园”。

第七条 享受本办法支持的创业孵化机构和大学科技园必须具备如下基本条件：

（一）经营主体注册在海淀区，并在海淀区办理税务登记；

（二）有固定的经营场所，且位于海淀辖区内；

（三）符合国家、北京市及海淀区相关创业孵化机构和大学科技园的认定要求。

第三章 支持措施

第八条 支持社会资本投资设立创业孵化机构和大学科技园，增加基本建设投资，优化创新创业软、硬件环境。

（一）鼓励社会资本投资建设孵化器、加速器、大学科技园、产业聚集区及专业园区，对其年度新增基本建设投资给予一年的贴息，贴息金额不超过按同期银行贷款基准税率计算利息的50%，最高支持金额为300万元。

（二）对产业聚集区及专业园区按照生态型园区理念组织园区建设和管理，符合生态型园区规划的项目，按项目总投资额20%给予支持，最高支持金额为200万元。

（三）鼓励社会资本投资建设公共技术服务平台，按其年度新增投资额的20%给予补贴，同一平台每年最多补贴200万元。

第九条 鼓励创业孵化机构和大学科技园拓展创业孵化服务，提升增值服务能力。

（一）鼓励创业孵化机构和大学科技园提供增值服务，建立创业导师制，加强创业辅导，加大增值服务投入，对其年度增值服务投入经费给予最多30%的补贴。

（二）鼓励加速器采取优惠措施吸引企业入驻，降低企业成本，按照实际出租面积给予加速器每天每平方米0.5元的补贴，最多补贴两年。

（三）鼓励公共技术服务平台为海淀区科技企业提供服务，降低企业成本，按其对海淀区科技企业年度实际服务收入给予20%以内的补贴，最高补贴200万元。

第十条 鼓励创业孵化机构和大学科技园引进、培育和推荐高层次创新创业人才，并给予物质奖励。

（一）每推荐成功一人被纳入“千人计划”，奖励该创业孵化机构和大学科技园10万元，每推荐成功一人被纳入“高聚工程”或“海聚工程”，奖励该创业孵化机构和大学科技园5万元。

（二）鼓励孵化器提供优惠条件，吸引海外留学人才回国创业，每新引入一家留学人员企业，奖励该孵化器1万元。

第十一条 继续发挥企业博士后流动站在促进校企联合、培育优秀青年人才方面的先锋作用，每年安排不少于300万元的博士后工作专项资金，用于企业博士后流动站企业分站建设补贴、博士后研究项目资助及学术交流活动补贴，以及以博士后制度为平台的校企产学研交流及博士后学术交流活动补贴。

第十二条 鼓励孵化器对在孵企业开展创业投资，根据孵化器上一年度对在孵企业实际现金投资额给予不超过30%的补助。

第十三条 鼓励创业孵化机构在海淀区发展，培育高新技术企业，为园区经济发展做贡献。

（一）鼓励创业孵化机构和大学科技园聚集优质企业，对年度新入驻园区且年度区级财政贡献在500万元以上（含500万元）的企业，按其区级财政贡献5%的标准奖励该企业所在创业孵化机构和大学科技园。该项资金用于改善创业孵化机构和大学科技园的软硬件环境。

（二）鼓励创业孵化机构和大学科技园培育上市企业，每上市一家企业，奖励创业孵化机构和大学科技园50万元。

第四章 申报与受理

第十四条 本办法涉及资金的申请、审批和拨付程序，按照《海淀区关于支持自主创新核心区企业发展专项资金管理办法》的相关规定执行。

第十五条 海淀园管委会依据本办法制定相应的实施细则，定期向社会发布申报指南，明确具体支持方向、支持重点以及申报途径、受理部门、受理时间、评审流程等。

第十六条 创业孵化机构和大学科技园按照申报指南要求，在海淀区支持自主创新核心区企业发展专项资金统一申报平台上进行申报，并根据相关要求向海淀园管委会报送材料。海淀园管委会依据有关规定，受理申请，开展评审工作。

第五章 监督与管理

第十七条 专项资金必须专款专用，接受资助的单位应在项目建设期内积极推动项目实施，项目完成后，应向主管部门报送项目总结报告、项目执行情况和资金使用情况。

第十八条 接受资助的单位必须配合海淀园管委会、区财政局及其他有关单位对资金使用情况的监督和检查。

第十九条 对于提供虚假材料、骗取财政资金或未按规定使用专项资金的，相关部门有权收回政府支持资金并根据国家相关法律、法规进行处理。

第六章 附 则

第二十条 本办法由海淀园管委会负责解释。

第二十一条 本办法自发布之日起三十日后实施。

北京市海淀区人民政府

二〇一〇年六月二十一日

北京市海淀区高层次人才聚集服务实施办法（试行）

（海行规发〔2010〕24号）

为更好地推进中关村国家自主创新示范区核心区（以下简称核心区）、国家高端人才核心区建设，打造具有全球影响力的科技创新中心和人才发展高地，根据区委、区政府《关于加快建设中关村国家自主创新示范区核心区的若干意见》（京海发〔2009〕24号）有关精神，制定本办法。

第一章 总 则

第一条 以服务核心区建设为宗旨，以建设国家高端人才核心区为目标，以企业为主体，以政策和资金支持为主导，以服务为保障，坚持高端引领、项目带动、统筹实施、以用为本的原则，逐步形成完善的人才服务体系，促进海内外高层次人才在核心区聚集。

第二条 本办法适用于核心区范围内的“十百千工程”企业、重点企业和其他高新技术企业，以及入选中央“千人计划”、北京市“海聚工程”、中关村“高聚工程”人员在核心区创办的企业和区政府认定的其他相关企业（以下简称核心区企业）。

第三条 本办法所称的高层次人才是指在各自学科、技术领域做出过突出贡献或具有先进的科研开发和高新技术成果转化能力，符合核心区产业创新发展所需要的高级专业技术人才、高级经营管理人才和高技能人才。其重点对象是：

（一）中国科学院院士、中国工程院院士、享受国务院特殊津贴专家、国家有突出贡献的中青年科学、技术、管理专家；

（二）“新世纪百千万人才工程”、中央“千人计划”入选者和国家重点学科、重点实验室、工程研究（技术）中心、工程实验室的主要专家；

（三）近五年获得国家技术发明一等奖、科技进步二等奖以上和省（部）级科技进步一等奖的主要完成者；

（四）国内外某一学科、技术领域的带头人和掌握核心技术、拥有自主知识产权或具有高成长性项目的专业技术人才；

（五）在国内外知名企业中担任过高级管理职务，熟悉相关领域业务和国际惯例，具有突出经营管理业绩和丰富管理经验的高级经营管理人才；

（六）获得国家级技术能手称号的高技能人才；

（七）核心区紧缺的其他高层次人才。

第四条 设立海淀区人才发展专项资金。每年从区财政预算中安排不少于1亿元的资金，主要用于支持高层次人才创新创业、奖励做出突出贡献的高层次人才和引才单位（个人）、引进和培养高层次人才，为高层次人才提供相关配套服务。人才发展专项资金支出由相关部门制定方案，报区政府审批。本办法资金支持政策如与核心区其他相关政策出现交叉，执行最优惠条款，不重复享受。

第五条 成立核心区人才服务办公室，在区人才工作领导小组的领导下，负责高层次人才认定、信息发布、培养开发、政策研究等工作，协调专项资金管理和使用，协调有关部门为高层次人才在核心区创新创业提供相关服务。

第二章 以政策支撑聚集人才

第六条 加大国内高层次人才引进力度。凡符合核心区人才引进条件的，由企业申请，及时报批办理人才引进手续；对企业确需破格引进的紧缺人才，可采取人才综合评价和个案研究相结合的方式引进。

第七条 大力实施海外人才聚集工程。积极落实《北京市鼓励海外高层次人才来京创业和工作暂行办法》（京政发〔2009〕14号）规定的各项优惠措施，创造条件吸引海外高层次人才到核心区创新创业。

第八条 吸引优秀留学人员来核心区创新创业。积极落实《北京市促进留学人员来京创业和工作暂行办法》（京政发〔2009〕14号）规定的各项优惠措施，鼓励和吸纳优秀留学人员到核心区创业和工作，凡符合核心区人才引进和接收条件的，优先报批办理引进和接收手续。

第九条 加快优秀人才储备。支持核心区企业按政策接收非京生源应届优秀毕业生。通过多种形式，吸引优秀博士来核心区设站企业从事科研工作，鼓励和协调帮助出站博士后继续留在核心区企业工作。

第十条 完善柔性引才机制。鼓励企业采取短期聘用、技术合作、技术入股、合作经营等柔性方式引进国内外高层次人才，对符合《关于实施北京市工作居住证制度的若干意见》（京政办发〔2003〕29号）办理条件的，可为其办理《北京市工作居住证》。

第十一条 探索高层次人才职称评审申报新方式。对核心区有突出贡献的高层次人才在申报高级职称时，探索实行新的推荐评选模式。

第十二条 探索构建高层次人才评价体系。逐步建立以企业和市场为主体、政府引导、社会组织公平参与，以业绩、能力、贡献、潜力等为主要标准的高层次人才引进评价机制（具体落实办法另行制定）。

第三章 以资金支持聚集人才

第十三条 支持高层次人才来核心区创业和工作。对在核心区创业和工作且入选中央“千人计划”、北京市“海聚工程”、中关村“高聚工程”的高层次人才，核心区配套给予个人最高30万元的一次性资金支持。

第十四条 支持以项目实施带动人才聚集。定期或不定期向海内外发布核心区实施的重大科技攻关专项、重大科技成果转化和重点产业化项目急需的高层次人才信息，通过项目实施聚集海内外高层次人才。对通过项目实施引进的具有竞争优势的高层次人才，经相关部门认定，给予个人最高10万元的一次性资金支持。

第十五条 支持引进高层次人才团队。广泛开展与行业协会、社会中介组织、猎头机构的合作，整体引进具备高端研发、产品试制、产业化运作能力及先进技术、管理、营销水平的一体化高层次人才团队。对引进的高层次人才创新创业团队，经相关部门认定，给予最高100万元的一次性资金支持。

第十六条 支持以引进人才带动项目引进。定期或不定期向海内外发布核心区拟重点引进的高端项目目录及高层次人才需求信息，通过引进高层次人才引入高端项目。对高层次人才携带具有自主知识产权或关键技术且市场前景好的高端项目来核心区创业的，经专家组评审，给予高端项目100至600万元的一次性资金支持。高端项目实现产业化后，按照《海淀区促进重大科技成果转化和产业化支持办法》（海行规发〔2010〕3号）相关条款予以支持。

第十七条 支持高层次人才开展科技创新。通过申报，每年确定一批科技研发、科技创新重大项目及重大产业化项目，经专家组评审，在享受《海淀区促进创业型企业创新能力提升支持办法》（海行规发〔2010〕6号）等文件相应支持的基础上，分研发和产业化阶段，对做出突出成绩的项目负责人给予最高50万元的资金支持。

第十八条 支持高层次人才创新载体建设。鼓励核心区重点产业领域的骨干企业组建博士后工作站和青年英才创新实践基地工作站，集成行业高层次人才资源。对新组建的青年英才创新实践基地工作站，给予最高10万元的一次性资金支持，并按实际进站人数每年给予人均最高5万元资金支持；对新组建的企业博士后工作站按照《海淀区促进创业孵化机构和大学科技园发展支持办法》（海行规发〔2010〕7号）相关条款予以支持。

第十九条　本章各条的资金支持不重复享受。

第四章 以奖励激励聚集人才

第二十条 建立健全以政府奖励为主导的人才奖励体系，激发高层次人才创新创业热情。

（一）优先推荐为海淀经济社会发展做出突出贡献或取得显著科研成果和经济效益的高层次人才，参加国家、北京市及海淀区有关人才奖项评选。

（二）奖励在核心区创新创业过程中做出突出贡献的高层次人才。对获得国家级人才奖项的，给予最高10万元的奖励，获省（部）级人才奖项的，给予最高5万元的奖励；对独立承担或作为第一完成人，获国家级重大科技成果奖的，给予最高10万元的奖励，获省（部）级重大科技成果奖的，给予最高5万元的奖励。同时获国家级和省（部）级奖项的，按最高奖项予以奖励。

（三）鼓励核心区企业为做出突出贡献的高层次人才予以相应奖励。

第二十一条 逐步完善高层次人才激励机制，激发各类人才的积极性和创造性。

（一）探索人力资本参与收入分配的政策，进一步健全知识产权、技术、管理等作为资本参股和参与收益分配的办法；鼓励企业对优秀高层次人才实施期权、技术入股、股权奖励、分红权等多种形式的中长期激励措施（具体政策另行制定）。

（二）鼓励有条件的企业按《企业年金试行办法》为各类高层次人才办理补充养老保险。

第二十二条 加大对引才贡献突出单位和个人的奖励。每两年开展一次评选活动，对为核心区引荐高层次人才做出突出贡献的单位或个人，给予最高20万元的奖励。

第五章 以优质服务聚集人才

第二十三条 完善高层次人才配套服务措施，创造有利于人才发展的环境。

（一）筹建1万平方米左右的“海淀高层次人才公寓”，为引进的海内外高层次人才提供周转性住房。

（二）协调区域内高水平的公立医院作为高层次人才就医定点医院，为高层次人才建立医疗就诊服务绿色通道，并视接诊数量给予定点医院一定补助。

（三）在同等条件下，每年优先安排引进的高层次人才子女在区属优质学校、幼儿园入学、入园；建立国际学校，在部分中小学设立国际班或国际部，为高层次人才子女搭建国际化教育平台。

（四）根据高层次人才配偶个人条件，按照双向选择为主、推荐协调为辅的原则，多渠道、多方式、分层次协助解决其就业问题。

（五）对为海淀经济社会发展做出突出贡献或取得显著科研成果和经济效益的高层次人才，每年组织一次健康体检，有计划组织健康疗养。

第二十四条 创新高层次人才公共服务内容，提升人才服务水平。

（一）搭建国际人才中介服务聚集平台。吸引国内外知名猎头机构、高层次人才中介服务机构入驻，完善高层次人才中介服务体系。对吸引入驻的高层次人才中介服务机构，经审定，可比照《海淀区促进科技中介发展支持办法》（海行规发〔2010〕13号）予以支持。

（二）建立高层次人才薪酬调查报告制度。通过薪酬抽样调查，每年定期对外公布核心区企业各类高层次人才薪酬状况，引导企业制定合理的高层次人才薪酬制度。

（三）开辟高层次人才社会保险办理绿色通道。设立核心区企业高层次人才社会保险业务专门窗口，为高层次人才办理各种社会保险业务提供一站式服务。

第二十五条 打造高层次人才培训平台。逐步在国内外著名高校、科研机构和知名企业建立高层次人才培训基地，有计划选派优秀高层次人才到上述机构进行专项培训、技术交流；不定期邀请国内外知名专家学者到核心区举办高层次人才专场学术讲座及研修班，提升人才的整体竞争力。

第二十六条 营造聚才的良好社会氛围。采取新颖适宜的多种宣传方式，深入广泛宣传核心区吸引高层次人才创新创业的扶持政策，宣传核心区和谐宜居的创业、工作和生活环境，宣传核心区高层次人才取得的业绩成果，进一步营造尊才、爱才、用才和聚才的良好社会氛围。

第六章 以责任制度保障实施

第二十七条 明确工作责任。实施海淀区高层次人才聚集服务折子工程，细化工作任务和目标，明确各自职责。主责单位负责任务的方案制定、流程设计、组织实施、成果汇总等工作，协办单位主要承担与各自职能相关的工作以及主责单位提出的协办事项。

第二十八条 落实工作目标。由核心区人才服务办公室牵头，每年初制定核心区高层次人才工作目标，并提出任务分解意见，报区人才工作领导小组审定后，交责任单位落实。

第二十九条　强化督查考核。将高层次人才聚集服务工作目标和任务列入相关单位年度工作目标考核范围，并列为区委、区政府督查考核内容，确保工作任务按时完成。

第七章 附 则

第三十条 本办法由区人才工作领导小组办公室负责解释。

第三十一条 本办法自发布之日起三十日后实施。

北京市海淀区人民政府
二〇一〇年十月十日

中关村高端领军人才聚集工程实施细则

（中科园发〔2010〕7号）

为贯彻落实国务院关于建设中关村国家自主创新示范区的批复精神，打造具有全球影响力的科技创新中心，持续培育和发展国家战略性新兴产业，做强做大一批具有全球影响力的领军型企业，聚集和培育一大批海内外高端领军人才，按照中关村高端领军人才聚集工程有关方案，组织实施中关村高端领军人才聚集工程（以下简称中关村高聚工程），制定本细则。

第一章 总 则

第一条 由市委组织部、市科委、市财政局、市人力社保局、中关村管委会等部门组成中关村高聚工程工作小组，负责组织推进中关村高聚工程相关实施工作。

第二条 中关村高聚工程工作小组办公室（以下简称高聚工程办公室）设在中关村管委会，负责解答咨询、受理申请和资格审查工作。

第三条 中关村高聚工程工作小组委托中关村国家自主创新示范区企业家顾问委员会推荐知名企业家、风险投资家、相关行业专家组成中关村高端领军人才评审委员会。

第四条 中关村高端领军人才相关支持资金从中关村国家自主创新示范区专项资金中列支，并按照年度预算进行安排。

第二章 战略科学家标准及扶持政策

第五条 战略科学家标准。战略科学家是指在信息科学、生命科学、环境科学、材料科学等领域从事国际前沿科学技术研究，具有国际科学视野和科技战略眼光，能够正确把握科学技术发展方向，提出本领域发展的战略目标、战略构想和技术路线，其研究成果对本学科和技术领域产生重要影响的科学家。

第六条 战略科学家同时还需具备以下条件之一：

（一）诺贝尔奖获得者。

（二）国外科学院院士、国外工程院院士、中国科学院院士、中国工程院院士。

（三）在国外著名高校、科研院所或研究院担任首席科学家或相当于教授职务的专家学者。

（四）具有世界一流研究水平，近5年在国际重要核心刊物上发表过具有重要影响的学术论文。

（五）获得国际或国内重要科技奖项、掌握重要实验技能或科学工程建设关键技术。

（六）中关村知名企业和高校院所拟建设的世界一流研究机构吸引的海内外战略科学家。

第七条 战略科学家扶持政策。鼓励中关村重点企业根据企业发展战略需要，面向全球，在信息科学、生命科学、环境科学、材料科学等领域广泛吸引战略科学家，并由战略科学家领衔建立具有世界一流水平的科学研究所。政府每年给予战略科学家一定额度的科研和工作经费支持。

（一）支持战略科学家创办科学研究所。研究所实行所长负责制，政府提供部分科研经费以及所需科研条件。

（二）对于研究所在国内外获得专利授权、创制国际标准、担任国际标准化机构领导职务的，享受相关的政策支持。

（三）设立服务绿色通道，为战略科学家在机构注册、规划建设项目申报审批等方面提供便捷高效服务；对研究所聘用的外埠技术研发和管理骨干，按照北京市有关规定，对于符合引进人才条件的予以优先办理相关手续。

（四）分别给予研究所所长、研究所副所长100万元人民币的一次性奖励。

（五）战略科学家持有外籍护照的，根据需要，提供必要申请材料可办理1至5年期相关签证和居留许可；符合《外国人在中国永久居留审批管理办法》相关规定的外国人，根据个人意愿，可申请办理《外国人永久居留证》。

（六）战略科学家可按规定参加北京市社会保险。其子女入托或中小学入学，由教育行政部门协助办理相关手续。

第三章 科技创新人才标准及扶持政策

第八条 科技创新人才标准。科技创新人才是指2008年1月1日以后在中关村领军型企业工作，担任企业首席科学家、首席技术官或其它同等级别职务，领衔重大研发项目，解决核心技术难题的高端人才。

第九条 科技创新人才一般应取得硕士或博士学位，原则上还需具备以下条件之一：

（一）在国内外著名高校、研究机构担任相当于副教授、副研究员及以上职务的专家、学者。

（二）在国内外知名企业担任高级技术职务，熟悉相关领域业务和国际规则，具有丰富实践经验的研发技术人才。

（三）主持过大型科技或工程项目，具有丰富的科研、工程技术经验的专家、学者和工程技术人员。

（四）在北京市或中关村重点发展产业、行业、领域，拥有自主知识产权或掌握核心技术的专业技术人员。

第十条 科技创新人才扶持政策。

（一）科技创新人才可享受中关村园区关于股权激励改革试点、国家科技重大专项项目（课题）列支间接费用等相关政策。

（二）给予科技创新人才100万元人民币的一次性奖励。

（三）科技创新人才持有外籍护照的，根据需要，提供必要申请材料可办理1至5年期相关签证和居留许可；符合《外国人在中国永久居留审批管理办法》相关规定的外国人，根据个人意愿，可申请办理《外国人永久居留证》。

（四）科技创新人才可按规定参加北京市社会保险。其子女入托或中小学入学，由教育行政部门协助办理相关手续。

第四章 创业未来之星标准及扶持政策

第十一条 创业未来之星标准。创业未来之星是指在未来5—10年有潜力成长为中关村领军型企业的企业创始人或创始团队。其创办的企业原则上是已经注册成立1个月以上5年以内，产品正处于中试阶段。创业未来之星应该是企业的主要股东，其创办的企业已获得投资1000万元人民币以上（特别优秀的可以适当放宽）。

第十二条 创业未来之星扶持政策。

（一）对于创业未来之星创办的企业，可优先享受北京市政府各类创业投资引导基金支持，推荐承担国家部委和北京市重大产业化项目，中关村股权投资、担保费补助和担保贷款贴息、境内外资本市场上市补助、申请专利和创制技术标准补助等政策。

（二）设立服务绿色通道，为创业未来之星在企业注册、高新技术企业认定、项目申报审批等方面提供便捷高效服务；对企业聘用的外埠技术研发和管理骨干，按照北京市有关规定，对于符合引进人才条件的予以优先办理相关手续。

（三）给予创业未来之星100万元人民币的一次性奖励。

（四）创业未来之星持有外籍护照的，根据需要，提供必要申请材料可办理1至5年期相关签证和居留许可；符合《外国人在中国永久居留审批管理办法》相关规定的外国人，根据个人意愿，可申请办理《外国人永久居留证》。

（五）创业未来之星可按规定参加北京市社会保险。其子女入托或中小学入学，由教育行政部门协助办理相关手续。

第五章 风险投资家和科技中介人才标准及扶持政策

第十三条 风险投资家和科技中介人才标准。风险投资家和科技中介人才是指在风险投资、金融、法律、财务、知识产权、技术转移等领域从事风险投资或科技中介，具备行业认可的从业资质，有较大知名度和影响力，有较强创新服务能力，有设计和实施服务模式的成功经验或若干成功案例，其领衔的团队为高新技术企业服务的高端人才。其中，风险投资家应主导投资了多家行业影响力大并成功上市的创业型企业。

第十四条 风险投资家和科技中介人才一般应取得硕士或博士学位，不超过55岁。同时还需具备以下条件之一：

（一）在业界有较大的知名度和影响力，是业界公认的资深人士，并有若干有影响力的成功案例。

（二）在国际知名的风险投资公司、律师事务所、会计师事务所、投资银行曾经担任过合伙人。

（三）从事风险投资的，其领衔的团队累计投资超过2亿元或者受托管理资金超过5亿元，主导投资了1家以上行业影响力大或成功上市的创业型企业。

第十五条 风险投资家和科技中介人才扶持政策。

（一）设立服务绿色通道，为风险投资家和科技中介人才在企业注册、项目申报审批等方面提供便捷高效服务；对企业聘用的外埠技术研发和管理骨干，按照北京市有关规定，对于符合引进人才条件的予以优先办理相关手续。

（二）给予风险投资家和科技中介人才100万元人民币的一次性奖励。

（三）风险投资家和科技中介人才持有外籍护照的，根据需要，提供必要申请材料可办理1至5年期相关签证和居留许可；符合《外国人在中国永久居留审批管理办法》相关规定的外国人，根据个人意愿，可申请办理《外国人永久居留证》。

（四）风险投资家和科技中介人才可按规定参加北京市社会保险。其子女入托或中小学入学，由教育行政部门协助办理相关手续。

第六章 中关村高端领军人才的认定程序

第十六条 高端领军人才认定的申请方式。

（一）战略科学家的申请由中关村相关重点企业提出。

（二）科技创新人才的申请主要由中关村领军型企业推荐，根据其在解决企业重大创新问题以及承担国家重大项目中的作用提出推荐名单进行申请。

（三）创业未来之星的申请主要由天使投资人、风险投资机构和战略投资机构提出推荐名单进行申请。

（四）风险投资家和科技中介人才的申请主要由第三方机构推荐和自荐的方式进行申请。

第十七条 申请受理和资格审查。

（一）申请人根据所申请类别，填写《中关村高端领军人才——战略科学家申请表》、《中关村高端领军人才——科技创新人才申请表》、《中关村高端领军人才——创业未来之星申请表》或《中关村高端领军人才——风险投资家和科技中介人才申请表》。

（二）高聚工程办公室全年受理申请，并对申请人员的国（境）内外学历、创业和工作经历、获奖情况及相关材料进行审查。对于审查合格的人选，提交中关村高端领军人才评审委员会评审。

第十八条 评审。中关村高端领军人才评审委员会按照公平、公正、公开的原则进行评审。中关村高端领军人才评审委员会采取集中评审方式。评审工作包括材料审核和面试审核等环节，并对评审合格人选进行尽职调查。

第十九条 确定人选。

（一）对于通过评审的候选人，由高聚工程办公室上报中关村高聚工程工作小组审定。

（二）战略科学家人选由中关村高端领军人才工作小组采取“一事一议”的方式确定。

（三）经中关村高聚工程工作小组批准的各类中关村高端领军人才，分别颁发《中关村高端领军人才——战略科学家证书》、《中关村高端领军人才——科技创新人才证书》、《中关村高端领军人才——创业未来之星证书》或《中关村高端领军人才——风险投资家和科技中介人才证书》。

（四）被认定的各类中关村高端领军人才，列入中关村高端领军人才库。

第七章 附 则

第二十条 属于中关村国家自主创新示范区范围并已被列入中央千人计划、北京市海聚工程的人选，直接成为中关村高聚工程的人选，享受中关村国家自主创新示范区相关扶持政策，但不重复享受一次性资金奖励政策。

第二十一条 本实施细则自发布之日起施行。

第二十二条 本实施细则由高聚工程办公室负责解释。

中关村科技园区管理委员会
二〇一〇年四月六日

天津市引进人才服务办法

（津政办发〔2010〕96号）

第一章 总 则

第一条 为贯彻落实国家和我市中长期人才发展规划纲要提出的各项任务，加快实施人才强市战略，营造更好的人才环境，进一步提高我市人才引进工作水平，为滨海新区开发开放和全市经济社会发展提供强有力人才支撑，制定本办法。

第二条 创新人才引进工作机制，消除人才引进中的体制机制障碍，构建为引进人才服务的“绿色通道”，促进人才政策的落实，努力实现人才“引得进，用得好，留得住”。

第三条 引进人才服务工作要坚持统一、规范、方便、快捷的原则。

第二章 引进人才方式

第四条 市人力社保局定期向社会公布《天津市紧缺人才目录》。引导海内外人才以调动、短期聘用、柔性流动等多种方式来津工作。

第五条 充分利用互联网等现代信息手段，搭建人才与用人单位对接和交流平台。与海内外人才引进渠道建立密切联系，及时了解、发布人才供求信息。

第六条 组织大型海外人才招聘洽谈活动。定期组织用人单位赴海内外举办各种形式的人才招聘洽谈活动。

第七条 组织海内外高层次人才来津交流考察。通过开展 “海内外高层次人才津门行”等活动，有针对性地安排高层次人才来津和用人单位对接交流。

第八条 充分发挥人才猎头公司等人力资源中介服务机构的作用，运用市场机制多渠道吸引人才。

第三章 构建引进人才服务“绿色通道”

第九条 市人力社保局设立“人才服务窗口”，承接审批服务申请、提供政策咨询、开展跟踪服务，为引进人才提供便捷高效的“绿色通道”服务。

第十条 用人单位和各审批服务部门设置引进人才服务专员（以下简称服务专员），负责为引进人才提供政策咨询、接待洽谈、代办各项审批手续等服务。设置服务专员工作由市人力社保局负责落实，并做好服务专员的建档、培训、发证工作。

第十一条 “人才服务窗口”采用“一窗接件、并联预审、集中反馈、专员办理、统一建档”的方式，为引进人才提供全过程服务。

（一）一窗接件：“人才服务窗口”受理用人单位递交的引进人才服务事项申请和相关材料。

（二）并联预审：“人才服务窗口”将相关信息通过专网传至有关审批服务部门，审批服务部门在5个工作日内完成预审，并将预审意见反馈给“人才服务窗口”。

（三）集中反馈：“人才服务窗口”汇总各审批服务部门预审意见，将预审结果一次性反馈给用人单位。

（四）专员办理：用人单位服务专员持相关材料到有关审批服务部门办理手续。各审批服务部门根据预审意见对材料进行审核，在规定时限内办结相关手续。

（五）统一建档：各项审批服务手续完成后，用人单位服务专员将办结结果反馈给“人才服务窗口”，“人才服务窗口”为引进人才建立电子档案，实行跟踪服务。

第十二条 各审批服务部门要根据本部门职能，努力提高工作效率，为引进人才提供优质服务。行政关系接转，留学回国人员工作关系结转（工作派遣），留学回国人员证书、外国专家证、留学人员长期签证、外国人居留证的核发，境外学历认证和社会保险接转由市人力社保局负责；本人及家属落户由市公安局负责；子女转（入）学由市教委负责；企业设立联合审批由市工商局、市公安局、市质监局、市国税局、市地税局等部门共同负责；创办（高新技术）企业享受优惠政策由市国税局负责；申请高新技术企业认定、参评市级科学技术奖项由市科委负责；申请专利由市知识产权局负责；人才周转住房由市国土房管局负责。

第四章 建立高效的工作机制

第十三条 引进人才以用人单位为主体，各用人单位要大力引进创业发展急需的高层次人才，积极落实引进人才的岗位和相关待遇，选派高素质的服务专员，为引进人才提供一对一全程服务。

第十四条 各级人民政府及其部门要积极为引进人才创造条件，提供服务。市人力社保局作为人才引进工作的综合协调部门，要加强对人才引进工作的指导，积极研究引进人才的新途径、新方法，统筹协调全市人才引进工作。各审批服务部门要认真落实引进人才的各项政策措施，切实提高服务效率和水平。

第十五条 建立引进人才联席会议制度，研究拟定相关政策措施，协调解决引进高层次人才和高水平紧缺人才提出的特殊要求和人才引进工作中的具体问题。联席会议由市人力社保局、市教委、市科委、市公安局、市国土房管局、市质监局、市工商局、市财政局、市地税局、市国税局、市金融办、市知识产权局等部门组成。联席会议办公室设在市人力社保局。

第十六条 建立引进人才统计分析制度。“人才服务窗口”和用人单位每季度向市人力社保局报送人才引进数据和情况，市人力社保局及时汇总整理数据、分析情况，及时完善政策，不断提高人才引进工作水平。

第十七条 建立引进人才服务工作监督检查制度。市人力社保局定期对审批服务部门和用人单位的人才引进工作效能进行监督检查，畅通引进人才投诉渠道，认真协调解决各类问题。

第五章 附 则

第十八条 本办法自发布之日起施行。

天津市人民政府办公厅

二〇一〇年八月九日

内蒙古自治区“草原英才”工程实施方案

（内党办发〔2010〕23号）

为认真贯彻落实全国人才工作会议精神和国家中长期人才发展规划纲要，更好实施人才强区战略，着力解决制约内蒙古科学发展的人才瓶颈问题，按照自治区党委、政府的要求，制定本实施方案。

一、指导思想

坚持以邓小平理论和“三个代表”重要思想为指导，全面贯彻落实科学发展观，以建设“人才流入区”为目标，以高层次人才引进和培养为突破口，形成“点、线、面”结合、上下贯通、相互联动的工作机制，统筹推进以高层次人才为重点的各类人才队伍建设，努力开创优秀人才大量涌入、创造热情竞相迸发的良好局面，为实现富民强区目标和建设创新型内蒙古提供强有力的人才保证和智力支持。

二、总体目标

围绕我区经济社会发展的总体目标，根据我区发展优势特色产业和培育新兴产业过程中对产业升级、科技创新、学科建设、技术开发等的人才需求，争取用5年时间，有计划、有重点、有针对性地引进海内外高层次创新人才100名左右（其中："两院"院士2—5人，领军人才20人，重点学科带头人40人，高层次科技创新人才40人）；引进海内外高层次创业人才400名左右（其中：重点产业急需高端人才30人，高层次科技创业人才40人，国有企业高层次经营管理和技术研发人才80人，园区招商引资和复合型管理人才100人，非公有制骨干企业高层次经营管理和技术研发人才150人）；通过"以引进带培养、以培养促引进"的方式，加大我区本土高层次人才培养力度，全面提升其主创新创业能力，重点培养内蒙古本土高层次创新人才200名（其中：培养"两院"院士后备人选10人，领军人才70人，重点学科带头人40人，高层次科技创新人才80人），培养内蒙古本土高层次创业人才500名（其中：重点产业急需高端人才50人，高层次科技创业人才70人，国有企业高层次经营管理和技术研发人才130人，园区招商引资和复合型管理人才150人，非公有制骨干企业高层次经营管理和技术研发人才100人；进一步加强各类人才创新创业基地和平台建设，建成自治区高层次创新创业基地20个，高校创新团队30个，打造以呼包鄂"金三角"地区为中心的"草原硅谷"，为高层次人才的引进、培养和充分发挥作用提供广阔舞台。

（一） 三年目标（2010—2012年）

1. 引进人才。引进海内外高层次创新人才60名左右，其中：领军人才12人。重点学科带头人24人，高层次科技创新人才24人。引进海内外高层次创业人才240名左右，其中：重点产业急需高端人才18人，高层次科技创业人才24人，国有企业高层次经营管理和技术研发人才48人，园区招商引资和复合型管理人才60人，非公有制骨干企业高层次经营管理和技术研发人才90人。

2. 培养人才。计划培养内蒙古本土高层次创新人才120名，其中：培养"两院"院士后备人选6人，领军人才42人，重点学科带头人24人，高层次科技创新人才48人。培养内蒙古本土高层次创业人才300名，其中：重点产业急需高端人才30人，高层次科技创业人才42人，国有企业高层次经营管理和技术研发人才78人，园区招商引资和复合型管理人才90人，非公有制骨干企业高层次经营管理和技术研发人才60人。

3. 人才载体平台建设。建成自治区高层次创新创业基地15个，高校创新团队15个。"草原硅谷"建设有实体性支撑体系，形成一定规模的人才平台、重点项目和领军创业团队集群，形成科学高效的工作运作机制和有利于激发人才创新创业的政策、法规体系与人文环境。

（二） 五年目标（2010—2014年）

全面完成"草原英才"工程总体目标，即引进海内外高层次创新创业人才500名左右，培养内蒙古本土高层次创新创业人才700名左右，建成自治区高层次创新创业基地20个、高校创新团队30个，打造成以呼包鄂"金三角"地区为中心的"草原硅谷"。

三、重点任务

（一） 实施"草原英才"工程子工程

1. "两院"院士引进和培养工程，由人社厅牵头负责。

2. 领军人才引进和培养工程，由科技厅牵头负责。

3. 重点学科人才引进和培养工程，由教育厅牵头负责。

4. 重点实验室和工程技术研究中建设及人才引进和培养工程，由科技厅牵头负责。

5. 重点产业和重大建设项目人才引进和培养工程，由发改委牵头负责。

6. 高层次人才创新创业基地、高新技术产业开发区等各类基地建设及人才引进和培养工程，由科技厅牵头负责。

7. 自治区直属国有（控股、参股）企业高层次经营管理和技术研发人才引进和培养工程，由国资委牵头负责，国土资源厅、交通厅、宣传部配合。

8. 全区各类经济技术开发区、工业园区招商引资人才和复合型管理人才及非公有制骨干企业高层次经营管理人才和技术研发人才引进和培养工程，由经信委牵头负责。

9. 全区卫生系统高层次人才引进和培养工程，由卫生厅牵头负责。

10. 全区人力资源和社会保障厅系统已实施的各类人才工程（包括"321"工程、"666"工程、"511"工程、"111"工程等），由人社厅继续牵头负责。

（二） 打造"草原硅谷"

以带动我区产业发展的呼和浩特、包头、鄂尔多斯"金三角"地区为核心区域，通过高新技术开发区、高层次人才创新创业基地、核心技术研发机构、重大项目等载体和平台建设，加大人才资金投入力度，有效整合区域资源，发挥整体优势，实施"人才特区"政策，不断创新工作机制，营造良好环境，吸引和聚集一大批海内外高层次人才创业和工作，努力将呼包鄂打造成我国西部地区独具特色和有强大集聚力、影响力的人才高地——"草原硅谷"。

呼和浩特、包头、鄂尔多斯三市要由当地市委、市政府主要领导同志牵头，研究提出本市的实施方案，报自治区"草原英才"工程领导小组审定同意后组织实施。同时，要在自治区"草原英才"工程领导小组指导下，建立三市统一协调、各具特色、互动互促的协调运行机制。

（三）各盟市工作任务

各盟市要围绕本地区主导产业培育、产业结构优化升级的人才需求，特别是对于推动本地区科学发展具有关键作用的战略人才的需求，提出本盟市"草原英才"工程重点人才引进方案（包括引才项目、引才计划、引才措施以及需要自治区配套的政策和资金等），报自治区"草原英才"工程领导小组办公室。对于申请列入自治区"草原英才"工程子工程的引才需求，要对照"草原英才"工程各子工程的分类，同时报送各有关牵头部门进行汇总。对列入子工程的重点引进人才目标，各盟市要由一名党政领导同志牵头负责，盟市委组织部直接负责，并指导督促用人单位落实好"点对点"责任制。

（四）各厅局工作任务

自治区各厅局要从本系统、本行业的实际需要出发，研究提出本部门“草原英才”工程重点人才引进方案，包括引才项目、引才计划、引才措施及需要自治区配套的政策和资金等，报自治区“草原英才”工程领导小组办公室。对于申请列入自治区“草原英才”工程子工程的引才需求，申请部门要对照“草原英才”工程各子工程的分类，同时报送各有关牵头负责部门，与“草原英才”工程项目进行对接。各承担“草原英才”工程子工程的厅局，要研究提出所承担子工程的具体实施方案，并牵头组织实施。各厅局列入子工程的重点引进人才目标，要由一名厅领导牵头负责，落实专门处室和专人负责，并指导用人单位落实好“点对点”责任制。

四、主要措施

（一）建立上下贯通、相互联动的工作机制。以“草原英才”工程子工程为纽带，建立自治区、盟市和厅局、用人单位之间上下贯通和相互协调、配合、联动的人才工作机制，既要发挥好用人单位的主体作用，又要发挥好盟市厅局的主导和引导作用，做到人才引和需、引和用的有机结合，努力使产业发展和学科建设共同促进、项目开发与人才引进共同实施、科技研发与人才培养共同推动，实现产学研各环节人才集聚。

（二）创新自治区与国内著名高校和科研院所的交流合作机制。由自治区领导及自治区“草原英才”工程领导小组办公室牵头和指导，组织我区有关部门、盟市及企业、高校等用人单位主动走出去，与国内著名高校和科研院所深入洽谈和联系，创建校地之间多种形式合作、多种渠道交流、多种机制对接、多种优势互补的互利共赢合作模式。以引进国内著名高校、科研院所在我区建立各类实习基地、实验基地、中试基地、产业化基地、博士后工作站以及选派科技人才到我区挂职锻炼等方式，间接引进人才和智力。以重大攻关项目招标、重要科研项目合作等形式，引进国内著名高校和科研院所的领军人才为我区服务，并以此建立校地人才合作机制，培养和带动我区的高层次人才。以合作共建的形式，争取国内著名高校和科研院所的支持，加强我区重点实验室、创新创业基地、工程技术研发中心建设。借助国内著名高校和科研院所培训资源，为我区培训急需紧缺人才。

（三）建立重要人才需求信息和目录年度发布制度。从2010年起，每年初由承担“草原英才”工程子工程的厅局和有关盟市、厅局在认真征求用人单位意见的基础上，根据“草原英才”工程总体规划，提出本年度人才需求详细信息和目录，报自治区“草原英才”工程领导小组办公室汇总后，统一向社会公开发布。

（四）建立海内外高层次人才信息库。根据我区高层次人才引进重点和急需紧缺人才情况，有针对性地了解、掌握和追踪海内外高层次人才的情况和动态，建立人才信息库。（人社厅牵头负责，科技厅、教育厅协助）

（五）建立海内外人才联络联系机制。要通过定期在北京、上海、广东等地举办“两地高层次人才见面会”、“内蒙古籍及曾在内蒙古工作的高层次人才联谊会”、“高层次人才引进宣传发布会”等方式，加强与海内外人才的联络。通过我区驻外办事机构、企业驻外商务机构和海外区外内蒙古校友会、同乡会以及师承关系、亲友关系等，广泛建立与海内外人才的联系。对特别重要的领军人才和紧缺人才，要及早进行追踪和联系，必要时采取“点对点”、“一对一”的办法开展深入细致的工作。（人社厅牵头负责，科技厅、教育厅协助）

（六）设立引进海内外高层次人才的日常工作机构和“服务窗口”。要设立专门机构和人员，负责我区引进海内外高层次人才的咨询、联络、服务和相关政策、待遇、资金的落实工作。同时，要通过设立热线电话、服务大厅、网络平台等，为海内外有意来我区服务的高层次人才提供便捷服务。（组织部、人社厅负责落实，各有关厅局协助）

（七）建立专家评议制度。由自治区“草原英才”工程领导小组办公室牵头组织有关专家组成专家委员会，负责对盟市、厅局拟引进的高层次人才进行资格评审，引进后的工作成效进行评估；负责对自治区级“高层次人才创新创业基地”进行资格评审，对挂牌后的工作成效进行评估。自治区“草原英才”工程领导小组办公室及各有关部门依据专家评估意见，作出工作决策，提出指导意见。

（八）构建全区高层次人才引进和培养的政策、经费等保障支持体系，不断优化人才创业创业环境。由人社厅会同财政厅等有关部门，在全面清理各厅局过去出台的各类人才政策和整合人才经费投入使用的前提下，根据盟市、厅局在实施“草原英才”工程中提出的意见和建议，制定出台”草原英才“工程的人才吸引、培养、使用、评价、激励、保障及经费投入使用等方面政策措施。要在全区大力宣传人才强区战略及人才优先发展理念，进一步优化人才创新创业的政策环境、法制环境和人文环境，努力营造领导重视人才、群众关爱人才、人人争当人才的良好社会氛围。

五、组织领导

（一）成立自治区“草原英才”工程领导小组。自治区“草原英才”工程领导小组组长由自治区党委、政府有关领导同志担任，领导小组成员由各有关厅局主要负责同志组成。“草原英才”工程领导小组办公室设在自治区党委组织部人才工作处，工作人员组成以人才工作处人员为主，必要时也可根据工作需要抽调各成员单位工作人员。

（二）加强宏观指导和督促检查。各盟市、厅局要按照年度计划，把工程任务细化分解，责任落实到人，盟市、厅局的主要领导是第一责任人，盟市委组织部部长和厅局分管副职是直接责任人。自治区“草原英才”工程领导小组要定期召开工作会议，对工程推进和完成情况进行指导和督促检查，及时研究和解决工作中出现的新情况、新问题。

（三）加大考核奖惩力度。每年底按照“草原英才”工程总体部署和经“草原英才”工程领导小组审定的各盟市、厅局的年度目标，对盟市、厅局工作情况进行全面考核，并对考核结果予以通报。考核结果要列入盟市、厅局领导班子年度实绩考核之中。对“草原英才”工程组织实施有力、成效显著的盟市、厅局及有关人员，要予以表彰和奖励。对“草原英才”工程组织领导不力的盟市、厅局及有关单位，要限期整改。

（四）建立工作方案、年度计划报送审批制度。承担“草原英才”工程子工程的有关厅局，要按照自治区“草原英才”工程领导小组的统一安排部署及“草原英才”工程实施方案的要求，认真研究制定各子工程具体实施方案，提出年度工作计划，报自治区“草原英才”工程领导小组办公室。各盟市和没有承担子工程的厅局，也要提出本盟市、本厅局贯彻落实“草原英才”工程的具体实施方案及年度工作计划，报自治区“草原英才”工程领导小组办公室，经领导小组办公室审核同意后，正式下发执行。

（五）建立重要信息报送、交流和重大事项报告审批制度。各盟市、各部门在“草原英才”工程实施过程中，要及时向自治区“草原英才”工程领导小组办公室报送工作动态和重要信息；涉及自治区级的重要人才工程、人才项目、人才计划、人才资金以及各类人才表彰奖励等，要报请自治区“草原英才”工程领导小组审定或备案。自治区“草原英才”工程领导小组要结合实际及时提出指导性意见和有关具体工作措施。

中共内蒙古自治区委员会办公厅
内蒙古自治人民政府办公厅
二〇一〇年十一月九日

上海市引进人才申办本市常住户口试行办法

（沪府发〔2010〕28号）

第一条 目的

为了更好地实施人才强市战略，发挥人才在促进本市经济社会可持续发展中的核心作用，根据有关法律、法规和市委、市政府《关于进一步优化上海人才发展环境的若干意见》（沪委发〔2009〕3号）的规定，制订本办法。

第二条 指导原则

按照优先服务国家战略、优先服务“四个中心”建设重点领域的原则，引进人才实行条件管理，明晰分类。坚持政策公开、标准统一、程序规范、办理方便。

第三条 适用对象

在本市行政区域内注册的用人单位引进本市紧缺急需的国内优秀人才，适用本办法。

第四条 管理部门

市人力资源社会保障局负责引进人才申办常住户口日常工作。

公安部门负责办理户口迁移手续。

监察机关负责对职能部门引进人才申办常住户口工作进行监督和检查。

住房保障房屋管理、教育、科技、卫生、人口计生、民政等部门按照各自职责，负责做好相关管理工作。

第五条 申办条件

用人单位引进符合下列条件之一、在沪工作稳定的人才，专业（业绩）与岗位相符，可以申办本市常住户口：

（一）具有博士研究生学历并取得相应学位或具有高级专业技术职务任职资格的专业技术人员和管理人员。

（二）获得省部级及以上政府奖励的人员。

（三）国家重大科技专项项目、国家重要科技计划项目和本市重大科技项目负责人及其团队核心成员。

（四）列入省部级及以上人才培养计划的人选。

（五）在本市重点支持的产业和领域中担任高级经营管理职务且具有研究生学历并取得相应学位的人员。

（六）本市金融、贸易、航运等现代服务业重点机构，高新技术产业化重点领域，高新技术企业，高新技术成果转化项目，在沪跨国公司地区总部及地区总部投资设立的具有独立法人资格的研发中心紧缺急需的具有本科及以上学历并取得相应学位的专业技术人员、管理人员和创新团队核心成员。

（七）本市重点引进机构、项目或做出重大贡献的企业紧缺急需的具有本科及以上学历并取得相应学位的专业技术人员、管理人员。

（八）本市重点产业发展紧缺急需、取得国家一级职业资格证书（高级技师），或取得国家二级职业资格证书（技师）且获得国家及省部级以上技能竞赛奖励的高技能人才。

（九）本市文化艺术、体育、传统医学、农业技术及其他特殊行业紧缺急需的专门人才。

（十）在沪投资于本行业中处于领先水平、为投资所在地的区县经济社会发展作出重大贡献的企业中担任高级经营管理职务的创业人才。

（十一）其他紧缺急需、确有特殊才能的人才。

市政府有关部门根据本市经济社会发展，及时调整引进人才范围。

第六条 申报材料

（一）用人单位申请报告；

（二）《上海市引进人才申请表》；

（三）营业执照、组织机构代码、法人登记证书等相关证明材料；

（四）3年以上的劳动合同或聘用合同；

（五）反映政治素质、能力业绩的相关材料；

（六）学历证明、专业技术职务任职资格证明或职业资格证明；

（七）与依据的申请条件相应的证明材料；

（八）就业期间缴纳社会保险的证明材料和个人所得税完税证明；

（九）有效身份证明和户籍证明；

（十）户籍所在地乡镇以上人口和计划生育部门出具的计划生育证明；

（十一）同意接受落户的单位、引进人才本人、配偶或直系亲属的居住房屋房地产权证，或者租用居住公房凭证，或者人才公寓、职工宿舍等的有效房屋权属证明及同意落户的书面证明；

（十二）其他需要的相关材料。

第七条 申请

符合条件的用人单位需要引进人才的，中央在沪单位、市属单位向市人力资源社会保障部门经办机构提出申请，其他单位向注册所在地的区县人力资源社会保障部门经办机构提出申请。

第八条 受理

对于申办材料齐全的，经办机构应当予以受理，并出具受理回执。

对申办材料不齐全的，应当告知用人单位补齐相关材料。

第九条 初审

市人力资源社会保障部门指定的初审机构或者区县人力资源社会保障部门，依据本办法规定的条件，在15个工作日内对申报单位的申请进行初审。初审合格的，报市人力资源社会保障部门审核。初审不合格的，应当及时告知用人单位。

第十条 审核

市人力资源社会保障部门对初审通过的材料进行审核。审核在30个工作日内完成。

引进特殊人才的申请，由市人力资源社会保障部门会同相关行业主管部门进行审核。

第十一条 公示

审核通过的，市人力资源社会保障部门应当及时将审核合格人员信息在政务网上公示，接受社会监督。公示时间为15天。

涉及国家秘密的项目引进的人才，可不予公示。

第十二条 户口迁移

经公示通过的人才，凭人力资源社会保障部门出具的证明和本市公安部门签发的《准予迁入证明》，办理户口迁移手续。

第十三条 家属随迁

引进人才已婚的，其配偶、未成年子女可以同时办理户口迁移手续。

第十四条 法律责任

行政机关工作人员应当依法履行职责，在执行本办法过程中发生违规违纪的，由其所在单位或者职能部门给予行政处分；构成犯罪的，依法追究刑事责任。

申请人和用人单位应当书面承诺所提供证明材料的真实性，严禁弄虚作假。一旦发现虚假或伪造，视情节轻重，暂停直至取消其再申请的资格，并将失信信息记入诚信记录。对已骗取获得的本市常住户口，及时注销。对构成犯罪的人员，依法追究刑事责任。

第十五条 实施细则

由市人力资源社会保障部门会同市有关职能部门根据本办法，制订相应的实施细则。

本办法自印发之日起试行。试行期2年。

上海市人民政府
二〇一〇年八月六日

上海市引进人才申办本市常住户口试行办法实施细则

（沪人社力发〔2010〕44号）

为贯彻落实市政府印发的《上海市引进人才申办本市常住户口试行办法》（沪府发〔2010〕28号，以下简称办法），制定本实施细则。

一、关于申办条件

（一）用人单位引进的人才一般应能在本单位工作五年以上。对于特别优秀或者特别紧缺急需的，可适当放宽年限要求。

（二）办法第五条第（一）款所称“高级专业技术职务任职资格”，是指按照规定取得高级专业技术职务任职资格并受聘相应职务，包括明确可聘为高级专业技术职务的相对应的国家职业资格。

（三）办法第五条第（二）款所称“省部级及以上政府奖励”，是指由省级及以上人民政府或国家人力资源社会保障部会同相关部委共同授予的政府奖励，且具有个人证书。

（四）办法第五条第（三）款所称“国家重大科技专项项目、国家重要科技计划项目和本市重大科技项目”，是指根据国家或本市科技主管部门项目立项批复进行认定的科技项目，所称“项目负责人及其团队核心成员”，由国家或本市科技主管部门根据项目立项、申报材料予以认定。

（五）办法第五条第（四）款所称“列入省部级及以上人才培养计划的人选”的认定依据参照国家相关主管部门或各省、市、自治区政府和人才主管部门批复。

（六）办法第五条第（六）款所称“金融、贸易、航运等现代服务业重点机构”，由市金融服务办公室、市商务委员会、市城乡建设和交通委员会等行业主管部门认定。“高新技术产业化重点领域”，由市经济和信息化委员会等行业主管部门认定。“高新技术企业”和“高新技术成果转化项目”，由市科学技术委员会认定。“跨国公司地区总部”，由市商务委员会认定。符合办法第五条第（六）款条件引进的人才，应属单位紧缺急需的业务骨干，且具有两年以上（截至申报之日）相应工作经历。

（七）办法第五条第（八）款所称“高技能人才”是指在工作一线从事技能类职业、工种（具体职业、工种范围另行发布）的技能人才，“国家及省部级技能竞赛奖励”，是指国家级或省部级技能类人才表彰、国家级技能竞赛金、银、铜奖或省部级技能竞赛金奖或一等奖。

（八）办法第五条第（九）款所称“本市文化艺术、体育、传统医学、农业技术及其他特殊行业紧缺急需的专门人才”，是指经同行专家评估认定，由行业主管部门推荐的行业专门人才，以及经行业主管部门认定的具有相应专业资格证书的行业专门人才。

（九）办法第五条第（十）款所称“在沪投资于本行业中处于领先水平、为投资所在地区县经济社会发展作出重大贡献的企业”的标准，由投资所在地区县人力资源社会保障部门会同区县相关主管部门另行制订，经批准后实施。

二、关于申办材料

（十）办法第六条第（四）款所称“3年以上的劳动合同或聘用合同”，是指合同期限在3年及以上，且自申办之日起有效期为2年及以上的有效合同。

（十一）办法第六条第（六）款所称“专业技术职务任职资格证明或职业资格证明”，是指以下材料之一：

1．通过考试、评审取得高级专业技术职务任职资格证书、评审表及聘任证明；

2．根据规定实行以聘代评的行业（单位）中聘任高级专业技术职务的，提供单位的聘任证明；

3．本市核发的（或外省市核发且通过本市考核复评的）国家二级及以上技能类职业资格证书；

4．经认可由相关部门颁发的职业资格证书。

（十二）办法第六条第（八）款所称“就业期间缴纳社会保险的证明材料和个人所得税完税证明”，是指以下材料之一：

1．在沪无工作经历且直接从外省市进沪的，提供外省市就业地缴纳社会保险的证明材料和个人所得税完税证明。在外省市机关事业单位工作未参加社会保险的，提供相应的证明材料；

2．已在沪稳定工作的，应按规定参加本市社会保险并依法纳税，社会保险费缴纳情况由各受理点受理人员进行信息查询。引进人才需提供本市就业期间的个人所得税完税证明。

（十三）办法第六条第（九）款所称“有效身份证明和户籍证明”，是指：居民身份证、居民户口簿或者户籍所在地公安部门出具的户籍证明，结婚证或者户籍所在地民政部门出具的婚姻状况证明；离婚的，应提供离婚协议书或者法院调解书（判决书），涉及未成年子女的，应明确未成年子女抚养权归属。

（十四）办法第六条第（十一）款所称“同意接受落户的单位、引进人才本人、配偶或直系亲属的居住房屋房地产权证，或者租用居住公房凭证，或者人才公寓、职工宿舍等的有效房屋权属证明及同意落户的书面证明”，是指以下材料之一：

1．引进人才本人或配偶在沪居住房屋房地产权证或者配偶的租用居住公房凭证；

2．落户在本市直系亲属家中的，提供本人与直系亲属的身份关系证明、直系亲属在沪的居住房屋房地产权证或者租用居住公房凭证、直系亲属的居民户口簿以及户口簿上所有登记人员共同签署的同意落户证明；

3．居住在人才公寓、职工宿舍等的引进人才，提供相应的集体户口簿复印件或户籍证明，以及同意落户证明；

4．确需暂时落户在市或区县人才服务中心集体户口的，提供同意落户的市或区县人才服务中心出具的同意落户证明。

三、关于申请的提出

（十五）办法第七条规定的申请的提出，按以下方式办理：

1．引进人才申办常住户口的，由用人单位在网上进行单位信息注册，并填写单位和引进人才相关信息，打印《上海市引进人才申请表》并盖章、签字。用人单位备齐单位和个人的相关书面材料后，到受理点进行现场申报。

2．中央在沪单位、市属单位，向市人才服务中心提出申请；其他单位向注册所在地的区县人才服务中心提出申请。

3．中介机构派遣人员，不属于引进人才申办本市常住户口的范围。

4．用人单位不得委托任何中介机构或其他单位、个人代理申报。

四、关于办理流程

（十六）引进人才申办常住户口，按以下程序办理：

1．市人力资源社会保障部门指定的初审机构、区县人力资源社会保障部门，依照《办法》规定的条件，负责对申报单位的引进人才申请材料进行初审，在正式受理后的15个工作日内完成初审。初审合格的，报市人力资源社会保障部门审核。

2．市人力资源社会保障部门按照规定，对初审通过的材料进行审核，在30个工作日内完成审核。

3．审核通过的，将审核合格人员信息在政务网上进行公示，接受社会监督。公示时间为15天。

4．公示无异议的，凭市人力资源社会保障部门出具的证明及本市公安部门签发的《准予迁入证明》办理户口迁移手续。

五、户口迁移

（十七）按照办法第十二条办理“户口迁移”的，按以下程序办理：

1．引进人才在取得人力资源社会保障部门出具的相关证明3个工作日后，持相关证明和本人身份证到拟落户地公安分（县）局人口管理部门办理《准予迁入证明》。

2．持《准予迁入证明》到外省市原户籍所在地派出所办理《户口迁移证》。

3．持《准予迁入证明》、《户口迁移证》及其他相关证明到落户地的派出所办理落户手续。

迁沪人员及其家属为农业户口的，按国家和本市现行有关政策办理户口迁移手续。

六、关于家属随迁

（十八）办法第十三条所称“未成年子女”，是指16周岁以下的子女以及16周岁以上、在普通高中就读的子女；16周岁以上的普通高中在校生随迁的，另需提供学籍证明。

七、关于户口注销

（十九）对已骗取获得的本市常住户口，按照国家和本市的有关规定予以注销。

八、其他

（二十）引进人才户籍落户本市后的社会保险按照国家和本市的相关规定执行。

（二十一）本实施细则印发后，原市人事局印发的《上海市吸引国内优秀人才来沪工作实施办法》（沪人〔1999〕51号）和原市劳动局印发的《关于本市企业从外省市引进技术工人的试行意见》（沪劳力发〔93〕18号）相应废止。

上海市人力资源和社会保障局

二〇一〇年九月二日

《上海市居住证》（B证）实施细则

（沪人社外发〔2010〕57号）

第一条 依据

根据上海市人民政府第122号令《引进人才实行〈上海市居住证〉制度暂行规定》的相关内容，为引进的国（境）外人员来沪工作、居住提供规范和优良的服务，加强对《上海市居住证》（B证）的管理，制定本实施细则。

《上海市居住证》（B证）是上海市吸引海外人才来沪工作、创业，享受相关市民待遇的有效证件。

第二条 《上海市居住证》（B证）的相关管理审核、受理、制卡、签发部门是指：

管理审核部门：上海市人力资源和社会保障局（上海市外国专家局）；

受理部门：上海海外人才服务中心、浦东张江留学人员服务中心、上海市杨浦公共人才服务中心和上海国际人才交流协会驻香港联络处；

制卡部门：上海市社会保障卡服务中心；

签发部门：上海市公安局。

第三条 申请人

以下人员可以申请《上海市居住证》（B证）：

（一）具有本科以上学历或者特殊才能，在上海工作或创业的入外籍的留学人员、持中国护照但无中国户籍的留学人员和其他专业人才、香港、澳门特别行政区专业人才、台湾地区专业人才和外国专业人才。

（二）凡符合本条（一）的，其配偶和未满18周岁或高中在读的子女可申请偕行人员。

留学人员是指：公派或自费出国（境）学习，并获得国（境）外大学本科（含）以上学历/学位的人员；在国内获得本科（含）以上学历或中级以上专业技术职务任职资格，并在国（境）外高等院校、科研机构进修一年（含）以上取得一定成果的访问学者或进修人员。

具有特殊才能的人才具体范围及条件等事项，由上海市人力资源和社会保障局根据本市经济社会发展实际需要，商有关部门后发布。

第四条 申请单位

办理《上海市居住证》（B证）须由所在用人单位提出申请。

申请单位应当是信誉良好，具有人事档案管理权限，在本市行政区域内注册登记，符合本市产业发展方向的各类企业、事业、社团、民办非企业机构，以及有法人授权的在沪依法注册设立的分支机构。

第五条 首次申请

（一）申请的提出

本规定第三条所称的人员需要申领《上海市居住证》（B）证的，由用人单位向管理审核部门指定的受理部门提交申请材料。用人单位必须保证申报材料的真实性，并配合受理部门对申请材料进行核实。

（二）用人单位须提供以下主体资格证明的材料

1．用人单位出具介绍信；

2．用人单位报上海市人力资源和社会保障局（上海市外国专家局）请示公函；

3．系外资性质企业需提供外商投资企业批准证书；

4．工商企业营业执照；

5．组织机构代码证；

6．系非来沪投资人，需提供自受理之日起有效期在12个月以上的劳动（聘用）合同，通过具有资质的本市人力资源服务机构派遣的人员，还需提供派遣的相关协议；

7．系投资人，需提供最近单位验资报告或工商管理局出具的投资证明；

8．系非法人企业另需提交：

（1）上级法人企业的工商营业执照（如系外资企业需提供外商投资企业批准证书）；

（2）其法人企业的相关人事招聘授权书或由具有资格的公共人事代理公司办理。

（三）申请人申请材料

1．填妥《上海市居住证》（境外人员）申请表，附小二寸近期正面免冠照一张；

2．提供有效护照，有效签证及最近中国边防检查入境章页；香港、澳门地区人员提供港澳通行证及港、澳身份证；台湾地区人员提供台胞证及台湾身份证；

3．持中国护照人员提供国外永久或长期居住证明，以及90日内开具的出国前原国内户籍注销证明；

4．国（境）外或国内的学历或学位证书；入外籍或持中国护照的留学人员同时提供由中国驻外使领馆教育处（组）出具的相关留学人员证明或国家教育部出具的《国（境）外学历学位认证书》；

5．上海住所证明：居住所在地派出所出具的《境外人员临时住宿登记单》或主申请人为权利人的房产证；

6．6个月内有效的上海国际旅行卫生保健中心出具的健康证明；持中国护照人员和签证类型为居留许可的外籍人员可提供6个月内有效的本市二级（含）以上医院出具的健康证明。（18周岁以下和70周岁以上申请人免于提交）；

7．其他需要提供的相关材料。

下列材料可以增加分值，申请人可自愿选择提供：

8．国内外专业资格证书；

9．有关工作经历证明；

10．国内外专利证书；

11．国内外一流杂志发表论文；

12．国家重点项目主要负责人证明；

13．国际或省（部）级获奖证明。

（四）偕行人员申请材料

1．提供有效护照，有效签证及最近中国边防检查入境章页；香港、澳门地区人员提供港澳通行证及港、澳身份证；台湾地区人员提供台胞证及台湾身份证；

2．偕行配偶需提供结婚证明；

3．偕行配偶需6个月内有效的上海国际旅行卫生保健中心出具的健康证明；持中国护照人员和签证类型为居留许可的外籍人员可提供6个月内有效的本市二级（含）以上医院出具的健康证明。（注：70周岁以上申领人免于提交）；

4．偕行子女需提供出生证明；

5．小二寸近期正面免冠照一张。

第六条 首次申请办理流程

（一）用人单位向上海市人力资源和社会保障局（上海市外国专家局）提出办理《上海市居住证》（B证）的申请，由用人单位人事部门到受理部门按要求提交申请材料；

（二）受理部门收到申请材料后，对材料齐全且符合法定形式要求的，应当当场或者在5日内决定受理，并出具书面受理通知；材料不齐全的或者不符合法定形式要求的，应当在5日内出具《补正通知书》，一次性告知需要补正的全部材料。受理部门复核相关申请材料，认为材料真实性有疑问的，可以进行核查，核查期间不计算在上述规定的期限内，但应将所需时间告知申请单位。

（三）由受理部门将材料提交管理审核部门审核，自受理之日起7个工作日之内，出具书面审核结果。审核通过的，由管理审核部门出具《国（境）外人员申请〈上海市居住证〉（B证）获准通知》；审核不通过的，由管理审核部门出具《国（境）外人员申请〈上海市居住证〉（B证）未准通知》，由受理部门负责将书面通知送达申请单位；

（四）审核通过的申请人凭《国（境）外人员申请〈上海市居住证〉获准通知》至受理部门拍照，并领取《办理〈上海市居住证〉（B证）通知书》；

（五）拍照后，制卡中心按相关信息在14日之内制卡；

（六）公安部门签发《上海市居住证》（B证）；

（七）申请人持上海市人力资源和社会保障局（上海市外国专家局）出具的《办理〈上海市居住证〉通知书》去上海市出入境管理部门领证。

（八）具有特殊才能的人才，须由用人单位向上海市人力资源和社会保障局（上海市外国专家局）直接申报，经审核同意后，予以受理。

第七条 有效期限

根据《境外人才申领〈上海市居住证〉审核试行办法》，确定有效期限。《上海市居住证》（B证）有效期为1年、3年和5年。有效期限原则上不得超过相关有效证件和劳动（聘用）合同的有效期。

第八条 期满续期换证

（一）持有《上海市居住证》（B证）人员应当在有效期届满前30日，由用人单位人向上海市人力资源和社会保障局（上海市外国专家局）提出办理《上海市居住证》（B证）期满续期换证的申请。如逾期未续办的，将按照《上海市居住证》（B证）首次申请流程重新办理。

（二）期满续期换证提供材料

1．用人单位报上海市人力资源和社会保障局（上海市外国专家局）期满续期换证申请公函；

2．《上海市居住证》（B证）（注：包括偕行人员）；

3．提供有效护照，有效签证及最后中国边防检查入境章页，香港、澳门地区人员提供港澳通行证；台湾地区人员提供台胞证（注：包括偕行人员）；

4．如系外资性质企业需提供外商投资企业批准证书；

5．工商企业营业执照；

6．组织机构代码证；

7．系非来沪投资人，需提交有效期自受理之日起不少于原《上海市居住证》（B证）期限的劳动（聘用）合同复印件；

8．系内资企业投资人，需提供最近单位验资报告复印件或工商管理局出具的投资证明；

9．系非法人企业另需提交：①上级法人企业的工商营业执照（如系外资企业需提供外商投资企业批准证书）；②其法人企业的相关人事招聘授权书或由具有资格的公共人事代理公司办理；

11．如仍由原单位聘用的，可免于提供第9项材料；

12．其他需要提供的相关材料。

持有《上海市居住证》（B证）的人员，在本市工作期间，用人单位和个人应依法纳税，未依法纳税的，《上海市居住证》（B证）到期后不予续办。

（三）期满续期换证办理流程

1．用人单位向上海市人力资源和社会保障局（上海市外国专家局）提出办理《上海市居住证》（B证）期满续期换证的申请，由用人单位人事部门到受理部门按要求提交申请材料；

2．受理部门在5个工作日之内，核实材料，对材料齐全，符合要求的，予以受理，并登记、复核相关申请材料；

3．由受理部门将材料提交市人力资源和社会保障局（上海市外国专家局）审核，自受理之日起7个工作日之内对审核通过的，直接出具《办理〈上海市居住证〉（B证）通知书》，由受理部门通知申请单位或申请人领取；

4．制卡中心按相关信息在14日之内制卡；

5．公安部门签发《上海市居住证》（B证）；

6．申请人持上海市人力资源和社会保障局（上海市外国专家局）出具的《办理〈上海市居住证〉通知书》去上海市出入境管理部门领证。

第九条 信息变更

（一）持有《上海市居住证》（B证）的人员，因工作单位或者居住地等情况发生变更的，应由用人单位在信息变更之日起30日内向上海市人力资源和社会保障局（上海市外国专家局）提出办理《上海市居住证》（B证）相关信息的变更申请，并到受理部门提交相关信息变更材料。

（二）受理部门自受理次日起7个工作日内，将变更信息提交管理审核部门，经审核同意后，予以变更。自受理次日起，30个工作日内签发新卡。

（三）信息变更材料

1．用人单位出具介绍信；

2．用人单位报上海市人力资源和社会保障局（上海市外国专家局）信息变更申请公函；

（以下为单位变更提交材料）

3．系外资性质企业需提供外商投资企业批准证书；

4．工商企业营业执照；

5．组织机构代码证；
6．系非来沪投资人，自受理之日起有效期不少于所持《上海市居住证》（B证）期限的劳动（聘用）合同；
（以下为居住地变更提交材料）
7．上海住所证明：居住所在地派出所出具的《境外人员临时住宿登记单》或主申请人为权利人的房产证；
8．其他信息变更的，须提交相应变更材料。

第十条 挂失与补办

（一）持有《上海市居住证》（B证）遗失的，持证遗失人应当及时由用人单位到受理部门，书面向管理审核部门办理挂失手续。

（二）办理书面挂失后30日内未找回《上海市居住证》（B证）的，持证遗失人由用人单位向受理部门申请补办；由受理部门将补办材料提交管理审核部门，经审核同意的，出具《办理〈上海市居住证〉通知书》；持证遗失人按《办理〈上海市居住证〉通知书》的要求，向签发部门办理领证相关手续。

（三）书面挂失材料
1．用人单位出具介绍信；
2．用人单位报上海市人力资源和社会保障局（上海市外国专家局）挂失申请公函；
3．公安部门出具的相关报案证明或由用人单位出具的遗失情况说明。

第十一条 注销

经上海市人力资源和社会保障局（上海市外国专家局）认定，持证人有下列情形之一的，将提请公安部门注销其《上海市居住证》（B证），并由上海市人力资源和社会保障局（上海市外国专家局）注销其相关信息。已被注销相关信息的《上海市居住证》B证，其持有人不再享受相关待遇。

（一）持证人情况变更，不再符合《上海市居住证》（B证）申领条件；

（二）用人单位和持证人在申领时提供虚假材料取得《上海市居住证》（B证）的。

持证人取得中国户籍后，《上海市居住证》（B证）自动失效。

对遗失或注销《上海市居住证》（B证）的，由上海市人力资源和社会保障局（上海市外国专家局）定期通过媒体公告。

第十二条 提供材料要求

（一）相关申请材料均须提供原件及复印件，复印件为A4纸规格；

（二）报市人力资源和社会保障局相关申请公函须提交打印稿，手写无效。公函标题为黑体三号字，公函内容为仿宋体四号字；

（三）所提供材料中，除汉语外，其它语种需提供翻译件，并需到推荐的专业翻译机构翻译。

第十三条 其他

（一）相关申请用人单位及个人必须保证所提供资料的真实性。如在所提供的材料中有虚假现象的，上海市人力资源和社会保障局（上海市外国专家局）可视用人单位、个人虚假情节的轻重，采取暂停用人单位和个人申请《上海市居住证》（B证）及其他相关业务的资格，直至取消申请资格的措施。

（二）本实施细则中未尽事宜，由上海市人力资源和社会保障局（上海市外国专家局）会同相关部门负责解释。

第十四条 实施日期

本实施细则自2010年11月4日起实施。有效期至2015年12月31日。

上海市人力资源和社会保障局
二〇一〇年十一月四日

留学回国人员来沪工作申办本市常住户口实施细则

（沪人社外发〔2010〕58号）

第一条 目的和依据

为规范留学回国人员来沪工作申办本市常住户口的审批程序，根据《公安部、人力资源和社会保障部〈关于规范留学回国人员落户工作有关政策的通知〉》（公通字〔2010〕19号）和《上海市人民政府关于印发〈鼓励留学人员来上海工作和创业的若干规定〉的通知》（沪府发〔2005〕34号）以及本市的相关规定，制定本实施细则。

第二条 留学回国人员落户条件

留学人员是指公派或自费出国（境）学习，并获得国（境）外大学本科学历、学士学位（含）以上的人员；在国内获得大学本科（含）以上学历或中级以上专业技术职务任职资格，并到国（境）外高等院校、科研机构进修一年（含）以上的访问学者或进修人员。

留学回国人员申办本市常住户口须同时具备以下条件：

（一）回国后直接来上海工作，并具备以下条件之一

1．具有大学本科学历，回国时间在1年内且未在国内其它省市工作安置。

2．具有硕士研究生学历，回国时间在2年内且未在国内其它省市工作安置。

3．具有博士研究生学历，回国时间在3年内且未在国内其它省市工作安置。

（二）用人单位与留学回国人员签订的劳动（聘用）合同期限一年（含）以上，剩余合同期限（申请之日到合同截止日期）须六个月（含）以上。上述合同期限不含试用期。

（三）申办落户人员年龄距法定退休年龄须五年以上。属于国家认定的高层次人才或者具有特殊专长并为本市紧缺急需的海外高层次留学人员，年龄可适当放宽，但须由用人单位先向上海市人力资源和社会保障局（上海市外国专家局）申报，经审核同意后受理。

第三条 留学回国人员申办本市常住户口，须提交以下申请材料

（一）《留学回国人员安置登记表》一份（附一张二寸证件照）。

（二）我国驻外使（领）馆教育处（组）出具的《留学回国人员证明》原件。

（三）国家教育部留学服务中心国外学位（历）认证书原件。

（四）国外学位（历）证书复印件。

（五）属于进修人员的须提供国外进修证明（附推荐机构的翻译件）、国内本科以上学历证书或中级以上职称资格证书。

（六）出国留学前国内最高学历（位）证书复印件；属肄业的须提交肄业或退学证明复印件；留学期间与原单位未解除劳动（聘用）合同的需附相关辞职证明。

（七）本人护照内所有签证及出入境记录；属在香港地区学习的须附香港居民身份证。

（八）系家庭户口须提交户口本和身份证（出国前系农业户口的须在原籍办理“农转非”后申请）；系集体户口须提交户籍证明和身份证；留学期间已注销户籍的须附90天内有效的户籍注销证明。

（九）户口若报入上海市直系亲属处，须附户主的户口本、户主的房屋产权证、户主同意入户承诺书；户口若报入用人单位的附集体户口本地址首页；户口若报入上海市或区人才服务中心集体户的附同意接受函原件；户口若报入由业务管理部门推荐的集体户口的，用人单位报上海市人力资源和社会保障局（上海市外国专家局）的请示函中须注明；户口若报入本人购买的产权房内的，附房屋产权证。

（十）回国后已在沪工作未申办落户的，须提交劳动（聘用）合同、个人所得税完税证明、外来从业人员综合保险缴费凭证或社会保险缴费凭证；回国后未就业时间超过半年的需附劳动用工手册或由人事档案管理单位出具的书面证明。

（十一）有婚史者须递交结（离）婚证及相关证明；持国外结（离）婚证明另需附推荐翻译机构的翻译件。

（十二）相关部门要求提供的其他必要的证明材料。

第四条 家属随迁条件

符合落户条件的留学回国人员，其配偶（配偶年龄距法定退休年龄须五年以上）及16周岁以下或在普通高中就读的子女，可同时申请落户。留学人员回国后结婚的配偶，不属随迁范围。

第五条 家属申请随迁须提交以下申请材料

（一）留学回国人员配偶安置登记表（附一张二寸证件照，子女免表）。

（二）国内最高学历（位）证书；属肄业的提交肄业或退学证明；若配偶为留学回国人员的所需材料与留学回国人员相同。

（三）随（归）迁配偶（属农业户口的须先办理“农转非”）和子女的户口本或户籍证明，身份证，配偶体检证明（由上海市二级（含）以上医院出具的六个月内有效的体检报告原件）。

（四）国内无户籍由国外随归的配偶，附90天有效期的户籍注销证明、本人护照、签证及出入境记录。

（五）在国外出生的随归子女且父母双方国内均注销户籍的，须附国外出生证明和推荐翻译机构的翻译件、中国护照或中国旅行证及签证、出入境记录；在国外出生的随归子女且父母一方国内有户籍的，先要在父（母）或其他亲属户籍地报出生入户，且附国外出生证明、户口本或户籍证明、本人护照或旅行证。

（六）随迁配偶有工作单位的，附原单位辞职证明；若在上海已有工作单位的附用人单位的营业执照、组织机构代码证、属三资企业的须附外商投资企业批准证书、安置表须在用人单位意见栏内盖章并附劳动（聘用）合同。

（七）放弃随迁的配偶须提交户口本和身份证及放弃随迁承诺书。

（八）16周岁以上的普通高中在校生随迁的，需提供学籍证明。

（九）其他必要的证明材料。

第六条 留学回国人员申办本市常住户口及家属随迁，应当由留学回国人员所在用人单位提出申请。用人单位是指：

（一）在本市行政区域内注册，符合本市产业发展方面，具有用人自主权和独立法人资格的各类单位，或具有用人自主权的中央及外省市单位在沪分支机构。

（二）大型跨国企业在沪依法注册设立的分支机构，依法注册并设有专职人事（组织）部门的非企业法人社团机构单位。上述单位必须持有上海市社会保险登记证。

（三）通过人才派遣方式就业的，由建立劳动关系的派遣单位负责办理，实际用人单位应当提供相应证明。无专职人事部门的民营企业的申请，须由具有人事档案管理职能的人才中介服务机构代理申报。用人单位不得委托其他中介机构或其他单位及个人代理申报。

第七条 申请时用人单位须提交以下材料

（一）单位人事部门工作人员持介绍信及有效身份证件。

（二）单位报上海市人力资源和社会保障局（上海市外国专家局）的请示函并加盖单位公章。

（三）用人单位的法人营业执照（属三资企业的另附外商投资企业批准证书）。证件有效期剩余六个月以上。

（四）系事业、社团或民办非企业单位：注册登记证；金融机构：金融许可证。证件有效期剩余六个月以上。

（五）用人单位的组织机构代码证。证件有效期剩余六个月以上。

（六）用人单位系非法人分支机构的须提交：1、法人机构的营业执照复印件盖法人公章（属三资企业的另附外商投资企业批准证书复印件盖法人公章）；2、法人机构的组织机构代码证复印件盖法人公章；3、法人机构授予的人事招聘权授权书；4、分支机构的营业执照及组织机构代码证；5、分支机构的上海市社会保险登记证。证件有效期剩余六个月以上。

（七）用人单位与留学回国人员签订的有效劳动（聘用）合同、个人所得税完税证明、外来从业人员综合保险缴纳单或社会保险缴纳单。

（八）属留学人员来沪投资创办的企业需提供本企业验资报告。

第八条 关于办理流程

（一）用人单位按要求向受理部门（上海海外人才服务中心）提交申请材料。

（二）具有特殊专长或是本市紧缺急需的海外高层次留学人员由用人单位直接向上海市人力资源和社会保障局（上海市外国专家局）申请，经审核同意后，予以受理。

（三）受理部门对用人单位提交的申请材料进行初审。对材料齐全且符合法定形式要求的，应当在5个工作日内受理，并出具书面的受理通知书。材料不齐全或者不符合法定形式要求的，应当在5个工作日内出具书面的材料补正通知书，一次性告知需要补正的全部材料，并约定补正的期限。逾期仍不能补正的，视为放弃申请。

（四）受理部门对予以受理的材料进行整理、复核，在10个工作日内将全部申请材料报上海市人力资源和社会保障局（上海市外国专家局）审核。

（五）上海市人力资源和社会保障局（上海市外国专家局）按照规定，对初审材料在10个工作日内完成审核工作。

（六）上海市人力资源和社会保障局（上海市外国专家局）将审核通过的意见反馈受理部门，并将审核通过的落户名单汇总至上海市公安局人口管理办公室（10个工作日一次），由市公安局人口管理办公室将名单转发本市各区县公安部门。审核未通过的出具书面的《不予审批决定书》。

（七）受理部门根据审核意见在5个工作日内完成批复函、落户确认单、调动人员情况登记表手续，并网上告知申请单位。

（八）申请单位组织人事部门凭相关证明领取批件后办理户口迁移、申报、人事档案调动及劳动手册等手续（户口申报须在人事档案调入后办理）。

第九条 其它

本实施细则自2010年11月4日起施行，有效期至2015年12月31日。本实施细则中的未尽事宜，由上海市人力资源和社会保障局（上海市外国专家局）会同相关部门负责解释。

上海市人力资源和社会保障局
二〇一〇年十一月四日

上海市闵行区关于加快引进海外高层次创新创业人才的配套实施意见（试行）

（闵委办发〔2010〕8号）

为贯彻落实中央以及本市关于实施海外高层次人才引进工作的有关要求，进一步加快本区海外高层次人才创新创业基地建设步伐，积极推进区域经济和社会各项事业实现可持续发展，根据中组部《引进海外高层次人才暂行办法》（以下简称中央引进人才“千人计划”）和《上海市贯彻中央组织部等十三部门〈关于海外高层次引进人才享受特定生活待遇的若干规定〉的实施意见》的精神，现结合闵行实际，制定本实施意见。

一、引进人才配套政策和保障措施

对本区相关单位（包括紫竹新兴产业技术研究院）经“紫竹基地”渠道报批列入中央引进人才“千人计划”的人才，除享受本区现有相关政策以外，还享受以下政策：

（一）配套支持

鼓励海外高层次人才来闵行区创新创业，对列入中央引进人才“千人计划”的海外高层次人才，市、区政府以及用人单位共给予每人100万元人民币的配套资金，主要用于改善其工作生活条件。该100万元人民币配套资金由用人单位统筹使用，具体使用办法由用人单位制定。其取得国家给予的一次性补助视同国家奖金和市政府认定的本市给予的100万元人民币配套补助视同市政府奖金，由市人力资源和社会保障局报市政府批准，免征个人所得税。5年内境内工资收入中的住房补贴、伙食补贴、搬迁费、探亲费、子女教育费等，按照国家税收法律法规的有关规定税前扣除。

（二）团队建设

支持海外高层次人才的团队建设。用人单位参照列入中央引进人才“千人计划”人才在海外的收入水平，协商确定引进人才的合理薪酬，引进人才的薪酬可不受国内薪酬体系的限制。有关用人单位及相关主管部门对作出突出贡献的海外高层次人才，可按国家相关规定实施期权、股权和企业年金等中长期激励方式。本区对列入中央引进人才“千人计划”的海外高层次人才所领军的团队，给予创新人才50万元和创业人才100万元人民币的支持，用于团队自身建设。

（三）自主创新

鼓励海外高层次人才实施技术创新和科研攻关。对列入中央引进人才“千人计划”的海外高层次创新人才首次实施的研发项目，给予最高100万元人民币的资助。其中，如承担国家科技计划项目的，最高给予100万元人民币配套资助；如承担上海市科技计划项目的，最高给予50万元人民币配套资助；对特别重大的项目，经审核后可给予更多支持。对获得国家和上海市科技奖励的，按本区现行政策给予配套奖励。支持海外高层次人才保护知识产权，对申请国内和国外专利、软件产品登记、制订国家技术标准、创设企业品牌的，按现有政策优先给予资助。

（四）鼓励创业

对列入中央引进人才“千人计划”的海外高层次人才，按创业企业或创业项目的实际予以扶持。

1．可给予最高100万元创业资金，并给予200平方米以下的经营办公用房（闵行区域内）三年租金补贴，年补贴租金额最高为12万元。

2．对符合产业发展导向，具有良好发展前景的创业企业，可给予两年银行同期贷款基准利率最高1000万元贷款额度以内的贷款贴息。

3．具有市场需求的高新技术产品产业化生产过程中流动资金不足向银行申请贷款的，经审核可给予一年期最高200万元的信用担保贷款。

4．创业三年内其企业所形成的地方财力部分建立专项扶持资金，对企业相关项目给予扶持。创业五年内对引进人才本人每年给予一定的奖励。

（五）住房补贴

列入中央“千人计划”的海外高层次人才，可参照本市居民购房政策，购买自用商品住房一套，如购买住房的，本区将给予50万元人民币的购房补贴，或酌情给予一定购房优惠；如未购买自住用房的，用人单位要依照“就近、方便”的原则，提供一套建筑面积150平方米左右的住房供其使用；如自己租用住房的，本区给予5年总额最高不超过50万元人民币的全额房租补贴。此外，对上述三种情况本区均再给予50万元人民币的安家补贴。

（六）综合服务

1．购车补贴。列入中央引进人才“千人计划”的海外高层次人才购买自用轿车的，区财政给予上海牌照费全额补贴。

2．医疗健康。列入中央引进人才“千人计划”的海外高层次人才及其配偶子女可按本市有关规定享受相应医疗和医疗保险保障待遇，用人单位为其购买商业医疗保险。引进人才本人可纳入本市市级医疗保健范围，区相关部门优先为其协调在选定的医疗机构享受医疗待遇。本区对其建立个人电子健康档案，提供安排专家级“健康卫士”，为本人及其直系家属服务。

3．子女就学。列入中央引进人才“千人计划”的海外高层次人才的子女可按照本人意愿，选择本区公办学校就读，区教育局优先为其协调办理入学手续。其子女选择外籍人员子女学校或公办学校国际部就读的，由本市市级教育行政部门协调解决入学问题。本区给予一定金额的子女教育补贴。

4．配偶工作安置。列入中央引进人才“千人计划”的海外高层次人才的配偶一同来沪并愿意在上海就业的，由区人保局协助用人单位妥善安排其工作；暂时无法安排的，用人单位可参照本单位人员平均工资水平，以适当方式为其发放生活补贴。

5．社会保险缴纳。列入中央引进人才“千人计划”的海外高层次人才及其配偶子女，可参加本市各项社会保险，包括基本养老、基本医疗、工伤保险等，缴费年限以实际缴纳各项社会保险费的年限为准。参保缴费办法、在中国境内办理社会保险关系转移接续、享受各项社会保险待遇的办法等，与本市市民有相同权利。此外，用人单位在引进人才办理各项社会保险的基础上，可为有需要的引进人才购买商业补充保险。

6．全程专人服务。本区建立一支专业化服务队伍，对列入中央引进人才“千人计划”的海外高层次人才，由区人保局人才服务中心指派专人，帮助办理居留和出入境、落户、社会保险、医疗、住房、通关、子女就学、配偶安置等相关手续，提供工作、生活等方面全方位专业的“管家式”服务。

对闵行区域内相关单位引进的“千人计划”人才，落户闵行区的给予享受本区配套支持和综合服务的政策待遇。对闵行区域内相关单位通过“紫竹基地”申报的“千人计划”人才，按创新人才每人150万元给予奖励、创业人才每人200万元给予奖励，通过“紫竹基地”之外申报的“千人计划”人才，按创新人才每人50万元给予奖励、创业人才每人100万元给予奖励。该奖励费用由用人单位统筹使用。

二、引进人才资金安排与支付渠道

对在闵行区域内列入中央引进人才“千人计划”的人才，有关配套政策等所需经费的安排和支付渠道如下：

1．对引进人才给予扶持的配套资金每人100万元人民币，市财政承担50%，区财政承担25%，用人单位承担25%。

2．对引进人才的团队建设、自主创新、鼓励创业、住房补贴所需资金，由紫竹园区承担。

3. 对引进人才综合服务所需的资金，除注明需由用人单位承担部分外，其余部分均由区财政承担。

4. 对闵行区域内相关单位引进的“千人计划”人才，落户闵行区的给予用人单位的奖励资金由区财政或紫竹园区承担。

本实施意见有关扶持政策暂定三年，自发布之日起实施，由区海外高层次人才引进工作专项管理办公室负责解释。

中共闵行区委组织部　闵行区人力资源和社会保障局
闵行区科学技术委员会　公安局闵行分局
闵行区教育局　闵行区卫生局
闵行区财政局　闵行区住房和房屋管理局
二〇一〇年五月九日

关于实施江苏省“科技企业家培育工程”的意见

（苏组通〔2010〕79号）

为贯彻落实全省人才工作会议精神，深入实施科教兴省、人才强省战略，进一步加强我省科技企业家队伍建设，经研究，决定实施“科技企业家培育工程”。现提出如下意见：

一、指导思想

以邓小平理论和“三个代表”重要思想为指导，深入贯彻落实科学发展观，以优化发展战略性新兴产业为导向，以增强企业自主创新能力为核心，以造就一批具有持续创新能力的领军型科技企业家为重点，全面推进我省科技企业家队伍建设，为加快创新型经济发展、实现“两个率先”提供坚强的人才保证和智力支撑。

二、总体目标

从2011年起，用5年时间，培育建成一支1000名左右规模的具有全球视野、战略思维和持续创新能力的科技企业家队伍。通过他们的带领，到2015年，推动形成10个年销售收入超千亿元的新兴产业集群，新增上市企业50家，新增销售收入超10亿元的创新型龙头企业100家。

三、培育对象

培育对象为我省高成长性的科技型企业主要负责人。重点选拔在我省发展的新能源、新材料、生物技术和新医药、节能环保、软件和服务外包、物联网等战略性新兴产业领域以及高新技术企业、创新型企业的科技企业家。

培育对象须符合以下基本条件：

1、拥护中国共产党的领导，遵纪守法，信守社会公德，个人信用良好，有较强的事业心和社会责任感；有较强的创新能力和经营管理能力；年龄一般不超过55周岁，应具有本科以上学历或副高以上职称。

2、入选省“双创计划”或国家“千人计划”，或所在企业2004年以来累计获得100万元以上人才和科技项目经费的企业主要负责人。

3、创（领）办的企业年销售收入超过1000万元，拥有授权的有效专利或建有省级以上企业研发平台，研发人员较多，研发投入较大，具有较强的持续创新能力和较大的发展潜力。

四、培育措施

1、加大培训力度。每年选送一批培育对象到国内名牌大学、培训基地或赴海外研修、参加EMBA学位班学习，组织培育对象学习企业经营管理、资本运作、自主创新等方面的知识，帮助他们开拓视野、更新理念，着力提升他们的创新能力和国际化素质。

2、加强科技扶持。把培育对象的培养与重大工程、重大项目的实施结合起来，优先支持培育对象申报各级各类科技和人才计划项目，培养期内，为不低于50%的培育对象累计提供100万元以上的科技或人才项目经费。组织产学研对接活动，引导和帮助培育对象所在企业与国内外高校院所深入开展产学研合作。优先支持培育对象所在企业申报省级以上高新技术企业、创新型企业。

3、强化金融支持。加快科技金融事业发展，积极为培育对象所在企业提供科技担保、信贷、保险等服务，支持培育对象所在企业加快自主创新成果产业化。扩大省风险投资基金规模，对金融机构在支持培育对象所在企业成果转化过程中的贷款损失进行补偿。支持培育对象所在企业通过规范改制上市进行直接融资。

4、促进团队建设。优先支持培育对象进入“省333高层次人才培养工程”，优先选聘培育对象到省内高校担任产业教授。制定激励政策，鼓励和引导企业加大高层次人才或团队引进培养力度，推动优秀科技人才向培育对象所在企业集聚，促进以培育对象为核心的创新团队建设。

5、帮助开拓市场。培育对象所在企业的自主创新产品符合政府采购标准的，优先推荐参与政府招投标。帮助培育对象所在企业申请各种资质认证。加大培育对象所在企业的宣传力度，帮助企业打造品牌，提高知名度和美誉度。

6、提供良好服务。全面落实各项科技创新政策，培育对象所在地方党政主要负责人与培育对象所在企业建立挂钩联系制度，帮助企业更广泛地争取创新资源。建立导师制，指导和帮助海归型科技企业家尽快适应国情省情、做大做强做优企业。

五、组织领导

1、加强组织领导。各地、各有关部门要从全面贯彻落实科学发展观、加快推进“两个率先”的高度，充分认识实施“科技企业家培育工程”的重要性，加强组织领导。省委组织部、省科技厅共同负责对培育工程进行宏观指导、组织协调和督促检查。省有关部门要加强部门之间政策的配套衔接，密切配合，整合资源，形成支持合力。各市委组织部、市科技局要建立工作制度，加强管理服务，落实各项措施，确保培育工程取得实效。

2、实行动态管理。“科技企业家培育工程”培育周期为5年，从2011年起，确定首批培育对象，并逐年增补。培育对象确定后，由省委组织部、省科技厅共同颁发证书。培育期内，培育对象应制定工作目标和年度工作计划。定为培育对象后的第三年，各市委组织部、市科技局对培育对象进行期中考核，提出考核意见，省委组织部、省科技厅根据考核意见对培育对象进行适当调整。培育期满后，省委组织部、省科技厅组织专家对培育对象进行考核，根据考核结果，实行滚动培育。

3、落实经费保障。设立省“科技企业家培育工程”专项资金，用于保障培育工程相关工作的组织实施。积极鼓励有条件的地方配套安排相应的专项经费，为培育对象的快速成长提供有力保障。

4、营造浓厚氛围。大力宣传实施“科技企业家培育工程”的重要意义，宣传培养对象的先进典型和重大成果。开展“江苏创新创业人才奖”评选活动，表彰在创新创业中取得突出业绩、作出显著贡献的培育对象，为培育工程的顺利实施营造良好的氛围。

中共江苏省委组织部
江苏省科学技术厅
二〇一〇年九月九日

江苏省省级留学人员创业园认定和管理暂行办法

（苏人社发〔2010〕282号）

第一章 总 则

第一条 为加强本省省级留学人员创业园的建设和管理，吸引更多的海外高层次留学人员来江苏工作，营造良好的创新创业环境，根据国家相关政策，结合江苏实际，特制定本办法。

第二条 省级留学人员创业园作为留学人员来江苏创业的重要载体，应充分发挥科技企业孵化器的作用，以促进科技成果转化、大力提升企业创新能力和市场竞争力为宗旨，为在孵留学人员企业提供科技创新创业公共服务。

第三条 省人力资源和社会保障厅负责全省省级留学人员创业园的宏观管理、业务指导工作。

第二章 条 件

第四条 申报省级留学人员创业园的单位应具备下列条件：

1、原则上应是获批市（省辖市，下同）级创业园2年以上或建园3年以上并已在市主管部门备案，且运营状况良好的单位。

2、应建有集交通、通讯、办公、商务和生活一体化的服务设施，并拥有一定规模的孵化场地，其中，苏南地区申报单位的孵化场地面积应不少于5万平方米；苏中地区不少于3万平方米；苏北地区不少于2万平方米。

3、应有专门的服务机构，为留学人员创业企业在入园、项目申报、法律咨询、税收代办、工商注册、高新技术产品认定等方面提供规范、高效的服务。

4、具有为创业中的留学人员提供资金扶持、场地租赁、家属就业、子女入学入托、住房购买等优惠和便利的政策措施。

5、设立了留学人员创业扶持资金、贷款担保资金，建立了投资主体多元化、多层次的适应于留学人员企业成长的融资机制。

6、具备一定数量的留学人员入园企业。苏南地区应达15家，累计孵化毕业企业不少于10家；苏中地区应达12家，累计孵化毕业企业不少于7家；苏北地区应达10家，累计孵化毕业企业不少于5家。

第三章 程 序

第五条 符合条件的创业园由园区行政部门向所在地省辖市政府人力资源和社会保障部门提出建立省级留学人员创业园的申请。

第六条 省辖市人力资源和社会保障部门对申请材料进行初审，符合条件的上报省人力资源和社会保障厅审批，需递交以下材料（一式两份）：

1、省辖市人力资源和社会保障部门的申请报告；
2、设立留学人员创业园的证明材料；
3、鼓励留学人员创业的政策措施；
4、创业服务体系建设情况；
5、在园和毕业留学人员企业基本情况一览表。

第七条 省人力资源和社会保障厅组织相关人员对申报单位的基础设施建设、管理及运行机制、服务体系、政策措施、在园及毕业留学人员企业等基本情况进行实地考察，提出相应评估意见。

第八条 对符合条件的申报单位，由省人力资源和社会保障厅批准，并颁发“省级留学人员创业园”标牌。

第四章 管 理

第九条 获得批准的省级留学人员创业园，省人力资源和社会保障厅在规划指导、协作联动、政策扶持、人才资源、项目申报等方面优先提供支持。

第十条 省人力资源和社会保障厅每3年对省级留学人员创业园进行一次考核评估，对成绩突出的创业园给予适当的鼓励；考核一次不合格的予以警告，连续两次考核不合格者，取消其省级留学人员创业园资格。

第五章 附 则

第十一条 本办法由江苏省人力资源和社会保障厅负责解释，自2011年1月1日起实施。

江苏省人力资源和社会保障厅
二〇一〇年七月二十六日

中共大丰市委办公室 大丰市人民政府办公室关于创新创业领军人才引进培育实施办法

（大办发〔2010〕87号）

第一章 总 则

第一条 为抢抓江苏沿海开发和长三角一体化发展两大国家战略叠加机遇，加快集聚培育海内外创新创业领军人才（以下简称领军人才），打造“人才高地”，促进全市经济社会跨越发展，根据市委、市政府《关于进一步加强人才工作的意见》（大发〔2010〕75号），制定本办法。

第二条 突出全市沿海开发和“三区十园两城”建设，重点围绕港口建设管理、风电装备、木材加工、海洋生物医药、石化新材料、现代农业、现代服务业等新兴产业和特色产业，以及传统优势产业，面向海内外引进培育领军人才。

第三条 重点实施创新创业人才“530计划”，力争通过5年的努力，全市引进创新创业领军人才30名，其中海外领军人才10名，国内领军人才20名，带动和建设一支适应沿海开发、促进产业发展和经济转型升级的创新创业人才队伍。

第四条 坚持“企业为主、项目带动、突出重点、科学管理、注重效益”的原则，鼓励和支持用人单位构建创新创业平台，大力引进培育领军人才。

第二章 对象和条件

第五条 本办法所称领军人才是指：海内外某一学科或技术领域的学科技术带头人；拥有可以形成产业化的发明专利和技术成果，且具有自主知识产权的创新创业人才；带项目、带技术、带资金的科技引领型人才。主要包括以下两类：

（一）创业领军人才

指符合支持重点，以带技术、带项目、带资金的形式来本市投资创办科技型生产企业和现代服务企业的创业者或创业团队。所创办企业主导产品和服务具有自主知识产权、工艺技术达到国内领先或国际先进，能够填补国内空白或引领相关产业发展，有较大的市场潜力和预期经济效益。创业领军人才必须具备以下条件：

（1）拥有与其所创业领域产品、技术相关的专利、著作权等自主知识产权，在产品开发和企业经营管理方面具有丰富知识和经验的高层次人才；

（2）获得国家承认的硕士研究生以上学历（学位），年龄一般不超过55周岁。具有在海内外成功创业经历的，学历、年龄可适当放宽；

（3）引进培育人才为所创（领）办企业的负责人，本人或创业团队投入企业的注册资本不少于企业注册资本的50%；

（4）引进培育人才的主要工作精力应为所创（领）办企业服务。

（二）创新领军人才

指符合支持重点的各类高科技企业和创新载体引进的掌握关键技术的高层次研发专家；本市重点行业和企业引进的具有较高社会知名度、有突出管理业绩、通晓国际先进管理知识、善于运作资本的高级经营管理专家。创新领军人才必须具备以下条件：

（1）获得国家承认的博士研究生以上学历（学位），年龄一般不超过55周岁。拥有高级职称或国际公认的职业资格，或曾担任过高层管理、技术职务；

（2）具有在国内外行业内知名企业，高校、科研单位及相关机构关键岗位上从事研发或管理工作的经历，并取得了突出业绩；

（3）引进后，能连续为引进单位服务3年以上，且每年服务时间不少于6个月。

第三章 优惠政策

第六条 创业领军人才可享受以下优惠待遇：

（1）创业项目经过评审，按照一般推荐项目、重点推荐项目，财政给予50—100万元的创业资助资金。

（2）人才项目落户的镇、区（园）分别提供不少于120平方米住房公寓，3年内免收租金。

（3）对创业人才领衔的产学研合作项目，市各类科技计划优先给予扶持，优先申报国家和省市各类计划。

（4）鼓励以技术成果入股，经权威部门评估，其作价出资额最高可占注册资本的70%。

（5）对创业人才创（领）办的企业实现税收增长50%以上的，3年内个人所得税地方留成全额返还。

（6）人才家属可安置到本市事业单位工作。

（7）优先推荐申报省高层次创新创业人才引进等各类计划。

第七条 创新领军人才可享受以下优惠待遇：

（1）创新项目经过评审，按照一般推荐项目、重点推荐项目，财政分别给予20—50万元的创新资助资金。

（2）对创新人才领衔的产学研合作项目，市各类科技计划优先给予扶持，优先申报国家和省市各类计划。

（3）可同时享受大丰市人民政府《关于加强优秀人才引进工作的意见》（大政发〔2009〕87号）中规定的生活、住房补贴待遇。

（4）优先推荐申报省高层次创新创业人才引进等有关计划。

第四章 工作机构

第八条 领军人才引进工作，由市委组织部牵头，市人社局、市科技局、市发改委、市财政局等单位共同组织实施。各单位主要职责是：市委组织部负责领军人才工作实施的统筹协调、审核把关及监督管理。市人社局负责调查、收集、发布领军人才需求信息，制定年度引才计划，组织赴海内外招聘人才，受理并初步审核报名材料，办理领军人才引进相关手续等。市科技局负责对申报项目进行资格审查和形式审查并组织专家评审；对领军人才负责的科技项目择优资助。市发改委负责项目产业化可行性审核，以及推荐申报国家和省产业化项目等工作。市财政局负责领军人才专项资金的落实、拨付工作，会同市委组织部、人社局共同抓好项目资金的跟踪监督管理。

第五章 引进程序

第九条 信息发布。在国内外新闻媒体、各类高校和科研院所、人才网站等发布公告，通过人才工作站、联络点等广泛推介大丰引才政策，扩大影响力。

第十条 材料申报。采取网络报名和现场报名相结合的方式接受报名。应聘者填写《大丰市创新创业领军人才申报书》和《大丰市创新创业领军人才创新创业项目计划书》，并提供身份证件、学历（学位）证书、专利证书、工作经历及有关业绩证明原件和复印件。

第十一条 项目评审。对申请人申报材料进行资格审查和形式审查后，邀请国内有关专家对申报材料进行技术评审和综合评审，形成评审意见和推荐名单，报市委、市政府研究后，面向社会公示。

第十二条 签约落户。对确定支持引进的人才，举行人才项目签约仪式。领军人才须与用人单位、市委组织部、市人社局等签订协议，明确服务期限和违约责任等。根据人才项目落户、生产建设进展以及项目实施效益等情况，分期拨付资助资金，兑现有关扶持待遇。

第六章 资金与考核

第十三条 市财政设立的1000万元创新创业领军人才专项资金用于领军人才在创新创业中的企业运营、课题研究、改善科研条件和对个人的生活补助等。

第十四条 受资助人才在资助期间，每年须向市委组织部书面报告项目进展情况。市委组织部会同市人社局、市财政局等部门定期进行考核评估，每年底，对资助资金拨付使用情况进行检查，并编制年度执行情况报告，报送市委、市政府。

第十五条 调动“三区十园两城”和各镇引进领军人才工作积极性，各单位每成功引进1个领军人才，并实现预期成效，市财政奖励10万元。

第十六条 建立领军人才工作考核责任制，将其列为全市目标任务绩效考核内容，纳入各镇、各区园、市直各部门领导班子和成员综合考核评价体系，对实绩突出的单位主要负责人和相关人员给予表彰。

第七章 附 则

第十七条 人才引进计划申请人应对申报材料的真实性负责，如发现弄虚作假，查证属实的，即取消资格，收缴资助资金，并追究当事人的党政纪和法律责任，5年内不再接受该单位和个人的申报。

第十八条 本办法由市委组织部会同市人社局、科技局、发改委、财政局负责解释。

第十九条 本办法自发布之日起施行。

中共大丰市委办公室
大丰市人民政府办公室
二〇一〇年八月十三日

扬州市人才工作领导小组关于实施“百名创业创新领军人才引进计划”的意见

（扬人才〔2010〕3号）

为深入实施科教兴市、人才强市战略，大力引进国内外创业创新领军人才，服务我市发展创新型经济、建设创新型城市，经市委研究，决定实施“百名创业创新领军人才引进计划”。现提出如下意见：

一、引进目标

从2010年开始，3年内从国内外引进100名创业创新领军人才（或团队，下同）。

二、引进重点

围绕我市新兴产业集聚壮大和支柱产业转型升级，重点引进石油化工、机械装备、汽车船舶、新能源、新光源、智能电网、现代服务业、现代农业等产业发展急需的创业创新领军人才。

三、引进对象条件

1、创业领军人才

创业领军人才是指来我市投资创（领）办科技型企业的创业者，应同时具备以下条件：

（1）具有硕士（含）以上学位，年龄不超过55周岁；

（2）拥有与创业领域产品、技术相关的自主知识产权，并属在我市创办的企业所有；

（3）在产品开发和企业经营管理方面具有比较丰富的知识经验；

（4）引进人才是所创（领）办企业的主要负责人，本人或创业团队投入企业的实收资本不少于100万元（不含技术入股）。

创业项目投入在1000万元以上（不含技术入股）、产品科技含量在国内或国际领先的创业领军人才，其申报条件不受限制。

2、创新领军人才

创新领军人才是指我市各类企业和人才科技创新载体引进的掌握关键技术的高层次研发、管理专家，应同时具备以下条件：

（1）具有博士学位，或高级职称，或国际公认的执业资格，年龄原则上不超过55周岁；

（2）具有3年以上在国内外知名企业、高校、科研单位及相关机构关键岗位从事技术研发或管理工作经历，业绩明显；

（3）引进后能为引进单位服务3年以上，且每年服务时间不少于6个月。

创新能力较强，掌握企业关键技术，拥有自主知识产权，为企业开发的新产品当年销售额达1000万元以上的创新领军人才，其申报条件不受限制。

四、资助扶持政策

年度确定为引进对象者可享受以下资助：

1、创业领军人才：根据综合评审和实地考察结果，按重点推荐项目、优先推荐项目、一般推荐项目三个等级，分别给予300万元、200万元、100万元的资金资助，由市、县（市、区）财政按各50%的比例承担。

2、创新领军人才：根据综合评审和实地考察结果，按重点推荐项目、优先推荐项目、一般推荐项目三个等级，分别给予150万元、100万元、50万元的资金资助，由市、县（市、区）财政按各50% 的比例承担。

3、创业创新领军人才同时享受以下政策：

（1）优先推荐申报国家“千人计划”、省“高层次创新创业人才引进计划”、市以上各类科技计划；

（2）政府主导的创业风险投资基金优先投资创业领军人才创办的企业；

（3）优先为引进人才解决子女入学、配偶就业等实际问题。

五、组织实施

1、“百名创业创新领军人才引进计划”由市人才工作领导小组统一部署，市人才工作领导小组办公室负责统筹协调，各成员单位、各地各部门根据职责分工共同组织实施。

2、“百名创业创新领军人才引进计划”实施的具体工作步骤为：发布公告、组织招引、推荐申报、综合评审、实地考察、公示、签订协议、兑现资助等。

“百名创业创新领军人才引进计划”实施细则及评审办法另行制定。

扬州市人才工作领导小组
二〇一〇年三月二十九日

靖江市“高层次人才服务一卡通”暂行办法

（靖人才〔2010〕4号）

为进一步贯彻落实《靖江市引进和用好优秀人才暂行办法》，建立服务于高层次人才的有效机制，努力为高层次人才提供工作、学习、生活等方面的优质服务，营造重才爱才的良好社会环境，促进高层次人才创新创优热情，现对我市引进和现有优秀高层次人才实施“高层次人才服务一卡通”工程。具体办法如下：

一、组织实施对象

“高层次人才服务一卡通”实施对象，主要是为我市服务的下列优秀高层次人才（柔性引进、聘请的专家需与聘用单位签订3年以上工作协议，且年度服务时间不少于6个月）：

1、中国科学院及中国工程院院士；

2、享受政府特殊津贴的专家，国家、省有突出贡献的中青年专家；

3、具有正高职称的专业人才；

4、具有博士研究生学历学位的专业人才；

5、省“333工程”培养对象；

6、国家“千人计划”获资助者、省“双创人才引进计划”获资助者、省“六大人才高峰项目”获资助者、省“双创培育计划”培育对象；

7、市功勋企业家；

8、省级以上科技标兵、省级以上“十佳优秀科技工作者”；

9、“名师工作室”、“名医工作室”、“技师工作室”领衔人。

二、享受优惠待遇

（一）创新创业服务

1、持卡人创办科技创新型企业进驻市科技创业园的，可享受市高新技术创业服务中心优惠政策。

2、持卡人创办科技创新型企业优先推荐申报国家、省科技及人才扶持项目。

3、持卡人申请发明专利（第一完成人）的，资助申请费、实质性审查费。

（二）文化教育服务

1、持卡人可免费参加市委组织部、宣传部和市人社局、发改委、经信委、科技局、科协等部门举办的高科技论坛、学术报告、知识讲座等活动。

2、持卡人可免费办理靖江市图书馆借书证；优先提供代查、代检等科技情报查询服务；免费提供电子信息检索服务。

3、持卡人在靖江市新华书店购书可享受8.5折优惠；对特殊图书和紧缺的工具书实行登记制度，并优先办理代购手续。

4、持卡人每年可到市人才办领取免费电影卡。

5、持卡人可按588元包年不限时方式，优惠办理中国电信宽带互联网入网手续。

（三）医疗保健服务

1、持卡人在全市公办医疗单位就医可免收普通门诊、专家门诊挂号费。

2、持卡人在市人民医院、中医院就医，可直接到一站式服务台候诊，并由导医陪同，优先由专家检查、治疗，需住院者可优先入住特需病房。

3、持卡人可根据身体状况向市人才办申请办理医疗专家保健咨询服务。

4、持卡人优先参加由卫生系统组织的医疗专家“健康讲座”。

5、持卡人可免费享受市人才办组织的每年一次专家常规体检。

（四）交通便捷服务

1、持卡人可凭卡免费乘坐本市各路公交车。

2、持卡人在工作时间内非故意违反交通规则，且未造成他人身体、财产及物品损害，由交通管理部门以提醒、教育方式进行处理。

（五）社会保障服务

1、在职持卡人享受补充医疗保险、补充住房公积金的优惠政策。

2、在职持卡人可参照事业单位同类人员核定档案工资、办理事业单位养老保险。

3、在职持卡人无违法、违纪行为，在退休时，退休费比例提高5%。

（六）健康休养服务

1、持卡人可免费游览本市范围旅游景点。

2、持卡人优先参加本市每年组织的专家休养考察活动，经费由市人才办和所在单位各承担一半。

（七）子女入学服务

1、持卡人子女入幼、入学（指小学、初中），经市人才办批准后，可根据优秀人才意愿，由教育部门提供公办优质教育资源，缴费严格执行政府规定标准，各学校不再收取其他任何费用。

2、持卡人子女从外地转学，属小学、初中阶段的，参照上一条款执行；属高中阶段的，经市人才办批准后，可安排至与原就读学校同等级的学校插班就读，视同本地正取生缴费，各学校不再收取其他任何费用。

3、持卡人子女在靖报考高级中学，考分达到扩招分数线内的，经市人才办批准后，按正取生收费标准缴费，各学校不再收取其他任何费用。

（八）其他相关服务

1、持卡人可优先享受省、市组织部门组织的专题考察、培训及赴外交流活动。

2、持卡人优先参加由市人才办举办的沙龙、座谈会、茶话会等活动。

3、持卡人由市领导挂钩服务，可直接请挂钩服务的市领导帮助协调工作、生活、学习等方面的问题。

4、持卡人享有市人才办提供的其他相关服务。

三、具体实施办法

1、责任部门：“高层次人才服务一卡通”由市人才工作领导小组负责组织实施，市人才工作领导小组办公室负责日常管理。

2、申报程序：市委组织部人才科具体负责“高层次人才服务一卡通”的申报、发卡、换卡等工作；各用人单位负责组织申报，申请人填写《靖江市“高层次人才服务一卡通”申领表》，并提供相关证明材料报市委组织部人才科。

3、审批程序：市委组织部人才科对照条件进行初审，初审通过后报市人才办，由市人才办组织会审后，报市人才工作领导小组批准统一发放。

4、证件增补：“高层次人才服务一卡通”每年6月、12月集中进行增补工作，凡符合条件的高层次人才可在增补时间内申报。

5、管理办法：“高层次人才服务一卡通”有效期为3年，每年12月由市委组织部人才科负责收齐，报市人才办年检。未参加年检或年检未通过的，自动失效。有效期满，符合条件者可重新申报、换领新卡。“高层次人才服务一卡通”仅限本人使用，不得转借，如有遗失，需在《靖江日报》刊登《遗失启事》，凭《遗失启事》及申请报告换领新卡。对已调离本市或违法、违纪的人员，由市委组织部人才科负责收回服务卡，并报市人才办审核后注销。

6、经费渠道：凡服务项目中需统一支付、补贴的经费，由市人才开发专项资金解决。

四、工作要求

实施“高层次人才服务一卡通”工程，是我市重视和关爱高层次人才的一项重要举措。各相关部门和单位要本着为高层次人才提供优质服务的原则，认真抓好各项措施的落实。实施过程中，如遇有新的情况和问题，应及时上报市人才办协调解决。市人才办将不定期回访持卡人和服务单位，对“高层次人才服务一卡通”的具体实施情况进行检查考核。对认真执行服务内容，提供优质服务的单位每年集中进行表彰；对服务不到位或拒绝提供相关服务的单位由市人才工作领导小组予以通报批评，其单位主要负责人向市人才工作领导小组作书面检查。

靖江市人才工作领导小组
二〇一〇年六月十日

句容市领军人才集聚工程实施办法

（句委发〔2010〕43号）

第一章 总 则

第一条 为进一步加快引进和培育领军型创新创业人才，促进自主创新和科技创新，切实提高我市产业核心竞争力，推动创新型城市建设，根据《关于引进培育创新创业领军人才的实施意见》（句委发〔2008〕84号）、《关于促进科技创新建设创新型城市的意见》（句委发〔2010〕1号）和《句容市鼓励科技创新实施办法》（句委发〔2010〕2号）精神，制定本办法。

第二条 集聚工程按照突出重点、企业主导、项目管理、效益优先的原则，鼓励和支持企业引进领军型创新创业人才。

第三条 领军型创新创业人才主要包括以下两类：

1、创新型人才：是指我市重点发展的新材料、新能源、新装备、电子信息、输变电、运动器材、高效农业、现代服务业等领域的各类高科技企业和创新载体引进的高层次研发专家。创新型人才应能为单位服务3年以上。

2、创业型人才：是指以带技术、带项目、带资金的形式来我市投资创办科技型企业或现代服务业企业的创业者或创业团队。所创办企业主导产品或服务拥有自主知识产权，有较大市场潜力和预期经济效益。所创办企业的注册资本一般不少于100万元，人才本人主要工作精力应为所创办企业服务。

第二章 引进程序

第四条 发布公告。每年以市政府名义，通过新闻媒体发布招聘公告，组织参加专题招聘会和高校科研院所科技成果与人才洽谈会等引才活动。由人事部门发布领军人才需求目录，建立领军人才信息库。

第五条 报名登记。凡符合规定条件的创新创业人才需按要求填写《句容市领军人才集聚工程申请表》，并提供相关附件材料。由市人事部门负责咨询联系、网上报名登记和汇总等工作。

第六条 资格认定和项目初审。由市人事部门对申请人学历、经历等进行认定、审核；由市科技部门对申请人的项目计划书及相关材料的具体内容进行初审，对其提交的知识产权进行认定、评估。

第七条 技术评审。由市科技部门邀请国内同行专家进行技术评审，专家组应不少于5人，并按要求独立评审，专家组应确定一名召集人，负责综合、归纳每个专家的评审意见，填写技术评审意见表，并进行排序。

第八条 面试洽谈。由市领军人才办邀请管理、投资等方面专家组成面试小组，进行面试，根据面试小组意见确定推荐人员及推荐等级，由申报者个人和相关部门进行项目对接洽谈。

第九条 媒体公示。经推荐的高层次创新创业人才人选在媒体上进行公示，经公示无异议，进入项目签约程序。

第十条 项目签约。由各企业或创新创业载体与洽谈成功的高层次创新创业人才签订合同，明确双方的权利、义务及相关法律责任。

第十一条 申请人需提供的申报材料（一式六份）：

1、《句容市领军型创新创业人才报名表》；

2、《句容市领军型创新创业人才创新创业项目计划书》；

3、有效身份证件（身份证、护照）、学历（学位）证书、资质证明（证书），在原单位担任重要岗位职务的证明和其他有关工作经历、资历的证明材料复印件；

4、可以证明申报人所实施项目技术状况的证明文件，包括科技成果鉴定证书、查新报告、检测报告、专利证书、专利年费发票或其它技术权益证明等；

相关附件材料在面试阶段需提供原件。

第三章 优惠政策

第十二条 重点推荐项目。创业投资企业（公司）注册后1个月，给予60—100万元创业启动资金。创新型领军人才（团队）落户企业后1个月，给予其30—50万元的创新资助资金。

第十三条 一般推荐项目。创业投资企业（公司）注册后1个月，给予30—50万元创业启动资金。创新型领军人才（团队）落户企业后1个月，给予其10—20万元的创新资助资金。

第十四条 优先支持领军型人才申报省、镇江市人才项目。对获得省“双创”引进计划资助，并取得阶段性成果的，给予省资助金额30%的资助；对获得镇江市“331”项目资助，并取得阶段性成果的，按1：1给予配套资助；对获得“引进国外智力”、“六大人才高峰”等人才项目的，按1：1给予配套资助。

第十五条 建立高层次人才生活津贴制度，对企业引进的人才按下列标准予以资助：

1、引进的“两院”院士，与我市企业签订相关合作协议，给予每人每年5万元生活津贴；

2、引进的部省级以上有突出贡献的中青年专家、博士生导师，领军型创新创业人才，连续3年给予每人每年3万元生活津贴；

3、引进的地市级有突出贡献的中青年专家，或具有博士学位的我市经济社会发展急需人才，并与我市企业签订3年以上聘用合同的，连续3年给予每人每年2万元生活津贴；

4、引进的我市经济社会发展急需的硕士研究生，或具有副高级以上专业技术资质的人才，并与我市企业签订3年以上聘用合同的，连续3年给予每人每年1万元生活津贴；

5、引进的我市主导产业、重大项目以及新兴产业所急需的重点本科高校毕业生，或企业所急需的具有技师资质的人才，并与我市企业签订3年以上聘用合同的，连续3年给予每人每年3000元生活津贴。

第十六条 对领军人才参加与项目有关的培训或进修，按培训费的50%给予资助，最高不超过10万。鼓励企业在职培养各类紧缺人才、组团赴国（境）内外培训高层次优秀人才。

第十七条 建设校企人才与项目对接平台。鼓励支持我市企业与高校、科研院所开展项目对接、技术合作、人才引进、人才培养等系列活动。有重点地选择10家左右企业建立高校毕业生就业见习基地。对经市人事部门备案确认到实习基地实习的重点高校毕业生，由领军人才专项资金参照省级高校毕业生就业见习基地补助标准给予实习补助（为期3个月），并办理毕业生意外人身保险。

第十八条 积极鼓励企业开展招才引智活动，参加政府组织的引才活动，由领军人才专项资金资助所需费用的50%（最高不超过5万元）。对企业一年内引进全日制普通高校本科及以上学历毕业生达10人的，且签订一年以上聘用合同，一次性给予3万元奖励；每增加10人奖励金额增加1万元（最高不超过10万元）。

第四章 附 则

第十九条 申请人应对申报材料的真实性负责，若有欺诈行为，一经查实，即取消其资格，追缴已资助经费，并追究当事人的法律责任。

第二十条 无正当理由终止项目的，将追缴已资助经费，并追究当事人的法律责任。

第二十一条 本办法自发布之日起实施，由市领军人才办公室负责解释。

中共句容市委
句容市人民政府
二〇一〇年三月二十五日

常州市新一轮千名海外人才集聚工程实施意见

（常发〔2010〕15号）

为进一步推进科教兴市、人才强市战略，加快创新型城市建设步伐，大力集聚海外高层次人才来我市创新创业，增强我市的自主创新能力，加快产业结构调整与优化，现就开展新一轮千名海外人才集聚工程提出如下实施意见：

一、总体目标

按照“公开、公平、公正、择优”的原则，整合资源、聚焦政策，重点围绕装备制造、电子信息、新能源、新材料、生物技术及医药等五大产业和现代服务业，大力引进一批能够突破关键核心技术、培育发展战略目标产品、支撑引领高新产业发展的领军型科技创业人才和创新人才。到2011年，引进并重点支持200名领军型创新创业人才以此带动引进集聚1000名以上海外人才。孵化一批新兴产业中具有良好发展前景的核心企业，促进一批具有自主知识产权的重大科技成果转化和产业化，带动一批高新技术企业在核心技术方面达到国际先进或国内领先水平，打造一批快速发展、竞争优势明显的高新技术产品群和企业群，培育一批既掌握尖端技术又精通经营管理的科技型企业家。努力使我市成为海外高层次创新创业人才的首选地区之一。

二、具体举措

（一）加快领军人才引进。围绕我市优先发展的五大产业和现代服务业，加快引进领军型创新创业人才。重点支持各类科技创业孵化器、产业加速器引进与本地区产业发展相适应的领军型创业人才，给予领军型创业人才100—300万元的创业资金扶持；3年内100平方米创业场所和100平方米住所的租金补贴；创业企业自注册登记次年起，3年内缴纳的企业所得税地方留成部分奖励给企业。重点支持科教城、高等院校及科研院所在常设立的研发机构、五大产业和现代服务业重点骨干企业等单位引进领军型创新人才，给予领军型创新人才50万元的奖励。

（二）拓宽招才引智范围。以引进领军型海外创新创业人才为重点，全视域吸引海内外高层次创新创业人才，打破地域、资历、身份等限制，只要拥有国际领先且市场前景广阔的高新技术科研成果，只要拥有独立的自主知识产权或发明专利，只要项目被市场接受且可以产业化，只要具备相应的创新创业团队，就要大胆引进。鼓励党政机关、群团组织、各类卫生事业单位提供一定数量中层以上的技术或管理岗位，公开招聘海外人才。大力引进五大产业骨干企业和现代服务业发展中紧缺的技术研发、资本运作、市场营销、经营管理等方面的高层次人才。以有效激励为原则，制定出台有利于规模引进的分层次扶持政策，给予领军型创业人才团队核心成员和紧缺高层次人才不少于10万元的安家费，5年内缴纳的个人所得税地方留成部分50%的奖励。

（三）加快创业载体建设。遵循创业企业发展规律，大力推进孵化器、加速器、科技产业园建设，形成孵化器集中孵化种子企业，加速器汇集高速成长企业、科技产业园重点集聚成熟企业的创业载体布局体系。按照全市产业布局规划，在大力发展综合孵化器的基础上，以提升专业资源协调能力、产业引导能力、产业要素集聚能力、专业服务能力为重点；进一步做强专业孵化器，突出孵化器与产业链的衔接，做到专业化运作，差异化发展。按照创新型园区建设规划，重点支持科教城和新能源车辆、光伏、创意、生物医药技术、机器人与智能装备、风电、半导体照明、功能材料等“一核八园”，加快专业孵化器和加速器建设，给予符合条件的重点创业平台不低于2000万元的资金扶持。鼓励民资、外资等社会资本积极参与，完善市场化运行机制，快速形成各具优势的孵化器集群，促进全市创业载体大发展。

（四）加快创新平台建设。以科教城为核心，重点建设1－2家代表国内行业最高水平的研发中心，大力引进中科院系统及重点院校在常共建研发机构，促进高新科技成果在我市实现产业化。以产学研为重点，进一步加强企业与科研院所的合作，建立企业与科研院所的长效合作机制；鼓励企业拓宽视野，探索建立面向西方发达国家的合作渠道，建立完善国际科技合作机制。以省级以上开发园区和行业骨干企业为依托，集中财力、物力、人力规划建设一批上规模、上水平且服务于全市产业发展的公共技术平台。围绕引领培育新兴产业、支撑支持优势产业的要求，引进国内外高等院校、科研院所的优质科技资源，联合共建重大公共技术平台，给予符合条件的单个平台1200－2400万元的扶持资金。支持引导重点骨干企业加强工程技术研究中心、企业技术中七、重点实验室和博士后科研工作站、院士工作站等创新平台的建设，新建的国家级和省级企业创新平台分别给予100万元和60万元的奖励。

（五）加快融资平台建设。建立领军人才创业企业投融资平台和服务体系，支持发展一批社会诚信度高、资产结构合理、管理水平优良的风创投公司和担保公司，引导其参与高科技产业投资。建立健全创业投资公司风险补偿机制，充分发挥政府创业投资引导基金的作用，带动民间资本及风创投资金向高科技产业投资，形成资本增长与领军人才创业企业共同发展的双赢局面。针对创业企业的不同发展阶段，中小企业创新基金、工业攻关、成果转化等市级科技计划给予优先支持，优先推荐申报部、省重大科技项目；对实施重大科技成果转化及产业化的项目，给予不低于400万元的科技成果转化资金；对其产业化过程中流动资金不足的，给予不超过1000万元的融资担保，市财政给予担保机构最高300万元的担保奖励、最高400万元的风险代偿补贴。

（六）加大政府公共投入。每个财政年度，市级财政安排人才开发专项资金用于高层次创新创业人才的创业启动资金、奖励资金及引进领军型创新创业人才工作经费等。同时，加大创业投资引导资金、信用担保扶持资金、贷款贴息、科技创新创业平台扶持资金及重大科技项目扶持资金等专项资金的投入力度。各辖市区也要设立专项资金，通过整合部门优势资源，为引进的高层次创新创业人才提供资金保障。

（七）提升公共服务水平。市各有关部门要研究制定为领军型创新创业人才提供社会保险、子女入学、家属安置、出入境签证等方面的优惠政策。全市各创新创业载体要设立专门的服务机构，配备专职的工作人员，主动为领军型创新创业人才提供项目申报、政策咨询、人才招聘、薪酬设计、财务审计、公司注册等系列服务，主动为他们提供投融资对接、产品推介发布、人才猎头等专业化的高端服务。对于领军人才创业企业的自主创新产品，政府采购项目在同等条件下优先购买，拓展企业营销渠道。大力推广创业导师制度，着力提升服务能力和服务水平。建立完善包括专利文献检索、重大科技成果信息、产业配套信息、紧缺人才需求信息等内容的公共信息平台。积极发挥留学归国人员协会与政府部门之间的桥梁纽带作用，定期举办海归人才沙龙、专题论坛等活动，促进海外人才之间的互相交流。建立领军型创新创业人才信息系统，对领军型创新创业人才实行一人一档、一季一报、一事一议制度，及时掌握领军型创新创业人才的工作、生活动态，及时协调解决遇到的实际问题。

（八）营造良好环境氛围。建立领军型创新创业人才荣誉制度，通过评审，授予领军型创新创业人才荣誉称号，颁发荣誉证书。积极推荐领军型创新创业人才到我市高校、科研院所担任客座教授。全市各级人才公共服务机构免费为领军人才创业企业招聘人才，每年组织2－3次专场招聘会，选派高校毕业生到企业实习，积极协助企业解决人才需求问题。加快人才公寓建设，在高层次人才集聚区投资兴建一批适应其特殊需求的生活、就业、娱乐等公共设施和社区。建立领导挂钩联系制度，市和辖市、区领导直接挂钩联系领军型创新创业人才。充分利用报纸、广播、电视等媒体宣传领军型创新创业人才先进事迹和重大贡献，在全社会营造尊重知识、尊重人才、尊重创造的社会氛围。

三、组织领导

（一）完善领导机构。海外人才引进的各项工作在市千名海外人才集聚工程领导小组领导下开展。领导小组由市委常委、组织部部长任组长，市政府分管副市长任副组长，市委组织部、台办，市金融办、发改委、经信委、教育局、科技局、公安局、财政局、人社局、商务局、卫生局、环保局、外办、侨办等单位为成员单位。领导小组下设办公室，办公室设在市人社局，负责海外人才引进的日常工作。

（二）完善运行机制。领导小组主要审定我市海外人才引进机制、重大政策等重要事项，督查各相关地区和单位的工作进展情况。与国税局、地税局、工商局、海关、国检局、建立联席会议制度，定期协调解决海外人才引进工作中遇到的问题。建立充分发挥辖市区在海外人才引进、资助及跟踪服务中主体作用的有效机制。各辖市区、市各有关部门按各自职责、分工协作，共同做好海外人才引进的有关工作。逐步形成党委政府统一领导，各地区、各部门共同参与、分工协作的海外人才引进工作运行机制。

（三）完善考核制度。把海外人才引进工作作为各级党政主要负责同志和党政领导班子落实科学发展观责任制考核的重要内容，建立考核评价制度，加大工作绩效考核和督查力度，实行一票否决制。把引进领军型创新创业人才作为全市科技创新和人才工作目标考核的核心指标，每半年进行一次年中督查，每年进行一次年度考核，对工作成效明显的地区和部门进行表彰奖励，确保海外人才引进工作高质量完成。

四、其他事项

（一）本《意见》自2010年1月1日起施行，常办发〔2004〕54号、常政发〔2004〕117号、常政发〔2007〕163号、常发〔2007〕16号、常政发〔2008〕47号等文件同时废止。

（二）各辖市、区及市各有关部门要根据本实施意见，研究制定相应的实施细则。

（三）本意见由市千名海外人才集聚工程领导小组办公室负责解释。

中共常州市委
常州市人民政府
二○一○年二月十一日

常州市引进领军型创新创业人才实施办法

（常办发〔2010〕9号）

第一章 总 则

第一条 为贯彻落实《常州市新一轮千名海外人才集聚工程实施意见》，大力引进领军型创新创业人才，特制定本实施办法。

第二条 按照突出重点、企业为主、项目带动、科学管理、注重效益的原则，两年内重点引进并扶持200名我市优先发展的五大产业和现代服务业急需的领军型创新创业人才。

第二章 工作机构和职责

第三条 领军型创新创业人才引进工作在市千名海外人才集聚工程领导小组领导下，市相关职能部门和各辖市区党委、政府共同参与组织实施。

第四条 市相关职能部门主要职责：市委组织部主要负责领军型创新创业人才引进工作的牵头抓总，对领军型创新创业人才引进计划进行目标分解，制定赴海外招聘高层次人才方案并组织实施，组织召开市千名海外人才集聚工程领导小组会议，协调各相关职能部门和各辖市区，解决实施过程中的重大问题；市发改委主要负责创业投资引导资金的运作管理，引导风创投企业与领军人才企业进行对接；市经信委主要负责融资担保的运作管理；市科技局主要负责编制并发布科技成果目录、科技项目对接、引进科研机构、组织专家评审、省级以上科技项目申报、市科技成果转化项目资助；市人社局主要负责分析发布人才供需情况、建立完善人才引进网络、发布公告、受理申报材料、资格认定、制定相关人才政策及领军型创新创业人才的跟踪管理；市财政局主要负责领军型创新创业人才引进专项资金的管理；市教育局主要负责解决领军型创新创业人才子女入学问题；市公安局负责解决领军型创新创业人才出入境签证、驾驶证换领等问题；其他相关部门利用本部门的资源优势，共同做好领军型创新创业人才引进工作。

第五条 各辖市区党委、政府主要职责：负责本地区领军型创新创业人才引进工作，配合发布公告信息、组织对接推荐和合作洽谈、协助办理创业人才注册落户及创新人才引进手续、配合现场考察评估、兑现优惠政策、提供后续服务。

第三章 引进对象与条件

第六条 领军型创新人才是指取得硕士研究生以上学历学位，具有海内外知名企业或科研机构3年以上工作经历，每年在我市工作时间不少于六个月，且具备下列条件之一的：

1、拥有自主知识产权或掌握核心技术，且其技术成果国际领先、能够填补国内空白；

2、国际某一学科、技术领域的带头人；

3、国家级重点学科、重点实验室、工程技术研究中心的学术、技术带头人；

4、具有国内外知名企业中层以上管理岗位工作经验，熟悉国际惯例、具有国际运作能力的领军型经营管理人才。

第七条 领军型创业人才是指取得硕士研究生以上学历学位，具有海内外知名企业或科研机构3年以上工作经历，每年在我市工作时间不少于六个月，且同时具备下列条件的：

1、拥有自主知识产权和发明专利，且其技术成果国际先进，能够填补国内空白、具有较好的市场潜力和产业化前景，具有3年以上企业管理岗位工作经验，带技术、带项目、带资金、带团队，创办科技型企业。

2、在常州市行政区域范围内创办企业。在创业企业中拥有不低于20%的股份，并担任该企业副职以上领导职务。

第四章 引进程序

第八条 征集需求。根据本市重点发展产业目录，由相关部门向市内重点企业、高新技术产业开发区、科教城、特色产业园区、留学人员创业园、科技企业孵化器等创新创业载体征求引才需求，编制引才目录。

第九条 发布信息。每年年初，通过常州市千名海外人才集聚工程网、教育部中国留学网和其他国内外媒体发布公告信息。

第十条 网上申报。领军型创新创业人才实行网上申报，常年受理，领军型创新人才申报对象由引才单位提交申报材料，领军型创业人才申报对象由本人提交申报材料。

第十一条 资格认定。市千名海外人才集聚工程领导小组办公室在申报材料提交后5个工作日内在线进行资格认定。

第十二条 对接推荐。各辖市区对通过资格认定的申报对象提交的材料进行初步审核，并自主联系对接，双方达成合作意向后，由各辖市区统一推荐，分别于每年5月、9月底前报送。

第十三条 专家评审。每年6月、10月，市有关部门组织国家级专家对创业项目进行评估、对创新人才进行评价，形成评审意见，并根据评审意见拟定面谈建议名单，提交领导小组审定。

第十四条 合作洽谈。每年7月、11月，领导小组办公室统一邀请进入面谈人选来常，由各辖市区分别组织面谈人选对创新创业环境进行实地考察，并进行深度洽谈。

第十五条 面谈公示。在合作洽谈的基础上，市有关部门组织面谈评估并根据面谈评估意见拟定领军型创新创业人才建议名单，提交领导小组审定后通过市千名海外人才集聚工程网站等媒体予以公示。

第十六条 签约落户。公示无异议的，各辖市区创新创业载体与领军型创新创业人才签署协议书，经领导小组办公室鉴证后生效。领军型创新创业人才按协议约定办理注册落户手续。

第十七条 兑现政策。由市和辖市区相关部门和创业载体对领军型创新创业人才进行考察评估，市财政局根据领导小组审批意见及辖市、区资助资金拨付情况，一次性或分批兑现市级资助资金。

第十八条 跟踪服务。市和辖市区有关部门及创新创业载体积极与领军型创新创业人才沟通联系，及时帮助解决创新创业过程中遇到的困难和问题。

第五章 资助及待遇

第十九条 领军型创新人才可享受的政策：

1、创新人才可享受一次性50万元的奖励，所需资金由市和辖市、区各承担50%。

2、人才引进企业为其提供良好的工作条件，包括工作场所、必要的仪器设备、科研启动资金、工作助手等。

3、人才引进企业为其提供不少于100平方米的住房。

第二十条 领军型创业人才可享受的政策：

1、创业企业可享受100—300万元的创业资金扶持，首次给予100万元启动资金资助，后续扶持资金视创业企业发展情况，经考察评估和领导小组审批通过后分期给予资助，资助资金市和辖市、区各承担50%。

2、优先推荐申报部、省重大科技项目，并对获得各级各类资助的创业企业给予相应的资金配套。对实施重大科技成果转化及产业化的项目，给予不低于400万元的科技成果转化资金，所需资金市和辖市、区各承担50%。

3、加大对创业企业的融资扶持，给予不超过1000万元的融资担保。

4、辖市区负责为创业企业提供不少于100平方米创业场地和100平方米的住所，3年内免除场地租金。租金由市和辖市、区各承担50%。

5、创业企业自登记注册次年起，3年内缴纳的企业所得税地方留成部分全部奖励给企业，所需资金由辖市区财政承担，市级财政视情况给予一定补助。

第二十一条 领军型创新创业人才可享受的其他政策：

1、市公安部门可根据需要办理2年期多次往返签证和驾驶证换发手续。

2、可办理“人才一卡通”，享受学术讲座、图书借阅、公共交通、医疗卫生等方面的优惠服务。

3、优先推荐进入省“333”和市“831”人才培养工程，优先推荐申报国家、省、市有关专家。

4、户籍迁来我市的，家属户口可随迁来常，市和辖市、区人社等部门帮助协调解决家属就业中遇到的问题。

5、户籍不能迁来我市的，可根据其实际需要选择办理养老和医疗保险。

6、九年制义务教育阶段学习的子女，就近安排到教学条件较好的学校就读。

7、外国专家可按国家、省、市规定的有关优惠政策享受相应待遇。

8、领军型创新创业人才、取得博士学位的团队核心成员5年内缴纳的个人所得税地方留成部分的50%奖励给个人，所需资金由辖市区财政承担。

9、符合条件的领军型创业人才团队核心成员及紧缺高层次人才，可享受不少于10万元的安家费。

第六章 附则

第二十二条 各辖市区、市各有关部门要根据本实施办法，研究制定具体实施细则。

第二十三条 本办法由市千名海外人才集聚工程领导小组办公室负责解释。

第二十四条 本办法自2010年1月1日起施行

中共常州市委办公室
常州市人民政府办公室
二〇一〇年二月十一日

常州市领军型海归创业人才卡实施办法

（常办发〔2010〕22号）

第一章 总 则

第一条 为给我市领军型海归创业人才创造更好的政策环境，根据《常州市新一轮千名海外人才集聚工程实施意见》（常发〔2010〕15号）和《常州市引进领军型创新创业人才实施办法》（常办发〔2010〕9号）文件精神，特制定本办法。

第二条 领军型海归创业人才卡（以下简称“海创卡”）是一种硬质卡，汇集了多项政府部门的优惠服务内容，主要功能是为领军型海归创业人才（以下简称“海归创业人才”）在创业过程中涉及到的政府服务及生活上遇到的难题开设“绿色通道”。

第三条 “海创卡”的主要服务对象是经市人才工作领导小组认定的领军型海归创业人才。

第二章 服务方式和原则

第四条 首次拿到“海创卡”的海归创业人才，需先登陆“常州市领军型海归创业人才卡管理系统”（以下简称“管理系统”）输入卡号及证件号码，根据管理系统的提示进行操作。

第五条 海归创业人才到定点服务部门或窗口办理相关业务时，必须向受理人员出示“海创卡”，受理人员将“海创卡”卡号输入管理系统后，对照管理系统内显示的基本信息，对海归创业人才的身份核实无误后受理相关业务；可授权委托他人办理的业务由委托办理人向受理人员提供“海创卡”及其他委托办理需提供的相关证件或证明材料，受理人员对海归创业人才和委托办理人身份核实无误后受理相关业务。

第六条 受理人员在确认办理材料齐全的条件下，视为正式受理，同时对受理的业务情况在管理系统中进行登记。

第七条 定点服务部门或窗口为海归创业人才提供各项服务时，应本着“依法办事、优化服务、提高效率”的原则，为海归创业人才及其创办的企业开设“绿色通道”。

第三章 服务单位及服务内容

第八条 提供“海创卡”服务的政府部门主要有：常州市行政服务中心、常州市科学技术局、常州市公安局、常州市司法局、常州市人力资源和社会保障局、常州市卫生局、常州市环境保护局、常州市国家税务局、常州市地方税务局、江苏省常州工商行政管理局等10家部门。

第九条 常州市行政服务中心 按照“专窗服务、全程跟踪、优先办理、限时办结”的方式，以市行政服务中心综合窗口为平台，为海归创业人才提供企业注册以及个人审批事项的绿色快速办理服务机制。综合窗口增挂“海归创业人才服务专窗”服务标志牌。牵头组织在“中心”的相关部门窗口，以“一表制”为基础，形成海归创业工商注册、税务登记等事项的“一条龙”服务。同时，对个人审批事项也按照“特事特办”的原则做好组织、协调和监督。

第十条 常州市科学技术局 在“常州市技术创新网”开设“技术供需发布”专栏，帮助海归创业人才（企业）寻找合作伙伴，拓展技术合作渠道；海归创业人才可免费享受文献资源的全文检索服务及仪器的咨询、检索和联系服务；针对海归创业企业的不同发展阶段，对中小企业创新资金、工业攻关、成果转化等市级科技计划给予优先支持，并优先推荐申报部、省重大科技项目。

第十一条 常州市公安局 为外籍的海归创业人才及其外籍的配偶和未满18周岁的未婚子女办理最长不超过3年的居留许可或多次F签证等服务；为海归创业人才提供机动车驾（行）驶证换领、交通事故处理等服务。

第十二条 常州市司法局 为海归创业人才成立法律服务小组，免费为海归创业人才提供法律咨询、授课及法律建议；在公证业务范围内，为企业生产经营提供法律服务的同时，根据企业需求，提供个性化服务；公证办证收费优惠20%。

第十三条 常州市人力资源和社会保障局 海归创业企业通过常州市人力资源市场招聘各类专业技术人才和工人免席位费和信息发布费；拟以个人名义参保的外籍海归创业人才可以根据实际需要选择办理养老和医疗保险；海归创业人才的外籍家属和子女，有工作单位的，参加职工医疗保险；无工作单位的，劳动年龄段人员可以选择参加职工医疗保险或居民医疗保险，非劳动年龄段人员可以参加居民医疗保险。

第十四条 常州市卫生局 海归创业人才在常州市第一人民医院、常州市第二人民医院、常州市中医医院、常州市第三人民医院和常州市妇幼保健院等5家指定的医院可享受优先挂号、优先就诊、优先检查、优先取药、优先治疗等“五优先”服务，并由定点医院门诊办公室（服务中心、服务台）负责帮助协调解决相关问题和困难，夜间和节假日由总值班负责联系协调相关事宜。

第十五条 常州市环境保护局 将海归创业企业项目列入市环保局建设项目环保审批绿色通道服务范围，实行跟踪服务；常州市环境保护研究所提供的创业项目环评编制费、环评监测费及评估费等有偿服务的收费，按有关文件规定的下限再下浮40%。

第十六条 常州市国家税务局 对销售达到一定规模的海归创业企业，开辟纳税服务绿色通道，针对企业个性需求，由税收管理员上门提供政策服务；对符合条件的出口海归创业企业，可享受优先加快退税政策；对海归创业企业实行“阳光稽查”办法。

第十七条 常州市地方税务局 将海归创业企业纳入地税的重点企业管理，为海归创业企业提供“查前预告”，从开办之日起二年内免查，窗口服务由科长接待，海归企业提前预约后由管理员进行上门服务；对企业年度汇缴申报（年销售超2千万元以上），提供上门服务；免费纳入“海归人才纳税人之家”，一年至少提供2次政策解读等培训、讲座。

第十八条 常州工商行政管理局 经海归创业企业预约，可按属地管理提供上门服务；海归创业企业加入常州市私营个体经济协会免收会费。

第四章 管 理

第十九条 “海创卡”由中共常州市委组织部负责管理，具体负责服务项目的调整、变更以及“海创卡”的升级更新。

第二十条 常州市科技信息中心负责“海创卡”的发放、挂失、注销和补办工作，以及“海创卡”管理系统的维护。

第五章 附 则

第二十一条 各辖市区相关部门提供"海创卡"服务，参照本办法执行。

第二十二条 本办法由中共常州市委组织部负责解释。

第二十三条 本办法自公布之日起施行。

中共常州市委办公室
常州市人民政府办公室
二〇一〇年五月四日

常州市领军型创新创业人才专项资金管理办法

（常办发〔2010〕32号）

第一章 总 则

第一条 根据《常州市新一轮千名海外人才集聚工程实施意见》（常发〔2010〕15号）和《关于转发〈常州市引进领军型创新创业人才实施办法〉的通知》（常办发〔2010〕9号）精神，市政府设立领军型创新创业人才专项资金（以下简称"专项资金"）。为加强专项资金管理，提高资金使用效益，特制订本办法。

第二条 专项资金使用和管理必须遵守国家有关法律、法规和财务规章制度，坚持诚实申请、公正受理、择优支持、公开透明、科学管理、注重效益、专款专用的原则。

第二章 专项资金支持对象与标准

第三条 可申请享受专项资金的对象是指经资格认定、专家评审、面谈公示等程序，市有关部门发文公布且已办理人才引进或注册落户手续的领军型创新创业人才。

第四条 领军型创新人才可享受的专项资金标准：

可享受一次性50万元的奖励。所需资金由市和辖市、区各承担50%。

第五条 领军型创业人才可享受的专项资金标准：

（一）创业企业可享受100—300万元的创业资金资助。资助资金由市和辖市、区各承担50%。

（二）辖市、区负责为创业企业提供不少于100平方米创业场地，为领军型创业人才提供不少于100平方米的住所，3年内免收租金。租金由市和辖市、区各承担50%。

（三）创业企业自登记注册次年起，3年内缴纳的企业所得税地方留成部分全部奖励给企业，所需资金由辖市、区财政承担。市级财政视情况给予一定补助，补助的具体办法另行制定。

第六条 对做出突出贡献的领军型创新创业人才及在引进领军型创新创业人才工作中表现突出的单位和个人进行表彰奖励。奖励资金在专项资金中列支，具体奖励办法另行制定。

第三章 专项资金申请

第七条 领军型创新创业人才所在企业应如实填写《常州市领军型创新人才奖励资金申请表》或《常州市领军型创业人才资助资金申请表》，并按照要求提供有关证明材料。

第八条 领军型创新人才所在企业根据单位隶属关系直接将资金申请材料报市或辖市、区人社局；领军型创业人才所在企业将资金申请材料报送创业载体审核并提出审查意见后，报辖市、区人社局。

第九条 辖市、区组织、科技、财政、人社部门联合对领军型创新创业人才资金申请材料进行审查并组织现场考察，提出辖市、区资金拨付意见。

第十条 辖市、区同意并已拨付完辖市、区应承担奖励或资助资金的，由辖市、区人社局将资金申请材料报市人社局。

第十一条 自公布领军型创新创业人才起，原则上半年内应办理人才引进或注册落户手续，因特殊原因可延长至1年，逾期未办理人才引进或注册落户手续的，不再享受本办法规定的有关资助及待遇政策。

第四章 专项资金审批与拨付

第十二条 领军型创新创业人才专项资金申请材料上报完毕后，由市组织、科技、财政、人社等部门会同辖市、区组成市考察评估小组，分别对领军型创新创业人才工作进展情况进行考察评估，并提出考察评估意见。

第十三条 市人社局将市考察评估小组的考察评估意见报市千名海外人才集聚工程领导小组负责人批准后，由市财政局负责下达市级专项资金。每年年底由市财政局联合有关部门集中下达专项资金拨付计划文件。

第十四条 市属企业直接到市财政局办理资金拨付手续；各辖市、区属企业由所属辖市、区财政局到市财政局办理资金拨付手续，辖市、区财政局要及时将资金拨付给引进领军型创新人才的企业或领军型创业人才创办的企业。

第十五条 领军型创新人才奖励资金拨付条件：

（一）1年内在引才企业的工作时间达到6个月以上，且实施项目进展顺利的，一次性给予50万元的奖励。

（二）1年内在引才企业的工作时间不足6个月，且实施项目进展缓慢的，暂缓拨付奖励资金。

第十六条 领军型创业人才资助资金拨付条件：

（一）对注册资金已经全部到位，实际投入较大，实验或生产设备基本准备就绪，领军型创业人才本人及其团队成员大部分时间在常创业，且已有相当数量员工队伍，创业企业已正常运行的，一次性全额拨付资助资金。

（二）对注册资金部分到位，实际投入较小，实验或生产设备部分到位，领军型创业人才本人及其团队成员大部分时间在常创业，创业企业已正式运行的，首期拨付50%的资助资金。半年后再进行现场考察评估，符合条件的，拨付其余50%的资助资金。

（三）对注册资金尚未到位，尚未有实际投入，领军型创业人才本人及其团队成员基本不在常州创业的，暂缓拨付资助资金。

（四）符合本条第（一）、（二）款条件的，创业场所及住所的房租补贴按资助资金拨付程序一次性拨付至创业载体，创业载体凭创业企业签订的租房协议分年度拨付。

第五章 资金使用与监督管理

第十七条 引进领军型创新人才的企业应确保奖励资金及时足额发放给领军型创新人才，奖励给领军型创新人才资金由其本人自主支配使用；创业资助资金主要用于领军型创业人才创业企业购置设备、开拓市场、员工工资等与创业相关的费用支出；资助领军型创业人才的房租补贴主要用于其租用的创业场所及住所的租金；创业企业3年内缴纳的企业所得税地方留成部分奖励款用于创业相关的费用支出。

第十八条 领军型创新创业人才在获得奖励、资助资金后，其本人不能将主要精力投入引才企业或创业企业，严重影响项目进展或创业企业正常运营的，由引才企业或创业载体负责追回已下拨的资金，并按原拨付渠道分别退还给市和辖市、区财政。

第十九条 市千名海外人才集聚工程领导小组办公室应建立必要的跟踪评价体系，对专项资金的使用情况以及项目落实或创业企业运营进展情况进行跟踪反馈和绩效评价。

第二十条 市财政局依据专项资金管理的要求对资金使用情况进行监督检查。

第二十一条 对违反财经纪律，弄虚作假，骗取专项资金的有关单位或个人，由市千名海外人才集聚工程领导小组办公室进行通报批评，由财政部门停止拨款并依法追回已拨资金，同时按《财政违法行为处罚处分条例》作出相应处理；构成犯罪的，依法追究刑事责任。

第二十二条 从事领军型创新创业人才资金管理的工作人员徇私舞弊、滥用职权、玩忽职守的，由所在单位或上级主管部门给予行政处分；构成犯罪的，依法追究刑事责任。

第六章 附 则

第二十三条 本办法自发布之日起施行。常办发〔2008〕58号文件同时废止。

第二十四条 各辖市、区应根据本办法，结合本地实际制定实施细则。

第二十五条 本办法由市千名海外人才集聚工程领导小组办公室负责解释。

中共常州市委办公室
常州市人民政府办公室
二〇一〇年七月四日

中共无锡市委 无锡市人民政府关于建设“人才特区”的意见

（锡委发〔2010〕52号）

为深入贯彻全国、全省人才工作会议精神，确立人才优先发展战略布局，以高端人才为引领，以科技创新为驱动，以制度改革为突破，建立人才发展的特别导向、特别政策、特别机制、特别环境，建设“人才特区”，加快人才强市建设，推动城市转型发展，现提出如下意见。

一、指导思想和总体目标

1、指导思想。坚持以科学发展观为统揽，全面贯彻全国、全省人才工作会议精神，把吸引、培养、用好人才作为强市之基、竞争之本、转型之要，不断解放思想、解放人才、解放科技生产力，加大人才投入、创新人才机制、优化人才环境，以人才优先发展引领城市转型发展，加速科技创业家摇篮城市和创新型经济领军城市建设。

2、总体目标。经过3~6年的努力，到2015年，把无锡初步建成集聚高层次人才、培育高新技术产业、发展高端服务业、具有高品质人居环境的“人才特区”。

（1） 以更大力度实施“无锡千人计划”，深化和拓展“530”计划，实施“百千万”人才工程三年行动计划，推进以吸引软件与服务外包产业人才为重点的“123” 计划、吸引物联网技术和产业领军人才为重点的“1113工程”行动计划、吸引生物农业领军人才为重点的“130”计划。每年引进高层次创新创业人才及其团队500个以上。

（2）建立和完善以企业为主体、市场为导向、政产学研相结合的区域创新体系，到2012年，全社会研发投入占地区生产总值比重达到2.7%以上，其中企业研发投入占全市比重达到85%以上；专利申请量累计达到8.5万件以上；力争每年新增省级以上品牌50个以上。

（3） 做大和做强一批在国内外有影响力的科技创新型企业、创新型企业群体和新兴产业集群，到2012年，物联网、新能源与新能源汽车、节能环保、生物、微电子、新材料与新型显示、软件与服务外包、工业设计与文化创意等八大新兴产业实现营销收入6000亿元；全市高新技术产业增加值占规模以上工业增加值比重达到 48%以上。

（4）围绕重点培育发展的八大战略性新兴产业，以产业功能定位为基础，各市（县）区初步形成技术和产业相对集中的、具有信息、技术、人才服务平台的战略性新兴产业“专业人才特区”。

（5）改革和创新人才机制，在人才开发、科技创新、股权激励、科技金融、知识产权、科技成果产业化、公共服务等方面取得新突破，人才集聚度进一步增强，科技进步对经济增长的贡献率大幅提高。

二、特殊政策和特别支持

依托我市江苏省“人才特区”试点城市和国家海外高层次人才创新创业基地，对上争取特殊政策和特别支持。

1、吸引国家“千人计划”团队。以“创新在高校、创业在无锡”为目标，吸引和支持高等院校、科研院所和中央企业中的国家“千人计划”入选人才，带团队（核心成员3人以上）、带项目（具有核心竞争力）、带资金（100万元以上）来锡创新创业。创办新公司，经确认的，由地方政府进行政策配套，给予100万元创业启动资金、100平方米工作场所、100平方米的住房公寓，三年内免租金，并在创投资金、商业担保、产业引导资金等方面给予倾斜。国家“千人计划”人才团队，带来省级以上科技重大专项、重大工程项目，建成新兴产业领域的国家级工程中心和重点实验室，由地方政府给予100万元的配套科研经费支持。

2、探索放宽海外高层次人才居留、签证。放宽来锡创新创业的海外高层次人才工作签证和居留许可。开办互联网签证预约业务，争取无锡机场实现外国人落地签证。对符合《外国人在中国永久居留审批管理办法》申请条件的海外高层次人才及其配偶、子女，简化申请手续，及时办理永久居留证。对愿意恢复国内户籍的，及时办理户口注册；如不愿意注册户口的，为其办理海归人员居住证。对愿意放弃外国国籍而申请加入或恢复中国国籍的，优先为其本人及其配偶、子女办理加入中国国籍并落户无锡手续。

3、探索实行技术移民政策试点。建立更加开放的人才政策，争取一定的签证名额，在无锡试行技术移民政策，加大引进国外智力工作力度。对我市引进的高层次外籍人才，特别是具有博士学位，在国际知名研究所、知名企业有丰富的科研、管理经历，战略性新兴产业发展紧缺的领军人才，凭创业计划书、发明专利等有效文件，可以办理3—5年的居留许可，多次出入境不受限制。

4、探索建立更加合理的股权激励政策。参照国家自主创新示范区股权激励试点政策的有关规定，争取利用国家传感网创新示范区的优势，对国有及国有控股企业、高等院校和科研院所（含以政产学研合作方式来锡设立高校分校、独立学院以及科研院所分支机构）以及其他科技创新型企业，探索股权和分红激励，以股权奖励、股权出售、股票期权等方式对高层次人才实施股权激励，以科技成果投资、对外转让、合作、作价入股的项目收益分成方式对高层次人才实施分红激励。企业用于奖励股权和以价格系数体现的奖励额之和，不得超过企业近3年税后利润形成的净资产增值额的35%；采取科技成果入股方式的，按不低于20%的科技成果作为出资所获得的被投资企业的股权用于奖励有关人员。海外高层次人才来锡创办企业，并由政府创投资金持股孵化的，其科技成果可按注册资本不少于30%作价入股。

5、探索实行税收优惠政策。对引进的海外高层次人才，探索实行政府给予创业启动资金免征个人所得税；符合国家税收有关政策规定的，进境的部分科研设备、教学物品，免征进口税收。对于战略性新兴产业领域内具有核心竞争力和一定规模的企业，争取给予高新技术企业税收优惠。争取给予国家传感网创新示范区内的物联网企业享受增值税优惠政策和所得税“五免五减半”政策；重点物联网企业，减按10%的税率征收企业所得税。

6、给予引进的海外高层次人才特殊的政治、生活待遇。对已恢复中国国籍的原中共党员、本人自愿提出申请的，恢复党籍。畅通海外高层次人才参政议政渠道，聘任海外高层次人才担任行风监督员，授予荣誉市民称号。对作出突出贡献、有参政议政能力的海外高层次人才，可作为特约代表列席、旁听党委、人大、政府、政协会议。对于符合国家有关规定的海外高层次人才，可以到人大、政协、政府咨询部门以及科技、人才职能部门、人民团体、社会团体和直属单位兼职或任职。

三、创新创业和特别机制

聚焦发展战略性新兴产业，围绕高层次人才创新创业的技术链、资金链、市场链等问题，着重探索形成鼓励创新、激励创造、适宜创业的特别机制。

1、加强政产学研联盟，形成人才与技术相互支撑机制

（1）加大高校、科研院所引进建设力度，集聚科技创新资源。通过用地指标划拨、基础设施共建或代建、财政投入支持、科研经费补贴等多种方式，吸引和鼓励国内外知名高校来锡开展合作办学、设立分校、建设独立学院，大力引进新兴产业发展急需、能带来重大经济效益和社会效益的科研机构，吸引政产学研合作院校来锡设立研究生院和特色专业院系。

（2）支持企业构建产学研联盟，提升自主创新能力。推进企业与科研院所建设产业技术联盟，形成产学研用相结合的协同创新队伍，承担省级以上科技重大专项和科技计划项目的，由政府给予一定比例的科研经费匹配。吸引政产学研合作院校的研究生来锡开展“双向培养”，对开展“双向培养”的企业实行财税优惠政策，研究生给予生活补贴。

（3）建设科技创新平台，集聚人才科技创新。继续推进“三站两中心” 等科技创新平台建设，加强资金支持力度，鼓励高新技术企业创制技术标准，支持企业建设研发基地，支持重大科技项目承担单位建设产业化基地，集聚人才科技创新。以产业为链接，由企业、科研院所建立行业共性技术平台，建成省级以上工程研究中心、重点实验室、工程实验室、企业技术中心、博士后工作站、院士工作站，由政府给予一定建设经费补助。新兴产业领域企业主导制定国际标准、国家标准、行业标准的，按照一般政策标准给予1.2倍资金奖励，其中，物联网产业按照一般标准给予1.5倍资金奖励。对于非政府投资的新兴产业重大科技项目列入国家重点示范项目的，由政府按不超过总投入30%的标准给予补贴。

2、实施科技金融创新，形成人才与资本深度契合机制

（1）促进金融资源集聚。整合市属国有金融投资资源，组建科技创业金融服务集团，构建具有创业投资、投资管理、融资担保和小额贷款的服务平台。鼓励商业银行试办科技支行或科技信贷专营部门，专门为科技创新型企业提供信贷服务。对其按照《银行贷款损失准备计提指引》提取的对科技型中小企业非担保公司担保信贷业务一般准备的25%给予补贴，补贴上限为300万元；其每增加一个之前没有信贷记录的科技型中小企业客户，对首笔业务一般准备的35%由政府补贴，补贴上限为 5万元，每年本项累计补贴总额上限为300万元。

（2）扩大科技型企业直接投资来源。以市（县）区为单位，以大型民营企业为主、其他投资机构为辅，出资成立股权投资基金，引导基金投资新兴产业和科技创新型企业。发挥市和市（县）区两级政府创投引导资金的作用，引进投资于初创期或成长期科技企业的风险投资。对在锡从事风险投资的风险投资家，投资超过2亿元或者受托管理资金超过5亿元，主导投资了1家以上行业影响力大或成功上市的创业型企业，由政府一次性给予其100万元的奖励。以财政专项为主，建立种子基金，用于对初创期科技型企业的股本投入，限额为30—100万元。鼓励天使投资，以商界成功人士、社会组织为主，开展天使投资业务，对初创期或长期面临资金困境的科技型中小企业提供资金援助，工商、税务等部门为各类股权投资基金、天使资金注册运营提供优惠支持。

（3）推动信贷产品和服务创新。建立信用激励和约束机制，完善再担保机制，增强科技担保服务功能，支持小额贷款机构发展。鼓励银行、金融机构发展以企业信用为基础的股权质押、知识产权质押、应收账款保理与质押、仓单质押等信贷创新产品。对企业给予一定的贷款贴息，对银行、小额贷款机构、担保机构给予一定的风险补贴，鼓励银行和小额贷款机构向科技型企业提供中长期贷款。

（4）大力发展各类科技保险。发挥科技保险试点城市的政策优势，大力开展科技保险业务，为科技型企业创新产品研发、贸易、融资提供保险支持。实行科技型中小企业信用保险及贸易融资扶持政策，按照先付后贴原则，依据保险机构承保的企业应收账款情况，为企业提供资信调查费补贴、保费补贴和利息补贴。对获得保险公司承保的企业的资信调查费给予50%的补贴，为单个企业提供的年度补贴总额不超过0.5万元。对企业保费给予不高于50%的补贴，为单个企业提供的年度补贴总额不超过30万元。对获得贷款并按期还本付息的企业，按照银行贷款基准利率的一定比例提供贷款贴息，为单个企业的年度贴息总额不超过40万元。

（5） 推进科技企业上市融资。试行无锡市非上市股份公司进入全国代办股份转让系统，为非上市股份公司提供股份转让和股权私募服务。整合各类资源，推动科技型企业在境内外上市。加快无锡产权交易所建设，完善股权登记托管、知识产权登记评估、企业信用服务、各类产权交易和融资服务功能，增强服务科技企业的能力。

（6）大力引进高端金融人才。在锡设立的达到一定规模的股权投资企业和股权投资管理企业的高管人员，按照有关规定，享受个人所得税优惠政策。对新引进的银行类金融机构总部、地区总部的高层管理人员，按机构影响力给予一定补贴。

3、加快产业跟踪扶持，形成人才与市场高效对接机制

（1）发挥政府采购政策导向功能。对于符合条件的科技创新型企业的自主创新产品，列入市政府采购产品计划目录，采用首购、订购、首台（套）重大技术装备试验示范项目和推广应用等方式采购自主创新产品力度。建立战略性新兴产业自主创新产品政府定购（制）制度，全市各级使用财政性资金的机关、事业单位、国有企业，对列入自主创新产品目录的产品，按相关规定优先采购使用，扶持和促进战略性新兴产业发展。

（2）鼓励企业“嫁接”发展、联合重组。引导和支持本土企业与海归人才创办企业“嫁接”，本着自愿原则，按照市场法则，促进国有企业与海归人才创办企业、民营企业与海归人才创办企业、同行业的海归人才创办企业之间进行产业整合、并购重组，拓宽人才、资本、市场结合渠道，实现传统企业改造升级，支持科技型企业通过联合重组获得核心技术、市场渠道和进入新兴业务领域，推动企业做大做强。

（3）支持企业承接重大工程项目。市及市（县）区政府资金投资的重大工程项目在招投标过程中，向海归人才创业企业和列入市自主创新产品目录的其他科技型企业倾斜，通过设置一定比例的价格扣除或总分值加分等方式，在同等条件下优先中标。支持海归人才创办企业和列入市自主创新产品目录的其他科技型企业承接国家和省政府立项的重大建设工程，企业单一投标额在2000万元以上的，由政府给予企业不高于50%的资信调查费用补贴、不高于50%的保费补贴，按照基准利率给予贷款企业一定的贴息支持。

四、人才发展和特优环境

坚持人才优先发展战略，打造有利于人才发挥作用、实现价值的工作环境、社会环境、文化环境和生活环境。

1、坚持人才投入优先保证。大幅度增加人才发展投入，大幅度提高人才支出占财政支出比例，确保教育、科技和卫生三项支出增幅高于财政经常性收入增长幅度，不断提高人力资本投资占GDP比重，3年内提高1个百分点。各级财政按不低于本级财政一般预算收入3%的标准，设立人才发展专项资金。鼓励各类企业和社会组织建立人才发展资金，多形式投资人才资源开发。

2、打造海归人才创新创业互动平台。建立中国（太湖）海归创新创业峰会制度，打造海归人才分享经验、探讨问题、合作创新和建言献策的国际化平台，使无锡成为海内外创新创业人才集聚的高地和热土。

3、大力发展功能完备的“三创”载体。按照整体规划、政府投资、优化布局的原则，建设科技社区式的“三创”载体。按照合理布局、错位发展、优势互补的原则，加快现有开发区、高新技术园区、科技园、创业园区的转型升级，依托各类园区建设一批机制灵活、功能齐全、配套完善的创新创业孵化器。到2012年全市新增 “人性化、专业化、社区化、国际化、信息化、平台化”的“三创”载体建筑面积400万平方米，“三创”载体内入驻企业累计达5000家以上，公共技术服务平台累计达到80个以上，科技企业孵化器、科技企业加速器累计达到42家、5家。

4、加快建设高品质的高层次人才公寓。实施高层次人才公寓建设工程，用3年时间，在全市完成10000套各类高层次人才公寓，在高层次人才集中居住区域，兴建一批人性化、生活化、服务化、国际化、现代化的公共基础设施。建立起“梯度分明、配置合理、配套齐全、生活便利”的人才公寓供应和保障体系。对于不同层次的各类人才，分别予以购房补贴、免费租住、租房补贴等住房优惠政策。

5、积极推进人才服务市场化建设。推进政府所属人才服务机构管理体制改革，健全专业化、信息化、产业化、国际化的人才市场服务体系，促进人才资源有效配置。建立国际化的人才信息库，集聚一批具有丰富经验和较强科研创新能力的海外专业人才，对列入国家、省计划的引进国外技术、管理人才，来锡为科技型中小企业服务的，由政府给予补贴，补贴总额不超过10万元。积极引进国际知名服务机构，大力发展科技创新服务业。

6、不断完善创新创业服务体系。以“成立之初当保姆、发展之中当导师、成功之后当保安”的理念，加大力度推进政府部门在办理资金投入、工商税务登记、通关以及家属就业等方面实行优质服务。为高层次人才提供健康咨询专家顾问，允许灵活使用住房公积金，建立薪酬激励、股权奖励制度。探索建设一批海外发展服务中心，搭建企业国际化支撑服务平台。建立特聘专家制度和开展评选优秀海归创业企业活动。建立方便海外高层次人才生活、工作的居住证制度。创新社会保险制度，引进人才及其配偶子女，可参加无锡市各项社会保险并适当提高优惠措施，灵活解决海外高层次人才参保、参保年限不足等问题。

7、大力改进引进人才子女受教育服务。国家“千人计划”人才、省“双创人才”和“无锡千人计划”人才子女在锡接受义务教育的，按本市户籍人口同等待遇，免试免费就近安排公办学校入学；确需跨学区的，由市、市（县）区教育行政部门、学校管理部门妥善安排，并免收相关费用；进入相应国际学校就读的，由当地政府按公办义务教育生均经费标准给予补贴；接受学前教育的，在市、市（县）区公办幼儿园就近优先安排。参加本市中考升学的，继续执行相关中招加分投档规定；直接由国外来锡就读高中阶段学校的，在转学、申请入学等方面优先支持。

8、组织实施大学生引育就业“技能绿卡”制度。围绕新兴产业发展急需的知识型技能人才，建立政府部门、行业企业、培训机构、考核部门、人力资源市场和大学生组成联盟的“技能绿卡”引育就业工作机制，为来锡大学生免费提供技能培训。经培训取得“技能绿卡”证书的大学生与战略性新兴产业领域企业签订一年以上劳动合同的，市人才发展资金给予企业一定的培训补贴、大学生一定的就业补贴，力争 3年内培养提升技能人才5万人。大力引进软件与服务外包人才，到2012年，软件与服务外包产业新增吸引大学生就业7万人。

五、组织领导和保障措施

建设“人才特区”是一项系统工程、创新工程。各地区、各部门以高度的使命感和责任感，上下联动、横向互动，整合资源、齐抓共管，加快实施、统筹推进。

1、加强组织领导。建设“人才特区”在市委、市政府统一领导下，由市科技和人才工作领导小组统筹协调和宏观指导。市科技和人才工作领导小组各成员单位要按照本意见确定的各项目标任务，分解落实任务、制定实施意见，推进“人才特区”建设。

2、积极对上争取。积极向中央人才工作协调小组争取，力争无锡成为全国“人才特区”试点城市。对于本意见中突破性政策，争取国家和省的支持，放宽限制，给予倾斜。

3、加强检查考核。建立“人才特区”建设情况的评估、考核机制，建立“人才特区”建设一把手责任制，把“人才特区”建设作为各级党政主要负责同志和党政领导班子落实科学发展观责任制考核的重要内容，实行一票否决制。各级各部门和相关企事业单位要制订相应的实施办法，有序推进本意见的贯彻落实。

4、营造良好氛围。广泛宣传“人才特区”建设的重大意义、目标任务、重大举措，宣传各地、各行业引进、培养和使用人才的成功经验、典型案例，特别是加大对作出突出贡献人才的宣传力度，进一步营造全社会关心、支持人才发展的舆论氛围，形成人人都作贡献、人人都能成才的社会环境。

中共无锡市委
无锡市人民政府
二〇一〇年八月四日

无锡市海外人才居住证管理暂行办法

（锡政发〔2010〕171号）

第一条 为了鼓励海外人才来我市工作和创业，更好地服务无锡经济社会发展，依据转发《中共中央办公厅中央人才工作协调小组关于实施海外高层次人才引进计划的意见》（中办发〔2008〕25号），《中共无锡市委无锡市人民政府关于以更大力度实施无锡海外高层次人才引进计划的意见》（锡委发〔2009〕67号）等文件精神，结合本市实际，特制定本办法。

第二条 本市行政区域内《无锡市海外人才居住证》（以下简称《居住证》）申领、发放、管理适用本办法。

第三条 具有研究生学历或硕士及以上学位，在企事业单位担任中高级管理或技术职务，且符合下列条件之一的，可申领《居住证》：

（一）具有外国国籍的人员；

（二）取得外国永久居住权、仍持有中国护照的人员；

（三）其他非无锡户籍的留学归国人员。

第四条 申领《居住证》应提交下列材料：

（一）有效的身份证明；

（二）在本市的住所证明；

（三）学历和学位证明、专业技术证书或职业资格证书；

（四）已婚的提供婚姻状况证明；

（五）出入境检验检疫部门出具的健康证明书；

（六）单位劳动合同或聘用合同；

（七）在本市创业的，还应提交投资等相关证明；

（八）已入境的境外申领人，还应提供合法的入境证明；

（九）其它能反映个人业绩和能力的证明材料。

第五条 《居住证》由市公安局制发。市人力资源和社会保障局具体负责《居住证》的申领和发放工作。市各有关部门按照各自职责，协助做好海外人才的相关服务工作。

第六条 市人力资源和社会保障局应当在受理申请之日起15个工作日内，完成审核认定。符合条件的，办理《无锡市海外人才居住证》；不符合条件的，书面通知申请人。

第七条 《居住证》载明持有人姓名、出生日期、性别、国籍或地区、工作单位、证件类型、号码、签发日期、有效期限等内容。

第八条 《居住证》主要有以下功能：

（一）持有人在本市居住、工作的证明；

（二）用于办理享有市民同等待遇个人事务的身份凭证；

（三）记录持有人的基本情况，居住地变动等人口管理所需的相关信息。

第九条 《居住证》持有人可以享有下列权益：

（一）创办企业。可以技术入股或者投资等方式创办企业、并可申报高新技术企业。

（二）项目资助。可申报本市各类创新创业项目资助。

（三）资格评定和教育培训。可参加本市专业技术职务任职资格评定、非学历教育、职业技能培训和职业资格鉴定。申报职称时可免试外语和计算机。

（四）事业单位聘用。经相关主管部门批准，可以短期聘用、项目聘用等方式，接受事业单位聘用。

（五）子女入学。到居住地教育主管部门申请子女在本市就读，可与本地户籍人员享有同等待遇。

（六）社会保险。凡与本市企业建立劳动关系或在本市创业的，可以按照我市企业职工的办法参加各项社会保险，享受相应的社会保险待遇。流动时，社会保险关系按国家和本市有关规定处理。

（七）住房公积金。外籍人员可按规定在本市缴存和使用住房公积金购买自有住房，离开本市时，按规定办理住房公积金账户存储余额转移或提取手续。

（八）专利奖励。在本市实施其拥有的有效发明专利的，可以申报无锡市技术发明奖或无锡市专利奖。

（九）出入境。可按照规定办理与居住证期限相同的多次出入境签证。

（十）申领驾驶证。可凭《居住证》在本市申领机动车驾驶证、办理机动车登记手续。

第十条 《居住证》有效期限一般为2年。有效期满，需要续办的，应当在有效期满前30日内向原发证机关提出申请，逾期未续办新证的，原《居住证》自动失效。

第十一条 《居住证》持有人因工作单位或居住地等情况发生重大变化的，应当在30日内到原发证机关办理信息变更手续。

第十二条 《居住证》遗失的，持证人应当及时向原发证机关办理挂失和补办手续。

第十三条 《居住证》期满未续办的，原《居住证》自动失效。中止、解除聘用（劳动）合同的，用人单位应及时收回《居住证》并上缴发证机关。

第十四条 持有《居住证》的人员，必须遵守相关法律法规规定。

第十五条 持有《居住证》的人员，可以为随同来本市的配偶及其未成年子女申领《居住证》副卡，副卡应载明持有人的基本情况。

第十六条 本办法实施细则由市人力资源和社会保障局会同有关部门另行制定。

第十七条 江阴、宜兴市可根据当地实际，参照本暂行办法，制定相应规定。

第十八条 本办法自发文之日起施行。

无锡市人民政府
二〇一〇年十一月二十四日

无锡市人民政府特聘专家制度暂行办法

（锡政发〔2010〕172号）

为加快实施“人才强市”战略，深入推进“人才特区”建设，以更大力度集聚海外顶尖专家，为我市经济社会转型发展提供高层次人才智力支撑，特制定无锡市人民政府特聘专家制度。

一、特聘专家的条件

特聘专家主要从国家“千人计划”入选者、“江苏省高层次创新创业人才引进计划”入选者中产生。

二、引进特聘专家的基本途径

（一）在我市创办企业的；

（二）在我市企事业单位担任高级管理或高级技术职务的；

（三）受聘于我市用人单位担任技术顾问或专家组成员的；

（四）与我市有科研、技术协作或其他项目合作关系的。

三、特聘专家的职责

（一）为我市的经济建设和社会发展提供决策咨询服务；

（二）对我市重点学科建设、重点行业发展、重点工程项目的立项、论证、评估和实施进行指导；

（三）为我市领导举办高层专题讲座；

（四）对我市优秀尖子人才进行重点指导和培养。

四、特聘专家的待遇

（一）市政府授予无锡市人民政府特聘专家称号，并颁发证书。

（二）特聘专家来（离）锡，本市的机场、火车站等处提供贵宾礼遇。

（三）在每年春节、中秋等重要节日，以市政府名义对特聘专家进行慰问。

（四）在我市创办企业的、在我市企事业单位担任高级管理或高级技术职务的特聘专家，可享受5000元以内的探亲补贴，按实报销，每年仅限一次。

（五）由市政府邀请来锡作学术休假的特聘专家，可享受5000元的休假补贴，每年仅限一次。

五、申报、审批程序

（一）用人单位根据需要和专家本人意愿，提出拟聘请专家的建议名单及相关材料，报市（县）、区人力资源和社会保障行政主管部门。

（二）实行归口管理的单位，报主管系统人力资源部门。

（三）市（县）、区人力资源和社会保障行政主管部门或系统人力资源部门对上报的人选进行审核，经主管领导同意后，提出聘请意见，报市人力资源和社会保障局。

（四）市人力资源和社会保障局会同市委组织部、市科技局等有关部门对建议人选及相关材料进行初审后，提出拟聘请特聘专家的意见，报市政府审批。

六、申报特聘专家需提交的材料

（一）特聘专家申报表（见附件）；

（二）本人护照或身份证；

（三）学历和学位证明、专业技术证书或职业资格证书；

（四）在本市创业的，应提交投资等相关证明；

（五）在我市企事业单位担任高级管理或高级技术职务的，应提交聘任合同等相关证明；

（六）受聘于我市用人单位担任技术顾问或专家组成员的，应提交聘书等相关证明；

（七）与我市有科研、技术协作或其他项目合作关系的，应提交项目合作协议等相关证明；

（八）其它能反映个人业绩和能力的证明材料。

七、其他事项

（一）在我市创办企业的、在我市企事业单位担任高级管理或高级技术职务的特聘专家聘期为两年；其他特聘专家聘期与专家为本市用人单位服务的期限相同，但一般不超过两年。

（二）本办法由无锡市人力资源和社会保障局负责具体组织实施。

（二）本办法所需经费由市财政专项列支，实报实销。

（三）本办法自2011年1月1日起施行。

（四）江阴、宜兴可以依照本办法根据当地实际制定实施细则。

无锡市人民政府

二〇一〇年十一月二十四日

无锡市关于实施“百千万”人才工程三年行动计划

（锡委办发〔2010〕102号）

为全面贯彻落实全国、全省人才工作会议精神，进一步实施“人才强市”战略，加快推进“人才特区”建设，特制定实施“百千万”人才工程三年行动计划。

一、指导思想和目标任务

坚持以科学发展观为指导，紧紧围绕建设创新型经济领军城市和科技创业家摇篮城市的战略目标，树立人才资源优先开发、人才结构优先调整、人才投资优先保证、人才制度优先创新的理念，围绕培育发展物联网、新能源和新能源汽车、新材料和新型显示、节能环保、生物、微电子、软件和服务外包、工业设计和文化创意等战略性新兴产业，从2010年起，用3年时间，在我市重点国有企业，引进100名能够突破关键技术、发展高新技术产业的海外高层次人才；在我市各级各类事业单位和开发区，引进1000名硕士以上学历，能够推动事业单位服务水平提升，带动新兴学科和新兴产业发展的高层次人才；在我市广大民营企业，引进10000名能够提升企业管理水平，推动企业转型升级的高级经营管理人才。

二、政策措施

（一）国有企业百名海外高层次人才引进计划

1、引进对象

主要是指在国外学习并取得硕士以上学位，学成后在国外或世界500强公司工作三年以上或者在国内获得硕士研究生以上学历，并到国外高等院校、科研机构、跨国企业工作三年以上，在我市重点发展的产业领域拥有关键技术或先进管理经验，能够带动国有企业核心竞争力提升和高新技术产业发展的各类人才。

2、扶持政策

（1）国有企业引进的海外高层次人才，3年内缴纳的个人所得税，按实际缴纳税额的30%予以奖励。

（2）国有企业引进的海外高层次人才，3年内享受薪酬补贴，博士研究生每人每年补贴2万元，硕士研究生每人每年补贴1万元。

（3）国有企业引进的海外高层次人才，在安家费、居留和出入境、落户、医疗、保险、税收、配偶就业、子女入学入托等方面，享受市委市政府制定的有关引进海外高层次人才的优惠政策。

国有企业百名海外高层次人才引进计划及实施细则由市国资委制订并具体实施。

（二）事业单位千名高层次人才引进计划

1、引进对象

主要是指拥有硕士研究生以上学历，有三年以上在国内外大中型企事业单位的关键岗位从事研发或管理工作的经历，我市文化、教育、卫生、建设、规划、环保等行业以及开发区所属事业单位紧缺急需的各类人才。

2、扶持政策

（1）事业单位引进的海外高层次人才，在安家费、居留和出入境、落户、医疗、保险、税收、配偶就业、子女入学入托等方面，享受市委市政府制定的有关引进海外高层次人才的优惠政策。

（2）事业单位引进的高层次人才，3年内缴纳的个人所得税，按实际缴纳税额的30%予以奖励。事业单位千名高层次人才引进计划及实施细则由市人力资源和社会保障局制订并具体实施。

（三）民营企业万名高级经营管理人才引进计划

1、引进对象

主要是指拥有本科以上学历，有三年以上在国内外大中型企业的关键岗位从事管理工作的经历，熟悉战略经营、善于资本运作、精通企业管理，在我市大型民营企业担任中层正职以上职务或在中小型民营企业担任副总经理以上职务的高级经营管理人才。

2、扶持政策

（1）民营企业引进的高级经营管理人才，3年内缴纳的个人所得税，按实际缴纳税额的30%予以奖励。

（2）鼓励民营企业通过股权激励方式引进高级经营管理人才，股权激励所得缴纳的个人所得税按实际缴纳税额的30%予以奖励。

（3）设立"无锡市民营企业优秀管理人才奖"，3年内每年评选一次，每次评出10人，每人奖励5万元。

民营企业万名高级经营管理人才引进计划及实施细则由市经信委会同市工商联制订并具体实施。

三、配套服务

1、强化引才平台。围绕我市战略性新兴产业和重点产业发展，每年组织中国（无锡）海归创新创业峰会、太博会人才智力交流大会、高端人才招聘会等各类活动，宣传推介我市有力的人才扶持政策和良好的事业发展环境，邀请海内外优秀人才来锡与我市广大企事业单位进行对接洽谈。积极探索政产学研合作引进人才的有效方式，推进"7+1"合作院校挂职锻炼模式，为我市国有企业、事业单位和民营企业引进紧缺急需的各类高层次人才。

2、拓展引才途径。加强与国内外知名人力资源服务机构的交流合作，努力探索通过定向猎头、共享人才资源库、共建人才工作站等方式合作开展海内外优秀人才引进。鼓励各类人才中介机构参与人才引进工作，按照产业发展规划布局以及高层次人才开发需求，引导非政府组织参与高层次人才和紧缺人才的引进和培育。

3、搭建服务体系。市和各市（县）区依托现有人才服务机构，建立"百千万"人才工程服务中心，设立"百千万"人才工程网站，开通"百千万"人才工程服务热线，为海内外各类优秀人才提供功能齐全、水平专业、标准规范的一站式、全过程服务。

4、强化目标考核。将"百千万"人才工程目标任务纳入全市科技创新和人才工作考核体系，进一步强化量化考核和绩效导向，把反映人才质量的核心数据纳入各市（县）区考核统计的重要内容。

本计划自发布之日起实施，涉及相关经费按现行财政体制分级承担。各市（县）区和市各有关部门根据本计划制定相应的实施细则。

中共无锡市委办公室
无锡市人民政府办公室
二〇一〇年八月二十五日

无锡市关于更大力度推进政产学研合作三年行动计划

（锡委办发〔2010〕103号）

为在更高层次、更广领域、更高水平巩固和完善政产学研联盟，全面提升区域创新能力，积极推进人才特区建设，特制定关于更大力度推进政产学研合作的三年行动计划。

一、指导思想

贯彻落实科学发展观，紧紧围绕加快发展物联网、新能源与新能源汽车、节能环保、生物、微电子、新材料与新型显示、软件与服务外包、工业设计和文化创意等八大战略性新兴产业，更大力度坚持"以市场为导向、企业为主体、政府作引导、院校为依托、各方要素联动"的政产学研合作原则，提升合作水平，为无锡转型发展、科学发展提供强有力的科技支撑。

二、目标任务

以突破核心技术培育自主创新能力为主线，以科技成果转化和产业化为目标，以战略性新兴产业为方向，以专业园区为重点，更大力度提升和完善建立以政产学研联盟为支撑的科技创新体系。到2012年，重点实施和完成5项目标任务：

——到2012年全市新增10个以上重大创新载体（政府、园区与大院大所合作共建的独立法人机构）；

——2010年培育20家新兴产业省级以上创新型企业，到2012年累计达到80家，实现转化80项具有自主知识产权、产值超亿元的新兴产业重大科技成果；

——每年培育和建设100家企业研发机构（包括国家级、省级和市级工程技术研究中心、技术中心、重点实验室和博士后科研工作站）；

——2010年新增10家以上企事业单位院士工作站，到2012年累计达到100家；

——到2012年建成10个国家高新技术特色产业基地和10个省级科技产业园。

三、总体要求

全市政产学研合作要紧紧围绕培育和发展壮大八大战略性新兴产业为重点，三年内实现“五个显著提升”：

（一）显著提升政府创新引导力。各级政府充分发挥在创新资源整合、政策环境优化、公共服务提供中的调控作用，更大力度加快各类创新载体建设，使其成为集聚科技和人才资源的重大创新载体。省级及以上经济开发区、科技园区重点以实体化合作机制集聚高校院所创新资源，充分释放创新潜力，以突破核心技术、孵化和培育新兴产业、集聚产业集群为着眼点，提升创新引导能力，合作共建一批具有新兴技术研发和产业集聚能力的重大创新平台。

（二）显著提升企业自主创新力。企业充分发挥科技创新主体作用，更大力度与院校开展广泛联合，通过共建独立或内设“研发中心”、“技术中心”等研发机构的形式，形成长期、稳定的合作机制，按照市场化机制实施重大科技项目合作。努力攻克关键核心技术，实现原始创新、集成创新、引进吸收再创新的紧密结合，显著提升自主创新能力，占据行业优势地位。引导和支持一批政产学研联盟的重点企业成为行业骨干或龙头。

（三）显著提升新兴产业集聚力。发挥政产学研联盟综合优势，更大力度加快政产学研联盟功能园区建设，推进建设一批政产学研联盟的示范基地。重点在我市经济开发区和科技园区，把一批主题园区和品牌园区建设成为院校重大科技成果转移转化基地，孵化一批具有较强竞争力的科技型中小企业，培育和发展一批新兴产业上市企业和龙头企业，形成具备较强国际竞争力的新兴产业集群，提升园区新兴产业持续创新力和集聚力。

（四）显著提升领军人才带动力。充分依托“7+1”政产学研联盟平台，创新建立研发集聚、产业集聚带动人才集聚的机制，鼓励和支持“7+1”院校，通过设立院士工作站、博士后工作站等形式，柔性引进高端人才团队，集聚领军型科技创新人才。通过实施“千人计划”、“530计划”积极吸引高层次人才在我市进行成果转化和创办科技企业，支撑新兴产业孵化培育和发展，从而实现技术集聚、产业技术与人才集聚的联动效应，聚集一批新兴技术和产业领域顶尖人才，使我市成为新兴产业人才高地。

（五）显著提升政产学研联盟综合服务力。完善合作院校专家库、人才交流预备库等基础数据库平台，建立联盟综合服务平台，多种形式设立成果交易服务平台，推进政府、科研、教育和生产部门在政策、环境、科技、人才、产业和资金等方面的协同和集成化，实现技术创新链的有机对接和融合，市场化释放政产学研各方综合优势。提升各级科技创业服务中心、生产力促进中心、成果转化中心、科技咨询服务中心、行业协会等的综合服务能力和水平，使其成为新兴产业技术和人才的汇聚、链接中心，支撑创新链凝练、产业链育成。

四、具体措施

更大力度发挥“7+1”政产学研联盟合作机制优势，通过引进一批高层次人才、打造一批重大创新平台、建设一批特色产业基地、培育一批优势企业等四项具体措施，充分集聚创新资源，支撑战略性新兴产业培育、城市转型发展。

（一）引进一批高层次人才。依据“无锡千人计划”和“530计划”有关政策规定，大力引进“7+1”院校高层次团队，2010年新增引进200名领军型科技创新创业人才；鼓励设立“博士后科研工作站”、“院士工作站”等机构柔性引进高端人才团队；加快推进和完善北京大学软件与微电子学院无锡产学研合作教育基地、东南大学无锡分校等教育培训机构建设，同时，根据产业发展需要，采取有力措施吸引院校重点学科领域在锡共建培训机构，确保2010年新增机构2个，到2012年确保八大战略性新兴产业具有专业特色显著、针对性强的培训机构和高端人才团队支撑。

（二）打造一批重大创新平台。通过共建“研究院（所）”等实体研发机构，更大力度集聚“7+1”等全面合作院校的科技和人才资源、集聚中国电子科技集团等一批央企重大研发和产业化力量，加快引进电子科技大学、南京航空航天大学、南京理工大学等一批具有显著特色优势的高层次团队，围绕突破产业核心技术，支撑产业群落集聚，务实打造一批重大创新平台。

在物联网、微电子、节能环保、软件与服务外包领域，在扎实推进中国物联网研究发展中心、中国物联网创新研发中心、复旦大学无锡研究院、无锡物联网产业研究院、国家集成电路（无锡）设计中心、深圳清华大学研究院的江苏数字信息产业园、东南大学无锡分校、浙江大学江阴物联网技术研究院、香港理工大学利奥射频识别技术应用演示中心、南京大学江阴信息技术研究院、南京大学宜兴环保科技研发中心、无锡南航风电设计研究院、中科院电工所无锡分所、国家级光伏检测和出口产品认证中心、中科院软件所无锡分所、IBM软件服务创新孵化平台、IBM云计算中心等建设的基础上，加快北大无锡（长三角）研究院、上海交通大学无锡研究院的推进工作。

在新能源与新能源汽车、生物、新材料与新型显示、工业设计和文化创意等领域，迅速推进江阴、惠山等市（县）区与同济大学、北京航空航天大学、中科院电工所等院校共建新能源与新能源汽车研发机构；迅速推进江阴百桥、滨湖、新区、锡山等市（县）区与中科院、中国药科大学、南京大学、中国农业大学、复旦大学等院校共建生物和医药研发机构；迅速推进北塘、新区、南长等市（县）区与中科院、复旦大学等院校共建新材料与新型显示研发机构；迅速推进滨湖区无锡（国家）工业设计园、崇安广益家居创意设计园及动漫园区、北塘区文化创意园等与江南大学、南京艺术学院、南京林业大学等院校共建工业设计和文化创意研发机构，在迅速形成建设方案的基础上，更大力度加快建设，迅速形成产业集聚效应。

（三）建设一批特色产业基地。加强规划导向，大力引导各省级以上开发区和专业园区联合院校集聚创新资源，推动产业集聚，形成特色品牌，快速引进和集聚一批重大创新资源和团队进驻特色园区，2010年力争累计建成政府主导建设的“三创”载体500万平方米，建成一批省科技产业园。围绕八大战略性新兴产业，迅速推进无锡微纳传感网创新产业园、江阴传感网科技产业园、南长感知节点高端制造基地等传感网产业基地，新区超大规模集成电路产业园、江阴封测产业园、滨湖中电科技集成电路设计园等微电子产业基地，新区光伏产业园、江阴低碳产业园、宜兴新能源产业园、惠山风电科技产业园等新能源和与新能源汽车产业基地，无锡国家软件园等软件产业基地，江阴开发区生物医药产业园、马山生物医药服务外包区、太湖生物农业谷等生物和医药产业基地，江阴、宜兴、锡山、惠山、北塘等新材料与新型显示产业基地，宜兴环保产业园等环保产业基地，无锡（国家）工业设计园、新区、华莱坞电影产业园、崇安数字文化创意产业园、南长古运河文化创意产业集聚区、北塘南艺文化创意园等工业设计和文化创意产业基地的建设，为新兴产业迅速发展壮大提供载体支撑，迅速形成特色产业群落。

（四）培育一批优势企业。继续鼓励我市重点企事业单位联合高校院所，开展合资合作和交流，充分利用院校科技和人才优势，进行联合攻关，实施重大科技成果转移转化，培育更多拥有自主知识产权、核心竞争力强的行业龙头和骨干。重点在八大战略性新兴产业领域，更大力度扶持和推进一批企业集聚院校高层次领军人才和核心技术成果，形成可持续的核心竞争力，确保在每个新兴产业领域形成10家以上领军型企业，为新兴产业迅速发展壮大提供主导力量。

五、保障机制

（一）加强组织领导。依据各部门职责，明确责任。把政产学研合作工作的推进和落实，列入对各部门和各地区领导的考核体系，加强监督考核，协力推进。发挥政产学研联盟工作办公室作用，通过联席会议，研究政产学研联盟工作中的重大问题，落实与全面合作院校合作事宜。

（二）加强科学规划。各地区要结合各自新兴产业发展目标，有针对性地联合院校资源，发挥已有产业基础优势，明确定位，科学布局，走创新资源多元化、竞争力自主化、产业集聚园区化的发展道路，促进新兴产业集群迅速形成。

（三）加强政策创新。全面落实国家关于促进技术创新、新兴产业发展的各项税收优惠政策，同时在财政扶持、科技创新、人才引进、载体使用等方面制定出台超常规的优惠政策，努力营造集聚院校创新资源的良好政策环境。发挥政府各专项资金作用，支持共建研发机构和教育培训机构建设。设立市级政产学研合作专项资金，重点支持在本市联合共建的产学研合作重大创新载体、院士工作站、重大科技成果转化项目和成果转移转化服务机构，各区县政府应同时设立配套科技专项资金共同支持。

专门制定实施“3个1000”计划，用于支持重大研发机构建设，原则上每个新兴产业领域支持一家领军机构。“3个1000”计划是指对政产学研联合共建的重大研发机构，在建设期内给予科技经费支持1000万元，机构所在区县给予1000平方米办公和研发场地，院校成果转移转化管理机构派驻在锡专职服务人员1000元/人/月的补贴。

（四）加强人才激励。对全面合作院校优秀人才和国家级学科带头人在锡联合开展的研发和科技成果转化项目，优先支持。对符合有关政策规定的高层次人才，在配偶就业、子女上学、住房等方面给予优先安排或资助，并提供一定的科研条件。对初到我市创业或在我市短期及兼职工作的各类创新人才提供高品质、低租金的人才公寓。用人单位引进高层次人才的住房货币补贴、安家费、科研启动经费等费用，可依法列入成本核算。

中共无锡市委办公室
无锡市人民政府办公室
二〇一〇年八月二十五日

无锡市关于更大力度加快“三创”载体建设三年行动计划

（锡委办发〔2010〕104号

2006年以来，市委、市政府围绕建设国家创新型城市的总体目标，着力优化完善全市科技创新创业环境，启动实施科技创新创业创意载体（以下简称“三创”载体）建设。至2009年底，全市累计完成政府主导建设的“三创”载体建筑面积446万平方米，初步形成了以物联网、集成电路、生物医药、新材料、环保与新能源、软件与服务外包、工业设计等为特色的新兴产业集群，内涵建设不断丰富，建成公共技术服务平台60家、工程技术研究中心173家；集聚了2470名硕士以上高层次人才和一批科技创业企业，32家省级以上科技孵化器，2家国家级科技企业加速器。科技孵化产业初具规模，科技型中小企业迅速成长，创新人才与创新资源有效集聚，产业集群演化能力不断提升，“三创”载体建设已经成为我市提升自主创新能力，促进经济结构转型，建设创新型城市最为有效、最具特色的创新活动。

为进一步高标准推进“三创”载体建设步伐，为推动产业升级和城市转型、建设国家创新型城市提供条件支撑，特制订更大力度加快“三创”载体建设三年行动计划。

一、指导思想

坚持“政府主导、集中、集约、集聚”的基本原则，努力将“三创”载体建设成为高端要素和专业要素的聚集高地、高新技术和新兴产业发展高地、体制机制与文化建设的创新高地、高层次人才的创业高地，实现“三大转变”，促进“四高联动”，建设生态城、高科技产业城、旅游与现代服务城、宜居城的重要支撑。

二、总体目标

坚持“自主创新、重点跨越、支撑发展、引领未来”的战略方针，按照“人性化、专业化、社区化、国际化、信息化、平台化”的总体要求，面向未来，与时俱进，坚持不懈，确保3年内全市新建成“三创”载体400万平方米，形成以物联网、新能源和新能源汽车、新材料和新型显示、节能环保、生物、微电子、软件和服务外包、工业设计和文化创意八大战略性新兴产业为主导的产业格局；注重内涵建设，初步构建科技研发、企业孵化、产业培育与科技金融为核心的科技公共服务体系，为无锡率先攀登现代化建设的新高峰，实现全面进步的新跃升提供强大支撑。

具体目标为：

1、“三创”载体总量迅速增长。到2012年全市新建成“人性化、专业化、社区化、国际化、信息化、平台化”“三创”载体建筑面积达400万平方米。到2015年累计建成政府主导建设的“三创”载体1000万平方米。

2、科技企业与人才快速集聚。大力实施“530”计划、“千人计划”和政产学研合作，促进科技企业与人才向“三创”载体内集聚。到2012年“三创”载体内入驻企业累计达5000家以上，累计吸引硕士及其以上人才4000名以上，海外留学归国人员5000名以上；技工贸总收入、利税规模分别超过200亿元和40亿元。到2015年“三创”载体内入驻企业累计达7000家以上，累计吸引硕士及其以上人才6000名以上，海外留学归国人员7000名以上；技工贸总收入、利税规模分别超过300亿元和60亿元。

3、内涵建设不断提升。加强公共技术服务平台建设，每个重点”三创”载体围绕主导产业建立1—2个公共技术服务平台，基本形成布局合理、特色鲜明、装备先进、功能完善、运转高效、资源共享的具有国内一流水平的科技公共服务支撑体系。到2012年，“三创”载体内新建公共技术服务平台20个以上，累计达到80个以上。到2015年公共技术服务平台累计达到100个以上。

4、专业化特色更加突出。强化规划引导，按照高规格设计、高标准建设和高水平配套的要求，建设一批专业技术领域、产业特色鲜明的专业性“三创”载体。到2012年新建成10家专业孵化器和2家以上科技企业加速器，科技企业孵化器、科技企业加速器累计分别达到42家和5家；到2015年孵化器和加速器争取累计达到50家、10家以上。

三、重点任务

紧扣八大战略性新兴产业培育发展需要，按照“人性化、专业化、社区化、国际化、信息化、平台化”要求和“政府主导，集中、集约、集聚”的基本原则，加快建设一批重点“三创”载体，建设一批科技公共服务平台和科技企业孵化器、加速器，完善高标准的配套设施，积极探索“三创”载体的运行管理新模式，加快集聚一批科技创新创业企业，形成一批高新技术特色产业基地。

1、传感网专业“三创”载体。包括新区传感网大学科技园、新区传感网创新园、新区传感网信息服务园、无锡（滨湖）国家传感信息中心、无锡（南长）国家传感信息中心。

新区传感网大学科技园以重大政产学研合作项目和海外高层次领军人才创业项目为重要抓手，重点发展传感网产业，形成集高层次人才培养、应用研发、科技孵化、加速转化和产业化于一体的形态格局。

新区传感网创新园重点吸引微纳器件、材料、工艺、设备、系统及传感网络等技术领域企业创新创业。

无锡（滨湖）国家传感信息中心由研发区、系统区、服务区、配套区、培训区和物流区构成。园区以传感网信息技术研发及实际应用为主、相关产业集群为辅的专业园区，打造成为国家传感网信息技术研发和应用的先导区、核心区和示范区。

无锡（南长）国家传感信息中心依托园区在超精密加工、电子元件封装、系统集成开发等产业领域的基础，通过科技项目嫁接、高端人才引进，大力引进培育“感知节点高端制造”和“感知技术创新应用”类企业，着力形成以传感网产业为主导，软件和服务外包、文化创意等生产性服务业配套发展的国际化、高科技、生态型创新园区。

2、生物医药专业“三创”载体。包括新区太湖生命科技园、江阴生物医药加速器、滨湖区马山生物医药科技园、惠山区生命科技园。

新区太湖生命科技园重点发展创新药物及创新制剂产业、生命传感器及其医疗器械产业、生物治疗与康健服务产业、关键物种与高端酶为基础的新型生物产业的自主创新创业、研发和生产外包业。

江阴生物医药加速器主要以承接江阴创业园、江阴百桥生物医药孵化器创业成果的产业化为目标，集聚一批生物医药高成长科技型企业。

滨湖区马山生物医药科技园以新型药物、生物技术、医疗仪器研发和CRO、CMO服务外包为方向。空间布局上主要由公共服务平台区、研发服务外包区以及生物医药科技企业加速器等功能区域组成。

惠山区生命科技园以现代先进医疗器械产业、现代生物医药CRO、CMO产业、现代数网医疗及健康照护产业为主要导向。

3、电子信息专业“三创”载体。包括新区集成电路科技园、滨湖区集成电路设计园、惠山区数字信息产业园。

新区集成电路科技园重点发展IC设计、模拟芯片、半导体功率器件、射频电子等产业，构建集成电路产业服务体系，促进无锡IC产业整体研发设计水平的提升。

滨湖区集成电路设计园目标是建设成电子化、智能化的国家集成电路设计产业园区，打造成高端IC设计产业集聚新高地，吸引全球集成电路设计、EDA服务企业进入园区，并为其提供具有国际标准的专业化服务，推动中国集成电路产业的快速发展。

惠山区数字信息产业园利用深圳清华大学研究院在创新孵化体系建设等方面的丰富经验和综合实力，发挥深圳清华大学研究院在国标数字电视领域的先发优势，全面推进数字电视产业化进程，把园区建设成为以数字信息产业为主导的集政、产、学、研于一体的高科技园区。

4、软件与服务外包专业“三创”载体。包括中关村软件园太湖分园、滨湖软件园（江苏基础软件园）、惠山区软件园、江阴福华软件城。

中关村软件园太湖分园以打造成为以服务外包产业为特色的新型高科技园区为目标定位，重点引进国内大型IT研发类企业、跨国IT研发类企业、国内外外包服务企业等企业总部的研发中心、产品交付中心和长三角区域总部及人才培训供给中心。

无锡惠山软件园定位于信息技术外包（ITO）、业务流程外包（BPO）产业的外包，成为集研发中心、生活配套于一体，具有时代气息、人文气质、创意氛围的新型IT社区。江阴福华软件城。规划建设电子设计自动化（EDA）中心，构建芯片设计相关服务平台，集聚芯片设计相关企业。

滨湖软件园（江苏基础软件园）重点建设技术支撑和公共服务平台，成果产业化和产业孵化平台，使之成为我国基础软件研发基地，产业发展基地，高端外包基地和人才培养基地。

5、环保、新能源专业“三创”载体。包括宜兴环科园科技研发区、宜兴创业园二期、南大宜兴环保研究院、新区光伏创新中心。

宜兴环科园科技研发区、宜兴创业园二期以环保技术为主导产业，规划建设产业孵化区、转化区、产业化区、公共技术服务区、生活配套区6个功能区。

南大宜兴环保研究院主要从事环保产业人才实训、环保新技术研发、环保规范与标准研制、环保装备技术检测、环境工程设计、环保技术推广与应用、科技成果转移与孵化和环保技术咨询服务等。

新区光伏创新中心以打造成为在全球具有较强影响力和竞争力的太阳能光伏产业研发、测试、技术服务为定位，重点建设光伏产品检测中心、光伏示范中心、光伏创新中心等三大载体。

6、科技创业孵化“三创”载体。包括锡山经济开发区科技创业中心、惠山区科技创业中心、北塘区科技创业中心、南长区扬名科技创业中心、新区旺庄科技园、江阴汇智广场。

锡山经济开发区科技创业中心作为锡山经济开发区产业升级转型的发动机，建设成为集聚科研资源、科技企业孵化和加速产业化等多种创新创业服务功能的综合型科技园区。

惠山区科技创业中心定位于光电新材料、光电器件及产品、激光技术等高端光电科技型企业的孵化。

新区旺庄科技园重点发展应用软件、游戏动漫、现代服务业等新兴产业。

北塘区科技创业中心定位于电子信息产业、软件产业、科技服务业、物联网技术的科技创业企业孵化。

南长区扬名科技创业中心着力建设传感网产业检测、培训等公共服务平台，定位于传感网相关科技创业企业的孵化。

江阴汇智广场重点培育发展“创意、动漫、软件、研发”等产业，加快建设新兴产业集聚区。

四、工作措施

1、加强组织领导，完善考核体系。为加强“三创”载体建设的组织领导，建立市“三创”载体建设联席会议制度，由市委、市政府分管领导为组长，市委组织部、市发改委、经信委、市科技局、市商务局、市人保局、市规划局、市国土局和各市（县）区主要领导为成员，制订并实施考核办法，推进创新创业创意载体的建设。

2、制订“三创”载体认定办法。组织市相关部门与专家对每个“三创”载体建设项目进行专题论证，提出“三创”载体建设行业准入意见，凭行业准入意见办理该项目前期相关手续。制订无锡市“三创”载体认定办法，突出企业培育、产业集聚、科技孵化、公共服务、技术平台、人才引进、科技金融等条件，对符合条件的“三创”载体给予认定。

3、加快专业性公共技术服务平台建设。专业性公共技术服务平台是科技创新创业创意载体建设中具有基础性、关键性的科技基础设施，对降低处于成长期的孵化型企业的创新成本具有重要作用。到2012年，各专业科技创新创业创意载体均建有1－2个专业性的公共技术服务平台，并在此基础上，按照“统筹规划、整合集成、突出特色、共建共享”的原则，形成“特色明显、布局合理、相互匹配”的专业性公共技术服务平台体系。

4、进一步推进“三创”载体社区化、人性化、国际化、信息化建设。在加快建设、不断完善“三创”载体市政工程体系的同时，高水准地建设科技社区配套服务设施，大力实施生态建设工程，“三创”载体功能分配要充分体现出载体生态、节能、环保、信息化和人性化的特点。创建融技术研发、产业孵化、科技商贸、创业服务、生活配套于一体的，满足各层次科技企业与人才“创新、创业、创意”发展需求，生态化、人文化、开放式的“三创”载体。突出创业环境和文化感染力，在生活配套上更加完善，增加更多人性化的服务设施，营造更有利于创业创新的文化氛围，创造条件建设国际科技孵化器。

5、引导、鼓励风险投资向载体集中。创新创业创意载体是我市高层次创业人才和科技型中小企业的主要集聚地，对风险投资、创业投资将进一步呈现量大质高的需求。在进一步扩大风险投资规模，拓宽风险投资退出渠道，探索风险投资亏损补偿机制的同时，引导、鼓励风险投资存量与增量主要向创新创业创意载体集中，提升风险投资在载体内的丰沛性，使风险投资成为激发创新创业创意载体创新活力的催化剂。

6、加快科技金融服务体系建设。鼓励、支持金融机构按照《无锡市专利权质押贷款管理办法（试行）》，对创新创业创意载体内知识产权转化成果明显的企业作为专利权质押贷款支持的重点，促进专利技术、产品的转化应用，实现推动金融创新与拓宽企业融资方式的共赢发展。进一步引导和激励社会资金建立中小企业信用担保机构，建立担保机构的资本金补充和多层次风险分担机制。探索创立多种担保方式，弥补中小企业担保抵押物的不足。

7、加大专业性人才储备与培训力度。在进一步加快高层次人才引进力度的同时，抓住机遇，加大各类创新创业创意载体专业性人才储备与培训的力度。根据创新项目的不同特点，鼓励创新创业创意载体以“种子资金”和“创业资金”等方式支持创业人才在载体内从事技术创新与创业活动，重点以无偿资助或投资资助方式支持创业人才依托自主技术成果创办企业。

8、创新载体发展模式。在政府主导建设的同时积极引导大学、企业、研发机构、投资机构以及其它经济组织、社会团体参与创新创业创意载体的建设，加速科技孵化产业化进程；建立无锡创新创业创意载体发展联盟，实行“统分结合”的管理体制，建立完善创业资源共享机制，实现载体效益最大化。

中共无锡市委办公室
无锡市人民政府办公室
二〇一〇年八月二十五日

无锡市关于建设高层次人才公寓三年行动计划

（锡委办发〔2010〕106号）

为全面贯彻落实全国、全省人才工作会议精神，进一步实施“人才强市”战略，加快推进“人才特区”建设，特制订建设高层次人才公寓三年行动计划。

一、明确高层次人才公寓的保障对象、标准和方式

坚持统筹兼顾与突出重点相结合、实物配置与货币补贴相结合的原则，重点解决我市重点培育产业、支柱产业、战略性新兴产业和其他鼓励发展的科技含量高、对城市转型发展带动性强、成长性好的各类重点企事业单位、科技园区，以及文化、科技、卫生、体育等社会事业领域的人才安居问题。

高层次人才公寓的保障对象，包括杰出人才、领军人才、高级人才三大类。杰出人才，是指具有世界一流水平的杰出人才，包括国内“两院院士”、世界发达国家科学院、工程院院士，获得国内外公认的重大奖项的第一成果人以及相当层次的人才。领军人才，是指高等院校、科研机构和重点企事业单位的省级以上重点学科、重点创新科研团队带头人以及相当层次的创新型领军人才；在世界500强企业担任中高级职务、在中国500强企业担任高级职务，具有国际一流管理水平的高层次经营管理人才，“无锡千人计划”和“530”计划引进的科技领军型创业人才。高级人才，是指我市急需、紧缺的副高级职称以上及相当层次骨干人才。

二、加大高层次人才公寓房源建设和筹集力度

创新高层次人才公寓规划建设思路，采取建购并举等途径，通过市、区（管委会）主导集中建设、市场回购等手段，用3年时间，完成100万平方米、10000套左右人才住房的建设和筹集任务，建立起“梯度分明、配置合理、配套齐全、生活便利”的高层次人才公寓供应和保障体系。

高层次人才公寓规划建设，坚持“政府主导、统一政策”原则，充分发挥市、区两级政府，以及各开发区（产业园区）的积极性和创造性。遵循“功能完善、设施配套、方便生活、有利工作”的指导思想。

在空间布局上，中心城各区（崇安、南长、北塘），原则上由区政府结合城市改造建设实际和保障性住房建设规划，统一建设人才公寓，吸引更多的高层次人才扎根无锡；其他各区（管委会）根据产业集聚、转型发展的实际情况和城市规划建设需要，相对集中建设人才公寓，用于解决所在区引进人才的安居。

在建设标准上，以适宜居住为原则，根据引进人才的层次情况，单套住房面积一般控制在60—100平方米，用于解决引进特殊人才住房的，住房面积可不少于100平方米。人才公寓应进行适当装修，满足拎包入住要求。

在分配方式上，人才公寓原则上以租为主，引进人才入住后，3年内免收租金。3年期满后根据引进人才创新创业的实际情况，如需继续租住的，给予按当期住房租赁市场平均水平减免50%租金的政策优惠。

在实施计划上，分两个层面进行，一是市级层面，集中建设人才住房10万平方米、1000套左右。具体是结合推进公共租赁房建设的实际，在市区新增的保障性住房工程中进行集中配建，其中，锡山东亭地块配建5万平方米、500套左右，崇安毛岸地块配建3万平方米、300套左右，惠山广石北地块配建1 万平方米、100套左右，南长潘婆桥地块配建1万平方米、100套左右。

二是各区（管委会）层面，建设人才住房90万平方米、9000套左右。根据产业发展、人才引进的实际需要，加大力度规划建设人才安居住房，推动形成产业集聚、人才荟萃、生活便利、功能完善的城市化区域。其中，崇安区、南长区、北塘区各新建、筹集5万平方米、500套左右，新区新建、筹集25万平方米、2500套左右，滨湖区新建、筹集各类人才住房20万平方米、2000套左右；锡山区、惠山区各新建、筹集1500套左右各类人才住房，更好地为辖区内人才提供近距离、个性化的配套服务。

三、建立高层次人才公寓建设的运行机制和考核监督机制

把加强高层次人才公寓建设，作为我市打造创新型经济领军城市、最佳宜居城市的重要组成部分来加以落实。市、区两级建立相应的领导机制，在工作机构、工作力量、管理队伍等方面加强建设，为高层次人才公寓的建设提供强有力的组织保障。

按照“统筹兼顾、条块结合、分工明确、就近配套”的原则，建立工作目标责任制。市发展改革部门，负责制定高层次人才公寓建设项目投资计划；市级财政部门按相关政策规定安排财政预算，用于人才安居住房的建设、购置、租金补贴和必要的管理支出，办理人才安居工程建设项目的城市基础设施配套费等各项行政事业性收费和政府基金的减免手续；市规划部门负责高层次人才公寓的规划选址、方案审批；市国土部门负责高层次人才公寓建设用地保障，采取政府专项提供土地、城市更新项目建设用地、各产业园区配套建设用地等多种方式加以保证，多渠道解决高层次人才公寓建设用地需求。市委组织部、人力资源和社会保障局负责人才标准的制定，并牵头各行业主管部门负责对各类人才的具体认定；市、区住保房管部门负责人才安居工程的建设管理、申请、审核、分配及货币补贴管理等具体办法，并会同市有关部门和各区政府（管委会）具体组织实施。

建立高层次人才公寓考核监督机制，把高层次人才公寓建设落实情况纳入政府绩效考评内容。市纪委、市委组织部等部门，要加强对各区、市各相关部门的责任考核，对敷衍、推诿、失职的部门，要坚决实行问责制，追究主要领导责任。要完

善监督机制，建立健全统一的申报受理、查询、举报投诉信息系统平台，主动接受人大、政协的监督检查和社会舆论监督，使高层次人才公寓建设工程成为公开、透明、廉洁、规范的阳光工程。

中共无锡市委办公室
无锡市人民政府办公室
二〇一〇年八月二十五日

中共苏州市委 苏州市人民政府关于进一步推进姑苏人才计划的若干意见

（苏发〔2010〕20号）

为进一步实施人才强市战略，加快推进“三区三城”和创新型城市建设，根据《关于实施海外高层次人才引进计划的意见》（中办发〔2008〕25号）、《关于在加快经济转型升级中充分发挥人才支撑和引领作用的若干意见》（苏发〔2009〕66号）精神，现就进一步推进姑苏人才计划提出如下意见：

一、指导思想和工作目标

坚持以科学发展观为指导，紧紧围绕我市建设“三区三城”战略目标和加快促进经济转型升级、建设创新型城市的要求，树立人才资本优先积累、人才资源优先开发的理念，在科技创新、重点产业以及文化、教育、卫生、旅游等领域全面推进姑苏人才计划，5年内投入30亿元，引进、培育并重点支持1000名能够突破关键技术、发展高新技术产业、带动新兴学科和新兴产业的科技创新创业领军人才，10000名重点产业紧缺创新人才，以及一批在文化、教育、卫生、旅游等经济社会领域引领和支撑行业和产业发展的高层次人才，以人才结构优化引领和助推产业结构转型升级，把苏州建设成为创新创业人才首选、各类高层次人才集聚的创新型城市。

二、政策措施

姑苏人才计划，包括姑苏创新创业领军人才计划、姑苏重点产业紧缺人才计划、姑苏企业经营管理人才素质提升计划、姑苏高技能人才计划、姑苏文化产业人才计划、姑苏教育人才计划、姑苏卫生人才计划、姑苏旅游人才计划等人才队伍的培育和引进计划。

1、姑苏创新创业领军人才计划

深化完善姑苏创新创业领军人才计划（简称姑苏双创千人计划），围绕新能源（风能、太阳能）、医药及生物技术、新型平板显示、智能电网、新材料、传感网、节能环保、金融、创投、物流、软件和服务外包、现代农业等新兴产业和重点产业规划，5年内市县两级引进3000名高层次创新创业人才，择优资助1000名领军人才，着力引进和资助一批高层次人才创新创业团队。

市级创新创业领军人才，给予50—250万元的安家补贴；根据创业项目的规模和进度，给予100—400万元的科研经费资助；提供不少于100平方米的工作场所，并免除3年租金；给予不少于风险投资基金首次投资总额10%的配套投资；给予最高500万元的担保融资贷款、30万元的科技保险费补贴和50万元的贴息资助；优先推荐在苏高校和科研院所聘任客座教授、研究员以及博士生导师或硕士生导师。

鼓励和支持领军人才做强做大企业，5年内重点培育5家以上国内知名、业内领军的旗舰型高科技企业。已经立项支持的领军人才计划企业，3年内年销售收入超过5000万元的，再给予100万元的科研经费资助，以及1000万元以内的担保融资贷款，优先辅导并推荐认定国家高新技术企业，优先支持企业落实研发费加计扣除、自主创新产品政府采购等政策。

姑苏双创千人计划由市科技局具体实施。

2、姑苏重点产业紧缺人才计划

启动实施姑苏重点产业紧缺人才计划，积极鼓励新能源、新医药、新材料、金融保险和现代服务业等重点优势产业和战略性新兴产业的企业引进紧缺高层次人才。从2010年开始，5年内全市引进10000名具有博士、硕士学位和研究生学历的企业创新人才，充分发挥创新型人才在助推企业转型升级中的积极作用。

重点产业和新兴产业领域企业引进的紧缺人才，博士研究生给予10万元的安家补贴，硕士研究生给予5万元的安家补贴，补贴在2年内分两次拨付。

重点产业和新兴产业领域企业现有的紧缺人才，5年内享受政府薪酬补贴，博士研究生每人每年补贴2万元，硕士研究生每人每年补贴1万元。

研究制定重点和新兴产业紧缺专业目录发布制度，每年年初面向社会公开发布。参照企业重点产业紧缺人才资助办法，制定高校和科研院所重点产业紧缺人才培育和引进资助政策，出台苏州市特聘专家制度。

姑苏重点产业紧缺人才计划由市人力资源和社会保障局具体实施。

3、姑苏企业经营管理人才素质提升计划

启动实施姑苏企业经营管理人才素质提升计划，加快提升企业经营管理人才的职业化水平，不断增强企业经营管理人才推动产业转型升级的能力。从2010年开始，5年内市县两级重点支持1000名企业经营管理领军人才赴境外培训，5000名企业经营管理团队核心人才参加国内著名高校专题研修，10000名企业经营管理专业技术人才参加本地业务能力培训，策划组织50场具有较高层次和较高品质的苏商论坛。积极鼓励并重点资助企业引进熟悉战略经营、善于资本运作、精通企业管理的高级经营管理人才。

企业经营管理人才境外培训和国内高校培训享受不超过培训费用50%的政府补贴，境外培训补贴每人最高不超过5万元，国内高校培训补贴每人最高不超过1万元。

姑苏企业经营管理人才素质提升计划由市经信委会同市工商联具体实施。

4、姑苏高技能人才计划

加快推进实施姑苏高技能人才计划，按照行业分布和紧缺急需技能人才需求，抓紧培育和引进一大批能够满足产业发展需求的高技能人才，不断优化人力资源结构，逐步提升生产一线人才的技能水平和职业素养。从2010年开始，5年内市县两级培养50000名高技能人才，重点资助200名技能突出人才和2000名技能重点人才，重点支持10000名优秀技能人才进行技能提升或赴国外培训研修，通过校企合作培养产业急需青年高技能人才10000名，力争高级技工以上的高技能人才占技能劳动者的比例达到30%以上，青年高技能人才占高技能人才总量的40%以上。

技能突出人才和重点人才5年内享受政府薪酬补贴，技能突出人才每人每年补贴1.5万元，技能重点人才每人每年补贴5千元。校企合作培养的产业急需青年高技能人才，上岗后每人一次性奖励2千元。

姑苏高技能人才计划由市人力资源和社会保障局具体实施。

5、姑苏文化产业人才计划

启动实施姑苏文化产业人才计划，围绕创意设计、动漫游戏、数字印刷、影视传媒、会展广告、工艺美术、演艺娱乐、体育健身休闲等产业重点，培育和引进一批能够引领苏州文化产业发展的领军人才和振兴苏州文化产业的重点人才。从2010年开始，5年内培育和引进30名文化产业领军人才和100名文化产业重点人才。

文化产业领军人才奖励30万元，给予100万元项目资助；文化产业重点人才奖励10万元。新引进的领军人才再给予不少于50万元的安家补贴，新引进的重点人才再给予不少于25万元的安家补贴。入选姑苏创新创业领军人才计划的，按姑苏创新创业领军人才计划相关政策享受资助。

姑苏文化产业人才计划由市委宣传部会同市文广新局、体育局具体实施。

6、姑苏教育人才计划

实施姑苏教育人才计划，推进苏州市中小学教育名家工程，在全市普通中学、小学、幼儿园、特殊教育学校、职业类学校及教育教学研究机构，5年内培育和引进10名教育名家、100名教授级中学高级教师、省特级教师。

教育名家一次性奖励20万元，新引进的再给予不少于50万元的安家补贴。新引进的教授级中学高级教师、省特级教师，给予不少于25万元的安家补贴。

姑苏教育人才计划由市教育局具体实施。

7、姑苏卫生人才计划

实施姑苏卫生人才计划，鼓励开展高水平的科学研究和技术创新，着力培育和引进一批学术造诣较深、知名度较高、德才兼备的学科带头人。从2010年起，5年内在苏州市及驻苏医疗卫生单位、医学科研机构，培育和引进10名苏州市卫生领军人才、100名苏州市卫生重点人才。

苏州市卫生领军人才和重点人才享受一次性奖励待遇，市卫生领军人才奖励40万元，市卫生重点人才奖励10万元。新引进的卫生领军人才，再给予不少于50万元的安家补贴；新引进的卫生重点人才，再给予不少于25万元的安家补贴。

姑苏卫生人才计划由市卫生局具体实施。

8、姑苏旅游人才计划

启动实施姑苏旅游人才计划，鼓励旅游行业培育和引进一批旅游项目策划、产品开发、电子商务、资本运作、市场营销、酒店管理等方面的紧缺人才。从2010年起，5年内培育和引进20名能够引领苏州旅游业发展的领军人才、100名能够在推进苏州旅游业发展中发挥骨干作用的重点人才。

旅游领军人才和重点人才5年内享受政府薪酬补贴，旅游领军人才每人每年补贴4万元，旅游重点人才每人每年补贴1万元。新引进的旅游领军人才，再给予不少于50万元的安家补贴；新引进的旅游重点人才，再给予不少于25万元的安家补贴。

姑苏旅游人才计划由市旅游局具体实施。

暂未列入上述人才计划资助的人才，根据苏州人才工作和人才队伍建设需要，由市人才办牵头，会同相关部门参照上述计划制定相应的政策措施，并纳入姑苏人才计划政策体系。

三、配套服务

1、创新服务政策。制定《苏州市海外人才居住证管理暂行办法》和《苏州市高层次创新创业人才享受生活待遇暂行办法》，给予海外留学回国的高层次人才享受本市户籍居民同等待遇，给予市级以上高层次人才在居留和出入境、落户、医疗、保险、住房、税收、通关、子女入学、配偶安置、法律服务等方面，享受特定生活待遇。

2、建设服务平台。市和各县级市、区年内全部建成姑苏人才计划服务中心，合理设置服务功能，科学编制工作流程，建立健全跟踪服务机制，开通姑苏人才服务热线，努力为高层次人才创新创业提供功能齐全、水平专业、标准规范的一站式、全过程服务，塑造政府招才引智和科技招商形象，着力打造人才服务品牌。

3、推进载体建设。结合地区重点产业发展，加强各类产业园的布局规划与建设引导。5年内，全市高标准建成20个重大科技平台、10个大学科技园、50个科技创业园，孵化面积达到800万平方米。大力引进国家级科研院所、重点实验室和工程技术研究中心，扎实推进企业院士工作站、博士后工作站、研究生工作站建设，积极引导企业增加研发投入，全力支持企业建设研发平台，鼓励开展科技研发活动。

4、优化融资环境。市和各县级市、区要积极引进和培育金融产品创新、风险投资与资本运作方面的专业人才，通过设立创业风险投资基金和财政融资担保资金、鼓励国有企业参与创业风险投资等途径，发挥政府创业风险投资企业和投资资金的引导作用，全力支持社会风险投资企业跟进投资。探索建立科技创新企业与金融服务机构的合作机制，搭建创新创业融资服务平台，择优扶强一批高层次人才创新创业企业。

5、夯实引智平台。围绕苏州重点产业发展，突出创新创业主题，每年7月组织开展苏州国际精英创业周活动，邀请海内外高层次人才携带科技项目和智慧成果，与创新载体、创业资本、创业团队等要素进行多元对接，宣传推介姑苏人才计划和创新创业环境，拓宽高层次人才尤其是海外高层次人才的引进渠道。深入推进科技镇长团派驻工作和青年精英创业大赛，着力探索政产学研长效合作机制。

6、加快社会化进程。鼓励社会中介组织与培训机构参与人才资源开发，按照产业发展规划布局以及高层次人才开发需求，引导非政府组织参与高层次人才和紧缺人才的引进与培育，对积极推荐并成功引进国家、省、市创新创业人才计划人才的海内外社团组织、中介机构和个人给予奖励。

7、完善学术生态。落实《苏州市高层次学术活动资助暂行办法》（苏办发〔2009〕89号），对国内外知名学术机构和学术组织在苏举办的高层次学术活动，择优给予不少于5万元的资助，对在苏州建立学术会议基地的，根据会议层次和规模予以重点资助。支持高层次人才在职攻读学历学位、申请科研项目资助、参加高层次学术交流和培训教育活动，推荐高层次人才参加各类学术组织，以及在高校和科研院所兼职从事学术活动。

8、健全激励机制。组织开展苏州杰出人才奖、苏州科技创新创业市长奖评选。设立苏州市产业创新人才奖，奖励在技术、研发、管理创新等方面作出突出贡献的创新型人才。加大优秀人才和人才工作先进典型的宣传，进一步营造尊重知识、珍惜人才、鼓励创新的浓厚氛围。

9、强化目标考核。坚持县级市、区党政领导干部科技、人才目标责任制考核制度，健全完善考核指标体系，进一步强化量化考核和绩效导向。积极贯彻落实促进科学发展的党政领导班子和领导干部考核评价办法，把科技、人才工作纳入各级党政领导班子和领导干部考核评价体系。进一步完善体现地区科学发展水平的统计要素体系，把反映人才质量的核心数据纳入各县级市、区情况统计的重要内容。

本意见自发布之日起实施，涉及相关经费按现行财政体制分级承担。各县级市、区和市各有关部门根据本意见制定相应的实施细则。

中共苏州市委
苏州市人民政府
二〇一〇年三月二十三日

苏州市高层次人才享受生活待遇暂行办法

（苏办发〔2010〕58号）

第一章 总 则

第一条 为进一步优化高层次人才创新创业环境，根据市委、市政府《关于进一步推进姑苏人才计划的若干意见》（苏发〔2010〕20号）精神，特制定本办法。

第二条 本办法的适用对象为：

（一）中国科学院院士、中国工程院院士；

（二）国家千人计划、省高层次创新创业人才计划人才；

（三）苏州杰出人才奖及提名奖、创新创业市长奖获得者；

（四）姑苏人才计划资助的创新创业领军人才、文化产业领军人才、姑苏教育名家、卫生领军人才和旅游领军人才；

（五）其他有突出贡献的人才。

第二章 生活待遇

第三条 居留和出入境

（一）国家“千人计划”引进的外籍人才及其随迁外籍配偶和未成年子女申请在中国永久居留的，市公安局在10天内完成初审工作并上报省公安厅，50天内发放《外国人永久居留证》。其他外籍人才及其随迁外籍配偶和未成年子女，符合《外国人永久居留证》申请条件的，市公安局在受理申请的两个月内完成初审上报工作。《外国人永久居留证》作为其在中国的合法身份证件，享有中国法律规定的基本民事权利和义务。

（二）外籍人才及其随迁外籍配偶和未成年子女，尚未获得《外国人永久居留证》，但需多次临时出入境的，为其办理1—5年有效期的多次往返签证，并提供签证到期提醒服务。

（三）外籍人才可通过互联网预约签证业务，预约后可到当地公安出入境或行政服务中心“一号窗口”优先办理。从上海浦东机场口岸入境的，可提前24小时向苏州市公安局出入境管理部门提出申请，办理落地签证许可。

（四）持外国长期居留证件（绿卡）回国的人才，无论其国内户口是否注销或是否为本地户口，均不影响其办理出入境证件。

（五）引进人才凭通行证或护照、在苏居住和工作证明，可申领境外驾驶证换发国内驾驶证。市县两级车管部门设立专门窗口，当场受理、当天考试，并开通多种语言考试系统，考试合格的一周内送达。通过外企协会或台商协会团体申请的，优先办理。

第四条 落户

（一）具有中国国籍的引进人才，可不受出国前户籍所在地的限制，落户苏州，由公安机关简化程序，优先办理。

（二）愿意放弃外国国籍而申请加入或恢复中国国籍的，优先为其本人及随归、随迁的配偶和子女办理加入中国国籍并落户苏州手续，取消原“在苏州工作满一年，有固定住所”等前置条件。

第五条 医疗

（一）引进人才享受医疗照顾待遇，在市区定点医疗保健单位享受绿色通道服务。

（二）配备健康咨询专家顾问，制定个性化保健方案，提供健康咨询、健康评估、健康干预等服务。

第六条 社保

（一）引进的外籍人才及其配偶、子女，凡与国内企业建立劳动关系或在国内创业的，在国家相关规定出台前，可按照《关于外国人、华侨和台港澳人员参加社会保险有关问题的通知》（苏劳社险〔2005〕13号）规定参加企业所在地的养老保险、医疗保险和工伤保险，缴纳相应的社会保险费，并享受相应待遇。社会保险缴费年限以在中国实际缴纳各项社会保险费的年限为准。参保后，在国内流动的，按参加企业职工基本养老保险转移接续办法处理；在领取基本养老保险待遇前与国内企业解除劳动关系并离境的，社会保险经办机构应当终止其社会保障关系，按参保职工出国（境）定居办法，将其基本养老保险个人账户储存额和基本医疗保险个人账户实际结余额一次性支付给本人。

（二）按照规定建立企业年金的用人单位，可对引进人才作重点倾斜，提高其企业年金单位缴费额度；尚未建立企业年金的用人单位，可对本单位的引进人才单独拟定、报备、实施年金方案。同时，用人单位也可以为其办理商业补充保险。

（三）事业单位引进距法定退休年龄十年内（男50周岁以上、女45周岁以上）的人才，可列入事业单位编制，根据《关于市区全额差额拨款事业单位新进人员参加基本养老保险的意见》（苏府〔2003〕165号）参加事业单位养老保险。经用人单位申请，工作所在地政府人力资源和社会保障部门审核同意，聘用因自费出国留学按自动离职处理的中国籍海外回国人才，出国前后工龄可合并计算。

（四）引进人才达到退休年龄时，参加企业职工养老保险累计缴费不足15年的，可由用人单位一次性补缴不足年限。

（五）引进人才的医保门诊个人账户在一般标准的基础上，增加800—2000元。住院治疗时，在享受社会医疗保险的基础上，由个人负担的医疗费用部分，再补助50%—100%。

第七条 住房

（一）引进人才可享受苏州市公共租赁住房的相关优惠政策，优先入住所在地区人才公寓，外籍引进人才可参照本市居民购房政策，购买自用商品住房一套。

（二）引进人才可按规定在本市缴存和使用住房公积金。已达法定退休年龄的，缴存期限可延长至解除劳动合同为止。离开本市时，按规定办理住房公积金账户余额转移或提取手续。用人单位可按引进人才的实际工资总额作为缴存基数。

（三）引进人才购房贷款的，在还贷期间可每年两次提取（或委托按月提取）住房公积金账户全部余额偿还贷款；未贷款的，自购房之日起三年内也可每年两次提取（或委托按月提取）住房公积金账户全部余额；租赁自住住房的，可每年两次提取住房公积金账户全部余额支付租金。引进人才的直系亲属也可同时享受上述政策。

（四）引进人才自缴存住房公积金当月起，即具备申请公积金贷款条件。贷款最高额度可放宽到当地最高限额的四倍，贷款房源不受房型的限制，并减免贷款担保服务费。

第八条 税收

（一）引进人才取得的由中央财政给予的一次性补助，免征个人所得税。

（二）符合规定的外籍专家，在苏工作期间取得的工资、薪金所得，免征个人所得税。

（三）外籍、港澳台同胞以及符合规定的华侨引进人才，在苏工作期间取得的工资、薪金所得，每月应纳税所得额在减除2000元的基础上，再减除2800元附加减除费用。

（四）外籍引进人才以非现金或实报实销形式取得的住房补贴、伙食补贴、搬迁费、洗衣费，暂免征个人所得税。从外商投资企业取得的股息、红利，以及按合理标准取得的出差补贴、语言训练费、子女教育费等，暂免征个人所得税。

第九条 通关

（一）回国定居或来苏工作连续一年以上的高层次留学人才，首次进境时，可以携带合理数量的安家自用物品，海关予以免税验放。可以申请从境外运进自用机动车辆一辆，海关予以免证征税验放。可以进境合理数量的科研、教学物品，由其所在单位按规定向海关申请办理有关手续。

（二）海外高层次留学人才来苏创办的企业属于国家鼓励发展的投资项目，在投资总额内因生产需要进口必要的自用设备和按照合同随设备进口的技术及配套件、备件，除国家规定不予免税的商品外，可申请办理减免税手续。

第十条 配偶安置

（一）引进人才配偶一同来苏并愿意在本市就业的，由用人单位妥善安排工作。暂时无法安排的，用人单位可参照本单位人员平均工资水平，以适当方式为其发放生活补贴。

（二）用人单位安置就业有困难的，人力资源和社会保障部门积极帮助推荐就业，人事档案免费挂靠当地人才服务机构。

第十一条 子女入学

（一）引进人才子女接受小学和初中教育，由教育部门就地安排入学，并享受免费义务教育待遇。

（二）引进人才子女接受高中教育，减免学杂费；就读在苏高校，在政策范围内优先录取。

（三）引进人才子女办理转学手续，教育行政部门优先受理，在3个工作日内办结。

第十二条 薪酬

（一）用人单位参照引进人才回国或来苏前的收入水平，协商确定引进人才的合理薪酬，可不受国内薪酬体系的限制。

（二）用人单位及有关主管部门对作出突出贡献的高层次创新创业人才，可实施期权、股权和企业年金等中长期激励方式。

第十三条 高层次人才还可以享受下列生活待遇：

（一）免费游览苏州市属园林景区。

（二）优先参观苏州市属博物馆，在苏州图书馆及各分馆免费查阅图书资料。

（三）其他新增服务。

第十四条 国家、省、市对引进人才的其他待遇规定，从其规定。苏州工业园区公积金缴存对象，按苏州工业园区公积金政策享受待遇。

第三章 日常管理

第十五条 本办法的适用对象以国家、省、市相关部门正式发文为依据；突出贡献人才由各地人才办和市各有关部门提出申请，苏州市人才工作领导小组办公室进行审核认定。

第十六条 苏州市人才工作领导小组办公室核发姑苏英才服务卡，引进人才凭卡享受本办法规定的生活待遇。苏州市科技创新创业服务中心（姑苏人才计划服务中心）具体负责服务卡办理和高层次人才享受生活待遇的申请受理、协调服务和跟踪落实。

第十七条 持有《苏州市海外人才居住证》，且符合本办法规定的高层次人才，可签注苏州市人才工作领导小组办公室印章，并享受本办法规定的生活待遇。

第十八条 苏州市人才工作领导小组办公室建立高层次人才数据库，供相关单位对照核查。服务卡遗失的，持卡人应及时办理挂失手续，并向所在地人才办或市有关部门提出补办申请。

第十九条 有下列情况之一的，注销其姑苏英才服务卡，不再享受本办法规定的生活待遇：

（一）因违法犯罪受到处罚造成严重社会影响的；

（二）在申报各类人才计划和科技项目，以及从事科学研究中，存在弄虚作假的；

（三）因个人原因或工作变动不在苏州工作的；

（四）其他应当予以注销的情形。

第二十条 本办法明确的高层次人才生活待遇，按照属地原则，由所在地区职能部门提供相应服务。

第四章 附 则

第二十一条 本办法由苏州市人才工作领导小组办公室会同相关部门解释，各职能部门根据本办法制定相应的实施细则。

第二十二条 本办法自2010年7月1日起实施。

中共苏州市委办公室
苏州市人民政府办公室
二〇一〇年六月二十八日

苏州市关于加快实施海外高层次人才引进工程（“1010工程”）的意见

（苏办发〔2010〕61号）

为深入贯彻落实全国、全省人才工作会议精神，广泛聚集海外人才和智力资源，根据中央《关于实施海外高层次人才引进计划的意见》（中办发〔2008〕25号）和市委、市政府《关于进一步推进姑苏人才计划的若干意见》（苏发〔2010〕20号），现就加快实施海外高层次人才引进工程（简称“1010工程”）提出如下意见：

一、总体目标

坚持人才强市和人才优先发展战略，以加快推进经济发展方式转变和创新型城市建设为目标，在节能环保、新兴信息产业、生物产业、新能源、新能源汽车、高端装备制造业、新材料等战略性新兴产业，以及现代服务业、现代农业等重点领域，引进并重点支持一批海外高层次创新创业人才。从2010年开始，用10年时间，每年从海外引进10名达到国家“千人计划”层次的尖端人才，100名掌握国际先进技术、能引领产业发展的创新创业领军型人才。到2020年，努力把苏州建设成为新人才高度集聚、新产业蓬勃发展、充满创新活力和发展动力的人才天堂。

二、引进对象

引进人才应在海外取得研究生学历、博士或硕士学位，年龄一般不超过55周岁，并符合下列条件之一：

（一）在国外著名高校、科研院所担任相当于副教授以上职务的专家学者；

（二）在国际知名企业从事三年以上研发工作并担任过中高级职务，属于国际某技术领域带头人；

（三）掌握核心技术，拥有自主知识产权，且技术成果达到国际先进或国内领先水平，具有较好的市场前景和产业化潜力的领军型人才；

（四）有丰富的海外创新创业经历，并在本市重点产业领域中带技术、带项目、带资金来苏创业，有助于提升我市相关产业发展水平的领军型人才。

三、支持政策

（一）“1010工程”引进的海外高层次人才，享受各县级市、区相关引才政策外，同时可以享受以下政策：

1. 入选“姑苏创新创业领军人才计划”的：

（1）给予50—250万元的安家补贴。

（2）根据创业项目的规模和进度，给予100—400万元的科研经费资助。

（3）提供不少于100平方米的工作场所，并免除3年租金。

（4）给予不少于风险投资基金首次投资总额10%的配套投资。

（5）鼓励并支持领军人才企业做强做大。已获立项支持的姑苏创新创业领军人才企业，3年内年销售超过5000万元的，再给予100万元的科研经费资助，以及1000万元以内的融资贷款担保。

2. 根据《关于进一步推进姑苏人才计划的若干意见》，重点产业和新兴产业领域“1010工程”人才创业企业引进的紧缺高层次人才，给予5—10万元安家补贴。

3. 按照《苏州市海外人才居住证管理暂行办法》（苏府规字〔2010〕16号），给予海外留学回国高层次人才享受本市户籍居民同等待遇。

4. 按照《苏州市高层次人才享受生活待遇暂行办法》（苏办发〔2010〕58号），在居留和出入境、落户、医疗、保险、住房、税收、通关、子女入学、配偶安置等方面，享受特定生活待遇。

（二）“1010工程”引进的海外高层次人才及其创业企业，可获得以下扶持：

1. 优先推荐申报“江苏省科技创新团队”，立项后除享受省委组织部、省科技厅给予的团队成员每人100万元的一次性个人补贴、连续三年每年500—1000万元的科技项目经费资助外，再按规定给予地方配套资助。

2. 优先推荐申报“江苏省高层次创新创业人才引进计划”和国家“千人计划”。

3. 优先推荐在苏高校和科研院所聘任客座教授、研究员以及博士生或硕士生导师。

4. 优先申请科技型中小企业信贷风险补偿专项资金、科技保险费补贴资金、科技贷款贴息资金资助，按照《苏州市科技型中小企业信贷风险补偿专项资金管理办法》、《苏州市科技保险费补贴资金使用管理办法》、《苏州市科技贷款贴息资金使用管理办法》（苏府办〔2009〕194号）并经审核通过的，分别给予最高500万元的融资贷款担保、30万元的科技保险费补贴、50万元的贴息资助。

5. 鼓励并支持领军人才企业承担重大科技创新项目，按《关于增强自主创新能力建设创新型城市的若干政策意见》（苏府〔2006〕74号），对承担国家“863”、“973”等重大科技创新项目的企业，按企业所获得的项目经费以1:1比例给予配套资助；对承担国家中小企业创新基金、江苏省重大科技成果转化专项资金等重大项目的企业，按企业所获得的项目经费以1:0.5的比例给予配套资助。

6. 优先辅导并推荐认定国家高新技术企业，优先支持企业落实研发费加计扣除、自主创新产品政府采购等政策。

四、保障措施

1. 加强组织领导。市人才工作领导小组办公室协调各有关部门各司其职、密切配合，加强海外高层次人才引进工作的组织领导和统筹协调，积极支持海外高层次人才申报各级各类人才项目。

2. 建设服务平台。市县两级建立姑苏人才服务中心，并设立海外高层次创新创业人才服务窗口，为海外高层次人才创新创业提供政策咨询、落户考察、项目申报、融资介绍、产学研合作、产业推进等全过程跟踪服务，为高层次人才在苏州的工作、学习和生活提供个性化、一站式服务。

3. 完善引才载体。积极支持苏州工业园区国家海外高层次人才创新创业基地建设，努力建设全国示范基地。坚持产业发展导向，建设一批人性化、国际化、智能化的科技创新创业载体，10年内全市新建各级各类创业孵化机构100个，孵化面积超过2000万平方米。着力推进中科院苏州纳米技术与纳米仿生研究所、中科院苏州生物医学工程技术研究所建设，大力引进国家级科研院所、重点实验室，扎实推进企业工程技术研究中心、院士工作站、博士后工作站建设，为海外留学回国人才创新创业提供平台。

4. 创新引才方式。每年有计划、有目的地组团赴海外开展招才引智活动，通过赴海外集中招聘、推介引才政策、宣传创业环境等方式，提高苏州在海外留学人员中的知晓度和美誉度。立足苏州发展的战略性新兴产业和重点优势产业，组织开展苏州国际精英创业周活动，从全球遴选高端人才到苏州开展项目对接和洽谈，定向猎才，集约引智。

5. 强化工作责任。把海外高层次人才引进工作纳入各地党政领导班子和领导干部目标责任考核体系，加大工作绩效考核和督查力度。积极探索市级机关党政领导班子和领导干部人才科技工作目标责任制考核机制，形成上下联动、左右协调的人才工作合力。各地区、各部门要按照全市统一部署，结合各自实际，制定各自的海外高层次人才引进计划，安排专项资金，强化工作职责，确保“1010工程”各项目标任务全面落实。

中共苏州市委办公室
苏州市人民政府办公室
二〇一〇年七月一日

苏州市海外人才居住证管理暂行办法

（苏府规字〔2010〕16号）

第一条 为了鼓励海外人才来我市工作和创业，更好地服务苏州经济社会发展，依据中共中央办公厅转发《中央人才工作协调小组关于实施海外高层次人才引进计划的意见》（中办发〔2008〕25 号），中共苏州市委、苏州市人民政府《关于进一步推进姑苏人才计划的若干意见》（苏委〔2010〕20 号）等文件精神，结合本市实际，制定本办法。

第二条 本市行政区域内《苏州市海外人才居住证》（以下简称《居住证》）申领、发放、管理适用本办法。

第三条 具有研究生学历或硕士及以上学位，在企事业单位担任高级管理或高级技术职务，且符合下列条件之一的，可申领《居住证》：

（一）具有外国国籍的人员；

（二）取得外国永久居住权、仍持有中国护照的人员；

（三）其他非苏州户籍的留学人员。

第四条 《居住证》由市公安局制发。市人力资源和社会保障局具体负责《居住证》的申领和发放工作。市各有关部门按照各自职责，协助做好海外人才的相关服务工作。

第五条 《居住证》载明持有人姓名、出生日期、性别、国籍或地区、工作单位、证件类型、号码、签发日期、有效期限等内容。

第六条 《居住证》主要有以下功能：

（一）持有人在本市居住、工作的证明；

（二）用于办理享有市民同等待遇个人事务的身份凭证；

（三）记录持有人的基本情况，居住地变动等人口管理所需的相关信息。

第七条 《居住证》持有人可以享有下列权益：

（一）经相关主管部门批准，以短期聘用、项目聘用等方式，接受事业单位聘用。

（二）以技术入股或者投资等方式创办企业；申报高新技术企业；申报创新创业项目资助。

（三）参加本市专业技术职务任职资格评定、非学历教育、职业技能培训和职业资格鉴定。

（四）到居住地教育主管部门申请子女在本市就读，与本地户籍人员享有同等待遇。

（五）凡与本市企业建立劳动关系或在本市创业的，参加本市职工养老、医疗和工伤等三项社会保险，并享受相应待遇。流动时，社会保险关系按国家和本市有关规定处理。外籍人员可按规定在本市缴存和使用住房公积金购买自有住房，离开本市时，按规定办理住房公积金帐户存储余额转移或提取手续。

（六）在本市实施其拥有的有效发明专利的，可以申报苏州市技术发明奖或苏州市专利奖。

（七）按照规定办理与居住证期限相同的多次出入境签证。

（八）外籍人员可在本市行政区域内购买一套自用商品住房。

（九）凭《居住证》在本市申领机动车驾驶证、行驶证，办理机动车注册登记手续。

（十）符合国家、省和我市的法律、法规对引进人才的其他有关待遇规定的，从其规定。

第八条 申领《居住证》应提交下列材料：

（一）有效的身份证明；

（二）在本市的住所证明；

（三）学历和学位证明、专业技术证书或职业资格证书；

（四）已婚的提供婚姻状况证明；

（五）出入境检验检疫部门出具的健康证明书；

（六）单位劳动合同或聘用合同；

（七）在本市创业的，还应提交投资等相关证明；

（八）已入境的境外申领人，还应提供合法的入境证明；

（九）其它能反映个人业绩和能力的证明材料。

第九条 市人力资源和社会保障局应当在受理申请之日起15个工作日内，完成审核认定。符合条件的，办理《苏州市海外人才居住证》；不符合条件的，书面通知申请人。

第十条 《居住证》有效期限一般为 2 年。有效期满，需要续办的，应当在有效期届满前30日内向原发证机关提出申请，逾期未续办新证的，原《居住证》自动失效。

第十一条 《居住证》持有人因工作单位或居住地等情况发生重大变化的，应当在30日内到原发证机关办理信息变更手续。

第十二条 《居住证》遗失的，持证人应当及时向原发证机关办理挂失和补办手续。

第十三条 《居住证》期满未续办的，中止、解除聘用（劳动）合同的，用人单位应及时收回《居住证》并上缴发证机关。

第十四条 持有《居住证》的人员，必须遵守相关法律法规规定。

第十五条 持有《居住证》的人员，可以为随同来本市的配偶及其未成年子女申领《居住证》副卡，副卡应载明持有人的基本情况。

第十六条 本办法实施细则由市人力资源和社会保障局会同有关部门另行制定。

第十七条 本办法自2010年7月1日起施行。

苏州市人民政府

二〇一〇年六月二十九日

苏州市海外人才居住证管理暂行办法实施细则

（苏人保外〔2010〕3号）

第一章 总 则

第一条 为贯彻落实《苏州市海外人才居住证管理暂行办法》（苏府规字〔2010〕16号）的要求，大力吸引海外人才来本市工作和创业，特制定本细则。

第二条 《苏州市海外人才居住证》（以下简称《居住证》）是持有人在本市居住、工作的证明；是用于办理享有市民同等待遇个人事务的身份凭证；是持有人背景信息等人口管理所需相关信息的记录。

第三条 海外人才主要指：具有研究生学历或硕士及以上学位，并担任企事业单位高级管理或技术职务且符合下列条件之一的：

（一）具有外国国籍，并持有外国护照的人员；

（二）取得外国永久居住权，仍持有中国护照的人员；

（三）其他非苏州户籍的留学人员。

第四条 市人力资源和社会保障局是组织实施《居住证》的综合管理部门，具体负责相关政策的制定和完善，操作与协调， 其所属海外人才服务机构具体负责《居住证》申请材料的受理和证件的发放工作。

市公安局负责《居住证》的制发工作。

市财政局、公安局、教育局、科技局、住房和城乡建设局、知识产权局、住房公积金管理中心、苏州工商行政管理局、出入境检验检疫局等相关部门会同市人力资源和社会保障局，按照各自职能落实《居住证》持有人相关权益的保障和配套服务工作。

第二章 一般规定

第五条 《居住证》标有持证人“姓名”、“出生年月”、“性别”、“国籍或地区”、“工作单位”、“证件类型”、“号码”、“签发日期”、“有效期”中英文名称及“照片”。《居住证》分三类，第一类：外国人（“W”字头）；第二类：取得外国永久居住权，仍持有中国护照的人员（“H”字头）；第三类：其他非苏州户籍的留学人员（“Q”字头）。

第六条 《居住证》分主卡和副卡两种。副卡的式样和卡上所载明信息与主卡相同。符合《居住证》主卡申领条件的海外人才其偕行配偶和未成年子女可以申请副卡。

第七条 《居住证》持有人在创办企业、社会保障、住房公积金、资格评定考试和登记、专利申请、子女就读、居留和出入境、驾驶执照、购房等方面可以享受与本市市民同等权益。

第三章 申请受理、补办、信息变更和注销

第八条 申请《居住证》由用人单位进行，申请时须提交下列材料：

（一）基本材料：

1. 《苏州市海外人才居住证申请表》一式三份;

2. 申请人有效身份证明:身份证或护照;

3. 申请人国外学历学位证书。留学人员还须同时提供:国家教育部留学服务中心出具的《国(境)外学历学位认证书》;

4. 县级市以上出入境检验检疫部门出具的健康证明书;

5. 申请人苏州市有效住所证明:自购房的,提供房产证或购房合同;租赁房屋的,提供与业主签订的超过《居住证》有效期并经区、县房管部门备案的租房合同;租赁公房由房屋产权单位出具证明;

6. 留学人员还须提供:我国驻外领事馆教育处(组)出具的“留学回国人员证明”,户籍证明或户口注销证明以及相关证明材料;

7. 一寸近照2张。

(二)来本市工作的还须提供:

1. 用人单位公函;

2. 申请人与单位签订的符合国家规定的劳动或聘用合同。

(三)来本市创业的须提供:所创办企业的组织机构代码证、营业执照副本或投资证明。

(四)偕行的配偶及未成年子女申办副卡须提供:

1. 有效身份证明,包括身份证或护照;

2. 偕行配偶应提供合法的婚姻证明;

3. 偕行未成年子女应提供合法的亲属关系证明;

4. 一寸近期证件照一张。

(五)其它能反映个人业绩和能力的证书等。

第九条 《居住证》受理程序

1. 各级海外人才服务机构为《居住证》的受理部门,具体负责《居住证》的办理。

2. 用人单位通过相关网站填写申请表格并上传进行网上预审。在网上预审通过后,由海外人才服务机构电话或电子邮件形式确认;

3. 用人单位接到确认通知书后,携带本细则第八条所列材料原件和复印件到海外人才服务机构审核,领取“办理居住证收件单”;

4. 海外人才服务机构在收到用人单位申报材料15个工作日内完成审核、制证工作,并通知用人单位审核结果。审核通过后,用人单位凭“办理居住证收件单”到海外人才服务机构领取《居住证》;审核未通过的,海外人才服务机构将书面通知用人单位。

第十条 《居住证》有效期一般为2年。有效期满,需要续办《居住证》的,应当在有效期满前30日内,由用人单位向原申请部门申请续办新证。申请时,用人单位应携带单位申请、申请人《居住证》原件,申请人身份证或护照、劳动合同或聘用合同原件和复印件。

逾期未续办新证的,原《居住证》自动失效。

第十一条 《居住证》持有人因工作单位或居住地等情况发生变化的,用人单位应当在30日内持《居住证变更申请表》和相关变更材料到海外人才服务机构办理变更手续。

第十二条 《居住证》遗失的,持证人应在30日内到市级以上报刊刊登《居住证》挂失声明,用人单位凭刊登的《居住证》挂失声明,申请人身份证或护照到海外人才服务机构办理补办手续。

第十三条 申领《居住证》的人员,应真实准确地提供有关个人及家庭成员的信息,并对提供的信息和材料负有法律责任。

《居住证》持有人有以下情况之一的,经确认后,将注销其《居住证》并不再享受相关权益,已经享受的将视情况恢复至办理前的状态。

1. 提供虚假信息和材料,取得《居住证》的;

2. 持有人离开本市工作或居住的;

3. 持有人在《居住证》有效期内违反国家相关法律法规规定,造成严重负面影响的。

第四章 享有权益

第十四条 经主管部门同意,人力资源和社会保障部门批准,《居住证》持有人可以以短期聘用、项目聘用等方式接受事业单位聘用。

第十五条 《居住证》持有人以技术入股或投资等方式创办企业的,同等条件下优先注册;《居住证》持有人申报高新技术企业,参与科技项目招投标,科技人才计划资助或科技项目资助,由用人单位向相关部门申报,按我市人才引进的相关政策执行。

第十六条 《居住证》持有人参加本市专业技术职务任职资格考试和评定,执业(职业)资格考试和登记时,免试外语和计算机。

第十七条 凭海外人才服务机构出具的《居住证》持有人住所证明,持《居住证》副卡的海外人才子女可以到居住地教育主管部门申请办理子女在本市入(转)学手续。

第十八条 持有中国护照和非苏州户籍《居住证》持有人,可参加企业所在地的养老保险,医疗保险和工伤保险,缴纳相应的社会保险费。离开本市时，个人帐户部分按本市有关规定处理。

第十九条 持有中国护照和非苏州户籍《居住证》持有人，可以按规定在本市缴存和使用住房公积金。离开本市时，可以按规定办理住房公积金帐户存储余额转移或提取手续 。在本市工作满一年的外国国籍的《居住证》持有人，可以在本市行政辖区内购买一套自用商品住房。

第二十条 《居住证》持有人为外国国籍的，可凭《居住证》办理相应期限的居留许可。

第二十一条 《居住证》持有人可以申报苏州市技术发明奖或苏州市专利奖。

第二十二条 《居住证》持有人初次申领机动车驾驶证凭《居住证》和身份证明，到驾驶培训学校报名，经公安机关审核并考试合格的，核发《中华人民共和国机动车驾驶证》。

持有境外机动车驾驶证的《居住证》持有人，可凭办理过居留许可的入境身份证明，经考试合格，换领《中华人民共和国机动车驾驶证》。

海外人才可以凭《居住证》和入境时的身份证明，申请办理机动车注册登记。

第五章 附 则

第二十三条 持有《居住证》的人员，必须遵守国家法律、省和我市的法规。

第二十四条 国家对具有外国国籍并持有外国护照的，持中国护照并取得国外长期（多次）居留权身份的人员在中国境内工作有特别规定的，从其规定。

第二十五条 《居住证》仅限在苏州市行政区域内使用。

第二十六条 本实施细则由市人力资源和社会保障局负责解释。

第二十七条 本细则从《苏州市海外人才居住证管理暂行办法》发布之日起施行。

苏州市人力资源和社会保障局　苏州市公安局
苏州市教育局　苏州市科学技术局
苏州市住房和城乡建设局　苏州市知识产权局
江苏省苏州工商行政管理局　苏州市住房公积金管理中心
二〇一〇年六月三十日

中共太仓市委 太仓市人民政府关于贯彻落实“姑苏人才计划”实施太仓“522”人才工程的意见

（太委发〔2010〕22号）

为进一步实施人才强市战略，努力发挥人才工作在我市“加快发展，转型升级”中的支撑和引领作用，根据苏州市委市政府《关于在加快经济转型升级中充分发挥人才支撑和引领作用的若干意见》和《关于进一步推进姑苏人才计划的若干意见》的精神，现就进一步加快太仓高层次人才队伍建设提出如下意见：

一、指导思想和工作目标

坚持以科学发展观为指导，紧紧围绕我市“加快发展，转型升级”的战略目标及建设创新型城市的要求，树立人才资本优先积累、人才资源优先开发的理念，在科技创新、重点产业以及文化、教育、卫生、旅游等领域全面推进太仓高层次人才引进和培育计划，5年内投入5个亿引进、培育并重点支持200名能够突破关键技术、发展高新技术产业、带动新兴产业的科技创新创业领军人才，2000名重点产业紧缺创新人才，以及一批在文化、教育、卫生、旅游等经济社会领域引领和支撑行业和产业发展的高层次人才，以人才结构优化引领和助推产业结构转型升级，把太仓建设成为创新创业人才首选、各类高层次人才集聚的创新型城市。

二、政策措施

我市引进和培育高层次人才的政策，包括太仓科技创新创业领军人才计划、太仓重点产业紧缺人才计划、太仓企业经营管理人才素质提升计划、太仓高技能人才计划、太仓文化产业人才计划、太仓教育人才计划、太仓卫生人才计划、太仓旅游人才计划等八大人才队伍的培育和引进计划。

1、太仓科技创新创业领军人才计划

深化完善太仓市科技创新创业领军人才计划，围绕生物医药、新材料、新能源、电子信息、重大装备、节能环保、金融、创投、物流、软件和服务外包、现代农业等新兴产业和重点产业规划，5年内引进300名高层次创新创业人才，择优资助200名领军人才，着力引进和资助一批高层次人才创新创业团队。科技创新创业领军人才，给予30—250万元的安家补贴；根据项目规模和进度分别给予100—400万元的专项经费资助；提供不少于100平方米的项目启动场所；给予100—500万元的风险投资；给予最高500万元的担保融资贷款，最高30万元的科技保险费补贴和最高50万元的贴息资助；优先推荐申报各级、各类科技项目；科技创新创业领军人才在项目设立、发展过程中遇到的其他问题，采取一事一议的方式，组织相关部门全力帮助解决困难。鼓励和支持领军人才做强做大企业，5年内重点培育国内知名、业内领军的旗舰型高科技企业。已经立项支持的领军人才计划企业，3年内年销售收入超过5000万元的，再给予100万元的科研经费资助，以及1000万元以内的担保融资贷款，优先辅导并推荐认定国家高新技术企业，优先支持企业落实研发费加计扣除、自主创新产品政府采购等政策。太仓科技创新创业领军人才计划由市科技局具体实施。

2、太仓重点产业紧缺人才计划

启动实施太仓重点产业紧缺人才计划，积极鼓励战略性新兴产业和现代服务业等重点优势产业的企业引进紧缺高层次人才。从2010年开始，5年内全市引进2000名具有博士、硕士学位和研究生学历的企业创新人才，充分发挥创新型人才在助推企业转型升级中的积极作用。重点产业和新兴产业领域企业引进的紧缺人才，博士研究生给予15万元的安家补贴，硕士研究生给予10万元的安家补贴。重点产业和新兴产业领域企业现有的紧缺人才，5年内享受政府薪酬补贴，博士研究生每人每年补贴3万元，硕士研究生每人每年补贴2万元，对太仓籍“985工程”高校应届本科毕业生回太工作的，给予每人每月补贴800元。研究制定重点和新兴产业紧缺专业目录发布制度，每年年初面向社会公开发布。出台太仓市特聘专家制度。太仓重点产业紧缺人才计划由市人力资源和社会保障局具体实施。

3、太仓企业经营管理人才素质提升计划

启动实施太仓企业经营管理人才素质提升计划，加快提升企业经营管理人才的职业化水平，不断增强企业经营管理人才推动产业转型升级的能力。从2010年开始，5年内重点支持80名企业经营管理领军人才赴境外培训，500名企业经营管理团队核心人才参加国内知名高校管理学院的专题研修，1000名企业经营管理专业技术人才参加各类专业业务能力培训，策划组织20场以上太仓企业家高层论坛、企业家交流互动活动。积极鼓励并重点资助企业引进熟悉战略经营、善于资本运作、精通企业管理的高级经营管理人才。开展职业经理人的培训和资格评定工作，每两年组织一期申报职业经理人资格的职业经营管理人才专业研修班。企业经营管理人才境外培训、国内知名高校培训、各类业务培训享受不超过培训费用50%的政府补贴，其中境外培训补贴每人最高不超过5万元，国内高校培训补贴每人最高不超过2万元。重点骨干企业引进的副总经理（含享受副总经理待遇）高级管理及技术人才，奖励当年上缴个人收入所得税地方留成部分。太仓企业经营管理人才素质提升计划由市经济和信息化委员会具体实施。

4、太仓高技能人才计划

加快推进实施太仓高技能人才计划，按照行业分布和紧缺急需技能人才需求，抓紧培育和引进一大批能够满足产业发展需求的高技能人才，不断优化人力资源结构，逐步提升生产一线人才的技能水平和职业素养。从2010年开始，5年内引进和培养5000名高技能人才，重点资助50名技能突出人才和500名技能重点人才，重点支持300名优秀技能人才进行技能提升或赴国外培训研修，通过校企合作培养产业急需青年高技能人才1000名，力争高级技工以上的高技能人才占技能劳动者的比例达到30%以上，青年高技能人才占高技能人才总量的40%以上。技能突出人才和重点人才5年内享受政府薪酬补贴，技能突出人才每人每年补贴1.5万元，技能重点人才每人每年补贴5000元。校企合作培养的产业急需青年高技能人才，上岗后每人一次性奖励2000元。太仓高技能人才计划由市人力资源和社会保障局具体实施。

5、太仓文化产业人才计划

启动实施太仓文化产业人才计划，围绕创意设计、文化旅游、工艺美术、印刷复制、演艺娱乐、新兴媒体、会展广告、体育健身休闲等产业重点，培育和引进一批能够引领太仓文化产业发展的领军人才和振兴太仓文化产业的重点人才。从2010年开始，5年内培育和引进5名文化产业领军人才和20名文化产业重点人才。文化产业领军人才奖励30万元，给予100万元项目资助；文化产业重点人才奖励10万元。新引进的领军人才再给予30—50万元的安家补贴，新引进的重点人才再给予15—25万元的安家补贴。入选太仓科技创新创业领军人才计划的，按太仓科技创新创业领军人才计划相关政策享受资助。入驻太仓文化产业园的文化产业人才计划项目，由载体单位提供不少于100平方米的工作场所，免收三年租金，并根据项目情况，优先推荐给创业风险投资基金，提供发展文化产业所需的金融优质服务，优先推荐申报省、市文化产业引导资金。太仓文化产业人才计划由市委宣传部会同市文广新局、体育局具体实施。

6、太仓教育人才计划

实施太仓教育人才计划，5年内引进或培养1名教育名家（或江苏省人民教育家工作培养对象）、4名教授级中学高级教师、4名江苏省特级教师、10名苏州市名教师名校长、20名中小学学科建设领军人才，新增30名苏州市学科带头人。教育名家一次性奖励20万元，新引进的再给予30—50万元的安家补贴。新引进的高校学科建设领军人才、教授级中学高级教师、省特级教师，给予15—25万元的安家补贴。资助每位中小学学科建设领军人才以上人才每年1万元，每位苏州市学科带头人每年5000元作为学术经费。制订出台鼓励太仓籍优秀高中毕业生报考师范类专业的相关政策，在每年录取的师范类专业并志愿回家乡工作的太仓籍优秀学生中，按高考分数由高到低确定15名学生，在高校学习期间享受太仓市人民政府助学金每人每年10000元。太仓教育人才计划由市教育局具体实施。

7、太仓卫生人才计划

实施太仓卫生人才计划，鼓励开展高水平的科学研究和技术创新，着力培育和引进一批学术造诣较深、知名度较高、德才兼备的学科带头人。从2010年起，5年内培育和引进苏州市卫生领军人才1名、卫生重点人才5名，太仓市卫生学科带头人10名、卫生专业技术骨干20名。苏州市卫生领军人才一次性奖励40万元，卫生重点人才一次性奖励10万元。新引进的卫生领军人才，再给予30—50万元的安家补贴；新引进的卫生重点人才，再给予15—25万元的安家补贴。资助每位卫生学科带头人每年2

万元，每位卫生专业技术骨干每年1万元作为学术经费，所在单位应以不少于1:1比例作相应配套。制订出台鼓励太仓籍优秀高中毕业生报考卫生类专业的相关政策，在每年录取的卫生类专业并志愿回家乡工作的太仓籍优秀学生中，按高考分数由高到低确定15名学生，在高校学习期间享受太仓市人民政府助学金每人每年10000元。太仓卫生人才计划由市卫生局具体实施。

8、太仓旅游人才计划

启动实施太仓旅游人才计划，鼓励旅游行业培育和引进一批旅游项目策划、产品开发、电子商务、资本运作、市场营销（含导游服务）、酒店管理等方面的紧缺人才。从2010年起，5年内培育和引进3—5名能够引领太仓旅游业发展的领军人才、10—15名能够在推进太仓旅游业发展中发挥骨干作用的重点人才。旅游领军人才和重点人才5年内享受政府薪酬补贴，旅游领军人才每人每年补贴4万元，旅游重点人才每人每年补贴1万元。新引进的旅游领军人才，再给予30—50万元的安家补贴；新引进的旅游重点人才，再给予15—25万元的安家补贴。太仓旅游人才计划由市旅游局具体实施。

暂未列入上述人才计划资助的人才，根据太仓人才工作和人才队伍建设需要，由市人才办牵头，会同相关部门参照上述计划制定相应的政策措施，并纳入我市引进和培育高层次人才计划政策体系。

积极组织创新创业人才（团队）申报国家“千人计划”、省“创新创业人才引进计划”和“姑苏人才计划”，凡经评审入选国家“千人计划”（创业类）、省“双创计划”（创业类）和“姑苏人才计划”的项目（团队），列入太仓市高层次人才计划，除享受项目的上级下拨资金部分外，其他就高享受“522”人才工程政策资助。

三、配套服务

1、创新服务政策。对高层次创新创业人才在居留和出入境、落户、医疗、保险、住房、税收、通关、子女入学、配偶安置、法律服务等方面，出台系列政策，享受特定生活待遇。通过政企合作等多种方式加快人才公寓建设，力争全市新增一批人才公寓，并在我市高层次人才集聚区投资兴建一批适应高层次人才特殊需求的生活、就业、娱乐等公共设施。

2、建设服务平台。全面建设太仓市科技领军人才服务中心，合理设置服务功能，科学编制工作流程，建立健全跟踪服务机制，开通服务热线，努力为高层次人才创新创业提供功能齐全、水平专业、标准规范的一站式、全过程服务，塑造政府招才引智和科技招商形象，着力打造人才服务品牌。

3、夯实用才载体。结合我市重点产业发展，加强各类科技创新创业创意园区的布局规划与建设引导，高标准建成一批重大科技平台、大学科技园、科技创业园、软件园、LOFT工业设计园、科技企业加速器等载体、园区，力争到2015年全市建成“三创”载体100万平方米，更好地承接高层次人才创新创业。大力引进国家级科研院所、重点实验室和内外资研发机构，扎实推进企业院士工作站、博士后工作站、研究生工作站和工程技术研究中心、企业技术中心建设，积极引导企业增加研发投入，全力支持企业建设研发平台，鼓励开展科技研发活动。

4、优化融资环境。积极引进和培育金融产品创新、风险投资与资本运作方面的专业人才，通过设立创业风险投资基金和扩大财政融资担保资金、鼓励国有企业参与创业风险投资等途径，发挥政府创业风险投资企业和投资资金的引导作用，全力支持社会风险投资企业跟进投资。探索建立科技创新企业与金融服务机构的合作机制，搭建创新创业融资服务平台，择优扶强一批高层次人才创新创业企业。

5、拓展招才引智平台。建好太仓各类人才市场服务平台，实现海内外引才网上申报、常年受理、分类招聘。在全市建立引才专员队伍，深入企业排摸人才基本信息和需求情况，建好人才信息库和人才档案；在国内外人才集聚地建立一批人才招聘工作站，聘请引才顾问，完善引才网络，加大赴海内外招聘的力度。策划组织苏州国际精英周太仓分会场活动，举办领军人才专场推介会和太仓市产学研对接交流洽谈会等活动，宣传推介太仓人才政策和创新创业环境，引导海内外高层次人才携带科技项目和智慧成果，与创新载体、创业资本、创业团队等进行多元对接。深入推进科技镇长团工作，建立高校联合研究生院，着力探索政产学研长效合作机制。

6、加快社会化进程。鼓励社会中介组织与培训机构参与人才资源开发，按照产业发展规划布局以及高层次人才开发需求，引导非政府组织参与高层次人才和紧缺人才的引进与培育，对积极推荐并成功引进国家、省、苏州市、太仓市创新创业人才计划人才的海内外社团组织、中介机构和个人给予奖励。

7、完善学术生态。对国内外知名学术机构和学术组织在太举办的高层次学术活动，择优给予不少于5万元的资助，对在太仓建立学术会议基地的，根据会议层次和规模予以重点资助。支持高层次人才在职攻读学历学位、申请科研项目资助、参加高层次学术交流和培训教育活动，推荐高层次人才参加各类学术组织，以及在高校和科研院所兼职从事学术活动。

8、健全激励机制。组织开展娄东英才奖、太仓科技创新创业市长奖评选。设立太仓市产业创新人才奖，奖励在技术、研发、管理创新等方面作出突出贡献的创新创业人才。每年7月份组织开展全市人才宣传服务月活动，加大优秀人才和人才工作先进典型的宣传，进一步营造尊重知识、珍惜人才、鼓励创新、崇尚创业的浓厚氛围。

四、组织保障

1、加强组织领导。落实“一把手”抓“第一生产力”责任制，把加强高层次人才队伍建设摆上各级党委政府重要议事日程。市人才工作领导小组具体负责高层次人才队伍建设的统筹协调工作，市委组织部（人才办）、宣传部、市经信委、教育局、科技局、人社局、文广新局、卫生局、旅游局等部门要做好高层次人才的引进、落户、服务、项目评审、跟踪管理等工作。各镇（区）结合实际，有针对性地制定引进高层次人才计划的具体措施，指定专门机构和人员负责本地、本部门和企业高层次人才的引进工作。

2、强化目标考核。坚持镇（区）党政领导干部科技、人才目标责任制考核制度，健全完善考核指标体系，进一步强化量化考核和绩效导向。积极贯彻落实促进科学发展的党政领导班子和领导干部考核评价办法，把科技、人才工作纳入各级党政领导班子和领导干部考核评价体系。进一步完善体现地区科学发展水平的统计要素体系，把反映人才质量的核心数据纳入各镇（区）情况统计的重要内容。

3、加大资金投入。扩大太仓市人才开发专项资金规模，各镇（区）要设立相应的人才开发专项资金，全市人才开发资金总额每年不低于1亿元。鼓励用人单位加大对高层次人才投入，为高层次人才提供科研、项目经费。

本意见自发布之日起实施，本意见颁发前有关文件与本意见内容不一致的，以本意见为准。

中共太仓市委

太仓市人民政府

二○一○年六月二十二日

杭州市人民政府关于鼓励和吸引海外高层次人才入驻浙江海外高层次人才创新园创新创业的若干意见（试行）

（杭政〔2010〕3号）

为认真贯彻中央和省委关于实施海外高层次人才引进计划的精神，有效搭建海外高层次人才来我市创新创业的良好平台，大力引进经济社会发展急需的海外高层次人才，促进产业结构调整和经济发展方式转变，现就鼓励和吸引海外高层次人才入驻浙江海外高层次人才创新园（以下简称“海创园”）创新创业提出如下意见。

一、引进条件

（一）引进人才标准。

本意见所指的海外高层次人才，是指在海外获得硕士学位，学成后在海外创业或工作连续3年以上，或者获得博士学位，学成后在海外创业或工作连续2年以上；到海创园内企业工作并签订3年以上《劳动合同》或《聘用合同》，或者在基地内创办企业，并担任法人代表的创新创业人才。上述人才原则上每年在园区内工作时间应不低于6个月。具体分为三类：

1．领军人才（简称A类人才）。是指在业内有较大影响、居世界先进水平和国内领先的科学家。应具备下列条件之一：

（1）在自然科学方面的研究成果具有重要科学价值，得到国内外同行专家认可，达到国内领先或国际先进水平；

（2）拥有自主知识产权，在技术上有重大发明创造或重大技术革新，在国内处于领先地位，且其技术成果能够填补国内空白、经过实施创造显著的经济和社会效益；

（3）在海外大型企业或知名高校、科研机构关键岗位从事研发和管理工作3年以上，带技术、带项目、带资金来杭创办（领办）高新技术企业，拥有国际先进且市场开发前景广阔的高新技术科研成果。

2．重点人才（简称B类人才）。是指掌握核心技术或关键技术的高端研发人才。应具备下列条件之一：

（1）在国外著名高校、研究机构担任相当于副教授、副研究员及以上职务的专家、学者；

（2）国际某一学科或技术领域的学术带头人；

（3）主持过国际大型科研或工程项目，具有丰富的科研、工程技术经验的专家、学者或工程技术人员；

（4）拥有符合省、市、区重点发展产业、行业、领域的项目，掌握核心技术的高层次专业技术人才；

（5）文化创意产业发展需要的杰出人才。

3．优秀人才（简称C类人才）。是指熟悉研发技能的各类科研骨干，必须是省、市、区重点发展产业、行业和专业领域紧缺和急需的海外人才。

（二）产业门类。

1．电子信息产业类研发项目。包括网络与通信设备，集成电路设计，电子专用设备仪器和新型电子元器件，信息安全关键技术产品与系统，数字音视频产品，应用变频控制、模糊逻辑控制等技术家用产品，智能化低压电器、配电自动化系统、高压自动化系统，现代传感技术、故障诊断和自动控制技术研发等项目，以及与互联网、物联网相关的信息技术及产品的研发项目。

2．生物医药产业类研发项目。包括生物反应及分离技术，发酵工程关键技术及重大产品，生物材料及产品，保健食品；新型疫苗，单克隆抗体系列产品与检测试剂，新型给药技术及药物新剂型；生物技术药物；重大疾病防治创新药物；中药现代化项目；新型医疗器械、仪器及药用包装材料，生物医学材料，医学信息技术及远程医疗技术等的研发项目。

3．新材料新能源产业类研发项目。包括高性能金属材料，特种功能材料，光通信材料，电子与微电子材料，高性能纤维复合材料，有机硅材料，绿色建材与节能建材等；新能源汽车技术，太阳能光伏技术，风电、核电、生物质发电设备制造技术，LED半导体照明技术，新型电源及储能技术研发等项目。

4．装备制造产业类研发项目。包括工业自动控制技术、仪器仪表、节能装备、交通运输及大型成套技术装备的研发；环保机械设备、环境自动监测系统、生态环境建设与保护技术及装置、污水处理技术、中水循环利用技术、节能减排技术、绿色制造关键技术与装备研发等项目。

5．软件与创意产业类项目。

（1）信息技术外包（ITO）、业务流程外包（BPO）等服务外包项目；

（2）各类设计、管理与应用软件，信息处理软件开发项目；

（3）操作系统、数据库系统、软件平台与中间件项目；

（4）信息增值服务项目；

（5）动画设计、漫画制作、网络游戏等项目；

（6）“三网”融合技术，3G及下一代移动通信技术、数字电视及下一代广播电视传输技术等项目。

6．服务中介平台类项目。包括对创新基地及创业园项目研发、产业发展具有重要平台作用的中介服务机构，项目孵化平台。

对以上产业领域的项目，企业必须具有核心自主知识产权，项目建设必须符合低碳减排、环境友好等条件。

（三）场地控制标准。

1．研发类项目。

（1）租赁现有写字楼的条件：由海外高层次人才设立或拥有一定数量海外高层次人才的研发机构。

（2）购置现有写字楼的条件：

①具备租赁写字楼的条件。

②有一定数量的高水平研发人员。具有大学本科及以上学历或工程师及以上职称的科技人员占研发机构总人数的比例达40%以上；非独立法人的研发机构，其科技人员占企业科技人员总数的比例达20%以上。

海外高层次人才比例根据研发人员总数不同，分段设置最低标准。其中50人（含）以下的，海外高层次人才数不低于10%；51—100人（含）段，不低于6%；100人以上部分，不低于3%。并拥有1名以上B类人才，或7名以上C类人才。

③有必需的研发经费。具有独立法人的研发机构，其研发经费应占年度总收入的40%以上；非独立法人的研发机构，其研发经费应占企业销售收入的5%以上。

（3）受让国有建设用地土地使用权的条件：

①具备购置写字楼的条件。

②省级（含）以上研发机构，或者研发成果获省级（含）以上科技二等奖以上的研发机构。

③海外高层次人才比例根据研发人员总数不同，分段设置最低标准。其中50人（含）以下的，海外高层次人才数不低于10%；51—100人（含）段，不低于6%；100人以上部分，不低于3%。并拥有1名以上A类人才，或3名以上B类人才。

（4） 世界500强、国内500强或民营企业100强企业计划在海创园购地设立研发机构的，须符合以下条件：

①总投资不少于300万元/亩。

②自入驻签约之日起3年内引进海外高层次人才不少于50人，其中1名以上A类人才。

3年内未达到要求的，加收土地出让金或按成本价收回土地及建筑物。

2．产业化项目。

（1）租赁现有写字楼的条件：

由海外高层次人才投资设立或拥有一定数量海外高层次人才的产业项目，入驻海创园后，工商注册登记必须在余杭区。

（2）购置现有写字楼的条件：

①具备租赁写字楼的条件。

②注册资金不少于1500元/平方米；年销售收入不少于2万元/平方米；年利税不少于2000元/平方米。

③海外高层次人才比例根据企业研发人员总数不同，分段设置最低标准。总人数在100人（含）以下的，海外高层次人才比例不低于6%；100人以上部分，不低于3%。并拥有1名以上B类人才，或7名以上C类人才。

（3）受让国有建设用地土地使用权的条件：

①具备购置写字楼的条件。

②注册资金不少于210万元/亩；固定资产投资强度不少于350万元/亩；单位土地年销售收入不低于700万元/亩；单位土地年利税不少于70万元/亩。

③海外高层次人才比例根据企业研发人员总数不同，分段设置最低标准。其中总人数在100人（含）以下的，海外高层次人才比例不低于6%；100人以上部分，不低于3%。并拥有1名以上A类人才，或3名以上B类人才。

按照节约集约用地的原则，凡受让土地的研发、产业项目，单个项目用地规模一般控制在15亩左右，原则上最高不超过40亩。土地性质为科研、办公用地，按规定办理相关土地出让手续。

（四）项目评审程序。

1．建立项目和人才评估专家评审制度。由国家、省、市有关部门推荐产业项目评估和人才评价方面相关专家，建立项目评估专家组和人才评价专家库，制订评审办法，规范评审程序。

2．进驻该区块的项目需先实施项目评估和人才评估。对租用办公楼的，由余杭组团（创新基地）管委会负责审核；对购置写字楼和受让土地的，经项目评估专家组和人才评价专家组负责评估提出意见后，由余杭组团（创新基地）管委会审核确定，以确保项目落地的科学性。

二、鼓励政策

入驻海创园的企业和人才在享受国家、省、市有关企业扶持、人才服务政策的同时，可享受以下优惠政策：

（一）支持研发机构（创新）发展的政策。

1．研发项目补助。在研发建设项目的前3年，按研发机构实际购买设备金额的20%、实际发生研发费用的30%予以补助。单个企业当年度资助金额最高不超过200万元。

2．办公用房租赁补助。研发机构租赁的本部自用办公用房，按房屋年租金的60%给予补贴，单个企业每年最高补助不超过50万元，补助期限不超过3年。实际租赁价格高于市场价的，按市场价计算租房补助。

3．研发人员生活补助。3年内，视项目对地方财政作出的贡献，对有关研发人员的特定生活开支给予一定的补助（具体办法另行制订）。

4．高新技术成果奖励。对获国家科技进步一、二等奖（或与之相当的其他奖项）或浙江省科学技术一、二、三等奖（或与之相当的其他奖项），并在规划指定区域实施产业化的研发成果，分别给予500万元、200万元、150万元、100万元、50万元奖励。

（二）支持人才创业的政策。

1．入驻科技企业孵化器企业的补助。

为降低创业者的创业风险，提高创业成功率，促进高新技术成果产业化，帮助和支持科技型中小企业成长与发展，对入驻科技企业孵化器（包括大学科技园、创业服务中心等，以下简称“孵化器”）的企业给予以下补助：

（1）租金补助。对入驻孵化器的科技企业，第一年租金全额补助，第2年至第3年补助房屋租金的70%，单个企业每年最高补助不超过50万元。

（2）项目补助。设立科技企业孵化器种子资金，用于扶持入驻企业的新产品开发和高新技术产业化项目。种子资金采用分期拨款、无偿资助的方式进行扶持，根据项目技术先进性、产业化水平、市场开拓的程度，单个项目按20万元、50万元、80万元3个等次进行资助。项目批准后，拨付60%；项目期满通过验收后，拨付40%。

（3）场地保障。由余杭组团（创新基地）管委会建设一定面积的标准厂房，用于孵化毕业企业租赁；并为孵化毕业企业提供发展用地。

2．高新成果产业化补助。

高新成果产业化项目经专家评审，分为重点项目、一般项目。重点项目立项数最高不超过当年产业化项目立项总数的20%。对特别重大的项目，政府实行“一事一议”。高新成果产业化项目可享受以下扶持政策：

（1）重点项目补助政策。

①跟进投资。政府创业投资引导基金按创投企业对企业实际投资额的30%以内比例跟进投资，单个项目最高不超过600万元。由杭州市引导基金与余杭区引导基金按7：3比例同步跟进投资（具体操作程序按照杭州市政府创业投资引导基金管理办法执行，下同）。

②租金补助。按房屋年租金的60%给予补贴，单个项目每年最高补助不超过50万元，补助期限不超过3年。实际租赁价格高于市场价的，按市场价计算租房补助。

③贷款贴息。给予两年内最高500万元银行（含小额贷款公司）贷款的全额贴息，并给予再担保和使用还贷周转应急资金的支持。

④设备资助。单个项目在建设期内完成设备投资额500万元以上的，给予项目设备投资额15%的资助，单个项目最高资助不超过500万元。本条款和项目贷款贴息不重复享受。

⑤人才生活补助。3年内，视项目对地方财政作出的贡献，对有关海外高层次人才的特定生活开支给予一定的补助（具体办法另行制订）。

（2）一般项目补助政策。

①跟进投资。政府创业投资引导基金按创投企业对企业实际投资额的30%以内比例跟进投资，单个项目最高不超过300万元。由杭州市引导基金与余杭区引导基金按7：3比例同步跟进投资。

②租金补助。按房屋年租金的30%给予补贴，单个项目每年最高补助不超过20万元，补助期限不超过3年。实际租赁价格高于市场价的，按市场价计算租房补助。

③贷款贴息。给予2年内最高300万元银行（含小额贷款公司）贷款的全额贴息，并给予再担保和使用还贷周转应急资金的支持。

④设备资助。单个项目在建设期内完成设备投资额300万元以上的，给予项目设备投资额7%的资助，单个项目最高资助不超过200万元。本条款和项目贷款贴息不重复享受。

⑤人才生活补助。3年内视项目对地方财政作出的贡献，对有关海外高层次人才的特定生活开支给予一定的补助（具体办法另行制订）。

3．创业投资服务。

（1）建立创业投资服务中心海创园分中心。市创业投资服务中心在海创园设立分中心，为资本与项目连接提供服务通道，并提供日常的融资咨询、中介服务、创业辅导，组织风险投资（VC）、私募股权投资（PE）机构与海创园企业对接会，帮助创新项目寻求战略合作者。

（2）建立引导和风险补偿基金。杭州市、余杭区各出资2500万元设立贷款“风险池”，将“风险池”作为引导基金存入合作银行，由合作银行按1:8比例放大提供信贷支持；引导银行加大信贷支持，对合作银行贷款实际出现的本金损失，“风险池”予以部分风险补偿（具体办法另行制订）。

（3）创新信贷融资模式。引进杭州银行科技支行，发挥市区两级国有担保公司特别是科技担保公司的作用，为海创园的创业企业和高科技企业提供知识产权质押、公司股权质押、订单和应收账款质押以及期权回报等创新模式的信贷融资。

（4）培育园区企业上市。市、区金融办（上市办）加强与海创园管理部门的合作，积极推动海创园企业上市的引导和培育，对基本符合条件的企业优先列为创业板、中小板上市培育对象。

（三）人才服务政策。

1.对创新创业人才分类给予安居扶持。

（1）A类人才。根据引进人才的要求，结合引进项目的实际情况，由政府以“一事一议”的方式确定引进政策，最高可给予总额不超过300万元的安家费补助。

（2）B类人才。

①提供人才公寓。统一提供面积不低于120平方米的人才公寓，前3年租金免缴。

②租房补助。自行租房的，3年内对其实际支付租金给予全额补助，每人每年最高补助不超过3万元。

③购房补助。在特定区域范围内购房的，可申请最高50万元的购房补助，用人单位主体需按1：1比例给予配套补助。

④提供人才专项用房。可优先购买杭州市、余杭区人才专项用房。

（3）C类人才。

①提供人才公寓。统一提供面积不低于40平方米的人才公寓的，前3年租金免缴。

②租房补助。自行租房的，3年内对其实际支付租金给予60%补助，每人每年最高补助不超过1万元。

③安家费补助。45周岁以下具有博士研究生学历、学位或具有正高级职称人员，给予最高不超过20万元的安家费补助。

④提供人才专项用房。可优先购买杭州市、余杭区人才专项用房。

2．海创园引进创新创业人才符合教授职务基本任职条件的，结合个人意愿，可向省内高校推荐聘任为兼职教授或客座教授。

3．海创园内经认定的高层次创新创业人才，根据本人要求，可选择办理杭州市或余杭区回国留学人员工作证，其保险、医疗、交通等方面待遇，原则上按照属地原则解决，浙江省、杭州市未覆盖余杭区的优惠政策延伸覆盖至海创园引进的海外高层次人才。

4．海创园内引进的海外高层次创新创业人才，其子女在杭州市区就学，原则上按属地原则解决，符合《关于在杭留学回国等人员子女入（转）杭州市区中小学有关事项的通知》（杭教高中〔2008〕24号）要求的，按《通知》精神办理。

5．在海创园企业工作的海外高层次人才，回国后首次申报评定职称，可按实际专业技术水平和能力直接申报评定相应等次的专业技术资格，其在国外取得的业绩成果，可以作为申报职称时的业绩成果提交。

6．鼓励海外留学生入园创业，对符合条件进园创新创业的，一次性给予自谋职业自主创业社会保险补贴；鼓励入园的企业吸纳海外留学生，对入园企业接收海外留学生，与其签订1年以上期限劳动合同并缴纳社会保险费满1年的，一次性给予2000元用工补贴和社会保险费补贴。

鼓励入园企业吸纳大学毕业生就业、参与创业。对入园大学生毕业生参加“创办你的企业”（SYB）和创业模拟实训的，给予每人800元的补贴；参加技能培训并取得职业资格证书的，按培训鉴定费的50%给予补贴，最高不超过200元，其中属于杭州紧缺工种的，可全额补贴；参加见习训练的，可按照杭州市区的有关政策执行。

上述经费，列入失业保险基金支付项目。

三、组织管理

（一）组织机构。

由浙江海外高层次人才服务中心负责海创园日常服务和管理。

（二）资金来源和管理。

海创园政策的兑现由市与余杭区按照规定比例承担相关费用，同时，争取省里支持。

（三）操作程序。

1．项目备案。

需申报财政资助的科技项目，应于上年度将项目计划报浙江海外高层次人才服务中心备案。备案时应提供以下相关资料：

（1）经有关部门批准或企业决策层的有关文件、决议；

（2）项目实施方案（包括经论证的可行性方案、投资预算、完成期限等）。

2．项目申报。

浙江海外高层次人才服务中心常年受理项目申报，并根据需要分批组织评审。企业在申请项目资助时，需提供以下材料：

（1）项目财政资助资金申请报告；

（2）项目财政资助资金申请表；

（3）项目核准批复（或备案书）及其他需要提供的相关文件；

（4）购置主要生产设备的财务清单以及有资质的中介机构出具的项目审计报告；

（5）其他有关材料。

3．政策兑现。

浙江海外高层次人才创新园服务中心对申报的项目进行审核后，报相关部门审批后，由余杭区负责政策兑现。

四、附则

（一）分类人才认定由用人单位负责申报，经规定程序认定后（认定细则另行制订），颁发《浙江海外高层次人才创新园人才证书》。

（二）享受办公用房租金补助的单位应在相关协议中明确承诺：办公用房投入使用后3年内不改变用途或转让、转租，如因特殊原因必须改变用途、转让或转租的，已发放的补助予以退还。补助面积按经认定的三类人才每人不超过50平米的标准核定。

（三）对已经享受省内相关政策的引进项目和人才转移至海创园的，予以享受省内相关政策与本政策的差额部分。本政策与余杭区其他产业扶持政策不重复享受；本政策中研发机构建设、入驻孵化器企业补助、产业化项目补助等政策有交叉的，就高享受一次。

对获得杭州市级及以上财政资金扶持的项目，上级有配套要求的，余杭区财政按照要求或按不低于上级扶持资金额度进行配套补助；获得多级财政资金扶持的，就高进行配套；项目已经获得余杭区财政资金补助或奖励的，视作配套并相应抵扣配套补助数额，抵扣不足的部分予以补足。

（四）本政策扶持对象以外的人才，按照属地现有人才政策享受有关待遇。

（五）海创园内引进人才、入驻企业（项目）符合杭州市政府出台的其他扶持政策条件的，可以同等享受。

杭州市人民政府

二〇一〇年七月九日

杭州市全球引才“521”计划实施意见

（市委办发〔2010〕35号）

为认真贯彻落实中央《关于实施海外高层次人才引进计划的意见》（中办发〔2008〕25号）和省委办公厅、省政府办公厅印发的《关于大力实施海外优秀创业创新人才引进计划的意见》（浙委办〔2009〕73号）精神，大力引进杭州经济社会发展急需的海外高层次创业创新人才，进一步推进人才强市和城市国际化战略，加快建设与世界名城相媲美的“生活品质之城”，现就实施杭州市全球引才“521”计划提出以下实施意见。

一、目标任务

紧紧围绕杭州经济社会发展需求，从2010年开始，用5年时间，面向全球引进20个以上海外优秀创业创新团队，100名以上带着重大项目、带领关键技术、带动新兴学科的海外高层次创业创新人才（简称全球引才“521”计划）。同时，5年内全市引进1500名以上海外留学人员，500个左右的留学人员创业项目。

目前，国内其它各个城市都在积极贯彻落实国家“千人计划”，大力引进海外高层次创业创新人才。在这样激烈的人才竞争中，要实现这一目标，任务非常艰巨，我们必须充分发挥自身的优势和特色。杭州不与其它城市比资金、比资助、比待遇，而要与其它城市拼环境，以一流环境吸引一流人才；拼服务，以一等服务赢得一流人才；拼真情，以一片真情留住一流人才。

二、总体要求

（一）解放思想，创新理念。牢固树立人才资源是杭州第一资源、人才优势是杭州第一优势的理念；牢固树立以一流环境吸引一流人才、以一流人才创造一流业绩的理念；牢固树立人才投入是收益率、回报率最高的生产性开发性投入的理念；牢固树立不唯学历、不唯职称、不唯资历、不唯身份，不拘一格降人才的理念。

（二）大气开放，整体推进。在引进海外高层次人才工作上坚持“四个结合”，即坚持发达国家引才与发展中国家引才相结合，国外引才与国内引才相结合，个体引才与团队引才相结合，刚性引才与柔性引才相结合。以“天下人才天下用，天下人才为我用”和“不求所有，但求所用”的开放气魄，进一步开阔眼界、开阔思路、开阔胸襟，引进海外高层次人才。

（三）按需引进，突出重点。根据我市经济社会发展、促进产业转型升级的要求，围绕重点创业项目和创新项目，重点学科和重点实验室，重点企业和重点园区等，大力引进我市“3+1”现代产业体系和社会事业发展中紧缺急需的海外高层次创业创新人才和团队，增强引进的针对性和实效性。

（四）重在使用，以用促引。积极搭建平台、完善扶持政策、营造良好氛围，充分发挥各类用人单位的主体作用，努力把海外高层次人才吸纳到能够发挥其专业和特长的岗位，为他们提供干事创业的舞台。充分信任、放手使用，更好地发挥海外高层次人才的作用，以用好人才来吸引和留住更多的人才。

三、引才标准

杭州市全球引才“521”计划引进的人才一般应在海外取得博士学位，年龄不超过55周岁，引进后每年在本市工作一般不少于6个月，并符合以下条件之一：

（一）拥有自主知识产权和发明专利，或掌握核心技术、其技术成果国内先进或能够填补国内空白，具有产业化前景的海外高层次创业人才或海外优秀创业创新团队；

（二）适合我市重点发展的高新技术产业、先进制造业、文化创意产业、现代服务业和现代农业等，具有创业经验的海外高层次创业人才或海外优秀创业创新团队；

（三）在世界500强企业、国际知名企业机构担任中、高级职务2年以上，熟悉相关领域和国际规则的高层次专业技术人才和经营管理人才；

（四）在国外知名高校、科研院所从事重大项目、关键技术或新兴学科的研究工作，并担任相当于副教授以上职务的高级专家学者；

（五）我市紧缺急需的其他海外高层次创业创新人才可采取个案研究的办法引进。业绩突出的紧缺特需人才，在引才条件上可适当放宽。

四、政策待遇

入选杭州市全球引才“521”计划的人才，可享受以下相关政策待遇：

（一）创业支持。创业项目经评审后，给予100万元以上的项目资助资金，最高不超过500万元。资助资金根据项目推进情况分步落实到位。对特别突出的创业项目，实行“一事一议、上不封顶”的政策；为企业提供融资服务，对其具有市场需求的高新技术产品产业化过程中流动资金不足的，提供两年期最高500万元的信用担保贷款，并给予两年内实际信用担保贷款额度的50%贴息；有关城区承担相应的资助和贴息经费。鼓励社会投资机构、民营企业对创业项目进行投资，政府创业投资引导基金优先进行跟投。对于符合政府采购条件的企业产品，优先参与政府采购项目招投标；优先在西博会、文化创意产业博览会等展会上设立企业产品专场（专柜）。

（二）财政扶持。创办独立纳税的企业，前三年按上缴地方财政收入比上年新增部分的地方分成80%返还企业，用于企业在杭继续投资发展。

（三）鼓励再次创业。宽容创业失败者，对首次创业3年内失败的，经评估后再次创业的，可再给予不超过200万元的创业资助，并帮助总结经验教训，鼓励创业失败者再次创业。

（四）科研条件。凡承担国家、浙江省、杭州市科扶项目的，经评审，分别给予最高100万、50万、30万元的配套资助。担任项目负责人的，在规定职责范围内，自主决定科研经费的使用；有权决定团队成员的聘任，所聘人员可采取协议工资制，在编制上予以特殊保障。

（五）职称评定。建立专业技术职称评定绿色通道，可不受资历、工作年限等条件限制，破格评审副高以上专业技术职称。入选国家和浙江省“千人计划”人选的，可直接确定副高以上专业技术职称。可聘请为高等院校、科研院所、企业研发中心等首席教授、首席专家或政府首席顾问等。邀请参与重大项目咨询论证、重大规划和重大标准制订、重点工程建设等工作。

（六）居留落户。外籍的及其随迁外籍配偶和18周岁以下子女，按国家有关规定，经公安部批准后，由公安机关为其发放《外国人永久居留证》；对尚未获得永久居留证的，可凭《外国专家证》向杭州市公安局出入境管理部门申请外国人居留许可，或凭一、二类申请单位证明，申请2-5年有效期的多次往返签证。具有中国国籍的及其共同居住生活的配偶、直系亲属，可在实际居住地申请定居和落户，并不受住房、年龄和居住年限等条件的限制。

（七）安家补助。给予80万元人民币的安家补助，并提供购买一套不低于120平方米的人才专项住房，安家补助费按服务期限逐年到位。携团队来杭创业或工作的，其团队核心成员具有海外博士学位的给予10万元、硕士学位的给予6万元的住房补贴，并可优先申购人才专项住房。凡6个月以下短期来杭工作的，给予提供免费租住一套120平方米以上的高档公寓。

（八）社会保障。按我市现行政策规定参加工作地或落户地组织的各项社会保险，并享受相应权利。用人单位在办理各项社会保险的基础上，可为其购买商业补充保险。卫生部门将技术、设备一流的医疗单位作为健康定点单位，发放专门的医疗保险证，提供优质医疗服务，并定期开展健康体检。

（九）家属安置。其配偶由用人单位妥善安排工作，暂时无法安排的，用人单位可参照本单位人员平均工资水平，以适当方式为其发放生活补贴。其子女无论是否具有中国国籍，均可按照本人意愿，选择当地公办幼儿园和中小学校就读。当地教育部门要优先为其协调办理入学手续。

（十）薪酬待遇。用人单位应考虑引进人才回国（国外）前的收入水平，与本人协商确定。对到企业工作，并作出突出贡献，可实行期权、股权和企业年金等中长期激励措施。

五、工作机制

（一）明确工作职责。杭州市全球引才“521”计划的实施工作，在市委人才工作领导小组领导下，市委组织部（人才办）主要牵头负责制定重大政策，协调解决工作中的重大问题，督促指导计划落实等工作；市人事局主要负责编制年度引才目录和计划、组织开展引才活动、开设专门服务窗口及指导区、县（市）的引才等工作；市科技局主要负责各类科研院所中的重点创新项目、科技成果产业化等人才的引进工作；市经委主要负责相关大企业大集团等人才的引进工作；杭州师范大学和浙大城市学院等高校由本校自行组织实施。用人单位是人才引进和使用的主体，要提供相应的服务和保障，包括提出引才需求、推荐拟引进人选、提供工作平台、安排岗位等。

（二）规范申报程序。（1）用人单位根据自身需求物色引进人选，符合条件的，经主管部门审核后，向相应牵头单位提出申报。（2）牵头单位对推荐人选进行初审，提出初选名单报市委人才办。（3）市委人才办组织专家对初选人选进行评审，专家直接从浙江省海外高层次人才评审委员会中聘请；对提出的建议人选名单，以适当形式在一定范围内公示。（4）市委人才办将公示无异议的建议人选名单报市委人才工作领导小组审定。（5）经市委人才工作领导批准的名单，由市委人才办批复用人单位。（6）用人单位根据批复意见，按照相关法律法规，与引进人才签订工作或服务协议，并办理相关手续，工作或服务期限一般不低于5年。（7）引进人才到岗后，市委人才办制发“杭州市特聘专家”证书，有关部门按照职责落实相关政策，用人单位提供相应配套支持。（8）符合条件的海外高层次人才也可以通过自荐的方式直接向市委人才办申报，需要以特殊方式引进的人才，由市委人才办商有关部门后按既定程序办理。（9）列入杭州市全球引才“521”计划的人选，优先向国家和浙江省“千人计划”人选推荐；入选国家和浙江省“千人计划”人选的，直接纳入“521”计划人选管理，并享受中央和省委有关文件确定的相应政策和待遇。

（三）拓宽引才渠道。拓宽海外高层次人才引进渠道。每年举办浙江杭州国际人才交流合作大会，每年组织赴海外招才引智。注重以才引才，充分发挥各类海外侨团、留学人员社团、海外中介组织的桥梁和纽带作用，与海外留学人员社团建立紧密型合作机制，采取政府购买服务方式委托社团招才引智。每年组织一批海外留学人员团体来杭参加考察、交流洽谈。加强与驻外使（领）馆、留学人员组织及国外中介机构的协作，充分发挥杭州海外人才联络处作用，定期发布人才供需信息和创业项目信息，促进供求对接。加快建立完善海外高层次人才信息库和留学人员创业项目库。

（四）搭建引才平台。积极筹建余杭仓前浙江企业海外高层次人才创新基地，充分发挥杭州高新开发区（滨江）国家级海外高层次人才创新创业基地的作用，把基地建设成为吸纳海外高层次人才的重要平台。加强各类高新技术产业园、科技园、经济开发区，尤其是留学人员创业园等园区建设。积极引进国内外名校名所和大院大所。大力支持杭师大等市属高校提升办学水平。进一步加强杭州市和浙大、中国美院及在杭国家科研院所等单位的合作。充分发挥各类用人单位的主体作用，鼓励和支持用人单位通过各种形式引进海外高层次人才。鼓励企业到海外设立研发中心，在国（境）外直接聘用海外人才。

（五）完善服务机制。提供全程“保姆式”的优质服务。设立海外高层次人才服务窗口，明确职责和专人，协助用人单位为海外高层次人才落实和办理特殊政策，在有关技术职务评审、科技项目资助、奖励申报、投资创业注册登记以及居留和出入境、落户、医疗、保险、住房、子女就学、配偶安置等方面提供一站式、个性化、全方位的服务。将入选国家和浙江省“千人计划”的海外高层次人才列入市领导联系的专家范围，及时了解和帮助解决其在工作生活中遇到的困难。

（六）营造引才环境。深入实施“环境立市”战略，开展环境差异化竞争，充分发挥杭州环境优势。大力改善绿色生态、空气质量、基础设施、经济水准等硬环境，进一步推进生态城市、健康城市和森林城市建设，实施低碳新政，建设低碳城市；大力改善人文环境、体制环境、法治环境、政策环境、人际环境等软环境，进一步推进与世界各城相媲美的“生活品质之城”建设，吸引更多的海外高层次人才来杭创业创新。

中共杭州市委办公厅
杭州市人民政府办公厅
二〇一〇年三月二十二日

杭州市余杭区实施高层次人才“千人计划”的若干意见

（区委办〔2010〕182号）

为大力实施人才兴区战略，打造高层次人才集聚高地，充分发挥高层次人才在各领域的引领作用，进一步推进落实“六大发展战略”，实现经济社会跨越发展，现就实施余杭区高层次人才“千人计划”提出如下意见。

一、指导思想、总体目标和基本原则

（一）指导思想

坚持以科学发展观为统领，坚持“四个尊重”方针，深入实施人才兴区战略，以提升人才竞争力为主线，以开发高层次创新创业人才和经济社会发展重点领域人才为重点，以优化人才发展环境为保障，构筑高层次人才集聚高地，推进人才队伍整体开发，为打造最适宜居住的“品质之城、美丽之洲”提供强有力的人才保障和智力支持。

（二）总体目标

到2015年，重点引进和培育海外创新创业人才、重点产业发展紧缺高层次人才、企业高端经营管理人才、社会事业发展急需高水平人才和高素质专业化复合型党政人才共1000名以上。

（三）基本原则

——坚持高端引领、开放聚才。把引进经济社会发展急需的高层次人才作为人才工作的重中之重，以更加开放的视野引进和使用人才，把积极引进国内外人才和智力作为提升我区人才总体水平的有效途径，统筹开发利用好国内国外两种人才资源，充分发挥高层次人才在各领域的引领作用。

——坚持创新机制、优化环境。创新人才工作体制机制，切实解决高层次人才队伍建设和工作中的重点问题，打造尊重人才、见贤思齐的社会环境，鼓励创新、宽容失败的工作环境，待遇适当、无后顾之忧的生活环境和公开平等、竞争择优的制度环境，吸引广大高层次人才来余杭创业发展，促使各类优秀人才脱颖而出。

——坚持以用为本、服务发展。把充分发挥各类人才的作用、促进余杭科学发展作为人才引进的根本出发点和落脚点，围绕用好用活人才来引进高层次人才，鼓励支持高层次人才干好事业，为余杭经济社会发展服务。

二、重点工作任务和举措

（一）大力引进海外创新创业人才

根据《余杭区构建现代产业体系规划纲要》，围绕新能源、新材料、生物医药、先进制造、信息服务等新兴战略产业和重点产业方向，重点实施创新创业“551”计划，即：5年内引进在海外取得硕士及以上学位、具有海外创业经验或国外知名企业工作经历、拥有自主创新成果和较好产业化前景项目的带技术、带项目、带资金的创新创业人才500名以上（其中包括10名左右在业内有较大影响、居于世界先进水平和国内领先地位的科技领军人才），年销售收入超1000万元的留学人员企业100家以上。

落户余杭并由海外创新创业人才领衔的创业项目，经专家评审后，确定为A类、B类、C类项目，分类给予相应扶持。给予最高600万元的创业启动资金，最高500万元的担保融资贷款，最高100万元的贴息资助；提供最高1000平方米的工作场所，并免除3年租金。对于特别突出的重大项目，可以采取“一事一议、上不封顶”政策给予扶持。

海外创新创业人才创办的企业， 3年内年销售收入超5000万元的，再给予最高1000万元的担保融资贷款和最高100万元的贴息资助。

根据创业项目评定结果，领衔创业项目的海外创新创业人才分类享受相应优惠政策。给予最高300万元的安家补贴；提供100平方米的高层次人才公寓，并免除3年租金，或给予相应租房补贴。

（二）大力引进重点产业发展紧缺高层次人才

针对高新技术、生物医药、电子商务、先进制造、资本运作、金融保险、休闲旅游、文化创意、现代农业等重点产业和优势企业，5年内引进具有高学历、高职称、高创造性、高技能，具有技术专长和相关工作经历，能够引领和助推我区“3+1”重点产业发展的紧缺高层次人才200名以上。

引进的重点产业发展紧缺高层次人才，经专家评审后，享受相应优惠政策，给予最高100万元的安家补贴；提供100平方米的高层次人才公寓，并免除3年租金，或给予相应租房补贴。

（三）大力引进和培育企业高端经营管理人才

5年内培育和引进具有较强现代企业管理能力、熟练掌握资本运作、懂管理善经营、业绩突出的高端经营管理人才100名以上。

引进的区外高端经营管理人才，经专家评审后，享受相应优惠政策，提供100平方米的高层次人才公寓，并免除3年租金，或给予相应租房补贴；引进后贡献突出的给予最高100万元的安家补贴。

每年组织50名左右重点企业经营管理领军人才赴境内外培训，200名左右企业经营管理团队核心人才参加国内著名高校专题研修。

（四）大力引进和培育社会事业发展急需高水平人才

围绕实施“民主民生”战略，5年内引进和培育教育、卫生、文化、体育、社会管理等社会事业发展方面的专业技术拔尖人才、学术带头人或高级管理人员100名以上。

引进的社会事业发展急需高水平人才，经专家评审后，享受相应优惠政策，给予最高100万元的安家补贴；提供100平方米的高层次人才公寓，并免除3年租金，或给予相应租房补贴。

每年组织一批教育和卫生领域骨干人才参加国内外专题研修、挂职研修。

（五）大力引进和培育高素质专业化复合型党政人才

立足余杭实际，围绕实施“六大发展战略”，5年内引进和培育政治思想素质过硬，有较高学历，掌握金融、规划设计、项目建设、城市管理、产业园区经营与管理等专业知识、管理知识，并具有丰富工作经验和较高业务能力的高素质专业化复合型党政人才100名以上。

加大公开招聘和选拔党政干部力度，不断优化党政干部队伍专业结构。加大党政干部培养力度，引导和鼓励党政干部继续学习深造，每年选派50名左右优秀中青年党政干部赴国内外知名高校培训，或赴上级部门挂职锻炼；每年选派100名以上中青年党政后备干部赴基层一线、项目一线、艰苦岗位实践锻炼。

三、配套政策和服务

1、加大投入力度。全区每年各级财政用于人才引进、资助、培养、奖励、各类创投基金投入、人才创业平台建设、人才工作运行等方面的投入，不少于当年财政总收入的1%；全区每年用于配套和建设高层次人才专用房（公寓）的投入，不少于当年全区土地出让金的1%，从2011年起，每年提供不少于200套精装修的高层次人才公寓。

2、拓展引才渠道。加强与国家部委、我国驻外使（领）馆、浙大人才驿站、海外中国留学生协会、各类华侨科技协会以及国内外知名猎头公司的合作，每年定期组团赴海外及国内大城市举办人才招聘活动，大力引进我区经济社会发展急需的各类高层次人才。围绕重点产业发展，突出创业创新主题，每年组织举办国际人才创业对接活动，拓宽海外高层次人才引进渠道。

3、强化育才留才。高度重视本土人才和现有人才的培养、使用和服务，确保人才“留得住、用得好”。积极构筑人才国际交流平台，在与国际一流人才合作中不断提升本土人才国际化水平。发挥“大培训”机制作用，区各级财政设立的培训专项资金，重点用于鼓励和支持全区现有各方面人才的业务培训和学历进修。健全完善人才认定、人才专用房租售、职称评定等制度，调动和激发广大人才的积极性和创造性。强化人才激励，在物质奖励的同时，给予人才一定的政治待遇和社会荣誉。

4、加快平台建设。加快“海创园”建设，进一步发挥余杭“留创园”、“大创园”作用，健全各类人才创新创业平台。结合地区重点产业发展，加快杭州余杭创新基地、余杭经济开发区、仁和先进制造业基地建设，大力推进产业发展平台。加快科技平台建设，大力引进国家级科研院所、重点实验室和工程技术研究中心，5年内，全区高标准建成5个重大科技平台、5个科技创业园，孵化面积达到500万平方米。扎实推进企业院士工作站、博士后工作站、研究生工作站建设，积极引导企业增加研发投入，全力支持企业建设研发平台，鼓励开展科技研发活动。

5、优化融资环境。区财政设立5000万元创业投资发展基金，专项用于扶持引进的海外高层次人才创业。制定出台促进股权投资业发展实施办法，拓宽直接融资渠道，服务企业创新创业。加快发展科技担保业务，完善再担保机制，确定有关国资担保公司，为科技人才创业提供担保。鼓励民营企业出资成立股权投资基金，直接投资新兴产业和科技创新型企业。引入风险投资机构为高新技术成果转化提供支持，引导各金融机构创新信贷产品和服务，切实解决创新创业人才的融资需求。

6、加强政产学研合作。加强与浙江大学的全方位合作，推进双方资源共享、优势整合、互利双赢、产学共兴。继续深化我区与浙大在医疗、人才、科研、项目等各领域的战略合作，加快合作建设医学中心、国际学校、国际科技园等项目。加快建设杭州大学新城，加强与省内外高等院校的交流合作，充分发挥高校和科研机构的人才资源优势。吸引高等院校、科研单位与企业开展创新合作，培养高层次人才和创新团队，建立产学研良性合作机制。

7、重视人才激励。对入选国家、省“千人计划”，为余杭经济社会发展作出重要贡献的高层次人才，在国家、省、市奖励的基础上，同时给予100万以内的配套奖励。激励企业等用人单位在引进紧缺高层次人才中发挥主体作用，对培育引进列入区“千人计划”高层次人才工作突出的企业，给予最高50万元的人才工作经费奖励。

8、健全生活保障。加快制定出台海外人才居住证管理办法，及时为海外高层次人才提供户籍注册，积极为海外高层次人才及其家属提供居留、出入境、申领机动车驾驶证和行驶证等方面的便利，使高层次人才享受本区户籍居民同等待遇。统筹解决高层次人才配偶就业和子女入学问题。高层次人才配偶愿意在余杭就业的，根据原就业情况及个人条件，优先安排就业或向用人单位推荐就业。高层次人才及其配偶、子女可参加我区社会保险，并享受相应待遇。高层次人才子女入校（园），可优先安排到优质学校（幼儿园）就读。提供优质医疗服务，高层次人才及其配偶、子女在定点医疗保健单位享受“绿色通道”服务；免费为高层次人才提供健康咨询，每年提供健康检查、咨询等服务。与著名医院建立合作关系，为高层次人才就医保健提供便捷服务。

9、提供优质服务。在杭州余杭创新基地（海创园）、余杭经济开发区、仁和先进制造业基地设立人才服务管理中心，组建专业化服务团队，专职承办引进人才（团队）的政策咨询、接待洽谈、代办各项审批服务手续、办理各项优惠政策工作，为高层次人才提供全天候“一对一”保姆式服务。各有关部门要设立专门办事窗口，为高层次人才（团队）落户余杭提供便利和服务。

四、组织领导和工作机制

1、加强组织领导。高层次人才“千人计划”在区委、区政府统一领导下，由区委人才工作领导小组统筹协调和宏观指导。根据实施“十二五”人才发展规划和高层次人才“千人计划”的需要，进一步调整充实区委人才工作领导小组成员单位。加强区委人才领导小组办公室建设，增设内设科室，增加人员力量，支持其更好地发挥职能作用。

2、创新工作机制。建立人才工作议事协调机制，定期协调解决全区人才引进与培养工作。建立高层次人才（项目）评审评价机制，组建“千人计划”评审专家库和评审委员会，对引进的项目和高层次人才开展评审，为分类落实有关政策、做好服务和保障提供依据。

3、明确职责分工。由区委人才办负责，每年年末量化确定下一年年度高层次人才工作任务，细化分解到各有关责任单位。各有关部门要按照各自职责，分别提出年度阶段工作计划，制定具体实施细则和操作办法，保证“千人计划”的顺利实施。

4、强化目标考核。余杭区高层次人才“千人计划”实行党、政一把手负责制，列入年度目标责任制考核。各有关单位要切实加强职责领导，制定工作计划，明确专人负责，确保“千人计划”取得实效。同时将高层次人才引进、培养、使用工作纳入各级党政领导班子和领导干部考核评价体系，对先进单位及领导班子给予表彰。

五、本意见自发文之日起执行。原政策规定与本意见不一致的，以本意见为准。

中共杭州市余杭区委办公室
杭州市余杭区人民政府办公室
二〇一〇年十二月十五日

临安市科技创新人才管理办法

（临委办发〔2010〕114号）

为切实加强对我市科技创新人才（知识分子、科技人员拔尖人才）的选拔、管理和服务工作，充分发挥科技创新人才的作用，特制定本办法。

第一条 本办法所指的“临安市科技创新人才”是指在市委人才工作领导小组领导下，由市委组织部、市人事局、市科技局组织实施，并经市委、市政府命名表彰，获得“临安市科技创新人才”称号的人员（以下简称科技创新人才）。

第二条 科技创新人才的选拔、管理工作在市委人才工作领导小组领导下进行。市委组织部、市人事局、市科技局是负责具体选拔、管理工作的主管部门。全市各有关部门应积极协助，大力支持。

第三条 科技创新人才一般每三年评选一次，每次选拔10名。对已获得“临安市科技创新人才（科技拔尖人才）”荣誉者原则上不再重复评选。

第四条 科技创新人才一般应从产业一线的科技人员中产生，评选采取推荐申报、资格审查、评审、公示、审批等五个步骤进行，并接受社会监督。（具体评选办法另行制定）

第五条 科技创新人才列入市科技创新人才管理系统，管理期为三年，并可推荐列入临安市“812”人才培养管理对象（其奖励、培养经费按就高、不重复原则享受）。对管理期届满的科技创新人才，科技、人事部门要把他们纳入重点人才对象进行管理，落实相关待遇等措施，做好服务工作。

第六条 科技创新人才在管理期内享受下列待遇，所需经费由市财政列入人才专项资金预算并拨入市科技局，用于对科技创新人才的奖励等。1、每人给予一次性奖金人民币60000元；2、每年组织一次常规性健康检查；3、每批次安排一次疗休养；4、市医疗卫生管理部门发给“优先就诊卡”。

第七条 科技创新人才在管理期内享受下述权利：1、申报科研项目和科研经费等方面，在同等条件下优先考虑；2、科技创新人才的专业技术职称，所在单位在同等条件下优先聘用。对已聘任中级专业技术职务，在学术研究上有显著成绩者，可不受学历、资历等因素的限制，推荐申报高级专业技术职务；3、在专业对口的情况下，对参加学术会议、安排业务进修和专业技术培训等方面，所在单位应予以优先考虑；4、组织他们参与本市经济社会发展规划和重大项目的论证、咨询等，充分发挥其学科带头作用。

第八条 在管理期限内有下列情况之一的，不再列入管理范围：1、已办理退休手续的；2、由于某种原因不再从事专业技术工作；3、调到市外工作的；4、被取消“临安市科技创新人才”称号的。

第九条 有下列情况之一者，经市委人才工作领导小组认定后，取消其“临安市科技创新人才”称号：1、因违反党纪、政纪受到纪律处分或触犯刑律受到刑事处罚的；2、因个人原因造成国家和集体财产重大损失的；3、存在违反学术道德或职业操守行为，造成严重后果的；4、发生与科技创新人才荣誉称号不相符的其他情形的。

第十条 要保持科技创新人才工作岗位的相对稳定。对在市内调动或调出市外工作的，要报市委组织部、市科技局备案。

第十一条 科技创新人才所在单位和有关部门要切实关心、重视科技创新人才，积极主动帮助他们解决在医疗、住房、子女入学、家属就业等方面存在的突出问题。

第十二条 对扶持爱护科技创新人才成绩显著的单位和个人按规定予以表彰奖励；对利用压制、刁难科技创新人才者或弄虚作假骗取科技创新人才称号者予以严肃处理。

第十三条 本管理办法由市科技局负责解释。

中共临安市委办公室
临安市人民政府办公室
二〇一〇年十一月二十九日

中共平湖市委 平湖市人民政府关于加快高层次创新型人才引进培养的若干意见

（平委发〔2010〕39号）

为深入学习实践科学发展观，加快转变经济发展方式、推进经济转型升级，根据《中共浙江省委浙江省人民政府关于在推进经济转型升级中充分发挥人才保障和支撑作用的意见》（浙委办〔2009〕14号）等有关文件精神，现就我市加快高层次创新型人才引进培养提出如下意见：

一、明确加快高层次创新型人才引进培养工作目标

（一）指导思想

坚持以邓小平理论和“三个代表”重要思想为指导，全面贯彻落实科学发展观，深入实施人才强市战略，突出服务经济转型升级这个重点，充分发挥党委政府的主导作用和用人单位的主体作用，确保高层次创新型人才引进培养工作取得新突破，为加快推进平湖经济社会全面走上科学发展之路提供强有力的人才保障和智力支撑。

（二）总体目标

根据我市经济社会发展对人才的新需求和现有人才队伍的状况，重点引进培养我市高新技术行业、重点优势行业和现代服务业等优先发展的产业领域急需的各类高层次创新型人才，力争到2014年实现高层次创新型人才有较大幅度增长，全市引进海内外领军人才不少于10名、副高职称或硕士学位以上高层次人才不少于200名，完成3000名创新型专业人才的培养，使全市创新型人才的供给总量、结构和素质基本适应科技创新、产业升级和发展模式转型的需要。

（三）适用对象范围

1．第1类对象：具有正高级专业技术职务任职资格人员；省“151人才工程”第一、二层次培养人选及相当于这一层次的省级创新型人才。

2．第2类对象：具有博士学位或具有副高级专业技术职务任职资格人员。

3．第3类对象：具有硕士学位专业人才；嘉兴市级（含）以上突出贡献专业人才、学术技术带头人及相当于这一层次的市（地）级创新型人才；具有高级技师资格的高技能人才。

二、加大对引进高层次创新型人才的补助力度

（四）对引进人才实施工资外津贴。对由我市企业正式引进，60周岁以下并与用人单位签订三年以上（含）劳动（聘用）合同的给予工资外津贴，按比例分三年兑现。具体标准为：第1类对象补助9万元，第2类对象补助6万元，第3类对象补助3万元。

（五）对引进人才实施购房补助。对由我市企业正式引进，60周岁以下并与用人单位签订三年以上（含）劳动（聘用）合同，在本市范围内首次购买商品住宅的，凭房产证给予购房补助，按比例分三年兑现。具体标准为：第1类对象补助12万元，第2类对象补助10.5万元，第3类对象补助6万元。购房补助，每户只能享受一次。申请购房补助时，实际购房款低于上述标准的，按实际购房价补助。申请人若在服务期内离开本市，则停止发放。

（六）对拔尖人才实施特殊补助。对由我市企业正式引进，60周岁以下并与用人单位签订三年以上（含）劳动（聘用）合同的浙江省特级专家或条件相当的高级专家、获国务院特殊津贴人员和获得中华技能大奖的高技能创新人才，工资外津贴、购房补助各为20万元；正式引进国家级有知名度的高级专家（指国家级重点学科、重点实验室、工程技术研究中心的学科学术技术带头人，国家有突出贡献中青年专家和国家“百千万”人才工程第一、二层次入选专家，国家“千人计划”入选专家）工资外津贴、购房补助各为30万元。对由我市企业正式引进，引领我市产业升级、提升创新能力，为我市经济社会发展作出突出贡献的特殊人才，经市委人才工作领导小组研究同意，可给予特殊的政策补助。

（七）对国有企业事业单位引进人才实施专项补助。对我市国有企业、事业单位引进的紧缺急需的重点岗位人才，办理录用和调入本市手续后工作满两年，在科技创新、成果转化、经营管理和文化创新等方面取得显著成果，经济社会效益明显的，给予一次性专项补助。具体标准为：第1类对象补助12万元，第2类对象补助10万元，第3类对象补助5万元。具体办法由组织、人事部门另行制订。

（八）对“柔性”引进人才实施专门补助。对“柔性”引进到我市企业工作的人才，与用人单位签订劳动（聘用）协议、工作业绩明显的，每满一年给予补助。具体标准为：第1类对象奖励8000元，第2类对象奖励6000元，第3类对象奖励3000元。补助期限最长为三年。

（九）对企业引聘人才实施税收贴补。对企业正式引进、聘用年薪10万元以上的创新型人才、高级技师，在聘期内， 其个人所得税地方留成部分，三年内全额奖励给本人，奖励资金由市、镇街道两级财政分级负担。

三、加强创业创新领军人才和重点创新团队的引进培养

（十）积极实施创业创新人才引领工程。围绕我市重点产业的提升和高新技术产业的发展，着力引进培育创业创新领军人才和重点创新团队，引领高层次创新创业人才队伍建设，逐步形成与平湖跨越式发展相适应的高层次人才链。

（十一）加大对创业创新领军人才和重点创新团队的扶持力度。制订相关配套政策，对带技术、带项目、带资金的领军人才和重点创新团队，经上级评审认定后，可享受相应的扶持政策。

四、引导企业吸纳创新型人才

（十二）鼓励企业为人才提供社会保障。对正式引进人才，并为所引人才办理社会保险和住房公积金缴存手续一年以上的企业，给予一次性奖励。具体标准为：第1类对象奖励8000元/人，第2类对象奖励5000元/人，第3类对象奖励3000元/人。

（十三）鼓励企业引进国外智力。凡申报并被批准立项的引进国外智力项目，经有关部门认定后，每完成一项给予申报单位不超过10万元的奖励，主要用于国外专家来华生活补助。

（十四）鼓励企业参与人才招聘。对参加省、嘉兴市组织的人才招聘活动或本市组织的赴外地人才招聘活动的单位，视情给予一定补助。

五、完善创新型人才的引进机制

（十五）鼓励国内外知名猎头公司和人才咨询机构来我市开展业务。对新引进的知名专业人才中介机构（人才猎头），并在服务平湖人才引进和培养方面作出较大贡献的，给予1—5万元奖励。

（十六）发挥“大学生实习基地”引才择业的平台作用。对接收由人事部门推荐的平湖籍实习生实习的实习基地，给予一定的经费补贴。具体标准为：博士800元/月，硕士500元/月，本科300元/月。补贴期限最长不超过6个月。补贴经费待实习结束后由人事局核拨给实习基地，实习生生活费标准及其他待遇，由实习基地自行确定。

（十七）鼓励与高校、科研院所共建研发机构。对来我市企业研发机构开展科研活动的博士研究生或具有副高以上职称的专家，实际工作1个月以上，并最终完成研究计划目标取得成果的，按实际服务期限给予每月2000元的生活补贴。补贴期限最长不超过6个月。

（十八）鼓励企业申报博士后科研工作站。企业每成功申报1家省级博士后科研工作站，市财政一次性补贴10万元；每招收1名博士后研究人员，在站工作期间分别给予博士后3万元的生活补助和科研工作站4万元的项目资助。博士后研究期满后继续留平工作，符合相应条件的，享受引进人才工资外津贴和购房补助。

（十九）吸引海外留学人才来平创业创新。对引进到我市企业工作的海外留学人才，经人事部门办理人事代理手续的，按同类人员同等待遇实行工资外津贴和购房补助。

六、加强高层次创新型人才的培养

（二十）对入选的市级以上学术技术带头人给予奖励。凡入选省“新世纪151人才工程”的学术技术带头人，在管理期限内第一、二层次的人员（国家“百千万人才工程”和省级优秀人才）分别给予每月1000元和800元奖励；列入省“新世纪151人才工程” 第三层次和嘉兴市专业技术带头人的，在管理期限内给予每月500元奖励；列入平湖市有突出贡献优秀专业人才、专业技术带头人培养人员的，在管理期限内给予每月300元奖励。

（二十一）鼓励企业选送人才参加继续教育。由企业选送专业技术人员参加继续教育，专业技术人员取得相关学历、学位后继续与所在企业签订三年以上合同的，给予企业一次性奖励。具体标准为：博士学位1万元，硕士学位8000元。

（二十二）鼓励企业加大继续教育投入。积极鼓励企业加大对专业技术人员继续教育的经费投入，确保职工教育经费按职工工资总额的1.5%提取，并优先用于高层次人才培训。

（二十三）鼓励企业人才赴外培养深造。有计划地选拔一定数量的高层次人才到国内外高校、科研院所进行培养深造。

七、优化创新型人才的发展环境

（二十四）重视做好引进人才子女就学工作。引进人才的子女，属学前教育或义务教育阶段的学生，原则上按就近入学，由教育部门安排到居住地或父母工作地所在学区公办学校就读；系普通高中学生的，可根据个人意愿和原有基础，由教育部门优先安排到省级重点高中就读。引进对象单位应及时将引进对象子女入学申请、人事部门录用证明等报送教育局。

（二十五）妥善安排引进人才家属就业。引进人才的随迁配偶，属公务员或事业编制身份的，由组织、人事部门负责对口安置工作。其他身份人员原则上由引进单位负责安排，人事、劳动保障部门积极协助推荐就业。

（二十六）建立健全联系、关爱机制。建立各级领导干部联系高层次创新型人才制度，定期听取其对我市经济社会发展的意见和建议，帮助协调解决其在工作和生活中遇到的实际问题。关心高层次创新型人才身心健康，由人才办会同有关部门定期组织体检。

（二十七）健全完善评优评先机制。定期组织开展各类优秀人才和人才工作先进单位评选活动，表彰奖励对我市经济社会发展和科技进步做出突出贡献的创业创新人才。

（二十八）建立招才引智激励机制。设立“招才引智奖”，对引进人才和引进智力成绩突出的镇、街道及相关部门（单位）进行表彰奖励。

八、加强对引进培养创新型人才的组织领导

（二十九）切实加强组织领导。引进培养创新型人才工作在市委人才工作领导小组领导下开展。组织、人事、财政、科技、经贸、劳动保障、农经等部门建立相应的联席会议制度，统一研究协调和解决相关重大事项，联席会议办公室设在人事局，由人事局负责日常工作。

（三十）落实人才开发资金保障。设立市人才开发专项资金，2010年为1000万元，以后根据财力和需要逐年增加，确保各项人才政策兑现到位。各镇、街道和平湖经济开发区（钟埭街道）、独山港区也应根据本地实际，突出重点，加大人才开发的资金投入。

九、其他事项

（三十一）本意见中的企业是指我市各类非国有（控股）企业。引进人才和学术技术带头人同时符合不同类别补助标准的，按就高原则不予重复补助奖励。

（三十二）组织部、人事局会同有关部门依据本意见有关条款制订具体的实施细则。

（三十三）本意见由组织部、人事局负责解释。

（三十四）本意见自2010年1月1日起施行。2006年10月26日中共平湖市委、平湖市人民政府发布的《关于加强高层次人才和智力开发工作的若干规定》（平委办〔2006〕54号）同时废止。

中共平湖市委
平湖市人民政府
二〇一〇年九月二日

嘉兴市创业创新领军人才队伍和重点创新团队建设专项资金管理暂行办法

（嘉创才〔2010〕8号）

第一条 为贯彻落实市委、市政府《关于加强创业创新领军人才队伍和创新团队建设的若干意见》（嘉委〔2009〕35号）及相关配套办法，加强创业创新领军人才队伍和重点创新团队建设专项资金的使用管理，特制定本办法。

第二条 市创业创新领军人才队伍和重点创新团队建设专项资金（简称专项资金）是指由市财政设立的专项用于市本级引进培育的嘉兴市创业创新领军人才和重点创新团队建设资金，其资金来源主要由市级财政预算安排。

第三条 专项资金实行专帐核算、专款专用、注重实效、监督使用的原则。

第四条 专项资金的使用范围及资助标准：

专项资金的使用范围是：市本级入选嘉兴市创业创新领军人才和重点创新团队的资助资金，包括创业创新支持、学术活动资助、安居及购房补助和其它等资助资金。

市创业创新领军人才和重点创新团队的资助标准是：

（一）创业创新支持

1．重点推荐（A类）项目。公司（企业）注册后一个月内，一次性给予创业创新领军人才150万元创业启动资金；一年后根据创业项目年度考核评估，企业运作正常且达到《创业项目计划书》标明的有关指标体系，发展势头良好的，再给予一次性150万元创业奖励资金。

2．优先推荐（B类）项目。公司（企业）注册后1个月内，一次性给予创业创新领军人才100万元创业启动资金；一年后根据创业项目年度考核评估，企业运作正常且达到《创业项目计划书》标明的有关指标体系，发展势头良好的，再给予一次性100万元创业奖励资金。

3．一般推荐（C类）项目。公司（企业）注册后1个月内，一次性给予创业创新领军人才50万元创业启动资金；一年后根据创业项目年度考核评估，企业运作正常且达到《创业项目计划书》标明的有关指标体系，发展势头良好的，再给予一次性50万元创业奖励资金。

4．对市创业创新领军人才创办企业后三年内上缴的企业所得税地方留成部分奖励给企业；市创业创新领军人才和重点创新团队核心成员年薪在10万元以上的，三年内个人所得税地方留成部分奖励给个人。

5．鼓励海内外留学人员协会（联合会）、猎头公司等参与创业创新领军人才的推介工作，对推荐的创业创新领军人才取得A类落户项目每个最高奖励10万元，取得B类落户项目最高奖励5万元，取得C类落户项目最高奖励3万元。

6．经认定，列入国家重点创新团队的，给予100万元资助；列入省重点创新团队的，给予60万元资助；列入市重点创新团队的，给予30万元资助。同时获得以上两个创新团队称号的，按就高不就低的原则不重复享受。

（二）学术活动资助

支持鼓励市创业创新领军人才和重点创新团队核心成员出国（境）参加短期国际学术交流活动，财政有计划给予资助。资助标准视出国经费按70%以内比例确定，创业创新领军人才每人每年最高为2万元，创新团队每年最高为4万元。

（三）安居及购房补助

1．市创业创新领军人才在我市购买首套住房，财政给予50%以内的购房补助，最高为30万元。

2．市重点创新团队核心成员购买首套住房，财政给予8万元购房补助。

3．市创业创新领军人才和重点创新团队核心成员未购买住房的，项目落户地政府提供100平方米左右的周转房或申请人才公寓解决，并给予三年周转房租金补贴。

第五条 创业创新项目资助或奖励资金主要用于：

（一）购买科研仪器和生产设备；

（二）科研活动和学术活动；

（三）领军人才及创新团队保险金及房租费等；

（四）其它与创业投资有关的支出。

第六条 经费的承担

（一）对创业创新领军人才和重点创新团队的各项补助由市级财政和项目落户所在区级财政各承担50%。

（二）企业所得税地方留成部分的奖励市财政与区财政按3:7比例承担，个人所得税地方留成部分的奖励由市财政承担。

（三）对推荐创业创新人才的单位（个人）的奖励由市财政承担。

第七条 专项资金申请拨付程序

（一）资助资金的申请

1．符合创业资金申请条件的企业，在企业注册登记一个月内，填写《嘉兴市创业资助资金申请表》（附件一）并附以下材料：（1）推荐项目认定文件；（2）企业营业执照复印件；（3）与落户地签定的合同副本；（4）其他需要的材料。

2．符合创业创新领军人才推介奖励的协会（联合会）、猎头公司等单位或个人，填写《嘉兴市创业创新领军人才推介奖励申请表》（附件二）并附以下材料：（1）单位法人登记证或居民身份证复印件；（2）推荐的创业创新领军人才认定文件；（3）其他需要的材料。

3．认定为重点创新团队的企事业单位，填写《嘉兴市重点创新团队资助资金申请表》（附件三）并附以下材料：（1）列入重点创新团队的认定文件；（2）企业营业执照或事业法人登记证复印件；（3）其他需要的材料。

4．资助创业创新领军人才和重点创新团队核心成员出国（境）参加短期国际学术交流活动，出国前先向专项办申报，回国后由所在单位填写《嘉兴市参加短期国际学术交流活动资金申请表》（附件四）并附以下材料：（1）《嘉兴市参加短期国际学术交流活动资金申请表》；（2）创业创新领军人才和重点创新团队核心成员的认定文件；（3）企业营业执照复印件；（4）其他需要的材料。

5．符合购房补助的领军人才和重点创新团队核心成员，填写《嘉兴市创业创新领军人才和重点创新团队核心成员购房补助申请表》（附件五）并附以下材料：（1）创业创新领军人才和重点创新团队核心成员的认定文件；（2）购房合同及购房发票；（3）市住房保障局的首套住房证明；（4）其他需要的材料。

6．对享受所得税地方留成部分财政奖励政策的企业和个人，于次年度一季度前填写《嘉兴市企业和个人享受财政奖励申请表》（附件六）并附以下材料：（1）企业年度会计报表；（1）企业或个人纳税申报表；（2）完税凭证复印件。

（二）资助资金的审核拨付

1．申请单位（个人）将各种资助资金申请表和有关材料报所在区人才办和区财政局审核，由区人才办汇总后报“创新嘉兴•精英引领计划”专项办公室（简称市专项办）。

2．市专项办召集有关部门审核各区上报的各项资金资助申请，报市财政局确认后下达专项经费预算给区财政。

3．区财政接到市财政下达的项目资助文件，在一个月内将市级资助资金和区财政配套资金一并拨付给企业或个人。

4．企业和个人所得税地方留成部分财政奖励政策，企业或个人在市专项办核定的税收优惠年限内，实行按年申报，于下一年一季度提出申请，经审核后拨付。

5．人才推介奖励资金，由申请单位或个人将奖励资金申请表和有关材料报市专项办审核后，报市财政局确认拨付。

第八条 资金管理

（一）市专项办、区人才办要根据财政部门规定的预算编制要求，申报专项资金年度预算，经同级财政部门审核并报同级人民代表大会批准后列入年度财政预算，严格按照批准的预算执行。

（二）市专项办、区人才办要根据批准的年度预算，及时编制年度分项用款计划报同级财政部门，财政部门对用款申请审核无误后及时拨付资金。

（三）市专项办、区人才办要认真做好专项资金的核算、清理和对帐工作，并按要求向同级财政部门报送专项资金年度决算和说明，决算资料要做到格式统一、内容完整、数据真实、报送及时。区级财政部门要将审核汇总后的专项资金年度决算及时报送市级财政部门和市专项办。

专项资金年度终了如有结余，按规定结转下一年度继续使用。

（四）市专项办、区人才办要建立健全财务管理规章制度，加强内部财务管理。

第九条 财政和审计部门依法对专项资金的管理和使用情况实施监督，并适时进行专项资金的绩效评价。

第十条 发现单位或个人对专项资金使用不当的，市专项办、区人才办可以收回已拨付的全部款项。

第十一条 单位或个人如有弄虚作假，获取专项资金的，要依法追究相应法律责任。对上述专项资金管理失职的人员要依法依纪严肃处理。

第十二条 市本级南湖区、秀洲区、嘉兴经济开发区按照本办法执行；各县（市）、嘉兴港区政府应参照本办法制定相应的实施办法，各级财政部门应建立和安排好市创业创新领军人才队伍和创新团队建设专项资金，确保各项资助资金及时拨付。

第十三条 本办法由市财政局会同市委组织部负责解释。

第十四条 本办法自发布之日起实施。

附件一：《嘉兴市创业资助资金申请表》（略）

附件二：《嘉兴市创业创新领军人才推介奖励申请表》（略）

附件三：《嘉兴市重点创新团队资助资金申请表》（略）

附件四：《嘉兴市参加短期国际学术交流活动资金申请表》（略）

附件五：《嘉兴市创业创新领军人才和重点创新团队核心成员购房补助申请表》（略）

附件六：《嘉兴市企业和个人享受财政奖励申请表》（略）

嘉兴市创业创新领军人才队伍
和创新团队建设领导小组
二○一○年四月十三日

嘉兴市创业创新领军人才和重点创新团队服务窗口暂行办法

（嘉创才〔2010〕9号）

第一章 总 则

第一条 为贯彻落实《浙江省海外高层次人才引进服务窗口暂行办法》和《“创新嘉兴•精英引领计划”实施办法（试行）》、《嘉兴市重点创新团队遴选办法》，加强对创业创新领军人才和重点创新团队的服务工作，特制定本办法。

第二条 创业创新领军人才和重点创新团队服务窗口是在市有关职能部门设立的为创业创新领军人才和重点创新团队提供服务的专门窗口，主要为创业创新领军人才和重点创新团队提供有关引进工作的政策咨询，并为在我市工作（服务）的“创新嘉兴•精英引领计划”人选和和重点创新团队核心成员落实居留和出入境、落户、医疗、社会保障、住房、税收、子女就学、配偶安置等特殊政策提供高效便捷的服务。

第三条 嘉兴市创业创新领军人才队伍和创新团队建设领导小组办公室统筹指导全市创业创新领军人才和重点创新团队服务窗口的建设和日常运行。

第二章 窗口的设立及主要职责

第四条 市级创业创新领军人才和重点创新团队服务窗口体系由市级服务中心窗口和市级服务分窗口组成。市级服务中心窗口设在市人事局，主要职责是：提供有关人才引进的政策咨询；制定窗口服务制度和服务流程，收集、审核市级分窗口落实特殊政策的办理程序、时限；具体指导、协调、督促市级分窗口和县级服务中心窗口运行；建立健全重点引进人才特事特办制度；建立引进人才特殊政策服务需求和落实情况信息库，定期汇总、分析全市服务窗口运行情况。

第五条 市级服务分窗口设在市科技、统战（侨办、侨联）、教育、公安等部门，主要职责是：提供有关人才引进的政策咨询；细化特殊政策各项具体内容，明确各项内容的办理程序、时限和责任人；协调帮助有关用人单位做好引进人才特殊政策落实，具体负责落实引进人才涉及本部门职能的政策；协助县级服务中心窗口、指导相应县级服务分窗口做好引进人才相关政策落实工作。

第六条 嘉兴经济开发区、嘉兴港区和各县（市、区）结合实际，构建县级创业创新领军人才和重点创新团队服务窗口体系，负责落实本区域内引进人才的特殊政策，协助市级服务窗口做好引进人才相关政策落实工作。嘉兴科技城、浙江科技孵化城（嘉兴）等重点创新平台结合实际，建立相应的服务窗口，协助落实平台内引进人才的特殊政策。

第七条 为加强服务窗口建设和管理，及时了解各地、各部门的工作情况及遇到的问题和困难，市级服务分窗口及各县级服务中心窗口，每月应向市级服务中心窗口报告工作情况，由市级服务中心窗口梳理汇总后，报“创新嘉兴•精英引领计划”专项办公室。

第三章 工作程序

第八条 市级服务中心窗口根据“创新嘉兴•精英引领计划”专项办公室提供的在嘉兴工作（服务）的“创新嘉兴•精英引领计划”人选和重点创新团队核心成员名单，向引进人才所在单位发放《嘉兴市创业创新领军人才和重点创新团队服务手册》和《嘉兴市创业创新领军人才和重点创新团队服务需求登记表》（以下简称《服务手册》、《登记表》）。

第九条 用人单位指定专门人员，向引进人才全面介绍引才政策，准确了解人才需求，认真填写《登记表》报市级服务中心窗口。

第十条 用人单位按市级服务中心窗口审核同意的《登记表》内容，根据《服务手册》准备相关材料，指定专人到市级服务分窗口全程办理有关政策落实事项，同时告知市级服务中心窗口。市级各服务窗口根据引进人才需落实的政策内容，按要求按时办理。市级服务中心窗口应跟踪了解各服务分窗口办理情况，及时协调解决问题。

第十一条 用人单位在每件事项办理完结后，应在十五个工作日内向市级服务中心窗口反馈。

第十二条 各服务窗口在政策落实过程中如因条件限制等原因无法解决的，应做好与用人单位及引进人才本人的沟通解释工作，并由市级服务中心窗口向“创新嘉兴•精英引领计划”专项办公室报告。

第四章 附 则

第十三条 各服务窗口设立单位应根据本办法制定本单位窗口服务实施细则，对窗口服务作出具体规定。

第十四条 本办法自发布之日起实施，由市委组织部、市人事局负责解释。

嘉兴市创业创新领军人才队伍
和创新团队建设领导小组
二〇一〇年四月十三日

中共嘉兴市秀洲区委 嘉兴市秀洲区政府关于加强创业创新领军人才队伍和创新团队建设的实施意见

（秀洲委〔2010〕18号）

为全面贯彻落实中央、省、市人才工作会议和市委、市政府《关于加强创业创新领军人才队伍和创新团队建设的若干意见》（嘉委〔2009〕35号）以及市委办、市政府办《关于印发<“创新嘉兴•精英引领计划”实施办法（试行）>和<嘉兴市重点创新团队遴选办法>的通知》（嘉委办〔2009〕76号）精神，加大创业创新领军人才和创新团队的引进培育力度，提升我区自主创新能力和核心竞争力，充分发挥创业创新领军人才和创新团队在加快构筑“一核两翼”组团式发展新平台、推动全区经济社会发展中的引领作用，结合我区实际，现就加强创业创新领军人才队伍和创新团队建设提出如下实施意见。

一、加强创业创新领军人才队伍和创新团队建设的重要意义

人才是科学发展的第一资源、第一要素和第一推动力，是实施“十二五”规划的核心竞争力。在当今世界科学技术突飞猛进、经济全球化不断深入的大背景下，站在国内外科技前沿和产业高端、具有先进创业理念和较强创新意识的领军人才和创新团队，特别是海内外高层次人才及其创新团队，越来越成为经济转型升级和产业结构调整的急需资源。今后一个时期，是我区加快实现经济转型升级、提升自主创新能力和综合竞争力的关键时期，特别是按照要把浙江科技孵化城（嘉兴）打造成国内一流的“科技企业孵化基地、科研成果转化基地、高新技术产业集聚地”的发展目标，必须超常规、大力度地引进和培育一批创新创业高层次人才及创新团队。因此，迫切需要树立人才优先发展理念，统筹利用国内外人才资源，加快集聚和培育一批创业创新领军人才和创新团队。这是深入实施人才强区战略、推进我区经济社会全面协调可持续发展的坚实支撑；是加快转变经济发展方式、实现经济转型升级的现实需要；也是应对日趋激烈的区域人才竞争、再创秀洲发展新优势的有力抓手。我们必须把加强创业创新领军人才队伍和创新团队建设摆上全区经济社会发展的战略地位，纳入转变经济发展方式、实现经济转型升级的重中之重，充分激发人才创业创新活力，不断增添发展新动力，促进我区经济在新的起点上又好又快地发展。

二、指导思想和目标任务

（一）指导思想。以邓小平理论、“三个代表”重要思想为指导，全面贯彻落实科学发展观和中央、省、市人才工作会议精神，深入实施人才强区战略，坚持以服务秀洲经济社会转型发展为根本落脚点，以各类园区特别是浙江科技孵化城（嘉兴）为主平台，以推进重点产业发展和重大项目落户、促进科技成果产业化为着力点，以全力打造秀洲“人才高地”为根本任务，充分发挥政府主导和企业主体作用，明确目标任务，强化政策保障，完善公共服务，优化人才发展环境，大力引进和培育创业创新领军人才和创新团队，为实现秀洲经济社会的科学发展、和谐发展、赶超发展提供强大的人才支撑和智力支持。

（二）目标任务。紧紧围绕我区“一核两翼”发展重点和“双业并举，转型提升”经济工作主战略，加大重点领域、重要产业、重大项目的创业创新领军人才和创新团队引进培育力度，特别要加快引进和培育以新能源、新材料、航空制造、生物医药、节能环保等为重点的先进制造业和以现代物流、科技研发、电子商务为重点的现代服务业领军人才及创新团队，用5年左右时间，引进培育50名左右区创业创新领军人才，争取其中的15－20名领军人才进入“创新嘉兴•精英引领计划”、“省海外高层次人才引进计划”和国家“千人计划”（以下简称“市级以上引才计划”）；同时打造50个左右区重点创新团队，争取其中的10个创新团队进入市级以上重点创新团队。

已列入市级以上引才计划的人才，作为区创业创新领军人才的当然人选。已列入市级以上的重点创新团队，作为区重点创新团队的当然对象。

三、工作载体

（一）组织实施“聚智秀洲•精英引领计划”。制定《“聚智秀洲•精英引领计划”实施办法》，将创业创新领军人才队伍建设作为一项战略任务来抓，着力集聚一批具有优良品德和强烈创新精神、有较高学术技术水平和研究创新能力、具备战略眼光、善于组织管理的高层次创业创新人才。以国家、省、市、区各类人才工程和重大项目实施工程为载体，大力实施企业人才优先开发战略；深化与高等院校、科研院所的人才合作，进一步促进柔性引才；充分利用高校“人才驿站”，加大海外高层次人才引进力度；积极推进领军人才梯队建设，实施后备领军人才培养计划。各镇、街道、秀洲新区、秀洲工业园区、浙江科技孵化城（嘉兴）、区有关部门及相关企事业单位要紧密结合各自实际，认真研究制定具体的人才引进与培育计划，拓宽渠道，整合资源，落实工作措施，全力推进创业创新领军人才队伍建设。

（二）组织实施“聚智秀洲•创新团队引育计划”。适应我区传统产业提升和新兴产业发展需要，突出浙江科技孵化城（嘉兴）创业创新主平台和重点发展产业、行业龙头骨干企业，大力引进和培育一批企业技术创新团队。制定《“聚智秀洲•重点创新团队”遴选办法》，对重点创新团队予以重点奖励扶持。加强对创新团队建设的分类指导，根据实际需要，可在长期合作基础上，合理配置创新资源，进一步提高团队的整体创新能力；可以打破行业分割、区域限制和行政隶属等界限，围绕共同的目标任务，有机整合企业、高校、科研院所的力量，形成具有自主知识产权和较强竞争力的创新团队；也可以根据产业升级和创新研发项目的需求，引进重点创新团队，带动培养一批科技创新骨干力量，增强自主创新能力。

四、工作举措

（一）加强领导，建立组织机构。完善落实“一把手”抓“第一资源”的体制机制，成立由区委、区政府主要领导任组长，分管领导任副组长，区委组织部、区人事劳动社会保障局等相关部门为成员的区创业创新领军人才队伍和重点创新团队建设工作领导小组。健全区委人才工作领导小组的工作运行机制，区委人才办公室承担领导小组办公室职能，具体研究、协调、解决创业创新领军人才队伍和创新团队建设中的重大事项，定期通报工作情况。领导小组各成员单位根据各自职能，落实工作职责，确保创业创新领军人才队伍和创新团队建设各项任务落实到位。区人事劳动社会保障局、区科技局、区经贸局等部门牵头成立专项办公室，负责“聚智秀洲•精英引领计划”和区重点创新团队遴选认定评价等具体组织实施工作。各镇、街道、秀洲新区、秀洲工业园区、浙江科技孵化城（嘉兴）要相应建立组织，全力配合做好有关工作。

（二）创新机制，强化工作推进。建立人才资金投入机制，设立秀洲区创业创新领军人才和重点创新团队建设专项资金3000万元，确保对创业创新领军人才和重点创新团队的引进、培育和奖励资金到位。各镇、街道、秀洲新区、秀洲工业园区、浙江科技孵化城（嘉兴）要设立相应的创业创新领军人才和重点创新团队建设专项资金，确保相关工作资金到位。强化工作考核机制，将创业创新领军人才和创新团队引进培养工作纳入区对镇、街道、秀洲新区、秀洲工业园区、浙江科技孵化城（嘉兴）和区级机关有关部门的人才工作目标责任制考核，对创业创新领军人才和创新团队引进培育工作成绩突出的，由区委、区政府予以表彰奖励。建立沟通协调机制，强化政府的沟通协调职能，有效统筹各方资源，增强工作合力，及时解决创业创新领军人才和创新团队在工作中遇到的困难和问题。建立业绩评估机制，充分发挥人才资金的使用效益，区有关部门要加强对创业创新领军人才和重点创新团队发挥作用实际情况的定期考核，对已享受扶持奖励的领军人才和创新团队因自身原因未履行相关协议的，经区创业创新领军人才队伍和重点创新团队建设工作领导小组审核批准，取消其享受的相关待遇。

（三）加强宣传，营造浓厚氛围。通过“聚智秀洲•精英引领计划”网站（www.i-xiuzhou.com）、“中国•秀洲”门户网站、举办高规格的人才政策发布会等多种途径，加大我区实施“聚智秀洲•精英引领计划”和“聚智秀洲•创新团队引育计划”的宣传力度，大力推介我区引才政策和创业创新环境，吸引更多的海内外高层次人才来我区创新创业。及时总结推广人才工作的好经验好做法、创业创新领军人才先进典型与重才爱才用才的先进典型，积极营造鼓励人才干事业、扶持人才干成事业、帮助人才干好事业的良好氛围。

本实施意见有关实施“聚智秀洲•精英引领计划”和“聚智秀洲•创新团队引育计划”所涉资金使用管理、相关政策落实等配套实施细则，由各相关职能部门负责制定并组织实施。

本实施意见自发布之日起实施，由区委人才工作领导小组办公室负责解释。

附件1：“聚智秀洲·精英引领计划”实施办法（试行）

根据区委、区政府《关于加强创业创新领军人才队伍和创新团队建设的实施意见》精神，为深入实施人才强区战略，加快引进和集聚创业创新领军人才，进一步提升我区自主创新能力，促进全区经济社会又好又快发展，特制定“聚智秀洲•精英引领计划”实施办法。

一、引进对象和条件

一般应取得硕士及以上学位，学成后在海内外大型企业或知名高校、科研机构关键岗位从事研发或管理工作三年（博士学位的在海内外工作一年）以上，带技术、带项目、带资金（自带资金一般在50万元人民币以上）来秀洲区创业创新（引进后每年在我区工作时间一般在6个月及以上），并具备下列条件：

（一）在国际、国内、省内某一学科或技术领域拥有市场开发前景广阔的高技术含量科研成果；

（二）拥有独立知识产权或核心技术，其技术成果国际、国内先进，能够填补国内、省内空白，具有市场潜力并可产业化；

（三）能引领我区装备制造业、生物医药、新材料、新能源、节能环保等高新技术产业和现代服务业、生态高效都市农业等先导产业快速发展，或推进我区传统产业的快速提升；

（四）拥有可形成我区新的具有良好发展前景产业的重大项目；

（五）项目特别优秀的申报人，可以在学位学历、工作经历、自带资金等方面破格，并在上报时说明破格理由。

入选市级以上引才计划的人才，作为区创业创新领军人才的当然人选。

二、引进程序

引进创业创新领军人才，坚持公开、公平、公正、择优的原则，并按以下程序进行：

（一）信息发布

建立“聚智秀洲•精英引领计划”网络发布平台，每年通过“聚智秀洲•精英引领计划”网站（www.i-xiuzhou.com）、“创新嘉兴•精英引领计划”网站、中国•秀洲门户网站、“211工程”高校网站、嘉兴人才人力网等网站和国内外新闻媒体发布“聚智秀洲•精英引领计划”信息，公告有关事宜。

（二）材料申报

创业项目申报者须在每年规定的时间内登陆“聚智秀洲•精英引领计划”网站（www.i-xiuzhou.com）下载并填写《创业申请书》、《创业项目计划书》，同时提供学历学位、创业（工作）经历、资质证明（证书）、知识产权和发明专利等相关证明材料。

（三）资格审核

由区创业创新领军人才专项办公室会同有关部门和专家对申报人员的学历学位证书、知识产权和发明专利等资质证明（证书）、创业创新经历和创业计划书等材料进行资格审核，提出进入综合评审程序的人员名单。

（四）综合评审

由区创业创新领军人才专项办公室邀请有关专家组成评审委员会，进行综合评审，提出列入“聚智秀洲•精英引领计划”的建议名单。

（五）项目审定及公示

区创业创新领军人才队伍和创新团队建设工作领导小组对“聚智秀洲•精英引领计划”建议名单进行审定后予以公示，经公示无异议的，确定正式入选名单。

（六）签订合同

对已入选“聚智秀洲•精英引领计划”但尚未落户的项目，组织洽谈对接，根据洽谈意向确定项目落户地。项目落户所在地与入选项目领军人才签订合同，明确双方的权利、义务和相关责任。

签约项目必须在签约后的两个月内完成公司（企业）的注册登记工作，区相关部门按有关规定兑现相关政策。

三、扶持政策

（一）按照入选引才计划的具体层次给予入选领军人才不同标准的创业资助。入选国家“千人计划”和省海外高层次引才计划的人才，财政给予300－400万元的创业资助（含上级补助资金）；入选“创新嘉兴•精英引领计划”的人才，财政给予100－300万元的创业资助（含上级补助资金），具体按照市委办、市政府办《关于印发〈“创新嘉兴•精英引领计划”实施办法（试行）〉和〈嘉兴市重点创新团队遴选办法〉的通知》（嘉委办〔2009〕76号）执行，对入选“创新嘉兴•精英引领计划”特别优秀的项目，财政再给予50万元的创业资助；入选“聚智秀洲•精英引领计划”的人才，财政给予50万元的创业资助。以上各类创业资助资金根据公司注册情况和一年运营情况分两次到位。同一项目在不同年度入选不同层次引才计划的，其创业资助资金按就高不重复原则进行补助。对企业创办后三年内所得税形成的地方财政收入部分，全额奖励给企业用于研发或扩大生产。

对于特别优秀的项目，采取“一事一议、上不封顶”的办法给予重点扶持。

（二）项目落户地提供100平方米左右的项目用周转房，三年内免收租金。

（三）从事科技开发项目的，根据其项目的投资需求，由区经贸、科技部门负责协调有关创业风险投资公司给予一定规模的创业风险投资。高新技术产业项目生产过程中流动资金不足的，由区经贸、科技部门负责协调有关担保公司给予一定规模的资金担保。

（四）以技术成果入股投资的，经评估，根据投资方的约定，其技术成果可按注册资本不低于30%、最高不超过70%作价入股。

（五）支持鼓励区创业创新领军人才出国（境）参加短期国际学术交流活动（企业落户后三年内），财政给予资助。资助标准视出国经费按70%比例确定，每人每年最高为2万元。

（六）入选“创新嘉兴•精英引领计划”并落户在我区的领军人才和入选“聚智秀洲•精英引领计划”的领军人才，在我区购买首套住房的，财政给予50%的购房补助，最高为50万元（含上级补助资金）。具体参照区委、区政府《关于印发〈浙江科技孵化城（嘉兴）人才资金管理暂行办法〉的通知》（秀洲委〔2009〕20号）执行。

四、资金保障

入选创业创新领军人才项目的创业资助资金、购房补助资金根据项目入选层次和项目落户地，按照财政分级承担原则，除上级补助资金外，其余部分由区财政与项目落户地的镇、街道、秀洲新区、秀洲工业园区、浙江科技孵化城（嘉兴）分别承担50%。前期的项目评审费、创业创新领军人才应邀来我区答辩洽谈的交通费、在嘉食宿费等经费，在区创业创新领军人才和重点创新团队建设专项资金中列支。

五、其他事宜

（一）设立区“聚智秀洲•精英引领计划”专项办公室。由区委组织部、区委统战部（区台办、侨办、工商联）、区人事劳动社会保障局、区科技局、区发展和改革局、区经贸局、区招商促进局、区三产发展局、区教育文化体育局、区财政局、区农经局、秀洲新区、秀洲工业园区、浙江科技孵化城（嘉兴）等部门联合组成，办公室设在区人事劳动社会保障局，承担引进创业创新领军人才的组织、协调、指导、检查、督促等工作。

（二）对列入“聚智秀洲•精英引领计划”的人才，颁发“秀洲区创业创新领军人才”证书，享受相应的工作条件和特殊的生活待遇、社会保障。

（三）建立年度考核机制，将“聚智秀洲•精英引领计划”的组织实施、政策兑现等工作列入区人才工作目标责任制年度考核的主要内容。

（四）建立 “聚智秀洲•精英引领计划”项目年度考核评估制度，由区科技局牵头，负责对落户项目进行年度考核评估。

（五）鼓励各类中介组织参与创业创新领军人才的推介工作，对推介成功且入选“创新嘉兴•精英引领计划”A、B、C类和“聚智秀洲•精英引领计划”的组织或个人最高分别给予10万元、5万元、3万元和2万元奖励。

（六）本试行办法由区委组织部、区人事劳动社会保障局负责解释。原有政策与本办法不一致的，以本办法为准。

附件2：“聚智秀洲·重点创新团队”遴选办法

根据区委、区政府《关于加强创业创新领军人才队伍和创新团队建设的实施意见》精神，为加快培育、发展壮大我区新兴产业，充分发挥创新团队在推进经济转型升级和产业结构调整中的引领作用，促进全区经济社会又好又快发展，特制定“聚智秀洲•重点创新团队”遴选办法。

一、遴选目标和范围

用5年左右时间，打造50个左右区重点创新团队，争取其中10个进入市级以上重点创新团队。入选市级以上的重点创新团队，作为区重点创新团队的当然对象。

遴选范围为在我区注册的企事业单位，主要是我区重点培育的装备制造业、生物医药、新材料、新能源、节能环保等高新技术产业以及现代服务业、生态高效都市农业等先导产业中引进培育的创新团队。

二、遴选条件

创新团队一般指以团队带头人为核心，团队协作为基础，有明确目标任务，依托一定平台和项目，进行持续创新创造的人才群体。申报区重点创新团队应具备以下条件：

（一）具有突出的创新成果和较高的创新水平。学术（技术）水平在同行中具有明显优势，在相关领域已取得较突出的创新成果，或在相关领域具有明显的创新能力、研发优势和发展潜力；

（二）具备一定规模和结构合理的创新团队。应是长期合作基础上形成的、具有一定规模的创新群体，有合理的专业结构、年龄结构、梯队结构，创新团队成员一般不少于5人，多数成员在单位的工作时间一般不少于6个月，团队中45岁以下成员一般不少于1／2。提倡团队成员的学科交叉、专业多样和能力互补。同一团队带头人不得申请两个及以上重点创新团队；

（三）团队带头人具备履职所需的良好素质。具有较高的学术（技术）造诣和创新思想，品德高尚，治学严谨，具有较强的组织协调能力和团队合作精神，在研究开发群体中有较强的凝聚力。身体健康，有充分的时间和充沛的精力领导团队开展工作；

（四）团队研究方向符合产业发展要求。创新团队的研究方向属于我区优势特色学科并与重点产业发展紧密结合，或是我区重点发展领域、行业和产业亟需解决的关键技术、共性技术、公益技术。主要从事对经济增长、社会进步有重要意义的应用基础研究，或开展有明确的技术路线、能产生重大经济或社会效益的关键技术创新、集成创新和科技成果转化；

（五）具备较好的创新平台和创新机制。一般以业绩优秀并有人才梯队的重点（工程）实验室、工程（技术）中心、重点学科、企业研发中心或产学研合作平台等为依托，具备开展研发的工作条件和环境氛围，有健全的创新管理机制和激励机制。团队带头人及成员有充分的时间和精力从事项目研究工作；

（六）具备良好的社会效益和经济效益。创新团队及其所在单位应模范遵守国家法律法规，诚实守信，社会认可度较高，能为地方经济社会发展做出积极贡献。

三、遴选程序

遴选工作按以下程序和要求进行：

（一）推荐。各镇、街道、秀洲新区、秀洲工业园区、浙江科技孵化城（嘉兴）应根据区重点创新团队的推荐标准和条件，对其所属单位推荐的候选团队进行初选，确定推荐上报的团队名单，按要求将有关材料报区重点创新团队遴选专项办公室。

（二）初审。区重点创新团队遴选专项办公室组织有关专家对照推荐标准和条件，对团队申报材料进行审查，确定候选团队名单。

（三）综合评审。区重点创新团队遴选专项办公室组织相关领域专家组成评审委员会，在综合评审基础上提出区重点创新团队建议名单。

（四）审定公布。对经区创业创新领军人才队伍和创新团队建设工作领导小组审定的区重点创新团队建议名单，在新闻媒体上进行公示，经公示无异议的，确定正式入选名单。

（五）择优申报。对入选的区重点创新团队，择优推荐申报国家、省、市级重点创新团队。

四、政策扶持

（一）对入选为国家、省、市级重点创新团队，分别给予100万元、60万元、30万元的一次性创新资助（含上级补助资金）；对入选为区级重点创新团队，给予10万元的一次性创新资助。同时获得两个以上称号的重点创新团队，或同一创新团队在不同年度入选不同层次重点创新团队的，按就高不重复的原则享受一次性创新资助。

（二）列入区重点创新团队的核心成员（一个重点创新团队不超过3人）在我区购买首套住房，财政给予5万元购房补助。

（三）市级以上重点创新团队核心成员出国（境）参加短期国际学术交流活动，财政给予资助。资助标准视出国经费按70%比例确定，每年最高为4万元（含上级补助资金）。

（四）区重点创新团队成员在医疗保障、家属就业及子女就学等方面，享受我区引进高层次人才优惠政策。

（五）区重点创新团队管理周期一般为3年。

（六）给予重点创新团队一次性创新资助资金及创新团队核心成员的购房补助资金，根据项目入选层次和项目落户地，按照财政分级承担原则，除上级补助资金外，其余部分由区财政与项目落户地的镇、街道、秀洲新区、秀洲工业园区、浙江科技孵化城（嘉兴）分别承担50%。

五、其他事宜

（一）区人事劳动社会保障局、区科技局、区经贸局联合成立区重点创新团队遴选专项办公室，办公室设在区人事劳动社会保障局，负责重点创新团队遴选的组织、协调等具体工作。

（二）区重点创新团队的引进培育工作列入区人才工作目标责任制年度考核的主要内容，由区委组织部、区人事劳动社会保障局具体负责考核的组织实施工作。

（三）本办法由区委组织部、区人事劳动社会保障局负责解释。原有政策与本办法不一致的，以本办法为准。

中共嘉兴市秀洲区委
嘉兴市秀洲区人民政府
二〇一〇年十月二十二日

中共嘉兴市南湖区委 嘉兴市南湖区人民政府关于加强创业创新领军人才队伍和创新团队建设的实施意见

（南委〔2010〕37号）

为进一步贯彻落实《浙江省“海外高层次人才引进计划”暂行办法》（浙委办〔2009〕73号）、浙江省《关于加快推进创新团队建设的意见》（浙委办〔2008〕50号）和嘉兴市《关于加强创业创新领军人才队伍和创新团队建设的若干意见》（嘉委〔2009〕35号）精神，切实推进经济转型升级，充分发挥人才第一资源作用，加大我区创业创新领军人才和创新团队的引进培养力度，提升我区区域自主创新能力和核心竞争力，着力发挥创业创新领军人才和创新团队在推动全区经济社会又好又快发展中的引领作用，特制定如下意见：

一、加强创业创新领军人才队伍和创新团队建设的重要性和紧迫性

人才资源是第一资源。在当今科技进步日新月异、经济全球化日趋深入的情况下，站在国内外科技前沿和产业高端、具有先进创业理念和较强创新意识的创业创新领军人才和创新团队，特别是海外高层次人才，成为我区经济社会全面协调可持续发展的急需资源。今后一个时期，是我区加快实现经济转型升级、提升自主创新能力和综合竞争力、提前基本实现现代化的关键时期，迫切需要树立人才开发国际化理念，统筹利用国内外人才资源，迅速集聚和培育一批科技创业领军人才和创新团队，进一步壮大我区高层次人才队伍，提升我区高层次人才队伍的结构素质，全面增强人才队伍的创业创新能力，为深入开展“三年”活动、着力推进“三大”工程提供强大的人才支撑。

二、加强创业创新领军人才队伍和创新团队建设的指导思想和目标任务

（一）指导思想。

坚持以邓小平理论和“三个代表”重要思想为指导，全面贯彻落实科学发展观，深入实施人才强区战略，以服务重点产业和重大项目、促进科技成果转化和产业化、提升区域自主创新能力为着眼点，以政府为主导、用人单位为主体，明确目标任务，强化政策保障，完善服务体系，健全市场配置机制，优化创业创新环境，加快集聚培育一批创业创新领军人才，打造一批创新团队，大力推进创业创新型高层次人才队伍建设。

（二）主要目标。

1．用5年左右时间，引进培育100名左右南湖区创业创新领军人才，其中30名进入“创新嘉兴•精英引领计划”、“省海外高层次人才引进计划”和中央“千人计划”，力争达到40名。已列入“创新嘉兴•精英引领计划”、“省海外高层次人才引进计划”和 “千人计划”的，自动列为南湖区创业创新领军人才。

2．打造100个左右南湖区重点创新团队，由此带动各领域建设一批不同层次、方向明确、结构合理、开拓创新、团结协作、特色鲜明的创新团队，争取30个进入省、市重点创新团队。

（三）主要任务。

1．大力集聚培育创业创新领军人才。将创业创新领军人才队伍建设作为一项战略任务来抓，着力集聚具有优良品德和强烈创新精神，有较高学术技术水平和研究创新能力，具备战略眼光，善于组织管理的高层次核心创业创新人才。以国家、省、市、区各类人才工程和重大项目实施工程为依托，大力引进、选拔和储备一批创业创新领军人才。组织实施“创业南湖•精英引领计划”，重点引进培育南湖区创业创新领军人才。积极推进领军人才梯队建设，实施后备领军人才培养计划。各镇（街道）、有关部门和创业创新领军人才所在单位要制定具体培养计划，加大投入、完善制度，着力营造领军人才创业创新的良好环境。

2．努力打造优秀创新团队。根据我区经济社会发展总体规划和建设浙江省区域创新体系副中心核心区的需要，立足产业发展、技术革新以及重点项目建设，合理规划布局，大力培育创新团队。制定南湖区重点创新团队遴选管理办法，对重点创新团队给予重点扶持。加强分类指导，可以在长期合作的基础上，根据实际需要合理配置，进一步提高团队的整体创新能力；也可以打破行业部门分割、区域限制和行政隶属关系，围绕共同目标和任务，有机整合企业、高校、科研院所的力量，形成市场化配置、具有自主知识产权，竞争力较强的创新团队；还可以根据产业升级需要，通过项目引进符合我区高新技术产业、现代产业发展方向的创新团队，以此带动培养一批科技创新骨干力量，增强创新实力。

3．加快推进创新平台建设。加快建设各类创新载体，整合资源，在3—5年内，建立5—10家区级人才创新创业基地，积极创建国家、省和市级海外人才创新创业基地，探索实行国际通行的科学研究和科技开发、创业机制，实行特殊政策，打造“人才特区”。继续加大嘉兴科技城建设力度，着力推进国内外高校院所和世界五百强企业、中央直属企业在我区共建科技创新载体。积极探索国家和省市重点实验室创新团队建设新模式，鼓励科研机构、高校和企业联合共建公共实验室。努力培养特钢新城等创业创新平台。加快建设拥有自主知识产权的行业企业技术中心和研发中心，不断提升企业自主创新能力。加快院士专家工作站、综合性博士后科研工作站和留学生创业园建设步伐，为吸引人才、用好人才创造良好条件。

4．着力强化企业主体地位。引导企业完善发展战略，依托企业技术中心、研发中心、工程中心、博士后科研工作站等创新载体，组建各层次、多领域的创新团队，进一步优化企业创新体系。加强企业间纵向、横向合作与交流，组建紧密型、松散型等多种形式的企业创新联合体。积极推进企业开展对外人才交流与合作，大力培养和引进紧缺急需的各类创新人才。支持和鼓励企业加大创新投入，发挥企业在创新投入上的主体作用。落实企业各项技术创新和人才引进政策，鼓励和规范创新成果的合法有序流动，为团队创新创造条件。

5．进一步促进政产学研结合。加大政府推动力度，积极构建以政府为引导、市场为导向、企业为主体、高校科研院所为技术依托的政产学研合作体系。加强与国家部委、省厅的沟通合作，积极争取国家863、973重大科技项目和省重大科技项目落户南湖并实现产业化。鼓励和引导高校、科研院所与企业，按照优势互补、风险共担、利益共享的原则开展创新合作，通过项目合作开发、技术服务、人才交流等，建立产学研良性合作机制。支持创新团队参与或承担重大科研项目和研究课题，区级资助经费向重点创新团队倾斜，要简化手续，优先办理，必要时有关部门应以特别项目形式给予支持。拓宽国际产学研合作渠道，进一步加强与俄罗斯、乌克兰、韩国以及欧美等国家技术合作，逐步提高产学研合作创新的能力和水平。鼓励校企兼职，为高校或科研机构的科技人才到企业兼职创造条件、提供保障，继续深入开展博士进企业活动。推进企业柔性引才引智，鼓励和支持企业以技术、项目合作或兼职、顾问等方式柔性引进创业创新领军人才。

三、创业创新领军人才和创新团队的对象条件

（一）本意见所指创业创新领军人才一般应取得海内外硕士及以上学位，学成后在海内外大型企业或知名高校、科研机构关键岗位从事研发和管理工作三年（博士学位在海内外工作一年）以上，带技术、带项目、带资金（自带资金50万元人民币以上）来南湖创业并具备下列条件之一：

1．在国际、国内某一学科或技术领域拥有市场开发前景广阔的高技术含量科研成果；

2．拥有独立知识产权或核心技术，且其技术成果国际先进，能够填补国内空白，具有市场潜力并可产业化生产；

3．能引领装备制造业、电子信息、生物医药、新材料、新能源、节能环保等高新技术产业，现代服务业、生态高效都市农业等先导产业快速发展；

4．拥有可形成南湖区新的具有良好发展前景产业的重大项目。

（二）创新团队一般是指以团队带头人为核心，团队协作为基础，有明确目标任务，依托一定平台和项目，进行持续创新创造的人才群体。本意见所指创新团队应具备以下条件：

1．具有突出的创新成果和较高的创新水平。学术（技术）水平在同行中具有明显优势，在相关领域已取得较突出的创新成果，或在相关领域显示出明显的创新能力、研发优势和发展潜力；

2．具备一定规模和结构合理的创新团队。应是长期合作基础上形成的、具有一定规模的创新群体，有合理的专业结构、年龄结构、梯队结构，创新团队成员一般不少于5人，团队中45岁以下成员一般不少于1/2。提倡团队成员的学科交叉、专业多样和能力互补。同一团队带头人不得申请两个及以上南湖区重点创新团队；

3．团队带头人具备履职所需的良好素质。具有较高的学术（技术）造诣和创新思想，品德高尚，治学严谨，具有较强的组织协调能力和团队合作精神，在研究开发群体中有较强的凝聚力。身体健康，有充分的时间和充沛的精力领导团队开展工作；

4．团队研究方向符合产业发展要求。创新团队的研究方向属于我区优势特色学科并与重点产业发展紧密结合，或是我区重点发展领域、行业和产业亟需解决的关键技术、共性技术、公益技术。主要从事对经济增长、社会进步有重要意义的应用基础研究，或开展有明确的技术路线、能产生重大经济或社会效益的关键技术创新、集成创新和科技成果转化；

5．具备较好的创新平台和创新机制。一般以业绩优秀并有人才梯队的重点（工程）实验室、工程（技术）中心、重点学科、企业研发中心或产学研合作平台等为依托，具备开展研发的工作条件和环境氛围，有健全的创新管理机制和激励机制。团队带头人及成员有充分的时间和精力从事项目研究工作；

6．具备良好的社会效益和经济效益。创新团队及其所在单位应模范遵守国家法律法规，诚实守信，社会认可度较高，能为地方经济社会发展作出积极贡献。

四、对创业创新领军人才和重点创新团队的政策扶持

（一）创业创新支持

1．对入选“创新嘉兴·精英引领计划”A、B、C类项目的，财政分别给予领军人才300万元、200万元、100万元创业启动资金（含上级补助资金）。

对入选“创业南湖•精英引领计划”的领军人才，区财政给予50万元创业启动资金。

对研发性项目，项目落户地提供100—300平方米建筑面积的工作场所，三年内免收租金。对企业创办后三年内所得税形成的地方财政收入部分，全额奖励给企业用于研发或扩大生产。

2．对认定为国家、省、市、区重点创新团队的，分别给予100万元、60万元、30万元、10万元创新资助（含上级补助资金）。

3．入选“创新嘉兴·精英引领计划”创业创新领军人才和嘉兴市重点创新团队核心成员年薪在10万元以上的，其个人所得税形成的地方财政收入，三年内全额奖励给个人。

4．进行创业投资引导，按照《嘉兴市南湖区创业投资引导基金管理暂行办法》（南委办〔2009〕34号）文件规定，引导创投企业对南湖区创业创新领军人才和重点创新团队成立的初创期科技型中小企业和高新技术产业进行投资。

5．南湖区创业创新领军人才和重点创新团队创办企业，对符合贷款企业基本条件的，由区财政局和区经贸局等推荐，可向商业银行申请无担保信用贷款或申请由区国有担保公司提供担保的最高为300万元的贷款。

6．鼓励海内外留学人员协会（联合会）、猎头公司等参与创业创新领军人才的推介工作，对在推介（引荐）中取得成效的组织或个人给予2—10万元的奖励。

7．财政科技资金和产业发展扶持资金向南湖区创业创新领军人才和重点创新团队倾斜，优先吸收他们参与重大项目咨询论证、重大标准制定、重点工程建设。

8．南湖区创业创新领军人才和重点创新团队创办企业，在融资、税收、土地等方面予以优先支持。所办企业的产品，符合政府采购产品目录和标准、具有自主知识产权的，在同等条件下实行政府优先采购。

9．对已入选“创新嘉兴·精英引领计划”的创业创新领军人才选择到南湖区落户的、对产业发展有战略性意义的项目，财政可给予特殊奖励。

（二）学术活动资助

10．支持鼓励南湖区创业创新领军人才和重点创新团队核心成员出国（境）参加短期国际学术交流活动，财政有计划给予资助。资助标准视出国经费按70%比例确定，创业创新领军人才每人每年最高为2万元，创新团队每年最高为4万元。

（三）安居及购房补助

11．入选“创新嘉兴·精英引领计划”并落户在南湖区的创业创新领军人才，在我市购买首套住房的，财政给予50%的购房补助，最高为30万元。

对入选“创业南湖·精英引领计划”的领军人才，在我区购买首套住房的，按我区原有相关政策执行，由区财政给予住房补助最高为10万元。

12．入选市级及以上重点创新团队的核心成员在我市购买首套住房，财政给予8万元购房补助。

入选区级重点创新团队核心成员在我区购买首套住房，财政给予4万元购房补助。

13．南湖区创业创新领军人才和重点创新团队核心成员未购买住房的，项目落户地提供100平方米左右的周转房或申请人才公寓解决，财政给予三年周转房租金补贴。

14．建设南湖区创业创新领军人才公寓。

（四）医疗服务

15．南湖区创业创新领军人才和重点创新团队核心成员在医疗保健方面享受照顾，由区人口计生与卫生局牵头制定具体办法。所需医疗资金通过现行医疗保障制度解决，不足部分由用人单位予以解决。

（五）妥善安排家属就业、子女就学

16．妥善安排我区引进的各级创业创新领军人才和重点创新团队核心成员的随迁配偶。其配偶原有工作的，由区人事劳动保障局配合引进单位帮助或优先推荐进性质相同或相近的单位工作；对原属事业单位身份的，按相关对口专业和年度安置计划安置，情况特殊的可以在单位编制限额内“先进后减”，在当年度自然减员中冲抵。没有工作的，原则上由引进单位妥善安排。

17．南湖区创业创新领军人才和重点创新团队核心成员的随迁子女，属义务教育阶段学生，由区教文体局安排到区属公办学校就读并享受该行政区域学生就读的同等待遇；属普通高中学生的，由区教文体局负责协调安排到省级重点高中就读。

（六）畅通创业创新领军人才和创新团队引进绿色通道

18．外籍的南湖区创业创新领军人才（包括重点创新团队核心成员）及其随迁外籍配偶和未成年子女，按国家有关规定，经公安部批准后，可申请《外国人永久居留证》。对尚未获得永久居留证的，可凭《外国专家证》向居住地公安机关出入境管理部门申请外国人居留许可或2—5年有效期的多次往返签证。

19．具有中国国籍的南湖区创业创新领军人才（包括重点创新团队核心成员）及其配偶、子女、共同居住的直系亲属，可以在南湖区定居和落户。

20．南湖区创业创新领军人才（包括重点创新团队核心成员）及其配偶子女，按我区现行政策规定参加各项社会保险，并享受相应权利。用人单位在为南湖区创业创新领军人才和重点创新团队核心成员办理各项社会保险的基础上，可再购买商业补充保险。

五、加强创业创新领军人才队伍和创新团队建设的组织保障

（一）加强组织领导。各镇（街道）各部门要高度重视创业创新领军人才队伍和创新团队建设，切实加强领导，完善政策，理顺工作关系，健全工作机制。成立南湖区创业创新领军人才队伍和重点创新团队建设工作领导小组，由区委主要领导担任组长，统一研究、协调、解决创业创新领军人才队伍和创新团队建设中的重大事项，定期通报工作情况；区委人才办承担领导小组办公室日常工作。建立南湖区创业创新领军人才队伍和创新团队建设专家咨询委员会，为区委、区政府提供决策咨询，开展项目联审。区人事劳动保障局、区科技局等相关职能部门牵头成立专项办公室，负责“创业南湖•精英引领计划”和南湖区重点创新团队遴选认定评价等具体组织实施工作，以及与市专项办的配合对接工作。南湖区创业创新领军人才队伍和重点创新团队建设工作领导小组成员单位要根据部门职能落实工作职责，确保创业创新领军人才队伍和创新团队建设各项政策措施落实到位，各项工作任务顺利实施。

（二）加强服务体系建设。完善投融资体系，健全科技创新风险投资机制，加快建立风险投资引导基金，鼓励金融机构支持创业创新领军人才和创新团队实施重大自主创新项目。加快人才市场和中介服务机构的发展，大力引进国际化、高端型人才猎头和人才培训机构。加强人才信息发布引导。进一步完善政府服务，人事部门设立海内外高层次人才引进服务总窗口，科技、统战（侨务）、教育等部门设立分窗口，提供专人全程代理服务，形成“总分结合、上下对接、左右协调”的引才窗口服务机制。对经认定的南湖区创业创新领军人才颁发“南湖区创业创新领军人才”证书，享受相应的工作条件和特殊的生活待遇、社会保障。对重点创新团队核心成员发放“生活绿卡”，享受与本区居民同等待遇，持卡人在生产经营、生活安全等方面遇到困难，相关部门应及时提供服务和帮助。加强与嘉兴市留学人才联络站的联系，建立南湖区创业创新领军人才联谊机构和南湖区创业创新领军人才信息库，南湖区创业创新领军人才列入区领导联系的人才范围，加强日常联系，实行动态管理。

（三）建立健全长效机制。建立沟通协调机制，及时解决创业创新领军人才队伍和创新团队建设中出现的各类问题和矛盾，整合各方力量，统筹有效资源，增强工作合力。加大考核力度，将创业创新领军人才和创新团队引进培养工作纳入人才工作目标责任制考核。领军人才引进工作突出的，由区委、区政府予以表彰奖励。健全人才资金投入机制，设立创业创新领军人才和重点创新团队建设专项资金；同时区财政根据工作需要增加人才专项资金投入，确保创业创新领军人才和创新团队引进培养工作经费。建立业绩评估机制，充分发挥人才资金的使用效益，有关职能部门定期考核南湖区创业创新领军人才和重点创新团队作用发挥情况，如因个人原因未履行协议，经审核取消其享受的相关待遇。

本意见所涉及的“创业南湖•精英引领计划”、南湖区重点创新团队遴选办法以及资金使用管理、相关政策落实等配套实施细则，由各职能部门负责制定并组织实施。我区原有人才政策与本意见不一致的，以本意见为准，相关待遇可按就高原则享受。项目资金补助，按照财政分级管理原则，实行分级承担。

本意见自发布之日起实施，由区委人才工作领导小组办公室负责解释。

中共嘉兴市南湖区委
嘉兴市南湖区人民政府
二〇一〇年七月十二日

嘉兴市南湖区“创业南湖 · 精英引领计划”实施办法（试行）

（南委办〔2010〕60号）

为深入实施人才强区战略，加快引进创业创新领军人才，进一步提升我区自主创新能力和人才国际化水平，促进全区经济社会又好又快发展，根据中共嘉兴市南湖区委、嘉兴市南湖区人民政府《关于加强创业创新领军人才队伍和创新团队建设的实施意见》（南委〔2010〕37号）精神，决定实施“创业南湖•精英引领计划”。现提出如下实施办法：

一、引进对象和条件

一般应取得海内外硕士及以上学位，学成后在海内外大型企业或知名高校、科研机构关键岗位从事研发和管理工作三年（博士学位的在海内外工作一年）以上，带技术、带项目、带资金（自带资金50万元人民币以上）来南湖区创业并具备下列条件之一：

1．在国际、国内某一学科或技术领域拥有市场开发前景广阔的高技术含量科研成果；

2．拥有独立知识产权或核心技术，且其技术成果国际先进，能够填补国内空白，具有市场潜力并可产业化生产；

3．能引领我区装备制造业，电子信息、生物医药、新材料、新能源、节能环保等高新技术产业，现代服务业、生态高效都市农业等先导产业快速发展；

4．拥有可形成南湖区新的具有良好发展前景产业的重大项目。

二、引进程序

引进创业创新领军人才，坚持公开、公平、公正、择优的原则，并按以下程序进行：

（一）信息发布和宣传推介

建立“创业南湖 · 精英引领计划”网络发布平台，每年通过教育部中国留学网、211工程高校网站、中国•南湖门户网站、嘉兴人才在线网、南湖人才在线网等网站和国内外新闻媒体发布“创业南湖•精英引领计划”信息，公告引进工作有关事宜。

整合选商聚智政策优势，加强与国内科研机构、高等院校、高新技术园区的沟通和联系；区专项办要积极参与市专项办的宣传推介活动，对重点区域组织推介活动。

（二）材料申报和项目跟踪

1．材料申报。创业项目申报者须在每年规定时间内登陆“创业南湖•精英引领计划”网站（www.i-nanhu.com）下载并填写《创业申请书》、《创业项目计划书》，同时提供学历学位、创业（工作）经历、资质证明（证书）、知识产权和发明专利等相关证明材料。

2．项目跟踪。嘉兴科技城、嘉兴工业园区、南湖新区、各镇、街道要建立项目跟踪制度，协助创业项目申报者进行项目申报，及时做好各类修正和补充材料的收集工作。

（三）资格认定和项目初审

1．资格认定。由“创业南湖 · 精英引领计划”专项办公室负责对申报人员提供的学历学位证书、创业（工作）经历、资质证明（证书）等材料进行审核认定。

2．项目初审。由专项办负责对申报人员提交的创业计划书及相关材料的具体内容进行初审，对其提交的知识产权和发明专利等进行审核认定和评估。

3．材料补正。申报材料经资格认定和项目初审后，对需要修正创业计划书及补充相关材料的创业项目，限定时间补正，材料齐全后上报市专项办。

（四）项目评审

1．技术评审。嘉兴市专项办公室根据项目评审细则，按每个创业投资项目评审专家一般不少于5名的要求，邀请具有国际水平的国内相关专家进行项目技术评审，并提出进入综合评审的项目建议名单。

2．综合评审。由嘉兴市专项办公室邀请技术、风险投资、行业管理、知识产权、财务管理等专家和相关领导、企业家就项目的创业前景、产业化可行性、创新团队、财务评价等进行评审，并组成若干答辩组对进入答辩程序的项目进行答辩。经评审、答辩后提出项目分类推荐意见：A类—重点推荐、B类—优先推荐、C类—一般推荐。

（五）项目审定

对未入选“创新嘉兴·精英引领计划”的，由区专项办根据市级评审结果，按照《南湖区创业创新领军人才和创新团队项目评审暂行办法》要求，结合我区产业发展战略，对项目进行审定，评选出进入“创业南湖·精英引领计划”项目。

入选“创业南湖·精英引领计划”项目经区创业创新领军人才队伍和创新团队建设工作领导小组审定并公示，公示时间不少于7天。公示无异议后予以公告并组织现场洽谈对接，根据洽谈意向确定项目落户地。

（六）签订合同

落户南湖区的“创新嘉兴·精英引领计划”A、B、C类的项目和“创业南湖·精英引领计划”的项目，由组织、人事、科技等部门牵头，在政府鉴证下，由项目落户所在的载体与洽谈成功的创业创新领军人才签订合同，明确双方的权利、义务和相关责任。

签约后两个月内“创新嘉兴·精英引领计划”A、B、C类项目和“创业南湖·精英引领计划”项目完成公司（企业）的注册登记工作，并按合同规定兑现相关扶持政策。

三、扶持政策

（一）入选嘉兴市“创新嘉兴·精英引领计划”A、B、C类项目。

由财政分别一次性给予创业创新领军人才150万元、100万元、50万元创业启动资金（含上级补助资金）；一年后根据创业项目年度考核评估，企业运作正常且达到《创业项目计划书》标明的有关指标体系，发展势头良好的，再给予一次性150万元、100万元、50万元创业奖励资金（含上级补助资金）；对企业创办后三年内所得税形成的地方财政收入部分，全额奖励给企业用于研发或扩大生产。项目落户地根据项目具体情况提供100—300平方米左右的周转房，对研发性项目，提供100—300平方米建筑面积的工作场所，三年内免收租金。

从事科技开发项目的，经论证、审批，根据其项目的投资需求，区创业风险投资公司可分别给予不低于300万元、200万元、100万元的创业风险投资。高新技术产业项目生产过程中流动资金不足的，可由有关担保公司给予不低于300万元、200万元、100万元的资金担保。

（二）入选南湖区“创业南湖·精英引领计划”项目。

由区财政给予50万元创业启动资金；对企业创办后三年内所得税形成的地方财政收入部分，全额奖励给企业用于研发或扩大生产。项目落户地根据项目具体情况提供100—300平方米左右的周转房，对研发性项目，提供100—300平方米建筑面积的工作场所，三年内免收租金。

从事科技开发项目的，经论证、审批，根据其项目的投资需求，区创业风险投资公司可给予不低于50万元的创业风险投资。高新技术产业项目生产过程中流动资金不足的，可由有关担保公司给予不低于50万元的资金担保。

列入“创新嘉兴·精英引领计划”A、B、C类项目的，自动列入“创业南湖·精英引领计划”项目，创业补助资金按就高原则进行补足。

四、资金保障

创业创新领军人才项目的财政扶持资金按照分级分类承担的原则，由各级财政按实兑现。项目评审费、差旅费、在嘉食宿费，以及创业创新领军人才应邀来嘉答辩洽谈的交通费、在嘉食宿费等费用和其他工作经费，在人才专项资金中列支。

五、其他事宜

1、由区委组织部、区人事劳动社会保障局、区科技局、区经贸局、区投资促进局、区发改局、区教文体局、区财政局、区农经局、区外办、区侨办、区台办等部门联合成立“创业南湖·精英引领计划”专项办公室，专项办公室设在区人事劳动社会保障局，承担引进创业创新领军人才及优秀创新团队的组织、协调、指导、检查、督促等工作。各园区、镇、街道要落实人员、经费，特别是承接平台的建设工作。

2、对列入“创业南湖·精英引领计划”的人选，颁发“南湖区创业创新领军人才”证书，享受相应的工作条件和特殊的生活待遇、社会保障。

3、“创业南湖·精英引领计划”的组织实施、扶持政策兑现等服务保障工作列入年度区人才科技工作目标责任制考核内容。领军人才引进工作突出的，由区委、区政府予以表彰奖励。

4、建立“创业南湖·精英引领计划”项目年度考核评估制度，由区科技局牵头，负责对落户项目进行年度考核评估。

5、鼓励海内外留学人员协会（联合会）、猎头公司等参与创业创新领军人才及优秀创新团队的推介工作，对在推介（引荐）中取得成效的组织或个人按项目A、B、C类分别给予10万元、5万元和3万元奖励。入选“创业南湖·精英引领计划”项目的给予2万元奖励。

6、年度创业创新领军人才及优秀创新团队引进工作，每年年初以公告形式发布。

7、本办法自发布之日起试行，由区委组织部和区人事劳动社会保障局负责解释。原政策与本办法不一致的，以本办法为准。

中共嘉兴市南湖区委办公室
嘉兴市南湖区人民政府办公室
二〇一〇年七月十二日

嘉兴市南湖区重点创新团队遴选办法（试行）

（南委办〔2010〕60号）

根据中共南湖区委、南湖区人民政府《关于加强创业创新领军人才队伍和创新团队建设的实施意见》（南委〔2010〕37号）精神，为加快推进我区重点创新团队建设，结合我区实际，特制定本办法。

一、遴选范围

遴选范围为在南湖区注册的企事业单位。

二、遴选目标

用5年左右时间，建设100个左右南湖区重点创新团队，并按企业技术创新团队、科技创新团队等类别进行遴选。

三、遴选条件

创新团队一般是指以团队带头人为核心，团队协作为基础，有明确目标任务，依托一定平台和项目，进行持续创新创造的人才群体。申报南湖区重点创新团队应具备以下基本条件：

1. 具有突出的创新成果和较高的创新水平。学术（技术）水平在同行中具有明显优势，在相关领域已取得一定的创新成果，或在相关领域显示出较明显的创新能力、研发优势和发展潜力；

2. 具备一定规模和结构合理的创新团队。应是长期合作基础上形成的、具有一定规模的创新群体，有合理的专业结构、年龄结构、梯队结构，创新团队成员一般不少于5人，团队中45岁以下成员一般不少于1/2。提倡团队成员的学科交叉、专业多样和能力互补。同一团队带头人不得申请两个及以上区级重点创新团队；

3. 团队带头人具备履职所需的良好素质。具有较高的学术（技术）造诣和创新思想，品德高尚，治学严谨，具有较强的组织协调能力和团队合作精神，在研究开发群体中有较强的凝聚力。身体健康，有充分的时间和充沛的精力领导团队开展工作；

4. 团队研究方向符合产业发展要求。创新团队的研究方向属于我区优势特色学科并与重点产业发展紧密结合，或是我区重点发展领域、行业和产业亟需解决的关键技术、共性技术、公益技术。主要从事对经济增长、社会进步有重要意义的应用基础研究，或开展有明确的技术路线、能产生重大经济或社会效益的关键技术创新、集成创新和科技成果转化；

5. 具备较好的创新平台和创新机制。一般以业绩优秀并有人才梯队的重点（工程）实验室、工程（技术）中心、重点学科、企业研发中心或产学研合作平台等为依托，具备开展研发的工作条件和环境氛围，有健全的创新管理机制和激励机制。团队带头人及成员有充分的时间和精力从事项目研究工作；

6. 具备良好的社会效益和经济效益。创新团队及其所在单位应模范遵守国家法律法规，诚实守信，社会认可度较高，能为地方经济社会发展作出积极贡献。

四、遴选程序

遴选工作按以下程序和要求进行：

1. 推荐。各镇（街道）、嘉兴科技城管委会根据区级重点创新团队的推荐标准和条件，确定推荐上报的团队名单。

2. 初选。区人事劳动保障局、区经贸局牵头成立区级重点企业技术创新团队专项办公室（设在区人事劳动保障局），区科技局牵头成立区级重点科技创新团队专项办公室（设在区科技局），分别组织对相应团队申报材料的初审，确定初选对象。

3. 评审。各专项办负责制定具体评审操作细则，组织相关领域业务专家和管理专家以及区级相关部门负责人组成评审委员会，评选产生区级重点创新团队建议名单，报南湖区创业创新领军人才队伍和创新团队建设工作领导小组。

4. 审定。经南湖区创业创新领军人才队伍和创新团队建设工作领导小组审定，将区级重点创新团队建议名单在新闻媒体上进行公示，如无异议，由区委、区政府命名为“南湖区重点创新团队”，并推荐参加市创新团队的遴选。区级重点创新团队一个管理周期一般为3年。

五、政策扶持

对经认定的区级及以上重点创新团队，可享受以下优惠政策：

1. 经认定，对创新团队及其创新项目给予10—100万元的创新资助。其中列入国家重点创新团队的，给予100万元资助；列入省重点创新团队的，给予60万元资助；列入市级重点创新团队的，给予30万元资助；列入区级重点创新团队的，给予10

万元资助。同时获得以上两个创新团队称号的，按就高不就低的原则不重复享受。具体按市、区政策联动进行奖励。

2．市、区重点创新团队核心成员在我区购买首套住房，财政给予4—8万元购房补助。

3．重点创新团队核心成员未购买住房的，由项目落户地（用人单位或入住创业载体）提供100平方米左右的周转房或申请人才公寓解决，财政给予三年周转房租金补贴。

4．在学术活动资助、医疗保障、家属就业及子女就学等方面给予政策优惠。

5．其他优惠政策，按中共南湖区委、南湖区人民政府《关于加强创业创新领军人才队伍和创新团队建设的实施意见》（南委〔2010〕37号）文件规定执行。

中共嘉兴市南湖区委办公室
嘉兴市南湖区人民政府办公室
二〇一〇年七月十二日

舟山市人才引进实施办法（试行）

（舟委办〔2010〕76号）

第一章 总 则

第一条 为深入贯彻落实科学发展观，加大人才资源开发力度，以更开放的政策，更灵活的机制，广泛吸引各类海洋经济人才，加快构筑海洋经济人才高地，现根据《舟山市中长期人才发展规划纲要（2010—2020年）》（舟委发〔2010〕65号）和《关于确立人才优先发展战略加快构筑海洋经济人才高地的若干意见》（舟委办〔2010〕73号）精神，特制定本办法。

第二条 人才引进要坚持科学人才观，遵循服务发展、以用为本、高端引领的指导方针。

第三条 本办法适用于市本级范围内各级机关、各类企事业单位和各类经济社会组织，不包括部省属在舟单位。

第二章 引进范围

第四条 人才引进重点。重点引进本市经济社会发展急需的高层次人才和紧缺人才，并引导和鼓励向重点行业、产业及地区集聚。

（一）高层次人才

1．中国科学院院士、中国工程院院士；

2．国家级有突出贡献的中青年专家、国家杰出青年基金获得者、长江学者特聘教授等国家级重点人才；

3．享受国务院特殊津贴人员、省部级有突出贡献的中青年专家等省部级重点人才；

4．具有博士学位或正高职称人员；

5．具有副高职称且40周岁以下人员。

（二）紧缺人才

6．曾担任过国内本行业重点骨干企业领导职务，且实绩明显的中高级经营管理人才；

7．与我市产业发展密切相关的高新技术产业、主导产业、新兴产业、重点工程等领域急需的“211工程”重点大学本科以上学历的专业技术人才和经营管理人才；

8．高级技师。

第五条 人才引进方式。人才引进既可采取调入（迁入）方式，也可采取柔性引进、团队引进等方式。条件成熟的，也可以通过“雇员制”的形式引进。

第六条 才引进编制。引进第1—4类高层次人才，原则上不受单位性质、编制和专业技术职务结构比例的限制，其中引进到党政机关的，允许其先进后出。

第三章 住房保障

第七条 提供周转住房。应根据引进人才的不同层次，多形式、多渠道解决引进人才的住房问题。

（一）对第1类高层次人才到舟山工作的，由政府提供一套建筑面积不少于250平方米的周转住房；

（二）对第2—4类高层次人才来舟山工作的，可申请市人才公寓作为周转性住房，租期一般为2年。在市人才公寓不能满足需求时，由用人单位安排临时住房或给予租房补贴，也可优先申请公共租赁房。租房补贴每人每年参考标准为：第2—3类高层次人才2.5万元，第4类高层次人才1.5万元，其他人才1万元，租房补贴最长不超过3年。

第八条 实行购房补贴。对引进的人才在舟山购买首套住房的，可由用人单位给予一次性购房补助。在舟山工作满五年后，住房产权归个人所有。具体补助标准为：第1类高层次人才可免费获赠一套面积为250平方米左右的住房，第2类高层次人才80万元，第3类高层次人才60万元，第4类高层次人才30万元，第5—8类引进人才20万元。引进人才已缴存住房公积金的，可享受住房公积金贷款的相关优惠政策。

第四章 表彰激励

第九条 建立政府津贴。对与用人单位签约五年及以上的高层次人才，五年内可享受政府津贴。具体标准每人每月为：第1类高层次人才1万元，第2类高层次人才5000元，第3类高层次人才1000元，第4类高层次人才500元。

第十条 建立奖补制度。对企业引进的高级技术、管理人才，其年缴个人所得税在3万元以上的，由市财政按纳税额的40%予以奖励。

第十一条 实行科研资助。引进的高层次人才根据所承担科研项目的实际，可申请专项科研基金资助，经有关部门论证后，可优先进行资助。

第十二条 注重荣誉激励。引进人才可参加本市劳动模范等各类先进的评选。

第十三条 鼓励参政议政。引进人才符合条件的，可按有关程序推选为党代表、人大代表和政协委员。

第五章 服务保障

第十四条 设立服务窗口。在市人事劳动社会保障局专门设立市人才引进交流服务窗口，负责引进人才的政策咨询和社会保险、户口迁移等相关手续的办理。各职能部门在办理引进人才的社会保险、户口迁移、配偶就业、子女入学等手续时，应主动配合，限时办结。

第十五条 解决子女就学。引进人才的子女，属义务教育阶段学生，按就近入学原则，由教育主管部门安排到居住地或父母工作地学区内公办学校就读，并享受本行政区域内学生就读的同等待遇。子女系普通高中学生的，可根据个人意愿和原有基础，由教育主管部门按对等原则安排到相应的高中就读。

第十六条 妥善安排家属就业。对引进的第1—4类高层次人才的随调配偶，其工作安排列入本市政策性安置，由组织人事部门原则上按照其原工作单位性质和所从事专业岗位进行对口安置，各有关部门要积极主动接收。其他人才的随调配偶，由用人单位或主管部门推荐就业，各有关部门要积极主动配合。配偶暂无工作的，其人事档案关系可挂靠市人才交流中心。

第十七条 简化落户手续。没有设立集体户的用人单位，引进人才按属地管理原则可落户在单位所在地的社区居委会或乡镇（街道）集体户，也可落户在有家庭户口的亲戚和朋友处。对户籍关系一时难以迁入或本人不愿意迁入本市的高层次人才，由市公安部门或委托机构办理居住证。持居住证的引进人才，在工作、生活等方面享受本市常住人口同等待遇。引进人才落户后，须向户口所在的乡镇（街道）计生部门提供原户籍所在地的计生证明及材料，及时移交计生关系，接受属地化服务与管理。市计生部门要切实做好引进人才的计划生育管理与服务工作。

第十八条 理顺社会保险。引进人才由用人单位按规定参加各项社会保险，享受相应的社会保险待遇。来我市工作前已参加社会保险的，应按有关规定转移社会保险关系。对因辞职、离职等方式来我市工作的引进人才，如出现养老保险关系无法转入的情况，可比照同类人员标准，由用人单位与本人双方协商后补缴社会保险费，缴费年限可连续计算。

第十九条 加强政策衔接。引进的高层次人才如正常调动有困难，本人愿意以辞职、离职等方式来我市工作的，凭有效证明材料，市人事劳动社会保障局承认其原有身份、学历、工龄和专业技术职务任职资格，办理档案掉转或重新建档手续，并由用人单位到市社会保险事业管理局办理社会保险手续。

第六章 组织保障

第二十条 强化组织领导。人才引进工作由市人才工作领导小组统一领导，各单位引进人才需向市人才工作领导小组办公室申报。市人才工作领导小组办公室组织相关部门、专家对引进人才进行评价认定，并确认享有的政策待遇。

第二十一条 建立联系制度。加强与引进人才的经常性联系，通过举办引进人才联谊会、“人才沙龙”等活动，进一步加强与引进人才的沟通和交流。定期组织引进人才开展健康体检。

第二十二条 加强财政保障。加大财政投入，专门用于人才引进各项政策的配套，由市人才工作领导小组统一使用管理。对市本级用人单位按上述参考标准兑现的，党政机关和全额事业单位由市财政全额支付；差额事业单位，市财政补助50%；自收自支事业单位和企业，市财政补助20%。市财政补助不足部分由用人单位承担。

第二十三条 加强动态管理。建立引进人才跟踪服务和流失报告制度，用人单位应及时跟踪了解引进人才的思想、工作和生活情况，如发现有外流意向，应当分析原因，及时向市人才工作领导小组办公室和有关职能部门进行通报。市有关职能部门应根据实际情况，不断改进和完善各项工作措施，切实做好引进人才的服务和管理工作。

第七章 附 则

第二十四条 引进国（境）外高层次人才除享受上述相应的优惠政策外，可一事一策，给予更加优惠的待遇。享受创业资助的引进人才不再享受各种津补贴。

第二十五条 本办法由舟山市人才工作领导小组办公室负责解释。

第二十六条 本办法自发文之日起试行，过去有关规定与本办法不一致的，以本办法为准。

中共舟山市委办公室
舟山市人民政府办公室
二〇一〇年九月二十五日

宁波高新区关于加快引进海外人才实施意见

（甬高新〔2010〕35号）

为认真贯彻落实国家引进海外高层次人才“千人计划”和省、市海外高层次人才引进的有关要求，加快推进宁波国家高新技术产业开发区（以下简称高新区）创新型科技园区和创新型人才高地建设，提出如下实施意见。

一、明确发展目标，把加快引进海外人才工作作为建设创新型科技园区的重要工程来抓

（一）指导思想。以科学发展观为指导，紧紧围绕“三区一城”建设目标，坚持数量与质量并重、政策扶持与服务培育并举的原则，坚持鼓励创业、宽容失败的理念，采取多种形式和措施，不断加大引进海外人才的力度，为把高新区建设成为国内一流的创新型科技园区提供强有力的人才支撑。

（二）引进对象及重点。引进海外人才的对象主要是在海外获得学士以上学位的人员或在国内获得本科以上学历或者中级以上专业技术职务任职资格，并到国外高等院校、科研机构或知名企业进修研读、项目开发一年以上的访问学者、研修人员。上述人员中，既包括初始从海外引进到高新区创业、工作（在高新区管委会机关、直属事业单位工作的除外，下同）的海外人才，目前已在其它省、市创业、工作，然后到高新区创业、工作的海外人才，也包括符合甬政发〔2009〕100号文件规定的“海外工程师”等海外人才。引进的重点是符合国家“千人计划”和省、市海外高层次人才。

（三）工作目标。力争用5—10年时间，组织实施“2512”海外高层次人才引进工程，引进进入国家级“千人计划”目标人才20名、进入省级海外高层次目标人才50名、进入市级海外高层次目标人才100名，引进海外人才达到2000名，其中，创业创新型人才达到70%以上，努力把高新区建设成以海外高层次人才集聚区、创新团队集群区、创新项目集成区为标志的国家级海外高层次人才创新创业基地。

二、发挥载体作用，加快海外人才的引进和集聚

（一）加快推进中国宁波留学人员创业园建设。充分发挥国家级留学人员创业园吸收创业人才的品牌效应和主渠道作用，加大留学人员创业园建设的投入力度。完善海外人才创业的风险投资、融资担保、项目中介等服务功能，拓展服务领域。建立独立的留学生创业园管理工作机构，改善服务环境，增强对海外人才的吸引力。建立独立的留学生创业发展空间，在5—10年内要新增留学人员创业用房不少于20万平方米，留学人员创业园引进海外创业人才1000名以上。积极申报国家海外高层次人才创新创业基地，力争早日申报成功。

（二）加快推进宁波研发园区建设。研发园区要进一步加快集聚各类企业工程（技术）中心、大院大所研发机构、跨国公司区域研发中心。积极鼓励高新区各类研发机构引进海外人才。在5—10年内，研发园区内研发机构要引进海外人才500名以上。

（三）加快推进软件园建设。做大做强互联网孵化器、嵌入式软件孵化器规模，在5—10年内，要新增软件企业孵化面积30万平方米，引进海外人才100名以上。

（四）充分调动各类企事业单位引进海外人才的积极性。在重点企业和研发机构中建立海外人才、项目需求信息库，全面准确掌握高新区对海外人才的需求信息。采取多种形式，努力促进海外人才与企业开展形式多样的项目洽谈、技术交流活动，吸引海外人才来高新区创业、工作和服务。在5—10年内，企事业单位要引进海外人才300名以上。

三、拓宽引才渠道，构筑海外人才开发的品牌平台

（一）每年组织赴欧美、日韩等海外人才密集地区专题推介、招聘引进人才活动不少于3次。高新区管委会组织的所有出国（境）招商、考察团组，都要把招聘引进海外人才作为一项重要任务，通过召开座谈会、推介会、洽谈会等形式广泛与到访地留学生人才广泛接触，大力宣传高新区引进海外人才的政策措施，发布海外人才需求信息，积极引导海外人才到高新区创业、考察和服务。

（二）每年组织参加国内举行的海外人才推介会、科技创业交流会、项目洽谈会等10次以上，充分利用各种活动平台，展示高新区良好环境和形象，增强海外人才到高新区创业服务的吸引力。

（三）充分利用 “中国浙江·宁波人才科技周”、“科技创业计划大赛”、“科技创新发明大赛”和“科技创意设计大赛”等重大活动机会，每年组织不少于2次的“海外人才宁波国家高新区行”活动，让各类海外人才通过实地考察，感受高新区的发展前景和良好环境，增强宣传、推介高新区创新创业环境的效果。

（四）调动各方参加引进海外人才的积极性。发挥海外留学人才联谊会“桥梁”作用，加强内外交流与合作，密切与国家留学人员管理机构、各级侨联侨办、外国专家局、海外留学生组织、海外华人华侨社团以及我驻外机构、海外引才引智基地的联系与沟通，积极推介宁波国家高新区。条件成熟时，在欧美、日韩等留学人才富集区设立高新区引进海外人才工作联系站。

鼓励调动社会各方参与引进海外人才的积极性，对国内外单位和个人帮助介绍海外人才到高新区创业、工作和服务的，视情给予奖励。

四、强化制度保障，加大海外人才政策支持力度

从2010年起，高新区财政每年安排5000万元用作引进海外人才工作专项资金，主要用于海外人才引进及相关政策的扶持。

（一）资金扶持。对创办符合高新区产业发展导向的各类经济实体或研发机构，经专家评审具有一定发展前景的，给予10-50万元的创业启动资金。对符合国家“千人计划”和省、市引进海外高层次人才条件的，给予100-500万元创业启动资金或产业化推进资金。

为鼓励引进团队项目，每个海外人才数在3人（含）以上的海外人才创业团队，每增加1人，增加扶持资金10万元，最高增加额为50万元。

对具有世界一流水平、能引领高新区产业发展、能带来重大经济和社会效益的世界一流创新团队，在高新区从事重要创新创业活动的，最高给予2000万元的资金支持。

对获得宁波市留学创业人员创新创业项目资金资助的，高新区财政按1:1的比例进行配套资助，属3人（含）以上海外人才创业团队的，按1:1.25比例进行配套资助。

对引进“海外工程师”的企业，按不低于市级财政资助标准提供配套资助。

（二）贴息贷款补助。海外人才创办的企业，符合高新区产业发展导向、经专家评审具有发展前景的，给予两年期内300万元贷款额度以内的贷款贴息补助；对毕业企业或开始产业化、规模化生产的企业，给予三年期内500万元贷款额度以内的贷款贴息补助。

（三）融资担保。对符合高新区产业发展导向，经专家评审具有发展前景的产业化项目，报高新区管委会审定，提供最高可达300万元的贷款担保。对于符合国家“千人计划”和省、市海外高层次人才引进条件的，提供最高可达500万元的贷款担保。

（四）知识产权入股。海外人才以其专利、专有技术出资入股的，科技成果作价经认定验资后最高可占注册资本的70%。

（五）地方贡献奖励。孵化企业三年内其企业所得税、营业税、增值税地方留成部分全额给予补助；毕业企业的企业所得税、营业税、增值税地方留成部分按第一年70%、第二年50%、第三年30%给予补助。

海外高层次人才在高新区创新创业的，可根据有关规定，享受高新技术企业的税收优惠政策。

在高新区创业或工作、服务的海外人才，其个人月收入博士（正高）8000元、硕士（副高）6000元、其他人员4000元以内部分所缴纳的个人所得税地方留成部分，由高新区财政予以补贴，补贴期限为5年。

高新技术成果作价入股时，暂免征个人所得税。

（六）办公经营用房房租补贴。海外人才在中国宁波留学人员创业园、研发园、软件园和孵化器等处创业租赁办公、经营用房的给予房租补贴：前三年（以注册之日起计）按每名海外人才100平方米（含）以下的租用面积标准给予全额减免房租。租用面积超过100平方米部分，按最高15元/平方米/月的标准给予一年房租补贴。

（七）住房补助。在高新区创业或与高新区用人单位签订3年以上工作或服务协议的，高新区财政给予住房补贴。补贴标准为：博士学位（或正高职称）的人员每人每月补贴2000元，硕士学位（或副高职称）的人员每人每月补贴1000元，其他海外人才每人每月补贴500元。补贴期限视工作年限而定，最长为5年。

海外人才可优先租住高新区人才公寓。

夫妻双方同时引进，且都属上述安家购房与住房补助享受对象的，按一方全额、一方半额的补助标准实施。

（八）工商注册补贴。在高新区创办企业首次注册资本200万元以内的，企业设立登记费由高新区财政给予全额补贴，注册资本超过200万元的企业设立登记费给予70%补贴。

（九）其它优惠服务。入驻中国宁波留学人员创业园的孵化企业使用创业中心会议室、报告厅等场所的，由创业园提供免费服务。政府根据产业发展导向出资采购的或调配的相关检测、生产设备，可供海外留学人才创办的企业优惠使用。

五、创新工作机制，不断优化海外人才服务环境

（一）海外人才配偶的工作采取个人联系和单位推荐相结合的办法解决。对符合高新区管委会直属企业岗位需求条件的，优先录用海外人才配偶。

（二）建立海外人才医疗绿色通道，对海外高层次人才建立健康档案，定期开展健康体检。

（三）海外人才子女义务教育段可自行选择高新区所属学校就学，也可在全市有学额的学校自行择校就学，择校费由高新区财政补助50%。

（四）对荣获“宁波市留学人员回国服务成就奖”的海外人才，高新区给予配套奖励。

（五）对在高新区经济和社会发展方面做出突出贡献的海外人才，可优先推荐享受政府特殊津贴、国家百千万人才工程、省“151人才工程”、市“4321人才工程”培养人选。优先推荐到省、市高校、科研院所兼职从事人才培养和科研工作。

（六）每年组织召开高新区海外人才座谈会或联谊会，充分听取海外人才在工作和生活中的意见和建议。结合重大节日开展走访慰问活动，密切与海外人才的联系和交流，努力提升服务层次，优化创业服务环境。

六、加强组织领导，形成引进海外人才的强大合力

（一）健全工作机构。成立海外人才基地工作办公室，专门负责海外人才工作的综合协调，人才基地建设、管理，海外人才引进和服务等工作。建立海外人才服务窗口，为引进海外人才提供“一站式”服务。成立专家评审委员会，负责海外人才资格审定、项目评估和待遇享受认定等工作。

（二）建立联席会议制度。由分管委领导牵头，办公室、人劳局、经发局、财政局、社管局、科技局、工商分局、地税分局、国税局、创业中心、留创园、招商局、研发园、软件园等部门（单位）负责人为成员，定期召开会议，研究工作政策措施，确保海外留学人才引进工作扎实开展。

（三）明确职责分工。人劳局要牵头做好高新区引进海外人才工作，负责制定年度工作计划和任务分解及目标考核工作，负责相关政策调研、筹建留创园管理机构等工作。

办公室要负责做好高新区形象和引进海外人才优惠政策的宣传工作，树立有突出贡献的海外人才典型并加以宣传。

经发局要负责做好企业引进海外人才的信息收集，并协助做好项目评审及相关工作。

财政局要负责做好海外人才引进专项经费的安排和筹划工作，切实保障海外人才各项扶持政策的落实。

社管局要负责做好海外人才医疗绿卡、子女就学等工作。

科技局要负责做好海外人才项目申报、高新技术企业评定、各类基金资助、各类创业创新对象评选等服务工作。

各税务部门要负责落实各项税收减免、返回等政策兑现和相关服务工作。

创业中心要负责做好中国宁波留学人员创业园建设的各项工作。负责组织创业企业引进海外人才工作。

招商局要在招商活动中积极宣传高新区引进海外人才政策、发布企业海外人才需求信息。协助做好海外人才项目对接工作。

研发园、软件园管理机构要负责各类研发机构（企业）对技术项目、海外人才的需求信息的收集，做好项目与海外人才对接及海外人才引进工作。

（四）加强目标考核。引进海外人才工作实行目标管理，按部门（单位）工作职责，实行量化考核，并与部门（单位）年度目标考核挂钩，对完成目标任务成绩突出的，给予表彰或奖励。

（五）加强宣传工作。要采取多种方式，在各种媒体上宣传高新区海外人才优惠政策。要注重挖掘海外人才在高新区创业服务的成功案例，加以宣传报导，积极营造良好的舆论环境。

七、本实施意见自发布之日起实施，由人劳局负责解释《关于进一步加快引进海外留学人才的实施意见》（甬高新〔2008〕93号）同时废止。

宁波国家高新区管委会办公室

二〇一〇年三月十一日

绍兴市领军人才与创新团队引进培养管理办法

（绍市委办发〔2010〕2号）

为规范和加强领军人才与创新团队的培养管理，加强全市创新型人才队伍建设，制定本办法。

第一章 条件与对象

第一条 领军人才是本行业、本领域公认的杰出人物，专业知识水平高，创新能力强，是创新团队带头人，有较高的学术造诣和创新性学术思想，具有较好的组织协调能力和合作精神的高层次复合型人才。

第二条 创新团队是以领军人才为核心，团队协作为基础，有明确目标任务，依托一定平台和项目，进行持续创新创造的人才群体。

第三条 领军人才与创新团队培养对象每年评选认定一次，原则上应同时具备下列第1、2两项和3至6项其中一项所规定的条件。

1、热爱社会主义祖国，拥护党的基本路线，坚持四项基本原则，有良好的职业道德和社会公德。

2、领军人才培育对象原则上应在我市工作的省特级专家、绍兴市高级专家、享受国务院特殊津贴的专家、省有突出贡献的中青年优秀科技人员、省“151”人才第一第二层次培养人选、市级专业技术拔尖人才、“五个一批”文化人才和从国内外引进的高层次人才中产生。

3、主持过两个市级以上学术、科研课题的研究，研究方向处于学科发展前沿，或有一项学术和科研成果已在全市推广应用，在省内处于领先地位，得到同行肯定的专家及其率领的团队。

4、在自然科学研究领域，学术造诣高，主持或为主参加国家或省（部）级自然科学基金或社会科学基金项目，或为主获得国家自然科学奖、国家发明奖或国家科技进步奖，或为主完成的科研项目至少获得1次省（部）级科技进步二等奖、市级一等奖以上奖励的专家及其率领的团队。

5、在经济社会发展中作出重要贡献，在农业、制造、建筑、交通、水利等领域有重要发明创造，同行公认专业技术水平省内领先，获得省级部门一等奖1次以上奖励的专家和团队。

6、在文化体育、教育卫生、新闻出版、广播电视及人文社科等领域取得创新成果，获得国家级或省级二等奖、市级一等奖以上奖励的专家和团队。

第四条 领军人才与创新团队培养对象的推荐采取组织推荐、学术团体举荐、专家推荐、个人自荐等多种形式。

第五条 在推荐的基础上，由市委人才办牵头，会同宣传、人事、科技、科协等相关部门，聘请专家评审，确定领军人才与创新团队培养对象。

第二章 引进培养与评选

第六条 采取载体引进、团队集体引进、核心人物带动引进、高新技术项目开发引进等方式，适应绍兴产业转型升级需要，积极引进海外留学归国人才、国内带项目来绍创业的各类领军人才与团队。对引进对象，及时组织专家委员会进行评审，认定为领军人才与创新团队培养对象或直接认定为领军人才与创新团队。

第七条 对领军人才与创新团队培养对象的培养支持期限一般为三年，采取多种措施加以培养。

1、鼓励和支持承担国家、省部级、市级科技计划重大专项、重点项目或重大工程建设项目等，在项目立项的同等条件下给予优先支持。

2、实施科研项目资助计划，对列入省级、国家级的资助标准，按照不低于1:1的比例落实相应配套资金。对获得国家级、省级创新成果奖的，给予国家或省同等额度的资金奖励。所需资金在财政科技人才资金中列支。

3、每年有计划、有重点地选送一批领军人才培养对象到国内外知名高校、科研院所、大中型企业研修深造，参加科研合作、学术研讨等活动，及时掌握国内外最新科技动态，提高参与国际、国内竞争的能力。

4、每年聘请一批知名专家学者、学科带头人，与领军人才培养对象结对，建立导师帮带关系，加快培养对象的成长。

5、采取多种形式，组建结构合理的创新团队，以"大师带团队"的形式，广泛集聚同行业、同学科的各类创新型人才，形成师徒式创新团队；以行业协会为中介，推进企业与高校院所合作，汇集相关产业或行业创新型人才，组成协作式创新团队；以重大经济社会和科研项目实施为载体，整合高校、科研单位、企业研究机构的创新型人才资源，造就集约式创新团队。

6、加强各类创新平台建设，重点建成一批研发能力强、产业辐射广、运行机制活的科技公共平台，建立一批孵化功能齐全、孵化能力强、具备一定规模的科技企业孵化器，加强企业技术中心、重点实验室、博士后科研工作站建设。

7、促进产学研合作，通过项目合作开发、技术服务、人才交流等途径，以重大科技项目、关键技术攻关、重点建设项目等为载体，支持领军人才与创新团队培养对象参与或承担各类产学研合作项目。

8、支持和鼓励企业加大创新投入，对创新型人才实行股权、期权激励。鼓励创新型人才以知识产权的形式入股企业，参与利润分配。

第八条 领军人才与创新团队在领军人才与创新团队培养对象中评选产生，每年评选认定一次。

第九条 领军人才与创新团队评选坚持公开、公平、公正、竞争择优的原则，聘请各方面专家组成专家委员会进行评审。

第三章 服务与管理

第十条 对领军人才与创新团队实行动态管理，目标管理期限为三年，除享受培养对象的待遇外，还可享受以下待遇：

1、每完成一项省级重点科技项目，奖励3万元；完成一项国家级重点科技项目，奖励5万元。

2、领军人才与创新团队带头人每年享受一次学术休假，资助1万元的活动经费。

3、领军人才与创新团队带头人享受医疗绿卡待遇，每年接受一次全面的身体检查。领军人才与创新团队带头人的直系子女，可享受教育绿卡，凭卡在市区中小学、幼儿园择校，免缴相关费用。

4、领军人才与创新团队带头人签订5年以上合同的，可以经济适用房价格申请购买专家楼。

第十一条　对市科创中心和留学生创业园引进的创新型领军人才，根据引进科研项目情况，经市委人才办、市科技局等部门审核同意，可申请100万元创业科研启动资金、100平方米工作用房和100平方米左右的生活用房。

第十二条　带高新技术成果、项目来我市科创中心、创业园实施转化的博士或副高级专业技术资格以上科技人才，可申请最高为10万元的创业科研启动资金。对拥有专利技术、科技项目，来我市企事业单位或科研机构进行投资合作、技术参股，且合作期限在5年以上，户籍、人事关系不转的市外高层次创新人才，在实施合作2年以后，由组织、人事部门会同市科技局、市财政局对其进行考核，对地方贡献较为明显的，给予一次性8至12万元的奖励，所需经费由市财政和合作单位各负担50%。

第十三条 加强对领军人才与创新团队的跟踪培养服务，实现科学化、规范化管理。

1、健全创新团队内部管理，充分发挥领军人才领衔作用。由所在单位或主管部门负责，在选题立项、人员配备、设备配置、科研经费使用等方面，给予领军人才充分的支配权；允许领军人才打破所有制限制和地域限制，聘用"柔性流动"人员和兼职科研人员。

2、对领军人才和创新团队实施目标管理，由所在单位或主管部门负责，每年度进行考核，重点考核当年度工作业绩、团队建设、人才培养和团队效应等，报市委人才办备案。

3、完善动态考核办法，市委人才办根据所在单位或主管部门的考核结果，对作出重大贡献、业绩突出的，给予更大的支持；对考核情况较差或不合格的，督促其查找原因，及时整改；对确实不适合继续培养的，及时提出调整意见。

4、建立领军人才与创新团队信息库，及时记载其取得的最新科研成果、考核奖惩、信用记录等重要信息。

第四章 组织领导

第十四条 坚持统分结合、协调高效、优势互补、整体联动，建立健全党委统一领导，组织部门牵头抓总，人事、科技部门具体负责，宣传、发改、经贸、教育、财政、劳动保障、农业、文广、卫生、国资、工商、科协、社科联等部门密切配合的工作机制。

第十五条 建立多层面的党政领导联系制度，及时了解领军人才与创新团队的思想状况、工作情况和发展需求，帮助解决工作、学习和生活上的困难。

第十六条 建立完善以用人单位为主、各级政府和主管部门为辅、社会化多渠道的资金投入机制。市人才工作专项经费和科技专项经费每年都要根据需要安排一定预算，用于领军人才和创新团队及其培养对象的培养管理、项目支持。

第十七条 把领军人才培养与创新团队建设列入县（市、区）党政领导科技进步与人才工作目标责任制考核，并作为科技立项、项目评估、科技奖励评审、重点学科和重点实验室评审、企业技术中心和工程技术研究中心认定的重要条件。

第十八条 加强对领军人才与创新团队宣传。充分利用报刊、电台、网站等媒体，大力宣传领军人才与创新团队在经济社会发展中的重要贡献和先进事迹，在全社会弘扬创业创新精神，营造“尊重劳动、尊重知识、尊重人才、尊重创造”的良好氛围。

中共绍兴市委办公室
绍兴市人民政府办公室
二○一○年一月六日

绍兴市“330海外英才计划”实施办法

（绍市委办发〔2010〕38号）

为进一步推进“科教兴市、人才强市”战略，努力为我市“5+3”产业发展和“特色产业城市、文化休闲城市、生态宜居城市”建设提供强有力的人才与智力支撑，根据中央《关于实施海外高层次人才引进计划的意见》（中办发〔2008〕25号）和省委、省政府《关于大力实施海外优秀创新创业人才引进计划的意见》及《浙江省“海外高层次人才引进计划”暂行办法》（浙委办〔2009〕73号）等文件精神，特制定本办法。

一、目标与重点

1、绍兴市“330海外英才计划”，是指从2010年开始，用3年时间，引进30名能够突破关键技术、培育高新产业、推动创新发展的海外高层次人才，争取有20名以上进入国家、省“千人计划”。

2、引进海外高层次人才的重点为：

（1）在现代纺织、机械电子、节能环保、医药化工、食品饮料、特色农业等优势产业方面，能够解决关键技术和工艺的操作性难题，拥有具有市场开发前景的自主创新产品，在海外承担过与重大科技专项相关的重大项目，具有较强的产品开发能力的海外高层次人才。

（2）在清洁能源、新材料、生命健康等新兴领域方面，拥有具有市场潜力、可以进行产业化生产的国际先进技术成果，以及在IT和服务外包等产业带技术、带项目、带团队来绍创业的海外高层次人才。

（3）曾在国际知名企业担任中高级管理职位2年以上，自有资金（含技术入股）或海外跟进的风险投资占创业投资的50%以上的海外高层次创业人才，或拥有能够促进企业自主创新、技术产品升级的科研成果，具有丰富的金融管理、资本运作经验，在业界有较大影响的海外高层次人才。

（4）具有国际研究水平，近5年在重要核心期刊上发表过具有较大影响的学术论文，获得过国际科技奖项，掌握科学工程建设关键技术或实验技能的重点学科或实验室的海外高层次人才。

二、条件与程序

3、引进的海外高层次人才一般应取得博士学位，年龄不超过55周岁，每年在绍工作时间不少于6个月，并符合以下条件之一：

（1）在国外知名高校、科研院所一般应担任相当于教授职务的专家学者；

（2）在国际知名企业或机构担任中、高级领导职务的专业技术人才和经营管理人才；

（3）拥有自主知识产权或掌握核心技术，具备海外创业经验，熟悉相关产业领域和国际规则的创业人才；

具有特殊专才或为我市紧缺急需的其他创新创业人才，可适当放宽条件。

4、引进海外高层次人才主要包括以下程序：

（1）申报。用人单位与拟引进人才达成初步意向的，或者以自荐方式来绍工作（服务）的，分别由用人单位和海外高层次人才本人填写《绍兴市引进海外高层次人才项目申报表》，并报送绍兴市海外高层次人才引进工作专项办公室（设在市委组织部，以下简称“专项办”）。

（2）初审。市人事局牵头对拟引进的海外高层次人才的国（境）外留学学历、经历等进行认定、审核；市科技局牵头对其递交的知识产权、科研成果进行审核。在此基础上，由专项办商有关单位确定评审对象。

（3）评审。由专项办牵头组建专家评审小组，对评审对象及所带项目、技术及科研成果等进行评审，评审结果分A、B、C三类。A类为具有国际领先技术，可直接进行产业化生产的项目；B类为具有国际成熟、国内领先的技术，产业化程度较高的项目；C类为具有国内先进技术、代表产业发展方向、具有较大市场潜力的项目。

（4）公示。根据评审结果，由专项办商有关单位确定引进人选，并以适当形式在一定范围内公示，公示内容包括引进人选、项目（成果）的基本情况及其等次等，公示期一般为7天。

（5）审批。公示结束后，对无异议者，由专项办报绍兴市海外高层次人才引进工作小组（以下简称“工作小组”）审批同意。

（6）落户。主管部门、用人单位及引进人才签订三方协议（合同），协议期一般不少于3年。引进人才到岗后，专项办授予其为“绍兴市特聘专家”，并制发《绍兴市特聘专家证》，有关部门按照职责分工落实和兑现政策待遇，用人单位提供相应配套支持。

三、保障与待遇

5、对所带项目技术及科研成果的评审结果为A类的海外高层次人才，给予500万元的创新创业启动资金；B类给予100万元的创新创业启动资金；C类给予50万元的创新创业启动资金。当地政府为海外高层次人才提供不少于200平方米的三年免租工作场所，或者给予相当于200平方米办公场所的租金补贴。

6、建立和完善海外高层次人才创业投资体系，鼓励金融机构、社会资金、国有资本等参与海外高层次人才创业投资，扩大绍兴市创业投资引导基金、绍兴市中小企业信用担保基金规模，各地可设立创业投资引导基金、信用担保基金等，为海外高层次人才的创新创业提供风险投资及贷款担保。对从事科技开发项目的，经论证、审批，根据其项目的投资需求，A类项目由风险投资基金给予不低于300万元的创业投资；B类项目给予不低于200万元的创业投资；C类项目给予不低于100万元的创业投资。具有市场需求的高新技术产品在产业化生产过程中流动资金不足的，经论证、审批，根据其项目的投资需求，分别给予A、B、C类项目两年内最高500、300、200万元银行贷款的全额贴息。以技术成果入股投资的，经评估，其技术成果可按不少于注册资本30%的比例作价入股。

7、选择一批重点企业、重点孵化器和重点园区，作为海外高层次人才创新创业的平台，加大政策支持力度，促进产学研结合，探索实行国际通行的科学研究和科技开发、创业机制，吸引海外高层次人才和团队。在3年内，建立2至3家省级以上、10家左右市级海外高层次人才创新创业基地。

8、鼓励用人单位、中介机构和个人等参与海外高层次人才引进工作，每引进一名具有A、B、C类项目的海外高层次人才，分别给予20、10、5万元的奖励。

9、鼓励海外高层次人才做大做强企业，企业所建研发机构被评为省级、国家级研发机构的，分别给予30万、60万元资助；企业与高等院校、科研单位、国家级重点实验室、工程技术研究中心共建分中心，建成后经考核成果明显的，给予30至60万元的补贴；科技计划资金在同等条件下优先支持海外高层次人才创办企业。

10、支持海外高层次人才创办企业的产品市场化，符合政府采购条件的，可优先参与政府采购项目招投标。组织海外高层次人才创办的企业参加广交会等国内外重要节会，设立海外高层次人才企业产品专场（专柜），帮助企业推介产品、开拓市场。

11、聘请市内外一批成功的企业家作为绍兴市引进海外高层次人才的创业导师，推进企业集团与海外高层次人才创办企业的合作，为海外高层次人才在企业管理、市场营销、资本运营等方面提供实实在在的帮助。

12、引进的海外高层次人才，可担任高等院校、科研院所以及企业集团中层以上领导职务，也可担任重大科技专项等项目负责人。担任项目负责人的，在法规和政策允许的范围内，自主决定科研经费的使用，包括劳务费比例；有权按照有关规定对项目研究内容或技术路线进行适当调整；有权决定团队成员的聘任，所聘人员可采取协议工资制，不受单位现有编制、工资总额和科研经费成本比例限制。

13、引进海外高层次人才的薪酬，由用人单位与其本人协商确定。对到企业工作，并作出突出贡献的，可采取股权、期权、企业年金等中长期激励方式进行奖励。

14、根据个人意愿，引进的海外高层次人才既可以落户在浙江大学，也可以落户在我市。其住房通过购买专家楼、提供房租补贴及免费住房等途径予以解决，其中专家楼以经济适用房组成价格购买，房租补贴不超过3万元/年•人，免费住房面积一般不少于100平方米，使用期一般不超过3年，以上三项政策不重复享受。

15、引进的海外高层次人才的配偶，由用人单位妥善安排其工作，暂时无法安排的，用人单位可参照本地社会平均工资标准，以适当方式为其发放生活补贴。

16、引进的海外高层次人才享受绍兴市高级专家医疗待遇，并由市卫生部门为其发放医疗绿卡。在绍期间的所需医疗费用按照现行医疗保障制度执行。

17、引进的海外高层次人才子女无论是否拥有中国国籍，属于义务教育阶段适龄儿童、少年的，可按照本人意愿让其在相应的公办学校就读；属于高中阶段适龄青少年的，由教育行政部门根据其学业状况帮助选择相应学校就读，相关收费与本校学生等同。选择绍兴市范围内公办学校国际班就读的，由教育行政部门协调解决入学问题，相关收费与本校学生等同，用人单位应提供一定数量的子女教育补贴。

18、引进的海外高层次人才及其配偶、子女，可参加我市各项社会保险，包括养老保险、医疗保险、失业保险、工伤保险、生育保险等。用人单位在为引进人才办理各项社会保险的基础上，还可为其购买商业补充保险，包括人身保险、财产保险、意外保险等。

19、引进的海外高层次人才3年内境内工资收入中的安家费、住房补贴、伙食补贴、探亲费、子女教育费等，按照国家税收法律有关规定予以税前扣除。对年薪在10万元以上的，其个人所得税形成的地方财政收入，3年内全额奖励给个人。

20、已列入国家、省“千人计划”并来我市工作的人员，直接纳入我市海外高层次人才队伍管理，并享受我市相关优惠政策。引进到县（市）工作的海外高层次人才相关优惠政策由所在县（市）落实。

四、组织领导与工作机制

21、建立工作机构。成立绍兴市海外高层次人才引进工作小组，由市委常委、组织部部长任组长，市委人才办、市发改委、市科技局、市财政局、市人事局、市科协的主要负责人任副组长，成员由市委组织部、市委宣传部、市委统战部、市经贸委、市教育局、市科技局、市公安局、市财政局、市人事局、市劳动保障局、市建设局、市卫生局、市外侨办、市国资委、市金融办、团市委、市科协等有关单位的分管领导及相关处室负责人组成。工作小组在中共绍兴市委人才工作领导小组的领导下，负责全市海外高层次人才引进工作的宏观指导、政策制定、统筹协调和组织实施，下设绍兴市海外高层次人才引进工作专项办公室，承担工作小组的日常工作。

22、健全工作机制。建立完善海外高层次人才引进工作运行机制，建立工作小组成员单位联席会议制度、重大事项通报制度、引才工作督促检查制度、联络员制度、领导联系海外高层次人才制度等。在市人才市场设立“330海外英才计划”服务窗口，建立海外高层次人才引进的“一条龙”服务机制；及时了解掌握海外高层次人才的工作、生活情况，切实解决海外高层次人才的实际困难，积极支持并促成其在绍创新创业。

23、拓展引才渠道。加强与驻外使（领）馆、海外留学生组织、华人团体的联系，推进与国内外知名猎头公司等中介机构的协作，强化对海外引才工作的激励。多方掌握人才供求信息，建立海外高层次人才信息库，制定并发布引才需求目录，强化对海外引才信息的互通。举办海外高层次人才招聘会、设立海外高层次人才联络站、聘请海外高层次人才工作联络员、建立海外高层次人才驿站，成立在绍海外高层次人才联谊会等，强化对海外引才工作的服务。

24、完善考核评估。健全党政领导班子目标责任制考核制度，将海外高层次人才引进工作列入县（市、区）党政领导科技进步与人才工作目标责任制考核。建立用人单位海外引才工作考评制度，对优秀引才单位给予表彰。建立海外高层次人才评估制度，对有突出贡献的引进人才给予奖励，对因触犯法律、或个人原因未履行与用人单位签订的协议（合同）的，终止其享受的相关资助及待遇等。

25、营造引才氛围。通过国内外主流媒体，大力宣传我市引进海外高层次人才的优惠政策和创新创业环境，宣传海外高层次人才在我市取得的重大成就和涌现的先进典型。对作出突出贡献的海外高层次人才，授予“市长奖”、“绍兴市高级专家”等荣誉称号；属外籍人士的，授予“绍兴市荣誉市民”、“兰花友谊奖”等。

本办法自发文之日起试行，由中共绍兴市委人才工作领导小组办公室负责解释。所涉及的奖励和资金按照财政体制由项目落实地承担，市级奖励和资金从已整合的科技资金中按项目性质列支。各县（市）可参照本办法制订具体的操作细则。

中共绍兴市委办公室
绍兴市人民政府办公室
二〇一〇年三月三十日

中共金华市委 金华市人民政府关于实施海内外英才引进计划的意见

（市委〔2010〕10号）

为深入实施我市人才强市战略和“两创”主题实践活动，鼓励科技人员、留学归国人员带技术、带成果、带资金到金华创业创新，提升区域优势主导产业竞争力，加快推动经济转型升级，我市计划实施海内外英才引进计划（英才指领军型创业人才和创新团队），5年内引进一批海内外领军型创业人才和创新团队。现提出如下意见：

一、主要目标

充分利用国际国内智力资源，大力吸引海内外领军型创业人才和创新团队到金华创业创新，充分释放创业载体的人才和科技资源，大力吸引高科技领军人才的科技成果在我市实现产业化。按照“公开、公平、公正、择优”的原则，用5年左右的时间，引进50名领军型创业人才和50个创新团队。

二、支持领域

重点支持汽摩配、电子信息、生物医药和新材料、新能源、现代服务业等新兴产业领域。

三、对象条件

具有在海内外大中型企业或知名高校、科研机构关键岗位从事研发和管理工作经历（在海内外学习并取得学士学位，学成后在海内外工作5年以上；在海内外学习取得硕士学位，学成后在海内外工作3年；在海内外学习并取得博士学位，学成后在海内外工作1年以上）的领军型创业人才和创新团队，主要包括以下几种情况：

（一）在国际某一学科、技术领域内的学术技术带头人，拥有自主知识产权、市场开发前景广阔、高技术含量的科研成果；

（二）拥有在国内领先或能够填补国内空白项目的核心技术，并具有一定的市场潜力，可进行产业化生产；

（三）在本市重点支持领域中带项目、带技术、带资金（自带资金100万元人民币以上）来金华创办科技型企业的领军型创业人才及其创新团队；

（四）拥有可形成金华市具有良好发展前景新产业的重大项目。

四、扶持政策

（一）重点推荐（A类）项目

1、给予每个创业投资项目300—500万元创业启动资金，创业投资企业注册地所在地提供不少于200平方米工作场所和不少于100平方米的住房公寓，三年内免收租金。

2、对高新技术项目产业化生产的，经论证、审批，根据其项目的投资需求，金华市科技创新风险投资资金（筹）可给予不少于风险投资资金首次投资总额15%的配套投资。

（二）优先推荐（B类）项目

1、给予每个创业投资项目100—300万元创业启动资金，创业投资企业注册地所在地提供不少于150平方米工作场所和不少于100平方米的住房公寓，三年内免收租金。

2、对高新技术项目产业化生产的，经论证、审批，根据其项目的投资需求，金华市科技创新风险投资资金（筹）可给予不少于风险投资资金首次投资总额10%的配套投资。

（三）一般推荐（C类）项目

1、给予每个创业投资项目50—100万元创业启动资金，创业投资企业注册地所在地提供不少于100平方米工作场所和不少于100平方米的住房公寓，三年内免收租金。

2、对高新技术项目产业化生产的，经论证、审批，根据其项目的投资需求，金华市科技创新风险投资资金（筹）可给予配套支持。

五、其它优惠政策

（一）引进并落户金华的A、B、C类项目，实施产业化生产后，年缴纳税收地方留成部分首次超过100万元人民币的，给予其领军型人才或团队100万元人民币的一次性奖励。

（二）以高新技术成果、专利等技术成果入股形式投资的，其技术成果作价可占注册资本的30%至70%。

（三）对引进并落户金华的A、B、C类项目，市级科技计划予以立项，并优先推荐申报国家、省各类科技计划项目。

（四）列入中央、省海外高层次人才引进计划的，同时享受中央和省有关政策。

六、其它事项

（一）金华市委人才工作领导小组负责海内外英才引进计划的组织领导和统筹协调，金华市委人才工作领导小组办公室负责制定具体实施细则，成立八婺海内外英才引进计划工作办公室，设在市科技局，负责日常工作。各有关单位要发挥职能优势，落实分解任务，积极做好引才工作。

（二）市财政设立海内外英才引进计划专项资金。

（三）本意见适用市区，各县（市）可参照执行。

（四）本意见自发布之日起实施。

中共金华市委
金华市人民政府
二〇一〇年四月十五日

金华市海内外英才引进计划实施细则

（金人才办〔2010〕2号）

为加快集聚海内外领军型人才和创新团队，根据《中共金华市委 金华市人民政府关于实施海内外英才引进计划的意见》（市委〔2010〕10号）文件，现制定如下实施细则：

一、工作机构

金华市海内外英才引进计划工作办公室（以下简称引才办，设在市科技局），在市委人才工作领导小组领导下开展工作，组织对海内外英才引进计划工作的实施，负责引才工作的咨询、联络、受理、指导、检查等日常工作。

二、引进方式和程序

1、坚持公开、公平、公正、择优的原则，每年引进一批领军型创业人才或创新团队。

2、以市委、市政府名义，通过本地及国内外媒体向海内外公告当年度引进事宜。参加国内各类高层次人才交流会，组织赴国外集中招引领军人才和创新团队。

3、由市人事局、市教育局对申请人的国内外学历、经历、身份等进行人认定、审核，市科技局对申请人的项目计划书及相关资料进行初审，对其提交的知识产权和发明专利进行核实，确定提交技术评审的人选和项目。

4、由市引才办邀请国内具有较高水平的相关科技专家进行技术评审，按专业领域进行分组，确定一名召集人，负责综合、归纳并填写技术评审意见表，提出推荐意见。

5、由市引才办邀请风险投资专家、财务专家、管理专家、企业家和相关领导，对技术评审推荐的项目进行综合评审，对项目作出A、B、C分类评价，提出项目建议名单，报市委人才工作领导小组审核，市委、市政府审定。

6、经审定的引才项目，由市引才办组织各类园区与申请人进行双向选择、洽谈。根据双方的洽谈意见确定报批项目的落实。

7、洽谈达成意向的项目，市引才办在媒体上进行公示，经公示无异议，由园区与应聘者签订项目落户协议，明确双方的权利、义务，市引才办予以鉴证。市、区相关部门要负责做好有关服务工作，保障项目的有效实施。

三、申报办法

1、申请人须在公告期的报名时间内向市引才办报名或登陆“金华科技网”（网址：www.jhst.cn）报名，并提供《金华市海内外领军型创业人才报名表》、《金华市海内外领军型创业人才创业计划书》一式二份（在金华科技网下载），及其相关材料。

2、申请人应对申报材料的真实性负责，若有欺诈行为，一经查实，即取消资助资格，追缴已资助的经费，并视情追究相关人员的责任。无正当理由中止项目实施的，除追缴已资助的经费外，视情追究相关人员的责任。

四、其它事项

1、设立金华市海内外英才引进计划专项资金，对引进的项目，落户市本级的，创业资助资金由市财政列支，落户婺城区、金东区、金华经济开发区的，创业资助资金由市、区各承担50%。

2、本实施细则自发布之日起实施，由市委人才办负责解释。

中共金华市委人才工作领导小组办公室

二〇一〇年四月二十七日

福建省引进高层次创业创新人才暂行办法

（闽委办〔2010〕2号）

为吸引海内外高层次创业创新人才，进一步推进人才强省战略实施和创新型省份建设，根据《中共中央办公厅转发〈中央人才工作协调小组关于实施海外高层次人才引进计划的意见〉的通知》（中办发〔2008〕25号）和《福建省贯彻落实〈国务院关于支持福建省加快建设海峡西岸经济区的若干意见〉的实施意见》（闽委发〔2009〕5号）精神，制定本办法。

一、目标任务

（一）本办法所称高层次创业创新人才是指在国内外知名企业、高校、科研和医疗卫生机构等从事专业技术或经营管理工作，具有较强创业创新能力，学术技术、经营管理水平达到国际先进或国内领先，能引领和带动我省某一领域科技进步、产业升级、文化繁荣、社会发展的领军人才。

（二）围绕海峡西岸经济区发展战略目标，用5—10年时间，依托企业、园区、高校、科研和其它事业单位，引进300名左右海外（含台港澳地区）高层次创业创新人才和一批国内高层次创业创新人才，建设两岸人才交流合作区域中心和人才高地。

二、引进人才范围

（三）引进高层次创业创新人才（以下简称"引进人才"）的重点领域：

1．电子信息、装备制造、石油化工等主导产业；

2．建材、冶金、纺织、轻工等传统优势产业；

3．生物及新医药、节能环保、新能源、新材料、海洋工程等新兴产业；

4．生物育种、生态农业等现代农业；

5．信息服务、现代物流、金融业、科研教育、医疗卫生、文化创意、旅游业等现代服务业。

（四）引进人才的条件与范围：

1．海外高层次创业创新人才。

在海外取得硕士研究生以上学历，年龄一般不超过55岁，来闽创业或引进后每年在闽工作时间原则上不少于6个月，并符合下列条件之一：

（1）拥有自主知识产权、发明专利或掌握核心技术，其技术成果国际先进、能填补国内空白、具有市场潜力并能进行产业化生产，自有资金（含技术入股）或海外跟进的风险投资占创业投资30%以上的创业人才；

（2）在海外知名企业或机构担任中、高级职务，拥有能够促进我省企业自主创新、技术产品升级的重大科研成果，或熟悉相关领域和国际规则、有较强的经营管理能力，我省重点领域急需的专业技术人才和管理人才；

（3）在海外知名高校或科研机构具有博士学位、担任相当于副教授以上职务，在某一专业领域掌握世界先进技术、我省急需紧缺的学术技术带头人。

2．国内高层次创业创新人才。重点引进下列对象：

（1）中国科学院院士、中国工程院院士；

（2）获得国家最高科学技术奖、国家自然科学奖、国家技术发明奖、国家科学技术进步奖、国际科学技术合作奖的主要完成人；

（3）承担国家科技支撑计划、国家重点工程建设项目的首席科学家或项目主要负责人；

（4）"长江学者"、国家杰出青年科学基金获得者等国家级优秀人才；

（5）掌握核心技术、拥有自主知识产权或具有高成长性项目的创业人才；

（6）在大型知名企业或著名高校、科研机构关键岗位从事研发、管理工作的高级专家或高级管理人才。

3．我省急需紧缺的其他高层次创业创新人才。

三、政策措施

（五）来闽创（领）办企业的引进人才，享受以下优惠政策：

1．省政府给予每个海外引进人才200万元人民币补助（其中中央在闽单位或厦门市引进的，省政府给予每人100万元人民币补助）；给予省属（含市、县）单位引进的国内人才每人100万元人民币补助（其中厦门市引进的由其给予补助）。补助资金主要用于科技创新、创业启动和改善工作生活条件等，视同省政府奖金，免征个人所得税；

2．落户到园区创（领）办科技型企业的，由园区提供不少于100平方米的工作场所，5年内免租金；

3．从事科技项目产业化，并由其控股或拥有不低于20%股权的企业，各级政府创业投资资金可按有关规定给予股权投资；

4．产品符合政府采购要求的，纳入采购目录，优先推荐使用；

5．引进人才认定后3年内，缴纳个人所得税地方留成部分，当地财政全额奖励返还；

6．来闽创（领）办企业的引进人才在职称评聘、申请科技项目、科研经费使用等方面按（六）第4、5、6条规定执行。

（六）受聘到我省高校、科研机构、企（事）业单位的引进人才，享受以下优惠政策：

1．省政府给予每位引进人才的补助资金按（五）第1条规定执行；

2．用人单位为其提供必要的科研启动经费、科研仪器设备和稳定的科研经费支持，并在团队建设、重大科研项目申请等方面给予倾斜；

3．可担任高校、科研机构、国有企（事）业中高级管理职务（外籍人士担任法定代表人的除外）；引进到事业单位的，不受单位编制、岗位限制；

4．可按其业绩和能力，申报评审高级专业技术资格，聘任时不受评聘时限和岗位职数的限制；

5．可申请省级科技项目，所获得的资金用于在闽开展科学研究或项目产业化；

6．担任项目负责人的，在规定的职责范围内，有权决定科研经费的使用，包括人力成本投入；有权决定团队成员的聘任，所聘人员可采取协议工资制，不受本单位现有编制、工资总额和科研经费成本比例限制。

（七）引进人才享受以下生活待遇：

1．引进人才申购经济租赁房或限价住房，各地各部门给予优先安排。未购买自用住房的，用人单位为其提供不少于120平方米的住房，5年内免租金，或提供相应租房补贴；

2．引进人才的子女可按照本人意愿，选择当地公办学校就读，当地教育行政部门负责为其办理入学手续；

3．引进人才的用人单位，应按有关规定为其缴交基本养老、城镇职工基本医疗、工伤保险等社会保险，同时为海外引进人才未就业的配偶、子女缴交社会保险；用人单位可为引进人才购买商业补充保险；

4．在闽创业或工作期间，引进的海外人才享受二级医疗保健待遇，引进的国内人才享受省内相当条件人员同等医疗待遇，所需医疗资金通过现行医疗保障制度解决，不足部分由用人单位按照有关规定予以解决；

5．引进人才的配偶愿意在闽就业的，由用人单位或当地政府妥善安排；暂时无法安排的，用人单位可参照本单位人员平均工资水平，以适当方式为其发放生活补贴；

6．引进人才5年内境内工资收入中的住房补贴、伙食补贴、搬迁费、探亲费、子女教育费等，按照国家税收法律法规的有关规定，予以税前扣除。进境少量科研、教学物品，免征进口税收；进境合理数量的生活自用物品，按现行政策规定执行；

7．引进人才的薪酬待遇，本着待遇从优的原则，参照引进人才回国前的收入水平，一并考虑为其支付住房（租房）补贴、子女教育补贴、配偶生活补贴等，由用人单位和引进人才协商确定。用人单位对引进人才可实施期权、股权和企业年金等中长期激励方式。

（八）引进的产业人才创新团队、研发机构创新团队和总部经济创新团队，给予以下优惠政策：

1．对承担我省重大科技项目、重大工程、重点建设项目，能突破产业关键共性技术难题，带来重大经济效益和社会效益的创新团队，省政府给予100-300万元人民币的奖励；

2．对掌握自主知识产权且在我省进行产业化、有望形成新的经济增长点的创新团队，省政府给予300—500万元人民币的专项工作经费，当地政府给予一定配套经费。

（九）符合引进条件的台湾专家除享受以上相关政策待遇外，还享受以下政策支持：

1．设立闽台专家产学研合作资金，对闽台专家合作开展技术攻关、技术转移、学术交流等活动，给予一定的专项经费支持；

2．台湾专家申请或与我省专家联合申请省、市科技项目的，给予优先立项；

3．聘请台湾专家担任高校、职业院校、科研机构、文化场馆、台商投资区、保税物流园区、台湾农民创业园等单位、园区的管理职务或专家顾问。

四、引进人才程序

（十）引进人才的工作程序：

1. 省人力资源开发办公室（省公务员局）定期征集汇总人才需求信息，制定年度引进人才计划，编制引进人才需求目录，经省委人才工作领导小组审核后发布；

2. 符合条件的人才与用人单位进行对接洽谈。鼓励国际知名猎头公司和人才中介机构来闽开展业务，加强与海外华人华侨社团、留学生组织等的联络，鼓励侨属侨眷和留学生国内亲属推荐、引荐海外华人华侨和留学生；邀请华人华侨、国内专家学者来闽考察交流或参加中国o海峡项目成果交易会、中国国际投资贸易洽谈会等活动，加强人才项目对接；在引进人才需求目录之外的急需人才，引进人才单位也可洽谈对接；

3. 用人单位与拟引进人才达成意向后，向所在设区的市人事部门或省直厅（局）和中央在闽单位组织人事部门申报，经所在设区的市委人才工作领导小组或省直厅（局）和中央在闽单位党委（组）研究审核后，报省人力资源开发办公室（省公务员局）；

4. 省委人才工作领导小组聘请国家级专家、海外专家组成专家评审委员会，对申报人选进行评审认定，并通知有关部门落实相关政策；

5. 用人单位按照相关法律法规，与引进人才签订不少于3年的工作（聘用）合同，并按有关规定落实相关待遇，提供相应工作条件；

6. 涉及人才引进工作的有关部门按照各自职能优化服务，限时为引进人才办理手续和落实特殊政策。

（十一）引进人才既可采取创办企业、受聘工作、合作研究等方式引进，也可采取创新团队方式引进。符合条件的人才还可采取自荐等方式，向省人力资源开发办公室（省公务员局）申报。需要以特殊方式引进的人才，由省人力资源开发办公室（省公务员局）商有关部门后按既定程序办理。

五、条件保障与服务管理

（十二）鼓励和支持有条件的企业、高校、科研机构和经济技术开发区或高新技术产业园区建立高层次人才创业创新基地，推进产学研紧密结合，聚集海内外创业创新人才及团队。

（十三）引进人才的服务管理：

1. 省、设区的市人力资源开发办公室（人事部门）建立高层次创业创新人才信息库，设立引进人才专门服务机构，负责为引进人才协调办理相关手续和落实政策，具体办法另行制定；

2. 用人单位负责为引进人才建设工作平台、安排岗位职务、落实配套政策，并明确专人做好服务工作；

3. 授予引进人才"海西学者"称号，聘为省委、省政府咨询专家和特聘专家；

4. 省委人才工作领导小组定期对各地各部门和用人单位引进人才工作进行综合考评。省委、省政府每3年表彰一批有突出贡献的引进人才和引进人才工作先进单位、先进工作者；

5. 我省入选国家"千人计划"的人选，享受本办法规定的相关待遇；

6. 引进人才按照"就高从优不重复"原则，同时享受《中共福建省委、福建省人民政府关于引进高层次人才和青年专业人才的若干规定》（闽委发〔2000〕10号）、《中共福建省委、福建省人民政府贯彻落实<中共中央、国务院关于进一步加强人才工作的决定>的实施意见》（闽委发〔2004〕11号）规定的相关待遇；

7. 引进人才未能履行协议的，由所在设区的市委人才工作领导小组或省直厅（局）和中央在闽单位党组（党委）提出意见，经省委人才工作领导小组审核，终止其享受的相关待遇。

（十四）符合海外、国内引进人才条件，并做出突出业绩的在闽各类人才，经评审认定，享受国内高层次创业创新人才有关资金补助、税收返还、子女入学等方面的待遇。

（十五）各设区的市、省直有关部门根据本办法，结合实际制定相应的政策规定。

（十六）本办法自发布之日起实施，由省委人才工作领导小组办公室负责解释。

中共福建省委办公厅
福建省人民政府办公厅
二〇一〇年一月二十四日

海西创业英才培养实施办法

（闽委办〔2010〕2号）

为深入贯彻落实《福建省贯彻落实<国务院关于支持福建省加快建设海峡西岸经济区的若干意见>的实施意见》（闽委发〔2009〕5号），加快培养创业创新人才，促进自主创新和科技创业，推动海西产业优化升级和持续发展，制定本办法。

一、目标任务

（一）本办法所称海西创业英才（以下简称“创业英才”）是指拥有自主知识产权的科技成果，有较强的技术研发或经营管理能力，科技成果转化和产业化业绩显著，能有效推动企业技术进步和海西产业优化升级的优秀创业创新人才。

（二）创业英才选拔培养坚持以科学发展观和科学人才观为指导，按照“公开、公正、竞争、择优”的原则，注重能力、突出业绩，面向产业一线，发挥政府引导、企业主体、市场机制的作用，支持创业英才创业创新，把企业做强做大。

（三）创业英才每3年选拔一次，每次选拔100名左右。

二、对象条件

（四）创业英才主要从我省高新技术企业、创新型（试点）企业、设有省级以上技术中心的企业主要负责人、技术骨干，以及在企业服务、行政关系在高校或科研机构等单位的科技人员中推选。

（五）创业英才应符合下列条件之一：

1．创（领）办科技型企业，拥有自主知识产权的科技成果和发明专利，初步实现成果产业化，产品和技术处于国内同行业领先水平，依法经营，按章纳税的企业法定代表人或第一大股东（股权一般不低于30%）；所在企业拥有一支素质优良、结构合理的创业创新团队及完善的企业治理结构和管理制度，近三年内实现利润持续快速增长，万元增加值能耗、劳动生产率等主要效率指标处于国内同行业先进水平，能够引领和带动我省相关产业的启动和发展。

2．承担企业重大技术攻关或产品开发项目，运用具有自主知识产权的先进技术，解决成果转化和产业化过程中重大关键技术问题的企业技术骨干；所研发的产品为企业主导产品且在国内乃至国际市场上竞争力较强，有良好的市场前景。

3．参与创（领）办科技型企业，组织并参与企业重大技术攻关或产品开发，掌握具有自主知识产权的关键技术，成功解决成果转化和产业化过程中重大关键技术问题的高校或科研机构科技人员；研发项目技术含量高，创新性较强，产品有明确的市场需求和较强的市场竞争力。

三、支持措施

（六）省政府设立创业英才专项奖励资金，每人奖励80万元，主要用于技术开发、人才培养等。当地财政应提供一定配套经费支持。

（七）支持创业英才承担国家和省重大建设、产业攻关、国际交流与合作等项目。省科技重大专项在同等条件下对创业英才优先安排。创业英才申报的各类科技项目、产业化项目和技改工程项目，在同等条件下予以优先立项。

（八）政府为主建设的各类重点实验室、研发中心及企业技术中心等创新平台，以不营利为标准向创业英才开放，提供服务。优先支持创业英才领衔的研发平台申报海西产业人才高地，按规定予以相应扶持。

（九）创业英才所在企业投资国家鼓励类项目，除《国内投资项目不予免税的进口商品目录》所列商品外，所需的进口自用设备以及按照合同随设备进口的技术及配套件、备件，免征进口关税。

（十）对创业英才所在的企业，各级政府创业投资资金给予重点支持安排；符合上市融资、债券融资等条件的，有关部门优先列入计划。

（十一）创业英才所在企业研发的产品符合政府采购要求的，纳入采购目录，优先推荐使用。工商行政管理部门要积极支持创业英才所在的企业开展国（境）外商标注册。侨务、外经贸等部门要积极搭建平台，充分发挥海外华侨华人资源优势和桥梁作用，支持创业英才所在的企业拓展海外市场，参与国际竞争。鼓励和支持创业英才所在的企业在境外投资，收购品牌，拓展市场。

（十二）知识产权等部门对创业英才申请专利、技术、成果评估予以积极支持。各类金融机构为其提供以专利、商标等无形资产质押的贷款服务。

（十三）鼓励知识产权和科技成果作价入股，成果持有单位可从技术转让（入股）所得的净收入（股权）中提取不低于30%的比例奖励给科技成果完成人。

（十四）创业英才在培养期内缴纳的个人所得税地方留成部分，当地财政给予全额奖励返还。

（十五）当地政府通过提供经济租赁房、限价住房、住房补贴或建设人才公寓等方式，优先解决创业英才的住房问题。

（十六）创业英才中的专业技术人才直接纳入福建省"新世纪百千万人才工程"省级人选，符合条件的，优先推荐参加国家级人选评审，享受相应的培养支持政策；优先推荐为享受国务院政府特殊津贴专家和省优秀人才人选。

（十七）加强以创业英才为核心的团队建设，优先支持创业英才所在团队引进高层次人才，符合相关条件的，享受《福建省引进高层次创业创新人才暂行办法》规定的相关待遇；支持创业英才所在团队聘请院士、知名专家、学术技术带头人、知名企业家及台湾地区高层次人才担任顾问，提供指导和咨询。

（十八）优先支持创业英才申报国家和省引进国（境）外人才智力项目和出国（境）培训项目，申请国家、省引智专项经费资助，优先推荐创业英才所在的企业申报国家级、省级引智成果示范基地。

（十九）资助创业英才到海外（含台港澳地区）著名高校、科研机构、知名企业参加专题培训和专业研修，了解掌握世界经济、科技发展动态和现代管理理论。支持创业英才与台湾地区人才联合开展项目合作、技术攻关和产品开发，推动与台湾地区科技园区、企业等紧密合作。设立创业创新论坛，定期举办创业英才与台湾同业公会对接洽谈活动，组织创业英才开展交流与合作。

（二十）创业英才申报评审职称，其技术创新、新产品开发、知识产权拥有量和转化效益等业绩作为职称评定的主要依据。坚持以业绩为主的政策导向，对业绩突出的，破格评审确认相应的专业技术资格。

（二十一）公安、外事、人事、对台等部门为创业英才出国（境）从事学术交流和商务活动开辟绿色通道、提供优质服务，及时有效为创业英才聘用的外籍高层次人才及家属办理1至5年居留许可或外国专家来华许可等办理相关手续。

（二十二）建立各级政府领导联系创业英才制度，听取意见和建议，帮助解决实际困难和问题；视需要安排随团出国（境）考察学习，加强国际技术交流合作，拓展国际视野。

四、推荐程序

（二十三）推荐创业英才按以下程序进行：

1．采取单位或行业协会推荐等形式申报，申报单位填写《海西创业英才申报表》，报设区的市政府人事部门或省直单位人事部门初审后，报省人力资源开发办公室（省公务员局）；

2．省人力资源开发办公室（省公务员局）会同省委组织部组建专家评审委员会进行评审，提出初步人选，经省委人才工作领导小组审核后，在省级主要新闻媒体进行公示；

3．公示之后，将入选对象报省委人才工作领导小组研究审定，由省委人才工作领导小组颁发福建省“海西创业英才”证书。

五、管理服务

（二十四）创业英才的培养工作在省委人才工作领导小组的领导下，由省人力资源开发办公室（省公务员局）具体负责。创业英才实行动态管理，培养期3年。培养期内，各级组织人事部门要定期了解和掌握其创业创新工作情况，并于每年第一季度将上年度有关情况报省人力资源开发办公室（省公务员局）。培养期满后，由省人力资源开发办公室（省公务员局）会同省委组织部组织有关部门相关人员和专家对其业绩进行评估，评估结果可作为下一周期的选拔依据。

（二十五）各级党委、政府和各有关部门要把创业英才的培养列入重要议事日程，主动关心他们的工作和生活，支持他们创业创新。

（二十六）省委、省政府每3年对做出突出贡献的创业英才给予表彰奖励，授予“海西学者”称号。

（二十七）对因工作变动不再从事创业创新活动或调离本省及违反有关法律法规的，由设区的市政府人事部门或省直单位人事部门提出意见，经省人力资源开发办公室（省公务员局）审核后，报省委人才工作领导小组审批，终止其享受的相关待遇。

（二十八）本办法自发布之日起实施，由省人力资源开发办公室（省公务员局）负责解释。

中共福建省委办公厅
福建省人民政府办公厅
二○一○年一月二十四日

海西产业人才高地建设实施办法

（闽委办〔2010〕2号）

为更好地实施人才强省战略，加快构建海西人才资源支撑体系，建设高水平的人才载体和创新团队，根据《福建省贯彻落实〈国务院关于支持福建省加快建设海峡西岸经济区的若干意见〉的实施意见》（闽委发〔2009〕5号），制定本办法。

一、目标任务

（一）本办法所称海西产业人才高地是指依托我省具有明显比较优势的龙头骨干企业和高校、科研机构中具有产学研优势的国家级、省级技术和产品研发创新平台，加强培养和引进，形成创新能力强、能够引领我省相关产业发展的人才集聚区。

（二）坚持创新驱动和项目带动，通过“6•18”项目、技术、资金、人才集聚效应，引导人才、技术等创新要素向企业流动，促进项目成果转化和人才创新能力的提升。

（三）到2015年，在全省建成200个左右产业人才高地，并依托这些高地，设立一批自主创新岗位，重点培养和引进200名技术创新能力强、引领作用显著的领军人才，形成50个国内一流的创新团队，建成100个能够明显提升产品科技含量和附加值的产学研创新平台。

二、对象条件

（四）范围对象。我省主导产业、传统优势产业、新兴产业、现代服务业、现代农业等领域中的龙头骨干企业（含产业园区），以及高校、科研机构中与产业紧密结合并具有产学研优势的国家级、省级技术和产品研发平台。

（五）申报条件：

1．拥有1名同行业公认的创新团队领军人才，3名以上创新团队核心成员，拥有国家发明专利或获得国家科学技术奖、省科学技术奖二等奖以上、省优秀新产品奖二等奖以上的创新成果；

2．团队具有不断创新的科学精神和良好的职业道德，有强烈的事业心，团结协作氛围浓厚。

3．以企业和高校、科研机构研发平台为主体的人才高地，还应具备下列条件：企业人才高地应符合我省产业政策要求，节能减排达到同行业先进水平；设有省级以上企业技术中心，研发投入占企业年销售收入3%以上；企业成长性和人均利税在国内同行业中位居先进水平，具有明显的比较优势。高校、科研机构研发平台人才高地应具有较强的产学研创新优势，拥有国内领先的科技成果技术，能够明显提升产品科技含量和附加值，形成技术和市场比较优势；有一套比较完善的人才、技术、资金、项目管理制度。

三、政策措施

（六）在每个产业人才高地选拔确认1名领军人才，省财政给予每个领军人才补助100万元。补助资金主要用于科技创新和改善工作生活条件等，视同政府奖金，免征个人所得税。

（七）省财政每年资助50名高地领军人才或核心成员以自主选题、自选导师、自选机构的形式到国内外知名高校、企业、科研机构进修培训；每年资助30名领军人才或核心成员到国内外开展合作研究、技术攻关或参加国际学术技术交流会议。福光基金和富闽基金把产业人才高地的高层次人才培养纳入基金的培训项目。大力培养技术创新、自主研发、项目管理等方面的高层次人才和高技能人才。

（八）每个产业人才高地可根据科研和生产需要，特设1—2个“开放式创新岗位”（以下简称“创新岗位”），面向海内外聘请具有同行业领先水平的技术专家和工程技术人员，主持或参与科技创新、成果转化，解决关键技术难题。除产业人才高地按约定提供相应工作条件和薪酬待遇外，由省财政给予每个创新岗位每年10万元科研津贴。事业单位设立创新岗位不占事业单位编制。

（九）大力吸引各类大型企业、著名高校和科研机构来闽创办或与我省共建高水平研发机构，初创期省政府给予500—1000万元资金支持（由省财政和当地财政各负担50%）；优先保障选址用地，免缴科研用房建设工程的城市建设配套费，减半征收人防工程易地建设费，需占用耕地的开垦费按规定标准的70%缴交。研发机构和企业区域总部进口用于研发的仪器、设备及配套技术、配件等，除《国内投资项目不予免税的进口商品目录》所列商品外，免征进口关税。其研发取得的新产品、新技术和新工艺，通过“6•18”产学研创新平台优先推介转化。

（十）支持产业人才高地建设单位申报设立国家级重点（工程）实验室、工程技术（研究）中心、企业技术中心，获批准设立国家级重点（工程）实验室等研发机构的，按我省有关规定予以资金和政策扶持。产业人才高地新设立的博士后科研工作站，当地财政给予建站补助，并给予进站博士后人员一定的科研和生活补助。从产业人才高地博士后站点出站并留闽工作或创业的省外、海外博士，享受我省引进高层次人才相关待遇。到我省企业工作满5年（含从事博士后研究时间）的，由当地财政给予一定的住房补助。

（十一）以闽台电子信息、石化、机械、船舶、冶金、新能源、生物医药、节能环保、新材料、创意、食品和农业等产业对接合作为重点，以产业对接集中区、专业园区、两岸农业合作试验区、现代林业合作试验区、台湾农民创业园为载体，积极推进闽台产业对接和人才交流。在产业人才高地实施台湾专业人才参加专业技术资格考试和认证、职称评定等试点政策。加强两岸人才信息交流，建立台湾人才数据库，支持产业人才高地聘用台湾人才，鼓励在大陆高校毕业的台湾学生到我省产业人才高地就业。

（十二）以产学研结合为主要方式，引导和鼓励校、所、地、企四方合作。以科研项目和技术、产品研发为载体，鼓励产业人才高地企业通过技术入股或兼职、聘用等方式吸引高校、科研院所的科技人才参与企业研发活动，支持和鼓励企业技术专家到高校兼职从事教学、科研工作。高校、科研机构科技人才到产业人才高地企业创新创业的，3年内可保留与原单位的人事关系。

（十三）优先支持产业人才高地申报国家、省引进国（境）外智力项目和出国（境）培训项目，申请国家、省引智专项经费资助，优先推荐产业人才高地申报建立国家级、省级引智成果示范推广基地。产业人才高地聘请外国专家，可一次性签发2—3年期限的外国专家证。

（十四）鼓励各级政府创业投资资金给予产业人才高地的优质产业化项目股权投资。产业人才高地的产品符合采购要求的，纳入政府采购目录，优先推荐使用。优先支持产业人才高地申请国家、省科技攻关和重点课题项目。

（十五）产业人才高地中的专业技术人才申报评审职称，更加突出以业绩为主的政策导向，其技术创新、新产品开发、知识产权拥有量和转化效益等业绩作为职称评定、职级晋升的主要依据。对业绩特别突出的专业技术人才，可破格评审相应级别的专业技术资格；对成绩优异、有重大贡献的专业技术人才，开辟绿色评价通道，组建专门评审委员会，评审确认其专业技术资格。

（十六）产业人才高地创新团队领军人才享受省内相当条件人员同等医疗待遇，所需医疗资金通过现行医疗保障制度解决，不足部分由用人单位按照有关规定予以解决。鼓励产业人才高地为创新团队领军人才建立补充养老保险、补充医疗保险或实行政府专项投保。当地政府通过提供经济租赁房、住房补贴或建设人才公寓等方式，优先解决产业人才高地创新团队领军人才的住房问题。产业人才高地创新团队领军人才从确认之日起，3年内缴纳个人所得税地方留成部分，当地财政给予全额奖励返还；其子女可按照本人意愿，选择当地公办学校就读，当地教育行政部门负责为其办理入学手续。

四、申报程序

（十七）申报产业人才高地按以下程序进行：

1．申报对象填写《海西产业人才高地建设申报表》，按照隶属关系逐级申报，非公有制单位直接向所在地政府人事部门申报。

2．设区的市政府人事部门或省直主管部门对申报对象进行初审，提出本地或本部门推荐名单，报省人力资源开发办公室（省公务员局）。

3．省人力资源开发办公室（省公务员局）会同省委组织部及有关部门，组织评审委员会对上报的推荐对象进行评审，报省委人才工作领导小组审定，并统一命名和授牌。

五、组织管理

（十八）各级党委、政府要高度重视本辖区内产业人才高地的建设工作，政府相关职能部门负责相关政策的落实，为产业人才高地建设创造良好条件和环境，突出抓好人才培养、引进和使用，充分调动和发挥引进人才和现有人才的积极性。

（十九）产业人才高地建设管理（包括资金投入）以所在企业或高校、科研机构为主，省直有关部门进行宏观管理。省委组织部牵头负责对产业人才高地建设工作进行规划、部署、指导和督促检查；省人力资源开发办公室（省公务员局）具体负责产业人才高地建设的组织申报和评审等工作；省财政厅把产业人才高地建设资金列入年度财政预算，统筹安排专项资助；省发展改革委、省经贸委、省科技厅对产业人才高地申请的项目，在政策、资金等方面给予倾斜和扶持；省教育厅负责协调引进高层次创业创新人才（包括产业人才高地创新团队领军人才）子女入学的落实工作。当地财政要安排专门资金，对产业人才高地建设给予配套支持。

（二十）产业人才高地建设实行动态管理，每年组织认定一批，逐步推开。建立考核评估制度，实行考核评估与资助挂钩的机制，对入选满3年的产业人才高地，由省人力资源开发办公室（省公务员局）会同省委组织部组织专家对高地建设情况进行全面考核评估。对成效显著的授予"海西产业人才示范高地"称号，继续给予支持；对成绩突出的单位和个人给予奖励；对工作成效达不到管理目标要求的，终止经费资助、取消产业人才高地命名。

（二十一）本办法自发布之日起实施，由省人力资源开发办公室（省公务员局）负责解释。

中共福建省委办公厅
福建省人民政府办公厅
二○一○年一月二十四日

泉州市引进高层次创业创新人才若干规定

（泉委〔2010〕53号）

为进一步推进人才强市战略和产业结构优化升级，加快引进经济社会发展紧缺急需的高层次创业创新人才，根据《福建省引进高层次创业创新人才暂行办法》和《泉州市贯彻落实<国务院关于支持福建省加快建设海峡西岸经济区的若干意见>的实施意见》精神，制定本规定。

一、引进范围

本规定所称高层次创业创新人才是指在国内外知名企业、高校、科研和医疗卫生机构等从事专业技术或经营管理工作，具有较强创业创新能力，学术技术、经营管理水平达到国际先进或国内、省内领先，能引领和带动我市某一领域科技进步、产业升级、文化繁荣、社会发展的优秀人才。

按照我市产业、港口、城市发展的战略需要，围绕传统产业、新兴产业、现代服务业和重大项目建设，重点引进能突破关键技术、发展高新技术产业、带动新兴学科的各类高层次创业创新人才和人才团队。

二、对象条件

引进的高层次创业创新人才，年龄一般不超过55周岁（中国科学院院士、中国工程院院士除外），与用人单位签订不少于3年工作合同，且每年在我市实际工作时间在6个月以上（中国科学院院士、中国工程院院士每年在我市实际工作时间累计达到3个月以上），并符合下列条件之一：

（一）中国科学院院士、中国工程院院士；

（二）拥有自主知识产权或掌握核心技术，其技术成果国际先进、能填补国内空白、具有市场潜力，并能进行产业化生产，自有资金（含技术入股）或海外跟进的风险投资占创业投资30%以上的海外引进创业人才；

在海外知名企业或机构中担任中、高级职务，拥有能够促进我市企业自主创新、技术产品升级的重大科研成果，或熟悉相关领域和国际规则、有较强的经营管理能力，我市重点产业领域急需的专业技术人才和管理人才；

在海外知名高校或科研机构具有博士学位、担任相当于副教授以上职务，在某一专业领域掌握世界先进技术、我市急需紧缺的学术技术带头人；

（三）获得国家最高科学技术奖、国家自然科学奖、国家技术发明奖、国家科学技术进步奖、国际科学技术合作奖的主要完成人；

承担国家科技支撑计划、国家重点工程建设的项目首席科学家或主要负责人；

"长江学者"、国家杰出青年科学基金获得者；国家有突出贡献的中青年专家、"新世纪百千万人才工程"国家级人选；国家级重点学科、重点实验室、工程技术研究中心、企业技术中心的学术技术带头人；

（四）省部级有突出贡献的中青年专家、省级学术技术带头人，"新世纪百千万人才工程"省级人选；

在大型知名企业或著名高校、科研机构关键岗位从事研发、管理工作的高级专家或高级管理人才；

掌握核心技术、拥有自主知识产权或具有高成长性项目的创业人才；

（五）我市产业经济发展紧缺急需的、能够解决关键技术和工艺操作性难题、带来明显经济效益和社会效益的，并获得中华技能大奖或全国技术能手称号的高级技师等高技能人才。

三、政策措施

符合《福建省引进高层次创业创新人才暂行办法》条件的，积极推荐作为省引进人才，享受省有关政策待遇，并可同时享受我市引进人才各项政策待遇：

（一）市政府按引进人才对象条件的（一）、（二）、（三）、（四）、（五）等不同层次分别给予100万元、100万元、100万元、50万元、30万元的补助资金。中央、省属在泉单位引进的，市政府按上述标准给予每人50%的补助。补助资金主要用于科技创新、创业启动、培养后备人才和改善工作生活条件等。

（二）市政府在经济适用房建设中划出或建设人才公寓，集中统一安排引进人才住房，为引进人才提供不少于120平方米的住房，3年工作合同期内免收租金（不含中央、省属在泉单位引进的）。资金由市政府、用人单位所在地政府和用人单位按各1/3比例承担。对申请家庭首套保障性住房或廉租房的引进对象，给予优先选购。3年工作合同期满后，如愿意购买的，可按经济适用房的标准优先购买；如继续承租的，可按政府廉租房的标准收取租金。

（三）国内引进的可持引进人才确认文件等相关证件，直接到用人单位所在地公安机关办理户口迁移落户手续。海外引进的，可先办理回国定居手续后落户，免收各项费用。

（四）配偶及其普通高校本科毕业的子女，可选择通过直接考核聘用到用人单位所在地的专业对口、缺编的事业单位（参照公务员法管理的事业单位除外）工作。暂时无法安排工作的，用人单位可参照当地城镇人均收入水平，以适当方式为其发放生活补贴；其随迁子女需就学的，在义务教育阶段，可根据本人意愿安排到公办学校就读，所在学校不得收取额外的任何费用。

（五）中国科学院院士、中国工程院院士按规定享受省部级医疗保健待遇，国内引进的其他对象享受与本市同等条件人员相同的医疗待遇，海外引进的享受地厅级医疗保健对象待遇。所需医疗资金通过现行医疗保障制度解决，不足部分由用人单位按照有关规定予以解决。用人单位应按有关规定为引进人才办理养老、医疗、失业、工伤等社会保险手续，同时为海外引进人才未就业的配偶、子女缴交社会保险。

（六）引进人才可按其业绩和能力，申报评审相应专业技术资格，聘任时不受评聘时限和岗位职数的限制。

（七）引进人才根据不同类别，还可以享受以下优惠政策：

1．创（领）办企业的引进人才：

（1）在项目立项、贴息贷款以及使用科技基金等方面给予大力扶持，并按产业鼓励政策优先安排用地指标，其土地出让金根据产业的科技含量、投产周期给予优惠。对产品产业化生产过程中流动资金不足向银行申请项目贷款的，创（领）办企业所在地政府按50%给予贷款贴息，贴息总额在200万元以内，贴息期不超过2年。

（2）落户到园区的科技型企业，由园区提供不少于100平方米的工作场所，3年内免租金。

（3）从事科技项目产业化，并由其控股或拥有不低于20%股权的企业，各级政府设立的创业投资资金可按有关规定给予股权投资。

（4）产品符合我市政府采购要求的，纳入采购目录，优先推荐使用。

（5）缴纳的营业税和企业所得税地方留成部分，按第1年100%、第2年50%、第3年30%的标准奖励给企业用于研发或扩大生产；3年工作合同期间，缴纳个人所得税地方留成部分，当地财政全额奖励返还。

（6）可申请市级科技项目，所获得的资金用于在泉开展科学研究或项目产业化。

2．受聘到我市高校、科研机构及其他企（事）业单位工作的引进人才：

（1）对辞职、离职或公派留学人员、访问学者回国后来我市工作的，若原单位同意移交档案的，给予整理入档；若原单位不同意移交档案，经本人及用人单位申请，人事部门根据其工作经历予以办理重新建档。辞职、离职前或在国外学习的时间和出国前参加工作的时间可与来泉后的工作时间合计为连续工龄。其人事关系、档案委托政府所属人才公共服务中心代理的，免收人事代理费。

（2）单位编制、职数已满的，允许先引进再通过自然减员逐步抵消；可担任用人单位中高级管理职务。

（3）可实行协议工资或年薪制等分配形式从优确定薪酬，不受本单位工资总额和科研经费成本比例限制。支持用人单位对引进人才实施期权、股权和企业年金等中长期激励方式。

（4）用人单位应积极支持并为引进的人才继续教育创造必要条件，每年安排一定时间带薪学习培训。

（5）符合“桐江学者”条件的，可同时享受相关政策待遇。

3．引进的产业人才创新团队、研发机构创新团队和总部经济创新团队：

（1）对承担我市重大科技项目、重大工程、重点建设项目，能突破产业关键共性技术难题，带来重大经济效益和社会效益的创新团队，市政府给予100万元的奖励；

（2）对掌握自主知识产权且在我市进行产业化、有望形成新的经济增长点的创新团队，市政府给予300万元的专项工作经费，当地政府给予一定配套经费。

（3）研发团队不在我市的，而由我市企业出资进行产品（技术）开发或与我市企业建立3年以上的合作协议、所取得的科技成果经鉴定为国内先进水平以上，并在我市产业化的，市政府给予50—100万元的奖励。

（八）符合引进条件的台湾专家除享受以上相关政策待遇外，还享受以下政策支持：

1．在市科技专项经费中，每年安排500万元用于泉台专家产学研合作资金，对泉台专家合作开展技术攻关、技术转移、学术交流等活动，给予一定的专项经费支持；

2．聘请台湾专家担任高校、职业院校、科研机构、文化机构等单位和涉台园区的管理职务或专家顾问。

四、申报评审

（一）征集需求。市委组织部、市人事局根据我市产业发展需求，每年年底向重点企业和创业创新载体征求下一年度引进人才需求，编制《年度紧缺急需人才引进指导目录》。

（二）发布对接。每年年初通过报刊、广播、电视、网络等媒体向海内外发布引进人才公告，并有针对性组织开展海内外专场人才招聘会、项目洽谈会等活动，实现人才与需求主体的对接。

（三）组织申报。用人单位与拟引进人才达成意向后，向所在地人事部门或市直主管部门申报，经初审后，报市委组织部、市人事局。

（四）考察评审。市委组织部、市人事局组织专家对拟引进人才进行综合评审，并报市委人才工作领导小组审核确认。

（五）签订协议。用人单位与引进人才签订工作合同，明确双方的权利、义务和相关法律责任。

（六）落实待遇。在市行政服务中心设立引进人才专门窗口，提供“一站式”服务。各涉及人才引进工作的有关部门按各自职能优化服务，及时为引进人才办理手续并落实相关待遇。

五、管理服务

（一）市人事局建立高层次创业创新人才信息库，设立引进人才专门服务机构，为引进人才协调办理相关手续和落实政策。用人单位负责为引进人才建设工作平台、安排岗位职务、落实配套政策，并明确专人做好服务工作。

（二）为引进人才颁发高级人才工作证，在办理创业创新项目有关手续方面提供绿色通道服务，在乘坐公交、医院就诊、进入公共图书馆等方面给予优待。

（三）市委、市政府每3年表彰一批有突出贡献的引进人才和引进人才工作先进单位、先进工作者。

（四）引进人才未能履行协议的，由用人单位提出意见，及时上报市委组织部、市人事局审核，终止其享受的相关待遇。

六、其他事宜

（一）符合引进人才对象条件第（一）、（二）、（三）层次的，并做出突出贡献的本市各类人才，经评审认定，享受本规定中创业创新人才有关资金补助、税收返还、子女入学等方面的待遇。

（二）特别重大项目“捆绑式”引进人才团队和引进特别重要人才的政策措施，按一企一策的原则上报市委、市政府专项研究决定。

（三）各县（市、区）人民政府、泉州经济技术开发区管委会、泉州台商投资区管委会、各用人单位可根据本规定，结合本地、本部门（单位）实际，制定相应的实施意见。

（四）本规定自发布之日起实施。《中共泉州市委、泉州市人民政府关于引进高层次人才的若干规定》（泉委发〔2006〕4号）和《泉州市人民政府关于鼓励留学人员来泉创业工作的若干意见》（泉政文〔2005〕386号）同时停止执行。

（五）本规定由市人事局负责解释。

中共泉州市委
泉州市人民政府
二〇一〇年六月九日

厦门市引进海外高层次人才暂行办法

（厦委办发〔2010〕21号）

第一章 总 则

第一条 为贯彻落实中央关于引进海外高层次人才意见精神，加快经济发展方式转变，促进我市产业升级和经济结构调整，打造海峡西岸人才创业港，加快创新型城市和海峡西岸重要中心城市建设，根据我市经济社会发展需求及有关政策规定，制定本办法。

第二条 在市委、市政府领导下，成立市高层次人才引进工作专项办公室（以下简称“专项办”），负责高层次人才引进工作的组织实施。

第三条 我市引进海外高层次人才工作主要围绕厦门市支柱产业、高新技术产业和现代服务业等发展需要，用5—10年时间，依托各区、各类园区和市重大科技平台、重点企业、高等院校、科研机构等，引进并重点支持100名能突破关键技术、发展高新产业、带动新兴学科的科技创新创业核心人才。

鼓励海外高层次人才以团队形式，来我市创新创业。

第二章 引才标准

第四条 引进的海外高层次人才（以下简称“引进人才”），应在海外取得硕士学位，年龄一般不超过55周岁，每年在厦门的工作时间原则上不少于6个月，并符合下列条件之一：

（一）拥有自主知识产权和发明专利，且其技术成果国际先进，能填补国内空白、具有市场潜力并进行产业化生产，自有资金（含技术入股）或者海外跟进的风险投资不低于其所创办企业注册资本的30%，具有海外自主创业经验或知名国际企业中高层管理职位2年以上的科技创业人才；

（二）在国外著名高校、科研院所具有博士学位、担任相当于副教授、副研究员及以上职务，学术技术水平达到国际先进、国内领先水平的专家、学者或学科带头人；

（三）在国际知名企业或机构中，担任中高级职务2年以上的专业技术人才或经营管理人才；

（四）主持过大型科研或工程项目，有较丰富的技术管理经验的专家、学者、技术人员；

（五）厦门市急需、紧缺的其他高层次创新创业人才。

第三章 工作条件支持

第五条 市属单位入选本市和国家引才计划的人才，市政府给予每人100万元人民币补助。

在厦省部属单位入选本市和国家引才计划的人才以及市属单位入选省引才计划的人才，市政府再给予每人50万元人民币补助。

补助资金视同政府奖金，主要用于改善引进人才的工作生活条件。

第六条 有关区、园区、部门和用人单位应根据需要，为引进人才提供必要的事业平台和工作条件：

（一）引进人才领衔市重大科技项目的，可聘其担任项目负责人，在科研管理、人事安排、经费支配等方面享有相对自主权，也可根据需要为其组建专门的研究机构。重点学科、重点实验室、工程技术中心等研发机构引进的人才，可聘其担任重点学科首席教授或研发机构首席研究员，用人单位应为其提供必要的科研启动经费和设备，提供不少于100平方米的办公和实验用房，在团队建设、重大科研项目申请等方面给予优先支持；

（二） 引进人才负责市重大科技项目或重点实验室、工程技术中心、企业技术中心的，市科技局、市经发局根据引进人才科研项目启动情况及需求，可提供不少于100万元人民币的经费支持；

（三）引进人才回国后首次申报评定职称，可按其学术和专业技术水平及能力，直接申报评定相应档次的专业技术资格，其在国外取得的业绩成果，可以作为申报职称时的业绩成果提交。在厦工作期间需晋升高一级专业技术职务的，不受评。

（四）引进人才可担任高等院校、科研院所、国有企业、国有商业金融机构中级以上的领导职务（外籍人士担任法定代表人的除外），或者高级专业技术职务。引进人才到事业单位的，不受现行编制、工资总额和岗位职数限制，必要时可因人设岗；

（五）用人单位参照引进人才回国（来华）前的收入水平，一并考虑应为其支付的住房（租房）补贴、子女教育补贴、配偶生活补贴等，协商确定引进人才的合理薪酬。对企业引进人才，可实行年薪制；对作出突出贡献的，可实施期权、股权等中长期激励方式。

第七条 引进人才进入各区、各类园区创业的，可依照厦门市《关于加快建设海西人才创业港，大力引进领军型创业人才的实施意见》的有关规定享受创业扶持待遇。

第八条 优先推荐引进人才的科研项目申报国家、省各类科技计划项目，市级科技经费予以优先配套支持。优先推荐引进人才科研成果参评国家、省科技进步奖和重大科技贡献奖等奖项。

第九条 引进人才作为市委、市政府“特聘专家”，纳入厦门市拔尖人才管理，可优先推荐参评福建省优秀人才、闽江学者计划等。

第四章 生活保障

第十条 引进人才及其随迁配偶和未满18周岁的未婚子女，按厦门市有关规定，享受居留和出入境手续简化便利。具有中国国籍的引进人才及其随迁的配偶子女，愿意在厦门落户的，不受出国前户籍所在地限制。

设立专门集体户，引进人才及其随迁配偶、未满18周岁子女可自由选择在住房所在地、集体户或岛外落户。

引进人才子女在义务教育阶段入学时，可择校一次。

第十一条 引进人才在厦创业、工作期间，享受市三级医疗保健待遇。所需医疗资金通过现行医疗保障制度解决，不足部分由用人单位按照有关规定予以解决。

第十二条 引进人才及其配偶、子女可不受国籍、户籍限制，参加厦门市社会保险，享受本市城镇居民同等待遇。用人单位还可为引进人才购买商业补充保险。引进人才及其配偶进入事业单位工作的，其养老保险按照《关于实施若干人才优惠政策的意见》（厦委办〔2006〕39号）第五条相关规定执行，享受优惠待遇。

第十三条 引进人才五年内可免费租住人才住房或专家公寓，或按规定享受相应租房补贴。可不受国籍、户籍、人事关系限制，按厦门市人才住房有关规定，优先租赁、购买人才住房。

第十四条 在厦工作、服务期间，引进人才在境内工资收入中的住房补贴、安家（搬迁）费、探亲费、子女教育费等，按照国家税收法律法规的有关规定，予以税前扣除。进境少量科研、教学物品，免征进口税收。

第十五条 引进人才配偶一同回国并愿意在厦就业的，由用人单位或市、区人事部门根据个人情况为其协调安排；引进人才配偶应聘到市属事业单位，符合招聘条件的，可采用考核方式直接聘用；暂时无法安排工作的，用人单位在两年内参照本单位人员平均工资水平，以适当方式为其发放生活补贴。

第十六条 市人事局建立引进人才信息库，制定日常联系和服务办法，解决引进人才工作和生活中的困难和问题。

第十七条 引进人才因个人原因未履行协议，由用人单位及主管部门提出意见，经专项办审核，取消其享受的相关待遇。

第五章 引才程序

第十八条 海外高层次人才引进工作，由牵头单位负责组织实施。市重大科技项目和重点实验室、工程技术中心等研发机构的人才引进工作，由市科技局牵头；工业产品质量控制和技术评价实验室、企业技术中心的人才引进工作，由市经发局牵头；国有企业和国有商业金融机构的人才引进工作，分别由市国资委、市财政局牵头；以高新技术产业开发区为主的各类园区的人才引进工作，由火炬高新区管委会、市科技局会同市人事局牵头；其他人才引进工作，由市人事局会同有关部门牵头。

第十九条 市科技局、市人事局、市经发局、市国资委、市财政局、火炬高新区管委会等牵头单位，分别制定本领域引才目录和年度引才计划，汇总到专项办审定后发布实施。

牵头单位应根据本市发展需要和用人单位的需求，有针对性对外开展招聘推介活动。

第二十条 用人单位根据需求物色拟引进人才人选及项目，进行接洽并达成引进意向后，向相应的牵头单位推荐。

第二十一条 牵头部门组织熟悉国内情况和引进专业领域的国内外高层次专家对拟引进人才及项目进行评审和遴选，提出建议名单报专项办审核。

属创业的，依照厦门市《关于加快建设海西人才创业港，大力引进领军型创业人才的实施意见》的引才程序办理。

第二十二条 专项办对通过评审的拟引进人才及项目以适当方式向社会公示，报市委、市政府批准。

第二十三条 用人单位根据批复意见，按照相关法律法规，在30个工作日内与引进人才签订不少于3年的工作合同（协议），并按规定落实相关待遇，协助办理有关手续。

第二十四条 符合条件的海外高层次人才可以自荐的方式，直接向市人事局申报。通过自荐、其他渠道推荐的人才，由专项办协调有关部门按本办法规定程序个案办理。

第六章 附则

第二十五条 各区、园区和各部门应根据本办法规定，结合实际，制定引进海外高层次人才的配套措施和具体实施细则。

第二十六条 入选国家和福建省引才计划的高层次人才在本市创业工作的，享受本办法规定有关待遇。

第二十七条 引进台湾地区高层次人才，参照本办法规定执行。

第二十八条 引进国内高层次人才，适用《福建省引进高层次创业创新人才暂行办法》的有关规定。

第二十九条 本办法由中共厦门市委人才工作领导小组办公室负责解释。

中共厦门市委办公厅

厦门市人民政府办公厅

二〇一〇年四月二十七日

厦门市关于加快建设海西人才创业港大力引进领军型创业人才的实施意见

（厦委办发〔2010〕22号）

为落实国务院关于加快海峡西岸经济区建设意见和市委十届十次全体（扩大）会议精神，加快经济发展方式转变，促进我市经济结构调整和产业升级，以人才引领产业发展，打造海峡西岸人才创业港，加快建设创新型城市和海峡西岸重要中心城市，根据我市实际，制定本意见。

一、引才重点领域和近期目标

围绕电子信息、机械制造等支柱产业，光电、生物医药、新材料、新能源等新兴产业，金融服务、文化创意、信息服务等现代服务业和传统优势产业的技术改造升级等重点领域，在近五年内引进我市产业发展急需的领军型创业人才300名，进一步打造一支优秀的科技企业家队伍，形成高新产业集聚地。

二、引才条件

领军型创业人才一般应具有五年以上国内外技术研发或项目管理经验，自带技术、项目和资金到我市发展，为所在企业控股人或拥有不低于20%股权，并符合以下条件之一：

1、创业项目带头人是某一学科或技术领域内的学术或技术带头人，拥有市场开发前景广阔、高技术含量的科研成果；

2、创业项目拥有独立知识产权或专有技术，技术水平达到国际或国内先进，具有市场潜力并可进行产业化生产；

3、创业项目能引领我市重点领域产业的发展。

三、扶持政策

1、资金扶持。引进人才创办的企业可获得100万元至500万元的市政府创业启动资金；

可申请获得300万元至1000万元的政府创业投资资金；

可申请获得科技创新贷款贴息，贴息额度为以基准利率计算的贷款年利率的50%，单个项目的贴息年限一般为2年，年贴息额在200万元以内；

可申请获得科技创新贷款担保支持，担保资金额不超过300万元。

可申请获得最高300万元的科技创新研发资金。

特别优秀的项目，可在以上资金扶持的基础上，根据实际需要再给予重点扶持。

2、场所支持。可获得所在区或园区提供不少于100—500平方米的创业场所，五年内免交租金。

3、个税优惠。三年内缴纳个人所得税地方留成部分，由当地财政全额奖励返还。

4、其他扶持。可承担市重点科技、产业、工程项目任务，产品符合政府采购要求的，纳入采购目录，优先推荐使用。

四、生活优惠

1、住房待遇。引进人才可租住人才住房，五年内免租金，或按规定享受相应租房补贴。可不受国籍、户籍、人事关系限制，按照厦门市人才住房的有关规定优先购买、租赁人才住房。

2、配偶就业。根据引进人才配偶原就业情况、职业身份统筹协调。

3、子女就学。引进人才子女在义务教育阶段入学时，可择校一次。

4、落户。设立专门集体户，引进人才及其随迁配偶、未满18周岁子女可自由选择在住房所在地、集体户或岛外落户。

5、社会保险。引进人才及其配偶、子女可不受国籍、户籍限制参加厦门市社会保险，享受本市城镇居民同等待遇。

6、居留和出入境。引进人才及其配偶、未满18周岁子女按厦门市有关规定，享受居留和出入境手续简化的便利。

五、引才程序

1、项目申报。领军型创业人才项目申报由市人事局常年受理，申报人须在厦门市人事局网站报名，并详细填写申报表格、按要求提供有关材料。

2、项目评审。市人事局对申报人的学历、经历等进行资格认定和审核后，由市科技局对申报人的创业计划书及相关材料进行初审，并对申报人提交的知识产权和发明专利等进行认定、评估，提出技术评审名单。项目技术评审原则上每半年组织一次，由市科技局邀请国内外相关技术专家组成评审小组进行，并确定提交综合评审名单。通过技术评审后，由专项办协调、市科技局组织相关部门领导、企业家及技术、管理、创业投资专家组成评审小组，重点就项目的创业前景、产业化可行性、创业团队、财务评价等进行综合评审。

3、项目公示、审定。评审结果通过厦门市人事局、市科技局网站和新闻媒体等向国内外公示，并报专项办审定。

4、项目对接。根据我市产业布局和创业者意向，经审定的引进人才项目，由专项办协调、市招商中心组织有关区、园区与创业者进行项目对接并签订合同，明确签约双方责任、权利和义务。

六、保障措施

1、组织领导。领军型创业人才引进工作，在市委、市政府领导下，由市高层次人才引进工作专项办公室负责组织实施。建立科技与人才工作考核机制，形成各区、园区主要领导抓第一生产力和第一资源的工作格局。

2、资金投入。市、区和一级财政园区安排专项资金，用于引进、扶持、表彰高层次创业创新人才或团队。市、区政府成立创业投资机构，引导社会资本进入创业投资领域，吸引、支持创业投资机构在厦门发展。

3、环境建设。加强与我市产业发展紧密关联的重大科技平台和载体建设，争取国家重大科技基础设施、国家工程（技术）研究中心等落户厦门。推动高校、科研院所与地方共建企业院士工作站、博士后工作站、大学科技园等载体。加强知识产权保护，鼓励自主创新。树立科技创业典型，营造鼓励创业的社会氛围。

中共厦门市委办公厅

厦门市人民政府办公厅

二〇一〇年四月二十七日

济南市人才居住证实施暂行办法

（济政发〔2010〕12号）

第一条 为鼓励和吸引海内外各类人才来我市创业发展，并为其工作和生活提供便利，根据有关规定，制定本办法。

第二条 《济南市人才居住证》（以下简称《居住证》）是非济南户籍的海内外人才在我市居住、工作并享有相关待遇的证明。

第三条 《居住证》持有人在资金申报、社会保险、子女就读、资质认定等方面可与市民享有同等待遇。具体可在以下方面享有权益：

（一）资金申报。可参加有关部门提供的涉及创新创业扶持项目资金和贷款的申报。

（二）创办企业。可以技术或资金入股等方式在我市办理工商登记创办企业。

（三）社会保险。可参加本市职工基本养老、医疗、工伤、失业和生育等社会保险。离开本市时，个人帐户处置按国家有关规定执行。

（四）住房公积金。可按规定在本市缴存和使用住房公积金购买自有住房。离开本市时，可按规定办理职工住房公积金帐户存储余额转移手续。

（五）聘用和考试。可参加相应专业技术职务聘用。海外人才参加本市组织的专业技术职务任职资格评审或考试、执业（职业）资格考试及执业资格登记时可免试外语。

（六）子女就读。《居住证》持有人子女接受高中阶段（含）以下教育，可享受市民同等待遇。

（七）居留和出入境。持有《居住证》的外籍人才，可按规定申请办理居留许可或多次签证。

（八）享受市引进人才的其他有关待遇规定。

第四条 非济南户籍的海内外人才来我市创新创业，符合下列条件之一的，可以按照自愿原则申领《居住证》：

（一）《济南市人民政府关于印发济南市引进海内外高层次人才规定的通知》（济政发〔2009〕13号）确定的高层次人才；

（二）在国（境）外取得硕士（含，下同）以上学位，或在国内取得博士学位的人才；

（三）在国（境）外知名高校、科研院所等担任相当于助理教授以上，或在国内担任副高以上专业技术职务且具有硕士以上学位的人才；

（四）在国（境）外取得学士以上学位或在国内取得本科以上学历后到国外进修（作访问学者）1年以上，拥有自主知识产权、技术先进、市场潜力和预期效益较大的项目或规模创业资金，且符合本市经济建设和社会事业发展急需适用的人才。

第五条 申请人申领《居住证》，须提供下列材料：

（一）有效身份证明；

（二）有关工作经历证明和专业背景资料；

（三）其他按照规定应提供的证明材料。

第六条 《居住证》申领工作由市人力资源社会保障局负责受理，市人力资源社会保障局自受理之日起15个工作日内，对申请材料进行初审并会同相关部门进行复核，对符合条件的，通知申请人领取《居住证》；不符合条件的，书面告知不予发放的理由。

第七条 《居住证》有效期限根据实际情况一般定为1至3年，市政府济政发〔2009〕13号文件确定的高层次人才的《居住证》有效期最多可延长至5年。《居住证》有效期满需要延续的，可在有效期届满前30日内向市人力资源社会保障局提出申请。

第八条 《居住证》持有人的配偶和随同子女，可以申领《居住证》副卡。

第九条 《居住证》如有遗失，持有人可携带有关材料到市人力资源社会保障局申请补办。

第十条 《居住证》仅限在我市行政区域内使用。

第十一条 本办法自2010年7月1日起施行。

济南市人民政府

二〇一〇年五月二十四日

济南市引进海内外高层次人才绿色通道服务暂行办法

（济政办发〔2010〕21号）

第一条 为方便海内外高层次人才来济南创新创业，根据《中共济南市委济南市人民政府关于进一步加强海内外高层次人才引进工作的意见》（济发〔2009〕5号）和《济南市人民政府关于印发济南市引进海内外高层次人才规定的通知》（济政发〔2009〕13号）精神，结合我市实际，制定本办法。

第二条 我市引进的海内外高层次人才（以下简称高层次人才）凭市海内外高层次人才引进工作小组办公室出具的相关证明，享受本办法规定的绿色通道服务。

第三条 绿色通道服务包括：

（一）出入境服务。高层次人才及其配偶、未成年子女，可以申请有效期2年以上、5年以下的多次入境有效签证或者居留许可，申请次数不限。可由本人到市公安局出入境管理部门办理，公安部门自受理之日起5个工作日内办结；紧急申请，视情在1—3个工作日内办结。

（二）户籍办理。高层次人才及其配偶、未婚子女在济南落户的，由入户人到市公安局提出申请，市公安局自受理之日起10个工作日内办结。

（三）工商服务。高层次人才申办企业，注册登记实行即时承办，限时办结，并减免登记费用，免费代办工商登记。办理企业年检，实行上门服务。积极为高层次人才投资决策提供行业发展情况等信息咨询服务。

（四）税务服务。高层次人才创办企业在申报办理税务登记时，可优先办理，并提供“一站式”服务；经审核符合条件的，当场发放税务登记证件；落实国地税联合办证制度，一方办证、双方认可；免收税务登记证工本费。高层次人才创办的企业在办理其它涉税事项时，可享受纳税服务绿色通道服务，优先办理各项涉税事宜，并提供预约服务、咨询服务等个性化服务项目。

（五）海关服务。

1．高层次人才进出境时，海关给与通关便利。对其随身携带的进出境物品，除特殊情况外，海关可以不予开箱查验。

2．海关指定专门机构和人员及时办理高层次人才个人进出境物品审批、验放等手续。对在节假日或者非正常工作时间以分离运输、邮递或者快递方式进出境的物品，有特殊情况需要及时验放的，海关可以预约加班，在约定的时间内为其办理物品通关手续。

3．高层次人才可免税使用下列科研、教学物品：科学研究、科学试验和教学用的少量的小型检测、分析、测量、检查、计量、观测、发生信号的仪器、仪表及其附件；为科学研究和教学提供必要条件的少量的小型实验设备；各种载体形式的图书、报刊、讲稿、计算机软件；标本、模型；教学用幻灯片；实验用材料。

4．高层次人才可免税自用下列物品：首次进境的个人生活、工作自用的家用摄像机、照相机、便携式收录机、便携式激光唱机、便携式计算机每种1件；日常生活用品（衣物、床上用品、厨房用品等）；其它自用物品（国家规定应当征税的20种商品除外）。

（六）金融服务。

1．各级外汇管理局、外汇指定银行为高层次人才设立的外商投资企业优先提供开立外汇资本金账户、经常项目外汇账户、外商投资验资询证、外汇资本金结汇等服务，优先办理贸易项下进出口托收、信用证、汇款等业务。

2．高层次人才来我市设立的外资、合资、合作企业取得的人民币利润，或在本市工作期间取得的合法人民币收入，可按有关规定到银行办理汇兑手续及相关金融服务。

（七）子女入学。高层次人才的未成年子女，选择市属公办学校（含幼儿园，下同）就读的，在商定就读学校后，由市教育局负责安置入学，不得收取政府规定以外的任何费用。选择民办学校的，由市教育局负责协调入学，并协助办理相关手续。

（八）医疗保健。高层次人才到市卫生局办理高层次人才医疗保健证后，纳入二类保健管理，可凭医疗保健证到市中心医院等市属保健定点医院保健门诊就诊，安排到保健病房住院治疗，每年享受免费健康查体1次。

（九）社会保险。设立高层次人才服务窗口，提供预约服务、业务咨询等服务项目，各项社会保险业务随到随办。高层次人才可优先办理社会保险开户登记，提供柜员制服务；优先办理社会保险网上业务，并提供“一站式”服务。

第四条 市设立引进海内外高层次人才专项资金，鼓励和吸引高层次人才来我市创新创业。高层次人才获得专项资金后，由市财政局拨付到市人力资源社会保障局或市海内外高层次人才引进工作小组办公室指定的部门，并由其根据有关规定拨付给相关单位，落实到引进的各高层次人才。

第五条 我市在海外有影响的华人团体或机构设立济南引进高层次人才海外联络处，负责及时反馈国内外人才供求信息，海外高层次人才可直接与各联络处联系咨询。

第六条 高层次人才在我市创业、服务或工作期间，遇到需要帮助的事宜，由市海内外高层次人才引进工作小组办公室负责协调办理。

第七条 本办法由市海内外高层次人才引进工作小组办公室、市人力资源社会保障局负责解释。

第八条 本办法自公布之日起施行。

济南市人民政府办公厅

二〇一〇年四月七日

中共济宁市委 济宁市人民政府关于加快高层次创新型人才引进的若干规定

（济发〔2010〕4号）

第一条 为加快引进高层次创新型人才，优化人才队伍结构，推动经济社会科学发展跨越发展，结合我市实际，制定本规定。

第二条 全市各级企事业单位（以下统称用人单位）引进国内外高层次创新型人才适用本规定。

第三条 组织部门要在党委的统一领导下，履行好牵头抓总和宏观协调职责；人力资源和社会保障部门要具体抓好人才引进的管理和服务工作。市财政局、市科技局、市教育局、市卫生局、市经信委、市工商局、市国税局、市地税局、市公安局等部门要各司其职，相互配合，通力协作，保证人才引进工作顺利开展。

第四条 人才引进坚持“来去自由、按需引进、注重实效、不拘形式”的原则，做到不求所有但求所用、人尽其才，必要时可实行“一人一策”、“一事一策”。主要方式包括：调动、聘用、兼职、领办创办企业、技术入股、承包经营、合作开发、成果转让、承担课题研究和担任咨询顾问等。

第五条 引进人才的范围包括：

（一）中国科学院院士、中国工程院院士；

（二）国家级有突出贡献的中青年专家，国家级重点学科、重点实验室、工程技术研究中心的学术技术带头人；

（三）山东省“泰山学者”特聘专家（教授），省部级有突出贡献的中青年专家，省级重点学科、重点实验室、工程技术研究中心的学术技术带头人；

（四）获得国家承认的国外博士学位的留学回国人员，国内全日制博士研究生，具有创新创业业绩的正高级专业技术职务任职资格的专业技术人员；

（五）获得国家承认的国外硕士学位，并具有国内外知名企业或科研单位工作经历的优秀留学回国人员；

（六）我市急需专业的全日制硕士研究生，具有突出创新创业业绩的副高级专业技术职务任职资格的专业技术人员，优秀职业经理人，设区的市以上人民政府评定的首席技师。

第六条 建立人才引进专业目录发布制度，由市委组织部、市人力资源和社会保障局按年度发布人才需求信息。

第七条 事业单位引进人才，按照《济宁市实施〈事业单位公开招聘人员实施办法〉的意见》（济人字〔2007〕7号）有关规定执行。

第八条 凡调入我市工作（指人事关系正式办理到我市相关单位）的人才，与用人单位签订5年以上聘用合同的，享受以下优惠政策和待遇：

（一）安家补助。区分不同层次由同级财政发放一次性安家补助：第五条第（一）项所列人员每人100万元，第（二）项所列人员每人30万元，第（三）项所列人员每人20万元，第（四）项所列人员到企业的每人15万元。

（二）人才津贴。区分不同层次由同级财政按以下期限和标准发放津贴：第五条第（一）项所列人员5年内每人每月10000元，第（二）项所列人员5年内每人每月5000元，第（三）项所列人员5年内每人每月3000元，第（四）项至第（六）项所列人员到企业的，3年内每人每月分别补助2000元、800元、500元。

（三）科研经费。第五条所列人员带研发项目来我市工作，根据项目情况由同级财政分别提供一定数额的科研启动经费。引进人才承担我市市以上立项的科研项目的，再由同级财政按一定比例提供科研经费。

（四）专业技术职务聘任。引进人才聘任专业技术职务，经市人力资源和社会保障部门批准，可设置特设岗位，不受事业单位岗位数额、最高等级和结构比例限制。

（五）社会保险。引进人才在原工作单位未缴纳社会养老保险或缴纳的社会养老保险金不能按规定转入我市的，其保险金由同级财政和用人单位按5：5比例补缴。

（六）其他。第五条前两项所列人员由用人单位配备助手和工作用车；引进人才子女在读中小学的，可在全市范围内选择学校就读。

第九条 柔性引进的人才，可实行协议工资、岗位工资、项目工资、业绩工资、年薪制、月薪制、周薪制等灵活多样的方式，具体由人才与用人单位协商确定。同级财政参照同层次硬性引进人才的优惠政策和待遇，按照实际工作时间发放人才津贴，提供科研经费。

第十条 人才带项目、带技术来我市创业的，可享受以下优惠政策：

（一）将本人科技成果转让到我市各类企事业单位，可选择一次性买断、分期支付、利润分成、作价入股等收益分配方式；

（二）本人科技成果作价入股的，作价金额可以达到有限责任公司或股份有限公司注册资本的20%，高科技成果可以达到注册资本的35%或者更高；

（三）作为技术入股的科技成果转化后，经过创新开发出新的科技成果，如在本企业生产，企业应连续5年从实施该项科技成果新增税后留利中提取不低于10%的比例奖给该成果的完成者。如转让他人，企业应从转让费中提取不低于20%的比例奖给该成果完成者和成果转化的主要实施者。对在现有企业进行技术改造、改进经营管理，使企业增加利润或扭亏为盈的，前两年从新增税后利润中分成比例不少于50%；

（四）对海外人才来我市创办高新技术企业，且所带项目具有独立自主知识产权，技术成果国际领先，并具有较高科技含量、良好市场潜力和产业化条件的，经评估，按项目收益预期由同级财政给予一定数额的创业启动资金；

（五）对海外人才来我市从事科技开发项目的，经论证、审批，根据项目投资需求，由同级财政给予一定的贷款贴息支持；

（六）创办的生产性企业和从事技术咨询、技术服务、技术中介的，市财政给予必要支持；

（七）对所办企业经市级以上科技主管部门认定为高新技术企业的，按照有关规定，在土地使用、税收、住房、办公场所等方面提供优惠；

（八）属第五条前四项所列人员的，可把人事关系落在事业单位，实行档案管理。

第十一条 鼓励和支持企事业单位与高校、科研院所、大企业联合设立高端研发和创新创业平台。财政部门要筹措资金集中力量建设综合性科技成果转化孵化中心，打造针对重点产业产品研发和技术创新的大型公共实验、检测平台。

第十二条 事业单位引进本规定第五条前四项所列人员，由人力资源和社会保障、编制部门根据事业发展需要，随时核增编制和增人计划；引进第五条第（五）、（六）项所列人员，可在编制限额内随时申报审批增人计划。对满编单位急缺型人才，可先向人力资源和社会保障部门申请人事代理，空编后先行入编。

第十三条 鼓励和支持在职人员报考我市急需专业的博士研究生，学成后回我市企事业单位工作并签订5年以上工作合同的，由同级财政、用人单位和本人按6：2：2的比例承担学费。

第十四条 建立人才储备制度。设立人才储备机构，使用高层次人才专项事业编制；在全市人才紧缺或发展潜力大的行业、企事业单位建立人才流动站，吸引储备具有硕士及以上学历的高层次毕业生，由同级财政发放一定的生活补贴。对属我市紧缺专业的国家“211”工程院校计划内在读研究生，毕业后愿来我市工作并签订5年以上服务合同的，由市财政提供学费补助，具体办法另拟。

第十五条 建立人才引进表彰、奖励制度，鼓励用人单位特别是企业大力引进人才。市政府设立“人才引进特殊贡献奖”，每年拿出一定资金，表彰、奖励为人才引进做出突出贡献的先进单位和个人。

第十六条 建立高层次人才动态管理机制，把高层次创新型人才的引进、管理与使用结合起来，建立优胜劣汰的动态管理机制，建立人才跟踪服务和流失报告制度，严格对用人单位管理、使用人才工作情况的考核评价，打造事业留人、感情留人、业绩留人、待遇留人的人才环境。

第十七条 成立市人才评价认定委员会，负责引进人才的评价认定，并确认享受的有关待遇。凡经审核确认引进的人才，在工作三个月内，由组织、人力资源和社会保障部门颁发《济宁市高层次人才引进资格证书》，并实行年审制度，凭证享受相关优惠政策。引进人才合同期内调离、辞职或有其他违约行为的，退还按本规定领取的各项补助、津贴，并承担其他违约责任。

第十八条 各级党委、政府要高度重视人才引进和服务工作，把人才引进和服务工作情况作为考核工作业绩和人才工作目标责任制的重要内容。用人单位应为引进的人才创造良好的工作、学习和生活环境，充分发挥好引进人才的作用。

第十九条 组织、人力资源和社会保障、财政等部门应根据本规定制定实施细则。

第二十条 本规定自发布之日起施行。本规定施行后以往政策与本规定不一致的，按本规定执行。《中共济宁市委、济宁市人民政府关于企事业单位引进人才的暂行规定》（济发〔2000〕37号）同时废止。

中共济宁市委
济宁市人民政府
二〇一〇年二月一日

中共济宁市委 济宁市人民政府关于实施海外人才引进“511”计划的意见

（济发〔2010〕5号）

为深入贯彻落实中央、省对引进海外人才工作的新要求，进一步推进人才强市、科教兴市战略，加快引进海外高层次创新创业人才，现就实施海外人才引进“511”计划提出如下意见。

一、海外人才引进的总体目标

围绕建设“区域发展新高地、南北竞合新支点、淮海经济区排头兵”的战略定位，立足能源工业、煤化工、装备制造和食品加工“四大千亿级”产业集群和化工、纺织服装、医药、电子信息、造纸、建材六大优势产业以及新能源、新材料、新医药“三新”产业，坚持“以用为本”，构建更加灵活的用人机制，集中引进一批能够突破关键技术、发展高新产业、区域发展急需和紧缺的高层次创新创业人才，为提高自主创新能力、建设创新型城市、增强区域竞争力提供强有力的人才智力支撑。具体目标是，从2010年起，用5年左右的时间，重点引进100名领军科研型、领头创业型、领办项目型海外高层次人才，着力打造100个高层次人才创新创业平台，力争海外人才总体引进数量达到1000人的规模。

二、海外人才引进的主要对象

（一）领军科研型人才

主要是指在海外取得硕士以上学位，年龄原则上在55周岁以下，且符合下列条件之一的：

1．在国外著名高校、科研院所担任或曾经担任过相当于副教授以上职务的专家学者；

2．在国际知名企业、非盈利组织等机构从事研发工作，并担任或曾经担任过中高级职务的专业技术人才；

3．有三年以上海外工作经历，拥有市场开发前景广阔、高技术含量科研成果的专业技术人才。

（二）领头创业型人才

主要是指在海外取得硕士以上学位，年龄原则上在50周岁以下，且符合下列条件之一的：

1．拥有独立知识产权和发明专利，且其技术成果国际先进，能够填补国内空白、具有市场潜力并能进行产业化生产，熟悉相关产业领域的人才；

2．能够带团队、带项目、带资金来济宁创业，有助于提高我市产业发展水平的人才。

（三）领办项目型人才

主要是指在海外取得硕士以上学位，年龄原则上在50周岁以下，熟悉科技创新创业项目国际化运作模式，具有一定的经营管理或资本运作经验，在项目孵化、成果转化、技术产业化等方面有丰富实际操作能力，有助于提升我市传统优势产业特别是高新技术产业发展水平的人才。

三、海外引进人才的支持政策

组成市海外引进人才项目评估专家委员会，对引进人才和项目进行专业评估，并提出意见。引进人才与用人单位签订服务协议，且每年在济工作时间不少于4个月的，按条件享受市委、市政府《关于加快高层次创新型人才引进的若干规定》（济发〔2010〕4号）的待遇。凡硬性引进的博士学位以上高层次人才（其中博士到企业的），可享受15—100万元的安家补贴，硕士学位以上高层次人才（其中硕士、博士到企业的）在3—5年内分别享受每月800—10000元的生活津贴，并在科研经费支持、专业技术职务聘任、子女入学等方面享受特殊优惠政策。柔性引进的人才，同级财政参照同层次硬性引进人才的优惠政策和待遇，按照实际工作时间发放人才津贴，提供科研经费。

对海外人才带项目来创业的，综合科技含量、市场前景、风险评估等因素，进行百分制评分，按A（85分以上）、B（75分以上）、C（60分以上）三个等级进行推荐，视情况享受以下政策：

（一）A类、B类、C类推荐项目，市财政分别给予引进人才100万元、60万元、30万元的创业启动资金，并由企业注册地所在县（市、区）提供不少于100平方米的工作场所和不少于100平方米的公寓，三年内免收租金。引进人才携团队来济创新创业的，其团队核心成员与企业签订5年以上工作合同，且每年在济工作不少于4个月，具有博士、硕士学位的，由受益财政提供免费住房或分别给予一定数额的租房补贴。引进人才所带项目属关键领域核心技术，开发价值特别重大的，给予300万元资金扶持或按个案专项扶持。

（二）建立“银行+贴息+知识产权质押融资机制”的贷款合作模式，对市场需求旺盛的高新技术产品产业化生产过程中流动资金不足的，A类、B类、C类项目可分别由受益财政按照人民银行贷款同期基准利率给予政府贷款贴息，贴息总额最高为100万元。健全知识产权评估、质押制度，拓展知识产权质押融资渠道，依据知识产权的评估价值，由合作银行给予相应额度的贷款。创新贷款担保模式，扶持发展各类风投基金，积极解决项目融资困难。

（三）创新投融资机制，设立高层次科技人才创新创业风险资金，对于引进人才领办、创办企业，引进市外风险资金或创业投资资金的，给予支持。

（四）引进人才将科技成果转让到我市各类企事业单位，可选择一次性买断、分期支付、利润分成、作价入股等收益分配方式。以科技成果作价入股成立新公司的，作价金额可以达到有限责任公司或股份有限公司注册资本的20%，高科技成果可以达到注册资本的35%或者更高。

（五）引进人才创办企业所建研发机构被评定为省级以上研发机构的，由受益财政给予30—100万元资助。企业与高等院校、科研单位、国家级重点实验室、工程技术研究中心共建分中心，建成后经考核成果明显的，由受益财政补贴20—50万元；项目符合孵化要求进入市生产力促进中心的，给予3—5年的租金优惠；科技计划资金在同等条件下优先支持海外人才创办的企业。

（六）加大政府采购对引进人才自主创新的支持，优先采购自主创新产品，帮助海外创业人才做大做强企业。

（七）建立健全创业服务机制，组建济宁市海外人才创业指导服务协会，聘请成功企业家担任创业导师，推进国有企业集团、民营大企业集团与海外人才创办企业的合作，在企业管理、市场开拓、融资等方面提供帮助。企事业单位聘请外国专家在技术研发、企业管理等方面取得明显成效的，由受益财政给予一定的支持。

（八）对引进的领军科研型人才授予“圣地学者海外特聘专家”称号，在聘期内享受“圣地学者特聘专家”有关政策。

（九）优先推荐引进人才申报国家、省科研项目，获准立项后按照国家、省扶持资金50%、30%的比例由受益财政提供科研配套资金。

（十）优先推荐引进计划人选申报省、国家引才计划。引进人才到事业单位工作的，可简化公开招聘程序，参照享受市“千名人才”优惠待遇。

四、海外人才引进的平台建设

（一）拓展引才平台。依托中国孔子人才网，由人力资源和社会保障部门设立“海外人才服务网”，实现海外引才工作的网上申报、常年受理、分类招聘。聘请部分驻外使领馆的科技参赞作为海外引才顾问，设立济宁市海外引才工作联系点，聘任海外人才引进工作联络员，定期组织海外“招才引智”活动，组团赴海外集中招聘，推介引才政策，广揽海外创新创业人才。建立济宁籍海外人才信息库，依托国际孔子文化节，开展多形式的海外人才交流活动，邀请海外人才来我市考察、交流与对接，开展技术指导和服务。

（二）提升研发平台。围绕提升自主创新能力，大力加强公共研发平台建设，做大做强鲁南工程技术研究院、鲁南煤化工研究院等研发机构。通过整合一批、升级一批、新建一批的方式，抓好现有重点实验室、企业技术中心、工程技术研究中心、科技企业孵化器、博士后科研工作站等建设，依托大院大所延伸加大科研设施投入，对现有实验、实训基地实行错位布局、资源共享，着力打造50处研发中心，为海外科研人员提供良好的研发条件和设施。加强与海外和国内知名重点大学的合作，确保2010年在共建校企研发平台方面取得实质性进展。

（三）完善用才平台。以产业发展为导向，以优势企业为重点，依托各类园区建设一批人性化、国际化、智能化的科技创新创业创意载体，重点扶持建设100处按照国际通行的科学研究和技术开发、创业机制运作，能够提供场地、资金、人才、市场、技术、信息、政策、培训、中介和商务等创业服务的海外人才创新创业基地，力争有10处建成国家级、省级创新创业基地。着力推动济宁高新技术产业开发区创新发展，规划建设光电产业园、软件信息产业园和文化创意产业园，提升其引领带动作用。2010年完成曲阜文化产业示范基地的建设和运营启动工作。

（四）健全服务平台。建立“511”人才创业服务和项目促进中心，实行“引进人才代办服务制”，为海外人才提供全天候、全方位、全过程的“绿色通道”服务。由公安、教育、人力资源和社会保障、外事、税务等部门在护照签证、驾驶执照办理、车辆购置税费减免、子女入学以及家属就业等方面给予跟踪服务；市发改委、市经信委、市工商局、市国税局、市地税局等部门在企业落户洽谈、项目签约、公司注册、工商税务登记等方面实行“一站式”办公，提供“一条龙”服务；重点选送领军研发人才参加国家、省组织的创新培训，定期组织领头创业、领办项目人才开展创业培训；建立完善海外人才医疗服务基地，做好海外引进人才医疗保健服务，定期组织外出休假、疗养；启动建设济宁市人力资源服务产业园，主动为海外人才提供政策咨询、人才招聘、猎头服务、薪酬设计、财务审计派遣等系列配套服务。

（五）建设保障平台。通过土地划拨、政府预购等多种方式加快海外人才公寓、会馆建设，在海外人才集聚区高起点投资兴建一批适应高层次人才生活、工作、健身和文化等需求的封闭型社区。5年内全市新建海外人才公寓1000套以上，其中2010年建成200套。引进人才到企业工作的，根据本人意愿，其人事关系可放在事业单位，并参照同类事业人员参加各类保险。符合人才需求目录的海外人才，暂未落实工作单位的，其人事关系可暂存济宁市人才储备中心。

五、海外人才引进的组织领导

（一）建立专门机构。成立济宁市海外人才引进工作小组和专项办公室，在市人才工作领导小组的指导下，具体负责海外人才引进工作的统筹协调和具体实施，承担海外人才招聘以及项目评审、落地、服务等工作。市委组织部负责人才引进工作的牵头协调；市人力资源和社会保障局负责编制海外人才引进规划，定期发布人才引进目录，并抓好引才评定、政策兑现和评比表彰等工作；市发改委负责制定产业需求人才、专业分类目录，并会同市科技局承担项目评价认定的组织实施；市科技局、市经信委负责研发平台的建设和使用；市财政局负责海外人才引进资金的安排及监督管理；公安、外事等其他相关部门负责引进计划的协同实施。全市各级各部门和相关企业都要有针对性地制订引进海外高层次人才计划实施意见，指定专门机构和人员，负责本地、本部门、本单位的海外人才引进工作。

（二）搞好引才评审。坚持把公开、公平、公正原则贯穿于引才项目申报、评审、立项的全过程。引进海外创新创业人才，实行统一网上申报，常年专人受理；每年3月份、8月份分两批组织专业、项目和综合性评审，邀请国家、省有关专家，对引进人才进行评定，对申报项目进行评估，对创新团队进行评价，对产业方向、市场前景、技术趋向进行评审；实行项目路演，加强引进人才与功能园区、合作企业的对接，推动项目落地。建立海外人才动态管理机制，实行人才跟踪考核和退出淘汰制度。

（三）加强督查考核。把人才工作作为各级党政主要负责同志及其领导班子落实科学发展观责任制考核的重要内容，借鉴先进经验，建立考核评价制度，逐步完善由人才效率、人才密度、人才科技贡献率、人才与经济的融合度、人才竞争力、人才国际化程度、人才载体建设、人才培养等指标组成的评价指标体系。加大工作绩效考核和督查力度，确保各项人才政策全面落实。通过坚持不懈的努力，大力营造“尊重劳动、尊重知识、尊重人才、尊重创造”的浓厚氛围，形成山东重要的人才聚集高地。

中共济宁市委
济宁市人民政府
二〇一〇年二月一日

滨州市引进海外高层次人才暂行规定

（滨办发〔2010〕7号）

第一条 为推进人才强市战略，加快引进海外高层次人才来滨创新创业，根据《省委办公厅、省政府办公厅印发《关于加快引进海外高层次人才的实施意见》的通知》（鲁办发〔2009〕15号）精神，结合我市实际，制定本规定。

第二条 在市人才工作领导小组的指导下，成立引进海外高层次人才工作小组（简称“工作小组”），负责海外高层次人才引进的组织领导和统筹协调。

第三条 人才引进贯彻以我为主、按需引进、专业对口、讲究实效的方针，重点围绕黄河三角洲高效生态经济区开发和建设山东半岛蓝色经济区，引进工业设计、纺织服装、海洋化工、机械制造、粮油果蔬深加工、生物医药、电子信息、飞机制造、船舶制造、新能源、新材料、投融资、现代物流等领域的高层次人才。

第四条 用人单位是人才引进和使用的主体，负责人才引进的具体工作，包括提出人才需求、推荐拟引进人选、建设工作平台、安排岗位职务、落实配套政策等。

第五条 本规定所指高层次人才包括：

（一）列入中央“千人计划”和省“万人计划”第一层次人选的人才。

（二）在海外取得博士学位，年龄55周岁以下，引进后每年在滨州创业或工作6个月以上，且符合下列条件之一的海外高层次人才：

1．掌握我市重点发展产业核心技术，或拥有独立的自主知识产权和发明专利，其技术成果国际领先、能够填补国内空白，并具有良好市场潜力和产业化条件的科技创新创业领军人才。

2．具有3年以上担任世界500强企业经营管理领导经历，精通相关领域业务和国际规则，善于经营管理，有丰富实践经验的管理人员。

3．能带来100万美元以上科研启动资金，或带来具有独立自主知识产权、经有关部门评估预测可产生较好经济效益的科研、生产项目的高层次人才。

第六条 引进人才可采取创办企业、受聘工作等形式来滨州发展，也可采取兼职、开展合作研究等柔性方式为滨州服务。

（一）担任黄河三角洲高效生态经济区开发和建设山东半岛蓝色经济区重大工程、重点项目的高级管理或技术职务；

（二）以技术入股或投资的形式创办具有自主知识产权、技术领先、成果产业化前景广阔的高新技术企业和经济实体；

（三）利用先进科学技术、设备和资金等条件，与高等院校、科研院所、各类企业等进行合作研究或建立合作研究开发基地；

（四）在各类企业和市属高等院校、科研院所、重点实验室、工程技术研究中心、博士后科研工作站、院士工作站等单位，受聘担任科研带头人或高级管理职务；

（五）以其它方式为经济社会发展服务。

第七条 人才引进应按下列程序办理：

（一）用人单位在确保有充分发挥人才专长岗位的基础上，拟定引进人选，经过接洽并达成初步引进意向后，向市工作小组办公室申报。

（二）市工作小组办公室在10个工作日内对申报人选提出初审意见，报市工作小组审定。

（三）经市工作小组批准的引进对象，由市人才工办公室出具引进证明，用人单位在20个工作日内办理引进手续。

第八条 市政府设立300万元引进海外高层次人才创新创业专项扶持资金，专项扶持资金的管理使用办法，由市财政局负责制定，报市政府批准后施行。

第九条 引进人才可享受以下支持政策：

（一）对列入中央“千人计划”和省“万人计划”第一层次人选的高层次人才，除享受中央、省优惠政策外，对科技型创业人才，市财政分别一次性给予每人人民币50万元、20万元的补助；对引进的科研、经营管理、金融等方面的创新人才，市财政分别一次性给予每人人民币30万元、10万元的补助。

（二）在滨担任重大科技项目、重大工程项目首席工程技术专家、管理专家的高层次人才，经相关职能部门审核后，根据用人单位提供的科研经费，按一定比例给予支持，资助金额最高20万元。

（三）对带资金、带项目来滨创办高新技术企业的高层次人才，给予最高30万元的创业启动资金。

（四）建设的海外人才创新创业基地达到省级规定标准，一次性给予20万元启动资金；建设的创新创业基地达到市级规定标准，一次性给予5万元启动资金。

（五）优先支持引进人才申请政府部门的科技资金和产业发展扶持资金，用于开展科研或创新创业项目。优先推荐引进人才参加国内外各种学术组织，参加各类政府奖励评选。

第十条 引进的高层次人才享受专家医疗保健待遇。接收高层次人才的企事业单位，应按有关规定为其办理基本养老、医疗等社会保险，也可为其购买商业性补充保险。

第十一条 引进的高层次人才愿意购买住房的，可不受居住年限等条件限制，购买自用商品住房一套。高层次人才单独来滨工作的，用人单位为其租用100平方米左右的住房，或提供相应租房补贴；高层次人才及其配偶子女一同来滨工作的，用人单位为其租用150平方米左右的住房，或提供相应租房补贴。

第十二条 用人单位参照引进人才来滨前的收入水平，协商确定引进人才的合理薪酬和生活补贴。

第十三条 引进的高层次人才的配偶及已成年子女一同来滨并愿意在我市就业的，在法律法规允许的情况下可在全市范围内自主选择工作单位，不受单位编制、专业技术岗位职数限制；因特殊原因暂时无法安排工作的，用人单位可参照本单位人员平均工资水平，以适当方式为其发放生活补贴。

第十四条 引进的高层次人才的未成年子女，由异地转入滨州市中小学或幼儿园的，可在全市范围内自主择校择园，并不得收取政府规定以外的任何费用。

第十五条 具有外国国籍的高层次人才及其子女需在滨长期居住，符合相关规定的，可向公安机关申办《外国人永久居留证》。对于其他需多次出入境的，可为其办理2—5年多次入境有效签证或者居留许可。

第十六条 建立引进海外高层次人才报告制度。用人单位引进海外高层次人才创新创业情况，定期向市人才工作办公室报告；对离滨的海外高层次人才，及时做出情况说明。

第十七条 设立人才引进奖。引进人才签订服务合同后，对引进人给予奖励。引进1名国家“千人计划”人选，奖励5万元；引进1名省“万人计划”第一层次人选，奖励3万元。引进其他急需的海外创新创业人才，奖励数额由工作小组审核确定。

第十八条 引进的海外高层次人才因个人原因未完全履行合同，由用人单位提出意见，经市人才工作办公室审核，报市工作小组批准后，取消其享受的相关待遇。

第十九条 本规定由市人才工作办公室负责解释。

第二十条 本规定自发布之日起施行。

中共滨州市委办公室

二〇一〇年三月十八日

威海市引进高层次人才创新创业若干规定

（威发〔2010〕16号）

第一章 总 则

第一条 为加快实施人才强市战略，鼓励和吸引高层次人才来威海创新创业，推进蓝色经济区和高端产业聚集区建设，根据国家、省有关规定，结合本市实际，制定本规定。

第二条 本市行政区域内注册或登记的各类企业和市及各市、区（包括环翠区、高技术产业开发区、经济技术开发区、工业新区，下同）属事业单位（以下统称用人单位）引进高层次人才的，适用本规定。

第三条 本规定所称高层次人才，包括国内高层次人才和海外高层次人才。

本规定所称国内高层次人才，主要包括下列人员：

（一）中国科学院院士、中国工程院院士；

（二）国家有突出贡献的中青年专家；中国科学院“百人计划”人选；“长江学者”；获得国家自然科学奖、技术发明奖、科学技术进步奖一、二等奖的前5位完成人；“新世纪百千万人才工程”国家级人选，国家杰出青年基金获得者；

（三）享受国务院政府特殊津贴专家；省部级有突出贡献的中青年专家；山东省“泰山学者”或相当层次人选；获得省自然科学奖、技术发明奖、科学技术进步奖一等奖的前两位完成人；获得中华技能大奖或全国技术能手的高技能人才；

（四）具有3年以上在大型知名企业、高新技术企业、著名高校、科研院所、金融机构的关键岗位从事研发和管理工作经历，并掌握先进技术、取得突出业绩的高级专业技术人才和管理人才。

本规定所称海外高层次人才，主要包括下列人员：

（一）在国外著名高校、科研院所担任相当于副教授以上职务，或对某一专业或领域的发展有过重大贡献，为业内普遍认可的专家学者；

（二）拥有自主知识产权或掌握核心技术，且其技术成果国际领先、具有市场潜力并能进行产业化生产、熟悉相关产业领域的人才；

（三）能够带团队、带项目、带资金来威海创业，有助于提高本市产业发展水平的领军人才；

（四）在世界500强海外企业中担任中高层管理职务，精通相关领域业务和国际规则，善于经营管理、有丰富实践经验的管理人员；拥有能够促进企业自主创新、技术产品升级的重大科研成果，或具有相当的金融管理、资本运作和项目规划等管理经验，在业界有较大影响的专业技术人才和经营管理人才。

第四条 引进高层次人才，坚持突出重点、项目带动、企业为主、政府扶持的原则，围绕蓝色经济区和高端产业聚集区建设需要，重点引进海洋科技开发、电子信息、先进装备制造、新材料、生物医药和医疗器械技术、新能源与节能环保技术等经济发展重点领域的急需人才。

第五条 高层次人才引进工作在市人才工作领导小组的领导下，由市人才工作领导小组办公室负责进行统筹协调。

成立威海市高层次人才评价认定委员会（以下简称评价认定委员会），负责统一评价和认定引进的高层次人才，并提出享受有关待遇的意见。

各级人力资源和社会保障、科技、财政、教育、公安、工商等部门应当按照各自职责，协同做好高层次人才引进工作。

第二章 引进方式和扶持措施

第六条 鼓励高层次人才采取下列方式来威海发展和服务：

（一）以知识产权入股或投资的形式创办具有自主知识产权、技术领先、成果产业化前景广阔的高新技术企业和经济实体；

（二）利用先进科学技术、设备和资金等条件，与本市企事业单位进行合作研究或建立研究开发基地；

（三）在本市企事业单位受聘担任科研带头人或高级管理职务；

（四）担任市级重点项目的高级管理或技术职务；

（五）以其他方式来威海为经济社会发展服务。

第七条 市政府设立引进高层次人才创新创业专项扶持资金（以下简称专项资金）。专项资金主要用于下列用途：

（一）对来威海创办高新技术企业，且其项目具有自主知识产权或技术成果国际领先、能够填补国内空白，并具有较高科技含量、良好市场潜力和产业化条件的高层次人才，经评价认定委员会审核认定后，给予50万元至300万元的创业启动资金；

（二）对从事符合本市重点发展领域的科研与技术开发项目，并由高层次人才控股或拥有不低于20%股权的企业，经评价认定委员会审核认定后，给予50万元至200万元的科技开发启动资金；

（三）对市场前景比较好的高新技术产品产业化生产过程中流动资金不足，向银行申请项目贷款的，经评价认定委员会审核认定后，给予50%的贷款贴息，贴息总额最高为100万元，贴息期限不超过2年；

（四）对在威海担任重大科技项目、重大工程项目首席工程技术专家、管理专家的高层次人才，经评价认定委员会审核认定后，按照用人单位提供的科研经费的一定比例给予资助，资助金额最高为50万元。

第八条 加强高层次人才载体建设，为人才引进和发挥作用创造条件。

对企业新批准设立的院士工作站和博士后科研工作站，有明确研究开发任务的，分别给予50万元和20万元的科研经费补助。

企业新设立的技术研究中心（重点实验室）或技术开发中心，认定为市级、省级和国家级中心的，分别给予20万元、40万元和100万元的资金扶持。

支持海外留学人员创业园区建设，根据国家和省拨付的园区建设经费，按1:2的比例给予配套资金扶持。

第九条 对引进的高层次人才，可实行年薪制、协议工资、岗位工资、项目工资、课题工资、业绩工资等灵活多样的分配方式，也可以技术、资本等要素参与分配，具体分配方式由高层次人才与用人单位协商确定。

第十条 高层次人才来威海创新创业，凭市人力资源和社会保障部门出具的高层次人才引进证明，可享受工商、税务、海关、银行、教育、卫生、户籍等方面的“绿色通道”待遇。

本款所称“绿色通道”待遇，按照《关于建立海外高层次留学人才回国工作绿色通道的意见》（国人部发〔2007〕26号）执行。

第十一条 事业单位引进高层次人才，可随时申报增人计划；事业单位已经满编的，可不受编制限制先予安置，待单位编制出现空缺后再优先调整到编制岗位内。

第十二条 海外高层次人才在威海设立的独资、合资、合作企业取得的人民币利润和在威海工作期间取得的人民币收入以及需要对外支付进口货款的，可按照有关规定到指定银行办理相应手续。

海外高层次人才在威海设立的独资、合资、合作企业，符合条件的可登记注册为外商投资企业，并享受相关优惠政策。

第三章 生活保障和服务

第十三条 对引进到本市工作落户或办理《威海市高层次人才工作证》，以威海为住所且与用人单位签订5年以上合同的国内高层次人才，按照下列标准发放安家补贴和工作补贴：

（一）对本规定第三条第二款第（一）项所列人员，一次性发放安家补贴100万元，每月发放工作补贴1万元；

（二）对本规定第三条第二款第（二）项所列人员，一次性发放安家补贴50万元，每月发放工作补贴5000元；

（三）对本规定第三条第二款第（三）项所列人员，一次性发放安家补贴30万元，每月发放工作补贴2000元；

（四）对本规定第三条第二款第（四）项所列人员，一次性发放安家补贴10万元，每月发放工作补贴1000元。

对来威海创新创业的海外高层次人才，经评价认定委员会审核后，可参照引进国内高层次人才的标准发放安家补贴和工作补贴。夫妻双方同属引进的高层次人才的，按照一方全额、另一方半额的标准发放安家补贴，双方全额发放工作补贴。

第十四条 安家补贴和工作补贴所需资金按照引进高层次人才企事业单位的隶属关系，由同级财政和用人单位各承担50%，其中到财政全额拨款事业单位工作的高层次人才，安家补贴和工作补贴所需资金由同级财政承担。

第十五条 对不符合安家补贴发放条件的高层次人才，用人单位应当为其租用住房，以解决高层次人才的住房需求。对高层次人才单独来威海工作的，用人单位应当为其租用不低于100平方米的住房，或提供相应的租房补贴；对高层次人才及其配偶、子女一同来威海工作的，用人单位应当为其租用不低于150平方米的住房，或提供相应的租房补贴。

第十六条 采取单位安置与组织安置相结合的方式，妥善安置引进高层次人才的随迁配偶。随迁配偶原在机关、事业单位工作的，在征求本人意见的基础上对口安排到机关、事业单位工作；随迁配偶原在其他单位工作的，由人力资源和社会保障部门协助引进单位根据其专业特长，安排适当工作。

高层次人才的随迁子女来威就学，按照就近原则自主择校。

第十七条 高层次人才评聘专业技术职务，不受所在单位专业技术岗位数额的限制。高层次人才在国外取得的业绩成果，可以作为申报专业技术职务资格时的业绩成果。业绩成果突出的高层次人才，可不受资历和现有专业技术职务限制，直接申报评审相应的专业技术职务资格。

第十八条 用人单位应当按照有关规定为引进的高层次人才办理基本养老、失业、工伤、医疗和生育等社会保险，并每年免费查体一次。引进的高层次人才在原工作单位未缴纳社会保险费或社会保险关系不能按照规定转入我市的，用人单位可为其补缴社会保险费。

第四章 认定程序和管理

第十九条 高层次人才认定按下列程序办理：

（一）用人单位向市人力资源和社会保障部门申报高层次人才的有关资料；

（二）市人力资源和社会保障部门15个工作日内对申报人选提出初审意见，报评价认定委员会组织评审；

（三）评价认定委员会提出评审意见和引进建议，报市人才工作领导小组审定；

（四）经市人才工作领导小组认定的高层次人才，由市人力资源和社会保障部门出具证明，用人单位凭证明办理相关手续。

各市、区引进高层次人才，由用人单位向各市、区人力资源和社会保障部门申报；各市、区人力资源和社会保障部门将申报材料初审汇总后，报市人力资源和社会保障部门，由市人力资源和社会保障部门按照前款第（二）项、第（三）项和第（四）项的规定办理。

符合引进条件的高层次人才，也可以自荐的方式向市人力资源和社会保障部门申报。

第二十条 建立高层次人才跟踪服务报告制度，用人单位要将引进的高层次人才创新创业、工作服务情况，定期向市人才工作领导小组办公室和市人力资源和社会保障局报告。

建立高层次人才动态管理机制，实行定期考核和退出淘汰制度。市人才工作职能部门每年对引进人才作用发挥情况进行考核，对业绩达不到要求或违反合同的人员，取消其享受的相关待遇，并由用人单位追缴有关款项。严格审查人才资金使用情况，保证专款专用。

大力改善人才环境，形成爱才、识才、容才、用才的浓厚氛围，鼓励引导人才扎根威海、奉献威海。对引进的在经济社会发展中有突出贡献的高层次人才，以及在高层次人才引进工作中有突出贡献的单位或个人，给予表彰奖励。

第五章 附 则

第二十一条 专项资金的管理使用办法，由市财政局负责制定，报市政府批准后施行。

本规定所涉及的高层次人才评价认定、创新创业、子女入学、配偶就业、户籍迁移、社会保障、奖励表彰等配套实施细则，分别由各行政主管部门制定并组织实施。

第二十二条 本规定由市人才工作领导小组办公室、市人力资源和社会保障局负责组织实施。

第二十三条 本规定自2010年12月1日起施行。威海市人民政府2002年9月19日公布的《威海市引进高层次人才若干规定》（威政发〔2002〕35号）和 2006年10月27日公布的《威海市人民政府关于对〈威海市引进高层次人才若干规定〉有关内容进行修订的通知》（威政发〔2006〕79 号）同时废止。本市其他有关规定与本规定不一致的，以本规定为准。

中共威海市委
威海市人民政府
二〇一〇年十一月十二日

许昌留学人员创业园管理暂行办法

（许政办〔2010〕143号）

第一章 总则

第一条 为做好许昌留学人员创业园管理工作，根据国家、省有关规定和政策，借鉴先进地区经验，结合许昌实际，制定本办法。

第二条 本办法适用于许昌留学人员创业园（以下简称创业园）内留学人员及留学人员企业。

第三条 留学人员企业是指经有关部门批准成立，由留学人员独自创办或参与创办的企业。

第四条 创业园设在中原电气谷核心区，市政府委托中原电气谷创业服务中心管理，市人力资源社会保障局给予指导。

第二章 入驻企业认定

第五条 市人力资源社会保障局负责留学人员企业的认定工作。

第六条 下列人员可在园区内创办留学人员企业：

（一）获得国外大学本科及以上学历，公派或自费出国留学的；

（二）在国内取得大学本科及以上学历或中级以上专业技术职务任职资格后，到国外高等院校或科研机构研修1年以上的；

（三）出国留学并取得外国长期（永久）居留权或留学国再入境资格的；（四）其他符合规定的。

第七条 留学人员企业的生产、经营范围应符合国家、省、市鼓励的产业发展方向，项目和技术应具有一定的创新性，并具有较好的市场前景。

第八条 留学人员可在园区依法设立外资企业、中外合资（合作）经营企业及其他形式的外商投资企业和内资性质的各类有限责任公司，从事科研、开发、生产、加工、贸易、咨询和相关产品销售。具体形式包括：

（一）留学人员自带技术和资金独自创办；

（二）留学人员以技术或资金入股与国内外公司、企业或其他经济组织合资、合作创办；

（三）受区内企业委托，在海外进行技术开发和市场开发；

（四）作为企业的技术、投资、管理顾问，定期不定期回国，帮助企业进行技术升级、融资、管理改制等方面的咨询服务；

（五）其他符合规定的创办形式。

第九条 合资、合作创办留学人员企业，留学人员须是企业的股东，在企业所占股份应在25%以上；或者作为企业高层管理人员，为企业提供项目来源、技术支持或经营管理。

第十条 留学人员企业认定和入驻程序：

（一）项目洽谈、初审；

（二）留学人员身份认定和留学人员企业认定；

（三）填写入驻备案表，提交项目可行性报告；

（四）对项目进行综合评价、批复；

（五）公司注册、立项备案、环境评价等相关手续办理；（六）提供孵化场地，签订房租合同；对征用土地建厂企业进行选址，签订入园协议，并按国家有关土地政策办理相关手续；

（七）签署管理协议。

第三章 优惠政策

第十一条 入驻创业园企业免收市级及市级以下政府有权减免的行政事业性收费。

第十二条 留学人员可持外国护照或国外长期居留证以1万美元起直接注册登记外商投资企业；凭中国护照或中国身份，首期以10万元人民币起可直接注册内资企业。

第十三条 资金扶持。

（一）创业扶持基金。设立留学人员创业扶持基金。按留学人员企业自投产之日起5年内，同级财政给予相当于企业纳税额入库后地方财政实得部分的30%—50%的金额作为基金给予扶持；

（二）科技项目择优扶持。对留学人员申报高新技术企业、孵化项目、高新技术产业化项目、科技成果申报、对外科技合作项目、专利资助等方面予以优先扶持。

第十四条 税收减免。

（一）孵化企业经批准认定为国家高新技术企业的，享受高新技术企业所得税优惠，按15%税率征收企业所得税；

（二）留学人员创办的外商投资企业、外商投资研究开发中心从事技术转让、技术开发业务和与之相关的技术咨询、技术服务业务取得的收入，免征营业税；

（三）留学人员创办的居民企业进行技术转让以及在技术转让过程中发生的与技术转让项目密不可分的技术咨询、技术服务、技术培训所得，一个纳税年度内技术转让所得不超过500万元部分，免征企业所得税；超过500万元部分，减半征收企业所得税；

（四）留学人员年收入在30万元以下所缴纳的个人收入所得税地方财政实得部分，可全额奖励给纳税人。

第十五条 用地用房。

（一）办公用房。留学人员企业租用创业园办公用房，建筑面积在100平方米内的，第1年免收租金，第2年按公告价的30%计收租金，第三年按公告价的50%计收租金；

（二）生产厂房。留学人员企业租用创业园的标准厂房，建筑面积在500平方米内的，第1年按公告价的30%计收租金，第2年按公告价的50%计收租金，第3年按公告价的70%计收租金；

（三）生活用房。入驻创业园的留学人员租用园区内房产作为自用住房的，3年内按租赁价的50%给予补贴，补贴标准不超过500元/月；

（四）其他。留学人员企业在成立后1年内获得高新技术企业和国家级重点新产品、软件企业和软件产品、省级以上研发中心或重点实验室认定的，租用创业园的用房，可享受上述规定面积内3年房屋租金免收的优惠；

（五）用地。留学人员企业需要在园区或中原电气谷征用土地建厂的，比照外商投资企业优惠政策执行，属于符合《河南省国土资源厅贯彻国土资源部关于调整工业用地出让最低价格标准实施政策通知的意见》（豫国土资发〔2009〕100号）中规定的工业项目用地，在确定出让底价时按不低于所在地土地等别相对应《国家标准》的70%执行。创业园内留学人员工业项目从开工建设之日起4年内每亩地实现税收地方财政实际留成金额达到5万元/年的，按照项目单位已缴纳土地出让金的30%给予一次性奖励。

第十六条 生活保障。

（一）外籍引进人才及其随迁外籍配偶和未成年子女，可办理居留许可；符合《外国人在中国永久居留审批管理办法》规定的，可申请办理《外国人永久居留证》；

（二）取得博士学位的留学人员在市内购买住房，可享受当地财政一次性购房补贴5万元，其他人员可享受当地财政一次性补贴2万元；

（三）留学人员由于工作需要而往返国外的差旅费（两年内）及由于工作需要而聘请的国外专家的差旅费和部分生活费，可申请资助。每家企业每年不超过2人/次；

（四）根据本人意愿，积极协助留学人员做好子女入学及配偶安置工作。

第十七条 留学人员企业除享受本办法规定优惠政策外，同时享受中原电气谷现行的其他优惠政策。

第四章 管理与服务

第十八条 市政府委托中原电气谷创业服务中心负责创业园的管理与服务工作。

第十九条 中原电气谷创业服务中心为入园留学人员和企业提供以下服务：

（一）协助留学人员办理入园企业的资格认定；

（二）协助办理工商执照、税务登记、银行开户、高新技术企业和软件企业资格认证等服务；

（三）提供信息、商务、物业、办公和生活服务；

（四）提供各种中介代理和咨询服务，包括审计、财务、法律、计量检测、体系认证、技术咨询、技术服务等；

（五）定期组织企业参加各种人才洽谈会、产品展示会、展览会；

（六）协助办理留学人员企业人才引进的户口、人事档案、技术职称评定、社会劳动保险等相关事宜；

（七）为企业举办各种培训班和专题讲座，解答有关政策问题，对企业经营管理中遇到的困难进行咨询；

（八）组织许昌市专家服务团为创业园企业提供技术咨询服务；

（九）创业园积极帮助留学人员企业联系或优先推荐急需的科技和管理人才；对企业需要国内科研院校进行技术协作或配套服务的免费帮助联络；

（十）鼓励并组织、指导园区企业申请认定国家级重点新产品，国家、省级研发中心和软件产品、软件企业，协助企业完善申报条件，指导企业编制申报材料；

（十一）指导企业完善条件，积极协助具备资格的企业申报博士后科研工作站和博士后研发基地；

（十二）组织和帮助企业积极争取上级科技计划资金。指导企业申报国家、省科技型中小企业技术创新基金、人事部“留学人员科技活动项目择优资助经费”，以及国家863计划、火炬计划、重点新产品计划、省市攻关计划等各级各类科技计划，并对积极申报企业前期工作给予补贴；

（十三）有计划地为创业园培养学术技术领军人物，积极协助在技术、管理等方面有突出贡献的留学人员申报各类政府奖励。

第二十条 园区经费来源与使用办法。

（一）经费由中原电气谷财政按5:5比例划拨，即按创业园税收中原电气谷留成部分的50%留存创业园，主要用于扶持留学人员企业及创业园的管理费用支出，财务管理相对独立；

（二）税收地方留成部分应划拨园区的，在企业缴纳税收的第2个月按比例予以划拨。

第五章 附 则

第二十一条本办法自发布之日起施行。

许昌市人民政府办公室

二〇一〇年十二月九日

中共湖北省委 湖北省人民政府关于加快东湖国家自主创新示范区建设的若干意见

（鄂发〔2010〕4号）

为贯彻落实国务院《关于同意支持东湖新技术产业开发区建设国家自主创新示范区的批复》（以下简称《批复》）精神，加快东湖国家自主创新示范区建设，全面提高东湖新技术产业开发区（以下简称东湖高新区）的自主创新和辐射带动能力，进而促进全省经济发展方式的转变，加快创新型湖北建设进程，提出如下意见。

一、统一思想，深刻认识建设东湖国家自主创新示范区的重要意义

国务院批准东湖高新区建设国家自主创新示范区，体现了国家对东湖高新区在创新驱动发展中先行先试、发挥示范带动作用的殷切期望，是党中央、国务院在新的历史时期，着力推进自主创新、加快建设创新型国家的重大决策。建设东湖国家自主创新示范区，是湖北改革与发展面临的难得机遇和重大使命，将有利于激发我省科教资源的潜力和创新活力，加快形成推动自主创新的体制机制；有利于培育壮大战略性新兴产业，加快形成依靠创新驱动发展的格局；有利于推进经济发展方式转变和“两型”社会建设，加快构建促进中部地区崛起的重要战略支点。全省上下要从事关国家战略、事关全省改革发展大局的高度，充分认识建设东湖国家自主创新示范区的重要意义，增强使命感、责任感和紧迫感，大力支持、推动东湖国家自主创新示范区建设，加快探索与形成有利于自主创新的体制机制，大力推进自主创新，努力开创东湖国家自主创新示范区建设的新局面。

二、明确目标任务，坚定不移地走创新驱动发展的道路

建设东湖国家自主创新示范区，要按照国务院《批复》的总体要求，以科学发展观为指导，发挥创新资源优势，加快改革与发展，培养和积聚一批优秀创新人才特别是产业领军人才，研发和转化一批国际领先的科技成果，做强做大一批具有全球影响力的创新型企业，培育一批国际知名品牌，全面提高东湖高新区自主创新和辐射带动能力，推动东湖高新区的科技发展与创新在本世纪前20年再上一个新台阶，奋力跻身全国高新区前列，成为推动资源节约型和环境友好型社会建设、依靠创新驱动发展的典范。

（一）着力组织做好发展规划。武汉市要在科技部、国家发改委、财政部等部委的指导下，高起点、高水平地加紧组织编制2010-2020年东湖国家自主创新示范区发展规划。省直相关部门要积极参与规划编制工作。规划既要符合科技发展趋势、符合国家自主创新战略的要求，也要符合东湖高新区的实际，突出优势与特色；对东湖国家自主创新示范区建设的指导思想、发展目标、重点领域和保障措施等，作出前瞻性、战略性和全局性的部署安排。武汉市要将洪山区、江夏区的有关镇

（村）交由东湖高新区托管，支持东湖高新区扩大规模，初期规划开发面积达到500平方公里。规划经国家有关部委和省政府批准后实施。省和武汉市各部门及东湖高新区都要依据规划安排好支持推进工作。

（二）着力培育壮大战略性新兴产业。加快东湖高新区电子信息、生物、新能源、节能环保、新材料等战略性新兴产业的发展，逐步把战略性新兴产业培育成区域经济社会发展的主导力量。加强原始创新、集成创新和引进消化吸收再创新，突破一批核心关键技术，加快产品开发和产业化，提升产业核心竞争力，把东湖高新区建成全球光电子信息产业基地和我国重要的综合性高技术产业基地。积极承担国家重点任务，争取国家重大项目对东湖高新区战略性新兴产业的支持，扎实推进国家科技重大专项实施。重点围绕战略性新兴产业集群发展加大招商引资力度，争取战略性投资项目在东湖高新区落户。积极引进国内外大型企业和高等院校、科研机构在东湖高新区建立企业总部和研发中心。瞄准战略性新兴产业的技术需求，布局建设一批高水平的科技研发、服务平台和产业化基地。围绕战略性新兴产业需求，加快现代服务业发展。

（三）着力提升企业自主创新能力。积极培育东湖高新区骨干龙头高新技术企业，做大做强一批拥有自主知识产权和知名品牌、具有核心竞争力的创新发展排头兵企业，鼓励东湖高新区领军企业带动上下游配套产业的发展，壮大产业规模。引导企业提高自主创新能力，真正成为研究开发投入的主体、技术创新活动的主体和创新成果应用的主体。东湖高新区的创新型试点企业要按照既定的创建目标与任务，构建研发平台、提高研发投入、开发创新产品、凝聚创新团队，深入开展创新型企业建设试点工作。省和武汉市有关部门及东湖高新区要综合应用科技计划支持、融资服务支持、创新人才支持等多种手段扶持创新型企业建设，对建设创新型企业给予补助，帮助企业分摊创新成本和风险。积极推进“科技型中小企业成长路线图计划”在东湖高新区的实施，争取国家创新基金、省和武汉市及东湖高新区相关产业发展资金的支持，培育科技型中小企业群体，推动东湖高新区更多的科技企业进入主板或创业板上市。支持科技企业孵化器提升功能加快发展，加大对科技企业孵化器等新兴创新服务组织的扶持力度。

（四）着力促进产学研深度结合。省内高等院校和科研机构要进一步解放思想，调整、创新参与产学研结合的机制与政策，全方位融入东湖自主创新示范区建设。推进东湖高新区与大型企业、高等院校、科研机构开展全面战略合作，探索多种产学研深度结合的有效模式和长效机制。鼓励高等院校、科研机构科技人员围绕企业需求，创造更多的原创性科技成果向东湖高新区企业转让，或联合开发科技项目。探索教师、科技人员职称评聘、科技成果评定与支持企业发展挂钩的机制，探索教师、科技人员自由创业和企业高层次人员进校兼职的机制，支持教师、科技人员创新创业。以企业的发展需求和各方共同利益为基础，以提升产业技术创新能力为目标，以具有法律约束力的契约为保障，推动和引导产业技术创新战略联盟的构建。鼓励东湖高新区企业与高等院校、科研机构共建研究院、研发中心、公共技术服务平台，开展技术创新合作。积极引进国内外一流的名校、大院、大企业进区设立产业研发组织。对面向企业需求的产学研合作开发项目，省和武汉市科技计划予以优先支持。创新人才培养、引进、使用机制，在东湖高新区积聚更多的高层次领军人才和创新团队。

（五）着力加强创新基地建设。继续加强武汉光电国家实验室、武汉生物技术研究院等技术创新平台建设；加强产品开发与测试、大型仪器共享、科技信息等公共服务平台建设；加强科技企业孵化器、大学科技园、生产力促进中心等科技创业平台建设。积极利用现有公共科技资源，整合形成面向企业开放的技术创新服务平台。充分发挥武汉科教优势，推动产学研结合，申报、建设一批有特色、高水平的国家和省重点实验室、企业重点实验室、工程实验室、工程技术研究中心和企业技术中心。武汉市要积极争取中国科学院、教育部等在东湖高新区设立新的科研分支机构和教育培训机构。

（六）着力实施知识产权战略。全面提高东湖高新区知识产权的创造、运用、保护和管理水平，有计划、有目的地支持企业核心技术专利化、专利标准化和标准全球化。建立健全知识产权评估体系，完善知识产权预警与纠纷应对机制，建立行业知识产权维权联盟。对专利申请和重要标准研制按规定给予补贴。省和武汉市及东湖高新区要积极为企业提供专利和标准信息服务，促进高等院校和科研机构知识产权的有效移转，采取措施引导企业加快专利的实施应用，提升企业技术创新能力和核心竞争力。

（七）着力推动对外开放。充分利用全球科技资源开展自主创新，加快推动东湖高新区的对外开放，坚持以开放促开发。要以综合保税区的申报为突破口，争取海关总署、国家发改委等部委支持，建设东湖高新区综合保税区。支持企业引进关键技术、装备、知识产权，开展消化吸收再创新和集成创新。积极吸引国内外大型企业在东湖高新区建立区域总部和研发中心，促进国际间技术和产业转移。开展多层次国际科技交流，加强与世界著名高科技园区和跨国公司的研发合作。配合国家科技兴贸创新基地建设，着力培育一批具有国际竞争力的外向型企业。鼓励企业实施“走出去”战略，对企业的产品进出口、对外投资、设立分支机构等方面加强政策支持与服务。

（八）着力发挥示范区建设的辐射带动作用。充分利用东湖国家自主创新示范区建设的有利条件，逐步将其探索形成的新型体制机制示范模式向省内高新区及各地推广。支持各地与东湖高新区建立战略合作关系，加强东湖高新区与省内其他高新区联动，扩大示范区辐射带动效应。各地要以建设东湖国家自主创新示范区为契机，注重借鉴学习东湖高新区的先进经验，以增强自主创新能力为核心，加快体制机制创新，集成资源，加大投入，大力培育具有比较优势的特色产业，尤其要培育战略性新兴产业，不断优化创新创业环境，促进区域经济结构调整和经济发展方式转变。

三、深化改革，先行先试，建立和完善有利于自主创新的体制机制

建设东湖国家自主创新示范区，重在体制机制创新。要在激励成果转化、科技投融资、产学研合作、创新政策制定、政府采购推广自主创新产品、创新创业人才培养、管理体制机制改革等方面，进一步解放思想，深化改革，先行先试，大胆探索，不断取得突破。

（一）开展股权激励和科技成果转化奖励试点。在高等院校、科研机构、国有高新技术企业中，开展职务科技成果股权和分红权激励试点。在科研机构转制企业、国有高新技术企业和创新型企业中，对作出突出贡献的科技人员和经营管理人员实施期权、技术入股、股权奖励等多种形式的股权和分红权激励，探索有利于促进自主创新的股权激励方法。建立与自主创新导向相适应的科技研发、转化和评价机制，在高等院校、科研机构中，开展对职务科技成果完成人进行科技成果转化收益奖励的试点。支持允许以专利、标准等知识产权、研发技能、管理经验等人力资本作价出资创办、联办高新技术企业。支持国有投资平台参与重点企业和院所的改制和重组，探索利用国有股权收益部分激励企业团队的试点。支持东湖高新区内民营企业对作出突出贡献的科技人员和经营管理人员，开展多种形式的激励。

（二）开展科技金融改革创新试点。充分利用资本市场加快东湖高新区发展。建立企业上市协调机制，推动符合条件的科技企业上市融资，对企业利用资本市场融资、再融资给予奖励。加快推进东湖高新区进入非上市股份公司代办股份转让系统试点。支持引进民间资本参股金融公司，支持商业银行在东湖高新区成立服务科技企业的专业支行。建立融资租赁、贷款担保、风险补偿机制。鼓励银行等金融机构针对科技型企业，特别是拥有自主知识产权的中小企业扩大贷款规模，加大对高新技术企业的信贷支持力度。发展科技型小额贷款，鼓励企业发展债券融资。建立科技企业信用评级及贴息激励机制，进一步扩大信用贷款的范围和知识产权质押贷款试点。增加科技保险险种，扩大保险覆盖面。设立光谷自主创新产业发展基金或股权投资基金，适用国家关于股权投资基金先行先试政策。深化科技金融改革创新，对创新成效显著的金融机构给予奖励。积极推进环境资源交易，扩大排污权交易的范围和种类，争取建成国家级环境资源交易中心。完善建设综合性区域产权交易机构。发挥政府资金的引导作用，促进创业投资发展。在东湖高新区登记注册的创业投资和股权投资机构，比照银行金融机构享受相关优惠政策。支持建立和完善创投和股权投资类企业业绩激励机制，允许国有及国有控股创投和股权投资类企业从已实现的投资收益中提取一定比例作为对管理人员或顾问机构的业绩报酬。对高新区内设立的外商投资创业投资企业在外汇登记、开立外汇账户等方面给予支持，并向国家外汇管理局争取在确认结汇主体等方面的支持。结合国家实施战略性新兴产业发展规划，大力支持产业投资基金、风险投资基金发展壮大，研究出台具体支持政策。

（三）开展新型产业组织参与国家科技重大专项试点。积极支持企业联合高等院校、科研机构和新型产业组织，承担或参与核心电子器件高端通用芯片及基础软件产品、极大规模集成电路制造装备及成套工艺、新一代宽带无线移动通信网、高档数控机床与基础制造装备、水体污染控制与治理、转基因生物新品种培育、重大新药创制等国家科技重大专项。通过定向委托，带动中小企业参与重大专项实施和共享科技成果。支持开展试点的产业技术创新战略联盟作为项目组织单位，参与国家和省市科技计划项目的组织实施，探索承担重大技术创新任务的组织模式和运行机制。武汉市及东湖高新区财政要落实国家重大科技专项配套资金，省级财政给予积极支持。

（四）开展政府采购和示范推广试点。积极落实国家自主创新产品政府首购和订购管理的有关政策。开展省级自主创新产品认定工作，对纳入目录的自主创新产品，在同等条件下政府优先采购。使用财政性资金投资项目都可以列入政府采购范围。积极发挥政府采购政策功能，探索政府采购新模式。以政府采购带动企业采购，引导社会采购，用采购换技术、引项目。积极争取将东湖高新区的重点自主创新产品更多地纳入全国政府采购范围。实施自主创新产品示范推广工程。支持东湖高新区光纤到户、三网融合、太阳能光伏发电、半导体照明、新能源汽车等新产品向武汉城市圈及全省示范推广。对列入自主创新产品示范推广工程的项目，在落实国家财政补贴政策的同时，武汉市和东湖高新区再给予适当支持。

（五）开展促进创新创业、企业做强做大的财政税收政策试点。积极争取财政部、国家税务总局等部委研究出台支持东湖高新区战略性新兴产业发展、科技成果转化、创新创业平台建设等财税政策。争取在企业技术开发费加大税前抵扣、提高企业职工教育经费扣除比例、企业自然人股东未分配利润转增企业投资缓征个人所得税、企业获得财政补贴和奖励不计入纳税额等方面进行试点。争取国家有关部委同意东湖高新区享受高新技术企业认定的省级认定管理权限。实行创业投资收益财政支持政策。创业投资和股权投资类企业对东湖高新区内未上市的高新技术企业、承担政府科技计划和产业化项目企业的投资资金累计超过其投资总额的70%的，经有关部门认定，对企业缴纳的所得税和营业税地方分成部分，由东湖高新区财政安排专项支出，第一年和第二年给予全额支持，第三年至第五年给予减半支持。

（六）开展高层次人才引进和培养试点。在东湖高新区深入实施“人才特区”战略，聚集一批战略科学家、一批高层次创新创业人才、一批具有战略眼光的产业领军人才，着力将东湖高新区打造成为具有国际竞争力的人才高地。采取多种措施支持东湖高新区实施“3551”人才计划，培养、引进高层次创新创业人才。对列入国家“千人计划”、湖北省“百人计划”、“双百计划”的高层次人才，武汉市及东湖高新区财政按照1∶3的比例予以资助。省、武汉市和东湖高新区设立专项资金，对高层次人才在东湖高新区创新创业，按照其所缴纳的个人所得税和前三年企业所得税地方留成部分给予支持。高层次人才在东湖高新区创办的企业技术转让所得不超过500万元的部分免征企业所得税，超过500万元的部分减半征收企业所得税。高层次人才获得的科学、教育、技术、环保等方面的奖金或人才资助资金，可享受省级政府奖励适用的优惠政策。建设国家海外高层次人才创新创业基地和综合服务平台，改善高层次人才的创新创业环境和生活环境。为人才引进开辟“绿色通道”，争取国家有关部门授权东湖高新区设立绿卡服务窗口，建立绿卡申请与服务一条龙服务，积极帮助海外高层次人才落实国民待遇和倾斜政策。改革完善人才选拔、评价、激励和使用机制，把培养创新型人才作为教育发展的重要目标，依托国家及省人才培养计划，重点培养一批具有较强创新意识和创新能力的人才。争取教育部的支持，引进国际知名教育培训机构，建设国际化教育基地。高度重视对年轻科技人才和大学生创业活动的支持，在东湖高新区设立大学生创新创业种子基金、大学生创业基地，实行经济适用住房补贴等政策。

（七）开展东湖高新区管理体制改革创新试点。东湖高新区要围绕服务型、效能型政府建设，加快管委会机构改革和创新，在精简规范行政审批事项、创新行政审批方式、加强电子政务建设、推行公共服务外包、探索政府“购买服务”等方面率先取得突破，建立适应国家自主创新示范区建设发展的管理体制。支持东湖高新区探索市场经济条件下政府服务的新模式，推进管委会机关干部人事制度改革。争取国家公务员局支持，开展公务员管理创新试点。东湖高新区管委会可根据发展和管理需要，按照精简、高效的原则，自行设置为产业发展、人才引进、自主创新、重大项目建设等服务的内设机构。武汉市可按有关决策程序，赋予东湖高新区市级经济管理权限。

四、加强组织领导，形成全力支持东湖国家自主创新示范区建设的强大合力

（一）加强组织领导。充分发挥湖北省建设东湖国家自主创新示范区领导小组作用，完善运行机制，研究解决发展中的重大问题，落实支持东湖国家自主创新示范区建设的政策措施。武汉市要举全市之力推进东湖国家自主创新示范区建设，省直各部门要把支持东湖国家自主创新示范区建设作为重要责任。根据新的形势和任务要求，省人大要尽快制定出台《东湖国家自主创新示范区促进条例》，为建设东湖国家自主创新示范区提供更加有力的法制保障。

（二）继续加大支持力度。将东湖高新区上交省财政的新增税收全额返还政策延长执行至2013年，武汉市比照省级政策配套。继续执行东湖高新区土地出让收入省级留成部分返还政策。武汉市要将省级返还资金全额落实到东湖高新区。东湖高新区从财政返还资金中设立产业发展专项资金，集中支持重点产业的创新发展。省发改委、省经信委、省科技厅等省直相关部门原则上每年应安排专项资金的30%用于支持东湖高新区科技创新与发展。要完善政府投资机制，吸引和引导社会投资参与示范区建设，提高政府投资效应。

（三）积极争取国家支持。主动对接建设东湖国家自主创新示范区部际协调小组。大力开展省部合作，为自主创新争取更多的项目和资源，增强体制机制创新的主动性。省直有关部门要主动加强与国家部委的沟通联系，在各自职责范围内积极争取国家部委对东湖国家自主创新示范区建设的更多支持。积极配合财政部、国家税务总局研究支持东湖高新区的税收政策，为示范区建设营造良好的政策环境。

（四）营造创新创业氛围。鼓励企事业单位和全社会关注、支持、参与东湖国家自主创新示范区建设，大力弘扬崇尚科学、尊重人才、勇于创新、宽容失败的社会风尚，形成良好的创新创业文化氛围。加大对建设东湖国家自主创新示范区的宣传力度，充分利用各种媒体资源，广纳社会各界建议，积聚经验智慧，推动自主创新工作的开展。

（五）强化责任，狠抓落实。省直各有关部门和武汉市要按照国务院《批复》和本意见精神，建立工作责任制，制定实施方案，加强检查督办，落实相关组织措施、政策措施、资金措施，确保各项目标任务的实现。

中共湖北省委
湖北省人民政府
二〇一〇年三月十八日

中共武汉市委 武汉市人民政府关于全力推进武汉东湖国家自主创新示范区建设的决定

（武发〔2010〕4号）

根据《国务院关于同意支持东湖新技术产业开发区建设国家自主创新示范区的批复》（国函〔2009〕144号）精神，为充分发挥武汉东湖新技术开发区（以下简称东湖开发区）创新资源优势，以自主创新为驱动，以制度创新为突破，加快改革与发展，进一步为武汉建设创新型城市作出新贡献，现就全力推进武汉东湖国家自主创新示范区建设作出如下决定。

一、举全市之力建设东湖国家自主创新示范区

（一）深刻认识、准确把握建设东湖国家自主创新示范区的重大意义。国务院批准东湖开发区建设国家自主创新示范区，是党中央、国务院在新的历史时期着力推进自主创新，加快建设创新型国家的重大决策，是我市加快推进“两型社会”建设综合配套改革试验，建设成为中部地区龙头城市、全国重要中心城市的重大政策支撑。东湖开发区建设国家自主创新示范区，为我市带来了非常难得的发展机遇，有利于创新资源聚集、创新成果转化、创新人才成长，有利于率先形成自主创新体制机制、率先形成创新驱动发展的格局，有利于抢占技术创新制高点、产业竞争制高点和科学发展制高点。全市上下要准确把握国函〔2009〕144号文件精神，深刻认识建设国家自主创新示范区的重大战略意义，以高度的责任感和使命感，解放思想，开拓创新，加快改革发展。各区、各部门和各单位要抢抓机遇、先行先试，大胆推进体制机制创新，消除制约自主创新的体制机制障碍，充分发挥示范带动作用；要破解共性难题，解决阻碍科技优势转化为经济优势的突出矛盾，加快探索科技成果与资本对接、科技成果商品化产业化的体制机制，努力开创全市依靠创新驱动发展的新局面。

（二）明确目标和任务。建设东湖国家自主创新示范区，要坚持以科学发展观为指导，发挥创新资源优势，努力培养和聚集优秀创新人才特别是产业领军人才。着力研发和转化国际领先的科技成果，在具备优势的基础研究学科前沿领域取得一批原创性成果，在具备研究基础的重大关键技术领域取得一些突破性成果，在培育战略性新兴产业方面取得实质性进展。做强做大一批具有全球竞争力的创新型企业，培育一批国际知名品牌，全面提高东湖开发区的自主创新和辐射带动能力，全力推动东湖开发区的科技发展和自主创新能力再上一个新台阶。要按照国际领先、世界一流的要求，将东湖开发区真正建设成为特色鲜明、实力雄厚的科学发展试验区、先进产业聚集区、自主创新示范区、改革开放先行区；成为国家重要的综合性高技术产业基地；成为人与自然和谐发展、创新创业环境一流的现代新区；成为推动资源节约型和环境友好型社会建设、依靠创新驱动发展的典范。

二、科学编制发展规划

在国家科技部、国家发改委等部委的指导下，由市发改委牵头，市经济和信息化委、市科技局、市国土规划局、市财政局、东湖开发区管委会等部门积极参与，研究提出建设东湖国家自主创新示范区的指导思想、建设原则、发展目标、重点领域和保障措施，拓展示范区建设范围，高起点、高水平编制东湖国家自主创新示范区2010—2020年发展规划，经市政府审核报国家科技部、省政府批准后实施。

三、不断推进体制机制创新

（一）开展股权激励和科技成果转化奖励试点。在高等院校、科研院所、国有高新技术企业中，开展职务科技成果股权和分红权激励试点，对作出突出贡献的科技人员和经营管理人员，实施期权、技术入股、股权奖励、分红权等多种形式的激励。支持国有投资平台参与重点企业和院所的改制和重组，探索利用国有股权收益部分激励企业团队的试点。开展对职务科技成果完成人进行科技成果转化收益奖励的试点。支持允许以专利、标准等知识产权、研发技能、管理经验等人力资本作价出资创办、联办高新技术企业。支持东湖开发区内民营企业对作出突出贡献的科技人员和经营管理人员开展多种形式的激励。加大科技成果、知识产权交易平台建设力度，增强交易平台信息提供和价格发现功能，降低交易成本。

（二）深化科技金融改革创新试点。积极推进东湖开发区非上市股份公司进入证券公司代办股份转让系统试点工作。建立企业上市协调机制，推动符合条件的科技企业上市融资，对企业利用资本市场融资、再融资给予奖励。建立创业投资引导、融资租赁、贷款担保风险补偿机制。支持商业银行在东湖开发区成立科技支行，加大对高新技术企业的信贷支持力度。建立科技企业信用评级及贴息激励机制，进一步扩大信用贷款和知识产权质押贷款试点范围。增加科技保险险种，扩大保险覆盖面，发展科技再保险。不断扩大市、区创业投资引导基金规模，发挥政府资金的引导作用，促进天使投资、创业投资发展。设立光谷“自主创新产业发展基金”或股权投资基金，适用国家关于股权投资基金先行先试政策。积极争取建立全国性的排污权交易中心。

（三）开展新型产业组织参与国家科技重大专项试点。积极组织和支持企业联合高等院校、科研院所和新型产业组织，承担或参与新一代宽带无线移动通信网、大规模集成电路制造及工艺、核心光电子器件、高端专用芯片及基础软件、新光源、新能源、重大新药研制等一批国家科技重大专项。市、区财政要积极落实国家重大科技专项配套资金，通过定向委托，带动更多的中小企业参与重大专项实施和共享科技成果。围绕光通信、生物、新光源、新能源、激光、地球空间信息等特色产业，承接国家重大科技基础设施建设，新建一批国家工程研究中心（技术中心）、国家重点实验室、国家工程实验室。建设世界一流水平的新型研究机构，在一批关键的技术开发上实现突破，取得一批有国际影响的成果，并快速实现产业化。

（四）开展政府采购试点。通过首购、订购、首台（套）重大技术装备试验和示范项目、推广应用等政府采购方式，支持企业自主创新。凡属东湖开发区自主创新的产品，政府采购优先支持。全市要积极开展示范应用，支持东湖开发区企业原始创新产品进行市场开拓。进一步发挥重点项目对新产品推广使用的作用，实施光纤到户、三网融合、节能建筑、半导体照明、新能源汽车等新产品示范工程。凡使用省、市、区财政性资金金额投资或部分投资的项目都要将自主创新产品列入政府采购范围和工程招投标范围。发挥政府采购的功能效应，以政府采购带动企业采购，引导社会采购，用采购换技术、引项目。积极争取将东湖开发区的自主创新产品更多地纳入《国家采购自主创新产品目录》。

（五）开展促进创新创业、企业做大做强的税收政策试点。争取国家财政部、国家税务总局支持，出台并实施支持新兴产业和高新技术企业加大科技投入、吸引留住高端人才、股权激励和科技成果转化等税收优惠政策。对东湖开发区内重点扶持的高新技术企业，争取参照国务院《关于经济特区和上海浦东新区新设立高新技术企业实行过渡性税收优惠的通知》（国发〔2007〕40号），执行企业所得税优惠政策。对东湖开发区引进的高端人才，可按其上一年度所缴工薪个人所得税地方留成部分的100%予以奖励。积极争取在企业技术开发费加大税前抵扣、企业自然人股东未分配利润转增企业投资延期缴纳个人所得税、企业获得政府财政资金奖励不计入纳税额等方面进行试点。

（六）加快和完善高层次人才引进和培养工作试点。深入实施“人才特区”战略，建设国家“海外高层次人才创新创业基地”，加大人才培养力度，努力在东湖开发区聚集一批战略科学家、一批高端创新创业人才、一批产业领军人才。对列入国家“千人计划”、湖北省“百人计划”的高端人才，由市、区财政按照不低于1:1的比例予以配套支持。支持东湖开发区实施“3551”人才计划。财政每年安排专项资金用于东湖开发区高端人才引进。改善高层次人才的创新创业环境和生活环境。高度重视与完善对年轻科技人才和大学生创业活动的支持。改革完善人才选拔、评价、激励和使用机制，营造尊重知识、尊重人才的良好氛围，激发人才创新的积极性。

（七）支持东湖开发区进行管理体制改革创新试点。东湖开发区要围绕服务型、效能型政府建设，加快管委会机构改革和创新，在精简规范行政审批事项、创新行政审批方式、加强电子政务建设、推行公共服务外包、探索政府“购买服务”等方面在全市率先取得突破，建立适应国家自主创新示范区建设发展的管理体制。支持东湖开发区探索市场经济条件下政府服务的新模式，按照“能进能出、能上能下”的原则，推进管委会机关干部人事制度改革。东湖开发区管委会可根据发展和管理需要，按照精简、高效的原则，自行设置为产业发展、人才引进、自主创新、重大项目建设等服务的内设机构。进一步完善法制环境，提请市人大常委会修订《东湖新技术开发区条例》，全面赋予东湖开发区市级经济管理权限。

四、大力提高自主创新能力

（一）加大创新型企业建设。以领军企业为龙头，集中创新资源，培育和支持创新型企业发展，打造100家重点创新型企业，完善产业技术创新链，提升企业自主创新能力和技术竞争力。

（二）加大对中小企业技术创新的支持力度。扩大科技型中小企业创新基金的资金规模。支持商业银行为有信用的中小企业提供信用贷款服务。促进中小企业的兼并重组，扶持和壮大一批具有创新能力和自主知识产权的中小企业。加快完善有利于创新创业的知识产权、人力资源、会计、法律、投融资等科技中介服务体系。充分发挥生产力促进中心、光谷产权交易所等科技服务平台的功能特点，加快先进技术向中小企业的技术辐射和转移，提高中小企业的配套协作水平和持续发展能力。

（三）加快构建自主创新平台。通过政府引导投入、院校企业共建、利用资本市场等多种方式筹集资金，加快建设光电国家实验室（筹）、国家工程中心、武汉生物研究院、武汉新能源研究院等技术创新平台。围绕东湖开发区特色产业，加强产品开发与测试、大型仪器共享、科技信息发布等公共服务平台建设。充分利用现有国家重点实验室、工程（技术）研究中心、国家工程实验室等公共科技资源，整合形成面向企业的开放技术创新服务平台。

（四）加快科技企业孵化器发展。不断改革创新，促进孵化器市场化、专业化、网络化，提升企业的孵化能力和水平。进一步完善企业孵化体系，针对科技创业企业成长的不同阶段，建立支持科技创业企业由小到大迅速成长的梯次推进机制、多级助推模式和全程孵育体系，培育一批成长性强的高新技术企业。市、区财政要加大对企业孵化器的支持力度。

（五）创新高等院校、科研院所和企业合作机制。鼓励和支持在汉高等院校、科研院所全面参与东湖国家自主创新示范区建设。在科研经费投入、科研成果转化、激励、融资等方面，探索以企业为主体、以市场为导向、产学研结合的技术创新体系建设的新机制。支持高等院校、科研院所与企业共同建设研发机构，加强合作研发、人才培训、技术交流。促进高等院校、科研院所的科技成果向企业转移，发挥武汉地区两院院士、学科带头人的人才资源优势，鼓励支持院士、学科带头人带头转化科技成果。

（六）支持高等院校、科研院所面向市场激发创新活力。鼓励高等院校、科研院所科技人员通过技术转让、无形资产入股、联合企业研发等多种方式加快科技成果转化。探索教师、科技人员在职称评聘、科技成果评定与支持产业发展挂钩的新机制。探索教师、科研人员自由创业和科技园区高层次人员进校供职的机制。对科技人员与企业联合提出的科研项目，市科技计划给予优先安排。

（七）支持产业技术联盟等新型产业组织发展。鼓励成立产学研用结合的标准联盟、技术联盟和产业联盟，支持光纤到户、激光、集成电路、半导体照明、软件与服务外包、3G、NVD、地球空间信息、生物等产业技术联盟承担国家重大专项，开展关键共性技术的合作研发，协同开拓市场。

（八）促进协会组织发展。支持企业家协会、产业协会、孵化器协会、人才协会等各类协会组织开展战略研究和行业分析，参与编制行业发展规划，制定行业标准，承担政府委托的专项服务。探索建立企业、协会和政府的合作协调机制，提升协会在产业和区域的代表性和影响力。

（九）大力推进知识产权战略和技术标准战略。全面实施《东湖高新区知识产权战略纲要》。指导企业制定实施知识产权战略。支持企业形成专利池和产业技术联盟构建专利群。建立健全知识产权服务体系、专利经营体系和正版产品流通示范体系，建立实时高效的知识产权侵权预警和风险防范机制。加大知识产权保护力度，建立知识产权维权援助机制。开展标准创新试点工作。加强与国际标准化组织的战略合作，支持企业承担标准化专业组织的工作。支持企业成立标准联盟，促进相关技术和产品广泛应用，在特色产业领域形成一批行业、技术标准。市财政要安排专项资金对企业获得自主知识产权、标准制订给予奖励、补贴。

五、加快特色产业和新兴产业发展

（一）加快五大产业发展。按照《省人民政府关于支持武汉东湖新技术产业开发区加快五大产业发展的若干意见》（鄂政发〔2009〕35号）的精神，支持东湖开发区光电子信息、生物、新能源、环保和消费电子等5大产业加快发展，力争到2015年产业规模突破8000亿元。市、区联合设立光谷产业发展专项基金，集中支持5大产业的发展。

（二）着力培育壮大战略性新兴产业。加快集成电路、新型显示、物联网、信息网络、地球空间信息等战略性新兴产业的发展，重点推进物联网和信息网的融合，逐步把战略性新兴产业培育成区域经济社会发展的主导力量。按照全市新兴产业发展实施方案和指导意见，在东湖开发区集中支持一批产学研用结合的重大项目，努力实现一批关键、核心技术突破和成果产业化。

（三）继续推进大学科技园、专业园区、产业基地的建设。探索和总结大学科技园、专业园区、产业基地服务自主创新的新机制和新模式，提升专业化、市场化服务能力。加快国家光电子产业、生物产业、信息产业、地球空间物理信息产业基地建设，积极引导重大高新技术产业项目向东湖高新区聚集。促进科技成果转化和辐射，加强与全市各区产业合作和统筹发展，共建光谷产业园区。对共建园区，市政府将给予政策支持。

六、进一步提升国际化发展水平

（一）充分利用全球科技资源开展自主创新。支持企业引进、购买制约自主创新的关键技术、知识产权和关键零部件，开展消化吸收和集成创新。加强与世界著名高科技园区的合作，支持企业开展与跨国公司的研发合作，联合设立研发中心，促进国际间的技术和产业转移。支持武汉地区高等院校、科研院所在科研人员培养引进、学术交流等方面，加强国际合作。

（二）加大研发机构引进力度。围绕光通信、激光、新一代宽带接入、半导体照明、生物医药、能源环保、软件外包、金融后台等具有优势的科技领域，通过政府引导投入、市场交换等方式，积极争取国内外大型企业在武汉建立研发中心、企业技术中心，积极吸引跨国公司、外省（区）市大型企业在武汉设立区域总部。积极争取在东湖开发区设立综合保税区。

（三）鼓励企业"走出去"。支持企业开展建立海外研发基地、收购兼并、海外投资、承包工程等多种形式的国际化经营。对企业的产品进出口、对外投资、设立分支机构等方面给予政策支持和服务。配合国家科技兴贸创新基地建设，着力培育一批具有国家竞争力的外向型企业。

七、加大部门支持配合力度

（一）形成合力推进东湖国家自主创新示范区建设。全市各有关部门要进一步解放思想，牢固树立服务意识，转变作风，采取一站式服务、绿色通道、联审联批等办法，提高服务效率和服务水平。宣传、组织、纪检、公安、司法等部门要进一步加大对建立自主创新体制机制的支持，努力营造“鼓励创新、宽容失败”的创新氛围，形成推动东湖国家自主创新示范区建设的强大合力。积极主动与国家部委、省直部门对接，进一步推进部、省、市联动，最大限度地争取国家、省支持。各部门要结合自身实际，研究制定具体政策措施，解决问题，聚集制新资源、创新要素，全力支持东湖国家自主创新示范区的建设。

（二）加强政策支持力度。市政府对东湖开发区的财政返还政策在原有基础上再延长一年，返还资金主要用于支持自主创新和高新技术产业发展。市发改委、市经济和信息化委、市科技局等部门的高新技术产业计划及资金要统筹协调，继续保持对东湖开发区较高的支持比例。支持东湖开发区根据经济社会发展需要，按照统一规划、统一管理、统一建设的原则，适时调整武汉科技新城总体规划，扩大产业发展空间，提高产业发展承载能力。简化东湖开发区土地报批、供地审批手续。市城乡建设委、市国土规划局、市交通运输委、武汉供电公司等部门要将涉及东湖开发区的重大骨干基础设施建设项目优先列入全市计划。

（三）进一步提升服务效能。市直各部门要按照办事不出园的原则，进一步扩大东湖开发区的审批权限，简化办事程序，提高办事效率，营造有利于自主创新示范区建设的良好环境。东湖开发区管委会要按照“小政府、大服务”的管理模式，主动适应企业、社会不断变化的需求，优化政府服务流程，增强服务企业、服务经济的能力。

八、切实加强组织领导

为加强对建设东湖国家自主创新示范区的领导，决定成立市建设东湖国家自主创新示范区领导小组，统筹研究解决推进东湖国家自主创新示范区建设的重大问题，协调有关部门落实各项专项改革工作。组建由国内外知名专家、企业家、投资人组成的高层次专家指导委员会，为示范区建设提供全方位咨询。

本意见的各项工作，由市委督查室、市政府督查室负责进行任务分解，落实到有关部门，并对各部门工作的完成情况定期进行督办检查。

中共武汉市委
武汉市人民政府
二〇一〇年二月二十二日

武汉市人民政府关于强化企业技术创新主体地位提升企业自主创新能力的若干意见

（武政规〔2010〕13号）

为强化企业技术创新主体地位，使企业真正成为研发投入的主体、技术创新活动的主体、创新成果应用的主体和创新人才聚集的主体，全面提升企业自主创新能力，加快东湖国家自主创新示范区和武汉国家创新型试点城市建设步伐，经研究现提出如下意见：

一、支持企业加大研发投入

（一）鼓励企业加大研发投入。设立企业研发投入补贴专项资金，通过网上申报和专家审核，对企业研发投入予以补贴。对最近一年主营业务收入小于5000万元、近3个会计年度的研发费用总额占主营业务收入的比例不低于4%的科技企业，及对最近1年主营业务收入大于5000万元、近3个会计年度的研发费用总额占主营业务收入的比例不低于3%的科技企业，按照研发费用的15%给予补贴，最高不超过200万元；对最近1年主营业务收入小于5000万元、近3个会计年度的研发费用总额占主营业务收入的比例不低于5%的科技企业，及对最近1年主营业务收入大于5000万元、近3个会计年度的研发费用总额占主营业务收入的比例不低于4%的科技企业，按照研发费用的20%给予补贴，最高不超过400万元。

（二）鼓励企业建立自主创新平台。对企业申报的市级自主创新平台（高新技术企业研发中心、工程技术中心）优先纳入科技计划项目立项，日常管理按照“事前立项备案、事后考核补贴”的原则予以支持。支持企业创建国家级企业技术中心、工程（技术研究）中心、重点实验室、博士后科研工作站（产业基地）等自主创新平台。

凡经国务院有关部门批准的企业国家重点实验室、国家级工程（技术研究）中心和企业技术中心，从市财政科技经费中一次性给予150万元的支持。积极支持企业以多种形式与国际一流研究机构合作共建企业研发中心、工程技术中心，支持企业与在汉高校、科研院所联合开展技术创新活动。

（三）加大对企业自主创新投入的所得税前抵扣力度。企业为开发新技术、新产品、新工艺发生的研发费用，未形成无形资产计入当期损益的，在按照规定据实扣除的基础上，按照研发费用的50%加计扣除；形成无形资产的，按照无形资产成本的150%摊销。企业发生的职工教育经费支出，不超过工资薪金总额2.5%的部分，准予扣除；超过的部分，准予在以后纳税年度结转扣除。

（四）开展企业技术研发风险科技保险。鼓励科技企业对关键研发设备、产品研发责任、高管人员和关键研发人员团体健康及意外等进行保险，市科技、财政部门要按照有关规定对企业科技保险费用给予补贴。企业高新科技研发保险费支出按规定在企业所得税税前列支。

二、支持企业开展多元化的技术创新活动

（一）鼓励以企业为主体建立产学研技术创新联盟、知识产权联盟和产业联盟。对经市科技部门核准的产学研战略联盟开展具有行业影响力的活动，给予适当经费补贴，对市级联盟给予一次性最高30万元补贴。支持产业技术创新联盟联合开展行业核心技术攻关。优先支持市级产学研战略联盟申报国家、省级科技计划项目。对获批国家级战略联盟和省级战略联盟的牵头企业，分别给予100万元、50万元奖励。鼓励企业与高校联合建立技术开发中心、中试基地、股份制科技经济实体等，形成以利益为纽带、产权明晰、优势互补的常态化合作机制。

（二）鼓励企业实施知识产权战略。鼓励企业进行新技术开发，并支持企业申请专利，将企业拥有自主知识产权作为其各类科技计划项目立项和验收的重要指标。在全市开展知识产权示范企业工作，对入选国家、省、市知识产权示范企业，除落实现行专利资助政策外，分别给予一次性20万、15万、10万元的奖励。鼓励企业申请外国专利，对获得北美发达国家、欧盟发达国家和日本专利的企业，其每件专利给予10万元补贴，对获得上述国家以外的外国专利每件给予3万元的补贴。开展千件专利授权量的“专利强区”和百件专利授权量的“专利强企”以及知识产权“优势企业”、“强势企业”等表彰活动，推动重点行业专利群的形成。建立专利开发与标准研制紧密结合的工作机制，研制和培育一批具有国际国内竞争力的创新标准。对以第一主持制（修）订国际标准、国家标准、行业标准和地方标准（含市级技术规范）的企业，按照有关规定进行一次性资助奖励。

（三）鼓励以企业为主体的产学研联盟优先承接国家重大科技专项。对科技企业承担的科技部、国家发展改革委、工业和信息化部等组织实施的重大科技专项项目，市财政将予以专项资金配套。企业在承担地方重大科技项目过程中发生的管理、协调和监督费用，以及其他无法在直接费用中列支的相关费用可以申请一部分间接经费列支，但间接经费列支比例不得超过直接费用扣除设备购置费后的10%至30%。

三、支持企业加快科技成果转化和应用

（一）设立科技成果转化应用专项资金。从市科技研发资金中，设立科技成果转化应用专项资金，支持具有自主知识产权的企业重大科技成果就地转化及推广应用，建立科技成果信息发布系统和推介平台。

（二）实施科技供需对接专项计划。围绕高新技术企业的关键、共性技术需求开展公开招标，政府订购科研成果并直接移交给相关企业实现转化和产业化。支持在汉高校、科研院所开展关键技术、共性技术攻关，并鼓励就地转化。在十大科技专项中专列资金，对转化投资额在5000万元以上并取得实际效果的项目，给予最高100万元的补贴，但企业年度实现税收不得低于财政资助资金额。在汉企业购买在汉高校、科研院所的科研成果和专利技术并成功实现转化的，优先给予产业化项目支持。

（三）支持科技企业承接重大专项建设工程。支持科技企业自主创新产品和技术应用于国家或省、市政府重大专项建设工程。企业承接国家或省、市重大专项建设工程项目在5亿元以上的，在银行开立投标保函、履约保函、预付款保函的，由市财政按企业保函手续费、评审费、担保费等综合成本20%的标准给予补贴。

（四）支持企业首台（套）产品研制及推广使用。重点支持一批首台（套）产品的研发和产业化。对企业研制的首台（套）产品所投“关键研发设备保险”，从市科技保险补贴专项资金中给予100%保费补贴，单项补贴最高不超过100万元。鼓励使用本市首台（套）重大技术装备、产品和技术，本市用户单位使用非政府资金订购或使用经认定的首台（套）重大技术装备的，可申请给予不高于设备价格10%的风险补贴，相关科技计划予以优先支持。

（五）建立财政性资金采购自主创新产品制度。加强自主创新产品目录与政府采购产品目录的有机衔接，政府采购资金用于购买自主创新产品的比例要逐年提高到30%以上，并采取相关具体配套措施予以推进。市级重大建设项目以及其他使用财政性资金采购重大装备和产品的项目，优先采购自主创新产品。在自主创新产品的政府采购招标过程中，重点考虑首台（套）重大技术装备的自主创新、节能环保、产业带动因素，视情况合理设置自主创新、节能环保、产业带动评标因子或权重。

（六）落实国家促进科技成果转化税收优惠政策。各级税务部门要严格执行国家促进科技成果转化税收优惠政策，一个纳税年度内，居民企业技术转让所得不超过500万元的部分，免征企业所得税；超过500万元的部分，减半征收企业所得税。

四、支持企业引进培养创新型人才

（十四）鼓励企业广泛吸引战略科学家。推广“3551人才计划”的实施经验，鼓励企业以重大科研项目、重大建设工程吸引创新人才。鼓励企业引进战略科学家，提高自身创新能力，成为具有全球影响力的领军企业。围绕战略性新兴产业，企业引进的从事国际前沿科学研究、具有科技战略眼光、能正确把握国际科学技术发展方向，能提出本领域发展的战略目标、战略构想和技术路线，且研究成果对本学科和技术领域产生重要影响的科学家，市人民政府将采取特事特办的方式予以支持，由相关部门解决其科研经费、居住、签证、社会保险、子女入学等问题。

（二）鼓励企业培养高层次创新人才。鼓励企业尤其是大中型企业与高等院校、科研机构合作，建立企业经营管理人才、专业技术人才、高技能人才及知识产权管理人才合作培养机制。对新批准设立的企业博士后科研工作站（产业基地），市财政给予50—100万元资金补贴。鼓励企业选派科技人才和高技能人才出国学习培训，参与国际科技合作，企业科技培训费用按规定在企业所得税税前列支。逐步引导在汉高校在职称评定、岗位聘用中增加优先条件，支持高校教师以访问学者身份到企业进行咨询与合作研究。

（三）鼓励企业建立灵活的薪酬管理模式和科技创新奖励制度。鼓励企业建立并实行与市场机制相适应的收入分配制度，通过股权激励、期权激励、分红激励、企业奖励等措施，使为企业技术创新做出突出贡献的科技人员、管理人员和高技能人才获得相应的报酬和奖励，增强企业对高层次创新人才的吸引力。鼓励企业自设奖项，奖励在创新活动中作出突出贡献的个人与团队。凡在规模以上企业中获得企业内部科技奖励的成果和个人，在参加市级科技奖励评审中予以优先考虑。

（四）加强职业技术经纪人队伍建设。开展职业技术经纪人培训和执业登记。鼓励由技术需求方、成果供应方、交易服务方等市场主体共同建设技术合作和交易平台，实现科技成果的快速高效转化。

五、支持企业创新发展做大做强

（一）开展市科技创新企业和高新技术企业认定工作。对注重技术创新并符合《国家重点支持的高新技术领域》的企业开展市科技创新企业认定工作。经认定的市科技创新企业所开展的创新活动，在市科技计划项目中予以优先支持。鼓励市科技创新企业积极申报国家高新技术企业，经认定为国家高新技术企业后，享受高新技术企业所得税减按15%税率征收的优惠政策。

（二）开展创新型企业试点。按照“突出引导、注重集成、分类指导、动态管理”的原则，开展创新型企业试点工作，到“十二五”末期，力争培育6个以上年销售收入过100亿元的创新型示范企业和60个以上年销售收入过10亿元的创新型成长企业。每年按一定比例对试点企业的创新活动投入给予补贴，其补贴额度最高不超过100万元。在创新型企业中，按照“分批推进，逐步实施”的要求，对作出突出贡献的科技人员（团队）和经营管理人员实施股权激励（股权奖励、股权出售、股票期权）和分红激励试点。对经培育后成功获得国家级创新型企业称号的，市财政给予150万元奖励。

（三）支持创新型企业借助资本市场做大做强。有针对性地组织券商为创新型企业改制上市做好辅导工作，创新型企业改制、进入代办试点和在境内外上市，除了享受一般企业上市的补贴和奖励外，市科技部门将在相关科技计划项目中给予专项支持。

（四）支持创新型企业通过并购，获取技术、市场渠道，进行产业组合和新建产业基地。对创新型企业并购重组产生的中介费用，由受益所在地区级政府实施补贴，对其在汉实施的产业化技改项目及新建产业基地项目，由市经济和信息化委择优按项目固定资产额给予最高400万元的贴息补助。

（五）支持符合条件的企业发行企业（公司）债券和短期融资券。对发行集合债券和集合信托产品的科技型企业给予一定比例的利息补贴。鼓励担保机构为科技型企业及企业创新活动开展融资担保业务，担保机构为科技型中小企业提供的担保业务达到全部业务的20%以上时，优先给予专项补贴。完善知识产权评估机制，在高新技术企业、创新型企业中推进以专利权、商标权、著作权和植物新品种等无形资产为质押进行融资。对按期偿还贷款本息的企业，给予不高于企业所付质押贷款利息额30%的贴息，一个企业的年贴息额度最高不超过20万元。

（六）拓宽创新型企业间接融资渠道。推进创新型企业与金融机构合作，扩大金融机构对企业的信贷规模，市科技部门及相关部门对此将给予一定的贴息支持。

（七）加快发展创业风险投资。在现有市科技投资引导基金的基础上，从2011年起，连续3年每年安排不低于4000万元资金用于扩大市科技投资引导基金规模，并联合其他大企业和投资机构成立面向电子信息、生物工程、新能源与节能环保等新兴产业的若干投资基金。设立创业投资企业风险补偿资金，用于补偿创业投资机构因投资科技型中小企业项目失败而清算或减值退出的部分损失。完善创业投资退出机制，通过股权上市转让、协议转让、被投资企业回购、企业并购等方式撤出创业投资。

武汉市人民政府

二〇一〇年五月二十二日

鼓励东湖国家自主创新示范区创业投资企业发展的实施办法

（武政〔2010〕44号）

第一章 总则

第一条 根据《国务院关于同意支持东湖新技术产业开发区建设国家自主创新示范区的批复》（国函〔2009〕144号）、《创业投资企业管理暂行办法》（国家发展改革委第39号令）、《中共湖北省委 湖北省人民政府关于加快东湖国家自主创新示范区建设的若干意见》（鄂发〔2010〕4号）和《中共武汉市委 武汉市人民政府关于全力推进武汉东湖国家自主创新示范区的决定》（武发〔2010〕4号）精神，为促进东湖国家自主创新示范区（以下简称示范区）创业投资企业规范、快速发展，完善示范区资本市场体系建设，吸引国内外企业资本投资示范区高新技术产业，特制定本办法。

第二条 本办法所称创业投资，是指向创业企业进行股权投资，以期所投资创业企业发育成熟或者相对成熟后主要通过股权转让获得资本增值收益的投资方式。

前款所称创业企业，是指在示范区内注册设立的处于创建或者重建过程中的成长性企业，但不含已经在公开市场上市的企业。

本办法适用于已在同级发展改革部门备案、接受年检等监管，并在示范区内从事创业投资活动的创业投资企业。

第三条 鼓励境内外各种企业、金融机构、中介服务机构及其他组织和个人等各类投资者积极从事创业投资和科技创业活动，在示范区建立创业投资企业或者发起组建基金管理企业，培育专业投资机构和人才队伍，壮大示范区资本市场投资主体。

第二章 优惠政策

第四条 创业投资企业在金融后台服务中心园区购买办公用房自用的，给予一次性购房补贴，补贴标准为每平方米1000元，最高购房补贴标准为500万元，自购房之日起未满5年的不得转让或者出售；租赁自用办公用房的，连续3年按照房租市场指导价格给予每年20%的租金补贴。

第五条 对在示范区注册纳税并且累计3年在示范区投资资金超过其投资总额70%的创业投资企业，经有关部门认定，对企业缴纳的所得税和营业税地方分成部分，由武汉东湖新技术开发区管委会（以下简称管委会）安排奖励基金，第一年和第二年给予全额奖励，第三年至第五年给予减半奖励。

第六条 创业投资企业采取股权投资方式投资于示范区内未上市高新技术企业2年以上的，可以按照其投资额的70%在股权持有满 2 年的当年抵扣该创业投资企业的应纳税所得额；当年不足抵扣的，可以在以后纳税年度结转抵扣。

第七条 建立和完善创业投资企业业绩激励机制。鼓励示范区创业投资企业制定“高管持股”等制度，对企业高级管理人员和核心人员实行年薪制、股权、期权等激励措施，有效激发企业高级管理及核心人员的主观能动性，规范企业的投资和管理活动。

创业投资企业可以从已实现的投资收益中提取一定比例作为对管理人员或者管理顾问机构的业绩报酬。外商独资、中外合作的创业投资企业可以依据国际惯例制定内部收益分配机制和奖励机制。

第八条 创业投资企业可以通过股权上市转让、股权协议转让、被投资企业回购等途径，实现投资退出。鼓励境内外创业投资企业撤出后继续投资。

第九条 促进创业投资企业与成长性企业的对接。搭建示范区创业投资企业与成长性企业进行信息交流、项目洽谈、投融资需求对接的平台，促进创业投资企业与成长性企业的合作。

第十条 在示范区注册的创业投资企业符合国家有关规定的，可直接向国家发展改革委申请备案，争取引入全国社保基金投资，为示范区基础建设、产业发展开辟新的融资渠道。

第三章 企业股权投资风险补贴

第十一条 管委会设立股权投资风险补贴资金，符合下列条件的创业投资企业可申请股权投资风险补贴：

（一）所投资企业为未上市的示范区成长性企业，该企业从设立之日起到企业与股权投资企业签订投资协议之日止，不超过5年，具有企业法人资格，年销售额在3000万元以下。

（二）创业投资企业利用自有资金或者利用其受托管理资金以委托人的名义，对示范区企业进行投资；通过特殊目的公司采用返程投资方式对示范区企业进行投资的，该投资等同于创业投资企业对示范区企业进行投资。

（三）承诺在完成投资后，2年内不得退出投资。

第十二条 股权投资风险补贴额度为创业投资企业以货币形式对创业企业的实际投资额的10%，单笔最高补贴金额为100万元。一家创业投资企业对同一创业企业投资，申请获得的补贴金额累计不超过100万元。对一家创业投资企业每年的补贴金额不超过300万元。

第十三条 创业投资企业应当在已实际进行投资，即投资资金已投入示范区内被投资企业，且在被投资企业已完成工商登记变更或者取得股权变更法律文件的6个月之内提出股权投资风险补贴申请，逾期不再受理。创业投资企业向管委会申请时应当提交下列文件：

（一）示范区股权投资风险补贴申请表；

（二）被投资企业的营业执照复印件；

（三）股权投资企业与被投资企业其他股东签订的投资协议；

（四）被投资企业的验资报告复印件；

（五）加盖工商部门查询章的示范区被投资企业股东名单（含股东持股比例和持股数额）。

股权投资企业采用返程投资方式投资境内企业的，还应当提供其持有境外特殊目的公司股权的证明文件以及投资机构、境外特殊目的公司和境内被投资企业的关系、投资金额等上述第三款中投资协议要点的中文说明。

第十四条 管委会对申请股权投资风险补贴的创业投资企业的投资行为和报送的材料进行核准、确认，并为符合规定的创业投资企业办理补贴拨款手续。

第四章 附 则

第十五条 创业投资企业应当据实报送有关材料，对于以虚假材料骗取奖励政策的，责令其退回相应奖励和补贴资金。

第十六条 本办法由管委会负责解释。

第十七条 本办法自印发之日起施行。

武汉市人民政府
二○一○年八月十一日

武汉市实施“黄鹤英才计划”的办法（试行）

（武办发〔2010〕22号）

第一条 为深入实施人才强市战略，营造有利于高层次人才创新创业的良好环境，增强高层次创新创业人才的引领作用，决定在全市实施“黄鹤英才计划”。

第二条 “黄鹤英才计划”是指依托东湖新技术开发区、武汉经济技术开发区、东湖生态风景旅游区、武汉化学工业区、武汉新港、王家墩中央商务区等城市功能区、省级经济开发区、市级都市工业园和高校科研院所及其他相关企事业单位，有重点地引进和培养具有世界领先水平的创新团队核心成员或领军人才，具有国内领先水平的高层次创新创业人才。2010—2015年的目标为：引进和培养100名左右创新团队核心成员或领军人才，1000名左右高层次创新创业人才。

第三条 引进和培养高层次创新创业人才，应重点围绕武汉支柱产业调整振兴及战略性新兴产业培育壮大，符合武汉8个千亿产业、15个新兴产业发展的需求，对象主要包括：

（一）具有世界一流水平、引领武汉产业发展、能带来重大经济和社会效益的世界一流创新团队核心成员。

（二）世界500强企业及跨国公司中担任（或曾担任）中高级职务的工程技术专家、经营管理专家；国家实验室、国家重点实验室、国家级工程（技术）研究中心、国家级企业技术中心等国家级公共研发平台首席科学家，以及海内外相当资历和知名度的杰出人才。

（三）国家有突出贡献中青年专家、国家“百千万人才工程”第一、二层次人员；掌握具有自主知识产权和核心技术的海外相当资历和知名度的留学人员。

第四条 为入选人员创新创业提供必要的资金支持：

（一）为入选人员在汉领办、创办企业或研发机构，择优给予创业扶持资金。对入选的领军人才，按项目给予300万元至500万元的资金支持；对入选的高层次人才，按项目给予50—100万元的资金支持。

（二）设立专项创业投资引导资金，鼓励各类创业风险投资机构或个人对入选人员创业提供融资支持。创业投资机构为入选人员投资高新技术产业项目，投资期限超过2年的，按其投资总额的5‰给予奖励。创业风险投资机构或个人为入选人员创业投资发生损失，则按其投资损失的30%、最高不超过100万元给予风险补偿。

（三）为入选人员在汉创业活动提供贷款贴息扶持，创办企业获得银行贷款的，给予当年度利息额25%的贷款贴息。其中对领军人才的贴息总额最高可达100万元，高层次人才最高可达50万元。对入选人员贷款形成损失的，给予贷款银行或担保机构最终损失金额30%的风险补偿。

（四）支持入选人员获取自主知识产权。对入选人员为发明人（设计人）获得中国和外国专利授权的，为创作人（注册人、著作权人）获得中国集成电路布图设计专有权、注册商标专用权和进行计算机软件著作权登记的，均给予资助。

第五条 为入选人员在汉创新创业提供工作条件和工作平台：

（一）对入选人员新办的科技型企业，给予办公用房补贴。租用面积100㎡的给予三年房租补贴；租用面积在1000㎡以下部分，按最高15元/㎡/月的标准给予一年房租补贴，租用面积超出1000㎡以上部分，按最高10元/㎡/月的标准给予一年房租补贴。

（二）鼓励企业设立博士后科研工作站，对企业博士后科研工作站引进入选人员或与入选人员联合从事项目研发的，给予一定资金支持。

（三）优先支持入选人员申报国家、省、市科技项目和科技奖励。对作出突出业绩和贡献的领军人才人选，直接作为“武汉市学科带头人计划”候选人。

（四）为高层次人才创新创业搭建事业平台。主要依托开发区、重点企业、科研院所、高等院校等设立一批高水平岗位平台，依托重大项目建设一批高技术项目平台，依托留学生创业园等孵化器搭建一批高效率孵化平台，支持领军人才和创新团队领衔承担科技计划项目和重大科技专项。

第六条 对入选人员实施期权、股权等中长期激励，包括以知识产权、技术、管理等生产要素按贡献参与分配。鼓励入选人员创办的企业做大做强，对纳税贡献大的给予一定奖励。允许入选人员以研发技能、管理经验等人力资本作价出资创办、联办高新技术企业。

第七条 纳入编制管理的事业单位聘用领军人才，可不受用人单位专业技术职务结构比例限制，单位编制已满的，可经编制部门同意后，先聘用再逐步消化。入选的领军人才达到退休年龄的，可由用人单位办理延退手续。

第八条 积极推荐入选的领军人才参加中国科学院院士（外籍院士）、中国工程院院士（外籍院士）评选。作出突出业绩和重要贡献的入选人员，直接作为“武汉杰出人才奖”候选人。入选人员参加国家、省、市有突出贡献中青年专家和享受政府特殊（专项）津贴人员选拔，或申报享受相关荣誉称号，不受申报名额限制。

第九条 建立专业技术职称评定绿色通道，入选人员不受岗位职数和学历、资历等申报条件及评审时限的限制，依其能力和业绩可直接申报高级专业技术职务任职资格。

第十条 为入选人员提供住房保障：

（一）在东湖新技术开发区、武汉经济技术开发区分别建立精英社区，为入选人员集中提供高品质住房。鼓励区（含开发区，下同）、工业园区和用人单位为入选人员建设高端人才公寓或公用租赁房，用人单位3年内给予入选人员住房租金补贴。

（二）以政府回购等方式腾退沿江片和旧城风貌区历史建筑，建设名人楼，供来汉创新创业的世界顶尖人才免费居住。

（三）与用人单位签订5年以上服务协议的入选人员，首次在汉购买自住商品房的，可享受一次性购房补助。入选的领军人才可享受50万元的购房补助，入选的高层次人才可享受20万元的购房补助。

第十一条 对需要安排就业的领军人才配偶，由所在区和用人单位负责；对暂时无法安排就业的，一年内给予每月2000元的生活补贴，其人事档案由市人才服务中心免费管理。

第十二条 入选人员子女入园、入中小学，可选择公办学校就读，也可选择国际学校或公办学校国际班就读，由市、区教育行政部门协助办理入学手续。选择国际学校或公办学校国际班就读的，用人单位应给予适当的教育补贴。

第十三条 入选人员可在市卫生部门指定的医院享受优先优质医疗服务。用人单位要帮助未参保的入选人员办理医疗保险，鼓励购买商业医疗保险；为入选人员建立健康档案，定期开展健康体检。鼓励定点医院与境外保险公司开展商业医疗保险合作，方便海外高层次人才在汉就医。

第十四条 鼓励人才中介机构引进海内外高层次人才。引进一批国内外知名专业人才中介机构。建立人才引进奖励制度，根据引才实效，对作用突出的中介机构给予奖励。认定一批规模大、业绩好、社会诚信度高的专业化人才中介机构，作为我市“黄鹤英才计划”的合作单位，共同致力于国内外高层次人才引进工作。

第十五条 搭建国际化的引才引智服务平台。通过国内外组团招聘和“海外高层次人才武汉行”等活动，建立高端人才智力引进平台。在英、美等发达国家建立引才工作联络站。依托市、区政务中心、人才市场设立高层次人才服务窗口，为入选人员开辟“绿色通道”，提供信息咨询服务，代办居住居留、签证办理、户口转迁、工商注册等手续。实施“人才项目专人服务计划”，为入选人员配备行政助手，帮助处理日常行政工作。

第十六条 建立人才柔性引进机制。推行人才、智力和项目相结合的柔性引才方式，鼓励入选人员通过兼职工作、合作开发、咨询顾问、学术交流等形式来汉服务或创业。在全市积极推行人才居住证制度，为来汉创新创业的入选人员提供户籍居民同等待遇。

第十七条 市、区财政分别建立人才工作专项资金，用于“黄鹤英才计划”的实施和工作运行。对入选人员领办、创办企业给予的创业扶持资金，由市、区财政按照各占一半的比例分担。东湖新技术开发区、武汉经济技术开发区人才专项资金列入开发区财政预算，市级财政不另补贴。

完善市创新人才开发资金管理办法，对具有发展潜力、有望成为高层次人才或领军人才的人员从事创新活动给予小额资金扶持。

建立健全政府、社会、用人单位和个人多元化人才工作投入机制。积极争取国家引智专项经费项目和国际金融组织、外国政府贷款，通过项目开展、事业发展凝聚人才、引进人才。

第十八条 明确申报的受理主体。申报人或用人单位分别向所在区和市直相关部门申报。各区和市直相关部门初审后，报市委人才工作领导小组办公室集中评审。东湖新技术开发区和武汉经济技术开发区自行组织评审，结果报市委人才工作领导小组办公室备案。

第十九条 建立专家评审制度和工作考核机制。建立专家评审库，明确评审标准，规范评审程序，提高评审质量。实行评审公示制度，接受社会公开监督。建立人才工作目标责任制，将实施“黄鹤英才计划”的相关工作纳入各区和市直相关部门领导班子和领导干部实绩考核。

第二十条 成立武汉市实施“黄鹤英才计划”工作领导小组，负责实施“黄鹤英才计划”的组织领导和统筹协调。领导小组组长由市委人才工作领导小组组长担任，副组长由市委人才工作领导小组副组长担任，市委人才工作领导小组成员为“黄鹤英才计划”领导小组成员。办公室设在市委组织部。

第二十一条 各区和市直相关部门要根据本办法制定具体实施细则。

第二十二条 本办法由市委人才工作领导小组办公室负责解释。

中共武汉市委办公厅
武汉市人民政府办公厅
二〇一〇年八月十六日

湖北省留学人员襄樊创业园鼓励留学人员创新创业办法

（襄高管发〔2010〕19号）

第一章 总 则

第一条 为鼓励留学人员来湖北省留学人员襄樊创业园（以下简称留学人员创业园）创新创业，构建襄樊高新区“海外高层次人才创新创业基地”，特制定本办法。

第二条 本办法适用于经襄樊高新技术产业开发区管委会（以下简称管委会）认定的留学人员及其创办的留学人员企业。

第三条 本办法所指的留学人员是指出国留学，学成后自带资金或有较好产业化开发前景的技术、项目，来襄樊高新技术产业开发区创业，并入驻留学人员创业园的。

第四条 本办法所指的留学人员创办企业应同时具备以下条件：

（一）由前来创业的留学人员担任企业法定代表人，法定代表人出资额占企业注册资本的35%及以上的；

（二）在襄樊高新技术产业开发区工商注册、税务登记；

（三）项目符合高新区产业发展方向；

（四）属于新办企业或新迁入辖区的企业（成立期不超过三年）。

第五条 襄樊高新技术产业开发区设立“留学人员创新创业专项资金”（以下简称专项资金），自2010年起每年至少安排2000万元资金，重点支持留学人员到高新区留学人员创业园创新创业。本办法中所指的各种奖励、资助和补贴均在专项资金中列支。

第二章 创业资助

第六条 符合本办法规定进驻创业园孵化的留学人员企业在孵化期间给予以下创业资助：

（一）给予创业资金资助。带项目、带资金来区创业的留学人员所办企业，其研发产品、技术有一定优势，企业发展前景良好，入园满一年后经申请，可按照国家高新技术企业资格认定办法对企业进行初步审核评估，审核合格的企业，予以在企业设立时法定代表人实际出资额20%的创业资助，最高30万元；企业正式获得国家高新技术企业资格认定后，可再获得同等额度（法定代表人实际出资额20%，最高30万元）的创业资金资助。

（二）留学人员所办企业，每吸引一名全日制硕士以上（含硕士）学位的人员到企业工作，可享受三年每年5000元专款补贴用于企业交纳各类社会保险，享受补贴人数最多为5人。

（三）三年内免费提供最高100平米的工作场地。

第三章 人才鼓励

第七条 对符合本办法规定到襄樊高新技术产业开发区创办企业，且担任法定代表人的留学人员，享受以下鼓励政策：

（一）三年内每年给予1万元的住房补贴。

（二）对其未满18周岁在学子女，5年内每人每年发放5000元的教育津贴。

（三）三年内给予个人所得税留区部分的全额奖励。

第四章 社会化服务保障

第八条 对符合本办法规定的留学人员入园创业，给予以下社会化服务保障：

（一）为企业成立代办各种审批手续。

（二）人事代理、委托招聘服务。

（三）后勤物业保障服务。

（四）企业融资与财税服务。

（五）信息咨询服务。

（六）协助企业申报认定高新技术企业，组织企业科技成果和产品鉴定。

（七）专利产品代理服务。

（八）为企业提供企业诊断、人才培训、CI策划，协助企业开辟国际合作渠道。

第五章 工作与生活待遇

第九条 对符合本办法规定的留学人员入园创业，给予以下工作与生活待遇：

（一）子女入学、入园等方面享受本市居民同等待遇。其中符合重点人才引进条件的留学人员，其子女转入本市公办初中、小学或幼儿园就读的，允许择校择园一次，免收择校择园费用。就读高中阶段各类学校入学考试参照归侨子女享受同等待遇。

（二）户口落入。海外引进的中国国籍人才，可不受出国前户籍所在地的限制，愿意解决户口迁入的，可选择在襄樊市任何地方落户，家属和未成年子女可一并随迁，公安机关将简化程序，及时办理。

（三）职称评定。在创业园企业工作的留学人员，需要评定专业技术职务资格的，其在国外工作期间取得专业技术职务任职资格的，可按国内相对应的资格条件给予直接推荐评定，有突出贡献成就的，可破格优先推荐晋升专业技术职务资格。

第六章 附 则

第十条 留学人员及留学人员企业，符合条件的可同时享受中央“千人计划”、湖北省“百人计划”和襄樊市“隆中人才支持计划”，以及襄樊高新区（襄高发〔2009〕7号）《关于高新区引进高层次人才和团队的实施细则》中的相关优惠政策，享受待遇相同的，按就高原则处理，不重复享受。

第十一条 本办法出台前已在襄樊高新区创新创业的留学人员，经认定符合本办法第三条、第四条规定条件的，依照实际情况确定其享受本办法所规定的优惠政策。

第十二条 襄樊高新区将定期或不定期地对受支持企业使用资金的情况进行检查、审计，如发现违规使用情况，将责令其整改，情节严重的，要返还支持资金，其依据本办法申请享受有关待遇的资格予以取消，襄樊高新区保留追诉和索还权利。

第十三条 本办法由湖北省留学人员襄樊创业园管理办公室负责组织实施。

第十四条 本办法由襄樊高新技术产业开发区人才办负责解释。

第十五条 本办法自下发之日起实行。

襄樊高新技术产业开发区管委会
二〇一〇年六月二十三日

郴州市人才引进暂行办法

（郴发〔2010〕12号）

第一章 总 则

第一条 为积极推进人才强市战略，加大人才引进力度，促进郴州科学跨越发展，制定本办法。

第二条 人才引进工作在市委人才工作领导小组的领导下，由领导小组办公室牵头，各成员单位协调配合，市人力资源和社会保障局会同用人单位主管部门具体组织实施。

第三条 用人单位是人才引进和使用的主体，负责提出人才需求、推荐拟引进人选、建设工作平台、安排岗位职务、落实相关政策等具体工作。

第四条 人才引进工作遵循以下原则：

（一）引用结合、以用为本的原则。

（二）简化程序、特事特办的原则。

（三）扩大数量、提升质量、优化结构的原则。

（四）立足当前、着眼长远的原则。

第二章 引进对象

第五条 围绕我市经济和社会发展战略目标，重点引进经济社会发展各个领域紧缺的高学历、高职称、高技能优秀人才。引进对象主要包括：

（一）中国科学院院士、中国工程院院士。

（二）国家有突出贡献的中青年专家，享受国务院特殊津贴人员，国家重点学科、重点实验室、工程技术研究中心的学术技术带头人。

（三）部省级有突出贡献的中青年专家，省级重点学科、重点实验室、工程技术研究中心的学术技术带头人。

（四）具有正高级专业技术职务任职资格或博士学位的创新创业人才。

个别岗位急需的具有特殊才能的其他人才，经市委人才工作领导小组审批同意，可作为引进对象。

第六条 企业单位重点引进经营管理人才、科技创新人才和高技能适用人才，主要包括以下几类：

（一）全市重点产业、重点项目、重点领域急需紧缺的矿产品精深加工、能源、电子信息、食品医药、建材化工、装备制造、物流商贸、环境保护、节能减排、金融证券、资本运营、旅游文化等方面的优秀人才。

（二）掌握关键核心技术，或拥有技术含量高、市场开发前景广的专利、专有技术的人才。

（三）带资金、带技术来郴投资创办或领办科技型企业的创新创业人才。

（四）全日制博士研究生。

第七条 党政机关及事业单位重点引进和储备高职称专业技术人才和高学历优秀人才。

第三章 引进程序

第八条 用人单位申报人才引进计划，市人力资源和社会保障局综合有关单位意见，制定引进方案，报市委人才工作领导小组审定。

第九条 用人单位物色拟引进人选，进行接洽，达成初步引进意向后，向主管部门申报。

第十条 市人力资源和社会保障局会同主管部门对申报人选进行评审，提出建议。

第十一条 市委人才工作领导小组征求有关单位意见后进行审批。用人单位根据批复意见，按照有关规定与引进人才签订工作合同，办理引进手续。

第四章 激励政策

第十二条 薪酬。企事业单位可自主确定引进人才的经济待遇，可采取协议工资、年薪工资、项目工资等灵活多样的分配办法。引进人才可以专利、技术、资金、管理等要素参与分配，分配比例由用人单位和引进人才协商确定。

第十三条 生活补贴。引进人才除正常的工资、福利待遇外，5年内每月享受生活补贴，服务满5年后，再给予一次性补贴，标准如下：中国科学院院士、中国工程院院士每月补贴10000元，一次性补贴50万元；国家有突出贡献的中青年专家，享受国务院特殊津贴人员，国家重点学科、重点实验室、工程技术研究中心的学术技术带头人每月补贴5000元，一次性补贴20万元；省部级有突出贡献的中青年专家，省级重点学科、重点实验室、工程技术研究中心的学术技术带头人每月补贴3000元，一次性补贴10万元；具有全日制博士研究生学历或正高级专业技术职务任职资格的每月补贴2000元，一次性补贴5万元。服务不满5年的，不享受一次性补贴。同时符合两项以上补贴标准的，按补贴标准较高的一项计发。

第十四条 住房补贴。引进到本市定居的优秀人才，服务满5年后，经单位呈报及市委人才工作领导小组审批，发给一次性住房补贴，标准如下：中国科学院院士、中国工程院院士补贴100万元；国家有突出贡献的中青年专家，享受国务院特殊津贴人员，国家重点学科、重点实验室、工程技术研究中心的学术技术带头人补贴50万元；省部级有突出贡献的中青年专家，省级重点学科、重点实验室、工程技术研究中心的学术技术带头人补贴30万元；具有全日制博士研究生学历或正高级专业技术职务任职资格的补贴15万元。夫妻双方同属引进对象的，一方按全额发放，另一方按半额发放。

第十五条 配偶工作及子女入学。引进的优秀人才，其配偶及未成年子女可随调随迁，减免有关费用。配偶的工作由组织人事部门协调用人单位及其主管部门，参照其随调前工作单位和用工形式予以妥善安置。子女需转入本市中小学校入学或幼儿园入托的，由教育部门按照优先照顾的原则，妥善安排。

第十六条 科研经费。有关职能部门制定特殊政策措施，在承担市级指定科研项目、申请科技基金等方面予以优先安排。各类人才申报的科研项目获得省部级以上（含省部级）科研经费资助的，受益单位应安排配套资金。

第五章 保障与服务

第十七条 建立人才资源开发专项资金。从2010年起，市财政每年安排300万元用于人才资源开发，并根据人才引进的实际需要和财政收入增长逐年提高。专项资金实行财政专户管理，主要用途包括：支付引进人才的各项补贴、奖励及落实有关待遇所需的经费；支付各类人才的引进、培养、开发、管理、服务所需的工作经费。人才资源开发专项资金的管理、使用，由市财政局会同市委人才工作领导小组办公室另行制定具体管理办法。

第十八条 对依据本办法发放的补贴，由同级财政按以下比例从人才资源开发专项资金中支出：党政机关单位100%；全额拨款事业单位60%；其他单位10%。差额部分或用人单位自订政策超过本办法标准的部分，自行解决。

第十九条 建立以业绩为主要内容的人才考核评价体系，对各类人才的工作绩效进行考核评价，考评结果作为职务晋升、兑现补贴、实施奖励的依据。

第二十条 广开引才渠道，创新引才方式。高等院校、科研单位、企业等用人单位可根据自身需要设置招募岗位，采取面向社会公开招聘，或通过中介机构物色人才，或通过已有人才进行举荐等方式，多渠道引进人才。对人才引进工作成效明显、引进人才发挥作用突出的单位，视情况从人才资源开发专项资金中安排资金给予扶持或奖励。

第二十一条 引进人才的个人档案可由市人才流动服务中心托管，实行人事代理，免收代理费用。凡以不迁户口、不转关系方式引进的人才，由组织人事部门按规定办理《特聘人才工作证》，持证人享有引进人才的同等待遇。

第六章 附 则

第二十二条 党政机关、事业单位引进人才应控制在编制范围内，个别岗位急需的人才，报请编制部门同意后，可暂作超编引进，再限期消化。用编事项报市编委会审批。

第二十三条 各县市区、各相关部门和用人单位可根据本办法，结合各自实际，制定具体实施细则。

第二十四条 本办法自发布之日起施行。

中共郴州市委
郴州市人民政府
二〇一〇年九月三十日

中共广州市委 广州市人民政府关于加快吸引培养高层次人才的意见

（穗字〔2010〕11号）

为深入贯彻全国人才工作会议精神，全面实施《国家中长期人才发展规划纲要（2010—2020年）》，加快确立我市人才竞争比较优势，根据《珠江三角洲地区改革发展规划纲要（2008—2020年）》、《中共广东省委、广东省人民政府关于加快吸引培养高层次人才的意见》（粤发〔2008〕15号）及我市经济社会发展对高层次人才队伍建设的要求，提出如下意见。

一、指导思想和目标任务

（一）指导思想。坚持以邓小平理论和“三个代表”重要思想为指导，深入贯彻落实科学发展观，继续解放思想，坚持党管人才原则，充分发挥人才特别是高层次人才在经济社会发展中的引领作用，紧紧依靠人才增强竞争优势，努力构建和提升科学发展核心竞争力，做到人才资源优先开发、人才结构优先调整、人才投资优先保证、人才制度优先创新，以人才优先发展推动和服务经济社会科学发展。

（二）目标任务。围绕我市加快建设现代产业体系的重要部署，以强化企业创新主体地位为基础，以加强人才创新能力建设为核心，以培养和引进高层次人才为重点，以增强全市产业竞争力为目标，进一步完善政策、创新机制、优化环境，吸引集聚一大批素质优良、学术造诣高深、科研成果突出的各领域高层次人才，努力培养造就一批经济社会发展急需的研究开发和创新创业领军人才（团队），为我市促进经济发展方式转变，进一步加快国家中心城市建设、全面提升科学发展实力，提供坚强的人才保证和智力支持。

二、完善政策，切实加大高层次人才吸引培养力度

（三）加快构建广州市高层次人才集聚体系。建立系统、规范、动态的高层次人才认定和选拔标准体系，打破国籍、地域、隶属和体制限制，通过从海内外大力引进和自主发掘培养等途径，集聚一批在科学技术前沿取得重大突破，紧跟世界科技发展方向的杰出专家；一批具有国内领先水平，在相关领域作出突出贡献的优秀专家；一批在专业技术方面崭露头角，具有较大发展潜能的青年后备人才；逐步形成结构合理、活力充沛、持续创新的高层次人才集聚体系。相关人选经认定评审后纳入市管专家管理范围，实行定期考核、动态管理，符合条件的在管理期内享受各项配套优惠政策，在科学研究、学术交流等方面给予优先资助。

（四）吸引科研创新团队和领军人才来穗发展。我市市属单位（含非公有制单位，下同）引进符合杰出专家认定条件的高层次人才，除按相关规定给予购房补贴外，由市财政按用人单位提供的科研启动经费和安家费给予等额资助（其中市财政资助金额每项分别不超过50万元）；属柔性引进的，市财政按上述办法提供科研启动经费资助；系中国科学院院士、中国工程院院士的，由市财政提供200万元科研启动经费。引进符合优秀专家、青年后备人才认定条件的其他高层次人才，可由同级政府或用人单位给予适当的经费补贴。企事业单位可把引进人才的购房补贴、安家费、科研启动经费依法列入成本核算。鼓励领军人才带科研创新团队来穗发展，政府优先资助项目启动经费，在选题立项、人才配置、经费使用、奖励分配等方面实行首席专家负责制，享有充分自主权；领军人才建立科研创新团队需从外地引进人才的，政府相关部门要提供绿色通道服务。探索建立对业绩突出的科研创新团队和领军人才长期稳定的经费支持机制。

（五）加大海外高层次人才引进力度。加强人才和人才开发国际交流合作，积极引进海外人才和海外智力。抓紧实施我市“创新创业领军人才百人计划”，用5到10年时间，面向海内外并重点面向海外，依托我市科技重大专项计划、市级以上重点学科和重点实验室、市属企业和在穗金融机构、以高新技术产业开发区为主的各类园区等平台，引进扶持300名左右创新创业领军人才来我市创业发展；其中创业领军人才200名左右，其他各类创新领军人才100名左右，相关人员按照《中共广州市委、广州市人民政府印发〈关于鼓励海外高层次人才来穗创业和工作的办法〉的通知》（穗字〔2008〕18号）和其他有关规定享受优惠政策待遇。扎实推进国家海外高层次人才创新创业基地建设工作，鼓励和支持有条件的单位、机构和园区，抓紧建立15—20个市级人才基地，探索实行国际通行的科学研究和技术开发、创业机制，集聚一批高层次创新创业人才和团队。切实发挥中国留学人员广州科技交流会作用，通过与我驻外使（领）馆、华侨华人专业人士社团、留学人员社团和海外著名猎头公司建立密切合作关系，聘请专、兼职引智专员等多种形式，进一步拓展海外高层次人才联系渠道。建立健全海外高层次人才信息库，编制我市高层次紧缺人才开发目录，定期向海内外发布需求信息，引导供需对接。

（六）实施“羊城学者”特聘岗位计划。面向全市高校、科研机构和企事业单位，根据我市支柱产业、重点发展产业、战略性新兴产业、重点学科（领域）的建设发展需要，择优设立“羊城学者”特聘岗位，吸引遴选中青年优秀学术人才、技术研发尖子，加快培养造就具有国际先进、国内领先水平的学科带头人、科技领军人才，促进学科专业快速发展、企业自主创新和产学研结合，提高我市重点学科、关键领域和支柱产业在国内外的学术地位、技术优势和竞争实力。

（七）深入实施“121人才梯队工程”。采取个人自荐、专家举荐、组织推荐等多种方式，将广州市高层次人才集聚体系中发展潜力巨大、业绩突出者择优选拔进入广州市“12 1人才梯队工程”，对其进行个性化重点培养，采取跟踪服务和动态管理措施，争取用5年时间，培养出10名站在世界科技前沿的中国科学院、中国工程院院士后备人才（以下简称第一梯队），20名具有国内领先水平的“新世纪百千万人才工程”国家级人选后备人才（以下简称第二梯队），100名在学科专业领域起骨干带头作用的享受国务院政府特殊津贴的后备人才（以下简称第三梯队）。依据不同专业领域和培养目标，在培养期内，对第一、第二、第三梯队的每位后备人才，市财政每年度分别予以不超过40万元、30万元和20万元的专项工作经费。

（八）大力实施博士后培养工程。争取5年内我市博士后科研工作站及分站发展至50个，对新设立的流动站、工作站及分站或创新基地，市财政分别资助50万元、50万元、20万元；创新基地经批准设立工作站的，按工作站的资助标准补齐差额部分。对我市在站的每位博士后研究人员，市财政资助科研项目启动经费15万元和每年8万元的生活补助；对期满出站后一年内到我市市属单位工作、符合规定条件的博士后，市财政分期提供20万元的安家费。鼓励博士后科研项目进行高新技术成果转化，对以高新技术作价入股合资创办企业且作价金额超过50万元的，给予作价金额30%的专项资金资助，资助金额最高不超过30万元。

（九）继续加大各类优秀人才扶持培养力度。支持鼓励各地各部门结合区域定位和行业特点，组织实施多层次、宽领域、面向广的人才培养工程，深入推进“广州市宣传思想战线优秀人才培养规划”、“广州市专业技术人才知识更新工程”、“广州市骨干教师梯队培养工程”，加强改进各区、县级市专业技术拔尖人才培养管理工作。着眼于人才基础性培养和战略性开发，提升我市未来人才竞争力，在自然科学、工程技术、人文及应用社会科学等与我市经济社会发展密切相关的重点学科（领域），面向广州地区高校选拔资助一流学生到国外一流大学深造攻读博士学位，加快培养造就未来我市发展所需的高素质、国际化管理人才和拔尖创新人才。

三、创新机制，努力营造高层次人才成长发展的良好环境

（十）深入推进高层次人才工作体制机制创新。

1．妥善解决岗位聘用问题。实施部分专业技术类机关工作人员聘任制，用于招聘高层次专业性领导人才，工资待遇比照企业经营管理人才薪酬标准制定。事业单位引进符合认定条件的高层次人才，应在编制内自然减员后预留编制用于接收高层次人才，如编制已满的，可由主管部门向机构编制部门提出申请；因岗位职数不足的，可向政府人力资源和社会保障部门申请特设岗位并享受相关待遇。引进的高层次人才需补缴养老保险费的，按引进单位经费渠道解决。

2．完善柔性引才机制。进一步完善我市贯彻《广东省居住证》制度的具体措施，对部分不愿意改变国籍、户籍、外国永久居留权或港、澳、台籍的国内外高层次人才和特殊人才，按照有关规定给予户籍居民同等待遇。鼓励国内外紧缺高层次人才采取柔性流动方式来穗从事兼职、咨询、讲学、科研和技术合作或其他专业工作。

3．创新高层次人才分配机制。探索人才资本产权激励办法，推进生产要素按贡献大小参与分配的改革，建立健全重实绩、重贡献，向优秀人才和关键岗位倾斜的分配机制。各地区各部门可在职务科技成果转化的收益中，提取一定比例奖励项目完成人员和有贡献的人员，也可采取协议方式高薪聘用拔尖人才，实行一流人才、一流业绩、一流报酬。支持国有企业及民营企业实行首席专家、特聘专家制度，给予特殊津贴，吸引留住高层次人才。

4．改革职称评审办法，完善人才评价机制。把人才的创新能力、工作业绩和行内认可作为重要依据，建立以能力为基础，以绩效为核心，以贡献为目标，体现行业特色、职业特点和岗位要求的科学规范的人才评价指标体系。开辟留学回国人员职称评审绿色通道，允许高层次留学回国人员破格申报评审专业技术资格。在我市职称工作职能范围内简化确认省外专业技术资格的办法。

5．加快培育发展高层次人才市场，创新服务机制，推动人才服务专业化。精心培育人才服务业，重点扶持中国南方人才市场等若干个在行业中起示范带动作用的高端人才服务机构。加强与国际高端人才服务机构交流合作，引导国际高端人才服务机构来穗开展猎头、人才测评等人才服务。采取政府购买服务等方式，鼓励高端人才服务机构为我市引进现代服务业、先进制造业、高新技术产业等现代产业高层次领军人才，对协助成功引进领军人才的人才服务机构给予奖励。

6．建立功勋奖励制度，加大宣传表彰力度。对为我市经济社会发展作出卓越贡献的人才给予崇高荣誉并实行重奖，设立羊城功勋奖2名，每名奖金500万元；继续做好羊城友谊奖、广州十大优秀留学回国人员评选工作。上述奖项每两年评选1次。大力宣传高层次人才典型事迹，着力提升高层次人才的社会知名度和影响力，鼓励创新创业，宽容创新失误，营造尊重劳动、尊重知识、尊重人才、尊重创造的良好氛围。

（十一）整合资源，系统服务，完善高层次人才服务保障体系。

1．建立健全高层次人才服务机构。加强（海外）高层次人才服务窗口建设，开通网络服务平台，集中受理相关申请；设立“一站式”服务专区，实施限时办结制度，建立并公开统一规范的申报要求和办理流程，为高层次人才提供便捷高效的配套服务。

2．简化高层次人才引进手续。凡引进符合认定条件的高层次人才，党委组织部门、政府人力资源和社会保障部门委托专门的高层次人才服务机构提供配套服务，及时办结调动手续；准予其本人及其配偶、未成年子女一次性或分批迁入本市非农业户口，公安部门凭组织人事部门相关文件予以优先办理手续。

3．统筹解决高层次人才住房、配偶就业和子女入学问题。分别以购房或租房补贴、购房贴息、提供人才公寓等方式，协助高层次人才解决住房困难问题；根据高层次人才配偶原就业情况及个人条件，按照双向选择为主、统筹调配为辅的原则，多渠道、多方式、有重点、分层次协助解决其就业问题；高层次人才子女需在穗就学的，按不同情况享受相应优惠政策。

4．提供医疗保健服务。杰出专家、优秀专家、青年后备人才列入我市高层次人才年度休假体检服务范围。政府资助高层次人才参加医疗保险。高级专家享受医疗照顾待遇，其中，两院院士享受副省级医疗待遇，其它杰出专家和优秀专家享受局级医疗待遇。建立高层次人才健康档案制度，提供个性化医疗服务。

5．提供可持续发展服务。建立高层次人才培养资助制度，鼓励并资助高层次人才出国（境）培训、发起主办或参加国际性高层次学术活动、发表高水平论文及出版重要学术著作。对杰出专家、优秀专家、青年后备人才，市财政分别给予每月1500元、1200元、1000元资料津贴。充分利用高校、党校、市继续教育基地等培训资源，举办形式多样的研修、培训、交流和国情考察活动，提高高层次人才的政治素质和理论修养，拓宽高层次人才视野，促进高层次人才之间的沟通和交流。

四、落实责任，切实加强对高层次人才队伍建设的组织领导

（十二）建立吸引培养高层次人才责任机制。各级党委、政府要加强对人才工作的领导，把吸引培养高层次人才工作列入主要领导年度工作目标考核，切实做到“一把手”抓“第一资源”。建立领导问责制度，定期组织高层次人才满意度调查和工作评估，对吸引培养高层次人才工作严重滞后，或者本地区用人单位和高层次人才投诉较多，或者造成高层次人才流失严重的地区和部门，给予通报批评；对引进培养高层次人才工作弄虚作假的，按有关规定给予严肃处理。建立高层次人才联系制度，各级党政领导要采取多种方式与高层次人才保持经常联系沟通，了解其思想状况、工作情况和发展需求，对其工作、学习和生活上的困难要及时给予解决。

（十三）完善吸引培养高层次人才投入机制。建立以用人单位为主，市、区（县级市）各级财政共同分担，社会力量广泛支持的多渠道、多层次经费投入机制。市政府设立“高层次人才专项扶持资金”，主要用于引进培养海内外高层次人才的各项奖励、资助、补贴和高层次人才工作组织管理。“高层次人才专项扶持资金”由市财政安排2亿元，在政策实施期内跨年度递延使用；在2亿元规模内，根据人才引进、培养实际进度控制使用。

（十四）完善吸引培养高层次人才工作协调机制。市人才工作协调小组负责协调相关单位，研究制定高层次人才队伍建设规划，指导各地各部门建立分工协作的高层次人才工作协调机制，督促落实相关政策措施。各区（县级市）、各部门要围绕全市高层次人才队伍建设总目标，结合实际，科学制定本地区、本部门人才工作目标和实施办法。党委组织部门要充分发挥牵头抓总作用，各职能部门要认真履行职责，依据本意见制定相关配套政策，教育、科技、宣传文化、卫生、国资等高层次人才相对集中的系统和部门要制定具体实施办法，负责本系统、本行业高层次人才队伍建设的领导和指导工作。

中共广州市委
广州市人民政府
二〇一〇年七月十三日

中共广州市委 广州市人民政府关于加快吸引培养高层次人才的意见的10个配套实施办法

（穗组字〔2010〕46号）

广州市高层次人才认定评定办法

第一章 总 则

第一条 为建立科学、规范、体现能力、突出业绩的高层次人才评价和选拔体系，根据《中共广州市委、广州市人民政府关于加快吸引培养高层次人才的意见》（穗字〔2010〕11号，以下简称《意见》）有关规定，制定本办法。

第二条 本办法所指高层次人才包括优秀企业家、各领域高级专家和作出突出贡献的高技能人才、农村实用人才、社会工作人才，依其业绩与贡献不同，划分为“广州市杰出专家”、“广州市优秀专家”、“广州市青年后备人才”三个层次。

第三条 高层次人才通过认定和评定两种方式产生。高层次人才认定名额原则上不设上限。高层次人才评定名额根据我市产业发展和人才队伍状况确定。“广州市杰出专家”评定名额每年一般不超过5名，“广州市优秀专家”评定名额每年一般不超过20名，“广州市青年后备人才”评定名额每年一般不超过50名。

第四条 高层次人才认定、评定坚持公开、公平、公正的原则，坚持品德、知识、能力和业绩并重的原则，坚持业内认可和社会认可的原则。

第五条 市人才工作协调小组办公室（设在市委组织部，以下简称“市人才办”）负责高层次人才认定、评定工作的统筹协调和宏观管理，市人力资源和社会保障局负责高层次人才认定、评定工作的组织实施。

第二章 认定、评定的范围与条件

第六条 高层次人才认定、评定不受国籍、户籍和身份限制。

第七条 高层次人才主要从已在我市市属单位（含非公有制单位，下同）工作、来穗自主创业或已与我市市属单位达成工作意向的优秀人才中认定、评定产生。认定、评定标准详见本办法附件。

认定、评定对象重点是在第一线从事专业技术或生产研发工作的人员。担任市直局以上单位正职人员，除直接符合相关认定标准可列入认定对象外，其余原则上不列入评定对象。党政机关公务员不列入认定、评定对象（聘任制专业技术类公务员和国家另有规定的除外）。参照公务员法管理的事业单位中，具有突出专业技术水平的人员可列入认定、评定对象。

我市市属单位柔性引进人员（与该单位签订3年以上协议，每年在我市工作时间一般不少于6个月），可申报“广州市杰出专家”、“广州市优秀专家”认定。

第八条 中央和省属驻穗单位人员符合下列条件之一者，可申报“广州市杰出专家”、“广州市优秀专家”认定：

（一）当前正在承担我市“科技重大专项计划”或我市省级以上重大科技项目的项目负责人或主要参加人员（指任务书或合同书中列前三位的人员，具体由市科技和信息化局负责审核）。

（二）当前正在担任我市省级以上重点建设项目首席工程技术专家、管理专家（具体由市发改委负责审核）。

（三）所在单位与我市签订中长期合作协议，共建研究院、研发中心等机构，申报人在该机构担任全职技术人员、管理人员（具体由市人力资源和社会保障局负责审核）。

第九条 高层次人才除应具备相应认定、评定标准规定的条件外，还应当同时具备下列条件：

（一）遵纪守法，热爱祖国，拥护党的路线、方针、政策。

（二）专业基础扎实，自主创新能力强，学风正派，具有严谨求实、探索求知、崇尚真理的科学精神。

（三）近5年来在工作岗位上取得突出业绩和成果，目前所从事的主要工作与本人专业专长密切相关。

（四）申报“广州市杰出专家”的人员，除两院院士外，其年龄应未满60周岁（年龄计算以申报当年1月1日为限，下同）；申报“广州市优秀专家”的人员，其年龄应未满55周岁，申报“广州市青年后备人才”的人员，其年龄应未满40周岁。有特别突出贡献者，年龄条件可适当放宽。

第三章 认定、评定标准编制与发布

第十条 根据我市经济社会发展和人才需求状况，制定高层次人才认定、评定标准，并结合实际情况适时调整补充，实行动态发布机制。

第十一条 高层次人才认定、评定标准的编制与发布程序如下：

（一）市人才办、市人力资源和社会保障局、市科技和信息化局经过调查研究，广泛征求社会各界意见，会同政府行业主管部门和行业协会研究编制高层次人才认定、评定标准。

（二）市人才办、市人力资源和社会保障局、市科技和信息化局召集相关政府行业主管部门、行业协会、专家等组成评估委员会，对高层次人才认定和评定标准进行评估、论证。

（三）高层次人才认定、评定标准经市人才工作协调小组审议后，报市政府审定发布实施。

第四章 认定、评定程序

第十二条 高层次人才认定申请常年受理。高层次人才评定每年一次，一般安排在第四季度。高层次人才评定工作启动前，市人才办、市人力资源和社会保障局可会同市有关部门，根据我市支柱产业、重点发展产业需要和现有高层次人才队伍结构状况，研究提出评定总额及各行业领域名额分配意见。

第十三条 高层次人才认定和评定程序如下：

（一）发动推荐。采取同行专家推荐、组织推荐相结合的办法，由各区、县级市和市直局以上单位组织和人力资源社会保障部门组织属下单位进行发动推荐。政府行业主管部门、市科协、市社科联、市文联及其他行业协会、学会也可面向社会广泛发动推荐。

（二）个人申报。个人向所在单位提出申请并提供相关证明材料。提出认定申请的，填写《广州市高层次人才认定申报表》；提出评定申请的，填写《广州市高层次人才评定申报表》。

（三）单位及主管部门审核。申报人所在单位对申报人各项条件和证明材料进行审核，符合条件的在其申报表中加具推荐意见后连同相关证明材料报送到主管部门（各区、县级市和市直局以上单位）人力资源社会保障部门，主管部门加具推荐意见后报市人力资源和社会保障局；申报人所在单位无主管部门的，可直接报市人力资源和社会保障局。

（四）核准及评审。对提出认定申请的申报人，由市人力资源和社会保障局按照认定标准条件对其进行核准；其中，申报“广州市杰出专家”的，由市人才办进行复核。对提出评定申请的申报人，经市人力资源和社会保障局对其材料审核后，由市人才办会同市人力资源和社会保障局组织（或委托有关部门组织）专家评委会，对各申报人选进行综合评审，并采取无记名投票方式表决，获得赞成票数超过半数以上的人选按得票多者当选的原则确定候选人。候选人名单报市人才工作协调小组审批。

（五）公示及发证。经核准符合认定条件的人选和经评定并审批同意的人选，在市人力资源和社会保障局网站及申报人所在单位进行公示，公示期为15天。经公示无异议的人选由市委组织部、市人力资源和社会保障局颁发相应《广州市高层次人才证书》。

《广州市高层次人才证书》分为A类和B类。对柔性引进人员、中央和省属驻穗单位人员颁发B类证书，证书载明其在我市单位服务（工作）或承担重大科研（工程建设）项目年限、每年服务（工作）时间；其余人员颁发A类证书。

第五章 管理期与考核

第十四条 高层次人才列入市管专家管理（纳入市委联系专家的范围），管理期为5年（持B证人员按其证书所载服务年限为管理期，最长不超过5年），管理期内享受《意见》及其配套政策文件所规定的相关待遇。管理期内，高层次人才达到更高级别认定或评定条件的，可按规定申报相应级别人才认定或评定；经认定或评定通过者，其管理期重新计算。

第十五条 高层次人才管理期满后，不再享受相关待遇（另有文件规定的按该文件执行），符合条件的可再次申报高层次人才认定或评定。再次申报时，以最近一个管理期内及期满之后担任的职务、取得的业绩成果和荣誉称号等为申报依据。

第十六条 高层次人才所在单位及主管部门要根据其专长妥善安排工作，保证其业务工作时间，从经费、资料、设备、人员等方面提供支持和保障，并视工作需要酌情配备助手。高层次人才的工作岗位、专业技术职务聘任和奖惩、健康状况等情况发生变化，或办理了退休手续，所在单位及主管部门要及时向市人才办报告。

第十七条 高层次人才实行年度、期中、期末考核制度。高层次人才所在单位负责年度考核，考核重点是工作业绩和业务能力，并向主管部门书面报告考核总体情况。主管部门负责期中考核和期末考核，考核重点是团队建设、人才培养和创新能力，并向市人才办书面报告考核总体情况。

根据考核情况对高层次人才实行动态管理。对考核情况较差者，所在单位要督促其查找原因，及时整改；对确实不适合继续列入管理的，要及时提出调整意见，并报市人才办核准，终止资格，收回证书。

第十八条 有下列情形之一者，应调整出管理名单，转列入联系名单，其荣誉称号可予保留，但不再享受相关物质待遇，（年满56周岁者可保留医疗保障待遇）。重新符合相关认定、评定条件后，在其重新申报时可予优先安排。

（一）因工作调整、变动、调离我市等原因，不再符合本办法第七、第八条所列高层次人才认定、评定范围的相关条件。

（二）管理期满，经考核在管理期内没有取得新的业绩成果。

（三）办理了退休手续。

第十九条 有下列情形之一者，应当撤消资格和荣誉称号，收回证书，并按有关规定取消或追回其所享受的物质待遇：

（一）学术、业绩上弄虚作假被有关部门查处；

（二）提供虚假材料骗取高层次人才资格；

（三）管理期内因违法乱纪被开除党籍、开除公职或受到刑事处罚；

（四）管理期内违反相关规定出国或出境逾期不归。

因前款第（一）、（二）项情形撤销资格的，不再受理其高层次人才认定、评定申请。

第六章 附 则

第二十条　本办法自印发之日起实施，有效期5年。

广州市高层次人才培养资助实施办法

第一条 为进一步加强我市高层次人才队伍建设，鼓励和支持高层次人才开展学术研修活动，增进其与国内外同行专家的学习交流，根据《中共广州市委、广州市人民政府关于加快吸引培养高层次人才的意见》（穗字〔2010〕11号）有关规定，制定本办法。

第二条 本办法所称高层次人才是指持有《广州市高层次人才证书（A证）》并按相关规定处于管理期内的广州市杰出专家（以下简称杰出专家）、广州市优秀专家（以下简称优秀专家）和广州市青年后备人才（以下简称青年后备人才）。

第三条 坚持分级分类、有所侧重的原则，围绕市委、市政府中心工作，结合我市经济社会发展的需要，重点为高层次人才参加尖端学术研修、合作交流、发表论文、出版著作等学术活动提供经费资助，加大培养力度，不断提升其科研水平和学术影响力，促进人才向更高层次发展。

第四条 市人力资源社会保障部门负责高层次人才培养资助工作的组织实施。本办法所涉培养资助经费和相关评审经费在市高层次人才专项扶持资金（以下简称专项扶持资金）中列支。

第五条 高层次人才培养资助分为A类（举办学术会议）、B类（参加学术会议）、C类（短期进修）和D类（发表论文和出版著作）四类资助。

原则上，A类资助只受理杰出专家申请，特别突出的优秀专家且经3名以上同行杰出专家或院士推荐的，也可提出申请。B、C、D类资助优先受理优秀专家和青年后备人才申请，杰出专家因资金困难确有需要的，也可提出资助申请。已入选“121人才梯队工程”并获年度专项工作经费支持的，除A类资助外，一般不受理其他类型资助申请。

第六条 举办学术会议是指高层次人才针对当前国内或国际重点领域的研究开发而发起举办的重要学术会议。

高层次人才在管理期发起举办学术会议的，市财政按以下标准给予资助，主要用于支付组织管理费、场租费、资料费、与会人员食宿费以及专家课酬等，所在单位给予配套资助：

（一）举办全球性国际学术会议，资助最高20万元；

（二）举办亚洲区域性国际学术会议，资助最高10万元；

（三）举办全国性（含港澳台）学术会议，资助最高8万元。

第七条 参加学术会议是指高层次人才应邀参加由国内外著名高等院校、科研机构、学术组织举办或者由国家、地区行政机构、著名企业联合举办的重要学术交流活动。重要学术交流活动是指本学科领域最顶尖级水平的国际会议或学术水平较高、组织工作成熟、定期举办的国内（际）学术交流活动。学术交流活动应与高层次人才所从事的核心技术领域紧密相关。

高层次人才在管理期内参加学术会议的，市财政按以下标准给予资助，主要用于交通费、食宿费和会议费等，所在单位给予配套资助。

对论文被接收、并在国际（内）会议上宣读或作口头报告的高层次人才，资助标准如下：

（一）参加亚洲以外学术会议，资助最高2.5万元；

（二）参加亚洲（不含国内）学术会议，资助最高1.5万元；

（三）参加国内（含港澳台）学术会议，资助最高0.8万元。

高层次人才获邀参加上述会议，但不在会议上宣读论文或作口头报告的，最高资助额度按上述标准减半。

第八条 参加短期进修是指高层次人才短期（20天以上、3个月以内）赴国内外著名高校、科研机构进修或开展项目合作、做访问学者的学术活动。

高层次人才在管理期内参加短期进修的，市财政按以下标准给予资助，主要用于交通费、食宿费等，所在单位给予配套资助：

（一）参加国外短期研修，资助最高3万元；

（二）参加国内（含港澳台）短期研修，资助最高1万元；

对于参加4个月（含）以上、1年以内进修的申请人，视具体情况予以资助。

第九条 发表论文是指高层次人才以第一作者或通讯作者署名，在被SCI（注：科学引文索引）收录的相关研究领域顶级期刊上发表学术论文。出版著作是指高层次人才以第一作者出版具有较高学术价值和较好社会效应的学术著作。

高层次人才在管理期内发表学术论文的，由市财政按当年度发表论文所在期刊的SCI影响因子高低进行资助。高层次人才在管理期内出版学术著作的，由市财政给予一定比例资助。管理期内对每位高层次人才发表论文和出版著作的资助累计最高不超过6万元。

第十条 高层次人才按照申请程序每年8月15日前向市人力资源社会保障部门提交下一年度资助计划申请，市人力资源社会保障部门于当年12月15日前下达同意资助的计划。

申请A类资助（举办学术会议）的，必须事前申报。申请B类（参加学术会议）、C类（短期进修）资助的，原则上应事前申报；对确因时间紧迫不能事前申报的，也可于相关学术研修活动结束后的当年提出资助申请。申请D类资助（发表论文和出版著作）的，可于事前或事后申报。经评审未列入年度资助计划，由高层次人才自行出资，不再重复受理资助申请。

原则上，高层次人才在管理期内每两年内可申请一次A类资助，在同一年内可申请一次B类资助或C类资助，申请D类资助次数不限。管理期内对每位杰出专家、优秀专家的B、C、D类资助累计最高不超过20万元，对每位青年后备人才的B、C、D类资助累计最高不超过15万元。

（一）申请程序

1．提交年度资助计划：高层次人才拟订下一年度资助计划，填写《广州市高层次人才培养资助经费申请表》，经单位核实后送行政主管部门初审并签署推荐意见，行政主管部门于当年8月15日前上报市人力资源社会保障部门。

2．审核申请材料：市人力资源社会保障部门对资助计划及申请材料进行审核，对于材料齐全、符合资格条件的予以受理，并通过市人力资源社会保障部门网站公布申请人基本情况和所在单位名称、申请资助项目名称。不予受理的，则书面通知申请人，并说明理由。

3．专家评审：市人力资源社会保障部门组织相关领域的专家、学者组成学科（专业）评审组、评审委员会。学科（专业）评审组对申请人的资助计划及申请材料进行初评，评审委员会（以下简称评委会）对初评结果进行评审，提出评审结果。

4．获准资助的，市人力资源社会保障部门将评审结果通过所在单位向申请人发出批准资助通知，明确资助额度。所在单位在接到通知后，根据批准资助额度按不低于1:1的比例进行匹配。

（二）申请材料

1．广州市高层次人才年度培养资助计划；

2．广州市高层次人才培养资助项目申请表；

3．其他需要提供的材料。

第十一条　办理培养资助核销手续的截止时间为每年10月15日。对列入年度资助计划的A、B、C类资助申请，申请人在相关学术研修活动结束后，应及时撰写学术活动总结报告。市人力资源社会保障部门根据高层次人才提交的活动总结报告、批准资助通知办理核销手续并向所在单位或项目合作单位发放资助款。对列入年度资助计划的D类资助申请，市人力资源社会保障部门直接向所在单位或项目合作单位发放资助款，由所在单位或项目合作单位负责将资助款发给申请人。

第十二条　申请材料必须真实，对于提供虚假材料的个人，市人力资源社会保障部门将视情节轻重分别采取暂缓项目资助经费、书面警告、通报批评、停止拨款、追回已拨经费，直至提请市人才工作协调小组取消其高层次人才资格。对材料把关不严、审核失误的单位，将予以通报批评并取消该单位当年所有经费资助申请资格。

第十三条　各相关单位应根据本办法制定相应政策，鼓励和支持高层次人才积极开展学术研修活动。

第十四条　市人力资源社会保障部门每年年末编制本年度高层次人才培养资助资金执行报告，报市人才工作协调小组。

第十五条　本办法自印发之日起实施，有效期5年。

广州市创业领军人才创业发展扶持办法

第一章 总 则

第一条　为优化我市人才创业发展环境，集聚高层次创业人才，加快建设国家创新型城市，根据《中共广州市委、广州市人民政府印发〈关于鼓励海外高层次人才来穗创业和工作的办法〉的通知》（穗字〔2008〕18号）、《中共广州市委、广州市人民政府关于加快吸引培养高层次人才的意见》（穗字〔2010〕11号）有关规定，制定本办法。

第二条　实施“广州市创新创业领军人才百人计划”。用5到10年时间，面向海内外并重点面向海外，依托我市科技重大专项计划、市级以上重点学科和重点实验室、市属企业和在穗金融机构、以高新技术产业开发区为主的各类园区等平台，引进、扶持300名左右创新创业领军人才来我市创业发展；其中创业领军人才200名左右，其他各类创新领军人才100名左右。

第三条　在市人才工作协调小组领导下，市人才工作协调小组办公室（设在市委组织部，以下简称“市人才办”）负责“广州市创新创业领军人才百人计划”的组织实施和统筹协调，市人力资源和社会保障局负责创业领军人才资格审查工作，市科技和信息化局会同市发展改革委负责创业领军人才科技创业项目评审认定工作，市财政局负责有关扶持资金的审核及核拨。

第四条　本办法所涉对创业领军人才相关扶持资助资金，除市属风险投资公司股权投资资金外，均在广州市高层次人才专项扶持资金中列支。

第二章 扶持对象和条件

第五条　本办法所称创业领军人才（以下简称“领军人才”），是指掌握重大科技项目核心技术，具有自主研发能力和产业化经历，带项目、带技术、带资金来穗创办或领办企业，实施科技成果产业化的创业团队带头人。一般应具备以下条件：

（一）基本条件：

1．拥有自主知识产权和发明专利，且其技术成果为国际先进或填补国内空白，具有较好的产业化开发潜力。

2．有相关创业经验，或曾在国内外知名高校、企业、研发机构担任中高层职务3年以上，具有主持研发成果成功实施产业化的经历。

同时具备下列条件的海外高层次人才，在评审认定创业领军人才时予以优先认定：

1. 在海外取得硕士或博士学位，不超过55岁；

2. 有海外创业经验或曾在国际知名企业担任中高层管理职位，熟悉相关领域和国际规则，有较强的经营管理能力。

已入选中央引进海外高层次人才“千人计划”者，可直接认定为领军人才；其科技创业项目经按本办法第十条、第十一条规定评审后，同等条件下给予从优扶持资助。

（二）领军人才所带项目应具备以下条件：

1. 项目符合我市产业发展方向，且与该领军人才所从事的核心技术领域密切相关。

2. 可直接进行产业化，或已完成前期开发，进入中试或样机制造阶段，具有稳定实验数据和中试产品的项目。

3. 拥有项目研发和成果转化所需的部分资金（不少于100万元），并拥有一支由技术研发、生产管理、市场开发等方面人才组成的创业团队。

第六条 领军人才所创办或领办企业原则上应已在穗完成工商注册（注册资本不低于100万元）和税务登记手续，企业成立5年以下（时间计算以申报当年1月1日为限），且该企业由领军人才控股，或领军人才拥有该企业不低于30%股份并担任副总经理以上职务。暂未完成在穗注册企业相关手续的，可按本办法第十四条执行。

第三章 资助及优惠政策

第七条 对领军人才创办、领办且符合本办法第六条所列条件的企业，可享受下列资助及优惠政策：

（一）由市财政给予100万至500万元的创业启动资金，首次拨付资助金额的40%，其余部分在2年内根据项目进度分期拨付；

（二）根据企业实际需求，由市、区（县级市）在广州高新技术产业开发区及区（县级市）所属各类软件园、科技园、创业园提供100至500平方米的工作场所，3年内免收场地租金（从企业创办、领办人被评审认定为领军人才起计算）。免收的租金由企业所在区（县级市）承担；

（三）根据企业项目的投资需求，由市科技和信息化局引导市属风险投资公司给予不超过500万元的股权投资，股权投资比例最多不超过项目实际投资总额的25%；

（四）对获1年期以上银行贷款（包括政策性银行的软贷款）且未列入其他贴息计划的高新技术产品产业化项目，由市财政给予50%的贷款贴息，贴息期不超过2年。需申请多次贷款贴息的，累计贴息总额不超过100万元。

第八条 领军人才可享受以下待遇：

（一）领军人才在我市创业期间，其应纳税年收入在12万元以上部分，由市财政每年按其所缴纳的个人所得税额的本市留成部分的50%给予补贴，每年最高补贴不超过30万元。补贴期不超过5年（从其被评审认定为领军人才起计算）；

（二）按穗字〔2008〕18号文有关规定，对于特别优秀的海外高层次人才，在我市创办符合我市重点发展领域的高新技术企业的，一次性给予30万元至100万元不等的安家费。原则上，对其企业（项目）获市财政创业启动资金300万元以上（含300万元）者，按所获创业启动资金10%比例对其给予安家费；对本人入户我市的，按15%比例给予安家费；对本人和配偶均入户我市的，按20%比例给予安家费；

（三）领军人才列入广州市优秀专家管理，享受相关待遇；

（四）优先推荐申报相关的省及国家科技计划；

（五）本市各类科技计划在同等条件下优先支持由领军人才领衔实施的研究开发和科技成果转化项目；

（六）优先向国内金融机构、风险投资公司推荐领军人才的项目。

第四章 申报与评审

第九条 市高层次人才服务窗口统一负责领军人才所涉申报材料的受理工作。申报评审工作采取常年受理、集中评审的方式，由市人才办根据受理情况，协调有关部门及时开展评审工作。原则上，每年上半年和下半年各组织一次评审工作；对推动我市高新技术重点领域发展预期将产生关键影响和实现重大突破的项目，可随时启动评审程序。

第十条 申请领军人才认定，需提交以下申报材料：

（一）《广州市创业领军人才申报表》、《广州市创业领军人才创业计划书》、《广州市创业领军人才项目申报书》；

（二）申请人有效身份证件、户籍证明、学历证书、资格证书、相关荣誉证书等证明材料；

（三）成果鉴定证书、查新报告、检测报告及知识产权等证明材料；

（四）企业工商、税务登记证明材料及公司章程、上年度企业财务报表等相关材料；

（五）其他辅助材料。

相关证明材料提交复印件，在递交申请时一并核对原件。

第十一条 市人力资源和社会保障局负责对申请人资格进行初审（形式审查）。对初审通过者，由市科技和信息化局会同市发展改革委组织科技、企业管理、财务投资、人才开发等方面资深专家组成的专家组（其中留学回国人员一般不少于三分之一），按照科技项目管理办法对申请人项目进行评审，并出具专家评审意见；对评审通过的项目，同时出具对项目给予启动资金扶持金额的意见；对符合本办法第八条第（二）款规定的申请人，出具对其给予安家费补贴金额的意见；相关人员提名为领军人才候选人。

第十二条 领军人才候选人名单及对其项目启动资金扶持金额、对其安家费补贴金额意见报市人才工作协调小组审批。经审批同意的领军人才人选，根据其专业领域及项目特点，在一定范围内进行公示，公示期为15天。公示后无异议的，颁发《广州市创新创业领军人才证书》。《广州市创新创业领军人才证书》有效期5年，是领军人才享受本办法规定的有关优惠政策的凭证。对同时符合穗字〔2008〕18号文关于海外高层次人才相关条件的，一并颁发《海外高层次人才证书》。

第十三条 市科技和信息化局负责将领军人才项目及创业启动资金扶持金额、安家费补贴金额报市财政局，由市财政局按国库集中支付的相关规定拨付经费。

第十四条 未完成在穗注册企业及办理工商、税务登记手续的，也可提出领军人才认定申请。经与市人才办签署协议，约定企业拟在穗注册时间、注册资本等条件后，申请人及其项目可参加评审。对评审通过者，待其在穗完成企业注册登记相关手续并符合协议约定条件后，予以颁发证书并享受相关扶持资助和待遇。

第十五条 领军人才申请创业工作场所扶持，需提供以下材料：

（一）《广州市创新创业领军人才证书》；

（二）创业工作场所扶持申请报告；

（三）《广州市创业领军人才创业计划书》。

市人才办负责将申报材料转各区（县级市），由各区（县级市）组织和人力资源社会保障部门协调区内相关部门落实工作场所。领军人才企业已入驻区（县级市）所属各类园区的，可直接向园区管理部门提出免租申请。

第十六条 领军人才申请市属风险投资公司股权投资，需提交以下材料：

（一）《广州市创新创业领军人才证书》；

（二）风险投资申请报告；

（三）《广州市创业领军人才创业计划书》；

（四）《广州市创业领军人才项目申报书》；

（五）如企业已获其他创业投资企业投资、风险投资，一并提供相关证明材料。

市科技和信息化局负责组织专家对申报项目进行评审，对通过评审的企业，由市科技和信息化局引导市属风险投资公司对其进行股权投资。

第十七条 领军人才申请贷款贴息扶持，需提交以下材料：

（一）《广州市创新创业领军人才证书》；

（二）《高新技术产品产业化贷款贴息资金申请表》；

（三）项目可行性报告或商业计划书、审核调查报告；

（四）承贷银行出具的项目贷款合同项下的借据和利息结算清单。

市科技和信息化局负责对申报材料进行审核，出具审核意见，并将通过审核的项目及贷款贴息金额报市财政局，由市财政局按国库集中支付的相关规定拨付经费。贷款贴息在项目贷款合同有效期后的第2年根据企业当期实际还贷利息额的50%一次性补贴。对借款单位逾期不归还银行贷款产生的逾期贷款利息、加息、罚息，不予贴息。

第十八条 领军人才申请个人所得税补贴，需提交以下材料：

（一）《广州市创新创业领军人才证书》；

（二）《广州市创新创业领军人才个人所得税补贴申请表》；

（三）个人所得税证明；

（四）个人所得应纳税收入的证明材料；

（五）企业营业执照。

市人力资源和社会保障局负责对申报材料进行审核，出具审核意见，并将通过审核的资料及个人所得税补贴金额报市财政局，由市财政局按国库集中支付的相关规定拨付经费。

第五章 管理与考核

第十九条 创业启动资金采取项目管理的形式，项目承担单位需与市科技和信息化局签订领军人才创业启动资金任务书，明确创业项目相关研发及产业化目标，规范创业启动资金的使用。

第二十条 市科技和信息化局会同市人力资源和社会保障局、市财政局负责对领军人才创业启动资金的使用进行监督检查、追踪问效和绩效评价，保证资金的有效使用。每年年末编制领军人才创业启动资金执行报告，报市人才工作协调小组。

第二十一条 对列入广州市优秀专家管理的领军人才，由所在单位和主管部门按有关规定对其进行年度考核、期中考核和期末考核。期中考核和期末考核结果报市人才办备案。

第六章 附则

第二十二条 本办法自印发之日起实施，有效期5年。

广州市羊城学者特聘岗位计划实施办法

第一章 总则

第一条 为进一步贯彻落实科教兴市、人才强市战略，加快吸引培养高层次人才，促进我市重点学科、重点产业发展，根据《中共广州市委、广州市人民政府关于加快吸引培养高层次人才的意见》（穗字〔2010〕11号）有关规定，制定本办法。

第二条 实施羊城学者特聘岗位计划，面向全市市属高校、科研机构和企事业单位（含非公经济组织，下同），根据我市支柱产业、重点发展产业、战略性新兴产业、重点学科（领域）的建设发展需要，择优设立“羊城学者”特聘岗位，吸引遴选中青年优秀学术人才、技术研发尖子，加快培养造就具有国际先进、国内领先水平的学科带头人、科技领军人才，促进学科专业快速发展、企业自主创新和产学研结合，提高我市重点学科、关键领域和支柱产业在国内外的学术地位、技术优势和竞争实力。

第三条 羊城学者实行岗位聘任制，以用人单位为聘任主体，坚持按需设岗、公开招聘、平等竞争、择优聘任、严格考核、动态管理。羊城学者特聘专家在聘期内享受特聘岗位津贴。

第四条 羊城学者特聘岗位计划在市人才工作协调小组领导，由市人才工作协调小组办公室（设在市委组织部，以下简称“市人才办”）负责统筹协调，各行业主管部门及设岗单位负责具体实施。

第二章 岗位设置

第五条 羊城学者特聘岗位计划是一项长期工程，分期实施。从2010到2012年，实施第一期工程，在全市高校、科研院所、企事业单位设置20个特聘岗位，每个岗位可聘任特聘专家 1 名。特聘岗位设置分配名额为：高校、科研院所及其他事业单位特聘岗位12个，企业特聘岗位8个。

第六条 羊城学者特聘岗位设置，必须与国家、省、市国民经济和社会发展中长期规划的重点方向或经济社会发展的重大需求相结合，必须明确重点突破的研究方向、任务与目标。

第七条 申请设置羊城学者特聘岗位的单位，应能够为羊城学者特聘专家及科研团队提供良好的工作和生活条件，并具备下列基本条件：

（一）在设岗领域具备较好的学科基础和科研技术优势，有望达到国内领先或国际先进水平，对促进我市经济社会发展有关键作用和重大影响；

（二）具有数量充足、素质优良、结构合理的教学科研队伍或研究开发梯队；

（三）近5年承担过省级以上重大科技项目、重点建设项目、重点课题，或获得省部级二等奖以上的科技奖励、人文社科奖励，或发明授权专利；

（四）具有良好的科研创新条件，研发经费充足。

第八条 市属高校、科研院所及其他事业单位特聘岗位一般应设置在二级学科或关键领域，全市原则上每一学科领域只设置一个特聘岗位。其设立特聘岗位的学科领域，应符合下列条件之一：

（一）我市经济社会发展迫切需要，与我市重点产业、重点学科发展方向相一致；

（二）市级以上重点学科、工程中心、企业技术中心、实验室；

（三）处于国内或国际学科发展前沿，有望实现重大突破的新兴交叉学科。

第九条 设置特聘岗位的企业应同时具备下列条件：

（一）我市经济社会发展迫切需要，所在行业领域与我市加快建设现代产业体系的部署相一致；

（二）拥有自主知识产权的核心技术、重大关键技术，企业产品市场广阔，经济效益良好；

（三）能为羊城学者特聘专家提供在国内同行业具有较强竞争力的薪酬待遇。

第十条 特聘专家岗位职责：

（一）负责本学科、本行业、本领域教学科研、技术创新的课题方向和中长期发展规划的制定与实施工作，带领本学科、本行业、本领域赶超国内外先进水平；

（二）主持或参与国家、省、市重大项目、重点工程的咨询、研究和实施；

（三）指导本学科、本行业、本领域的教学科研梯队和人才队伍建设；

（四）促进具有自主知识产权的重大科技成果转化和产业化，带动企业在核心技术及重大产品的自主创新方面进入国内一流或国际先进行列（此条适用于企业特聘专家）。

第十一条 特聘专家应具备下列基本条件：

（一）爱岗敬业，具有良好的职业道德和科学求实、团结协作精神；

（二）身体健康，年龄在50周岁以下，能够在第一线从事教学、科研、攻关等工作，具有指导、培养高水平研发团队的能力和水平（特别突出或紧缺、特殊学科的人才，可适当放宽年龄要求）；

（三）申请市属高校、科研院所及其他事业单位特聘岗位的境外应聘者一般应担任高水平大学助理教授及以上职位或其他机构相应职位，国内应聘者应在国内知名大学或高水平研究机构工作，具有正高级职称；

（四）申请企业特聘岗位的应聘者一般应主持过重大科研攻关项目或重大建设工程，在科学研究、产品开发、市场开拓方面取得国内外同行公认的重要成就，在本学科、本行业、本领域内有较大影响；

（五）具有较强的团队协作精神和组织管理能力，能够对本学科建设、本领域工作提出创新性构想和战略性思维，具有带领本学科、本行业在其前沿领域赶超或保持国内外先进水平的能力；

（六）保证聘期内每年在聘用单位工作9个月以上。

第三章 评审及聘任程序

第十二条 特聘岗位设置申请程序：

（一）市人才办会同相关行业主管部门，根据我市重点学科、重点产业发展需要，研究提出羊城学者特聘岗位计划年度实施方案，经市人才工作协调小组确定后，向社会发布岗位设置条件和设岗数量的公告；

（二）符合条件的单位向相关行业主管部门提出设岗申请，并报送《羊城学者特聘岗位设置申请表》；

（三）行业主管部门组织本系统权威专家对设岗单位的整体条件进行评估，提出本系统岗位设置意见，报市人才办；

（四）羊城学者特聘岗位计划专家评审委员会综合各部门意见，提出羊城学者特聘岗位设置意见，报市人才工作协调小组研究确定；

（五）经确定同意设置的羊城学者岗位，由设岗单位面向国内外公开招聘，确定推荐人选。

第十三条 特聘专家选聘程序：

（一）按照统一发布的羊城学者特聘岗位设置及招聘条件，拟竞聘人选向设岗单位提出竞聘申请，并填写《羊城学者特聘专家申请表》；

（二）设岗单位应成立由知名专家组成的同行专家评审委员会，严格按照招聘条件和岗位职责，对竞聘人员进行评议、遴选，提出推荐意见并在单位内部进行公示，无异议后报送市人才办。同行专家评审委员会一般由7位以上在本学科领域（行业）有重大影响的知名专家组成，其中外单位专家不少于一半，有条件的单位应聘请海外著名同行专家参与评审；

（三）市人才办会同有关行业主管部门组织行业专家组成羊城学者特聘专家评审委员会，对设岗单位推荐的特聘专家候选人进行审核，经市人才工作协调小组审定后向社会公示，公示期为15天；

（四）公示期结束后无异议的，设岗单位与羊城学者特聘专家签订聘任合同和工作任务书，明确聘期及双方的权利和义务，并报市人才办备案。

第四章 待遇

第十四条 羊城学者特聘专家在聘任期内，享受由市财政给予的每年12万元特聘岗位津贴和8万元科研补助经费，同时享受设岗单位按国家规定提供的工资、保险、福利等待遇。羊城学者特聘专家列入广州市优秀专家管理，享受相关待遇。

第十五条 设岗单位原则上每年为每位自然科学类特聘专家提供15万元、每位人文社会科学类特聘专家提供5万元科研配套经费，5年间为自然科学类岗位提供200万元、人文社会科学类岗位提供50万元的岗位建设经费，所需经费按现有资金渠道解决。设岗单位及市有关部门还要从科研条件、科研项目、人员聘用等方面给予重点支持。

第十六条 羊城学者特聘专家在聘期内研发高新技术、转化科技成果、发展高新技术产业取得的成果，按照国家和省市有关规定获得产权收益。

第五章 管理与考核

第十七条 羊城学者特聘岗位实行动态管理，凡考核认定达不到设岗目标和要求的，经市人才工作协调小组审定，取消其岗位设置；管理期满经考核认定绩效突出的，经市人才工作协调小组审定，岗位可以继续设置。

第十八条 羊城学者特聘专家实行严格的聘期目标管理。聘期为五年，采取分段聘任方法，首次聘期为三年，经设岗单位考核合格的，续聘两年；考核不合格的，不予续聘。考核结果报市人才办备案。

第十九条 羊城学者特聘岗位计划实行动态考核评估制度，设岗单位负责对羊城学者特聘专家进行日常和年度考核，考核结果报市人才办备案；主管部门负责对设岗单位工作支持力度、人员、经费落实情况进行考核，考核结果报市人才工作协调小组办公室备案。市人才工作协调小组办公室根据工程实施进展情况，会同有关部门对设岗单位和特聘专家进行不定期评估。

第二十条 羊城学者特聘专家聘期内如有下列情形之一者，由市人才工作协调小组撤销其羊城学者特聘专家资格，并按有关规定取消或追回其所享受的物质待遇。聘任单位应解除与其签订的聘任合同：

（一）学术、业绩上弄虚作假被有关部门查处；

（二）提供虚假材料骗取羊城学者资格；

（三）因违法乱纪被开除党籍、开除公职或受到刑事处罚；

（四）违反有关规定出国、出境逾期不归。

第六章 附 则

第二十一条 本办法自印发之日起实施，有效期5年。

广州市高层次人才住房解决办法

第一章 总 则

第一条 为优化我市人才集聚环境，建立健全高层次人才住房解决机制和服务保障机制，根据《中共广州市委、广州市人民政府关于加快吸引培养高层次人才的意见》（穗字〔2010〕11号）有关规定，制定本办法。

第二条 本办法所称高层次人才是指持有《广州市高层次人才证书（A证）》（以下简称A证）或《广州市高层次人才证书（B证）》（以下简称B证）并按相关规定处于管理期内的广州市杰出专家（以下简称杰出专家）、广州市优秀专家（以下简称优秀专家）和广州市青年后备人才（以下简称青年后备人才）。

第三条 解决高层次人才住房问题的基本原则是以货币补贴为主、实物配置为辅，建立分层次、多渠道、多形式的高层次人才住房解决机制。

第四条 本办法适用于在本市未享受过购买房改房、解困房、安居房、经济适用住房或参加单位内部集资建房等购房优惠政策，或已购买上述住房，但购房面积未达到本办法规定的补贴标准的管理期内高层次人才。

第五条 在市人才工作协调小组领导下，市住房保障部门负责本市高层次人才住房机制的管理；市人力资源和社会保障部门负责高层次人才的资格认定；市财政部门负责高层次人才住房资金的管理。

市监察、发展改革、科技、国土房管、建设、审计、规划等政府职能部门按照职责分工，协助做好高层次人才住房管理工作。

第二章 货币补贴的方式和标准

第六条 货币补贴的方式主要有购房补贴、购房贴息、租房补贴。需由市财政负担的货币补贴资金，统一在市高层次人才专项扶持资金（以下简称专项扶持资金）中列支。本办法所规定的货币补贴标准可根据本市经济社会发展、住房价格水平变化等情况在必要时进行调整，调整后的货币补贴标准届时另行发布。

第七条 高层次人才享受货币补贴的建筑面积标准为：

（一）杰出专家中的两院院士200平方米，其他杰出专家150平方米；

（二）优秀专家100平方米；

（三）青年后备人才85平方米。

第八条 购房补贴

符合下列条件的高层次人才在本市购买商品住宅时，由专项扶持资金给予购房补贴：

（一）持A证的杰出专家；

（二）持A证且工作关系在市、区（县级市）财政核拨经费或核拨补助的事业单位并在编的优秀专家和青年后备人才。

每平方米购房补贴标准按本人购买商品住宅时市国土房管部门公布的上年度广州市中心六区（越秀、海珠、荔湾、天河、白云、黄埔区，下同）新建商品住宅交易登记均价的80%计算。

计算公式：本人应计发的购房补贴总额=购买商品住宅时上年度广州市中心六区新建商品住宅交易登记均价×80%×本人享受货币补贴的建筑面积标准。

购房补贴总额的20%可在购房后凭预告登记证明书或房产证一次性领取，剩余购房补贴在120个月内等额计发，每年末集中发放一次。实际购房金额（以购房买卖合同所载金额为准）低于本人应计发的购房补贴总额的，购房补贴按实际购房金额计发；超过本人应计发的购房补贴总额的，超出部分的购房金额由购房者自负。

持A证且工作关系在本市企业或自收自支事业单位的优秀专家和青年后备人才，所在单位可参照上述办法及相应标准发放购房补贴。

第九条 购房贴息

持A证且工作关系在本市企业或自收自支事业单位的优秀专家和青年后备人才在本市购买商品住宅时，不论其是否办理按揭贷款，均由专项扶持资金给予购房贴息。购房贴息在60个月内等额计算，每年末集中发放一次。

计算公式：本人应计发的购房贴息总额=购买商品住宅时上年度广州市中心六区新建商品住宅交易登记均价×80%×本人享受货币补贴的建筑面积标准×0.26%×60。

第十条 租房补贴

持A证的杰出专家、优秀专家以及工作关系在市、区（县级市）财政核拨经费或核拨补助的事业单位并在编的青年后备人才，在本市未购买商品住宅也未租住人才公寓，自行解决住房的，由专项扶持资金给予租房补贴。租房补贴按月计算，每年末集中发放一次，发放时间最长不超过其管理期。

每月租房补贴的发放标准按照市房地产租赁管理部门公布的上年度广州市中心六区高层住宅平均月租金确定。

计算公式：本人管理期内每月计发的租房补贴=上年度广州市中心六区高层住宅平均月租金×本人享受货币补贴的建筑面积标准。

实际每月租房金额（以《房地产租赁合同》所载金额为准）低于本人每月应计发租房补贴的，租房补贴按实际租房金额计发；超过本人应计发的租房补贴的，超出部分的租房金额由租房者自负。

持A证且工作关系在本市企业或自收自支事业单位的青年后备人才，所在单位可参照上述办法及相应标准发放租房补贴。

持B证的杰出专家、优秀专家（非中央和省属驻穗单位人员），由专项扶持资金给予住房补贴，按其在我市实际工作时间（月）计算，每年末集中发放一次，每月住房补贴标准按上述办法的租房补贴标准执行。

第十一条 本市企业或自收自支事业单位参照本办法制订本单位引进高层次人才的货币补贴方案需报市住房保障部门备案，支付的货币补贴资金由单位自行解决，依法列入成本核算，实施情况报市住房保障部门备案。

第十二条 对已享受我市购房优惠政策，但购房面积小于本办法第七条规定的标准且持A证的高层次人才，可按差额面积给予发放差额购房补贴或差额购房贴息。差额购房补贴、差额购房贴息分别参照本办法第八条、第九条的计算方法计算。差额购房补贴或差额购房贴息在60个月内等额计发，每年末集中发放一次。

第三章 人才公寓的配置和管理

第十三条 持A证且尚未在本市购买住宅、未享受本办法规定的货币补贴的高层次人才，可申请租住人才公寓。

第十四条 人才公寓根据便于高层次人才工作生活的原则就近安排，其租金标准管理期内执行现行公房租金标准；管理期满应及时腾退住房，不腾退的按房屋所在地租金参考价的2倍计租。

第十五条 承租人才公寓应当签订《广州市高层次人才公寓租赁合同》，租赁合同期限最长不超过其管理期。

第十六条 高层次人才租住人才公寓的，应当遵守人才公寓的管理规定。

第十七条 市住房保障部门按照以需定供原则，安排一定房源作为人才公寓，供高层次人才租住使用。房源包括政府的直管公房、单位存量公有住房、政府收购、改建的住房及其他住房。

第十八条 已承租人才公寓的高层次人才，租住期内在本市购买了商品住宅或按本办法领取了货币补贴的，应在购买的商品住宅交付使用后或领取了货币补贴后退回租住的人才公寓。

第十九条 政府人才公寓的租金收入全额上缴市财政。政府人才公寓的收购、日常管理、修缮维护、设备维修更新和房屋空置期间产生的物业管理费等相关费用，纳入部门预算，由市财政核拨。

第二十条 人才公寓的日常管理工作，由市住房保障部门委托具备相应资质条件的单位进行管理。

第四章 申请审核程序和管理

第二十一条 高层次人才申请解决住房按照以下程序进行：

（一）个人申请：申请人在市国土房管部门或市人力资源和社会保障部门网站下载《广州市高层次人才解决住房申请表》，按要求如实填写后向所在单位提交，并附下列材料：

1. 《广州市高层次人才证书》；

2. 申请人及家庭成员的身份和关系证明（如身份证、结婚证），丧偶或离异的，提供相关证明；

3. 经监证的购房合同、预告登记证明书或房地产权证（申请领取购房补贴或购房贴息时需提交）；

4. 经租赁管理机构登记备案的《房地产租赁合同》（申请领取租房补贴时需提交，持B证者无需提交）；

5. 其他需要的证明材料。

前款规定的各类证明材料，应当提交经申请人签字确认的复印件，并提供原件核对。

（二）初审：所在单位应当在受理申请之日起10个工作日内，完成对申请人住房等申报情况的初审，并将申请资料和审核意见提交市住房保障部门；

（三）复核和公示：市住房保障部门应当自收到初审资料起10个工作日内会同市人力资源社会保障部门完成对申请人申报情况复核，并将复核结果在市国土房管部门和市人力资源社会保障部门网站上公示，公示期为15天；

（四）公布。公示无异议的，由市住房保障部门和市人力资源社会保障部门联合签署审批意见。审批结果在市国土房管部门和市人力资源社会保障部门网站上公布；

（五）拨付货币补贴或安排入住人才公寓。市住房保障部门按照《广州市高层次人才专项扶持资金管理办法》的有关规定，将符合货币补贴条件的高层次人才名单及发放货币补贴年度计划和资金安排报送市人才工作协调小组审批，市人才工作协调小组审核批准后，由市财政部门拨付资金给市住房保障部门，市住房保障部门按规定向需由财政负担货币补贴资金的高层次人才发放货币补贴，或安排申请人入住人才公寓。

第二十二条 房地产权证的产权人或预告登记证明书的预购人、《房地产租赁合同》承租人必须为高层次人才本人（或本人及配偶）。

第二十三条 夫妻双方都属高层次人才的，按照“就高不就低”的原则，按层次较高一方应享受的标准解决其住房问题。

第二十四条 已按本办法享受了购房补贴的高层次人才，夫妻双方均不再按照市直属机关事业单位住房货币分配的有关规定实行住房货币分配。

第二十五条 享受了租房补贴或购房贴息后，符合条件申领财政购房补贴的，发放购房补贴时须从总额中扣除之前已领取的租房补贴或购房贴息金额。

第二十六条 高层次人才管理期内层次发生变动的，自变动次月起，按新的层次对应的标准调整货币补贴。

第二十七条 高层次人才管理期满，累计发放货币补贴未达到应发放货币补贴总额的，经市人力资源和社会保障部门审核同意，余额可按原标准和办法继续发放，直至发放完毕。发放余额期间，高层次人才调离本市的，余额同时停发。

第二十八条 市、区（县级市）直属机关事业单位的高层次人才管理期内与单位终止劳动关系、辞去公职、擅自离职或管理期内被取消资格的，货币补贴同时停发；在本市企业或自收自支事业单位工作的高层次人才出现上述情形之一的，按双方的约定执行。

第二十九条 高层次人才租住人才公寓后，管理期内与单位终止劳动关系、辞去公职、擅自离职或管理期内被取消资格的，租住的人才公寓应在3个月内腾退，不腾退的按房屋所在地租金参考价的2倍计租。

第三十条 市住房保障部门要建立高层次人才住房档案，记录高层次人才领取货币补贴的月数、金额以及租住人才公寓等情况。高层次人才住房档案实行动态管理，并与市人力资源和社会保障部门信息共享。高层次人才住房档案纳入高层次人才人事档案管理。

第五章 监督管理

第三十一条 纪检、监察、审计部门要加强对高层次人才解决住房执行情况的监督和检查，对违反规定、弄虚作假骗取货币补贴或实物住房的单位和个人，除追回所骗取的货币补贴或实物住房外，还要按照党纪政纪给予责任人处分，并依法追究法律责任。

第三十二条 本办法未提及但存在其他政府部门规定的取消或追回高层次人才所享受的物质待遇情形的，按照有关部门的规定执行。

第三十三条 政府职能部门工作人员在资格审核和监督管理中玩忽职守、滥用职权、徇私舞弊的，要追究行政责任；构成犯罪的，依法追究刑事责任。

第六章 附 则

第三十四条 本办法自印发之日起实施，有效期5年。

广州市高层次人才医疗保障实施办法

第一章 总 则

第一条 为优化我市人才聚集环境，建立健全高层次人才服务保障机制，切实提高我市高层次人才医疗保障水平，根据《中共广州市委、广州市人民政府关于加快吸引培养高层次人才的意见》（穗字〔2010〕11号）有关规定，制定本办法。

第二条 本办法所称高层次人才是指持有《广州市高层次人才证书（A证）》并按相关规定处于管理期内的广州市杰出专家（以下简称杰出专家）、广州市优秀专家（以下简称优秀专家）和广州市青年后备人才（以下简称青年后备人才）。

第三条 在市人才工作协调小组领导下，市人力资源和社会保障部门负责定期安排高层次人才健康检查，高层次人才基本医疗保险参保及结算，以及公费医疗管理事项；市卫生部门负责提供医疗保健服务、建立电子健康档案和高层次人才医疗保障专项资金的审核和监管。

第二章 医疗待遇和标准

第四条 由财政核拨（或核补）医疗经费的事业单位的高层次人才，按相关规定参加公费医疗；其他高层次人才按广州市医疗保险的有关规定，参加基本医疗保险和补充医疗保险。

第五条 杰出专家、优秀专家、青年后备人才列入我市高层次人才年度休假体检服务范围，由市人力资源和社会保障部门会同市卫生部门定期组织安排健康检查，并提供健康咨询、健康教育和健康指导等服务。相关费用由市财政承担。

第六条 将杰出专家、优秀专家纳入广州市干部保健对象范围，发放广州市高层次人才保健卡（或在广州市社会保障（市民）卡上标识）。杰出专家、优秀专家在管理期内凭卡享受局级医疗保健服务待遇，两院院士享受副省级医疗保健服务待遇。

第七条 杰出专家、优秀专家在享受公费医疗或基本医疗保险和补充医疗保险待遇后，属于个人负担的基本医疗费用，由高层次人才医疗保障专项资金再按80%的比例报销。

第八条 逐步建立高层次人才电子健康档案，及时记录其动态健康信息，并向高层次人才提供健康状况查询服务。

第三章 管 理

第九条 建立高层次人才医疗保障专项资金（以下简称“医疗专项资金”），与卫生部门保健专项经费并账使用。每年由市财政部门按市人力资源和社会保障部门核定的杰出专家、优秀专家每人每年3600元标准向医疗专项资金划拨经费，所需经费从市高层次人才专项扶持资金中列支。

第十条 高层次人才医疗保障专项资金主要用于：

（一）杰出专家、优秀专家的医疗保健费用；

（二）按比例支付杰出专家、优秀专家患病发生基本医疗费用中个人自付部分费用。

第十一条 广州市高层次人才保健卡仅供高层次人才本人就医时使用，不得外借他人，违反者取消其市高层次人才医疗待遇。

第四章 附 则

第十二条 本办法自印发之日起实施，有效期5年。

广州市高层次人才子女入学解决办法

第一章 总 则

第一条 为深化人才强市战略，建立健全高层次人才服务保障机制，切实为我市高层次人才子女入学提供便利，根据《广州市关于加快吸引培养高层次人才的意见》（穗字〔2010〕11号）有关规定，制定本办法。

第二条 本办法所称高层次人才是指持有《广州市高层次人才证书》（含A证和B证）并按相关规定处于管理期内的广州市杰出专家、广州市优秀专家和广州市青年后备人才。

第三条 市教育行政部门负责我市高层次人才子女入学解决办法的组织实施。各区（县级市）政府和教育行政部门及中小学校要高度重视高层次人才子女的入学工作，积极采取措施，为高层次人才子女的入学提供保障，确保本办法的贯彻落实。

第二章 入学解决办法

第四条 高层次人才子女申请就读我市义务教育阶段学校的，按免试就近入学原则安排就读。

第五条 在外地就读高中阶段学校的高层次人才子女申请转学，按与原就读高中学校等级相当的原则和实际情况，安排在其父、母或监护人居住地所属区（县级市）辖内市一级以上学校就读。

第六条 高层次人才非本市户籍子女在本市就读义务教育阶段和高中阶段学校，享受本市户籍学生同等待遇。在我市初中就读的高层次人才非本市户籍子女经区（县级市）招考办审核，可享有与本市户籍初中毕业生同等的报考高中阶段学校资格。高层次人才子女报考高中阶段学校时，加10分投档录取。

第七条 申请入读义务教育阶段学校的，由区（县级市）教育行政部门和区（县级市）属中小学安排落实。

申请入读高中阶段学校的，由市教育行政部门负责统筹，区（县级市）教育行政部门和学校安排落实。

申请入读体育传统项目及体育、艺术特色学校的，先由学校组织进行专业考核认定，再由相关教育行政主管部门和学校负责落实。

第三章 申报程序

第八条 高层次人才子女申请入学和转学办理程序：

（一）高层次人才非本市户籍子女申请入读小学、初中一年级的，申请人按广州市政策性照顾借读生申报时间，由其父、母或监护人按管辖范围向教育行政部门提出申请。高层次人才子女申请义务教育阶段和高中阶段学校转学的，按省市有关学籍管理规定，由其父、母或监护人按管辖范围向教育行政部门提出申请。

（二）申请转入市属高中的，向市教育行政部门提出申请；申请入读（转入）义务教育阶段学校或区（县级市）属高中转学的，向区（县级市）教育行政部门申请。

（三）市、区（县级市）教育行政部门在审核验证相关证明及入学材料后，提出安排意见，并通知有关学校安排落实，办理入学手续。

第九条 申请入（转）学需提供以下材料：

（一）广州市高层次人才证书；

（二）户籍证明；

（三）居住地证明；

（四）转学申请表；

（五）高层次人才子女入学申请表。

第四章 附 则

第十条 本办法自印发之日起实施，有效期5年。

广州市高层次人才配偶就业促进办法

第一章 总 则

第一条 为进一步加强我市高层次人才队伍建设，协助高层次人才配偶解决就业问题，稳定高层次人才队伍，营造良好的人才环境，根据《中共广州市委、广州市人民政府关于加快吸引培养高层次人才的意见》（穗字〔2010〕11号）有关规定，制定本办法。

第二条 本办法所称高层次人才是指持有《广州市高层次人才证书（A证）》并按相关规定处于管理期内的广州市杰出专家、广州市优秀专家和广州市青年后备人才。高层次人才配偶当前不在广州地区就业，或处于非就业状态的，适用本办法。

第三条 高层次人才配偶就业问题由市各级人力资源和社会保障部门，以及所属各级人力资源服务机构负责协调解决。

第四条 全市各类用人单位，特别是高层次人才所在的单位，包括党政机关、企事业单位、社会团体，应积极协助解决高层次人才配偶就业问题。

第五条 解决高层次人才配偶就业问题坚持双向选择为主、统筹调配为辅的原则，根据高层次人才配偶原就业情况及个人条件，多种渠道、多种方式，有重点、分层次协助解决。

第六条 本办法所需补贴资金均在市高层次人才专项扶持资金中列支。

第二章 就业促进办法

第七条 中国南方人才市场负责建立和健全全市高层次人才配偶就业信息库，定期组织专场招聘会会同我市各级政府所属人力资源服务机构和其他民营人力资源服务机构通过网上匹配、召开专场招聘会等方式积极推荐高层次人才配偶就业。对召开专场招聘会的机构，按每个摊位200元的标准给予专项补贴。

第八条 广州市高层次人才配偶就业由市人力资源和社会保障部门按以下方式解决：

（一）原属于公务员且愿意到我市继续从事公务员工作的，由市人力资源社会保障部门不定期召开选调会或定向见面会，并根据本人专长、各单位人员职位空缺和人员配备情况，商接收单位后，推荐或按手续安排到我市相关单位；

（二）原属于机关工勤人员或事业单位在编在岗人员且愿意到我市相关单位从事相应工作的，市各级人力资源和社会保障部门根据个人情况和有关规定，按照相关单位的人员配备或编制使用情况、岗位任职条件等情况，商接收单位后，可安排到我市相关单位工作；

（三）其他人员，由各级政府所属人力资源服务机构和其他民营人力资源服务机构根据个人情况多渠道协助推荐就业。

第九条 按本办法第八条所列方式仍不能解决就业问题的高层次人才配偶，可采取下列方式解决：

（一）参加我市公务员公开招考或事业单位公开招聘的，非本市户籍人员可按广州市户籍人员条件报考。

（二）符合下列条件之一的，可纳入我市就业援助体系，由市各级人力资源社会保障部门会同人力资源市场根据相关规定，同等条件下优先协助其解决就业问题：

1．男性年满45周岁、女性年满35周岁及以上的；

2．因患有疾病或身体残疾而导致就业困难的；

3．因学历层次较低或技能水平不足而导致就业困难的；

4．连续失业半年仍未能就业的。

第十条 鼓励高层次人才配偶自谋职业、自主创业。自主创业的可按相关规定享受小额担保贷款等扶持自主创业的优惠政策。

第十一条 鼓励高层次人才配偶积极参加职业技能培训，按现行有关政策享受职业技能培训和鉴定补贴。

第十二条 鼓励各类用人单位积极协助解决我市高层次人才配偶就业问题。对接收高层次人才配偶就业的企业按现行有关政策给予社会保险补贴。

第十三条 对积极推荐高层次人才配偶就业、成效突出的各级政府所属人力资源服务机构、其他民营人力资源服务机构予以通报表扬。对帮助高层次人才配偶实现就业的人力资源服务机构或其他民营人力资源服务机构，每成功一人给予200元的补贴。

第三章 相关程序

第十四条 解决高层次人才配偶就业问题的程序：

（一）广州市高层次人才配偶，属公务员的，可直接向市人力资源和社会保障部门提出公务员选调申请，填写《广州市高层次人才配偶公务员选调申请表》，并提供相关证明材料；

（二）广州市高层次人才配偶，属机关工勤人员或事业单位在编在岗人员的，可直接向市人力资源和社会保障部门提出就业安排申请，填写《广州市高层次人才配偶就业协助申请表》，并提供相关证明材料；

（三）其他人员，可直接向我市各级政府所属人力资源服务机构、其他民营人力资源服务机构提出就业协助申请，填写《广州市高层次人才配偶就业协助申请表》，并提供相关证明材料。

（四）我市各级政府所属人力资源服务机构、其他民营人力资源服务机构受理申请后，报市人力资源和社会保障部门备案，并根据申请人原就业情况、就业条件和意愿，会同各级政府所属人力资源服务机构、其他民营人力资源服务机构为申请人提供就业协助。

第四章 附 则

第十五条 本办法自印发之日起实施，有效期5年。

广州市羊城功勋奖评选表彰办法

第一章 总 则

第一条 为实施人才强市战略，完善人才激励机制，大力营造“尊重劳动、尊重知识、尊重人才、尊重创造”的良好社会氛围，根据《中共广州市委、广州市人民政府关于加快吸引培养高层次人才的意见》（穗字〔2010〕11号）有关规定，制定本办法。

第二条 中共广州市委、广州市人民政府设立羊城功勋奖。羊城功勋奖授予为我市经济社会和各项事业发展作出卓越贡献的个人或团队。

第三条 羊城功勋奖从在我市市属单位（含非公有制单位及我市合作共建单位）工作和引进来我市市属单位工作（每年在穗工作时间一般不少于6个月）的个人或团队中产生。

第四条 羊城功勋奖每两年评选一次，每次授奖的个人或团队不超过2个。无符合条件者可空缺。

第五条 羊城功勋奖的推荐、评选、授奖遵循公开、公平、公正的原则，坚持标准，严格程序。

已获羊城功勋奖者原则上不能再次参加评选，取得新的重大成就的除外。

第六条 评选工作在市人才工作协调小组领导下，由市委组织部、市人力资源和社会保障局、市科技和信息化局共同组织实施。市人才工作协调小组办公室（以下简称市人才办）负责具体评选工作。

第二章 评选条件

第七条 申报羊城功勋奖的人选（含个人、团队，下同）应当热爱祖国，坚持四项基本原则，拥护党的基本路线、方针、政策，遵纪守法，业绩突出，具有不断创新的科学精神和良好的职业道德，并应具备下列条件之一：

（一）在我市经济建设或现代产业发展中业绩卓越，为我市经济社会发展作出巨大贡献；

（二）在自然科学、农业科学、医药科学、工程与技术科学、人文与社会科学领域取得国际国内领先水平的研究成果，为我市科学进步作出巨大贡献；

（三）在当代科学技术前沿取得重大发现，在重大科技创新、重大科技成果推广应用中作出巨大贡献，或在我市重大工程、重大建设项目、重大技术改造等工作中取得重大的系统性、创新性成果，解决了重大的关键性技术难题，创造了巨大经济效益或社会效益；

（四）在社会公益事业、重大公共突发事件、抗击自然灾害等工作中作出巨大贡献，产生重大社会影响；

（五）在其他领域取得卓越成就，为我市经济社会发展作出巨大贡献。

第三章 推荐和评审程序

第八条 发布公告。向社会公布羊城功勋奖的评选范围、条件和工作程序等。

第九条 由各区（县级市）党委、政府、市直各单位，按属地原则或行政隶属关系，推荐本地区、本系统内符合条件的人选。

各区（县级市）党委、政府、市直各单位负责对推荐的人选进行考核，实行考核工作责任制。对基层上报的推荐人选的事迹材料应当到推荐人选所在单位进行核实，并按照属地管理原则或行政管理权限，分别征求当地纪检（监察）机关和组织、社会治安综合治理、人口计生部门的意见。推荐人选系企业经营管理人员的，还应当征求属地工商、税务、安监、质监、国土、环保等部门的意见。

第十条 推荐单位需填报《羊城功勋奖审批表》，并报送详实的相关事迹和证明材料。推荐单位和被推荐人对审批表的内容及附件材料的真实性负责。

第十一条 各区（县级市）党委、政府和市直各单位根据评选条件，对推荐的人选进行初选，并采取适当形式在一定范围内进行公示。公示结束后，将确定的推荐人选名单连同《羊城功勋奖审批表》及其他相关材料报送市人才办。

第十二条 市人才办负责对推荐人选的材料进行形式审查，审查合格者作为初选有效候选人提交专家评审组和评审委员会按照程序评审。

第十三条 市人才办聘请市内外著名专家、学者和行业部门领导组成羊城功勋奖评审委员会。评审委员会设主任委员1名、副主任委员2－4名、委员若干名，总人数应为不少于15人的单数，成员名单报市人才工作协调小组批准。根据评审工作需要，评审委员会下设若干个专家评审组。评审委员会和专家评审组成员实行聘任制，一届一聘。

第十四条 专家评审组和评审委员会以会议方式进行评审。专家评审组在充分讨论的基础上进行无记名投票，获得与会评委三分之二以上（含三分之二，下同）赞成票者为正式候选人，提交评审委员会投票表决。投票表决须由三分之二以上评审委员会成员参加方为有效，获到会评审委员会成员三分之二以上赞成票者按应选名额和得票多少排序，确定拟奖励人选。

第十五条 拟奖励人选确定后，由市人才办组织专家考察组对其进行全面考察。

第十六条 考察通过并经评审委员会报市人才工作协调小组审核通过后，通过媒体向社会公示15天。公示期间，任何单位或者个人对拟奖励人选有异议的，可向市人才办提交异议书，异议书应加盖单位公章或署个人真实姓名。以匿名方式提出异议的一般不予受理；对于没有具体事实依据的意见，可不予受理。

第十七条 市人才办负责组织对拟奖励人选有关异议情况的核查工作。由拟奖励人选所在单位或者其上级主管部门进行具体核查，并向市人才办提供核查报告。

市人才办向市人才工作协调小组报告异议核查情况，由市人才工作协调小组做出处理决定。

第四章 奖励的授予

第十八条 拟奖励人选由市人才工作协调小组呈报市委、市政府审批。

第十九条 市委、市政府向羊城功勋奖获得者颁发荣誉证书、奖章和奖金。羊城功勋奖获得者奖励500万元，其中40%属获奖者个人或团队成员所得，剩余奖金作为其专项工作经费。所需奖金在市高层次人才专项扶持资金中列支。

第五章 奖励的监督

第二十条 专家评审组、评审委员会成员及相关工作人员应当对评选情况严格保密。

第二十一条 推荐、评选、授奖全过程实行回避制度。与推荐人选、被确定为当年度有效候选人及拟奖励人选有近亲属或利害关系的人员，均不得参加推荐或担任专家评审组专家、评审委员和其他工作人员。有关领导也应严格按国家有关规定履行回避义务。

第二十二条 剽窃、侵夺他人成果，或者以提供虚假数据、材料等不正当手段骗取奖励的，由市人才工作协调小组报请市委、市政府批准后，撤销奖励，追回奖金，并对相关责任人依法依纪予以处理。

第二十三条 推荐组织或者个人提供虚假数据、材料，协助他人骗取奖励的，给予通报批评，取消其推荐资格；对负有直接责任的主管人员和其他直接责任人员，由其所属单位依法依纪予以处理。

第二十四条 专家评审组、评审委员会成员及相关工作人员在评选过程中有下列情形之一的，应当终止其参与评选工作，并根据情节轻重，给予党纪政纪处分，构成犯罪的，依法追究刑事责任：

（一）受贿；

（二）泄露工作秘密；

（三）弄虚作假、徇私舞弊；

（四）违反评选纪律和规定，影响公正评选。

第六章 附 则

第二十五条 本办法自印发之日起实施，有效期5年。

广州市高层次人才专项扶持资金管理办法

第一章 总则

第一条 为规范我市高层次人才专项扶持资金的管理，保证专项资金的合理、有序使用，根据国家和省、市有关规定，制定本办法。

第二条 本办法所指高层次人才专项扶持资金，是指根据《中共广州市委、广州市人民政府印发〈关于鼓励海外高层次人才来穗创业和工作的办法〉的通知》（穗字〔2008〕18号，以下简称《办法》）和《中共广州市委、广州市人民政府关于加快吸引培养高层次人才的意见》（穗字〔2010〕11号，以下简称《意见》）的规定，由市财政设立的人才工作专项资金（以下简称专项资金）。专项资金在政策实施期内跨年度递延使用，根据人才引进、培养工作实际进度控制使用。

第三条 在市人才工作协调小组领导下，市人才工作协调小组办公室（设在市委组织部，以下简称“市人才办”）负责专项资金的统筹安排和宏观管理。专项资金实行单独设账、核算和管理，市人才办、市人力资源和社会保障局、市科技和信息化局、市卫生局、市住房保障办根据职责分工负责项目的审核和监管，市财政局负责有关扶持资金的审核及核拨。

第二章 专项资金的使用范围

第四条 专项资金分为补贴奖励资金、项目资助资金与服务保障资金三部分。

补贴奖励资金是指按照《办法》、《意见》及其配套政策要求，由专项资金对经审定符合条件的单位与个人给予补贴或奖励的资金。主要使用范围包括：

（一）对引进的高层次人才给予安家费；

（二）对高层次人才给予个人所得税返还补贴；

（三）对“羊城学者”特聘专家给予岗位津贴；

（四）对高层次人才给予住房货币补贴；

（五）对高层次人才给予资料津贴；

（六）对符合条件的博士后给予生活补助和安家费；

（七）对为我市经济社会发展作出突出贡献的高层次人才颁发奖金（归获奖者个人所得部分）；

（八）对引进高层次人才工作作出突出贡献的机构和个人给予表彰和奖励。

项目资助资金是指按照《办法》、《意见》及其配套政策要求，凡符合我市支柱产业、重点产业、重点学科（领域）发展方向的项目（计划），经项目主管部门审批同意，由专项资金给予择优资助的项目资金。主要使用范围包括：

（九）对引进的高层次人才给予科研启动经费；

（十）对符合条件的创新创业领军人才、海外高层次人才给予创业启动资金和贷款贴息补助；

（十一）对“羊城学者”特聘专家给予科研经费补助；

（十二）对“121人才梯队工程”人选给予专项工作经费资助；

（十三）实施博士后培养工程所需补助、资助经费；

（十四）对为我市经济社会发展作出突出贡献的高层次人才颁发奖金（用于获奖者科研经费补助部分）；

（十五）对高层次人才发起举办学术会议、参加学术研修、发表论文和出版著作等给予经费资助；

（十六）对其他各类高层次人才的扶持培养资助。

服务保障资金是指按照《办法》、《意见》及其配套政策要求，为完善高层次人才服务保障体系，提高服务管理工作水平，由相关职能部门或服务机构具体管理使用的经费。主要使用范围包括：

（十七）高层次人才年度休假体检费用及相关服务费用；

（十八）高层次人才医疗保障专项资金；

（十九）高层次人才配偶就业专项补贴；

（二十）高层次人才公寓专项资金；

（二十一）高层次人才工作组织管理经费。

上述资助、补贴和奖励项目，其中第（一）、（二）、（五）、（六）、（八）、（九）、（十二）、（十三）、（十五）、（十七）、（十九）项主管部门为市人力资源和社会保障局，第（三）、（七）、（十一）、（十四）、（十六）、（二十一）项主管部门为市人才办，第（四）、（二十）项主管部门为市住房保障办，第（十）项主管部门为市科技和信息化局，第（十八）项主管部门为市卫生局。

第三章 专项资金的预算、申报及审批、下达

第五条 项目主管部门根据每年的工作重点和归口管理的项目，向市人才办报送所需资金年度预算和相关组织管理经费预算。市人才办会同项目主管部门，根据我市高层次人才队伍发展实际，在对资金需求充分调查和评估的基础上，编制专项资

金年度总预算（年度总预算不超过专项资金总体规模）。

专项资金年度总预算经报市人才工作协调小组审定同意后，由市人才办分送市财政局和各项目主管部门，由项目主管部门具体组织实施。

在组织实施过程中，项目主管部门可根据资金的实际使用情况，会同市人才办提出预算调整意见，报协调小组负责同志同意后实施。

第六条 申请人（高层次人才或其所在单位）按照《办法》、《意见》及其配套政策和项目主管部门的有关要求申报资助或补贴项目，申报内容一般应包括项目名称、专家意见、目标任务、进度安排、使用重点、开支范围、配套资金、保障措施等。

第七条 项目主管部门依据《办法》、《意见》及其配套政策的有关程序对上报项目进行审核筛选，研究提出具体资金安排和资助意见，并向市财政局提出资金拨付申请。

第八条 市财政局根据已审定的年度预算项目和金额，按现行国库集中支付有关规定办理资金拨付。原则上超出预算部分不另安排资金，因特殊原因需调整预算安排的，按本办法第五条相关程序办理。

第四章 专项资金使用管理、监督及绩效评价

第九条 专项资金的使用单位要加强资金管理，实行专账核算、专账管理，按专项资金的使用范围合理使用。

第十条 专项资金购置的固定资产凡属于国有资产的，纳入项目承担单位的固定资产账户进行核算与管理。

第十一条 项目实施过程中，因特殊原因需要变更或撤销的，须由项目申请人报项目主管部门同意。因故撤销的项目，项目申请人必须作出经费结算，并报项目主管部门核批，结余资金上缴市财政。

第十二条 已拨付的专项资金如需在下年度继续使用，报经批准后结转下年度；项目已完成的，结余资金按规定上缴市财政。

第十三条 项目资助资金的使用单位（或项目申请人）应于每年1月底前，向项目主管部门报送上年度项目实施情况和专项资金使用情况。项目主管部门负责对项目申请人上报的情况进行审核，按照《广州市财政支出项目绩效评价试行办法》的规定和要求，组织各资金使用单位对项目资助资金使用绩效进行自评，并于每年2月底前将情况送市人才办汇总。

补贴奖励资金和服务保障资金的项目主管部门应于每年2月底前将相关资金使用情况、结余情况送市人才办汇总。市人才办汇总专项资金使用情况后，向市人才工作协调小组报告，并送市财政局备案。

第十四条 项目申请人负责对所申请项目的组织实施，并对项目申报资料的准确性和真实性、项目建设、资金使用负总责。

第十五条 市人才办、市财政局、市审计局等部门对专项资金预算执行、资金使用效益和财务管理等方面的情况进行监督检查。如发现未按规定专账核算、专账管理或弄虚作假、截留、挤占、挪用等其他财政违法行为的，依据《财政违法行为处罚处分条例》及其他有关规定处理，并依法追究相关部门（单位）和责任人员的法律责任。

被检查单位应主动配合检查人员做好相关工作，提供相应的文件、资料，不得阻碍检查工作的正常进行。

第五章 附 则

第十六条 本办法自印发之日起实施，有效期5年。

中共广州市委组织部
广州市发展和改革委员会
广州市经济贸易委员会
广州市教育局　广州市科技和信息化局
广州市财政局　广州市人力资源和社会保障局
广州市国土资源和房屋管理局　广州市卫生局
广州市人民政府国有资产监督管理委员会　广州市住房保障办公室
二〇一〇年七月十五日

东莞市引进创新创业领军人才暂行办法

（东府办〔2010〕16号）

第一条 为贯彻落实市政府《关于加快引进创新创业领军人才的实施意见》（东府〔2009〕58号）精神，加快推进引进创新创业领军人才计划，推进我市自主创新和产业升级，建设创新型城市，特制定本办法。

第二条 引进创新创业领军人才，坚持突出重点、促进升级、项目带动、科学评价、注重实效的原则，以新引进的产业化项目为载体，以用人单位为主体，搭建吸引优秀人才创新创业的平台。

第三条 市引进创新创业领军人才工作办公室在市人才工作协调小组的领导下，负责引进创新创业领军人才工作的组织实施。其中，市人力资源局负责引进领军人才申报材料的受理等日常工作，市科技局负责组织协调对申报专项资助项目进行评

审论证工作，市财政局负责专项资金的落实和拨付工作。其他有关部门按各自职责协调落实相关工作。

第四条 本办法所指创新创业领军人才为具有硕士以上学位或副高以上职称，在业内具有较高声望，年龄不超过60岁，并符合下列条件之一者：

（一）具有3年以上海外工作背景，属于国际某一学科或技术领域内的学术或技术带头人，能够引领产业发展走在国际前沿的人才。

（二）拥有发明专利等自主知识产权，且其技术水平达到国际先进，能够填补国内空白、具有市场潜力并能够进行产业化，且能带动相关产业的发展，对产业结构调整和提升经济竞争力有推动作用的人才。

（三）对我市主导产业、支柱产业以及重点鼓励的新兴产业的关键项目攻关、重要科研基地建设带项目、带技术、带资金的人才。

第五条 领军人才申报的项目须与其所从事的核心技术领域密切相关，来莞创业的申请人原则上要与注册企业的法人代表相一致，并具备以下条件：

（一）知识产权清晰，市场潜力巨大，技术前景广阔，项目达到国内领先、国际先进水平，能够引领和带动本市重点产业的启动和发展；

（二）项目基础稳固，已完成前期开发，具有稳定的实验数据和中试产品；

（三）拥有项目研发、成果转化所需的部分资金（不少于100万元），并拥有一支技术研发、生产管理、市场开发等方面人才组成的创新人才团队。

第六条 市财政对确定引进的创新创业领军人才，按照项目分类给予资金扶持，原则上自有资金与资助资金比例不少于1:1。

（一）创业扶持（分A、B、C三类）。

1．创业A类。经专家评审确定为A类的领军人才项目，给予创业项目最高不超过500万元创业启动资金资助。创业企业注册后，首次给予100万元资助，后续资金视项目计划进度的完成情况以及合同的履行情况，自首笔资助款项拨付之日起3年内分期等额拨付。向每个引进领军人才项目提供不少于100平方米的办公场地，5年内免交租金；或给予100平方米的办公场地租金补贴，标准为每平方米30元/月，限期5年。向领军人才每人提供不少于100平方米的专家公寓，5年内免交房租；或给予每人每月2000元的租房补贴，限期5年；对于落户定居东莞的，给予20万元的安家补贴。领军人才创办企业，购买仪器设备等有关科研支出，可获得50%的财政资助，最高额度不超过50万元。

2．创业B类。经专家评审确定为B类的领军人才项目，给予创业项目最高不超过300万元创业启动资金资助。创业企业注册后，首次给予60万元资助，后续资金视项目计划进度的完成情况以及合同的履行情况，自首笔资助款项拨付之日起3年内分期等额拨付。办公场地租金补贴、住房补助和科研资助等扶持资助标准与上述创业A类相同。

3．创业C类。经专家评审确定为C类的领军人才项目，给予创业项目最高不超过100万元创业启动资金资助。创业企业注册后，首次给予40万元资助，后续资金视项目计划进度的完成情况以及合同的履行情况，自首笔资助款项拨付之日起3年内分期等额拨付。办公场地租金补贴、住房补助和科研资助等扶持资助标准与上述创业A类相同。

（二）创新扶持（分A、B两类）。

1．创新A类。对在我市担任重大科技项目、重大工程项目首席工程技术专家、管理专家的领军人才，其项目经专家评审确定为A类的，给予100万元创新资金资助。首次给予40万元资助，后续资金视项目发展情况自首笔资助款项拨付之日起3年内分期等额拨付。对于落户定居东莞的项目领军人才，给予20万元的安家补贴。

2．创新B类。对受聘于我市各类企业的领军人才，其项目经专家评审确定为B类的，给予50万元创新资金资助。首次给予20万元资助，后续资金视项目发展情况自首笔资助款项拨付之日起3年内分期等额拨付。对于落户定居东莞的项目领军人才，给予20万元的安家补贴。

第七条 引进创新创业领军人才扶持资金在市人才发展专项资金中列支，由市财政局、市人力资源局共同管理、联合下达，支出范围包括创新创业扶持资金、专家评审费、有关人员（包括专家、领军人才和工作人员）的差旅费、在莞食宿费、监理机构服务费及其他工作经费等。相关评审费、差旅费、食宿费标准参考《东莞市行政事业单位聘请专家有关费用支出标准暂行办法》和《东莞市市直机关和事业单位差旅费管理办法》执行，监理机构的服务费参照粤港招标立项监理机构服务费率。

第八条 引进创新创业领军人才，全年接受申报，分批评审。办公室负责在东莞政府网、市人力资源局网站上开设引进创新创业领军人才专栏，并与有关网站合作发布我市引进创新创业领军人才工作的相关信息。应聘者登陆东莞市人事网（http：//dgrs.dg.gov.cn）进行报名并填写《东莞市创新创业领军人才项目计划书》。办公室还将适时组织有关单位赴国内外重点城市招聘海内外领军人才，进一步宣传、推介引进创新创业领军人才计划和我市的创业环境。欢迎各方面专家和社会各界积极推荐符合条件的各方面领军人才。

第九条 申请创新创业领军人才认定，需提交以下材料：

（一）《东莞市创新创业领军人才项目计划书》（见附件）一式三份；

（二）有效身份证件以及相关资格、业绩、科研成果等证明材料复印件各一份；

（三）国家、省、市有关部门或知名专家对所报项目的评价资料；

（四）拥有自主知识产权的专利证书、著作权登记证书、论文（摘要）、产品检测报告、技术成果鉴定证明等相关证明材料复印件各一份；

（五）其他应提供的材料。

上述申请材料的复印件在递交申请时需核对原件，同时申请人应同年没有申请其他城市的引才计划。

第十条 引进创新创业领军人才认定程序主要包括资格初审、专家评审、综合评价、确定人选、签定合同等。

（一）资格初审。办公室对报名人员的学历、经历等进行认定、审核，依据申请的条件与要求，对《东莞市创新创业领军人才项目计划书》及相关材料的具体内容进行资格初审，确定提交专家评委会进行评审的人选。

（二）专家评审。市科技局负责组织成立市创新创业领军人才专家评审委员会（以下简称专家评委会），主要负责确定引进创新创业领军人才的评审标准，对引进项目和人选进行评审。专家评委会设主任1人，由两院院士或知名专家担任；委员6至10人，由技术、管理、财务以及科技风险投资、知识产权等方面的专家和学者担任。按不同专业领域下设若干个专家评审小组，每个评审小组7至9人，聘请行业学术造诣深、学术思想活跃、熟悉被评课题技术领域、有评价分析能力、责任心强、办事公正的知名专家组成。

（三）综合评价。对通过专家评审的项目，由市科技局邀请有关科技风险投资、知识产权、财务、管理等专家和相关部门领导、企业家组成综合评审小组对项目的专家评审结果是否通过进行综合评价。并综合领军人才层次、项目自主创新能力与市场前景以及对我市经济发展的支撑和引领作用等多方面因素，进行分类（创业A、B、C类，创新A、B类）推荐。

（四）确定人选。根据专家评审和综合评价意见，提出初步建议人选，经办公室审核后，将评审结果在新闻媒体进行10天的公示。公示期间接到相关举报和质疑的，由办公室负责调查、核实并处理。公示无异议的，由办公室报市人才工作协调小组审批。

（五）签定合同。经市人才工作协调小组审定后，由项目落户地单位或其主管部门与领军人才签定相应合同。合同中应明确签约双方的权利、义务和相关责任。

第十一条　暂未达到创新创业领军人才标准的高层次人才，办公室将积极向用人单位举荐，力求为高层次人才找到发挥作用的机会和舞台。

第十二条 加强引进创新创业领军人才项目的监督和管理，可委托项目监理机构按照合同约定，确定考核指标，对创新创业领军人才和项目实行定期考核。考核工作每年进行一次，考核结果报办公室备案。每年由办公室对本市引进创新创业领军人才专项资金执行和使用情况进行检查，编制年度执行报告，报市人才工作协调小组。

第十三条 接受专项资助的创新创业领军人才负责项目的具体实施，对申报材料的准确性和真实性、项目建设、资金使用等负责。无正当理由中止项目的，将追缴已资助的经费，并追究相关人员的法律责任。

第十四条 本办法由市人力资源局负责解释。

第十五条 本办法自发布之日起施行。

东莞市人民政府办公室
二〇一〇年二月二十一日

东莞市培养科技创新团队和领军人才暂行办法

（东府办〔2010〕17号）

第一章 总则

第一条 为贯彻落实中共东莞市委、东莞市人民政府《关于进一步加强人才工作的若干意见》，根据东莞市人民政府《关于培养科技创新团队和领军人才的实施意见》，制定本办法。

第二条 东莞市培养科技创新团队和领军人才工作由市人才工作协调小组统一领导，下设市培养科技创新团队和领军人才工作办公室（设在市人力资源局，以下简称办公室），具体负责科技创新团队和领军人才的选拔、培养、资助、服务、考核、管理等日常工作。

第二章 选拔推荐

第三条 科技创新团队和领军人才、后备人才的选拔推荐范围：我市行政辖区内企事业单位的优秀人才，不受国籍、户籍限制。

第四条 科技创新团队和领军人才、后备人才必须诚信守法，学风正派，与所在单位签订5年以上劳动合同（承诺书），并具备以下条件：

（一）科技创新团队

有明确的研究方向和发展规划，具有良好的科研条件，围绕国家、省及我市经济社会发展的战略需求，近3年承担过市级以上重大课题或科技项目研发，并通过有关部门的验收，对东莞产业的发展起到实质性推动作用，且团队负责人需近3年来承担过市级以上科研项目，具有高级职称或硕士以上学位，其他成员需具有中级职称或本科以上学历。

（二）科技领军人才

具有较高的科研能力和创新性思维，较强的组织协调能力和管理水平，所取得的成果或正开展的科研项目具有重大的经济效益或社会效益，对东莞产业的发展有重大推动作用，且年龄在50周岁以下，并具备下列条件之一：

1．近3年获国家级、广东省科技进步奖二等奖以上或东莞市科技进步奖一等奖项目的主要完成人；

2．东莞市专业技术拔尖人才；

3．在我市八大支柱行业、高新科技产业、先进制造业、现代服务业以及重点学科等领域中处于引领地位，近3年作为第一主持人主持过市级以上重点项目；

4．在我市高校、医院、科研院所等机构工作，具有副高以上专业技术职称，具有一定影响力或突出贡献，近3年来有突出科研成果或正在进行市级以上重点科研项目的人员。

（三）科技领军后备人才

有独立开展科学研究、解决某一专业领域技术难题的能力，具有发展潜力的优秀青年科技人才，且年龄在45周岁以下，并具备下列条件之一：

1．为企业的技术改进、产品研发做出较大贡献，在从事的科技工作中取得了一定的成绩；

2．承担过市级以上科研项目并通过有关部门的验收，或获得市级以上的科技进步奖。

第五条 科技创新团队和领军人才、后备人才的选拔工作实行自愿申报，单位或科技社团推荐，专家评审认定的方式选拔产生。

第六条 申请认定科技创新团队应递交以下材料：

（一）东莞市科技创新团队申报表；

（二）申报团队所在单位的工商营业执照（或事业单位法人证书）、团队成员的身份证、职称证书、学历证书或学位证书；

（三）申报团队近3年的工作业绩；

（四）申报团队近期的发展规划和科研计划；

（五）其他必要的证明材料。

第七条 申请认定科技领军人才或者后备人才应递交以下材料：

（一）东莞市科技领军人才（后备人才）申报表；

（二）申请人的身份证、职称证书、学历证书、学位证书；

（三）在莞从事相关科技工作的证明；

（四）申请人近三年工作业绩；

（五）其他必要的证明材料。

第八条 办公室每年6月1日至7月31日接受申报，并于11月1日前确定科技创新团队和领军人才、后备人才名单。

第九条 科技创新团队和领军人才、后备人才的认定，由办公室组织相应的专家和学者评审产生。认定结果在东莞主流媒体上公示，公示期为7个工作日。

第十条 科技创新团队和领军人才、后备人才的选拔推荐工作每年进行一次，每次选拔科技创新团队3－5个、科技领军人才15－20人、科技领军后备人才50人，经认定的对象可享受三年政府培养资助。

第三章 培养资助

第十一条 科技创新团队和领军人才、后备人才主要采用以下培养方式：

（一）研修深造。每年选送行业或学科领军人才、后备人才分别到海内外高校、科研机构、著名企业研修深造，开展科研合作、学术交流等活动。

（二）平台搭建。每年开展若干期专题交流活动，搭建与国内外同行之间相互交流的平台，搭建科技人才与党政领导之间交流对话的平台。同时，鼓励各学术团体举办交流活动。

（三）项目带动。大力鼓励和支持科技创新团队和领军人才、后备人才申报承担国家或地方重大科研项目、重点项目，或根据东莞经济社会双转型的需要，自主选题，开展创新性研究，不断提升其创新能力和领军能力。

（四）团队建设。充分发挥企事业单位的主体作用，大力鼓励和支持培育科技创新团队，在人员配备、设备配备、经费使用方面充分尊重科技领军人才的自主权，对团队建设所需要的经费，给予适当的资助。

第十二条 市财政每年核拨专项资金，作为培养科技创新团队和领军人才、后备人才专项经费、专家评审选拔费、公告宣传经费等。

第十三条 科技创新团队和领军人才、后备人才，参加国内外的培训、交流、考察活动和团队建设等活动，经办公室批准，其培训费、交通费和食宿费用等，可按以下标准补助：

（一）由办公室统一组织的研修深造和交流学习，费用全额在专项经费中列支；

（二）领军人才自行到国内外大学（国外大学原则上为世界排名前300名）、科研机构攻读博士学位，或做访问学者，学费全额补助，生活费（包括住宿费、伙食费、交通费、通讯费等）资助最高限额国外为人民币10万元，国内为人民币6万元；自行参加的培训、交流、考察等活动，费用按80%补助，举办地在国外，最高补助人民币15000元，举办地在国内（含港澳台）最高补助人民币5000元，后备人才补助额度按领军人才额度的80%执行，原则上每年每人补助一次；

（三）科技创新团队负责人补助标准按照领军人才标准执行，其他成员补助标准按后备人才标准执行。

第十四条 办公室每年年初公布专项资金年度申报指南，确定当年的资助领域及条件，在受理团队、个人申报资助材料起

30个工作日内完成审核。资助资金在项目完成后一次核定拨付。

第十五条 申请对象及其所在单位提交的材料必须真实有效。有弄虚作假者，视情节轻重采取通报、撤销资助项目、追缴项目资金和取消培养资格的处理。

第十六条 市财政局根据已审批的专项资金资助计划，按财政预算资金拨付程序办理拨付手续。资助资金由市财政直接拨付给科技创新团队和领军人才、后备人才所在单位，由单位按相关规定拨付给团队或个人。受资助团队应对专项资金进行单独核算、专账管理。

第四章 管理服务

第十七条 坚持党管人才原则，形成政府引导，用人单位为主体，社会力量广泛参与、分工有序、责任明确的人才工作新格局。

（一）办公室汇同用人单位做好科技创新团队和领军人才、后备人才的日常管理考核、管理服务、检查监督等工作。

（二）优化服务平台，密切加强与培养对象的沟通联系。及时向培养对象通报有关政策，听取他们的意见和建议，了解和关心他们的思想状况、工作情况和发展需求。

（三）努力营造尊重劳动、尊重知识、尊重人才、尊重创造的良好社会氛围，大力宣传科技创新团队和领军人才、后备人才的优秀成果和先进事迹，宣传他们对东莞经济社会发展所做的重要贡献，提高他们的知名度和社会地位。

第十八条 科技创新团队和领军人才、后备人才所在单位与办公室签订培养责任书，作为资助期内计划目标管理中资金拨付、监督考核等工作的依据。培养对象同时要与其所在单位签订双向目标责任书，并报办公室。

第十九条 科技创新团队和领军人才、后备人才实行定期考核，考核内容主要包括科技领军人才的职业道德、工作进展、科研业绩、团队建设、经费使用与投入、科研平台建设、单位配套服务等情况。

第二十条 加强对科技创新团队和领军人才、后备人才的跟踪服务，建立和完善培养对象数据库，了解他们的基本情况、取得的科研成果和考核情况。

第二十一条 根据考核结果，实行动态管理。对考核优秀的科技创新团队和领军人才，按照《东莞市科学技术奖励办法》，优先考虑授予市长奖、科技进步奖，并颁发奖金；对考核情况较差或不合格的团队和领军人才、后备人才，其所在单位要督促其查找原因，及时整改，对确定不适合继续培养的，取消其培养资格。

第五章 附 则

第二十二条 本办法由市人力资源局负责解释。

第二十三条 本办法自颁布之日起执行。

东莞市人民政府办公室

二〇一〇年二月二十一日

深圳市引进人才实施办法

（深人社规〔2010〕4号）

第一章 总则

第一条 为规范人才引进工作，大力引进优秀人才，促进城市经济建设和社会发展，根据《印发关于引进国内人才来深工作若干规定的通知》（深府〔2002〕5号）、《印发深圳市关于加强和完善人口管理工作的若干意见及五个配套文件的通知》（深府〔2005〕125号）、《关于实施自主创新战略建设国家创新型城市的决定》（深发〔2006〕1号）和《关于鼓励出国留学人员来深创业若干规定的通知》（深府〔2000〕70号），以及国家、省、市有关干部调配的规定，制定本办法。

第二条 本办法所称引进人才是指从市外调入符合干部调配规定的国内在职人员（以下简称调干）和接收留学人员。

本办法所称留学人员是指在国（境）外学习并获得学士以上学位的出国（境）留学生，或在国内具有中级以上专业技术资格并到国（境）外高等院校、科研机构工作或学习一年以上的访问学者和进修人员。

第三条 深圳市人力资源和社会保障行政管理部门（以下简称市人力资源保障部门）主管本市引进人才工作，负责办理用人单位及个人申请调干和接收留学人员业务。

区人事部门按照职责分工，在市人力资源保障部门的指导下办理用人单位申请调干业务。

第四条 市人力资源保障部门根据本市经济、社会和城市发展需求情况，结合人才存量、结构、需求，定期制定并发布深圳市人才引进目录、深圳市人才引进专业分类目录。

第五条 年度引进人才数量根据全市年度人口机械增长计划执行情况实行总量控制。

市人力资源保障部门、区人事部门根据我市产业发展状况、用人单位的实际需求，以及拟引进人员的教育程度、技术技能水平、市场认可程度等综合要素，择优下达入户指标。对纳税（创汇）额较高的企业、本市相关主管部门认定的高新技术企业、先进技术企业、享受本市直通车服务的企业、承担本市重点项目建设的企业等用人单位，给予指标倾斜；对具有特殊专长、作出突出贡献的技术技能人才，优先下达指标。

第二章 立户登记

第六条 用人单位办理人才引进应到市人力资源保障部门或区人事部门办理人事立户登记。

第七条 在本市依法注册、登记、批准成立且正常运作的各类法人机构或具有用人自主权的其他组织均可以申办人事立户登记。

第八条 市人力资源保障部门、区人事部门对申请材料进行审核。对于材料齐全且符合立户条件的，分项核准其业务办理权限，并发放《人事立户登记证》。

第九条 已办理人事立户登记的用人单位基本信息发生变更的，应当自信息发生变更之日起15个工作日内办理人事立户登记信息变更手续。

第三章 人才引进条件

第十条 拟引进的人员应当符合下列基本条件：

（一）具有城镇户籍；

（二）身体状况能够胜任正常工作；

（三）具备与工作岗位相匹配的工作技能；

（四）未违反人口和计划生育法律、法规和有关政策的规定；

（五）未参加国家禁止的组织及其活动；

（六）不属于正在接受监察、纪检、司法部门调查的人员，正在被执行刑事处罚的人员，或者仍处于处分期内的人员。

第十一条 已婚的拟引进人员，其配偶应同时符合下列条件：

（一）具有城镇户籍，但符合本办法第十二条、第十三条第一款第（一）项或第十三条第一款第（四）项规定条件的人员除外；

（二）不得超过拟引进人员本人所对应申报条件规定的最高年龄；

（三）未违反人口和计划生育法律、法规和有关政策的规定；

（四）未参加国家禁止的组织及其活动。

第十二条 用人单位申请引进符合本办法第十条、第十一条规定且具备下列条件之一的人员，市人力资源保障部门、区人事部门按照核准方式予以办理：

（一）两院院士；

（二）享受国务院特殊津贴专家，全国杰出专业技术人才，“百千万人才工程”国家级人选，国家、省（部）级有突出贡献中青年专家，国家重点学科、重点实验室学术技术带头人，年龄在55周岁以下的；

（三）广东省和国家部级以上自然科学奖、技术发明奖、科技进步奖或深圳市科技创新奖的项目主要完成人，年龄在50周岁以下的；

（四）经市人力资源保障部门认定并在任期内的高层次专业人才（以下简称高层次专业人才），且不超过其对应的高层次专业人才认定标准规定的最高年龄的；

（五）具有通过全国统考取得的高级专业技术资格、广东省高级专业技术资格或经市人力资源保障部门核准认定有效的省外高级专业技术资格（以下简称高级专业技术资格），年龄在50周岁以下的；

（六）经市人力资源保障部门职业技能鉴定获得高级技师职业资格证书，年龄在48周岁以下的；

（七）经市人力资源保障部门职业技能鉴定获得技师职业资格证书，年龄在45周岁以下的；

（八）具有国内大学本科以上学历和学士以上学位，年龄在45周岁以下的；

（九）留学人员直接来深创业和工作，年龄在45周岁以下的；

（十）本市依法登记注册企业的法定代表人，其所在企业在最近连续3个纳税年度内累计纳税人民币300万元以上的；

（十一）本市依法登记注册个人独资企业的投资人、有限责任公司的自然人股东、合伙企业的出资（合伙）人，最近连续3个纳税年度内，以其投资份额占该企业实收资本的比例而累计分摊企业已缴纳税额人民币60万元以上的；

（十二）在本市就业的个人，最近连续3个纳税年度内累计缴纳个人所得税人民币24万元以上的；

（十三）在本市依法登记注册个体工商户的经营者，最近连续3个纳税年度内累计纳税人民币30万元以上的；

（十四）符合《深圳市人才引进目录》规定的其他人员。

前款第（十）项至第（十三）项所规定人员，须连续3年以上在同一单位，一直具备与申请事由相适应的身份资格，且年龄在50周岁以下；纳税额超过以上规定纳税额一倍以上的，其年龄可放宽至55周岁。

本条第一款第（一）项至第（九）项、第（十四）项属技术技能引进入户条件，第（十）项至第（十三）项属投资纳税引进入户条件。

第十三条 用人单位申请引进符合本办法第十条、第十一条规定且具备下列条件之一的人员，市人力资源保障部门、区人事部门根据我市年度人口机械增长计划执行情况按照审批方式予以办理：

（一）具有本科以上学历，以及通过全国统考取得的中级专业技术资格、广东省中级专业技术资格或经市人力资源保障部门核准认定有效的省外中级专业技术资格（以下简称中级专业技术资格），年龄在45周岁以下的；

（二）具有本科以上学历，持有市人力资源保障部门公布目录范围内的全国统考专业技术人员职业（执业）资格证书（以下简称专业技术人员职业（执业）资格证书），年龄在45周岁以下的；

（三）具有本科以上学历，在我市实际缴纳社会养老保险费累计2年以上，年龄在40周岁以下的；

（四）具有大专学历和中级专业技术资格，年龄在40周岁以下的；

（五）具有大专学历，持有专业技术人员职业（执业）资格证书，年龄在40周岁以下的；

（六）具有大专学历，所学专业为本市重点引进专业，在我市实际缴纳社会养老保险费累计3年以上，年龄在35周岁以下的；

（七）具有大专学历，在我市实际缴纳社会养老保险费累计4年以上，年龄在35周岁以下的；

（八）具有本市经济社会发展急需技术技能，用人单位急需引进的人员。

前款规定属技术技能引进入户条件。

第十四条 夫妻一方具有本市户籍，且结婚时间和分居时间均达到2年以上的，符合本办法第十条规定的另一方可由其用人单位以夫妻分居形式申请引进。

第十五条 符合本办法第十条、第十一条规定且符合下列条件之一的人员，可以个人身份申办引进：

（一）两院院士；

（二）享受国务院特殊津贴专家，全国杰出专业技术人才，“百千万人才工程”国家级人选，国家、省（部）级有突出贡献中青年专家，国家重点学科、重点实验室学术技术带头人，年龄在55周岁以下的；

（三）广东省和国家部级以上自然科学奖、技术发明奖、科技进步奖或深圳市科技创新奖的项目主要完成人，年龄在45周岁以下的；

（四）高层次专业人才，且不超过其对应的高层次专业人才认定标准规定的最高年龄的；

（五）具有博士学位，年龄在45周岁以下的；

（六）具有高级专业技术资格或经市人力资源保障部门职业技能鉴定获得高级技师职业资格证书，年龄在45周岁以下的；

（七）经市人力资源保障部门职业技能鉴定获得技师职业资格证书，年龄在40周岁以下的；

（八）在国（境）外学习并获得学士以上学位，从海外直接来深创业和工作的出国（境）留学生，年龄在40周岁以下的；

（九）《深圳市人才引进目录》规定的特殊类人才，年龄在40周岁以下的；

（十）具有全日制普通高等教育研究生学历和硕士学位，在我市实际缴纳社会养老保险费累计1年以上，年龄在35周岁以下的；

（十一）具有全日制普通高等教育本科学历和学士学位，所学专业为本市重点引进专业，在我市实际缴纳社会养老保险费累计2年以上，年龄在35周岁以下的；

（十二）符合本办法第十二条规定投资纳税引进入户条件，年龄在50周岁以下的。

前款第（一）项至第（十一）项属技术技能引进入户条件，第（十二）项属投资纳税引进入户条件。

第十六条 符合技术技能引进入户条件的人员现已在我市工作的，在扣除其本人在我市依法实际缴纳社会养老保险费的累计年限后，其引进年龄未超过本办法规定相应年龄的，可以申报引进，但申报引进时的实际年龄不得超过50周岁。

第十七条 拟引进人员根据《关于印发深圳市调入人员缴纳超龄养老保险费的规定的通知》（深府〔2008〕180号）规定应缴纳超龄养老保险费的，须按规定缴纳超龄养老保险费。

第四章 办理程序

第十八条 已办理人事立户登记的用人单位申请引进人才，应申报本单位人才统计信息及年度人才引进计划，并对拟引进人员进行考核，对考核合格且符合引进条件的，向其人事行政关系所在单位商洽索取档案，并在网上申报拟引进人员信息。

按国家有关规定无干部人事档案保管权的用人单位须委托我市指定的人力资源服务机构办理商调人事档案等相关手续。

按照干部管理权限须由相关部门出具审核意见的，须经相关部门审核同意后，再进行网上申报。

以家属随军形式引进的，须先经市军官转业安置管理部门批准后，再进行网上申报。

按照投资纳税引进入户条件申报的，须先经市公安部门审查合格后，再进行网上申报。

第十九条 以个人身份申请人才引进的，应当与市人力资源保障部门认可的人力资源服务机构签订人事代理协议，委托其办理人才引进手续。

人力资源服务机构向委托人人事行政关系所在单位商洽转递人事档案，并在网上申报拟引进人员信息。

第二十条 已完成网上信息申报的用人单位或人力资源服务机构应在规定的时间向市人力资源保障部门或区人事部门提交书面申报材料。

第二十一条 市人力资源保障部门、区人事部门收到申报材料后，根据不同情形分别作出以下处理：

（一）申请事项属于本行政机关职权范围，申报材料齐全、符合规定形式的，接收申报材料；

（二）申请事项属于本行政机关职权范围，但申报材料不齐全或者不符合规定形式且无法当场补正的，退回申报材料，并注明需要补正的全部内容；

（三）申请事项不属于本行政机关职权范围的，退回申报材料，告知申请人不予受理以及不予受理的原因。

第二十二条 市人力资源保障部门、区人事部门接收书面申报材料之日为受理申请之日。

市人力资源保障部门、区人事部门接收申报材料后发现材料不齐全或者不符合规定形式的，在5个工作日内书面告知申请人需要补正的全部内容。

申请人按照告知要求补交申报材料的，市人力资源保障部门、区人事部门接收补交申报材料，受理之日从接收补交申报材料之日起算。

第二十三条 市人力资源保障部门、区人事部门按照本办法规定的条件审核拟引进人员的申报材料。

拟引进人员的身份、行政职务等，以其人事档案记载为准。凡档案从原工作单位发出后录（聘）用的身份、提拔的行政职务等，不得作为引进条件。

拟引进人员取得的省外专业技术资格，以市人力资源保障部门核准认定的结果为准。

第二十四条 市人力资源保障部门、区人事部门自受理之日起10个工作日内做出是否同意调入或接收的决定。

对于情况特殊的，审批时限可适当延长，但最长不得超过30个工作日。

第二十五条 市人力资源保障部门、区人事部门对人才引进申请作出同意决定的，用人单位、人力资源服务机构领取相关函件，并转交拟引进人员。

拟引进人员可凭相关函件，按照规定程序办理报到、户籍迁入等相关手续。

第五章 引进人才监督管理

第二十六条 市人力资源保障部门负责统筹全市人才引进工作，并对各区人事部门人才引进业务进行指导和监督检查。

第二十七条 已办理人事立户登记的用人单位，有下列情形之一的，暂停其办理人才引进业务直至该情形终止：

（一）未按规定办理工商年检和组织机构代码证书年检的；

（二）用人单位的基本信息发生变更未及时申报的；

（三）用人单位被申请破产的；

（四）逾期未申报引进人才计划和人才统计信息的；

（五）未依法纳税的；

（六）有严重违反劳动保障法律法规行为的；

（七）有其他违反法律、法规和政策行为难以正常开展人事管理活动的。

第二十八条 用人单位应确保所申报材料的真实性，在引进人才报批过程中实行单位法定代表人（或委托人）、人事负责人和单位经办人共同签字负责制，并由单位经办人办理本单位的人才引进业务。

用人单位有下列情形之一的，暂停其办理人才引进业务2年，将其行为记入深圳市企业征信系统，并根据具体情况建议用人单位对负有直接责任的经办人给予纪律处分；涉嫌犯罪的，依法移送司法机关处理：

（一）用人单位为非本单位人员办理人才引进的，或不具有代理、派遣资质的机构以代理或派遣方式办理人才引进的；

（二）伪造、变造或故意提供虚假材料的；

（三）不严格核实申报材料造成不良后果的；

（四）有行贿、受贿或者索贿情形的；

（五）有其他违法犯罪行为的。

第二十九条 拟引进人员有下列情形之一的，不予办理引进手续，将其行为记入深圳市个人诚信征信系统，并在3年内不再受理其引进申请；涉嫌犯罪的，移送司法机关依法处理：

（一）提供虚假材料的；

（二）在职业技能鉴定、职称评审等工作中有弄虚作假等舞弊行为的；

（三）有其他违法犯罪行为的。

第三十条 市人力资源保障部门、区人事部门在引进人才审核工作中实行经办人签字负责制，签字人为直接责任人。工作人员违反有关规定的，经查实后给予相应纪律处分，涉嫌犯罪的，移送司法机关依法处理。

第六章 附 则

第三十一条 引进人员的18周岁以下子女（大中专院校在校生除外），或者年龄在20周岁以下且仍在中学就读的子女，以及出国（境）留学人员配偶可一同随迁。

第三十二条 办理人事立户登记和人才引进所需提交的申报材料，由市人力资源保障部门在市人力资源和社会保障局网站（www.szhrss.gov.cn）“人力资源引进”栏目公布。

第三十三条 机关、事业单位从市外录（聘）用工作人员需要办理入户的，按照本办法执行。如另有规定的，从其规定。

市委、市政府对高层次专业人才及其配偶的引进另有规定的，从其规定。

第三十四条 本办法所称“以下”不包含本数，“以上”均包含本数。

第三十五条 本办法由市人力资源保障部门负责解释。

第三十六条 本办法自2010年4月22日起施行。2008年4月10日《深圳市人事局关于印发〈深圳市引进人才实施办法〉的通知》（深人规〔2008〕6号）同时废止。

深圳市人力资源和社会保障局

二〇一〇年四月二十日

云南省留学回国人员安置办法

（云人社发〔2010〕315号）

第一条 为妥善安置、合理使用留学回国人员，充分发挥他们在我省经济社会发展中的作用，特制定本办法。

第二条 本办法所称留学人员是指出国留学后来到我省的下列人员：

（一）获得国外大学及以上学历或学士以上学位的公派、自费出国留学人员；

（二）已获得外国长期（永久）居留权、留学国再入境资格的人员；

（三）在国内已取得中级以上专业技术职务任职资格并到国外高等院校、科研机构进修一年以上的访问学者或进修人员。

第三条 留学回国人员符合以下条件之一的可以安置：

（一）我省急需、紧缺的高层次留学人员；

（二）因用非所学、用非所长、缺少开展工作必需的基本条件等原因，在原工作单位不能充分发挥专长，经原工作单位同意调出、解除劳动合同、解除聘用合同的；

（三）出国前无工作单位，年龄一般在45周岁以下，回国后需安置到我省各用人单位发挥专长的。

第四条 留学回国人员有违法、违纪行为或其它不宜安置情形的，不得安置。

第五条 留学回国人员安置，坚持公开、平等、竞争、择优的原则，按照德才兼备的标准，注重其工作实绩。

留学回国人员安置，坚持行政引导、市场配置，实行自主择业，双向选择。

第六条 各级人力资源和社会保障部门是安置留学回国人员的综合管理部门。

第七条留学回国人员来滇创业和工作的主要方式：

（一）以技术入股或投资形式创办各类经济实体、研究开发机构；

（二）进入国家机关、国有企事业单位和其他类型经济社会组织工作；

（三）开展学术交流、科研合作或承担科研项目；

（四）进入博士后科研流动站、工作站从事博士后研究；

（五）进入社区公共服务等公益性机构工作。

第八条 留学回国人员安置可以采取直接考核或面向社会公开考录、招聘的方式安置。

进入国家机关的人员，按照《中华人民共和国公务员法》及有关规定执行。

事业单位接收具有博士学位或我省紧缺、急需的留学回国人员，可以采用直接考核的方式安置。其他留学回国人员进入事业单位的原则上应当采取面向社会公开招聘的方式安置。

进入国有企业单位和其他类型经济社会组织的人员，按照有关法律法规和用人单位的规定执行。

第九条 采用直接考核的方式安置的由用人单位对留学人员的德能勤绩进行直接考核，并按程序办理安置手续。

第十条 以面向社会公开招聘方式安置的，由用人单位按有关规定面向社会招聘。

第十一条 留学回国人员安置由各用人单位按人事管理权限向同级人力资源和社会保障部门申报。也可以通过政府所属人力资源服务机构向同级人力资源和社会保障部门申报。

第十二条 拟安置留学回国人员的用人单位，需报送以下材料：

（一）主管单位调整安置的请示；

（二）《留学回国人员登记表》；

（三）《申请接收留学回国人员单位情况登记表》；

（四）我国驻外使（领）馆出具的《留学回国人员证明》；

（五）教育部门出具的留学人员学历认证；

（六）留学回国人员的国外学历（学位）证书；

（七）需要调整到事业单位的人员，应附《编制使用通知单》；

（八）需要落户或恢复户口的人员，应填写《留学回国人员安置情况登记表》。

第十三条 人力资源和社会保障部门对用人单位申报的拟安置留学回国人员资格条件进行审核，并对安置过程进行监督。

第十四条 经人力资源和社会保障部门审核同意后，由人力资源和社会保障部门出具《云南省留学回国人员安置通知》。留学回国人员凭《云南省留学回国人员安置通知》办理落户手续。

第十五条 用人单位应当依法为安置的留学回国人员办理社会保险；留学回国人员配偶需要安排工作、子女需要就学的，用人单位应按有关政策规定积极妥善安排，人力资源和社会保障部门、教育部门、公安部门及各用人单位应给予支持。

第十六条 留学人员的工龄按国家有关规定计算。

第十七条 用人单位应对安置的留学回国人员进行全面考核，对其学术水平、专业技术及管理能力等进行全面的科学评价。

第十八条 用人单位应当为安置的留学回国人员创造良好的工作条件，充分听取他们的意见、建议，并在政治上关心，生活上提供方便，及时帮助解决遇到的实际困难，为他们早出成果、多出成果创造良好的条件。

第十九条 本办法由省人力资源和社会保障厅负责解释，各州（市）人力资源和社会保障部门可结合实际制定实施细则。

第二十条 本办法自印发之日起施行。

云南省人力资源和社会保障厅
二〇一〇年十二月二日

关于引进海外高层次人才来昆工作及创新创业优惠扶持暂行办法

（昆办通〔2010〕108号）

第一章 总则

第一条 为贯彻落实中央和省委有关引进海外高层次人才工作相关文件精神，根据《中共昆明市委办公厅转发<昆明市人才工作领导小组关于加强海外高层次人才引进工作的实施意见>的通知》（昆办发〔2009〕5号），结合我市实际，制定本办法。

第二条 我市海外高层次人才引进工作在市人才工作领导小组的统筹领导下进行，成立由市委办公厅、市政府办公厅、市委组织部、市委统战部、市委编办、市发改委、市工信委、市教育局、市科技局、市公安局、市财政局、市人力资源和社会保障局、市住房和城乡建设局、市农业局、市商务局、市文化广播电视体育局、市卫生局、市投资促进局、市政府政务服务管理局、市政府外侨办、市国资委、市政府金融办、市质监局、市工商局、市地税局、市社科联、市科协、昆明人才协会、昆明学院、昆明海关监管通关处及各国家级、省级开发（度假）区等组成的昆明市引进海外高层次人才工作小组，负责海外高层次人才引进工作的组织协调，成员由各部门（单位）分管人才工作领导及相关处室负责人组成，并根据工作需要适时调整和补充。

市人才工作领导小组下设昆明市引进海外高层次人才工作专项办公室（以下简称市专项办）。市专项办由市委组织部迁至市人力资源和社会保障局，作为市引进海外高层次人才工作小组的日常办事机构，负责海外高层次人才引进计划的研究制订、具体实施和业务指导。

第三条 市专项办牵头成立由知名企业家、风险投资专家、决策咨询专家、各行业领域知名专家组成的引进海外高层次人才专家评审委员会，负责海外高层次人才的资格审查和评审认定。

第四条 根据昆办发〔2009〕5号文件精神，我市海外高层次人才引进工作要围绕经济社会发展需求，用5年时间，在重点创新创业项目、重点产业园区、重点学科领域引进50名左右海外高层次人才，其中集聚5名左右在重点产业国内领先、达到国际水平的海外高层次人才（简称“三五工程”）。

第五条 引进海外高层次人才的基本原则。

（一）突出重点，按需引进。着眼于人才工作服务科学发展大局，围绕昆明加快实现科学发展新跨越在产业调整、科技创新、重大工程、关键技术、核心项目等重点领域对紧缺急需人才的实际需求，重点引进都市经济发展、装备制造、信息产业、国际金融贸易、现代物流、教育卫生、旅游文化等领域及其他方面紧缺急需、具有较高水平的海外高层次人才和创新创业团队。

（二）重在使用，构建载体。建立健全政府主导、市场配置、重点突出、服务完善的引进海外高层次人才工作机制，努力构建有利于海外优秀人才脱颖而出、人尽其才、才尽其用的良好载体，全力将昆明打造成为海外高层次人才干事创业的平台、展示风采的舞台和人生跨越的跳台。

（三）区别对待，特事特办。根据海外高层次人才引进和使用的特点，坚持政策扶持与市场配置相结合、政府主导与社会参与相结合、加大引进力度与重点培养相结合，积极探索人才引进工作规律，因人制宜，采取特殊政策，引进一个、带动一片、服务一方。

（四）统筹实施，形成合力。立足于业内认可和政府推动，建立统筹得当、协调有方、职责明确、分工明晰、运行有力、办事高效的海外高层次人才引进工作机制。

第二章 工作体制机制

第六条 市引进海外高层次人才工作小组负责审定海外高层次人才引进目录，制定和落实特殊政策措施，协调解决引才工作中的重大问题。市专项办负责协调引进海外高层次人才工作。

第七条 各重点领域的人才引进工作由牵头单位负责组织实施。非公有制经济组织创业人才引进工作由市工信委牵头，市商务局、市投资促进局配合；创新类海外高层次人才引进工作由市科技局牵头组织；重点学科建设和专业技术领军人才引进工作，由昆明学院、市教育局、市农业局、市卫生局、市文化广播电视体育局、市社科联分别牵头组织；市属国有重要骨干企业和市级金融机构人才引进工作，由市国资委、市政府金融办牵头组织；以各国家级、省级开发（度假）区为主的各类园区海外高层次人才引进工作，由各开发（度假）区管委会牵头组织。

鼓励、支持非公有制经济组织和新社会组织积极开展海外高层次人才引进工作。充分发挥各类学会、协会、联谊会等社会团体的作用，建立与海外高层次人才联系的有效渠道，为海外高层次人才来昆工作和创新创业牵线搭桥，做好服务。

第八条 各引才牵头单位的共性职责。

（一）征集各类别海外高层次人才岗位需求信息，报市专项办汇总后编制年度海外高层次人才引进需求目录，由市人力资源和社会保障局牵头对外发布；

（二）制定本类别年度引才计划；

（三）协调落实本单位（部门、系统）海外高层次人才的项目扶持经费和优惠待遇；

（四）积极利用高校、科研院所等机构拓宽引才渠道，建立信息资源库，推动海外高层次人才动态跟踪服务机制形成。

第九条 市科技局负责牵头对各类科技成果转化项目和高新技术产业项目评审认定；市人力资源和社会保障局负责指导用人单位签订引进协议，办理相关引进手续；市发改委、市工信委、市商务局、市投资促进局、市国资委、市质监局、市工商局负责对引进人才在学术、科研、创业、经营管理等方面提供立项审批、企业注册、项目支持等服务；市财政局、市政府金融办、市地税局负责引进人才财税金融和投融资等方面优惠扶持政策的落实；市公安局、市人力资源和社会保障局、市住房和城乡建设局、市卫生局、市外侨办、昆明海关监管通关处负责保障引进人才的工作生活条件、落实相关优惠政策，以及为引进人才的邀请、出入境、居留等提供便利；市委组织部、市委统战部、市科协、昆明人才协会负责加强对引进人才的联系服务工作。各国家级、省级开发（度假）区负责结合自身产业发展实际，组织开展海外高层次人才创新创业基地创建工作。

第十条 市级财政设立海外高层次人才专项经费，并纳入年度财政预算，专项用于海外高层次人才引进、扶持、工作生活条件保障等。

第十一条 用人单位是人才引进和使用的主体，负责提出人才需求、开发有效岗位、推荐拟引进人选、搭建工作平台、落实职级职务和配套政策等工作。

第三章 引才标准

第十二条 引进的海外高层次人才，指2009年1月1日后引进（含柔性引进）到我市工作，或有意来我市并与用人单位签订引进意向协议的海外创新创业人才。

第十三条 基本条件：一般应在海外取得博士学位，或在国内取得博士学位且累计有不少于24个月的海外工作经历，引进后每年为昆明服务或在昆工作累计不少于6个月，并符合下列条件之一。

（一）在国外著名高校、科研院所具有相当于助理教授及以上职务、职称的专家学者；

（二）在国际知名企业或金融等机构关键岗位从事研发或管理工作2年以上，担任高级职务的专业技术人员或中层以上经营管理人员；

（三）拥有自主知识产权或掌握核心技术，具有海外自主创业经验，熟悉相关产业领域国际规则的创业人才；

（四）拥有我市装备制造、生物医药、光电子信息、物联网、新能源、烟草及配套、冶金、化工、建材、花卉、农特产品深加工等重点产业以及文化产业发展、城市规划管理、会展策划、国际贸易等急需的知识产权、核心技术，能增强我市某一产业（领域、学科）创新能力和竞争能力，有效促进我市经济社会发展创新驱动、内生发展的人才。

第十四条 具体条件。

（一）创业类人才除符合基本条件外，还应具备下列条件。

1．拥有自主知识产权或发明专利，且技术成果先进，具有较强的市场潜力，并能进行产业化生产；

2．自有资金（含技术入股）或海外跟进的风险投资占创业投资的30%以上；

3．在昆明地区进行工商注册和税务登记。

（二）创新类人才除符合基本条件外，还应具备下列条件之一。

1．在重大科技创新项目涉及的领域，掌握重要实验技能和关键技术，能够解决关键性技术难题和工艺操作难题；

2．在海外承担过与重大专项相关的研发任务，具有较强的技术研发或产品开发能力。

第四章 申报程序

第十五条 各级各部门开展海外高层次人才岗位需求信息登记，制定海外高层次人才需求目录。市专项办综合各级各部门意见，汇总形成全市年度海外高层次人才引进需求目录，报市人才工作领导小组审定后发布执行。

第十六条 对纳入“三五工程”海外高层次人才及其项目实行申报评审制，评审项目分为A、B、C三类，评审工作由牵头单位和市专项办分别组织实施。

牵头单位根据用人单位推荐意见，组织本行业领域内相关专家对申报人选及其项目进行初步评审。评审时，专家数量不得少于5名，且递增后应为奇数。评审专家中，海外专家不少于三分之一。评审专家应是本行业具有较高知名度的领军人才。评审结束后，提出评审意见，并将建议人选及其项目报市专项办。

市专项办根据建议人选及其项目的具体情况，组织市引进海外高层次人才专家评审委员会对建议人选及其项目进行评审。评审时，评审委员会专家数量不得少于7名，且递增后应为奇数。评审专家中，海外专家不少于三分之一。评审工作结束后，评审委员会出具书面综合评审意见，对申报人选是否建议纳入“三五工程”及其项目进行综合评价，对建议人选的申报项目评价等级（A、B、C），并附专家集体签名认可。

评审工作实行回避制度，用人单位和个人认为可能影响评审结果公正的，可申请专家回避。

第十七条 市专项办对经评审认定后纳入“三五工程”的人选，在相关媒体进行不少于7个工作日的社会公示。

第十八条 市专项办根据公示结果确定“三五工程”人选，并将建议名单报市人才工作领导小组审批同意后，落实相关政策待遇。

第十九条 符合基本条件的海外高层次人才可通过自荐、互荐的方式直接向市专项办申报，或通过学会、协会、联谊会、校友会等社会团体及国内外各类组织向市专项办推荐申报。通过自荐、互荐、其他渠道推荐或需以特殊方式引进的人才，按照区别对待、特事特办的原则由市专项办协商有关部门（单位）按个案研究处理。

第二十条 经评审纳入“三五工程”的人选由市专项办以市委、市政府名义颁发《昆明海外高层次人才证》，在昆明地区凭证享受相关优惠扶持待遇，并纳入海外高层次人才信息资源库，作为市人才工作领导小组直接联系和掌握的专家，进行动态管理。

第五章 事业发展扶持和生活保障

第二十一条 引进人才担任项目负责人或团队带头人的，在规定的职责范围内，有权决定科研方向和科研经费的使用，包括用于人力成本投入；有权决定团队成员的聘任、薪酬和工作条件，不受本单位现有编制、工资总额和科研经费成本比例限制。

第二十二条 引进人才可按照归口管理权限向项目资金主管部门申请科技扶持资金、创业扶持资金、产业发展资金等，用于创新创业活动。项目资金主管部门要加大政策宣传力度，简化办事程序，优先给予办理，必要时应作为特别项目给予特殊照顾和政策扶持。

第二十三条 鼓励用人单位对来昆工作和创新创业的海外高层次人才按知识、技术、管理等生产要素的贡献参与收入分配。用人单位对作出突出贡献的海外高层次人才，可通过协议工资制、年薪制、股权制、期权制等多种形式，积极探索构建以绩效考核为核心，与人才智力贡献密切挂钩的多元化分配体系。

第二十四条 加强对创业类海外高层次人才的扶持。

（一）创业扶持。

1．资金和场所扶持。创业类海外高层次人才带科技、项目、资金到我市创业的，由市科技局牵头论证评审，报市专项办审批后，A类项目由市财政给予100万元的一次性创业启动资金资助、B类项目由市财政给予60万元的一次性创业启动资金资助、C类项目由市财政给予40万元的一次性创业启动资金资助，并由企业落户所在县（市）区、开发（度假）区提供不少于100平方米工作场所，三年内免收租金。自行解决工作场所的，由企业落户所在县（市）区、开发（度假）区参照市场标准提供资金补助，补助期限三年，一年一补。海外高层次人才或项目团队以科研成果、技术、资金、项目等形式入股我市企业的，按其入股比例给予相应的一次性创业启动资金资助，用于帮助其事业发展。

2．财税减免。海外高层次人才企业所得税地方留成部分，三年内由同级财政全额奖励给企业用于产品研发或扩大生产。

3．立项扶持。对海外高层次人才创业企业或入股企业从事高新技术科技成果转化并进行产业化的，由市科技局会同市发改委等部门牵头对其产品前景、生产规模、获利能力等情况充分论证、认定后，优先列入市科技部门重点扶持项目，优先安排申报国家、省各类科技计划项目。

4．投（融）资扶持。引进的海外高层次人才实施创业性科技成果产业化，可由落户开发（度假）区或县（市）区联系引导风险投资机构进行创业风险投资。其他投(融)资项目可参照我市现行投（融）资管理政策执行，同等条件优先享受。企业落户地应积极探索建立海外高层次人才创业风险投资专项基金和投资信用担保机制。

（二）安家费及生活补助。创业类海外高层次人才报市专项办审批认定后，由市财政给予海外高层次人才人均30万元一次性安家费补助，并由创业落户所在县（市）区、开发（度假）区提供不少于100平方米的生活住房，三年内免收租金。自行解决生活住房的，由创业落户所在县（市）区、开发（度假）区参照市场标准提供资金补助，补助期限三年，一年一补。

第二十五条 加强对创新类海外高层次人才的扶持。

创新类海外高层次人才或创新团队应与用人单位签订 3年以上工作合同或引进协议，且每年为昆明服务或在昆明工作累计不少于6个月。

（一）创新研发经费扶持。用人单位引进的海外高层次创新人才或创新团队，报市专项办评审认定后，由市财政给予创新人才或创新团队50万元的一次性创新研发经费资助。

（二）安家费及生活补助。用人单位引进的海外高层次创新人才或创新团队，报市专项办评审认定后，由市财政给予海外高层次人才人均30万元一次性安家费补助，并由用人单位提供不少于100平方米的生活住房，协议期内免收租金。自行解决生活住房的，协议期内由用人单位参照市场标准提供住房补助。

第二十六条 引进的海外高层次人才配偶有工作单位且愿意来昆就业的，按调入调出单位为同类性质或顺向流动的原则，可直接考核调入，各级人力资源和社会保障部门做好相关协调服务工作。根据引进人才意愿按照“随到随读、自由选择”的原则，其子女可就读市内各级各类学校（幼儿园）。各级教育部门负责协调办理入学手续，不得收取任何形式的择校择园费用。

第二十七条 确定市延安医院和市第一人民医院作为海外高层次人才的定点医疗服务机构，引进的海外高层次人才在定点医院凭《昆明海外高层次人才证》享受优先医疗服务。鼓励有条件的市属各级医疗机构与境内外保险公司开展针对海外高层次人才的商业医疗保险合作。市专项办定期组织海外高层次人才进行免费健康体检。

第二十八条 海外高层次人才及其配偶、子女，可根据本人意愿参加我市各项社会保险，同等享受本市市民各项社会保险待遇。用人单位在为引进人才办理各项社会保险的基础上，可为其购买商业补充保险。

第二十九条 昆明海关根据国家对高层次人才的优惠政策，给予海外高层次人才出入境科研、教学、自用等方面物品相应的税收优惠，并给予最大的通关便利。

第三十条 市公安局负责承办引进人才的居留、出入境和落户手续。

（一）具有中国国籍的引进人才，可不受出国前户籍所在地限制，凭人力资源和社会保障部门出具的人才引进手续在昆落户。符合我市人才引进家属随迁落户政策的，配偶和子女可随迁落户。

（二）外籍高层次人才及其随行外籍配偶、不满18周岁的子女，符合《外国人在中国永久居留审批管理办法》规定的，可申请《外国人永久居留证》。对不符合申办《外国人永久居留证》的，可依照相关规定申办2－5年外国人居留许可或多次F签证。

（三）定居国外的中国籍海外引进人才，按照有关规定，可向公安机关申请换发、补发普通护照；申办往来港澳通行证及相应签注；申请新办、换发或者补发往来台湾通行证及相应签注。

第三十一条 海外高层次人才因公从昆明国际机场乘坐飞机，凭《昆明海外高层次人才证》享受贵宾绿色通道服务。

第六章 考核及奖惩

第三十二条 建立海外高层次人才引进工作考核奖惩机制，对引进海外高层次人才工作成绩显著的单位（团体）或个人给予奖励。

第三十三条 引进的海外高层次人才为昆明做出突出贡献的，可优先申报我市各类奖项，申报程序和奖励办法按照相关评审办法执行。

第三十四条 加大对海外高层次人才用人单位的激励扶持力度，海外高层次人才独立承担或作为第一完成人的项目获得省（部）级科技二等奖及以上或同类别档次其他奖项的，给予用人单位一定额度奖励。

第三十五条 纳入“三五工程”人选因个人原因未履行劳动用工合同（协议）和项目合同（协议）的，由用人单位提出意见，经市专项办审核批准，用人单位依照有关法律规定解除与其签订的合同（协议），取消并追回其享受的相关优惠待遇和扶持（补助）资金；用人单位在使用管理过程中发现海外高层次人才不能胜任工作任务的，由用人单位提出意见，主管部门审核（无主管部门的直接由用人单位提出意见报市专项办审批），经市专项办审批，用人单位依照有关法律规定解除与其签订的合同（协议），取消其享受的相关优惠待遇和政策扶持。

第三十六条 推荐申报过程中弄虚作假的，立即终止申报，5年内不再受理；在事业发展或使用过程中发现弄虚作假的，一经查实即向社会通报，取消资格并追回所有扶持（补助）资金。单位（团体）或个人帮助弄虚作假的，对负责人和相关人员问责。情节严重、构成犯罪的移交司法机关追究相关法律责任。

第七章 附 则

第三十七条 市工信委、市教育局、市科技局、市公安局、市财政局、市人力资源和社会保障局、市农业局、市商务局、市文化广播电视体育局、市卫生局、市国资委、市政府金融办等部门根据本办法制定实施细则，并组织实施。

各县（市）区，各国家级、省级开发（度假）区可参照本办法，结合实际制定海外高层次人才引进工作细则，配套建立人才发展专项资金，并组织实施。

第三十八条 来昆工作或创新创业的海外高层次人才可同时申报创业类、创新类 “三五工程”人选；对同时入选的，执行最优惠条款，不重复享受。

第三十九条 本办法如与我市其他优惠扶持政策有交叉，执行最优惠条款，不重复享受。

第四十条 本办法自颁布之日起实施，未尽事宜由市人才工作领导小组办公室负责解释。

中共昆明市委办公厅
昆明市人民政府办公厅
二〇一〇年九月十七日

第三部分

园区篇

北大留学人员创业园

园区概况

北大留学人员创业园（北京北达燕园科技孵化器有限公司）（以下简称“创业园”）成立于2002年5月，由北京北大科技园有限公司控股，注册资本5000万元人民币，是北京大学和中关村科技园区管委会共建的创业孵化器基地，是北京市科委认定的北京市高新技术企业孵化基地，是北京市人事局认定的北京市留学人员创业园。

创业园集孵化、投资和运营顾问服务三位一体，由孵化器楼、创新中心、太平洋大厦所组成，孵化面积1.77万平方米，是专门吸引海外留学人员回国创办高科技企业，为具有原创自主知识产权的项目提供全程创业孵化及促进科技成果转化的创业服务机构。截至2010年底，园区在孵企业58家，其中留学人员创业企业33家。

“3M+T”模式是北大创业园率先在国内实施的孵化服务运营模式。创业园紧紧抓住投融资与技术转移服务，以及管理、组织、设计、咨询等前期辅导服务，以市场渠道、产品代理等作为有益补充，不断丰富专业条件科技平台，走专业化孵化道路。服务主要包括：

1．创业孵化服务。由北大资深教授所领衔的高级专业管理团队和“专家顾问团”，通过完善的“孵化企业评估系统”，为企业提供符合国际惯例、适应中国国情的全程创业咨询与孵化服务，以及经营、管理、商务、法律、政策等方面的专业咨询辅导服务。

2．投融资服务。提供创业资金，协助申请留学人员创业贷款，帮助企业与机构对接等相关投融资服务。

3．企业促进服务。组织和帮助企业申报留学人员专项资助资金、国家“火炬计划”、科技攻关计划、新产品试制计划等各类产业发展计划和基金，获得政府资助；协助进行高新技术企业、产品和各类项目的申报和专利申请；组织企业进行高新技术企业的认定和复核；协调落实企业所享受的各项优惠扶持政策。

4．人才和技术支撑服务。设立专家咨询委员会和专家库，提供相应技术和项目的专家咨询及协作配套服务；搭建微构分析测试中心和光电子精密测量仪器研发平台，利用北京大学校内资源提供共享实验室、中试基地等技术平台，为企业提供研发测试服务。

5．创业导师制服务。为入驻创业企业配置相应产业领域的成功企业家，帮助创业企业团队提升经营管理能力，提高创业成功率。

6．为企业市场营销提供支持，寻找国际合作伙伴，开拓国际市场，协助办理进出口业务。

7．为企业集中办理政府审批、工商、税务服务，以及专业的政府公关、媒体运作、市场推广及广告服务。

2010年园区大事记

1．4月6日，北京北达燕园科技孵化器有限公司（北大孵化器）组织编写了《海淀区大学科技园绩效评价表》，并获得海淀区B类大学科技园称号。

2．6月17日，组织承办“中关村留学人员企业精品项目推介会”北大创业园专场，通过向风投机构推介留学人员企业的精品项目，建立了企业与投资机构之间融资与合作的渠道，解决了留学人员企业融资难的问题。

3．8月28日，北大创业园作为发起人，加入中关村创业园协会。

4．10月19日，北大科技园被教育部、科技部认定为“高校学生科技创业实习基地”。

5．10月26日，北大科技园与北京大学科技开发部共同签署了《北京大学科技开发部、北京北大科技园有限公司关于共同促进产学研发展的合作协议》，北大科技园成为北京大学产学研、科技成果转化的唯一载体和平台。

6．11月27日，“2009年度海淀区大学科技园产学研合作示范基地授牌仪式”举行，北大科技园成为5家“海淀区产学研合作示范基地”之一。

7．2010年，北大创业园从企业需求出发，指导园内北京盖雅环境科技有限公司、北京中电联众技术有限公司、北京煜立晟科技有限公司、北京峨兰斯科技有限公司4家企业通过国家高新技术企业认定。

8．2010年，北大创业园组织园内北京方正飞阅传媒技术有限公司、元培世纪（北京）教育科技有限公司申报中关村“高聚工程”，组织北京博大格林高科技有限公司申报北京市“海聚工程”，并最终获得评定。同时，组织园内企业参加“中关村50优”申报工作，3家企业入选。

9．2010年，北大创业园联合东方金诚国际信用评估有限公司、海淀创业促进处等相关机构达成战略合作，为园区企业在信用评级、风险投资引入、创业深度辅导等方面进行服务；联合中关村科技担保公司、中关村小额贷款公司、北京知识产权局、北京银行等机构为园内企业提供融资策划方案和资金支持；联合北京双高人才中心为园区企业开展人才需求解决方案及政策解答；多次组织沙龙活动，为企业提供交流平台。

10．2010年，北大创业园与北京北达燕园微构分析测试中心有限公司、北京优立光太科技有限公司分别搭建了微构分析测试中心公共测试平台和光电子精密测量仪器研发平台，在相关领域开展产业聚集。

2010年优秀在园留学人员企业

一、北京土人景观与建筑规划设计研究院

北京土人景观与建筑规划设计研究院由美国哈佛大学设计学博士、北京大学教授俞孔坚创立，是中关村优秀留学生企业。公司目前有500多位职业设计师，以海外高层次人才为主体，辅以城市规划、建筑、园林、景观设计、环境设计、排水、电气、结构等技术人员。下辖上海、北京两个分院，8个设计所。

公司自入驻以来，园区协助解决了其融资以及人才落户等难题。

二、北京老虎宝典科技有限公司

北京老虎宝典科技有限公司成立于2007年1月，主要从事基于3S（地理信息系统GIS；遥感RS；全球定位系统GPS）产品的研究与开发。尤其专注于地理编码的研究，利用所掌握的中国地址地理编码相应的关键技术和核心算法，开发出了中文地址匹配定位系统和POI（兴趣点）数据库，在数字城市建设、政府管理、电子地图生产、互联网、电信运营、电信增值业务、企业商业分析、邮政快件分拣、快递、治安区域分析等多个领域形成了广泛应用。其主打产品——“老虎地图”于2009年2月在57个国家近1000家公司参加的诺基

亚“创新者召集令”大赛中荣获一等奖，目前用户量已经超过150万。同时，公司与诺基亚、联想、金立等知名手机企业，以及中国移动、天网、UCWEB、WAP帝国等主要无线下载渠道商建立了紧密的合作关系。

公司自入驻以来，园区帮助其申请获得了10万元的留学人员创业资金，同时积极协助贷款、融资，提供相关项目各方面信息，以及免费法律咨询、工商代理等各项服务。

三、北京赛尔泰和生物医药科技有限公司

北京赛尔泰和生物医药科技有限公司成立于2006年7月，属国家高新技术企业、中关村高新技术企业、海淀区创新企业。公司主要从事自体细胞治疗技术与组织工程技术与产品的研发，在国内较早将组织工程治疗技术与自体细胞治疗技术应用于临床，目前已申报专利7项，进入实审4项，公示期2项，初审1项。

公司于2009年入驻北大创业园，园区根据其项目的技术领先、市场竞争性强的特点，提供了办公场地和研发支持，并派专人全程为其办理工商、税务、组织机构代码证等所有报批手续。同时，在信息交流、项目推介、政策落实等方面积极扶持。在园区的大力扶持下，加之公司自身的技术和经营实力，在入园第二年即产生效益。

2010年在园留学人员企业名录

手心时空（北京）科技有限公司	电子信息
北京山水云天网络科技有限责任公司	电子信息
安迪曼（北京）科技有限公司	电子信息
天元莱博（北京）科技有限公司	电子信息
创想无限（北京）科技有限公司	电子信息
北京华远盛亿科贸有限责任公司	电子信息
北京老虎宝典科技有限责任公司	电子信息
北京衮雪科技有限公司	电子信息
信产集成（北京）科技有限公司	电子信息
北京和美健康科技有限责任公司	生物医药
北京华仁同康科技发展有限责任公司	生物医药
北京宫光志明科技有限责任公司	生物医药
北京赛尔泰和生物医药科技有限公司	生物医药
北京信诚嘉业科技发展有限公司	生物医药
北京元想华益技术发展有限公司	光机电一体化
北京和竑灵源照明技术有限公司	新材料
福莱瑞克（北京）科技有限公司	新能源环保
北京德福来城市规划设计有限公司	新能源环保
北京兴雅环境科技有限公司	新能源环保
北京中瑞佳亿环境科技有限公司	新能源环保
北京华清绿地能源科技有限公司	新能源环保
北京土人景观与建筑规划设计研究院	文化创意
北京怡林恒易文化传媒有限公司	文化创意
蓝擎创智科技（北京）有限公司	文化创意
北京天策龙翔教育科技有限公司	现代服务

园区联系方式

地　址：北京市中关村北大街127—1号
邮　编：100080
电　话：86-10-82668021
传　真：86-10-82667188
邮　箱：pkuincubator@pkusp.com.cn
网　址：www.beidaincubator.com

北航留学人员创业园

园区概况

北航留学人员创业园（以下简称“创业园”）成立于2003年4月12日，由北京航空航天大学和中关村科技园区管委会共同建立，以促进北京航空航天大学及周边高校科技成果转化、培育中小企业及造就科技企业家为宗旨，加速创业企业的群体成长，推动区域经济发展，提高区域创新能力。

创业园位于北航国家大学科技园内，共有孵化场地2万7千平方米，下设企业服务部、财务服务部、人力资源部及投融资部等部门，为企业提供工商注册、高新技术企业认证、财务代理、税收申报、人事代理、人才引进与招聘、科技企业优惠政策咨询，并协助企业进行市场开拓与融资。

截至2010年底，有在孵企业80余家，累计毕业企业30多家，初步形成了以软件企业为主，生物医药、机电一体化、环保节能、新材料企业为辅的高新技术创业群体。

创业园将不断提高服务队伍素质，聚集与整合政府有关部门、中关村科技园区与海淀园区、北京航空航天大学、北航大学科技园以及其他社会资源，构建完善的企业服务支撑体系，有效地支持大学科研成果的转化，更好地开展企业创业辅导、优惠政策咨询、企业管理与发展规划、企业体制改革咨询及投融资服务，逐步形成以北航科技园、北航创业园入驻企业为服务主体，面向中关村科技园区及海淀园区企业的开放式发展格局，打造北航创业园的企业孵化服务品牌。

2010年园区大事记

1．北航创业园承办中关村创业服务体系恳谈会。1月13日，中关村自主创新示范区创业服务体系工作恳谈会在北航科技园召开，中关村大学科技园联盟17家成员单位及中关村留创园协会29家成员单位参加了本次会议。本次会议为各科技园、留创园下一步工作的开展指明了方向，对更好地建设中关村国家自主创新示范区、培育孵化更多优秀企业、共创中关村繁荣起到了积极的推动作用。

2．北航孵化器为孵化企业开办工商年检专场。根据2010年度北京市中小企业工商年检工作的统一部署，为配合做好园区内各企业的工商年检工作、方便企业工商年检手续的办理，统一企业年检时间，学院路工商所为入住于北航天汇科技孵化器有限公司的企业开设专场了企业年检会，有30余家在孵企业参加，受到了企业的好评。

3．北航创业园承办第二期中关村创业讲坛。1月15日，由中关村管委会和国家图书馆主办、北航创业园承办的“中关村创业讲坛第二期”在国家图书馆举行。中关村管委会副主任周云帆出席活动并致辞。清华科技发展中心主任、启迪控股股份有限公司董事长梅萌与北京科兴生物制品有限公司总经理尹卫东分别进行了演讲，并获得“中关村创业讲师”荣誉奖杯。活动由中关村大学科技园联盟秘书长、北航天汇孵化器总经理李军主持。

4．北航孵化器承办第二届中国（深圳）创新创业大赛推介会。6月4日，中国（深圳）创新创业大赛北京地区推介会在北航柏彦大厦举行。大赛承办方之一的深圳市科技企业孵化器协会代表王海波现场就大赛方案及配套政策进行了讲解，“创赛二号”代表李莉女士对参会人员进行培训并现场解答相关疑问。活动由中关村大学科技园联盟秘书长、北航天汇科技孵化器总经理李军主持。

5．北航创业园举办高新技术企业申报培训。11月11日，北航创业园邀请北京市盛峰律师事务所高新技术企业认定项目组主任夏丽艳作为主讲，为园区企业举办了一期关于高新技术企业申报培训的讲座，10多家在孵企业参加。内容包括核心自主知识产权在高新申报中的重要作用、科技成果转化认定等高新技术企业申报需要的材料详解，并就企业自身所面临的问题进行了解答。

6．北航创业园举办企业知识产权保护讲座。10月25日，北航创业园邀请北京市盛峰律师事务所于国富主任律师主讲，为园区企业举办了一期关于企业知识产权保护的讲座，12家在孵企业参加。内容包括专利权保护、品牌建设、著作权保护、商业秘密保护、企业权益保护等。

7．“中关村留学人员企业精品项目推介会”北航——软件园专场成功举行。9月16日，由中关村科技园区管委会留学人员创业服务总部主办，北航创业园、中关村软件园承办的“中关村科技园区留学人员企业精品项目推介会”在北航科技园会议中心举行。中关村企业家天使投资联盟、北极光投资、IDG资本投资、中关村科技担保公司、清华启迪创业投资有限公司等担保与金融机构，以及中关村地区29家创业园负责人和留学人员企业代表参会。会上精选了4个极具投资潜能的重点项目进行了现场推介，并印刷了涵盖30家留学生企业的创业项目的精品项目集。同时，北航创业园与中孵基金签订了战略投资发展合作协议。

8．2010年，北航创业园有5家企业获得北京海外学人中心10万元资助，分别是梦想人（北京）科技有限公司、北京中大永盛科技有限公司、北京感华遂通科技有限公司、北京名智创亿技术发展有限公司、北京荣泰创想科技有限公司。

2010年在园留学人员企业名录

北京竹松科技有限责任公司	电子信息
北京艾德思奇科技有限公司	电子信息
北京澳盖尼克科技有限公司	电子信息
北京百树恒仁科技有限公司	电子信息
北京柏富特软件有限公司	电子信息
北京拜翠思科技有限公司	电子信息
北京北弟航安技术有限公司	电子信息
北京长河旭日科技有限公司	电子信息
北京迪帆科技有限公司	电子信息
北京点众伟业科技有限公司	电子信息
北京动态时空科技有限公司	电子信息
北京恩能科技发展有限公司	电子信息
北京富讯盈科网络技术有限公司	电子信息
北京古梁燕苑科技有限公司	电子信息
北京国是经委科技有限公司	电子信息
北京环球先锋科技有限公司	电子信息
北京环球新视窗信息科技有限公司	电子信息
北京佳意德文化科技有限公司	电子信息
北京嘉华开元科技发展有限公司	电子信息
北京金智海泰科技发展有限公司	电子信息
北京凯摩一百信息技术有限公司	电子信息
北京康联科讯科技有限公司	电子信息
北京科致瑞斯自动化技术有限公司	电子信息
北京昆士德技术有限公司	电子信息
北京乐迪爱通科技有限公司	电子信息
北京乐奇莱斯科技有限责任公司	电子信息
北京略颂信息技术有限公司	电子信息
北京迈迪泰克科技有限公司	电子信息
北京感华遂通科技有限公司	电子信息
北京旗硕基业科技有限公司	电子信息
北京庆达乐科技开发有限公司	电子信息
北京锐思科创科技有限公司	电子信息
北京名智创亿技术发展有限公司	电子信息
北京瑞德金科技有限公司	电子信息
北京圣普创业科技有限公司	电子信息
北京食苑星技术有限公司分公司	电子信息
北京世纪三虹信息技术有限公司	电子信息
北京天汇万博科技发展有限公司	电子信息
北京荣泰创想科技有限公司	电子信息
北京拓智新宇科技发展有限公司	电子信息
北京微创博亚科技有限公司	电子信息
北京维克斯软件有限公司	电子信息
北京药智软件技术科技有限公司	电子信息
北京益宇科技有限公司	电子信息
北京英特快捷科技有限公司	电子信息
北京盈美高科数字媒体网络科技有限公司	电子信息
北京元中方略科技发展有限公司	电子信息
北京中航星空通信技术有限公司	电子信息
北京中科微能科技有限公司	电子信息
北京中大永盛科技有限公司	电子信息
梦想人（北京）科技有限公司	电子信息
鸿运永高（北京）科技有限责任公司	电子信息
聚客网（北京）科技有限责任公司	电子信息
靠垫网络科技（北京）有限公司	电子信息
摩宝微科（北京）软件技术有限公司	电子信息
侨域高新技术（北京）有限公司	电子信息
软次方软件科技（北京）有限公司	电子信息
阳光汇通管理科技（北京）有限公司	电子信息
易福润德（北京）科技有限公司	电子信息
真实一路信息技术（北京）有限公司	电子信息
志诚信联（北京）信息技术有限公司	电子信息
北京柏辉瑞生物科技有限公司	生物医药
北京博尚展新生物技术有限公司	生物医药
北京恩瑞恒科技有限公司	生物医药
北京希而欧生物医药开发有限公司	生物医药
北京慧摩森电子系统技术有限公司	光机电一体化
北京科致瑞斯自动化技术有限公司	光机电一体化
北京欧嘉科技发展有限公司	新材料环保
北京维泰凯信新技术有限公司	新材料环保
安元易如国际科技发展（北京）有限公司	新能源环保

园区联系方式

地　址：北京海淀区北四环中路238号柏彦大厦406室
邮　编：100083
电　话：86-10-82316255
传　真：86-10-82338204
邮　箱：zhaibin@bbi.com.cn

北邮留学人员创业园

园区概况

北邮留学人员创业园（以下简称“创业园”）成立于2003年12月，由北京邮电大学和中关村管委会共建。创业园位于北京邮电大学校内，总建筑面积为1万平方米，先期启动5000平方米，办公设施齐全，服务功能完备。

创业园以北京邮电大学为依托，充分利用北京邮电大学的综合智力资源优势，通过包括风险投资在内的多元化投融资渠道，在政府政策的引导和支持下，建立从事技术创新和企业孵化的信息通信类孵化基地，更好地吸引海外留学人员归国创业，加快中关村科技园区的建设，提升北京邮电大学产学相研结合的能力，发挥一流高校服务区域经济的社会职能。创业园结合北京邮电大学的学科特点和优势，主要面向IT行业，着眼通讯领域，立足信息特色，定位于专业的信息科技园，以特色求发展，以创新达成功。在产业定位上，以通信信息为特色，企业不求多、求大、求全，而是求精、求质、求孵育成功率；在经营定位上，强调要服务、投融资、运营管理、相关培训、市场拓展五位一体，不仅着眼于一般的服务性收入，更应着眼于孵化项目成功后的利润分成，强调高额经济回报应源于孵化成功后的资本运作。

2010年园区发展报告

截至2010年底，北邮留学人员创业园累计孵化37家留学人员创业企业，累计毕业12家。2010年园区新入驻企业5家，毕业5家。入园创业留学人员累计68人，其中博士30人，硕士35人，本科3人。留学人员企业累计从业人数700多人。企业主要经营领域包括：电子信息、软件、集成电路、生物医药、新能源等行业。2010年创业园接待留学人员参观考察接近100人次，并通过多种形式进行创业园的推广宣传工作，取得了良好效果。

2010年，园区加快园区创业生态环境优化，继续强化服务和专业平台，发掘潜在增长机遇，扩大事业传播。从全年情况看，创业园已经初具规模和影响，初见成效与进步。

一、改造基础环境，提升特色平台水准

创业园成立至今，极为有限的场地空间、明显不足的硬件基础设施，一直制约着创业园自身的发展，同时对有志于此并符合创业园择优原则的创业企业，创业园曾经勉为其难的客观条件，也实在难以满足他们的需求。经过多方努力，2009年科技园大厦终于开工，目前已经完成结构封顶，正在进行内部装修。预计2011年10月大楼竣工验收。届时将有5000平方米的场地用于创业园的孵化场地，可以极大满足创业企业对孵化场地的需求。

创业园在努力提升硬件设施环境之际，更加关注商务服务、投融资和专业平台的建设。在首先确保为入驻企业提供基本商务、管理咨询和资本运作等立体式服务同时，充分利用北邮在信息产业的行业优势，在园区内搭建了互联网技术条件、电信产品推广服务和电信增值业务条件3个核心公共技术平台。开放时间每周在30小时以上，2010年服务园内外企业数量在15家以上，切实帮助创业企业降低了IT行业准入门槛和创业成本。

创业园与中关村科技园管理委员会签约挂牌的4家开放实验室，为企业提供专业的测试平台，分别为：网络与交换技术国家重点实验室、智能通信软件与多媒体北京市重点实验室、光通信与光波技术实验室、泛网无线通信实验室。

创业园与北邮生命电子科学工程中心EMC—EMB实验室以及北邮宽带通信网络实验室合作，为入园企业提供优惠的专业服务，并以此为契机，共同向北京市申报实验室开放平台资助。创业园还与北邮经济管理学院合作，既为学生建立新的实习基地，帮助学校教学直接联系产品生产，同时也使大学生亲身感受创业园的氛围和孵化模式。

二、加强公共服务平台建设，为企业创造优质孵化环境

（一）加强园区人才服务功能。为了帮助园区留创企业招聘到优秀人才，创业园一方面配合北京市人事部门开展“引进非北京生源毕业生”工作，为园区留学生企业解决毕业生进京指标，另一方面与北京邮电大学就业指导中心建立经常性联系，在人才供需方面提供信息沟通渠道。

（二）培训咨询服务。为了提高园区企业的综合管理能力，创业园利用多种渠道和方法，为企业提供更加丰富的培训、讲座和交流机会，帮助企业提高综合管理能力。2010年，园区开展了多方面的培训和讲座，如科技型中小企业创新基金相关培训、专利知识培训、法律讲座等。培训活动为企业提供了交流机会，为创业者提供了管理知识和经验。

（三）为了培养大学生创新精神、增加创业者经验能力、鼓舞大学生创业信心、宣传北邮留创园在科技成果转化方面做出的贡献，创业园于2008年底到2009年初与全国大学生创业者协会和校内相关部门、学生团体共同举办“优秀创业企业家系列讲座”，邀请了北京市、教育部、中关村、学校领导，不但学生们受到了创业教育，而且有力宣传了北京邮电大学；与北邮经济管理学院合作，为学生建立新的实习基地，使大学生亲身感受创业园的氛围和孵化模式。

（四）其它服务平台建设包括企业注册服务、法律服务、税务服务、融资服务、文化服务、网站宣传服务等。面对基础设施建设和事业发展的新情况、新需求，创业园进一步制定和完善了入园企业的相关管理规定。包括《北邮留学人员创业园入园申请表》、《北邮留学人员创业园咨询登记表》、《北邮留学人员创业园企业入孵管理办法》、《北邮留学人员创业园企业毕业标准》等。

三、追求精品孵化，树立示范效应

创业园的工作紧紧围绕创业企业展开，坚持遵循创业园优中选优的原则，从确定入孵企业到全程跟踪服务，在先期硬性基础条件欠缺不足的情况下，积极协调运作，挖掘利用各方面软性资源，引导帮助创业企业团队，有针对性地最大程度展现自身优势和潜力，选择实效途径和办法，力争尽快实现跨越式质变。创业企业和项目的成功典型，为创业园专业建园、孵化精品的具体实践带来了可喜收获，极大增强了园区管理和服务工作者的事业信心。

梦幻世界科技（北京）有限公司致力于基于3D互联网的大型三维虚拟世界——《梦幻中国》的研发和运营。公司2008年获得300万元风险投资；2009年3月，公司项目被列为中关村留学人员企业精品项目推介会重点推荐项目；4月，由梦幻世科技（北京）有限公司和汇众益智（北京）教育科技有限公司合作的3D虚拟大学校园和游戏实习基地盛大上线，此次是双方在游戏人才培训领域和3D虚拟世界运营平台的首度合作，这样校企合作的方式必将会给游戏人才培训和3D虚拟世界运营的完美结合打下良好的基础；5月，公司项目被批准列入北京市海淀区科技发展计划，并获得专项资金支持。截至2009年底，公司旗下的3D虚拟交友社区注册用户已突破100万用户，成为中国最大的三维虚拟社区。

安进医疗科技（北京）有限公司以EMF电磁刀技术为主导，研发与肿瘤治疗及外科手术应用相关的EMF系列产品，在微创手术及内窥镜手术领域里研发新产品及新应用，并制造及销售EMF系列产品的设备、配套的耗材产品及相关的医疗产品。公司目前已和西北地区某些医院达成医疗产品的供货协议，预计2011年销售代理产品和部分自研产品，销售额800万元，实现毛利润140万元。2012年公司将完成自研产品的产品化，开始推广自研产品，预计销售额为2200万元，实现毛利润700万元，其中自研产品比率计划达到50%。2010年公司获得北京市科技计划资金支持500万元，2011年计划融资1500万元用于自研产品的产线建设和市场推广。

四、整合社会资源，扩大影响和商机

北邮创业园发展至今，认识到要想发展壮大，既要重视对内基础环境建设，提升凝聚实力，也要关注对外辐射影响，延展发散功能。不仅争取把优秀的留学人园创业企业吸引入园，还要帮助他们尽快打开通往产业和市场实现之门。同时，整合和链接各类创新创业资源，提供优质创业环境和服务，为创业园和创业企业的发展，发掘更多潜在机遇。

创业园利用多种渠道和方法，为企业提供更加丰富的培训、讲座和交流机会，帮助企业提高综合管理能力。2010年，园区开展了多方面的培训和讲座，如科技型中小企业创新基金相关培训、专利知识培训、法律讲座等。培训活动为企业提供了交流机会，为创业者提供了管理知识和经验。

在中关村管委会的关注和提议下，创业园加大了对园区和创业企业的宣传力度，并有计划分步骤地筹备和实施。在创业园工作进展和园区企业发展的不同阶段，选择适当时机和媒体，同步配合给与纵深报道。

五、面向未来，积极对外拓展发展空间

众所周知，由于北京邮电大学校园面积有限，严重制约了北邮科技园及创业园的发展空间。尽管4万平米建筑的科技园主体建筑即将建成，但其规模与北京邮电大学在通信信息领域的影响和地位仍存在很大差距，根据北京邮电大学在产学研发展战略布局，北邮科技园正在积极寻求向外发展，拓展北邮科技园及创业园的发展空间、延伸对外服务方面，同时正确更多的政策优惠和资金支持。北邮科技园在近年开展的工作有：配合学校在无锡成立无锡北邮感知技术产业研究院，并投资注册了无锡北邮感知技术产业研究院有限公司；与邯郸市就共建产学研基地事宜签署合作框架协议；与天津开发区探讨共建北邮科技园天津分园事宜。

六、广泛积极参与社会活动，推动经济发展

北邮科技园和创业园在完成本单位的工作的同时，积极广泛地参与来自政府或民间组织或发起的，如中关村大学科技园联盟、中关村开放实验室联盟、留学人员创业园协会、中关村论坛等各级各类会议、论坛、产品推介及展览会等活动，加强交流与合作，提升园区品牌，促进成果转化，为推动地方经济做出应有的贡献。

2010年园区大事记

1．4月，北邮创业园组织园区企业参加中关村留学人员创业园协会赴江苏省淮安、扬州、常州三地的留学人员创业服务机构进行参观考察，帮助企业与江苏风险投资和民间资本对接以及协助处于成长期的企业到江苏寻找市场，取得了切实的效果。

2．8月，北邮创业园参与北京邮电大学国家大学科技园天津分园建设工作。

3．9月，北邮科技园、创业园牵头建设北京市北京北邮信息网络产业研究院。

4．11月，北邮创业园参与北京邮电大学国家大学科技园上地分园建设工作，为留学人员入驻园区创业创造更广阔的物理空间。

5．12月，北邮科技园、创业园作为具体执行机构，获北京市教委和北京市经信委的正式批准，启动建设“信息网络北京市技术转移中心”。目前，技术交易信息服务平台已经上线试运行。

6．2010年，北邮创业园协助两家园区企业获得中关村2010获北京市留学人员科技活动择优资助；一家企业的创新项目被列入北京市重大科研成果转化实施类科研项目，获得北京市统筹资金500万元的投资支持。

7．2010年，北邮创业园开展了多方面的培训和讲座，如科技型中小企业创新基金相关培训、专利知识培训、法律讲座等。培训活动为企业提供了交流机会，为创业者提供了管理知识和经验。

8．2010年，北邮科技园、创业园园与学校就业指导中心联合，与国内知名企业及园区内企业共建了20余个大学生实习实践创业基地，协助联系安排毕业实习、社会实践约14000人次。

9．2010年下半年，北邮创业园开展“大学生创业系列讲座”活动，邀请园内优秀创业者为学生做有关创业过程、感受、经验及融资方面的讲座，持续3场，取得成功。

2010年优秀在园留学人员企业

一、梦幻世界科技（北京）有限公司

王立军博士于2007年底在北邮创业园创办了梦幻世界科技(北京)有限公司。公司的主要经营业务是基于3D互联网的三维虚拟世界引擎产品的研发和三维虚拟世界的运营。公司对项目拥有全部的自主知识产权，其核心技术引擎已经通过了国家权威的产品检测机构——中国泰尔实验室的检测和检验，核心引擎软件取得了国家软件著作版权登记证书。公司运营的中国第一个基于3D互联网的大型虚拟世界——梦幻世界已经上线运营并注册用户超过100万。虚拟世界引擎平台可广泛应用于开发和运营下一代三维互联网像虚拟社区、虚拟商务、虚拟教育以及游戏和动漫等文化创意产业。三维虚拟世界正在创造出一个巨大的虚拟经济体系，具有数百亿元的市场规模。

梦幻世界科技有限公司创始人兼总裁王立军博士获得2009年北京市首批海外高端领军创业人才荣誉称号。

二、安进医疗科技（北京）有限公司

安进医疗科技（北京）有限公司成立于2010年3月，注册资金500万元，在日本东京设立了日美分部，在新疆设立了营业办事处。公司创始人赵伟曾在日本医疗设备的上市公司从事多年研发、生产管理及企业的高管工作，其他各位股东都是国内医疗产品销售、制造公司的经营管理人员，具有多年丰富的医疗行业的经验。公司技术团队的成员多是与赵伟一起在日本研究创业项目产品的核心人员。公司以电磁刀技术为主导，研发与肿瘤治疗及外科手术应用相关的电磁刀系列产品，在微创手术及内窥镜手术领域里研发新产品及新应用；研发人体医用传感器和医用传感网系统，在远程医疗监护，医疗健康信息检测及管理等医疗物联网技术领域开发新产品和新应用。同时，生产及销售相关研发产品、配套耗材及相关医疗产品。

2007年由于电磁刀在外科手术设备传统技术上所作的突破及对临床上的贡献，赵伟获得日本以发明划时代技术为评选对象、每年度只评选唯一一个的“日本医科器械学会技术奖”。该项目于2010年已被列入北京市重大科研成果转化实施类科研项目，获得北京市统筹资金500万元的投资支持。

2010年在园留学人员企业名录

可可网联科技（北京）有限公司	电子信息
北京易游通科技有限公司	电子信息
北京元德胜通信技术有限责任公司	电子信息
北京浩澜高科科技发展有限公司	电子信息
北京多维恒达科技有限公司	电子信息
北京北邮安博胜通信技术有限公司	电子信息
北京天东信息技术有限公司	电子信息
昭易盛德电子封装技术有限公司	电子信息
北京飞思睿科技术有限公司	电子信息
北京美中天芯科技有限公司	电子信息
北京傲锵科技有限公司	电子信息
威泰邮通科技(北京)有限公司	电子信息
北京民享科技有限责任公司	电子信息
北京市安拓思科技有限责任公司	电子信息
北京翰阳天科技有限公司	电子信息
北京创讯未来软件技术有限公司	电子信息
易迅互通科技（北京）有限公司	电子信息
乐意堂（北京）科技有限公司	电子信息
北京东约时代科技发展有限公司	电子信息
安进医疗科技（北京）有限公司	生物医药
北京瑞腾格润环保科技有限公司	新能源环保
北京捷能嘉科技有限公司	新能源环保
梦幻世界科技（北京）有限公司	文化创意
北京东方传韵文化传媒有限公司	文化创意
北京嘉迪正信投资集团	现代服务

园区联系方式

地　址：海淀区西土城路10号北京邮电大学178信箱（邮寄）
　　　　海淀区西土城路10号北京邮电大学综合服务楼5楼510室（办公）
邮　编：100876
电　话：86-10-62281497，62281487
传　真：86-10-62285259
邮　箱：1409000@sina.com
网　址：www.buptincubator.com

北京化工大学留学人员创业园

园区概况

北京化工大学留学人员创业园（以下简称“创业园”）成立于2009年3月，由北京化工大学和中关村科技园区管理委员会共同建立。园区位于北京化工大学西校区，拥有良好的交通环境、办公设施和服务功能，为入驻企业提供了良好的创业平台。

创业园日常管理工作由北京化大科技园科技发展中心负责，作为北京化工大学科技园的园中园，创业园充分依托北京化工大学的资源优势，为留学生从事高科技创业提供优质服务，园区的建设宗旨是吸引更多优秀海外留学人员回国创业，促进科技创新，为首都的经济发展增添新的活力。

作为创业园的资源平台，北京化工大学是教育部直属的全国重点大学、国家“211工程”和“优势学科创新平台”重点建设大学。经过近50多年的建设，已经发展成为理科基础坚实，工科实力雄厚，文、法、管、经济学科富有特色的多科性重点大学，形成了从本科生教育到硕士研究生、博士研究生、博士后流动站以及留学生教育等多层次人才培养格局。北京化工大学科技园于2004年经国家科技部、教育部批准，被认定为“国家大学科技园”。

创业园积极扶持鼓励留学人员来园区创业，为留学人员创业提供了诸多优惠政策。首先，可申请管委会设立的中关村科技园区归国留学人员创业企业扶持资金；其次，落户创业园的高新技术企业自成立之日起，将享受有关税收优惠政策；留学人员创办企业注册公司时，在申办营业执照和高新技术企业认定等方面中关村管委会将给予优先办理和减免相关费用的支持，同时，入园企业第一年可免交40平方米孵化场地面积的租金，第二年开始采取优惠收取租金的方式，优惠期限为3年。入驻园区的优秀企业，在申请银行贷款时，可以享受管委会制定的留学人员贷款贴息和担保政策，另外，园区高新技术企业还可以享受北京市财政专项资金和其他形式的资金支持。

创业园自成立以来，经过一段时间的发展，已有10多家留学人员企业入住，吸纳了来自美国、日本、英国、法国、德国、瑞典、巴西、韩国等国的20多名留学人员来园创业，从业人员近百人，行业涉及新材料、新能源、电子信息、机械、远程教育等多个领域。

园区联系方式

地　址：北京市海淀区紫竹院路98号北京化工大学（西校区）科技园写字楼
邮　编：100029
电　话：86-10-88588552，64435482
传　真：86-10-51589055
网　址：www.bhlcy.com

北工大留学人员创业园

园区概况

北工大留学人员创业园（以下简称“创业园”）成立于2005年12月，由北京工业大学和中关村科技园区管理委员会共同建设，主要服务对象是海外留学归国人员创办的高新技术企业。创业园位于北京工业大学西校区，面积2万平方米，先期启动4000平方米，园区一期即将驻满，二期孵化器已投入使用，集科研、开发、办公为一体，为留学人员创办的高科技企业提供水、电、暖、电梯、通讯、健身、会议、网络接入、绿地、停车场、打印、收发、卫生、安保等物业服务。二期孵化器可容纳50多家留创企业，内设学术报告厅、会议室、中介服务中心、健身房等基础设施，宽敞明亮、造型别致的阳光厅将为留学人员营造又一个幽雅、舒适、安全、现代的创业环境。

创业园主要服务项目有：创业政策咨询、工商登记注册代理、提供办公场地、财务代理、税务统计登记代理、人力资源服务、科技成果鉴定服务、高新技术企业资格认证代理、融资策划与代理、科研项目立项代理等。

创业园提供的主要优惠政策有：留学人员企业注册公司时，给予优先办理和减免相关费用的支持；为入驻的每个留学人员企业第一年免费提供40平方米孵化场地，第二、三年以优惠的价格收取房屋租金，孵化期限3年；享受园区留学人员企业贷款贴息和担保政策；对入驻企业开放北京工业大学校内资源；通过创业园的推荐，入住企业可申请获得中关村管委会设立的留学人员创业发展资金。

2010年园区发展报告

截至2010年12月，北工大留学人员创业园年内新增企业8家，累计孵化留学人员创业企业44家，在留学人员83人；在孵企业总收入2916万元，上缴税费125万元，企业注册资金总额约2亿元；企业主要经营领域包括软件、集成电路、通信、生物医药、建筑自动化、新材料、环保、电子商务、文化传播、教育科技等行业。

2010年，创业园帮助园区企业申请得到政府资金支持330万元，企业申请发明专利3项，软件著作权4项，实用新型技术1项，国际专利1项。

一、创业园为企业服务的实效

（一）协助企业开拓业务

北工大创业针对企业遇到的问题帮助企业开拓业务例如：为中科育科技（北京）有限公司的研究领域，多方联系、扩大服务内容，协助公司开拓了多项业务。搭建中科育公司与青海省希望工程的联络，促成中科育公司提供在线募捐系统，研制完成网络在线实时捐助平台；协助中科育公司提出的教育信息化综合解决方案成功入围中国电信数字校园项目，负责研制中科育数字校园综合信息平台；协助中科育公司将面向高校的工会信息化办公系统推广到北京建工学院工会采用，产品已申请了软件著作权，计划在全国高校工会系统内推广；协助中科育公司提出的教育信息化综合解决方案中标河北省电信数字校园项目。基诺克（北京）生物检验科技有限公司通过创业园的帮助，和北京工业大学生命科学院合作以产、学、研相结合的方式，采用ILLUMINA微珠生物芯片平台技术，开发出2种生物芯片：自身免疫病检测蛋白质芯片，可用于红斑狼疮，类风关等多种自身免疫病的临床检测，该检测方法目前具世界领先地位；心脑血管疾病检测芯片用于预测冠心病的发生。此两种芯片处于国际领先地位，正在申请专利保护。产品还包括：人、小鼠和大鼠全基因组基因表达图谱分析芯片与人类全基因组单核苷酸多态性（SNP）和基因拷贝数分析芯片。

（二）全面服务助企业发展

2010年，创业园召开了“服务对接现场会”，邀请了北京市海淀区私营个体经济协会、北京市工商行政管理局海淀分局紫竹院工商所、海淀区邮政储蓄银行信贷部、北京王玉梅律师事务所有关负责人，作关于如何从银行快速贷款、用工规避风险、商标抵押等专项政策解读，切实解决企业当前所面临的问题。园区内企业家30余人到场，认真听取讲座内容，会议还设置了互动环节，各企业代表和专家进行深层次的交流。

3月17日，由中关村留学人员创业园协会主办，北工大创业园、北理工创业园承办的“中关村留学人员企业精品项目推介会”在北京理工大学国际教育交流中心报告厅举行。中关村科技园区管理委员会副主任周云帆、管委会委员夏颖奇博士，北京理工大学副校长赵平等有关领导出席会议并讲话，众多投资机构、新闻媒体代表、各留创园负责人及企业代表等100余人参加。推介会由北工大创业园主任、北工大继续教育学院副院长陈嫘教授主持，北工大创业园有3家在孵企业参会争取风险投资机会。

4月，创业园与紫竹桥工商所开展合作为在园企业进行工商集体年检验照，此举为企业提供了很大的便利。

5月，创业园邀请海区私营个体经济协会领导来园座谈，切实了解企业所需并给予了帮助企业发展的建议和讲解了相关政策。

6月，海淀园服体处领导来创业园调研并和在园多家企业互动交流，加深了企业对政府相关资助政策的了解。

12月，创业园举办了“汇聚海归人才——共攀事业高峰”2011迎新联谊会，在园企业家悉数到场，分享创业、经营经验，排解企业成长过程中遇到的诸多问题。

二、协助、配合各项活动助园区发展

2010年4月，创业园帮助中关村科技园区管委会人才处统计高聚人才进京指标工作，此次工作使园区在人才引进标准方面有了更加详尽的了解。

5月，创业园参加北京中关村留学人员创业园协会举办的“创业板上市发行高级研修班”，听了关于创业板上市条件、中小企业上市路径的选择、境外上市反向收购、中关村对高新技术企业创业板上市政策扶持等等专业知识，使园区在如何帮助企业上市方面有了深刻的认识。

5月，创业园接待创新创业人才中关村考察团，期间创业园主任陈嫘教授主持，并邀请了3位在园优秀企业家做创业感悟演讲，考察团人员与演讲嘉宾深入交流，并参观了园区软硬件设施，园区在考察团中树立了良好的形象。

6月，创业园接待江苏省锡山经济开发区管理委员会裴春传副主任一行四人，创业园主任陈嫘教授介绍了园区情况，并就管理、招贤引智等方面问题与考察团进行了交流。

三、推进软环境工作建设

（一）加大措施招商引才，入园项目规模和企业质量实现新突破

2010年，创业园努力提升服务水平，全方位打造吸引海外学子入园创业软环境，新引进留学人员9名，创办留学人员企业8家。为进一步提高孵化项目质量，根据园区发展方向，园区把主要精力放在了引进科技含量高、发展潜力大、辐射带动强的好项目上，进一步完善了项目入园论证审查制度，拟设定答辩程序，对申请入园项目的资金来源、研究领域、技术内容、发展前景、产业导向、留学人员情况等指标进行严格把关和论证。另外，2010年是北京工业大学成立50周年校庆。50年的时间，北工大培养了数以万计的优秀学子，现在他们已成为国内外各个科研领域或知名企业的骨干、负责人。值此校庆之际，昔日学子都争相以各种方式回馈母校，为母校的发展壮大贡献自己的力量。

（二）完善平台建设

1．孵化管理平台建设。建立了初创企业评价体系，向企业提供创业导师服务，如：办理企业入驻申请，具体程序为：协助申请人填写入园申请表，办理入园手续。引进、协调了各类中介机构，建立中介服务体系，已提供包括工商登记注册，高新技术企业资格认证，科技成果鉴定，法律业务

咨询、媒体策划等全方位的综合性服务，例如：园区与紫竹桥工商所开展合作为在园企业进行工商集体年检验照；园区与海外学人中心合作邀请相关工作人员做关于北京市留学人员引进的规定、单位立户有关规定、留学人员身份认定及北京市留学人员工作居住证规定和办理程序的讲座。为在北工大留创园创办企业的留学生提供相关优惠政策及管理办法的咨询服务。并建立了孵化前、中、后管理机制。

2．技术服务平台建设。已经搭建了微电子工艺研发、生物医药研发、新材料研发等技术平台。为提高企业技术能力，提出了“加油站”的概念，园区与北工大北京市先进制造技术转移中心资源共享加强联系设立了专业培训课程，使有需要的企业能够接受技术转移转化领域高学府的教育培训。北京工业大学建有开放实验室结合专家团队解决技术难题，面对日益发展的前沿技术，留学人员创业者常常需要寻求外部技术援助，创业园打造了有别于单个学科机构的多元化领域的“专家技术顾问团”，组织专家按需、定时为企业“会诊”，有针对性地解决创业企业在发展中遇到的实际技术难题，成为企业的“智囊团”。

3．投融资服务体系建设。资金是制约园区企业发展的瓶颈，为此园区紧抓这一要害，千方百计帮助企业争取各类资助资金，帮助企业提升自身能力，推出了“融资课堂”，深化了服务力度，疏通股权融资、风险投资渠道等等。组织企业学习各项科技创新资助资金的政策，请相关人士做专项解读，多次举办了融资辅导活动，如：通过“服务对接现场会”进行银行快速贷款、用工规避风险、商标抵押等专项政策解读。2010年，园区帮助多家企业获得股权融资4500万元，获得风险投资4380万；推荐5家企业参加中关村精品项目推介会，为企业争取融资机会。

4．人才服务平台建设。建设了大学生就业、实习服务平台，为在园企业提供人事代理、人才推荐、人才测评、校园招聘、各类培训等服务。创业园在园内建立了“大学生实训基地”，园区在孵企业北京西塔网络科技股份有限公司、北京东宝亿通科技股份有限公司、纳瑞科技（北京）有限公司、北京慧诺国际建筑有限咨询公司、北京喜地盛景多媒体技术有限公司、北京爱奥时代信息科技有限公司等，积极配合园区的行动，提供多个实训岗位，最终共招聘2009、2010届大学毕业生10人，招聘专业涉及机电一体化、通讯工程、财务、编导、外语（英、日）、广告、市场营销、电算会计、物流管理、经济学等，既为企业搭建了选拔人才的平台，又为毕业生提供了就业岗位。

5．打造交流平台，促进合作发展。创业园协助园内企业与江苏省南京市、无锡市、常州市等地政府、企业开展合作，拓宽业务。如：协助基诺克（北京）生物检验科技有限公司做专项对接，与南京生物医药园合作建立动物实验中心进行新药药性实验等多项技术合作；和江苏省各级政府联络，帮助北京尼洛科技发展有限公司完成呼叫中心整体系统的开发，完成虚拟座席的远程管理，与水健康协会合作推出life-water平台，开发电子商务和呼叫中心一体化平台等；协助金麦达新能源科技（北京）有限公司与常州市政府开展合作，搭建该公司环保技术（秸秆、稻壳、木屑固化成型燃料）产业发展平台。

北工大创业园在今后将继续加强软环境建设，认真落实政府给予的各项优惠政策，完善技术服务体系，依托北工大雄厚的专业学科优势，利用校内各学院学科的优势资源，更好的为企业创新研发产品提供支持。

四、下一阶段创业园工作目标

下一阶段，创业园的工作主要围绕进一步完善招商服务体系，提高企业入驻率展开。2011年内将完成二期孵化器的外围改造工程。同时，加强与中关村管委会、科技部、北京市海外学人中心、各省市地方政府的合作，为企业发展牵线搭桥，为创业园做强做大提供保障。

（一）增强高新技术产业实力。力争在软件、集成电路、移动通信、计算机与网络、光电显示、生物医药、环保新能源等技术领域形成特色。

（二）着重提升自主创新能力。要大力扶持园区企业，积极开发具有核心竞争力的高端技术和产品。

（三）全方位吸引高素质人才。加大宣传力度，提供园区特色服务项目，加大房租补贴力度，吸引优秀企业家和创业投资家、市场意识强的科学家和工程师、能与国际接轨的专业中介服务人才。

（四）成立企业综合服务中心。通过引进社会专门机构的方式，在园区内建立专业化的中介服务体系，为园区内企业提供工商、税务、财务、法律、人事等方面的服务。邀请中关村专门机构，为入园企业提供优惠政策、申请政府基金项目等方面的培训，提供投融资、担保贷款服务。

（五）积极做好与中关村科技园区管委会的沟通工作，积极为入园企业申报争取“科技型中小企业技术创新基金”、“中关村扶持基金”等各项优惠政策和资助资金。积极与其他科技园区联系，加强合作，积极申请“北京市留学人员创业园”资格，申办国家级大学生创新创业实习基地、国家级留学人员创业园。

（六）加强与本行政区内各级职能政府的沟通，共同努力，为园区发展的长远规划，园区周边环境治理、物业等方面展开广泛合作。

北工大创业园将不断强化园区的研发、辐射和孵化功能，完善管理体制、运行机制和人才培养机制，构建高水平服务平台，营造良好的创业环境，促进园区的开放合作，促进科技成果转化，培养和吸引高素质的科技型企业家，汇聚高层次技术人才和应用型人才，努力创建一流的留学人员创业园。

2010年园区大事记

1．4月，帮助中关村科技园区管委会人才处统计高聚人才进京指标工作。

2．4月，与紫竹桥工商所开展合作为在园企业进行工商集体年检验照，此举为企业提供了很大的便利。

3．5月，邀请海区私营个体经济协会领导来园区座谈，给予了帮助企业发展的建议和讲解了相关政策。

4．5月，参加北京中关村留学人员创业园协会举办的“创业板上市发行高级研修班”，加深了创业园对帮助企业上市方面的认识。

5．5月，接待创新创业人才中关村考察团，园区在考察团中树立了良好的形象。

6．6月，接待江苏省锡山经济开发区管理委员会裴春传副主任一行四人，就管理、招贤引智等方面进行了交流。

7．6月，海淀园服体处领导来园区调并和在园多家企业互动交流，使企业在了解政府相关资助政策方面受益良多。

8．12月，创业园举办“汇聚海归人才——共攀事业高峰”2011迎新联谊会，在园企业家一同分享创业、经营经验，排解企业成长过程中遇到的诸多问题。

2010年优秀在园留学人员企业

一、中科育科技（北京）有限公司

中科育公司在教育信息化方面有着成熟的产品解决方案和丰富实施经验，其中基础教育信息化之“中小学数字校园”的产品研究和开发，基于SAAS（一种软件布局模型，其应用专为网络交付而设计，便于用户通过互联网托管、部署及接入）模式为全国中小学提供低成本的综合信息化服务平台。2010年内，产品已被内蒙古电信和河北省电信采用，在数千所中小学成功实施。当前各中小学校信息化建设方面普遍存在“资金少、需求大、不专业、管理难”等现状，“中科育数字校园”针对基础教育信息化的现状创新开发，基于SAAS模式实现统一开发实施、统一数据中心、统一运营管理、统一平台维护，各学校独立应用，有利于各级教育部门以极低的投入全面解决本区所有中小学信息化需求，整体提升本区教育信息化水平，有着极大经济效益和社会效应。

二、纳瑞科技（北京）有限公司

纳瑞科技（北京）有限公司致力于FIB（聚焦离子束）在集成电路设计、制造领域的技术开发和应用。通过对现行FIB系统技术的改造和新开发，使FIB技术服务水平达到0.18微米以下、45纳米以上，改变了高端芯片技术服务依赖国外公司的现状。2010年8月，公司为中科院计算所自主开发的通用CPU——龙芯3号提供了高质量的技术分析服务，解决了工程样片研发过程技术问题，缩短了工程样片开发周期。此外，为北京创毅视讯科技有限公司的CMMB芯片研发起到了积极的推动作用。目前，公司已成为北京地区唯一一家能够给IC设计公司提供高端芯片服务的供应商。

三、北京铭鸿时代网络科技有限公司

北京铭鸿时代网络科技有限公司致力于“莎啦啦”鲜花礼品网品牌的推广和应用。2010年初，公司创建的“时空花盟”网站正式上线并运营，旨在从根本上规范会员花店的服务质量和产品质量，改善和提高鲜花行业的经营水平。2010年8月，公司鲜花业务打入上海市场，其鲜花礼品的发展战略又向前进了一大步，为实现4大城市的同城鲜花业务打下了坚实的基础。

四、基诺克（北京）生物检验科技有限公司

基诺克（北京）生物检验科技有限公司致力于采用Illumina（基因测序）微珠生物芯片平台技术开发生物芯片。包括：自身免疫病检测蛋白质芯片，可用于红斑狼疮，类风关等多种自身免疫病的临床检测；心脑血管疾病检测芯片，用于预测冠心病的发生。目前，这两种芯片均处于国际领先地位，正在申请专利保护。其他产品还包括：人、小鼠和大鼠全基因组基因表达图谱分析芯片与人类全基因组单核苷酸多态性（SNP）和基因拷贝数分析芯片。

2010年在园留学人员企业名录

中科育科技(北京)有限公司	电子信息
北京沃顿光华教育科技有限公司	电子信息
北京东方能大科技有限公司	电子信息
北京互联视购信息技术有限公司	电子信息
爱默必晟科技（北京）有限公司	电子信息
北京数优华智科技有限公司	电子信息
北京尼洛科技发展有限公司	电子信息
北京佳越时代科技发展有限公司	电子信息
北京学门科技有限公司	电子信息
北京铭鸿时代网络科技有限公司	电子信息
北京西塔网络科技有限公司	电子信息
辅弼清源科技有限责任公司	电子信息
莎啦啦（北京）商务咨询有限公司	电子信息
北京赛灵科技有限公司	电子信息
北京喜地盛景多媒体技术有限公司	电子信息
北京爱奥时代信息科技有限公司	电子信息
基诺克（北京）生物检验科技有限公司	生物医药
北京妙策士医疗科技有限公司	生物医药
北京泰和信科技有限公司	光机电一体化
北京东宝亿通科技股份有限公司	新材料
阿姆弗莱克斯（北京）科技有限公司	新材料
金麦达新能源科技（北京）有限公司	新能源环保
北京万澎科技有限公司	新能源环保
北京爱节堡石化科技有限公司	新能源环保
维态同慧（北京）科技有限公司	新能源环保
北京雨希阳科技有限责任公司	新能源环保
北京势坤信能科技发展有限公司	新能源环保
国益迪康环境技术（北京）有限公司	新能源环保
纳瑞科技（北京）有限公司	建筑制造
北京软影未来文化传播有限责任公司	文化创意
北京泰克图国际文化交流有限公司	文化创意
北京点睛网视科技有限公司	文化创意
北京东方美中咨询有限公司	现代服务
北京集成创新经济咨询中心	现代服务

园区联系方式

地　址：北京市海淀区车公庄西路35号
邮　编：100048
电　话：86-10-68458163
传　真：86-10-68458163
邮　箱：hang6618@yahoo.com.cn

北京经济技术开发区留学人员（汇龙森）创业园

园区概况

北京经济技术开发区留学人员（汇龙森）创业园（以下简称“创业园”）是在北京经济技术开发区管委会和中关村科技园区管委会大力支持下，经北京经济技术开发区管委会批准，由北京经济技术开发区人才交流服务中心与汇龙森国际企业孵化（北京）有限公司共同创建的北京第一家民营留学人员创业园。创业园地处北京经济技术开发区和中关村科技园区亦庄园的重叠区域，2005年5月正式挂牌成立，是目前开发区唯一一家留学人员创业园。2006年3月正式被纳入中关村科技园区留学人员创业服务体系，命名为“中关村科技园区亦庄汇龙森留学人员创业园”。2006年12月，汇龙森国际企业孵化（北京）有限公司被科技部火炬中心授予“国家高新技术创业服务中心”，被北京市科委授予“2006年度北京市优秀科技中介机构”。

创业园以“迎来创业者、送出企业家”为宗旨，按照“政府指导、企业运作”的模式，本着人才培养与成果转化相结合的原则，充分发挥园区自主经营、高效便捷的机制优势，集中资金、人才、市场、管理、政府等各种资源，为园区留学人员企业提供多层次、多角度的创业服务，吸引和扶持海外留学人员入园创业发展，协助解决创业初期的发展难题。发展目标是通过技术、信息、智力等资源优势与政策的有效结合，使之成为培育具有创新能力和国际竞争力的高新技术企业成长的摇篮，成为留学人员回国创业和海外高层次人才聚集的重要基地。

创业园投资建立了生物医药公共实验平台、信息系统支撑平台、综合商务服务平台、政策对接导入服务平台、投融资服务平台等增值服务平台，为在园科技型中小企业提供便利的创新创业环境要素、降低其创业成本和创业风险，帮助在园科技型中小企业加速裂变、快速成长。

2010年园区发展报告

一、人才聚集

园区海外高层次人才聚集度高。创业园结合经济开发区的外向型特点，利用北京市电子信息、生物制药在开发区集聚度高，容易形成上下游的优势，采取“产业链拉动创业，创新驱动创业、创业承载创新”的人才聚集模式，吸引了一大批创新创业人才汇聚开发区。园区协助企业通过海外宣传、人脉推荐等方式吸引创新人才，同时也请企业协助推荐有创业意愿的海外高层次人才。截至2010年底，园区海外学人已入选中央“千人计划”6人，北京市“海聚工程”10人，中关村“高聚工程”11人，开发区海外高层次人才25人。随着园区和企业的共同发展，创业园人才聚集优势已经充分体现。

二、企业发展

园区企业发展质量好。2010年企业收入21328万元，企业员工数1717人。园区企业获得担保贷款600万元，风险投资7千多万美元，2家企业已经进入股改阶段。园区企业已取得142项专利成果，另有30多项已受理，承担863等重大课题12项。初创期企业也展现出了强劲的增长势头，某些企业在成立三个月内即可实现盈利。同时，园区也聚集了一批质量较高的上下游企业，如生物医药和物联网方面企业聚集度都明显提高。在企业日益完善的服务基础上，园区企业更多地享受到优惠政策，大幅度降低了运营成本，重视研发和知识产权的申请与保护，走上了科技企业发展的高速道路。

2010年园区在孵企业60余家，毕业企业5家，其中企业行业分类：22家生物医药，26家电子信息，6家节能环保，1家新能源，3家光电一体化，2家文化创意，2家先进制造，2家管理咨询，2家仪器仪表，1家材料科学技术咨询，1家房地产。

三、留创服务

园区可为创业的海外学人提供项目落地、商务支撑、政策导入、市场推广、融资指导等多项服务。

（一）项目落地。园区可为海外学人项目提供落地空间，并提供项目计划书完善、公司设立等方面的指导与咨询服务。经对海外学人资质和项目计划书评估后，园区可为海外学人提供一定面积的免费办公场所，并指导企业设立企业，为企业在进行工商注册、税务报到、前置审批等环节提供咨询。

（二）商务支撑。企业设立后，园区可提供商务支撑的系列运营服务。园区将指导企业在财务外包、人员招聘、知识产权认定、税收筹划等方面提供指导，并搭建综合商务平台，引入专业服务机构，协助中小企业解决发展中的问题，为企业节约运营成本，使企业专心于产品研发和市场开拓。

（三）政策导入。园区可为企业导入各类优惠政策，使企业充分享受到政府的各类扶持。在企业进行高层次人才认定、企业资质认定、科技经费资助等方面提供指导与推荐，协助企业获得人才奖励、税收优惠、科研资金等，增强政府对企业的认可，加快企业发展。

（四）市场推广。园区可帮助企业开展市场推广，在充分了解企业产品的基础上，园区为企业进行市场规划提供战略咨询。在企业产品推广过程中，园区可提供行业展会目录、小型产品推介会、产品对接、政府采购等服务，为园区企业寻找市场机会，开拓渠道，为园区企业取得更大发展提供帮助。

（五）融资指导。园区还可以为企业提供资金服务。除了自身的1000万元直接投资外，园区还可为企业推荐风险投资资金、天使投资、私募基金等风险投资方式，同时还可协助园区企业取得担保贷款。除了为企业推荐投资人外，园区还可为企业提供融资咨询，为企业在融资过程中的商业计划书撰写、募资谈判等提供指导。

（六）汇龙森创业园公共服务平台（也称综合商务平台）。公共服务平台是一个创业要素整合平台，致力于聚集社会化专业科技中介及政府资源，解决企业发展过程中的普遍需求并及时发现可能存在的各种隐患、问题，为企业健康快速发展保驾护航。

截至2010年底，公共服务平台同中介机构11家建立合作关系，其中签约7家，服务范围包括知识产权、高新认定、科技计划（项目）申报、人力资源、财税、环评、消防、出入境等；引入4个政府部门服务机构：北京技术交易促进中心技术合同登记处、北京市保护知识产权举报投诉中心12330工作站、北京市药品检验所开发区受理点、北京经济技术开发区安全生产监察局汇龙森工作站；金融服务机构3家。平台服务能力基本覆盖政企银、产学研、人财物等企业发展的方方面面，具备了为企业提供便捷式服务的能力。为方便企业认知自身需求，筛选孵化服务项目，平台建立了虚拟科技企业服务超市，以服务菜单的形式向企业清晰展示了平台中的40项服务产品。同时为满足中介机构与各企业沟通需要，公司特开辟出1间公共服务办公区、3间培训室、1间教室及3间专有办公室，总面积1440.87平方米的公共服务平台辅助区域。

2010年，公共服务平台共组织各类培训、活动18次，提供咨询服务近1600次，为企业解决实际需求近500项次。其中知识产权服务咨询近250次，形成专利受理27项、著作权16件；技术合同登记处受理合同367份，涉及金额超过17亿；科技计划（项目）申报咨询近100项次，成功获得各级政府立项支持34项次；高新技术企业认定及相关备案复审咨询近50项次，成功认定7家企业；人事及财税咨询量近600项次。

汇龙森公共服务平台在每位创业者进入孵化器之初，即针对其情况为其进行企业发展政策规划，从创业者身份、项目前景、经营模式、投资规模、设备采购等不同方面指导其进行政策布局，并在企业发展过程中，协同中介机构，利用培训会或上门走访的方式，对政策布局的落实情况进行分析诊断，及时调整，以期切实可行的为企业争取更多扶持政策。

2010年园区大事记

1. 4月20日至4月22日，北京经济技术开发区保护知识产权举报投诉服务中心汇龙森工作站为汇龙森3个科技园区的30余家企业赠送了知识产权保护及企业管理相关的书籍

270册，并在各园区内设立了知识产权宣传品发放点，为园区企业员工免费发放知识产权宣传品。此次活动拉开了“汇龙森工作站2009年知识产权宣传周”系列活动的帷幕。

2．4月24日，北京经济技术开发区保护知识产权举报投诉服务中心汇龙森工作站在汇龙森国际科技产业园召开了“北京经济技术开发区生物医药企业知识产权保护高层沙龙”。汇龙森相关领导、生物医药知识产权保护领域方面的专家，以及嘉纳尔、傲锐东源、汇智泰康、奥特康森等10余家企业管理人员应邀参加了本次沙龙。

3．7月8日，北京经济技术开发区地税局、北京技术市场管理办公室、开发区企业协会在汇龙森孵化园举行“技术合同登记及开发区地税优惠政策”培训会，共有100余家企业参加培训。会上，相关领导就办理技术合同登记及其需要注意的事项、开发区地税对与技术合同登记相关的税收优惠政策等内容进行了详细讲解。

4．7月17日，在北京经济技术开发区管委会博大大厦举办了“汇龙森科技园科技型企业精品项目推介会”，汇龙森园区6家科技型企业（其中5家留学生企业）进行了项目融资路演。主办方邀请的IDG技术创业投资基金、北京安彩科技风险投资公司、深圳市创新投资集团有限公司（深创投）、中关村担保公司、北京市海汇担保有限公司等多家金融机构的专家们对路演项目表现出了极大的兴趣和关注，对相关问题进行了提问及精彩点评。

5．8月19日，汇龙森国际企业孵化（北京）有限公司邀请税务专家、清华大学特聘教授李记有先生为广大企业举办“企业税收风险控制与纳税筹划”专题培训。北京经济技术开发区内100余家企业总经理或财务负责人参加了培训。

6．9月8日，汇龙森创业园特别邀请高新技术企业认定权威专家来园区宣讲，30余家企业参会并现场与专家互动。专家不仅就企业关心的政策导向、申报实操，以及优惠条件进行了详细解答，同时对企业所提出的问题一一进行剖析。

7．9月23日，汇龙森创业园特邀自由培训师、HR Bar（国内知名民间人力资源专业人士实名俱乐部）发起人陈云青为园区企业讲解如何提高职业素养，以适应竞争日益激烈的市场。

8．12月23日，由教育部、科技部联合主办的第四届“春晖杯”中国留学人员创新创业大赛颁奖及对接在广州举行，汇龙森创业园作为大赛协办单位之一参加本次大赛并参与了项目评选。在4天的活动中，汇龙森创业园宣传了吸引留学生回国创新创业的优惠政策，并和13个参加大赛的项目签署了合作意向。

9．12月17日，北京市科协金桥工程办公室与汇龙森公司联合举办了“北京市金桥工程金融服务计划之汇龙森创业园融资实务指导座谈会”，来自政府部门和金融机构的专家以及园区企业的领导和代表近50人参加了此次活动。汇龙森创业园联合北京市科协金桥工程办公室，特邀北京市经信委中小企业服务中心、北京中小企业融资网、泰山天使创业基金、开发区工行及中担投资信用担保有限公司的相关专家，就企业所关心的项目申报、政策支持、贷款新途径、担保方式等问题进行了针对性地讲解。

2010年优秀在园留学人员企业

一、北京开元科创科技发展有限公司

北京开元科创科技发展有限公司是由清华大学材料科学与工程专业学士，美国佐治亚理工学院材料科学与工程专业博士段润润创立的。段润润于2006年博士毕业后，进入美国瑞莱昂公司（ReliOn, Inc., USA）工作，任高级材料科学家和材料研发主管。在此期间主持开发了公司空气冷却燃料电池系统的核心部件——金属基的导电陶瓷复合材料气体扩散层，该研发成果已批量应用于瑞莱昂公司现有产品。

段润润博士于2009年末回国，并于2010年4月在北京经济技术开发区创立了开元科创，技术发展方向主要是新型金属基陶瓷复合材料的产品化和产业化，具体目标是新型氢燃料电池金属基陶瓷双极板和新型医用生物陶瓷材料产业化。其中新型氢燃料电池双极板是开元科创的自有原创技术，处于国际领先地位，拟通过技术合作或转让，实现其产业化目标。同时，开元科创跟踪国际最新医用生物陶瓷材料产品科技发展前沿，拟开发生产系列新型生物陶瓷人工假体产品和三维影像辅助定制系统，从而填补国内技术空白，成为国内该领域领导型企业。

二、北京凯得尔森生物技术有限公司

北京凯得尔森生物技术有限公司由5位曾在美国大制药公司（辉瑞制药、Daiamed、UCB和Sepracor、GSK/Sirtris和PharmaMar制药）担任资深研究员和高级主管的留美高层人才创建，拥有五十多年公司管理、新药研发和药品销售的丰富经验。该公司开发出了一种新的，具有自主知识产权的技术平台，以提高新药研发的成功率和降低新药研发的时间和成本。利用公司的独特技术，从已经上市的药物中，筛选出更好，更安全的，并且有着自主知识产权的一类新药。

公司目前已经筛选出专利候选药物，有望在年内可以达到临床研究阶段。公司开发的第二个药物已经打通上市药的专利，有望在近期开始动物体内的对比实验工作。

三、康龙化成(北京)新药技术有限公司

康龙化成(北京)新药技术有限公司成立于2004年7月，系中美合资企业，专业从事与新药开发相关的有机合成技术及产品的研究和开发，现拥有12000平方米的大型实验大楼。康龙化成是较早的进入生物医药研发行业的公司之一，积累了丰富的新药研发经验（公司利用自有专利技术所开发的9000多种化合物当中，约有90%属于全新的未知物质，此数量以每年1000-2000种的速度增加），公司所独创的化学信息管理系统、多种专业的文献检索渠道为公司的科研发展及客户服务提供了便捷、高效的技术信息支持。在国际市场上，康龙化成已具有了一定的知名度和美誉度。公司客户包括美国、欧洲和日本的制药公司及研究机构，并与之建立了稳固的战略合作关系。其中包括国际著名的辉瑞、默克、罗氏等国际大型制药企业。

康龙化成选定以“向世界领先的制药企业提供化学技术服务”为近期发展目标，力争在3－5年内，把公司建设成国际上最好、最有影响力的新药研发外包服务公司之一，让公司成为国际型的拥有自有知识产权和品牌的具有真正意义的新药研发企业。

四、北京傲锐东源生物科技有限公司

北京傲锐东源生物科技有限公司为美国OriGene在华投资兴建的全资子公司，负责处理美国OriGene在中国的全部业务，是一家以基因研究为中心的生命科学及医学研究领域的试剂、服务供应商OriGene使用高通量的基因组技术为制药、生物技术和基础研究工作者提供性能卓越的产品。公司目前旗舰产品为目前世界上最大的cDNA克隆库、覆盖30000个全长人基因的TrueClone cDNA克隆和超过25000个TrueORF cDNA克隆。同时，利用TrueORF cDNA克隆开发了大量的全

长人重组蛋白产品（哺乳动物细胞表达），可以进行蛋白功能的研究。另外，OriGene提供独特的基因表达产品，如TissueScan cancer qPCR array用于生物标记物的发现及鉴定。2009年10月，OriGene收购了Marligen Biosciences公司，目前还可以提供核酸纯化产品及Luminex高通量检测分析试剂，如microRNA和转录因子检测产品。

公司的目标是通过提供大量全面的基因组研究工具和技术平台，使得科学家们可以研究整个生物学通路，从而对疾病的机制有更深入的了解，比如癌症和干细胞研究。

五、北京汇智泰康医药技术有限公司

北京汇智泰康医药技术有限公司是一家由多名来自美国著名生物医药企业或外包服务公司（CRO）的归国专家投资成立的致力于为国内外制药企业和生物科技公司提供全面医药研发技术服务的公司。公司依靠专业的临床前、临床和生物分析领域的技术团队、先进的仪器设备、AAALAC认证的GLP实验室、以及国家Ⅰ期临床药理基地为客户在药物研发、药物代谢和药代动力学、生物利用度/生物等效性、生物分析领域提供优质全面的技术服务。

公司同时在美国宾西法尼亚州的North Wales和中国北京亦庄经济开发区拥有自己的研发服务中心。位于美国的研发服务中心主要为客户提供优质的临床前和临床生物样品分析服务；北京研发服务中心主要为客户提供生物样品分析、药物代谢和药代动力学、以及药物化学分析等技术服务。同时，通过与中国医学科学院动物研究所GLP实验中心和北京临床药理基地的合作，也为客户提供临床前的药理毒理学评价和临床Ⅰ期的生物利用度和生物等效性评价等服务项目。

六、北京义翘神州生物技术有限公司

北京义翘神州生物技术有限公司是北京经济技术开发区内的高新技术企业，重点从事生物技术药物如单克隆抗体、重组蛋白药物、病毒疫苗、快速诊断等研究开发、技术服务和科研试剂开发和销售。公司的发起人之一是国际生物技术和生物工程领域的权威泰斗、美国麻省理工学院的学院教授、美国工程院资深院士王义翘博士，公司的管理团队中有2名中组部“千人计划”和3名北京市的”高聚计划“领军人才。公司拥有全球领先的单克隆抗体和重组蛋白药物的生产工艺技术平台，兔单克隆抗体和鼠单克隆抗体技术平台等。义翘神州目前已经成为全球单克隆抗体药物临床前生产技术服务的主流企业，已经成为多个跨国制药企业在重组蛋白和单克隆抗体研究开发领域的全球首选技术服务供应商，是目前全球范围内抗体生产速度最快的企业。

过去两年，义翘神州已经为全球前十的制药企业和生物技术公司提供数百种单克隆抗体候选药物的临床前生产技术服务，产品质量控制指标达到临床使用样品的要求，为全球客户生产的单克隆抗体产品已经有100多种用于临床前动物试验。公司每年具备生产数百种重组蛋白试剂和数千种抗体试剂的能力，其生产抗体具有超高亲合力和检测灵敏度，几乎所有单克隆抗体产品的检测灵敏度比国际主流试剂供应商的产品高2—10倍。

2010年在园留学人员企业名录

北京高藤达网络科技有限公司	电子信息
北京集翔多维信息技术有限公司	电子信息
北京英迪华科技有限公司	电子信息
北京捷安高国际教育咨询有限公司	电子信息
北京西圣地文化传播有限公司	电子信息
北京人众人科技发展有限公司	电子信息
北京友通上昊科技有限公司	电子信息
雷可德贸易（北京）有限公司	电子信息
北京住信通光电技术有限公司	电子信息
北京利宇德科技有限公司	电子信息
欲乘风信息技术（北京）有限公司	电子信息
北京安泰优软件有限公司	电子信息
北京雷瑞科技发展有限公司	电子信息
易美芯光（北京）科技有限公司	电子信息
碳阻迹（北京）科技有限公司	电子信息
北京地米科技有限公司	电子信息
中盛国联技术（北京）有限公司	电子信息
达佳德（北京）软件科技有限公司	电子信息
北京海瑞克科技发展有限公司	电子信息
里仁崇德（北京）科技有限公司	电子信息
盛誉达通（北京）科技发展有限公司	电子信息
百维数元信息科技（北京）有限公司	电子信息
北京创势达人信息科技有限公司	电子信息
北京创雅文化有限公司	电子信息
北京核心世纪软件有限公司	电子信息
北京创势达人信息科技有限公司	电子信息
北京创雅文化有限公司	电子信息
北京核心世纪软件有限公司	电子信息
北京金点睛科技有限公司	生物医药
北京布洛维科技有限公司	电子信息
神州细胞工程有限公司	生物医药
康龙化成（北京）新药技术有限公司	生物医药
北京奥科迪医药技术开发有限公司	生物医药
北京傲锐东源生物科技有限公司	生物医药
北京义翘神州生物技术有限公司	生物医药
北京奥萨医药研究中心有限公司	生物医药
北京汇智泰康医药技术有限公司	生物医药
北京金点睛科技有限公司	生物医药
北京凯得尔森生物技术有限公司	生物医药
北京凯瑞乐科技有限公司	生物医药
北京巴林巴克生物医药技术有限公司	生物医药
北京佰达康医药技术有限公司	生物医药
北京新奥博为技术有限公司	生物医药
北京诺普德医药科技有限公司	生物医药
北京澳能浦生物技术有限公司	生物医药
北京睿宇博为医疗技术有限公司	生物医药
杜比环球医疗技术（北京）有限公司	生物医药
北京佰泰荣华生物医药科技有限公司	生物医药
汉诺德成科贸（北京）有限公司	生物医药
杳奥森科技发展（北京）有限公司	生物医药
北京凯莱天成医药科技有限公司	生物医药
北京开元科创科技发展有限公司	新材料
奥码拓（北京）科技有限公司	新材料
北京雷特科技有限公司	新能源环保
京科高新（北京）环境科学研究所	新能源环保
北京佳业佳境环保科技有限公司	新能源环保
北京盛德恒通能源工程技术有限公司	新能源环保
恒利和信建筑环境科技（北京）有限公司	新能源环保
北京银河之舟环保科技有限公司	新能源环保
北京阿波罗宇航时代科技有限公司	新能源环保

北京锐意泰克汽车电子有限公司　汽车电子
北京瑞驰拓维科技有限公司　建筑制造
凯泰克数控技术（北京）有限公司　建筑制造
北京欧美利华科技有限公司　建筑制造
北京欧仕鸿彦音响科技有限公司　建筑制造
世纪晟图机械设备（北京）有限公司　建筑制造
北京大仁房地产开发有限公司　建筑制造
北京筑景天成建筑规划研究有限公司　现代服务
北京南北佳亦管理咨询有限公司　现代服务
北京宏泰安华投资有限公司　现代服务

园区联系方式

地　址：北京经济技术开发区科创十四街99号
邮　编：101111
电　话：86-10-59755345
传　真：86-10-59755396
邮　箱：liuchuangyuan@huilongsen.con
网　址：www.huilongsen.com

北京交通大学留学人员创业园

园区概况

北京交通大学留学人员创业园（以下简称“创业园”）成立于2007年7月，由北京交通大学与中关村科技园区管委会共建。创业园依托北京交通大学的学科优势、专业优势、教育资源优势和中关村科技园区企业创新机制优势、政策优势，旨在吸引更多轨道交通领域专业人员创业，促进科技创新、服务创新、人才创新等新型创业企业的发展，加快中关村科技园区的全面建设，为首都高新技术产业的发展增添新的活力。

创业园位于北京交通大学东校区内，由交大科技园划拨5000平方米科教楼房屋用于孵化建设，办公设施齐全、服务功能完备。通过产学研结合和完善的孵化服务体系为创业企业提供优质的孵化服务，为地区培育出新的经济增长点和产业热点。创业园主要为轨道交通技术及相关领域业务的企业提供创业孵化服务，通过构造新型实验平台，提供专业化的技术服务，增强轨道高新技术企业的自主创新能力。

园区联系方式

地　址：北京海淀区高梁桥斜街44号科教楼807室
邮　编：100044
电　话：86-10-51686765
传　真：86-10-51685172
邮　箱：yqliao@bjtu.edu.cn

北京科大留学人员创业园

园区概况

北京科大留学人员创业园（以下简称“创业园”）成立于于2003年6月，由北京科技大学和中关村科技园区管理委员会共同组建。2005年9月，被原北京市人事局和北京市科委首批认定为“北京留学人员创业园”；2007年12月，被教育部、科技部联合授予“春晖杯创业大赛创业基地”荣誉称号。园区所依托的北京科大科技园、北京科大方兴科技孵化器拥有国家大学科技园、国家高新技术企业孵化基地、海淀区产学研合作示范基地、北京市高新技术产业专业孵化基地等荣誉称号。

创业园始终坚持专业化、平台化、网络化的发展模式，围绕新材料、制造业、信息化领域建设专业园区，先后搭建了新材料北京市技术转移中心、北京科大分析测试服务中心和北京市留学人员企业新材料技术支撑体系三个重要支撑平台，并为平台服务的专业化、标准化、市场化开展了大量工作。同时，是北京市孵化共同体、龙脉孵化器联盟、中关村留学人员创业园协会等组织的发起单位之一，坚持跨出楼宇、联合孵化的开放式孵化理念，集成地区或行业、政府或社会的多方优势资源进行孵化网络建设，共同为企业提供优质的孵化服务。

截至2010年底，创业园拥有孵化面积7927平方米，2011年下半年，随着科大天工大厦的投入使用，将增加留学人员企业孵化面积4000余平方米，同时，园区创业环境将得到大幅度提升。8年来，创业园累计孵化留学人员创业企业86家，累计为留学人员企业申请中关村创业无偿资助资金312万元，科技型中小企业创新基金、成果转化项目专项资金、专利创业资助、择优资助等政策性资金620万元，担保贷款980万元，成功帮助企业实现技术转移、项目推广10项，技术交易总额逾1200万元，在科技企业和项目孵化领域做出了品牌，为区域经济发展作出了一定贡献。

2010年园区发展报告

北京科大留学人员创业园始终坚持专业化、平台化、网络化的发展模式，并围绕新材料、制造业信息化领域的专业定位进行资源整合，致力于打造专业化的服务平台，为企业提供专业化的创业环境、技术服务、经营管理和政策指导，实现专业领域企业的聚集和区域经济的发展。

经过8年的发展，园区累计吸引留创企业86家，留学人员137人，毕业企业46家。截至2010年底，在园留创企业41家，其中新材料类10家，制造业信息化类6家，电子信息类15家，新能源及环保类5家，咨询类3家，文化创意类2家。

2010年园区在企业孵化服务平台建设、科技成果产业化以及园区自身建设等方面进行了大量工作，具体汇报如下：

一、企业公共孵化服务

（一）融资服务

2010年帮助西品科技公司获得科技型中小企业创新基金地方和国家支持共计90万元；为4家企业提供信用贷款中介服务，帮助企业解决贷款资质、数额受限问题；协助爱林特立公司实现境外融资100万美元；通过多种渠道为园区企业搭建融资平台，引进风险投资机构。

（二）培训服务

根据4月份的调研走访情况，以企业投融资为重点，将培训工作安排到相应的企业，由专业人士与企业经营者面对面沟通。培训内容包括企业小额信用贷款、股权融资、企业信用体系建设、人事代理等。

（三）人力资源服务

一方面继续与双高人才发展中心合作，为留创企业提供人才引进服务，2010年为留创企业引进非北京生源毕业生11

人；另一方面积极组织企业招聘会，组织园区企业参加北京科技大学2010届毕业生双选会，并提供就业岗位100余个。

（四）海外高端人才申报

分别推荐易时境建筑设计事务所的卜骁骏，西品科技公司的李少君，华威恒业公司的汪洋参加海聚工程、高聚工程评选。

（五）文化活动

为了提升园区创新创业氛围，在12月举办第六届园区乒乓球、台球公开赛，参加人数逾100人次，通过活动促进了企业间相互沟通了解与合作，活跃了园区创业氛围，同时也增加了园区的凝聚力。

二、西三旗中试产业化基地建设

为降低企业在项目中试、实验和产业化环节的成本与风险，加快企业科研成果从实验室到工业化生产的转化，进而提升企业自主创新能力，园区筹建了西三旗中试产业化基地并开展了以下工作：

（一）基地工业化改造

根据企业及项目需求，按照工业化标准，对基地4000余平方米的工业化厂房及500平方米的办公楼进行了改造，包括厂房修缮、厂房隔断和水电设施的安装和改造，使基地基本具备了良好的中试产业化条件。

（二）项目管理团队建设

设立了基地管理委员会，下设基地主任负责基地的总体把握和整体运行，并根据在孵项目特色设置项目经理2名，同技术负责人协作负责中试项目的具体运作。

（三）项目筛选及中试管理

针对学校科技成果展开全面调研，重点挑选了超音速火焰喷涂、金属钛清洁冶金新技术、高强钢汽车精密辊压件辊拔成形技术等5个新材料和先进制造领域的科技成果项目进行综合论证，并围绕项目特点组建项目管理团队，推动项目中试工作。目前金属钛清洁冶金新技术、高强钢汽车精密辊压件辊拔成形技术项目已进入中试阶段。

（四）孵化外围服务

挑选了超音速火焰喷涂、金属钛清洁冶金新技术作为重点项目，完成科技产业化统筹项目的申报，利用现有资源来获取政府支持，为基地的发展奠定基础。

三、材料分析测试服务平台建设

为降低园区企业分析测试成本，提高企业研发能力，分析检验中心为园区企业提供了大量的分析测试服务。主要开展以下工作：

（一）对企业实验技术人员进行培训

针对企业实验室研究特色，就分析检测的基本原理、分析技术、行业标准、分析方法的建立与质量控制、大型仪器操作等内容对园区企业开展重点培训及授课各1次，培训对象200人以上。

（二）增强技术咨询服务能力

整合北京科技大学在金属力学性能测试、材料失效评估、材料生物特性研究等领域丰富的专家资源和先进的设备资源，累计为企业提供材料分析测试、技术支持、实验室建设等方面咨询服务200余次，新产品综合性能评价20余次。

四、园区自身建设

（一）为科技园大厦的投入使用开展准备工作

2011年9月，面积为10万平米的科技园大厦将投入使用，为迎接这一新的机遇和挑战，园区在组建管理团队，选择、设计大厦的功能定位，软环境建设能力储备等方面做了相应准备工作。

（二）方兴孵化器于2010年底通过北京市高新技术产业专业孵化基地认定，为今后园区的发展奠定了良好基础。

2010年园区大事记

1．1月27日，北京科大分析测试服务平台获“首都科技条件平台2009年度绩效考评优秀管理奖”。

2．3月15日，中共中央政治局委员、北京市委书记刘淇，北京市委副书记、市长郭金龙等市领导莅临北京科技大学调研首都科技平台建设和科技产业发展情况，分析测试服务平台作为在北京地区高校中“第一个实现实验设备向社会整体开放；第一个引入专业服务机构，实现市场化运营服务；第一个获得国家CNAS和CMA资质认证”的研发示范基地获得了市领导好评。

3．8月，国家火炬计划项目——“新材料公共技术服务平台建设”项目顺利通过验收。

4．12月22日，新材料北京市技术转移中心荣获“2010年度中国产学研合作促进奖”。

5．12月，北京科大方兴科技孵化器有限责任公司被认定为“北京高新技术产业专业孵化基地”。

2010年优秀在园留学人员企业

一、北京浩运金能科技有限公司

北京浩运金能科技有限公司是专业的贮氢合金等能源材料和相关产品的研发、生产企业，公司自主研发的动力电池用高性能储氢合金粉、金属氰化物储氢器被评为北京市第十批自主创新产品。公司有一批来自有色金属研究总院、浙江大学等科研院所并掌握该领域尖端技术的高科技专业人才，拥有国内顶级的专业技术开发队伍和富有经验的优秀管理人才，具备全套的生产技术和持续研发能力，并有多年的生产运营经验，保证了新产品的不断开发和大规模生产的稳定性。公司已通过ISO9001质量管理体系认证和出口欧盟RoHS指令的检测，产品已批量出口。

公司承担了科技部863计划“节能与新能源汽车”重大项目等一系列国家和地方科技项目，被选定为全国混合动力汽车镍氢电池用高功率型储氢合金粉的唯一开发单位。2010年7月，该项目已通过国家科技部验收。此外，公司还承担了科技部技术创新基金项目3项，中关村科技园区创新资金项目2项，海淀园国际化发展专项资金和促进产学研合作资金各1项，北京市优秀人才培养专项1项，海淀区推动循环经济发展专项2项，海淀区促进节能减排项目1项，海淀区科技专项1项，海淀区中小企业发展专项资金1项，北京市工业发展专项资金1项等，并连续多年被评为“瞪羚企业”

二、北京科大恒兴高技术有限公司

北京科大恒兴高技术有限公司依托北京科技大学高效轧制国家工程研究中心，自成立至今，以市场为导向、以增强自主核心技术开发能力为根本，加强市场意识、工程意识和服务意识，在轧钢自动化、控轧控冷成套技术与装备、钢材的品种开发与性能优化、冶金企业生产一体化管理系统开发、轧钢成套技术装备开发、钢材表面检测技术与装备开发等多个领域取得了较好的业绩。

公司致力于深度开发和集成高效率、高效益、高效能的先进轧制技术成果，通过高效轧制国家工程研究中心的窗口和纽带作用，以工程化的形式向全行业转移和推广，在轧钢工艺、自动化控制及轧钢设备等方面先后承揽了大中型企业工程项目数十项，并在许多国家级科研课题中承担重要的研究任务，并获得多项科技方面的奖励，包括国家科技进步特等奖、一、二、三等奖以及部委的各项奖励，在面向国民经济主战场，参与企业技术改造方面取得了突出的成绩。

2010年在园留学人员企业名录

北京归来石科技有限公司	电子信息
北京南洋至博科技有限公司	电子信息
北京商通无限科技发展有限责任公司	电子信息
户户租网络技术（北京）有限公司	电子信息
秀之意（北京）可视信息技术有限公司	电子信息
北京海华信物流技术有限公司	电子信息
北京文鼎奥星科技发展有限公司	电子信息
北京英丝拜系统集成技术有限公司	电子信息
北科瑞安科技发展（北京）有限公司	电子信息
易为承业（北京）科技发展有限公司	电子信息
北京网智益达科技有限公司	电子信息
北京万象嘉业网络技术有限公司	电子信息
杰尔释文化传媒（北京）有限公司	电子信息
北京必必普网络技术有限公司	电子信息
北京龙腾和信科技有限公司	电子信息
北京爱林特立科技有限公司	电子信息
北京群硕新创科技有限公司	新材料
北京赛富通电力技术有限公司	新材料
西品科技（北京）有限公司	新材料
安耐泰克（北京）科技发展有限公司	新材料
北京君泰华伟科技有限公司	新材料
北京齐物科技开发有限公司	新材料
北京绿环科信高新技术有限公司	新材料
北京浩运金能科技有限公司	新材料
北京科大方兴高新技术有限公司	新材料
北京时代锐智科贸有限公司	新材料
北京联力源科技有限公司	新能源环保
北京百安能祺科技有限公司	新能源环保
中地加荷（北京）环保科技有限公司	新能源环保
北京科大朗涤环保工程技术有限公司	新能源环保
北京美林达康特姆技术有限公司	建筑制造
博意新创科技发展（北京）有限公司	建筑制造
北京迪埃尔科技有限公司	建筑制造
北京祥创天下科技发展有限责任公司	建筑制造
北京科大恒兴高技术有限公司	建筑制造
北京科大中冶技术发展有限公司	建筑制造
新航帆（北京）文化传播有限公司	文化创意
视觉典传文化创意（北京）有限公司	文化创意
北京易时境建筑设计事务所	现代服务
北京爱福源（国际）饮食营养研究中心	现代服务
物方恒德（北京）投资咨询有限公司	现代服务

园区联系方式

地　址：北京市海淀区学院路30号方兴大厦6层617室
邮　编：100083
电　话：86-10-62313412
传　真：86-10-62316722
邮　件：fxticheng@sohu.com
网　址：www.ustbsp.com

北京理工留学人员创业园

园区概况

北京理工留学人员创业园（以下简称“创业园”）成立于2003年7月，由北京理工大学和中关村科技园区管委会共同建立。创业园成立7年多来，积极发挥和利用北京理工大学和中关村科技园区的创新创业环境、人才、学科、科研、设备（施）等方面的资源优势，在中关村科技园区管委会大力支持下，先后吸引了320余名留学人员，累计创办了177家企业入驻创业，这些企业的分布涉及信息技术、光机电一体化、生物医药、新能源环保、新材料等领域。园区现有留学人员企业90家，其中信息技术59家、光机电一体化11家、生物医药4家、新能源环保5家、新材料7家、其他领域4家。

留学人员企业具有技术领先、团队素质高、自主知识产权多等优势。目前，创业园数十家企业发展势态良好，多数企业具有专利、软件著作权等证书，包括汽车设计、多稳态液晶调光膜及多稳态液晶大屏幕超薄显示屏、金融管理、塑料工程改性、三维图像、网络安全、石油勘探、柴油发动机电喷系统等项目。

2010年园区发展报告

2010年，北京理工留学人员创业园继续加强孵化服务体系的建设，不断完善孵化服务平台的建设，通过资源整合提供各种增值服务，加强了与学校的合作和交流，为园区企业与风险投资、中介机构等搭建了沟通的桥梁，促进了园区的发展、留学人员企业的成长，在一定程度上为区域经济的成长起到了推动作用。

2010年，园区共有11家留创企业获得北京市留学人员创办企业开办费资助资金共110万元；4家企业获得了2010年度地方创新基金共150万元的支持；2家企业获得了北京市留学人员创业活动择优资助共15万元；5家企业获得2010年度海淀区文化发展专项资金项目资助共100万元。

2010年，创业园推荐十多位优秀留学人员申报国家“千人计划”、北京市“海聚工程”及中关村科技园区“高聚工程”，其中2人入选国家第三批“千人计划”、1人入选国家第四批“千人计划”、1人入选北京市第三批“海聚工程”、2人入选北京市第四批“海聚工程”、3人入选中关村科技园区“高聚工程”。

2010年，创业园在以下几个方面重点展开工作，不断加强创业园的孵化服务体系建设、促进产学研合作，取得了较为明显的效果，推动了创业园的进一步发展：

一、强化了创业园的孵化服务体系建设

（一）完善了基础服务、落实政策优惠

加强房屋基础设施建设。2010年，创业园根据企业发展的需求，在创业园内部进行了相应的调整，提高了房屋使用率，增加公共会议室，改善了企业的办公环境，从而为企业创业起步提供了有力的环境保障条件。

改善了网络服务。为确保企业上网的便利和安全，创业园购入了新的设备，对园区企业的网络运行情况进行监控。创业园还安排专门的工作人员负责网络维护，以便能够及时解决企业在运行过程中遇到的多种网络难题。

2010年，创业园继续为入园的留学人员企业提供国家有关留学人员创办企业的支持政策方面的信息，推荐优秀企业申请北京海外学人中心企业开办费，并协助企业申请各类科技计划项目和各类基金项目等。2010年共指导16家企业申报创新资金，13家企业申报其他项目，为企业发布其他可申报的政府项目29项，解答企业各类咨询550余次。同时在留学人员企业中落实符合条件的大学生创业企业优惠政策，推荐优秀企业。2010年5月，汉朗科技（北京）有限责任公司汉朗作为优秀大学生企业代表在科技部火炬中心等部门组织的“营造孵化环境，引领大学生创业就业”论坛做主题发言。

继续加强了创业园自身的建设。首先加强了园区内部管理，2010年吸收了4名新的工作人员，提高了团队的整体素质，此外，创业园还多次梳理岗位分工，进一步明确了各员工的岗位职责，提高了服务质量和工作效率。

创业园还充分利用并发挥北京理工大学专家、实验室、设备条件、科研等方面的优势，以支持入园企业的项目研发，促进企业健康发展，同时也解决企业在实验设备、经费、人力、经验等方面的难题，改善企业的研发环境。

开展丰富多彩的文化活动。创业园为丰富园区文化生活，促进企业间交流，组织召开新春联谊会、中秋留学人员企业家座谈会，组织了春季、秋季郊游活动，还组织了乒乓球比赛，赢得园区企业的好评。

（二）进一步完善法律及知识产权服务

创业园一贯高度重视园区企业知识产权工作，为了帮助企业更好地了解法律知识，解决相应的法律问题，继续与北京炜衡律师事务所合作，免费为园区企业提供法律咨询服务。在合作期间北京炜衡律师事务所派出了优秀的律师为园区企业提供优质的专业服务，开展法律及知识产权专题讲座。一年来，组织开展专利讲座3次；与北京炜衡律师事务所洽谈专利保护策略；接待法律、知识产权咨询十余次。

创业园开展的此项工作使园区企业在专利申请上获得了帮助与指导，也提高了企业对专利申请工作的重视程度，因此此项工作的开展也受到了企业的好评。

（三）完善人才资源服务平台

科技型中小企业在建设初期，资金有限，为了更好地为企业提供创业孵化服务，减少企业不必要的开支，降低企业的人力资源成本，创业园已与著名招聘网络——前锦网络信息技术（上海）有限公司北京分公司（前程无忧网）、英才华网网络技术（北京）有限公司（中华英才网）、北京网聘咨询有限公司（智联招聘网）签订服务合同，为园区企业提供招聘信息平台服务。企业只需要以低廉的价格就可以在网站发布招聘信息，大大降低了他们在人员招聘方面的成本，提高了工作效率。

依托前程无忧、中华英才、智联招聘的网络平台，园区内的企业可以通过科技园在网站上刊登对人才招聘的需求信息，创业园安排专门的工作人员联系人才中介机构发布企业招聘信息，并每日刷新企业招聘信息、将收到的简历即时发送给企业。每天为企业接收转发简历1000多份。这样，为企业人才招聘节省了时间成本、人力成本和资金成本。截至2010年12月，创业园通过前程无忧和中华英才网、智联招聘三个网络服务平台共分别为园区内企业接收、转发简历21万多份、28万份和7万多份，这也为园区内的企业招聘到了不少的优秀人才，帮助企业达到招聘人才的目的，节约了企业的人才招聘成本，提高了工作效率。

每月底、每年底，创业园安排工作人员对入孵企业职位发布、简历接收情况分类汇总、统计分析，绘制相关人才招聘分析报告，并对相关服务工作进行满意度调查，以适时调整工作策略。

另外，为了解决企业招聘人才的困难，尤其是接收应届毕业生的难题，我们经过努力，在北京海外学人中心的大力支持下，帮助园区11家企业接收2010年应届非京生源毕业生15人。

（四）完善中小企业评估系统

一年来，创业园进一步完善了中小企业评估系统，通过企业访谈对企业的情况有了较全面的了解，对企业发展过程中遇到的共性问题和瓶颈有了比较明确的认识。

2010年，创业园利用中小企业评估系统对园区企业进行了77次访谈，受到了企业的认可。通过对企业的评估分析，发现了企业在运营发展方面存在的一些问题，为日后的服务工作提供了有价值的参考。

（五）继续加强创业培训服务

2010年，创业园继续利用多种渠道和方法，为企业提供更加丰富的培训、讲座和交流机会，帮助企业提高综合管理能力。年内，开展了多方面培训、讲座和交流工作，如科技型中小企业创新基金相关培训、专利及法律培训、突破中小企业发展瓶颈系列讲座等。培训活动为企业提供了创业交流机会，为创业者提供了管理知识和经验。

（六）健全企业市场信息咨询服务

企业的发展与成长，不仅仅在于其拥有良好的技术储备和优秀的人才资源，更在于其能够迅速捕捉市场细微变化和时刻把握市场发展脉搏的能力。为了帮助企业稳定发展，快速成长，创业园建立了市场信息咨询服务平台。

2010年，创业园与入孵企业合作，利用企业的技术成果——“快讯”资讯搜索和情报分析系统，追踪行业信息定期制作新闻剪报，并汇编成册，为企业及相关机构提供新闻剪报和行业资讯。“快讯”采集全球2000多家中文媒体信息，拥有强大的情报分析和处理功能。创业园工作人员每周都会定期通过设定检索关键词，跟踪关键词汇，对新闻资讯统计分析，生成剪报，免费发送给企业和合作单位，为相关人员决策提供参考。目前制作的剪报有：“关注金融危机”系列剪报，分为国内新闻、国际新闻、海外视点、行业观察四部分内容；“关注中关村”剪报，分为政策解读、高新技术企业、投融资服务、中关村创业四部分内容；“车转中心”剪报，关注汽车电子、电动汽车等相关内容的新闻报道，服务对象是车辆转移中心的合作单位和北京地区各高校的老师以及汽车研究机构的专业人员。此外，还有为入孵企业和合作单位定制的行业剪报，如有北方车辆研究所的行业剪报、北京海利高科环保技术有限公司的“环保”等。

截至2010年12月，创业园工作人员已制作“关注金融危机”系列剪报计44期、“关注中关村”系列剪报计17期、“车转中心”系列剪报计99期、为北方车辆研究所制作专业剪报55期、物联网简报36期、财务信息简报8期、大学生创业简报9期等等。通过制作、发送这些剪报，加强了与企业和合作单位的联系，使企业更深入更便捷地了解行业发展环境和当前的经济形势，为管理者决策提供一定的参考。入孵企业也反馈定时收到简报对企业认清形势、抓住机遇有很大的帮助。

汽车行业咨询平台为汽车行业的企业提供最新的市场信息、决策信息，选择汽车行业的具体细分市场进行研究，为企业提供相关行业的咨询报告，从而避免企业盲目投资，在不了解市场的情况下就把新产品投向市场。

创业园还安排工作人员利用“中央政府采购网”、“中国工程招标网”搜集市场招标信息，通过制作发送剪报和信息，使企业及时了解市场招标信息。

另外，创业园还设立校园网终端，企业可以通过园区提供的电脑终端直接访问校园网图书馆的数据库系统，查找相关数据资料，这一工作增加了企业的信息收集渠道，为企业提供更加全面的分析报告。

（七）加强企业财务管理服务

为了促进园区内中小企业的发展，园区配备了专职的财务人员，运用专业的、高水平财务、会计、投资理财能力，为中小企业提供常年会计顾问、财务咨询、代帐报税等服务，以及为企业申报各类政府资金项目提供专业的财务咨询指导服务。

这些财务人员不但具有深厚的财务管理学识和深厚扎实的各类企业财务管理实践经验，他们洞悉企业财务管理的需要，深知企业对管理者的素质要求，致力于帮助企业与个人获得成功所必备的财务管理知识、技巧、体系。

此外，创业园财务人员还定期为园区企业制作“财务信息”简报，将国家最新的财税政策以简报的形式发给企业，帮助企业了解政策的变化。这些财务人员还针对企业内部外部环境的点滴变化和客观需求，在充分沟通和深入研究的基础上，不断调整服务方式，丰富服务内涵，提高服务层次，坚持为企业奉献切合实际和价值升级的服务质量。

（八）增强投融资服务

创业园落实政府专项政策，创造和谐创业环境，为企业提供各种创业服务，尽可能为他们提供便利条件，支持和促进留学人员企业健康成长。2010年，创业园组织企业积极申报科技型中小企业创新资金，组织开展各类市场、财务、技术等方面的申报讲座5次，安排专人解答企业各类申报问题400余次，帮助企业积极申报。

创业园还积极组织园区企业参加中关村“三三会”，推荐企业参加创投活动，与风投机构进行近距离接触，增加获得融资的机会。2010年3月17日，北理工创业园、北工大创业园共同承办了“中关村留学人员企业精品项目推介会”（“三三会”），会议重点推出了5个极具投资潜能的融资项目和5个具有广阔投资前景的企业项目。此次项目推介会，为投资机构与企业融资对接提供一个很好的交流互动平台，为留创企业解决融资问题提供了一个机会，促进留创企业更好更快地成长。

2010年10月，园区召开中科金集团融资座谈会，与园区6家融资企业进行了座谈交流。本次融资座谈会增进了园区企业对政府政策的了解，加深了企业与金融机构的交流，拓宽了企业融资渠道，还为中科金集团深入了解园区企业提供了良好的沟通平台，理工留创园将继续致力于搭建有效投融资平台，提供企业融资新思路，为中小企业发展再添新的力量源泉。

创业园还不断收集企业的优秀项目，安排专门的工作人员编订项目精品集，在各类展会及项目推介会上为企业免费进行宣传和项目推介。

（九）继续加强市场推广

2010年，创业园积极开拓江苏市场，加强市场推广平台的建设工作。创业园多次到江苏各地考察、交流，参加江苏各地区举办的推介会，积极推进园区企业与江苏政府、企业间的对接，切实做好企业的市场推广工作。

2010年，创业园加强了对外宣传力度，加强了网站的维护和更新，并在网站上对企业及项目进行宣传；在《中国科技产业》、《高校科技与产业化》、《中国留学生创业》、《中关村指南》等杂志、报刊上进行了广泛的宣传。创业园还积极参加有关留学生创业的展会，在展会上为创业园和园区企业进行大力的宣传与推广，使更多的地方政府及科技主管部门了解理工留创园，了解创业园内的企业。

（十）组建互联网联盟

为了积极适应物联网发展形势，抓住发展机遇，推动园区企业物联网项目的发展，创业园从2009年底就开始筹备建立园区物联网企业联盟，2010年5月联盟正式成立，目前联盟拥有十余家科技型企业，这些企业的项目产品涉及物联网的各个领域和阶段。同时，还加入了中关村物联网产业联盟，为园区企业提供更多物联网产业资讯和行业信息。目前，已组织园区企业多次参加联盟的“物联网沙龙”、“中国物联网大会”等活动，和行业企业进行交流沟通。

创业园专门开辟一个展厅作为园区企业物联网项目的展示区，展示区已建设完成，并有十余个物联网项目展板供企业和行业专家参观考察。以后还会继续征集园区成熟产品的物联网项目，作为实物展区，以扩大园区企业物联网项目的宣传，促进企业发展。

针对物联网的研究热点，创业园还组织专门的写作小组，对物联网项目和最新研究进展进行汇总分析，撰写了《物联网研究报告》，对物联网的发展现状、相关技术、物联网的应用、市场、重点企业和发展趋势等方面进行了分析总结，供园区企业的相关部门阅读参考。

2010年10月，创业园带领园区物联网企业参加中国国际物联网（传感网）博览会，7家企业在本次博览会上展示了各自的项目及产品。通过本次博览会，不仅展示了园区物联网企业联盟的服务特色和组织成果，还借助国际博览会这一盛大的平台，了解了物联网行业的整体发展水平及丰富的项目应用方向，为推动园区企业及其项目的深化合作做出了夯实的准备。

二、加强了与学校的合作，促进产学研的转化

为促进学校科研成果的转化，2010年，创业园继续加强与学校的生命学院、机械与车辆学院、光电学院、软件学院、管理与经济学院院系的产学研合作，并根据之前签订的产学研合作协议，积极促进产学研的转化。

此外，创业园还致力于积极发挥学校的人才和实验条件优势，帮助园区企业联系学校的实验室等资源，为园区企业提供专业服务。

为了使园区企业有机会借助北京理工大学的创新资源，进一步加强创业园企业与学校相关院系和学科的互动工作，创业园联系安排企业与学校软件学院、管理学院、车辆学院等校内单位进行交流，在项目合作、学术交流、学生实习等多方面开展了良好的互动工作。

创业园还与学校管理与经济学院合作，邀请该学院的知名教授骆珣给企业开展财务方面讲座，为企业申报创新基金，为创业提供咨询及指导。

2010年园区大事记

1．2月26日，入驻北理工科技园的车辆北京市技术转移中心在北汽福田汽车工程研究院举办“汽车技术及推广”研讨会，30余人参加。会上，邀请北京工业大学李德胜、朱荣辉、冯能莲、纪常伟等嘉宾分别就“汽车永磁液冷缓速器及其产业化”、“机液混合动力传动系统技术及产业化”、

“串联式混合动力中型客车技术”、“氢混合燃料内燃机的研发与应用”等专题作了阐述，并就项目产业化等问题与参会人员进行了互动交流。参会人员了解了车辆技术分支研究方向的最新成果，并为北京市汽车电子联盟成员单位与北汽福田等整车生产企业进行现场供需交流提供了平台。

2．3月，北理工创业园举办“创新基金申请材料”系列讲座，邀请园区内已成功申请创新基金的企业负责人及专业教授主讲。

3．3月8日，北理工创业园举办融资路演培训指导会，组织即将参加现场路演的企业进行模拟演练，有10余家企业参加。培训会邀请海淀资本中心副总经理孟兆辉作了题为“打动的VC的20分钟”的讲座，讲解企业的融资技巧和方法，指导企业如何在短时间内争取到融资，并对亿维融智、基诺克、中科育以及鲲鹏动力等几家企业的模拟演练和PPT材料进行了现场辅导。

4．3月12日，科技部火炬中心下发《关于确认北京奥宇科技企业孵化器有限责任公司等149家单位为大学生科技创业见习基地试点单位的通知》，北京理工创新高科技孵化器有限公司被认定为“大学生科技创业见习基地试点单位”。

5．3月17日，由中关村科技园区管理委员会主办，中关村留学人员创业园协会协办，北理工创业园、北工大创业园联合承办中关村留学人员企业精品项目推介会。中关村管委会、北京理工大学等领导及在京投资机构、新闻媒体代表、各留创园负责人、企业代表等100多人参加了推介会。会议重点推出5个具有投资潜能的融资项目和5个具有投资前景的企业项目。推介会为投资机构与企业对接提供了交流互动平台，为留创企业解决融资问题提供了机会。

6．5月4日，北理工科技园物联网联盟成立暨交流会在理工科技大厦召开。会上，北理工科技园副总经理郑云介绍了联盟成立的背景、意义及下一步的工作计划；联盟企业北京恒通安信科技有限公司王杰博士介绍了物联网产业发展探索的体会；各企业分别介绍了企业内部物联网项目上的进展情况；联盟成员并就物联网产业、市场等问题进行了研讨。

7．5月13日，北理工创业园举办创新基金申报培训及座谈会，园区有18家企业参加。会上，北理工留创园项目发展部创新基金咨询负责人刘瑞娥从服务机构的选择、申报材料的整体把握、财务、附件准备及申请程序等方面讲解了企业在申报创新基金时需要注意的问题。会上还进行了互动交流，创业园副主任郑云解答了参会企业提出的问题。

8．5月23日，北理工科技园“大学生科技创业实习见习基地”参加了由北京理工大学校团委、招生就业处举办的“青春试航”非毕业生就业见习双选会。会上，创业基地项目经理谭董介绍了基地对大学生创业的支持和优惠政策，以及在前期创业教育中可提供的创业实习见习岗位信息。有近80位同学填写了意向登记表，其中包括有创业意向和创业项目的大学生创业团队。

9．7月23日，由北理工科技园组织的大学生就业实习招聘会在理工科技大厦举行。20余家园区企业参加了招聘会，提供了60多个职位信息，吸引了近百名来自北京理工大学及周边高校的学生到场应聘。北理工科技园大学生科技创业见习基地也专门设立展位为有创业意向的大学生提供咨询，得到了近30份大学生的创业意向回执。

10．8月27日，北理工科技园邀请炜衡律师事务所周华华等3位律师在理工科技大厦8层会议室作题为“中小企业专利保护策略”的专题讲座，园区有10余家企业负责人参加。会上介绍了专利申请程序、专利的价值、北京市部分专利奖励政策，并从专利的研发、确权、维护、实施以及寻求专利支持等方面，讲述了专利保护策略。

11．9月2日，在北京科技大学召开的“中关村科学城首批启动建设项目签约揭牌大会”上，北京理工大学校长胡海岩代表学校与北京市政府签订了“北京市人民政府支持北京理工大学建设北京理工先进技术研究院和中关村国防科技园协议”。根据协议，北京市将在规划建设、项目研发、科研平台、知识产权、重大成果转化、信贷融资、人才引进、产学研合作等8个方面给学校以政策和资金方面的支持。北京理工大学将发挥新能源汽车、高端制造、新材料、控制科学等领域的科技优势，加速推进科技成果转化和先进技术产业化，参与“中关村科学城”建设，成立“北京理工先进技术研究院”和建设“中关村国防科技园”。

12．10月21日至22日，在世纪金源大酒店举行的“中关村产学研协同创新洽谈会”上，北理工科技园展示了园区自身建设成就以及园区5家企业的创新项目。

13．10月28日至30日，在江苏无锡太湖国际博览中心举行的2010年中国国际物联网（传感网）博览会上，北理工科技园作为中关村物联网产业联盟的成员单位之一参加了博览会。会上，北理工科技园物联网联盟的7家企业展示了各自的项目及产品。

14．10月15日，教育部、科技部联合下发《关于认定清华大学国家大学科技园等66个单位为高校学生科技创业实习基地的通知》，北京理工大学科技园被认定为第一批高校学生科技创业实习基地。

15．11月22日，北理工创业园举办了题为“专利申请文件撰写方法”系列讲座的第一讲，园区20余位企业负责人参加了培训。创业园副主任郑云介绍了园区企业专利申请工作的现状、需要注意的问题，以及“专利申请文件撰写方法”系列讲座的内容安排等。讲座还进行了互动交流，创业园工作人员针对参会人员提出的问题进行了解答。

16．12月30日，市科委下发《关于认定北京普天德胜科技孵化器有限公司等20家孵化机构为北京市高新技术产业专业孵化基地的通知》，北京理工创新高科技孵化器有限公司经审核被认定为北京市高新技术产业专业孵化基地。经认定的孵化基地，自认定之日起3年内，将根据孵化基地在获得知识产权、提供就业岗位、上缴税收额度等推动企业成长及促进地方经济、社会发展方面所作出的贡献，给予孵化基地和在孵企业一定额度的市财政经费支持。

2010年优秀在园留学人员企业

一、华尔兹（北京）科技有限公司

2010年3月5日至9日，华尔兹（北京）科技有限公司最新产品“炫立方”在香港会议展览中心举行的香港国际珠宝展上展出。“炫立方”集高科技与时尚于一身，采用最新的3D全息幻影成像技术，将真实的珠宝产品做成虚拟的“3D珠宝”展示在炫立方里。这些虚拟“珠宝”三面可观，360°旋转，完美呈现细节，尽显珠宝的奢华，观众只需站在一个位置不动，就可以仔细欣赏精美的珠宝。华尔兹公司在国内率先将高科技元素引入珠宝行业，先后与多家知名珠宝企业合作并在各大珠宝盛会上亮相，结合科技、时尚元素演绎珠宝的奢华。

二、阿尔特（中国）汽车技术有限公司

2010年，阿尔特（中国）汽车技术有限公司在中国国

际展览中心举行的北京国际汽车展览会上推出了3款概念车型。竹风概念车：属于小型电动车，具有低成本、低能耗、体积小、空间大的优势，既环保又可量产。竹风概念车采用的锂电池组总能量为24千瓦时，续行里程为160公里，最高时速145公里。eTAXI易的概念车：是一款为城市设计的电动出租车，将新能源、新潮流以及中国文化内涵的概念融入到设计中，在整体上追求大气与考究，达到中级轿车的水准。采用电池快换系统，依靠充电站内的快换机构，只需90秒就可拆卸电池组完成更换，整个换装过程大约花费5分钟，解决了电动汽车续航里程短、充电时间长的问题。武峰II概念车：源自2006年北京车展上亮相的武峰，既传承了Cross Coupe的概念，又被赋予了电动混型跑车新内涵，阿尔特在原车基础上做了新的改进，乘坐2人的武峰II最高时速可达200多公里，百公里加速仅需7秒。

三、北京穷游天下科技发展有限公司

2010年11月17日，全球最大的中文出境游海外游网站——穷游网（Go2eu.com）与全球最大的中文在线旅行网站——去哪儿网（Qunar.com）举行战略合作签约仪式，双方将就海外旅游内容、国际酒店、国际机票、国际火车票等相关领域展开战略合作。穷游网是中国第一家、全球最大的专注为用户提供出境游及海外游资讯内容、社区和在线旅行产品服务的中文出境游垂直门户网站。穷游网为消费能力强且追求旅游品质的旅行者提供高性价比的出境游一站式服务，在海外旅游市场具有极高影响力。去哪儿网是全球最大的中文在线旅游媒体平台，创立于2005年2月，为旅游者提供国内外机票、酒店、度假和签证服务的深度搜索，帮助中国旅游者做出更好的旅行选择，目前可搜索超过700家机票和酒店供应商网站，向消费者提供包括实时价格和产品信息在内的搜索结果，实时搜索12000条国内、国际航线，80000家酒店，20000条度假线路。合作可使双方在国内外旅游资源方面得到最大限度的整合，从而充分利用双方现有资源与条件，加强优势集成和互补，扩大海外旅游市场份额。

四、北京南风科创应用技术有限公司

2010年8月，北京南风科创应用技术有限公司与广州市公安局签订合作协议，南风科创将为广州亚运会安保技术系统的“超高分辨率多波束声呐三维测量成像系统项目”提供系统及技术保障支持。广州亚运安保技术系统是全面覆盖海、陆、空区域的立体交织高技术监测系统，三维测量成像系统是该安保技术系统的一个子系统，将对亚运会所涉区域内的水域实施全面勘查，形成高精度水下三维地形图像，准确识别定位水下目标如沉船、异物等的特征、大小、位置等信息，有效帮助安保人员排查水下异物，为实现“平安亚运”的目标提供技术保障。

五、泰瑞数创科技（北京）有限公司

2010年11月25日至26日，由泰瑞数创科技（北京）有限公司与其战略合作伙伴德国LS telcom及苏州恩巨网络有限公司联合主办，中国无线电协会协办的“新一代无线电频谱管理与网络规划技术交流会”在北京亚奥国际酒店召开。来自全国的无线电管理部门、国家广电总局、电信运营商等相关用户、合作伙伴和业界专家共200余人参加会议。大会介绍了具有代表性的2006年德国世界杯无线电管理系统、2008年北京奥运会无线电管理系统、2010年广州亚运会无线电管理系统等项目。会议还展示了基于泰瑞数字地球与位置智能技术的相关电信应用以及基于空间信息技术的新一代无线电频谱分析与网络规划产品等。

2010年在园留学人员企业名录

北京新峰维讯科技发展有限公司	电子信息
尤迈克（北京）流体工程技术有限公司	电子信息
北京恒通安信科技有限公司	电子信息
北京华新光讯科技有限公司	电子信息
泰瑞数创科技（北京）有限公司	电子信息
北京联星科通微电子技术有限公司	电子信息
北京决策信诺科技有限公司	电子信息
尚诺科技（中国）有限公司	电子信息
维达网信（北京）科技有限公司	电子信息
北京时代金鹰管理科技有限责任公司	电子信息
星枫科技（北京）有限公司	电子信息
北京华威天立信息科技有限公司	电子信息
北京睿日车心科技有限公司	电子信息
创极意（北京）科技有限公司	电子信息
华能卫通科技（北京）有限公司	电子信息
汉朗科技（北京）有限责任公司	电子信息
北京爱思博锐科技有限公司	电子信息
北京信达软创科技有限公司	电子信息
北京麦克斯泰科技有限公司	电子信息
游戏风雷（北京）科技有限公司	电子信息
北京通顺达科技有限公司	电子信息
北京博海云通国际教育科技有限公司	电子信息
北京精英高科高科技有限公司	电子信息
北京爱普乐信息技术有限公司	电子信息
北京穷游天下科技发展有限公司	电子信息
北京博忆协同网络科技有限公司	电子信息
亿维融智软件科技（北京）有限公司	电子信息
北京中德开元科技发展有限公司	电子信息
北京北交科仪科技有限公司	电子信息
北京乐在其中教育科技有限公司	电子信息
北京华宇聚源科技发展有限公司	电子信息
嘉翔佰仕（北京）科技有限公司	电子信息
融智贝能科技（北京）有限公司	电子信息
北京中科世达科技有限公司	电子信息
华尔兹（北京）科技有限公司	电子信息
北京无忧互通网络科技有限公司	电子信息
北京德可达科技有限公司	电子信息
北京网鱼诺信信息技术有限公司	电子信息
创信联合网络技术（北京）有限公司	电子信息
北京京显科技有限公司	电子信息
自由飞越国际航空技术服务（北京）有限公司	电子信息
北京乐奥克科技发展有限公司	电子信息
北京利迅金铭科技有限公司	电子信息
北京覃思科技发展有限责任公司	电子信息
中安信博科技（北京）有限公司	电子信息
北京宽石量投科技有限责任公司	电子信息
优美微迅（北京）科技有限公司	电子信息
北京美谷科技有限公司	电子信息
北京励俊亮景教育科技有限责任公司	电子信息
北京屹林智信科技发展有限公司	电子信息
矽华远通（北京）科技有限公司	电子信息
北京拓维思科技有限公司	电子信息
北京澳瑞博特数码科技有限公司	电子信息
北京安卓为科技有限公司	电子信息

北京中科视景科技有限公司	电子信息
中科泰岳（北京）科技有限公司	电子信息
精益工场国际工业技术（北京）有限公司	电子信息
华美天健信息技术（北京）有限公司	电子信息
鲲鹏动力（北京）科技有限公司	电子信息
太阳圣华（北京）医疗科技有限公司	生物医药
北京中诚晶创医药科技有限公司	生物医药
北京法玛泰医药技术开发有限公司	生物医药
华盛中天生物医学技术发展（北京）有限公司	生物医药
北京宝瑞光电科技有限公司	光机电一体化
北京精卫全能科技有限公司	光机电一体化
北京宇极科技发展有限公司	光机电一体化
北京因极技术有限公司	光机电一体化
北京市加华博来科技有限公司	光机电一体化
北京瀚祥优创科技发展有限责任公司	光机电一体化
北京天一安盛科技发展有限公司	光机电一体化
北京嘉华思创科技有限公司	光机电一体化
北京宇极芯光光电技术有限公司	光机电一体化
北京欧达恒基科技发展有限公司	光机电一体化
北京诺信泰伺服科技有限公司	光机电一体化
北京固本科技有限公司	新材料
北京芯和曦科技有限责任公司	新材料
北京五泽坤科技有限公司	新材料
北京亚方元新技术发展有限公司	新材料
北京碧华环境工程有限公司	新材料
北京意普万工程塑料有限公司	新材料
北京天任瑞创科技发展有限公司	新材料
北京派特森科技发展有限公司	新能源环保
北京倍尼尔科技发展有限公司	新能源环保
北京盛华和一科技有限公司	新能源环保
中丹康灵（北京）生物技术有限公司	新能源环保
北京海利高科环保技术有限公司	新能源环保
阿尔特（中国）汽车技术有限公司	汽车电子
北京维景篮迪景观生态技术服务有限公司	现代服务
北京南风科创应用技术有限公司	现代服务
博灵顿信息咨询（北京）有限公司	现代服务

园区联系方式

地　址：北京市海淀区中关村南大街9号理工科技大厦902室

邮　编：100081

电　话：86-10-68470073，68470075

传　真：86-10-68470073转8999

邮　箱：bitrp@126.com

网　址：www.bitrp.com.cn

北京市留学人员大兴创业园

园区概况

北京市留学人员大兴创业园（以下简称“创业园”）是北京市留学人员服务中心与大兴工业开发区开发经营总公司共同创建的高科技创业园。创业园地处大兴工业开发区，北临科苑路，与北大清鸟软件园隔墙相望。园区北靠五环，西临京开高速公路，距北方第一货运港口——天津新港90分钟车程，是距北京市区最近的开发区，具有适应高新科技产业研发、物流、投放等生产要素快速移动的能力。

创业园于2003年9月被市科委认定为《北京市高新技术产业孵化基地》。初建期建设了以生物医药为主，集电子信息、光机电一体化、轻型机械加工为一体的综合孵化基地。孵化基地具备协助在孵企业科技成果转化、产业培育两大功能，对在孵企业的孵化项目提供科技成果转化、产业化、生产扩大化等服务。以在孵企业为中心，努力满足在孵企业成长和发展过程中的需要，注重服务质量与水平，不断增强服务能力，有针对性地帮助解决在孵企业创立和发展过程中的问题。

根据北京市科委、北京市创业孵育协会加强对北京高新技术产业孵化基地的认定及管理的指导精神，创业园正在向专业型孵化基地进行转化及发展，强化各孵化基地对入驻企业的专业孵化服务职能及孵化服务质量，提高高新技术企业孵化成功率，提高在孵企业的高新技术含量，加大对于在孵企业的投资。同时，不断完善园区硬件建设及软件服务项目，更好地为留学人员及在孵企业提供创业空间。

园区联系方式

地　址：北京市大兴工业开发区科苑路18号

邮　编：102600

电　话：86-10-61271941

传　真：86-10-61271943

邮　箱：msx7060@126.com

网　址：www.coeland.com

北师大留学人员创业园

园区概况

北师大留学人员创业园（以下简称“创业园”）于2005年12月成立，由中关村科技园区管委会和北京师范大学共同创建，园区在中关村科技园区管委会、海淀园区管委会及留学人员创业服务总部的支持下，依托学校的优势资源，不断完善孵化服务体系，吸引了来自美国、加拿大、法国、日本、澳大利亚、俄罗斯等数十个国家的近百名海归精英在此创业，其中两位海外高层次人才成功入选中组部“千人计划”，成为国家特聘专家和行业领军人才，为国家和首都的经济建设和社会发展做出突出贡献。

创业园借鉴国内外先进园区的建设经验，本着特色办园的思想，依托百年师大的优势资源，充分整合北京师范大学科研资源、人才资源、产业资源，以“北师大教育服务产业研究院”和“高科技产业研究与技术转移中心”为依托，以教育服务、中医药现代化、特色新材料、现代放射性化学药物、环境保护及减灾与公共安全等技术平台为支撑，为留学归国人员创新创业提供资本、技术、信息、人才等全方位的服务。

目前，园区已获得“科技部火炬计划重点单位”、共青团“青年就业创业见习基地”、“北京市专利试点单位”、“北京市海淀区产学研示范基地”等称号，正在全面构建以北师大产学研为核心的地缘文化经济产业链，打造中国领先的教育、科技、文化联动产业聚集区。

2010年园区发展报告

一、依托大学优势资源，探索特色发展模式

创业园的建设定位，根本上源于其孕育的土壤。北京师范大学历经百年发展，已成为教师教育、教育科学和文理基础学科为主要特色的著名学府，是教育部直属的“211工程”计划、“985工程”计划的重点大学。正是凭借北师大人文科学、社会科学的科研优势，及其始终坚持面向经济建设，保持与国内外紧密合作的研发活力，使得园区有幸站在“巨人”的肩上，着力打造教科文产业园区的发展方向，力求实现特色建园、精品建园、实效建园。

结合北京师范大学的学科特色和留学人员创业园的基本功能定位，园区以教育、科技、文化创意三大产业为重点发展方向，以教育培养创新人才，并进一步带动科技创新、文化创意，在促进科技与文化互相融合的过程中，完善教育理念，整合教育资源，逐步形成了教育、科技、文化三大产业联动发展的特色发展模式。为此，园区成立了产业研究中心，将教育、科技、文化产业互动式发展模式提炼为“教育创优、科技创新、文化创意”三创联动理论，通过构建核心平台，深化和探索教育、科技、文化产业联动的理论、实践与政策研究，以三创联动载体为核心，以具体项目为纽带，切实做到促进产业联动发展，助推科技进步，促进区域经济发展。

二、营造良好创业氛围，集聚海外高层次创业人才

为积极配合国务院关于加快中关村国家自主创新示范区建设的批复，快速集聚一批海外高层次创业人才，园区着力营造宽松自由的创业氛围，以“创业者俱乐部”为载体，增强园区企业凝聚力。针对吸引海外高层次人才回国创业，园区大胆创新，在原有留创企业房租补贴政策的基础上（第一年40平方米以内免房租），对于凡是符合海外高层次创业人才标准的归国留学人员，不管是否被国家认定，均可酌情给予如下优惠政策：

1、根据企业实际需求，第一年优惠面积不限于40平方米，可适当提高优惠幅度；

2、第二年起以优惠30%左右的标准收取房租；

3、突破场地局限，改造水电线路，为企业创造实验条件，建设“企业研发中心”；

4、与北师大国家重点实验室、教育部工程中心等建立合作关系，以优惠价格为企业提供技术指导和支持，使用实验仪器，输送科研人才，特别优秀的项目，由园区提供实验经费补贴；

5、与多所高校就业指导中心建立合作，开辟实习就业绿色招聘通道，确保企业的人才储备；

6、协助企业解决人才引进难题，协调进京指标；

7、协助高层次人才解决子女入学等生活难题；

8、推荐专家指导、投融资及项目合作机会。

正是由于突破传统孵化模式，在企业创办初期能够及时给予成本控制、人才引进、推荐合作、投融资等帮助，园区已经集聚了大批海外高层次创业人才，并通过口碑效应扩大传播，越来越多的高层次留学归国人员慕名申请入园，丰富园区高层次人才储备。园区在海外高层次人才集聚方面已成为留学人员创业园体系中的佼佼者，为中关村人才特区建设提供有力保障。

三、发挥产业联动优势，培育行业领军企业

创业园的工作紧紧围绕创业企业展开，坚持遵循优中选优原则，从确定企业入孵到全程跟踪服务，在先期硬性基础条件不足的情况下，积极协调运作，挖掘利用各方面资源，选择实效途径和办法，力争尽快实现跨越式质变。目前，园区共有在孵企业39家，涵盖教育、生物医药、新材料、航空航天、文化创意等领域，吸引了来自美国、加拿大、法国、日本、澳大利亚、俄罗斯等数十个国家的近百名海归精英在此创业。园区企业每年提供上千个就业、实习岗位，新增科研成果近百项，新增产学研合作项目近10项，并承担国家级、省部级各类课题研究，获得北京市、中关村管委会等部门设立的北京市留学人员择优项目资助、北京市留学人员创办企业开办费资助资金、科技型中小企业创新基金、文化创意产业扶持资金以及留学人员创办企业开办费等各类扶持资金，涌现出多个具有极大成长潜力的行业领军企业。

四、突破传统孵化模式，构建特色孵化体系

创新能力决定了一个组织的综合实力和成长潜力，北师大留创园是国家创新体系的重要组成部分和自主创新的重要基地，是带动大学产学研合作、支撑行业技术进步、推动区域经济发展的主要创新源泉之一，因此园区自身的创新能力对于企业的可持续发展、国家创新体系的完善具有至关重要的作用。园区在总结以往经验的基础上认真思考，大胆创新，推出了一系列新举措，帮助企业做大做强，并取得了初步成效：

（一）孵化精品企业，树立示范效应

为配合中关村国家自主创新示范区建设“四个一批”的战略目标，园区在做好一般企业孵化的同时，注重培育精品企业，对于专业背景深厚、技术领先、发展前景广阔的创业团队给予特别支持。北京大方科技有限责任公司是由“千人计划”入选者周欣博士创办的优秀企业，鉴于该公司发展潜力巨大，结合其业务实际发展需要，园区主动将为其免费提供的办公场地扩大一倍，并推荐该公司与清华大学联合申报科技部科技人员服务企业行动项目，获得了40万元资金支持。除此之外，该公司经园区推荐获得中关村科技园区留学人员创业扶持基金最高额10万元资金支持，其创始人周欣博士已由园区推荐成功入选北京市“海聚工程”、中组部“千人计划”。园区还大力引荐山西兰花煤炭实业集团有限公司、中银律师事务所、北京邮电大学等相关合作单位到该企业走访座谈，针对产品改进、投融资等提出切实建议，为该企业研发成果更能满足市场需求奠定基础。2010年，园区为满足该公司建立研发中心的需要，投入专款将孵化场地改建为实验室，以满足高层次人才的科研需要。经过园区的精心培育，周欣博士及由其创办的北京大方科技有限责任公司已成为园区的明星企业家及典范企业，不仅为其他创业者树立了良好的示范效应，也为园区吸引更多海外高层次人才创业、孵化更多知名企业奠定基础。

（二）优先采购在孵企业的产品或服务

经过与多家在孵企业、毕业企业及离园企业交流，我们总结出一个共性问题，对于企业初创阶段来说，在毫无背景的情况下拿到第一笔订单是非常艰难的，能顺利完成第一笔订单更是十分不易。由于公司第一次受理业务，流程上有很多细节尚不完善，给客户和自己都增添了很多困扰，有的企业需要经历多次业务操作才能逐渐捋顺流程，创业者很容易受客户不满意的负面影响而放弃。因此，园区于2010年开始在同等质量与价格的前提下，优先选购在孵企业的产品或服务，在合作过程中与企业一起发现问题并提出切实可行的改进建议，帮助企业尽快实现规范化运作。园区最新版3D宣传片正是由在孵企业负责设计制作的，项目实施过程中，园区与企业的多次交流确实对企业捋顺工作流程、树立正确的发展模式帮助很大，宣传片播出后也得到了观众的一致好评，为该公司顺利开展后续业务奠定良好基础。

（三）充分发挥创业成长互助联盟的资源优势

创业成长互助联盟是由《赢在中国》栏目的新媒体总监立那女士发起的、由创业者自发成立的互助平台，通过企业互访、创业沙龙、资源共享 、创盟年会等活动形式实现创业者在互相帮助、互相扶持中与企业共同成长，其会员企业涵盖能源环保、互联网、通信、IT、生物医药、先进制造业等多个行业领域，年销售收入由千万元到亿元不等。2009年底创盟将秘书处设于园区内，建立了园区与联盟之间的关系纽带，更为在孵企业毕业后的长远发展做铺垫。

2010年5月，园区与创盟核心会员进行了第一次正式交流，创盟企业在听取了园区相关介绍后，对大学的X光透镜技术、离子注入技术引起了极大关注，希望进一步了解相关技术成果，建立产学研合作关系；部分创盟企业提出入园申请，希望在园区良好的创业氛围中，紧密结合大学的先进科技成果，推动产品研发与科技成果产业化进程；同时，园区将聘请创盟优秀企业家为在孵企业担任创业导师，以亲身经历指导创业者少走弯路，是加快企业孵化进程、提高孵化成功率最有效的途径。今年园区将通过多种途径增加在园企业与创盟企业的互动交流，充分挖掘创盟资源优势带动园区企业稳步发展。

（四）与多家媒体合作，搭建企业宣传平台

园区为进一步优化创业服务体系，挖掘企业的深层次需求，每月不定期进行企业走访，及时了解企业的最新进展状况，针对企业的共性问题提出切实可行的解决方案，不断提高企业可持续发展能力，打造一批行业知名品牌。在交流中我们发现，一些企业发展到中等规模急需进行产品宣传，扩大知名度，但由于支出经费有限，不能达到预期目标，园区经过多次磋商，已与《中关村海归》、《中国留学生创业》、《中关村》、《购物导报·商旅周刊》、《高新技术导报》等媒体达成战略合作协议，定期免费为园区优秀创业者及其企业进行采访宣传，现已刊登美国归国留学生徐堤博士创办的北京天恩泽基因科技有限公司、法国归国留学生柳虹女士创办的北京天阳赛纳教育科技有限公司等相关报道，帮助企业扩大事业影响。

（五）扎实做好日常工作，为园区长远发展奠定基础

留创园的创新发展必须建立在扎实做好日常工作的基础上，园区在探索吸引海外高层次人才、培育行业领军企业的过程中，仍非常注重改进基础服务，不断优化创业服务体系建设，以保证为园区企业提供完善的孵化服务，真正做到吸引人才、留住人才，为园区和企业的长远发展奠定基础。

园区日常创业服务内容包括：

1、搭建特色创业服务平台，包括培训拓展平台、中介服务平台、专业技术平台、宣传推广平台、融资促进平台、特色服务平台、知识产权保护平台等，为企业发展提供全面支撑；

2、不定期对园区企业进行走访，了解近期企业运行状况、面临困境、项目进展等，主动了解企业需求，帮助其跨越发展瓶颈；

3、邀请行业专家、创业导师、知名企业家与园区企业进行“企业互访”、“创业分享”、“专家面对面”等沙龙活动，分享创业经历，剖析市场发展规律，针对企业现状提供参考建议，帮助园区企业开阔思路；

4、举办多种类型讲座，如财务、法律、知识产权、投融资、市场营销、人力资源讲座帮助创业者提高企业管理能力；书法绘画鉴赏、汝瓷艺术赏析、国学与企业经营哲学等讲座提升创业者的文化修养，形成了独特的园区创业氛围；

5、举办项目推介会，推荐优秀项目与银行、投融资机构、天使投资人、大学及科研院所进行对接，开展项目申报辅导，通过多渠道帮助企业获得资金支持和项目合作机会；

6、建立合理有效的孵化退出机制，于每年终对企业定期进行量化评估，从经济指标、人员构成、知识产权、市场规模、发展潜力等方面对企业进行综合考量，以规范园区企业管理，实现资源效用最大化。

2010年园区大事记

1．创业园举办“虎跃龙腾闹新春”企业年会，邀请教育部、科技部、人事部、中关村管委会领导出席，与园区企业、科研单位共庆新春。

2．创业园及园区企业全程博雅教育科技（北京）中心一行4人前往北京太阳村，为特殊儿童送上年货礼包、英语学习教具等急需物品，总价值达3万余元。

3．园区优秀企业北京大方科技有限责任公司总裁、总工程师周欣博士入选北京市第二批海外高层次创业人才（即海聚工程）计划。

4．与《购物导报、商旅周刊》达成战略合作协议，为企业提供免费宣传平台。

5．园区优秀企业北京大方科技有限责任总裁、总工程师周欣博士入选中央“千人计划”。

6．全欧华人专业协会联合会北京办事处落户园区。

7．园区企业安博教育集团在美国纽交所上市。

8．园区“科苑餐厅”正式开业，包括员工食堂、餐厅、茶吧、咖啡吧等，为园区企业提供日常用餐、商务宴请等服务，进一步完善了孵化服务体系。

9．园区优秀企业北京大方科技有限责任公司总裁周欣博士获得第六批“北京市优秀青年知识分子”称号。

10．园区优秀企业安博教育集团获得2010年度“中国百强最具成长性留学生创业企业”。

2010年优秀在园留学人员企业

一、安博教育集团

安博教育集团的业务涉及基础教育服务、职业教育服务、企业培训等领域，安博高考与同步培训机构、安博国际学校、安博实训基地、安博职业教育学院、安博学习体验中心等机构已遍及全国20多个重点城市，形成了以区域教育服务中心和实训基地为依托，以师资、课程、服务流程、IT支持、网络学习服务的标准化为载体的服务体系，通过标准品质的服务保障全国各地用户的个性化需求。

目前，安博教育集团已发展成为国内第一个真正意义的以升学与就业为导向的全国性教育服务品牌。2010年8月5日，安博教育成功登陆美国纽交所。

二、北京大方科技有限责任公司

大方科技以国际最先进的可调谐激光检测技术为平台，自主研发的光电测量技术在气体检测与燃烧诊断等领域处于世界领先水平，为环保、安全、生产和国防航天等领域提供优质的产品和技术服务。

大方科技的研发中心坐落于人才汇集的北师大留学人员创业园，在辽宁（营口）沿海产业基地建立了生产基地。大

方科技汇聚了毕业于美国斯坦福大学等国际著名学府的技术与管理精英，并邀请美国工程院院士担任公司的技术顾问。

三、北京市莱科智多教育科技有限公司

莱科公司由留美归国的“千人计划”国家特聘专家刘志翔和五位清华校友共同发起创立，致力于打造基于“移动互联网”和“物联网”的生活信息服务平台。自主研发了“手机找工”、“移动亲子园”、“健康随身行”、“E110物联网”等多项创新产品和服务，涵盖就业、教育、健康和公共安全等民生领域。莱科产品和技术处于国际领先地位，目前已申请20多项专利，同时拥有4项软件著作权，13项软件产品证书，与诺基亚、Google、Qualcomm、Intel等多家知名公司建立了稳固的战略合作伙伴关系。

凭借高素质的团队及雄厚的技术实力，莱科公司相继被认定为“高新技术企业”、“双软”企业，2009年入选“中国最具投资潜质创新企业”十强，2010年入选“中国留学人员创业园百家最具成长性创业企业”。在2009和2010年前后两届诺基亚“全球创新精英挑战赛”中，连续获得了全球三强、中国区第一名的殊荣。作为唯一的亚洲企业代表，受邀参加在诺基亚总部举办的“The Way We Live Next 3.0”技术大会并演示创新技术和产品，吸引了来自全世界各地近百家媒体的关注。

2010年在园留学人员企业名录

中讯瑞太科技（北京）有限公司	电子信息
北京美华新智力科技公司	电子信息
奇达思科技（北京）有限公司	电子信息
北京英科来科技发展有限公司	电子信息
北京坤达雅科技有限公司	电子信息
尚明信科技（北京）有限公司	电子信息
北京信念科技股份有限公司	电子信息
北京塞德时代信息技术有限公司	电子信息
北京企信融合科技有限公司	电子信息
北京慧略科技服务有限公司	电子信息
互联智业（北京）科技有限公司	电子信息
北京卓马易通信息技术有限公司	电子信息
北京引众思源科技有限公司	电子信息
北京京师天合生态科技开发有限公司	生物医药
北京天恩泽基因科技有限公司	生物医药
北京新节点生物工程技术有限责任公司	生物医药
北京菲乐天扬生物技术有限公司	生物医药
北京大方科技有限责任公司	光机电一体化
北京爱科罗季科技有限公司	新材料
北京奥石星科技有限公司	新材料
北京星航通科技有限公司	航空航天
北京石开曲辰科技有限公司	生态农业
北京天阳赛纳教育科技有限公司	文化创意
北京菲丽斯文化艺术有限公司	文化创意
北京中视动力传媒文化中心有限公司	文化创意
北京易顾国际文化传播有限公司	文化创意
北京智眼人间文化传媒有限公司	文化创意
乐意堂（北京）科技有限公司	文化创意
喜佳森（北京）文化传播有限公司	文化创意
北京知本创易信息咨询有限责任公司	现代服务
北京京师安泰减灾与应急管理中心	现代服务
北京和谐未来教育科技有限公司	教育培训
北京师大安博教育科技有限责任公司	教育培训
北京森果京师教育科技有限公司	教育培训
北京京师育才教育科技中心	教育培训
北京朝日宣胜教育科技有限公司	教育培训
北京市莱科智多教育科技有限公司	教育培训
北京京师德明教育科技有限公司	教育培训
正华年教育咨询（北京）有限公司	教育培训

园区联系方式

地　址：北京市海淀区学院南路12号
邮　编：100082
电　话：86-10-62205399
传　真：86-10-62206051
邮　件：kjy@bnu.edu.cn
网　址：www.park.bnu.edu.cn

北京市留学人员海淀创业园

园区概况

北京市留学人员海淀创业园（以下简称“创业园”）成立于1997年10月，是中关村科技园区海淀园创业服务中心与北京市留学人员服务中心共同建立的北京首家专门吸引留学人员回国创业的科技企业孵化器。2007年9月，成为国家人事部和北京市人民政府共建的中国北京（海淀）留学人员创业园。创业园依托于北京中关村科技园区海淀园创业服务中心（简称“创业中心”）进行管理，截至2010年底，在园企业共计191家，创业中心累计入驻企业733家，其中留学人员企业626家。累计毕业企业219家。

2010年，园区抓住建设中关村自主创新示范区核心区的历史机遇，不断完善自身建设、提升服务功能，充分发挥孵化器聚集高端人才创业、培育战略性新兴产业的平台作用，结合自身优势资源，在人才吸引与培育、推动产学研合作、完善科技条件平台建设、提供增值服务等方面做了大量工作，使创业中心保持了良好的发展势头。

2010年，创业中心高端人才喜获丰收，共有4人入选千人计划、1人入选海聚工程，截至2010年底，中心累计有11名留学人员入选千人计划创业人才，占北京市入选者的27%，4名入选海聚工程，1名入选高聚工程。创业中心高端人才的丰收，为核心区建设的人才储备积蓄了力量。

2010年，创业中心以千人计划企业依科曼及中孵友信的校企合作项目为基础，帮助依科曼研究设计绿色植保中心，协助中孵友信与中国医学科学院阜外心血管病医院等机构共同搭建转化医学“产学研”合作平台，开创了孵化器参与的产学研合作新模式。

2010年，生物医药园又拓展了平台服务范围，建设了细胞质控平台，满足更多客户需求。年内，共为107家企业提供专业技术服务项目200多个，比去年提高10%；1家企业的新药进入国家药监局新药申请审评程序。

2010年，创业中心继续探索“持股孵化”模式，推行“金种子”计划，完成了对三家企业150万元的投资。创业辅导全面开展，年内共组织各种培训15次，培训人员近800人次。融资服务效果显著，50家企业的58个项目获得各级政府各类支持2600.1万元，有12人次获得高层次人才奖励1200

万元；9家企业获得股权融资10025万元；7家企业获得银行贷款1310万元。

2010年园区发展报告

一、创业中心2010年度发展综述

2010年是建设中关村科技园区国家自主创新示范区核心区的关键之年，也是全面落实孵化器“十一五”规划纲要的终结年，海淀园创业服务中心（以下简称“创业中心”）认真分析形势、总结过去、谋划未来，围绕发展战略性新兴产业、培育高成长性创新企业和高层次创业人才的总体思路，以“一个中心、两个突破、三个平台、六项服务”为主线，不断完善留创园新形式下孵化服务体系与服务模式，在高端人才聚集、企业科技创新等方面取得了一定成绩，创业中心在新的历史时期继续挥洒着浓墨淡彩的精彩篇章。

（一）高端人才聚集，夯实人才基地建设。

人才是第一资源，海外人才是我国现代化建设的特需资源，在党和国家高度重视人才工作的基础上，作为吸引与支持海外留学人员归国创新创业的重要载体，创业中心结合《国家中长期人才发展规划纲要（2010—2020年）》及中关村“人才特区”建设要求，以构建海外高端人才基地为目标，在创业环境、服务体系建设等方面不断完善创新，以吸引更多海外高端人才创新创业。

2010年底，创业中心在园留学人员168人，其中博士85人，占留学人员总数的50.7%；与此同时，创业中心认真学习把握国家各级政府人才计划申报条件及申报要求，对园内企业有组织、有计划的分批推荐申报，年内，入选千人计划4人、海聚工程1人。至此创业中心累计有11名留学人员入选千人计划创业人才，占北京市入选者的27%，成为留创园创业人才的高地，为核心区建设储备人才的同时，为创业中心人才基地建设奠定了坚实基础。

（二）企业创新发展，强化中心品牌实力。

面对国家发展中的新形式，新任务，创业中心坚持科学孵化原则，将孵化服务范围和功能分别向前期和后期延伸。通过强化对创业前期的“种子”遴选、团队培训、项目评估和创业规划等手段，降低创业失败率，为高质、高量、高效地实现“育苗”任务奠定基础；通过对毕业企业“扶上马、送一程”的方式，协助其完成生产空间和经营发展的需求，加速企业做大做强。

2010年，创业中心企业申请知识产权数量为162项，授权80项，累计申请专利1164项。依科曼、珅奥基等7家企业成为了2010年度专利试点企业；普罗吉和诺思兰德入选中关村国家自主创新示范区2009年重大科技成果产业化突出贡献单位；密安网络与邦诺存储的产品入选国家重点新产品；阿格蕾雅成立了OLED产业促进研究院；邦诺存储入选软件和信息服务业“四个一批”工程企业；易路联动入选2010年度“北京信息网络产业新业态创新企业30强”；园内11家企业入选海淀区重点创新型企业；15家企业成为中关村“瞪羚计划”首批重点培育企业；10家企业获得第一届中国留学人才归国创业“腾飞”奖；诺思兰德、珅奥基、格林曼等多家企业开始购置场地进入大规模发展阶段。创业中心的发展在企业科技创新中实现飞跃，孵化品牌的建设因此而绚烂夺目。

（三）“金种子”带动风投，持股孵化模式形成。

为解决创业期的科技型小企业无资产抵押、无信誉担保的融资难题，创业中心继续发挥“金种子”作用，充分利用对创业企业在服务、辅导、跟踪过程和前景判断方面的独特优势，筛选园内重点企业进行持股孵化，取得突破性进展。

2010年，创业中心筛选园内6家具备产业化前景的企业开展立项及尽职调查，最终完成对全景赛斯、东方博盾、喜安妮三家企业共计150万元投资。与此同时，创业中心充分研究利用国家政策，将“持股孵化”与风险投资相结合，通过申请科技部引导基金投资保障项目与风险补贴项目，为全景赛斯获得保障资金；通过与外部风险投资机构合作，推荐依科曼获得中海创投的投资。这种孵化器机构与金融机构、孵化企业利益关联机制的建立，即满足了各自需求，保证了基金运行的安全性、成效性，也初步构建形成孵化器持股孵化模式，为解决孵化企业的融资“瓶颈”问题拓宽途径。

（四）抓典型，推进新型产学研合作。

在建设创新型国家的新时期，加强产学研合作成为一项重要的战略性举措的背景下，如何发挥孵化器在促进技术转移、成果转化和产业升级中的作用，建立以企业为主体、市场为导向、产学研相结合的技术创新体系，成为创业中心年内致力突破的一项重要工作。

鉴于创业中心有很多企业与高校及科研院所有着良好的产学研合作，2010年，创业中心遴选出千人计划企业依科曼及中孵友信的校企合作项目为基础，通过帮助依科曼研究设计绿色植保中心，加速其绿色植保应用研究成果的转化；协助中孵友信研究制定转化医学平台的可行性及建设方案，助推其与中国医学科学院阜外心血管病医院等机构共同搭建转化医学“产学研”合作平台等措施，发挥孵化器资源整合优势，做好产学研结合服务的桥梁，为加快建立以企业为主体的研发中心拓宽思路。

（五）完善科技条件平台建设，专业服务能力增强。

为充分发挥科技条件平台在自主创新体系建设中的作用，中关村生物医药园围绕着创新创业企业的需求，不断拓展服务功能，完善服务手段，专业服务能力进一步增强。

2010年，中关村生物医药园新建细胞质控平台，满足了企业从事细胞为载体的新药研发及外包服务的需求，拓展了平台服务范围；将创新平台、中试平台和测试平台整合为平台事业部，以规范化的管理实现了企业一站式科学服务及管理；项目孵化体系的建设。年内，中关村生物医药园为104家企业提供专业技术服务，比去年提高10%；有1家企业的新药已经进入国家药监局新药申请审评程序。

（六）丰富创业导师平台，创业文化传承发展。

为了提高创业成功率，加快科技成果的转化，有效地培育创业者和企业家，2010年，创业中心整合各种优势资源丰富创业支撑环境体系建设，聚集成功企业家，以大手牵小手的理念和创业文化的传承，进一步提升孵化器的孵化能力和水平。

年内，创业中心共组织各种培训15次，培训人员近800人次。邀请创业导师易路联动总裁徐国洪为今年新入园企业豪腾嘉科总经理曹晓刚就其计划创业的项目给予指导，帮助其了解国内市场的情况。特邀首任纳斯达克中国首席代表、北京全景赛斯科技发展有限公司执行董事黄华国先生为创业者俱乐部成员讲解中小企业融资上市等相关知识。与此同时，聚集创业者俱乐部和工会联合会资源，为创业者创造了多元化学习与沟通的途径，比如组织企业负责人参观启明星辰公司、赴山西考察，以及组织各种体育比赛、摄影展、沙龙、联谊会等活动加强创业者之间的交流，在良好创业文化氛围中，创业园“哥哥带弟弟”的创业文化如朵奇葩一直绽放，激励着创业者们实现各自创业梦想。

二、在园企业发展综述

（一）在园企业数量、行业分布、创业者学历、留学国别、注册资金等基本情况

截至2010年底，在园企业共计191家，2010年新入驻企业44家，较上年增加8家。创业中心累计入驻企业733家，其中留学人员企业626家。累计毕业企业219家。

2006—2010年，在园企业主要分布在电子信息、生物医药、环保与节能、光机电一体化、新材料五大领域，以电子信息类企业和生物医药类企业为主。

2006—2010年，在园的留学人员创业者学历主要为博士、硕士，占到留学人员创业者中的90%以上。2010年，硕士以上学历的留学人员创业者占到94%。其中博士86人，硕士73人。

2006—2010年留学人员创业者中留学国主要集中在美国、日本和欧洲。2010年留学美国的占到40%以上。

2010年，在园企业注册资本金总额6.80亿元，平均注册资本金356万元。其中，内资注册资金 6.14亿元，占90%，外资注册资金0.66亿元，占10%。

（二）在园企业的技工贸总收入、上缴税费等经济指标

2010年，在园企业技工贸总收入约10.5亿元，较上年减少3.1亿元。

2010年，园内企业上缴税费共计5341万元。在园企业平均上缴税费28万元。

（三）在园企业资金融通、获得政府资金支持等情况

2010年在园企业获得各级政府支持资金共计3800.1万元，比上年增加905万元。其中，高层次人才引进人员获得1200万元，50家企业的58个项目获得2600.1万元。

从资金来源部门看，主要来自科技部、北京海外学人中心、中关村管委会以及海淀区各级政府的支持。其中，来自科技部的资助1524万元，占到总资助资金额的58.6%。2010年，园内2家企业的4的项目获得国家“十一五”科技项目重大专项资助1069万元。

2010年园内企业获得股权融资10025万元，较2009年增加687万元，债券融资1310万元。

（四）在园企业申报专利、软件著作权、商标认证等知识产权情况

2010年在园企业申请知识产权162项，当年授权80项。截止2010年底，园内企业累计申请知识产权1164项，累计授权646项。

三、创业企业篇

（一）上市企业

海淀创业园自成立之日起，就以“孵化特殊人群、培育优秀企业和企业家”为宗旨。13年来，累计引进留学人员创业企业626家，成功孵化了以启明星辰、奥瑞金为代表的优秀留学人员企业。创业企业韬光养晦，实现了以科技创造财富的梦想。继2005年奥瑞金登陆美国纳斯达克资本市场后，创业园内的企业开启了上市的脚步。2010年度，海淀创业园毕业企业启明星辰、软通动力相继上市。截至2010年12月，海淀创业园内共走出5家上市企业，分别是奥瑞金种业（NASDAQ）、神州泰岳（创业板）、启明星辰（中小板）、软通动力（纽交所）、诺思兰德（新三板）。

1. 启明星辰信息技术股份有限公司

启明星辰成立于1996年，是国内最具实力的、拥有完全自主知识产权的网络安全产品、可信安全管理平台、安全服务与解决方案的综合提供商。2010年6月23日，启明星辰在深交所中小板正式挂牌上市，成为国内唯一一家登陆资本市场的专业信息安全企业。

启明星辰由留美博士严望佳女士创建，公司拥有完善的专业安全产品线。目前，公司在全国各省市自治区设立三十多家分支机构，拥有覆盖全国的渠道和售后服务体系。启明星辰是国家认定的企业级技术中心、国家规划布局内重点软件企业，拥有最高级别的涉及国家秘密的计算机信息系统集成资质，并获得国家火炬计划软件产业优秀企业以及中国电子政务IT100强等荣誉称号。 严望佳博士曾荣获首届中国留学回国人员成就奖等诸多奖项，受到江泽民、胡锦涛两任总书记的亲切接见。

2. 软通动力信息技术（集团）有限公司

软通动力信息技术（集团）有限公司成立于2001年，现已发展成为全方位IT服务及行业解决方案提供商，业务范围涵盖IT咨询及解决方案、应用开发及维护、软件产品工程、网络/基础设施服务以及业务流程外包（BPO）服务等，是金融、电信/高科技、能源/交通/公用事业等行业重要的IT综合服务提供商和战略合作伙伴，全球共有超过9000名员工。公司于美国时间12月14日在纽交所上市。

软通动力自2006年起连续四年入选“德勤中国高科技/高成长50强”，并于2009年入选商务部评选的“中国服务外包十大领军企业”。是“2009 Red Herring全球百强”企业、科技部火炬中心“中国软件欧美出口工程” A类企业。集团创始人刘天文先生是麻省理工学院（MIT）斯隆学者，曾荣获中关村科技园区“优秀创业者”等荣誉称号。

（二）重点培育企业

在中关村国家自主创新示范区以及核心区建设“增强自主创新、培育战略新兴产业”的总体指导下，园内企业蓬勃发展。目前，在园企业中有11家入选海淀区重点创新型企业，14家入选中关村“瞪羚计划”首批重点培育企业。邦诺存储、中孵友信、时代瀚堂等6企业入选第一届中国留学人才归国创业“腾飞”奖。

2010年，园内多家企业开始进入规模发展阶段，诺思兰德、珅奥基、普罗吉、格林曼、爱博精电多家企业购置土地，为产业化发展进行准备。

诺思兰德、普罗吉、奥精、嘉博文、德威华泰等企业，经过多年自主研发，成为风险投资追逐的热点。2010年度，上述5家企业与中关村发展集团签订了中关村国家资助创新示范区重大科技成果转化和产业化股权投资战略合作协议，在政府股权投资的带动下，加速企业的发展。

此外，在科技日报社等单位主办的2010中关村十大系列评选活动中，海淀创业园多家企业榜上有名。其中软通动力信息技术（集团）有限公司董事长兼首席执行官刘天文、北京神州泰岳软件股份有限公司董事长王宁入选为“2010中关村十大年度优秀企业家”；北京嘉博文生物科技有限公司入选“2010中关村十大行业知名品牌”；北京天智航技术有限公司的骨科导航机器人入选“2010中关村十大企业技术创新成果”；北京邦诺存储科技有限公司入选“2010中关村战略性新兴产业高成长50强”。

1. 北京邦诺存储科技有限公司

北京邦诺存储科技有限公司凭借近3年高达654%收入增长率入围“2010年德勤高科技、高成长中国50强”，名列第21位。公司同时入选德勤亚太地区高科技、高成长500强企业。在2010年中国国际社会公共安全产品博览会（安博会）创新产品评比活动中，邦诺AntS存储入围安博会创新产品

奖，是入围的93款产品中唯一的存储类产品。北京邦诺存储科技有限公司是一家经营“云存储”与“云计算”的高科技中小企业。公司成立以来，坚持产品创新，是海淀创业园内自主创新、高速发展极具代表性的留学人员企业。公司2009年成为中关村国家自主创新示范区创新型试点企业，2010年入选软件和信息服务业“四个一批”工程企业，公司产品入选国家重点新产品，并获第二届北京市发明专利三等奖。

2．北京嘉博文生物科技有限公司

北京嘉博文生物科技有限公司2010年荣获“中国餐厨垃圾处理行业标杆企业”称号。自2001成立以来，公司利用微生物技术致力于循环经济发展，取得了突出成效。2010年度，国家领导人习近平、李克强来中关村调研时，对嘉博文公司采用的循环经济模式给予了高度肯定。2010年，北京市政府投资1.08亿、朝阳区政府配套，嘉博文公司提供技术方案筹建的高安屯餐厨废弃物资源化处理中心一期在北京市朝阳区建成运行，成为目前国内规模最大、自动化程度最高、生化工艺最先进的餐厨废弃物资源化处理站，也是我国规模最大的农用微生物产品固体发酵工业化生产基地。嘉博文公司成立于2001年，曾荣获中关村科技园区20周年突出贡献奖，是中关村国家自主创新示范区首批创新型企业。2010年公司入选“瞪羚计划”首批重点培育企业，其商标“嘉博文”入选“2010中关村十大行业知名品牌”。

3．北京奥精医药科技有限责任公司

北京奥精医药科技有限责任公司2010年与中关村发展集团签订股权投资协议，标志着其高科技、高成长的特征以及公司研制的重大科技成果得到了政府的关注。公司同年入选中关村国家自主创新示范区“瞪羚计划”首批重点培育企业。

奥精医药是一家专注于Ⅲ类医疗器械研制、生产和经营的生物医用材料类高新技术企业。公司曾承担 “十一五”国家科技支撑计划和“863”国家高技术研究发展计划课题。主要产品有人工骨修复材料、尿路支架、脊柱融合器、骨外科内固定及植入材料等多种产品。2011年1月19日公司生产的“人工骨修复材料”（商品名称：骼金）经过国家食品药品监督管理局批准，获得中华人民共和国医疗器械注册证，注册号：国食药监械（准）字2011第3460046号。

四、创新成果篇

科技创新是企业发展的原动力。创新型国家建设的关键是要提高科技创新能力，加快发展高技术产业，进一步增强高技术产业对经济增长的带动作用。

海淀创业园内企业一直将自主创新作为企业生存发展之本。注重产品技术创新、加强知识产权保护、引领产业发展方向是创业企业发展的关键。2010年度，园内企业创新成果不断推出。年内，共有58个项目得到各级政府科技项目立项支持；维德维康、德威华泰等11家在园企业的27个产品入选北京市自主创新产品目录；依科曼、珅奥基等7家企业成为2010年度专利试点企业；3家企业项目成为中关村战略性新兴产业领域领先的重大科技创新成果。

1．北京天智航技术有限公司

北京天智航技术有限公司研制的骨科导航机器人，是我国第一台拥有完全自主知识产权的医疗机器人产品，填补了国内空白。公司自2005年成立以来，基于国家863科技成果，致力于骨科机器人导航系统及骨科数字化手术室的产业化工作。2010年3月，公司获得产品注册许可证，为全球第5家获得医疗机器人注册许可证的公司，处于国际领先水平。公司入选2010年中关村国家自主创新示范区“瞪羚计划”首批重点培育企业。

2．北京普罗吉生物科技发展有限公司

北京普罗吉生物科技发展有限公司研发的抗肿瘤候选新药“聚乙二醇重组人血管内皮抑制素注射液”（代号：M2ES）2010 年 7 月 5 日，获得了国家食品药品监督管理局（SFDA）颁发的 II 期“药物临床试验批件”，其针对于晚期胰腺癌患者和非小细胞肺癌患者的多中心、开放性 II 期临床试验已经展开。该药物有望成为世界首例实现个体化治疗的内源性血管抑制剂抗肿瘤药物。公司以“成长速度快、创新能力强、团队优秀”的特征入围“北京生物医药产业跨越发展工程”（G20 工程）第一批企业。

3．北京诺思兰德生物技术股份有限公司

北京诺思兰德生物技术股份有限公司研发的“重组人肝细胞生长因子裸质粒注射液”是利用新型肝细胞生长因子（HGF）基因和高效载体构建的一种裸质粒基因治疗药物，临床上可用于冠心病、下肢动脉缺血性疾病和糖尿病周围神经病变等疾病的治疗。曾于2006年10月和2008年6月分别获得美国FDA和中国SFDA临床研究批准。目前，在美国及中国。均已完成I期临床试验。公司入选中关村国家自主创新示范区“2009年重大科技成果产业化”突出贡献单位。

2010年园区大事记

一、俱乐部活动

孵化器创业文化建设，就是创业者精神家园的建设，能让创业者拥有无限的勇气和热情去挑战。2010年创业中心继续依托创业者俱乐部、企业党支部和工会联合会等平台，共组织开展了15次活动，参与人数400多人次，增进了创业中心与企业间感情，加深了园区企业间沟通了解，丰富了创业中心特色创业文化建设。

1．1月22日，创业园邀请园内“千人计划”获得者做客中关村创业讲坛并作演讲。

2．3月5日，创业中心举办2010年应届毕业生专场招聘会。

3．4月10日，海淀创业园及园内入选“千人计划”留学人员参加“北京海外人才创业林”揭碑仪式，并为认养的树木进行挂牌。

4．4月16日，创业中心创业者俱乐部举办融资沙龙。

5．5月28日，创业园工会联合会举办2010年体育比赛。

6．7月15日，创业者俱乐部成员参观北京启明星辰信息技术股份有限公司。

7．7月23日，组织4家企业参加海淀区创投引导基金首批参股基金与驻区创业企业投融资对接暨海淀园留学归国人员创业企业推介会。

8．7月28日，VSHOW2010企业融资路演会海淀创业园专场，园内4家企业进行路演。

9．8月29日，创业者俱乐部成员赴山西考察。

10．11月1日，第四届“创业足迹”摄影展开展。

11．11月9日，生物医药园新药研发系列讲座开讲。

12．12月22日，创业者俱乐部举办迎新年联谊会。

13．12月9日，创业者俱乐部邀请税务专家开展税务知识实操讲座。

二、交流合作

创业中心在不断开拓，不断发展，不断创新，不断探索的征程中，始终受到海内外从政府到民间各方面的热切关注。创业中心也在与各方的交流合作中，取长补短，不断提升。2010年，共接待参观来访团体32个，共计1215人次。

1．2月4日，中关村国家自主创新示范区核心区人才工作汇报会在创业中心召开，北京市人力资源与社会保障局副局长宋丰景、海淀区人民政府副区长傅首清及海淀园相关部门领导近20人参加会议。

2．2月25日，北京市专业人才队伍建设工作会议在北京会议中心召开，来自北京市各区县人力资源和社会保障局、市政府有关单位、市属部分事业单位、国有企业及各个留学人员创业园等单位近300人参加会议。创业中心作为本次7个经验交流发言单位之一，由副主任王士琦代表留创园从专业人才引进、创业人才的培养等方面介绍了创业中心在聚集高端人才、推动自主创新队伍建设方面的成果与工作经验。

3．3月11日，中国留学服务中心全国分中心代表团一行60人在教育部留学服务中心研究室主任魏祖钰的带领下到创业中心参观访问。

4．3月19日，全国政协教科文卫体委员会办公室巡视员王清泉、海淀区政协副主席、工商联主席孙狄等政协委员来到中关村生物医药园调研。

5．4月1日，常州市委书记、市人大主任范燕青率常州市党政代表团一行31人在中关村科技园区管委会委员夏颖奇的陪同下来到中关村生物医药园访问。

6．4月7日，海淀区政协委员一行6人在区政协主席彭兴业的带领下来到创业中心看望园内入选“千人计划”的留学生创业者。

7．5月6日，国务院侨办党组成员、纪检组长王杰率国务院侨办政策法规司司长王晓萍、处长何文革等一行5人，来到创业中心调研。

8．5月11日，中国法学会常务副会长、国务院法制局原副局长、法顾委常务副主任孙琬钟、北京市检察院原检察长、法顾委副主任何访拔、公安部原副部长、法顾委副主任胡之光等一行5人，在中国侨联副主席、北京市侨联主席李昭玲的陪同下，到创业中心调研。

9．5月26日，国务院侨办陪同南部非洲中华福建同乡会访华团一行40人到创业中心参观访问。

10．5月28日，由南宁市科技局、南宁市高新区管委会、南宁创业者服务中心等部门领导组成的南宁市代表团在南宁市人民政府市长助理唐轶昂的带领下，来到中关村生物医药园参观考察。

11．5月28日，由中关村管委会组织的创新创业人才中关村考察团一行40多人在中关村留学人员创业协会的陪同下到创业中心考察。

12．6月11日，昌平区政协副主席张国良一行11人在海淀区政协副主席王洪秀陪同下来到创业中心调研。

13．6月11日，国家科技部国际合作司司长靳晓明一行13人在中关村科技园区海淀园管委会副主任张秀英的陪同下到创业中心参观考察。

14．6月28日，2010美华药协归国考察团一行10人到中关村生物医药园参观考察。

15．7月1日，海淀区副区长傅首清和海淀区人力资源和社会保障局副局长武凯一行4人，就人才引进情况到创业中心调研，并走访了园内两家留学人员企业——北京依科曼生物技术有限公司和北京凌声芯电子科技有限公司。

16．7月21日，浙江嘉善县县长马佩莲一行5人就如何建设服务留学人员创业的环境到创业中心调研。

17．7月21日，无锡日报报业集团编委办主任李燕率无锡电视台、无锡日报、无锡新闻频率等八家媒体记者一行10人，在海淀区委宣传部、海淀区新闻中心及中关村科技园区海淀园管委会国际合作与品牌建设处领导的陪同下，到创业中心参观访问，同时采访了园内两家企业的负责人——意昂神州（北京）科技有限公司的董事长史国军和天石环宇科技（北京）有限公司CEO陈晖。

18．8月26日，北京海外学人中心副主任王禹、运行保障部部长卢长江一行4人来访创业中心，就北京市的留学人员创办企业开办费项目申请情况进行调研，并参观了园内留学人员企业北京豪腾嘉科软件有限公司。

19．9月6日，美国纽约中华会所前主席于金山一行5人在北京市侨办外联处处长马长胜、海淀区民宗侨办主任刘希英的陪同下到创业中心参观访问，并参观了北京珅奥基医药科技有限公司。

20．9月7日，“第十期科技型中小企业技术创新国际研讨班”学员一行30人在北京IBI主任陈军的陪同下来到创业中心参观交流。

21．9月17日，由财政部税政司、国家税务总局、北京市财政局、北京市地方税务局、海淀区地方税务局相关领导组成的调研小组来访创业中心。

22．9月19日，2010海外赤子北京访问团一行19人在北京海外学人中心副主任赵峰的带领下访问了创业中心。

23．9月27日，江苏常州高新区党政领导干部暨科技后备干部清华大学高级研修班一行39人在常州高新区机关党工委书记徐蓉的带领下，到创业中心参观交流。

24．10月8日，由中国产学研合作促进会、北京市人民政府主办，中关村科技园区海淀园管委会承办的中国产学研合作促进会第四届高峰论坛筹备会议暨第六次会长会议在创业中心召开。中国产学研合作促进会会长（国务院原副秘书长）徐志坚，北京市委常委、中国产学研合作促进会顾问赵凤桐，北京市科委副主任朱世龙，中关村科技园区管委会副主任李石柱，中关村科技园区海淀园管委会副主任赵新鸣等50多位领导参会。

25．10月12日，北京海外学人中心副主任王禹一行4人到创业中心就高端人才情况进行调研，并走访了园内入选“千人计划”的3家企业：德威华泰（北京）科技有限公司、北京依科曼生物技术有限公司和中美奥达生物技术（北京）有限公司。

26．10月26日，北京海外学人中心副主任赵峰、运行保障部部长卢长江一行2人到创业中心就入选“海聚工程”的海外高层次人才事业与生活情况与北京营智优化科技有限公司总经理周建阳和入选“千人计划”的北京凯悦宁科技有限公司总经理吴洪流进行了座谈。

27．11月5日，北京海外学人中心袁方主任一行到创业中心就入选“海聚工程”的海外高层次人才事业与生活情况进行调研。本次参与调研的是“海聚工程”、“千人计划”获得者北京易路联动技术有限公司总经理徐国洪博士。

28．11月29日，密云县科委副主任张维海、冯丽君一行13人在海淀区科委副主任刘莉的陪同下到创业中心调研。

29．12月7日，海淀区党校处级干部培训班一行11人到创业中心调研。

30．12月14日，北京市政协港澳台侨联委员会副主任林少迈率北京市归国华侨联合会一行5人在中关村管委会副主任周云帆的陪同下到创业中心调研。

31. 12月17日，第九期全国孵化器主任培训班一行120人在国家科技部火炬中心孵化器处处长张峰海的陪同下到创业中心参观学习。

32. 2月20日，由中关村管委会组织的“创新创业人才中关村考察团”一行100多人在中关村管委会工作人员的陪同下到创业中心考察。

2010年在园留学人员企业名录

艾威梯软件技术（北京）有限公司	电子信息
奥润德体育（北京）有限公司	电子信息
澳泰晟饰（北京）科技有限公司	电子信息
北京爱多伴信息技术有限责任公司	电子信息
北京邦诺存储科技有限公司	电子信息
北京北斗汇智信息科技有限公司	电子信息
北京才创信息技术有限公司	电子信息
北京琛达射频识别技术有限公司	电子信息
北京辰达信科技发展有限公司	电子信息
北京创时能科技发展有限公司	电子信息
北京鼎盛光华科技有限责任公司	电子信息
北京东方联星科技有限公司	电子信息
北京东胜创新生物科技有限公司	电子信息
北京独孤虎网络科技有限公司	电子信息
北京法佑科技有限公司	电子信息
北京富通润泽科技有限公司	电子信息
北京购得易网络科技有限责任公司	电子信息
北京广骏科技有限责任公司	电子信息
北京荷轩英特科技有限公司	电子信息
北京汇力城技术有限公司	电子信息
北京惠悦通电子技术有限公司	电子信息
北京获必获网络科技有限公司	电子信息
北京加华美科技有限公司	电子信息
北京金闻朗科技有限公司	电子信息
北京凯路顺科技有限公司	电子信息
北京科灿通信息技术有限公司	电子信息
北京联城天科技有限公司	电子信息
北京绿安依科技有限公司	电子信息
北京迈士莱特通信技术有限公司	电子信息
北京麦威讯科技有限公司	电子信息
北京美德园科技有限公司	电子信息
北京米兜科技有限公司	电子信息
北京密安网络技术股份有限公司	电子信息
北京摩海科技有限公司	电子信息
北京纳思特科技有限公司	电子信息
北京欧特科新技术有限公司	电子信息
北京派特吉尔技术有限公司	电子信息
北京普惠恒丰科技有限公司	电子信息
北京普瑞林科贸发展有限公司	电子信息
北京奇攀电子有限公司	电子信息
北京启慧时代科技有限公司	电子信息
北京求之易数据有限公司	电子信息
北京全景赛斯科技发展有限公司	电子信息
北京群鹏时代科技有限公司	电子信息
北京锐易特软件技术有限公司	电子信息
北京瑞尼尔技术有限公司	电子信息
北京睿微创展信息技术有限公司	电子信息
北京睿智欣泰科技有限责任公司	电子信息
北京赛昂科技有限公司	电子信息
北京赛昂科技有限公司	电子信息
北京桑兰特科技有限公司	电子信息
北京尚峰伟业软件有限公司	电子信息
北京盛阳谷科技有限公司	电子信息
北京时代瀚堂科技有限公司	电子信息
北京世纪望科科技有限责任公司	电子信息
北京数系科技有限责任公司	电子信息
北京思德睿信科技有限公司	电子信息
北京网学天下科技有限公司	电子信息
北京希门信息技术有限公司	电子信息
北京晓观通信技术有限公司	电子信息
北京新安天程科技有限公司	电子信息
北京兴源时代科技发展有限公司	电子信息
北京星诺斯达科技有限公司	电子信息
北京讯光科技发展有限责任公司	电子信息
北京亚商在线信息技术有限公司	电子信息
北京亚思晟商务科技有限公司	电子信息
北京伊士格科技有限责任公司	电子信息
北京怡诺能电科技有限公司	电子信息
北京亿信达科技有限公司	电子信息
北京易路联动技术有限公司	电子信息
北京奕真同翔科技有限公司	电子信息
北京意象致远科技有限公司	电子信息
北京营智优化科技有限公司	电子信息
北京优力科恩科技发展有限公司	电子信息
北京元泰世纪科技有限公司	电子信息
北京掌中时代信息技术有限公司	电子信息
北京正国华宇科技发展有限公司	电子信息
北京咫尺焦点文化传媒有限公司	电子信息
北京中电方大科技有限公司	电子信息
北京中航科创质量技术开发中心	电子信息
北京中会网会议设备技术有限公司	电子信息
北京助翔科技有限公司	电子信息
北京卓联大通数码科技有限公司	电子信息
北京祖睿科技有限公司	电子信息
海达斯（北京）技术有限公司	电子信息
宏友世纪科技（北京）有限公司	电子信息
华益天信科技（北京）有限公司	电子信息
会易环宇科技（北京）有限公司	电子信息
加西科瑞新技术（北京）有限公司	电子信息
开软科技（北京）有限公司	电子信息
普达科技（北京）有限公司	电子信息
世纪保联（北京）软件技术有限公司	电子信息
视联播客（北京）科技有限公司	电子信息
天石环宇科技（北京）有限公司	电子信息
意昂神州（北京）科技有限公司	电子信息
众合网讯（北京）信息技术有限公司	电子信息
北京爱普益生物技术有限公司	生物医药
北京奥精医药科技有限公司	生物医药
北京奥瑞金种业股份有限公司	生物医药
北京奥思微科生物技术有限公司	生物医药
北京奥源和力生物技术有限公司	生物医药
北京宝赛物技术有限公司	生物医药

北京东方海谷科技发展有限公司 生物医药
北京国瑞永嘉公众营养科技有限公司 生物医药
北京华辰兴业科技有限公司 生物医药
北京汇丰隆生物科技发展有限公司 生物医药
北京霍普顿生物工程有限公司 生物医药
北京健平九星生物医药科技有限公司 生物医药
北京金牧鑫农生物科技有限公司 生物医药
北京金赛狮生物制药技术开发有限责任公司 生物医药
北京九草堂药物研究院有限公司 生物医药
北京凯悦宁科技有限公司 生物医药
北京康为世纪生物科技有限公司 生物医药
北京科美康医药信息咨询有限责任公司 生物医药
北京利芙海泰生物科技有限公司 生物医药
北京联合佳创医学技术有限公司 生物医药
北京纽培因高新技术有限责任公司 生物医药
北京诺思兰德生物技术股份有限公司 生物医药
北京普罗吉生物科技发展有限公司 生物医药
北京普仁科技有限公司 生物医药
北京瑞博奥生物科技有限公司 生物医药
北京赛诺亚生物技术有限责任公司 生物医药
北京珅奥基医药科技有限公司 生物医药
北京神康医用科技有限公司 生物医药
北京世纪元亨动物防疫技术有限公司 生物医药
北京天源康生物科技有限公司 生物医药
北京天之泰生物科技有限公司 生物医药
北京天智航医疗技术有限公司 生物医药
北京万达因生物医学技术有限责任公司 生物医药
北京乡色科技有限公司 生物医药
北京星发硒康生物科技有限公司 生物医药
北京依科曼生物技术有限公司 生物医药
北京银辉生化科技有限公司 生物医药
北京盈九思科技发展有限公司 生物医药
北京颖泰嘉和科技股份有限公司 生物医药
北京泽原科技有限公司 生物医药
北京正元化学科技有限公司 生物医药
北京智立医学仪器有限公司 生物医药
北京中孵友信医药科技有限公司 生物医药
大北农农业科技研究院 生物医药
寰悦迅通技术发展（北京）有限公司 生物医药
金唯智生物科技（北京）有限公司 生物医药
金银杏生物科技（北京）有限公司 生物医药
迈德金生物技术（北京）有限公司 生物医药
默迪斯（北京）医药科技有限公司 生物医药
欧德体科科技（北京）有限公司 生物医药
万奥普（北京）石油工程技术开发有限公司 生物医药
中美奥达生物技术（北京）有限公司 生物医药
阿尔特（中国）汽车技术有限公司 光机电一体化
北京爱博精电科技有限公司 光机电一体化
北京度肯科技有限公司 光机电一体化
北京红树冠杰科技有限公司 光机电一体化
北京华创保捷控制系统科技有限公司 光机电一体化
北京汇洋时代科技有限公司 光机电一体化
北京佳和康华科技有限公司 光机电一体化
北京精易汇德技术有限公司 光机电一体化
北京清科奥博仪器设备有限公司 光机电一体化
北京融诚互通科技有限公司 光机电一体化
北京瑞光极远数码科技有限公司 光机电一体化
北京希艾益科技有限公司 光机电一体化
博亚捷晶科技（北京）有限公司 光机电一体化
富通彗（北京）科技有限公司 光机电一体化
昆山尤尼康工业技术有限公司北京研究所 光机电一体化
普立思胜医疗技术（北京）有限公司 光机电一体化
瑞尔泰铭信息技术（北京）有限公司 光机电一体化
思爱迪（北京）生态科学仪器有限公司 光机电一体化
因美吉科技（北京）有限公司 光机电一体化
北京阿格蕾雅科技发展有限公司 新材料
北京保时洁精细化工有限公司 新材料
北京辐冷科技有限公司 新材料
北京国瑞升科技有限公司 新材料
北京吉马飞科技发展有限公司 新材料
北京金飒新材料科技有限责任公司 新材料
北京良民益隆科技有限责任公司 新材料
北京瑞仕邦精细化工技术有限公司 新材料
北京赛力格科技发展有限公司 新材料
北京圣玛特科技有限公司 新材料
北京思碧路科技有限公司 新材料
北京喜安妮科技发展有限公司 新材料
北京新宇阳科技有限公司 新材料
北京英特雅光高科技有限公司 新材料
吉福莱科技（北京）有限公司 新材料
柯美达（北京）科技有限公司 新材料
北京博大远通石油科技有限责任公司 新能源环保
北京博知轩科技有限公司 新能源环保
北京格林曼光电科技有限公司 新能源环保
北京海淀科保科技发展有限公司 新能源环保
北京惠尔三吉绿色化学科技有限公司 新能源环保
北京嘉博文生物科技有限公司 新能源环保
北京嘉益亨元科技发展有限公司 新能源环保
北京乐宇英泰科技有限公司 新能源环保
北京明和盛业科技有限公司 新能源环保
北京清源世纪科技有限公司 新能源环保
北京斯凯尔斯科技发展有限公司 新能源环保
北京天健创新仪表有限公司 新能源环保
北京万方科能高新技术有限公司 新能源环保
北京银飞思达科技有限公司 新能源环保
北京英弗来科技有限公司 新能源环保
贝特海利科技（北京）有限公司 新能源环保
德威华泰（北京）科技有限公司 新能源环保
环佳伟业节能技术（北京）有限公司 新能源环保
信诺爱科（北京）环保科技有限公司 新能源环保
中科圣火（北京）炊具科技有限公司 新能源环保

园区联系方式

地　址：北京市海淀区上地信息路26号中关村创业大厦106室
邮　编：100085
电　话：86-10-82898020
传　真：86-10-62984933
邮　箱：chuangye@ospp.com
网　址：www.ospp.com

北京望京留学人员创业园

园区概况

北京望京留学人员创业园（以下简称“创业园”）成立于1999年8月，依托于北京望京科技园。2000年，望京科技园被市科委认定为北京市首批高新技术企业孵化基地，被科技部火炬中心认定为国家级高新技术创业服务中心。2000年12月，北京市人事局留学人员服务中心与朝阳区人事局和望京高新技术产业区签订协议，在望京科技创业园基础上共建“北京市留学人员望京创业园”。2001年6月12日，经国家科技部批准，望京高新技术产业区内以望京科技创业园为中心的3平方公里范围，正式加入中关村园区，称为“中关村科技园电子城西区”，在税收、人才、财政等各方面享受与中关村园区同等的优惠政策。2002年7月，国家人事部批复，与北京市政府共建中国北京（望京）留学人员创业园。2005年12月，望京科技园被团中央和全国青年联合会正式授予 “中国青年留学人员创业基地”的称号。2006年2月，望京科技创业园被北京市人事局与市科委于联合授牌为首批8家“北京留学人员创业园”之一。

2002年11月，北京市朝阳区人民政府出台《关于中国北京（望京）留学人员创业园的扶持办法》；2003年5月出台了《关于中国北京（望京）留学人员创业园的扶持办法》实施细则；2008年6月，《关于中国北京（望京）留学人员创业园的扶持办法》经修订继续实施，区政府每年设立1000万元留学人员扶植资金，全面支持留学人员回国创业，对留学人员创业项目在房租减免、资金匹配、贷款担保、贡献奖励上给予全面支持，并进一步扩大资金使用范围和力度。

自建园以来，在朝阳区委区政府的支持和指导下，经过10年的发展，望京创业园已形成企业聚集、项目聚集、人才聚集、资金聚集、效益聚集的首都归国留学人员创业基地，显现强劲加速的态势。

2010年园区发展报告

一、创业园管理体制和运作模式

经过10年的发展，望京创业园逐步形成了一套整合各类资源，集中合力办大事的园区管理体制和独特的管理运作模式：表现为两个明显特点：

（一）多重支持管理模式。望京创业园最高管理机构为“共建中国北京（望京）留学人员创业园管理委员会”（简称共建管委会），是2003年经原国家人事部与市领导同意成立的管理机构下设共建管委会办公室。负责研究决定创业园建设与发展中的重大事项，协调市区有关部门完善创业服务体系。成员由区政府办、区委组织部、区人事局、科委、教委、财政局、国地税、工商等多部门领导及工作人员组成，业务上受朝阳区委区政府、中关村科技园区管委会及市人事局、市海外学人中心指导，日常管理工作由北京望京综开公司下属企业望京科技孵化服务有限公司具体承担。

（二）“一套人马，两块牌子”。即一个机构拥有不同的身份，望京创业园既是留学人员创业园也是科技企业孵化器。同时承担了少量产业招商服务任务，是不同服务圈的跨界融合，可发挥不同身份的优势，整合资源最大限度地为留学人员回国创业提供服务。

二、入园企业特点

入园留学人员企业主要呈现以下特点：

（一）创新活力与能力较强。入园企业专利申请数量达229件，其中发明专利占43.6%，90%以上企业拥有专利或专有技术；部分企业在汽车混合动力电机设计研发、新一代移动通讯技术软件开发、医疗器械和新药创制等方面掌握与国际同步的关键技术，研发实力较强。

（二）国际化特征明显。创业企业多采用国际化团队、国际化运营和国际合同运作方式，熟悉国际贸易规则，国际合作关系广泛。天正创智、智杰华隆等多家企业在服务外包合作、重大项目招商及对外交往等方面都做出了很多贡献。

（三）积极参政议政，踊跃投身于朝阳建设。目前创业园已有2名留学人员担任朝阳区政协常委、1名留学人员担任政协委员，7名留学人员成为朝阳区侨联、青联委员，1名担任区侨联副主席，1名留学人员获评中国特色社会建设先进工作者。入园留学人员在奥运会筹办、应对国际金融危机、发展三新产业、海外高端项目引进等诸多方面，积极为朝阳区献计献策，贡献力量。

（四）创业企业呈现高成长态势，对区域经济贡献逐年增加。2006以来留学人员企业技工贸收入连续五年突破1亿元。累计实现收入约7.11亿元，累计上缴税收约7800万元，在孵企业获得风险投资、贷款融资约1.6亿元。2006年至2010年朝阳区留学人员创业专项扶持资金约支持留学人员1500万元，其与税收和融资金额的比例分别约为1:5和1:10，实现了政府资金的放大与撬动效应。创业园注重发挥优秀留学人员和骨干企业的示范带动效应，七年来累计推荐50人次获得市级、区级优秀表彰，其中获评中关村创业50优13人、中关村20年创新和发展做出突出贡献个人1人、北京市留学人员创业奖2人。入园企业北京精进电动科技有限公司首席技术官蔡蔚博士入选中央千人计划及北京市海外聚工程，成为朝阳区首个获得北京市创新类高层次留学人员的创业典型。

三、服务体系建设情况

共建以来，望京创业园在区委区政府的支持下，逐步建立起集合两项资金，搭建两个平台，突出三项服务的留学人员回国创业支撑服务体系：

（一）两项资金。即中国北京（望京）留学人员创业园专项扶持资金每年1000万元和创投引导资金每年300万元；

（二）两个平台。即中国北京望京海外留学人员创业洽谈会招商服务平台，望京创业园留学人员企业家俱乐部及联谊活沟通平台；

（三）三项服务。即科技中介、科技金融和科技人才服务，其中特色服务项目包括知识产权托管、博士后科研工作站、望京科技园校园巡回招聘会、望京创业讲堂、知识产权工作站、创业人才班车、人才公寓以及正在建设中的北京移动研发实验服务基地。

四、存在的问题

（一）海外高层次人才引进数量有待提升，园区地位与人才引进数量、孵化场地规模不相称

在高层次人才数量上，望京创业园入园留学人员中入选千人计划的仅2人，其中一人自哈尔滨入选后迁入望京；入选北京市海外高层次人才聚集工程的为2人，入选中关村高聚工程的1人。创业园按高层次人才数量在北京市29家留创园中仅排名第9，而同为国家级留学人员创业园的海淀创业园和非国家级的清华科技园则分别以23人和25人排名第二、

第一；在孵化面积上，望京创业园为25284平方米，仅排名第六，与海淀留创园的73888平方米差距较大。形成这一差距的主要原因是创业园2003年以来用于留学人员创业的孵化面积未有明显的增长，相应地开展大规模人才招商活动和接待海外留学人员归国团组的数量和规模在不断缩减。

（二）海外高层次人才创业扶持效果不明显，呈现只开花结果少的孵化局面

目前，从创新竞争实力、市场推广能力及发展前景等综合因素考量，创业园可供宣传推广的创业典型仅有精进电动公司1家，且为2007年入园。创业园经过10年的发展，未形成人才辈出的规模效应。究其原因，主要是在人才和项目引进的源头即招商洽谈阶段未建立起科学化、制度化、专业化的筛选准入机制，使孵化资源有限又未能吸引到最优的创业团队与项目。在入园孵化阶段，未在资金申请、融资服务、企业诊断等精细化孵化服务方面做好扎实的基础工作，形成了目前一流设施二流项目三流孵化的客观实际情况。

（三）创业园自身发展后劲不足，未实现回报与付出挂钩的良性发展循环

望京创业园的运营单位——望京科技孵化服务有限公司在望京综开公司领导下，为朝阳区属国有企业的二级公司，综开公司一方面承担着为人才服务的具体任务，另一方面也要兼顾企业自身的生产经营，负责整个产业区转工人员的安置就业工作，公司所属产权望京科技创业园既是朝阳区海外高层次人才的培养基地，也是1282名职工维系生活的主要收入来源。

就望京科技孵化公司而言，孵化器和创业园为海归人才创办企业开展孵化服务，是落实国家人才政策的工具和政府职能的延伸，多为公益性无偿服务，若以纯企业身份借此开展盈利性活动不太适合。望京留创园的主要日常收入为房租收入，仅够维持单位成本运营，如想改善孵化条件、为留学人员提供更优孵化服务，则没有后续发展的资金给予补充。政府的各类专项资金由于申报要求与孵化器创业园性质多不符，不易申请，有的资金如公共实验室专项在执行期限、资金用途等各方面又严格限制，在使用上缺少灵活性，未与留学人员创办企业的实际需求挂钩。创业园要派负责专人申请、管理、执行、结题这类项目，牵扯一定精力，反倒给开展留学人员服务工作造成一定负担。因此，截至目前望京创业园的后续发展未形成一种成长与激励相辅相成的模式，综开公司开展人才工作的现状主要以无偿贡献服务资源和让度企业房租收益为主。为了确保海外高层次人才工作的长远发展，同时激励扶优扶强，可否在望京创业园建立一种企业税收形成财力的部分返还机制，将入园企业所得税、增值税和营业税三项税收形成的区级财力以发展资金形式继续投入到望京创业园用于园区软硬件设施的不断完善。这样一方面免除了综开公司作为国有企业经营的后顾之忧，一方面也引导创业园引进和培育市场表现好、成长速度快的优秀税源企业在朝阳区发展壮大，同时使创业园能全身心地投入到为人才服务中去。

（四）创业园应尽快树立“让高层次人员为高层次人才服务”的团队建设理念

目前，创业园管理服务团队骨干成员存在着工作经验少、专业化不强、协调能力弱、工作精力分散、创新前瞻性不足等问题，使创业园在全市近30家创业园中面临严峻的竞争和挑战。园区管理服务的水平代表着朝阳区的大区形象，直接影响着高层次人才享受政策服务的效率和质量。因此，应尽快树立“让高层次人员为高层次人才服务”的团队建设理念，从内外部加强培养、充实服务力量。

五、下一步工作设想

朝阳区十二五规划中明确提出要“建立突出贡献创新人员奖励机制，加快望京科技园归国留学人员创业基地建设”的具体要求，为望京留创园近五年的发展提供了坚定的政府支持。结合望京创业园实际，今后的工作着力点为建立“引、选、培、评、留”为一体的海外高层次人才创业服务体系。即长期开展对海内外优秀留学人才的寻访吸引、筛选入园、典型培育、综合评价和继续保留其在本区域内发展壮大。其中，在2011至2013年应将工作重点放在开展海外留学人员的寻访引进与筛选工作上。针对望京创业园实际可具体开展几方面工作：

（一）多管齐下加强招商，继续做实“归航计划”，实现海外人才寻访的全覆盖

开辟四种渠道广泛吸引海内外高层次人才来园创业：一是建立部委级合作渠道，拓宽人才信息资源和提升人才引进规格。加强与国家教育部下属国际合作司、神州学人杂志社、人社部专技司、留学人员和专家服务中心等机构的具体合作，广泛获取海外人才信息资源，通过电子杂志、邮件推送、学术会议联络等多种形式建立与海外人才的长期直接联系纽带，建立创业园自有的海外留学人才数据库；二是建立海归社团合作渠道，通过与遍布北美、欧洲、日韩、澳洲等地的海外学人团组建立广泛合作关系，继续设立驻外联络处和开展留学人员团组来京考察接待活动，增强望京留创园的知名度；三是继续开展大规模的品牌招商活动，定期召开（每年二次）“中国北京（望京）留学人员创业洽谈会”，专场宣传直观反映朝阳区及望京留创园的发展环境；四是开通海外人才频道，充分利用互联网媒介开展网上政策说明会宣传望京留创园的优惠政策。

（二）建立创业导师+辅导员+创业助手的创业服务团队模式

创业导师即以技术专家、管理专家、融资专家、创业成功企业家、海归创业领域资深人士为主组成的专家队伍，以一对多形式开展有偿创业辅导工作，重点在于解决海归人才创业中的难题。创业辅导员和创业助手是由孵化器工作人员主要承担的日常创业辅导（如资金申请、融资推介、人才招聘等）和侧重个人具体事务的助理服务（如签证延期、驾照年检等共性服务）。实现让高层次人员为高层次人才提供高效率服务的设想。

（三）建立留学人员企业毕业出园及项目发展评估制度

跳出创业园局限，开展留学人员项目的加速孵化，以留学人员企业的市场导向和成长要求为依据在整个电子城园区、朝阳区及全市范围内开展留学人员高成长企业的输出服务，为其寻找适合的发展空间，同时腾退现有孵化空间。为确保孵化空间的有效利用，执行留学人员企业毕业制度和创业项目年度发展状况评估制度，确保专项资金集中资源扶优扶强。

（四）重点推进三专孵化服务平台建设

以北京移动研发实验服务平台建设为契机打造移动通讯测试检测平台，探索与TD产业联盟共建新移动孵化平台；以共建中科院生物技术孵化平台为载体建成生物酶技术催化实验室平台，同时探索与入区世界500强企业默沙东集团的实验室共享孵化协作模式；以新能源商会、华锐风电、精进电动等入区新能源技术骨干企业为人才吸引基地打造新能源应

用技术孵化平台。

2010年在园留学人员企业名录

北京爱普信科技有限公司	电子信息
北京澳荷瑞科技有限公司	电子信息
北京博高视通科技有限公司	电子信息
北京东方维新投资顾问有限公司	电子信息
北京二十八宿科技有限公司	电子信息
北京豪沃尔科技发展股份有限公司	电子信息
北京恒基超网科技发展有限公司	电子信息
北京恒基伟业移动通讯技术有限公司	电子信息
北京宏泰安信信息技术有限责任公司	电子信息
北京互优天地信息科技有限公司	电子信息
北京华航恒业科技有限公司	电子信息
北京佳诚速通网络科技有限公司	电子信息
北京金莎普软件开发有限公司	电子信息
北京科美特信息技术有限公司	电子信息
北京科识通信息科技有限公司	电子信息
北京酷芦信息技术有限公司	电子信息
北京力扬视讯科技有限公司	电子信息
北京利得在线网络科技有限公司	电子信息
北京利迪尔科技有限公司	电子信息
北京名道恒通信息技术有限公司	电子信息
北京锐创伟业科技发展有限公司	电子信息
北京万辰博海文化传播有限公司	电子信息
北京万威视通科技有限公司	电子信息
北京先进天越科技有限公司	电子信息
北京银河弘芯电子有限责任公司	电子信息
北京英恒信科技有限公司	电子信息
北京云石科技有限公司	电子信息
北京在线九州信息技术服务有限公司	电子信息
北京中交联通网络技术开发有限公司	电子信息
北京众合诚量子科技发展有限公司	电子信息
北京蓝峦科技有限公司	电子信息
北京常青谷软件有限公司	电子信息
北京天空世纪网络电视技术有限公司	电子信息
北京佳霖恒兴网络技术有限责任公司	电子信息
北京杰美特数码影像科技有限公司	电子信息
北京金利涛科技有限公司	电子信息
北京金莎普软件开发有限公司	电子信息
北京励才杰思科技有限公司	电子信息
北京诺德迅科技开发有限公司	电子信息
北京世纪互联软件开发有限公司	电子信息
北京益能泰德石油资源软件开发有限公司	电子信息
北京中重重机软件科技有限公司	电子信息
培成科技发展（北京）有限公司	电子信息
艾莱华汇业科技（北京）有限公司	电子信息
神州风采（北京）网络科技有限公司	电子信息
麦瑞克斯技术（北京）有限公司	电子信息
加迪泰克（北京）技术有限公司	电子信息
三星数据系统（北京）有限公司	电子信息
国鑫矿业勘探有限公司	电子信息
光影空间网络（北京）有限公司	电子信息
魔幻溪流（北京）信息有限责任公司	电子信息
普兰威尔信息技术服务（北京）有限公司	电子信息
全球在线（北京）科技有限公司	电子信息
神形互联（北京）科技有限公司	电子信息
数位港湾科技（北京）有限公司	电子信息
天朗互联（北京）科技发展有限公司	电子信息
天天在线有限公司	电子信息
中科健烽信息技术（北京）有限公司	电子信息
北京爱诺信泰生物医学信息技术有限公司	生物医药
北京爱诺信泰体检诊所	生物医药
北京布恩医药研发有限公司	生物医药
北京国卫创新科技发展有限公司	生物医药
北京华靳制药有限公司	生物医药
北京健身宝生物制品有限公司	生物医药
北京康河创鑫科技发展有限公司	生物医药
北京康普生生物科技有限公司	生物医药
北京任氏葆康中医中药研发有限公司	生物医药
北京诺瑞医药技术有限公司	生物医药
北京天欧瑞科技有限公司	生物医药
北京正汇药业有限公司	生物医药
杰华生物科技（北京）有限公司	生物医药
维德世医学仪器系统（北京）有限公司	生物医药
爱科凯能科技（北京）有限公司	光机电一体化
北京埃派特能源技术开发有限公司	光机电一体化
北京地太科特电子技术有限公司	光机电一体化
北京东方金诺科贸有限责任公司	光机电一体化
北京东方昱立电气技术有限公司	光机电一体化
北京飞卡科技有限公司	光机电一体化
北京海普液压设备有限公司	光机电一体化
北京华东森博科贸有限责任公司	光机电一体化
北京慧谷兴迪电子工程技术有限公司	光机电一体化
北京凯正机械有限公司	光机电一体化
北京康瑞德医疗器械有限公司	光机电一体化
北京桑翌实验仪器研究所	光机电一体化
北京唐钢工控科技有限公司	光机电一体化
北京文英海泰科技有限公司	光机电一体化
北京智杰华隆技术发展有限公司	光机电一体化
北京中奥华盾安全防范技术服务有限公司	光机电一体化
北京中科泰安脉冲气压喷射技术有限公司	光机电一体化
北京中联科利技术股份有限公司	光机电一体化
北京自然二十一世纪环保科技有限公司	光机电一体化
莱思格国际照明科技（北京）有限公司	光机电一体化
汤晟阳光（北京）科技有限公司	光机电一体化
天成精益（北京）精密测量技术有限公司	光机电一体化
优莱博科技（北京）有限公司	光机电一体化
中国非金属矿工业公司	光机电一体化
北京安达尔技术有限责任公司	新材料
北京华孚帮科技发展有限公司	新材料
北京嘉润丰华科技发展有限公司	新材料
北京杰科思特种纸科技有限公司	新材料
北京卡博赛科技有限公司	新材料
北京顺达衡利机电设备有限公司	新材料
北京翔鹰金美科技开发有限公司	新材料
北京原野科技有限公司	新材料
北京中材人工晶体有限公司	新材料
本洲（北京）纳米科技有限公司	新材料
盖博特分析仪器（北京）有限公司	新材料

克斯美（北京）科技有限公司	新材料
中材高新材料股份有限公司北京分公司	新材料
北京国电环能科技有限公司	新能源环保
北京敬业北微节能机电有限公司	新能源环保
北京默凯斯能源技术有限公司	新能源环保
北京清绿环保技术有限公司	新能源环保
精进电动科技（北京）有限公司	新能源环保
澳美洁（北京）环境工程管理有限公司	新能源环保
北京诺兰特生态设计研究院有限公司	新能源环保
雷克斯科技（北京）有限公司	新能源环保
澳美洁（北京）环境工程管理有限公司	新能源环保
北京布瑞斯环境净化技术有限公司	新能源环保
安东能源技术有限公司	新能源环保
北京中关村电子城建设有限公司	建筑制造
北京中弘兴业房地产开发有限公司	建筑制造
中材恒和科技园开发有限公司	建筑制造
路桥集团桥梁技术有限公司	建筑制造
北京日进博远商贸有限公司	商贸流通
北京欢乐时空文化传播有限公司	文化创意
北京极简传媒广告有限公司	文化创意
北京第一时代广告有限公司	文化创意
北京海外学人文化发展有限公司	文化创意
北京八岭创业投资咨询有限公司	现代服务
北京碧海翔达投资管理有限公司	现代服务
北京道博管理信息技术有限公司	现代服务
北京翰时国际建筑设计咨询有限公司	现代服务
北京泓盛亚兰投资有限公司	现代服务
北京华奥汽车服务有限公司	现代服务
北京科泰飞特科贸有限公司	现代服务
北京明盛永泰投资顾问有限公司	现代服务
北京欧乐投资咨询有限公司	现代服务
北京欧宁管道管束检测技术有限公司	现代服务
北京欧宁航宇检测技术有限公司	现代服务
北京赛高都市环境照明规划设计有限公司	现代服务
北京圣岚森体育发展有限公司	现代服务
北京时代财富投资管理有限公司	现代服务
北京首佳创业登记注册代理事务所	现代服务
北京顺城兴业劳务服务有限责任公司	现代服务
北京天使维众医院管理有限责任公司	现代服务
北京希斯康科技有限公司	现代服务
北京新源信实顾问咨询有限公司	现代服务
北京伊曼德瑞科技有限公司	现代服务
北京中传蓝海彤翔科技有限公司	现代服务
北京中天信诚科技发展有限公司	现代服务
华清融创投资管理（北京）有限公司	现代服务
华商投资有限公司	现代服务
维乐可（北京）咨询有限公司	现代服务

园区联系方式

地　址：北京市朝阳区望京新兴产业区利泽中园106号
邮　编：100102
电　话：86-10-64392658
传　真：86-10-64392411
邮　箱：lffpjp@sina.com
网　址：www.wangjing.gov.cn

中央财大留学人员创业园

园区概况

中央财大留学人员创业园（以下简称“创业园”）成立于2006年12月8日，由中央财经大学与中关村科技园区管委会合作共建，是中关村留学人员创业园协会秘书长单位。创业园的服务对象是海外留学回国人员创办的各类高新技术企业、文化创意企业和创新服务企业。创业园重点培育、孵化在海外学有所成、学有特色、有跨国研发能力、创业团队较为完备、拥有自主知识产权、产业发展潜力大的留学回国人员的创业企业。

依托中央财经大学及中央财经大学科技园的资源优势，创业园搭建了财税事务公共服务平台、经济法律事务公共服务平台、科技认证及工商注册公共服务平台、人才交流培训平台、投融资事务公共服务平台等创业孵化服务平台，为企业提供财税咨询、法律咨询、科技企业认证及注册、企业文化宣传、人才培训、融资推荐等服务。平台不仅为创业园内企业提供各类服务，而且已将服务功能拓展至整个中关村科技园区。

2010年园区发展报告

截至2010年底，园区在孵企业15家，累计注册资本金1725万元人民币，95%以上是注册资本金低于500万的中小型科技创业企业。企业所从事的业务主要包括财经电子信息科技产品开发及服务、财经软件开发及服务、财经数据库、金融衍生产品开发及交易服务、法律服务电子管理平台开发及服务、碳资产排放许可权交易平台的开发及运行管理服务、电子商务交易平台开发、机械系统工程等。园区留学人员总数累计近百人，为社会提供就业岗位近300个。园区帮助在孵企业成功申请获得各类政府资助累计200余万元。园区已有两家企业获得“北京市海归创业五十优”称号，两家企业入围“中关村高端领军人才聚集工程”评选。

一、企业软环境公共服务平台

（一）财税事务公共服务平台

面向园区及中关村科技园内的企业，提供税务咨询、税务筹划及税务代理服务，年度会计报表审计：公司重组、清算审计；注册税务登记审计；亏损确认审计等其他审计工作代理；财税政策、中关村优惠政策咨询；会计、税务顾问；财务管理方案、投资方案设计分析；企业资产评估。定期举办税务相关专题讲座及培训。

（二）经济法律事务公共服务平台

为创业企业在运行过程中遇到的法律方面的疑难问题提供咨询、援助及代理服务，定期举办各类法律讲座及培训。

（三）科技认证及工商注册公共服务平台

为在创业初期的科技创业企业认证和工商注册过程中所遇到的疑难问题提供咨询服务、政策解读、申报实务操作培训服务。平台还定期举办各类创业知识讲座，为企业提供专利认证、高新技术企业认证和工商注册等代理服务。

（四）企业文化创意建设公共服务平台

致力于创业企业的企业形象和文化品位的提升，与具有国内领先水准、广泛市场舆论导向力的文化创意策划公司及媒体合作，为创业企业的文化宣传、文化建设提供综合服务。为园区企业及时有效传递政府相关政策信息，同时发布活动信息、生活信息、新闻等即时消息，使企业全方位接受信息服务，并对集中发布的政策提供宣讲和培训服务；通过园区网站对园区企业进行宣传；举办创新成果展览和组织企业参加政府的各种展会进行企业宣传和产品展示。

二、人才交流培训平台

人才交流培训平台是学校与企业、企业与人才之间的桥梁，通过建立线上“中财人才库”，解决人才供需信息不对称、对接不充分的问题。平台定期为园区内企业无偿举办劳动人事政策法规及人力资源管理等相关知识培训、讲座等，为入园企业提供政策法规的咨询。平台还为园区内的高新技术企业及其他经济组织的专业技术人员和经营管理人员提供财经类人才的高端技能培训和人才交流服务。此外，还为企业提供人事代理、人才派遣等方面的服务：可协助园内企业进行人才招聘、认识管理等工作。包括帮助企业解决应届毕业生落户、帮助留学人员申请北京市工作居住证、留学人员来京落户、留学人员档案管理、工作寄住证等咨询服务。同时我园引进专业机构为企业提供各种人事代理业务、人才测评、人才派遣、人力资源管理咨询、人才开发培训、就业指导、政策咨询、代办网上招聘会等。

三、投融资事务公共服务平台

平台通过创新投融资渠道来解决园区及中关村科技园内创业企业面临的资金短缺难题。

平台下设“VC集群中心”，致力于我国风险投资政策环境的完善、促进国内外风险投资业的合作与交流、促成风险投资与优秀项目的成功对接、培训本土风险投资家与创业家，与中国风险投资专业服务机构、基金会等建立合作机制与沟通平台。中心将进一步组建专业研究与服务团队，建立完善的服务网络；参与政策制定，构建与政府对话的平台；举办中国风险资本——项目对接会（大型企业融资路演会）；建立创业企业投融资专业项目网站；开办本土风险投资家与创业家培训项目；举办国际性与区域性“中国风险投资论坛”、“风险投资沙龙”等。

园区网站还将开辟投融资事务服务信息平台，主要功能是发布最新资讯、政策法规、项目及产品、行业资料等信息，开展项目推介、上市推荐、产品发布、业务咨询服务。

园区将依托平台创建“科技金融创新研究院”，与高校建立合作机制，进行金融产品、金融科技的创新，并将新产品、新服务产业化。研究院将与银行、保险机构、投资公司、基金公司等金融机构合作，创建一个新的服务机制，合作建立财经管理数据库（企业财务基础数据库、企业项目管理数据库、企业营销数据库等），为教学、科研和创业提供基础资料，形成原创性的科研成果，有利于教授和培养具有创新意识与能力的财经管理人才，推动企业更快更好发展。

四、企业项目推荐

园区定期组织园内优秀企业参加各种展览会、项目推荐会（“三三会”）以及各项论坛、交流会等活动，建立专门的项目库，利用媒体、网络等对外宣传推介。

五、创业辅导

园区聘请创业领域内专家，针对创业初期的各种问题，对企业进行商业模式设计及优化、团队搭建和激励、市场开拓、资源寻找及整合等方面的辅导，并给予各种参考性的建议；定期组织园区企业参加“中关村创业讲坛”、“中关村论坛”等活动，学习创业者的成功经验。

六、各项资金申请

园区可帮助企业申请国家、北京市政府、园区的各项专项资助，包括国家创新基金、留学人员择优资助、重大产业化支持、知识产权技术转移、专利申请补贴、千人计划、海聚工程、高聚工程等专项资助。

2010年园区大事记

1．4月10日，“北京海外人才创业林”认养活动启动仪式在奥林匹克森林公园举行。北京市委组织部副部长张志伟、北京海外学人中心主任袁方等与会领导共同为“北京海外人才创业林”揭碑，并向认养人代表颁发了认养树木凭证——绿色护照，百余名认养人在现场为认养的树木挂牌。中央财经大学资产经营有限公司副总经理胡晓桥带领中央财大留学人员创业园的部分员工参加了认养活动。

2．10月21日，由北京海外学人中心交流培训部和中关村管委会留学人员创业服务总部联合举办、中央财大留学人员创业园协办的“海聚工程、高聚工程、留学人员来京创办企业开办费资助资金申报工作培训班”在中央财经大学学术会堂举行，来自留学人员创业园和留学人员创业企业105家单位的近180人参加了培训。会上，讲解了北京市“海聚工程”、中关村“高聚工程”、留学人员来京创办企业开办费资助资金申报工作中的应注意的相关事项，得到了留学人员创业园和留学人员企业的积极响应。

3．11月25日，由中央财大留学人员创业园与北京中关村留学人员创业园协会联合主办“2010中关村留学人员创业企业融资政策说明会”在中央财经大学学术会堂举行，30余家留创园的企业主要负责人及代表100余人参加了会议。说明会采用专业知识讲解、现场交流的方式，使企业与银行、担保公司等机构直接对话，搭建融资服务对接平台。

4．12月，中央财大留学人员创业园推荐的徐笑颜创办的加州格林咨询（北京）有限公司获得由北京海外学人中心提供的资助资金10万元。

5．2010年，北京市海外学人中心将中央财大留学人员创业园列入具有应届硕士毕业生进京指标申请资格的单位名录。创业园2010年成功引进两名应届硕士毕业生，并成功申请到进京指标。

园区联系方式

地　址：北京市海淀区学院南路39号
邮　编：100081
电　话：86-10-62288385
传　真：86-10-62288385
邮　箱：hongyixia987@163.com
网　址：www.cufezcy.com

清华留学人员创业园

园区概况

清华留学人员创业园（以下简称“创业园”）成立于2002年12月，由清华大学和中关村管委会共同发起成立。自建园伊始，创业园即提出了“建设精品园区，孵化精品项目”的建园宗旨，依托清华大学的科技优势、清华科技园的资源优势，重点吸引回国留学人员创办的具有高附加值、高成长性的高新技术企业入园。

园区现有孵化场地28000平米，提供50—1400平方米不同规格的办公空间，建有会议室、多功能厅等公共服务区域，配备了投影仪、传真机、复印件等公共设施，能够满足留学人员企业日常办公、研发、商务洽谈、承办大型会议等需要。

2010年园区发展报告

2010年，清华创业园继续完善创新服务体系建设，对创新服务网络平台进行了全面改版和升级，集聚众多科技创新中介资源，为园区企业提供全方位的服务，网络平台现已在业界和园区企业中形成了一定的知名度和影响力，日点击量突破数万次。

在提高专业孵化能力方面，创业园建设了知识创新服务平台，为企业创新研发、科技立项、情报收集、专利查询、专利申请和保护等提供一站式信息服务，为企业的研发与经营管理提供支撑；在原有工作基础上，继续深化投融资服务能力，加大对种子期、初创期企业的关注和风险投资力度，并积极开展融资服务，为企业申请贷款提供担保服务，多种措施对缓解企业资金紧张局面起到积极促进作用。

2010年，创业园的工作取得了良好成效，园区多家企业发展迅速，经济效益显著增加，4家企业入选中关村"瞪羚计划"，多人入选中央"千人计划"、北京市"海聚工程"和中关村"高聚工程"。创业园的工作也获得了各界的认可和肯定，2010年清华创业园管理机构——启迪孵化器被认定为北京市专业孵化基地。

一、园区企业发展状况

园区现有留创企业近50家，主要分布在电子信息、生物医药、新能源等领域；园区有90余名留学人员在园区工作，留创企业提供就业岗位近1200个。在2010年度，随着经济形势的整体好转，园区企业经营发展状况整体上有较大的增长，4家留创企业入选中关村瞪羚计划，多家企业是海淀区重点企业；集成电路从业企业增长更加显著，普遍实现了销售业绩翻番。园区企业的发展潜力也获得资本市场的青睐，2010年留创企业获得股权融资达25869万元。

二、创新服务体系建设情况

2010年，清华创业园在知识产权服务、高端人才引进与培养、创新服务网络平台、知识创新服务平台、交流宣传等方面不断探索，通过深度挖掘企业需求、创新服务手段、完善创新创业服务体系，努力营造适宜的创新创业生态环境。

（一）知识产权服务

知识产权服务平台在原有工作基础上继续拓展合作的中介服务机构数量，不断提高平台工作人员服务意识和服务水平，深度挖掘企业需求，全年开展包括"如何应对美国专利诉讼威胁"、"后危机时代的中国企业知识产权机遇和核心竞争力"在内的多场相关知识产权培训与讲座。平台还积极开展知识产权代理服务，帮助企业申请专利、软件著作权，对企业申请知识产权提供资金资助，极大推动了企业知识产权工作，有效提高了园区企业知识产权保护与运用能力。

（二）高端人才引进与培育

清华科技园充分利用清华校友、清华企业家协会等资源，吸引高端人才到园区创业，并参照"钻石企业"的服务标准，对吸引的高层次人才在园区创业，在办公室租赁、公共服务平台使用、投融资服务、政策支持、人员招聘等方面给予资源倾斜。2010年，园区又有多名创业者入选"千人计划"、"海聚工程"、"高聚工程"，截至目前，园区共有9人入选中组部"千人计划"、12人入选北京市"海聚工程"、2支创业团队和13人入选中关村"高聚工程"。在园区创业的留学人员还获得包括"海淀区十大杰出青年 "、"中国自主创新领军人物奖"、"第一届中国留学人才归国创业腾飞奖"在内的诸多奖项。

（三）创新服务网络平台建设

创新服务网络平台是由启迪在线网和TIMS管理系统组成。启迪在线网是通过信息技术手段，汇聚来自企业、园区、政府、科研院所、服务机构、中介机构等多方面的资源，以互联网服务平台的方式，通过地面增值服务与线上服务的有机结合，为全国范围内的创新企业提供全方面的增值服务，是园区构建服务网络的一次全新尝试。2010年，启迪在线网站经过改版和升级，集聚了众多创新资源为创业企业提供全方位的服务，使得网站更贴近创业企业需求，未来的发展前景广阔。

（四）知识创新服务平台建设

知识创新服务平台是启迪孵化器整合同方知网、北京恒和顿创新科技公司等创新资源，为企业提供期刊、论文等科技文献的查询、下载服务，并建有专利专题数据库，为企业查询专利信息，专利预警等提供服务和支持。知识创新服务平台的建设为园区企业创新研发、科技立项、情报收集、专利查询、专利申请和保护等提供一站式信息服务平台。

（五）交流宣传活动

为促进海淀区内高端创业人才的交流，清华创业园承办了"海淀留创园中秋联谊会"，邀请海淀园内的高层次创业人才及海淀区领导共济一堂，近距离交流，活动受到高端人才和海淀区领导的高度评价。2010年6月，创业园还组团参加了在大连举行的"2010中国海外学子创业周"系列活动，以清华科技园全国留创网络集群的整体形象进行了展示，并参加了2010中国火炬创业导师论坛、全国重点省市海外人才引进洽谈会等活动，取得了良好的效果。

2010年园区大事记

1. 清华创业园管理机构北京启迪创业孵化器有限公司被北京市科委认定为专业孵化基地。

2. 朱一明、余振华等多人入选中央及北京市的高层次人才计划。

3. 创毅视讯创始人张辉入选2010年"中关村十大海归创业之星"。

4. 普能世纪创始人俞振华、木瓜移动创始人沈思入选"北京市优秀青年知识分子"。

5. 山石网科技术（北京）有限公司入选"2010年度中国百家最具成长性留学人员创业企业"。

6. 北京普能世纪科技有限公司入选"2010年全球100强最具潜力清洁技术公司"。

7. 北京创毅视讯科技有限公司荣获"2001—2010十年中国芯优秀设计企业奖"。

8. 北京兆易创新科技有限公司产品荣获"中国芯"最佳市场表现奖。

2010年优秀在园留学人员企业

一、北京创毅视讯科技有限公司

北京创毅视讯科技有限公司成立于2006年9月，目前在北京、台北和美国硅谷设立有相关机构。创毅视讯自成立以来，致力于移动多媒体终端接收芯片，无线通信终端基带芯片，移动互联网平台处理芯片的设计与研发，为产业链提供集成度高，功耗低，稳定性强的芯片与系统解决方案，成功推出我国自主知识产权的CMMB终端核心芯片，服务于2008年北京奥运会，推出全球首枚基于4G标准的TD-LTE终端基带芯片，服务于2010年上海世博会。创毅视讯提出建设无线宽带“云管端”核心战略体系，使用户能够通过网络以按需、易扩展的方式获得所需的基础设施、平台、软件（或应用）等资源或服务。云平台作为应用服务的核心、新一代移动通信TD-LTE技术作为信息高速管道、以及各种智能终端设备作为与使用者直接交互的接口，构成了“云、管、端”体系，三者协调发展、有机融合、不断渗透。

2010年，创毅视讯公司荣获“2001—2010十年中国芯优秀设计企业奖”，公司创始人张辉博士作为首批中央“千人计划”入选者，2010年入选“中关村十大海归创业之星”。

二、北京普能世纪科技有限公司

北京普能世纪科技有限公司成立于2006年，在北美设立了分公司和研发中心。普能公司专注于新型大容量全钒液流氧化还原电池储能系统（Vanadium Redox Battery）的研发、制造与商业化应用，面向全球市场以优质、环保的储能系统与解决方案来提高电力质量与可靠性，突破可再生能源应用的技术瓶颈、推动新能源的大规模使用和解决偏远地区通讯基站的用电问题。普能拥有钒电池储能系统（VRB-ESS）领域覆盖全球多个国家和地区的多项核心专利和商标，这些专利包括但不限于核心电堆设计、电解液配置、系统集成设计，以及在风力发电、离网供电系统和智能电网等领域的应用。

2010年，普能公司于入选中关村“瞪羚计划”，公司创始人俞振华入选中央“千人计划”，获得“北京市优秀青年工作者”荣誉称号。

2010年在园留学人员企业名录

北京创毅视讯科技有限公司	电子信息
北京亿科三友科技有限公司	电子信息
北京新岸线软件科技有限公司	电子信息
北京飞翔人信息技术有限公司	电子信息
北京泰可尚电子科技有限公司	电子信息
北京文迪网络通讯科技有限公司	电子信息
北京安华水木科技开发有限公司	电子信息
商助科技（北京）有限公司	电子信息
北京芯景泰达科技有限公司	电子信息
北京兆易创新科技有限公司	电子信息
北京笛威欧亚交通科技有限公司	电子信息
北京海辰天润科技有限公司	电子信息
北京朗波芯微技术有限公司	电子信息
昆天科微电子（北京）有限公司	电子信息
北京萃凝网络技术有限公司	电子信息
高拓讯达（北京）科技有限公司	电子信息
北京施达优技术有限公司	电子信息
能力天空科技（北京）有限公司	电子信息
坚流科技（北京）有限公司	电子信息
海纳医信（北京）软件科技有限公司	电子信息
北京点击科技有限公司	电子信息
昊迪移通（北京）技术有限公司	电子信息
北京博信视通科技有限公司	电子信息
视算新里程（北京）有限公司	电子信息
北京吉奥伊曼技术有限公司	电子信息
山石网科通信技术（北京）有限公司	电子信息
北京新岸线移动多媒体技术有限公司	电子信息
北京新岸线网络技术有限公司	电子信息
北京九华互联科技有限公司	电子信息
雅格罗技（北京）科技有限公司	电子信息
北京鲸鲨软件科技有限公司	电子信息
北京中瑞经纬科技有限公司	电子信息
清源华动（北京）科技有限公司	电子信息
北京正远达通科技有限公司	电子信息
德润特数字影像科技（北京）有限公司	电子信息
北京赛林泰医药发展有限公司	生物医药
北京乐目堂健康科技有限公司	生物医药
北京海瑞祥天生物技术有限公司	生物医药
康肽生物科技（北京）有限公司	生物医药
优瑞科（北京）生物技术有限公司	生物医药
北京优利康生物农业技术有限公司	生物医药
北京蔚蓝仕科技有限公司	光机电一体化
北京普能世纪科技有限公司	新能源环保
北京中清明阳太阳能光伏技术有限公司	新能源环保
北京清大逸达交通技术有限公司	教育培训

园区联系方式

地　址：北京市海淀区清华大学科技园创新大厦A座15层
邮　编：100084
电　话：86-10-62785888
传　真：86-10-62772777
邮　箱：liuxf@thsp.com.cn
网　址：www.incubator.tom.cn

首都师范大学留学人员创业园

园区概况

首都师范大学留学人员创业园（以下简称“创业园”）成立于2007年10月，由首都师范大学与中关村科技园区管理委员会共同建立，是中关村科技园区创业体系的组成部分之一和留学人员回国创业的重要基地。创业园位于北京市海淀区首都师范大学校内，一期与首都师范大学科技园共用一座教学楼，办公环境良好，软硬件设施一应俱全。

创业园充分发挥首都师范大学深厚的文化、教育资源优势，突出“以文化、教育为特色，以高新技术为依托”的建园方针，以产学研联合工作为纽带，在留学人员创业企业与高校间建立通畅的桥梁，为企业的孵化、发展、壮大提供优质高效的服务。创业园重点吸纳、培育在文化创意及科技创新方面具有特色优势，具有自主研发能力和自主知识产权，与国内文化及经济建设需求紧密结合的留学人员创业企业。

园区联系方式

地　址：北京海淀区西三环北路105号首师大科技园（留学人员创业园）教一楼207室
邮　编：100037
电　话：86-10-68907023
邮　箱：kjy@mail.cnu.edu.cn

中关村法大科技服务园

园区概况

中关村法大科技服务园（以下简称“法大科技园”）成立于2007年5月28日，由中关村科技园区管理委员会和中国政法大学共同建立。

法大科技园是全国首家以法律服务为主的大学科技园。该园区依托中国政法大学优势学科，发展法律服务产业，包括法律咨询服务、知识产权和专利服务、法律信息和法律出版服务、法学教育培训服务、证据和法庭科学技术服务、律师和公证服务等法律相关领域的新兴特色产业。园区的目标是使法律服务范围覆盖中关村科技园区的所有创新企业；建立与全国法律信息资源的建设者、所有者、使用者之间的多边联合；与中关村其他专业园区形成产业互补、促进和服务高科技产业发展。

2010年园区大事记

1. 1月20日至21日，中国政法大学副校长张保生、法大科技园董事长解战原一行7人对山东大学进行访问，就今后两校的科研合作与科技园建设等议题举行座谈。此次访问加深了园区与山东大学的交流与联系，深化了双方合作关系。

2. 5月17日至23日，由北京市昌平区科学技术委员会、中国政法大学科技园和共青团中国政法大学委员会共同主办的以“让科技走进校园，让科技美化生活”为宗旨的科普知识进校园活动拉开帷幕。活动以展板形式对上海世博会进行宣传报道，并对法大科技园进行了重点宣讲，介绍了大学生科技创新、创业政策。活动期间千名师生驻足观看展览，起到了很好的宣传效果。

3. 为提升中国政法大学学生的创新能力和就业技能，为学生创业、就业提供一个展示自我的平台和机会，自2010年5月始，法大科技园和校团委共同举办了为期3个月的“2010学生创业实践大赛”。创业大赛本着“鼓励学生创业，帮助学生实践”的宗旨，联合园区15家企业共同进行，涵盖企业运作管理、法律服务、对外汉语培训、电子科技、动漫设计及文化创意等多个领域。园区计划每年举办一次大赛，逐步将该活动发展成为中国政法大学的品牌活动。

4. 6月2日，法大科技园举办企业座谈会。会上各家企业畅所欲言，把自己企业遇到的问题逐一提出，帮助企业解决了实际问题。

5. 12月15日，北京市科委、市教委和中关村管委会联合举办2010年度市级科技园的评审及验收工作会议。会上，法大科技园所开展的工作得到与会专家评委的一致肯定，并通过评审验收。

园区联系方式

地　址：北京市海淀区西土城路25号中国政法大学旧1号楼109室

邮　编：100088

电　话：86-10-58908009

传　真：86-10-58908007

邮　箱：lyl0312@163.com

网　址：www.cuplsp.cn

中关村国际孵化园

园区概况

中关村国际孵化园（北京中关村国际孵化器有限公司）（以下简称“国际孵化园”）创立于2000年12月，是科技部认定的“国家高新技术创业服务中心”。按照“政府引导，市场运作”的模式，国际孵化园为留学人员归国创业提供“孵化＋创投”的全程、全方位服务。2003年1月，胡锦涛总书记在市委书记刘淇等领导的陪同下到我公司视察，对留学人员归国创业做出了重要指示。国际孵化园发挥自身优势，整合各方资源，引入工商注册、法律、会计、人才等中介机构，搭建产学研平台，举办产品推介会和企业家沙龙，争取政府资助，设立贷款担保保证金和投资基金，带动风险投资，为企业走向成功铺路搭桥。

截至2010年底，国际孵化园总计接纳了来自24个国家772多位归国留学人员（博士300名，硕士393名），创办高新技术企业548家，是全国留学生企业数量最多、最集中的孵化园之一。

2010年园区发展报告

一、海外高层次人才高度聚集

2010年，国际孵化园年内新入驻21家留学生企业，其中包括12位博士创业者、8位硕士创业者。目前在园企业中有博士创办的49家、硕士创办的有39家。全年公司共组织10人申报中央“千人计划”，其中1人已参加答辩；组织14人申报北京市“海聚工程”，其中8人参加答辩；组织7人申报中关村“高聚工程”，其中1人答辩。目前园区创业者中已有7人入选“千人计划”，8人入选“海聚工程”，9人入选“高聚工程”。

二、创新创业成果显著

2010年，园内企业新增专利36项，新增软件著作权25项。目前在园企业共拥有自主知识产权522项。其中发明专利220个，实用新型106个，外观设计34个，植物新型6个，布图2个，软件著作权136个，商标18个，平均在园企业拥有知识产权4.08个。

2010年，园内企业思比科公司承担了国家重大科技专项。思比科和思清源2家企业获得国家“863专项”支持。思比科、吉贝克、互动在线等3家企业被选为“中关村国家自主创新示范区核心区重点创新型企业”。思比科、威讯紫晶、吉贝克、友友天宇、中农大康、清畅电力、红惠新医药等7家企业入选中关村国家自主创新示范区“瞪羚计划”首批重点培育企业。思比科、吉贝克、信普达等3家企业入选2010年度“中国留学人员创业园百家最具成长性创业企业”。吉贝克公司被中国生产力协会创新推进委员会评选为“2010年度中国自主创新企业百强”。威讯紫晶公司获得工信部“2010年电子信息产业标准领军企业奖”，其企业代表郦亮获得“电子信息产业标准杰出人物奖”。华科力扬公司和瑞雪环球公司荣获首届中国留学人才归国创业“腾飞”奖并分获“十大潜力企业”和“五十家优秀企业”称号，华科力扬公司代表方沛宇荣获中国侨界创新人才贡献奖。优纳科技公司全自动数字切片扫描系统入选2010年度中关村自主创新示范区首台（套）重大技术装备示范项目，该企业代表郑众喜获得了2010年北京市优秀人才培养资助。

三、“孵化加创投”实现共赢

自2005年起，国际孵化园先后被科技部认定为首批创新基金创业项目投资补贴类服务机构，被中关村认定为首批投资“合作伙伴”的投资机构并陆续对园内一批优秀企业进行了单项不超过50万元的投资。几年来，园区共投资了17家企业，投资总额为414.5万元，帮助投资企业获得政府配套资助382万元、获得绿色通道贴息贷款1130万元、引进风险投资4790万元。

事实证明“孵化加创投”模式对企业创新创业具有很好的推动作用，园区自身也从中受益。园区先后共投资17家企业，有9家企业已保值或略有增值退出；有2家企业发展很好。园区投资威讯紫晶公司44.5万元占18.86%的股份，2010年11月中关村发展集团投资该企业300万元，企业估值已达4000万元，园区所持股份估值750万元，增值16倍。园区投资吉贝克公司30万元占2%的股份，2010年3月泰康人寿投资该企业1500万元，企业估值为1.06亿，园区所持股份估值210万元，增值6倍。此外，有4家企业发展正常，也正在积极寻求与风险投资的合作；有2家企业经营遇到较大困难。总体看“孵化加创投”的探索与实践是成功的，企业获得投资后发展势头和速度大大提升，创业成功率提高。孵化器从中积累了经验、提升了孵化能力，取得了社会效益和经济效益双丰收。

近几年，从科技部、中关村管委会到海淀园，都针对孵化器投资出台了风险补贴政策，国际孵化园累计共获得风险补贴54万元。

四、帮助企业融资和争取政府支持

（一）帮助企业争取风险投资。加强与投资机构的联系，帮助企业寻找融资机会。思比科、友友新创、博新威盛、贝通网联、吉贝克、威讯紫晶等6家企业共获得风险投资约8200万人民币，还有多家企业有望近期实现融资。

（二）帮助企业争取银行贷款。2家企业共获得80万元绿通贷款、1家企业获得“瞪羚计划”贷款200万元，1家企业获得首创担保贷款20万元。公司与中关村小额贷款公司签订合作协议，在一个月内就有1家企业获得了100万元的贷款、5家企业正与其洽谈。

（三）推荐11家企业申报北京市留学人员创办企业开办费资助资金，其中7家企业获得资助共70万元；推荐5位企业代表申请北京市留学人员科技活动择优资助，其中4人获得资助共16万元；推荐园内4家企业申请“中关村移动互联网领域创新基金”，其中两家获得支持；辅导6家企业申请科技型中小企业创新基金；2家企业获得09年度地方立项支持共85万元；帮助1家企业获得中关村专项资助100万元。

（四）推荐7家企业参加“三三会”，其中3家企业参加了10月份的北航孵化器专场，4家企业参加了12月份的石景山专场（1家企业重点推介）。

五、平台建设及孵化服务

（一）编印《创业服务手册》。该《手册》首次印发就受到广泛欢迎和认可，又增印了两次，发放数量已达3000册，并送达5个海外联络处。该《手册》得到了中关村管委会多位领导的充分肯定，其中政策部分已被编入《中关村商务指南》。中关村管委会创业服务处还专门召集各创业园、孵化器开会，推广国际孵化园的经验，布置各创业园孵化器编印各自的《服务手册》。

（二）中介服务平台建设。新引进中关村小额贷款公司入驻，丰富平台服务内容。加强对8家已入驻的中介服务机构的管理和考核。根据企业需求调整中介服务内容和服务方式。针对企业需求陆续开展了人力资源、财务、知识产权、创业管理等方面的培训。

（三）召开“企业家沙龙”。全年举办了10次企业沙龙活动，内容包括企业家体检、沙龙理事长换届、参观成功创业企业、赴天津考察、创业讲坛、创业辅导、营销培训、苏州创业园推介等。与北京华商会签署合作协议，以集体加入的方式参与相关活动。

（四）加强企业档案管理。对历年来入驻企业的档案进行了彻底的整理和分类，实现了数字化管理。

（五）加大宣传和信息通报。全年向上级政府部门及股东单位报送公司动态4期，及时通报公司各项工作情况。通过公告栏、网站、张贴各种通知信息150余条，发送企业家信息5200人次。为配合中关村建设人才特区整体宣传，先后接受了人民日报、人民日报海外版、经济日报、文汇报、中国青年报、中央电视台、北京日报、北京电视台、北京人民广播电台、北京商报、北京青年报等10余家主流媒体对园内企业自主创新和为海归人才创业服务的采访，相关专题报导先后见诸于报端，提高了中关村国际孵化园知名度。

（六）帮助企业招聘人才。协调做好非北京生源应届毕业生的政策咨询和指标申请工作，缓解企业人才引进困难，帮助10家企业争取到19个非北京生源应届毕业生户口指标。

（七）加强物业管理。认真落实属地治安、消防、安全管理部门布置的工作，加强对设备设施的维修、保养和定期检查；加强对保安、保洁的岗位培训和管理；严格对食堂安全卫生管理，保证食品质量；调整公司网络服务运营商，提高质量降低成本；安装昊海大厦庭院周界红外报警装置；对食堂排油烟风道进行更新改造。及时有效地处理了昊海大厦消防水管爆裂突发事件，确保了企业正常办公。

（八）开展业务培训。组织公司员工结合《服务手册》内容开展业务培训和岗位练兵，进一步提升员工业务水平，提高招商能力、接待能力和服务能力。

（九）加强党建工作和队伍建设。根据上级党组织的要求，积极开展党员队伍建设工作；组织党员带头献爱心捐款；组织公司员工及企业代表在“七·七”事变参观卢沟桥抗日战争纪念馆，观看《第一书记》、《唐山大地震》等影片，进行爱国主义教育；组织企业员工参加中关村自主创新示范区运动会方阵表演和北京海外人才创业林植树活动。

六、完成政府交办的工作

（一）配合管委会做好各项接待工作。园区全年共接待国内外团组24个700多人次。先后接待了中央组织部副部长李智勇，科技部副部长杜占元，全国人大常委会委员、教科文卫委员会副主任程津培，北京市委常委、中关村管委会党组书记、海淀区委书记赵凤桐，市委组织部副部长张志伟，火炬高技术产业开发中心副主任蔡文沁等领导来孵化园调研、视察园内企业。接待了美中高层次人才交流协会等一批外国团体。公司严格接待程序，落实责任，明确分工，圆满完成各项接待工作。

（二）协办第四届“春晖杯”创新创业大赛。积极组织园内企业参赛，做好宣传和协办工作；协助教育部在国际孵化园开展全球“春晖杯”在线访谈活动，有20多个国家和地区的留学人员提出的上百个有关回国创业的问题均得到圆满解答，扩大了孵化园的影响。积极参加广州留交会，并与11个“春晖杯”参赛项目签订了入园协议。

2010年园区大事记

1．2月23日，全国人大常委会委员、教科文卫委员副主任程津培率全国人大常委会科技创新专题调研组30余人到中关村科技园区调研，科技部、北京市人大有关领导同志陪同调研并召开了座谈会。中关村管委会副主任李石柱汇报了中关村国家自主创新示范区创新发展情况，联想集团、神州数码等6家企业代表发言，中关村国际孵化园总经理刘晓民就公司发展情况做了汇报。

2．5月13日，中央组织部副部长李智勇一行到中关村科技园区调研，考察了中关村国际孵化园内企业北京思比科微电子技术股份有限公司，听取了企业发展情况汇报，并在中关村国际孵化园召开座谈会。科技部副部长杜占元，北京市委常委、中关村科技园区管委会党组书记、海淀区委书记赵凤桐，中关村科技园区管委会主任郭洪、副主任周云帆等领导同志陪同调研。

3．5月20日，科技部火炬高技术产业开发中心副主任蔡文沁一行20余人到中关村科技园区调研，在中关村国际孵化园召开座谈会。孵化园总经理刘晓民就公司的经营模式、创新理念及吸引、培育创新创业人才等情况做了汇报。蔡文沁一行还考察了中关村国际孵化园内企业威迅紫晶和华纬迅公司，听取了企业发展情况汇报，并观看了最新产品演示。

4．6月10日，作为中关村科技园区管委会“信贷创新中关村系列活动”首家承办行，北京银行“中关村百家主动授信行动计划”启动，首批30家入选企业现场获得授牌。北京银行还公布了278家“首批百家主动授信企业”入围名单，国际孵化园内企业北京思比科微电子技术有限公司入围。

5．7月4日，第五届“春晖杯”中国留学人员创新创业大赛在线访谈活动在中关村国际孵化园召开。通过神州学人网和“春晖杯”创业大赛网介绍“春晖杯”创业大赛，在线回答留学人员及参赛者等有关人员与创业大赛的问题。教育部国际司、科技部火炬中心、教育部留学服务中心、有关留学人员创业园、风险投资机构、北京知识产权交易中心、神州学人编辑部、中国留学生创业杂志社等有关负责人，及往届“春晖杯”创业大赛获奖并已回国创业的留学人员代表等30余人，回答了来自20多个国家和地区的留学人员提出的100多个问题。刘晓民总经理代表国际孵化园参加此次在线访谈，详细介绍了园区创业环境及孵化服务情况。

6．7月12日，中关村发展集团与18家高成长性企业签订了股权投资合作意向书，国际孵化园内企业北京威讯紫晶科技有限公司、吉贝克信息技术（北京）有限公司、北京思比科微电子技术有限公司3家公司名列其中。

7．7月21日，中关村国际孵化园企业家天津访问团一行12人参观考察了天津滨海高新技术产业开发区。天津滨海高新技术产业开发区管理委员会副主任刘津元向访问团成员介绍了天津市、滨海高新区经济社会发展情况。国际孵化园企业家介绍了各自企业的情况，并进行了交流。

8．11月5日，国际孵化园与北京中关村小额贷款股份有限公司合作签约，该公司的加入使园区的中介平台更充实、更完整，给在园企业在贷款方面提供更全面的服务。

9．2010年，北京六维时代网络技术有限公司蒋亚洪博士和北京华科力扬科技有限公司方沛宇博士入选中央“千人计划”；北京威讯紫晶科技有限公司代表郦亮获得“电子信息产业标准杰出人物奖”；北京华科力扬科技有限公司代表方沛宇荣获中国侨界创新人才贡献奖；北京优纳科技有限公司代表郑众喜获得2010年北京市优秀人才培养资助。

10．2010年，园内企业吉贝克信息技术（北京）有限公司被中国生产力协会创新推进委员会评选为“2010年度中国自主创新企业百强”。

11．在2010年度北京市留学人员科技活动择优资助评审中，国际孵化园内5家企业负责人入选。其中互动在线（北京）科技有限公司潘海东、北京东方爱译科技有限责任公司张龙哺为优秀项目资助人选；优讯时代（北京）网络技术有限公司蒋亚洪、北京红惠新医药科技有限公司刘杨、北京励得阳科技有限公司龙杨为启动项目资助人选。互动在线总裁潘海东还被推荐为人力资源和社会保障部资助人选。

12．在2010年度科技型中小企业技术创新资金地方立项中，国际孵化园内企业北京优纳科技有限公司的“基于数字切片扫描的病理图像分析应用系统”获得北京市科委55万元无偿资助；北京瑞尔通激光科技有限公司的“百瓦级绿激光手术系统”项目获得中关村科技园区海淀园管委会30万元无偿资助。

13．2010年，中关村科技园区管委会联合市发改委等部门发布了“瞪羚计划”首批525家重点培育的企业名单。国际孵化园内企业北京思比科电子技术有限公司、北京威讯紫晶科技有点公司、吉贝克信息技术（北京）有限公司、北京友友天宇系统技术有限公司、北京中农大康有限公司及毕业企业北京清畅电力技术股份有限公司、北京红惠新医药科技有限公司等7家企业榜上有名。

14．2010年，国际孵化园解决了园内10家留学人员企业接收19名非北京生源应届毕业生的北京户籍，帮助企业留住人才。

2010年在园留学人员企业名录

吉贝克信息技术（北京）有限公司	电子信息
北京华纬讯电信技术有限公司	电子信息
北京华科力扬科技有限公司	电子信息
北京威讯紫晶科技有限公司	电子信息
北京环球时代商务科技有限公司	电子信息
北京思比科微电子技术股份有限公司	电子信息
北京普讯科技有限公司	电子信息
北京未名宝生物科技有限公司	生物医药
北京视信源科技有限公司	电子信息
北京瑞尔通激光科技有限公司	电子信息
北京盟友科技有限公司	电子信息
北京迈朗世讯科技有限公司	电子信息
北京优纳科技有限公司	电子信息
华美联创光电子科技（北京）有限责任公司	电子信息
广信创新微电子技术（北京）有限公司	电子信息
北京上达通信息技术有限公司	电子信息
中智华体（北京）科技有限公司	电子信息
优讯时代（北京）网络技术有限公司	电子信息
北京六维世纪网络技术有限公司	电子信息
北京汇大通业科技有限公司	电子信息
北京美名腾网络技术有限	电子信息
北京东微世纪科技有限公司	电子信息
和信诚软件（北京）有限公司	电子信息
诺基卡（北京）科技开发有限公司	电子信息
北京同创中电科技有限公司	电子信息
北京博新威盛科技有限公司	电子信息
北京中通软联信息科技有限公司	电子信息

北京软测科技有限公司	电子信息
润恺禾信息系统技术开发（北京）有限公司	电子信息
爱思奇想（北京）科技有限公司	电子信息
北京清鹤吟数字媒体科技有限公司	电子信息
北京泰翔伟业科技有限公司	电子信息
道唐友维（北京）科技有限公司	电子信息
北京译言协力文化传播有限公司	电子信息
北京华鼎博视数据信息技术有限公司	电子信息
北京金思凯奇技术有限公司	电子信息
北京天朋益源科技有限公司	电子信息
北京翔宇得意科技发展有限公司	电子信息
杰耐瑞（北京）科技有限公司	电子信息
北京信科安信息技术有限公司	电子信息
北京联科华夏科技发展有限公司	电子信息
北京和立健信科技有限公司	电子信息
北京弘韵科技有限公司	电子信息
诺金永信（北京）科技有限公司	电子信息
北京励得阳科技有限公司	电子信息
北京贝通网联科技有限公司	电子信息
北京经纶健保网络技术有限公司	电子信息
北京网景丽达科技有限公司	电子信息
北京文汇星辰科技发展有限公司	电子信息
北京华通视博技术有限公司	电子信息
北京万易信息技术有限公司	电子信息
北京卡美特电子科技有限公司	电子信息
北京华本联电科技有限公司	电子信息
北京东方爱译科技有限责任公司	电子信息
北京尚水信息技术有限责任公司	电子信息
赛科尔系统工程技术（北京）有限公司	电子信息
北京友友天宇系统技术有限公司	电子信息
北京微云智能科技有限公司	电子信息
北京捷软世纪信息技术有限公司	电子信息
海美瑞（北京）科技有限公司	电子信息
北京纳迅科技有限公司	电子信息
北京信普达电力科技有限公司	电子信息
北京锐意特思科技发展有限公司	电子信息
北京展望天成科技发展有限公司	电子信息
北京江加软件有限公司	电子信息
北京中科微纳物联网技术股份有限公司	电子信息
北京奥普恒泰科技有限公司	电子信息
东方云威（北京）科技有限公司	电子信息
北京信普达系统工程有限公司	电子信息
北京无双科技有限公司	电子信息
北京银海方舟科技有限公司	电子信息
北京东方慧源信息技术有限公司	电子信息
凯达永易科技（北京）有限公司	电子信息
中博信科（北京）技术有限公司	电子信息
北京英杰利达科技有限公司	生物医药
耶宝智慧（北京）技术发展有限公司	生物医药
北京慧宝源企业管理有限公司	生物医药
北京科奥飞科技有限公司	光机电一体化
北京易众睿智科技有限责任公司	光机电一体化
升信新材（北京）科技有限公司	新材料
北京绿资华烨科技有限公司	新材料
北京华奇维亚科技发展有限公司	新材料
北京波米科技有限公司	新材料
北京绿色领域科技发展有限公司	新材料
北京思清源生物科技有限公司	新能源环保
海蜚尔能源科技（北京）有限公司	新能源环保
北京瑞雪环球科技有限公司	生态农业
北京中农大康科技开发有限公司	生态农业
北京奈克思科技有限公司	生态农业
北京利多为科技有限公司	生态农业
北京时代乐章文化发展有限公司	文化创意

园区联系方式

名　称：中关村国际孵化园

地　址：北京市海淀区上地信息路2号创业园D栋

邮　编：100085

电　话：86-10－82895166

传　真：86-10－62974804

网　址：www.incubase.net

中关村集成电路留学人员创业园

园区概况

中关村集成电路留学人员创业园（以下简称“创业园”）是在充分依托北京集成电路设计园现有的专业技术优势，于2006年1月由北京集成电路设计园和中关村科技园区管委会共同建立的。创业园位于地处中关村科技园区高科技企业云集的核心地带--北京市海淀区知春路27号北京集成电路设计园内，包括量子芯座和量子银座两座写字楼，创业园总面积约20000平方米。

创业园依托集成电路设计园的专业服务的优势资源，重点建设了集成电路设计公共服务平台，累计投资超过1.2亿元。园区公共技术服务平台为集成电路设计企业提供自动化设计软件、集成电路知识产权授权、专业人才培养、芯片代加工、封装、测试、IT服务等一站式技术孵化服务。园区以良好的技术支持环境、物业服务环境、创业投资环境为集成电路领域广大留学人员企业归国创业提供广阔的发展空间。

经过不断建设，创业园先后被国家及地方科技部门授予国家（北京）集成电路产业园、中关村开放实验室、中关村科技园区海淀园高新技术企业服务平台等称号，具有鲜明的专业特点和服务特色。

2010年园区发展报告

一、孵化体系建设和服务创新模式研究

2010年，创业园紧紧抓住国内外集成电路市场回暖的契机，加强园区孵化体系和服务模式的创新，完善园区的孵化体系，提升服务能力，不断探索园区服务的创新模式，为园区创业企业营造良好的创新创业环境，

在专业技术服务平台方面，园区充分发挥在北京市乃至全国的集成电路设计服务战略高地作用，联合行业其他上下游单位，整合国内外先进技术资源，承接好“核高基”和“国家集成电路设计产业技术创新联盟”国家重大项目，同时继续承担好市科委、市商委、海淀园、“中关村开放实验室”等部委的相关服务工作，搭建以园区为核心的集成电路设计服务技术创新平台。2010年园区公共服务平台服务北京

企业70余家，占北京集成电路企业数量的近50%，为企业节省研发经费2000余万元，有效的降低了研发投入费用，为企业自主知识产权的创新提供了有力的支撑和保障。平台服务的企业中，IPO上市1家，被外资并购1家，海外融资超过千万级（美元）4家。

在人才引进方面，园区依托国家“千人计划”、北京市“海聚工程”及中关村“高聚工程”等政策支持，做好宣传工作，进一步发挥孵化器对培育高科技企业和高层次人才创业的重要作用，吸引高端领军型创新创业人才来园创业。2010年，园区累计推荐9位园内留创企业中的海外归国高层次人才申报高端人才引进计划。其中，晶宝利（北京）微电子科技有限公司的刘明博士入选“千人计划”创业人才及北京市“海聚工程”的“创业类”人才。芯晟（北京）科技有限公司的创始人傅登原、朱晓东博士和汪振辉博士分别入选“千人计划”创业人才、“千人计划”创新人才和“海聚工程”工作类人才。

在软环境建设方面，园区加强同业内机构的合作，充分利用园区良好的政府关系，以及对产业政策的深入了解，以服务园区企业为核心，以服务行业企业为目的，坚持以提高自主创新能力为核心，以深化体制机制改革为动力，大力营造良好创新环境，创新管理机制和工作方式，不断提高园区服务品质，拓展服务能力和功能，紧紧围绕着创建中关村国家自主创新示范区“需求拉动、机制创新、重点突破、开放合作”的建设原则，实现园区建设又好又快发展。

此外，园区充分发挥专业企业聚集的优势，根据专业企业的需要和特点，组织园区企业的文化交流及联谊活动，建设和谐发展的园区环境，开展具有集成电路行业的园区文化创新。

二、在孵企业行业分布及发展情况分析

截至2010年底，园区入驻企业70余家，其中集成电路设计及嵌入式软件相关企业有56家，留学人员企业6家，2010年园区内集成电路设计企业总收入约17亿元人民币。

作为集成电路和软件行业为主的专业园区，园内80%以上为集成电路及嵌入式相关企业，园区企业在保持重点推进核心关键技术的研发和自有化战略性特点的同时，积极推动以市场为引导的技术创新发展，促进战略性和市场性产品技术的互补发展。一些优质的北京集成电路设计企业正是这一特点的体现，他们有着强劲的市场竞争力和产品技术创新能力，如北京君正集成电路股份有限公司、芯晟（北京）科技有限公司、北京龙芯中科技术服务中心有限公司，即在初创期或者成长期，通过使用设计园提供的各项平台服务，降低成本和风险，同时也较好地解决了成长过程中的知识产权保护问题，这也是成长中的中国集成电路设计企业在走向资本市场时必须要认真面对的重要课题。

三、资源共享及中介服务平台建设情况

2010年，园区结合自身依托集成电路行业的特点和实际情况，不断摸索和总结，在进行专业技术平台建设的同时，注重孵化服务体系软环境的建立健全，正在努力打造一站式的园区创业服务体系环境。园内汇聚了半导体行业协会、软件协会、版权登记、技术合同登记认定、中关村知识促进局等服务机构，共同为园区企业提供服务。园区还与会计师事务所、律师事务所、知识产权事务所、信用评估机构等多家专业中介机构建立了战略合作伙伴关系，使园区企业在园内就可得到全方位的服务。

针对留学创业企业初创时对政策及相关手续不太清楚的情况，园区工作人员对企业进行详细的政策解答，指导协助企业办理工商注册等各项手续，并针对个别留创企业在经营中遇到工商税务等问题，园区安排专人帮助企业与相关政府部门进行沟通，帮助企业解决实际问题。

在专业服务方面，园区根据园内不同企业的情况，针对重点企业的情况及特点，为企业在技术、人才、项目等多方面提供全方位服务。2010年，园区加强了对专业技术服务平台的建设，丰富了平台在硬件设备、EDA软件、IP核方面的资源，进一步完善了平台的服务内容，提高了平台的服务能力。平台配备了当今最先进的软、硬件设备及IP资源库，可支持集成电路设计企业完成3.0微米至28纳米，数字/模拟/数模混合，以及Asic/SoC等各类集成电路产品从设计到生产的全流程服务。

在投融资方面，针对园区留学归国创业企业的实际情况，园区积极与相关创业投资机构进行合作，向创投公司介绍园内企业情况，特别是留学生企业的情况，为企业与创投机构之间牵线搭桥。园区并充分利用中关村管委会等政府机构对创业投资的政策支持，积极与中关村担保、金沙江风投等风险投资机构和其他非银行金融机构积极合作，适时开展对入孵企业股权投资的试点工作，园区正在制定一套完善的投资评介及管理体系，以便下一步直接开展对园区企业的投资工作。

此外，园区在现有服务体现建设的基础上，继续拓展园区服务空间，与京外单位寻求合作共建分园，充分发挥园区EDA平台服务优势，输出技术和管理，积极将平台向外辐射，建设以北京为中心服务网络，促进产业发展。

2010年园区大事记

1. 4月，中央第三批“千人计划”评审结果揭晓，园区内共有两位专家入选，即入选创业人才的晶宝利（北京）微电子科技有限公司的刘明博士及入选创新人才的芯晟（北京）科技有限公司的朱晓东博士。此外，这两位专家还分别入选了2009年度北京市“海聚工程”的“创业类”和“工作类”人才。

2. 5月13日，华润上华科技有限公司与北京集成电路设计园有限责任公司正式结成“产业链战略合作伙伴”关系。双方战略合作关系的建立，华润上华将其优质的芯片制造技术和生产资源提高园区为IC设计企业服务的能力，有效降低这些企业在初创阶段的成本，加速企业的成功。

3. 9月16日，经创业园积极推荐，园内北京智朗芯光科技有限公司参加了由中关村科技园区管委会留学人员创业服务总部主办的“中关村留学人员企业精品项目推介会”北航创业园、中关村软件园专场。智朗芯光科技有限公司此次推介的项目是“45—22nm光学线宽设备的研发与生产”，多家投资机构对智朗芯光的项目表示出兴趣。

4. 9月18日，为增进园区企业未婚青年间的交流，拓宽各企业青年员工的交往范围，帮助园区青年早日天成佳偶，设计园公司在昌河培训中心组织集成电路创业园和863软件园内未婚青年，举办了主题为“相聚牵手，激情飞扬”的“相约金秋”青年联谊会，40多名青年朋友参加了联谊会。

5. 10月19日，北京海外学人中心袁方主任带领中心相关负责同志一行6人来到创业园，对园区内晶宝利（北京）微电子科技有限公司、芯晟（北京）科技有限公司进行调研，了解海外高层次人才工作和创业情况、面临的困难和问题，以及对相关工作的意见和建议等。

6. 11月16日至21日，北京集成电路设计园经中关村管委会推荐参加了在深圳会展中心举办的第十二届中国国际高新技术成果交易会，并受邀参加商务部组织的科技兴贸基地建设成果展，展示了园区成立以来在园区孵化及平台建设方面的成果，包括EDA服务平台、IP服务平台、芯片生产、封装、测试代加工服务和培训服务等专业服务平台。中共中央政治局委员、国务院副总理回良玉，中关村管委会委员张茂盛、郑宇峰部长等领导先后来到设计园展台前参观。

2010年优秀在园留学人员企业

一、晶宝利（北京）微电子科技有限公司

晶宝利（北京）微电子科技有限公司成立于2006年3月，由多位留美归国博士创办，是一家从事高清数字电视集成电路设计、生产和销售的跨国公司。晶宝利致力于开发先进的数字电视芯片技术，应用于数字电视、电脑、宽带、移动通讯、信息家电等高速成长的技术领域。公司自2006年落户创业园以来，创业园为企业提供了房屋补贴、企业无偿资助、人才引进、税收优惠等政策支持，并以优惠的价格为企业提供公共服务平台的EDA技术支持、软件环境优化、芯片测试等专业技术服务。目前，晶宝利公司拥有可用于高清晰度电视机和数字机顶盒中的多项解码、解调和信号处理技术，包括关键的美国专利技术（US6621865）。已量产的公司产品PLM1000可以使传统的显像管电视机显示各种高清视频图像，满足了低收入消费群体欣赏高清视频节目的需求。

二、芯晟（北京）科技有限公司

芯晟（北京）科技有限公司成立于2004年，公司注册资本240万美元，吸引国内外风险投资共1800万美元。公司研发的AVS高清/标清数字电视SOC、MPEG-2高清/标清数字电视SoC、支持MPEG-2、AVS和H.264高清解码的数字音视频多标准多媒体处理芯片等产品大量出口到美国、德国、巴西、俄罗斯、澳大利亚、西班牙、阿根廷等境外多个国家，出口产值达1475万人民币，2010年销售额达2713万人民币。2011年1月31日被美国上市公司CAVIUM NETWORK收购。

三、北京智朗芯光科技有限公司

北京智朗芯光科技有限公司是于2009年9月注册在创业园内的一家由归国留学人员创办的内资企业，注册资金500万元人民币。公司主要从事用于半导体生产及其相关产业所用的薄膜测量、光学线宽测量设备的研发、生产、销售和服务，为半导体制造业、太阳能、LED等相关产业提供薄膜和线宽光学测量的解决方案，也为刻蚀机（Etcher）、化学研磨设备（CMP）等设备提供集成的光学测量解决方案。2010年，智朗芯光公司组织申请了“十二五”国家重大专项“45-22 nm OCD检测系统研发与产业化”项目并获得通过，获得政府的资金支持。

2010年在园留学人员企业名录

北京佳耐得科技有限公司	电子信息
北京芯诣实际科技有限公司	电子信息
晶宝利（北京）微电子科技有限公司	电子信息
中云科技信息技术（北京）有限公司	电子信息
六合万通微电子技术股份有限公司	电子信息
北京智朗芯光科技有限公司	电子信息
芯晟（北京）科技有限公司	电子信息
北京广众通达广告传媒有限公司	文化创意
晓星中融科技（北京）有限公司	现代服务

园区联系方式

地　址：北京市海淀区知春路27号量子芯座508
邮　编：100191
电　话：86-1082357176
传　真：86-1082357178
邮　箱：xiaoying@bjicpark.com
网　址：www.bjicpark.com

中关村科技园区丰台园留学人员创业园

园区概况

中关村科技园区丰台园留学人员创业园（以下简称“创业园”）依托丰台园，由中关村科技园区丰台园科技创业服务中心（北京IBI）具体运作。北京IBI以输出品牌和管理的方式，低成本、高速度运营，整合丰台园基地一期及“科技一条街”资源，已形成中关村丰台园软件孵化中心、赛欧科园孵化中心、颐安鑫鼎孵化中心、生命科学孵化中心等分中心，作为留学生企业发展园、产业园。以北京IBI为龙头的孵化器网络，已实现了“由点到线、由线到面”的发展格局，形成了丰台区的高科技产业聚集地。

创业园建立了中介服务大厅和丰台园孵化网络技术服务中心，与北京市首佳创业注册代理有限公司、北京睿合达会计师事务所、天和瑞兴税务师事务所、北京新世纪认证中心和北京市卓华知识产权代理有限公司等机构合作，为企业提供工商注册代理、会计代理、税务和资产评估、质量认证、法律咨询、知识产权、双软认证代理等中介服务。

2010年在园留学人员企业名录

爱思科业（北京）科技有限公司	电子信息
奥博塔科技（北京）有限公司	电子信息
北京经纬华泰科技发展有限公司	电子信息
北京爱博泰克科技发展有限公司	电子信息
北京得贝兴车辆安全科技有限公司	电子信息
北京恒泰信立科技有限公司	电子信息
北京徕特安科技有限公司	电子信息
北京蓝讯时代科技有限公司	电子信息
北京利文泰克科技发展有限公司	电子信息
北京能为科技发展有限公司	电子信息
北京市科美讯电信技术有限责任公司	电子信息
北京双荷在线科技信息	电子信息
北京水八零生态科技有限公司	电子信息
北京希尔德信息技术有限公司	电子信息
北京星嘉华信息科技有限公司	电子信息
北京银速金捷科技发展有限公司	电子信息
北京智昱天讯科技有限公司	电子信息
北京中锐识华信息科技有限公司	电子信息
北京中盛兴林木材科技有限公司	电子信息
北京中宜环能环保技术有限公司	电子信息
北京市蒙歌泰科技发展有限责任公司	电子信息
北京飞华领航科技发展有限公司	电子信息
三友同创（北京）信息技术有限公司	电子信息

中世华信（北京）科技有限公司	电子信息
安迈利科技发展（北京）有限公司	生物医药
北京艾兰泰克科技有限公司	生物医药
北京百仕强科技有限公司	生物医药
北京博菲康生物医药技术有限公司	生物医药
北京德之馨科技发展有限公司	生物医药
北京东生美博科技有限公司	生物医药
北京海利赢医疗科技有限公司	生物医药
北京华仁康医药科技有限公司	生物医药
北京君康创新科技开发有限公司	生物医药
北京康富博科技发展有限公司	生物医药
北京科爱特生物技术有限公司	生物医药
北京雷丁科技有限公司	生物医药
北京林树河科技有限责任公司	生物医药
北京洛斯顿精细化工有限公司	生物医药
北京麦可明科技有限公司	生物医药
北京若安心医药科技有限公司	生物医药
北京圣乐泰免疫技术研究所有限公司	生物医药
北京天汉神明科技发展有限公司	生物医药
北京英儒国际科技有限公司	生物医药
戴安普科技（北京）有限公司	生物医药
昊欣伟业国际医疗科技（北京）有限公司	生物医药
美中能特医药化学科技（北京）有限公司	生物医药
北京意莱特光电技术材料公司	光机电一体化
北京其维尚新材料科技有限公司	新材料
北京神州聚合科技有限公司	新材料
北京盛大华源科技有限公司	新材料
北京高镁科技有限公司	新材料
北京安驰迅捷科技有限公司	新能源环保
北京大禹创业科技有限责任公司	新能源环保
北京华德蓝博环保科技有限公司	新能源环保
北京科兰之星环保科技有限公司	新能源环保
北京劳模亚洲环保设备有限公司	新能源环保
北京中时众亿环保科技有限公司	新能源环保
北京锐志方达科技开发有限公司	新能源环保
北京皓日鑫科技有限公司	新能源环保
北京美中互通高新技术有限公司	生态农业
北京明通美乐科技发展有限公司	建筑制造
澳华明道建筑科技（北京）有限公司	建筑制造
北京市金康普食品添加剂科技有限公司	建筑制造
北京瑞利行贸易有限公司	商贸流通
北京华中实力经贸有限公司	商贸流通
北京意莱特数码冲印技术有限公司	现代服务
日都（北京）高新建筑科技设计咨询有限公司	现代服务
威尼特国际科技（北京）有限公司	现代服务
意格建筑设计（北京）有限公司	现代服务
直旅网（北京）科技有限公司	现代服务

园区联系方式

地　址：北京市丰台路口1399号
邮　编：100070
电　话：86-10-63729939
传　真：86-10-63728448
邮　箱：zijing@bjibi.org.cn
网　址：www.bjibi.org.cn

中关村软件园留学人员创业园

园区概况

中关村软件园留学人员创业园（以下简称“创业园”）法人单位为北京中关村软件园孵化服务有限公司，公司成立于2001年11月28日，由北京中关村软件园发展有限责任公司，中关村高科技产业促进中心、北京软件与信息服务业促进中心以及北京赛西电子科技公司联合出资成立，注册资金5300万元。

创业园成立至今，经过了“基础建设期”和“服务发展期”。在“基础建设期”主要完成了基础商务环境的建设、首批创业企业的集聚以及基础创业服务项目的启动等工作。在经过几年的积累和探索后，逐步进入“服务发展期”，企业流动率日趋稳定，服务品质逐步提升，服务团队逐渐成熟，集聚并孵化了一批优秀企业和项目。创业园组织架构也由初期侧重基础建设，转移到了建设和完善孵化服务上，目前除了常规的部门设置外，针对创业孵化服务，已经形成了财务代理、政府项目推荐、投融资支持、软件外包中心四支专业的服务团队。

在10年的建设和发展中，创业园集成政府、社会、团体和企业的多种资源，在软件企业的专业服务领域不断探索和实践，期间得到了政府的大力扶持和认可。2002年1月1日被北京市科委认定为“北京高新技术产业孵化基地”；2004年1月被正式命名为“中关村科技园区留学人员创业园”；2006年被国家科技部认定为“国家高新技术创业服务中心”；2006年获“2006年度北京市优秀科技中介机构”称号；2007年被北京市人事局和北京市科委联合命名为“北京留学人员创业园”。

截至2010年底，中关村软件园孵化器、中关村软件园留学人员创业园累计吸引企业230余家，留学人员企业54家。形成了软件外包、信息安全、行业应用软件企业的集聚效应，并针对软件企业特点，建立了技术、人才、市场、资金、政策的服务体系；培养了一支专业化的孵化服务团队。

创业园在未来的发展规划中，将继续依托国家软件产业基地、国家软件出口基地良好地产业发展态势，利用丰富的政府资源、科技资源和社会资源，不断完善面向中小软件企业的创业孵化服务体系。始终把握“做专业资源的整合者”和“聚集‘一横两纵’企业”的产业定位，在创业服务不断深化、细化、专业化的过程中，促进软件企业的产业合作与发展。

2010年在园留学人员企业名录

北京安久信息科技有限公司	电子信息
亚格斯（北京）科技有限公司	电子信息
北京巴林琳数据处理有限公司	电子信息
巴别塔（北京）科技有限公司	电子信息
北京原力创新软件有限公司	电子信息
北京协成致远网络科技有限公司	电子信息
网秦无限（北京）科技有限公司	电子信息
北京乾图方园软件技术有限公司	电子信息
北京灵蜂纵横软件有限公司	电子信息
北京华诺恒网络科技有限公司	电子信息

创睿恒（北京）科技有限公司	电子信息
北京毕策科技有限公司	电子信息
北京邦邦吾科技有限公司	电子信息
北京商服通网络科技有限公司	电子信息
北京瑞通科讯数码技术有限公司	电子信息
瑞科网信（北京）科技有限公司	电子信息
北京乾程景泰信息技术有限公司	电子信息
北京诺达信科技有限公司	电子信息
北京麦克泰软件技术有限公司	电子信息
北京盛大软通信息技术有限公司	电子信息
北京浪潮佳软信息技术有限公司	电子信息
蓝火翼（北京）软件技术有限公司	电子信息
北京时代亮点科技发展有限公司	电子信息
兰博医信科技（北京）有限公司	电子信息
北京科斯奇石油科技有限公司	电子信息
珂溢鸿科技发展（北京）有限公司	电子信息
北京原力创新科技有限公司	电子信息
维克松（北京）科技有限公司	电子信息
威泰视讯设备（中国）有限公司	电子信息
北京网秦天下科技有限公司	电子信息
北京网谱通讯系统有限公司	电子信息
北京网能经纬科技有限公司	电子信息
北京托众软件技术有限公司	电子信息
北京托普力得科技有限公司	电子信息
终端通（北京）科技有限公司	电子信息
北京天宏金睛信息技术有限公司	电子信息
北京天顶络柯科技有限公司	电子信息
天地电研（北京）科技有限公司	电子信息
北京金双狐油气技术有限公司	电子信息
北京极光视讯科技发展有限公司	电子信息
北京慧讯信息技术有限公司	电子信息
北京华清信达网络科技有限公司	电子信息
弘烨网景视频技术（北京）有限公司	电子信息
北京恒信启华信息技术有限公司	电子信息
汉峰世纪科技（北京）有限公司	电子信息
中联竞成（北京）科技有限公司	电子信息
北京首领时代信息技术开发有限公司	电子信息
北京海顿新科技术有限公司	电子信息
富泰格（北京）软件有限公司	电子信息
北京时代盈通科技有限公司	电子信息
北京中油恒泰地球物理勘探技术有限公司	电子信息
中关村科技软件有限公司	电子信息
美国泰码公司北京办事处	电子信息
微方联信（北京）科技有限公司	电子信息
北京九歌网乐科技有限公司	电子信息
北京博思廷科技有限公司	电子信息
北京联合嘉信科技发展有限公司	电子信息
北京艾普斯科技有限公司	电子信息
北京矽科华星科技有限公司	电子信息
北京亚普世纪科技发展有限公司	电子信息
北京希尔信息技术有限公司	电子信息
北京图灵开物技术有限公司	光机电一体化
北京华创保捷控制系统科技有限公司	光机电一体化
北京兰德菲环保科技有限公司	新能源环保
遨游世界（北京）网络技术有限公司	文化创意
北京众妙网络技术有限公司	文化创意
北京华新意创工业设计有限公司	文化创意
北京快乐天成软件技术有限公司	文化创意
北京奥赛乐思科技有限公司	现代服务
北京谛力泰克科技有限公司	现代服务
北京优弗瑞软件有限公司	现代服务
北京天空石信息技术有限公司	现代服务
地模（北京）科技有限公司	现代服务
北京德望高高科技系统有限公司	现代服务
北京峰荟财智知识产权顾问有限责任公司	现代服务
希必希（北京）国际商务互动科技发展有限公司	现代服务

园区联系方式

地　址：北京市海淀区东北旺西路8号中关村软件园3号楼B座1318室

邮　编：100094

电　话：86-10-82825187，82825188

传　真：86-10-82825186

邮　箱：spi@zgcspi.com

网　址：www.zgcspi.com

中关村生命科学园留学人员创业园

园区概况

中关村生命科学园留学人员创业园（以下简称“创业园”）成立于2004年3月，是专门为中小生物医药企业和留学人员医药企业提供全方位创业孵化服务的专业创业园。创业园位于中国最大的生物医药专业化科技园区——中关村生命科学园内。中关村生命科学园是集生命科学基础研究、项目开发、企业孵化、中试与生产、成果评价鉴定、生物技术项目展示发布、风险投资、人员培训等多项功能为一体，致力于成为国际性的生物医药产业高科技园区。

创业园总体孵化面积5万平方米，包括实验室、细胞室、中试洁净车间、清洗消毒室、纯水制备间、洁净空调室、试验废水处理间、行政办公室和公共会议室等各种类型的场地和专业设施，能为企业提供完备的办公和科研条件。

在努力营造良好硬环境的同时，创业园在平台建设、技术服务等软环境建设方面也取得了良好成果。目前创业园能提供的技术服务包括：药品注册申报、技术转移服务，设立种子资金、与相关机构进行项目合作等内容。搭建的技术服务平台有：蛋白质稳定技术平台、微丸包衣及固体制剂加工技术平台、药物结构分析与检测服务平台、化学合成工艺技术平台、天然药物有效成份提取工艺技术平台、临床前动物实验技术平台、多肽合成技术与委托生产、临床研究及新药注册、大分子药物送药及缓释技术平台、生物医药信息服务平台等。其中建设完成并投入使用的专业技术公共服务平台已成为“首都科技条件平台”。

创业园拥有较为完善的管理团队，涉及生物医药、投融资、人力资源、基础服务等相关管理人员。经过发展，创业园累计吸引中小创业企业及项目20多家，为30名多留学人员提供了各种类型的创业服务，受到了广泛的好评。

2010年在园留学人员企业名录

北京百奥金生物技术有限公司	生物医药
北京倍它鑫源生物工程有限公司	生物医药
北京碧森源生物工程有限公司	生物医药
北京博润天慧科技有限公司	生物医药
北京和杰创新生物医学有限公司	生物医药
北京精力精化科技有限公司	生物医药
北京康润诚业生物技术有限公司	生物医药
北京乐威医药科技有限公司	生物医药
北京时代愚公生物技术有限公司	生物医药
北京维他法姆医药科技有限公司	生物医药
北京维他法医药科技有限公司	生物医药
北京雍园盛景生物技术有限公司	生物医药
北京优尼脉医药科技有限公司	生物医药
伯仲盛景医药技术（北京）有限公司	生物医药
分水科技（北京）有限公司	生物医药
福建泰普生物科学有限公司北京研发中心	生物医药
瑞奇外科器械（北京）有限公司	生物医药
同昕绿源生物技术（北京）有限公司	生物医药

园区联系方式

地　址：北京昌平区生命园路29号孵化科研生产大楼B-215

邮　编：102206

电　话：86-10-80715731

传　真：86-10-80715732-1005

邮　箱：zgcbmi@yahoo.com.cn

中关村数字娱乐留学人员创业园

园区概况

中关村数字娱乐留学人员创业园（以下简称“创业园”）成立于2006年9月8日，是中关村科技园区管理委员会和北京市石景山区人民政府的第一个合作项目，主要服务于北京市文化创意产业留学生企业，是全国第一个专注于数字文化产业的留学人员创业园，是全国第一个以文化创意产业为服务对象的留学人员创业园。

创业园坐落于北京西山脚下，背靠八大处风景区，周边环绕着具有悠久历史的旅游文化博览圣地。整个地区风景秀丽、富含创意、宜居宜商，为从事文化创意创业的留学人员提供了得天独厚的工作及生活环境。创业园一期建筑面积8000平米，拟扩充至28000平方米。优雅的人文环境、便捷的交通环境和齐全的基础设置配备，为海归留学人员企业的发展推波助澜。

对于从事文化创意、数字娱乐产业创业企业，在办公环境上“求新、求变”的特别需求，创业园给予了充分考虑。创业园配套有米黄色大型沙发茶座，在整个楼层无线网络的覆盖下，拓展了创业人员办公及思考空间。园内设有24小时保安和电子指纹式门禁系统。为进一步降低创业企业运营成本，创业园设立独立房间分体式空调、集团程控电话分机和计算机网络宽带接入。水、电、暖等基础配备24小时均设专人负责维护，复印机、传真机以及会议室等公用设施对入驻企业全部开放。

创业园在中关村石景山园管委会的指导下，依托石景山区打造首都休闲娱乐中心区的特点，旨在打造具有知名品牌、最多服务功能、最低创业成本的留学人员创业园。为留学人员归国后从事文化创意、高科技产业的创业提供全方位的服务，协助创业企业在全球创意经济迅猛发展的浪潮中不断壮大。

2010年在园留学人员企业名录

北京明朗创新科技有限公司	电子信息
易游无限科技(北京)有限公司	电子信息
北京绿驰时代科技贸易有限公司	电子信息
北京思立达科技有限公司	电子信息
北京智营互动科技有限公司	电子信息
易游达人科技（北京）有限公司	电子信息
布谷（北京）网络科技有限公司	电子信息
乐动科技（北京）有限公司	电子信息
昕诺吉技术（北京）有限公司	电子信息
聪投（北京）信息技术有限公司	电子信息
北京春谷生物科技有限公司	生物医药
北京华创远航科技有限公司	生物医药
北京颐森斯国际通用设备有限公司	生物医药
北京北科亿力科技有限公司	光机电一体化
北京能信机电设备有限公司	光机电一体化
北京岩田博远股份有限公司	光机电一体化
北京百舜华年传媒有限公司	文化创意

园区联系方式

地　址：北京市石景山区八大处高科技园区实兴东街11号楼北楼1层

邮　编：100043

电　话：86-10-88794725

传　真：86-10-88794725

邮　箱：suppersix@gmail.com

中国矿业大学留学人员创业园

园区概况

中国矿业大学留学人员创业园暨中关村能源安全科技园（以下简称“创业园”）成立于2007年7月12日，是中国矿业大学（北京）与中关村科技园区管委会共建的具有显著能源与安全特色的专业科技园区，是我国第一家能源安全科技园，是中国矿业大学（北京）产学研结合及科技创新体系、中关村国家自主创新示范区及首都区域创新体系建设的重要组成部分。

创业园地处中关村科技园区的核心地带，交通便利，位于城市主干道学院路和清华东路的交汇处附近，一期已启动孵化面积1.5万平方米，其中在园企业用房12002平方米，公共服务用房845平方米，办公用房421平方米。

截至2010年底，创业园共有入园企业85家，其中留学人员创业企业26家、高新技术企业3家、海淀区创新技术企业30家；入园企业总注册资金近5亿元，职工总人数约1600人，其中留创企业职工约350人；入驻专业科研机构4家，其中国家重点实验室1家；毕业企业9家，其中留创企业4家，毕业企业中收入达千万元的3家，毕业企业平均在孵时限为10个月左右；共申请知识产权39项，批准12项，其中发明专利4项、实用新型2项、外观设计1项、软件著作权5项。

创业园始终致力于打造能源安全品牌，为能源安全新技术产业集聚创造一流的服务平台，在完善多项基础设施建设的同时，搭建了创业服务、企业经营服务、公共技术服务、知识产权服务、信息服务、物业服务等15项软环境平台，开展了高效、快捷、全面的企业专业服务工作，累计共为入园企业提供各项服务两千余次。

创业园紧密服务于学校的产学研体系和人才队伍建设，将学校优秀科研成果在科技园推广，鼓励学校教师到园区创业。创业园累计实现科技成果转化和技术转移115项。11家教师创办的企业入驻科技园。

创业园针对煤炭能源行业的现状和亟待解决的突出问题，创新性的以“孵化+创投”的形式进行“项目孵化”，即对有前景的高新技术项目和项目所有人进行吸收，设立工程技术研究中心，直接面向矿山一线，形成产学研紧密结合的技术与产业平台。目前，已成立节能减排、绿色开采、矿山建设、固液处理、矿山机电和矿山数字化等6个工程技术中心，投入孵化资金近1800万元。

同时，创业园公司（北京矿大能源安全科技有限公司）利用中国矿业大学的科研优势和工程技术中心的产业优势，自主研发核心技术，培育核心竞争力，2009年通过了国家级高新技术企业认证，获得了中小企业创新基金，研发成功两项煤矿高新技术产品，研发项目—矿井回风源热泵系统与配套技术，获得了煤炭行业科技进步一等奖。

国家、北京市和相关部委领导十分重视和关心创业园的建设发展，国务委员刘延东，教育部部长周济，国家安全生产监督管理总局局长骆琳，教育部副部长陈希、吴启迪，科技部副部长刘燕华、尚勇，国家安全生产监督管理总局副局长梁嘉琨，国务院研究室副主任江小涓，北京市委常委赵凤桐等先后来创业园视察工作，并对创业园成立以来取得的成绩给予了充分肯定。

2010年园区大事记

1．1月17日，北京矿大能源安全科技有限公司承担的云驾岭煤矿无锅炉化热能综合利用关键技术及装备研究——“电厂冷却水、矿井水高低温热泵组合优化废热回收”项目通过中国煤炭工业协会组织有关专家进行的成果鉴定。

2．4月11日，矿大科技园在中国矿业大学（北京）交流中心报告厅举办首届商务礼仪培训班，园区共有85人参加此次培训。培训邀请商务礼仪培训讲师杨坤主讲，内容涉及优质服务理念、服务规范、接待礼仪、服务技巧、服务用语、仪态仪表和记录转述技巧等方面。

3．4月27日，由北京矿大能源安全科技有限公司、北京中水长固液分离技术有限公司、峰峰集团有限公司、中国煤矿机械装备有限责任公司共同完成的“矿井水仓煤泥动态监测快速清淤新工艺及关键技术装备研究”项目通过中国煤炭工业协会组织有关专家进行的成果鉴定。

4．7月1日，矿大科技园与北京兴宇中科投资有限公司签署咨询服务协议。投资公司将为矿大科技园区企业提供各类投融资服务，包括资信支持、信息战略咨询、经济金融研究、财务顾问、基金管理、风险投资、企业重组、风险控制、上市等，进一步完善园区的创新创业环境建设。

5．7月8日，矿大科技园实施的技术转移项目“冀中能源绿色生态矿山建设——风源热泵系统”在中央电视台《新闻联播》上进行了近2分钟的报道。该系统将矿井回风温差作为能源，通过自主研制的高效矿井回风热交换器为矿井提供了可以取代锅炉、空调进行制热制冷的风源热泵系统。

6．7月14日，北京矿大能源安全科技有限公司矿山数字化中心与冀中能源峰峰集团梧桐庄矿就数字化矿山系统建设签订合同，旨在为梧桐庄矿建设一套综合自动化、信息化系统平台。

7．7月19日至24日，北京矿大能源安全科技有限公司在中国矿业大学（北京）举办了汾西矿业集团机电新技术培训班，汾西矿业集团各煤矿机电矿长共计23人参加了培训。课程包括矿山供电技术、矿山机电事故监察与处理、矿井固定设备设计及相关安全问题的防治、现代矿井提升机控制新技术及提升机改造方案等。

8．10月21日，科技部、教育部印发《关于认定湖南大学科技园等10家大学科技园为国家大学科技园的通知》，决定认定湖南大学科技园等10家大学科技园为国家大学科技园，中国矿业大学（北京）科技园名列其中。

9．11月30日，矿大科技园获得中关村科技园区软环境建设项目发展专项资金60万元，用于培训与交流服务平台和煤炭科技成果转化公共服务信息平台（一期）的建设。

10．12月3日，在中关村科学城第二批建设项目签约揭牌大会上，北京市政府副秘书长戴卫与中国矿业大学（北京）校长乔建永代表双方签署了共建《中国矿业大学（北京）能源安全产业技术研究院》协议。研究院将承担国家能源与安全领域的重大科技研发项目，开发拥有自主知识产权的高新技术产品，实施一批重大能源与安全产业化项目，打造完善的能源与安全国家级公共技术服务平台体系。

11．12月15日，矿大科技园获海淀园区2010年度产学研合作项目资助共计50万元，用于产学研体系建设。

12．12月20日，矿大科技园获得北京市科委2010年度创业孵化体系建设专项资金50万元。

2010年在园留学人员企业名录

北京中矿优控科技发展有限公司	电子信息
北京圣威尔电子有限公司	电子信息
山科中天(北京)电子有限公司	电子信息
北京广大泰祥自动化技术有限公司	电子信息
赛真（北京）生物技术有限公司	生物医药
北京慧摩森电子系统技术有限公司	光机电一体化
北京华丰达系统技术有限公司	光机电一体化
北京瑞吉达科技有限公司	新材料
中矿龙科能源科技（北京）有限公司	新能源环保
中矿威德能源科技有限公司	新能源环保
北京卓勤矿业科技有限公司	新能源环保
兖矿新陆建设发展有限公司	建筑制造
中矿君月财务顾问公司	现代服务

园区联系方式

地　址：海淀区清华东路16号3号楼中关村能源与安全科技园A2-1803

邮　编：100083

电　话：86-10-51733888

传　真：86-10-51733590

邮　箱：menggy@263.net

中国农大留学人员现代农业创业基地

园区概况

中国农大留学人员现代农业创业基地（以下简称“创业基地”）成立于2005年8月4日，由中国农业大学和中关村科技园区管理委员会共同创建，主要服务对象是海外留学归国人员创办的以现代农业和生物技术领域为主的高新技术企业，重点吸引、发掘、培育一批创业团队完备、跨洋研发能力出众、拥有自主知识产权的国际领先技术、农业产业化潜力巨大、国家重点支持领域项目特别是面向“三农”的高质量留学人员创业企业。

创业基地位于中国农大科技园的西区核心园区，面积共20000平方米，先期启动7200平方米。创业基地拥有完善的供电系统、供水系统和供暖系统，可供租用已装修不同档次的各种规格研发单元；对入驻企业提供各类的会议室、报告厅、接待室、餐厅、客房和娱乐、购物场所；提供宽带多媒体通讯网络服务，光缆已进入室内，每个单元均配置CATV接口。创业基地有可供租用的会议室、洽谈室共计15间，具备多媒体音像、投影设备。

创业基地依托中国农业大学在种子、农兽药、畜牧、肥料、农产品与食品、农业工程与装备及农业信息化等领域的人才和科研优势及在高新技术转化方面积累的经验，进一步将孵化功能向企业发展的上下游延伸。自成立以来，已经与20个留学人员（团队）创办的企业达成入园意向。通过产学研的有机结合、孵化体系的日益完善，创业基地将吸引更多优秀海外留学人员归国创业，从而为地区培育出新的经济增长点及产业热点，形成中关村科技园区中的农业研发、推广和示范基地，成为国家农业高技术创新创业源头。

2010年在园留学人员企业名录

北京奥瑞鑫农业科技有限公司	电子信息
北京格瑞恩科技发展公司	电子信息
北京海思派克科技有限公司	电子信息
北京集百思信息技术有限公司	电子信息
北京杰斯创科技发展有限公司	电子信息
北京坤泰伟业科技有限公司	电子信息
北京万和顺科技发展有限公司	电子信息
北京易西特软件开发有限公司	电子信息
北京智能达讯信息技术有限责任公司	电子信息
北京中海捷畅电子技术有限公司	电子信息
北京中锐卓文科技有限公司	电子信息
北京汇丰通田生物科技有限公司	生物医药
北京凯捷聚鑫新技术有限公司	生物医药
北京康泉生物技术有限公司	生物医药
北京乾元浩生物股份有限公司	生物医药
北京益微康壮生物投资有限公司	生物医药
北京中农德馨生化技术有限公司	生物医药
北京北农绿邦科技开发有限公司	光机电一体化
北京比尔比特科技有限公司	光机电一体化
北京诚物博达国际科技发展有限公司	光机电一体化
北京金光大地科技有限公司	光机电一体化
北京思威驰电力技术有限公司	光机电一体化
北京新泰永清国际科技发展有限公司	光机电一体化
北京阿格瑞能源环境工程有限公司	新能源环保
北京绿源天地生态环境科技中心有限公司	新能源环保
北京市富通环境工程公司	新能源环保
北京国农置业有限公司	生态农业
北京华瑞新成科技有限公司	生态农业
北京金旺农科技发展有限公司	生态农业
北京日宏力科技有限公司	生态农业
北京市先飞农业工程高技术公司	生态农业
北京中科合力科技发展有限责任公司	生态农业
北京荣利特油泵嘴经营有限公司	建筑制造
北京亚楠项目管理技术有限公司	现代服务
北京本德利投资有限公司	现代服务
北京东方畅想建筑设计有限公司	现代服务
北京东方人科技发展有限公司	现代服务

园区联系方式

地　址：北京市海淀区清华东路17号科贸楼C201
邮　编：100083
电　话：86-10-62732266
传　真：86-10-62736902
邮　箱：hujy@cau.edu.cn
网　址：www.cau.edu.cn

中国人民大学留学人员创业园

园区概况

中国人民大学留学人员创业园（以下简称“创业园”）成立于2005年12月，由中国人民大学与中关村科技园区管委会共建，是全国第一家专门服务文化创意企业的留学人员创业园。

作为依托中国人民大学的文化创意产业留学人员创业园，园区重点面向信息网络、计算机软件、新闻出版、广播影视、文化娱乐、广告设计、工艺美术等版权相关领域的企业，提供创新创业环境和推动企业成长增值的服务平台。

经过不断的积累总结，创业园开创了一套行之有效的创业服务模式，包括创业孵化体系、符合文化创意产业的资源网络体系、产业要素聚集三大方面。以“创业服务+创业导师+创业投资”为核心的创业孵化体系为企业提供基础的公共服务平台、特色市场推广、多样化的业内交流、文化产业咨询等专业服务。在高端增值服务方面，依托学校优势专业的强大背景，创业园为企业提供由领域内知名教授、校友企业家、相关政府人员共同组成的创业导师团队，同时园区积极拓展引入创业投资的途径，开展日常对接、投融资接洽会、与专业投资机构达成战略合作等。借助政府资源、行业资源等优势，创业园构建了符合文化创意产业的资源网络体系，由园区主导的业内联盟主要有国家文化产业示范基地联盟和中关村版权联盟。两大联盟均开展多项日常交流活动，共享资源、合作共赢，为园区企业搭建了全国性的交流沟通平台和推广渠道。另外，中关村留创园联盟、大学科技园联盟等也从不同角度构成了园区资源平台的重要组成部分。在产业聚集方面，园区专注于文化创意产业、以版权相关产业为专业方向，提供包括减免房租、优惠服务等一系列惠及企业的措施吸引优势文化创意类企业及版权企业入驻园区。目前，园区除引入一批符合定位的留学人员创业企业外，更吸引了数家业界知名度极高，甚至世界排名居前的企业在园区落地，形成了良好的文化氛围和创业氛围，初步实现了产业要素的聚集。2010年园区被命名授牌成为“国家文化产业示范基地”及“北京市高新技术产业专业孵化基地”。

截至2010年，创业园孵化面积达到18600平方米，在园留创企业45家，企业从业人员533人。

2010年园区发展报告

一、创业园孵化体系建设和服务创新模式探究

园区结合一般孵化经验和企业实际需求，建立了以“创业孵化+创业投资+创业导师”为核心的综合孵化服务体系，在孵化过程中实施企业全程量化评价跟踪服务，实现专人服务、按需对接，建立完善的企业经营数据档案直至毕业。在做实、做强孵化工作的同时，全面发挥孵化器的平台作用，建立特色关系资源网络体系、促进产业聚集，开展服务创新模式探究，建立创新型特色孵化机制。

（一）创业园孵化体系建设

1．创业公共服务

（1）企业全程量化评价跟踪服务体系

所有申请入园的项目从入园咨询开始进行量化评价，符合标准的项目可以入园接受孵化。园区安排专人对孵化项目进行日常走访，持续跟踪项目运营发展情况及需求，为企业按需提供特色增值服务、投融资接洽、创业导师对接等直到项目毕业，进行离园监测，形成闭环。

（2）基础公共服务

园区通过提升自身服务能力，以及吸引社会化专业服务机构，为企业提供高质量的综合公共服务，包括：

企业宣传：为提升企业品牌形象，园区推荐及组织企业接受主流媒体采访，留学人员创业企业中共有2家在《大学生周刊》进行采访报道；3家参加《高新技术导报》中小企业投融资系列采访；1家接受《中国留学人员创业》杂志专访；1家接受《人民日报海外版》采访等。

信息服务：2010年园区开发并上线了版权交易专业网站——国家版权交易网；继续依托园区内刊《文化创意产业评论》促进文化创意类企业对行业前沿信息的了解和学习。

企业资质代理服务：为企业提供资质代理、企业设立等相关资质代理服务。年内代理企业设立登记业务服务3家，提供免费资质代理咨询6家。

人事服务：包括人事档案管理，代办社会保险事务，办理北京市工作居住证，办理留学人员落户北京，开具各有关人事证明，以及人事政策咨询等。

电信服务：INTERNET和CERNET接入服务，点对点专线租赁，IDC托管，楼宇综合布线，网络系统集成，网站建设。

财务会计服务：利用园区的财务平台，为园区留创企业提供基础的记账、报税等财务代理及咨询服务。年内服务企业1家，提供免费咨询5家。

咨询服务：为园区企业免费提供政府扶持资金申报咨询、申报指导、推荐服务。年内指导8家园区企业申报项目，年获得资助资金总额170万元。

法律服务：园区与地石、中剑、盈科律师事务所合作，对园区企业负责人及工作人员进行法律及税务相关知识的培训，并为园区企业集中采购法律服务时间。

2．特色专业服务

（1）文化创意产业特色市场服务

外部展览会、交流会：园区组织带领企业参加各类展会及推介会，如深圳（国际）文化产业博览会、第六届中国（杭州）国际动漫产业博览会、中国福州海峡版权（创意）产业精品博览交易会、第17届北京国际书展、第62届德国法兰克福书展等国际文化创意产业博览会、国际图书博览会等，不仅达到推广企业形象，增进业内交流的目的，更为企业拓展市场渠道。

国家版权交易网：在国家版权局和海淀区政府的支持下，园区抓住文化创意产业领域的核心价值资源，建立了全国第一家国家版权贸易基地，上线了国家版权交易网（www.copyrightmall.com）。通过国家版权交易网的线上、线下展示交易服务平台及拍卖活动实现365天*24小时的版权展示交易服务，为文化创意企业提供市场渠道服务。截至2010年底，网站用户数达到894，卖版权1837项，买版权97项，大拍卖项目169项，英文版权信息800余条，访问数7021，综合访问量69366；网站总挂牌额超过12亿元。

（2）文化创意产业交流活动

通过特色沙龙、国际论坛、行业联盟等形式，建立了服务文化创意企业参与行业交流的长效工作体系。

版权人沙龙：邀请版权主管部门、出版机构、版权行业精英以及版权学界专家学者担任演讲嘉宾与园区内的相关企业，对版权行业相关主题和热点现象进行深入研讨交流，形成了良好的交流氛围和沟通机制，是园区日常行业交流活动中重要的一项，为版权行业的发展和园区内版权类企业的运营提供了有益的探索和推动。2010年举办了7场活动。

创业者沙龙：邀请成功的创业家、相关政府机构官员、法律、金融等专家为园区内的创业企业开展主题演讲、现场答疑解惑，同时分享各自创业经验和历程。创业者沙龙作为重要的交流平台已开展了一系列的活动，形式多样，承载了交流、投融资对接、咨询、市场推广等多种功能。

文化创业产业与品牌城市国际论坛：受文化部文化产业司与中国人民大学委托人大文化科技园举办每年一度的“文化创意产业与品牌城市”主题国际论坛，是文化产业行业内的年度国际性品牌活动，围绕不同年度内文化产业发展的热点和问题展开主题讨论，园区内设的文化创意产业研究中心在该论坛发布中国省市文化产业发展指数。

（3）咨询服务

园区设立并运用中国人民大学文化创意产业研究中心为各级政府提供决策咨询服务，承接项目包括地区文化创意产业“十二五”发展规划咨询、地区文化创意产业发展指数研究、地区文化创意产业园区规划与研究，同时从文化创意专业领域为企业提供咨询服务。

园区投资控股了北京世纪谨勤市场研究有限公司，集合中国人民大学资源，为企业开展市场调查与咨询服务。包括市场研究、营销策划、咨询服务等。

（4）人力资源服务

除基础的人事代理服务外，园区与校招生就业处合作，每年为园区企业举办春、秋两场专场招聘会，一场园区企业实习双选会，生源基本是人大及周边高校学生。

3．高端增值服务

在建立了完备的基础服务体系与特色专业服务体系的基础上，为进一步提升园区专业化水平和企业服务水平，园区

逐步开展了投融资、创业导师、国际合作等高端增值服务。

（1）投资融资服务

园区建立了投资推介会、自有资金投资与日常推介相结合的投融资服务体系。

投资推介会：通过举办投资对接会、专场融资推介会、黑马投资对接等活动，为优质企业与投资机构建立对接机制。园区创业企业这哲网、昊海菁华、苹果格子、踏歌时代等，均通过投资推介会获得了数额不等的风险投资。

自有种子资金投资：园区通过自身企业积累，建立了总额500万元的种子资金，用于对初创期企业进行投资。目前投资企业中有数字出版企业和咨询企业。

日常对接服务：与北京产权交易所、中关村科技担保公司等投融资机构签订合作协议，为园区企业建立融资渠道。园区同时与青阳创投、联想乐基金、达晨创投、今日资本等20余家创投、风投机构建立了合作关系。

（2）创业导师服务

园区积极依托中国人民大学校友群体中的企业家资源，并寻找有企业管理经验的教授、学者，联系部分投资人，组建了园区的创业导师团队，针对企业不同性质的需求，为企业配备创业导师。

通过摸索和实践，园区建立并完善了保障创业导师工作质量的工作制度，目前已形成了40余人的创业导师团队，并为园区多家企业提供了“一对一”创业导师对接及服务，实行1—3年的陪伴式辅导。

（二）服务创新模式的探究

我国科技企业孵化器历经20余年的发展，服务模式创新已逐步成为增强孵化能力、更好助力企业成长的重要手段。

中国人民大学留学人员创业园作为全国第一家专门服务文化创意企业的留学人员创业园本身就是对孵化行业服务模式的一次创新，回答了人文科技成果是否以及如何转化的问题。在文化创意企业孵化之路上，人大创业园作为先行者和拓荒者必须不断探索创新。

在长期服务过程中，服务团队对文化产业积累了深入的理解，总结出文化企业的成长路径，结合以“文化创意产业为主导方向，以版权相关产业为专业方向”的定位，参考产业集聚发展的规律，园区初步建成了以创业公共服务为根本，符合文化创意产业特色的关系资源网络体系与产业要素聚集为两翼的创新型服务孵化机制。

1．符合文化创意产业特色的关系资源网络体系

园区与文化创意产业直接相关政府部门建立了密切的实质性业务合作。

（1）国家文化产业示范基地联盟的相关衍生服务

文化部授牌人大创业园为“国家级文化创意产业示范基地”，作为秘书处实际运营国家文化产业示范基地联盟。国家文化产业示范基地联盟是由文化部文化产业司指导，数家国家级文化产业示范基地发起，全部204家国家级文化产业示范基地、部分省级文化产业示范基地及10家创业园区自愿加入形成的非营利性自治组织。同时，受文化部委托，我园启动研究“国家文化产业统计平台”等多项课题。

联盟发挥行业交流平台作用，促进国家文化产业示范基地间交流合作，通过整合相关资源，充分发挥各自优势，共同推进文化创新和产业链融合。加入我园区内的文化创意产业相关的企业，可以借助此全国性的联盟大平台，进行企业宣传与市场推广，积累行业资源，进行业务合作。

（2）中关村版权联盟相关衍生服务

中关村版权联盟是在国家版权局的指导下，在中关村国家自主创新示范区、海淀区人民政府的大力支持下，由中国人民大学国家版权贸易基地等33家版权行业企业及相关组织、机构共同发起并组建成立的非营利性组织。联盟旨在整合政府、企业、学术界的优势资源，加强版权保护，促进创新和产业链融合，推动版权相关产业的发展与版权事业的进步。联盟至今已吸纳了62家会员单位，其中包括全球50强的出版单位如培生教育出版集团北京代表处、泰勒·弗朗西斯集团北京代表处等。借助该平台关系资源网络，企业可以进行行业交流、发现合作机会、搭建高端市场渠道。另外，聘请了版权领域内的数十位专家学者作为园区的专家顾问提供智力、人脉及市场方面的支持。

另外，园区还承担了科技部《现代服务业科技发展规划》“数字文化”专项的编制组织工作。

2．特色领域产业要素聚集

园区提供房租优惠、服务优惠等吸引文化创意产业龙头企业、版权企业等入驻园区，如培生教育、英国阿法赫斯、安德鲁·纳伯格联合国际有限公司、《创业家》杂志、中国人民大学出版社、中国人民大学书报资料中心等，打造文化创意产业聚集地和版权企业聚集地。

二、园内在孵企业行业分布及发展情况分析

目前人大创业园留创企业从行业分布情况来看，首先是文化创意类企业的增长迅猛，已占领主导地位。园区开启了面向文化创意企业提供创业孵化服务的体制机制创新，启动了科技与文化融合发展的创新实践，为文化创意企业发展创造了得天独厚的土壤和条件。通过建立文化创意产业集聚区引导产业集群化发展，文化创意企业间的资源共享，形成产业规模效益，推动文化创意产业发展和产业整体竞争力的提升。园区文化创意企业有图书出版、数字出版、动漫游戏、网络信息服务、广播影视、音乐制作及服装设计等。

其次是高新技术企业，目前高新技术企业在园区的比重较小，园区正在加快招商吸引优质高端人才的步伐，吸引发展技术含量高、附加值高的科技企业，不断将科技成果转化为现实生产力并推动科技、经济与人文社会协调发展的综合性基地。目前园区以云计算、3G移动互联网等高新技术企业为主。

最后是现代服务业，因强大的市场需求而到投资者的热烈追捧，异军突起，园区有步骤地推进以现代服务行业为重点的开发，发挥人民大学的区位优势，促进园区新的增长点。目前园区以信息服务、中介服务、咨询服务、金融投资等现代服务业为主。

三、资源共享及中介服务平台建设情况

（一）平台建设情况

人大创业园根据自身特色，自建或共建了版权交易、技术转移、文化产业信息交流、服务辐射几大平台，通过和中介机构合作引进了多项公共服务平台。

1．国家版权交易网为核心的文化创意交易平台

该平台得到国家版权局、海淀区政府支持，中国人民大学文化科技园建设发展有限公司作为实际运营主体，实行市场化运作，通过整合全产业链资源，提供技术及交易平台，打通销售渠道，完善产业链建设。面向上游的出版机构、文化公司、服务提供商、作者等主体提供内容发布平台；面向下游的读者、机构用户提供交易平台及互动社区，打造位于产业链中间环节的内容、交易、互动一体的电子商务平台。

目前主营的国家版权交易网作为第三方数字版权交易服

务平台，开展国内外版权贸易服务。现有中英文两个版本，设有“卖版权”和“买版权”两个主要栏目，包括网上挂牌竞价系统，供需信息库、专家库、交易案例库。交易内容包括版权交易和文化创意交易，2010年底开展了为期5个月的“中国首届版权拍卖大会”线上拍卖。园区承接资产评估协会关于“版权资产评估准则标准”研究课题，作为“版权资产评估准则标准”研究成果。

截至2010年底，网站用户数达到894，卖版权1837项，买版权97项，大拍卖项目169项，访问数7021，综合访问量69366；网站总挂牌额超过12亿元。

网站英文版用户来自世界上30多个国家和地区，国内方面已经有中国人民大学出版社、外语教学与研究出版社、世界图书出版公司等十多家优秀出版社入驻平台，发布版权信息，开展版权交易。

“中国首届版权拍卖大会”线上拍卖合计2000余件作品在网上进行了竞拍，300多家版权机构参加竞买，其中北京君之路动漫科技有限公司的漫画作品“小学徒”以20万元的价格成功拍出签约。线下拍卖专场有25部作品参与了拍卖，总成交额达114.7万元，成交率逾60%，其中，著名影视剧作家、前中国作协副主席黄亚洲的作品《建党伟业》出版权拍出了56万元的高价。

2. 文化创意产业信息交流平台

中国人民大学文化科技园建立了多源的信息交流平台，通过网站、刊物、信息显示屏、年鉴、信息周报、政策即时发送等形式，保证园区企业及时获取市场信息、政策信息及其他与企业发展密切相关的信息资源。《中国版权年鉴》、《文化创意产业评论》、人大科技园网站、人大留学人员创业园网站、国家版权贸易基地网站、国家版权交易网、技术转移中心网站。

3. 园区服务辐射平台

为拓展中国人民大学科技园成果转化渠道，吸引留学人员归国创业发展，园区正在和天津、石家庄、扬州等地进行洽谈，与当地政府合作建设1至2个辐射园，作为园区的重要延伸，同时也可以为园区毕业企业提供更多的发展空间，加速其成长壮大。

4. 中介服务平台

投融资服务平台：申银万国、亚盛投资、西部证券、和君咨询等。

法律、知识产权服务平台：地石律师事务所、中剑律师事务所、盈科律师事务所、北京尔杰知识产权代理有限责任公司。

人才服务中心工作站：北京双高人才发展服务中心。

物业服务平台：北京高力国际物业服务有限公司。

（二）资源共享

1. 科研资源共享

（1）与院系进行技术平台合作

园区与中国人民大学数据工程重点实验室及中国人民大学艺术学院、新闻学院、环境学院、理学院各实验室建立了技术平台合作，为园区企业提供科研资源。

（2）推动实验室等相关科研资源面向园区企业开放

目前中国人民大学校内已与园区达成合作协议，面向园区企业开放的实验室有：教育部数据工程重点实验室、化学系实验室、物理系实验室、艺术学院数字媒体实验室、环境学院实验室、新闻学院思科网真演播室等。

（3）借助中关村开放实验室资源网络

借助中关村开放实验室工程，为园区企业提供中关村开放实验室信息，并搭建合作渠道。

2. 生活资源共享

面对入园企业开放学校图书馆、体育馆、餐厅等资源、共享校园生活设施及文化氛围。

四、年内孵化成果

（一）企业引进成果

2010年以来，截至12月底，园区在孵留学人员创业企业共45家。2010年新引进留学生创业企业14家，目前园区内的文化创意类留创企业占园区企业总数的85%。

在坚持质量优先的前提下，2010年6月起，创业园量化了企业入园、在园、离园评审标准，并执行外聘专家评审制度，保证入园企业质量。

（二）优质企业培育及直接经济贡献

2010年园区留学人员企业承担项目数15个，其中承担国家级项目1个，北京市级项目3个，区县级项目11个。留学人员企业的知识产权数量10个。

园区推荐的留创企业——极晨智道信息技术（北京）有限公司荣获“2010年度中国留学人员创业园百家最具成长性创业企业”的称号；北京朔方鼎华信息科技有限公司获第四届“春晖杯中国留学人员创新创业大赛”一等奖；北京天人祥宇科技有限及情智东方（北京）传媒科技有限公司公司获第二届“春晖杯中国留学人员创新创业大赛”一等奖；北京悠世分贝文化传媒有限公司或“2010年中国百佳创业新锐”荣誉称号；柯瑞莫（北京）科技有限公司获“中国创意产业光华龙腾将100强”称号。7家留创企业获得北京市留学人员开办费资助共70万元。

留学人员企业技工贸总收入4251.87万元，留学人员企业上缴税费总额186.13万元。

（三）人才培养成果

2010年，经园区推荐，园区1家留创企业入选中关村“高聚工程”，2家企业入围北京市“海聚工程”答辩。

北京膺芙橡宇科技开发有限公司胡志宇2010年入选中央“千人计划”；北京昊海菁华科技文化有限公司获“2008年度中关村优秀创业留学人员50佳”称号、第二届“春晖杯中国留学人员创新创业大赛”二等奖。

（四）投融资成果

通过园区积极参加外部投资推介会，及日常对接服务，学生创业企业这哲文化成功实现并购；苹果格子获得风险投资从园区毕业；购时代被后玛特并购从园区毕业；踏歌时代、天合万盛等企业均获得数量不等的风险投资。

园区建立了总额500万元的种子资金，用于对初创期企业进行投资。目前已投资北京世纪谨勤市场咨询有限公司、北京昊海菁华科技文化有限公司，并对其他投资机构起到了杠杆效应，在接受园区投资后昊海菁华迅速融资超过300万，杠杆为1:30。

2010年园区大事记

1. 1月28日，园区承担的教委科技成果转化与产业化项目《人口地理空间信息平台与相关数据产品研发》结项。

2. 2月2日，园区承担的北京市教委共建项目《北京市文化创意产业集聚现象及集聚区扶持政策研究》顺利结项。

3. 3月26日，园区举办第四届“最受尊敬的创业天使”颁奖典礼，中国人民大学党委常务副书记兼人大科技园管委会主任牛维麟教授出席并致开幕词。

4．4月9日，园区承办第十期“中关村创业讲坛”。

5．4月28日至5月3日，参加第六届中国（杭州）国际动漫节动漫产业博览会。

6．5月15日至18日，参加第六届中国（深圳）国际文化产业博览交易会，中国人民大学常务副书记牛维麟亲临现场，园区同时发布“中国文化产品出口指数体系”。

7．5月18日，参加中国·福州海峡版权（创意）产业精品博览交易会。

8．6月3日，园区举办第二届学生“创业之星”大赛。

9．6月30日，园区成功举办“新文化、新媒体、新版权”峰会。

10．8月30日至9月1日，园区参加第17届北京国际书展（BIBF）。

11．11月10日，园区承办“中国创业天使孵化论坛”。

12．11月19日，园区“国家版权交易网”正式开通仪式隆重举行。

13．11月21日，园区举办第二届“文化创意产业与品牌城市国际论坛”。

14．12月9日，园区被命名授牌成为“国家文化产业示范基地”。

15．12月，园区被评为“北京市高新技术产业专业孵化基地”。

2010年优秀在园留学人员企业

一、极晨智道信息技术（北京）有限公司

该公司从事为资产密集型企业提供设备全生命周期管理咨询、资产管理信息化整体集成解决方案和实施服务。公司2010年总收入1603万元，上税总额35.89万元，是海淀区创新企业、中关村高新技术企业、中关村优秀创业留学人员、中关村高成长企业、2010年度中国留学人员创业园百家最具成长性创业企业。

二、瑞美嘉信国际信息技术（北京）有限公司

该公司利用新型电子商务平台在线折扣销售世界顶级至一线时尚奢侈名品，并为高端客户提供私人专属定制服务。公司2010年总收入474.4万元，上税总额8.64万元。

三、明德华章（北京）传媒科技有限公司

专注于数字出版行业领域的技术提供商，生产研发覆盖全数字出版业务的产品线。公司于2010年12月注册，已完成新闻春秋数字刊编辑制作项目以及人文社科论文质量评估系统项目，实现收益41万元。

2010年在园留学人员企业名录

北京膺芙橡宇科技开发有限公司	电子信息
北京博洛密网络科技有限公司	电子信息
北京百地网科技有限公司	电子信息
北京乐迪通科技有限公司	电子信息
瑞美嘉信国际信息技术（北京）有限公司	电子信息
北京购时代信息技术有限公司	电子信息
北京赛克劳斯科技有限公司	电子信息
北京我酷移动信息技术有限公司	电子信息
北京麦哲科技有限公司	电子信息
北京天人祥宇科技有限公司	电子信息
极晨智道信息技术（北京）有限公司	电子信息
北京昊海菁华科技文化有限公司	电子信息
力生道明生物医药科技（北京）有限公司	生物医药
雅社宇（北京）建筑科技有限公司	新材料
CERC环境科技（北京）有限公司	新能源环保
北京奥瑞峰科技发展有限公司	新能源环保
北京尚斯国际文化交流有限责任公司	文化创意
北京艺鼎传奇文化传播有限公司	文化创意
明德华章（北京）传媒科技有限公司	文化创意
北京诗创之音音乐文化有限公司	文化创意
北京爱戏时代科技有限公司	文化创意
尚唐堂科技文化（北京）有限公司	文化创意
北京奥蓝图国际咨询有限公司	文化创意
北京品创文化科技有限公司	文化创意
北京朗乾世纪文化有限公司	文化创意
北京九格子健康科技有限责任公司	文化创意
红松林服装设计（北京）有限公司	文化创意
北京点墨文化交流传播有限公司	文化创意
北京苹果格子国际文化有限公司	文化创意
北京悠世分贝文化传媒有限公司	文化创意
亚太嘉实科技（北京）有限公司	文化创意
欧艺视界（北京）文化艺术发展有限公司	文化创意
北京天阳地畅资讯有限公司	文化创意
柯瑞莫（北京）科技有限公司	文化创意
鸣和博文文化传播（北京）有限公司	文化创意
北京圣源春晖文化科技有限公司	文化创意
北京中思科博国际科技发展有限公司	现代服务
北京江海云霄咨询有限公司	现代服务
北京海名达国际教育科技有限公司	现代服务
欧美创新（北京）国际教育科技发展中心	现代服务
北京尔杰知识产权代理有限责任公司	现代服务
北京星际城市国际公关文化传播有限公司	现代服务
爱尔德纳科技发展（北京）有限公司	现代服务
北京世纪科联国际文化交流有限公司	现代服务
北京中邦财富国际文化交流中心	现代服务

园区联系方式

地　址：北京市海淀区中关村大街甲59号人大文化大厦2104室

邮　编：100872

电　话：86-10-82509532

传　真：86-10-82509959

邮　箱：cspruc@ruc.edu.cn

网　址：www.cspruc.com

中科院中自留学人员创业园

园区概况

中科院中自留学人员创业园（以下简称“创业园”）成立于2005年4月，依托中国科学院的人才、技术、院地合作网络等优势，由北京中自科技产业孵化器有限公司具体运营。创业园成立以来始终坚守着一个宗旨：发挥中科院的尖端科技、优秀人才和先进的研究成果以及各科研院所的支持等丰厚的资源优势，依托中关村科技园区管委会的优惠政策，以北京国家技术转移中心为推广平台，为企业提供有力的技术支持、良好的创业氛围和中介机构增值服务的同时，

为企业提供科研成果转化、科技资源整合、国际科学交流与大型企业项目对接合作等特色服务，满足归国留学人员创办企业的需求，吸引立志创业的归国留学人员创办企业。

创业园在北京市海外学人中心和中关村管委会的领导和大力支持下，不断优化、完善创业服务措施，以“立足中科院特色，建设精品园区的发展”的总体思路，不断完善服务体系建设，为中关村留学体系建设及北京市留学人员工作贡献自己的力量。

创业园在发展过程中，不仅自身聚集了包括具备信息自动化、中文、法律、经济管理、财务等专业学习背景、丰富管理经验的优秀人才，组成了经验丰富的专家顾问团，而且逐步形成了支撑体系、投资体系、扩展体系这三大体系，保障中科院及社会科技成果产业化整个链条的畅通，真正地做到产学研的协同创新。截至2010年12月，园区运营机构——北京中自科技产业孵化器公司资产总额达到528万元。

2010年园区发展报告

一、园区优势

作为中科院北京地区的第一家留学人员创业园，园区在成立之初就充分依托中科院强大的科研背景，充分发掘包括自动化所在内的多个与信息及自动化领域相关研究所的技术实力，形成了自己的特色定位：电子信息与自动化领域的专业创业园。其优势主要集中在以下几个方面：

（一）技术领域

创业园立足于信息与自动化领域“国家队”的中科院自动化所，依托北京地区中科院其他研究所的技术力量和科技优势，拥有一批优秀科技成果、精品项目以及高水平的专家顾问团队。

创业园建立的为在孵企业服务的“专家顾问团”，组织了一批卓有建树的电子信息与自动化控制领域的专家。并通过一定协议与各位专家建立了长期稳定的合作关系，为在孵企业的技术研发等提供强大的技术后院团保障。同时，作为国内自动化控制领域的最高级别的研究所，中科院自动化所拥有模式识别、复杂系统与智能科学、中法信息自动化三个国家重点实验室，并拥有国家专用集成电路分析设计中心、文字识别中心两个国家级工程中心，拥有一大批可共享的实验室、仪器和设备。

同时，作为中科院北京国家技术转移中心的试点平台、自动化研究所技术转移中心，创业园又拥有整合京区其他院所资源的得天独厚的条件。

（二）运作模式及服务手段的创新

创业园在“专业技术咨询”、“专业科技条件平台”和“专业市场推广”方面积累了大量的资源，逐步完善专业孵化体系建设，借助于中科院院地合作平台，与地方政府对接，不仅发挥中介、桥梁的作用，并且利用创业园参与搭建的北京市工业技术支撑与产业促进平台，将专业技术咨询、专业条件平台、专业市场推广等专业服务能力结合起来，解决社会科技需求的同时实现园区企业项目推广，针对园区企业不同的需求采取不同的服务模式。

（三）政策优势

创业园被北京市科委认定为高科技企业孵化基地。作为中关村科技园区海淀园的7家高新技术企业服务平台之一，承担部分海淀园管委会服务企业的职能。作为中科院的留创园享受中关村科技园区留创园的优惠政策。作为北京市创业孵育协会的监事单位和北京技术市场协会的理事单位，拥有一定的话语权。一定程度上更有利于营造适于在孵企业发展的政策环境。

二、园区发展目标

创业园将在信息与自动化领域建设成为高水平的专业孵化器，打造创新创业服务品牌。

（一）完善专业科技条件平台，发挥中科院背景优势，集聚国家级研发中心、工程中心，为企业提供专业化高水平研发创新服务。

（二）培养高素质创新创业咨询服务团队，集聚政产学研金介资源，为企业提供从研发、管理、投融资、市场推介等全方位的服务。

（三）在信息与自动化领域集聚、孵化一批拥有自主知识产权、具有创新能力的高科技企业，形成特色产业集群和产业集聚。

三、园内在孵企业行业分布及发展情况分析

创业园成立到现在，累计吸引66位留学归国人员回国创办企业36家，其中，博士24人、硕士37人、本科5人，这些留学生分别来自于美国、英国、德国、日本、芬兰、新西兰、新加坡等国家，企业研发方向以电子信息为主，也涉及到新材料、光机电及生物医药等多个领域。目前，园区毕业留创企业7家，在园留创企业17家，非留创企业17家，企业累计注册资本达27360万元，2010年实现技工贸收入34076.2万元，上缴税金510.18万元，企业从业人员数量突破1000人。园区企业通过自身不断努力和园区政策咨询服务，企业创办者、企业自身和企业项目均获得了多项荣誉资质，如，科技部“春晖杯”奖项、北京市优秀创业奖、中关村创业50优、北京市创新资金、北京市专利试点单位、北京市自主创新产品、海淀区重大产业化专项、产学研合作专项、知识产权专项、中关村瞪羚企业等，为园区企业品牌的树立和进一步发展树立了榜样、增强了信心。

四、资源共享及中介服务平台建设情况

（一）科技资源积聚平台

1．专家顾问组

目前创业园已经拥有一支包括30余位电子信息与自动控制领域教授、研究员在内的“专家顾问组”。

通过科技专项实施，创业园要建立和进一步完善“顾问团”的人才治理结构，充实专家数量，并适当选择部分与信息自动相近领域的专家加以补充。通过完善与专家之间的协议，与专家建立长期、稳定的合作关系，实现专家、企业和孵化器的共赢。

2．共享实验室

目前创业园已经推动包括国家专用集成电路分析设计中心、模式识别国家重点实验室、综合自动化工程中心和生物识别与安全技术研究中心等大量实验室和工程中心对外开放，方便在孵企业和社会上其他单位使用。

通过科技专项实施，创业园将整合中科院内所有信息与自动化专业领域的相关实验室资源，建设实验室资源数据库，推动更多的技术条件资源开放共享。

3．项目库

创业园将收集整理自动化所和科学院相近领域及园区企业的项目，按照“可孵化项目”、“可转化成果”和“可转让技术”加以整理，建立“精品项目库”。该库的建立，加强了项目管理的科学性，更重要的是加强了相同研究领域内的实验室、工程中心和企业间横向联系，推动技术成果共享，企业和实验室各取所需，即避免了重复研究，更在一定

意义上打造了研究所与在孵企业及在孵企业之间的产业链。

（二）专业市场推广平台

1．专业产品体验网络

创业园的专业产品体验网络包括两个内容：一是在自动化大厦3层建设一个信息与自动化领域的产品体验实验室，企业可以通过实验室提供的各种公共基础设施进行自己产品的展览测试，以供用户体验。实验室由创业园工作人员统一维护并进行日常管理，同时，创业园工作人员负责收集用户的体验意见及建议并反馈给相应企业；二是整合信息与自动化专业的产业链，在产业链的上下游企业之间建立专业产品体验网络，企业的新产品测试及推广可以在产业链中完成。

2．专业市场推广体系

创业园主要通过三方面工作来搭建自身的市场推广体系：一是定期无偿组织企业赴外地参加各种展会；二是建立包括《中自孵化》期刊、网站和工作特刊在内的立体宣传模式；三是与众多政府职能部门、行业协会和相关组织建立了良好的合作关系，为企业的项目推广创造良好的渠道。

（三）专业人才基地

1．专业人才培训基地

创业园与中国自动化学会及中科院自动化所综合自动化工程中心合作，设计先进控制、资源优化与工业自动控制系统领域的专业培训课程，通过培训，为企业输送一批具有自动化领域专业知识的科技人才。

2．专业人才实习基地

创业园依托中科院自动化所的资源，联络孵化器内在孵企业、所内各工程中心以及相关企业为信息与自动化专业人才提供实习机会，搭建一个专业人才实习平台。

（四）互动交流平台

互动交流平台是基于信息网络技术实现的，建设内容包括专家在线咨询系统、创业导师空中课堂、及企业交流平台等互动交流服务模块。

1．专家在线咨询系统

创业园利用互动系统的专家顾问资源，并牵头组织各行各业的专家学者，通过网络为在孵企业和创业者提供在线咨询，解决他们在实际企业管理和产业发展中面临的个性和共性难题，并引导其他企业参与讨论，共同提高，共同进步。

2．创业导师空中课堂

创业园建设了一支包括汉王总裁刘迎建等有企业成功管理和市场运作经验的知名企业家、软件协会会长于军等有着丰富项目营销、管理和咨询经验的专家在内的创业导师队伍，通过互联网络对创业企业和创业者提供各种综合性和专业性的网络教育课程，特别是适合创业企业的企业管理、财务管理、人力资源管理和领导艺术等方面的教程，努力提高创业者素质和水平，加强企业管理，增强企业抗风险能力。

3．企业交流平台

创业园的企业交流平台包括企业技术服务、企业成果转化、企业经验交流、企业产品展示等内容。

企业技术服务：基于专家、实验室资源数据库，将其分类整理公布到互动网站上，并促进其对外开放，企业可以将自己的技术需求或需要使用的实验室通过互动系统提交给创业园，通过创业园为其联络相关资源，实现信息的有效传递和资源的高效利用。

企业成果转化：通过网络互动平台，创业园可以向社会全面推介产业化前景良好的科技成果，在孵企业则可以便捷地利用系统内积聚的研发、试验和培训资源，与相关专业技术资源建立产业化合作关系。

企业经验交流：创业园内的企业通过互动交流系统把握行业动态、相互借鉴管理实务、交流创业心得、探讨管理误区、分析典型案例、捕捉市场机会；企业产品展示：通过网络平台进行在孵企业产品的网络展示，公众快捷系统了解各企业的产品、技术、服务和联系方式。

4．地方合作平台

2010年创业园与山西省阳泉市延续平台运作协议，与天津红桥科技促进中心、沃顿培训中心、浙江万博华科技开发公司、广东惠州签署新的战略合作。同时与与江苏南通、前州、河南五陟、嵩县、山东烟台高新区、广东佛山、东莞松山湖产业园区、新疆建设兵团、浙江台州、河北廊市、山西长治等13个省市和地区进行了技术需求对接。

五、年内孵化及创新所取得的成果

2010年累计组织园区招聘2次，提供企业代理服务6家，发布服务快讯20余份；帮助企业获取风险投资600万元，项目资金38万元。

（一）创新基础服务

要与企业、实验室建立更为密切的合作关系就需要从细节着手，2010年创业园创新探索了一条龙式“全托企业服务”以及“研究所实验室战略合作服务”。通过为企业提供全方位的管理服务以及为实验室提供项目管理、财务行政支撑等尝试，更好地拉近了与服务方的关系，为后期技术转移、项目推广以及更深层次的合作也搭建了良好的互通桥梁。现已尝试性服务中科膜公司及自动化所机器人试验室。

（二）创新投融资探索

为帮助园区企业缓解资金紧张这一难题，创业园着手搭建投融资服务平台，一方面逐步完善分类项目、政府资源、服务提供商等模块建设。另一方面开始着手打造创业园投融资专项基金。目前已经沟通了汇鸣投资管理有限公司等8家投融资服务商。

碳纤维扩展项目融资工作已进行到切实洽谈阶段，预计江苏投资方投资额将在3000万元人民币左右。另外，针对目前有发展潜力的项目，例如高压巡检系统、磷酸铁锂电池项目、自动编码喷墨打印系统等等，创业园也积极进行对外推广融资。

（三）创新项目运作

园区CG影视制作项目，经向北京市相关委办口进行重大产业化项目推荐，2010年由中关村管委会上报市政府并经专家评定成为北京市重大产业化项目，2010年底与中发展投资集团签定了战略投资合作意向书。

2010年园区大事记

1．3月17日，创业园及园区企业泰圣思信息系统开发有限公司参加了北京理工大学留创园承办的“中关村留学人员精品项目推介会”。

2．4月12日，创业园召开园区企业联络员交流会。

3．5月10日，创业园承办海淀园2010年中小企业创新基金申报培训会。

4．6月8日至9日，创业园积极参加第五期北京市留学人员创业园工作培训。

5．8月5日，中自孵化器参加中关村人才特区政策与“中知学”区域规划征求意见会。

6．8月12日至13日，创业园参加中关村自主创新示范区2010年度留学人员创业服务体系工作会。

7．8月17日，中自孵化器与中技所签署战略合作协议。

8．9月9日，中自孵化器领导出席中关村留创协会一届会员大会二次会议。

9．9月16日，创业园参加北航留创园项目推荐会。

10．9月25日，创业园参加中关村示范区创业服务手册编制工作会议。

11．9月27日，创业园参加全国留创园第十一届网络年会暨留创园联盟一届三次理事会。

12．9月27日至9月29日，创业园随中关村代表团赴常州参加海外人才创新创业洽谈活动。

13．11月10日，创业园接待常州新北工业园区管委会主任、海淀园管委会副主任蒋新耀一行考察。

14．12月16日，创业园参加常州国家高新区创新创业合作恳谈会。

2010年优秀在园留学人员企业

北京中科虹霸科技有限公司

北京中科虹霸科技有限公司是全球领先的虹膜识别产品及解决方案提供商，是中国科学院自动化研究所持股的高新技术企业。公司集技术研究、产品开发、工艺制造、系统集成、市场销售、项目施工及售后服务于一体，虹膜识别产品和系统以其优异的性能、完善的功能和极高的可靠性，已广泛应用于矿山、银行、部队、狱政、计生等多个领域，赢得各界用户的一致好评。

中科虹霸是国际上少数几家拥有虹膜识别核心技术专利的企业之一，也是国内唯一掌握完全自主知识产权虹膜识别技术的企业。其虹膜识别核心算法是模式识别国家重点实验室10多年累积的科研成果，曾荣获2005年度国家技术发明二等奖，并在分别于2008年和2010年举行的国际虹膜识别算法公开竞赛NICE. Ⅰ和NICE. Ⅱ中两度夺魁。公司主创人员由中科院自动化所的科技骨干和专家组成，拥有一支由高级专业技术人才组成的研究、开发和技术支持队伍（专业技术人员占公司总人数60%以上，其中，博士占15%，硕士占25%），在产品研发和应用工程领域既有深入的学术研究和丰富的实践经验，能够胜任复杂系统的开发、维护和技术支持。

2010年在园留学人员企业名录

北京新科永创科技有限公司	电子信息
北京中科联创科技有限公司	电子信息
北京中科新华网络科技有限公司	电子信息
北京数字指通软件技术有限公司	电子信息
北京中科恒业中自技术有限公司	电子信息
中自长庆电子科技有限公司	电子信息
北京中科富思信息技术有限公司	电子信息
北京中科虹霸科技有限公司	电子信息
北京嘉恒中自科技有限公司	电子信息
北京三博中自科技有限公司	电子信息
北京中科模识科技有限公司	电子信息
北京中科智控科技有限公司	电子信息
北京凝思科技有限公司	电子信息
北京讯飞信息技术有限公司	电子信息
北京三保全科技公司	电子信息
中自杭州湾信息技术研究有限公司	电子信息
北京中科锐思科技有限公司	电子信息
北京耐特康托科技有限公司	电子信息
北京联智奇升科技有限公司	电子信息
北京恒远志卓科技有限公司	电子信息
北京直立人科技有限公司	电子信息
北京沃明节能科技有限公司	电子信息
北京江山汉鼎信息技术有限公司	电子信息
北京和峰硕信息科技有限公司	电子信息
广维智码科技（北京）有限公司	电子信息
赛伦科技（北京）有限责任公司	电子信息
泰圣思信息系统开发（北京）有限公司	电子信息
极地星空（北京）通信技术有限责任公司	电子信息
北京吉利奥生物科技发展有限公司	生物医药
北京春风绿生物医药科技有限公司	生物医药
硕德（北京）科技有限公司	光机电一体化
北京普瑞微纳科技有限公司	光机电一体化
北京力拓科技有限公司	新材料
北京德信视景高新技有限公司	新材料
北京吉信气弹簧制品有限公司	建筑制造
北京乐邦乐成创业投资管理有限公司	现代服务
北京中自百佳技术服务有限公司	现代服务

园区联系方式

地　址：北京市海淀区中关村东路95号自动化大厦520室
邮　编：100080
电　话：86-10-62579894
传　真：86-10-62541938
邮　箱：lili.an@ia.ac.cn
网　址：www.caspark.com.cn

华北电力大学留学人员创业园

园区概况

华北电力大学留学人员创业园（以下简称“创业园”）成立于2008年10月，由华北电力大学和中关村管委会共同建立。旨在吸引优秀海外留学人员回国创业，加快中关村科技园区建设，提升华北电力大学产学研结合能力，发挥一流高校服务区域经济的社会职能。创业园位于华北电力大学国家大学科技园内，面积约2万平方米，办公设施齐全，服务功能完备。

创业园充分利用和发挥华北电力大学创新创业环境和人才、学科、科研、设施及成果转化等综合资源优势，同时依托国内外的校友资源优势，着重吸引、发掘、培育一批创业团队完备、跨洋研发能力出众、拥有自主知识产权的国际领先技术、产业化前景巨大、国家重点支持领域项目的优秀留学人员创业企业，为首都科技创新体系建设和区域经济发展做出贡献。

园区联系方式

地　址：北京市昌平区北农路2号华北电力大学主楼D1006
邮　编：102206
电　话：86-10-61772723
传　真：86-10-61772866
邮　箱：chx@ncepu.edu.cn

天津滨海高新技术产业开发区海外留学人员创业园

园区概况

天津滨海高新技术产业开发区海外留学生创业园（以下简称“创业园”）成立于1998年8月，是天津高新区管委会创办并直接管理的孵化器，是国内唯一一个处于都市中心区的留学生创业园。作为国家级留学生创业园，先后被批准为部市共建“中国留学人员创业园”，“国家留学人员创业园示范建设试点”，被中央组织部授予“全国留学回国人员先进工作单位”等9个国家级创业基地品牌和8个国家级和市级荣誉称号。目前创业园已建成孵化基地两个，孵化面积50000平方米，已成为天津高新区国家海外高层次人才创新创业基地的核心孵化载体、部市共建国家生物医药国际创新园核心实施主体和天津滨海新区的核心孵化器。

创业园拥有国内独创“精品孵化”模式和12年成熟孵育经验，重点打造了公共技术平台、人力资源服务平台、投融资平台与公共秘书平台等四大平台，可解决留学人才普遍面临的即市场开拓难、人力资源管理难、融资难、政府资源整合难、知识产权保护难和信息共享难等创新创业难题。

2010年在园留学人员企业名录

冯克·呼思特（天津）电子有限公司	电子信息
海顿新科（天津）科技有限公司	电子信息
天津艾尔博特冶金自动化技术有限公司	电子信息
天津爱迪通智科技有限公司	电子信息
天津安康源科技发展有限公司	电子信息
天津滨海联科软件技术有限公司	电子信息
天津达泰克科技有限公司	电子信息
天津观易科技有限公司	电子信息
天津海飞特电源科技有限公司	电子信息
天津海腾达科技有限公司	电子信息
天津海天缘科技发展有限公司	电子信息
天津恒信通科技发展有限公司	电子信息
天津华翼蓝天科技公司	电子信息
天津吉兴测绘科技发展公司	电子信息
天津金信通软件技术有限公司	电子信息
天津九鼎信通科技发展有限公司	电子信息
天津珺兰科技有限公司	电子信息
天津空中代码工程工程应用软件开发有限公司	电子信息
天津力伟创科技有限公司	电子信息
天津联科软件技术开发有限公司	电子信息
天津龙儿科技有限责任公司	电子信息
天津迈格科技有限公司	电子信息
天津七所信息技术有限公司	电子信息
天津奇星新电子技术有限公司	电子信息
天津荣基世通技术有限公司	电子信息
天津市北海亚波轨道交通技术有限公司	电子信息
天津市德力电子仪器有限公司	电子信息
天津市泛凯科贸有限公司	电子信息
天津市国鸿科技有限公司	电子信息
天津市基理科技有限公司	电子信息
天津市吉正科技发展有限公司	电子信息
天津市雷晟科技有限公司	电子信息
天津市雷智信息技术有限公司	电子信息
天津市全联数码通科贸发展有限公司	电子信息
天津市瑞孚得科技有限公司	电子信息
天津市时代软通软件技术有限公司	电子信息
天津市斯卡特科技有限公司	电子信息
天津市天堰高新技术有限公司	电子信息
天津市鑫宇科技发展有限公司	电子信息
天津市雅浪通讯技术有限公司	电子信息
天津市易雷电子标签科技有限公司	电子信息
天津市詹佛斯科技发展有限公司	电子信息
天津市计仪自动化系统工程有限公司	电子信息
天津德奥施科技发展有限公司	电子信息
天津市连铸自控技术有限公司	电子信息
天津市麟光科技有限公司	电子信息
天津市米德电泵科技发展有限公司	电子信息
天津市特斯拉科技有限公司	电子信息
天津市维太宁电子科技有限公司	电子信息
天津泰顺科技发展有限公司	电子信息
天津头领科技有限公司	电子信息
天津西派气动有限公司	电子信息
天津中电汇达科技有限公司	电子信息
天津市锦禾测控技术有限公司	电子信息
天津市锦禾科技发展有限公司	电子信息
天津思考科技有限公司	电子信息
天津天才博通科技有限公司	电子信息
天津同力科技有限责任公司	电子信息
天津新技术产业园区国能科诺软件有限公司	电子信息
天津新智视讯技术有限公司	电子信息
天津信网信息技术有限公司	电子信息
天津讯泽科技有限公司	电子信息
天津雅玛科技有限公司	电子信息
天津伊诺塞特电子技术有限公司	电子信息
天津易绘科技有限公司	电子信息
天津兆维世纪科技有限公司	电子信息
天津铮铮网络技术有限公司	电子信息
天津智达卓越房地产信息系软件开发有限公司	电子信息
易拓必盛软件有限公司	电子信息
卓越投资科技有限公司	电子信息
麦东尼生化（天津）有限公司	生物医药
诺华（中国）有限公司	生物医药
天津安康源科技发展有限公司	生物医药
天津奥克莱斯生物技术有限公司	生物医药
天津奥秘科技有限公司	生物医药
天津博敖生物科技有限公司	生物医药
天津恩吉科技开发有限公司	生物医药
天津海泰中基生物医药技术有限公司	生物医药
天津吉源医疗器械贸易有限公司	生物医药
天津华美龙脉光谱科技有限公司	生物医药
天津热潮生物科技有限公司	生物医药
天津瑞吉德科技有限公司	生物医药
天津佳实生物技术有限公司	生物医药
天津金源泉生物科技有限公司	生物医药

天津奇恩精华生物科技有限公司	生物医药
天津庆达生物工程研究院有限公司	生物医药
天津润拓动物药业有限公司	生物医药
天津尚德药缘科技有限公司	生物医药
天津市（兰博）色谱分离工程有限公司	生物医药
天津市贝尔医用电子有限公司	生物医药
天津市合普科技有限公司	生物医药
天津市金诺瑞林生物科技发展有限公司	生物医药
天津市隆茂科技有限公司	生物医药
天津市天河医疗仪器研制中心	生物医药
天津市万源生物技术有限公司	生物医药
天津泰瑞倍药研科技有限公司	生物医药
天津天大天隆科技有限公司	生物医药
天津天龙维思澳科技有限公司	生物医药
天津药物研究院	生物医药
天津药研院药业有限责任公司	生物医药
天津奕诚卓生物技术有限公司	生物医药
天津益元生化科技有限公司	生物医药
阿尔法仪器（天津）有限公司	生物医药
长昆（天津）齿科有限公司	生物医药
华新医疗科技有限公司	生物医药
巴士德新技术（天津）有限公司	光机电一体化
天津宝龙机电有限公司	光机电一体化
天津市浩波激光电子技术开发有限公司	光机电一体化
天津北洋工大科技有限公司	光机电一体化
天津大奥电动技术开发有限公司	光机电一体化
天津海博光电科技有限公司	光机电一体化
天津华浩电气有限公司	光机电一体化
天津市博控机电科技有限公司	光机电一体化
天津市浩波激光电子技术开发有限公司	光机电一体化
天津市康库得机电技术有限公司	光机电一体化
天大北斗科技发展有限责任公司	新材料
天津奥意玛机电技术有限公司	新材料
天津贝尔优维科技有限公司	新材料
天津衡创工大现代塔器技术有限公司	新材料
天津瑞祺超硬材料磨具有限公司	新材料
天津森诺过滤技术有限公司	新材料
天津市金鼎线材制品科技开发公司	新材料
天津市康沃特科技有限公司	新材料
天津市纳信科技发展有限公司	新材料
天津市南翔科贸有限公司	新材料
天津市勤德新材料科技有限公司	新材料
天津市三英焊业有限责任公司	新材料
天津市鑫福盛新型建筑模板有限公司	新材料
天津新纪元材料科技有限公司	新材料
天津新膜科技有限责任公司	新材料
天津新意科技有限公司	新材料
天津砚津科技有限公司	新材料
天津伊川生物材料有限公司	新材料
天津华勘华清新能源开发有限公司	新能源环保
天津市新聚祥科技开发有限公司	新能源环保
百利国际工程（天津）有限公司	新能源环保
二十一世纪智能科技（天津）发展有限公司	新能源环保
迈格尼特（天津）科技开发有限公司	新能源环保
膜科力技术有限公司	新能源环保
天津安豪环境工程科学有限公司	新能源环保
天津碧水蓝洋科技发展有限公司	新能源环保
天津碧水蓝洋科技发展有限公司	新能源环保
天津慧通鑫瑞科技有限公司	新能源环保
天津市京木童环保科技发展有限公司	新能源环保
天津市明阳—得尔福科技贸易发展有限公司	新能源环保
天津天康源生物技术有限公司	新能源环保
天津通宇泰克科技有限公司	新能源环保
通宇环境技术（天津）有限公司	新能源环保
天津北洋海能科技有限公司	新能源环保
天津弗申科技发展有限公司	新能源环保
天津冠力博石油科技有限公司	新能源环保
易速德（天津）水务科技有限公司	新能源环保
天津惠德汽车进气系统有限公司	汽车电子
天津惠尔稼种业科技有限公司	生态农业
天津角马科技有限公司	建筑制造
天津耐瑞思科技发展有限公司	建筑制造
天津欧普特科技发展有限公司	建筑制造
天津派尔博科技有限公司	建筑制造
天津派克流体机械有限公司	建筑制造
天津市蓝宇科工贸有限公司	建筑制造
天津市合润科技有限公司	建筑制造
天津市艾盟科技发展有限公司	建筑制造
天津市浮金投资顾问有限公司	现代服务
天津市格蓝特科技发展有限公司	现代服务
天津市汇点科技开发有限公司	现代服务
盐见（天津）咨询设计有限公司	现代服务
天津阀通科技有限公司	现代服务
天津海富投资咨询有限公司	现代服务

园区联系方式

地　址：天津市华苑产业区华天道2号火炬大厦
邮　编：300384
电　话：86-22-83710036
传　真：86-22-83710936
邮　箱：sundy@thip.gov.cn
网　址：www.incubation.cn

天津经济技术开发区留学生创业园

园区概况

天津经济技术开发区留学生创业园（天津泰达国际创业中心）（以下简称“中心”）成立于1996年8月；1997年被科技部认定为“国际企业孵化器”；2002年认定为国家高新技术创业服务中心；2003年在国家火炬计划实施十五周年总结表彰活动中被评为国家级先进高新技术创业服务中心；2004年经国家人事部批准成为中国天津留学人员创业园天津开发区分园；2004年通过ISO9000认证并获得产权交易代理和中介服务资格；2005年获得国家创新基金服务中介机构资格；2007年天津泰达国际创业中心科技创新创业滨海新区公共技术孵化服务平台成立；2009年中心因留学回国人员工作

成绩显著荣获“天津市留学回国人员工作先进单位”称号；2010年成为首批高校学生科技创业实习基地；2010年被科技部火炬中心批准为中国创新驿站天津基层站点。

中心位于天津滨海新区的核心区域——天津经济技术开发区，与天津经济技术开发区生产力促进中心系同一机构。拥有创业中心大厦、天大科技园、新天地科技大厦等孵化场地，总面积达15.3万平方米。中心依托孵化场地以及各服务平台，整合集成滨海新区科技创新产业资源，为企业提供全面和专业化的服务，培养高新技术企业和企业家，培育高新技术产业集群，推动了滨海新区经济发展。

自成立以来，中心一直致力于为中小型科技企业建立完善的专业技能人才培育平台、投资平台、对外合作平台、共享技术平台。根据中小型科技企业发展的需求，有效地帮助企业将外围的各类有效资源配置于企业创业全过程，尽力为入驻企业降低创业成本，提高创业成功率，提升中小企业技术竞争力，促进科技成果转化提供一系列必要的社会公共资源服务。经过十余年的发展，中心作为国家级科技企业孵化器和国家级留学生创业园为广大科技型中小企业特别是海外高层次人才创办的企业营造了办公、生产、技术研发、资本运作、人才培育、信息交流等良好的环境，成为天津滨海新区高新技术企业和高级科研人才聚集地。

今后，中心将继续立足滨海新区，全面聚集人力资源、技术资源、资本资源、市场资源、文化资源、信息资源，为成长性科技企业提供更加专业的服务，在区域创新氛围的营造和区域自主创新的发展中发挥更加重要的作用。

2010年园区发展报告

作为天津滨海新区最大的中小科技企业孵化器，泰达国际创业中心已经成为滨海新区科技创新创业的旗舰。目前中心已经吸引了近300家中小型科技企业来中心创业发展，其中有50家为科技含量高、具有良好发展前景的留学生企业，为海外人才创业营造了良好的办公、生产、技术研发、资本运作、人才培育、信息交流的发展环境，成为滨海新区高新技术企业和海外高层次人才创新创业的聚集地。

中心作为国家级科技企业孵化器和国家级留学生创业园，担负着战略性新兴产业促进、高层次人才创业、科技平台运营、科技中小企业孵化和加速成长、科技园管理运营的职责。2010年，中心在各级党委和政府的领导下，充分发挥了为海外留学人员创办的科技型中小企业提供全方位服务的职能，各项工作取得了长足的进步。

2010年中心在孵化体系和服务体系建设上，不断总结经验，坚持探索、勇于创新，在留学生创业园全面建设方面做了大量卓有成效的工作。具体体现为：

一、构建了科学合理的制度体系和全方位的服务体系

（一）制度体系科学合理

经过多年发展，中心已经拥有了一支具有较高管理水平及经营能力的管理团队。2010年中心共有人员39人，大专以上学历36人，占92.3%，硕士14人，占35.9%，本科18人，占46.2%，大专4人，占10.3%；按技术职称划分，具有高级职称7人，中级职称8人。

作为留学创业科技企业的“系统服务集成运营商”，中心始终以为企业提供一站式服务、减少企业在落实政府扶植政策和政府公共服务等方面的精力和时间为使命。为做好各项服务，年内中心特设三个职能部门：企业服务部、园区服务部、综合管理部；进一步明确了每个员工的工作职责，体现了“工作目标、执行责任、绩效考核”相统一的工作原则，在工作任务上做到了“一事不二人，一人可多事”，通过不断地完善，各项工作制度已经逐步健全，形成了一套规范化、制度化、现代化、扁平化的管理体制。中心整体工作运转流畅，为留学回国人员创业发展提供了优质高效的全方位服务。

（二）服务体系全面到位

1．完善的硬件服务体系

目前，中心拥有创业中心大厦、天大科技园、新天地科技大厦等孵化场地，总面积已达15.3万平方米，能为企业提供各种面积、规格的办公、研发、中试、生产用房，以及洽谈、会议、培训教室和商务中心，并拥有能容纳800人的科学会堂。中心不仅能为企业提供环境舒适的商务办公环境，在水、电、气、热、通信、宽带等能源及配套方面也协同区内专业运营商为企业提供最佳的服务和解决方案。

2．卓越的软件服务体系

从科技项目注册落户到运营发展，“服务”二字贯穿始终。2010年，中心梳理了国家、天津市和开发区的相关人才政策，汇编了人才政策大纲，建立了规范的人才项目接待程序，推动了产业招商和人才引进，为创业初期的海外人才提供了良好的服务。年内中心建立了企业联络员、企业走访、创业导师、统计调研等工作制度，通过这些基础性工作，围绕留学生企业的发展需求，进行工作决策执行，深化企业孵化工作。具体说为企业提供了包括咨询、项目申报、创业导师、企业培训、投融资、中介服务、政策落实等全方位、一条龙服务。

（1）咨询服务：留学生创业初期的注册、政策、高新技术企业认定和科技成果鉴定相关事宜咨询、财务咨询、信息技术咨询等。

（2）项目申报服务：为企业提供国家科技型中小企业技术创新基金、天津市科委科技项目和滨海新区及开发区的一些鼓励政策的申报服务，为海外高层次创业人才提供国家和天津市“千人计划”、“启动支持计划”和“择优资助”等人才政策的申报服务。

（3）培训服务：政策法规、创业导师、专业知识类培训，为留学生创业企业提供培训设施，联系培训资源，组织各方面专家和导师为企业开展培训，为企业内训和外展训练提供支持。

（4）政策落实服务：帮助企业落实开发区、滨海新区、天津市和国家的相关鼓励政策。如开发区孵化资金、房租补贴、税收减免、高级人才住房和购房及安家费补贴、所得税返还、女子教育补贴、国家和天津市各类项目资金配套、国家和天津市领军人才创业扶持资金等。中心提供执行优惠政策的系统集成服务，逐一协助企业落实扶持政策，有效地降低了企业的创业成本。

（5）生活和后勤服务：为了给科技企业营造一个舒适良好的创新创业环境，让创业和科研人员更好地专注于自己的事业，中心定期走访企业，了解创业人才的困难和需求，在企业生活和后勤保障方面做了大量工作，为创业人员解决了许多后顾之忧。举例来说，解决了黄明贤博士急需高级人才公寓、姚雷博士子女入学、张旭硕士档案归档、胡凯彬硕士租用小面积厂房难等问题。在高新技术企业较为聚集的天大科技园，中心组织成立了园区生活委员会，提高了园区企业员工的就餐质量；在内部公共区域设置了商务休闲区，购置了沙发和茶几，安装了有线电视，让企业人员在工作之余能够得到休息和放松；建成了科技园健身房、修建了篮球场、安装户外健身设施并定期举办篮球、台球、羽毛球等体育比赛，让企业员工能够锻炼身体，增强体质；引进了小超市、咖啡馆、在园区内安装了自动售货机，方便人才日常工作生活；联系泰达公交公司开通市区至园区的通勤班车，解决企业人员上下班交通问题；更换了科技园内的LED路灯，改善了园区内夜间照明条件，实现了节能、低碳，提升了园区形象。

（6）投融资服务：中心成立了开发区科技企业融资服务平台，该平台与各大银行、担保机构、风险投资公司、保险公司等金融保险机构成立了合作联盟，并广泛接触国外风险投资公司推介优良项目，为在孵留学生企业量身定制财务运作规划，根据其成长的不同阶段，为其输入资本要素，解决了企业在创业初期融资难的问题。

（7）各种中介服务：与中介服务机构合作建立企业服务绿色渠道，与金融机构，会计事务所、律师事务所、专利事务所等科技专业服务中介机构，以及企划公司、装饰公司、快递公司、票务公司等基础专业服务机构等建立长期的业务联系，建立起企业服务绿色渠道，为企业成长的不同阶段提供人性化的支持。

二、在孵企业行业分布和发展情况

2010年中心在孵留学生企业共50家，其中生物医药企业有21家，占企业总数的42%；电子信息企业有18家，占36%；资源与环境企业4家，占8%；新材料企业有2家，占4%；新能源和高效节能企业2家，占4%；科技农业2家，占4%；文化创意企业1家，占2%。

中心2010年在园企业生物医药和电子信息两个领域的企业数量比重很大，共占企业总量的78%，特别是生物医药企业比重最大，占企业总数的42%。与此对应的是，天津开发区9名国家“千人计划”入选者均出自生物医药领域。在中心企业行业分布中，其它产业领域的企业数量则相对较少。除所占比重较大外生物医药和电子信息企业发展情况也较为理想，甚至有些企业发展得十分迅速。这种情况和天津开发区生物医药和电子信息产业基础雄厚、产业发展环境良好，已经吸引了相关领域的众多好项目和一大批海外高层次领军人才来落户密不可分。中心在今后的产业招商和人才引进中，也会注意结构调整，做到各领域各行业全面均衡发展。

三、建立了完备和专业的企业服务平台

为满足开发区高新技术产业聚集与提升之需要，中心致力于打造坚实的企业公共服务平台。

天津开发区生物医药服务平台：提供专业实验室、仪器设备资源共享平台、专业技术服务与支持。

天津滨海新区集成电路设计服务中心：提供EDA软件、MPW、认证培训等服务，并承担开发区集成电路产业政策的执行、落实职责。

天津滨海新区软件与服务外包产业联盟：通过共享平台服务及联盟内资源，形成覆盖滨海新区的软件公共服务支撑体系，促进天津软件与信息服务外包产业资源共享与应用，促进软件出口、扩大国际市场份额，促进产业结构优化。

泰达新艺术区：泰达创意产业基地的起步区，为滨海新区工业设计、多媒体动漫等创意企业提供场地、政策支持及培训、展示、市场推广、产业提升等服务。

天津食品生物创新公共平台：与天津科技大学合作，提供技术、中试生产场地服务。

天津开发区科技企业融资服务中心：聚集国内外股权投资机构、科技企业和各专业服务机构，为科技企业投融资提供“一站式”系统集成服务。

“官产学研资介”六方信息共享平台：中心创建了泰达科技创业网（www.innovateda.org）、《创新泰达》月刊和手机短信平台，为科技企业提供全面、及时的信息服务。

仪器共享平台：开展开发区大型科学仪器租赁等仪器共享活动，降低了企业的科研成本。

交流沟通平台：定期举办“泰达科技企业沙龙”，拉近了政府与企业、企业与企业之间的距离，增进了企业间的友谊，加强了企业间的交流与合作。

四、显著的孵化培育成果

随着天津滨海新区被纳入国家发展战略，依托滨海新区良好的发展形势，在各级政府和社会各界的支持帮助下，中心吸引了一大批科技含量高、具有良好发展前景的企业进驻园区。2010年中心共引进海外高层次人才20名，在园海外高层次创新创业人才已达70余名，这其中不乏众多的知名海外高层次领军人才，如南大强芯公司戴宇杰博士、博益气动公司陈乃克博士、凯莱英公司洪浩博士、血研所韩忠朝博士、泰达生物芯片公司王磊博士、博纳艾杰尔汪群杰博士、方恩医药张丹博士等。这些海外人才所创办的高成长性企业，极大地促进了开发区产业集群的完善，有力推动了创新型区域建设，成为滨海新区新的经济增长点。

自从国家实施“千人计划”以来，中心协助开发区人社局开展相关人选推荐和组织申报工作，到2010年底天津市累计有16人入选国家创业类“千人计划”，开发区共有宁若拉、洪浩、张丹、孙箭华、汪群杰、王飞、李革、张晓东、朱涛9位博士入选，占天津市入选比例近60%，开发区另有8人入选了天津市“千人计划”，合计共有17人次15人入选国家和天津市“千人计划”。在第二届全国百名华侨华人专业人士“杰出创业奖”的评选中，汪群杰和褚以人二位优秀留学回国人员荣获表彰。凯莱英、博纳艾杰尔、赛诺医疗等三家“千人计划”入选者创办的企业成功入选“2010年度中国留学人员创业园百家最具成长性创业企业”。

2010年园区大事记

1．1月，完成创业中心机构重新调整。

2．1月，举办主题为“泰达老总新春共叙沙龙”的第27期泰达科技企业沙龙。

3．1月，通过英国劳氏认证公司ISO9001换证审核。

4．1月，中心组织完成天津开发区第三次科技发展环境调研项目。

5．1月，科技企业融资服务中心组织“知名基金企业入驻滨海新区合作签约仪式”。

6．3月，接待江苏省政协副主席一行来参观考察。

7．3月，中心举办主题为“开发区科技企业见面座谈会”的第28期泰达科技企业沙龙。

8．3月，中心由李宏亮副主任带队与开发区科技局、政研室等部门共赴苏州、无锡、上海等地进行政策调研。

9．4月，李宏亮副主任带队参加2010年北京大学医学部医药前沿论坛暨100强药企对接会。

10．4月，接待杭州余杭区委常委、余杭创新基地工委孙炳松书记带队考察留创园访团。

11．4月，组织开发区留学生参加天津市第二届“海外友谊林”植树活动。

12．5月，圆满完成温家宝、贾庆林等中央领导同志视察研究院大厦接待任务。

13．6月，组织金融机构和企业参加“2010第十二届中国风险投资论坛”。

14．6月，组织国芯科技、锐石、易良盛等开发区3家IC设计企业参加深圳集成电路创新应用展，IC平台携锐石微电子、易良盛科技、英诺华微电子、天极视讯、天津国芯、奥金科技组团参加“第八届国际手机产业发展高峰论坛”。

15．6月，李宏亮副主任带队赴山东省济南市参加第四届中国生物产业大会。

16．6月，融资服务中心举办“三分钟打动天使投资人”活动。

17．9月，组织2010年天津市高层次留学回国人员迎中秋庆国庆联谊会。市人力资源和社会保障局、市外国专家局、天津经济技术开发区管委会领导出席了活动、在津部分两院院士、知名专家、高层次留学回国人员代表，天津市和滨海新区主要业务部门负责同志共130余人欢聚一堂，共迎中秋和国庆佳节。

18．12月，中心组团参加广州第13届留交会。

19．全年接待法国高层次人才津门行考察团、美国硅谷高层次人才考察团、全英中国创业发展协会海外高层次人才考察团共三批海外高层次人才参观考察访团。

2010年优秀在园留学人员企业

一、天津博纳艾杰尔科技有限公司

博纳艾杰尔公司成立于2007年，主要生产研发色谱分离材料及相关设备。公司自主研发的产品主要有：高效液相色谱柱、超纯液相色谱填料、固相萃取填料及萃取柱、Flash快速纯化柱、CHEETAHTM纯化制备系统以及各种常用色谱消耗品。产品主要应用领域包括生物医药、食品安全检测和环境监测等，产品技术已达到国内领先、国际先进水平，并且性价比高，替代进口的优势显著。公司自成立以来，已开发出4类近百个品种、上千个规格的色谱分离材料相关产品，曾承担多项国家科技部和天津市科委的科技攻关项目，获得多项国家专利，是国内第一个进入国家检测标准的色谱产品、第一个进入欧洲药典的色谱产品、第一个进入北美主流市场的色谱产品。目前公司已在开发区西区购地1.6万平方米建厂，并新建现代分离技术工程中心，预计5年内可实现全球化经营，进入本行业国际十强。

公司创始人汪群杰博士入选国家和天津市“千人计划”，并荣获第二届百名华侨华人专业人士“杰出创业奖”；公司成功入选“2010年度中国留学人员创业园百家最具成长性创业企业”。

二、天津南大强芯半导体芯片设计有限公司

南大强芯公司是一家专门从事大规模集成电路设计开发的高新技术企业。公司由天津市原副市长、正高级工程师，国家级半导体专家叶迪生同志担任法人代表兼董事长，由天津市优秀留学回国人员戴宇杰、张小兴、吕英杰三位留日归国高层次人才主创。几年来，公司承担并完成了天津市及国家的多项重点及重大科技项目，承接了国际集成电路知名企业委托开发的多项高精尖项目，并拥有设计方案和设计电路的自主知识产权，特别是在锂离子电池管理拥有芯片产品和模块产品。至今已申请专利60项，其中已授权25项。公司率先推出了自主创新的“锂离子动力电池智能管理系统”芯片产品（在国内首创、在国际上是第2家推出）和各种BMS线路板产品。公司还肩负着培养微电子和集成电路设计等专业方向技术人才的重任，为国家和天津IC设计行业输送大批优秀的设计人员。

公司先后被国家和天津市认定为集成电路设计企业、软件企业、高新技术企业和天津市引进国外智力示范单位，国家博士后科研工作站，带动天津的集成电路产业链的发展。

三、天津康希诺生物技术有限公司

康希诺公司2009年1月成立，注册资本1000万元人民币，是一家从事疫苗研发、生产的生物医药企业。公司由留学归国团队创办，宇学峰（天津市“千人计划”入选者）、朱涛（国家“千人计划”入选者）等多年在国际知名药企从事疫苗研发、申报、生产和管理等工作。康希诺以提高中国疫苗总体水平为己任，引进发达国家的疫苗研发和生产的先进技术，并不断创新开发全新的疫苗。

目前在研的项目有Hib疫苗、四价流脑多糖结合疫苗、肺炎多糖结合疫苗、肺炎蛋白疫苗、五组分百白破疫苗等项目，项目研发进展顺利，多个项目即将进入临床申报阶段。

2010年在园留学人员企业名录

天津鼎韬外包服务有限公司	电子信息
天津数字太和科技有限公司	电子信息
天津英诺华微电子技术有限公司	电子信息
当代精工工程技术管理咨询服务有限公司	电子信息
天津华都宏远信息技术有限公司	电子信息
瑞博强芯（天津）电子有限公司	电子信息
特纳多（天津）信息科技有限公司	电子信息
锐石微电子有限公司	电子信息
天津普乐利思科技有限公司	电子信息
南大强芯半导体芯片设计有限公司	电子信息
英特格灵芯片（天津）有限公司	电子信息
天津润成天泽科技有限公司	电子信息
唯捷创新（天津）电子技术有限公司	电子信息
挚峰信息科技有限公司	电子信息
天津火凤凰微电子有限公司	电子信息
博宇铭基信息科技有限公司	电子信息
天津普达软件技术有限公司	电子信息
天津蓝海微科技有限公司	电子信息
天津溥瀛生物技术有限公司	生物医药
天津德固特科技发展有限公司	生物医药
科宁（天津）医疗设备有限公司	生物医药
天津科瑞斯特制药技术有限公司	生物医药
天津彰科科技有限公司	生物医药
方恩（天津）医药发展有限公司	生物医药
天津科恩达科技有限公司	生物医药
中恒亚光生物科技有限公司	生物医药
生物芯片技术有限公司	生物医药
天津瀚华生物工程技术有限公司	生物医药
天津克莱斯特新药研发科技有限公司	生物医药
天津林达生物科技有限公司	生物医药
天津市斯芬克司药物研发有限公司	生物医药
天津派格生物技术有限公司	生物医药
天津三箭生物公司	生物医药
天津滨江药物研发有限公司	生物医药
天津达明生物科技有限公司	生物医药
天津康希诺生物技术有限公司	生物医药
耀宇生物技术有限公司	生物医药

双知生物技术有限公司	生物医药
天津伯克生物科技有限公司	生物医药
希洁环保科技（天津）有限公司	新能源环保
百思特环保设备制造安装工程有限公司	新能源环保
天津市裕川环境科技有限公司	新能源环保
天津天达联合工程技术有限公司	新能源环保
天津海蓝德能源技术发展有限公司	新能源环保
天津锐碳科技发展有限公司	新能源环保
天津博纳艾杰尔科技有限公司	新能源环保
天津新世纪耐火材料有限公司	新能源环保
天津天农康嘉生态农业有限公司	生态农业
天津格瑞绿源科技发展有限公司	生态农业
诺梵文化交流有限公司	文化创意

园区联系方式

地　址：天津经济技术开发区第四大街80号天大科技园A1楼四层
邮　编：300457
电　话：86-22-66211527
传　真：86-22-66211504
邮　箱：caoyp@teda.net
网　址：www.newteda.com

海外留学人员石家庄市创业园

园区概况

海外留学人员石家庄市创业园（以下简称“创业园”）于2000年4月经河北省人事厅批准成立，坐落在石家庄高新技术产业开发区（西区）。创业园的建立旨在依托石家庄高新区的政策、职能优势，充分发挥创业服务中心创新孵育功能，营造良好的软硬环境，吸引高层次的海外留学人员来石创办高新技术企业，促进经济发展。

石家庄市委、市政府，开发区工委、管委以规范性文件的形式，确立了留学人员在高新技术产业发展中的先锋地位，并在领导决策上形成了良好机制，全力督导园区建设发展。先后制定和实施了《海外留学人员石家庄市创业园管理办法》、《石家庄高新技术产业开发区留学人员专项扶持资金管理办法 》、《关于鼓励海外留学人员来河北省创业园创业工作的若干规定》等规范性文件及相关配套办法，形成了留学人员创业政策体系，在资金、税收、用地、用房、企业注册等方面予以最大限度的优惠和政策，保证了留学人员创业在“零风险”下起步。

经过10年的发展，创业园目前已初具规模。拥有12000平方米的孵化场地，水、电、暖、通信及网络设施齐全，环境舒适，配有商务中心、会议室、多功能厅、产品展示厅等共享空间，先后接纳了来自美国、英国、德国、日本、澳大利亚等14个国家的130多名留学归国人员，涉及电子信息、生物医药、环保节能及新材料等领域。在创业园精心打造的良好环境中，一批又一批的留学人员取得累累硕果，一批又一批的留学人员企业从无到有从小到大、从弱到强走向更广阔的天地。海外留学人员石家庄市创业园正成为海外学子报效祖国的创业乐园，高新区对外开放的窗口和产业化、国际化的实验区。

2010年在园留学人员企业名录

河北力士电子商务有限公司	电子信息
河北同达创新电子技术有限公司	电子信息
河北昊天诚泰科技有限公司	电子信息
杰美克（石家庄）科技有限公司	电子信息
石家庄君易通科技有限公司	电子信息
石家庄开发区波宏科技有限公司	电子信息
石家庄开发区天能科技发展有限公司	电子信息
石家庄市开发区飞创电子科技发展有限公司	电子信息
石家庄霹克医药科技有限公司	生物医药
石家庄荣立医药科技有限公司	生物医药
石家庄大为生物技术有限公司	生物医药
石家庄美施达生物化工有限公司	生物医药
石家庄开发区达为医药科技有限公司	生物医药
石家庄智铠深冷技术有限公司	光机电一体化
河北一诺纳米材料有限公司	新材料
石家庄开发区新方向科技有限公司	新材料
石家庄宏图航空摄影器材有限公司	建筑制造
高新区双元对外教育交流有限公司	教育培训

园区联系方式

地　址：河北石家庄市新石北路368号科技创业园
邮　编：050091
电　话：86-311-83815014，83818546
传　真：86-311-83825920
邮　箱：huilin68@126.com
网　址：www.sjzibi.com

秦皇岛市留学生创业园

园区概况

秦皇岛市留学生创业园（以下简称“创业园”）成立于2006年8月，依托秦皇岛经济技术开发区国家级高新技术创业服务中心为平台，是秦皇岛市唯一针对海外留学人员归国创业成立的创业服务机构。创业园以服务留学人员创业为宗旨，为创业初期的中小型留学生企业提供办公及研发场地，资金筹措、人员培训等方面的综合性服务，重点发展光机电一体化、电子信息、生物工程等国家鼓励支持的行业。

创业园下设综合部、项目部、企业发展部、园区管理办公室、专家评审委员会。为吸引高新技术企业入驻，一是从房租、税收、项目申报等方面提供一系列优惠政策；二是由秦皇岛市财政和开发区财政每年共同出资200万元，设立留学人员创业基金，重奖为该市作出突出贡献的留学人员；三是扶持中小企业里有上市条件的企业上市，培育更多更好的企业，为他们提供项目储备和经济支撑。

创业园利用秦皇岛开发区已建成的河北省软件产业（秦皇岛）基地、秦皇岛开发区服务外包基地、在建的秦皇岛数据产业园等高新技术产业集群优势大力发展高新技术产业。成立至今，已经成功地引入秦皇岛海纳电子设备有限公司和秦皇岛燕秦纳米科技有限公司等70多家企业，涉及的领域包括机电、化工、环境保护、电子、计算机软件、医疗设备、新材料及纳米技术等，企业产品和技术研发，市场营销，企业管理等方面均处于良好状态，表现出很高的成长性。

园区联系方式

地　址：河北秦皇岛经济技术开发区珠江道29号
邮　编：066004
电　话：86-335-8576605
传　真：86-335-5909689
网　址：www.qhdcy.cn

唐山市归国留学人员创业园

园区概况

唐山市归国留学人员创业园（以下简称“创业园”）成立于1999年9月，是唐山市人事局和唐山市高新技术开发区管委会共同创办的为归国留学人员提供科技创业服务的公益性孵化器。2001年6月，被团中央、国家青联授予“中国青年科技创新行动示范基地”；2002年7月，被国家人事部批准为人事部和唐山市政府共建的“中国唐山留学人员创业园”；2002年12月，被团省委、省青联授予“河北省青年科技创新杰出奖”；2002年4月，唐山高新技术创业中心被科技部认定为国家级创业中心，是省内唯一的一家由省级开发区主办的创业中心晋升为国家级的创业中心。

创业园与共同管理的唐山高新技术创业中心、高校科技创业园实行三个园区、一套机构的管理模式，构成唐山市的技术创新以及高新技术创业基地。园区内有孵化场地26000平方米，每个孵化间有独立计量的水、电设施以及供暖设施，配有语音接口和到桌面10兆的国际互联网接口，配备会议室、学术报告厅、产品展示厅、餐厅、客房以及停车场，商务、餐饮、住宿、健身等服务设施完备，可为入驻企业提供完善的生产及经营条件，是适合IT、生物工程、新材料、节能环保、机电一体化等高新技术项目创业的理想环境。

创业园积极创造良好条件促进入驻企业发展，免费为入驻企业办理或协助办理工商、税务登记、日常服务等基本服务，并向更高层次服务发展。成立以来，在国家、省、市人事部门的大力支持与帮助下，唐山留学人员创业园实现了快速发展，已成为唐山科技创新体系的重要环节。

园区联系方式

地　址：河北省唐山市高新区西昌路北口创新大厦
邮　编：063020
电　话：86-315-3859345，3856847
传　真：86-315-3856847
邮　箱：info@mail.tsdz.gov.cn
网　址：www.iodd.com.cn

海外留学人员廊坊燕郊创业园

园区概况

海外留学人员廊坊燕郊创业园（以下简称“创业园”）成立于2001年12月，是河北省人事厅批准成立的省级海外留学人员创业园。其宗旨是充分发挥人事系统的人才管理优势，利用创业园的优惠政策、良好的投资环境和一流的服务水平，创造海外留学人员回国创业的局部优化环境，加速高科技成果的商品化、产业化、国际化、促进高新技术产业发展和国内外科技交流。

创业园设在燕郊经济技术开发区创业大厦内，与燕郊经济技术开发区创业中心合属办公，是河北省距北京市最近的一家留学人员创业基地，具有独特的区位优势、明显的人才优势、“九平一通”的高质量园区服务优势。创业中心初建于1999年10月，正式成立于2005年3月，隶属于燕郊开发区管委会，是实行事业单位、企业化管理，以促进科技成果转化、培植高新技术企业和企业家为宗旨的社会公益性科技服务机构，属于综合性科技企业孵化器。2005年，创业中心孵化场地燕郊创业大厦正式竣工，现有孵化面积2.3万平方米，拥有130个30—150平方米不同规格的孵化单元。根据创业大厦建筑格局，按照“一器多区”发展模式设立了电子信息、生物医药、光机电一体化、新材料、环保新能源等5个专业孵化功能区，可满足不同类型科技型中小企业的孵化需求。并设有商务中心、网络中心、多功能厅、接待室、洽谈室、会议室、图书室、健身活动室、餐厅等完善的配套设施以及会计师事务所、律师事务所、公证处、风险投资公司、管理咨询公司、生产力促进中心等中介服务机构，可为入驻企业提供全方位、多层次的优质服务，解决企业在创业发展过程中的困难和问题。

创业园遵循“瞄准至高点、服务争一流、创新求发展”这一总体发展思路，依托燕郊开发区得天独厚的区位、环境、政策、产业等优势以及北京的各科技信息、人才资源，为高新技术成果向现实生产力转化提供孵化场地、资金支持、创业辅导、企业诊断、项目包装、技术产权交易、中介服务、人才培训及对外交流等综合性配套服务，努力营造适合于科技型中小企业发展的局部优化环境。从而降低创业风险和创业成本，提高孵化成功率，为燕郊开发区培育有市场竞争力、成熟的高新技术企业。

园区联系方式

地　址：北京市东燕郊迎宾北路2号
邮　编：101601
电　话：86-316-3314523
传　真：86-316-3327322
邮　箱：quhongbo@yanjiao.jov.cn

沧州市海外留学人员创业园

园区概况

沧州市海外留学人员创业园（以下简称“创业园”）由沧州市人市局、沧州市经济技术开发区联合创办，于2000年12月12日正式开园。其宗旨是利用创业园的优惠政策和良好的投资环境，专门吸引海外留学人员回国创办企业，以促进高新技术成果商品化，培育一流科技企业，促进劳动区域经济发展。

创业园提供先进的数字智能新硬件环境，提供办公、研发、中试生产、会议等场地及配置设施。协助企业办理进区审批，工商注册，税务登记银行开户手续；协助项目申报，转移嫁接，及新产品研究开发，鉴定；提供咨询服务，提供打字，复印，电传及互联网通讯等。在创业园注册企业，从事研发的博士、硕士，由“开发区科技发展基金”分别给予每人每年1万元人民币至3万元人民币不等的补助经费，由其个人支配；属于高新技术企业的，还享受其他政策优惠。

园区联系方式

地　址：河北沧州经济技术开发区纬二路18号

邮　编：061000

电　话：86-317-3093322

邮　箱：lige77999@163.com

海外留学人员邯郸创业园

园区概况

海外留学人员邯郸创业园（以下简称“创业园”）是经河北省人事厅正式批准的新型科技园区。主要为留学人员提供优质服务和良好的孵化条件，创造与国际接轨、适合中、外科技型企业发展的环境，进行科技成果转化，推动经济与科技的结合，进一步促进本地区产业结构的优化。

创业园位于邯郸经济技术开发区内，拥有研发用房及科技孵化大楼，内部设施完善，水、电、宽带等各项配套设施全部齐全到位，并具有多功能展示厅、多功能休闲活动室、会议室、洽谈室、培训中心、商务中心。经过多年的发展，创业园已经形成了一个完善的科技企业培育体系，吸引了一大批从美国、瑞士、荷兰、土耳其等国家留学回国人员创办的企业进驻，累计孵化了勇龙陶瓷、鑫诺光纤、克莱锐富、凯利奥拉色谱分析、土金科技、凯瑞特科技、长寿源健康科技等70余家科技企业。

经过多年的发展，邯郸经济技术开发区目前已经从一片荒沙地发展为配套设施完善、管理完备的科技区，并以加快建设“生态型、文化型、科技型”现代化综合性新城区为目标，不断优化投资环境，同时就高层次人才创业、技术创新和技术改造等制定扶持政策，营造了宽松、高效的创业环境。目前，邯郸开发区以新材料、生物医药、信息技术、先进制造业为支柱产业的产业布局基本形成，并以建设国家级新材料基地为目标，重点引进一批科技含量高、产业关联度大的项目，设立研发基地，加快形成特色产业集群。

园区联系方式

地　址：河北省邯郸市开发区世纪大街2号

邮　编：056107

电　话：86-310-8067891，8067896

邮　箱：chenghui315@126.com

太原高新区留学人员创业园

园区概况

太原高新区留学人员创业园（以下简称“创业园”）创办于2003年2月，是由太原高新区管委会出资兴建的鼓励和扶持高层次海外留学人员回国创业的专业园区。2006年10月，创业园被国家人事部批准为人事部和山西省政府共建的“中国山西留学人员创业园”。创业园成立以来，充分依托高新区完善的科技创新孵化培育服务体系，以“一切为创业者着想、让创业者百分之百满意”为宗旨，快速、有效地帮助留学人员将项目、人才、资本、信息、市场、环境等创新资源配置于企业创业全过程，为留学人员构建了一个归国创业的理想平台。

目前，创业园已吸引了来自英国、美国、日本、德国、加拿大、新西兰等10多个国家和地区的留学人员200余名，创办企业100多家，累计注册资金超过3亿元，已成为山西吸引海外留学归国人员创业的重要基地。

园区联系方式

地　址：山西省太原市小店区高新区管委会大楼5层

邮　编：030006

电　话：86-351-7033722

传　真：86-351-7033788

网　址：www.tyctp.com.cn

内蒙古自治区留学人员创业园

园区概况

内蒙古自治区留学人员创业园（以下简称“创业园”）成立于2002年5月23日，是自治区人民政府批准成立的第一家省级留学人员创业园。2010年1月，被国家人社部批准成为省部共建的“中国包头留学人员创业园”。创业园座落于包头稀土高新区，拥有创业场地1.1万余平方米、产业化用地700亩，以优惠的政策环境和良好的软硬环境为留学人员服务于自治区社会经济建设搭建了良好的平台。

创业园本着“感情留人、事业留人、政策留人、环境留人”的引才理念，几年来累计吸引归国创业海外留学人员269名，孵化留学人员领办、创办的企业263家，毕业企业86家，其中产业化的企业近50家。其中吸引海外博士53名、海外硕士95名，入选国家“千人计划”创业人才3名，入选内蒙古自治区“草原英才”工程的创业人才6名。留学人员创办企业累计实现总收入近40亿元、在地限上工业产值34亿元、固定资产投资近18亿元，实现利税3.5亿元，创造了1500多个就业岗位。

2010年，创业园新引进海外留学人员30名，其中海外博士10名、硕士12名、创办了30家科技型企业。目前，进驻在孵企业144家，孵化项目170多个，高新技术企业占80%以上，在园区工作的留学人员达到153名，其中海外博士43人、硕士59人。包括国家“863计划”项目在内的一大批在孵项目具有国际和国内先进技术水平，国家“千人计划”创业人才王亚雄、许海华、栗世芳等实施的绿色能源、新材料、数字电视中间件等项目已经进行产业化。

日前，总投资约2.26亿元，占地面积3.27万平米，总建筑面积5.8万平米的“内蒙古自治区高层次人才创新创业基地”正在包头稀土高新区建设，包括一栋主楼16层的海创大厦和六栋中试及产业化厂房，将成为海内外高层次人才创业的重要平台。

2010年园区发展报告

2010年，内蒙古自治区留学人员创业园在海外高层次人才引进、使用和发挥作用、引进高新技术项目和产业等方面取得了不同于往年的成绩，也更加深刻地体会到留创园的各项工作需要更加有力地改进和提高，为把创业园打造成为全国同行业的先进行列，为调整产业结构和为区域经济社会快速发展作出贡献。

一、海外高层次人才引进工作有所突破

2010年，在自治区和包头市委组织部以及高新区党工委的领导下，在包头科技创业服务中心党委的正确指导下，人才工作有了新的突破。继2009年国家第二批“千人计划”王亚雄博士成为自治区第一个海外高层次人才获得国家“千人计划”创业人才和国家特聘专家以后，在2010年的第四批和第五批国家“千人计划”创业人才评选中，许海华硕士和栗世芳硕士经过推荐、评选成功地入选为国家“千人计划”创业人才和国家特聘专家。3名海外高层次人才的入选，极大地提升了包头稀土高新区和包头稀土高新区科技创业服务中心的地位，占全区国家“千人计划”入选者的60%，其中，创业人才占全区国家“千人计划”的75%。同时，据国家科技部、人社部统计，内蒙古留学人员创业园入选的国家“千人计划”创业人才在全国149家留学人员创业园中名列第9位，充分证明了在西部地区，尤其是在少数民族和边疆地区留学人员创业园吸引海外高层次人才的工作成就。3位入选的国家“千人计划”创业人才和国家特聘专家，不但给自治区、包头市带来新的经济增长点，同时会围绕着他们的高新技术产业催生和带动其上下游产业的完整的产业链，将为自治区的产业结构调整做出不可估量的作用。

一年来，创业园共吸引25名海外博士、硕士前来创业发展。在引进人才中，有徐明、高飞、许海华3人入选2010年自治区“草原英才工程”创业人才，成为自治区第一批“草原英才工程”创业人才，得到了自治区科技厅、人社厅的政策和资金的大力支持，起到了自治区高新技术产业“领军人才”的作用。

二、各项经济指标圆满完成

按照创业中心的总体部署和安排，创业园完成总收入9.5亿元，同比增长72%；完成在地限上产值5.79亿元，同比增长75%；实现利税6700万元，同比增长179%；实现财政税收1890万元；完成固定资产投资5.91亿元；完成招商引资3亿元。

三、招商引智、人才引进活动有声有色

（一）积极参加第十二届中国海外学子创业周

创业园参加了在大连召开的第十二届中国海外学子大创业周，利用展板和会议交流积极宣传内蒙古、包头市和稀土高新区的创业环境和政策，与13位留学人员签订了到包头创业的意向，为即将在包头举办的吸引人才的“三项活动”做好了铺垫。

（二）举办吸引海外高层次人才的“三项活动”

2009年，创业园在国家科技部火炬中心、教育部留学服务中心、人社部留学与专家服务中心、国家外专局以及中国留学人员创业园联盟的支持下，举办了首届“中国内蒙古人才、技术、产业东西部合作发展创新”论坛。2007年7月，在国家科技部、教育部、人社部、国家外专局和致公党中央的支持下，成功地举办了“2010中国留学人员西部科技交流洽谈会”，吸引了59名获得第四届“春晖杯“中国留学人员科技创新创业大赛一、二等奖的国内外留学人员参会。会议期间，共有12名留学人员与高新区和高校签订了入区协议和服务协议，有4位留学人员已经入驻留学人员创业园创业。会议期间，中组部人才局、自治区党委组织部、国家科技部、教育部、人社部、国家外专局、致公党中央领导和包头市委、市政府领导以及包头稀土高新区主要领导亲自莅临会场与留学人员交流，自治区有关盟市以及甘肃等地的政府及园区领导参加了会议。活动极大地宣传了包头市、包头稀土高新区的政策环境和产业优势，为吸引更多的人才到包头创业打下了良好的基础，为打造继大连“海创周”、广州“留交会”之后面向祖国西部的第三个吸引海外高层次人才活动平台奠定了坚实的基础。

创业园还积极配合教育部协办了第五届“春晖杯”中国留学人员创新创业大赛评审会，抢先掌握了一批海外高层次人才和项目资源，为引进更多的海外高层次人才做好前期收集信息工作。同时，也在广大的留学人员中宣传了包头，宣传了稀土高新区。

1月10日，国家人社部复函内蒙古自治区人民政府同意在包头以内蒙古自治区留学人员创业园为基础，成立省部共建“中国包头留学人员创业园”，并决定由人社部王晓初副部长带队亲自挂牌。7月底，经过自治区人社厅、国家外专局和包头市委、市政府的协调，稀土高新区党工委、管委会责成创业中心和留学人员创业园积极筹备，成功地在稀土高新区举办了“中国包头留学人员创业园”挂牌暨“内蒙古高层次人才创新创业基地奠基”仪式，进一步推动了自治区吸引海外高层次人才创新创业工作，很好地宣传了稀土高新区的各项政策、环境、产业优势。

（三）积极参加中高协创业中心专委会和中国留学人员创业园联盟一届二次理事会

6月，由科技部中国高新技术产业开发区协会在北京举办的年会，创业服务中心和创业园代表参加了会议。7月，在上海举行的中国高新技术产业开发区协会创业中心专业委员会换届选举中，会议一致通过了创业中心陈宏杰主任担任专委会副主任委员，提升了包头稀土高新区科技创业服务中心和内蒙古留学人员创业园的地位。加速和提高了包头稀土高新区科技创业服务中心的实力和知名度。在2010年5月举办的中国留学人员创业园联盟一届二次理事会上，创业园担当了华北区片的副会长单位。

（四）组团参加第六届中国深圳国际人交流会

10月底，在自治区人社厅、包头市委组织部、包头人事局的组织下，创业园与高新区党工委组织部、人事局参加了由国家外专局、广州省政府主办的“第六届中国深圳国际人交流会”。在为期两天的会议上，与30余名留学人员和外籍专家进行了交流，走访了在深圳创业的留日畅志军博士，并就其拟到包头创业进行了沟通交流，商定了相关事宜。

（五）积极参加广州“留交会”和第五届“春晖杯“中国留学人员创新创业大赛颁奖和交流洽谈会

12月，由国家科技部、教育部、广东省政府主办、国内20各省市协办的第十三届中国广州留学人员科技交流会在广州举行，创业园参加了大会，同时以第五届“春晖杯”创业大赛协办单位的身份参加了大赛的评奖、颁奖以及与留学人员交流洽谈活动。在此次会议中，创业园做了3分钟的园区汇报，同时主持了大会分组讨论和对留学人员创业项目评审。在交流洽谈活动中，共与60余名获奖的留学人员进行了沟通交流，精选了12个有意愿并适合在包头稀土高新区创业的海外博士、硕士所携带的15个项目进行了深入的了解和沟通，签订了18份入区创业意向，收获颇丰。

四、“内蒙古高层次人才创新创业基地奠基”的审批和建设前期工作

按照中组部和国家人才工作协调领导小组的要在5年内

审批设立40—50个“国家级海外高层次人才创新创业基地”的指示精神，创业园配合稀土高新区党工委积极向自治区党委组织部申请成立并建设“内蒙古海外高层次人才创新创业基地”。2010年7月初，由自治区党委组织部、自治区人社厅、自治区科技厅和自治区发改委四家联合下达在包头建立“内蒙古高层次人才创新创业基地”的批复，并于7月底在稀土高新区高新技术产业化园区（大学科技园）举行了基地奠基仪式，预计在2012年全部竣工投入使用。届时，32000平方米的中试工业厂房（加速器）和28000平方米的海外高层次人才创新创业大厦将矗立在滨河新区，为创业中心及4个专业孵化器提供优质的孵化和产业化物理空间。

五、打造优质的创业环境，提供优惠的创业政策

2010年以来，创业园加强了各项服务措施。针对留学人员创业初期经验不足、资金不足、项目再研究的科技力量不足等实际问题，在保持原有的基础服务外，通过开展的一系列增值服务，拉近了园区与企业的距离，为企业快速发展提供了有力保障。2010年，创业园为许海华、栗世芳、徐明、高飞等海外高层次人才积极申报国家“千人计划”和自治区“草原英才工程”创业人才；许海华、栗世芳等人得到国家“千人计划”创业人才奖励资金各100万元；许海华、徐明、高飞等人获得“自治区草原英才工程”创业人才科技产业化和平台建设资金资助各40万元；为3名留学人员争取人社部择优资助17万元；为广和表面、清力环保等企业协调融资1000万元。同时，为高原激光、博特科技、伊鹏贝尔、同德实业、华电博瑞等企业提供了专家咨询和企业诊断、税务协调、市场准入等帮助，大大提升了企业自主的创新能力和发展实力。

同时，创业园在原有的高新区支持留学人员政策上进行了深入的探讨和研究，草拟了《包头稀土高新区进一步支持高层次人才创新创业的若干规定（讨论稿）》，拟上报高新区管委会讨论通过，并上报包头市委组织部和自治区党委组织部讨论，争取上级更多的配套政策，为更多的高层次人才前来创业提供更优惠的政策措施。

六、宣传工作有所突破

2010年以来，伴随着国家加大对海外留学人员归国创新创业政策的不断升华和对外宣传工作的进一步提高，创业园不失时机地利用各种媒体加强了宣传力度。据不完全统计，创业园2010年内共提供各类新闻、信息稿件和为媒体提供素材50余篇，其中在中组部内参《组工信息》发表介绍留创园发展现状的文章1篇，在《人民日报海外版》上提供素材和专访2篇，在《中国高新报》、《科技日报》、《高新技术产业导报》、《内蒙古日报》上发表和提供素材4篇，在中央级杂志和报刊上发表信息、文章6篇，在省级报刊上发表稿件3篇，在市级报刊上发表新闻、信息8篇，在高新区报上发表7篇，并在《中国留学人创业》杂志上策划出版了专辑一期。同时，配合办公室编撰了一些综合性的宣传文章。

积极宣传内蒙古自治区、包头市和稀土高新区、科技创业服务中心的环境、政策，为创业园的发展起到了进一步扩大影响、增强知名度的作用，也为吸引更多的海外人才创新创业提供了更多线索和依据。

一年来，创业园不但担负着高新区的高层次人才的引进工作，还成为了包头市乃至全自治区人才工作的“先头部队”。我们一直坚信，在地方对留学人员的政策和资金支持不足的条件下，只有不断强化自身、完善服务，才能吸引更多的留学人员前来创业。

2010年园区大事记

1．2月，内蒙古中大传媒发展有限公司成功获得国家人力资源和社会保障部“中国留学人员回国创业启动支持计划”优秀创业项目经费20万元的支持，成为内蒙古第一家获此项目扶持的企业。

2．3月25日，内蒙古自治区留学人员创业园被批准成为省部共建“中国包头留学人员创业园”，成为全国第35家省部共建留学人员创业园区。

3．3月26日，创业园举办“海外高层次人才赴包参观考察创业活动座谈会”。

4．3月31日，“春晖杯”创业大赛获奖的6名博士组团考察创业园。

5．6月25日，内蒙古中大传媒有限责任公司的董事长、留美双硕士许海华入选“千人计划”创业人才，成为内蒙古第3位入选者。

6．6月29日至7月1日，创业园参加中国海创周活动。

7．7月5日，内蒙古中大传媒有限责任公司董事长、留美双硕士许海华，包头市汉诺威工业设备有限责任公司董事长、留澳硕士栗世芳获得包头市人才基金支持。

8．8月13日至17日，第五届“春晖杯”创业大赛评审在包头举行。

9．8月18日，创业园成为“春晖杯”大赛创业基地。

10．8月18日至20日，中国留学人员西部科技交流洽谈会在包头召开。

11．8月19日，举行省部共建“中国包头留学人员创业园”挂牌暨“内蒙古自治区海外高层次人才创新创业基地”奠基仪式。

12．10月13日，留美博士、国家“千人计划”创业人才王亚雄组织的“留美人员团体服务内蒙古地区节能减排和新能源领域”服务活动入选国家“海外赤子为国服务行动计划”，并获得国家10万元经费支持。这是内蒙古自治区内首次入选此计划的活动。

13．10月20日，创业园海外高层次人才创新创业基地平台建设项目获批自治区科技计划项目，获得自治区科技厅100万元资金支持。

14．10月29日至30日，创业园参加在深圳举行的2010中国国际人才交流大会。

15．11月15日，许海华夺得第九届中国科技创业计划大赛一等奖，获得奖金100万元。

16．12月16日至18日，创业园参加第五届“春晖杯”创业大赛，并成为协办单位。

17．12月20日，包头博特科技公司荣获2010年度“中国留学人员创业园百家最具成长性创业企业”。

18．12月20日至22日，创业园参加第十三届中国留学人员广州科技交流会。

19．12月20日，中大传媒、科恩博格、思宁三家企业获批自治区“草原英才工程”创业人才科技产业化项目，各获得自治区科技厅30万元资金支持。

2010年优秀在园留学人员企业

一、包头博特科技有限责任公司

包头博特科技有限责任公司于2006年1月在包头稀土高新技术开发区注册成立，是集研发、制造、销售于一体的中小型高新技术企业，致力于新能源利用与节能技术改造领域，尤其是高效相变热超导技术的研究与开发。公司以留美博士后为主创办，公司依托美国先进的研发和工艺制造技术，跟踪科技发展的前沿，拥有9项国际领先的专利技术（4项美国专利，5项中国专利），通过了ISO9001:2000质量管理体系认证。公司拥有14000平米的生产基地，全面投产后将达到年产500万标准支高效相变热超导装置的规模。

公司提供的产品和服务包括太阳能光热、光电利用装置、太阳能与建筑一体化工程，大型热管余热回收节能装置，高级动力电子散热器，高效密闭机柜冷却器等。

二、内蒙古中大传媒发展有限公司

内蒙古中大传媒发展有限公司成立于2009年，核心团队由来自IBM、Apple Computer、NDS的3位中国留学生组成。在中国数字电视中间件标准即将颁布的行业大背景下，公司率先独家研发了数字电视Java中间件软件操作平台，突破了数字电视增值业务平移的瓶颈。公司拥有2项软件著作权，是国内唯一能提供Java数字电视内容的创作、编辑、操作、管理以及整体中国标准数字电视中间件端到端解决方案并具有成功案例的软件公司。

目前，公司已经和内蒙古、北京、上海等地的相关学府建立JAVA人才培训合作，通过开放性的编辑工具，培养上万名基于3H中间件为底层的数字电视应用自由内容开发者。同时，计划建立以包头为基地的“内蒙古数字电视产业基地”，带动西部产业结构升级，人才队伍发展。

三、包头汉诺威工业装备科技有限责任公司

汉诺威工业装备科技有限责任公司成立于2008年，是由海外留学人员栗世芳女士牵头创业的科技型公司。栗世芳是中组部“千人计划”入选者、国家特聘专家、内蒙古自治区首批“草原英才”工程入选者。公司主要从事为工矿企业提供工业废水、废气、废渣的净化处理和再利用服务，同时，依托内蒙古自治区得天独厚的自然及矿产资源优势，自主研发出可再生新能源系统，为工矿企业提供节能减排的专业化技术改造服务。

公司自主研发的新型VHD GraphiTR热存储材料是是公司提高企业核心竞争力的重要技术保障，也是对企业将要产业化的项目的核心支持。应用此核心材料制作的太阳能热发电站的热导体系统从根本上解决了太阳能发电站电能能量难以储存的整体行业发展瓶颈问题，有着宽泛的市场应用前景。

四、包头联方高新技术有限责任公司

包头联方高新技术有限责任公司成立于2000年8月，由内蒙古科技厅生产力促进中心、国外留学归国创业人员和内蒙古科技大学共同出资组建。2002年6月，公司作为首家企业入驻内蒙古留学人员创业园。公司结合钢铁行业和包头的地方资源优势，致力于钢铁连铸关键技术和装备以及稀土新材料开发和应用两大领域。2003年被评为自治区高新技术企业，2008年被包头市授予科技创新型企业。

公司完全拥有自主知识产权的电磁搅拌成套设备在多家钢铁公司应用，产品性能达到国际先进水平，2003年被科技部列为重点推广新产品；结晶器锥度仪获国家专利授权，填补了国内空白，2008年被科技部列为重点推广新产品。同时，承担了国家科技支撑计划项目“新型直线电机运输系统集成关键技术及示范线建设”，该项目对节能减排、煤炭运输、铁路末端接入等有巨大的社会效益和广阔的市场前景，受到科技部、铁道部的高度重视。

五、包头思宁科技发展有限责任公司

包头思宁科技发展有限责任公司是2010年以留日、留美博士徐明为首的科研团队为基础所组建的民族医药高科技研发生产企业。主要从事中药的国际标准化体系建设研究、病原基因技术产品的研究、药理学研究，疑难病治疗用中成药和保健品、功能食品的研究开发、生产、销售及咨询服务。

目前，公司已与中南大学分子药物与治疗研究所和内蒙科技大学建立了紧密的科研合作关系，小儿哮喘治疗药、养生艺术茶系列产品以及针对中老年人开发的养生液和面向女性的养颜产品已进入市场销售，网络医疗网点铺设暨产品销售网点建设工作已进入实质操作阶段，另有鼻腔护理液、护肝产品、药物化妆品等新产品已进入中试阶段。

六、内蒙古科恩伯格生物科技有限责任公司

内蒙古科恩博格生物科技有限责任公司是一家由留美人员领办的国际一流的生物科技公司，2010年入驻内蒙古自治区留学人员创业园。公司利用自有免疫亲和层析纯化一次性提取蛋白质、杂交瘤技术制备单克隆抗体、细胞融合技术制备等先进的生物技术，逐步降低孕马血清促性腺激素（PMSG）工业化的生产成本，大幅降低其销售价格，打破此产品由国外企业垄断生产的局面。

公司重点产品一次性生产孕马血清促性腺激素将在5年内投入研发、生产与销售。

2010年在园留学人员企业名录

内蒙古海洋工信科技有限责任公司	电子信息
包头市和迅科技有限责任公司	电子信息
内蒙古兴昌科技发展有限责任公司	电子信息
包头市华邦信息产业发展有限责任公司	电子信息
包头嘉泰信科贸有限公司	电子信息
包头市九腾网络科技有限公司	电子信息
内蒙古中大传媒发展有限公司	电子信息
包头鸿雅科技有限公司	电子信息
包头市宝飞科技贸易有限公司	电子信息
包头市晓龙科技有限责任公司	电子信息
包头市元威科技有限责任公司	电子信息
包头市比特科技服务有限责任公司	电子信息
内蒙古开力源数码科技有限公司	电子信息
包头市瑞盛科技发展有限责任公司	电子信息
包头市恒裕电子科技有限责任公司	电子信息
包头市锐思科技有限责任公司	电子信息
内蒙古掌景无限网络科技有限公司	电子信息
包头市晶华科技有限责任公司	电子信息
包头市硕人海泰能源科技有限公司	电子信息
内蒙古鸿洋科技有限责任公司	电子信息
内蒙古物通天下网络科技有限责任公司	电子信息
内蒙古龙驹股份有限公司	生物医药
包头市奇芯基因科技有限公司	生物医药
包头曼德堂医疗器械有限公司	生物医药
包头市丽程科技有限责任及公司	生物医药
包头市中建医疗器械有限责任公司	生物医药
包头市犇远科技有限责任公司	生物医药
包头市圣福源科技有限责任公司	生物医药
内蒙古英华荣泰高科技发展有限公司	生物医药
包头市蒙原生物科技有限责任公司	生物医药
内蒙古易康生生物科技有限公司	生物医药
包头思宁科技发展有限责任公司	生物医药
包头龙泰生物科技有限公司	生物医药
包头市华电博瑞电力自动化工程技术有限责任公司	光机电一体化

包头市中浙恒通科技有限责任公司	光机电一体化
包头市天阳科技有限责任公司	光机电一体化
包头高原激光科技发展公司	光机电一体化
包钢建安集团奥通科技有限公司	光机电一体化
包头市劲力电力工程有限责任公司	光机电一体化
包头市三合信息技术有限公司	光机电一体化
包头市大恒机电设备有限公司	光机电一体化
包头雷蒙赛博机电技术有限责任公司	光机电一体化
包头市科益达自动化有限责任公司	光机电一体化
包头市润丰机电技术有限公司	光机电一体化
内蒙古通正科技有限责任公司	光机电一体化
包头市益缘机电成套技术有限公司	光机电一体化
包头红日电气控制有限责任公司	光机电一体化
包头市艺林贸易有限责任公司	光机电一体化
包头市恒和机电工程有限责任公司	光机电一体化
包头市鼎盛浩科技发展有限公司	光机电一体化
包头市三禾光机电有限公司	光机电一体化
包头市硅谷正源绝热材料有限责任公司	新材料
包头联方高新技术有限公司	新材料
包头市同德实业有限责任公司	新材料
包头荣智力德科技有限公公司	新材料
包头市格瑞欣机电设备有限公司	新材料
包头依鹏贝尔科技发展有限责任公司	新材料
内蒙古智丰源科技开发设计研究有限责任公司	新材料
包头市精正高新建材有限公司	新材料
包头市铭绅机电设备有限公司	新材料
包头市凯化科技有限公司	新材料
包头格林派尼尔有限公司	新材料
包头市硅谷纳米建材有限责任公司	新材料
包头市雅图现代彩色印刷有限公司	新材料
包头亚伦化学工业有限公司	新材料
包头博特科技有限责任公司	新能源环保
内蒙古绿茵生物科技有限公司	新能源环保
包头市润鑫电子科技有限公司	新能源环保
包头市永动对流气体有限公司	新能源环保
包头市清力环保科技发展有限公司	新能源环保
包头市奥克莱恩有限责任公司	新能源环保
包头市世盈精汇科技有限公司	新能源环保
包头市环美科技发展有限责任公司	新能源环保
"包头市明阳科技发展有限责任公司	新能源环保
杭州浙大精益机电技术工程有限公司包头分公司	新能源环保
包头市磁力节能环保设备有限公司	新能源环保
包头市和中控制技术有限责任公司	新能源环保
包头市宏德电气有限责任公司	新能源环保
包头市弘亚科技环保有限公司	新能源环保
包头市大青山环保技术有限责任公司	新能源环保
包头市炅昊机电环保设备有限公司	新能源环保
包头市科净源科技发展有限公司	新能源环保
包头市哈德斯沂兴环保科技有限公司	新能源环保
包头高和华泰节能环保科技有限公司	新能源环保
包头市格润节能环保科技有限公司	新能源环保
深圳市北林地景园林工程有限公司包头分公司	新能源环保
内蒙古桂华科技有限责任公司	稀土应用
包头市广和表面工程技术有限公司	稀土应用
包头市亿源稀土有限责任公司	稀土应用
内蒙古华创科技有限公司	稀土应用
包头实田科技有限公司	稀土应用
包头市旺泉稀土开发有限责任公司	稀土应用
包头市通鑫源物资有限责任公司	稀土应用
包头市华源科技有限责任公司	稀土应用
内蒙古维达丰塑钢有限公司	稀土应用
包头镁好科技发展有限责任公司	稀土应用
包头爱迪信科技有限公司	商贸流通
内蒙古中油新兴煤炭运销有限公司	商贸流通
包头市鑫海贸易有限责任公司	商贸流通
包头市明盛煤炭科技有限公司	商贸流通
包头市尚宏科贸有限责任公司	商贸流通
包头市英榆物资有限公司	商贸流通
包头市圣泰科贸有限责任公司	商贸流通
包头市蒙欣科技有限责任公司	商贸流通
包头市长龙矿产品有限公司	商贸流通
包头市瑞玛科技有限责任公司	商贸流通
包头市聚泰物资有限责任公司	商贸流通
包头市恒泰伟业贸易有限责任公司	商贸流通
包头嘉诚伟业科技发展有限公司	商贸流通
包头市远兴矿业有限责任公司	商贸流通
内蒙古华德钢铁有限公司	商贸流通
内蒙古亿能普煤炭运销有限公司	商贸流通
包头市朗誉贸易有限责任公司	商贸流通
包头市蒙昌工贸有限责任公司	商贸流通
包头市东源龙工贸有限责任公司	商贸流通
包头市一源物资供应有限责任公司	商贸流通
内蒙古恒海工贸有限责任公司	商贸流通
包头市盈方勘察设计有限责任公司	现代服务
内蒙古金仕力人力资源管理顾问有限公司	现代服务
北京万极咨询有限公司包头分公司	现代服务
北京新思想影视广告有限责包头任公司分公司	现代服务
包头市嘉艺广告信息有限责任公司	现代服务
包头市草根传媒有限责任公司	现代服务
包头融荣资产评估事务所	现代服务
包头市民生传媒有限责任公司	现代服务
包头市领域传媒有限责任公司	现代服务
包头高新会计师事务所	现代服务
包头市佰龙广告有限责任公司	现代服务
包头市志远财务管理有限公司	现代服务
包头市广和民族文化艺术有限责任公司	现代服务
内蒙古卓越招标代理有限责任公司	现代服务
包头市大愚影视文化传播有限责任公司	现代服务
包头市派尔流体科技有限责任公司	现代服务
包头市海洋人力资源有限公司	现代服务
内蒙古荣融财务咨询有限责任公司	现代服务
内蒙古荣融资产评估有限责任公司	现代服务
包头市蜃景路上设计顾问有限公司	现代服务
包头市远景视觉设计有限责任公司	现代服务
包头市枫叶广告制作有限责任公司	现代服务
包头市亿诚招标代理有限责任公司	现代服务
内蒙古海通招标代理公司	现代服务
内蒙古天源影视文化传媒公司	现代服务
包头市中标建筑装饰有限公司	现代服务
包头市高新代理事务所	现代服务

园区联系方式

地　址：包头稀土高新区创业园区软件园大厦B座204室
邮　编：014010
电　话：86-472-5328646，5326636
传　真：86-472-5165902
邮　箱：chenhc68@yahoo.com.cn
网　址：www.incubt.org.cn

呼和浩特留学人员创业园

园区概况

呼和浩特留学人员创业园（以下简称“创业园”）是在原呼和浩特经济技术开发区如意、金川工业园区两个自治区级留学人员创业园（高新技术创业服务中心）的基础上成立的。2004年12月，经国家人事部批准成为“中国呼和浩特留学人员创业园”。2010年经市委批准，设置管理机构，同时经开发区管委会批准，呼和浩特经济技术开发区如意、金川工业园区的高新技术服务中心纳入呼和浩特创业园，由呼和浩特留学人员创业园管理服务中心统一负责日常管理。

目前，园区管理的孵化基地总建筑面积达18935平方米。其中，如意工业园区孵化场地10147平方米；金川工业园区孵化场地7227平方米；开发区孵化中心场地1560平方米；公共会议室、公共洽谈室、科技信息咨询中心、专利检索中心、知识产权服务中心、科技创业一门式服务中心、留创园（科创中心）自身办公用房共计5680平方米，实际用于孵化的面积占总面积的70%。新建的留学人员创业园规划面积16.61公顷，总建筑面积22.58万平方米，其中创业大厦6.17万平方米，配套公寓10.67万平方米，孵化场地5.74万平方米。在孵企业总数达82家，在孵企业就业人数1891人。2010年有26家企业陆续毕业，毕业企业就业人数1626人。

园区每年由开发区财政安排孵化资金350万元。2008年以来，开发区、如意、金川管委会累计用于扶持企业的专项资金达1028万元，目前已有16家企业得到孵化资金的支持。

2010年园区发展报告

一、创业园孵化体系建设和服务创新模式探究

呼和浩特留学人员创业园的发展规划是：利用新园区环境优势和政策优势吸引国内外留学生和相应的研发机构进驻园区，为城市发展提供无穷的智力源泉和发展未来；建立科技创新体系，构筑自主创新服务平台；注重留学生人员的创新意识和入住企业的科技含量，积极推动创新成果的转化；优化发展环境，最终达到营造一个机制创新的先行园区。

2010年，创业园先后制定出台了《创业园管理服务中心工作职责》、《创业园孵化企业服务项目》、《创业园孵化企业服务流程》和《创业园孵化企业实施细则》，为入园项目企业提供了制度上的保障，同时也规范了创业园的服务和管理工作。

二、园内在孵企业行业分布及发展情况分析

目前园区入园企业的研发和技术服务项目主要在新能源、新材料、IT产业、环境工程、文化创意产业等领域。重点项目包括：

（一）引进了国家重点实验室硅砂资源利用项目领军人秦升益，其研发的“内蒙古仁创砂产业”暨“沙漠硅砂资源化利用重大攻关及产业化”项目，以沙漠中风积沙为原料，“以砂精铸、以砂兴水、以砂增油、以砂治沙、以砂建筑、以砂兴农”为主攻方向，力争5年内形成年产值达到300亿元的战略性新兴砂产业。

（二）日本留学博士朱敦尧领军创办的呼和浩特市光庭科技有限责任公司所研发的“电力巡检抢修管理系统”属十二五规划中智能电网范畴，该系统以GIS/RS/GPS等高新技术对输电过程中的通道巡检、设施巡查、故障抢修等各个关键环节进行精益化管理，能大大提高输电管理效率，在电力行业中具有十分广阔的市场前景和实用价值。

（三）由德国留学博士杜飞领军创办的内蒙古介电电泳应用技术有限责任公司所研发的“DEP稀土工业废水处理系统”使用DEP技术处理稀土萃取废水，可使膜材料使用寿命延长5倍，节能64%，效率提高170倍，过去排放的氯化铵可以重复利用，达到极低或零排放的效果。

（四）由丹麦在读博士郭龙龙创办的呼和浩特市海瑞节能环保科技公司研发项目“碳足迹”以生命周期评估为基础，提供具有新概念的产品和服务。

（五）由美国留学博士徐云生和北京首钢动力工程学专家吴致永共同创办的内蒙古清源能源有限公司致力于可再生能源和节能产品的研发制造，目前研究课题为“分布式零炭能源系统”和“高温奶源热泵”，其中高温奶源热泵已进入样机制造阶段，并已申请专利。

目前，上述5个重点项目已分别推荐上报市、自治区重大科技专项及国家科技型中小企业技术创新基金。

三、资源共享及中介服务平台建设情况

目前建成使用的孵化器各种设施基本完善，设有公共会议室、公共洽谈室、科技信息咨询中心、知识产权服务中心、专利检索中心、科技创业一门式服务中心。新建的留学人员创业园创业大厦设有多功能会议厅、贵宾厅、报告厅、商务中心、科技信息咨询中心、专利检索中心、知识产权服务中心、科技创业一门式服务中心、科技创业辅导中心。

创业园管理服务中心下设项目服务部，为入驻企业代办工商注册、机构代码证、税务登记、企业年检，借助企业进行员工培训、技术开发、人才引进，辅导企业申报各类科技项目，帮助企业落实各项优惠政策，并提供融资贷款、投资咨询、法律服务、纳税筹划、政策咨询等，为企业的成长和发展提供全方位的优质服务。同时，中心设立了局域网并建立了工商注册系统、税务登记系统、物业管理系统、入驻企业管理系统，使管理服务工作更系统化、规范化。

此外，中心与内蒙古大学动物研究中心签订了《技术服务合作协议》，为在孵企业提供科技文献、科技数据的查询，实验室资源、各类科研设备的使用等服务；与呼市科技局知识产权中心签订了《知识产权代理协议》，为在孵企业提供专利申请、商标注册、著作权登记等知识产权服务；与内蒙古百年信通投资咨询公司达成协议，为在孵企业提供科技创新、科技咨询、金融担保服务；与内蒙古宏德律师事务所达成《法律服务协议》，由专业的律师事务所为在孵企业提供相关法律服务；与兴业银行内蒙古分行签订了《投融资合作协议》，为孵化基地内企业的投融资需求进行服务；与内蒙古泓盛投资顾问有限公司签订了《企业财务服务合作协议》，为企业验资、审计和规范财务管理制度提供专业服务。与上述中介机构的合作，都是立足创业园管理服务中心，为在孵企业服务，同时面向全区科技企业服务，是科技服务的外延发展。

2010年优秀在园留学人员企业

一、内蒙古晟纳吉光伏材料有限公司

内蒙古晟纳吉光伏材料有限公司是毕业于美国克拉克森大学的周俭博士在创办的高新技术企业，主要从事太阳能及半导体级单晶硅生产。公司于2006年在呼和浩特经济技术开发区投资建厂，同年批准进入创业园管理服务中心。经过中心几年来的扶持，已迅速成长为支柱型企业。2009年，实现工业产值达19亿元。

2008年第四季度开始，受全球金融危机以及国际太阳能市场低落的影响，晟纳吉公司也面临严峻的发展形势。本着“企业的发展就是我中心的发展”的原则，中心亲自指导其进行各项资金支持的申报，并获得市政府300万元的扶持资金，使公司平稳度过这段危机的时刻。现在，该公司处于满产满销的状态，订单已经排至2010年底。

二、内蒙古北特通信有限责任公司

内蒙古北特通信有限责任公司成立于2001年，由瑞士伯尔尼大学信息科学博士毕俊卿创办，是呼和浩特经济技术开发区最早的高新技术孵化企业。毕俊卿博士自1992年起先后就职于瑞士西门子公司、Novabit公司，并掌握了国际领先的通信技术。公司集研发、生产、销售为一体，引进国外生产设备和成套的生产工艺，以光缆、光缆活动连接器等光通信产品为重点市场领域。公司2005年在呼和浩特出口加工区开工建厂，现已建成厂房12000平米，正在建设的18000平米，生产流水线23条，年生产光缆25万公里，光缆活动连接器500万条，适配器2000万套，实现工业产值2千万美元。

2010年底即将投产年生产陶瓷套管75000只，陶瓷插芯5千万只，项目完成后，将实现光缆活动连接器及其上下游产品光缆、套筒、插芯、适配器等的全部自主产业化。基于北特产品在国内外市场上的良好口碑，及市场需求的不断扩大，毕俊卿博士于2010年3月投资又创建了内蒙古北特光通信有限公司，以研发、生产、经营通信和网络所需设备、器材、元件及电子产品等为主。北特公司也将成为一个多产业并行发展的多元化大型进出口企业。

三、内蒙古介电电泳环境技术研究有限公司

呼和浩特留学人员创业园引进的内蒙古介电电泳环境技术研究有限公司和内蒙古介电电泳应用技术研究院，是世界上第一个、也是迄今唯一的将介电电泳放大技术实现产业化的高新技术公司和非盈利科研机构。

目前，公司拥有自主知识产权专利技术14项，其中发明专利7项；国际专利1项，并成功将介电电泳技术产业化应用于贵金属分离及工业高浓度废水零排放循环利用等领域。

2010年园区大事记

1. 3月26日，创业园举行新园奠基及揭牌仪式。

2. 4月22日至30日，开发区组团，市人事、财政、科技等部门来创业园考察发展建设情况。

3. 5月28日，创业园接待市人大民侨委一行领导并召开座谈会。

4. 8月16日，创业园全体工作人员赴包头参加西洽会，同时《优惠政策18条》亮相大会。

5. 9月9日，王荣主任、冀晓军副主任参加第十一届全国留学人员创业园网络年会，并申请加入中国留学人员创业联盟。

6. 10月1日，呼和浩特留学人员创业园《管理暂行办法》及《优惠政策18条》颁布执行。

7. 11月15日，创业园申报国家级科技企业孵化器初审通过。

8. 12月11日至12日，自治区科技厅额尔敦副厅长、市政府刘菊茹副市长、开发区管委会李博宏主任、创业园管理服务中心王荣主任及相关部门共9人组成申报小组赴京参加了申报国家级科技企业孵化器终审答辩。

9. 12月22日，国家科技部正式批准呼和浩特留学人员创业园为国家级科技企业孵化器。

10. 截至2010年12月底，创业园引进博士9名，硕士11名，共创办企业13家。

2010年在园留学人员企业名录

呼和浩特市华蕙电子科技有限责任公司	电子信息
呼和浩特市维睿得电子科技有限公司	电子信息
呼和浩特市光庭科技有限责任公司	电子信息
呼和浩特市元泰电子科技有限责任公司	电子信息
呼和浩特易赛得网络信息有限责任公司	电子信息
内蒙古华博电子商务有限责任公司	电子信息
内蒙古英诺威科技有限公司	电子信息
呼和浩特市海瑞节能环保科技有限公司	新能源环保
呼和浩特市若兹新能源有限责任公司	新能与环保
内蒙古清源能源有限责任公司	新能源环保
内蒙古时代影视动画产业有限责任公司	文化创意
内蒙古泓盛投资顾问有限责任公司	现代服务

园区联系方式

地　址：内蒙古呼和浩特市赛罕区如意工业园区腾飞大道1号众生大厦
邮　编：010010
电　话：86-471-4617766，4610755
传　真：86-471-4617766，4610755
邮　箱：hhhtibi@163.com
网　址：www.hhhtibi.com

沈阳海外学子创业园

园区概况

沈阳海外学子创业园（以下简称“创业园”）成立于1999年8月，与沈阳国家高新技术创业服务中心一套机构、两块牌子，是沈阳国家高新区管委会所属的社会公益性科技创新服务机构和海外归国高层次人才创新创业基地。2000年5月，被国家科技部、人事部、教育部、国家外专局联合批准为国家留学人员创业园示范建设园区；2001年3月，成为国家人事部和沈阳市人民政府联合共建基地；2002年5月，被中国侨联评为“科技兴业示范企业”；至2009年连续7年被国家科技部评为“国家高新区先进孵化服务机构”；连续6年成为国家创新基金小额资助项目依托单位；2010年3月，被科技部评为全国首批“大学生科技创业见习基地”。

创业园位于高新区浑南产业区，占地64亩，建筑面积6400平方米，为留学人员创办企业提供项目开发、科研基础。该研发基地属花园式建筑，由8栋独立的建筑构成，每栋建筑面积约为600平方米，另有一建筑面积为1000平方米的综合会议楼，可为企业提供会议室、项目洽谈、成果

展示、接待室等共享设施。园区绿化面积约占50%，环境优美，配套设施齐全。

创业园通过创造局部优化的环境，依靠国家制定的优惠政策，提供优质、高效的服务，吸引海外留学人员回国创办科技型企业，从事高新技术研究开发和技术创新活动，不断培育具具有国际先进水平、具有市场竞争力的高新技术企业，加速高新技术成果的商品化、产业化和国际化。

2010年园区发展报告

一、发展概述

创业园作为“国家级海外留学人员创业园”和“国家级科技企业孵化器”，在国家和省、市各级领导部门的大力支持下，坚持“为创业者创造价值”的服务理念，瞄准创建一流孵化器的目标，围绕特色产业发展战略，全力打造创新创业孵化体系。创业园建设工作已从初创时期的以优惠政策和基本创业服务逐步转向依靠政策扶持、服务功能深化和环境建设不断优化所形成的综合优势上来，特别是在如何加速海外学子科技成果转化、加快递接高新技术产业发展以及为海外学子创业服务的孵化器专业化建设上进行了积极的探索。

经过10余年的建设发展，创业园通过改建、自建、联建等方式，形成了以综合孵化器为基础，以IC装备制造、软件及数字娱乐、生物医药、自动化、信息通讯、新材料六大专业孵化器为重点的孵化器集群，拥有动漫技术、IC装备加工检测、中药与天然药物研发孵化、科技投融资服务和中小企业信息服务平台等公共技术服务平台。创业园以专业孵化、创业导师、平台建设为手段，创新孵化模式，延伸创业链条，孵化规模不断壮大，创新创业体系日益完善。创业园以良好的环境、完善的创业孵化体系、创新的管理模式、全方位的服务功能，实现了快速发展。

二、建设成效

园区不断为引进海外人才集聚创造良好的外部环境，促进了人才交流工作的开展和各项功能的发挥，营造了园区求贤若渴的重才、引才、亲才氛围。沈阳高新区管委会陆续出台了《沈阳高新区引进人才实施办法》、《沈阳高新区十一五人才规划》、《沈阳高新区人才引进优惠政策》等文件，为企业和高级人才牵线，共谋发展。

（一）形成了海外人才集聚的高地

积极引进海外创新人才和研发团队，2010年，高新区内共引进海外研发团队55个，引进留学人员及专家650人次。截至2010年底，创业园内累计创办海外学子企业180家，其中在孵海外学子企业约60余家，按行业分布，电子信息51%，先进制造16%，生物医药19%，节能环保及其他14%。海外学子以其先进管理理念和广泛的对外联系成为高新区创业企业发展的主力军。

（二）聚集了一批高新技术项目

海外学子把自己掌握的技术或研发的产品与传统产业实现了融合，加速了传统产业的升级改造，提高了沈阳核心竞争力。目前在沈阳高新区内的海外学子企业拥有200多个自主研发的项目，100多个软件登记品种，拥有专利产品百余项，促进了高新区自主创新能力的提升，大大提高了高新区的核心竞争力。

（三）促进了一批高新技术成果转化

海外学子创办的企业中有近百项科技成果被列入国家级项目，如沈阳天贺新材料公司自主开发的“纯净化真空凝练技术”，成功地解决了记忆合金表面处理问题，为国内首创；中国科学院沈阳科学仪器研制中心有限公司引进的姜谦博士，仅用1年的时间，在引进消化的基础上，在软硬件控制系统、零部件国产化等方面实现了自主创新，实现了6英寸PECVD设备国产化，填补了国内空白，零部件国产化率达到70%以上，质量和品质达到国外先进水平；蓝火炬软件公司自主研发飞行射击休闲网络游戏——《幻想之翼》最大限度的满足休闲游戏爱好者的渴望。创办人留美硕士张军也在沈阳市振兴竞赛活动中荣获“沈阳市十大海外学子创业奖”以及获得“沈阳五一劳动奖章”。

（四）成功孵化了一批科技领航型企业

目前，沈阳海外学子创业园企业孵化成功率和经济贡献率明显提高：在孵企业就业总人数近6000人；科技企业成活率提升到85%以上，累计毕业企业180家，其中有18家企业实现购地建厂；奥维通信、时尚科技、芯源半导体、诺康医药等一批毕业企业成为产业发展的主力军，其中奥维通信公司于2008年在深圳中小企业板上市，诺康医药公司于2009年在美国纳斯达克成功上市。如留英博士刘叶冰创办的沈阳西东控制技术有限公司，从一开始便确立了“技术支持在国外，产业发展在国内”的发展模式，公司已从成立初期的40万元启动资金发展到注册500万元，总资产2410万元，无形资产2000万元的企业，目前公司的智能化系统集成建设工程项目已在国内树立起龙头地位，并成功作为国内唯一的企业代表加入了欧洲智能建筑联盟；沈阳时尚公司的三相、单相防窃电监控设备为国内首创，广泛应用于我市电力系统。

三、主要举措

（一）拓展孵化空间，优化创新创业环境

高新区在产业区规划建设了4公里长的科技研发孵化带，创建了21世纪大厦、火炬创新创业园、动漫产业园、生物医药园、火炬信息园、自动化产业园等专业孵化器群。相继设立了沈阳高新区科技发展资金、沈阳高新区科技型中小企业创新基金，鼓励企业进行自主研发，加速科技成果的培育和转化。2008年，沈阳高新区被国家知识产权局批准为“国家知识产权试点园区”，被国家科技部、人力资源社会保障部联合授予“全国科技管理系统先进集体”称号，2010年创业中心被科技部评为国家级大学生科技创业见习基地，为企业营造了良好的创新创业环境。

（二）推动专业孵化，打造在孵企业成长链

立足于新区主导产业和特色产业，设计孵化器专业化发展方向，专业孵化器和公共技术服务平台建设取得进展。总投资4000万元的动漫公共技术平台包括动作捕捉系统、渲染集群系统、标清和高清制作系统以及幻影成像系统已投入使用，可同时为200家动漫企业提供服务；IC装备专业技术平台投入运营，为IC装备企业提供专业的试验、测试、装配等功能；生物医药平台取得新进展，与沈阳药科大学、辽宁省分析科学研究院和辽宁中医药大学合作共建了制剂实验室、分析检测实验室和分离提取实验室，为生物医药类企业提供药品研发、小试、中试、检测等技术服务。科技投融资服务平台从09年3月份启动以来，引进了中国风险投资研究院沈阳分院、南京证券、西部证券、沈阳融汇博通投资顾问有限公司、北京市德恒律师事务所等15家公司和机构。通过引进投资银行、基金、会计师、评估师、律师和咨询顾问等专业机构，为企业提供培训辅导、股份制改造、引进战略投资者、股权托管、股份转让、上市融资等系列化专业服务。专业化的服务平台已建设成为立足高新区、服务于全市科技企业的公共服务平台体系。

（三）开展“创业导师”行动计划，创新新型孵化模式，提升孵化器的整体水平和服务能力

首先是创业园聘请高新区知名企业家热心奉献，反哺社会，以一对一方式为初创期小企业的创业者创业辅导，指点迷津。成大生物庄久荣总经理与在孵企业万爱普医药公司宋健从结为师生，到技术合作，到准备创业板上市，成为创业导师行动的成功典范。建立企业家俱乐部，通过组织各种形式的创业者沙龙及技术、文化交流等活动，以形成创新思想与创业经验的扩散平台。其次是建立孵化器的综合服务体系，通过整合孵化器内的各类中介服务资源，定期组织咨询、培训、投融资等服务机构与在孵企业建立常态的服务机制。创业中心已经建立起了从创办公司、入驻及毕业的一条龙、全过程的服务通道，构建了公司基础服务、企业信息网络服务、留学人员回国创业全程服务、在孵企业咨询与培训服务、入区企业投融资服务、人力资源开发服务体系、技术成果交易服务、物业保障等较为完整的创新服务功能，形成推动资金、人才、技术、产品等要素资源互补的创新创业良好环境。

（四）出台政策，鼓励企业进入资本市场

为推进成长型科技型中小企业、海外学子创业企业进入资本市场，以科技部、证监会批准国家级高新区进入代办股权转让试点的扩容契机，高新区与市科技局联合开展国家代办股份转让（“新三板”）试点工作，制定了《沈阳高新区非上市股份有限公司进入代办股份转让系统进行股份转让试点办法》、《沈阳高新区非上市股份有限公司申请代办股份转让试点资格认定办法》等政策，落实专项经费。截至目前，共有17家企业与券商签约进入新三板试点程序，6家完成股份制改造，4家企业通过券商内核。新三板工作得到国家科技部火炬中心和证券业协会领导的肯定，并提出作为“沈阳模式”在全国各高新区借鉴。

（五）完善创业孵化体系，提升孵化能力

将企业孵化器作为连接知识创新源头和高新技术产业化的关键来抓，建立了基础创业服务、中介服务、个性化服务三大服务体系，打造以政策导向为支撑的“政、产、学、研、资、介”协调互动的创新服务体系，大力培育科技企业孵化器以及各类科技中介服务机构，提高科技成果转化能力和创新资源聚集与整合能力。

“十二五”期间，创业园将以建立和完善区域技术创新服务体系为核心工作，有针对性和实效性的为海外学子开展创业服务，推进创业园特色发展和创新管理，优化孵化服务体系，延伸孵化链条，打造基础服务平台，争创全国一流海外学子创业基地，使沈阳海外学子创业园逐步成为技术创新和科技成果转化的示范区、高科技人才和企业的集聚地。

2010年园区大事记

1．3月，创业园被科技部授予全国首批“大学生科技创业见习基地试点单位”。此次全国共有149家单位入选，东北地区仅有8家。

2．3月，沈阳高新区以“沈阳国家集成电路（IC）装备高新技术产业化基地”的名义组团参加2010国际半导体技术和装备展，取得了骄人的成绩。

3．5月，创业园企业沈阳四维数码科技有限公司利用其原创的4D技术制作的艺术片《世博百年》亮相上海世博会，在世博会联合国馆内进行播放。

4．6月，创业园组织参展大连第十一届中国沈阳海外学子创业园活动。

5．6月，科技部党组书记、副部长李学勇率科技部相关部门领导一行12人来沈阳高新区考察，副省长滕卫平，省科技厅厅长赵明鹏，沈阳市市长陈海波、副市长邹大挺陪同视察。

6．7月，全国人大常委会原副委员长周光召一行考察沈阳高新区，沈阳市人大常委会主任赵长义，市领导徐璐、杨亚洲陪同考察。

7．9月，创业园作为留学人员创业园联盟副理事长单位，参加在乌鲁木齐召开的全国留学人员创业园第十一届网络年会暨中国留学人员创业园联盟一届三次理事会会议。

8．11月，创业园企业富创得科技（沈阳）有限公司被中国留学人员创业园联盟、中国高新技术开发区协会创业中心专委会评选为“2010年度中国留学人员创业园百家最具成长性企业”。

9．12月，国家科技图书文献中心沈阳高新区服务站成立。

2010年在园留学人员企业名录

沈阳蓝火炬软件有限公司	电子信息
沈阳柏年信息技术发展有限公司	电子信息
沈阳澳谷资讯有限公司	电子信息
沈阳新世纪玳娜软件有限公司	电子信息
沈阳东大新业信息股份有限公司	电子信息
沈阳方大瀚科技术开发有限公司	电子信息
沈阳格微软件有限公司	电子信息
沈阳广驰信息产业有限公司	电子信息
沈阳哈泰科技发展有限公司	电子信息
沈阳海盛软件有限公司	电子信息
沈阳嘉联软件技术有限公司	电子信息
沈阳嘉兴软件技术有限公司	电子信息
沈阳金万码高科技发展有限公司	电子信息
沈阳金园计算机技术发展有限公司	电子信息
沈阳竞成图像技术有限公司	电子信息
沈阳九洲数码信息科技有限责任公司	电子信息
沈阳骏杰卓越软件科技有限公司	电子信息
沈阳跨越科技电子有限公司	电子信息
沈阳芯源先进半导体技术有限公司	电子信息
沈阳四维数码科技有限公司	电子信息
沈阳立方资讯有限公司	电子信息
沈阳凌宇科技有限责任公司	电子信息
沈阳龙芯天健软件有限公司	电子信息
沈阳马氏信息技术有限公司	电子信息
沈阳欧洋云科技有限公司	电子信息
沈阳七星科技有限责任公司	电子信息
沈阳睿智数文科技有限公司	电子信息
沈阳上方电子有限公司	电子信息
沈阳思亿软件有限公司	电子信息
沈阳塔诺信息技术有限公司	电子信息
沈阳天佳先进技术工程有限公司	电子信息
沈阳天网智能科技有限公司	电子信息
沈阳天威太平洋数字技术有限公司	电子信息
沈阳天元高新技术有限公司	电子信息
沈阳彤兴通讯技术有限公司	电子信息
沈阳拓展科技有限公司	电子信息

沈阳西信科技有限责任公司	电子信息
沈阳英诺数码科技有限公司	电子信息
沈阳知容科技有限公司	电子信息
沈阳智源软件有限公司	电子信息
沈阳中税盛达科技有限公司	电子信息
沈阳圣仁电子科技有限公司	电子信息
沈阳四方自控技术开发有限公司	电子信息
沈阳泰格科技发展有限公司	电子信息
沈阳西东控制技术有限公司	电子信息
沈阳时尚电力科技有限公司	电子信息
沈阳欣雅自控系统有限公司	电子信息
沈阳尤尼克电力电子技术有限公司	电子信息
沈阳天德自动化工程有限公司	电子信息
沈阳威尔特控制及仪表有限公司	电子信息
奥维通信股份有限公司	电子信息
辽宁华软科技有限责任公司	电子信息
辽宁教育信息技术有限公司	电子信息
沈阳诺亚荣康生物制药技术有限公司	生物医药
沈阳安姆医疗技术发展有限责任公司	生物医药
沈阳百草园医药技术开发有限责任公司	生物医药
沈阳诚成天然药物开发有限公司	生物医药
沈阳健特生物技术有限责任公司	生物医药
沈阳联合生化有限公司	生物医药
沈阳赛诺科技发展有限公司	生物医药
沈阳义思惟高科技发展有限公司	生物医药
沈阳佳思威化工发展有限公司	生物医药
沈阳明山生物材料有限公司	生物医药
沈阳诺亚伽俐生物技术有限公司	生物医药
沈阳禾丰生物技术有限公司	生物医药
沈阳欣诺基医药科技有限公司	生物医药
沈阳鑫盛生物科技有限公司	生物医药
沈阳北辰高新技术系统控制有限责任公司	光机电一体化
沈阳博远特种电机有限责任公司	光机电一体化
沈阳超空科技有限公司	光机电一体化
沈阳成兴电气有限公司	光机电一体化
沈阳东大自动化公司	光机电一体化
沈阳国科技术开发有限公司	光机电一体化
沈阳维越微机电系统研究中心	光机电一体化
中国科学院沈阳科学仪器研制中心有限公司	光机电一体化
沈阳华迅真空科技有限公司	新材料
沈阳天贺新材料有限公司	新材料
沈阳明山生物材料有限公司	新材料
沈阳市维诺功能聚合物有限责任公司	新材料
沈阳双杰镁业科技有限公司	新材料
沈阳亿华科技发展有限公司	新材料
辽宁享欧晶体材料有限公司	新材料
沈阳伯仲科技有限公司	新能源环保
沈阳净万家环保科技有限公司	新能源环保
沈阳绿峰空气净化设备技术有限公司	新能源环保
沈阳樵依环保设备有限公司	新能源环保
沈阳力英节能测控有限公司	新能源环保
沈阳路蓝燃气技术有限公司	新能源环保
沈阳晟达瑞科技开发有限公司	新能源环保
沈阳维科特散热器有限公司	新能源环保
辽宁百达远红外产业发展有限公司	新能源环保
爱科索沈阳环境工程设备有限公司	新能源环保
沈阳麦科材料加工设备有限公司	建筑制造
沈阳科晶设备制造有限公司	建筑制造
沈阳威泰科技有限公司	建筑制造
沈阳桃仙国际机场消防工程有限公司	建筑制造
沈阳欧泰凯达扭矩技术有限公司	建筑制造
辽宁中弘信科技发展有限公司	建筑制造
沈阳海德罗奥商务有限公司	商贸流通
沈阳长白华翰科技发展有限公司	商贸流通
沈阳华之声文化传媒有限公司	文化创意
满江红（沈阳）影视文化有限公司	文化创意
辽宁大陆景观设计有限公司	文化创意
辽宁华鼎项目管理咨询有限公司	现代服务

园区联系方式

地　址：沈阳市浑南新区世纪路15号

邮　编：110179

电　话：86-24-23745006

传　真：86-24-23745002

邮　箱：alex@dhbi.cn

网　址：www.sy-incubator.com

鞍山海外学子创业园

园区概况

鞍山海外学子创业园（以下简称“创业园”）成立于2001年6月29日，是鞍山市政府为海外学子回国创业建设的专业园区，是鞍山高新区创业中心直属单位。

为进一步优化海外学子创业环境，创业园采取民办公助共建孵化器的模式，并建成了鞍山海外学子创业大厦。同时，创造了二级孵化新理念，通过采取二级孵化的模式为园区内的中小企业提供一定规模的产业化基地，大大降低了园区企业生产经营成本，实现快速发展。目前，创业园拥有孵化基地35000平方米，有来自美国、加拿大、澳大利亚、日本等国家和地区的70多名海外学子在园区创业，先后有90余家海外学子企业相继落户园区，企业注册总资本达2.2亿元。其中，毕业企业46家，实现产业化企业9家。企业主要涉及信息技术、光电子、生物医药、环保、新材料等产业，涉及项目60多项，多数具有国际领先水平。几年来，大多数海外学子企业从孵化期逐步发展进入成长期，呈现了良好的发展势头，不仅为鞍山高新区的经济发展和科技进步做出了巨大贡献，而且也为海外学子回国创业起到了良好的示范带头作用。

与国内同类园区相比，创业园是依托鞍钢老工业基地改造和鞍山产业结构调整而建立的，因此围绕钢铁冶金这一产业发展特色，鞍山海外学子创业园的发展目标是建成具有钢铁冶金自动化产业特色的全国一流高科技园区。

园区联系方式

地　址：鞍山市千山中路288号

邮　编：114044

电　话：86-412-5216552

传　真：86-412-5212221

大连海外学子创业园

园区概况

大连海外学子创业园（以下简称“创业园”）创建于1991年，其管理主体为大连市高新技术创业服务中心，是为海外留学人员归国创业而设立的专业孵化器。1998年，创业中心通过国家科技部认定，成为“国家高新技术创业服务中心”；创业中心及创业园曾先后获得“全国最佳留学人员回国工作机构”、“中国青年留学人员创业基地”、“全国最佳创意产业园区”、“春晖杯中国留学人员创新创业大赛创业基地”、“科技部创新基金依托机构”、“火炬计划十五年先进高新技术创业服务中心”、“火炬计划二十年先进服务机构”、辽宁省“中小企业公共技术服务平台”、“大连五一巾帼奖”、“大连市十佳科技企业孵化器”等多项荣誉称号。创业园致力于整合各种资源要素，以寻找机会，解决企业发展不同阶段存在的不同问题，创造更新更大的价值，做创业企业成长的引领者和园区产业发展的促进者。

创业园坐落在大连高新区的核心功能区内，依山傍海，风景秀丽、交通便捷、地理位置优越。大连理工大学、大连海事大学、东北财经大学等十几所国家级重点学府怀抱其间，为其发展提供充足的人才储备和科技支撑。本着“鼓励创业，宽容失败”的孵化理念，创业园充分发挥孵化器的作用，为入驻企业提供工商税务登记、投融资、政策咨询、场地租赁、人才培养、专业培训、技术支持等全方位的创业服务。同时依托大连高新区，大连海外学子创业园以优惠的政策、充足的资金、完备的基础设施、先进的服务体系和多渠道的市场信息为入驻企业提供了良好的发展空间。目前，已形成海外学子创业园、海外学子产业园、创意孵化园、软件加速器、科技孵化器、海创孵化器等为主体的全方位、多功能的孵化格局，以满足不同类型创业企业的发展需要。总场地面积20万平方米，累计孵化企业931家，在孵企业371家。

2010年园区发展报告

2010年，是国家“十一五”规划的最后一年，大连海外学子创业园全面贯彻落实十七届四中、五中全会精神，以创建国内一流、国际水准的科技孵化器为目标，以扶持和培育具有自主创新能力的中小型科技企业、促进科技成果转化为宗旨，以优化创新创业环境，构建多元化孵化体系，整合创新孵化资源，助推园区主导产业发展为工作重点，加大了基础设施和软、硬件环境建设力度，在完善孵化器的基础功能建设、提升孵化服务质量、打造孵化企业品牌等诸项工作中取得了丰硕成果，开创了孵化工作新局面。

2010年，创业园新引进孵化企业102家，实现在孵企业371家；累计吸收孵化企业931家，留学人员企业404家，留学人员总数690人；引进内资1.12亿元人民币，外资2.26亿美元；在孵企业实现技工贸总收入17.5亿元，上缴税金1.72万元；在孵企业从业人数达到8762人，91%为本科以上，其中博士350人，硕士314人，本科6309人；在孵企业申报专利265项，其中发明专利39项；申报国家、省、市各级科技计划46项，立项数134项，共获得扶持金额4030.1万元。

围绕创业园制定的2010年度工作计划，主要做了以下几个方面的工作：

一、广开渠道，引才聚智，增强人才基地聚集效应

畅通留学人员引进渠道，是建设留学人员创业园的重要环节。大连海外学子创业园坚持以“海创周”为平台，紧紧围绕“海纳英才，创业中国”的主题，以吸引留学人员回国创业为核心，建立完善的引才模式和渠道。作为“海创周”的筹办机构，创业园连续举办了十二届“海创周”活动，2010中国海外学子创业周正式升格为国家级，成为国家引进海外人才的重要载体。截至目前，“海创周”共吸引60多个国家和地区13000多名海外学子回国考察，有6000多名海外学子通过海创周回国就职，2100余名海外学子来大连创业，签订4400余项合同，累计创造产值5000多亿元，取得了良好的经济和社会效益。“海创周”已成为国内最具影响力和品牌效应的留学人员回国创业平台，成为国家引才聚智的重要渠道。此外，创业园还积极实行灵活多样的引才方式，在北美和欧洲留学人员分布密集的国家建立海外联络站，宣传留学人员创业园政策，吸引留学人员回国创业； 8月29日，在日本东京召开2010大连市海外高层次人才（东京）洽谈会，共与584人达成签约意向，与42人正式签约。11月，在荷兰鹿特丹等欧洲多地举办了6次海外华人、留学人员团体代表座谈会，与近30家在海外影响力较大的华人团体、留学人员团体取得直接联系。

二、创新政策，加快落实，吸引留学人员归国创业

吸引留学人员创业，关键在于抓好政策创新、完善和落实，加大对留学人员创业的支持力度。为加快留学人员引进工作，创业园全面实施了以“3231”为主要框架内容的“海创工程”，即：经论证评审，一次性给予海外学子尖端人才创业企业200万元创业启动资金；给予不低于200万元的创业投资；需要银行贷款的，给予不低于200万元的资金担保，并给予年利息额50%的贷款贴息。对海外学子尖端人才创办企业，经论证评审，连续3年免租金提供不低于100平方米的办公场地；需要进行小规模生产的，可优惠提供不低于1000平方米标准厂房。为海外学子尖端人才连续3年免租金提供不低于100平方米的生活公寓。通过采取制定政策细则、加强对外宣传、进行“点对点”邀请等多项措施，两批“海创工程”吸引了420名海外留学人员报名注册，受理230个申报项目，经过初审、面试、终审，有22位留学人员获得扶持资金以及办公场地、生活配套等多方面的扶持。创业园还积极协助留学人员申报国家“千人计划”，截至目前，共有5位学子成功入选国家“千人计划”。在贯彻落实国家、省、市人才政策的基础上，还根据创业园实际情况，结合企业自身状况，在税收、场地、人才等方面给予一定的政策优惠。

三、汇聚资源，创新孵化，强化扶强做大的培育能力

2010年，创业园企业服务范围从原有的孵化场地扩大到高新区内，服务内容也在“十大服务”的基础上拓展到购地服务、金融信贷服务、中心场地规划、企业引入工作等多个方面，在一定程度上使创业中心成为“园区功能的落实部门、社会资源的整合部门、企业对外沟通的联络部门和企业成长方案的提供部门”。

通过企业需求走访、资金申报、人才服务等日常服务工作，使高新区、软件园、动漫孵化器等场地内的40余家企业得到了创业中心的相关服务，同时，积极协助5家在孵企业、毕业企业（贝斯特电子、齐维科技、隆田科技、三星数控、康丰科技）在高新区龙头产业基地购置土地9.3万平方米，成为高新区产业化项目的重要提供者。配合园区金融机构，对园区购地建厂企业，开展了“土地预贷款”业务，为

购置土地的孵化企业解决了资金压力。同时，不断完善创业园“大学生创业基地”、“大学生见习基地”建设，为创业基地投入资金50余万元，引进大学生创业企业7家，海联自控、格罗贝斯信息在成立短短一年的时间里营业额就已突破百万。

在不懈的努力下，创业园内涌现出一批成功创新创业的海归学子和企业。2010年，创业园内有8位留学人员获得首批“海创工程”资金以及办公场地、生活配套等多方面的扶持；有3位学子成功入选国家“千人计划”；9家企业经理获大连市第二届归国留学人员创业英才表彰；2家企业经理被评为大连高新技术产业园区“十大青年科技创业标兵”；3家企业获中国留学人才归国创业“腾飞”奖；7家企业获得“中国留学人员创业园百强”企业称号；12家企业得到“大连市技术先进型服务企业”认定；7家企业被大连市科技局认定为2009年度大连市科技企业孵化器最具成长型企业。

四、围绕服务，创先争优，大力开展党建群团工作

创业中心党支部紧紧围绕党建工作为创业园经济发展服务，为科技创业企业服务的工作方针，将孵化工作与党建工作相结合，把企业党建工作作为孵化工作的重要组成部分，不断加强创业园基层党建工作，以党建推动企业成长壮大。目前，创业园已建立企业党支部25个，现有党员308人。

创业园文化月活动于今年9月举行，共有体育活动16项，文化活动3项，共进行了200余场比赛活动。参赛企业54家，直接参加比赛621人，参与人数将近1600人次。文化月活动被大连市评为文化活动先进单位、被市总工会评为“文化活动示范基地”。

2010年在园留学人员企业名录

时代思潮科技（大连）有限公司	电子信息
凌翔创意软件（北京）有限公司大连分公司	电子信息
预想图互联网信息技术（大连）有限公司	电子信息
大连骞风科技发展有限公司	电子信息
大连原点科技有限公司	电子信息
大连汉岳科技有限公司	电子信息
大连海科思博信息技术有限公司	电子信息
大连翊圆科技发展有限公司	电子信息
大连北溟软件有限公司	电子信息
大连阿特思信息技术有限公司	电子信息
大连鳌石科技有限公司	电子信息
大连科曼创意钢琴有限公司	电子信息
大连三维广界数字科技有限公司	电子信息
大连易海科技有限公司	电子信息
英特工程仿真技术（大连）有限公司	电子信息
大连圣恒科技有限公司	电子信息
瑞达昇科技（大连）有限公司	电子信息
大连杰弘科技有限公司	电子信息
大连龙洲科技有限公司	电子信息
大连伯源科技有限公司	电子信息
大连瀚科信息技术有限公司	电子信息
大连力天科技有限公司	电子信息
云信科技（大连）有限公司	电子信息
大连亚信科技有限公司	电子信息
大连中诚科技发展有限公司	电子信息
大连卓讯软通科技有限公司	电子信息
大连博特软件科技有限公司	电子信息
大连信源网络科技有限公司	电子信息
大连先端软件技术有限公司	电子信息
大连洪睿信息科技有限公司	电子信息
大连火狐动漫有限公司	电子信息
大连康基科技有限公司	电子信息
大连睿利科技有限公司	电子信息
大连美莱达科技有限公司	电子信息
大连盛瑞思电气设备有限公司	电子信息
大连励德软件有限公司	电子信息
大连泛东管理软件有限公司	电子信息
大连泰康科技有限公司	电子信息
大连天维科技有限公司	电子信息
鑫诺科技（大连）有限公司	电子信息
大连世博城市网络有限公司	电子信息
大连焦点数字科技有限公司	电子信息
大连伟岸纵横科技发展有限公司	电子信息
大连奥远电子有限公司	电子信息
大连贝斯特电子有限公司	电子信息
大连摩尔登传媒有限公司	电子信息
大连卓创信息技术有限公司	电子信息
大连希奥科技有限公司	电子信息
大连绿洲科技有限公司	电子信息
大连佰思特信息技术有限公司	电子信息
大连拓远科技有限公司	电子信息
大连唯度科技有限公司	电子信息
大连信友软件有限公司	电子信息
大连凯恩数码科技有限公司	电子信息
大连海和传媒有限公司	电子信息
艾玛电子（大连）有限公司	电子信息
大连网信软件有限公司	电子信息
盖乐普科技（大连）有限公司	电子信息
大连方向网络科技有限公司	电子信息
大连道名科技有限公司	电子信息
大连理想无限科技有限公司	电子信息
日华信息技术产业（大连）有限公司	电子信息
大连恒艺信息科技有限公司	电子信息
大华人和信息技术（大连）有限公司	电子信息
大连新杉电子有限公司	电子信息
大连林树电子有限公司	电子信息
大连灵希软件有限公司	电子信息
大连宏政科技有限公司	电子信息
大连迈度科技有限公司	电子信息
大连雅谷信息科技有限公司	电子信息
大连斯柏瑞科技有限公司	电子信息
大连爱科网络技术有限公司	电子信息
联动天下科技（大连）有限公司	电子信息
大连博缘信息技术咨询有限公司	电子信息
大连集发科技有限公司	电子信息
大连天威太平洋数字技术有限公司	电子信息
阿波罗计算机信息技术（大连）有限公司	电子信息
大连市中易互联科技有限公司	电子信息
大连亿科信息技术有限公司	电子信息
大连信智科技有限公司	电子信息
大连索克斯信息技术有限公司	电子信息
大连泰富数码科技有限公司	电子信息

大连思博特管理咨询有限公司	电子信息
北京信科瑞迪通信技术有限公司大连分公司	电子信息
大连众恒科技发展有限公司	电子信息
大连天虹网络有限公司	电子信息
大连健鹰科技发展有限公司	电子信息
辽宁万恒信息技术有限公司	电子信息
大连海宏科技有限公司	电子信息
大连创美永动网络科技有限公司	电子信息
大连挚博科技有限公司	电子信息
大连砾方科技有限公司	电子信息
大连佳诚科技有限公司	电子信息
大连理工国际科技发展有限公司	电子信息
赛茨科技（大连）有限公司	电子信息
藤庄数码科技（大连）有限公司	电子信息
大连睿普科技有限公司	电子信息
大连意境科技有限公司	电子信息
大连睿新软件有限公司	电子信息
大连勤道信息技术有限公司	电子信息
大连华骏科技有限公司	电子信息
大连知通比特科技发展有限公司	电子信息
亚思捷软件（大连）有限公司	电子信息
大连朋友科技有限公司	电子信息
大连瑞克科技有限公司	电子信息
新速佰管理咨询（大连）有限公司	电子信息
大连贤达科技有限公司	电子信息
大连元合科技有限公司	电子信息
大连诚思科技有限公司	电子信息
大连金博迪特科技有限公司	电子信息
大连高端科技发展有限公司	电子信息
大连易家联科技有限公司	电子信息
大连友德电子有限公司	电子信息
大连尚呈信息系统技术有限公司	电子信息
大连华天软件有限公司	电子信息
大连远舟软件有限公司	电子信息
埃立森（大连）信息系统有限公司	电子信息
大连奥思达科技发展有限公司	电子信息
大连侨合软件开发有限公司	电子信息
大连凯维通科技有限公司	电子信息
大连互联天下科技发展有限公司	电子信息
大连易邦电子科技有限公司	电子信息
大连敏特昭阳科技发展有限公司	电子信息
大连创科科技发展有限公司	电子信息
大连阳光数码实业有限公司	电子信息
大连博伦德电子有限公司	电子信息
大连创明信息技术有限公司	电子信息
大连益博联科技有限公司	电子信息
大连优尼特科技有限公司	电子信息
大连百思卡科技有限公司	电子信息
大连文澜科技发展有限公司	电子信息
大连阿斯顿科技有限公司	电子信息
北京盛安德科技发展有限公司大连分公司	电子信息
大连跃达科技有限公司	电子信息
中新文汇科技发展（大连）有限公司	电子信息
大连金盛达科技发展有限公司	电子信息
大连格罗贝斯信息咨询有限公司	电子信息
大连阿尔珐软件开发有限公司	电子信息
大连天翼信息科技有限公司	电子信息
大连奥文科技发展有限公司	电子信息
大连亚舟信息产业有限公司	电子信息
大连吉泰克科技有限公司	电子信息
大连天意文化发展有限公司	电子信息
大连日光信息技术发展有限公司	电子信息
大连开明信息科技有限公司	电子信息
大连樱凯尔科技发展有限公司	电子信息
大连动向信息技术有限公司	电子信息
大连莱博科技有限公司	电子信息
大连高勤科技有限公司	电子信息
顺利通科技术发展（大连）有限公司	电子信息
克斯美（大连）科技有限公司	电子信息
大连君乾卓创科技有限公司	电子信息
大连永昌科技有限公司	电子信息
大连新程三维设计有限公司	电子信息
大连维斯多梦科技有限公司	电子信息
荣航科技发展（大连）有限公司	电子信息
大连埃因科技有限公司	电子信息
大连盖姆旎信息技术有限公司	电子信息
大连城际信息工程有限公司	电子信息
大连佳姆信息安全软件技术有限公司	电子信息
大连新涛咨询服务有限公司	电子信息
大连运易科技有限公司	电子信息
大连新氏传动科技有限公司	电子信息
大连实远科技发展有限公司	电子信息
大连数通技术有限公司	电子信息
大连甲乙软件有限公司	电子信息
阿依艾工程软件（大连）有限公司	电子信息
大连辉世科技有限公司	电子信息
大连新俄科技有限公司	电子信息
大连瑞笛恩科技有限公司	电子信息
大连凯博科技发展有限公司	电子信息
大连瑞恩软件有限公司	电子信息
星途软件（大连）有限公司	电子信息
大连海航科技有限公司	电子信息
大连普赛特电子有限公司	电子信息
大连爱慕资软件有限公司	电子信息
大连海诺信息科技有限公司	电子信息
大连中舟电子科技有限公司	电子信息
大连瑞特科技有限公司	电子信息
大连智强信息技术有限公司	电子信息
大连汇联信息科技有限公司	电子信息
大连润启管理咨询有限公司	电子信息
大连博洋软件开发有限公司	电子信息
达维信息技术（大连）有限公司	电子信息
大连惠泰科技有限公司	电子信息
大连崇达多层线路板有限公司	电子信息
大连瑞友科技有限公司	电子信息
亚软科技（大连）有限公司	电子信息
大连众联信息技术有限公司	电子信息
大连逢源科技有限公司	电子信息
创昇科技（大连）有限公司	电子信息
大连勇峰科技有限公司	电子信息

大连恒景科技发展有限公司	电子信息
大连市恒珑科技发展有限公司	电子信息
大连微龙软件有限公司	电子信息
大连新洲信息产业有限公司	电子信息
大连英奇科技发展有限公司	电子信息
大连佐鸣信息技术有限公司	电子信息
大连口岸物流科技有限公司	电子信息
大连成讯信息技术有限公司	电子信息
大连明珠电子技术有限公司	电子信息
大连博业科技开发有限公司	电子信息
大连中软卓越信息技术有限公司	电子信息
大连唯辰信息科技有限公司	电子信息
大连三宇科技开发有限公司	电子信息
大连赛德科技发展有限公司	电子信息
大连科迪视频技术有限公司	电子信息
大连运筹软件有限公司	电子信息
微纳（大连）软件有限公司	电子信息
乐辰科技（大连）有限公司	电子信息
大连拓博电子有限公司	电子信息
大连信驰信息科技有限公司	电子信息
大连红莲科技有限公司	电子信息
大连菱科数据通信技术有限公司	电子信息
大连宇光虚拟网络技术股份有限公司	电子信息
阿斯因特系统（大连）有限公司	电子信息
大连海大知通科技发展有限公司	电子信息
大连易光科技有限公司	电子信息
大连阿特思信息技术有限公司	电子信息
大连易迈科技有限公司	电子信息
大连西戈科技工程有限公司	电子信息
大连金威南消电子系统有限公司	电子信息
大连奥雷科技有限公司	电子信息
大连美生科技有限公司	电子信息
大连康百克数据库工程有限公司	电子信息
大连联明科技有限公司	电子信息
大连创业园软件股份有限公司	电子信息
大连易信软件开发有限公司	电子信息
英极软件开发（大连）有限公司	电子信息
大连海大博文科技发展有限公司	电子信息
大连市捷友技术开发有限公司	电子信息
大连诚志信息科技有限公司	电子信息
大连谦邦信息技术有限公司	电子信息
大连美亿德生物科技有限公司	生物医药
大连俄百澳生物技术有限公司	生物医药
大连百祥聚生物科技有限公司	生物医药
大连生生绿谷生物工程有限公司	生物医药
大连澳特生物技术有限公司	生物医药
大连圣基生物制品有限公司	生物医药
大连百路通生物保健品有限公司	生物医药
大连奥凯生物化工有限公司	生物医药
大连荣达科技发展有限公司	生物医药
大连蓝德奥科技有限公司	生物医药
大连英斯特生物技术有限公司	生物医药
大连蓝江生物科技开发有限公司	生物医药
大连华亿兄弟生物技术开发有限公司	生物医药
大连兆科生物化工有限公司	生物医药
大连竞迈生物科技有限公司	生物医药
大连博仕奥生物科技有限公司	生物医药
大连丰元科技发展有限公司	生物医药
大连戴安科技有限公司	生物医药
大连富力红外科技发展有限公司	生物医药
大连普瑞康生物技术有限公司	生物医药
大连德普特信息技术有限公司	生物医药
大连本草生物技术有限公司	生物医药
大连东锐生物制药发展有限公司	生物医药
大连七颗星医疗器械有限公司	生物医药
介一生物工程技术（大连）有限公司	生物医药
大连瑞威科技有限公司	生物医药
大连普肽生物科技有限公司	生物医药
大连宜恒生物科技有限公司	生物医药
大连众生华旗生物工程有限公司	生物医药
大连中鼎化学有限公司	新材料
大连理工纳米催化技术有限公司	新材料
大连力邦科技新材料有限公司	新材料
大连天翔化学生物科技有限公司	新材料
大连中科低碳贵金属有限公司	新材料
大连天浩化学品有限公司	新材料
大连科思特固态化学材料有限公司	新材料
大连力柏锂动力电池技术有限公司	新材料
大连现代高科技发展有限公司	新材料
大连博众应用材料有限公司	新材料
大连科诺催化有限公司	新材料
大连中科新材料工程技术有限公司	新材料
大连极速金属复合材料有限公司	新材料
大连耐安特新材料科技有限公司	新材料
大连市慧源精细化工有限公司	新材料
大连凯峰超硬材料有限公司	新材料
大连东方海创科技有限公司	新材料
大连荣创科技发展有限公司	新材料
微楷化学（大连）有限公司	新材料
大连隆田科技有限公司	新材料
大连盛捷隆石油化工有限公司	新材料
大连百事得环保材料有限公司	新材料
大连应达节能技术有限公司	新能源环保
大连春兴水处理科技发展有限公司	新能源环保
大连森谷新能源电力技术有限公司	新能源环保
大连德昌能源环境发展有限公司	新能源环保
大连大洋巨人环保科技有限公司	新能源环保
大连天地新能源有限公司	新能源环保
海盈节能科技（大连）有限公司	新能源环保
三科新能科技（大连）有限公司	新能源环保
大连万联节能环保科技有限公司	新能源环保
大连群峰环保技术开发有限公司	新能源环保
大连格瑞展泰新能源科技有限公司	新能源环保
大连美熙环保设备技术有限公司	新能源环保
大连朗格环境科技有限公司	新能源环保
大连蓝德环保工程技术有限公司	新能源环保
大连理工绿源环保产业有限公司	新能源环保
大连宏升能源科技有限公司	新能源环保
大连海洋生物园科技发展有限公司	新能源环保
大连八达空间科学应用技术研究所有限公司	新能源环保

大连森和节能环保科技有限公司	新能源环保
大连思源环保技术有限公司	新能源环保
大连一能环保科技有限公司	新能源环保
大连天岛海洋科技有限公司	新能源环保
大连意恒生物环保科技有限公司	新能源环保
大连旺佳新能源科技开发有限公司	新能源环保
大连新兴环保技术发展有限公司	新能源环保
大连鑫恒盛节能环保技术有限公司	新能源环保
中能东讯新能源科技（大连）有限公司	新能源环保
大连互升石化发展有限公司	新能源环保
大连汪洋环境工程有限公司	新能源环保
大连昊辉氢能科技有限公司	新能源环保
中科建成（大连）农业技术有限公司	生态农业
大连中裕种业有限公司	生态农业
大连天物生态农业科技有限公司	生态农业
大连事伟服特信息咨询服务有限公司	生态农业
大连永丰北大荒科技有限公司	生态农业
大连千惠生物科技发展有限公司	生态农业
大连绿园生物技术有限公司	生态农业
大连蓝海畜禽养殖技术有限公司	生态农业
大连众合仪表有限公司	建筑制造
大连瑞恩照明有限公司	建筑制造
大连索夫特科技开发有限公司	建筑制造
大连鼎立超声科技开发有限公司	建筑制造
大连凯帝精工有限公司	建筑制造
大连斯普瑞石油仪器科技有限公司	建筑制造
大连慧能自动化工程有限公司	建筑制造
大连皿能光电科技有限公司	建筑制造
大连顺连海通科技有限公司	建筑制造
大连优利特科技发展有限公司	建筑制造
大连海工装备技术有限公司	建筑制造
大连迈克流体控制技术有限公司	建筑制造
大连正琦模板科技开发有限公司	建筑制造
大连德赢科技发展有限公司	建筑制造
大连金天力科技有限公司	建筑制造
超电百思特（大连）模具有限公司	建筑制造
大连海创高科信息技术有限公司	建筑制造
大连航星船舶设备有限公司	建筑制造
大连欧普特光电技术有限公司	建筑制造
大连博控自动化技术有限公司	建筑制造
大连海联自动控制有限公司	建筑制造
大连东竹反应设备制造有限公司	建筑制造
大连普力特轨道交通装备有限公司	建筑制造
大连赛恩分析仪表有限公司	建筑制造
大连东信自动化工程有限公司	建筑制造
大连马斯特数控科技有限公司	建筑制造
大连磁谷科技研究所有限公司	建筑制造
大连晨瑞自动化系统有限公司	建筑制造
大连开诚科技有限公司	建筑制造
大连齐维科技发展有限公司	建筑制造
大连朗坤科技开发有限公司	建筑制造
大连通科应用技术有限公司	建筑制造
大连埃克森科技有限责任公司	建筑制造
高铁技术（大连）有限公司	建筑制造
大连华光电传动技术有限公司	建筑制造
大连生泰高技术产业发展有限公司	建筑制造
大连万懋科技有限公司	建筑制造
欧福数控技术（大连）有限公司	建筑制造
大连瑞锋汽车部件有限公司	建筑制造
大连船舶工程技术研究中心有限公司	建筑制造
大连泰思曼科技有限公司	建筑制造
大连三高科技发展有限公司	建筑制造
大连北港信息产业发展有限公司	建筑制造
大连诚高科技股份有限公司	建筑制造
大连三垒机器股份有限公司	建筑制造
大连大山冶金工程技术有限公司	建筑制造
大连同诚信达科技有限公司	建筑制造
大连进丰机电有限公司	建筑制造
大连海大船舶导航国家工程研究中心有限责任公司	建筑制造

园区联系方式

地　址：大连高新区火炬路1号
邮　编：116023
电　话：86-411-84753833
传　真：86-411-84792713
邮　箱：wsl@dhbi.cn
网　址：www.dhbi.cn

长春海外学人创业园

园区概况

长春海外学人创业园（以下简称“创业园”）成立于1999年6月，是由吉林省人事厅、科技厅、教育厅、长春市人民政府外事办公室、人事局、科技局、教育局、长春高新区、长春科技创业服务中心，以及吉林大学、东北师大、中科院长春应化所、中科院长春光机所等13家单位共同发起创办的。2001年3月，创业园被国家人事部、科技部、教育部和外国专家局联合认定为“国家留学人员创业园示范建设试点”园区；2003年被国务院侨办确定为重点联系单位。

创业园建立以来，按照营造良好的创新创业环境，吸引和扶持海外留学人员归国创业，促进了国外先进技术、管理经验与国内资源的有效结合，培育了一批具有国际竞争力的高新技术企业和复合型的企业家，正迅速成长为吉林省相关产业中的骨干企业和地方经济新的增长点。

围绕留学人员为国服务的需求，创业园通过协调各级政府部门职能，整合资源、扩张自身服务功能，初步形成一整套覆盖长春市的服务体系。创业园立足留学人员企业的需求变化趋势，围绕打造孵化企业核心竞争力，对孵化流程进行了重新定位，把创业园自身的孵化功能和能调动的社会资源，综合运用于各个流程阶段，以最高的效率，最少的资源占用量，使企业得到量身定制的有效服务。创业园先后搭建了工程咨询中心、生产力促进中心、留学人员服务中心、中小企业创业服务网、中国留学人员之家和博士后中国专业网站，并通过协调政府职能，整合社会资源，完善自身孵化服务功能，构建了10大类30项专业化服务功能，覆盖了企业成长的全过程，为科技企业营造一流的创业平台和交流平台。

为使入驻园区的能够快速发展，创业园推出了做好组织保障、做好资金保障、做好政策和法规保障的运行机制。

进一步创新了工作方式，拓展了工作领域，大力发挥了长春海外学人创业园在吸引海外人才方面的磁极作用，在资金注册、税费、房租和信息服务等方面给予了企业更大的政策扶持，吸引更多的海外高层次人才到创业园进行技术转让、技术承包、技术入股，自办或合办民营科技企业、股份制企业，促进了智力成果的产业化、市场化。

在国家、省市有关部门的关怀和指导下，依托吉林省科技、政策和环境优势，实施人才战略，创业园正逐步成为吉林省和长春市促进高新技术产业发展、培养引进高素质人才的重要基地。

2010年园区发展报告

一、创业园服务体系建设情况

为做好留学人员为国服务、归国创业的服务工作，发挥集中服务的规模化优势，创业园确定了“整合资源，扩张功能，强化管理，优化服务，创新思维，发挥优势，突出特色，打造品牌”的指导思想，在构建较为完善的孵化抚育体系的基础上，在借鉴了国外企业孵化器和国内同行的先进孵化理念和工作经验的基础上，按照建设一流企业孵化器的目标，通过组织系统化、工作规范化、功能专业化、服务精致化、发展国际化，打造创业园的核心孵化能力，打造了政策扶持、资金融通、社会化服务、专业技术服务、培训与交流五大支撑服务平台，形成了独具特色的留学人员服务体系。

（一）机构概况

长春海外学人创业园由13家发起单位各选派一名主管领导组成领导小组，负责创业园建设、发展以及管理的统一领导，领导小组主任由高新区管委会主任担任，管理人员由成立初的16人增加到27人。

10年间，创业园倾力打造了一支专业化的管理团队。在现有的29名员工中，全部具有大专以上学历，其中硕士研究生6人，本科21人，高级职称11人，中级职称9人，注册咨询工程师3人，项目管理师5人，专业技术领域覆盖化工、物理、电子信息、工业自动化、机械制造、环境工程、技术经济、工商管理主要专业领域，可为留学人员企业提供项目辅导、管理咨询、工程咨询、运营服务、培训服务、代理服务等创业辅导；汇集了一批在技术和学术上具有权威性的专家学者，组成专家委员会和360人的专家库，可为孵化企业提供专业技术服务与咨询、项目论证、产品规划决策等服务。

创业园先后搭建了工程咨询中心、生产力促进中心、留学人员服务中心，并通过协调政府职能，整合社会资源，完善自身孵化服务功能，构建了功能完善、系统配套、服务于企业成长全过程的孵化服务体系，为留学人员企业营造了一流的创业平台和交流平台。

（二）基地建设情况

为保障海外留学人员创业和为国服务的需要，创业园现有面积达85030平方米的孵化基地。在每个孵化基地，均建有商务中心、会客室、多功能报告厅等办公设施，即可满足留学人员企业办工生产需要，公寓及餐饮服务等相应的配套设施，为留学人员提供了便利的生活条件。

（三）创业园服务功能建设

为了促进产、学、研相结合，缩短博士后科研课题与实际应用的距离，加速科技成果的商品化、产业化进程，为高新区和区内企业引入和培养高层科技人才，促进高新技术产业的发展。2001经年国家人事部批准，在长春高新区设立博士后科研工作站，创业园在吸引海外留学人员、扶持留学人员企业中发挥了重要的作用，得到了各级政府和社会各界的肯定。目前，创业园内共有归国留学人员累计领办创办拥有自主知识产权的高技术企业198家，国家级博士后工作站15家，博士后工作站的建立及产业的集群化发展为归国人员提供了优质的研发平台和广阔的发展空间。

长春海外学人创业园在建设过程中，通过整合各类资源，强化服务功能，不断完善孵化抚育体系，提高对海外留学人员的服务水平，旨在搭建一流的创业平台和交流平台，为留学人员为国服务创造良好的环境和氛围。

1. 构建服务体系，搭建创业平台

围绕留学人员为国服务的需求，通过协调各级政府部门职能，整合中介机构资源，扩张自身服务功能，初步形成一整套覆盖长春市、辐射吉林省的服务体系，10大类30项专业化服务功能覆盖了企业成长的全过程。

创业园把孵化过程分成项目预孵化、企业预孵化、初创期孵化、成长期、加速发展期5个服务阶段，每个阶段分别确定不同的工作内容、工作方式、工作重点和工作要求。把创业园自身的孵化功能和能调动的社会资源，综合运用于各个流程阶段，以最高的效率，最少的资源占用量，使企业得到量身定制的有效服务。以流程化孵化服务为核心，以专业化和协同化为保障，形成孵化服务纵向接续孵化，横向相互协作的工作流程，从而重新塑造了核心孵化服务功能。

依托吉林省、长春市优良的政策环境，系统整理、汇集国家、省、市及高新区各项有关留学人员和科技企业发展的政策，及时发布和协调落实各类优惠政策，并设专人为企业提供系统、详尽的政策咨询。

联系、组织和引导投资担保公司、会计师事务所、财务代理公司、资产评估管理公司、产权交易机构等50余家社会化中介服务机构，达成了为留学人员服务的“软协议”，扶持和培育了一批骨干中介机构，广泛为留学人员企业开展社会化的服务。

2. 聚集产业优势，打造专业技术平台

创业园经过十年的发展，一批优秀留学人员企业在创业园的扶持下迅速成长壮大，形成了以生物医药、信息技术、光电技术为主的技术和产业群体。目前，在海外学人创办的企业中，仅生物医药和光电信息企业就占70%以上，一大批填补国内空白、具有国际先进水平的项目相继落户园区。

随着产业聚集度的提高，对共性技术的需求也日益强烈，从2003年起创业园依托长春市的科研优势，选择一批具有代表性的国家级实验室和成功的留学人员企业，先后共建了现代中药、生物医药、环境工程、光电子等六大专业技术服务平台以及专家服务系统，将分散的科研力量融合，为海外项目在国内转化提供前期技术支持，以及后期的技术依托平台。其中“现代中药”和“生物医药”两个平台被确定为国家级技术平台，已累计有56个海外项目在技术平台上与国内企业进行合作开发。2005年，创业园与中科院长春分院、市科技局共同搭建中美、中俄、中乌三个国际项目技术移平台。2008年9月17日白俄罗斯常设技术市场在高新区正式启动，已储备了来自独联体国家的医药、电子信息、资源与环保等六大类项目1200多项。2010年6月，创业园与留日中国人博士协会签署《人才、项目合作协议》，搭建了互惠互利的人才、项目合作平台。创业园已成为高新区，乃至吉林省和长春市汇集海外高层人才的主要载体和项目转化的平台。

3. 建设融资体系，扶持企业成长

创业园在省、市政府和高新区管委会的支持下，在争取政府资金、自我投入、社会融资等三个方面正逐步形成较为完善的体系。

争取政府性资金：通过国家科技部创新基金、吉林省引进高层次创新创业人才资助，人事部留学人员科技活动择优扶持计划、中国科协海智计划等政府性扶持政策，累计为留学人员企业争取政府资金17000余万元，仅2010年就获得政府各项支持资金2485.86万元。2004年在创业园的争取下，市政府设立了总额1000万元的留学人员创业风险金用于扶持初创期的留学人员企业；2005年吉林省人事厅设立总额5000万元的人才开发基金，用于资助来吉林省创新创业的高层人才；2009年吉林省启动“留学人员科技活动择优资助计划”，每年资助优秀类项目10项，每项资助10-20万元，启动类项目20项，每项资助5-7万元。吉林省启动引进高层次创新创业人才政策资金，创业园推荐的5名海外高层次人才分别获得创业人才每人100万，创新人才50万的资金支持。

加强自主投资能力：2005年高新区设立总额2000万元的创业孵化资金，对留学人员进行重点扶持，孵化资金累计向企业投入2700万元；利用长春高新股份公司，对进入产业化的留学人员项目进行投资，现累计投资资金超过1亿元，其中投资8000万元支持金磊博士组建长春金赛药业是当时国内支持留学人员单项投资最大的一笔资金；累计投资7500万元支持孔维博士创办的长春百克药业有限公司，已成功开发出国内第一支进入临床试验的艾滋病疫苗。

2009年，长春高新区设立300万“天使基金”由创业园代为运作，投向拥有自主知识产权，有较高创新水平和较强市场竞争力，有潜在经济效益和社会效益，有望形成产业规模的创业项目。

吸引社会投资：2009年高新区在总结股权投资扶持企业的经验基础上，整合相关资产，设立资本总量10亿元的“科技成果转化基金”作为引导性资金，吸引域外创业投资基金共同扶持高新区内的科技企业，同时组建了资本总量3亿元的“长春高新创投集团有限公司”，对具有自主知识产权、市场前景好的项目进行股权投资，下一步还将建立高新技术产业发展基金，对进入产业化发展的科技企业进行扶持。

4. 建立沟通渠道，广纳海外人才

长春是我国著名的科教文化城，在海外的长春籍人才超过2万余人，目前我们已经建立起政府渠道、海外留学人员组织，以及本地留学人员联谊会的三级引智体系，为海外人才为国服务创造了有利条件。

创业园通过对在长高校科研院所进行走访，与各重点实验室保持密切联系，及时了解留学人员的需求。与吉林大学留学生联谊会合作，在留学人员中广泛宣传创业园。

积极组织和参加各地的大型展会与留学人员交流会，并与海外的吉林大学海外校友会、美国硅谷科技协会等留学人员组织及个人建立起密切的联系。目前与创业园保持联系的国内外留学人员已有数百人。

创业园先后被国务院侨办、中国侨联、国家人事部确定为共建单位，依托共建单位在海外的影响力，不断拓展引智渠道，与海外留学人员建立广泛的联系，通过承办和协办大型留学人员对接活动，促进海外科技成果、管理经验、资本等与国内资源融合。

利用电视、报刊、网站、展会、招商、出国考察等一切可能的手段和机会，加大对创业园的宣传力度。通过宣传创业园的科技优势、良好环境、优惠政策和留学人员归国创业的成功范例，使更多的海外留学人员了解长春、了解高新区、了解创业园，增强其国内外吸引力。

建立了专门的创业园网站，将创业园的优惠政策、创业环境、服务功能通过网络传递到世界各个角落。创业园已先后建设长春创业、中国留学生之家、博士后中国3个专业的门户网站。

通过广泛深入的宣传，提升了创业园的知名度，增强了人才聚集效应，吸引了一批高层次人才前来工作、创办企业。陈育新博士，在美国科罗拉多大学健康科学中心工作期间开发的抗菌蛋白类抗生素，并已取得国际专利（PCT）。2007年吉林省海外华人华小项目对接会期间正式签约落户创业园，不仅由创业园全程帮助其办理公司注册手续，而且为其无偿提供了669平方米实验室和办公空间，帮助其申请到吉林省青年科技攻关项目立项资助，2007年底陈育新博士正式归国定居，项目已顺利进入到临床前的研究阶段，该项目将成为现有抗生素替代品，未来市场将在百亿元以上。

5. 争取社会肯定，打造典型效应

近年来，创业园在吸引海外留学人员、扶持留学人员企业中的重要作用，得到了各级政府和社会各界的肯定。在创业园的推荐下，先后有90余人次获得国家首届“留学回国人员先进个人”、国家“留学人员杰出创业奖”、国家“百千万人才”工程、国务院特殊津贴、吉林省突出贡献专家等荣誉称号。主要有荣获国家六部委“优秀回国人员”称号2人；荣获国家侨办华人华侨专业人士“杰出创业奖”称号3人；荣获吉林省“优秀留学回国人员”称号4人；荣获长春市“优秀回国创业人员”称号10人；获得吉林省“中青年科技创新带头人”8人；荣获“国家百千万人才工程”称号3人；荣获国务院政府津贴7人；荣获吉林省第三批省管专家称号2人；荣获吉林省创新拔尖人才17人；荣获吉林省优秀专业技术人才1人；荣获吉林省第九批有突出贡献专家称号9人；荣获吉林省第十批有突出贡献专家称号5人；荣获长春市“十大科技英才”称号2人；获得长春市先进科技工作者6人；获得长春市友谊奖3人。

成功留学人员的示范作用，成为了创业园“以智引智”重要途径。如创业园内的博泰医药技术公司，其创业团队由3位留学人员组成，其每年吸引回国进行短期工作，或技术合作的留学人员超过50人；区内其他优秀创业带头人，如孔维博士、李玉新博士、柏旭博士等，身边也都形成了这样的创业团队。

二、创业园主要的工作成果

目前，创业园已吸引了来自23个国家和地区的275位海外留学人员，其中博士160余人，领办创办了198家拥有自主知识产权的高技术企业，注册资金折合人民币7.2亿元。“混合型艾滋病疫苗”、“大功率半导体激光器”、“曲面无模多点成型压力机”、“长效乙肝疫苗”等一批具有国际先进水平的项目相继落户创业园，成立了百克药业、金赛药业、瑞光科技、安东生物、太阳鸟等一批高科技企业，涌现出的“海归派”企业家、留学人员企业，正迅速成长为吉林省相关产业中的骨干企业和地方经济新的增长点，2009年留学人员企业实现销售收入超过10亿元。

创业园的留学人员工作方面，一直得到国家和省市领导高度重视，国务院总理温家宝、人大副委员长韩启德、前吉林省省委书记王珉、长春市市长崔杰等领导先后专程视察了创业园，对创业园的成果给予了高度评价。

创业园先后被国家四部委联合确定为国家级留学人员创业园、被国家人事部批准设立博士后科研工作站、被国务院侨办确定为重点联系单位、被中国侨联确定为“科教兴国”示范基地、国家人事部与吉林省政府共建长春海外学人创业园、被中国科协确定为“海智计划”工作基地。并于2010年将创业园评为“海智计划先进单位”。

2010年在园留学人员企业名录

企业名称	行业
长春长兴科技有限公司	电子信息
长春地平线科技有限公司	电子信息
长春东翔科技有限责任公司	电子信息
长春多维信息技术有限公司	电子信息
长春格登希尔电子有限公司	电子信息
长春宏天阙信息技术有限公司	电子信息
长春宏展科技开发有限责任公司	电子信息
长春互动时代科技发展有限公司	电子信息
长春华网软件有限公司	电子信息
长春汇一电气有限公司	电子信息
长春吉大博峰汽车测控技术有限责任公司	电子信息
长春吉大斯博莱科技有限公司	电子信息
长春吉大正元信息技术股份有限公司	电子信息
长春吉致科技发展有限公司	电子信息
长春理想科技信息有限公司	电子信息
长春赛能科技有限公司	电子信息
长春市艾森信息技术有限公司	电子信息
长春市东联技术服务中心	电子信息
长春市天泰科技发展有限责任公司	电子信息
长春市中达电子有限责任公司	电子信息
长春思科计算机有限公司	电子信息
长春天星信息技术有限公司	电子信息
长春天易企业运营管理服务有限公司	电子信息
长春星澜动力发展有限责任公司	电子信息
长春星宇智能工程有限责任公司	电子信息
长春星智信息系统开发有限公司	电子信息
长春优方科技有限公司	电子信息
长春东大软件有限责任公司	电子信息
长春吉大科诺科技有限责任公司	电子信息
长春吉地软件科技有限公司	电子信息
长春宇泰结构控制技术研究所	电子信息
长春云翔科技有限公司	电子信息
长春运泰网络技术有限公司	电子信息
长春中联软件工程有限公司	电子信息
长春市海思电子信息技术有限责任公司	电子信息
东北师大理想软件股份有限公司	电子信息
东北师范大学长春理想信息技术研究院	电子信息
华软（长春）科技有限公司	电子信息
吉林工大同拓金网格模具中心	电子信息
吉林广元信息技术有限公司	电子信息
吉林美能绿色能源有限公司	电子信息
吉林模糊未名科技有限公司	电子信息
吉林企通软件开发有限责任公司	电子信息
吉林省澳亿迈科技有限公司	电子信息
吉林省光年通讯技术有限公司	电子信息
吉林省恒嘉影音制作有限公司	电子信息
吉林省计算机信息安全服务中心	电子信息
吉林省考博电子商务有限公司	电子信息
吉林省联兴信息通讯有限公司	电子信息
吉林省清华科技有限公司	电子信息
吉林省锐驰科技信息有限公司	电子信息
吉林省思达保全系统工程有限公司	电子信息
吉林省中财软件有限公司	电子信息
吉林同济科贸有限公司	电子信息
长春安东生物科技有限责任公司	生物医药
长春安济尔药业有限责任公司	生物医药
长春百克药业有限责任公司	生物医药
长春百龙生物技术有限公司	生物医药
长春百泰生物工程有限公司	生物医药
长春博德生物技术有限责任公司	生物医药
长春博美基因技术有限公司	生物医药
长春博泰医药生物技术有限责任公司	生物医药
长春博迅生物技术有限责任公司	生物医药
长春长生基因药业股份有限公司	生物医药
长春德来富生物技术有限公司	生物医药
长春东北师大基因工程有限公司	生物医药
长春方大生物工程有限公司	生物医药
长春高新百克药物研究院	生物医药
长春格登希尔信息技术有限公司	生物医药
长春海王生物制药有限责任公司	生物医药
长春恒泰生物技术有限公司	生物医药
长春华鸿网络科技有限公司	生物医药
长春华嘉医药技术有限公司	生物医药
长春汇鑫生物制药科技有限公司	生物医药
长春吉大广元酶工程有限公司	生物医药
长春吉大天元化学技术股份有限公司	生物医药
长春极大高科生物工程有限责任公司	生物医药
长春金赛药业有限责任公司	生物医药
长春凯尔生命科技有限公司	生物医药
长春康河药业有限公司	生物医药
长春康普医药科技有限公司	生物医药
长春普莱医药技术有限公司	生物医药
长春瑞奥生物技术有限责任公司	生物医药
长春双英科技有限公司	生物医药
长春西诺生物科技有限公司	生物医药
长春现代生物医药研发有限公司	生物医药
长春新耀科技开发有限公司	生物医药
长春星叶生化科技有限公司	生物医药
长春医药集团新药研究开发有限公司	生物医药
长春易阳转基因技术有限公司	生物医药
长春正阳基因工程有限责任公司	生物医药
吉林省奥泰医药技术有限公司	生物医药
吉林省大自然生物工程有限责任公司	生物医药
吉林省华医数码科技有限公司	生物医药
吉林省现代生物医药专业技术服务中心有限公司	生物医药
吉林省中药现代化科技产业中心	生物医药
吉林天药科技股份有限公司	生物医药
通化天源生物工程有限责任公司长春研究所	生物医药
长春奥尔石油科技有限公司	光机电一体化
长春邦大精密技术有限公司	光机电一体化
长春长理数字医疗技术有限公司	光机电一体化
长春诚源科技有限公司	光机电一体化
长春德泰电子技术有限公司	光机电一体化
长春德信光电技术有限公司	光机电一体化

长春工业机器人工程有限责任公司	光机电一体化
长春光华科技发展有限公司	光机电一体化
长春光华伟业科技发展有限公司	光机电一体化
长春红枫网络工程开发有限公司	光机电一体化
长春吉大吉豹车辆设备技术有限责任公司	光机电一体化
长春吉大科学仪器设备有限公司	光机电一体化
长春南曦光电有限公司	光机电一体化
长春前锋科技有限公司	光机电一体化
长春瑞光科技股份有限公司	光机电一体化
长春瑞曼技术有限责任公司	光机电一体化
长春市宝丽龙科技有限公司	光机电一体化
长春市东润石油测试技术有限公司	光机电一体化
长春市共创数码科技有限责任公司	光机电一体化
长春市恒友机电工程安装有限公司	光机电一体化
长春市巨信医疗器械有限公司	光机电一体化
长春市珠峰科技有限责任公司	光机电一体化
长春四达工业激光科技有限公司	光机电一体化
长春新产业光电技术有限公司	光机电一体化
长春新科能电力技术开发有限公司	光机电一体化
长春新业蓝光科技有限公司	光机电一体化
长春易方科技有限公司	光机电一体化
吉林工业大学机电设计研究院	光机电一体化
吉林省广驰科技有限公司	光机电一体化
吉林省华拓科技发展有限公司	光机电一体化
吉林省吉大交通车辆技术有限责任公司	光机电一体化
中国科学院长春光机所科技总公司	光机电一体化
长春安普应用材料有限公司	新材料
长春恒润石油科技有限公司	新材料
长春恒威电磁兼容技术有限公司	新材料
长春环镁科技开发有限责任公司	新材料
长春惠工净化工业有限公司	新材料
长春吉大高新材料有限责任公司	新材料
长春坤立汽车技术有限公司	新材料
长春蓝谷高科技研发有限责任公司	新材料
长春普赛特科技有限责任公司	新材料
长春瑞亚先进材料有限责任公司	新材料
长春三川表面技术有限公司	新材料
长春市科恩医用新材料有限公司	新材料
长春鑫良科贸有限公司	新材料
长春伊凯科技发展有限公司	新材料
长春应化特种工程塑料有限公司	新材料
长春瀛光高新技术服务有限公司	新材料
长春宇泰环保制品有限公司	新材料
长春至高科技有限公司	新材料
长春中能电力技术开发有限公司	新材料
吉林省奥登环保科技有限公司	新材料
吉林省锦华实业有限公司	新材料
吉林省银河金属结构工程有限公司	新材料
宇泰（长春）科技事业有限公司	新材料
长春光华环保有限责任公司	新能源环保
长春联创水务有限责任公司	新能源环保
长春绿苏生态工程有限公司	新能源环保
长春世洋环境工程技术有限公司	新能源环保
长春市恒友贸易有限公司	新能源环保
长春市天瑞环境科技设备厂	新能源环保
长春市通达水技术工程有限公司	新能源环保
长春宇泰建设有限公司	新能源环保
吉林省莱尔特能源科技有限公司	新能源环保
长春百瑞篮莓科技发展有限公司	新能源环保
长春科润农业技术有限责任公司	生态农业
长春田园农业科技开发有限公司	生态农业
长春友联农业科技有限公司	生态农业
吉林省智达测控仪器有限公司	建筑制造
吉林省中英园艺有限公司	建筑制造
长春北田服饰技术有限责任公司	建筑制造
中国科学院长春地理研究所科技开发中心	建筑制造

园区联系方式

地　址：长春市高新开发区锦湖大路1357号
邮　编：130012
电　话：86-431-85542465
传　真：86-431-85528550
邮　箱：adele0814@hotmail.com
网　址：www.chida.gov.cn

吉林高新区留学人员创业园

园区概况

吉林高新区留学人员创业园（以下简称“创业园”）始建于2000年。多年来在国家科技部的大力支持下，先后建设了国家火炬计划电力电子特色产业基地、电力电子公共研发平台、精细化工专业技术创新与孵化平台、软件公共开发测试平台等园区、特色产业基地和公共服务平台，服务平台的建设极大地促进了留学人员企业快速健康地发展。

经过多年发展，创业园已初具规模，进一步完善了技术创新体系建设，通过加强引导和加大扶持力度，为海外留学人员提供优惠的创业政策和全方位的优质服务，使高新技术企业和孵化企业真正成为实施技术创新的主体。同时，建立了为企业提供工商注册、财务记账、投融资服务、商务中心、科技咨询和服务、组织项目评审、专利申请等中介服务机构，并且积极拓宽融资渠道，为企业加快产业化步伐提供良好的软硬件环境。

目前，创业园已经成为培养留学人员创办高新技术企业的孵化器及海外留学人员创业的乐园，涌现出了一批在新材料、电子信息等行业领域发具有国际竞争力的企业，有力地带动了地方经济的发展。

2010年在园留学人员企业名录

吉林高新区吉创互联网应用研究所	电子信息
吉林市艾迪科技开发有限公司	电子信息
吉林市电科技术开发有限公司	电子信息
吉林市东北电力开元科技有限公司	电子信息
吉林市东海科技有限公司	电子信息
吉林市华莱特科技有限公司	电子信息
吉林市火博士软件开发有限公司	电子信息
吉林市莱恩安防科技开发有限公司	电子信息
吉林市千叶计算机开发有限公司	电子信息
吉林市瑞力博电力技术有限公司	电子信息

吉林市瑞廷科技开发有限公司	电子信息
吉林市泰德电工技术有限公司	电子信息
吉林市仙源科技有限公司	电子信息
吉林市迅达科技开发有限公司	电子信息
吉林市银升计算机开发有限公司	电子信息
吉林市云翔科技开有限公司	电子信息
吉林索富工科技开发有限公司	电子信息
吉林市柏讯科技开发有限公司	光机电一体化
吉林市北华电子技术开发有限公司	光机电一体化
吉林市东方新能源有限责任公司	光机电一体化
吉林市非特科技有限公司	光机电一体化
吉林市华普仪控科技开发有限公司	光机电一体化
吉林市科达自动化设备有限公司	光机电一体化
吉林市七彩照明技术有限公司	光机电一体化
吉林市双利医疗气节有限责任公司	光机电一体化
吉林市天幕清洁服务公司	光机电一体化
吉林市方正木业有限公司	新材料
吉林市华信化工有限公司	新材料
吉林市万友网络科技有限公司	新材料
吉林市新才科技开发有限公司	新材料
吉林市泰发实业有限公司	商贸流通

园区联系方式

地　址：吉林市深圳街86号创业园A419
邮　编：132013
电　话：86-432-4648201
传　真：86-432-4648207
网　址：www.jlincubator.com.cn

哈尔滨海外学人创业园

园区概况

哈尔滨海外学人创业园（以下简称“创业园”）创建于2000年6月，是在哈尔滨市委市政府支持下，由哈尔滨开发区管委会投资建设的专门为海外学人来哈创办科技型企业服务的专业孵化器，由哈尔滨高科技创业中心负责管理。2010年6月8日，被国家科技部、国家人事部、国家教育部、国家外专局的联合认定为“国家留学人员创业园示范园区”。

哈尔滨市政府为营造良好的政策环境，于2000年12月出台了《哈尔滨市鼓励留学人员入创业园创业的若干规定》，开发区在资金、服务等方面也给予了特殊的倾斜。为突出软件服务外包产业特色，在原海外学人创业园的基础上，开发区管委会于2006年投资建设了留学生创业二园，配备了功能完善的报告厅、会议室、接待室、活动室、信息中心、商务中心、多功能厅等共享服务设备设施，建设了电子产品共享实验室、软件开发平台等专业技术服务平台，使创业园总规模达到17500平方米，孵化企业的能力达到140家左右，硬件建设总体上达到了“环境优美、设施优良”，实现了与国际接轨。为做好为创业园入驻企业的服务工作，创业中心还设立专门机构——留学生服务部负责创业园的建设与管理，并负责对区内企业的培育与服务，全力培育一批能与国际接轨的、在国内外市场上都有竞争力的高新技术企业，成为振兴地方经济的生力军。

2010年在园留学人员企业名录

哈尔滨艾福特科技有限公司	电子信息
哈尔滨百信通科技有限公司	电子信息
哈尔滨博扬电子有限公司	电子信息
哈尔滨多邦科技有限公司	电子信息
哈尔滨哈科赛科技有限公司	电子信息
哈尔滨朗科科技有限公司	电子信息
哈尔滨联达科技有限公司	电子信息
哈尔滨联达雷恩网络科技有限责任公司	电子信息
哈尔滨联合高新技术有限责任公司	电子信息
哈尔滨润泽通际新技术有限公司	电子信息
哈尔滨申阳科技发展有限公司	电子信息
哈尔滨市东圣信息技术有限责任公司	电子信息
哈尔滨泰菲克电子科技有限公司	电子信息
哈尔滨天成电子技术开发有限公司	电子信息
哈尔滨天智科技有限公司	电子信息
哈尔滨天智网络通信工程有限公司	电子信息
哈尔滨通力电力控制工程有限公司	电子信息
哈尔滨先明计算机技术有限公司	电子信息
哈尔滨新浪资讯有限公司	电子信息
哈尔滨亚联电器技术有限公司	电子信息
哈尔滨银税科技开发有限公司	电子信息
哈尔滨英特纳科技有限责任公司	电子信息
哈尔滨宇博科技开发有限公司	电子信息
哈尔滨智捷科技有限公司	电子信息
哈尔滨智能光电科技有限公司	电子信息
哈尔滨中和信息技术有限公司	电子信息
哈尔滨爱林特立科技有限公司	电子信息
哈尔滨澳斯瑞科技发展有限公司	电子信息
哈尔滨东森科技发展有限公司	电子信息
哈尔滨凡泰科技有限公司	电子信息
哈尔滨枫芝信息技术有限责任公司	电子信息
哈尔滨慧灵通科技开发有限公司	电子信息
哈尔滨浪嘉科技开发有限公司	电子信息
哈尔滨乐辰科技有限责任公司	电子信息
哈尔滨通力软件开发有限公司	电子信息
哈尔滨禹舜科技有限公司	电子信息
黑龙江方略软件开发有限公司	电子信息
黑龙江省中弘科技有限公司	电子信息
哈尔滨爱乐生物技术开发有限公司	生物医药
哈尔滨安普科技发展有限公司	生物医药
哈尔滨百爱科技有限公司	生物医药
哈尔滨多伦多农业生物科技有限公司	生物医药
哈尔滨峰源高科技开发有限公司	生物医药
哈尔滨惠迪科技有限公司	生物医药
哈尔滨基太生物芯片开发有限责任公司	生物医药
哈尔滨接触科技有限公司	生物医药
哈尔滨龙沪环境生物工程有限公司	生物医药
哈尔滨仁博士生物医学有限公司	生物医药
哈尔滨三元阳普医药科技有限责任公司	生物医药
哈尔滨四泰生物科技股份有限公司	生物医药
哈尔滨亿实达生态科技开发有限责任公司	生物医药
哈尔滨众生北药生物工程有限公司	生物医药
黑龙江蓝德奥饮品有限公司	生物医药
哈尔滨安康科技有限责任公司	光机电一体化

哈尔滨奥瑞驰高新技术有限公司	光机电一体化
哈尔滨德威电子技术有限公司	光机电一体化
哈尔滨哈成套电气工程有限公司	光机电一体化
哈尔滨海太精密电子有限公司	光机电一体化
哈尔滨华奥新技术开发有限公司	光机电一体化
哈尔滨华恒科技有限公司	光机电一体化
哈尔滨华良科技有限公司	光机电一体化
哈尔滨环博机电有限公司	光机电一体化
哈尔滨精石自动化有限责任公司	光机电一体化
哈尔滨蓝雪微电子封装技术开发有限公司	光机电一体化
哈尔滨力富科技有限公司	光机电一体化
哈尔滨俪富清雪机械有限公司	光机电一体化
哈尔滨六维数控设备有限公司	光机电一体化
哈尔滨蒙鹰科技有限公司	光机电一体化
哈尔滨帕特尔科技有限公司	光机电一体化
哈尔滨润邦科技发展有限公司	光机电一体化
哈尔滨市东典智能科技开发有限责任公司	光机电一体化
哈尔滨市东圣智能控制工程有限责任公司	光机电一体化
哈尔滨四野科技开发有限公司	光机电一体化
哈尔滨泰伦特科技开发有限公司	光机电一体化
哈尔滨万得科技股份有限公司	光机电一体化
哈尔滨威波瑞科技有限公司	光机电一体化
哈尔滨先锋机电技术开发有限公司	光机电一体化
哈尔滨新世科技有限责任公司	光机电一体化
哈尔滨行健机器人技术有限公司	光机电一体化
哈尔滨伊菲特科技有限责任公司	光机电一体化
哈尔滨泽恩磨浆机有限公司	光机电一体化
哈尔滨中飞新技术有限公司	光机电一体化
哈尔滨中佳科技有限公司	光机电一体化
黑龙江立高科技开发有限公司	光机电一体化
哈尔滨稻京液氨制造有限公司	新材料
哈尔滨菲尼克斯光学新材料有限公司	新材料
哈尔滨吉斯达材料科技有限公司	新材料
哈尔滨君宇科技开发有限公司	新材料
哈尔滨科泰新材料有限公司	新材料
哈尔滨安洁瑞环境科技有限公司	新能源环保
哈尔滨工大格瑞环保能源科技有限公司	新能源环保
哈尔滨蓝达环境科技有限公司	新能源环保
哈尔滨明亚薰香制品有限公司	新能源环保
哈尔滨市呈光科技开发有限公司	新能源环保
哈尔滨韬之博科技开发有限公司	新能源环保
哈尔滨旭达磁技术有限公司	新能源环保
黑龙江深深蓝水处理科技有限公司	新能源环保
黑龙江省明杰科技开发有限公司	新能源环保
哈尔滨全福农业科技有限公司	生态农业
黑龙江天宏工程设计有限公司	建筑制造
哈尔滨朗新世纪科技贸易有限公司	商贸流通

园区联系方式

地　址：哈尔滨开发区南岗集中区嵩山路5号
邮　编：150090
电　话：86-451-82344005
传　真：86-451-82321334
邮　箱：huangrf100@sina.com
网　址：www.hrbincubator.com

大庆留学人员创业园

园区概况

大庆留学人员创业园（以下简称“创业园”）成立于2001年6月，是大庆市委市政府和大庆高新区工委、管委会为鼓励海外学子创新创业、报效祖国，按智能化、国际化、高标准建设的创业基地。创业园内环境优美、共享设施配套齐全，并配备高素质的管理队伍，为留学人员回国创业提供高效快捷、热情周到的服务。

创业园成立以来，依托大庆高新技术创业服务中心的孵化管理服务，在各级政府的关心和全体员工的共同努力下，通过给予项目启动费、免费提供用房等优惠政策，创业环境日臻完善。吸引了来自美国、加拿大、德国、澳大利亚、英国、日本、法国、俄罗斯等10多个国家的留学人员，在新材料、精细化工、节能环保、生物医药、软件、先进机械制造业等高新技术领域开发和实施了一批技术含量高、发展潜力大的项目，已经发展成为高新区技术创新体系的核心、人才聚集的高地、小型科技企业创新创业的理想家园。

园区联系方式

地　址：大庆高新区高新路10号
邮　编：163316
电　话：86-459-6282541
传　真：86-459-6282536
邮　箱：hancq6618@163.com
网　址：www.dhbi.org

上海宝山留学人员创业园

园区概况

上海宝山留学人员创业园（以下简称“创业园”）成立于2003年3月，是由上海市人事局、上海市宝山区人民政府、上海市宝山区城市工业区建立的高科技、外向型创业园区，以企业孵化为主，重点引进留学人员开发的高新技术项目。创业园位于上海宝山城市工业园区内，环境优越，交通便捷，四通发达。

宝山区委、区政府对创业园的发展在政策、人力、资金上给予大力支持，明确城市工业园区两个楼面共3500平方米、纳米大楼一个楼面1400平方米供创业园使用，在租金上给予优惠，在税收上享受三资企业的待遇，对留学生创业具有极大的吸引力。创业园从起步到逐步规范，从体制调整到创业基地的拓展，现已走上健康发展的轨道，逐步成为宝山吸引海外高层人才的集聚地和高新技术企业的孵化基地。

2010年在园留学人员企业名录

洪国（上海）网络科技有限公司	电子信息
日商（上海）网络科技有限公司	电子信息
上海威腾信息科技发展有限公司	电子信息
游比（上海）数码有限公司	电子信息
比尔安达（上海）润滑材料有限公司	生物医药

上海丹尼尔化学技术有限公司	生物医药
上海金润生物制品有限公司	生物医药
上海赛沃化工材料有限公司	生物医药
上海泰飞尔生化技术有限公司	生物医药
上海邦智奇生物科技有限公司	生物医药
比尔安达（上海）润滑材料有限公司	新材料
上海竑泰新材料科技有限公司	新材料环保
上海桑吴太阳能科技有限公司	新能源环保
上海法澜捷服饰有限公司	建筑制造
上海和悦办公家具有限公司	建筑制造
上海三生机械设备有限公司	建筑制造
上海神州海事工程有限公司	建筑制造
晏美服饰上海有限公司	建筑制造
上海宝星科技发展公司	商贸流通
上海昌灏商贸有限公司	商贸流通
上海帕立特科技发展有限公司	商贸流通
上海新世傲股份有限公司	商贸流通
上海熊莹商贸有限公司	商贸流通
上海煜弘海事技术服务有限公司	现代服务
上海博科技术经纪有限公司	现代服务
上海乾力建设咨询有限公司	现代服务
上海东昕工业设计有限公司	现代服务
上海飞桥投资咨询有限公司	现代服务
上海功大建材检测有限公司	现代服务
上海欧柯企业管理咨询有限公司	现代服务
上海早欣投资咨询有限公司	现代服务
上海哲夕投资管理咨询有限公司	现代服务
金腾投资咨询（上海）有限公司	现代服务
栗木园林设计（上海）有限公司	现代服务

园区联系方式

地　址：上海市宝山区丰翔路1409号
邮　编：200436
电　话：86-21-56171777
传　真：86-21-36161568

上海留学人员漕河泾创业园区

园区概况

上海留学人员漕河泾创业园区（以下简称“创业园区”）成立于1996年6月，是漕河泾开发区与上海市人事局共建的上海第一批留学人员创业园。创业园位于国家级漕河泾新兴技术开发区内，环境良好，交通便利，区内基础设施齐全，通讯捷达，集中了众多的科研院所和高新技术企业。

创业园区在体制上三位一体，由留学人员创业园区、国家级高新技术创业服务中心和上海国际企业孵化器（漕河泾基地）共同组成。园区管理机构为上海漕河泾新兴技术开发区科技创业中心，是由上海市漕河泾新兴技术开发区发展总公司全额投资并主管的以培育和支持高新技术企业及其产业发展，促进科技成果商品化、产业化、国际化为目的的企业孵化器。创业中心十余年累计孵化培育了400余家科技创业企业，成功率超过90%，先后被国家科技部评为“国家级高新技术创业中心”、“国家高新区先进孵化服务机构”；被国家科技部与联合国开发计划署（UNDP）共同认定为“国际企业孵化器”；同时也是“上海市高新技术成果转化孵化基地”、“上海市文明单位”和“上海2005最具活力科技创业园区”，在全国创业中心范围内率先提出并首家通过ISO9001国际质量体系的认证。2008年，创新中心获得“上海火炬统计（孵化器）工作先进单位”与“上海市二十周年火炬计划先进集体”称号，以及由中国民营促进会颁发的“2008年度全国先进科技产业园民营科技发展贡献奖”。2009年4月，与徐汇区共建“大学生创业创新园”，重点帮助大学生和留学生创业，获团中央“大学生创业就业见习基地”称号；同年9月，被中国技术创新协会留学人员创业联盟评为“第一届理事会常务理事单位”，园区总经理韩宝富任选为中国留学人员创业园联盟第一届理事会副秘书长。

创业园区拥有3.7万平方米创业基地，并以优惠条件、优良环境和优质服务支持高新技术企业，特别是归国留学人员企业的创办和发展，全方位地积极做好留学生企业服务工作，充分发挥企业孵化培育的功能，为留学人员企业的快速发展创造与国际接轨的环境。创业园区为留学人员进区创办企业提供咨询和代理服务，同时设立了500万元人民币的创业投资资金和50万元种子资金，进区留学人员企业可根据需要申请。进区企业还可按规定享受国家有关经济技术开发区和高新技术开发区以及上海市、徐汇区的有关优惠政策。

创业园区作为上海市重要的留学人员创业基地，也是促进科技成果转化和技术创新、推动地方经济发展的一个重要基地，注重科技成果商品化、商品的市场化和市场的国际化，营造适合留学人员企业发展的办公环境、技术环境、人才环境、资本环境、信息环境和市场环境，为入驻的留学人员企业提供入驻、孵化、毕业三个阶段的完整规范、高效优质的服务。

2010年园区发展报告

一、园区孵化体系和服务创新模式

加快完善创新创业的“双创”服务体系，2010年初步完成的“双创超市”覆盖产业发展各个阶段，即技术转移、项目培育、企业孵化、企业加速、产业促进、产业转移六个阶段；其服务内容包括企业辅导、项目申报、人事人才、企业融资、国际合作等16个服务模块约600项服务；服务对象涵盖预孵化企业、在孵企业、加速企业到规模企业，并通过确立服务标准，贯彻服务标准实施，与自身特色相结合，形成了接力式、系统化的“双创”服务体系。与此同时不断丰富“双创”品牌内涵，开通了创业中心英文网站，并扩大ISO9001管理体系覆盖范围至全中心，旨在塑造良好的窗口形象，打造服务品牌。全年共有《解放日报》、《文汇报》、央视新闻频道等媒体报道共40余次。

在此基础上，漕河泾创业园区形成了特有的服务模式：

第一，从单一孵化功能到构建接力式创新创业服务链，即向在孵企业提供从入驻、创业、毕业三个阶段系统化的服务，形成了由16大模块组成的双创服务体系。建成了技术交易中心、孵化管理中心、战略服务中心、风险投资中心、创新文化中心“五个中心”，搭建立体化平台，拓展双创服务的功能。

第二，从服务直接提供者到服务集成供给者。树立合作多赢的理念，建立开放型的平台，沟通全方位联系的渠道，构建科学筛选的机制，集聚社会化、专业化资源，为科技成果转化和科技企业成长提供集成型、针对性的服务。

第三，从应对式管理到规范化管理。漕河泾创业中心重视服务和管理的科学化水平，通过学习国外先进经验，在全国第一个将孵化培育过程纳入国际质量管理体系的孵化器；第一个建立《漕河泾开发区“双创”指标体系》，保证了管理的标准化和精细化，使整个服务和管理过程及质量处于可控状态。

第四，从核心资源集聚到到服务品牌扩散。在立足孵化基地的基础上，走出创业中心，在三个层面上推进双创服务品牌扩散。第一个层面是面向整个开发区1200多家的科技企业。第二个层面是辐射开发区本部外，已向浦江高科技园、临港装备产业园区、松江高科技园输出双创服务品牌，并将向外省市扩散。第三个层次是加大国际合作力度，引入现代化的服务手段，孵化和服务国内外科技型企业。

二、聚焦园区企业，做实做好“双创”服务

2010年，上海留学人员漕河泾创业园区围绕“聚焦企业，聚焦服务”的总方针，以增强开发区自主创新能力和国际竞争力为主线，加快实现创新转型，推动原创型企业发展。通过高品质的服务，不断提升园区的创新环境和漕河泾品牌核心竞争力。

创业中心不断创新服务方式，充实服务内涵，将“创业导师+专业孵化+风险投资”孵化模式做实做好。为给众多创业者提供更多有针对性的辅导和培育，年初创业中心继续扩大服务队伍，创业导师增至8名、辅导员10名、联络员23名。全年共跟踪服务开发区和孵化基地内企业66家，提交服务记录621份。以对创业者的有效服务作为出发点和最终目标，创业中心建立起辅导员考核和评优机制。此外，为提升对孵化企业的服务水平，创业中心每月定期召开辅导员联络员专题会议进行交流和培训。

2010年共组织科技创新基金申报、专利申请等企业下午茶沙龙43次，其中大型主题沙龙11次，累计服务企业638家，参与人数达1038人，较2009年增长了约3倍。此外，推荐高转项目4个，为在孵企业提供项目申报、培训、市场等各类信息158条。

三、资源共享及中介服务平台建设

漕河泾创业中心积极整合开发区内外资源，搭建了市场服务、技术支撑、融资服务、信息服务等服务平台；组建了开发区内6家孵化器和科技园组成的“区域孵化平台”，通过“共享信息、共享资源、共享服务、共享政策、共享平台和共赢发展”，签订六方合作联盟协议，为科技企业提供系统化、专业化的孵化服务。目前这六家孵化器和科技园的总面积为17万平米，入驻企业337家。

不断推进公共设备和技术共享服务平台建设。汇集园区企业资源，目前漕河泾开发区公共研发平台共有17家加盟单位，共享仪器282台，服务次数1626次，服务金额965万元，有效提高仪器设备利用效率，降低中小企业研发成本。

构建人事服务平台，推动人才高地建设。一是做好“千人计划”人才申报推荐工作，同时启动“国家级海外高层次人才创新创业基地”筹建工作。在国家“千人计划”人才申报方面，目前开发区已有6人入选国家“千人计划”创新创业人才，2010年又新推荐2人申报国家“千人计划”，目前已报中组部审定。二是建设“漕河泾开发区双创培训服务平台”。“漕河泾双创大讲堂”全年共举办活动56场，参加企业累计657家，学员3016人次。年内揭牌的“上海交大漕河泾开发区高级金融人才培训基地”已开展金融专题讲座2次，并与《第一财经日报》合作举办了投资沙龙活动。

多渠道为企业提供投融资服务。被誉为“漕河泾模式”的科技型中小企业融资平台第一期所贷款项全部按期回笼，做到无一笔坏账、无一笔延期，得到《解放日报》、央视新闻频道等多家媒体报道；积极开展银企对接工作，与上海银监局、徐汇区政府等联合主办“送金融服务进园区”活动，共有45个项目签约，授信金额33亿元。协调多家银行为8家企业提供贷款6525万元；与专业机构合作，对拟上市重点企业开展个性化辅导服务，开发区现有拟上市企业38家，其中万达信息于2011年1月25日成功上市，成为开发区自主培育的首家创业板上市企业。

延伸科技价值链，促进成果转化和项目转移。依托知识产品（上海）集散中心和产业转移促进中心（商务部上海基地）两个服务平台，积极为园区企业提供技术转移服务和产业转移服务。漕河泾创新驿站全年共搜集各类需求58条，同时协助园区企业召开各类专场推介会3场，累计30余家企业40多人次参加，成为企业科技成果转化的桥梁和纽带。产业转移促进中心（商务部上海基地）全年共协助各省市召开沪上推介会8场，组织世界银行专题培训讲座3场，组织入驻商务代表与美国加州基金会、世界银行国际金融集团等机构多次沟通接洽，并达成初步意向。此外，收集上海地区及全国开发区信息78家、技术企业信息200条、重点招商项目481个，进一步充实了信息数据库。

四、2010年度创新孵化成果及园区获得的主要荣誉

2010年度，创业园区软件企业淘米网络获“2009—2010中国软件和信息服务业年度创新影响力企业”称号；晋恒软件获日本最大的IT服务企业NTT DATA增资，实现软件出口外包从“中国制造”到“中国设计”；新相微电子等5家企业获“2010年度中国留学人员创业园百家最具成长性创业企业”称号；弘视通信创始人潘今一获亚洲首个也是唯一一个“AABI火炬最佳创业者奖”称号；杨崇和等6人入选国家“千人计划”创新创业人才；杰同、寰彩获“上海软件园优秀软件创业企业”称号，公司创始人伍小强和谢晓获“上海软件园创新服务个人”称号。

2010年度，漕河泾创业中心获评上海市孵化行业协会年度评价优秀孵化器；获评“2010年度上海市科技创新创业服务先进集体”称号；获市科委“最佳创新孵化环境奖”称号；被国家科技部认定为“大学生科技创业见习基地”；成为上海市科技企业加速器试点单位，是上海市2家加速器试点单位之一；获“2010年度上海市高新技术成果转化工作先进集体”称号。

2010年在园优秀留学人员企业

一、杰同信息（上海）有限公司

基于领先的软件开发技术，杰同公司成为微软公司的官方服务提供商，以及上海市政府软件服务中心的合作伙伴，致力于为企业及政府机构的信息化提供解决方案。基于在离岸软件外包服务领域的技术及管理经验，成为美国著名的保险业管理公司Word & Brown的离岸软件外包服务提供商，为其研发网上保险业务电子商务系统。基于在制造业工程设计信息化领域深度的行业知识，成为在工程信息化领域领先的欧特克公司（Autodesk）的官方服务提供商，以及在工程仿真领域领先的法国ESI公司的合作伙伴。

公司创办人伍小强博士，毕业于美国UCLA工程系，博士学位。曾在硅谷高科技企业如微软、IBM、Autodesk、FileNET等企业从事技术研发和管理工作。

二、上海利策科技有限公司

上海利策科技有限公司是一家专业为海洋和陆上油气田开发提供工程服务的高科技民营企业，技术服务领域包括油气处理设施、结构、浮式生产、水下系统和海管等，为世界范围内的客户提供设计、咨询和项目管理服务。工程服务包括从预可行性研究报告到详细设计的各个阶段，解决方案满足油田全寿命的所有要求；地质咨询服务包括地质勘探、油藏评估及客户的其他专业要求；项目管理服务包括EPC合同咨询，建造管理服务和QA/QC服务。

公司创办人戚涛在1997年获东京大学博士学位；2001年在美国休斯顿组织发起国际海洋工程师协会，任首届理事长；2002—2003年期间曾任中国造船学会近海工程学术委员会副主任委员；2003年回国创办上海利策科技有限公司。

三、上海莎江生物科技有限公司

莎江生物科技有限公司是由留美博士、中外专家建立的一家新型、现代、国际化的绿色健康产品的供应商和服务商，主要开发新型天然皮肤粘膜抗菌组合物，包括马鞭草科、茄属、白马骨属植物提取物。该天然组合物抗菌能力经国家权威机构评定，对以真菌代表的白色念珠菌和以细菌代表的金黄色葡萄球菌抑菌率均达到100%，达到国际先进水平。该组合物可以大面积、长期使用，可以有效克服化学合成组分抗菌产品的不足，有望成为其替代物或互补品。

创始人温红媚，美国弗吉尼亚大学化学工程博士。在美期间5年就职于世界500强，熟悉国际公司运作、管理和研发，并且已有初创型公司管理经营经验。

四、新相微电子（上海）有限公司

新相微电子（上海）有限公司由业内具备多年工作经验的核心团队创建，致力于提供领先的LCD驱动芯片及相关消费电子产品。公司在国内建立了从硅片生产到封装、测试的完整产业链，合作伙伴包括中芯半导体、华虹NEC、南茂科技等。公司总部立足本土，在美国硅谷设立了研发中心，同时在台湾和北京建有办事处。在立足自主开发以及多年产品量产经验的基础上，公司未来研发产品将主要涉及TFT-LCD驱动芯片领域，应用领域涉及笔记本电脑、手机、相机以及相关的多种便携式设备。

总经理肖宏博士毕业于加州伯克里大学，从事多年的微电子设计工作，并创建过业内两家著名IC设计公司。

五、上海巨哥电子科技有限公司

上海巨哥电子是一家从事红外线成像芯片和热像仪的开发的高科技企业。核心团队汇聚美国普林斯顿大学、加州伯克利大学、清华、中科大、浙大等科技精英。公司自主研发的热像仪核心芯片技术面向工业、安全、汽车、消费类电子等市场，填补了我国高科技产品的空白。目前，公司研发的产品已经进入产品化和市场开拓阶段。

公司创始人沈憧棐是美国普林斯顿大学电子工程系博士，曾获得上海浦江人才计划及徐汇区留学人员创业专项。

六、上海大郡动力控制技术有限公司

上海大郡动力控制技术有限公司成立于2005年，是专业从事混合动力及纯电动汽车（HEV/EV）用电机及其控制技术的研发和生产的高科技企业。

公司开发出的一系列混合动力汽车、电动汽车以及燃料电池汽车用电机系统产品具有技术含量高、节能环保的特点，被纳入“十一五”国家863计划节能与新能源汽车重大专项，是目前国内领先的产品，并已同一汽、东风、上汽和长安汽车等国内主要汽车生产企业建立了合作伙伴关系。

七、上海裕隆临床检验中心有限公司

上海裕隆临床检验中心是裕隆生物医学集团下属的专业从事临床检验及病理诊断服务的独立医疗机构，由第四批中央“千人计划”入选者穆海东等留美博士创立。中心依托集团的免疫及分子诊断技术平台优势并引进了国际先进的检验设备，设置了分子生物学、临床化学、临床免疫、临床微生物、临床血液体液、病理、细胞遗传及亲子鉴定等实验室，可展开各类临床检验项目及科研技术服务1000余种。同时，拥有“免疫诊断试剂国家工程实验室”的临床应用研究平台和诊断蛋白标志物筛选检测平台，并承担了相应研究工作。

中心坚持“不断创新、永续发展”的经营理念，不断开发以高通量分子生物学诊断技术为代表的新产品、新服务、不断提高服务的品质，与国际前沿接轨，满足客户日益增长的需求。

2010年在园留学人员企业名录

企业名称	行业
艾迪悌科技（上海）有限公司	电子信息
艾维思通讯技术（上海）有限公司	电子信息
博康数码科技（上海）有限公司	电子信息
多威通信系统（上海）有限公司	电子信息
聘舞信息科技（上海）有限公司	电子信息
贺尔碧格（上海）有限公司	电子信息
杰同信息（上海）有限公司	电子信息
竞察信息技术（上海）有限公司	电子信息
科亿尔数码科技（上海）有限公司	电子信息
快板电子科技（上海）有限公司	电子信息
澜起科技（上海）有限公司	电子信息
律典（上海）信息技术有限公司	电子信息
米技电子电器（上海）有限公司	电子信息
上海柏飞电子科技股份有限公司	电子信息
上海贝岭股份有限公司	电子信息
上海未来伙伴机器人有限公司	电子信息
上海文煊软件有限公司	电子信息
上海丰宝电子信息科技有限公司	电子信息
上海优乐网络科技股份有限公司	电子信息
上海丰普软件有限公司	电子信息
上海寰彩网络科技有限公司	电子信息
上海伽利略导航有限公司	电子信息
上海东禾信息技术有限公司	电子信息
上海巨哥电子科技有限公司	电子信息
上海高清数字科技产业有限公司	电子信息
上海高意激光技术有限公司	电子信息
上海海高通信发展有限公司	电子信息
上海海隆软件股份有限公司	电子信息
上海弘视通信技术有限公司	电子信息
上海华超电器科技有限公司	电子信息
上海华腾软件系统有限公司	电子信息
上海圣然信息科技有限公司	电子信息
上海裕山信息科技有限公司	电子信息
上海征途信息技术有限公司	电子信息
上海中科光纤通讯器件有限公司	电子信息
上海卓越睿新数码科技有限公司	电子信息
晟朗（上海）电力电子有限公司	电子信息
万达信息股份有限公司	电子信息
新峤网络设备（上海）有限公司	电子信息

新相微电子（上海）有限公司	电子信息
薪得付信息技术（上海）有限公司	电子信息
源讯高维资讯（上海）有限公司	电子信息
展唐通讯科技（上海）有限公司	电子信息
佐拉科技（上海）有限公司	电子信息
今翌信息科技（上海）有限公司	电子信息
上海淘米网络科技有限公司	电子信息
上海天游软件有限公司	电子信息
上海今科通信系统有限公司	电子信息
上海金陵电子网络股份有限公司	电子信息
上海晋恒软件有限公司	电子信息
上海澜起微电子科技有限公司	电子信息
上海利策科技有限公司	电子信息
上海联合光盘有限公司	电子信息
上海领世通信技术发展有限公司	电子信息
上海查尔斯电子有限公司	电子信息
上海全波通信技术有限公司	电子信息
澳赛尔斯生物技术（上海）有限公司	生物医药
上海仁康科技有限公司	生物医药
上海莎江生物科技有限公司	生物医药
上海拓能医疗器械有限公司	生物医药
上海晓乐东潮生物技术开发有限公司	生物医药
上海唯上生物科技有限公司	生物医药
上海吉凯基因化学技术有限公司	生物医药
上海安康医药有限公司	生物医药
上海知善生物科技有限公司	生物医药
上海裕隆生物科技有限公司	生物医药
上海存中生物技术有限公司	生物医药
上海爱克发感光器材有限公司	新材料
上海东升新材料有限公司	新材料
上海六晶金属科技有限公司	新材料
上海模具技术研究所有限公司	新材料
上海新岭材料有限公司	新材料
上海新宇新材料科技有限公司	新材料
上海才烁人才信息咨询有限公司	现代服务
上海创库商务咨询有限公司	现代服务
上海谱尼测试技术有限公司	现代服务

园区联系方式

地　址：上海市徐汇区桂平路410号国际孵化中心大厦3楼
邮　编：200233
电　话：86-21-64952625
传　真：86-31-64951721
邮　箱：hubin@caohejing.com
网　址：www.caohejingibi.com

上海留学人员嘉定创业园

园区概况

上海留学人员嘉定创业园（以下简称“创业园”）建立于1996年，是上海国家高新技术产业开发区“一区六园”之一，也是第一批被国家人事部、科技部、教育部确立的国家级留学人员创业园示范园区。南北两大园区采取“两块牌子、一套班子”的方式进行企业化管理。2002年以来，园区先后被评为“全国十佳民营科技园”、“最具活力科技园区”和“全国先进科技产业园”。

园区占地面积42.6万平方米，拥有孵化楼、产业楼3万平方米，配套的服务中心1600平方米。新规划的上海嘉定高新技术园北园区占地500亩，划分为4个板块：打造面向头脑型、研发型和孵化型企业的“嘉定硅谷园”，建设成高新技术研发和科技孵化基地；集中多功能商务会所、培训中心、宾馆酒楼、展示大厅等的生产生活配套服务区；建设高档标准厂房，并提供智能化安全技术防范和物业管理的先进制造业生产加工区；用以吸引国内外的著名高科技企业投资建厂的高新技术企业生产用地。

凭借自身优势和嘉定工业区的广阔空间，创业园得到长足发展，已经成为引导企业自主创新、发挥孵化器功效的重要载体。创业园以高起点的布局规划，以汽车零部件、信息电子、医疗设备、机电配件的现代制造业为产业导向，力求凭借标准的设计建设程序、产学研一体的创新制度、功能齐全的配套服务，为嘉定工业区不断聚集科技动力，成为海外学子归国创业的摇篮，科技企业投资开发的热土，成为全国留学人员创业园中聚集留学生最多的园区之一。

2010年园区发展报告

2010年是国家留学人员上海嘉定创业园按照“十一五”规划努力打造优良创新创业环境的最后一年。回顾整个“十一五”期间，园区一直非常重视海外高层次创新创业人才的引进与服务工作。特别是2006年以来借助其所属的上海嘉定高科技园区所拥有的张江高新区的政策优势，并依托市、区各级资源优势，园区开拓创新，务实进取，在引进和服务海外高层次人才创新创业方面取得了显著成绩。

一、工作成绩

近年来，园区坚持引才，立足培育，加大扶持，做细服务，获得了经济上和社会上的双重效益。

（一）人才集聚度明显增强，已成为嘉定区海外高层次人才创新创业的高地。园区目前有注册企业1000多家，其中留学生企业224家，吸引500多名留学人员和1000多名科技人员在园区创新创业。产业分布于新能源汽车、电子信息、光机电一体化以及现代服务业。其中，2009年以来吸引海外高层次人才来园区创新创业的数量明显上升，新增40余名海外高层次人才来园区新注册公司或者在园区企业任职。在这些海外留学人员中，有5人获批“上海浦江人才计划”，6人入选中央“千人计划”，5人经过区委组织部评审推荐后，正待市委组织部审批上海“千人计划”。

（二）人才对产业发展的带动力持续增强，园区经济发展呈显著上升态势。随着高层次人才持续不断地引进，园区企业的生存及发展能力得到增强。2007至2010年，园区企业总产值连续四年每年实现大于40%的增幅，而上交税收的年增幅也连续四年保持在20%以上。2010年，园区企业实现总产值111亿元，上交税收5.1亿元。其中留学生企业实现总产值16.2亿元，税收8700万元；在留学生企业中，产值超千万元的企业16家，税收逾百万元的企业11家，新增高新技术企业5家（累计10家），科技成果转化项目3家，中小企业创新资金项目3家。

（三）园区在外美誉度不断提高，社会反响良好。园区持续不断的人性化精细服务越来越获得海外高层次人才的认可。在每年市、区人社局、侨办领导组织海外高层次创业人才座谈时，园区的创业者们对园区贴心、及时、有效的服务交口称赞。园区内不少海外高层次人才还自愿成为了园区招才引智的亲善大使。他们介绍同学、朋友、亲戚甚至自己的上下游合作商到园区注册公司，让“以商引商”变成园区招商引资的重要渠道。

此外，园区在全国留学人员创业园、诸多海外华人社团以及广大海外留学人员中的品牌形象也日益提升。2009年，园区内的留学人员创业园当选为中国留学人员创业园联盟的常务理事单位；园区与美国、英国、日本的华人专业社团达成合作意向；园区受科技部、教育部联合主办的“春晖杯”海外留学人员创新创业大赛组委会邀请，参加广州留交会的封闭活动，提前与海外创业人才深度接触。2010年，园区正式成为“春晖杯”大赛的协办单位并由组委会授权，园区代表上海市承办了大赛入围项目的视频洽谈会。

二、主要做法

几年来，园区坚持“引得进、站得稳、长得大、留得住”的工作思路，扎实开展引进与服务海外高层次创新创业人才工作。

（一）整合资源，广开渠道，人才引得进

1. 借用科研院所资源吸引海外高端人才。嘉定众多的国家级科研院所和高校，良好的科技环境，是园区对外吸引高层次人才可依托的重要资源。近两年来，在嘉定区政府和嘉定工业区管委会的大力支持下，园区积极与各科研院所和高校沟通、洽谈、合作。目前已经与中科院的技术物理应用研究所、光学与精密机械研究所、微系统所、深圳先进技术研究院等建立深度合作模式，为这些科研院所的研发项目产业化提供场地、服务和中介平台。从目前的运作情况看，这实际创新了园区的引才之道。因为科研院所要将部分研发项目产业化，所需要的正包括拥有先进技术和丰富管理经验的海外高层次人才。为了帮助科研院所实现项目产业化以及园区自身海外创业人才的引进，园区不断传递、详解并且落实有关创新创业的政策和服务。2009年以来，通过科研院所的渠道，园区已经成功引进6位海外高层次人才，并已经或者准备为其申报国家“千人计划”。

2. 依托国家、市、区部门资源吸引海外创业人才。园区所属的留学人员创业园是国家级的留创园，与教育部、科技部以及市区组织部、人社局、侨办等部门保持着紧密联系。通过积极参与相关部门组织的活动，如面向全球海外留学人员举办的“春晖杯”创新创业大赛、广州留交会、大连海创周等，园区结识了一大批有志创业的海外留学生。通过这些资源，园区接待了海外华人社团、中央“千人计划”入选者的考察，并成为一些海外高层次人才人才的创业之地。

3. 加大园区建设，腾笼换鸟，筑巢引凤。“引得进”除了有渠道可引才，也需要园区具备相应的物理空间可供人才的项目落地，而园区早在2007年就已经没有空置的办公用房。为此，园区自2008年开始实施“腾笼换鸟”，将10余家产业导向不符合、科技含量不高、市场前景不明朗的企业迁出园区，为海外高层次人才的项目储备了空间。同时，借助嘉定工业区北区的产业基地资源，在引入海外高层次人才的较大规模项目时，将公司注册在园区，由园区提供跟踪服务，而生产场地在工业区北区。这种“南北联动”的模式满足了人才和项目的空间需求，有效缓解了园区场地紧张。

（二）量身定制孵化政策与服务，创业站得稳

借助嘉定工业区的资源，园区集“孵化器”、“加速器”、产业基地的3个“功能池”于一体，能够针对不同阶段的企业提供对应服务模式，让每位人才都能在园区里找到适合自己的发展空间。

海外高层次创业人才一般不熟悉国内市场及规则，技术好但资金不充足，长于科研但疏于经营管理。针对他们这些特点，园区为创业初期的海外人才量身定制了一系列的政策与服务，吸纳他们进入园区科技企业“孵化器”，帮助他们尽量节省开支、降低成本、熟悉政策、获得资助、发现市场，安然度过创业初期3年的死亡谷。这些政策与服务包括：工商税务注册的一条龙服务、房租减免、免费培训、免费人事代理、免费财税代理、免费创业导师、免费科技立项申报辅导。多年来，园区的留学生企业和科技类企业没有一家在3年内夭折。相反，不少企业正稳步长大，逐渐从“孵化器”迈入园区的“加速器”。

（三）搭建快速成长的平台，企业长得大

对已经成功创业过、有一定经历和资本积累的海外人才，园区为他们提供“加速器”对应的政策与服务，帮助企业快速成长，直至进入产业基地甚至上市，促进企业长成“小巨人”。“加速器”里有三大平台，提供相关服务。

1. 产学研合作交流平台。为支持企业进行产学研合作交流，保持技术上的竞争力，园区每年都组织或者资助企业开展专题论坛或者参加与科研院所的产学研对接会。2008年以来，园区共筹措资金78万元，用于资助企业承办或者参加了12次大型产学研合作交流活动，帮助企业实现技术提升和科技成果转化。其中留学生企业上海威廉照明电气公司承办的“21世纪新光源——半导体节能照明技术高层研讨会”、上海底特精密紧固件有限公司承办的“汽车零部件安全技术交流暨精密紧固件联结技术及应用研讨会”等都邀请了国内外的行业专家共同探讨，在行业中产生了较好反响。

2. 公共实验平台。为资助企业加大科技创新力度，园区与符合嘉定区产业定位、技术水平先进、市场前景好的企业共建公共实验平台，一方面协助企业解决研发资金瓶颈，一方面也为园区集聚相关产业的企业和实现项目的合作提供公共服务平台。2008年以来，园区资助上海科曼车辆部件系统有限公司设立了汽车零部件公共实验平台，资助上海力洋信息技术有限公司设立了汽车零部件电子商务及物流平台；并计划资助海外高层次人才顾茂众的上海底特精密紧固件有限公司建立紧固件基础和应用研究公共服务平台。

3. 融投资平台。园区融投资平台由三部分构成，一部分是园区牵线，促成银行等金融机构对企业的融资服务；一部分是园区自身的投资功能；还有一部分是园区通过提供免费科技立项服务为企业争取到政府无偿资助资金。2008年，通过园区协调，留学生企业上海创开无框阳台窗有限公司在燃眉之急时通过“绿色通道”获得工商银行2000万元贷款。2004年以来，园区已累计协助24家企业成功申报为高新技术企业，30余家企业获得各类国家和市级项目经费资助，获得经费累计1800万元。

对企业快速发展后有土地需求的海外高层次人才，通过项目评估后，园区尽力为其提供购地申请服务。目前，园区两名海外高层次创业人才已与工业区签订土地投资协议，这意味着他们的企业将有更广阔的发展空间。

（四）对企业做足人性化服务，人才留得住

海外高层次人才是各地亲睐的资源，尤其是其已经长大的企业和项目更是受到各地争抢。为挽留住已经创业成功的人才，园区在人性化服务方面下足功夫，使众多企业暖心动情，继续扎根园区。

首先，园区为每个重点企业尤其是海外高层次人才的企业配备专门的企业联络员。从2008年开始至今，园区的每位员工都是近10家企业的联络员，各自负责密切联系企业，了解其所需所想，帮助其解决问题。这项举措深受企业称赞，他们评价是进了园区就有人关心、跟踪服务，自己可专心致志做研发和经营。

其次，园区每年为在生产经营、科技创新、社会贡献等领域有突出成绩的企业经营者评优颁奖，让其感受到来自社会的肯定和鼓励。同时园区还设立了科协，举办企业家沙龙，每年组织优秀企业经营者参加经济发展论坛和专门体检，这些都让海外高层次人才对园区产生较强的归属感、认同感。

园区持续不断地开展人性化服务，用感情留人。有5家留学生企业，因种种客观原因曾打算迁出园区，园区获悉后努力协调有关方面，帮助其克服困难，最终这5家企业都选择了继续留下。虽然由于土地和厂房的限制，有的企业依然需要在外经营，但他们的注册地和税收都在园区。

2010年在园留学人员企业名录

飞确安网络通讯设备（上海）有限公司	电子信息
上海携程网络科技有限公司	电子信息
上海百度在线网络技术（北京）有限公司	电子信息
上海标晨电子科技有限公司	电子信息
上海长长电子科技发展有限公司	电子信息
上海诚进网络科技有限公司	电子信息
上海德才信息科技有限公司	电子信息
上海法左克电子有限公司	电子信息
上海富桑电子有限公司	电子信息
上海果实网络信息技术有限公司	电子信息
上海捷华通讯电子有限公司	电子信息
上海晶展电子有限公司	电子信息
上海联能光子技术有限公司	电子信息
上海律浩网络科技有限公司	电子信息
上海绿苹果数码科技有限公司	电子信息
上海美媒软件有限公司	电子信息
上海冕通电子科技有限公司	电子信息
上海欧保电子技术有限公司	电子信息
上海浦一网络科技有限公司	电子信息
上海浦易联通信发展公司	电子信息
上海锐派计算机科技有限公司	电子信息
上海申百网络科技有限公司	电子信息
上海舒觅信息科技有限公司	电子信息
上海圣索电子科技有限公司	电子信息
上海网眼信息科技有限公司	电子信息
上海玺尔信息技术有限公司	电子信息
上海小水电子材料有限公司	电子信息
上海星地通讯工程研究所	电子信息
上海晶展电子有限公司	电子信息
上海雅俊信息科技有限公司	电子信息
上海亿空信息技术有限公司	电子信息
腾龙计算机电子技术（上海）有限公司	电子信息
华宝食用香精香料（上海）有限公司	生物医药
佳贝生物技术（上海）有限公司	生物医药
上海华宝孔雀香精香料（上海）有限公司	生物医药
上海宽健医药科技有限公司	生物医药
上海联格生物科技有限公司	生物医药
上海生大医保股份有限公司	生物医药
上海思米酵素科技有限公司	生物医药
上海月圆医疗仪器有限公司	生物医药
欧好光电控制技术（上海）有限公司	光机电一体化
上海碧然光电科技有限公司	光机电一体化
上海富桑电子科技有限公司	光机电一体化
上海华科电子显像有限公司	光机电一体化
上海惠晟电子有限公司	光机电一体化
上海机电一体工程有限公司	光机电一体化
上海科曼车辆部件系统有限公司	光机电一体化
上海乐得机电设备有限公司	光机电一体化
上海群鼎机电成套设备有限公司	光机电一体化
上海声驰机电设备科技有限公司	光机电一体化
上海四创光电科技研究所	光机电一体化
上海统宝自动化设备有限公司	光机电一体化
上海雅纳锶精密仪器有限公司	光机电一体化
上海芝原数字控制有限公司	光机电一体化
上海宝徕科技开发有限公司	新材料
上海创开无框阳台窗有限公司	新材料
上海大汉金属材料科技有限公司	新材料
上海谷创新材料有限公司	新材料
上海嘉翎电子科技有限公司	新材料
上海嘉翎仪表材料科技研究所	新材料
上海特略精密数控机床有限公司	新材料
上海特视精密仪器有限公司	新材料
上海小水电子材料有限公司	新材料
土平知可飒（上海）有限公司	新材料
西立新材料（上海）有限公司	新材料
阳地钢建筑新材料（上海）有限公司	新材料
埃莱克汽车零部件（上海）有限公司	新能源环保
上海萨格汽车零部件有限公司	新能源环保
上海万宏动力能源有限公司	新能源环保
上海威廉照明电气有限公司	新能源环保
上海盛道石油勘探技术有限公司	新能源环保
上海米尚环保设备科技有限公司	新能源环保
埃莱克汽车零部件（上海）有限	建筑制造
菲耐柯斯微系统（上海）有限公司	建筑制造
上海宝菱塑料制品有限公司	建筑制造
上海晨一精密刀具有限公司	建筑制造
上海硅步科学仪器有限公司	建筑制造
上海贵鑫金属制品有限公司	建筑制造
上海航天电子有限公司	建筑制造
上海恒强磁电有限公司	建筑制造
上海凯美特功能陶瓷技术有限公司	建筑制造
上海帕格萨斯饰品有限公司	建筑制造
上海思宾尼斯仪表技术有限公司	建筑制造
上海特略精密数控机床有限公司	建筑制造
上海旭品机械有限公司	建筑制造
上海远帅机械有限公司	建筑制造
上海远新机械科技有限公司	建筑制造
上海振平机床附件有限公司	建筑制造
上鹤自动化仪器设备（上海）有限公司	建筑制造
上海艾孟芙商贸有限公司	商贸流通
上海菁艺广告有限公司	文化创意

园区联系方式

地　址：上海市嘉定区叶城路1288号

邮　编：201821

电　话：86-21-69529050

传　真：86-21-59163838

邮　箱：yuchao@jdhitech.com

网　址：www.jdhitech.com

上海留学人员张江创业园区

园区概况

上海留学人员张江创业园区（以下简称“创业园区”）成立于1996年6月，由上海市人事局与上海张江高科技园区发展总公司共建。2000年，创业园区被国家科技部、教育部、人事部、国家外国专家局认定为国家留学人员创业园示范基地。创业园区作为国家批准设立的国家级高新技术产业开发区，经过十年的开发建设，已成为集科研、教育、科技创业孵化、高科技产业和休闲生活于一体的国际化的高新技术开发区。为了推动张江高科技园区的发展，上海市和浦东新区先后出台了《上海市促进张江高科技园区发展的若干规定》等一系列推动园区发展的专项优惠政策，为张江国家留学人员创业园的建设提供了迅速发展的机遇。

创业园区具有优美的自然环境，北邻汤臣高尔夫球场，西靠中央公园和新国际博览中心，南依川杨河自然景观。园区绿化面积40%，设置公共绿化链，绿化链由大片有坡度的共享绿地和人工湖泊组成，形成主导景观。高标准的住宅小区与高雅的别墅、齐全的文化娱乐设施、良好的医疗卫生、各类学校、商业中心等构成了令人满意的园区环境。

浦东新区留学生服务中心对在张江服务和创业的留学人员提供更直接、更便捷的一揽子服务。帮助已落户的留学人员企业和个人解决融资贷款、厂房用地、进口关税、商检外汇、子女入学、户口档案挂靠等实际困难；园区建造了23000平方米的创业公寓，为归国留学人员解决安居问题；两幢博士后公寓已可入住。园区内建有实行双语教学的上海外国语大学附属中学，留学人员子女义务教育阶段可在浦东新区自选学校；体育休闲中心为留学人员提供了餐饮、休闲、娱乐的良好环境；再加上发达的公交与地铁交通网，生活配套服务十分完备。

为了支持创业园区的发展，浦东新区工商、财税、科技、海关、出入境和招商中心等政府部门在园区内设一门式办事机构，新区留学生服务中心、生产力促进中心、创业服务中心和人才交流中心张江分部纷纷进驻园区，银行、产权交易、律师事务所、会计师事务所、审计师事务所等中介机构等服务部门一应俱全，为进驻和落户园区的企业提供“一门式”服务，已形成服务创新体系。

浦东新区财政还拨专款设立了浦东新区海外留学人员创业专项资金和每年1000万元的浦东科技创业（人才）资助资金；在园区设立了专项担保基金，解决中小企业担保难的问题；设立专门机构协助企业申请国家及市区有关基金，如国家中小企业创新基金、上海市种子基金、浦东新区科技发展专项基金等；引入了政府为主体的财政资本金与民间资本相结合的机制并成立了相应的运作机构，如上海创投、浦东创投、浦东科投、张江创投等10多家投资公司，积极探索风险投资的市场化运作机制，培养和发展风险投资公司，吸纳境内外风险投资管理基金，探索风险投资退出机制，使风险投资行为规范化；大力推动高新技术企业在国内和国外上市；成立专业协会，作为对金融服务体系的补充，如投资银行家俱乐部、张江创业俱乐部等。

创业园区从人才吸引、开发和人才培训、服务两方面入手加强人才服务体系建设。连续多年赴海外招聘，吸引美国、加拿大、法国、德国、英国和香港等国家和地区人才加盟园区，建成了浦东海外人才网。在人才培训、服务方面，针对大型高科技项目及关联的新兴产业部门开展专业人才培训和继续教育，引进了复旦国际信息科技学院、中科大培训中心、软件园培训中心等机构。

创业园区依托张江高科技园区发展，依托浦东开发开放和上海高科技“聚焦张江”的双重优势，占有天时、地利、人和的有利条件，具有广阔的发展前景，为海外留学人员建功立业、创业报国提供无限的发展机会。

2010年在园留学人员企业名录

发茵特科技（上海）有限公司	电子信息
继德软件（上海）有限公司	电子信息
上海红桤网络科技有限公司	电子信息
上海康茂信息技术有限公司	电子信息
上海软波工程软件有限公司	电子信息
双态软件技术（上海）有限公司	电子信息
硕微科技（上海）有限公司	电子信息
新高和（上海）软件有限公司	电子信息
昂科信息技术（上海）有限公司	电子信息
昂一科技（上海）有限公司	电子信息
来西智能科技（上海）有限公司	电子信息
上海凯路微电子有限公司	电子信息
上海岱诺信息技术有限公司	电子信息
上海涛起半导体有限公司	电子信息
慈博生物医药技术（上海）有限公司	生物医药
美时医疗技术（上海）有限公司	生物医药
明博医药技术开发（上海）有限公司	生物医药
上海臣邦医药科技有限公司	生物医药
上海单抗制药技术有限公司	生物医药
上海宋季园医药科技有限公司	生物医药
上海秀新臣邦医药科技有限公司	生物医药
上海多林化工科技有限公司	生物医药
上海宝特环保新材料有限公司	新材料
上海华浪环保技术应用有限公司	新能源环保
上海绿环机械有限公司	新能源环保
上海禾呈环保科技有限公司	新能源环保
特莱仕环境检测技术（上海）有限公司	新能源环保
上海意昂汽车电子有限公司	汽车电子
上海时代创业管理有限公司	现代服务
时代创新投资管理（上海）有限公司	现代服务

园区联系方式

地　址：上海市张江高科技园区碧波5号10楼

邮　编：201203

电　话：86-21-50801759

邮　箱：hyw205@hotmail.com

网　址：www.zjpark.com

上海普陀留学人员创业园

园区概况

上海普陀留学人员创业园（以下简称“创业园”）设立于上海天地软件园内。上海天地软件园成立于2004年11月，是由上海市经济和信息化委员会与普陀区人民政府联合创办的、以软件和信息服务业、数字内容产业为主的信息产业基地。园区空间集中，占地面积近100亩，由26栋花园式标准厂房组成，整体建筑面积为11万平方米，入驻企业180多家，是上海中心城区最大的信息产业集聚地。2005年园区被市经委认定为“上海市创意产业集聚区”之一；2006年被上海市发改委和上海市信息委联合认定为“上海市级软件产业基地”之一，并通过上海市人事局评审认定为“上海市留学人员创业园”之一；2007年被中国电信上海公司授牌“信息化应用示范产业园区”；2009年被中共上海市委宣传部、上海市经济和信息化委员会、上海市文化广播影视管理局、上海市新闻出版局四部门联合认定为“上海市文化产业园区”之一，并通过中共上海市委宣传部、上海市科学技术委员会、上海市教育委员会、上海市科学技术协会的联合评审认定为“上海市科普教育基地”。

创业园依托上海天地软件园的硬件设施，通过建设一流的宽带数据通讯平台，形成“千兆作主干，百兆到桌面”的网络结构和300多平方米的园区中心机房，对每个终端用户可提供10—100兆的宽带接口；通过对园区网络的安全设计，保障信息传输系统的安全、可靠与畅通；通过建设动漫制作公共服务平台和多媒体紧缺人才培训基地，为园区企业的发展提供强大的技术和人才支撑，降低企业的成本；园区还建设了全覆盖的监控、电子巡更等安保系统，能够全天候保障入驻企业的安全。

自创建以来，创业园确立了以软件园的硬件和软件资源优势，吸引集聚海外留学人员创业，鼓励和培育一批软件企业、孵化一批软件创新成果、培养一批中高级软件人才为工作重点，吸引海外留学人员来园区施展才华，为普陀区新一轮经济持续、健康发展构筑科技和人才高地。

为促进留学人员创业园发展，园区从财税、公共服务、人事人才、资金扶持等方面提供相应的配套服务，除享受区政府制定的财税扶持政策、相应的创业资金资助和部分“中小企业贷款信用担保资金”融资贷款贴息支持外，还在“一门式”免费服务、人事人才代理和家属就业推荐、子女入学，以及海外人才信息交流沟通、专业化增值服务等方面提供服务，积极搭建优质、高效的留学人员服务平台。

同时，创业园定期和不定期举办科技政策宣讲、大型人才招聘会、企业经理人沙龙等活动，为园区企业申报各类创新项目、招聘人才、获得风险投资和相关行业资讯提供帮助，营造了一个良好的发展环境。

2010年在园留学人员企业名录

企业名称	行业
上海新浩艺软件有限公司	电子信息
上海优迈信息技术有限公司	电子信息
上海中信信息发展有限公司	电子信息
上海中磐信息技术有限公司	电子信息
上海中软资源技术服务有限公司	电子信息
上海灵禅信息技术有限公司	电子信息
上海蓝鸟科技股份有限公司	电子信息
上海天擎信息技术有限公司	电子信息
上海坦思计算机有限公司	电子信息
思华科技（上海）有限公司	电子信息
维鹏信息技术（上海）有限公司	电子信息
上海展达文化传播有限公司	文化创意
上海博科资讯股份有限公司	现代服务

园区联系方式

地　址：上海市中江路879号天地园管理有限公司

邮　编：200333

电　话：86-21-61423089

传　真：86-21-52595508

邮　箱：15821056781@139.com

网　址：www.universal.sh.cn

上海虹桥临空留学人员创业园

园区概况

上海虹桥临空留学人员创业园（以下简称“创业园”）成立于1996年6月，是上海市人事局下设的市级留学生创业园区。创业园位于上海市长宁区虹桥临空经济园区民营经济城内，环境配套均已臻成熟。

目前，区内产业规划为重点鼓励发展以IT为主的高科技产业和高附加值的电子电器、服装服饰，吸引跨国公司、国内外著名企业的地区总部、研发中心、销售中心、现代物流中心、营运管理中心落户，以奥雷、贝奥路、奥米、我武、昂信等在园企业为代表，在科技创新开发等方面已在行业内独树一帜，开始了重点以科技成果转化为产品的新起点。

2010年在园留学人员企业名录

企业名称	行业
艾钜计算机技术（上海）有限公司	电子信息
昂信软件（上海）有限公司	电子信息
奥雷通光通讯设备（上海）有限公司	电子信息
佩思宾软件科技（上海）有限公司	电子信息
奇耀软件（上海）有限公司	电子信息
上海奥米电子有限公司	电子信息
上海泛太旺捷资讯有限公司	电子信息
上海华瀛软件有限公司	电子信息
上海科银软件系统有限公司	电子信息
申泽信息技术（上海）有限公司	电子信息
吴羽计算机软件（上海）有限公司	电子信息
优玛特信息技术（上海）有限公司	电子信息
赛托细胞生物技术（上海）有限公司	生物医药
上海贝奥路生物材料有限公司	生物医药
上海天朗医学科技咨询有限公司	生物医药
上海我武生物技术有限公司	生物医药
维中生物技术（上海）有限公司	生物医药
上海澳普机电有限公司	光机电一体化
上海逸华仪表电器有限公司	光机电一体化

特克机电（上海）有限公司	光机电一体化
丰宇荣材料科技（上海）有限公司	新材料
航亚电器（上海）有限公司	新材料
环通环保技术（上海）有限公司	新材料
洛基山环保技术（上海）有限公司	新材料
上海凡瑞得新型建材有限公司	新材料
上海麦克斯金属管道配件制造有限公司	新材料
斯梅克（上海）工程顾问有限公司	新材料
埃慕迪磁电科技（上海）有限公司	新材料
上海秋丽普服饰有限公司	建筑制造
上海蕊帛服饰有限公司	建筑制造
歌迪卡服饰（上海）有限公司	建筑制造
乐芙雪化妆品（上海）有限公司	建筑制造
上海叠森机电设备有限公司	建筑制造
上海数安科技咨询有限公司	建筑制造
上海唐隆模具有限公司	建筑制造
上海维纳饰品有限公司	建筑制造
丽恒服饰（上海）有限公司	建筑制造
音通钢琴（上海）有限公司	建筑制造
浦拉斯服饰（上海）有限公司	建筑制造
安博设计咨询（上海）有限公司	现代服务
安恒咨询（上海）有限公司	现代服务
佰朗咨询（上海）有限公司	现代服务
碧谱照明设计（上海）有限公司	现代服务
博鹰咨询（上海）有限公司	现代服务
创值管理咨询（上海）有限公司	现代服务
德林咨询（上海）有限公司	现代服务
德业企业管理咨询（上海）有限公司	现代服务
东技咨询（上海）有限公司	现代服务
高普亚建建筑咨询（上海）有限公司	现代服务
共同建筑设计咨询（上海）有限公司	现代服务
胡姬咨询（上海）有限公司	现代服务
建艺咨询（上海）有限公司	现代服务
杰西咨询（上海）有限公司	现代服务
卡顿咨询（上海）有限公司	现代服务
楷思旺华管理咨询（上海）有限公司	现代服务
康馨投资管理咨询（上海）有限公司	现代服务
科趣信息顾问（上海）有限公司	现代服务
莱佛士管理咨询（上海）有限公司	现代服务
蓝程咨询（上海）有限公司	现代服务
联同投资咨询（上海）有限公司	现代服务
龙神咨询（上海）有限公司	现代服务
麦晨咨询（上海）有限公司	现代服务
美贝咨询（上海）有限公司	现代服务
明景咨询（上海）有限公司	现代服务
纽优企业策划（上海）有限公司	现代服务
欧德联信息咨询（上海）有限公司	现代服务
派瑞迪景观园林环境设计咨询（上海）有限公司	现代服务
琪琳咨询（上海）有限公司	现代服务
森苑商务咨询（上海）有限公司	现代服务
上海晨锦咨询有限公司	现代服务
上海创尼商务咨询有限公司	现代服务
上海瀚策国际贸易咨询有限公司	现代服务
上海豪信投资管理咨询有限公司	现代服务
上海和海咨询有限公司	现代服务
上海和樱美术设计咨询有限公司	现代服务
上海恒冠体育信息咨询有限公司	现代服务
上海恒益投资咨询有限公司	现代服务
上海宏睿投资咨询有限公司	现代服务
上海华津咨询有限公司	现代服务
上海环美科技咨询有限公司	现代服务
上海佳兴建筑工程咨询有限公司	现代服务
上海嘉子投资管理咨询有限公司	现代服务
上海兰谷咨询有限公司	现代服务
上海联众咨询有限公司	现代服务
上海诺特健康保健咨询有限公司	现代服务
上海派力特商务咨询有限公司	现代服务
上海清逸投资咨询有限公司	现代服务
上海锐铠科技咨询有限公司	现代服务
上海三珏信息咨询有限公司	现代服务
上海申麦咨询有限公司	现代服务
上海胜远咨询有限公司	现代服务
上海万吉特建筑规划设计咨询有限公司	现代服务
上海维宇科技咨询有限公司	现代服务
上海新世园科技咨询有限公司	现代服务
上海兴创投资管理咨询有限公司	现代服务
上海英联投资管理咨询有限公司	现代服务
时效咨询（上海）有限公司	现代服务
梯升咨询（上海）有限公司	现代服务
天铭投资管理咨询（上海）有限公司	现代服务
威瑞咨询（上海）有限公司	现代服务
希腾咨询（上海）有限公司	现代服务
心育心咨询（上海）有限公司	现代服务
怡庭咨询（上海）有限公司	现代服务
英多纳得咨询（上海）有限公司	现代服务
优耐智咨询（上海）有限公司	现代服务
执安商务咨询（上海）有限公司	现代服务
中裕咨询（上海）有限公司	现代服务

园区联系方式

地　址：上海市长宁区天山西路789号1楼
邮　编：200335
电　话：86-21-52180000
传　真：86-21-52187709
邮　箱：jemmyxie@vip.163.com
网　址：www.hqlk.com.cn

上海莘闵回国留学人员科技创业园区

园区概况

上海莘闵高新技术暨回国留学人员科技创业园区（以下简称“莘闵园区”）成立于2000年7月，是上海市人事局与闵行区人民政府共建的留学人员创业园区，以满足留学人员及海外高层次人才回国创业需求为宗旨，为其提供优良的扶持政策和发展环境。莘闵园区是国家科技部认定的“国家高新技术创业服务中心”，科技部教育部命名的“春晖杯”

中国留学人员创新创业大赛创业基地，上海市人保局与闵行区人民政府共建的市级留学生创业园区，“YBC中国青年创业国际计划服务站”。先后荣获2009年上海市科技孵化协会颁发“最佳创新孵化环境奖”、科技部火炬中心“2010年中国科技创业大赛优秀组织奖”、上海市科技创业中心颁发的2010年“创新创业服务先进集体”称号。

莘闵园区座落于上海市莘庄工业区内，拥有近4万平方米创业孵化基地。历经10年发展，莘闵园区先后建立了商务服务、资金扶持、培训和管理咨询、科技创新、科技信息、市场推广等六大服务平台，从企业自主创新意识的引导，政府政策的传递和宣传，各级政府科技扶持资金的申报，到企业项目与资金的对接、产品的推广、市场的开拓，以及毕业企业的“后孵化”服务，取得了令人瞩目的成绩。

截至2010年底，莘闵园区共计吸纳留学人员创办的企业达326家，引进海外高层次人才250人，其中博士73名，硕士175名。企业研发项目覆盖电子信息、新材料、生物医药、节能环保等各项高新技术领域。园区企业共获得国家级科研项目45项，上海市级科研项目87项，高新技术企业25家，申报发明专利580件，获得各级政府无偿资助资金7724万元。累计孵化科技企业260余家，累计毕业的企业40家。在吸引人才、成果转化、发展自主知识产权、培养创新创业人才，创造就业机会等方面作出了显著成绩，取得明显的经济效益和社会效益。

2010年园区发展报告

一、园区发展综述

上海莘闵高新技术暨回国留学人员科技创业园区（以下简称“园区”）是以促进科技成果转化、培养高新技术企业和企业家为宗旨的社会科技创业服务机构。园区提出建立一个有特色的、高效的“创业企业技术孵化服务体系”，针对孵化企业成长发展中的需求，有效帮助和支持这些企业克服影响阻碍他们发展的技术、市场、资金瓶颈性问题，通过提供全面的、专业化的孵化服务，营造一个促进自主研发和自主创新的良好环境，使园区成为留学人员企业自主创新之源、优秀企业和人才、品牌的发源地、科技成果转化的摇篮。园区的工作得到政府各方的支持帮助，也得到了社会的认可和上级主管部门的肯定。2003年园区成为市人事局与闵行区政府共建的留学人员创业园，2008年被科技部、教育部主办的“春晖杯”海外留学人员创新创业大赛组委会命名为创业大赛创业基地。2005年、2006年园区在市级科技孵化器考核里均名列前茅，2007年被科技部评为国家高新技术创业服务中心，2008年被评为上海市火炬计划实施20周年先进单位，获2009年上海市科技孵化协会颁发“最佳创新孵化环境奖”，获2010年上海市科技创业中心颁发的“创新创业服务先进集体”。

二 创业孵化服务

创业园区是政府为留学生创业企业和科技孵化企业搭建的服务平台，是以促进科技成果转化、培养高新技术企业和企业家为宗旨的科技创业服务机构，为中小企业创造一个良好的创业环境，为企业提供全面的、专业化的孵化服务，深化服务内涵，提高服务能级，帮助企业缩短研发周期、加快产品上市，增强核心竞争力。园区提供的系列创业孵化服务如下：

（一）商务服务平台

为留学人员注册企业免费提供高效快捷的全套服务，包括工商注册、税务登记、场地租赁，等“一条龙”服务；还为企业提供各种“需要服务”和个性化的“保姆式”服务。

（二）中介服务平台

园区为促进孵化企业的快速健康发展，与20多家投资机构和中介服务机构建立了合作关系，包括科技创业投资公司、投资咨询公司、担保公司、会计师事务所、专利事务所、律师事务所、人力资源管理公司、企业管理咨询公司等，为企业提供全方位的服务。定期举办各类相关知识讲座、企业家座谈会、项目与资本对接的投融资论坛和沙龙等，在企业管理、科技创新、投融资等各方面提供周到细致的服务。特别针对中小企业的特征，通过提供贷款担保、引进风险投资机构、申请政府基金支持等方式，充分利用社会、银行和财政的资金，帮助园区企业解决资金难题。

同时，园区还组织企业参加各类市场推广和产品展销活动，产品对接活动，及时给在孵企业传递各种产品展会展览信息，并由园区出资组织参加有关会展活动，通过各种媒介帮助在孵企业向全球推介他们的产品和服务。

（三）融资服务平台

园区设有300万的孵化基金，对于具有较大发展潜力且具有高成长性的技术项目或初创企业，开展早期的、直接的权益资本投资，同时为创业者提供有价值的企业经营管理经验、市场渠道等辅导型增值服务。

园区为企业提供信用担保、担保补贴、贷款贴息等多种形式的贷款帮助；引进风险投资机构，为企业融资牵线搭桥。充分利用社会、银行和财政资金，帮助园区企业解决资金难题。

（四）科技创新平台

园区始终把宣传落实各级政府的科技政策作为一项重要任务，及时组织辅导企业申报各级科技项目和创新基金。

园区制定了《推进专利工作实施意见》，帮助企业申报发明专利，并在专利代理费上给予无偿资助。

园区在“孵小”的同时也重视“扶强”工作，制定了《资助科技小巨人培育企业计划专项资金的实施意见》，对有发小巨人企业给予资金补贴，帮助他们快速成长。

园区与交通大学、华东师大等区内高校建立了良好的合作关系，充分利用高校资源学校为企业提供了人力、设备、技术支持，同时企业为学校提供学生实习基地和科技成果产业化基地。园区有10多名留学生企业总经理担任了高校的兼职教授。

（五）创业培训平台

按照科技部提出的“创业导师+专业孵化+风险投资”孵化器发展模式，园区充分利用上海市科技创业中心已经建立起的创业导师库，并努力整合外部资源，逐步为入孵企业配备专门的创业导师，对在孵企业进行一对一的跟踪服务。园区的创业导师分为两个层次，承担不同的职能。较高层次的创业导师一般是企业管理、投融资或专业技术方面的专家型人才，可以帮助在孵企业解决某一方面的问题，而较低层次的创业辅导员更多地是帮助在孵企业发现成长中的问题。创业辅导员及时发现在孵企业的需求，并将企业需求反馈至园区管理层，管理部门根据企业的具体需求和自身所拥有的资源，灵活选择自身提供服务、服务平台提供服务、外部专业机构提供服务三种模式，确保服务的专业化水平和质量。

园区为孵化器内企业的高管人员提供企业管理、知识产权保护、有关企业经营的法律法规的培训，以提高他们的管理水平、市场开拓能力、以及抗风险能力。针对孵化企业负责人，我们举办企业经营管理培训会，邀请行业内资深专家讲授管理理念、实战案例，提高孵化企业的经营管理水平。

园区还建设了一间配备全套可视化多媒体系统设备、可容纳80人左右的专用培训教室，定期举办各级政府科技政策培训班，国家创新基金，创业项目申报培训班，且园区还进行专利、人力资源、劳动法、税务、工商管理等专项工作培训，帮助企业经营者了解国家的政策法规，掌握企业管理知识，修炼内功，提升综合素质。

（六）企业信息服务

园区开发并完成“园区可视化数字服务平台系统”，该系统上线使用后增强了企业形象传播的速度、深度和广度，以其可视化表现形式，树立一流科技园区的形象，让客户在千里之外，轻点鼠标，即可身临其境地感知园区、感受服务；而所属企业展馆的设立为企业形象、文化、产品、市场开拓了一个全新的展示领域。园区首次独创利用可视化数字网络技术来开展园区及孵化企业形象宣传、品牌树立、产品推广、文化建设等各方面的工作，受到各界和企业的好评。

园区信息管理系统将“数字园区”的理念和特色已渗入园区工作的每一个角落，该系统的有效使用，实现了办公自动化，现代化的管理和服务，大大提高了对企业的服务效率，深得企业的好评。

园区还建立了专业网站和短信发布系统，及时把各种科技信息传递给孵化企业，同时提供热线服务、远程联机服务以及上门服务，大大提高了园区企业的信息化水平。园区网站设有调查表、留言簿等栏目，方便与企业的互动交流，及时收集企业的反馈信息。

此外，园区内部工作也实现了信息化管理，局域网系统使各项管理工作更加规范化程序化，提高了工作效率和质量，保证各项统计数据的完整准确，为服务工作提供了可靠的数据基础。

（七）后孵化服务平台

园区依托上海莘庄工业区，为优质毕业企业解决土地及厂房需求，今年参股投资上海莘工创投有限公司，对高速成长企业进行资本投资，推动企业快速发展。

三、在孵企业发展情况

（一） 在孵企业发展良好

园区自创办以来，始终坚持高层次人才为主、高新技术优先的发展策略，注重从人文的角度建立适合海外学成归国人才创业的孵化服务体系，截至10年底，莘闵园区共计吸收留学人员企业326家，引进海外高层次人才250人，其中博士73名，硕士175名。企业研发项目覆盖电子信息、新材料、生物医药、节能环保等各项高新技术领域。

（二） 自主创新已占企业发展主导

园区成立以来共培育出上海市高新技术企业25家，国家级科研项目45项，上海市级科研项目87项，申报发明专利580项，有上海博士后创新实践基地项目5个。一名留学人员被评为中组部千人计划，8名留学人员企业总经理当选闵行区科技领军人才，1家留学人员企业当选为上海市侨资明星企业，3家企业被评为市“科技小巨人培育企业”，6家企业被评为闵行区“科技小巨人培育企业”，在吸引人才、成果转化、发展自主知识产权、培养创新创业人才，创造就业机会等方面作出了显著成绩，取得明显的经济效益和社会效益，为地区的科技创新和经济可持续发展作出了贡献。

（三）留学人员企业对地区贡献显著

园区经过十余年的发展，在业内逐步树立了自己的品牌，以松力生物技术、辉旭微粉技术、赞南药业、管丽环境技术、芮屈生物、商埃曲网络科技等一批海外高层次人才创办的企业，从无到有，从小到大，呈现蓬勃向上、引领行业潮流的趋势，在留学人员创业群体中起到了明显的示范效应。在吸引人才、成果转化、发展自主知识产权、培养创新创业人才，创造就业机会等方面作出了显著成绩，取得明显的经济效益和社会效益，据不完全统计，2010年，园区在孵企及毕业企业共创产值近2亿，从业人员达2000多人，为闵行区的经济增长及区域创新体系的建设做出了积极的贡献。

四、孵化及创新成果

莘闵园区秉承“科技创新引领企业发展”的一贯宗旨，突出园区即是国家级的科技孵化器，又是留学人员科技创业园区的特点，从细微处着手，给力企业科技创新服务，取得了可喜成绩，使园区的服务体系日趋完善，为区域科技创新体系构建做出了贡献，为区域经济发展增添了亮点和活力。

（一）科技孵化服务

1. 创新创业指导

以企业需求为第一服务要素，园区整合各方资源，从企业技术创新意识培育、管理模式梳理、投融资需求分析、知识产权战略、财务分析及税 务筹划等诸多方面，制定了较为系统、完善的培训计划，全年共举办各类培训12次，参加人数达515人次，内容涉及科技项目申报、企业投融资、劳动法、税务筹划、创业团队建设、企业内部管理等，得到企业的好评；同时随时接受企业的创业创新咨询，完善的辅导员制度，使每一个科技创新部的成员都成为企业贴心顾问。

2. 创建科技苗圃

按照市科技创业中心的要求，辟出300平方米的育苗场地，配置了相应的硬件设备，并结合园区国家级孵化器和留学人员创业园的双重身份，总结研究海外留学人员回国创业的经验，独创了“本地入圃、国外虚孵”的虚实结合的育苗方法，使苗圃工作一开始就取得了较好的成效；

3. 科技项目申报、立项数量稳定，企业创新意识不断增强，企业发展后劲十足，创新成果逐步显现：

孵化企业全年科技项目申报数74项；孵化企业全年科技项目立项数48项，其中国家级项目4项，市级项目25项，区级项目19项；获得各级政府无偿资助资金1526万元；孵化企业全年申报发明专利50项，获得市专利试点企业16家；全年新认定高新技术企业6家，获得高新技术成果转化项目5项；获上海市科技小巨人培育企业2家，获闵行区科技小巨人培育企业2家；获国家、市、区级科技奖项10项；园区为6家企业解决商业贷款3060万元。

园区全年孵化企业总税收5801万元（增长22%），毕业企业总税收4548万元（增长12.5%），在孵企业总税收1253万元（增长75%）。

园区全年有8人被评为上海市及闵行区领军人才、拔尖人才（占全区的10%，其中有5人是海外留学人员）。

政府科技政策的及时宣传和落实，园区科技创新服务工作的细致周到，极大地调动和促进了企业创新的积极性，企业创新成果的逐步显现，又进一步指明了企业发展方向，增强了企业做强做大的信心。园区工作的科技创新示范效应得以有效实施。

4. 提升企业形象、帮助企业开拓市场、为企业发展成长提供优质平台和有效资源

为4家留学人员企业制作企业宣传短片；帮助1家留学企业获科技部“中国科技创业大赛”特等奖；两企业获“2010

全国百强最具成长性留学人员企业”称号；组织11家企业参加市创业中心举办的大学生招聘会；为19家企业在智联招聘网发布招聘信息；为6家企业制作展板，参展大连海创周、广州留交会；组织6家企业参加2010年工博会生物医药展；组织32家企业参加上海发明创新大赛；组织6家企业参加上海市创新企业评选；统计6家企业参与世博工程建设。

完成市孵化协会8家重点企业调查，推荐4家企业进入“金蛋工程”；推荐4家企业申报上海市履约保证保险贷款项目，全部通过审核顺利获得贷款。

与创业投资资金合作，推荐初创期、成长期企业11家进行对接、洽谈。

（二）留学人员创业服务，海外人才引进，入园后人才培育

1. 千人计划的组织、动员、申报、培训、答辩工作。园区企业“商埃曲网络软件（上海）有限公司总经理许海华通过内蒙包头留创园子公司申报中组部“千人计划”成功，成为园区首位获此殊荣的海外高层次回国创业者；组织申报中组部“千人计划”共4批8人次；组织申报上海市“千人计划”6人；组织“千人计划”申报培训、专家预审13场；协助申报人制作答辩文稿、组织申报人赴京答辩4人次。借中组部“千人计划”契机，激励海外高层次人才回国创新创业热情，启动育苗计划，全年共有17名留学人员落户园区创业，另有近十10人与园区签下入园意向，接受“预孵化”。

2. 组织申报市科委浦江人才计划、市人保局留学生回国创业启动支持计划项目、上海市及闵行区领军人才计划共计8项。

3. 继续协办“春晖杯”大赛，参加“春晖杯”成果展示团赴北欧宣传推介活动；参与全国留学人员科技创业园联盟各项活动，推动人才环流、联盟孵化，为留学人员企业发展提供资源整合平台；积极参加大连“海创周”，广州“留交会”等大型海外人才引进交流平台活动，引进人才、遴选、培育科技苗子，宣传园区。

4. 组织留学人员企业赴嘉兴、煤山考察投资环境。

（三）规范服务流程，加强自身建设

1. 顺利通过上海市孵化协会孵化器考评，获孵化器建设资金30万。

2. 加强孵化器自身建设，获取政府各方资源。包括：国家创新基金“公共技术服务机构补助资金项目”立项；上海市科委“科技创新行动计划”现代服务业专项立项；“上海市科委火炬计划项目平台建设项目”申报；“大张江”孵化器环境建设项目申报；2008年科技部“环境建设项目”验收资料准备。

3. 承办科技部创业大赛上海地区投融资培训会，务实服务企业，打造园区品牌，获得大赛组委会颁发的“优秀组织奖”。

4. 参股莘工投资公司，为企业投融资探索新的途径。配合区科技引导资金的建立，与相关子基金建立战略合作关系；与科技部主导的创业投资基金——中孵基金及业内相关创业投资基金建立战略合作关系，为园区科技企业的发展搭建投融资平台，为进一步完善园区的投融资孵化功能乃至试行持股孵化作准备。

5. 协同区科委进行孵化器政策调研，帮助完善、出台了闵行区政府对苗圃、孵化器、加速器科技企业创新系统建设的政策支持；完成园区苗圃申报方案设计并报上海市创业中心备案；完成了园区18家在孵企业的房租补贴的落实及园区可享受各项补贴的申报资料准备工作。

6. 参加长三角孵化器管理人员培训、ISO质量体系认证培训，提升管理人员素质，为园区迈向标准化管理积极做好准备。

7. 创建科技苗圃。按照市创业中心的要求，开辟了苗圃所需的物理空间并配备了相应的硬件设施，同时根据园区留学人员创业园的特点，结合海外人才回国创业的规律，创新出虚实结合的育苗方式，取得了良好的效果。

8. 园区科技孵化工作得到上海市科委及创业中心的肯定，被评为“2010上海市科技创新创业服务先进集体”。

2010年园区大事记

1. 2010年引进留学人员创业企业17家，其中博士学位6名，硕士学位12名。

2. 1月，园区与区留学人员联谊会联合主办闵行区留学人员2010年新年联欢会，并举行介绍闵行区留学人员回国创业事迹的《闵行“海归”的足迹》授书仪式。

3. 2010年建立3000平米莘闵园区科技创业苗圃，吸纳育苗15个。

4. 园区股东变更，由闵行区科协和莘庄工业区各持50%股份变更为莘庄工业区100%持股。

5. 4月，园区承办“2010中国科技创业计划大赛推介会”，此次创业大赛园区有四家参赛企业获奖，其中商埃曲网络软件（上海）有限公司荣获海外人才创业特别奖。

6. 获科技部火炬中心“2010年中国科技创业大赛优秀组织奖”。

7. 获上海市科技创业中心颁发的2010 年“创新创业服务先进集体”。

2010年在园留学人员企业名录

上海你点我送数码技术有限公司	电子信息
上海博显实业有限公司	电子信息
上海摩凯防伪技术有限公司	电子信息
上海沃赋科技发展有限公司	电子信息
央邦信息技术（上海）有限公司	电子信息
上海欧升电子有限公司	电子信息
考达电子（上海）有限公司	电子信息
唐友信息技术（上海）有限公司	电子信息
数伦计算机技术（上海）有限公司	电子信息
上海奇蒙信息科技有限公司	电子信息
黑迈数码科技（上海）有限公司	电子信息
商埃曲网络科技（上海）有限公司	电子信息
捷考奥电子（上海）有限公司	电子信息
上海金枝信息科技有限公司	电子信息
上海永特网络科技有限公司	电子信息
上海直川电子科技有限公司	电子信息
上海极特实业有限公司	电子信息
上海怀之信息技术有限公司	电子信息
上海电虹软件有限公司	电子信息
上海雷城信息技术有限公司	电子信息
上海云骅电子科技有限公司	电子信息
上海拓芯信息科技有限公司	电子信息
上海商宏网络科技有限公司	电子信息
上海沙丘微电子有限公司	电子信息
上海优溢网络技术有限公司	电子信息

上海千镭星电子科技有限公司	电子信息
上海任登信息科技有限公司	电子信息
上海金枝信息科技有限公司	电子信息
屹昂计算化学软件（上海）有限公司	电子信息
上海业成软件技术有限公司	电子信息
比埃拉（上海）信息技术有限公司	电子信息
硅林电子技术（上海）有限公司	电子信息
华澳通讯（上海）有限公司	电子信息
佳伍计算机技术（上海）有限公司	电子信息
科鹰（上海）照明电器有限公司	电子信息
上海爱诺信泰生物医学信息服务有限公司	电子信息
上海德冕汽车电子有限公司	电子信息
上海登达电脑科技有限公司	电子信息
上海竞奇软件技术有限公司	电子信息
上海劳瑞信息技术有限公司	电子信息
上海神沃电子有限公司	电子信息
上海翔同软件有限公司	电子信息
上海谐讯信息科技有限公司	电子信息
上海轲奈科技发展有限公司	电子信息
嘉丰（上海）软件有限公司	电子信息
上海麦风信息科技有限公司	电子信息
上海真财信息技术有限公司	电子信息
上海西月信息技术有限公司	电子信息
上海德慕电子科技有限公司	电子信息
上海文光精密仪器有限公司	电子信息
上海易溯信息科技有限公司	电子信息
协晶电子科技（上海）有限公司	电子信息
上海蓝怡医药有限公司	生物医药
上海赞南药业有限公司	生物医药
上海百润医药科技有限公司	生物医药
上海兆安医学科技有限公司	生物医药
上海安久生物科技有限公司	生物医药
上海坤巨科技发展有限公司	生物医药
上海生泉生物科技有限公司	生物医药
上海逍鹏生物科技有限公司	生物医药
上海枫岭生物技术有限公司	生物医药
上海纳莱生物制品有限公司	生物医药
上海松力生物技术有限公司	生物医药
芮屈生物技术（上海）有限公司	生物医药
上海白塔医药科技有限公司	生物医药
迪森生物工程（上海）有限公司	生物医药
上海松之力生物材料有限公司	生物医药
绿态生物科技发展（上海）有限公司	生物医药
上海贝奥路生物材料有限公司	生物医药
上海泛美生物技术有限公司	生物医药
上海归族生物科技有限公司	生物医药
上海远农医药科技发展有限公司	生物医药
上海合万健生物科技有限公司	生物医药
上海宏健医疗器械有限公司	生物医药
上海健行医疗器械科技有限公司	生物医药
上海来生生物技术有限公司	生物医药
上海桑拜生物技术有限公司	生物医药
赞南科技（上海）有限公司	生物医药
上海彰华机械安装有限公司	光机电一体化
上海詹盛机械制造有限公司	光机电一体化
耐博检测技术（上海）有限公司	光机电一体化
先普半导体技术（上海）有限公司	光机电一体化
德快电梯部件（上海）有限公司	光机电一体化
上海伟司机械设备有限公司	光机电一体化
由瑞胜机械工程（上海）有限公司	光机电一体化
三尔梯电源（上海）有限公司	光机电一体化
上海方宇冶金机械有限公司	光机电一体化
上海天弧智能控制设备有限公司	光机电一体化
上海吉思汽车技术有限公司	光机电一体化
上海余创机电科技有限公司	光机电一体化
上海腾为机电工程有限公司	光机电一体化
上海腾坦自动化科技有限公司	光机电一体化
上海福狮机械技术有限公司	光机电一体化
智标仪器（上海）有限公司	光机电一体化
上海德慕电子科技有限公司	光机电一体化
上海文光精密仪器有限公司	光机电一体化
上海日赛工程塑料有限公司	新材料
上海氯纬天塑胶有限公司	新材料
上海华耕化工科技有限公司	新材料
上海传业材料技术有限公司	新材料
三信化学（上海）有限公司	新材料
上海晶野光学制品有限公司	新材料
辉旭微粉技术（上海）有限公司	新材料
上海埃尔法工业制刷有限公司	新材料
上海鼎道科技发展有限公司	新材料
上海碧华环保科技有限公司	新能源环保
上海史贝环保科技有限公司	新能源环保
管丽环境技术（上海）有限公司	新能源环保
森崎环保科技（上海）有限公司	新能源环保
艾卡森（上海）技术服务有限公司	新能源环保
蓝源能源科技（上海）有限公司	新能源环保
上海辰池新能源科技有限公司	新能源环保
上海愿恒科技发展有限公司	新能源环保
上海艾派科环境技术有限公司	新能源环保
上海方宇冶金机械有限公司	建筑制造
或比玩具（上海）有限公司	建筑制造
上海宝珠莱酒业有限公司	建筑制造
上海元程实业有限公司	商贸流通
上海恭林国际贸易有限公司	商贸流通
上海凯峰国际贸易有限公司	商贸流通
上海致友实业有限公司	商贸流通
上海赛优贸易有限公司	商贸流通
上海宏源国际运输有限公司	商贸流通
上海众茂国际贸易有限公司	商贸流通
上海白氏贸易有限公司	商贸流通
上海海脉实业有限公司	商贸流通
上海礼德文化传播有限公司	文化创意
上海康健广告传媒有限公司	文化创意
上海锐酷文化传播有限公司	文化创意
上海致尚文化传播有限公司	文化创意
上海迪茂投资管理咨询有限公司	现代服务
上海肯度信息科技有限公司	现代服务
华羿企业管理咨询（上海）有限公司	现代服务
上海晟远体育传播有限公司	现代服务
上海致尚文化传播有限公司	现代服务

上海信男教育投资咨询有限公司 现代服务
上海康雄科技咨询有限公司 现代服务
上海安奥投资咨询有限公司 现代服务
上海卢顿管理咨询有限公司 现代服务
上海东阀管理咨询有限公司 现代服务
上海坤巨投资管理有限公司 现代服务
上海坤巨教育信息咨询有限公司 现代服务
上海真平商务咨询有限公司 现代服务
上海朴天投资管理咨询有限公司 现代服务
上海朗德投资咨询有限公司 现代服务
上海皆信商务咨询有限公司 现代服务
上海彰誉投资管理有限公司 现代服务
上海禾溪华投资管理有限公司 现代服务
上海瑞岳投资管理有限公司 现代服务
上海升涛建筑景观设计有限公司 现代服务
上海比合磊建筑设计咨询有限公司 现代服务
上海百赫装潢设计有限公司 现代服务
上海意田工业设计有限公司 现代服务
上海龙镶工程技术咨询有限公司 现代服务
上海晟远体育传播有限公司 现代服务
斯旦建筑设计咨询（上海）有限公司 现代服务
上海宜生管理咨询有限公司 现代服务
上海华昊科技咨询有限公司 现代服务
本杰明钢结构建筑系统（上海）有限公司 现代服务
上海伊世特科技管理有限公司 现代服务
上海政洪商务咨询有限公司 现代服务
冈华投资咨询（上海）有限公司 现代服务
特豪商务管理咨询（上海）有限公司 现代服务
上海英路咨询有限公司 现代服务
上海弗莱森商务咨询有限公司 现代服务
詹迪建筑设计咨询（上海）有限公司 现代服务
上海斯壮投资咨询有限公司 现代服务
言通商务咨询（上海）有限公司 现代服务
上海博昂咨询有限公司 现代服务
上海雷奥咨询有限公司 现代服务
妙圆园林设计咨询（上海）有限公司 现代服务
科友（上海）商务咨询有限公司 现代服务
瑞汉商务咨询（上海）有限公司 现代服务
上海业益生态环境咨询有限公司 现代服务
海音工程设计咨询（上海）有限公司 现代服务
昂升企业管理咨询（上海）有限公司 现代服务
派拉蒙钢结构科技咨询（上海）有限公司 现代服务
开智建筑技术咨询（上海）有限公司 现代服务
上海高才商务咨询有限公司 现代服务
上海领润投资管理有限公司 现代服务
镁达管理咨询（上海）有限公司 现代服务
爱碧商务咨询（上海）有限公司 现代服务
然可商务咨询（上海）有限公司 现代服务
韵慕商务咨询（上海）有限公司 现代服务
班库（上海）商务咨询有限公司 现代服务
上海文展建筑工程顾问有限公司 现代服务
利芳建医药科技咨询（上海）有限公司 现代服务
华外商务咨询（上海）有限公司 现代服务
八荣信息技术服务（上海）有限公司 现代服务
柏木建筑设计咨询（上海）有限公司 现代服务
宏尚咨询（上海）有限公司 现代服务
上海银炼科技咨询有限公司 现代服务
上海恒麓商务咨询有限公司 现代服务
上海枫帆投资管理咨询有限公司 现代服务
上海三义交通科技有限公司 现代服务
上海智林货物运输代理咨询有限公司 现代服务
安途约克咨询（上海）有限公司 现代服务
贝卡商务咨询（上海）有限公司 现代服务
奔登咨询管理（上海）有限公司 现代服务
大乐国际教育咨询（上海）有限公司 现代服务
和达商务咨询（上海）有限公司 现代服务
惠莱房地产顾问（上海）有限公司 现代服务
极尚建筑设计咨询（上海）有限公司 现代服务
佳伍计算机技术（上海）有限公司 现代服务
建睦商务咨询（上海）有限公司 现代服务
普安咨询（上海）有限公司 现代服务
普纳商务咨询（上海）有限公司 现代服务
上海毕凯企业管理咨询有限公司 现代服务
上海渡鸟建筑设计咨询有限公司 现代服务
上海帆进科技咨询有限公司 现代服务
上海若恩国际贸易有限公司 现代服务
上海德众企业管理咨询有限公司 现代服务
上海弥理商务咨询有限公司 现代服务
上海加英商务咨询有限公司 现代服务
上海玺可商务咨询有限公司 现代服务
群贤企业管理咨询（上海）有限公司 现代服务
映睿驰企业管理咨询（上海）有限公司 现代服务

园区联系方式

地　址：上海市沪闵路6555号16楼
邮　编：201100
电　话：86-21-34121224
传　真：86-21-64123218
邮　箱：xmxmxm@263.net
网　址：www.shxinmin.org

上海徐汇留学人员创业园

园区概况

上海徐汇留学人员创业园（以下简称“创业园”）是由上海徐汇区人民政府根据有关鼓励留学人员归国发展的有关政策和徐汇区现有的科技产业功能、形态布局而建立。

徐汇区作为科技资源集聚之地，拥有包括复旦大学、交通大学在内的10余所高校和包括中科院上海分院、上科院在内的100多家科研院所和国家级的漕河泾新兴技术开发区。近年来，徐汇区委、区政府坚持“科教兴区”的主战略，依托辖区内丰富的科技资源，不断优化科技创新的综合环境，形成了以高新技术产业为先导、各类科技产业同步协调发展、科技进步促进区域经济持续发展的良好格局。

创业园以“一园多基地”形态构成，分别利用各个不同的高新技术产业化基地现有的功能，为留学人员创业和企业发展提供空间和服务。分别包括：

徐汇软件基地：国家级产业化基地，基地共辖虹桥路

628号、虹桥路550号、天文大厦等六块基地，建筑面积46500平方米。徐汇软件基地第七、八块基地——两幢5A级智能化大厦已经在建，面积共达40000平方米。

慧谷高科技创业中心孵化基地：面积43000平方米，在孵企业中70%以上是IT企业，是上海市绿色都市型工业园区、上海市级软件产业基地（软件园）、国家高新技术创业服务中心、上海国际企业孵化器基地。

上海聚科生物园区：是徐汇区人民政府和中国科学院上海生命科学研究院联合创办的生物技术创业企业孵化园区，园区现有漕宝路500号和关港共两期基地。

上海纳米技术孵化基地：位于梅陇地区，孵化面积6000多平方米，与华东理工大学、上海交通大学、上海市计量测试技术研究院、上海材料研究所等单位联合成立了“上海市纳米材料检测中心”，为上海市及全国提供纳米材料检测、分析、评估服务。

徐家汇青年创业孵化园区：园区面积2100平方米，作为徐汇区留学人员创业园区的一个点，既充分发挥了园区“青年”和“创业”特色，又提升了园区的科技含量。

可拓展和持续发展的基地：在徐汇区今后要发展的枫林国际医学城和南站新媒体城项目中，将会不断嵌入相应产业领域的留学人员创业基地的形态和功能，给予留学人员创新创业以更广的产业空间和可持续发展的园区生态结构。

在原有服务功能的基础上，园区还增加了投融资、进出口、信息综合等体现中心城区国际化的商务、便捷的生活功能，并对留学人员企业在人力资源建设、市场开拓及本土融入等方面进行指导。同时，提供各类政府绿色通道，加速留学人员企业高科技成果产业化，积极促进海外高新技术的进入，以及与本地同业的交流，打造成为海外归国留学人员回国创业的成长基地。

2010年在园留学人员企业名录

尖微软件（上海）有限公司	电子信息
帕圣科技发展（上海）有限公司	电子信息
派瑞斯特软件技术（上海）有限公司	电子信息
乾寰（上海）信息技术有限公司	电子信息
上海安奇逊仪器有限公司	电子信息
上海鼎新计算机通讯技术开发有限公司	电子信息
上海东久电脑技术有限公司	电子信息
上海东仪咨询有限公司	电子信息
上海东游信息科技有限公司	电子信息
上海工达电子有限公司	电子信息
上海及仕投资咨询有限公司	电子信息
上海集智商务咨询有限公司	电子信息
上海乐迪电脑印花有限公司	电子信息
上海懋文信息技术有限公司	电子信息
上海青川系统工程有限公司	电子信息
上海史蒂文电器有限公司	电子信息
上海泰戈商务咨询有限公司	电子信息
上海通利电脑技术有限公司	电子信息
上海拓能软件有限公司	电子信息
上海西尔信息咨询有限公司	电子信息
上海研联信息技术有限公司	电子信息
上海英博市场咨询有限公司	电子信息
上海英弗普尔电子技术有限公司	电子信息
申昭和科技咨询（上海）有限公司	电子信息
万灵结信息技术（上海）有限公司	电子信息
西诺咨询（上海）有限公司	电子信息
载达信息咨询（上海）有限公司	电子信息
捷瑞生物工程（上海）有限公司	生物医药
挪亚生物科技（上海）有限公司	生物医药
上海安生科技咨询有限公司	生物医药
上海斯威医药化学技术公司	生物医药
上海特麦科生物工程有限公司	生物医药
上海天普能生物化学技术有限公司	生物医药
天鼎新能源科技（上海）有限公司	新能源环保
国龙科技饲料（上海）有限公司	新能源环保
欧朵食品（上海）有限公司	新能源环保
仁芳涂料环境技术（上海）有限公司	新能源环保
瑞东环保技术咨询（上海）有限公司	新能源环保
森岛（上海）电气有限公司	新能源环保
德美（上海）影像器材有限公司	建筑制造
上海爱迪尔国际装潢材料有限公司	建筑制造
上海东海印刷器械有限公司	建筑制造
上海蓉马家具有限公司	建筑制造
上海华雷建筑设计咨询有限公司	现代服务
安兰投资咨询（上海）有限公司	现代服务
华瓷咨询（上海）有限公司	现代服务
霍洛威（上海）商务咨询有限公司	现代服务
嘉旭咨询（上海）有限公司	现代服务
皆美咨询（上海）有限公司	现代服务
捷门咨询（上海）有限公司	现代服务
莱勒（上海）商务咨询有限公司	现代服务
马泰尔商务咨询（上海）有限公司	现代服务
美西富蒙投资顾问（上海）有限公司	现代服务
佩纳咨询（上海）有限公司	现代服务
上海爱克莎尔建筑咨询有限公司	现代服务
上海必得咨询有限公司	现代服务
上海创致商务咨询有限公司	现代服务
上海恩普技术咨询有限公司	现代服务
上海费莱投资咨询有限公司	现代服务
上海华欣国际咨询有限公司	现代服务
上海金联国际咨询服务有限公司	现代服务
上海君维士投资咨询有限公司	现代服务
上海联德国际咨询有限公司	现代服务
上海藤友国际咨询有限公司	现代服务
上海通利商务咨询有限公司	现代服务
上海薇尔彬咨询有限公司	现代服务
上海伊达国际咨询有限公司	现代服务
上海悦珂科技咨询有限公司	现代服务
泰克诺（上海）建筑咨询有限公司	现代服务
项秉仁建筑设计咨询（上海）有限公司	现代服务
志洲投资咨询（上海）有限公司	现代服务

园区联系方式

地　址：上海市徐汇区番禺路1028号102室
邮　编：200030
电　话：86-21-64077973
传　真：86-21-64077973
邮　箱：mail@decsh.org
网　址：www.decsh.org

上海杨浦知识创新区留学人员创业园

园区概况

上海杨浦知识创新区留学人员创业园（以下简称“创业园”）是根据上海新一轮发展总体规划，由上海市人事局和杨浦区人民政府共同组建的创业园区。创业园位于上海中心城区东北部，地处高校集中的地区，开发占地3.4公顷，拥有建筑面积95000平方米的商务办公大楼和中试综合楼。

创业园围绕杨浦大学城的建设，以教育服务、科学研究、科研成果孵化、产学研一体化为核心，以IT产业、微电子、生命科学、生物医药、建筑设计、环保科技、新材料、评估咨询为主要发展方向，重点引进留学人员开发的高新技术项目，为创办企业的留学人员提供免费办理证照和税务登记等“一条龙”服务。为进一步吸引海外学子到杨浦知识创新区创业，杨浦区发布了一系列优惠政策，包括提供100万元的创业启动资金、100万元的创业补偿金、200万元的信用担保贷款、500万元的创业贷款息贴、100万平方米的创业办公用房、100平方米的人才公寓等。

2010年在园留学人员企业名录

泛迪电子科技（上海）有限公司	电子信息
日丽信息科技（上海）有限公司	电子信息
上海桑扬太阳能工程技术有限公司	电子信息
上海天成信息科技有限公司	电子信息
上海笑达信息技术有限公司	电子信息
上海宣汶苑电子科技有限公司	电子信息
上海双云生物技术有限公司	生物医药
上海西港生物科技有限公司	生物医药
上海喜玛山医学科技有限公司	生物医药
恒匀精密模塑（上海）有限公司	新材料
上海辰瀚室内空气环境检测有限公司	新能源环保
上海欧韵彩色玻璃有限公司	建筑制造
上海思蒲灵贸易有限公司	商贸流通
上海映榕贸易有限公司	商贸流通
上海爱亚文化传播有限公司	文化创意
锟澳科技信息咨询（上海）有限公司	现代服务
上海晨设室内设计事务所	现代服务
上海承锋商务咨询有限公司	现代服务
上海宁君商务咨询有限公司	现代服务
上海诺理杰经济管理研究所	现代服务
上海睿语商务咨询有限公司	现代服务
上海尤恒汽车服务有限公司	现代服务

园区联系方式

地　址：上海市黄兴路2005弄2号楼杨浦科技大厦812室

邮　编：200433

电　话：86-21-55062055

传　真：86-21-55067190

邮　箱：yp3310@163.com

网　址：www.yp3310.sh.cn

上海杨浦海外高层次人才创新创业基地

园区概况

上海杨浦海外高层次人才创新创业基地（以下简称“基地”）成立于2009年6月，是经中央人才工作协调小组批准，在原杨浦知识创新基地上升格的国家级海外高层次人才创新创业基地。基地占地9.46平方公里，是杨浦知识创新区的核心区。基地秉持“基地共建、人才共享、资源共用、发展共赢”“四共”原则，整合大学校区、科技园区、公共社区的优势资源，为海外高层次人才提供创新创业广阔舞台。

基地推出“3310”计划，即“三大工程三大目标十项政策”：实施“百千万”工程，实现标志性人才集聚的目标；实施人才环境工程，实现标志性成果突出的目标；实施主导产业集群发展工程，实现标志性产业清晰的目标，并配套十项创新创业扶持政策，如为海外高层次人才创业项目提供最高100万启动资金、200万担保贷款、500万贷款贴息、200平方米免租金办公用房、100平方米人才公寓。入选国家“千人计划”的，给予最高200万的购房补贴等。基地还设立5年共3亿元专项资金，用于扶持海外高层次人才创新创业，设立杨浦区海外高层次人才创新创业服务中心，为海外高层次人才提供“一口式受理”、“一门式服务”，具体推进基地建设。

2010年园区发展报告

杨浦海外人才基地是一家综合性、区域性的国家级海外高层次人才创新创业基地，一年来，基地紧紧围绕杨浦建设国家创新型试点城区的战略要求，发挥大学校区、科技园区、公共社区“三区融合、联动发展”的资源优势，坚持“基地共建、人才共享、资源共用、发展共赢”的原则，探索建立与国际接轨的吸引使用海外高层次人才新模式，为建设创新型城区提供强大的国际化人才保障。截止目前，区域内集聚中央“千人计划”人才35名。

一、进一步创新体制机制，增强资源整合力

（一）完善组织机制

作为全国唯一一家区域性的人才基地，基地共建、人才共享、资源共用、发展共赢这“四个共”是其最大特点。在区域内高校、科研院所等支持下，建立了基地建设领导小组、成立了基地建设领导小组办公室，专门设立了海外高层次人才创新创业服务中心，形成了决策、协调、执行三个层面的基地建设推进机制。召开基地建设领导小组会议，通过与高校、科研院所、相关企业联席会议机制，协调解决涉及杨浦海外人才工作方面的重大事项，为基地各项建设指明方向。召开基地建设领导小组办公室会议，协调基地建设各项事务，抓好各项政策措施的落实，发挥纵向纽带和横向协调功能。进一步明确自身工作职责和工作流程，完善执行与反馈机制，积极引进、培育、服务海外高层次人才，为他们创新创业提供良好的环境条件。从而确保基地建设决策、协调、执行三个层面工作推进机制和谐有序、顺畅有效。

（二）推进框架协议执行

在2009年区政府和高校、科研院所、企业签署《共建基地框架协议》的基础上，2010年，基地在人才的共引与共享、科研成果的共享和推广、服务平台的综合利用和开放等方面，选择部分项目加以落实和推进。推荐“千人计划”人才李冰到复旦大学担任兼职教授，他现在正在给复旦大学微电子系筹建两个实验室。目前，包括李冰在内的5名创业人才到高校兼任学术职务，高校向园区推荐创业人才7名。同时，聚焦“千人计划”人才，高校、科研院所积极向地区推荐“千人计划”候选人选，为地区申报“千人计划”人才提供支持；地区对于高校、科研院所引进的“千人计划”创新人才给予政策扶持，在政策的不断落实中，夯实基地共建基础，凸显基地共建特色。

二、进一步拓展载体平台，扩大对外影响力

（一）加强基地政策宣传推介

不断加强“杨浦海外人才服务网”功能开发，发布基地“3310”计划创业项目评审信息，为创业项目的申报、评审搭建网络平台。与《人民日报（海外版）》、《文汇报》、《新民晚报》等媒体以及中国留学生创业园联盟合作，全方位宣传基地发展状况、经营理念、园区文化及孵化绩效，扩大基地影响力。

（二）加强与市侨办及其他专业平台的合作

区政府和市侨办签署共建基地框架协议，构建长效工作联动机制。联合举行“2010相聚长三角——海外华人华侨专业协会会长世博行”专题引智活动，59名海外专业协会的会长带着80多个合作项目参加，区域内高校、园区、企业、风投等行业代表近40人与海外嘉宾进行了项目洽谈对接；联合举办美国华源科技协会企业家访问团考察杨浦活动，在与海外嘉宾进行了项目洽谈对接之后，部分海外嘉宾当即表达了申报杨浦“3310”计划的意愿；举办“留日专家学者访沪团”杨浦行活动，专家团成员表示将帮助宣传和推介杨浦“3310”计划，还就今后推动有关企业和项目来杨浦实地考察达成初步意向。同时，积极利用好各种高层次人才集聚平台，有针对性地发掘适合杨浦的高层次人才。参加大连中国海外学子创业周、深圳国际人才交流大会，与百余位海外创业人才进行了深入洽谈，介绍杨浦创新创业环境、推介“3310”计划，一些海外高层次人才当即表达了来杨浦创业的愿望。

（三）组织创业项目专业评审

共举办3批次“3310”计划创业项目专家评审会，分别进行函审和面审。根据项目专业领域，邀请包括院士在内多位专家，从创业团队、技术创新、市场前景、商业模式、项目实施的基本资金条件、项目对区域产业水平提升作用6个方面对创业项目进行综合考评，最后确定36个扶持项目（A类9个，B类8个，C类19个），18家项目企业已注册落户、4家外省市入选国家“千人计划”人才的创业企业落户，注册资金共达5200余万元。

（四）拓宽发现和引进人才渠道

协办由教育部、科技部共同主办的第五届“春晖杯”中国留学人员创新创业大赛，全程参与本次大赛的宣传、评审、推广、对接等活动，将梳理、促进一批符合杨浦产业发展导向、有发展潜力的创业项目落户。在2010年入选的第一、二批杨浦“3310”计划创业项目中，有9个为“春晖杯”入选项目，占入选项目的27%；在已经启动的2010年第三批“3310”创业项目评审征集的百余个项目中，有22个为“春晖杯”入围项目，占征集项目的19%。另外，基地还被授予“春晖杯”创业大赛创业基地的牌匾。

三、进一步健全服务体系，增强基地吸引力

（一）健全“1+10”政策体系

一是在去年区政府下发《杨浦区关于加快海外高层次创新创业人才的意见》的基础上，制定了10个配套实施办法，形成“1+10”的扶持政策体系，为海外人才创新创业提供全方位、全过程的政策支撑。

（二）发挥“千人计划”、“1+3”服务窗口功能

上海确定以市海外人才服务中心为“千人计划”指定服务专窗，以浦东、杨浦、闵行为三个分窗口。不断加强区海外人才服务中心与职能部门的快速联动机制，畅通服务渠道，形成专业化、“一门式”的综合服务保障体系。截止目前，已为“千人计划”人才提供110余人次的专业服务。

（三）构建多层次人才安居体系

一方面，加快新江湾城人才公寓建设步伐，2010年9月12日新江湾城人才公寓奠基，计划2012年投入使用，将建设380套精装修住房，使之成为上海东北部具有象征意义的海外人才生活区、集聚区。另一方面，对现代星州城22套住房进行装修改造，计划于今年年底建成，为创业人才提供过渡性安居用房。同时，通过老厂房改造等形式建设“白领公寓”，继续实施“虚拟人才公寓”计划，从而形成涵盖各类层次人才的综合保障网络。

（四）建设海外人才创业大厦。由杨浦海外高层次人才创新创业基地建设领导小组办公室、杨浦中央社区公司和创智天地园区管委会三方共同建设“海外人才创业大厦”，重点引进获杨浦“3310”计划扶持的C类以上项目海外高层次人才创业企业。这是基地集中优质服务资源，优化创业环境，建设项目承载平台，推进基地实体化运作的有力举措，将形成示范、展示和宣传效应。大厦已于9月12日揭幕，已有近十家创业企业入驻。区海外人才服务中心也正式入驻大厦，为海外高层次人才提供近距离、贴身服务。

2010年园区大事记

1. 1月27日，在科技部政策法规司、教育部留学服务中心的支持下，杨浦海外人才基地启动协办“春晖杯”创业大赛，加入中国留学人员创业园联盟等工作。

2. 2月5日，杨浦海外人才基地举办“3310”引才计划信息发布会。

3. 3月26日，杨浦海外人才基地领导小组办公室会议举行，研究部署2011年杨浦海外人才基地工作。

4. 4月13日，市委组织部副部长、市人才办主任王瑜调研杨浦海外人才基地建设。区委副书记、区长金兴明，区委常委、组织部部长于秀芬，副区长唐海东出席调研座谈会。

5. 4月26日，基地召开文化建设座谈会，社会学家于海、顾骏以及市人大常委会研究室主任施凯、复旦大学经济学院党委书记、沪港发展研究所所长石磊教授参加。

6. 5月17日，区委常委、组织部部长于秀芬，区委常委、副区长庄少勤和上海市城投集团公司有关负责人，共同研究推进新江湾城人才公寓项目建设。

7. 5月19日，杨浦海外人才基地领导小组会议召开。区政府和市侨办签署了《基地共建框架协议》，和瑞安集团签署了《共建海外人才创业大厦合作协议》。

8. 5月21日，教育部留学服务中心主任白章德视察杨浦海外人才基地建设，区委常委、组织部部长于秀芬陪同。

9. 6月3日，中央组织部人才局副局长宋永华调研杨浦海外人才基地建设，区委书记陈寅，区委常委、组织部部长

于秀芬，复旦大学副校长陈晓漫，同济大学副校长伍江，上海财经大学副校长周仲飞一同调研。

10. 6月19日—20日，2010“相聚长三角——海外华人华侨专业协会会长世博行”上海杨浦站活动举行。市侨办主任崔明华，副主任刘建平，浙江省侨办副主任余长年，杨浦区委书记陈寅，副书记、区长金兴明，区委常委、统战部部长张慧珠，区委常委、组织部部长于秀芬，区委常委、副区长柴尧迅，副区长唐海东等出席。

11. 6月29日至7月1日，杨浦海外人才基地参加中国海外学子创业周活动，开展“3310”政策宣传推广和创业项目对接等活动。中组部副部长李智勇在海外高层次人才创新创业基地发展论坛上充分肯定杨浦海外人才基地的实践探索。

12. 6月，“3310”计划2010年上半年度创业项目专家评审会评审结果揭晓，32个创业项目入围。

13. 8月19日，市人社局副局长毛大立为中央“千人计划”上海服务窗口杨浦分窗口授牌。

14. 9月3日，市外国专家局副局长黄渭茂调研杨浦海外人才基地建设。区委常委、组织部部长于秀芬等陪同。

15. 9月7日，区委书记陈寅到上海圭光科技有限公司，看望中央“千人计划”创业人才李冰并召开现场办公会，区委常委、组织部部长于秀芬陪同。

16. 9月8日，市委常委、组织部部长沈红光，副部长王瑜率队到杨浦调研和指导人才工作。区委书记陈寅，区委常委、组织部部长于秀芬作专题汇报。

17. 9月12日，杨浦区面向海内外科技精英的“新江湾城人才公寓”奠基开工，为海外高层次人才服务的“海外人才创业大厦”竣工启用。市委常委、组织部部长沈红光为海外人才创业大厦揭幕。市委组织部副部长、市人才办主任王瑜，市科技党工委书记陈克宏，市人社局党委书记刘嘉音，区委书记陈寅，区委副书记、区长金兴明，市人社局副局长毛大立，市外专局副局长黄渭茂，杨浦海外人才基地领导小组成员单位的负责同志，市城投集团公司领导出席活动。

18. 9月17日，杨浦海外人才基地获第五届“春晖杯”创业大赛创业基地。教育部留学服务中心副主任安玉祥授牌，区委常委、组织部部长于秀芬出席。

19. 9月29日，区长金兴明，区委常委、组织部部长于秀芬主持召开“千人计划”和“3310”计划创业人才座谈会。

20. 10月29至30日，杨浦海外人才基地参加深圳国际人才交流大会，开展“3310”政策宣传推广和创业项目对接等活动。

21. 12月17日至22日，杨浦海外人才基地参加广州留交会，开展“3310”政策宣传推广和创业项目对接等活动。由杨浦基地推荐的易保网络和西锐电气两家海外人才创业企业入围“中国留学人员创业园百家最具成长性企业”称号。

22. 12月，“3310”计划2010年下半年度创业项目专家评审会评审结果揭晓，22个创业项目入围扶持范围。

园区联系方式

地　址：上海市黄兴路2005弄2号楼杨浦科技大厦812室
邮　编：200433
电　话：86-21-55062055
传　真：86-21-55067190
邮　箱：yp3310@163.com
网　址：www.yp3310.sh.cn

上海国际医学园区·留学生创业园

园区概况

上海国际医学园区·留学生创业园（以下简称“创业园”）成立于2009年1月，是由上海市人力资源和社会保障局、原南汇区人民政府共建，以服务、扶持落户南汇的海外归国人员创业的产业平台。创业园位于上海国际医学园区核心区域，是浦东外高桥、金桥、张江产业带上又一个新兴产业园区，是张江产业联动的优质高地。

创业园通过构建科技成果孵化平台，初步实现产、学、研相结合，推动先进制造业和与之配套的生产性服务业快速发展，从而提升上海的自主创新和科技成果转化能力。同时作为上海国际医学园区的园中园、生产性服务业外包基地，创业园和其他版块分别承担着不同的产业功能定位。园区共规划有1栋综合服务楼，6栋研发办公用房，创业环境与国际接轨，重点孵化高新技术研发和生产企业。

创业园充分享受浦东新区财税扶持政策和一系列优惠政策。包括：经评定符合相应条件的相关企业，给予一定的创业前期费用补贴；每年安排一定数额的资金，专项用于企业贷款贴息；经审定符合相应条件的人员，给予一定的住房补贴；对入园创新创业的海外留学人员，帮组其办理本市户口，落实配偶就业以及子女入学等。

园区联系方式

地　址：上海市周祝公路337号1号楼214室
邮　编：201318
电　话：86-21-38019319，38019333
传　真：86-21-38019309
邮　箱：simz@simz.com.cn
网　址：www.simz.gov.cn

南京留学人员创业园

园区概况

南京留学人员创业园（以下简称“创业园”）于2005年由国家人事部与南京市人民政府共建，前身为1994年由南京市人事局和南京高新区共建的“金陵海外学子科技工业园”。创业园成立后依托于南京国家科技创业服务中心，是国家人事部、教育部和南京市政府共建的全国第一个留学人员创业园，是江苏省第一家科技成果转化、创新创业以及企业的孵化基地。2004年，教育部和人事部与南京市政府实现共建，创业园正式命名为“中国南京留学人员创业园”。

经过10多年的发展，当年的金陵海外学子创业园已经发展成为当前包括了经济技术开发区创业园、江宁经济技术开发区创业园、金港科技创业园、珠江路科技创业园、东南大学国家大学科技创业园、南京大学——鼓楼高校国家大学科技创业园、高淳外向型农业综合资源创业园、傅家边现代农业创业园和河西新城创业园在内的“一区十园”的规模，形成了十园共建、资源共享的创业网模式。同时，通过医药研发平台带动企业研究发展。2004年3月份建成的“江苏省新药创业服务中心”作为江苏省的重点技术基础设施平台，建立了41500平方米生物医药专业孵化器和国内一流的生物医药公共技术服务平台；建设规模3.6万平方米的国际生物医药孵化器已投入使用并通过省级认证；另有南京大学国家小鼠基因库、南京工业大学国家生化工程中心等创新平台。

目前，创业园正积极通过“三创”载体搭建产学研合作模式，集中大学院所的科教优势和高新区创业平台，南京高新区和南京工业大学共同引进海内领军型人才进行创新、创业、创优。

2010年园区发展报告

中国南京留学人员创业园由国家人事部、教育部和南京市政府共建，是全国第一个留学人员创业园和江苏省第一家科技成果转化、创新创业以及企业的孵化基地。创业园致力于海外归国人员创新创业服务工作，积极贯彻落实各项留学人员回国创业政策，整合科技园区、大学校区、公共服务平台、专业技术平台等优势资源，为入园的留学人员企业提供孵化平台、政策咨询、项目申报及投融资等综合服务。成立至今，经过不断的探索和实践，在引进海外高层次人才、推进科技成果转化、培育新兴产业等方面取得了不俗的成果。

截至2010年底，园区在孵企业90家（其中电子信息企业占42.2%，生物企业占43.3%，新材料、新能源企业占11.1%，其他企业占3.4%）；毕业企业3家；为社会提供1740个就业机会；累计吸引498名海内外留学人员在园区内就业、创业；园内企业科技成果转化成功率达70%。创业园注册资金累计近4亿元，孵化企业135家，毕业企业30家，为社会提供2813个就业机会；自有种子基金300万元，孵化资金6000万元；在孵企业累计获得各级财政资助额达2297万元。

创业园现有孵化面积83000平方米，在孵企业和公共服务设施占用75405平方米，约占孵化总面积90%；实现在孵企业R&D投入达9784.2万元，申请知识产权保护数112项，批准98项。

一、载体建设

（一）硬件建设

南京创业园目前拥有综合孵化载体、专业孵化载体、产业化标准产房等生产、办公、研发场地面积合计达830000平方米，已建立较为健全的创业服务支撑体系。蝉联国家火炬计划五周年、十周年、十五周年的先进单位。

软件产业孵化器：被科技部认定为“国家火炬计划软件产业基地”，是全省首家国家级软件产业基地，先后获得“中国服务外包基地城市示范区”、“国家软件出口创新基地”和“国家动画产业基地”等称号。在嵌入式应用软件及系统集成、电子商务及电子政务、网络游戏、动漫制作以及服务外包等领域形成五大产业集聚和企业集群。

生物医药孵化器：拥有各级各类公共技术平台和研发机构，包括国家级的南京大学模式动物研究所、鼎泰药物GLP实验动物中心、中药现代化科技产业（江苏基地），省、部级的江苏省南京新药创业服务中心、江苏省脂质体药物工程技术研究中心、江苏省非血管腔道内支架工程技术研究中心、中药炮制规范化及标准化工程研究中心、中药饮片质量标准研究平台。同时有国家级鼎业百泰生物医药科技孵化器等多个医药研发公共技术服务平台。

（二）软件建设

南京创业园为留学归国创业者建设舒适的生活配套设施，加快将园区打造成为生态之区、科技之区、活力之区、宜居之区。未来南京留创园以“集科研、生产、居住、休闲、培训、创新于一体”的活力园区为目标，打造最优的创业环境，为来自从海外归来的的企业家、科学家和研究人员提供一个适宜创新创业的园区，促进创业企业的发展壮大。

创业园坚持为海归领军人才创业提供孵化场地、创业投资、决策咨询、科技攻关、项目论证、信息化服务、人才支撑、投融资等全方位的服务，推行保姆式、专业式、个性化服务，为进入园区的科研人员和国内外高科技人才提供科技创新和创业的支撑服务。

二、孵化服务平台

南京创业园积极搭建公共服务平台和专业技术平台，为留学人员入园创业提供强有力的技术支持，为科技企业提供最优质的孵化环境：

（一）公共服务平台

围绕科技创新和产业化需求，集成科技资源，完善各类相关平台为园区企业提供各类创新创业服务，积极搭建体系健全、运转高效的公共服务平台。

为了确保提供最优的孵化服务，创业园在原有孵化公共服务平台基础上，积极开拓，创新合作模式，除提供风险投资、科技成果评估、技术产业咨询、法律顾问、财务顾问等专业化、个性化的服务外，陆续启动包括生产力促进分中心、人力资源服务中心、科技金融服务中心、留学人员服务工作站、科技查新与专利咨询工作站、创业导师辅导站以及行业联盟、科技处长俱乐部等的建设发展规划，基本形成布局合理、特色鲜明、装备先进、功能完善、运转高效、资源共享的国内一流的综合孵化服务支撑体系，集聚最优的科技孵化资源，服务于留创企业，营造最佳留创企业发展环境。

（二）专业技术服务平台

留学生创业企业技术创新需要专业实验平台及配套资源，留创园充分利用综合类及软件、生物医药孵化器平台资源，始终坚持根据行业领域发展需要，完善专业技术公共服务平台的工作思路，从自建到与校、企分别共建，再延伸到牵线科研院所、高等院校，与领军人才及其创办企业三方共建服务平台的模式，为企业提供各类专业技术服务。迄今已拥有国家、省市各级公共技术服务平台68个，分布在电子信息、服务外包、生物医药、新能源新材料等高新技术领域。通过强化规划引导，提高设计、建设和配套的要求建设起来的产业特色鲜明的平台，数量和规模在国内首屈一指。为园区企业技术创新创造了有利条件。

三、人才引进

为了实现科技链和产业链有效结合，推进科技成果的有效转化，自2007年以来，创业园积极策划并承担了南京高新区与南京工业大学携手搭建的“海内外领军人才‘三创’载体计划”，提出“创新在工大，创业在高新，创优促发展”，目前已经评审了三批，共引进海内外高层次人才39人，其中22人毕业于世界排名前50的大学，24人曾在世界500强企业任职。

已在南工大建立30个创新实验室；在高新区创办29家“三创”企业；申报并引进“千人计划”9名；省“双创”计划21名；“紫金”计划9名；申报国家各类项目资金40项，其中6家“三创”企业获科技部创新基金的资助；3名领军人才获国家自然科学基金。

今后南京留学人员创业园将继续秉承真诚服务的宗旨，

一如既往地努力为企业的成长、壮大尽心尽责，为留学人员创业做更好更专业的辅导和搭桥，为企业的经营发展提供更多的便利和服务。

2010年在园留学人员企业名录

华亚微电子（上海）有限公司南京分公司	电子信息
南京奥特高科技有限公司	电子信息
南京奥特高科科技有限公司	电子信息
南京百敖软件有限公司	电子信息
南京百芙利科技有限责任公司	电子信息
南京标辰科技有限公司	电子信息
南京电研信息系统有限公司	电子信息
南京高新技术市场	电子信息
南京光讯达科技有限公司	电子信息
南京恒生科技有限公司	电子信息
南京鸿源泰电子有限公司	电子信息
南京能杰数字科技有限公司	电子信息
南京青石科技发展有限公司	电子信息
南京萨德科技有限公司	电子信息
南京双诚科技实业有限公司	电子信息
南京索瑞软件工程有限公司	电子信息
南京西尔特电子有限公司	电子信息
南京南自电力控制系统有限公司	电子信息
南京希思特盟信息技术有限公司	电子信息
南京新之捷科技有限公司	电子信息
南京远立科技有限公司	电子信息
南京紫台星河电子有限公司	电子信息
英特神斯软件（南京）有限公司	电子信息
爱斯医药科技（南京）有限公司	生物医药
南京爱德程医药科技有限公司	生物医药
南京博奥泰医药有限公司	生物医药
南京川博生物技术有限公司	生物医药
南京大学模式动物研究所	生物医药
南京鼎业百泰生物科技有限公司	生物医药
南京富纳生物技术有限公司	生物医药
南京高新生物医药研究所	生物医药
南京高新医学研究中心	生物医药
南京弘昌生物科技有限公司	生物医药
南京靖龙医药科技有限公司	生物医药
南京凯瑞尔纳米生物技术有限公司	生物医药
南京龙马动物药业有限公司	生物医药
南京南大药业生化公司	生物医药
南京宁创医疗设备有限公司	生物医药
南京森博医药研发有限公司	生物医药
南京生物工程与医药科技发展有限公司	生物医药
南京生兴生物技术有限公司	生物医药
南京圣诺生物科技实业有限公司	生物医药
南京苏邦生物技术有限公司	生物医药
南京微通生物医药工程有限公司	生物医药
南京伟沃生物科技有限公司	生物医药
南京药科大生物制造有限公司	生物医药
南京永平医院有限公司	生物医药
南京逐陆医药科技有限公司	生物医药
南京佳盛机电器材材料公司	光机电一体化
南京普天通信股份有限公司	光机电一体化
南京申瑞电力电子有限公司	光机电一体化
艾志（南京）机械技术有限公司	新材料
江苏建筑科学院有限公司	新材料
南京吉泰复合材料有限公司	新材料
南京秦邦氟树脂有公司	新材料
南京神舟高分子材料有限责任公司	新材料
南京索沃新材料科技有限公司	新材料
南京钛威科技有限公司	新材料
南京露华能源有限公司	新能源
南京新亚能源自动化有限公司	新能源
中电电气（南京）光伏有限公司	新能源
南京中电联环保工程有限公司	新能源环保
南京格瑞能源科技有限公司	新能源环保
南京国能环保工程有限公司	新能源环保
南京金亮达照明有限公司	新能源环保
南京龙源环保有限公司	新能源环保
林奈克斯南京机电有限公司	建筑制造
南京爱宝文仪有限公司	建筑制造
南京爱睦能源自动化有限公司	建筑制造
南京碧盾环保装备有限公司	建筑制造
南京高新经纬电气有限公司	建筑制造
南京冠亚电源设备有限公司	建筑制造
南京国芯半导体有限公司	建筑制造
南京恒源自动化有限公司	建筑制造
南京嘉瑞动力控制有限公司	建筑制造
南京江琛自动化系统有限公司	建筑制造
南京金丫日用化工发展有限责任公司	建筑制造
南京开广化工有限公司	建筑制造
南京南自四创电器有限公司	建筑制造
南京浦口华阳电器厂	建筑制造
南京奇诺自控设备有限公司	建筑制造
南京全旺薄膜开关有限公司	建筑制造
南京三环忠义汽车零部件制造有限公司	建筑制造
南京水利电力仪器工程有限责任公司	建筑制造
南京威克斯勒电仪设备有限公司	建筑制造
南京新飞分析仪器制造有限公司	建筑制造
南京新联汽车空调有限公司	建筑制造
南京永固机电工程技术有限公司	建筑制造
南京智慧自动化应用技术有限公司	建筑制造
南京长航凤凰货运有限公司	商贸流通
南京杰帝工贸有限公司	商贸流通
南京高科创业发展实业有限公司	商贸流通
江苏伟信工程咨询有限公司	现代服务
南京和敏管理咨询有限公司	现代服务
南京凯创信息系统有限公司	现代服务
南京凯汇工业科技有限公司	现代服务
南京柯瑞沃信息产业有限公司	现代服务
南京南自水力电力岩土工程仪器质量检测有限公司	现代服务

园区联系方式

地　址：江苏省南京高新区丽景路2号A座1305室
邮　编：210061
电　话：86-25- 58533869
传　真：86-25- 58841669
邮　箱：1007793734@qq.com

南京海外学人科技创业园

园区概况

南京海外学人科技创业园（以下简称“创业园”）成立于2009年10月，与2000年8月成立的南京金港科技创业中心施行“两块牌子、一套人马”。创业中心于2004年被科技部认定为“国家级高新技术创业服务中心”。创业园位于南京市东北部栖霞区，地处南京仙林大学城和南京经济技术开发区的中间地带，直接受惠其人文与产业辐射，投资环境优美、开发潜力巨大、科技人才优越、人居环境舒适。

创业园总体规划占地面积400亩，分为二期开发。一期占地155亩、建筑面积17万平方米的孵化、研发楼已投入使用，分为研发孵化区、产业发展区、综合服务区，主要发展智能电网、光电显示、生物医药、新能源和新材料等新型高端产业。目前，已吸引32名海内外领军人才入园创业，158家高科技企业入驻孵化。二期将重点规划建设知名企业总部、独立研发中心，整体建成后将形成办公、科研、试产、展示、交流为一体的人才、项目聚集基地。

创业园依托自身雄厚的场地和科技孵化资源优势，积极与劳动、人事、发改、工商、税务等部门合作，全力打造海外学人创业发展基地，为归国创业的学人提供场地和资金等方面的优惠政策扶持和专业化服务。

园区联系方式

地　址：南京市栖霞区甘家边东108号
邮　编：210046
电　话：86-25-85551135
邮　箱：xgr0325@sina.com
网　址：www.njqxkj.gov.cn

南京归国博士创业园

园区概况

南京归国博士创业园（以下简称“创业园”）成立于2009年6月，由江宁开发区与硅谷留美博士企业家协会合作共建。创业园主要围绕新能源、新材料、节能环保、生物医药、电子信息、服务外包、动漫设计等新兴产业，着力引进在国内外具有创新创业经历、引领相关产业发展、市场开发前景广阔的人才，以及引领产业发展的带技术、带项目、带资金和具有自主创新能力的创业领军人才。

在各级领导的关怀和支持下，2009年11月，创业园大厦正式投入使用。目前，已接待创业博士100多人，创业项目50多个，有12名高层次人才通过综合评审入孵，其中2人获“省双创”计划扶持，6人获区“千百十”政策资助。

园区联系方式

地　址：南京市江宁区秦淮路20号
邮　编：211106
电　话：86-25-52078592
网　址：www.jndz.gov.cn

无锡留学人员创业园

园区概况

无锡留学人员创业园（以下简称“创业园”）成立于2000年3月。2004年创业园与无锡国家高新技术创业服务中心合署办公；2006年国家人事部与江苏省人民政府合作共建“中国无锡留学人员创业园”；2008年由无锡科技创业发展有限公司和无锡市创业投资有限公司共同出资组建了无锡留学人员创业园发展有限公司，注册资本1亿元，公司负责无锡留学人员创业大厦（530大厦）的规划建设及留学人员创业园的运营管理。创业园是全国首批科技型中小企业创新基金创业项目投资补贴型地方服务机构、科技部火炬中心首批国际科技合作依托机构试点单位之一、2007年度国家唯一实施创新基金项目地方现场评审的服务机构。多年来，先后获得“科教兴国示范基地”、“江苏省优秀青年创业服务机构”、江苏省高新技术产业化工作先进集体等荣誉称号。

目前，创业园载体面积6.76万平方米，其中企业办公用房5.7万平方米，服务配套设施1.06万平方米，包括管理人员办公用房、公共技术服务平台、展示中心、贵宾厅、会议中心、商务中心、健身房、停车场等，集娱乐、生活、学习、休闲为一体。

创业园牢牢把握孵化人才、培育企业的基本建设内涵，积极以改善创新创业环境为中心，从实际出发，通过建设多元化的公共技术服务平台、多级投融资体系、高效的综合服务平台、畅通的国际合作平台、分级实施的中介支撑平台、专业的人才培养平台、持续的产业化平台，为创业企业在商务、资金、信息、咨询、市场、培训、技术开发与交流、国际合作等多方面提供了服务，创新创业的环境建设取得了明显成效。

2010年园区发展报告

2010年以来，在新区党工委、管委会的正确领导下，无锡创业园（无锡留学人员创业园发展有限公司，Si-park）在人才引进、项目开拓、园区建设、产业培育等方面取得了积极进展。主要工作如下：

一、全年工作目标基本完成

（一）经营业绩。公司主营业务收入2216万元，完成全年目标102%；净利润2720万元，完成全年目标103%；总资产规模达11.1亿元，净资产收益率4.95%。

（二）高新技术产业。引进科技企业122家，完成全年目标174%，注册资本合计71060万元，其中战略性新兴产业企业达65家，占项目总数的53%（其中传感网企业24家，占比19%；清洁技术企业18家，占14%；生命科技企业23家，占18%）。

新增江苏省高新技术企业7家，完成全年目标的140%；新增省级民营科技企业3家，新增省级高新技术产品27个，完成全年目标的135%；

（三）知识产权。专利申请量650件，完成全年目标100%；发明专利申请量217件，完成全年目标144%；专利授权量234件，完成全年目标146%。

（四）科技和人才载体。新增市级以上院士工作站3个，国家级省级博士后科研工作站6个，新增市级以上工程技术研究中心1个，市级以上企业技术中心1个，均完成全年目标100%；新增“三创”载体面积7.5万平方米。

（五）无锡千人计划。初创式创业人才（530计划注册落户项目）25人，完成全年目标138%；科技领军型创新人才1人，完成全年目标100%；海外引才工作站4个，完成全年目标133%；海外引才联络员16人，完成全年目标160%。杨健良入选中央“千人计划”。

（六）人才引进规模。引进人才总数650人，完成全年目标108%；引进高层次人才30人，完成全年目标150%；引进海外留学人才55人，完成全年目标110%。培养各类硕士研究生210名。

（七）530企业培育。已培育出1000万元收入的企业4家（方圆环球、日联光电、碧水源、晶尧科技），500万元的企业5家（德思普、绿水之源、帅芯科技、睿网科技、拓能自动化）。

（八）对上争取。全年共计为园区企业申报各级各类项目90项，完成全年目标的150%，其中国家级项目24项，省级项目33项，市级项目33项。新增市级以上工程技术研究中心1家；市级以上企业技术中心1家；国家可持续发展试验示范项目1个；华平医疗、德斯普科技等19家企业获科技部创新基金立项，尚德太阳能、祥生医学、杰西医药、和邦生物等4家企业获江苏省成果转化项目立项，隆盛科技、江达生态等9家企业获江苏省科技支撑计划项目立项。

Si-Park企业2010年共获得各级各类立项拨款资金6419.5万元，同比增长25.6%，到位拨款额占全区科技项目总拨款额的四分之一。创业中心自身共获得各级政府立项资金支持374.5万元。

2010年8月，无锡传感网大学科技园通过省级大学科技园认定。12月11日无锡留学人员创业园（530创业大厦）顺利通过国家科技企业孵化器认定现场答辩。无锡新区生命科技园获江苏省生物医药特色产业基地。同时，Si-Park还获得了2010年度江苏省中小企业创业辅导基地、江苏省经信委工业转型中小企业创业基地等荣誉称号。

二、2010年主要工作回顾

（一）Si-park园区企业销售收入同比增长10.2%

园区企业发展态势良好，企业销售收入稳步增长，园区企业实现销售收入259亿元，同比增长10.2%。园区在孵企业达到509家，其中“530”计划入围企业142家，占企业总数的27.8%（其中A类31家，B类35家）。从所属行业来看，电子信息、光机电等传统支柱产业依旧占据主导地位，而传感网、清洁技术、生命科技等战略性新兴产业虽处于起步阶段，但发展迅猛，企业数量和占比呈上升趋势，其中园区传感网企业达到55家，占企业总数的11.1%，同比增长近3个百分点；清洁技术产业相关企业63家，占企业总数的12.7%，同比增长2.3个百分点；生命科技产业相关企业62家，占企业总数的12.5%，同比增长0.5个百分点。

509家企业注册资本累计超过55亿元，注册资本在亿元以上的企业12家，占企业数量的2.4%；注册资本在5000万元—1亿元以上的企业9家，占企业数量的1.8%；注册资本在1000-5000万元的企业有34家，占企业数量的6.8%；注册资本在500—1000万元的企业有45家，占企业总数9.1%。

（二）高端人才引进培养工作成果显著

1. 530项目引进工作继续领先。先后在美国、英国、日本设立了4个海外引才联络站，将揽才的触角延伸到海外，就近服务海外高科技人才，提供创业咨询、政策宣传、商务洽谈、考察接待等服务。目前，Si-Park集聚了142个530项目，集聚了一批国内外知名的创新型人才，80%的项目集中在微纳传感、生物医药、软件服务外包、IC设计、清洁技术等国家、省、市战略性新兴产业领域。2010年两批入围的“530”项目数52个，530项目引进在全市板块和各个专业园区中一直名列前茅。

2. 筹划成立“院士创新服务中心”。与南京大学合作在全省率先启动院士工作室计划，已累计推动了15名院士与Si-Park的企业开展产学研合作，建立了8个院士工作室，占全区73%。其中3个院士工作站被列入江苏省首批院士工作站。院士工作室的作用不但提升了企业的品牌影响力，也有利于技术创新能力的提高。我们在总结前期工作经验的基础上，正筹划成立“院士创新服务中心”，使院士支持园区企业的工作常态化、特色化、规模化。

3. 博士后综合站助推企业快速发展。依托骨干企业，先后与北京大学、清华大学、东南大学等10余所高校合作建立了17个博士后企业分站，累计有23名博士后到新区开展科研工作。2010年，新区新增倍多科技、矽鼎科技等6家博士后科研工作站企业分站，尚德太阳能已经从企业分站晋升为国家级博士后科研工作站。在抓好博士后科研工作站建设的同时，我们积极加强博士后的引进和管理工作，今年共引进进站博士5名，为历年引博人数之最，结题出站博士后3名。自2002年以来，先后引进的22名博士后，已协助企业获得专利37项，创造了数亿元的经济效益，实现了企业和新区发展的双赢。西姆莱斯与东南大学、华东理工大学和西南石油大学联合培养的3名博士后，帮助企业进行老工艺改进，攻克了“高抗扭特殊扣套管WSP-2T”和“酸性油气田用优质抗硫油套管”两个项目难题，提高了石油管材质性能，取得了良好的经济效益和社会效益。

4. 积极促进产学研合作。加快建立以企业为主体、市场为导向、产学研相结合的技术创新体系，是建设创新型城市的一项重要的战略性举措。Si-Park根据无锡新区的战略规划与发展特色，积极开展模式创新，政产学研合作工作连续多年在全市名列前茅，成为国家第二批产学研合作创新示范基地试点单位之一。分别与清华大学、北京大学、南京大学、复旦大学在内的国内知名高校和包括麻省理工大学、加州大学伯克利分校、普林斯顿大学在内的32所国内外高校及科研机构建立了政产学研合作；吸引院士及各类高层次人才近1000名；每年合作项目数近100项；每年转化的科技成果数超200项；每年新增专利数100多项；每年为科技企业新增加的经济效益逾10亿元。与无锡科技职业学院在国内首创校企园合作，建立10个530企业科研站，委派教师团队担任科研助理，促使研发、教学、就业互动发展。

传感网大学科技园集聚了东南大学传感器网络技术研究中心等7个由政府与高校合作共建的产学研合作体，同时推动了30余家已进驻企业与北大、清华等十余所国内高校合作，聚集了传感网高端人才近200人，其中长江学者8人，学科带头人30人，博士生导师11人，博士25人，研究生63人。

（三）传感网大学科技园蓬勃发展

传感网大学科技园规划面积60万平方米，已经建成面积近29万平方米，现集聚了北京邮电大学无锡感知技术与产业研究院、南京邮电大学无锡研究院-物联网/传感网研究中心、东南大学无锡分校、东南大学传感器网络技术研究中心、南京信息工程大学无锡感知气象研究院、成都电子科技大学无锡传感网技术研究中心、上海交通大学无锡研究院、江南大学科技园等数个与传感网产业紧密相关的产学研合作体，集聚传感网专业高端人才150名左右。引进了福建三奥、悟莘科技、德丰杰等重大项目落户，开拓了中科股份、智闻科技、硅谷-江苏国际创新中心元通资本、联动优势、九华互联、润锴技术、深圳飞瑞斯等一批具有核心技术、高成长性的物联网项目，进一步推动了张翔院士国际微纳传感工业技术研究院项目、无锡中星微上市项目、美新半导体国际微纳传感工业技术研究院项目等落户进程。

截至12月，传感网大学科技园已注册落户企业96家（含530企业47家、北邮、成电、南信等产学研合作体7家），企业累计注册资本达到110235万元，注册资本超5000万元的企业有碧水源、方圆环球、华创新能源。截止到11月底，已有20家企业实现销售收入，占企业总数的20%，累计实现销售收入6283万元，预计全年可实现销售收入超亿元。

（四）生命科技园规划选址确定，一批重点项目落户

1. 生命科技园规划建设工作正紧锣密鼓进行。自新区党工委、管委会2010年5月22日确定在长江南路空港产业园临空总部园区内建设生命科技园总部研发区以来，科创公司与相关部门积极推进园区建设各项前期工作。目前正在委托新加坡裕廊设计事务所进行园区概念性规划设计，但由于空港园附近雷达站及民航限高等因素的影响，规划设计几易其稿，导致生命科技园不能按照原计划按时启动建设。经多次协调，概念性规划最终通过，目前进入项目选址、土地招拍挂、拆迁以及雷达旅营房改建等工作。

2. 重点产业化项目取得积极进展。和邦生物长效胰岛素项目：已与产业集团签订1亿元投资协议，4月初获得领峰基金1500万元注资，入驻生命科技园研发总部的步骤正在推进中。翔天牧一类原创新药项目：该项目处于一期临床，并已进入国家十二五规划，正积极协调并推进该项目的临床审批手续，预期在2012年完成三期临床。华平糖尿病实时智能诊疗系统产业化项目：项目进展顺利，计划启动装修1300平方米GMP车间，申报生产许可证，预计明年1月份完成装修并启动生产器械的耗材部分。荣兴科技医疗器械项目：已经启动激光诊断治疗仪等产品的规模生产并启动产业化生产用房的装修，预计明年一月份完成并投入使用。杰尔康转基因蛋白药物项目：该项目总投资1.5亿元，已签订落户协议，市区两级的投资方案已通过审批，预计明年上半年将启动注册手续并运行。同昕生物快速诊断试剂盒产业化项目：GMP生产车间已经通过药监部门审批并通过生产许可，目前已经开始小批量生产并启动销售。国华环球医疗科技项目：项目公司注册资本为1000万美元，总投资2500万美元。与清华大学全面合作，将组织“超微病原体可视检测系统”等医疗设备的生产销售，该产品是卫生部攻关项目，被国家五部委联合鉴定为“国家重点新产品”。

3. 产学研合作助推产业发展。重点推进了中国农业大学、工程院李宁院士的动物生物反应器人乳铁蛋白产业化项目，项目总投资2.4亿元，计划在新区设立乳铁蛋白产业化基地及建立国际一流奶牛生物反应器产业化基地。12月中旬启动无锡科捷诺生物科技有限责任公司注册程序。中科院北京基因研究所生物信息数据中心项目：多次和基因所交流沟通，推进建设中国生物信息数据中心无锡基地，其快速检测试剂系列产品有望成为双方合作的第一个产品。美国宾夕法尼亚大学、哥伦比亚大学生物传感器研究院项目：计划在新区设立美国宾夕法尼亚大学、哥伦比亚大学生物传感器研究中心来推进双方产学研合作，共建生物传感器平台，并实施有关生物医药、生物治疗、干细胞研发成果的技术转移与产业转化。中科院生物技术局无锡生物产业基地项目：合作协议已经签署，目前正在物色吸纳合适项目来新区落户。南京大学“感知生命”研究院，江南大学-锐阳生物制造研究院，苏州大学创新制剂工程技术研究中心与转化基地等一批产学研合作项目已经落户于园区。另外，还有一批产学研项目在推进中，如清华大学—国华环球医疗器械技术中心；加州大学洛杉矶分校生物医学工程国际技术转移中心。

（五）载体建设与资金保障按计划进行

2010年，530创业大厦、江大科技园、东大传感网大楼已正式投入使用，配套设施招商工作成果显著，引进了餐厅、咖啡馆、超市和银行等配套设施。大学科技园园区形象初步形成。

2010年落实了总公司以4000万元江大科技园公司股权和8000万元货币资金对我公司增资，新增注册资本12000万元，年末公司注册资金达44000万元。

积极争取生命科技园项目资本金，向总公司提交生命科技园项目1.5亿元增资申请。总公司同意在未来一、两年内按项目进度适时增资到位。优化负债结构。年内将交通银行到期的5000万元流动资金贷款置换为6年期的经营性物业贷款，缓解了还贷压力。

经与新区工商银行的共同努力，“创业园二期”项目1.5亿元贷款终于全额提款，此举缓解了公司全年资金压力。农行“创业园三期项目”1亿元贷款授信获批。科创公司参股公司—无锡留学人员创业发展有限公司12月20号成功提款8500万元，一举解决530大厦工程建设资金短缺问题。

（六）园区公共服务水平上新台阶

生命科技园区将依靠企业，逐步规划建设“创新生物医药制剂GMP产业转化平台、无锡市食品药品检测平台及实验动物公共技术服务平台、蛋白质药物创新研发与产业转化公共技术服务平台、生物纳米传感技术创新研发平台（植入式微电子医疗器械创新研发及 GMP产业化转化平台）、疫苗创新研发及GMP产业转化平台、新型生物产业工程菌与酶筛选平台、生物芯片技术创新研发与GMP产业转化平台”等生命科技产业公共平台。

传感网大学科技园园内已建有高校平台运营公司7个，民营平台运营公司2个，累计注册资本为1.38亿元。光电传感网平台、面向移动智能终端与物联网电子产品创新服务平台已正式投入运行。

三、下一阶段重点工作安排

2011年是“十二五”开局之年，Si-Park着力打造的三大新兴产业也将迎来新的发展机遇，我们要汇天下英才，集各类要素，积极探索，勇挑重担，加大力度发展新兴产业，重点做好以下工作：

（一）全面提升传感网大学科技园建设水平

1. 重点做好已落户的北邮物联网研究院、南邮显示研究院、电子科大传感网研究中心、南信大感知气象研究院和上海长三角服务科学研究院等高校研究院科研成果的转化，将实体公司做大做强。

2. 是重点推进中国电子科大无锡研究院、南京大学高技术研究院、上海交大无锡研究院等项目的落户进程和开工建设，围绕光纤传感、感知生命和三网融一等技术，开展物联网相关产业的研发、成果转化。

3. 做实江南大学科技园，加快其中国感知能源创新中心、教育部物联网工程技术中心等项目的落户，发挥江大国

家级大学科技园的作用，并适时建设二期基地。

4. 加快组建具有国际水平的国际微纳传感工业技术研究院，整合一批世界级的科学家、工程技术专家和科研院所的资源，在纳米能源技术、纳米传感器技术、纳米生物技术等领域取得一批自主创新成果，为国家传感网核心示范区提供技术、人才的支撑。

5. 推动国家光电传感公共技术服务平台、面向移动智能终端与物联网通讯电子产品研发和产业化等产学研联合创新服务平台进入常态化运行。

6. 加大力度，助推一批传感网骨干企业的快速发展，重点推进无锡中星微、爱沃富光电、德思普科技、亿斯龙科技、南邮三奥、天安智联等一批传感网企业围绕上市目标做大规模。

7. 围绕感知生命、感知汽车、感知能源、智能家居等四大领域，加大招研引智力度，在国内外再挖掘一批具有一定规模的物联网企业、工程技术研究中心落户太科园，提高传感网产业贡献度，争取五年内园区传感网产出超百亿。

8. 依托物联网的优势，创新、发展新型电子商务产业，重点发展智慧旅游、智慧购物、智慧运动等休闲健身、快乐消费等生态产业链，让物联网走入千家万户，融入人的自然生活。

（二）全力推进中国太湖生命科技园建设

建设与融资并举，加快新区太湖生命科技园研发区的建设。推进完成生命科技园研发总部10万平方米科研用房的建设，其中，特别是做大GMP产业转化载体的规划建设及项目入驻。全力推进无锡食药监检中心项目早日开工建设。迅速启动空港沿长江南路两栋在建楼房的专业化改造，力争在2011年下半年投入使用。

加快项目集聚发展落户。组织一批各具特色的生物医药、医疗器械、康健服务等企业落户中国太湖生命科技园集聚发展。重点推进长效胰岛素、糖尿病实时智能诊疗系统、转基因蛋白药物、艾滋病疫苗、超微病原体可视检测系统等迅速进入临床报批和应用阶段，加快其产业化步伐。积极推进与中科院生物技术局、四川大学等国内重点机构的合作事项，争取在高端研发机构、项目产业转化和高端教育培训方面取得突破。积极推进与加州大学洛杉矶分校、哥伦比亚大学、剑桥大学等国外名校的合作。

创新机制，借脑发力，推进生物医药公共服务平台建设。依托无锡市药监中心和入住企业的资源，逐步在园区建成创新生物医药制剂GMP产业转化平台、蛋白质药创新研发与GMP产业转化平台、生物纳米传感技术创新研究与GMP产业转化平台、生物制造创新研发与产业转化平台、小分子药物创新研发服务外包平台、疫苗创新研发与GMP产业转化平台、食品药品检测公共服务平台、实验动物公共技术服务平台等八大平台建设，三年内在周边地区形成一定的竞争优势，奠定新区生物医药发展的新格局。

（三）积极培育清洁技术产业

与光伏太阳城及新区街道密切合作，充分利用归国留学人员的人才和项目优势，在新能源、节能、环境等低碳清洁技术领域集聚一批具有国际先进水平的创新研发项目和一批海内外领军型人才，为新区低碳清洁技术新兴产业提供创新动力源，努力建成国内一流的清洁技术创新园。完善无锡清洁技术科技园规划。

重点推进美国国家工程院院士麻省理工学院纳米能源重点实验室主任陈刚院士旭能纳米热电材料项目，争取完成与天济太阳能整合，在世界上再诞生一个热伏产业；推进碧水源公司投资1亿元净水科技项目，完成项目组建方案；做好风光新能源等一批光伏产业链项目逐步投产，为光伏太阳城争光添彩；推进江苏华创新能源有限公司在水源热泵技术方面的优势，打造行业旗舰企业；加快江达生态科研大楼建设，嫁接科研资源和人才资源，尽快使江达生态成为国内最大的水资源及环境修复专业公司，早日成功上市；加快飞利浦全球研发中心无锡节能照明研发中心项目的引进；推进威孚环保、国发电机、澳富特成型、锐泰能源等一批园区骨干企业迅速发展壮大，成为新区清洁技术产业的发动机。

（四）注重园区品牌运作，建设创新型活力园区

重点推进传感网大学科技园成为国家级特色大学科技园；无锡留学人员创业园成为国家重点科技企业孵化器；生命科技园做响太湖品牌，不但园区建设出形象，产业特色更加鲜明；为Si-Park无锡科技创业园最终成为中国最具活力创业家园再夯实基础。

（五）整合资源，不断做大“三创”载体规模

充分利用建设生命科技园契机，新增特色“三创”载体10万平方米；引导江大科技园加大对太科园的投资，统一规划、统一管理、统一服务，联合开发产学研独栋研发区6万平方米；盘活利用欣园等闲置资产，提高国有资产利用率；尝试部分项目的增值服务行权，拓展公司的投资理财能力；成功融资2亿元，科创公司资产规模达13.8亿元；创造条件，适时组建科创集团，使之成为集开发建设、投资管理、孵化服务、科技中介、园区经营的专业科技园区运行商。

2010年园区大事记

1. 1月16日，新区新增无锡倍多科技有限公司企业分站等6家国家级博士后科研工作站企业分站，无锡尚德太阳能电力有限公司从企业分站晋升为国家级博士后科研工作站。

2. 4月24日，Si-Park被江苏省科技厅授予“江苏省无锡高新区生命科技产业园”，这标志着Si-Park发展新兴产业战略获得了阶段性胜利。

3. 5月7日，中共中央候补委员、中国科学院院士、上海交通大学张杰校长与江苏省委常委、无锡市委书记杨卫泽出席上海交大无锡研究院签约暨上海交大长三角服务科学与企业创新（无锡）研究中心揭牌仪式。

4. 5月29日，“530创业大厦启用暨传感网公共技术服务平台合作签约仪式”成功举行，一批530项目和公共技术平台落户园区，这标志着国家海外高层次创新创业人才基地正式投入使用。

5. 5月30日，中共中央政治局委员、中央书记处书记、中央组织部部长李源潮，江苏省委书记梁保华，省长李学勇视察530创业大厦，考察新区海外高层次人才创新创业情况。

6. 7月24日，电子科技大学无锡传感网技术研究中心揭牌暨无锡成电光纤传感科技有限公司开业仪式在530创业大厦隆重举行。

7. 7月27日，南京信息工程大学无锡感知气象研究院揭牌暨无锡信大气象传感网科技有限公司开业仪式在530大厦隆重举行。

8. 7月29日，南京大学无锡感知生命科技园正式签约落户传感网大学科技园。

9. 8月11日，“无锡传感网大学科技园”顺利通过江苏省科技厅、教育厅联合组织的现场验收。

10. 11月16日，美新半导体国家微纳工程中心及传感网系统集成公司项目、中国农业大学人乳铁蛋白产业化项目等九大重点项目在新区重大项目签约仪式上成功签约，标志着园区坚持以海内外高层次人才引进创新创业和政产学研合作为抓手，引进培育发展战略性新兴产业取得了阶段性突破。

11. 11月21日，李宁院士“人乳铁蛋白奶牛生物反应器”等4个项目列入无锡市首批“130”计划项目，Si-Park以4个项目占比全市总数三分之二的成绩遥遥领先。

12. 11月22日，无锡荣兴科技有限公司王之江院士工作站成立仪式在530创业大厦成功举行。

13. 12月18日，建筑面积达7.5万平方米的Si-Park三期暨江南大学国家大学科技园投入使用。

14. 12月22日，东南大学传感网技术研究中心大楼落成典礼在传感网大学科技园隆重举行。

15. 12月23日，新区生命科技产业创新联盟成立，和邦生物、华平医疗等30多家企业作为理事单位出席。

16. 12月26日，无锡国家留学人员创业园推荐的江苏碧水源环境科技有限公司成功当选为2010年度中国留创园最具成长性创业企业，为无锡地区唯一上榜企业。

17. 12月27日，由人事部、省科技厅合作共建的中国无锡留学人员创业园通过科技部国家级科技企业孵化器认定。

18. 12月29日，和邦生物公司董事长兼总经理杨建良博士成功入围第五批国家“千人计划”，至此，Si-Park在继李科奕、张晓东、马晓光之后，“千人计划”人才阵营再添一员，总人数占无锡新区的半壁江山。

2010年优秀在园留学人员企业

一、成长之星：领军人物领衔，行业中的佼佼者，具备爆发式增长潜力

（一）无锡日联光电有限公司。“省双创人才”入围项目，其X-RAY检测技术填补了国内空白，2010年产业化并实现销售近3000万元，预计2011年实现销售突破5000万元。

（二）无锡荣兴科技有限公司。“省双创人才”入围项目，建有新区首个外籍院士工作站，新区感知生命技术的排头兵，2011年公司将实现新的腾飞。

（三）无锡市澳富特精密快速成形科技有限公司。“530”计划入围企业，“国家标准校车”项目联合实施者，无锡“智能化新能源汽车产业化的项目”的发起人，“无模金属板料成型技术”实现产业化。

（四）无锡悟莘科技有限公司。“530”A类项目，由英国剑桥大学博士团队创办，其无线传感网技术在大型基础设施中的应用填补了我国乃至世界在该领域的空白，并在国内外重点项目得到示范应用，2011年销售可超过500万元。

（五）无锡通明科技有限公司。“530”A类项目，创办人姚迎宪博士曾入选“国际专业人员名人录”，在半导体照明技术方面获得重要突破，其开发的LED照明产品，主要指标已超过世界先进水平，2011年可实现产业化。

（六）无锡尚沃生物技术有限公司。“530”A类项目，由NASA纳米技术中心主任韩杰博士领衔创办，其自主开发的呼吸检测仪填补国内空白，并已取得注册和销售许可证，2011年实现产业化，销售将突破1000万元。

（七）无锡风光新能源科技有限公司。创业团队集海归精英与国内资深技术、管理人才于一体，与哈工大等多所高校开展广泛的产学研合作，所研发的单相和三相光伏逆变器在国内处于领先水平，2011年实现产业化，2014年前上市。

（八）无锡聚联智能电子科技有限公司。拥有国内外多名技术专家组成的专业研究以及顾问团队，是物联网智能家居安防系统的领军企业，2011年可实现销售收入超千万元。

二、未来之星：上市后备企业，起点高，形成产业集聚效应

（一）无锡中星微电子有限公司。由中星微集团董事局主席邓中翰院士领衔，其射频类芯片技术国内一流，世界领先，为行业龙头企业，计划于2013年上市。

（二）无锡德思普科技有限公司。由国家千人计划入围者李科奕领衔，拥有世界领先的低功耗、多线程、软件无线电DSP芯片技术，成立两年内销售突破1500万元，已与券商接触进入上市准备期。

（三）江苏江达生态科技有限公司。建有中国工程院张全兴院士工作站，从事湖泊生态修复与资源利用，2010年实现销售近2000万元，正在实施股改，计划2013年上市。

（四）无锡力芯微电子有限公司。拥有超过100名工程师的技术团队，致力于消费类电子系统用集成电路的开发，2010年实现销售超亿元，计划于2015年前上市。

（五）无锡祥生医学影像有限责任公司。建有博士后工作站分站，拥有100多人的专业技术团队，国内数字黑白超、彩超行业龙头企业，2010年实现销售过亿元，计划于2012年上市。

（六）江苏腾旋科技股份有限公司。中国最大的专业研制，开发和生产旋转接头和虹吸系统的公司，2010年销售突破3000万元，已完成新三板内核，计划于2011年上市。

（七）无锡隆玛科技股份有限公司。国内自动化工程项目骨干企业，公司业绩以每年超过40%的速度高速增长，2010年销售突破2000万元，已完成新三板内核，计划于2011年上市。

三、璀璨之星：孵化毕业且年销售超过3亿元，或当年成功上市、产业方面做出杰出贡献，形成完整产业链

（一）无锡中兴光电子有限公司。国内最大的CMOS光纤放大器研发供应商，占国内光纤放大器半壁江山，2010年销售突破3亿元。

（二）无锡儒兴科技有限公司。国内最大的导电浆料供应商，市场占有率95%以上，2010年销售突破6亿元。

（三）无锡华润矽科微电子有限公司。“中国十大集成电路设计企业”之一，研发技术和量产能力方面名列国内前列，2010年销售突破5亿元。

2010年在园留学人员企业名录

无锡华鑫应用信息技术有限公司	电子信息
无锡鑫路源科技有限公司	电子信息
无锡市优特科科技有限公司	电子信息
无锡弗功电子科技有限公司	电子信息
无锡互惠信息技术有限公司	电子信息
无锡德斯普科技有限公司	电子信息
无锡俊达测试技术服务有限公司	电子信息
江苏意源科技有限公司	电子信息
无锡格莱瑞科技有限公司	电子信息
江苏睿源汇科技发展有限公司	电子信息
无锡博尼立方体科技有限公司	电子信息
无锡亚夫农业科技有限公司	电子信息
无锡市同步电子科技有限公司	电子信息
无锡微视电子技术有限公司	电子信息

无锡布尔达半导体科技有限公司	电子信息
无锡安则通科技有限公司	电子信息
无锡打的宝科技有限公司	电子信息
无锡识凌科技有限公司	电子信息
无锡博翰信息技术有限公司	电子信息
无锡盛康软件有限公司	电子信息
无锡睿当科技有限公司	电子信息
无锡中皓汽车电子有限公司	电子信息
无锡海宝软件有限公司	电子信息
无锡亿口网络科技有限公司	电子信息
无锡视动科技有限公司	电子信息
无锡数云科技有限公司	电子信息
无锡宁震科技有限公司	电子信息
无锡中星微电子有限公司	电子信息
无锡乾煜信息技术有限公司	电子信息
无锡睿联科技有限公司	电子信息
无锡嵌牛乐居科技有限公司	电子信息
无锡晶尧科技有限公司	电子信息
无锡江鸿科技有限公司	电子信息
江苏视软智能系统有限公司	电子信息
江苏新世纪信息科技有限公司	电子信息
江苏锡微软件技术有限公司	电子信息
艾迪迅电子科技（无锡）有限公司	电子信息
无锡清华信息科学与技术国家实验室物联网技术中心	物联网
无锡天安智联科技有限公司	物联网
无锡炫潼科技有限公司	物联网
无锡慧思顿科技有限公司	物联网
无锡米兰磁传感网络有限公司	物联网
无锡时间感知科技有限公司	物联网
无锡易讯同房信息技术有限公司	物联网
无锡捷玛物联科技有限公司	物联网
无锡芯响电子科技有限公司	物联网
无锡智闻科技有限公司	物联网
无锡美新物联网科技有限公司	物联网
无锡慧思顿科技有限公司	物联网
无锡悟莘科技有限公司	物联网
无锡华瞰物联网技术有限公司	物联网
无锡亿仕龙传感控制技术有限公司	物联网
江苏沧泓智能信息科技有限公司	物联网
江苏锡恩传感技术股份有限公司	物联网
无锡赛博海斯科技有限公司	生物医药
无锡泓宝微生物日用品有限公司	生物医药
无锡赛拓基因生物科技有限公司	生物医药
无锡赛博海斯科技有限公司	生物医药
无锡海斯凯尔医学技术有限公司	生物医药
无锡威控科技发展有限公司	生物医药
无锡智超医疗器械有限公司	生物医药
无锡绿茵生物科技有限公司	生物医药
无锡金润电液系统有限公司	新材料
无锡鼎绘新材料有限公司	新材料
江苏江达生态科技有限公司	新能源环保
江苏华创新能源有限公司	新能源环保
江苏润宏江河工程项目管理有限公司	新能源环保
无锡晨驰江河科技有限公司	新能源环保
无锡联动太阳能科技有限公司	新能源环保
无锡天清新能源科技有限公司	新能源环保
无锡中洁能源技术有限公司	新能源环保
无锡通明科技有限公司	新能源环保
无锡迅德环保科技有限公司	新能源环保
无锡风光新能源科技有限公司	新能源环保
无锡锐泰节能服务有限公司	新能源环保
江苏清涵环保科技有限公司	新能源环保
无锡新明泽新能源有限公司	新能源环保
江苏鹏立新能源科技有限公司	新能源环保
无锡国发汽车电机有限公司	建筑制造
无锡协信太科地产开发有限公司	现代服务
无锡元才道盛投资管理有限公司	现代服务
德丰杰创业投资管理（无锡）有限公司	现代服务
无锡百桥投资管理有限公司	现代服务
无锡紫荆餐饮管理有限公司	现代服务
深圳市中科招商创业投资管理有限公司无锡分公司	现代服务
无锡红石资本管理有限公司	现代服务
喜士多便利连锁店530大厦加盟店	现代服务

园区联系方式

地　址：无锡新区太湖国际科技园大学科技园清源路530大厦A区2层

邮　编：214135

电　话：86-510-85229915

传　真：86-510-85213590

邮　箱：lxs@wnd.gov.cn

网　址：www.wxsp.gov.cn

无锡滨湖留学人员创业园

园区概况

无锡滨湖留学人员创业园（以下简称“创业园”）前身为江苏省无锡蠡园经济开发区。2003年5月，被国家科技部批准为国内首家以工业设计为主题的高新技术专业化园区；2006年9月，被国家知识产权局认定为无锡（国家）工业设计知识产权园；2007年被认定挂牌为江苏省现代服务业集聚区、江苏省国际服务外包示范区、江苏省无锡滨湖留学人员创业园。

为推动工业设计产业发展，创业园投资建成了创意园、工业设计大厦、530大厦、中锐大厦、联创大厦等80多万平方米的“三创”载体，已初步形成了以汽车设计、集成电路设计、软件研发、模型和工具设计、建筑设计、产品设计、自控系统设计、服务外包为主的创意产业格局。同时，创业园结合无锡“530”政策，努力吸引国外领军型海外留学归国创业人才来园区创业，一批涉及无线设频技术、汽车检测系统研发、纳米生物科技的创新企业已入驻园区。

园区联系方式

地　址：无锡市太湖西大道1890号太湖明珠发展大厦

邮　编：214072

电　话：86-510-85101872

传　真：86-510-85102785

网　址：www.dpark.gov.cn

无锡惠山留学人员创业园

园区概况

无锡惠山留学人员创业园（以下简称“创业园”）成立于2006年10月。创业园位于惠山经济开发区，致力于为科技型中小企业提供优质高效服务和良好的创业环境，加速科技成果的商品、产业化、国际化，为地区培育高新技术企业和企业家。

创业园内水、电、电梯、通讯、互联网接入及绿地、广场、餐饮、会议、娱乐、健身等基础设施完备，环境优美，为进园企业提供良好的办公、科研和生产空间。创业园一期工程建筑面积1万平方米已全部驻满，二期工程2.3万平方米也已基本饱和。同时，以惠山区良好的投资环境为基础，以政府的相关职能为依托，为进园企业提供包括税收、人才、资金、用房、征地、工商行政管理等各方面的优惠待遇和全方位、全过程的高效优质服务，是留学人员回国创业的理想天地。经过几年来的发展，创业园已经成为惠山区重要的科技成果转化基地、创新人才集聚高地和创新服务体系建设载体，特别是在承接无锡市“530”计划过程中，开展了一系列扎实有效的工作，对全区发展高新技术产业、促进经济增长方式转变、提高自主创新能力作出了积极贡献。

园区联系方式

地　址：无锡市惠山区政和大道189号
邮　编：214174
电　话：86-510-83593668
传　真：86-510-83595062
邮　箱：whedzcn@yahoo.com.cn
网　址：www.whedz.com

无锡崇安区留学生创业创意园

园区概况

无锡崇安区留学生创业创意园（以下简称“创业园”）成立于2008年5月，紧靠闻名中外的京杭古运河边，规划建筑面积2万余平方米，一期建筑面积约7000平方米，利用一幢民族工商业特色鲜明的丝茧仓库改造而成，创业园的设计被中央电视台、时尚杂志共同评为年度“中国最具创意奖”。目前，各类设计企业已入驻经营。

创业园二期建设将通过整体收购、承租等形式，总投资3亿元，沿古运河建成占地约20亩，建筑面积2万平方米以上的创意产业集聚区，使其成为集艺术创作设计、文化传媒、工艺装饰、服装设计、前卫演出、美术展览、休闲会客于一体的文化创意高地。另配套建设2000多平方米的餐饮、购物、娱乐等各种生活设施，把创业园建成留学生创业的摇篮、成长的家园。

园区联系方式

地　址：无锡市崇安区北仓门37号
邮　编：214008

无锡北塘留学人员创业园

园区概况

无锡北塘留学人员创业园（以下简称“创业园”）位于无锡市国家高新技术创业服务中心内。

创业园以一流的区域位置，一流的服务理念，一流的政策环境，吸引大量有识之士投资创业，形成了以电子产业、信息产业、科技服务业、节能产业等为产业特色的科技成果转化基地，具有为科技成果转化提供信息、中介、培训、资金、市场等综合服务的功能。

园区联系方式

地　址：无锡市新源北路401号
邮　编：214043
电　话：86-510-82600211
传　真：86-510-82600211

无锡南长留学人员创业园

园区概况

无锡南长留学人员创业园（以下简称“创业园”）是依托南长区科技创业服务中心运营管理的创业载体、服务体系和发展平台，与南长区科技创业服务中心采取“一套班子、两块牌子”的运作方式，在南长区科技创业服务中心增挂“无锡南长留学人员创业园”牌子，办公地点设在无锡市清扬路333号南长创业大厦内。为吸引更多海外留学人员来南长创业发展，提升南长科技创新水平，营造南长发展新优势，推进南长经济社会又好又快发展，2009年南长区政府决定在原南长区科技创业服务中心（2008年12月批准认定的省级科技孵化器）的基础上，积极争创省级留学人员创业园。2009年10月，获批成为省级留学人员创业园。

目前创业园拥有“三创”载体三个，分别是扬名高新科技创业园、扬名奕淳大厦1—6层和南长创业大厦，总面积约4.56万平方米。为进一步帮扶归国留学人员创业，创业园在硬件设施和软件设施上加大投入，配备了双回路供电，保证入驻企业24小时连续供电，并为归国留学人员提供千兆网络、地下停车场、一站式服务中心，同时配备了多功能会议中心和接待中心，为入驻企业提供便利。

其中，扬名高新科技创业园位于无锡市下甸桥堍，总建筑面积1.01万平方米。园内已成功孵化出年销售上亿元的无锡国盛精密模具有限公司和无锡意昂数字技术有限公司。

扬名奕淳大厦为南长区科技创业服务中心营运管理的科技孵化器二期，总面积1.8万平方米，主要引进以电子信息技术、现代信息技术为基础的科技型服务外包企业和研发机构。目前已入驻的重点企业有：列入无锡市服务外包重点培育计划的无锡企源科技有限公司和无锡冠华时代科技有限公司以及留美博士张涛创办的江苏全维智码科技有限公司、留美博士王子健创办的无锡市中科水质有限公司。

南长创业大厦于2006年破土动工，2008年年底交付使用，总投资7000万元左右，占地面积3000平方米。发展定位是：建成一个以软件研发、委托设计、动漫制作、外包服务为主导，融培训、展示、贸易、孵化于一体的特色专业楼宇。截至目前，入园创业企业中有国家杰出青年基金获得者、2008省双创人才引进计划获得者刘梦赤创办的浏立方科技有限公司，无锡市530计划引进项目佳美自控、达思网络、亿路科技等。另外，配有无锡市国际商务人才培训中心、无锡纵横知识产权代理有限公司、无锡润德管理培训有限公司、江苏洲豪风险投资担保有限公司、江苏苏亚金诚会计师事务所有限公司、无锡市基础信息安全测评认证中心等各类配套服务机构。

目前，创业园在孵企业有44家，在孵企业中浏立方科技有限公司是“江苏省双创人才计划项目”；达思网络、亿路科技、佳美自控、学承软件、全维智码、博达乐思、中科水质等公司为无锡市“530计划”项目。

2010年在园留学人员企业名录

科智软件无锡有限公司	电子信息
无锡市箐蕊网络信息技术有限公司	电子信息
无锡博达乐思科技有限公司	电子信息
无锡亚伦科技有限公司	电子信息
无锡冠华时代科技有限公司	电子信息
无锡企源投资有限公司	电子信息
全维智码信息技术有限公司	电子信息
无锡上维自动化技术有限公司	电子信息
无锡哈博曼科技有限公司	电子信息
无锡物华电子科技有限公司	电子信息
无锡松本科技有限公司	电子信息
无锡先迪德宝电子有限公司	电子信息
无锡市福莱特信息有限公司	电子信息
无锡中讯科技有限公司	电子信息
江苏宝乾电子科技有限公司	电子信息
无锡高凯电子科技有限公司	电子信息
无锡思澜科技有限公司	电子信息
无锡富斯福自动化科技有限公司	电子信息
无锡学承软件技术有限公司	电子信息
无锡中盾安全科技有限公司	电子信息
无锡世纪辰光网络科技有限公司	电子信息
无锡市浏立方科技有限公司	电子信息
无锡市基础信息安全测评认证中心	电子信息
无锡市亿路科技有限公司	电子信息
无锡市达思网络科技有限公司	电子信息
无锡德科新能源技术有限公司	新能源环保
无锡科锐环境科技有限公司	新能源环保
无锡中科水质环境技术有限公司	新能源环保
无锡富尔金属制品有限公司	建筑制造
无锡佳美自控系统科技有限公司	建筑制造
无锡久恒机电设备工程有限公司	建筑制造
无锡可迪机械有限公司	建筑制造
无锡市汉森金属有限公司	建筑制造
无锡益源建设工程有限公司	建筑制造
无锡市洲豪国际货运代理有限公司	商贸流通
江苏佳家颂企业服务有限公司	现代服务
无锡润德管理培训有限公司	教育培训
无锡市国际商务人才培训中心	教育培训
无锡市立创动力精密机械有限公司	现代服务
江苏洲豪风险投资担保有限公司	现代服务
南长区锦绣四方图文设计室	现代服务
江苏苏亚金诚工程管理咨询有限公司无锡分公司	现代服务
江苏苏亚金诚会计师事务所有限公司无锡分所	现代服务

园区联系方式

地　址：无锡南长区清扬路333号金匮苑27号楼

邮　编：214021

电　话：86-510-85025990

无锡海泰留学人员创业园

园区概况

无锡海泰留学人员创业园（中国无锡国际科技合作园）（以下简称“园区”）是无锡市科技局构筑国际新技术高地、人才高地的重要载体，主要面向留学归国人员创新创业、国际研发中心、电子信息产业成果转化。园区位于无锡国家高新技术产业开发区内，区位优势明显，交通便利，享受国家级高新技术产业开发区的所有优惠政策。

园区建筑面积15000平方米，综合服务楼内建有多功能会议室、咖啡吧、商务中心、产品展示厅等，功能齐全、布局合理，环境舒适幽雅，是一个智能化、园林化、现代化的科学园区。无锡市科技局集其政府职能为入园企业进行政策、资金、项目专项支持，并根据入园企业的科技特点对工程中心、国际合作、知识产权保护等重点项目进行资金扶持，为符合政策的企业进行流动资金担保。同时，积极协助入驻园区的科技创业企业申报高新技术产品、高新技术企业及申报市、省、国家的各类科技攻关项目、中小企业创新基金等。

在优美的创业环境中，在政府、政策的双扶持下，无锡海泰留学人员创业园将提供巨大的发展潜力和空间，欢迎海内外企业来园区发展。

园区联系方式

地　址：江苏省无锡新区泰山路2号

邮　编：214028

电　话：86-510-8525971

邮　箱：Spsp0722@163.com

锡山留学人员创业园

园区概况

锡山留学人员创业园暨江苏省锡山经济开发区科技创业园（以下简称“创业园”）成立于2008年6月，是锡山经济开发区投资建设的综合型科技园区，是中国科学院—清华大学（无锡）青年创新创业实践基地、清华大学无锡科技成果转化基地、江苏省电子信息产业基地、江苏省省级留学生创业园，也是无锡市重点建设的十大主题科技园区之一。2008年9月，被认定为省级科技创业园和省级留学人员创业园；2008年12月，被认定为江苏省中小企业创业基地；2009年1月，被批准建设江苏省博士后工作站。

创业园位于江苏锡山经济开发区腹地，沪宁杭经济圈中心，东靠上海，南临杭州，西临南京，北依长江，处于得天独厚的水陆枢纽位置。规划建设面积750亩，目前已建成区面积18万平方米，16栋研发楼，已启用一期12万平方米。

创业园以电子信息、生物医学、新材料，软件外包为主要发展方向，引进海外留学人员、科研院所科技人员创业项目，以及具有高科技含量和成长性的产业类项目和建设商、运行商、投资商、各类中介机构的服务类项目。同时，为海外领军人才创业提供创业投资、孵化场地、决策咨询、项目研究论证、科技攻关、信息化支持、人才支撑、投融资等全方位的服务，推行管家式、专家型服务。目前，园区几乎集中了锡山区所有的无锡市“530”计划项目。

园区联系方式

地　址：江苏省锡山经济开发区芙蓉中三路99号
邮　编：214192
电　话：86-510-83781855
传　真：86-510-83781733
邮　箱：xs.vpark@gmail.com
网　址：www.xkkj.org.cn

徐州留学人员创业园

园区概况

徐州留学人员创业园（以下简称“创业园”）于2005年经江苏省人事厅批准建立，由徐州市人事局会同市科技局、徐州经济开发区创办，是以促进科技成果转化、培育高新技术企业、为留学人员回国创业提供综合服务的公益性科技中介机构。

创业园位于江苏徐州科技创业园内，毗邻中国矿业大学。按照徐州的特色产业、医疗器械企业的共性需求，提供医疗电子产业研发的常规设备及测试仪器，减少企业的前期投入，提高企业的自主创新能力，培育医疗电子特色基地，打造医疗电子企业特色产业群。

针对江苏省徐州市医疗电子企业研发能力弱，产品档次低的情况，创业园建立了医疗电子共性技术的共享研发平台，提供安全测试、超声测试、细胞显微、频谱分析、红外热成像、微波试验、光纤测温等医疗电子产品研发中的共性技术研发测试、实验手段。同时，整合与江苏徐州市医疗电子企业合作的东南大学毫米波实验室、上海交大电力实验室、中国矿大信电学院等研发力量，提升研发能力。在强化徐州市在超声仪器设备和光学仪器与窥镜等优势产品领域的市场竞争优势，扶持企业在优势产品领域做大、做强的同时，提高高档医疗电子产品的研发，树立品牌，促进产品升级和换代，提升企业的核心竞争力，将徐州建成我国医疗电子行业的研发基地和特色产业基地。

园区联系方式

地　址：徐州市解放南路科技城高新技术创业中心307室
邮　编：210000
电　话：86-516-83897228
传　真：86-516-83990238
邮　箱：cyzx2004@126.com

宜兴留学人员创业园

园区概况

宜兴留学人员创业园（以下简称“创业园”）成立于2007年10月，是江苏宜兴经济开发区为进一步加快高新技术产业的发展，提高园区自主创新能力，引进高层次创新创业人才，实施转型发展、优化发展战略而设立的综合性科技企业孵化机构。2008年6月，被江苏省科技厅认定为省级高新技术创业园；2009年9月，被江苏省人力资源和社会保障厅认定为省级留学人员创业园。

创业园现拥有创业园一期、二期和创意软件大厦等各类“三创”载体30万平方米。同时，正在加紧建设以华东光电子科技创新基地、创业孵化大厦、投影产业园和白领公寓等项目为核心，总面积超40万平方米的“三创”载体。为进一步支持高层次人才创新创业，创业园组建了一期总额1亿元的风投基金，投入创业风险投资总额2000万元以上。

目前，创业园已引进各类高新技术孵化企业30余家，入围无锡市“530计划”项目超过30多个，以“世界液晶先生”张宏勇博士和“中国投影光源第一人”沈立博士为代表的高层次科技领军人才100人以上，初步形成了以光电子、汽车关键零部件、软件服务外包等为代表的特色产业。

园区联系方式

地　址：江苏省宜兴市环科园新城路250号
邮　编：214205
电　话：86-510-87061911
传　真：86-510-87061315
邮　箱：webmaster@hky.gov.cn
网　址：www.hky.gov.cn

江阴留学人员创业园

园区概况

江阴留学人员创业园暨江阴高新技术创业园（以下简称“创业园”）成立于2005年1月，隶属江阴经济开发区。2005年9月，被江苏省人事厅批准为省级留学人员创业园，与江阴高新技术创业园“两块牌子、一套班子”，合署办公。2006年8月，经江阴市委，市政府调整改用江阴市人民政府直接管理。2007年8月，被江苏省科学技术厅正式认定为省级高新技术创业园；2008年12月，被认定为国家高新技术创业服务中心。

创业园总规划面积20万平方米，一期4.5万平方米建筑入驻率达100%，二期2.8万平方米的研发用房和3万平方米的人才公寓楼及其他配套设施已于2009年底启用。作为江阴新兴产业的发源地、科技人才的集聚地，创业园以新传感、新医药、新能源、新材料、新装备、文化创意设计等为研发培育重点，搭建了五大公共服务平台，初步形成了项目引进——孵化育成——科技加速——产业化的科技企业成长路线。园区目前搭建的平台包括：

产学研合作平台：依托江阴区域产学研战略联盟，集聚了国际前沿领域和国内高等院校、科研机构的研发资源，成立了3家院士工作站和香港理工大学江阴研究院、中科院化学所江阴人才技术合作基地等10多个产学研合作基地，搭建了生物医药、动漫设计与制作、金属新材料测试与技术服务等一批公共技术平台。

投融资平台：创业园已设立江阴高新技术创业发展资金和种子资金，与江阴市财政局下属金阳担保公司建立关系，为入孵企业提供产业化过程中的融资担保。并依托江阴市高新技术创业投资有限公司优势和引入的光大创投、美国湾区风投等一批风投机构优势，为入孵项目提供投融资服务。

项目对接平台：依托本土民营企业雄厚的资本优势，推进科技孵化项目与民营资本联姻。

信息服务平台：出资购买最新科研成果、专利、文献信息数据库，为入孵企业及全市企业科技创新提供人才、科技信息服务。

中介服务平台：重点为企业提供法律、会计、专利、知识产权交易等服务。

目前，创业园已累计引进孵化企业130多家，引进留学归国人员60多人，培育了一批以远景能源、力博生物、迈康升华、德飞激光、强顺科技等为代表的重点企业。

2010年在园留学人员企业名录

福赛特生物技术江阴有限公司	电子信息
火努科技江阴有限公司	电子信息
江苏鼎泰软件科技有限公司	电子信息
江苏凯路威电子有限公司	电子信息
江苏耐威科技有限公司	电子信息
江苏省利奥射频识别创新科技有限公司	电子信息
江阴鼎峰网络通信有限公司	电子信息
江阴汉德天坤科技发展有限公司	电子信息
江阴和普微电子有限公司	电子信息
江阴华波光电科技有限公司	电子信息
江阴聚友探测技术有限公司	电子信息
江阴美瑞泰海洋信息技术有限公司	电子信息
江阴美英特生物仪器科技有限公司	电子信息
江阴能联科技有限公司	电子信息
江阴睿讯科技有限责任公司	电子信息
江阴市领悟信息技术有限公司	电子信息
江阴天恒计算机信息技术有限公司	电子信息
江阴沿动信息技术有限公司	电子信息
江阴优胜信息技术有限公司	电子信息
江阴中创网络信息有限公司	电子信息
江阴优胜信息技术有限公司	电子信息
江阴思图依信息科技有限公司	电子信息
江阴网新博创科技有限公司	电子信息
江阴沿动信息技术有限公司	电子信息
江苏鑫皓信息技术有限公司	电子信息
无锡奥盛信息科技有限公司	电子信息
无锡真知信息技术有限公司	电子信息
无锡泛在智能网络科技有限公司	电子信息
无锡吉亦思自动化科技有限公司	电子信息
无锡纳索信息技术有限公司	电子信息
无锡视虚科技有限公司	电子信息
无锡踏浪信息技术有限公司	电子信息
无锡伟诺升华软件科技有限公司	电子信息
上海致昆网络科技有限公司江阴分公司	电子信息
江阴安博生物医药有限公司	生物医药
江阴百胜生物科技有限公司	生物医药
江阴基因泰普生物技术有限公司	生物医药
江阴力博医药生物技术有限公司	生物医药
江阴力通应用神经技术有限公司	生物医药
江阴迈康德华医药科技有限公司	生物医药
江阴迈康升华医药科技有限公司	生物医药
江阴市苏达汇诚医疗器械有限公司	生物医药
江阴万联医药科技研发有限公司	生物医药
江阴新申奥生物科技有限公司	生物医药
江阴阳森生物技术有限公司	生物医药
江阴中利生物技术有限公司	生物医药
无锡百奥康生物医药科技有限公司	生物医药
无锡枫华生物科技有限公司	生物医药
无锡贝塔医药科技有限公司	生物医药
无锡博桥生物医药科技有限公司	生物医药
无锡弗里斯特生物科技有限公司	生物医药
无锡久江生物科技有限公司	生物医药
无锡泰雅生物科技有限公司	生物医药
江阴德力激光设备有限公司	光机电一体化
江阴浩瀚光电技术应用开发有限公司	光机电一体化
江阴逆流科技有限公司	光机电一体化
江阴全凯机电科技有限公司	光机电一体化
江阴源芯电子有限公司	光机电一体化
江阴智海新能源科技有限公司	光机电一体化
无锡尚实电子科技有限公司	光机电一体化
江苏中博钻石科技有限公司	新材料
江阴爱迪超生技术有限公司	新材料
江阴东大新材料研究院有限责任公司	新材料
江阴飞宇高分子材料研究所有限公司	新材料
江阴盛辉科技有限公司	新材料
江阴市明邦科技有限公司	新材料
江阴中科英特雅光纳米技术有限公司	新材料
无锡安飞纤维材料科技有限公司	新材料
无锡保丽真防伪科技有限公司	新材料
无锡江天高新纳米技术材料有限公司	新材料
无锡荣升汇彩科技有限公司	新材料
江苏欣锐新能源技术有限公司	新能源环保
江阴德高环保科技有限公司	新能源环保
江阴纳米克斯新能源科技有限公司	新能源环保
江阴南方智蓝环保科技有限公司	新能源环保
江阴仁有环保科技有限公司	新能源环保
江阴远景能源科技有限公司	新能源环保
无锡光和新能源科技有限公司	新能源环保
无锡酷可琳节能环保科技有限公司	新能源环保
无锡索能太阳能科技有限公司	新能源环保
江阴云裳创意设计有限公司	文化创意
无锡大一影视科技有限公司	文化创意
江阴迪杰时装设计有限公司	文化创意
江阴风雷动画艺术设计有限公司	文化创意
江阴国动文化传媒有限公司	文化创意
江阴朗途数码动漫设计有限公司	文化创意
无锡市盈泰行传媒有限公司	文化创意
江阴移动风尚汽车服务管理有限公司	现代服务

园区联系方式

地　址：江苏省江阴市澄江中路159号
邮　编：214434
电　话：86-510-81602108
传　真：86-510-81602220
邮　箱：jycyy@jycyy.com
网　址：www.jycyy.com

泰兴留学人员创业园

园区概况

泰兴留学人员创业园（以下简称“创业园”）位于泰兴市经济开发区高新产业园内，区位优越、交通便捷、设施齐全，是研发、创业、投资、发展的理想场所。2010年11月被江苏省人力资源和社会保障厅批准为省级留学人员创业园。

创业园首期占地100亩，建筑面积3.5万平米，总投资8000万元，内设电讯网络、商务会议中心、科技展示交易大厅、科技报告厅、职工餐厅、留学人员公寓等公用设施，拥有60多个孵化单元，可为不同类型的留学人员回国创办企业提供50—300平方米的孵化空间和研发基地。

创业园以促进科技成果转化、培育高新技术产业、带动全市工业转型升级发展为目标，依托园区完善的创新培育体系和优越的创业服务体系，降低留学人员创业成本，吸引更多的留学人员来泰创业。现有留学美、德、加拿大、日等国家的近20名从事电子信息、新材料、机械等高新技术领域研究开发的博士在园创新创业。

园区联系方式

地　址：江苏省泰兴市大庆西路39号
邮　编：225400
电　话：86-523-87662686
邮　箱：yongzhong@126.com

常州留学人员创业园

园区概况

常州留学人员创业园（常州国家高新技术创业服务中心）（以下简称“创业园”）是隶属于常州高新区管委会的公益性科技服务机构。中心经江苏省科委批准始建于1993年；1994年经省科委批准成为省级科技创业服务中心；1999年12月被认定为国家级高新技术创业服务中心；2001年3月由省人事厅认定为省级留学人员创业园；2001年10月，被科技部授予“先进孵化服务机构”称号。

创业园始终贯彻区委、区政府提出的“加强自出创新，加快建设创新型园区”的指导思想，以大力推进高科技产业发展为目标，以“项目聚集、人才聚集和资金聚集”为抓手，坚持创新的理念，围绕光伏、创意、生物医药和新能源车辆等重点产业，突出专业孵化，加强孵化服务体系建设，培育企业自主创新能力，取得了明显成效。

2010年底，园区孵化面积总计达到77.3万平方米，拥有在孵企业478家。其中，电子信息企业94家，占19.67%；生物医药企业68家，占14.24%；新材料企业46家，占9.62%；动漫企业52家，占10.88%；环保企业42家，占8.97%；机电一体化企业176家，占36.82%。2010年在孵企业实现技工贸收入9.33亿元，实现税收8276万元；毕业企业实现销售收入176亿元，比去年同期增长66%。

2010年在园留学人员企业名录

常州联星智通科技有限公司	电子信息
常州芯奇微电子科技有限公司	电子信息
常州微朗电子科技有限公司	电子信息
常州环视高科电子科技有限公司	电子信息
常州超媒体与感知技术研究所有限公司	电子信息
常州睿擎信息科技有限公司	电子信息
常州海超电子科技有限公司	电子信息
常州意辉尔科技有限公司	电子信息
常州冠科电子有限公司	电子信息
常州康维科技电子有限公司	电子信息
常州南基天盛电子科技有限公司	电子信息
常州雅松光电科技有限公司	电子信息
常州联星智通科技有限公司	电子信息
常州芯奇微电子科技有限公司	电子信息
常州微朗电子科技有限公司	电子信息
常州艾康科技有限公司	电子信息
常州安盾计算机工程有限公司	电子信息
常州矩阵科技有限公司	电子信息
常州迈特世纪科技有限公司	电子信息
常州盛唐软件技术开发有限公司	电子信息
常州市发创软件有限公司	电子信息
常州市恒嘉科技有限公司	电子信息
常州市特谱数码科技有限公司	电子信息
常州市旺达特科科技有限公司	电子信息
常州正选软件科技有限公司	电子信息
常州格力博工具技术研发有限公司	光机电一体化
常州精瑞自动化装备技术有限公司	光机电一体化
常州纳乐科思光学有限公司	光机电一体化
常州诺曼数码自动化设备有限公司	光机电一体化
常州欧特斯汽车电子科技有限公司	光机电一体化
常州澎海工程设备制造有限公司	光机电一体化
常州普美电子科技有限公司	光机电一体化
常州嵘驰发动机技术有限公司	光机电一体化
常州市儒昊电气设备有限公司	光机电一体化
常州信雷迪诺电子系统工程有限公司	光机电一体化
常州中村自动化工程有限公司	光机电一体化
常州护佳卫生用品有限公司	新材料
常州市日津消防科技有限公司	新材料
常州英诺能源科技有限公司	新能源环保
常州钜岳水务环保科技有限公司	新能源环保
常州法中企业服务有限公司	现代服务
常州正道信息咨询有限公司	现代服务

园区联系方式

地　址：常州新北区高新科技园10号楼310
邮　编：213022
电　话：86-519-85113603
传　真：86-519-85106846
网　址：www.czibi.com

常州钟楼留学人员创业园

园区概况

常州钟楼留学人员创业园（常州钟楼高新技术创业服务中心）（以下简称“中心”）是在2003年由钟楼区科技局管理的钟楼科技创业服务中心的基础上演化而来，2006年正式成立由钟楼经济开发区管理的高新技术创业中心。常州钟楼高新技术创业服务中心（企业性质）与常州钟楼高新技术创业中心（事业性质）、江苏常州钟楼留学人员创业园（挂牌性质）实行“三块牌子、一套班子”的管理体制，是国有性质的不以赢利为目的，发挥政府导向功能作用的综合型科技企业孵化器。

中心受托管理场地有40970平方米，可自主支配场地25940平方米，其中孵化场地占95%以上。2009年9月，总建筑面积34万平方米新的钟楼科技创业园（其中开发区投资建设13万平方米、南京联创公司投资建设57万平方米）开工建设，将为创业中心提供更广泛的发展空间。目前，已形成了包括场地环境服务、生活配套服务、网络通信服务、注册运营服务、项目开发服务、咨询管理服务、科技指导服务、行业信息服务、创业培训服务、投资融资服务、政策支持服务、中介集成服务在内的服务体系。

中心与与江苏技术师范学院计算机工程学院共建了江苏省服务外包人才培训基地，与长沙国防科技大学电子科学与工程学院、常州达奇信息科技有限公司合作建设了超媒体与感知技术公共技术服务平台，与常州佰腾科技有限公司合作共建了“常州钟楼科技创新（专利信息）技术服务平台”，与常州市知识产权维权援助中心共建“常州市知识产权维权援助中心钟楼分中心”。中心已成为旅法博士留学生中国（常州）创业基地、在日华人汽车工程师协会、法国法中企业家和管理者协会中国（常州）创业基地、欧洲中小企业协会中国（常州）创业基地。

2010年，中心在孵企业达89家，实现营业收入11195万元，累计已获受理的知识产权件数为148件，累计授权知识产权件数为169件，孵化器中有51.68%的在孵企业已申请专利。至2010年，累计毕业企业33家，毕业企业实现营业收入56382万元。毕业企业中有75%的企业已申请专利。毕业企业累计已获受理的知识产权件数为120件，累计授权的知识产权件数为288件。累计海归企业55家，其中有8名中组部“千人计划”人才在中心领衔创业，已成为国内集聚“千人计划”人才较多的留学人员创业园。“高端人才的聚集地”已成为钟楼创业中心的一张新的亮丽名片。

2010年园区发展报告

常州钟楼留学人员创业园（常州钟楼高新技术创业服务中心）是以促进科技成果转化、培养高新技术企业和企业家为宗旨的科技创业服务载体，是创新创业人才培养基地，是常州市钟楼区区域创新体系的重要内容。2010年，创业园继续坚持科技企业孵化器的宗旨和方向，准确定位，艰苦创业、优质服务，取得了优异的成绩。

一、孵化体系建设和服务创新模式探究

（一）建立创业导师服务体系

园区把创业导师队伍建设和创业导师辅导工作作为提升孵化质量和效果的主要措施和重要抓手，认真抓紧抓好。一是健全组织机构。从2008年起，创业中心先后三批聘请了24名创业导师，确定了10名创业咨询员、8名创业导师联络员，初步形成了创业导师、创业咨询员、创业导师联络员三位一体的创业导师队伍体系。二是完善操作流程。创业中心制订并下发了《火炬创业导师群体服务章程》、《火炬创业导师行动计划》、《火炬创业导师行动辅导协议书》、《被辅在孵企业创业者的条件和义务》等规范性文件。三是做好配套服务。创业中心受理火炬创业导师服务的需求登记；组织火炬创业导师对在孵企业开展咨询指导服务；安排创业导师对创业咨询员、联络员进行辅导；建立火炬创业导师信息管理系统，跟踪记录指导服务成效；开展火炬创业导师对外宣传。四是探索活动模式。几年来，钟楼创业中心的创业导师主要从“承接业务讲座和技术培训”、“实施技术咨询和联合攻关”、“指导企业获取行业资质和入门许可证”、“帮助诊断企业难题”、“指导整合资源社会”、“协助拓展市场”、“疏通产品上下游配套渠道”、“参股紧密合作”等方面展开了工作，对在孵企业进行了有效的帮助。

（二）建立技术支撑服务体系

园区始终把提供技术支撑服务放在重要位置。一是搭建公共技术平台。与江苏技术师范学院计算机工程学院共建了江苏省服务外包人才培训基地、与长沙国防科技大学电子科学与工程学院、常州达奇信息科技有限公司合作建设了超媒体与感知技术公共技术服务平台、与常州佰腾科技有限公司合作共建了“常州钟楼科技创新（专利信息）技术服务平台”。二是组织各种技术培训。业务培训包括请进来与走出去相结合、共性培训与个性培训相结合、本级培训与参加上级培训相结合等几种模式。培训内容既有管理创新培训，又有技术创新培训，对在孵企业的技术创新起到了应有的作用。三是发放创新服务手册。中心汇编的《科技创新服手册》光盘，按政策规定、办事指南、操作程序、重要资料等4个大类组织资料。整个手册分为科技创新创业政策，技术开发项目备案，科技计划申报和管理，科技成果鉴定等23个方面，共收集各种文件资料260余篇。

（三）打造“企业科技创新管理”服务品牌

培育和提升在孵企业科技创新管理能力，是中等城市县区级范围内的科技企业孵化器应做好、能做好、一定要做好的工作。“十一五”期间，钟楼创业中心把打造“企业科技创新管理”优势服务项目”作为品牌项目来运作，取得了较好的效果。中心承担了常州市2008年软科技学课题的研发任务。这个项目的亮点是帮助进驻企业构建和运营好企业内部的技术创新管理系统。通过组织专题理论研究、聘请火炬创业导师、发挥中介机构作用、组织专题对口培训、编辑系列辅导材料等措施，在孵化器内形成了良好的科技创新管理氛围，提升了在孵企业科技创新管理的效能。近几年来，创业中心在孵企业和毕业企业市级以上科技项目立项数，专利产出数在周边孵化器中均名列前茅。

（四）建立规范化孵化管理体系

园区坚持不以赢利为唯一目的，但求能良性循环发展；不求所有，但求所在；不求在位马上有成绩，但求为后人打基础；不求花架子，但求有发展；不算眼前小账，要算长远循环大账；秉承服务服务再服务，奉献奉献再奉献的宗旨，按科技部对孵化器的要求，从基础抓起，从点滴下手。在硬件建设、配套设施、平台建设、班子建设、团队培育、主体资格确定、优惠政策、产学研合作、对外协作、资本对接、种子资金、创业导师、大学生创业实习、服务体系、规章制度、进驻程序、招商资料、物业管理、政务服务、孵化统计、财务运行、理论研讨、知识产权、项目立项等孵化器特有的工作领域，均进行了认真的探索和努力。在实践中还总结出了“三同时、五结合”的工作体会，“三结合”是：在建设硬件的同时搞好软服务建设、在完善设施的同时搞好招才引资、在加强自身建设的同时寻求外部合作。“五结合”是：引进项目与吸引高层次人才相结合、解决研发场所与安排生产场地相结合、 满足工作场所与配套后勤设施相结合、优化一般服务与提供特色服务相结合、提升自身能力与整合创新资源相结合。这些做法将会对钟楼创业中心今后的发展奠定良好的基础。

二、主要业绩

创业中心成立以来，自主支配场地内的在孵企业已达89家。2010年，在孵企业实现营业收入11195万元。

在孵企业累计已获受理的知识产权件数为148件，累计授权知识产权件数为169件。孵化器中有51.68%的在孵企业已申请专利。

累计毕业企业33家，2010年，毕业企业实现营业收入56382万元。毕业企业中有75%的企业已申请专利。

毕业企业累计已获受理的知识产权件数为120件，累计授权的知识产权件数为288件。

毕业企业及在孵企业为社会提供3387个就业机会，在经济开发园区推进高新技术产业化等方面发挥了示范带动作用。

在孵企业列为市级以上项目59个，毕业企业列为市级以上项目27个，创业中心自身列为市级以上项5个。

引进海归团队中，有8人列为中组部引进海外高层次人才千人计划，1人为教育部“长江学者”，7人为省高层次创新创业人才。

钟楼创业中心尽管起步较晚，但已成为高层次人才集聚的创新创业孵化器，已是江苏省省级科技企业孵化器、省级留学人员创业园、常州市中小企业创业示范基地，列为2009年常州市五大产业发展专项资金三个重点创业平台之一。2009年底，创建成为国家级科技企业孵化器。在跨入“十二五”的关键时期，钟楼创业中心将努力努力再努力、服务服务再服务、奉献奉献再奉献，实行“二次创业”，实现新的辉煌。

2010年园区大事记

1. 1月19日，常州市公安局出入境管理处到中心举行讲座。
2. 4月27日，举办“创造运用管理保护知识产权”讲座。
3. 5月5日，常州工学院党委书记、院长来访。
4. 5月16日，参与承办“常州发展物联网产业高峰论坛”。
5. 5月26日，新加坡科技专家团到中心访问。
6. 5月31日，庞楠博士荣获“常州市海归创业人才奖。
7. 7月9日，法国塞纳马恩省经贸委代表团到中心访问。
8. 8月24日，举办工商政务现场咨询会。
9. 8月27日，举办科技创业与风险投资对接会。
10. 9月8日，举办纳税人之家税收政策辅导咨询会。
11. 9月21日，“高层次人才沙龙”揭牌仪式。
12. 9月27日，创业园软件和服务外包产业项目签约。
13. 10月12日，中心领导在第九届华东孵化器网络年会上发言。
14. 10月26日，美国科罗拉多大学代表团来访。
15. 11月1日，感知信息科技企业孵化器可行性论证咨询会。
16. 11月9日，参加常州孵化器管理人员培训班。
17. 11月11日，首家在孵企业党支部--精瑞公司党支部成立。
18. 12月10日，举办江苏文献服务站分中心授牌仪式。
19. 12月10日，在孵企业格力博工具公司与东南大学共建研发中心。

2010年优秀在园留学人员企业

一、常州超媒体与感知技术研究所

常州超媒体与感知技术研究所是国防科技大学电子科学与工程学院与钟楼区政府合作共建的科技创新平台，2009年6月19日注册，注册资本500万元。由中组部“千人计划”人才刘云辉博士领军创办。研究所现有科研人员28人，80%以上具有硕士以上学位，其中长江学者特聘教授1人，教授2人，副教授5人，博士12人，留学回国人员6人，在读博士生9人，博士后5人。成立以来已申请了17项专利。

研究所在机器人控制、计算机视觉、图象识别处理、嵌入式系统设计、计算机传感网络、三维图形显示等方面都有很强的技术基础和丰富的经验积累。已立项目包括2010年常州市软科学研究计划、2010年江苏省科技支撑计划，并建立了基于液基夹层杯法的网络化结核杆菌智能检测平台。研发的全自动结核杆菌检测系统能够自动完成液基夹层杯结核杆菌的检测，在自动聚焦和结核杆菌的自动识别等关键技术难题上取得了突破。研究所与湖南怀化天骑医学新科技有限公司组建了新的产业化生产公司——常州达奇医疗科技有限公司，成功将结核杆菌检测系统推向市场。

二、常州纳乐科思光学有限公司

常州纳乐科思光学有限公司由领军型海归领衔创办，于2008年10月创立。公司领军人庞楠博士是中组部“千人计划”人才，公司项目列为常州市领军型海归创业人才特别重点支持项目。公司主要从事光学仪器及组件、光学用品、照明光学系统的研发、制造、销售等。拥有国际领先的技术优势，在光学设计方面拥有亚波长光栅设计自行开发软件，并拥有国际专利WO2006/025505，此项称为DOE（Diffractive Optical Element）的专利技术能减少光学透镜尺寸及需要透镜片数、大幅度缓和制造公差，并能使球面透镜的颜色分离显著减小。

公司设备全部引进日本法纳克超精密级注塑生产设备，全部生产、装配、检验在一万级恒温恒湿无尘车间内完成，生产工艺精良，检验设备齐全。并采用ISO及日本先进的生产/品质管理体系，以保证实现最高产品品质。公司坚持进行世界顶级光学产品的研究和开发，深入研究光的本质，挑战各种各样的技术开发，并致力于实现纳米级超精密加工技术，为国家填补更多光学领域空白。

三、常州精瑞自动化装备技术有限公司

常州精瑞自动化装备技术有限公司由多名留日博士与常州彩轮企业有限公司、常州润聚商贸有限公司合资创立于2008年7月31日，注册资金1320万元。公司领军人物朱留存博士是中组部“千人计划”人才。公司以生产国内急需的变速箱台架试验机、动力转向台架试验机、发动机台架试验机等为开端，在生产现有产品的同时，展开汽车仿真试验软硬件系统的研究与开发。紧紧追踪汽车工业发展先进国的硬件在回路和软件在回路仿真一体化系统这一技术发展趋势，通过建立数学模型库与标准特性零部件库，采用各种先进分析方法来实现对汽车整车及汽车零部件的测试，从而建立集CAD/CAE/CAT，3D图形和实时控制为一体的汽车虚拟现实仿真智能测试系统。

公司产品的技术特点是集电子电气、检测、控制、机械、弹性力学、薄膜润滑、数字信号处理、数据实时采集处理和仿真为一体，以先进的软硬件技术为中心，并有效地运用液压伺服技术的跨学科高技术密集型的汽车试验设备研发。在本公司发展初期，主要对拥有自主知识产权的台架式试验系统进行设计开发，研制，销售和服务，以期改变我国目前主要依赖进口的现状，尽快形成自己的试验产品和试验标准。2010年公司已实现销售1000万元。

四、常州联星智通科技有限公司

常州联星智通科技有限公司是一家致力于卫星定位导航芯片，嵌入式软件和主机板的研发与制造的高技术企业。公司领军人物庄巍是中组部“千人计划”人才。公司拥有的GPS/GLONASS双系统卫星定位导航接收器芯片和主机板为国内首创，填补了该领域无国产芯片的空白，并突破了国外产品性能上的限制，现已形成批量生产能力和系列化产品线，应用于我国测绘、航天、航空等专业领域，高动态性能是其突出特点。

目前，公司研发的“新一代65纳米双核GPSGLONASS多系统全球卫星导航接收SoC芯片”已宣告诞生。作为我国为数不多的拥有完全自主知识产权的核心芯片产品，联星智通打破了卫星定位导航领域外国公司垄断核心技术的现状，其产品奠定了建立我国自主创新的卫星定位导航终端产业的技术基础，以联星智通的导航芯片为龙头的我国卫星定位导航产业，在未来3—5年将会得到巨大发展，其市场规模将超过百亿元人民币。

五、常州市银策融科软件开发有限公司

常州市银策融科软件开发有限公司于2010年4月16日注册成立，是一家为零售银行、消费贷款公司或类似企业提供精准市场营销和精准风险控制方面的评分、解决方案和IT软件的公司。公司与宇信易成、科莱特、中软融鑫等业界知名公司展开战略合作，提供包括评分、战略咨询、和软件产品在内的十大产品系列，共同推动国内的中小银行金融机构向精准决策、精细化管理方向发展。公司领军人列为常州市重点支持对象。

目前，公司的五个成熟软件产品（风险评分建模、市场评分建模、风险与市场战略咨询服务、商业规则决策引擎软件、帐务催收系统）均有获得著作权证或同等权利。同时，积极拓展国内的商务卡外包业务。

六、常州莫迪凯德医药信息科技有限公司

常州莫迪凯德医药信息科技有限公司，注册资本380万元人民币，其中领军人才出资200万元。项目团队综合了在市场信息数据收集、统计、建模及医药市场咨询界掌握国际领先技术和经验的专家，为在中国市场的跨国医药企业和本土企业提供独特的精确指导性的市场数据情报和市场营销战略服务。公司致力于为医药企业提供集市场数据情报、市场分析咨询服务、企业商业智能分析信息软件系统于一体的专业服务。致力于成为医药行业的“兰德公司”，加上服务于医药医疗企业的应用商业智能软件公司的“金蝶”。

公司已成功开发了第一版客户端软件平台结合了连续性数据提供和数据分析，可以让客户随意组合分析自定义的医药市场（包括规模，增长，份额，分布，价格等）。

七、常州司曼睿信息科技有限公司

常州司曼睿信息科技有限公司由常州市第五批海归领军人才肖宏博士领办，于2009年10月30日正式注册。公司现有员工23人，核心团队成员均来至于国内外通信与IT行业的精英。公司积极倡导“智慧科技创造智慧生活”的公司发展理念，大力提倡思维创新、技术创新、模式创新、市场创新，推动公司业务高速发展。公司主营业务涉及电子信息、物联网、云计算、软件和硬件、通讯网络及智能化系统等领域，重点开发了一批具有完全自主知识产权的物联网“智慧云”系列产品，包括物联网社会综合治理长效管理系统、物联网城市商业大联盟系统、物联网智慧家庭超级服务系统、物联网生态种植饲养基地商业互动与综合管理系统、物联网电子投票系统等。

公司已获得了1项软件著作权证书，申报了3项国际发明专利、3项国家发明专利、5项实用新型专利，填补了国内外在这些技术领域的空白，技术水平保持全球领先。公司已经实现销售，并正在与常州市综治办、钟楼区委组织部、九龙商贸城、莱蒙商城、万科集团等洽谈进一步的合作，已开始小批量供货，进行市场化与产业化推广。

八、常州钜岳水务环保有限公司

常州钜岳水务环保有限公司于2009年3月注册成立，注册资金385万元。是一家专业从事水处理及环保设备研发和制造的民营高科技企业，公司凝聚了一支领军型海归创业团队。公司是中国水处理和环保技术的开拓者和领先者，也是中国江河水处理装备行业标准的编制者。在高浓度氨氮污水处理技术和高效充氧曝气技术领域处于全球领先水平，是世界上同时拥有全套设备生产能力和药剂研发能力的少数公司之一。公司拥有成熟的水处理工艺技术，拥有专利6项，高新产品1个，行业标准1项。

公司的宗旨是通过独立、创新、专业的知识为客户提供专家级的水处理系统整体解决方案，以满足客户的业务需要。提供多专业、全面性的工程建设服务，包括可行性研究、设计、采购、现场监管、施工、调试运转、项目管理、到委托运营。

2010年在园留学人员企业名录

常州南基天盛电子科技有限公司	电子信息
常州司曼睿信息科技有限公司	电子信息
常州市日津消防科技有限公司	电子信息
常州康维科技电子有限公司	电子信息
常州玖为电子科技有限公司	电子信息
常州元黄信息科技有限公司	电子信息
常州加美科技有限公司	电子信息
常州翰力信息科技有限公司	电子信息
常州艾伊格尔信息科技有限公司	电子信息
常州泰宇信息科技有限公司	电子信息
常州环视高科电子科技有限公司	电子信息
常州意辉尔科技有限公司	电子信息
常州达奇信息科技有限公司	电子信息
常州海超电子科技有限公司	电子信息
常州奥施特信息科技有限公司	电子信息
常州达奇医疗科技有限公司	电子信息
常州图强信息技术有限公司	电子信息
常州易龙信息科技有限公司	电子信息
常州睿擎信息科技有限公司	电子信息

常州市银策融科软件开发有限公司	电子信息
常州联星智通科技有限公司	电子信息
常州芯奇微电子科技有限公司	电子信息
常州冠科电子有限公司	电子信息
常州微朗电子科技有限公司	电子信息
常州维吉恩信息科技有限公司	电子信息
常州正选软件科技有限公司	电子信息
常州蓝城信息科技有限公司	电子信息
常州费洛斯药业科技有限公司	生物医药
常州生奥基因生物科技有限公司	生物医药
常州市怡德医疗科技有限公司	生物医药
常州市怡先生物科技有限公司	生物医药
常州百和世生物科技有限公司	生物医药
常州莫迪凯德医药信息科技有限公司	生物医药
常州市儒昊电气设备有限公司	光机电一体化
常州诺曼数码自动化设备有限公司	光机电一体化
常州精瑞自动化装备技术有限公司	光机电一体化
常州嵘驰发动机技术有限公司	光机电一体化
常州普美电子科技有限公司	光机电一体化
常州信雷迪诺电子工程有限公司	光机电一体化
常州格力博工具技术研发有限公司	光机电一体化
常州澳泰精密仪器有限公司	光机电一体化
瑞力盟数控技术有限公司	光机电一体化
常州安姆精密仪器有限公司	光机电一体化
常州欧特斯汽车电子科技有限公司	光机电一体化
常州宇众超导科技有限公司	光机电一体化
常州兴邦塑胶科技有限公司	新材料
常州纳乐科思光学有限公司	新材料
常州英中纳米科技有限公司	新材料
常州护佳卫生用品有限公司	新材料
常州钜岳水务环保科技有限公司	新能源环保
常州英诺能源科技有限公司	新能源环保
江苏科雷斯普能源科技有限公司	新能源环保
常州正道信息咨询有限公司	现代服务
常州法中企业服务有限公司	现代服务
常州津通现代服务业交易中心	现代服务

园区联系方式

地　址：江苏省常州市钟楼区玉龙路213号

邮　编：213014

电　话：86-519-83076971，83976972，83976973

传　真：86-519-83976972

邮　箱：caozm1957@163.com

武进留学人员创业园

园区概况

武进留学人员创业园（以下简称“创业园”）成立于2004年8月，由常州市人事局批准成立。2007年4月，被省人事厅认定升级为省级园区。从“高效、精简”的角度出发，创业园依托武进高新技术创业服务中心的现有条件，与创业中心合署办公，实行“两块牌子、一套班子”的运作机制。创业中心坐落在江苏省常州市城南，是1998年7月由江苏省科技厅批准设立的省级科技企业孵化器。2003年11月被江苏省人才工作领导小组认定为“江苏省333工程”科技成果转化基地；2004年12月被国家科技部认定为国家高新技术创业服务中心。中心累计孵化科技型企业125家，目前在孵企业85家，毕业40家，毕业企业中有27家继续留在高新区发展。培育江苏省高新技术企业8家，认定江苏省高新技术产品18只。累计开发新品150多个，专利60多项，国家“863”计划课题项目1个，科技部中小企业创新基金项目3个，江苏省火炬计划项目4个，江苏省“333”科技成果转让基地项目2个，武进科技计划项目9个。

创业园先后投入资金近5000万元，建成了3.6万多平方米的孵化场地，中心通水、通电、通邮、通宽带网，会议室、接待室、企业介绍室、项目洽谈室、商务中心、配餐中心、电化教学室等配套设施齐全。创业园把孵化重点放在电子信息、新材料、精密机械、医药及器械等新兴产业，对每一个洽谈项目都要进行科学的评估和决策。企业批准进驻后，在创业环境、创业条件、创业资金、创业政策等方面提供全方位的服务；同时针对不同企业的实际情况进行个性化的孵化，使企业在宽松广阔的创业平台上运作。累计在孵留学人员企业近20家，技术涉及电子信息、纺织新材料、精密机械、医药及器械等高新技术产业领域。

园区联系方式

地　址：常州市武进人民东路158号

邮　编：213159

电　话：86-519-6562002

传　真：86-519-6574082

邮　箱：wly501@wujinzone.org

苏州留学人员创业园

园区概况

苏州留学人员创业园（以下简称“创业园”）创建于1998年2月，是依托苏州高新技术创业服务中心，由教育部留学服务中心、科技部火炬中心、江苏省人才流动服务中心、苏州市科技发展中心、苏州新区管委会等部门联合组建，是苏州国家高新技术产业开发区重要的科技创新创业载体和国际科技合作基地，也是苏州高新区重点打造的两个服务外包集聚区之一。1999年12月，创业园被团中央、全国青联授予“中国青年科技创新行动示范基地”；2001年5月被国家科技部、人事部、教育部和外国专家局联合授予“国家留学人员创业园示范园区”称号；2003年9月被中共中央组织部、宣传部、统战部，国务院人事部、教育部、科技部共同授予“留学回国人员先进工作单位”；2004年8月被中共江苏省委、省政府授予“江苏省留学回国人员工作先进单位”；2007年12月被江苏省名牌战略推进委员会授予“江苏服务业名牌”称号。

目前，园区载体建筑面积20多万平方米，已初步形成了软件集成电路、电子信息、生物医药、服务外包等产业集群，建立了科技金融、政策服务、人才培训、知识产权等完善的科技中介服务体系和公共技术服务平台。其中，生物医药分析测试中心于2009年获得CNAS认证，是全国第二个获得国家认可的生物医药公共服务平台，也是除药检部门以外极少数获得认可的从事药与药品第三方独立检测的机构之一。创业园自成立以来，已累计引进培育企业1200多家；开发各类科技项目1250多项，其中包括国家“863”、“973”项目在内的省部级科技立项项目300多项；获得国家授权专利近500项；引进海内外科技人才12000多名，其中留学回国博士、硕士600多人；引进了苏州市首位国家“千人计划”人才；2007年以来引进江苏省、苏州市和高新区创新创业领军人才近50名。

2010年在园留学人员企业名录

苏州恩巨网络有限公司	电子信息
苏州凯普贝尔三维科技有限公司	电子信息
苏州木兰电子科技有限公司	电子信息
苏州瑞泰信息技术有限公司	电子信息
苏州搜图网络技术有限公司	电子信息
苏州天平先进数字有限公司	电子信息
苏州图比特软件技术有限公司	电子信息
苏州威拓科技有限公司	电子信息
苏州信描软件有限公司	电子信息
苏州易行街科技有限公司	电子信息
苏州优控计算机技术有限公司	电子信息
苏州远唯网络技术服务有限公司	电子信息
苏州卓衍软件技术有限公司	电子信息
先特计软件（苏州）有限公司	电子信息
佳能（苏州）系统软件有限公司	电子信息
江苏仕德伟网络科技有限公司	电子信息
苏州安唐科技有限公司	电子信息
苏州宝贝网络科技有限公司	电子信息
苏州比锝电子技术有限公司	电子信息
苏州碧媲欧软件科技有限公司	电子信息
苏州博斯达网络科技有限公司	电子信息
苏州超维地球科学研究开发有限公司	电子信息
苏州第五媒体软件有限公司	电子信息
苏州顶点微电子有限公司	电子信息
苏州鼎杰信息技术服务有限公司	电子信息
苏州渡正网络科技有限公司	电子信息
苏州盖雅信息技术有限公司	电子信息
苏州国芯科技有限公司	电子信息
苏州海力数码影音有限公司	电子信息
苏州鸿瑞信息科技有限公司	电子信息
苏州鸿腾森源智能科技有限公司	电子信息
苏州慧文智能科技有限公司	电子信息
苏州靓本计算机科技有限公司	电子信息
苏州普利聚芯磁电子科技有限公司	电子信息
苏州普朔科技有限公司	电子信息
苏州普威尔电子科技有限公司	电子信息
苏州千秋软件有限公司	电子信息
苏州任我搜网络技术有限公司	电子信息
苏州润源电气技术有限公司	电子信息
苏州胜联电子信息有限公司	电子信息
苏州市金天龙软件技术有限公司	电子信息
苏州安博软件有限公司	电子信息
苏州佰益通信科技有限公司	电子信息
苏州超维地球科学研究开发有限公司	电子信息
苏州超维恒邦系统工程有限公司	电子信息
苏州杰耐瑞汽车工程技术有限公司	电子信息
苏州凯蒂软件技术有限公司	电子信息
苏州科动电子技术有限公司	电子信息
苏州朗达电子科技有限公司	电子信息
苏州耐通通讯技术有限公司	电子信息
苏州赛伊特计算机技术有限公司	电子信息
苏州市艾特软件有限公司	电子信息
苏州市安捷公用数据有限公司	电子信息
苏州市超维空间信息技术有限公司	电子信息
苏州市苏讯软件有限公司	电子信息
苏州市天创科技有限公司	电子信息
苏州通用汇通信息科技有限公司	电子信息
苏州网迅软件有限公司	电子信息
苏州易维创业信息技术有限公司	电子信息
苏州中大通信息有限公司	电子信息
苏州数和堂信息科技有限公司	电子信息
苏州斯丹德精密机械有限公司	电子信息
超维数码（苏州）有限公司	电子信息
先特计软件（苏州）有限公司	电子信息
翔孚电子科技（苏州）有限公司	电子信息
苏州艾缇克药物化学有限公司	生物医药
苏州拜诺生物科技有限公司	生物医药
苏州宝港生物科技有限公司	生物医药
苏州达瑞生物医药有限公司	生物医药
苏州鼎新医疗科技有限公司	生物医药
苏州东泉生物科技有限公司	生物医药
苏州方策科技发展有限公司	生物医药
苏州枫镭科技有限公司	生物医药
苏州盖通科技有限公司	生物医药
苏州盖依亚生物医药有限公司	生物医药
苏州哥伦布美华科技有限公司	生物医药
苏州海天生物技术有限公司	生物医药
苏州海宇生物科技有限公司	生物医药
苏州瀚隆医药科技有限公司	生物医药
苏州华蓄药业有限公司	生物医药
苏州环球色谱有限责任公司	生物医药
苏州汇通色谱分离纯化有限公司	生物医药
苏州基莫夫药物开发有限公司	生物医药
苏州金昊药业开发有限公司	生物医药
苏州康成医药有限公司	生物医药
苏州康正生物医药有限公司	生物医药
苏州力康皮肤药业技术开发有限公司	生物医药
苏州利元医药科技有限公司	生物医药
苏州麦特维逊科技有限公司	生物医药
苏州美迪斯达生物科技有限公司	生物医药
苏州美立通科技有限公司	生物医药
苏州默锐克生物科技有限责任公司	生物医药
苏州欧丽特生物医药有限公司	生物医药
苏州派腾生物医药科技有限公司	生物医药
苏州普迪生物医药有限公司	生物医药
苏州瑞得符生物科技有限公司	生物医药
苏州市贝克生物科技有限公司	生物医药
苏州市科沐兰医药科技有限公司	生物医药
苏州市立德化学有限公司	生物医药
苏州市玮琪生物科技有限公司	生物医药

苏州斯坦福生物科技有限公司 生物医药
苏州苏大雷克科技有限公司 生物医药
苏州欣诺科生物科技有限公司 生物医药
苏州星湖化学技术有限公司 生物医药
苏州星奇生物技术有限公司 生物医药
苏州医美生物科技有限公司 生物医药
苏州永拓医药科技有限公司 生物医药
苏州元基生物技术有限公司 生物医药
天健医疗科技（苏州）有限公司 生物医药
苏州艾杰生物科技有限公司 生物医药
苏州三丰机电工程有限公司 光机电一体化
苏州市山利机电科技有限公司 光机电一体化
苏州矽微电子科技有限公司 光机电一体化
苏州新协力工业控制工程技术研究中心有限公司 光机电一体化
苏州益维高科技发展有限公司 光机电一体化
苏州正和机械有限公司 光机电一体化
苏州华菲特陶科技有限公司 新材料
苏州纳泰纳米材料有限责任公司 新材料
苏州普林顿材料科技有限公司 新材料
苏州苏尼克新材料科技有限公司 新材料
苏州夏诺高分子技术有限公司 新材料
苏州永拓环境科技有限公司 新材料
阿特斯光伏科技（苏州）有限公司 新能源环保
爱环吴世杭环保（苏州）有限公司 新能源环保
克莱尔环保科技（苏州）有限公司 新能源环保
若森环境工程（苏州）有限公司 新能源环保
苏州朝日克林科技有限公司 新能源环保
苏州龙博环境工程有限公司 新能源环保
苏州三益生态环境工程有限公司 新能源环保
苏州尚泰洁净系统有限公司 新能源环保
苏州市爱库阿思环保科技有限公司 新能源环保
苏州市安达净化工程技术有限公司 新能源环保
苏州水都环境保护工程技术有限公司 新能源环保
苏州硕邦水环境科技有限公司 新能源环保
神州精密机械（苏州）有限公司 建筑制造
苏州山友化工机械制造有限公司 建筑制造
苏州协成模具有限公司 建筑制造
苏州市宝苏矿冶设备有限公司 建筑制造
苏州市飞龙联轴器传动工程有限公司 建筑制造
苏州市山利机电科技有限公司 建筑制造
苏州易商快线贸易有限公司 商贸流通
苏州晟中新科贸有限公司 商贸流通
苏州易维创业信息技术有限公司 现代服务
苏州益维高科技发展有限公司 现代服务
苏州长地策划有限公司 现代服务
苏州惠德仑投资管理有限公司 现代服务
苏州易博企业管理咨询有限公司 现代服务

园区联系方式

地　址：江苏省苏州市竹园路209号
邮　编：215011
电　话：86-812-68248226
传　真：86-812-68256218
邮　箱：cym@csibi.cn
网　址：www.csibi.cn

苏州国际科技园

园区概况

苏州国际科技园（以下简称“国际科技园”）地处苏州中国新加坡合作区的西南角，于2000年4月启动建设，是苏州工业园区科技创新、知识创新和企业孵化的重要载体，是国家级科技企业孵化器、软件产业基地、动画产业基地、欧美软件出口工程试点基地以及中国服务外包示范基地的骨干成员。国际科技园以软件研发、集成电路设计和数码娱乐三大特色产业为基础，大力发展以业务流程外包和信息技术外包为核心的服务外包产业，以及以动漫游戏、工业设计为核心的创意产业。

国际科技园总体规划占地面积62公顷，规划建筑面积114万平方米，总投资逾40亿元，分六期建设。一至四期工程建筑面积32万平方米，主要承担科技企业孵化基地、服务外包基地和软件产业基地的功能；正在建设的占地74万平方米的五期“创意产业园”，以及已建成的占地2万平方米的六期工程“创意泵站”，主要在软件开发、动漫游戏等现有特色产业的基础上，大力引进、培育和扶持艺术、传媒、广告、数码娱乐、时尚设计及工业设计等服务外包和现代创意产业。同时，逐渐完善了创业咨询、政策信息、技术支撑、成果转化、知识产权保护等服务体系，以及以软件评测中心、知识产权保护中心、软件园培训中心、集成电路设计中心、动漫影视技术平台、综合数据服务中心、中小企业信息化平台等七大公共技术服务平台体系。

目前，苏州工业园区正以国际科技园等创新载体为核心，大力推动创新型经济。截至2010年底，工业园区内累计注册企业达到1034家，高新技术企业400多家，集聚各类高科技人才23000多名，并有各类研发机构150多个，IC设计、软件评测、生物医药、动漫影视等公共技术服务平台10多个，区域创新活力不断增强。

2010年在园留学人员企业名录

创达特（苏州）科技有限责任公司 电子信息
宏智科技（苏州）有限公司 电子信息
青峰软件（苏州工业园区）有限公司 电子信息
苏州工业园区北极光网络信息服务有限公司 电子信息
苏州工业园区大诚电讯科技有限公司 电子信息
苏州工业园区国信方舟软件技术有限公司 电子信息
苏州工业园区科升通讯有限公司 电子信息
苏州工业园区乐升软件有限公司 电子信息
苏州工业园区理慧科技有限公司 电子信息
苏州工业园区天舟信息技术服务有限公司 电子信息
苏州工业园区仪仪软件有限公司 电子信息
苏州技杰软件有限公司 电子信息
苏州南大苏富特科技有限公司 电子信息
利品国际数码科技（苏州）有限公司 电子信息
澳龙塑料制品（苏州）有限公司 新材料
苏州工业园区易辰电子系统有限公司 新能源环保
苏州工业园区澳凯科技有限公司 建筑制造
苏州工业园区立得科技有限公司 建筑制造
苏州工业园区瑞新自动化设备有限公司 建筑制造

苏州工业园区升华科技有限公司　建筑制造
苏州奥杰创意设计有限公司　文化创意
苏州工业园区新凯艺建筑设计有限公司　文化创意

园区联系方式

地　址：江苏苏州工业园区金鸡湖大道1355号
邮　编：215021
电　话：86-512-62529888
传　真：86-512-62529777
邮　箱：hej@sipis.com.cn
网　址：www.sispark.com.cn

苏州吴中留学人员创业园

园区概况

苏州吴中留学人员创业园（以下简称“创业园”）成立于2004年12月，位于吴中科技创业园内，是专门为海外留学人员回国创业服务的载体。苏州吴中科技创业园是由政府投入、以企业化机制运作的公益型科技企业孵化器，2006年12月被科技部认定为“国家级科技创业园”。

在区域医药和IT产业快速发展的大背景下，创业园通过创造局部优化的创新创业环境，提供特殊优惠政策和优质高效服务，积极有效地培育和引进电子信息及软件企业、生物医药和光机电一体化企业。入驻企业不仅享受企业注册、税务登记、人才支撑及政策咨询等“一站式”服务，而且还可以获得国家高新技术产业园区的各项相关优惠政策。在提供场地租用及物业服务同时，创业园还建设了中心机房、多功能厅、电子阅览室和公共实验室，完善了相关配套设施。建立并完善了吴中科技创业园网站，同时连接江苏省工程技术文献信息中心，对专业数据库、专业性数据软件、数字化图书杂志进行筛选和协议使用，为企业开通专业信息服务、科技查新服务。

园区联系方式

地　址：苏州市吴中区东吴北路31号
邮　编：215128
电　话：86-512-65270617
邮　箱：zhu_qin1@163.com
网　址：www.wzcy.cn

扬州留学人员创业园

园区概况

扬州留学人员创业园（以下简称“创业园”）于2003年8月由江苏省人事厅批准成立，2004年6月30日正式挂牌。创业园依托于扬州高新技术创业服务中心的现有条件，与创业中心实行“两块牌子、一套班子”。扬州高新技术创业服务中心于1998年11月成立，是集管理、科研、生产、经营、服务于一体的科技服务机构。其主要职能是为企业和科技创业者提供多种有效服务，创造一个局部优化适合体制创新和技术创新的环境和条件，引进、开发和转化高新技术成果、孵化高新技术企业，并吸引留学回国人员来园创业。

创业园自成立以来，已经有来自日本、法国、英国、德国等国的留学人员创办的多家企业入驻，主要以软件及电子产业为主，许多产品和软件具有国际先进水平。

园区联系方式

地　址：扬州市邗江中路119号
邮　编：225009
电　话：86-514-87898911
传　真：86-514-85126567
邮　箱：yzgxjs@yahoo.com
网　址：www.yzgxjs.com

江苏信息服务产业基地（扬州）海外留学人员创业园

园区概况

江苏信息服务产业基地（扬州）海外留学人员创业园（以下简称“创业园”）成立于2008年10月，是由江苏省信息产业厅和扬州市人民政府联手打造的全省唯一的专业型产业基地。创业园位于扬州广陵新城的核心区，规划总面积2.52平方公里，总投资约50亿元，依托江苏省扬州市广陵新城的优良环境和条件，按照“政府引导、市场运作”的模式，实施配套的优惠政策，吸引、鼓励留学人员创办高新技术企业，促进科技成果的商品化、产业化、国际化。

园区企业涉及电子信息、生物医药、光机电一体化、新能源、新材料、资源与环境、科技农业等多个领域。创业园结合自身产业发展的定位，优先选择“春晖杯”创业大赛入围项目进驻，这些项目代表了当今世界科学技术的先进水平。创业园通过这些项目的进驻，和当今世界最前沿的科学技术实现了无缝对接、零距离接触，大大促进地区产业的转型升级。

园区联系方式

地　址：扬州市广陵新城信息大道1号信息服务大厦2号楼
邮　编：225000
电　话：86-514-87456015
邮　箱：glgeyb2010@gmail.com
网　址：www.cnccdc.com

张家港留学人员创业园

园区概况

张家港留学人员创业园（以下简称“创业园”）由张家港市政府投资建设，江苏省张家港市科学技术局具体承办，于张家港高新技术创业服务中心实施“两块牌子、一套班子”的运作模式。2003年6月，创业中心被江苏省科技厅批准为省级高新技术创业服务中心；2003年11月，创业园被江苏省人事厅批准为省级留学生创业园；2004年4月，园区作为苏州市留学人员先进工作单位，受到了苏州市委、市人民政府的表彰；2006年12月，中心被国家科技部认定为国家级高新技术创业服务中心。

创业园位于江苏省张家港经济开发区内，目前占地79亩，建筑面积60000多平方米。为了支持科技人员创业，除提供办公用房、研发用房、商务洽谈室、样品展示厅、多功能报告厅等孵化设施外，还建有留学人员公寓、留学人员餐厅、科技人员健身中心、商务中心等辅助设施。

创业园通过落实扶持政策，营造宽松的创业环境，降低进驻企业的创业成本和创业风险，为海内外科技人员研究开发高新技术产品，发展高新技术产业提供服务，是张家港市招才引智、科技创新的重要基地和对外开放的重要窗口。

2010年园区发展报告

一、创业园孵化体系建设

张家港市留学人员创业园坚持科学发展、创新驱动和优质服务原则，紧紧围绕“集聚高层次人才、孵化高科技项目、培育新兴产业”目标任务，以创新服务为核心，以软环境建设为重点，扎实推进园区基础设施建设，不断完善项目吸纳、企业孵化、企业毕业服务体系。

（一）确立基本原则，树立指导思想

科学发展原则。充分发挥市场配置社会资源的基础性作用，把园区建设作为区域创新体系建设的重点。鼓励多元投资、多种形式和体制运营以及多区域层次发展。

创新驱动原则。加强与高校科研院所合作，促进产学研结合，加快培育和引进创新型人才，培养拥有自主知识产权的科技企业和具备自主创新能力的科技企业家。

优质服务原则。努力提高孵化能力和服务水平，积极拓展服务领域，提升服务质量，规范服务操作，搭建共享平台，培养和提高企业核心竞争力。

（二）制定管理条例，规范全程服务

出台《张家港市留学生创业园暂行管理条例》，规定了入园、孵化及毕业等一系列服务措施，所有申请入园的项目从入园咨询开始进行量化评估，符合标准的项目可以入驻园区接受孵化，项目入驻后园区将持续跟踪企业运营发展情况及需求，同时园区为企业提供基础公共服务、高端增值服务和创业导师对接服务等，项目毕业后，园区继续关注企业发展，定期走访企业，解决难题。

（三）做好公共服务，保障基础需求

1. 创业咨询服务：（1）国家、省、市、开发区相关政策咨询和公司注册流程咨询；企业创办和经营过程中其他相关问题的咨询；（2）创建公司的全程服务：协助或代办工商注册手续；提供可靠的中介服务机构，办理验资、翻译等业务；（3）专项服务：技术和市场咨询、法律事务服务、市场调查与咨询服务、企业诊断服务、知识产权保护服务、协办高新技术企业认证，为企业提供各类培训、讲座等。

2. 行政管理服务：（1）园区管理服务：园区的消防及治安管理；保证园区正常供电、供水；园区国际互联网络系统的维护、审查入驻企业的装修方案；园区车辆停放管理、公共场所清洁和绿化管理等。（2）人事服务：协助园区企业进行人员招聘工作及参加大型人才招聘会的前期准备工作、人事政策咨询服务。（3）商务服务：提供各类会议室、产品展厅、会客场所，根据需要提供会务服务。

3. 财务管理服务：通过引进的会计师事务所，为企业提供建账、记账、编制财务报表、出纳等服务；帮助企业进行国税、地税的初始申报和纳税申报等服务；提供验资、审计、资产评估、财务统计、年检等服务。

（四）强化增值服务，提升高端业务

融资推荐服务：引入国有和民营、国内和国外的多层次、各类型风险投资和投资咨询机构，促进项目和资金的对接；通过张家港市技术市场，为企业提供技术转让和引入等代理服务；与银行、科技担保公司建立战略联盟关系，协助企业贷款等。

项目申报服务：协助和指导企业申报各级各类人才、科技项目，帮助企业申请政府资金资助，通过电话、电子邮件、短信平台、公告栏公告、上门辅导、举办项目申报培训、项目预评审等方式，帮助海外留学人员及时做好项目申报工作。

定期走访服务：通过园区聘请的联络员定期上门走访，了解企业发展情况，反馈巡诊信息，并联合专业人士为企业进行诊断分析，协调解决企业存在的问题。

创业导师服务：推进“创业导师＋专业孵化”的孵育模式，把创业导师体系建设作为提升创业园软实力的重要抓手。通过创业导师的出谋划策、指点迷津，切实解决企业发展中的问题，尽可能规避发展中的风险。目前中心聘请的创业导师有9名，50家企业获得创业导师的指导并从中获益。

市场推广服务：组织企业参加各种产品交易会、博览会，参加各种公关、宣传、联谊活动，帮助建立和提升企业品牌；引进企业策划中介为企业提供广告设计和制作及发布、市场推广、营销策划、宣传品设计制作、展览展示、CI设计、影像资料制作等服务。

（五）打造专业服务，增强孵化能力

生物医药公共技术服务平台设备共享服务：通过配备生物医药创新研发所需的先进仪器设备，为园区内初创期生物医药企业提供实验分析、样品检测、项目研发等专业服务，降低企业创业成本和准入门槛。

二、创业园服务创新模式探究

围绕培育战略性新兴产业的源头企业和创新创业领军人才目标，全面提升留学人员创业园的孵化能力、自主创新能力、服务能力、可持续发展能力和区域辐射带动能力，为实现区域经济社会全面、协调、可持续发展提供有力支撑。

（一）完善政策体系，实施新兴产业的“助推工程”

根据新时期科技创新创业的特点，研究制定扶持园区建设与发展的政策措施，逐步形成与完善适应园区和在孵企业发展需求的孵化政策体系。充分发挥财政税收政策对孵化企业的激励作用，通过基金支持、创业投资、贷款贴息、税收优惠等方式，引导园区围绕新能源、新材料、生物医药和节能环保等领域，不断培育战略性新兴产业的“源头”企业。探索建立园区评价考核指标体系，通过对园区服务功能、服务质量、创业成功率等方面的评价考核，引导园区健康快速发展。

（二）合理规划布局，加快推进创业园企业集聚效应

进一步促进园区的整体规模上台阶，在完善园区功能的基础上，根据产业发展方向和市场需求，最大限度地整合已有的科技和产业资源，发挥对特色产业集群的孵化培育功能，扩大创业服务的受益群体范围，形成新能源、新材料、新医药和节能环保四大产业集群。

（三）加强产学研合作，不断增强企业自主创新能力

加强与清华大学、浙江大学、南京大学等高校、科研院所的合作，探索校企长效合作机制。突出企业创新主体地位，加大科技投入力度，增强消化吸收再创新能力。

（四）加快平台建设，提升高层次人才集聚能力

进一步提升生物医药公共技术服务平台在科技研发、检测试验、科技服务和技术转移等方面的功能，打造具有规模化、专业化、品牌化、国际化的人才集聚平台、科技创新平台和成果转化平台，为高层次创新创业人才集聚提供沃土。

（五）健全风投机制，不断探索创业孵化新模式

积极拓展孵化创业投融资渠道，通过创新创业风险补助、投资保障、贷款担保补助、孵化贷款贴息等方式，逐步构建多元化的孵化创业投资体系。对于具有较大发展潜力且具有高成长性的技术项目或初创企业，开展早期的、直接的权益资本投资。加强与银行、投资及咨询机构等的合作，全面提升园区的抚育能力。

（六）拓展服务功能，强化园区创业孵化能力

加快孵化公共设施建设，增强孵化、抚育能力，为造就大批优质、健康的科技型中小企业营造良好的发展环境。引进各类中介服务机构，为创业企业提供专业化的服务。开展弘扬创业精神，培育创业意识，营造创业氛围的活动，加大政府与社会各界对科技孵化企业的关注和支持。加强对企业提高战略发展和日常操作能力的培训，并做好各种交流与合作的服务。

三、园内在孵企业行业分布及发展情况分析

目前张家港市留学人员创业园企业从行业分布情况来看，首先，基本形成了以新能源、新材料、生物医药、节能环保、电子信息、光机电一体化为特色的高新技术产业，企业从入驻、孵化到毕业形成了良性循环，共有67家（含留学生企业37家），其中电子信息14家，生物医药14家，新材料15家，光机电一体化13家，环境环保4家，高效节能5家，新能源2家，产业集聚效应明显。其次是现代服务业，它是衡量经济、社会发展水平的重要标志，同时各类服务机构，为园区在孵创业企业提供专业化的服务，园区正有计划、有步骤地吸纳能够助推孵化企业快速发展的服务机构，目前园区有相关企业11家，以法律服务、信息服务、中介服务、咨询服务等为主。第三是动漫传媒行业，随着政府对文化产业的日益重视，园区为推动本地动漫产业发展，选择性的引进和吸纳了6家动漫传媒类企业，随着原创动漫产品研发的日益推进，作品有望登陆各大媒体。

四、资源共享及中介服务平台建设情况

（一）商务服务平台建设

为在孵企业提供工商注册、税务登记、银行开户、机构代码审验、资产评估、财务代理、税务代理、商务出行等“一条龙”服务。

（二）科技服务平台建设

组织人员做好各级各类科技计划项目申报前期工作，建立项目预报—项目跟踪—材料辅导的服务流程，为企业争取更多的科技扶持资金，引导企业实施科技引领计划，大力推进自主知识产权和自主品牌战略；完善、落实促进科技创新创业、加快产业化发展、引进高层次人才的一系列政策文件，并对企业进行系统化的知识培训服务。

（三）人才服务平台建设

园区与张家港人才中心结成战略合作伙伴，开通张家港市人才网免费为在孵企业提供服务。由中心组团，参加各类人才招聘活动，协助在孵企业办理科技人才调动、人事及组织关系接转等服务。

（四）创业管理平台建设

以适应在孵企业需求、提高在孵企业核心竞争力、加快孵化企业健康成长为目标，引进社会中介机构或专业化公司，整合相关资源，建设开放式、互动型的创业管理平台，为企业提供项目评估、企业诊断、投资咨询、财务管理、税务处理、法律咨询等服务。

（五）投融资服务平台建设

与张家港市农村商业银行、金泰科技创业投资有限公司建立合作关系，掌握有投资意向的民间资本持有人和企业实体，每季度安排一次资金与项目的对接活动。

（六）生物医药平台建设

2009年园区规划建设了张家港市生物医药公共技术服务平台，面积超过1200平方米。生物医药公共技术服务平台通过配备生物医药创新研发所需的先进仪器设备，为园区内初创期生物医药类企业提供实验分析、样品检测、项目研发等专业服务，降低企业创业成本和准入门槛。

五、年内孵化及创新所取得的成果

（一）引进孵化项目成果

截至2010年12月底，中心累计孵化企业165家，其中当年引进企业28家。创业园量化了项目入园、孵化和毕业的评审标准，并执行专家评审制度，保证企业孵化质量。

（二）各级各类科技及人才项目立项

截至2010年底，园区企业承担各级各类科技项目立项9项，其中国家科技型中小企业技术创新基金项目2项，江苏省科技型企业技术创新资金项目1项，张家港市科技孵化项目资助计划项目6项。

同时，园区有22人列入各级各类人才项目支助计划，其中4人获评江苏省高层次创新创业人才，1人列入江苏省“企业博士集聚计划”，2人列入省“六大人才高峰”资助，3人获评姑苏创新创业领军人才，13人获评张家港市领军型创业人才，园区已日益成为高层次人才集聚的重要载体。

（三）直接经济贡献及社会贡献

2010年园区在孵企业实现技工贸总收入1.6亿元，纳税近1000万元，共创造工作岗位近1000个，吸纳本科以上科技人员600多人（其中研究生以上学历135人），具有大专以上学历人员占从业人员总数的95%以上。

（四）投融资成果

2010年园区通过组织企业参加江苏省、苏州市和张家港市投融资洽谈会和积极引入风投机构，共有两家企业成功融资，张家港市玉同电子科技有限公司第一阶段融资额达到400万元，江苏欧邦塑胶有限公司第一阶段融资额达到5000万元。

2010年度园区大事记

1. 1月，园区正式划归张家港经济开发区管理。

2. 3月5日，张家港市人大到园区调研。

3. 5月18日，园区项目集中入驻暨二期改造建设正式启动。

4. 7月30日，园区成为首批苏州大学生实践基地，揭牌仪式于当天举行。

5. 9月2日，江苏省委常委、苏州市委书记蒋宏坤到园区视察指导工作。

6. 10月8日，园区改造竣工，市委书记黄钦来园视察。

7. 11月19日，张家港市长姚林荣到园区视察。

8. 11月25日，江苏省人大考察团参观园区。

9. 11月30日，常熟市党政代表团来园区考察交流。

10. 12月3日，苏州大学党委书记王卓君一行到园区考察指导。

2010年优秀在园留学人员企业

一、张家港市玉同电子科技有限公司

该公司是一家研制多层压电扬声器的省级民营科技企业，2009年10月入驻园区。研发的“超薄多层压电陶瓷扬声器”获得2010年国家科技型中小企业技术创新资金项目资助。至今，公司已申报专利9项，其中发明专利5项，实用新型专利4项。今年可研制陶瓷芯片40万片、压电扬声器30万片，预计全年可实现销售收入1650万元，利税超500万元。

二、苏州良辰生物医药科技有限公司

该公司是一家从事生物医药类产品的研发、生产和销售的企业，以心血管、血液病诊断试剂为主导产品，2010年底入驻园区。企业研发的“心血管、血液系统诊断试剂”项目进展较快，企业负责人先后获得2010年张家港市领军型创业人才引进计划和姑苏领军型创新创业人才引进计划的资助。预计5年后公司年销售收入超5亿元，利润率40%以上。

三、张家港天新科技有限公司

该公司是一家以设计、开发、生产高质量并且实用的生命体征无线监护仪为核心产品的企业，其研发的“基于无线传感器网络的远程生命体征数据监护系统”项目获得2010年度张家港市科技孵化项目计划的资助。公司自2009年10月成立以来，已经申请专利2项。2010年1—8月份，公司已实现销售120多万。预计用3到5年的时间，在国内的市场占有率达到25%左右，并推广到100家左右的医院与社区护理中心，届时销售额将达到6000万元。

四、张家港卡邦新材料有限公司

该企业研发的环氧树脂固化剂系列产品，可广泛应用于电子、电工、建筑、汽车等领域。企业研发的“高固化性能、环保无毒的全新环氧固化剂”项目在2008年10月获得张家港市科技孵化项目计划的资助，2009年获得江苏省中小企业创新资金的资助。企业董事长携此项目还获得江苏省高层次创新创业人才引进计划的立项。该企业已经申请发明专利2项，开发3个系列新型环氧固化剂。预计2010年全年可实现销售收入超过1400万元。

五、张家港市源丰科技发展有限公司

该公司是一家主要从事TPU（热塑性聚氨酯弹性体）材料的研发和生产的企业，其自主研发的“新型聚醚型微孔汽车缓冲块”项目获得2009年度张家港市科技孵化项目计划的资助，2010年又获得江苏省科技型企业技术创新资金项目和国家科技部科技型中小企业技术创新基金项目的立项。该产品已通过奇瑞汽车厂商的测试和试用，要求大规模供货，2010年销售额预计可达到6000多万元。

六、 张家港宝盛科技有限公司

该公司主要从事全自动保管箱系统、物流自动化设备系统，以及光机电一体化设备系统的研发和生产。企业“银行系统用全自动保管箱系统的研发”项目获得2010年度张家港市科技孵化项目计划的资助和张家港市高层次创新创业人才项目立项。企业已申请发明专利2项。预计5年内销售收入可达到2000万元以上。

2010年在园留学人员企业名录

江苏省远大信息系统有限公司	电子信息
张家港慧泉科技有限公司	电子信息
张家港新羽信息技术有限公司	电子信息
苏州天新科技有限公司	电子信息
苏州市泰博信息科技有限公司	电子信息
苏州环球咏大科技有限公司	电子信息
苏州广拓智能科技有限公司	电子信息
张家港市天翔科技有限公司	电子信息
金蝶软件（中国）有限公司张家港分公司	电子信息
苏州索亚电讯有限公司	电子信息
江苏网路神电子商务技术有限公司张家港分公司	电子信息
张家港市玉同电子科技有限公司	电子信息
张家港市企飞软件科技有限公司	电子信息
江苏能华微电子科技发展有限公司	电子信息
张家港阿拉宁生化技术有限公司	生物医药
张家港九木科技有限公司	生物医药
苏州神洲基因有限公司	生物医药
苏州良辰生物医药科技有限公司	生物医药
苏州宜生生物技术有限公司	生物医药
张家港天乙传统医药研究院有限公司	生物医药
苏州国奕生物科技有限公司	生物医药
苏州凯祥生物科技有限公司	生物医药
苏州迈泰生物技术有限公司	生物医药
苏州汉酶生物技术有限公司	生物医药
苏州维力维斯生物技术有限公司	生物医药
苏州普瑞诺药物技术有限公司	生物医药
苏州美维生物科技有限公司	生物医药
苏州维因生物科技有限公司	生物医药
苏州福鹏光迅科技有限公司	光机电一体化
张家港意发功率半导体有限公司	光机电一体化
张家港宝盛科技有限公司	光机电一体化
苏州三恩超声科技有限公司	光机电一体化
张家港博纳特机械设备有限公司	光机电一体化
张家港市东恒自控科技有限公司	光机电一体化
苏州百器智能装备系统有限公司	光机电一体化
张家港睿能科技有限公司	光机电一体化
张家港市吉源科技有限公司	光机电一体化
张家港托利计量设备系统有限公司	光机电一体化
特克斯勒电子技术（张家港）有限公司	光机电一体化
张家港龙本钢铁有限公司	光机电一体化
张家港市沪芝电梯科技有限公司	光机电一体化
张家港柴能生物科技有限公司	新材料
江苏欧邦塑胶有限公司	新材料
张家港市源丰科技发展有限公司	新材料
张家港力天新能源科技有限公司	新材料
张家港卡邦新材料有限公司	新材料
张家港耐尔纳米科技有限公司	新材料
苏州乐华新材料有限公司	新材料
张家港一博科技有限公司	新材料
苏州晶纯新材料有限公司	新材料
张家港市联芳新材料科技有限公司	新材料
苏州汉力新材料有限公司	新材料
张家港市丰泽科技有限公司	新材料
张家港市泰瑞科技有限公司	新材料
张家港市天元科技有限公司	新材料
张家港市中联科技有限公司	新材料
张家港市浙华科技有限公司	新能源环保
苏州凯新分离科技有限公司	新能源环保
苏州辰昌新能源技术有限公司	新能源环保
张家港市方快热能科技有限公司	新能源环保

苏州易佰电子科技有限公司	新能源环保
张家港宏顺电力科技有限公司	新能源环保
张家港市中菁环保科技有限公司	新能源环保
张家港广源环保科技有限公司	新能源环保
张家港三广水气处理有限公司	新能源环保
张家港费曼光电科技有限公司	新能源环保
江苏易阳新能源科技有限公司	新能源环保
张家港虹之谷卡通制作有限公司	文化创意
苏州磐石卡通有限公司	文化创意
江苏乾图众视传媒有限公司	文化创意
江苏舞之数码动画制作有限公司	文化创意
张家港天润安鼎动画有限公司	文化创意
张家港市北斗星数字科技图像设计有限公司	文化创意
张家港中鼎龙保科技咨询有限公司	现代服务
南京国信税务师事务所有限公司张家港分公司	现代服务
江苏东汇网络科技有限公司	现代服务
江苏新捷新能源有限公司	现代服务
张家港麦金利科技咨询有限公司	现代服务
张家港绿岩环境科技有限公司	现代服务
张家港佳钰企业管理咨询有限公司	现代服务
张家港卡瑞尔企业管理咨询有限公司	现代服务
江苏明道法商务咨询有限公司	现代服务
汇思人力资源（张家港）有限公司	现代服务
张家港众远高新咨询投资管理有限公司	现代服务

园区联系方式

地　址：张家港市国泰北路1号

邮　编：215600

电　话：86-512-58541960

传　真：86-512-58541980

邮　箱：htic@zjghtic.gov.cn

网　址：www.zjghtic.gov.cn

常熟留学人员创业园

园区概况

常熟留学人员创业园（以下简称“创业园”）位于常熟市经济开发区内，交通便利，环境优美，政策宽松、人才资源和资金资源丰富，具有良好投资环境。其创办旨在为给学有所成、回国创业的留学人员创造良好的创业环境。

创业园首期开发面积1平方公里，现有智能化大楼1幢，建有标准化厂房5000多平方米，配套设施齐全，创业环境优越，可提供一流水准的孵化服务。创业园鼓励留学人员回国创业，科研院所来常合作，加速科技成果商品化、产业化、国际化，进一步推动经济与科技的结合，促进常熟市产业结构的调整，为区域经济的发展不断培育拥有民族自主知识产权的高新技术企业群体。

园区联系方式

地　址：常熟经济开发区滨江新城

电　话：86-512-52805327

传　真：86-512-52805310

邮　箱：info@ppos.com.cn

太仓市留学人员创业园

园区概况

太仓市科技创业园暨太仓市留学人员创业园（以下简称“创业园”）本着办成“科技企业的热土，企业成长的摇篮”的宗旨，按照政府支持、市场运作、专业服务的模式运营，吸引各种类型的研发机构入驻并且从事高科技企业的孵化工作。在市委、市政府及有关部门的关心与支持下，2008年11月，创业园一期工程3万平方米顺利竣工。同时，根据市委、市政府要求，对原来的规划进行了调整，调整后园区总建筑面积达12万平方米。二期工程于2009年2月正式开工，包括1幢服务楼、2幢研发楼及2幢生活楼，建筑面积共2.77万平方米。

创业园重点吸引从事新技术、新产品开发的科研院所、高等院校和大中心企业，包括外资企业的研发机构，成建制转制的民营科研开发企业，留学人员和其他科技人员创办的民营科技企业等。重点开发电子信息、光机电一体化、新材料、新能源、环境保护、生物医药等技术领域。创业园现入驻企业总数达到64家，其中留学人员企业10家，引进各类中高级人才100余名。创业园计划用3年时间培植孵化一批科技型企业，并且规划建设产业化基地，为毕业企业提供产业化场所。

园区联系方式

地　址：太仓市经济开发区北京西路6号

电　话：86-512-53990555

传　真：86-512-53990556

邮　箱：kjcyy@yahoo.com.cn

网　址：www.kjcyy.com

昆山留学人员创业园

园区概况

昆山留学人员创业园（以下简称“创业园”）成立于1998年，由江苏省科技厅、人事厅和昆山经济技术开发区联合创办，是全国首家设立在县级市的留学人员创业园。创业园先后被命名为全国首批“中国青年科技创新行动示范基地”、“国家火炬计划先进管理单位”、“国家先进高新技术创业服务中心”、“江苏省优秀科技企业孵化器”、“江苏省先进科技企业孵化器”、“江苏省火炬先进管理单位”、“江苏省留学回国人员工作先进单位”、“江苏省博士后管理工作先进单位”、“江苏省文明单位”；被国家科技部、人事部、教育部、国家外国专家局联合评审为全国首批“国家留学人员创业园”，成为全国县级市中唯一进入“国家队”的创业园区；被中央组织部、宣传部、统战部、国家人事部、教育部、科技部联合授予“全国留学回国人员先进工作单位”荣誉称号。2011年获批为国家人社部和江苏省人民政府共建的“中国昆山留学人员创业园”。

创业园现拥有孵化面积14万平方米，形成了比较完善的科技企业培育体系，吸引了留学英、美、法、德、日等国学者创办了科技企业270余家，引进了一批高层次科技人才，开发了一批技术领先并拥有自主知识产权的产品，培育了华恒、网进、锐芯、澳昆等一批明星企业。

2010年园区发展报告

2010年，昆山留学人员创业园充分发挥园区创新优势，加速发展新兴产业，全面提升区域创新能力，各项工作在加快推进中迈出新步伐。

一、科技领军人才高度集聚

园区积极参加“苏州精英创业周”、“西部科技人才交流会”等活动，及时抓住招商契机，今年引进涉及集成电路、平板显示、医疗器械、软件设计等行业的博士团队10个，科技项目51个，留学人员102名，博士硕士68名。目前园区已构筑布局相对集中的高新技术企业群体，初步形成了电子信息、光机电一体化、现代服务业三大特色产业。其中，围绕电子信息、服务业等重点领域加大产业链招商，大力吸引软件、集成电路等主导产业，累计引进电子信息类企业90多家。以锐芯、德仕勤微电子等芯片设计企业为核心的集成电路产业集群初现雏形；以创精、智泰等企业为代表的现代检测服务业初具规模；以华恒、澳昆公司为代表的机器人产业正快速成长。

二、人才培养体系成功构建

2家企业获批国家博士后科研工作站，引进博士后5名，项目填补国内空白；园区成功获批国家级大学生创业见习基地；2家企业获批江苏省企业院士工作站，实现我市院士工作站“零”的突破，园区成功构建了从院士工作站、博士后科研工作站到研究生工作站和大学生创业基地的阶梯式人才

三、科技申报成果突出

组织申报省级以上项目15类120项，国家重大科技专项取得“零”的突破，国家火炬计划项目6个，国家重点新产品2个，“科技部科技型中小企业技术创新基金项目”4个，江苏省工程技术研究中心4家、江苏省外资研发机构6家，分别占全市认定数的33.3%和54.5%。

四、知识产权工作量质并举

根据国家知识产权试点园区验收要求，精心做好验收准备工作。组织昆微、华恒两家公司申报成为“昆山市未成年人校外德育教育基地”，普及中小学生知识产权教育，积极筹备搭建昆山开发区汽车零部件行业专利专题数据库，为企业提供信息检索的便利，为中锆、统业等专利大户提供专项资金资助，提高企业申请专利的积极性。

五、科技服务标准化试点深入开展

作为2009年江苏省唯一的国家级“科技服务业标准化试点单位”，创业园对现有服务流程进行整理和优化，制定“创业园科技服务标准”，修订完善“科技咨询服务规范”、“企业入驻服务规范”等系列业务操作规范并制定相应服务标准，建立了与行业标准相衔接、有利于科技服务业发展的标准体系。

六、公共平台不断构筑

创业园先后建立江苏（昆山）微软技术中心公共平台、新一代移动通讯产业公共技术支撑平台、环保产业技术支撑平台、北大微电子所技术支撑平台等公共服务平台。建立规模1000万元的创业基金，引进红塔创新投资公司等5家风投公司，引导高新技术企业获得风险投资超亿元。创业园还针对电子信息、新材料、光机电等产业领域，帮助辖区企业与相关科研院校共建研发机构，加快推进区域产业转型升级，不断提升自主创新能力，实现双方科技创新和人才培养的共赢。目前，园区企业已与国内外近20家高等院校、科研院所建立各类产学研机构30多个，产学研合作在推动该区经济转型升级的作用正逐步显现。

创业园在今后的工作中将充分发挥科技创新方面的示范、导向和辐射带动作用，并以特有的人才高地、科技高地、服务高地优势，为留学人员回国创业提供更为高效、务实的孵化培育服务。

2010年园区大事记

1. 1月，科技广场启用。

2. 3月，园区被科技部认定为国家“大学生科技创业见习基地试点单位”。

3. 3月，科技创业基地启用。

4. 3月，李政德、浮同宏获国家千人计划，成功入选国家引进海外高层次人才“千人计划”。

5. 5月，人社部副部长王晓初视察留学人员创业园。

6. 5月，昆山留学人员创业园成功承办首届全国留学人员回国创业培训班。

7. 6月，园区苏州澳昆智能机器人有限公司举办乔迁庆典仪式。

8. 6月，中科院姚建铨院士来昆考察留学人员创业园内锐芯公司。

9. 6月，开发区博士后科研工作站被评为苏州市先进博士后科研工作站。

10. 6月，由园区华恒焊接公司 “15kg喷涂机器人成套装备”课题承担国家重大专项研发项目。

11. 8月，创业园举行“昆山杯”全国大学生优秀创业团队大赛总决赛“企业实践体验”环节分场赛。

12. 9月，创业园六名博士荣获“2010年昆山市领军型创新创业人才”和“2010年昆山市高层次创新创业人才”荣誉称号。

13. 12月，创业园携手微软技术中心在科技广场举办万名软件工程师培训活动首次培训。

14. 12月，昆山开发区被省人才工作领导小组认定为“江苏省高层次人才创新创业基地”，同时，区内龙腾光电公司入选“江苏省高层次人才创新创业基地（企业类）”。

15. 12月，开发区被江苏省经济和信息化委员会确定为“江苏省信息化和工业化融合示范区”，成为我市首家“两化融合”示范区。

2010年在园留学人员企业名录

昆山樾源电子科技有限公司	电子信息
昆山行龙软件信息技术有限公司	电子信息
昆山依泰克电子科技有限公司	电子信息
昆山锐芯微电子有限公司	电子信息
苏州芯美微电子有限公司	电子信息
苏州德仕勤微电子有限公司	电子信息
苏州爱思普信息科技有限公司	电子信息
昆山创通微电子有限公司	电子信息
昆山科睿坦电子科技有限公司	电子信息
昆山精讯电子技术有限公司	电子信息
昆山酷威微电子科技有限公司	电子信息
昆山弧光信息科技有限公司	电子信息
昆山文石信息科技有限公司	电子信息

昆山引光奴电子科技有限公司	电子信息
昆山凯铭电子有限公司	电子信息
昆山普洛特信息技术有限公司	电子信息
昆山掌客信息技术有限公司	电子信息
昆山麦克斯泰科技有限公司	电子信息
昆山芯视讯电子科技有限公司	电子信息
昆山瑞达生物技术有限公司	电子信息
苏州明志生物信息技术有限公司	电子信息
苏州瓦恩特瑞信息科技有限公司	电子信息
苏州昆微软件技术有限公司	电子信息
昆山先联信息系统有限公司	电子信息
昆山瑞奇安泰电子科技有限公司	电子信息
苏州赛特斯网络科技有限公司	电子信息
江苏明志诊断产品有限公司	生物医药
江苏依博康分子诊断有限公司	生物医药
昆山博康医疗设备有限公司	生物医药
苏州华氏生物技术有限公司	生物医药
昆山盟迪医疗器械有限公司	生物医药
江苏锐绰生物技术有限公司	生物医药
昆山力田医化科技有限公司	生物医药
昆山艾尔发计量科技有限公司	光机电一体化
昆山恒广检测仪器有限公司	光机电一体化
昆山善思科技有限公司	光机电一体化
苏州爱锐邦智能科技有限公司	光机电一体化
昆山洁驰环保科技有限公司	光机电一体化
昆山博格马丁电力技术有限公司	光机电一体化
昆山英智科信息技术有限公司	光机电一体化
昆山力通机电科技有限公司	光机电一体化
深圳光韵达激光应用有限公司昆山分公司	光机电一体化
昆山海斯电子科技有限公司	光机电一体化
苏州迅康纳米科技有限公司	新材料
苏州衡睿新材料科技有限公司	新材料
苏州中锆新材料有限公司	新材料
昆山瑞仕莱斯水处理科技有限公司	新材料
昆山优利德科技能源有限公司	新能源环保
昆山苏睿电子科技有限公司	新能源环保
昆山锂能新能源科技有限公司	新能源环保
昆山绿保节能科技有限公司	新能源环保
昆山英菲特光电科技有限公司	新能源环保
昆山香山红叶环保技术有限公司	新能源环保
昆山市康宝婴童用品有限公司	建筑制造
苏州精创光学仪器有限公司	建筑制造
昆山易方达精密仪器有限公司	建筑制造
昆山易控科技有限公司	建筑制造
昆山博爱模具开发有限公司	建筑制造
苏州澳昆智能机器人技术有限公司	建筑制造
昆山双陈电子科技有限公司	建筑制造
昆山爱达斯工业设计有限公司	建筑制造
昆山开思拓空调技术有限公司	建筑制造
江苏中青能源建设有限公司	建筑制造
红塔创新（昆山）创业投资有限公司	现代服务
昆山东企科技园发展有限公司	现代服务
南京众联专利代理有限公司昆山办事处	现代服务
昆山子曰广告创意设计有限公司	现代服务
昆山联挚纺织科技有限公司	现代服务
昆山藏宝堂健康科技有限公司	现代服务
昆山立轩人才咨询有限公司	现代服务

园区联系方式

地　址：江苏省昆山市前进东路科技广场二楼
电　话：86-512-57375600
传　真：86-512-50360660
邮　箱：ksppcn@yahoo.com.cn
网　址：www.kscyy.com.cn

吴江市留学人员创业园

园区概况

吴江市科技人员暨留学人员创业园（以下简称“创业园”）成立于2007年2月，由吴江市科技局与吴江经济开发区管委会共同建设，并由开发区发展总公司和市科技开发中心共同出资5000万元成立吴江科技创业投资有限公司，负责创业园内项目建设管理、物业管理和各类专业申报等业务。

创业园位于吴江经济开发区内，占地面积10000平方米，其中研发大楼占地面积1500平方米，6层建筑面积为7500平方米，6幢生产厂房为24500平方米，合计园内建筑面积为32000平方米。园内设有多功能厅、多媒体会议室、商务、展示厅、超市、物业、专家用住房、餐厅、车库、停车场、警卫室等齐全的配套设施，二期研发大楼2万平方米业已动工。2008年，吴江市政府下发了《关于明确我市科技人员暨留学人员创业园优惠政策的意见》，明确了吴江市科技人员暨留学人员进入创业园创业可享受的优惠政策。

创业园的设立主要用于鼓励和吸引国内外优秀科技人才来开发区创新创业，加快企业科技创新水平和高科技成果的转化，提升开发区的自主创新能力，加快企业科技创新的速度和加强科技创新能力，是促进产业由劳动密集型向科技密集型转变，加快实现从“吴江制造”向“吴江创造”转化的有效载体。

园区联系方式

地　址：吴江经济技术开发区云梨路1688号
邮　编：215200
电　话：86-512－63960806
传　真：86-512－63960811
网　址：www.wjkfq.gov.cn

南通留学人员创业园

园区概况

南通留学人员创业园（以下简称“创业园”）成立于2002年9月，由江苏省南通市人事局联合市经济技术开发区共同创办。

创业园建园初期孵化面积为5000平方米，园内建有商务中心、会议室、洽谈、多功能厅等公用设施，并建有投入200万元的生物技术开放实验室。为适应市场经济体制对留学生创业园建设的要求，进一步推进本市创业平台建设，建立更加完善的创业园和服务体系，2004年根据南通市政府的要求，市、区两级政府投资500万元，在市区外环西路建立了孵化面积4000平方米的电子信息与机电一体化专业园。2005年在各有关部门的大力支持下，通过对原利民皮鞋厂改造，创业园又着力打造了一个占地面积20亩，孵化面积11000平方米的软件专业园。与此同时，通州分园、如皋分园也相继建成。截至目前，孵化面积已达88324平方米，拥有6个专业园区，同时建有生物医药开放实验室技术平台、软件研发测试技术平台，具有南通特色的一园多区的创业体系初步形成。各专业园区享受同一优惠政策、实行统一规范管理、资源共享，既突出中心园区的重点规范化建设，又充分发挥专业园区吸引不同产业门类的能力。

作为高新技术产品和项目的孵化器，创业园通过营造优良的环境、优质的服务、优惠的政策，已逐渐成为留学人员创业和不断走向成功的支点。

2010年在园企业名录

虹鼎国际（南通）有限公司	电子信息
南通安易软件有限公司	电子信息
南通大唐科技有限公司	电子信息
南通金创源技术有限公司	电子信息
南通先河科技有限公司	电子信息
南通信和科技有限公司	电子信息
南通三金软件技术有限公司	电子信息
南通羚网电子商务有限公司	电子信息
南通伊士生物工程有限公司	生物医药
南通纽兰德机械有限公司	光机电一体化
南通桑达电子有限公司	光机电一体化
南通天华新型建筑材料有限公司	新材料
天成国际（南通）有限公司	新材料
南通格瑞塑胶有限公司	新材料
南通纽兰德工艺美术品有限公司	文化创意
南通天马工作室有限公司	文化创意

园区联系方式

地　址：南通市富民港中央路29号
邮　编：226009
电　话：86-513-83558057
传　真：86-513-83558057
邮　箱：shenfeng@info.net.cn
网　址：www.ntchuangye.com

连云港留学人员创业园

园区概况

连云港留学人员创业园（以下简称“创业园”）成立于2003年，是苏北地区第一家留学人员创业园，设在省级高新技术产业开发区内。

留学人员入园创业除了可以享受国家规定的各项优惠政策，还可以享受该园专门制定的一系列优惠政策。如：可享受开发区“科技发展金”和“科技创业风险基金”的扶持和融资担保，并提供贷款贴息；土地实行优惠地价，直至零地价，并提供孵化场地，减免租金供企业使用；免费办理常住户口，免费提供设施完善的住房；对于贡献突出的创业人员，将授予科技贡献奖，奖励现金20—50万元，并授予荣誉称号等。

园区联系方式

地　址：连云港市新浦区朝阳东路22号
邮　编：222006
电　话：86-518-5813540
传　真：86-518-5813540

淮安留学人员创业园

园区概况

淮安留学人员创业园（以下简称“创业园”）成立于2001年，是淮安市政府直属正处级事业单位，下设综合管理部、企业发展部、规划建设部等部门。主要为海外归国留学人员为主的高层次人才创新创业和具有自主知识产权的高新技术成果孵化提供服务。作为全市高新技术产业孵化的重要载体，近年来创业园紧紧围绕淮安市委、市政府“打造一流软硬环境、引进一流人才、赢得一流经济社会效益”的目标，全面推进标准化服务工作，全力打造企业孵化基地、高新技术创业基地、总部经济基地、人才基地。2007年被国家人力资源和社会保障部批准为省部共建国家级留学人员创业园；2009年被科技部批准为国家高新技术创业服务中心、国家级大学生创业见习基地；同时，被江苏省人力资源和社会保障厅批准为省级博士后科研工作站。创业园还先后获得“省级现代服务业集聚区”、“省级小企业创业示范基地”、“省级大学生创业基地”等荣誉称号。

创业园位于江苏淮安经济开发区中心位置，总占地300亩。5年来，创业园从无到有，从小到大，累计投入建设资金约1.5亿元。目前创业园一期已建成使用，已建成一幢综合办公大楼、一幢后勤服务楼、四幢孵化楼、两幢专家公寓、一幢23层研发大楼，可提供孵化面积约16万多平方米。占地88亩、建筑面积13万多平米的留创园二期建设项目主体建设也已经完成，正进行内部墙体砌筑和幕墙施工。此外，还将建设占地面积约500亩的“光机电一体化”和“生物化学产业”两个专业加速器。

目前，创业园已有入孵企业100多家，其中有留学人员创办企业30家，共吸引归国留学人员为主的高层次创新创业人才40多位（国家“千人计划”1名，省“双创人才”6名）。园区企业共拥有省级高新产品12项，市级高新产品28项，省级高新技术企业6家，市级高新技术企业21家，孵化企业专利、软件著作权等各类知识产权达到100多件。园区已成功孵化40多家企业，培育列统企业10家，其中淮安金恒泰科技有限公司和淮安旭升流体科技有限公司成为销售超亿元企业。

2010年优秀在园留学人员企业

一、百麦科宇绿色生物能源有限公司

淮安百麦科宇绿色生物能源有限公司由留学美国的熊鹏博士创办，主要致力于利用稻草等农作物秸秆生产燃料乙醇为主的绿色能源和化工产品研发。该项目适应了国家大力发展低碳产业的形势，破了多项技术瓶颈，已获得2项专利。

目前，该项目已进入产业化阶段。熊鹏2006年1月在西北大学化学系做博士后，主要从事纤维素化学水解和生物酶水解动力学研究，创新提出优化分步预处理木质纤维素方法，设计出新颖的反应设备和独特工艺。2008年回国之后，进入淮安留学人员创业园开始纤维素乙醇项目的研发。2009年4月，通过了全市高层次人才创新创业项目评审，获得100万元项目扶持资金；同时，创业园帮助熊鹏和其秸秆项目列入了国家“千人计划”、省创新创业人才引进计划、省创新基金扶持项目，共计获得各类科技扶持资金350万元。

目前，纤维素乙醇项目在创业园已建成一条示范生产线，转化率等各项指标均达到或者超过国际上报道的最好水平，已经进入连续化运行阶段。2010年8月，市政府召开专题会议，对该项目的规模化生产进行推进。

二、淮安远景德盛科技发展有限公司

公司由留德曹继文博士创立，是省信息产业厅“双软认证”的软件企业，专业从事软件开发、工业控制、系统集成及互联网服务业务。公司通过软件开发成熟度CMMI3认证，ISO27001认证，具备智能化工程三级资质，是淮安市高新技术企业、淮安市服务外包的重点软件企业。

公司以“最优质、最适用、最简捷”为服务宗旨，近年获得的软件著作权、软件产品的项目有：远景石化油品运输管理系统软件、远景炼钢分析数据管理系统软件、远景皮带秤远程控制软件、远景税务数据分析比对系统软件、远景能源监察管理信息系统软件、远景阿里卡汽车服务行业SaaS软件、远景物联网的远程计量控制管理软件、远景WEB图文信息管理软件、远景现代农业监控管理通用软件等。

2010年在园留学人员企业名录

淮安金瑞丰自动化设备制造有限公司	电子信息
淮安易捷科技有限公司	电子信息
淮安市禾山科技有限公司	电子信息
淮安市迪尔讯科技发展有限公司	电子信息
淮安远景德盛科技有限公司	电子信息
淮安网进科技有限公司	电子信息
淮安鼎兴科技发展有限公司	电子信息
淮安盛达科技有限公司	电子信息
淮工深蓝科技有限公司	电子信息
淮安九天半导体科技有限公司	电子信息
淮安市金立软件科技有限公司	电子信息
淮安市网略软件有限公司	电子信息
淮安百麦绿色生物能源有限公司	生物医药
淮安市伟洁卫生用品厂	生物医药
淮安博施生物制品有限公司	生物医药
常州罗地尔生化技术有限公司	生物医药
淮安科达电气有限公司	光机电一体化
淮安市菲力特光电元件有限公司	光机电一体化
淮安三爱电子有限公司	光机电一体化
淮安市旭升流体有限公司	光机电一体化
淮安艺彤机电制造有限公司	光机电一体化
淮安市星辰电子科技有限公司	光机电一体化
淮安长丰机电设备有限公司	光机电一体化
淮安市富彩光电科技有限公司	光机电一体化
淮安博锦电子有限公司	光机电一体化
淮安奥特电气有限公司	光机电一体化
淮安市中远太阳能灯具有限公司	光机电一体化
淮安盛杰科技有限公司	光机电一体化
淮安福康电子科技有限公司	光机电一体化
淮安东英自控有限公司	光机电一体化
淮安市精英电气有限公司	光机电一体化
淮安苏达电气有限公司	光机电一体化
淮安市水务智能仪表有限公司	光机电一体化
淮安市清江电子有限公司	光机电一体化
淮安市万泰来科技有限公司	光机电一体化
淮安市金恒泰科技有限公司	光机电一体化
淮安英硕能源有限公司	新能源环保
淮安市同诚新能源设备有限公司	新能源环保
淮安市恒信水务科技有限公司	新能源环保
淮安市祥光电子有限公司	新能源环保
淮安市今水环保科技有限公司	新能源环保
淮安市天源科技有限公司	新能源环保
淮安嘉能光电科技有限公司	新能源环保
淮安市爱斯德电源有限公司	新能源环保
淮安麒麟电子科技有限公司	新能源环保

园区联系方式

地　址：江苏省淮安市经济技术开发区海口路9号
邮　编：223005
电　话：86-517-83600288
传　真：86-517-83600262
邮　箱：liyueping0707@163.com
网　址：www.hacyy.com

盐城留学人员创业园

园区概况

盐城高新技术创业园暨留学人员创业园（以下简称“创业园”）成立于2004年10月，是江苏省盐城市人民政府兴办的培育和扶持高新技术企业的非盈利服务机构。2009年4月，被批准为省级留学人员创业园。创业园占地百亩，位于江苏省盐城经济开发区内，地理位置优越。创业园投巨资高标准建设基础设施，26000平方米的孵化用房已竣工，并实现了“六通一平”，具备了企业入驻的必备条件。江苏盐城市科技局、盐城经济开发区管委会、盐城市财政局联合组建了盐城高新技术创业园有限公司，对进园企业实行服务承诺制度，推行“一站式”全程服务。

创业园通过提供政策优惠、免费物理空间、项目扶持等各种有效的支持和服务，降低创业者的创业风险和创业成本，吸引高等院校、科研院所和科技人员的高新技术成果到创业园实现产业化，提高创业成功率，促进科技成果转化，培育科技型企业和企业家，推动盐城高新技术产业的发展。

园区联系方式

地　址：盐城市世纪大道东路15号
邮　编：224007
电　话：86-515-88155332
传　真：86-515-88155332
网　址：www.ycdc.cn

镇江留学生创业园

园区概况

镇江留学生创业园（以下简称“创业园”）成立于2000年，由镇江市人事局与镇江新区管委会联合创办，2002年经国家人事部批准成为首批由人事部与地方政府共建的国家级留学生创业园。园区聚合镇江国家大学科技园、国家级镇江高新技术创业服务中心、省级镇江软件园、镇江国际服务外包示范区，实行“五位一体，资源共享，合署办公”。

创业园为入园企业提供入驻开办、政策支持、信息咨询、培训交流、科技管理、中介联络、投资融资等“七大功能服务”，免费协助企业全程办理项目报批立项、工商税务登记等事项，指导和帮助企业组织科技成果鉴定、质量认证、专利申请等，用足用好各类优惠扶持政策，尽可能降低入驻企业的创业门槛、创业成本和创业风险。

近年来，创业园不断加大载体、平台建设投入，完善服务体系建设，努力为留学生企业及人才提供一个良好的创新创业环境。一是加强海外人才引进培育，优化人才发展环境。帮助企业解决人才招聘难题；加强辅导和培训，提升人才综合素质和水平；积极做好各类创业创新人才培育对象选拔工作。二是完善公共研发平台建设。设立东南大学镇江工业技术研究院、南京大学镇江高新技术研究院、北交大长三角研究院、江苏大学镇江工程技术研究院等公共研发平台，全面推动产学研合作和前瞻性技术研发、成果转化，促进园区主导产业的提升和集聚发展。三是加强科技管理服务。组织和辅导企业申报工信部、人事厅、经信委及各类项目，广泛争取资金支持，促进企业加速发展。四是多渠道开展投融资服务，助推企业发展。一是全面做好企业小额贷款申请的组织申报工作。二是组织企业加强与各类金融机构的合作，做好人才团队项目、科技企业与投融资机构、民间资本等对接的引荐工作。

2010年在园留学人员企业名录

江苏安诺生电子股份有限公司	电子信息
江苏科海信息技术有限公司	电子信息
江苏科茂信息有限公司	电子信息
江苏丽恒电子有限公司	电子信息
江苏万佳科技开发有限公司	电子信息
亚旗技术服务（江苏）有限公司	电子信息
银网软件（镇江）有限公司	电子信息
镇江爱邦电子	电子信息
镇江爱德科技软件有限公司	电子信息
镇江奥帝计算机技术有限公司	电子信息
镇江奥克电子科技有限公司	电子信息
镇江奥赛电子有限公司	电子信息
镇江澳华测控有限公司	电子信息
镇江比太系统工程有限公司	电子信息
镇江海普电子科技有限责任公司	电子信息
镇江恒驰科技有限公司	电子信息
镇江华盛信息服务有限公司	电子信息
镇江华扬信息科技有限公司	电子信息
镇江杰星科技开发有限公司	电子信息
镇江金润信电子科技有限公司	电子信息
镇江精创数码科技有限公司	电子信息
镇江科大软件有限公司	电子信息
镇江雷明特种光源有限公司	电子信息
镇江隆智半导体有限公司	电子信息
镇江米若克电子科技有限公司	电子信息
镇江润欣科技信息有限公司	电子信息
镇江山锐电子科技开发有限公司	电子信息
镇江市丽天鸿光通讯有限公司	电子信息
镇江思航电子科技有限公司	电子信息
镇江唐桥微电子有限公司	电子信息
镇江天奥电子科技有限公司	电子信息
镇江天和计算机科技有限公司	电子信息
镇江天智软件信息咨询有限公司	电子信息
镇江微博信息技术有限公司	电子信息
镇江惟真激光技术有限公司	电子信息
镇江未来软件有限公司	电子信息
镇江西蒙斯博电子有限公司	电子信息
镇江新区恒镭动画有限公司	电子信息
镇江新区金蝶软件服务有限公司	电子信息
镇江新区英泰信息科技有限公司	电子信息
镇江雅迅软件有限责任公司	电子信息
镇江依诺电子有限公司	电子信息
镇江亿诚管理软件有限责任公司	电子信息
镇江亿海软件有限公司	电子信息
镇江银禾信息技术有限公司	电子信息
镇江优捷信息技术有限公司	电子信息
镇江智诚软件有限公司	电子信息
镇江中策信息技术有限公司	电子信息
慧盛科技研发（镇江）有限公司	生物医药
江苏和信生物科技股份有限公司	生物医药
镇江奥迪康医疗仪器有限公司	生物医药
镇江福倍尔生物设备有限公司	生物医药
镇江格瑞生物工程有限公司	生物医药
镇江华瑞生物技术科技有限公司	生物医药
江苏特瑞德电气有限公司	光机电一体化
镇江奥雷光电有限公司	光机电一体化
镇江德尔曼油田专用设备公司	光机电一体化
镇江凡盛五金制品有限责任公司	光机电一体化
镇江汇力电源设备有限公司	光机电一体化
镇江金桥通用设备制造有限公司	光机电一体化
镇江赛尔尼柯自动化有限公司	光机电一体化
镇江松江自动化系统集成公司	光机电一体化
镇江天辰精密科技有限公司	光机电一体化
镇江天锐工业技术有限公司	光机电一体化
镇江西田印刷设备有限公司	光机电一体化
镇江新区超越自控研究所	光机电一体化
镇江正达电力科技有限公司	光机电一体化
江苏豪然喷射成形合金有限公司	新材料
江苏中欧材料研究院有限公司	新材料
镇江海特包装科技有限公司	新材料
镇江海鑫泰船舶科技有限公司	新材料
镇江康信机械配件有限公司	新材料
镇江市杰威尔墙艺有限公司	新材料
镇江泰锐达金属新材料有限公司	新材料

镇江新区恒生陶瓷科技有限公司	新材料
镇江忆诺唯记忆合金有限公司	新材料
镇江海特新能源环保有限公司	新能源环保
镇江蓝天新能源环保科技有限公司	新能源环保
镇江苏秦环保科技有限公司	新能源环保
镇江同盛环保设备工程有限公司	新能源环保

园区联系方式

地　址：镇江市丁卯纬三路158号
邮　编：212009
电　话：86-511-88893188
传　真：86-811-88889965
邮　箱：zippoo@yahoo.com.cn
网　址：www.zjibi.com

镇江市句容留学人员创业园

园区概况

镇江市句容留学人员创业园（以下简称“创业园”）于2009年9月批准成立，由句容市人事局与句容经济开发区联合筹办，并由后者具体负责创业园内的实施工作。创业园位于句容经济开发区的核心位置，占地面积100亩，总建筑面积11.2万平方米，项目总投资1.6亿元。创业园的设立，将进一步加强句容经济开发区的建设和发展，增强园区科研开发的实力和水平，吸引留学归国人员来句容创办新产品研究开发基地，兴办实业和各种科技服务机构，推动园区经济和科技的整合，促进科技成果的商品化、产业化和国际化。

创业园为进驻企业提供生产、科研、市场营销等全方位的一条龙服务，目前已有句容弛遨运动器材有限公司等多家企业入驻，未来几年将建成长三角地区具有鲜明特色的光电子、输变电、新材料和运动休闲的研发设计、品牌推广的服务业集聚区。

园区联系方式

地　址：句容市华阳西路开发区综合服务部
邮　编：212400
电　话：86-511-87265575
传　真：86-811-87266222
邮　箱：jrkfq@jrkfq.com.cn

镇江市丹阳留学人员创业园

园区概况

镇江市丹阳留学人员创业园（以下简称“创业园”）与丹阳留学人员科技创业园于2009年8月同时获得镇江市人事局批准正式成立，这标志着镇江市留学生创业园规范化建设正式启动。丹阳留学人员创业园与丹阳留学人员科技创业园分别位于该市经济技术开发区和云阳镇高新技术产业集中区，各占地面积180亩和1500亩，目前已经吸引了来自加拿大、挪威以及美国等多个博士团队领军的生物医药、新能源、软件开发和半导体存储等企业落户园区。

创业园的成立，进一步完善了丹阳海外留学人员回国创业的重要载体，将显著提升高新技术产业的积聚和人才的吸纳效应，在引导我市留学人员企业向规模化、高端化发展等方面具有重大的战略意义。

园区联系方式

地　址：丹阳经济开发区金陵西路101号
邮　编：212300
电　话：86-511-86987909
传　真：86-811-86989005
网　址：www.dykfq.com.cn

泰州留学人员创业园

园区概况

泰州留学人员创业园（以下简称“创业园”）位于江苏泰州开发区高新技术园内，是2003年8月经江苏省人事厅批准的省级创业园。园区规划总面积140亩，分办公区、生产区、研发区、生活服务中心区，建筑面积近13万平方米，绿化面积12000平方米，总投资8000万元。已建成综合办公楼4000多平方米、标准厂房12万平方米。

创业园内有会议中心、接待室、健身房、餐厅、展览中心等配套设施，入园留学生创企业近20家。根据泰州的产业基础和产业特色，结合开发区招商引资实际，创业园产业定位于精密机械、机电一体化、生物医药、嵌入式软件、汽车零部件、新型材料等。

园区联系方式

地　址：泰州市凤凰西路98号1号楼
邮　编：225300
电　话：86-523-80660007
邮　箱：tonyblire@hotmail.com
网　址：www.tzibi.com

杭州高新区留学人员创业园

园区概况

杭州高新区留学人员创业园（以下简称“创业园”）创建于1998年，是浙江省第一家留学人员创业园。创业园先后成为国侨办两家重点联系单位之一，国家“三部一局”的国家留学人员创业园示范建设试点单位，国家人事部与杭州市政府共建单位，被中组部、国家人事部等六部委联合授予“全国留学回国人员先进工作单位”称号。2009年，创业园被中央人才工作协调小组批准成为“海外高层次人才创新创业基地”。基地成立后，园区在工作机制、服务机制、政策扶持、创业环境等方面进行改革和创新，出台《关于进一步鼓励海外留学人员来杭州高新区（滨江）创新创业的若干意见》和《关于实施海外高层次留学人才来杭州高新区（滨江）创新创业的“5050计划”的暂行办法（试行）》，进一步鼓励扶持海外高层次人才创新创业，推进基地建设，打造人才特区。

目前，创业园已成为海外高层次人才创新创业的重要舞台。截至2010年底，园区已有690余名海归创业人才，创办企业370多家，其中年技工贸总收入超亿元企业11家，超千万企业28家。涌现出了一批能够突破关键技术、发展高新产业、带动新兴学科的创业领军人才，有11名创业人才和3名创新人才入选国家“千人计划”。留学人员创业企业已成为推动区域经济社会发展的一股重要力量。

2010年园区发展报告

一、引才计划

杭州高新开发区（滨江）引进海外高层次留学人才创新创业“5050计划”（简称“5050计划”），是指在5年内引进海外高层次留学创业人才50名（其中符合国家“千人计划”条件的30名），年技工贸总收入超千万的留学人员企业累计达到50家。“5050计划”重点引带技术、带项目、带资金的创业领军人才，创业项目经专家评审后，可确定为A类、B类和C类项目，给予相应扶持。其中A类创业项目将给予最高“三个500、两个100”的重点扶持。“三个500”即：给予最高500万元的创业启动资金；最高3年500平方米以内的办公场所租金补贴（特别优秀的项目可给予3年1000平方米）；2年内最高500万元银行贷款的全额贴息。“两个100”即：项目启动后，可申报最高100万元的留学人员在杭创业资助资金；可申请100平方米住房公寓3年租金补贴。特别突出的项目，实行“一事一议、上不封顶”的政策。

同时，杭州高新开发区（滨江）欢迎各类留学人员创业企业前来落户。对于未入选“5050计划”的企业，将给予100平方米以内最高第一年2元/平方米/天、第二年1.5元/平方米/天、第三年1元/平方米/天给予房租补贴；2年内最高100万元银行贷款的全额贴息；可申报最高100万元的留学人员在杭创业项目资助资金。

二、专业平台建设

杭州高新开发区相继被国家各部委确认为国家通信产业园、国家软件产业基地、国家软件出口创新基地、国家集成电路设计产业化基地、国家动画产业基地、国家留学人员创业园、中国服务外包城市基地（示范区）、中国软件出口欧美工程试点基地，建有数源软件园、节能科技园、天堂软件园、中科院杭州科技园、东部软件园等11个特色产业园，并设立了科技创业服务中心、软件企业孵化器、集成电路设计企业孵化器等孵化机构。

三、创业典型

（一）依托国内大专院校、大院大所的科研背景创业

国家教育部首批“长江学者奖励计划”特聘教授、留日博士褚健创办的浙江中控科技集团有限公司，是首批“国家863计划产业化基地”之一、国家火炬计划重点高新技术企业、国家规划布局内重点软件企业、国家高新软件园重点骨干企业。2007年，胡锦涛总书记亲临视察过该企业。企业承担并出色完成多项国家863和科技攻关重大研究课题，有11项科研成果获得国家和省部级奖励，包括国家科技进步二、三等奖各1项，铸就了“SUPCON”与“浙大中控”两个民族工控业的著名品牌，成为民族自动化工业的“领头雁”。

（二）携资金、带项目独立创业

聚光科技（杭州）有限公司是由留学人员团队在硅谷吸引风投后，于2002年回国创办的高新技术企业。其自主开发的拥有自主知识产权的LGA系列半导体激光在线气体分析系统，关键技术属国内首创。公司提出并制定的《可调激光气体分析仪国际标准提案》被国际电工委员会立为IEC标准正式项目。目前，公司又从美国吸收了新一轮风险投资，注册资本增至1200万美元，并在杭州高新区（滨江）购置土地兴建工业园。

（三）依托国外大公司、大财团背景，创办实业

杭州大和热磁电子有限公司由留日双硕士贺贤汉先生出任总经理，在其领导下历经11年的艰辛创业，从原始1.5亿日元投资金额、500平方米简陋租赁厂房、仅9名员工及单一产品的试验性小厂，一举发展为具有生产电子、半导体、精密机械、生化领域等多元化产品能力，年技工贸总收入超亿元的明星企业。该公司已连续10余次增资，至今注册资本达25.46亿日元，投资总额46亿日元。贺贤汉于2003年9月获得全国留学回国人员先进个人，获得国家六部委的表彰。

（四）国外初创，国内壮大成长

夏建统是美国哈佛大学历史上最年轻的设计学博士，在美国波士顿创办了XWHO长青藤设计公司，2002年回国创业。其领导的XWHO设计机构是中国境内最有影响力的国际知名设计品牌，主持了2008年北京奥林匹克森林公园及中心景观规划、西湖申遗及保护开发整体规划、南京中山陵区域规划等社会和行业影响广泛的项目。其领导的天夏科技集团研发的新一代拥有自主知识产权的XGIS天图系统已成为GIS技术发展史上新的里程碑，推动了中国城市数字化和信息化进程。

（五）携带风险投资，携带风险资金谋求发展

UT斯达康通讯有限公司创办于80年代，总部位于美国硅谷。该公司于1993年入驻园区，1995年开始不断获得国际主流VC大规模投资，软银一共向UT斯达康投资了1.6亿美元，企业注册资本从最初的14万美元增加到9800万美元。2000年，在美国NASDAQ上市，成为全国最大的留学人员创办企业。公司设有11个研发中心分布在美国、中国和印度，2006年入选《财富》杂志“中国上市公司100强”。

（六）拥有核心技术，多次创业

留美博士、电源专家华桂潮于1999年创办的伊博电源（杭州）有限公司，是首家批准入驻创业园一期工程园区的企业。创业园免费提供建筑面积1900平方米的办公场所，在创业、生活等配套设施上给予充分保障，并给予市、区两级在杭创业资助资金16万元。该公司成功开发了多个系列高功率密度AC电源适配器，实现了当年投产、当年获利，后被美国百富（Bel Fuse）公司（NASDAQ上市公司）整体收购。2007年，华桂潮博士再次创办英飞特电子（杭州）有限公司，从事高可靠性、高功率因数的大功率LED电源和AC-DC电源适配器的研究开发和生产销售，形成了新一轮的发展。

（七）携带先进技术，吸引民营资本创业

周才健博士是中国对外开放后首批留美学生，曾就读于美国马里兰大学及美国约翰霍普金斯大学，在美长达20多年，拥有丰富的通信行业应用及产业化技术及管理经验。2006年12月，通过与浙江华海药业股份有限公司的合作，回国创办了杭州吉柏信息科技有限公司，主要开发基于Zigbee技术的节能控制系统和数字电视多媒体增值平台，目前已完成了产品研发和设计。杨立友博士，在美国从事电子材料及器件的研究与开发20多年，曾长期任职于世界太阳能电池行业领军企业BP Solar公司，在太阳能电池和其他光电器件领域拥有18项专利发明。2006年10月，与正泰集团合作创建了浙江正泰太阳能科技有限公司，主要从事开发、制造及销售全球最可靠的光伏产品，公司创造了年中投产、年底盈利的佳绩，并力争在3年内跨入百亿企业的行列。

2010年在园留学人员企业名录

博达乐思信息技术（杭州）有限公司 电子信息
汉帆（杭州）信息技术有限公司 电子信息
杭州安赛信息技术有限公司 电子信息
杭州格林蓝德信息技术有限公司 电子信息
杭州和源精密工具有限公司 电子信息
杭州科尔光信技术有限公司 电子信息
杭州科姆力通讯系统有限公司 电子信息
杭州瑞琦信息技术有限公司 电子信息
杭州协科信息技术有限公司 电子信息
杭州奥维信息工程有限公司 电子信息
杭州澳之星科技有限公司 电子信息
杭州百维科技有限公司 电子信息
杭州诚永软件有限公司 电子信息
杭州创业软件股份有限公司 电子信息
杭州国芯科技有限公司 电子信息
杭州合众信息工程有限公司 电子信息
杭州和润科技有限公司 电子信息
杭州衡欣科技有限公司 电子信息
杭州华高工业技术开发有限公司 电子信息
杭州华泰机电液技术工程有限公司 电子信息
杭州吉柏信息科技有限公司 电子信息
杭州地平线软件技术有限公司 电子信息
杭州富通计算机软件有限公司 电子信息
杭州金和软件有限公司 电子信息
杭州进新工程软件有限公司 电子信息
杭州立盛电子信息有限公司 电子信息
杭州利洋软件科技有限公司 电子信息
杭州新力软件技术服务有限公司 电子信息
杭州亚唐软件科技有限公司 电子信息
杭州有则软件有限公司 电子信息
杭州博朗科技有限公司 电子信息
杭州博日科技有限公司 电子信息
杭州长聚科技有限公司 电子信息
杭州长源数码科技有限公司 电子信息
杭州超海科技有限公司 电子信息
杭州晨达科技有限公司 电子信息
杭州创喜中日科技有限公司 电子信息
杭州英迈克电子有限公司 电子信息
杭州正蓝网络技术有限公司 电子信息
杭州中科微电子有限公司 电子信息
杭州奥格信息科技有限公司 电子信息
杭州福寿康信息技术有限公司 电子信息
奥宝信息技术（杭州）有限公司 电子信息
汉帆（杭州）信息技术有限公司 电子信息
天恒通讯技术（杭州）有限公司 电子信息
安剖分析软件科技（杭州）有限公司 电子信息
光溪软件（杭州）有限公司 电子信息
亿创（杭州）软件有限公司 电子信息
星际（杭州）网络技术有限公司 电子信息
易世代（杭州）信息技术有限公司 电子信息
远村（杭州）科技开发有限公司 电子信息
浙江安科网络技术有限公司 电子信息
杭州杰智科技有限公司 电子信息
杭州金枫叶科技有限公司 电子信息
杭州柯瑞自动化技术有限公司 电子信息
杭州科臻科技有限公司 电子信息
杭州朗益科技有限公司 电子信息
杭州乐之网络科技有限公司 电子信息
杭州雷动科技有限公司 电子信息
杭州力孚信息科技有限公司 电子信息
杭州立普电讯有限公司 电子信息
杭州联合信息技术有限公司 电子信息
杭州六和时代科技有限公司 电子信息
杭州美盾防护技术有限公司 电子信息
杭州美中网络科技有限公司 电子信息
杭州明宇科技有限公司 电子信息
杭州牛耳图像科技有限公司 电子信息
杭州培根科技有限公司 电子信息
杭州千帆科技有限公司 电子信息
杭州勤生伟业科技有限公司 电子信息
杭州赛盟信息系统有限公司 电子信息
杭州士康射频技术有限公司 电子信息
杭州舜天科技有限公司 电子信息
杭州思绘信息技术有限公司 电子信息
杭州太平洋科技有限公司 电子信息
杭州天阙科技有限公司 电子信息
杭州天夏科技集团有限公司 电子信息
杭州铁三角科技有限公司 电子信息
杭州拓力马网络技术有限公司 电子信息
杭州拓天科技有限公司 电子信息
杭州万工科技有限公司 电子信息
杭州万年青网络科技有限公司 电子信息
杭州威望科技有限公司 电子信息
杭州新迪数字工程系统有限公司 电子信息
杭州新唐科技有限公司 电子信息
杭州信得捷电子有限公司 电子信息
杭州星月巨能软件有限公司 电子信息
杭州轩爱科技有限公司 电子信息
杭州学易科技有限公司 电子信息
杭州讯杰科技有限公司 电子信息
杭州迅美科技有限公司 电子信息
杭州一创科技有限公司 电子信息
杭州伊柯夫科技有限公司 电子信息
杭州亿通科技有限公司 电子信息
杭州益赛信息系统工程有限公司 电子信息
杭州英卓网络科技有限公司 电子信息
杭州悠扬电子有限公司 电子信息
杭州宇动科技有限公司 电子信息
杭州远拓科技有限公司 电子信息
杭州跃翔科技有限公司 电子信息
杭州浙大数字几何有限公司 电子信息
杭州中博软件技术有限公司 电子信息
杭州中汽网络技术有限公司 电子信息
杭州中瑞科技有限公司 电子信息
杭州中天微系统有限公司 电子信息
杭州自维科技有限公司 电子信息
虹软（杭州）多媒体信息技术有限公司 电子信息
虹软（杭州）科技有限公司 电子信息
康奋威科技（杭州）有限公司 电子信息

康福特科技（杭州）有限公司	电子信息
普高（杭州）科技开发有限公司	电子信息
润通科技（杭州）有限公司	电子信息
数域科技（杭州）有限公司	电子信息
微明（杭州）信息科技有限公司	电子信息
星梦科技（杭州）有限公司	电子信息
亚龙信息科技（杭州）有限公司	电子信息
浙江中控软件技术有限公司	电子信息
浙大网新科技股份有限公司	电子信息
智网科技（杭州）有限公司	电子信息
中控科技集团有限公司	电子信息
杭州丰鼎科技有限公司	电子信息
极地基因技术（杭州）有限公司	生物医药
爱思进生物技术（杭州）有限公司	生物医药
澳杰生物科技（杭州）有限公司	生物医药
杭州奥美生物医药有限公司	生物医药
杭州北斗生物技术有限公司	生物医药
杭州博可生物科技有限公司	生物医药
杭州德默医药科技有限公司	生物医药
杭州东伟生物技术有限公司	生物医药
杭州格林费尔生化技术有限公司	生物医药
杭州广林生物医药有限公司	生物医药
杭州华安生物技术有限公司	生物医药
杭州慧根药业有限公司	生物医药
杭州基伟生物技术有限公司	生物医药
杭州佳宜医药技术有限公司	生物医药
杭州凯普医药化工有限公司	生物医药
杭州康特尔医药科技有限公司	生物医药
杭州麦塔威逊生物科技有限公司	生物医药
杭州纽罗西敏生物科技有限公司	生物医药
杭州容立医药科技有限公司	生物医药
杭州曙光药业有限公司	生物医药
杭州泰格医药科技有限公司	生物医药
杭州威欧生物科技有限公司	生物医药
杭州英仕利生物科技有限公司	生物医药
杭州友好医学检验中心有限公司	生物医药
杭州宇之助生物科技有限公司	生物医药
杭州浙大生科生物技术有限公司	生物医药
杭州中瑞医药有限公司	生物医药
杭州锐力光学有限公司	光机电一体化
杭州瑞波科技开发有限公司	光机电一体化
杭州总研电气有限公司	光机电一体化
杭州瑞胜电气有限公司	光机电一体化
杭州先进陶瓷材料有限公司	新材料
开泰新材料（杭州）有限公司	新材料
桑博硅技术（杭州）有限公司	新材料
杭州安阳建材科技有限公司	新材料
杭州大和热磁电子有限公司	新材料
杭州双威纳米科技有限公司	新材料
杭州东帝科技有限公司	新材料
杭州风向照明科技有限公司	新材料
聚光科技（杭州）有限公司	新能源环保
杭州博泰水业有限公司	新能源环保
杭州东天虹环境保护有限公司	新能源环保
杭州合一环境科技有限公司	新能源环保

杭州健桥环保设备科技有限公司	新能源环保
杭州青绿蓝环境技术有限公司	新能源环保
杭州三和环保技术工程有限公司	新能源环保
杭州天达环保科技有限公司	新能源环保
杭州雪中炭恒温技术有限公司	新能源环保
帕萨旺—洛帝格环保技术（杭州）有限公司	新能源环保
杭州（火炬）西斗门膜工业有限公司	建筑制造
杭州奥加工程机械科技有限公司	建筑制造
杭州精彩化工有限公司	建筑制造
杭州摩科商用设备有限公司	建筑制造
杭州精工技研有限公司	建筑制造
杭州精卓楼宇智能设备有限公司	建筑制造
特朗斯福纺织印花（杭州）有限公司	建筑制造
宏视精密仪器（杭州）有限公司	建筑制造
丹纳森工程装备（杭州）有限公司	建筑制造
丹尼（杭州）科技有限公司	建筑制造
感易（杭州）科技有限公司	建筑制造
奥兰多（杭州）实业有限公司	商贸流通
百尔盛（杭州）电子有限公司	商贸流通
杭州九越数字动画有限公司	文化创意
阿杰弗（杭州）建筑规划景观设计咨询有限公司	现代服务
艾斯弧（杭州）建筑规划设计咨询有限公司	现代服务
澳华建筑顾问（杭州）有限公司	现代服务
澳士达科技（杭州）有限公司	现代服务
德包豪斯视觉建筑设计（杭州）有限公司	现代服务
金枫叶（杭州）科技咨询有限公司	现代服务
易如咨询（杭州）有限公司	现代服务
英特纳教育科技有限公司	现代服务
浙江艾斯弧建筑景观设计有限公司	现代服务
杭州零陆空间展示设计有限公司	现代服务
杭州美中教育科技有限公司	现代服务
杭州越洋信息咨询有限公司	现代服务
杭州连衡商务咨询有限公司	现代服务
杭州赛维服饰设计有限公司	现代服务
杭州三佳建筑设计咨询有限公司	现代服务
杭州博文教育咨询有限公司	现代服务
杭州伟图网页设计咨询有限公司	现代服务
杭州新洋投资管理有限公司	现代服务
杭州策兰企业管理咨询有限公司	现代服务
高博管理科学研究所（杭州）有限公司	现代服务
高博技术与战略研究所（杭州）有限公司	现代服务
杭州普迪规划设计有限公司	现代服务
杭州易思维投资管理咨询有限公司	现代服务
杭州富瑞斯珂管理咨询有限公司	现代服务
杭州高商企业管理咨询有限公司	现代服务
杭州嘉诺展览有限公司	现代服务
杭州嘉瑞建筑规划设计咨询有限公司	现代服务

园区联系方式

地　址：杭州市滨江区江南大道100号区政府1楼1129室
邮　编：310051
电　话：86-571-87702551
传　真：86-571-87702551
邮　箱：zjg@hhrc.com.cn
网　址：www.hhrc.com.cn

杭州市经济技术开发区留学人员创业园

园区概况

杭州市经济技术开发区留学人员创业园（以下简称“创业园”）成立于2005年10月。创业园以科技产业园区的建设为支撑，充分依托杭州经济技术开发区的综合优势，全面利用国家级开发区对人、财、物的集聚效应，积极营造与国际接轨、符合国际惯例的留学人员创业软硬件环境。

杭州经济技术开发区党工委、管委会专门成立以工委主要领导为组长、各部门负责人为成员的人才工作领导小组和创业园领导小组，建立了人才工作联席会议制度，加强对开发区留学人员创业工作的指导。近年来，在省、市有关部门的指导和帮助下，创业园申报的多个留学人员项目获得了杭州市留学人员创业资助资金的扶持。2007年，杭州经济技术开发区出台了《关于加强高层次人才队伍建设的暂行办法》、《关于鼓励留学人员来杭州经济技术开发区创业发展的若干意见》、《关于鼓励设立博士后科研工作站的暂行规定》等“三大人才政策”体系，设立了1000万元人才发展专项资金。2008年，开发区根据杭州市委、市政府的相关要求，制定了“留学回国人员创业三年行动计划”，通过明确目标、落实责任、开拓创新，建立起招商、工商、税务等部门的定期联络制度，强势推进开发区留创园的建设，为留学人才创业提供一条龙服务。

杭州经济技术开发区拥有新加坡科技园、高科技孵化器、服务外包人才培训基地等创新创业平台，这些创新创业平台包括以高新技术项目的研发、生产为主体，配套商务中心、金融管理、法律咨询等服务的综合性平台，可以为留学人员科技企业研发、孵化提供完善的共享设施和配套服务。通过依托这些创新创业平台，为留学人员创办的科技型企业提供了更为广阔的发展空间，营造了更加优越的创新创业环境。为吸引更多的海外人才到园区投资创业发展，创业园每年都积极参加由省、市组织的各类海外人才招聘会以及“中国留学人员广州科技交流会”等活动，通过拓宽海外人才沟通渠道，向海外人才宣传开发区优越的投资环境、良好的创业氛围，激发海外人才来开发区投资创业发展的热情。同时，为不断健全服务制度，向留学人员提供优质服务，创业园每年都会定期举办留学人员座谈会和联谊会，并通过日常的上门走访、电话访谈、问卷调查等多种形式，在加强与留学人员沟通交流的同时，及时了解留学人员的最新动态以及对创业园建设的合理建议。

创业园作为一个工业园区与高教园区融合互动的新型创业园区，着力打造“四优四新”现代产业体系（生物医药、电子信息、食品饮料、装备制造四大优势产业，汽车及零部件、新能源新材料、服务外包及文化创意、现代物流四大新经济产业）的人才创业天堂。目前，创业园已有海外创业人员580名，其中列入国家“千人计划”1名，浙江省海外高层次人才引进计划5名，留学人员创办的企业37家，留学人员服务企业90家，行业涉及电子信息、生物医药、新能源环保、精密机械等多个领域，已经成为开发区推进科学发展、跨越发展的一支重要力量。

2010年在园留学人员企业名录

杭州易随科技有限公司	电子信息
浙江飞亚电子有限公司	电子信息
杭州创新生物检控技术有限公司	生物医药
杭州新瑞佳生物医药技术开发有限公司	生物医药
杭州中肽生化有限公司	生物医药
杭州富尔顿热能设备有限公司	新能源环保
杭州龙焱能源科技有限公司	新能源环保
联德机械（杭州）公司	建筑制造
杭州飞鸟专修学校	教育培训

园区联系方式

地　址：浙江省杭州经济技术开发区学林路1288号
邮　编：310018
电　话：86-571-86794698
传　真：86-571-86878786
邮　箱：chenyaoya@163.com
网　址：www.hedarc.gov.cn

杭州市留学人员上城区创业园

园区概况

杭州市上城区留学人员创业园（以下简称“创业园”）成立于2006年9月，由杭州市人事局与上城区政府联合创建，是杭州市首家位于老城区的留学人员创业园。

创业园自成立以来，以上城区科技创业中心和工业功能区为依托，坚持政府推动与企业主导相结合、政策支持与优化环境相结合，招商引资与招才引智相结合，加大高层次、创新型人才引进力度，加强创业园规模化建设，不断增强创新创业优势，充分发挥了海归群体在构筑区域创新体系中的引领作用，创业园发展成效显著，创新能力不断增强，以促进高新成果转化和自主创新为有效载体，形成了电子信息、生物医药、食品化工为主，创意产业为新内容的发展格局，实现了经济效益和社会效益双丰收。

创业园现有省级高新技术企业2家，省市级研发中心3家，已获得授权专利180多项。在孵企业科技创新活动十分活跃，涌现了一大批高新产品和专利成果。如：近江染化的阳离子染料通过自主创新被列入国家火炬计划项目；微宏软件的“支撑大型企业工作流程的学习型知识管理平台”软件获国家科技部中小企业创新基金；奥普电器被《福布斯》杂志评为亚洲10亿美元收入企业200强，并在香港成功上市。

近年来，上城区进一步健全人才保障机制、激励机制、考核机制和服务机制，注重从力量、信息、资金和服务等方面加强整合，努力把创业园培育成为集聚人才、培养人才的综合型平台。目前，上城区有来自美国、英国、法国、德国、日本和澳大利亚等发达国家的60多名留学人员，创办或合办了20多家企业，运转良好。在留学企业的创办团队中，具有博士学位人员10人，硕士学位人员40余人。绿盛集团的创办人林东，是继马云之后第二位登上美国《福布斯》的中国企业家，被评为“风云浙商”；留学人员方杰创造了“浴霸”这个全新的卫浴电器，在改变中国人卫浴习惯的同时也缔造了一个全新的行业，曾获得华人专业人士“杰出创业奖”，浙江省“西湖友谊奖”等荣誉称号。

2010年在园留学人员企业名录

杭州安德维网络传媒有限公司	电子信息
杭州畅翔科技集团有限公司	电子信息
杭州衡泰软件有限公司	电子信息
杭州璟江瑞华科技有限公司	电子信息
杭州亚特电子信息科技有限公司	电子信息
杭州中荣网络技术有限公司	电子信息
杭州衡泰软件有限公司	电子信息
微宏软件技术（杭州）有限公司	电子信息
微宏软件技术（杭州）有限公司	电子信息
象岛科技（杭州）有限公司	电子信息
杭州鸿立生物医疗科技有限公司	生物医药
宜康（杭州）生物技术有限公司	生物医药
杭州近江化工染料有限公司	新材料
杭州索太新能源环保技术开发有限公司	新能源环保
杭州索太新能源环保技术开发有限公司	新能源环保
杭州奥普电器有限公司	建筑制造
杭州东篱农业开发有限公司	生态农业
杭州绿盛食品有限公司	生态农业
杭州宇林数码打印材料有限公司	现代服务
杭州正美实业有限公司	现代服务
杭州棕榈泉投资咨询有限公司	现代服务

园区联系方式

地　址：杭州市惠民路26号区政府综合楼510室
邮　编：310002
电　话：86-571-87822813
邮　箱：hzscrc@163.com
网　址：www.scrcw.com

杭州市留学人员萧山区创业园

园区概况

杭州市留学人员萧山区创业园（以下简称“创业园”）成立于2006年1月。创业大厦坐落于杭州市萧山区金融、行政、商务中心区，总面积约8000平方米。创业大厦配备多功能厅、接待室、会议室、健身活动室等完善的配套设施以及会计师事务所、律师事务所、公证处、风险投资公司、管理咨询公司、生产力促进中心等外围中介服务机构，可为入驻企业提供全方位、多层次的优质服务。

创业园主要针对高科技企业和回国创业的留学人员，通过免租、减租、奖励、资助等手段重点扶持电子信息、生物与医药科技、新型材料、机电一体化、新能源、高效节能与环保等高科技产业。依托得天独厚的区位、环境、政策、产业等优势以及杭州的科技信息、人才资源，营造适合于科技型中小企业发展的优化环境，为萧山培育有市场竞争力的、成熟的高新技术企业。

2010年在园留学人员企业名录

汉力国际微电子（杭州）有限公司	电子信息
杭州信核数据科技有限公司	电子信息
百立（杭州）电子系统有限公司	电子信息
杭州碧波网络科技有限公司	电子信息
泰崴科技（杭州）有限公司	电子信息
英凡（杭州）医药网络科技有限公司	生物医药

园区联系方式

地　址：杭州市萧山区金城路1038号
邮　编：311201
电　话：86-571-82898583
邮　箱：ljping@xs.zj.cn
网　址：xiec.xswjm.gov.cn

杭州市留学人员拱墅区创业园

园区概况

杭州市留学人员拱墅区创业园（以下简称“创业园”）成立于2008年8月，由拱墅区与杭州市人事局共同创立，与拱墅区国家级创业服务中心、北部软件园相互依托，优势互补，实行“三园一中心”统一管理服务模式。创业园坐落在杭州市中心城区北部，区域位置、交通优势明显，是投资创业的理想去处。

为了让留学生拥有优惠、稳定的创业环境，降低留学生创业风险，拱墅区出台了《关于印发吸引和鼓励留学人员来拱墅区创业的若干意见（试行）的通知》，实施政府支持、政策配套. 拱墅区人事局下属人才交流中心成立了“拱墅区留学人员创业服务中心”，为留学生提供政策咨询、人事代理、项目代理申报、落户以及组织开展公交、文化交流活动等一系列服务。依托拱墅区科技功能功能区为留学人员创业实体平台，创业园为留学人员创业提供政策咨询和扶持、融资、商务、信息交流、场地管理等一站式一条龙配套服务。留学人员在园区创业可享受优惠政策包括：资助资金配套，经认定纳入拱墅区科技企业孵化器的可享受区级孵化器相关优惠政策、科技立项企业税收优惠、投资奖励；鼓励技术成果投资，对于办高新技术企业、中介服务企业、文化创意产业业绩突出的给予政府奖励；减免部分房租，优先列为拱墅区杭州市专项经济适用住房的申购对象等。

创业园内现有办公用房面积20万平方米，留学人员创办企业15家，固定资产投入超65亿元。

园区联系方式

地　址：杭州市台州路1号区政府大楼1号楼1325室
邮　编：310015
电　话：86-571-88259665
网　址：www.hzzjlx.com

杭州市留学人员西湖区创业园

园区概况

杭州市留学人员西湖区创业园（以下简称“创业园”）成立于2008年12月，由西湖区政府经市人事局批准设立。

杭州西湖区在建设留学人员创业园中不断总结经验，推出六大服务新举措，致力打造一个具有最佳创业环境的创业摇篮。一是为创业企业提供房租补贴和配套设施。留学人员创办企业租用西湖区各类生产、科研用房，给予100平方米以内第一年1元/平方米/天的房租补贴，第二、三年给予0.4元/平方米/天的房租补贴，同时为创业企业提供共享服务设施，方便创业企业开展商务活动，降低企业运营成本。二是推荐和协助企业申报政府资金扶持计划。设立“西湖区留学生创业专项资金”，给予留学人员创业企业20万元以下一次性创业资助资金，同时积极帮助创业企业申请浙江省各类科技计划项目、杭州市科技创业种子资金项目，解决制约初创企业发展的投融资瓶颈，帮助高科技、高成长性、高附加值创业企业做大做强。三是免费为企业提供人才代理服务。根据企业需求，加强创业企业人才档案管理、人才引进、外地人员进杭落户手续办理等服务工作。四是打造信息服务平台。开设“西湖人才邮箱”、短信服务平台，为创业企业提供便捷、高效的网络信息服务，举办创业者沙龙和创业论坛，为创业企业经理人创造信息交流和思维碰撞的互动平台。五是建立公共技术服务平台。依托浙江大学雄厚的科研技术和完善的设备条件，目前已建成“浙江大学国家大学科技园光与电技术开放实验室”和“浙江大学科技园生物医药技术测试中心”，为信息技术、光机电一体化、生物医药、新材料、新能源和生命科学等技术领域的留学人员企业技术研发和分析测试提供便利条件。六是强化创业培训。帮助创业企业联络辖区高校、科研院所及有关培训机构，为创业企业提供政策、管理、金融、税务、法律、市场、财务等方面的培训。

创业园以“一街二带六园”及九大科技企业孵化器为载体，现有留学生创业企业17家，初期以西湖科技园、之江文化创意园为基地，今后逐步向浙大科技园、转塘科技经济区块、西溪文化创意园等园区辐射，建设泛西湖区区域的留学人员创业园。

园区联系方式

地　址：杭州市浙大路1号

邮　编：310013

电　话：86-571-87935180

网　址：www.xhkjy.com

杭州市留学人员余杭区创业园

园区概况

杭州市留学人员余杭区创业园（以下简称“创业园”）成立于2009年3月，由杭州市人事局与余杭区政府共建，由杭州余杭高新技术产业园区创业中心负责管理。

创业中心占地11亩，建筑面积6787平方米，可供孵化面积5772平方米，在硬件配套上拥有公共接待大厅，配有培训室、会议室及休息洽谈室；在软件服务上，中心还设立了留学人员服务办和科技项目服务办等，一对一地为项目的发展做好服务。初始阶段创业园将以余杭经济开发区（省级高新园区）、仓前高新高教园区余杭创新基地——生态科技岛两个重点集聚地为依托，按实体与虚拟相结合的原则建成，并逐步向全区辐射。科技孵化器以吸引创业初期尚处在起步阶段的留学人员企业为主，工业基地则重点吸引初具规模、具有一定科研与成果转化能力的留学人员企业。目前，创业园已洽谈的项目达10多个，其中，已有砷化镓半导体单晶体材料项目，抗肿瘤中药新药、儿童弱势中药保健品项目，体外诊断试剂核心原料项目入驻园区。

园区联系方式

地　址：杭州市余杭区东湖街道保健路67号

邮　编：311199

电　话：86-571-86223642

杭州市留学人员江干区创业园

园区概况

杭州市留学人员江干区创业园（以下简称“创业园”）成立于2009年12月，由杭州市人事局与江干区政府联合创建。创业园以江干区科技创业中心和江干科技经济园为依托，并逐步向全区辐射。创业中心以吸引创业初期尚处在起步阶段的留学人员企业为主，科技经济园则重点吸引初具规模、具有一定科研与成果转化能力的留学人员企业。

杭州市江干区科技创业中心（天城信息产业研发基地、海潮信息产业研发基地）是浙江省科技厅认定的省级重点科技企业孵化器，研发基地位于城市核心商务区，地理位置优越，交通便捷，周边配套设施齐全，浓郁的研发氛围和优良的环境是创业者的理想选择。

杭州市江干科技经济园位于杭州城市东部，总规划面积505公顷，是杭州市高新技术产业园和特色城镇工业功能先进单位，已成为拉动江干经济稳健强劲发展的重要平台。园区着重以引进、培育、调整、服务为手段，鼓励企业走“品牌+研发+网络+核心工厂”的发展路子，通过多元招商和项目筛选，引进、培育生物医药、新材料、新能源等高新技术产业，加快高新技术企业的发展。

创业园在充分发挥孵化器和产业基地的高新技术企业培育功能的基础上，集人事、科技、发改、工商、招商、财税、劳动、公安、教育等各职能部门于一体，强化创业服务体系建设，为留学人员来江干创业提供政策咨询、人才人事、融资、公用、商务等一站式一条龙配套服务，构筑留学人员创业平台。

园区联系方式

地　址：杭州市九堡九盛路9号江干科技经济园管委会408室

邮　编：310000

电　话：86-571-86905958

传　真：86-571-86909219

网　址：www.eastcloud.com.cn

杭州市留学人员富阳创业园

园区概况

杭州市留学生人员富阳创业园（以下简称“创业园”）成立于2009年12月28日，由杭州市人事局和富阳市政府共同创建，是杭州五县市中首家留学人员创业园，以吸引创业初期尚处在起步阶段的留学人员企业为主。

创业园位于东洲街道，拥有5000平方米的创业孵化楼，集工作、休闲、娱乐于一体，设有会议室、报告厅、展示中心、商务中心等开放设施，并且提供税收、土地、资金、用房等各方面的优惠待遇，为园区企业提供全方位、全过程的优质高效服务。2010年4月12日，杭州市留学人员富阳创业园生物医药基地正式成立，是创业园设立的首家留学人员专业性创新创业孵化基地。基地的建立，可以有效地满足生物医药科研项目的环境孵化需求，加快生物医药项目落地转化步伐，为促进富阳市转变发展方式、推进产业转型升级提供坚强动力，更好地实现留学人员和企业互利双赢。

创业园成立一年来，主动发挥自身引才主体，并扮演“游资”推动“转型升级”服务角色，引导富阳民营资本主动参与转型升级，合力推进“招才引智”工作。这一独特的引才方式很好地宣传了富阳，同时也结出了成果。通过活动交流、媒体宣传、考察对接等方式，创业园向海外留学人员发出邀请邮件2000多封，收到入园创业申请项目35个，15个项目成功对接落地，其中博士8人，硕士5人。

园区联系方式

地　址：杭州富阳市江滨东大道138号

邮　编：311499

电　话：86-571-87196586，87196588

传　真：86-571-87196587

邮　箱：hzfylcy@163.com

杭州市下城区留学人员创业园

园区概况

杭州市下城区留学人员创业园暨杭州市大学生创业园（下城）（以下简称“创业园”）成立于2009年5月31日，由杭州市人事局和下城区政府共同创建。

创业园位于下城区星火电子商务产业园内，依托于下城区科技创业中心和科技孵化园，建筑面积3600平方米。目前一期1200平方米已进行了设计、招标、装修。园区内办公场所、会议室、休息洽谈室、通信网络、员工餐厅、商务中心、员工宿舍、物业管理等工作、生活配套设施一应俱全。

为了能给留学人员到下城创新创业营造氛围，创业园不仅为留学生提供包括政策咨询、扶持资金申请、企业登记注册、商务、融资等在内的“一站式服务”，还同时配套出台了一系列优惠扶持政策。

园区联系方式

地　址：杭州市下城区东新街道费家塘路588号

邮　编：310004

电　话：86-571-85820625

宁波保税区留学人员创业园

园区概况

宁波保税区留学人员创业园（以下简称“创业园”）成立于1999年9月，由浙江省人事厅、宁波市人事局、宁波保税区管理委员会联合组建，是目前我国唯一一家设在保税区内的留学人员创业园。2000年10月，被国家科技部、人事部、教育部和国家外国专家局批准为首批9家国家留学人员创业园示范园区之一；2001年12月，被团中央、全国青联授予“中国青年海外学人创业基地”。2005年7月，被命名为2004年度宁波市“青年文明号”，并经国家人事部批准设立了区域博士后科研工作站；2006年被授予“国家高新技术创业服务中心”称号。

近年来，宁波保税区管委会按照市委市政府关于推进创新型城市建设的决策部署，把提升区域创新能力、建设创新型园区作为促进区域可持续发展的重要战略举措，充分发挥整合国际国内创新资源的功能政策优势，大力建设发展海外人才创业园在内的各类创新创业载体和各类人才基地。截至目前，累计吸引科技型企业340余家，其中留学人员创办的企业累计132家，成功转化360多项科技成果。2010年96家在孵创业企业实现技工贸收入9.5亿元、税收5100万元，同比增长11.7%、22.7%。

2010年园区发展报告

一、科技创业平台基础设施完善

园区已建成并投入使用创业大楼3栋，拥有创业孵化场地总面积13.7万平方米，目前已转让给孵化毕业企业9.1万平方米。创业孵化场地配套齐备，拥有学术交流、网络教学、商务接待、样品展示等综合服务设施和各类文体休闲娱乐设施及人才公寓等生活服务设施，大部分设施均供创业企业免费使用。

二、科技创业企业集聚初具规模

截至2010年底，入园投资创业和开展技术合作的留学人员来自欧美和日本、澳大利亚、新西兰等10多个国家。主要从事电子信息、光机电一体、生物医药、新材料、新能源和节能环保等领域高科技产品的研发生产，高新技术领域的引进消化吸收和再创新能力大幅提升，直接创造就业岗位上万个，在孵企业中本科以上学历有1590人，占企业总人数60%以上，其中：博士研究生30人，硕士研究生156人，孵化器内聚集了一大批高科技人才，人才聚集效应突出。

部分企业研发的产品填补国内多项技术空白，唯英科技的风力发电机、健身发电脚踏车、健身发电划船机等产品获得2项国际发明专利、13项国家发明专利和10多项实用新型专利；赛盟公司历经半年多开发成功的SAM-SPC（统计过程控制）系统为众多企业降低生产成本、全面控制生产过程发挥重要作用；理工监测、瑞康生物、博浪热能等企业积极参与全球技术市场竞争，成为国内行业技术标准制定者。这批创新型企业成为区域经济新的增长点。

三、科技创业投入产出水平高

10多年来，除硬件设施建设投入外，管委会累计投入创业平台运作经费4000多万元，投入种子孵化资金3000多万元，获得上级科技经费资助8300多万元，累计转化科技成果360多项。在孵企业和毕业企业共获得各级各类科技计划立项项目280项，承担并完成国家科技计划项目53项，拥有发明专利80多件，人用狂犬病疫苗、油水分离多相流量计、电力系统智能监测系统、交通动态导航系统、无压烧结碳化硅产品、高频光栅等技术均处于国际领先水平，一大批留学人员创业企业实现了快速发展壮大，取得良好经济效益和社会效益。截至2010年底，全区科技创业企业累计实现技工贸收入51亿元、利税4.5亿元。

四、创新创业典型企业迭出

近年来，创业园涌现了一批具有创业典型性和示范性的企业。理工监测公司从10年前以几百万元资产起步的创业企业，发展成为现有员工178人、年销售超亿元、纳税额超千万元的重点企业，并于2009年12月在深交所中小板成功上市；由留美博士创办的威瑞泰公司成功研发出世界首套在线游离水分离系统，广泛应用于国内外原油开采，成为中石油、中海油和国际石油巨头的高科技设备一级供应商和战略合作伙伴，公司通过全球竞标为沙特国家石油公司提供这项全球领先的技术掌握价格话语权，企业员工从初创期的10多人发展到现在的100多人，2010年成功吸引利时集团投资入股，该公司成为宁波市拟推荐创业板上市的种子企业；留学生创办的博浪公司已成为国内空气能热水器行业的重点企业，公司由初期20多人发展到现在的150多人；拜特测控公司成为国家863动力电池测试中心国内唯一测试系统供应商，产品在国内市场占有率居首位，2010年2月份该公司与中国宝安集团成功合作，宝安集团的介入为该公司带来了新的生机并将最终引领这家公司走上崛起之路；迈达医疗公司自主研发的消化道动力技术填补了国内空白。

保税区的留学人员创新创业在全市留学人员创业工作中表现突出，成为全市归国留学人员最集中、发展成效最显著的创业园，中央组织部2009年批准的引进海外高层次人才“千人计划”第二批204人入选名单中，宁波迈达医疗仪器有限公司陈建峰博士榜上有名，获得中央财政100万元创业补助；威瑞泰默赛多相流仪器设备有限公司总经理王建荣同年年入选省“千人计划”。

五、创业孵化模式和服务体系成熟

经过10年实践探索，创业园形成了具有自身特色的“三级孵化模式”（即成果孵化、创业孵化、实现产业化）和“六大服务体系”（由创业支撑服务、政策信息服务、人力资源服务、后勤保障服务、创业融资服务、科技合作服务构成）。

（一）创业支撑服务。重点在降低创业成本，提供细致入微的创业服务，如：为回国创业人员提供三年免费场地，三年后按优惠价格租赁使用；对产业化项目租用厂房，第一年免租金，第二年租金优惠60%，第三年优惠30%。对科技创业项目所需贷款给予2年贴息50%；对高新技术项目基建贷款给予1年贴息50%。对留学人员从事高新技术研发、成果转化的项目，投（试）产后固定资产投入达到20万元以上的，一次性补助20万元；对于团队创业的项目，补助金额最高可达30万元。研发项目列入各级科技计划的，按规定享受配套补助。科技企业聘请的高级技术或管理人才，可享受个人工薪收入所得税的地方留成部分50%的补助等等。

（二）科技合作服务。重在提供技术支持，已设立北京理工大学成果转化基地，与浙江大学、宁波大学、国防科大、中南大学、上海交大、宁波职业技术学院等建立密切的合作关系，为企业提供技术支持；创业服务中心每年在国内外举办多次项目推介会，为企业搭建科技合作与交流平台。根据发展需要，区内企业与浙江大学合作设立了国家集成电路重点实验室宁波保税区研发中心，与国防科技大学合作设立了嵌入式微处理器及其应用系统联合实验室，与美国塔尔萨大学建立了多向流工程技术中心等，为我区计算机、集成电路、光机电一体化等高新技术产业发展提供原始创新技术支撑。

（三）人才资源服务。重在培养和储备专业人才，博士后科研工作站已累计引进博士后18名，目前在站4名，出站14名，其中留在宁波工作的7名。在站博士后科研项目完成率100%，并先后取得“MGZ2000-6型变压器色谱在线监测系统”等各项研发成果34项，其中列入火炬计划等国家级项目6项，省部级重点项目15项，中国博士后科学基金3项等；获得各类专利14件。工作站为入站博士后研究人员在站期间提供每月税后4000元的政府津贴，免费提供成套住房，并给予落户安家补助10万元补贴等等。与浙江大学和国防科大合作设立的软件工程硕士北仑教学基地、微电子与软件工程硕士宁波教学基地，基地学员的学费4万元由区提供担保贷款并贴息50%，毕业后留在区内企业工作满3年的补贴学费80%，截至2009年底已累计招生360名，毕业225名，有一半以上毕业生留在我市工作，其中87名在保税区创业企业工作。宁波职业技术学院在我区设立人才培养基地3年来，先后有500多名学生在区内企业实习，200多名学生留区工作。

（四）创业融资服务。重在缓解资金瓶颈，引进了创业风险投资公司、担保融资公司等融资服务企业6家；创业服务中心与6家商业银行建立了合作关系，推进银企合作，为创业企业提供订单融资、动产和不动产抵押融资等服务。2008年以来，园区企业获得股权融资和风险投资15000多万元。不断拓展融资渠道，威瑞泰默赛、联弈软件等获得境外股权融资，拜特测控获得国内风险投资，部分企业通过银行授信、天使投资等方式融资。

2010年在园优秀留学人员企业

宁波瑞泰默赛多相流仪器设备有限公司

宁波威瑞泰默赛多相流仪器设备有限公司成立于2005年10月，座落于宁波保税南区，占地面积15亩，最初由威瑞泰科技发展（宁波）有限公司和美国MULTIPHASE SYSTEMS INTEGRATION，L.L.C.公司共同出资创办，后又相继吸收进石油行业留美博士王守波与沙特阿拉伯国家石油公司的高级技术顾问AL MURAIKHI，AHMED JUMMAH M先生成为公司股东，注册资本从30万美元增加到110万美元。威瑞泰默赛成立后，在继承了威瑞泰科技发展（宁波）有限公司在石油工业领域的先进技术和完善的制造体系后，又在GLCC多相流分离、计量产品基础上，以市场需求为导向，不断创新，开发出了IWS旋流集成式油气水在线分离系统、双GLCC湿气计量系统、基于GLCC的油气井流量校验装置等高端产品。

几年来，威瑞泰默赛以国际领先的多相流技术产品的研发与生产，逐步奠定了在国内同行中的技术领先地位，产品相继进入国内三大石油公司与世界第一产油大国——沙特阿拉伯国家石油公司，引起了国内、外同行业的广泛关注。目前公司的发展态势良好，业务量比去年同期有大幅提高。2010年，公司将实现7000万元的主营业务收入，签订了9000万元的销售合同订单，实现1800万元的净利润。

2010年在园留学人员企业名录

宁波赛盟科技发展有限公司	电子信息
宁波海王机电科技有限公司	电子信息
宁波颐康信息技术服务有限公司	电子信息
宁波坤麟信息技术有限公司	电子信息
宁波保税区艾顿信息科技有限公司	电子信息
宁波福斯特计算机应用技术有限公司	电子信息
宁波艾骊科微控技术有限公司	电子信息
宁波派金信息科技有限公司	电子信息

宁波迪吉特电子科技发展有限公司	电子信息
宁波万由电子科技有限公司	电子信息
宁波科力亿创信息技术有限公司	电子信息
宁波威瑞泰默赛多相流仪器设备有限公司	电子信息
威瑞泰科技发展（宁波）有限公司	电子信息
宁波海加网络科技有限公司	电子信息
宁波奥科电子技术有限公司	电子信息
宁波保税区龙豪新材料科技有限公司	生物医药
宁波艾克伦医疗科技有限公司	生物医药
宁波保税区安杰脉德医疗器械有限公司	生物医药
宁波迈达医疗仪器有限公司	生物医药
宁波保税区欣诺生物技术有限公司	生物医药
宁波保税区德宝生物科技有限公司	生物医药
宁波市一嘉生物化工有限公司	生物医药
浙江瑞康生物技术有限公司	生物医药
宁波密克斯新材料科技有限公司	新材料
艾科理环境监测科技（宁波）有限公司	新能源环保
宁波源禄光电有限公司	新能源环保
宁波思达利光电科技有限公司	新能源环保
宁波保税区唯英能源科技有限公司	新能源环保
宁波爱洁世迪恩特环保材料有限公司	新能源环保
宁波市海澳斯水处理设备有限公司	新能源环保
宁波保税区绿光能源科技有限公司	新能源环保
宁波博浪热能设备有限公司	建筑制造
宁波斯宾拿精密机械制造有限公司	建筑制造
宁波中宁伟业液压有限公司	建筑制造
浙江海桐高新工程技术有限公司	建筑制造
宁波新吉凯氏测量技术有限公司	现代服务

园区联系方式

地　址：浙江省宁波市保税区大厦6楼
邮　编：315800
电　话：86-574-86865661
传　真：86-574-86869112
邮　箱：zjie@nftz.gov.cn
网　址：www.pioneers.gov.cn

宁波高新区留学人员创业园

园区概况

宁波高新区留学人员创业园（以下简称“创业园”）经宁波市人事局批准成立于2001年2月。2003年12月，经浙江省人事厅批准为省级留学人员创业园；2007年成为国家人事部与宁波市人民政府共建的中国宁波留学人员创业园。

创业园创业大厦建筑面积3.4万平方米，按智能化要求建造，网络宽带千兆到大楼，孵化场地宽敞，拥有学术报告厅、会议中心、电子阅览室、商务中心、咖啡厅、商场等配套设施。

近10年来，创业园不断完善孵化设施建设、优化海外人才创业平台服务功能。2004年起成为国家创新基金创业项目服务机构；2005年10月成为国务院侨办的重点联系单位；2006年4月成为科技部火炬中心全国16家国际科技合作依托机构之一；2007年由中国宁波留创园（宁波科技创业中心）承办的科技创业计划大赛成为中国科技创业计划大赛，中国宁波留学人员创业园已成为区域科技自主创新，培育高新技术产业，吸引海外高技术人才来宁波创业的重要载体。

2010年园区发展报告

据统计，截至2010年12月，创业园在孵海外留学生科技型企业79家，注册资金13603万元，实到注册资金11442万元，2010年实现销售收入4209万元，企业人数合计1117人。

2010年，创业园紧紧围绕国家引进海外高层次人才“千人计划”和省、市海外高层次人才引进的有关要求，加快推进高新区创新型科技园区和创新型人才高地建设，积极吸引海外留学人员来高新区创业，累计引进经认定的海外留学人才51名，留学生企业32家。

一、中国创业计划大赛集聚创业人才

为了吸引更多海外高层次留学人才回国创新创业，营造创业氛围，创业园扩大海内外宣传力度，优化大赛服务平台和网路参赛系统。2010年大赛（第九届）吸引了国内外1551个创业团队报名参赛，收到正式提交的创业计划书1047份，其中383份计划书获得初赛入围推荐，65个项目获奖。

为进一步鼓励参赛项目创业，减少创业风险，宁波国家高新区特别安排安排300万元人才专项资金，设立中国科技创业计划大赛海外人才创业特别奖，一等奖1项，奖金100万元；二等奖2项，奖金50万元；三等奖5项，奖金20万元。在海外人才参赛项目答辩现场组织投资机构进行项目对接，帮助参赛项目融资投产。

二、推进国家、省（市）海外高层次人才“千人计划”

创业园紧紧围绕国家引进海外高层次人才“千人计划”和省、市海外高层次人才引进的有关要求，推进高新区创新型科技园区和创新型人才高地建设，帮助、吸引海外留学人员来高新区创业。2010年宁波留学人员创业园推荐、申报海外高层次人才参与国家、省“千人计划”3批次，共计9人：

（一）省“千人计划”项目申报名单：

宁波东峻信息科技有限公司　蒋寻涯
宁波高新区阶梯科技有限公司　李佳乐
宁波海视智能系统有限公司　姜永栎
宁波迅高智能科技有限公司　宋四海

（二）国家 “千人计划”项目申报名单：

推荐第五批国家千人计划人员：
宁波激智新材料科技有限公司　金亚东
宁波东峻信息科技有限公司　蒋寻涯

推荐第六批国家千人计划人员：
宁波高新区阶梯科技有限公司　李佳乐
宁波海视智能系统有限公司　姜永栎
宁波迅高智能科技有限公司　宋四海

其中，宁波激智新材料科技有限公司金亚东博士同时获得国家和浙江省“千人计划”，宁波东峻信息科技有限公司蒋寻涯博士和宁波海视智能系统有限公司姜永栎博士荣获浙江省“千人计划”。

三、落实高新区海外人才政策，扶持海外人才创新创业

2008至2009年，为鼓励海外人才回国创业，宁波国家高新区每年安排人才专项资金，用于海外人才创新创业奖励和补助。其中用于海外人才创业启动项目59项，安排启动资金820万元。

2010年6月和12月分别联合人事、科技、财政等部门，对有关企业进行调研，帮组企业解决有关困难和问题。

从扶持资金资助及企业落户情况来看：2008—2009年组织申报三批次启动资金项目59项，批准立项45项，核准扶持资金820万元，实际核拨扶持资金620万元。截止2010年6月，企业实际落户33家，正在办理注册手续1家，总注册资本4290万元。其中：

2008年底第一批申报启动资金项目17项，批准立项15项，批准资助金额250万元，实际落户11家，已兑现扶持资金170万元。

2009年第二批第三批启动资金共申请42项，批准立项30项，批准资助金额590万元，实际落户22家，已兑现扶持资金450万元。

落户的33家企业中，注册资本1000万元1家，500万元1家，50—300万（含）26家，50万以下的5家。注册资本50万元以上（含）的企业占总企业数的84.8%。

从以上数据可以看出，扶持资金投入620万元，吸引创业注册资金4290万元，政府财政引导资金实现了6.9倍的放大效应，充分发挥了政府资金吸引海外人才来甬创业的导向作用。

2010年，高新区增加海外人才扶持力度，区财政单独设立5000万元人才专项资金，配套千人计划项目，培育创新创业人才。5月和10月，留创园分两批启动留学生启动资金的申报工作，帮助海外高层次人才申请创启动资金，申请项目共计29项。

2010年在园留学人员企业名录

宁波东峻信息科技有限公司	电子信息
宁波高新区国图软件有限公司	电子信息
宁波高新区英诺科技有限公司	电子信息
宁波高新区友力科技有限公司	电子信息
宁波东方波软件研发中心有限公司	电子信息
宁波市科技园区瀑布软件有限公司	电子信息
宁波市科技园区纵横电子信息有限公司	电子信息
宁波太浩企软软件技术有限公司	电子信息
宁波高新区上古科技有限公司	电子信息
宁波海视智能系统有限公司	电子信息
宁波明视数字技术有限公司	电子信息
宁波市科技园区天美科技有限公司	电子信息
宁波市科技园区中科国经科技研究所	电子信息
宁波纬诚网络通信科技有限公司	电子信息
宁波迅高智能科技有限公司	电子信息
宁波市科技园区阶梯科技有限公司	电子信息
宁波市科技园区牧华科技有限公司	电子信息
宁波市科技园区塞北天地科技有限公司	电子信息
宁波市科技园区三合数码电子有限公司	电子信息
赛邦软件（宁波）有限公司	电子信息
宁波市科技园区安泰生物技术有限公司	生物医药
宁波市科技园区伟森生物工程公司	生物医药
宁波市天衡制药有限公司	生物医药
宁波泰康红豆杉生物工程有限公司	生物医药
宁波英诺药业科技有限公司	生物医药
宁波科技园区奇安科技开发公司	生物医药
宁波高新区瑞奥光电技术有限公司	光机电一体化
宁波市科技园区圣西特科技发展有限公司	光机电一体化
宁波市科技园区数捷能源有限公司	光机电一体化
宁波市科技园区思凯科技有限公司	光机电一体化
宁波市科技园区歆威科技有限公司	光机电一体化
宁波迅高智能科技有限公司	光机电一体化
宁波市科技园区正慈机电开发有限公司	光机电一体化
宁波高新区日明消防科技有限公司	新材料
宁波激智新材料科技有限公司	新材料
宁波中科腐蚀控制工程技术有限公司	新材料
宁波高新区科莱尔节能设备有限公司	新能源环保
宁波高新区申特科技有限公司	新能源环保
宁波高新区沃华建筑节能技术开发有限公司	新能源环保
宁波泰来环保科技有限公司	新能源环保
宁波市高新区凯思拓科技有限公司	建筑制造
宁波市高新区亚博科技有限公司	建筑制造
宁波亚博科技有限公司	建筑制造
宁波明天科技有限公司	商贸流通
宁波市科技园区都林物流有限公司	商贸流通
宁波市科技园区胜华科技发展有限公司	贸易流通
宁波高新区金润图文设计有限公司	现代服务
宁波高新区纽蔓软件营销顾问有限公司	现代服务

园区联系方式

地　址：宁波市高新区院士路66号科技大厦
邮　编：315040
电　话：0574-87905649
传　真：0574-87907875
邮　箱：wzy@nbbi.net
网　站：www.nbbi.net

宁波经济技术开发区留学人员创业园

园区概况

宁波经济技术开发区科技创业园暨宁波经济技术开发区留学人员创业园（以下简称“创业园”）成立于2000年5月，是专供海外留学人员回国从事科研、开发、生产的创新基地。旨在充分发挥国家级开发区的综合功能优势，鼓励和吸引国内外优秀科技人才创新创业，促进高新技术成果产业化，为区域的长远发展提供充分的人才支撑、技术支撑和项目支撑。2002年5月，被中华全国侨联授予“科教兴国示范基地”称号。

创业园采用独特的“一园多基地”组建模式，同时设立留学人员创业园、宁波国际软件园开发区基地，其中宁波国际软件园已被国家科技部认定为国家火炬计划宁波软件出口加工实验园。创业大厦高8层，采用智能化综合布线系统，适合不同产业的科技企业从事研发、办公。标准厂房高三层，空间布局灵活，便于分隔，适合不同产业的科技企业入驻，从事研发、中试和生产。同时，园区高标准地配备了供水、排水、排污、电力、通讯、蒸汽、宽带网络、员工餐厅等基础设施。留学人员、科研人员、国内外中小型科技企业以及科研院所、大专院校等均可在创业园设立外资企业、中外合资（合作）经营企业和内资性质的各类有限责任公司，享受各级政府及开发区管委会提供的优惠政策。

自成立以来，创业园已引进各类科技型企业，涉及电子信息、生物工程、新材料等高新技术领域，总投资超过9亿元。园区企业共获得国家“863计划”、国家“星火计划”、国家科技型中小企业创新基金、国家重点新产品计划、留学回国人员科技活动择优资助、宁波市重点博士基金、科研攻关、科技难题联合招标、创业基金、高新技术成果转化项目等各级、各类科技项目20多个，累计获得各项奖励、补助资金近千万元。

2010年在园留学人员企业名录

宁波安盛节电科技有限公司	电子信息
宁波华研信息技术有限公司	电子信息
宁波经济技术开发区全盛软件科技有限公司	电子信息
宁波吉达智能交通技术有限公司	电子信息
宁波讯强电子科技有限公司	电子信息
宁波信嘉诺网络科技有限公司	电子信息
宁波经济技术开发区名谛生物技术有限公司	生物医药
宁波锐视医疗设备科技有限公司	生物医药
宁波昂振光电子有限公司	光机电一体化
雷神机电宁波有限公司	光机电一体化
宁波昂振塑料制品有限公司	新材料
宁波经济技术开发区晶格新材料开发有限公司	新材料
宁波能之光新材料科技有限公司	新材料
宁波京美橡塑科技有限公司	新材料
宁波摩根精细化工材料有限公司	新材料
宁波能聚工程塑料有限公司	新材料
宁波威克丽特化工材料有限公司	新材料
宁波经济技术开发区高科海洋技术开发有限公司	新能源环保
宁波经济技术开发区联丰技术发展有限公司	建筑制造
宁波经济技术开发区顺成模具有限公司	建筑制造
宁波凌日表面工程有限公司	建筑制造
宁波欧龙感应设备有限公司	建筑制造
宁波润兴电器有限公司	建筑制造
宁波同飞精密机械有限公司	建筑制造

园区联系方式

地　址：浙江省宁波市北仑明州西路477号
邮　编：315800
电　话：86-574-86783582
传　真：86-574-86783589
邮　箱：zhangliang@mail.netd.gov.cn
网　址：www.nbcyy.com

宁波江北区留学人员创业园

园区概况

宁波江北区留学人员创业园（宁波海外人才江北创业中心）（以下简称“创业园”）成立于2009年11月，是由宁波市人事局批准的首家海外人才创业园，也是宁波首家由政企结合进行企业化运作的创业园。

创业园由宁波蓝野医疗器械有限公司等4家民营企业投资建设的江北区中部科技创业服务有限公司进行管理。由企业承担公益性创业园功能，改变了以往由政府出钱、出人、出力兴办创业园的模式，注入了市场机制和创新活力，为创业园发展提供了强大的利益驱动机制。创业园与宁波海外人才江北创业中心以“两块牌子、一套班子”的方式运营，有孵化用房8700平方米，可容纳几十家创业企业入驻。入驻企业在享受政府专业服务的同时，也可以享受到一定的政策、税收优惠。目前，创业园已入驻的18家企业，其中有来自法国、美国、瑞典和澳大利亚等4个国家的8名海外外籍人才创办的外资企业，另有4家归国留学人员创办的企业，涉及电子信息、技术研发、医疗器材等创意创新产业。

园区联系方式

地　址：宁波市江北区洪塘街道长阳路35号
邮　编：315033
电　话：86-574-55003300
传　真：86-574-55003300
邮　箱：incubator@cn4311.com
网　址：www.nscse.com

宁波鄞州区留学人员创业园

园区概况

宁波鄞州区留学人员创业园（以下简称“创业园”）于2008年8月经宁波市人事局批准建立，旨在吸引留学人员到鄞州区创业，为海外留学人才及其项目开发提供新的平台。

创业园位于鄞州区中心城区，面积达6.5万平方米，交通便捷、配套设施齐全。园区依托宁波市鄞创科技孵化器管理服务有限公司，由鄞州区政府牵头，是一家“资源整合一体、功能覆盖全区”的多投资主体孵化器管理机构。主要有四个分支机构，包括以动漫、软件信息产业为主的科技中心分支；鄞州大学生创业园分支；以能源新材料和机电一体化产业为主的杉杉科创基地分支；以军转民技术应用、能源环保、新材料、光机电、精细化工、电子信息、先进制造、激光应用为主的中物九鼎孵化器分支。

创业园通过提供税收、土地、基础设施配套、专利申报等优惠政策、优质服务，吸引留学人员来鄞创业，培育具有自主知识产权的高新产业，重点鼓励新能源、新材料、电子信息、激光应用、软件信息等产业入园发展。为吸引留学人才入园创业，鄞州区出台了相关优惠政策。留学人才可优先入驻区科技企业孵化器，享受孵化政策。对具有一定发展前景且实际投入额度在50万元以上项目，给予最高20万元的启动经费支持；对来区创业的海外留学人才企业在设立之日起2年内，企业实际投入额累计达到100万元（人民币）以上的，最高可补贴60万元。二是海外人才可在实际居住地落户，其配偶、子女、父母可按有关随迁政策予以落户并推荐就业和解决入学问题。

园区联系方式

地　址：宁波鄞州区学士路298号
邮　编：315100
电　话：86-574-87417791
传　真：86-574-87417791
邮　箱：mike19860719@yahoo.cn
网　址：www.yzbi.com.cn

宁波镇海区留学人员创业园

园区概况

宁波镇海区留学人员创业园（以下简称“创业园”）于2007年12月通过宁波市人事局批准正式设立，是宁波市11个县（市）、区中首家市级留学人员创业园。

创业园坐落于风景优美的宁波市高教园区（北区）的宁波市大学科技园内，该区块毗邻中科院材料所、宁波大学、宁波工程学院等科研院所和高等院校，规划为未来宁波市的高端研发机构集聚基地、科技创新创业孵化基地、高新技术产业化基地、创意产业基地和留学人员创业基地。创业园所在的科技创业大厦，建筑面积达2.6万平方米，集研发办公、创业孵化、展示交易及专业市场等综合功能和一流物业管理于一体，以为包括留学人员在内的人才创业发展提供良好的平台。

创业园交通便利，道路四通八达，至宁波栎社国际机场仅25公里，拥有直飞北京、上海、广州、香港等国内国际航线。园区所在地镇海港是宁波港的重要组成部分，港口年吞吐能力在1200万吨以上，拥有煤码头和客运码头以及全国最大的液体化工码头，园区至著名的深水良港北仑港也只有20公里。

创业园拥有优良的创业传统，文化氛围浓厚。园区地处宁波市城区之一的镇海区，区位独特，发展优势众多，素有“浙东门户”、“海天雄镇”、“院士之乡”、“文化之帮，商贾之地”之美誉。园区也是全国著名的侨乡，“宁波帮”的重要发源地，从这走向世界舞台的就有包玉刚、邵逸夫等一批商业巨子。如今镇海中学闻名全国，镇海拥有镇海籍院士26名，为全国之最，可谓人杰地灵，英才辈出。

目前，创业园已形成集技术创新、高新技术企业孵化、创新人才培育、科研成果产业化等四大功能为一体的新型园区，拥有国内著名大中型企业40多家。如今，园区绿色园林、高等学府、科技创新、公共服务、衣食住行融为一体，是归国留学人员创新创业的理想之地。

园区联系方式

地　址：宁波市镇海区胜利路112号
邮　编：315200
电　话：86-574-86681188
传　真：86-574-86256470
邮　箱：zhdxscyy@163.com
网　址：www.zhrsrc.gov.cn

宁波（浙江慈溪出口加工区）留学生创业园

园区概况

宁波（浙江慈溪出口加工区）留学生创业园（以下简称“创业园”）于2008年8月经宁波市人事局批准设立。创业园由慈溪市和杭州湾新区共同投资建设，受杭州湾新区科技创业服务中心管理。

创业园占地面积60亩，建筑面积3.86万平方米，总投资1.2亿元。由服务外包产业基地、高端研发机构集聚基地、科技创新创业孵化基地、高新技术产业化基地四大基地和一个博士后工作站、一个院士工作站组成，是一个以应用型开发为主，兼具孵化、中试、商务办公及娱乐休闲为一体的综合性公共服务平台。主要扶持的产业包括创意设计、广告策划、电子信息、生物医药、新能源新材料、机电一体化、环保节能等高新创新产业。

创业园将充分依托杭州湾新区的区位优势和政策优势，全力吸引慈溪及周边地区海外留学人员回国创业，成为宁波市人才智力引进的一个重要平台。

园区联系方式

地　　址：浙江慈溪市杭州湾新区兴慈一路1号
电　　话：86-574-63071029
传　　真：86-574-63071000
邮　　箱：office@cepz.ningbo.gov.cn
网　　址：cepz.ningbo.gov.cn

金华留学人员创业园

园区概况

金华留学人员创业园（以下简称“创业园”）成立于2003年6月，由金华省级高新技术产业园区管委会与金华市人事局共同创建。为培育和提升企业的自主创新能力，高新区管委会构筑了一套功能完善的技术创新服务体系和健全的管理服务机制，并依托金华科技园创业服务中心的孵化场地和共享设施，为企业自主创新提供强有力的人才引进、技术研发与合作平台，使创业园建设取得跨越式发展。2005年经浙江省人事厅批准成为省级留学人员创业园。

成立于2001年3月的金华科技园创业服务中心目前已建成六个孵化基地，场地面积5万平方米，孵化器规模名列浙江省前茅。2005年被评为国家级高新技术创业服务中心。创业中心可为留学人员创业园在孵化场地、办公、研发、生活和园区信息化等方面提供配套齐全的共享设施，在企业孵化、科技创新、成果转化等方面提供全方位的配套服务，成为留学人员强有力的创新、创业支撑体。

创业园充分利用中科院金华科技园、浙江网上技术市场、“工科会”等科技合作与人才交流平台，推动园区企业与院校所开展科技合作和引进人才。积极筹办“金华籍博士故乡行”、海外博士科技成果展示交易会、海外博士科技信息发布会和海外博士座谈会等活动，吸引留学人员来园区创业。为解决企业在引进技术、管理、技能人才方面的困难，创业园还成立了博士后科研工作站，与金华职业技术学院建立了全面合作关系，建立起一套多层次的高、中、初级人才引进体系。

近年来，创业园充分利用海外留学人员在技术、观念、管理、市场等方面的优势，培育一批高科技企业，留学人员创业园发展呈现出“一快三高”的特点，即增速快、创业人员素质高、发展产业档次高、孵化项目科技含量高。近几年入园的留学人员年龄大多在40岁以下，大多在国外从事产品研发，充分了解各自领域的最新科技发展动态，掌握关键技术。留学人员企业涉及电子信息、生物医药、机电一体化、环保、新材料等高新技术产业，为高新园区已成规模的电子信息、生物医药、汽车及配件、机电一体化及新材料四大特色产业提供了量的补充和质的提升。创业园不仅吸引了一批高素质的留学人员来园区创业，还涌现出一批技术含量高、销售前景广阔的高新技术产品。如荷兰闫克平博士创办的中荷环保有限公司承担的“近海工程高分辨率多道浅地层探测技术”被列为国家863计划；由美国董永华博士创办的微创医疗设备有限公司研发的“二氧化碳气体造影输送装置”已通过省重点孵化器专项评审，属国内领先技术，填补了国内空白，并获一项实用新型专利，申报了一项发明专利；美国周彤博士创办的爱司米电气公司研发的电动代步车系统其技术处于国内先进水平，带动金华电动车产业的规模化生产，产品已辐射东南亚及欧美市场，销售前景广阔。

2010年在园留学人员企业名录

鼎盛电子科技（金华）有限公司	电子信息
金华八婺网络有限公司	电子信息
金华天阳电子有限公司	电子信息
金华网格信息技术有限公司	电子信息
金华海信信息科技有限公司	电子信息
金华高科运通软件有限公司	电子信息
金华基业通译软件有限公司	电子信息
金华网视软件技术有限公司	电子信息
金华隆德电子科技有限公司	电子信息
金华宇联电子科技有限公司	电子信息
金华云辉电子科技有限公司	电子信息
金华洛克兰生物工程技术有限公司	生物医药
金华市金海威生物技术有限公司	生物医药
金华首康生物科技有限公司	生物医药
金华天业生物科技有限公司	生物医药
金华亚德生物技术工程限公司	生物医药
浙江微创医疗器械有限公司	生物医药
金华西岭机电有限公司	光机电一体化
金华远思机电工业技术有限公司	光机电一体化
浙江阿尔法光电科技有限公司	光机电一体化
浙江金华爱司米电气有限公司	光机电一体化
金华雅欧玻璃陶瓷有限公司	新材料
金华泰丰表面处理技术开发有限公司	新材料
金华汉克环保自动化控制技术有限公司	新能源环保
金华市中荷环保科技有限公司	新能源环保
达斯玛工程科技（金华）有限公司	建筑制造
金华永灵食品有限公司	建筑制造
金华至远进出口贸易有限公司	商贸流通
金华市森立车业有限公司	现代服务
金华斯密卡投资咨询有限公司	现代服务
金华美中教育科技有限公司	教育培训

园区联系方式

地　址：金华市双溪西路620号
邮　编：321017
电　话：86-579-83183913
传　真：86-579-83183913
邮　箱：7427098@qq.com
网　址：www.jhcy.cn

湖州留学人员创业园

园区概况

湖州留学人员创业园暨浙江省留学人员创业园湖州园区（以下简称“创业园”）成立于2001年，由浙江省留学生工作站、湖州市人事局、湖州高新技术园区管委会共同组建。2002年5月经浙江省人事厅批准升格为省级园区。创业园位于湖州市西北部，地处湖州经济技术开发区、湖州高新技术产业园内，规划面积2平方公里，分为研发和创业投资两个区块。为便于资源共享、效能统一，创业园与湖州经济技术开发区、湖州高新技术产业园区合署办公。

创业园依托经湖州济技术开发区近十年来开发建设所积累的通信、电力、能源、污水处理等资源优势，按照市场经济的运作要求，建立了与国际接轨的经济运行体制，土管、城建、财政、公安、工商行政管理等市级职能部门在开发区设立了分局，对园区内企业实行全过程“宾馆式”服务。

建园之初，创业园就以吸引留学人员发展高新技术产业为目的，紧紧围绕“高科技、产业化”的发展方向，着力推进技术创新和科技进步，积极鼓励企业以实施高新技术项目和产品为准绳，企业技术创新势头强劲。为支持园区建设，创业园着力吸引具有较高技术含量的留学人员企业入驻，并设立了科技创业基金，每年安排100万元，重点支持高科技企业产业化和海外留学人员创业项目产业化。此外，创业园大力规划建设了南太湖科技创新中心、生物技术产业化公共平台，旨在更好地服务留学人员创新创业。南太湖科技创新中心总建筑面积30余万平方米，建设了生物技术、环保技术、电子信息技术等科技产业化公共平台，目前已有中科院湖州应用技术与产业化研究中心、中电15所等4家单位提出入驻意向。生物技术产业化公共平台一期建设细胞基因生物技术和抗体技术两个相关技术研究及产业化中心，分别由相关生物技术企业及技术团队为主建设。

在园区建设发展的过程中，创业园借助长三角人才开发一体化的大好发展机遇，积极开展与留学人才的交流与合作，与其他兄弟城市协作，进一步扩大园区的影响力。目前已有国家火炬计划重点高新技术企业2家，省高新技术企业2家，列入国家火炬项目3项，国家级高技术产业化项目2项等，在促进科技成果转化方面取得了一定的成效，从而为企业创造了可观的经济效益。

2010年在园留学人员企业名录

湖州埃幕计算机技术有限公司	电子信息
浙江金时代生物技术有限公司	生物医药
湖州绿达环保科技服务有限公司	新能源环保
浙江瑞普环境技术有限公司	新能源环保

园区联系方式

地　址：湖州市龙溪路208号
邮　编：313000
电　话：86-572-2101018
传　真：86-572-2101753
邮　箱：kfqgw@mial.huptt.zj.cn
网　址：www.hetd.gov.cn

吴兴留学人员创业园

园区概况

吴兴留学人员创业园（以下简称“创业园”）创建于2008年3月。2010年10月，被认定为浙江省留学人员创业园吴兴园区，是全市三县两区仅有的一家省级留创园。创业园总占地320亩，其中研发办公楼建筑面积1.68万平方米，孵化楼20万平方米，人才公寓等生活服务配套3.77万平方米，总投资约3亿元，可为入驻企业提供工商注册、物业管理、创业培训、科技合作、融资对接、人才招聘、技术引进、商务支撑等一系列基础性服务。

2008年9月，吴兴区委、区政府专门制定了相关政策，从2009年起每年安排500万元，其中300万元用于对留学人员创业资助，主要包括：设立创业孵化资金，对优质在孵项目给予6至30万元补助；设立重大专项补助，对经审定符合条件的重大高新技术产业化项目和综合性研发机构入驻，给予50至150万元的无偿补助和风投担保；对于在区科创园的企业在吴兴区投资的，生产性设备投入500万元以上的，除享受市级奖励外，再给予设备投资额2%的奖励等。此外，围绕优化人才创业创新环境，区委、区政府制订了《关于进一步加强人才引育机制建设的实施意见》，出台了《吴兴区企业技术创新团队培育暂行办法》和《吴兴区“南太湖精英计划”领军人才及项目服务管理暂行办法》等“六个办法”，对来吴兴园区创业的留学人员，给予各种优惠政策。

目前，创业园在孵企业达到51家，产业主要涉及“三电”、新能源、新材料、节能环保、生物医药及器械等。在孵企业从业人员总数1119人，其中大专以上学历442人，占41%，研究生以上学历37人。园区内的留学人才已拥有专利133项，其中发明专利26项，有国家863计划和自然科学基金支持项目2项，改性工程塑料技术、转基因生产功能蛋白质技术LED光源封装技术等达到国际先进水平。

吴兴创业园不仅成为留学回国人才的聚集之地，还有力促进了吴兴区培育形成产业集群。2010年，创业园已有31家企业投产销售。在留学人员创业企业中，交达数控科技、环友橡塑材料、顺先高分子材料、瑞丰生物科技4家公司已达产业化。“三电”产业企业达20家，其中交达数控圣地诺自动化设备、量王机器人为留学人员创办企业，促进了吴兴区“三电”产业的发展和产业链的形成。节能、新能源产业企业包括创盛光能源、威远光电科技等，涉及LED显示、照明及封装，太阳能电池片及配套组件等，已形成一定规模。

同时，园区涵盖了从种子期项目到成熟期项目各阶段的针对性投资行为。3年多来，园区通过园区投资、引入民资、建立“创业吴兴”融资平台等为在孵企业融资共计5750万元。

园区联系方式

地　址：浙江省湖州市吴兴区八里店镇曹报村中小企业创业园
邮　编：313028
电　话：86-572-2282122，2282630
邮　箱：xiangzi9688@163.com
网　址：www.wxkcy.com

温州留学人员创业园

园区概况

温州留学人员创业园（浙江省留学人员创业园温州园区）（以下简称“创业园”）成立于2001年5月，由浙江省留学生工作站、温州市人事局、温州高新技术园区管委会共同组建。同年，经省人事厅批准成为省级留学人员创业园。2002年7月，成为由人事部与温州市人民政府共建的“中国温州留学人员创业园”；2003年12月，被中国侨联列为全国第二批23个“科教兴国示范基地”之一。目前，创业园又被市政府纳入温州市科技城的发展规划范围，与温州高新区科技孵化器等机构共同构成未来温州科技城的重要创新平台。

创业园坐落在温州高新园区黄金地段，紧邻温州市行政中心区和城市“绿色之肾”三垟湿地，由温州市人事局和温州经济技术开发区管委会全面负责规划、建设开发和管理。园区建有包括创业大楼、标准厂房、服务大楼在内的9万平方米的创业用房，其中5.7万平方米的三期标准厂房于2008年1月正式投入使用。

创业园走以企业为主体，产学研相结合的科技创新路子，鼓励和支持科研院校进驻企业或联合企业建立技术开发机构。同时，托清华大学等国内知名院校，为留学人员企业提供人才培养、技术研发的支撑服务体系，进一步优化留学人员创新创业环境，并大力提升园区软服务能力，以软服务能力的提升作为园区运作的核心竞争力。

创业园建立起为创业企业提供协助办理公司设立手续，指导申报各级科技计划，提供政策信息、企业管理咨询、投融资服务、人事培训、后勤保障等全过程、全方位的服务体系。邀请浙江光正大律师事务所等单位作为创业园的中介服务机构定期为企业开展法律培训与咨询；与社会管理培训机构建立长期的战略合作关系，通过开设培训讲座、举办创业沙龙、疑难解答等方式为企业提供投融资、法律、经营管理和财务、政策法规等方面的咨询服务，传授创业经验、交流创业心得；与时代光华签约建立网上商学院，突破企业传统培训的瓶颈，利用互联网及培训管理软件，使学员在网上可学习数百门优质课程，投入少，成效大，完成创业园企业的全员培训与高效管理；组织园区优秀企业参加浙江省中小企业培训辅导班等学习活动，全面提升员工素质和企业管理水平，促进企业的发展；与温州人才网合作开辟科技创业园人才招聘专区，利用园区的品牌效应吸引科技人员加盟留学人员企业，为企业自主创新提供强有力的人才引进、技术研发与合作平台。

建园以来，创业园通过营造优越的创新创业环境，提供特殊优惠政策和优质高效服务，为海外留学回国人员搭建了一个良好的创新创业平台。同时，充分发挥温州民间资本充裕、机制灵活、市场经济发达的优势，不断培育具有国际先进水平和市场竞争力的高新技术企业。目前，创业园已经吸引了一批海外留学人员在此创新创业，这些留学人员来自美国、澳大利亚、德国、新加坡、法国、荷兰、爱尔兰、英国、加拿大等国，行业涉及通信、电子信息、光机电一体化、生物医药等高新技术领域，逐步显现了浓厚的创新创业氛围，已成为温州吸引留学人员创新创业的重要之地、首选之地。

园区联系方式

地　址：温州高新技术产业园区创业园（中兴大道）
邮　编：325011
电　话：86-577-81581002
传　真：0577-86581003
邮　箱：4718199@qq.com
网　址：www.wzbi.com

绍兴留学人员创业园

园区概况

绍兴留学人员创业园（浙江省留学人员创业园绍兴园区）（以下简称“创业园”）经浙江省人事厅批准于2004年4月成立。创业园位于绍兴袍江工业区科技企业孵化中心内，依托绍兴袍江工业区的软硬环境和多年来形成的健全服务体系，为广大留学人员、博士等高层次人才创业和发展提供政策指导、优惠政策、投融资服务、管理咨询、培训等全方位的服务，在局部构建一个优化的创业环境，以吸引海内外学人前来进行科技成果转化，提高绍兴市的科技水平和国际化程度，培育具有一定竞争能力的高新技术企业和高素质的科技型企业家。

创业园成立以来，积极通过组织和参加各种博士、留学人员座谈会，走访全国重点院所、院校等形式，为入园企业拓展资源，开辟发展空间。

2010年在园留学人员企业名录

唯上科技（控股）有限公司	电子信息
绍兴和仁网络技术有限公司	电子信息
绍兴华锋半导体有限公司	电子信息
绍兴莱恩智能技术有限公司	电子信息
绍兴则圆自动控制设备公司	电子信息
绍兴康佳医疗器械有限公司	生物医药
绍兴明透装甲材料有限公司	新材料
绍兴爱力克节能技术开发有限公司	新能源环保

园区联系方式

地　址：绍兴市袍江工业区教育路66-9号
邮　编：312000
电　话：86-575-88132889
传　真：86-575-88132889
邮　箱：wuyan020@163.com

嘉兴留学人员创业园

园区概况

嘉兴留学人员创业园（浙江省留学人员创业园嘉兴园区）（以下简称“创业园”）于2000年7月与嘉兴科技创业服务中心同时挂牌成立，并设立在嘉兴科技创业服务中心内，实行“两块牌子、一套班子”。2006年，成为由嘉兴市科技局、嘉兴市人事局、嘉兴高新技术产业园区管委会和浙江省留学生工作站联合共建的省级创业园区。

嘉兴科技创业服务中心是浙江省嘉兴市首家国家高新技术创业服务中心。中心占地近200亩，规划孵化面积18.6万平方米。中心成立多年来，在各级领导的关怀下，在相关部门的大力支持下，以“创造环境、孵化项目、培育企业、造就人才”为宗旨，努力优化创业环境，强化孵化功能，积极扶持在孵企业发展。发展至今，入驻孵化企业累计近300家，培育了省、市级高新技术企业40余家，软件企业29家。现有在孵企业140余家，在孵企业就业人员2000多人。良好的创业环境促使一批高科技企业和科研项目脱颖而出，先后有45家企业孵化成功，从中心毕业，已发展成为嘉兴市高新技术研发、中试的重要基地和区域科技创新服务体系的重要组成部分。中心先后被授予“浙江省重点科技企业孵化器”、“浙江省青年创业基地”等荣誉称号；2005年创建“浙江省小企业创业基地”，12月，被国家科技部认定为“国家高新技术创业服务中心”；2006年被省信息产业厅批准为“浙江省软件产业（嘉兴）基地”，与嘉兴学院共建“嘉兴学院科技创业基地”。2008年，嘉兴软件公共服务平台基本建成，国家专利技术（嘉兴）展示交易中心正式成立揭牌，同时启动“中国南湖科技创业论坛”。

创业园利用各项优惠政策，通过有效服务，吸引海外留学人员前来创业，加快科研成果产业化，促进嘉兴市开放型经济的发展，并将继续以孵化科技型企业、培养科技创业人才、促进科技成果转化为己任，努力打造成为科技企业的摇篮、技术创新的基地、科技创业的舞台。

2010年在园留学人员企业名录

嘉兴市晶英光电子技术有限公司	电子信息
嘉兴市泰福龙机械电子有限公司	电子信息
嘉兴鼎洪信息软件科技有限公司	电子信息
嘉兴市绿洲生物技术研究有限公司	生物医药
嘉兴博美生物技术有限公司	生物医药
嘉兴蓝光生物科技有限公司	生物医药
嘉兴麦可超纤有限公司	新材料

园区联系方式

地　址：嘉兴市城南路1369号
邮　编：314031
电　话：86-573-82651772
传　真：86-573-82651779
网　址：www.jxbi.com

嘉兴科技城留学人员创业园

园区概况

嘉兴科技城留学人员创业园（以下简称“创业园”）建立于2003年12月，是嘉兴市政府根据浙江省政府“打造环杭州湾先进制造业基地”、实施“引进大院名校共建创新载体”的战略要求而设立的。

创业园设在南湖科技创业中心，5万平方米孵化园已全面投入使用，构筑起了以浙江清华长三角研究院、中国科学院嘉兴中心为核心，以软件园、通讯园、芯片园、新材料园、生物园、孵化园为主体的高新技术产业创业群的“双核六园”创新创业发展格局。

同时，创业园也为海外高层次留学生的创业营造了良好的创业氛围，积极贯彻嘉兴市政府出台的《关于进一步加强高层次人才和智力开发工作的若干规定》、《关于鼓励引进海外高层次留学人才的若干规定》等7个政策和南湖区政府制定的《关于进一步加强人才队伍建设的若干规定》等一系列政策措施，通过科技创新种子资金、留学人员创业补助基金等，为留学人员投资创业创造了一流的环境。

目前，创业园已经吸引了来自麻省理工学院、东京大学、瑞士苏黎世学院、广岛大学等知名高校的各类留学回国人员，开办了软件开发、无线终端、集成电路、精密装备、新材料、节能环保等多个领域的研发制造企业。下一步，创业园将积极构建科技创新平台，加快推进高新技术产业化，突出重点，加强体制创新，为留学人员回国创业搭建更好的平台。

园区联系方式

地　址：浙江省嘉兴市南湖区凌公塘路3339号嘉兴科技城
邮　编：314006
电　话：86-573-83915021，83915022
传　真：86-571-83915022
邮　箱：jiaxing812@hotmail.com
网　址：www.jxsc.gov.cn

嘉善留学人员创业园

园区概况

嘉善留学人员创业园（以下简称“创业园”）设立于2006年，是由嘉善县人民政府全额投资的公益性科技服务机构，与嘉善科技创业服务中心合署办公。2006年6月，被浙江省人事厅认定为省级留学人员创业园，是浙江省首家设立在县一级的省级留学人员创业园。同年12月，被浙江省人事厅定为省级博士后试点工作单位。

创业园占地面积75324平方米，总投资1.6亿元，规划建筑面积63000平方米。一期投资7500万元，建设孵化用房30000平方米，公寓房、报告厅和食堂等7000平方米。已建成的中心分为三个区域：东区为五栋孵化楼，主要是新型材料和电子信息项目的孵化区；中区为综合孵化楼，用于综合项目、软件企业的孵化和服务管理机构用房；西区为后勤服务区。园区内硬软件配套设施齐全，每栋孵化楼均配有齐全的通讯、网络、有线电视、供水、排污、通风管道和客货两用电梯。整个中心实行双回路供电，装备了监控系统、一卡通系统、广播系统等，网络实现“千兆到中心、百兆到桌面”。中心配有大小不等的会议室、电脑教室、接待室、可容纳200人的报告厅，是中国长三角地区规模较大、设施齐全的综合性孵化园。

嘉善县政府为了增强地方科技创新能力，发展高新技术产业，每年安排2000多万元科技专项经费，重点扶持高新科技企业的发展，并降低创业者的创业风险和创业成本推出了多项扶持政策。同时，创业园为入驻企业提供商务、融资、信息、咨询、培训、技术开发与交流、国际合作等多方面的服务。为扶持入驻企业快速成长，从入驻项目的洽谈，到评审、签约、入驻、种子资金初审和考核等，制定了一整套的服务和管理制度。

创业园目前已吸纳了众多留学美国、德国、加拿大、日本、芬兰、西班牙等国的归国学者出资创办企业，入园项目主要涉及电子信息、软件开发、生物医药和新材料等高科技产业。并将提供一流水准的孵化服务，努力创造一个适合技术创新的优良环境，使科技成果迅速转化为生产力，为区域经济的发展聚集一批高水平的创业企业家，转化一批高科技的自主创新成果，孵化一批具有高成长潜力的高新技术企业，成为区域创新体系的重要核心内容和国家创新体系的重要组成部分。

2010年在园留学人员企业名录

浙江中科空间信息技术应用研发中心	电子信息
浙江华震数字化工程有限公司	电子信息
浙江中科无线授时与定位研发中心	电子信息
浙江一网通信息科技有限公司	电子信息
浙江中科电声研发中心	电子信息
嘉善托泰电子技术有限公司	电子信息
嘉善思源科技有限公司	电子信息
嘉善智源电子科技有限公司	电子信息
嘉善中正电子科技有限公司	电子信息
嘉善力通信息技术有限公司	电子信息
嘉善宝盈网络技术有限公司	电子信息
嘉善神机信息技术有限公司	电子信息
嘉兴瑞智光能科技有限公司	电子信息
嘉善恒杰热管科技有限公司	电子信息
嘉兴景焱智能装备技术有限公司	电子信息
嘉善艾珂电子商务有限公司	电子信息
嘉兴易都信息技术有限公司	电子信息
嘉善玉成其美软件设计有限公司	电子信息
嘉善骏晨网络科技有限公司	电子信息
嘉善谱发光电科技有限公司	电子信息
嘉善恩益迪电声技术服务有限公司	电子信息
嘉善德智医疗器械科技有限公司	生物医药
嘉兴活力达生物科技有限公司	生物医药
嘉善嘉博生物技术有限公司	生物医药
浙江群良生物科技有限公司	生物医药
浙江群鑫生物产业开发有限公司	生物医药
嘉善加斯戴克医疗器械有限公司	生物医药
浙江中科辐射高分子材料研发中心	新材料
嘉善盾立科技有限公司	新材料
嘉善美节陶瓷科技有限公司	新材料
嘉善申嘉科技有限公司	新材料
嘉善神光电子科技有限公司	新能源环保
浙江亿米光电科技有限公司	新能源环保
嘉善艾亿迪电子有限公司	新能源环保
嘉善华江电子科技有限公司	新能源环保
嘉兴市亮剑照明科技有限公司	新能源环保
嘉善博兴电子科技有限公司	新能源环保
嘉善爱迪曼水科技有限公司	新能源环保
浙江嘉善谦信和电子科技有限公司	新能源环保
嘉兴雷明电子科技有限公司	新能源环保
嘉善嘉阳电子有限公司	新能源环保
嘉善绿拓照明科技有限公司	新能源环保
嘉兴欧阳照明电器有限公司	新能源环保
嘉善鑫誉电子科技有限公司	新能源环保

嘉善冉迪光电科技有限公司	新能源环保
嘉善索罗太阳能科技有限公司	新能源环保
嘉善恒烁光电科技有限公司	新能源环保
嘉善瑞创电子科技有限公司	建筑制造
嘉善大冶机电科技有限公司	建筑制造
浙江茂鸿国际货运代理有限公司	现代服务
嘉善采青咨询有限公司	现代服务
嘉善天恒科技中介服务有限公司	现代服务
上海强思企业管理咨询有限公司嘉善分公司	现代服务

园区联系方式

地　址：嘉善县晋阳东路568号
邮　编：314100
电　话：86-573-4228239
传　真：86-573-4228250
邮　箱：office@fhq.zj.cn
网　址：www.fhq.zj.cn

浙江海外高层次人才创新园

园区概况

浙江海外高层次人才创新园（以下简称“海创园”）成立于2010年12月27日。海创园按照“属地政府建园区、企业投资办平台、条块政策做支撑”的开发模式，由省市区三级共建，定位为浙江省按照全新机制运行的人才改革发展试验区和国内一流的人才创新基地。

园区规划面积约3平方公里，位于杭州主城西侧杭州市余杭创新基地，园区周边有省委党校、浙江大学、杭州大学城等高等院校和高教科研平台，是杭州市科创产业集聚区西湖、南湖、青山湖高新产业带的重要节点，目前已建成5万平方米科创中心作为海创园先导区。同时，周边还有多个先进制造业功能区可作为配套产业化区块。杭州市余杭创新基地规划面积98.9平方公里，已落户了阿里巴巴淘宝城、恒生科技园、联强国际、加利利等一大批优质项目，集聚了信息服务、文化创意、设计研发、高教科研等领域的大量高端人才、创业团队和项目。创新基地作为杭州市科创产业集聚区核心区块，已列入浙江省十二五重点发展战略平台，为海创园发展奠定了良好的环境基础。

针对电子信息、生物医药、新材料新能源、环境资源、现代服务、高教科研等园区六大重点产业门类，海创园制订了全方位政策体系，形成了集浙江省扶持海外高层次人才创新创业政策和个性化优势政策于一体的价值洼地，海创园将集中政策、资金、人才、市场、管理、政府等各种资源，为海外高层次人才提供多层次、多角度的创业服务。

开展海创园筹建工作以来，园区的建设得到了包括众多企业和海外高层次人才在内的社会各界的广泛关注及支持，已有太阳能开发、生物技术、绿色低碳产品研究、功率半导体模块等领域的多个研发项目落户园区，集聚了数十余名海外高层次归国人才，众多大型企业和高层次归国人才明确表示了参与科研平台建设的强烈意愿。

海创园的发展目标是：通过5年左右的努力，引进10名左右在业内有较大影响、居于世界先进水平和国内领先地位的科学家，集聚100名左右掌握核心技术或关键技术的高端研发人才，1000名左右熟悉掌握研发技能的科研骨干，将海创园打造成一个立足余杭、服务浙江、面向全国，具有国际影响力和竞争力的新型业态和产业品牌。

园区联系方式

地　址：杭州市文一西路1500号
邮　编：311121
电　话：86-571-88607711，88606688
传　真：86-571-88607677
网　址：www.xs-ti.gov.cn

合肥留学人员创业园

园区概况

合肥留学人员创业园（以下简称“创业园”）成立于2000年6月，经安徽省人民政府批准，由安徽省科技厅、省人事厅、省教育厅、合肥市人民政府、合肥高新区管委会联合创办。2001年12月被国家科技部、人事部、教育部和外专局四部委认定为国家留学生园创业园示范建设试点单位；2002年12月，被国家人事部批准设立博士后科研工作站。2008年5月，国家人事部正式授牌“中国合肥留学人员创业园”。创业园位于合肥高新技术产业开发区中心地带，环境优美，景色秀丽，现有孵化面积3.5万平方米，是归国留学人员创业的沃土。

作为合肥高新区孵化器体系中的重要一员，创业园自成立之初就通过为归国留学的创业者提供政策指导、咨询服务、投融资服务、人才培训、国际间交流和物业管理等全方位、全过程的优质高效服务，营造一个适合科技成果转化和产业发展，并与国际惯例接轨的局部优化的创业环境，吸引广大海外归国的科技人员创办高新技术企业，进行科技成果本地孵化，从而推动科技与经济的紧密融合。

为了将创业园建设成国内一流的归国留学人员创业孵化器，合肥高新区在基础设施建设、配套功能完善、改善服务环境等方面给予了大量的支持，并先后出台了有关房屋租赁、税费减免、项目申报及专项人才资金申请等一系列的优惠政策吸引海外留学生学成创业。

目前，创业园有50多家留学人员企业接受孵化，吸引各类归国留学人员共计100多人，项目涉及软件与信息技术、新材料、环保新能源、医药与生物技术、机电一体化、航天航空技术及新材料等高新技术领域，涌现了中科大讯飞信息科技公司、安徽安科生物高技术有限责任公司、安徽中科大恒星电子商务技术有限公司等一批国内知名企业，已经真正成为本地吸引国外高层次人才的最优平台。

2010年在园留学人员企业名录

爱侃（合肥）网络科技有限公司	电子信息
安徽汇博科技发展有限公司	电子信息
安徽睿仪通讯技术有限公司	电子信息
安徽视窗网络信息有限公司	电子信息
安徽文清光电科技有限公司	电子信息
安徽中锐投资顾问咨询有限公司	电子信息
安徽中新软件有限公司	电子信息
奥利奥克（安徽）信息技术有限公司	电子信息

安徽捷强电子科技有限公司	电子信息
安徽省嵩岭信息科技有限公司	电子信息
安徽同徽信息技术有限公司	电子信息
安徽英科制控股份有限公司	电子信息
安徽远路信息科技有限公司	电子信息
合肥创丰电子技术有限公司	电子信息
合肥戴特智能技术有限公司	电子信息
合肥迪普电子科技开发公司	电子信息
合肥汉记数码科技有限公司	电子信息
合肥和帮交通有限公司	电子信息
合肥开元精密工程有限责任公司	电子信息
合肥茂林华学科技有限公司	电子信息
合肥三钱原子经济研究所	电子信息
合肥时讯信息技术有限公司	电子信息
合肥索甲电子科技有限公司	电子信息
合肥天锐电子有限公司	电子信息
合肥网龙信息技术有限公司	电子信息
安徽省嵩岭信息科技有限公司	电子信息
安徽中新软件有限公司	电子信息
合肥梯升科技有限公司	电子信息
合肥网迅软件有限公司	电子信息
合肥讯峰信息技术有限公司	电子信息
合肥英塔信息技术有限公司	电子信息
合肥永君数码	电子信息
合肥智同科技有限公司	电子信息
合肥汉思信息技术有限公司	电子信息
合肥瑞扬信息科技有限公司	电子信息
合肥盛柏科技有限公司	电子信息
合肥新华海信息有限公司	电子信息
合肥新泰特种深层技术有限公司	电子信息
合肥易通电力科技有限公司	电子信息
合肥永君数码科技有限公司	电子信息
合肥智瑞真空技术开发有限公司	电子信息
合肥中科华仑安全技术有限公司	电子信息
赛智（合肥）信息科技有限公司	电子信息
致亿电脑科技合肥有限责任公司	电子信息
开元精密工程公司	电子信息
凯捷技术（合肥）有限公司	电子信息
科大恒星电子商务有限公司	电子信息
瑞科信息系统（合肥）有限公司	电子信息
赛智（合肥）信息科技有限公司	电子信息
三通信息技术（合肥）有限公司	电子信息
亚微信息技术（安徽）有限公司	电子信息
合肥英塔信息技术有限公司	电子信息
合肥智同科技有限公司	电子信息
美科数字（安徽）有限公司	电子信息
瑞科信息系统（合肥）有限公司	电子信息
三通信息技术（合肥）有限公司	电子信息
英图微电子（合肥）有限公司	电子信息
安徽徽州地下灾害研究设计院	生物医药
安徽金健桥医疗科技有限公司	生物医药
合肥标品生物技术有限公司	生物医药
合肥勃朗金峰生态农林开发有限公司	生物医药
合肥科泉化工技术有限公司	生物医药
合肥晟瑞斯生物科技有限公司	生物医药
合肥英诺生物检测仪器有限公司	生物医药
合肥微研机电技术有限公司	光机电一体化
合肥科创电气技术有限公司	光机电一体化
合肥科晶材料技术有限公司	新材料
特丽洁不织布（安徽）有限公司	新材料
智瑞真空技术开发有限公司	新材料
安徽固力建筑新技术发展有限公司	新能源环保
合肥德泰能源科技有限公司	新能源环保
合肥科晶材料技术有限公司	新能源环保
合肥美科氮业有限公司	新能源环保
合肥五谷时代食品科技有限公司	生态农业
北丹麦中国咨询公司和非办事处	现代服务

园区联系方式

地　址：合肥市梦园路8号高新区管委会3楼
邮　编：230088
电　话：86-551-5397690
传　真：86-551-5392155
邮　箱：yimingfan888@yahoo.com.cn
网　址：www.hefei-stip.com.cn

留学人员马鞍山创业园

园区概况

留学人员马鞍山创业园（以下简称“创业园”）是2006年经安徽省政府批准的专门服务留学人员创业的孵化基地，由马鞍山市高新技术创业服务中心负责具体日常管理工作。创业园充分利用创业中心国家级孵化平台与服务优势，整合马鞍山市人事局、经济技术开发区管理委员会、侨联等多方资源，为留学创业人员营造宽松的创业环境。

创业园位于马鞍山国家“863”新材料成果产业化基地主体园区内，环境优美，配套齐全，通讯、交通便利，总占地面积20亩，建筑面积8400平方米，创业大楼为7层结构配有留学创业公寓式工作单元21个、共享交流厅6个和相应的会议室。入园留学人员企业可享受《留学人员马鞍山创业园管理办法（试行）》所规定的工商注册“一条龙”免费办理、房屋费用减免、市人才开发资金支持、市孵化资金支持、市应用技术研究与开发资金支持等一系列优惠政策。同时，给予孵化场所、政策和资金支持，并提供充分的创造发展条件和指导性管理、项目管理、人才培训、专家咨询、投融资等综合服务。

在创业园的精心培育和大力扶持下，入驻创业园的多家留学人员企业和高科技项目取得了显著的成绩，技术领域主要涉及软件外包、电子与信息、环境保护、新材料等方面，取得了良好的社会效益和经济效益，创业园已成为马鞍山市创新创业体系的重要组成部分。

2010年在园留学人员企业名录

马鞍山保利电子科技有限公司	电子信息
马鞍山保利自动化仪表有限公司	电子信息
马鞍山华天电子科技有限公司	电子信息
马鞍山西略软件有限公司	电子信息
马鞍山海普微奇生物科技有限公司	生物医药

马鞍山赛普新材料科技发展有限公司	生物医药
马鞍山微因泰克生物科技有限公司	生物医药
马鞍山如意互通电气有限公司	光机电一体化
马鞍山加斯特科技发展有限公司	光机电一体化
马鞍山金镨新材料科技有限公司	新材料
马鞍山市盛宁高分子材料科技有限公司	新材料
马鞍山星盛新材料科技有限公司	新材料
安徽汇众环境科技有限公司	新能源环保
马鞍山博石生物质能科技有限公司	新能源环保
马鞍山大圣木质素准液体燃料有限公司	新能源环保
安徽汇众环境科技有限公司	新能源环保

园区联系方式

地　址：马鞍山市红旗南路88号
邮　编：243011
电　话：86-555-8323455
传　真：86-555-8323429
邮　箱：zhg601@126.com

留学人员芜湖创业园

园区概况

留学人员芜湖创业园（以下简称“创业园”）成立于2003年4月，是经安徽省人民政府批准成立的科技服务机构，同年12月国家人事部批准在创业园设立博士后科研工作站。创业园位于国家级芜湖高新技术创业中心内，占地面积25万平方米，规划建筑面积30万平方米，现已建成面积5.7万平方米。

近年来，创业园致力于引进留学归国人才，建立了一整套服务体系，从申请孵化、申办企业、产品鉴定到成熟毕业，提供全过程、全方位的服务。并设置了人才交流培训、法律咨询、商务信息、财税代办、产品质量检测等服务机构。良好的创业环境和完善的配套设施孕育了一批自主创新技术，一大批留学人员创办、领办的高新技术企业显露出勃勃生机，茁壮成长。

园区联系方式

地　址：芜湖市经济技术开发区银湖北路
邮　编：241009
电　话：86-553-5848089
传　真：86-553-5848005
邮　箱：whcyzx@163.com
网　址：www.whgkc.com

留学人员安庆创业园

园区概况

留学人员安庆创业园（以下简称“创业园”）成立于2006年8月，经安徽省人民政府批准设立。创业园坐落在安庆经济技术开发区的中心区域，建筑面积9万平方米，已建成首期创业基地5000多平方米。

创业园重点鼓励汽车零部件、生物制药、电子信息、光机电一体、精细化工、新能源新材料及提升传统产业升级换代的新工艺新技术等高新技术项目入园发展。同时提供一条龙的优质服务，包括接待留学创业人员，提供咨询服务和创业辅导；为进园企业提供政策指导、优惠政策、投融资、企业发展战略指导、物业租赁等全方位、全过程的创业服务；提供注册登记、项目申报、财务代理、人事代理、物业管理、网络通讯等系列服务；提供办公（部分免费）、生产、商务洽谈、会议接待、产品展示等场所；协助申报高新技术产品、“火炬计划”、科研成果等认定、科研项目的资助经费等。留学人员进园创业，可享受的优惠政策包括创新奖励、税费减免、资金扶持、房租减免、科研经费补助、用地扶持等。

随着国家实施中部崛起战略，安庆经济技术开发区将会成为国内外客商投资置业的热土，创业园也将加紧基础建设，加强园区的管理与服务，围绕“活力安庆”的目标，积极引进人才，不断完善政策措施，为优秀人才来园区创业营造良好的发展环境。

园区联系方式

地　址：安庆经济技术开发区宜煌路1号综合楼
邮　编：246005
电　话：86-556-5317981
邮　箱：aqlxcyy@163.com

福建留学人员创业园

园区概况

福建留学人员创业园（以下简称“创业园”）成立于1998年11月，由福建省人事厅、中国海峡人才市场等单位联合创办。2000年10月，被国家科技部、人事部、教育部和外国专家局列入首批国家留学人员创业园示范建设试点单位之一。2003年9月，被中央组织部、中央宣传部、中央统战部、人事部、教育部、科技部授予“留学回国人员先进工作单位”荣誉称号。2004年12月，成为国家人事部与福建省人民政府共建的“中国福建留学人员创业园”。

创业园建设将分两期完成。一期工程开发内容除建设研究试验综合楼外，还包括高新技术孵化用房、研发楼和科研配套用房等，总建筑面积为54780平方米，其中研究试验综合用房建筑面积31708平方米。此外，“福建省生物农药工程研究中心”和“福建省海峡国际学院”等项目，已确定将进驻建成后的新园区。

在福建省委、省政府的高度重视和大力支持下，创业园秉承“以人为本、引智创新”的办园宗旨，不断改善园区软硬环境，大力开展招商引资、招才引智工作，取得了积极的成效。

2010年在园留学人员企业名录

福州安泰安电子公司	电子信息
福州般若森林景观设计有限公司	电子信息
福州创高电子有限公司	电子信息
福州创嘉科技有限公司	电子信息
福州福大科源电脑技术有限公司	电子信息

福州蓝潮信息技术有限公司	电子信息
福州龙宝利电子有限公司	电子信息
福州闽高电力科技有限公司	电子信息
福州明辉电脑服务中心	电子信息
福州圣德莉信息技术有限公司	电子信息
福州天视信息技术有限公司	电子信息
福州华政软件有限公司	电子信息
福州威腾电子科技有限公司	电子信息
福州迅鑫电子科技有限公司	电子信息
福州益荣电子有限公司	电子信息
福州英福特信息工程有限公司	电子信息
福州智讯达网络科技有限公司	电子信息
中康信息公司	电子信息
亚州仿真（福建）系统控制工程有限公司	电子信息
福建众智生物科技有限公司	生物医药
福州宸宥生物科技有限公司	生物医药
福州沪荣盛医疗公司	生物医药
福州能子生物科技有限公司	生物医药
福州善维生医疗技术有限公司	生物医药
福州欣欣医疗器械有限公司	生物医药
福州鑫美源生物科技有限公司	生物医药
康正生物公司	生物医药
农祥生物公司	生物医药
诚安光电技术有限公司	光机电一体化
福晟光学有限公司	新材料
福州电气硝子玻璃有限公司	新材料
福州华昆赛车配件技研有限公司	新材料
福州华莉模具有限公司	新材料
福州华廷化建有限公司	新材料
吉阳聚光公司	新材料
联众气体公司	新能源环保
志品环保科技公司	新能源环保
福建省环球科教顾问公司	新能源环保
福州般若森林景观设计有限公司	新能源环保
新世纪环保科技有限公司	新能源环保
正海海洋公司	新能源环保
福建金山种子有限公司	生态农业
福州农播王种苗有限公司	生态农业
福州沁园春房地产有限公司	建筑制造
福州天朗办公设备有限公司	建筑制造
海顺船务公司	商贸流通
龙田三村第一冷冻厂	商贸流通
和创行贸易公司	商贸流通
南平恒亚经贸有限公司	商贸流通
福建甘诺宝力连锁经营有限公司	商贸流通
福州美之源化妆品贸易有限公司	商贸流通
福州共荣贸易有限公司	商贸流通
福州宏岩贸易有限公司	商贸流通
福州金博士文化传播有限公司	文化创意
福州华日食品检测有限公司	现代服务
福州天元创业研究有限公司	现代服务
福州旭茂测绘有限公司	现代服务
福州远卓管理咨询有限公司	现代服务
蓝天律师事务所	现代服务
闽榕投资公司	现代服务
雅文企业公司	现代服务
福建省东南企业研究院	教育培训
福建省海峡国际学院	教育培训
福建省环球科教顾问公司	教育培训

园区联系方式

地　址：福建省福州市马伟江滨东大道108号创业园管理中心
邮　编：350015
电　话：86-591-87609259
传　真：86-591-87677833
邮　箱：office@fjlx.net

厦门留学人员创业园

园区概况

厦门留学人员创业园创立于2000年5月，与厦门高新技术创业中心、厦门台湾科技企业育成中心、厦门光电子孵化器、厦门科技企业加速器联合构成厦门创业园。

厦门创业园拥有孵化场地总建筑面积32万平方米，是科技部重点扶持、海峡西岸最大的国家级科技企业孵化集群，先后被认定为“国家高新技术创业服务中心”、“国家留学人员创业园”、“中国厦门留学人员创业园”、“中国大学生创业园”、全国首批“对台科技合作与交流基地”、全国首批“高校学生科技创业实习基地”，经人事部批准设立“博士后科研工作站”，2003年至2010年连续获得科技部科技型中小企业技术创新基金依托服务机构资格，先后获得科技部“实施火炬计划十五周年先进高新技术创业服务中心”、“国家科技计划（火炬计划）实施二十周年先进服务机构”、“第四届中国技术市场协会金桥奖先进集体奖”等荣誉称号。

自成立以来，厦门创业园就将吸引海外留学人员和领军型创业人才来厦创业作为工作之重，努力营造留学人员创业成长的优质环境，大力构建独具特色的八大支撑体系，目前拥有在孵企业500多家。园区企业申请专利400多项，拥有省、市级工程技术研究中心7家，省、市级企业技术中心4家，有400多个项目获得国家发改委、科技部等部委以及省市技术创新立项支持，获得各级政府无偿资助金2.8亿元，引导金融和社会资金投入超过9亿元。

厦门创业园已逐步形成光电子、电子信息、生物医药、节能环保与资源再利用等优势产业方向和产业集群。众多具有自主知识产权项目、技术创新水平高、产业化前景好的优秀高科技企业在创业园的精心培育下飞速成长，并涌现出一批在厦门乃至全国具有较强行业影响力和产业竞争力的高科技企业，如敏讯信息、乾照光电、三维丝环保、清源光电、盛华电子、游家网络、三达膜、巨龙软件、弘信电子、宇电、北大泰普、明翰、力鼎、斯坦道、致晟、特盈、纳米克等。园区已培育出年产值超亿元企业12家，年产值超千万元企业80多家，1家在新加坡主板上市，2家在深交所创业板上市，有4位创业者入选科技部全国首批39名火炬创业导师之列，6家企业被科技部评为中国最具成长性科技型中小企业100强，19家荣获厦门市科学技术进步奖，国家创新型试点企业1家，省级自主创新试点企业1家，市级自主创新示范/

试点/种子企业7家，39家被评为厦门市最具成长性/成长型中小企业。经过多年来的孵化，200多家科技创业企业成功毕业迁出，有80多家企业购地建厂或购买新的办公场所。

2010年园区发展报告

一、2010年所获得的荣誉

厦门高新技术创业中心被教育部、科技部联合认定为全国首批“高校学生科技创业实习基地”。

厦门高新技术创业中心被科技部确认为全国首批“大学生科技创业见习基地试点单位”。

厦门高新技术创业中心荣获“厦门市留学人员工作先进单位”称号。

厦门高新技术创业中心荣获“2010年度厦门市直机关文明单位”称号。

厦门高新技术创业中心和厦门台湾科技企业育成中心分别被认定为厦门市首批“创业孵化基地”。

二、企业发展成就

2010年，在厦门创业园的精心服务和积极努力下，企业取得了较好的经营发展业绩，实现销售收入超过20亿元。

新增2家上市公司。三维丝环保和乾照光电先后在深交所创业板首发上市。在《福布斯》中文版发布的2011年200家中国潜力企业榜上，乾照光电和三维丝分别位列总榜单第15位、171位。在科技部火炬中心公布的2010年国家火炬计划重点高新技术企业名单中，厦门市共有7家企业入选，其中就包括乾照光电和三维丝。

新增3家年产值超亿元的科技企业。盛华电子公司2010年实现销售收入2亿元，同比2009年增长11倍。清源光电公司实现销售收入近3亿元，同比增长7.5倍。游家网络公司实现销售收入1.6亿元，同比增长15倍。

新认定3家省级企业工程技术研究中心，分别是：弘信电子公司组建的福建省挠性印制电路工程技术研究中心、迈士通电器公司建设的福建省电接触工程技术研究中心、北大泰普公司联合银鹭食品公司建设的福建省复合蛋白饮料企业工程技术研究中心。

企业所获得的荣誉包括：

明翰电气和龙净物料输送公司被评为“中国留学人员创业园百家最具成长性留学人员创业企业”。

弘信公司获中华全国工商联科学技术奖二等奖。

科明达公司获国家半导体照明“产品创新奖”。

三达膜、敏讯、弘信公司产品被评为福建省名牌产品。

三维丝环保、敏讯信息获得福建省优秀新产品奖。

3家企业（乾照光电、三维丝、世达膜）被评为“2010年度厦门市最具成长性中小企业”，14家企业被评为“2010年度厦门市成长型中小企业”。

三维丝、弘信公司晋级为厦门市自主创新示范企业，三优、伟然、世达膜公司被评为市自主创新种子企业。

8家企业产品被认定为厦门市自主创新产品。

三、基地建设

2010年，厦门留学人员创业园三期研发办公大楼（诚业楼）完成主体结构建设，正在进行外墙工程施工。大楼建筑面积18960平方米，拥有装修到位的孵化单元，主要用于企业研发、中试和办公之需。大楼配套有大型会议室、商务中心、产品展示厅等共享服务设施，建设有景观别致、富有现代气息的大楼广场。

厦门台湾科技企业育成中心二期通过竣工验收，正进行室内装修设计、施工招标。园区总建筑面积13.2万平方米，规划有装修到位的研发办公楼、可灵活组合的现代科技厂房和配套完善的人才公寓及综合服务楼，采用楼宇智能化技术，为入驻企业营造一个便捷高效的现代化生产办公和商务交流空间环境。

厦门科技企业加速器二期完成土地招拍挂和设计招标，正进行施工图设计。园区总建筑面积33100平方米，规划建设12幢单体面积2300—3000平方米的研发生产小楼，每栋研发楼为四层式结构。

四、项目引进

2010年，厦门创业园全方位、多渠道做好项目引进工作，全年引进企业138家，总注册资金8.2亿元，其中外资908万美元。

创业园积极实施走出去战略，组队参加台交会、“6.18”海峡项目成果交易会、厦门市中小企业服务日、中国投洽会、中国高交会、广州留交会等展会，向海内外科技英才宣传推介创业园优越的创业环境。

加强对台科技合作与交流，分别和台湾淡江大学建邦创新育成中心、台北科技大学创新育成中心、台北科技大学绿色能源产业专业育成网络联手建立两岸育成联盟，共同促进两岸育成中心和孵化企业之间的业务合作与技术交流。

加大项目引进的广告投入，在《海峡导报》刊登了有关台湾科技企业育成中心的招商宣传稿件，在东渡邮轮码头、厦金航线的“和平之星”邮轮上发布育成中心招商广告。

2010年新注册企业行业分布情况：电子信息42%，光机电一体化40%，环境保护2%，生物与医药技术12%，新材料、新能源12%，光电子10%，节能技术、其他高新技术20%。

五、资金扶持

针对孵化企业最急需的资金支持服务，厦门创业园主要在帮助企业申请政府创新资金和拓展投融资平台方面开展工作，取得了较好成绩。

科技项目申报：创业园积极组织、辅导、协助园区在孵企业申报各级政府的各类科技经费项目，全年共帮助95个项目获得各级政府科技创新扶持资金4512万元。

融资服务支持：帮助部分高成长企业寻找风险投资和私募股权投资，联合科技部火炬中心和国家科技风险开发事业中心在创业园举办中国科技创业计划大赛创业融资培训会，邀请风险投资专家对园区中小企业创业者们进行融资培训指导。全年共帮助企业引进风险投资等各类资金1.46亿元。

促进项目交流：组织园区企业参加“6.18”中国海峡项目成果交易会、“9.8”中国投洽会、中国高交会和广州留交会等对接会与展览会，促进企业与资本、市场、人才的对接。其中，组织20多个留学人员创业项目参加了“9.8”中国投洽会投资项目专场对接会，组织32家企业的项目产品参加“6.18”成果交易会重点企业产品展示。

六、领军人才创新创业环境

2010年，厦门创业园加大了人才创新创业环境建设，着力做好领军人才引进和项目落地服务工作，多层次人才计划申报取得了较好成果。

全年共联系和接洽100多位领军人才申请者，组织开展两次领军人才项目答辩会，最终确定15个领军人才（或团队）为高新区领军人才。目前入选高新区的17位领军人才中已有10位领军人才落户创业园，其中8位领军人才落实了第一阶段生活补助及创业扶持。

全年组织13家企业申报国家千人计划溯及既往人选；7

位创业者被评为福建省“引进高层次创业创新人才”，1个创新团队被评为福建省“引进高层次人才创业创新团队”；5位企业科技人才被评选为“海西创业英才”；1位创业者荣获省“五四”奖章；11位留学人员被评为厦门市优秀留学回国人员。

七、人才招聘

厦门创业园积极为园区企业解决招人难问题，不断加强人才招聘服务平台的建设，并将人才服务平台拓展延伸至翔安，为产业区入驻企业提供人才招聘服务。全年共为园区41家企业发布301个岗位招聘信息，成功招聘岗位超过270个。

八、科技公共服务平台

为帮助园区企业提高技术创新能力，降低研发成本，厦门创业园加大了产学研结合力度，高效建设各类科技公共服务平台。

国家LED应用产品质量监督检验中心：国家质检总局批准建设的国内目前唯一LED应用产品专业检测机构，已开始对外提供技术检测服务。

厦门光电检测实验室：与厦门市质检所合作共建，主要提供电磁兼容检测等服务，已正式对外提供服务。

LED和光电产品出口国际认证平台：由创业中心和台湾国际认证机构合作共建，为企业提供国际认证服务。

厦门市科学仪器设备资源共享平台：由市科技局支持、创业中心建设，已发展了52家成员单位，3809多台各类科学仪器，172个企业注册用户。

厦门大学电化学教育部工程研究中心：电化学仪器项目、钛合金表面处理技术项目、磷酸铁锂电池材料项目的成果转化工作取得了良好的进展。三元系动力电池材料、铝箔表面腐蚀等项目正进行中试。

厦门大学分子诊断教育部工程研究中心：GMP车间厂房装修已经完成，有关设备、仪器基本到位。

九、博士后工作站

2010年，厦门高新技术创业中心（厦门留学人员创业园）博士后科研工作站继续与高校加强联系，积极拓展引博渠道，对各分站及园区各企业招收博士后的需求情况进行调查，并进行分类汇总，利用举办博士后招收洽谈会、对接会等多种形式招收博士后。此外，工作站及时对各博士后分站进行走访，跟踪博士后的课题研究进展，加强在站博士后阶段考核工作，协助博士后申请厦门市企业博士后生活津贴，完成2007—2009年博士后工作站评估工作。

目前，厦门创业园博士后科研工作站共有在站博士2名。其中出站博士1名，进站博士1名，正在办进站手续博士1名。

十、技术合同认定

厦门高新技术创业中心作为火炬高新区唯一开展此项认定服务的技术合同认定机构，自2005年7月以来，已经建立一整套科学、合理、高效的认定程序，在日常工作中不断加强向高新区企业的宣传推广，主动上门服务，对企业提出的技贸机构资格申请、技术合同认定给予迅速办理，使技术合同认定工作受到了企业的好评，成为服务园区企业的又一重要举措，为促进高新区科技成果转化、提高企业技术创新水平做出了积极贡献。2010年共认定技术合同577份，合同总金额超过4.47亿元，帮助企业享受税收优惠2400多万元，有力地支持了园区企业的自主研发工作，进一步提升了园区整体技术创新能力。近年，创业中心协助、服务过的技贸机构已超过150家。

十一、高新技术企业认定

2010年，创业中心积极配合市科技局开展高新技术企业认定申报辅导工作，为园区企业申报高新技术企业提供初审服务，推荐符合条件的企业进入申报程序，减少申报时间。

通过精心辅导，全年有14家企业通过认定。2008年以来，厦门市重新认定高新技术企业524家，其中创业中心企业有71家通过认定，占全市13.5%，充分展现了园区高科技企业的创新活力。

十二、企业培训

2010年，创业园积极联系有关政府部门领导、成功创业人士、咨询公司，举办28期各种类型的讲座、培训班，为在孵企业人员培训现代经营管理、市场开拓、法律等专业理论知识，解读有关政策，分享成功创业经验等。

十二、品牌宣传

2010年，厦门创业园不断将品牌宣传工作推向深入，使创业园的品牌知名度进一步提升。创业园共发表新闻稿160多篇，累计有60多篇新闻稿在国内各主要报纸、报刊、电视台、电台等新闻媒体刊登；共编辑出版8期《厦门创业通讯》，使各级领导及社会专业人士及时全面了解园区发展动态；在《海峡导报》、《中国高新技术产业导报》策划刊登厦门光电子孵化器和厦门科技企业加速器的发展历程和辉煌成就的系列报道。

在提高创业园品牌形象的同时，厦门创业园主动为园区企业无偿提供免费媒体宣传服务，充分挖掘和利用企业的新闻点，帮助企业在报纸、电视台进行广泛的免费宣传报道，提高了企业形象和产品知名度，促进了企业的市场开拓工作，深受企业好评。

十三、文化建设

2010年，创业园积极在园区营造浓郁的文化氛围，先后举办了创业园2010年新春联欢会、无偿献血、乒乓球比赛三次园区大型活动，组织园区企业职工参加火炬杯消防技能竞赛、安全生产知识竞赛、消防演习等活动。在这些活动中，园区企业职工热情参与，充分融入创业大家庭，使园区充满了和谐景象。

十四、孵化器研究

2010年，由科技部火炬中心、厦门大学、市科技局、火炬高新区管委会共同设立，厦门创业园负责具体运作的“厦门大学科技企业孵化器研究中心”取得了丰硕成果。

（一）主要工作开展情况

全年开展并完成了6项专题研究：厦门火炬现代企业加速器、厦门光电子专业孵化器、国家火炬计划厦门电力电器产业基地、厦门人才特区建设、战略性新兴产业、技术转移。主要包括：《2010－2011年厦门经济社会发展与预测蓝皮书》之《厦门火炬高新区经济运行情况分析及预测》；厦门国家火炬计划电工电器产业基地发展阶段性调研与评估工作，向市科技局提交“厦门国家火炬计划电工电器产业基地发展阶段性评估报告”。

（二）发表论文情况

“厦门火炬高新区现代企业加速器巡礼”系列报道，海峡导报于3月27日开始连载，中国高新技术产业导报分别于3月22日和3月29日分上下篇连载。

在孵企业孵化期研究，中国孵化器，2010年第4期。

厦门火炬高新区科技企业加速器巡礼，厦门科技，2010年第3期头条。

“全方位”打造公共服务平台，“高水准”孵化高速成长企业，厦门科技，2010年第4期。

中小企业上市的利与弊，中国高新区，2010年第7期。

厦门光电子专业孵化器傲立海西潮头，海峡导报于2010年7月19日和7月26日分两个整版连载，中国高新技术产业导报，2010年7月19日。

从经济特区向“人才特区”与“两岸人才特区”迈进，中国高新技术产业导报，2010年8月16日。

火炬计划厦门电力电器产业基地向世界级电工城迈进，中国高新技术产业导报，2010年8月23日。

厦门电力电器产业的优化与升级，厦门科技，2010年第5期头条。

科技型中小企业的成长阶段，中国留学生创业，2010年第12期。

厦门火炬高新区经济运行情况分析及预测，福建人民出版社，2011年1月。

2010年园区大事记

1. 1月，厦门高新技术创业中心荣获“2009年度厦门市直机关文明单位”称号。

2. 2月，叶重耕副市长视察创业园。

3. 2月，创业园企业厦门三维丝环保股份有限公司在深交所创业板挂牌上市。

4. 3月，厦门高新技术创业中心被科技部确认为“国家大学生科技创业见习基地试点单位”。

5. 3月，刘赐贵市长到厦门台湾科技企业育成中心，调研国家LED应用产品质量监督检验中心的建设和运作情况。

6. 3月，创业园企业弘信电子公司组建的“福建省挠性印制电路工程技术研究中心”被认定为省级企业工程技术研究中心。

7. 4月，创业园3家企业入选“2010年度厦门市最具成长性中小企业”（三维丝、乾照、世达膜），14家企业入选“2010年度厦门市成长型中小企业”。

8. 6月，以市人大常委会副主任陈昭阳为组长的市人大侨法执法检查组视察创业园。

9. 6月，省委书记孙春兰、省长黄小晶等领导带领全省各设区市党政主要领导和省直有关部门负责人视察厦门台湾科技企业育成中心和国家LED应用产品质量监督检验中心。

10. 6月，厦门高新技术创业中心和厦门台湾科技企业育成中心分别被认定为厦门市首批“创业孵化基地”。

11. 8月，创业园企业厦门乾照光电股份有限公司在深交所创业板挂牌上市。

12. 8月，淡江大学建邦创新育成中心、台北科技大学创新育成中心、台北科技大学绿色能源产业专业育成网络分别与厦门台湾科技企业育成中心联手建立育成联盟，共同开展两岸创新育成业务。

13. 9月，省委省政府表彰福建省第一批58名“引进高层次创业创新人才”和5个“引进高层次人才创业创新团队”，厦门创业园有7位创业者和1个创新团队获得表彰。

14. 9月，国家LED应用产品质量监督检验中心在厦门台湾科技企业育成中心举行落成典礼仪式。

15. 9月，全国政协副主席、全国工商联主席黄孟复视察创业园。

16. 10月，创业园企业明翰电气有限公司、龙净环保物料输送科技有限公司被评为2010年度“中国留学人员创业园百家最具成长性创业企业”。

17. 11月，厦门高新技术创业中心被教育部、科技部联合认定为全国首批“高校学生科技创业实习基地”。

18. 11月，创业园企业三维丝环保、弘信电子晋级为2010年度厦门市自主创新示范企业，宇电自动化、伟然科技、三优光机电、世达膜科技被评选为2010年度厦门市自主创新种子企业。

19. 12月，创业园企业乾照光电、三维丝环保被认定为国家火炬计划重点高新技术企业。

20. 12月，创业园新增两家省级企业工程技术研究中心，分别是迈士通电器建设的福建省电接触工程技术研究中心、北大泰普科技联合银鹭食品建设的福建省复合蛋白饮料企业工程技术研究中心。

21. 12月，厦门高新技术创业中心获得厦门市委、市政府“厦门市留学人员工作先进单位”荣誉称号。

2010年在园留学人员企业名录

百思科（厦门）信息科技有限公司	电子信息
凤凰岛（厦门）文化传播有限公司	电子信息
豪伯（厦门）电子材料有限公司	电子信息
凯斯诺（厦门）信息科技有限公司	电子信息
立烽电子科技（厦门）有限公司	电子信息
天明来电子信息（厦门）有限公司	电子信息
威硕（厦门）精密科技有限公司	电子信息
厦门海蒙科技有限公司	电子信息
厦门冰讯数码动画科技有限公司	电子信息
厦门车程网络有限公司	电子信息
厦门崇达智能科技有限公司	电子信息
厦门福芯微电子科技有限公司	电子信息
厦门赫姿医疗器械有限公司	电子信息
厦门科拓通讯技术有限公司	电子信息
厦门迈泰电子科技有限公司	电子信息
厦门美迪兴科技有限公司	电子信息
厦门耐普讯信息科技有限公司	电子信息
厦门时代缔依（原阿里码码）信息技术有限公司	电子信息
厦门泰纳信息科技有限公司	电子信息
厦门天特尔数码科技有限公司	电子信息
厦门微得利科技有限公司	电子信息
厦门欣圆通计算机技术有限公司	电子信息
厦门易能电力技术有限公司	电子信息
厦门引速得信息科技有限公司	电子信息
厦门足下网科技有限公司	电子信息
芯锐电（厦门）光电科技有限公司	电子信息
亚尔迪（厦门）科技有限公司	电子信息
阳光赛特软件（厦门）有限公司	电子信息
博分（厦门）医药研发有限公司	生物医药
蓝德尔（厦门）生物技术有限公司	生物医药
麦仑（厦门）生物科技有限公司	生物医药
厦门霸旺生物科技有限公司	生物医药
厦门百拓生物工程有限公司	生物医药
厦门百维康生物科技有限公司	生物医药
厦门百维信生物科技有限公司	生物医药
厦门伯德生物技术有限公司	生物医药
厦门博肽生物科技有限公司	生物医药
厦门禾嘉吉升生物技术有限公司	生物医药
厦门吉发生物科技有限公司	生物医药

厦门健康人生物科技有限公司	生物医药
厦门今润医药科学发展有限公司	生物医药
厦门蓝博思生物技术有限公司	生物医药
厦门六维生物科技有限公司	生物医药
厦门绿波生物科技有限公司	生物医药
厦门圣平科技有限公司	生物医药
厦门斯坦道生物科技有限公司	生物医药
厦门太阳马生物工程有限公司	生物医药
厦门先端科技有限公司	生物医药
厦门智星生物科技有限公司	生物医药
阿斯特机电科技（厦门）有限公司	光机电一体化
艾博利电子科技（厦门）有限公司	光机电一体化
富稳净化（厦门）电子有限公司	光机电一体化
佳真（厦门）精密模具有限公司	光机电一体化
乐源未来电子科技（厦门）有限公司	光机电一体化
善思科技（厦门）有限公司	光机电一体化
特盈自动化科技（厦门）有限公司	光机电一体化
厦门爱的科技有限公司	光机电一体化
厦门爱美克科技有限公司	光机电一体化
厦门奥伦控制工程有限公司	光机电一体化
厦门超力电子有限公司	光机电一体化
厦门法博科技有限公司	光机电一体化
厦门汉京自动化科技有限公司	光机电一体化
厦门汇佳精密模具有限公司	光机电一体化
厦门加华电力科技有限公司	光机电一体化
厦门凯美特科学仪器有限公司	光机电一体化
厦门科兰光电有限公司	光机电一体化
厦门蓝溪科技有限公司	光机电一体化
厦门利茗精密机电有限公司	光机电一体化
厦门龙净环保物料输送科技有限公司	光机电一体化
厦门明翰电气有限公司	光机电一体化
厦门欧达科仪发展有限公司	光机电一体化
厦门品鼎光电科技有限公司	光机电一体化
厦门清源光电有限公司	光机电一体化
厦门诠质科技有限公司	光机电一体化
厦门荣健医疗器械有限公司	光机电一体化
厦门锐锋科技有限公司	光机电一体化
厦门申颖科技有限公司	光机电一体化
厦门拓斯仪器开发有限公司	光机电一体化
厦门万连电子科技有限公司	光机电一体化
厦门无线创想科技有限公司	光机电一体化
厦门仪加光电科技有限公司	光机电一体化
厦门溢华科技有限公司	光机电一体化
厦门盈瑞丰科技有限公司	光机电一体化
厦门永易通光电科技有限公司	光机电一体化
厦门至佳科技有限公司	光机电一体化
亿伏特（厦门）光电科技有限公司	光机电一体化
哲能（厦门）光电有限公司	光机电一体化
世纪博创科技（厦门）有限公司	新材料
信悦化工（厦门）有限公司	新材料
厦门绿业化工有限公司	新材料
厦门泉心功能材料有限公司	新材料
厦门田菱精细化工有限公司	新材料
厦门维丽多科技有限公司	新材料
厦门新鑫田高科技材料有限公司	新材料
颉能科技工程（厦门）有限公司	新能源环保
厦门纳米克热电电子有限公司	新能源环保
厦门太龙照明科技有限公司	新能源环保
厦门万久科技有限公司	新能源环保
厦门爱芯环保科技有限公司	新能源环保
厦门大雄能源科技有限公司	新能源环保
厦门金达莱科技有限公司	新能源环保
厦门金名节能科技有限公司	新能源环保
厦门蓝博科技开发有限公司	新能源环保
厦门龙盛堂净化设备有限公司	新能源环保
厦门热工环保系统工程有限公司	新能源环保
厦门洗霸科技有限公司	新能源环保
新奥（厦门）农牧发展有限公司	新能源环保
厦门闽和食品有限公司	生态农业
厦门泰禾科技有限公司	生态农业

园区联系方式

地　址：厦门留学人员创业园创业大厦一层
邮　编：361015
电　话：86-592-3923888
传　真：86-592-3923999
邮　箱：office@xmibi.com
网　址：www.xmibi.com

南昌留学人员创业园

园区概况

南昌留学人员创业园（以下简称“创业园”）于2000年4月经省政府批准在南昌国家高新技术产业开发区内成立。2003年4月，成为国家人事部与江西省人民政府共建的国家级创业园。创业园围绕留学回国人员和留学人员创业园这两个载体，坚持“优质为留学人员服务，优质为园区服务，组织开展为社会服务”的服务宗旨，开拓创新，不断进取，为有效地发挥留学人员的聪明才智，起到了积极的作用。

江西省先后出台了《江西省人民政府关于印发中国江西留学人员创业园管理暂行办法的通知》、中国江西留学人员创业园领导小组办公室、江西省人事厅《关于印发＜中国江西留学人员创业园专项资金管理暂行办法＞的通知、《江西留学人员创业园专项资金评审办法》、《关于支持留学人员企业发展的政策措施》和《省直有关部门挂钩帮扶留学人员企业发展的工作方案》。这些政策措施的出台，加大了创业园对外的影响，极大地调动了留学人员创业的积极性。

同时，省财政从2004年始，每年拨出200万元专项资金，用于重点扶持留学人员创业园企业的项目延续、衔接和开发。几年来，共为创业园28家留学人员企业下拨扶持资金283.5万元人民币，重点扶持的项目有信息技术、电子技术、食品开发、建筑材料、新能源、电器、电化学、遥感技术、中药开发、新药开发等。被扶持的留学人员企业中已有7家孵化出园，并已产业化，如：南昌南翔科技有限公司研发的“新型高效生态环保光电灭虫器”、江西三维电气有限责任公司研发的“三维立体卷心变压器”、南昌精创科技有限公司研发的“精创医疗实验诊断信息系统”、江西猛犸软件有限公司研发的“基于网络技术开发平台”、江西三和科技有限公司研发的“三和超强塑木”、南昌华大信息发展有限公司研发的“医疗机构医疗器械监管信息系统”、江西腾科科技发展有限公司研发的“DVB-C数据广播平台”，并取得了很好的经济和社会效益。

在省委、省政府高度重视下，创业园得到了较快的发展，形成了江西省高技术产业发展中心园区、南昌高新技术产业开发区创业服务中心园区、南昌大学国家科技园园区“三块孵化基地”的组成模式。近年来，先后有近50家企业入驻园区，他们分别来自美国、加拿大、英国、法国、德国、澳大利亚、日本、比利时、芬兰、新加坡等10多个国家，项目全部涵盖高新技术领域。在当前全省大力推行和谐创业，富民兴赣，鼓励创新，鼓励创造，鼓励创业的良好氛围下，已呈现出勃勃生机。

2010年在园留学人员企业名录

江西腾科科技发展有限公司	电子信息
江西民和科技有限公司	电子信息
江西精创科技有限公司	电子信息
江西省美德食科技有限公司	电子信息
江西天狗网络信息技术有限公司	电子信息
南昌汇升科技有限公司	电子信息
江西福德高科技有限公司	电子信息
南昌市国安科技有限公司	电子信息
南昌华大信息发展有限公司	电子信息
江西博健科技有限公司	生物医药
江西博士联科技研究开发有限责任公司	生物医药
江西福康科技有限公司	生物医药
江西福摩生物技术有限公司	生物医药
江西光大高科技开发有限公司	生物医药
江西华源高科技开发有限公司	生物医药
江西丽葶科技发展有限公司	生物医药
江西中德生物工程有限公司	生物医药
南昌博恒生物制品有限公司	生物医药
南昌华兴生物科技有限公司	生物医药
江西大卫高科技有限公司	光机电一体化
江西莱昂科技有限公司	光机电一体化
江西三维电气有限公司	光机电一体化
南昌欧赛牡光电有限公司	光机电一体化
南昌南翔科技有限公司	光机电一体化
南昌泰利斯科技有限公司	光机电一体化
南昌友联机电精有限公司	光机电一体化
江西昌瑞纳米涂料有限公司	新材料
江西三和科技有限公司	新材料
江西美亚能源有限公司	新能源环保
南昌绿能科技有限公司	新能源环保
江西芬诺无框阳台窗发展有限公司	新能源环保
江西英诺食品科技有限公司	生态农业
南昌市巧思实验室仪器有限公司	建筑制造
南昌时富投资咨询有限公司	现代服务
南昌华夏投资咨询有限公司	现代服务

园区联系方式

地　址：南昌高新区火炬大街201号

邮　编：330029

电　话：86-791-8113085

济南留学人员创业园

园区概况

济南留学人员创业园（以下简称“创业园”）成立于1999年5月。2000年被国家科技部、人事部、教育部、国务院外国专家局联合批准为全国首批“国家留学人员创业园”；2002年成为国家人事部与济南市政府共建的“中国济南留学人员创业园”。在各级政府人事部门大力支持下，在高新区管委会具体领导下，经过十余年的发展建设，济南创业园已成为全市海外高端人才归国创业的乐土、高新技术企业集中发展的聚集地和自主知识产权项目的发源地。

创业园以健全、成熟的孵化培育服务体系为依托，以“一切为企业着想、为企业创造价值、让企业百分之百满意”为宗旨，以促进科技成果转化为己任，快速、有效地帮助企业将外围的技术、人才、资本、信息、市场、环境等创新资源合理、科学配置于企业创新创业的全过程，为技术创新提供全方位的服务；并在实践中开辟了一条具有济南特色的孵化发展之路；建成了适合初创中小科技企业生存发展的配套较为完善、环境优良、孵化服务体系较为健全的科技企业创业孵化基地。截至目前，创业园先后吸引了来自美国、日本、英国、法国、德国、瑞士、加拿大、俄罗斯等17个国家和地区的400多名留学归国人员创办及服务于园区企业，其中经过认定孵化的留学人员企业187家；聚集各类高级科研人员2700多人，其中博士330人、硕士530人。累计转化高新技术项目1000余项，其中297项处于国内领先水平，140余项处于国际先进水平，423项获国家和省市科技发展计划资助，申报专利1200余项。

济南创业中心现自有孵化面积12.6万平方米，分别为留学人员创业园、生物医药园、环保科技园等5个专业孵化基地；联建孵化器两家，建设面积3.7万平方米，分别为生物医药研发基地和生物医药孵化基地。同时投资7.8亿元，建设21万平方米新的孵化科技园区，该项目已于2010底开工建设，预计2013年底前投入使用。三是划拨土地面积2000亩，投资约20亿元，规划建设生物医药产业区，首期300亩的中小企业园已在规划中。

2010年园区发展报告

作为济南市承接高层次海外科技人才回国创业的重要窗口，我们充分利用各级政府的相关政策，加大对海外的宣传力度，吸引留学人员回国创业。截至目前，济南创业园先后吸引了来自美国、日本、英国、法国、德国、瑞士、加拿大、俄罗斯等17个国家和地区的400多名留学归国人员创办及服务于园区企业，其中经过认定孵化的留学人员企业187家；聚集各类高级科研人员2700多人，其中博士330人、硕士530人。累计转化高新技术项目1000余项，其中297项处于国内领先水平，140余项处于国际先进水平，423项获国家和省市科技发展计划资助，申报专利1200余项。目前，已有神思电子、元隆生物、蓝金生物、万博科技、尼克焊接、深蓝机器、蓝孚生物、贝斯特环境、博安智能等20余家留学人员创办的企业进区征地建厂或购置楼宇，成为推动高新区经济发展以及济南市产业升级的重要力量。2010年由国家人事部、科技部、中国留学人员创业园联盟共同组织的“中国百家最具成长性留学人员创业企业”评选活动中，来自创业园的方亚地热、重交路桥、诺和诺泰等三家企业被评为全国百强留学人员企业。创业园作为济南市吸引海外高科技人才归国创业的高地，其海纳百川的集聚作用正日益凸显。

一、筑巢引凤，为海归人员缔造优良创业环境

济南留学人员创业园现有孵化面积12.6万平方米，分别为留学人员创业园、生物医药园、环保科技园等5个专业孵化基地，基地内水、电、暖、通讯、宽带接入等功能一应俱全；会议室、接待室、学术报告厅、网球场、高层次人才公寓等配套设施完善，为留学人员来济创业提供了优良的硬件环境。由于近年来回国创业势头迅猛，入驻企业已达500余家，发展空间处于饱和状态，严重制约了留学人员创业发展和入驻。面对新的形势和发展环境，创业园以加快推动高新区生物医药产业发展为己任，培育生物医药产业集群为导向，吸引拥有科技含量高、市场前景好项目的留学人员来园区创业，创新孵化机制，完善孵化功能，对原有孵化场地进行功能划分调整，进一步拓展孵化空间。同时整合社会资源，拓展发展空间，与区内济南迪亚实业公司、青年汽车电子公司以联建专业孵化器的模式，拓展孵化载体。目前位于高新区中心区颖秀路2766号，总建筑面积1.5万平方米的济南创业园高层次人才新药研发基地已于本月投入使用，28家企业入住，其中22人通过济南市5150人才引进计划，并有李文保、杜进平、蒋亚洪、刘凤鸣四位入选国家“千人计划”博士进住创办企业。位于中心区舜风路322号，总建筑面积2.2万平方米的创业园新药孵化基地也将于5月底交付使用，8月份企业将正式入住。

软环境建设方面，为了扶持留学人员归国创业发展，高新区管委会先后出台多项政策，扶持留学人员企业进行项目开发和成果转化。在税收政策方面，对在孵留学人员企业，3年内参照其当年实现高新区财政收入的80%给予扶持；在项目资助方面，新创办留学人员企业研制开发具有自主知识产权的项目，给予一次性3—10万元的研发经费补贴；在办公用房方面，在一定面积内前3年享受房租减免政策。此外，留学人员企业设立博士后工作站的，给予10万元扶持；设立博士后工作站分站的，给予5万元扶持；企业聘用的博士后研究人员，按聘用期间每人每年3万元，连续2年6万元的标准进行补贴，同时留学人员企业还享受高新区加快创新创业发展40条政策的支持。

截至2010年底，创业园累计为留学人员企业落实600.97万元财政扶持资金；协助9家留学人员企业建立了博士后科研工作分站，引进11名博士后科研人员，并为他们申报落实博士后相关资金114万元。

俗话说“栽得梧桐树，引来金凤凰”，创业园良好的硬件环境和配套的产业政策，使之成为留学人员创业的乐土。

二、利用政策，加强创业园吸引海归创业磁力

济南留学人员创业园作为高新区的直属园区、济南市对外开放留学人员回国创业的服务窗口，承接着高新区大力实施海内外高层次人才引进战略，为高端人才营造一流的工作、生活和事业平台的服务功能，积极配合各级组织人事部门的工作，配备专人负责“5150”高层次人才的引进工作。一是配备专人负责“5150”高层次人才的引进工作，建立海外高层次人才专家数据库，动态掌握、跟踪高层次人才的最新情况，使海外高层次人才及时了解到济南市、高新区的最新发展状况，对高层次海外科技人才的引进起到了积极的推动作用。目前已经建立了一个拥有45位专家、700多名海外留学人员和3700余项高科技项目的信息库，留学人员分别来自美国、日本、德国、英国等26个国家和地区，博士385名，硕士206名，涉及信息技术、材料、生物医药、电子机械、环保等领域，储备了丰富的信息资源。二加大对高层次人才政策的宣传力度，走访园区内企业，了解企业对高层次人才的需求状况和新引进海外人才的情况。三加强海外交流，分别同北美专业人士协会、全欧华人协会等十多家海外协会建立了联系，利用海外协会在国外的优势为济南招揽合适的人才。四充分发挥海外人才创业基地在招才引智中发挥的作用。

截至2010年，济南创业园通过三批次申报济南市“5150”计划获得立项的高层次人才达到46位，占全市的46%。其中创新人才6位、创业人才40位，项目涉及医药生物、电子信息、环保节能、新材料、光机电一体化等高新技术领域，获得政府扶持资金5377万元。其中胡卉博士创办的济南晶正电子科技有限公司，其自主研发的纳米厚度铌酸锂单晶薄膜材料项目，获得人社部留学人员回国创业启动支持计划重点创业项目支持（全国仅4项），200万元扶持资金已全部拨付到位。2011年创业园有52位高层次人才申报了济南市第四批5150人才计划，占全市的62%（全市84人），其中创业人才48人，创新人才4人，目前已通过答辩处在综合评审阶段。

三、全面服务，促进留学人员企业健康发展

为了帮助留学人员转变创业发展思路，顺利完成角色转换，留学人员创业园建立无忧创业服务机制，整合社会资源，为留学人员从入住、工商注册、项目申报、融资、市场推广、人事代理等进行全方位、全过程服务，使留学人员来得了、落得下并快速发展。主要开展了以下服务：

（一）点对点联系企业，为企业提供保姆式服务

建立企业联系人制度，为进园区的留学生企业提供保姆式服务。为每一家留学人员企业都指定专人负责，对企业经营及项目实施情况进行实地走访考察，定期召开座谈会，讲解政策、征求意见，对发展好，为高新区做出贡献的先进企业和优秀创业者进行表彰；及时将各级政府的相关信息传达给企业，组织企业申报各级、各类项目计划，为企业争取各级政府资金支持；及时组织企业参展参会，利用各种展会交流活动，为企业拓展市场、提高影响力提供服务平台。

（二）整合社会资源，提升专业服务能力

针对留学人员创业不了解国内情况、不熟悉办事程序的现状，创业园积极加强社会资源的整合力度，提升专业服务能力。逐步引进了会计师事务所、律师事务所、专业培训机构等17家中介服务机构，系统开展包括代办工商注册和税务登记、人事档案代理、知识产权保护等三十余项专业化服务项目。

（三）发挥纽带作用，为企业提供政府资源服务

创业园充分发挥纽带作用，构筑起企业与政府之间的桥梁，一是及时将政府的政策信息传递给企业，积极组织企业申报各级各类科技计划、产业计划、留学人员创业计划等，获得政府资金支持。二是组织企业参加政府资助的各项展会，帮助企业扩展市场。三是联系政府各职能部门为企业上门服务，发挥创业园在企业、政府之间的纽带作用。

四、搭建平台，为创业园企业提供创新服务

近年来，创业园搭建起了融资平台、技术平台和国际合作平台为企业提供专业服务，加快企业产业化进程。一是按照技术领域分类，全面整合园区企业仪器设备资源，建立

了生物医药、中药现代化和环保产业公共实验平台，为留学人员企业提供技术研发服务；二是与大专院校、科研院所加强合作，先后与山东大学、山东省科学院分析测试中心、山东省中医药大学、济南市生产力促进中心等单位签订共建协议，为留学人员企业提供大型实验设备研发检测服务；三是结合国家科技部关于建设专业技术试验平台的要求，创业园在自身加大投入的同时，积极争取各级政府有关部门大力支持，结合企业实际需要，购置仪器设备，不断完善专业技术研发平台设备设施。

近两年，通过上述平台完成的技术服务和项目开发达230余项，其中44项获得国家科技进步奖、山东省科技发明奖以及高新区创新产品奖等各类奖励，申报国家一类新药9项、二类以下新药和生物制剂60余项，实现技术转让或合作总金额达7900万元。

创业园在综合运用财政扶持、政府资助和科技发展计划支持的基础上，提供多渠道、多梯次资金支持。一是根据企业基本情况和融资需求，积极寻找、筛选适合区内企业的天使投资、银行、担保机构等投资服务渠道；二是对园区内具有自主知识产权且高成长性企业的短期、小额资金需求给予科技创业资金借款的支持；三是对自身不具备贷款条件的企业，积极与金融机构探索企业联户联保、知识产权质押、合同质押贷款；四是组织企业并购、上市融资。

截至2010年，创业园设立的科技创业资金总额已滚动发展至1380万元，为40多家企业提供了90余笔总计2000多万元的流动周转资金，协助留学人员企业引进风险投资1亿元，银行贷款及社会资金1.8亿元，缓解了企业燃眉之急，促进了企业快速发展。

创业园充分发挥中国—乌克兰高科技合作园与海外科技人才创业基地的优势，加强与国外科研机构和科技园区的合作，积极构筑国际间交流平台，努力推动留学人员企业对外开展技术、人才、资金、市场等方面的交流与合作。累计签约合作项目50余项，获得国家中乌国际合作重大专项资金支持2300万元。在园区合作方面：通过与海外数十个国家和地区的华人协会、中国留学生同学会、美国梅森企业孵化研究中心、芬兰万达国际中心等建立战略合作关系，推动双边企业技术、经济、贸易等方面的交流与合作，创立了生物医药服务外包联盟，积极参与国际业务分包，目前联盟单位已达20家，今年计划实现出口创汇5000万美元。

五、结合产业，实现生物医药人才引进、产业发展双赢格局

生物医药产业一直是高新区重点发展的产业之一，经过十几年的发展，已经具备了一定的规模和特色，也具备了加快发展的基础和优势。2010年，全区生物医药产业实现销售收入75亿元，占全市的64%，占全省的4%；实现利税18.8亿元，占全市的65%，占全省的7.5%。2010年，在国家科技部和山东省科技厅大力支持下，国家科技重大专项——山东省重大新药创制平台和创新药物孵化基地落户济南高新区，加快了高新区生物医药产业发展进程。面对这一契机，创业园正加快专业孵化器、加速器、产业区建设，广纳海外生物医药领域高端人才和技术项目，打造生物医药产业集群，推动引进海外高层次人才创新创业实现新跨越。

（一）加大创业园建设力度，启动新园区建设工程

根据规划，新的创业园建设分三步实施，一是2011年6月前，联建两座科技孵化楼，增加孵化面积3.7万平方米，目前创业园高层次人才新药研发基地已于本月投入使用，创业园新药孵化基地也将于 5月底竣工。二是投资7.8亿元，在出口加工区东侧，建设21万平方米新的海外留学人员孵化科技园区，该项目已于2010底开工建设，预计2013年底前投入使用。三是划拨土地面积2000亩，投资约20亿元，规划建设留学人员产业区，首期300亩的中小企业园已在规划中。新园区建成后，将大大提升济南的创业环境整体水平，为更多的海外高层次留学人才来济创业创造条件。

（二）加大国际化合作力度，加快生物医药产业发展

国际化合作将成为创业园促进产业培育、加速人才引进的重要措施，国际化合作主要围绕国际孵化器建设、生物医药产业园区招商以及海外高层次人才引进三方面为重点开展工作。一是以中乌合作园、新药创制孵化基地为平台，探索建设国际孵化器，引进合作高层次国外技术项目，实现国外技术项目引进发展的新突破；二是加快创业园生物医药产业园区国际化合作进程，与高水平的国际公司合作进行园区的策划、规划、开发和招商工作。目前我们正与美国杜克大学、新加坡裕廊公司以及日本大阪大学等国际机构洽谈合作事宜，并将在短时间内确定合作的方向、内容；三是加强海外交流，在利用北美专业人士协会、全欧华人协会、留日同学总会、北美创业协会等海外协会的同时，不断创立新的合作渠道，加大对高层次人才政策的宣传力度，不遗余力地引进高层次国际人才和行业领军人才。

2010年在园留学人员企业名录

济南识龙信息服务有限责任公司	电子信息
济南经达管理技术开发有限公司	电子信息
济南夏一科技有限公司	电子信息
济南舜天计算机信息技术有限公司	电子信息
济南盛联天下网络科技有限公司	电子信息
济南互信互通信息技术有限公司	电子信息
济南易夫森科技有限公司	电子信息
济南品质科技有限责任公司	电子信息
济南爱迪雷特科技有限公司	电子信息
济南勇明通信科技有限公司	电子信息
济南盈昂信息科技有限公司	电子信息
济南顺动信息科技发展有限公司	电子信息
济南天运汽车电子技术有限公司	电子信息
济南吉大利软件科技有限公司	电子信息
济南乐胜信息科技有限公司	电子信息
济南源码信息科技有限公司	电子信息
济南辉达信息科技有限公司	电子信息
济南顶端软件有限公司	电子信息
济南企财通软件有限公司	电子信息
山东和承信息科技有限公司	电子信息
济南登益得科贸有限公司	生物医药
济南磁能科技有限公司	生物医药
济南净洁生物技术有限公司	生物医药
济南兆德生物科技有限公司	生物医药
济南倍生康医药化学有限公司	生物医药
济南瑞通药物化学有限公司	生物医药
济南艾诺科生物科技有限公司	生物医药
济南迪博生物技术有限公司	生物医药
济南挚诚生物科技有限公司	生物医药
济南五环医药科技有限公司	生物医药
济南海乐医药技术开发有限公司	生物医药

济南浩隆生物科技有限公司	生物医药
济南德诚医疗技术有限公司	生物医药
山东艾克韦生物技术有限公司	生物医药
山东创新药物研发有限公司	生物医药
济南键王合成材料有限公司	新材料
济南兄弟金属科技有限公司	新材料
济南美高纳米材料有限公司	新材料
济南朗铂商务咨询有限公司	新材料
山东鑫鑫大壮降解塑料技术有限公司	新材料
济南华昭环境技术有限公司	新能源环保
济南杰赛防护科技有限公司	新能源环保
济南光中新能源科技开发有限公司	新能源环保
济南科曼过滤技术有限公司	新能源环保
济南蓓麟机电设备有限公司	新能源环保
山东百峰环保工程有限公司	新能源环保
济南佳美视觉技术有限公司	建筑制造
济南先进机电技术有限公司	建筑制造
济南诺斯机械有限公司	建筑制造
济南库伦特科技有限公司	建筑制造
济南迈隆科技有限公司	建筑制造
济南安诺汽车部件有限公司	建筑制造

园区联系方式

地　址：济南市花园路40号火炬大厦
邮　编：250100
电　话：86-531-88037888
传　真：86-531-88037860
邮　箱：deng003@vip.sina.com
网　址：www.jnbi.com.cn

山东省医疗卫生行业留学人员创业园

园区概况

山东省医疗卫生行业留学人员创业园（以下简称“创业园”）成立于2002年10月，由山东省卫生部、山东省人事厅、山东省卫生厅联合批准成立，是全国第一家医疗卫生行业的专业性留学人员创业园。

创业园以山东省立医院为依托，充分利用和享受同高新技术开发区及经济技术开发区等同的企业孵化优惠政策，按《山东省人才柔性流动若干规定》标准，为广大留学人员创造了良好的创业环境和巨大的发展空间。山东省立医院拥有国内先进的配套设施和科技人才，充足的留学人力资源和国际、国内学术交流合作网络，并得到了国家卫生部等部委和山东省人民政府有关部门的大力支持，为归国留学人员创业提供优质高效的孵化服务和现代化的孵化环境。

山东省生殖医学中心改制成为股份制的高新技术医疗卫生企业，并成为第一家入园单位。中心在留美博士陈子江教授的带领下成为国内体制、技术、设备最先进、规模最大的生殖医学临床治疗中心及科研基地之一，是山东省医学重点实验室、山东大学生殖医学研究中心、山东大学博士后流动工作站，取得了一系列举世瞩目的科研成果。

创业园享受济南高新技术开发区和经济开发区企业内孵化机构的优惠政策，为留学人员回国创业提供研发基地、税收优惠，以及创业咨询、投资、融资、市场开发、人才、信息、后勤等各方面的服务，促使其发展成为成功企业。创业园根据卫生行业的特点，发挥专业优势，为全国医疗卫生行业的科技成果转化和产业化担负起开路先锋和示范作用，努力把创业园办成促进医疗卫生高新技术产业发展，培养引进高素质人才的重要基地。

园区联系方式

地　址：济南市经五路纬七路324号
邮　编：250001
电　话：86-531-86881659
传　真：86-531-87904002
邮　箱：syrsc@tom.com

青岛市留学人员创业园

园区概况

青岛市留学人员创业园（中国青岛留学人员创业园）（以下简称“创业园”）成立于2002年4月，经原国家人事部批准，由原国家人事部、青岛市人民政府共同组建。

创业园坐落在风景秀丽的青岛石老人旅游渡假区，一期占地面积100亩，按照综合布局、资源共享、效能统一的原则设有留学人员创业孵化园区、人才评荐中心、中高级人才市场、企业家会所四大区域。

为适应留学人员来青创业形势发展的需要，2010年初通过提升留学人员创业基地水平，整合资源、规范管理、整体推进、合作新建留学人员创业园区5家（青岛留学人员市南创业园、青岛留学人员市北创业园、青岛留学人员四方创业园、青岛留学人员崂山创业园、青岛留学人员开发区创业园），共有创业孵化面积80多万平方米，全市形成各具特色、优势互补、功能完善的留学人员创业园体系。是青岛市委、市政府实施人才强市战略，引进海外高层次人才来青创新创业的重要平台。

2010年在园留学人员企业名录

青岛奥普信息技术有限公司	电子信息
青岛康创自动化工程有限公司	电子信息
青岛罗杰网络科技有限公司	电子信息
青岛日松数码信息有限公司	电子信息
派美克生化（青岛）有限公司	生物医药
青岛海奇普海洋生物科技发展有限公司	生物医药
青岛康旭工程科技有限公司	新材料
青岛同翔特种粉末冶金有限公司	新材料
山东东方化工贸易有限公司	新材料
青岛格林斯通环境设备工程有限公司	新能源环保
青岛华桑科技有限公司	新能源环保
青岛绿创新基环境科技发展有限公司	新能源环保
青岛瑞新环保科技有限公司	新能源环保
青岛赛尔环境保护有限公司	新能源环保
青岛蓝森环保科技有限公司	新能源环保
青岛希尔韦技术有限公司	建筑制造

青岛爱思普瑞国际贸易有限公司　商贸流通
青岛日商科技贸易有限公司　商贸流通
青岛儒联现代教育技术研究所　现代服务
青岛世展科技有限公司　现代服务
青岛千叶都市建筑设计有限公司　现代服务
青岛先锋科技发展有限公司　现代服务

园区联系方式

地　址：青岛市海尔路178号
邮　编：266101
电　话：86-532-88911726
传　真：86-532-88911726
邮　箱：xch0618@126.com
网　址：www.qdpb.gov.cn

青岛留学人员市南创业园

园区概况

青岛留学人员市南创业园成立于2010年1月29日，由青岛市人力资源和社会保障局与市南区共建，依托市南区软件园和青岛国际动漫游戏产业园，为留学人员在青岛创业搭建专业平台。

软件园一期（市南软件园）背靠浮山生态山林，直面黄海之滨的奥帆赛场，是全国少有的坐落在城市中心区的软件产业园区。园区占地12.6万平方米，规划建筑面积26万平方米，目前已有约20万平方米办公面积投入使用。为满足产业集聚发展需求，目前园区正在增建东园区、南园区研发楼。另外园区配套设施建设不断完善，园内建有1.5万平方米的停车场和3.5万伏变电站；设有3500平方米，可同时容纳1200人就餐的公共餐厅；建有综合性商务酒店；引进了交通银行、青岛银行两家银行。

软件园二期（青岛国际动漫游戏产业园）占地150亩，建筑面积11.6万平方米，2009年1月5日正式开园投入使用，是目前国内第一家全新的、独立的、以国际招商为主的专业化动漫游戏产业园区。园区三面环山，由A、B、C、D、E五座楼宇组成，其中A、B座为大企业研发楼；C座为培训楼；D座为公共技术平台及孵化器；E座为综合研发楼。三面环山的自然风光和贯穿其中的万米人工湖使动漫游戏园被誉为“深林中的产业园，山谷中的研发楼”。

2010年园区发展报告

一、产业总体情况

2010年两园区入驻企业数量稳步增长，截至12月底，将有202家企业入驻软件园，70家企业入驻动漫游戏产业园。目前全区经工信部认定的软件企业167家，占全市的52%；登记软件产品559个，占全市的50%。园区服务外包企业共24家，全年软件出口额达2750多万美元，逐步形成对日、美外包产业为主的软件外包聚集区。

二、招商引资情况

2010年引进注册资金过500万的企业有15家，在全国具有知名度，能带动产业发展的企业有10家。2010年软管办引进内资计划额为1000万元人民币。截止目前，已实现到帐内资6000多万元人民币。截止12月底，软件园、动漫园全年新引进企业83家，注册资金达2.6亿元。目前软件园出租总面积9.20平方米，入驻率达94.77%；动漫园出租面积6.67万平方米，入驻率达78.94%。

三、动漫平台建设

对原有动漫平台建设方案进行了调整，确立以操作功能区的建设作为一期建设目标、以主功能展示区的建设作为二期建设目标。目前，已完成房间装修及机房的防静电地板、电源、防雷、消防、空调等系统的建设工作。平台系统投入使用后，包括动捕系统、渲染农场、高端剪辑合成系统、快速立体成型设备、形象展示系统等在内的多项设备，将为园区企业提供完备的技术研发环境。

四、企业服务工作

一是举办企业高端沙龙。园区高端沙龙是通过行业专家成功案例的讲解与分享，将软件与动漫企业的经营管理经验传递给企业，同时，通过交流讨论，更好的了解制约企业发展的瓶颈，为企业进行产业升级提供了支持，目前已举办九期。二是完成园区企业摸底和业态分析，提供策略服务。通过建立完善园区企业档案，开展园区摸底和业态分析，为领导决策及招商工作提供科学参考，为企业发展提供有效指导。三是启用“e家”党群活动中心。“e家”党群活动中心，划分为活动室、阅览室、远程教育室等功能区域。同时，建立了党群工作网站，开通“网上党总支”；开发了党建短信群发系统，能与每个党员随时进行信息的互动联系。活动中心的启用，用现代化手段实现了园区的党员管理、教育、服务一体化，提高了园区党建科学化水平。四是打造园区企业融资平台，提供资金服务。借助青岛产权交易所，在项目评价、融资规划、融资渠道和融资管理等方面为中小企业提供专业支持，优化企业法人治理结构、培养中小企业的股权融资意识，积极为园区企业打造股权融资平台，解决企业“有项目，缺资金”的问题，助推企业更好更快发展。目前已有4家企业进入融资平台项目路演阶段。

2010年园区大事记

1. 1月5日，青岛广电移动数字电视有限公司、青岛广电青少旅游文化传播有限公司正式签约落户青岛国际动漫游戏产业园。

2. 1月20日，青岛（市南）软件园被青岛市劳动和社会保障局、财政局认定为青岛市首批创业示范基地。

3. 3月31日，青岛（市南）软件园、青岛国际动漫游戏产业园获得“青岛市文化创意产业十大园区”荣誉称号。

4. 4月18日，软件及动漫游戏产业园管理办公室在软件园区成功举办了主题为“成长在青岛，发展在园区”的首届园区企业高端沙龙。

5. 4月29日，软件及动漫游戏产业园召开党建平台建设征求意见座谈会。

6. 7月16日，软件及动漫游戏产业园管理办公室在青岛（市南）软件园举行园区“e家”党群活动中心揭牌仪式。

7. 8月12日，中共中央政治局委员、中央书记处书记、中宣部部长刘云山到青岛国际动漫游戏产业园考察，并参观了青岛广电动画、青岛四维空间等园区企业。

8. 8月19日，在青岛高新区建设国家创新型科技园区动员大会上，刘伟政副区长代表市南区政府签订了园区建设目标责任书，标志着青岛（市南）软件园全面启动国家创新型科技园区建设工作。

9. 11月3日，青岛数码动漫研究院成立仪式在青岛国际动漫游戏产业园隆重举行。

10. 11月26日，由市委宣传部主办，市动漫创意协会、区软件及动漫游戏产业园管理办公室共同承办的第八届青岛动漫艺术节在青岛国际动漫游戏产业园盛大开幕。

11. 12月1日，青岛（市南）软件园与青岛国际动漫游戏产业园被山东省发改委认定为“山东省重点服务业园区”。

2010年度优秀在园留学人员企业

一、青岛广电移动数字电视有限公司

青岛广电移动数字电视有限公司始建于2005年，同年5月开始播出无线数字电视信号。经过6年的努力，已经基本完成全市城乡信号覆盖，成为拥有青岛无线数字电视6个传媒平台播出9套电视节目的传媒运营商，并成为全国移动电视协会副会长单位。公司2009年获得市财政局200万元文化产业扶持资金，同年在青岛市文化创意产业“五个十”评选活动中被评为文化创意产业知名品牌。2010年，公司争取到中央财政局500万元、青岛市市南区科技局50万元青岛广电双国标地面数字电视产业示范基地项目支持；同年公司被青岛国际动漫游戏产业园评为园区优秀企业、被市南区软件及动漫游戏产业园管理办公室授予突出贡献奖、被评选为青岛市物联网协会理事单位。

为寻求更大、更为长远的发展，公司着手组建青岛双国标无线数字电视产业基地，开始了公司新一轮的跨越式发展。基地建设位于国际动漫产业园B座，总面积共15100平米，全力打造集新媒资、动画综合经营、无线数字电视全业务运营的产业链。

二、青岛四维空间动漫科技有限公司

青岛四维空间动漫科技有限公司位于青岛国际动漫游戏产业园，是一家集动画创意制作、项目原创开发、三维虚拟高科技室内主题公园研发运作于一体的文化创意企业。公司成立于2007年5月，2008年上半年正式开始运营。在成立不到4年的时间里，四维已运作了多部具有国际水准的动画项目——《小老虎卡路》、《外星动物园》、《无敌乒乓兔》、《黑羊登月》、《深海战记》、《美丽人生》、《呆家家》、《法官日记》及儿童绘本图书《凤凰小丫》等。其中《美丽人生》已于2009年国庆期间登陆央视荧屏，《小老虎卡路》与《外星动物园》也已在法国进行试播。

2009年，公司被评为“青岛市文化创意产业十大企业”；2010年，被山东省商务厅授予“山东省服务外包重点扶持企业”称号，并在山东省优秀动漫企业评选活动中获得“最佳投资价值企业奖”，原创作品《深海战记》获“优秀动漫游戏作品奖”称号。2010年3月，公司顺利通过了ISO9001认证，成为山东首家通过此认证的动漫企业。

三、优创（青岛）数据技术有限公司

优创公司成立于2003年，是一家保险外包服务行业的领导者。公司致力于为美国中小型保险经纪人、批发商、代理商和保险公司提供全天候的“远程员工”服务。公司总部位于纽约，负责销售和市场开发，中国青岛和济南的分公司负责数据处理业务。优创的母公司是美国的DPG公司，是一家总部设在纽约并有着20多年保险运作经验的保险批发商。面对不断增高的运营成本，DPG在青岛成立了一个数据处理中心，来支持后台的数据操作工作。惊异于青岛团队的数据处理的速度，以及完成复杂性任务的准确性，DPG成立了优创来为其他保险相关行业服务。

经过近7年的发展，公司由最初的只有2名员工，1个签约客户发展到如今的拥有近900名员工，110多个客户，一跃成为青岛市最大的服务外包企业。2009年，优创被山东省评定为“省级服务外包重点企业”；2010年被美国Inc.500商业杂志评为“美国发展最快私营企业前500名”并被国际外包专家协会评为外包行业“新星”第43名；2010年12月，在全省商务工作会议当中，优创又喜获“山东省外经贸先进企业称号”。

四、青岛中科软件股份有限公司

青岛中科软件股份有限公司成立于2002年5月，注册资本500万元，位于国家火炬计划产业基地——青岛软件园，现有员工100余人，95%以上为本科学历，技术及研发人员占60%，办公面积近1200平米。公司是青岛市优秀软件企业、“服务外包”重点企业、首批“最具融资价值中小企业”、青岛市软件行业协会副秘书长单位、青岛团市委“青年文明号”单位、“环渤海湾地区100强方案商”，通过了ISO9001国际质量管理体系认证。

中科软件以管理软件、增值服务为服务理念，定位于“物联网”、“信息化企业”增值服务提供商，以打造山东地区领军的IT企业为目标，成为青岛本土最大的企业管理软件公司。中科软件在过去的2010年迈出了坚实的步伐：公司经过规范法人治理结构成功改制成股份公司，并成为青岛市首家通过券商内核的“新三板”上市试点企业；荣获2010年度青岛市市南区软件及动漫游戏产业园明星企业奖、“2010年度服务业发展先进单位”；青岛市最具有融资价值中小企业、2010年度“成长之星”企业、青岛市青年文明号单位、2010年度青岛市成长之星企业，并当选为青岛市物联网协会副理事长单位。

五、青岛高校信息产业有限公司

青岛高校信息产业有限公司始创于1990年，现已成长为国家级高新技术企业，是国内领先的软、硬件产品研发制造商和集成服务商，也是中国首批专业化的节能服务公司之一，以打造节能管控领域首选品牌和财税融合领域第一品牌为企业发展目标。截至目前，公司已获多项国家专利，近十项产品获得《国家重点新产品》称号，近百项产品取得“计算机软件著作权登记证书”，并被授予“中国优秀管理软件百强企业”。公司凭借近20年的技术积累，已研发并投入应用的产品涵盖了包括企业能源管理系统、重点用能单位能耗动态监管系统、公用事业能源管理系统、建筑能耗监测系统、园区能耗监控系统等在内的数十个产品簇群，并在化工、电力、纺织、煤炭、建材、学校、电信等多个行业和领域得到广泛应用。

公司先后在北京、上海、杭州、宁波、武汉、济南、重庆、沈阳、西安、广州等地建立了分公司、办事处，形成了辐射全国的营销服务网络。同时，为了让全国十余万用户能够充分享受到便捷高效的服务，公司还建立了专业完善的Call-Center服务体系和先进的CRM服务平台，充分保证了服务的速度和质量。公司始终以“零距离贴近客户、零中断保障客户、零时限快速响应客户”为标准，为用户提供细致入微的全程管家一站式服务，受到企业的广泛认可和好评。

六、青岛朗进科技有限公司

青岛朗进科技有限公司是一家拥有国际先进变频节能技术及系统控制技术的高科技企业。公司20年来一直致力于变频空调控制与系统研究，及高新节能技术的科研和转化应用，技术研发实力及自主知识产权核心技术已达到国际先进

水平，在完全掌握变频节能的核心技术基础上，成功开发了直流变频空调控制器产品系列。作为国内唯一一家从事轨道车用变频热泵空调技术开发应用的公司，朗进公司多年来一直把节能减排放在企业发展的核心位置，并运用新技术开发出变频车辆空调等具有自主知识产权的节能高新产品，对轨道车辆行业实现节能减排做出了应有的贡献。

公司开发的空调用全高效系列变频控制器，应用到国内多个著名品牌的空调厂家，并远销意大利、美国、台湾、马来西亚等地，目前已达500多万套。轨道交通变频空调控制器产品在部属路局及地方铁路、钢铁企业、矿业、港务局等装车，运行指标优于目前我国铁标的要求，推动了轨道交通空调行业的技术进步，体现了公司核心竞争力。

园区联系方式

地　址：青岛市宁夏路288号3号楼四层

邮　编：266073

电　话：86-532-88728875

传　真：86-532-88728588

青岛留学人员市北创业园

园区概况

青岛留学人员市北创业园（以下简称“创业园”）创建于2010年1月。创业园依山而建，环境优雅，总建筑面积达6万平米的多功能、综合性文化创意产业基地。利用特有的高低错落台地，分成南北两个园区，以现代艺术、建筑设计、工业设计、广告和时尚品牌设计、管理咨询、创意产品展示等门类的创意产业为主要特色，吸引国际、国内各创意产业门类中的领军企业入驻。

园区为入园企业提供完善、系统的工商、税收、资金、产业支持等“一条龙“配套服务；政府贴租、税收奖励；科技类企业自主创新，著作权登记奖励1000元/项；留学归国人员创业小额资金扶持，最高额10万元；对入驻的创意企业，实行从入驻之日起连续三年给予税收政策优惠支持；在科技经费中设专项资金，按照科技三项经费的使用程序，对入驻企业的重点创意产业项目进行鼓励、扶持等；外地户口企业投资人，子女就近入学、入托等政策扶持。

园区联系方式

地　址：青岛市上清路12—16号

邮　编：266022

电　话：86-532-83631379，83641669

传　真：86-532-83631379

青岛留学人员开发区创业园

青岛留学人员开发区创业园成立于2010年1月，前身是青岛开发区高科技创业服务中心（以下简称“中心”）。中心创办于2001年，2006年被国家科技部认定为国家高新技术创业服务中心。

中心有健全、成熟的孵化培育服务体系，以促进科技成果转化，培育科技企业家，扶持和帮助留学人员回国创业为己任，依托青岛开发区雄厚的科技资源，努力营造适合于中小科技企业的发展环境和创新环境，力争不断促进高科技成果的商品化、产业化、国际化。

目前，中心孵化基地总面积已达1.5万平方米，累计吸纳电子信息、新材料、生物医药等多类孵化企业148家（其中在孵企业100家，已毕业企业48家），吸纳管理咨询、投融资、专利代理、会计事务所、保险等中介服务机构23家，园区企业入住率达95%；转化科技成果250余项，申请专利170余项，为社会提供就业岗位4000多个。

园区联系方式

地　址：青岛市经济技术开发区香江路110号

邮　编：266555

电　话：86-532-86971838

传　真：86-532-86971838

青岛留学人员四方创业园

园区概况

青岛留学人员四方创业园成立于2010年1月，依托于青岛大都市科技园建立，由青岛科大都市科技园发展有限公司进行管理运营。在青岛市委、市政府高度重视下，2004年由青岛市科技局、青岛市四方区政府及青岛科技大学发起正式成立青岛科大都市科技园。2005年11月，青岛科大都市科技园发展有限公司由科技园发起人投资正式成立，公司注册资金2000万元人民币。青岛科大都市科技园发展有限公司是青岛科大都市科技园建设运营的主体单位，具体承担着青岛科大都市科技园的规划、建设、运营、管理、服务等主要职能，公司在2006年被确定为青岛市科技企业孵化器，2009年2月经青岛市工商行政部门的批准，由发展公司变更为集团公司。

青岛科大都市科技园总体发展思路是“政府推动、依托大学、总体规划、分步实施、市场化运作”。在发展过程中，得到了各级政府领导的高度重视，同时在科技园的建设方面给予了大力的支持。2010年12月，青岛科大都市科技园集团有限公司被国家科技部认定为国家级科企业孵化器。

2010年园区发展报告

科技企业孵化器是培育和扶植高新技术中小企业的服务机构。孵化器通过为新创办的科技型中小企业提供物理空间和基础设施，提供一系列服务支持，降低创业者的创业风险和创业成本，提高创业成功率，促进科技成果转化，帮助和支持科技型中小企业成长与发展，培养成功的企业和企业家。对推动高新技术产业发展，完善国家和区域创新体系、繁荣经济，发挥着重要的作用，具有重大的社会经济意义。

青岛科大都市科技园集团有限公司（以下简称“公司”）自2006年被批准为市级科技企业孵化器以来，严格按照孵化器的各项要求，在软硬件服务方面实施了大力投入；在兼顾经济效益和社会效益方面进行了卓有成效的探索；在不断提高服务质量和打造现代服务业集聚区方面锻炼了队伍、积累了经验；在不断强化自身素质和迅速提高市场竞争能力方面增强了实力、赢得了先机。

通过几年的积累，2010年公司积极争取市科技局的大力支持，经过艰苦努力，终于在激烈的竞争中，成功通过国家组织的层层审查，集团公司正式被批准为国家级科技企业孵化器。同时孵化器的各项工作也按照孵化器的发展规划及管理要求有序进行。

截至2010年，孵化器新建及改建办公建筑面积20000平方米，同时，孵化器新的孵化大楼“青岛橡胶谷综合服务中心”项目也已主体封顶，此项目占地约6000㎡，建筑面积约37000㎡，计划建成后可新容纳孵化企业百余家，初步建立起可提供原料提取纯化、小批量样品制备和中试放大、产品质量分析测试、相关技术培训的橡胶技术公共平台的整体框架，各项设备的综合利用效率达到60%以上，初步构建出面向橡胶产业中小企业的研发、小试、测试服务体系。向孵化器企业和青岛市急需投资创业的数百家橡胶化工小企业提供人才、信息、技术等方面的技术服务，提供会议、商住、餐饮等配套服务，优化孵化环境，提高孵化质量，降低科技企业的创业风险和创业成本，从而提高孵化成功率，也为“中国橡胶谷”翻开了重要的一页。

青岛科大都市科技园孵化器在不断发展的过程中，公司逐步提高自身内涵，完善服务功能，增强服务能力：

自科大都市科技园及市级科技企业孵化器建立以来，我们努力工作、积极争取，得到了各级政府相关部门的大力支持，先后在园区建立并被授予青岛市留学人员科大都市科技园分园、青岛市高校毕业生就业见习基地、青岛市大学生创业孵化基地、青岛市技术合同登记处、青岛市现代服务业集聚区以及省级大学科技园的光荣称号。通过这些也更好地促进了企业孵化器的建设。

1、2010年1月，被青岛市人社局授予青岛留学人员四方创业园。2010年年初竣工投入使用以来，按照国家及青岛市设立发展留学人员创业园的指导思想，结合实际，充分发挥对外开放优势，以开放促创新，以创新促发展，加快留学人员回国创业发展步伐，逐步建立起了以创业园为龙头的留学人员回国创业服务体系。

2、2009年3月，被授予青岛市高校毕业生就业见习基地。通过园区建立入驻企业和大学毕业生之间的纽带联系，很好地在企业与大学生之间起到了一个中间媒介作用，使得高校毕业生得以在园区内实习、创业。

3、2009年7月，在园区内设立青岛市高校毕业生及在校大学生创业孵化基地。目前孵化器已实现对大学生创业培训累计2000余人次，免费提供创业办公场所近500平方米，创办数家大学生创业企业。使大学生的创业梦想在我们孵化器得到了很好的实现。

4、2008年，青岛市技术合同登记处在园区成立。其主要职能是为孵化、创业企业及科研人员提供技术开发合同、技术转让合同、技术咨询合同及技术服务合同的认定。经过认定的企业及技术享受一定的税收优惠。2010年，通过孵化器内的技术合同认定机构，为各孵化企业认定技术合同575份，合同总额23837万元。分别较上一年度提高112%和268%。为企业节约资金近1500万元。

5、2009年，园区被列为青岛市现代服务业集聚区。园区本着“打造园区、改造社区、辐射地区”的发展理念，在建设都市科技园区及科技企业孵化器的基础上，同时注重园区现代服务体系的建设。使得科技园不仅是单纯的企业孵化、创业的园区，同时也是一个服务体系完善的具有多功能的社区。这样就能为入园企业提供一个更好的创业服务环境。

通过以上各个荣誉的取得，及各个功能主体的建设完善，从而对我们企业孵化器建设又有了一个很大的推动和促进。在园区内的企业也能够享受到各个方面的资金、税收等优惠政策，极大地提高了企业的竞争力，为入孵企业的健康发展提供了重要的资金及政策支持。

2010年在园留学人员企业名录

青岛银科恒远化工过程信息技术有限公司	电子信息
青岛嵩华电子科技有限公司	电子信息
青岛方立数值科技有限公司	电子信息
青岛腾盛电子科技公司	电子信息
青岛凯莱斯科技有限公司	生物医药
青岛海生堂生物科技有限公司	生物医药
青岛科大橡胶化工公共技术服务平台有限公司	新材料
青岛高科新材料有限公司	新材料
青岛万林橡塑科技有限公司	新材料
青岛青化聚合物有限公司	新材料
青岛科大双烯烃合成技术研究中心	新材料
青岛开世密封工业有限公司	新材料
青岛四维化工有限公司	新材料
青岛同科橡塑科技有限公司	新材料
青岛清科环保科技有限公司	新能源环保
青岛科大隆腾科技发展有限公司	新能源环保
青岛福利德科技有限公司	建筑制造
青岛尚博焊接科技有限公司	建筑制造
青岛雅合科技发展有限公司	现代服务

园区联系方式

地　址：青岛市四方区郑州路53号
邮　编：266045
电　话：86-532-68606066
传　真：86-532-68606066

青岛留学人员崂山创业园

园区概况

青岛留学人员崂山创业园（以下简称“创业园”）成立于2010年1月，是经国家科技部认定的“国家高新技术创业服务中心”，市政府批准的“民营与中小企业创业辅导基地”。

创业园设立了生物园、软件园、大学科技园等12个创业服务载体，统一以“青岛创业园”的品牌亮相全国，孵化基地总面积近30万平方米，配套有水、电、宽带网、公共餐厅、商务中心、网络系统、多媒体报告厅、接待室、洽谈室、会议室、健身活动室等，并为入园企业提供场地、注册登记、咨询、培训、融资、协助申报国家科技型中小企业技术创新基金及相关事务代理等全方位的专业化服务。

园区联系方式

地　址：青岛市崂山区株洲路153号
邮　编：266101
电　话：86-532-88998816
传　真：86-532-88998816

烟台留学人员创业园区

园区概况

烟台留学人员创业园区（以下简称“创业园区”）成立于1996年10月，是全国最早设立的留学人员创业园区之一。2001年被国家科技部、教育部、人事部和外国专家局认定为国家留学人员创业园，2003年被中组部、中宣部、统战部、人事部、科技部和教育部授予“留学回国人员先进工作单位”，被科技部认定为国家高新技术创业服务中心，2009年3月被省政府授予“全省留学人员回国创业工作先进单位”。

近年来，创业园区按照“引进人才、创办企业、带动产业”的工作思路，努力优化创业环境，先后引进海外留学人员308名，2人入选国家“千人计划”，5人入选山东省“万人计划”第一层次人才，3人入选烟台市“双百计划”。累计创办留学人员企业及各类高新技术企业450家，注册资本11亿元，90%以上属高新技术项目，形成了以生物医药、电子信息、精细化工、新材料为主导的产业格局。累计孵化毕业企业209家，实现工业产值102.6亿元，利税19亿元，拥有专利（专有）技术近700项，其中核心技术200项。

2009年9月，创业园区成功举办了全国留学人员创业园联盟理事会、第十届全国留学人员创业园网络年会和第三届中国留学人员创业园发展论坛，国家科技部、教育部、人力资源和社会保障部、外国专家局以及省、烟台市有关部门领导，全国95家留学人员创业园代表近200人参加了会议。

20010年园区发展报告

一、基础设施建设

创业园区自创建以来，得到了各级领导的高度重视和大力支持。特别是近几年来，开发区工委管委加强领导，加大投入，园区建设发展取得了显著成绩。目前，创业园区孵化器面积累计达12万平方米，其中，开发区管委累计投入2亿多元建成的科技大厦和1、2、3号标准厂房等公共孵化面积近8万平方米，与孵化毕业企业共建生物医药专业孵化场地2.75万平方米，与社会合作创建的孵化加速器1.2万平方米。孵化器配套设施齐全，可满足不同类型企业研发和生产需要。生活服务设施7000多平方米，商务中心以及各项现代化的办公设施，可为企业提供全面便利的服务。建设划拨留学人员周转住房27套，解决了创业人员的后顾之忧。

二、政策环境建设

烟台市委、市政府、开发区工委、管委全力督导园区建设和发展，先后制定、实施了《烟台留学人员创业园区管理暂行办法》、《关于进一步加强烟台留学人员创业园区建设的意见》、《关于加强高层次人才资源开发工作的若干意见（试行）、《烟台留学人员创业园区有关政策规定》等规范性文件及相关配套办法，形成了留学人员创业政策体系，在资金、税收、用地、用房、企业注册等方面予以最大限度的优惠和扶持，为留学人员创业发挥了积极作用，保证了留学人员创业在“零风险”下起步。近年来，已对209家留学人员企业实施了税收政策奖励，安排科技三项经费和匹配资助资金2000多万元，为46名留学人员安排了周转住房，400多家企业“两免三减半”租用园区厂房。2009年7月，烟台市委市政府颁布实施了《关于进一步加强高层次人才队伍建设的意见》和《关于实施高端人才引进“双百计划”的意见（试行）》两个文件，在薪酬激励、生活补贴、研究经费、安家补助、解决住房、安置家属、社会保障、专项奖励、创业资金等9个方面给予资助，对创新人才，最高可给予500万元的科研资助经费、最高100万元的安家补助；对创业人才，最高可给予200万元的创业启动经费，还以更加优惠的政策提供贷款贴息和不少于100平方米的工作场所。

三、服务体系建设

创业园区设立管理服务中心，副处级事业法人单位，全面负责创业园区管理和服务工作，内设综合处、项目推进处、企业服务处三个处室，主要承担留学人员企业等各类科技项目的引进、培育，优惠政策的落实，创业园区的发展等相关工作。管理服务团队现有工作人员16名，90%以上具有大学以上学历。

作为国家级留学人员创业园和科技企业孵化器，创业园区主要职能是引进高层次人才和高科技项目，搭建连接知识创新源头和高新技术产业的桥梁，实施发展高新技术产业的“金种子”工程和“育苗造林”工程。在工作中，创业园区管理服务团队树立了牢固的服务理念，想创业者所想，急创业者所急，做创业者所需，形成了优良的服务体系和高效的运行机制，被各创业园区推举为“中国留学人员创业园联盟”理事单位，先后荣获全国“留学回国人员先进工作单位”和全省“留学人员回国创业工作先进单位”。

四、园区产业：科技成果不断涌现，产业规模日益扩大

近年来，在各级政府的大力支持下，创业园区广大创业者们顽强拼搏、艰苦创业，众多优秀科技人才和科研成果脱颖而出，在技术创新和科技成果转化等方面取得了突出成绩，形成了以陈田安博士、房健民博士、刘珂博士、杜振宁博士等为核心的十几个创新团队，聚集各类高层次人才百余名，在国内具有一定的影响。麦得津海归团队成功研发出世界首例血管内皮抑制素抗肿瘤新药“恩度”，是拥有完全自主知识产权的国家一类新药，先后荣获全国第十届专利金奖、国家技术发明二等奖和全省专利金奖、技术发明一等奖，设计产能500万支/年，全部达产后，年可实现产值40亿元，对烟台生物医药产业的发展起到了巨大的影响和带动作用。陈田安博士加盟园区企业德邦公司引起了海内外封装行业的极大关注，大大提升了烟台在业界的知名度。目前，德邦公司已成功邀请瑞典皇家工程院院士刘建影教授和美国国家工程院汪正平院士两位业界领军人物担任公司科技顾问，并将承办2011年度中国半导体封装测试技术与市场研讨会。靶点公司刘珂博士团队专业从事具有自主知识产权的天然药物研发，承担了多项新药临床前研究工作，迄今已累计申报发明专利61项，“丹参酚酸A精氨酸盐的临床前研究”和“雷公藤红素十六醇酯静脉乳注射液临床前研究”项目双双被列入国家“重大新药创制”科技重大专项。创业园区作为高新技术企业成长的摇篮，培育了一大批勇于创新的科技型企业和拥有自主知识产权的高科技成果，先声麦得津生物制药、万润精细化工、德邦科技等一大批自主创新企业迅速崛起，取得了优异成绩，对繁荣区域经济发挥了积极的作用，受到社会各界的广泛关注。

2010年园区大事记

1. 3月5日，园区推荐的赴加拿大留学人员房健民博士被山东省人民政府认定为海外高层次创新人才，同时被授予

“泰山学者海外特聘专家”称号。

2. 3月12日，国家科技部确认烟台留学人员创业园区为“大学生科技创业见习基地试点单位”，这是创业园区既“国家级留学人员创业园区”、“国家级高新技术创业服务中心”之后第3块国字招牌。

3. 3月25日，烟台市市长张江汀视察园区创业成果。

4. 4月16日，园区推荐的赴新西兰留学人员杜振宁博士被山东省人民政府认定为海外高层次创业人才，同时被授予“泰山学者海外特聘专家”称号。同月，园区推荐的赴美留学人员陈田安博士被烟台市人才工作领导小组列入烟台市高端人才引进“双百计划”第一层次高端创新人才。

5. 5月14日，组织创业园区企业对烟台留学人员联谊会创业分会理事会进行了改选，选举产生了创业分分第三届理事会。

6. 5月中下旬，组织部分创业园区企业赴上海参观考察世博会。

7. 6月13日，中国信息产业发展研究院副院长、中国半导体行业协会副理事长毕克允等一行参观考察创业园区。

8. 8月13日，园区企业德邦科技有限公司举行“科技顾问授聘仪式”，成功聘请美国工程院院士刘建影、瑞典工程院院士汪正平、长江学者上官东凯博士为公司科技顾问。

9. 8月20日，派员参加了省侨办引进海外人才工作座谈会，并在会上做了典型发言。

10. 9月2日，烟台市人民政府确定园区推荐的陈田安博士、戴建武博士、陆友梅博士等3人为烟台市引进的首批“双百计划”高端创新人才。

11. 9月14日，荣昌生物等10家创业园区企业获得开发区2009年度科技资助匹配资金107.5万元。

12. 9月17至18日，创业园区在烟台开发区国家羽毛球训练基地成功举办了烟台留学人员创业园区2010年“创业杯”羽毛球、乒乓球比赛，170多名园区企业运动员参赛。

13. 9月26日，园区组织宝华生物等7家承担2008年度国家创新基金项目的创业园区企业参加验收，经地方专家组、国家科技部火炬中心双重审查，7家企业全部通过验收。

14. 10月13日，园区推荐的赴美留学人员陈田安博士和戴建武博士被山东省人民政府（鲁政办发[2010]59号文）认定为海外高层次创新人才，同时被授予“泰山学者海外特聘专家”称号。

15. 10月19日，国家外专局经济司副司长苏光明、山东省外专局副局长刘杰等一行业来园区调研高层次人才需求及外国专家聘用情况，并参观了园区创业成果展示室。

16. 10月24至11月2日，创业园区组团赴美国和加拿大举行了科技园项目推介、海外高层次人才引进等活动，在纽约、旧金山两地举行了科技园项目推介及高端人才引进会，与8家华人团体和留学人员组织确定了合作关系，与20名留学人员达成来烟创业意向，

17. 10月25日，由美国纽约州中小企业发展中心布莱恩•浦金石副署长率领的美国纽约州商务考察团一行6人来园区参观交流。

18. 11月17日，山东省发展和改革委员会评选创业园区为省级重点服务业科技园区。

19. 11月18日，浙江绍兴滨海新城党工委委员、管委副主任潘立峰一行参观创业园区。

20. 11月23日，组团参加在济南召开的中国山东第六届海内外高端人才交流暨技术项目洽谈会，潘晓静、沙磊等2名赴美高端人才签订了创业协议。

21. 12月17日，园区创业分会与烟台开发区中信银行联合举行了新年联谊会。

22. 12月20日，园区企业烟台希尔德新材料有限公司成功入选2010年度中国留学人员创业园区百家最具成长性创业企业。

23. 12月，创业园区推荐的陈田安博士和房健民博士成功入选国家“千人计划”创新人才。

2010年在园留学人员企业名录

烟台以法莲电子科技有限公司	电子信息
烟台谷媒网络科技有限公司	电子信息
烟台绿地嘉禾能源设备有限公司	电子信息
烟台海畅电子科技有限公司	电子信息
烟台博诚经纬管理软件有限公司	电子信息
烟台彼岸电子科技有限公司	电子信息
烟台飞创网络科技有限公司	电子信息
烟台画中游影视动画有限公司	电子信息
烟台海默软件科技有限公司	电子信息
烟台开发区文芯单片机开发有限公司	电子信息
烟台中胜电子科技有限公司	电子信息
烟台阿尔伯特电子科技有限公司	电子信息
烟台利源电子科技有限公司	电子信息
烟台创基软件科技有限公司	电子信息
烟台恒太光电技术有限公司	电子信息
烟台宏影通达文化传播有限公司	电子信息
烟台朱葛软件科技有限公司	电子信息
烟台鼎盛科技有限公司	电子信息
烟台佳事得软件开发有限公司	电子信息
烟台新时空科技有限公司	电子信息
烟台半岛软件科技有限公司	电子信息
烟台松江消防安全设备有限公司	电子信息
烟台毅康电子科技有限公司	电子信息
烟台佳美电子科技有限公司	电子信息
烟台东森软件科技有限公司	电子信息
烟台勾股通信技术有限公司	电子信息
烟台中科金泰电子有限公司	电子信息
烟台欧姆电子有限公司	电子信息
烟台锐兴自动化控制有限公司	电子信息
烟台明电电子科技有限公司	电子信息
烟台永泰软件开发科技有限公司	电子信息
烟台智明鼎兴企业管理咨询有限公司	电子信息
烟台盛世信息科技有限公司	电子信息
烟台鸿飞电子科技有限公司	电子信息
烟台翔远商务信息咨询有限公司	电子信息
烟台杜科机电科技工程有限公司	电子信息
烟台卡尔机电设备有限公司	电子信息
烟台东仪博迪电气有限公司	电子信息
烟台欧美亚电子科技有限公司	电子信息
烟台彩云计算机网络技术有限公司	电子信息
烟台康瑞软件有限公司	电子信息
烟台特晶电子有限公司	电子信息
烟台泰诺软件有限公司	电子信息
烟台宝利电子科技有限公司	电子信息
烟台三合立信自动化设备有限公司	电子信息

烟台三极电子有限公司	电子信息
烟台帝思普网络科技有限公司	电子信息
烟台云鹏电子科技有限公司	电子信息
烟台新普智能电子科技有限公司	电子信息
烟台浩霖电子科技有限公司	电子信息
烟台英士博软件有限公司	电子信息
烟台开发区全颐达安防科技有限公司	电子信息
烟台鲁威电子科技有限公司	电子信息
烟台驱逐软件有限公司	电子信息
烟台达瑞电子技术有限公司	电子信息
烟台天狐网络科技有限公司	电子信息
烟台诚海电子科技有限公司	电子信息
烟台目同电子有限公司	电子信息
烟台海风网络工程有限公司	电子信息
烟台安东电子有限公司	电子信息
烟台映广电子有限公司	电子信息
烟台易点软件科技有限公司	电子信息
烟台一达自动化设备有限公司	电子信息
烟台星河软件有限公司	电子信息
烟台格致电气科技有限公司	电子信息
烟台一世机电有限公司	电子信息
烟台华晟电子科技有限公司	电子信息
烟台正兴电气自动化设备有限公司	电子信息
烟台嘉祐网络科技有限公司	电子信息
烟台商舟网络科技有限公司	电子信息
烟台领先电子科技有限公司	电子信息
烟台赛尔斯生物技术有限公司	生物医药
烟台佰健海洋生物有限公司	生物医药
烟台东鼎生物科技有限公司	生物医药
烟台雅利生物科技有限公司	生物医药
烟台诺布尔生物工程有限公司	生物医药
烟台中航海润生物工程有限公司	生物医药
烟台平爱生物科技有限公司	生物医药
烟台海涛生物技术有限公司	生物医药
烟台景仁医药科技有限公司	生物医药
烟台天乐生物科技有限公司	生物医药
烟台凯博医药科技有限公司	生物医药
烟台麦特尔生物技术有限公司	生物医药
烟台宝华生物技术有限公司	生物医药
烟台哈博生物技术有限公司	生物医药
烟台芳禾源生物技术有限公司	生物医药
烟台华星药物研究有限公司	生物医药
烟台塔斯曼生物技术有限公司	生物医药
烟台汇鹏生物科技有限公司	生物医药
烟台绿想生物科技有限公司	生物医药
烟台秀水生物技术有限公司	生物医药
山东靶点药物研究有限公司	生物医药
山东司马特生物芯片有限公司	生物医药
烟台益生宜居建材科技有限公司	新材料
烟台一诺电子材料有限公司	新材料
烟台界面材料检测有限公司	新材料
烟台兰海复合材料技术有限公司	新材料
烟台同辉光电子有限公司	新材料
烟台富苑新型墙体材料有限公司	新材料
烟台伟顺化工科技有限公司	新材料
烟台爱德泰克光电材料有限公司	新材料
烟台福浩化工原料有限公司	新材料
山东鲁蒙防水防腐材料股份有限公司	新材料
烟台市宜和环保设备有限公司	新能源环保
烟台信德热泵科技有限公司	新能源环保
烟台惠升空气净化科技有限公司	新能源环保
烟台普利节水技术有限公司	新能源环保
烟台绿天使环保技术研究有限公司	新能源环境
烟台旭龙净化设备有限公司	新能源环保
烟台双益节电设备有限公司	新能源环保
烟台康凯环保设备有限公司	新能源环保
烟台华园新能源应用技术研究所	新能源环保
烟台同辉照明科技有限公司	新能源环保
烟台艾尔特地热科技有限公司	新能源环保
烟台鑫伟光电科技有限公司	新能源环保
烟台福隆能源科技有限公司	新能源环保
烟台昕诺吉太阳能技术有限公司	新能源环保
山东硅星电子设备有限公司	新能源环保
烟台富迪康生物科技有限公司	生态农业
烟台东顺建筑机械有限公司	建筑制造
烟台布鲁斯仪表科技有限公司	建筑制造
烟台爱德车身技术有限公司	建筑制造
烟台克陆克机电设备有限公司	建筑制造
烟台鑫昊机电设备有限公司	建筑制造
烟台瑞丰仪表有限公司	建筑制造
烟台太阳花石材工艺有限公司	建筑制造
烟台宏益微波科技有限公司	建筑制造
烟台兴合运业有限公司	商贸流通
烟台赛科机械设备有限公司	建筑制造
烟台元瑞汽车科技有限公司	建筑制造
烟台恒嘉机械制造有限公司	建筑制造
道纪科技园发展管理（烟台）有限公司	建筑制造
烟台鑫海光源科技有限公司	建筑制造
烟台信宇电气科技有限公司	建筑制造
汉江机电设备（烟台）有限公司	建筑制造
烟台金伯仑酒业有限公司	建筑制造

园区联系方式

地　址：烟台开发区珠江路28号科技大厦10楼

邮　编：264006

电　话：86-535-6385289

传　真：86-535-6370563

邮　箱：ytcyyqgxy@163.com

网　址：www.cyyq.org

潍坊留学人员创业园

园区概况

潍坊留学人员创业园（以下简称“创业园”）成立于1999年，位于潍坊高新技术产业开发区科技孵化基地。创业园依托高新区完善的服务体系和优越的创业环境条件，吸引海外留学人员到潍坊工作和创业，发挥留学人员在信息技术、科研等方面的优势，把在国外学到的知识、掌握的技术、积累的经验和研究的成果带到我市进行开发，加快科技成果向现实生产力的转化，促进潍坊市高新技术产业发展。

创业园在为留学人员企业提供必要的基本服务基础上，引进了金融、会计师事务所、律师事务所、国际货运代理公司、报关代理公司、企业策划等社会中介服务机构，为企业提供更为丰富的业务咨询和服务。

园区联系方式

地　址：潍坊高新区玉清东街高新大厦
邮　编：261031
电　话：86-536-2999009
传　真：86-536-2999009

威海留学人员创业园

园区概况

威海留学人员创业园（以下简称“创业园”）成立于2006年5月，由威海经济技术开发区创新中心与教育部留学服务中心共建。创业园主要为海外留学归国人员创办的船舶制造、港口信息管理、软件信息和人才培训等行业的企业提供服务，旨在加快威海市科技创新、科技进步，促进科技成果转化和高技术产业化，推进智力资源本土化，智力成果产业化，提升威海市科技创新竞争力。

创业园秉承“引进原创性，鼓励创新型，促进产业化”的原则，引进科技创新企业，促进科技成果转化。主要服务对象是中小型高新技术企业、海外留学人员回国创办的企业及中小型韩日科技企业。2006年，创业园与北京中关村国际孵化园共建威海产业化基地，将中关村先进的技术及科研成果引进威海，实现和威海传统产业的对接，在实现先进技术产业化的同时，促进了威海传统产业的技术升级，达到双赢的目的。同时，与国家教育部留学服务中心、科技部火炬中心共建“春晖杯”中国留学人员创新创业大赛评审基地，为留学人员创办船舶制造、港口信息管理、软件信息等为核心的高科技企业提供有力支持和理想服务。

2010年在园留学人员企业名录

山东二十度节能技术服务有限公司	电子信息
威海奥博软件有限公司	电子信息
威海奥瑞软件有限公司	电子信息
威海伯泰电子有限公司	电子信息
威海腓力建筑技术咨询有限公司	电子信息
威海枫叶科技开发有限公司	电子信息
威海光成信息技术有限公司	电子信息
威海嘉讯电子技术公司	电子信息
威海克劳斯数码通讯设备有限公司	电子信息
威海梦之路软件有限公司	电子信息
威海市金黎明科技开发有限公司	电子信息
威海市乐家电子科技有限公司	电子信息
威海维吉尼亚光电技术有限公司	电子信息
威海欣智信息科技有限公司	电子信息
威海新儒教育科技开发中心	电子信息
威海信石软件有限公司	电子信息
山东吉威医疗制品有限公司	生物医药
威海科力斯生物工程有限公司	生物医药
威海盛世田园生物工程有限公司	生物医药
威海市馥嘉园花卉有限公司	生物医药
威海祥泰药物控制释放技术开发有限公司	生物医药
威海秀水药物研发有限公司	生物医药
威海益康农业生物技术有限公司	生物医药
威海百克环保工程有限公司	光机电一体化
威海富瑞沃电子有限公司	光机电一体化
威海诺达科技有限公司	光机电一体化
威海远航科技发展有限公司	光机电一体化
威海鸿瑞通讯器材有限公司	新材料
威海健坤新材料制品有限公司	新材料
威海科益达电子有限公司	新材料
威海启航科技有限公司	新材料
威海紫润化工有限公司	新材料

园区联系方式

地　址：威海经济技术开发区海滨南路28号
　　　　建设大厦1层
邮　编：264209
电　话：86-631-5980656

威海海外学人高科技创新园

园区概况

威海海外学人高科技创新园（以下简称“海创园”）成立于1999年12月，由威海高新区高新技术创业服务中心与中国留日同学总会共同创建，位于威海火炬高技术产业开发区。2001年4月与来自26个国家的32个留学生团体创建了“威海留学人员创业创新示范基地”，同年12月由国家人事部批准设立了“博士后科研工作站”，营造了宽松优良的创业环境，对海外留学人员产生了较大的吸引力。

园区联系方式

地　址：威海市文化西路288号火炬大厦
邮　编：264200
电　话：86-631-5629100
邮　箱：webmaster@whctp.gov.cn
网　址：www.whtdz.com.cn

济宁留学人员创业园

园区概况

济宁留学生创业园（以下简称“创业园”）成立于2001年11月，由山东省济宁市人事局、济宁市高新区管委会联合创建。创业园依托高新区完善的服务体系和国家级创业中心优越的创业环境，为归国留学人员来济宁搭建创业的载体和平台。济宁留学人员创业园在做好“待遇留人”、“感情留人”的同时，更加注重“事业留人”，立足搭建“政、产、学、研、资、介、贸”等创业要素集合的平台，让留学人员的成果在这里得到转化，让留学人员企业在这里扬名，让留学人员的个人价值在这里实现。

创业园先后获得山东省政府“归国留学人员工作先进单位”（全省两家之一）、国家人事部“国家博士后科研工作站建站单位”、国家科技部“火炬计划国家生物产业基地”、国家科技部“全国优秀国家级高新技术创业服务中心”、山东省首批软件产业基地和全国博士后管委会“全国博士后科研工作先进单位”等称号。

园区联系方式

地　址：济宁市金宇路52号
邮　编：272023
电　话：86-537-2363611
传　真：86-537-2168952
邮　箱：jncyzx109@163.com
网　址：www.jnhn.gov.cn

淄博留学人员创业园

园区概况

淄博留学人员创业园（以下简称“创业园”）成立于1999年，是淄博高新区管委会投资建设的科技企业孵化器，与淄博高新技术创业服务中心合署办公。2002年被认定为国家创业中心。

创业园切合实际情况和孵化器的发展趋势，在整体布局上形成了高层次人才创业区、生物医药暨新材料孵化区、电子信息暨软件孵化区、环保暨光机电一体化孵化区、综合服务区等专业功能相对集中的“一器多区”的格局，并规划逐步建立完善无机非金属材料、生化技术、电子信息等专业技术孵化平台，逐步实现由专业孵化区向专业孵化器的转变，最终形成“一园多器”的格局。同时，在资金扶持、办公、住宿、家庭子女、土地使用、项目发展等方面都有具体的扶持措施。经过几年的运作，目前园区内已有一大批由留学回国人员创办、领办的高科技企业进驻，主要产业领域有软件、生物、医药化工、电子通讯等。

2010年在园留学人员企业名录

淄博盛世天元数码动画公司	电子信息
淄博博凯软件有限公司	电子信息
淄博精彩电子商务发展公司	电子信息
思艾工程（淄博）有限公司	电子信息
淄博金四达计算机有限公司	电子信息
淄博锐讯信息技术有限公司	电子信息
淄博银领电子有限公司	电子信息
淄博金硕电子信息有限公司	电子信息
淄博鲁安电子科技有限公司	电子信息
淄博嘉日通迅技术有限公司	电子信息
淄博中煜电子科技有限公司	电子信息
淄博佳安电子有限公司	电子信息
淄博清方电子科技有限公司	电子信息
淄博高通科技有限公司	电子信息
淄博微联电子有限公司	电子信息
淄博淳阳电子有限公司	电子信息
淄博元策信息科技有限公司	电子信息
淄博高新区百舸网络技术研究所	电子信息
淄博金狐电脑有限公司	电子信息
淄博龙脉网络有限公司	电子信息
淄博惠智电子有限公司	电子信息
淄博汉邦电子科技有限公司	电子信息
淄博新视博数字传媒技术有限公司	电子信息
淄博卓尔电器有限公司	电子信息
淄博泰诺技防工程发展有限公司	电子信息
淄博庞特电子有限公司	电子信息
淄博正瑞电子有限公司	电子信息
淄博亿海计算机网络有限公司	电子信息
淄博利方软件有限公司	电子信息
淄博新火炬电子信息公司	电子信息
山东维多利亚电子有限公司	电子信息
淄博思科电子有限公司	电子信息
淄博连创电子有限公司	电子信息
淄博艾肯电脑有限公司	电子信息
淄博双百电子有限公司	电子信息
淄博中企智业有限公司	电子信息
淄博中道瑞风电子科技有限公司	电子信息
淄博航宇数字勘测技术公司	电子信息
淄博凯恩软件有限公司	电子信息
淄博中联数码有限公司	电子信息
淄博金苹果计算机系统工程有限公司	电子信息
淄博奇风林电子科技有限公司	电子信息
淄博一帆信息技术公司	电子信息
淄博雷鸣工业自动化公司	电子信息
淄博吉庆电气有限公司	电子信息
淄博万方电子有限公司	电子信息
淄博爱迪尔计算机有限公司	电子信息
淄博朗特网络科技有限公司	电子信息
淄博欧马光纤通讯设备公司	电子信息
淄博海尔兄弟教育产品有限公司	电子信息
淄博网友电子有限公司	电子信息
山东天利和软件有限公司	电子信息
淄博爱迪尔计算机有限公司	电子信息
淄博新华奇林软件有限公司	电子信息
淄博顶点信息技术有限公司	电子信息
山东欧控电子科技发展公司	电子信息
淄博量子电气有限公司	电子信息
淄博乾晨电子有限公司	电子信息
淄博商信电子有限公司	电子信息
淄博天辉网络技术有限公司	电子信息
淄博顺拓电气有限公司	电子信息
淄博华邦高创网络科技公司	电子信息
山东赛安迪生物工程制品公司	生物医药
淄博爱普瑞生化肥业有限公司	生物医药
淄博德赛生物纤维有限公司	生物医药
淄博贯一海洋生物制品公司	生物医药
淄博济世保健食品科技有限公司	生物医药
淄博康基生物工程有限公司	生物医药
淄博普生医疗器械有限公司	生物医药
淄博圣纳生物医药有限公司	生物医药
淄博英维健蛋白有限公司	生物医药
淄博昀辉生物化工技术有限公司	生物医药

淄博中澳惠尔液肥有限公司	生物医药	淄博天九通工程有限公司	光机电一体化
赛欧机电（淄博）有限公司	光机电一体化	淄博天骏清洁设备有限公司	光机电一体化
山东华海科技有限公司	光机电一体化	淄博天能电力有限公司	光机电一体化
山东申普汽车控制技术公司	光机电一体化	淄博拓驰电器有限公司	光机电一体化
山东应天崇立光电科技公司	光机电一体化	淄博威纳电气有限公司	光机电一体化
西安先行测控系统有限公司淄博分公司	光机电一体化	淄博威特电气有限公司	光机电一体化
淄博艾克维昂水处理设备有限公司	光机电一体化	淄博威特汽车节油器有限公司	光机电一体化
淄博艾能电气有限公司	光机电一体化	淄博新思源电器有限公司	光机电一体化
淄博安顺达汽车尾气检测有限公司	光机电一体化	淄博信邦电器有限公司	光机电一体化
淄博百泉水业科技有限公司	光机电一体化	淄博迅实电气有限公司	光机电一体化
淄博博鸿电气有限公司	光机电一体化	淄博扬中电器有限公司	光机电一体化
淄博博硕工业控制技术公司	光机电一体化	淄博英斯派克机电科技公司	光机电一体化
淄博诚杰电控科技开发公司	光机电一体化	淄博越华汽车燃气技术公司	光机电一体化
淄博创尔沃制冷科技有限公司	光机电一体化	淄博昭瑞通信设备有限公司	光机电一体化
淄博迪芯电气控制系统集成有限公司	光机电一体化	淄博智洋电气有限公司	光机电一体化
淄博顿仪器仪表有限公司	光机电一体化	淄博中瑞自动化控制工程系统有限公司	光机电一体化
淄博福尔德医疗设备有限公司	光机电一体化	淄博中为通信设备有限公司	光机电一体化
淄博福莱德变电设备有限公司	光机电一体化	山东道奇橡胶轮胎新材料公司	新材料
淄博富能电气有限公司	光机电一体化	山东东大一诺威聚氨酯公司	新材料
淄博格雷德电气有限公司	光机电一体化	山东齐兴能源材料有限公司	新材料
淄博国力自动化设备有限公司	光机电一体化	山东省帝龙矿业有限公司	新材料
淄博海瑞林医疗器械有限公司	光机电一体化	山东淄博康淄石油化工公司	新材料
淄博海拓仪表有限公司	光机电一体化	淄博爱普化工科技有限公司	新材料
淄博瀚海电气有限公司	光机电一体化	淄博奥克罗拉新材料公司	新材料
淄博鸿铭网络科技有限公司	光机电一体化	淄博奥克新科技有限公司	新材料
淄博华航机械技术开发公司	光机电一体化	淄博博纳科技发展公司	新材料
淄博华捷设备有限公司	光机电一体化	淄博畅安陶瓷科技有限公司	新材料
淄博华铭电器有限公司	光机电一体化	淄博德诺铝业科技有限公司	新材料
淄博惠杰电器技术开发公司	光机电一体化	淄博法恩新材料有限公司	新材料
淄博今业啤酒设备有限公司	光机电一体化	淄博福世蓝高分子复合材料技术有限公司	新材料
淄博金安特机电设备公司	光机电一体化	淄博亘泽精细化工有限公司	新材料
淄博金太阳科贸有限公司	光机电一体化	淄博海泰高温材料科技公司	新材料
淄博金钥匙电子发展有限公司	光机电一体化	淄博瀚宇材料有限公司	新材料
淄博凯腾仪表开发有限公司	光机电一体化	淄博恒毅峻高分子滤材科技开发有限公司	新材料
淄博科明电器有限公司	光机电一体化	淄博华熙纺织印花有限公司	新材料
淄博科廷机电有限公司	光机电一体化	淄博金纪元研磨材有限公司	新材料
淄博莱茵机电科技有限公司	光机电一体化	淄博巨宝轻工制品有限公司	新材料
淄博利安机电科技有限公司	光机电一体化	淄博开发区多纶油剂化工公司	新材料
淄博龙翔光电技术有限公司	光机电一体化	淄博科伦新技术有限公司	新材料
淄博迈瑞医疗器械有限公司	光机电一体化	淄博科麦化工科技开发公司	新材料
淄博纽氏达特齿轮传动技术有限公司	光机电一体化	淄博蓝资科技有限公司	新材料
淄博前沿医疗设备有限公司	光机电一体化	淄博理研泰山涂附磨具公司	新材料
淄博人和健身器材有限公司	光机电一体化	淄博鲁德新型发热材料开发有限公司	新材料
淄博日泰工业自动化有限公司	光机电一体化	淄博骆仕高温制品有限公司	新材料
淄博瑞克科贸发展有限公司	光机电一体化	淄博奈奇尔纺织科技发展公司	新材料
淄博瑞森化工设备有限公司	光机电一体化	淄博诺达化工有限公司	新材料
淄博瑞尚化工机械有限公司	光机电一体化	淄博普瑞家用纺织品科技公司	新材料
淄博瑞源电力保护设备公司	光机电一体化	淄博市劲松金属材料有限公司	新材料
淄博三丰电气有限公司	光机电一体化	淄博四砂泰山砂布砂纸公司	新材料
淄博三剑电气有限公司	光机电一体化	淄博溯源新材料科技有限公司	新材料
淄博三普机电有限公司	光机电一体化	淄博天疆化工建材有限公司	新材料
淄博三瑞燃气成套设备公司	光机电一体化	淄博天峻德化工有限公司	新材料
淄博桑特动力设备有限公司	光机电一体化	淄博新邦陶瓷科技有限公司	新材料
淄博盛永电气科技有限公司	光机电一体化	淄博雪春化工科技有限公司	新材料
淄博瞬龙工业自动化设备公司	光机电一体化	淄博永麒化工有限公司	新材料

淄博优能科技发展有限公司 新材料
淄博中邦锆铝精细材料公司 新材料
淄博中恒陶瓷色釉料有限公司 新材料
淄博中理磨具公司 新材料
淄博中南纺织科技有限公司 新材料
山东信博洁具有限公司 新能源环保
淄博宝泉环保工程有限公司 新能源环保
淄博广和窑业有限公司 新能源环保
淄博海洁环境工程公司 新能源环保
淄博科邦建材技术有限公司 新能源环保
淄博科信窑炉工程有限公司 新能源环保
淄博联星窑业技术公司 新能源环保
淄博隆泰科技有限公司 新能源环保
淄博梦溪环保科技有限公司 新能源环保
淄博铭创环境科技有限公司 新能源环保
淄博圣达瀚科邦节能环保技术有限公司 新能源环保
淄博翔瑞能源设备科技公司 新能源环保
淄博三维模具有限公司 建筑制造
淄博盛贝尔工贸有限公司 建筑制造
山东东方纹理防伪技术公司 现代服务
赢时通科技（深圳）有限公司淄博分公司 现代服务
淄博广景建筑工程咨询公司 现代服务

园区联系方式

地　址：淄博高新区政通路135号
邮　编：255086
电　话：86-533-3583091，3580205
传　真：86-533-3583091
邮　箱：muxianquan@hotmail.com
网　址：www.ziboibi.com

莱芜市留学人员创业园

园区概况

莱芜市华侨华人、留学人员创业园（以下简称“创业园”）成立于2001年9月，又称莱芜高新技术产业开发区，是山东省政府批准的省级高新区。创业园坐落于莱芜城区东部，总规划面积35平方公里。

创业园紧连市区，两条高速公路、两条铁路专用线贯穿其中，与济（南）青（岛）高速、（北）京沪（上海）高速以及胶济、京沪两大铁路相连，距济南国际机场80公里，距青岛港300公里，形成了四通八达的交通网络。区内已铺设通讯光缆，可提供互联网的高速接入。通关快速便捷。区内有青岛海关莱芜办事处，企业可在这里办理海关业务，产品直通国际市场。区内现已形成“十纵十横”的道路主网络，总长49.5公里，敷设各类管线300公里，并建设了110千伏输变电站、热力站、水厂等一批能源设施，在14.5平方公里范围内实现了“九通一平”（道路、供水、供电、通讯、热力、排污、排水、有线电视、宽带互联网“九通”和场地整平），30平方公里范围内实现了“五通一平”（道路、供水、供电、通讯、排污“五通”和场地整平。

创业园管委会始终致力于创业环境的不断优化，形成了良好的运行机制，营造了优良的投资软环境。以“亲商、富商、安商”和“你投资经营、我服务全程”为最高服务理念，设立了“一站式”服务大厅，全面落实了服务承诺、首问负责、违诺处罚、手续代办等制度，实现了涵盖“项目审批、开工建设、投产经营”的一条龙全过程服务，赢得了广大客商的一致好评。

入驻企业除享有山东省省级高新区的优惠政策外，还享有莱芜市委、市政府在土地政策、财政政策、收费政策等各方面赋予的更大程度的优惠。

创业园优美的环境、优惠的政策、优良的秩序、优质的服务，已经吸引了来自美国、德国、加拿大、韩国、香港、台湾等10多个国家和地区的留学人员前来投资兴业。

园区联系方式

地　址：芜湖市经济技术开发区银湖北路
邮　编：271009
电　话：86-533-5848089
传　真：86-533-5848005
网　址：www.whgkc.com

临沂留学人员创业园

园区概况

临沂留学人员创业园（以下简称“创业园”）位于临沂高新技术产业开发区科技孵化基地内，与临沂高新技术创业服务中心合署办公，其主要任务是通过国家、省、市及高新区的优惠政策和创业服务中心的优质服务，为学有所成的归国留学生人员提供广阔的发展空间。

创业园现有建筑面积11500平方米的科技孵化大楼一座，由临沂市政府投资2000万元建设。科技孵化大楼按国内一流标准设计，内设管道纯净水系统、中央空调、电讯宽带网络、产品展示厅、科技报告厅、餐饮娱乐中心等公用设施，拥有120多个孵化单元，可为不同类型的科技企业提供40—200平方米的孵化空间，创业园可为留学人员创办的企业提供技术、人才、信息、咨询、培训、融资等一系列的服务，为科技企业的发展营造良好的创业环境。

留学人员创办的企业可享受的主要优惠政策有：享受国家、省、市及高新区对高新技术企业制定的相关政策；设立“科技创业基金”以无偿补助、贴息和资本金投入等方式扶持科技型企业的发展；对留学人员创办的企业，在一定的开发、生产及经营用房面积内，实行房租减免政策，并实行税收返还政策；对于科技含量高、市场前景好、具有自主知识产权的项目，在资金、税收、工商行政管理、出入境等方面享受更优惠的待遇等等。创业园重点吸纳电子与信息通信技术、生物工程及医药技术、光机电一体化技术、新材料、新能源及节能环保技术以及其他高新技术领域的企业和项目。

园区联系方式

地　址：临沂高新区新华路西段创业大厦
邮　编：276017
电　话：86-539-7109126
传　真：86-539-7109096
邮　箱：lycyzx@126.com
网　址：www.lycyzx.org.cn

日照留学人员创业园

园区概况

日照留学人员创业园（以下简称“创业园”）成立于1999年9月，属于公益性科技事业服务机构。创业园按照国际惯例进行建设，重点发展以电子信息、生物技术、新型材料、海洋化工、机电一体化为主导的高新技术产业，积极引进各类高级专业技术人才、管理人才、留学归国人员，鼓励各类人才带项目、带资金、带课题进园创业。

创业园位于日照开发区的黄金地段，拥有孵化面积3万余平方米，设有精简高效的管理服务机构，在项目建设、劳动人事等方面享有市级管理权限，实行封闭管理，为留学人员进园创业提供捷高效“一条龙”优质服务。为吸引广大的海外留学人员进园区创办企业，创业园在税费政策、房屋租赁、工商注册、资金等方面给予最大程度的优惠和扶持。凡进园留学归国人员及海外留学人员创业投资享受“免二减三”优惠政策，除国家规定交纳的费用外，地方权限范围内的各种费用一律免收。

经过10年的发展，创业园已初步建立了适合中小科技企业发展的体制和机制，已先后引进凯威数码、凯讯电子、斯文电子、哈工大微电机项目、红惠医药、中科生物、平易软件等20余家高科技企业和科研机构，引进留学人员和各类高科技人才50余名。创业园将积极发挥对外交流和人才引进的窗口带动作用，以建设成为全市高新技术产业基地为发展目标，进一步加大园区建设力度，加强对科技企业的孵化，吸引更多的留学人员和高科技人才来园区创业。

园区联系方式

地　址：日照经济技术开发区
邮　编：276800
电　话：86-633-8339816
传　真：86-633-8331049
邮　箱：rdp@rz-public.sd.cninfo.net
网　址：www.lietou.com

泰山留学人员创业园

园区概况

泰山留学人员创业园（以下简称“创业园”）成立于2000年8月，隶属于泰安高新区管委会，与泰安高新技术创业服务中心合署办公。创业园旨在引进高层次的科技人才，吸引海外人员创办高新技术企业，进行科技成果转化，推动科技与经济结合，使之成为留学人员回国创业的基地、发展高新技术产业的孵化器、对外开放和招商引资的窗口。

创业园依托泰安高新技术产业开发区良好的投资环境和完善的基础设施，为留学人员创业提供税收、资金、用房、工商行政管理、出入境等各方面的优惠待遇和全方位、全过程的优质高效服务，创造与国际惯例接轨、适合科技成果转化和产业发展的环境条件，成为留学人员施展才干、成就事业的理想天地。

园区联系方式

地　址：泰安高新区泰山科技城
邮　编：271000
电　话：86-538-8515685
传　真：86-538-8938300
邮　箱：tcyzx@taigx.cn
网　址：www.taigx.cn

德州市留学人员创业园

园区概况

德州市留学人员创业园（以下简称“创业园”）成立于2007年，与德州市高新技术创业服务中心合署办公。创业园区成立以来先后被评为“德州市中小企业创业辅导基地示范单位”、“天津大学博士生创新实践基地”、“中国人民大学经济学科研实习基地”、“省市共建留学人员创业园”、“大学生科技创业见习基地试点单位”。2010年被科技部火炬中心批准为国家级科技企业孵化器。

创业园总占地面积9.2万平方米，规划建筑面积6.6万平方米，建有A、B、C三个楼座，1.9万平方米的孵化综合楼、1800平方米的孵化车间、2300平方米的国际商务会所已投入使用。综合楼水、电、暖及通讯设备齐全，同时配套有中心大厅、共享会议室、洽谈室、产品展厅等，基础设施配套完善，能满足近百家科技项目和企业科研、生产的需要。

创业园为留学人员回国创业提供了良好的平台和充足的空间，制定了一系列优惠政策和服务制度，留学人员企业在孵化期内可享受“免二减一”的财政奖励扶持和房租减免优惠政策。园区为留学人员企业无偿提供创业指导，提供新办企业咨询服务，代办工商注册、税务登记、银行开户、工商年检等手续，指导留学人员企业申报各级各类项目计划，争取资金支持。对留学归国人员，园区协助解决家属调动、安排子女就近入学等事宜。

目前，园区共有留学人员企业17家，留学人员19人。今后将进一步促进创业园的建设和发展，努力把德州留学人员创业园办成对外引才引智的窗口，留学人员回国干事创业的摇篮。

2010年优秀在园留学人员企业

一、山东新宇科技发展有限公司

山东新宇科技发展有限公司是第一家入驻留学人员创业园的企业，该企业主要从事自动控制技术、计算机技术、环保技术、热力电力技术的研发、生产和销售。公司总经理藏国强是毕业于Johns Hopkins大学的留美博士，研究方向为计算机技术。2006年臧国强博士率领其科技团队与山东理工大学合作并成立山东新宇科技发展有限公司，并于2007年入驻创业园，3年来自主完成3项具有自主知识产权、填补国内空白、达到国内领先水平的科技成果。公司是德州市唯一一家生产超声波热量表的企业，产品已经取得省质监局颁发的计量器具生产许可证。

二、山东瑞草生物科技有限公司

山东瑞草生物科技有限公司成立于2008年，前身是有8年北冬虫夏草栽培和研究历史的东方虫草科技园。总部设在创业园内，专业从事北虫草产业的研发，是一家集科、工、贸于一体的生物科技公司。该公司十分注重科技研发，拥有多名高科技人才，公司聘有两名留美博士作为其主要研发人员，另聘有1名韩国留学生担任销售部经理，以韩国为起点，逐步开拓包括韩国、日本等海外市场。

三、德州瑞康防辐射材料有限责任公司

德州瑞康防辐射材料有限责任公司是集研、产、销于一体的高科技民营企业。专业从事手机、电脑防辐射产品的研发和生产。公司经过3年多的发展，目前已经发展成为长江以北最大的民用防辐射产品研发生产基地。市场主要遍布东北、华北、华东地区、并远销俄罗斯。公司下设的德州高科防辐射研究中心拥有多名专业从事防辐射产品研究的科研人员，其中陈方洁博士毕业于美国宾州大学，该公司的防辐射涂料就是陈方洁博士研发的，该产品已经申请专利。

四、山东洁阳新能源有限公司

山东洁阳新能源有限公司2008年在创业园成立，主要生产太阳能电池组件、光伏电站、LED太阳能灯具，经过3年的孵化，公司已于2010年投资1.5亿元在开发区征地建厂。目前已经发展成为国内太阳能行业集研发、生产、销售及服务等综合利用于一体的大型高新技术企业，并成为第四届世界太阳城大会协办单位和赞助商。该公司股东付宜明是菲律宾留学生，在菲律宾大学获得硕士学位，研究方向是光电技术，在公司内主要负责市场开拓和技术研究。

园区联系方式

地　址：德州经济开发区晶华大道587号
邮　编：253076
电　话：86-534-2558587
传　真：86-534-2556587
邮　箱：dzshx@126.com
网　址：www.dzgczx.com

河南留学人员创业园

园区概况

河南留学人员创业园（以下简称“创业园”）成立于1998年1月。2002年12月，由国家人事部和河南省政府共建，成为河南唯一的国家级留学人员创业园。创业园基本功能定位于“示范、服务、孵化和聚集功能”，是为留学人员回国创业设立的专一政策性园区，旨在通过全方位的政策扶持和资金支持，吸引留学人员回国创业并发挥其在技术、管理、资金方面的优势，逐步把园区建设成为河南省对外开放、吸引人才、引进资金和技术的窗口和基地。

创业园位于国家郑州经济技术开发区内，地理位置优越，交通便捷，京广铁路、陇海铁路、京珠高速公路、310国道、107国道、环城公路环绕四周。距新郑国际机场22公里，距陇海铁路圃田站3公里，距国家一类铁路口岸郑州东站1.5公里，距公路货运中心站2.5公里，至天津、青岛、连云港港口铁路运输最多不超过12小时，紧临河南出口加工区、保税区。

创业园自成立以来，在国家、河南省、郑州市人事部门的大力支持下，在河南省留学人员与外国专家服务中心的悉心指导下，认真贯彻落实河南省委《关于加强海外高层次留学人才引进工作的通知》、郑州市委《关于进一步加强人才工作的意见》等文件精神，在园区建设、招商引资、孵化扶持等方面取得了可喜的成绩。目前，创业园拥有孵化基地2万多平方米，累计引进企业200多家，毕业企业50多家，累计投资额超过15亿元。引进硕士以上学位的海外高层次人才130余名，引进项目涉及电子信息、软件、生物工程、光电一体化、新材料等高新技术领域。河南世通科技有限公司、河南天畅电子有限公司、郑州丹纳特检测技术有限公司等企业通过园区孵化，已初具规模并相继购地建厂。

为满足入园留学生企业和后续项目的办公及生产需求，吸引更多海外留学生来投资创业，创业园正在规划建设“孵化基地二期工程”。该工程前期计划投资3亿元，建设总量为10万平方米的创业大楼、独立办公楼、标准厂房和生活配套服务设施等。创业园将不断加快基地建设进度，积极落实孵化扶持政策，努力提高服务水平，为广大海外留学回国人员提供更加良好的创业平台和政策环境，逐步使园区成为留学人员投资兴业、施展才华、报效祖国的创业热土，为实现中原崛起贡献力量。

2010年在园留学人员企业名录

河南达迈思科技有限公司	电子信息
河南建设工程智能检测有限公司	电子信息
河南恒基伟业信息科技有限公司	电子信息
河南龙浩网络科技有限公司	电子信息
河南能通天源节能科技有限公司	电子信息
河南省中开实业有限公司	电子信息
河南索克计算机技术有限公司	电子信息
河南豫海实业有限公司	电子信息
思腾（郑州）高新技术有限公司	电子信息
郑州东泰恒基科技开发有限公司	电子信息
郑州汉商科贸有限公司	电子信息
郑州加众汽车电子科技有限公司	电子信息
郑州美方科技有限公司	电子信息
河南盛通信息技术有限公司	电子信息
河南鑫盾科技发展有限公司	电子信息
河南永恒立方科技有限公司	电子信息
河南芝麻开门数码商务有限公司	电子信息
河南紫光捷通有限公司	电子信息
华商创展（中国）有限公司	电子信息
郑州大乘信息科技有限责任公司	电子信息
郑州耕宇科技有限公司	电子信息
郑州开拓双赢数码咨询有限公司	电子信息
郑州普瑞电子信息有限公司	电子信息
郑州势坤信息技术有限公司	电子信息
郑州斯达瑞技术有限公司	电子信息
郑州泰博科技有限责任公司	电子信息
郑州炜一电子信息有限公司	电子信息
郑州西恩乐天电子信息有限公司	电子信息
郑州易多网络有限公司	电子信息
郑州英孚赛思电子有限公司	电子信息
郑州豫杰科技发展有限公司	电子信息
郑州中软天畅网络信息工程有限公司	电子信息
郑州汇智资讯管理技术有限公司	电子信息
郑州吉力华钻采技术有限公司	电子信息
郑州美林科技有限公司	电子信息
郑州世通科技发展有限公司	电子信息

郑州泰鸿网络技术有限公司	电子信息
郑州杰格瑞华道路工程技术有限公司	电子信息
郑州铁建科技有限公司	电子信息
郑州西依德电子科技有限公司	电子信息
郑州新基石通信服务有限公司	电子信息
郑州市实创清洗技术有限公司	电子信息
郑州运通通信工程有限公司	电子信息
郑州明望电子有限公司	电子信息
郑州宇林电子科技有限公司	电子信息
郑州谊景电子科技有限公司	电子信息
郑州中兆科技有限公司	电子信息
河南省中药研究所有限公司	生物医药
郑州优尼珂医疗器械有限公司	生物医药
郑州安达生物科技有限公司	生物医药
郑州百年生物技术有限公司	生物医药
郑州欧润生物有限责任公司	生物医药
郑州全生医学技术有限公司	生物医药
郑州市莱沃医疗仪器有限公司	生物医药
郑州炎黄基因科技有限公司	生物医药
零污染科技（郑州）有限公司	光机电一体化
铁人自然能源系统（郑州）有限公司	光机电一体化
新视野光电（郑州）有限公司	光机电一体化
郑州丰驰新能源环保有限公司	光机电一体化
郑州华腾汽车零部件制造有限公司	光机电一体化
郑州库博科技有限公司	光机电一体化
郑州蓝宝石光电技术公司	光机电一体化
郑州日佳电源加热设备有限公司	光机电一体化
郑州市爱迪医疗器械有限公司	光机电一体化
郑州市精科分析仪器有限公司	光机电一体化
郑州微纳科技有限公司	光机电一体化
郑州现代自动输送装备有限公司	光机电一体化
河南科达节能环保有限公司	新材料
河南天宝科技有限公司	新材料
河南鑫成镁业科技有限公司	新材料
河南裕隆金属材料有限公司	新材料
河南豫健科技有限公司	新材料
郑州博洋化工科技有限公司	新材料
郑州驰达钨钼制品有限责任公司	新材料
郑州吉诺新能源环保材料有限责任公司	新材料
郑州豫华冶金材料有限公司	新材料
郑州宏达模塑有限公司	新材料
郑州德元科技发展有限公司	新材料
郑州格莱特科技发展有限公司	新材料
郑州华璐科技有限公司	新材料
郑州市联合能源电子有限公司	新能源环保
河南桉树生态环境科技有限公司	新能源环保
零污染科技（郑州）有限公司	新能源环保
河南桉树生态环境科技有限公司	新能源环保
河南亚新能源环保实业有限公司	新能源环保
河南新蓝天环保科技有限公司	新能源环保
河南宝晟矿业有限公司	新能源环保
郑州程祥环保设备安装工程有限公司	新能源环保
郑州美林环境工程有限公司	新能源环保
郑州健达环保科技开发有限公司	新能源环保
郑州吉诺新能源环保材料有限责任公司	新能源环保
郑州中恒能源有限公司	新能源环保
郑州健达环保科技开发有限公司	新能源环保
郑州富瑞科能源技术有限公司	新能源环保
郑州美林环境工程有限公司	新能源环保
郑州德龙硅肥科技有限公司	生态农业
河南金博士种业有限公司	生态农业
河南宝天曼玉制品有限公司	建筑制造
河南鑫澜建材有限公司	建筑制造
河南省奥迪斯服饰有限公司	建筑制造
河南飞天建设工程有限公司	建筑制造
河南智成停车设备有限公司	建筑制造
郑州易盛纺织有限公司	建筑制造
郑州程祥环保设备安装工程有限公司	建筑制造
郑州市盛合装饰工程有限公司	建筑制造
郑州华润电力设备有限公司	建筑制造
河南中鑫天隆道路新技术有限公司	建筑制造
河南长征电气有限公司	建筑制造
河南大自然食品有限公司	建筑制造
思豪（郑州）建筑装饰有限公司	建筑制造
河南福瑞仕科贸有限公司	商贸流通
河南省华能物资贸易有限公司	商贸流通
河南国泰能源经贸有限公司	商贸流通
郑州冠林科贸有限公司	商贸流通
郑州金坤实业有限公司	商贸流通
郑州金基建筑材料租赁有限公司	商贸流通
郑州润合商贸有限公司	商贸流通
郑州传世经典商贸有限公司	商贸流通
郑州上善经贸有限公司	商贸流通
郑州申联贸易有限公司	商贸流通
郑州盛丰贸易有限公司	商贸流通
郑州市瑞祥物资有限公司	商贸流通
郑州市思云商贸有限公司	商贸流通
郑州朔源贸易有限公司	商贸流通
郑州腾达科贸有限公司	商贸流通
河南省腾达进出口贸易有限公司	商贸流通
河南启达工贸有限公司	商贸流通
河南国银商贸有限公司	商贸流通
郑州鑫科物资有限公司	商贸流通
河南亨通物流有限公司	商贸流通
河南静宜贸易有限公司	商贸流通
郑州瑞嘉艺术设计有限公司	文化创意
郑州神马文化创意有限公司	文化创意
郑州广通文化传播有限公司	文化创意
河南昇意文化传播有限公司	文化创意
河南省东方凤凰传媒有限公司	文化创意
河南锐骑文化传播有限公司	文化创意
河南贾湖文化传播有限公司	文化创意
郑州影响力文化传播有限公司	文化创意
郑州炫时代广告文化传播有限公司	文化创意
郑州舸星文化传播有限公司	文化创意
河南东成投资发展有限公司	现代服务
河南爱佳物业管理有限公司	现代服务
河南格瑞斯投资控股有限公司	现代服务
河南合富辉煌房地产顾问有限公司	现代服务
河南联盛投资管理有限公司	现代服务

河南瑞祥会务会展有限公司	现代服务
郑州金农投资咨询有限公司	现代服务
郑州金玉房地产咨询服务有限公司	现代服务
郑州金运物业管理有限公司	现代服务
郑州聚新专用汽车投资控股有限公司	现代服务
郑州昂莱企业咨询有限公司	现代服务
郑州名成商务服务有限公司	现代服务
郑州名高房地产企划有限公司	现代服务
郑州明瑜电子速录服务有限公司	现代服务
郑州荣裕投资咨询有限公司	现代服务
郑州融智企业管理有限公司	现代服务
郑州神彩印务有限公司	现代服务
河南省留学创业投资有限公司	现代服务
河南省万智投资有限公司	现代服务
河南省新华天图传媒策划有限公司	现代服务
河南新豫工程检测咨询有限公司	现代服务
河南永祥联合会计师事务所	现代服务
河南卓然企业管理咨询有限公司	现代服务
深圳鑫德勤租赁担保有限公司	现代服务
郑州程扬投资咨询有限公司	现代服务
郑州丹纳特检测技术有限公司	现代服务
郑州建宏房地产咨询服务有限公司	现代服务
郑州缇瑞科技有限公司	现代服务
郑州文韬知识产权咨询策划有限公司	现代服务
郑州鑫锐教育咨询有限公司	现代服务
郑州正亮工程管理有限公司	现代服务
郑州智业投资咨询有限公司	现代服务

园区联系方式

地　址：郑州经济技术开发区航海东路1356号507室
邮　编：450016
电　话：86-371-66786588
邮　箱：ghn0371@sohu.com
网　址：www.hncyy.com

郑州留学人员创业园

园区概况

郑州留学人员创业园（以下简称“创业园”）于2001年8月由河南省人事厅批复成立，是郑州高新区为充分发挥我国留学人员特殊的智力资源优势，在园区营造有利于留学人员创新创业的良好环境而兴办的公益性科技服务机构。

创业园位于郑州国家高新区，现有办公（孵化）场地35000平方米，内设中央空调系统，停车场、商务中心、休息室、会议室、宽带等公共设施，服务健全，环境幽雅、舒适，是集办公、生产、科研、休闲、娱乐、餐饮于一体的综合型现代化的孵化基地，适合中小型科技企业入驻创业。目前，郑州留学人员创业园与新成立的河南省大学科技园合署办公，园区的职责是联系知名高校、科研院所、海外留学人员进行创业咨询、招商引资、高新技术企业孵化、创业投融资、科技产业化指导与管理等。

创业园现在已成为留学生科技成果转化的平台、培育留学生企业和留学生企业家的摇篮、留学生技术创新体系的核心。入驻创业园的孵化企业，符合相应条件的，除可以享受郑州高新区的有关税收优惠政策之外，还可以申报中小型科技企业创新基金，高新区孵化基金等科技计划项目。此外，创业园建立了一套趋于完善的服务体系，包括多元化的投融资服务体系、宣传培训体系、专家咨询体系、中介服务体系等，全力提高对企业的孵化成功率。

目前入驻留学人员创业园的留学生企业有50余家，留学人员分别来自美国、加拿大、英国、澳大利亚、日本等国家，他们大都具有硕士以上学位，从事的产业涉及光机电、电子信息、生物医药等领域。其中海而思郑州科技有限公司、立宇郑州化学有限公司、郑州枫华科技有限公司、郑州谐创科技有限公司、郑州同创测控技术有限公司等，在各自领域内已达到国内领先水平。

2010年在园留学人员企业名录

伊文特信息科技有限公司	电子信息
郑州帕博信息有限公司	电子信息
紫光捷通科技有限公司	电子信息
海而思（郑州）科技有限公司	生物医药
郑州极限药物有限公司	生物医药
郑州美方科技有限公司	生物医药
郑州英诺色谱科技有限公司	生物医药
郑州谐创生物有限公司	生物医药
郑州枫华实业有限公司	光机电一体化
大润（郑州）科技有限公司	新能源环保
立宇（郑州）化学有限公司	新能源环保
郑州艾蒂奥科技有限公司	新能源环保

园区联系方式

地　址：郑州高新技术产业开发区长椿路11号
邮　编：450001
电　话：86-371-67980650
传　真：86-371-67986162
邮　箱：chenbr@zzgx.gov.cn

洛阳留学人员创业园

园区概况

洛阳留学人员创业园（以下简称“创业园”）成立于2007年7月，由河南省人事厅批准，洛阳高新技术创业中心和捷威精密制造（洛阳）有限公司共同创办。

创业园坐落于洛阳高新技术开发区滨河路中段，交通便利，环境优美。园区建有多层标准厂房3栋33000平方米，钢结构厂房4000平方米，综合办公楼8000平方米，高层科研商务楼和生活服务设施29000平方米，是集办公、科研、生产、商住于一体的智能化、多功能、花园式的高新技术产业孵化基地。作为连接政府、企业、社会资源的纽带，创业园按照“政府引导、市场运作、专业服务”的运营模式，利用政府及社会资源优势，拓展和提升服务功能，不断加大对入驻企业的扶持力度，实行规范化的统一物业管理，为留学人员归国创业提供“孵化＋创投”全方位服务，鼓励自主创业，培育优秀的高新技术企业及企业家，促进归国留学人员科技成果在洛阳的转化及产业化。

入驻创业园的企业可享受国家高新技术开发业的各项优惠政策，比如留学人员创办企业从事技术转让、技术开发和与之相关的技术咨询、技术服务取得的收入，经税务机关认定后免征营业税；对获得省高新技术产品证书、获得科技进步奖、获得专利、获得著作权的企业，给予一定的经济补贴等。创业园还为入驻企业搭建起广阔的服务平台，提供全方位的优质服务。比如引进、协调各类中介机构，建立中介服务体系，为入驻企业提供包括工商登记、高新技术企业资格认证、科技成果鉴定、法律业务咨询、财务顾问、信用评估、专利申请、媒体策划等全方位的综合性服务；协助入驻企业办理引进人才的户口、人事档案、技术职称评定、社会劳动保险等相关事宜；为企业提供价格优惠的标准厂房、写字间、会议室和商住两用房，以及科研实验室等场地，并提供水电、通讯、交通等配套服务。

创业园积极整合多种优势资源，不断拓展、提升自身的服务功能，加大对入驻企业的扶持力度。除了给予入驻企业良好的发展环境外，还积极通过中小型企业贷款平台、担保平台、孵化基金和联保基金等向符合条件的入驻企业提供融资服务，并与国内著名院校、科研机构和海外留学人员等建立密切联系，为企业积极寻求技术扶持，铺就发展之路。

创业园与清华大学和西安交通大学等著名院校建立了研发合作战略联盟，多所院校将洛阳留学人员创业园作为科技成果转化基地，大大提升了入驻企业的科技含量，同时加快了科技成果的转化速度，使入驻企业的产业化发展更为顺畅。此外，还与北京中关村国际孵化园签订合作协议，双方共同建立中关村国际孵化园洛阳基地，中关村国际孵化器有限公司不断地向洛阳留学人员创业园推荐、输送归国留学人员，使优势资源入驻园区，形成洛阳留学人员创业园入驻企业的中坚力量，推动了高新技术产业化发展。

创业园积极探索科技成果转化的有效形式和机制，不断优化园区的创业环境，推动高新技术企业快速成长，为打造国内一流高新技术产业基地而不懈努力。自建立以来，创业园已汇集了捷威精密制造（洛阳）有限公司、洛阳美克金刚石有限公司和河南健古生物工程有限公司等一大批知名企业，覆盖多行业高新技术领域。

2010年在园留学人员企业名录

洛阳电力工程设计研究院	电子信息
洛阳紫光新技术有限公司	电子信息
洛阳神佳电子陶瓷有限公司	电子信息
洛阳海普信息科技有限公司	电子信息
洛阳铭亚达机电设备有限公司	电子信息
洛阳路为电子科技有限公司	电子信息
洛阳恒锐测控技术有限公司	电子信息
河南健古生物工程有限公司	生物医药
洛阳博丹机电科技有限公司	光机电一体化
洛阳中航光电科技有限公司	光机电一体化
洛阳鸿泰半导体有限公司	新材料
洛阳美克金刚石有限公司	新材料
洛阳中商纳米材料有限公司	新材料
洛阳博航光电科技有限公司	新能源环保
绿潮科技环保有限公司	新能源环保
洛阳瑞英华节能蒸发器科技有限公司	新能源环保
洛阳市万有力重机有限公司	新能源环保
洛阳格瑞泰德科技环保有限公司	新能源环保
洛阳德茂电力有限公司	新能源环保
捷威精密制造（洛阳）有限公司	建筑制造
洛阳润环电机轴承有限公司	建筑制造
洛阳水泥工程设计研究院有限公司	制造制造
洛阳顺隆商贸有限公司	商贸流通
河南安泰保安有限公司	现代服务
洛阳融泰保险代理有限公司	现代服务

园区联系方式

地　址：洛阳高新区滨河路22号
邮　编：471003
电　话：86-379-64338125
传　真：86-379-64310818
邮　箱：zhcluoyang@tom.com

武汉留学生创业园

园区概况

武汉留学生创业园（以下简称“创业园”）成立于1998年5月，是武汉市政府为了吸引和鼓励海外高层次留学人员回武汉创业而专门成立的科技企业孵化器。2001年6月，创业园被国家科技部、人事部、教育部和国家外专局确定为留学人员创业示范建设单位；2003年被中共中央宣传部、组织部、统战部和国务院人事部、科技部、教育部联合授予“全国留学回国人员先进工作单位”光荣称号；2004年12月与中央人事部、市人事局共建国家级创业园；2006年被科技部批准成为国家高新技术创业服务中心。创业园还被确定为国务院侨办首家“重点联系单位”、“湖北省博士后产业基地”、欧美同学会认定的“报国计划基地”。

作为经济发展的助推器和孵化器，创业园不仅为留学人员创业提供了良好的硬件环境，也为其提供了良好的软件环境。入园之初，所有企业都会得到由创业园提供的专业化创业指导，这些指导信息包含了创业程序、风险、注意事项和由专业团队为他们所做的项目市场调查，留学生可以根据这些先期信息选择何时创业和如何创业。

创业园还为初创企业提供“绿色通道”，代办或协办企业的各项创业手续，此外，创业园创建了颇具人性色彩的“企业问诊”制度，在海归企业的成长过程中充当“创业导师”的角色，营造“家园式”创业氛围。通过定期对企业的走访“问诊”，帮助海归创业者了解国内政治、经济形势，使其思想和行为尽快与国内情况“接轨”；考察企业运营情况，观察其人才结构、成本预算等是否合理，发现问题及时给企业提出更改建议；同时，帮助海归创业者适应从物质条件相对优越的国外回到一切从零开始的国内创业领域的心理转变。为海归企业做“猎头”也是创业园一项别具特色的服务项目。国内经常以举办“留学人员及企业专场招聘会”等形式为海归企业网罗人才，人才结构的完善为企业快速发展起到了重要作用。

武汉留学生创业园的发展得到了国家、省市、高新区等上级主管单位领导的大力支持，出台了一系列支持园区快速发展的政策。东湖国家自主创新示范区“十二五”规划纲要中指出，要以前瞻的视角，形成多层次、多模式、全程服务的孵化体系，要打造百万平米国际型创业园区，这些都为武汉留学生创业园在新的历史机遇中实现跨越式发展指明了方向。目前，创业园拥有标准孵化场地面积61000平方米，形成了光电技术中心、软件技术中心、集成电路设计中心、生物技术中心四大专业园区，共有在孵企业122家，累计孵化企业660家，累计毕业企业数502家。其中不乏产值过千万的企业。同时，通过投融资服务，拓展孵化服务范围，培育出一大批科技型“小巨人”企业，使之成为提升区域自主创新能力的一支有生力量。

通过引智引资，聚集世界顶尖专业技术人才，形成了武汉留学生创业园的核心竞争力。自中组部启动“千人计划”以来，创业园共有12名入选者，使单一园区“千人计划”人才数量名列全国前茅。

创业园将进一步充分发挥自身优势，为来武汉创业的留学人员提供系统、专业化的服务，并加大海外留学人员和项目的引进力度，培育出更多有高度创新能力和强劲市场竞争力的科技企业和现代企业家，力争成为中部地区经济腾飞的助推器。

2010年在园留学人员企业名录

武汉云雅科技有限公司	电子信息
武汉宏源寰球科技有限公司	电子信息
武汉优赢科技有限公司	电子信息
武汉光谷奥源科技有限公司	电子信息
武汉擎木创意科技有限公司	电子信息
武汉昊昱微电子股份有限公司	电子信息
武汉晶镭科技有限公司	电子信息
武汉伯特电子有限公司	电子信息
武汉安耐吉电工有限公司	电子信息
武汉数捷科技有限公司	电子信息
武汉微目科技有限公司	电子信息
光谷云计算信息处理有限公司	电子信息
武汉圣喜网络科技有限公司	电子信息
湖北印象光电信息产业有限公司	电子信息
武汉芯安微电子技术有限公司	电子信息
武汉荣坛技术有限公司	电子信息
联思普瑞(武汉)电子科技有限公司	电子信息
优讯时代（武汉）网络技术有限公司	电子信息
歌锦企业信息科技（武汉）有限公司	电子信息
武汉优维科技有限责任公司	电子信息
武汉纵畅信息技术有限公司	电子信息
武汉长盈通光电技术有限公司	电子信息
英特矽尔（武汉）有限公司	电子信息
武汉亿米科技有限责任公司	电子信息
武汉冲鸣科技有限公司	电子信息
武汉位谷信息技术有限公司	电子信息
武汉易路网络技术有限公司	电子信息
武汉杉林计算机辅助工程有限公司	电子信息
武汉恩智信息技术有限公司	电子信息
武汉宏途科技有限公司	电子信息
武汉市江之源科技有限公司	电子信息
武汉平坦软件信息服务有限公司	电子信息
武汉为之软件有限公司	电子信息
武汉智通联信息技术有限公司	电子信息
武汉长隆光电科技有限公司	光机电一体化
湖北微模式科技发展有限公司	电子信息
武汉光谷西铂科技有限公司	电子信息
武汉泰睿科技有限公司	电子信息
武汉风奥软件技术有限公司	电子信息
武汉十六维科技有限公司	电子信息
武汉微创光电股份有限公司	电子信息
武汉益承生物科技有限公司	生物医药
武汉杨森生物有限公司	生物医药
朗力生物医药（武汉）有限公司	生物医药
武汉市时珍本草药业科技有限公司	生物医药
武汉远光瑞康科技有限公司	生物医药
武汉昊博科技有限公司	生物医药
武汉益生泉生物科技开发有限责任公司	生物医药
武汉嘉莱美科技发展有限公司	生物医药
武汉璟泓万方堂医药科技有限公司	生物医药
武汉格林泰克科技有限公司	生物医药
武汉百特纯大分子科技有限公司	生物医药
湖北谷瑞特生物技术有限公司	生物医药
武汉兰丁医学高科技有限公司	生物医药
武汉明德生物科技有限责任公司	生物医药
武汉富泰华创光电科技有限公司	光机电一体化
高晟知光科技有限公司	光机电一体化
武汉世迅科技有限公司	光机电一体化
武汉华炬光电有限公司	光机电一体化
武汉全能激光电源有限责任公司	光机电一体化
武汉九申光电技术有限公司	光机电一体化
武汉虹拓新技术有限公司	光机电一体化
武汉需要智能技术有限公司	光机电一体化
武汉协力天成科技发展有限公司	光机电一体化
武汉优斯特传感器科技有限公司	光机电一体化
武汉英飞华科技有限公司	光机电一体化
武汉凌控自动化技术公司	光机电一体化
武汉铂岩科技	新材料
武汉艾迪夫化学有限公司	新材料
武汉神化光电材料有限公司	新材料
武汉凯门化学有限公司	新材料
武汉远澄科技有限公司	新材料
武汉固瑞德复合材料有限公司	新材料
武汉美格能源科技有限公司	新能源环保
纳格电能科技（武汉）有限公司	新能源环保
武汉巨正环境信息技术有限公司	新能源环保
武汉奥杰科技发展有限公司	新能源环保
武汉巨正环保科技有限公司	新能源环保
武汉中南博森空调净化工程有限公司	新能源环保
湖北恒绿工程技术有限公司	建筑制造
武汉武水电气技术有限公司	建筑制造
武汉飞鹏光科技有限公司	建筑制造
武汉福创投资咨询有限公司	现代服务

园区联系方式

地　址：武汉东湖开发区华光大道18号高科大厦6018

邮　编：430074

电　话：86-27-87464705，87747841

传　真：86-27-87464705

邮　箱：liuxiao8008@yahoo.com.cn

网　址：www.wh-newstart.org

湖北省留学生襄樊创业园

园区概况

湖北省留学生襄樊创业园（以下简称“创业园”）成立于2010年3月11日，经湖北省人力资源和社会保障厅批准由襄樊市人事局、市人才办和高新技术开发区合作共建。创业园坐落在襄樊高新技术开发区，为留学人员入园进行高新技术开发、创办高新技术企业提供优质高效服务和优良的孵化场所，并努力降低入园企业的创业成本和风险，帮助受孵化企业渡过企业初期的高风险阶段。

襄樊高新技术产业开发区特别设立了“留学人员创新创业专项资金”，自2010年起每年至少安排2000万元资金，重点支持留学人员到高新区留学人员创业园创新创业。以下各种奖励、资助和补贴均在专项资金中列支。

创业资助：给予创业资金资助。带项目、带资金来区创业的留学人员所办企业，其研发产品、技术有一定优势，企业发展前景良好，入园满1年后经申请，可按照国家高新技术企业资格认定办法对企业进行初步审核评估，审核合格的企业，予以在企业设立时法定代表人实际出资额20%的创业资助，最高30万元；企业正式获得国家高新技术企业资格认定后，可再获得同等额度的创业资金资助；留学人员所办企业，每吸引1名全日制硕士以上（含硕士）学位的人员到企业工作，可享受3年每年5000元专款补贴用于企业交纳各类社会保险，享受补贴人数最多为5人；3年内免费提供最高100平米的工作场地。

鼓励政策：对符合规定到园区创办企业，且担任法定代表人的留学人员，3年内每年给予1万元的住房补贴；对其未满18周岁在学子女，5年内每人每年发放5000元的教育津贴；3年内给予个人所得税留区部分的全额奖励。

社会化服务保障：为企业成立代办各种审批手续；人事代理、委托招聘服务；后勤物业保障服务；企业融资与财税服务；信息咨询服务；协助企业申报认定高新技术企业，组织企业科技成果和产品鉴定；专利产品代理服务；提供企业诊断、人才培训、CI策划，协助企业开辟国际合作渠道。

工作与生活待遇：包括子女入学入园、人才落户、职称评定等方面享受相关待遇。

园区联系方式

地　址：襄樊市高新区追日路2号
邮　编：441003
电　话：86-710—3756010，3700606
传　真：86-710—3756011

长沙留学人员创业园

园区概况

长沙留学人员创业园（以下简称“创业园”）成立于2002年，是以促进科技成果转化、产业化，为初创型、中小型高新技术企业提供创新创业综合服务的公益型事业单位，隶属于长沙高新区管委会。创业园是科技部、人事部、教育部和国家外专局共同审批确定的首批“国家留学人员创业园示范园区”，2003年被国家科技部认定为“国家级高新技术创业园”，是“全国优秀国家级创业园”、科技部火炬中心“创新基金初创期小企业创新项目服务机构”、“湖南省留学生创业园先进单位”、“湖南省大学生创新创业基地”、长沙市首批“中小企业创业基地”。

创业园始终以提供给中小型高新技术企业全面优质的服务为宗旨，不断聚合优势资源，完善服务平台，为创业者提供政策咨询、创业培训、工商税务代办、场地租赁、创业导师、人事代理、财务代理，法律咨询与援助、市场开拓、科技计划申报、专利申报、双软及高新技术企业认证、投融资等服务。充分利用中介机构资源，加强与中介机构的合作，先后引进了会计事务所、专利事务所、管理咨询公司、人力资源顾问公司等科技中介机构，实行服务外包的合作体制，为企业提供高效专业的中介服务。同时，创业园通过对接、整合内外资源着力构建完善的公共服务平台体系，已建成的平台有电子信息服务平台、先进电池材料公共技术平台、生物医药公共技术服务平台等。

创业园历经10年的建设和发展，已成为高新区创新创业的摇篮，科技成果转化、产业化的重要载体。长沙高新区创业中心现在拥有MO、巨星、长海等8个创业基地，孵化面积近25万平方米，2010年新增入园企业224家，现有在孵企业375家，其中留学人员企业140家，大学生企业95家，新增孵化基地3个，新增孵化面积6.7万平方米。

2010年园区发展报告

一、创业园孵化体系建设和服务创新模式探究

（一）创新创业机制，完善服务模式

为积极打造创业示范区，以创新型园区建设为契机，出台了《关于建设国家创新型科技园区的若干政策意见》（长高新管发〔2010〕1号），集聚整合创新创业资源，建立企业发展支持体系，优化园区创新创业环境，加大政府投入对创新创业的引导作用。一是大力扶持初创型企业和“二次创业”企业。降低创业门槛，给予初创企业在3年创业扶持期内，享受市属行政事业性收费全免，税收中高新区所得部分全部用于创业扶持，成长性好的企业还可延长两年。高新区管委会每年滚动扶植80家重点中小企业和民营科技型企业，对科技含量高、市场前景好、带动能力强的“二次创业”项目，优先列入重点项目，给予财政扶持，优先解决项目用地。二是为大学生、留学生等创业主体提供贴心服务。创业园在全省率先建立留学生、大学生创新创业示范基地，先后引进郭霞凌、彭滢、许小曙等一批入选国家“千人计划”、湖南省“百人计划”和长沙市“313计划”归国留学人员中创业领军人物和团队来区创业。目前已入驻大学生创新创业示范基地的大学生创业企业已有20多家，入驻留学人员创业园的留学生创业企业已达到近140家。认真贯彻落实大学生经营场所补贴和廉租房补贴政策，全年落实大学生经营场所补贴和廉租房补贴21.8万元，留学生房租补贴10.6万元；三是为创业企业争取各类支持。组织申报各类计划656项，获得国家、省市资金1.5亿元，全年有两批54家创业项目共获得341万元专项资助，为中小企业贷款财政贴息150万元。四是财政投入加强创业投资引导。财政拨款5000 万元用于创业投资引导基金设立，2400万元用于麓谷创投增资。

（二）加强创业宣传，激发创业热情

通过《创业园动态》、长沙创业网、创业服务QQ群等

媒体和通讯方式表彰、宣传高新区创业典型人物和典型事迹，在全区宣扬“崇尚创造、鼓励创业、宽容失败”的创业精神。与团市委联合举办了麓谷“五四”青年节“激情创业放飞梦想”主题联欢晚会，积极参与团市委、市创业办组织的“五四”青年创业周系列活动，深入重点高校的重点学院进行了多次创业宣传，宣传创业政策、交流创业体会、分享创业经验。推荐的创业典型李海星获得首届“创业大本营”创业大赛冠军，获得一等奖奖金20万元，韩明华、吴操、郭彦蕊喜获全市“创业新星”荣誉称号。

（三）塑造品牌基地，夯实创业基础

一是完善创业企业从孵化到加速直至规模化发展基地的配套。去年，占地366亩、建筑面积达42万平方米、集孵化器、加速器于一体、高新区规模最大、功能最强、配套最完善的麓谷企业广场已开工建设，其中用于加速器的厂房目前已销售过半。此外，麓谷信息港（10万平方米）、中电软件园一期（6万平方米）也陆续竣工，这些项目的建成将优先承接孵化项目转移，吸纳更多创业企业加盟发展。二是鼓励和引导各种民营资本和社会资本进入孵化器的建设和经营，联合共建各类创业基地，为中小企业成长提供多元化服务资源。长沙留学人员创业园先后与麓谷街道延农居委会、德邦制药公司、新锐信公司联合兴建三个创业基地，麓谷信息港、中电软件园进入全面招商。三是积极推进创业基地管理和服务升级。加强区级创业基地认定与管理，积极创建市级创业基地。湖南大学科技园、麓谷国际工业园获批市级创业基地，橡树园等6个创业基地被授予“区级创业基地”，长沙留学人员创业园荣获全市“创业服务之星”和“文明标兵单位”。

二、园内在孵企业行业分布及发展情况分析

2010年，是长沙留学人员创业园自我完善、各项指标稳步增长的一年，园区新引进留学人员企业14家，新增孵化面积6.7万平方米，新增孵化基地2个，总孵化面积达到25万平方米，累计引进海外留学人员200余名，其中博士116名、硕士50名，共创办企业121家。这些企业按技术领域分布，电子信息领域企业43家，约占35%，生物医药领域企业34家，约占28%，新材料领域企业19家，约占16%，资源与环境领域企业8家，约占6%，光机电一体化领域企业19家，约占15%，新能源与高效节能及其他领域企业2家，约占2%，其它行业5家，约占4%。

2010年在孵留学人员企业实现产值约3亿元，上缴税费总额约2300元。企业获得的专利数、承担的国家科技项目数呈逐年上升态势。

三、资源共享及中介服务平台建设情况

（一）完善公共信息服务平台建设

长沙创业网通过不断完善网站功能，大力打造品牌形象。上半年，长沙创业网成功开通了大学生自主创业经营场所租赁和大学生自主创业廉租住房补贴网上申报系统。积极与其他媒体的合作，先后与国内青年创业网、《人才信息报》建立合作关系。长沙创业网与长沙广电集团建立战略联盟，成为《创业大本营》栏目的官方网站，另外为长沙留学人员创业园量身打造的政企联络办公管理系统也全面启动，将在政企之间实现信息资源共享，加强电子政务，为双方交流提供更加方便快捷的通道，进一步方便对创业者和创业企业的服务。

（二）完善创新创业投融资服务平台建设

去年3月8日，由长沙留学人员创业园入股的长沙高新开发区麓谷小额贷款有限公司正式挂牌运作，是我省首批获准筹建的小额贷款试点企业之一，至此，园区具备了较完整的中小企业融资平台；紧接着麓谷创投公司实施增资扩股，注册资本增加到2亿元人民币，同时取得浦发银行4000万元担保授信额度，投融资服务能力和影响力进一步扩大。9月底，由高新区财政出资5000万元成立的创业投资引导基金公司于正式成立并投入运作，目前正与有关合作方发起成立三支子基金，资金总规模达4-6亿。据初步统计，投融资平台已经完成一特电子、泰瑞医疗等9家科技型中小企业投资金额达3270万元，为海赛电装等10余家企业提供担保贷款达4000余万元，累计为100余家企业提供短期融资达5.13亿元，促进了园区中小企业的发展，社会和经济效益显著。

（三）积极联系高校院所，搭建产学研合作服务平台

创业园联合省科技厅科技交流交易中心及省内各大高校，提出构建“以企业为主体、市场为导向、政府为支撑、高校为依托”的产学研科技创新合作新体系，推动建立中小企业产学研合作创新创业服务平台。该平台由各高校提供项目、人才、技术信息库等智力资源支持；政府机构负责制定并落实相关扶持政策及办法，立足科技成果信息库、企业技术需求库、专家人才信息库、优势学科信息库等四个基本数据库，通过专业的关键词搜索指引和完善的跟踪服务体系，在网上为广大中小企业和高校院所之间搭建一个“便搜索、易操作、全跟踪、可评价”的信息交流平台，促使双方擦出合作的火花。

（四）完善其它各类平台建设

先进电池材料服务平台的功能由简单技术检测提升以技术服务为主；先进电力自动化技术平台、生物医药研发技术平台、电子商务营销外包服务平台建设工作稳步推进、基础筹备工作做牢做实。加强创业项目库建设。

2010年优秀在园留学人员企业

一、长沙三诺生物传感技术有限公司

留美博士李少波2002年带队成立的长沙三诺生物传感技术有限公司，自主开发的微量血快速血糖测试仪曾获得科技部创新基金初创期项目支持。2009年3月，公司通过省科技重大专项“新型临床医疗检测产品研制与产业化”的中期评估，并通过欧盟CE认证，产品向俄罗斯、拉美等国家地区对外出口。2010年实现产值9000万元，税收1400万元。

二、大邦（湖南）生物制药有限公司

留美博士后彭滢于2007年在长沙留学人员创业园创办大邦（湖南）生物制药有限公司。公司研发的抗肥胖治疗药物“奥利司”获得长沙市科技计划重点项目50万元资金资助，以及长沙市科技成果转化项目认定证书，并经国家食品药品监督管理局受理注册。公司目前已在长沙高新技术产业开发区购置土地117亩，筹建原料药、制剂生产基地和生物医药产品研发基地，已经开始进行项目立项、方案设计等前期工作。2010年上半年，公司实现净利润215万元、上缴税金29万元。2009年，彭滢入选2009年中央“千人计划”和长沙市第一批“313计划”。

三、湖南圣湘生物科技有限公司

湖南圣湘生物科技有限公司由留美博士后戴立忠2008年率创业团队成立，公司的智能高灵敏度核酸检测系统项目得到湖南省药监局的重点扶持。公司注册资本1000万元，技术团队与美国加州CSD BiotechINC合作，运用实时荧光定量PCR技术和第四代核酸提取技术——磁珠法等核心技术。目

前乙肝炎病毒核酸定量检测试剂盒已经完成临床考核，顺利通过国家SFDA体系考核。

四、湖南华曙高科技有限责任公司

湖南华曙高科技有限责任公司由曾获得“世界100位应用科学领域突出贡献奖”的留美博士许小曙于2009年10月21日在长沙留学人员创业园成立，现有员工35人，属于新材料行业。目前公司处于研发试产阶段，该公司研发的“基于SLS应用的高性能高分子复合材料”，是目前国际上技术最为成熟、应用范围最为广泛的成型技术中的一种，项目技术处于国际领先水平，填补了国内空白。经济效益预期至2012年，累计销售收入4100万元，累计净利润90万元，累计缴税总额90万元，累计创汇420万美元（折合）。

2010年在园留学人员企业名录

长沙医林信息技术有限公司	电子信息
长沙依斯基微震监测设备有限公司	电子信息
长沙市勉志教育咨询有限公司	电子信息
长沙华之翼数字技术有限公司	电子信息
长沙高新开发区德研电气技术有限公司	电子信息
长沙博为软件技术有限公司	电子信息
湖南航网电子科技有限公司	电子信息
长沙华明信息科技有限公司	电子信息
长沙市施坦通信息技术有限公司	电子信息
湖南惟思科技有限公司	电子信息
长沙富裕门信息技术有限公司	电子信息
长沙奇星网络科技有限公司	电子信息
长沙高新开发区禹姒通信息科技有限公司	电子信息
长沙高新区掌汛联动软件有限公司	电子信息
长沙拓天节能技术有限公司	电子信息
长沙优视视觉有限公司	电子信息
长沙高新开发区天测测绘软件开发有限公司	电子信息
长沙安力国昌科技有限公司	电子信息
长沙高新开发区轩宇科技有限公司	电子信息
长沙市元泰电子科技有限公司	电子信息
长沙高新开发区中雅科技有限公司	电子信息
长沙派逊软件测控技术有限公司	电子信息
湖南京电泰宇电气有限公司	电子信息
长沙市一条龙软件有限公司	电子信息
长沙宇浩科技有限公司	电子信息
长沙威斯顿自控科技有限公司	电子信息
长沙绿讯网络科技有限公司	电子信息
长沙润克科技开发有限公司	电子信息
长沙远岸信息科技有限公司	电子信息
长沙博华科技有限公司	电子信息
长沙海姆信息技术研究所	电子信息
长沙百合易通信息技术有限公司	电子信息
湖南中南迈特科技有限公司	电子信息
湖南赢狐通数据有限公司	电子信息
湖南华美龙数据科技有限公司	电子信息
长沙思特传感科技有限公司	电子信息
长沙博路通信息技术有限公司	电子信息
长沙信盟时信息技术有限公司	电子信息
长沙泰捷科技有限公司	电子信息
长沙宝泰科技发展有限公司	电子信息
湖南科尔信息技术有限公司	电子信息
长沙迪艾斯信息工程研究所	电子信息
长沙中杰软件技术开发有限公司	电子信息
长沙网拓信息技术有限公司	电子信息
湖南赛博仕达文化教育发展有限公司	电子信息
长沙高新区华银微电子有限公司	电子信息
湖南省万博教育发展有限公司	电子信息
湖南惠霖生命科技有限公司	生物医药
湖南远泰生物技术有限公司	生物医药
长沙三诺生物传感技术有限公司	生物医药
汉五生物工程（长沙）有限公司	生物医药
湖南安淳高新技术有限公司	生物医药
长沙福滋堂生物技术开发有限公司	生物医药
长沙安比奥生物技术有限公司	生物医药
长沙博康生物研究所	生物医药
长沙明照实业有限公司	生物医药
长沙兴瑞医药科技有限公司	生物医药
长沙康问医药科技公司	生物医药
长沙桑霖生物科技有限公司	生物医药
长沙智艺信息科技开发有限公司	生物医药
湖南瑞奇科技有限公司	生物医药
长沙安迪生物科技有限公司	生物医药
湖南佑立科技股份有限公司	生物医药
长沙康柏恩医疗科技有限公司	生物医药
大邦（湖南）生物制药有限公司	生物医药
湖南科恩医药有限公司	生物医药
长沙龙伯科技实验有限公司	生物医药
长沙德华科技有限公司	生物医药
湖南程谦森中药基因研究所	生物医药
湖南景达基因有限公司	生物医药
卓越靶向给药研究所	生物医药
湖南正达生物技术开发有限公司	生物医药
长沙格林派生物科技开发有限公司	生物医药
湖南禹进纺织科技有限公司	生物医药
长沙新生康源生物医药有限公司	生物医药
长沙长晶生物科技有限公司	生物医药
湖南科尔生物技术有限公司	生物医药
湖南安和寿生物科技有限公司	生物医药
湖南昊康医疗科技有限公司	生物医药
湖南圣湘生物科技有限公司	生物医药
长沙德源生物科技有限公司	生物医药
长沙博优生物科技有限公司	生物医药
长沙翔亚医药科技有限公司	生物医药
湖南新诺基生物科技有限公司	生物医药
长沙珐莱生物科技有限公司	生物医药
长沙赛德技术推广服务有限公司	光机电一体化
长沙溇澧机电科技有限公司	光机电一体化
湖南奔腾动力有限公司	光机电一体化
湖南中高科技有限公司	光机电一体化
长沙凤凰激光技术有限公司	光机电一体化
湖南容大汽车电子技术有限公司	光机电一体化
长沙市新龙机电科技有限公司	光机电一体化
长沙立中汽车设计开发有限公司	光机电一体化
湖南华曙高科技有限责任公司	光机电一体化
长沙高新区奥西机电科技有限公司	光机电一体化
长沙高新开发区拓旗汽车电器有限公司	光机电一体化

长沙邦捷电池有限公司	新材料
长沙澳大冶金工程技术有限公司	新材料
长沙高新开发区长岳材料科技有限公司	新材料
长沙湘纳科技开发有限公司	新材料
长沙纳钛科技有限责任公司	新材料
长沙斯达特绿色建筑材料技术发展有限公司	新材料
长沙博淞新材料科技有限公司	新材料
湖南美纳科技有限公司	新材料
长沙岱勒金刚石制品有限公司	新材料
湖南中科微纳新能源科技有限公司	新材料
湖南强邦化工科技有限公司	新材料
湖南玛仕纳米新材料有限公司	新材料
长沙高新区英才科技有限公司	新材料
长沙伟晖高科技新材料有限公司	新材料
长沙中大建设工程检测技术有限公司	新材料
湖南长坤材料有限公司	新材料
湖南迈迪科新材有限公司	新材料
湖南省银义新材料科技有限公司	新材料
湖南友能高新技术有限公司	新材料
长沙艾柯思达科技有限公司	新材料
长沙隆泰科技有限公司	新材料
湖南百富瑞材料有限责任公司	新材料
湖南金润科技有限公司	新材料
长沙科远矿冶技术开发有限公司	新材料
长沙纳太碳材料有限公司	新材料
长沙凯森竹木新技术有限公司	新材料
湖南吉瑞斯材料科技有限公司	新材料
长沙祺辰环保科技有限公司	新能源环保
湖南和创环境工程有限公司	新能源环保
长沙宇清环保科技有限公司	新能源环保
湖南城投建设有限公司	新能源环保
湖南生态建设技术开发有限公司	新能源环保
长沙禹之神环保技术有限公司	新能源环保
长沙意贯环保技术有限公司	新能源环保
长沙新希环保分子技术有限公司	新能源环保
长沙海依洁环境技术有限公司	新能源环保
长沙创享环保科技有限公司	新能源环保
湖南先科环保有限公司	新能源环保
湖南中科恒源科技股份有限公司	新能源环保
湖南省源泰节能科技有限公司	新能源环保
长沙福泉环保科技有限公司	新能源环保
湖南绿洲植物资源开发有限公司	生态农业
长沙高新区先锋农业有限公司	生态农业
长沙三安特种防护装备有限公司	建筑制造
长沙卡斯蒂亚商贸有限公司	商贸流通
长沙卡斯蒂亚西班牙语教育咨询有限公司	现代服务
湖南海智商略咨询有限公司	现代服务
长沙和邦管理咨询有限公司	现代服务

园区联系方式

地　址：长沙高新技术产业开发区麓景路8号
巨星创业基地205

电　话：86-731-82742518

传　真：86-731-82742555

网　址：www.cnibi.cn

长沙经济技术开发区留学人员创业园

园区概况

长沙经济技术开发区留学人员创业园成立于2010年6月10日，由湖南省人力资源和社会保障厅、长沙市人事局联合在长沙经开区基础上设立。长沙经开区经过十多年的发展，基础设施日臻完善，创新创业氛围浓厚，吸引了众多留学人员来区发展。据初步统计，现有留学人员创业企业20余家，服务企业40多家，吸引归国留学人员300多人。工管委制订了一系列鼓励创新创业的扶持政策，出台了《关于鼓励企业引进高层次人才的暂行办法》，每年安排专项资金，鼓励企业引进高层次人才，对企业引进的两院院士、来区转化科技成果等人才给予奖励。

目前，经开区管委会为留学人员建成了和祥、国顺和国阳科技园三个创业基地，孵化总面积达10万平方米，还有长海创意科技中心等5个基地待建，全部建成后，可为留学人员提供70万平方米创业场地。

园区联系方式

地　址：湖南省长沙市星沙三一路2号长沙经济技术
开发区创业服务中心

邮　编：410100

电　话：86-0731-84020187

网　址：www.cetz.gov.cn

湖南生物医药留学人员创业园

园区概况

湖南生物医药留学人员创业园（以下简称“创业园”）是由湖南省人事厅正式批准成立的全省6个留学生创业园之一，是以生物医药领域高科技项目孵化为主的专业机构。创业园建设是长沙国家生物产业基地重要发展战略之一，该基地是2006年10月由国家发改委批准认定的、以湖南浏阳生物医药园区为核心区的国家级生物产业基地，是中西部地区第一个国家级生物产业基地，是由联合国工发组织与长沙市政府共建的国际医药产业园，是科技部的生物医药火炬计划基地，国家商务部定点的全国十二大医药出口基地之一，湖南省的重点工程、长沙市十大标志性工程。

创业园总建筑面积30000平方米，其中孵化场地5200平方米，依托基地良好的投资环境、较为完善的产业化共享服务平台体系，通过创造一个局部优化、适合留学人员创业的环境和条件，提供具有国内先进水平的生物医药专业化服务，以加速中小科技创业型企业能够依托基地资源迅速发展。创业园以资源整合、优化配置为主线，逐渐形成了基因芯片技术、胶体金诊断试剂技术、组织芯片技术、病理检测抗体技术、组合生物合成、化学药物研究以及中药提取技术等七大共享实验技术平台，并积极协助入园企业共同建设新的技术平台。

创业园较为完善的产业服务平台与专业化的服务，使园区目前集聚了包括全美青年生命科学排名前15位的searle奖获得者、两位华人科学家霍普金斯大学刘钧教授、威斯康星大学沈奔教授创办的组合生物合成和天然产物药物工程研究中心等企业和研究机构；引进了美国加州大学教授杨福生开发的姜黄素抗老年痴呆药物，中国工程院院士周宏灏教授的高血压个体化用药诊断基因芯片项目，夏家辉院士的用于染色体病和基因病诊断的人类外周血培养基、羊水快速培养基项目，加拿大归国留学生张毓博士的梅毒胶体金快速诊断试剂项目以及美国知名科学家彭早元教授的单克隆项目等一批先进生物技术项目。逐渐形成了生物芯片技术、诊断试剂技术、新药研发外包服务技术、单克隆抗体技术以及中药标准化提取物技术等产业集群。

另外，创业园还与欧洲最大生物基地德国柏林生物医药园、挪威生物医药创业中心等建立了合作关系；承担了国家发改委的中国政府与古巴的生物技术合作并与三家古巴国家生物所签订合作协议；参与科技部的中英剑桥园并负责生物技术类项目洽谈合作；在省政府支持下，建立了药用植物资源国际合作研发中心、生物技术服务外包国际合作中心等。

未来5年，创业园将重点发展生物诊断试剂、单克隆抗体外以及新药研发外包服务（CRO）三大技术领域，积极引进著名企业和投资商，促使创业园生物单克隆抗体产业规模化，并成长为园区继标准化提取物之后第二大的出口品种。

2010年在园留学人员企业名录

长沙安迪生物科技有限公司	生物医药
长沙奥顿生物医药科技有限公司	生物医药
长沙德文生物科技开发有限公司	生物医药
长沙和新康生物工程有限公司	生物医药
长沙华源医药科技开发有限公司	生物医药
长沙凯斯唐生物化学技术开发有限公司	生物医药
长沙科恩医药技术有限公司	生物医药
长沙欧力生物医药技术有限公司	生物医药
长沙三创生物技术有限公司	生物医药
长沙天赐生物医药科技有限公司	生物医药
长沙英赛特生物技术有限公司	生物医药
湖南博瑞新药有限公司	生物医药
湖南福湘生物技术有限公司	生物医药
湖南汉方生物科技有限公司	生物医药
湖南宏灏生物医药有限公司	生物医药
湖南三清药业有限公司	生物医药
湖南湘雅基因技术有限公司	生物医药
湖南一线生物工程有限公司	生物医药
湖南有色凯铂生物药业有限公司	生物医药
浏阳艾特天然产物研究与开发有限公司	生物医药
浏阳恒业生物科技有限公司	生物医药
浏阳市汉东新药技术开发有限公司	生物医药

园区联系方式

地　址：浏阳生物医药园区科创大楼
邮　编：410329
电　话：86-731-3280359
传　真：86-731-3280666
邮　箱：13907484359@139.com
网　址：www.lipip.corn

株洲留学人园创业园

园区概况

株洲留学人员创业园（以下简称“创业园”）成立于1999年7月，是湖南省成立的第一家留学人员创业园。与株洲国家高新技术创业服务中心采取“两块牌子、一套人马”的方式运作。2010年3月被批评为国家级大学生科技创业见习基地。创业园现有两个孵化基地，孵化面积有14万多平米。目前，在孵企业180多家，入驻率达到98%，园区企业每年可实现工业总产值9亿元以上，税收4000万元以上，每年可毕业企业5家以上。

近年来，创业园先后荣获“全国先进高新技术创业服务中心”、“湖南省留学人员创业园先进单位”、“湖南省国家火炬计划实施20周年先进服务机构”、“湖南省非公有制经济服务先进单位”、“湖南省先进基层党组织”、“湖南省文明窗口单位”、“湖南省科技管理系统先进集体”、“湖南省和谐劳动关系示范工业园区”等100多项荣誉。

2010年园区发展报告

2010年，株洲留学人员创业园在各有关部门的大力支持下，以招商引资、孵化企业为核心，以平台建设、团队建设为保障，创新工作方法，提高服务质量，积极履行孵化科技企业的使命，各项工作都取得了较好的成绩。

一、招商引智质量提升

招商工作是创业园全局工作重中之重，是其它一切工作的基础。2010年，创业园在不断优化创业环境的同时，进一步创新工作方法，加大了招商力度。一是加大了宣传力度，把创业服务中心作为一个品牌、一张名片精心打造，在报纸、电视等多种媒体上稿50多篇，扩大了创业园在社会上的知名度；二是加大了招商奖励力度，对招商工作卓有成效的个人严格按照相关规定进行奖励，大大地促进了招商引资工作的积极性；三是招商质量进一步提高，科技部赋予创业服务中心的主要工作就是孵化科技含量高、发展前景好的创新型项目，实现科技成果向生产力顺利转化。2010年，围绕轨道交通、汽车等主导产业共引进项目40个，涉及到先进制造、新材料、电子信息等高科技领域。实现了质与量的提升。目前，在孵企业180多家，入驻率达到98%。

二、基础建设成效显著

为更好地提升服务功能，2010年创业园进一步加大了基础建设力度。一是完善基础设施建设。为更好地改善创业环境，今年投资100多万元对园内部分基础设施进行了改造和完善。对变压器进行了更新改造，充分满足企业用电负荷。根据需要，天台金谷二栋标准厂房增加了一台载货电梯，创业园本部二、三栋两台达到使用年限的旧货梯进行了更新。对天台金谷基建遗留下来的质量问题进行了彻底的清查与返修，重点对天台金谷厂房、公寓楼的屋顶、外墙漏水、渗水现象进行了防水处理，对公寓和厂房的外坪及绿化设施进行了修补、完善。天台金谷整体环境得到很大的改观。二是加强内部管理。为充分调动管理人员的工作积极性，将年绩效工资分摊到每月，每月对所有管理部门及管理人员进行绩效考核，项目引进、项目申报、物业管理等工作都与绩效工资挂勾。科学管理成效显著，员工工作积极性大大提高，取得了较好的社会效益和经济效益。三是强化人员培训。为提升管理人员的服务水平，采取走出去、请进来的方式，组织机关管理人员进行各种培训达10多次。如：国家鼓励科技型企业创新政策解读暨科技计划项目申报材料编写专家现场指导会、2010年国家科技企业孵化器系统创新基金申报工作培训、国家工信部赛飞创业辅导师培训等。管理人员整体素质和服务水平得到较大提高。

三、平台搭建成果丰硕

为创造更好的创业环境，2010年又搭建了多种公共创业服务平台。一是创建了国家级“大学生科技创业见习基地”。二是创建“湖南省承接产业转移示范园区”，株洲高新区被评为湖南省10个示范园区之一。三是和株洲市劳动局合作建立了“株洲市大学生创业示范园”。四是与湖南工业大学等高等院校建立合作关系，支持大学生创业和就业。五是与湖南工贸技师学院合作创办工人技能培训班，免费为园内企业培训在职技术工人。六是对中心网站进行了换版更新，更好地宣传创业园和在孵企业。七是组织多种形式的高层管理培训和交流活动。如：举办的IYB（改善你的企业）培训班，邀请国家高级创业指导培训专家，免费对园内骨干企业高层管理人员进行了为期7天的IYB高级创业培训。

四、项目申报平稳推进

为更好地鼓励自主创新，提高企业自主创新能力和科研水平，推动创新创业发展，加强了对在孵项目的扶持力度，在项目申报、跟踪和落实上帮助企业做了大量工作。全年，组织申报国家、省、市各级各类科技项目32项，获支持资金770多万元，获批国家专利15项。为帮助企业解决融资难的问题，创业园还利用自身积累起来的创业孵化资金为企业解决急需的资金问题。按照稳健科学、快捷高效的原则，对于园区内一些资金紧缺的优秀项目，优先给予扶持。近年来，累计给企业提供孵化资金90多次，累计资金1300多万元。

创业园扎扎实实的工作作风和全心全意的服务态度，得到了园区企业、社会各界、上级部门及领导的肯定和好评。2010年，荣获得“湖南省文明窗口”、 湖南省“科技管理系统先进单位”、“湖南省和谐劳动关系示范工业园区”等先进集体荣誉10多项。近年来，累计荣获科技部、省、市、区级各种先进集体荣誉100多项。

2010年在园留学人员企业名录

湖南中仪高科有限公司	电子信息
株洲高新区金鑫科技有限公司	电子信息
株洲共创科技有限公司	电子信息
株洲鸿鹏车辆电子科技有限公司	电子信息
株洲华生科技有限公司	电子信息
株洲华通科技有限公司	电子信息
株洲开发区智能电子有限公司	电子信息
株洲开发区中南电脑科技有限公司	电子信息
株洲联创科技有限公司	电子信息
株洲三捷电子有限公司	电子信息
株洲新航电子有限公司	电子信息
株洲一印数码科技有限公司	电子信息
株洲卓越高科技实业有限公司	电子信息
株洲日新生物科技实业有限公司	生物医药
株洲元龙科技发展有限公司	生物医药
株洲亚尔康医疗器械有限公司	生物医药
株洲高新技术产业开发区晴峰印染设备有限公司	光机电一体化
株洲广汇科技工贸有限公司	光机电一体化
株洲恒达机电有限公司	光机电一体化
株洲朗微数控工具有限公司	光机电一体化
株洲力达液压机械有限责任公司	光机电一体化
株洲南方科技发展有限公司	光机电一体化
株洲日技能工具有限公司	光机电一体化
株洲赛博模具有限公司	光机电一体化
株洲三源铁路机电公司	光机电一体化
株洲时代铁路机电有限责任公司	光机电一体化
株洲市康利设备制造厂	光机电一体化
株洲天成自动化技术有限公司	光机电一体化
株洲天利铁路机车车辆配件有限公司	光机电一体化
株洲沃尔得特种齿轮有限责任公司	光机电一体化
株洲新航试验设备有限公司	光机电一体化
湖南百通技贸有限公司	新材料
株洲晨光橡胶制品厂	新材料
株洲创锐高强陶瓷有限公司	新材料
株洲高新区海威交通材料有限公司	新材料
株洲华美钨合金有限公司	新材料
株洲金利新材料科技发展有限公司	新材料
株洲金陶高能材料有限公司	新材料
株洲久弘橡塑有限公司	新材料
株洲开发区胶粘制品厂	新材料
株洲开发区融城高分子材料研究所	新材料
株洲蓝海包装有限公司	新材料
株洲联信金属有限公司	新材料
株洲瑞高塑胶有限公司	新材料
株洲三新包装材料技术公司	新材料
株洲市恒凯硬质合金有限公司	新材料
株洲市申龙硬质合金有限公司	新材料
株洲恒源建筑节能检测有限责任公司	新能源环保

园区联系方式

地　址：株洲市天元区泰山路233号A1栋315号

邮　编：412007

电　话：86-731-28827865、86-73128811372-804

传　真：86-731-28836881

网　址：www.zzic.com.cn

湘潭留学人员创业园

园区概况

湘潭留学人员创业园（以下简称“创业园”）于2003年8月29日经湖南省人事厅批准成立，10月28日正式授牌，并作为湘潭高新开发区管委会直属的公益性科技型事业单位，与湘潭国家高新技术创业服务中心采取“两块牌子、一套人马”的方式运作。

创业园依托创业中心新建的3.8万平方米创业孵化大楼，建设1.44万平方米的标准厂房，以优惠的政策和良好的服务，吸引海内外留学人员归国创业。同时利用好中德友好合作的历史机遇，配合德国科技园建材、机电、环保三大特色产业崛起的需要，提高服务功能，引进国外项目进行孵化，将高新区创业孵化基地逐步建成国际企业孵化器。

园区联系方式

地　址：湘潭市晓塘中路火炬创新创业园创新大厦2楼
邮　编：411100
电　话：86-0731-58551800
传　真：86-0731-58551800
邮　箱：haoxinqing@sohu.com
网　址：www.xtctp.com

常德留学人员创业园

园区概况

常德留学人员创业园（以下简称“创业园”）于2005年6月成立，是继长沙、株洲、浏阳、岳阳、湘潭之后湖南省内第5个留学创业园。

常德市政府采取灵活政策，提出“外地有的优惠政策，我们都有；外地没有的，我们也可以有。”政府提供启动经费与免费办公条件，并将创业园交给留学人员自己经营管理。按照“政府搭台，企业唱戏；民办官助，大胆创新”的建设方针，创业园已经吸引了第一批来自美国、日本、加拿大等国的留学人员。他们从事信息技术、材料、能源、交通、农业等项目，成功开发半导体灭虫灯Bugstar、64位双核Linux高性能服务器、新型光缆材料、网络教育资源平台、GPS车辆监控系统、建筑节能系统、生物试剂等产品与服务。第二批来自比利时、爱尔兰、英国等国留学人员也陆续入园。

园区联系方式

地　址：常德市人民东路320号农业局大厦1楼
邮　编：415003
电　话：86-736-2597057
传　真：86-736-2519882
邮　箱：hncdwsb517@163.com

岳阳留学人员创业园

园区概况

岳阳留学人员创业园（以下简称“创业园”）创建于2001年6月，经湖南省人事厅批准，于2002年7月正式挂牌。创业园位于岳阳高新技术产业开发区内，是吸引留学人员来岳阳创业发展的重要平台，是推动岳阳高新区及其高新技术产业发展的重要载体。

创业园实行优惠政策，广泛吸引留学人员来岳阳创业。同时为自带项目或科研成果的留学人员提供优质的创业环境，为留学人员新办企业提供场地，为资金筹措提供便利，为申报科技计划、办理相关手续提供服务。

创业园成立之初，高新区管委会规划了8000平方米的厂房作为孵化基地，并建设了留学人员创业科技大楼。目前，创业园引进项目大多处于国际国内领先水平，有的填补了国内空白。多名科技人员在区内置办各种科技项目，成功兴办高新技术企业。组织认定高科技企业和项目，部分被列入湖南省科技厅重点支持项目。

园区联系方式

地　址：湖南省岳阳市巴陵中路创业大厦
邮　编：414000
电　话：86-730-8720888
邮　箱：282423357@qq.com
网　址：www.yykfq.gov.cn

留学人员广州创业园

园区概况

留学人员广州创业园（以下简称“广州创业园”）是广州开发区留学人员创业的主要聚集地，1999年8月由广州开发区投资创办并与国家教育部、科技部合作共建。2001年8月被国家科技部、教育部、人事部和外国专家局联合认定为国家留学人员创业园建设示范点，是广东省惟一的国家级留学人员创业园。其管理机构广州火炬高新技术创业服务中心（以下简称“广州火炬中心”）是科技部认定的国家级高新技术创业服务中心、首批国家级“大学生科技创业见习基地试点单位”。

广州创业园致力于为广大留学人员提供从企业筹建、项目研发到产业化的全过程、全方位、专业化的孵化服务，引进和培育了大批优秀留学人员企业，涉及生物医药、电子信息、新材料、光机电一体化等多个产业领域。至2010年12月，广州创业园各园区累计孵化留学人员企业491家；引进创办企业的留学人员688人，其中博士414人、硕士237人；毕业企业168家；产业化企业160家；15家企业购地建立产业化园区，总购地面积超过60万平方米。

广州创业园作为重要的创新人才聚集地，汇集了中央海外高层次人才引进计划（简称“千人计划”）入选者8人、广州市海外高层次人才入选者2人、广州市“创新创业领军人才百人计划”入选者11人、广州开发区领军人才入选者9人。广州创业园已成为广州开发区、广州市提高自主创新能力、推进高新技术产业化和社会经济发展的重要力量。

2010年园区发展报告

一、广州创业园留学人员创业的主要特点

经过多年发展，留学回国人员在广州创业园创新创业已逐步呈现出一些鲜明的特点：

（一）创业留学人员层次高、创业基础好。广州创业园引进的自主创业型留学人员当中，硕士以上学历者占总人数的95%且绝大部分处于工作和创业的黄金期；80%以上留学人员的留学国别为欧、美、日、澳等科技发达的国家与地区，许多人在国外大型企业或科研机构多年从事研发或管理工作，掌握了世界前沿的科学技术，具有开阔的国际视野和活跃的创新思维，科研和文化背景十分丰富，为其成功创业打下很好的基础。

（二）广州创业园的优越环境是吸引留学人员前来创业的主要原因。目前到广州创业园创业的留学人员来自于全国各个省份，大部分留学人员经过了各地的比较和选择，最终被广州创业园优越的生活环境、优惠的政策环境和优良的服务环境所吸引，从而主动选择前来落户创业。

（三）留学人员企业呈现集群发展态势。留学人员创办的企业主要分布在生物医药（化工）、电子信息、光机电一

体化、新材料、新能源、环保等几大领域。其中生物医药企业多从事国内外尖端技术领域的研发或产业化并已形成集聚效应，成为广州创业园重点发展的优势高新产业。

二、广州创业园吸引和扶持留学人员创业的主要做法

多年来，广州开发区一直将扶持留学人员创新创业摆在推动科技创新工作的重要位置，努力打造宜商宜居的国际化生活环境，不断加强对留学人员引进的力度与创业的扶持工作，完善区域创新环境，努力将广州创业园建成为广大留学人员生活和创业的乐园。

（一）建设一流的创业硬件环境

经过11年的发展，广州创业园已建成了广州科学城综合研发孵化区园区、广州科技创新基地园区、广州国际企业孵化器园区、广东软件科学园园区、科学城信息大厦园区、留学人员广州创业园西区园区、广州开发区科技企业加速器园区七大园区，形成了资源互补、配套齐全的孵化网络，总孵化场地超过100万平方米，是广州乃至华南地区最具规模的留学人员创业园。为了进一步完善区域孵化体系链条，打通广州开发区高速成长型科技企业成长通道，广州开发区于2007年启动了科技企业加速器的建设，项目规划占地28万平方米，总建筑面积100万平方米，一期和二期共30万平方米的场地已基本投入运营。

（二）打造优越的创业政策环境

广州开发区除了为留学人员创业提供一流的硬件环境与专业化的孵化服务外，还制定了一系列扶持中小科技企业创新、创业的政策，为留学人员创业提供一个优惠的策环境。广州开发区已形成以“海外高层次人才创新创业基地建设”为主导的“1+6”人才政策体系，启动实施“百千万”人才金字塔计划和海外高层次人才引进和培养的“213工程”。制定了涵盖现代服务业、创意产业、总部经济、金融创新、服务外包、循环经济等领域的“1+10”创新政策体系，为创新型企业提供从种子期到成熟期全过程多样化持续性解决方案。为了进一步扶持留学人员企业的发展，广州开发区在各项科技政策和资金投入中加大向留学人员和留学生企业的倾斜，如留学人员进入开发区创办企业的，将优先安排场地并可在一定期限内将享受免租优惠；区科技计划项目申报中对留学人员企业和项目给予优先支持；对留学人员企业开展实验和租用仪器设备的费用和知识产权的申请维护费用等给予补贴等。

（三）搭建特色化的创业服务平台

广州创业园在为企业提供入驻、工商、税务等筹建“一条龙”服务和周到的物业服务的基础上，不断深化对企业的孵化增值服务，重点为企业搭建投融资、科技研发、人才引进与培育“三大”服务平台，同时广泛聚集整合区内外创新资源，为企业提供多层次的创业服务，帮助企业迅速形成和提高核心竞争力。

投融资服务。广州创业园通过举办投融资推介会的形式，建立有效的对接机制，促成投资机构和企业的项目对接，大大缓解了园内企业的资金瓶颈。广州创业园引进包括技术产权交易、风险投资、民营资本、金融担保、银行在内的大量投融资服务机构，并与30余家国内外投资机构建立战略合作联盟，引导更多的资金投向留学人员企业；推进广州开发区投入1亿元成立了科技担保公司，打造服务于留学人员企业的担保和贷款平台；成立金额为5000万的科技创新企业种子基金，专门投资处于种子期，成长性较好、科技含量高而一般风险投资不愿意投的项目；推进广州开发区出资10亿资金，与几家知名风险投资机构合作成立政府引导基金，引导更多风险投资进入广州开发区，投资处于成长期及成熟期的项目。2010年，广州创业园开展“一对一”投融资项目对接50多次，成功为企业融资9207万元。

科技研发服务。为满足企业研发需求，减少企业对固定资产的投资，广州创业园通过建设广州开发区公共开放实验室，为企业提供技术研发平台；建立技术研发设备资源库，实现区内企业与高校、科研院所间仪器设备的共享；引进一批国内外著名的研发机构与评测机构进驻科学城，为区内企业提供近距离的技术评测以及合作研发服务；大力推进行业公共研发平台建设。2010年，广州开发区仪器设备共享资源库当年新增入库仪器269项，累计入库仪器达4292项，累计为企业提供各类科技研发和产品检测服务达850次。

人才引进与培育服务。广州创业园建立起多层次的人才服务网络，为企业提供个性化人才服务，破解企业人力资源缺乏的难题。广州创业园与广州地区各高校、人力资源服务机构、培训机构建立合作关系，通过举行定期的招聘会和个性化人才跟踪服务等方式为企业寻找与推荐合适的人才；举办有针对性的专业培训，满足企业对人才的多样化需求。2010年，广州创业园为企业招聘人数近500人，培训管理人才超过2000人次，培训软件人才4289人次，培训动漫人才1548人次。

创业辅导服务。广州创业园建立“企业联络员”制度，安排专人作为特定企业的联络员，使服务具有针对性、即时性；将企业存在的问题进行分类，分别邀请企业管理专家实施“诊断治疗”；对于中小型企业在不同发展阶段普遍存在的共性问题，广州创业园邀请领域内的专家，为企业举办管理、市场拓展、财务管理、国家法律法规等专题培训；聘请了多名经验丰富的成功企业家和管理、投融资等各类专家，以创业导师和创业辅导员等形式为为重点企业开展深度创业辅导服务。通过这种“创业导师、辅导员、联络员”三级联动的创业辅导体系，有效帮助留学人员企业快速成长。2010年，广州创业园共举办了12场创业导师专题研讨会，被辅导企业数达七十多家。

产学研合作服务。为给广大留学人企业在科技攻关和产品研发等方面提供强大的技术支持和智力支持，广州创业园先后与广州地区的中山大学、华南理工大学、暨南大学、中科院广州化学研究所等近30家高校、科研院所建立了产学研合作关系，促进区内留学人员企业与高校、科研院所的产学研合作。留学人员在研发过程中遇到技术难题，可以充分利用研发合作，获得高校、科研院所的技术支持。

产业联盟服务。充分利用广州开发区的产业优势，通过组织合作论坛、行业沙龙等多种形式推进孵化器企业与区内其它企业间的合作；以区内大中型企业为纽带，拓展与区外企业的联盟合作；牵头组建诊断试剂、生物制药、环保节能、LED照明灯具等各类产业和技术联盟。

科技中介服务。为满足留学人员企业对各类专业服务的需求，留学人员广州创业园致力于科技中介服务体系的建设：引进律师事务所、会计师事务所、专利事务所、管理咨询公司、人力资源公司等科技中介机构进入园区，使企业“足不出户”就能获得工商、税务、财务、专利申报、法律、管理咨询等各方面的科技中介服务。

技术转移服务。借鉴欧盟创新驿站成功经验，建设广州开发区创新驿站；通过建设创新驿站网络平台并组建专业的服务团队，为企业提供设计商业计划书、技术创新和技术转移培训、技术创新的方向和重点领域分析等区域协同创新服务；提供商务推广、人才交流、投融资服务和专家服务等集成业务服务；建立联系世界领先高科技园区和资源共享信息服务平台；推进国际间技术创新合作，实现国际技术转移。2010年，广州开发区创新驿站成为首批中国创新驿站区域站点试点，是全国惟一的以高新区为建设单位的区域站点。

三、搭建吸引留学人员回国创业的高端平台

被誉为“智力广交会”的中国留学人员广州科技交流会由广州创业园发起，从1998年至今已经连续举办十届，目前留交会已成为国内规格最高、规模最大、影响最大的留学人员科技交流盛会。广州开发区作为留交会的发起单位和主要参与方，通过这一国际高端人才和项目的转移平台，引进了大批区内急需的高层次留学人才和尖端科技项目，同时也帮助全国其他城市和高新区延揽了众多的高层次留学人员，成为国家吸引高层次海外人才回国发展的一道亮丽窗口。

“春晖杯”中国留学人员创新创业大赛是由中国教育部和科技部每年定期举办的活动，旨在汇聚多方力量，鼓励海外留学人员积极申报创新创业项目，同时创造条件支持参赛者与留学人员创业园、大学科技园和企业进行项目对接，推动留学人员回国创办高新技术企业。广州创业园是“春晖杯”创业大赛协办单位之一和积极参与者。

2010年，广州创业园继续借助“中国留学人员广州科技交流会”和“春晖杯”创新创业大赛这两个高端平台，通过前期预对接、会议推介、特装展展示、对接洽谈、入区参观、论坛举办等活动，积极向参会的海外留学人员和海外社团展示广州创业园优越的创业环境，吸引大批优秀的海外人才创业项目落户广州创业园。

在第十三届“留交会”和第五届“春晖杯”期间，广州创业园共接待意向入园留学人员300多人次，共签署入驻意向55份。广州创业园的6家企业——安凯（广州）微电子技术有限公司、康盛生物科技有限公司、安特激光技术有限公司、关键光电子技术有限公司、朗圣药业有限公司、广东华智科技有限公司入选“中国留学人员创业园百家最具成长性创业企业”。

2010年园区大事记

1. 3月，经国家中央人才工作协调小组批准，广州创业园推荐的第三批中央“千人计划”人选中，许嘉森博士、韩蓝青博士、张必良博士、周治明博士等4人成功获选。

2. 3月12日，广州火炬中心被科技部认定为首批149家“大学生科技创业见习基地试点单位”之一。

3. 4月15日，广州开发区、萝岗区2010年工会组建与建筑工地工会工作会议在萝岗会议中心召开，广州火炬中心（留学人员广州创业园）获2009年度工会组建工作优秀组织奖，留学人员广州创业园工会联合会（以下简称创业园工会联合会）主席季圣杰获2009年度工会组建积极分子。

4. 5月14日，在由广州火炬中心、留学人员广州创业园工会联合会组织的“创业杯”拔河比赛决赛中，永龙建设投资有限公司经过6场比赛的角逐，最终获得冠军，西格美信公司、溢信科技公司分获亚军及季军。

5. 7月14日，广州火炬中心主办了“创业初期的生存之道”主题讲座。作为开发区创业导师行动推进的工作内容之一，此次讲座聚焦初创期中小型科技企业普遍关注的生存问题，结合创业导师陈校园博士的创业经验和切身体会，从公司战略、营销模式和企业管理等方面进行了精彩的分享。

6. 7月29日，广州开发区软件和动漫人才培养培训基地顺利通过了由广州市发改委和广州市软件（动漫）产业发展领导小组办公室组织的专家评估中期验收。该基地成立于2008年7月，由广州火炬中心担任理事长单位，负责基地的管理监督工作。

7. 8月5日，广州市中小企业服务联盟成立，广州火炬中心成为该联盟的副理事长单位。

8. 8月10日，《“中国创新驿站”服务协议书》签约仪式在哈尔滨举行，正式启动了“中国创新驿站”试点建设工作。广州火炬中心作为“中国创新驿站”首批11个试点省（市、区）中惟一一家以开发区为建设单位的区域创新驿站站点，参加了签约。

9. 8月25日，广州火炬中心举办了企业培训营——销售人员基本礼仪培训，来自广州开发区近70家企业的200多位销售人员参加。

10. 9月8日，广州火炬中心邀请高级培训师刘昕为区内企业进行了《客户沟通与产品解说》专题培训，各企业销售人员近200人参加了此次培训。

11. 10月23日，由广州火炬中心主办的名师大讲堂《现代信息服务业大客户营销策略——六部曲》培训取得圆满成功。来自70家企业的200多名学员参加了培训。

12. 10月28日，广州火炬中心、留学人员广州创业园工会联合会在科学城广州科技创新基地国际会议厅组织开展了园区企业市场营销培训活动。

13. 12月19日，参加第十三届中国留学人员广州科技交流会“春晖杯”创新创业大赛活动的海外高层次人才参加了“2010海外高层次人才开萝行”活动。该活动由第十三届留交会组委会和广州开发区组委会联合主办，由广州开发区经科局协办，并由留学人员广州创业园承办。

14. 12月21日，第十三届中国留学人员广州科技交流会人才项目签约仪式上，留学人员广州创业园（广州火炬中心）成为现场签约数最多的单位。

15. 12月21日，中国留学人员创业园百家最具成长性创业企业颁奖典礼在留交会上举行，由留学人员广州创业园推荐的6家企业获授百家企业奖牌和证书，分别是安凯（广州）微电子技术有限公司、康盛生物科技有限公司、安特激光技术有限公司、关键光电子技术有限公司、朗圣药业有限公司、广东华智科技有限公司。

2010年优秀在园留学人员企业

一、广州禾信分析仪器有限公司

广州禾信分析仪器有限公司由留学归国人员周振博士创立，主要从事质谱仪器的研发、制造、销售和服务，是广东省政府重点扶持的高新技术企业。其创始人周振于2009年入选首批中组部海外高层次人才“千人计划”、2010年荣获“中国侨界贡献奖”。

公司目前已全面掌握质谱仪器研发过程中的通用技术和高端环境监测仪器核心技术，具有完全自主知识产权，在飞行时间质谱仪器研制方面达到国内领先的水平，在质谱技术结合环境技术应用研究方面位居国内前列，在高精密机械加工、高精度电源、自动控制系统及软件等方面实现了国产化。公司拥有多项专利技术，具备研制分辨率从100—10000的各等级飞行时间质谱分析器能力，可根据不同的使用环境和工业现场为客户定制专业而又合适的飞行时间质谱仪检测方案。

二、广州益善生物技术有限公司

广州益善生物技术有限公司是由耶鲁大学留学回国科学家团队和企业家于2006年共同创办的生物科技企业。专注于个体化医疗靶标检测产品的研发、生产及推广，是我国个体化医疗产业开拓者和领军企业。其创始人、总裁许嘉森是中央海外高层次人才引进计划（简称“千人计划”）入选者。

益善拥有入选国家“千人计划”的研发团队、符合GLP标准的研发实验室、GMP标准的生产车间。迄今已申请国际国内发明专利五十余项，产品均达国际领先水平、填补国内空白，全球首创“肿瘤个体化治疗靶标检测系统方案”。经过三年的密集研发，益善于2009年开始以“产品+服务”的商业模式开始市场推广。目前服务对象已包括主要省市的大型三甲医院，凭借技术优势及专业服务获得市场高度反响，大幅提升我国肿瘤临床治疗的有效率，产生显著的社会效益，经营收入快速增长，企业整体健康快速发展。益善独立承担多项科技攻关项目，并和和耶鲁大学等多家国内外知名研究机构开展成果转化合作。

三、百奥泰生物科技（广州）有限公司

百奥泰生物科技（广州）有限公司由2009年“千人计划”入选者、留美博士李胜峰于2003年创建。公司目标是以高新生物技术为基础，研究开发具有自主知识产权、市场前景广阔、社会和经济效益巨大的新生物技术药物，包括新型完全人源抗体或其衍生多肽药物，用于治疗癌症、心血管疾病等危及人类生命健康的重大疾病；同时开发最先进的抗体筛选制备技术，建立起一个具有核心竞争力的一流生物制药企业。

公司自成立以来，取得了多项阶段成果。目前已经有一个治疗冠心病的国家一类新药已经完成II期临床，已经着手进行研究总结和筹备III期临床研究，同时也开始筹建生产厂房；有两个抗肿瘤人源抗体在临床前研究方面取得多项重大进展，药物在体内外显示出强大的抗肿瘤活性和良好的药学性质；已经取得自主知识产权的人源抗体或功能域的筛选制备核心技术，能够快速地将基因组信息转换成完全人源的抗体治疗药物，从而大大提高抗体药物的发现和开发的效率。2009年3月在香港ChinaBio举办的生物投资论坛上被评为唯一的生物技术制药“最具发展潜力的公司”。

四、广州市锐博生物科技有限公司

广州市锐博生物科技有限公司由2010年“千人计划”入选者、留美归国人员张必良博士创办，RNAi的发现者、2006年诺贝尔生理或医学奖获得者之一——克雷格·梅洛（Craig Mello）教授担任科学顾问，是一家以siRNA/miRNA产品制造和销售、非编码RNA技术和药物开发为核心的生物高新技术企业。锐博生物拥有处于国际领先水平的siRNA/miRNA化学合成的全部核心技术，包括RNA单体合成技术、固相合成技术、核苷酸荧光标记技术、多种核苷酸化学修饰技术和化学荧光染料合成技术等。

五、广州格瑞特材料科技有限公司

徐小平博士是2009年第一批中组部引进海外高层次人才“千人计划”入选者。2010年入选广州市“百人计划”，以及广州开发区科技领军人才计划。徐博士于2000年毕业于美国宾夕法尼亚州立大学，获得材料科学与工程博士学位，具有多年海外研发和生产管理经验，主要从事多孔金属烧结材料，高温过滤材料，表面处理和金属腐蚀等领域的研究。徐博士在美国工作期间，参与并主持了数项美国自然科学基金和美国国家实验室高温过滤材料研发等合作项目。 具有多年从事过滤与净化领域新材料和新工艺研发的经验，专注于新型过滤材料以及高温过滤材料等具有世界前沿性领域的研发。申请了五项国家发明专利和一项实用新型专利，在国外著名学术期刊上发表多篇学术论文。

六、海聚高分子材料科技（广州）有限公司

海聚高分子材料科技（广州）有限公司成立以来一直专注于水性涂料的创新和开发，拥有世界上最先进的水性涂料高速乳化设备、自动控温树脂反应釜、先进涂料喷涂设备、高速分散设备和涂料复配等设备；建立了先进的涂料检测实验室。在近两年半的时间里已经开发出150种全程环保水性涂料系列产品，大部分已经达到国际或国内领先水平。公司在全世界范围内已率先攻克了一个个技术难关，开发出了水性玻璃漆、水性家具漆、水性金属防腐防锈漆、医院手术室装修专用水性漆、水性塑胶漆、水性地坪漆、水性船舶漆、水性汽车内饰剂和数码打印底涂水性漆。成为世界上第一家将全部工业漆成功水性化生产的公司。其董事长周治明是2010年“千人计划”入选者。

七、赛业（广州）生物科技有限公司

赛业（广州）生物科技有限公司是美国 Cyagen Biosciences Inc.旗下的中国区子公司，专业从事干细胞、分子生物学及转基因模式动物的前沿技术研发。Cyagen的科学团队来自芝加哥大学、麻省理工学院生物医学工程中心及多家美国生物技术公司。其董事长兼总经理韩蓝清是2010年“千人计划”入选者。公司是华南地区唯一一家专门从事干细胞技术和转基因小鼠产业化的高新技术企业。

八、广州迈普再生医学科技有限公司

广州迈普再生医学科技有限公司于2008年由袁玉宇等多名留美博士及世界著名的再生医学领域科学家创建。公司利用革命性的干细胞技术、纳米仿生生物技术及人体生物器官打印技术，精确高效地克隆出具有生物活性和正常功能的人体组织和器官，对患者因疾病和创伤而受损部位进行修复、替代及再生。其创办人袁玉宇是2009年度广州市海外高层次人才、“广州市创新创业领军人才百人计划”入选者。

作为该系列核心技术的开拓者，该公司的技术水平达国际领先水平，且公司科研团队为该系列技术多个美国及世界专利的发明人，具有独立知识产权的产品专利10余项，未来5年，计划申请国际、国内专利近百项。公司与中美多个研究、临床机构，如北京大学、北大医院、中山大学及其附属医院、华南理工大学、南方医科大学、美国德克萨斯大学、美国Clemson大学等开展科研合作。预计至2013年，公司能够产业化生产3-5个产品，销售额预计超过1亿元，并不断开拓更为复杂、先进的生物型人工器官。

九、广州市威司特生物科技有限公司

广州市威司特生物科技有限公司由2009年度广州市海外高层次人才、留新西兰博士于峰创办于2008年2月。公司主要从事饲料行业添加剂中饲用酶研究，公司管理层在该行业有丰富的从业经验，逐步形成了高素质的，具有战斗力的科研和营销团队，这为科研工作开展和市场建设和开拓打下了坚实基础。公司目前专业从事酶制剂行业中饲用复合酶的应用技术的研发与推广，目标产品是高效耐高温饲用复合酶。

十、广州鼎甲计算机科技有限公司

广州鼎甲计算机科技有限公司于2009年由王子骏在广州科技创新基地创办。公司自成立以来，秉持“做中国软件，创鼎甲科技”的价值理念，开发具有自主知识产权的科技创新产品。其创始人王子骏是“广州市创新创业领军人才百人计划”入选者。公司取得了国家双软企业认定，并开发出了3款具有国际先进水平、拥有自主知识产权的存储备份软件，在市场上与国际知名存储备份软件公司同台竞争。公司踊跃参加政府主导的科技攻关项目，市科技项目“基于SAAS和P2P模型的经济高效企业云备份软件”、省部产学研合作项目“公有云和私有云相结合的SaaS云备份软件的研究”以及科技型中小企业技术创新基金项目“私有云和公有云相结合的新颖SaaS存储备份软件”均已获得立项支持。

十一、广州索答信息科技有限公司

广州索答信息科技有限公司由七名北美留学归国博士创办于2009年4月，拥有世界领先的“摘要式答案引擎”专利技术和一批最具市场价值和商业潜力的上线产品，旨在为互联网用户提供快速、简洁、准确的互联网信息服务。其创始人石忠民是“广州市创新创业领军人才百人计划”入选者。公司主打产品“一找网”（yeezhao.com）是摘要式答案引擎技术在电子商务信息服务领域的一个开创性应用，通过自动采集和分析互联网上大量的商品和商家评论信息，为用户在网购支付前的各个环节，提供快速、全面、客观、简洁的评价决策。目前公司拥有美国专利两项，国内专利一项，软件著作权六项，获广东省高新技术产品、软件产品多项。

在2010年中国（深圳）创业创新大赛中，索答公司“基于摘要式答案引擎的互联网消费决策系统”（一找网）在800多个项目中脱颖而出，赢得大赛的第一名，最终荣获创新奖。

十二、广州鑫誉蓄能科技有限公司

广州鑫誉蓄能科技有限公司是中国科学院广州能源研究所下属的高科技企业，专门从事先进蓄能技术、区域供冷、热泵技术、产业制冷技术和节能技术等前沿技术的研发及应用。公司由“广州市创新创业领军人才百人计划”入选者、广州开发区科技领军人才冯自平博士创办。

在科技部863计划重点项目、中科院重大方向性项目以及广东省科技计划项目等的支持下，公司研究开发了一系列具有国际领先水平的高科技蓄能和节能技术产品。公司主要产品包括具有国际领先技术水平的动态冰蓄冷中央空调、平行流水蓄冷中央空调和速融盘管冰蓄冷中央空调，可以承担商业、工业、食品等领域的动态冰蓄冷、水蓄冷和盘管蓄冷中央空调的工程设计、施工和技术服务。公司作为广东省节能技术服务单位，可以协助用能单位开展能源审计、规划、节能量审核以及诊断、设计、融资、改造、运行管理等一条龙服务，积极推广合同能源管理等节能新机制。

十三、广州昂宝电子有限公司

广州昂宝电子有限公司由广州市开发区科技领军人才陈志樑博士于2010年4月创办，从事绿色节能集成电路芯片的研发与市场开拓，尤其专注于绿色电源、新能源、LED照明等领域。

广州昂宝核心技术团队全部来自美国Dallas的德州仪器（Texas Instruments）—全球第三大半导体公司。广州昂宝作为昂宝电子的新产品研发中心，所研发的“低待机功耗、高电源效率”节能产品，将适用于消费类电子的诸多领域，尤其是绿色节能环保的LED照明驱动芯片研发与制造，将覆盖到LED路灯及背光电源的多个应用领域。

十四、广州海力特生物科技有限公司

广州海力特生物科技有限公司由广州开发区科技领军人才朱托夫博士于2010年创立，是一家高科技生物技术公司。公司重点拓展与国内外大学、专业医院和企业的合作，目前已与美国华盛顿大学、美国弗雷德•哈钦森癌症研究中心、中国多所大学和研究机构建立良好合作关系。综合现有科研实力、基础及科学评估，将早期诊断试剂研发计划定位在TB、HBV、HCV、HIV和流感（包括H1N1）等极早期潜伏和活动性感染的检测。

朱托夫先生是美国华盛顿大学教授董事、华盛顿大学中国医学联盟主任、华盛顿大学医学院艾滋病分子病毒学实验室（Zhu Laboratory）主任。其研究开发的项目拥有自主知识产权和发明专利，技术成果处于国际领先水平，产业化开发潜力巨大。

十五、广州瑞辰盛达生物技术有限公司

广州瑞辰盛达生物技术有限公司由广州开发区科技领军人才王祥槐博士创办于2010年。公司目前已拥有多项自主知识产权的高新生物技术/产品，广泛覆盖在制浆造纸、农药、环保以及生物医药等工农业领域应用。其聚能酶TM纤维改性技术通过广州市开发区组织的国内造纸行业和生物科技领域的专家组数次评审，认定当属国际领先技术。

瑞晨盛达产品开发团队的领军人王祥槐博士是北美造纸工业界耳熟能详的造纸生物技术开拓者，也是十年前首次将生物酶树脂控制技术成功用于中国造纸工业的领军人之一，曾任美国肯塔基大学教授、前美国赫克力士公司造纸化学品的技术核心领导人。

十六、广州菲特网络科技有限公司

广州菲特网络有限公司成立于2007年，是一家由留学人员创办的拥有创新商业模式和自主研发软件的公司。

公司开发《店神》全方位整合系统，可以广泛应用于零售实体连锁企业和网上电子商务管理企业，该系统的研发方向是产品设计数字化、产品管理智能化、产品生产自动化、综合管理网络化和商业电子化的方向。公司已经将此系统大范围应用于公司属下IWODE服饰品牌的连锁门店CSM管理、生产库存ERP系统管理和网上电子商务管理ESS，公司力争在未来3年将此系统推广至全国重要的零售、电子商务相关企业，实现系统产业化和商业化。

十七、广州嘉琦智能科技有限公司

广州嘉崎智能科技有限公司由美国著名的人工智能和计算机视觉等领域的技术专家于2009年创办，拥有一支以留美博士为核心的技术研发团队。专业从事智能监控追踪系统、无人驾驶自动追踪直升机系统等项目的研究开发。其中智能监控追踪系统项目正运用于公安、电信、金融等多领域，无人驾驶自动追踪直升机系统正运用到公安部社会应急、警用装备领域，均得到良好反映。由于技术在国内属领先地位，项目得到了广州凯得创新投资公司的风险投资。

公司参与美国多项国家级的项目开发和研究，在图像智能分析处理、自控技术、三维成像技术领域拥有多项国际发明专利；在国内，公司和各省公安厅、中科院自动化所、南京航空航天大学紧密合作，围绕技防应用管理，开发安防管理的智能化应用解决方案，并共同申报国家电子创新基金、公安部和广东省2个重大科技专项、3个科技创新项目。

十八、广州普霖施通医疗科技有限公司

广州普霖施通医疗科技有限公司成立于2009年10月。企业主营产品主要有血管介入类产品，包括血管外周支架，导管，球囊等三类产品。公司创始人之一，总经理兼技术总监曾毅博士是留美归国人员，多年来一直从事医疗器械研发工作，有着丰富的介入医学材料的生产和研发经验以及技能，还具备丰富的市场开发及销售、人事管理和资本运营的实践经验。副总经理陆骏博士也是留美归国人员，有着丰富的介入医学材料的生产和研发经验以及技能，并运用自己在国外学到的先进知识和多年来累计的经验，积极开拓创新，申报了数项国家专利。

公司目前所生产和研发的产品都处于国际领先地位。公司不仅与美国知名的医疗器械厂家合作和代工，还引进了国外先进的生产技术和知识产权。目前公司80%以上的生产和研发设备均采用进口设备，具有充足的研发和生产能力。公司目前在申报多项和所研发生产相关的专利，其中两项已得到授权。公司成立至今已接到上百万的订单。

十九、广东冠昊生物科技有限公司

广东冠昊生物科技有限公司由留美归国人员郭晓明博士等创办，是一家从事再生医学材料及再生型医用植入器械研发、生产及销售的高科技企业。公司通过一系列自主研发的、具有世界先进水平的组织处理技术，开发出一大类以动物组织为原料的新型生物材料，并用此类材料开发出众多的新型医用植入器械产品。这些产品具有良好的组织相容性并能诱导机体组织生长，解决了目前很多临床植入产品普遍存在永久异物带来的问题，能极大改善病人的术后生活质量，是新一代的医用植入器械。

公司目前已有生物型硬脑（脊）膜补片--脑膜建、胸普外科修补膜--体膜建、无菌生物护创膜--得膜建三个膜类产品获得国家药监局准产注册；正在开发的除膜类产品外，还有管、骨腱及蛋白质类共二十多个产品，为公司的快速、持续发展提供源源不断的产品保证。

公司凭借在诱导再生功能的新型生物材料及其制品的研发领域的领先水平，经国家发改委批准，承担了两个国家工程项目的建设："再生型医用植入器械国家工程实验室"和"再生型生物膜高技术产业化示范工程"。

二十、广州复能基因有限公司

广州复能基因有限公司由留美归国人员杨淑伟博士等创办，主要生产和销售与基因组学和蛋白质组学相关的、高质量的生物研究试剂和产品，包括核酸、蛋白质和抗体相关的试剂、产品和服务。利用自有的专利技术为基础建立高通量蛋白质表达及生产，RNA干扰和抗体生产和药物靶标筛选平台，是目前世界最大的人类全长蛋白编码开放阅读框（ORF）表达克隆的供应商。公司参与了多项863计划重大专项，与世界著名生物制药企业罗氏诊断公司合作进行大规模人类重组蛋白表达的科研和产品开发项目，并承担了多项国家级及省市级科技攻关专题研究和开发项目。

2010年在园留学人员企业名录

广州视新电子科技有限公司	电子信息
广州万德威尔自动化系统有限公司	电子信息
广州德高教育软件有限公司	电子信息
广州每日物流管理技术有限公司	电子信息
广州沃创特电子有限公司	电子信息
广州市知盾安全系统技术有限公司	电子信息
广州关键光电子科技有限公司	电子信息
广州市金明科技有限公司	电子信息
广州市加信电子技术有限公司	电子信息
广州精源电子设备有限公司	电子信息
广州升力智能科技有限公司	电子信息
广州德联通讯技术有限公司	电子信息
广州欧竞信息科技有限公司	电子信息
广州爱亿信息科技有限公司	电子信息
广州斯麦电子科技有限公司	电子信息
广州市扬帆计算机科技有限公司	电子信息
广州凯斯瑞自动化科技有限公司	电子信息
广州市泫浩网络科技有限公司	电子信息
广州市夏商周网络技术有限公司	电子信息
安凯（广州）软件技术有限公司	电子信息
广州伟沃工业设备有限公司	电子信息
广州索答信息科技有限公司	电子信息
广州嘉崎智能科技有限公司	电子信息
广州必视谷信息技术有限公司	电子信息
广州亿恩网络科技有限公司	电子信息
广州睿慧新电子有限公司	电子信息
广州商惠信息科技有限公司	电子信息
广州市精进电子科技有限公司	电子信息
广州三则电子材料有限公司	电子信息
广州中加矿业有限公司	电子信息
广州粤瓷电子科技有限公司	电子信息
广州市华电技术有限公司	电子信息
广州德宏矿业科技有限公司	电子信息
广州澳科勘探技术有限公司	电子信息
广州东唐电子科技有限公司	电子信息
广州市绿讯科技有限公司	电子信息
广州康申德电子材料有限公司	电子信息
广州市智同计算机软件有限公司	电子信息
广州佳彩数码科技有限公司	电子信息
百奥泰生物科技（广州）有限公司	生物医药
赛业（广州）生物科技有限公司	生物医药
广州市泰乙医药生物技术有限公司	生物医药
广州市锐博生物科技有限公司	生物医药
广州申益皮卡生物技术有限公司	生物医药
广州普霖施通医疗科技有限公司	生物医药
广州华银医药科技有限公司	生物医药
广州鸿琪光学仪器科技有限公司	生物医药
广州惠泽生物科技有限公司	生物医药
广州力元生物技术有限公司	生物医药
广州海天德威生物科技有限公司	生物医药
广州华峰生物科技有限公司	生物医药
广州华灿医药科技有限公司	生物医药
广州博雅睡眠科技有限公司	生物医药
广州市创制医药技术开发有限公司	生物医药
广州市搏克生物技术有限公司	生物医药
广东冠昊生物科技有限公司	生物医药
广州银河阳光生物制品有限公司	生物医药
广州和竺生物科技有限公司	生物医药
广州市忆明科学仪器有限公司	生物医药
广州复能基因有限公司	生物医药
广州飞扬生物工程有限公司	生物医药
广东五羊医药科技有限公司	生物医药
广州欧浦瑞医疗科技有限公司	生物医药
广州立恩生物科技有限公司	生物医药
广州隽康生物科技有限公司	生物医药
广州普星药业有限公司	生物医药
广州睿凯生物技术有限公司	生物医药
广州进黔医药技术咨询有限公司	生物医药

广州美可生物科技有限公司	生物医药
广州帝奇医药技术有限公司	生物医药
广州门捷生物科技有限公司	生物医药
广东中大南海海洋生物技术工程中心有限公司	生物医药
广州罗森生物制药有限公司	生物医药
广州市研创生物技术发展有限公司	生物医药
广州维仁生物科技有限公司	生物医药
广州斯威森科技有限公司	生物医药
广州市佰而林生物科技有限公司	生物医药
广州锐达生物科技有限公司	生物医药
广州加原医药科技有限公司	生物医药
广州绿萃生物科技有限公司	生物医药
海狸（广州）生物科技有限公司	生物医药
广州瑞博奥生物科技有限公司	生物医药
广州源生医药科技有限公司	生物医药
广州共禾医药科技有限公司	生物医药
广州呼研所医药科技有限公司	生物医药
广州英诺生物医药有限公司	生物医药
广州健天基因技术有限公司	生物医药
广州艾格生物科技有限公司	生物医药
广州爱格生物医药有限公司	生物医药
广东华南联合疫苗开发院有限公司	生物医药
广州市碱素生物制品有限公司	生物医药
广州益善生物技术有限公司	生物医药
广州海力特生物科技有限公司	生物医药
广州迈普再生医学科技有限公司	生物医药
广州艾奇西医药科技有限公司	生物医药
广州华美康联生物科技有限公司	生物医药
广州兰锐医疗科技有限公司	生物医药
广州弗赛生物科技有限公司	生物医药
广州格林泰克化学技术有限公司	生物医药
广州迪澳生物科技有限公司	生物医药
广州市启源生物科技有限公司	生物医药
广州达博生物制品有限公司	生物医药
广州市凯诺生物科技有限公司	生物医药
广州柳元生物技术有限公司	生物医药
广州精达医学科技有限公司	生物医药
广州锐士伯医疗科技有限公司	生物医药
广州市威司特生物科技有限公司	生物医药
广州尤尼科生物科技有限公司	生物医药
广州富通光科技有限公司	光机电一体化
广州市晨森机电工程有限公司	光机电一体化
广州魁科机电科技有限公司	光机电一体化
广州弘立机电设备有限公司	光机电一体化
广州市穗进机电技术有限公司	光机电一条化
广州格瑞特材料科技有限公司	新材料
广州优本化工有限公司	新材料
广州优路美新型建材有限公司	新材料
广州西克化工科技有限公司	新材料
广州锐优表面科技有限公司	新材料
广州数码艺精细化学有限公司	新材料
广州齐达材料科技有限公司	新材料
广州市银塑阻燃化工有限公司	新材料
广州三辰化工科技有限公司	新材料
广州华之特奥因特种材料科技有限公司	新材料
广州市研理复合材料科技有限公司	新材料
金毅新材料科技（广州）有限公司	新材料
广州珠水环境科技有限公司	新能源环保
广州博能能源科技有限公司	新能源环保
广州达威散热科技有限公司	新能源环保
广州市科林太克环保设备有限公司	新能源环保
广州市利示普照明科技有限公司	新能源环保
广州市臻康环保科技有限公司	新能源环保
广州远兰矿业科技有限公司	新能源环保
广州洁柏能源科技有限公司	新能源环保
广州翔曦能源科技有限公司	新能源环保
广州市绿巨人生物环保技术有限公司	新能源环保
广州市捷晶能源科技有限公司	新能源环保
广州灏和节能科技有限公司	新能源环保
广州思腾低碳科技有限公司	新能源环保
广东高空风能技术有限公司	新能源环保
联企（广州）环保科技有限公司	新能源环保
广州宝祺来贸易有限公司	商贸流通
广州珞科贸易有限公司开发区分公司	商贸流通
广州市财智情商动漫有限公司	文化创意
广州市唐大投资咨询有限公司	现代服务
广东安信风险投资有限公司	现代服务

园区联系方式

地　址：广州科学城揽月路80号广州科技创新基地综合服务楼708

邮　编：510663

电　话：86-20-32290476，32290563

传　真：86-20-32290839

邮　箱：anleex@enterpark.com

网　址：www.entrepark.com

广州市留学人员创业（海珠）基地

园区概况

广州市留学人员创业（海珠）基地（以下简称“创业基地”）成立于2001年9月，是为留学人员来海珠市创业而设立的科技企业孵化器，基地与广州市海珠高新技术创业服务中心实行“两个牌子、一套经营管理班子”进行运作。创业中心是由海珠区政府于2000年1月建立的科技创业服务机构，属于事业单位，企业化管理性质，隶属广州市海珠区科技产业基地管理委员会直接管理。2000年12月，被广州市科技局认定为“市级高新技术创业服务中心”；2001年9月，被市科技局批准成为“广州市留学人员创业（海珠）基地”。中心在海珠区科技产业基地管理委员会管理下，在海珠区科技局的指导和扶持下开展工作，在2005年12月被科技部认定为“国家高新技术创业服务中心”。

创业基地位于广州城市新中轴线，占地面积11000平方米，有6座主要建筑物，可供科技企业创业的建筑面积有15000平方米，内设置有高新技术成果（产品）展览厅、多功能会议厅、商务中心、培训中心以及宽敞的停车场等基础设施，环境优美，周边生活服务设施齐全，是中小科技企业创业的理想环境。创业基地为扶持和支持进入中心的企业发展制定了各项优惠政策，入驻企业除可享受国家、省、市扶持发展高新科技产业的各项优惠政策外，还设有项目扶持资金及纳税奖励等一系列优惠措施，按照《留学人员入驻海珠创业基地的暂行办法》执行。对留学人员自带项目到基地创业，经审查批准，可从广州市留学人员管理服务中心申请留学人员专项资金10万元，在此基础上，还可从海珠区高新技术创业扶持资金中获得10万元以上的资助，作为留学人员的项目启动资金。同时，提供园区物业管理、后勤服务，为入园企业办理工商、税务、证照等服务。

创业基地将本着为创业者提供良好的技术创新和科技创业环境、为科技型中小企业创造完善的孵化条件、为留学生回国创业提供经营场所及全方位支持的宗旨，为入驻企业提供全方位的优质服务。

2010年在园留学人员企业名录

广州朗粤信息科技有限公司	电子信息
广州市纽兰达计算机技术有限公司	电子信息
广州市锐星计算机科技有限公司	电子信息
广州市忠微计算机科技有限公司	电子信息
广州维奇数码科技有限公司	电子信息
广州掌景数码科技有限公司	电子信息
广州市泛凯生物科技有限公司	生物医药
广州市豪骏生物工程有限公司	生物医药
广州市开恒生物科技有限公司	生物医药
广州裕立生物科技有限公司	生物医药
广州市翔宇电子有限公司	新材料

园区联系方式

地　址：广州市海珠区敦和路189号
邮　编：510300
电　话：86-20-89225040
传　真：86-20-89225984
邮　箱：gzlinjin@sina.com
网　址：www.cy-center.com

广州市荔湾留学生科技园

园区概况

广州市荔湾留学生科技园（以下简称“科技园”）是荔湾区人民政府出资、由荔湾区科学技术局主办、荔湾区生产力促进中心创办并管理的科技企业孵化基地。旨在建立一个良好的创业环境，以鼓励和支持留学人员和高新技术企业来荔湾区创业发展，为进驻的科技型企业提供从项目研究开发、中试小规模生产到市场开拓的多功能、全方位、全过程的优质服务。科技园位于中山七路，临近荔湾区政府及陈家祠地铁口，交通便利，环境优美。

从2002年建立首个园区，荔湾留学生科技园已形成由中山七路园区、穗丰大厦园区和聚龙中试基地(广州市市级高新技术创业服务中心)、东沙创业中心四个园区组成的完整体系。新成立的东沙创业中心位于荔湾区东沙工业园区内，建筑面积达4500平方米。

园区联系方式

地　址：广州市荔湾区逢源路330号3楼
邮　编：510000
电　话：86-20-81377323
传　真：86-20-81033258
邮　箱：leif1963@21cn.com

深圳市留学生创业园

园区概况

深圳市留学生创业园（以下简称“创业园”）成立于2000年10月，由深圳市人事局、高新办、龙岗区政府和美国国际华人科技工商协会联合投资兴办，实行“政府引导，企业化运作，留学生管理”，这种模式在全国尚属首创。2004年12月，成为国家人事部与深圳市人民政府共建的“中国深圳留学人员创业园”，并被国家科技部认定为“国家高新技术创业服务中心”。

创业园设立在深圳高新区，是深圳市政府吸引海外留学人员回国创业、扶持留学生企业发展的重要平台，现有孵化面积50000多平方米，另有建筑面积5万多平方米的留学生创业大厦，创业环境日益完善。创业园遵循国际规范，实行企业化运作。主要发挥三个基本功能：一是孵化器功能，二是项目管理功能，三是资金管理功能。创业园拥有一批博士和硕士，以及具有海外工作经验的有知识、懂经营、善管理的高层次人才，聘请海内外著名专家学者，组成专家咨询委员会参与创业园的决策和管理，并为入园企业提供基础设施、创业辅导、融资、人才引进、交流培训、市场推广、管理咨询、项目推介、联谊沟通等优质、个性化的服务。

创业园已吸引了一大批从美国、英国、日本、德国等20多个国家留学回国人员创办的企业进驻，项目主要包括电子信息，生物、医药技术，新材料、新能源、环境保护、光机电一体化等高科技项目，孵化出了以朗科、迅雷为代表的数百家优秀企业和优质项目。

2010年在园留学人员企业名录

动网创新科技（深圳）有限公司	电子信息
华网通信有限公司	电子信息
立德瑞科技（深圳）有限公司	电子信息
美达新科技（深圳）有限公司	电子信息
深圳贝雅特科技有限公司	电子信息
深圳宾大科技有限公司	电子信息
深圳华科力扬科技有限公司	电子信息
深圳量子在线信息网络有限公司	电子信息
深圳奇峰创智科技有限公司	电子信息
深圳三石科技有限公司	电子信息
深圳市阿派斯实业有限公司	电子信息
深圳市艾摩通信息技术有限公司	电子信息
深圳市艾泰易科技有限公司	电子信息
深圳市爱琴岛信息技术有限公司	电子信息
深圳市奥尔微信息技术有限公司	电子信息
深圳市佰瑞尔科技有限公司	电子信息
深圳市帮手网络科技有限公司	电子信息
深圳市必凯科技有限公司	电子信息

深圳市碧空科技有限公司	电子信息
深圳市标鉴网络科技有限公司	电子信息
深圳市博德维建筑技术有限公司	电子信息
深圳市博时雅科技有限公司	电子信息
深圳市才略管理技术有限公司	电子信息
深圳市长信电子有限公司	电子信息
深圳市持名伟业科技有限公司	电子信息
深圳市充粮通讯科技有限公司	电子信息
深圳市达人科技有限公司	电子信息
深圳市道通科技有限公司	电子信息
深圳市德软电子信息有限公司	电子信息
深圳市方领科技有限公司	电子信息
深圳市方通科技有限公司	电子信息
深圳市风暴谷科技有限公司	电子信息
深圳市风向信息技术有限公司	电子信息
深圳市峰媒科技有限公司	电子信息
深圳市高域科技有限公司	电子信息
深圳市格格电子科技有限公司	电子信息
深圳市格兰地科技有限公司	电子信息
深圳市光峰光电技术有限公司	电子信息
深圳市硅格半导体有限公司	电子信息
深圳市海岸会议服务有限公司	电子信息
深圳市海默科技有限公司	电子信息
深圳市禾力科技有限公司	电子信息
深圳市合能科技有限公司	电子信息
深圳市红宇创新科技有限公司	电子信息
深圳市华琛科技有限公司	电子信息
深圳市华慧中软件有限公司	电子信息
深圳市汇友投资软件有限公司	电子信息
深圳市汇智成科技有限公司	电子信息
深圳市魂牵科技有限公司	电子信息
深圳市霍尼科技有限公司	电子信息
深圳市佳吉数码通讯有限公司	电子信息
深圳市捷电科技有限公司	电子信息
深圳市捷智讯科技有限公司	电子信息
深圳市金点指数控科技有限公司	电子信息
深圳市晶睿世纪半导体有限公司	电子信息
深圳市景丰汇达科技有限公司	电子信息
深圳市君信科技有限公司	电子信息
深圳市咔咔网络传媒有限公司	电子信息
深圳市开亚软件科技有限公司	电子信息
深圳市莱科电子技术有限公司	电子信息
深圳市利致科技有限公司	电子信息
深圳市联捷通科技有限公司	电子信息
深圳市量子通科技有限公司	电子信息
深圳市龙盾信息工程有限公司	电子信息
深圳市罗杰科技有限公司	电子信息
深圳市美万嘉数字技术有限公司	电子信息
深圳市民德电子科技有限公司	电子信息
深圳市摩掌信息技术有限公司	电子信息
深圳市牧笛科技有限公司	电子信息
深圳市纳思特科技有限公司	电子信息
深圳市纽太力通讯技术有限公司	电子信息
深圳市欧克蓝科技有限公司	电子信息
深圳市品五味网络科技有限公司	电子信息
深圳市平台网信息技术有限公司	电子信息
深圳市普杰达科技有限公司	电子信息
深圳市千讯数据有限公司	电子信息
深圳市瑞德泰玛实业有限公司	电子信息
深圳市赛诺威通信有限公司	电子信息
深圳市深联智诚科技有限公司	电子信息
深圳市深美移动通信技术有限公司	电子信息
深圳市盛势科技有限公司	电子信息
深圳市世纪欣成科技有限公司	电子信息
深圳市数特科技有限公司	电子信息
深圳市斯诺信息技术有限公司	电子信息
深圳市松亚科技有限公司	电子信息
深圳市泰桥网络科技有限公司	电子信息
深圳市天智系统技术有限公司	电子信息
深圳市万方网络信息有限公司	电子信息
深圳市万众数据备份有限公司	电子信息
深圳市网元科技有限公司	电子信息
深圳市蔚蓝科技有限公司	电子信息
深圳市沃尔钛科技有限公司	电子信息
深圳市五行策科技有限公司	电子信息
深圳市欣锐特科技有限公司	电子信息
深圳市星广联科技有限公司	电子信息
深圳市讯流科技有限公司	电子信息
深圳市易融软件有限公司	电子信息
深圳市易商软件有限公司	电子信息
深圳市易泽通科技发展有限公司	电子信息
深圳市殷图博创科技发展有限公司	电子信息
深圳市英途科技有限公司	电子信息
深圳市盈彩网络科技有限公司	电子信息
深圳市育合科技有限公司	电子信息
深圳市运通信息技术有限公司	电子信息
深圳市智慧眼科技有限公司	电子信息
深圳市中科讯通信技术有限公司	电子信息
深圳市中新科技有限公司	电子信息
深圳市众焱传媒科技开发有限公司	电子信息
深圳市主赐科技有限公司	电子信息
泰宸科技（深圳）有限公司	电子信息
欣新科技（深圳）有限公司	电子信息
绎立锐光科技开发（深圳）有限公司	电子信息
深圳奥普斯医疗设备有限公司	生物医药
深圳华因康基因科技有限公司	生物医药
深圳市奥多美生物科技有限公司	生物医药
深圳市邦瑞化工有限公司	生物医药
深圳市博识生物科技有限公司	生物医药
深圳市博实技术开发有限公司	生物医药
深圳市德富达生物技术有限公司	生物医药
深圳市井田金科实业有限公司	生物医药
深圳市凯信生物科技有限公司	生物医药
深圳市科瑞迪科技有限公司	生物医药
深圳市圣西马生物技术有限公司	生物医药
深圳市盛捷生物技术有限公司	生物医药
深圳市微观达美生物科技有限公司	生物医药
建隆新科技（深圳）有限公司	光机电一体化
深圳市爱思强科技有限公司	光机电一体化
深圳市冰海科技有限公司	光机电一体化

深圳市汇茂科技有限公司	光机电一体化
深圳市江南正鼎信息技术有限公司	光机电一体化
深圳市亿莱科特科技有限公司	光机电一体化
深圳市亿特联合显示技术有限公司	光机电一体化
深圳市爱特健科技有限公司	新材料
深圳市中京科林环保塑料技术有限公司	新材料
新视野光电（深圳）有限公司	新材料
深圳市环源科技发展有限公司	新能源环保
深圳市汇和新能源环保技术有限公司	新能源环保
深圳市捷能科技有限公司	新能源环保
深圳市四海电气技术有限公司	新能源环保
深圳市新迪能源科技有限公司	新能源环保
深圳市旭能科技有限公司	新能源环保
万代生物技术（深圳）有限公司	新能源环保
深圳百时得能源环保科技有限公司	新能源环保
深圳市鼎创环保科技有限公司	新能源环保
深圳市格润泰环保科技有限公司	新能源环保
深圳市润和天泽环境科技发展有限公司	新能源环保
深圳市晨森自控设备有限公司	建筑制造
深圳市时代印象广告有限公司	文化创意
凯思比科技创业（深圳）有限公司	现代服务
深圳博思域投资顾问有限公司	现代服务
深圳市法林资讯有限公司	现代服务
深圳市汉者科技开发有限公司	现代服务
深圳市赫林德规划设计有限公司	现代服务
深圳市美杰管理咨询有限公司	现代服务
深圳市瑞安汽车安全技术有限公司	现代服务
深圳市天智众成投资顾问有限公司	现代服务

园区联系方式

地　址：深圳市南山区高新南环路29号留学生创业大厦2101室

邮　编：518057

电　话：86-755-86329000

传　真：86-755-86329004

邮　箱：bzhang@szchuangye.com

网　址：www.szchuangye.com

深圳市留学人员（龙岗）创业园

园区概况

深圳市留学人员（龙岗）创业园（以下简称“创业园”）成立于2001年7月，是深圳市龙岗区为吸引海外留学生来龙岗创办高新技术企业而投资兴建，以引进优秀归国留学人员携带高科技项目来龙岗创业，提高相关产业水平，加快科技成果化，引导和带动自主创新体系建设为目的的综合性科技企业孵化器。2004年通过深圳市科技企业孵化器认定，2005年通过国家级科技企业孵化器认定，2006年被授予深圳市优秀引智单位，2007年被评为深圳市优秀科技企业孵化器，2008年4月成立知识产权工作站，2008年6月通过ISO 9000管理体系认证。

创业园地理位置优越、环境优美，总孵化面积近4万平方米，各项配套设施完善。科技图书馆、商务中心、情报中心、乒乓球室、台球室、会议室、洽谈室、展览厅、多功能厅均免费对企业开放；引进了深圳低成本健康实验室和CAE实验室、深圳市声学噪音处理检测平台、深圳市环保环评检测等公共技术检测平台；引进了咖啡厅、社康中心等社会配套机构；同时为创业企业提供低成本的办公、科研及生产场地，以及一站式、全方位的服务。

在市区两级政府的关心支持下，创业园现已发展成为深圳市重要的自主创新科技园区，是龙岗区高科技产业重要的项目源和人才库，也是深圳市吸引海外留学生前来创业的重要基地、深圳市对外宣传展示高新技术产业和创业投资环境的重要窗口、高新技术与资本有机结合的示范基地。

园区联系方式

地　址：深圳市龙岗区中心城留学生创业园一园213室

邮　编：518172

电　话：86-755-28938007

传　真：86-755-28938001

邮　箱：lgcy@vip163.com

网　址：www.cy.longgang.gov.cn

珠海留学人员创业园

园区概况

珠海留学人员创业园（以下简称“创业园”）成立于2003年，是国家人事部与珠海市政府共建的国家级创业园。由珠海高新区管委会管理，珠海市政府人事和科技行政部门归口指导。高新区管委会下设珠海留学人员创业园管理服务中心，具体负责留学人员创业园的日常管理和服务工作。

创业园设在珠海国家高新技术产业开发区内，面积23000平方米，分为A、B两区，A区位于科技创新海岸的南方软件园内，面积10000平方米；B区位于南屏科技工业园内，面积13000平方米。已形成了集研究、实验、中试、孵化为一体的留学人员创业基地，成为了基础设施完善、信息网络发达、生态环境优美、技术创新氛围浓郁的智能型园区。

创业园建园以来发展迅速，进驻的留学人员企业由最初的19家增至目前的70多家，实现产值超过10亿元，80多名留学人员在园区发展，成长起了欧比特控制工程、福尼亚医疗器械、博佳冷源等一批品牌知名度高、自主创新能力强、产品市场占有率高的留学人员企业，涌现了一批优秀的留学人员企业家，3名创业成就显著的留学人员入选国家“千人计划”。创业园已成为珠海市实现科技成果转化的重要基地、留学人员回国创业施展才华的重要舞台、引进海外高层次人才和高新技术项目的重要载体。

园区联系方式

地　址：珠海市唐家湾镇港湾大道科技一路10号民营科技大厦一楼

邮　编：519085

电　话：86-756-3629995，3629996

传　真：86-756-3629900

网　址：www.zhhbi.com

东莞市留学人员创业园

园区概况

东莞市留学人员创业园（以下简称“创业园”）创建于2003年底，是东莞市委、市政府实施科教兴市和人才强市战略，吸引海外留学人员来莞创业的重要平台。其宗旨是为留学人员来莞创业提供优质服务，营造适宜中小科技企业成长的创新环境，促进先进科技成果转化，加快培育自主创新型企业和现代企业家，推动东莞新兴产业、高科技产业发展。2005年底，被团中央授予“中国青年留学人员创业基地”的称号；2007年12月，被国家科技部认定为“国家高新技术创业服务中心”。

创业园设在风景优美的东莞松山湖科技产业园区，有孵化场地面积40000多平方米，建成生物医药专业孵化器、创意产业孵化器，以及生物医药工程中心、微电子材料研发中心等多个公共技术平台。此外，还专门配备了会议室、多功能报告厅、员工食堂、咖啡厅、文体活动室等，为入驻企业提供良好的商务、生活环境。

在市委、市政府的大力支持下，通过积极的招才引智，创业园已引进各类高层次人才350人，其中、谭文、陈友斌两人已入选国家“千人计划”。创业园还引入创业企业200多家，合同注册资本6亿多元人民币，创业企业主要分布在电子信息、生物医药、软件开发、新材料、环保节能、机电制造、医疗器械、文化创意、互联网等高新技术领域。部分入园较早的企业已经成功孵化，具有自主知识产权的科技成果转化为受市场青睐的高科技产品。如东莞市泛亚太生物科技有限公司，在创业园孵化成功后在松山湖园区北部购买60亩土地，投资5亿元建设总部和生产基地。

2010年在园留学人员企业名录

东莞安泰智能科技有限公司	电子信息
东莞市百成科技有限公司	电子信息
东莞市博华软件有限公司	电子信息
东莞市超越数码科技有限公司	电子信息
东莞市泓信科技有限公司	电子信息
东莞市莱桐网络通讯技术有限公司	电子信息
东莞市敏思特软件有限公司	电子信息
东莞市天狼电子信息有限公司	电子信息
东莞市天唯智能科技有限公司	电子信息
东莞市拓扑光电科技有限公司	电子信息
东莞市尤思科新技术有限公司	电子信息
东莞市博华软件有限公司	电子信息
东莞市飞达汽车科技有限公司	电子信息
东莞市飞萌驱动技术有限公司	电子信息
东莞市微模式软件有限公司	电子信息
东莞市三宇电子科技有限公司	电子信息
东莞市金之桥通讯科技有限公司	电子信息
东莞市晟龙电子有限公司	电子信息
东莞市源创信息科技有限公司	电子信息
东莞市远见软件科技开发有限公司	电子信息
东莞市中移通信技术有限公司	电子信息
东莞泛亚太生物科技有限公司	生物医药
东莞劲芳生物医药孵化器有限公司	生物医药
东莞市风华生物技术有限公司	生物医药
东莞市华微纳米科技有限公司	生物医药
东莞市九域星生命科技有限公司	生物医药
东莞市凯法生物医药有限公司	生物医药
东莞市纳勤生物医药科技有限公司	生物医药
东莞市瑞康生物工程有限公司	生物医药
东莞市盛泰医药科技有限公司	生物医药
东莞市汤神生物科技有限公司	生物医药
东莞市立康生物科技有限公司	生物医药
东莞市维正生物科技有限公司	生物医药
东莞市宏祥生物工程有限公司	生物医药
东莞市昕力医疗科技有限公司	生物医药
东莞市新地药业研发有限公司	生物医药
东莞圣太光电技术有限公司	光机电一体化
东莞市百赛仪器有限公司	光机电一体化
东莞市华科机电科技有限公司	光机电一体化
东莞华纳新材料科技有限公司	新材料
东莞市艾斯迪新材料有限公司	新材料
东莞市迪凯精密管材有限公司	新材料
东莞市嘉宏有机硅科技有限公司	新材料
东莞市纳明新材料科技有限公司	新材料
东莞市普赛特电子科技有限公司	新材料
东莞市腾威电子材料技术有限公司	新材料
东莞市一新科技有限公司	新材料
东莞市意普万工程塑料有限公司	新材料
东莞巨通力实业有限公司	新能源环保
东莞市博大环保科技有限公司	新能源环保
东莞市康正源环保科技有限公司	新能源环保
东莞市乐荻室内环境技术有限公司	新能源环保
东莞市飞速达精密机械有限公司	建筑制造
东莞市康益玩具有限公司	建筑制造
东莞市泰洲精密模具机械科技有限公司	建筑制造
东莞市弗诗莱文化开发有限公司	文化创意
东莞市光扬动漫设计制作有限公司	文化创意
东莞市高科创业投资顾问有限公司	现代服务
东莞市华测检测科技有限公司	现代服务
东莞市利马投资有限公司	现代服务

园区联系方式

地　址：东莞市松山湖科技产业园区学术交流中心
邮　编：523808
电　话：86-769-22891118
邮　箱：ljy@ssl.gov.cn
网　址：www.dghg.org

中山市留学人员创业园

园区概况

中山市留学人员创业园（以下简称“创业园”）成立于2007年8月，由中山市人事局批准成立，与中山火炬高技术创业中心、中山火炬生产力促进中心合署办公，实行“一套人马、三块牌子”的运作机制。中山火炬高技术创业中心由火炬开发区管委会于1992年创办，2005年被科技部认定为国家高新技术创业服务中心，同时被广东省科技厅批准为“广东科技人才基地（中山）”建设的依托单位。

创业园已建成的建筑总面积达到30万平方米，包括投资大厦、数码大厦、科技大厦、孵化中心大厦，有商务酒店、商业购物区、学校、专家楼、留学人员公寓等配套设施。对入园创业的回国留学人员，创业园提供以下优惠政策：一是开发区一次性补贴10万元创业投资资金；二是从企业设立之日起的2年内，根据企业固定资产投资规模给予一次性的3%补贴，最高达到60万元；三是企业从登记之日起3年内，按投资总额的20%一次性给予贷款贴息；四是对于进入创业园达到博士学位或者是博导职称的，给予安家费10万到30万元，另外每月给予1000到3000元工资外的生活补贴。在科技创新方面，科技专项经费也给予优先的资助，同时，子女进入园区之后的就学、就业、家属安置等方面也给予优惠。

创业园聚集了一批电子信息和软件开发、包装印刷、生物医药、新能源与新材料、光机电领域的高新技术企业和项目，逐步形成了创业园的五大支柱产业，多个项目已被列入国家、省、市科技重点支持对象，良好的孵化项目也吸引了大批的留学人员前来创业，目前已入驻留学人员创业企业十余家。

2010年在园留学人员企业名录

中山华盈互联网信息科技有限公司	电子信息
中山新诺科技有限公司	电子信息
中山市泰威士技术研发有限公司	电子信息
安士制药（中山）有限公司	生物医药
生命科技（中山）生物药业有限公司	生物医药
中山本草堂医药科技有限公司	生物医药
中山润兴生物科技有限公司	生物医药
中山市尤利卡天然药物有限公司	生物医药
中山以诺生物科技有限公司	生物医药
中山市安基交通电子有限公司	光机电一体化
中山市华通光源股份有限公司	光机电一体化
中山市立顺实业有限公司	光机电一体化
中山市鑫力弘科技有限公司	新材料

园区联系方式

地　址：中山市中山港康乐大道创业大厦101
邮　编：528437
电　话：86-760-85316969，85316213
传　真：86-760-5310271
邮　箱：hpp7943@sohu.com
网　址：www.zstorchibi.com

南宁留学人员创业园

园区概况

南宁留学人员创业园（以下简称“创业园”）成立于2000年初，由南宁新技术创业者中心负责服务管理。

创业园坐落在南宁国家高新技术产业开发区内，拥有孵化场地4000平方米。经过多年建设，创业园建立起了较为完善的孵化培育服务体系。同时，结合南宁高新区的实际情况制定了一系列的优惠措施，主要包括：提供留学人员创业启动资金、办公科研场地的优惠使用、协助企业申请各项科技经费、提供专家公寓、提供企业发展咨询服务等多种方式。已经吸引了一批来自美国、英国、日本等国家和地区的海外人员和国内博士和博士后前来创业。

园区联系方式

地　址：南宁市科园大道68号4栋6层
邮　编：530004
电　话：86-771-3213233，3213368
邮　箱：smart008@21cn.com
网　址：5039993.my.sme.cn

桂林留学人员创业园

园区概况

桂林留学人员创业园（以下简称“创业园”）创建于1999年9月，经桂林市人民政府批准成立。创业园的宗旨是吸引归留学人员、博士等高层次人才到桂林创办高科技企业，将国外先进的技术和管理理念引入园区，增强桂林高新区科技创新、成果转化和国际合作能力。2001年12月，由国家人事部与广西壮族自治区人民政府联合共建成为“中国桂林留学人员创业园”。作为专为到桂林创业的留学人员、博士等高层次人才而设立的创业基地。创业园位于风景秀丽的桂林国家高新技术产业开发区内，周围坐落的13所大专院校和13所中央部属和自治区属科研院所，拥有3000多项科研成果和1300多位学有专长的博士和硕士研究生队伍。

创业园成立以来，在人事部、广西壮族自治区人事厅、桂林市政府的正确领导和支持下，在桂林高新区管委会的具体指导下，本着引进、服务、创新、发展的思路，依托桂林国家高新区日臻完善的科技创业孵化 体系，通过不断完善孵化功能，扩展服务内容，提升服务档次，加大力度为回国创业留学人员营造一个环境优美、设施完备、政策优惠、管理科学、服务到位的创业环境，使之成为桂林国家高新区、桂林市技术创新服务体系的一个重要基地及培养创新人才和企业家的摇篮，同时也为桂林市经济发展创造了一个新的技术辐射源和经济增长点。到目前，创业园共吸引了留学美、英、法、德、日、乌克兰等国家100多位海外高层次人才来园创办企业，现在孵企业70余家，涉及电子与信息、光机电一体化、新材料、生物医药工程、环保产品等高科技领域。

2010年在园留学人员企业名录

桂林澳华网络科技有限公司	电子信息
桂林汉星电子通信有限公司	电子信息
桂林市新通达网络设备有限公司	电子信息
桂林同信电子科技有限公司	电子信息
桂林西科电子科技有限公司	电子信息
桂林携联电子传媒有限公司	电子信息
桂林源通网络软件有限公司	电子信息
桂林中商信息咨询有限公司	电子信息
桂林市新鑫科技有限公司	电子信息
桂林兴桂电器有限公司	电子信息
桂林市金盛电子科技有限公司	电子信息

桂林长河电子有限公司 电子信息
桂林倚创电子科技有限公司 电子信息
桂林海威科技有限公司 电子信息
桂林艾因蒂克电子科技有限公司 电子信息
桂林安一量具有限公司 电子信息
桂林丰恺电子科技有限责任公司 电子信息
桂林光比特科技有限公司 电子信息
桂林红枫信息技术有限责任公司 电子信息
桂林西科电子科技有限公司 电子信息
桂林携联电子传媒有限公司 电子信息
桂林展智测控技术有限公司 电子信息
桂林澳华网络科技有限公司 电子信息
桂林大道科技有限公司 电子信息
桂林迪纳泰电子科技有限公司 电子信息
桂林明辉信息科技有限公司 电子信息
桂林日泉科技有限公司 电子信息
桂林市驰讯软件技术有限公司 电子信息
桂林市新通达网络设备有限公司 电子信息
桂林万盛软件技术有限公司 电子信息
桂林新力科技有限公司 电子信息
桂林关联电子有限公司 电子信息
桂林星慧教育技术开发有限公司 电子信息
桂林易创精益信息技术有限公司 电子信息
桂林袁斌电子科技有限责任公司 电子信息
桂林泽诚网络科技有限公司 电子信息
桂林同信电子科技有限公司 电子信息
桂林市展智电子科技有限公司 电子信息
桂林源通网络软件有限公司 电子信息
桂林中商信息咨询有限公司 电子信息
桂林朗道诊断用品有限公司 生物医药
桂林安信软件有限公司 生物医药
桂林宝利泰医用电子仪器有限公司 生物医药
桂林泛谱生物科技有限公司 生物医药
桂林吉福思生物技术有限公司 生物医药
桂林九环生物技术有限公司 生物医药
桂林康济药业有限公司 生物医药
桂林市品真生物技术有限责任公司 生物医药
桂林市西麦生物技术有限公司 生物医药
桂林微邦生物技术有限公司 生物医药
桂林维润生物科技有限公司 生物医药
桂林英美特生物技术有限公司 生物医药
桂林优利特医疗电子有限公司 生物医药
桂林优盛特生物电子技术有限公司 生物医药
桂林通炀机电有限责任公司 光机电一体化
桂林阿尔法橡塑科技有限公司 新材料
桂林大力防水材料厂 新材料
桂林合立材料科技有限公司 新材料
桂林和鑫防水材料有限公司 新材料
桂林九一新能源环保科技有限公司 新材料
桂林蓝光科技发展有限公司 新能源环保
桂林联储高新换热技术有限公司 新能源环保
桂林海归生态环境技术有限公司 新能源环保
桂林伯林生物技术有限公司 新能源环保
桂林耀真园艺科技有限公司 新能源环保
桂林文辉环境科技与生物工程有限责任公司 新能源环保
桂林德态环保科技有限公司 新能源环保
桂林博达汽车科技有限公司 汽车电子
桂林安金汔车安全测控技术有限公司 汽车电子
桂林宝利建材设备有限公司 建筑制造
桂林懿可仕机械制造有限公司 建筑制造
桂林新百利制造工程有限公司 建筑制造
桂林菲尼斯进出口有限公司 商贸流通
桂林高德科技有限责任公司 商贸流通
桂林市双合饰品有限公司 商贸流通
广西力君世纪动漫策划有限公司 文化创意
桂林凯图营销策划有限公司 现代服务
桂林诺亚教育科技发展有限公司 现代服务
桂林新符号房地产策划有限公司 现代服务
桂林群峰盛景企业管理咨询有限公司 现代服务

园区联系方式

地　址：桂林市空明西路13-1号高新创业大厦
邮　编：541004
电　话：86-773-5817229，2670927，2670901
传　真：86-773-5819274
邮　箱：ly@glbic.com
网　址：www.glbic.com

北海留学人员创业园

园区概况

北海留学人员创业园（以下简称“创业园”）成立于2006年2月，由北海市人民政府和广西壮族自治区人事厅合作共建。创业园分别设在在北海市贵州路科技创业中心大楼、北海市北海大道科技大厦精品项目孵化器、北海市体育北路综合孵化基地等三个孵化器内，日常服务工作由北海市高新技术创业服务中心负责。

创业园先后引进了广西桂能信息工程有限公司，促成了广西桂能集团在北海工业园的亿元投资，产生了拉动北海经济发展的巨大效益；引进了北海金明阳风力潮汐发电科技有限公司，也促成了广西柳州明阳机电集团公司在北海市投资1.3亿元建设风电项目。园区企业为北海市的园区经济、高新技术产业的发展注入了新的活力，增添了新的力量。

2010年在园留学人员企业名录

北海西格玛科技有限公司 电子信息
广西桂能信息工程有限公司 电子信息
北海北部湾海洋生物研究中心 生物医药
北海北极光海洋生物技术有限公司 生物医药
北海超信科技有限公司 生物医药
北海格兰生物科技有限公司 生物医药
北海海博生物科技有限 生物医药
北海华宝海洋生物技术有限公司 生物医药
北海蓝波湾海洋生命科技有限公司 生物医药
北海市生巴达生物科技有限公司 生物医药
北海金明阳风力潮汐发电科技有限公司 新能源环保
北海珠娃娃动漫有限公司 文化创意
北海安得利投资顾问有限公司 现代服务

园区联系方式

地　址：北海市北海大道科技大厦7楼
邮　编：536000
电　话：86-779-2020594
传　真：86-779-2023001
邮　箱：bhsulidong@sina.com

柳州留学人员创业园

园区概况

柳州留学人员创业园（以下简称“创业园”）成立于2007年8月，由柳州市人事局、柳州高新区共同组织和管理，并为留学回国人员提供一定的资金、场地及相关的配套服务。创业园实行“政府引导、企业运作、留学生管理”的模式，即通过海外留学生入股，创造一头在国内、一头在国外、中间是政府的“杠铃模式”。以最优惠的价格提供科研、实验、办公、配套和管理服务，利用政府资源参与运作和管理，引进风险投资资金，协助入园企业解决融资问题。

早在2003年就进入国家级的柳州高新技术创业服务中心，已形成了一整套完善的孵化服务体系，共有孵化场地2.7万平方米。创业园成立后，又制定了一系列优惠政策，除设立了留学人员基金外，还在柳州高新区中心和柳东新区提供了近1000平方米的场地，免费作为入园留学生的研发和生活区。园区主要构建生物工程和生物制药、高新技术及新材料新能源、软件及文化产业、投融资等四大优势产业。

园区联系方式

地　址：柳州市高新一路科技工业苑11层
邮　编：545006
电　话：86-772-3998128
传　真：86-772-3998138
网　址：www.lzisti.net.cn

海口国家高新区留学人员创业园

园区概况

海口国家高新区留学人员创业园（以下简称“创业园”）成立于2001年12月，由海南省人力资源和社会保障厅与海口国家高新区共同创建，旨在吸引海外优秀留学人员入园创办高新技术企业，重点孵化一批具有国际领先技术和自主知识产权、市场潜力巨大、国家重点支持领域的项目，促使先进技术、管理经验与本地资源的有效结合，加快科技成果转化和产业化，促进海南经济的快速发展。

创业园位于海口市中心区的西南部，交通便捷，现有孵化总面积约2000平方米。在硬件建设方面，投入了一定资金，改建和装修了创业孵化楼，给会议室和每个创业工作间配置了空调和办公设施，设置了相应服务机构，并建立了商务中心等。在软件建设方面，海口国家高新区研究制订了一系列更优惠的政策，为创业人员提供政策、资金、服务等方面的保障支持。在服务管理过程中，创业园坚持“以人为本”的服务理念，为留学归国创业人员排忧解难，为在孵企业提供咨询、工商、税务、物业、融资、项目推介等方面的服务。同时，举办项目推介会、投融资洽谈会、联谊会等各种活动。

创业园由于注重创业平台的建设，努力营造宽松和谐的创业环境，目前已吸引来自美国、英国、日本、德国、澳大利亚、加拿大、丹麦、意大利、新加坡等9个国家的一批海外留学人员加盟创业，他们以独资的方式创办高新技术企业，研发项目涉及的领域有高科技农业、信息技术、生物医药、人力资源、热带植物资源、干细胞、国际投资和工商管理等，有些科研成果已被列为省市重点科技项目，有些科研成果已进入产业化阶段，产生了一定的经济和社会效益。

为了创业园今后更好的建设与发展，海口国家高新区管委会已规划好新孵化器的建设方案，着手拟建4.195万平方米新的孵化大楼，将把省、市级重点实验室也建在里面，作为科学实验的共享平台。在不久的将来，海口创业园的孵化功能将更完备，服务管理水平更上层次，创业环境更优化，发展的前景更美好。

2010年在园留学人员企业名录

海口知己网络科技有限公司	电子信息
海南中济医院管理有限公司	电子信息
海南世纪桥信息服务有限公司	电子信息
海南恒讯通信技术有限公司	电子信息
海口保税区远兮细胞分子技术应用研发有限公司	生物医药
海口祁樾生物基因科技有限公司	生物医药
海口芳绿源科技开发有限公司	生态农业
海南兰地高新科技有限公司	生态农业
海口保税区天创科技实业有限公司	商贸流通
海口高新区神龙贸易有限公司	商贸流通
海口保税区亚太高新科技有限公司	现代服务
海南泰嘉高尔夫管理有限公司	现代服务
海口博士答跨文化咨询培训有限公司	现代服务

园区联系方式

地　址：海口市南海大道168号（海口保税区内）
　　　　留学人员创业园112室
邮　编：570216
电　话：86-898-66826121
传　真：86-898-66826151
邮　箱：hkwsyao@126.COM

重庆留学人员创业园

园区概况

重庆留学人员创业园（以下简称“创业园”）成立于2003年8月，由重庆市政府批准设立，其前身为重庆高新技术产业开发区管委会于2000年3月所创建的重庆高新区出国留学人员创业园。2008年4月，成为国家人力资源和社会保障部与重庆市人民政府共建的“中国重庆留学人员创业园”。2009年10月，被重庆市委、市政府评选为“留学人员归国创业服务工作先进单位”。

创业园分布在二郎、石桥铺、北部新区三地，地处核心区域，配套完善，交通便利，环境优美，集生产、科研、办公和服务为一体，以医学科学等高科技产业为方向，孵化场达到22万平方米，其档次和规模在全国名列前茅。

创业园出台了对获得银行信贷的留学人员企业给予贴息等一系列优惠政策，并设立了“留学人员创业基金”支持企业发展。与此同时，创业园还培养了一支素质较高、业务水平较强的管理队伍，建立了一套科学管理的规章制度，从而在高新技术产业开发区为重庆市营造了吸引海外留学人员来渝创业发展的硬件环境和软件环境。建立了“五金”研发资金保障体系，即政策性补贴资金、风险投资资金、平台建设资金、信贷担保专项基金和科技型中小企业技术创新资金，以无偿、担保和资本金投入的方式支持留学人员企业发展。同时提供丰富的企业培训与管理咨询服务，园区科技创业协会通过专题培训、论坛、咨询、考察、沙龙等活动，免费为留学人员企业提供科技孵化服务，以及高效的绿色服务通道，提供工商注册、银行开户、税务登记等一体化、联动服务；协助办理出国留学人员随迁配偶和子女的落户、就读及工作推荐等。

经过7年的扶持发展,创业园已发展成有孵化场地22万平方米、留学人员86名的留学生创业园,他们共创办了67家企业,年收入达20亿元,平均每个留学生创收0.23亿元。

2010年在园留学人员企业名录

重庆市荣冠科技有限公司	电子信息
重庆国人电讯产业有限公司	电子信息
重庆共发科技有限公司	电子信息
重庆蓝牙无线技术研究所	电子信息
重庆爱思电子信息有限公司	电子信息
重庆和平自动化工程有限公司	电子信息
重庆星能电气有限公司	电子信息
重庆前沿生物技术有限公司	生物医药
重庆植恩药业有限公司	生物医药
重庆中元生物技术有限公司	生物医药
重庆人本药物研究院	生物医药
重庆奥特思医疗设备有限公司	生物医药
重庆市力扬医药开发有限公司	生物医药
重庆新标医疗设备有限公司	生物医药
重庆海坤医用仪器有限公司	生物医药
重庆博凯药业有限公司	生物医药
重庆富进生物医药有限公司	生物医药
重庆升旭科技有限公司	新能源环保
重庆升旭环保工程有限公司	新能源环保
重庆根安动力机械测试设备有限公司	建筑制造
重庆妙奇丰科技有限公司	建筑制造
重庆固仁科技有限公司	建筑制造

园区联系方式

地　址：重庆北部新区高新园星光大道1号星光大厦A座2楼
邮　编：400039
电　话：86-23-68606754
传　真：86-23-68694994
邮　箱：rxz999@163.com;
网　址：www.cqbi.cn

成都留学人员创业园

园区概况

成都留学人员创业园（以下简称“创业园”）成立于1998年8月，是成都高新区管委会下设的为留学人员回国创业提供服务、促进成果转化的公益性科技事业服务机构，是全国首家由国家人事部与地方政府共建的留学人员创业园。

创业园在高新区管委会的大力支持和领导下，实施大孵化战略，聚集高层次的创新创业人才，培育企业自主创新能力，创业园在聚集高层次人才方面取得了显著成绩。

截至2010年底，创业园吸引了500余位高层次人才，创办了350家企业，成功培育了飞博创（成都）科技有限公司、四川和芯微电子有限公司、成都摩尔生物医药有限公司等一批拥有自主知识产权、具有核心竞争优势的成功企业。目前，创业园入选“千人计划”的共8名，入选四川省“百人计划”的20名。

2010年园区发展报告

一、创业园建设情况

（一）实施大孵化战略，打造人才创业的信息平台——天府创业网（www.cdibi.org.cn）。利用信息化手段，整合高新区创新孵化资源，为人才提供高新区孵化器、专业化技术支撑平台、专业化服务、投融资、项目申报、优惠政策、资质认证、项目对接洽谈、创业文化等创业信息。

（二）打造人才创业的孵化载体。高新区拥有各类孵化器24家，其中国家级6家，孵化面积超过100万平方米，其中政府示范孵化器近10万平方米，总共在孵企业1576家，为各类人才创业提供办公、研发、中试、生产场地。创业园延伸孵化服务功能和优惠政策，指导创业企业规范发展，提高人才创业能力，提供优质服务。

（三）出台人才创业的优惠政策。高新区在高层次人才创业方面出台了一系列优惠政策，如：高层次人才新成立的企业可以享受第一年50平方米的全额房租补贴，第二年为70%，第三年为30%；对创办软件企业的高级海归人才给予20万元奖励；高新区支持企业创新和发展的经费向高层次人员创业企业倾斜；在银行贷款可以享受基准利率和担保费40%的补贴；高级人才创办企业可以优先申请高新区高级人才公寓；个别优秀的企业享受一企一策政策。

（四）为企业提供专业化的技术支撑服务。高新区投资1亿元建设国家软件产业基地（成都）公共技术支撑平台，投资3500万元建设医药化学分析测试中心，投资600万美元建设无线通信测试公共技术平台，投资120万元搭建多语言综合服务平台，为大批高层次人才创业提供了便利条件，降低了创业成本，提升了高新区对高层次人才的吸引力。

（五）为企业提供创业导师辅导服务。选聘18名在高新区具有成功创业经验的企业家、具有丰富的企业运作经验的中高层管理人员、大专院校、科研院所的专家学者以及中介服务机构专业人员作为创业导师，为企业提供技术咨询、经营管理、行业信息、市场拓展等辅导活动。

（六）为企业提供投融资咨询服务。协助企业申报各级各类项目计划资金；创业园与各金融机构建立了良好的合作关系，积极为企业融资提供咨询服务。

（七）打造促进投资、加强合作的国际交流平台。建立了欧盟在中国的首个项目孵化中心——欧盟项目孵化中心（成都），与45个欧盟机构建立广泛的技术商务合作关系，与以色列合作就建立了中以孵化器。

（八）营造有利于人才创业的文化氛围。举办天府创业论坛、办公室主任联席会议、企业沙龙。

二、专业平台建设

（一）全力打造高新区公共技术平台体系

1．管理和运营好政府投资的示范公共技术平台。专门成立高新区公共技术平台管理中心。集成电路设计公共技术平台已累计投资1500万元，拥有EDA、FPGA设计流程，提供数字、模拟电路、MPW流片服务、研发测试验证的公共技术支撑环境；与世界最大芯片测试厂商爱德万测试公司共建"成都IC基地一爱德万测试公司联合开放实验室"；与国内最大的无线测试实验室深圳市摩尔环宇通信技术有限公司共建电子通信测试公共技术平台；与睿智化学共建生物医药分析测试公共技术平台。政府投资公共技术平台资产近亿元。

2．构建高新区公共技术平台体系。制定成都高新区公共技术平台管理和支持办法，大力整合优势资源，着力构建政府引导、企业参与、多元投入、可持续发展机制。目前，高新区已认定公共技术平台超过10家，预计5年内公共技术平台将超过100家。

3．创新公共技术平台管理和运营模式。一是由过去全免费改变为实行成本收费和专业化服务相结合；二是引入专业化机构进行专业管理，采取收益共享、风险共担的模式建立联合开放实验室，实现资源共享和优势互补，提高国有资产使用效率。

（二）加快科技金融体系建设

依托高新区梯级融资服务体系和盈创动力等金融服务平台，构建以政府投入为引导、企业投入为主体，债权融资与股权融资、直接融资与间接融资有机结合的科技金融体系。

1．帮助不同发展阶段企业获得所需政府资金。累计组织和帮助企业申报国家火炬计划，重点新产品计划，省、市科技攻关计划等各类计划和基金500余项，获得资金支持超过10亿元。

2．搭建企业融资平台。积极联系投资机构、银行、担保机构为企业筹集债权股权融资，推动产业资本与孵化器在孵企业的对接。梦工厂被博瑞传媒以4亿元的价格全资收购，盛大科技出资上亿资金成功收购星漫科技网游企业，林海电子和迅游科技分别获得1亿元人民币的风投。2010年，高新区各类中小型科技企业获得各类金融支持超过22亿元。

2010年优秀在园留学人员企业

成都恒图科技有限责任公司

成都恒图科技有限责任公司成立于2009年9月。公司在数字图像动态范围匹配技术领域拥有世界顶级的专利核心技术，拥有着世界一流的研发力量，公司的研发人员已在该领域申请和取得了多个国家地区的专利技术，并发表多篇学术论文。公司开发的高动态图像处理软件发布后在国际上获得一致好评并获得日本VGP大奖。公司还负责主持多项国家级和省部级的科研课题，成为国内该领域的领军企业。恒图科技致力于为全世界专业和普通数字影像用户提供全面、高质量的图像产品和解决方案，并籍此在3年到5年的时间内在中国西部打造世界一流的数字图像公司。公司获得联想投资有限公司的300万美元的风险投资。

公司创办者段江在美国西北大学从事博士后研究后回国创业，获得四川省百人计划创新人才无偿资助100万元。

2010年在园留学人员企业名录

凹凸网络科技有限公司成都公司	电子信息
北京英思创科技有限公司成都分公司	电子信息
成都阿特米控制阀门仪表有限公司	电子信息
成都艾索语音技术有限公司	电子信息
成都奥邦科技有限责任公司	电子信息
成都奥林特科技发展有限责任公司	电子信息
成都澳华科技有限公司	电子信息
成都澳能石油科技有限公司	电子信息
成都百川智慧科技有限公司	电子信息
成都标讯科技发展有限公司	电子信息
成都博华科技有限公司	电子信息
成都博锐数码科技有限公司	电子信息
成都博宇科技有限公司	电子信息
成都畅达通地下工程科技发展有限公司	电子信息
成都畅翔空间信息技术有限公司	电子信息
成都成电天悦信息技术有限公司	电子信息
成都崇达科技有限公司	电子信息
成都穿跃集成电路设计有限公司	电子信息
成都道盛嘉通自动识别技术有限公司	电子信息
成都得凯科技有限责任公司	电子信息
成都登巅科技有限公司	电子信息
成都迪拉克科学计算软件有限责任公司	电子信息
成都多维科技有限公司	电子信息
成都泛利科技有限公司	电子信息
成都方纳科技有限公司	电子信息
成都飞学软件有限公司	电子信息
成都福满科技有限公司	电子信息
成都港奇科技有限公司	电子信息
成都高新区中科前程科技有限公司	电子信息
成都光起管理模式设计有限公司	电子信息
成都硅创科技有限公司	电子信息
成都硅绮科技有限公司	电子信息
成都国腾软件资源有限公司	电子信息
成都国信信息发展有限公司	电子信息
成都海容智能科技发展有限公司	电子信息
成都合纵连横数字科技有限公司	电子信息
成都鹤舞文化发展有限公司	电子信息
成都红嘴犀网络传媒有限公司	电子信息
成都华夏通联微控技术有限公司	电子信息
成都华域国盛科技有限公司	电子信息
成都环洲科技有限公司	电子信息
成都慧谷科技有限公司	电子信息
成都加讯科技有限责任公司	电子信息
成都嘉仪林电子科技有限公司	电子信息
成都捷茂科技有限公司	电子信息
成都金恩科技有限公司	电子信息
成都经致科技有限公司	电子信息
成都精通网络系统有限公司	电子信息
成都楷码信息技术有限公司	电子信息
成都科瑞特科技有限公司	电子信息
成都科泰地理信息技术有限公司	电子信息

成都快维咨询服务有限公司	电子信息
成都昆腾科技发展有限公司	电子信息
成都蓝码科技发展有限公司	电子信息
成都理工空间信息技术有限公司	电子信息
成都立达信息技术有限公司	电子信息
成都立方致元科技开发有限公司	电子信息
成都连邦地下岩土工程研究有限公司	电子信息
成都联星微电子有限公司	电子信息
成都林海电子有限责任公司	电子信息
成都迈思信息技术有限公司	电子信息
成都美华联英科技有限公司	电子信息
成都美幻科技有限公司	电子信息
成都美森软件系统有限公司	电子信息
成都盟士数码科技有限公司	电子信息
成都纳微特科技开发有限公司	电子信息
成都纽斯达电子有限责任公司	电子信息
成都欧联新人数码艺术有限责任公司	电子信息
成都帕尔科技发展有限责任公司	电子信息
成都平凡谷科技有限公司	电子信息
成都平方网络科技有限公司	电子信息
成都普安科技有限公司	电子信息
成都普辰视讯技术有限公司	电子信息
成都普拉雷思科技有限公司	电子信息
成都普莎拉科技有限公司	电子信息
成都千悦软件有限公司	电子信息
成都荣耀科技有限公司	电子信息
成都融路信通科技有限公司	电子信息
成都如临其境创意科技有限公司	电子信息
成都软智科技有限公司	电子信息
成都锐之狮科技有限公司	电子信息
成都瑞华科技有限公司	电子信息
成都瑞石软件有限公司	电子信息
成都瑞同科技有限责任公司	电子信息
成都瑞众科技有限公司	电子信息
成都赛洋科技有限公司	电子信息
成都商腾网络有限公司	电子信息
成都圣桥科技发展有限公司	电子信息
成都盛高电子有限公司	电子信息
成都盛世博通网络科技有限公司	电子信息
成都时光软件有限公司	电子信息
成都市益正科技发展有限公司	电子信息
成都市预订宝科技服务有限公司	电子信息
成都视微特数码科技有限公司	电子信息
成都数梦软件有限公司	电子信息
成都数视微科技有限公司	电子信息
成都思必瑞特科技有限公司	电子信息
成都思骏网络有限公司	电子信息
成都苏力曼丹科技有限公司	电子信息
成都索夫思达科技有限公司	电子信息
成都汤谷信息系统服务有限公司	电子信息
成都唐恩科技有限公司	电子信息
成都唐枫软件有限公司	电子信息
成都天策互动科技有限责任公司	电子信息
成都天盟网络技术有限公司	电子信息
成都方纳科技有限公司	电子信息
成都国腾软件资源有限公司	电子信息
成都慧谷科技有限公司	电子信息
成都千悦软件有限公司	电子信息
成都软智科技有限公司	电子信息
成都锐之狮科技有限公司	电子信息
成都时光软件有限公司	电子信息
成都亚新宏道信息技术有限公司	电子信息
成都永思通软件技术有限公司	电子信息
成都中科慧创软件有限公司	电子信息
成都通达思库尔软件有限责任公司	电子信息
成都广越（川美新）射频技术有限公司	电子信息
成都川膜机电科技有限公司	电子信息
成都奥尔特实业有限公司	电子信息
成都博诺创新技术有限公司	电子信息
成都斯贝克电子系统设备有限公司	电子信息
成都欧美佳科技发展有限公司	电子信息
成都欧信科技发展有限公司	电子信息
成都樵枫科技发展有限公司	电子信息
成都斯托克电气有限公司	电子信息
成都索迈科技有限公司	电子信息
成都特普科技发展有限公司	电子信息
成都国特电气有限责任公司	电子信息
成都金思沃科技有限公司	电子信息
成都君兰微电子有限公司	电子信息
成都骏元科技发展有限责任公司	电子信息
成都鲲鹏高新技术开发有限公司	电子信息
成都利可达科技发展有限公司	电子信息
成都托菲诺教育发展有限公司	电子信息
成都万创科技有限责任公司	电子信息
成都王潮信息网络发展有限公司	电子信息
成都维友科技有限公司	电子信息
成都未名信息技术有限责任公司	电子信息
成都文朝科技有限公司	电子信息
成都西谷曙光数字技术有限公司	电子信息
成都玺汇科技有限公司	电子信息
成都翔飞科技发展有限责任公司	电子信息
成都新川喜美科技有限公司	电子信息
成都新顶峰网络科技有限公司	电子信息
成都新业科技有限公司	电子信息
成都星云信息系统有限公司	电子信息
成都亚新宏道信息技术有限公司	电子信息
成都移网传媒科技有限责任公司	电子信息
成都亿科资源环境保护有限责任公司	电子信息
成都易华信息科技开发有限公司	电子信息
成都易科慧思信息技术有限公司	电子信息
成都易晟远通科技发展有限公司	电子信息
成都易索科技有限公司	电子信息
成都易之软件有限责任公司	电子信息
成都英吉莱科技有限公司	电子信息
成都英尼菲特管理咨询有限公司	电子信息
成都永思通软件技术有限公司	电子信息
成都优科信息工程有限	电子信息
成都友道科技有限公司	电子信息
成都智溢信息工程有限公司	电子信息
叠嘉（成都）科技有限公司	电子信息

飞博创（成都）科技有限公司	电子信息
佳绩科技（成都）有限公司	电子信息
凯维三度（成都）科技有限责任公司	电子信息
美国高级波导公司成都代表处	电子信息
美国环球通信（成都）有限公司	电子信息
四川爱泽触摸电子有限公司	电子信息
四川佰合国利信息网络有限公司	电子信息
四川大呈管理咨询有限责任公司	电子信息
四川登巅微电子有限公司	电子信息
四川福瑞达科技有限公司	电子信息
四川虹微技术有限公司	电子信息
四川华廷威思信息技术有限公司	电子信息
四川嘉通科技有限公司	电子信息
四川九鼎数码科技有限公司	电子信息
四川量子西宇科技股份有限公司	电子信息
四川南山之桥微电子有限公司	电子信息
四川纽泽西信息科技有限责任公司	电子信息
四川旗龙科技开发有限公司	电子信息
四川上古伟业企业管理有限公司	电子信息
四川广驰科技发展有限公司	电子信息
四川国器电子信息技术有限公司	电子信息
四川纽泽西信息科技有限责任公司	电子信息
四川省金科成地理信息技术有限公司	电子信息
四川通捷科技有限公司	电子信息
四川闻天信息技术有限公司	电子信息
四川西部高新产业开发有限公司	电子信息
四川西格玛科技发展有限公司	电子信息
四川西讯计算机技术有限公司	电子信息
四川兴高电子信息有限公司	电子信息
四川讯亨网络有限公司	电子信息
四川亚联高科技有限责任公司	电子信息
四川岩博科技发展有限责任公司	电子信息
四川英吉语音技术有限公司	电子信息
成都爱斯特新技术产业化有限公司	生物医药
成都爱特科生物技术有限公司	生物医药
成都拜特生物技术有限公司	生物医药
成都贝尔丹生物科技有限公司	生物医药
成都倍菲生物工程有限公司	生物医药
成都博翎医药科技有限公司	生物医药
成都博迈科技有限责任公司	生物医药
成都诚诺新技术有限公司	生物医药
成都达远药物有限公司	生物医药
成都福稷生物技术有限公司	生物医药
成都高朋天然药物开发有限公司	生物医药
成都格兰普生物技术有限公司	生物医药
成都古猿生物科技有限公司	生物医药
成都禾扬医药科技有限公司	生物医药
成都华立科技有限公司	生物医药
成都华西海圻医药科技有限公司	生物医药
成都晖宏生物食品有限公司	生物医药
成都慧石医药科技有限公司	生物医药
成都活力生物科技有限责任公司	生物医药
成都基因格生物技术应用有限责任公司	生物医药
成都洁燕生物科技有限公司	生物医药
成都锦绣生物医药科技有限公司	生物医药
成都开利生物技术有限公司	生物医药
成都夸常科技有限公司	生物医药
成都夸常医学工业有限公司	生物医药
成都马克生物药业有限公司	生物医药
成都摩尔生物医药有限公司	生物医药
成都诺金生物科技有限公司	生物医药
成都派德生物技术有限公司	生物医药
成都普天康生物科技有限责任公司	生物医药
成都千百润生物高技术有限公司	生物医药
成都瑞恩生物技术有限公司	生物医药
成都尚新创生物科技有限公司	生物医药
成都生生医药保健品有限公司	生物医药
成都市佳彬科技有限责任公司	生物医药
成都市康飞药业有限公司	生物医药
成都市康诺生物技术有限公司	生物医药
成都市颜易生物工程技术有限公司	生物医药
成都市药友科技发展有限公司	生物医药
成都手性药物研究院有限公司	生物医药
成都斯坦福基因信息工程有限公司	生物医药
成都四方科技投资发展有限公司	生物医药
成都迪康医用数字设备有限公司	生物医药
成都天赐生物药业有限公司	生物医药
成都四面体医药科技发展有限公司	生物医药
成都塔拉生物科技有限公司	生物医药
成都天琅科技有限责任公司	生物医药
成都威克药业有限责任公司	生物医药
成都唯知生物科技开发有限公司	生物医药
成都新基因格生物科技有限公司	生物医药
成都扬氏生物科技有限公司	生物医药
成都易生玄科技有限公司	生物医药
成都元茂科技有限公司	生物医药
凯惠医药发展（成都）有限公司	生物医药
四川惠生中医药科技发展有限公司	生物医药
四川建福化学制品有限公司	生物医药
四川新朗医疗科技有限公司	生物医药
四川嘉博文生物科技有限公司	生物医药
四川诺亚医药科技有限公司	生物医药
四川欣诚和科技发展有限公司	生物医药
四川源生生物药业有限公司	生物医药
成都埃福斯材料科技有限公司	新材料
成都澳贝龙科技有限公司	新材料
成都比拓超硬材料有限公司	新材料
成都博润四通科技有限公司	新材料
成都创胜真空镀膜有限公司	新材料
成都德众科技有限公司	新材料
成都方拓仿真技术有限责任公司	新材料
成都金桨高新材料有限公司	新材料
成都凯贝克纳米镀膜技术有限公司	新材料
成都奥林光学薄膜有限公司	新材料
成都凯泰化学有限责任公司	新材料
成都恒嘉管道防腐工程有限公司	新材料
成都恒新威石化科技有限公司	新材料
成都吉因科技有限公司	新材料
成都今天化工有限公司	新材料
成都美兴泰新材料开发有限公司	新材料

成都齐兴真空镀膜技术有限公司	新材料
成都瑞芝科技有限公司	新材料
成都易态科技有限公司	新材料
成都鹰发科学技术有限公司	新材料
四川矽亚科技有限公司	新材料
四川沃瑞信科技有限公司	新材料
成都澳鑫隆环保科技有限公司	新能源环保
成都高新区环能科技有限公司	新能源环保
成都禾力宝生物肥料有限责任公司	新能源环保
成都和恒生态技术有限公司	新能源环保
成都惠联洋房实业有限公司	新能源环保
成都全景环保科技有限公司	新能源环保
成都壬申环境资源开发有限公司	新能源环保
成都赛亿科技有限公司	新能源环保
成都西电环境工程设计咨询有限公司	新能源环保
成都拓能新技术有限公司	新能源环保
成都欣华源科技有限责任公司	新能源环保
成都源涌节能科技有限责任公司	新能源环保
成都亿科环境科技有限公司	新能源环保
利马高科（成都）有限公司	新能源环保
四川汉华都朋科技有限公司	新能源环保
四川莱威科技有限公司	新能源环保
四川省前景科技顾问有限责任公司	新能源环保
四川益康环境科技有限公司	新能源环保
成都凯恩思环保科技有限公司	新能源环保
成都艾格林新农业有限公司	生态农业
成都方良生态信息实业有限公司	生态农业
四川绿海农业生态科技有限公司	生态农业
成都天进仪器有限公司	建筑制造
成都世纪精英游乐设备有限公司	建筑制造
成都世盟科技开发有限公司	建筑制造
成都市宏程超凡实业有限公司	建筑制造
四川南洋精密压铸有限公司	建筑制造
成都博世高雅企业管理有限公司	现代服务
成都道勤管理顾问服务有限公司	现代服务
成都鼎美汇业品牌营销管理有限公司	现代服务
成都东方赫日科技有限公司	现代服务
成都飞来天咨询教育有限公司	现代服务
成都高端人力资源咨询有限公司	现代服务
成都律诚同业知识产权服务有限公司	现代服务
成都美和一新展示设计制作有限公司	现代服务
成都思博管理顾问有限公司	现代服务
成都雅升信财务咨询有限公司	现代服务
成都伊士顿科技教育产业有限公司	现代服务
成都律诚同业知识产权服务有限公司	现代服务
美声克（成都）科技有限公司	现代服务
蒙特利尔园区管理咨询（成都）有限公司	现代服务

园区联系方式

地　址：成都高新区高鹏大道5号B座5楼

邮　编：610041

电　话：86-28-85141636

传　真：86-28-85177578

邮　箱：zhanglu@cdibi.org.cn

网　址：www.cdibi.org.cn

绵阳留学人员创业园

园区概况

绵阳留学人员创业园（以下简称“创业园”）建立于2000年初，2002年5月由四川省人事厅、科技厅、教育厅与绵阳市人民政府联合共建，由市人事局、教育局、科技局与高新区管委会具体承建。创业园依托绵阳国家级高新技术产业区，坚持高起点、高效益，按照市场经济规律和国际通行规则运作，以吸引和扶持留学人员，培育具有创新能力与国际竞争力的高新技术企业和科技企业家为重点，促进高新技术的发展和科技成果转化。

创业园规划面积50万平方米，实现园区的连片开发和集中管理。园区内已建成孵化中心、标准厂房和博士别墅住宅等基础设施，已投入使用孵化面积4000多平方米，标准厂房面积5000多平方米，引入会计师事务所、企业咨询、风险投资等中介服务机构，为留学人员来区创业提供专业化服务。

创业园吸引了来自美国、加拿大、日本、澳大利亚、德国、英国等国家的留学人员创办高科技企业，为促进高新技术成果的转化，提高绵阳高新区科技创新能力作出了突出贡献，初步形成了人才聚集效应。

园区联系方式

地　址：绵阳市普明南路东段95号创业服务中心

邮　编：621000

电　话：86-816-2546170，540097

传　真：86-816-2535118

贵阳留学回国人才创业园

园区概况

贵阳留学归国人才创业园暨贵阳海外高层次人才创新创业基地（以下简称“创业园”）成立于2010年1月22日，其前身是成立于2003年的贵州留学回国人员创业园、贵州学子回乡创业园，由贵阳国家高新区投资建设，与贵阳高新技术创业服务中心实行“两块牌子、一套人马”。贵阳高新技术创业服务中心于1992年成立，是直属贵阳国家高新区管理委员会领导下的科技服务机构，1998年被科技部认定为国家级创业服务中心。

在创业园成立的同时，经广泛征求省市相关部门、部分留学人员创业企业代表及海外高层次人才意见，最终经高新区党政联系会审议通过的《贵阳国家高新技术产业开发区留学归国人才创业园管理暂行办法<试行>》和《贵阳国家高新技术产业开发区鼓励和扶持留学归国人才创业若干措施》正式对外公布，贵阳国家高新区将设立专项资金用于扶持留学归国人才创业，予以相应房租及住房补贴，并实施税收优惠和项目孵化等扶持措施。

创业园位于金阳科技产业园，首期2万平方米，其中，3000多平方米为依山傍水、造型别致、环境优雅的独立别墅式孵化楼，每栋建筑面积250—450平方米，适合专家、海外高层次人员办公、研发、中试等，也可作高级人才候鸟式工作站。创业园以创业服务中心成熟完善的综合孵化服务功能为基础，鼓励和扶持高层次海外留学人员回国创业，并在研发、项目孵化、团队建设、技术改造、市场开拓等方面给予相应扶持。

至2010年底，创业园累计吸引海内外高层次人才入园创办20余家创业企业，高新区给予创业扶持资金近200万元，获国家、省、市创新基金及各类科技计划支持近500万元。同时，充分发挥现有高层次人才的作用，挖掘现有人才的潜能。通过创业园的积极申请，海外归国人才高潮博士成功入选中央“千人计划”，实现了贵州省、贵阳市引进海外高层次人才工作历史性突破。

园区联系方式

地　址：贵阳高新区金阳科技产业园创业大厦
邮　编：550022
电　话：86-851-4700588，4701009
传　真：86-851-4701095
邮　箱：Pss1255@165.com
网　址：www.gyibi.net.cn

云南留学人员创业园

园区概况

云南留学人员创业园（以下简称“创业园”）成立于2001年12月，是云南省政府、昆明市政府为吸引海外留学人员来云南省创业而设立的孵化基地。创业园与云南省国家大学科技园两园合一，合署办公。

创业园起步之初就以吸引国外高层次留学人员、促进科技成果转化、孵化高新技术企业、培育创新型企业家三大功能为宗旨，在全国首创了“联合式、开放式、网络式、虚拟式”的管理模式，得到各级政府和社会的充分肯定。创业园鼓励走“产、学、研”相结合之路，对留学回国人员在科研开发、技术成果转化和产业化方面予以扶持，对留学回国人员创办的高新技术企业给予贷款贴息。入园企业经云南省科技厅认定为高新技术企业后可享受减免税的优惠政策。

创业园充分利用云南面向东盟的地理优势，本着“不求大而全，但求专而精”和“精选项目、特色先导、孵化重点”的思路，整合全省留学人员创业资源，着力吸引、挖掘、培育了一批创业团队完备、跨洋研发能力突出、拥有自主知识产权的国际技术领先、产业化潜力巨大、重点产业导向领域项目的高质量留学人员企业，已经成为昆明高新区创新体系建设的重要组成部分和吸引留学生创新创业的主要载体，成为云南省知识与技术创新、高新技术成果孵化的重要基地之一。

2010年在园留学人员企业名录

成都东软系统集成有限公司昆明分公司	电子信息
昆明安之翼网络信息安全服务有限公司	电子信息
昆明百世信息技术有限责任公司	电子信息
昆明成众达科技有限公司	电子信息
昆明华讯纬达科技开发有限公司	电子信息
昆明昆理工威祥软件有限责任公司	电子信息
昆明朗巨科技有限公司	电子信息
昆明利普机器视觉工程有限公司	电子信息
昆明千和科技有限公司	电子信息
昆明锐点科技有限公司	电子信息
昆明圣迈瑞科技有限公司	电子信息
昆明随想计算机技术开发有限公司	电子信息
昆明索仕科技开发有限公司	电子信息
昆明塔斯特科技开发有限公司	电子信息
昆明同显科技有限公司	电子信息
昆明威士科技有限公司	电子信息
昆明依利科特科技有限公司	电子信息
昆明英万达科技有限公司	电子信息
昆明优利泰克信息技术有限公司	电子信息
昆明云师大科辉高新技术创业服务中心	电子信息
昆明智明科技有限公司	电子信息
昆明云大电子商务有限公司	电子信息
云南兆晨数字测绘技术应用有限公司	电子信息
云南科联黄金工程技术试验有限公司	电子信息
云南汉华基业科技开发有限公司	电子信息
云南锐博欧纳科技有限公司	电子信息
云南西地科佳电子有限公司	电子信息
云南正卓信息技术有限公司	电子信息
中软国际（昆明）信息技术有限公司	电子信息
昆明艾迪康生物科技有限公司	生物医药
昆明艾美嘉生物科技有限公司	生物医药
昆明安圣乔医药科技有限公司	生物医药
昆明宝尔曼科技有限公司	生物医药
昆明贝尔吉科技有限公司	生物医药
昆明大东方生物化学科技有限公司	生物医药
昆明榕风生物技术有限公司	生物医药
昆明法莫泰克药物技术有限公司	生物医药
昆明硅环催化科技有限责任公司	生物医药
昆明汉德纳米生物科技有限责任公司	生物医药
昆明汉方源生物科技有限公司	生物医药
昆明汉丸生物科技有限公司	生物医药
昆明华地丰润生物科技有限公司	生物医药
昆明寰基生物芯片开发有限公司	生物医药
昆明康宝源生物科技发展有限公司	生物医药
昆明迈多生物科技开发有限公司	生物医药
昆明耐琪尔生物科技有限公司	生物医药
昆明七彩云花生物科技有限公司	生物医药
昆明赛尔科技有限公司	生物医药
昆明上成生物技术有限公司	生物医药
昆明生宝生物技术有限公司	生物医药
昆明生物谷医药研究院有限公司	生物医药
昆明盛飞生物医药技术有限公司	生物医药
昆明添宝生物技术开发有限公司	生物医药
昆明万绿生物工程有限公司	生物医药
昆明新天牛生物技术有限公司	生物医药
昆明优利丰园科技开发有限公司	生物医药
昆明友道科技开发有限公司	生物医药
昆明云大科斯创生物工程有限公司	生物医药
昆明云大生化科技有限责任公司	生物医药
昆明云大生物技术有限公司	生物医药
昆明珍友缘医药科技有限公司	生物医药
昆明中植美击克生物技术有限公司	生物医药

昆明紫光华信科技有限公司	生物医药
昆明线敌生物科技有限公司	生物医药
昆明云大医药开发有限公司	生物医药
云南沃森上成生物药业有限公司	生物医药
云南百瑞特生物开发有限公司	生物医药
云南博宝生物有限公司	生物医药
云南德华生物药业有限公司	生物医药
云南思摩贝特生物科技有限公司	生物医药
云南沃森生物技术有限公司	生物医药
云南黄龙实业集团有限公司	生物医药
云南正邦生物技术有限公司	生物医药
云南中实生物技术有限公司	生物医药
云南魅力汉道医药科技有限责任公司	生物医药
云南中科生物产业有限公司	生物医药
云南欧亚高科技发展有限公司	生物医药
云南榕正生物能源工程有限公司	生物医药
云南德科特生物工程有限公司	生物医药
云南生物谷灯盏花药业有限公司	生物医药
云南泰卓科技有限公司	生物医药
云南万芳生物技术有限公司	生物医药
云南旺藻螺旋藻生物工程有限公司	生物医药
云南英旺达科技有限公司	生物医药
云南云大基因工程有限公司	生物医药
中植生物科技开发有限责任公司	生物医药
云南智海光电技术有限公司	光机电一体化
昆明雷舟科技有限公司	光机电一体化
昆明臻瑞光学仪器有限公司	光机电一体化
云南云大投资控股有限公司	光机电一体化
昆理工鑫博科技有限公司	新材料
昆明德中微纳新材料有限公司	新材料
昆明基元电力设备有限公司	新材料
昆明基元科技有限公司	新材料
昆明乐顿油墨科技开发有限公司	新材料
昆明理工恒达科技有限公司	新材料
昆明理工精诚科技有限公司	新材料
昆明托普克科贸有限公司	新材料
昆明新铜人稀贵金属材料开发有限公司	新材料
昆明易明兴矿冶设备有限公司	新材料
昆明雍和科技有限公司	新材料
云南嘉明科技实业有限公司	新材料
昆明立兴科技开发有限责任公司	新能源环保
云南电投对外能源合作开发有限公司	新能源环保
云南利生源环境技术有限公司	新能源环保
云南绿宝百瑞替代产业有限公司	新能源环保
昆明东启科技股份有限公司	新能源环保
昆明锦钰环保科技有限公司	新能源环保
昆明科林科技工程有限公司	新能源环保
昆明蓝焰沼气科技有限公司	新能源环保
昆明榕桦环境科技有限公司	新能源环保
昆明西木木材工业研究开发有限公司	新能源环保
昆明云湖太阳能科技有限公司	新能源环保
云南高科环境保护工程有限公司	新能源环保
云南电投实业有限公司	新能源环保
云南民和水电投资有限公司	新能源环保
昆明滇荟农业科技开发有限公司	生态农业
昆明谢迪五彩花卉有限公司	生态农业
昆明乐乐多食品有限公司	生态农业
昆明榕风农资连锁有限公司	生态农业
昆明劲牛钾肥有限公司	生态农业
昆明云大绿色生态科技园有限公司	生态农业
昆明田园饲料有限公司	生态农业
益海嘉里（云南）花卉苗木有限公司	生态农业
云南健美商贸有限公司	商贸流通
昆明宏灵影视艺术有限公司	文化创意
昆明本土建筑设计所有限公司	现代服务
昆明理工大学高新技术咨询监理有限公司	现代服务
昆明云大澳美企业管理咨询有限公司	现代服务
云南亚太环境工程设计研究有限公司	现代服务

园区联系方式

地　址：昆明市高新区科发路139号A4幢7楼

邮　编：650106

电　话：86-871-8315407

传　真：86-871-8315435

云南海归创业园

园区概况

云南海归创业园（以下简称“海归园”）成立于2006年，位于国家级昆明经济技术开发区信息产业基地核心地带，是在昆明经济技术开发区管理委员会的宏观指导下，以“经开区新兴产业孵化区”的良好发展为基础，更高标准，更细分的产业规划为定位，重点面向海归创业者建设的以信息技术、生物技术和新材料为主要产业发展方向的中小型科技企业孵化器。

海归园依托昆明新兴产业链，具有辐射东南亚和南亚地区的地域优势，已建立了完善的服务体系，包括基础服务、公共服务平台、投融资服务体系、专家服务体系和创业导师辅导平台、留（大）学生创业见习基地。其中，公共服务平台包括了海归创业育林式全程服务平台、网络技术信息服务平台、技术产权交易服务平台，以及产、学、研合作体系为基础的技术服务平台、人才服务平台、国际合作平台。同时，拥有一支由来自德国、英国、泰国等多个国家的留学归国人员为主体组成的高素质管理服务团队和专业的专家顾问团及创业导师队伍。

发展至今，海归园已成为云南省单体规模最大的国家级科技企业孵化器和留学人员创业园。园区目前累计孵化企业近200家，毕业企业56家，在孵企业超过110家，孵化面积68，300平方米，2011年年底全部建成后总建筑面积将达到154，800平方米。能够同时孵化300—500家科技型企业，提供5000—10000个就业岗位，是昆明经济技术开发区重点建设的科技企业孵化器。

同时，有“中国·泛亚创业人才开发基地”、“国家级昆明经济技术开发区留学生创业园”、“国家级昆明经济技术开发区人才服务第一分中心”在海归园落地；被评为“云南省软件服务外包示范基地”；与云南省包括云南大学、昆明理工大学在内的五大高校签订了战略合作协议；共同开发校企合作，大力推动了“产、学、研一体化”体系的发展；

还与各种国际机构、研究单位、国际知名高校建立了多个联络处及办事处，如“荷兰·中国商会云南联络处”，“中国人才交流协会——英国雷丁·中国云南办事处等”。

海归园的目标是建设产业加速器，实现企业孵化向产业孵化的突破，创建一个与东盟关系紧密，企业与企业间相互关联的海归企业家集合体，未来成为面向东南亚和南亚的国际企业孵化器，实现跨国孵化。

2010年园区发展报告

2006年1月，云南海归创业园在国家级昆明经济技术开发区成立，5年来，创业园在建园、办园以及园区运行上，始终坚持“发展必须是科学发展，提高自主创新能力，推进产业结构优化升级”的思想，依托于国家级昆明经济技术开发区的政策、区位、经济发展和科技创新环境，以科技型中小企业以及留学人员创办企业为服务对象，通过为入孵企业提供研发、生产、经营的场地和办公方面的共享设施，进一步提供政策、管理、投融资、市场推广、技术和人才等方面的服务，降低孵化企业的创业风险和创业成本，提高企业的成活率和成功率，为社会培养成功的科技企业和企业家。承担着培育创新型企业、促进科技成果转化、建立和完善昆明经济技术开发区科技创新体系的重要职责。

云南海归创业园是在取得了昆明经济技术开发区新兴产业孵化器发展良好的基础上，以更高标准，更细分的产业定位，重点面向海归创业者建设的中小科技企业孵化器。在昆明经济技术开发区管委会的宏观指导下，以政府引导、市场化运作为基础，园区自主经营，自收自支，自我发展。

随着国家级昆明经济技术开发区规模的扩大，发展的日新月异，昆明经济技术开发区原有的孵化硬件设施不足以满足中小企业发展的需要，在经开区发展规划和产业突破要求的大环境下，经开区积极拓宽投资渠道，引导和支持民营资本进入科技孵化器基础建设领域。昆明经济技术开发区房地产开发（集团）公司在完成体制改革以后，经过考察调研，于2005年建设了昆明经济技术开发区新兴产业孵化器。经过多年发展，已经成为国家级科技企业孵化器，取得了令人瞩目的成就，积累了孵化器营运的经验。新兴产业孵化器在云南孵化器领域崭露头角的同时，2006年，集团公司把握时代的脉搏，又在前进道路上迈出新的一步，以更高的标准、更大的规模建设“云南海归创业园”。

在2006年以前，整个云南只有2001年成立的昆明高新技术开发区云南留学人员创业园，场地面积48000平方米，已经满足不了云南发展的需要，作为边疆省份的云南省急需提高产业的国际竞争力，急需产业升级和技术创新，而引领创新的关键在于人才，尤其是海归人才。由此，吸引留学人员回国创业，发展具有国际竞争力的高新技术产业确实是一条有效途径。在海归园的创业平台可以为留学人员创业者和他们的企业解决缺少资金、融资渠道不畅、对国内情况不熟悉、管理能力有限、无力新建创业用房，与相关部门沟通不够、缺乏开拓国内市场的能力和综合管理能力等创业中的矛盾，海归园能够担当为创业者在创业初期减轻风险，培育可在激烈的经济竞争中独立生存的企业的服务机构。成为新生企业生存与成长所需的共享服务项目的系统空间。并以此衍生面向东盟自由贸易区，成为国际区域合作的一个科技企业互联平台。成为云南“桥头堡”战略的一个有力支点，云南科技发展和产业升级的一个推手。

结合云南的发展状况和自身条件，海归园针对各种综合因素，考虑所处经开区的产业调整和方向，将园区初期发展定位为“综合型科技企业孵化器”，以信息技术、生物技术为重点，新材料为补充的产业选择。随着园区孵化企业的成熟和行业细分，将根据情况进行专业孵化的细分。逐步向专业孵化器和产业加速器的目标发展。

根据“国家高新技术创业服务中心应当具备的条件”方针，云南海归创业园以先进的管理理念，优质的服务功能，在以人为本，开拓创新的企业文化前提下制定了一系列具体可行的发展宗旨，其基本宗旨是：以公司为载体培养从第一到第四产业（第一产业为农业；第二产业为工业；第三产业为服务业；第四产业为信息业）中各个高新领域的企业和科技，并创建一个完善的、系统化的产业链，为各个领域提供高效的信息交流和合作平台，为当地市场经济和社会经济发展奠定一个坚实的基础。其发展方向也十分明确，是一个以促进科技成果转化、培养高新技术和企业为出发点的科技创业服务机构。其中，“成为一个系统的、综合型的高科技企业孵化器”；“重点培养信息产业、生物技术、新材料生产等领域的科学技术产业”；“成为云南培育留学人员创业成长的重要平台，面向东南亚及南亚等国，吸引海外高层人才和归国创业者”作为最重要及最基本的三项发展宗旨，已全面深刻地贯彻到了园区的各个部门。

云南海归创业园的运作机制机构是以“一套班子，两块牌子”为基础创立的。“一套班子”指的是园区的所有工作人员，目前共有50多人，其中管理人员30人（硕士7人、本科15人、专科8人），100%达到大专以上文化程度。硕士研究生全部是来自德国、英国、澳大利亚、泰国学成归来的留学人员。领导班子得力。此外，专家顾问团和创业导师队伍共50人，其中博士10人、教授24人、高级工程师6人。“一套班子”的运作模式使各个部门的工作得以系统及缜密的链接，从而最大程度地提高了园区行政管理机构的工作效率。“两块牌子”指的是“云南海归创业园科技发展有限公司”和“云南海归创业园管理办公室”。“云南海归创业园科技发展有限公司”为企业运营单位名称，具有一定的法律效应。“云南海归创业园管理办公室”是经昆明经济技术开发区科技园管理办公室审批并授权后成立的，授权予园区工商、税务、合同、统计等一系列工作的开展。

云南海归创业园作为民营资本全额投资创建的“官助民办”的科技企业孵化器，配合和协助政府完善部分公益性社会责任，并实现市场化的管理机制，行政管理和园区企业化运营，二者有机的融合是投资建设和运行管理上的大胆尝试与探索。公司为中小科技型企业进入经开区提供了一个创业发展的平台，使政府和社会投资达到双赢目的。以孵化推动经营，以经营支持孵化，实现经济效益的同时也发挥了巨大的社会效益。

海归园以“优良环境，完善服务，培育企业，共同发展”为方针，经过五年的发展，依托经开区的优势和条件，广泛整合技术、人才、资本、信息、市场等社会资源，聚合当地丰富的各类资源，叠加到园区优质的服务当中。

海归园自成立之日起就非常注重孵化软环境的建设。特别是全国各地孵化器面临着同业同质化服务竞争的压力下，面临着孵化器优胜劣汰将不可避免的形势下，云南的孵化器政策支持的逐渐统一，政策优势的渐渐淡化。而且在云南这样一个科技企业成长环境还不成熟、不理想的地区，由于地区差异、经济状况制约，大学、研发资源局限等，我们与发达地区不在同等条件下，也不在同一起跑线上，对于他们我们是新成员。但新成员有通过他们学习、借鉴、交流的好处。我们有面向东南亚、南亚的地缘优势，有东盟自由贸易区的发展环境，有民营孵化器的灵活，有前期的经验和教训。怎么走出作为一个民营科技企业孵化器的特点和创造出独特的优势，是我们在软环境建设中最为注重和不断提高的。“服务为本，仰视创业者”，以孵化企业的成长需求为根本，不断完善创业孵化服务体系。经过几年的建设，在完善基础服务、搭建公共服务平台、建立投融资体系、建立产、学、研合作体系、建设国际交流平台等方面已初步营造了良好的孵化软环境。云南海归创业园已经建立了完善的服务体系，包括了基础服务，投融资服务，创业导师，大学生（留学生）创业实习基地以及六大公共服务平台。六大公共服务平台拥有海归创业育林式全程服务，网络技术公共信息服务，技术产权交易服务，以产学研合作体系为支撑的技术服务，人才服务和国际合作。建立了符合自身特点的管理体制和运行机制，形成了良好的硬件设施和较为完善的孵化服务体系，为科技型中小企业和留学人员创办企业营造了良好的创业孵化环境。

截至2010年年底，海归园已拥有68309平方米可自主支配场地。其中50731平方米已投入作为孵化场地，占总面积75%以上，还有1771平方米场地用于公共服务，1000平方米作为大学生创业实习场地，500平方米办公场地自用。扩建场地86490平方米，扩建场地将在2011年上半年全部完工投入使用，将以此为基础发展产业加速器。十一五期间，园区建设总投入为2.7亿元。

2006年至2010年，海归园累计孵化企业173家，现有在孵企业105家，累计毕业企业48家。在孵企业涉及电子信息、生物医药、新材料等多个领域。2010年9月，海归园通过了云南省级科技企业孵化器认定，已连续3年向云南省科技厅和科技部上报相关数据统计资料。

十一五期间，海归园成为云南省级科技企业孵化器，国家级昆明经济技术开发区的重点科技创业园区，成为云南目前单体规模最大的科技企业孵化器。也是云南目前规模最大的留学人员创业园。作为社会化多元投资的孵化器，海归园完成了云南高新技术创业服务体制上的创新，成为云南科技创新体系的重要组成部分和有益补充，是区域性经济体系中的重要核心内容。并将在昆明经济技术开发区乃至云南未来的发展中发挥不可替代的作用。2010年12月，云南海归创业园通过国家科技部火炬中心的审核，成为国家级科技企业孵化器，在“十一五”规划的收官之年，画上了圆满的句号。

2010年优秀在园留学人员企业

一、昆明寰基医学检验所

昆明寰基医学检验所成立于2011年10月12日，隶属于昆明寰基生物芯片产业有限公司，是云南省卫生厅正式批准设立的首家云南本土以基因芯片技术检测为核心的第三方医学检验机构，也是国内第一家基因芯片专业检测服务机构。检验所面向省内外各级医疗卫生机构提供公正，准确，高效的医学检测服务。检验所位于昆明市国家级经济技术开发区海归创业园，占地面积1308平方米，整个检测环境按照10万级标准设立了洁净实验室，设计检测规模达到每年70万份。

二、云南雨竹轩科技有限公司

云南雨竹轩科技有限公司是在“云南雨竹轩茶业有限公司”基础上成立的股份制公司，公司集研发、生产、经营普洱茶膏等高科技养生产品的现代化新型企业。

三、昆明森基生物工程有限公司

昆明森基生物工程有限公司是自然人出资有限责任公司，注册资金50万元。公司现有员工15人，是集研究、生产、销售于一体的技术型企业，专注于生物工程技术在烟草中的应用。公司位于昆明市经济开发区信息产业基地海归创业园，主要产品有卷烟增香系列产品、卷烟烟气保润系列产品、烟草专用酶制剂系列产品，均为具有自主知识产权的创新型产品。

四、昆明钏译科技有限公司

昆明钏译科技有限公司成立于2003年1月，是一家集太阳能光伏应用产品的开发、生产、销售为一体的专业高科技企业，是国内最早从事太阳能光伏产品开发的企业之一。公司自主完成了并申请了3项发明专利，4项具有自主知识产权的技术，产品形成了七大系列品牌80多个品种。并与中科院及台湾东亚集团就技术、市场等方面建立了战略合作，承接国内外大小电站共7套，家用微型太阳能发电系统100多套，完成了含海南、北京、汕头、重庆等省市道路路灯27条，国外17条太阳能道路路灯的工程建设，产品达到国际先进水平。公司主要产品以出口为主，产品畅销欧美、东南亚、非洲、中东、南美等世界各地，2008年出口额突破28万美元。

五、云南银峰新材料有限公司

云南银峰新材料有限公司致力于高密度封装材料LTCC瓷粉及生瓷带、LTCC微电子器件、LCP介电及磁性覆铜基板及其微波器件、功能模块集成的研发，拥有自主知识产权，是集研发、生产、销售为一体的高科技公司。目前已申请4项发明专利。公司产品广泛应用于天线、模块基板、雷达导航、基站功率放大器、高速半导体测试分析仪、网络存储及高层计数MLB、卫星及无线接收设备等各领域。

2010年在园留学人员企业名录

昆明森基生物工程有限公司	生物医药
昆明寰基生物芯片产业有限公司	生物医药
昆明法罗适科技有限公司	生物医药
昆明林芬生物技术有限公司	生物医药
云南子蓬科技有限公司	生物医药
云南洪范光电科技有限公司	光机电一体化
昆明银峰新材料有限公司	新材料
昆明搏万科技有限公司	新材料
云南银河之星科技有限公司	新材料
云南三衡塑胶科技有限公司	新材料
德国库尔兹压烫科技（合肥）有限公司昆明分公司	新材料
昆明钏译科技有限公司	新能源环保
云南南宇电器有限公司	新能源环保
云南巨路环保科技有限公司	新能源环保
云南天际旭能新能源科技有限公司	新能源环保
云南鼎坤科技有限公司	新能源环保
昆明粮鼎食品有限公司	生态农业
云南雨竹轩科技有限公司	生态农业
昆明山德农业机械设备有限公司	建筑制造
昆明雅美义齿制作有限公司	建筑制造
昆明同顺达贸易有限公司	商贸流通
昆明兴中兴工贸有限公司	商贸流通
云南特赛思汽车销售有限公司	商贸流通
昆明鹰达印刷有限公司	现代服务
云南证券印务有限公司	现代服务

园区联系方式

地　址：国家级昆明经济技术开发区云大西路39号
创业大厦701室
邮　编：650217
电　话：0871—6358788
传　真：0871—6358788
邮　箱：ynhaigui@163.com
网　址：www.ynorpp.com

西安留学人员创业园

园区概况

西安留学人员创业园（以下简称“创业园”）成立于1998年5月，位于国家级西安高新技术产业开发区内，是国家科技部、人事部、教育部和国家外专局共同审批确定的首批“国家留学人员创业园”。2002年7月，成为国家人事部与陕西省政府共建的留学人员创业园，同年12月被团中央确定为“青年科技人才创新基地”；2003年9月被中央组织部、宣传部、统战部、人事部、教育部、科技部六部委共同授予“留学回国人员先进工作单位”。2006年6月被中国民营科技促进会组织评选为“全国先进科技产业园和先进管理者”。创业园拥有由孵化基地、产业化基地、综合性功能园区组成的总面积达51.2万平方米的创业基地，是中国规模最大的国家级科技企业孵化器和国际企业孵化器。

创业园牢固树立“至诚服务，创造一流”的理念，充分发挥政策优势、产业优势和环境优势。在促进海外科技成果的引进、吸收、再创新方面取得了显著的成绩，促成了大批海外学人创业项目在西安高新区落户，培育有高度创新能力和强劲市场竞争力的大批高科技企业和现代企业家，推动了西安高新区经济的持续发展。截至2010年底，有主要来自美国、日本、加拿大、澳大利亚、欧洲各国等国家的794名留学人员在西安高新区创业，创办留学人员企业630家。主要从事软件、通信、电子、生物医药、光机电一体化、环保、新材料等领域高新技术项目的研发和生产。园区共有6人列入国家“千人计划”创业人才；15人列入陕西省“百人计划”，近50家留学人员企业及个人受到国务院侨办、中国侨联、科技部、教育部等国家部委的表彰。

创业园已形成“综合性孵化器＋专业孵化器＋企业加速器”的发展模式。围绕中小型科技企业的发展需求，提供创业咨询与指导服务、投融资促进服务、培训服务、共性技术服务、项目策划与申报服务等20多项专业化服务，建立了面向高新区科技型中小企业的分阶段、分领域培育的创业服务体系，有力促进了企业的快速发展。园区企业主要经济指标近年来年均增长超过30%，已有156家留学人员企业毕业。

2010年园区发展报告

吸引海外高层次留学人员来高新区创业一直是留学生创业园的重中之重。2010年，创业园把工作重点放在符合“千人计划”、“百人计划”、“5211计划”的高层次创业人才和所带回来的项目上，努力促成海外高层次创业人才的项目落户高新区。全年，我们通过多渠道引进留学生企业50家，新引进50名留学人员参与创业。累计引进留学人员794人，创办630家留学生企业。

一、积极开拓引智新思路，吸引优秀留学人员在高新区创业

（一）通过知名媒体宣传，提高创业园美誉度。为了大力宣传留学人员创业园的发展成就、孵化体系、优惠政策以及园区优秀企业，全年通过《中国留学生创业》杂志宣传报道5次，通过《神州学人》网站报道1次，人民日报海外版报道1次。这些直接面向海内外留学生的宣传，让更多的海外学子了解西安高新区、创业园的优势，扩大了西安留学人员创业园在海内外的美誉度。

（二）充分利用中心现有七大创业服务平台，即创业服务中心和光电子、IC、生物医药、先进制造、能源新技术、现代服务等专业孵化器组成的“1+8”模式的孵化器集群，突出介绍各专业孵化器的孵化体系和模式，利用产业集群的优势和专业、高效的服务吸引留学人员入园。全年，通过各专业孵化器引进6家留学人员企业。这七大创业服务平台为留学人员来高新区创业搭建起了系统化的发展平台，成为我们吸纳留学人员创业的有效载体。

（三）借助高校、科研机构的资源与优势，开展共同招引海外高层次人才的合作。今年，深入走访具有很强科研实力、产业转化能力的高校和研究所，与中科院西安光机所建立了合作机制，我们帮助光机所共同招引有创业需求的高层次人才，并提供产业化阶段的优惠政策和投融资等孵化服务，全年与光机所共同引进2名高层次人才，且项目已经落户高新区，最终形成西安留学人员创业园和西安光机所合作共赢的局面。全年，引进7位高校学术带头人到高新区创业。

（四）走出去主动出击，积极联系优秀项目。通过教育部留学人员服务中心平台、海外留学生团体、协会渠道，挖掘一批在海外有一定创业经验或者拥有核心技术的专业人才，尤其是符合“千人计划”“百人计划”“5211计划”标准的海外高层次创业人才。通过环境引才、产业引才、政策引才、感情引才，吸引他们来西安高新区创新、创业。今年年初，西安留学人员创业园协办了第五届“春晖杯”中国留学人员创新创业大赛活动。9月中心领导跟随教育部留学人员服务中心前往瑞典、挪威、荷兰等国家进行海外高层次人才引进以及对接。12月16日又赴广州参加“春晖杯”大赛入围项目洽谈、对接和颁奖活动，活动取得良好的成果，共有12位留学人员入围项目与我们签订了入园意向书。同时，组织园区的6家留学人员企业参加了“第十一届中国留学人员广州科技交流会”。在两个洽谈会期间，我们通过大会推介、面对面交流等形式，推介我们创业园的各项优惠政策和完善的孵化体系，用真情和实力吸引他们在西安创业。

（五）立足国内，积极吸引已归国的留学人员来西安创业。随着这几年东部产业向中、西部梯度转移大形势下，一部分优秀的留学人员在沿海发达城市创办的企业发展迅速，他们关注到西安的科研实力、人力成本以及等优势后，项目向西部进行延伸，在西安高新区成立一家与原公司属同一行业，具体项目不同、资源互补的留学生企业，我们通过各种方式的推介并且与国内投资促进局积极沟通，今年成功引进此类企业8家，一部分企业已经产业化。

二、构筑孵化网络，强化创业局部优势，助推企业成长

西安创业园16年在孵化、扶持科技人员创业方面积累了丰富经验，针对留学人员企业成长的特点，建立了由“基地管理员+项目经理+创业导师+专家咨询”构成的四级孵化服务体系。该体系已成为一张覆盖科技企业发展全过程、多层次需求的孵化网络，使创业企业附着在一个具有连续、广泛社会关系的动态网络中，有效地克服了其自身认知能力的局限、市场信息不对称和创业经验不足等短板因素。

（一）依托“西安高新企业大学”为归国留学创业企业成长构筑专业的企业经营与管理、经济、法律方面的培养平台。西安高新企业大学是创业园于2007年成立的虚拟大学，2010年企业大学累计培训65场次，受训人数达3700人。其中具有普适性、技能类、公益性培训特色的“APEC创业讲堂”全年举办培训42场次，受训人数3150人次，已经成为园区企业基础培训的基地；“企业成长讲堂”举办各类培训23场次，受训人数达550人次。

（二）发挥各类科技计划对技术创新的支持和金融超市的融资功能，积极解决企业资金瓶颈。全年为41家留学人员企业申请留学人员创业扶持基金立项393万元，缓解企业创业初期的资金压力。帮助11家留学生企业获得中国留学人员归国创业启动计划、陕西省、市外专局留学人员择优资助等项目资金共计102万元。全年共有49家留学生企业获得国家及省、市等各类科技计划2411万元的资金资助；通过金融超市全年为留学人员企业获得4000万元风险投资和银行贷款支持。

（三）积极为在西安高新区创业创新的高层次人才争取国家及地方人才计划资金支持。2010年初，园区王波、赵炜两位海外归国留学人员获得国家“千人计划”支持，国家给予100万元资金支持，陕西省和西安市分别给予两人100万元和50万元资金资助。陈涛、叶建华等九人，李宏、李洪平等七人分两批入选陕西省 “百人计划”，陕西省和西安市分别给予50万元和30万元资金资助。方建平、邵军两位海外归国留学人员入选国家人力资源与社会保障部2010年度“中国留学人员归国创业启动支持计划”，分别获得20万元资金支持。2010年9月，西安市委组织部开始组织实施引进海外高层次人才的“5211计划”，创业园共推荐、组织32名高层次人才申报“5211计划”，最终有29名高层次人才通过答辩和初审，并待最终决策。

截至目前，西安市入选国家“千人计划”创业人才的6人中有5人为创业园认定和扶持的留学人员，入选陕西省“百人计划”的16人全部来自创业园，入选“中国留学人员归国创业启动支持计划”的3人全部来自创业园。

2010年7月22号，陕西省人才工作会议在西安隆重举行，陕西省委书记赵乐际，省委副书记、陕西省代省长赵正永，省委副书记王侠出席会议并在大会作重要讲话。大会期间为全省高层次、高技能人才颁发了聘书和证书，园区刘兴胜、叶建华等13位留学人员被授予“陕西省特聘专家”荣誉称号。

2010年3月，中国侨联开展评选“双百侨界贡献奖”活动，其中分为创新成果奖和创新人才奖。留学人员创业园精心组织、推荐，最终西安筑波科技有限公司董事长王波、西安炬光科技有限公司董事长刘兴胜、西安华迅微电子有限公司总经理周文益获得创新成果奖，西安能讯微电子有限公司总裁张乃千和周文益总经理获得创新人才奖。今年9月，国务院侨办开展的“第二届百名华侨华人专业人士‘杰出创业奖’”评选表彰活动中，创业园有三位企业家获得该奖项。

三、组织开展留学人员交流座谈会，了解创业企业的需求和困难

2010年11月，省人大常委会民族宗教侨务外事工作委员会到高新区调研留学人员回国创业方面的内容，我们组织专题调研座谈会，邀请四位有代表的留学人员企业负责人参加会议。会议围绕创业园发展成就以及留学归国人员在创业中急需解决的问题，张启钧主任认真听取各位留学人员的问题及建议，并表示将尽最大的努力予以协助解决。

四、以联谊活动的形式，促进了留学人员之间的交流与合作

2010年5月15日，陕西省侨联、西安留学人员创业园、海外高层次人才俱乐部共同组织区内30多名留学生创业代表开展以“激情创业，回归自然”为主题的第五届留学人员联谊活动，此次活动有效地促进留学人员的了解和交流，大家纷纷表示，希望能多举办这样的活动，让聚会的圈子和人数不断扩大，促进更多 的交流与合作。

2010年，西安留学人员创业园通过全面、高效的优质服务，吸引和帮助海内外留学人员到西安创业、转化科技成果，培育有高度创新能力和强劲市场竞争力的科技企业和现代企业家，成为西部经济腾飞的加速器。2011年，我们将进一步拓展引智新思路，建设一流服务平台，积极营造创新创业氛围与环境，促成大批海外高层次人才在西安高新区创新创业，使西安留学人员创业园成为海归才子创新创业的一片乐土。

2010年园区大事记

1. 5月，组织第五届“激情创业，回归自然”留学人员联谊活动。
2. 6月，荣获“高新区文明单位”殊荣。
3. 9月，新聘张曦、向炳伟2名创业导师。
4. 10月，“高新区中小企业金融服务中心”开业。
5. 11月，创业园华迅微电子李宗雨等6位高层次人才入选第二批陕西省“百人计划”。
6. 12月，创业园西安炬光科技有限公司等5家企业入选国家教育部、科技部等部委联合评选的“2010年度中国留学人员创业园百家最具成长性企业”。

2010年优秀在园留学人员企业

一、西安炬光科技有限公司

西安炬光科技有限公司是一家由国家首批海外高层次人才“千人计划”入选者刘兴胜博士为首的数名留学人员团队和中国科学院西安光学精密机械研究所共同创立的、专业从事大功率半导体激光器研发生产、销售与应用的国家级高新技术企业。公司发起人四名博士在国外学习、工作时间合计超过70年。炬光科技在短短3年多的时间内取得了长足的发展，现已可年产各类半导体激光器10万件，成为国内实力最强、规模最大、市场份额占有率最高的国内第一品牌。产品已批量为多家大型激光加工设备厂商及科研院所供货，占到了国内约15%的市场份额；同时，公司已在美国、日本、欧盟等国家和地区设立了代理机构，并已为美国市场实现批量供货。2010年6月，CCTV的《新闻联播》也以“创新体制，小企业激变大产业”为题对企业做了专题报道。2010年公司还被中国光学学会激光加工专业委员会授予“高功率半导体激光器产业先驱”的荣誉。

公司核心技术和管理团队由以刘兴胜博士为首的归国留学人员组成，其在国外学习和工作累加近50年，具有丰富的激光产业从业经验，专业技术覆盖了大功率半导体激光器研发和生产所必需的封装、测试、光学、失效分析和生产质量体系管理等多个领域。

二、西安联客信息技术有限公司

联客公司于2009年7月成立于西安高新区，是一家由留学人员创办的技术创新型企业，主要从事移动互联网领域内的产品研发和信息服务。联客公司的业务可细分为基础技术研发、产品开发和信息服务提供，基础技术研发包括图形图像算法、信息管理架构、数据管理、数据挖掘和云技术等关键技术，产品开发主要覆盖多种系统下的智能手机应用程序、平板电脑应用程序、互联网网站、网页应用程序和数字化信息管理平台等主要产品，信息服务包括以地理位置为管理的信息内容展现和移动互联网信息提供以及相应广告服务。目前，联客公司经营中的主要项目为移动互联网图片拍照与分享软件，此项目覆盖iOS系统下的iPhone、iPod touch、iPad和Android系统下的手机和平板电脑等移动终端设备，提供了网站和网页应用程序和跨系统的桌面应用程序，以及开发了基于云技术的强大网络数据管理后台用于支持图片的网络存储和社区分享。

联客公司所研发的移动互联网产品是通过全球化的应用程序电子市场发布及销售的，目前已向电子市场发布及销售了G系列虚拟仿真相机应用程序和乐么系列图片拍摄及分享应用程序。

三、西安市耀石科技发展有限公司

西安市耀石科技发展有限公司成立于2008年5月，由归国留学人员及本地科技人员合资创立于西安高新技术产业开发区内，是专业从事线缆线束加工、测试和惯性测量领域产品开发及销售的高新技术企业。系列产品广泛应用于各种高端电子系统制造行业，包括：航空、航天电子设备制造；通讯设备制造；船舶、雷达等电子设备制造以及民用电子产品的加工质检环节。耀石科技坚持“技术启动市场、服务稳固市场”的发展理念，致力于为提高我国电子产品制造工艺及质检流程的科技水平做出努力。公司研制、生产的“CIT8系列线缆测试系统”，贴近中国国情、使用便捷、性能优异，其中多项技术指标为国际领先水平。

核心产品主要用于检测电子产品中线缆部件的电性能参数：导通关系、电阻、绝缘、耐压、电容等，用以判定线缆的质量及安装工艺是否正确。检测对象从整体飞机线束网络到细小的印刷线路线束，被测件覆盖几乎所有复杂电子产品中的线束产品。例如：飞机整机网络，雷达布线，家用电器中线束，汽车线束，笔记本屏幕连线，医疗设备精密线束。

2010年在园留学人员企业名录

西安奇维科技有限公司	电子信息
西安时光软件有限公司	电子信息
西安天谷微电子研究所	电子信息
西安迪纳斯科技公司	电子信息
西安海泰科系统技术有限公司	电子信息
西安汉瑞信息技术有限公司	电子信息
西安源合科技有限公司	电子信息
西安菲博富科技有限公司	电子信息
西安秦孚科技有限公司	电子信息
西安西雅图科技有限公司	电子信息
西安德恩科技有限公司	电子信息
西安卡思科技有限公司	电子信息
西安理行数字化媒体服务有限公司	电子信息
西安百斯特实业有限公司	电子信息
西安国林油田地质技术有限公司	电子信息
西安万思微电子有限责任公司	电子信息
西安晨星传感技术有限公司	电子信息
西安创泰科技有限公司	电子信息
西安弘传科技开发有限责任公司	电子信息
西安中润科技有限公司	电子信息
西安达威通信设备有限公司	电子信息
西安西精技术开发有限公司	电子信息
西安深亚科技有限公司	电子信息
西安石文软件有限公司	电子信息
西安盛道信息技术有限公司	电子信息
西安鼎蓝通讯技术有限公司	电子信息
西安银河电信技术有限责任公司	电子信息
西安奇峰现代工程分析技术有限公司	电子信息
西安优将信息科技有限公司	电子信息
西安比特速浪有限公司	电子信息
西安强圣科技有限公司	电子信息
西安宇能科技有限公司	电子信息
西安天照伟成电气有限公司	电子信息
西安华创软件有限公司	电子信息
西安欧必信息技术有限公司	电子信息
西安益景科技有限公司	电子信息
西安软岛乐富士信息科技有限公司	电子信息
西安江基锦申电子信息科技有限公司	电子信息
西安联客信息技术有限公司	电子信息
西安鹰格电子科技有限责任公司	电子信息
西安亚华电信有限责任公司	电子信息
西安易行科技有限责任公司	电子信息
西安迅湃快速充电技术有限公司	电子信息
西安博构电子信息科技有限公司	电子信息
西安育博信息技术有限公司	电子信息
西安龙门软件科技有限公司	电子信息
西安福祈软件科技有限公司	电子信息
西安锐真软件科技有限公司	电子信息
西安凯比特信息技术有限公司	电子信息
西安康本通讯科技有限公司	电子信息
西安鼎控电子科技有限公司	电子信息
西安五行素自控系统工程有限公司	电子信息
西安高祖数码电子科技有限公司	电子信息
西安西蓝电子科技有限公司	电子信息
西安羚牛电子科技有限公司	电子信息
西安沃特西姆水务科技有限公司	电子信息
西安拓尔微电子有限责任公司	电子信息
西安能讯微电子有限公司	电子信息
西安希河信息科技有限责任公司	电子信息
西安博霖软件有限公司	电子信息
西安光纳智能科技有限责任公司	电子信息
西安优势微电子有限责任公司	电子信息
西安金箭科技有限公司	电子信息
西安澳新软件技术有限公司	电子信息
西安展意信息科技有限公司	电子信息
西安海泰电力通信技术有限公司	电子信息
西安矽景集成电路设计有限公司	电子信息
西安智桥科技有限公司	电子信息
西安恒惠科技有限公司	电子信息
西安酬勤网络技术有限公司	电子信息

西安华迅微电子有限公司	电子信息
西安海普威尔信息技术有限公司	电子信息
西安博益美华软件科技有限公司	电子信息
西安海频电子科技有限公司	电子信息
西安恒晟信息科技有限公司	电子信息
西安德宇软件科技有限公司	电子信息
西安英洛华微电子有限公司	电子信息
陕西盈天信息科技有限公司	电子信息
西安青石集成微系统有限公司	电子信息
西安芯派电子科技有限公司	电子信息
西安市动友通讯有限公司	电子信息
西安智信网络技术有限公司	电子信息
西安维程运锦信息科技有限公司	电子信息
西安乐知软件科技有限责任公司	电子信息
西安绿通电子技术有限公司	电子信息
西安朗通科技发展有限公司	电子信息
西安宏汇达电子科技有限公司	电子信息
西安瑞文科技有限公司	电子信息
西安迪戈科技有限责任公司	电子信息
西安博朗科技有限公司	电子信息
西安澳华电法勘探技术开发有限公司	电子信息
西安中天科技有限责任公司	电子信息
西安科森科技有限公司	电子信息
西安海邦科技有限公司	电子信息
陕西同行信息科技有限公司	电子信息
西安宽诚实业有限公司	电子信息
西安震旦纪实业有限公司	电子信息
西安西芯微电子有限公司	电子信息
西安国微科技有限公司	电子信息
西安同城通信科技有限公司	电子信息
西安力欣信息科技有限公司	电子信息
西安欧通福网络科技有限公司	电子信息
西安领先微电子有限公司	电子信息
西安腾睿软件科技有限公司	电子信息
西安优久数码科技有限公司	电子信息
西安润远数码科技有限公司	电子信息
西安华迅软件科技有限公司	电子信息
西安西嵌通讯信息技术有限公司	电子信息
西安辉炜信息技术有限公司	电子信息
西安维诺信息科技有限公司	电子信息
西安睿维申电子科技有限公司	电子信息
西安英格智能科技有限公司	电子信息
西安易一电子科技有限公司	电子信息
西安励德微系统科技有限公司	电子信息
西安睿智时代信息技术有限公司	电子信息
西安擎天技术信息技术有限公司	电子信息
西安爱索思科技有限公司	电子信息
西安创尼尔汽车电子技术有限公司	电子信息
西安瑞旺特信息技术有限公司	电子信息
西安金林通信科技信息有限公司	电子信息
西安京大智能科技有限公司	电子信息
西安领邦高铁光电有限公司	电子信息
西安聚芯电子有限公司	电子信息
西安强波科技产业有限公司	电子信息
西安圣鼎科技有限公司	电子信息
西安天译鑫数码网络有限公司	电子信息
西安快通科技有限公司	电子信息
西安宽讯通信有限公司	电子信息
西安必成科技有限责任公司	电子信息
西安瑞海管理系统有限公司	电子信息
西安成峰科技有限公司	电子信息
西安海维软件有限公司	电子信息
西安华煤安全测控技术有限公司	电子信息
西安浩秦科技有限公司	电子信息
西安筑波科技有限公司	电子信息
西安瑞微系统技术有限公司	电子信息
西安千依科技有限公司	电子信息
西安八百里网络科技有限公司	电子信息
西安云起信息科技有限公司	电子信息
西安元智系统技术有限公司	电子信息
西安腾龙信息科技有限公司	电子信息
西安光彩信息科技有限公司	电子信息
西安华美海润软件工程有限公司	电子信息
西安恒运达工程建设技术有限公司	电子信息
西安蓝喆科技有限公司	电子信息
西安智慧安健信息技术有限公司	电子信息
信源通科技（西安）有限公司	电子信息
科达奇（西安）软件开发有限公司	电子信息
优碧特软件（西安）有限公司	电子信息
域人（西安）网络科技发展有限公司	电子信息
萨伏威（西安）导航技术有限公司	电子信息
陕西加华兄弟科技有限公司	电子信息
陕西凯艾迪系统控制有限公司	电子信息
陕西鸿德立恒电子科技有限公司	电子信息
陕西源能微电子有限公司	电子信息
陕西华瑞圣业电子科技有限公司	电子信息
陕西海普讯科技有限公司	电子信息
陕西君临滕科科贸有限公司	电子信息
陕西汉唐中天信息技术有限公司	电子信息
陕西开放电子科技有限公司	电子信息
陕西云翔科技有限公司	电子信息
陕西华德信息科技有限公司	电子信息
陕西创展科技有限公司	电子信息
陕西蓝思微电子有限公司	电子信息
陕西时光软件有限公司	电子信息
西安力邦制药有限公司	生物医药
西安力邦临床营养有限公司	生物医药
西安力邦科技开发有限公司	生物医药
西安维特生物科技有限责任公司	生物医药
西安麦得法医药有限公司	生物医药
西安盈谷科技有限公司	生物医药
西安远鸿科技有限责任公司	生物医药
西安华萃生物技术有限责任公司	生物医药
西安瑞佰特生物科技有限公司	生物医药
西安华悦科技发展有限公司	生物医药
西安华琦科技有限公司	生物医药
西安鼎九科技有限公司	生物医药
西安同道堂医疗科技有限公司	生物医药
西安杰诺瓦生物科技有限公司	生物医药
西安健奕生物科技责任公司	生物医药

西安佰纳生物技术有限公司	生物医药
西安巨子生物基因技术有限公司	生物医药
西安英大医疗科技有限公司	生物医药
西安海格生物技术开发公司	生物医药
西安禧金来科技有限公司	生物医药
西安喜贝润生物科技有限公司	生物医药
西安聚盛医药化工有限公司	生物医药
西安易乐生物科技有限公司	生物医药
西安盛景生化科技有限责任公司	生物医药
西安三曜生物医药有限公司	生物医药
西安元圣生物医药工程有限公司	生物医药
西安谊泽科技发展有限公司	生物医药
西安泰诺生物化学有限公司	生物医药
西安海纳生物医药有限公司	生物医药
西安天开灵生物科技有限公司	生物医药
西安蓝晶生物科技有限公司	生物医药
西安开新宇农业科技有限公司	生物医药
西安唯博科技有限公司	生物医药
西安禧金来科技有限责任公司	生物医药
西安得雅通科技有限责任公司	生物医药
西安慧科生物科技有限公司	生物医药
西安海碧基因生物技术有限公司	生物医药
西安英化生物有限公司	生物医药
陕西瑞奇生物科技有限公司	生物医药
陕西华宇高科生物工程有限公司	生物医药
陕西艾尔肤生物工程有限责任公司	生物医药
陕西大生化学科技有限公司	生物医药
西安炬光科技有限公司	光机电一体化
西安汉海航测科技发展有限公司	光机电一体化
西安悦诚电气技术有限公司	光机电一体化
西安中泽电子科技有限公司	光机电一体化
西安英卓电子科技有限公司	光机电一体化
西安宝莱特光电科技有限公司	光机电一体化
西安智达交通科技有限公司	光机电一体化
西安普瑞光学仪器有限公司	光机电一体化
西安康柏自动化工程有限公司	光机电一体化
西安爱德华测量设备有限公司	光机电一体化
西安超越机电技术有限责任公司	光机电一体化
西安博新机电技术有限公司	光机电一体化
西安海晶光电科技有限公司	光机电一体化
西安光圣能源传感系统有限公司	光机电一体化
西安威尔机电科技有限公司	光机电一体化
西安盛佳光电有限公司	光机电一体化
西安国能科技有限公司	光机电一体化
西安菲博富科技有限公司	光机电一体化
西安佰人科技有限公司	光机电一体化
西安吉天利光电科技有限公司	光机电一体化
西安华科光电有限公司	光机电一体化
西安丰唐光电科技有限公司	光机电一体化
西安四星动力工程有限公司	光机电一体化
陕西瑞硕科技有限公司	光机电一体化
陕西普天科技有限公司	光机电一体化
陕西英博光电科技有限公司	光机电一体化
西安希朗材料科技有限公司	新材料
西安海太科技术有限公司	新材料
西安宇洁表面工程有限公司	新材料
西安垚森环境技术有限公司	新材料
西安博深半导体照明有限公司	新材料
西安西古恒温技术有限公司	新材料
西安格劳励科技有限责任公司	新材料
西安康博新材料科技有限公司	新材料
西安晟金新材料科技有限公司	新材料
西安天瑞新材料有限公司	新材料
西安斯凯兰新材料科技发展有限公司	新材料
东邦（西安）新型材料有限公司	新材料
陕西齐泰精细化工科技有限公司	新材料
西安美邦科技有限公司	新能源环保
西安德龙新型建筑材料科技有限公司	新能源环保
西安银泰新能源材料科技有限公司	新能源环保
西安菲迪光电科技有限公司	新能源环保
西安博昱新能源有限公司	新能源环保
西安晶纳电子科技有限公司	新能源环保
西安盛泽科技发展有限公司	新能源环保
西安法来福科技有限公司	新能源环保
西安博今科技发展有限公司	新能源环保
西安松蓝新能源科技有限公司	新能源环保
西安华实电力环保工程有限责任公司	新能源环保
丝之路（西安）工程技术有限公司	新能源环保
陕西瑞亚环境工程有限公司	新能源环保
陕西亿龙生物科技有限公司	新能源环保
陕西环保龙节能技术开发有限公司	新能源环保
陕西华硕生物能源科技有限公司	新能源环保
陕西动力源节能环保科技有限公司	新能源环保
西安容科科技有限公司	建筑制造
西安特瑞斯自动化技术有限公司	建筑制造
西安首创科技工程有限公司	建筑制造
西安博深矿用设备技术发展有限公司	建筑制造
西安康瑞电子有限公司	建筑制造
西安轩敞科技有限公司	建筑制造
西安四环电力监控设备工程有限公司	建筑制造
西安奥恒科技有限公司	建筑制造
西安名柄自动化工程技术公司	建筑制造
西安远大电力自动化继保设备有限公司	建筑制造
西安奥科陆电气有限公司	建筑制造
西安纳瑞工控科技有限公司	建筑制造
西安长通健身器材有限公司	建筑制造
西安奥特玛自动化设备有限公司	建筑制造
西安励志科技有限公司	建筑制造
西安中瑞铁路新技术有限公司	建筑制造
西安秦申特种调节阀有限责任公司	建筑制造
西安航威机电设备有限公司	建筑制造
西安中加管道技术有限公司	建筑制造
西安耀石科技发展有限公司	建筑制造
西安天衡新技术开发有限公司	建筑制造
西安艾尔特仪器有限公司	建筑制造
西安华朗物探科技有限公司	建筑制造
澳微特通信科技（西安）有限责任公司	建筑制造
陕西莲花机电设备有限公司	建筑制造
陕西海尔普科技发展有限公司	建筑制造
陕西中航气弹簧有限公司	建筑制造

陕西石玖科技实业有限公司	建筑制造
西安炎兴科技有限公司	现代服务
西安倍力商务咨询有限公司	现代服务
西安卡吧广告文化传播有限公司	现代服务
西安百川教育发展有限公司	现代服务
西安途驴信息科技有限公司	现代服务
西安银石自动化科技有限责任公司	现代服务
西安网和信息技术有限公司	现代服务
西安博思达投资有限公司	现代服务
西安美华电子科技有限公司	现代服务
西安东典软件有限公司	现代服务
西安天诚企业管理咨询有限公司	现代服务
西安海道企业策划有限公司	现代服务
西安永佳房地产顾问有限公司	现代服务
西安威石投资管理有限公司	现代服务
西安美莎科技有限公司	现代服务
西安富克斯语言文化传播有限公司	现代服务
西安圣宣商务信息咨询有限公司	现代服务
西安纽恩堡翻译咨询有限责任公司	现代服务
西安环宇文化交流咨询有限公司	现代服务
西安力图信息技术咨询服务有限公司	现代服务
荻尔管理咨询（西安）有限公司	现代服务
诚吉斯商务咨询（西安）有限公司	现代服务
陕西逸融网络服务有限公司	现代服务
陕西中德金桥投资策划有限责任公司	现代服务
陕西中维教育咨询有限责任公司	现代服务
陕西百乐资信有限公司	现代服务

园区联系方式

地　址：西安高新区锦业路69路瞪羚谷G座
邮　编：710075
电　话：86-29-88314820
传　真：86-29-88320126
邮　箱：yanl@xdz.gov.cn
网　址：www.xibi.com.cn

西安经济技术开发区留学人员创业园

园区概况

西安经济技术开发区留学人员创业园（以下简称“创业园”）成立于2008年8月，由西安市人事局和西安经开区共同组建，共建双方发挥各自优势，共同推进创业园的发展。西安经开区管委会负责园区的各项管理和具体运作，设立专门办事机构，配备专职人员，提供专门办公场所，制定相关办法和细则，建立创业扶植基金等，规划园区建设用地及负责项目建设；西安市人事局将在宏观规划、指导协调以及对创业园的考察评估等方面发挥职能优势。

创业园以经开区总体发展战略规划为依托，以经开区创业园管理办公室为政策管理及服务平台，以留学人员和国际高端人才为智力资源，结合区域实际，以经开区现有产业板块、入驻企业及科研项目为留学人员和国际高端人才创新及就业提供服务，以培育具有创新能力与国际竞争力的高新技术制造企业和科技企业家为重点，促进高新技术制造业的发展和科技成果转化，引领产业升级，逐步建立专业化创业基地，充分发挥示范、导向带头作用，为进一步建立国家级留学人员创业园奠定基础。

园区联系方式

地　址：西安市凤城十二路1号凯瑞大厦A座206室
邮　编：710018
电　话：86-29-86135117，86517914
网　址：www.etpc.com.cn

杨凌示范区留学人员创业园

园区概况

杨凌示范区留学人员创业园（以下简称“创业园”）成立于2000年8月，经杨凌示范区管委会批准，在杨凌示范区创业服务中心的基础上组建，是我国最早设立的农业高科技留学人员创业园，旨在吸引立志创业的留学人员创办企业，发展农业高新技术产业。留学人员创业园与创业中心合署办公，实行“一套人马、两块牌子”的运作机制。

创业园通过提供与国外接轨的良好的孵化条件和优质服务，鼓励吸引海外留学人员来杨凌示范区投资创业，加快农业高新技术成果的商品化、产业化、国际化进程。

创业园基础设施配套完善，拥有11000平方米的创业大厦和6500平方米创新大厦、14000平方米的创业园标准厂房。其中，创业大厦地理位置优越，办公室宽敞明亮，物业管理服务达到星级水平。同时，具有完善的共享设施，如中央空调系统、ADSL宽带信息网、多功能会议室、健身房、餐厅以及娱乐厅，是企业开展科学研究、进行产品生产和办公的理想场所。创业园提供从创业策划到注册登记、办公和生产场地选择、员工住宿、申报各类科技产业计划、申报科技企业和高新技术企业认定以及组织企业参加各类经贸活动等方面的全程服务，并向有希望的项目提供贷款推荐、贷款担保、风险资金、短期合作等。

创业园现有留学人员企业19家，从业人员515人，其中留学人员23人，内有博士后3人，博士12人，硕士13人，已成为技术创新和科技人才的聚集地。

2010年在园留学人员企业名录

陕西杨凌岱鹰生物工程公司	生物医药
泰华天然生物制药有限公司	生物医药
杨凌大农生物技术有限公司	生物医药
杨凌美加恒新生物医药研究所	生物医药
杨凌四元生物科学技术公司	生物医药
杨凌泰克生物科技有限公司	生物医药
杨凌天力生物技术有限公司	生物医药
斯比特装饰板材（陕西）公司	新材料
陕西杨凌英达克环境工程公司	新能源环保
陕西杨凌中科环境工程公司	新能源环保
陕西聚丰科技股份有限公司	生态农业
陕西正高肥料有限责任公司	生态农业
杨凌阿克瑞特科技有限公司	生态农业

杨凌德丰布尔山羊畜牧公司　生态农业
杨凌豪特园艺有限公司　生态农业
杨凌攀达生态科技有限公司　生态农业
杨凌益康天然产品有限公司　生态农业
杨凌越洋生态工程有限公司　生态农业
中法食品加工研究与交流中心　生态农业

园区联系方式

地　址：杨凌示范区神农路16号创业大厦
邮　编：712100
电　话：86-29-87036933，29-87035538
传　真：86-29-87035398
网　址：www.cysn.net

兰州留学人员创业园

园区概况

兰州留学人员创业园（以下简称“创业园”）成立于2001年12月，由甘肃省人事厅、兰州市人事局、兰州高新技术产业开发区管理委员会共同发起组建。2010年1月19日国家人力资源和社会保障部同意与甘肃省人民政府共建中国兰州留学人员创业园，并于2010年12月7日揭牌成立。

创业园依托于兰州高新技术产业开发区创业服务中心创业环境，经过不断改善园区软、硬环境（现有孵化场地2.5万平米），大力开展招商引智引资工作，取得了较好社会效应和经济效益。

为了鼓励和吸引留学人员来甘肃省兰州留学人员创业园区创办企业，制定了《甘肃省兰州留学人员创业园区实施方案》、《甘肃省兰州留学人员创业园区管理暂行办法》和《甘肃省兰州留学人员创业园区若干政策的暂行规定》等政策措施。甘肃省兰州留学人员创业园区还通过多种渠道帮助留学人员企业获得高新技术项目发展资金。如向国家科技部火炬中心申报创新基金，向国家计委申报高新技术产业化项目，向市科委申报科技计划项目，另外高新区管委会也拿出资金建立留学人员创业发展基金，扶持留学人员企业发展高新技术。同时，甘肃省人事厅、兰州市人事局、兰州高新技术产业开发区管理委员会共同投资在高新区开工建设了甘肃省兰州留学人员创业大厦以及留学人员置换楼，为留学人员创业提供开发、生产用房，为留学人员在兰州短期居住提供服务，进一步完善硬环境建设。针对留学人员长期在国外留学，回国后普遍存在对国内情况不十分熟悉，许多事情不知从何处入手等问题。创业园在提供场地的同时，不断完善服务功能，为企业提供工商注册、税务登记、人员培训等服务，提高了企业的办事效率，使他们充分感受到创业园区大家庭的温暖，坚定了他们归国创业，报效祖国的信心。

2010年园区发展报告

一、中国兰州留学人员创业园发展成果

（一）构建了高新技术产业发展的人才高地，正在成为创新创业人才的密集区

截至目前，园区现有孵化场地2.5万平米，已吸纳留学人员创办的企业55户，累计引进留学人员77名，其中，博士25人，硕士38人，留学回国人员入园创办高新技术企业56家，从业人员1290人，从业专业技术人员280人，初步形成了以海默科技、立盛达等为代表的先进制造技术产业，以百源基因、民海生物、大得利等企业为代表的生物技术及新医药产业，以甘肃长实、天星稀土等企业为代表的新材料产业，以鑫王电子、南特信息等企业为代表的电子信息产业，以富农高科、博雅等企业为代表的农业高新技术产业。累计获得了39项发明专利，取得政府资助项目26项，获得各项资助经费1840万元。2010年园区企业完成技工贸总收入2.94亿元，上缴税金2200万元，从业人员2074人，呈现出良好的发展势头。

（二）建立了功能齐全的孵化基地，正在成为科技企业成长的培育区

依托兰州高新区以培育自主创新能力为出发点，优化创新创业环境，充分汇聚、融合了人才、资金、技术等各种创新资源，先后建立了国家级的高新技术创业服务中心、火炬计划软件产业基地、国家新材料产业化基地等各类孵化器，促进了自主创新能力的提高和高新技术产业的快速发展。现有孵化面积达2.5万平米，各种相关配套设施一应俱全，为留学创业人员提供了良好的创业环境。

（三）公共服务平台建设初见成效，正在为科技企业企业提供优质高效的服务

通过公共服务平台的建设，这一独特的硬件环境优势，优良的创新创业条件和健全的创业服务体系为留学人员提供了优质的服务和良好的孵化保障，初步形成了与国际接轨适合创新创业企业的助推力，为科技成果的移植和转化，推动经济与科技的结合做出了重要的贡献。

1．生物医药平台。在兰州国家高新技术产业开发区的大力支持下，西北民族大学经过充分的筹备和论证，与兰州高新技术产业开发区共同牵头申报“兰州高新区生物医药技术平台”建设项目，并于2008年11月获得批准，并已建设完成，现已为高新区企业、留学创业园企业提供有关化工、生物医药方面的科研、中试、技术服务及培训为一体的学、研、技术孵化体系，承担相关技术咨询和服务。

2．科技中介超市。兰州高新区科技中介服务机构超市。针对制约高新技术企业发展的资金、技术、管理、市场、人才五大瓶颈制约因素，打造出了兰州高新区特色竞争优势，为中小科技企业提供高效便捷服务的平台。中介超市的建成使兰州高新区企业、留学创业人员企业发展的五大制约因素得以解决，从而使留学人员企业的发展更为迅速。截至目前，已有43家科技中介机构入驻，共涉及服务领域有投融资、法律咨询、营销策划、人力资源培训、技术支持等领域。正如有留学归国人员形象的说：“以前为了喝杯牛奶，不得不去养头奶牛，现在中介服务超市的建立，不但解决了我们喝牛奶的问题，也解决了养奶牛的问题，中介超市的建立不仅解决了驻军与屯田的转换，而且成为用市场机制解决市场问题的优秀范例。”

3．兰州高新区科技创新信息公共服务平台。据调查，高新技术企业项目技术查新、资料、文献下载需求极大，每年为此需专门到情报所、科研院所等机构专业查新及下载资料文献，不但费用高而且由于查新企业众多还需排队等候，费时费力，并且资源分散，查找不齐全。为了解决企业这一困难，园区2010年与同方知网合作，利用同方知网科技查新网络资源，共同建立了兰州高新区科技创新信息公共服务平台，此平台依托清华大学、清华同方的产业、研发、资金实力，开发研制的“CNKI开发区科技创新知识服务平台”为

企业科技创新搭建了一套完善的知识服务系统，在全国各级开发区及重点典型企业得到了很好的推广应用，它可以方便的进行文献检索服务、科技查新服务、项目（课题）跟踪服务、知识情报服务、科研绩效评价等系统功能，为企业技术研发、需求调研、人才培养、竞争分析提供了权威的知识服务平台支持，对加快企业成果产出、加快企业发展步伐起到非常巨大的推动作用。

（四）促进了科技成果的迅速转化，正在成为区域创新能力的引领者

目前甘肃省兰州留学人员创业园所依托的创业环境大为改观，在高新区的新建区拥有国家级科技孵化园区3个；国家级大学科技园2座，省级大学科技园1座；国家级工程技术研究中心1个；省级工程技术研究中心4个；企业筹建并被批准认定的省级企业技术研究中心共15个；企业合作共建的国家重点开放实验室1个；省部重点开放实验室2个；博士后工作站4个；公共服务平台2座。已累计实施了530多项高新技术和成果，其中：产学研合作项目185项，获得国家火炬计划项目支持110项，国家重点新产品计划支持项目69项，国家中小企业创新基金项目立项支持项目82项，有42个科技成果获得省、市科技进步奖励，已累计获得国家各类资金支持近亿元。

（五）完善了政策措施，正在形成鼓励和支持留学人员创新创业的政策体系

1. 财政政策。省人力资源和社会保障厅、省财政厅按照《中共甘肃省委办公厅、甘肃省人民政府办公厅关于进一步鼓励和吸引海外高层次人才来甘肃工作的意见》（省委办发〔2009〕29号）正在积极设立海外高层次人才发展专项基金，将对留学归国人员创新创业给予一定的资助。

2. 税收政策。根据《兰州高新技术产业开发区鼓励企业引进、使用、培养高层次人才暂行办法》（兰高新管发〔2008〕170号），兰州高新区企业引进的高层次人才，拥有自主知识产权项目在高新区实施产业化，销售收入年新增1000万元以上且上交相应税收50万元以上的，按上缴税收高新区财政使得部分的20%给予奖励，但最高不超过10万元。

3. 招商引资。对引荐外资、内资投资项目（包括设备、技术等）入区开发的，按到位资金的1—3%奖励引荐人。独资企业奖金由开发区财政支付；合资、合作企业由本市合作方承担。利用高新区各类融资担保服务平台，帮助留学人员企业解决贷款担保难问题；支持符合条件的由海外高层次人才创办的高新技术企业在创业板上市；开展股权激励及非公众企业柜台外股权交易试点，引入社会风险投资资金，支持留学人员企业发展。

4. 创新启动基金。根据《甘肃省专业技术人才支撑体系建设纲要》（省委办发〔2008〕119号），由高新区和企业共同投资建立海外高层次人才归国创新创业基金，用于支持专业技术人才重大科技成果的转化和引进的各类领军人才、回国留学人员、博士后人员的重大科技项目的资助和产业孵化。

5. 知识产权政策。鼓励知识产权申报，对留学创业企业和个人申请国内外专利的组织和个人，可给予一定的专利申请费和专利维护费补贴；对具有市场前景的专利技术实施项目，可一次性给予一定的专利实施资金支持。引导和鼓励企业以知识产权、技术专利形式入股，并取消自主知识产权作价入股比例限制，在新公司法的理论基础上力争取得新突破。缩短技术成果转化时间，扩大技术成果效益。每年举行一次自主知识产权发明人的专项奖，每次4—6人。

6. 人才政策。根据《甘肃省专业技术人才支撑体系建设纲要》（省委办发〔2008〕119号），结合甘肃省将设立100个特聘高层次科技专家岗位，面向海外公开招聘。由省政府聘任，赋予首席专家职责，合同管理，柔性使用。在合同内，除用人单位支付报酬外，省政府为每人每月发放津贴4000元，兰州高新区给予一定额度的一次性奖励补助。对于急特缺特殊引进的高层次人才，由兰州高新区办理养老、医疗等社会保险；对于引进人才的未就业子女，由兰州高新区为其办理基本医疗保险；对于自愿在高新区落户安家的，由兰州高新区给予一次性安家费补贴。

7. 政治待遇。积极构建海外留学人员与政府相关部门的沟通渠道，推荐爱国爱民、工作成绩突出、思想进取的归国留学创业人员积极参政议政，通过他们及时反映留学人员企业发展中存在的问题和困难，使其及时得到解决，使留学创业园更好、更快地发展。以便更好更快地促进兰州区域经济发展。

8. 表彰鼓励。鼓励留学人员企业推行新型的工资制度，进一步完善技术入股，管理入股和股票期权，创业股，年薪制等各种新的分配方式，实行灵活的，有竞争力的，与个人绩效挂钩的新型工资分配形式。建立连续的奖励制度，加大奖励力度。每两年进行一次全省优秀留学回国人员的评选表彰活动，每次奖励10位先进个人和10家先进集体。对取得重大经济效益和社会效益的留学人员实行重奖。形成以保护知识产权为核心，有利于技术与经济相结合的技术创新激励机制。利用各类媒体宣传有突出贡献留学人员的先进事迹，介绍他们艰辛的创业历程和丰硕科技成果，弘扬他们的爱国主义精神，让全社会了解留学人员，支持留学人员回国创业。

二、兰州留学人员创业园未来五年工作展望

（一）加快基地建设，拓展发展空间

在建的中国兰州留学人员创业园彭家坪产业研发基地（部省共建）占地面积为61亩，建筑面积12万平方米，建设投资3亿多元人民币。园区建有标准化厂房、办公楼、宾馆等，建成后设施完整，公共配套全面，可为150家相关企业提供开发场地和共享的创业保障平台，可为社会提供2000个以上就业岗位，营业收入达10亿元，实现社会效益与经济效益共赢。

（二）提升区域竞争力，完善创新创业扶持政策体系

为大力实施“人才强省”战略和甘肃省百名海外高层次人才引进计划，大力提升我省自主创新能力和人才国际化水平，建设创新型城市，鼓励归国留学人员归国创业。中国兰州留学人员创业园将从六大方面对留学人员创新创业给予政策扶持，其中包括人才政策、创业启动资金、孵化场地、专利申报、技术创新、居住以及子女落户等各方面，将制定出一套体系健全、覆盖范围广的扶持政策体系。

（三）加大支撑服务体系建设力度

1. 搭建各种服务平台为留学人员创新创业服务。在未来几年的发展中，创业园将加大对公共服务平台的投资建设，如生物医药平台、中介服务机构、投融资担保、公共技术服务平台的进一步完善和建设等，搭建起公共服务平台更好的为回国留学人员创新创业服务，使留学人员企业发展步入快车道，使之迅速壮大形成产业化。

2. 营造优良的服务环境，成为转变政府职能的先行者。建立健全留学人员创业园的各项服务制度，更好地为留

学人员以及企业服务，营造优良的服务环境，成为转变政府职能的先行者，提高对企业的服务质量和办事效率。园区逐步实行“一站式”服务，推行“代办制”、“限时服务承诺制”、“首问负责制”、“岗位目标责任制”等制度，建立“精简、高效、快捷”的服务型运行机制。

2010年在园留学人员企业名录

甘肃天佑生物科技有限公司	电子信息
甘肃鑫王自动化控制有限公司	电子信息
兰州艾乐顿智能科技有限公司	电子信息
兰州联创科技股份有限公司	电子信息
兰州南特科技股份有限公司	电子信息
兰州天安恒通科技有限公司	电子信息
兰州沃福计算机系统有限公司	电子信息
兰州新陇科技有限公司	电子信息
兰州致恒科技有限公司	电子信息
兰州智天科技有限公司	电子信息
北京华阳绿园技术开发有限公司兰州分公司	生物医药
甘肃方舟生态科技有限公司	生物医药
甘肃绿洲医疗用品有限责任公司	生物医药
兰州百源基因技术有限公司	生物医药
兰州宝瑞科技有限公司	生物医药
兰州宝瑞生物技术有限公司	生物医药
兰州大得利生物化学制药厂	生物医药
兰州嘉瑞生物医药科技开发有限公司	生物医药
兰州凯博生物技术有限公司	生物医药
兰州派神生物技术开发有限公司	生物医药
兰州雅华生物技术有限公司	生物医药
兰州傲能工业设备有限公司	光机电一体化
兰州大成自动化工程有限责任公司	光机电一体化
兰州海默科技股份有限公司	光机电一体化
兰州华联电力有限公司	光机电一体化
兰州科庆仪器仪表有限公司	光机电一体化
兰州立盛达铁路新技术有限公司	光机电一体化
兰州沃特克环境科学技术有限公司	光机电一体化
兰州阳普科技有限公司	光机电一体化
甘肃长实隔震材料有限公司	新材料
甘肃凌云纳米材料有限公司	新材料
兰州长城新元膜科技有限公司	新材料
兰州浩达精细化工研究所	新材料
兰州天际环保有限公司	新能源环保
兰州天泰环保工程有限公司	新能源环保
兰州博亚饲料有限公司	生态农业
兰州好为尔爱的现代牛业发展有限公司	生态农业
兰州泰华饲料有限公司	生态农业
兰州兰泰草坪科技开发有限公司	生态农业
甘肃富农高科技种业有限公司	生态农业
甘肃科业达科技开发有限公司	生态农业
甘肃武港食品有限公司	生态农业
兰州兰泰高尔夫工程有限公司	建筑制造
兰州西域科技总公司	建筑制造
兰州爱美信科技咨询服务有限公司	现代服务
兰州前导经济文化咨询有限公司	现代服务
兰州格瑞特管理顾问有限公司	现代服务
甘肃环球设计研究所	现代服务

园区联系方式

地　址：兘州市城关区南面滩268号45号信箱
邮　编：730010
电　话：86-931-8552029
传　真：86-931-8553171
网　址：www.lzgxcy.com

宁夏留学人员创业园

园区概况

宁夏留学人员创业园（以下简称“创业园”）成立于2003年6月，是经宁夏回族自治区人民政府批准，自治区人力资源和社会保障厅、银川市人民政府、银川经济技术开发区管委会共同主办。创业园与宁夏高新技术创业服务中心合署办公，依托银川经济技术开发区（银川高新技术产业开发区）的优惠政策和投资环境，秉承“以人为本、引智创新”的办园宗旨，大力开展引智招商工作，取得了较好成果。

创业园自成立以来，在自治区人力资源和社会保障的关怀指导下，在开发区党工委、管委会的高度重视和各有关部门的支持帮助下，不断改善园区软、硬环境，优化回宁留学人员创业环境：

园区配套政策初步形成。为吸引优秀留学人才回宁创业，管委会先后制定了《银川经济技术开发区管委会留学人员创业园管理规定（暂行）》、《银川经济技术开发区管委会吸引优秀人才基金管理办法（试行）》、《银川高新区高新技术风险担保基金管理办法》、《银川高新区扶持高新技术企业发展基金管理办法》和《银川经济技术开发区“十二五”时期建设“人才特区”暂行办法》等，提出了引进人才智力的一系列政策措施；对留学人员创业园的建设、发展提出了具体的目标要求和扶持政策。

园区运行服务体系逐步完善。建立健全包括身份认定、入园手续办理、优惠政策落实、项目立项申请、高新科技成果转化等运作制度。园区管理不断强化服务功能，针对留学人员特点，不断简化工作程序，做到热心、细致、专业、务实，积极扶持园区企业的技术研发和创新。

一是专门成立宁夏留学人员创业园管理办公室代表开发区管委会管理宁夏留学人员创业园。

二是建立了创业园企业月报表和月走访制度，及时了解和掌握企业运转情况。提出工作要求，解决企业困难，对企业发展起到了一定的促进作用。

三是实行与创业企业一年一签《入园协议》制度，对企业项目的开发期限、技术推广等做了明细的约定，实行动态管理，进一步明确了协议双方的权力和义务，对企业创业活动进行更加有效的管理和服务。

四是为宁夏留学人员创业园共提供了15套二、三层欧式别墅写字楼，总面积4500多平方米，作为广大归国留学人员研发、创业的基地，两年内无偿使用。

五是及时兑现留学人员生活和住房资助金，2003年至2010年共计发放资助金40余万元，有60多名在园区或在企业工作的留学人员享受到了资助。

招才引智工作取得一定成效。截至目前，创业园先后有17家留学人员企业入驻，共有44名（其中：博士26名，硕士10名，在国外学习深造回国人员6名，外籍人员2名）回国留学人员，先后在各企业进行科研项目的开发，累计注册资本2800万元。项目涉及生物工程、新材料、汽车制造、电子信息、网络通讯等。

园区联系方式

地　址：宁夏回族自治区银川市黄河东路创新园48号
　　　　银川经济技术开发区管委会组织人事劳动局
邮　编：750001
电　话：86-951-5062867
传　真：86-951-5062830，5062845
邮　箱：YCDALDJ@163.com

乌鲁木齐留学人员创业园

园区概况

乌鲁木齐留学人员创业园（以下简称“创业园”）成立于2002年，2010年获批人力资源和社会保障部与新疆维吾尔自治区人民政府共建中国乌鲁木齐留学人员创业园。创业园和乌鲁木齐高新技术产业开发区高新技术创业服务中心实行“两块牌子，一套班子”的运作方式，下设综合办公室和企业发展部两个部门，现有在编工作人员15人。现有孵化场地面积26900平方米，其中供孵化企业使用场地26500平方米。

创业园按照ISO9000质量管理体系要求，规范了服务质量，建立起了创业导师制度，聘请有丰富创业经验的人士引导和帮助创业者创业，定期组织创业专题讲座；认真贯彻落实对科技创业企业和博士留学人员创业企业的支持政策，聘请了法律顾问和专业技术顾问，为入孵企业提供法律咨询和各类专业技术服务；开发了面向中小企业电子商务平台，链接万方数据、维普资讯、新疆科技文献资源共享平台，为入驻企业免费提供科技文献查询。

自建设以来，创业园坚持以“孵化项目、培育企业、培训人才”为己任，积极为企业营造不断优化的软硬环境，逐步吸引了一批立志科技创业的人才，聚集了许多科技创新项目入园孵化。通过不懈的努力，规模不断发展壮大，已经逐步建设成为新疆高新技术企业成长的摇篮。经过孵化毕业的企业为促进乌鲁木齐市乃至全疆的科技成果转化、繁荣边疆地区经济、为社会提供就业岗位、保证社会稳定发挥了积极的作用。

2010年园区发展报告

乌鲁木齐留学人员创业园以“三个代表”的重要思想和科学发展观为指导，为全面贯彻落实中央新疆工作座谈会、党的十七届五中全会精神和自治区党委七届九次全委（扩大）会议、市委九届十次全委（扩大）会议精神以及高新区2010年党工委（扩大）会议精神，结合工作实际，坚持以促进科技成果转化，培养高新技术企业和企业家为宗旨，促进高新技术商品化、产业化、国际化，完善科技创新服务体系，从创新服务方式、改进工作作风、改善创业环境、提高服务水平等方面，围绕全年目标，积极开展工作。

一、高新区生物医药孵化器及产业园项目建设工作

乌鲁木齐留学人员创业园近年来一直坚持以孵化生物医药企业为方向，不断完善自身孵化功能，与入园企业加强联合，积极创建乌鲁木齐高新区的首个专业孵化器。该项目已通过专家评审会论证，先后完成了项目立项批复、选址意见书及附图、划拨宗地平面界限图等相关手续，并委托国药集团武汉医药设计研究院进行项目工程设计。一、二标段的招标工作已经完成，一标段中标价为6000万元，二标段中标价格为1700万元。目前项目已经进入全面施工阶段，工程预计于2011年9月投入使用。

二、留学人员创业园省部共建工作及相关奖励情况

2010年1月，国家人力资源和社会保障部同意与新疆维吾尔自治区人民政府共建中国乌鲁木齐留学人员创业园，并于8月举行了授牌仪式。目前，乌鲁木齐留学人员创业园与新疆农业大学、新疆财经学院、新疆师范大学签订了合作协议，切实推动大学生科技创业实习、见习工作。

2010年10月，被中国中小企业协会和中国企业创新成果案例审定委员会评为“中国中小企业创新服务先进园区”。

三、专项基金申报工作

为了使在孵企业能够更多地获得国家政策的支持，尽快成长壮大，乌鲁木齐留学人员创业园加强科技项目的收集、组织、审核工作，为企业建立便捷、快速上报各级科技扶持计划的通道，使企业的项目得以在较短时间内获得政府科技项目资金的支持。

（一）新疆尔雅机械设备有限公司等15家企业的科技项目共获得了科技部、自治区共计560万元的无偿资助，是历年来获得立项项目数和立项支持额度最高的一年。

（二）新疆克罗兰科技开发有限公司等10家企业获得了高新区创新基金165万元的支持。

（三）新疆华德软件科技有限公司等7家企业获得了高新区创业孵化专项资金125万元的立项支持。

此外，乌鲁木齐留学人员创业园申报了2010年度自治区经信委及工信部中小企业发展专项资金项目，共获得190万元的资金支持；申报了科技部科技服务机构创新资源共享服务补助资金项目，并获得80万元的资金支持。这也是乌鲁木齐留学人员创业园自成立以来获得的各级政府项目支持最多的一年。

四、留学人员创业园网络年会工作

根据中国留学人员创业园联盟2010年工作计划，并经科技部火炬中心批准，由乌鲁木齐市人民政府、乌鲁木齐高新区管委会主办，乌鲁木齐留学人员创业园承办的“中国留学人员创业园联盟一届三次会议暨第十一届全国留学人员创业园网络年会”于2010年9月27日至9月29日在乌鲁木齐高新区召开，共有来自全国各地及国家部委180人参加会议，在乌鲁木齐留学人员创业园全体人员团结协作，共同努力下，会议圆满结束，会议的组织、服务得到了与会代表的一致好评。同时乌鲁木齐留学人员创业园借此次网络年会在乌鲁木齐高新区召开的契机，大力宣传高新区及乌鲁木齐留学人员创业园，通过报道园区优秀创业者和创业企业，提高了园区知名度，引导媒体更多的关注新疆科技创业事业的发展。

五、推进大厦改造工作

乌鲁木齐留学人员创业园的内、外部装修及公共基础设施均已陈旧，为了给企业营造良好的办公环境，中心于年初将大厦的改造工程列为重点工作，经过多方努力，该项目争取到国家和自治区190万元的资金支持。目前，已经完成设计图纸，近期已开展招标工作的有关工作，预计于2011年6月前完成投入使用。

六、引进企业工作

乌鲁木齐留学人员创业园按照高新区产业发展布局，重点以生物医药、新能源、新材料、电子信息等领域为重点，截至2010年12月13日，乌鲁木齐留学人员创业园引进企业33家，其中留学人员创业企业6家，博士创业企业10家，科技企业17家，新增入驻企业注册资金7980万元。目前，乌鲁木齐留学人员创业园累计孵化科技企业362家，目前在孵的各类企业139家，其中留学人员创业企业44家，博士创业企业36家。

七、积极推进加速器建设

乌鲁木齐留学人员创业园为延伸孵化服务工作，积极与新疆驰达电气发展有限公司沟通，利用其4270平方米闲置场地，建设科技加速器，吸引一些具有一定规模的电子信息、新材料类的科技创业企业入驻，扩大科技创业创新影响力，支持科技创业企业的科技创新活动，为高新区科技兴区工作做出企业应有的贡献。目前，我中心制定了相应的加速器管理办法，并上报高新区管委会批准。

八、加强中亚联盟作用，促进科技成果推介转化

为促进新疆高新技术企业、科研院所与俄罗斯科学院西伯利亚分院之间的科研合作和技术交流，由自治区科技厅、乌鲁木齐高新区管委会、俄罗斯科学院西伯利亚分院共同主办，创业中心和中亚信息情报所具体承办的俄罗斯科学院西伯利亚分院创新科研成果及技术推介会在乌鲁木齐胜利召开。来自俄罗斯科学院新西伯利亚分院12个院所的18位专家带来了60多项对接项目，推介会期间双方签署了30多项合作协议。中俄双方在相关科研成果及技术领域深入沟通，增进了解，加深友谊，深化合作，为中俄双方共同繁荣与发展铺平道路，也为今后成果及技术推介会的继续举办奠定了良好的基础。

九、完善创业服务体系，改善投资创业环境

乌鲁木齐留学人员创业园建立了企业联系人制度，并聘请了常年法律顾问，为企业提供法律咨询和各类专业技术服务；同时，引进中介机构，为企业专利咨询、管理咨询等提供服务；并与乌鲁木齐市利人职业技能培训学校签订培训协议，为在孵企业提供培训，更好地为企业提供延伸服务；与兴业银行等金融机构就企业融资平台达成初步意向。同时，按照管委会的统一安排，认真做好安全生产和创业大厦消防工作，确保为入驻企业营造一个安全、稳定的创业环境。

2010年园区大事记

1. 1月21日，乌鲁木留学人员创业园经人社部函〔2010〕10号《关于同意共建中国乌鲁木齐留学人员创业园的函》批准，升级成为新疆维吾尔自治区人民政府和人事部共建中国乌鲁木齐留学人员创业园。

2. 3月12日，根据科技部《关于确认北京奥宇科技企业孵化器有限责任公司等149家单位为大学生科技创业见习基地试点单位的通知》（国科发火[2010]106号），乌鲁木齐留学人员创业园被科技部认定为大学生科技创业见习基地。

3. 7月15日，乌鲁木齐留学人员创业园和新疆驰达电气发展有限公司签订房屋租赁合同，租用其办公用房和车间总计4270平方米作为加速器，用于支持科技创业企业的科技创新活动，扩大科技创业创新影响力，吸引科技创业企业继续在高新区发展，从而推动高新技术产业的发展。

4. 8月，国家工业和信息化部、自治区经济和信息化委员会分别下达了2010年中小企业发展专项资金计划，乌鲁木齐留学人员创业园共计获得了190万元的补助资金，支持创业大厦及孵化楼改造项目。

5. 9月11日，高新区北区生物医药孵化器项目正式开工建设。

6. 9月26日，全国留学人员创业园联盟一届三次会议在乌鲁木齐留学人员创业园多功能厅召开。大会提出，在未来5年内，要通过一系列政策的落实。

2010年优秀在园留学人员企业

一、新疆华德软件科技有限公司

新疆华德软件科技有限公司成立于2010年6月，是一家由留学归国人员、软件开发高级人员创建并经营管理的高新技术型企业，公司在一年多的时间里迅速地发展成为一支专业化、善于钻研、团队协作能力极强的技术团队，企业管理队伍具有扎实的理论基础、丰富的企业管理经验。目前，公司科研开发团队共有博士2名，硕士3名。本科8名、其它3名。新疆华德软件科技有限公司以柔性软件理论为核心，研发出具有自主知识产权的教育产品，并提供相应的咨询、培训和服务。目前，主要从事于开发少儿对照游戏学习软件。

少儿对照游戏学习软件项目是新疆华德软件科技有限公司自主研发，自有知识产权的的一款内置多样化场景和角色模板的一项虚拟现实交互技术，使用Vrtools虚拟现实技术引擎，以库的形式将Maya、3Dmax、IXS、C4D等软件创作的成品，采用情景管卡式游戏剧本的连续性，吸引6-13岁的少年儿童，通过寓教于乐的方式，让孩子们在2年半的时间里，通过玩游戏里的单词拼写，语音人机对话，限时段落翻译等学到5500以上的英语单词（相当于考研水平）和相当于大学阶段的语法，拼写知识，二年时间将所花费用，全部不到3000元。产品已取得软件著作权，已完成90%以上制作，目前处于测试阶段，将由上海交大出版社出版，预计于2011年11月全面上市。目前公司的双软产品已经通过，双软企业正在审核中。

二、新疆中亚万方电子商务公司

新疆中亚万方电子商务公司是一家通过电子商务等手段为中亚国际贸易提供全套中介服务的服务性机构。公司以开拓中亚市场，服务万方企业为主旨。公司作为现代服务业企业，以先进的电子信息网络技术为支撑，创新服务手段，为新疆对中亚贸易交流提供了新的发展路径。公司通过开发“边贸通”俄汉互译即时通讯软件并取得了软件著作权证书及软件产品登记证书。获得了“中亚大型连锁超市供应商务平台”的创新基金证书。正在开发“中俄双语虚拟可视谈判系统”已获高新区创新基金支持。目前公司已评为“软件企业”。公司不断创新软件产品和服务模式。使公司逐步具备了一定的市场竞争能力，公司市场范围逐步拓展，软件服务应用已经逐步供应给国内外客户。

公司研制了“边贸通”掌上俄语学习机，开发了“边贸通”俄汉互译即时通讯软件并且运营中俄双语“中亚商旅服务平台”网站。正在开发“中俄双语虚拟可视谈判系统”，现已完成“中亚大型连锁超市供应商务平台，正在尝试开展中亚国家代购中国商品的平台工作。

三、新疆阿尔森生物科技有限公司

新疆阿尔森生物科技有限公司成立于2007年7月，位于乌鲁木齐市留学人员创业园创业大厦，是一家集研发、销售和服务于一体化的多元化的、走自治区级产业化之路的高新技术型企业，由一批丰富科学经验和市场理念的归国博士、博士后和科学家共同创办主要从事研究和开发生命医学、生物学、维吾尔医药、天然产物等相关的市场急需高科技产品的研发的企业，公司注册资金50万元。公司法定代表人艾克拜尔热合曼留学博士。

公司成立过程中先后与世界著名的意大利帕多瓦大学、德国、奥地利等国外多家科研单位合作共同研究开发高新技术产品，同时与新疆科学院、北京大学医学部、新疆各大院校、医院及科研机构建立了长期稳定的合作关系，围绕公司发展，研究新技术，建设新项目，开发新产品。聘请疆内外一批国内知名的专家学者常年参与公司项目研究、产品开发和技术指导工作，这巩固了在生命医学、生物学、食品学等领域的知识水平，促进了临床诊断试剂食品和饲料安全检测试剂盒的研发，为高科技研究奠定基础。公司获得2010年乌鲁木齐市科技信用C级单位证书，获得2009年度乌鲁木齐市高新区留学生创业园孵化资金一项。

四、新疆协领汇科科技有限责任公司

新疆协领汇科科技有限责任公司，成立于2009年4月，是一支以归国留学人员组建的创业团队，成立同年入驻新疆乌鲁木齐市高新区留学人员创业服务中心，主要从事太阳能光伏发电控制设备的研发、计算机网络系统集成、计算机信息系统、自动控制系统设计以及研发等业务。公司成立初期，企业人数为3人，均为归国留学研究生.经过一年的努力，研发成功第一台小型太阳能路灯充放电控制器，性能和稳定性均为国际领先水平，现已占领部分国内市场份额。之后公司将主要精力投入太阳能通信电源的研发，申请并获得实用新型专利一项，另有一项发明专利仍在审核中，目前我公司太阳能通信电源的研发已处于中式试销售阶段，成果明显，前景可喜。

随着公司的发展，现已开展计算机网络系统集成业务，主要为政府、企业以及事业单位服务，以产品为依托，创建优秀的网络环境，提供高效快捷的数据服务，在此期间曾参与自治区电子政务外网的设计、技术监督局网络优化拓扑以及多项综合数据平台构建项目。另外，在信息系统方面，我公司正在投入研发大规模云运算系统服务，随着网络应用的快速发展，在不久的将来推出个人全球型移动云运算平台。

2010年在园留学人员企业名录

乌鲁木齐飞亚斯特电子科技有限公司	电子信息
新疆胜锐信息技术有限公司	电子信息
新疆力拓信息技术有限公司	电子信息
乌鲁木齐枫华集信电子科技有限公司	电子信息
新疆联创电子商务有限公司	电子信息
新疆中亚万方电子商务有限公司	电子信息
新疆澳新地理信息技术有限公司	电子信息
新疆博宏汇信电子科技有限公司	电子信息
新疆华德软件科技有限公司	电子信息
新疆连银信息技术服务有限公司	电子信息
新疆卡萨卡信息科技有限公司	电子信息
新疆安科瑞网络科技有限公司	电子信息
乌鲁木齐富润东方生物科技有限公司	生物医药
新疆康丽佳芳香产业开发有限公司	生物医药
乌鲁木齐芳之源生物科技开发有限公司	生物医药
新疆富源天成科技有限公司	生物医药
乌鲁木齐葵恩希巴生物科技有限公司	生物医药
新疆金世康药业有限公司	生物医药
新疆阿尔森生物科技有限公司	生物医药
新疆英派生物科技开发有限公司	生物医药
新疆靖远生物科技有限公司	生物医药
新疆慧光创新科技开发有限公司	生物医药
新疆德瑞生物科技有限公司	生物医药
乌鲁木齐晨阳玛咖生物科技开发有限公司	生物医药
新疆赛晗生物科技开发有限公司	生物医药
新疆德华生态科技有限公司	新材料
乌鲁木齐中汇国豪生物科技有限公司	新材料
乌鲁木齐意祥鑫光电科技有限公司	新能源环保
新疆神木环保新材料科技有限公司	新能源环保
新疆立兴源生态环保科技有限公司	新能源环保
新疆华晶光电科技有限公司	新能源环保
新疆协领汇科科技有限责任公司	新能源环保
新疆克罗兰科技开发有限公司	建筑制造
新疆尔雅机械设备有限公司	建筑制造
新疆路赛科技开发有限公司	建筑制造

园区联系方式

地　址：乌鲁木齐天津南路682号
邮　编：830011
电　话：86-991-3651366
传　真：86-991-3671733
邮　箱：wlmqlxrycyy@163.com
网　址：www.xjidi.org.cn

第四部分

人物篇

鲍海明

宁波泰来环保科技有限公司董事长。清华大学毕业后，曾在国家环保总局工作8年；后获得加拿大约克大学环境管理学院奖学金，前往攻读企业与环境管理专业硕士。在加拿大期间，个人创办一家环境技术公司，主要从事对中国和加拿大在环境技术领域的交流与新技术跟踪。回国后，曾受聘于杉杉集团任杉杉环保发展有限公司总经理。2005年9月，创办宁波泰来环保科技有限公司，任董事长。公司在成立后迅速发展壮大，目前已成为集环保技术开发、工程设计、施工、设备安装调试及运营服务于一体的高新技术企业，在市政粪便处理、村镇生活污水处理、水循环生态公厕、河道治理、有机废弃物处理等方面已建立了自己独特的工程技术优势。公司拥有多项国家专利，并获得浙江省环境污染治理工程总承包资质、省环境污染防治工程专项设计资质和建筑业企业市政公用工程总承包资质、环保工程专业承包施工资质以及国家环境设施运营资质。2009年，公司合同金额达3500万元，成为宁波地区城镇环境工程服务市场的领跑者。2010年，入选第四批中央引进海外高层次人才“千人计划”和“浙江省海外高层次人才引进计划”。

蔡　蔚

精进电动科技（北京）有限公司首席技术官。精进电动科技（北京）有限公司首席技术官。1976年8月至1978年9月，在山东省乳山市午极医院从事医务工作；1978年10月至1985年11月，获哈尔滨电工学院工学学士和硕士学位；1985至1994年，任哈尔滨电工学院电机系助教、讲师、副教授，主任；1994至1995年，作为美国威斯康星（麦迪逊）大学访问教授；1995至1996年，作为瑞士苏黎世联邦工学院电机所高级科学家及访问教授；1997至1999年，在美国克拉克森大学从事电机的振动与噪音研究，获电气与计算机工程博士学位。1999至2008年，任美国雷米国际公司混合动力技术总监兼总工程师，主持了世界各大汽车公司在北美采购的所有批量生产的混合动力汽车驱动用电机的设计、制造，并因此获得了《美国汽车新闻》授予的2008年世界汽车供应商杰出创新贡献奖（PACE奖）。2008年回国，与合伙人北京市朝阳区望京科技园共同创办精进电动科技（北京）有限公司，任首席技术官；2009年起兼任精进百思特电动（上海）有限公司总经理。并担任国家自然科学基金委员会电工学科专家评委、上海市经信委重大专项专家评委、上海市新能源汽车高新技术产业化特聘专家、上海汽车集团股份有限公司新能源汽车高级顾问、山东省临沂市政府新世纪能源研究所副所长等社会职务。公司瞄准国际先进指标进行研发和产业化，在短时间内填补了我国高强化驱动电机的空白，成为许多著名汽车厂商新能源汽车电机系统的一级供应商，并承担国家“863”重大项目“节能与新能源汽车用电机系统产业化集成技术研究”。 2010年，个人入选第四批中央引进海外高层次人才“千人计划”和北京市“海聚工程”，以及中关村“高聚工程”，并获得“北京市特聘专家”等荣誉称号。

曾朝煌

高拓讯达（北京）科技有限公司董事长兼总裁。1970年出生，福建莆田人。1996年获清华大学电子工程学士学位；2001年获美国斯坦福大学电子工程博士学位。在美国期间，曾就职于Atheros通信公司，担任无线局域网芯片的核心系统架构师，主持研发的系列芯片上市至今销售已超过1亿片；后合伙融资2000万美元创建Amicus无线科技公司，出任系统设计副总裁，带领团队设计了多天线移动WiMax终端芯片；拥有6项美国专利，另有12项专利正在申请，并于2006年获“IEEE突出贡献奖”。2007年4月回国，在清华科技园创办高拓讯达（北京）科技有限公司，任董事长兼总裁。公司主要从事移动和数字电视接收端芯片设计、开发业务，推动中国地面广播数字电视和移动电视市场，核心解调算法具有独特的技术优势，在解决信道中各种前向、后向回波和多普勒效应等难点上处于业界领先地位。个人入选北京市“海聚工程”和中关村“高聚工程”，获得“2008年度中关村优秀创业留学人员”等荣誉称号。2010年，入选第三批中央引进海外高层次人才“千人计划”。

常小迦

江阴艾托金生物技术有限公司总经理兼技术总监。女。毕业于南开大学生物化学专业；上世纪80年代初赴美留学，成为进入美国洛克菲勒大学的第一名中国大陆学生，师从1999年诺贝尔生理学医学奖获得者、著名细胞学专家布洛伯尔教授，并先后获美国洛克菲勒大学细胞生物学博士、哈佛大学博士后学位。毕业后担任ABI蛋白组学部主任，并1992年成为世界上第一个发现一种细胞膜蛋白的基因与白血球引起的疾病有关的人。在担任美国Wyeth制药公司项目经理后，于2004年在美国麻省波士顿马萨诸塞州生物医药创始中心（MBI）的生物技术孵化基地创办了Attogen Inc公司。2007年12月回国，在江苏江阴百桥国际生物孵化园创办江阴艾托金生物技术有限公司，任总经理兼技术总监。公司成立以来致力于开发对癌症病人预后及个性化治疗方面具有很高价值的、新颖的、有特殊功能的生物标志，目前已注册并拥有关于生物标志检测技术和验证癌症指标用的两个诊断生物标志专利，同时与北京医科大学肿瘤医学院、北京海军总医院、郑州大学等国内大型科研机构建立了良好的合作关系，所开发的检测试剂盒已完成前期的蛋白制备，即将取血样进行临床试验，这一成果在国际生物医药领域处于领先地位。2010年，入选第三批中央引进海外高层次人才“千人计划”。

陈明御

北京市加华博来科技有限公司董事长。1957年12月出生，北京人。1982年1月毕业于华中理工大学（原华中工学院）光学工程系；1985年9月—1988年5月就读于北京理工大学光学工程系；1989年12月—1992年4月在加拿大不列颠哥伦比亚大学电子工程系学习；1992年10月—1997年4月就职Aroura Instrument Ltd., Vancouver,B.C. Canada任电子工程师；1994年4月—1997年9月在 Pthalo System Ltd. Vancouver,B.C. Canada任光学工程师；1997年12月在加拿大创办Brighten Optics Ltd.，任总经理。2005年归国后，在北京理工大学创业园创办加华博来科技有限公司，任总经理。公司将北美的高科技成果与中国的生产能力相结合，实现世界高端产品的国产化，在光机电一体化、红外传感器、光电控制等方面有20多项国内外技术专利，其中部分已形成合资公司及技术转让成果，填补了国内相关技术领域空白。个人获“2008年度中关村优秀创业留学人员”荣誉称号。2010年，入选北京市“海聚工程”。

陈　伟

杭州矽力杰半导体技术有限公司总裁。1992年6月获得浙江大学电机系学士学位；1993年至1998年就读于美国弗吉尼亚理工及州立大学，并获得该大学电气工程硕士和博士学位。2008年2月，在美国创立了Silergy Corp.（矽力杰股份有限公司）；同年4月回国，在杭州高新区成立了杭州矽力杰半导体技术有限公司，任总裁。作为美国Silergy Corp.在华创立的全资子公司，杭州矽力杰致力于高功率密度高效率电源芯片的研发，重视专利创新，涉及生产工艺、功率器件、电源拓补、电子电力设计、低功耗控制等各方面，产品广泛应用于消费电子、通讯电子类设备、计算机等领域。目前公司采用业内主流的FABLESS营运方式，通过自主设计、委托生产的方式进行产品生产，通过自有销售渠道或者代理商销售的方式进行市场推广，并为客户提供相关产品应用层面的设计技术服务。2010年，入选第四批中央引进海外高层次人才“千人计划”。

陈锡源

播思通讯技术（北京）有限公司总裁兼CEO。香港人。曾在加拿大从事10余年的软件设计和管理工作，后担任总部在美国硅谷的UT斯达康公司高级副总裁及首席技术官。2007年9月回国，创办播思通讯技术（北京）有限公司，任总裁兼CEO。播思通讯是一家致力于向移动通信产业链各方（包括移动运营商、手机厂商等）提供端到端的软件解决方案的高新技术企业，主要从事移动互联操作平台和应用软件的开发推广，开发出了智能终端基础软件平台OPhone OS、移动微技平台Mobile Widget、云计算平台Big Cloud、移动互联网应用服务Mobee以及各种应用，并且为应用软件开发商构建了基于OPhone OS的开发者论坛，是谷歌/OHA（开放手机联盟）和Symbian Foundation的主要会员。公司在美国、印度等地设有分支机构和研发中心，由包括凯旋创投、金沙江创业投资、清华投资和Norwest Venture Partners在内的多家具有实力的风险基金投资，目前已与包括中国移动、日本软银、英国沃达丰、美国威瑞森等为代表的运营商；以Marvell、高通等为代表的芯片厂商；以联想、HTC、LG电子和摩托罗拉等为代表的终端厂商等许多国内外移动通信领域富有影响力的公司建立了战略合作伙伴关系。2010年，个人入选第四批中央引进海外高层次人才“千人计划”和北京市“海聚工程”。

戴　政

江苏仁源电气有限公司总经理。浙江大学电机工程系本科毕业，日本九州大学电力电子系统工程专业博士。回国前担任日本荏原电产株式会社开发中心开发部部长，长期从事电机可变速驱动系统的理论研究和产品开发工作，在电机驱动装置和新能源并网发电装置的开发应用方面拥有丰富的经验和丰硕的科技成果，在日本申请发明专利20多项，发表论文30余篇，曾长期担任日本产业情报专业技术委员会委员；回国后已申请发明专利7项，实用新型4项。2008年6月回国，在无锡创建江苏仁源电气有限公司，任总经理。公司专门从事电机驱动先进技术和新能源发电装备的研究开发和生产制造，基于自主独创的无需电机参数的无位置传感器电机驱动矢量控制技术，目前已经成功开发出具有世界先进水平的直流变频空调压缩机驱动产品和水泵用变频调速装置。个人入选“江苏省高层次创新创业人才引进计划”和，获得无锡市“530计划”。2010年，入选第四批中央引进海外高层次人才“千人计划”。

丁辉文

上海易狄欧电子科技有限公司董事长。北京大学化学系毕业，赴美国留学先后获加州大学Irvine分校化学硕士学位和内华达州立大学拉斯维加斯分校MBA学位。曾任Flashcomm全球营销副总裁、美国科利登系统公司的中国区商务总监、Deutsch Research Inc.销售工程师、北京华光科技集团的销售产品经理、国际半导体设备及材料协会（SEMICON）中国区总裁。2009年3月，创办上海易狄欧电子科技有限公司，任董事长。公司主要从事电子书产品的研发和生产，“易狄欧E600”阅读器被新闻出版总署选为参展品参加“辉煌60周年成就展”，并与新华传媒股份有限公司携手合作，共同投资成立全新的数字内容出版、发行平台公司，第一款基于电子墨水技术的“亦墨”阅读器也在近期面市。2010年，个人入选第三批中央引进海外高层次人才“千人计划”。

方沛宇

北京华科力扬科技有限公司董事长兼CEO。1987年北京大学力学系毕业，后分配到大连工业大学担任助教；1990年获日本政府文部省奖学金赴日留学，在琉球大学获硕士学位；1993年任东芝株式会社的系统工程师；1996年4月，在东京大学攻读博士学位，同时独立从事软件设计和开发，并于同年在中国长春设立对日软件开发基地。2000年4月，在东京创立力扬株式会社，任董事长。2003年3月回国，创办北京华科力扬科技有限公司，任董事长兼CEO。公司以前沿通讯技术研究为核心，提供Wi-Fi终端设备和相关软件系统的研发、生产、销售的中日合资高新技术企业，2006年2月成功研发出了全球首款支持IPv6的无线可视VOIP手机，同年4月通过了国际IPv6协会的标识认证和欧洲ETSI协会的测试认证，业务范围遍及至美国、日本、韩国、加拿大、法国、新加坡等20多个国家和地区。个人入选北京市“海聚工程”和中关村“高聚工程”，获得“中关村优秀归国留学人员”等荣誉称号。2010年，入选第三批中央引进海外高层次人才“千人计划”。

傅登原

芯晟（北京）科技有限公司董事长兼CEO。北京人。1978年进入清华大学学习；1983年在美国亚利桑那大学攻读研究生。1985年开始，在美国DEC公司从事8年高速CPU的设计工作；1993年在美国硅谷创立HOTRAIL公司，其开发的超高速芯片互联及交换技术，已在全世界网络通讯、高性能计算机等领域得到广泛应用，该公司2000年该公司被CONEXANT公司购并，为投资者带来超过数亿美金的回报；2000至2004年，傅登原任前美国CONEXANT公司高级技术副总裁，带领近千人的技术团队。2004年回国，创立芯晟（北京）科技有限公司，任董事长兼CEO，同时担任WOODSIDE FUND投资技术顾问。公司致力于混合信号及电源管理芯片的设计，尤其在模拟及电源管理芯片领域具有国际领先水平，产品可广泛应用于移动电话、DVD、笔记本电脑、LCD电视和显示器、数码相机、音响、汽车设备等。2010年，个人入选北京市“海聚工程”。

高 潮

贵州天骄高技术有限责任公司总裁。美籍华人，祖籍贵州。1982年赴美留学，获得美国弗吉尼亚理工学院固体物理专业博士。1988至1993年，在美国弗吉尼亚大学材料科学和工程专业从事博士后工作，2003年荣获美国国会杰出年度创业奖。2007年至今被美国国防部聘为N07051项目首席科学家，并任美国KooSur Technologies公司董事长、总裁。2009年9月，入股创办贵州天骄高技术有限责任公司，任总裁。公司长期专注于计算机应用技术、电子技术、互联网信息获取技术服务、机电技术节能产品等领域，现为研发、生产、销售、服务为一体的用户级节能平台提供商。2010年，个人入选第四批中央引进海外高层次人才“千人计划”。

顾共恩

奥普斯技术（武汉）有限公司总裁。1982 年毕业于南京理工大学，获得物理学学士学位；1984 年赴美国留学创业并获得美国南卡理工学院物理学硕士，及美国康乃狄克州立大学光电子学硕士学位及博士资格。1990 年至1993 年期间，在知名跨国公司夏普能激光公司（Sharplan Laser）、相干激光公司（CoherentLaser）、贺利氏光学公司（Heraeus）担任高级研发工程师、研发总监以及工程技术总监等高级职务，在激光与光电子行业内有近 30 年的世界级先进技术的工程研发及应用、市场开拓与经营管理的卓越成就，在国际顶级期刊发表过10多篇专业论文，获得近 20 项美国专利。2005年，创办奥普斯技术（武汉）有限公司，任总裁。公司是国内专业的精密光学电子制造商，主要从事光无源器件，光通信子系统以及光通信仪表的研究、开发、生产、销售和技术服务，在武汉·中国“光谷”拥有占地100亩的产业园基地，近万平方米标准化的厂房。2010年，个人入选第四批国家引进海外高层次人才“千人计划”。

顾泰来

江苏先联信息系统有限公司总经理。美籍华人。美国亚利桑那大学计算机工程博士。在美国从事软件开发工作18年，率先用多维矩阵实现了多光源复杂三维影像动态高速还原算法在计算机上的应用，使动态三维动画得以真正实现。1999至2006年，任全球知名医疗软件公司Misys公司总工程师，主导核心研发工作。在该专业领域发表了多篇有影响力的研究论文，获得多项荣誉，其研究成果为美国30%以上大中型医院广泛使用，得到医院系统高度评价。2006年10月回国，创办江苏先联信息系统有限公司，任总经理。公司作为集产品研发、策略咨询、解决方案于一体的医疗信息管理软件供应商，以电子病历集成整合系统、电子健康档案系统为依托，致力于医疗行业信息化建设，在系统集成整合、标准化实施方面表现尤为出色，处于行业内领先水平。目前，多套系统已在江苏省人民医院集团、南京鼓楼医院、南京市胸科医院、南京脑科医院、徐州医学院附属医院、盐城市妇幼保健院、昆山市十七家医院等多家国内知名医疗机构得到应用，并受到一致好评。产品曾多次荣获省市科技进步奖、优秀软件产品奖，并先后参与承担国家“十一五”计划重大项目、省市科技计划项目10余项，并获得国家科技型企业技术创新基金支持。个人入选“江苏省高层次创新创业人才引进计划”。2010年，入选第四批中央引进海外高层次人才“千人计划”。

关鸿亮

北京天下图数据技术有限公司董事长兼总经理。1992年毕业于武汉大学；2001年获日本东京大学硕士学位；2010年7月获首都师范大学博士学位。2006年7月，创办北京天下图数据技术有限公司，任董事长兼总经理。公司是由中国四维测绘技术总公司下属四维航空遥感有限公司等股东共同发起成立的一家国家高新技术与软件企业，作为中国航空遥感数据源产品与数据内容服务的领导者，具有专业化摄影测量、无人机测绘等航空影像获取技术和世界领先的遥感影像数据处理能力。2010年1月，北京天下图获得国家创业风险投资注资，国投高科技投资有限公司成为北京天下图股东之一。同年，增资控股中航四维（北京）航空遥感技术有限公司、并购北京海澄华图科技有限公司，并首次独家引进国际领先的倾斜摄影技术，大大丰富了公司的产品和服务内容，业务涵盖航空摄影、航天及航空数据处理、数据服务与应用等，目前，已经发展成为拥有4家控股子公司的业内知名集团企业。2010年，个人入选北京市“海聚工程”。

郭方准

大连齐维科技发展有限公司董事长。1993年毕业于大连大学物理系；1997年获日本大阪教育大学硕士学位；2000年获日本大阪市立大学理学博士学位。从2002年开始参加日本国家纳米科技工程的先端研究，是日本同步辐射光科学研究中心成立以来的首位中国人永久研究员。共发表各种国际论文200余篇，出版科学著作2本；2003年获得纳米科技国际会议青年科学家奖；2008年获得日本年度科技领域最高奖“文部科学大臣奖”。2008年6月回国，创办了大连齐维科技发展有限公司，任董事长。并被聘为中科院“百人计划”研究员，担任“表面量子构造动力学和同步辐射应用”知识创新课题组组长；同时担任中科院大连化物所研究员、硕士生导师，“表面量子构造动力学和同步辐射应用”课题组组长。齐维科技公司凭借广泛的国际合作渠道和坚实的科研基础，致力于研发生产包括各种直线、旋转驱动机构，二维至六维位移台等超高真空产品，其中超高真空驱动器和位移台性能优异，可以达到10-11Torr的超高真空，不仅全面供应中科院和包括清华大学在内的各大院校，也实现了对欧洲、美国和日本等10余个国家的出口。2010年，入选第三批中央引进海外高层次人才“千人计划”。

郭旻彤

北京伊斯康科技有限公司总经理。1991年获北京大学药学院药学学士学位；1994年获北京大学药学院药学硕士学位；1994年7月至1997年7月，任北京大学药学院助教；1997年9月至2002年3月，在美国马里兰大学学习，获药学博士学位。由于博士期间的优异表现，2001年被Rho-Chi药学荣誉协会接纳为会员。在药学领域学习和工作近20年，一直从事缓释、控释制剂和新型制剂的研究，在国际著名药学期刊、国内核心期刊和国际大型会议上发表论文17篇。曾任美国诺华公司（Novartis）制剂研发部高级研究员，负责缓释制剂和控释制剂研究和产品开发，药物制剂体内体外相关性及药物制剂生物利用度和其它新型制剂的研究，开发的产品12个，申报9项美国专利，其中6项获得授权，其中1项专利已在中国、日本和俄罗斯及欧洲多国申报。2007年，创建北京伊斯康科技有限公司，任总经理。公司目前与国内医药企业、研究机构合作，共同开发新型缓、控释制剂，所承担的国家十一五“重大新药创制”专项“抗肝炎一类化药双环醇片的生产工艺、控释制剂及相关作用机制的研究”已经进入到中试期的研究，即将完成中试放大实验。2010年，入选第三批中央引进海外高层次人才“千人计划”和北京市“海聚工程”。

韩蓝青

赛业（广州）生物科技有限公司董事长兼总经理。1988年获得清华大学学士学位，后在日本三洋电气北京分公司负责电子设计，主导开发并参与推广了LED点阵显示系统和信号数据采集系统、工业控制器等产品。1995年创建技术型玩具公司Witcrafts，其专利产品空中悬浮车广销欧美和日本。1999年受聘于法国电讯公司阿尔卡特加拿大分公司，从事硬件设计与项目管理，先后任设计组长、部门经理和项目管理部经理，在5年中参与和领导了多个项目，其中包括当时世界上容量最大、速度最快的Internet骨干网交换机RSP7670核心部分的开发。1996至1998年，在加拿大麦吉尔大学电子工程与计算机科学系学习并获工程硕士学位；1997年在麻省理工学院作为访问学者研习一年，在学习课程之外进行了新型生物共聚焦显微镜的研究，从而开始对生物技术及应用产生浓厚兴趣，在此后的数年里，潜心研究生物科技产业最新科技发展、市场信息和产业动向，与国内外生命科学学术界与企业界广泛接触，建立了丰富的科研和商业网络；2005年，加拿大女王大学商学院MBA毕业。2006年回国，创办赛业（广州）生物科技有限公司，任董事长兼总经理，并担任广州生物技术外包服务联盟理事。公司2008年起正式进入商业运行，目前已有百余种科研用干细胞及相关产品面市，并为国内外客户开展干细胞、基因构建和转基因动物的研发服务，已成为全球最大的科研干细胞供应商及国内最大的转基因模式动物商业服务平台。2010年，个人入选第三批中央引进海外高层次人才“千人计划”。

韩小逸

上海舜宇海逸光电技术有限公司CEO。美国留学生。2008年回国，在张江高科技园区协同创办由舜宇集团有限公司提供资金，亿富科技集团有限公司提供技术成立的上海舜宇海逸光电技术有限公司，任CEO。作为典型的优秀民营企业和海外归国高科技团队携手打造的创新企业，公司专门从事光电传感器和测量系统的研究开发、生产和销售，在短短两年内，已拥有5项发明专利，产品应用领域涵盖电力产业、石油化工、交通运输等多个领域。目前核心产品是具有自主知识产权的新一代光电传（互）感器，其达到了国际领先水平，主要用于高压输配电网中电流电压的测量，用于替代耗材耗能较大的传统电流互感器，有着小巧轻便，节约金属材料，检修成本低，安全稳定等特点，是国家重点鼓励开发的数字化输配电网中重要的组成部分，有着十分广泛的市场前景和社会效应。2010年，入选第三批中央引进海外高层次人才“千人计划”。

何宏昌

常州宇之爱遥感技术有限公司董事长。1960年4月出生。1993年毕业于瑞士弗里堡大学遥感及地理信息系统专业，博士研究生。曾担任美国海洋遥感公司研究员、加拿大国家遥感中心博士后研究员等职，期间主持了7项美国和加拿大国家科研基金项目。2007年7月，率创业团队在武进高新区创办了常州宇之爱遥感技术有限公司，任董事长。公司产品以雷达卫星影像处理平台和蓝藻水华监测及预警系统为主，同时提供遥感技术和地理信息系统在环境监测、城市规划、自然灾害预警、自然资源管理及国家安全等领域的技术咨询服务。成立仅半个月，就成功推出蓝藻预警系统，并申报了江苏省太湖水污染治理科技专项；此外与中国地震局和瑞士弗里堡大学等联合承担了欧洲空间局资助的“龙计划”项目“基于SAR干涉技术的地壳变化研究及地震灾害评估”、承接了“十一五”国家科技支撑计划项目“海洋友好型高效捕捞技术研究与开发”、长三角区域三年发展规划项目“长三角地区海洋环境灾害技术研发和预警体系建设研究”。2008年，公司成功研制了“雷达卫星影像处理平台”，是世界上第一个功能全面的专业雷达卫星影像处理软件平台，不仅填补了国内空白，而且达到国际领先水平，该项目被列为2008年常州市重点科技发展计划项目、武进区科技发展计划项目，并获得常州市科技型中小企业技术创新基金365万元资助。2010年，个人入选第四批中央引进海外高层次人才“千人计划”。

洪耀良

苏州膜华材料科技有限公司董事长。江苏吴江人。清华大学硕士、美国明尼苏达大学高分子材料博士。是中国第一批接触高分子膜材料以及相关技术并进行研究的高科技人才，曾加盟美国国际纸业公司研究中心，从事纳米和微米技术及材料科学应用（特种涂层）方面的研究工作，领导开发的新产品实现销售累计超过10亿美元，并申报了10 项专利，其中2 项已获批准。2007年8月回国，创办北京膜华科技有限公司，主要进行膜产品和技术的研发和中试。2008年，成立苏州膜华材料科技有限公司，任董事长。公司由深圳朗润投资有限公司风险投资4000万元，致力于完成膜材料、膜功能设施的产业化及膜技术的深度应用的研究开发和产业化。个人入选“江苏省高层次创新创业人才引进计划”，获得“苏州市创新创业领军人才”、“北京市第四届留学人员创新创业特别贡献奖”等荣誉奖励。2010年，入选第四批中央引进海外高层次人才“千人计划”。

侯东明

北京中孵友信医药科技有限公司董事长。1985年获河北医科大学医学学士学位；1993年获河北医科大学医学硕士学位；1996年获北京医科大学博士学位；1996年至2001年分别在德国海德堡大学细胞生物系和美国印第安纳大学心血管系进行博士后研究。2003年获世界华人（台湾）医学会论文第一名，同年与Keith•L•March博士一同被美国著名的《未来医学杂志》誉为心血管支架领域的开拓者；2007年在美国华盛顿召开的国际血管治疗会议上获得最佳论文摘要奖；共在国外多家著名专业刊物发表文章61篇，出版过2部合作专著，在心血管科研领域有较大知名度和影响。2005年回国，创办北京中孵友信医药科技有限公司，任董事长。并担任美国印第安纳大学心血管系科学家、美国心血管研究所高级科学家、血管支架课题组负责人、美国心脏学会理事会理事、美国循环杂志特约审稿人等社会职务。公司专业从事国际领先的血管组织工程支架的研发，在国际上率先开展细胞涂层支架的研发、开创内膜友好型血管支架的新领域，消除现有支架植入人体后引起的再狭窄及血栓形成等问题。2010年，个人入选第四批中央引进海外高层次人才“千人计划”和北京市“海聚工程”，并获得“北京市特聘专家”荣誉称号。

黄　岚

无锡麦涛岚华生物技术有限公司董事长。女，上海人。1988年被保送进入复旦大学生命科学院生物系就读，1991年赴美国留学，先后就读于美国劳伦斯大学和美国加州大学伯克利分校，获化学和生物双博士学位。1997年进入加州大学伯克利分校实验室进行研究工作。2003年在美国开始创业生涯，先后创立了BeyondMLGroups和YolareDermaceuticals两家公司，为大型医药公司提供技术咨询并将蛋白质产品应用于皮肤修复，期间申请了3项美国专利。2007年12月回国，创立无锡麦涛岚华生物技术有限公司，任董事长兼CEO。公司致力于建立一个基于蛋白质机构科学和计算机模拟蛋白质序列设计的生物技术（多肽/蛋白质）新药开发平台，主要治疗癌症及其与免疫系统相关的疾病，目前已经完成了自主研发的I类抗癌新药MTLH001前期研究工作，同时开展了第二个I类新药TGFβ受体抑制剂MTLH002的研究。个人入选 “江苏省高层次创新创业人才引进计划”和无锡“530计划”，并担任江苏省青联委员。2010年，入选第三批中央引进海外高层次人才“千人计划”。

黄明贤

郑州英诺高科有限公司董事长。1963年6月出生，河南人。1983年毕业于湖南大学，获分析化学学士学位；1986年，获中国科学院大连化学物理研究所分析化学硕士学位，1992年，毕业于美国杨伯翰大学（Brigham Young University），获分析化学专业博士学位；1993年在美国印第安那大学从事博士后研究。曾先后担任中国科学院大连化学物理研究所助理研究员、美国Supelco公司助理研究员、Air Products and Chemicals公司（世界财富500强之一）首席研究者、AVIVA Biosciences公司化学高级主任、博奥生物有限公司（生物芯片北京国家工程研究中心）化学领域首席科学家。2004年归国，创办郑州英诺高科有限公司，任董事长。公司致力于研发和引进在蛋白质组学研究、化学药物和生物分子分离分析、化学及生物微纳米材料表面修饰等领域中广泛应用的技术和产品，形成了技术创新、产品研发和生产、产品代理和分析检测及相关技术服务的完备体系，产品销售已遍及全国。2010年，个人入选第三批国家引进海外高层次人才“千人计划”。

黄正宇

北京蔚蓝仕科技有限公司总裁兼技术总监。上海人。1999年，毕业于清华大学精密仪器系；2000年8月，赴美国弗吉尼亚理工大学留学；2005年12月，获得电子工程系光博士学位。曾任美国弗吉尼亚理工大学电子工程系光电子中心研究助理，美国Sabeus公司首席光学专家。是美国油田井下光纤传感行业的专家，在光学传感行业有十年以上的学术和研发经验。2007年8月回国，创办北京蔚蓝仕科技有限公司，任总裁兼技术总监。公司引入杭州海泰丰盈风险投资及天使投资共500万元人民币，主要从事井下光纤传感系统研发，为石化消防、电力能源、油气开采、钢铁冶金等行业提供相关解决方案，其中Hermes系列“永久式井下光纤温度压力监测系统”是目前国际上最先进的油田传感系统。公司拥有多项光纤传感的自主核心技术，申请专利11项，其中4项具有世界领先性，同时承担了国家十一五科技重大科技专项子课题“智能完井关键技术研究”。个人入选北京市“海聚工程”、中关村“高聚工程”。2010年，入选第三批中央引进海外高层次人才“千人计划”。

蒋亚洪

北京六维时代网络技术有限公司总裁。江苏无锡人。1983至1987年，任南京大学助教；后赴美留学， 1993年获得美国西北大学博士学位。曾在美国海军Naval Medical Research Institute、美国EME、Deltek Systems、Teligent、Eastman Koda、GymAmerica.com等公司任资深软件工程师和资深架构设计师等职位；1997年创办美国《新世界时报》，任社长；2001年创办美龙网（USDragon.com），任总裁。并曾担任美国华人创业者协会创始会长、全美中文学校协会副会长、美中工商会副理事长、玉山科技协会理事、美国华盛顿华人专业团体联合会常务理事等社会职务。在美期间曾多次受中国政府邀请，回国访问考察，包括参加1999年国庆50周年庆祝典礼；在1997年10月江泽民主席访问美国、1999年4月朱容基总理访问美国、2002年5月胡锦涛副主席访问美国，均受到接见；2001年8月，作为亚裔社区杰出代表，在白宫受到美国总统布什接见。2007年2月回国，在中关村国际孵化园创办北京六维时代网络技术有限公司，任总裁。并担任北京民营科技企业家协会副监事长等社会职务。公司通过搭建优讯网（www.UUWatch.com）平台，提供电视、报刊和网络的全媒体舆情监测服务，是北京市政府指定采购的自主创新产品。2010年，个人入选第四批中央引进海外高层次人才“千人计划”和北京市“海聚工程”。

景建平

苏州凯蒂亚半导体制造设备有限公司总经理。江苏苏州人。1992年赴日本留学，获日本芝浦电气工学科硕士学位、东京工业大学工学博士学位。主要从事半导体制造设备、智能机器人、视觉机器以及模糊数理科技领的研究，曾在国际学术刊物上发表多篇学术论文，并在国际学术会议上获得最优秀论文奖。回国前曾在日本著名的半导体制造设备公司担任系统工程师、首席工程师等重要技术职务，后任日本株式会社KTI代表取缔役社长。2007年7月回国，创办苏州凯蒂亚半导体制造设备有限公司，任总经理。公司主要从事制造平板显示器、半导体、电池等产业制造用自动化、智能化工业制造装备的研发、设计、制造。提供整体的现代工厂所需制造工艺、技术、方案规划以及全方位的技术服务，同时解决了高精度、高自动化检测和系统控制三大难题，推出的了国内唯一的全自动COG（玻载芯片技术）生产线，开发制造的多种平板显示器制造装备填补了国内空白，技术水平达到国际领先。个人获得“2008年苏州市工业园区科技领军人才”等荣誉称号。2010年，入选第三批中央引进海外高层次人才“千人计划”。

居金良

上海仁度生物科技有限公司董事长。美籍华人。上世纪80年代出国留学，后在海外从事多年RNA研发工作，其研发的SAT分子诊断技术在国际范围内的RNA诊断技术领域独具特色。后回国在上海张江医疗产业园创办上海仁度生物科技有限公司，任董事长。公司是一家拥有核酸诊断技术自主知识产权的高科技企业，致力于开发、推广以实时荧光核酸恒温扩增检测技术（SAT技术）为基础的核酸诊断产品，有着从样品处理到核酸扩增检测及自动化配套仪器的一整套核心技术，并在美国加州圣地亚哥设立了研发中心，利用美国加州完善的生物产业链，专注于新产品的前期研发和主要原材料的研究与供应，目前已经成功申报并即将取得4项中国专利和2项美国专利。2010年，个人入选第三批中央引进海外高层次人才“千人计划”。

黎志良

中美奥达生物技术（北京）有限公司董事长兼CEO。1964年4月出生，广州人。1985年获中山大学生物化学学士学位，并进入中山大学和中国疾病控制中心的联合培养项目，师从“中国干扰素之父”、国家“863”计划生物领域首席科学家侯云德院士；1988年获中山大学生物化学硕士学位；毕业后在广州白云山制药厂工作；1990年赴南加州大学美国深造学习，就读博士期间被美国南加州大学招为博士后，负责管理由美国NIH资助的、研究艾滋病最新诊断方法的全美七个中心实验室之一，为艾滋病病毒的有效治疗做出了贡献，2002年获美国密执根大学MBA。后在美国罗氏制药厂、美国越洋药业、沃尔沃林顾问等公司，任资深科学家、项目经理，发表了十余篇高水平的论文，其主导开发的分子诊断仪是国际上第一个定量诊断病毒的全自动仪器。2006年6月回国，创办中美奥达生物技术（北京）有限公司，任董事长兼CEO。并担任北京师范大学MBA客座研究员、生物芯片上海国家工程研究中心特聘教授、中国病毒生物技术国家工程研究中心副主任等社会职务。公司在海内外成功融资超过1亿美元，创立了我国第一个生物药物合同生产基地，打造我国第一批符合美欧标准的、亚洲最大规模的生物新药开发和放大生产线，先后承担了国家“863”计划项目、北京市科委科技计划重大项目、卫生部“艾滋病和病毒性肝炎等重大传染病防治”科技重大专项“十一五”课题等重大课题的研究。个人入选北京市“海聚工程”、中关村“高聚工程”，获得“中关村优秀创业留学人员”等多项荣誉称号。2010年，入选第三批中央引进海外高层次人才“千人计划”。

李　波

肇庆中导光电设备有限公司总裁。留美博士。曾任世界最大的半导体检测设备公司美国科天公司的高级工程师和高级经理，参与并领导公司多项核心产品的研发和生产，包括世界第一代暗场结构晶圆检测设备、世界用量最大的高级暗场结构晶圆检测设备和暗场非结构晶圆检测设备等。2006年11月回国，创办肇庆中导光电设备有限公司，任总裁。公司主要从事高端大型光电设备的研发和制造生产，产品用于平板显示（FPD）和光伏（PV）工业，拥有国内外科技发明专利和软件著作权20余项，已开发、生产和销售出FPD和PV工业设备产品10余种。同时， FPD检测设备已形成完整系列，覆盖FPD生产流程的所有环节，为世界“五强”中的大部分和全部国内厂家所采用；PV检测设备则已覆盖PV生产流程的主要环节，产品进入国内10余家主要客户生产线。几年来，公司产值每年以3至5倍的速度增长，于2010年全面实现盈利，2011年可望达数亿人民币。2010年，个人入选第三批中央引进海外高层次人才“千人计划”。

李朝阳

四川飞阳科技有限公司总裁。1990年在美国加州大学伯克利分校留学，获博士学位。毕业后，进入硅谷从事半导体研发。2005年回国，创办四川飞阳科技有限公司，任总裁。公司致力于以PLC平面波导技术为核心的大规模研发、生产和销售，拥有自己的PLC专利技术，主要产品包括PLC光分路器芯片(Splitter Chip)、BOSA、TOSA、WDM PON、Single PD、VOA、WINC等相关产品，是国内光通讯器件业芯片的重要供应商。2010年，个人入选第三批中央引进海外高层次人才“千人计划”。

李　革

天津药明康德新药开发有限公司董事长兼总裁。北京人。1989年毕业于北京大学化学系；1993年毕业于美国哥伦比亚大学，获有机化学硕士和博士学位。在攻读博士期间，与导师克拉克•蒂尔教授等一起发明了“标记的组合化学技术”，获得美国专利。1993年，在美国创立Pharmacopeia生化公司，1995年公司成功在纳斯达克上市；2000至2001年，作为组合化学、药物化学领域资深的化学专家入选《美国名人录》。2001年初回国，在上海创立药明康德新药开发有限公司，任董事长；后成立无锡和天津药明康德新药开发有限公司，任董事长兼总裁。公司凭借先进技术服务平台，已为海外大型制药公司提供优质药物前体和药物化学服务项目近百个，先后与包括默克、辉瑞、先灵葆雅等40多家国际一流的制药“巨头”和生物技术公司建立了长期稳定的业务关系，同时抢占国内“一类新药”研发制高点，取得科技成果8项，探索出了一条以服务带动产品的新药开发之路。2007年8月9日，药明康德（PharmaTech）在纽交所成功上市。2010年，个人入选第四批中央引进海外高层次人才“千人计划”。

李光辉

浙江瑞普环境技术有限公司董事长。加拿大留学生。在加拿大期间曾创立UPW Consulting, Inc并任总裁，主要从事水处理领域的技术咨询并提供项目解决方案。2007回国，在湖州科创园创办了湖州瑞普环境技术有限公司，任董事长。近年来该公司开发的有机吸附剂，克服了传统吸附材料吸附能力低、易污堵的问题，对有机污染物，特别是油类污染物的吸附能力大大提高，而且对污水中的重金属离子、某些色度的去除也有很好的吸附作用，在石油、石化、钢铁、化工等领域具有广阔的应用前景，填补了国内空白，技术处于国际先进水平。2010年，入选第四批中央引进海外高层次人才“千人计划”。

李　华

北京鼎盛光华科技有限责任公司董事长。1956年出生，天津人。1981年获天津大学无线电学学士学位；1989年毕业于美国衣阿华大学电子和计算机工程专业，获理学博士学位。在美国创办过多家公司，并担任美国德州理工大学终身教授，美国圣荷西州立大学电子计算机系教授、教研室主任等职务，曾入选美国名人录、世界科学家名人录。2005年回国，创办北京鼎盛光华科技有限责任公司，任董事长。公司集科研开发、产品制造和销售为一体，是北京市政府认定的高新技术企业，在苏州、南京设有子公司，主营业务包括水质实时在线监测系统、3G车载系统以及无线通讯配套产品。其中与中科院遥感科学国家重点实验室合作的基于无线传感器网络的“镇域环境实时长期监测系统项目”，获“十一五”国家重大科技支撑计划支持。个人获得“中关村优秀留学人员”、苏州市“姑苏领军创业创新人才”等荣誉称号。2010年，入选北京市“海聚工程”，并被聘为“北京市特聘专家”。

李　靖

北京盛诺基医药科技有限公司总裁。美国华盛顿大学博士，美国普林斯顿大学博士后，美国哈佛大学助理教授，美国克瑞屯大学教授。曾在美国辉瑞子要公司工作近10年，首次发现并克隆了ERa-36雌激素受体。2006年10月，创办北京盛诺基医药科技有限公司，任总裁。公司与美国的大学和中国的科研机构建立了紧密的合作关系，致力于发现和开发全新的中药有效成分。主要开发治疗雌激素和雌激素受体相关疾病的新药以及新型减肥药物，治疗哮喘和骨质疏松的全新天然化合物。拥有一类新发现的雌激素受体的知识产权，包括4项美国专利和1项中国专利，并建立了以此受体为靶点的新药筛选平台。2010年，个人入选北京市“海聚工程”。

李科奕

无锡睿网科技有限公司董事长。毕业于美国韦恩州立大学、芝加哥大学，获得电机工程、工商管理双硕士学位。2007年回国，在创办无锡睿网科技有限公司，任董事长；2009年，创办德思普科技有限公司。睿网科技是一家专注于提供无线宽带网络产品和无线窄带网络产品解决方案的高科技企业，致力于开发最前沿的无线网络通信技术，以国际先进的无线网状网作为核心的嵌入式网络通信系统技术，并与拥有世界先进技术的传感器企业合作，积极协作无线网状网实际应用系统，如无线传感器网络及其它相关先进技术的研发和应用。公司集研发、销售、技术支持及客户服务为一体，所开发的拥有自主知识产权的MESH（网状网）传感网产品，广泛应用于智能电网、安防监控、工业传感网、道路交通等诸多专业领域。同时与世界五百强企业及美国上市公司展开技术及市场的战略合作，目前已成为国内领先的无线传感整体方案供应商，产品已成规模出口，并在国内开始批量推广应用。2010年，个人入选第三批中央引进海外高层次人才“千人计划”。

李　霖

宁波讯强电子科技有限公司总经理。1961年5月出生。1985年毕业于北京钢铁学院（现北京科技大学），获材料科学与工程工学硕士；1988年赴美国宾尼法尼亚大学学习，获材料科学与工程工学博士学位，期间解决了金属材料在无位错时能够产生大的塑性变形的理论难题。1992年进入美国CARPENTER特种钢公司研发部工作，期间取得了数项欧美专利。2005年回国，创办宁波讯强电子科技有限公司，任总经理。公司专业从事新型声磁防盗标签的研发和生产，“采用软磁偏置片的新型声磁防盗标签”获中国专利和美国专利授权，打破了美国公司对这一高难度产品在世界范围长达20年的垄断，产品已销往20多个国家和地区，现已成为全球声磁防盗市场上的第二大供应商。个人入选“浙江省海外高层次人才引进计划”。2010年，入选第三批中央引进海外高层次人才“千人计划”。

李　琦

北京天奈科技有限公司执行董事兼总经理。1958年1月出生，美籍华人。华东科技大学材料专业学士，北京科技大学材料专业硕士，丹麦哥本哈根大学固态物理专业博士。曾任北京钢铁研究总院工程师、丹麦北欧电缆公司高级工程师，美国超导公司院士及首席科学家。曾领导世界第一个投资1亿美元的高温超导生产线的组建工作，发明专利30余项，发表论文60余篇。2007年成功吸引了4家美国知名风险投资公司的投资，在北京经济技术开发区创办了北京天奈科技有限公司，任总经理。公司目前已建成全球最大的碳纳米管生产线，研发出碳纳米管在锂电池制造领域、航天航空领域的新应用，该成果在美国申请了专利。个人拥有发明专利30余项，发表论文60余篇。2010年，入选第三批中央引进海外高层次人才“千人计划”和北京市“海聚工程”，并获得“北京市政府特聘专家”、“北京经济技术开发区海外高层次人才”等荣誉称号。

李　沁

沁人心彩传媒科技（北京）有限公司董事长。先后就读于中国青年政治学院政治学专业、中国社会科学院研究生院财贸专业和美国哥伦比亚大学新闻学院研究生院广播电视专业。1992至1999年，在《人民日报》从事记者和编辑工作；1994年受委派在上海参与创建该报华东分社并主管浦东报道，期间采写发表200多篇涉及中国政治经济改革与文化方面的新闻与评论，获得数十项全国及地方性新闻奖项。2000至2007年在美国期间，先后担任纽约华尔街《股票屋》财经分析师；美国多元文化传播集团与时代华纳有线电视网联合制作播出的《名人会客室》主持人及制片人，同时担任纽约 WPAT《城市开讲》及改版后的《李沁在线》新闻热线节目主持人。在美国哥伦比亚大学新闻学院研究生院广播电视专业就读时，拍摄的反映几代中国移民在美国生存发展的新闻纪录片《蓝天车站——美国梦》荣获2001年美国电视最高奖“艾美奖”学院奖。2007年9月，创办沁人心彩传媒科技（北京）有限公司，任董事长。公司是中国首家品牌国际推广传播整体解决服务商，提供品牌国际推广和传播所需要的全部产品和全程系统服务解决方案，形成了包括品牌定位、品牌形象、品牌传播、品牌维护、品牌监测、数字媒体营销、受众管理等多元立体品牌塑造和传播模式，打造涵盖传统媒体、电子网络、微博营销、移动终端、广告、公共关系及活动管理等传播增值服务的全方位国际化传播业务服务链条。2010年，个人入选北京市“海聚工程”。

李文保

济南圣鲁金药物技术开发有限公司董事长兼总经理。1990年出国留学，在美国Rice大学和威斯康星大学在化学及生物化学领域进行博士后研究。后在著名的诺华制药公司，作为行业的先驱开始了组合化学技术的开发并率先把该革命性的技术应用到新药研发；而后在ChemRx/DPI制药公司，利用该技术卓有成就地完成了基于100多种结构的5万多种医药化学小分子的合成及多种先导化合物的结构优化。在美国期间积累十几年的医药化学与有机合成经验，并长期领导从事先导化合物的结构优化、筛选、组合化学设计合成，所研究的领域涵盖了抗糖尿病抗肥胖症药物、抗癌药物、抗乙肝、抗炎症药物等的研究，尤其在抗糖尿病抗肥胖症药物开发方面，开发出一系列具有高效低毒的临床前候选化合物，已被诺华药业斥资1.57亿美元收购其进一步开发权并进入临床实验。2007年回国，创办济南圣鲁金药物技术开发有限公司，任董事长兼总经理。公司作为山东省首家专业的药物技术外包公司，致力于抗肿瘤药物领域的新药项目开发，客户遍布美国、加拿大、德国、日本、中国等生物技术和制药企业及科研机构。其中，1项自主新药研发项目已通过国家“十二五”重大新药创制“科技重大专项两轮答辩。2010年，个人入选第四批中央引进海外高层次人才“千人计划”和山东省“万人计划”，以及济南市“5150计划”。

李　溪

江苏环能通环保科技有限公司总经理。1963年8月出生，甘肃省敦煌市人。1996年6月毕业于西北师范大学应用物理系，2002赴美国华盛顿州立大学深造，2005年12月获博士学位。同时在美国太平洋西北国家实验室环境与分子科学研究所担任研究助理，后在美国哈弗大学罗兰研究所从事博士后研究，担任研究科学家，致力于纳米材料合成，环境污染物的多相催化反应和净化机理以及应用技术研究。2009年3月回国，创办江苏环能通环保科技有限公司，任总经理。公司核心产品是拥有自主知识产权的钴酸锂、三元素（NCM523）、尖晶石型锰酸锂等系列正极材料，并致力于打造“国家级锂电池配套产品的生产及研发基地”。个人入选“江苏省高层次创新创业人才引进计划”。 2010年，入选第四批中央引进海外高层次人才“千人计划”。

李小鹏

北京奥源和力生物技术有限公司董事长。1964年11月出生。同济医科大学临床医学专业学士，中国医科大学临床医学专业硕士，瑞典卡罗琳斯卡医学院临床神经学专业博士。拥有20余年的生物医药行业的从业经验，对中小型生物技术企业有丰富的管理经验，对肿瘤基因治疗国内外现状与发展有全面深入的了解。2005年2月回国，在中关村生物医药园创办北京奥源和力生物技术有限公司，任董事长。公司是国内第一家致力于以单纯疱疹病毒为载体的基因治疗创新药物的开发、生产和销售的生物高新技术企业，自2007年起在短时间里融资了2000万元人民币，筹建了高通量测序平台、基因检测平台，成功实施了重组人GM-CSF减毒HSV-1载体肿瘤基因治疗药物项目。2010年，个人入选北京市“海聚工程”。

李政德

苏州澳昆智能机器人技术有限公司董事长。1962年生，江西人。1990年赴澳大利亚留学，获西澳大学机器人与工业自动化博士学位。曾任澳大利亚ZAT自动化技术有限公司董事长，在食品、医疗和制造加工行业共开发出23项智能机器人新技术和产品，曾开发出世界首台矿山隧道安全支护机器人、首套在线智能机器人羊肉清洗加工系统，在海外申报了5项专利。2008年回国，在昆山创办苏州澳昆智能机器人技术有限公司，任董事长。公司主要从事垂直多关节工业机器人、智能小型高速智能机器人及传感器技术系统的研发、生产、维护、销售，目前已申报6项发明专利和2项实用新型专利，开发出全球首款影像识别智能机器人，2009年底销售收入达到1.5亿元。个人入选“江苏省高层次创新创业人才引进计划”和苏州市“姑苏创新创业领军人才计划”。2010年，入选第三批中央引进海外高层次人才“千人计划”。

林叶刚

浙江博尔塑胶有限公司董事长兼总经理。1955年出生，浙江温州人。1977年高考恢复后，考入浙江大学化工系；1982年获得了法国政府奖学金，赴法留学，就读于法国里昂国家应用科学学院；1986年获得法国国家博士学位。此后赴美国在麻省大学化工系高分子流变实验室从事博士后研究。在此期间，在美国高分子大杂志上发表了10多篇文章，并参加了美国一个导弹火药黏结剂研究的项目，这个项目让他取得了在美国的永久居留权。1992年开始，出任美国通用电气公司流变实验室主任，领导改进和发明了一系列业界领先的产品，两次获得公司全球技术奖“Richard Chang Award”。2006年12月回国，创办浙江博尔塑胶有限公司，任董事长兼总经理。公司专业从事工程塑料改性领域的设计开发和生产，已经研发生产成功多项产品填补国内空白，其中有解决了高分子锂电子阻隔膜的技术难题，研发出了汽车专用耐高温尼龙、国内首创的轮胎气嘴专用塑料（塑料代替黄铜）等技术和产品，目前生产能力已达到每年一万吨。2010年，个人入选第三批中央引进海外高层次人才“千人计划”。

刘敬印

苏州快维科技有限公司董事长。1969年7月出生。1998年毕业于天津大学动力机械及工程专业，获博士学位；2004年毕业于美国密西根大学，获EMBA证书。曾经为跨国公司德固萨集团、优美科集团等工作并担任高级管理人员，期间通过对跨国公司的供应链的技术研究和项目实施，把项目内容进行了创造性抽象，形成了具有国际领先水平的移动化集成供应链平台产品。此后还主导了供应链领域的国家创新基金项目，获得15项目软件著作权，4项软件产品。2008年2月回国，创立苏州快维科技有限公司，任董事长。公司凭借在供应链、无线技术和互联网领域的多年研发经验，通过“快维供应链”创造性地将软件技术、物联网技术、移动互联网技术融为一体，运用创新的商业模式，采用集中式的服务呼叫中心， 成为为企业提供移动化集成供应链服务的运营门户平台，客户了包括三一重工集团、夏普公司、上海航空机电有限公司、上海航空发动机有限公司、光明集团、波司登集团等。个人入选“江苏省高层次创新创业人才引进计划”。2010年，入选第四批中央引进海外高层次人才“千人计划”。

刘　明

晶宝利（北京）微电子科技有限公司董事长兼CEO。1982年获北京邮电大学无线电通信学士学位；1985年获北京邮电大学半导体集成电路计算机辅助设计硕士学位；1990年获美国弗吉尼亚大学计算机通信网博士学位；1996年获美国波士顿大学国际商业管理硕士学位。曾任美国Aegeus公司COO、铱星公司副总裁、爱中联国际公司执行总监，以及位于英国伦敦的国际移动卫星组织网络控制管理系统经理，在多家跨国公司和国际组织担任董事长、总裁、运营长、副总裁、执行总监等高级管理职务。2006年3月回国，在中关村科技园区创立晶宝利（北京）微电子科技有限公司，任董事长兼CEO。公司专注于集成电路设计和生产，专长于设计、生产和销售用于高清晰度电视机中的视频、音频处理芯片，拥有可用于高清晰度电视机和数字机顶盒中的多项解码、解调和信号处理技术，包括关键的美国专利技术。个人选北京市“海聚工程”和中关村“高聚工程”，获得“第二届百名华侨华人专业人士杰出创业奖”等荣誉。2010年，入选第三批中央引进海外高层次人才“千人计划”。

刘　箐

兰州慧盟生物科技有限公司总经理。留美博士。2007年回国，在兰州留学人员创业园创办兰州慧盟生物科技有限公司，任总经理。公司是一个集生命科学领域高科技产品研发和技术性国际贸易为一体的高科技生物公司，主要从事动植物医学、人类医学、农残、兽残诊断产品研发，抗肿瘤药物设计，基因治疗药物研发，多肽药物合成、抗衰老保健品开发，同时代理各种国际品牌分子生物学科研设备和试剂，面向西北地区提供生命科学实验和技术服务。公司不仅和兰州大学、兰州生物制品研究所、兰州兽医研究所、中国科学院近代物理研究所等省内科研院所具有良好的合作关系，同时和美国、欧洲的大学、研究所以及国际生物公司积极开展科研成果产业化合作。2010年，个人入选第三批中央引进海外高层次人才“千人计划”。

刘　圣

苏州旭创科技有限公司总经理。1994年毕业于清华大学机械工程系；1997年获中科院自动化所硕士学位；2001年获美国佐治亚理工大学博士学位，期间曾获清华大学最高荣誉“特等奖学金”、北京市高校十大三好学生标兵、中科院院长奖学金、Georgia Institute of Technology Yopp奖学金等荣誉奖励。毕业后曾任美国硅谷Opnext公司产品研发部高级经理，负责10G以太网光通信模块的产品开发，带领团队研发出了世界最早的10G LRM X2产品，并最先获得一流系统公司Cisco的认证。2008年4月，与创业团队一起创立了苏州旭创科技有限公司，任总经理。公司致力于打造立足于中国的最好的高端光通讯模块（10G/40G/100G）设计制造公司，目标是将美国硅谷先进的技术和创新型公司运作经验，与中国优秀的人才和广阔的市场相结合，为高速增长的光通讯产业提供高质量的产品和服务。目前公司产品各项指标均达到国际先进水平，创立至今已连续两年保持1000%的增长速度。2010年，个人入选第四批中央引进海外高层次人才“千人计划”。

刘思健

北京岩田博远科技股份有限公司总经理。哈尔滨工业大学机械制造工业与设备专业学士，日本国立冈山大学机械设计专业硕士，日本国立冈山大学机械设计专业博士。早年在大型钢铁集团工作多年，深切体会到先进技术对企业的重要性。于是东渡日本，留学、工作，在日本知名企业担任总设计师，主持研制了世界最大功率半导体紫外固化设备等多项重大项目。后回国创办北京岩田博远科技股份有限公司，任总经理。公司是专业致力于LED产品研发、生产、销售、服务为一体的高科技企业，产品包括UV-LED紫外固化设备及UV粘结剂、节能型照明产品以及精密光学仪器等。自主研制成功的UV-LED线光源固化机和UV-LED面光源固化机，已使我国成为继日本和美国之后的第三个掌握该技术的国家。2010年，个人入选北京市“海聚工程”。

刘　屹

安徽艾可蓝节能环保科技有限公司董事长。1978年出生。16岁考入浙江大学能源系攻读汽车工程专业；毕业后在天津大学内燃机研究所工作；后赴美留学，仅用4年即取得威斯康星大学麦迪逊分校发动机专业硕士和博士学位，后进入托马斯电磁有限公司先后担任项目经理、研发主管、北美市场（道路车辆）总监职务。2007年回国，与海归团队创办安徽艾可蓝节能环保科技有限公司，任董事长兼总经理。公司专业从事柴油机和汽油机尾气后处理技术研发与产业化，目前具有50万件催化转化器的年产能，是整车制造的一级供应商。2010年，个人以31岁的年龄入选第三批中央引进海外高层次人才“千人计划”，是其中的最年轻者。

刘志翔

深圳市莱科电子技术有限公司总经理兼CEO。1993年毕业于清华大学，1995年赴美留学，获美国Utah大学电子工程硕士学位，美国Webster大学MBA学位。曾就职于美国AMCC和AMI半导体公司，并任旅美科协（CAST）加州圣地亚哥分会会长、中兴通讯ZTE微电子研究院的资深芯片设计顾问，协助组建了中兴通讯手机芯片设计团队，拥有10多年的通讯芯片和手机设计经验。2006年回国，和5位清华大学校友创立深圳市莱科电子技术有限公司，任总经理兼CEO，兼任中科院深圳先进技术研究院客座研究员、深圳大学信息工程学院“集成电路工程”工程硕士培养指导委员会委员兼校外导师、清华企业家协会会员、移动2.0论坛深圳负责人。公司致力于打造“移动终端+互联网”的生活信息服务平台，推出的创新产品在国际国内多次获奖，已申请10多项无线互联网领域发明与实用新型专利。2008年，公司荣获深圳市创新南山“创业之星”十强，2009年获“中国最具投资潜质创新企业”十强、“Nokia全球创新精英挑战赛”新兴市场中国区第一名、“DEMO CHINA创新中国”无线专场高通“QPrize创业计划比赛”八强。2010年，个人入选第三批中央引进海外高层次人才“千人计划”。

逯利军

赛斯特网络科技（南京）有限责任公司董事长兼总裁。清华大学电子工程本科毕业，北京大学应用数学硕士毕业，后赴美国维吉尼亚大学攻读电子工程硕士。硕士毕业后，未继续其学术道路，而是选择了就业，尔后进行创业。2001年，在美国创办了自己的第一家公司，之后不到6年的时间内，与美国风险投资机构合作，从美国联邦、州、郡政府和投资者募集到了近亿美元的资金，先后创立了3家IT领域的高科技公司，涉及领域包括网络语音及视频芯片、网络安全和数据中心网络优化。2007年2月回国，创立赛斯特网络科技（南京）有限责任公司，任董事长兼总裁。公司致力于发展具有自主知识产权的软件及电子信息产业，构建了赛特斯智慧网络平台，业务涉及三网融合、物联网、智能电网、新能源汽车、IT运维等多个领域，拥有多项自主知识产权，且核心技术已在美国申请专利，并已获多项中国国家版权局计算机软件著作权证书和江苏省软件产品认定证书，同时在美国洛克维尔市设有先进技术研发中心，在南京、上海、苏州设有研发中心，并在上海、南京、北京、深圳、厦门等地设立营销及客户服务机构。2010年，个人入选第四批中央引进海外高层次人才“千人计划”。

路志坚

丹阳博昱科技有限公司副总经理。1962年出生，江苏丹阳人。1983年毕业于东南大学，1983至1991年任教于上海同济大学物理系，1995年获美国肯特州立大学博士学位。长期从事液晶显示及有机光学材料的研究和技术开发，先后在美国多家高技术企业担任研发部经理、主管等职务，成功研发了多种用于电子书，电子纸和无功耗显示器的双稳态胆固醇液晶显示技术、柔性双稳态显示技术、用于液晶显示的多功能光学膜技术，承担和主导了美国政府部门和大型企业多项涉及液晶显示、光纤通讯和高密度信息存储等重大研究项目。2008年4月回国，与江苏中亚新材料股份有限公司合资创办丹阳博昱科技有限公司，任副总经理。公司致力于国际领先的“三维微结构光学膜”等技术产品的研发和生产，先后建成600平米的万级净化车间，完成了中试产品的研发与批量生产，通过了LG、Philips、LCD江奎电子的鉴定认证。截至2009年底，共完成投资990万元，2010年将完成规模化产业生产线建设，2011年预计实现销售9600万元、利润总额2800万元。个人入选“江苏省高层次创新创业人才引进计划”、镇江市“331计划”首批资助人才。2010年，入选第三批中央引进海外高层次人才“千人计划”。

穆海东

上海裕隆临床检测中心有限公司总经理。山东人。中科院上海植物生理生化研究所硕士，美国纽约大学生物化学博士、MBA，上海交通大学EMBA。2002年5月回国，创办上海裕隆生物科技有限公司，任总经理，致力于诊断用生物芯片及配套设备研发、生产、销售，同时为机构和个人提供临床检测、健康体检、基因检测等服务，并代理国内外著名品牌的临床、实验室试剂和仪器。后又创办上海裕隆临床检测中心有限公司，任总经理。中心作为一家向社会开放的集医学检测和健康管理服务为一体的专业医疗机构，依托上海裕隆生物科技有限公司生物芯片、免疫及分子诊断技术平台优势并引进了国际先进的检验设备，以优雅的环境、个性化的体检项目、完善的配套服务、高科技的装备、高素质的技术团队和标准化的质量管理为特色，设置了分子生物学、临床化学、临床免疫、临床微生物、临床血液体液、病理、细胞遗传及亲子鉴定等实验室，可展开各类临床检验项目及科研技术服务1000余种。2010年，个人入选第四批中央引进海外高层次人才“千人计划”。

潘今一

上海弘视通信技术有限公司首席执行官、上海今科新能源材料科技有限公司董事长。1982年毕业于浙江大学光学仪器系；1989年赴美留学，获得美国纽约市立大学电机和光通信博士学位。1993年加入贝尔实验室，1996年加入诺基亚美国研究院，拥有12项国际专利。1999年在美国硅谷开始创业，创办美国Sorrento Networks，担任系统架构副总裁，2001年在美国纳斯达克成功上市，2003年与美国另一家上市公司Zhone Technologies 巨资成功合并；2003年投资创业光桥科技，任CTO及执行副总裁；2006年被西门子收购，成为西门子光通信传输系统首席技术官，之后，诺基亚网络公司和西门子通信合并，成为诺基亚西门子网络通信传输系统公司首席技术官。2006年回国，先后投资创建上海弘视通信技术有限公司、上海今科新能源材料有限公司和上海碧宝特电子技术有限公司。公司研究开发的智能视频图像分析软件和太阳能多晶硅原材料提纯工艺和装备，被国内外专家公认为是国内首创、国际领先的突破性技术和产品。2010年，个人入选第三批中央引进海外高层次人才“千人计划”。

庞 楠

常州纳乐科思光学有限公司董事长。毕业于哈尔滨工业大学；1997年在日本东北大学获工学博士学位，专攻难加工材料的超精密加工。曾在五十铃汽车株式会社、日本京瓷株式会社工作过。2004年，在日本横滨创建日本国际工作室株式会社，任董事长；2008年回国，创办常州纳乐科思光学有限公司，任董事长。公司致力于研发生产微透镜阵列、非球面透镜、衍射光学元件、自由曲面光学元件等产品，拥有完整的光学设计、高超的超精密加工及模具制造、先进的量产技术及测量等核心技术，产品广泛应用于手机光通讯、光电传感存储、医疗生化、光学成像、办公器械、LED 照明等产业领域。而应用于光通讯、显示、天文望远镜等各种光学系统的微透镜阵列产品在国内尚属未成熟的产品，在国外亦属高尖端产品。其中，菲尼尔高精度反射镜还被选入国家航天项目，打破了国际封锁。2010年，入选第四批中央引进海外高层次人才“千人计划”。

邱 健

上海杰盛无限通讯设备有限公司总裁。1964年出生，上海人。1985年毕业于上海科技大学微波通信专业；1988年赴加拿大肯考迪娅大学进修电子工程硕士专业。完成为期两年的深造后，于1991年担任加拿大SR电信公司上海分公司大中华区总裁职位；2001年担任英国Airspan网络公司大中华区总裁；2003年受国际著名的美国哈里斯微波通信公司聘请，出任大中华区总裁，掌管中国地区的生产、销售以及财务等事务。2005年8月回国，创办了上海杰盛无线通讯设备有限公司，任总裁。公司专注于微波传输设备、射频器件、3G无线覆盖等产品的研究、生产与销售，推出了具有完全自主核心技术的数字微波通信机，该产品各项性能指标达到国际先进水平，填补了国内在数字微波通信技术领域的多项空白。公司目前已经和中国移动、中国电信、中国联通等主要电信运营商建立了长期稳定的合作关系，设备和解决方案已经开始走向国际市场，并为国外运营商所采用，在移动通信、数字微波通讯系统、卫星通信等领域确立了行业的领先地位。2010年，个人入选第四批中央引进海外高层次人才“千人计划”。

沈憧棐

上海巨哥电子科技有限公司董事长兼总经理。1971年12月生。1989年毕业于清华大学物理系；2001年获普林斯顿大学电子工程系博士。先后在Agere Systems、Brion Technologies （现ASML）负责新型半导体光电器件的开发。2005年在硅谷合伙创办TransVision Microsystems；2007年在浙江清华长三角研究院成立传感技术研究中心。2008年创办上海巨哥电子科技有限公司，任董事长兼总经理。公司致力于红外焦平面阵列和热像仪的开发，面向上百亿美元的巨大市场，拥有包括核心探测器芯片和光读出热像仪系统的全部自主知识产权，同时以采用先进的MEMS技术实现红外成像，开发生产出市场上最具性价比的热像仪，可用于工业测温和夜视等各个领域，具有强大的数据分析和图像处理功能。2010年，个人入选第四批中央引进海外高层次人才“千人计划”。

沈 华

嘉兴斯达半导体有限公司董事长兼总经理。浙江海宁人。耶鲁大学应用科学硕，麻省理工学院电子材料博士。曾任西门子（英飞凌）半导体技术研发部高级工程师经理、Xilinx，Inc.高级经理，拥有20多项国内外专利技术。2005年回国，创立嘉兴斯达半导体有限公司，任CEO，后任董事长兼总经理。公司于2007年6月完成一期工程建设并投产，在投产后的短短2年多的时间里，在新型电力电子元器件的研发制造和应用尤其在IGBT领域，打破了国内空白和国外垄断，取得了产业化、市场化生产的突破性进展。自主研发生产的 200多种IGBT 和其他电力电子元器件产品已被广泛应用于变频器、逆变焊机、UPS、感应加热、新能源及新能源汽车、医疗电子和变频空调等领域，还和国内外多家著名厂家建立了战略合作关系，共同开发下一代国际先进的绿色新型电力电子元器件，成为国内IGBT领域产销最大、技术领先的专业研制和生产企业。2010年，入选第三批中央引进海外高层次人才“千人计划”。

沈 思

北京木瓜移动科技有限公司CEO。女。1997年以高考理工科深圳市第一名的成绩考入清华大学计算机系；2001至2004年，在美国斯坦福大学攻读计算机和管理学双硕士学位。2004年加盟谷歌，先后在美国总部和中国负责移动产品市场及手机业务。2008年离职，在北极光创始人邓峰的天使投资支持下，创立北京木瓜移动科技有限公司，任CEO。目前，木瓜移动是全球在安卓平台上最大的游戏社区平台，拥有2000多万注册用户，社区内应用有300多款，在全球有100多家合作开发者，战略合作伙伴包括中国联通、中国电信、中国移动、Verizon（美国最大的运营商）、Motorola、HTC、Samsung、LG、联想、中兴、华为等，并从DCM和凯旋创投获得2200万美元的投资。2010年，个人入选第四批中央引进海外高层次人才“千人计划”和北京市“海聚工程”，并获得“北京市特聘专家”、“北京市优秀青年知识分子”、“2010年福布斯9位值得关注的中国网络创业家”等荣誉称号。

施向东

无锡亿唐动画设计有限公司董事长。澳大利亚国立大学管理学硕士。2005年8月回国，创办上海水木动画设计有限公司；2008年9月在无锡创办无锡亿唐动画设计有限公司，任董事长。公司作为国家数字媒体示范产业基地与国家动漫游戏原创产业基地，已逐渐发展成为一家跨越网络、电视、无线、手机等各媒体平台的新兴数字动漫文化企业。2009年制作的动画片《水木宝宝看世界1》荣获广电总局国家优秀原创动画片；《亿唐皮影戏寓言故事》获国家广电总局2010年度第一批优秀原创动画片；2009年公司成为“中国原创动画片制作十大生产机构”；2010年由施向东担任项目组负责人的动漫游戏制作新技术——基于网络的无纸动画游戏制作资源库获国家创新基金。2010年，亿唐公司完成原创动画15904分钟，占无锡原创产量的二分之一以上，排名全国第一。公司创立两年多来，凭借先进的技术和国际化的意识及创新理念，在短时间内即形成了快速的发展，目前已制作发行动画片20多部，总计超过25000分钟，其中以中国元素为突破口，完成了《水木宝宝看世界》、《中华大讲坛》、《亿唐皮影戏寓言故事》、《阿福漫游记》等20多部原创动画，成为中国目前原创规模最大、最具创新的动画公司。个人入选 “江苏省高层次创新创业人才引进计划”和无锡“530”计划。2010年，入选第三批中央引进海外高层次人才“千人计划”，并获得“无锡市杰出创业奖”、“江苏省留学回国先进个人”、无锡新区“十佳”创新型经济人物等荣誉奖项。

孙　刚

汉朗科技（北京）有限责任公司董事长。2005年毕业于英国剑桥大学，光电子和传感器专业博士。攻读博士期间发表过多篇论文，在多稳态液晶领域进行了一系列创新性的研究，作为主要发明人，申请过两个英国和国际专利，并获得英国剑桥大学的海外学生奖学金和亨利•莱斯特奖学金。2007年回国，在北理工留学人员创业园创办了汉朗科技（北京）有限责任公司，任董事长。2009年公司总部迁到苏州工业园，整合国内技术和生产资源，进行多稳态液晶技术的多领域产业化开发，从材料、技术合作和市场推广等多个方面不断地突破，陆续申请了10多项专利，很多已经获得了授权，在该领域处于世界领先水平。公司目前已与剑桥大学、德国Distec公司、汉王集团、福耀玻璃集团以及华东电子集团建立了战略合作伙伴关系，针对不同的产品市场进行推广和合作。2010年，汉朗科技获得“创新中国”（DEMO CHINA 2010）大赛“创业之星”第一名，个人入选第三批中央引进海外高层次人才“千人计划”。

孙庚文

恒泰艾普石油天然气技术服务股份有限公司董事长兼总裁。1983年毕业于武汉测绘学院计算机专业；2003年获美国南加利福尼亚大学工商管理博士学位。1983年到1997年4月，先后在石油部物探局、石油部办公厅、中国石油天然气总公司办公厅、中国石油天然气亚奥公司工作；1997年4月，与他人共同创办油气装备公司，此后在国内出资设立中油恒泰艾普斯特公司，并在美国设立E&PTech公司，任董事长兼总裁。并担任北京大学公共经济管理研究中心兼职研究员、中国地质大学（北京）兼职教授等社会职务。恒泰艾普是一家从事石油勘探与开发技术研究、服务与相应软件产品研发、销售、技术培训于一体的石油勘探开发技术的高科技公司，拥有自主知识产权和著作权50多个，全球领先的地质和地球物理软件产品20多套，先后承担多项国家重大科技专项资金项目，其软件技术和技术服务覆盖了中石油、中石化和中海油三大石油集团所有油田和研究院所，产品和服务已销售到20多个国家的石油和服务公司。个人入选北京市“海聚工程”、中关村“高聚工程”。2010年，入选第三批中央引进海外高层次人才“千人计划”。

孙剑勇

盛科网络（苏州）有限公司总经理。1993年清华大学毕业；后赴美国留学，获TEXAS A&M大学电机工程硕士学位。后加入美国思科等公司，历任主任设计师、经理、设计总监等职位，是一位有着十多年网络技术产品设计开发和管理经验的资深专家。2005年回国，在苏州工业园区创立了盛科网络（苏州）有限公司，任总经理。公司是国内目前唯一一家提供高性能路由交换机及其核心芯片的原始创新公司，目前已成功研发出了一系列具有市场竞争力的核心芯片和路由交换产品。核心芯片包括国内首颗拥有完全自主知识产权的双栈万兆核心交换芯片CTC6024、低成本高扩展背板交换网络芯片CTC8032，以及高带宽、高集成度和高性能路由交换芯片CTC6048，先后申请专利42项，软件著作权55项。在自主核心芯片的基础上，通过自主研发软硬件，搭建了盒式路由交换机系统E300、E310和全分布式路由交换系统E810，其中E300系列高性能路由交换机获得首批“国家自主创新产品”称号。2010年又荣获工信部“十大优秀嵌入式系统创新解决方案奖”。个人获得获得“江苏省留学回国先进个人”、“苏州市十大杰出青年”、“姑苏创新创业领军人物”等荣誉称号。2010年，入选第四批中央引进海外高层次人才“千人计划”。

孙敬玺

新视野光电（郑州）有限公司董事长。2000年毕业于美国知名大学维斯康星大学麦迪逊校园化学工程系，获博士学位。2000年5月至2006年4月，任职于位于美国硅谷的世界著名半导体企业Lumileds公司（前身为美国惠普公司光电部），作为LED（半导体）照明项目的负责人，参加了世界上第一代、第二代、第三代大功率LED的研发、开发和产业化，是国际大功率LED外延晶片及宽禁带化合物半导体材料和器件等技术领域的专家。2006年8月，在国家郑州经济技术开发区创办新视野光电（郑州）有限公司，任董事长。公司主要从事大功率LED半导体照明节能技术研究以及相关应用产品的开发、研制，生产、销售及施工安装，目前拥有大功率LED照明专利产品和技术20余项，包括无源散热、二次光学分配、谐振开关电源等，已研制开发出包括大功率LED路灯、厂房灯、隧道灯、加油站防爆灯等多个系列的大功率LED照明产品，目前已在北京、上海、深圳、郑州等20多个城市得到应用。个人获得“郑州市科技创新领军人才”荣誉称号。2010年，入选第三批中央引进海外高层次人才“千人计划”。

孙　韬

江苏中晶光电科技有限公司总经理。美籍华人，1963年4月出生，祖籍四川。1991年，作为中国科学院的优秀研究生赴美，先后在夏威夷大学和麻省理工学院深造，3年拿到博士学位，创立化学系毕业最快纪录，并随后晋级博士后。相继荣获美国陶氏公司颁发的特殊贡献奖和美国科学院的西格玛赛奖，入选世界科学工程名人录，并为美国能源部撰写了纳米催化剂发展方向的论文，成功地开发出高性能的透明抗研磨纳米符合涂料，先后申请获得美国和国际专利14项、中国专利3项，并在Science，Nature，Chemical Review等国际顶级杂志发表论文28篇。2005年回国，创立江苏吉瑞卡微电子纳米材料有限公司，任技术总监；2010年公司完成重组，成立江苏中晶光电科技有限公司，注册资金由1000万增加到1亿人民币，任董事长。公司独创的高精密玻璃、蓝宝石、硅晶体抛光材料达到国家先进水平，尤其是玻璃抛光液产品是国际首创，产品性能优异，节省国家大量稀缺的稀土资源。2010年，入选第三批中央引进海外高层次人才“千人计划”。

孙晓东

苏州巨像科技有限公司董事长。毕业于美国加利福尼亚大学伯克利分校材料化学专业，获博士学位。1998至2000年，任美国美国通用(GE)电气公司资深研究员；2002至2003年，任美国Intematix 公司副总裁；2004年在美国创办Superimaging 公司，任董事长。研究与工作期间发现了一系列新型功能性材料，包括高温超导、巨磁阻、发光以及闪烁体材料等；先后发表论文20多篇，申请专利50余项；所参与开创的组合化学（COMBINATORIAL CHEMISTRY），被美国《科学》（Science）杂志评为1998 年全球十大年度科技突破之一。2008年回国，创办苏州巨像科技有限公司，任董事长。公司成功研发出世界首创的全透明自发光显示技术，并开发了一系列相关产品，如单色激光线条动画投影系统、单色视频图像投影系统、随意画面广告系统、彩色视频图像投影系统、自发光式体三维显示系统、汽车全风挡玻璃显示系统，并成功研发出世界上唯一高效全色透明发光膜及相关材料，用于全透明投影显示。个人入选“江苏省高层次创新创业人才引进计划”，获得“姑苏创新创业领军人才”、“苏州高新区科技创新创业领军人才”等荣誉称号。2010年，入选第四批中央引进海外高层次人才“千人计划”。

谈学海

辉源生物科技（上海）有限公司总裁。1982年获武汉大学生物化学学士学位；1990年获美国俄亥俄州医学院生物化学博士学位；美国华盛顿大学生物化学系博士后，后任助理教授。1993年任美国百特（Baxter）生物技术公司科学家；1995年任强生药物研究部高级科学家；后在世界上最大的药物筛选公司Aurora生物科学公司工作，担任高级科学家和项目负责人。2002年回国，入选中科院“百人计划”并任北京华大基因中心副主任及药物研发平台负责人，是筛选检测开发和高通量筛选方面的顶级专家，在药物发现研究领域有巨大成就。后协同创办辉源生物科技（上海）有限公司，任总裁。公司为药物发现提供高质量研发外包服务，在药物发现领域有广泛的知识，并开发了检测模型开发、高通量药物筛选、SAR、完整的Hit-to-Lead解决方案等多个技术平台，以及基于天然产物库的药物先导物发现。公司与辉瑞、欧加农等多家跨国制药企业和生物技术公司有多年的研发合作协议，为基于生物学的药物研发创造价值，目前已经建立了有150个GPCR的库和超过50种GPCR细胞株，为15种离子通道开发了检测模型，包括一些没有已知激动剂的通道，能够针对100种激酶靶标进行目标分析，特别在混合型GPCR、克服细胞毒性和提高信号窗口上有着极为丰富的经验。2010年，个人入选第四批中央引进海外高层次人才“千人计划”。

谭耀龙

创达特（苏州）科技有限责任公司的董事长兼总经理。毕业于西安交大和中国科学院，随后前往美国加州大学洛杉矶分校攻读通讯与信号集成电路芯片设计专业博士学位。毕业后在硅谷随导师创业，创办Voyan Technology，致力于DSL串绕技术的研究；后作为技术总监加入ElectriPHY研发VDSL的芯片；在国际知名刊物和会议上发表了十几篇论文，获多项国际专利，成功了开发世界首台基于多输入多输出信号的DSLAM原型产品、VDSL1 QAM的集成电路芯片。2006年底回国，在苏州工业园区创办创达特（苏州）科技有限责任公司，任总经理。公司自主致力于VDSL2的核心物理层通讯技术的开发，自主研制开发成功中国首颗VDSL2用户端芯片和同时支持8端口的VDSL2的局端套片，并申请多项VDSL2的国际专利。个人入选“江苏省高层次创新创业人才引进计划”，获得江苏省“十大青年科技之星”、苏州市“十大魅力科技人物”等荣誉称号，并成为2008年奥运会火炬接力手。2010年，入选第三批中央引进海外高层次人才“千人计划”。

唐　粮

北京德可达科技有限公司总裁。1991年，经奥地利格拉茨工业大学、德国慕尼黑工业大学联合培养，获工学博士学位。自上世纪80年代末以来，在国际摄影测量与遥感行业取得了骄人的成绩。作为德国学者参加了国际94/96火星探测计划，研发出高分辨率三线阵立体扫描仪系统，开辟航天高分辨率行星三维探测先河；率先实现摄影测量关键技术-空中三角测量的全自动化，带动了数字摄影测量技术的革命性提高，为此，荣获国际摄影测量与遥感学会颁发的首届“海拉瓦”奖；发明多面阵影像拼接实现虚拟大面阵影像原理，研发出现代数码航摄仪DMC，引领航空摄影进入数码时代；参与GPS/IMU直接定位定向技术和现代激光雷达技术的研发，并积极推动这些新技术尤其在中国的广泛应用；参与中国高速铁路测量新技术的创新，创立的全新高铁控制网体系为中国乃至国际高铁测量控制标准的制定奠定了基础。2009年初回国，创办北京德可达科技有限公司，任总裁。并担任Techedge GmbH（德国）总裁、国家遥感应用技术工程中心传感器技术研究中心主任、中科遥感空间数据工程事业部总经理。兼任中国科学院遥感应用研究所客座研究员、北京大学数字中国研究院学术委员会委员、武汉大学国家测绘遥感信息工程重点试验室客座教授。公司致力于现代空间信息技术及相关系统设备开发与应用。2010年，个人入选北京市“海聚工程”。

涂志云

尚诺科技（中国）有限公司董事长兼CEO。1989年从国防科大自动控制专业毕业后，被航天部保送到中科院上研究生；1991年进入美国加州伯克利大学；1993年商学院硕士毕业进入FairIsaac消费信贷风险管理咨询公司；1997年到斯坦福大学攻读博士学位。2002年回国创业，2003年8月成立北京决策引擎风险管理科技有限公司，2005年成立尚诺集团控股公司和尚诺科技公司，任董事长兼CEO。尚诺科技作为一家专业致力于消费信贷领域的金融服务集团，发展至今已与20余家银行开展了全国范围的合作，同时在上海和广州设有分公司，在天津、深圳设有办事处，为消费者提供省心、省钱又省力的产品及服务，目前已经成为合作银行最多、产品最丰富、网点最广、客户流量最大的金融服务第一品牌。公司2007年被商务周刊评为“中国100快速成长公司”；2008年被中国企业家杂志社评为年度“最具成长性的新兴企业”；2009年被投中集团评为年度“CVAwards最具潜力100企业”。个人获得“中关村优秀留学人员”、“十大海归创业新锐”等荣誉称号。2010年，入选第四批中央引进海外高层次人才“千人计划”和北京市“海聚工程”，并荣获首届中国留学人才归国创业“腾飞”奖。

汪群杰

天津博纳艾杰尔科技有限公司总经理。1985年7月毕业于南开大学化学系，获得化学学士学位；1986年底赴法国国家研究中心留学，师从法国科学院院士、国际著名的硅化学家Professor Robert Corriu 教授，1991年获得化学博士学位；1992年赴美国南加州大学，在诺贝尔化学奖获得者George Olah教授的研究室进行博士后研究。1993至1996年，在从事硅化学研究的同时，参与了美国航天总署（NASA）主持的直接甲醇燃料电池的研发项目，承担了新型离子半透膜的研制工作，该工作成果曾两次获得NASA发明奖励。后在著名的惠普公司（后来的安捷伦科技）的分析仪器研发部任职，主持开发了四个系列的新产品。在国际著名学术杂志上发表论文共24篇，在国际学术和商业会议上进行学术报告和商业讲座20余次。2004年回国，创办天津博纳艾杰尔科技有限公司，任总经理。公司建有独立的生产园区，专注于色谱分离材料及相关设备的研发与生产，提供的服务遍及食品安全、制药、农残、环境和生命科学等多个领域，在美国设有子公司，在北京、上海设有分公司，产品销售至东南亚、北美、欧洲、亚洲、非洲等多个国家。2010年，个人入选第四批中央引进海外高层次人才“千人计划”。

王　波

西安筑波科技有限公司董事长。1993年赴日本留学，主要从事CT和MRI成像算法的研究，有着在日本国家级研究所工作的经历。2006年3月回国，在西安高新技术产业开发区西安软件园创办了西安筑波科技有限公司，任董事长。公司以追踪世界最先进的技术为战略，以开发具有自主知识产权的高新技术产品为手段，以报效祖国报效家乡为目的，聚集了海内外一批具有真才实学的高素质、高水平的高科技人才，主要从事的业务包括软件产品的研发和软件外包服务（BPO），光机电一体化产品和系统集成产品的开发、生产与销售；以及国际贸易和技术咨询服务。2010年，个人入选第三批中央引进海外高层次人才“千人计划”。

王　飞

天津伯克生物科技有限公司董事长。江苏扬州人。1995年毕业于北京大学生命科学院；2001年获美国加州大学伯克利分子及细胞生物学博士学位。2003年被聘为美国国家健康卫生研究院、国家眼科研究所副研究员，拥有两项美国专利及国际专利。2008年回国，任天津医科大学教授、天津医科大学眼科研究所创始人、南开大学药学院教授、国家药物化学生物学重点实验室研究员等职务。2009年3月，创办天津伯克生物科技有限公司，任董事长兼总经理；后又创办江苏伯克生物医药有限公司、天津百鸥瑞达生物科技有限公司，专注于食品安全检测试剂、创新药物产业化开发及资本化运营。公司目前已形成了以天津为研发中心，江苏扬州为产业化生产基地，北京为销售中心的格局，开发出系列食品中毒素、抗生素、色素检测用抗体、亲和柱、ELISA试剂盒；3个创新药物项目进展顺利，先后承担2项国家十一五“重大新药创制”科技专项；开发的重组AAV-sFlt新药治疗老年视网膜黄斑变性，将结束国内该病600多万患者无药可治的状况。2010年，个人入选第三批中央引进海外高层次人才“千人计划”、天津市“千人计划”和京津冀“生物医药领军人才计划”。

王飞波

惠州飞泰科科技有限公司总裁。1964年2月出生。1997年在日本获博士学位，后就职于日本和加拿大国际知名公司，历任开发部主任、亚太市场总监，主持研发了多项世界领先水平技术。在加拿大工作期间，曾获加拿大国家新技术奖。2008年回国，创办惠州飞泰科科技有限公司，任总裁。公司在充分吸收世界先进流化冰技术的基础上，依托自有专利技术，积多年从事流化冰研发与管理的经验，研发出了具有国际领先水平的高性能系列流化冰制冰机系统，使该型制冷技术形成了产业化，。该技术填补了我国在此领域的技术空白，为我国广泛应用该技术，更好的节能减排提供了可靠的技术基础公司。同时，公司与世界著名的具有100多年历史的制冷企业——美国Vilter公司结成了战略合作伙伴关系，并在天津设有办事处和工厂，在上海设有办事处。2010年，个人入选第三批中央引进海外高层次人才“千人计划”。

王鸿涛

比尔安达（上海）润滑材料有限公司总裁。美国斯坦福大学博士。在美留学工作多年后回国，创办比尔安达(上海)润滑材料有限公司，任总裁。公司是国内唯一一家拥有WS2系列固体润滑技术的高科技企业，可为汽车行业、模具、医疗设备、食品机械、纺织业等各种机械活动部件表面进行WS2固体（干膜）润滑处理。公司成立以来，已提交7项发明专利申请，其中物理气相沉积中的射频磁控溅射法制造WS2固体润滑复合膜工业化生产工艺，填补了我国该领域的空白，该项目产品综合技术达到国际先进水平。目前公司在美国芝加哥和上海宝山城市工业园区建有科研和生产基地，拥有国际先进的实验设备和严格的质量检测系统，获得国家科技型中小企业技术创新基金、上海市专利技术试点企业等多项荣誉。2010年，个人入选第四批中央引进海外高层次人才“千人计划”。

王　晖

盛美半导体设备（上海）有限公司CEO。1978年考入清华大学精密仪器系；本科毕业后留学日本大阪大学，获得精密加工专业硕士和博士学位；1990年10月，赴美国在一个纳米实验室从事博士后研究。后在一家硅谷的半导体设备公司从高级工程师做到研发经理，前后历时4年。1998年，在美国创办盛美半导体设备公司（ACM），公司研发的半导体设备可以做超低K介电质的无应力抛光，从而提高处理芯片速度，其技术与英特尔公司形成了良好的合作互补。2006年9月，与上海创业投资公司合资成立盛美半导体设备（上海）有限公司，任CEO。公司主要进行包括湿式的半导体设备、无应力抛光、镀铜与单片清洗设备的研究、开发、工程设计、制造以及售后服务，先后获得专利60多个，此外还有40多个国际专利在申请中。2009年6月，盛美在上海独立研发完成了中国首台高端12英寸45nm半导体单片清洗设备，成为中国半导体芯片制造厂商中首个进入全球主流的企业。2010年，个人入选第三批中央引进海外高层次人才“千人计划”，并受邀参加了北戴河暑期休假活动。

王铁军

赛乐得科技（北京）有限公司CEO。东北大学通信工程专业学士，美国哥伦比亚大学无线通信专业硕士，美国加州大学(圣地亚哥)无线通信中心博士。先后师从于Dr. Richard D. Gitlin（贝尔实验室技术总监、副总裁、美国工程院院士、IEEE终身院士），Dr. John G. Proakis（数字通信的奠基者和学术领袖、IEEE终身院士）。研究领域包括正交频分复用（OFDM）系统、空时结构（MIMO）、编码（Channel Coding）、及无线通信网络等3G、4G核心技术及多模射频芯片的软件无线电技术。在通信领域国际最高级学术刊物上发表了多篇论文，拥有十余项已被批准授权的发明专利；并曾荣获2006年IEEE最佳论文奖。上世纪90年代末，设计并创建了中国电信及银行系统的系统集成项目，发明了中美电子商务加密支付系统并获该项专利，这项专利如今已被多家国际大型电子商务公司申请了授权使用，支撑其核心支付功能。尚在美攻读博士期间，被破格聘用于世界最大的射频芯片制造公司RF Micro Devices Inc. （RFMD），负责领导高新技术开发及策略研究和市场开发工作。2009年回国，创建了赛乐得科技有限公司，任CEO。公司为中国带来多模射频芯片技术和SOC解决方案，来填补中国在这一领域的空白，目前与中国电信合作的以自主知识产权为核心建立的集固话网、因特网、无线通信网（3G）三网合一的118114电子商务系统正在被广泛推广。2010年，个人入选北京市“海聚工程”，并被聘为“北京市政府特聘专家”。

王 阳

北京义翘神州生物技术有限公司副总裁。美国俄勒冈大学蛋白化学专业博士，普林斯顿大学博士后，麻省理工学院科学家，国际知名生物药物质量控制和制剂研究专家。曾在美国默克制药从事病毒疫苗和抗体产业化研究13年，任生物制品质控和制剂部门负责人，参与领导十几个临床和上市品种的开发，2006年因出色领导宫颈癌疫苗的全面质量分析和控制研究获得美国化学协会颁发的工业生物技术奖。现任北京义翘神州生物技术有限公司副总裁、中国医学科学院协和细胞工程中心副主任。公司重点从事生物技术药物如单克隆抗体、重组蛋白药物、病毒疫苗、快速诊断等研究开发、技术服务和科研试剂开发和销售，拥有全球领先的单克隆抗体和重组蛋白药物的生产工艺技术平台、兔单克隆抗体和鼠单克隆抗体技术平台等，目前已经成为全球单克隆抗体药物临床前生产技术服务的主流企业，为多个跨国制药企业在重组蛋白和单克隆抗体研究开发领域的全球首选技术服务供应商。2010年，个人入选第四批中央引进海外高层次人才“千人计划”和北京市“海聚工程”。

王一鸣

宁波锦浪新能源科技有限公司总经理。1981年出生，浙江宁波人。2002年上海交通大学本科毕后，留学英国爱丁堡大学和布里斯托大学攻读硕士和博士学位。2005年9月回国，创办宁波锦浪新能源科技有限公司，任总经理。公司致力于可持续能源风能、太阳能系统的研发和生产，成功研发了“分布式并网型风力发电系统”，该系统极大地延长了以往小型风力发电的寿命，具有低扭矩防水结构，降噪、降震功能，属全国首创，产品已销往世界60多个国家和地区，其中分布式并网型风能10KW整机是世界测试通过的第一台机型，公司研发、生产的逆变器作为西班牙国家展品在上海世博会马德里馆展示。个人入选“浙江省海外高层次人才引进计划”。2010年，入选第三批中央引进海外高层次人才“千人计划”。

王 寅

格林百奥生态材料科技（上海）有限公司董事长。1988年获中国科技大学高分子材料科学硕士学位，1992年获美国密西西比州立大学博士学位，曾任美国Chemo公司副总裁。2006年回国，创办格林百奥生态材料科技（上海）有限公司，任董事长。公司主要研发和生产生态改良木材，拥有多项专利技术和世界领先的生产设备，在生物化学、生态材料、木材优化等领域有雄厚的研发实力，以及遍布全球的木材采购网络，产品“百奥奇木”是拥有世界领先技术的优化实木产品，该材料在不破坏实木天然结构的基础上，通过专利技术大幅度增加了木材的稳定性和硬度，并保证100%健康环保。2010年，个人入选第三批中央引进海外高层次人才“千人计划”。

王尤崎

亚申科技研发中心（上海）有限公司首席技术官。复旦大学化学学士和硕士，美国加州理工学院化学博士，高通量技术专家，15项以上相关美国专利和专利申请的发明人。2004年回国，在上海浦东新区张江高科技园区创办亚申科技研发中心（上海）有限公司，任首席技术官。公司致力于开发节能环保、洁净能源领域的新材料和先进工艺技术并将其产业化，自主建立的高通量材料开发技术平台在全球处于领先地位，以比常规实验快百倍的速度，在催化剂和工艺研发、考评、测试、过程优化等方面形成了效率与技术优势，使亚申在数年时间里，跻身国际清洁能源百强企业，并自主研发了多种新型催化材料、相关工艺及应用技术，申请发明专利超过200项。同时，公司注重开发绿色工艺、制造绿色产品、创立绿色应用项目，已向市场推出无烟柴油生产技术和高效费托合成技术两个产业化项目。2010年，个人入选第四批中央引进海外高层次人才“千人计划”。

吴　纯

百奇生物科技（苏州）有限公司董事长兼总经理。毕业于中国长沙湖南医科大学（现中南大学），在英国曼彻斯特大学获得了神经生物学博士学位。曾就职于知名公司BD PharMingen和New England Biolabs，在分子生物学和免疫学应用工具领域有近25年的优秀工作经验，申请发明专利4项，发表论文20余篇。在美国先后创办了Imgenex 生物公司和Abgent公司，任总裁兼首席执行官。Abgent所开发的产品广泛用于疾病研究，细胞信号通路的研究，药物发现，专利申请，其产品在科学发现论文上的引用快速稳步增长，多次被世界顶级科学杂志《Nature》和《The Scientist》等列为“抗体和蛋白质组学供应商”10或50强，成为全世界抗体领域重要的公司之一。2009年，在苏州工业园区创办百奇生物科技（苏州）有限公司，任董事长兼总经理。公司总投资5000万人民币，引进Abgent拥有多项自主知识产权的技术平台、生产工艺和技术人才、管理队伍，建立了“建立全人类基因抗体库及其相关试剂的产业化”项目，研究、开发和生产单克隆抗体、多克隆抗体、重组蛋白、药物筛选细胞系及转化生成技术和试剂盒等高科技生物制品。个人荣获“第二届苏州工业园区科技领军人才”等荣誉称号。2010年，入选第四批中央引进海外高层次人才“千人计划”。

吴　耿

森创理工科技有限公司（广东）总经理。1985年，被选送出国，成为改革开放后第一批出国留学人员，先后在美国杨伯翰大学热化学研究所、美国能源部橡树岭取得博士学位，并从事博士后研究。后进入美国国家化学实验室工作，成为当时进入该实验室工作的第二位中国人；1997年在美国创立了美国通能科技公司。期间发明了世界上第一套基于实时在线半导体微量量热分析技术的高通量筛选催化剂反应系统，同时，还发明了业界引以为标准的超小型反应微量量热仪SuperCRC。2006年回国，在珠海创立森创理工科技有限公司（广东），任总经理。公司将世界领先的高通量研发技术，运用于催化研发、工程优化等方面，取得了突破性进展，加快了从实验室到产业化的速度。开发了一系列世界领先高通量系统平台设备以及相关的软件信息系统，启动了专有技术设备的小试、中试、乃至产业化的战略，在相关的实验放大、国内外战略合作关系建立以及专利申请等方面投入了大量资源，以持续创新和自主知识产权确立全球技术领先地位。2010年，个人入选第三批中央引进海外高层次人才“千人计划”。

吴　越

中美冠科生物技术（北京）有限公司总裁。1985年毕业于复旦大学，美国加州大学伯克利分校分子生物学博士，斯坦福大学博士后，MBA。曾任职罗氏制药和风险投资银行Burrill & Com.，并成功创办Unimicro公司。2006年，创立中美冠科生物技术（北京）有限公司，任CEO。公司拥有4000平方米完整、独立的现代化生物医药研究基地，其中包括1000平方米符合国际标准（通过AAALAC认证）的动物房，利用其先进的抗肿瘤药物研发平台技术，为全球客户提供一站式肿瘤药物设计和筛选评价等服务，2009年辉瑞制药将其亚洲肿瘤研发中心落户中美冠科。2010年，个人入选北京市“海聚工程”。

肖长诗

武汉嘉业恒科技有限公司总经理。1999年南京大学物理系硕士毕业；后赴美国留学，获得卡内基梅隆大学应用物理博士学位。在光学成像、数字视频图像处理、大规模数字集成电路设计等领域有多年的研究开发和项目管理经验。在Intrigue Technology Inc工作期间担任首席系统科学家，带领团队成功开发出了世界上首台激光扫描三维感光芯片和超高速三维成像系统；宽动态图像处理技术获得Frost Sullivan年度技术创新奖。2008年底回国，创立武汉嘉业恒科技有限公司，任总经理。公司专注于研发并产业化宽动态光学成像技术、宽动态视频图像处理技术和智能视频分析技术。2009年，公司获得科技部创新基金。2010年，个人入选第四批国家引进海外高层次人才“千人计划”。

熊　鹏

淮安百麦绿色生物能源有限公司总经理。2001年8月，获美国密苏里大学化学和生物化学系的全额奖学金攻读博士学位；2005年8月，毕业后到内布拉斯加大学生物系作访问学者；2006年1月回国，在西北大学化学系从事博士后研究。2008年10月，在淮安留学生创业园创办淮安市百麦绿色生物能源有限公司，任总经理。公司主要致力于利用农林废弃物生产纤维素燃料乙醇为主的绿色能源和化工产品，在农作物秸秆生产燃料乙醇领域具有世界一流的技术，并与美国多所着名院校实验室建立了长期合作关系。个人入选“江苏省高层次创新创业人才引进计划”，并获得获得“第四界海外留学生创业大赛一等奖”。2010年，入选第三批中央引进海外高层次人才“千人计划”。

徐　飞

常州瑞择微电子科技有限公司总经理。江苏宜兴人。1997年，美国德克萨斯州州立大学半导体材料系硕士毕业。1997至2002年，在美国MATECHUSA公司任职，主要从事光掩膜技术的研发和应用，曾参与Intel、IBM、英飞凌等世界最先进半导体芯片制造商的多次光掩膜技术升级；2003至2004年，被公司任命为中国区总经理，主要负责开拓香港和中国大陆的业务；2005至2007年，出任公司首席技术负责人，主要担任技术研发方向的决策和关键项目的管理，曾主持目前国际上最先进的EUV光掩膜技术的研发项目，并直接参与中芯国际第一期光掩膜生产线的建设，推进了我国光掩膜产业的跨越发展。2007年8月回国，在常州高新区创办常州瑞科微电子科技有限公司；2008年与信辉投资公司合作成立常州瑞择微电子科技有限公司，任总经理。公司专门从事微芯片光掩模工艺设备制造，成功设计完成了首台合格的130纳米计算机微芯片光掩模清洗设备，不仅填补国内空白，而且拥有8项自主创新的专利技术。公司先后获得常州市、江苏省和科技部中小企业创业资金支持和江苏省国际合作项目资金支持。个人入选“江苏省高层次创新创业人才引进计划”和江苏省“333工程”，并获常州市“五一”劳动奖章、江苏省“青年科技创业明星”等荣誉称号。2010年，入选第三批中央引进海外高层次人才“千人计划”。

徐性怡

上海大郡自动化系统工程有限公司总裁。1982年赴美留学，1990年获得美国威斯康辛大学电力电子及电机驱动专业博士学位。1990至1992年在美国Square D公司任高级工程师，负责电机驱动系统产品的开发设计工作；1992至2002在美国福特汽车公司任技术专家、高级技术专家、部门经理，长期负责开发电动汽车用电机驱动系统的工作，并获得1999年度福特公司最高技术成就奖——亨利•福特技术成就奖。2002年8月回国，创办了上海鲍麦克斯电子科技有限公司，领导公司成为国产缝制设备用伺服电机系统第一品牌。2005年创办上海御能动力科技有限公司，任总裁，从事多领域工业伺服控制系统产品的研发。2006年起，担任上海大郡自动化系统工程有限公司总经理至总裁。并先后担任美国科学基金会电力电子工程中心顾问委员会成员、科技部863电动汽车重大专项总体组电机责任专家、上海市新能源汽车专家委员会成员等社会职务。公司主要从事电动汽车用电机系统的研发与产业化，是引领我国新能源汽车产业的中坚力量之一，已与一汽、上汽、东风及长安等一大批国内汽车产业的核心制造厂商建立了紧密的合作伙伴关系。2010年，个人入选第四批中央引进海外高层次人才“千人计划”。

许海华

内蒙古中大传媒发展有限公司董事长兼总经理。新加坡籍华人。1986年9月，在上海复旦大学获得电子工程系电子学学士学位；1989年3月，在北京邮电科学研究院获得通讯学硕士学位；1998年2月，在英国莱斯特大学获得工商管理（MBA）硕士学位。先后担任上海邮电部第三研究所工程师，新加坡创新科技公司高级软件高级工程师，法国意法半导体公司亚太、欧洲多媒体业务发展经理，新加坡IBM公司亚太/日本区数字视像集团经理，新加坡3H国际技术公司董事长兼总裁。2005年9月，创办商埃曲网络软件（上海）有限公司，任总经理；2009年7月，收购上海蓝信软件技术有限公司，任董事长；2009年创办内蒙古中大传媒发展有限公司，任董事长兼总经理。拥有5项发明专利及1项软件著作权。公司开发了国内唯一成熟、稳定的中间件平台系统，初步解决了三网融合的世界性难题，并且该网络是全球最大用户的中间件商业运营有线网络，获得“2009上海市最具活力科技企业奖”，同时被国家广电总局认定为第二代数字电视中间件专家小组成员之一。个人获得“2007年上海浦江人才及闵行区领军人物”等荣誉称号。2010年，入选第三批中央引进海外高层次人才“千人计划”。

许嘉森

广州益善生物技术有限公司总裁。1996年在香港大学攻读博士；毕业后在香港大学医学院从事研究工作；2004年赴美国耶鲁大学进行博士后研究。2006年4月回国，与来自耶鲁大学的科学家团体和企业家共同创办广州益善生物技术有限公司，任总裁。公司专注于个体化医疗靶标检测产品的研发、生产及推广，全球首创“肿瘤个体化医疗靶标检测系统方案”，研发产品均达国际领先水平，并在我国大型医院广泛推广，显著提高我国肿瘤临床治疗的有效率。自主研发的疾病个体化医疗靶标检测系列产品达国际领先水平，并与国际顶尖生物医学研究机构和科学家开展广泛的成果转化合作，已获得耶鲁大学独家授权在中国进行专利技术产业化，同时为国际药物研发企业及研究机构提供符合GLP标准的高通量生物分析服务，先后获得12项具有核心技术价值的国内外专利，开发了15种新产品，在短时间内即成为国内该领域的领军企业，获“新办高新技术企业”、“民营高新科技企业”、“科技部火炬创业导师计划重点企业”等荣誉称号。2010年，个人入选第三批中央引进海外高层次人才“千人计划”。

许　鲁

天津中科蓝鲸信息技术有限公司总经理。清华大学学士，日本东京大学硕士，美国普渡大学博士，曾在惠普实验室从事研究工作。2001年回国，加入中国科学院计算技术研究所，任存储中心主任、博士生导师。2007年，在天津新技术产业园区管委会的支持下，由中科院计算技术研究所、天津海泰科技投资管理有限公司、美国飞康软件股份有限公司等单位共同出资成立天津中科蓝鲸信息技术有限公司，任总经理。并担任中国计算机学会信息存储技术专业委员会副主任、常务委员等社会职务。公司主要从事存储产品的研发、生产和销售，是中科院计算所在国内唯一的存储技术产业化基地，先后承担了863、973、国家自然科学基金等国家重点科技计划的存储相关项目，现已成功研发出蓝鲸集群存储系统（BWStor）、蓝鲸服务部署系统（PC SAN/Bladmin）、蓝鲸数据备份系统（YOM）和蓝鲸网络存储设备（BWStor）等产品，领域覆盖广电、视频监控、遥感、能源、教育、国防、政府、科研等多个领域。2010年，个人入选第三批中央引进海外高层次人才“千人计划”。

宣奇武

阿尔特（中国）汽车技术有限公司董事长。1966年出生，吉林长春人。1987年获清华大学汽车工程系工程学士学位，后在中国一汽集团技术中心担任技术研发工作；1992年赴日本九州大学学习；1998年获工学博士学位。在日本取得博士学位后，就职于日本三菱汽车公司，担任技术中心开发本部主任，主管三菱在亚洲所有的发动机相关业务。2002年回国，在北京市留学人员海淀创业园创立北京精卫全能科技有限公司，担任董事长兼总经理；2007年引入著名风险投资金沙江创投、红杉资本,成立阿尔特（中国）汽车技术有限公司，任公司董事长。并担任中国汽车工程学会理事会理事等社会职务。公司整合国外汽车设计技术和人才，在汽车设计开发、发动机及动力总成设计开发、样车/展车制造、整车及零部件试验以及生产线改进等领域为国内外汽车厂家提供广泛的技术支援和服务，参与设计了具有中国完全自主知识产权的奇瑞QQ6、奇瑞V2、华晨M3、北汽福田C2、陕汽重卡等十余种车型，是中国唯一一家兼具整车及发动机设计能力的汽车设计与工程服务公司。公司入选“2007年德勤中国高科技高成长50强”。个人入选北京市“海聚工程”、中关村“高聚工程”，荣获“海归创业十大新锐”等荣誉称号。2010年，入选第三批中央引进海外高层次人才“千人计划”。

薛 杨

哈尔滨乐辰科技有限责任公司董事长。1973年出生，黑龙江哈尔滨人。1996年毕业于哈尔滨工业大学，获机械工程学士学位；后留学美国，获加州AZUSA PACIFIC大学计算机硕士学位。2000年在美国洛杉矶创立SAGA科技（集团）公司，为美国洛杉矶郡政府、洛杉矶港、南加大医疗中心、反暴力组织以及IBM、Kaiser Permanente等著名机构提供应用软件开发服务。2004年回国，创办哈尔滨乐辰科技有限责任公司，任董事长。公司致力于为欧美、日韩和国内的客户提供行业解决方案、咨询服务和服务外包业务，在香港、北京、大连等地设立了分公司，开发的“乐辰社区卫生服务信息系统”在哈尔滨200多个社区得到应用，获得卫生部“2008年度十大创新奖”。同时，发起成立了“黑龙江省服务外包产业联盟”，建立了培训基地，积极推动黑龙江服务外包产业的发展，培养了大批中高端软件人才。2007年，个人当选为哈尔滨市第十一届政协委员，并被推选担任黑龙江省软件行业协会副理事长、哈尔滨市软件行业协会副理事长。2010年，入选第三批中央引进海外高层次人才“千人计划”。

杨 刚

成都金浆高新材料有限公司董事长兼总经理。1990年，四川大学高分子材料专业硕士研究生毕业；1995年在日本东京工业大学攻读博士；1999年在日本筑波产业技术研究院继续博士后研究。2003年底回国，任四川大学教授。2006年，在成都高新区留学人员创业园创办了成都金浆高新材料有限公司，任董事长兼总经理。公司建立和完善了新材料研究、开发、营运的组织结构，形成了高性能聚酰亚胺、聚苯硫醚、聚酰胺酰亚胺、无苯胺残留苯并噁嗪、多种光固化涂料树脂、功能高分子材料单体及精细化工中间体、活性液晶单体等的工业生产能力和对外技术支持能力，与国内外多家知名企业建立起了良好的产业联系。2010年，个人入选第四批中央引进海外高层次人才“千人计划”。

杨 钢

晶丰电子封装材料（武汉）有限公司总裁。1987年，北京大学化学系高分子专业博士毕业；后赴美国留学，在怀俄明大学从事化学博士后研究。曾在美国Quantum Materials公司承担集成电路高端封装材料的研发工作，其产品销售给世界主要的三家集成电路封装厂，当年销售额达到100多万美元；后在美国汉高公司（世界主要的封装材料生产供应厂商），承担公司为未来封装材料市场的前沿技术更新所制定的研发项目。2006年回国，创办晶丰电子封装材料（武汉）有限公司，任总裁。公司主要从事各种导电胶、非导电胶、填充胶及各种高端粘胶剂;等的研发，致力于将国际先进的高端电子封装材料技术与中国迅速发展的电子封装工业相结合，为其提供高性能，高质量，低价格的封装材料。2010年，个人入选第三批国家引进海外高层次人才“千人计划”。

杨浩涌

北京鑫秀伟烨科技发展有限公司董事长。1996年天津精仪学院本科毕业，赴美国约翰霍普金森大学攻读硕士学位，后转入耶鲁大学攻读计算机科学硕士。毕业后，在美国硅谷工作5年。2004年6月回国，在清华科技园创办北京鑫秀伟烨科技发展有限公司，任董事长。2005年3月号，公司所运营的赶集网正式上线；2006年，赶集网进入上海、广州和深圳三个一线城市；2009年，公司年收入达到上千万元，并先后获得诺基亚成长伙伴基金和蓝驰创投投资。2010年09月，赶集网在分类信息网站中率先推出覆盖全平台的手机客户端，实现了与诺基亚、三星、索爱、宇龙酷派、联想等品牌的深度内置合作，为移动互联网用户提供基于位置的更优质的生活信息服务。赶集网很强的用户粘度以及创新的商业模式，受到行业研究者、投资者和专业媒体的广泛关注与好评。2009年，赶集网被全球最具影响力的科技投资风向杂志《红鲱鱼》评为“2009年亚洲科技创新公司100强”；在中国电子信息产业发展研究院主办的“2009中国信息产业经济年会”上，被授予“最有价值分类信息网站”称号，成为首家获此殊荣的分类信息网站；2010年1月，赶集网荣登《互联网周刊》“生活服务类网站实力排行榜”榜首，领跑国内生活信息类网站；2010年3月，在由工信部举办的首届“中国优秀手机网站100佳”评选中，赶集网名列百佳和生活类网站10强；2010年4月，赶集网在由百度与和讯共同发起的“2010年亿万网民心目中的十大最具创新力网站”评选中，列十大创新网站之首；2010年12月，入选《创业帮》杂志“2010中国年度创新成长企业100强”。2010年，个人入选第四批中央引进海外高层次人才“千人计划”和北京市“海聚工程”。

姚 飞

无锡迦俐申生物医药科技有限公司董事长兼首席科学家。美国乔治亚大学食品化学和工程博士，长期从事高分子生物医用材料和医疗器械的研发和生产。2003年10月在美国波士顿创办Callisyn BioMedical公司，主要从事微创介入（Minimally Invasive Surgery）手术领域医疗器械和高价值医用耗材的研发、生产、市场和服务，有两个三类医疗器械产品已在欧美成功上市。2006年回国，分别在苏州高新区创办苏州迦俐申生物医药科技有限公司，在无锡滨湖区马山创办无锡迦俐申生物医药科技有限公司，任董事长兼首席科学家。公司致力于打造我国微创介入医疗器械及和高值医用耗材领域的主要生产基地和科研开发中心，现已拥有3000多平米的符合国家GMP认证标准的三类植入性医疗器械研发和生产基地。公司产品栓塞微球已通过临床前的一系列试验并拿到国家药检局产品标准检测报告，国家药检局同意公司进行临床试验，并以公司的产品标准为基础，共同制定该类产品的国家和行业标准。个人入选“江苏省高层次创新创业人才引进计划”和无锡市“530”计划。2010年，入选第四批中央引进海外高层次人才“千人计划”，并被授予“国家特聘专家”荣誉称号。

叶海涛

海南兆涛科技发展有限公司总经理。2002年毕业于加拿大温莎大学，获经济学硕士学位。毕业后在加拿大丰业银行任职；2003年开始回国从事荔枝等农产品国际贸易。2004年，创办海南兆涛科技发展有限公司，任总经理。公司是专门从事农业产业化的大型综合企业，致力于农业高科技开发与应用。公司拥有具自主知识产权的荔枝无硫长期保鲜技术、地瓜汁加工技术和其他农产品加工技术，技术水平达到了国际先进水平，成立以来，已累计出口荔枝10000余吨，是目前国内荔枝出口量最大的企业，也是中国荔枝商会常务理事单位。公司2006年度获评为“海口市十大农业龙头企业”，2007年被海南省政府评为“海南省农业重点龙头企业。2010年，个人入选第三批中央引进海外高层次人才“千人计划”。

余国良

江苏泰康生物医药有限公司董事长。1984年赴美国留学，1990年毕业于加利福尼亚大学伯克莱分校，获博士学位；1990年到1993年间在哈佛大学医学院做博士后。1993年参与建立了著名的美国人类基因科学公司，早年的研究成果已用于目前3个处于临床试验的新药；1998年，被美国蒙德尔生物公司聘为资深研发副总裁，带领公司建立了一套科研工业化的技术平台，申请了700多项基因功能专利，其中高产大豆和玉米的新型基因的应用市场价值达到了80亿美元；2001年，创立美国Epitomics公司，利用新一代兔单抗技术在免疫诊断和单抗药物等领域已开辟了一番新天地。先后发表了40多篇科研论文，持有授权和待授权专利超过150项，并创立了美国华人生物医药科技协会，担任美中医药协会、百华集团理事、美国太平洋大学工业顾问、吴瑞纪念基金会理事等社会职务。2008年回国，创办江苏泰康生物医药有限公司，任董事长。公司联合美国Epitomics公司一同研发和生产基于RabMabs（兔单抗）全球专利技术的全新一代治疗性抗体药物，立志于将中国创制的生物医药产品真正推进世界主流市场，目前已有3个国家1类新药处于临床前开发阶段。2009年，公司获中国国际专利与名牌展览会金奖（排名1），个人被美国商业周刊称为“最有影响力的海归之一”。2010年，入选第四批中央引进海外高层次人才“千人计划”。

余晓明

无锡爱达威通信科技有限公司董事长。余晓明，1968年出生，浙江人。麦克马斯特大学通信研究院博士，曾在包括世界最著名的智能天线公司艾瑞通信、通信业著名的朗讯科技，以及在纳斯达克上市的中国留学生通信企业UT斯达康等美国数家国际知名公司担任技术主管和经理，并拥有15项以上的美国和国际专利。在Arraycomm，他所带领的研发团队成功地研制出世界上第一个基于空分多址（SDMA）的蜂窝通信商用系统，并大规模应用于日本的PHS系统。2008年，在无锡新区创立无锡爱达威通信科技有限公司，任董事长。公司擅长于各种无线制式的通信系统研发和生产，拥有世界领先的智能多天线技术，可提供各种无线通信系统、射频单元、数字信号处理，以及软件协议栈等各方面的开发和服务。个人入选“江苏省高层次创新创业人才引进计划”和无锡“530”计划。2010年，入选第三批中央引进海外高层次人才“千人计划”。

俞振华

北京普能世纪科技有限公司董事长。1999年毕业于清华大学电子工程专业，并创办软件公司；后赴美留学，获得美国佩珀代因（Pepperdine）大学工商管理专业硕士学位。后回国与他人协同创建双伟通联科技有限公司，专注于包括实时语音系统、视频和互联网数据通信等软件开发，到2003年公司已成为中国最大的视频会议软件发展商。2007年1月，创办北京普能世纪科技有限公司，任董事长。并担任中国新能源协会的副主席、中国工商联合会新能源商会储能委员会会长等社会职务。普能世纪专注于专注于新型大容量储能产品——全钒液流氧化还原电池储能系统的研发、制造与商业化应用；2009年1月，实现对加拿大VRB Power Systems公司的资产收购，目前拥有钒电池领域40多项覆盖全球的专利，掌控了全球钒液流电池领域超过50%的核心技术专利，成为全球具备兆瓦级储能用钒电池系统交付能力的领军企业。2010年，入选第四批中央引进海外高层次人才“千人计划”和北京市“海聚工程”，并获得“北京市政府杰出企业家”荣誉称号。

袁于民

嘉兴博美生物技术有限公司总经理。1993年获得中国科学院化学研究所博士学位，高分子化学与物理专业；曾在以色列、美国纽约及加拿大多伦多等3所高校从事博士后或访问研究；2007年初再获加拿大多伦多大学博士学位，研究领域组织工程。近10年来，主要从事生物医用高分子材料在组织工程、药物传递、药物修饰等前沿交叉学科的研究，曾在加拿大温哥华的赛勒拓医药公司及美国加州的美立达公司任高级研究员，研究领域包括新型生物降解高分子的合成、高分子材料表面的生物活性修饰与神经细胞的相互作用、抗癌药物的纳米靶向传递、药物支架的涂层材料、高分子微球的药物缓释等。2007年6月，创办嘉兴博美生物技术有限公司，任总经理。公司至今已开发了新型生物降解高分子材料（可控降解型、智能降解型、高分子药物）及单分散短链聚乙二醇生化试剂（包括聚乙二醇化试剂）；单分散短链聚乙二醇生化试剂（200余个品种）填补了国内空白，目前成为国内唯一一家专业生产厂家，具备并体现了国际竞争的实力。个人迄今有5项美国专利申请，1项世界专利申请，20多篇学术论文，入选“浙江省海外高层次人才引进计划”，获得获得2009年嘉兴市“南湖百杰”称号。2010年，入选第四批中央引进海外高层次人才“千人计划”。

张必良

广州市锐博生物科技有限公司董事长。1978至1982年，浙江大学化学系学士；1988至1990年，美国纽约Fordham大学化学系有机化学硕士；1990至1995年，美国纽约哥伦比亚大学化学系生物有机化学博士；1995至1998年，美国科罗拉多大学化学和生物学系HHMI博士后。1998至2004年，任美国麻省大学医学院分子医学系研究室主任，博士生导师。一直从事于RNA化学生物学和核酸药物的研究并获得了一系列的科技成果，在《Nature》、《JACS》等著名杂志发表论文近40篇，申请国内外专利16项。2004年7月回国，创建广州市锐博生物科技有限公司，任董事长，并担任中国科学院广州生物医药与健康研究院研究员。公司主要从事化学与生物学之间交叉领域的研究，利用组合化学和RNAi的手段进行功能基因组学、治疗学研究和新药研发，并在2004年12月成功组建了siRNA化学合成平台，中试和产业化项目“面向应用的RNAi系列核心产品产业化与关键技术攻关”填补了国内RNA化学技术的空白，并获得“广州市科技攻关计划”的资助，公司承担的国家863计划“siRNA技术与药物”项目获得“中国侨联创新成果奖”。2010年，个人入选第三批中央引进海外高层次人才“千人计划”。

张　丹

方恩（天津）医药发展有限公司总裁。生于1963年3月，江苏徐州人。1981年考入北京大学生物系；1984年到协和医科大学学习并于1989年获医学博士学位；之后在哈佛大学、宾州大学沃顿商学院学习，获公共卫生专业硕士及管理学专业硕士；1993年获得美国联邦政府医疗服务研究奖。曾先后在世界上最大的药物研发外包服务公司美国昆泰跨国集团公司任大中国区董事长、总部副总裁及执委会委员；在意大利最大的制药公司Sigma-Tau公司负责北美市场药物临床开发及全球药物安全性评价业务。并曾担任上海医大、协和医大、哈尔滨医大顾问或客座教授；科技部海外专家委员、美国华人生物医药科技协会会长、百华协会及美中药协执行董事等社会职务。任职期间，共获得六个美国FDA批准的上临床批文及一个药品上市的可批准证书，其中一个抗肿瘤药被诺华收购，一个抗心衰药被德彪制药收购。2007年9月，创办方恩（天津）医药发展有限公司，任董事长兼首席执行官。公司作为一个临床新药开发服务的外包服务组织，在中国大陆、香港、台湾、韩国及美国等国家和地区均均建有分支机构，并与国际前10大药业中的6个及我国研发型企业建立了合作关系，承担和参与了多项新药的全球性药物开发工作以及国家重大新药创制项目。2010年，个人入选第三批中央引进海外高层次人才“千人计划”。

张光志

山东远普光学股份有限公司董事长。日本东京电气通信大学博士，加拿大多伦多大学博士后。1997年赴美国，在一家激光器企业从事专用激光器的研发工作，先后获得美国国家宇航局等多项国际激光产品评选的优秀设计奖，并得到美国专利局授予的6项专利，并成为美国光学学会会员。2008年8月回国，在潍坊高新区创办山东远普光学股份有限公司，任董事长。公司主要生产和研发快速光谱可调谐激光器，同时开发激光器计测应用技术、激光光谱传感器和光电子仪器表等高科技产品，产品主要销往美国和北欧，预计2011年公司产值可达5000万美元，成为全球第三大该产品制造商。2010年，个人入选第三批中央引进海外高层次人才“千人计划”，并获得“泰山学者海外特聘专家”称号。

张　骥

北京亿科三友科技发展有限公司董事长。1982年在清华大学电子工程系取得学士学位；后国家选送赴美留学，获普林斯顿大学电机和计算机科学系获得硕士学位、普渡大学电机系博士学位，并获“2004年普渡大学杰出工程毕业生奖”，后在Rensselaer理工学院及夏威夷大学执教。1989年，以创始人之一的身份成为美国数字视频领导企业Divicom公司的主要成员，负责视频编码和设备开发；1997年，创办美国V-Bits公司，并担任技术总裁，后被美国思科公司以1.2亿美元成功并购，出任思科首席技术官；2002年，在美国创立亿科三友科技发展有限公司，专门从事数字媒体领域的前沿科技产品研发；拥有15项已授专利和13项待授专利。2003年1月回国，在清华科技园创办北京亿科三友科技发展有限公司，任首席技术总裁。公司研发的高宽带、高吞吐量的Examax9000存储加速引擎能够提供世界上最快的存储访问性能，比当时市场上所有的存储产品的数据吞吐速度快5到10倍，产品在NAB展会上连获连3个最高技术奖。个人入选北京市“海聚工程”。2010年，入选第三批中央引进海外高层次人才“千人计划”。

张　雷

江阴远景能源科技有限公司董事长兼总经理。1976年8月出生。英国伦敦政治经济学院硕士。2007年回国，创办江阴远景能源科技有限公司，任董事长兼总经理。公司致力于新能源的开发和利用，是中国首家自主开发风电核心控制技术和载荷优化技术、变频变桨控制技术的风力发电机主机生产企业。公司位于丹麦的全球创新中心已经成为中国企业在丹麦最大的研发机构，实现了全球首例87米风轮的1.5 兆瓦风机、国内首台近海潮间带风机、全球第一条风机组装流水线等一系列突破，其中，“兆瓦级风力发电设备系统集成核心技术研发及产业化”被列为2008年省重大科技成果转化项目。2009年公司完成销售10亿元，2010年新增销售20亿元，以童话般的业绩创造了风电行业奇迹。个人入选“江苏省高层次创新创业人才引进计划”。2010年，入选第四批中央引进海外高层次人才“千人计划”。

张佩琢

苏州吉玛基因药物科技有限公司董事长兼CEO。北京医科大学药物化学专业博士，伦敦大学国王学院博士后，长期从事RNA化学研究和产品开发，曾在英国Cruachem公司任资深研究员、特殊化学品部经理等职。在核酸化学及RNA干扰药物研究领域国际刊物上发表论文10余篇，申请发明专利6项。2003回国，创办上海吉玛制药技术有限公司；并于2007年创建苏州吉玛基因药物科技有限公司，任董事长兼CEO。公司主要从事基于RNA干扰技术的新药和基因诊断试剂的研发及RNA干扰药物API生产，目前已成为国内RNAi相关产品领域的龙头企业，主要产品小干扰核酸（siRNA）占国内60%以上的市场份额，2009年销售突破1000万元。个人入选“江苏省高层次创新创业人才引进计划”和“姑苏创新创业领军人才计划”。 2010年，入选第三批中央引进海外高层次人才“千人计划”。

张鹏飞

博通集成电路（上海）有限公司董事长。1983至1994年在清华大学无线电系获学士、硕士和博士学位；1994年赴美在洛杉矶加大（UCLA）从事博士后研究工作。曾先后在美国Rockwell Semiconductor Systems、Fujitsu Microelectronics、Resonext和RF Micro Devices等公司从事技术开发和管理工作；在Resonext工作期间作为主要设计者，带领团队成功推出了世界首款可规模量产的零中频5.8 GHz CMOS WLAN射频收发器；在RFMD工作期间，负责WLAN业务部射频芯片从系统定义、电路实现到量产终测的所有开发环节，成功赢得了包括Enterasys、Taiyo Yuden等在内的终端客户；拥有8项美国发明专利，并发表了10余篇技术论文。2005年2月回国，在上海张江高科技园区协同创办博通集成电路（上海）有限公司，任董事长。公司专注于无线通信领域的集成电路的研发设计，主要采用国际领先的RF-CMOS电路技术，结合先进的数字信号处理和系统集成技术，为消费类市场提供工作于900 MHz、2.4 GHz和5.8 GHz等多个载波频段的无线通信集成电路和相关系统产品，自主研发并成功推向国际市场的世界首颗5.8 GHz无线语音芯片，已为AT&T、VTech等多个世界知名品牌所采用。2010年，个人入选第四批中央引进海外高层次人才“千人计划”。

张　涛

基因科技（上海）有限公司董事长、香港基因集团（Gene Group Holding）董事长。留美博士。由其发起和带领的基因集团目前已发展成为中国最大的生命科学产品及服务供应商之一.多年来，集团不断引进先进的产品技术，服务于国内各大院校、科研基地、医院，为推动国内生物产业的发展起了积极作用。基因科技（上海）有限公司成立于2004年，位于上海紫竹科技园区，是基因集团的研发生产基地，以追踪生命科技前沿，致力于把先进的生物芯片技术运用于基础研究及临床分子诊断、以核酸探针和蛋白抗体为基础的分子病理检测系统、肿瘤靶向治疗的基因突变检测技术及产品的研发推广和产业化，拥有一系列具有自主知识产权的技术及产品。2010年，个人入选第四批中央引进海外高层次人才“千人计划”。

张晓东

江苏倍多科技有限公司董事长。1985年毕业于天津大学计算机系，获学士学位；1988年毕业于中国科学院研究生院，获硕士学位；1989年留学美国，获美国麻省理工大学计算机科学硕士、西维吉尼亚大学MBA学位。后多年在美国国家实验室从事网络安全研究，又加入惠普公司，是全球第一家网络支付平台建设的负责人。1997年，成为首批硅谷创业的中国留学生之一，两年后被收购合并；2001年在硅谷创办Ipedo数据库公司，任董事长，公司得到国际风险投资的亲睐。2008年8月回国，在无锡新区创办江苏倍多科技有限公司，任董事长。公司拥有世界领先的XML数据库技术，已经在军方国防科大、财政、数字校园、公安及电力行业方面有广泛的应用，是全球同行业的领跑者，国际标准化组织W3C XQuery工作组的创始成员和Web Service工作组的主要成员。其中“非结构化数据管理系统”项目已经入围国家“核心电子器件、高端通用芯片及基础软件产品”重大专项复审。个人入选“江苏省高层次创新创业人才引进计划”、无锡“530计划”。2010年，入选第三批中央引进海外高层次人才“千人计划”。

张晓东

天津托普泰克生物科技开发有限公司董事长兼CEO。1960年7月出生。1996年第四军医大学博士毕业，先后留学英国、德国和日本，东京大学博士后。2005年8月回国，在天津开发区创办天津托普泰克生物科技开发有限公司，任董事长兼CEO。并担任南开大学教授、博士生导师、中国抗癌协会肿瘤标志委员会常委、天津市抗癌协会理事等社会职务。公司致力于生物医药的研发，研发与预防和治疗肿瘤相关具有自主知识产权的生物药物和疫苗，2009年6月进驻天津国际生物医药联合研究院，建立了多肽药物研发平台，先后承担国家863计划和天津市科技支撑项目等4个研究项目，开展的“抗乙肝X蛋白多肽药物”项目已取得体内外动物水平明显药效，获得天津市科技支撑项目和滨海新区科技重点项目基金资助，获得授权专利2项。个人获得国家科技进步二等奖1项、陕西省科技进步一等奖1项。2010年，入选第四批中央引进海外高层次人才“千人计划”。

张　愚

珠海斑点猫软件有限公司总经理。美国得克萨斯A&M大学（Texas A&M University）信息系统管理学硕士。曾任美国karzon 公司总裁，该公司是最早把J2EE思想应用于商业系统的软件公司之一。2006年4月回国，创办珠海斑点猫软件有限公司，任总经理。公司在系统安全和数据安全两方面拥有深厚的技术，业务维度覆盖了工具软件、端软件、服务软件、服务平台、以及娱乐业等，是广东省信息产业厅的“双软企业”，美国Intel公司、Google公司、Digital River公司、澳门大学等众多海内外知名公司的合作伙伴和多所海内外知名高等院校的教学科研实习基地。2010年，个人入选第三批中央引进海外高层次人才“千人计划”。

张中标

天津砚津科技有限公司总经理。1986年考入南开大学化学系；1990年毕业取得理学、经济学双学士学位，同年被学校推荐免试攻读硕士学位；由于学业成绩出色，1992年免试直攻博士学位；1995年博士毕业留校任教；1997年晋升副教授。为了学习国外先进技术，使自己的研究有所突破，1998年8月，赴日本电气通信大学做助手（文部教官），并在日本最大的电报电话公司做研发工作；2001年7月，赴加拿大多伦多大学化学系做博士后研究员，后又在美国多所知名大学实验室从事科研工作。共发表学术论文46篇，32篇论文被SCI收录。2007年10月回国，在天津师范大学水环境与资源实验室工作，任教授、博士生导师；2009年创办天津砚津科技有限公司，任总经理。公司主要从事新材料、新能源、新医药、环境保护相关的高新技术产品的研发、生产、销售、技术服务、转让等经营活动。2010年，个人入选第四批中央引进海外高层次人才“千人计划”。

赵善麒

江苏宏微科技有限公司总经理。法国INSA de Lyon博士后，是中国第一位电力半导体器件专业博士。自1983年开始从事电力半导体器件的研究工作，曾加盟美国 APT 公司，开发了高压 IGBT 和超快软恢复 FRED 产品线，并创建 APT 中国，任 APT 中国区首席代表兼总经理，拥有1项美国专利、9项中国发明专利及6项中国实用新型专利，获国家发明奖1项，国家教委科技进步奖1项，在国际著名学术刊物上发表论文10余篇，在国内著名学术刊物上发表论文20余篇。2006年6月回国，在常州高新区创办江苏宏微科技有限公司，任总经理，兼任南京大学常州研究院电子节能技术工程中心主任、国家“十一五”重点攻关项目IGBT芯片研发的首席专家、国家“863”项目“车用IGBT模块”负责人。公司主要从事新型电力半导体器件及模块化的整机研发和生产，已建成国内首条具有自主知识产权的新型电力电子功率模块生产线，现有48种芯片产品，170余个功率模块产品推向市场，自主研发的“焊机专用FRED分立器件和模块”产品，已经占到国内市场的20%以上，成为国内电力电子技术的排头兵。公司先后被认定为“江苏省高新技术企业”、国家IGBT标准起草单位之一，承担了5项国家级项目、2项省级项目。个人入选“江苏省高层次创新创业人才引进计划”，获得“2007年度中国侨联科技创新人才奖”、“北京市科技新星”等荣誉称号，并享受国务院突出贡献专家特殊津贴。2010年，入选第三批中央引进海外高层次人才“千人计划”。

赵　炜

西安宝莱特光电科技有限公司董事长。1982年考取复旦大学；1986年获“上海市高等院校优秀毕业生”称号被免试录取为复旦大学研究生，期间任复旦大学物理二系研究生学生会主席；1989年硕士毕业后留校任教；1994年留学以色列希伯莱大学（Hebrew University of Jerusalem），创立“全以色列中国学生和学者联谊会”出任首届主席，1999年获物理化学博士学位；1999至2000年在美国德州大学奥斯汀分校（UT Austin）进行博士后研究。2000至2006年美国UT Austin资深研究员（Senior Re-searcher）。2007年回国，发起成立西安宝莱特光电科技有限公司，任董事长，并担任陕西省平板显示技术工程研究中心主任。公司是当前国内唯一掌握PLED器件成套技术，具备产业化技术基础的企业，拥有的PLED核心技术已获中国和新加坡专利授权，同时还申请欧盟、美国、日本、韩国等国家和地区的专利保护，依据自主知识产权设计建造的我国首条PLED工业试验线已投入使用。个人入选陕西省“百人计划”，并获得“陕西省优秀留学回国人员”、“西安侨界先进个人”、“第二届百名华侨华人专业人士杰出创业奖”等荣誉奖励。2010年，入选第三批中央引进海外高层次人才“千人计划”。

赵祖春

苏州安凯科技有限公司董事长兼总裁。美国加州大学有机化学博士。曾任美国波勒克斯公司新药开发科学家、新药开发研究室主任，领导新药研实验室从事抗心血管病和免疫药物的研发，并指导博士后从事生物活性天然产物的全合成；2000至2008年，任美国麦他波勒克斯公司新药研发副总裁，作为公司领导小组成员之一协同领导全公司的日常运作和所有决策，参与和决策公司的华尔街融资以及与强生公司5.5亿美元的产品合作，全权负责公司化学方面的新药研究、开发以及放大生产；同时担任美中药协西区理事；2004年创建美国CHEMLEX医药公司，任董事长。曾参与8个新药研发项目，其中4次担任项目总指挥，8个项目全部进入美国FDA批准的临床试验，申请有20多项国内外专利。2008年回国，在苏州高新技术开发区创办建苏州安凯科技有限公司，任董事长。公司以美国医药科技技术为平台，专业从事医药原料研发生产和技术服务。个人获得“苏州高新区领军人才”等荣誉称号。2010年，入选第四批中央引进海外高层次人才“千人计划”和“江苏省高层次创新创业人才引进计划”，以及“苏州市姑苏领军人才计划”。

郑朝晖

上海海加网络科技有限公司技术总监。1968年3月出生，江西南昌人。1997年于加拿大渥太华大学获得系统科学硕士学位，之后分别任职于加拿大、美国的Entrust公司。2005年回国，在上海嘉定高科技园区创办上海海加网络科技有限公司，任技术总监。公司主要从事具有自主知识产权的有线和无线网络安全产品软件与硬件的研发、生产和销售，先后承担过3项省级以上的科研项目，并获得了国家科技部科技型中小企业创新基金和上海市“科技创新行动计划”基金的支持，成功开发了海加网络SSL VPN系列产品，被多家著名公司和机构采用，在高速安全接入网关后台软硬件系统、3G终端中支持多种操作系统平台的嵌入式软件、SSL安全协议的实现与扩展等研发方面走在国内的前列。2010年，个人入选第三批中央引进海外高层次人才“千人计划”。

郑群怡

蕾硕医药化工（长沙）有限公司董事长兼总经理。美国科罗拉多大学有机化学博士，康奈尔大学生物有机化学博士后。多年从事天然植物产品管理及研发工作，是天然产物及保健品开发研究方面的专家，也是国际植物药工业界的领军人物。曾任美国三家上市公司（纯世界植物药公司、肯特金融投资公司、肯特投资控股公司）总裁，具有15年在北美管理研发、生产及销售经验。拥有20多项美国专利，在全球学术刊物上发表多篇学术论文，著有《保健品标准及分析》等4本专著，并参与了美国草药协会标准化产品标准及美国草药药典的评审和制定。2007年底，创办蕾硕医药化工（长沙）有限公司，任董事长兼总经理。并担任美国蕾硕化学公司首席执行官，兼任长沙国家生物产业基地分析检测中心主任。公司主要从事天然植物产品的研发生产，融合植物提纯和化学合成等技术，研发具有自主知识产权的原创植物单体改性分子，既为世界各大药厂提供药品研发的前期先导分子，也为提高中国天然植物产品的高科技附加值提供技术支持和储备，同时还为世界各大药厂提供产品及技术的外包服务。目前公司已与欧美五家药厂建立研发、外包合作，自主开发产权产品已进入全球大药厂。2008年公司与中医药大学等单位成功承担了省科技厅重大科技专项预研项目。个人入选湖南省“百人计划”，并荣获长沙首届“星城友谊奖”。2010年，入选第三批国家引进海外高层次人才“千人计划”。

钟路华

山东省意可曼科技有限公司董事长。1968年出生，湖南邵阳人。1996年8月毕业于美国麻省大学波士顿分校，获化学硕士学位。曾在美国留学、工作10余年，一直从事于可完全生物降解材料领域研究，并取得了一批世界领先的研究成果，特别是在基因菌种的构建、提取、产业化等方面创造了10余项发明专利。2004年7月回国，创立深圳市奥贝尔科技有限公司；2008年4月，创立深圳市意可曼生物科技有限公司；同年9月，在山东邹城设立全资子公司山东省意可曼科技有限公司，任董事长。公司专业从事可完全生物降解材料聚羟基烷酸酯（PHA）及其应用产品的研发、生产和销售，是世界首先成功实现PHA产业化的企业。公司的可完全生物降解材料获得欧美等国家认可，已分别通过了欧盟全生物降解材料认证（EN13432）、欧盟食品药品安全认证（EC2004）、美国食品药品安全证书认证（FDA）、欧盟家庭降解认证（OKHomeCom－post）。个人入选山东省“万人计划”、济宁市海外人才引进“511”计划，并获得“泰山学者海外特聘专家”、“深圳市海外高层次专业人才”等荣誉称号。2010年，入选第三批中央引进海外高层次人才“千人计划”，并获得“中国侨界贡献奖。”

钟娅玲

四川亚连科技有限责任公司董事长。女，1958年10月出生，四川人。1999年毕业于日本熊本大学，获博士学位。回国后，创办多家研究所和公司。2006年3月，创建四川亚连科技有限责任公司，任董事长。公司主要从事新能源领域的高新技术开发和工业化应用，近年来开发新技术、新工艺14项，近3年已申请国家专利近10项，其中4项获得专利授权，在美国、巴西、泰国等国申请国际专利，年销售收入超过5000万元。个人获得中组部等五部委授予的“留学回国人员成就奖”、“全国优秀出国留学人员先进个人”、“四川省跨世纪优秀中青年人才”、“四川省人才千百万工程第一批高级人才”、“成都市有突出贡献的优秀专家”等荣誉称号，是国家计划委员会燃料酒精评审专家。2010年，个人入选第三批中央引进海外高层次人才“千人计划”。

周　骋

北京爱普益生物科技有限公司董事长兼总经理。1990年获上海复旦大学遗传及遗传工程学士学位，1996年获美国北德克萨斯大学健康医学中心生物医学博士学位，此后在贝勒医学院国际知名的Dr. Ming-Jer Tsai的实验室作博士后研究。2001年由美国著名生物技术公司Incyte Corporation创始人和资深副总裁Jeff Seilhamer博士亲自招入Incyte担任资深科学家，主要从事新药的药靶筛选与鉴定，高通量小分子筛选的细胞学检测系统的建立及抗肿瘤药物的研发管理等工作，在基因组学及生物药物开发等方面颇有建树。2003年12月回国，就职于北京诺赛基因组研究中心有限公司暨国家人类基因组北方研究中心，先后任副总经理、代总经理等职。2005年7月，协同创立北京爱普益生物科技有限公司，任董事长兼总经理；2007年4月，投资成立北京爱普益医学检验中心，任执行董事。并担任北京医学会健康管理学专业委员会委员、北京健康管理协会副会长、全国生物芯片标准化技术委员会委员、第六届卫生部全国卫生标准委员会委员、中国医学科学院蛋白质组研究中心学术委员会委员、全国青年联合会第十届委员会委员、北京市青年联合会第十届委员会常委委员等社会职务。爱普益生物致力于分子诊断试剂研发、生产、销售及提供临床医学检验技术服务，建立了完善的实用型生物芯片研发平台、中试车间，形成了以实用型低密度生物芯片为核心的一系列高端分子诊断试剂盒以及相关配套仪器等产品。个人入选北京市“海聚工程”，获得“北京市特聘专家”等荣誉称号。2010年，入选第三批中央引进海外高层次人才“千人计划”。

周海军

河北华美光电子有限公司董事长。1968年出生，河北人。1991年清华大学物理系毕业，后赴美留学；1997年获美国科罗拉多大学电子及计算机工程系电子学博士学位。长期从事GaAs激光调制器与光探测器阵列、垂直腔面发射激光器、光电子集成、光电子封装方面的研究工作。2003年领导和完成了世界上首个850nm10Gb/sXFP高速光电收发模块的研发及生产。2006年回国，同年8月在河北怀来创办了华美光电子有限公司，任董事长。公司主要研发、生产和销售光通讯和其他光电子领域相关产品，包括高速率、高集成度半导体有源光电器件及其系统，在专业领域所拥有的核心光芯片技术和封装技术处于国际前沿，现已研发光电产品400种以上，部分高端产品填补了国内空白。公司与中国科学院半导体研究所及高校合作，承接国家重大研究项目，已成为国家研发光通信有源器件产品的一个主要基地，项目实施对于我国电子元器件产业加强自主创新，打破国外企业市场垄断，提高我国光电元器件产品国际竞争力具有重要意义。2010年，个人入选第三批中央引进海外高层次人才“千人计划”。

周怀北

武汉拇指通科技有限公司董事长。1964年2月出生，湖南湘潭人。1987年8月毕业于武汉大学空间物理及无线电物理专业，分别获得理学学士和硕士学位；1987年9月开始在中国科学院中国科技大学研究生院（北京）攻读博士学位，研究空间等离子体探测技术；1990年9月获得美方奖学金去美国留学；1994年5月获得马里兰大学无线电物理博士学位；同年5月到1996年1月在美国国家标准局做博士后，研究生物信息工程；1996至1999 年在乔治•华盛顿大学学习工商行政管理（MBA）。1996年1月至1999年5月在美国通用电气公司任高级工程师，从事卫星通讯技术的研发；1999年5月至2002年4月受聘于美国 Motoro-la/Nextel移动通信公司，任高级经理，从事移动通讯的研究与开发。2004年7月回国，创办武汉拇指通科技有限公司，任董事长；2005年，受聘成为武汉大学国际软件学院院长，并担任中国旅美科学家协会理事、北美国际交流中心执行理事等职务。公司主要从事网络游戏和手机游戏等互动娱乐项目的开发与运营，成功开发了具有自主知识产权的游戏引擎和游戏平台，目前已完成多款网络游戏产品的开发，并完成了基于WAP平台的游戏开发。2010年，个人入选第三批国家引进海外高层次人才“千人计划”。

周　俭

内蒙古晟纳吉光伏材料有限公司董事长。1986年毕业于上海华东理工大学化学工程系； 1989年赴美深造，主攻半导体单晶生产技术，就读于美国最好的工程技术大学之一克拉克森大学；1994年完成其硕士及博士学位。由于在校时的出色表现及深厚的专业知识，毕业后，服务于世界级晶体及光学组件生产企业美国Crysteco公司，任单晶硅工程师，参与公司单晶硅的技术与研发；1996年进入美国三菱硅材料有限公司，任主任工程师，从事大直径单晶硅生产工艺的研发并主持大规模生产。2000年在美创办美国俄勒冈州材料技术有限公司，主要从事单晶硅相关技术服务。在此期间，主持设计和筹建了中国国内两家单晶硅生产企业——北京国泰半导体材料有限公司和上海申和热磁电子有限公司硅一部。2004年回国，创办了上海杰姆斯电子材料有限公司，为太阳能及半导体级硅片/硅棒生产企业提供热场解决方案；2006年，创办内蒙古晟纳吉光伏材料有限公司，任董事长。公司主要从事太阳能及半导体级单晶硅生产，目前已与美国壳牌、日本三菱住友、美国MEMC等国外多家行内知名企业建立了供货关系，前后共申请了6项发明专利，其中1项已经通过审批，5项正在审理中。个人获得内蒙古自治区政府颁发的“先进个人奖”和“出类拔萃人才奖”等荣誉称号。2010年，入选第三批中央引进海外高层次人才“千人计划”。

周　欣

北京大方科技有限责任公司董事长。清华大学硕士，美国斯坦福大学博士。在美攻读博士期间，师从美国工程院院士、激光光谱测量领域国际权威Ronald. K. Hanson 教授，在气体检测测量领域实现了多个突破。曾担任美国光谱仪器公司首席科学家，负责公司的技术创新、新产品的研发和市场化，成功研发10余个国际首创新产品，达到世界领先水平，解决了长期存在的测量难题；曾多次深入美国及其它国家的世界著名石油、化工、天然气公司进行实地实验和调研，获得了丰富的现场经验，从而对公司产品进行多项创新和改进；先后申请美国专利11项，其中6项为第一发明人；国际期刊杂志发表文章7篇，代表公司13次在国际会议上发表文章及学术报告，国际会议发表文章20余篇，担任多家学术杂志评委以及多家专业协会成员。2009年回国，在北师大科技园创办北京大方科技有限责任公司，任董事长。公司以国际领先的可调谐激光检测技术为平台，致力于新一代光电测量技术的研究与应用开发，公司自主研发的光电测量技术在气体检测与燃烧诊断等领域处于世界领先水平，可以广泛地应用在石油化工、冶金、航空航天和环保等行业的过程分析和实验室分析中。2010年，个人入选第四批中央引进海外高层次人才“千人计划”和北京市“海聚工程”。

周治明

海聚高分子材料科技（广州）有限公司董事长兼总经理。1979至1986年，在华南理工大学攻读高分子材料学士及硕士，随后在华南理工大学任教4年；1990至1994年，在英国利兹大学和曼彻斯特大学攻读英国高分子材料博士；1995至1996年在美国麻省大学攻读美国高分子材料博士后。后在美国多家公司担任资深技术专家、顾问等，期间在高分子复合材料、高性能材料、粘合剂、光学材料和光反应材料、生物医学材料等基础和应用研究领域作出了突出贡献，已在美国、英国、法国、德国、日本、意大利和中国等国家申报或获得发明专利60多项，其中原创性申报美国专利40多项，国际专利（PCT）20多项。2004年回国，创办海聚高分子材料科技（广州）有限公司，任董事长兼总经理，并任广州留学生商会副会长和广州市第十一届政协委员。公司专注于新材料领域的创新和开发，为众多世界 500 强企业提供多类型的新材料及新技术服务，结合中国油漆、涂料市场的实际情况，成功研发出绿色环保、无污染、无溶剂的高性能环保涂料，水性光油、高性能强力水性粘合剂，光固化涂料和功能化环保涂料等系列产品，广泛应用于建筑、家庭、汽车、电子、医疗等众多行业，在美国、英国、法国、德国、日本、意大利和中国等国家申报或获得发明专利多达到60多项， 其中原创性申报美国专利40多项，国际专利20多项。个人荣获“广州新侨回国创业杰出贡献奖”，并受聘为首批“广州市政府留学人员专家顾问团”成员。2010年，入选第三批中央引进海外高层次人才“千人计划”。

朱松纯

湖北视神软件科技有限公司董事长。1968年出生，湖北鄂州人。1991年毕业于中国科学技术大学计算机系；1992年赴美留学，师从于国际数学大师大卫•孟弗德（David Mumford）教授（1974费尔兹奖得主，国际数学界及计算机视觉领域泰斗），1996年获哈佛大学计算机博士学位；1996年9 月，在美国布朗大学做博士后研究。1997年9月，任斯坦福大学讲师；1998 年9月，在俄亥俄州立大学任助理教授；2002至2006年，任加州大学洛杉矶分校副教授、教授，后任美国洛杉矶加州大学计算视觉与图像科学中心主任。期间在国际一流刊物及会议上发表论文70余篇，累计被SCI正面他引740余次，并曾获得多项美国国家级奖励及国际大奖，其中包括2001年获Sloan研究基金颁发的学者奖（Sloan Fellowship），2003年于国际计算机视觉大会颁发的马尔奖（Marr Prize，该奖为计算机视觉及图像科学领域最高荣誉，每两年授予一次），并被国际模式识别委员会（IAPR）授予2008年度“J. K.Aggarwal奖”。曾主持多项美国国家科研项目，包括多项自然科学基金课题。2004年，在湖北鄂州创办国内首家非营利性学术机构——湖北莲花山计算机视觉和信息科学研究院，任院长；后创办湖北视神软件科技有限公司，任董事长；2007年受聘为中国教育部“长江学者奖励计划”客座教授；2008年被聘为北京理工大学兼职教授和博士生导师。公司依托湖北莲花山计算机视觉和信息科学研究院，致力于研制世界上第一个通用的视觉芯片VPU，并将其广泛应用到智能安全监控、数字化艺术、智能机器人、汽车无人驾驶、军事卫星图片理解等市场，同美国微软亚研院、美国UCLA大学及中国多所高校、中科院各所等单位有着密切的合作关系。2010年，个人入选第三批国家引进海外高层次人才“千人计划”。

朱一明

北京芯技佳易微电子科技有限公司总经理。清华大学物理学士、硕士，美国纽约州立大学石溪分校电子工程系硕士。曾在Monolithic System Technologies公司从事存储器芯片开发工作多年，作为项目主管和主要的设计者完成了多种基于1T-SRAM技术的全定制的静态储存器和1T-Q、1T-F 等多种基于逻辑工艺的存储器；在iPolicy Networks公司研发网络处理器搜索引擎，实现IPv4Patricia-Tree，Hash，Multi-tree搜索算法，开发VPN子系统中的SystemBus Scheduler芯片组。2005年4月，在盈富泰克投资公司的帮助下，回国创办了北京芯技佳易微电子科技有限公司，任董事长兼总经理。公司专门从事存储器及相关周边芯片设计、研发与服务，拥有世界领先和独特dySRAMTM 和gFlashTM两项专利技术，是国内第一家存储器芯片设计领域的企业。2010年，个人入选第三批中央引进海外高层次人才“千人计划”和北京市“海聚工程”。

第五部分

社团篇

欧美同学会·中国留学人员联谊会

概况

欧美同学会1913年在北京成立，2004年增冠“中国留学人员联谊会”会名，是以中国留学海外各国归国同学为主体自愿组成的群众组织，是中国共产党领导下的人民团体，是党联系留学人员的桥梁和纽带，是党和政府做好留学人员工作的助手。

党和国家几代领导人对留学人员和留学人员工作给予了热情关怀和高度重视。毛泽东同志对留学人员寄予了“希望寄托在你们身上”的深情厚望，邓小平同志发出了“要做出贡献，还是回国好”的热情号召，江泽民同志对广大留学人员成长历程做出了“学习、奋斗、团结、奉献”的充分肯定，胡锦涛同志在欧美同学会成立90周年纪念大会上强调，欧美同学会要“努力成为党联系广大留学人员的桥梁和纽带，成为党和政府做好留学人员工作的助手……努力成为留学人员之家。”

宗旨

以邓小平理论和“三个代表”重要思想为指导，团结和服务海内外留学人员，继承发扬留学报国的爱国主义传统，秉持修学、游艺、敦谊、励行的理念，为全面建设小康社会和实现中华民族伟大复兴服务，为完成祖国完全统一大业服务，为维护世界和平与促进共同发展服务。

主要任务

一、学习贯彻党和政府关于留学人员工作、知识分子工作和人才工作的方针政策；

二、推动留学人员报国实践，宣传留学人员报国业绩；

三、开展咨询、信息服务和人员培训等，为促进国家和地方经济社会发展献策出力；

四、联系海外留学人员和团体，开展科技、经济、文化、教育、卫生等领域的交流与合作，组织和推动海外留学人员为国服务；

五、开展多种形式的活动，加强学术交流，丰富文化生活，增进留学人员之间的联系和友谊；

六、反映留学人员的意见和要求，维护会员的合法权益，关心会员的工作和生活，努力为留学人员服务，把本会办成留学人员之家；

七、表彰优秀留学人员，积极举荐人才。

联系方式

地　址：北京市东城区南河沿大街111号

邮　编：100006

电　话：86-10-65592511，65255269

传　真：86-10-6527-3621

邮　箱：wrsa-hyb@coesa.cn

网　址：www.coesa.cn

中华全国青年联合会留学人员联谊会

概况

中华全国青年联合会留学人员联谊会成立于2004年12月21日，是由愿意遵守本会章程的中国青年留学人员（含青年华侨华人）和留学人员社团（含华侨华人社团）自愿结成的、非营利性的社会团体，接受中华全国青年联合会的领导。英文全称Returned and Overseas Chinese Scholars Association of All-China Youth Federation，简称ROCSA。

联谊会的领导机构是理事会，每届任期三年。联谊会设会长1人、副会长22人、秘书长1人，组成会长会议，在理事会闭会期间主持本会工作。设农业科学、信息技术、生物技术、材料科学、管理科学、金融投资、商贸物流、法律、教育文化、新闻传媒、医药卫生、华侨共12个专业委员会，由各专业委员会秘书长主持开展工作。联谊会秘书处设在全国青联海外学人工作部。

联谊会会员主要为在本行业、领域有一定成就和影响的青年留学人员代表性人物，分布在国内各省、区、市和香港、澳门特别行政区以及美国等15个国家。

宗旨

广泛联系，促进交流，凝聚力量，为国服务。

主要任务

一、广泛联系、团结海内外青年留学人员，大力弘扬爱国主义传统，加强青年留学人员之间及与国内社会各界的交流；

二、宣传祖国经济和社会发展成就，广开渠道，促进青年留学人员与国内各地开展人才、资金、项目、技术等合作；

三、维护青年留学人员的合法权益，为青年留学人员的成长成才和事业发展服务，举荐、宣传优秀青年留学人员；

四、会同有关方面开展青年留学人员工作，提出意见和建议，努力优化青年留学人员成长和创业环境；

五、开展中华全国青年联合会授权的其他工作。

联系方式

地　址：北京市前门东大街10号

邮　编：100051

电　话：86-10-85212262

传　真：86-10-85212371

网　址：www.ocss.com.cn

北京市侨联归国留学人员联合会

概况

北京市侨联归国留学人员联合会成立于2004年1月6日，是在北京市侨联领导下，在中国侨联及北京市委统战部的指导下，由在北京创业或工作的归国留学人员自愿组成的、自主管理的、非营利性的社会团体。联合会承认《中华全国归国华侨联合会章程》，面向北京5万多名归国留学人员。

宗旨

团结、教育、引导广大归国留学人员及其眷属，维护归国留学人员的合法权益，为归国留学人员在北京创业和工作服务，发挥归国留学人员的团体优势，成为北京市委和市政府联系团结广大归国留学人员的桥梁和纽带。联合会逐步成为北京广大归国留学人员之家，正在设立包括朝阳区、东城区、西城区及部分大专院校等分会组织机构。

主要任务

一、做好吸引海外人才和智力工作，为实现“新北京、新奥运”战略目标，为首都率先基本实现现代化服务；

二、面向最基层广大归国留学人员，为留学人员创业、就业、社会交往提供各种服务；

三、维护留学人员合法权益，协助政府有关部门解决留学人员实际困难；

四、关心归国留学人员的政治诉求，积极推荐表彰留学人员代表人物；弘扬创业精神，宣传推介留学人员的事迹和成就；

五、发挥北京人才与高新技术优势，组织广大会员积极参与其他省市的科技、人才交流等活动；

六、不断加强自身建设，积极推进留学人员工作的理论研究；

七、加强与海外留学人员、海外留学人员社团组织及新侨组织的联谊工作，推动国际交流与祖国统一进程。

联系方式

地　址：北京市上地东路5-2号京蒙高科大厦B座702-711

邮　编：100085

电　话：86- 10-82782346

传　真：86-10- 64398744

邮　箱：member@ocsf.com

网　址：www.rocsf.org

天津市留学人员联谊会·天津市欧美同学会

概况

天津市留学人员联谊会成立于2005年4月22日，是由天津市留学海外的归国同学及海外留学人员自愿组成的群众组织（联合性非营利性组织），是中共天津市委领导下的人民团体。英文名为：Tianjin Overseas Returned Scholars Association，简称TORSA。

宗旨

遵守国家的法律、法规和国家政策，遵守社会道德风尚，团结和组织广大留学人员，增进友谊，交流学术，努力成为党和政府密切联系广大海内外留学人员、学者的桥梁和纽带。积极提供信息、开展服务，围绕国家的人才战略，服务天津发展，促进经济社会、科学技术、教育卫生、文化体育和各项事业发展。

主要任务

一、弘扬爱国主义思想，倡导报国奉献精神，宣传留学人员的先进事迹和学术成就；

二、开展海内外学友之间的联谊活动，加强学术交流和信息沟通，丰富文化生活，增进会员联系和友谊；

三、推动海内外专家、学者及各界人士之间的联系，增进相互了解，在科技、文化、教育、经济等领域广泛开展合作；

四、组织会员发挥综合智力优势，为天津的发展献计献策，为天津企事业单位提供各类咨询、信息服务和人员培训，为各行业对外合作与交流开辟渠道；

五、联络与天津有渊源的海外学友和留学人员团体，加强他们与天津的沟通；

六、维护会员的合法权益，积极反映海内外留学人员的需求，协助解决困难和问题。

天津市留学人员联谊会在理事会领导下开展工作，有长设办事机构秘书处，现有理事93名。联谊会力图完善自身组织的建设，按国别、专业等分别设立留美、留欧、留日等分会，逐步发展会员，形成覆盖海内外的天津留学人员队伍。

联系方式

地　址：天津市新技术产业园区华天道2号国际创业中心

邮　编：300041

电　话：86-22-27126427，60330550

传　真：86-22-27112792，60330551

邮　箱：tjtorsa@163.com

网　址：www.tjtorsa.cn

河北留学人员联谊会

概况

河北留学人员联谊会是由河北省归国留学人员自愿组成的非营利性社会团体，由河北省人事厅进行工作指导。在2008年7月正式成为欧美同学会·中国留学人员联谊会团体会员。

在当前形势下，河北留学人员联谊会将抓住机遇，创新留学人员工作思路，拓展留学人员工作领域，紧密结合河北省改革建设实际，密切关注人才紧缺的专业和行业，开展多层次、多领域、多形式的咨询服务和智力招聘活动，为海外留学人员和用人单位牵线搭桥；有效利用现代信息工具和手段，为实施人才强省战略、建设创新型河北提供坚实的信息资源保障；营造留学人员来河北工作的良好氛围，让一切有志于来河北发展的留学人员有才可用、有业可创、有誉可享。

主要任务

一、积极宣传、贯彻执行国家和河北省有关留学人员工作的方针、政策。为各类留学人员回国工作和为国服务开展咨询、提供服务；

二、收集反映留学人员的意见、建议和要求：维护留学人员的合法权益，为留学人员创造良好的学习、工作和生活环境；

三、积极组织多种形式的联谊活动，加强海内外留学人员之间和留学人员社团之间的信息、技术和学术交流，丰富会员文化生活，加强留学人员之间的联系与友谊；

四、宣传留学人员留学报国的业绩和贡献，动员组织在河北省的留学人员为振兴河北做贡献。开展留学人员表彰、奖励活动；

五、受主管部门委托，组织留学人员为各级党政机关、企事业单位和非公有组织等部门开展决策咨询、信息服务和人员培训等工作，为河北省建设沿海经济社会发展强省提供智力支持和人才保障。

联系方式

地　址：石家庄市裕华西路408号省人事厅北楼

邮　编：050051

电　话：86-311-87800262

传　真：86-311-87909257

邮　箱：hbzl@hebrs.gov.cn

网　址：www.hebrs.gov.cn

石家庄市归国留学人员联谊会

概况

石家庄市归国留学人员联谊会成立于2002年9月25日，是由石家庄地区归国留学人员自愿组成的具有独立法人地位的群众团体。

作为党和政府联系海内外留学人员与学者的桥梁和纽带，石家庄归国留学人员联谊会将组织归国留学人员发挥专业特长，加强学术交流，进行各类咨询、信息服务和人员培训，为他们的研究和开发工作提供协助，为中外合作交流开辟渠道，为石家庄招才引智、招商引资提供服务。还将联系海内外的留学人员及其团体，拓展他们与祖国的联系和为国服务的渠道，加强民间友好往来，开展交流与合作。同时，积极向市委、市政府反映归国留学人员和海外留学人员的愿望和要求。

联系方式

地　址：石家庄市青园街56号

邮　编：050011

电　话：86-311-86697858

传　真：86-311-86686121

山西欧美同学会·山西留学人员联谊会

概况

山西欧美同学会·山西留学人员联谊会在省城太原隆重成立于2008年10月26日。是欧美同学会·中国留学人员联谊会的团体会员，是由山西归国留学人员自愿组成的、非营利性的群众团体。该组织受中共山西省委领导，由省委统战部代省委管理，是省委联系广大留学人员的桥梁和纽带。

宗旨

遵守国家宪法、法律、法规和政策，发扬留学报国的爱国主义传统，团结归国留学人员，广泛联系海内外学友，团结立会，依章治会，民主办会，实干兴会，为振兴中华、繁荣山西作贡献。

主要任务

一、充分认识开展留学人员工作的重大意义，增强做好留学人员工作的责任感、使命感和光荣感；

二、充分发挥留学人员联谊会的作用，引导支持广大留学人员为山西省实现“三个发展”做出积极贡献；

三、在各级统战部门统一领导下，与有关部门加强协调沟通，逐步形成职责明确、制度健全、运转高效的留学人员统战工作机制，把留学人员统战工作真正落到实处；

四、积极开展工作，当好党联系广大留学人员的桥梁纽带，党和政府做好留学工作的助手，最广泛地把广大留学人员团结在党和政府的周围，把广大留学人员的智慧和力量凝聚到山西省经济社会又好又快发展上来。

联系方式

地　址：中国山西省太原市迎泽大街369号山西省委统战部六处

邮　编：030071

电　话：86-351-4019502

传　真：86-351-4019502

大连市归国留学人员联谊会

概况

大连市归国留学人员联谊会成立于2007年1月10日，是在大连市委统战部领导下，由工作、生活在大连市的归国留学人员自愿组成的地方性、联合性和非营利性的社会团体。

宗旨

宣传和贯彻党的归国留学人员政策，落实国家在“十一五”期间将实施的智力报国计划，吸引海外留学人员及团体通过兼职、开展合作研究、回国讲学、进行学术技术交流、从事考察咨询活动、开展中介服务等多种适当形式为祖国服务。

主要任务

一、广泛凝聚大连市归国留学人员，积极吸引海外留学人员；

二、适应大连市贯彻国家战略、提升核心地位的新形势，围绕全市工作大局，抓住加快“三个中心”建设的重大课题，开展调查研究，积极建言献策；

三、发挥归国留学人员联系广泛的优势，密切与海外留学人员团体、友好城市的交流交往，主动为招商引资、项目对接牵线搭桥；

四、鼓励归国留学人员在立足岗位做贡献的同时，广泛参与社会服务和公益事业，努力把联谊会建设成为归国留学人员锻炼成长的园地和摇篮。

联系方式

地　址：大连市中山区育才街39号

邮　编：116002

电　话：86-411-82758937　82758947

传　真：86-411-82758947

邮　箱：glh937@sina.com

欧美同学会·中国留学人员联谊会留学报国大连基地

概况

为深入贯彻落实党的十七大精神和国家《关于留学人员回国工作“十一五”规划》，欧美同学会·中国留学人员联谊会在中共大连市委、市政府和市委统战部及有关部门的高度重视和大力支持下，于2008年6月5日在大连建立了欧美同学会·中国留学人员联谊会留学报国大连基地（以下简称“大连基地”）。

大连基地建设总体目标是为引进人才、培训人才、举荐人才、孵化企业服务。大连基地将实现“四大功能”，即：引进留学人员，实现推动科技成果转化的功能；培训留学人员，实现提高素质和能力的功能；举荐留学人员，实现为国家经济社会发展服务的功能；开展留学人员工作政策研究，实现为党和政府制定留学人员工作政策服务的功能。大连基地的建设和发展，坚持总体规划、分步实施、优势互补、合作共建的方针，在2－3年内逐步形成具有一定规模的综合管理服务体系，同时将打造一支高素质的管理队伍。

目前，大连基地落户于大连高新技术产业园区海外学子创业园。欧美同学会•中国留学人员联谊会将与大连市委、市政府和市委统战部及有关部门，根据大连基地发展状况和海内外留学人员回国创业的实际需要，把大连基地建成全国性的示范基地，为全面建设小康社会，振兴中华、促进祖国统一做出更大贡献。

联系方式

地　址：大连市高新园区火炬路1号A座214室

邮　编：116023

电　话：86-411-84753808

邮　箱：tzb_sym@dl.gov.cn

丹东市留学人员联谊会

概况

丹东市留学人员联谊会成立于2004年12月8日，是由丹东籍的留学人员和在丹东市工作的归国留学人员自愿结成的联合性、非营利性的地方社会团体。

宗旨

作为与海内外留学人员和学者密切联系的桥梁和纽带，积极宣传和推介丹东，吸引和凝聚更多的留学人员来丹东创业发展，为促进丹东经济发展和社会进步做出贡献。

联系方式

地　址：丹东市振兴区六纬路24号608室

邮　编：118000

电　话：86-415-2121846

传　真：86-415-2121479

邮　箱：ddmjwrj@126.com

吉林省留学人员联谊会

概况

吉林省留学人员联谊会成立于2006年10月13日，是由在（来）吉工作的留学归国人员、在国（境）外学习、工作并关心吉林发展的留学人员和热心留学事业的吉林省社会各界人士自愿组成的非营利性社会团体组织。是省委、省政府联系广大留学人员的桥梁和纽带，是做好留学人员工作的重要社会力量，是留学人员之家，是中国留学人员联谊会的地方分会。英文全称JILIN OVERSEAS SCHOLARS UNION，简称JOSU。

联谊会进一步扩大了与国（境）外留学人员的交流与合作，增强了留学人员到吉工作的吸引力，推动留学人员的能力建设、继续教育和社会实践，造就了一支能够为振兴吉林老工业基地提供智力支撑的高层次留学人员队伍。

宗旨

遵守国家宪法、法律法规和各项政策，遵守社会道德风尚；以马列主义、毛泽东思想、邓小平理论和“三个代表”重要思想为指导；坚持科学技术是第一生产力，认真落实党的人才政策，积极有效地调动各类留学人员的创新创业精神，努力营造“尊重劳动、尊重知识、尊重人才、尊重创造”的良好社会氛围，为实施科教兴省和人才兴业战略做出应有的贡献。

主要任务

一、向省委、省政府反映留学人员的意见、建议和要求，协助省委、省政府做好留学人员服务工作，不断改善留学人员的工作、生活环境，维护留学人员的合法权益；

二、开展留学人员业绩和成果的宣传工作，组织各种形式的联谊活动，加强国内外留学人员和留学人员社会团体之间的信息交流、学术技术交流，促进不同领域留学人员之间的了解与沟通；

三、推动留学人员科技与专利成果的转化，研究成果转化的途径和方式，开辟科技成果向现实社会生产力转化的“绿色通道”，有效地开展资金、技术和人才的引进工作；

四、发挥留学人员的智囊作用，将留学人员的潜能转化为现实生产、管理能力。受政府有关部门委托，组织留学人员投入生产、管理第一线，为各级党政机关、企事业单位、非公经济组织和个人开展综合性管理和单项技术的咨询论证工作。

联系方式

地　址：长春市建设街2650号

邮　编：130021

电　话：86-431-85611227，85611228

邮　箱：rstzjc@163.com

长春市留学人员联谊会

概况

长春市留学人员联谊会成立于2004年12月25日，是在中共长春市委统战部的指导下，由长春市归国留学人员自愿组成的群众团体。

长春市委统战部高度重视留学人员联谊会作用的发挥，坚持指导联谊会加强组织建设，特别是2007年以来，支持有条件的城区和高校成立了联谊会分会。同时，指导联谊会加大引才力度，开展交流交往，加强自身建设，努力把联谊会建设成为广纳人才的集聚地、收集和提供信息的智囊团、政府和人才的连心桥。联谊会结合市情，有针对性地开展了联谊交友、市情调研、专题议政、座谈交流、学术研讨、对口帮扶等工作，在经济社会建设中发挥了独特作用。

宗旨

高举社会主义和爱国主义旗帜，团结归国留学人员，广泛联系海内外学人，促进合作，为统一祖国、振兴中华、建设长春贡献力量。

联系方式

地　址：长春市人民大街78号341房间

邮　编：130056

电　话：86-431-88776527

传　真：86-431-88776527

邮　箱：tuoliqin@changchun.gov.cn

黑龙江省欧美同学会·黑龙江省留学人员联谊会

概况

黑龙江省欧美同学会创建于1998年12月22日，是由黑龙江省留学世界各地归国学人自愿组织的群众团体，也是一个覆盖面广的高层次人才团体。英文全称Heilongjiang Overseas Returned Scholars Association，简称HORSA。

联谊会会员留学国别涉及30个国家和地区，下设5个分会和1个专业委员会。

宗旨

团结归国学人，联系海内外学友，增进友谊、沟通信息、交流学术、开展协作，为振兴中华和黑龙江经济建设做出贡献。

主要任务

一、学习、宣传并贯彻党和政府关于留学人员和人才工作的方针政策；

二、弘扬爱国主义思想，倡导留学报国，宣传介绍留学人员的优秀事迹和学术成就；

三、联系海外留学人员和留学人员团体，开展经济、科技、文化、教育、卫生等领域的交流与合作，努力拓宽海外留学人员与黑龙江省联系和为国服务的渠道；

四、开展咨询、信息等服务，为黑龙江省的经济建设和社会发展献策出力；

五、开展多种形式的活动，加强学术交流，丰富文化生活，增进会员联系和友谊；

六、维护会员的合法权益，关心会员的工作和生活，发挥会员的专长和作用，反映会员的建议和要求；

七、表彰、奖励优秀留学人员，积极举荐人才。

联系方式

地　址：哈尔滨市南岗区文敏街9号
电　话：86-451-82628104
传　真：86-451-82648814
邮　箱：horsa@horsa.org
网　址：www.horsa.org

哈尔滨市留学人员联谊会

概况

哈尔滨市留学人员联谊会成立于2004年12月，其前身是1987年12月成立的哈尔滨市留日学生联谊会和1994年3月份成立的哈尔滨市归国留学生联谊会。是以哈尔滨市留学人员为主体，自愿组成的非营利性的联谊性社会团体。接受业务主管单位中共哈尔滨市委统战部和社团登记管理机关的业务指导和监督管理。理事会成员81人，办公室设在中共哈尔滨市委统战部联络处。

宗旨

在遵守国家宪法、法律、法规和国家政策，遵守社会道德风尚的原则下，发扬爱国传统，团结哈尔滨市归国留学人员和与哈尔滨有渊源关系的华裔、华侨学人，广泛联系海内外学友，促进哈尔滨市对外科学技术、经济文化交流，起到留学人员与党和政府间的桥梁和纽带作用，为繁荣哈尔滨作出贡献。

主要任务

一、弘扬爱国主义思想，倡导报国奉献精神，宣传海内外留学人员的先进事迹和学术成就；

二、推动哈尔滨市海内外留学人员和企业人士之间的联系，增进相互了解，在科技、文化、教育、经济等领域广泛开展交流与合作；

三、发挥综合智力优势，为哈尔滨市的发展提供建设性意见，为企事业单位的发展开展各类咨询、信息服务和人员培训；

四、联络哈尔滨海外学友和留学人员团体，广交朋友，增进友谊，促进哈尔滨市对外交流与合作；

五、维护会员的合法权益，积极反映留学人员的需求，协助解决困难和问题。

联系方式

地　址：哈尔滨市道里兆麟街123号
邮　编：150010
电　话：86-451-84693198
传　真：86-451-84696365
邮　箱：zhangchangzain@sina.com
网　址：www.hrbofa.com

上海市留学人员联谊会

概况

上海市留学人员联谊会是由来上海工作和为上海建设发展服务的出国留学人员组成的民间组织，经上海市民政局核准登记成立，取得社会团体法人资格。业务主管部门是上海市人力资源和社会保障局。

联谊会作为联结海内外留学人员的“桥梁”和“纽带”，在团结海内外留学人员，帮助留学人员了解上海的发展、鼓励他们回国工作和为国服务、促进和帮助上海构筑人才资源高地等方面发挥了积极的作用。联谊会集聚的一大批优秀人才，有的已经成为上海科研和高新技术领域的中坚力量和学科带头人，被誉为“留学人员之家”。

联谊会鼓励海外归国人员以各种方式为国服务。自1997年起，联谊会每年都要参加“上海市赴海外慰问招聘留学人员工作团”，让海外高层次留学人员多方面了解上海的情况，多途径为上海的经济建设服务。自1997年以来，每年接待200多人次的海外留学人员来沪交流考察。

联谊会还通过开展各类学术活动，为留学人员为国服务搭建交流平台。在2000—2001年先后多次组织在法律、金融界工作的留学人员举行座谈会和开展有关的咨询活动，为市政府的重大决策提供参考意见。2000年10月，成功举办了“新世纪上海人才国际化论坛暨高新技术项目洽谈会”，该会所取得的学术成果对上海实施人才战略、构筑人才资源高地具有启迪和借鉴意义。联谊会积极宣传留学人员创业成果，编写了大型画册——《上海留学人员成果集》，展示了留学人员回国创业的风采。

联谊会在有关部门的支持下，针对留学人员回国工作时存在的一些共性困难，积极采取措施，逐步加以解决，使他们能全身心地投入到工作中去。还针对留学人员的特点组织各类活动，与侨办、妇联、青联、欧美同学会等团体联合举办联谊活动，加强了留学人员与社会各界的联系和沟通。

宗旨

坚持四项基本原则，团结广大留学人员，鼓励留学人员为报效祖国、振兴上海贡献聪明才智。

主要任务

一、贯彻落实“支持留学，鼓励回国，来去自由”的留学工作总方针，宣传上海经济和社会发展的成就，鼓励留学人员回国来上海工作和以多种形式为国、为上海服务；

二、发挥留学人员的专业特长和对外联系的桥梁作用，推动上海的科技、文化、经济的发展和对外交流；

三、对留学人员工作提出咨询意见及建议；

四、团结海内外留学人员，共同为把上海建设成国际经济、金融、贸易中心之一而贡献力量。

联系方式

地　址：上海市高安路19号5楼

邮　编：200031

电　话：86-21-64338858，24022582

传　真：86-21-64717121

邮　箱：srsf@21cnhr.gor.cn

网　址：www.21cnhr.gov.cn

上海市欧美同学会·上海市留学人员联合会

概况

上海市欧美同学会·上海市留学人员联合会（英文简称SORSA）是上海市留学归国学人自愿组织的民间团体，也是一个覆盖面广的高层次人才团体。

早在1905年7月1日，李登辉在上海创立了寰球中国学生会，此为欧美同学会前身。1913年又成立了上海欧美同学会；1919年在上海成立了全国中华欧美同学会；1984年9月3日，恢复成立了上海市欧美同学会；为适应新世纪新阶段留学人员工作的发展需要，在保持同学会优良传统的同时最大限度地团结海内外广大留学人员，于2007年12月29日正式增冠新会名“上海市留学人员联合会”。

宗旨

广泛团结归国留学人员，联系海内外学友，增进友谊、沟通信息、交流学术、开展协作、发挥纽带和桥梁作用，为振兴中华、繁荣上海作出贡献。

主要任务

一、举办学术讲座、论坛、研讨会，以及各种联谊、交流活动；

二、编印出版《会讯》、《会刊》及各种文集；

三、组织参观考察，发挥跨学科、跨行业、跨部门优势，建言献策，提供服务咨询，协助引进人才、技术和资金，为上海社会、经济和文化发展牵线搭桥。

联系方式

地　址：上海市陕西北路128号5楼

邮　编：200041

电　话：86-21-62673528

传　真：86-21-62728215

邮　箱：sorsa@sh163.net

网　址：www.china-sorsa.org

上海市浦东新区归国留学人员联合会

概况

浦东新区归国留学人员联谊会成立于2000年，是由浦东新区归国留学人员自愿组成的非营利性社会组织，是经上海市浦东新区民政局核准登记的社会团体法人。2005年更名为浦东新区归国留学人员联合会。联合会接受业务主管单位浦东新区人事局和社会团体登记管理机关浦东新区民政局的业务指导和监督管理。

宗旨

遵守宪法、法律、法规和国家政策，遵守社会道德风尚，遵守诚实、信用、公平的原则，团结浦东新区归国留学人员，联系海外留学人员和华侨华裔学者，增进友谊，沟通信息，交流学术，开展协作，为留学人员回国创业提供帮助；为科教兴国，为浦东科技进步、社会发展和繁荣做出贡献。

主要任务

一、宣传爱国主义思想，倡导报国奉献精神，介绍浦东发展现状和未来前景，宣传留学人员在浦东开发建设的先进事迹和学术成就；

二、开展多样性的海内外留学人员之间的联谊活动，加强学术和创业经验交流以及信息沟通，促进行业之间的合作；

三、推动与海外留学人员、专家、学者和企业人士之间的联系，促进相互了解和对浦东的了解，开展民间往来，在引智、科教、经济等领域广泛开展交流与合作；

四、组织会员发挥综合智力优势，为浦东的开发开放建设提供建设性的建议，为浦东企事业单位发展开展信息服务和人员培训；

五、维护会员的合法权益，向有关部门反映并协助解决留学人员的困难和问题。

作为留学人员在浦东的民间组织，联合会在团结归国留学人员，联系海外留学人员和华侨华裔学者，开展协作，为留学人员回国提供帮助，为浦东科技进步、社会发展等方面作出了贡献和努力。

联系方式

地　址：上海市浦东新区松涛路563号A座

邮　编：201203

电　话：86-21-50800484，50800485

传　真：86-21-50800439

邮　箱：sorsa @sh163.net

网　址：www.paros.cn

南京留学人员联谊会

概况

南京留学人员联谊会成立于2005年1月16日，是由南京市有代表性、有影响性的各界留学人员代表人士自愿组成的，具有团结性、知识性、互助性、联合性、地方性和非营利性的社会团体组织。英文全称NANJING OVERSEAS AND RETURNED SCHOLARS ASSOCIATION，简称NORSA。

联谊会的业务主管部门为中共南京市委统战部，同时接受南京海外联谊会的指导和监督管理。

宗旨

以邓小平理论和“三个代表”重要思想为指导，遵守国家的宪法、法律；宣传和贯彻党的统一战线方针政策，加强本市各界留学人员之间以及他们与港澳台同胞和外籍华人之间的了解和友谊、交流与合作；维护留学人员的权益，团结和调动广大留学人员，为促进南京经济和社会发展，促进祖国统一大业做出贡献。

主要任务

一、学习和宣传党的方针政策，了解和反映留学人员的意见、建议和要求；关心留学人员的工作、学习和生活，维护他们的合法权益；协助解决他们的困难和问题；

二、开展形式多样的海内外学友之间的联谊活动，加强学术交流和信息沟通；

三、联络海外留学人员，努力拓宽他们同祖国的联系渠道；促进海外学友、专家学者、企业家和各界人士与南京的联系，增进互相了解，加强民间往来，在科教、文化、经济等领域广泛开展交流与合作；

四、发挥理事的智力优势和专业特长，围绕我市的中心工作建言献策。开展各种形式的社会讲学、培训、科技咨询、科技开发等活动，帮助理事将科技成果转化为现实生产力，为社会谋福利，为人民服务。积极推动理事为我市的改革开放和“两个率先”做贡献；

五、培养输送优秀党外代表人士。

联系方式

地　址：南京市北京东路41号6号楼

邮　编：210008

南京留学人员协会

概况

南京留学人员协会成立于1997年，1999年经南京市民政局批准成为社团法人，是由南京地区留学回国人员和具有在南京学习、工作经历现仍在海外学习、工作的留学人员，以及关心支持本会活动的社会知名人士、热心本会工作并与留学工作有联系的政府工作人员组成的联合性、地方性、非营利性社会组织。英文名称为Nanjing Association for Overseas Chinese Scholars，简称NAOCS。协会大力推动协会会员之间，以及会员与南京企事业单位之间的广泛的信息交流与项目技术合作，为南京经济建设和社会事业发展服务。协会接受业务主管单位南京市人事局和社团登记管理机关南京市民政局的业务指导和监督管理。

宗旨

遵循党的基本路线，坚持党的改革开放方针，依照国家的宪法和法律，贯彻落实中央和国务院关于“支持留学、鼓励回国、来去自由”的留学工作方针，维护留学人员合法权益，团结、联系广大留学人员发扬团结、奉献、奋发、创业的精神，为促进南京市经济发展贡献力量。

主要任务

一、组织在宁的留学回国人员开展技术服务、技术咨询、技术转让、产品开发和其他科技活动；

二、为海外留学人员短期来宁讲学、参观、学术交流、科研合作、项目引进牵线搭桥；

三、定期组织在宁的留学回国人员开展信息交流、学术交流及联谊活动；

四、为留学人员来宁工作提供咨询服务；

五、为南京留学工作开展提供建议和意见。

联系方式

地　址：南京市北京东路43—2号台城大厦902室

邮　编：210008

电　话：86-25-83639175

传　真：86-25-83213166

邮　箱：kassey@naiep.org

网　址：www.naiep.org

无锡市留学人员联谊会

概况

无锡市留学人员联谊会是以无锡市留学人员为主体所组织的非营利性的民间团体。英文名称为Wuxi Overseas & Returned Scholars Association，简称WORSA。联谊会接受无锡市委组织部、无锡市委统战部、无锡市人事局的业务指导及无锡市民政局的监督管理。

宗旨

团结留学人员和与无锡有关的华裔、华侨、海内外学友，增进友谊，沟通信息，交流学术，开展协作，促进创新，为推动无锡城市国际化进程作出贡献。遵守宪法、法律、法规和国家政策，遵守社会道德风尚，在有关政策规定指导下开展活动。

主要任务

一、宣传爱国主义思想，倡导报效祖国、振兴民族的奉献精神，宣传海内外留学人员的先进事迹和学术成就；

二、促进与海内外会员、专家、学者和企业人士之间的联系，增强相互了解，开展民间往来，在科教、文化、经济等领域广泛开展交流与合作；

三、组织会员发挥综合优势，为无锡的发展提供人才和智力支持，开展各类咨询、信息服务和人员培训；联络与无锡有关的海外学友和留学人员团体，加强他们与无锡的沟通；

四、维护会员合法权益，向政府有关部门反映并协助解决海内外留学人员的困难和问题。

联系方式

地　址：无锡市解放东路888号无锡人才信息大厦

邮　编：214007

电　话：86-510-82823057，82828102

传　真：86-510-82828102

邮　箱：gzh@wxhrm.com

网　址：www.wxrcw.com

常州市留学归国人员协会

概况

常州市留学归国人员协会成立于2007年11月13日。协会的成立，是为了进一步发挥留学归国人员的作用，为留学归国人员和外国专家创建一个新的沟通平台，也标志着常州市人才工作在国际化的道路上又迈上了新的台阶。

常州市制定落实了引进高层次人才尤其是针对海外高层次人才的多项优惠政策，如鼓励支持海外高层次人才来常州投资入股、领办创办企业，对领军型海归创业人才给予“三个百”的优惠政策等等，使常州成为海外人才创新创业的一方“热土”。

常州市留学归国人员主要分布在新能源、新材料、软件、现代制造业、现代服务业和教育卫生等行业。留学归国人员协会成立后，将加快建立海外人才信息网络和畅通高效的海外沟通平台，热忱为留学归国人才和外国专家服务，同时加大“招才引智”力度，吸引更多更优秀的人才来常州创业，真正成为一个层次最高、力量最强、成效最好的协会，成为常州留学归国人员自己的“家”。

宗旨

自愿、自治、自律、自尊、自强。

主要任务

一、弘扬创新创业的精神，发挥桥梁纽带的作用，吸引更多更优秀的海外人才；

二、广泛联系留学归国人员，组织留学人员积极参与科技创新、创办企业等多种形式的活动；

三、维护留学归国人员的合法权益，会同有关部门落实留学人员政策，帮助留学人员解决实际困难。

联系方式

地　址：常州市博爱路129号2203室

邮　编：213003

电　话：86-519-86677276

传　真：86-519-86677276

邮　箱：czrosa@163.com

网　址：www.czrc.com.cn

太仓市留学人才协会

概况

太仓市留学人才协会成立于2007年6月11日，是由太仓市留学归国人员自愿组成的非营利性社团组织，是具有独立法人资格的社会团体，接受太仓市人事局的业务指导、管理和监督。英文全称：Taicang Returnese Association。

协会的成立旨在进一步做好太仓市留学回国人员服务工作，加强留学回国人员之间的交流，通过与国外留学人员和组织、团体建立广泛的联系与合作关系，推动国际人才交流，吸收和借鉴人类社会创造的文化成果，学习世界各国现代化生产和商品经济一般规律的经营方式、管理办法和科学技术，为太仓市的改革开放和经济发展实现“东方新欧洲”发展战略服务。

宗旨

发扬爱国主义精神，团结太仓市留学归国人员，增进友谊、沟通信息、交流学术、开展协作，共同繁荣太仓、振兴中华。

主要任务

一、在太仓市人事局指导下，通过与海外劳动局和华人团体的合作，吸纳优秀海外人才来太仓工作，形成以人才促进项目，以项目吸引人才的良性循环；

二、同海外华人团体和中文媒体合作，宣传太仓人文居住及工作环境，扩大太仓在海内外的知名度；

三、组织会员发挥专业和语言特长，为太仓市经济建设和社会全面发展出谋献策，做企业技术咨询的专家组和政府决策的顾问团。积极参与社会公益活动，发挥会员语言优势和跨文化沟通能力；

四、着眼太仓可持续发展，建立与国外华人科技专业协会的联系与合作，增强太仓市非公有制企业科技创新能力及技术本土化转化能力；

五、联络海外留学人员，努力拓宽他们同祖国，尤其是和太仓的联系渠道；促进海外留学人员、专家学者和各界人士与太仓的联系，增进相互了解，加强民间往来，在科教、文化、经济等领域广泛开展交流与合作；

六、提供政策咨询服务，帮助会员及时获取有关政策信息。维护会员合法权益，协助解决他们在工作和生活中的实际困难和问题；

七、太仓市人事局交办的其他工作。

联系方式

地　址：太仓市上海西路5号

邮　编：215400

电　话：86-512-53545982

邮　箱：webmaster@tcrc.com

苏州市留学人才协会

概况

苏州市留学人才协会是由致力于留学生工作的人员和留学生自愿组成的非营利性社团组织，具有独立法人资格的社会团体，接受苏州市人事局的业务指导、管理和监督。

协会和政府相关部门积极行动，为留创企业争取资金、技术和高层次人才，创造更好的发展环境；同时加强苏州留学回国人员及苏州留创企业间的交流，充分发掘苏州留创人员资源、形成合力，推动苏州留创企业的深入发展，做大做强，形成区域特色和品牌并积极对外拓展市场、辐射影响。

宗旨

通过留学生工作和留学生之间的交流，广交朋友，通过与国内外留学人员和组织、团体建立广泛联系与合作关系，推动国际人才交流，吸收和借鉴人类社会创造的文明成果，学习世界各国现代化生产和商品经济一般规律的先进经营方式，管理办法和科学技术，为发展我市的经济，促进苏州的改革开放和经济建设，尽快实现建成新兴科技城市、人文城市、环境城市、法治城市的目标做出贡献。

主要任务

一、针对苏州经济发展的总体目标，组织会员研究、探讨经济发展的情况和加强留学人才工作的经验交流和工作研讨，为苏州市政府有关部门提供做好留学人才工作的决策参考；

二、会同有关部门开展、推荐、选派会员外出考察、参观、学习、研修，帮助会员提高思想文化素质和专业技术才能；

三、提供政策咨询服务，帮助会员及时获取有关经济信息和留学人才工作的政策；

四、沟通会员与政府部门、社会各界的联系交流，为我市的经济建设、科研献计献策；

五、加强同兄弟省市相关协会的交流，积极参与社会公益活动，扩大会员的交往范围和社会影响；

六、为地方经济和社会发展无偿提供翻译任务；

七、反映会员的意愿和要求，维护会员的合法权益；

八、配合有关部门搞好优秀留学人才的评选和表彰；

九、完成苏州市人事局交办的其他任务。

联系方式

地　址：苏州市道前街170号

邮　编：215002

电　话：86-512-65229621，65228871

传　真：86-512-65228832

邮　件：fhy@rsj.suzhou.gov.cn

网　址：www.csisuzhou.com

福建省留学生同学会·福建留学人员联谊会

概况

福建省留学生同学会成立于1986年10月，是由福建省留学归国人员自愿结成的联合性、非营利性社会组织。2005年增冠“福建留学人员联谊会”会名。英文名称为Fujian Overseas and Returned Scholars Association，简称FORSA。协会接受业务主管单位中共福建省委统战部和社团登记管理机关福建省民政厅的业务指导和监督管理。

在福建省委、省政府的关心下，在福建省委统战部的直接领导下，在福建省有关部门的大力支持和协助下，联谊会组织不断发展壮大，从成立时的161名会员发展到1750多名会员，根据会员的分布情况和开展联谊活动的需要先后成立了12个分会和5个会员小组。

宗旨

继承爱国主义优良传统。遵守宪法、法律、法规和国家政策，遵守社会道德风尚。团结福建留学归国同学，广泛联系海内外同学、学人，增进友谊，沟通信息，交流学术，开展协作，共同为繁荣福建、振兴中华和统一祖国大业作出贡献。

主要任务

一、弘扬爱国主义精神，倡导留学报国思想，宣传介绍海内外留学人员的先进事迹和学术成就；

二、开展形式多样的海内外学友之间的联谊活动，加强学术交流和信息沟通；

三、联络海外福建留学人员和留学生团体，努力拓宽他们同祖国的联系渠道；促进海外专家学者和各界人士之间的联系，增进互相了解，加强民间往来，在科教、文化、经济等领域广泛开展交流和合作；

四、组织会员发挥专业特长，为我省经济和社会全面发展出谋献策；举办各种类型的咨询、信息服务和人员培训等活动；

五、维护社会的合法权益，关心他们的工作和生活情况，及时向有关部门反映他们的建议和意见，并协助解决他们的困难和问题。

联系方式

地　址：福州市湖东路276号同心楼20层
邮　编：350001
电　话：86-591-87532516
传　真：86-591-88016835
邮　箱：forsal@forsa.org.cn
网　址：wwww.forsa.org.cn

福州市留学生同学会

概况

福州市留学生同学会成立于1998年，是由在福州市工作的海外留学归国人员组成。现有会员200余人，是以留学归国人员为服务对象的社团组织。同学会自成立以来，本着服务于会员、服务于社会、服务于祖国统一大业的建会宗旨，充分发挥人才智力优势，不断加强与榕籍海内外留学人员的联系，广泛开展形式多样的活动，推动和支持其创业报国，为福州市经济社会发展作出了积极贡献。

联系方式

地　址：福州市福飞路井尾5号天河苑
邮　编：350012
电　话：86-13506996160
传　真：86-591-87713650

厦门市留学生联谊会

概况

厦门市留学生联谊会成立于2000年4月，是厦门市留学归国人员自愿组成的具有独立法人资格的地方性、联合性、非营利性社会组织。英文名称为ASSOCIATION OF XIAMEN OVERSEAS AND RETURNED SCHOLARS，简称AXORS。联谊会接受业务主管单位厦门市委统战部、社团登记管理机关厦门市民政局的业务指导和监督管理。

宗旨

发扬爱国主义精神，团结厦门市留学归国人员，广泛联系海内外学人，增进友谊，沟通信息，交流学术，开展协作，共同为繁荣厦门、振兴中华和统一祖国大业服务。

主要任务

一、弘扬爱国主义精神，倡导留学报国思想，宣传介绍海内外留学人员的先进事迹和学术成就；

二、开展形式多样的海内外学友之间的联谊活动，加强学术交流和信息沟通；

三、联络海外留学人员，努力拓宽他们同祖国，尤其是和厦门的联系渠道；促进海外学友、专家学者和各界人士与厦门的联系，增进互相了解，加强民间往来，在科教、文化、经济等领域广泛开展交流与合作；

四、组织会员发挥专业特长，为厦门市的经济建设和社会全面发展进行专题调查研究、出谋献策。举办各种类型的咨询、信息服务和人员培训活动；

五、维护会员的合法权益，关心他们的工作和生活情况，及时向有关部门反映他们的建议和意见，并协助解决他们的困难和问题；

六、承接政府部门委托与本会有关事项。

联系方式

地　址：厦门市白鹭洲路16号团结大厦1310室
邮　编：361004
电　话：86-592-2296646，2699024
传　真：86-592-2699024
邮　箱：axors@public.xm.fj.cn
网　址：www.xmlxs.org.cn

济南留学人员联谊会

概况

济南留学人员联谊会成立于2006年4月6日，是山东省统战系统成立的第一个留学人员联谊会。联谊会的成立，为广泛联系和团结留学人员开辟了一条新的渠道，标志着济南市留学人员工作进入了一个新的阶段。

宗旨

成为开展留学人员工作的有效载体，成为了解留学人员情况、反映他们真知灼见的重要渠道，成为输送留学人员代表性人物的人才库，为济南的改革、发展发挥积极的作用。

主要任务

一、团结济南广大留学人员，充分发挥联谊会作为党和政府联系海内外留学人员的桥梁和纽带作用，巩固和壮大爱国统一战线；

二、不断增强做好留学人员工作的责任感和使命感，积极探索新的机制，加强对留学人员代表人士的培养选拔；

三、加强自身建设，为做好留学人员工作提供保障；

四、主动进入经济主战场，倾力推进科教兴市战略的实施，为济南市改革开放和建设创新型城市做出贡献。

联系方式

地　址：济南市建国小经三路37号市委统战部知识分子处
邮　编：250001
电　话：86-531-82038318
传　真：86-531-82038318
邮　箱：yaoaiyu@jn.gov.cn

青岛市留学人员协会

概况

青岛市留学人员协会成立于2004年2月7日，由青岛市留学回国人员自愿组成的具有独立法人资格的群众团体。

宗旨

凝聚、联系和服务留学回国人员，促进留学回国人员在青岛建功立业。

主要任务

一、及时传达国家和青岛的留学回国工作优惠政策，凝聚留学人员来青岛工作和以各种方式为国家、为青岛服务；

二、组织广大留学人员发挥专业特长，积极参与科技创新、创办企业和多种形式的咨询服务活动；

三、广泛联系留学人员，倡导留学报国，宣传介绍留学人员为国服务的先进事迹和学术成就；

四、多渠道开展科技、经贸、教育、文化等方面的对外交流，联系海内外的留学人员及团体，为青岛招才引智、招商引资牵线搭桥；

五、根据青岛市经济建设和社会发展的需要，为用人单位推荐和引进急需的留学人才；

六、维护留学人员的合法权益，会同有关部门落实留学人员政策，帮助留学人员解决实际困难。

联系方式

地　址：青岛市同安路189号青岛市留学回国人员创业园201室
邮　编：266101
电　话：86-532-89913130
传　真：86-532-88916306

烟台市留学人员联谊会

概况

烟台市留学人员联谊会是烟台市留学人员的群众性、非营利性的社会组织机构，同时也是党和政府团结联系广大留学人员的桥梁和纽带。

宗旨

依照宪法和法律，贯彻落实党中央和国务院关于“支持留学、鼓励回国、来去自由”的留学工作方针，维护留学人员合法权益，团结联系广大留学人员发扬团结、奉献、奋发创业，为把烟台市建设成现代化、国际性港口城市发挥作用。

主要任务

一、宣传烟台市经济、社会发展形势和对外开放政策，支持和引导留学人员为我市的建设和发展多做贡献；

二、联络广大留学人员对烟台市经济、科技等领域的工作进行研究探讨，为有关部门决策提供咨询服务；

三、组织留学人员广开渠道，积极促进烟台市同国外开展经济、技术、文化交流，为引进国外智力、技术和资金发挥牵线搭桥作用；

四、协助有关部门积极改善留学人员的学习、工作、生活条件，更好地发挥留学人员的作用。

联系方式

地　址：烟台市南大街61号
邮　编：264001
电　话：86-535-6683330
传　真：86-535-6683269
邮　箱：rsjhbh@163.net

河南省留学人员联谊会

概况

河南省留学人员联谊会成立于1992年10月，是河南省留学回国人员自愿组成的群众性团体，是河南省委、省政府联系海内外留学人员和海外专家的桥梁和纽带。

宗旨

宣传党的基本路线，坚持党的改革开放方针，执行党和国家的留学工作政策，加强与海内外留学人员的联系，积极为留学人员创造优良环境和条件，充分发挥留学人员的作用，拓宽对外开放的渠道，依靠科技进步，为促进我省经济发展贡献力量。

主要任务

一、举办研讨会、座谈会、学术讲座；

二、提供服务咨询，协助引进人才、技术和资金；

三、为河南省社会、经济和文化发展牵线搭桥。

联系方式

地　址：郑州市顺河路32号
邮　编：450004
电　话：86-371-66359360
传　真：86-371-66329937
邮　箱：ylxec@163.com

湖北省留学人员联谊会

概况

湖北省留学人员联谊会创建于1992年1月7日，是非政府民间团体。通过定期组织各种会务活动，探讨学术，日益成为联系海内外留学人员的桥梁和纽带。

宗旨

遵守宪法、法律、法规、和国家政策，遵守社会道德风尚。团结广大留学人员，密切留学人员与党和政府的联系，加强留学人员与海外科技、经贸及文化教育界的沟通，促进留学人员来鄂工作或为鄂服务，推动湖北对外开放和现代化建设。

主要任务

一、努力当好党和政府团结、联系广大留学人员的桥梁和纽带，认真宣传党和政府有关留学人员的方针、政策，动员留学人员团结协作、奋发图强，在各自的工作岗位上为湖北的经济建设和社会发展作贡献。同时，以向有关部门推荐人才、提供咨询服务等多种方式积极参政议政；

二、发挥沟通海内外的桥梁和纽带的作用，以多种方式积极促进和组织我省同国外开展科技、经济、文化、教育、卫生等领域的交流和合作，为引进国外智力、技术和资金发挥牵线搭桥作用；

三、强化留学人员之间联谊的桥梁和纽带的功能，努力维护留学人员的合法权益，及时向有关部门反映他们的意见和要求，协助有关部门积极为他们来鄂创业以及在海内外的学习、工作和生活创造良好的环境。办好会刊、交流信息、推广经验、宣传先进、促进湖北留学人员工作进一步改进和提高，以达留学人员“强强联合、优势互补、共同发展”；

四、建立“湖北留学人员数据库”、开设“湖北省留学回国人员网站”。

联系方式

地　址：武汉市武昌区中南路14号发展大厦5层

邮　编：430071

电　话：86-27-87257932

传　真：86-27-87257976

网　址：www.hbllh.com

武汉欧美同学会·武汉留学人员联谊会

概况

武汉欧美同学会成立于1998年12月，2007年8月增冠“武汉留学人员联谊会”会名，是以武汉地区留学归国人员为主体自愿组成的群众组织。联谊会接受中共武汉市委统战部、武汉市民政局的业务指导和监督管理。

宗旨

高举社会主义和爱国主义的旗帜，团结留学归国同学，广泛联系海外学人，修学敦谊，相互切磋，扩大交流，促进合作，为统一祖国，振兴中华，发展武汉做出贡献。

主要任务

一、弘扬爱国主义思想，倡导留学报国精神，宣传海内外留学人员的先进事迹和学术成就；

二、举办各种活动，加强学术交流和信息沟通，增进会员联系和友谊；

三、加强与海外专家、学者和各界人士的联系，增进相互了解与合作，开展民间往来，在科技、经济、文化等领域进行交流与合作；

四、发挥会员综合智力优势，开办各类咨询、信息服务和人才培训，为武汉科技、经济和社会发展献计献策；

五、联络与武汉有渊源关系的海外学人和留学生会，拓宽他们与武汉的联系和为国服务的渠道；

六、维护会员的合法权益，向政府有关部门反映他们的建议和要求，协助解决武汉归国留学人员的困难和问题。

联系方式

地　址：武汉市汉口解放大道686号世贸大厦24楼2412室

邮　编：430032

电　话：86-27-85512760

传　真：86-27-85512760

邮　箱：worsa@vip.sina.com

网　址：www.worsa.org.cn

湖南省留学人员联谊会

概况

湖南省留学人员联谊会是湖南海内外留学人员自愿参加的社会团体。业务主管部门为湖南省人事厅，并接受社会团体管理机关的监督与管理。

宗旨

遵守党的基本路线，协助业务主管部门执行党和国家有关的方针、政策，团结海内外留学人员，加强广大留学人员与党和政府的联系，充分发挥留学人员的聪明才智和对外联系的桥梁纽带作用，促进我省改革开放和现代化建设事业的发展。

主要任务

一、宣传党和国家关于留学人员工作的方针政策以及留学人员报效祖国的先进事迹；

二、促进湖南省同国外开展经济、科技、文化、教育、卫生等领域的交流与合作，为引进国外智力、技术和资金牵线搭桥；

三、加强同广大留学人员的联系，了解和反映他们的意见与要求。维护留学人员的合法权益，协助有关部门为留学人员的学习、工作和生活创造良好环境。鼓励广大留学人员为湖南省社会经济发展建功立业；

四、接受政府主管部门的委托，为湖南省留学人员管理工作和政策法规建设提供咨询与服务，完成托办的任务；

五、有计划地开展丰富多彩的联谊活动，沟通思想，交流信息，增进友谊，团结海内外留学人员；

六、面向社会，广开渠道，积极开展科技咨询、开发、服务和外引内联等活动。

联系方式

地　址：长沙市中共湖南省委办公楼5楼521室

邮　编：410011

电　话：86-731-82216523

湖南欧美同学会·湖南留学人员联谊会

概况

湖南欧美同学会•湖南留学人员联合会（英文简称HORSA）成立于2009年5月26日。该会是在中国共产党领导下，由湖南省归国留学人员自愿组成、非营利性质、具有法人资格的群众团体，也是一个覆盖面广的高层次人才团体。会长为湖南省人民政府副省长、致公党湖南省委主委甘霖。中共湖南省委常委、省委统战部部长李微微，中南大学校长、中国工程院院士黄伯云为湖南欧美同学会•湖南留学人员联合会顾问。理事有158名，海外特邀理事有17名。

宗旨

以邓小平理论和“三个代表”重要思想为指导，全面贯彻落实科学发展观，团结和服务海内外留学人员，继承发扬留学报国的爱国主义传统，秉持修学、游艺、敦谊、励行的理念，为振兴中华和湖南发展作出贡献。

主要任务

一、弘扬爱国主义思想，倡导留学报国，宣传介绍和组织交流留学人员的优秀事迹和成就；

二、举办各种活动，加强学术交流，丰富文化生活，增进理事联系和友谊；

三、促进与海外专家学者及各界人士的相互了解与合作，开展民间友好往来，在科技、经济、文化等领域进行人才交流暨学术交流；

四、发挥理事专长，为政府及企事业单位提供咨询及中介服务、为留学人员在创办高新技术企业、合作项目、开展交流活动等方面提供服务；

五、维护理事的合法权益，关心他们的工作和生活，促进并发挥他们的专长和作用，向有关方面反映他们的建议和要求；

六、联络海外留学人员和留学生团体，努力拓宽他们与祖国联系和为国服务的渠道。

联系方式

地　址：湖南长沙市迎宾路185号
邮　编：410011
电　话：86-731-82215613，82217095，82217219
传　真： 0731-82215749
邮　箱：hwrsa@163.com
网　址：hnwrsa.hnswtzb.org

广州欧美同学会

概况

广州欧美同学会原为广州留美同学会，建于上世纪30年代。建国后，会务停顿。1987年恢复活动时，为与北京欧美同学会总会名称相一致，改名为广州欧美同学会。

为适应我国四化建设的需要，团结国内外广大留学欧美学友，发扬热爱祖国，为我国建设事业多做贡献的精神，老一代留学欧美的学者黎献勇、蒲蛰龙等于1984年9月发起回复和重新组织广州欧美同学会的倡议。在广东省、广州市政府有关领导叶选平、刘念先、陈绮绮等同志的大力支持下，1987年6月14日召开会员大会，通过了“广州欧美同学会章程”，选举了张力田教授担任会长，回复了同学会的活动。广州欧美同学会由留学进修欧美或其他国家的学友组成，会员遍布各行各业。

10年来，广州欧美同学会以“加强联系、增进友谊、交流经验、相互激励、团结学友、奉献祖国”为宗旨，开展了许多有益的活动，得到了政府和社会各界的重视和支持。

联系方式

地　址：广州市天河区五山路381号华南理工大学校
邮　编：510641
电　话：86-20-87111484
传　真：86-20-87110668

广州留学人员商会

概况

广州留学人员商会创建于2002年，是全国首家商会性质的非营利性留学归国人员组织。现有会员逾千名，已成为在穗留学人员的真正家园。

本着“为会员谋利益，为社会谋共识”的目的，在祖国高速腾飞的今天，商会主动承担起了团结归国创业精英的责任。以期通过这一平台，积极参加国家建设，配合政府主办的各项大型招商会展及交流活动，同时开展与其他大型民间社团组织的交流，共创和谐广州。商会也是信息交流、学术交流及情感交流的场所，帮助留学归国人员尽快融入当地文化，使所学所能得以充分发挥。同时，针对会员特性，建立了5个专业委员会和一个中心，并以此为基础开展针对性的活动。

宗旨

一、联合在广州及周边地区的留学归国人员，组建成一个在党和政府领导下的留学归国人员的非营利性组织。

二、为会员及会员企业与政府搭建友好的沟通和合作的桥梁。

三、发挥商会凝聚力，服务会员，为会员的事业发展搭建创业及发展平台，最大程度地发挥他们的经济及社会效益，从而实现他们知识报国、技术报国的良好宿愿。

四、最大限度地引进和输出境内外的技术和信息，利用境内外的投资资金，促进境内外的人才交流。

主要任务

一、向回国留学人员介绍情况、发布信息、提供各种优惠政策；

二、协助留学人员在国内注册公司、寻找合作伙伴、风险基金；

三、协助留学人员与各级政府、各职能部门沟通，组织有关留学回国政策、工商税务的发布会；

四、组织参加各种商业活动、展览会、交易会、交流会，促进留学人员项目转化及项目招商；

五、联系新闻媒介，及时报道宣传优秀留学人员及其创业企业，向社会呼吁保护留学创业人员的合法权益；

六、充分发挥利用海内外留学人员的潜力和优势，服务于中国民营经济发展，与工商联其他职能部门合作，定期组织举办服务于民营经济的各种讲座与活动；

七、与各地政府、教育部、人事部、科技部、经贸部、侨办、侨联、欧美同学会、各地开发区、商业团体、公司联系并协调关系，与海内外留学生团体、华人商会建立友好协作关系，与国外商会、学校建立友好协作关系。

联系方式

地　址：广州市滨江东路788号锦骏华庭29楼
邮　编：510310
电　话：86-20-34321880，34321883
传　真：86-20-34321885
邮　箱：gzoccc@yahoo.com.cn
网　址：www.ocscc.org

广州留学回国科技工作者协会

概况

广州留学回国科技工作者协会成立于1998年8月3日，是由广州地区学有所成的归国科技精英倡议，广大留学回国科技工作者及留学生热烈响应，在广州市领导及有关部门热情关怀和大力支持下成立的群众性组织，是广州市科学技术协会的团体会员，也是泛珠三角区域“9+2”合作组织的重要成员单位。

宗旨

在党和政府的领导下，团结广州及其周边地区留学归来的科技工作者，组成具有整体优势的一支生力军，充分调动他们的积极性，发挥他们的聪明才智，把他们在海外所学知识、技术运用到科技进步与经济发展中去。

主要任务

一、通过协会，加强与国内外专家学者、科技团体及企业的联络，促进对内对外科技、经济的交流与合作；

二、架起沟通广大科技人员与政府之间的桥梁，维护他们的权益，反映他们的心声；

三、协助政府做好留学生与进修生的吸引、接收、安置等方面的工作，鼓励更多的海外学子回国服务。

联系方式

地　址：广州市解放北路618-620号府前大厦A座1805室

邮　编：510130

电　话：86-20-83325995，83325053，83325019

传　真：86-20-83325995

邮　箱：ocs413@126.com

中山市留学回国人员联谊会

概况

中山市留学回国人员联谊会成立于2008年6月10日。联谊会的成立，是中山市经济建设和社会发展的需要，是中山市扩大对外开放和参与国际人才竞争的需要，也是联系和服务广大留学回国人员的需要，将进一步密切留学回国人员与市委、市政府的联系，为留学回国人员提供了感情交流、信息互通、科技交流、横向合作的渠道，也便于收集、反映留学回国人员的意见和要求，协助有关部门解决留学回国人员在工作、学习、生活方面的问题和困难。

一直以来，中山市有关部门高度关注海外留学生和留学回国人员，为筹备成立中山市留学回国人员联谊会做了大量的前期工作。联谊会的成立得到广东省侨办和市委市政府的大力支持，广东省侨办主任吴锐成、市委副书记彭建文、常务副市长谢中凡、市人大副主任吴建新、副市长韩泽生等应聘为该会的荣誉会长。

联系方式

地　址：中山市松苑路1号中山市外事侨务局
　　　　国际交流部

邮　编：528400

电　话：86-760-88334455

传　真：86-760-88334455

邮　箱：irs88332136@gmail.com

广西留学人员联谊会（广西欧美同学会）

概况

广西留学人员联谊会（广西欧美同学会）成立于1986年，是以广西壮族自治区留学人员为主体的、适当吸收海外华裔和华侨学人自愿参加的非营利性的人民群众团体。英文名称为Guangxi Association of Overseas & Returned Scholars，简称GAORS。主管部门为自治区统战部，会址设在广西南宁市。

宗旨

继承爱国主义传统，团结留学归国学子，广泛联系海内外学人和与广西有渊源关系的华裔、华侨学人，修学敦谊，相互切磋，共同为振兴中华、繁荣广西做出贡献。

主要任务

一、继承爱国主义思想，倡导报国奉献精神，宣传海内外留学人员的先进事迹和学术成就；

二、团结广大归国留学人员和仍在海外的广西籍学子、华裔、华侨学人，以各种方式为广西经济社会发展服务；

三、采取多种多样的联谊方式加强海内外专家、学者和企业人士之间的联系，增进相互了解，促进广西与海外在科技、文化、教育、经济等领域开展广泛的交流与合作；

四、组织会员发挥本会的综合智力优势，为广西的发展提出建设性意见，为广西企事业单位的发展开展各类咨询、信息服务和人才培训与交流，开展出国留学咨询与服务，开展各项对广西经济和社会发展有意义的活动；

五、通过国外的民间学术团体和留学人员组织，为我区的智力、人才、技术、资金、项目的引进做好中介服务；

六、承担政府部门委托的广西重大经济建设项目的立项、鉴定、评估任务或其他课题；

七、维护广大留学人员的合法权益，积极反映海内外留学人员的需求，协助解决他们的困难和问题；

八、举办或承办各种与广西经济建设和社会发展有关的国际、国内研讨会；

九、协助党委和政府部门做好与留学人员沟通等工作。

联系方式

地　址：南宁市滨湖路63号

邮　编：530028

电　话：86-771-5568639，5568677

传　真：86-771-5568649

邮　箱：gaors_gx@126.com

网　址：gorsa.gxnews.com.cn

桂林欧美同学会·桂林留学人员联谊会

概况

桂林欧美同学会·桂林留学人员联谊会成立于2004年12月19日，是由桂林归国留学人员组成的群众团体。

桂林留学人员学成归国，行业涉及了金融、法律、传媒、旅游、科教、城建等各个领域。他们具有较高的知识文化水平和较成功的事业，有较强的组织和社会活动能力，以及对祖国和家乡赤诚的友好情怀，在中外经济、教育等领域的交流与合作中发挥了重要的桥梁作用，成为桂林市同海外友好往来的使者。桂林欧美同学会作为在党领导下的群众团体，为桂林市归国留学人员搭建起了一个交流平台，把服务桂林建设与发展同服务广大留学人员结合起来，把做好回国留学人员的工作同做好海外留学人员的工作结合起来，把发挥广大留学人员的作用同在他们中发现、培养和举荐人才结合起来，为大力推进桂林市“三个文明”做除了贡献。

宗旨

团结桂林市海内外留学人员，广泛联系海内外学人和与桂林有渊源关系的华裔、华侨学人，修学敦谊，相互切磋，构架与广大海内外人员和学者密切联系的桥梁和纽带，共同为繁荣桂林做贡献，

联系方式

地　址：桂林市榕湖路北路6号
邮　编：541001
电　话：86-773-2818858
传　真：86-773-2823330
邮　箱：gllx2007@126.com

四川省留学人员联谊会

概况

四川省留学人员联谊会成立于2006年10月28日，是四川省各行业留学人员及部分企事业单位自愿结成的社会团体组织。联谊会的成立进一步整合四川省已有的各类留学人员资源，服务四川省经济社会建设。作为连接政府、社会和留学人员的桥梁，能加强留学人员之间、留学人员与政府之间、留学人员和社会之间的良好沟通。留联会成立后，积极开展留学人员业绩和成果宣传工作，研究留学人员科技与成果转化，组织留学人员开展科技咨询等智力服务活动。

联系方式

地　址：成都市东二巷18号四川省人事厅509室
邮　编：610015
电　话：86-28-86763106，86627109
传　真：86-28-86627109，86765106
邮　箱：yybeauty@tom.com
网　址：www.sczjfw.com

重庆留学人员联谊会

概况

重庆留学人员联谊会成立于2009年6月25日，共有226名会员，其中，高校及科研院所有184人，企事业单位有32人，机关有10人；具有研究生学历以上的215人，占95%，其中博士研究生达到160人，占71%。同时，重庆欧美同学会还成立了高新技术服务团、农业科技服务团、法律服务团和医疗卫生服务团4个助推内陆开放高地建设的服务团。

宗旨

遵守国家宪法、法律、法规和各项方针政策，遵守社会道德风尚，继承和发扬留学报国的爱国主义传统，秉持修学、游艺、敦谊、励行的理念，团结重庆市归国留学人员和与重庆有渊源关系的华人华侨学人，联系海内外学友，增进友谊，沟通信息，交流学术，开展协作，为促进重庆对外开放和经济社会发展做出贡献。

主要任务

一、弘扬爱国主义思想，倡导留学报国精神，宣传海内外留学人员的先进事迹和学术成就；

二、举办各种活动，加强学术交流，丰富文化生活，增进海内外留学人员的联系和联谊；

三、推动海内外专家、学者和各界人士之间的联系，增进相互了解，在科技、文化、教育、经济等领域广泛开展交流与合作；

四、为海外学人回国创业兴业提供智力支持；

五、组织会员发挥综合智力优势，积极开展各类咨询、信息服务和人员培训等活动，为重庆的发展提供建设性意见；

六、联络与重庆有渊源关系的海外学人和留学人员团体，努力拓宽他们与祖国的联系和为国服务的渠道；

七、维护会员的合法权益，关心他们的工作和生活，积极反映他们的需求，协助解决困难和问题。

联系方式

地　址：重庆市渝北区新牌坊一路1号
邮　编：401147
电　话：86-23-86868918
传　真：86-23-86868567

云南省留学人员联谊会

概况

云南省留学人员联谊会成立于2008年12月21日。联谊会的成立得到了云南省委统战部、云南省民政厅的批准与指导。

宗旨

为云南省留学人员搭建参政议政、建言献策、施展才华、加强联系与合作、加深友谊的平台，进一步调动云南省留学人员的积极性、创造性，开拓留学人员工作新局面。

主要任务

一、充分发挥智力密集、联系广泛的优势，调动一切可以调动的积极因素，团结一切可以团结的积极力量，群策群力，服务于云南改革发展大局，服务于解放和发展生产力；

二、围绕云南省经济社会发展中的重大问题，深入调查研究，为各级党委政府多献科学发展之言，多谋富民惠民之策；

三、进一步加强同港澳台和海外各界人士的联系，广交朋友，联络感情，宣传政策，牵线搭桥，推动云南与港澳台和海外在经济、科教、文化等方面的交流与合作，为云南省扩大开放、整合资源、加快发展、提高竞争力作出贡献。

联系方式

地　址：昆明市广福福路8号中共云南省委统战部
邮　编：650228
电　话：86-871-3992481，3992488
传　真：86-871—3992482
邮　箱：ynlyh@126.com
网　址：www.ynrosa.or.cn

云南省留学人员创业协会

概况

云南省留学人员创业协会(以下简称协会)是由云南省留学归国人员及有关企事业单位、民间组织自愿组成的非营利性社会团体。

协会会员主要来自留学归国人员在滇创业的企业和企业家，留学归国的中高级人才和经理人；以及正待归国、有意归国创业的留学人员。云南留学人员创业协会的成立，顺应了广大留学人员归国创业发展的需求，为他们提供了难得的高端交流平台；同时也为海内外各界有识之士，为中国现代化大业建言献策提供了便捷渠道。

协会立足于云南、面向全国、团结四海、放眼世界。秉承老一辈留学人员留学报国的优良传统。进一步团结和凝集广大在滇留学人员，努力成为党和政府联系留学人员的桥梁和纽带。协会通过搭建平台，为会员提供创业互助，合作交流，共谋发展。为政府建言献策，招商引资引智。

协会将充分发挥留学人员创业精神足，创新能力强，掌握国际先进技术，具有中外文化合璧的背景和广泛的国内外人际关系等独特优势，以一种“愿将己身化为桥”的精神，推动全球人才互动，搭建科技交流平台，信息交流平台，创业服务平台，瞄准国际科技前沿，积极抢占现代科技制高点，引进和消化国外领先技术。促进项目技术、人才、资金的国际流动。

协会将帮助留学归国人员解决创业过程中面临的实际困难，维护留学人员的合法权益，会同有关部门落实留学人员政策。组织留学人员积极参与科技创新，创办企业和多种形式的活动。进一步发挥留学人员的作用，为云南省的社会经济事业的可持续发展作出自己的贡献。

联系方式

地　址：国家级昆明经济技术开发区云大西路39号
　　　　创业大厦608室
电　话：86-871—6358828
传　真：86-871—6358788
邮　箱：ypocepa@163.com
网　址：www.ypocepa.com

贵州留学人员联谊会（贵州欧美同学会）

概况

贵州留学人员联谊会（贵州欧美同学会）成立于2008年12月29日。联谊会的成立，为贵州省广大留学人员创造了一个学术交流的平台，一个反映意见建议的渠道、咨询服务的窗口和寻求支持的依托，有利于拓宽贵州省引进高新技术人才和高级管理人才的渠道。

贵州留学人员联谊会在政府与留学人员之间充分发挥了桥梁和纽带作用，为留学人员提供优质服务，并通过自己在国外的各种联系，为贵州引进更多人才，尤其是贵州经济社会发展急需的领导人才。在团结凝聚留学人员发挥作用方面作出新贡献，在协助党和政府开展留学人员工作方面取得新成效，在加强自身建设方面实现新突破，真正成为党联系广大留学人员的桥梁纽带，成为党和政府做好留学人员工作的助手，成为具有广泛影响力和强大凝聚力的留学人员之家，为推进贵州经济社会历史性跨越作出新贡献。

联系方式

地　址：贵阳市广胜路1号
邮　编：550002
电　话：86-851-5895140
传　真：86-851-5895140

陕西省海外联谊会

概况

陕西省海外联谊会成立于1987年1月，是经陕西省人民政府批准的，由陕西省各界人士、港澳台同胞、海外侨胞、华人、在陕的中外投资者及其企业和团体组成的具有独立法人资格的民间社团。

陕西省海外联谊会致力于团结海内外炎黄子孙，继承和弘扬中华文化，发展和振兴民族经济，促进祖国的和平统一事业。联谊会成立以来先后邀请和接待了8000余位港澳台同胞、海外侨胞、华人来陕西参加经贸洽谈、文化交流、旅游观光等各类活动。陕西省海外联谊会发挥联系广泛的优势，为陕西省重大涉外活动邀请客商，吸引人才、资金、技术等，推动陕西省招商引资工作的前进步伐。为了表达港澳人士回归祖国的喜悦心情，在中华海外联谊会支持下，在黄帝陵轩辕庙举行了“香港回归纪念碑”和“澳门回归纪念碑”揭碑仪式；在陕西省人民政府的大力支持下，联系在澳门的省政协委员及有关企业创办了“澳门华山创业有限公司”。同胞们也通过这条渠道，更好地了解了祖国的改革开放政策和巨大变化，更多地了解了陕西。陕西省海外联谊会已成为陕西联系台港澳同胞、海外侨胞、华人及海内外炎黄子孙的桥梁和纽带。

宗旨

高举爱国主义旗帜，团结热爱中华民族的海内外同胞，加强联系，增进友谊，扩大交流，促进合作，为统一祖国、振兴中华和我省的改革开放、社会进步、经济发展服务。

主要任务

一、广泛联系台湾同胞、港澳同胞、海外侨胞及其团体，增进了解，发展友谊，加强团结；

二、促进陕西省与台湾同胞、港澳同胞、海外侨胞的经济、科技、文化和教育等领域的交流与合作；

三、向台湾同胞、港澳同胞、海外侨胞介绍祖国大陆的改革开放、经济建设和社会发展等方面的情况，反映各界人士对国家建设、发展以及实现祖国统一的意见和建议；

四、加强与有关方面的联系与协调，协助政府部门，维护台湾同胞、港澳同胞、海外侨胞在祖国大陆的合法权益，提供服务，排忧解难。

联系方式

地　址：西安市西二路23号万景商务中心11层
邮　编：710004
电　话：86-29-87543213，87543074
传　真：86-29-87543424
邮　箱：lxd423@yahoo.com.cn
　　　　wwangwx15@sohu.com

新疆留学人员联谊会

概况

新疆留学人员联谊会成立于2006年7月24日，是新疆维吾尔自治区党委组织部、统战部、自治区人事厅等有关部门的共同发起下成立的，由来自新疆各行各业的留学人员自愿组成的，具有独立法人资格的非营利性社会团体组织。联谊会的成立标志着新疆留学人员从此有了自己的组织，也有了加强交流、施展才干、报效祖国的平台。

联谊会自成立以来，继承和发扬留学报国的光荣传统，充分发挥桥梁、纽带作用，以“团结立会、依章治会、民主办会、实干兴会”为办会方针，依托自身的独特优势，积极探索在新形势下做好留学人员工作的新思路、新方法，创造性地开展工作，组织了丰富多样的活动，努力凝聚广大留学人员，并通过与境外合作，拓展为新疆服务的平台。

联系方式

地　址：乌鲁木齐市文化路38号

邮　编：830002

电　话：86-991-2398135，2391342

传　真：86-991-2391342

邮　箱：xjlxrylyh@xjts.cn

网　址：www.xjlxrylyh.com

宁夏留学人员联谊会

概况

宁夏留学人员联谊会于2009年4月28日成立，英文译名：Ningxia Returned Scholars Association，英文缩写NXRSA，是由在宁夏工作的留学人员自愿组成的非营利性的社会群众团体。业务主管单位是宁夏回族自治区党委组织部、人力资源和社会保障厅，社团登记管理机关是宁夏回族自治区民政厅。本团体接受业务主管单位和社团登记管理机关的业务指导和监督管理。

宗旨

遵守国家宪法、法律、法规和国家政策，遵守社会道德风尚，坚持科学发展观，以人为本，广泛联系海内外留学人员，广交朋友，增进友谊，宣传宁夏，吸引国（境）外人才、智力、技术和资金，为宁夏经济建设和社会发展服务。

主要任务

一、通过宁夏留学人员联谊会向自治区党委和政府反映在宁夏留学人员的意见、建议和要求，协助党委和政府做好留学回国人员服务工作，不断改善留学回国人员的工作、生活环境，维护留学回国人员的合法权益；

二、开展留学回国人员业绩和成果宣传工作，组织各种形式的联谊活动，加强国内外留学人员之间的信息交流、学术交流，促进不同领域留学回国人员之间的了解与沟通；

三、加速留学回国人员科技与专利成果的转化，研究成果转化的途径和方式，开辟科技成果转化为现实社会生产力的“绿色通道”；

四、发挥留学回国人员与其他人才的智囊作用，激励留学回国人员开展科技咨询，鼓励并组织留学人员投入生产、管理第一线，为各级党政机关、企事业单位、个体业主和农户做顾问，开展单项技术、经济咨询和综合性管理“会诊”，将留学回国人员的潜能转化为现实生产、管理能力；

五、加强同国内外知名留学人员及留学人员社会团体的联系，交换信息，扩大视野，有效地开展资金、技术和人才的引进工作。

联系方式

地　址：宁夏银川市上海东路40号

邮　编： 750001

电　话：86-951-5099081

传　真：86-951-5099100

邮　箱：nxzj2088@126.com

第六部分

附录篇

附录篇

留学人员回国服务机构一览

教育部（中国）留学服务中心

为了适应国家改革开放、教育国际交流与合作发展，在邓小平同志的亲自提议和关怀下，国家教委留学服务中心于1989年3月31日批准成立。1998年，更名为教育部留学服务中心，对外称中国留学服务中心。

教育部（中国）留学服务中心，是教育部直属事业单位，以事业单位法人注册，主要从事出国留学、留学回国、来华留学以及教育国际交流与合作等领域的相关服务。其主要业务范围包括：公派留学、自费留学、签证代理、国外宣传保障、留学人员档案管理、留学人员集体户口管理、国(境)外学历学位认证、留学人员回国安置、受理留学回国人员科研启动基金申请、中国留学人才市场、中国国际教育巡回展、留学中国教育展、来华留学毕业生联络联谊工作、回国创业政策咨询、承办“春晖杯”中国留学人员创新创业大赛以及承办其他政府项目等。目前中心设有13个部门、两个直属注册企业和30个各地分中心。伴随着新中国留学工作的不断发展，教育部留学服务中心走过了光辉历程，取得了伟大成就，其留学服务工作在我国教育、科研、经济、文化、社会发展以及中国的对外开放和国际交流等方面，均起到了不可替代的重要作用。

作为教育部在留学服务领域里的助手和依托，教育部留学服务中心将不断适应中国留学事业的发展和需求，坚持服务创新，按照社会化、市场化、国际化、专业化、网络化的发展思路，努力工作，开拓进取，为配合国家实施“科教兴国”和“人才强国”战略，做出新的更大贡献。

主要职能：

一、出国留学

1．中国国际教育巡回展，是经教育部批准，中国（教育部）留学服务中心主办，以介绍国外优质教育资源为主要内容的大型展览，通常在每年春季举办；

2．公派留学和出访签证代理。受教育部委托并经外交部批准，中心公派出国留学事务处主要负责为各类公派留学(包括：国家留学基金全额资助、国家留学基金部分资助、政府互换奖学金项目、各部委、科研院所、地方省市自筹资金以及院校际交流等)人员提供办理出国和出境手续的服务，保证公派出国留学人员顺利出国学习和从事科研、进修；

3．自费留学。自2003年起，在教育部国际司的指导下，中心承担了以教育部的名义公布国外院校名单的工作。同时，受教育部委托，中心还负责对外提供自费留学信息咨询与确认服务；

4．留学人员档案管理。经国家主管部门批准，中心于1997年成立留学人员档案室，专门从事留学人员人事档案的管理及相关业务的咨询工作。其服务内容主要包括：为出国留学和留学回国人员提供档案管理服务、开具各种人事证明、记录国外留学经历等。

二、留学回国

1．留学人员集体户口管理。2005年5月，为解决出国留学人员户籍管理和迁移问题以及部分留学回国人员落户难问题，经北京市公安局批准，中心设立留学人员集体户口，负责部分出国留学人员和留学回国人员的户口管理工作；

2．国（境）外学历学位认证。经国务院学位委员会和国家教育部批准同意，中心面向全国开展对国（境）外学位证书和高等教育文凭的认证服务。2001年4月，经国务院学位办批准，中心正式对外受理中外合作办学颁发国外学位证书的认证申请；

3．中国留学人才市场。是中国（教育部）留学服务中心为适应海外留学人才回国就业需要而设立的专门机构，它是国内首家获得国家主管部门许可专事留学人才中介服务的机构。中国留学人才市场以“中国留学英才网”网络平台为依托，结合传统网下人才招聘会和视频招聘等多种形式，面向海外留学人才和国内用人单位提供专业化人才中介服务；

4．留学回国就业。受教育部委托，中心负责为留学回国人员办理就业报到相关手续。

三、来华留学

1．科研启动基金申请。教育部于1990年特设立留学回国人员科研启动基金项目，受教育部委托中心承担有关该项目的咨询、申请、初评、上报和拨款工作，并协助主管部门进行项目效益的追踪与调研工作；

2．回国创业。1995年4月，国务院决定在中心成立留学人员投资事务处，加大留学人员为国服务，特别是为留学人员回国创业提供服务的力度，负责为在外留学人员回国投资创办企业、短期讲学、合作科研、科技成果转让、新技术开发、引进国外先进技术项目等提供政策咨询和中介服务，为海外高层次人才以多种形式为国服务提供多次入出境及在华长期居留便利服务；

3．留学中国教育展。是经教育部批准，由中心牵头组织中国院校赴境外招收来华留学生的国际教育展览，每年有计划有重点的在部分国家的重要城市举办；

4．留华毕业生联络联谊。留华毕业生联络处是中心受教育部委托建立的机构，旨在将全世界在华留学生和毕业生联系起来，为他们提供信息交流的平台和组织联谊活动，努力使他们成为沟通中国和世界的桥梁。

四、国际合作

1．英国高等教育文凭项目。2003年，中心与英国苏格兰学历管理委员会（SQA）合作，将英国高等教育文凭项目引入中国；

2．中国留学服务中心-荷兰高等教育国际交流协会合作办公室。中国留学服务中心-荷兰高等教育国际交流协会合作办公室(CSCSE-Neso China)系中国（教育部）留学服务中心与荷兰高等教育国际交流协会（Nuffic）于2001年在北京联合成立的非赢利性组织，旨在为促进中荷教育交流与合作提供服务与支持；

3．新加坡政府奖学金项。1992年和1993年，经原国家教委批准，中国（教育部）留学服务中心先后与新加坡教育部、卫生部合作，开展了新加坡本科奖学金项目和新加坡护理奖学金项目；

4．中俄联合培养本科生项目。根据中俄教文卫体合作委员会第五次会议纪要和中俄教育合作分委会第四次会议纪要规定，2004年教育部设立了中俄联合培养本科生项目。受教育部委托，中国（教育部）留学服务中心负责对中俄联合培养本科生项目进行统一管理，以保证和促进该项目能够稳定健康发展。

五、其他服务

1．出国留学培训基地项目。出国留学培训基地的建立是中心协助教育部规范出国留学市场秩序，建立出国留学示范样板的重要举措；

2．境外教育机构资质鉴定服务。中心根据长期专门从事出国留学、留学回国、国际教育资源信息咨询、国外学历学位证书认证等相关业务所积累的工作经验和资源优势，开展境外教育机构资质情况查询服务；

3. 教育外事服务。受教育部委托，中心公派团组护照签证事务处主要负责为教育部机关、企事业单位、部直属高校校级领导以及部分直属高校因公临时出国人员提供办理护照和签证服务，负责对上述人员因公护照进行管理和监督，负责为教育部驻外使（领）馆人员及其家属办理出国护照和签证手续，确保了公务团组的顺利出访和外交人员的顺利赴任；

4. 信息服务为满足信息化、网络化办公和广大留学人员信息咨询的需要，中国（教育部）留学服务中心在教育部的大力支持下，于1996年建立了“中国留学网”。经过多年来的建设和改版，中国留学网已经建设成为中国（教育部）留学服务中心对外交流合作的窗口和服务平台。

联系方式：

地　址：北京市海淀区学院路15号

邮　编：100083

电　话：86-10-82301006

传　真：86-10-82303931

网　址：www.cscse.edu.cn

科学技术部火炬高技术产业开发中心

1988年，党中央、国务院正式批准实施旨在发展中国高新技术产业的指导性计划——火炬计划。作为火炬计划的具体组织实施单位——科学技术部火炬高技术产业开发中心（简称“火炬中心”）成立于1989年10月，是隶属于国家科学技术部的独立事业法人单位。在科学技术部指导下，火炬中心以“发展高科技，实现产业化”为己任，大胆探索，不断创新，推动了中国高新技术产业不断向前发展。

20年来，火炬中心坚持以“国家目标、地方组织、市场导向”为方针，以创新谋发展，创造性地丰富了火炬计划的内涵。通过国家高新技术产业开发区、科技型中小企业技术创新基金、科技企业孵化器等一系列政策工具的制定和实施，在建设创新创业环境，聚集科技资源，促进技术创新与转化，加强科技和经济结合，调整产业结构，增强区域创新能力等方面，火炬计划取得了卓越的成绩，极大地推动了我国高新技术的商品化、产业化和国际化。“火炬”已成为中国发展高新技术产业的一面光辉旗帜。

为了更好地贯彻实施《国家中长期科学和技术发展规划纲要》，实现“增强自主创新能力、建设创新型国家”的国家使命，加强技术创新环境建设和高新技术产业化进程，科技部对原“科学技术部火炬高技术产业开发中心”、“科学技术部科技型中小企业技术创新基金管理中心”、“中国技术市场管理促进中心”进行了合并重组，组建了新的“科学技术部火炬高技术产业开发中心”，“火炬”又一次得到了丰富和壮大。面对新的机遇和挑战，在科学技术部的领导和社会各界的大力支持下，科技部火炬中心将继续高举“火炬”旗帜，以落实科学发展观为统领，以提高企业自主创新能力为核心，以营造技术创新环境和促进高新技术产业化为主线，通过实施“育苗造林”工程，大力发展科技型中小企业群体，推进产业集群向创新集群升级，聚集和激活人才、技术和资本等创新资源要素，推动“火炬”全面走进国家经济建设主战场，为建设创新型国家做出应有的贡献。

主要职能：

1. 研究我国高新技术产业化及高新区发展的状况和问题、为科技部宏观决策提出建议和对策；研究提出火炬计划、国家高新区的发展规划、计划及有关政策建议；

2. 研究我国技术市场发展的状况和问题，提出技术市场的发展规划及有关政策，为科技部宏观决策提出建议和对策；

3. 承担火炬计划管理办公室的事务性管理工作，承担火炬计划的组织实施工作，推进高新技术产品成果商品化、产业化和国际化；

4. 负责国家高新技术开发区的日常管理，为高新区的发展提供咨询与服务；

5. 承担科技型中小企业技术创新基金的组织实施工作；

6. 承担全国技术市场日常运行管理，以及登记、统计、培训、信息、技术转移等工作；联系和协调全国技术市场管理机构；开展科技成果推广和产业化咨询服务等工作；

7. 研究提出科技企业孵化器发展规划、计划和有关政策建议，承担孵化器的日常管理；承担高新技术企业、国家级创业服务中心、国家留学人员创业园、技术交易机构、海外科技园、创业投资机构等的管理；

8. 承担生产力促进中心、大学科技园、高新技术产业化基地、工业领域国家工程中心、国家重点新产品计划、科技兴贸行动专项等的组织实施工作；

9. 承担火炬计划软件产业化工作；承担火炬计划产业化基地的管理工作；

10. 研究提出高新技术产业化投融资政策建议，组织并推动科技风险投资工作；

11. 承担编制《中国高新技术产品目录》及技术出口产品目录等工作；

12. 负责火炬计划国家级高新区统计的专项工作，承担高新技术产业化的统计、宣传、信息、培训以及国际合作等工作；

13. 承担科技部有关司局委托的工作；

14. 承担科技部领导交办的其他工作。

联系方式：

地　址：北京市三里河路54号

邮　编：100045

电　话：86-10-68598371

传　真：86-10-68511862

邮　箱：Mail@chinatorch.gov.cn

网　址：www.chinatorch.gov.cn

人力资源和社会保障部留学人员和专家服务中心

人力资源和社会保障部留学人员和专家服务中心为部直属事业单位。中心拥有权威的高层次人才信息和丰富的科技成果资源，为留学人员回国工作、创业、为国服务提供咨询、推介、人事代理等各种服务；承担高层次专业技术人才选拔、培养等事务工作，为专家队伍建设和发挥专家作用提供各种形式的服务；承办边远、少数民族地区专业技术人才特殊培养工作；负责中国博士后科学基金规划、筹集、管理工作；承担中国博士后网、中国留学人才网和中国专家网网站的建设、运营和管理；参与建立和完善我国高层次人才信息库。

主要职能：

1. 负责海外高层次人才引进服务窗口

负责“千人计划”服务窗口工作，为“千人计划”引进的海外高层次人才落实居留和出入境、落户、医疗、住房、税收、子女就学等方面的特殊政策。直接负责中央在京单位引进人才落实待遇相关手续办理工作，负责统筹安排、指导协调各地“千人计划”服务窗口开展地方（包括中央在地方单位）引进人才特定生活待遇落实工作。

2. 管理海外高层次人才联系窗口

承担“千人计划”人力资源和社会保障部网上海外高层次人才联系窗口（www.mohrss.gov.cn）管理工作，积极宣传海外高层次人才引进工作，认真做好接受海外高层次人才自荐有关工作。收集海外高层次人才基础信息，配合做好海外高层次人才信息库建设。

3. 管理运营中国留学人才信息网

“中国留学人才信息网”（www.chinatalents.gov.cn）由人力资源社会保障部专业技术人员管理司创建，是专门服务于海内外留学人员的政府网站，是做好留学人才资源开发工作的一个重要窗口。网站目前设有留学与人才、综合报道、要闻与动态、留学人才推荐、专家与博士后、工作交流、政策法规、回国指南、人才自荐、单位招聘、创业园区、经费资助指南、异域生活等栏目。

4. 组织留学人员回国服务活动

中心与各地地方政府或地方人事部门合作，组织了多次海内外留学人员智力服务与科技项目示范活动，这些活动的成功举办为带动地方经济、科技发展，促进地方引进高层次海外留学人才工作发挥了重要的推动作用。有些活动在当地已形成品牌，取得了很好的效果，深受海外留学人员和当地各界的好评。

5.. 海外留学人才推荐工作

通过中国留学人才信息网，收集、发布国内人才和技术需求，协助用人单位开展招聘海外留学人员活动。根据留学人才特长和需求，采取网上推荐、出函推荐、重点推荐等形式，为留学人员回国提供就业推荐、信息咨询、人事代理等各项服务。

6. 留学人员创业园服务工作

中心竭诚为我部与地方共建的留学人员创业园提供各种服务，帮助创业园协调落实鼓励、支持留学人员回国创业的有关政策，为创业园提供人才、项目推荐服务。为留学人员创业提供人才、成果、推介及信息咨询服务，开展留学人员科技成果评价、开发、转让等服务工作。

联系方式：

地　址：北京市海淀区学院路30号博士后公寓办公楼

邮　编：100083

电　话：86-10-82388262，62322968，62330841

传　真：86-10-62321842

邮　箱：lxck@mohrss.gov.cn

网　址：www.chinatalents.gov.cn

北京海外学人中心

北京海外学人中心是北京市委市政府于2008年12月成立的专门联系海外学人、引进海外学人、服务海外学人的工作机构。中心秉承“尊重劳动、尊重知识、尊重人才、尊重创造”的方针，凭借专业化、信息化、国际化的人力资源开发能力，将为高层次人才和广大留学人员来京创新创业提供广阔的发展平台和全面的服务保障，力图打造连接海外优秀人才与北京的纽带和首都海外学人温馨之家。

北京海外学人中心将以“海纳百川，汇聚英才”的胸怀欢迎每一位海外学人的归来。

主要职能：

1. 宣传国家和北京市关于海外人才的工作政策及经济社会发展情况；

2. 研究提出北京市海外人才开发工作的中长期规划和政策措施建议；

3. 收集、发布重大项目信息，海外学人信息和海外高层次人才政策信息；

4. 负责北京市引进海外人才的认定评估工作；

5. 广泛联系驻外使领馆、海外专家组织、海外人才交流机构、留学生组织、海外人才和国内相关组织，代表市委市政府多渠道寻访海外高层次人才；

6. 组织实施海外人才培训交流活动；

7. 为北京市重大科技项目、重点学科建设和重要产业发展提供引进海外高层次人才和智力的有关支持；

8. 为在北京创新创业的海外人才提供事业发展和生活条件等综合配备服务；

9. 为中央实施海外高层次人才开发工作服务；

10. 联系指导协调本市各海外学人分中心的工作；

11. 开展公派、自费出国留学咨询服务和回国留学人员工作创业指导

联系方式：

北京海外学人中心

地址：北京市西城区德外大街83号德胜国际中心B座6层

邮编：100088

电话：86-10-58540566，58540567，58540568

传真：86-10-58540568

邮箱：botc@8610hr.cn

网址：www.8610hr.cn

北京海外学人中心服务大厅

地址：北京市海淀区中关村海淀北二街10号泰鹏大厦二层

邮编：100080

电话：86-10-82484901，82484905，82484907

传真：86-10-82484897

邮箱：fuwu@8610hr.cn

天津市留学服务中心

天津市留学服务中心是天津市人事局直属事业单位，是负责全市留学人员服务工作的专门服务机构。天津市留学人员服务中心又是中国（教育部）留学服务中心天津分中心。主要任务是宣传、贯彻、落实国家关于留学人员工作的方针、政策、规定；为天津市留学回国人员提供全方位的管理与服务；积极引进海外留学人员中的人才、智力、技术、资金；承办天津市人事局及国家留学人员工作主管部门委托和交办的任务；与国内外相关组织建立业务合作关系。

主要职能：

一、出国留学服务

1. 为预备出国留学人员提供各类外语培训；

2. 自费留学咨询服务工作，提供国外有关学校的信息资料，协助联系学校、申请就读、申办签证等事宜。

二、留学回国服务

1. 为各类留学人员来津工作和用人单位录用留学人员提供信息服务和双向选择服务，并根据双方需要进行重点推荐；

2. 为各类留学人员短期来津讲学、学术交流、合作科研、投资考察提供牵线搭桥服务；

3. 为已加入外国籍的高层次留学人才办理2至5年期多次入境签证、外国人居留证；

4. 为外省市来津工作的留学回国人员办理工作接转、派遣和落户等相关手续；

5．为来津工作、创业的留学回国人员制作并颁发《留学回国人员证书》；

6．组织天津市留学回国人员开展留学人员联谊活动。

三、留学综合服务

1．提供国家及天津市有关留学人员工作的政策、规定的咨询服务；

2．为天津市自费出国留学人员提供档案管理等服务；

3．管理“天津留学人才网”及“天津市留学人员数据库”。

联系方式：

地　址：天津市和平区南京路129号万科世贸广场B座1603

邮　编：300051

电　话：86-22-23040172，23044221

传　真：86-22-23040980

邮　箱：haiwairencai@hotmail.com

河北省专家与留学人员服务中心

河北省专家与留学人员服务中心是2002年河北省编办批准成立的全额拨款的事业单位。主要任务是为河北省享受津贴的专家发放国务院特殊津贴和省政府专家岗位津贴；为河北省人事厅组织的来河北省的留学人员提供各项服务，协助用人单位开展招聘留学人员活动，为留学人员就业提供信息咨询服务；受河北省人事厅委托，与河北省选派的出国培训专家签订《出国培训协议书》并负责违约人员培训经费的收回和违约金的追缴工作；为专家开展科技活动提供信息和服务；负责“河北留学人员联谊会”秘书处的日常工作。2004年5月与中国留学服务中心正式签定合作协议，成为中国（教育部）留学服务中心河北分中心。

主要职能：

一、专家服务工作

1．为发挥我省专家队伍的作用提供各种服务。负责专家津贴拨款统计和各类专家变化的跟踪服务工作；组织专家开展学术和联谊活动，协助专家管理处做好政府资助的专家休假工作，为人社部门组织的专家休假、学术交流等各种活动提供服务，组织开展专家和高层次人才培训工作。负责国（境）外机构在国内招聘专业人才出国（境）工作的审核、认证；

2．承担建设和完善我省高层次人才信息库的工作。

二、津贴发放工作

1．为我省享受国务院特殊津贴专家和享受省政府岗位津贴专家发放津贴；

2．建立专家津贴发放责任制。

三、留学派出工作

1．对我省选派的出国培训人员进行外语培训；

2．为出国培训人员办理出国前和回国后的各项手续；

3．将培训人员的研究成果分类汇集出版，对研究成果进行评审奖励；

4．违约追究。

四、留学回国服务

1．为省人事厅组织的来我省的留学人员提供各种服务；

2．负责各类留学回国人员的讲学、考察、技术交流、科技开发的组织和接待；

3．为留学人员回河北工作、创业和发挥作用提供各种中介服务。宣传和发布我省引进留学人员优惠政策；收集、发布国内急需人才和技术需求的信息；协助用人单位招聘海外留学人员，为留学回国人员就业提供信息、咨询和服务；组织交流洽谈，为留学人员提供就业推荐、信息咨询、人事代理等各项服务；开展留学人员技术成果评价、开发、转让等服务工作；

4．承办留学回国人员科技活动择优资助经费申报的事务性工作；

5．承办我厅批准或与有关部门合办的省级留学人员创业园的具体工作，帮助创业园落实国家及省制定的有关鼓励、支持留学人员回国创业的政策，为留学人员创办企业疏通渠道；

6．积极和国家人事部留学人员与专家服务中心配合，拓宽留学和专家境外培训的形式与渠道；

7．接待留学人员来信、来访。

五、中国留学服务中心河北分中心服务项目

为创新为留学人员服务方式，拓宽为留学人员服务领域，我“中心”与国家教育部中国留学人员服务中心开展以下几项留学业务的合作：

1．建立“中国留学服务中心河北分中心”；

2．开展海外高层次留学人员身份确认业务；

3．受理“教育部留学回国人员科研启动基金”申请；

4．办理我省留学人员档案存放；

5．与“中国留学网”链接分中心网页；

6．建立“国外学历（学位）认证”申请材料河北验证点。

六、“河北留学人员联谊会”秘书处的日常工作

1．积极宣传、贯彻执行国家和我省有关留学人员工作的方针、政策。为各类留学人员回国工作和为国服务开展咨询、提供服务；

2．向上级部门收集反映留学人员的意见、建议和要求；维护留学人员的合法权益，为留学人员创造良好的学习、工作和生活环境；

3．积极组织多种形式的联谊活动，加强海内外留学人员之间和留学人员社团之间的信息、技术和学术交流，丰富会员文化生活，加强留学人员之间的联系与友谊；

4．宣传留学人员留学报国的业绩和贡献，动员组织在冀留学人员为振兴河北做贡献。开展留学人员表彰、奖励活动；

5．受主管部门委托，组织留学人员为各级党政机关、企事业单位和非公有组织等部门开展决策咨询、信息服务和人员培训等工作，为我省建设沿海经济社会发展强省提供智力支持和人才保障。

联系方式：

地　址：河北省石家庄市维明北大街118号

邮　编：050051

电　话：86-311-88616757

传　真：86-311-88616757

邮　箱：li_chang_75@163.com

山西海外人才服务中心

山西海外人才服务中心隶属山西省人事厅，为政府全民事业单位。依托地方各地政府、人事、财政、商务、科技、教育、企管等相关部门，本着务实、推进对外开放、促进经济发展、引导人才互动的宗旨，服务于海外各类人才（含外籍）、山西省各类企事业单位和各级政府。充分发挥观念

新、思路宽、点子多、空间大、成本低的服务优势，实行融入式服务，以项目为载体，人才和企业为主体，培训考察讲学中介代理认证兼做。

主要职能：

1. 以项目+人才为主要方式引进国外智力、人才，为全省企事业单位服务；

2. 负责山西国际人才交流协会各项工作的组织落实；

3. 创办、经营山西国际人才市场和海外留学人员创业园；

4. 负责全省国家公务员、专业技术和管理人才出国(境)培训的组织实施；

5. 承办外国专家学术交流、考察、疗养、休假、联谊、奖励、技术培训，承办各类讲学、办学事宜；

6. 组织经济、贸易、技术等信息咨询服务、成果鉴定推广、人才评价、项目论证及技术攻关；

7. 提供国内外人才的人事代理服务。

联系方式：

地　址：太原市迎泽西大街80号希望大厦7—8F

邮　编：030024

电　话：86-351-6179963

传　真：86-351-6177978

邮　箱：yuandingan@163.com

网　址：www.huisx.com

沈阳市留学人员服务中心

沈阳市留学人员服务中心隶属于沈阳市人事局（外国专家局），是负责沈阳市留学人员管理与服务工作的专门机构。主要任务是：宣传、贯彻、落实国家、省、市有关留学人员工作的方针、政策和规定；为在沈留学人员提供全方位的管理与服务；积极引进留学人员中的人才、智力、技术、资金；承办沈阳市人民政府和沈阳市人事局（外国专家局）委托和交办的任务；与国内外有关组织建立交流与合作。

主要职能：

一、公费出国留学服务

承担沈阳市非教育系统公费留学工作咨询、申报、选拔和派出工作。

二、留学回国服务

1. 有针对性地为来沈留学人员和用人单位提供信息服务和双向选择服务；

2. 协助留学人员短期来沈进行学术交流、企业合资、项目合作等活动；

3. 为来沈的海外高层次留学人员进行身份认定并出具证明；

4. 定期组织在沈留学人员开展座谈、联谊等活动，为其提供沟通交流条件。

三、留学综合服务

1. 提供国家及省、市有关留学人员的政策、规定的咨询服务；

2. 收集留学人员信息，建立留学人员信息库；

3. 通过网站发布用人单位人才需求信息和留学人员求职信息。

联系方式：

地　址：沈阳市市府大路260号1号楼240房间

邮　编：110013

电　话：86-24-22728564，23768159

传　真：86-24-23768039

大连市留学人员服务中心

大连市留学人员服务中心是大连市人事局直属事业单位，是负责全市留学人员服务工作的专门服务机构。大连市留学人员服务中心又是中国（教育部）留学服务中心大连分中心。

主要职能：

1. 为引进的留学人员办理来连工作和落户等相关手续；

2. 为引进的留学人员提供国、境外学历学位认证材料审核服务；

3. 为承担科研项目的留学人员向国家人事部申请科研资助经费；

4. 每年组织“海外学子创业周”活动，为留学人员回国创业搭建平台；

5. 组团赴国外招聘留学人员。

联系方式：

地　址：大连市沙河口区联合路100号

邮　编：116021

电　话：86-411-84618663，84618798

传　真：86-411-84618883

邮　箱：dlgirc@yahoo.com.cn

网　址：www.dl-rc.com

吉林省专家服务中心

吉林省专家服务中心是吉林省人事厅直属事业单位，是负责吉林省留学人员、专家及博士后人员服务工作的专门服务机构。吉林省专家服务中心又是中国（教育部）留学服务中心吉林分中心。

主要任务是宣传、贯彻、落实国家关于留学人员、专家及博士后人员工作的方针、政策、规定；为吉林省各类留学人员、专家及博士后人员提供全方位的管理与服务；承办吉林省人事厅及国家主管部门委托和交办的任务。

主要职能：

一、留学人员服务工作

1. 建立留学人员的基本情况资料库，向社会提供服务；

2. 为留学回国人员提供就业推荐、信息咨询、人事代理等服务；

3. 收集、发布省内急需人才和技术需求，帮助用人单位招聘海外留学人员；

4. 负责各类留学人员来我省讲学、考察、技术交流、科技开发的沟通与衔接，为留学人员来我省创业提供人才、成果及有关信息服务；负责留学回国人员科技活动择优资助经费评审事务，对资助项目的情况进行跟踪，帮助解决有关问题；

5. 组织开展留学回国人员联谊活动；

6. 管理“吉林省留学人员与专家服务网”，通过国际互联网向社会各界及海内外留学人员提供各种信息服务及相关服务；

7. 开展海外留学人员学历学位认证工作。

二、专家及博士后人员服务工作

1. 为专家队伍建设和发挥专家作用提供各种形式的服务；

2. 组织专家异地休假考察、专家年度体检工作；

3. 负责全省各类专家特贴的发放工作；

4. 组织全省各类专家采用多种形式为经济建设服务；

5. 组织开展专家及专业技术人员培训活动；

6. 负责博士后公寓的建设管理及博士后人员服务工作。

联系方式：

地　址：长春市建设街2650号

邮　编：130021

电　话：86-431-85611120

传　真：86-431-85611120

邮　箱：liudj999@sina.com

黑龙江省留学人员服务中心

黑龙江省留学人员服务中心是黑龙江省人事厅直属事业单位，是负责全省留学人员服务工作的专门服务机构。主要任务是宣传、贯彻、落实关于留学人员工作的方针、政策、规定；为黑龙江省各类留学人员提供全方位的管理与服务；积极引进海外留学人员中的人才、智力、技术、资金；承办省人事厅及国家留学人员工作主管部门委托和交办的任务；与国内外相关组织建立业务合作关系。

主要职能：

一、留学回国服务

1．为各类留学人员来黑龙江工作和用人单位录用留学人员提供信息服务和双向选择服务，并根据双方需要进行重点推荐；

2．为各类留学人员短期来黑龙江讲学、学术交流、合作科研、投资考察提供牵线搭桥服务；

3．为外省市进黑龙江工作、落户的留学人员办理工作安置落户及家属随归、随迁、随调子女上学相关手续；

4．为来黑龙江创办企（事）业的留学人员进行身份认定并颁发证书；

5．组织留学回国人员申请留学回国人员的科研资助经费；

6．指导全省留学人员创业园建设工作。

二、留学综合服务

1．提供国家及黑龙江省有关留学人员工作的政策、规定的咨询服务；

2．管理黑龙江省留学人员档案库，为自费留学人员、在外留学人员及部分留学回省工作提供档案管理及相关服务。

联系方式：

地　址：哈尔滨市南岗区中山路202号

邮　编：150001

电　话：86-451-82650476

传　真：86-451-82625024

邮　箱：hljlfang@163.com

上海海外人才服务中心

上海海外人才服务中心（上海市回国留学人员服务中心）是在原市人事局所属上海市国际人才服务中心和上海市回国留学人员服务中心的基础上，整合其服务功能而成立起来的海外人才公共服务平台机构。中心将海外留学人员、外国专家、香港专才及澳、台专业人士一起纳入服务对象范围，上海国际人才交流协会、上海市留学人员联谊会两个社团设立社团事物部，派驻在海外人才服务中心。组建工作协作网，在原有市工商局、市税务局、市外经委、海关、市技术监督局、市外汇管理局等6个政府部门“一门式”服务的机制上，扩大市公安局、市社保局、市医保局、市外办等部门组成职能处室层面上的工作协作网络，作为海外人才服务中心的的支持部门。

上海海外人才服务中心成立以来，按照《上海市“十一五”人才发展规划纲要》，努力构建海外人才服务平台。中心以一门式服务为抓手，努力建设海外人才公共服务体系，已经初步形成海外人才专业、便捷、高效、全方位的服务网络。

主要职能：

1．申办《上海市居住证》B证，同时根据需要代办《外国专家证》、《外国人居住证》、《外国人就业许可证》、《港澳华侨暂住证》、《台湾居民通行证签注》；

2．留学人员申办上海户籍手续；

3．受理留学人员申办企业的资格认定，同时根据需要代办工商局、外资委、税务局、海关、技监局、外汇管理局等相关政府部门的审批事项；

4．受理代办留学人员境外学历、学位认定事项（由国家教育部留学服务中心认定）；

5．受理留学人员回国工作求职推荐（万名海外留学人才聚集工程项目移交进来）；

6．受理境外专业人士来沪工作求职推荐（外国专家及港澳台专业人士，香港专才的引进工作移交进来）；

7．委托受理上海国际人才交流协会、上海留学人员联谊会秘书处的相关事物性服务；

8．留学人员公寓租赁服务；

9．留学人员非专业人士配偶来沪工作求职推荐服务；

10．海外人才来沪定居工作，生活物品保管服务；

11．海外人才子女来沪就学咨询及代理服务；

12．出国（境）留学咨询服务；

13．受委托办理出国（境）培训的事务性服务；

14．留学人员企业融资咨询服务；

15．海外人才投资咨询服务；

16．海外人才法律咨询服务；

17．海外人才来沪购房、租房咨询及代理服务；

18．组织海外留学人员子女假期来沪学习中文培训服务；

19．代办飞机、火车、轮船票务服务；

20．受理特殊需要的其它专项服务，如为各类领军人才配备行政助理服务等；

21．其他交办和委托的事务；

22．海外人才服务中的延伸机构及职能，为了使海外人才服务中心的职能能够覆盖全市，并使人才服务走社会化、市场化道路，海外人才服务中心动员和依靠区（县）政府和相关机构的人事部门、社会力量参与服务体系建设，形成全社会服务网络的格局。

联系方式：

地　址：上海市闸北区梅园路77号人才大厦4楼

邮　编：200070

电　话：86-21-32511599

邮　箱：chuangye_sh@163.com

　　　　topms@163.com

网　址：www.shrc.com.cn

江苏省留学回国人员服务中心

江苏省留学回国人员服务中心创建于1995年12月，与江苏省人才流动服务中心、中国留学服务中心江苏分中心合署。江苏省留学回国人员服务中心以为江苏经济与社会事业发展服务，为用人单位服务，为广大留学人才和海外人才服务为宗旨，经过近十年来的不断探索与努力，服务项目逐步齐全，服务功能日益完善，已经成为留学人才、海外人才为江苏服务必不可少的桥梁和纽带。

主要职能：

1．组织赴国外招聘：组织有留学人才需求的单位赴国外招聘，吸纳有意为江苏服务的留学人才、海外人才；

2．设立海外联络机构：设立留学回国服务海外联络处，直接开展全方位服务，实现国内机构在外的延伸服务；

3．留学人员登记与推荐：收集留学人员信息，建立留学人员信息库，有针对性地向用人单位推荐留学人才就业；

4．留学回国政策咨询与就业指导：解答留学人员来江苏就业、创业、进行项目合作及以其它方式为江苏服务的相关政策，开展相关就业指导工作；

5．需求岗位与留学人员信息发布：不定期发布用人单位需求留学人才信息和额留学人员来苏求职信息；

6．留学回国人员学历学位认证：根据中国留学服务中心的相关规定，受理留学回国人员的学历学位认定，办理相关手续；

7．留学回国人员接受录用：办理江苏省省属企、事业单位录用留学回国人员的接收手续以及身份认定；

8．留学人员人事档案保管：保管留学人员的人事档案，并围绕档案提供各类服务；

9．留学回国人员户口申报及家属子女随迁：办理留学回国人员及其家属子女的户口申报、随迁手续；

10．留学回国人员社会保障代办：根据留学回国人员需要，办理社会保障事宜；

11．留学人员联谊：定期组织留学人员开展联谊、座谈等活动，提供沟通交流的条件；

12．根据留学人员需求提供其他服务等工作

联系方式：

地　址：南京市广州路213号

邮　编：210029

电　话：86-25-83238876

传　真：86-25-83238880

邮　箱：jshwrc@126.com

网　址：www.jsrsrc.gov.cn

南京留学人员服务中心

南京留学人员服务中心（又称“中国留学服务中心南京分中心”）是直属于南京市人事局的事业机构，专职从事南京地区留学人员的引进和服务工作。业务上受国家人事部、教育部的指导。主要任务是宣传、贯彻国家关于留学人员工作的方针、政策、规定；为南京地区各类留学人员提供全方位的专业化服务；积极引进海外留学人才、智力、技术、项目和资金；承办南京市人事局委托和交办的任务；与国内外相关组织建立业务合作关系。

主要职能：

1．为来南京工作的留学人员提供接待咨询，并受理学历验证申请；

2．为引进留学人员来南京工作和用人单位聘用留学人员提供信息服务，组织国内外留学人才供需洽谈活动；

3．为来南京工作的留学人员提供岗位实训、假期见习，并协助办理落户手续；

4．具体实施以技术合作和学术交流为主题的留学人员短期回国服务项目的组织与资助；

5．为留学人员在南京推广新技术、新产品举办多种形式的推介会，协助寻求合作伙伴；

6．为各类留学人员来南京创办企业、技术转让、新产品研发等提供咨询服务和政策支持；

7．负责组织留学人员申报国家、省、市等各级留学主管部门的各类资助经费申报工作；

8．负责南京留学人员协会秘书处的工作，推动并指导协会组织南京留学人员开展技术服务、技术咨询、技术转让、产品开发和其他科技和社会公益服务活动；

9．推动并指导南京（金陵）留学人员创业园建设，并为各分园及成员单位提供政策支持、人才和项目信息服务、专家咨询服务、法律服务和宣传推介等专项服务；

10．管理“南京国际人才智力网”，通过该网站向社会各界及海内外留学人员提供各种信息服务。

联系方式：

地　址：南京市北京东路63号南京人才大厦1楼海外人才服务专区

邮　编：210008

电　话：86-25-83151846

传　真：86-25-83213166

网　址：www.njrsrc.com

常州市国际人才服务中心

常州市国际人才服务中心是常州市人事局、常州市外国专家局下属的，专业从事人才囚际化交流服务的全民事业单位。通过人才国际交流的形式，以实现人才与国际结轨，为常州市开放型经济提供国际化人才保障。主要任务是宣传、贯彻、落实国家、省、市关于留学人员工作的方针、政策、规定，为归国留学人员来常州创业、就业提供全方位的管理与服务，积极引进海外智力项目、为外国专家在常州工作提供专门的服务，同时大力开展海外招聘、境外就业、境外培训等业务，促进人才国际交流和提高本地人才国际化程度。

主要职能：

1．代理国外学历学位证书认证；

2．办理户口迁移核办手续；

3．办理回国留学人员就业、恢复国家干部身份手续。

联系方式：

地　址：常州市博爱路129号3号楼1楼

邮　编：213003

电　话：86-519-86677276

传　真：86-519-86677276

邮　箱：service@czite.com

网　址：www.czite.com

浙江省专家与留学人员服务中心

浙江省专家与留学人员服务中心（浙江省留学生工作站、中国留学服务中心浙江分中心）是浙江省人民政府为海内外留学人员及专家提供综合服务的专门机构，隶属于浙江省人事厅，为财政全额拨款的县处级事业单位，中心致力于为各类专家，特别是海外高层次留学人员来浙江参加经济建设服务，努力为浙江提前基本实现现代化做出贡献。

主要职能：

1．为来浙江工作或短期服务的留学人员与专家提供咨询服务，帮助联系、落实接收单位；

2．组织留学人员与专家开展技术咨询、技术转让、新产品开发等科技活动，为留学人员来浙创办企业牵线搭桥，提供服务；

3. 为定居浙江或来浙短期工作的国内外留学人员和专家提供过渡用公寓；

4. 对非教育系统回国留学人员开展科技活动提供必要的资金资助等；

5. 负责管理浙江省留学人员创业园杭州高新园区、宁波保税区园区、宁波高新区园区、温州园区、湖州园区、绍兴园区、金华园区、嘉兴园区、嘉善园区，以及宁波、台州、海宁、余姚、乐清五市博士后科技开发基地；

6. 负责管理浙江省欧美同学会、浙江省博士后联谊会的日常工作；

7. 建有浙江省留学人员与专家信息网（www.zjlx.gov.cn），为留学人员和各类专家提供国家和浙江省有关政策法规、浙江投资环境、科技人才需求、技术合作项目等信息，并通过专家库、科技成果库和项目库，开展多种形式的科技服务活动。

联系方式：

地　址：杭州市莫干山路73号金汇大厦

邮　编：310005

电　话：86-571-88394819

传　真：86-571-88394815

邮　箱：chl@zilx.gov.cn

网　址：www.zjlx.gov.cn

杭州市专家与留学人员服务中心

杭州市专家和留学人员服务中心是经杭州市人民政府批准成立，专门为来杭工作、创业、交流合作的留学人员及社会各类企事业单位提供全方位服务的机构，隶属杭州市人事局。

主要职能：

1. 建立各类专家、博士后、留学人员信息库；

2. 开展专家、博士后、留学人员科技成果的宣传、推广、开发、转让等服务；

3. 开展留学人员政策咨询，帮助留学人员推荐接受单位；

4. 为海外留学人员来杭短期工作和留学人员引资、投资、创办实体、搞合作研究等提供服务。

联系方式：

地　址：杭州市莫干山路73号金汇大厦1015室

邮　编：310005

电　话：86-571-88389371

传　真：86-571-88389371

邮　箱：rsj.lxfw@hz.gov.cn

宁波市留学人员服务中心

宁波市留学人员服务中心是宁波市人事局直属事业单位，是宁波市唯一综合性的留学人员工作管理和服务机构。宁波市留学人员服务中心又是中国（教育部）留学服务中心宁波分中心，接受国家教育部、人事部的业务指导，并且与本市各高等院校、科研单位、各机关和企事业单位保持着密切的联系。主要任务是宣传、贯彻、落实国家关于留学人员工作的方针、政策、规定；为宁波市各类留学人员提供全方位的管理与服务；积极引进海外留学人员中的人才、智力、技术、资金；承办宁波市人事局及国家留学人员工作主管部门委托和交办的任务。

主要职能：

一、出国留学服务

1. 自费留学咨询服务工作，接受委托代办英国、加拿大、澳大利亚、新西兰、日本、德国、法国、荷兰、韩国等国家院校的入学申请、签证申请等自费出国留学服务；

2. 代办国家公派出国留学咨询。

二、留学回国服务

1. 开展留学人员国外学历、学位的评估认证咨询，接受委托代办国外学历认证；

2. 委托代办为来宁波工作落户的留学人员办理派遣手续，并协助解决留学人员家属及子女的随归、随迁等问题；

3. 为留学人员短期来甬考察、讲学、投资、引进国外智力技术项目、合作科研提供牵线搭桥的服务；

4. 协助办理留学人员申请国家及我市有关留学人员的科研经费资助；

5. 为愿意参加宁波建设的留学人员提供用人单位的信息并协助推荐，为用人单位提供留学人员的信息；

6. 组织用人单位参加赴外招聘各类留学人员，以及留学人才培训等工作。

三、留学综合服务

1. 提供宁波市有关留学人员工作的政策、规定的咨询服务；

2. 管理中国宁波留学网（www.nscse.com）及“宁波市留学人员数据库”，通过国际互联网向社会各界及海内外留学人员提供各种信息服务及相关服务。

联系方式：

地　址：宁波市兴宁东路228号人力资源大厦2楼

邮　编：315041

电　话：86-574-87116274，87115191，87126124

传　真：86-574-87116274

邮　箱：nscse@hotmail.com

网　址：www.nscse.com

福建省海外人才中心

福建省海外人才中心是中国海峡人才市场直属事业单位，又是中国（教育部）留学服务中心福建分中心，主要从事国际间人才交流与培训，为出国及回国人员提供咨询及系列服务。福建省海外人才中心目前与福建省人事厅所属的福建留学人员创业园管理中心、福建省留学回国人员工作站合署办公。

主要职能：

一、人才出国服务

1. 出国留学服务：选送高中生、大中专毕业生以及在职的技术和管理人员赴国外留学；

2. 移民出入境中介服务：为福建省公民赴境外定居、探亲、访友、继承财产和其它非公务活动提供信息介绍、法律咨询、沟通联系、境外安排、签证申办及相关服务；

3. 出国考察培训服务：联系国外专家组织、国际猎头公司、国际人才中介机构，组织国内单位出国招聘，进行商务考察、项目商谈、招商引资、技术转让、专业培训等活动；

4. 中外合作办学业务：开展工商管理、计算机、英语等课程的中外合作办学，培养具有国际竞争力的专门人才。

二、留学回国人员服务

1. 留学人员学历验证服务：鉴别国外或境外颁发学位证书或高等教育文凭机构的合法性，甄别外国或境外高等教育机构颁发的学位证书或具有学位效用的高等教育文凭、证书的真实性，为经认证的外国或境外学位或高等教育文凭出具认证证书；

2．留学回国人员身份认定服务：依托福建省留学回国人员工作站，认证公派或自费留学人员以及到国外高等院校、科研机构开展合作研究的访问学者和进修人员；

3．留学人员回国创业服务：依托福建留学人员创业园管理中心，提出留学人员企业优惠政策及福建留学人员创业园园区建设发展纲要；联络海外留学人员，举办交流活动；负责福建留学人员创业园园区的日常管理和服务工作；参与福建留学人员创业园基地的开发、建设、经营和管理；

4．海外人才交流服务：为留学人员和愿意来闽工作的外籍人士，与国内有关部门开展以交流学术、项目协作、科技攻关、信息沟通为主要内容的交流与合作，提供优质服务。组织留学回国人员深入基层、厂矿企业，举办讲座、培训和咨询活动，解决问题。

联系方式：

地　址：福州市东大路36号福建人才大厦六层
邮　编：350001
电　话：86-591-87679659，87609259
传　真：86-591-87677833
邮　箱：clb@filx.net
网　址：www.fjlx.net

厦门市留学人员服务中心

厦门市留学人员服务中心是厦门市政府设立的、负责全市留学回国人员工作的专门机构，隶属于厦门市人事局。与厦门市留学人员工作站实行二块牌子，一套人马。负责组织实施《厦门经济特区鼓励留学人员来厦创业工作规定》，具体行使全市留学人员工作的行政管理和服务职能，为广大海外留学人员来厦创业、工作无偿提供各种服务，包括留学人员身份认定、户口入厦、子女入学、人事关系迁入、安家费申请、生活津贴发放、教育部学历学位认证等等“一站式”服务，以及接待、咨询、协调、投诉受理等服务内容。

主要职能：

1．在海内外留学生群体中宣传厦门市的人才、招商引资政策与环境；

2．提供留学人员在境外期间的人事档案代理；

3．创建管理留学人员供需信息库，为留学人员来厦创业、工作和企业的人才需求、项目需求等提供双向选择的服务平台；

4．接受留学回国人员来厦登记，身份认定，帮助推荐就业；

5．协助留学回国人员科研活动资助经费的申报和进入留学人员创业园的项目资助款的申请划拨；

6．为各类留学人员短期回国讲学、合作科研、学术交流牵线搭桥；

7．协调相关部门落实留学人员的有关待遇；

8．协助回国独资创办企业的留学人员办理有关手续；

9．接受留学人员委托，协助办理在厦有关服务项目；

10．受厦门市人事局、厦门财政局的委托，负责厦门市留学人员专项资金的日常管理工作。

联系方式：

地　址：厦门市湖滨东路319号c座3楼B区
邮　编：361012
电　话：86-592-5396698，5396699
传　真：86-592-5396697
邮　箱：xmlx@xmlx.gov.cn
网　址：www.xmIx.gov.cn

江西省人事厅专家服务中心

江西省留学人员服务中心是江西省人事厅的内设机构，行使江西省留学人员服务的职能。

主要职能：

1．积极开展专家科技成果推介服务；举办高层次人才及专业技术人才研讨（修）活动；协助做好留学回国人员认证工作；协助有关部门做好专家、学者出国（境）考察的组织推荐工作和服务保障工作；

2．在专家管理处指导下，建立和完善江西省高层次人才信息库；承担留学人员和专家信息网站的具体管理和运营；

3．办理江西省专家国贴、江西省贴的发放；协助专家管理处做好江西省博士后科研流动站、企业博士后科研工作站审报的有关事务性工作；为博士后设站单位和博士后人员提供各类中介服务；

4．承担享受政府特贴专家变化的跟踪服务工作；加强与留学人员和专家的联系，反映他们的意见、建议，为政府部门决策提供参考；承担职称社会化评价有关事务工作；

5．协助有关部门管理好留学人员创业园；承办专家、学者的学术交流、专业会议、科技活动的组织工作；做好人事部门组织的专家休假、学术交流等工作；

6．在专家管理处指导下，承办专家联谊会和留学回国人员联谊会日常工作；

7．承办上级交办的其他工作。

联系方式：

地　址：南昌市省府大院南一路10号14楼
邮　编：330046
电　话：86-791-86386196
传　真：86-791-86386196
邮　箱：jiangshup@163.com

济南市留学回国人员工作站

济南留学回国人员工作站（济南市人才引进办公室）是济南市人事局直属的正县级全额拨款事业单位，主要负责全市海外留学回国人员和高层次急需人才的引进工作。2006年教育部留学服务中心同意在工作站原有业务的基础上成立教育部留学服务中心济南分中心。主要任务是引进、接收、安置留学回国人员和高层次急需人才；负责来济留学人员的身份认定、接待服务、信息咨询、政策落实等工作；负责留学人员的管理和服务工作，指导留学人员创业园区工作。

主要职能：

1．负责《济南市引进海外留学人员规定》和《济南市引进高层次急需人才规定》及其它相关政策的宣传、咨询、落实工作；

2．负责人事部留学人员科技活动项目择优资助经费及其它留学人员资助经费的申报工作；

3．宏观上协调本市留学人员创业园、区及海外科技人才创业基地的发展建设工作；

4．负责本市驻外工勤人员的推荐及选派工作；

5．负责为来我市工作创业的符合条件的留学回国人员申请安家费；

6．负责非教育系统公派出国申报的审核工作；

7．代办海外留学人员学历学位审验工作。

联系方式：

地　址：山东省济南市龙鼎大道1号龙奥大厦5楼C区0518

邮　编：250099

电　话：86-531-66605966

传　真：86-531-66605966

邮　箱：president@yahoo.com.cn

网　址：www.jnhrss.gov.cn

青岛市留学人员服务中心

青岛市留学人员服务中心是青岛市人事局直属事业单位，是负责全市留学人员服务工作的专门服务机构。青岛市留学回国人员服务中心又是中国（教育部）留学服务中心青岛分中心。主要任务是宣传、贯彻、落实国家关于留学人员工作的方针、政策、规定；为青岛市各类留学人员提供全方位的管理与服务；积极引进海外留学人员中的人才、智力、技术、资金；承办青岛市人事局及国家留学人员工作主管部门委托和交办的任务；与国内外相关组织建立业务合作关系。

主要职能：

1．为来青留学人员办理学历认证的验证预审服务和派遣、安置服务；

2．为各类留学人员来青工作和用人单位录用留学人员提供信息服务和双向选择服务，并根据双方需要进行重点推荐；

3．为各类留学人员短期来青讲学、学术交流、合作科研、投资考察提供牵线搭桥服务；

4．为各类留学人员来青开办公司（企业）、转让技术、开发新产品等提供咨询和合作；

5．为已加入外国籍留学人员与外省留学人员办理《青岛市留学人员特聘工作证》相关手续；

6．为外省市进青工作、落户的留学人员办理进青户口及家属随归、随迁、随调相关手续；

7．为来青创办企业的留学人员提供相应服务；

8．组织留学回国人员申请国家留学主管部门和青岛市设立的面向留学回国人员的科研资助经费；

9．具体负责青岛市留学人员创业园、青岛市留学人员协会工作。

联系方式：

地　址：青岛市海尔路178号留学人员创业园201室

邮　编：266101

电　话：86-532-88913226

传　真：86-532-88911726

邮　箱：qdliuxuezhan@126.com

烟台留学回国人员工作站

烟台留学回国人员工作站是烟台市人事局直属事业单位，是负责全市留学回国人员服务工作的专门机构。经教育部留学服务中心批准，烟台留学回国人员工作站又是中国留学服务中心烟台分中心。

主要职能：

1．宣传、贯彻和落实国家有关留学回国工作的方针、政策；

2．负责海外留学回国人员引进、接收。

3．宏观调控全市留学回国人员的就业方向和地区分布；

4．提供供求双方情况，为双向选择创造条件；

5．承担留学回国人员科研资助经费的审查、申报；

6．承担烟台留学人员创业园区日常工作的协调、管理和服务；

7．为海外留学人员来烟工作提供国（境）外学历学位查验认证、工作派遣、户口迁移等服务；

8．负责烟台市留学人员联谊会的日常会务服务工作等；

9．组织留学回国人员为祖国的建设贡献力量。

联系方式：

地　址：烟台市南大街61号

邮　编：264001

电　话：86-535-6683330

传　真：86-535-6683269

邮　箱：rshbh@163.net

河南省留学人员与专家服务中心

河南省留学人员与专家服务中心是河南省人事厅直属事业单位，是负责全省留学人员和专家服务工作的专门服务机构。河南省留学人员与专家服务中心又是中国（教育部）留学服务中心河南分中心。主要任务是宣传、贯彻、落实国家关于留学人员工作的方针、政策、规定；为河南省各类留学人员和专家提供全方位的管理和服务；积极引进海外留学人员中的人才、智力、技术、资金；承办河南省人事厅及国家留学人员工作主管部门委托和交办的任务；与国内外相关组织建立业务合作关系。

主要职能：

一、留学回国服务

1．为各类留学人员来豫工作和用人单位录用留学人员提供信息服务和双向选择服务，并根据双方需要进行重点推荐；

2．接收安置留学回国人员，并协调其家属安置、农转非、子女入学等工作；

3．为各类留学人员短期来豫讲学、学术交流、合作研究、投资考察提供牵线搭桥服务；

4．组织承办留学人员和高层次专业技术人才的科技成果推广和转让工作；

5．为专家队伍建设和发挥专家作用提供多种形式的服务；

6．建立留学回国人员和高层次人才信息库；

7．为来豫工作的留学人员进行身份认定并颁发证书；

8．组织留学回国人员申请国家留学主管部门和河南省设立的面向留学回国人员的科研资助经费；

9．代理教育部留学回国人员国（境）外学历学位认证、海外高层次留学人员身份认证等工作；

10．指导河南省各留学人员创业园、河南省留学人员联谊会工作。

二、留学综合服务

1．研究制定河南省留学回国人员工作政策，并督促、检查各有关单位留学工作政策的落实情况；

2．提供国家及河南省有关留学人员工作的政策、规定的咨询服务；

3．管理“河南留学人才服务网”，通过国际互联网向社会各界及海内外留学人员提供各种信息服务及相关服务。

联系方式：

地　址：郑州市顺河路32号9楼

邮　编：450004

电　话：86-371-66366457，66329937

传　真：86-371-66363457，66329937

邮　箱：ylxec@163.com
网　址：www.ha.hrss.gov.cn

湖南省留学人员管理服务中心

湖南省留学人员管理服务中心是湖南省人事厅直属事业单位，是负责全省留学人员服务工作的专门服务机构。湖南省留学人员管理服务中心同时也是湖南省专家服务中心。主要任务是宣传、贯彻、落实国家关于留学人员工作的方针、政策、规定，积极引进海外留学人员中的人才、智力、技术、资金，为来湘工作或为湘服务的各类留学人员提供全方位的管理与服务。

主要职能：

1．负责湖南留学人员创业园的有关管理服务工作；

2．负责湖南省留学人员联谊会的各项日常工作；

3．负责全省留学回国人员信息库建设工作；

4．承办引进海外留学人才、智力、技术、资金工作，为留学回国人员来湘创业和回湘工作提供各方面的服务；

5．组织留学回国人员科技活动择优资助经费的评审、申报、下拨和资金使用情况的监督检查；

6．承办国家留学人员工作主管部门和湖南省人事厅委托和交办的任务。

联系方式：

地　址：长沙市韶山路1号
邮　编：410011
电　话：86-731-2217661
传　真：86-731-2216512
邮　箱：ynyfzo900@126.com

广东省留学人员服务中心

广东省留学人员服务中心是经国家教育部、公安部批准成立，由广东省人事厅直接管理，负责办理全省自费出国留学业务的服务机构。其前身是上世纪80年代成立的广东省赴美留学咨询处，2000年即成为广东省内首家获得国家教育部、公安部批准成立的合法自费出国留学服务机构，迄今已积累了近30年留学专业服务经验。为满足广大有意出国留学学子选择留学国家和院校的要求，中心充分运用其所属政府人事部门的优势，与美国、英国、澳大利亚、加拿大、新西兰、德国、法国、荷兰、瑞士、俄罗斯、乌克兰等国家近200所大学、学院和中学建立了招收中国留学生的合作关系。这些海外院校为我国大学本科、专科毕业生、在读生（含五大毕业生）和高中毕业生、在读生提供了大学本科课程、本硕连读课程、硕士学位课程、博士学位课程和大学预科课程、A-level课程、语言课程等。

主要职能：

1．拥有一支恪守职业道德、多年从事留学服务工作、精通出国留学业务、热情为学生服务的工作人员队伍，分工合理，职责明确，运转协调，工作效率较高；

2．办理留学国家众多，提供的课程和专业门类齐全，可为学子量身定做留学方案和提供个性化服务；

3．办理留学的大学均是我国教育部公布承认学历、学位的，且是建校历史悠久、学校规模较大、师资力量雄厚、学术成就卓著的国立、公立大学或享有盛名的私立大学；

4．设有专门的部门收集、研究已与中心建立了合作招收中国留学生关系的10几个国家的留学政策、签证政策的最新动态信息，办理留学业务的质量和水平比较高；

5．开设有留学服务专业网站（www.gdscse.net），主要包括：教育部公布的留学预警通告、教育部公布的国外学校、留学国家概况、留学院校介绍、留学政策动态、留学签证指南、托福和雅思考试信息、网上咨询报名留学、留学回国发展的优惠政策、留学国外生活常识等十几个栏目。目前是广东省政府网选供直接链接的唯一权威留学网站；

6．聘请国内外知名大学的教授担纲任教，根据需要适时开办英、法、德等语言培训课程，帮助学生提高出国留学必备的外语水平；

7．为学生申请国外学校方便、快捷，并且信守一贯的承诺，学生不被国外学校录取，免收服务费；

8．对赴各国留学的学生，提供境外接机、安排住宿、协助办理国外居留证、购买保险、开立个人银行账户、帮助学生熟悉环境等后续服务；

9．与广东省人事厅海外人才引进服务中心合署办公，为留学回国人员提供推荐择业服务。

联系方式：

地　址：广州市天河路13号润粤大厦5楼东
邮　编：510000
电　话：86-20-37605951，37605997
传　真：86-20-37605489
邮　箱：gdscse@gdscse.net
网　址：www.gdscse.net

广州留学人员服务管理中心

广州留学人员服务管理中心于1999年由教育部留学服务中心广州分中心和广州回国留学人员服务管理中心合并而成，是广州市人民政府指定的唯一专门为留学人员提供综合服务的管理机构，具体负责留学人员来穗工作的资格认定、学历认证、异地调入、档案保管、资金申请、子女入学、就业推荐、创业服务、培训、接待、咨询、联系以及提供信息交流、协助申报、代办手续等全方位服务。

主要职能：

一、留学回国服务

多年来，留学管理中心致力于建立政府公共服务平台，构建留学回国服务体系，打造留学人员“一站式”服务品牌，为近万名留学人员资格认定、学历认证、档案保管、专项资金、资金申请、落户、子女入学、就业、创业、培训、子女入学等方面提供了有效的服务和帮助。留学管理中心领先全国构建留学回国服务体系，打造留学人员“一站式”服务品牌，回国服务产品由1999年的6项发展到现在的25项，创造性地推出留学人才配置专项服务和外国专家服务，以留学回国人员急需的创业培训、就业培训、创业融资等专项活动为服务特色，使回国留学人员服务工作逐步形成体系化。

二、出国留学服务

1．为华南四省公派留学人员提供配套服务；

2．引导留学人员理性求学并提供专业、优质的服务；

3．为预备出国留学人员提供相关外语培训。

三、其他服务

1．提供人才“再配置”猎头服务；

2．提供境外就业与国际交流服务。

联系方式：

地　址：广州市小北路266号北秀大厦6-7楼
邮　编：510050
电　话：回国86-20-83565531

出国86-20-83568066
传 真：86-20-83568060，83568055
网 址：www.gzscse.gov.cn

深圳市人事人才公共服务中心

深圳市人事人才公共服务中心直属于深圳市人事局，是具有法人资格的全额拨款事业单位。经教育部留学服务中心批准，中心加挂“中国留学服务中心深圳分中心”牌子。

主要职能：

1．为来深创业的留学人员、在深工作的国（境）内外专家、高级人才以及特殊人才提供个性化服务；负责留学归国人员学历学位的认证代办工作；为国内外人才提供信息、咨询等服务；负责全市人才档案的保管、整理工作；

2．个性化服务：为引进高层次人才提供“一站式”服务，协助解决在深工作、生活中有关社保、子女入学、配偶就业、居住以及相关问题；支持高层次人才服务社会，推荐高层次人才参与政府决策咨询工作；

3．留学生学历学位认证服务：为来深创业和工作的留学人员代办国（境）外学历学位认证；

4．信息咨询服务：通过互联网站的形式为各类人才提供有关人才政策法规、政府办事流程、人事人才服务等方面的信息咨询服务。

联系方式：

地 址：深圳市福田区福中路17号国际人才大厦3楼
邮 编：518026
电 话：86-755-83991029
传 真：86-755-83991336
邮 箱：szrenzheng@126.com
网 址：www.rsj.sz.gov.cn/Tsrcfw

海南省留学回国人员工作站

海南省留学回国人员工作站属海南省人力资源开发局(省就业局)的内设机构，为来琼留学回国人员提供就业和创业服务。

主要职能：

1．为来琼就业或创业的留学回国人员进行身份认证；

2．为来琼工作的留学人员和录用留学人员的用人单位提供信息和双选服务；

3．为留学人员短期来琼讲学、学术交流、合作科研、投资考察提供牵线搭桥服务；

4．组织留学回国人员申请国家留学主管部门设立的面向留学回国人员的科研资助经费；

5．指导海南省海口国家高新区留学人员创业园及海南省留学回国人员联谊会工作；

6．提供有关留学人员工作政策、规定的咨询服务；

7．为自费留学人员、在外留学人员及部分留学回国人员提供档案管理及相关服务。

联系方式：

地 址：海口市白龙南路53号
邮 编：570203
电 话：86-898-65355140
传 真：86-896-65311034

四川省留学人员服务中心

四川省人事厅留学人员服务中心是负责全省留学人员服务工作的专门机构，成立于2001年5月，与四川省专家服务中心合署办公。

主要任务是宣传、贯彻、落实国家关于留学人员服务中心的方针、政策、规定；积极建立海外留学人员来川服务的渠道，搭建留学人员智力资源转化平台。

主要职能：

1．为留学回国来川工作、来川创业、来川发挥作用的人员提供政策信息咨询、就业推荐、合作伙伴介绍、人事代理等各类中介服务；

2．多渠道创(合)办留学人员创业园区，为留学人员来川提供各种生活服务；

3．承办全省留学回国人员科技择优资助项目评审及经费划拨的事务性工作；

4．为海外留学人员提供国（境）外学历学位认证、四川省海外留学人员身份认证、职称认定、接受手续办理等“一站式”综合服务；

5．负责留学人员回国服务工作厅际联系会议协调办公室的工作；

6．指导四川省留学人员创业园的工作；

7．负责四川省留学人员信息化建设工作。

联系方式：

地 址：成都市东二巷21号
邮 编：610015
电 话：86-28-86741860
传 真：86-28-86741860
邮 箱：sclxfwzx@163.com

成都市外国专家局

成都市外国专家局，是成都市人事局管理的副局级机构。主要任务是负责来华（回国）在成都定居专家的安置和管理；贯彻执行党和国家引进国外智力的方针政策，拟定成都市引进国（境）外智力的政策并组织实施；编制全市引进国（境）外智力的中长期规划和年度计划并组织实施；负责全市公务员、企事业单位有关人员的赴国（境）外培训工作；管理国家、省、市引智专项经费并对经费使用进行监督检查；承担有关智力引进的对外联络工作；负责引智成果的鉴定、推广工作；承办对有重要贡献的外国专家的奖励事宜；负责引进国（境）外智力的宣传、安全、保密工作；指导、协调各区（市）县、市级各部门的引智工作；研究拟定吸引留学人员回国工作和回国服务的有关政策；负责留学人员回国安置、管理和有关科研资助经费的申报、管理工作；做好留学人员信息交流及服务、协调工作等。

主要职能：

1．提供国家、四川省及成都市有关留学人员工作的政策、规定的咨询服务；

2．为各类留学人员短期来蓉讲学、学术交流、合作科研、投资考察提供牵线搭桥服务；

3．为外省市来蓉工作、落户的留学人员办理户口迁移及家属随归、随迁手续；

4．组织留学回国人员申请国家留学主管部门的科研资助经费；

5．指导成都市留学人员创业园工作。

联系方式：

地 址：成都市二环路北一段4号劳动保障大厦12楼1203

邮　编：610031
电　话：86-28-87706325
传　真：86-28-87706325
邮　箱：cdwzj2005@163.com
网　址：www.chengdu.caiep.org

贵州省留学人员与专家服务中心

贵州省留学人员与专家服务中心是贵州省人事厅管理的事业单位。主要任务是为留学回国人员回黔创业提供各种咨询服务。

主要职能：

1．为留学回国人员回黔来黔创业提供服务；

2．承担留学回国人员科技活动项目择优资助经费推荐的事务工作；

3．承担贵州省“留学人员回国服务工作厅际联席会议办公室”的日常工作；

4．筹备“贵州省留学回国人员创业园”；

5．为专家队伍建设和发挥专家作用提供服务。

联系方式：

地　址：贵阳市贵州省政府大院5号楼13楼1303
邮　编：550001
电　话：86-851-6828173
传　真：86-851-6828602

陕西省留学服务中心

陕西省留学服务中心，是陕西省教育厅直属事业单位，是负责全省出国留学、留学回国服务的专业服务机构，是中国(教育部)留学服务中心设在陕西省的国外(境外)学位证书和高等教育文凭的认证点。

陕西省留学服务中心全面贯彻“支持留学，鼓励回国，来去自由”的国家留学政策，本着“诚信、可靠、安全、高效”的服务宗旨，充分发挥陕西省留学服务中心教育交流面广量大的资源优势，秉承“树立政府形象，确保真诚服务；坚持专业标准，保护学生权益”的工作理念，为广大留学人员、留学回国人员提供周到、快速、准确、高效的服务。

主要职能：

一、出国留学服务

1．宣传、贯彻、落实国家关于留学工作的方针、政策和规定；

2．提供留学政策、海外教育制度、自费留学办理程序以及国外院校情况的咨询与服务；

3．承办省内公派留学和短期因公出访人员签证事宜；

4．根据留学申请人的教育背景及自身条件，提供留学评估服务；指导并帮助申请人选择最适合的留学国别、留学院校及留学专业；

5．协助申请人准备签证材料、提供签证指导，并根据各国使馆要求为申请人申请签证。

二、留学回国服务

1．负责陕西省境内国外(境外)学历、学位的认证工作；提供留学回国人员的派遣、落户工作；

2．为留学人员提供人事关系代理和档案管理工作，方便留学回国人员在国内、省内择业、创业；

3．积极宣传陕西为海外高层次人才提供的优惠政策；

4．充分发挥陕西省留学服务中心的资源优势，积极为本省留学人员创业园建设服务，加速引进海外高层次人才和高新技术项目，为西部大开发和建设西部经济强省服务。

三、留学信息服务

1．和陕西省教育厅国际合作与交流处共同创办“陕西留学网”（www.sxcse.com），按国际合作与交流处的政府管理职能和留学服务中心的服务功能，分两大板块、9个栏目，为陕西省教育国际交流提供权威性、指导性的政策平台，给陕西省留学人员提供权威、规范、快捷的服务。

2．定期编发《陕西留学服务通讯》，及时、准确地报道国家、省最新留学及教育国际交流的政策和信息，及时为留学人员提供各类服务信息，搭建留学回国人员展示才华、创业奉献的交流平台，充分展示陕西省留学服务中心的政府品牌形象，着力打造百姓最信赖的留学品牌机构，为建设西部经济强省提供高层次人才和智力支持。

联系方式：

地　址：西安市药王洞153号陕西省教育厅东办公楼2楼
邮　编：710003
电　话：86-29-87315559，87317688
传　真：86-29-87311206
邮　箱：sxscse@yahoo.com.cn

西安留学人员工作站

西安留学人员工作站是经国家教育部、公安部批准成立的留学中介服务机构。工作站隶属西安市人事局，是西安地区派出留学人员的主要渠道之一。

主要职能：

一、出国留学服务

1．联络国际文化教育相关机构并对出国留学及对外教育交流人员提供咨询服务；

2．为自费留学开辟渠道，为赴国外研读包括中学、预科、本科、研究生、MBA等课程在内的各类自费留学生提供中介服务；

3．为自费留学人员代管档案、代缴养老保险金。

二、留学咨询服务

1．出国留学信息咨询服务：出国留学政策、手续、程序以及各国教育制度、专业以及奖学金设置的全面介绍。

2．为出国留学人员及对外教育交流人员办理护照、签证、公证、原件翻译、行前指导和预订机票等相关配套服务。

三、留学回国服务

1．为各类留学人员回国工作和国内用人单位选聘留学人员提供双向信息和有关政策咨询服务；为留学人员回国工作办理派遣落户手续；

2．为各类留学人员短期回国讲学、学术交流、合作科研提供牵线搭桥服务；

3．承担留学回国人员科研资助费用的初审和拨款工作；

4．全国31个站点实行网络联系，实现异地指导就业并安置。

四、为来华留学提供服务

对欲来华留学的外籍人士提供法律政策的咨询服务工作及为他们积极联系在华学习的相关事宜。

联系方式：

地　址：西安市西门里西大街安定广场4号楼4-301
邮　编：710002
电　话：86-29-87625654
传　真：86-29-87625479
邮　箱：xaabroad@163.com

甘肃省留学人员与专家服务中心

甘肃省留学人员与专家服务中心是甘肃省人事厅直属事业单位，是负责全省留学回国人员的专门服务机构。主要任务是宣传、贯彻、落实国家关于留学回国人员工作的方针、政策、规定；为留学回国人员提供全方位的管理与服务；承办、鼓励、引进海外留学人员回国来甘肃工作。

主要职能：

1. 研究创建留学人员创业的政策环境；
2. 办理留学人员创业园建园的审批事宜；
3. 办理与国家人事部共建留学人员创业园的申办工作；
4. 负责留学回国人员科研经费的申报工作；
5. 为留学回国人员创业园申报博士后科研工作站的工作；
6. 为留学回国人员领办、创办高新技术企业、开展学术技术交流活动提供相应的服务；
7. 指导留学回国人员联谊会活动；
8. 了解和反映留学回国人员的意见、建议和要求，协助办理留学人员的出入境手续；
9. 协助留学回国人员解决落户、住房、配偶工作、子女就业等手续。

联系方式：

地　址：兰州市城关区皋兰路78号兴业大厦607室

邮　编：730000

电　话：86-931-8410817

传　真：86-931-8410817

邮　箱：bxf@rst.gansu.gov.cn

宁夏回族自治区专家与留学人员服务中心

宁夏回族自治区留学人员服务中心是宁夏回族自治区人事厅直属事业单位，是负责全区专家和留学人员服务工作的机构。主要任务是宣传、贯彻、落实国家关于留学人员工作的方针、政策、规定；为宁夏回族自治区各类留学人员提供全方位的管理与服务；积极引进海外留学人员中的人才、智力、技术、资金；承办宁夏回族自治区人事厅及国家留学人员工作主管部门委托和交办的任务；与国内外相关组织建立业务合作关系。

主要职能：

1. 负责向社会提供留学人员科研成果的咨询和服务；
2. 负责和组织留学人员为地方党政机关、企事业单位重大决策提供论证咨询；
3. 负责留学回国人员科技活动资助经费的申报管理；
4. 为各类留学人员来宁短期讲学、学术交流、合作科研、投资考察提供牵线搭桥服务；
5. 为各类留学人员来宁工作和用人单位录用留学人员提供信息服务和双向选择服务，并根据双方需要进行重点推荐；
6. 来宁开展学术活动、高层次留学人才的接待工作；
7. 指导宁夏回族自治区留学人员创业园、宁夏留学人员联谊会工作；
8. 帮助留学人员解决工作、学习、生活中的困难，做好相关服务等工作。

联系方式：

地　址：宁夏银川市上海东路40号

邮　编：750001

电　话：86-951-5099081

传　真：86-951-5099100

邮　箱：nxzj2088@126.com

附录篇

中华人民共和国驻外使（领）馆教育处(组)一览

馆 别	地 址	电话/传真/网址
驻美国使馆教育处	2600 Tilden Street, N. W. Washington, DC 20008, U. S. A	1-202-243-0677 1-202-243-0629 1-202-234-2582 www. sino-education. org
驻纽约总领馆教育组	520 12th Avenue, New York, N. Y. 10036, USA	1-212-244-9456 1-212-244-9392 1-212-564-9413 www. nyconsulate. prchina. org/chn/jysw/
驻旧金山总领馆教育组	Education Office, 1450 Laguna St., San Francisco, CA 94115, U. S. A	1-415-674-2954 1-415-563-4866 www. chinaconsulatesf. org/chn/jy/default. htm
驻洛杉矶总领馆教育组	Education Office, 443 Shatto Place, Los Angeles, CA 90020, U. S. A	1-213-807-8088 1-213-807-8071 1-213-807-8051 www. losangeles. china-consulate. org/chn/edu/default. htm
驻休斯敦总领馆教育组	811 Holman Street, Houston, TX 77002, USA	1-713-522-0231 1-713-522-0015 www. houston. china-consulate. org/chn/jy/
驻芝加哥总领馆教育组	3322 W Peterson Ave., Chicago IL 60659, USA	1-773-279-0701 1-773-279-0702 1-773-279-0370 www. chicago-education. org
驻加拿大使馆教育处	80 Cobourg Street, Ottawa ON Canada K1N 8H1	1-613-789-6312 1-613-789-0262 www. chineseeducation. ca
驻多伦多总领馆教育组	24 Admiral Rd. Toronto Ontario M5R 2L5, Canada	1-416-972-0175 1-416-324-9931 www. educationcn. org
驻温哥华总领馆教育组	2215 Eddington Drive Vancouver. B. C. Canada, V6L 2E6	1-604-732-6723 1-604-738-1801 www. chinaconsulatevan. org
驻墨西哥使馆教育组	Av. Rio Magdalena No. 172 Deleg, Alvaro Obregon, Col Tizapan, Mexico	52-55-5616-0609转117 52-55-5616-0460 www. embajadachina. org. mx/chn/
驻哥斯达黎加使馆教育组	Frente a la casa de Don Oscar Arias, Rohrmoser, Pavas, San José, Costa Rica	506-2291-4476 506-2291-4654 www. cr. chineseembassy. org/chn/
驻日本使馆教育处	135-0023 东京都江东区平野 2-2-9	81-3-3643-0305 81-3-3643-0296 www. china-embassy. or. jp/chn/lxsjl/
日中会馆	日本国东京都文京区后乐寮 1-5-3	81-3-3814-1261 Ext. 516 81-3-3814-8383
驻大阪总领馆教育组	テ564-0063 日本国大阪府吹田市江坂町5-4-4	81-6-6821-2301 81-6-6821-2313 www. osaka. china-consulate. org/chn/jyzn/

驻札幌总领馆教育组	064 日本札幌市中央区南十三条西二十三丁目五の	81-11-563-8991 81-11-563-7314 www.chn-consulate-sapporo.or.jp/chn/jylx/
驻福冈总领馆教育组	810-0065 日本国福冈县福冈市中央区地行浜1-3-3	81-92-771-5635 81-92-771-5637 www.cscse.edu.cn/publish/portal25/tab1106/
驻新泻总领馆教育组	新潟県新潟市中央区万代島5-1万代島ビル20階	81-25-248-8686 www.china-embassy.or.jp/chn/lxsjl/
驻朝鲜使馆教育组	朝鲜平壤牡丹峰区长村洞	85-02-381-3013 85-02-381-3423 www.kp.china-embassy.org/chn/zcgx/jyjl1/
驻韩国使馆教育处	韩国首尔特别市钟路区孝子洞54番地紫霞门路70号 邮编：110-033	82-2-730-2068 82-2-738-1044 www.eoe.or.kr/publish/portal24/tab1065/
驻新加坡使馆教育处	150 Tanglin Road, Singapore 247969	65-6418-0235 65-6418-0454 www.chinaembassy.org.sg/chn/jyhz/
驻印度使馆教育组	50-D, Shantipath, Chanakyapuri New Delhi-110021, India	91-11-2611-4711 91-11-2687-2031 www.chinaembassy.org.in/chn/jy/
驻泰国使馆教育组	57 Ratchadaphisek Road Bangkok 10310 Thailand	66-2-247-8518 66-2-247-8957 www.chinaembassy.or.th/chn/whjy/
驻埃及使馆教育处	Room 901, No.8, Al-mansur Muhanmed Str. Al-Zamalek, Cairo, Egypt	20-2-2735-5861 20-2-2736-1939 www.eg.china-embassy.org/chn/zaigx/jyjl/
驻南非使馆教育组	965 Church Street, Arcadia 0083 P. O. Box 95764 Waterkloof 0145 Pretoria, South Africa	27-12-431-6566 27-12-342-0911 www.chinese-embassy.org.za/chn/zngx/jy/
驻以色列使馆教育组	222 Ben Yehuda Street P. O. Box 6067 Tel Aviv 61060, Israel	972-3-602-4597 972-3-546-1787 www.chinaembassy.org.il/chn/jyjl/
驻澳大利亚使馆教育处	6 Dalman Crescent, O' Malley, Canberra, ACT 2606, Australia	61-2-6286-9982 61-2-6290-1652 www.sino-education.org.au/chn/
驻悉尼总领馆教育组	19 Anzac Parade, Kensington 2033, NSW, Australia	61-2-9662-1723 61-2-9697-3869 61-2-9697-3368 www.sydney.chineseconsulate.org/chnjyjl/
驻墨尔本总领馆教育组	14 Selborne Road, Toorak, VIC3142	61-3-9804-8603 61-3-9826-3179 61-3-9827-5985 melbourne.china-consulate.org/

驻布里斯班总领事馆教育组	Level 9, 79 Adelaide Street, Brisbane, QLD4000	61-7-3210-6509-231 brisbane.chineseconsulate.org/
驻新西兰使馆教育处	195 Knights Road, Lower Hutt New Zealand	64-(4)570-2758 64-(4)570-2832 www.chinaeducation.org.nz/
驻奥克兰总领馆教育组	Education Office P.O.Box 99469, Newmarket Auckland, New Zealand 1003	64-9-623-3793 64-9-623-0812 www.chinaconsulate.org.nz/chn/jy/
驻俄罗斯使馆教育处	6, St. Friendship (Lenin Hill) Moscow, Russia	7-499-143-7230 7-499-143-0760 www.eduru.org/publish/portal23/tab1028/
驻圣彼得堡总领馆教育组	Room 97, 7 Nahimova St. 199226, Saint-Petersburg, Russia	7-812-3550673 www.saint-petersburg.china-consulate.org/chn/hzxx/jy/
驻驻伊尔库兹克总领馆教育组	664007 Russia, Irkutsk, Street Karla-Marksa 40(101)Consulate General of China in Irkutsk	7-395-2781434 www.saint-petersburg.china-consulate.org/chn/hzxx/jy/
驻叶卡捷琳堡总领馆教育组	улицаЧайковского,45, Екатеринбург, Свердловская область, Россия	7-343-2535786 ekaterinburg.chineseconsulate.org/
驻白俄罗斯使馆教育组	22, Berestyanskaya Str., Minsk, The Republic of Belarus, 220071	375-17-328-6396 375-17-2853681 www.by.chineseembassy.org/chn/jylx/
驻乌克兰使馆教育处	32 Grushevskogo St. Kiev, Ukraine 252021	380-44-2807642 380-44-2807642 www.ua.chineseembassy.org/chn/jylx/default.htm
驻罗马尼亚使馆教育组	Soseaua Nordului nr. 2, Sector 1, 71512 Bucuresti, Romania	40-21-3143868 40-21-3143868 www.chinaembassy.org.ro/chn/jyxx/default.htm
驻匈牙利使馆教育组	1068 Budapest, Benczur U. 43-iii/5, Hungary	36-1-322-2544 36-1-322-2544 www.chinaembassy.hu/chn/zxgx/jylx/default.htm
驻波兰使馆教育处	UL. Bonifraterska 100-203 Warsza, Poland	48-22-8316182 48-22-8316182 www.educhina.pl
驻捷克使馆教育组	Education Section Embassy of P. R. China Pelleova 18, 160 00 Praha 6 The Czech Republic	420-2330-28869 420-2330-28868 www.cz.chineseembassy.org/chn/zjgx/jyjl/default.htm
驻塞尔维亚使馆教育组	Aradska 4, Belgrade, Serbia	381-11-380-8396 381-11-380-7583
驻保加利亚使馆教育组	Room 47, bl. 154A Yuri Gagarin Str. Sofia 1113, Bulgaria	359-2-973-3247 359-2-971-2005 www.chinaembassy.bg/chn/kjwh/jyjl/default.htm

驻德国使馆教育处	Dresdener Str.44, 10179 BerlinGermany	49-30-2462-930 49-30-2462-9325 www.edu-chinaembassy.de/
驻法兰克福总领馆教育组	Abteilung für Bildungswesen Generalkonsulat der V.R. China in Frankfurt a.M. Mainzer Landstrabe. 175,D-60326 Frankfurt am Main	49-69-7508-5551 49-69-7508-5550 www.frankfurt.china-consulate.org/chn/jywh/
驻慕尼黑总领馆教育组	Abteilung für Bildungswesen Generalkonsulat der Volksrepublik China in München Romanstrasse 107, 80639 München Germany	49-(89)17301630 49-(89)17301623 www.munich.china-consulate.org/chn/jy/
驻瑞士使馆教育处	Bersetweg 6, CH-3073, Gümligen Switzerland	41-31-9514325 41-31-9514331 www.edu-china-embassy.ch
驻比利时使馆教育处	Av. Bel- Air 16, 1180 UCCLE Bruxelles, Belgique	32-2-3489450 32-2-7359452 www.chinaedu.be
驻欧盟使团教育文化处	Avenue de Tervuren 443-445, 1150 Woluwe Saint-Pierre, Belgium	32-2-7723702 32-2-7628259 www.chinamission.be/chn/
驻奥地利使馆教育处	Mettenrnichgasse 11/16 A-1030 Wien, Austria	43-(1)713-1788 43-(1)715-7095 www.chinaembassy.at/chn/jysw/
驻荷兰使馆教育处	Antonic Duckystraat 132 2582 TR Den Haag The Netherlands	31-(70)3541276 31-(70)3512902 www.chinaembassy.nl/chn/jy/
驻意大利使馆教育处	VIA MALCESINE 39, INT. 12, 00135 ROMA, ITALIA	39-(06)3017539 39-(06)3053916 www.it.china-embassy.org/chn/jylx/
驻葡萄牙使馆教育组	Rua Do Pau De Bandeiras, N° 13 A Lapa De Lisboa, Portugal	351-213-928445 351-213-975632 351-213-928445 www.fmprc.gov.cn/ce/cept/chn/
驻瑞典使馆教育处	Sk ldv gen 10, SE-182 64 Djursholm Stockholm, Sweden	46-(8)7552318 46-(8)7531269 www.cnedu.nu/
驻丹麦使馆教育组	Henningsens Alle 24 2900 Hellerup, Copenhagen, Denmark	45-3962-3854 45-3962-3854 www.chinaembassy.dk/
驻挪威使馆教育组	Holmenkollveien 30 B 0376 OSLO, Norway	47-2249-4285 47-2249-5855 www.chinese-embassy.no/chn/jy/
驻西班牙使馆教育组	C/Matias Turrion 28 1B, 28043 Madrid España	34-91-388-3988 34-91-759-9292 www.embajadachina.es/chn/jysw/
驻芬兰使馆教育组	Kuusiniementie 14 A 00340 Helsinki, Finland	358-9-6986-418 358-9-6871-1140 www.educn-fi.org
驻英国使馆教育处	50 Portland Place, London, UK, W1B 1NQ	44-20-7512-0250 44-20-7580-4474 www.edu-chinaembassy.org.uk

驻曼彻斯特总领馆教育组	153 Barlow Moor Road, West Didsbury Manchester M20 2YA, UK	44-161-445-4586 44-161-448-9154 www.cneduman.org
驻爱尔兰使馆教育组	40 Ailesbury Road, Dublin 4, Ireland	353-1-269-1501 353-1-283-9938 www.ie.chineseembassy.org/chn/jy/
驻法国使馆教育处	29, rue de la Glacière, 75013 Paris, France	33-1-4408-1940 33-1-4408-1960 www.edu-ambchine.org/
中国常驻联合国教科文组织代表团	1, Rue Miollis 75015 Paris, France	33-1-4568-3456 33-1-4219-0199
纽约中国留学服务中心	New York Service Center for Chinese Study Fellows, Inc. 90 Broad Street, Suite 701, New York, N. Y. 10004, U. S. A	1-212-835-5520 1-212-367-7431

附录篇

中华人民共和国驻外使（领）馆科技处(组)一览

馆别	地址	电话/传真/网址
驻日本使馆科技处	106日本东京都港区元麻布三丁目四番三十三号	0081-3-34033388 0081-3-34033385 www.china-embassy.or.jp/chn/
驻大阪总领馆科技组	550-0004 大阪府大阪市西区靱本3-9-2	0081-6-64459481 0081-6-64459475 www.china-embassy.or.jp/chn/
驻福冈总领事馆科技组	810-0065 福冈县福冈市中央区地1-3-3	0081-92-7131121 0081-92-7818906 www.china-embassy.or.jp/chn/
驻札幌总领事馆科技组	064-0913 北海道札幌市中央区南13条23-5-1	0081-11-5635563 0081-11-563-1818 www.china-embassy.or.jp/chn/
驻长崎总领事馆科技组	852-8114 长崎县长崎市桥口町10-35	0081-95-8493311 0081-95-8493312 www.china-embassy.or.jp/chn/
驻名古屋总领事馆科技组	461-0005 名古屋市东区东樱二丁目8番地37号	0081-52-932-1098-36 0081-52-932-1169 www.china-embassy.or.jp/chn/
驻印度使馆科技处	50-D, Shantipath, Chanakyapuri New Delhi-110021 India	0091-11-26118577 0091-11-26872031 www.chinaembassy.org.in /chn/
驻朝鲜使馆科技组	Kinmaeuldong, Pyongyang D.P.R of Korea	00850-2-3813116 00850-2-3813425 www.kp.china-embassy.org/chn/
驻韩国使馆科技处	110-033 54 Hyoja-Dong, Jongno-Gu, Seoul, 110-033 the Republic of Korea	0082-2-7381038 0082-2-7381077 www.kr.china-embassy.org/chn/
驻以色列使馆科技处	222 Ben Yehuda Street P.O. Box 6067 Tel Aviv 61060, Israel	00972-3-5467277 00972-3-5440443 www.il.china-embassy.org/chn/
驻泰国使馆科技处	57 Rachadapisake Road Bangkok 10310 Thailand	0066-2-2457033 0066-2-2472214 www.chinaembassy.or.th/chn/
驻印度尼西亚使馆科技处	JL. Mega Kuningan No. 2, Jakarta Selatan 12950 Indonesia	0062-21-5761033 0062-21-5761264 0062-21-5761033 www.id.china-embassy.org/chn/
驻新加坡使馆科技组	150 Tanglin Road, Singapore 247969	0065-64180105 0065-64713603 www.chinaembassy.org.sg/chn/
驻巴基斯坦使馆科技组	Diplomatic, Enclave Ramma 4, Islamabad Pakistan	0092-51-2824786 0092-51-2872830 www.pk.china-embassy.org/chn/
驻哈萨克斯坦使馆科技处	12, baitasov Str. Almaty, 050010	007-723-700208 007-723-700208 www.kz.chineseembassy.org/chn/
驻德国使馆科技处	Märkisches Ufer 54, 10179 Berlin Germany	0049-30-27588237 0049-30-27588221 www.china-botschaft.de/chn/

驻法国使馆科技处	20, Rue de Washington 75008 Paris France	0033-1-53758891 0033-1-53758904 www.amb-chine.fr
驻英国使馆科技处	42 Maida Vale, London, W91RP, U.K.	0044-20-74328376 0044-20-72866833 www.chinese-embassy.org.uk/chn/
驻爱尔兰使馆科技处	40 Ailesbury Road, Ballsbridge, Dublin 4, Ireland	00353-1-2691501 00353-1-2839938 www.ie.chineseembassy.org/chn/
驻瑞典使馆科技处	Lidovägen 8, 115 25 Stockholm, Sweden	0046-8-7675825 0046-8-7310740 www.chinaembassy.se/chn/
驻意大利使馆科技处	56 Via Bruxelles, 00198 Roma, Italia	0039-06-8848186 0039-06-85301203 www.it.chineseembassy.org/chn/
驻米兰总领事馆科技组	Via Benaco, 4-20139 Milano	0039-02-5690869 0039-02-5694131 www.milano.chineseconsulate.org/chn/
驻欧盟使团科技处	Boulevard de la Woluwé100 1200 Bruxelles Belgique	0032-2-7729572 0032-2-7704790 www.chinamission.be/chn/
驻比利时使馆科技处	Boulevard du Souverain 400, 1160 Auderghem, Bruxelles Belgique	0032-2-6633012 0032-2-7702326 www.chinaembassy-org.be/chn/
驻瑞士使馆科技处	Kalcheggweg 10, 3006 Bern, Switzerland	0041-31-3515817 0041-31-3515817 www.china-embassy.ch
驻芬兰使馆科技组	Vanha kelkkamäki 9, Kulosaari, 00570, Helsinki, Finland	00358-9-22890153 00358-9-22890155 www.chinaembassy-fi.org
驻奥地利使馆科技处	Metternichgass 4 Wien A-1030 Austria	0043-1-714314925 0043-1-7136816 www.chinaembassy.at/chn/
驻丹麦使馆科技处	Ahlmanns Alle 22, 2900 Hellerup Denmark	0045-39460887 0045-39460888 www.chinaembassy.dk
驻挪威使馆科技处	Tuengen Allé 2B, 0244 Oslo, Norway	0047-22-492052 0047-22-921978 www.chinese-embassy.no/chn/
驻荷兰使馆科技处	Willem Lodewijklaan 10, 2517 Jt. the Hague, Netherlands	0031-70-3065061 0031-70-3551651 www.chinaembassy.nl/chn/
驻西班牙使馆科技处	Calle Arturo Soria, 113, 28043 Madrid, Espana	0034-91-5194242 0034-91-5192035 www.embajadachina.es/chn/
驻葡萄牙使馆科技组	Rua Do Pau Da Bendeira 11-13, A Lapa 1200-756 Lisboa Portugal	00351-21-3928440 00351-21-3928431 www.fmprc.gov.cn/ce/cept/chn/
驻希腊使馆科技组	2A Krinon Street, P. Psychico, 15452 Athens, Greece	0030-210-6776743 0030-210-6776743 www.gr.china-embassy.org/chn/

驻俄罗斯使馆科技处	117330, Ulitsa Druzhby 6, Moscow Russia	007-495-1436146 007-495-9382141 www.ru.china-embassy.org/chn/
驻哈巴罗夫斯克总领事馆科技组	Stadium Lenin, Khabarovsk 680028, Russia	007-4212-302353 007-4212-302354 www.khabarovsk.china-consulate.org/chn/
驻圣彼得堡总领事馆科技组	No.134, Nab. Kanala Griboedova, St. Petersburg, Russia	007-812-7142711 007-812-7144958 www.saint-petersburg.china-consulate.org
驻白俄罗斯使馆科技处	22, Berestyanskaya Str., minsk, the republic of Belarus, 220071	00375-17-2947759 00375-17-2947759 www.by.chineseembassy.org/chn/
驻乌克兰使馆科技处	NO.32, grushevskogo STR., kyiv, ukraine, 01901	0038-044-2530433 0038-044-2530433 www.ua.chineseembassy.org/chn/
驻罗马尼亚使馆科技处	No.2 Bucurestt, Sector 1, 014 101, Romania	0040-21-2321923 0040-21-2321923 www.chinaembassy.org.ro/chn/
驻匈牙利使馆科技组	Budapest 1068 Benczur Utca 18 Hungary	0036-1-4133370 0036-1-4133393 www.chinaembassy.hu/chn/sgxx
驻捷克使馆科技处	Pelleova 18, 16000 Prague 6-Bubeneč	00420-2-233028866 00420-2-233028865 www.chinaembassy.cz/chn
驻波兰使馆科技处	ul. Bonifraterska 1 00-203 Warszawa, Polska (Poland)	0048-22-8313836 0048-22-8315823 www.chinaembassy.org.pl/chn/
驻保加利亚使馆科技处	Str. Alexander von Humbold 7, Sofia 1113, Republic of Bulgaria	00359-2-9733873 00359-2-9713345 www.chinaembassy.bg/chn/
驻美国使馆科技处	2300 Wisconsin Avenue N.W., Suite 110, Washington D.C. 20007 U.S.A.	001-202-3282530 001-202-2657523 www.china-embassy.org/chn/default.htm
驻纽约总领事馆科技组	520 12th Avenue New York, NY 10036 U.S.A.	001-212-2449392 001-212-5649443 www.nyconsulate.prchina.org/chn/lgxw/
驻旧金山总领事馆科技组	1450 Laguna Street San Francisco, CA 94115 U.S.A.	001-415-6742964 001-415-5634867 www.chinaconsulatesf.org/chn/
驻休斯敦总领事馆科技组	3417 Montrose Boulevard, Houston, Texas 77006 U.S.A.	001-713-5201462 001-713-5210876 www.chinahouston.org
驻芝加哥总领事馆科技组	100 West Erie Street Chicago. IL 60610 U.S.A.	001-312-8030095 001-312-8030110 www.chinaconsulatechicago.org/chn/
驻洛杉矶总领事馆科技组	443 Shatto Place Los Angeles, CA 90020 U.S.A.	001-213-8078015 001-213-8078019 www.losangeles.china-consulate.org/chn/

驻加拿大使馆科技处	515 St.Patrick Street Ottawa, Ontario Canada K1N 5H3	001-613-7893508 001-613-7891911 www.chinaembassycanada.org/chn/
驻多伦多总领事馆科技组	240 St.George Street, Toronto Ontario Canada M5R 2P4	001-416-3246457 001-416-3246468 www.toronto.china-consulate.org/chn/
驻温哥华总领事馆科技组	3380 Granville Street Vancouver, BC, Canada V6H 3K3	001-604-7316767 001-604-7364343 www.vancouver.china-consulate.org/chn/
驻卡尔加里总领事馆科技组	Suite 100, 1011-6th Ave,SW. Calgary, Alberta, Canada T2P 0W1	001-403-2643322 001-403-2646656 www.calgary.china-consulate.org/chn/
驻巴西使馆科技处	Embaixada da República Popular da China SES.Av. das Nações.Lote 51.Quadra 813.Brasília. DF. Brasil	0055-61-21958240 0055-61-21958292 www.br.china-embassy.org/chn/
驻墨西哥使馆科技组	Av. Río del la Magdalena 172, Colonia Tizapán - San Angel Delegación Alvaro Obregón, C.P. 01090	0052-55-56164324 0052-55-56165849 www.embajadachina.org.mx/chn/
驻古巴使馆科技组	Calle 13, No.551 Entre C Y D, Vedado, la Habana, Cuba	0053-7-8333005 0053-7-333092
驻智利使馆科技组	Av. Pedro de Valdivia 550 Santiago, Chile	0056-2-2339880 0056-2-2341129 www.cl.china-embassy.org/chn/
驻哥斯达黎加使馆科技组	De la casa de D.oscar arias 100 metros al sury 50 metros al oeste, rohrmoser,pavas, san jose, costa rica	00506-22914659 00506-22914654
驻澳大利亚使馆科技处	15 Coronationa Drive Yarralumla, Canberra, ACT 2600 Australia	0061-2-62734786 0061-2-62735504 www.au.china-embassy.org/chn/
驻悉尼总领事馆科技组	39 Dunblane Street, Camperdown Nsw 2050, Sydney Australia	0061-2-85958050 0061-2-85958051 www.sydney.chineseconsulate.orgchn
驻新西兰使馆科技组	2-6 Glenmore Street, Po Box 17-257, Karori, Wellington, New Zealand	0064-4-47496282 0064-4-4749629 www.chinaembassy.org.nz/chn/
驻埃及使馆科技组	14, Bahgat Ali Street Zamalek, Cairo Egypt	0020-2-27356746 0020-2-27356746 www.eg.chineseembassy.org/chn/
驻南非使馆科技处	965 Church Street, Arcadia 0083, Pretoria, South Africa	0027-12-4316550 0027-12-3423338 www.za.china-embassy.org/chn/
常驻联合国代表团科技组	350 East 35th Street, New York, NY 10016, USA	001-212-6556159 001-212-6556151 www.china-un.org/chn/
常驻日内瓦代表团科技组	11, Chemin de Surville 1213 Petit-Lancy, Geneva Switzerland	0041-22-8795635 0041-22-8795637
国际原子能机构科技处	Steinfeldgasse 3 A-1190, Vienna, Austria	0043-1-4861635 0043-1-3706626 www.iaea.org

附录篇

引智机构信息一览